RÉPERTOIRE
DES
CONNAISSANCES USUELLES

LISTE DES AUTEURS QUI ONT CONTRIBUÉ A LA RÉDACTION DU 4ᵉ VOLUME DE CETTE ÉDITION.

S. M. L'EMPEREUR.

MM.

Aicard (Jean).
Allix (le général).
Allonville (le comte d').
Artaud, ancien inspecteur général de l'Université.
Aubert de Vitry.
Auditfret (H.).
Baudeville (l'abbé), vicaire général.
Bardin (le général).
Barthélemy (l'abbé).
Baudry de Balzac.
Bory de Saint-Vincent, de l'Académie des sciences.
Bouchitté (H.), recteur à Chartres.
Bouillet, ancien proviseur.
Bourdon (Isid.), de l'Acad. de médecine.
Braconnier (Édouard).
Bradi (Mme la comtesse de).
Breton, de la *Gazette des Tribunaux*.
Briffault (Eugène).
Brunet (Gustave), à Bordeaux.
Buchon.
Capefigue.
Carné (comte de), ancien député.
Castil-Blaze.
Chabrol-Chaméane (E. de).
Champagnac.
Champollion-Figeac.
Charbonnier (Docteur).
Chasles (Philarète), du Collège de France.
Chatelain (Anatole).
Clarion, ancien professeur à l'École de médecine de Paris.
Clavier, de l'Institut.
Constant (Benjamin).
Coquerel (Charles).
Corbière (Édouard).
Corcy (B. de).
Cormenin (Vicomte de), conseiller d'État.
Crivelli (J.-J.).
Crowe, de Londres.
Cuendias (Manuel de).
Cuvier (Georges), de l'Acad. des sciences.
Danjou (F.).
Delaforest (A.).
Delamarche, ingénieur hydrographe.
Delambre, de l'Académie des sciences.
Delisle (Th.).
Démozit.
Denne-Baron.
Desclozeaux (Ernest), anc. secrét. génér. du ministère de la Justice.
Des Geneves (A.).
Diderot.

MM.

Dubois (Louis), ancien sous-préfet.
Duchesne aîné, conservateur de la Bibliothèque impériale.
Duckett (W.-A.).
Duclos (P.-L.).
Dufau (P. A), directeur de l'institution des Jeunes Aveugles.
Dufey (de l'Yonne).
Du Rozoir (Ch.).
Fauche (H.), ancien prof. de rhétorique.
Favé (I.), capitaine d'artillerie.
Fayolle.
Feillet (A.).
Ferry, ancien examinateur à l'École polytechnique.
Fiévée (Joseph).
Forget, professeur à la Faculté de médecine de Strasbourg.
Français de Nantes (Comte).
Friess-Colonna, archiviste du département de la Corse.
Gail (François).
Gallois (Napoléon).
Garnier (Jules).
Gautier de Claubry.
Gerbet (l'abbé), vicaire général à Paris.
Gervais (Paul), prof. à la Faculté des sciences de Montpellier.
Golbéry (de), ancien procureur général.
Grange (Marquis de la), de l'Institut, sénateur.
Guizot (F.), de l'Académie française.
Hauréau (Barthélemy), ancien conservateur de la Bibliothèque nationale.
Héreau (Edme).
Hortel (H.).
Husson (Auguste).
Janin (Jules).
Kertanguy (de)
Lacroix (Paul), *bibliophile Jacob*.
Lainé, anc. généalogiste des ordres du Roi.
Lamarque (le général Maximilien).
Laroche-Aymon (le général comte).
Lassime (J. de), avocat à la cour impériale de Paris.
Latouche (Henri de).
Laurent (L.), anc. chirurgien en chef de la marine.
Laurentie, ancien inspecteur général de l'Université.
Lavigne (E.)
Lebrun (Isidore).
Lecomte (Jules).
Legtay (Edward), sous-préfet.
Leguillou (docteur).
Le Roux de Lincy.

MM.

Lhôte (Nestor).
Louvet.
Mantz (Paul).
Marliani.
Marrast (Armand), ancien président de l'Assemblée nationale.
Martin (Henri).
Matter (Albert).
Merilhou (Ed.).
Molènes (Paul de), officier d'ordonnance du gouverneur général de l'Algérie.
Monglave (Eug. G. de).
Montgolfier (Mlle Adélaïde).
Munk (S.).
Muntz.
Négrier.
Nisard (Désiré), de l'Acad. française.
Nisard (Charles).
Norvins (J.).
Ouvry.
Paffe, professeur de philosophie.
Page (Th.), capitaine de vaisseau.
Parent-Réal, ancien avocat-général.
Paton (Jules), banquier.
Pellissier.
Pelouze père.
Pongerville, de l'Académie française.
Reiffenberg (le baron de).
Rénier (Léon).
Reybaud (Louis), de l'Institut.
Romey (Charles).
Saint-Amour (Jules, ancien membre de l'Assemblée nationale.
Saint-Prosper.
Saint-Prosper jeune.
Saifi (F.).
Salvandy (de), de l'Académie française.
Sandeau (Jules).
Saussine (Émile).
Savagner (Auguste).
Savigny (F.-C. de), à Berlin.
Say (J. B., de l'Institut.
Staël (la baronne de).
Suard, de l'Académie française.
Teyssèdre.
Tiby (Paul).
Tissot, de l'Académie française.
Tollard aîné.
Toussenel (T.).
Trigout (Théodore).
Vaudoncourt (le général G. de).
Vaulabelle (Achille de) ancien ministre de l'instruction publique.
Viennet, de l'Académie française.
Virey, de l'Académie de médecine.
Voïart (Mme Élise).

DICTIONNAIRE
DE LA
CONVERSATION
ET DE LA LECTURE

INVENTAIRE RAISONNÉ DES NOTIONS GÉNÉRALES LES PLUS INDISPENSABLES A TOUS

PAR UNE SOCIÉTÉ DE SAVANTS ET DE GENS DE LETTRES
SOUS LA DIRECTION DE M. W. DUCKETT

Seconde édition
ENTIÈREMENT REFONDUE
CORRIGÉE, ET AUGMENTÉE DE PLUSIEURS MILLIERS D'ARTICLES TOUT D'ACTUALITÉ

Celui qui voit tout abrége tout.
MONTESQUIEU.

TOME QUATRIÈME

PARIS
AUX COMPTOIRS DE LA DIRECTION, 9, RUE MAZARINE
ET CHEZ MICHEL LÉVY FRÈRES, LIBRAIRES, 2 bis, RUE VIVIENNE

8.5Lf336(4)

DICTIONNAIRE

DE

LA CONVERSATION

ET DE LA LECTURE.

BRUNSWICK, capitale du duché du même nom, sur l'Oker, au milieu d'une plaine agréable et fertile. Cette ville, qui compte 37,800 habitants, est en général irrégulière; elle a des rues étroites et tortueuses, peu de belles maisons, plusieurs places publiques et de belles promenades, décorées d'un obélisque en bronze, de 18^m,60 de haut, élevé, en 1822, à la mémoire des ducs Charles-Guillaume-Ferdinand et Frédéric-Guillaume; des rues parfaitement pavées et un grand nombre de fontaines. Les places les plus remarquables sont celles du Château, du Burg et le marché de la Vieille-Ville. Parmi les monuments, on doit citer la cathédrale, bâtie par Henri le Lion, l'église Saint-Martin, celles des Frères, de Sainte-Catherine et de Saint-André avec un clocher de 98^m,58 d'élévation, l'église de Saint-Égide, consacrée aujourd'hui aux expositions, le Palais des États, la Prison, l'Opéra, l'hôtel de ville gothique, restauré en 1851, l'arsenal, la maison de force, l'hôpital et le Mosthaus, où les ducs faisaient autrefois leur résidence, converti aujourd'hui en caserne, devant lequel est placé le célèbre lion d'airain de Henri le Lion. Les trois communions chrétiennes y ont des églises et les juifs une synagogue. Le palais ducal, brûlé en 1830, n'a pas été reconstruit; mais on en a élevé un autre, de 1833 à 1836, sur les plans de l'architecte Ottmer, à qui Brunswick doit aussi la gare du chemin de fer. Le musée est riche en objets d'arts et en antiques. Le collége Carolin, institution intermédiaire entre les écoles savantes et les universités, est devenu depuis 1835 une école polytechnique. Brunswick possède, en outre, un institut d'anatomie et de chirurgie, un gymnase, un institut de sourds-muets, un institut d'aveugles et des écoles de pauvres, bien tenues, sans parler d'une foule d'autres institutions charitables. Ses fabriques de chicorée, de sucre de betterave, de tabac, de laine, de carton, d'objets en laque, sont importantes; sa bière appelée *mumme*, ses cervelas et son pain d'épice forment un article d'exportation considérable. Une foire y existe depuis 1498. Dans les environs, le jardin Krause, le palais de Richmond, la villa ducale, attirent l'attention des voyageurs, qui ne manquent pas non plus de visiter le monument de Schill.

Il n'est pas fait mention de la ville de Brunswick dans l'histoire avant l'année 1031; elle fut vraisemblablement fondée par une branche de la famille de Ludolfingiens, les Brunons, qui possédaient dans le voisinage les châteaux de Hohewart, de Dankwarderode et de Melwerode. Brunswick était un lieu ouvert, au pied des murs de Dankwarderode, lorsque Henri le Lion prit le gouvernement; c'est à ce prince qu'elle est redevable de son agrandissement, de ses fortifications et de ses franchises municipales. Son importance s'accrut rapidement sous les princes de la maison des Guelfes. Au dixième siècle, elle entra dans la Ligue hanséatique. Elle racheta alors à ses princes presque tous leurs droits régaliens, et diverses justices seigneuriales, comme Eich, Asseburg, Campen, Wendhausen et Neubrück. Les luttes continuelles de son conseil municipal contre les corps de métier l'empêchèrent seules d'obtenir le rang de ville impériale. Cependant, après une guerre sanglante contre Henri le jeune, dans la seconde moitié du seizième siècle, elle conclut une paix avantageuse, qui lui assura une certaine indépendance. Dès 1528 Brunswick embrassa la réforme, et elle fit partie de la ligue de Smalkalde. Au dix-septième siècle elle débuta avec la Hanse. La guerre de trente ans lui imposa une lourde dette, qui augmenta l'antagonisme existant entre le sénat ou conseil municipal et la bourgeoisie; et le duc Rodolphe-Auguste en profita pour lui enlever ses franchises, en 1671. Dès lors, et jusqu'en 1832, l'administration du trésor de la ville fut confiée à la chambre ducale. Sa prospérité s'accrut en 1753, lorsque le duc Charles y établit sa résidence. Le successeur de ce prince, Charles-Guillaume-Ferdinand, l'embellit beaucoup en convertissant ses fortifications en promenades. De 1807 à 1813 elle fut la seconde capitale du royaume de Westphalie. En 1830 elle se souleva contre le duc Charles, et le chassa. Consultez Olfens, *Annales de la ville de Brunswick* (Brunswick, 1832); Ribbentropp, *Description de Brunswick* (1789-91); Schrœder et Assmann, *La ville de Brunswick* (1841).

BRUNSWICK, duché situé sur la limite de la grande chaîne de montagnes du centre de l'Allemagne et des vastes plaines du nord-ouest de cette portion de l'Europe. Il est divisé en huit portions inégales, dont trois grandes et cinq plus petites, et présente en tout une superficie de 3,685 kilomètres carrés. Des trois grandes portions, séparant la Prusse orientale de la Prusse occidentale et le Hanovre septentrional du Hanovre méridional, celles du nord et de l'ouest forment la principauté de Wolfenbüttel, celle du sud-est la principauté de Blankenburg avec l'ancienne abbaye de Walkenried. Les cinq moindres portions se composent du bailliage de Kalvœrde, à l'est, au milieu de la Prusse saxonne; du bailliage de Thedinghausen, à l'ouest, sur le Weser, non loin de Brême, enclave du Hanovre, et de cinq autres enclaves peu étendues du même royaume;

Sauf un point du sud-est, qui touche à Anhalt-Bernbourg, et un autre de l'ouest, attenant à Waldeck-Pyrmont, le Brunswick est borné par le Hanovre et par les provinces prussiennes de la Saxe et de la Westphalie. La principauté de Blankenbourg est comprise dans les limites du Harz, qui appartient au Brunswick depuis la Rosstrappe jusqu'à l'Achtermannshœhe et au Wormberg, au sud du Brocken, sur une étendue de 440 kilomètres carrés, et qui renferme les grottes remarquables de Baumann et de Biel, dans les flancs du Bodethal. Au sud de Goslar et à l'ouest de Klausthal, la partie sud-ouest de la principauté de Wolfenbüttel touche par sa limite orientale aux montagnes boisées du Haut-Harz, sur le versant nord-ouest desquelles on trouve quelques mines, dont l'exploitation se fait en commun par le Hanovre et le Brunswick; d'où la dénomination de *Communionharz*, donnée à cette contrée. La partie occidentale de cette principauté est coupée de collines, diversement groupées, qui forment, entre le Harz et le Weser, les montagnes de l'Ostphalie, et dont les points culminants se trouvent dans le Sollingerwald. Dans la partie septentrionale, la plaine des environs de Brunswick n'est interrompue çà et là que par quelques chaînons du système Hercynien, dont le plus élevé, l'Elmwald, entre Schœningen et Kœnigslutter, porte à 340 mètres au-dessus du niveau de la mer son plus haut sommet, le Kuksberg, près de Lucklum. A l'exception de la principauté de Blankenburg et du bailliage de Kalvœrde, qui appartiennent au bassin de l'Elbe, la première par la Bode, le second par l'Ohre, et des contrées où le grand *Bruchgraben* relie d'une manière remarquable les bassins de l'Elbe et du Weser, tout le duché de Brunswick appartient au bassin du Weser. Ce fleuve lui-même n'en baigne guère que les frontières, de même que l'Aller au nord-est. La Leine ne lui appartient non plus qu'en partie, en sorte que son cours d'eau le plus considérable est l'Oker, qui traverse Wolfenbüttel et Brunswick. On ne compte pas dans le duché moins de six cents étangs, dont le plus considérable est l'étang de Wipper au nord-est. Le climat est le même que celui des plaines de l'Allemagne du nord, excepté dans les montagnes du Harz, où il est si rude, qu'on y fait la moisson un mois plus tard que dans le pays plat.

Les trois règnes de la nature y alimentent abondamment les diverses branches de l'industrie. Y compris le produit du *Communionharz*, qui appartient au Hanovre pour les 4/7 et au Brunswick pour les 3/7, les mines rapportent chaque année 10 hectogrammes 1/2 d'or, 373 kilogrammes d'argent, 30,342 quintaux métriques de fer de toutes espèces, 19 quintaux d'étain, 663 quintaux de cuivre, 1083 de plomb, 1195 de litharge, 1704 de vitriol, 389 de soufre et plus de 47,000 quintaux de sel, extraits surtout des salines de Schœningen, où l'on a découvert dernièrement une mine inépuisable. Outre une petite quantité de tourbe, 23,000 quintaux environ de houille terreuse et le produit des mines de charbon de terre de Helmstædt, le duché possède d'excellents matériaux de construction. C'est à peine si dans tout le pays on trouve 165 kilomètres carrés de terrain improductif; l'agriculture la plus intelligente et la culture des arbres forestiers ont su tirer parti du moindre coin de terre. Les trois huitièmes du duché sont cultivés en grains, légumes et pommes de terre, d'excellente qualité; on récolte annuellement, en outre, environ 100,000 bottes de chanvre, 3,100 hectolitres de colza, 3,300 quintaux métriques de tabac et près de 3,800 quintaux de houblon. Les terrains les plus fertiles se trouvent dans la plaine du nord; c'est de là que le Harz tire son blé. La culture des jardins occupe 83 kilomètres carrés, surtout dans les environs des villes. Les forêts couvrent plus d'un quart du pays, et, malgré leur mauvaise administration sous le duc Charles, elles fournissent à une exportation considérable. Les trois huitièmes du sol sont en belles prairies et en excellents pâturages, qui nourrissent de nombreux troupeaux. On évalue le nombre des chevaux à 30,000 têtes, celui des bœufs à 75,000, celui des brebis à 420,000, des chèvres à 8,500, des porcs à 64,000, des ruches à 10,000. Depuis quelques années, les plaintes des cultivateurs devenant de plus en plus vives sur les dégâts commis par le gibier, on en a beaucoup détruit, surtout depuis 1848, que la chasse est devenue libre. Il existe dans la capitale plusieurs instituts et sociétés pour le perfectionnement de l'agriculture.

L'industrie n'est pas dans un état de prospérité moins satisfaisant. Partout on file et on tisse le lin; mais, à l'exception de Brunswick, de Holzminden et de quelques autres villes, on ne rencontre nulle autre part des fabriques que dans les districts de montagnes. On tisse le lin, surtout dans les cercles de Holzminden, de Gandersheim et de Wolfenbüttel; on tricote des bas à Ottenstein et dans les environs; cette ville en exporte annuellement plusieurs milliers de douzaines de paires. Brunswick seul, sauf quelques exceptions, possède des fabriques de lainages. Les tanneries de Kœnigslutter, dans le cercle de Helmstædt, et de Brunswick, livrent au commerce des cuirs très-estimés, et ces villes ont en même temps des fabriques considérables de gants. Les papeteries sont nombreuses; les tapis et les articles en carton et en fer-blanc vernis, provenant des manufactures de Brunswick et de Wolfenbüttel, jouissent d'une réputation méritée. Brunswick possède aussi des fabriques de chicorée, de sucre de canne et de betterave, et des manufactures de tabac rivalisant avec celles de Wolfenbüttel et de Holzminden. Le Harz exporte des ustensiles en bois de toutes espèces. La préparation des métaux forme une des branches principales de l'industrie et s'étend à des objets de touts genres. On met en œuvre l'argent, le cuivre, l'étain, la calamine, le laiton, le plomb, le soufre et le vitriol dans les usines d'Oker dans le Harz, comme près de Langelsheim et d'Astfeld dans le cercle de Gandersheim; on fabrique le fer, la tôle et le fil de fer dans les hauts fourneaux de Zorge, Rübeland et Tanne dans le Harz, où se trouvent aussi des fonderies parfaitement montées. Zorge possède, en outre, un vaste atelier pour la construction des machines, et Holzminden fournit une foule d'ustensiles en fer, d'instruments en acier et autres articles de quincaillerie. On doit mentionner encore la fabrique de porcelaine de Fürstenberg, les verreries et les fabriques de glaces de Hils, etc., les carrières de Solling, de Lutter et de Velpk, un grand nombre d'usines à moteurs hydrauliques, et d'importantes brasseries produisant la bière fameuse sous le nom de *mumme*.

L'industrie agricole et manufacturière alimente un commerce considérable d'exportation, dans lequel le fil seul figure pour une valeur de 5,842,000 fr. Le commerce du duché est d'ailleurs singulièrement favorisé par sa situation centrale, par les deux foires qui se tiennent annuellement dans sa capitale et par d'excellentes voies de communication; en effet le duché ne possède pas moins de 572 kilomètres de routes. Le chemin de fer de Brunswick à Wolfenbüttel et à Harzburg, construit surtout dans l'intérêt des mines du Harz et ouvert en 1838, a été mis depuis en communication avec le chemin de Halberstadt et de Magdebourg; en sorte qu'il est devenu le nœud des lignes de Brême par le Hanovre et de Hambourg par Celle. Cependant le commerce du Brunswick ne s'est pas encore relevé du préjudice que lui a causé nécessairement son accession au *Zollverein*.

Selon le recensement de 1849, la population du duché est de 270,828 âmes, soit environ 74 par kilomètre carré. A l'exception de quelques villages peuplés de Wendes parlant allemand, d'une colonie de Palatinat, et d'un certain nombre de juifs, elle est toute d'origine Saxonne. Elle est répartie en 451 localités, dont 12 villes et 3 bourgs. Les habitants des campagnes et les basses classes du peuple dans les villes parlent le bas allemand; les gens instruits, un haut allemand très-pur; et, sauf 1,300 réformés, quelques Herrnhutes, 2,500 catholiques et 1,000 israélites, tous les Brunswickois professent le luthéranisme. Les affaires ecclésiastiques sont administrées par un consistoire siégeant à Wolfenbüttel et par six surintendants ayant sous eux un égal nombre d'inspecteurs généraux. Le Brunswick n'est resté, dans aucune branche de l'instruction au-dessous des pays voisins ; il les a même surpassés en quelques-unes. Nulle part on ne trouve dans les campagnes d'écoles mieux tenues. Si depuis la suppression de celle d'Helmstædt, en 1809, il n'y a plus d'université dans le pays, les jeunes gens qui se destinent aux études trouvent à Gœttingue toutes les ressources nécessaires, et le duché possède d'ailleurs une foule d'établissements où l'on enseigne les sciences et les arts, comme le collége Carolin, devenu école polytechnique, le collége d'anatomie et de chirurgie, l'école des mines de Holzminden, le séminaire de Wolfenbüttel, la célèbre bibliothèque de Wolfenbüttel et le Musée de Brunswick.

Depuis la révolution de 1830 le gouvernement est monarchique constitutionnel. La loi fondamentale, promulguée le 12 octobre 1832, a cependant subi depuis 1848 plusieurs modifications, surtout relativement au mode d'élection. Reste à savoir combien de temps on les observera. Le duc, comme chef de l'État, exerce le pouvoir exécutif dans toute son étendue. La chambre des députés, produit du suffrage universel, a le droit de voter l'impôt avec de certaines restrictions, de surveiller l'administration du domaine privé et l'emploi de ses revenus, et de concourir à la confection des lois. C'est le duc qui la convoque ; mais dans certains cas elle peut s'assembler sans convocation officielle, et dans l'intervalle des sessions elle est représentée par une commission de sept membres. Depuis 1832 la diète se compose de 12 députés de la noblesse, 12 des villes, 10 des paysans et 16 nommés en commun par les trois ordres, en tout de 48 membres. Cependant on en a provisoirement porté le nombre à 54 en 1848. Tous les habitants âgés de vingt-cinq ans furent alors appelés à élire la moitié de ces représentants ; l'autre fut nommée seulement par les plus imposés. D'après un nouveau projet de loi électorale présenté en 1851, le nombre des députés serait réduit à 43 : 10 des villes, 11 des campagnes, 19 élus par les plus imposés (à savoir 10 par les villes et 9 par les propriétaires ruraux) et 3 par le clergé évangélique. Depuis 1849 le pouvoir civil est complétement séparé du pouvoir judiciaire, et la loi a déterminé la part qu'y doit prendre le peuple. L'administration de la justice a subi à la même époque une réforme totale, par l'introduction de la publicité des débats et de la procédure orale. Le tribunal suprême est formé de trois chambres, dont l'une exerce les fonctions de cour de cassation. Chacun de 6 cercles a un tribunal de première instance ; chacun des 23 bailliages un tribunal d'appel ; il y a en outre 2 justices municipales. On se prépare à modifier la constitution du tribunal d'appel suprême, siégeant à Wolfenbüttel, dont la juridiction s'étend à la fois sur le Brunswick et sur les principautés de Waldeck, de Pyrmont, de Lippe et de Schaumburg-Lippe.

De 1843 à 1851 les revenus du Brunswick se sont élevés, terme moyen, à 4,991,208 fr., y compris environ 430,000 fr. provenant du rachat des biens domaniaux (soit le cinquième du revenu total du domaine, dont deux cinquièmes sont appliqués aux frais d'administration, de construction, etc., et deux cinquièmes aux dépenses de la cour). En 1848 la dette hypothéquée sur le domaine s'élevait encore à 12,144,610 fr., la dette publique à 26,400,000 fr., lesquels est compris un capital de 14,320,810 fr. absorbé par la construction du chemin de fer. D'après la constitution, une somme d'au moins 77,900 fr. doit être appliquée chaque année à l'amortissement de la dette publique.

L'acte fédéral attribue au Brunswick 2 voix dans le *Plenum*, et en partage entre lui et Nassau la 13ᵉ voix dans la diète germanique. Son contingent, fixé à 2,096 hommes, fait partie du 10ᵉ corps d'armée. En 1848, sur l'ordre de l'assemblée de Francfort, le Brunswick porta son armée à deux pour cent de sa population, et organisa une *landwehr* ; mais bientôt une convention militaire, signée avec la Prusse, suspendit les armements, et laissa l'armée sur le même pied qu'auparavant. Le remplacement est aboli. Tous les jeunes gens de vingt à vingt-cinq ans sont astreints au service actif ; de vingt-six à trente-trois, ils sont incorporés dans le premier ban, et de trente-trois à quarante dans le second ban de la landwehr. Outre l'ordre de Henri le Lion et la Croix du Mérite, le Brunswick a une croix pour la campagne de 1809, une médaille pour la campagne d'Espagne, une autre pour la bataille de Waterloo, la croix de vingt-cinq ans de service et une médaille de sauvetage. La principauté d'Œls, de 2,090 kilomètres carrés, avec un revenu annuel de 389,500 fr., appartient au duc de Brunswick ; mais cette enclave de la Silésie est indépendante du duché. Ce dernier est divisé en six cercles, avec des chefs-lieux du même nom : Brunswick, Wolfenbüttel, Helmstædt, Holzminden, Gandersheim et Blankenburg.

Histoire. Tout ce qui forme aujourd'hui le duché de Brunswick appartenait autrefois à la partie de la Saxe que Charlemagne réunit à son empire. C'est sous Louis le Germanique que la Saxe fut pour la première fois soumise à un duc chargé de la défendre contre les invasions des Normands et des Slaves. Ce premier duc fut Ludolf, qui avait déjà exercé en Saxe les fonctions de comte sous Louis le Débonnaire. Ludolf est le fondateur de l'abbaye de Gandersheim ; et on lui attribue aussi la construction du couvent de Brunshausen. Il mourut en 864, laissant trois fils, Bruno, Dankwart et Othon. L'aîné lui succéda, et fut tué en 880, dans une guerre contre les Danois. Il eut pour successeur son plus jeune frère, Othon l'Illustre, qui fonda, en 904, le couvent de Kalkberg, près de Lünebourg, et mourut en 912. Son successeur Henri ceignit la couronne impériale en 919, après la mort de Conrad le Salien. Son fils Othon 1ᵉʳ, le le Grand, établit en 951 Hermann Billing margrave de Saxe. C'est cet Hermann qui bâtit la forteresse de Lünebourg contre Othon 1ᵉʳ, toute la Saxe au delà de l'Elbe, ainsi que les environs de Lünebourg et de Bardowieck. Il fut en même temps nommé duc de la Saxe orientale.

Le dernier rejeton de la maison de Billung, le duc Magnus, mourut en 1106. L'empereur Henri V donna le duché de Saxe à Lothaire de Supplinburg, qui devint empereur en 1125, après la mort de Henri V. Ayant trouvé de l'appui, dans sa lutte contre son compétiteur Frédéric de Souabe, auprès du duc de Bavière, Henri l'Orgueilleux, de la maison des Guelfes, Lothaire, par reconnaissance, lui donna en mariage sa fille Gertrude, qui l'investit, en 1127, du duché de Saxe. A la mort de Henri l'Orgueilleux, la dignité de duc de Saxe passa à son fils Henri le Lion, qui, mis au ban de l'Empire, perdit ce duché, et ne reconquit le Brunswick qu'en 1194, après une lutte opiniâtre. Quand il mourut, en 1195, ses fils Henri, Othon et Guillaume gouvernèrent en commun l'héritage des Guelfes jusqu'en 1203, qu'ils conclurent un traité de partage à Paderborn. Henri eut pour sa part le Dithmarsen, Hadeln, Worsten, la ville et le comté de Stade, les possessions de sa famille dans les grands duchés de Brême et de Verden, le Hanovre, avec tout le pays depuis la Leine jusqu'à Gœttingue, la partie occidentale du Lünebourg jusqu'à Celle, Eimbeck et l'Eichsfeld. Le Brunswick proprement dit jusqu'au Hanovre, le Bas-Harz et les domaines sur l'autre rive de la Leine, échurent à Othon, qui fut élu roi des Romains sous le nom d'Othon IV, après la mort de Henri VI. Guillaume enfin eut le pays au delà de l'Elbe, la partie orientale du Lünebourg avec la ville de Lünebourg, et le haut Harz. Ce dernier mourut en 1213, ne laissant qu'un fils, Othon l'Enfant. L'empereur Othon IV mourut en 1218, sans postérité. Henri n'eut que deux filles.

Seul rejeton mâle de la famille Guelfe, Othon l'Enfant eut à soutenir de longues luttes avant de se mettre en possession de son héritage, surtout contre les filles de Henri, qui vendirent leurs prétentions à l'empereur Frédéric II. Celui-ci se saisit aussitôt de la ville de Brunswick. Pour terminer ce différend, Othon céda à l'empereur, en 1235, le château de Lünebourg avec sa souveraineté, et, de son côté, Frédéric créa de la ville de Brunswick, qu'il lui vendit, et du château de Lünebourrg, avec ses dépendances, un duché, dont il investit Othon, en lui accordant le titre de prince de l'Empire, pour lui et ses descendants mâles et femelles. Dès lors Othon s'appliqua tout entier au gouvernement de ses États. Il fit de sages règlements sur l'industrie, fonda des villes et des châteaux, et accorda aux bourgeois de Brunswick et de Lünebourg de grands priviléges. Étant mort en 1252, il eut pour successeurs ses fils Albert et Jean, qui régnèrent collectivement jusqu'en 1267. A cette époque ils partagèrent l'héritage paternel. Jean eut pour sa part, outre le duché de Lünebourg, la ville de Hanovre et les châteaux de Lichtenberg et de Twiflingen. Albert obtint le duché de Brunswick, le pays entre le Deister et la Leine, la principauté d'Oberwald, le district du Weser et le Harz. La ville de Brunswick, le Giselwerder, détaché de l'électorat de Mayence, et la justice seigneuriale de Hameln restèrent indivis. Albert établit sa résidence au château de Dankwarderode, Jean dans celui de Lünebourg. Le premier fonda la branche aînée de Wolfenbüttel; le second la branche de Lünebourg.

Branche de Wolfenbüttel. Albert, dit le Long, ne chercha pas seulement à maintenir l'ordre dans ses États, il encore les agrandit des dépouilles de Kuno de Gruben, châtelain de Dassel et de Grubenhagen, coupable de félonie à son égard, et à qui il enleva son château de Grubenhagen, où plus tard il établit sa résidence. Il mourut en 1279, laissant trois fils, qui partagèrent son héritage. L'aîné, Henri, eut pour sa part Gruhenhagen; son frère, Albert le Gros, l'Oberwald, avec les villes de Gœttingue et de Münden; au troisième, Guillaume, échurent les châteaux de Brunswick et de Wolfenbüttel, Asseburg, etc.

La première ligne, celle de *Grubenhagen*, subsista jusqu'en 1596. Son fondateur mourut en 1321. Ses trois fils Henri, Ernest et Guillaume firent un nouveau partage; mais en 1360 tout l'héritage revint à Ernest. Après la mort de ce dernier, en 1361, ses fils Albert II et Frédéric se partagèrent encore une fois le pays. Albert eut pour sa part Gruhenhagen, et établit sa résidence à Salz der Helden; Frédéric régna sur Osterode et Herzberg. C'est ainsi que se fondèrent deux nouvelles lignes, celle de *Grubenhagen* et d'*Osterode-Grubenhagen*. Celle-ci s'éteignit vers 1452, en la personne d'Othon, fils de Frédéric. Erich, fils unique d'Albert II, continua la ligne de Grubenhagen, et laissa (1427) trois fils: Ernest II, Henri III et Albert III, sous la tutelle de leur cousin Othon d'Osterode-Grubenhagen. Ces trois princes, devenus majeurs, régnèrent ensemble. Resté seul souverain du pays par la mort de ses deux frères, Albert III continua à le gouverner jusqu'à sa mort, en 1486. Il laissa deux fils mineurs, Philippe Ier et Erich, au nom desquels Henri IV, fils de Henri III, administra leurs États comme co-régent. Après la mort de Henri IV (en 1526), l'entrée d'Érich dans les ordres, qui lui nomma évêque d'Osnabrück et de Paderborn, Philippe Ier régna seul. En 1534 il embrassa la religion luthérienne, dans laquelle il fit instruire son fils Henri. Élevé à la cour de sa tante de Mansfeld, le jeune prince se rendit de bonne heure à la cour de l'électeur à Wittemberg, où il puisa dans la lecture de la Bible et dans les conversations de Luther des principes de piété qui le soutinrent au milieu de cruelles épreuves. Jean-Frédéric l'aimait comme son fils, et l'admettait à tous ses conseils. Comme son père, il se déclara pour la ligue de Smalkalde, et dans tous les combats qui ensanglantèrent l'Allemagne il se distingua parmi les plus braves. Fait prisonnier à la bataille de Muhlberg, en 1547, avec l'Électeur Jean-Frédéric, il resta fidèle à ce prince dans son malheur.

Échangé contre le margrave de Brandebourg-Kulmbach, fait prisonnier à Rochlitz, il succéda à son père en 1551, et fut l'un des meilleurs princes de son temps. Sans cesse occupé du bien-être de son peuple, il ne négligea rien pour perfectionner l'exploitation des mines du Harz. Il mourut sans laisser de postérité, le 2 avril 1567, et eut pour successeur ses frères Wolfgang et Philippe. Ce dernier ne tarda pas à renoncer à ses droits en faveur de Wolfgang, qui était aussi fort zélé pour la religion protestante, et qui mourut en 1595. Philippe II reprit alors les rênes du gouvernement; mais il mourut en 1596, et en lui s'éteignit la ligne de Grubenhagen. Henri-Jules de Brunswick-Wolfenbüttel prit possession du pays; mais un arrêt du tribunal de l'Empire l'obligea à l'abandonner à la ligne de Celle.

La seconde ligne, fondée par Albert le Gros, celle de *Gœttingue*, se fondit en 1292, à la mort de son frère Guillaume, souche de la ligne de Wolfenbüttel, dans cette dernière; mais cette fusion ne dura que jusqu'à la mort d'Othon le Doux, fils aîné d'Albert le Gros, en 1344. Les fils d'Othon, Ernest et Magnus, se partagèrent le pays. Ernest eut Gœttingue, et Magnus, Wolfenbüttel. Le duc Ernest, mort en 1367, eut pour successeur son fils Othon le Mauvais, prince batailleur, toujours prêt aux entreprises les plus aventureuses et jaloux de la prospérité des villes. Son règne n'est qu'une série de combats et de querelles avec les comtes de Thuringe, le landgrave de Hesse et la ville de Gœttingue. Il mourut en 1394, laissant un fils unique, Othon le Borgne, sous la tutelle de l'excellent Frédéric de Brunswick (mort en 1400). Ce jeune prince se montra un actif défenseur de la tranquillité publique, l'implacable ennemi des perturbateurs de la paix, le protecteur des villes et de leurs priviléges. Le mauvais état de santé l'engagea, en 1450, à céder au duc Guillaume le Victorieux, de Kalenberg, toutes ses possessions, à l'exception de la ville et de la justice seigneuriale d'Uslar et du château de Münden. Il mourut sans enfant, en 1463. En lui s'éteignit la première ligne de Gœttingue.

La troisième ligne, fondée par Guillaume, fils d'Albert le Gros, celle de *Wolfenbüttel*, se fondit dans celle de Gœttingue en 1292; mais elle fut rétablie, en 1344, par Magnus Ier, le Pieux. Sa femme Agnès, fille de Henri de Brandebourg, margrave de Landsberg, lui avait apporté en dot, en 1327, Landsberg, Pfalz en Saxe, Lauchstaedt et Sangerhausen, et il avait acquis ainsi un pouvoir dont il usa en tyran. Il vécut en mésintelligence continuelle avec son fils, le turbulent Magnus II, qui fait prisonnier, en 1367, dans une guerre contre Hildersheim, dut pour racheter sa liberté vendre la seigneurie de Sangerhausen au margrave de Meissen, Frédéric le Sévère, et céder au conseil de cette ville sa part à la commanderie de Brunswick. Magnus Ier mourut en 1369. Magnus II, dit *au Collier*, éleva des prétentions sur l'héritage de la première ligne de Lünebourg, qui venait de s'éteindre en la personne de Guillaume, et provoqua ainsi la grande *guerre de succession de Lünebourg*. Guillaume avait, en effet, reconnu, en 1355, pour son héritier le prince de Saxe-Wittemberg Albert, fils de son gendre Othon, et l'empereur Charles IV lui en avait accordé l'investiture, à lui et à ses successeurs. Mais Magnus méprisa les ordres de l'empereur, fut mis au ban de l'Empire, et périt en 1372, à la bataille de Leveste sur le Deister. La maison de Saxe-Wittemberg prit alors possession du Lünebourg. Après la mort d'Albert, son oncle et héritier Wenceslas conclut un accommodement avec les enfants de Magnus II, Frédéric et Bernard, à qui il donna ses filles en mariage. Frédéric se contenta de Brunswick-Wolfenbüttel; Bernard fut désigné pour succéder à Wenceslas dans le Lunebourg. Mais un différend s'éleva entre les deux frères. Frédéric, soutenu par la ville du Brunswick, battit Bernard à Winsen sur l'Aller, en 1388, et le força à partager l'héritage de Wenceslas avec leur frère Henri. Frédéric, qu'un parti portait au trône impérial, ayant été tué près de Francfort, en 1400, à l'instigation de l'archevêque de Mayence, Bernard et Henri régnèrent pendant quelque temps ensemble sur Brunswick-Wolfenbüttel et Lünebourg. Par le partage qu'ils firent en 1409, ils devinrent les souches des nouvelles lignes de Brunswick et de Lünebourg. Bernard avait eu pour sa part le Brunswick, Henri le Lünebourg; mais, par un échange auquel les fils de Henri forcèrent leur oncle en 1428, Bernard devint souverain de Lünebourg et fondateur de la branche de ce nom. Par suite du même partage et du même échange, le Kalenberg (Hanovre) fut séparé du Lünebourg et réuni à Brunswick-Wolfenbüttel.

Ligne de Lünebourg. Jean, frère d'Albert le Gros et fondateur de cette ligne, en 1267, mourut en 1277, et eut pour successeur son fils Othon le Sévère, qui accrut ses États, par l'achat d'un grand nombre de seigneuries, et mourut en 1330. Ses deux fils, Othon et Guillaume à *la Longue Jambe*, lui succédèrent, et gouvernèrent ensemble jusqu'à la mort d'Othon, en 1352. Guillaume n'eut que deux filles, dont l'une épousa Louis, fils du duc Magnus Ier, et la seconde le duc Othon de Saxe-Wittemberg. Louis, à qui l'héritage était assuré, étant mort avant son beau-père, celui-ci voulut reconnaître pour son héritier l'odieux Magnus *au Collier*; mais les ducs de Wittemberg, appuyés par l'empereur Charles IV, s'y opposèrent. Telle fut l'origine de la guerre de succession de Lünebourg. Guillaume mourut en 1369, et avec lui s'éteignit la première ligne de Lünebourg : ses États, la guerre terminée, furent donnés à la seconde ligne de Lünebourg.

Seconde branche de Brunswick. Cette branche, fondée par Henri de Wolfenbüttel, ne tarda pas à se diviser. Le prince laissa deux fils : l'aîné, Guillaume, obtint Kalenberg, et le cadet, Henri le Pacifique, eut pour sa part Wolfenbüttel; cependant, ce dernier étant mort en 1473 sans postérité, son frère réunit ses États aux siens, qu'il avait déjà accrus, en 1450, du territoire de Gœttingue. A sa mort, en 1482, son fils cadet, Guillaume II, fit jeter en prison son aîné, Frédéric, qui était tombé en démence; mais de son vivant même, en 1495, il partagea ses États entre ses fils, donnant à l'aîné, Henri, le pays de Wolfenbüttel, et au cadet, Érich, Kalenberg-Gœttingue. Cette dernière ligne s'éteignit en 1584, après deux générations. Érich Ier est connu, comme compagnon d'armes de l'empereur Maximilien Ier, par la part qu'il prit à la guerre de Hildesheim (1519-1523). Il mourut en 1540. Son fils, Érich II, abjura le protestantisme, combattit la ligue de Smalkalde et le prince Maurice de Saxe, et mourut sans postérité, en 1584. Ses États firent retour à la *branche aînée de Wolfenbüttel*, dont le fondateur était mort en 1514, laissant six fils. L'aîné, nommé Henri le Jeune, lui succéda. Plein d'énergie et d'ambition, ce prince voulut se rendre indépendant. Pendant douze ans il tint son frère dans une étroite prison, pour le forcer à reconnaître le droit de primogéniture, qui prévalut dès lors sans opposition dans la maison de Wolfenbüttel. Par politique et par conviction, il s'opposa aux innovations dans l'Église; mais, d'un autre côté, il dota son pays de bonnes institutions. Son règne n'offre qu'une longue suite de guerres. Sa liaison adultère avec Ève de Trott, fille d'honneur de la duchesse, fut pour lui la cause de beaucoup de chagrins. Il mourut en 1568, et eut pour successeur son fils Jules, zélé protestant, qui assura le triomphe de la réforme dans ses États et en même temps celui du droit romain par la création de l'université de Helmstædt. Ses États reçurent un notable accroissement, en 1584, par l'extinction de la ligne collatérale. Il mourut en 1589, et son fils aîné, Henri-Jules, prince fort supérieur à son siècle et encore plus instruit que son père, lui succéda. Le droit romain fit entre ses mains une arme dont il se servit pour consolider son pouvoir, et en 1596 il agrandit ses États de ceux de la ligne de Grubenhagen. Sous son règne les rapports des paysans avec les seigneurs furent un peu améliorés. Il mourut en 1613, et eut pour successeur son fils aîné, Frédéric-Ulric, prince très-faible, nullement fait pour une époque aussi orageuse que celle de la guerre de trente ans. Celui-ci étant mort sans enfants, en 1634, ses États échurent à Auguste de Brunswick-Lünebourg-Dannenberg.

Seconde branche de Brunswick-Lünebourg. Bernard, souche de cette branche, étant mort en 1434, ses deux fils, Othon *le Paralytique* et Frédéric *le Pieux*, régnèrent ensemble jusqu'à la mort du premier, en 1445. Resté seul chargé du gouvernement, Frédéric en tint les rênes jusqu'à sa mort (1478), à l'exception d'une courte interruption, où il les abandonna à ses fils, Bernard II et Othon le Magnanime, à l'occasion d'un différend avec le clergé. Il eut pour successeur le fils d'Othon le Magnanime, Henri le Cadet, qu'on surnomma ainsi pour le distinguer de Henri le Vieux et de Henri le Jeune de la ligne de Wolfenbüttel, ses contemporains. A la mort de son grand-père, Henri le Cadet était un enfant de dix ans. Il resta donc sous la tutelle des états et du conseil de la ville de Lünebourg, jusqu'à sa dix-huitième année. Plus tard, il intervint dans la guerre d'Hildesheim, s'allia à l'évêque Jean de Hildesheim contre son cousin Henri de Wolfenbüttel, et appuya François Ier de France contre Charles-Quint dans ses prétentions à l'Empire. En conséquence, il fut mis au ban de l'Empire par la diète de Worms, en 1520. La proscription ne fut levée qu'en 1530. Il abdiqua en faveur de ses trois fils, Othon, Ernest et François, et vécut dès lors à la cour du roi de France, ou dans le château de Winsen, jusqu'à sa mort, arrivée en 1532. Dès 1527, un de ses fils, Othon, avait renoncé à ses droits à la succession paternelle moyennant la cession de Harburg, et avait fondé une nouvelle ligne, celle de *Brunswick-Harburg*. Le troisième, François, se désista de même, en 1539, au prix du bailliage de Gifhorn, et fonda également la ligne de *Brunswick-Gifhorn*. La première de ces deux nouvelles lignes s'éteignit en 1642, à la troisième génération, et la seconde dès 1549, avec son fondateur. Ernest le Confesseur resta donc ainsi seul duc de Lünebourg. Il introduisit paisiblement la Réforme dans ses États, et laissa à sa mort, en 1546, quatre fils, Frédéric, François-Othon, Henri et Guillaume, dont les deux premiers ne lui survécurent pas longtemps. Les deux derniers devinrent les souches de nouvelles maisons de Brunswick et de Lünebourg. En vertu d'un partage conclu le 10 septembre 1569, les bailliages de Dannenberg, Lüchow, Hitzker et Scharnebeck, la chasse et le château de Grœrd furent donnés à Henri, qui ne renonça pas toutefois, le cas échéant, à ses droits sur le duché de Lünebourg, portion de son frère Guillaume. Cette convention fut ratifiée l'année suivante par l'empereur Maximilien. C'est ainsi que le duc Guillaume, le plus jeune des quatre frères, devint la souche de la *nouvelle ligne de Brunswick-Lünebourg*, qui fut revêtue dans la suite de la dignité électorale et occupe depuis 1815 le trône de Hanovre.

Henri, qui se faisait appeler duc de Brunswick-Lünebourg-Dannenberg et résidait à Dannenberg, devint par son plus jeune fils la souche de la *nouvelle maison de Brunswick-Wolfenbüttel*, demeurée l'aînée de la maison. Il mourut en 1598, et eut pour successeur son fils aîné, Jules-Ernest, qui fut investi du conté de Wustrow, lorsque ce fief vint à vaquer. Son jeune frère, Auguste, a joué un rôle bien plus considérable dans les faits de l'histoire. C'était un savant, dont le nom a retenti dans toute l'Europe. La maison de Wolfenbüttel s'étant éteinte en 1634, à la mort de Frédéric-Ulric, Jules-Ernest, qui n'avait pas d'enfant et qui n'aspirait qu'au repos, vendit ses droits sur l'héritage de leur parent à son frère Auguste. En conséquence, ce dernier en prit possession le 14 décembre 1635, et Jules-Ernest étant mort l'année suivante, il réunit ses États aux siens. Auguste trouva un pays ruiné par trente ans de guerres et par l'incapacité de son prédécesseur. Partout régnaient le désespoir et la misère. Il y ramena la prospérité, et mérita le surnom de *Vieillard divin*, que lui décernèrent ses contemporains. Il mourut en 1666, à l'âge de quatre-vingt-huit ans, et laissa trois fils, Rodolphe-Auguste, Antoine-Ulric et Ferdinand-Albert. Ce dernier reçut en partage Bevern, et fonda la ligne collatérale apanagée de *Brunswick-Bevern*, qui a été illustrée par le duc Auguste-Guillaume de Brunswick-Bevern, général prussien, dans la guerre de sept ans, dont les descendants règnent aujourd'hui sur le Brunswick. Rodolphe-Auguste, prince d'un grand mérite, continua la ligne de Wolfenbüttel. A l'âge de vingt ans, il avait visité plusieurs contrées de l'Europe, et, formé par ses voyages, par ses études, qu'il ne négligea jamais, et par un long séjour à la cour du grand-électeur, il avait acquis une instruction qui se rencontrait rarement alors chez les petits princes d'Allemagne. Il céda les bailliages de Lüneburg à la ligne de Lünebourg, qui, de son côté, renonça à la co-souveraineté sur la ville de Brunswick, dont les droits de *landsass* furent enfin reconnus (1671), après une lutte de plusieurs siècles. Rodolphe-Auguste mourut en 1705. Dès 1685 il avait nommé co-régent son frère Antoine-Ulric, qui acquit en 1706 le bailliage de Campen, fit ériger en principauté le comté de Blankenburg, embrassa le catholicisme en 1710, et régna jusqu'en 1714. De ses deux fils, le cadet, Louis-Rodolphe, reçut Blankenburg; l'aîné, Auguste-Guillaume, lui succéda dans le duché de Brunswick; mais étant mort sans postérité en 1731, et son frère l'ayant suivi dans la tombe, en 1735, sans laisser d'enfants, la ligne de Brunswick-Bevern monta sur le trône, en la personne de Ferdinand-Albert, fils du fondateur de cette ligne.

Ferdinand-Albert mourut l'année même, laissant pour successeur son fils Charles, âgé de vingt-deux ans. Ce prince, son amour pour les plaisirs, son goût pour la représentation, sa passion pour les femmes, l'augmentation de l'armée, de grands voyages, etc., épuisèrent le pays. Le désir du jeune prince de faire le bonheur de ses sujets fit éclore bien des utopies, mais donna aussi naissance à quelques institutions utiles, comme la fondation du collége Carolin. Sous son gouvernement la dette s'éleva en peu de temps à 46 millions de francs, et une banqueroute allait être inévitable, si, après la mort du prince héréditaire n'avait pris la haute main dans lo gouvernement et rétabli un peu d'ordre dans les finances. A la mort de son père Charles, en 1780, Charles-Guillaume-Ferdinand était parvenu à amortir une partie de la dette; mais il restait immensément à faire, surtout pour regagner la confiance des étrangers. Ce prince se montra à la hauteur de sa tâche, et le pays reprit une vie nouvelle; mais son règne se termina de la manière la plus triste. Commandant en chef de l'armée prussienne à la bataille d'Iéna, il y fut blessé mortellement, et mourut peu de jours après à Ottensen, près d'Altona, où il s'était retiré. En vertu de la paix de Tilsitt, le duché de Brunswick fut incorporé au royaume de Westphalie. La restauration de l'ancienne famille regnante suivit la bataille de Leipzig. A la fin de 1813, le fils de Charles-Guillaume-Ferdinand, Frédéric-Guillaume, qui avait hérité en 1805 de la principauté d'OEls, appartenant, depuis 1792, à son oncle le duc de Brunswick, du chef de sa femme Frédérique-Sophie, prit les rênes du gouvernement. Le retour de Napoléon le rappela aux combats. Il fut tué, le 15 juin 1815, à la bataille des Quatre-Bras. Ses fils Charles et Guillaume étant mineurs, le conseil privé déféra, le 7 juillet 1815, la tutelle au prince régent d'Angleterre, depuis Georges IV.

Le comte de Münster dirigea de Londres les affaires du Brunswick de telle manière qu'il s'attira à la fois les plus violentes attaques de la part de ses adversaires et les éloges les plus enthousiastes de celle de ses amis. Il est certain qu'il rétablit l'ordre dans l'administration, qu'il régularisa la dette publique; mais son gouvernement ressembla trop à une tutelle paternelle, et ne sut pas imprimer au pays l'essor nécessaire après tant de désastres, pour qu'il pût se relever. A la demande de la noblesse, la constitution provinciale fut rétablie au bout de quelques années, et en 1820 on entreprit de concert avec les états la révision de cette constitution; mais le résultat resta bien au-dessous des exigences de notre époque. Sur ces entrefaites, le duc Charles atteignit sa majorité, et prit en main le gouvernement, le 30 octobre 1823. Une disposition testamentaire de son père avait donné à son frère Guillaume la principauté d'OEls. On aperçut bientôt chez le jeune duc Charles des indices du mécontentement qu'il éprouvait de ce qui avait été fait pendant sa minorité Il blâmait surtout les changements introduits dans la constitution; il se plaignait d'avoir été tenu en tutelle au delà de l'âge de dix-huit ans. Il refusa donc de jurer la constitution nouvelle, abolit les lois rendues dans la dernière année de sa minorité, et se mit ainsi en lutte ouverte avec le roi d'Angleterre et avec le comte de Münster. Les membres de l'ancien conseil privé furent presque tous destitués; l'un deux, Schmidt-Phiseldeck, dut s'enfuir dans le Hanovre pour échapper à ses persécutions. Des favoris, la plupart incapables, et des aventuriers étrangers s'emparèrent des emplois. Le mécontentement provoqué par ces mesures fut accru par un système de tyrannie brutale que rien ne justifiait. L'opiniâtreté, la passion, l'esprit de vengeance, l'avarice, tels étaient les caractères du gouvernement du jeune duc, qui dans maintes circonstances osa violer jusqu'à l'indépendance du pouvoir judiciaire. L'amour de l'argent fit négliger les services publics; les domaines furent aliénés malgré l'ancienne constitution elle-même, et les dépenses les plus urgentes furent restreintes. Après d'inutiles instances auprès du duc pour qu'il reconnût la constitution de 1820, les états s'assemblèrent le 21 mai 1829, en vertu du droit que leur en donnait cette constitution, pour réclamer l'appui de la confédération. Les choses en étaient là lorsqu'un soulèvement éclata le 7 septembre 1830, à la suite duquel le château ducal fut livré aux flammes et le duc forcé de prendre la fuite. Ces faits n'ont pas encore été bien éclaircis, pas plus par le livre intitulé : *Le duc Charles et la Révolution de Brunswick, tiré des papiers d'un homme d'État défunt* (Iéna, 1843), où, sous le masque de l'impartialité, l'auteur n'attaque que les ennemis du duc sans le justifier lui-même, que par la brochure : *Une voix du peuple sur le soulèvement du Brunswick* en 1830 (Magdebourg, 1843), écrite dans un sens opposé. Ce qu'il y a de certain, c'est que la révolution n'aurait pas réussi si elle n'avait pas eu les sympathies du pays.

Trois jours après l'incendie du château, le duc Guillaume, alors à Berlin, accourut, et se chargea provisoirement du gouvernement. Il agit d'abord au nom de son frère; mais, après d'infructueuses tentatives de contre-révolution de la part de ce dernier, il cessa de le consulter. La tranquillité fut bientôt rétablie, et la diète elle-même n'hésita plus à reconnaître la validité de la constitution de 1820. Elle pria aussi le duc Guillaume de continuer à gouverner jusqu'à la décision définitive des agnats. Ceux-ci ayant déclaré le duc Charles déchu, comme incapable de régner, le duc Guillaume reçut l'hommage des états, le 25 avril 1831, après avoir juré la constitution. Mais l'expérience ne tarda pas à en signaler les vices. Dès 1831 un projet de révision fut présenté aux états, qui nommèrent une commission chargée de l'examiner; et, d'accord avec le gouvernement, celle-ci en élabora un nouveau, qui fut adopté en octobre 1832 comme loi fondamentale. La première diète, convoquée en vertu de la constitution révisée, s'assembla le 30 juin 1833, et siégea jusqu'au mois de mai 1835, après plusieurs prorogations. La peur du libéralisme allemand était alors à l'ordre du jour, et se reflète dans les travaux de cette assemblée. Le parti libéral, composé en majeure partie des membres nouveaux, y fut en butte aux méfiances des autres députés et de la noblesse, et au mauvais vouloir du gouvernement. Il en résulta que les mesures même les plus utiles furent rejetées, comme la publicité des débats, ne fût-ce que l'impression pure et simple des procès-verbaux, et les députés perdirent la confiance publique. Parmi le grand nombre de mesures qui furent adoptées, la loi relative à l'amortissement et la loi municipale sont celles qui eurent les plus heureux résultats. La discussion du premier budget triennal donna lieu à de violents débats ; cependant on finit par opérer des économies assez notables. L'introduction d'une monnaie d'un autre titre et la démonétisation de la monnaie de convention produisirent un mauvais effet dans le pays, et occasionnèrent des pertes considérables pour le trésor. La seconde diète s'ouvrit le 27 novembre 1836, et termina sa session le 27 juillet 1837. Elle ne s'occupa guère que du budget. La loi la plus importante qu'elle rendit fut l'abolition partielle des droits féodaux. Elle vota aussi les fonds nécessaires à la construction d'un chemin de fer entre Brunswick et Harzburg, chemin qui est devenu le centre du grand réseau des chemins de fer de l'Allemagne du Nord. Une courte session des états, du 9 novembre au 19 décembre 1837, eut pour principal objet l'accession de Blankenburg, Walkenried et Kalvœrde à l'union des douanes allemandes. Au mois d'avril 1839, une amnistie fut accordée au petit nombre des condamnés politiques du Brunswick. Le 13 mars 1839 les états furent encore une fois convoqués extraordinairement, les dépenses du chemin de fer dépassant toutes les prévisions ; et ce ne fut pas sans une vive opposition qu'ils allouèrent de nouveaux fonds. La troisième session ordinaire commença le 9 décembre 1839, et dura jusqu'au mois de janvier 1842. Elle fut surtout consacrée à la discussion du nouveau code criminel, mis en vigueur dès le 1er octobre 1840. L'opposition réclama de nouveau, mais sans succès, la publicité des débats et la liberté de la presse. 6,232,000 fr. furent votés pour la construction d'un chemin de fer entre Wolfenbüttel et Oschersleben, à condition qu'il serait continué jusqu'à Magdebourg par une compagnie d'actionnaires. Des difficultés entre le Hanovre et le Brunswick ayant amené la rupture des négociations relatives à une convention douanière, le gouvernement accéda au Zollverein ; la partie sud-ouest du duché resta cependant encore un an dans les mêmes rapports avec le Hanovre. De là désunion entre le gouvernement et les états ; le mécontentement réagit sur les élections, et la coalition d'une coterie de la noblesse avec le parti libéral menaça de renverser un ministère partisan du progrès modéré. A l'ouverture de la session, en novembre 1842, le gouvernement, en nommant pour président l'avocat Steinacker, détacha de la coalition le parti libéral, et la session se passa plus paisiblement qu'il ne l'espérait. Le 1er janvier 1844, le Hanovre ne se montrant pas disposé à entrer dans le Zollverein, tout le duché, à l'exception des enclaves situées dans ce royaume, y accéda. Le budget fut adopté avec de légères réductions sur l'armée, et l'on vota sans opposition la prolongation du chemin de fer jusqu'à la frontière hanovrienne ; mais la proposition de rendre publiques les séances des états fut encore une fois rejetée. Le mécontentement provoqué par les principes du gouvernement en matière commerciale se manifesta plus clairement encore aux nouvelles élections ; pas un seul fonctionnaire public ne fut élu. La session s'ouvrit en novembre 1845 ; la méfiance générale s'y fit jour, et au mois de mai de 1847, lorsque les états se séparèrent, le bon accord n'avait pas encore pu renaître. Quoique le budget n'eût pas été voté, le gouvernement perçut les impôts pendant la période financière de 1846 à 1848, et la commission permanente évita de convoquer la diète, comme on s'y attendait.

Ce fut dans ces circonstances qu'éclatèrent les événements de mars 1848. Le gouvernement du Brunswick, cédant alors enfin à la voix de l'opinion, se déclara partisan de la liberté et de l'unité de l'Allemagne. Dès les premiers jours de mars il abolit la censure et accorda la publicité des débats de la diète ; le 31 il convoqua extraordinairement les états, et de concert avec eux il rendit une foule de lois importantes relatives à la publicité des débats judiciaires, au jury, à la liberté de la presse et de la librairie, à l'égalité des cultes devant la loi, au droit d'association, à l'abolition du droit de chasse, aux élections, etc. Le 18 décembre 1848 la nouvelle diète s'assembla. Les anciens libéraux y firent cause commune avec le gouvernement, qui, de son côté, céda à toutes les exigences raisonnables. La session de 1849 prépara un projet de loi sur les impôts directs et indirects, abaissa le chiffre des traitements des fonctionnaires publics, organisa l'administration de la justice et abolit les derniers vestiges de la féodalité. Celle de 1850 réglementa les professions d'avocat et de notaire, organisa la garde communale et réforma l'administration publique. Celle de 1851 enfin institua des tribunaux de commerce, et rendit les lois sur le service militaire, les associations industrielles, le droit de domicile, l'instruction publique, les élections, etc. Le 27 mai 1851 le duc rentra dans la confédération ; mais le pays, qui ne renonça qu'avec douleur à ses espérances d'unité allemande, conserve encore l'espoir de ne pas perdre ses nouvelles institutions. Consultez Koch, *Essai d'une Histoire de la maison de Brunswick et de Lünebourg* (Brunswick, 1764) ; Havemann, *Histoire du Brunswick et du Lünebourg* (2 vol., Lüneburg, 1837-1838) ; Bülow, *Documents pour l'Histoire du Brunswick* (Brunswick, 1833) ; Gœrges, *Histoires patriotiques et choses mémorables* (vol. 1-8, Brunswick, 1843-1845).

BRUNSWICK (Othon de), prince cadet de cette maison, n'ayant point d'héritage à espérer en Allemagne, passa en Italie, à l'exemple de plusieurs de ses compatriotes, pour y exercer le métier de *condottiere*. Il s'engagea d'abord dans la compagnie anglaise au service du marquis Jean de Montferrat, et se distingua dans la guerre qu'il fit aux Visconti. Neuf ans il fut le conseiller, le ministre, le général du marquis, qui à sa mort, arrivée en 1372, lui légua la tutelle de ses enfants. Il en remplit les devoirs avec sa loyauté habituelle, força les Visconti à lever le siége d'Asti, porta à son tour la désolation dans le Milanais, et contraignit les seigneurs de ce pays à reconnaître les droits de ses pupilles. Sur ces entrefaites Jeanne Ire, de Naples, ayant perdu son troisième mari, l'infant d'Aragon, épousait, en 1376, Othon, sans l'associer au trône, et uniquement pour se donner un appui contre le roi Louis de Hongrie. En acceptant la main de la reine, Othon renonça pas à la tutelle des jeunes marquis de Montferrat. L'aîné, *Secondotto*, ayant été tué par un homme du peuple qu'il avait insulté, le puîné Jean III rappella Brunswick pour le défendre contre le seigneur de Milan. Jeanne, à son tour, eut besoin de lui pour repousser une attaque de son cousin Charles de Durazzo, soutenu par le roi de Hongrie et le pape Urbain VI. Mais, abandonné par la noblesse et les milices de Naples, Othon fut obligé de le laisser entrer dans la capitale sans coup férir. Ayant appris, cependant, que la reine, réfugiée dans le Château-Neuf, avait promis de se rendre si dans huit jours elle n'était pas secourue, il présenta la bataille à Durazzo le 25 août 1381, devant le château Saint-Elme ; mais il fut battu, et fait prisonnier à la tête d'une poignée de soldats qui lui restait, après avoir eu la douleur de voir tomber à ses côtés son pupille le marquis de Montferrat. Il apprit bientôt que Jeanne elle-même avait été immolée à la défiance du vainqueur et massacrée sans pitié dans une émeute fomentée à dessein.

Charles III, le nouveau roi, attaqué bientôt par Louis d'Anjou, que Jeanne avait adopté, fut amené, en août 1384, à désespérer presque de sa couronne. Tirant alors Othon du château de Molfetta, où il était enfermé depuis trois ans, il ne dédaigna pas de demander des conseils à son ennemi, et Othon le sauva de ce mauvais pas en lui enseignant à temporiser : Louis d'Anjou, qui ne pouvait jamais l'atteindre, vit son armée détruite par les maladies, et mourut bientôt lui-même. Alors Charles rendit la liberté à Othon, qui vint s'établir à Rome.

Ce roi étant mort à son tour, la minorité de son fils Ladislas offrit, en 1387, à Brunswick une occasion de venger la reine Jeanne, en attaquant Naples avec l'armée de Louis II d'Anjou. Il s'empara de la ville, et fit punir tous ceux qui avaient trempé dans le meurtre de sa femme. Mais Louis II ayant envoyé à Naples un nouveau gouverneur, qui manqua d'égards envers Othon, celui-ci quitta le parti des Angevins pour celui de Ladislas. Fait prisonnier en 1392, il racheta sa liberté, et s'engagea à ne pas reprendre les armes de dix ans. Ce repos forcé abrégea ses jours. Il mourut sans enfants, en 1399. Jeanne lui avait donné la principauté de Tarente, et il était devenu Italien de cœur.

BRUNSWICK (Ernest, duc de), dit *le Confesseur*, fils de Henri le jeune, naquit le 26 juin 1497 et mourut le 11 juin 1546. A Wittemberg il entendit Luther prêcher et adopta ses doctrines. Il voyagea ensuite en France; et quand il revint en Allemagne, ce fut pour y prendre ouvertement en mains la défense de la Réformation. Signataire de la confession d'Augsbourg, il adhéra à la ligue de Schmalkalde.

BRUNSWICK (Éric, duc de), dit *l'ancien*, né en 1470, mort en 1550, entreprit à l'âge de dix-huit ans un voyage à la Terre Sainte, au retour duquel il alla visiter la cour de l'empereur Maximilien Ier, qui lui accorda toute sa confiance. En 1493 il se distingua dans une campagne contre les Turcs ; et à la bataille livrée en 1504 sous les murs de Ratisbonne, faisant un rempart de son corps à Maximilien, tombé de cheval et blessé, il lui donna ainsi le temps de se dégager pour revenir prendre part à l'action. A quelque temps de là l'empereur assiégea Kufstein. Il fallut des efforts immenses pour réduire cette petite place, dont l'héroïque résistance irrita tellement Maximilien, qu'il résolut d'en passer tous les habitants au fil de l'épée, jurant de souffleter quiconque lui parlerait de leur faire grâce. Éric de Brunswick se soumit à cet outrage, quand il en vit dix-sept soldats subir le dernier supplice. Le duc Éric resta fidèle à l'ancien culte, et paya son attachement à la foi de ses pères d'une grande partie de ses possessions; ce qui ne l'empêcha point de faire preuve en toutes occasions d'une tolérance bien rare en ce temps là.

Son fils Éric, dit *le jeune*, né en 1528, mort à Padoue, en 1580, avait été élevé par sa mère dans la foi protestante; mais il revint au catholicisme, et prit parti pour Charles-Quint contre les princes signataires de la Confession d'Augsbourg. Après avoir d'abord essayé de s'opposer aux progrès de la Réformation, il se montra ensuite plus tolérant, et en 1553 il autorisa même l'exercice du nouveau culte dans ses États. Entré au service de Philippe II dans les guerres de ce prince contre la France, il reçut de lui le collier de la Toison d'Or, et mourut sans laisser de descendance directe.

BRUNSWICK (Auguste, duc de), né en 1579, mort en 1666, a laissé divers ouvrages publiés sous le nom de *Selenus*, tiré du grec σελήνη, *lune*, qui forme la première partie du nom de l'un des apanages de la maison de Brunswick, le duché de Lunebourg. Il fit ses études à Rostock, à Tubingue et à Strasbourg, visita la plus grande partie de l'Europe, recherchant partout les savants et les lettrés. Il se lia d'amitié en France avec Henri IV, et devenu duc régnant en 1634 par la mort de Frédéric-Ulrich, il montra la sollicitude la plus éclairée pour la prospérité matérielle de ses États. C'est ainsi qu'il imprima une impulsion nouvelle à l'exploitation des mines du Harz. Il fonda à Wolfenbüttel, sa résidence, une bibliothèque, qui en 1644 comprenait déjà quatre-vingt mille volumes. On a de lui un *Traité du jeu des Echecs* (en allemand ; avec gravures; Leipzig, 1616); un *Traité de la Culture des Vergers* (1636); une *Histoire de la Passion, de la Mort et de la Sépulture du Christ* (Lunebourg, 1640) ; *Cryptomenityces et Criptographiæ, in quibus et planissima Stenographiæ a Jos. Trithenio ma-* pice et ænigmatice conscriptæ enodatio traditur, Inspersis ubique authoris nec aliorum non contemnendis inventis (Lunebourg, 1624, in-fol.).

BRUNSWICK (Charlotte-Christine-Sophie de), femme du czaréwitch Alexis Pétrowitch, avait été choisie par Pierre le Grand pour son fils, à cause de ses vertus. Alexis y resta insensible, joignit même l'outrage à l'indifférence, et lui préféra sans pudeur une paysanne suédoise. Charlotte n'osa s'en plaindre; mais le chagrin ruina sa santé. En 1714 elle mit au monde une princesse, qui fut nommée *Natalie* ; une seconde couche lui fut fatale, en 1715 : avant de mourir elle recommanda ses enfants à Pierre le Grand. Alexis ne parut pas une seule fois au chevet de sa femme expirante; elle succomba le 2 novembre, à vingt-et-un ans, dans la quatrième année de son mariage, après avoir défendu qu'on l'embaumât; ses funérailles furent magnifiques, et le 7 novembre elle était inhumée dans l'église de la citadelle de Saint-Pétersbourg.

Voilà ce que raconte l'histoire; mais les mémoires secrets ne s'arrêtent pas là. A les en croire, la princesse, enceinte de huit mois, aurait été tellement maltraitée par son mari, qu'elle serait tombée évanouie, baignée dans son sang. Alexis, après cette action brutale, s'étant enfui à la campagne, l'entourage de Charlotte lui aurait conseillé de s'enfuir de son côté; et la comtesse de Kœnigsmark, aidée de personnes de sa suite ayant répandu le bruit qu'elle était morte en couches, aurait fait enterrer une bûche à sa place. Sur ces entrefaites, elle passait en France, et de là à la Louisiane, où elle épousait un gentilhomme, nommé d'Aubant. Revenue en France avec lui, elle aurait été reconnue par le maréchal de Saxe au Jardin des Tuileries, aurait, dans de nouveaux voyages, perdu son époux, se serait mariée en troisièmes noces avec un M. Moldack, et aurait terminé ses jours, après la mort de ce dernier, à Vitry-sur-Seine. Un mot suffit pour faire justice de cette fable : les obsèques de la princesse eurent lieu publiquement ; elle avait été exposée la face découverte, et ses sujets avaient été admis à lui baiser la main. L'acte mortuaire de la dame Moldack a été, en outre, levé à la paroisse de Vitry ; elle y est appelée Marie-Élisabeth Danielson.

Mais voici venir Voltaire, qui nous donne la clef de cette énigme : « Une Polonaise, dit-il, arriva en 1722, à Paris, et se logea à deux pas de la maison que j'occupais; elle avait quelques traits de ressemblance avec l'épouse du czaréwitch. Un officier français, nommé d'Aubant, qui avait servi en Russie, fut frappé de la ressemblance ; et cette méprise donna envie à la dame de tracher de la princesse. Elle avoua ingénument qu'elle était la veuve de l'héritier de la Russie, et qu'elle avait fait enterrer une bûche à sa place. D'Aubant, amoureux d'elle et de sa principauté, ayant été nommé gouverneur dans une partie de la Louisiane, l'amena en Amérique. Le bon homme est mort persuadé qu'il avait épousé la belle-sœur d'un empereur d'Allemagne et la bru de l'empereur de Russie; ses enfants le croient de même, et ses petits enfants n'en douteront pas. »

BRUNSWICK (Sophie-Dorothée, duchesse de), femme de George Ier, roi d'Angleterre. *Voyez* Sophie-Dorothée.

BRUNSWICK (Ferdinand, duc de), l'un des meilleurs généraux prussiens de la guerre de sept ans, né le 12 janvier 1721, à Brunswick, et le quatrième des fils du duc Ferdinand Albert, fut destiné de bonne heure à la carrière militaire. A l'âge de dix-huit ans il parcourut l'Allemagne, la Hollande, la France et l'Italie; et en 1739 il entra au service de Prusse comme colonel et chef d'un régiment. Les guerres de Silésie furent l'école à laquelle il se forma au métier des armes. Après avoir, au début de la guerre de sept ans, décidé la bataille de Prague en faveur de l'armée prussienne et avoir donné en diverses occasions les preuves les plus éclatantes de son courage héroïque et de ses talents comme général, il reçut de Frédéric II, vers la fin de 1757,

.e commandement en chef de l'armée des coalisés chargée d'opérer en Westphalie. Ayant à combattre une armée française de beaucoup supérieure en nombre, il déploya dans cette campagne toutes les ressources de son génie. Il chassa les Français de la basse Saxe, de la Hesse et de la Westphalie, et remporta les victoires de Crefeld et de Minden. A la paix, la mésintelligence s'étant mise entre lui et le roi, il donna sa démission; et depuis lors il vécut dans son château de Vechelde, où il s'occupa beaucoup de franc-maçonnerie, de sicences hermétiques et même d'illuminisme. Les sciences et les arts n'avaient d'ailleurs pas de protecteur plus sympathique ni plus généreux; les peintres et les musiciens surtout pouvaient toujours compter sur son appui. En même temps il était d'une inépuisable charité à l'égard des pauvres, se faisant un devoir et un plaisir de fournir à des jeunes gens pauvres, mais annonçant d'heureuses dispositions, les secours nécessaires pour continuer leurs études. Le seul reproche qu'on puisse lui adresser, c'est d'avoir trop facilement prêté l'oreille à quelques intrigants de bas étage dont il avait fait ses favoris, et en général d'avoir eu toujours trop de faible pour les étrangers et en particulier pour les Français. Il mourut à Brunswick, le 3 avril 1792, à l'âge de soixante-et-onze ans. Trois mois plus tard, son neveu, Charles-Guillaume-Ferdinand, duc régnant de Brunswick, allait à Coblentz prendre le commandement de l'armée prussienne destinée à envahir la France (*voyez* l'article suivant).

BRUNSWICK (CHARLES-GUILLAUME-FERDINAND, duc DE), qui régna de 1780 à 1806, né à Wolfenbüttel, le 9 octobre 1735, fils aîné du duc Charles et de la princesse Charlotte, l'une des sœurs de Frédéric le Grand, eut dès l'âge de sept ans l'abbé de Jérusalem pour gouverneur et pour précepteur, et suivit ensuite les cours du collège Carolin. De bonne heure son cœur s'enflamma pour la gloire, et les hauts faits de Frédéric purent que développer encore davantage en lui cette passion. La guerre de sept ans lui fournit pour la première fois l'occasion de développer ses talents. Il fut chargé de conduire les troupes de Brunswick à l'armée anglo-hanovrienne; et à la bataille d'Hastenbeck (28 juillet 1757), dont le résultat fut si funeste aux armées coalisées, il prouva, au dire de Frédéric II, qui s'y connaissait, que la nature avait fait de lui un héros. Il prit d'ailleurs la part la plus active à toutes les opérations de l'armée commandée par son oncle Ferdinand (*voyez* l'article précédent); de sorte que l'estime qu'avait pour lui Frédéric le Grand ne put que s'accroître, comme en témoignent son *Histoire de la Guerre de Sept Ans* et dans son *Ode au prince héréditaire de Prusse*. A la fin de la guerre, en 1764, il épousa Augusta, fille du prince Frédéric-Louis de Galles, et s'adonna alors à la culture des sciences et des lettres. En 1773 il rentra bien au service de Prusse en qualité de général, mais sans trouver occasion de développer ses talents militaires. A la mort de son père, arrivée le 26 mars 1780, il prit les rênes de l'État d'une main ferme et vigoureuse. Il diminua le personnel de sa cour et les charges du pays, encouragea l'agriculture, favorisa la liberté du commerce, entreprit de grands travaux de construction, et s'occupa même des divertissements publics. Cependant, avec les meilleures intentions du monde, il eut souvent le malheur ou de manquer complètement son but ou de ne l'atteindre que très-imparfaitement. Les améliorations qu'il avait projetées pour l'instruction publique rencontrèrent notamment de grandes difficultés.

La facilité avec laquelle, en 1787, à la tête d'une armée prussienne, il avait rétabli le stathouder héréditaire des Pays-Bas dans ses droits l'avait mis en si grand renom, qu'on attendit de lui des résultats aussi prompts dans la campagne de France, lorsque la révolution eut éclaté. Il reçut donc le commandement en chef des armées prussienne et autrichienne, et publia, le 25 juillet 1792, à Coblentz, son fameux *manifeste*,

BRUNSWICK

rédigé dans les termes les plus hautains et les plus durs, œuvre d'un Français appelé de Limon, à la rédaction duquel certains ont accusé le célèbre Benjamin Constant, alors son chambellan, d'avoir coopéré, et qui souleva la plus vive indignation, bien que plus tard on en eût adouci les termes.

Le plan du duc était de traverser la Lorraine en marchant droit sur Paris, d'intercepter tous les approvisionnements de cette capitale et de la réduire par la famine à capituler. Il pénétra jusqu'en Champagne; mais là le manque de vivres et les maladies qui décimaient son armée le déterminèrent à attaquer, le 20 septembre, à Valmy le corps placé sous les ordres de Kellermann, pour forcer Dumouriez, qui occupait le camp de Sainte-Menehould, à accepter une bataille. Toutefois, l'armée française réussit à conserver ses positions; deux jours après, il se voyait contraint d'accéder à un armistice, et le 29 septembre d'évacuer la Champagne.

Pendant ce temps-là, Custine s'était successivement emparé de Spire et de Worms, puis, le 21 septembre, de la forteresse de Mayence; le plus important pour les coalisés fut dès lors de songer à reprendre cette place. En conséquence, le duc commença, d'accord avec les Autrichiens, la campagne de 1793 sur le haut Rhin. Le 7 mars il enleva la forteresse de Kœnigstein; le 22 juillet suivant Mayence tomba en son pouvoir, et il fit alors ses préparatifs pour reprendre Landau. Mais le 14 septembre les Français tentèrent une attaque générale, depuis Strasbourg jusqu'à Saarbruck, contre Wurmser et contre le duc de Brunswick, en même temps que Moreau livrait une sanglante bataille à Pirmasens dans le cercle bavarois du Rhin. Les Français furent contraints d'abandonner leur camp de Hornbach, et de battre en retraite jusqu'à la Saar. Un mois plus tard, le duc de Brunswick, agissant de concert avec Wurmser, réussit à s'emparer des lignes de Wissembourg et à se rapprocher de Landau. Pour se donner un point d'appui de plus, il essaya, dans la nuit du 16 au 17 novembre, d'enlever le château de Bitche, qui forme la clef des Vosges. Cette tentative ne lui réussit point: mais en revanche il battit à Kaiserslautern une division de l'armée française de la Moselle, commandée par Hoche, qui s'avançait à travers ces montagnes pour venir au secours de Landau.

Les attaques continuelles tentées par Hoche et Pichegru, et la rupture des lignes autrichiennes, emportée le 22 décembre par Pichegru à Froschwoiler, ayant contraint les Autrichiens à repasser le Rhin, le duc de Brunswick se trouva, lui aussi, forcé de battre en retraite. Comme déjà des mésintelligences sérieuses s'étaient élevées entre la Prusse et l'Autriche, il résigna, au commencement de l'année 1794, son commandement, dont Mœllendorf fut investi en sa place. A partir de ce moment jusqu'à 1806, époque de néfaste mémoire pour les armes prussiennes, il se consacra uniquement à l'administration de ses États, dont tous ses efforts tendirent à accroître le bien-être et la prospérité. Son édit des dettes (*Schuldenedict*), qui date de cette époque, est un modèle de législation en matière de faillites. Parvenu à la vieillesse, et à un âge où il eût pu, sans s'exposer à aucun reproche, se retirer du tumulte et des orages de la politique, il accepta en 1806, quand la guerre éclata entre la Prusse et la France, le commandement en chef de l'armée prussienne. C'était assumer un fardeau au-dessus de ses forces et une responsabilité tout à fait disproportionnée. Privé de l'usage de ses deux yeux par un coup de feu à la bataille d'Auerstædt (*voyez* IÉNA), il se vit forcé de fuir ses États héréditaires, et alla mourir à Ottensen, près d'Altona, le 10 novembre 1806.

BRUNSWICK (AMÉLIE-ÉLISABETH-CAROLINE, princesse DE). *Voyez* CAROLINE.

BRUNSWICK (MAXIMIL.-JULES-LÉOPOLD, prince DE), fils cadet du duc Charles de Brunswick et frère de Charles-

Guillaume Ferdinand, né à Wolfenbüttel, le 10 octobre 1752, reçut une excellente éducation, sous la direction de l'abbé Jérusalem, et fit ses études académiques à Strasbourg. Il parcourut ensuite l'Italie, et fut accompagné dans ce voyage par Lessing. Neveu de Frédéric le Grand, il fut nommé en 1776 chef d'un régiment d'infanterie à Francfort-sur-l'Oder, où, après la guerre de la Succession de Bavière, à laquelle il avait assisté, il établit sa résidence. La bonté de son cœur, son active sympathie pour tout ce qui intéressait le bien général, son empressement à adoucir toutes les souffrances et toutes les misères, lui méritèrent les respects de toute la population de cette ville. Nature noble et sensible, il se mettait hardiment au-dessus des prétendues convenances de son rang, et s'attira ainsi à diverses reprises de vifs reproches de la part de Frédéric le Grand. C'est à lui et à son régiment que les habitants de Francfort furent redevables, en 1780, de la conservation des digues qui préservèrent les faubourgs de leur cité de l'inondation ; et il fit preuve d'un dévouement non moins actif à l'occasion de divers incendies qui y éclatèrent vers la même époque. Il fonda en outre à Francfort, pour les enfants pauvres de son régiment, une école qui existe encore aujourd'hui. Lors de la débâcle des glaces, le 27 février 1785, il se noya dans les flots de l'Oder, au-dessous du faubourg de la Digue, à Francfort, sur la rive droite du fleuve. La tradition veut que dans cette occasion il ait été victime de son humanité au moment où il cherchait à porter secours dans un canot à des habitants du faubourg menacés de périr entre les glaçons, et la statue qu'on lui a élevée sur la rive droite de l'Oder consacre le souvenir de cet acte de généreux dévouement. Mais il résulte d'un article publié en 1844 dans l'*Almanach historique* de Raumer, qu'au jour indiqué pas un seul habitant, soit de la ville, soit des faubourgs de Francfort, ne se trouva en danger d'être englouti, et que le prince périt tout simplement victime de l'imprudence qui le porta à essayer, avec deux soldats de son régiment, de passer en bateau au milieu des débris d'un pont renversé, par-dessus lequel se précipitait en fureur le fleuve débordé.

Son frère *Frédéric-Auguste*, né en 1740, mort en 1805, se livra avec beaucoup d'ardeur à la culture des lettres, et devint membre de l'Académie de Berlin : il traduisit en italien les *Considérations sur la Grandeur et la Décadence des Romains*, de Montesquieu, composa dans la même langue une *Histoire d'Alexandre le Grand*, et fit jouer quelques pièces en allemand et en français sur les théâtres de Berlin et de Strasbourg.

Un autre frère, *Guillaume-Adolphe*, né en 1745, mort en 1771, d'une blessure inflammatoire, en allant combattre les Turcs avec l'armée russe, dans laquelle il avait pris du service, fut aussi membre de l'Académie de Berlin ; il composa *la Mexicade*, poëme français, resté inédit, et publia une traduction allemande de Salluste et un *Discours sur la Guerre*, qui obtint des éloges du grand Frédéric, sous les ordres duquel il servait alors.

BRUNSWICK (Frédéric-Guillaume, duc de), né le 9 octobre 1771, le quatrième et dernier fils du duc Charles Guillaume Ferdinand (*voyez* plus haut), reçut la même éducation que ses deux aînés, jusqu'au moment où la carrière militaire, à laquelle il était destiné exigea qu'il suivit une direction particulière. Son père l'aimait tendrement, mais ne l'en traitait pas moins avec une sévérité extrême. Dès 1788 le roi de Prusse le nomma successeur de son oncle, le duc Frédéric-Auguste d'Œls, qui mourut en 1805. A son retour de Suisse, où il passa quelque temps à Lausanne, il fut nommé capitaine dans un régiment d'infanterie prussienne, où à partir de 1792 il fit les campagnes contre la France, et après la paix de Bâle il obtint un régiment. En 1804 il épousa la princesse Marie-Élisabeth-Wilhelmine de Bade, de laquelle il eut les princes *Charles* et *Guillaume* (*voir* ci-après leurs articles spéciaux). En 1806 il prit part à la guerre contre la France avec toute l'ardeur que provoquait en lui le spectacle de l'Allemagne courbée sous le joug de l'étranger ; et à la fin de la campagne il faisait partie du corps de Blucher, avec lequel il fut fait prisonnier à Lubeck. A la mort de son père, arrivée le 10 novembre 1806, il lui succéda comme souverain, son frère aîné étant mort un mois auparavant sans laisser d'enfants, et ses deux autres frères, frappés d'une cécité incurable, ayant dû renoncer à leurs droits en sa faveur. Mais Napoléon, dans son omnipotence, décida qu'en portant les armes contre lui il avait perdu tout droit d'hériter de sa famille. Après la paix de Tilsitt, il séjourna en conséquence à Bruchsal, où sa femme mourut, en 1808. Quand l'Autriche recommença la guerre, en 1809, il leva un corps franc en Bohême.

Déjà Schill avait succombé à Stralsund, quand le duc envahit la Saxe. Mais le roi de Westphalie, Jérôme Bonaparte, le contraignit bientôt à évacuer avec ses hussards noirs Dresde et Leipzig. Il se jeta alors en Franconie, où, de la Bohême, les Autrichiens avaient tenté une pointe. Une fois l'armistice de Znaïm conclu (12 juillet 1809), il renonça à l'alliance de l'empereur d'Autriche, et marcha d'Altenbourg sur Leipzig avec son corps, fort encore de 1,500 hommes, dont 700 cavaliers. Après un petit combat qu'il eut à y soutenir, il continua sa marche par Halle sur Halberstadt, où il battit le cinquième régiment d'infanterie westphalienne, commandé par le colonel Wellingerode, qu'il fit prisonnier. De là il marcha sur Brunswick, et le 1er août, à Olpert, village voisin de cette ville, il soutint avantageusement un combat contre 4,000 Westphaliens, commandés par le général Reubel. Il se dirigea ensuite par Hanovre sur Nieubourg, où il s'empressa de passer sur la rive gauche du Weser. Le 4 août il arriva à Hoya, où il s'empressa de passer sur la rive gauche du Weser, tandis qu'une partie de son corps filait sur Brême pour y faire une démonstration.

Le 5 août, en effet, ses hussards noirs entrèrent à Brême ; mais ils durent l'évacuer dès le lendemain. Pendant ce temps le duc avait continué sa marche à travers le duché d'Oldenbourg. Il passa la nuit du 5 au 6 août à Delmenhorst, et sembla alors que son intention fût de gagner la Frise orientale pour s'y embarquer. Mais traversant à l'improviste, à Huntebruck, la Hunte, l'un des affluents du Weser, il s'empara de tous les navires et embarcations qui se trouvaient à Elsfleth. Le 7 au matin, après avoir embarqué de vive force les marins nécessaires, il mit à la voile sous pavillon anglais. Le 8 il débarquait à Heligoland, d'où il se rembarquait dès le 11 pour l'Angleterre. Il y fut accueilli de la manière la plus sympathique, ainsi que son corps, qui passa aussitôt au service anglais et fut employé plus tard en Espagne et en Portugal. Le parlement lui vota une pension de 6,000 liv. sterling, qu'il continua de toucher jusqu'à son retour dans ses États, le 28 décembre 1813.

En prenant les rênes du pouvoir, il voulut faire le bien, mais il voulut le faire trop vite, négligeant trop les formes en usage. Il se heurta donc à une foule d'obstacles qu'il n'avait pas prévus, et ne répondit pas aux espérances qu'il avait fait concevoir ; c'est ainsi notamment que sa prédilection pour le militaire acheva de complètement ruiner les finances publiques, déjà bien délabrées. Les événements de 1815 l'ayant rappelé dans les camps, il périt de l'une des braves, à la bataille des Quatre-Bras, le 16 juin 1815. Il eut pour successeur son fils Charles, alors encore mineur.

BRUNSWICK (Frédéric-Auguste-Guillaume-CHARLES, ex-duc de), l'aîné des deux derniers rejetons de la ligne aînée de la maison des Guelfes, fils du précédent et de Marie-Élisabeth, fille du prince héréditaire Charles-Louis de Bade, est né le 30 octobre 1804 à Brunswick. La bataille d'Iéna contraignit sa mère à se réfugier avec lui et son jeune frère en Suède, auprès de sa sœur, femme du roi Gustave Adolphe IV ; et ce ne fut qu'en août 1807 que la famille ducale put se trouver réunie dans un tranquille asile, à

Carlsruhe. La mort de leur mère, arrivée en avril 1808, eut pour les deux jeunes princes des résultats d'autant plus funestes, que leur père se trouva forcé par les événements de les confier à la garde d'étrangers. Au printemps de 1809, le major Fleischer, connu plus tard sous le nom de colonel Nordenfels, les conduisit de Bruchsal, où ils étaient jusqu'alors restés aux soins de leur grand'mère, la margrave douairière de Bade, à OEls en Silésie.

Menacés encore une fois dans cette retraite, ils furent menés d'abord à Nachod en Bohême, puis à Kolberg, plus tard en Suède; et en septembre 1809 ils arrivèrent enfin en Angleterre, où leur père les confia à sa mère, la duchesse douairière Augusta, sœur de Georges III, près de laquelle ils vécurent jusqu'en 1813. On chargea de leur éducation un ecclésiastique anglican, le chapelain Prince, homme fort au-dessous d'une telle mission. En 1814 ils accompagnèrent avec leur instituteur leur père à Brunswick.

Aux termes de l'acte de dernière volonté laissé par leur père, tué en 1815 aux Quatre-Bras, ils passèrent sous la tutelle du prince régent d'Angleterre. A peu de temps de là leur premier instituteur fut congédié, parce qu'on attribuait à sa méthode d'enseignement le peu de progrès faits jusqu'alors par le prince Charles dans les notions les plus rudimentaires. Plus tard, quand le prince éleva les plus odieuses imputations contre son tuteur, il prétendit que de l'éloignement de son premier précepteur datait la mise à exécution d'un plan systématiquement suivi depuis pour le rendre complètement incapable de gouverner lui-même ses États, faute d'instruction. Mais des documents dignes de foi témoignent que le tuteur du jeune prince, bien qu'éloigné de lui, veillait à ce qu'il fût convenablement élevé, et que le ministre comte de Munster, ainsi que le conseiller intime Schmidt-Phiseldeck, furent loin d'obéir à des motifs d'ambitieux égoïsme dans la direction qu'ils donnèrent à son éducation. Certains recueils allemands prétendent en outre que le jeune duc Charles dut à de vicieuses habitudes ce qu'il y eut d'incomplet dans son développement physique et intellectuel, manifestant d'ailleurs en toute occasion une précoce avidité pour l'argent et les idées les plus orgueilleuses au sujet de ses droits comme souverain.

Après avoir passé cinq années à Brunswick, les deux jeunes princes se rendirent à Lausanne, en 1820, sous la conduite de leur gouverneur, le major de Linsingen. La mauvaise société que fréquenta dans cette ville le duc Charles ne fit qu'augmenter son goût pour les excès de tout genre. Alors les rapports existant entre le jeune duc et son gouverneur arrivèrent à être tels, qu'en 1822 le roi d'Angleterre déchargea le major de ses obligations; quant au duc, il alla trouver à Bruchsal sa grand'mère. En 1822 il se rendit à Vienne, sous la conduite du colonel Dœrnberg, et c'est dans cette capitale qu'il manifesta pour la première fois le désir de voir avancer l'époque de la déclaration de sa majorité. Ce qu'on connaissait de son caractère détermina le roi d'Angleterre à reculer cette déclaration de majorité autant que le permettait le droit; cependant, d'accord avec les cours de Vienne et de Berlin, il appela enfin le duc Charles à prendre les rênes du pouvoir, le 23 octobre 1823.

Le duc Charles ne vit dans l'organisation nouvelle donnée pendant sa minorité aux états que le dessein de limiter son autorité. Il refusa en conséquence de la reconnaître, et ne reçut point la prestation de foi et hommage que prescrivait cette constitution. Il s'occupait d'ailleurs fort peu d'affaires publiques, trahissait à tout moment la plus grossière ignorance en ces matières, ainsi que le manque absolu de sens pour ce qui est beau et noble. En 1824 il voyagea en Italie; de là il se rendit à Hambourg, puis en 1825 en Angleterre, où il fit enlever une jeune fille qu'il ramena avec lui à Brunswick, puis qu'il en chassa sans pitié quand elle fut devenue mère. A son retour d'Angleterre, au printemps de 1826, le conseiller intime Schmidt-Phiseldeck, principal représentant du pouvoir pendant la tutelle, se trouva dans une position si pénible, qu'il dut donner sa démission, et l'année suivante il lui fallut chercher un refuge en Hanovre contre les persécutions du duc. A partir de cet instant le duc Charles engagea ouvertement la lutte la plus haineuse contre son ancien conseil de tutelle. La plupart des mesures prises pendant sa minorité furent annulées, et le duc fit propager, au moyen de brochures écrites par les plus vils folliculaires, les imputations les plus calomnieuses contre chacun des membres de ce conseil. Il renvoya les uns après les autres les hommes appelés par eux aux fonctions publiques, et les remplaça par des agents dociles et complaisants de son arbitraire et de son despotisme. Toutes les ressources financières de l'État furent employées à satisfaire ses incessants caprices. Sa rancune implacable persécutait tous ceux qui avaient le malheur de lui déplaire. Une police secrète fut organisée, et bientôt les hommes les plus honorables se trouvèrent inscrits sur ce qu'on appela le *livre noir*, comme devant être châtiés au premier jour pour avoir exprimé leur mécontentement de la conduite du duc et de ses créatures.

Longtemps le duc Charles ne demanda guère ses distractions qu'au théâtre, et des comédiens composèrent presque seuls sa société; il s'abandonnait d'ailleurs de plus en plus aux excès de tout genre, uniquement préoccupé par sa passion d'accroître ses trésors de toutes les manières possibles. Quand enfin la diète fédérale, en 1829, prit en considération les griefs du pays, le duc se retira en France, laissant presque complètement l'administration aux mains de son favori Bitter, d'abord simple expéditionnaire dans les bureaux, homme vil, qui en se faisant son complaisant était parvenu à capter sa confiance, et qui pour le conserver ne reculait pas devant les actes les plus indignes. La révolution de Juillet 1830 chassa le duc de Paris; celle de septembre le chassa de Bruxelles, et le contraignit à rentrer furtivement dans ses États, où bientôt éclatèrent les événements dont on trouvera le récit à l'article Brunswick, et qui lui firent perdre le trône.

Le duc Charles de Brunswick essaya de trouver en Angleterre du secours pour se remettre en possession de ses États. Repoussé dans ce pays, il se rendit de nouveau en Allemagne, et s'approcha des frontières de son duché, espérant parvenir à gagner les masses en leur faisant les plus belles promesses de libertés et d'institutions libérales. Mais à la première résistance qu'il rencontra dans l'exécution de ses plans, il prit honteusement la fuite, et à la fin de décembre 1830 il se trouvait de nouveau à Paris. Ses démêlés avec la police de cette capitale occupèrent les oisifs pendant les premiers mois de 1831. Cette même année les agnats le déclarèrent incapable et déchu à ce titre du droit de gouverner, dont son frère Guillaume se trouva dès lors investi. Le duc n'en poursuivit pas moins pendant longtemps à Paris des projets de restauration à main armée, dépensa dans ce but des sommes énormes, que se partagèrent en riant une foule d'aventuriers et de flibustiers politiques de toutes les couleurs et de toutes les nations, mais ne put jamais parvenir à les réaliser. Expulsé de nouveau en 1832, et conduit par la police française dans le pays de Vaud, il obtint l'année suivante l'autorisation de rentrer en France, et acheta un hôtel avenue des Champs-Élysées. Depuis cette époque il réside alternativement à Paris et à Londres, menant dans, l'une et l'autre de ces capitales une vie obscure, et protestant de temps à autre, par la voie des journaux, de sa ferme intention de ne jamais abdiquer ses droits.

BRUNSWICK (Auguste-Louis-Maximilien-Frédéric-Guillaume, duc régnant de), frère cadet du précédent, est né le 25 avril 1806. Élevé avec son frère, leur destinée ne cessa d'être commune qu'en 1822, époque où le duc Charles se rendit de Lausanne à Vienne. Le prince Guillaume, au contraire, se rendit de là à Gœttingue, sous la direction du colonel de Dœrnberg, et l'année suivante à Berlin, où il entra au service de Prusse et obtint le grade de major. En 1826 son frère Charles, qui était monté sur le trône en 1823, lui céda la principauté d'Œls, en Silésie.

A la nouvelle des événements dont la ville de Brunswick avait été le théâtre le 7 septembre 1830, et de l'expulsion de son frère, le duc Guillaume, qui habitait la Prusse, se rendant au vœu des états du duché, consentit à venir à Brunswick et à accepter la présidence d'un gouvernement provisoire; démarche à laquelle la diète fédérale donna plus tard son entière adhésion. Un acte de famille souscrit en février 1831 par tous les agnats de la maison de Brunswick, reconnut que le duc Charles était absolument incapable de régner, et déclara le trône vacant. Par suite de cette déclaration, le duc Guillaume prit les rênes du pouvoir, en vertu de son droit propre et du consentement de ses agnats. Il adressa à l'assemblée des états une proclamation dans laquelle il confirmait solennellement tous leurs droits et privilèges, et le 25 avril il reçut leur prestation de foi et hommage. Dans un voyage qu'il fit alors à Londres, il reçut l'ordre de la Jarretière. De retour à Brunswick, il ouvrit le 30 septembre 1831 la session des états, où la nouvelle constitution du pays fut délibérée et votée. Le 12 octobre 1832 le duc lui donna sa sanction. Le 14 mars 1833 il fut chargé par tous les agnats de sa maison de la haute curatelle de l'ex-duc son frère, en raison de sa notoire prodigalité. Il fit reconstruire le château de Brunswick, incendié dans les journées de septembre, et posa la première pierre de ce nouvel édifice le 26 mars 1833. Le 25 avril 1834 il fonda l'ordre de Henri le Lion, qui compte quatre classes, et l'ordre du Mérite, qui en a deux. Comme ce prince n'a point contracté de mariage légitime, à sa mort le duché de Brunswick sera réuni au Hanovre.

BRUNSWICK (Nouveau-). *Voyez* Nouveau-Brunswick.

BRUSCAMBILLE, nom de théâtre d'un comédien de l'hôtel de Bourgogne, appelé Deslauriers, qui fut le successeur immédiat de Gauthier Garguille. Tout ce qu'on sait de sa vie, c'est qu'il avait d'abord joué la comédie à Toulouse. Il débitait avant l'ouverture de la scène des prologues dans le goût des parades de la foire, et la foule qu'attiraient ses facéties n'attendait pas qu'il eût ouvert la bouche *pour rire à double mâchoire*. Les prologues de Bruscambille sont presque toujours remplis de sel et d'esprit, quoique ne s'adressant pas à des oreilles chastes. Mais si tout le monde ne pouvait aller l'entendre, en revanche tout le monde voulait le lire. Ses *Fantaisies*, ses *Paradoxes*, ses *Prologues facétieux*, ses *Plaisantes imaginations* furent très-vite recueillis et prirent la fortune de bien des libraires; l'on en vendit plus d'exemplaires qu'il ne s'écoule de traités de morale en cent ans. Il est permis de supposer que lorsque Deslauriers imprima ses burlesques improvisations de la comédie, il en fit réellement une œuvre nouvelle, car son livre témoigne d'une rare érudition; et les citations d'auteurs anciens qu'on y trouve à chaque instant sont à l'adresse d'un public choisi, qui n'était certes pas le parterre de l'hôtel de Bourgogne.

Deslauriers a beaucoup de rapport avec Rabelais; La Fontaine et Molière n'ont pas dédaigné de s'inspirer de ses saillies. On ne s'attendra ici pas à trouver ici une analyse des écrits de Deslauriers, analyse qui serait assez difficile à suivre. Ce sont des éloges ironiques de l'ivrognerie, de la folie, de la poltronnerie, du mensonge. Quelquefois notre auteur s'élève pourtant jusqu'à une certaine hauteur morale; ses écrits abondent en pensées ingénieuses, en traits comiques, en peintures vives et naturelles, à côté d'obscénités du plus mauvais goût : ce sont des perles malheureusement enfouies sous un tas de fumier. La première édition connue vit le jour en 1612; elle fut suivie de quinze ou vingt autres, imprimées à Paris, à Rouen, à Lyon, à Caen; toutes diffèrent les unes des autres; toutes sont devenues peu communes, et il n'est pas d'amateur qui ne paye volontiers de 50 à 100 fr. un de ces volumes horriblement mal imprimés, sur papier souvent affreux.

BRUSQUE, **BRUSQUERIE**. Dans l'état de nature, tous les hommes sont plus ou moins féroces; dans l'état de civilisation, quelques-uns seulement sont *brusques*. c'est-à-dire que par un choc involontaire ils froissent sans vouloir nuire ni se venger. On naît brusque : c'est un vice de tempérament que l'éducation du monde diminue, mais n'extirpe pas. Les relations ordinaires tirent leur charme principal de la politesse; de part et d'autre toutes les aspérités s'adoucissent; c'est un sacrifice mutuel qu'on se fait pour passer ensemble quelques heures agréables; seulement il faut rien attendre au delà. A-t-on, au contraire, besoin d'établir sa fortune, il est indispensable d'avoir quelques bons amis bien brusques. Êtes-vous dans la mauvaise route, au premier pas ils vous arrêtent; si votre sensibilité en souffre, vos intérêts y gagnent. Quand ces amis brusques se trouvent en présence de vos ennemis, ils les dispersent, parce qu'ils les attaquent de front et à l'improviste. On se plaint souvent des amis brusques; on a tort : ce sont ceux que l'on conserve le plus. On peut être brusque sans être grossier; et pour ne pas se tenir dans la mesure générale, on ne vit pas hors de toute mesure. Les hommes brusques possèdent souvent, comme d'instinct, toutes les qualités du cœur; seulement ils n'en ont pas les séductions : au sein de la prospérité on peut éviter leur commerce; dans le malheur on va frapper droit à leur porte, sûr qu'elle ne saurait différer à s'ouvrir.

On peut qualifier de *brusquerie* un acte spontané et inattendu, qui cause au moral l'impression d'une sorte de saisissement passager. Cependant elle ne blesse pas toujours : loin de là, elle amuse quelquefois. Chez un homme qui a une très-grande habitude de la société, elle forme un contraste comique entre les expressions polies dont il se sert, et le ton un peu plus que vif avec lequel il les prononce. D'un autre côté, le premier mouvement est à peine échappé, que la physionomie de l'homme du monde en demande pardon : c'est lui qui en reste embarrassé. Mais il n'en est pas de même chez les gens auxquels tout élément d'une première éducation manque : leur brusquerie éloigne, parce que rien ne la rachète, ni la politesse du discours, ni la grâce des manières. Aussi, entre les gens du peuple la brusquerie lorsqu'elle est poussée trop loin occasione des querelles, des rixes, et devient le fléau de toute une famille. Quand on vit beaucoup dans la solitude, on y contracte le germe de la brusquerie : comme alors on ne rencontre pas d'obstacles, on prend l'habitude d'aller droit au but. Se mêle-t-on accidentellement aux hommes, on se cabre à la plus légère contrariété, et on la repousse par une brusquerie qui va jusqu'à la rudesse. Disons toutefois, en terminant, que la brusquerie n'est pas dans toutes les circonstances la sœur de la franchise; quelques hommes recourent à la première comme à une arme qui repousse toute explication qui les embarrasserait : c'est de force qu'ils se frayent la route et passent.

Saint-Prosper.

BRUSQUEMBILLE, jeu de cartes très-ancien et fort simple, qui a, selon toute probabilité, donné naissance au jeu du mariage et à tous ceux qui se jouent en prenant une carte au talon à chaque levée. On ne le joue plus depuis longtemps.

BRUSQUET, bouffon qui succéda à Triboulet dans la *charge de fou* du roi François 1er, et qui exerça également cet emploi sous le règne de ses trois successeurs, naquit en Provence, vers 1510, et commença par exercer la profession de chirurgien-barbier. En 1536 il travaillait de son état au camp d'Avignon, donnant, nous dit Brantôme, aux hommes de bonnes médecines de chevaux, « ses malades allaient *ad patres* dru comme mouches. » Le connétable de Montmorency, qui n'y mettait pas beaucoup de façons, voulut le faire pendre; mais le dauphin, qui fut depuis Henri II, touché de la mine piteuse que faisait le pauvre diable, s'intéressa à lui, et le prit à son service. Une fois à la cour, Brusquet, par sa gaieté et son intarissable verve de quolibets, fit son chemin, obtint la charge de valet de chambre du dauphin, et plus tard la place, fort lucrative, de maître de la poste aux chevaux de Paris. Il accompagna le cardinal de Lorraine à Bruxelles quand ce prélat alla jurer la paix faite avec l'Espagne, et ses saillies, ses espiègleries, ses escroqueries même, divertirent fort le sombre Philippe II. Les prospérités de Brusquet eurent un terme; on le soupçonna, en 1562, d'être en secret partisan des nouvelles idées religieuses, et la populace de Paris saccagea sa maison, après l'avoir pillée. Brusquet, accusé d'être *huguenot* par celui peut-être qui convoitait sa charge, n'avait plus qu'à fuir. Il se retira chez M. de Valentinois, où il mourut l'année suivante.

BRUT. Ce mot, qui vient sans doute du grec βρύττειν, manger, brouter, exprime la nature âpre, inculte, grossière, opposée à tout ce qui est poli et travaillé. Il s'applique à tous les objets tels que la nature nous les présente quand ils sont destinés à être perfectionnés par l'art. Il se dit en particulier des pierres et des métaux non polis, non dégrossis : l'or, l'argent, le fer, les diamants *bruts*, etc. On appelle sucre *brut* celui qui n'a pas encore subi l'opération du raffinage. La plume *brute*, aux yeux du plumassier, est celle à laquelle on n'a pas encore donné la préparation qui doit l'assouplir, la rendre propre à être mise en œuvre. *Brut* se dit aussi des productions artificielles qui sont à leur premier jet, et que la main de l'ouvrier ou de l'artiste doit achever de dégrossir, pour les polir ensuite au point que son talent ou son génie peut atteindre. En ce sens il s'applique aussi bien à tous les ouvrages d'esprit et d'imagination qu'à ceux dont l'adresse et le travail de la main font seuls les frais. Au propre, et comme synonyme d'*ort*, il indique le poids de la marchandise quand elle est pesée ou vendue avec son emballage : on dit cette balle pèse *brut* ou *ort* 300 kilogrammes, pour marquer que l'emballage avec ce qu'il renferme est du poids de 300 kilogrammes.

BRUTAL. C'est un homme qui ne sait pas vivre, qui brusque tout le monde, et qui rompt en visière sans motif, par la seule impulsion d'une nature grossière et rude. La *brutalité* ne peut faire que des ennemis. Avoir des *appétits brutaux*, c'est être plus adonné aux jouissances matérielles et terrestres qu'à celles de l'esprit et du cœur : dans l'un et dans l'autre, la *brute* l'emporte sur l'intelligence.

Le nom de *brutal* est encore employé familièrement par le soldat pour désigner le canon, cette arme que les rois de la terre appellent leur dernière raison.

BRUTE. Ce terme a plus de portée encore que celui de *bête*, car on dit *bête brute* pour désigner l'extrême animalité, la stupidité la plus encroûtée. En effet les *matières brutes* sont ainsi qualifiées, par opposition aux *êtres organisés* : tels sont les corps inertes du règne minéral, comme les pierres, les substances terreuses ou incapables de vie, ou même amorphes et sans structure régulière quelconque. Cependant, les sels, les minéraux cristallins, quoique susceptibles de former des solides géométriques, n'en sont pas moins des matériaux bruts. Voracité, cris effrayants, actions violentes, caractère farouche, tels sont les attributs de la *brutalité*. Les anciens désignaient la brute sous le nom d'ἄγριον, sauvage, ou d'ἄλογον, sans raison, puisque celle-ci a été attribuée à l'homme seul. Cependant, on a contesté cette dernière prérogative, que s'arroge sans façon notre espèce elle-même, à certains animaux, et le reste des êtres de leurs droits à l'intelligence. Le bon Plutarque et d'autres anciens ont donné la parole à certains animaux, comme à des avocats pour défendre leurs causes, tel que Gryllus, ancien compagnon d'Ulysse, changé en bête par Circé. Le philosophe de Chéronée recherche encore quels animaux sont les plus avisés de la terre et des eaux. Enfin, Rorarius a fait un livre pour prouver *quod animalia bruta ratione utantur melius homine*. Il lui est facile de montrer en effet que la plupart des brutes, suivant leur simple i n s t i n c t de la nature dans son ordre régulier, sont moins vicieuses, moins sujettes aux débordements criminels que la plupart des humains, s'abandonnant à toute la violence de leurs passions, soit pour les excès du libertinage, soit pour les abus du boire et du manger, soit enfin pour tous les penchants de folie et de scélératesse inconnus aux bêtes. « Tel qui s'élève jusqu'à l'ange, dit Pascal, peut descendre, par l'imbécillité ou l'extravagance, au-dessous même de la brute. »

Un de nos collaborateurs a fort bien traité déjà de l'âme des bêtes; mais ce sujet mérite encore de nous occuper sous le point de vue physiologique ou de l'organisation, et il convient de rechercher dans la série du règne animal l'analogie des fonctions du cerveau et des organes des sens des brutes avec ceux de l'homme. Cette analogie ayant paru non-seulement humiliante pour notre espèce, mais même difficile à expliquer sans quelque peu de matérialisme, un savant docteur espagnol, Antonio Pereira, imagina, au dix-septième siècle, de trancher la difficulté en réduisant les brutes à l'état de pures machines ou d'automates. Descartes soutint cette hypothèse avec tous les efforts de sa physique corpusculaire, mais sans avoir pu convaincre même sa nièce, qui s'obstinait à retrouver du sentiment dans sa fauvette. D'autres philosophes, émerveillés des instincts des brutes, si supérieurs parfois à l'intelligence humaine, ont accordé l'esprit et même le génie aux plus chétifs insectes. Un docteur allemand, Chrétien Krause, admet jusque chez les animalcules imperceptibles des eaux croupies un intellect d'une nature d'autant plus sublime qu'il lui paraissait être plus dégagé, chez ces espèces transparentes, de la matière opaque et grossière qui constitue nos organes.

Après avoir admis la sensibilité dans les brutes, après avoir reconnu qu'elles éprouvaient des cruautés ou subissaient nos injustices (témoin le chien et le cheval, victimes de nos caprices; le bœuf, immolé à nos appétits pour récompense de ses longs travaux, etc.), des philosophes, et surtout Leibnitz, n'ont pas cru indigne de la suprême bonté ou de la sagesse divine d'accorder à ces animaux une part de rémunération dans une autre vie. Ils n'ont pas reculé devant l'idée d'une sorte de paradis pour les bêtes (*voir* la *Théodicée*, ou la *Justice de Dieu*, par Guillaume-Godefroi Leibnitz). Un savant socinien allemand a même publié, au dix-huitième siècle, un volume in-4° sur les péchés que peuvent commettre plusieurs brutes, tel que la gourmandise, la concupiscence, la cruauté, etc. (Voir *De Peccatis Brutorum*). De là est venue l'absurde coutume de soumettre les animaux domestiques à des jugements. Ainsi, on a pendu au moyen âge des cochons, des vaches ou des chiens pour leurs méfaits, d'après des sentences rendues par les tribunaux et avec plaidoiries contradictoires des avocats. L'exécuteur des hautes œuvres était aussi chargé du supplice de ces animaux. On a de même lancé des excommunications contre les rats, les sauterelles, etc., comme si ces bêtes étaient des agents libres, responsables de leurs volontés et pouvaient ainsi mériter ou démériter, avoir des vertus, être criminelles, etc.

Cependant ces questions s'étaient présentées à saint Augustin et à d'autres pères de l'Église; mais en attribuant une âme aux grandes espèces d'animaux, on n'était pas en droit d'en refuser une aux moindres insectes, aux puces et aux poux, etc., des docteurs reculaient devant les conséquences. Il n'est donné qu'aux Brahmanes et aux peuples de l'Inde d'admettre, par la métempsycose, la transmigration des âmes dans les diverses espèces d'animaux, qu'ils s'abstiennent de tuer, même ceux qui les blessent ou qui les dévorent.

Toutefois, en scrutant plus sérieusement l'organisme

animal, nous donnerons ici un aperçu des facultés, soit instinctives, soit intellectuelles des brutes, selon leurs diverses classes et en suivant l'échelle de leur organisation.

Les animaux les moins perfectionnés ou privés de cerveau, de tête, de système nerveux visible, tels que les zoophytes (polypes, radiaires, etc.), montrent seulement de l'irritabilité, une sensibilité vague pour chercher leur nourriture, se placer à la lumière, sans yeux cependant pour l'apercevoir; mais ils sentent le contact échauffant des rayons solaires, se retirent, se contractent lorsqu'on les saisit, etc. Toutes ces actions ne supposant aucun centre sensorial commun ni intelligence, le mot d'*âme* ne leur convient qu'en tant qu'on les considère comme *êtres animés*, et en admettant avec Stahl et d'autres physiologistes que l'âme elle-même coordonne les organes, qu'elle n'est pas seulement *assistante*, mais *informante*, et qu'elle construit toutes leurs parties pour manifester ses actes.

Les animaux doués d'un système nerveux ganglionnaire ou sympathique simple, tels que les vers, les insectes, les arachnides, les crustacés, les mollusques céphalés et les acéphales (ou avec ou sans tête) manifestent une grande diversité d'instincts innés et non appris. Sans doute il y aurait une grande difficulté pour expliquer toutes les opérations des fourmis et des abeilles dans leur république, et surtout pour les divers instincts que déploie le même individu à l'état de chenille, ou larve, et à celui d'insecte parfait, comme dans les papillons, le myrméléon, etc.; ainsi, l'instinct se transforme en même temps que les organes. Nous avons trouvé une explication assez simple cependant de ces singuliers changements. En effet, chaque instinct (ou âme, si l'on veut) d'un animal est inhérent à son organisation; il paraît n'en offrir que le jeu même. Si l'organisation éprouve une métamorphose, l'instinct se met à l'unisson des formes nouvellement revêtues par l'animal. Comment ce fait est-il possible, sans étude ni instruction préliminaire, sans que l'animal soit libre de se donner plus ou moins d'habileté? Voici comment on peut le concevoir. Tout le monde connaît ces serinettes (turclutaines) ou petites orgues, par lesquelles on apprend aux oiseaux à siffler en cage : les différents airs sont notés sur un cylindre dans l'intérieur de la caisse ; en avançant ou reculant ces cylindres d'un ou plusieurs crans, l'on fait jouer d'autres airs à la serinette. Or, si nous admettons dans le petit cerveau et tout le système nerveux à ganglions d'une chenille certaines déterminations gravées, comme un air noté sur le cylindre de la serinette, la chenille, par cela seul qu'elle vit, jouera, pour ainsi parler, suivant ses impulsions internes, tout comme le cylindre de la serinette on joue un air. Survient-il une métamorphose, par le développement successif des parties du papillon dans cette chenille, il arrive pour l'appareil nerveux ce qui se fait pour le cylindre avancé d'un cran. Il doit donc un autre air plus en harmonie avec les besoins de l'animal transformé. Il suffit donc de concevoir que la nature a pu organiser le système nerveux du plus chétif insecte en y établissant des ressorts d'action, des déterminations primitives, tout comme elle dispose les autres organes du corps, les muscles des jambes, les yeux, etc. Une fauvette chante naturellement un air, tandis que Philomèle redit telle autre une complainte amoureuse. Ainsi, des œufs d'oiseaux chanteurs d'Asie qu'on apporte en France, y éclosent, et l'oiseau devenu, sans être appris, les chants de son pays natal. Ce sont ainsi des serinettes vivantes toutes montées par la savante nature. L'araignée, la guêpe, depuis le commencement du monde, construisent probablement leurs nids, tissent leurs toiles, de la même manière, sans être instruites : ce sont donc d'admirables machines; elles sont mues plutôt qu'elles n'agissent par volonté.

Il n'en est pas de même d'une autre série d'animaux à système nerveux plus compliqué, ayant un cerveau et un cervelet plus ou moins développés, avec une moelle épinière renfermée dans une colonne vertébrale : tels sont les animaux vertébrés, poissons, reptiles, oiseaux, mammifères. Leur système nerveux cérébral étant beaucoup plus en rapport avec leurs cinq sens et les objets extérieurs qui ne l'est le système ganglionique des invertébrés (insectes, vers, mollusques, crustacés, etc.), le premier peut acquérir beaucoup d'impressions et de connaissances, ou comparer un plus grand nombre d'idées simples par les expériences de la vie ou par cette sorte d'éducation spontanée qui s'opère à l'aide des objets environnants. Ainsi, l'on peut enseigner diverses actions aux mammifères surtout, aux oiseaux et jusqu'à certains reptiles et poissons qu'on a su apprivoiser. On n'a rien pu apprendre à des insectes, à des mollusques : ils manquent de conception et de ce réceptacle cérébral des idées; ils ne savent que jouer de leur turclutaine, pour ainsi parler. Ce n'est pas que les animaux vertébrés ne soient mus souvent par les impulsions internes de leur instinct et par le jeu du système nerveux ganglionnaire ou sympathique qui en est le siége; mais, de plus, on observe chez une foule de vertébrés des acquisitions d'idées, des développements intellectuels, depuis la naissance jusqu'à l'état adulte. Les brutes ont même un langage d'action, ou se communiquent leurs affections par des voix et des cris.

Voilà donc la série d'idées qu'on pourrait considérer comme l'intellect chez les bêtes. Condillac, dans son *Traité des Animaux*, ne voit de différence entre cet intellect et l'âme humaine que du moins au plus. Toutefois, il n'a nullement compris l'instinct natif intérieur, puisqu'il l'attribue à l'habitude et à des connaissances contractées, comme si l'animal en naissant pouvait déjà posséder ces habitudes et ces acquisitions. Buffon avait mieux distingué l'instinct des brutes; mais c'est surtout Samuel Reimarus qui l'a très-bien conçu et développé, ce qui ne paraît pas avoir été assez étudié par Cabanis.

Nous ferons grâce à nos lecteurs d'anciennes hypothèses sur l'âme matérielle des brutes : ainsi Thomas Willis, savant médecin anglais, l'attribuait à un feu subtil dans les canaux des nerfs et fermentant avec diverses explosions dans les tissus des organes.

Les brutes sont susceptibles de passions, à peu près comme nous; mais toutes sont relatives à la conservation de leur individu et de leur espèce. L'homme développe au contraire un ordre d'affections qui correspondent à la vie sociale et à l'état moral, à la vertu et à ses sacrifices. Parmi ses passions, l'ambition sous toutes ses formes, avec tous ses masques, tient d'ordinaire le premier rang. Les animaux vertébrés, vivant en société, montrent aussi l'instinct de domination, de jalousie et de primauté. On a cherché longtemps le siége de l'âme pensante chez l'homme et dans les brutes où on en admet une, comme si une faculté immatérielle pouvait avoir un siége corporel. On sait quelle célébrité Descartes a donnée à la glande pinéale, en supposant que tous les principaux troncs nerveux aboutissaient dans son voisinage (ce qui n'est point exact), et que de ce lieu l'âme pouvait agiter les diverses parties du corps à volonté. Mais cette glande se trouve souvent remplie de petits calculs de phosphate calcaire. Lapeyronie, Lancisi, Pontevox, etc., ont établi que le corps calleux ou mésolobe devait être plutôt le siége de l'âme, parce qu'il réunit les deux lobes encéphaliques; le chevalier Digby la trouvait mieux dans le *septum lucidum*, membrane très-déliée; Drelincourt la recula jusque dans le cervelet. Selon lui, il conserve plus d'empire sur les facultés vitales ou organiques que n'en ont les deux hémisphères, ou plutôt leur portion médullaire nommée *centre ovale*, dans lequel Vicussens logeait l'âme plus au large, mais en la divisant en deux portions par ce moyen. Willis a voulu qu'elle résidât dans les corps cannelés (*corpora striata*), bien que ceux-ci manquent à divers animaux doués d'intelligence; de même le mésolobe n'existe point chez les oiseaux. Sœmmering pensait que l'âme agit plus commodément au moyen du liquide séreux qui humecte et abreuve les ventricules cérébraux, vers les parois desquels d'ailleurs aboutissent la plupart des rameaux nerveux ; de même l'œil, l'oreille, exercent leurs fonctions sensoriales par le secours de liquides également, comme les membranes de l'odorat et du goût sont lubréfiées par des liquides. Enfin, Gall et Spurzheim, attribuant à diverses proéminences de l'encéphale des facultés spéciales, ont, pour ainsi dire, dépecé et partagé l'âme en morceaux dans les diverses régions du cerveau et du cervelet. Malacarne admettait, ainsi que Rolando, plus ou moins d'intellect, selon que le cervelet contient plus ou moins de lamelles. D'autres anatomistes soupçonnent que la multiplicité des circonvolutions cérébrales est en proportion de la puissance intellectuelle, et on en cite des exemples chez des hommes de génie ; enfin, la densité, la sécheresse du cerveau, modifient les fonctions encéphaliques chez les fous, les mélancoliques, etc.

Toutes ces diversités d'opinions prouvent qu'on est fort peu avancé dans la connaissance de nos plus sublimes facultés ; mais c'est avoir déjà fait un grand pas que d'avoir constaté trois principaux ordres, comme nous l'avons fait dans l'animalité. Ce sont : 1° les animaux simplement sensibles, irritables : *zoophytes* et *radiaires* ; 2° animaux sensibles, irritables et instinctifs, à un seul appareil nerveux, le ganglionnaire : *mollusques* (céphalés et acéphalés), *articulés* (crustacés, arachnides, insectes, vers) ; 3° enfin, les animaux sensibles, irritables, doués d'instinct et d'une intelligence à divers degrés, ayant un système nerveux ganglionnaire et un autre cérébro-spinal : *vertébrés* (les mammifères, les oiseaux, les reptiles et les poissons). Ces trois divisions principales, que nous avions établies dès l'année 1803, d'après les grandes modifications de l'appareil nerveux chez les animaux, comme l'a reconnu G. Cuvier, ont été ensuite adoptées par M. Lamarck. Il classe en effet le règne animal en êtres *apathiques* (les microscopiques, les zoophytes, les radiaires), en *irritables* (insectes, annélides, crustacés, mollusques) et en *intelligents* (les *vertébrés* : poissons, reptiles, oiseaux et mammifères). Il établit que les facultés se déploient avec les degrés successifs d'élaboration organique, depuis l'animalcule dit *monade*, jusqu'à l'homme, tandis qu'au contraire il a paru plus vraisemblable que c'est la proportion croissante du principe intellectuel (*de quantitate animæ*) qui procure, selon nous, ce déploiement correspondant d'organisation pour la manifestation de ses actes, soit automatiques, soit instinctifs, soit intelligents. J.-J. Virey.

Appliquée à l'homme la qualification de *brute* exprime un degré de la bêtise.

BRUTTIUM ou BRUTTIA, pointe méridionale de l'Italie, la Calabre ultérieure actuelle, était séparée de la Lucanie par le fleuve Laos à l'ouest et la ville de Thurii à l'est. L'Apennin, qui traverse le pays jusqu'au détroit de Sicile, y forme plusieurs gorges et vallées, qui sont bien arrosées, quoique aucun des cours d'eau qu'on y rencontre ne mérite le nom de fleuve. Le Bruttium était riche en excellents pâturages, et l'on y cultivait la vigne, l'olivier, les arbres fruitiers, le froment. Une de ses productions les plus estimées était la résine, que l'on récoltait dans les vastes forêts de pins de l'intérieur.

Les premiers habitants du Bruttium furent une colonie de Lucaniens, qui, ayant quitté leurs compatriotes pour s'y établir, furent appelés par ces derniers *Brettii* ou Révoltés. Ce peuple grossier et barbare ne tarda pas à être repoussé dans l'intérieur des terres par les Grecs, qui fondèrent sur les côtes les colonies florissantes d'Hippo, Medama, Rhegium, Locri, Croton, etc. Pendant les guerres puniques les Bruttiens s'allièrent aux Carthaginois ; mais, dès la seconde de ces guerres ; les Romains les soumirent et les réduisirent en esclavage. C'était parmi eux qu'on choisissait les licteurs, les recors, etc. Ce pays, on le voit, tombait de plus en plus en décadence.

BRUTUS (Lucius-Junius) était tribun des chevaliers au moment de la révolution fameuse qui chassa les rois de Rome (509 av. J.-C.). Tite-Live fait d'abord de Brutus un fou de cour : quand ce neveu de Tarquin vit son père et son frère tués par le tyran, il affecta la stupidité, et se sauva de la haine par le mépris. Deux fils de Tarquin, envoyés à Delphes pour consulter l'oracle à l'occasion d'une épidémie, l'emmenèrent avec eux pour s'en amuser, et Brutus offrit au dieu un bâton qui renfermait une baguette d'or, ingénieux emblème de son caractère et de sa conduite. En effet, cet imbécile méditait avec une rare sagesse la ruine des Tarquins. Il voyait le peuple et le sénat mécontents : le peuple, parce que, soumis aux rudes corvées des constructions étrusques, il était à peine dédommagé de temps en temps par la victoire et le butin ; le sénat, parce que, remplacé par un conseil privé, il n'était pas plus consulté que le peuple. La caste patricienne, le sénat, dont Tarquin laissait les bancs vides et ne remplaçait plus les morts ; les patriciens, même la famille royale, n'étaient plus rien devant une monarchie militaire, avec un roi qui s'était fait, dit-on, une armée de soixante-dix mille hommes.

Brutus, qui ne poussait peut-être pas la dissimulation jusqu'à la stupidité, puisqu'en sa qualité de chef des chevaliers il commandait à Rome en l'absence de Tarquin, fait d'abord entrer dans son complot les patriciens ; plus tard il se servira du peuple. Le sang de Lucrèce sanctifia ce complot, et fournit l'occasion que le chef de l'aristocratie conjurée avait patiemment attendue. C'est Brutus qui commence la révolution et qui l'achève ; c'est Brutus qui retire le poignard du corps de Lucrèce et qui jure d'exterminer les tyrans ; c'est lui qui court à Rome haranguer les Romains, rappelle au sénat le mépris de Tarquin, au peuple ses corvées, et fait prononcer le bannissement des rois par une loi curiate. Il faut convenir que les circonstances étaient singulièrement favorables aux patriciens : l'armée de Tarquin, qui avait voulu du butin pour se payer de ses corvées, assiégeait Ardée, capitale des Rutules, et les femmes et les enfants des soldats étaient à Rome comme autant d'otages entre leurs mains. Pendant que Tarquin accourt à Rome au bruit de la révolte, et trouve les portes fermées, Brutus court au camp d'Ardée, et fait chasser par les soldats les fils de Tarquin.

Revêtu le premier, avec Collatin, mari de Lucrèce, du pouvoir consulaire, qui succède à la royauté, il accomplit ainsi l'oracle qu'il avait rapporté de la Grèce ; il obtient une loi qui frappe de mort quiconque oserait agir ou parler en faveur des Tarquins ; il s'oppose à la demande des ambassadeurs étrusques, qui viennent réclamer les biens particuliers de Tarquin ; mais l'avis contraire, soutenu par ses collègues, l'emporte. Il découvre, par l'esclave Vindex, une conspiration en faveur des Tarquins, où sont entrés ses deux fils ; il les condamne à mort, et assiste à leur supplice. Machiavel, avec sa froideur ordinaire, pense que cet affreux sacrifice était pour Brutus une conséquence naturelle de sa position ; mais le Grec Denys d'Halicarnasse, qui écrivait l'histoire romaine pour ses compatriotes, dit à cette occasion : « Ce que je vais raconter ne sera pas cru chez les Grecs : c'est trop cruel. »

Un peuple à qui Brutus offrait de pareilles victimes dut comprendre sans peine l'exil, avec une indemnité de vingt-cinq talents, et à l'instigation de Brutus, T. Collatin, qui venait implorer sa clémence en faveur de ses deux neveux coupables : Brutus se rappela l'avis de son collègue au sujet des biens privés de Tarquin, et s'alarma justement d'une irrésolution si dangereuse pour la république naissante. Enfin, pour lier à la constitution nouvelle, d'ailleurs oligarchique, les riches plébéiens de la première classe et le menu peuple, il donna les places vacantes dans le sénat aux chevaliers et aux principaux plébéiens, et fit distribuer les terres royales aux citoyens les plus pauvres. C'était une habile et savante politique, comme celle des révolutionnaires français, qui décrétaient la vente des biens nationaux; c'était, comme on l'a dit, *décréter la victoire*, car le peuple avait plus que la liberté, il avait ses biens à défendre.

Brutus périt dans la première bataille livrée par les Tarquins à l'armée romaine, dans un combat singulier contre Aruns, l'un des fils de Tarquin. Tite-Live raconte que chacun d'eux, dans son acharnement, songeant plus à frapper son adversaire qu'à se défendre, ils se donnèrent en même temps la mort. On nous dit bien que les chevaliers rapportèrent son corps à Rome, que les sénateurs vinrent le recevoir, que les dames romaines portèrent un an le deuil du vengeur de Lucrèce, qu'il fut représenté dans le Capitole un poignard à la main; mais que faisaient les plébéiens? Ils attendaient sans doute un autre Brutus plus populaire que le premier, car la liberté pour eux était encore dans l'avenir. T. Toussenel.

BRUTUS (Lucius-Junius) fut l'un des premiers tribuns du peuple. C'était l'orateur des plébéiens, lors de leur première retraite sur le mont Sacré (493 av. J.-C.). Il avait pris le surnom de Brutus, et le peuple lui confirmait volontiers ce nom du destructeur de la tyrannie; c'était comme une éloquente menace contre celle des patriciens et des usuriers qui le chassaient de Rome. Junius parla pour le peuple romain avec tant d'éloquence qu'il fit pleurer, dit-on, les députés de ses dix commissaires, Menenius Agrippa, vint ensuite conter à ce malheureux peuple l'ingénieux apologue des membres et de l'estomac, lorsqu'il eut promis l'abolition des dettes, la mise en liberté des débiteurs, et de plus des lois contre l'usure, que le sénat s'était depuis longtemps engagé à faire, le peuple allait imprudemment descendre du mont Sacré pour rentrer dans Rome. Junius l'arrêta; et, convenant que d'ailleurs les promesses du sénat étaient fort belles, demanda six magistrats protecteurs du peuple, qui n'auraient qu'un pouvoir d'opposition. La chose parut bonne aux plébéiens, et le mot fut bien vite trouvé. Quatre *tribuns du peuple* furent nommés, sur le mont Sacré, dans une assemblée par curies, au milieu d'imprécations terribles, dictées par Junius, contre ceux qui violeraient la personne sacrée des tribuns, ou qui aboliraient le tribunat.

Junius et Sicinius, chefs des mécontents, tous deux tribuns, rentrés dans Rome à la tête du peuple, n'eurent en effet qu'un pouvoir d'opposition, que leur *veto*; ils allèrent s'asseoir sur un banc à la porte du sénat, attendant pour entrer que les consuls vinssent leur demander leur avis; ainsi le voulait la loi nouvelle; mais leurs successeurs, peu contents de leur pouvoir négatif, passèrent bien vite, comme on sait, de la résistance à l'action, et forcèrent les portes du sénat. T. Toussenel.

BRUTUS (Marcus-Junius), élevé par Caton, son oncle et son beau-père, dans les principes austères de la philosophie stoïcienne, partisan de Pompée, qui, dans la guerre civile de Marius et de Sylla avait fait tuer son père Junius Brutus, rédigeait un discours de Polybe la veille de la bataille de Pharsale, au milieu de cette brillante jeunesse patricienne que se disputait déjà toute les magistratures de Rome, et qui devait être si brusquement déconcertée le lendemain par ce mot de César : « Soldat, frappe au visage. » Brutus, habitué de bonne heure aux douloureux sacrifices de l'école de Zénon, saisit du meurtrier de son père, n'accepta pas sans remords le pardon de César, qui l'aimait, qui le croyait son fils, qui, pour adoucir son caractère violent et le forcer à la reconnaissance, lui donnait le gouvernement de la Gaule Cisalpine et la préture urbaine, justement réclamée par Cassius, comme le dictateur en convenait. Brutus se reprochait tous les bienfaits de César : amant fanatique de la vieille république romaine et de la philosophie grecque,

il n'avait pas besoin sans doute des billets anonymes qu'on jetait sur son tribunal, ou bien au pied de la statue de Brutus son aïeul, à ce qu'ont dit Atticus, l'ami de Cicéron, et Plutarque après lui; il se trouva, comme patriote et comme philosophe, tout prêt à frapper César le jour où Cassius et toute l'aristocratie, humiliée comme lui des bienfaits et des pardons du dictateur, eurent besoin pour conspirer de son bras, mais surtout de son titre d'homme vertueux. On sait que César, amené par un autre Brutus aux conjurés, qui l'attendaient dans le sénat, s'étonna de trouver aussi Junius Brutus parmi ses assassins, et que celui-ci, dans la chaleur de l'action, reçut un coup de poignard à la main.

Brutus, retranché dans le Capitole, et comptant, pour défendre la liberté patricienne, sur une armée de gladiateurs, Brutus, forcé par l'indifférence du peuple romain d'accepter l'amnistie du sénat, Brutus, chassé de Rome avec tout son parti par l'éloquence d'Antoine aux funérailles de César, ne comprit pas encore son erreur. « Si la mort de César est inutile, c'est qu'Antoine, se disait-il, nous a trahis, et que j'eus grand tort de l'épargner aux ides de mars, quand mes amis voulaient le tuer; c'est que Cicéron n'est pas stoïcien, c'est qu'il craint trop l'exil, la pauvreté, la mort. » Brutus, dont Caton avait faussé l'esprit et l'âme, ne voulait pas voir que les choses avaient changé comme les hommes, que la fierté républicaine s'était retirée du peuple, et concentrée dans un petit nombre de patriciens; que le peuple avait accepté volontiers la puissance de César, à la condition qu'il abattrait l'aristocratie. Ce nivellement si désiré des masses devait faire supporter au peuple romain bien des maîtres plus mauvais que César.

Après l'arrivée à Rome d'Octave, d'abord rival et bientôt collègue d'Antoine, après que Cicéron, l'orateur du sénat, l'orateur des chevaliers, l'orateur de Pompée, l'orateur de César, l'orateur de ses meurtriers, fut devenu l'orateur d'Octave, qu'il appelait son père, Brutus, désespérant du sénat dirigé par Cicéron, pria celui-ci, dans une lettre fort éloquente, qui nous est restée, de ne demander pardon que pour lui-même, et prépara la guerre civile. Dans cette Grèce frivole, qui avait encore des orateurs athéniens pour complimenter le meurtrier de César, et des philosophes pour converser avec l'élève de Caton, il s'empara d'armes et d'argent destinés à Antoine, rallia les soldats épars de Pompée, se fit livrer la Macédoine, que lui avait adjugée le sénat, et rejoignit Cassius dans l'Asie. Là il eut à subir toutes les nécessités de la guerre civile. Pour cette guerre, à laquelle il sacrifiait sa propre fortune, dont il était, comme le vieux Caton, économe et rigide administrateur, il fallut ruiner les riches provinces de l'Asie, piller Rhodes et brûler Xanthe. On dit qu'un soir dans sa tente, au milieu de l'étude qui devait raffermir son courage, un fantôme, son mauvais génie, lui apparut, et lui donna rendez-vous à Philippes. C'est là qu'en effet le sort des armes décida entre la république et l'empire. Dans la première bataille, Brutus fut vainqueur; mais Cassius le crut battu comme lui, et se donna la mort. Brutus, maître de la mer en présence d'un ennemi affamé, devait temporiser; mais il lui tardait d'en finir. Forcé de faire égorger des prisonniers qui l'embarrassaient, de promettre le pillage des plus riches villes de la Grèce, de Thessalonique, de Lacédémone, à ses soldats, qui désertaient, il livra bataille, fut vaincu malgré des prodiges de valeur, se fit donner la mort par le rhéteur Straton, et en mourant renia dit-on, la vertu. Antoine couvrit de son manteau le corps de Brutus; Octave, qui était venu surveiller les victoires d'Antoine, lui fit couper la tête pour la jeter aux pieds de la statue de César.

Bonaparte disait de Brutus : « C'est un aristocrate, qui tua César sous parce que César voulait diminuer l'autorité du sénat pour accroître celle du peuple. » On aime mieux croire, avec Antoine, que de tous les assassins de César, Brutus fut le seul qui ne le tua point par des motifs de jalousie, de haine

ou d'ambition. C'est l'opinion qu'on se fait de Brutus en lisant sa fameuse lettre à Cicéron, justement vantée par La Harpe comme un des chefs-d'œuvre de l'éloquence latine, et la lettre, non moins curieuse, qu'il adresse à Atticus, pour lui dire franchement tout ce qu'il pense de son prudent ami.
T. Toussenel.

BRUTUS (Décimus), l'un des meurtriers de César, avait été son général de cavalerie dans les Gaules, et plus tard il fut désigné dans son testament comme devant succéder à tous les droits d'Octave dans le cas où celui-ci mourrait sans héritier mâle. C'est lui qui aux ides de mars, voyant César céder aux craintes de Calpurnie, et prêt à remettre l'assemblée du sénat, lui fit honte de sa complaisance pour les terreurs d'une femme, et sut l'entraîner à la mort. Il y aurait du danger pour César, 'disait Décimus, à mécontenter le sénat, qui l'attendait. Après la mort de César, le sénat, qui, dirigé par Cicéron, voulait tenir la balance égale entre les meurtriers de César et ses vengeurs, ou qui plutôt craignait Antoine, confirma par un décret à Décimus le gouvernement de la Gaule Cisalpine, qu'Antoine se fit adjuger par le peuple. C'est ce qui donna lieu à la guerre de Modène, où, par la singulière politique du sénat, Décimus, l'un des meurtriers de César, fut défendu contre Antoine, son vengeur, par Octave, son héritier. Antoine vaincu, Décimus obtint le triomphe, fut comblé d'honneurs au préjudice d'Octave, dont le sénat ne faisait pas même mention dans ses solennelles actions de grâces à l'armée victorieuse. Octave comprit sa fausse position, et se garda bien d'accabler Antoine. Celui-ci, fortifié des troupes de Lépide, revint attaquer Décimus, qui, ne pouvant lui résister, résolut d'abandonner l'Italie, et de se rendre par l'Illyrie en Macédoine, près de Marcus Junius Brutus. Mais, abandonné de ses troupes, trahi par Octave, réduit à quelques escadrons de cavaliers gaulois, ayant pris lui-même leur costume, après avoir erré quelque temps dans les Gaules, il fut fait prisonnier par Camélius, prince séquanais, qu'il avait autrefois aidé de son crédit près de César, et qui le fit tuer sur l'ordre d'Antoine (706). La plupart des historiens accusent Décimus d'avoir bassement demandé la vie; ils ont peut-être pris pour des prières les reproches que Décimus avait le droit d'adresser au prince gaulois. On dit que le triumvir considéra d'un œil inquiet la tête de son ennemi, qui lui fut envoyée à Rome. T. Toussenel.

BRUXELLES, capitale du royaume de Belgique, et en même temps chef-lieu de la province du Brabant méridional, autrefois capitale des Pays-Bas, espagnols et autrichiens, est entrecoupée par plusieurs canaux se reliant à la Senne, rivière dont différents bras parcourent la ville, et au canal de l'Escaut, lequel la met en communication avec Anvers et la mer du nord. Elle est bâtie en partie sur une hauteur et en partie dans une belle et fertile plaine, et, malgré l'extrême inégalité du sol qui a nécessité au centre de la ville la construction d'un grand nombre de rampes et d'escaliers, elle est généralement bien bâtie. On peut même dire que Bruxelles est aujourd'hui l'une des plus belles villes de l'Europe.

On la divise en ville haute et basse; cette dernière est traversée par la Senne et par les canaux. Dans la première, que l'on préfère, parce que l'air y est plus pur, habite la partie riche ou aisée de la population; dans la seconde, aux rues généralement étroites et tortueuses, exposée aux effets morbides des brouillards, se logent les petits commerçants et les artisans, tandis que les bords du canal sont le refuge de la classe nécessiteuse. Plus on s'éloigne de la ville haute et plus le flamand devient la langue dominante, et le français ou wallon n'est guère en usage que dans un quart de la ville. Les anciens remparts qui entouraient la ville sont aujourd'hui rasés, et ont été transformés en boulevards, où se prolongent, sur une étendue de plus de deux lieues, de larges allées garnies de beaux arbres. L'Allée verte, double rangée d'arbres longeant le canal de l'Escaut et conduisant au château de Laeken, château de plaisance situé à une lieue de Bruxelles et séjour de la famille royale, forme une des plus charmantes promenades qu'on puisse voir.

Indépendamment du Parc, situé au centre de la ville, d'une étendue de treize hectares, et orné de bassins et de nombreuses statues en marbre, Bruxelles renferme un grand nombre de places, la plupart décorées de fontaines, dont la plus curieuse et la plus intéressante sous le rapport historique est l'ancienne fontaine du Mannekepisse. Parmi ces places on cite : la place Royale, où l'on voit le monument colossal de Godefroi de Bouillon, par Simonis, terminé en 1848; la place de l'Hôtel-de-Ville, tout entourée de maisons à pignons, dont la construction remonte à l'époque de la domination espagnole; la place de la Monnaie; la place des Martyrs, où sont inhumés les défenseurs de la liberté morts dans les journées de septembre 1830; la place du Grand-Sablon ; la place des Barricades, avec la statue en pied du célèbre anatomiste Vésale; enfin la place du Congrès, que l'on achève en ce moment, située à l'extrémité de la rue Royale, et d'où l'on découvre le magnifique panorama formé par la ville basse et par les campagnes voisines.

La plus belle des onze églises catholiques qu'on compte à Bruxelles est celle de Sainte-Gudule et Saint-Michel, édifice de style gothique, dont la construction remonte au douzième siècle, avec deux tours restées inachevées, un grand nombre de fenêtres, hautes de dix-sept mètres et garnies de beaux vitraux, et où l'on voit les tombeaux de plusieurs ducs de Brabant et de quelques personnages illustres. Les autres églises paroissiales sont l'église Saint-Jacques en Candenberg, de style antique, et dominant la place Royale (transformée, aux temps de la Convention, en temple de la Raison); Notre-Dame de la Chapelle; Sainte-Catherine; Notre-Dame de Finistère, et l'église du Sablon. Il existe en outre quelques petites chapelles protestantes; mais depuis 1830 la belle église des Augustins, que le gouvernement hollandais avait affectée au culte évangélique, ne sert plus qu'à des solennités musicales et scolaires. Enfin Bruxelles possède aussi une synagogue.

Les édifices civils les plus remarquables sont le célèbre hôtel de ville bâti de 1401 à 1442, dans le style gothique, avec une tour de forme pyramidale, haute de 121 mètres, dominant toute la ville basse et surmontée d'une statue dorée de 5^m,66 de haut, représentant saint Michel-Archange, patron de la ville de Bruxelles, et tournant à tous les vents sur un pivot; en face le Broot-Huys, ou maison du roi, reconstruit en pierre en 1518, qui avant 1794 servait de local à plusieurs cours de justice, où les comtes d'Egmont et de Horn furent détenus prisonniers, et occupé aujourd'hui par diverses sociétés particulières; le palais de justice, ancien couvent des Jésuites, la monnaie, et le grand théâtre, qui lui fait face; l'entrepôt grandiose construit sur les bords du canal; le marché couvert dans la rue de la Madeleine; l'hôpital Saint-Jean, avec six cents lits, bâti en face du jardin botanique, lequel est établi dans le plus pittoresque emplacement; le grand hospice, asile pour six cents vieillards; l'observatoire, l'un des plus beaux qu'il y ait en Europe, placé sous la direction du célèbre Quételet; le magnifique bâtiment servant de local à la bibliothèque nationale ainsi qu'aux expositions des arts et des produits de l'industrie, et l'ancien palais du gouverneur général; le palais de la nation, où siègent les deux chambres; le palais du roi, siège de la préfecture au temps de la domination française, assez insignifiant sous le rapport architectural, mais orné de tableaux du plus grand prix; l'ancien palais du prince d'Orange, aujourd'hui propriété nationale, d'une extrême magnificence intérieure; l'hôtel du duc d'Aremberg, avec sa riche collection de tableaux. Le passage de Saint-Hubert, long de 100 mètres, surmonté d'une toiture en cristal, avec trois étages, et garni de brillantes boutiques, qui fut terminé en 1847, n'a encore son pareil ni à Londres ni à Paris.

Bruxelles est le siége du gouvernement belge et des autorités supérieures, tant civiles que militaires, de la province. Elle possède une université libre, entretenue aux frais de la province, de la ville et de particuliers, une école militaire, un collége royal, une école de commerce, une académie royale des arts et des sciences, une académie de médecine, une école de sculpture, de peinture et d'architecture, un conservatoire de musique, une école vétérinaire, une bibliothèque nationale contenant plus de 150,000 volumes et environ 20,000 manuscrits, une galerie de tableaux, un cabinet d'histoire naturelle, de physique et de mécanique, une collection d'armures et un jardin botanique. On y trouve en outre six théâtres, exploités avec ou sans subvention municipale, plusieurs associations musicales et sociétés des arts, des établissements d'instruction de divers degrés à l'usage de l'un et l'autre sexe, tenus par des corporations religieuses ou par des instituteurs privés, une société philanthropique et un grand nombre d'institutions de bienfaisance. La population, qui en 1825 ne s'élevait qu'à 84,000 habitants, en comprend aujourd'hui 142,000; et ce chiffre pourrait encore être augmenté de 72,000, si on voulait y ajouter la population des villages appartenant à la banlieue de Bruxelles, tels que Etterbeck, Ixelles, Saint-Gilles, Anderlecht, Molenbeek, Lacken, Sharbeck et Saint-Josse-ten-Node. Les dépenses à la charge de la ville s'élèvent à 5 millions et demi de francs, dont la moitié sont couvertes par les droits d'octroi prélevés sur les objets de consommation, les matériaux de construction et le combustible.

Le commerce de Bruxelles est essentiellement un commerce de luxe et de détail; et en raison du petit nombre de maisons importantes qu'elle contient, il est impossible de comprendre Bruxelles au nombre des villes commerciales de l'Europe. En revanche, une foule d'industries diverses y prospèrent, notamment la fabrication des dentelles, des meubles, des voitures, du papier et des cuirs. La fabrication des armes et des tapis a été très-anciennement portée à un haut point de perfection. On peut en dire autant de la dentelle, quoique ce soit là une industrie plus particulièrement exploitée par la population de Gand, ainsi que le constatent les vers suivants :

Nobilibus *Bruxella* viris, *Antwerpia* nummis,
Gandavum laqueis, formosis *Burga* puellis,
Lovanum doctis, gaudet *Mechlinia* stultis.

La manufacture de tapisserie de haute-lisse de Bruxelles n'existe plus. Elle se soutint, quoique languissante, jusqu'en 1788. Les troubles qui survinrent alors, la mode, qui discrédita ce genre d'ameublement parmi les gens riches, les seuls qui pussent en faire l'acquisition, la dispersion des artistes et des ouvriers, tout contribua à la ruine de cette fabrication renommée, dont les monuments qui subsistent attestent l'excellence. Les variations de la mode ont fait encore disparaître des manufactures de cuirs dorés pour tenture, dont le goût doit moins regretter la perte que le commerce, auquel ces fabriques assuraient dans le Nord, en Allemagne, et surtout en Turquie, des bénéfices considérables.

Le commerce et l'industrie sont vivifiés à Bruxelles par une bourse, trois banques (la *Société générale*, la *Banque de Belgique*, et la *Banque nationale*, créée en 1831), de grands marchés, des canaux, de belles routes, et surtout par les chemins de fer qui mettent Bruxelles en communication avec le réseau des chemins de fer belges, notamment avec Anvers, Gand, Liège, Mons et Namur.

Naguère encore foyer de la contrefaçon littéraire, Bruxelles, en vertu d'une récente convention internationale, à laquelle il ne manque plus que la sanction des chambres belges, ne tardera pas à voir disparaître de son sein cette industrie factice et parasite, qui d'ailleurs avait cessé depuis longtemps d'être productive pour ceux qui s'y livraient, en raison de la concurrence effrénée qu'ils se faisaient les uns aux autres.

Il paraît en ce moment plus de douze journaux politiques quotidiens à Bruxelles, qui dès 1651 avait un journal quotidien publié en langue française. Anvers en avait un en langue flamande dès 1619. L'action de la presse n'est soumise à Bruxelles, comme dans le reste de la Belgique, à aucune entrave fiscale, à aucune censure, à aucune compression. Ce n'est donc pas des législateurs belges qu'on peut dire : *ubi silentium faciunt, pacem apellant!*...

Il est question dès le huitième siècle dans les chroniques d'un lieu désigné sous le nom *Bruchsella*, qui paraît avoir été d'abord celui d'une maison de plaisance des rois francs. Un diplôme d'Othon Ier, en date de l'an 966, constate l'existence d'une église dans laquelle les investigateurs les plus récents veulent reconnaître l'église Saint-Michel, en remplacement de laquelle fut construite plus tard l'église Sainte-Gudule. Gerberge, sœur d'Othon le Grand, apporta cet endroit en dot au duc Giselbert de Lorraine. Gerberge, fille de son petit-fils Charles, épousa Lambert, comte de Louvain; et avec cette famille le territoire de Bruxelles passa sous la suzeraineté des ducs de la basse Lorraine et de Brabant, grâce à l'influence desquels la ville parvint à une grande importance. A partir de Jean Ier (1251-1259) elle paraît avoir été la demeure des souverains, bien que Louvain conservât toujours son titre de capitale. Après de nombreuses luttes, soutenues tantôt contre les nobles, tantôt contre les princes régnants, par les habitants, jaloux à l'extrême de leurs priviléges et de leurs libertés, et après les terribles guerres civiles que la mort de Jean III attira sur la ville, l'héritage de sa fille Jeanne passa à la comtesse de Flandre, femme du duc de Bourgogne, Philippe le Hardi, laquelle confia l'administration du Brabant et du Limbourg à son fils Antoine.

A la mort de celui-ci (1430), le duc de Bourgogne, Philippe le Bon, hérita du duché de Brabant; et sa petite-fille, Marie, femme de l'empereur Maximilien, apporta à la maison de Habsbourg la ville de Bruxelles, qui alors était déjà considérable et entourée de redoutables fortifications. Les atteintes incessantes portées par les princes de cette maison aux franchises et priviléges de Bruxelles y provoquaient de continuelles émeutes, qui cependant se terminaient toujours à la satisfaction réciproque des deux parties. Charles-Quint avait déjà en réalité fait de Bruxelles la capitale des Pays-Bas, et y avait amené tout le luxe et l'éclat d'une cour. Sous son fils Philippe II, qui établit également dans cette ville la résidence de l'infante Marguerite de Parme, investie en son nom des fonctions de régente des Pays-Bas, Bruxelles devint le principal foyer de la révolution dont cette province fut le théâtre. En 1566 Brideroede, à la tête de la noblesse confédérée, ayant remis à la régente l'expression de ses griefs, et une adresse où l'on réclamait la liberté de conscience, cette démarche décisive donna naissance à la ligue des Gueux, qui s'y constitua le soir même.

C'est à Bruxelles que l'inquisition et le duc d'Albe, général de Philippe II, étouffèrent dans des torrents de sang les libertés des Pays-Bas. Dans la longue lutte qui s'engagea entre le roi d'Espagne et les insurgés de cette contrée, Bruxelles fut tour à tour la grande place d'armes de chacun des deux partis en présence. C'est dans cette ville que fut signée, en 1576, la pacification de Gand, et le 9 janvier 1577 l'Union de Bruxelles contre don Juan d'Autriche. En 1578 elle se souleva ouvertement contre l'autorité du gouverneur général, et malgré l'horrible anarchie intérieure à laquelle elle fut alors en proie, elle réussit à se maintenir indépendante pendant plusieurs années, jusqu'à ce qu'enfin, après la mort du prince d'Orange, assassiné par un traître, elle se trouva obligée de capituler (10 mars 1585) entre les mains d'Alexandre Farnèse duc de Parme, successeur de don Juan d'Autriche. Les ecclésiastiques, et plus particulièrement les jésuites, firent alors tous leurs efforts pour en extirper le protestantisme, qui, en dépit des persécutions, y avait jeté de vivaces racines. Le gouvernement d'Isabelle, fille de Phifippe et femme de l'archiduc Albert, à l'administration de laquelle furent confiées, en 1598, les provinces méridionales, demeurées fidèles, contribua singulièrement à rétablir le bien-être et la prospérité des Pays-Bas, bien que cette princesse y eût appelé une foule de corporations religieuses de de toutes couleurs et fût restée impuissante à y empêcher la propagation d'un vaste système de corruption.

Bruxelles eut beaucoup à souffrir des guerres faites par l'Espagne à Louis XIV (bombardement de 1695), et de celles de l'Autriche contre Louis XV (siége de 1746, sous les ordres du maréchal de Saxe), mais bien plus encore de l'esprit constant d'opposition à la maison de Habsbourg, qui s'y maintint (décollation du syndic des corps de métiers, Agnussen, en 1719) jusqu'à ce qu'enfin, après la paix d'Aix-la-Chapelle, Marie-Thérèse adopta à l'égard des Pays-Bas la politique, plus conciliante et plus modérée, des ducs de Bourgogne, ses aïeux. C'est de cette époque que datent le plus grand nombre des institutions utiles et des édifices les plus importants de Bruxelles, qui bénit encore aujourd'hui la mémoire du gouverneur général Charles de Lorraine, à qui une statue a été érigée en 1848. Le règne de Joseph II inaugura une époque de douloureuses épreuves, connues dans l'histoire sous le nom de *Révolution de Brabant* (1789). A la suite d'une courte période d'indépendance, la domination autrichienne s'y trouva à peine rétablie en 1790, que la bataille de Jemmapes fit tomber la Belgique au pouvoir des Français; et le 14 novembre 1792 Dumouriez entra à Bruxelles, qui depuis le commencement des hostilités avait servi de grand dépôt d'armes et de munitions aux coalisés et de refuge aux émigrés.

La victoire que les Autrichiens remportèrent à Nerwinde (mars 1793) chassa les Français de la ville; et l'archiduc Charles, frère de l'empereur François, vint de nouveau s'installer dans le palais des gouverneurs généraux. L'empereur François II lui-même s'y rendit le 9 avril 1794, et y confirma solennellement la constitution brabançonne, connue sous le nom de Joyeuse entrée. Mais quelques mois plus tard la victoire remportée à Fleurus par Jourdan rouvrit à l'armée française les portes de Bruxelles, qui, entre autres douloureux sacrifices qu'elle eut à supporter alors, dut se résigner à ne plus être que le chef-lieu du nouveau département français, créé sous le nom de la Dyle; et malgré la protection toute spéciale dont elle fut l'objet de la part de Napoléon, elle ne put jamais, sous la domination française, recouvrer son ancienne splendeur. Délivrée en février 1814 par les armées alliées, elle fut incorporée, avec toute la Belgique, le 21 septembre 1815, au nouveau royaume des Pays-Bas, constitué sous la souveraineté du prince Guillaume d'Orange-Nassau. Bruxelles devint alors, alternativement avec La Haye, le siége des états généraux et de la cour du souverain.

En dépit du puissant essor imprimé par le nouveau gouvernement à la prospérité matérielle de la ville, c'est à Bruxelles qu'éclata (25 août 1830), à la suite des événements dont Paris avait été le théâtre dans les journées de 27, 28 et 29 juillet 1830, la fermentation qui couvait depuis longtemps en Belgique contre la domination hollandaise; et une mémorable bataille de rues, qui dura pendant quatre jours, s'engagea alors entre les troupes hollandaises et les habitants de la ville. L'heureuse issue de cette révolution eut pour résultat de dédommager Bruxelles des souffrances passagères qu'elle lui imposa, par le titre et les avantages de capitale du nouvel État indépendant qui se constitua alors sous le nom de Belgique. Le 21 juillet 1831 le nouveau souverain, le prince Léopold de Saxe-Cobourg, fit son entrée dans ses murs; et depuis, la tempête de 1848 n'a pu y provoquer que des troubles insignifiants.

BRUYÈRE. On ne sait pas assez, même dans les pays de grande bergerie, qu'après le genêt l'arbrisseau le plus recherché par les bêtes à laine est la bruyère. Il y a dans les bourgeons et les jeunes pousses des arbres, arbustes et arbrisseaux, quelque chose de plus appétissant et de plus savoureux que dans les végétaux herbacés. On s'en convaincra facilement en observant sur les coteaux abandonnés au parcours tous les rameaux de genêts épluchés, leurs cosses enlevées, et les bruyères broutées jusqu'au collet des racines.

Parmi les deux cents espèces de bruyères connues en France, dont la plupart sont exotiques et cultivées dans les orangeries et dans les serres, on doit distinguer la *bruyère à balai* (*erica scoparia*), qui a les fleurs en ombelle, les feuilles glabres, les tiges hispides, et qui croît principalement dans le midi; et la *bruyère commune* (*erica vulgaris*), dont la corolle est d'un rouge pâle, les fleurs en grappes, les feuilles sessiles et sagittées. Elle conserve son bouquet rougeâtre depuis le milieu de l'été jusqu'à la fin de l'automne; elle se plaît dans les terres sèches et sablonneuses, s'élève à 0m,60 de haut, et elle vient avec une telle rapidité que si l'on met à l'abri de la dent des bestiaux le terrain qui en avait été dépouillé, elle le couvre entièrement au bout de deux ans. Dans les landes, qui sont peuplées plutôt de pasteurs que d'agriculteurs, la bruyère offre de grandes ressources, soit pour le pâturage, soit pour le miel, que ses fleurs fournissent avec abondance, parce qu'elles subsistent jusqu'à la fin de septembre, soit pour servir de litière et de chauffage, soit enfin pour la confection des balais.

Il faut à cet arbuste un sol composé d'un sable sec et quartzeux, de détritus végétaux, de substances ferrugineuses et un sous-sol d'argile imperméable à l'eau. On convient généralement, dans les pays de plaine ou de grands coteaux, que cette nature de terre est due au dernier séjour que la mer a fait sur le continent, et elle diffère de la terre de bruyère que l'on trouve sur les montagnes primitives, et qui est composée de détritus de gneiss et de granit, sur lesquels fleurissent les rhododendrum et les gentianes sans tige. Dans les pays de plaine, vous trouvez ordinairement les bruyères en société avec les airelles, les andromèdes, les rosages, les spirées. Ce bois ne viennent pas dans les terres à bruyère, parce que le sol n'y est pas assez profond. Cependant, quelques espèces résineuses, et une espèce de chêne, nommé *jausa*, qui trace et ne pivote point, peuvent s'y acclimater.

Voici le moyen de tirer parti des *terres à bruyère* : c'est de les diviser en cantons, et de ne mener paître les troupeaux que dans les parties qui ont été mises, au moins pendant trois ans, à l'abri de leurs dents; alors ils y trouveront une nourriture abondante qui concourra à la finesse des laines. Si vous avez des terres à bruyère fort étendues, je vous conseille d'y creuser, de distance en distance, des mares, qui se rempliront promptement d'eau, parce que le lit d'argile sur lequel elles seront placées est très-propre à les conserver. Comme l'eau est le principe de toute végétation, vous verrez bientôt se développer autour de ces mares des plantes de toute espèce, et vous pourrez recueillir dans leur intérieur des plantes aquatiques qui vous serviront de litière. Si la chaleur de l'été dessèche ces mares, vous pourrez y semer des avoines, des sarrasins, suivant la quantité et la qualité des vases qui seront déposés au fond; et c'est ainsi que de proche en proche vous rendrez à l'agriculture vos terres à bruyère.   Comte Français (de Nantes).

BRUYÈRE (Jean de La). *Voyez* La Bruyère.

BRUYN, nom d'une famille célèbre dans l'histoire des arts. — Au nombre de ceux qui l'ont illustrée, il faut surtout citer *Barthélemy* de Bruyn, de Cologne, qui florissait au commencement du seizième siècle, et qui marque la transition de l'art du Nord au goût italien. Ses ouvrages principaux sont les tableaux qui ornent le maître-autel de l'église de Saint-Victor à Xante; ils furent exécutés vers 1537.
— *Abraham* de Bruyn, né à Anvers, vers 1540, mort à Cologne, dans un âge très-avancé, ne se distingua pas moins comme graveur que comme peintre; mais il fut cependant

surpassé dans l'un et l'autre de ces genres par son fils, *Nicolas* DE BRUYN, né à Anvers, vers 1570.

Cornelis DE BRUYN, né à La Haye, en 1652, se rendit plus célèbre par ses voyages que par les productions de son pinceau. En 1674 il se rendit à Rome, où il se consacra pendant trois ans à la peinture, puis à Naples et dans d'autres villes d'Italie. Il s'embarqua ensuite pour Smyrne, et parcourut alors l'Asie Mineure, l'Égypte et les îles de l'Archipel. Après avoir terminé cette tournée, il reprit l'exercice de son art à Venise, et ne revint qu'en 1693 dans sa patrie, où il publia en 1698 le récit de ses aventures. Le succès qu'obtint ce livre réveilla avec une nouvelle force sa passion pour les voyages. De 1701 à 1708 il parcourut donc la Russie, la Perse, l'Inde, Ceylan et quelques autres îles de la mer des Indes; et à son retour en Hollande, en 1711, il publia une relation de ce second voyage. Ces deux ouvrages sont d'ailleurs moins estimés pour la véracité des observations qu'il y a consignées, qu'à cause de la beauté et de l'exactitude des planches qui les accompagnent. Cornelis de Bruyn ne vécut plus désormais que pour son art, qu'il exerça alors tantôt à Amsterdam, tantôt à La Haye. Il mourut à Utrecht.

BRUYS (PIERRE DE), hérésiarque du douzième siècle, parcourut la France, pendant vingt-cinq ans, à la tête d'une bande nombreuse, saccageant les églises, abattant les croix, détruisant les autels, rebaptisant les chrétiens, fouettant les prêtres et séquestrant les moines. Chassé du Dauphiné par les seigneurs et les évêques réunis, il alla exercer les mêmes désordres dans la Provence et le Languedoc. Fier de la multitude qu'il avait séduite, il eut l'audace de se présenter sur la place de Saint-Gilles (Gard) et d'y brûler publiquement des monceaux de croix arrachées, d'autels abattus et d'autres instruments du culte. A ce spectacle, les catholiques furieux se saisirent de sa personne, dressèrent un bûcher, et, sans autre formalité, le firent périr dans les flammes, en 1147.

Pierre le Vénérable résume ainsi les erreurs de Bruys : Le baptême est inutile aux enfants qui ne sont pas en état de faire un acte de foi en le recevant; on n'a pas besoin d'églises, il faut détruire celles qui existent, la prière étant aussi agréable à Dieu dans une taverne ou sur une place publique; on ne doit point adorer la croix, mais briser et brûler cet instrument des supplices du Rédempteur; l'Eucharistie ne contient ni la chair ni le sang de Jésus-Christ, ni même la figure et apparence de son corps; les prières, les oblations, les œuvres de charité des vivants sont inutiles aux morts.

Ses disciples, dont le plus célèbre fut Henri, dit aussi *de Bruys*, furent appelés *Pétrobrusiens*. Ils descendaient des Manichéens, et furent les prédécesseurs des Vaudois.

BRY (DE). *Voyez* DE BRY.

BRYANT (JAMES), archéologue et philologue ingénieux, mais dont les assertions paradoxales, les hypothèses par trop hardies et l'humeur querelleuse ternirent quelque peu le mérite, né en 1715 et mort 1814. Après avoir accompagné comme précepteur les fils du célèbre Marlborough dans leurs voyages sur le continent, il se consacra tout entier à l'étude de l'archéologie. Le premier ouvrage qu'il publia était intitulé : *Observations and inquiries relating to various parts of ancient Mythology* (in-4°, Londres, 1767). Son livre le plus important est son *New System and analysis of ancient Mythology* (Londres, 1774-1776). C'est James Bryant qui le premier s'avisa de vouloir prouver qu'il n'avait jamais existé de ville de Troie, et que toute la guerre de Troie n'était qu'un roman de l'invention d'Homère. Il défendit la liberté morale contre le *Déterminisme* de Priestley, et annota l'Écriture Sainte au moyen de passages de Josèphe, de Philon et de Justin martyr.

BRYENNE (NICÉPHORE). *Voyez* NICÉPHORE-BRYENNE.

BRYOLOGIE (de βρυον, mousse, et λογος, discours), nom par lequel on désigne cette partie de la botanique qui s'occupe spécialement des mousses. C'est une branche de la cryptogamie.

BRYON ou **BRION** (de βρυον, mousse). C'est l'un des plus nombreux et des plus remarquables genres de *mousses acrocarpes*. Ces mousses vivent en société sur la terre, où elles forment des gazons plus ou moins touffus, jamais dans l'eau ni sur les arbres. Elles sont vivaces, et se rencontrent sous toutes les latitudes et à toutes les hauteurs. Le genre bryon à donné son nom à la tribu des *bryacées*, dont il est le type.

BRYONE (de βρυειν, végéter avec force), genre de plantes de la famille des cucurbitacées et de la monœcie syngénésie, remarquable par ses longues pousses. Ce genre renferme un grand nombre d'espèces; deux seulement sont indigènes : ce sont les *bryonia dioica* et *alba*, vulgairement connues sous les noms de *couleuvrée* et de *vigne blanche*.

La *bryonia dioica* est une plante grimpante de nos climats, dont les racines volumineuses ont une saveur âcre et sont très-purgatives. On les a employées avec succès, à l'extérieur, dans les affections de la goutte ; mais la violence avec laquelle elles agissent a dû en faire rejeter l'usage. A l'intérieur, on les a vues quelquefois produire des empoisonnements. Cependant, de même que le manioc, on peut l'employer comme aliment en le purgeant de tout son suc par des lavages réitérés ; on en retire ainsi une fécule très-abondante. Les tiges de la bryone dioïque, que l'on fait servir à l'ornement des berceaux dans les jardins, sont herbacées, portent des feuilles un peu en cœur, à cinq lobes anguleux, et donnent en juin des fleurs d'un blanc verdâtre, disposées en grappes. Toute terre lui est bonne, et on la multiplie de graines ou d'éclats.

La *bryonia alba* est plus rare en France. Elle diffère de la précédente par ses fleurs monoïques, par ses baies noires et par ses feuilles moins profondément divisées.

BRYOPHYLLE (de βρυω, je crois en abondance, et φυλλον, feuille), genre de la famille des crassulacées, ne renfermant qu'une seule espèce, le *bryophylle à grand calice* (*bryophyllum calycinum*). Cet arbuste d'Amérique, de 0^m,60 de haut, dont les feuilles sont ternées, opposées, à folioles ovales, charnues et crénelées, porte en août et septembre des fleurs en ombelle terminale, pendantes, tubuleuses, grandes et d'un pourpre obscur. Il demande une terre franche, légère, mêlée de terre de bruyère, et doit être rentré en hiver. Sa multiplication se fait de boutures, sur couche et sous cloche, et les feuilles mêmes, appliquées sur de la terre entretenue dans un état d'humidité suffisant, prennent racine très-rapidement. C'est de cette facilité de reproduction qu'est venu le nom générique de *bryophylle*.

BRYOPSIS (de βρυον, mousse, et οψις, apparence), genre de plantes marines, de la famille des zoospermées, qui comprend plusieurs espèces, parmi lesquelles on remarque le *bryopsis pennata* des Antilles, le *bryopsis plumosa* de l'Océan, le *bryopsis hypnoides* de la Méditerranée européenne, et le *bryopsis cupressina* des côtes de la Barbarie.

Les *bryopsis*, intermédiaires entre les ulves et quelques thalassiophytes articulées forment un genre bien distinct, dont une seule espèce, avant les observations de Lamouroux (1813), était connue des auteurs. Leurs tiges et rameaux sont fistuleux, leurs parois blanches et diaphanes, et l'intérieur est rempli d'un fluide aqueux, dans lequel nagent en foule de petits grains globuleux auxquels la plante doit sa couleur. La teinte en est verte, très-brillante, quoique foncée, mais elle n'est pas égale dans toutes les parties de la plante. Les tiges et les rameaux principaux sont presque transparents, tandis que les extrémités sont d'une nuance qui réunit l'intensité à l'éclat. Cette couleur, due aux graines, disparaît avec elles et change avec l'âge. Ces plantes, qui n'acquièrent jamais deux décimètres de hauteur, vivent à peine quelques mois, attachées aux rochers ou à d'autres corps marins.

BRYOZOAIRES (du grec βρύον, mousse, et ζῷον, animal). On désigne sous ce nom un groupe d'animaux invertébrés, que l'on avait d'abord rangés parmi les polypes, et qui, par suite des progrès faits en anatomie comparée, ont dû être placés à la suite des mollusques acéphalés connus sous le nom de *tuniciers* ou *ascidies*. Les bryozoaires ont une enveloppe générale ou peau en forme de manteau, dont la partie inférieure constitue un tube ou une cellule cornée ou calcaire. Sous cette peau se voit un tube digestif complet, une couronne de tentacules branchiaux garnis de cils vibratiles autour de la bouche, près de laquelle s'ouvre l'anus. Ces animaux presque microscopiques vivent réunis en masses. Ils sont tous aquatiques; plusieurs sont marins, quelques espèces sont fluviatiles. Parmi les marins, on range les *flustres*, les *eschares*, les *tubulipores*, les *sérialaires*, les *pédiallires*, etc., auxquels on a ajouté deux espèces d'eau douce, la *paludiale* et la *frédérialle*. Les bryozoaires de ce premier groupe ont leurs tentacules branchiaux disposés en entonnoir, tandis que l'*alcyonnelle*, la *cristatelle* et la *plumatelle*, autres espèces de bryozoaires, ont leur panache de tentacules sous forme de fer à cheval.

L. LAURENT.

BRZESC, forteresse russe dans la Lithuanie, surnommée *Litewski*, pour la distinguer d'une ville polonaise du même nom, située dans une contrée marécageuse, entre le Bog et le Muchawiec, au point de leur jonction, non loin de la frontière de Pologne, dans le gouvernement de Grodno. Elle a environ 12,000 habitants, qui font un commerce considérable par eau, surtout depuis que le canal royal a rendu le Muchawiec navigable, et qui entretiennent des fabriques de drap et des tanneries. La ville possède, depuis 1841, une école militaire, ainsi qu'une école supérieure pour les juifs, qui y sont très-nombreux. Elle est aussi le siége d'un évêque arménien catholique. Fondée en 1182 par le roi de Pologne Casimir le Juste, Brzesc appartenait successivement à la Lithuanie et, depuis 1392, à la Pologne. Elle était alors la capitale de la Polésie. En 1435 les Polonais et l'ordre Teutonique y conclurent la paix. En 1793 elle passa sous le sceptre de la Russie.

Le 8 septembre Souwarow, à la tête de trente mille Russes, y remporta une victoire sur le général polonais Sierakowski, qui n'avait sous ses ordres que douze mille hommes, dont la moitié à peine de troupes de ligne. Le plan de celui-ci était de retenir Souwarow à la droite du Bog jusqu'à l'arrivée de Kosziusko. La trahison des juifs fit avorter ce projet. Les Polonais, se voyant débordés par les Russes, que guidaient ces misérables, commencèrent leur retraite en bon ordre, après avoir, pour la soutenir, braqué leur artillerie dans les bois; ce fut la cause de leur perte : enveloppés de tous côtés par les colonnes moskovites, privés de leurs canons, ils succombèrent, après un combat sanglant et des efforts héroïques. Le contre-coup de ce désastre retomba sur Kosziusko. L'ennemi ayant surpris le passage de la Vistule à Pulawy, le généralissime se vit forcé de se porter sur Maciejowicz pour couvrir Varsovie. Là il fut enveloppé par les forces réunies de Fersen et de Souwarow, et perdit, dans une sanglante bataille, la liberté et le fruit de ses précédentes victoires. A la suite du massacre horrible du faubourg de Praga, Varsovie se soumit, et la Pologne cessa d'exister.

BRZÉTISLAS. Deux rois de Bohême ont porté ce nom.

BRZÉTISLAS Ier, fils d'Udalrich et d'une concubine, était un vaillant guerrier, qui joignait à la bravoure d'un chevalier beaucoup de prudence et de sagesse. Il battit les Polonais, enleva d'assaut Cracovie et menaça même Gnesen. Il ne fut pas aussi heureux contre l'empereur Henri III : il fut obligé de se reconnaître son vassal, de lui payer un tribut et de lui fournir des troupes. Il est célèbre par l'édit qu'il publia relativement à l'hérédité de la couronne, en vertu duquel la souveraineté dut appartenir désormais aux premiers nés de la branche Przémyzl exclusivement. Il régna dix-huit ans, de 1037 à 1055, et avait épousé la belle Judith de Ratisbonne, dont il eut plusieurs fils.

BRZÉTISLAS II, fils aîné de Wratislas II, monta en 1100 sur le trône, que dut lui céder Conrad Ier. Ce prince était un héros, mais il ne put conserver la couronne pendant plus de sept ans. Environné de parents qui prétendaient avoir des droits, et qui conspirèrent avec les nobles rebelles et orgueilleux, il fut assassiné à la chasse.

BUACHE (PHILIPPE), né à Paris le 7 février 1700, dut à ses travaux le titre de premier géographe du roi et de membre de l'Académie des Sciences. Jusqu'en 1730, ce corps savant n'avait pas jugé la géographie digne d'être représentée dans son sein, et la place fut alors créée pour P. Buache. Nous n'examinerons pas les cartes qu'il construisit, soit sous la direction de Delisle, son beau-père, soit pour accompagner ses différents Mémoires : son seul titre à notre souvenir est le système de géographie physique qu'il a développé, en 1752, dans les Recueils de l'Académie, et par lequel il expose beaucoup trop hardiment la charpente extérieure de notre globe : les continents y sont partagés par le cours des rivières et les chaînes de montagnes en bassins dont les dispositions réciproques suivent de certaines lois; puis, mettant à nu le fond de la mer, il montre les bassins de même genre en lesquels il est divisé par les montagnes sous-marines dont il admet les directions. Ces montagnes ont pour sommets les îles, les rochers et bancs que nous apercevons à la surface; il lie ces divers sommets par des chaînes non interrompues, qui elles-mêmes se joignent aux caps et aux montagnes des continents.

Vu l'état d'enfance où se trouvait alors la géographie, l'idée de rechercher la théorie de l'état physique extérieur de notre globe était remarquable, et c'était beaucoup d'éveiller l'attention des savants sur une question aussi neuve et aussi intéressante; mais Buache généralisa beaucoup trop les lois qu'il avait cru découvrir, et les hypothèses que son système lui fit faire sur les parties alors inconnues ou mal connues de la terre ont été plus tard presque toutes démenties par les faits.

Buache mourut le 27 janvier 1773. Il fut remplacé à l'Académie par Danville.

BUACHE (JEAN-NICOLAS), né à Neuville-le-Pont en 1741, fut appelé à Paris par son parent Philippe, suivit la même carrière, et comme lui fut premier géographe du roi et membre de l'Académie des Sciences. Il devait nécessairement adopter le système de son maître et bienfaiteur, ce qui lui fit commettre nombre d'erreurs scientifiques. D'ailleurs, quoiqu'il ait produit, outre les titres qu'avait eus Philippe, ceux de membre du Bureau des Longitudes et d'ingénieur hydrographe en chef de la marine, quoiqu'il ait enseigné la géographie aux trois fils de France (depuis Louis XVI, Louis XVIII et Charles X), il n'a pas laissé un nom très-brillant. On lui doit une dizaine de Mémoires publiés dans le *Recueil de l'Académie des Sciences*, et une géographie insignifiante. Buache mourut à quatre-vingt-quatre ans, en 1825.

A. DELAMARCHE.

BUANDERIE, bâtiment avec un fourneau et des cuviers, ou local particulier placé au rez-de-chaussée d'une maison et disposé pour faire la lessive, appelée anciennement *buée*. Il y avait autrefois des buanderies dans toutes les communautés d'hommes ou de femmes; il y en a aujourd'hui dans quelques riches habitations de la campagne. On a aussi établi à plusieurs reprises des buanderies destinées au service public. Une rue de Paris porte même la dénomination de *rue de la Buanderie*, sans doute en souvenir d'un établissement de ce genre qui y existait. En 1807 le banquier Perregaux fit élever une buanderie près du quai de Bercy, à

Paris, où l'on mit en pratique le procédé de lessivage par la vapeur. Plus tard des bateaux de blanchissage avec buanderies furent établis sur la Seine. Enfin dans ces dernières années on a construit dans presque tous les quartiers de Paris des lavoirs publics, qui, outre une buanderie, renferment tout ce qui est nécessaire au blanchissage et au séchage du linge.

BUBALE. Le nom de *bubalus* désignait dès le temps d'Aristote un animal timide. « Il est des espèces, dit ce grand naturaliste, auxquelles leurs cornes sont quelquefois inutiles, parce qu'elles fuient les animaux féroces et courageux : tels sont les chevreuils et les bubales. » Cependant les Romains en avaient déjà détourné l'acception. « Le vulgaire donne ce nom, dit Pline, au taureau sauvage de la Germanie, mais il appartient réellement à un animal d'Afrique, qui ressemble en partie à un cerf et en partie à un veau. » Oppien ajoute encore à cette description un trait qui ne laisse aucune équivoque, c'est celui de la forme des cornes de cet animal. « Ses cornes, longues et droites, dit-il, recourbent leurs pointes du côté du dos. » Cependant les latinistes modernes ont appliqué le nom de *bubalus* au buffle, et, quoique Gessner eût reconnu qu'il y avait erreur dans cette application, le véritable bubale n'a été bien indiqué que par Perrault. Le médecin anglais Caïns l'avait cependant assez bien décrit dans l'ouvrage de Gessner, sous le nom de *bœuf-cerf* (*boselaphus*).

Le *bubale* (*antilope bubalis*) appartient au genre des antilopes par la forme de ses cornes, par le tissu solide des chevilles osseuses qui les portent, par les sillons obliques que l'on voit à leur surface, par ses larmiers et par ses jambes de cerf; mais il se distingue, au premier coup d'œil, des gazelles ordinaires par ses proportions un peu lourdes, par la hauteur de son garrot, qui lui donne presque un air bossu, et surtout par la longueur et la grosseur de sa tête, qui a vraiment quelque ressemblance avec celle d'une génisse; aussi Perrault lui a-t-il donné le nom de *vache de Barbarie*, et les Arabes l'appellent-ils *bekker-el-wash*, ce qui signifie *bœuf sauvage*. Sa taille est un peu supérieure à celle du cerf; son pelage est entièrement roussâtre, excepté le flocon du bout de la queue, qui est noir. Cette queue descend jusqu'à la hauteur du jarret. Les cornes du bubale ont une courbure précisément opposée à celle des gazelles ordinaires; dans celles-ci, la courbure inférieure est convexe en avant et la supérieure en arrière, de manière que la pointe se redresse; dans le bubale, au contraire, la courbure inférieure est concave en avant, et la pointe se recourbe vers la dos, comme l'a très-bien observé Oppien. On remarque encore que le bubale manque de ces touffes de poils qui revêtent les genoux des gazelles.

On ne sait presque rien de particulier sur les mœurs de cet animal dans l'état sauvage; Schaw dit seulement qu'il marche en troupes; que ses petits s'apprivoisent aisément et paissent avec les troupeaux de bœufs; qu'il court, s'arrête et se défend comme la gazelle. La direction des pointes de ses cornes le force cependant à adopter une manœuvre particulière. Lorsqu'il est vivement pressé, il se retourne, se porte avec fureur contre l'assaillant, en tenant sa tête entre ses jambes, et, la relevant subitement, lorsqu'il est à proximité, il fait d'énormes blessures.

Cet animal appartient à tout le nord de l'Afrique et surtout au désert. Il en vient quelquefois en Égypte boire dans les mares ou dans les petits canaux d'arrosement; mais ils s'enfuient à l'approche de l'homme. Les anciens le connaissaient très-bien, et les Français en ont trouvé des figures fort reconnaissables parmi les hiéroglyphes des temples de la Haute-Égypte. G. CUVIER, de l'Académie des Sciences.

BUBASTE, ville de la basse Égypte, aujourd'hui ruinée, chef-lieu du nome dit *Bubastite*, s'étendait au sud-est de Léontopolis, sur une branche du Nil dite *bras Bubastique*, par 30° 40' de latitude nord et 29° 11' de longitude est. Elle avait été ainsi nommée en l'honneur de la déesse Bubastis, dont on célébrait la fête dans cette ville.

BUBASTIDES, vingt-deuxième dynastie égyptienne, suivant Manéthon. Elle tire son nom de la ville de Bubaste, patrie de son fondateur, *Sesonchis III*, que Champollion a retrouvé sous le nom de Scheschonk, dans les inscriptions de Karnak, près de Thèbes. C'est le Sesac de l'Écriture, auprès de qui se réfugia Jéroboam après sa révolte, et qui, lorsque Salomon fut mort, pilla le temple de Jérusalem, et s'en retourna chargé de richesses. Son règne fut de vingt et un ans, et finit vers l'an 976 avant Jésus-Christ.

Osoroth, son successeur, en régna vingt-cinq. Il est inscrit sur les monuments sous le nom d'Osorthon ; mais il est douteux que ce soit le même que le Zara ou le Zoroch, qui vint attaquer Asa, petit-fils de Roboam, roi de Juda, et qui fut défait à Marésa dans la vallée de Séphate ; car l'Écriture dit positivement que ce Zara était un roi d'Éthiopie ou du pays de Chus, voisin de *l'Égypte*. Après Osoroth, trois princes inconnus continuèrent cette dynastie.

Le sixième se nommait *Tacellotis* ; il régna treize ans, jusqu'en l'an 915 avant J.-C. Après avoir produit, pendant quarante-cinq autres années, trois autres souverains dont l'histoire n'a pas recueilli les noms, cette dynastie s'éteignit pour faire place à la seconde des Tanites.

VIENNET, de l'Académie Française.

BUBASTIS ou **POUBASTI,** la Diane des Égyptiens, déesse de la troisième race, fille d'Osiris et d'Isis, figure, quoique vierge, dans le mythe de ces contrées comme nourrice de son frère Haroéri. Elle avait un très-beau temple à *Bubaste*, et, considérée comme la lune, exerçait une grande influence sur les couches des femmes, qui l'invoquaient avec ferveur. Aux approches de sa fête, une quantité de barques élégamment décorées et remplies de musiciens, d'hommes et de femmes, voguaient sur le Nil, pendant plusieurs jours. Les femmes chantaient, jouaient des castagnettes, ou invectivaient les femmes des localités près desquelles on passait, levant devant elles leurs robes d'une manière fort peu décente. Arrivé à Bubaste, on sacrifiait un grand nombre de victimes, et on consommait plus de vin, dit Hérodote, que dans tout le reste de l'année ; ce qui est aisé à croire, s'il est vrai, comme il le rapporte, qu'il s'y rendait jusqu'à sept cent mille personnes, sans compter les enfants. Après s'être préparé à la fête par des jeûnes et des prières, on sacrifiait un bœuf, on le dépouillait, on en arrachait les intestins, on en coupait les cuisses, le haut des hanches, les épaules et le col; puis on remplissait le reste du corps de pains de fine farine, de miel, de raisins secs, de figues, d'encens, de myrrhe et d'autres substances odoriférantes. On le brûlait ainsi rempli, en répandant une grande quantité d'huile sur le feu; les assistants se frappaient tous, et quand ils avaient cessé de se frapper, on leur servait quelques reliefs du sacrifice. Il n'était pas permis d'immoler des génisses, parce qu'elles étaient consacrées à Isis, qu'on représentait sous la forme d'une femme avec des cornes. DENNE-BARON.

BUBNA ET LITTITZ (FERDINAND, comte DE), feld-maréchal-lieutenant au service d'Autriche, né le 26 novembre 1768, appartenait à une ancienne famille de Bohême qui fait remonter son origine jusqu'au temps des Przemislides et forme deux branches, dont l'aînée, celle de *Littitz*, fut promue au rang de comte vers le milieu du dix-septième siècle, tandis que la cadette, celle de *Bubna de Warlich*, appartient encore à l'ordre des barons. Entré au service en 1784, Bubna fit, dans un corps de cavalerie, la guerre de 1789 et 1790 contre les Turcs, puis celles de 1792 à 1797 contre les Français, et dans ces dernières se distingua tellement en diverses rencontres qu'il attira sur lui l'attention de l'archiduc Charles. Aussi ce prince lui fit-il obtenir le grade de major et le prit-il pour officier d'ordonnance au commencement de la campagne de 1799. Plus tard il fit de lui son premier aide de camp; et en 1801 il travailla au ministère de la guerre sous la direction de l'archiduc avec le grade de colonel. Promu au grade de général-major, il assista en 1805 à la bataille d'Austerlitz sous les ordres du prince de Lichtenstein, qu'il accompagna au quartier général de l'empereur Napoléon, où il s'essaya avec assez de bonheur sur le terrain de la diplomatie, ainsi qu'il lui arriva encore plus tard après la campagne de 1809. Nommé feld-maréchal-lieutenant, il fut chargé de la direction des remontes, et remplit à diverses reprises des négociations diplomatiques au commencement de la guerre dite d'indépendance; c'est ainsi, par exemple, qu'en 1812 il fut envoyé à Paris, et en 1813 à Dresde, près de Napoléon.

Lorsque l'Autriche se décida à faire cause commune avec la coalition, il reçut le commandement de la seconde division de cavalerie légère, avec laquelle il prit part à la bataille de Leipzig. Plus tard il pénétra en Suisse à la tête d'une première division dite légère, occupa Genève le 28 décembre 1813, puis, après avoir dispersé à Bourg en Bresse la levée en masse, il marcha sur Lyon. Mais ici Augereau l'arrêta au passage, et le contraignit à battre en retraite sur Genève, position dans laquelle il se maintint jusqu'à ce que les corps aux ordres de Bianchi et de Hesse-Hombourg fussent arrivés à son secours. Le prince de Hesse-Hombourg prit à ce moment le commandement supérieur de ce corps d'armée. Quand la campagne fut terminée, Bubna fut nommé gouverneur général de la Savoie, du Piémont et du comté de Nice; et après le retour du roi de Sardaigne dans ses États, il conserva encore pendant quelque temps le commandement supérieur du corps d'occupation laissé dans le pays.

Après le débarquement de Napoléon de l'île d'Elbe, en 1815, il marcha encore une fois sur Lyon à la tête du second corps de l'armée d'Italie, que commandait en chef le général Frimont, et il eut à lutter en Savoie contre le maréchal Suchet jusqu'au moment où la prise de Paris par les troupes alliées mit fin à la guerre. Il occupa alors Lyon sans résistance, y institua un gouvernement général et des tribunaux militaires chargés de mettre les récalcitrants à la raison, mission dans l'accomplissement de laquelle fut apportée une extrême rigueur.

Au rétablissement de la paix générale, l'empereur lui fit présent de plusieurs domaines situés en Bohême, et en 1818 lui confia le commandement supérieur effectif de la Lombardie, qu'il n'avait eu jusque alors qu'à titre de lieutenant. Lors des troubles du Piémont en 1821, il obtint le commandement en chef des forces autrichiennes chargées de rétablir dans ce pays le vieil ordre de choses, et une nouvelle dotation en terres situées en Sardaigne fut la récompense des nouveaux services qu'il rendit en cette occasion. Toutefois, ce fut cette fois la roi de Sardaigne qui en fit tous les frais. Bubna mourut à Milan, le 6 juin 1825.

BUBON (*Médecine*), de βουβών, aîne. On nomme ainsi les tumeurs inflammatoires formées par les glandes lymphatique sous-cutanées, et particulièrement par celles de l'aîne, de l'aisselle et du cou. Les médecins admettent trois espèces de bubons, qu'ils distinguent par les épithètes de *simple*, *pestilentiel* et *syphilitique* : ces deux derniers sont compris par quelques auteurs sous le nom commun de *bubons malins*; le *bubon simple* consiste dans l'inflammation primitive des glandes; le *bubon syphilitique* admet plusieurs variétés : on nomme *primitif* celui qui se montre avec les premiers symptômes du mal; *consécutif* celui qui ne survient qu'au bout d'un temps plus ou moins long; *indolent* celui dont la marche est lente, sans douleur et sans inflammation vive; *inflammatoire* celui qui est rouge, douloureux, et dont les symptômes s'accroissent rapidement.

Le traitement des bubons varie avec leur nature. Dans tous les cas, le séjour au lit et l'application de cataplasmes émollients suffisent souvent pour prévenir la maladie. Mais si, malgré ces précautions, l'inflammation marche avec rapidité, il faut avoir recours aux sangsues, aux applications émollientes et narcotiques, aux bains généraux, aux boissons rafraîchissantes et légèrement laxatives. Lorsque les antiphlogistiques amènent un commencement de résolution dans la tumeur, il faut leur substituer les applications résolutives, les emplâtres de Vigo, de ciguë, de savon; les frictions locales avec les préparations d'iode, celles faites autour de la tumeur avec l'onguent mercuriel, etc.

BUBON (*Botanique*), genre de la famille des ombellifères et de la pentandrie digynie, ainsi nommé, dit-on, parce qu'anciennement on employait les feuilles d'une de ses espèces, le *persil de Macédoine* (*bubon macedonicum*), pour la guérion de l'inflammation des aînes (*voyez* l'article précédent).

BUBONE, nom d'une divinité des Latins, qui présidait aux soins et à la conservation des bœufs. Saint Augustin, dans la *Cité de Dieu*, dit, en se moquant des nombreuses divinités du paganisme, que les chrétiens ont eu des blés sans la déesse *Ségétie*, des bœufs sans *Bubone*, du miel sans *Mellons*, et des fruits sans *Pomone*.

BUBONOCÈLE (du grec βουβών, aîne, et κήλη, tumeur), nom que l'on donne quelquefois aux hernies inguinales. *Voyez* HERNIE.

BUBULINE, matière extraite de la bouse de vache, et qui peut remplacer avantageusement cette dernière substance dans la teinture des toiles (*voyez* BOUSAGE).

BUCAIL, nom donné dans quelques endroits au blé noir ou sarrasin.

BUCARDE (de βους, bœuf, et καρδια, cœur), genre de mollusques ainsi nommé à cause de la figure cordiforme de sa coquille. Ce genre appartient à l'ordre des acéphales, et ses diverses espèces habitent toutes les mers connues. On en recueille sur la plupart des côtes de l'Europe, et on les mange en beaucoup d'endroits. La coquille des bucardes est bivalve, et ses côtes sont dirigées de la charnière au bord; on en trouve un grand nombre à l'état fossile.

L'animal de la bucarde a le manteau largement ouvert par devant, bordé inférieurement de papilles tentaculaires; un pied très-grand, coudé au milieu, à pointe dirigée en avant; deux tubes courts, quelquefois inégaux et bordés de papilles; la bouche transverse, infundibuliforme, munie d'appendices triangulaires; les branchies courtes et inégales. Ces mollusques vivent les plus communément sur les bords de la mer. Ils s'enfoncent dans le sable à la profondeur de dix à douze centimètres, et y sont placés de telle sorte que les orifices de leurs tubes arrivent à la surface du sol, ce qui leur permet de tirer de l'eau leur nourriture. Sur les plages qu'elles habitent, on reconnaît leur présence aux jets d'eau qu'elles lancent par les trous dans lesquels elles sont retirées. Pour entrer dans ces trous et en sortir, elles ont un mode de locomotion particulier, que Réaumur a décrit avec détail.

BUCCAL (de *bucca*, bouche), c'est-à-dire qui a rapport à la bouche. On appelle, par exemple, *membrane buccale* la membrane muqueuse qui tapisse la cavité de la bouche ou *cavité buccale*, et qui forme les replis connus sous les dénominations de *freins* des lèvres, de la langue, des gencives, etc.; elle est recouverte d'un épiderme très-prononcé, et renferme dans son épaisseur une grande quantité de follicules muqueux, dits *glandes buccales*, qui sécrètent une humeur visqueuse particulière, laquelle, en se mêlant à la salive, contribue à lubrifier la bouche.

On nomme *artère buccale* ou *sus-maxillaire* celle qui vient de la maxillaire interne, ou de quelqu'une de ses branches, comme de la temporale profonde antérieure, de l'alvéolaire, etc., et qui distribue ses rameaux au muscle buccinateur et à la membrane muqueuse de la joue. La *veine buccale* suit l'artère du même nom, et se distribue comme elle.

Enfin le *nerf buccal* ou *buccinateur* (*nerf bucco-labial* de Chaussier) est celui qui est fourni par le maxillaire inférieur et qui distribue ses rameaux aux muscles buccinateur, temporal, canin, à la peau, etc.

BUCCELLAIRE (en latin *buccellarius*, fait de *bucca*, bouche). C'était la qualification qu'on donnait à Rome au client, au parasite. Il s'est dit aussi de certains satellites que les personnages les plus puissants de l'empire nourrissaient et tenaient à leurs gages dans les provinces. Ce fut l'empereur Léon qui leur enjoignit de les congédier. Des Romains l'usage des *buccellaires* passa aux Visigoths, qui donnaient ce nom à tous les clients ou vassaux nourris de cette manière. Quelques auteurs font des *buccellaires* une espèce de garde de l'empereur, qui l'entourait à l'armée, et dont il se servait pour faire mourir secrètement ceux qui tombaient dans sa disgrâce. Il est à croire cependant que dans cette dernière acception les *buccellaires* ont dû être tout simplement des officiers de bouche, et qu'à ce titre ils ont fait préparer des repas aussi bons que ceux dont les parasites leurs prédécesseurs avaient mangé leur part. Les empereurs de Rome ne sont pas, du reste, les seuls qui aient eu de ces fonctionnaires à leur suite : on trouve au milieu du cinquième siècle un buccellaire du fameux Aëtius, cité par Grégoire de Tours.

BUCCIN (de *buccinum*, trompette), genre de mollusques gastéropodes à coquille univalve, tournée en spirale (d'où leur nom). Les buccins sont répandus dans toutes les mers; mais dans les pays chauds les espèces sont plus nombreuses et parées de couleurs plus vives qu'au Nord.

BUCCINAIRES (Iles). *Voyez* CAPRAIA.

BUCCINATEUR (dérivé de *buccina*), s'est dit autrefois de celui qui sonnait de la *buccine* ou de la trompette. Il y a eu aussi chez les Romains un esclave public nommé *buccinator nominum*, qui accompagnait le cœur public.

Aujourd'hui ce mot ne s'emploie qu'en anatomie, pour désigner une espèce de muscle (*muscle alvéo-labial* de Chaussier) qui occupe l'épaisseur de la bouche. Le *muscle buccinateur* est mince, aplati, quadrilatère; placé dans l'intervalle des deux bords alvéolaires, il s'attache en haut à la partie postérieure du bord alvéolaire supérieur, en bas au même point du bord alvéolaire inférieur, et au milieu à l'aponévrose bucco-pharyngienne. Toutes ses fibres convergent vers la commissure des lèvres, où elles se terminent en se confondant avec les muscles voisins. Ce muscle est percé par le conduit excréteur de la glande parotide, et il agit en tirant la commissure des lèvres en arrière; il contribue à la mastication en poussant sous les dents les aliments qui s'en écartent en dehors; et si la bouche est remplie par de l'air qui distend les joues, il le comprime et le chasse au dehors, comme dans l'action de souffler, de sonner de la trompette, etc.

Le nerf buccal est appelé aussi *nerf buccinateur*.

BUCCINE (du latin *buccina*, fait de *bucca*, bouche, et de *cano*, je chante); c'était chez les anciens une espèce de trompette ou d'instrument de musique guerrière. Festus définit la *buccine* une corne recourbée, dont on joue comme d'une trompette. Végèce témoigne aussi que cet instrument se recourbait en cercle, par quoi il différait de la trompette. Varron, qui voit dans ce mot une onomatopée, dit qu'il était synonyme de celui de *cornu* (corne), et que c'étaient des cornes de bœuf qui dans les premiers temps servaient de trompettes pour donner le signal de guerre à l'armée.

Les *buccines* ou conques marines que les poètes et les peintres donnent aux Tritons sont des coquillages en forme de *buccin*.

BUCENTAURE, navire d'une construction particulière, sur lequel le doge montait à Venise le jour de l'Ascension, quand se célébrait son mariage avec la mer Adriatique. C'était un galion, long comme une galère, mais beaucoup plus élevé, sans mâts ni voile, de la grandeur à peu près d'une de nos frégates modernes. Sur le pont, tout le long du bâtiment, se dressait une galerie double, en menuiserie sculptée, dorée en dedans, et soutenue, de distance en distance, à l'extérieur, par un grand nombre de cariatides. Au milieu de l'enceinte, un parquet de bois poli, de diverses couleurs, disposé en mosaïque, s'élevait de soixante-cinq centimètres environ, et formait une espèce d'estrade demi-circulaire, garnie de bancs, sur lesquels s'asseyaient les sénateurs invités à la cérémonie. Le doge trônait à la poupe, entouré de la seigneurie de Venise, ayant à sa droite le légat du pape, à sa gauche l'ambassadeur de France. De là il jetait une anneau d'or dans la mer Adriatique, pendant qu'un prêtre bénissait leur union. Fenimore Cooper, dans son roman *le Bravo*, nous a laissé une curieuse description de cette antique fête nuptiale.

BUCÉPHALE, cheval d'Alexandre le Grand qui a participé à la gloire de son illustre maître. On a prétendu que son nom, qui signifie en grec tête de bœuf (βοῦς, bœuf, κεφαλή, tête), lui venait soit de ce qu'il avait la tête semblable à celle d'un bœuf, soit de ce qu'il était le produit d'un taureau et d'une jument. Cette double explication s'accorde mal avec la beauté si vantée de ce noble animal. L'opinion qui dérive ce nom d'une petite tête de bœuf empreinte sur quelque partie de son corps est beaucoup plus vraisemblable. Quoi qu'il en soit, ce fut un Thessalien, appelé Philonicus, renommé pour les coursiers qu'il élevait dans les plaines de Pharsale, qui l'amena à Philippe, auquel il offrit de le vendre pour 13 talents (70,000 francs environ). C'était un peu cher. On trouve de nos jours peu de chevaux de ce prix. N'importe; ce qu'il y a de certain, c'est que tous les seigneurs macédoniens qui voulurent l'essayer le jugèrent indomptable; et déjà le roi donnait ordre de le ramener, quand Alexandre, à peine âgé de quinze ans, en témoigna, à plusieurs reprises, sa mauvaise humeur, si bien que son père lui permit de le monter, à son tour, à la condition néanmoins que s'il n'en venait pas à bout, il payerait un déficit considérable. Le jeune prince avait cru remarquer que le cheval, tournant le dos au soleil, s'effrayait de son ombre; il lui fit donc faire volte-face du côté de l'astre, puis, l'ayant insensiblement préparé avec beaucoup d'adresse, il s'élança d'un bond sur l'animal, et lui fit fournir sa carrière en cavalier consommé.

Si l'on en croit Quinte-Curce, Aulu-Gelle, Pline, Strabon, Bucéphale, sans housse ni selle, se laissait monter très-facilement par l'écuyer qui en prenait soin; mais, revêtu de son harnais, il ne voulait d'autre cavalier qu'Alexandre, et courbait les genoux pour le recevoir dès qu'il le voyait venir. Plus d'une fois le roi de Macédoine dut la vie à la vigueur et à la rapidité de son cheval. Il le monta dans toutes ses grandes batailles, et l'eut avec lui jusqu'au delà de l'Indus après la défaite de Porus. Dans le combat qu'Alexandre livra à ce prince sur les bords de l'Hydaspe, engagé au milieu des rangs épais de la cavalerie indienne, il allait succomber, si Bucéphale, blessé à mort, n'eût redoublé de vitesse pour le sauver en le ramenant dans les lignes macédoniennes, où il expira. Le roi lui fit faire de magnifiques funérailles, et fonda sur son tombeau la ville de *Bucephalos*, que quelques savants ont prétendu être Lahore. Ce noble coursier avait alors seize ans environ. Les traditions merveilleuses d'Alexandre, celles surtout du Pseudo-Callisthène et d'autres écrivains orientaux, ont largement brodé sur ces faits. On a même prétendu que Bucéphale était anthropophage, sans doute parce qu'il avait l'habitude de mordre ceux qu'il n'aimait pas. A quoi tient une mauvaise réputation!

BUCER (MARTIN), naquit à Schelestadt, en 1491, huit ans après Luther, dont il était destiné à devenir le disciple, ainsi que de Mélanchthon, non sans éprouver un vif désir de donner en même temps son adhésion aux doctrines de Zwingle. Son nom de famille était *Kuhhorn*, en allemand

Corne-de-vache, et suivant la coutume des érudits de son époque, il le grécisa en celui de *Bucer*, dont la signification est la même. Entré dès 1506 dans l'ordre des Dominicains, il ne tarda pas à s'y faire remarquer par l'énergie de ses prédications; mais les opinions qu'il osa manifester sur les questions théologiques agitées de son temps soulevèrent contre lui des haines si violentes, qu'il fut obligé de chercher un asile dans le château de son ami François de Sickingen. Réfugié plus tard à Strasbourg, où les opinions des réformateurs étaient publiquement prêchées, il y professa vingt ans la théologie protestante, aux applaudissements de cette cité impériale.

Député, en 1530, à la diète d'Augsbourg, il y présenta, au nom des villes de Strasbourg, Memmingen, Constance et Lindaw, une confession connue dans l'histoire sous le titre de *Confession Tétrapolitaine*. Elle ne fut pas jugée assez explicite, Bucer l'ayant rédigée sous l'influence de l'idée qu'il n'était pas impossible de s'entendre. Ce fut en effet l'illusion de toute sa vie. Partout où quelque essai de conciliation fut tenté, on vit toujours Bucer accourir des premiers; mais sans jamais sacrifier ses convictions à l'amour de la paix. Dans l'assemblée de Smalkalde, il se rallie à la résolution prise de rejeter l'autorité du concile convoqué à Mantoue par Paul III, et de retour à Strasbourg, refuse, au péril de la liberté, de reconnaître l'*interim* par lequel Charles-Quint rétablissait la religion à peu près sur l'ancien pied, en attendant la décision d'un futur concile.

Ne pouvant dès lors prolonger sa résidence dans cette ville, il se rend en Angleterre, où l'appelle depuis longtemps le célèbre Thomas Cranmer, archevêque de Cantorbéry, y enseigne pendant deux ans la théologie à Cambridge, et y meurt, de la pierre, le 17 février 1551, à soixante ans. Il fut brûlé, après sa mort, par ordre de Marie : son dernier repos fut violé; on l'arracha de sa tombe, et l'on jeta son corps aux flammes. Élisabeth rétablit sa mémoire.

On doit à Bucer un grand nombre d'ouvrages, entre lesquels on estime particulièrement les Commentaires sur les Psaumes et sur les Évangiles. Le premier de ces livres, signé *Aretinus Felinus*, avait même été accueilli avec une grande faveur par les catholiques d'Italie, qui s'empressèrent de le trouver détestable dès qu'ils eurent appris qu'un hérésiarque se cachait sous ce pseudonyme.

BUCH (LÉOPOLD DE), célèbre géologue contemporain, naquit le 25 avril 1774, à Stolpe, dans l'Uckermark, et après une éducation solide reçue dans le manoir appartenant depuis plusieurs siècles à sa famille, alla en 1791 étudier la minéralogie à Freiberg, sous la direction du célèbre Werner, dont il fut le disciple favori et le commensal. En 1797 il entreprit un voyage scientifique, dont il consigna les résultats dans deux ouvrages (*Versuch einer mineralogischen Beschreibung von Landeck et Versuch einer geognostischen Beschreibung von Schlesien* [Essai de description minéralogique de Landeck et Essai de description géognostique de la Silésie]), dans lesquels il se montrait encore fidèle à la théorie neptunienne de son illustre maître. Une tournée qu'il entreprit ensuite dans les Alpes et en Italie ébranla sa foi dans le système de son école. En février 1799, il vit pour la première fois le Vésuve; puis une seconde fois, en compagnie de Humboldt et de Gay-Lussac, en 1805, le 12 août, au moment de l'éruption de ce volcan. Dès 1802 il avait parcouru le midi de la France et examiné les volcans éteints de l'Auvergne : son exploration de cette contrée fut opiniâtre et profonde; il y appliqua toutes les forces de son esprit, et, le contraignant, il en fit sortir les germes de toutes les grandes idées au développement desquelles sa vie tout entière devait être consacrée. L'aspect du Puy de Dôme, de ses couches de trachyte et de ses assises de laves basaltiques, lui fit peu à peu et définitivement abandonner la doctrine de son maître. La relation de ce voyage est remplie des traces de son hésitation. A la vue des basaltes, il s'écrie

« Comment croire à leur origine ignée', quand on se rappelle les roches qui les accompagnent en Allemagne!; et cependant ici peut-on en douter ! » Son second voyage au Vésuve, en 1805, mit fin à toutes ses incertitudes. De l'ensemble des observations faites avec ses savants compagnons est résultée une exposition admirablement lucide de tous les effets qui se rattachent à une éruption volcanique. Les faits dont ces excursions enrichirent la science se trouvent consignés dans ses *Geognostische Beobachtungen auf Reisen durch Deutschland und Italien* (Berlin, 1802-1809). En 1806, il fut élu à l'Académie des Sciences de Berlin.

L'infatigable et savant voyageur consacra ensuite deux années à étudier le sol de la Suède et celui de la Norvège. (Ce n'est pas sans dessein que nous employons cette épithète d'*infatigable*; et on jugera combien il la méritait, quand on saura qu'il voyage toujours à pied. C'est ainsi, son fidèle parapluie à la main, qu'on l'a vu parcourir les Apennins d'une de leurs extrémités à l'autre, passer des cratères du Vésuve aux monts de l'Écosse, de l'Etna aux neiges polaires). Son énergie s'accrut dans cette longue tournée en proportion des difficultés qu'il avait à vaincre. Il s'avança tantôt par terre et tantôt par mer, explora en détail les innombrables *fjords* qui servent de ceinture aux côtes si accidentées de la péninsule scandinave, parvint jusqu'aux rochers arides et neigeux du cap Nord, et établit un centre d'observations dans l'île déserte de Magéröe. Ce voyage lui suggéra une idée lumineuse pour la solution d'un problème qui préoccupait depuis longtemps tous les savants : l'abaissement successif du niveau de la mer dans ces régions hyperboréennes, abaissement constaté de la manière la plus irréfragable par une série d'observations faites depuis moins d'un demi-siècle et avec le plus grand soin. Telle ville maritime alors était devenue continentale : tel petit bras de mer était devenu une grande route. Léopold de Buch, avec la sagacité du génie, trouva l'explication naturelle de ce phénomène dans le soulèvement successif de la Suède depuis Frédérickshall jusqu'à Abo. Les observations recueillies dans cette longue et patiente étude sont consignées par lui dans son *Voyage en Norvège et en Laponie* (2 vol., 1810). Cette grande pensée du soulèvement d'une partie de nos continents est la découverte qui a le plus contribué à fortifier la théorie nouvelle des volcans, celle de l'origine des montagnes, et qui nous a donné l'aperçu le plus général sur l'effort continuel, sur la réaction incessante de l'intérieur du globe contre son enveloppe.

En 1815 de Buch alla visiter les Canaries, ces îles volcaniques, que le Pic de Ténériffe signale de loin à l'attention des géologues. L'ouvrage dont elles lui fournirent le sujet se divise en deux parties. Dans la première, on trouve l'étude des roches, celle des hauteurs des pics, des variations de température, etc. Dans la seconde, il expose sa théorie complète des volcans, dans laquelle il voit une *communication constante entre l'atmosphère et l'intérieur du globe*. Il distingue entre l'effort qui soulève et l'effort qui rompt. Le premier lui donne ce qu'il appelle le *cratère de soulèvement*, et le second ce qu'il nomme le *cratère d'éruption*. Il montre la corrélation existant entre tous les volcans des Canaries. De ceux-ci il passe aux volcans du monde entier, qu'il range en deux classes; les *volcans centraux* et les *chaînes volcaniques*. Les premiers forment le centre d'un grand nombre d'éruptions qui se font autour d'eux; les seconds sont disposés en ligne, les uns à la suite des autres, et il les compare à une grande fente ou rupture du globe, ajoutant que probablement ils ne sont même pas autre chose. Enfin, de ces points de rochers soulevés par le feu central il porte ses regards sur les innombrables îles disséminées dans le grand Océan, qu'il réunit sous le nom générique d'*îles de soulèvement*, détruisant ainsi l'opinion qui longtemps les avait regardées comme les débris épars d'un continent perdu.

Notre savant voyageur ne quitta les Canaries que pour se rendre aux îles Hébrides, et cela uniquement afin de s'édifier lui-même au sujet d'un doute qui s'était présenté à son esprit sur la formation des basaltes. Ses pérégrinations géologiques se continuèrent ainsi presque sans interruption jusqu'à l'âge de soixante-dix-huit ans. Il mourut à Magdebourg, le 4 mars 1853. Huit mois avant sa mort, il avait encore été visiter de nouveau l'Auvergne. Demeuré célibataire, il ne vivait que pour sa science favorite. Nous ne pouvons mentionner ici toutes les précieuses monographies dont il l'a enrichie. Nous nous bornerons à rappeler sa belle dissertation *sur le Jura en Allemagne* (1829); son *Essai pour servir à l'explication de la formation des montagnes en Russie* (1840) et ses *Considérations sur le développement et les limites des formations de craie* (1849). On a aussi de lui des mémoires sur les *Ammonites*, sur les *Térébratules*, sur les *Liptèmes*, sur les *Cystidées*, sur les *Cératites*, etc., car la paléontologie lui est redevable de quelques-uns de ses plus notables progrès. Sa bibliothèque et ses collections furent achetées 35,000 thalers (136,250 fr.) par le gouvernement prussien.

BUCHAN (ÉLISABETH), sectaire écossaise, née en 1738, morte en 1791, épousa, à l'âge de vingt-et-un ans, un ouvrier de Glasgow, appartenant à la secte des *seceders*, dont elle adopta les opinions. En 1779 elle devint le chef d'une secte, désignée d'après elle sous le nom de *buchanistes*, et qui compta en peu de temps un grand nombre d'adhérents. Contrainte en 1790 par une émeute populaire d'abandonner la petite ville d'Irvine, où elle s'était établie, elle alla se fixer près de Tornhill avec ses croyants. Leurs doctrines se rapprochaient beaucoup de celles des Hernhutes ; ils faisaient profession du célibat, et vivaient en commun; regardant la fin du monde comme prochaine, ils jugeaient inutile de travailler, et se bornaient à se rendre par la prière aussi agréables que possible à Jésus-Christ, qui devait régner sur eux pendant mille ans.

BUCHAN (WILLIAM), célèbre médecin anglais, membre du Collège de Médecine d'Édimbourg, un des meilleurs géologues de notre temps, né en 1729, à Ancran, dans le comté de Roxburgh, est l'auteur du premier ouvrage notable dans lequel les connaissances générales relatives à la médecine aient été mises à la portée des gens du monde. Cet excellent livre, précieux recueil dans lequel se trouvent les lois générales et particulières de l'hygiène, a pour titre : *Médecine domestique*. On n'en compte plus aujourd'hui les éditions. Il a été traduit en plusieurs langues, et notamment en français, par Duplanil, dont les énormes additions sont étrangement contraires à la pensée première de l'auteur. Un autre ouvrage du docteur Buchan, *Le Conservateur des Mères et des Enfants*, publié en 1803 et traduit en français en 1804 par Lebègue de Presle, n'est pas aussi connu que le mériterait de l'être : c'est un excellent traité d'éducation physique, morale et intellectuelle. Buchan avait dirigé d'abord l'hôpital des enfants trouvés d'Ackworth dans le Yorkshire; il s'établit en 1770 à Édimbourg, et pratiqua ensuite à Londres, où il mourut, en 1805.

BUCHANAN (GEORGES), poëte et historien, né en 1506, à Killeran, dans le comté de Stirling (Écosse), appartenait à une famille pauvre. Son oncle l'envoya bien faire ses études à Paris; mais il ne put que pendant deux années lui servir la pension qui lui était nécessaire pour y vivre. Il est donc probable que ce fut la misère qui le contraignit, à l'âge de dix-huit ans, de s'enrôler comme soldat dans les troupes auxiliaires recrutées en France et conduites en Écosse par le duc d'Albany, fils naturel de Jacques V. Mais il ne tarda point à renoncer à la carrière des armes. En 1524 il se rendit à l'université de Saint-Andrews, et plus tard il accompagna son professeur, John Major, à Paris, où il prit goût pour les doctrines de la réformation; et où il finit par obtenir une place de professeur de grammaire au collège de Sainte-Barbe. Après avoir encore renoncé à cet emploi, il revint en Écosse, en 1534, à la suite du comte Cassils, dont il avait été pendant quelque temps le précepteur. Jacques V le choisit alors pour être le précepteur de son fils naturel, Jacques Stuart, qui fut plus tard le régent Murray. Un poème satirique qu'il composa contre les Franciscains, *Somnium* (1599), lui attira la haine du clergé; et c'en fut fait de sa réputation, quand, à la demande du roi lui-même, il en eut composé un autre encore plus violent, son fameux *Franciscanus*, dont il existe une traduction française (Sedan, 1599), et qui est connu sous le titre de *Le Cordelier de Buchanan*. Abandonné par le roi aux haines et aux vengeances sacerdotales, il fut jeté en prison; mais il réussit à s'évader et à se réfugier en France. De Paris, où il vint d'abord, il se rendit plus tard à Bordeaux, où, protégé par le recteur de l'école latine de cette ville, un savant Portugais, appelé Govea, il résida pendant quelques années. C'est à cette époque qu'il composa en vers latins quelques tragédies, entre autres un *Saint-Jean-Baptiste* et un *Jephté*, et qu'il traduisit la *Médée* et l'*Alceste* d'Euripide. En 1543, une épidémie le chassa de Bordeaux ; et, après avoir pendant quelque temps donné des leçons à Montaigne, devenu si célèbre plus tard, il revint à Paris, où il se livra à l'enseignement jusqu'au moment où son protecteur Govea, qui venait d'être nommé doyen de l'université de Coïmbre, le décida à s'en aller chercher fortune en Portugal. Govea étant venu alors à mourir, Buchanan ne put se défendre longtemps contre les ennemis puissants que lui avait faits la liberté de ses opinions; il fut incarcéré, et c'est pendant sa détention en Portugal qu'il commença sa traduction en vers des Psaumes. (*Paraphrasis Psalmorum Davidis poetica* [Paris, Rob. Estienne; Strasbourg, 1570]). Rendu à la liberté en 1551, il gagna l'Angleterre; mais les troubles qui y régnaient le déterminèrent bientôt à la quitter. Il s'en alla alors encore une fois à Paris, puis, en 1560, il finit par revenir en Écosse, où il embrassa ouvertement le protestantisme, avec les doctrines duquel il sympathisait déjà depuis longtemps en secret. Sa réputation de savoir et d'érudition lui valut un bon accueil auprès de la reine Marie Stuart, à laquelle il fut même admis à donner des leçons. Il rendit en outre d'importants services aux universités d'Écosse par les améliorations qu'il introduisit dans leur organisation, et il fut nommé doyen de l'université de Saint-Andrews. Ses principes religieux et politiques le portèrent à embrasser le parti de son ancien élève, le comte Murray; et après la chute de Marie Stuart, il fut nommé précepteur de Jacques VI (devenu plus tard roi d'Angleterre sous le nom de Jacques Ier). C'est sous sa direction que le prince acquit l'érudition pédantesque dont il se montrait si fier. Plus tard Buchanan accompagna le régent Murray en Angleterre pour appuyer le système d'accusation imaginé pour condamner Marie-Stuart, et publia alors sous ce titre : *De Maria regina Scotorum, totaque ejus contra regem conspiratione* (1571), un violent pamphlet, dans lequel il attaquait le caractère et les mœurs de la reine, et qui fut traduit d'abord en anglais sous le titre de *Detectioun of the duinges of Marie*, puis par Camus en français (*Histoire de Marie, reine d'Écosse, touchant la conjuration faite contre le roi et l'adultère commis avec le comte de Bothwell* [Édimbourg, 1572]). Après la mort du régent Murray, il demeura en faveur auprès du parti dominant, et fut nommé membre du conseil d'État et garde des sceaux. Son ouvrage intitulé *De Jure Regni apud, Scotos* (1579) lui assure un rang éminent parmi les plus énergiques défenseurs des droits du peuple. Il consacra les dernières années de sa vie à écrire sa *Rerum Scoticarum Historia* (1582), ouvrage remarquable par la beauté et la vigueur du style, mais qui manque de profondeur pour ce qui est des recherches relativement aux premiers siècles de l'histoire d'Écosse.

Buchanan mourut dans une pauvreté extrême, en 1582, et il fallut l'inhumer aux frais de la ville. Son caractère a été vivement attaqué par ses ennemis, et on ne saurait disconvenir qu'il paraît avoir mené dans sa jeunesse une vie extrêmement déréglée et n'avoir pas été bien scrupuleux quant au choix des moyens à employer pour se tirer d'embarras. Il poussa souvent l'esprit de parti jusqu'à la passion; et le sentiment de sa supériorité intellectuelle le rendait roide et cassant. En tout cas, il brille au premier rang des poëtes latins modernes. Ses poésies latines ont été recueillies et publiées par les Elzevier sous le titre de *G. Buchani Poemata quæ exstant* (Leyde, 1628). Elles se composent de poëmes didactiques, d'odes, d'épigrammes contre les ordres religieux et l'Église romaine, etc. Il a écrit lui-même l'histoire de sa vie. Ses Œuvres complètes ont été publiées par Ruddiman (2 vol., Édimbourg, 1715) et par Peter Burmann (Leyde, 1725).

BUCHAREST. *Voyez* BOUKAREST.

BUCHE, morceau de bois débité pour le chauffage. Les bûches doivent avoir un mètre de longueur.

On appelle *bûche de Noël* une grosse souche de bois qu'on met au feu comme arrière-bûche ou bûche de derrière, la veille de Noël; ce qui se faisait autrefois de nuit, et avec certaines cérémonies.

L'imposition de la bûche, ou le *droit de bûche*, était un droit qui se prélevait à Paris sur les bûches; un arrêt du grand conseil, du 3 juin 1546, exempte de ce droit les secrétaires du roi. Aujourd'hui ce droit est compris dans les droits d'octroi généraux; mais il existe en outre une espèce d'impôt sur la bûche, ou convention tacite entre les propriétaires ou locataires d'une maison et le portier, par laquelle ce dernier prélève une bûche à son profit sur chaque stère de bois dont les premiers font l'acquisition. Les *contrôleurs de la bûche* étaient et sont encore de petits officiers établis sur les ports et dans les chantiers pour veiller à ce que les bois soient de la longueur, de la grosseur et de la mesure réglées par les ordonnances. Enfin, on appelait *réparations à la bûche* les jugements portant condamnation d'amende contre ceux qui commettaient des délits dans les bois du roi, en abattant ou en enlevant des arbres, amende qui se prélevait d'après un tarif réglé à l'avance. Il y avait aussi des dommages et réparations à l'avantage des particuliers lésés de la même manière, mais qui se réglaient sur arbitrage.

Le mot *bûche* s'emploie encore comme terme d'art, pour désigner les billots ou madriers qui portent les cisailles, les filières, etc.; c'est aussi le nom de l'établi des épingliers, celui d'un instrument à cordes de laiton, au nombre de trois ou de quatre, que l'on fait résonner, soit avec le pouce, soit avec un petit bâton, et celui d'une espèce de bateau dont les Hollandais se servent pour la pêche. Enfin, on dit au figuré, dans le style familier, d'un homme lent, inactif ou stupide, que c'est une *bûche*.

Les *bûches économiques* ne sont autre chose que des briquettes de grande dimension.

BUCHER, pyramide de bois sur laquelle on brûlait les corps. Pour les morts c'était un mode de sépulture, pour les vivants un supplice, pour les uns et les autres un sacrifice de purification. Les anciens distinguaient quatre états du bûcher, que les Latins appelaient *pyra, rogus, bustum* et *acerra*. Le premier (dérivé de πῦρ, feu) était tout simplement une pile de bois, destinée à brûler le corps d'un homme ou même d'un animal; le second, le bûcher funéraire, tant que le feu continuait à brûler; alors, dit Servien, les assistants adressaient les prières aux dieux (*rogare*); le troisième, le bûcher après que le corps y avait été consumé (*combustum*); et le quatrième, enfin, était un bûcher particulier, élevé devant le tombeau, après le brûlement du corps.

Si l'origine des bûchers funéraires n'est pas due aux peuples de l'Hindoustan, elle doit remonter au moins aux Scythes, et leurs *tumuti*, qu'on découvre dans les steppes de la Russie méridionale et de la Tatarie, contiennent des ossements humains, souvent même des ossements de chevaux, quelquefois calcinés ; mais ce n'est pas le plus grand nombre. Les Thraces, qui empruntèrent aux Scythes l'usage du bûcher, le transmirent aux Grecs. De Rome, qui le prit à ces derniers, il envahit tout l'empire, et pénétra jusqu'aux régions hyperboréennes: Odin voulut que son corps fût brûlé sur un bûcher; c'est une tradition généralement admise dans la Scandinavie.

Dans l'Inde les brahmanes reçurent des anciens gymnosophistes la croyance en ce mode de purification. Les sacrifices volontaires sur un bûcher n'étaient pas rares autrefois chez eux. A Athènes on vit un Indien se précipiter dans les flammes d'un bûcher, en s'écriant : *Soyons immortel!* Calanus, le gymnosophiste, qui suivait Alexandre dans sa conquête de l'Inde, monta sur un bûcher funéraire, en adorant le soleil, qui brillait sur la tête, et Onésicrite, gouverneur du prince, frappé d'admiration, s'y jeta spontanément après lui. Hercule, disent les mythographes, va s'asseoir au banquet des dieux, après avoir divinisé sa dépouille mortelle par les flammes du bûcher, et Didon, délaissée, meurt sur un bûcher, non pour se délivrer d'une vie importune (le fer, le poison lui eussent suffi), mais pour assouvir les mânes de son époux par cet acte de purification.

Dans l'empire romain, au sein des campagnes, s'élevaient des bûchers publics, environnés de terrains clos de murs et appelés *ustrina* (d'*urere*, brûler). On y consumait les corps des morts trop pauvres pour que leur famille pût faire la dépense d'un bûcher. On en a découvert un dans les ruines de Pompéi. Quant aux bûchers particuliers, ils étaient plus ou moins grands, plus ou moins élevés, suivant la qualité des personnes. Une loi somptuaire défendait seulement de les édifier en bois de prix. On y employait l'if, le pin, le frêne, le mélèze, le genévrier, et autres arbres qui s'enflamment aisément ; on y ajoutait les feuilles du *souchet papyrus* ; puis, selon Varron, on enveloppait le tout de cyprès, afin de neutraliser par son odeur celle du cadavre, qui eût pu incommoder les invités qui répondaient aux lamentations de la *præfica*, jusqu'à ce que, le corps étant consumé et les cendres recueillies, il leur fût dit *Ilicet!* (Retirez-vous!) Les gardes du bûcher, gens de condition servile, appelés *ustores* et *bustuarii* (*voyez* BUSTUAIRES), avaient l'œil à ce qu'aucune branche de cyprès ne fût possée par le vent sur le corps, de crainte de mélange des cendres; et avec des fourches ils repoussaient les bûches et les empêchaient de tomber au milieu du foyer. Servius n'est pas le seul qui nous ait transmis le détail de ces précautions ; Homère en avait parlé avant lui, en décrivant la position du corps de Patrocle sur son bûcher. Le bûcher était généralement de forme carrée, à trois en quatre étages, montant en pyramide. On l'ornait quelquefois de peintures, de guirlandes, de riches étoffes et même de statues. Quand il était destiné à un empereur, on plaçait au second étage le lit et la figure du prince mort ; le dernier et le plus haut enfermait l'aigle qui devait, en s'envolant, porter au ciel l'âme du défunt (*voyez* APOTHÉOSE). On versait sur le cadavre du vin, du lait et du miel. On répandait sur le bûcher des parfums, des liqueurs odoriférantes, de l'encens, du cinnamome, des aromates, de l'huile. On donnait au mort une potion myrrhine. Ces profusions d'aromates, de liqueurs, de potions, devinrent enfin telles, qu'une loi dut les interdire, par respect pour la bourse des citoyens.

Quand le corps était oint, on lui ouvrait les yeux, qu'on avait fermés au moment où le défunt avait rendu le dernier soupir, puis on lui glissait une pièce de monnaie sur la langue. C'étaient les plus proches parents qui mettaient le feu au bûcher ; ils tournaient le dos pour s'épargner la vue d'un si triste spectacle. Le bûcher allumé, on priait les vents.

de bâter l'incendie. Achille appelle, dans Homère, le vent du septentrion et le zéphyr sur le bûcher de Patrocle. Puis on y jetait des habits, des étoffes précieuses et encore des parfums ; on y jetait aussi les dépouilles des ennemis. Aux funérailles de Jules César, les vétérans y précipitèrent leurs armes. On immolait de plus des bœufs, des taureaux, des moutons, qu'on portait aussi sur le bûcher. Quelques-uns des assistants se coupaient ou s'arrachaient des cheveux, qu'ils y semaient. Il y a même des exemples de personnes se tuant sur le bûcher de ceux qu'elles aimaient. Aux funérailles d'Agrippine, Nnestor, un de ses affranchis, se tua de douleur. Plusieurs soldats en firent autant devant le bûcher de l'empereur Othon. Pline rapporte qu'un certain Philotimus, à qui son maître avait légué ses biens, se jeta sur son bûcher. Plusieurs femmes avaient cet affreux courage. Achille tua douze jeunes Troyens sur le bûcher de Patrocle. Lorsque le cadavre était réduit en os et en cendres, on achevait d'éteindre le bûcher avec du vin et l'on recueillait ces dépouilles mortelles dans une urne.

Franchissons par la pensée une longue suite d'années pour arriver au temps des bûchers expiatoires en Europe. C'était dans les grandes calamités publiques que les Druides élevaient à T e u t a t è s , en guise de bûcher, une grande statue d'osier et de bois, à laquelle ils mettaient le feu après l'avoir remplie de créatures vivantes. Mais devait-on s'attendre à voir dans les temps modernes, sous l'influence même du christianisme, le Saint-Office sacrifier des milliers de victimes humaines dans ses épouvantables *auto-da-fé* ?

Dans l'Hindoustan, les basses classes précipitent leurs morts dans le Gange. Aux riches on élève de ces bûchers hors des villes. Avant de les y déposer, on leur pince le nez, on leur presse l'estomac, on leur jette de l'eau au visage pour s'assurer qu'ils ne sont pas seulement tombés en léthargie. Puis les parents leur apportent du bétel, de la fiente de vache, du riz, des fruits, et le plus ancien y met le feu en détournant la tête. Les brahmanes ont renoncé depuis longtemps à monter pour leur propre compte sur les bûchers. Ce ne sont plus que les malheureuses veuves qu'ils soumettent à cette barbare coutume, malgré les sévères prohibitions du gouvernement anglais (*voyez* SUTTIE).

Chez tous les peuples et de tous les temps on a appliqué la peine du feu à certains crimes. Vulcatius Gallicus dans la vie d'Avidius Cassius a laissé une description révoltante de la manière dont les anciens brûlaient les criminels. On élevait un bûcher haut de cent quatre-vingts pieds romains, sur lequel on attachait à différentes hauteurs les hommes condamnés à périr par le feu. En France, ce genre de supplice a eu lieu jusqu'en 1789 dans les circonstances où il s'agissait moins de venger les lois et de punir les coupables que de porter la terreur dans tous les esprits, et voici comment il s'exécutait ; on commençait par planter un poteau de sept à huit pieds de haut, autour duquel, laissant la place d'un homme, on construisait un bûcher en carré, composé alternativement de fagots, de bûches et de paille : on plaçait aussi autour du bas du poteau un rang de fagots et un second de bûches. On laissait à ce bûcher un intervalle pour arriver au poteau ; le bûcher était élevé jusqu'à peu près la hauteur de la tête du patient. Le criminel arrivé était déshabillé et on lui mettait une chemise soufrée, on le faisait entrer et monter sur les rangs de fagots et de bois qui étaient au bas du poteau. Là tournant le dos à ce poteau, on lui attachait le cou et les pieds avec une corde, et le milieu du corps avec une chaine de fer ; ces trois liens entouraient l'homme et le poteau. Ensuite on finissait la construction du bûcher, en bouchant avec du bois, des fagots et de la paille, l'endroit par lequel il était entré de façon qu'on ne le voyait plus ; alors on mettait le feu de toutes parts.

Il y avait un moyen pour que le patient ne sentît pas la douleur du feu et qu'on employait ordinairement sans que la foule s'en aperçût ; le voici : comme les exécuteurs se servaient pour construire le bûcher de crocs de batelier, dont le fer était à deux pointes, une droite et l'autre crochue, on ajustait un de ces crocs dans le bûcher de façon que la pointe se trouvât vis-à-vis du cœur ; et aussitôt que le feu était mis, on poussait fort le manche de ce croc, qui débordait le bûcher, et la pointe perçait le cœur du criminel, qui mourait sur-le-champ. Lorsqu'il était ordonné que ses cendres seraient jetées au vent, aussitôt que l'on pouvait approcher du centre du bûcher, on prenait avec une pelle un peu de cendre que l'on jetait en l'air.

On brûlait impitoyablement les hérétiques, les sorciers, et ceux qui se rendaient coupables de crimes contre nature ou de bestialité ; dans ce dernier cas on brûlait également l'animal sur lequel le forfait s'était perpétré et les pièces du procès, afin qu'il ne restât aucune trace d'un crime si énorme. C'était surtout le supplice réservé à ceux que l'Église livrait au bras séculier, car l'Église a toujours eu horreur de répandre le sang. Quelquefois on étranglait ou on rouait vif le coupable avant de le jeter au milieu des flammes.

Les livres qui contenaient des propositions jugées dangereuses étaient également brûlés par la main du bourreau, publiquement ou secrètement (*voyez* FEU [LIVRES CONDAMNÉS AU]). A Paris cette exécution se faisait d'ordinaire au pied du grand escalier du Palais-de-Justice. On se servait également du bûcher pour les é p r e u v e s j u d i c i a i r e s . Celui qui y était soumis devait passer à travers un bûcher allumé ; s'il en sortait sain et sauf, il était déclaré innocent.

BÛCHERON, nommé aussi autrefois *boquillon*, ouvrier qui abat, coupe et débite les arbres dans les bois et dans les forêts. Après que l'arbre a été marqué pour être abattu ou arraché, le bûcheron le jette bas avec une pioche ou une coignée ; il ébranche pour faire des fagots, le divise en morceaux de la longueur déterminée par les règlements, puis l'assemble en piles régulièrement construites et mesurées d'après les usages locaux. La rétribution du bûcheron se fait ordinairement en nature ; on lui abandonne la souche et les racines de l'arbre abattu ; elles sont assez recherchées pour le chauffage. Le métier de bûcheron est pénible ; mais c'est un des plus sains qui existent ; ceux qui l'exercent sont pourtant exposés aux piqûres des reptiles venimeux et quelquefois aux attaques des animaux carnassiers. Le bûcheron, que son état ramène tous les jours dans les domaines du gros et du petit gibier, succombe quelquefois à la tentation, et trop souvent il se livre au braconnage.

BUCHEZ (PHILIPPE-JOSEPH-BENJAMIN), docteur en médecine, adjoint au maire de Paris, et président de l'Assemblée nationale en 1848, est né le 31 mars 1796 à Matagne-la-Petite, village de l'ancien pays wallon, qui faisait alors partie du département des Ardennes, mais qui depuis 1815 a fait retour à la Belgique. Élevé à Paris, il eut à peine terminé ses classes qu'il obtint dans l'administration de l'octroi un emploi dont les devoirs n'étaient pas tellement étendus qu'ils ne lui permissent d'étudier en même temps les rudiments des sciences naturelles et de se livrer aux travaux préparatoires nécessaires pour embrasser la profession de médecin. Toutefois, il s'occupait alors encore plus de politique que de sciences naturelles. Sur les bancs même de l'École de Médecine, il avait déjà trouvé moyen d'organiser deux sociétés plus ou moins secrètes, dites de Médecine et de Philosophie, et dont les principaux initiés ne tardèrent pas à être mis par lui en rapport avec les chefs d'une conspiration toute militaire, connue dans l'histoire de la Restauration sous le nom de *Conspiration du 19 août 1820*. Prévenu d'une explosion prochaine, M. Buchez se démit de son modeste emploi, afin de pouvoir conspirer *en toute sûreté de conscience* le renversement d'un gouvernement détesté. Il n'en déploya dès lors que plus d'activité à recruter pour ses deux sociétés, parmi la population des écoles, des fanatiques de vingt ans, qui, prenant au sérieux leur rôle de conspirateurs, se munissaient de fusils, de poudre, de balles, en un mot de tout l'attirail de la guerre, et venaient journellement s'exercer au maniement des armes dans son domicile. On sait que le coup de main à l'aide duquel les conjurés comptaient renverser le gouvernement des Bourbons, successivement remis d'une date à l'autre, finit par piteusement avorter, et que la cour des pairs fit preuve en cette circonstance de beaucoup de mansuétude envers les individus traduits à sa barre, lesquels en furent quittes pour une détention plus ou moins longue. Quant à M. Buchez, s'il ne fut pas même compris dans les poursuites, c'est qu'au moment d'agir il s'était prudemment tenu à l'écart; et nous le reverrons plus d'une fois, dans le cours de sa carrière politique, obéir à cet instinct de conservation propre si puissant sur certaines organisations.

Ce n'est pas d'ailleurs qu'il se sentit le moins du monde découragé par cet échec : il entendait tout simplement se réserver pour des jours meilleurs. Ce qui du moins autoriserait à le penser, c'est que vers la fin de l'année suivante (1821), conspirateur relaps et endurci, il fondait dans un café borgne de la rue Copeau, et de complicité avec un de ses anciens collègues de l'octroi, M. Flotard, la *charbonnerie française*, à l'imitation de la *carbonara* d'Italie, de cette fameuse société secrète dont les membres avaient réussi, en 1820, à révolutionner Naples et le Piémont, et dont les statuts leur avaient été apportés vers ce temps-là d'Italie par un ami commun. Quelques semaines après, il ne l'on doit ajouter foi aux forfanteries d'hommes intéressés d'amour-propre à enfler l'importance de leur rôle, la *charbonnerie française* comptait déjà, tant à Paris que dans les départements, près de 200,000 membres, répartis en une foule de *ventes*, toutes en relation avec la *vente centrale* (celle dont faisaient partie les fondateurs) et recevant d'elle le mot d'ordre. Le but des conjurés, nous dit-on, c'était d'abord le renversement de la maison de Bourbon, et ensuite la convocation d'une assemblée nationale, appelée à décider de la forme définitive de gouvernement qu'il conviendrait de donner au pays.

En admettant même qu'il y ait eu singulièrement d'exagération dans les détails rapportés avec une évidente complaisance au sujet de la rapide propagation de la charbonnerie, on ne saurait disconvenir qu'une foule d'ambitieux de bas étage durent alors s'affilier à un complot dont les chefs avaient des rapports avoués avec les députés de l'extrême gauche, avec Voyer d'Argenson, Lafayette, Manuel, Lafitte, etc., et offraient en perspective à leurs complices, pour le jour du triomphe, force positions lucratives et honorifiques. Sans doute on y comptait bien autant de bonapartistes que de républicains; mais ces derniers s'annihilaient mutuellement en se fractionnant en une foule de nuances : centralistes, fédéralistes, maratistes, hébertistes, girondins, etc., suivant les pamphlets dans lesquels, au sortir du collège, tous ces jeunes Catilinas avaient étudié la révolution. Les ressources financières de la société étaient du reste assez larges, chaque *charbonnier* s'imposant naïvement, dans l'intérêt de la cause, une contribution hebdomadaire, en général fort exactement acquittée, et dont les produits allaient se centraliser à la caisse de la vente centrale.

Notons ici en passant, et à titre d'unique observation à l'adresse de toutes les sociétés secrètes en général, que jamais aucune espèce de publicité ne fut donnée à l'apurement des comptes de la *charbonnerie*. Des sommes considérables furent reçues et dépensées. Certes nous ne doutons pas que toutes ne l'aient été *dans l'intérêt de la liberté*; cependant nous aimerions à savoir par qui et comment, ne fût-ce que pour imposer silence aux mauvaises langues qui vous donnent à entendre qu'il fact bien que le prêtre vive de l'autel. Reconnaissons d'ailleurs que l'usage constant de tous les conspirateurs de ce temps-ci, quand on les a trop pressés de questions en matière de comptabilité, a été de

répondre : « Nous avons sauvé la patrie, montons au Capitole remercier les Dieux ! » Moins dramatique, mais plus franc, Bilboquet s'écrie tout simplement : *sauvons la caisse !*

M. Buchez, qui faisait partie de la vente centrale, fut envoyé en mission dans l'est par le comité directeur. Bientôt on le pressa d'agir; l'opinion générale voulait qu'il y eût urgence; mais lui, calculant avec sa prudence habituelle les bonnes et les mauvaises chances, et remettant toujours au lendemain une explosion qui pour réussir devait être soudaine, il fit si bien, que le pouvoir fut instruit de ce qui se préparait et que la conspiration de Béfort échoua. Quarante-quatre prévenus furent jetés dans les prisons, et de rigoureuses condamnations effrayèrent le pays. Arrêté à Metz sous la prévention de complicité, M. Buchez fut jugé aux assises de Colmar. Mais il avait eu soin d'éviter tout ce qui pouvait directement le compromettre. Aussi sur la question de culpabilité posée à son égard le jury se trouva-t-il partagé. Ce partage des voix sauva l'accusé, qui sortit sain et sauf de ce procès, tandis que tombaient les têtes du général Berton à Poitiers, du colonel Caron à Strasbourg et des quatre sergents de la Rochelle à Paris. *Voyez* Bories.

Ces sanglantes exécutions eurent pour résultat de singulièrement refroidir le zèle révolutionnaire de M. Buchez. Renonçant alors à la politique d'action, il reprit prosaïquement ses études, et se fit recevoir docteur en médecine en 1824. Peu de temps auparavant, il avait publié un *Traité d'Hygiène*, écrit en collaboration avec le docteur Trélat, son ami : puis il devint le principal rédacteur du *Journal des Progrès des Sciences et Institutions médicales*. En 1826 il coopéra à la rédaction du *Producteur*, fondé par Bazard, Enfantin, Rodrigues et Cerclet. Dans ce recueil, dont le point de départ avait été purement industriel, se trouvent les germes de la doctrine saint-simonienne, modifiées dans la suite par des idées mystiques qui y avaient été étrangères à l'origine. M. Buchez, dans le temps même où il était le collaborateur des écrivains que nous venons de nommer, se trouvait déjà en dissentiment avec eux sur plus d'un point. Enfin, après avoir pris part à leurs travaux pendant ce qu'on peut appeler la première et la seconde époque du saint-simonisme, il se sépara d'eux tout à fait, lors de la transformation par laquelle cette doctrine annonça la prétention de devenir une religion dont le fond était le panthéisme et la réhabilitation des appétits de la chair.

On le voit, M. Buchez a eu tort plus tard de nier publiquement avoir jamais appartenu au saint-simonisme. C'était peu sincère, et surtout maladroit de sa part. N'avait-il pas en effet la ressource, sinon des restrictions mentales, du moins des distinctions et des réserves?

La révolution de 1830 rendit un moment à M. Buchez toutes les illusions et toutes les ardeurs de sa jeunesse. Les pavés employés à la construction des barricades n'étaient pas encore remis en place, que déjà il prenait part, de concert avec MM. Flocon, James Fazy, Hubert, Thierry, Léon Pillet, Achille Roche, etc., etc., dans la salle du manège de la rue Montmartre, à la société ou le club des *Amis du Peuple*; dénomination qui, lors de notre première révolution, avait aussi été prise par le club des Jacobins. Les doctrines anarchiques professées dans cette réunion, la prétention de *diriger la révolution*, c'est-à-dire de s'emparer du pouvoir, hautement avouée par les meneurs, effrayèrent à bon droit l'opinion publique; et le 25 septembre le gouvernement de Louis-Philippe en faisait fermer les portes. Dispersés hors de leur camp, le peuple n'abandonnèrent pas pour cela leur œuvre désorganisatrice; et des leurs débris bientôt apres les principales sociétés secrètes dont l'action plus ou moins latente agita constamment les dix premières années du règne de l'élu des *deux cent vingt et un*, puis disparut sous la lassitude de l'opinion, mais pour se réveiller avec une énergie nouvelle en février 1848.

Une modification profonde s'était opérée pendant ce temps-là dans les idées de M. Buchez. Les tendances immorales et panthéistiques de l'école de Saint-Simon, on l'a vu plus haut, avaient fini par l'effrayer. Pour échapper au doute qui rongeait son cœur, il n'avait pas tardé à se réfugier dans la foi. Le catholicisme, ses dogmes et ses doctrines n'avaient donc pas maintenant de plus zélé défenseur ; et, par une bizarre association d'idées, il avait résolu d'en faire désormais la base de ses théories politiques. A partir de ce moment, renonçant à servir la cause de la révolution autrement que par les armes de la libre discussion, on le voit reproduire cette idée sous toutes ses faces dans une série de publications destinées à être l'Évangile du *néo-catholicisme*. Ce n'est pas pourtant qu'il admit le principe de la liberté *illimitée* de discussion, car dans une séance du *congrès historique*, tenu sous sa présidence à l'hôtel de ville en 1835, vivement attaqué par le grand prêtre du fouriérisme, M. Considérant, à propos des dogmes et des origines du catholicisme, nous nous rappelons l'avoir entendu déclarer sèchement à ceux qui lui reprochaient son silence devant les audacieux blasphèmes de son contradicteur : « Est-ce qu'on répond à ces gens-là ? On les brûle ! » Évidemment Torquemada et Calvin n'eussent pas mieux dit.

En 1834 M. Buchez avait commencé la publication de celui de ses ouvrages qui a le plus contribué à sa réputation : nous voulons parler de l'indigeste compilation connue sous le titre de *Histoire Parlementaire de la Révolution française*, par Buchez et Roux (46 vol. in-8°, Paris 1834-1840).

Les collections du *Moniteur* sont rares et coûtent fort cher ; ce n'est pourtant qu'en lisant et étudiant ce journal officiel que l'on peut bien apprendre l'histoire de la révolution. Or, tout le mérite des auteurs de l'*Histoire Parlementaire* est d'être partis de cette idée banale pour découper avec plus ou moins de tact et d'impartialité, dans une collection du *Moniteur*, le compte rendu des séances de la Constituante et de la Convention, et d'avoir ensuite cousu les uns aux autres ces lambeaux de discussion au moyen de quelques phrases explicatives, destinées à tenir le lecteur au courant des événements survenus dans l'intervalle d'une séance à l'autre. Si, en raison même de la nature d'un pareil travail, ils ont dû être économes de leur prose, ils se sont amplement dédommagés d'un tel sacrifice en plaçant en tête de chaque volume une longue et ambitieuse préface. On devrait la croire destinée à élucider les événements ou les questions dont il va y être traité, tandis qu'elle ne contient le plus souvent que les idées particulières de MM. Buchez et Roux en matière de palingénésie sociale à opérer par leur néo-catholicisme, système politique et religieux se résumant dans la formule révolutionnaire : *liberté, égalité, fraternité ou la mort*, avec l'invocation : « Au nom du Père, et du Fils, et du Saint-Esprit. Ainsi soit-il. » pour tout commentaire.

Les divagations philosophiques dont les auteurs de l'*Histoire Parlementaire de la Révolution française* se sont avisés de l'orner contribuèrent encore plus à l'insuccès de cet ouvrage que la décousu et l'insuffisance de son plan. Douze ans après, un aventureux éditeur, pensant que cet insuccès tenait uniquement à une question de format, imagina de réimprimer le livre in-18 ; mais il dut s'arrêter au 6° volume. Sur les titres et couvertures de cette seconde édition, le nom de M. Jules Bastide a remplacé celui de M. Roux, nous ne savons trop pourquoi ni en vertu de quel droit.

Docteur en médecine depuis 1824, M. Buchez s'était efforcé de suppléer à l'absence de clientèle par divers écrits relatifs à son art. C'est ainsi qu'en 1827 il s'était lancé dans le journalisme médical. Plus tard, reconnaissant l'insuffisance de ses efforts dans cette direction, il semble l'avoir complètement abandonnée. C'est du moins ce qu'on est autorisé à inférer du titre et de la nature des différents recueils et ouvrages qu'il a publiés depuis, tels que : 1° *Journal des Sciences morales et politiques*, transformé successivement en *Européen*, puis en *Revue Nationale*, sans avoir obtenu plus de lecteurs sous un titre que sous un autre ; 2° *Introduction à la science de l'histoire*, ou *Science du développement de l'humanité* (Paris, 1833) ; 3° *Essai d'un traité complet de Philosophie au point de vue du catholicisme et du progrès* (3 vol. Paris, 1839) ; 4° enfin *Introduction à la Science de l'Histoire* (Paris, 1842).

« Dans ses études sur les sciences naturelles, comme dans ses investigations historiques (a dit un critique plein de science et de bienveillante aménité, M. Artaud), M. Buchez paraît avoir été frappé surtout de la conception du progrès. La géologie lui offrait une série d'époques bien tranchées, dans lesquelles on ne peut méconnaître une marche continue. En physiologie, l'étude des espèces organisées et animées lui montrait également une série d'organisations de plus en plus compliquées, de plus en plus parfaites ; en un mot, là aussi il reconnaissait la loi du progrès ; mais le progrès ne peut se concevoir sans un but, et ce but ne saurait être accidentel ou fortuit : il doit être marqué d'avance, ou, selon M. Buchez, *révélé*. Voilà comment la *notion du progrès* a conduit M. Buchez non-seulement à l'idée de la puissance divine, mais à la *révélation*. Une autre préoccupation de l'esprit de M. Buchez, c'est la nécessité d'organiser les sciences par la méthode synthétique, *a priori*, au-lieu de la méthode analytique et expérimentale, qui y domine depuis plusieurs siècles. Tel est le double aperçu qui a présidé à la rédaction de son *Traité de Philosophie au point de vue du catholicisme et du progrès*. Quoique cet ouvrage ait obtenu un véritable succès dans le monde catholique, et qu'il ait servi de base à l'enseignement philosophique de quelques écoles du clergé, nous ne savons jusqu'à quel point la doctrine du progrès que professe l'auteur peut se promettre d'obtenir droit de bourgeoisie au sein de l'Église catholique. La force et l'originalité de cette Église tient jusqu'ici dans l'immutabilité dont elle se fait gloire : peut-on supposer qu'elle y voit jamais un péril ? Mais pour elle ce serait changer de nature. Quoi qu'il en soit, les ouvrages de M. Buchez, écrits avec une entière sincérité, sont animés de cette chaleur et de cette verve qui naissent de la conviction ; mais ils ne sont pas exempts d'une certaine obscurité, due en partie à des idées qui ne sont pas toujours parfaitement digérées. »

M. Buchez ne prit point directement part à la révolution de 1848 et à la proclamation de la république. Se rappelant les paroles du Christ : « Quiconque se sert de l'épée périra par l'épée », il avait renoncé depuis 1822, comme on l'a vu, aux conspirations ; et, sauf sa participation à l'organisation de la Société des Amis du Peuple, le long règne de Louis-Philippe s'était écoulé sans qu'il eût figuré dans aucune manifestation séditieuse. Il avait même fini par accepter les fonctions de capitaine de la garde nationale de son quartier, et à ce titre il avait prêté de bonne grâce serment de fidélité au roi des Français. Cependant les hommes du *National* et de la *Réforme*, ses amis, poussés à la direction des affaires par un coup de vent national, n'eurent garde, malgré d'assez profondes dissidences dans les vues et les principes, de ne pas songer à lui pour leur aider à opérer le grand œuvre de la régénération de la France par l'établissement d'un gouvernement républicain. Au reste, ils ne pouvaient guère faire autrement. En effet leur constante tactique pendant tout le règne de l'élu des *deux cent vingt et un* avait consisté à opposer, tant bien que mal, aux illustrations officielles des réputations écloses dans leurs clubs, mais dont à la longue il avaient fini par faire autant de notabilités acceptées comme devant par le vulgaire comme devant nécessairement, la révolution advenant, hériter de toutes les places lucratives aux divers degrés de la hiérarchie politique et sociale. C'est ainsi que le parti avait ses historiens, ses philosophes, ses économistes, ses savants, ses artistes, ses dramaturges, ses généraux et jusqu'à ses vaudevillistes, incessamment offerts aux admirations de la foule pour faire contre-poids aux célébrités gouvernementales, et ayant acquis par là d'incontestables droits à être comptés pour quelque chose. M. Buchez, rangé par ses amis dans la catégorie des *penseurs*, n'avait jamais rien publié sans que de complaisantes fanfares, entonnées à l'unisson d'un bout à l'autre de la ligne de bataille de la presse radicale, n'en eussent aussitôt exalté à l'envi l'incommensurable profondeur. Le parti lui pardonnait son catholicisme intolérant, sa lourdeur et son obscurité, en faveur de la pureté révolutionnaire de ses motifs. Aussi bien chacune de ces réclames était à double fin ; si elle devait populariser le nom du penseur radical, elle avait en même temps pour but d'ébranler par ricochet sur son piédestal la statue élevée par le pouvoir reconnaissant à M. Cousin ou à tel autre philosophe pactisant avec *l'ordre de choses* et inscrit dès lors au budget de l'État pour une somme plus ou moins ronde.

Le moment du triomphe arrivé, les anciens complices de M. Buchez lui tendirent donc une main fraternelle, et l'appelèrent à partager avec eux les lambeaux de la monarchie écroulée. A peine Marrast eut-il succédé comme maire de Paris à M. Garnier Pagès, appelé lui-même à remplacer M. Goudchaux au ministère des finances, que l'auteur de l'*Histoire Parlementaire de la Révolution française* devenait l'adjoint de l'ex-rédacteur en chef du *National*. Sa spécialité d'écrivain religieux fut cause qu'on lui donna pour attributions le soin de répondre en catholique républicain aux membres du clergé venant présenter des adresses de félicitations sympathiques au gouvernement provisoire. Or, il s'en faut que ce fût là une sinécure. Dieu sait en effet si à cette critique époque messieurs les gens d'église se montrèrent chiches de démonstrations républicaines et de bénédictions d'arbres de la liberté! Cependant messieurs du *National* avaient eux-mêmes une trop haute opinion de leur *penseur* pour ne lui confier qu'un rôle de comparse ; et quand ils avaient procédé à la curée des grandes positions politiques, il avait été décidé entre eux tout d'une voix que la présidence de l'Assemblée nationale restait réservée à M. Buchez.

Personne ne sera surpris d'apprendre que M. Buchez, complétement inconnu aux masses six semaines auparavant, fut élu représentant du peuple par le département de la Seine. N'était-il pas la *chair des os* de la coterie alors toute-puissante? Sa candidature pour la présidence l'emporta même à une majorité de 389 voix sur 727. Mais ces chiffres indiquent qu'il y avait déjà une vive réaction contre messieurs du *National*; et la majorité équivoque obtenue par tel candidat dans une circonstance aussi décisive que l'élection présidentielle prouve combien on éprouvait de répulsion pour les hommes, aussi insolents qu'incapables, aux mains de qui la France se trouvait livrée. S'il se fût mieux rendu justice, M. Buchez aurait fui devant le suprême honneur que d'imprudents amis avaient à toute force voulu lui décerner, et qui ne fit que rendre plus éclatant l'irréparable naufrage dans lequel devait s'engloutir une réputation si péniblement acquise. Dans l'exercice des fonctions présidentielles, il conserva à peine pendant huit jours, il se montra bien plutôt pédagogue raide et cassant que régulateur calme et imposant de la représentation nationale, et ne fit d'ailleurs preuve d'aucune espèce de tenue ni de dignité.

Le 15 mai, vers midi et demi, un grande manifestation populaire *en faveur de la Pologne* amena l'envahissement du local même de l'Assemblée par douze ou quinze cents émeutiers, ayant à leur tête Huber, Blanqui, Raspail et autres démagogues. Il s'ensuivit une scène de confusion que jamais peintre ne pourra reproduire, qui se prolongea pendant plus de trois heures, au milieu de cris, de clameurs et de vociférations, dont aucune langue humaine ne saurait donner une idée. En cette occurrence le président Buchez trahit une couardise qui alla jusqu'à la niaiserie. Au lieu d'user de son pouvoir pour faire battre le rappel, réunir la garde nationale et essayer de faire évacuer l'assemblée par les émeutiers, il entreprit de parlementer avec eux, puis, éperdu, il finit par les supplier *de le mettre à la porte*. Huber, au nom du peuple souverain, put proclamer à trois reprises la dissolution de l'Assemblée nationale ; Barbès, toujours au nom du même peuple souverain, décréter qu'un *milliard serait prélevé sur les riches pour être distribué* aux citoyens nécessiteux ; Raspail et Blanqui, à leur tour, purent donner lecture à la tribune d'adresses rédigées dans le style le plus incendiaire ; M. Buchez, persévérant dans son inqualifiable abstention, refusa constamment de se rendre aux instances de ceux de ses collègues qui le suppliaient de faire battre le rappel, et insista, au contraire, avec une nouvelle force auprès d'Huber pour que celui-ci *le fît mettre à la porte*. La dissolution de l'Assemblée ayant été prononcée pour la troisième fois, les émeutiers intimèrent aux représentants du peuple, désormais sans mandat, l'ordre d'avoir à évacuer immédiatement le local de leurs séances ; et c'est à ce moment seulement que la foule entr'ouvrit ses rangs pressés pour laisser passer le président Buchez, qu'on avait enfin saisi par les épaules, et qui fut ainsi *poussé par derrière* jusqu'à la rue. On trouvera à l'article 15 mai 1848 (Journée du) le récit complet de cet étrange drame révolutionnaire, et du procès auquel il donna lieu devant une haute cour nationale.

D'un bout de la France à l'autre, il n'y eut qu'un cri contre cet audacieux attentat commis par une poignée d'agitateurs à la tête de quelques centaines de gens sans aveu, et contre l'inconcevable tolérance qu'ils avaient rencontrée de la part du président de l'Assemblée nationale. La presse de tous les partis se rendit l'interprète de l'opinion en flétrissant avec énergie l'absence totale de courage et de décision dont avait fait preuve M. Buchez. On rapprocha naturellement sa conduite de celle qu'avait tenue Boissy d'Anglas à la terrible journée du 1er prairial an III, en présence de dangers bien autrement imminents ; et le parallèle acheva de couvrir de honte et de confusion l'auteur de l'*Histoire Parlementaire de la Révolution*, qui avait eu pourtant un si noble exemple sous les yeux. En ne le réélisant plus aux fonctions présidentielles, l'Assemblée donna bien à comprendre qu'elle ne croyait pas au courage civil de celui à qui, sur la foi des hommes du *National*, elle avait une première fois conféré l'insigne honneur de la présider ; et en ne lui continuant pas leur mandat à la Législative les électeurs prouvèrent qu'ils avaient porté sur sa conduite le même jugement que l'Assemblée.

Depuis le 15 mai 1848 M. Buchez a eu le bon esprit de se condamner à l'obscurité ; et c'est bien malgré lui sans doute qu'il lui a fallu à deux reprises, d'abord à Bourges, puis à Versailles, venir témoigner au sujet des faits se rattachant à l'attentat du 15 mai. Ses dépositions d'ailleurs confirmé de tous points l'idée qu'on s'était aussitôt faite du rôle joué par lui dans cette circonstance, et plus d'une fois elles provoquèrent même de bruyantes marques d'hilarité dans l'auditoire. Singulier triomphe en vérité pour un homme à qui ses amis avaient fait avant tout une réputation de gravité et de profondeur!

Jamais, non plus, il n'osa prendre la parole dans les discussions de la Constituante, son activité législative se borna dès lors à des votes silencieux. C'est ainsi qu'il vota la loi sur les attroupements, la loi sur les clubs, à deux reprises l'autorisation de poursuivre ses collègues Louis Blanc et Caussidière, le renvoi de ce dernier devant un conseil de guerre, le maintien de l'état de siége durant la discussion de la constitution, et en faveur du principe de la présidence à l'issue de cette même constitution. En revanche, il se prononça contre l'abolition de la peine de mort, contre le droit au travail, contre la réduction des deux tiers de l'impôt sur le sel, contre une amnistie générale, contre les bons hypothécaires et les établissements de crédit foncier, enfin contre le cri, la vente, l'affichage et la distribution sur la voie publique des journaux et imprimés durant les quarante jours qui précéderaient les élections. Cela revient à dire qu'une fois que M. Buchez a pu mettre la main aux affaires, il a bien vite reconnu que les déclamations violentes que pendant trente ans il avait fait entendre contre l'organisation de la société n'avaient rien de fondé, ou tout au moins qu'il est autrement aisé de réformer l'humanité sur le papier et à l'aide de phrases creuses et sonores, que de lui frayer en réalité la voie vers des destinées nouvelles. Quelle leçon il y aurait là pour les ambitieux vulgaires qui pullulent aujourd'hui autour de nous, et surtout pour les jeunes générations qu'ils exploitent, si l'expérience du passé pouvait jamais être bonne à quelque chose!

BUCHHOLZ (Paul-Ferdinand-Frédéric), laborieux écrivain à qui l'on est redevable de quelques ouvrages historiques estimés, naquit le 5 février 1768, à Altruppin, et mourut à Berlin, le 24 février 1843. Après avoir terminé ses études classiques, il se rendit à l'université de Halle, où son intention était d'abord d'étudier la théologie; mais il s'y sentit bientôt entraîné vers la philologie, et se mit à étudier les littératures anglaise, française et italienne. A l'âge de dix-neuf ans il retourna dans sa patrie, et fut nommé professeur à l'Académie noble de Brandebourg. Il consacra plus de dix ans de sa vie à l'instruction publique, puis renonça à cette carrière, et vint à Berlin, où le besoin de vivre fit de lui un écrivain. Le premier résultat de l'étude approfondie qu'il fit de la révolution française fut son *Exposition d'une nouvelle loi de gravitation pour le monde moral* (Berlin, 1802), idée qu'il a essayé de développer dans une série d'ouvrages intitulés : *Le nouveau Leviathan* (Berlin, 1805); *Rome et Londres* (Tubingue, 1803), et *Tableau de l'état et de la société en Prusse jusqu'en 1806* (2 vol., Berlin, 1808). Ces diverses productions, si elles ne sont pas complètement à l'abri de la critique, prouvent du moins que l'auteur a fait des efforts consciencieux pour approfondir les phénomènes du monde visible, et en rapporter les causes à une seule et même loi. Parmi ses autres écrits, non moins nombreux, qui différents les uns des autres, nous ne citerons que son *Annuaire historique, ou Histoire des États européens depuis la paix de Vienne* (22 vol., Berlin, 1814-1837); son *Journal pour l'Allemagne* (Berlin, 1815-1819), continué sous le titre de *Nouveau Journal mensuel pour l'Allemagne* (48 vol., Berlin, 1820-1835), ses *Recherches philosophiques sur l'Histoire Romaine* (3 vol.; Berlin, 1819), ses *Recherches philosophiques sur le Moyen Age* (Berlin, 1819), et une *Histoire de Napoléon Bonaparte* (3 volumes; Berlin, 1827-1830).

BUCHON (Jean-Alexandre), né à Menetou-Salon (Cher), le 21 mai 1791, fut en 1819 collaborateur du *Censeur Européen*, en 1820 de *la Renommée*, et plus tard du *Constitutionnel*. Il prit une part très-active aux luttes soutenues par le parti libéral contre le gouvernement de la Restauration. A la suite des troubles qui éclatèrent le 7 juin 1820, à l'École de Droit de Paris, il fut arrêté sans cause, détenu sans jugement; et ces tracasseries se renouvelèrent fréquemment à son égard. On persécutait non seulement sa personne, mais ses préfaces; et la *Vie du Tasse*, dont il avait fait précéder la *Jérusalem délivrée* de Baour-Lormian, ayant déplu à Louis XVIII, fut mise d'abord à l'index, puis au pilon. En 1821 il fit un cours à l'Athénée de Paris sur l'*Histoire de l'art dramatique en Angleterre*, et parcourut les années suivantes une grande partie de l'Europe, pour y rassembler des documents historiques, destinés à la *Collection des Chroniques nationales*, qu'il fit paraître, de 1824 à 1829, en 47 volumes in-8°, avec beaucoup de pièces inédites, des notices biographiques et des notes critiques et philosophiques, sans compter un *Choix de Chroniques et Mémoires sur l'Histoire de France*, avec notices littéraires et biographiques dont il enrichit le *Panthéon littéraire*.

En 1828 il reçut de Martignac, alors ministre, la mission de visiter et d'inspecter les archives et bibliothèques de France. En 1829 il fut créé inspecteur général des archives départementales et communales, et destitué peu de temps après par le comte de La Bourdonnaye, à l'avénement du ministère Polignac. La révolution de Juillet ne lui rendit point ses fonctions; et il reprit avec une nouvelle ardeur ses travaux historiques et littéraires. On lui doit encore un volume de *Chroniques étrangères relatives aux expéditions Françaises pendant le treizième siècle*; une *Histoire populaire des Français*; des *Recherches et matériaux pour servir à une Histoire de la domination française aux treizième, quatorzième et quinzième siècles dans les provinces démembrées de l'empire Grec à la suite de la quatrième croisade*; *La Grèce continentale et la Morée; Voyage, Séjour et Études historiques en 1840 et 1841*; *Nouvelles Recherches historiques sur la principauté française de Morée et ses hautes baronies, fondées à la suite de la quatrième croisade* (2 vol.); *Histoire universelle des religions* (6 vol.).

Buchon a donné, en outre, un grand nombre de notices biographiques en tête d'éditions d'auteurs de différents temps et de différents pays. Une *Analyse raisonnée des documents anciens et inédits sur la Pucelle d'Orléans*; une *Introduction à la Correspondance inédite de Madame Campan avec la reine Hortense*; une édition de Brantôme, etc. etc. Il a fourni de nombreux articles à la *Biographie Universelle*, au *Dictionnaire de la Conversation*, au *Mercure*, à la *Revue de Paris*, à la *Revue Indépendante*, à la *Presse*, à la *Revue Trimestrielle*. Cet infatigable écrivain est mort le 30 avril 1846.

BUCKEBOURG, capitale de la principauté de S c h a u m - b o u r g - L i p p é, est bâtie sur l'Aue, au pied du Harrelsberg. On y compte environ quatre cents maisons bien bâties, avec un château, un beau parc, un gymnase; un hospice d'orphelins, trois églises et une synagogue. Les habitants, au nombre de 4,000, s'occupent d'agriculture et du tissage du lin. Au pied de la même montagne, à 6 kilomètres de la ville, sont situés les bains d'Eilsen, connus par leurs sources sulfureuses et leurs bains de boue minérale, ainsi que par leurs belles dépendances, par exemple le Bückeburger-Klus sur la route de Minden, etc. Dans les environs on va voir encore l'Arensbourg avec son château et sa galerie de tableaux.

BUCKELINGS. Voyez Boekel.

BUCKINGHAM, comté d'Angleterre, avec une superficie de 187,847 hectares et 150,000 habitants. C'est une plaine généralement fertile, arrosée par la Tamise, qui la sépare du Middlesex, par l'Ouse; la Colne et plusieurs canaux, entre autres celui de Grande-Jonction, y établissent des communications avec la mer et avec Londres. L'agriculture a atteint un haut degré de perfection dans ce comté, surtout dans la vallée d'Aylesbury, un des districts les plus riches de l'Angleterre, et on s'y livre avec succès à l'élève et à l'engraissement des bestiaux. On y exploite aussi des carrières de marbre et de terre à foulon; mais l'absence de charbon de terre a empêché l'industrie d'y établir des manufactures; cependant on y fabrique beaucoup de dentelles, et l'on tresse beaucoup de paille à Bredford et dans ses environs.

Quand les Romains s'établirent en Bretagne, la partie du territoire occupée aujourd'hui par le comté de Buckingham était habitée par les Cassiens, tributaires des Cassivéliens. On prétend que c'est le roi Édouard qui, pour protéger le pays contre les invasions des Danois, fit construire, en 915, la forteresse de Buckingham, au confluent de l'Ouse et de l'Isa, à quinze milles de Londres, sur la route de Plymouth. La ville qui s'éleva auprès, chef-lieu du comté, possède une belle église, bâtie en 1780, et 5,060 habitants. Elle a des moulins à grains, des usines à papier et une fonderie de cuivre. Aux environs se trouve le célèbre parc de Stowe, avec un château magnifique.

Le premier comte de Buckingham dont l'histoire fasse mention est Walter Gifford, qui reçut ce comté de Guillaume le Conquérant, à titre de fief; mais sa descendance masculine s'étant éteinte dès la seconde génération, le comté fit retour à la couronne. En 1377 il fut donné par le roi Richard II à son oncle, Thomas de Woodstock, duc de Glocester, lequel à sa mort, en 1445, le transmit à son gendre, le comte Edmond de Stafford, nommé en 1440 duc de Buckingham par le roi Henri VI. Pendant les guerres de la Rose blanche et de la Rose rouge, le duc Edmond ayant été tué avec son fils dans la bataille de Northampton, livrée en 1480, le titre de duc passa à son petit-fils Henri. Celui-ci, d'abord partisan du duc Richard d'York, appuya ses prétentions au trône, et fut comblé par lui de bienfaits quand ce prince eut réussi à se faire roi. Mais, insatiable dans sa cupidité, il ne tarda pas à élever sur l'héritage de la maison de Hereford des prétentions que le nouveau roi ne put satisfaire. Alors il passa de dépit dans les rangs des partisans du comte Henri de Richmond, et chercha à faire valoir ses prétendus droits par la force des armes. Trahi par un ancien serviteur, il tomba au pouvoir du monarque, qui le fit décapiter, en 1483, et prononça la confiscation de ses biens. Son fils aîné, Édouard, rétabli dans la jouissance de ses terres et de ses titres par Henri VII, eut sous le règne de Henri VIII un grand crédit à la cour, et fut même élevé à la dignité de connétable. Le cardinal Wolsey, devenu son ennemi par cupidité et par jalousie, causa sa perte. Accusé de haute trahison par de faux témoins, il fut condamné à mort, et décapité à Londres, en 1521. Son fils Henri hérita bien de son titre de comte de Stafford, mais non de celui de duc de Buckingham. Ce ne fut guère que cent ans plus tard, en 1617, que Jacques Ier nomma son favori, Georges Villiers, marquis, puis, en 1623, duc de *Buckingham* (*voyez* ci-après). Le second fils de celui-ci, nommé également Georges Villiers, duc de *Buckingham* (*voyez* ci-après), étant mort en 1688 sans héritier, son titre passa, en 1703, à John Sheffield, duc de *Buckingham* (*voyez* ci-après), dont la maison s'éteignit en 1735 dans la personne de son fils unique, Edmond.

En 1784 le titre de marquis de Buckingham fut accordé à Georges, comte Temple (né en 1753, mort le 11 février 1813), de la famille Grenville, qui le transmit à son fils aîné Richard, né le 20 mars 1776, tandis que le cadet George prit celui de lord Nugent. Richard, marquis de Buckingham, lord-lieutenant et *custos rotulorum* du comté de Buck, épousa, le 10 avril 1796, Anne-Éliza, unique héritière de James Brydge, troisième et dernier duc de Chandos, qui descendait en ligne directe de la maison des Plantagenets. Le 4 février 1822 il fut créé duc de Buckingham et de Chandos, et mourut dans son château de Stowe, le 17 janvier 1839. Son fils unique, Richard Plantagenet, duc de Buckingham, a hérité de ses titres.

BUCKINGHAM (GEORGES VILLIERS, DUC DE), favori et ministre des deux rois d'Angleterre Jacques Ier et Charles Ier, naquit à Brookesby, dans le Leicestershire, le 28 août 1592. Il prétendait descendre d'un des Normands compagnons d'armes de Guillaume le Conquérant, et se vantait d'être allié à la maison française des Villiers, seigneurs de l'Ile-Adam. Il avait perdu son père avant d'avoir atteint l'âge de dix-huit ans. La rare beauté de sa personne alors qu'il n'était encore qu'enfant le rendit l'idole de sa mère, issue de l'ancienne maison de Beaumont, femme à la mode, qui dans l'éducation qu'elle lui fit donner eut seulement en vue de faire de son fils un cavalier accompli. C'était en effet la meilleure recommandation qu'on pût apporter à la cour de Jacques Ier, monarque aux manières pédantesques et roides, qui prisait infiniment dans autrui l'avantage que la nature lui avait refusé, c'est-à-dire la grâce personnelle. De graves personnages, un archevêque et un baron, s'enorgueillirent, dit-on, d'avoir eu l'honneur de présenter Villiers à la cour; selon une autre version, c'est à sa mère qu'il faut attribuer le succès de son introduction sur ce brillant théâtre. Jacques, qui avait quelque chose du goût de Henri III de France pour les mignons, mais qui craignait encore le scandale, imagina de ne donner une charge de cour au jeune Villiers que sur la demande de la reine. Comme Somerset, autre mignon, avait été longtemps en possession des bonnes grâces du roi, et que son crédit commençait à baisser, le parti du jeune Villiers fut embrassé par les courtisans, et toutes les intrigues furent mises en jeu pour lui faire obtenir un poste à la cour. Aux instantes démarches faites en sa faveur par les courtisans auprès de la reine, cette princesse répondait qu'ils allaient se donner un nouveau maître. Ils n'en persistèrent pas moins dans leurs efforts, par haine pour l'ancien favori, et en 1613 Villiers fut déclaré grand échanson. Vers cette même époque Somerset fut compromis dans une horrible affaire de meurtre, et sa chute hâta l'élévation de son successeur.

Dès lors le roi se livra tout entier à son penchant pour son adolescent ami; il voulait, disait-il, unir en lui tous les trésors de la sagesse à tous les dons de la nature, le mouler dans ses formes, en un mot être le Socrate de cet autre Alcibiade. Malheureusement les récompenses du maître devancèrent trop les progrès de l'élève. Chaque jour apportait à celui-ci de nouveaux honneurs ou de nouvelles richesses. En 1615 Villiers fut fait baron du royaume, et obtint une pension. En 1616 il fut nommé grand écuyer et chevalier de l'ordre de la Jarretière. Traversant successivement tous les honneurs de la pairie anglaise, il fut créé duc de Buckingham, lord grand amiral, *chief-justice of forestry*, chargé de l'administration et de la surintendance de toutes les forêts; *constable* du château de Windsor, titre important, en raison des immenses émoluments qui y étaient attachés; puis enfin premier ministre, dispensateur de toutes les places, de tous les honneurs, véritable *alter ego* du monarque, dont seul il exprimait et représentait la volonté.

Le premier usage que Villiers fit de sa grandeur fut d'éloigner de la cour et de perdre tous ceux qui auraient pu lui nuire ou lui devenir dangereux. Les amis de Somerset furent traités sans pitié. En outre, Coke, garde des sceaux, fut sacrifié, malgré sa haine pour l'ancien favori. Ce grand jurisconsulte avait d'abord refusé de donner sa fille en mariage au neveu de Villiers, refus impolitique, qu'il avait, il est vrai, rétracté à temps en consentant ensuite à cette union. Cet acte de déférence pour les volontés du favori ne prévint pas sa chute et ne réussit qu'à la retarder. Lord Bacon fut un autre exemple de la jalousie de Villiers. Bacon, cependant, réussit à vaincre la répugnance de Buckingham par des basses complaisances bien plus grandes que celles auxquelles Coke avait eu recours. Il vint s'agenouiller devant Villiers, qui récompensa sa servilité par la dignité de chancelier, mais qui ne l'élevait que pour le sacrifier plus tard. Raleigh éprouva le même traitement. Quand une accusation capitale plana sur sa tête, une somme immense offerte à Buckingham lui valut un acquittement; ce qui ne l'empêcha pas quelques années plus tard d'aller à l'échafaud et d'être exécuté sans jugement nouveau.

Cependant Buckingham resta longtemps étranger aux événements politiques. Son influence consistait principalement dans le ton de gaieté et de dissipation qu'il avait donné à la cour; la danse, les mascarades et tous les amusements d'une folle jeunesse étaient l'occupation de tous les instants; le roi lui-même s'y livrait avec une ardeur qui trop souvent lui fit oublier les convenances. Quelque étrange que cela puisse paraître aujourd'hui, il est certain que rien ne contribua davantage, allégué par degrés au roi les cœurs des Anglais. Le puritanisme et la gravité religieuse étaient alors l'esprit dominant ; et, en se mettant en opposition avec l'opinion publique, dans un moment où la Bible était étudiée et commentée par les plus pauvres, où les versets de l'Ancien Testament étaient cités comme règle de conduite, non-seulement morale, mais encore politique, la cour s'exposait à de bien graves périls.

Il y avait huit années que Villiers, tout-puissant à la cour, amassait sur sa tête les haines nationales par la licence de sa conduite et le vernis d'immoralité qu'il avait fait prendre à la haute société, quand à ce tort si grave il ajouta celui d'intriguer avec l'Espagne, c'est-à-dire avec l'ennemi naturel de l'Angleterre et de la réformation. Il s'agissait de négocier l'union de l'héritier de la couronne avec la fille du roi catholique. L'idée première de cette singulière alliance appartenait à Jacques lui-même, qui s'était imaginé remédier par là aux désastres essuyés par la cause protestante en Allemagne, en obtenant de l'Espagne la restauration de l'électeur palatin dans ses États. Depuis longtemps, ce projet de mariage était l'objet de négociations épineuses, menées avec adresse par le comte de Bristol, ambassadeur d'Angleterre à Madrid ; on suppose que Buckingham voulut en accélérer l'issue pour se rendre agréable au prince Charles et en même temps enlever l'honneur du succès au comte de Bristol, qu'il haïssait. Il est assez probable toutefois que Buckingham n'attachait pas de motifs plus profonds à cette intrigue que le désir de satisfaire sa passion pour les aventures, et l'envie d'étaler sa magnificence à la cour de Madrid. Il proposa au roi Jacques d'envoyer le jeune prince à Madrid, et demanda à l'y accompagner. Dans les gouvernements absolus, les caprices sont d'ordinaire le fait du monarque, et les conseils salutaires de la politique celui du prudent et rusé ministre. Ici ce fut l'inverse, le caprice futile et insensé vint de Buckingham, et Jacques remplit le rôle du sage conseiller, dont les remontrances judicieuses demeurèrent inutiles. Le jeune prince et Buckingham, tous deux déguisés, partirent pour leur singulière mission.

On trouve dans les Lettres de Howell un récit fort amusant des aventures de toutes espèces qui leur arrivèrent dans cette course vagabonde. A Paris, ils se glissèrent à la cour, où Charles vit pour la première fois la princesse Henriette, qu'il devait plus tard épouser. A Madrid, les illustres voyageurs furent reçus avec tous les honneurs dus à leur rang et aux prétentions du prince ; mais Buckingham trouva dans la différence des religions et des intérêts politiques des obstacles que son caractère altier était peu propre à surmonter. Il perdit patience, et les discussions à ce sujet avec Olivarez dégénérèrent bientôt en querelles et en haines personnelles. D'abord, les obstacles et les délais au mariage étaient venus du ministre espagnol, et le léger Buckingham fut bien vite dégoûté et de la cour, et de la nation, et du projet d'alliance. Il avait résolu de tout rompre, quand le ministre espagnol montra des dispositions plus conciliantes et fit même des avances. Il n'était plus temps ; Buckingham était trop puissant, et son mécontentement trop profond : aussi bientôt avait-il envers vous jamais, dit-il à Olivarez, en le quittant. — Je me trouve honoré du compliment, » repartit le ministre espagnol. La guerre fut bientôt après déclarée entre les deux puissances ; mais le parlement refusa opiniâtrément les subsides indispensables pour la pousser avec quelque vigueur.

Par sa conduite inconsidérée en Espagne, Buckingham avait fortement compromis son crédit auprès du roi, dont les plus chères espérances se trouvaient déçues. Jacques, suivant Clarendon, ne le pardonna jamais à son favori ; mais Buckingham, par ce dernier acte politique, s'était fait un appui plus puissant même que le roi. En insultant l'Espagne, il était devenu l'objet des louanges et de l'admiration du parti populaire dans la chambre des communes, dont le libéralisme n'était guère que la haine du catholicisme. Sûr de cette faveur nouvelle, Buckingham présenta l'issue des négociations avec l'Espagne sous le jour qu'il désirait, et fut cru sur parole. Toutefois, le parlement lui tint rigueur sur le chapitre des subsides : l'appui des communes le fit triompher de son ennemi le comte de Middlesex et violenter même la volonté du roi. Cependant, Buckingham, tout en conservant son crédit et son pouvoir, se trouvait dans une fausse position : le parti populaire, qui le soutenait, prétendait le faire aller beaucoup plus loin qu'il ne voulait. Il ne s'agissait rien moins que de supprimer l'épiscopat et d'appliquer aux besoins de l'État les biens du clergé, mesure qui eût froissé et le cœur et la conscience de Jacques. Il songea dès lors à regagner sa première faveur dans l'esprit du roi en lui procurant une alliance française pour remplacer celle qui venait de manquer avec l'Espagne, et des ouvertures furent faites en conséquence à la cour de France à l'effet d'obtenir la main de la princesse Henriette-Marie pour le prince Charles. Richelieu était un champion politique plus redoutable qu'Olivarez pour Buckingham. Voyant combien celui-ci avait à cœur cette alliance, Richelieu y mit en faveur des catholiques anglais des conditions bien autrement fortes que celles qu'imposait naguère l'Espagne, et qui avaient tant révolté l'esprit national des Anglais. Buckingham en passa par tout ce que voulut Richelieu, et par là perdit à jamais l'appui du parti populaire dans le parlement.

Jacques mourut sur ces entrefaites. Maintenu au ministère par son fils et successeur Charles Ier, Buckingham vint à Paris pour recevoir la royale fiancée et la conduire en Angleterre. Rempli d'idées galantes et chevaleresques, il devint épris de la reine, Anne d'Autriche ; il osa avouer son amour, et même le rendre public en revenant subitement sur ses pas au moindre prétexte d'Amiens sur ses pas, puis en pénétrant jusqu'à la ruelle de la reine, où, dans un paroxisme de passion, il se jeta aux genoux de la princesse en répandant d'abondantes larmes. Anne fut au moins flattée, si elle ne fut pas touchée de son hommage. Mais Richelieu conçut de l'ombrage, et comme ministre et comme rival en amour. Aussi, quand peu de temps après Buckingham annonça l'intention de revenir à Paris, un ordre péremptoire du roi, porté par Richelieu, le lui défendit. C'en fut assez pour que Buckingham se décidât à entraîner son pays dans une nouvelle guerre. Il jura qu'*il reverrait la reine de France, quoi qu'on fît*. Ce fut vrai toutefois qu'un motif plus grave contribua à accélérer une rupture qui satisfaisait son amour-propre : ce fut l'impossibilité d'exécuter les articles du traité de mariage, qui accordait aux catholiques le libre exercice de leur culte. Buckingham n'avait d'ailleurs jamais songé sérieusement à tenir sa promesse.

La France et l'Espagne étaient en guerre avec l'Angleterre, quand le parti populaire, ayant acquis la majorité dans les communes, refusa son vote à toutes les dépenses occasionnées par les hostilités, tant était devenue grande la défiance que lui inspirait Buckingham. Il lui reprocha hautement toutes ses folies, et l'accusa de crimes auxquels il n'avait sans doute jamais songé, comme d'avoir attenté à la vie du feu roi ; et Charles Ier lui-même ne fut pas à l'abri de ces insinuations. Charles, qui aimait Buckingham, et qui se laissait influencer par ses conseils, fut porté par des motifs de gratitude et d'attachement à entrer dans des voies arbitraires et oppressives, dont il lui fut dès lors impossible de sortir. Soutenir Buckingham contre ses ennemis et en même temps obtenir de l'argent des communes, était chose impraticable. Malheureusement pour lui, il sacrifia le parlement et les libertés du pays aux caprices et aux ressentiments de son favori. Il recourut aux

BUCKINGHAM

emprunts forcés pour faire face aux dépenses, et à tous les genres d'illégalités pour réduire au silence les chefs de l'opposition. Le succès seul pouvait soutenir le ministre dans cette dangereuse carrière où probablement il voulait imiter Richelieu, sans s'apercevoir qu'entre lui et son rival la différence était immense. Cependant, contractant des alliances avec toutes les puissances protestantes, les Danois, les Hollandais, etc., Buckingham rassembla une flotte nombreuse, et s'efforça d'appeler les huguenots de France à la révolte, espérant par là susciter en sa faveur une importante diversion. Toutefois La Rochelle elle-même, le quartier général des religionnaires, refusa de recevoir le duc dans ses murs. Il débarqua alors ses troupes dans l'Ile de Ré, qui en est voisine; mais il ne réussit même pas à s'emparer du petit fort qui la défendait. Les huguenots ne s'insurgèrent que lorsque son expédition eut complétement échoué, et s'offriront ainsi seuls aux coups de Richelieu, parce que Buckingham n'était plus en état de leur donner les secours qu'il leur avait promis pour les déterminer à l'insurrection.

A son retour en Angleterre, Buckingham eut à lutter contre un nouveau parlement qu'on avait enfin été obligé de convoquer, et qui dressa contre lui un acte formel d'accusation. Son beau-frère, Denbigh, fut envoyé avec une autre flotte au secours de La Rochelle; il parut à la hauteur de cette place, puis repartit sans tenter de secourir les assiégés, plus vivement pressés que jamais par le terrible Richelieu. Buckingham résolut de se mettre encore une fois à la tête de la flotte, afin, s'il ne sauvait pas La Rochelle, d'obtenir du moins à cette ville une capitulation plus favorable. Il s'était rendu à cet effet en toute hâte à Portsmouth, et allait s'embarquer (23 août 1628), quand il fut frappé au cœur par le poignard fanatique d'un officier subalterne, appelé Felton.

Ainsi finit un homme qui fut peut-être la principale cause des infortunes de la race royale des Stuarts, auteurs d'une fortune si rapide, que ne justifiaient ni ses talents ni ses qualités. Par son imprudente conduite, il contribua plus que personne aux triomphes remportés par Richelieu sur les protestants ainsi qu'à l'ascendant pris par les patriotes anglais acquirent dans le parlement, et qui devait conduire à de si terribles résultats.   CROWE, de Londres.

BUCKINGHAM (GEORGES VILLIERS, duc DE), fils du précédent, né à Londres, en 1627, fut, ainsi que son frère puîné, *Francis*, élevé et instruit sous la direction de Charles Ier, lequel, après le crime de Felton, sembla transporter aux fils l'attachement qu'il avait voué au père. Quand ce monarque fut fait prisonnier, ils se rangèrent sous les drapeaux du comte Holland. Francis périt dans une déroute qu'essuya l'armée royaliste à Nonsuch; mais Georges, plus heureux, réussit à se sauver sur la flotte du prince de Galles, et depuis lors partagea toutes les destinées de ce prince jusqu'à la fatale bataille de Worcester, à la suite de laquelle il dut chercher un asile en France. Le parlement ayant donné les biens de sa famille à lord Fairfax, celui-ci fut assez généreux pour en partager les revenus avec la mère de Buckingham. Le proscrit s'enhardit alors à revenir en Angleterre; il se plaça sous la protection de Fairfax, et demanda sa fille en mariage. Il fut agréé, et vécut depuis lors tranquillement sur les domaines de son beau-père jusqu'au moment où Cromwell le fit arrêter dans une excursion qu'il avait risquée pour aller voir sa sœur, et, malgré toutes les protestations de Fairfax, l'envoya à la Tour.

La mort de Cromwell, lui rendit la liberté, et la restauration de la royauté le remit en possession de ses biens et de ses dignités. Charles II le nomma successivement membre du conseil privé, lord lieutenant du comté d'York et grand écuyer. Tant de faveurs ne satisfirent point encore son ambition, et par jalousie contre le comte Clarendon, premier ministre, il prit part à un complot qui fut découvert en 1666. D'abord il se tint caché; mais, n'ayant pas tardé à comparaître librement devant la justice, il obtint son pardon du roi, qui lui conserva ses honneurs et ses faveurs. En 1671 il fut nommé chancelier de l'université de Cambridge, puis envoyé en France comme ambassadeur, ostensiblement pour y porter des compliments de condoléance, mais réellement pour y négocier en secret la dissolution de la triple alliance. Plus tard il devint le chef d'un cabinet resté fameux dans l'histoire sous le nom de *cabale*.

Lors de la guerre déclarée par la France à la Hollande, il y fut envoyé avec Arlington et Fairfax, à l'effet de négocier avec les états généraux et avec Louis XIV. Shaftesbury, ayant peu de temps après quitté le ministère dit de la *cabale*, Buckingham devint le point de mire de la haine populaire. Il fut, en sa qualité de chef du cabinet, mis en accusation comme coupable de haute trahison et de crimes d'État, mais il eut le bonheur d'être absous. Depuis lors il figura au parlement dans les rangs de l'opposition, combattit vivement, en 1675, l'acte du *test*, ainsi que la prolongation du parlement, opérée par le roi. En punition de cet acte d'indépendance, il fut envoyé à la Tour avec Salisbury, Shaftesbury et Wharton; mais il en sortit dès qu'il eut fait ses soumissions au roi. A la mort de Charles II, il renonça complétement à la politique, se retira dans ses terres, et y mourut en 1688, après avoir consacré les dernières années de sa vie à des travaux littéraires. En lui s'éteignit l'ancienne famille des Villiers.

La collection de ses œuvres, publiées à Londres en 1704, contient, dit-on, beaucoup de morceaux apocryphes. Le plus célèbre de ses ouvrages est la comédie intitulée : *the Rehearsal* (la Répétition), pièce dans laquelle il tournait en ridicule les poëtes dramatiques à la mode.

BUCKINGHAM (JOHN SHEFFIELD, duc DE), homme d'État et écrivain anglais, né en 1649, était le fils du comte Edmond de Mulgrave. Ayant de bonne heure perdu son père, il fut confié à un gouverneur, qui, pour l'éloigner des troubles qui agitaient l'Angleterre, le conduisit en France, où, malgré les distractions de la cour et celles de la guerre, il fit de rapides progrès dans les sciences et les lettres. A l'âge de dix-huit ans, il servait déjà contre la Hollande à bord de la flotte anglaise, et dans la seconde guerre contre les Hollandais on lui confia le commandement d'un vaisseau. Il obtint ensuite un régiment de cavalerie, il en leva un autre à ses propres frais, et vint apprendre l'art de la guerre sous les ordres de Turenne, dans les rangs de l'armée française. Revenu peu de temps après en Angleterre, il y fut nommé gouverneur de Hull. A la fois militaire, homme d'État et homme de cour, il ne négligea point les lettres, et acquit même comme poëte une grande réputation. En 1680, envoyé avec 2,000 hommes au secours de Tanger, assiégé par les Maures, il composa pendant la traversée le poëme galant intitulé : *The Vision*.

Jacques II, dont il fut de bonne heure l'ami particulier, le nomma membre de son conseil privé et lord grand chambellan. Par attachement pour ce prince, il se soumit aux formes extérieures du catholicisme, mais refusa constamment d'en embrasser les dogmes. A l'époque de la révolution il resta neutre, car on n'avait pas osé, le sachant ami intime du roi, l'initier aux machinations ourdies en faveur du prince Guillaume d'Orange. Sous le règne de celui-ci il occupa plusieurs postes importants, mais en définitive fit toujours partie de l'opposition. Lors de l'avénement au trône de la reine Anne, à laquelle il avait autrefois adressé ses vœux, un vaste champ s'ouvrit à son ambition. Avant même le couronnement de cette princesse, il fut nommé *lord du sceau privé*, puis lord lieutenant d'York. On l'adjoignit en outre à la commission chargée de négocier avec les Écossais la réunion des deux royaumes. En 1703 on le nomma duc de Buckingham. Mais bientôt, jaloux de l'influence de Marlborough, il sortit du ministère, et embrassa le parti des tories. La reine, pour se le réconcilier, lui ayant offert le poste de lord chancelier, il refusa cette dignité, et se retira des affaires. Mais en 1710, à la chute du cabinet, il revint à la cour, accepta la présidence du conseil avec l'administration de la maison de la reine, et exerça sur toutes les affaires politiques l'influence la plus prépondérante.

A la mort de la reine Anne, il resta provisoirement au ministère jusqu'à l'arrivée de Georges Ier en Angleterre; mais aussitôt après il s'éloigna de nouveau de la cour pour se jeter encore une fois dans l'opposition et combattre dans les rangs des tories. Il mourut en 1720, après avoir consacré aux lettres les moments de liberté et de repos que lui laissait son éloignement du pouvoir. On trouve, il est vrai, de l'esprit et du goût dans la plupart de ses poésies galantes; mais elles manquent d'originalité. Quant à son répertoire tragique, il est au-dessous de toute critique. Par contre, ses *Mémoires* offrent une lecture aussi instructive qu'intéressante. Ses œuvres complètes ont été publiées à Londres en 1723 et 1729, en 2 vol.

BUCKLAND (GUILLAUME), célèbre géologue anglais, né vers 1780, étudia la théologie à Oxford, mais se livra de préférence à son penchant pour les sciences naturelles. Il y fit de tels progrès qu'en 1813 il obtint la chaire de minéralogie nouvellement érigée à l'université d'Oxford. En 1818 il fut chargé en même temps du cours de géologie. Ses deux seuls ouvrages originaux sont *Reliquiæ Diluvianæ* (2e édit., Londres, 1824), et *Geology and Mineralogy considered with reference to natural theology* (2 vol., Londres, 1836). Dans ce dernier ouvrage, qu'on regarde comme classique, et qui a été inséré dans la collection de Bridgewater, l'auteur cherche à concilier, autant que possible, avec les récits de la Bible les résultats des recherches géologiques sur les formations plutoniques, ce qui ne l'a pas mis à l'abri des violentes attaques du doyen d'York dans la séance de l'Association britannique pour l'Encouragement des Sciences tenue à York en 1844. Ces clameurs n'ont en rien nui à sa juste réputation; et c'est à ses travaux autant qu'à ceux de Murchison, Sedgwick, Lyell, etc., que la géologie doit la faveur dont elle jouit en Angleterre. Buckland a publié en outre de nombreux articles dans des revues scientifiques, dans le *Journal Philosophique* d'Édimbourg, et dans les *Transactions* de la Société de Géologie. C'est dans ce dernier recueil qu'il a mis au jour sa théorie sur la formation des vallées par élévation. M. Buckland est membre correspondant de notre Académie des Sciences, section de minéralogie.

BUCKLANDIE. On a dédié sous ce nom au géologue Buckland: 1° trois genres de végétaux fossiles établis, l'un par Sternberg, l'autre par R. Brown, et le dernier par M. Ad. Brongniart; 2° un genre de la famille des hamamélidacées, type de la tribu des *bucklandiées*, fondé par R. Brown sur un arbre de l'Inde souvent très-élevé, dont le port est celui d'un peuplier, à fleurs polygames-dioïques capitées.

BUCKLANDITE. On a nommé ainsi, en l'honneur de M. Buckland, un minéral voisin de l'épidote, qui se rencontre en très-petits cristaux dans la hornblende et les pierres volcaniques, à Arendal en Norvège, sur les bords du lac Laach, sur ceux du Rhin, etc.

BUCKLER (JEAN). *Voyez* SCHINDERHANNES.

BUCOLIQUE (du grec βουκόλος, pasteur). Synonyme de *pastoral*, ce mot s'entend surtout des poésies qui cherchent à peindre les mœurs des bergers. On est peu d'accord sur l'origine de ce genre de poésie; mais presque toutes les littératures en offrent des modèles. Tantôt les poëmes bucoliques sont en monologue, tantôt ils ont la forme du dialogue, quelquefois ils sont en récit, quelquefois en action, quelquefois c'est un récit mêlé d'action. Différentes mesures ont été employées aussi dans la composition de ces poëmes. Le genre bucolique comprend donc non-seulement l'églogue et l'idylle, mais encore quelquefois l'élégie, le poëme dramatique, et le roman. D'un autre côté, toutes les églogues ou idylles ne doivent pas être rangées parmi les bucoliques. Néanmoins Virgile a donné le nom de bucoliques à son recueil d'églogues, bien qu'il y en ait quelques-unes qui s'occupent d'autre chose que de la vie des champs.

BUCORNE, surnom donné à Bacchus, représenté quelquefois avec une corne de taureau à la main, symbole ancien du vaisseau ou vase à boire.

BUCQUOY. *Voyez* BUQVOI.

BUCRÂNE (de βους, bœuf, et κρανίον, crâne). On a donné ce nom dans l'antiquité à un casque creusé dans une tête de bœuf ou fait en forme de tête de bœuf. En architecture on l'applique à ces têtes de bœuf écorchées et décharnées employées comme ornements des frises et d'autres parties des édifices publics. Cette pratique remonte à la plus haute antiquité, et pour ainsi dire à l'enfance de l'art; elle doit sans doute naissance à cet instinct imitatif qui créa l'architecture grecque. On aura consacré dans les premiers temps, autour des lieux sacrés les restes des victimes immolées, et leurs crânes, après avoir été disséqués, auront été attachés aux murs et aux portes des lieux de sacrifices. On retrouve en effet des bucrânes sur une foule de monuments antiques. On en voit dans les frises des temples, tels que celui de la *Fortune virile*, à Rome; dans celles des tombeaux, comme au monument de Cæcilia Métella, qui avait reçu de cet ornement le nom vulgaire de *Capo di Bove*; on en voit aussi autour des autels, comme à celui de Cora, etc. Le bucrâne reçoit de la diversité des frises où on l'introduit la variété des ornements qui l'accompagnent. Dans la frise dorique, où il occupe l'étroit espace de la métope, ses seuls accessoires sont les bandelettes ou *infulæ* dont on ornait les têtes des victimes. Dans les frises continues, telles que celles de l'ordre ionique et de l'ordre corinthien, les bucrânes sont accompagnés de guirlandes de fleurs ou de fruits, attachées par des rubans ou bandelettes aux cornes de l'animal. Quelque hideux et repoussant que puisse paraître l'original d'un semblable symbole, il lui est arrivé de se perpétuer dans ses imitations.

BUDE. *Voy.* OFEN.

BUDÉ (GUILLAUME), plus connu sous le nom latin de *Budæus*, un des savants français les plus distingués de son époque, un de ceux qui ont le plus contribué à l'impulsion littéraire des esprits au seizième siècle, bibliothécaire du roi et maître des requêtes, naquit à Paris, en 1467, et mourut le 24 août 1540. Il étudia à Paris et à Orléans, mais sans succès, et sa jeunesse se passa dans une dissipation continuelle. La passion de la science ne s'empara de lui qu'à vingt-quatre ans; ce fut avec une telle force qu'il ne connut plus d'autre occupation que l'étude. On rapporte que le jour même de son mariage il y consacra trois heures. Il se livra particulièrement aux belles-lettres, mais il étudia aussi les mathématiques sous Tanneguy-Lefèvre, et la langue grecque, encore inconnue en France, sous Jean Lascaris et sous Hermonyme, de Sparte, qu'il recueillit plusieurs années chez lui, et auquel il donna en le quittant 500 écus d'or, somme énorme pour le temps. Son indifférence pour tout le reste ressort suffisamment de cette réponse qu'il fit un jour à un domestique qui venait lui annoncer que sa maison brûlait: « Adresse-toi à ma femme; tu sais bien que je ne m'occupe pas du ménage. » Réponse que l'on a aussi attribuée depuis à Bitaubé. Budé embrassa toutes les sciences, mais plus particulièrement l'archéologie et les langues; il avait surtout des connaissances approfondies en grec.

Parmi le grand nombre de ses productions savantes, qui roulent sur la philosophie, la philologie et la jurisprudence, on estime surtout sa dissertation *De Asse et partibus ejus*, où, traitant du partage des successions, il entre dans les détails curieux sur les monnaies anciennes; et ses commentaires sur la langue grecque, qui ont fait faire de grands progrès en France à l'étude de la littérature grecque. Son style, en latin aussi bien qu'en français, est plein de vigueur, mais souvent dur et embarrassé de tournures grecques. Il était généralement estimé, non-seulement comme savant, mais encore comme homme et comme citoyen. Il avait d'abord été présenté à Charles VIII par le chancelier de Rochefort. Louis XII le fit secrétaire du roi, et lui donna une première mission à Rome. François Ier le nomma maître de la librairie, c'est-à-dire bibliothécaire du roi. Il l'appelait souvent à ses conseils particuliers, et lui confia une mission importante auprès de Léon X, qui l'admira beaucoup. Enfin, il institua, à son instigation, le *Collége royal de France*, et jeta, sous sa direction et sous celle de Lascaris, les premiers fondements de la bibliothèque de Fontainebleau. Budé fut encore président du conseil des requêtes et prévôt des marchands. Il mourut à soixante-treize ans. L'extrême simplicité que, dans son testament, il ordonna pour ses funérailles, le fit soupçonner de pencher, comme beaucoup de savants de son époque, vers les idées de réforme religieuse. Ce qui sembla justifier cette supposition, c'est que sa femme et deux de ses fils, ayant embrassé le calvinisme, se retirèrent à Genève, où leur postérité existe encore. Un des membres de cette famille, mort en 1844, avait racheté le château de Ferney, illustré par le séjour de Voltaire, et qui avait autrefois appartenu à ses ancêtres. Jacques de Sainte-Marthe prononça solennellement l'oraison funèbre de Guillaume Budé. Ses œuvres complètes ont été imprimées à Bâle en 1557, et forment 4 vol. in-fol. *L'Institution d'un Prince*, qui ne fait pas partie de cette collection, est un ouvrage français, imprimé à Provins, en Champagne, en 1547.

BUDGET est un terme anglais venant lui-même par corruption de notre vieux mot *bougette*, qui signifie une valise ou sac de cuir. De tout temps il a été d'usage au parlement d'Angleterre d'apporter dans un sac de cuir les pièces portant exposé de l'état des recettes et des dépenses publiques. Du contenant le nom passa au contenu; et c'est avec cette nouvelle signification que le mot est revenu en France. Il y a été employé pour la première fois d'une manière officielle dans les arrêtés des consuls en date du 4 thermidor an X et du 17 germinal an XI. Ce mot a été étendu depuis aux comptes des administrations secondaires; ainsi les départements, les villes, les communes ont leurs budgets spéciaux.

A proprement parler, il n'y a de budgets qu'avec le système représentatif; car le contrôle d'une législature indépendante peut seul donner une sanction légitime à la perception de l'impôt et à l'emploi des deniers publics. On dresse à la vérité dans quelques États absolus un compte rendu des recettes et des dépenses, mais quelle garantie offre-t-il de son exactitude et de sa régularité? L'Angleterre, qui a joui la première du régime constitutionnel, a eu la première un budget dans la véritable acception de ce mot. En France, malgré de nombreux essais antérieurement tentés, nous n'avons eu un budget exact et complet que depuis la restauration. Sous l'ancien régime, l'assiette de l'impôt variant d'une province à l'autre, sa perception étant en outre abandonnée dans sa plus grande partie à des traitants, il eût été difficile, l'eût-on voulu, de dresser un tableau régulier des recettes et des dépenses publiques. Necker fut le premier qui établit une sorte de budget par la publication de son fameux *Compte rendu* de l'administration des finances. Les courtisans se récrièrent beaucoup contre cette indiscrétion, qu'ils regardaient comme devant causer la perte de la monarchie. Jusqu'alors les comptes du trésor, rendus par le contrôleur général des finances et par ses agents, étaient apurés à huis clos par le chambre des comptes et par le conseil du roi; encore cette clôture des exercices n'avait-elle lieu qu'au bout de cinq années, ce qui rendait toute surveillance inefficace et toute amélioration impossible.

L'exemple de Necker fut bientôt suivi; Calonne publia à son tour un compte-rendu où il établissait un déficit de cinquante-six millions; enfin, le 24 janvier 1789, Louis XVI déclara solennellement que désormais le tableau des revenus et des dépenses serait rendu public dans une forme proposée par les états généraux et approuvée par le roi, et que les sommes attribuées à chaque département seraient fixées d'une manière fixe et invariable. C'est de cette déclaration que date en France le premier essai de budget. Toutefois, il serait difficile de reconnaître un véritable budget dans les lois financières des premières années de la révolution; l'abolition des impôts et la dépréciation du papier-monnaie avaient anéanti les finances de l'État; quand une dépense était jugée nécessaire, on la décrétait, sauf à recourir ensuite aux expédients pour y faire face. Les assemblées nationales votèrent successivement un grand nombre de lois de finances; mais il n'y eut pas de budget, puisqu'il était impossible de rien statuer dans la prévision d'un avenir que les événements modifiaient chaque jour. Sous le Consulat et sous l'Empire il y eut plus d'ordre et plus de clarté dans le compte rendu des dépenses et des recettes. A part les départements de la guerre et des affaires étrangères, les dépenses et les recettes devinrent plus régulières et plus constantes; la distinction établie entre le trésor et le ministère des finances vint d'ailleurs opposer un grand obstacle au renouvellement des abus et des dilapidations. Les exposés annuels présentaient des aperçus plus ou moins ingénieux; mais ce n'étaient encore que des chiffres et l'on craignait peu le contrôle du Corps législatif. En outre, les fonds dits *spéciaux*, montant à plus de cent millions par an, n'étaient pas compris dans le budget, et une foule de dépenses extraordinaires n'étaient attribuées à aucun ministère.

Depuis 1819 jusqu'en 1852 le budget fut divisé en deux parties, qui constituaient chacune un budget spécial. L'une comprenait les dépenses exigées pour les différents services publics dans le cours de l'*exercice* ou année financière auquel le budget se rapportait, l'autre contenait les recettes à faire pour subvenir à ces dépenses. Ces deux parties du budget étaient l'objet de deux lois distinctes, qu'on appelait la *loi des recettes* et la *loi des dépenses*. Le budget de 1853, recettes et dépenses, ne forme qu'une seule loi divisée en deux sections générales. La section des dépenses comprend cinq grandes parties : 1° le service de la dette publique, qui embrasse les rentes que le gouvernement paye à ses créanciers, les pensions diverses, etc.; 2° les dotations et les dépenses des pouvoirs législatifs et du conseil d'État; 3° les services généraux des ministères; 4° les frais de régie, de perception et d'exploitation des impôts et revenus publics; 5° les remboursements et restitutions, nonvaleurs, primes et escomptes. La section des recettes comprend le montant des quatre contributions directes, les droits d'enregistrement et de timbre, les produits des domaines, les produits des forêts et de la pêche, les impôts et revenus indirects, les postes, les produits de diverses natures.

Le budget de chaque exercice est nécessairement soumis tous les ans aux délibérations du corps législatif et du sénat, et il est voté par eux dans la session qui précède l'année pendant laquelle il doit être mis à exécution. Il doit être présenté d'abord au corps législatif.

La somme affectée à chaque dépense s'appelle *crédit*. Le budget est mis à exécution par les ministres, d'après la répartition faite entre les divers chapitres de leur budget particulier de la somme totale des crédits qui leur ont été alloués. Les sommes affectées à un chapitre ne peuvent être appliquées à un autre chapitre; mais chaque chapitre renferme un certain nombre d'articles entre lesquels les ministres peuvent opérer, dans l'intérêt du service, une autre répartition de la somme affectée au chapitre.

Comme les chiffres présentés dans le budget ne sont, pour les dépenses aussi bien que pour les recettes, que des prévisions plus ou moins hypothétiques, il peut arriver qu'il y ait dans le compte définitif de l'année excédant du revenu sur les dépenses ou au contraire *déficit*; c'est en effet ce qui a souvent lieu. Il s'établit donc un certain ordre de liaison entre les budgets consécutifs par des reliquats ou des arriérés. Il arrive aussi que les crédits votés sont insuffisants, ou parce que l'on n'a pas bien apprécié l'étendue d'un service, ou parce qu'il est survenu des circonstances qui ont créé des besoins extraordinaires. Dans le premier cas les ministres ont besoin d'un *crédit supplémentaire*, dans le second d'un *crédit extraordinaire*. Ils doivent s'adresser en principe aux chambres législatives lorsqu'elles tiennent session, au chef de l'État dans l'intervalle d'une session à l'autre; toutefois, un crédit supplémentaire ne peut être accordé que pour certaines dépenses déterminées, et le crédit extraordinaire que dans des cas d'urgence et des services qu'il était impossible de prévoir et de régler par le budget. L'ordonnance qui ouvre ces crédits n'est exécutoire pour le ministre des finances qu'autant qu'elle a été rendue sur l'avis du conseil des ministres; elle doit être contresignée par le ministre ordonnateur, insérée au Bulletin des Lois et soumise par le ministre des finances à la sanction du corps législatif dans sa plus prochaine session.

Tous les ministres doivent à chaque session présenter les comptes de leurs opérations pendant l'année précédente; mais cela n'est et ne peut être qu'une situation provisoire de l'exercice, puisque les dépenses peuvent être acquittées jusqu'au 31 octobre de l'année suivante. Le 1er juillet de chaque année le ministre des finances fait remettre à la cour des comptes un tableau comparatif des recettes et des dépenses publiques comprises dans le compte général des finances de l'année précédente; une commission de sept membres, pris dans son sein et dans celui du conseil d'État, le vérifie provisoirement, et la cour rend une déclaration de conformité sur la situation définitive de l'exercice expiré, après l'avoir communiquée à cette commission. Cette déclaration doit être remise au corps législatif et au sénat à une époque assez rapprochée de l'ouverture de la session pour que l'exactitude du dernier règlement du budget ait pu être confirmée avant qu'il ait été statué sur les résultats du nouveau règlement proposé pour l'exercice suivant. Cette *loi du règlement du budget*, qu'on appelle encore *loi des comptes*, se trouve donc préparée aux chambres la seconde année après l'expiration de l'exercice. Elle arrête le chiffre des recettes et des dépenses, annule les excédants de crédit, s'il s'en trouve, ou, en cas d'insuffisance de crédits, détermine les moyens de couvrir le déficit. Nous avons déjà vu que cette loi arrête les dépenses au 31 octobre de l'année qui suit l'exercice. Cependant on sait que ces dépenses peuvent encore être payées cinq ans ou même six ans après l'exercice. Voici comment on procède dans ce cas. Si ces dépenses étaient constatées au moment de la clôture de l'exercice, et si elles ont fait partie des restes à payer arrêtés par la loi de règlement, les ministres peuvent délivrer des ordonnances de payement sur l'exercice courant, par rappel sur les exercices clos, dans les limites des crédits suppléés par les lois de règlement. Si les dépenses n'ont pas fait partie des restes à payer arrêtés comme il a été dit, il ne peut être pourvu au payement qu'au moyen de crédits supplémentaires. Du reste, les dépenses des exercices clos et périmés sont l'objet d'un chapitre spécial au budget dans les comptes de chaque ministre, ainsi que dans le compte général des finances.

Voici le tableau des sommes totales de différents budgets de la France en dépenses et en recettes, relevées de dix en dix ans depuis 1823:

1823.	Dépenses. . . . . fr.	1,118,625,162
	Recettes.	1,123,456,992
1833.	Dépenses.	1,128,994,304
	Recettes.	1,157,274,314
1843.	Dépenses.	1,418,591,432
	Recettes.	1,372,230,201
1853.	Dépenses.	1,186,965,348
	Recettes.	1,446,129,431

Le budget des départements est préparé par le préfet; mais pour être exécutoire il doit être soumis à la délibération du conseil général et arrêté ensuite par le ministre de l'intérieur. Le service départemental est assuré par des centimes additionnels aux contributions directes et par des ressources locales. Il se divise en trois parties : la première, sous le titre de *dépenses fixes*, comprend les frais du personnel des préfectures, des maisons centrales de détention, des bâtiments de cours d'appel, des établissements thermaux et sanitaires; la seconde, désignée sous le nom de *dépenses variables*, est relative aux loyers et mobiliers des préfectures, des prisons, au casernement de la gendarmerie, aux menus frais des tribunaux, aux établissements ecclésiastiques diocésains, aux enfants trouvés, à la mendicité, aux routes, aux engagements et secours, à la troisième, qu'on appelle *dépenses facultatives*, et dont l'adoption est subordonnée au vote des conseils généraux, contient tous les objets d'utilité départementale qui n'ont pas été prévus ou qui ne sont pas suffisamment dotés dans les deux premières catégories de dépenses.

Quant au budget des communes, il est dressé par le maire et doit être soumis à la délibération du conseil municipal et ensuite arrêté par le sous-préfet, si la commune n'a pas cent francs de revenu, par le préfet si ses revenus s'élèvent à cent francs et sont inférieurs à cent mille francs, et par une ordonnance du président de la république, s'ils s'élèvent à cent mille francs et au-dessus.

Quelques établissements publics, entre autres les hospices et les bureaux de bienfaisance, ont aussi leur budget, dont la préparation et l'exécution sont soumises à des règlements spéciaux.

BUDINS (*Budini*), peuples de la Scythie d'Europe, vers les sources du Borysthène, au nord des Gélons, qui vinrent ensuite s'unir à eux et à l'est des Fenni, dont le pays forme aujourd'hui une partie de la Russie polonaise, sont appelés *Bodènes* dans Ptolémée. Leur pays, selon Hérodote, produisait en abondance toutes sortes d'arbres; mais, au rapport de Pomponius Méla et de Pline, il était seulement fertile en pâturages. Ces peuples, nomades comme la plupart des Sarmates et des Scythes, parlaient une langue mélangée de scythe et de grec. Leur divinité principale était Bacchus, dont ils célébraient une des fêtes tous les trois mois. Ils étaient adonnés à la magie et à la divination. On les accusait de se transformer en loups, tous les ans, durant quelques jours, et de reprendre ensuite leur première forme, fable à laquelle Hérodote refuse de croire, mais qui peut s'expliquer fort bien par les incursions qu'ils faisaient, sans doute, de temps en temps, sur les terres de leurs voisins, pour se procurer ce que leur sol ou leur industrie leur refusait.

BUDISSIN. *Voyez* BAUTZEN.

BUDLÈGE ou **BUDDLEIE**, genre de plantes de la famille des scrophulariées, ayant pour principaux caractères : calice et corolle à quatre divisions; capsule biloculaire, polysperme. La plupart des espèces habitent l'Amérique australe, excepté quelques-unes qui croissent au cap de Bonne-Espérance.

La *buddleie globuleuse* (*buddleia globosa*, Lam.) est un arbrisseau toujours vert de $2^m,50$ à 3 mètres de haut, à feuilles grandes, ovales, allongées, très-blanches en dessous, qui donne au juin des fleurs très-petites, réunies en boules odorantes, et d'un jaune doré; il se multiplie de marcottes, de semences ou de boutures, et demande une terre légère, une exposition à mi-soleil, avec beaucoup d'eau et une couverture pour l'hiver.

La *buddleie à feuilles de sauge* (*buddleia salvifolia*, Lam.), dont la tige a de $2^m,3^m,30$, offre des feuilles sessiles, lancéolées, rugueuses. Ses fleurs petites, blanches, à disque jaune, disposées en panicule terminale, viennent en septembre.

D'autres espèces se cultivent encore dans nos jardins; mais

elles diffèrent peu des deux précédentes, dont la première est originaire du Pérou et la seconde du Cap.

BUDWEIS (en langue bohême *Czeské Budegowice*), le cercle le plus méridional de la Bohême, est borné par le Bœhmerwald, et arrosé par la Moldau, qui reçoit dans son cours la Maltsch et la Luschnitz; il n'offre presque partout que d'immenses varennes et une multitude d'étangs très-poissonneux, dont le plus considérable est celui de Rosenberg. Sa superficie est de 91 myriamètres carrés, divisés en neuf capitaineries. La population s'élève à 600,000 habitants, d'origine allemande pour la plupart, et dont l'industrie consiste dans l'éducation des bestiaux, l'agriculture, la fabrication du verre, du fer, du papier, du drap et du fil. Outre une ferme modèle, qui existe depuis longtemps, on y a établi en 1850 une école d'agriculture.

Le chef-lieu du cercle, *Budweis* ou *Bœhmisch-Budweis*, au confluent de la Moldau et de la Maltsch, est une ville royale libre, située sur une élévation, au milieu d'une belle et fertile plaine, et régulièrement bâtie. On y trouve trois faubourgs, une grande place entourée de belles arcades et décorée d'une jolie fontaine. Siége d'un évêché, du gouvernement du cercle, d'un présidial, d'une administration des finances, etc., Budweis renferme dans ses murs un séminaire, un gymnase, plusieurs écoles, entre autres une de commerce, un des plus vastes arsenaux de l'empire et 11,000 habitants, qui font un commerce considérable en grains et en bois. Le chemin de fer construit depuis 1827 entre Budweis et Linz, et qui est desservi par des chevaux, en unissant le Danube à la Moldau, a considérablement augmenté l'activité commerciale de cette place. Au commencement de la guerre de trente ans, Budweis se défendit avec succès contre les Bohèmes révoltés, et força par sa résistance le comte Matthias du Thurn à lever le siége de Vienne. Son inébranlable fidélité à la maison d'Autriche lui a valu de grands priviléges.

Machrisch-Budweis ou *Budwitz*, ville et seigneurie de la Moravie, a un château et 1800 habitants.

BUÉE et **BUER**, anciens termes employés pour désigner la lessive et l'action de blanchir ou de lessiver, d'où l'on a formé le mot *buanderie*. Villon s'est servi du mot *bués* pour *lavés*, dans une de ses ballades, et l'on a longtemps appelé, dans quelques provinces, en Bourgogne principalement, un homme *maubué* celui dont le linge était sale.

En technologie, *buée* s'entend aujourd'hui de la vapeur qu'exhale la pâte du pain. Le langage vulgaire étend quelquefois ce mot à la vapeur qui s'élève de l'eau ou de tout autre liquide en ébullition.

BUENAVISTA, hacienda ou métairie dans la confédération Mexicaine, à 185 kilomètres au sud du chef-lieu Cohahuila ou Monclova, à 7 kilomètres à l'ouest de Saltillo ou Leona-Vicario, célèbre par les événements de la dernière guerre. Le 22 février 1847 le général mexicain Lopez de Santa-Anna somma le général Taylor, qui était campé près de là, de se rendre, en l'avertissant qu'il était cerné par 20,000 hommes. L'attaque commença le même jour; elle se renouvela le lendemain, et Santa-Anna, repoussé, dut se replier sur Agua-Nueva, à 15 kilomètres de cet endroit.

On appelle aussi *Buenavista* ou *Boavista*, la plus orientale des îles du Cap-Vert, et la première où les Portugais débarquèrent.

BUÉNOS-AYRES (en espagnol *Ciudad de Nuestra Señora de Buenos-Ayres*, ou *Ciudad de la Trinidad*), ancienne capitale de la vice-royauté du même nom, puis capitale de la république Argentine, et aujourd'hui chef-lieu de l'État de Buénos-Ayres et des Provinces-Unies du Rio de la Plata, est située dans une plaine, sur la rive droite du Rio de la Plata, large en cet endroit de 46 kilomètres, mais peu profond, à environ 280 kilomètres de son embouchure, et à 200 kilomètres ouest de Montévidéo, en face de l'embouchure de l'Uruguay, par 34° 36' 29" de latitude sud et 60° 44' 34" de longitude ouest. La position de cette ville est magnifique; du côté du nord, on découvre le fleuve, qui s'étend à perte de vue; de délicieuses maisons de campagne parsèment les environs.

Son climat justifie le nom que lui imposa son fondateur, Pedro de Mendoza, en 1535. Il est doux, salubre; il n'y tombe jamais de neige; les gelées y sont rares; mais les brouillards y deviennent fréquents de juin à septembre. Le port n'est nullement à l'abri des vents, et les vaisseaux ne sauraient approcher qu'à douze kilomètres de la ville, à cause de plusieurs bancs de sable qui entravent la navigation, et à cause des vents violents dits *pamperos* qui soufflent des pampas. Les barques même, pour mettre à terre leur chargement, sont obligées de faire un détour, et d'entrer dans une petite rivière de deux à trois brasses de profondeur; encore ne peuvent-elles y pénétrer quand les eaux sont basses. Sous la présidence de Ribadavia, le gouvernement avait voté des fonds considérables pour la construction d'un port artificiel; la retraite de cet habile administrateur et les désordres qui suivirent firent avorter ce grand projet.

Buénos-Ayres est la ville non-seulement la plus peuplée, la plus riche et la plus commerçante de la confédération du Rio de la Plata, mais une des principales places de commerce du Nouveau Monde et un de ses principaux foyers d'instruction et de civilisation. Elle est de forme carrée, et ses rues, se coupant à angles droits, sont pavées, tirées au cordeau, et bordées de larges trottoirs. Les maisons, blanchies à la chaux intérieurement et extérieurement, ont un et quelquefois deux étages; elles sont surmontées de toits en terrasse où l'on recueille l'eau pluviale destinée aux usages domestiques. Les plus belles rues sont celles de la Victoria, de l'Universidade, de la Recouquista, de la Plata et de la Florida. Une des principales places est ornée d'un obélisque, et ainsi nommée en mémoire de la révolution du 25 mai 1810, et celle de *los Toros*, d'où la vue embrasse la ville entière. Buénos-Ayres, ville épiscopale, possède de magnifiques édifices religieux, parmi lesquels on cite la cathédrale, bâtie par les jésuites, l'église de *San-Francisco* et celle de *la Merced*; on y compte, en outre, douze autres églises catholiques, quatre couvents d'hommes, deux de femmes et un oratoire protestant. Une citadelle et plusieurs forts protègent les bâtiments mouillés sur le fleuve. On admire encore le palais du gouvernement, le *Cabildo* ou hôtel de ville, la banque, l'hôtel des monnaies, le grand hôpital et le palais des représentants. Tous ces édifices sont bâtis avec une pierre blanche qu'on tire des environs.

Buénos-Ayres, sous le point de vue littéraire, occupe le premier rang parmi les villes de l'ancienne Amérique espagnole; elle a une université, fondée en 1821, une des principales du Nouveau Monde pour le nombre, les talents des professeurs et la supériorité de l'enseignement, un lycée académique, une école militaire, deux écoles de droit et de médecine, des écoles primaires et secondaires, un observatoire, un laboratoire de chimie, une bibliothèque nationale de 25,000 volumes, et plusieurs établissements de bienfaisance, tels qu'une maison d'orphelins, un hospice d'enfants trouvés et un institut d'accouchement. La population de cette ville est évaluée à 100,000 individus, dont 15,000 étrangers, principalement Anglais et Français. C'est le siége du gouvernement de la confédération, la résidence du Président et le lieu d'assemblée du Congrès fédéral. Les Buénos-Ayriens sont braves, humains, intelligents, doués de beaucoup de franchise, de laisser-aller et d'obligeance. Les chevaux sont chez eux d'un usage général; tout le monde sort à cheval, et c'est souvent à cheval que le mendiant sollicite votre pitié au coin des rues. On vante la beauté des femmes, en en effet elles ont la taille bien prise, les mains et les pieds petits, le teint blanc, les yeux et les cheveux noirs; spirituelles, un peu coquettes, dansant avec grâce, chantant avec âme, s'accompagnant tour à tour de la guitare et des castagnettes, elles offrent à l'étranger qui se présente une hospitalité souvent dangereuse pour son repos.

Sur la terre ferme, on remarque, outre Buénos-Ayres, Baragan, très-petite ville, à 50 kilomètres sud-est de la capitale, importante par sa baie, où s'arrêtent les gros vaisseaux qui ne peuvent remonter jusqu'à Buénos-Ayres; le fort *Independencia* et la *Bahia-Blanca*, deux colonies fondées pour arrêter les invasions des Indiens *Aucaes*, et enfin *El-Carmen*, autre petite colonie sur le Rio Negro.

L'industrie de Buénos-Ayres est encore fort restreinte. On n'y fabrique guère que des savons, du tabac, des draps communs et des toiles. Il y a aussi quelques tanneries. Mais c'est le principal entrepôt du commerce de la confédération et de l'exportation des produits du bassin de la Plata. Celle qui a lieu par mer avec l'étranger dépasse annuellement 42 millions de francs, et consiste en peaux de bœuf, de cheval, de mouton, de nutria, de chinchilla, suif, corne, crin, bœuf boucané, laine de vigogne, grains, farine, numéraire. L'importation annuelle, évaluée à 48 millions, consiste en étoffes de laine et de coton, articles de taillanderie, coutellerie, sellerie, chapellerie, bierre et fromages d'Angleterre; en bois de construction, meubles, voitures, poisson salé, cuirs, bottes, souliers, munitions de guerre des États-Unis; café, sucre, coton et rhum du Brésil; produits de fabriques et de modes de France; toiles, soieries, faïence, poterie, verre, cuirs. Le nombre de bâtiments étrangers qui entrent annuellement dans le port est d'environ de 6 à 800, dont plus d'un quart anglais. Les relations, qui sont considérables avec le Chili et le Pérou, ont lieu à l'aide de charrettes tirées par des bœufs. Les conducteurs voyagent par caravanes, à cause des Indiens qui rôdent dans les *pampas*, et dont la rencontre est souvent dangereuse. Les relations avec les provinces du Rio de la Plata et le Paraguay ont lieu par le fleuve.

Buénos-Ayres, fondée, comme nous l'avons dit, par Mendoza, en 1535, et détruite bientôt par les Indiens, ne fut définitivement colonisée qu'en 1580. Érigée en évêché en 1620, elle devint capitale de la vice-royauté de son nom en 1776, fut prise par les Anglais en 1806, reprise peu de temps après par les Espagnols, et vainement attaquée par les Anglais en 1807. Théâtre de plusieurs insurrections républicaines, longtemps courbée sous le joug machiavélique du directeur Rosas, contre lequel échouèrent pendant plusieurs années les efforts mal combinés de l'Angleterre et de la France, elle a été délivrée enfin, le 19 février 1852, par l'entrée d'Urquiza, général de la confédération de la Plata, qui avait soulevé l'armée des Provinces-Unies dans les derniers mois de l'année précédente et qui était assisté d'une division brésilienne commandée par le général baron de Caxias.

L'État de Buénos-Ayres, qui s'étend au sud de la Plata, comprend une surface de 1067 myriamètres carrés. Il est borné au nord par l'Entre-Rios, au nord-est par la Banda-oriental, au nord-ouest par les États de Cordova et de San-Luiz, au sud par la Patagonie, au sud-est et à l'est par l'océan Atlantique. Le sol en est fertile et couvert de gras pâturages : aussi les habitants, au nombre de 500,000, s'occupent-ils principalement d'agriculture et de l'éducation de nombreux troupeaux.

E. G. DE MONGLAVE.

BUEN-RETIRO (c'est-à-dire *bonne retraite*), nom qu'on donne en Espagne à un lieu de repos et de plaisance où l'on va se délasser des fatigues de la ville. Les rois d'Espagne ont aux portes de Madrid, à l'extrémité opposée à celle où se trouve leur royale demeure, un château bâti par Philippe IV, et qui s'appelle par excellence le *Buen-Retiro*. C'est un édifice très-ordinaire, qui forme un carré régulier, flanqué d'une tourelle à chacun de ses quatre angles. Ce palais domine la ville; il est entouré de jardins agréables, et s'ouvre sur la promenade du *Prado*. Saint-Ildefonse partage avec le *Buen-Retiro* l'insigne honneur de donner asile aux augustes ennuis de l'Espagne.

BUFFA (Opéra). Voyez OPÉRA et THÉÂTRE-ITALIEN.

BUFFALO, chef-lieu du canton Érié, dans l'État de New-York, à l'extrémité septentrionale du lac Érié, sur le Niagara, l'anse de Buffalo et le canal Érié; bâtie en partie sur un terrain bas et marécageux, en partie sur une colline de sable à pente douce, du haut de laquelle on jouit d'une belle vue sur le lac. La situation de cette ville est admirable pour le commerce. Des rues larges et droites la coupent à angle droit. La plus belle, le *Main-Street*, longue de près de 4 kilomètres et large de 40 mètres, est remplie de magasins. Buffalo possède plusieurs belles places et dix-sept églises, une académie littéraire, un lycée avec une bibliothèque, un cabinet de chimie, une maison d'orphelins, et d'excellentes écoles. Son port est sûr et spacieux, profond de quatre à cinq mètres, et protégé contre les vents d'ouest par une digue de 465 mètres, construite aux frais de l'Union. Le commerce est activé par des chemins de fer, par ceux surtout de Black-Rock et des chutes du Niagara. Des manufactures et des fabriques de toutes sortes y sont dans l'état le plus florissant. Ces avantages expliquent le rapide accroissement de la population, qui n'était en 1810 que de 1508 âmes, et qui s'élevait déjà en 1850 à 30,000. La ville a été fondée en 1801. En 1812 elle servit de station militaire, et fut brûlée par les Anglais en 1814. Grâce à un secours de 80,000 dollars voté par le Congrès, elle s'est rebâtie si promptement qu'en 1817 on y comptait cent maisons, et qu'en 1852 elle a pu être incorporée comme cité.

BUFFET. Les anciens, les Romains principalement, qui dans les derniers temps de l'empire accordèrent tant au luxe, et surtout au luxe de la table, connaissaient les buffets. C'étaient ordinairement chez eux de petits appartements séparés de la salle à manger, à laquelle toutefois ils étaient contigus, et qui contenaient la porcelaine, les vases et tous les ustensiles destinés au service de la table, ce que nous avons nommé depuis *office*, et qu'ils appelaient *abacus*. Ils avaient des esclaves préposés spécialement au service du buffet, et qui avaient soin, les uns du vin, les autres de l'eau, tant chaude que froide; d'autres, enfin, des vases et des coupes, quand il fallait en changer, ce qui arrivait assez souvent sur la fin des repas, lorsque les convives étaient animés par le vin. Ils eurent aussi, comme nous, des meubles destinés aux mêmes usages, et nommés *armaria* (d'où nous avons fait notre mot français *armoire*). Les cendres du Vésuve ont conservé, dans la ville de Pompéi, un de ces buffets, qui fut trouvé garni encore de plusieurs des ustensiles qu'on y plaçait. Il était adossé à un pan de mur, et il avait deux tablettes, l'une au-dessus de l'autre, destinées à recevoir des plats, des vases, etc. Sur un grand bas-relief de la *villa Albani*, à Rome, qui a été détaché d'un tombeau antique, on voit un buffet ou plutôt un garde-manger renfermant des animaux éventrés et pendus à des crochets, avec plusieurs autres provisions de bouche. Le recueil des peintures d'Herculanum offre l'image d'un semblable buffet.

Dans nos usages domestiques, le buffet est une pièce séparée et près de la salle à manger, qui sert à renfermer toutes les choses utiles au service de la table, ou bien une espèce d'armoire placée, tantôt dans la salle à manger, tantôt dans le vestibule qui la précède, et qui sert au même usage. Chez les grands et les riches, le buffet consiste en une grande table à gradins ou étagères, où l'on dresse les vases, les bassins, les cristaux, autant pour le service de la table que comme objet de parade et de magnificence. C'est ce que nos aïeux appelaient et ce que nous appelons encore *dressoir*, et ce que les Italiens appellent *credenza*, et qui est placé chez eux dans le grand salon, enfermé dans une balustrade à hauteur d'appui. Certains buffets sont sous un dais de riche étoffe.

On restreint aussi quelquefois la signification de *buffet* à la vaisselle d'or ou d'argent d'une riche maison. Le mot *buffet* s'entend encore des officiers ou valets qui ont la direction ou qui font le service du buffet. Enfin, on distingue dans une soirée, ou réunion dansante, le *buffet* du souper, en ce que l'on s'asseoit à table pour celui-ci, tandis que devant le premier on boit ou mange debout. Le peuple de Paris dit, au figuré, *danser devant le buffet*, pour exprimer l'action, assez commune chez lui, de mourir stoïquement de faim.

Un *buffet d'eau* est, dans un jardin, une table de marbre ordinairement adossée contre un mur ou placée dans le fond d'une niche, sur laquelle s'élève une pyramide d'eau, avec plusieurs coupes et bassins formant des nappes ou cascades. Un *buffet d'orgues* est le corps de menuiserie où sont enfermées les orgues ou chaque jeu en particulier. On donne aussi quelquefois ce nom à l'orgue tout entier, lorsqu'il est d'une petite dimension.

BUFFIER (CLAUDE), jésuite, né en Pologne, en 1661, d'une famille française, mort à Paris, en 1737, avait fait ses études et pris les ordres à Rouen, où il devint professeur de théologie. Le premier écrit qui le fit connaître fut une brochure contre les sujets de conférences ecclésiastiques que l'archevêque Colbert avait proposés à ses curés, brochure condamnée par ce prélat dans une lettre pastorale du 28 mars 1697. Le père Buffier, n'ayant pas voulu se rétracter, fit le voyage de Rome, d'où, après un séjour de quatre mois, il revint à Paris, fut associé au *Journal de Trévoux*, et publia un grand nombre d'ouvrages en prose ou en vers sur la religion, l'histoire et la morale, parmi lesquels nous citerons son *Cours des Sciences* et sa *Pratique de la Mémoire artificielle pour apprendre et retenir la chronologie, l'histoire et la géographie*. Afin de fixer dans la mémoire les noms propres, l'ordre et la date des faits, il se sert de vers techniques, analogues à ceux employés par Port-Royal pour l'étude des langues anciennes. Ce dernier ouvrage a été souvent réimprimé : la géographie a continué longtemps à être enseignée par cette méthode dans les institutions des jésuites.

BUFFLE. Quatre espèces du genre *b œ u f* portent ce nom.

Le *buffle* proprement dit (*bos bubalus*, Linné) ressemble beaucoup au bœuf ordinaire par la figure et la stature; cependant sa tête est plus grosse, son front plus bombé; ses cornes ont une forme et une courbure différentes; elles sont plus penchées en arrière, plus courtes et moins arquées, aplaties sur deux faces et striées circulairement; il n'a presque point de fanon; sa queue est très-mince; ses oreilles sont larges et pointues; son corps, très-large par devant, se rétrécit par derrière; ses jambes sont courtes et épaisses, et ses mamelles, au lieu d'être rangées, comme à l'ordinaire, sur deux lignes longitudinales et parallèles, sont placées sur une seule ligne transversale. Son poil est ordinairement en entier d'une couleur noirâtre, à l'exception d'un toupet frisé qu'il porte sur le front, et d'une touffe qui termine la queue, et qui sont d'un blanc jaunâtre. Cet animal, originaire de l'Inde, a été amené pendant le moyen âge en Égypte, en Grèce et en Italie, où il est demeuré domestique. Il est farouche, difficile à dompter, mais très-vigoureux; il aime les lieux marécageux et les plantes grossières, dont on ne pourrait nourrir le bœuf. Sa voix est semblable à celle du taureau, mais plus forte et plus grave. Il entre souvent en fureur, surtout à l'aspect de la couleur rouge; mais comme il voit mal du jour, il est, avec de l'habitude, assez facile de lui échapper. Malgré sa stupidité apparente, il fait souvent preuve d'une excellente mémoire, et on l'a vu retourner seul à son troupeau de près de 80 kilomètres de distance. Comme il est plus fort que le bœuf, on l'emploie pour le labourage, et comme bête de trait : deux buffles attelés à un chariot tirent autant que quatre forts chevaux. D'un autre côté, sa chair, noire et dure, répugne en outre par son odeur musquée; son lait est plus abondant, mais moins agréable que celui de la vache, surtout à cause d'une odeur de musc, qui toutefois n'empêche pas de le boire et d'en faire du beurre et du fromage. Mais ce que le buffle fournit de plus précieux, c'est son cuir, qui est à la fois léger, solide et presque imperméable. Ses cornes sont aussi fort estimées. Les objets de tabletterie qu'on en fabrique sont partout très-recherchés. Les mâles sont ardents en amour; ils combattent pour leurs femelles. Celles-ci produisent deux années de suite, et se reposent la troisième, pendant laquelle elles demeurent stériles, quoiqu'elles reçoivent le mâle. Elles commencent à être fécondes à quatre ans et demi, et cessent de l'être à douze; elles mettent bas au printemps un seul petit, qu'elles ont porté dix mois. La durée de la vie du buffle est de vingt et quelques années. C'est à quatre ans que l'on coupe les mâles dont on veut se servir; et comme cette opération ne leur ôte pas toute leur férocité, on leur perce la cloison des narines, et on y passe un anneau de fer, auquel on attache une corde pour les conduire. Il y a aux Indes une race de buffles dont les cornes s'allongent extraordinairement, et peuvent acquérir plus d'un mètre et demi de long. On les connaît sous le nom d'*arni*.

Le *buffle du Cap* ou *buffle des Hottentots* (*bos caffer*, Sparmann), très-nombreux dans la partie méridionale de l'Afrique, et jusqu'en Guinée, est un animal féroce, assez semblable au buffle, mais dont le corps est plus gros et plus massif, les jambes plus courtes et plus épaisses, le fanon plus apparent. Ses cornes sont noires, très-grandes, dirigées de côté et en bas, remontant de la pointe, et tellement larges à leur base qu'elles couvrent presque tout le front, ne laissant entre elles qu'un espace triangulaire, dont la pointe est en haut. Son cuir est presque aussi épais et aussi fort que celui du rhinocéros, et les colons du cap de Bonne-Espérance le préfèrent à tout autre pour faire des traits et des harnais. Mais la chasse de cet animal est périlleuse, et sa rencontre même devient souvent funeste.

Le *buffle musqué d'Amérique* ou *bœuf musqué* (*bos moschatus*, Gmelin) a la tête et le col garnis de cornes rapprochées et dirigées comme le précédent, tandis que la femelle les a plus petites et écartées. Son front est bombé, son museau couvert d'un poil fin jusqu'aux lèvres, comme dans les moutons, en sorte qu'il diffère de tous les autres bœufs par l'absence de mufle, ce qui a engagé du Blainville à le regarder comme d'un genre nouveau sous le nom d'*ovibos*. Il est d'ailleurs d'une taille moindre que notre bœuf, et surtout très-bas sur jambes. Sa queue est très-courte et se distingue à peine à travers le poil. Celui-ci est très-touffu, et si long qu'il pend jusqu'à terre. Il vient de plus en hiver à cet animal une belle laine épaisse, qui garnit la racine de tous les poils, et qui tombe en été : cette laine est cendrée; l'autre poil est d'ordinaire noir. Cette espèce répand avec plus de force l'odeur musquée commune à tous les bœufs. On ne la voit que dans les parties les plus froides de l'Amérique septentrionale, où elle vit en troupes de quatre-vingts à cent individus, parmi lesquels il n'y a qu'un petit nombre de mâles.

Nous parlerons du *buffle à queue de cheval* au mot YAR, nom sous lequel il est plus connu.   DÉMEZIL.

On donne encore le nom de *buffle* à la peau de ces animaux et à celle des autres bœufs et même des élans, qui a été foulée et préparée avec de l'huile dans des *moulins à buffle*, ainsi qu'au pourpoint ou vêtement de guerre que l'on en faisait autrefois.

Bufletin est tout à la fois aussi le nom du jeune buffle et de sa peau, préparée de la même manière que celle du buffle et destinée au même usage.

BUFFLETERIE, dénomination générique des diverses bandes de buffle, ou d'autre peau ou cuir, qui font partie de l'équipement du soldat et servent à porter le sabre, la giberne, le mousqueton, le fusil en bandoulière, à assujettir le havre-sac ou le porte-manteau, à orner la poignée de certains sabres, etc. Jadis c'était une grande besogne pour le fantassin de blanchir sa buffleterie ou son fourniment, c'est-à-dire le baudrier de son sabre, la banderole de sa giberne, les courroies et les bretelles de son havre-sac, celle de son fusil, la dragonne de son sabre, surtout après une pluie battante, qui, délayant le blanc d'Espagne, le faisait sillonner de veines blanches l'habit du pauvre troupier. C'était, disait-on, occuper le soldat. Mais n'y avait-il pas d'autres occupations plus dignes de lui, et n'était-ce pas plutôt l'abrutir? Aujourd'hui toute l'infanterie de ligne, toute l'infanterie légère de France a abandonné l'ancienne buffleterie blanche en croix pour le ceinturon en cuir noir, d'un entretien bien plus facile ; le sabre-poignard n'a pas de dragonne, et les courroies et les bretelles du havre-sac, ainsi que la bretelle du fusil, sont également en cuir noir. Il ne reste donc plus dans l'infanterie d'autre buffleterie blanche que le tablier des sapeurs et le baudrier de caisse avec la genouillère des tambours. Deux corps seuls ont gardé la buffleterie blanche en croix, la garde républicaine et les soldats du génie. Dans sa nouvelle organisation, la garde nationale l'a conservée également, mais pas en croix ; elle porte le ceinturon comme l'infanterie, mais en buffle blanc. Enfin tous les corps de gendarmerie à pied ont la buffleterie en croix, mais jaune et cirée à l'œuf. Quant à la cavalerie, presque tous les corps, à l'exception des gendarmes et des carabiniers, ont conservé la buffleterie blanche. L'artillerie montée et à cheval porte également des buffleteries blanches.

BUFFON (Georges Louis LECLERC, comte de). Lorsqu'on lit sur le piédestal de la statue de ce naturaliste illustre que son génie fut égal à la majesté de la nature (*Majestati naturæ par ingenium*), la louange peut paraître exagérée ; quand on étudie ses ouvrages où ses vues sublimes de magnificence sur l'univers, quand il déroule dans ses tableaux pompeux la peinture brillante, animée, des êtres qui embellissent le monde, l'esprit, séduit par le talent de l'écrivain, souscrit à cet éloge. C'est principalement par ce genre de mérite que Buffon sut élever un monument à l'histoire naturelle et susciter ce puissant élan de la science au dix-huitième siècle, qui devait produire des fruits si heureux pour son perfectionnement dans l'avenir. Buffon éclate par son génie élevé, par ses conceptions vastes, rassemblant sous un système général un ensemble de faits. Linné, naturaliste suédois, non moins illustre, son contemporain, brillant par l'observation particulière des espèces et les méthodes de classification qui manifestaient leurs rapports d'analogie. Celui-ci procède, pour ainsi dire, par des moyens microscopiques ; Buffon préfère, en quelque manière, le télescope dans l'histoire naturelle. Tous deux rivaux, tous deux également nécessaires au progrès de cette science immense de la nature, ils en ont diversement fécondé le champ, et leurs noms méritent d'être consacrés jusque dans la postérité la plus reculée.

Buffon reçut le jour à Montbar, petite ville pittoresque de la Bourgogne, le 7 septembre 1707. Son père, Benjamin Leclerc, conseiller au parlement de Dijon, lui procura tous les avantages que la fortune et l'éducation peuvent réunir en lui laissant le choix de sa carrière. Quoique élevé dans une famille consacrée à la magistrature, les sciences réclamaient le jeune Buffon ; il semble avoir aussi contracté l'amour de l'étude dans la société d'un Anglais, précepteur du jeune duc de Kingston, avec lequel il s'était lié d'amitié à Dijon. Cette amitié vive engagea Buffon à parcourir, avec ce jeune lord et son gouverneur, la France, l'Italie, et à le suivre en Angleterre pendant plusieurs mois. A cet âge de jeunesse et d'ardeur, Buffon, né robuste et plein de vigueur, préférait sans doute le plaisir à l'étude. Son esprit vif, son bouillant caractère, lui donnaient trop d'avantages dans la société et près du beau sexe pour qu'il ne succombât pas souvent à leurs séductions ; il eut même alors ce qu'on appelle des affaires d'honneur ; il blessa en duel un Anglais avec lequel il s'était pris de querelle au jeu à Angers. Mais le vide des jouissances se fit bientôt sentir à cette grande âme, qui était formée pour de plus hautes destinées. On raconte qu'il avait chargé un domestique de l'éveiller chaque matin, au nom de la science, dès l'aurore, pour se livrer au travail ; il s'y complaisait pendant quatorze heures de suite parfois, car il était aussi robuste que studieux, et malgré sa vue basse. Cependant, Buffon ne fit le premier essai de ses forces que sur des traductions. On lui doit celles de la *Statique des Végétaux* de Hales, et du *Traité des Fluxions* de Newton, qui exigeaient toutefois de profondes connaissances en physique et en géométrie. Buffon tentait aussi plusieurs expériences de physique minérale et végétale, soit dans ses forges, soit dans ses domaines ruraux.

Il s'était rendu déjà célèbre en envoyant divers mémoires à l'Académie des Sciences. Dès l'an 1733 elle l'avait appelé dans son sein. Il démontra qu'en écorçant les arbres avant de les abattre, on fait ainsi durcir leur aubier et on en augmente la force. Il avait combiné des miroirs dans une courbe parabolique telle qu'ils pouvaient, par leur coïncidence, réfléchir les rayons solaires en un point central assez éloigné pour brûler au loin des corps, ainsi que les miroirs qui servirent, dit-on, à Archimède pour incendier la flotte des Romains. Le jardin du Roi, d'abord créé sous Louis XIII, et successivement agrandi par Louis XIV, était devenu, dès les premières années du règne de Louis XV, un établissement important sous la direction de Dufay ; celui-ci, en mourant, désigna comme un digne successeur Buffon, son ami, nommé, on 1739, intendant de cette magnifique métropole des sciences naturelles. Buffon mit sa gloire à étendre, enrichir de noble établissement, pour y rassembler, de toutes les contrées de l'univers, les productions de la nature, élever des galeries, un musée, des serres, etc., qui en sont encore aujourd'hui l'illustration aux regards de la France et de l'étranger. C'est au milieu de tant de trésors que Buffon conçut le vaste plan de ses travaux en histoire naturelle ; il avait le projet d'embrasser l'immensité des êtres, et dès l'année 1749 parurent, avec un éclat qui n'est point terni de nos jours, les premiers volumes de son *Histoire Naturelle générale et particulière*. D'abord, il traita de la *théorie de la terre*, puis de l'*histoire de l'homme*, de celle des *quadrupèdes vivipares*, enfin de celle des *oiseaux*. Dans une longue suite d'années, à plusieurs intervalles, il publia des suppléments, dont les principaux furent ceux qui présentent les *époques de la nature*, et les morceaux qui développaient ou complétaient l'histoire des animaux, avec des vues grandes et neuves, et cette éloquence grave et majestueuse qui s'élève à l'égal de la sublimité des sujets qu'elle embrasse.

Malgré quelques critiques, peut-être jalouses, de Voltaire, auxquelles Buffon ne répondit jamais que par des hommages, malgré les reproches que Condorcet et d'autres auteurs faisaient sur la pompe d'un style qu'ils accusaient d'être ampoulé, inexact ou infidèle, Buffon sera toujours considéré comme l'un des plus brillants écrivains du dix-huitième siècle ; aucun autre naturaliste ne l'a surpassé ni même égalé par la magnificence et la grandeur de ses tableaux, quelque hypothétiques qu'ils aient paru. Toujours riche, fécond, noble, élevé comme Bossuet, s'il a semblé trop uniforme ou manquer de variété et de sensibilité, ses descriptions des mœurs de tant d'espèces d'animaux déploient cependant toute la chaleur, toute l'énergie de leurs passions et de leurs amours. Sans doute les âmes fortes expriment moins bien la tendresse, mais elles s'élancent vers le sublime. Les conquêtes d'un mâle génie dans les sciences excluent les affections plus douces et plus molles des cœurs délicats. C'est en ce sens qu'il faut expliquer aussi le mot de Buffon dans son discours de réception à l'Académie Française, en 1753, que « le style de l'écrivain est l'homme même, » il en représente le mode de sentir comme la manière de penser, il est le retentissement de la fibre du cœur humain, la vibration des nerfs de notre âme. Personne, en effet, ne travaillait ses écrits autant que Buffon, et n'était aussi difficile que lui pour l'harmonie des périodes et le choix des expressions. Sans cesse il raturait, changeait, jusqu'à ce qu'il eût trouvé le terme propre ou le tour convenable; et quoiqu'il y ait peu de flexibilité dans les mouvements de son style, il conserve par tout une beauté, une clarté, une élévation admirables. On dit qu'il copia onze fois ses *Époques de la Nature*, en les corrigeant sans cesse. Selon lui *le génie n'était que l'aptitude à la patience*. Au contraire, son élocution familière était extrêmement négligée et commune; personne n'y aurait deviné l'écrivain doué d'un style si magnifique; on cite même à cet égard des traits d'une vulgarité singulière, peut-être aussi parce qu'il se faisait homme parmi les cultivateurs de sa terre de Montbar, avec lesquels il conversait, quoique en grand seigneur.

Ce fut dans cette retraite délicieuse, au milieu de ses jardins, qu'il élabora ses plus brillantes pages, empreintes d'une imagination si sublime dans son vol. Il y récitait à haute voix ses périodes pour juger de leur harmonieuse expression et pour leur donner l'élégance du tour ou l'énergie dont elles sont animées. On dit qu'il ne travaillait qu'après s'être bien vêtu et paré, comme pour se présenter en cérémonie à la postérité; l'éclat de ses habits le tenait dans une sorte de contention d'esprit qui imprimait plus de noblesse à son style et peut-être plus de pompe à ses périodes. Cette influence singulière du costume sur nos impressions s'est rencontrée, dit-on, aussi dans Rubens, ce grand coloriste, qui se vêtait richement pour peindre avec un brillant éclat ses plus beaux tableaux. Buffon aimait beaucoup en effet la parure, qui, rehaussant encore la noblesse de son port et la dignité de sa démarche, lui donnait cet air de supériorité et peut-être d'orgueilleuse fierté qui imposait le respect; ses ennemis l'appelaient quelquefois le *comte de Tuffière*. Il tenait infiniment aux hommages, et respirait avec délices l'encens, même vulgaire, des louanges; il mettait la prose fort au-dessus de la poésie, pour laquelle il n'avait nul attrait, quelque poétiques que fussent ses écrits. Néanmoins, sa prose est tellement métrique qu'on y rencontre un grand nombre de vers animés du mouvement de l'ode, comme le début de l'histoire du cheval. Tels ont été les caractères de plusieurs prosateurs célèbres. J.-J. Rousseau, visitant à Montbar le pavillon dans lequel Buffon avait composé ses plus éloquents morceaux, en baisa le seuil avec respect.

Peu d'écrivains furent pendant une aussi longue carrière environnés d'autant d'illustration, d'estime et de renommée, exempts des traits empoisonnés de la critique ou de l'envie. Accueilli à la cour de Louis XV, favorisé par la plupart des souverains, qui se glorifiaient alors de correspondre avec les auteurs les plus illustres, Buffon recevait les hommages de tous les amis des sciences naturelles et des admirateurs de son talent; le roi de Prusse, Frédéric le Grand, l'impératrice de Russie, Catherine II, se complaisaient à lui transmettre, ainsi que beaucoup d'autres personnages des régions les plus lointaines, tout ce qui pouvait contribuer à l'avancement de l'histoire naturelle. Pendant la guerre d'Amérique, les corsaires anglais eux-mêmes respectèrent les envois d'objets du Nouveau Monde adressés à ce grand naturaliste. Lié avec tous les auteurs célèbres de son siècle, mais sans épouser les partis des encyclopédistes, des économistes et des philosophes, ou les sectes qui les divisaient, il demeura toujours étranger à leurs querelles, et ne subit ni leurs haines ni leurs disgrâces ; il trouvait que la route de la gloire était assez large pour qu'on pût y voyager ensemble sans se froisser. Éloigné des cabales littéraires et politiques, il n'eut donc point de persécuteurs, car ses démêlés avec la Sorbonne sur quelques propositions de ses écrits furent bientôt apaisés par la déclaration qu'il soumettait ses opinions aux lois religieuses.

Buffon jouit ainsi de toute la félicité que peuvent procurer une constitution robuste, l'opulence et une gloire éclatante, dégagée des épines qui furent pour d'autres si cuisantes. Il obtint les faveurs des cours non moins que celles du beau sexe, dit-on. Il avait pour maxime qu'*en amour le physique seul est bon*, maxime épicurienne, que lui reprocha Mme de Pompadour. On prétend même qu'il profitait de l'ascendant que lui donnaient ses titres et sa fortune pour obtenir des jouissances faciles parmi ses vassaux. Le goût du faste ou de la représentation, la splendeur dont il aimait à s'entourer, éblouissaient ses inférieurs, sur lesquels d'ailleurs il savait répandre des bienfaits. Il se maria tard, en 1760, avec Mlle de Saint-Belin, issue d'une maison noble et honorée, mais mieux partagée en beauté et en vertu qu'en richesse. Il n'en obtint qu'un fils, qui, devenu colonel de cavalerie, eut le malheur de périr victime du tribunal révolutionnaire, en 1793, sans que le nom de son illustre père ait, ces jours de deuil et de barbarie, pu le soustraire à la mort.

Buffon passait la plus grande partie de sa vie en été dans ses terres; il demeurait au jardin du Roi en hiver, et il sut l'enrichir des dons qu'il recevait de tous les pays, en animaux, en végétaux rares et en minéraux. Ne pouvant pas accomplir seul les vastes desseins qu'il avait conçus pour coordonner et décrire les matériaux de l'immense édifice élevé par lui à la nature, il trouva dans son compatriote le modeste et exact Daubenton un anatomiste laborieux, fidèle, qui se livra à la partie anatomique et descriptive des quadrupèdes; plus tard celui-ci s'adjoignit Mertrud. L'histoire naturelle des oiseaux fut aidée aussi par Guéneau de Montbelliard, élégant écrivain, et par l'abbé Bexon; enfin, l'histoire des quadrupèdes ovipares et des serpents, et celle des poissons, qui n'avaient pu être entreprises pendant la vie de Buffon, furent plus tard confiées à Lacépède, dont les écrits montrent plus de brillant que de solide. Dans ses dernières années, Buffon, quoique doué d'une santé vigoureuse, fut en proie aux douleurs déchirantes de la pierre, qui cependant n'interrompirent pas ses travaux. Il mourut à Paris, le 16 avril 1788, à l'âge de quatre-vingt et un ans, comblé de gloire, et après la vie la plus heureuse qui ait jamais été accordée à un homme.

Avant lui l'histoire naturelle n'était pas sortie du cercle étroit où la cultivaient en silence les savants de profession. Aristote avait jeté les vrais fondements de la zoologie, Pline avait rassemblé dans une sorte d'encyclopédie, mais sans critique, les faits épars de l'histoire naturelle, mêlant le vrai et le faux, que l'imperfection de la science ne permettait pas alors de discerner. Au renouvellement des sciences, Aldrovande, Conrad Gesner et d'autres collecteurs ou compilateurs avaient réuni leurs observations à celles de quelques bons naturalistes, mais sans ordre, sans méthode ni vues philosophiques; on amassait des matériaux de tout genre. Cependant Jean Ray (*Rajus*) en Angleterre, Césalpin en Italie, Belon en France, Georges Agricola en Allemagne, avaient essayé d'apporter quelques lumières dans la zoologie, la botanique et la minéralogie; des faits nombreux se recueillirent pendant le dix-septième siècle avec le secours de l'anatomie, de la chimie métallurgique, et de la botanique; les découvertes des voyageurs dans les deux Indes apportèrent des richesses inconnues aux anciens; alors les sciences naturelles prirent un nouvel essor; tout mûrissait pour leur développement et leur splendeur. Linné et Buffon parurent, et l'esprit humain fit un pas immense; les beautés ineffables de la nature, révélées à tous les regards, en firent bientôt la science à la mode, la plus universellement cultivée.

« Personne, dit Cuvier, ne peut plus soutenir dans leurs détails le premier ni le second système de Buffon sur la théorie de la terre. Cette comète, qui enlève les parties du soleil; ces planètes vitrifiées, incandescentes, qui se refroidissent par degrés, et les unes plus tôt que les autres; ces êtres organisés, qui naissent successivement à leur surface à mesure que leur température s'adoucit, ne peuvent plus passer que pour des jeux d'esprit. Mais Buffon n'en a pas moins le mérite d'avoir fait sentir généralement que l'état actuel du globe résulte d'une succession de changements dont il est possible de saisir les traces, et c'est lui qui a rendu tous les observateurs attentifs aux phénomènes d'où l'on peut remonter à ces changements. Son système sur les molécules organiques et sur le moule intérieur pour expliquer la génération, outre l'obscurité et l'espèce de contradiction dans les termes qu'il présente, paraît directement réfuté par les observations modernes, et surtout par celles de Haller et de Spallanzani ; mais son éloquent tableau du développement physique et moral de l'homme n'en est pas moins un très-beau morceau de philosophie digne d'être mis à côté de ce qu'on estime le plus dans l'ouvrage de Locke. Il a eu tort de vouloir substituer à l'instinct des animaux une sorte de mécanisme plus inintelligible peut-être que celui de Descartes ; mais ses idées concernant l'influence qu'exercent la délicatesse et le degré de développement de chaque organe sur la nature des diverses espèces sont des idées de génie qui feront désormais la base de toute histoire naturelle philosophique, et qui ont rendu tant de services à l'art des méthodes, qu'elles doivent faire pardonner à leur auteur le mal qu'il a dit de cet art. Enfin, ses idées sur la dégénération des animaux et sur les limites que les climats, les montagnes et les mers assignent à chaque espèce peuvent être considérées comme de véritables découvertes, qui se confirment chaque jour, et qui ont donné aux recherches des voyageurs une base fixe dont elles manquaient auparavant. La partie de son ouvrage la plus parfaite, celle où il restera toujours l'auteur fondamental, c'est l'histoire des quadrupèdes. Avant lui on n'avait pour ainsi dire que des notions fausses et embrouillées des quadrupèdes étrangers. Le plan qu'il conçut de faire décrire isolément et en détail chaque espèce et d'en soumettre l'histoire à une critique sévère a servi de modèle à tout ce qu'on a fait de bon depuis lors sur l'histoire naturelle, et surtout aux excellents ouvrages de Pallas. C'est la confusion où Buffon trouva l'histoire de cette classe d'animaux qui lui avait donné contre les méthodes et la nomenclature une humeur qu'il exprime quelquefois trop vivement. Mais il renonça bientôt à cette prévention, et dans son Histoire des Oiseaux il se soumit tacitement à la nécessité où nous sommes tous de classer nos idées pour nous en représenter clairement l'ensemble. Aussi, quoique l'histoire des oiseaux n'ait point cette sévérité de critique ni cette exactitude de détails qui règnent dans celle des quadrupèdes, elle forme un tout beaucoup plus facile à saisir et plus agréable à lire. Elle fait le fond de tous les livres que l'on a écrits depuis sur le même sujet, et dont aucun n'offre encore, relativement à l'époque où il a été fait, autant de critique et d'exactitude que celui de Buffon. Ce qu'il a de plus faible, c'est son Histoire des Minéraux, parce que, séduit par les occasions fréquentes de s'y livrer à son goût pour des hypothèses, il ne s'aida point assez de la chimie, et négligea trop de suivre les progrès rapides que la minéralogie faisait par les travaux de Romé-de-Lisle, de Bergmann, de Saussure, et par ceux de M. Haüy, qui commençait à faire prévoir dès lors ce qu'il serait un jour. »

Il faut convenir en effet que si Buffon avait élevé d'éclatants systèmes, remplis de vues sublimes sur la constitution de notre univers ou sur la nature des êtres organisés, il avait soutenu aussi des hypothèses qui ne reposaient que sur l'imagination et que n'étayaient ni l'expérience ni de saines observations dans la partie où il était resté comme étranger. Son antipathie contre les méthodes lui dérobait plusieurs rapports d'organisation communs aux espèces du même genre et du même ordre. Il fut injuste à l'égard de Linné ; celui-ci, sans répondre directement à ces attaques, se vengea de son rival en lui dédiant une plante marécageuse sous laquelle s'abritent les crapauds, avec le nom de *Buffonia* (*voyez* BUFONE). Cependant leur mérite est incontestable, quoique divers, et l'on peut dire que l'un est le complément nécessaire de l'autre. Tous les détails et la méthode qui manquent aux ouvrages de Buffon se trouvent dans ceux de Linné, comme les grandes vues du naturaliste français comblent la lacune laissée par le naturaliste suédois.

On a reproché encore à Buffon son style même et ses vues générales, comme incompatibles avec la sévère exactitude des descriptions détaillées des êtres ; on a réduit à une sèche topographie anatomique des individus toute la science, en sorte que de simples catalogues d'êtres classés et caractérisés dans le système linnéen ont paru l'essence même de l'histoire naturelle ; tout le reste a été déclaré superflu et repoussé avec aigreur ou mépris. Tel fut le défaut des élèves trop exclusifs de Linné, qui règnent parfois encore en Allemagne, en Angleterre et dans tout le nord de l'Europe. S'ils ont beaucoup augmenté le nombre des espèces par leurs recherches, ils ont faiblement étendu les parties les plus intéressantes de la science de la nature. L'école de Buffon a pu dégénérer en quelques superfluités de style ampoulées et romantiques, mais elle a fait multiplier les observations les plus intéressantes sur la vie et les mœurs des animaux, comme dans les écrits de Réaumur, de De Geer, de Bonnet, de Huber, etc., sur les insectes, ou de Pallas, d'Allamand, etc., sur d'autres espèces. De même, la méthode des familles naturelles des plantes, par Jussieu, est sinon aussi séduisante que le système sexuel de Linné, du moins plus philosophique et de plus haute portée pour les rapports de ces êtres organisés. La France a en la gloire de préférer les méthodes naturelles à toutes les autres et d'en frayer la route aux savants des diverses nations.

Quoique la théorie de la génération par Buffon ait emprunté quelques idées d'Hippocrate avec tout l'éclat qu'il savait leur donner, quoiqu'elle ait été combattue par Bonnet, Haller, Spallanzani, et d'autres physiologistes, qui ont voulu faire prévaloir l'hypothèse de la préexistence des germes, elle rend mieux raison cependant des métis et de plusieurs autres phénomènes que la théorie des ovaristes, soutenant que tout vient d'un œuf (*omnia ex ovo*). Selon Buffon, il existe dans la nature une certaine quantité de molécules organiques, transformables ou capables de constituer les différents êtres organisés qui vivent à la surface du globe, et qui sont indestructibles ; elles passent, au moyen de la nutrition, d'un corps dans un autre ; elles se transmettent par la génération pour constituer un nouvel être. Le surplus, l'extrait le plus élaboré de nos molécules organiques, rassemblé dans les organes sécréteurs du sperme, constitue les éléments créateurs du nouvel être. Ces molécules, apparentes dans la semence à l'aide du microscope, sont constituées sous une forme semblable à l'être qui les donne, au moyen d'un *moule intérieur* qui représente la conformation, soit extérieure soit intime, de l'espèce procréatrice. Le mélange des semences, selon que l'une prédomine sur l'autre, détermine le sexe de l'individu engendré. Les métis ou mulets, par la même cause, participent des deux espèces différentes qui s'allient. Si les molécules organiques sont déposées hors de l'utérus, elles peuvent spontanément donner naissance à des vers et à d'autres animaux imparfaits, comme dans nos premières voies, par des agrégations fortuites. Lorsque l'animal ou le végétal se décompose après la mort par la putréfaction, leurs molécules organiques, libérées du lien qui les retenait, tendent à passer dans d'autres êtres par la nutrition, ou se forment en différents êtres spontanés, tels que des champignons, des lichens, des vermisseaux, etc. On voit ainsi que Buffon admettait des générations spontanées.

Aujourd'hui les hypothèses, quelque brillantes qu'elles soient, sortent du domaine des sciences exactes. Cependant on lira toujours avec délices les pages éloquentes dans lesquelles l'historien de la nature s'agrandit avec son modèle. Sans cet entraînement qu'il sut exciter, la science n'aurait pas pris un si rapide essor et n'aurait pas atteint les vérités auxquelles elle est parvenue. Et n'est-ce pas à cet enthousiasme que nous devons tant de naturalistes, et le grand Cuvier lui-même, la gloire de notre pays! Honneur aux nobles génies, jusque dans leurs écarts, lorsqu'ils concourent à nous faire avancer dans la route des découvertes! Il a fallu beaucoup travailler pour réfuter les erreurs de Buffon : c'est encore servir la gloire et la science. J.-J. VIREY.

BUFONE (de *bufo*, crapaud), genre de plantes de la famille des polycarpées, ainsi nommé parce que le crapaud aime, dit-on, à se cacher dans les touffes de ces plantes chétives. On cultive dans nos jardins les deux espèces suivantes :

La *bufone annuelle* (*bufonia annua*) s'élève à la hauteur de 0ᵐ,21 à 0ᵐ,28 sur une tige grêle, noueuse, divisée en rameaux étalés. Ses feuilles sont opposées, soudées à leur base, fort menues, en forme d'alène. Ses fleurs sont petites, sessiles ou pédicellées vers l'extrémité des rameaux. Cette plante croît dans les contrées méridionales de l'Europe, où on la rencontre dans les lieux arides, sur le bord des chemins et le long des haies.

La *bufone vivace* (*bufonia perennis*) ne diffère de la précédente que par sa racine, vivace, par ses rameaux, moins nombreux et non étalés, par ses fleurs, plus rares, et par ses semences, plus grosses. Elle croît sur les collines pierreuses du midi de l'Europe.

C'est Sauvages qui a établi ce genre sous le nom de *bufonia*, et non pas de *buffonia*, comme l'écrivent plusieurs botanistes. On aurait donc calomnié Linné, selon M. Hoefer, en lui attribuant la dénomination de ce genre, et en la regardant comme une basse vengeance des critiques répandues contre lui dans les ouvrages de Buffon.

BUFONINE (de *bufo*, crapaud), expression proposée par de Blainville pour désigner le mucus secrété par la peau du crapaud.

BUFONITES (de *bufo*, crapaud). On a désigné sous ce nom des dents molaires fossiles de certains poissons (*spares anarrhique et crapaudine*), parce qu'on croyait à tort qu'elles venaient de l'intérieur du crâne d'un crapaud. On leur a attribué des vertus imaginaires.

Une nouvelle espèce de poisson du genre spare a été appelée *bufonite* par Lacépède.

BUG. *Voyez* Boc.

BUGEAUD (Thomas-Robert), duc D'ISLY, maréchal de France, ancien membre de la chambre des députés et de l'Assemblée législative, ancien gouverneur général de l'Algérie, grand'-croix de la Légion d'Honneur, membre ou correspondant de plusieurs sociétés d'agriculture, etc.

Il y a des hommes dont la fortune suffit à caractériser toute une époque. Le prince de Soubise et Maupeou sont pour ainsi dire des transparents à travers lesquels on lirait tout Louis XV; Bugeaud était une de ces natures vulgaires et cassantes, moitié paysan, moitié troupier, double germe qui en fermentant a composé ce bourgeois complet dont l'élévation rapide aux plus hautes dignités de l'État fut un des traits les plus marqués du temps d'abaissement général que nous avons traversé. C'est à ce point de vue surtout que l'étude du caractère et de la vie de Bugeaud peut avoir quelque intérêt ; la biographie devient l'un des flambeaux de l'histoire.

Si nous avions écrit cette esquisse il y a vingt ans, nous aurions fait naître Bugeaud d'une famille pauvre, mais honnête, et nous aurions été convaincu qu'on l'aurait blessé en cherchant à le peindre comme issu d'une noble lignée. Car voici ce qu'il écrivait à un journaliste dans un de ces moments de luttes énergiques où le pouvoir issu des barricades de Juillet faisait agir ses séides par la plume, comme par le sabre et le gourdin. C'était en 1833. Nous donnerons deux courts paragraphes de sa lettre : le premier, pour qu'on ait tout de suite une idée de la littérature de Bugeaud ; le second, pour lui emprunter quelque lumière sur son origine. « Votre peuple (le peuple du *National* et de la *Tribune*) reste donc, disait-il, composé des chiffonniers, des forçats libérés, des vagabonds, des ouvriers et des domestiques renvoyés pour inconduite, et de tout ce que les grandes villes renferment de crapuleux. » Voici maintenant comment Bugeaud entendait la polémique écrite : « Vous assurez que le travail n'enrichit guère que ceux qui ont commencé avec des capitaux. On pourrait citer un million de preuves du contraire ; je me contente d'une ; *C'est moi* : Mon grand-père était un forgeron; avec un bras vigoureux et en se brûlant les yeux et les doigts, il acquit une propriété que mon père, aristocrate oisif, exploita avec intelligence et activité… » Il résulte très-clairement de cette phrase que Bugeaud est issu d'une souche de robustes artisans, dont la modeste propriété remontait à un bras vigoureux, à des yeux et à des doigts brûlés. Cependant, plus tard, dans un discours qui fit du bruit, il se vanta d'avoir signé *Bugeaud* tout court, tandis qu'au retour des Bourbons, il avait le droit de prendre la particule et de se nommer : *Colonel* de *Bugeaud, marquis de la Piconnerie* ; ce titre est aussi celui qu'il faisait valoir, a-t-on dit, lorsqu'en 1823 il sollicitait de la Restauration l'honneur d'aller renverser la liberté espagnole. Enfin, quand il fut créé duc, de nouvelles généalogies vinrent se produire, et voici la note que publièrent les amis de Bugeaud : « M. le duc d'Isly n'est pas, comme on l'a dit, fils d'un forgeron d'Exideuil. Nous avons sous les yeux le contrat de mariage de son père, passé devant M° Blague, notaire à Paris, le 8 avril 1771 ; et voici les qualifications données dans cet acte aux deux époux comparants : *Jean-Ambroise Bugeaud, marquis de la Ribrevole, seigneur de la Piconnerie, et noble demoiselle Sutton de Clonard, seigneur de Lugo et autres lieux.* »

Nous attachons si peu d'importance à ces prétentions nobiliaires, que nous pourrions nous dispenser d'insister ; cependant on remarquera que le père de Bugeaud, simple fils d'un forgeron qui avait acheté une propriété et se brûlant les yeux, pouvait, loin de son pays, se donner dans un contrat tous les titres imaginables. Le déclin de la noblesse au moment où le cataclysme révolutionnaire se préparait laissait à cet égard libre carrière. Tout artisan prenait sans façon les titres qui avaient pu, dans un temps plus ou moins éloigné, appartenir à la terre dont il devenait acquéreur. Quoi qu'il en soit, le Bugeaud qui devait gagner un duché en Afrique naquit à Limoges, le 15 septembre 1784. Quand la révolution de 1789 éclata, il avait cinq ans, et sa première éducation fut faite sous l'impression de la réaction contre-révolutionnaire. La guerre devint pour lui, comme pour la presque totalité des jeunes gens de son âge, la seule carrière qui promît fortune et renommée. Bugeaud entra à vingt ans, comme vélite, dans les grenadiers à pied de la garde impériale, et pendant cette vaillante épopée, où tant de soldats s'illustraient en quelques batailles, il mit vingt ans à devenir colonel. Ce n'est pas assurément qu'il manquât de bravoure, mais dans cette grande armée où la bravoure était l'apanage commun, pour s'élever promptement il fallait des qualités plus hautes d'intelligence, et Bugeaud ne les avait pas. Aussi, quoique ses états de service soient honorables, sa réputation reste toujours confondue avec celle de tant d'autres courageux capitaines qui avaient continué la gloire de nos armes par leur intrépidité.

Il avait eu cependant de nombreuses occasions de se distinguer dans les campagnes auxquelles il avait assisté. Tout ce que nous pouvons citer de lui, le voici : Il reçut une blessure au zarret dans le combat de Pultusk, en Pologne : c'était le 26 novembre 1806. Il fut plus tard envoyé en Espagne, où il servit dans l'armée de Suchet, et fut placé ensuite en Catalogne dans la division commandée par Lamarque.

Celui-ci reconnut dans cet officier, qui était devenu chef de bataillon, une sorte de crânerie quelque peu aveugle et brutale, mais qui le rendait propre aux aventures risquées et à l'imprévu du coup de main. Le capitaine Bugeaud s'était du reste montré sous cet aspect dans les différents sièges de Lerida, de Tortose et de Taragone, antérieurement entrepris par notre armée en 1810 et 1811. En qualité de chef de bataillon il se distingua de la même manière au combat d'Ordal, en Catalogne. Il avait reçu l'ordre de tenir tête à un régiment anglais (le 27ᵉ) ; il l'attaqua bravement pendant la nuit, et le mit en déroute. Ce fait d'armes lui valut le grade de lieutenant-colonel. La Restauration survint, et le colonel Bugeaud, s'abandonnant à ses sentiments de royalisme, garda son épée et y joignit la lyre du troubadour. Il chanta les Bourbons et *notre auguste père* Louis XVIII, dans des vers de caserne, auxquels il essaya de donner la tournure de petites mignardises courtisanesques. Il ne réussit qu'à se rendre ridicule. Cependant aux Cent-Jours il retrouva tout son dévouement pour l'empereur, et fut envoyé à l'armée des Alpes, à la tête du 14ᵉ régiment de ligne. C'est là qu'aidé du brave commandant Laguerie, il eut avec les troupes autrichiennes une rencontre qui fit le plus grand honneur à nos soldats. Se trouvant en juin 1815 à l'Hôpital-sous-Conflans, en Savoie, au nombre de 1,700 hommes et 40 chevaux, ils culbutèrent une division autrichienne composée de plus de 6,000 hommes, que soutenaient 500 chevaux et six pièces de canon. 2,000 Autrichiens restèrent sur le champ de bataille, et les Français demeurèrent maîtres du terrain.

Il n'était plus possible au colonel Bugeaud de chanter le second retour des Bourbons comme il avait chanté le premier. Il laissa donc tomber sa lyre, et courut prendre la charrue. Les lares paternels l'attendaient à Exideuil, où il allait retrouver cette propriété acquise par les bras vigoureux et les yeux brûlés du forgeron, cultivée et agrandie par son père, marquis de la Ribrevole, seigneur de la Piconnerie et autres lieux. Le colonel Bugeaud réalisa complètement ce type sentimental et monumental célébré dans tous nos théâtres sous le titre du *Soldat laboureur*. Toutefois, il ne voulut pas être confondu, comme il le disait, avec un simple *vanneur d'avoine* ; il se mit en relation avec la société agricole de son département, et nous le voyons figurer dans les annales de cette réunion comme correspondant de la Société royale d'Agriculture. Il y donne ses avis sur l'ensemencement des carottes, sur l'utilité multiple de la betterave, sur l'application du plâtre comme engrais; et tous ces renseignements sont indiqués comme appartenant à *M. Bugeaud de la Piconnerie*. Mais, au milieu de ces occupations si savamment agrestes, les vieux souvenirs de bataille se réveillaient dans l'âme de l'agriculteur. Au premier bruit de guerre, il regarda son sabre qui se rouillait languissamment suspendu au manteau d'une cheminée antique, et, malgré ses récentes rancunes contre le gouvernement né de l'invasion, malgré le motif anti-libéral de l'expédition d'Espagne, où notre armée servait de gendarmerie à la sainte-alliance, le colonel Bugeaud demanda du service; mais il eut beau rappeler ses chansons de 1814, ses travaux comme laboureur, et les titres du marquis de la Ribrevole, son père, la Restauration le condamna à continuer la culture de ses carottes et de ses navets. Le colonel Bugeaud s'enrôla dès lors dans cette opposition libérale, composée de tant de recrues diverses, rassemblées par la même haine, poussées par le même instinct de renversement. Seulement, il évita de faire carrière, parce qu'il était dans cette arrière-garde racolée par tous les mécontents, et lorsque la révolution de Juillet arriva il salua le drapeau tricolore comme un vieil ami; mais, n'ayant aucune idée, aucune doctrine à placer sous ce noble symbole, il n'y vit bientôt que la cornette d'un pouvoir à servir et un budget à exploiter.

Aux élections de 1831, Bugeaud sollicita la députation, et ne l'obtint pas sans peine : on l'avait vu dans son pays, difficile, rude aux voisins, âpre propriétaire, et plus dévoué à ses propres intérêts qu'aux intérêts de la nation. Il l'emporta cependant, et fut envoyé à la chambre. Ici commence pour Bugeaud une nouvelle carrière. Le gouvernement de Louis-Philippe venait de le nommer maréchal-de-camp, et tous ceux qui ont assisté aux débuts de cet apprenti législateur se souviendront longtemps de l'hilarité universelle qui les accueillit. Bugeaud avait alors quarante-cinq ans, une figure sans distinction, un langage de caporal, une attitude analogue à son langage, et cette sorte d'aplomb particulier au troupier qui remplace tout sentiment et toute pensée par une consigne. Le député d'Exideuil essaya cependant de faire croire à son indépendance. La première fois qu'il monta à la tribune pour appuyer le ministère, il s'écria que lui ne fréquentait *ni les salons des ministres ni leurs dîners*. Était-ce une plainte? Nous ne savons ; mais ce qu'il y a de certain, c'est que peu de temps après cette exclamation Bugeaud était des familiers les plus habituels de tous les ministères. C'était justice, car déjà dans cette première session il avait montré un de ces dévouements aveugles et routiniers qui donnait le pressentiment de ce qu'on pouvait attendre de lui. Ses excentricités, qui quelquefois amusaient la chambre, dénotaient souvent que l'absence de générosité s'alliait chez lui à l'ignorance la plus fabuleuse. Ainsi, dans la séance du 22 septembre 1831, après avoir dit qu'il était émerveillé de tout ce que la France avait fait pour la Pologne, il ajoutait qu'en la laissant mourir nous l'avions mieux servie qu'en lui envoyant huit cent mille hommes. Tous ses discours étaient de la même force : et la chambre de rire; mais Bugeaud s'en inquiétait peu, car il lui importait de se produire et de se désigner au pouvoir comme un homme utile, ne se ménageant pas lui-même, et prouvant ainsi d'avance qu'il n'avait rien à ménager. Le ministre déclarait-il qu'il ne savait pas ce que c'était que des carlistes, Bugeaud retenait le mot et répétait à la tribune : *Pour moi, je ne connais pas de carlistes* (15 septembre 1831). Un autre ministre disant qu'il fallait se garder, en matière de gouvernement, de ces théories qui remettaient tout en question, Bugeaud, écho fidèle, déclarait qu'il était l'ennemi acharné des théories (20 mars 1832).

Mais il n'attendait l'appel de personne pour déclarer, dans un accès de bravoure, que, pour lui, *il serait toujours prêt à combattre les factieux* (1ᵉʳ février 1832). Il fit presque l'essai de cette ardeur à la chambre même, en présentant, le 10 mars 1832, un amendement qui causa le tumulte le plus scandaleux, et qui força de lever la séance. Dans une occasion plus scandaleuse encore (le 3 février précédent), il s'élança à la tribune au milieu de l'orage le plus véhément, et prit un orateur à bras le corps pour l'en arracher. Il fallait qu'il s'offrît des circonstances où les intérêts personnels de Bugeaud fussent engagés pour que cette personnalité apparût complète : elles s'offrirent en effet. Il s'agissait, dans une discussion, de faire subir une réduction au traitement des généraux. Les militaires de ce grade qui étaient à la chambre s'abstinrent de prendre part à ce débat personnel. Bugeaud n'eut pas de tels scrupules. Il défendit le traitement intégral, et y alla d'une main si grossière et si rude, que ses propres amis en rougirent pour lui. Cette discussion avait eu lieu le 13 mars 1831 ; le 30 du même mois le même orateur, qui avait défendu sa bourse sous l'habit du général, ne ménageait pas plus intrépide encore pour défendre ses baux et ses fermages sous la casaque du laboureur. Le peuple se plaignait du prix du pain, la chambre voulait modifier la loi sur les céréales ; Bugeaud y vit une diminution possible de ses revenus, et il fut implacable. Ceci excita la défiance des adversaires politiques de cet orateur, et l'on accusa les dispositions avec lesquelles il servait ses convenances personnelles quand il traitait des affaires particulières; on parla de certains arrangements de casernement militaire, de certains avantages directs ou indirects qu'il s'était ménagés. Nous n'avons pas à répéter ici ce dont on l'accusait à cette époque; mais l'homme qui dans des discours publics affichait une si forte attache à ses propres intérêts ne devait pas s'étonner qu'on le soupçonnât d'être en secret beaucoup plus âpre et moins traitable encore. Au reste, s'il avait les faveurs du pouvoir, il tâchait de les mériter. Il flairait, en quelque sorte, les violences auxquelles il serait appelé à prendre part. Une de ses conversations préférées dans ce moment-là, c'était de démontrer que tout gouvernement issu d'une révolution devait avoir son dictateur et ses coups d'État; il s'emportait contre les bavards, rappelait l'énergie de Napoléon contre les idéologues, puis, enfonçant ses mains dans les poches de son pantalon, et levant son œil au ciel, il s'écriait d'une voix concentrée : *Ah! si j'étais ambitieux!....*

Dès cette première session Bugeaud avait acquis une célébrité particulière, et le pouvoir avait reconnu en lui un instrument assez souple pour qu'on pût l'employer en toute chose. L'année 1832 s'était ouverte au milieu des complications les plus graves : d'une part, la guerre civile avait éclaté en Vendée, et l'on venait d'arrêter, grâce à la trahison, la duchesse de Berry, qui seule en était l'âme et le courage. Les républicains, d'un autre côté, réclamaient l'application sérieuse des principes proclamés par la révolution de Juillet, et les partis à la chambre montraient une irritation extrême. La gauche essayait par quelques propositions de satisfaire les exigences les plus pressantes de l'opinion; on discutait la loi départementale, et Comte demandait l'abaissement du cens exigé des électeurs. Bugeaud combattit à sa manière cette proposition, qui fut repoussée (15 janvier). Plus tard il s'opposa avec énergie à ce que les séances des conseils généraux fussent publiques. Mais, au lieu de se tenir aux questions qu'il traitait, cet orateur prenait à tâche de jeter sans cesse les provocations les plus irritantes à ses adversaires. En relisant aujourd'hui ses discours, on se demande comment la chambre a supporté ce bavardage insolent, ce style déguenillé, ce mélange inouï du trivial et du burlesque.

La tribune fut privée pendant quelque temps de cette éloquence dévergondée. La duchesse de Berry avait été envoyée en prison dans la citadelle de Blaye, et bientôt le général Bugeaud fut choisi pour être en être le geôlier. De telles fonctions auraient paru peu acceptables à un militaire qui aurait eu la dignité de son costume, à défaut de la dignité de sa personne. Le général Bugeaud trouva sans doute que dans le chemin de la fortune rien ne doit être au-dessous de soi. La princesse était enceinte, et la maison d'Orléans tenait beaucoup à ce que toute l'Europe en fût informée; le général fut chargé de surveiller tous les mouvements de la prisonnière, et nous ne saurions reproduire sans dégoût les précautions qu'il prit pour être averti du moment de la délivrance, et pour le constater officiellement. Aussi dès les premiers cris arrachés par la douleur Bugeaud entra-t-il dans la chambre de la princesse avec des témoins qu'il avait prévenus d'avance. On sera peu surpris sans doute de l'éloignement et du mépris que la duchesse de Berry montra toujours pour son geôlier. Mais c'était aussi une raison pour rendre celui-ci plus cher à ceux qui l'employaient. Il fut donc encore chargé d'accompagner sa prisonnière et de ne la quitter qu'à Palerme. Avant de sortir de Blaye, il rassembla les soldats de la garnison, et, dans l'ordre du jour le plus ridicule, il leur annonça que *ses affaires* et *la pluie* ne lui avaient pas permis de les passer en revue; mais qu'ils étaient de *taille* à prouver *dans les circonstances les plus grandes leur dévouement au roi et au pays, qu'ils confondaient dans leur amour comme ils étaient confondus dans leur intérêt.* On aurait dit une proclamation des Pyramides à propos de l'accouchement d'une femme. Les soldats eux-mêmes, peu honorés de ces compliments orientaux au sujet de leur séjour dans une forteresse, furent les premiers à rire et à murmurer de cet ordre du jour; Bugeaud le termina en leur disant qu'il partageait leurs *travaux* et leur *gloire*!

On devine aisément les sentiments que produisit cette conduite de Bugeaud; il faut ajouter que lui-même semblait braver l'estime générale en affichant le plus effronté dédain de l'opinion publique et de toute convenance. Il ne se contentait pas de ses fonctions de geôlier, il y voulait joindre les prétentions du littérateur et du publiciste. Tous les journaux du temps sont inondés de ses lettres : le *Mémorial bordelais*, les *Débats*, l'*Indicateur*, le *Publiciste*, etc., regorgent de ses productions, où sont traités tous les sujets. Et comme le style de l'écrivain est au niveau de l'éloquence de l'orateur, les journaux railleurs de la capitale eurent bientôt procuré à Bugeaud cette célébrité risible qu'il avait tant recherchée. Cela lui importait, car il fallait pour arriver à la fortune avec son peu de ressources intellectuelles donner la conviction d'un dévouement sans mesure. Ce fut la règle de conduite suivie par Bugeaud, et il la mit en lumière avec une plus grande et plus haute énergie l'année suivante. Dès le mois de janvier 1834, à la discussion de l'adresse (6 janvier), il montait à la tribune pour prononcer les plus étranges billevesées : « Qu'il me soit permis de jeter un *coup d'œil rapide avec ce bon sens qui appartient à tous les Français*.... (On rit.) Je crois qu'il est beau que nous nous éclairions ici sur toutes les sciences et sur tous les arts... (On rit.) J'ai toujours pensé que lorsqu'on prenait un carliste ou un républicain *la main dans le sac*, il devait être mis *hors du camp*... (Hilarité.) Quant à la conduite qu'il fallait tenir après les journées de Juillet, on a proposé de porter sur le Rhin nos aigles... je me trompe, je veux dire *nos coqs*!.... (Rires.) Et avec quoi pourrions-nous aller sur le Rhin ? » (Rire universel.) On peut juger par cet échantillon des progrès qu'avait faits l'orateur depuis son entrée à la chambre. Quelques jours plus tard, il remonte à la tribune pour dire que la diplomatie de l'opposition était une diplomatie *aérienne*, que les guerres de la république avaient été *des jeux d'enfants*; que la guerre, en général, était une partie de *barres* : le tout au milieu de l'hilarité générale. Mais Bugeaud ne voulait pas se contenter de faire rire; l'occasion se présenta pour lui de prouver qu'il réussissait aussi bien à exciter les larmes que la joie.

Des officiers d'artillerie avaient refusé d'admettre dans leur sein des officiers de marine que le maréchal Soult avait nommés en violant la loi de la spécialité des armes. Cette affaire fut appelée à la tribune, et pendant que le ministre développait sa théorie de l'obéissance passive, un membre de la gauche l'interrompit en lui disant : « Commencez vous-même par obéir à la loi.... » Bugeaud s'écria aussitôt : « Il faut que le militaire obéisse avant tout. — Oui, dit alors M. Dulong, obéir jusqu'à être geôlier. » Ce mot, qui n'avait été entendu que de très-peu de personnes, fut répété par des aides de camp du roi; et, après quelques explications une rencontre fut arrêtée. A peine les deux adversaires avaient-ils été placés en face l'un de l'autre que la balle de Bugeaud vint frapper au front le malheureux Dulong, dont le crâne fut fracassé. C'est le 27 janvier 1834 que Dulong fut tué par le geôlier de la duchesse de Berry. L'indignation du peuple fut grande; les obsèques de ce député furent accompagnées de témoignages bien vifs d'irritation, et l'on pensait que le meurtrier aurait au moins la pudeur de se dérober aux regards du public. Le général n'eut pas ainsi; on le vit bientôt reparaître au sein de la chambre, et tous les journaux de l'opposition le signalèrent comme se plaçant en face des orateurs, se livrant à de facétieuses interruptions, à des plaisanteries grossières qui en ont fait rire éclatants. Cette tenue indigne lui valut du moins une leçon sévère, qui fut en même temps un des plus beaux mouvements d'éloquence inspirés par l'aiguillon du moment. On discutait la loi des associations, et M. Berryer était à la tribune : Bugeaud se tenait dans l'hémicycle, et semblait supporter impatiemment cette parole vibrante qui avait plusieurs fois excité les applaudissements de l'assemblée. Une première fois, l'homme dont la main était rouge encore du sang de son collègue avait interrompu le brillant orateur, qui n'y répondit que par un geste dédaigneux. Irrité sans doute de ce mépris, de la même interrupteur s'écria : « Je vous rappelle votre serment, sans lequel vous n'avez pas le droit d'entrer à la chambre. » Enfin, M. Berryer s'arrêta, et jetant un ferme regard sur M. Bugeaud : « Il ne s'agit pas, monsieur, de savoir comment on entre à la chambre NI COMMENT ON EN PEUT SORTIR ! » Et ce mot, prononcé d'une voix triste et sévère, fit courir dans toute l'assemblée une sorte de frémissement. M. Dupin, qui présidait, se rendit l'organe du sentiment général, en adressant à Bugeaud une verte réprimande..... Paroles perdues, auxquelles l'interrupteur répondit cavalièrement par un *que m'importe ?*

Deux jours après cette scène, et sur la même loi, il demanda la parole à propos de la pénalité, qu'il trouvait insuffisante, et ses collègues lui crièrent : « Non ! non ! ne parlez pas ! » M. Thil alla même jusqu'à le retenir par les basques de son habit. Malgré les répulsions de ses propres amis, il eut son tour. « Il m'appartient, dit-il, de répondre sous le rapport militaire. Je dirai donc que nous acceptons votre bataille.... (L'orateur se tourne vers la droite et la gauche). Oui, nous acceptons la bataille..... (Assez, assez, c'est de la provocation !). Je provoque ceux qui ont annoncé la bataille... (Le président interrompt l'orateur.) On a proféré le nom de bataille; dans ce mot est tout un drame, un drame immense, qui commence le matin et ne finit pas toujours le soir..... (Nouvelle interruption... Assez ! assez !) Quoi ! il ne me sera pas permis de dire que nous ne craignons pas la bataille ?... »

Lorsque le lendemain (27 mars) Bugeaud voulut reprendre la parole, les centres mêmes, reniant ce compromettant auxiliaire, l'empêchèrent de monter à la tribune. Il se plaignit de cet ostracisme, et déclara qu'on *le mettait hors du droit commun* (29 mars). Cependant, chaque fois qu'une mesure de rigueur était présentée par le cabinet, il se sentait un besoin irrésistible de la défendre et de l'aggraver. On discutait, le 2 avril, la loi contre les réfugiés étrangers; Bugeaud se précipita à la tribune au milieu des violents murmures de ses amis, et prononça un discours furieux, où il se proclamait le défenseur de l'ordre public, tout en relevant la trivialité ordinaire les sympathies publiques en faveur des exilés de tant de nations!

Cependant, tandis qu'un tel langage répandait dans le public une juste déconsidération sur celui qui l'employait, Bugeaud devenait de plus en plus précieux à la cour. Dans l'insurrection d'avril 1834, on lui offrait l'occasion de réaliser ces théories belliqueuses dont il avait si souvent entretenu la chambre. Nommé pour commander une brigade dans la guerre des rues, il rassembla les officiers, leur vanta l'héroïsme des troupes de Lyon, et si nous en croyons les feuilles du temps, que Bugeaud ne démentit pas, il leur recommanda de ne faire *aucun quartier*. C'est la première fois que dans les tristes luttes entre des enfants d'une même patrie un général ait osé prononcer d'aussi cruelles paroles. On sait aujourd'hui avec quelle atroce rigueur ces instructions furent exécutées dans la rue Transnonain (1). Il va sans dire qu'après ces événements Bugeaud obtint de publics

(1) En réimprimant cet article de l'ancien maire de Paris, qui l'écrivit pour notre recueil en 1845, nous ne nous permettons pas de modifier ni l'esprit ni les termes; nous sommes convaincus d'ailleurs que s'il avait été donné à M. Marrast de vivre assez longtemps pour concourir au travail de révision générale de notre œuvre, il eût effacé bien des lignes dans la notice biographique consacrée par lui au maréchal Bugeaud. Il se fût bien gardé, par exemple, de reprocher à sa mémoire les *massacres* de la rue Transnonain qui défrayèrent pendant si longtemps la polémique des feuilles de l'opposition républicaine sous Louis-Philippe ; car il se serait rappelé qu'aux journées

veaux cordons. Après avoir été lui-même complice d'indignes violences, il se chargea de les justifier à la tribune.

Nous nous dispenserons de suivre Bugeaud dans les assemblées suivantes, et de répéter les accents qu'il fit entendre à l'époque de la réaction parlementaire qui avait commencé par la loi contre les crieurs publics et les associations, qui se continua par les lois contre le jury, contre la presse, et qui constitua plus tard ce code connu sous le nom de lois de septembre. Les ministères avaient beau changer, Bugeaud n'en était pas moins toujours ministériel.

Cependant l'amnistie et les tendances du ministère Molé avaient calmé l'agitation à l'intérieur. En Afrique, au contraire, notre conquête semblait continuellement menacée. La guerre se continuait sans unité, sans direction : nul système déterminé, nul moyen énergique; et, tandis que nos troupes périssaient bien plus par l'influence du climat que par la pénurie des soins, Abd-el-Kader augmentait ses ressources et venait périodiquement nous attaquer, nous bloquer presque dans les murs d'Alger. Il y avait en outre à la chambre un parti qui plaidait hautement l'abandon de l'Algérie. Bugeaud était du nombre de ceux qui n'avaient aucune foi dans l'avenir de notre conquête. Est-ce pour cela qu'il fut envoyé en Afrique? Nous l'ignorons. Mais il paraît qu'en y allant il avait une double mission à remplir, combattre Abd-el-Kader et faire la paix avec lui. Il eut en effet une rencontre assez peu sérieuse avec les Arabes, et les battit. En cette circonstance il montra dans une courte campagne les qualités qui devaient le signaler plus tard au poste qu'il occupa sous le règne de Louis-Philippe. Ces qualités, nous les reconnaîtrons avec la même impartialité que nous avons mise à constater ses défauts. Homme actif, prompt au coup de main, façonné en Espagne à la guerre des guerrillas, soigneux du soldat, veillant à son bien-être, populaire dans la troupe à l'aide de cette camaraderie de caserne qui a le flair du vieux troupier, brave d'ailleurs et ne s'épargnant jamais, Bugeaud, par la rapidité même de ses mouvements, montra qu'il valait mieux qu'un autre dans cette poursuite de nomades. Mais, au lieu de l'employer à cette œuvre, on lui donna l'autorité d'un plénipotentiaire; et il conclut avec Abd-el-Kader ce traité impolitique et désastreux connu sous le nom de la Tafna. Il lui reconnut au nom de la France le titre d'Émir, traita avec lui comme avec un souverain indépendant, et marqua même la limite de ses États; convention dérisoire pour nous, et qui n'eut d'autre effet que d'affermir la puissance d'Abd-el-Kader sur la population arabe. Nous ne nous appesantirons pas sur les scandaleux détails qui furent révélés quelque temps après dans le procès fait au général Brossard, accusé de crime de concussion et de corruption. La seule chose que nous voulions rappeler, c'est que Bugeaud avoua publiquement à la tribune qu'il avait accepté une somme d'argent applicable aux chemins vicinaux d'Exideuil, et qu'il se condamna lui-même en s'écriant : « J'ai manqué à la dignité du commandement ! » On aurait pu être plus sévère, car c'était un tribut de l'ennemi qui était détourné des coffres de l'État au profit d'un intérêt local et personnel.

Bugeaud n'en était pas moins lieutenant général, grand-officier de la Légion d'Honneur et comblé plus que jamais des faveurs de la cour. Son opinion sur l'Algérie ne paraissait pas changée, et c'est pour cela sans doute que le ministère du 1er mars le nomma gouverneur général de notre possession africaine. Investi de ces hautes fonctions, il comprit qu'il devait essayer de s'en rendre digne. Mais les

de juin 1848 les hommes du *National*, pour se conserver quelques instants de plus au pouvoir, livrèrent les rues de Paris la plus sanglante des batailles dont fasse encore mention l'histoire des guerres civiles. Devenu lui aussi, à son tour, justiciable de l'histoire en raison de la part qu'il prit à ces terribles événements, l'ancien rédacteur en chef du *National* se fût sans doute montré moins rigoureux dans l'appréciation des intentions de ses anciens adversaires politiques et des faits mis à leur charge.

premiers moments de son administration il trouva le moyen d'éloigner de lui quelques-uns des généraux qui avaient conquis en Afrique une haute renommée. Cependant nous devons dire, pour être juste, que Bugeaud, par son système de guerre, par ses expéditions souvent hardies, toujours heureuses, par l'intrépidité de son action, et, si l'on peut s'exprimer ainsi, par la mobilité de son courage, consolida notre puissance en Algérie, pacifia plusieurs de ses provinces, chassa les Arabes jusqu'aux confins du désert, porta de rudes coups à ce prestige dont jouissait Abd-el-Kader, et prépara pour l'avenir les germes d'une colonisation sérieuse et féconde. En étudiant de plus près le pays qu'il gouvernait, il put en reconnaître les ressources, et sur la fin de ses jours il eût été le dernier à en conseiller l'abandon. La faveur particulière qu'il devait à un aveugle dévouement lui avait procuré d'ailleurs tous les moyens d'action qui avaient manqué à ses prédécesseurs. Ni les hommes ni l'argent ne furent ménagés. Peu à peu l'armée qu'il commandait s'éleva à 70,000 hommes, et le budget qu'il dévorait, à plus de cent millions. Si nous comparions les moyens avec les résultats, peut-être aurions-nous le droit de trouver une grande disproportion entre ce qui fut fait et ce qui eût pu se faire. C'est surtout sous le rapport de la colonisation civile que l'administration de Bugeaud se montra défaillante. Mais chaque fois qu'il fallut payer de sa personne dans les combats, il fut tout à fait au niveau de sa position. La France en eut la preuve dans cette bataille d'Isly, où, avec des forces très-inférieures, il n'hésita point à se précipiter sur une nuée de Marocains, qu'il culbuta en quelques heures. De tels faits honorent à la fois le général et son armée; ils continuent dans notre pays les belles traditions de notre gloire militaire, et Bugeaud en aurait été suffisamment récompensé par la reconnaissance de ses concitoyens. Mais quoi! il était déjà maréchal de France, il se laissa faire duc d'Isly. On n'évite pas sa fortune ; et il était écrit sans doute que dans les actes mêmes les plus honorables de sa biographie, Bugeaud l'agriculteur, le geôlier de Blaye, le général de la guerre civile, le diplomate de la Tafna, l'heureux vainqueur d'Abdel-Kader et des Marocains, garderait toujours une part au ridicule!

Armand MARRAST, anc. président de l'Assemblée nation.

Nous ne suivrons pas ici le maréchal Bugeaud dans ses combats et son administration en Afrique ; on en trouvera les détails à l'article ALGÉRIE ; après plusieurs congés, qu'il vint passer en France, il fut remplacé comme gouverneur général de l'Algérie par le duc d'Aumale, le 11 septembre 1847. En désaccord avec le ministère et avec le roi lui-même sur différentes questions, il avait déposé sa démission de le mois de mai.

Quand la révolution de février 1848 éclata, le maréchal, sur ordonnances royales contresignées par les ministres Trézel et Duchâtel, prit le 24, à trois heures du matin, le commandement supérieur de l'armée et des gardes nationales de Paris. Vers quatre heures il prescrivit de commencer immédiatement le combat, et partout où l'on trouverait de la résistance, d'attaquer les barricades avec la dernière rigueur. MM. O. Barrot et Thiers ayant été nommés ministres, le maréchal, qui comprenait fort mal la position, écrivit à M. Thiers : « Il y a longtemps que j'avais prévu, mon cher Thiers, que nous serions appelés à sauver la monarchie; mon parti est pris, je brûle mes vaisseaux. Cette résolution ne m'empêche pas de déplorer qu'on m'ait laissé le commandement général avec un effectif trop faible et trop privé de ressources. Quand nous aurons vaincu l'émeute, et nous la vaincrons, car l'énergie ou le défaut de concours de la garde nationale ne m'arrêtera pas, j'entrerai volontiers, comme ministre de la guerre, avec vous dans la formation d'un nouveau cabinet, etc. » Bientôt il dut donner l'ordre de cesser le feu partout, la garde nationale devant faire le service; mais il accompagnait, dit-on, cet ordre d'une phrase

énergique par laquelle il déclarait la monarchie perdue. Elle l'était en effet; et, contre ses prévisions, Bugeaud ne sauva rien du tout. Néanmoins il offrit bien vite son concours à la république; mais le gouvernement provisoire le laissa jouir des douceurs de la vie privée. Bugeaud ne tarda pas cependant, dans des affiches et des discours, à mettre son dévouement au service du peuple.

Louis-Napoléon ayant été élu président de la république, un des premiers actes de son gouvernement fut la nomination du maréchal aux fonctions de commandant en chef de l'armée des Alpes, dont la création remontait aux premiers jours de mars 1848, et qui comptait alors 72,000 hommes et 6,000 chevaux. En se rendant à son poste, Bugeaud éprouva, à son passage à Bourges et à Lyon, de ces démangeaisons de parler inhérentes à sa nature : on s'étonna de voir le général en chef d'une armée réunie près de la frontière déclarer hautement que cette armée ne pourrait pas quitter le pays, et s'adresser aux magistrats une semonce sur le peu de vigueur de la justice des jurés. Ce discours provoqua des réclamations à l'assemblée ; le maréchal fut défendu par M. O. Barrot et le général Bedeau, et l'on passa à l'ordre du jour. Le maréchal reprit de la verve ; et il déclara enfin que, le cas échéant, il sauverait la France, ne fût-il suivi que par quatre hommes et un caporal.

C'était bien. Mais cela ne flattait pas les électeurs de la Dordogne, qui refusèrent leur suffrage au maréchal ; heureusement la Charente-Inférieure se souvint de lui, et Bugeaud compta encore une fois parmi les législateurs de la France. La première séance de la nouvelle assemblée fut tumultueuse, comme on sait. Mais, soit que le maréchal eût compris la leçon, soit que l'âge l'eût amendé, soit qu'il eût trouvé ses amis trop violents, on le vit, pour la première fois de sa vie, faire un appel à la mansuétude et à la conciliation, en s'écriant fort à propos : « Les majorités sont tenues à plus de modération que les minorités. »

Quoi qu'il en soit, ce fut le chant du cygne. Le 10 juin 1849 le choléra enlevait rapidement celui que les balles ennemies avaient tant de fois épargné. Le président de la république était allé en personne lui faire une visite d'adieu. Son corps fut inhumé avec pompe dans les caveaux des Invalides. Les Arabes le nommaient *el-Kebir*, le Grand, ou bien le *Maître de la Fortune*. Il avait pris pour devise *Ense et aratro*. Une statue en bronze lui a été élevée à Alger sur la place d'Isly. Elle est de M. Dumont, et a été inaugurée le 14 août 1852.

BUGENHAGEN (JEAN), ordinairement appelé *Pomeranus* ou le *docteur Pommer*, l'un de ceux qui aidèrent le plus Luther à accomplir l'œuvre de la réforme, naquit le 24 juin 1485, à Wollin, village situé non loin de Stettin, dans la Poméranie. Après avoir étudié à Greifswald, il était déjà recteur de l'école de Treptow en 1503, et il continua à remplir paisiblement ces fonctions jusqu'en 1520, époque où la lecture du petit ouvrage de Luther intitulé : *De Captivitate Babylonica*, vint lui révéler les plans du célèbre réformateur. Saisi du nouvel esprit religieux, il se rendit à Wittemberg, en 1521, pour s'y mettre à l'abri des persécutions de ses supérieurs catholiques, et il y fut immédiatement admis au nombre des maîtres attachés à l'académie de cette ville, puis, nommé en 1522 professeur de théologie, pasteur de l'église métropolitaine, et en 1536 surintendant général des églises de l'électorat. Luther sut utiliser pour sa traduction de la Bible ses profondes connaissances philologiques et exégétiques. Mais Bugenhagen resta au-dessous de la tâche qu'il avait entreprise lorsqu'il publia en 1525 contre Zwingle au sujet de la communion, ce qui fut le signal d'une discussion sur la nature des sacrements. Zwingle y répondit avec aigreur. L'ouvrage qui fonda véritablement sa réputation fut son *Interpretatio in librum Psalmorum* (Nuremberg, 1523), livre remarquable à tous égards pour l'époque où il parut, et qu'on peut considérer comme le meilleur qu'il ait jamais écrit.

Après avoir pris une part active à l'inspection des églises de la Saxe et à la discussion du premier projet de la confession d'Augsbourg, Bugenhagen travailla à la réunion des villes impériales protestantes avec la Saxe. Il mérita encore de la réforme par l'organisation du nouveau culte évangélique et de la nouvelle discipline ecclésiastique dans les pays où il fut mandé à cet effet, par exemple en 1528 dans le duché de Brunswick, en 1529 à Hambourg, en 1530 à Lubeck, et en 1534 en Poméranie. En 1537 il alla dans ce même but en Danemark, où il couronna le roi Christian III. Ce fut lui qui rédigea la constitution ecclésiastique de ce royaume, décrétée loi de l'État en 1539 par la diète tenue à Odensée. La même année il provoqua le rétablissement de l'université de Copenhague, dont il devint recteur et où il remplit les fonctions de professeur de théologie; et il dota l'Église de Danemark, ainsi que celle de Norvège, d'une organisation qui consolida la réforme dans ces contrées. Aussi les Danois, reconnaissants, le regardent-ils comme le véritable réformateur de leur Église. Il ne revint à Wittemberg qu'en 1542; la même année il organisait la nouvelle Église dans le pays de Wolfenbüttel, et l'année suivante dans celui d'Hildesheim. Il demeura l'ami constant et fidèle de Luther jusqu'à la mort de ce célèbre réformateur, et ce fut lui qui prononça son oraison funèbre. Pendant les troubles de la guerre de Smalkalde il resta à Wittemberg, et rédigea de concert avec Mélanchthon l'*Intérim* de Leipzig; aussi fut-il, comme son collègue, en butte à de violentes attaques, qui remplirent ses derniers jours d'amertume. Il mourut le 20 avril 1558. Les adversaires de l'Intérim l'ont accusé d'ambition et d'égoïsme; mais le refus qu'il fit en 1544 des évêchés de Schleswig et de Kamin répond suffisamment à cette accusation. Son zèle pour la réforme et son goût pour l'enseignement le retinrent à Wittemberg.

On a de lui une histoire de Poméranie, dont une édition a été publiée in-4° à Greifswald en 1728. C'est lui aussi qui mit en plat allemand (Lubeck, 1533), à l'usage des populations de la basse Saxe et de l'Allemagne septentrionale, la traduction allemande de la Bible par Luther.

BUGEY, petite province de France, avec le titre de comté, dans l'ancien duché de Bourgogne, comprise aujourd'hui dans le département de l'Ain. Bornée au nord par la Franche-Comté, au sud par le Dauphiné, à l'est par la Savoie, et à l'ouest par la Bresse, sa superficie était d'environ 40 myriamètres carrés. On divisait ce pays en haut et bas Bugey. Belley était sa capitale; Nantua la ville la plus importante après celle-ci. Du temps de César le Bugey était habité en partie par les Séguisens; sous Honorius il était compris dans la Première Lyonnaise. Comme la Bresse, il dépendit plus tard du royaume de Bourgogne, c'est-à-dire de l'Empire d'Allemagne, puis il fut incorporé au duché de Savoie. Il fut cédé à la France en 1601, avec la Bresse, par la maison de Savoie, en échange du marquisat de Saluces. L'évêque de Belley, élevé au rang de prince de l'Empire par Frédéric Barberousse, a siégé aux diètes impériales pendant tout le temps que le Bugey a fait partie du corps germanique; ce pays était alors une souveraineté ecclésiastique.

BUGGE (Thomas), astronome et géographe Danois, naquit à Copenhague le 12 octobre 1740. Il commença par étudier la théologie, et finit par se consacrer entièrement aux mathématiques, à la physique et à l'astronomie. Nommé en 1762 géomètre-géographe de la Société royale des Sciences de Copenhague, il devint en 1777 professeur d'astronomie et de mathématiques à l'université de cette ville, et entreprit alors un voyage scientifique en Allemagne, en Hollande, en France et en Angleterre. A son retour en Danemark, il fut proposé à la direction de l'Observatoire de Copenhague, et en 1798 envoyé à Paris par son gouvernement pour y conférer avec les commissaires de l'Institut de France sur un projet tendant à doter toutes les nations d'un même système de poids et de mesures. A cette même époque l'Institut l'admit au nombre de ses membres. Lors du bombardement de Copenhague par les Anglais, en 1807, Thomas Bugge donna les preuves du dévouement le plus ardent et le plus désintéressé à la science, à l'effet de sauver les précieuses collections scientifiques confiées à ses soins; et le roi de Danemark ne crut pouvoir mieux récompenser son zèle qu'en le nommant conseiller d'État. Il mourut le 15 juin 1815.

On lui doit en grande partie les excellentes cartes de Danemark publiées par l'Académie des Sciences de Copenhague; et il a surtout bien mérité de la science en formant une foule d'officiers, qui, grâce à ses savantes leçons, ont pu faire les observations trigonométriques les plus intéressantes tant en Norvège qu'en Islande et en Groënland, ainsi que dans les Indes orientales et occidentales. Grâce à l'exactitude de ces mesures trigonométriques, l'assiette de l'impôt a pu être établi d'une manière plus équitable; et une foule de contestations et de procès ont été évités. Il a fait aussi entreprendre par ses élèves le relevé le plus exact de tous les ports, côtes, îles, rochers et bancs de sable qui se trouvent dans le Cattégat et dans les deux Belts. De ces beaux travaux est résultée pour la navigation dans les eaux danoises une sécurité jusque alors inconnue. Parmi les ouvrages de Bugge, on cite surtout ses *Éléments d'Astronomie sphérique et théorique* (1796), et ses *Premiers Principes des Mathématiques transcendantes* (3 vol.; Altona, 1797; 2° édition, 1813-1814). On regarde comme un modèle son livre intitulé : *Description de la Méthode d'Arpentage appliquée à la levée des cartes du Danemark*.

BUGLE (*Botanique*), nom vulgaire d'une espèce du genre *ajuga*, de la famille des labiées. Dès le mois de mai la bugle (*ajuga reptans*, Linné) émaille de ses fleurs bleues, quelquefois rougeâtres ou blanches, les bois et les pâturages humides des contrées tempérées de l'Europe. Les longs rejets rampants qui partent du collet de sa racine la distinguent de ses congénères. Cette plante, que les anciens appelaient *petite consoude*, passe pour un excellent vulnéraire, ainsi que le rappelle ce vieux dicton :

Avec la *bugle* et la sanicle,
On fait au chirurgien la nique.

Bugle est encore un vieux mot qui s'est dit autrefois pour *bœuf*, et d'où ont été formés les mots *beugler* et *beuglement*, qui se rapportent au cri des bœufs, des vaches et des taureaux, et qui ont été transportés avec la même signification dans le langage figuré.

BUGLE (*Musique*), instrument en usage dans les fanfares de quelques corps de musique militaire. Son origine, c'est la buccine, c'est-à-dire une corne de bœuf. Il est ordinairement en cuivre. Il ne donne avec quelque précision que les notes de l'accord parfait en *ut*, bien qu'on ait à différentes reprises essayé de diversifier sa musique. C'est un instrument très-bruyant, répondant dès lors parfaitement au but qu'on se propose quand on l'emploie par exemple pour réunir les divers détachements d'un corps, faire des signaux en ligne, etc. La grandeur du bugle varie beaucoup. On en voit qui ont jusqu'à 66 cent., en mesurant la longueur de la courbe qu'ils décrivent; d'autres n'en ont pas la moitié.

BUGLOSE ou **BUGLOSSE** (de βοῦς, bœuf, et γλῶσσα, langue), genre de la famille des *borraginées*, ainsi nommée à cause de la forme de ses feuilles. On en distingue deux espèces principales : la buglose médicinale (*anchusa officinalis*) et la buglose de Virginie (*anchusa Virginica*).

La première est indigène et vivace; elle s'élève à 0^m,60, ou 0^m,90, et croît sans culture ou sans autres soins que quelques binages dans les lieux secs et pierreux; on la coupe fréquemment pour avoir de jeunes feuilles, que l'on emploie en médecine comme celles de la bourrache, dont elles ont les propriétés. En Italie, on les mange cuites, comme celles des choux ou des épinards. Elle sert fort bien aussi d'ornement dans les jardins; ses fleurs, qui sont disposées en ombelles, sont petites et d'un bleu charmant (celles de la buglose d'Italie sont plus grandes); elle est bisannuelle, fleurit d'avril en août, et se multiplie par éclats ou semis en pleine terre.

La *buglose de Virginie* se reconnaît à ses feuilles longues et ovales, à ses tiges, moins grandes mais aussi rudes que celles de la bourrache. Les sauvages de l'Amérique du Nord se peignent le corps en rouge avec la racine de cette plante vivace, dont la nuance rappelle celle de l'*orcanette*. La buglose de Virginie peut servir aussi à l'ornement des jardins, et donne en été des fleurs jaunes disposées en épi et d'un effet agréable. Elle demande une exposition chaude, et préfère la terre de bruyère à toute autre.

La plante appelée vulgairement *buglose teinturière* n'est autre que l'orcanette ou gremil tinctorial.

BUGNE, vieux mot, qui signifiait tumeur, élévation de la chair, contusion. — On nomme aussi *bugne* une sorte de pâtisserie légère faite dans des moules, et pour laquelle Lyon jouit d'une sorte de renommée.

BUGRANE, BOUGRANE ou **BOUGRAINE** (de βοῦς, bœuf, et ἀγρενω, je prends), nom vulgaire du genre *ononis*, de la famille des légumineuses, qui compte un grand nombre d'espèces, parmi lesquelles on remarque surtout la *bugrane des champs*, connue sous le nom d'*arrête-bœuf*, à cause de ses racines traînantes, qui font souvent obstacle à la charrue. Plusieurs de ses espèces concourent fort bien à l'ornement des jardins; telles sont : 1° la *bugrane très-élevée* (*ononis altissima*, Lam.), plante de Silésie, vivace et rustique, dont la tige est d'un mètre. Ses feuilles, semblables à celles du mélilot, sont plus grandes, et ses fleurs, purpurines, sont disposées en épis; 2° la *bugrane à queue de renard* (*ononis alopecuroides*, L.), plante annuelle du Portugal et de la Corse, dont les fleurs sont pareilles à celles de la précédente, et les feuilles ovales et simples; 3° la *bugrane à feuilles rondes* (*ononis rotundifolia*, L.), plante des Alpes et des Pyrénées, ligneuse à la base, jolie et rustique, à feuilles ternées, tige de 0m,30, fleurs estivales, nombreuses, grandes, d'un jaune vivace et strié de rose vif, disposées en petites grappes; 4° la *bugrane frutescente* (*ononis fruticosa*, L.), arbuste d'un mètre de haut, de la France méridionale, à rameaux blanchâtres, feuilles à trois folioles, petites et étroites, avec des fleurs roses, disposées en grappes, dont il y a aussi une variété à fleurs blanches.

BUIDES. Voyez BOUÏDES.

BUIRE (de *bibere*, boire), vieux mot par lequel on désignait autrefois des espèces de brocs d'argent ou d'étain, dont on se servait dans les grandes maisons pour les liquides, et principalement pour les vins et pour les liqueurs.

BUIS, genre de plantes appartenant à la famille des euphorbiacées, et composé seulement de deux espèces, qui offrent un grand nombre de variétés. Ce sont des arbrisseaux à feuilles opposées, entières et persistantes. Leurs fleurs sont petites, monoïques, groupées aux aisselles des feuilles. Les mâles présentent un calice à quatre divisions profondes, et comme campanulé; quatre étamines saillantes et plus longues que le calice, un corps charnu et glanduleux au centre de la fleur et à peine du pistil. Dans les fleurs femelles, le calice renferme un pistil terminé supérieurement par trois cornes recourbées, formant autant de styles, sur la surface interne desquels règne un stigmate glanduleux. Le fruit est une capsule tricorne, à trois loges, dont chacune contient deux graines.

L'espèce la plus répandue est le *buis ordinaire* ou *buis toujours vert* (*buxus semper virens*, Linné); il se montre dans son état sauvage un arbrisseau qui peut s'élever à cinq ou six mètres, et dont les feuilles sont petites, coriaces, luisantes et d'un vert sombre. Il croît naturellement dans nos bois et dans certains lieux pierreux et incultes. Transporté dans les jardins, il donne par l'effet de la culture beaucoup de variétés, dont les feuilles sont souvent panachées de blanc ou de jaune. L'une des plus connues est celle que l'on emploie à faire des bordures de plates bandes; cette variété, que l'on appelle *buis à bordure*, *buis d'Artois*, *buis nain*, se multiplie par boutures. En taillant souvent le buis à bordure, on le tient bas et on l'empêche de fleurir.

Le bois du buis est très-estimé; il est le plus dur et le plus pesant de tous ceux d'Europe. Les tourneurs, les graveurs sur bois, en font une grande consommation; il est liant, porte bien la vis, et présente une belle couleur jaune. La racine et les parties noueuses de la tige sont agréablement marbrées et veinées, ce qui les fait particulièrement rechercher pour fabriquer différents petits objets, des tabatières, par exemple. Les buis à grandes feuilles, principalement ceux à feuilles panachées, produisent un effet très-agréable dans les bosquets, surtout pendant l'hiver, à cause de l'avantage qu'ils ont de conserver leurs feuilles. Les Romains cultivaient déjà cette espèce d'arbrisseau pour l'ornement de leurs jardins, et ils l'avaient consacré à Cérès. Les Grecs le distinguaient par le nom de πυξος; d'où viennent évidemment les mots *buxus*, *buis*. Comme ce mot grec signifie en même temps *vase*, *gobelet*, on peut croire qu'ils en fabriquaient, comme nous, divers menus ustensiles. Les Anglais le nomment de même *box-tree*, arbre à boîte. Outre ses usages que nous avons rappelés, son bois est employé en médecine, quoique peu fréquemment, et peut, comme sudorifique, remplacer celui de gayac. Les feuilles du buis sont aussi employées par quelques brasseurs comme succédanées du houblon (voyez BIÈRE); mais elles n'en possèdent pas l'agréable amertume, et leur âcreté a excité une juste défiance.

La seconde espèce de ce genre est le *buis de Mahon* (*buxus balearica*, Lamarck), dont la tige est arborescente, et qui se distingue surtout par ses feuilles, longues de près de quatre centimètres sur quinze à vingt millimètres de largeur, dimensions que n'atteignent jamais celles du précédent. Cette belle espèce croît dans les Baléares, où elle forme des bois presque entiers. On la cultive aussi dans les jardins; mais elle craint les fortes gelées. DÉMERL.

Dans l'industrie on distingue le buis en *buis vert* et *buis jaune*; celui-ci est le plus commun, mais le vert est plus tendre et plus facile à travailler. On distingue encore : le *buis de France*, le *buis jaune du Levant* et le *buis d'Espagne*. Le buis de France possède les caractères généraux de l'espèce, mais il est blanchâtre, peu uniforme dans sa couleur, avec des lignes tirant sur le vert; après le poli, il devient moiré, et on remarque des lignes longitudinales encore plus pâles que le fond; le buis du Levant est d'un jaune plus agréable; il est plus dur, plus noueux et plus serré; le buis d'Espagne est plus mou, peu noueux; il se tourmente moins que les deux autres; il est recherché par les luthiers.

Pour avoir de beau buis, on fait tremper les pièces, dégrossies à la hache, pendant vingt-quatre heures dans l'eau; on les fait bouillir ensuite pendant quelque temps, et on les fait sécher dans du sable, de la cendre ou du son, pour que l'air ne les pénètre pas.

BUISSON. Ce mot vient, selon les uns, du latin *buxus*, buis; selon les autres, du grec βοσχος, bois, bosquet. Qu'est-ce en effet qu'un buisson, si ce n'est un bosquet en diminutif, un hallier, une touffe d'arbrisseaux ou d'arbustes sauvages, épineux? Les Grecs en suspendaient des branches à leur porte quand ils avaient quelqu'un de malade, afin de chasser les mauvais esprits. Dieu apparut à Moïse dans un *buisson ardent*.

Les buissons sont le refuge habituel du gibier; à la chasse, on les *bat*, pour l'en faire sortir, et l'on dit que l'on a trouvé *buisson creux*, quand il n'y a pas attendu notre arrivée. Il y a des *buissons d'épines* des *buissons de roses*. Il y a aussi des *arbres en buisson*; ce sont des arbres auxquels on donne la forme d'un buisson en les taillant au dedans et en les laissant pousser de tous côtés ; *buisson* est enfin un bois de peu d'étendue. Ces expressions ont été transportées dans le langage figuré : *J'ai battu les buissons*, un autre *a pris les oiseaux*, signifie j'ai eu toute la peine, un autre tout le profit. *Se sauver à travers les buissons*, c'est chercher des échappatoires quand on se sent trop pressé dans la discussion. *Il n'y a si petit buisson qui ne porte son ombre*, c'est-à-dire qu'il n'y a si petite rivalité qui ne porte préjudice. *Prendre son buisson* se dit, en vénerie, du cerf quand il choisit, au printemps, une pointe debois pour s'y retirer pendant le jour.

De *buisson* on a fait *buissonner*, pousser beaucoup de branches ou de rejetons par le bas ; *buissonnet*, petit buisson (peu usité) ; *buissonneux*, abondant en buissons, couvert de buissons ; *buissonnier*, lapin qui a son terrier dans les buissons ; ancien officier de ville, ou garde de navigation, chargé jadis de surveiller l'état des rivières, des ponts, portuis et moulins ; *école buissonnière*, que tous certainement nous avons faite, mais dont bien peu savent l'étymologie ; ce fut dans l'origine le nom des écoles que les huguenots tenaient dans la campagne de l'Isle de France, pour ne pas être découverts par le chantre de Notre-Dame de Paris, chargé de la discipline des écoles de la ville et de la banlieue. Elles furent défendues en 1552 par arrêt du parlement. On applique enfin, en termes de jardinage, la qualification de *buissonniers* aux lieux que l'on réserve pour la plantation d'arbres destinés à être taillés en buisson, ou qui sont déjà plantés d'arbres taillés de cette manière.

BUISSON ARDENT (*Histoire sacrée*). L'*Exode* (III, 1 et suiv.) nous apprend que Moïse, ayant mené le troupeau de Jethro, son beau-père, au fond du désert, vint à la montagne de Dieu, nommé Horeb. Alors le Seigneur lui apparut dans une flamme de feu qui sortait du milieu d'un buisson, et il voyait brûler le buisson sans qu'il fût consumé. Moïse dit donc : « Il faut que j'aille reconnaître quelle est cette merveille que je vois, et pourquoi ce buisson ne se consume point. » Mais le Seigneur, le voyant venir pour considérer ce spectacle, l'appela du milieu du buisson, et lui dit : « Moïse ! Moïse ! Moïse ! — Me voici, » répondit-il ; et Dieu ajouta : « N'approchez pas d'ici ; ôtez vos souliers de vos pieds, parce que le lieu où vous êtes est une terre sainte. » Dieu se fit ensuite connaître à Moïse, et lui ordonna d'aller en Égypte délivrer son peuple. Au rapport de plusieurs écrivains, pour conserver la mémoire de ce miracle, on mit dans l'arche d'alliance un des souliers que Moïse avait quittés en s'approchant du buisson ardent.

BUISSON ARDENT (*Botanique*). On appelle ainsi un arbrisseau de 1ᵐ,50 à 2 mètres, presque toujours vert, auquel quelques botanistes donnent aussi le nom de *néflier pyracanthe* (*mespilus pyracantha*, Linné). Son écorce est brune, et sa racine ligneuse ; ses rameaux sont opposés et ses tiges très-épineuses ; ses feuilles, alternes et assez semblables à celles de l'amandier, portées par des pétioles simples, sont vertes, lisses, lancéolées, ovales et crénelées ; ses fleurs, blanches et teintées de rose, sont composées de cinq pétales oblongs, concaves, insérés sur un calice d'une seule pièce, épais et obtus, qui supporte environ vingt étamines et un seul pistil ; pour ce fruit est une baie ronde, marquée d'un ombilic, couronnée par les denteures du calice et renfermant cinq petits noyaux durs et de forme irrégulière ; parvenues à leur dernier degré de maturité, ces baies, qui sont très-nombreuses, offrent à l'œil une masse rouge qui fait paraître l'arbrisseau tout en feu. Il produit un très-bel effet dans les bouquets d'automne, et l'on s'en sert avantageusement pour garnir des murs. Il se multiplie de semence, par marcottes et par boutures ; mais pour en jouir promptement, il vaut mieux le greffer sur de jeunes pieds d'aubépine. Originaire des provinces méridionales, il lui faut une terre légère, mêlée de terreau ; il ne se plaît point dans les terres trop humides où ses feuilles se chargent de rouille.

Le *buisson ardent* a reçu aussi le nom d'*arbre de Moïse*, par allusion au miracle qui fait le sujet de l'article précédent.

BUJUKDÉRÉ. Voyez BOUYOUK-DÉRÉH.
BUKAREST. Voyez BOUKAREST.
BUKHARIE. Voyez BOUKHARIE.

BUKOWINE (La), extrémité sud-est de la Galicie et répondant à ce qu'on appelle aussi le *cercle de Czernowitz*, appartenait originairement à la Transylvanie. A partir de 1482, époque où Étienne V, prince de Moldavie, en fit la conquête, jusqu'à l'année 1777, elle fit partie de la Moldavie ; en 1786 elle fut incorporée aux États autrichiens, comme l'un des cercles de la Galicie, mais en conservant certaines immunités, dont elle jouit encore. Ce pays comprend une superficie de 104 myriamètres carrés et une population de 354,000 habitants, Moldaves pour la plus grande partie, avec beaucoup de Juifs et d'Arméniens, et répartis en trois villes, quatre bourgs et deux cent soixante-dix-huit villages.

La Bukowine occupe les premiers contreforts des monts Karpathes, et son sol est hérissé de hautes montagnes. Elle est limitée, sauf le côté qui regarde la Galicie, par la Russie, la Moldavie, la Transylvanie et la Hongrie. Ses cours d'eau se rattachent au bassin de la mer Noire. Le Dniester et le Pruth longent son extrémité nord-est, où prennent leur source le Sereth, la Suczawa et la Moldawa. La Bistritza, dite *dorée*, à cause des paillettes d'or qu'elle roule dans ses flots, arrose sa partie sud.

Le climat est sans doute âpre et remarquable par la rigueur de l'hiver ; mais il est en général d'une rare fertilité ; et cette contrée possède de grandes richesses dans ses salines, ses mines de fer, de plomb et d'argent, ses vastes forêts aux vigoureuses essences, parmi lesquelles domine celle du hêtre ; ses terres à blé et ses gras pâturages ; enfin dans son apiculture, industrie qui s'y pratique sur une large échelle. L'exploitation des mines, l'agriculture et l'élève du bétail donnent lieu, avec leurs produits bruts et ceux de quelques branches d'industrie manufacturière, telles que la fabrication des toiles et des draps, des cuirs, le façonnage des bois et des métaux, à un commerce très-actif en grande partie aux mains des Juifs et des Arméniens, et ayant pour centre *Czernowitz*, chef-lieu de la Bukowine.

BUL, ancien nom du mois juif appelé actuellement marchesvan.

BULBE (de βολβός, oignon, bulbe). En anatomie végétale, on définit *la bulbe* un bourgeon épais, charnu, situé sur un plateau ou collet d'où sortent des fibres radicales, et appartenant aux plantes à souche ou racine vivace. Ce corps est composé de lames ou écailles fixées par leur base au plateau. On reconnaît dans les moins facilement dans ces écailles la portion inférieure des feuilles de l'année précédente. La bulbe est dite *tuniqueuse* lorsque les écailles forment chacune une tunique concentrique comme dans l'oignon commun. Elle est *écailleuse* lorsque les tuniques sont séparées et imbriquées (le lis). Elle est *tubéreuse* ou *solide*, lorsque les écailles ou tuniques sont tellement serrées, qu'il devient impossible de les reconnaître, comme celles du colchique, du safran, du glaieul, etc. Les petites bulbes qui naissent sur le plateau autour de la bulbe principale ou à l'aisselle des écailles, et qui, par leur développement, deviendront des bulbes parfaites, s'appellent *bulbules*, et vulgairement *caïeux*.

Les végétaux vivaces, particulièrement les monocotylédones, qui offrent une bulbe sont appelés *plantes bulbeuses*.

En anatomie, et employé au masculin, le mot *bulbe* sert de nom à diverses parties du corps. Le *bulbe des poils* est un petit sac allongé, développé dans l'épaisseur de la peau, qui sécrète la **matière du poil** et lui donne la forme d'une tige plus ou moins flexible. Une disposition analogue s'observe pour la production des plumes et des dents ; aussi a-t-on dit *bulbe* ou substance bulbeuse des dents : on pourrait en dire autant pour les plumes.

On appelle quelquefois *bulbe oculaire* le globe de l'œil. Le renflement de la portion spongieuse du canal excréteur de l'urine a reçu le nom de *bulbe de l'urètre*. Chaussier a désigné sous la dénomination de *bulbe rachidien* le renflement de l'extrémité supérieure de la moelle vertébrale. Le *bulbe de l'aorte* des vertébrés supérieurs, le *bulbe de l'artère branchiale* des poissons, sont de petits ventricules qu'on observe à l'origine de ces grandes artères. Le premier disparaît de bonne heure, le deuxième persiste toute la vie. L. LAURENT.

BULBILLE, sorte de bourgeon. Comme le bulbe, elle est tantôt *écailleuse*, tantôt *tuniqueuse*, et tantôt *tubéreuse*; mais elle en diffère en ce qu'elle n'a point de plateau ni de traces de fibres radicales. Elle naît ou dans l'enveloppe du fruit, comme dans le *crinum asiaticum*, ou dans la fleur, comme dans l'*allium carinatum*, ou enfin dans l'aisselle des feuilles, comme dans le *lis bulbifère*. Les bulbilles ont été aussi appelées *soboles*. Lorsqu'elles sont mûres, elles se détachent de la plante-mère, s'enfoncent dans la terre, et deviennent de nouveaux individus.

BULBULE. Voyez BULBE et CAÏEU.

BULGARES, BULGARIE. Voy. BOULGARES, BOULGARIE.

BULGARIN. Voyez BOULGARINE.

BULIME, genre de mollusques gastéropodes univalves, dont les espèces sont presque toutes terrestres. Les bulimes sont des coquilles généralement ornées de couleurs agréables. On trouve ce genre répandu sur toute la surface du globe il vit dans les endroits frais et ombragés, et l'hiver sous les pierres ou dans des trous de rochers; la nourriture des bulimes est toute végétale. C'est l'Amérique méridionale qui en fournit le plus grand nombre d'espèces. A l'état fossile, elles se trouvent dans les terrains tertiaires.

L'animal des bulimes, à collier et sans cuirasse, offre une tête munie de quatre tentacules, les deux plus grands oculés au sommet : il a le pied comme celui des hélices, et il est dépourvu d'opercule.

La coquille est ovale, oblongue ou turriculée; son ouverture est entière, plus longue que large, à bords inégaux, désunis supérieurement; la columelle est droite, lisse, sans troncature et sans évasement à la base. A l'état adulte, le bord droit de la coquille est revêtu d'un bourrelet quelquefois fort épais; le dernier tour de spire est toujours plus grand que celui qui le précède.

BULITHE (de βοῦς, bœuf, et λίθος, pierre), concrétion qui se forme dans le dernier estomac et les intestins du bœuf, et qui ferait penser qu'Aristote s'est trompé lorsqu'il a avancé que l'homme est le seul animal qui soit sujet à la pierre.

BULL (mot qui en anglais veut dire *taureau*), nom que nos voisins donnent en plaisantant à un bon mot dont la pointe consiste en ce qu'il manque de logique. Quelqu'un, par exemple, veut-il faire passer sa laideur en disant qu'il a été très-joli dans son enfance, ce qu'ils portaient sous son, dont qu'on l'a changé en nourrice, c'est un *bull*. Les Anglais attribuent aux Irlandais une foule de balourdises semblables. Cependant un bull n'est pas toujours une stupidité; il y en a de fort malins et de fort spirituels, comme celui de lord Castlereagh, qui disait qu'en faisant telle ou telle chose, *il se tournerait le dos*. L'ancien lord-maire de Dublin, Reynolds, s'est rendu fameux par ses *bulls* lors des débats sur le titlebill, en 1851. Les bulls sont une mine pour les auteurs comiques et les romanciers anglais. On en a publié d'innombrables recueils. Consultez Edgeworth, *Essais on irish bulls* (Londres, 1803). — A la bourse de Londres, les agioteurs désignent aussi les joueurs à la hausse sous le nom de *bulls*.

BULL (JOHN), surnom du peuple anglais. Voyez JOHN BULL.

BULL (OLE-BORNEMANN), violoniste, est né le 5 février 1810, à Bergen, en Norwège. Pour obéir à son père, Bull étudia d'abord la théologie; et, afin de l'empêcher de se livrer à son goût pour la musique, on lui enleva jusqu'à son violon. Cette rigueur eut un résultat directement contraire à celui qu'on en attendait. A l'âge de dix-huit ans il fut envoyé à l'université de Christiania. Ayant eu occasion de jouer dans un concert au profit des pauvres, il excita un tel enthousiasme que peu de temps après on lui offrit la place de chef d'orchestre au théâtre, place qu'il accepta, et dont il consacra en partie les émoluments au soulagement de la famille du titulaire, qui était malade, jusqu'à la mort de ce dernier. Le désir de se perfectionner le conduisit, en 1829, à Cassel, dans l'espoir de voir de près Louis Spohr, dont la gloire était alors dans tout son éclat; mais Spohr accueillit très-froidement ce jeune homme excentrique, ne lui accorda aucun encouragement, en sorte que Bull, prenant la résolution de renoncer à la musique, partit pour Gœttingue dans l'intention d'étudier le droit. Toutefois ce mouvement d'humeur ne dura pas longtemps. L'amour de l'art le ramena dans sa patrie, d'où, après un court séjour, il partit pour Paris, en 1831. Il y passa les années les plus malheureuses de sa vie, et alla même, dit-on, jusqu'à se jeter dans la Seine, d'où il fut retiré par des blanchisseuses. Relevé d'une grave maladie, il trouva, sur la recommandation du facteur d'instruments Lecour, l'occasion de jouer dans un concert. Les 1500 francs que ce concert lui rapporta lui fournirent les moyens de visiter la Suisse et l'Italie. A cette époque il s'était déjà formé une méthode particulière, analogue dans ses principes à celle de Paganini. Il mettait sa gloire à se créer des difficultés et à les vaincre; mais il lui fut impossible de suivre dans son essor le démon italien : il se perdait dans de froides bizarreries calculées, qui excitaient l'étonnement, mais laissaient le cœur froid. Toutefois, il fut accueilli partout en Italie avec un grand enthousiasme; à Naples, Mme Malibran, ravie, l'embrassa en plein théâtre. Il revint ensuite à Paris, parcourut la France en 1835, joua à Londres en 1836; voyagea dans toute l'Angleterre, l'Écosse, l'Irlande, et retourna à Paris. Plus tard, il visita la Belgique, la Hollande, la Russie et l'Allemagne. Après quelques années de repos, il passa en Amérique, d'où il revint en Europe en 1850. Son nom y était presque oublié, son jeu n'ayant pas trouvé d'imitateurs et lui-même n'ayant rien publié. Toute sa vie d'artiste a été celle d'un virtuose, et il ne semble même pas né pour devenir jamais un compositeur. Il est retourné en 1852 en Amérique, où il excite encore en ce moment l'enthousiasme et où il veut fonder une colonie.

BULLA FÉLIX, brigand fameux, qui eût lutté d'adresse et de subtilité avec Mandrin et Cartouche, et qui, au rapport de Crévier (*Histoire des Empereurs*), parcourut pendant deux ans l'Italie entière, à la tête de six cents voleurs, bravant toutes les troupes que les empereurs envoyaient à sa poursuite. Il avait des correspondants qui l'instruisaient avec une exactitude scrupuleuse de tous les voyageurs qui sortaient de Rome ou qui arrivaient à Brundusium. Il savait qui ils étaient, en quel nombre ils marchaient, ce qu'ils portaient avec eux. Il les attendait dans des défilés et les arrêtait au passage. Si c'étaient des gens riches, il se déchargeait d'une partie de leur argent et de leurs équipages, et les laissait continuer leur route; si c'étaient des ouvriers, du service desquels il eût besoin, il les gardait le temps qui lui était nécessaire, les faisait travailler, et les renvoyait ensuite, en leur payant leur salaire.

On cite de lui des tours d'adresse incroyables. Deux de ses camarades ayant été pris et condamnés à être exposés aux bêtes, il alla trouver le concierge de la prison, et se faisant passer pour le premier magistrat d'une ville voisine, il lui dit qu'ayant à donner un spectacle à ses citoyens, il lui fallait deux misérables qui combattissent contre les bêtes. Par ce stratagème, il retira les deux voleurs des mains du crédule guichetier. Informé qu'un centurion avait été envoyé avec des soldats pour le prendre, il se présente à lui, déguisé, sous un nom d'emprunt; et après avoir beaucoup vociféré contre Bulla Félix, il se charge de lui livrer ce chef de bandits, si l'officier veut le suivre. Le centurion, sur cette promesse, se laisse conduire dans un vallon creux, où tout d'un coup il se voit investi par une multitude de gens armés. Alors Bulla Félix, montant sur une espèce de tribunal, comme s'il eût occupé le siége d'un magistrat, se fait amener le centurion, ordonne qu'on lui rase la tête, et lui dit en le renvoyant : « Annonce à ceux qui t'ont mis à l'œuvre, que s'ils veulent diminuer mon monde, ils aient à mieux nourrir leurs esclaves ». Et en effet, sa troupe était principalement composée d'esclaves fuyant la misère et les mauvais traitements que leurs maîtres leur faisaient souffrir.

Enfin, il eut le sort inévitable qui attend ses pareils. Sévère, supportant impatiemment l'insolence de ce voleur de grands chemins, lui devant qui tremblaient toutes les nations ennemies de l'empire, fit partir un tribun des cohortes prétoriennes avec un corps de cavalerie, le menaçant de son indignation s'il ne lui amenait pas Bulla Félix vivant. La débauche lui livra celui qu'il cherchait. Le chef des bandits entretenait une femme mariée, que le tribun décida, sous promesse de l'impunité, à lui ménager l'occasion de saisir sa proie. Bulla Félix fut pris dormant dans une caverne, et amené à Rome. Papinien, préfet du prétoire, l'interrogea, et lui demanda pourquoi il avait embrassé l'indigne métier de brigand? « Et vous, répondit l'audacieux criminel, pourquoi faites-vous celui de préfet du prétoire? » Il fut exposé aux bêtes; et sa mort dissipa sa troupe, dont il faisait seul toute la force.

BULLAIRE. On appelle de ce nom un recueil de bulles. Le grand bullaire, *Bullarium magnum*, contenant les constitutions et les bulles des papes depuis Léon Ier jusqu'à Benoît XIV, fut commencé par Laerzio Cherubini, en 1617, et continué par ses deux fils. Il forme dix-neuf tomes in-folio. Les religieux appelaient aussi *bullaire* le recueil des bulles et lettres patentes contenant les priviléges accordés à leurs ordres.
LAVIGNE.

BULLANT (JEAN). On ne connaît pas exactement la date de la naissance de cet architecte célèbre, dont toute la vie est, du reste, dans l'exposition de ses travaux ; on sait seulement qu'il florissait en 1540, et qu'il est mort en 1578. Son chef-d'œuvre est le château d'Écouen, élevé vers 1545. C'est là qu'on peut bien apprécier le talent et le mérite de Bullant, surtout si l'on considère l'état de l'architecture en France à l'époque où il éleva ce vaste monument.

En 1572 Bullant construisit le palais de Catherine de Médicis, appelé d'abord *Hôtel de la Reine*, et qui changea par la suite ce nom contre celui d'*Hôtel de Soissons*. Ce palais, le plus grand de Paris après celui du Louvre, existait sur l'emplacement où est aujourd'hui la *Halle au Blé*, et il n'en reste plus qu'un seul *témoin* ; c'est cette colonne monumentale si malheureusement engagée dans le mur extérieur de l'édifice moderne que nous venons de nommer. On y a ajusté un cadran solaire, et son piédestal est devenu une fontaine. Bullant avait aussi jeté, en 1564, les premiers fondements du château des Tuileries, conjointement avec Philibert Delorme, et on lui doit l'hôtel de Carnavalet, dont la porte, ornée des sculptures de Jean Goujon, offre encore le caractère du style précieux, quoique un peu maigre, qui fut celui de cette époque de l'art. Bullant, au reste, avait fait de l'antiquité une étude sérieuse, et il a laissé un traité intitulé : *Règle générale d'Architecture des cinq manières, à savoir : tuscane, dorique, ionique, corinthe et composite, à l'exemple de l'antique* (daté d'Écouen, 1564, imprimé à Paris en 1568, in-f°, avec des figures). On y trouve figurés plusieurs monuments de la ville éternelle avec leurs mesures, que l'auteur dit avoir prises lui-même *à l'antique dedans Rome*. Bullant avait déjà publié un *Recueil d'Horlogiographie, contenant la description, fabrication et usages des horloges solaires*, imprimé également à Paris, en 1561 (in-4°, avec des fig.), et réimprimé en 1608, avec des additions de Claude de Boissière. Chambrai, dans son *Parallèle de l'Architecture antique et de l'Architecture moderne*, place Bullant parmi les artistes qui ont suivi les traces de l'antiquité avec le plus d'intelligence et de lumière, et estime qu'il est « le seul de tous les sectateurs de Vitruve qui soit demeuré dans les termes du maître touchant les profils et les justes proportions des ordres. »

BULLE. Lorsqu'un gaz est en suspension dans un liquide, si la pression qui l'y retient vient à diminuer, il se dégage sous forme de petites sphères qui portent le nom de *bulles*. Le mot *bulle* a encore plusieurs acceptions analogues : on dit, par exemple, que certains niveaux sont *à bulle d'air*.

Les enfants, au nombre de leurs jeux les plus constants, comptent le plaisir de faire, au moyen d'un chalumeau de paille introduit dans un vase rempli d'une eau rendue légèrement savonneuse, de petits ballons nommés *bulles de savon*, qu'ils confient à l'un des deux éléments qui les ont formées, et qui, pendant leur durée éphémère, se nuancent de mille couleurs. Ce phénomène remarquable a été l'objet des recherches de Newton (*voyez* ANNEAUX COLORÉS). Par analogie, on a coutume d'étendre le même nom aux travaux futiles et légers de beaucoup d'hommes qui restent enfants toute leur vie et ne savent rien produire de grand ni même d'utile à l'humanité.

On donne encore le nom de *bulle*, en termes de papeterie, à la pâte commune que l'on réserve pour la fabrique du gros papier, nommé de là *papier-bulle* : c'est une matière composée de vieux chiffons de toile de chanvre ou de lin, qu'on a fait pourrir dans des cuves, et qu'on a ensuite pilés et battus au moulin.

En pathologie, on désigne aussi sous le nom de *bulle* toute espèce de vésicule formée par la sérosité qui soulève l'épiderme.

BULLE (*Zoologie*), genre de mollusques de l'ordre des gastéropodes tectibranches, très-voisin du genre *bullée*, mais s'en distinguant par la présence d'une coquille externe. Cette coquille univalve, ovale, globuleuse, mince et fragile, souvent épidermée, plus ou moins complétement enroulée, sans columelle ni saillie à la spire, est ouverte dans toute sa longueur. Le genre *bulle* renferme vingt-six espèces répandues dans toutes les mers du globe.

BULLE (*Archéologie*), sorte de petite boule concave d'or, d'argent ou d'autres matières que les enfants des Romains portaient au cou : on en donnait une d'or aux enfants des patriciens en même temps que la robe prétexte, et ils ne la quittaient qu'avec elle, c'est-à-dire à l'âge de dix-sept ans. Ces bulles étaient du même travail que les boucles d'oreille, que les Romains appelaient du même nom; mais elles avaient une forme lenticulaire de quatre centimètres environ de diamètre; elles étaient ornées sur leurs bords d'un gadron ou moulure et garnies dans le haut d'une tubulure ou rainure dans laquelle passait une chaîne d'or ou un cordon pour suspendre la bulle. L'intérieur était rempli de mastic pour donner de la consistance à ces feuilles légères. Les bulles des enfants plébéiens étaient en cuir, en ivoire ou d'autres matières et suspendues par une courroie. Ce fut Tarquin l'Ancien qui le premier, suivant Pline, décora son fils d'une bulle d'or pour avoir tué un ennemi de sa main lorsqu'il était encore dans sa jeunesse et ne portait que la prétexte.

Quoiqu'il paraisse constant, par le témoignage de tous les auteurs, qu'il n'y avait que les enfants des magistrats curules qui eussent le droit de porter la bulle d'or, les citoyens à qui les honneurs du triomphe étaient décernés s'en paraient également; mais elle était alors d'un plus grand volume que celle des enfants. La grande vestale et les dames romaines en portaient aussi, la première par distinction, les autres comme une parure. On regardait encore ces bulles comme de très-puissants préservatifs contre les génies malfaisants. La superstition n'avait guère moins de part que la vanité dans la coutume d'attacher ces bulles au cou des enfants.

On a ensuite appelé *bulle* la boule de métal que l'on avait coutume d'attacher aux actes pour les rendre authentiques; par extension on a donné le nom de bulles à des rescrits émanés des souverains pontifes ou des empereurs.

BULLE (*Droit canonique*). On donne ce nom à des rescrits apostoliques sur quelque affaire importante. Elles sont écrites sur parchemin, en caractères ronds et gothiques, et scellées de plomb. Ce plomb représente d'un côté les têtes de saint Pierre à droite et de saint Paul à gauche; de l'autre côté se trouve le nom du pape régnant, avec l'an de son pontificat. Si la bulle est en *forme gracieuse*, le plomb est pendant en lacs de soie; si elle est en *forme rigoureuse*, c'est-à-dire si ce sont des lettres de justice, le plomb est pendant à une cordelle de chanvre. La salutation le pape prend la qualité d'évêque, serviteur des serviteurs de Dieu (*servus servorum Dei*). La bulle se divise en quatre parties, qui sont : la narration du fait, la conception, les clauses et la date. On distingue deux classes de bulles, les *petites bulles* et les *grandes bulles* : les grandes bulles sont celles qui renferment des dispositions dont la durée est censée devoir être perpétuelle; elles s'annoncent par les mots *in perpetuum* ou *ad perpetuam rei memoriam*; les petites bulles ne renferment que les nominations d'évêques et les dispenses. Les *bulles pour le jubilé*, de même que les *bulles doctrinales*, sont adressées à tous les fidèles.

Fulminer une bulle, c'est la publier avec les formalités prescrites. En France, le conseil d'État enregistrer les bulles des papes pour les rendre exécutoires. L'article 1er de la loi organique du concordat de 1802 porte en effet que aucune bulle, bref, rescrit, décret, mandat, provision, ni autres expéditions quelconques de la cour de Rome, même concernant les particuliers, ne pourront être reçus, imprimés ni autrement mis à exécution sans l'autorisation du gouvernement. On peut aussi attaquer les bulles du pape par la voie d'appel comme d'abus.

Quand le pape est mort on n'expédie plus de bulles durant la vacance du saint-siége : le vice-chancelier s'empare du sceau des bulles, puis il fait effacer avec soin en présence de plusieurs personnes le nom du pape qui vient de mourir; il couvre d'un linge le côté où sont les têtes de saint Pierre et de saint Paul; il y met son sceau, et le donne au camérier pour le garder, afin qu'on ne puisse *buller* aucun rescrit jusqu'à l'élection du nouveau pape.

Jésus-Christ a dit : *gratis date*, et le concile de Trente avait décidé que toute émission papale qui ne serait pas gratuite serait regardée comme non avenue; néanmoins un édit de 1673, qui fut exécuté jusqu'en 1789, portait que toutes les expéditions de la cour de Rome pour la France passeraient au visa des banquiers expéditionnaires de la cour de Rome; ils servaient d'intermédiaires pour l'envoi des fonds destinés à payer les bulles et dispenses. Encore aujourd'hui la rétribution fixée pour l'installation d'un évêque est prise sur les fonds du ministère des affaires étrangères; les dispenses pour mariages sont payées par les évêques, à qui on en remet le prix et qui le font parvenir à Rome.

Nous citerons parmi les bulles les plus célèbres la bulle *Incœna Domini*; la bulle *Clericis laicos*, donnée en 1296 par Boniface VIII, qui remplit la France de troubles et de scandales, et commença les querelles de ce pape avec Philippe le Bel; la bulle *Ausculta fili*, que ce dernier roi fit brûler à Paris le dimanche 11 février 1302; la bulle *Execrabilis*, fulminée par Pie II le 18 janvier 1460 : elle proscrivait sous les peines les plus sévères les appels aux futurs conciles, ce qui n'empêcha pas Dauvet, procureur général au parlement de Paris, d'appeler de cette même bulle au futur concile général par ordre de Charles VII; la bulle *Exsurge, Domine*, lancée par Léon X le 15 juin 1520 contre les doctrines de Luther; la bulle *Cum occasione*, d'Innocent X, le 30 mai 1653, contre les cinq fameuses propositions de Jansénius; les bulles *Vineam Domini*, *Ex illa Die* et *Unigenitus*, de Clément XI; la bulle *Post diurnas*, sous Pie VII, le 30 novembre 1800, qui établissait un nouvel ordre judiciaire dans les États de l'Église, et celle de 1809 par laquelle il excommunia Napoléon au faîte de sa puissance; le même pape, par une autre bulle, du 7 août 1814, rétablit les jésuites. Pie IX, par une bulle en date du 24 septembre 1850, a rétabli en Angleterre l'ancienne forme de la discipline ecclésiastique et les évêques, conformément à la hiérarchie catholique romaine.

BULLE D'OR. C'était le nom du grand sceau de l'empire d'Allemagne; il représentait d'un côté l'empereur assis sur son trône, et de l'autre la Capitole de Rome. Ce fut Lothaire II qui s'en servit le premier.

Une célèbre constitution publiée en 1356 par l'empereur Charles IV du consentement et avec le concours des Électeurs, des princes, des comtes, de la noblesse et des villes impériales, porte le nom de *Bulle d'Or*. On a cru longtemps que c'était l'ouvrage du jurisconsulte Barthole; mais on l'attribue maintenant au vice-chancelier de l'Empire, l'évêque de Verden. Elle se divise en trente articles. Les vingt-trois premiers furent arrêtés dans la diète tenue à Nuremberg au mois de janvier 1356; les sept derniers dans une autre diète, tenue à Metz vers la fin de la même année. Elle avait principalement pour objet de régler les formes de l'élection des empereurs, de mettre un terme aux disputes sanglantes qui l'accompagnaient trop souvent, et d'empêcher dorénavant les longs interrègnes dont l'empire avait eu tant de fois à souffrir.

Voici les dispositions les plus importantes de ce document célèbre : le nombre des électeurs fut fixé à sept, en l'honneur des sept chandeliers de l'Apocalypse; trois ecclésiastiques : les archevêques de Mayence, de Cologne et de Trèves; quatre laïques : le roi de Bohême, le comte palatin, le duc de Saxe et le Margrave de Brandebourg. Le titre d'archichancelier du royaume de Germanie était confirmé à l'archevêque de Mayence, celui d'archichancelier du royaume d'Italie à l'archevêque de Cologne, et celui d'archichancelier du royaume d'Arles à l'archevêque de Trèves. Les quatre grandes charges de la couronne furent pour toujours attachées aux quatre électorats séculiers, savoir : l'office de grand échanson au royaume de Bohême; l'office de grand sénéchal au comté palatin; l'office de grand maréchal au duché de Saxe, et l'office de grand chambellan au margraviat de Brandebourg. Ces quatre grands officiers séculiers durent avoir des lieutenants héréditaires chargés de remplir leurs fonctions pendant leur absence. L'élection du roi des Romains, héritier présomptif de l'empereur, dut se faire à Francfort à la pluralité des suffrages; il dut se faire sacrer à Aix-la-Chapelle, par l'archevêque de Cologne, et tenir toujours sa première diète à Nuremberg. L'électeur palatin et celui de Saxe furent maintenus comme vicaires de l'empire; ils devaient exercer ces fonctions indistinctement pendant toutes les vacances du trône, que celles-ci résultassent de l'absence ou de la mort de l'empereur. Le vicariat de l'électeur palatin comprenait dans son ressort la Franconie, la Souabe, la Bavière, et les provinces rhénanes; celui de l'électeur de Saxe conservait les provinces régies par le droit saxon. Les causes personnelles des empereurs continuaient d'être jugées par l'électeur palatin. La qualité d'électeur fut désormais invariablement attachée à la principauté, abstraction faite de la personne. Ces principautés ne pouvaient être partagées ou démembrées sous quelque prétexte que ce fût. La majorité des électeurs fut fixée à dix-huit ans. Pendant leur minorité la régence des électorats et l'exercice du suffrage devaient appartenir à l'agnat le plus rapproché. Les électeurs eurent partout et en toute occasion le pas sur tous les autres princes de l'Empire; ils eurent l'exercice de la justice en dernier ressort dans leurs terres électorales, et l'on ne put pas appeler leurs sujets devant un tribunal étranger. La Bulle d'Or défendait en outre les guerres injustes, les incendies, les pillages et les rapines; elle déclarait illégitimes tous les défis qui n'auraient pas été faits trois jours entiers avant le commencement des hostilités et signifiés à la personne même que l'on voulait attaquer; elle interdisait d'exiger des péages insolites, ou le droit de haut-conduit dans les lieux non privilégiés; elle défendait aussi de recevoir les serfs fugitifs et les *pfahlburgers* ou faux-bourgeois (ceux qui se faisaient recevoir bourgeois d'une ville au préjudice de leurs seigneurs), et proscrivait toute ligue ou confédération non autorisée.

Le 29 décembre 1356, l'empereur, de retour à Nuremberg, voulant la sanctionner définitivement par un commencement d'exécution, se fit rendre tous les services qu'elle imposait aux électeurs et aux autres officiers de la couronne dans une pompeuse cérémonie. Après avoir entendu le matin une messe solennelle, l'empereur et l'impératrice, revêtus de leurs habits impériaux, entourés des prélats et de tous les princes, se rendirent à la grande place de Nuremberg, au milieu de laquelle on leur avait préparé un splendide festin. La table de l'empereur était placée sur une estrade élevée. Aussitôt qu'il se fut assis avec l'impératrice à ses côtés, les trois électeurs ecclésiastiques vinrent à cheval comme archichanceliers de l'empire : chacun avait, en marque de sa dignité, un sceau d'or suspendu à un collier et une lettre à la main; ils étaient suivis des quatre électeurs séculiers, aussi à cheval. Le duc de Saxe, grand maréchal de l'empire, et portant un picotin d'argent rempli d'avoine, mit pied à terre, et indiqua à chacun de ses collègues la place qu'il devait occuper. Le margrave de Brandebourg, grand chambellan, versa avec une aiguière d'or dans un bassin du même métal de l'eau sur les mains de l'empereur et de l'impératrice. Le comte palatin du Rhin, grand sénéchal, plaça les mets sur la table. Les plats dans lesquels il les servit étaient d'or massif, ainsi que le flacon et le gobelet dans lequel le duc de Luxembourg, neveu de l'empereur, faisant les fonctions du roi de Bohême, grand échanson, présenta à boire à l'empereur. Après les princes électeurs se présentèrent le marquis de Misnie et le comte de Schwartzembourg, tous deux grands vèneurs, revêtus de tous les attributs de leur charge, à cheval, sonnant le cor, et suivis de leurs chasseurs et de leurs chiens. Ils tuèrent devant l'empereur un cerf et un sanglier, dont ils lui offrirent les prémices. La cérémonie se termina par une distribution d'objets précieux que fit l'empereur aux électeurs et à tous les seigneurs présents.

C'est ainsi que fut mise à exécution cette fameuse *Bulle d'Or*, qui régla d'une manière invariable le droit politique de l'Allemagne, jusqu'à ce que la révolution française, étant venue bouleverser l'Europe, força le vieil empire germanique à modifier les bases de sa constitution, et, en substituant l'empire héréditaire d'Autriche à l'empire d'Allemagne, fit abandonner pour toujours le système électoral, qui du reste depuis longtemps n'était déjà plus qu'une vaine formalité. L'exemplaire le plus authentique de la Bulle d'Or était conservé à Francfort-sur-le-Mein, sous la garde du principal magistrat de cette ville. On avait pour cet exemplaire un respect si religieux qu'en 1642 l'électeur de Mayence eut la plus grande peine à obtenir qu'on renouvelât les cordons de soie presque usés auxquels était attaché le sceau de la bulle. Les magistrats de Francfort ne consentirent à cette opération qu'à la condition qu'elle se ferait en présence d'un grand nombre de témoins.

D'autres constitutions ont également porté le nom de *Bulle d'Or*; la plus ancienne de toutes est même la *Bulle d'Or de Bohême*, privilège accordé en 1348 au roi et au royaume de Bohême par le même empereur, Charles IV. Ce prince y confirma toutes les prérogatives accordées par Frédéric II en 1212 à Ottokar, roi de Bohême.

La *Bulle d'Or de Brabant* fut donnée l'année suivante par le même empereur à Jean duc de Brabant. Ces lettres patentes remettaient à la décision des juges du Brabant tous les procès où les Brabançons interviendraient, soit comme demandeurs, soit comme défendeurs.

On cite encore la *Bulle d'Or de Milan*, donnée en 1549, à Bruxelles, par l'empereur Charles-Quint; elle réglait la succession au duché de Milan, et substituait les femmes, au défaut absolu de tous les héritiers mâles, en observant d'ailleurs la primogéniture.

BULLÉE, genre de mollusques gastéropodes univalves, dont la coquille est tellement cachée dans les chairs qu'on ne l'aperçoit point au dehors, et qui présente un corps oblong d'environ 14 millimètres de longueur sur 20 de largeur. On n'en connaît que deux espèces, la *bullée plancienne*, qui habite les mers d'Europe, et la *bullée hirondelle*, rapportée de l'Ile de France par MM. Quoy et Gaymard.

BULLÉENS. Lamarck a réuni sous ce nom les acères, les bulles et les bullées, en une famille de l'ordre des mollusques gastéropodes tectibranches, à laquelle répond au genre désigné par G. Cuvier sous le nom d'*acère*.

BULLET (Pierre). Cet architecte, né en 1639, fut élève, dessinateur et appareilleur de François Blondel, sur les traces duquel il s'appliqua constamment à marcher. Son principal ouvrage est la porte Saint-Martin, qu'il éleva en 1674 (*voyez* ARC DE TRIOMPHE, tome Ier, p. 748). C'est à Bullet que l'on doit aussi la construction du quai Pelletier, qu'on a élargi depuis, mais qu'il s'agissait alors d'élever sur les ruines de quelques maisons de tanneurs, et qu'il fit porter en partie sur une seule voussure, coupée dans son cintre en quart de cercle, et retenant cependant un trottoir large de deux mètres et un quai de huit mètres de large. Cette entreprise si hardie servit de texte à la jalousie, et l'on tenta d'en empêcher l'exécution, sous le prétexte de la sûreté publique; mais Colbert prit l'architecte sous sa protection, et fit poursuivre l'exécution de son projet. On n'abattit donc point de maisons, on laissa toute sa largeur au lit de la rivière, et c'est l'ouvrage de Bullet déposa en faveur de son habileté. Cet architecte construisit encore l'église des Jacobins, aujourd'hui Saint-Thomas-d'Aquin, sauf son portail, qui est l'ouvrage d'un autre architecte.

Bullet, que les artistes regardent plutôt comme un appareilleur habile que comme un grand architecte, fut cependant reçu en 1685 à l'Académie d'Architecture. Il mourut en 1716, laissant plusieurs écrits, parmi lesquels on cite un *Traité de l'usage du Pantomètre* (Paris, 1675, in-12); un *Traité du Nivellement* (1688, in-12); des *Observations sur la mauvaise odeur des lieux d'aisance* (1666, in-12); mais son principal ouvrage est son *Architecture pratique* (1691-1693, in-8°), dont les éditions multipliées prouvent l'utilité.

BULLET (Jean-Baptiste), historien très-érudit, né à Besançon, en 1699, mort dans la même ville, en 1775, est auteur de divers ouvrages, pleins d'érudition, mais d'un style peu soigné. On estime particulièrement son *Histoire de l'Établissement du Christianisme*, son traité de l'*Existence de Dieu démontrée par la nature*, et ses *Réponses aux difficultés des incrédules contre divers endroits des livres saints*. Mais ses savants *Mémoires sur la Langue celtique* (1754-60, 3 vol. in-folio) sont incontestablement l'ouvrage qui a le plus contribué à sa réputation. Ce livre n'est pas néanmoins exempt de tout esprit de système : on y trouve souvent des étymologies hasardées, ou pour le moins fort arbitraires; on ne peut toutefois nier qu'il ne se recommande par une véritable érudition. On retrouve le même mérite dans ses *Recherches historiques sur les cartes à jouer*, ainsi que dans ses *Dissertations sur différents sujets* de *l'histoire de France*. C'est dans ce dernier ouvrage qu'il soutient que le mot *fleur de lis* ne provient pas de la ressemblance de cet insigne royal avec la fleur du même nom, mais bien du mot *lis*, qui en celtique aurait signifié *roi*, *souverain*. Bullet était correspondant de l'Académie des Inscriptions et Belles Lettres, et membre des académies de Besançon, Lyon et Dijon. Après avoir professé la théologie à Besançon pendant près de cinquante ans, il mourut doyen de l'université de cette ville. CHAMPAGNAC.

BULLETIN. Ce mot, dérivé de *bulle*, implique généralement l'idée de billet, petit écrit, petite note, par lesquels on rend compte, à des intervalles plus ou moins rapprochés, souvent jour par jour, et quelquefois d'heure en heure, de la situation d'une affaire ou de l'état d'une personne. On a donné ce nom autrefois aux billets de logement, à des ordres d'échevins, contenant l'obligation d'une charge de ville, ou corvée publique quelconque, à exécuter ou à supporter, à des certificats d'hôpital ou de santé, à des *récépissés* délivrés en matière de finances, pour constater le payement des droits d'entrée et de sortie, enfin à de petits livrets donnés aux gens de mer, lorsqu'on les enregistrait au bureau des classes de la marine, etc.

Les *bulletins de vote* sont de petits billets servant dans les élections à inscrire les noms de ceux auxquels on donne sa voix.

Voici comment, selon les *Mémoires de l'Académie des Inscriptions*, on procédait chez les anciens aux élections des officiers et des magistrats, que l'on confiait au sort : « Les noms des aspirants étaient écrits sur des bulletins que l'on mettait dans une urne, et l'on jetait dans une autre autant de fèves blanches qu'il y avait de places à remplir, et autant de fèves noires qu'il restait de prétendants ; après quoi on tirait successivement un bulletin et une fève ; si cette dernière se trouvait noire, on tirait un autre bulletin et une autre fève, jusqu'à ce que la fève blanche désignât celui à qui le sort donnait la préférence. C'était un crime capital de jeter dans l'urne deux bulletins chargés du même nom, et quand deux frères concouraient, ils étaient obligés d'ajouter à leur nom quelque distinction. »

Les modernes ont adopté l'usage des *bulletins de vote*. En France, par exemple, où l'on jouit du suffrage universel, c'est au moyen de bulletins imprimés ou écrits que se font les choix ou nominations de députés, de membres des conseils municipaux, d'arrondissement et généraux. L'autorité supérieure choisit maintenant les officiers de la garde nationale, et le choix des jurés a lieu au sort sur une liste dressée par des commissions spéciales. Quant aux élections, elles se font toutes par *bulletins*, où chaque électeur inscrit le nom de celui auquel il donne sa voix pour la qualité qui fait le sujet du concours. On réunit ces bulletins dans une urne ; on les compte, pour s'assurer qu'ils sont en nombre égal à celui des votants ; puis on les ouvre, on en lit le contenu à haute voix, tandis que le secrétaire du bureau, assisté des scrutateurs, marque à chaque candidat le nombre de voix qui lui est acquis, et le président proclame le résultat du *scrutin*. Les grands corps délibérants, le sénat, le corps législatif, etc., votent par assis et levé, ou au moyen de boules blanches, et noires, ou avec des *bulletins*, quand il s'agit de nominations. Chez nous le vote à *bulletin ouvert* est défendu.

Après le dépouillement du scrutin, on brûle les bulletins, à l'exception de ceux qui peuvent donner lieu à des discussions, lesquels doivent être joints au procès-verbal. Les bulletins doivent être écrits d'avance et remis pliés au président. Les bulletins ne portent qu'un seul nom, à moins qu'il n'y ait plusieurs personnes à élire, auquel cas le bulletin est qualifié de *scrutin de liste*.

L'attribution des bulletins joue son rôle dans la vérification des pouvoirs des conseillers de commune, d'arrondissement et de département. Toute la jurisprudence du conseil d'État en cette matière importante est fondée sur l'équité ; c'est-à-dire qu'on prononce moins en droit strict qu'à la manière intentionnelle du jury, pour nous servir de l'expression de M. de Cormenin. Ainsi, lorsqu'il ne reste qu'un seul membre à élire, on doit compter à un citoyen non élu un bulletin qui contient deux noms, le sien et celui d'un membre déjà élu. On ne doit pas annuler un bulletin, ni parce que l'orthographe du nom aura été altérée, ni parce que l'un des deux noms seulement que porte le candidat aura été indiqué, ni parce que le bulletin contiendra des qualifications douteuses ou illisibles, ni parce qu'il y aurait dans l'assemblée plusieurs homonymes, s'il est évident que ce bulletin ne peut s'appliquer qu'à un seul individu. Enfin, il faut tenir pour règle générale que si, malgré l'attribution à son adversaire des bulletins contestés, le candidat a obtenu la majorité absolue ou relative, l'élection doit être maintenue. C'est encore une règle admise que le président doit se borner à proclamer les noms inscrits avec les qualifications sérieuses des prénoms, surnoms et professions des candidats, sans lire les mots de convention, chiffres, injures, sobriquets et commentaires qui y seraient ajoutés. Ceci est fondé en raison, car il ne doit sortir de l'urne que des noms, et rien de plus. Il ne faut pas que les passions s'y donnent carrière en dénonçant lâchement leurs adversaires à la haine ou au mépris public, sous le voile de l'anonyme. D'ailleurs, ce pourait être une manière indirecte de divulguer le secret des votes, une réponse faite aux exigences du pouvoir, un signal de reconnaissance, une vengeance de minorité. Si même la qualification allait jusqu'à la diffamation, le bureau devrait ordonner l'annexation des bulletins qualificatifs au procès-verbal, pour être ultérieurement statué par le ministre de la justice, s'il y a lieu. Toutefois, si le bulletin n'exprimait que des non-sens, il faudrait que le président le lût en son entier, car on doit redouter qu'un bureau violent et passionné ne fasse disparaître des suffrages sérieux sous des prétextes en apparence plausibles.

C'est encore une règle de jurisprudence qu'on ne doit pas supputer les billets blancs. La raison qu'on en donne, c'est qu'un billet blanc n'est pas un billet écrit, et que la loi exige des billets écrits. Il n'en est pas de même des billets illisibles, car il y a ici manifestement intention de voter. Il y a un billet écrit, mais seulement mal écrit. Qu'un billet maculé, illisible pour le nom, ait parmi ses mots : *membre sortant*, le bulletin peut être attribué à l'un des candidats avoués auquel seul s'attache cette qualité. En cas de *ballottage*, le nom tout court suffit ; c'est qu'il n'y a plus alors que deux candidats en présence, deux noms, et que la qualification devient surabondante, à moins toutefois qu'il ne s'agisse de deux frères ou de deux parents du même nom. Les bulletins qui ne contiendraient qu'une *initiale* suivie d'un *paraphe* ou de *trois croix*, ou de *rien*, ou de *Pierre ou Paul*, ou de *Pierre et moi*, ou de ces mots seulement, *la Providence*, ou qui ne renferment qu'une énonciation dérisoire, ou qui ne se composent que de jambages, dont aucun n'a la forme d'une lettre, ne doivent pas être comptés. D'ordinaire, et pour couper court à des débats interminables sur la qualification vraie ou fausse d'un bulletin, on commence par le défalquer comme s'il était nul, et si, la défalcation opérée, le candidat contesté a obtenu la majorité des suffrages, elle confirme l'élection. On a quelquefois ainsi écarté de la discussion plus de soixante bulletins litigieux.

« Le terme de *bulletin*, disait M. Jay en 1823, n'a jamais été employé plus fréquemment que sous la domination impériale. Qui ne connaît les *bulletins de la grande armée* ? qui ne se rappelle les sensations qu'on éprouvait en les recevant ? Toute l'Europe en retentissait. La collection de ces bulletins est recherchée ; ce sont les plus brillantes archives de notre gloire militaire ; mais combien ils ont coûté de sang, et que de larmes ils ont fait verser ! Le *vingt-neuvième bulletin* de la dernière campagne de Russie couvrit la France de deuil ; il annonçait l'approche des barbares ! »

Ce mot de *bulletin* a subi de grandes modifications par

l'extension forcée qu'on lui a donnée depuis un demi-siècle. Originairement destiné, comme nous l'avons dit, à exprimer un acte passager, il a été appliqué à de longs écrits et à des collections volumineuses, telles que le *Bulletin des Lois*, et le *Bulletin universel des Sciences et de l'Industrie*, créé en 1824 par le baron de Férussac, et qui pendant quatre ans, à partir de 1828, ne publia pas moins de *vingt-cinq volumes* par année. Fondé dans le but d'offrir un lien universel aux savants de tous les pays, et de faire pour l'étude spéciale de chacune des branches des connaissances humaines ce que la *Revue Encyclopédique* avait fait avec succès, de 1819 à 1830, pour leurs applications générales, ce vaste répertoire subit le même sort que son aîné; et la révolution de Juillet porta un coup funeste à ces deux belles entreprises. Le *Bulletin Universel* était divisé en huit sections, consacrées chacune à l'examen d'une ou de plusieurs branches spéciales des connaissances humaines, et avait pour but d'enregistrer, d'analyser et de faire connaître sommairement à ses lecteurs tous les travaux des savants, tous les essais, toutes les combinaisons nouvelles de la science et de l'industrie, consignés dans les divers recueils généraux et spéciaux qui se publiaient en France et à l'étranger. L'imprimerie nationale, qui publie le *Bulletin des Lois*, fait paraître, en outre, un *Bulletin des Arrêts de la Cour de Cassation*, divisé en partie civile et en partie criminelle ; un *Bulletin officiel de la Marine* et un *Bulletin des Comités historiques*.

BULLETIN DES LOIS. C'est le recueil officiel des lois, ordonnances et règlements qui nous régissent. Il a été institué par la loi du 14 frimaire an II, et ne commença à paraître que quelques mois après ; car il débute par la loi du 22 prairial an II. Il doit son existence au *Bulletin de Correspondance* qu'avait créé l'Assemblée constituante, et que la Convention avait conservé ; mais ce procès-verbal quotidien des séances législatives n'était pas réuni en recueil et ne servait d'ailleurs à la promulgation des lois que dans les cas d'urgence. C'est pour remédier à ces deux inconvénients que fut créé le *Bulletin des Lois*, destiné tout à la fois à promulguer les lois et à en conserver le texte. Ne devant d'abord renfermer que les lois d'intérêt public ou d'une exécution générale, il fut bientôt chargé par la loi du 12 vendémiaire an IV de faire connaître aussi les proclamations et actes du gouvernement.

Le Bulletin des Lois se divise en autant de séries que la France a eu de gouvernements différents depuis sa création. La première contient les lois de la Convention, depuis le 22 prairial an II jusqu'au mois de fructidor an III ; la seconde, les actes du Directoire, de fructidor an III à brumaire an VIII ; la troisième, les actes du Consulat, de brumaire an VIII à floréal an XII ; la quatrième, les actes du gouvernement impérial, de floréal an XII à mai 1814 ; la cinquième, les actes de la première Restauration, de mars 1814 à mars 1815 ; la sixième, les actes des Cent-Jours ; la septième, les actes du règne de Louis XVIII, de juillet 1815 à septembre 1824 ; la huitième, les actes du règne de Charles X, de septembre 1824 à juillet 1830 ; la neuvième, les actes du règne de Louis-Philippe, depuis juillet 1830 jusqu'à février 1848 ; enfin la dixième se compose des actes du gouvernement républicain.

Cette immense collection est distribuée gratuitement à un grand nombre de fonctionnaires publics; elle est adressée à toutes les communes de France. Ce recueil, le plus intéressant de tous les recueils historiques, n'est pas à l'abri de quelques critiques. Les recherches y sont d'une grande difficulté, à cause de la confusion déplorable qui y règne. Jusqu'en 1830 les actes les plus importants s'y trouvent comme perdus au milieu d'une multitude d'actes d'intérêt privé. L'ordre chronologique n'y est pas plus respecté. Ce n'est souvent qu'après plusieurs mois et même après plusieurs années que certains actes y ont été insérés et plus d'une loi s'y trouve autrement qu'elle n'a été votée. Après la révolution de juillet, on divisa ce recueil en deux parties, ayant chacune une série de numéros. La première contient les lois ; la seconde, qui se subdivise en deux sections, comprend les ordonnances d'un intérêt général et les mesures d'un intérêt local ou individuel.

BULLIARD (PIERRE), botaniste, né à Aubepierre en Barrois, vers 1742, mort en septembre 1793, s'adonna de très-bonne heure à l'étude des sciences naturelles. Il a écrit entre autres ouvrages : *Flora Parisiensis* (Paris 1774, 6 vol in-8°) ; *Herbier de la France* (Paris, 1780 à 1793), etc., et surtout une remarquable *Histoire des Champignons de la France*, dont les planches sont imprimées en couleur par un procédé que Bulliard employa le premier et qui a reçu depuis tant d'extension.

BULLIARDE. Trois genres botaniques différents ont été ainsi nommés, en l'honneur de Pierrre Bulliard. Mais le nom de *bulliarde* semble être resté de préférence au genre établi par De Candolle et démembré du genre *tillæa* de Linné. Ainsi compris, le genre *bulliarde* appartient à la famille des *crassulacées*. Il a pour caractères : un calice à quatre divisions ; quatre pétales ; huit étamines, dont quatre stériles.

Bulliarde est aussi le nom que l'on a donné à une des taches de la lune, qui est la quatorzième du catalogue qu'on a fait le P. Ricciolli, et qui lui vient de l'astronome Ismael Bouillard (*Bulliardus*).

BULLINGER (HENRI), l'ami de Zwingle, à qui il succéda comme président du consistoire de Zurich, l'un des hommes qui contribuèrent le plus à la propagation des doctrines de la réformation en Suisse, naquit le 18 juillet 1504, à Bremgarten, dans le canton d'Argovie, d'un père qui était prêtre. Après avoir étudié la théologie à Cologne, il devint professeur dans le couvent de Kappel. La lecture des ouvrages de Luther l'avait préparé à suivre, en 1527, les prédications et les doctrines de Zwingle. Il assista, en 1528, avec celui-ci à Berne au célèbre colloque qui eut pour résultat l'établissement de la réforme dans le canton. En 1529 il se maria avec une religieuse, Anna Adlischwyler, dont il eut douze enfants. Un sermon qu'il prononça, en 1529, le jour de la Pentecôte, à Bremgarten, décida cette commune à embrasser les doctrines de la réforme, et il fut son premier pasteur évangélique. Toutefois, la malheureuse issue de la bataille de Kappel, dans laquelle le parti catholique de ce canton eut le dessus, le força, en 1531, à prendre la fuite. Il se réfugia alors à Zurich, où le grand conseil l'élut à la cure de la cathédrale. Lors de la discussion de Zwingle avec Luther, au sujet de la communion, et encore à l'occasion des querelles avec les anabaptistes, Bullinger se distingua par sa loyauté et sa modération ; il réussit également à terminer les démêlés religieux survenus entre Berne et Genève.

Il mourut le 17 septembre 1575, et avait été en 1543 l'éditeur des écrits de Zwingle. Indépendamment d'un grand nombre d'ouvrages publiés de son vivant, il laissait en manuscrit une *Histoire de la Confédération* et une *Histoire de la Réformation*, dont une édition a été publiée en 1838-40 par les soins de la société patriotique et historique de Zurich.

BULLION (CLAUDE DE), sieur de Bonelles, surintendant des finances et ministre d'État sous Louis XIII, était le fils d'un maître des requêtes, sa mère était une Lamoignon. Sous Henri IV il obtint le même poste que son père avait eu sous Henri III, et fut employé dans diverses négociations. En 1611 Marie de Médicis l'envoya en qualité de commissaire auprès de la fameuse assemblée des calvinistes à Saumur, que présidait Duplessis-Mornay. Quoique porteur d'ordres rigoureux, il y fit preuve de prudence et de modération. En 1614 il assista aux conférences de Soissons. Dix ans plus tard il entra au conseil du gouvernement, composé du duc de la Vieuville, du cardinal de La Rochefoucauld, du duc de Lesdiguières et du garde des sceaux d'Aligre ; il fut fait surintendant des finances en 1632. La même année il négocia le raccommodement de Gaston, duc d'Orléans, avec le roi son frère. Lorsqu'en 1636 Richelieu voulut abandonner le gouvernement de l'État, Bullion le dissuada vivement de ce projet. Ce ne fut pas le seul service qu'il rendit au cardinal ; car ce dernier se reposa sur lui du soin de le représenter dans le fameux conseil assemblé en 1639 par Louis XIII et dans lequel le cardinal, instigateur secret de la mesure qui allait être prise, crut prudent de ne pas paraître. Il s'agissait de persuader au roi que le retour de Marie de Médicis ne pourrait être que nuisible à lui-même et à l'État. Bullion fut récompensé par le titre de garde des sceaux et la création en sa faveur d'une nouvelle charge de président à mortier au parlement de Paris. Ce fut sous la surintendance de Bullion que les premiers louis d'or furent frappés, en 1640. Saint-Simon rapporte à ce sujet une anecdote dont le fond doit être vrai, mais dont les détails nous paraissent aujourd'hui peu vraisemblables ou tout au moins quelque peu brodés. « Le surintendant ayant donné à dîner au maréchal de Gramont, au maréchal de Villeroi, au marquis de Souvré et au comte d'Hautefeuille, fit servir au dessert trois bassins remplis de louis, dont il les engagea à prendre ce qu'ils en voudraient. Ils ne se firent pas trop prier, et s'en retournèrent les poches si pleines qu'ils avaient peine à marcher, ce qui faisait beaucoup rire Bullion. Le roi, qui faisait les frais de cette plaisanterie, ne devait pas la trouver tout à fait si bonne. »

Bullion mourut d'apoplexie, le 22 décembre 1640.

Il avait fait bâtir, en 1630, sur les dessins de Levau un hôtel dont il existe encore quelques restes rue Jean-Jacques Rousseau, alors rue Plâtrière, et qui s'étendait jusqu'à la rue Coq-Héron. Il y fit peindre deux magnifiques galeries ; dans l'une Blanchard représenta les douze mois de l'année sous des figures grandes comme nature ; dans l'autre, Vouet représenta les aventures d'Ulysse. Sous l'empire, l'hôtel Bullion fut affecté aux ventes mobilières volontaires faites par les commissaires priseurs. Après 1840, cet établissement fut transporté place de la Bourse, qu'il vient encore de quitter.

BULMER (William), l'un des imprimeurs les plus distingués qu'ait eus l'Angleterre, était né à Newcastle-sur-Tyne, où il exerça pendant quelque temps son industrie. Plus tard, ayant transféré son établissement à Londres, ses presses acquirent tout de suite une grande réputation, à cause de la belle édition en miniature des poëtes anglais de Bell, qui en sortit. Une édition de Perse publiée en 1790 l'accrut tellement, que le libraire de la cour, George Nicol, le recommanda au roi George III pour l'exécution de la célèbre édition des œuvres de Shakspeare (9 vol., 1794-1804), d'où l'établissement prit pour raison commerciale la dénomination de *Shakspeare-Press*. Beaucoup de connaisseurs préfèrent ou tout au moins comparent au Shakspeare l'édition des *Poetical Works of John Milton* (3 vol., 1793-1797), précédemment publiée par Bulmer. Son *Museum Wosleyanum*, dont l'édition coûta 27,000 livres sterl. au propriétaire, les *Antiquities of the Arabs in Spain* (1816) de Murphy, etc., etc., sont autant de chefs-d'œuvre de l'art. Bulmer était l'imprimeur de prédilection des bibliophiles anglais : aussi est-ce lui qui fut chargé de la plupart des impressions faites par ordre du club de Roxburgh. Les nombreux ouvrages bibliographiques de Dibdin, l'âme de ce club de bibliomanes, et qui dans son *Décaméron* donne la liste de divers livres sortis de la *Shakspeare-Press*, furent tous imprimés par lui. William Bulmer, qui s'était retiré des affaires en 1819, laissant son établissement au fils de son ami Nicol, mourut le 9 décembre 1830.

BULOW (Famille de). Cette famille originaire du Mecklembourg, et dont l'histoire d'Allemagne fait mention dès les premières années du treizième siècle, s'est divisée en plusieurs branches établies aujourd'hui en différentes contrées du nord de l'Europe.

BULOW (Frédéric-Guillaume, baron de), comte *de Dennewitz*, général d'infanterie, l'un des principaux acteurs de la grande lutte soutenue par la Prusse contre Napoléon, naquit le 16 février 1755 dans la Vieille-Marche, à Falkenberg, domaine où résidait son père, fils d'un ancien ministre d'État prussien, mort en 1737. Il témoigna de bonne heure les dispositions les plus prononcées pour l'état militaire, et entra au service dès l'âge de quatorze ans. Son avancement toutefois fut peu rapide ; car il n'était encore que capitaine lorsqu'en 1793 il fut nommé gouverneur du prince Louis-Ferdinand de Prusse, fonctions auxquelles on attacha le grade de major, et c'est en cette qualité qu'il fit la campagne du Rhin. Au siège de Mayence, il donna de nombreuses preuves de bravoure. En 1794 il passa avec le titre de chef de bataillon dans la brigade des fusiliers de la Prusse orientale. Pendant la campagne de 1806-1807, il concourut en qualité de lieutenant-colonel, sous les ordres du général d'Estocq, à la défense de Thorn, et se distingua dans plusieurs affaires, notamment à celle de Waltersdorf. En 1808 il passa général-major, puis général de brigade, et fut nommé en 1811 gouverneur de la Prusse orientale et occidentale.

Lorsque la Prusse, déchirant les traités qui la liaient à la politique de Napoléon, eut tourné ses armes contre la France, ce fut le général Bulow qui, le 5 avril 1813, remporta près de Mœckern le premier succès dont furent couronnés dans cette guerre les efforts des troupes prussiennes. En s'emparant le 2 mai suivant de Halle, il gagna encore davantage la confiance des troupes, et ranima l'enthousiasme du peuple, que la perte toute récente de la bataille de Lutzen avait singulièrement découragé. Peu de temps après, par l'avantage qu'il remporta à Luckau, sur le maréchal Oudinot, il sauva une première fois Berlin menacé par les Français. À l'expiration de l'armistice (août 1813), son corps fut placé sous les ordres de Bernadotte, commandant en en chef de l'armée dite du Nord. Dans cette position dépendante, Bulow se vit souvent condamné à l'inaction par suite de la tactique temporisatrice adoptée dans des vues toutes d'intérêt personnel par le prince royal de Suède. Il sut cependant se soustraire peu à peu à cette action paralysante, et agit de son chef toutes les fois que l'occasion s'en présenta. C'est ainsi, et jusqu'à un certain point contre la volonté du prince de Suède, qu'il livra la bataille de Gross-Beeren, dans laquelle il battit le maréchal Oudinot la seconde fois, ainsi que celle de Dennewitz, où, par ses excellentes dispositions, il repoussa le maréchal Ney, accouru au secours de son collègue, sauvant ainsi encore une fois Berlin, et anéantissant du même coup une notable partie des forces ennemies. Le roi de Prusse récompensa ces beaux faits d'armes par la grand'croix de la Couronne de Fer. Après avoir été chargé alors pendant quelque temps de l'investissement de Wittenberg, il prit une part importante à la bataille de Leipzig.

Pendant que les alliés poursuivaient l'armée de Napoléon dans sa retraite sur le Rhin, Bulow fut chargé d'occuper les provinces septentrionales de l'Allemagne, et d'observer militairement le Bas-Rhin et l'Yssel. Vers la fin de janvier 1814, il reçut l'ordre de venir opérer sa jonction avec l'armée qui manœuvrait en Champagne sous les ordres de Blucher ; mouvement qu'il exécuta dès le 4 mars, en s'emparant, chemin faisant, de La Fère et de Soissons. Il assista à la bataille de Laon, enleva Compiègne, et termina la campagne en occupant les hauteurs de Montmartre, lorsque les troupes alliées entrèrent dans Paris. Ce fut dans cette capitale que le roi de Prusse le créa comte *de Dennewitz*, en commémoration de son plus glorieux fait d'armes, et lui accorda une dotation en terres d'un million de francs. Il fut nommé ensuite commandant supérieur de la Prusse orientale et occidentale.

À l'ouverture de la campagne de 1815, il reçut le commandement en chef du quatrième corps, qu'il amena en toute hâte à Blucher ; et il lui aida ainsi à livrer la bataille de Waterloo. En janvier 1816 il reprit son commandement supérieur à Kœnigsberg, et mourut dans cette ville, le 25 février de la même année.

Bulow, officier distingué, n'était pas moins estimable comme homme privé. Initié dès sa jeunesse à la théorie de la tactique, il en fit pendant toute sa carrière militaire l'objet constant de ses études. Il aimait aussi beaucoup les arts, notamment la musique; et on a de lui plusieurs morceaux de musique sacrée. Une statue lui a été élevée sur l'une des places publiques de Berlin, par ordre du roi Frédéric-Guillaume.

BULOW (Henri-Adam, baron de), frère du précédent, né vers 1760, entra, lui aussi, au service de bonne heure. Mais, dégoûté bientôt de l'état militaire, il renonça à cette carrière pour se livrer à la culture des lettres et des sciences. Une seule fois il céda à la tentation de revenir sur cette détermination : ce fut à l'époque où éclatèrent les troubles des Pays-Bas; il s'engagea alors dans les troupes de Joseph II; mais, n'ayant pas trouvé, en raison même du genre de cette guerre, l'occasion de se distinguer, il dit de nouveau adieu au métier des armes, et revint en Prusse, où il s'éprit d'une passion si vive pour le théâtre, qu'il se mit à la tête d'une troupe de comédiens. Forcé bientôt de renoncer à ce genre d'existence, il s'embarqua pour l'Amérique avec un autre de ses frères.

Les illusions qu'il s'était formées sur le régime de liberté existant dans cette partie de monde ne tardèrent pas à s'évanouir, et il prit le parti de retourner en Europe. Mais l'esprit aventureux des Américains s'était emparé des deux frères. A leur arrivée sur le continent, ils réalisèrent ce qui leur restait de l'héritage paternel, achetèrent une cargaison de verreries, et s'embarquèrent de nouveau à Hambourg pour l'Amérique du Nord. Leur manque de prudence et d'habileté commerciales et aussi la mauvaise foi de quelques clients firent échouer cette spéculation, et les deux frères durent s'en revenir en Europe complètement ruinés. Une brochure publiée vers cette époque par Bulow, *La République de l'Amérique du Nord dans son état actuel* (2 vol., Berlin, 1797), exprime le profond découragement de l'auteur et la haine qu'il avait vouée à un pays où il avait perdu à la fois ses illusions et sa fortune. Vers la même époque, l'ouvrage de Bœrenhorst : *Considérations sur l'Art de la Guerre*, appela son attention sur ce que présentait de défectueux la théorie de la guerre alors en vigueur, et lui fit concevoir le projet de donner à cette science des bases plus solides. Il consigna le résultat des études auxquelles il se livra à ce sujet dans un écrit intitulé : *Esprit d'un Nouveau Système de Guerre* (Hambourg, 1799, 3ᵉ édition, 1835), qu'il publia sous le voile de l'anonyme. Le succès de ce livre fut grand et l'engagea à rentrer à Berlin, dans l'espoir d'y obtenir un emploi, soit dans l'état-major général, soit dans les affaires étrangères. Mais son attente fut encore une fois déçue, et il se vit réduit à vivre des produits de sa plume. Il fit alors paraître, entre autres ouvrages, son *Histoire de la Campagne de 1800* (Berlin, 1801).

Après maints désagréments que lui attira sa façon trop dégagée de s'exprimer sur toute espèce de sujet, il se rendit à Londres, où il fit paraître quelques numéros d'un journal sur l'Angleterre. L'insuccès de cette publication le jeta dans de grands embarras d'argent, et lui fit même perdre sa liberté. A son retour à Berlin, en 1804, il se remit au travail avec plus d'ardeur que jamais. Les principaux ouvrages qu'il publia à cette époque, sont : *Vie du prince Henri de Prusse* (2 vol., Berlin, 1805); *Principes de la Nouvelle Guerre* (Berlin, 1805); *Nouvelle Tactique des Modernes, ce qu'elle devrait être* (2 vol., Leipzig, 1805), et la *Feuille mensuelle Militaire*. Son *Histoire de la Campagne de 1805*, dans laquelle se trouvaient les assertions les plus hardies, détermina le gouvernement prussien à le faire arrêter; et, après la perte de la bataille d'Iéna, quand les Français furent en pleine marche sur Berlin, on le transféra fort durement à Kolberg, et successivement à Kœnigsberg et à Riga, où il mourut, en prison, au mois de juillet 1807.

Les idées qu'exprimait Bulow dans ses livres purent bien alors contrarier vivement un gouvernement peu habitué encore à ce que des écrivains se mêlassent de lui faire la leçon et cherchassent à lui inspirer le sentiment de sa dignité; mais elles contribuèrent évidemment au grand mouvement national de 1813, et n'exercèrent pas une médiocre influence sur les déterminations de son frère, l'heureux vainqueur de Dennewitz.

Bulow était ardent partisan du système de Swedenborg, comme le prouve un ouvrage posthume de lui, écrit en français et ayant pour titre : *Nunc permissum est ! Coup d'œil sur la doctrine de la nouvelle Église chrétienne* (Kolberg, 1809).

BULOW (Louis-Frédéric-Victor-Jean, comte de), ministre d'État prussien, était né en 1774 à Essenroda, près de Brunswick. Après avoir été, de 1796 à 1807, employé dans l'administration prussienne, il passa en 1807, après la paix de Tilsitt, au service du nouveau roi de Westphalie, qui le nomma d'abord conseiller d'État, puis, en 1808, ministre des finances et du trésor : plus tard le roi Jérôme lui conféra le titre de comte, distinction que le roi de Prusse lui confirma quand il rentra à son service. Une intrigue de cour dirigée par M. de Malchus, qui hérita de son portefeuille, lui fit cependant perdre la confiance du roi de Westphalie, lequel, au retour d'une mission dont il l'avait chargé à Paris, le congédia le 7 avril 1811.

Le comte de Bulow vécut alors comme simple particulier dans sa terre d'Essenroda jusqu'en 1813, époque à laquelle le roi de Prusse, à la sollicitation de Hardenberg, l'appela auprès de lui en qualité de ministre des finances. A cette époque de crise décisive, il eut à faire face aux besoins de l'État et créer les ressources indispensables à l'armée. Toujours à la suite du grand quartier général de l'armée alliée, il accompagna le roi de Prusse à Paris, à Londres et à Vienne. Lorsqu'au rétablissement de la paix générale on s'occupa en Prusse de la réorganisation complète du système financier et administratif, il ne parut pas tout à fait à la hauteur des exigences de la situation nouvelle. Les changements apportés dans la répartition des attributions ministérielles ayant notablement diminué les siennes, il donna sa démission, que le roi accepta, mais en lui conférant le titre de membre du conseil privé; et peu de temps après on créa en sa faveur un ministère spécial du commerce, de l'industrie et des constructions. Ce département ayant été réuni, en 1825, au ministère de l'intérieur, il fut nommé gouverneur général de la Silésie; mais il mourut le 25 août suivant, peu de temps après avoir pris possession de ces nouvelles fonctions.

BULOW (Henri, baron de), né, en 1790, à Schwerin (Mecklenbourg), où son père occupait une charge distinguée à la cour du grand-duc, faisait ses études à Heidelberg, lorsque éclata en 1813 la guerre de l'indépendance. Comme tant d'autres il déserta les bancs de l'école pour s'enrôler dans les rangs de l'armée. Nommé lieutenant dans un corps que le général de Walmoden avait été chargé de réunir sur les bords de l'Elbe inférieur, il ne tarda pas à devenir aide de camp du colonel Nostitz et de Nostitz, et se signala dans maintes occasions. Au rétablissement de la paix générale, en 1815, il revint à Heidelberg, à l'effet d'y terminer ses études, qui furent encore une fois interrompues par la campagne de 1815, pendant laquelle il fut attaché au corps d'armée prussien qui envahit la France.

A la seconde paix de Paris, il fut employé sous la direction de M. G. de Humboldt, chargé, à Francfort-sur-le-Mein, de la négociation relative aux échanges de territoires à opérer entre les différents souverains de l'Allemagne. Il épousa dans cette ville la fille cadette de ce célèbre homme d'État, qu'il accompagna en 1817 à Londres, en qualité de secrétaire d'ambassade. Quand plus tard M. de Humboldt fut rappelé à Berlin pour y prendre un portefeuille, son gendre resta à Londres avec le titre de chargé d'affaires. Revenu quelques années après à Berlin, il y fut attaché comme conseiller intime au ministère des affaires étrangères, où on lui confia dès lors de préférence les questions commerciales. Nommé en 1827 ministre de Prusse en Angleterre, il prit en cette qualité une part importante aux négociations de la Conférence de Londres, relatives aux affaires hollando-belges, ainsi qu'à la conclusion du fameux traité du 15 juillet 1840, signé à l'insu de la France par les grandes puissances pour la pacification de l'Orient. Ce fut lui aussi qui négocia le traité de commerce conclu entre la Grande-Bretagne et l'Union des douanes allemandes; traité qui souleva d'ailleurs le plus juste mécontentement en Allemagne.

Nommé, au commencement de 1841, ministre de Prusse à Francfort, il fut appelé le 2 avril 1842 à remplacer le comte de Maltzan, en qualité de ministre d'État et de cabinet, et chargé en cette qualité du portefeuille des affaires étrangères. Cette nomination, qui coïncidait avec celle du général de Doyen comme ministre de la guerre, fut favorablement accueillie par l'opinion, parce que ces deux hommes d'État étaient généralement considérés comme sympathiques au progrès. Ils échouèrent cependant dans leurs efforts pour exercer une influence prépondérante sur la direction de la politique du gouvernement prussien; et en signant en 1844 le renouvellement du cartel d'échange avec la Russie, convention généralement désapprouvée par l'opinion publique, le comte de Bulow perdit l'auréole de libéralisme qui entourait son nom. En 1845 le mauvais état de sa santé l'obligea à donner sa démission, et il mourut le 6 février 1846, à Berlin.

BULOW (CHARLES-ÉDOUARD DE), romancier allemand, issu d'une branche de la famille dont nous venons de parler établie en Thuringe, est né en 1803, dans la Saxe Prussienne. Destiné par ses parents au commerce, il travailla longtemps dans différentes maisons de banque, mais finit par renoncer à une carrière pour laquelle il ne se sentait qu'une vocation médiocre. En 1826 il avait cependant tenté de concilier ses goûts particuliers avec la direction qu'on voulait lui voir suivre, en achetant à Leipzig une entreprise industrielle et littéraire à laquelle il ne tarda pas à renoncer. Après avoir suivi pendant plusieurs années les cours de l'université de Leipzig pour se perfectionner dans la connaissance des langues et des littératures anciennes, il se maria et se fixa à Dresde, où il vécut dans le cercle intime de Tieck. En 1832 le duc d'Anhalt-Dessau lui conféra le titre de chambellan; mais il refusa toute fonction publique, pour rester libre de se consacrer entièrement aux lettres. Les événements dont l'Allemagne fut le théâtre en 1849 le décidèrent à aller s'établir dans le canton de Thurgovie, où il acheta le vieux manoir d'Ællishausen. Les débuts littéraires d'Édouard de Bulow furent une traduction allemande des *Promessi Sposi* de Manzoni (Leipzig, 1828). Plus tard il publia son *Novellenbuch* (Livre des Nouvelles), contenant cent nouvelles imitées d'anciens conteurs italiens, espagnols, français, anglais, latins et allemands (4 vol. 1834-1836); collection à laquelle il a donné une suite intitulée : *Neues Novellenbuch* (Brunswick, 1841). Encouragé par le succès, il a fait paraître aussi des essais originaux, notamment ses propres *Nouvelles* (3 vol. Stuttgard 1846), ses *Promenades printanières dans le Harz* (1836), et *La plus récente des Melusines* (Francfort, 1849). Il a en outre enrichi de notices biographiques et critiques un grand nombre d'éditions d'écrivains allemands de l'époque actuelle.

BULOW CUMMEROW (ERNEST DE), publiciste prussien, qui s'est fait un nom comme l'un des plus fermes champions du principe aristocratique et l'adversaire décidé du constitutionnalisme moderne, mort à Berlin, en avril 1851, était né en 1775, dans le pays de Mecklembourg-Schwerin. Devenu en 1802 propriétaire d'une terre située en Poméranie, il ne cessa plus depuis cette époque de prendre une part active à toutes les délibérations des états de cette province relatives à la réforme à introduire dans la constitution de la Prusse. Ennemi déclaré de la bureaucratie, il l'attaqua constamment dans les nombreux écrits politiques sortis de sa plume, et dont plusieurs produisirent à leur apparition une vive sensation. De la révolution de 1848 date une nouvelle phase dans sa carrière politique. Quand à la suite des événements de mars le nouveau ministère abolit les anciennes assemblées d'états ainsi que les franchises de tout genre dont avaient jusque alors joui les propriétés de la noblesse, Bulow rallia autour de lui les derniers débris du privilège et de l'aristocratie expirants, à l'effet de créer une *Association pour la défense de la propriété*, que dans les masses populaires on affubla tout aussitôt du sobriquet de *Junkerparlament* (Parlement des Hobereaux), mais dans laquelle se trouvait en germe la complète réorganisation du parti contre-révolutionnaire en Prusse. Parmi le grand nombre de brochures que Bulow écrivit alors dans les intérêts de son parti nous citerons surtout : *La Révolution et ses fruits* (1850).

BULWER-LYTTON(EDWARD-GEOFFREY-CARLE LYTTON, baronet), célèbre romancier anglais, est né à Heydon-Halle, comté de Norfolk, en 1803. Il est le troisième et le plus jeune des fils du général Bulwer. Sa mère, fille et unique héritière de Henri Warburton Lytton, devenue veuve de bonne heure, dirigea elle-même l'éducation de ses enfants; connaissant à fond la littérature anglaise, il paraît qu'elle exerça une influence décisive sur la direction d'idées que suivit le plus jeune de ses fils. A l'université de Cambridge, Bulwer-Lytton remporta le prix de poésie. La *sculpture* était le sujet mis au concours. Un camarade d'études, qui avait fait un long séjour en Allemagne, l'initia à la connaissance de la littérature allemande, notamment des poésies de Goethe. Des voyages d'agrément en Angleterre, en Écosse et en France élargirent le cercle de ses observations. Il s'était déjà fait un nom comme écrivain lorsqu'en 1831 il fut pour la première fois envoyé à la chambre basse par le bourg de Saint-Yves. Le bill de la réforme ayant enlevé aux habitants de cette localité leurs franchises électorales, ce fut la ville de Lincoln qui lui confia le mandat législatif. Il s'en faut toutefois qu'il ait répondu comme orateur aux espérances qu'on avait conçues de son talent. Il ne prit la parole que dans les discussions générales, et, en dépit de ses étroites liaisons avec le ministère Whig, bien que créé baronnet par la reine à l'occasion de son couronnement, il demeura sans influence dans l'assemblée. Aux élections de 1845 les électeurs lui retirèrent leur mandat.

On peut dire d'ailleurs que sa réputation est bien plus contestée ou moins généralement acceptée en Angleterre que dans le reste de l'Europe. On reproche à cet écrivain fin et recherché de l'obscurité et du décousu. Complètement dépourvu de ces moyens d'agir sur la fibre populaire, que Boz, par exemple, possède à un si haut degré, il s'est singulièrement aliéné les sympathies de l'aristocratie par les tableaux qu'il a tracés de ce qu'on appelle *high life* ou la vie du grand monde. Son talent se développa de bonne heure au milieu des circonstances si favorables de l'atmosphère politique et sociale particulière à l'Angleterre. On en a la preuve dans le recueil de poésies qu'il fit paraître sous le titre de *Weeds and wild flowers* (Londres, 1826), et qui suivirent de près la nouvelle poétique *O'Neil the rebel* (Londres, 1827), ainsi que les romans *Falckland* (1827), et *Pelham, or the adventures of a gentleman* (3 vol., 1828). Ces dernières productions attirèrent sur lui l'attention générale ; c'est là, en effet, qu'il a rencontré le type de roman qui convient le mieux à son genre de talent. On vit ensuite paraître successivement de lui *The Disowned* (3 vol. 1829); *Devereux* (1829); *Paul Clifford* (1830); *Eugène Aram* (1832); *England and the English* (1833); *The Pilgrims of the Rhine* (1834); *The Student* (1835); *The last Days of Pompeii* (1834); *Rienzi, the last of the tribunes* (3 vol., 1835); *Athens, its rise and fall, with views of the arts, literature and social life*, essai historique (2 vol. 1837); *Ernest Maltravers* (1837), avec sa suite *Alice, or the mysteries* (1838); *Leila, or the siege of Grenada* (1840); *Zanoni* (3 vol., 1842); *Night and Morning* (1841); *The last of the Barons* (3 vol., 1843).

Les qualités qui distinguent cet écrivain de tous les autres romanciers anglais, un style toujours large, harmonieux et pur, une pénétration philosophique de son sujet et une constante tendance à arriver à son but ainsi qu'à complètement épuiser sa matière. On ne saurait lui refuser une remarquable finesse d'observation et un tour d'expression ingénieux; mais il manque de puissance et de plénitude d'invention; il ne sait pas assez varier ses tons, il trace mal ses caractères, et on ne rencontre jamais chez lui de ces inspirations primesautières qui enlèvent le lecteur malgré qu'il en ait. En ce qui touche les développements énergiques de la passion, le grandiose du sujet, mais surtout la vérité et la vraisemblance dans la conception et la peinture de la vie réelle, il est inférieur aux autres coryphées de la littérature romancière anglaise. C'est un esprit plus réfléchi que créateur, plus artiste que poète; il conserve toujours son sang-froid, mais il le laisse toujours aussi à son lecteur. *Eugène Aram* témoigne de son habileté à exciter l'intérêt jusqu'à en faire quelque chose de pénible. Cependant ses caractères sont les plus souvent exagérés; il lui arrive aussi fréquemment de pousser l'analyse psychologique jusqu'à la minutie, par exemple dans les *Maltravers*, et dans son *Alice*. On peut remarquer dans l'ensemble comme des détails de son œuvre des traces de l'influence allemande, notamment dans ses *Pilgrims of the Rhine*, ouvrage qu'il eût bien plutôt dû dédier au grand peuple allemand, « à cette nation de penseurs et de critiques », que son *Maltravers*, et aussi dans son *Zanoni*, composition, ainsi que le lui a reproché la critique anglaise, dans laquelle l'élément mystique rappelle les *Visionnaires* de Schiller. Le roman *Les derniers Jours de Pompéi*, épisode d'un voyage fait dans l'été de 1834, ainsi que ses *Pèlerins du Rhin*, sont le fruit d'une tournée sur les bords du Rhin, et l'une de ses plus importantes créations.

Comme poète dramatique, Bulwer s'essaya d'abord dans le *New-Monthly-Magazine*, revue qu'il rédigea pendant quelques années, et où il fit paraître quelques fragments d'un *Eugène Aram* dramatisé. Ses œuvres dramatiques postérieures, par exemple *The Lady of Lyons, or Love and Pride* (1838); *Richelieu, la Duchesse de la Vallière*, etc., obtinrent moins de succès. Comme drames, ces ouvrages n'ont aucune importance, parce que le poète y sacrifie sa riche imagination à l'effet dramatique, élément qu'il est d'ailleurs tout à fait inhabile à manier. Une traduction qu'il donna des poésies de Schiller (*Poems and Ballads of Schiller*, 2 vol. 1844) ne brille guère par le mérite de la fidélité. En publiant son *Dernier des Barons*, etc., Bulwer avait annoncé qu'il renonçait pour toujours au roman; cependant il ne tarda pas à manquer à cet engagement, et publia *Lucretia, or the children of night* (3 vol., 1846), roman qui fournissait beaucoup trop au mélodrame, et qui fut l'objet de critiques tellement vives, que l'auteur crut devoir se défendre dans une brochure intitulée : *A word to the public* (1847). Son *Harold, the last of the Saxon Kings* (3 vol. 1848) n'eut pas plus de succès. Malgré un grand nombre de passages vraiment poétiques, on trouva que cet ouvrage contenait beaucoup trop d'érudition pour un roman et beaucoup trop d'embellissements romanesques pour une histoire. Pendant ce temps-là un poème satyrique publié sans nom d'auteur, *The new Timon, a romance of London* (1846), dans lequel il dépeignait l'état social de la métropole de l'Angleterre et faisait poser les hommes politiques les plus célèbres de l'époque, avait obtenu un succès franc, décidé et l'avait encouragé à entreprendre une plus grande épopée : *King Arthur* (1848), qui ne mérite peut-être pas les éloges exagérés que lui ont décernés certains critiques, mais qui en tout cas occupe une place honorable parmi les productions modernes du parnasse anglais. Bulwer résolut en conséquence de faire paraître sous le voile de l'anonyme son plus prochain roman, afin de désarmer la critique et de tromper le public, devenu très-froid pour un écrivain dont l'extrême fécondité lui était à charge. Les *Caxtons* (3 vol.; Londres, 1850), qui parurent d'abord par fragments dans le *Blackwoods Magazine*, furent effectivement accueillis comme l'avaient encore été bien peu de ses précédents ouvrages. L'intrigue ici est assez faible; mais quelques-uns des caractères sont parfaitement tracés, et tout l'ouvrage respire une douce *humour*, un esprit de bienveillance, qu'on n'avait point encore observés chez l'auteur.

La mort de sa mère, arrivée en 1843, avait mis Bulwer en possession d'une fortune princière; c'est alors qu'il prit le nom de *Bulwer-Lytton*. Bulwer sait faire d'ailleurs l'usage le plus honorable de ses richesses, dont il consacre la majeure partie à protéger les arts et les sciences. C'est ainsi que pendant l'hiver de 1850 il a fait exécuter dans sa magnifique résidence de Knebworth-Hall, dans le comté de Hertford, une série de représentations dramatiques auxquelles prirent part quelques-uns des écrivains contemporains les plus célèbres de la Grande-Bretagne, tels que Ch. Dickens, Douglas, Jerrold, etc. Quand il fut question de créer un fonds de secours pour les gens de lettres et les artistes atteints par la vieillesse, et de construire une maison de refuge à leur usage, ce fut Bulwer qui fournit le terrain nécessaire à un pareil établissement, au profit duquel il écrit en outre une nouvelle comédie en cinq actes : *Not so bad as we seem, or many sides a caracter*, dont la première représentation eut lieu sur le théâtre d'amateur du duc de Devonshire, et dont le produit était destiné à accroître le fonds de la *Literary Guild*.

En ce qui touche la politique, cet écrivain paraît être devenu exagéré aux principes libéraux qu'il professait autrefois, et vouloir désormais suivre une direction plus conservatrice. Du moins c'est ce qu'on peut inférer de sa *Letter to John Bull*, esq. (Londres, 1850), pamphlet dans lequel il se pose en adversaire de la liberté commerciale, et en défenseur des droits de la propriété. Son roman le plus récent : *My Novel, by Pisistratus Caxton* (3 vol., 1851) a en partie une tendance polémique analogue.

Les ouvrages de Bulwer n'ont pas seulement été traduits en France et en Allemagne, mais encore dans presque toutes les langues vivantes.

— Sa femme, lady BULWER, dont il est juridiquement séparé, est auteur d'un livre passablement scandaleux : *Chevaley, or the man of honour* (3 vol., 1839), ouvrage sans importance, sauf comme roman, soit comme œuvre d'art, et qui ne piqua pendant quelque temps la curiosité publique que parce qu'il contient les plus odieuses personnalités contre son mari, sans avoir cependant pu la satisfaire, attendu que l'auteur en disait ou trop ou trop peu. *The Budget of the bubble Family* (1840) et les *Memoirs of a Muscovite* (1844), ouvrage imité, dit-on, du français, ont encore moins de valeur. En revanche, on vante beaucoup son *Miriam Sedley, a tale from real life* (3 vol., 1851), à cause des heureuses peintures qu'on y trouve de la vie sociale actuelle, bien que la passion y occupe trop de place et surtout y parle un langage qu'on ne s'attendrait guère à trouver sous la plume d'une femme.

BULWER (Sir HENRY LYTTON), frère aîné du romancier,

né vers 1801, d'abord secrétaire de légation à Bruxelles, puis successivement à Constantinople et à Paris, membre de la chambre basse depuis 1826, s'est fait un nom honorable dans les lettres par ses ingénieux ouvrages : *France social, literary, political* (2 vol., 1833), et *The Monarchy of the Middle classes* (2 vol., 1834). Il a été nommé plus tard ambassadeur à Madrid, d'où, en 1848, Narvaez le fit partir assez lestement, sous le prétexte qu'il avait manqué à son caractère d'agent diplomatique en se mêlant à des intrigues contre le gouvernement établi. Revenu en Angleterre, il épousa miss Charlotte Wellesley, fille de lord Cowley et nièce du duc de Wellington, et fut envoyé en 1849 aux États-Unis avec le titre d'envoyé extraordinaire et ministre plénipotentiaire. En 1852, sir H. Bulwer a été envoyé près du gouvernement papal, pour tenter de régulariser les rapports de l'Église catholique avec l'Angleterre et d'établir un représentant anglais à Rome; cette mission paraît devoir échouer.

BUMÉLIE (de βουμελια, nom grec du frêne), genre de la famille des sapotées, qui renferme des arbrisseaux du Pérou et des Antilles. Parmi les espèces de ce genre, on distingue la *bumélie réclinée*, arbuste de $1^m,60$ à 2 mètres de haut, dont les rameaux épineux, au lieu de s'élever, se recourbent vers la terre, ce qui le rend fort propre à l'usage auquel on le fait servir dans le midi de la France, où on l'emploie à former des haies vives.

BUNDELKUND, ou *pays des Bundelahs*, contrée montagneuse du sud de l'Inde, dans la présidence anglaise d'Allahabad, formant l'un des contreforts du plateau de Gondwana et d'Omerkounntouk, situé au nord des monts Vindhya et ayant pour limites naturelles au nord la rivière appelée Djamnah, à l'ouest le Betwa, et à l'est le cours supérieur du Sone. Ce pays, qui est le passage naturel conduisant aux profondes plaines du Gange, n'eut jamais de frontières politiques bien précises, parce que de tout temps il se trouva divisé entre un nombre infini de chefs différents, de race radjepoute, constamment en guerre les uns contre les autres, de même que contre leurs oppresseurs. Les fleuves qui le traversent, et dont le plus considérable est le Kena, qui coule au centre, le découpent en diverses chaînes parallèles, allant de l'ouest à l'est, s'abaissant insensiblement au nord, et, avant d'arriver tout à fait aux plaines du Gange, se transformant en un pays admirablement accidenté, hérissé de plateaux isolés et inabordables, formant chacun comme une forteresse naturelle, à laquelle l'art est venu ajouter ses travaux pour augmenter l'importance stratégique de tout ce district. La plus grande partie de ce territoire est d'une rare fertilité, notamment au nord. Les champs produisent, sans qu'il soit nécessaire de beaucoup de travail, du froment et du blé pour nourrir la population, du coton pour la vêtir; les forêts d'arbres nains et les buissons des plaines, du bois pour construire ses habitations; les montagnes, du fer pour ses armes; et le district de Panna, des diamants pour le commerce avec l'étranger et source de richesses pour les chefs.

Les Bundelahs sont radjepoutes, parlent un dialecte sanscrit, et ont une humeur guerrière et querelleuse, qui les rend plus propres au brigandage qu'aux occupations paisibles. Aussi depuis les temps les plus reculés jusqu'à nos jours les défilés fortifiés du Bundelkund ont-ils constamment été le théâtre de l'histoire militaire de l'Inde. Ce furent les fondateurs de la dynastie du grand Mogol, Baber, Homayoun et Akbar, qui parvinrent seuls à soumettre le Bundelkund. Cependant il continua toujours à conserver ses propres chefs hindous, lesquels ne payaient que fort rarement le tribut auquel ils étaient astreints. Quand le fanatisme d'Aureng-Zeyb, en détruisant les temples des hindous provoqua des révoltes jusque dans le Bundelkund, il se forma à Panna et à Kalinjer un État fédératif indigène de Radjepoutes-Radjahs, dont l'illustre chef le radjah Choutersat de Panna est le plus connu, sous le titre d'*Hindoupati* de Bundelkund. Sa descendance se maintint longtemps au pouvoir, jusqu'à ce que, vers la fin du dix-huitième siècle, elle succomba sous les forces supérieures des Mahrattes.

Plus tard, en 1804, après le complet anéantissement des Mahrattes, tout le Bundelkund reçut des magistrats et des administrateurs anglais. Depuis la mort du dernier prétendant légitime de la race d'Hindoupati, tous les autres propriétaires de terres d'origine princière ont été dédommagés au moyen de territoires et d'apanages; et le Bundelkund a eu alors avec les contrées voisines des relations d'une nature plus amicale. La tranquillité intérieure y a cependant été troublée à diverses reprises, et notamment en 1842 d'une manière très-grave par une vaste insurrection. Il semble toutefois que ce mouvement était bien plutôt dirigé contre la tyrannie des princes indigènes que contre les Anglais, qui pour rétablir la paix dans ce pays durent employer un corps de troupes considérable. La superficie du Bundelkund est de 2,629 myriamètres carrés, avec une population d'environ 2,500,000 âmes. L'Angleterre ne tient sous son autorité immédiate que 550 myriamètres carrés, avec 700,000 habitants. Mais elle s'est réservé le droit d'intervention dans le reste du territoire; elle y institue et dépose donc quand bon lui semble les princes indigènes, suivant que l'exige son intérêt particulier ou le bien des populations.

BUNDSCHUH (prononcez *Boundchou*), mot allemand dont la signification littérale est *soulier à cordons*. C'est le nom qu'on donnait autrefois en Allemagne à une espèce de grands souliers qui montaient jusqu'à la cheville, et que l'on nouait au moyen de courroies de cuir. C'était alors le signe distinctif des paysans, comme les bottes étaient celui auquel on reconnaissait tout de suite le gentil-homme. Aussi, lors des troubles du seizième siècle, les paysans allemands adoptèrent-ils le *bundschuh*, comme l'emblème de leur cause et comme l'étendard autour duquel se rallièrent leurs bandes insurgées. Il paraît que cet emblème fut pour la première fois arboré en 1502, à l'occasion des troubles qui éclatèrent à Untergrünbach, dans l'évêché de Spire, et que c'est de la sorte que ce surnom fut donné aux diverses insurrections de la guerre des Paysans. Au reste, on ne s'accorde pas sur la forme et la nature de cet emblème. Suivant quelques avis, les paysans portaient comme étendard un soulier à cordons suspendu au bout d'une perche; suivant d'autres, ils avaient un drapeau bleu et blanc, au milieu duquel était représentée l'image de Jésus-Christ sur la croix, tel qu'il apparut à saint Georges. D'un côté de la croix on apercevait un soulier à cordons (*bundschuh*), et de l'autre un paysan agenouillé, au-dessus de la tête duquel étaient écrits ces mots : *Rien que la justice de Dieu!*

BUNIADE, genre de plantes de la famille des crucifères, qui comprend dix espèces, dont la plupart viennent des parties méridionales de l'Europe. La seule qui mérite de fixer notre attention est la *buniade d'Orient* (*bunias orientalis*, Linné). Cette plante vivace, d'une végétation très-hâtive, a été proposée par Arthur Young, célèbre agronome anglais, comme propre à la production d'un fourrage frais et abondant à la sortie de l'hiver, alors que les nourritures vertes sont encore rares et pourtant si nécessaires à la santé des animaux. Mais des essais répétés par Pictet de Genève n'ont pas entièrement justifié les promesses faites au nom de la buniade d'Orient, qui est certainement moins productive que la chicorée sauvage. Cependant, comme la buniade et la chicorée à fourrage ont une action différente sur l'estomac des animaux, et sont alimentaires à des degrés différents, il conviendrait de se livrer à de nouveaux essais sur la buniade, qui, étant de la famille des crucifères, a des propriétés ammoniacales, toniques, antiscorbutiques et stimulantes, tandis que la chicorée est, au contraire, légèrement laxative.
TOLLARD aîné.

BUNKERSHILL, hauteur dominant la ville de Boston, et restée célèbre dans les fastes de la guerre de l'Indépendance. C'est là en effet qu'eut lieu entre les troupes anglaises et les Américains le premier engagement dans lequel les insurgés obtinrent l'avantage.

BUNSEN (Christian-Charles, chevalier), l'un des hommes d'État et des savants les plus distingués de l'Allemagne, aujourd'hui ambassadeur de Prusse à Londres, est né à Korbach, dans la principauté de Waldeck, le 25 août 1791. Après avoir fait d'excellentes études philologiques à l'Université de Gœttingue, sous la direction du célèbre Heyne, il publia une savante dissertation : *De Jure Atheniensium hæreditario*, travail fort estimé, qui plus tard devait lui servir de recommandation auprès de Niebuhr et être le premier échelon de sa brillante fortune. Nommé professeur au gymnase de Gœttingue, M. Bunsen quitta bientôt cette place, animé qu'il était du désir de connaître l'Orient, et vint à Paris pour préalablement s'y livrer à l'étude du sanscrit sous la direction de Sylvestre de Sacy et autres orientalistes célèbres. Sur le point de partir pour l'Inde avec un Américain, notre jeune savant se rendit à Florence, où son compagnon de voyage devait le rejoindre. Mais celui-ci lui ayant manqué de parole, M. Bunsen résolut d'aller à Rome, où il avait des amis et où il se maria. Présenté à Niebuhr, alors ministre de Prusse près le saint-siége, il eut le bonheur de se faire du grand historien un protecteur. Charmé de l'esprit brillant et de l'érudition aussi vaste que choisie de M. Bunsen, Niebuhr le prit d'abord pour secrétaire particulier, et peu après lui fit obtenir la place de secrétaire d'ambassade.

Le séjour que le feu roi de Prusse fit à Rome en 1822 exerça aussi une grande influence sur l'avenir du savant diplomate. Protestant dévot, il sut par son mysticisme et son zèle religieux gagner la confiance de son souverain; et il n'est pas douteux qu'il n'eut une très-large part aux réformes religieuses, en grande partie datées de la capitale du monde catholique, qui vinrent alors envahir et renover le protestantisme prussien.

Après le départ de Niebuhr de Rome, M. Bunsen l'y remplaça, d'abord en qualité de chargé d'affaires, puis comme ministre résident; et à l'exemple de son prédécesseur, exemple qui d'ailleurs allait si bien à ses propres goûts, tous ceux de ses moments que n'absorbèrent pas les affaires furent consacrés à l'étude de l'antiquité classique. C'est ainsi qu'il coopéra activement à l'exécution du magnifique travail sur les antiquités de Rome publié par le baron Cotta, et qu'il devint un des principaux et des plus puissants appuis de l'Institut archéologique fondé par Gerhard, dans lequel il accepta les fonctions de secrétaire général. Ajoutons, car ce n'est que justice, que M. Bunsen mérita bien de ses compatriotes par une protection généreuse et toujours efficace, et de tous les savants, quel que fût leur pays, par son désintéressement à mettre au service de leurs travaux et son influence comme ministre et les ressources dont il disposait comme archéologue érudit.

En 1838, l'état de plus en plus embrouillé des affaires de Cologne, la tournure fâcheuse qu'avait prise cette question, envenimée par le fanatisme qui s'en était fait une arme pour soulever des populations catholiques contre un souverain protestant, décidèrent le gouvernement prussien à rappeler son représentant à Rome. D'ailleurs, M. Bunsen, protestant opiniâtre, mais âme honnête, cœur droit et loyal, n'était point de force à lutter contre l'astucieuse politique du Vatican. Que si, dans ce duel à armes inégales, la réputation du diplomate a pu y laisser un échec, en revanche, celle de l'honnête homme en est sortie pure et sans tache, et son esprit d'une grande partie de ses ennemis de sa cause. De Rome M. Bunsen se rendit à Munich, et de là en Angleterre, pays de sa femme. En 1839 il fut nommé ministre près la confédération helvétique, fonctions qu'il échangea en 1841 contre celles d'ambassadeur à la cour de Londres. C'est surtout à M. Bunsen que l'on doit l'idée de l'érection d'un évêché protestant à Jérusalem; idée dont la politique anglaise s'est emparée, et dont la mise à exécution fut une des conséquences immédiates du traité du 15 juillet, mais dont il ne paraît pas que jusqu'à présent on ait retiré tous les avantages qu'on s'en était promis. H. HOEFFEL.

Sous le règne de Frédéric-Guillaume IV, le chevalier Bunsen a été à plusieurs reprises appelé de Londres à Berlin par son souverain, désireux d'avoir son avis sur diverses questions importantes. On rapporte que dans un de ces voyages, fait en 1844, invité à présenter par écrit son avis au sujet de la question d'une constitution nouvelle à donner à la Prusse, il adressa au roi différents mémoires dans lesquels il insistait sur l'urgence et la nécessité d'établir une assemblée d'états généraux ayant voix délibérative et divisée en deux chambres. On ajoute qu'à cette occasion il rédigea un projet de constitution reproduisant autant que possible les formes de la constitution anglaise.

Dans ces derniers temps, M. Bunsen s'est surtout signalé par le zèle qu'il apporta dès l'origine à défendre les droits des duchés de Schleswig-Holstein, terre essentiellement allemande, contre l'oppression et les usurpations violentes du Danemark. Dès 1848 il publia *Memoir on the constitutional Rights of the Dutchies of Schleswig and Holstein, presented to viscount Palmerston 8th april 1848*. En 1849 il conduisit, en qualité de plénipotentiaire prussien, les négociations entamées sur cette question entre les grandes puissances; en 1850 il protesta contre le protocole de Londres, après avoir inutilement cherché à en empêcher la conclusion.

Les travaux diplomatiques de M. Bunsen n'ont pas tellement absorbé tous ses instants, qu'ils n'aient empêché de s'occuper en même temps de littérature, d'archéologie et aussi, en raison de la direction particulière de son esprit, de théologie. Nous citerons parmi les productions qu'il a faites paraître au milieu de ses préoccupations officielles : *Ignace d'Antioche et son époque*, et *Les trois Lettres vraies et les quatre Lettres apocryphes d'Ignace d'Antioche* (Hambourg, 1847). C'est à Londres qu'il commença la publication de *Ægypten's Stelle in der Weltgeschichte* (La place de l'Égypte dans l'histoire du monde; tomes 1 et 2; Hambourg, 1845), ouvrage historique et philosophique, qui fait époque dans l'histoire de l'archéologie, et dont la traduction anglaise (tome 1er. Londres, 1848) peut être considérée comme une seconde édition. Il est annoncé comme devant former cinq volumes. Rappelons encore ici, comme un des fruits de son long séjour à Rome, son ouvrage, si important pour l'histoire de l'art, qui a pour titre : *Die Basiliken der christlichen Roms* (Les Basiliques de la Rome chrétienne; Munich, 1843). Son dernier livre, *Hippolytus und seine Zeit, oder Leben und Lehre der rœmischen Kirche unter Commodus und Severus* (Hippolyte et son époque, ou vie et doctrine de l'Église romaine sous Commode et Sévère; Leipzig, 1851), appartient aux plus importantes publications de la littérature théologique de ce temps-ci.

BUNYAN (John), fils d'un chaudronnier, homme de génie, le dernier représentant de la poésie symbolique du moyen âge transportée dans un siècle philosophique, naquit à Astow, près de Bedford, en 1628. Il apprit à lire et à écrire dans la pauvre boutique de son père, dont il exerça pendant quelque temps la profession. La guerre civile éclata quand il avait vingt ans. Calviniste enthousiaste, il s'enrôla sous les drapeaux du parlement, et assista au siège de Leicester, en 1645. Sa jeunesse avait été ardente et passionnée; son repentir fut violent et sa conversion éclatante. Il raconte lui-même les progrès de sa foi, ses tentations, ses doutes, ses étranges perplexités. Il devint en 1653 membre de l'Église baptiste de Bedford, et prêcha le peuple avec une éloquence populaire, violente, fougueuse, inspirée. Les sermons du chaudronnier devinrent célèbres. Il commença aussi vers la même époque à écrire sur différents sujets de piété. Doué d'un génie puissant, d'une imagination forte, il atteignit bientôt la pureté de style par l'énergie de la pensée.

Quand la restauration remplaça la république, les puritains furent poursuivis, et Bunyan, jeté, en 1660, dans la prison de Bedford, y resta douze ans. Pendant ce temps il fit des lacets pour vivre, et composa plusieurs ouvrages, entre autres un récit de sa vie, de sa conversion et de son emprisonnement, empreints d'une naïveté extrême. Le plus remarquable de ses écrits est une épopée en prose mystique et populaire, *le Voyage du pèlerin à travers la vie* : c'est le symbole animé de la vie chrétienne, la dernière allégorie qu'ait produite le moyen âge expiré. Les réimpressions en sont innombrables; il a été traduit dans presque toutes les langues de l'Europe. En Angleterre, la plupart des ouvriers et des paysans le possèdent, et le lisent avec édification. Le style en est énergique, animé, précis; c'est la langue anglaise dans toute sa richesse, sa vigueur, sa simplicité. On ignore la date de la première édition; la deuxième est de 1678. Robert Southey en a donné une excellente. Une traduction française de cet ouvrage a paru sous le titre suivant : *le Pèlerinage des chrétiens à la Cité céleste, décrit sous la similitude d'un songe* (Paris, 1831, in-12).

Bunyan sortit de prison sous Jacques II, continua de prêcher et d'écrire jusqu'à sa mort (1668), et salua avec joie de ses regards mourants le triomphe des doctrines puritaines.
Philarète CHASLES.

BUOL-SCHAUENSTEIN (CHARLES - FERDINAND, comte DE), président du conseil et ministre des affaires étrangères en Autriche, est né vers 1807. Après avoir rempli diverses missions à Turin, à Saint-Pétersbourg et plus récemment aux conférences de Dresde, il représentait son pays à Londres depuis le mois de juillet 1851 quand le prince de Schwartzenberg, sentant sa santé ébranlée, le désigna, en mars 1852, comme son successeur au choix de l'empereur. Le comte de Buol fut en effet appelé à remplacer le prince de Schwartzenberg après sa mort; et c'est lui qui dirige aujourd'hui, ostensiblement du moins, les affaires extérieures de l'empire d'Autriche.

BUONACORSI. *Voyez* PERINO DEL VAGA.
BUONAPARTE. *Voyez* BONAPARTE.
BUONAROTTI. *Voyez* MICHEL-ANGE.
BUONAROTTI (PHILIPPE), descendant de la famille de Michel-Ange, naquit à Pise, le 11 novembre 1761. Sa jeunesse fut consacrée à l'étude et aux belles-lettres, ce qui lui valut les faveurs du grand-duc de Toscane Léopold, près de qui sa famille était en crédit; il reçut même de ce prince l'ordre de Saint-Étienne; mais, peu fait pour les récompenses de cour et épris d'un ardent amour pour la liberté, il ne tarda pas à encourir la disgrâce de son protecteur, et fut condamné à l'exil, en punition de l'enthousiasme qu'il avait manifesté pour les principes de la révolution française. Il se réfugia alors en Corse, où il publia un journal intitulé : *l'Ami de la Liberté italienne*. Par son opposition aux projets de défection de Paoli, il rendit les plus grands services à la république, et courut lui-même de fréquents dangers. Son sang coula plus d'une fois sous des poignards d'assassins; plus d'une fois il fut jeté dans les fers par des factieux triomphants; mais les périls qu'il affrontait pour la France semblaient l'attacher davantage à sa nouvelle patrie. Il se rendit à Paris à la fin de l'année 1792, avec Salicetti, qui venait d'être nommé membre de la Convention. Buonarotti était chargé par les habitants de l'*Île de la Liberté*, ci-devant Saint-Pierre, voisine de la Sardaigne, de demander à l'assemblée leur réunion à la France; il leur fit accorder cette faveur, à laquelle on joignit la récompense due à ses services : le conseil général de la Corse avait sollicité pour lui des lettres de naturalisation : la Convention s'empressa de déclarer qu'il avait mérité la qualité de Français, et la lui accorda par un décret solennel.

Admis à la Société des Jacobins, la vigueur de son esprit et de son caractère, autant que la pureté de son républicanisme, l'y firent bientôt remarquer, et il fut envoyé dans la Corse en 1793 avec des pouvoirs extraordinaires. En arrivant à Nice, il apprit que tous les commissaires étaient rappelés. Ricord et Robespierre jeune, qui dirigeaient en ce moment le siége de Toulon, le chargèrent d'aller rendre compte au Comité de salut public de la situation de l'entreprise. Sa mission terminée, on l'envoya de nouveau dans la Corse; mais il ne put encore y parvenir, resta avec les représentants en mission près de l'armée d'Italie, et fut chargé par eux du gouvernement de la principauté d'Oneille. La réaction du 9 thermidor devait être fatale à l'ami des Robespierre. Arrêté, conduit à Paris, il y fut enfermé dans la prison du Plessis, où il resta jusqu'après le 17 vendémiaire an IV. Rendu alors à la liberté, il fut désigné pour le commandement de la place de Loano près de Savone. Mais une dénonciation de l'agent diplomatique français à Gênes, à raison d'une mesure que l'on supposait, à tort, dictée par une haine personnelle, le fit rappeler.

Il revint à Paris, et entra dans la Société du Panthéon, dont il fut élu président. Son admiration pour les hommes de la Révolution, son mépris pour ceux qui les avaient renversés et qui menaçaient de d'engloutir la France dans les orgies du Directoire, devaient nécessairement l'entraîner dans le parti des démocrates-socialistes de l'époque. Il conspira avec Babœuf, et, comme Babœuf, il dédaigna de marchander sa vie près de ses juges en recourant à la dénégation. Traduit, en 1797, devant la haute cour de Vendôme pour provocation au rétablissement de la constitution de 93 et de l'anarchie, il soutint que sa doctrine était celle de Rousseau et de Mably, se glorifia d'avoir pris part au projet d'insurrection dont on l'accusait, et proclama solennellement son dévouement à la démocratie. Il déclara n'avoir d'autre profession que celle de musicien; mais il déclina la compétence de la haute cour, et prononça des plaidoyers sur tous les incidents. Ses moyens dilatoires furent tellement nombreux, que, malgré le petit nombre de témoins, les débats se prolongèrent pendant plus de quatre mois. Trois femmes assistaient assidûment à ce procès; deux d'entre elles étaient des sœurs d'accusés; la troisième, encore jeune et belle, était la femme de Buonarotti. L'intérêt qu'elle inspirait fut tel, que, les dispositions des jurés, très-prononcées contre les ultra-républicains à cette époque, voisine du 18 fructidor, changèrent tout à coup à son égard. Le ministère public, qui le jugeait aussi coupable que le chef même de la conspiration, avait conclu contre lui à la peine de mort; mais cette peine ne fut prononcée que contre Babœuf et Darthé : le jury admit à l'égard de Buonarotti, du lieutenant de hussards Germain et de plusieurs autres, des circonstances atténuantes, et ils ne furent condamnés qu'à la déportation.

Dans son plaidoyer devant la haute cour, Buonarotti avait énoncé un fait vrai : il descendait de la famille du célèbre Michel-Ange Buonarotti; et lorsqu'il remit son manuscrit aux sténographes de la haute cour, il leur recommanda de bien observer l'orthographe de son nom, qui dans l'acte d'accusation avait été écrit de cette manière : *Buonarotty*.

Enfermés au fort de Cherbourg, les condamnés attendirent longtemps leur translation à la Guyane. Enfin, en l'an VIII, ils furent conduits à l'île d'Oléron, d'où Buonarotti fut ensuite tiré pour rester soumis à une simple surveillance dans une ville de l'Est. On a attribué cette mesure, dont la cause fut toujours ignorée de Buonarotti, au premier consul, qui avait été en Corse son camarade de chambre et de lit. Cette surveillance fut levée en 1806. Il se réfugia alors à Genève, où il professait paisiblement les mathématiques et la musique, lorsque la diplomatie européenne, toute-puissante sur les petites républiques suisses, vint, à la suite des événements de 1815, forcer la patrie de Rousseau à devenir inhospitalière pour le descendant de Michel-Ange. Réduit à chercher un nouvel asile, il se fixa en Belgique, où il vécut de la profession de compositeur de musique, et où il publia, en 1828, son livre de la *Conspiration de Babœuf*. Sous la Restauration, il devint un des chefs les plus ardents du *carbonarisme*, et M. Andryane, dans son Histoire, a décrit avec infiniment d'intérêt la scène mystérieuse de son initiation.

Tant de vicissitudes n'avaient pas enrichi Buonarotti, quand la révolution de 1830 vint lui permettre de revoir la France, où il recommença à vivre du produit de ses leçons. Tout à coup un appui inattendu s'offrit à lui dans M. Germain, son ancien compagnon d'infortune. M. Germain avait abjuré l'utopie du *bonheur commun* et du partage égal des fortunes; et lorsque, par un second mariage, fort avantageux, il fut devenu propriétaire de deux superbes maisons rue de la Paix, et d'une ferme considérable au Petit-Bicêtre, sur la route de Versailles, il jugea que la propriété était une des institutions les plus indispensables au maintien de la société. Riches de plus de 100,000 francs de rente, et sans enfants, M. Germain et sa femme firent un noble usage de leur fortune, et vinrent au secours de quelques anciens républicains, entre autres de Buonarotti. Ces bons bienfaiteurs, qui furent au nombre des victimes du premier choléra, le laissa à peu près sans ressources. Il avait toujours eu, en rêvant le bonheur du genre humain, une extrême incurie pour ses propres intérêts. Aussi, dans son plaidoyer devant la haute cour de Vendôme, où il rendait compte des sacrifices de tout genre faits par lui en Corse pour la sainte cause de la liberté, il ajouta avec naïveté : « Je me rappelle qu'à mon départ de Bastia, la famille *Buonaparte* me donna quelques écus, que je n'ai jamais pu lui rendre. » Cet ancien service eût été pour lui un titre à en obtenir de plus importants sous le gouvernement impérial, s'il eût voulu abjurer ses opinions ; mais une telle palinodie n'était pas dans son caractère.

Il fut l'un des défenseurs des accusés d'avril traduits devant la cour des pairs en 1835. Deux ans après, à l'âge de soixante-dix-sept ans, il s'éteignait, plus pauvre encore qu'il n'avait vécu, avec toute sa mémoire, toute son intelligence, en disant : « Je vais rejoindre bientôt les hommes vertueux qui nous ont donné de si bons exemples. » Il devait publier des mémoires de Babœuf, annoncés par un prospectus en 1830, et qui n'ont jamais paru. Un extrait seul, intitulé *Système politique et social des égaux*, a vu le jour à Paris en 1842. On doit à M. Trélat une curieuse notice historique sur Buonarotti, imprimée en 1838.

BUONCOMPAGNONI. *Voyez* GRÉGOIRE XIII.
BUONINSEGNA, peintre italien. *Voyez* DUCCIO.
BUONONCINI (GIOVANNI BATTISTA), violon et compositeur célèbre, né en 1660, à Modène, était le fils de *Giovanni-Maria* BUONONCINI, de la même ville, célèbre aussi comme compositeur et comme écrivain musical. En 1697 il se rendit à Vienne avec son frère *Marc-Antonio* BUONONCINI, qui n'avait pas moins de talent, mais que la fortune ne favorisa pas autant. De là il passa à Berlin, et revint en 1714 à Vienne. A Berlin il avait vu son opéra de *Polifemo* exécuté par les plus illustres et même les plus augustes personnages, car à l'orchestre la reine Sophie-Charlotte tenait la partie de la flûte. On l'appela à Londres en 1720, parce qu'on lui attribuait un opéra de son frère, intitulé *Camilla*. Il y écrivit les opéras d'*Astarbo* et de *Muzio Scevola* (ce dernier en concurrence avec Hændel), et composa pour la cérémonie des funérailles de Marlborough une antienne dans laquelle il s'efforça d'imiter la manière et le style de Hændel. Convaincu de la supériorité de son collaborateur, il eut la faiblesse de se dire l'auteur d'un madrigal d'Antonio Lotti, supercherie qui fit le plus grand tort à sa considération. Profondément humilié des désagréments de tout genre qu'elle lui valut, il céda aux sots conseils d'un alchimiste de ses amis, et abandonna la maison de la duchesse-douairière de Marlborough, où il jouissait d'une pension de 500 liv. st.,

et où il avait l'avantage de faire exécuter ses œuvres devant un auditoire composé de toutes les illustrations de l'Angleterre. Il se rendit alors à Paris, où il ne tarda pas à tomber dans une misère telle qu'il fut réduit pour vivre à jouer du violoncelle. Plus tard on le rappela à Vienne pour y composer un opéra ; et, dans un âge déjà fort avancé, il fut attaché en qualité de compositeur au théâtre de Venise. On ignore l'époque de sa mort.

BUONTALENTI (BERNARDO), dit *dalle Girandole*, peintre, sculpteur, architecte et ingénieur florentin, né en 1535, et mort en 1608. En 1547 une inondation de l'Arno engloutit tout un quartier de Florence ; toute la famille de Buontalenti périt dans ce désastre ; l'enfant seul échappa par miracle. Le duc Côme de Médicis prit intérêt à lui, et se chargea de son éducation. Ayant reconnu ses dispositions pour les arts du dessin, il le plaça dans les ateliers de François Salviati, du Bronzino et de Vasari. Il étudia aussi la sculpture et l'architecture sous la direction de Michel-Ange, et sous celle de Giulio Clovio, célèbre peintre de miniatures ; il exécuta de petits chefs-d'œuvre dans ce genre. En même temps son adresse à disposer les feux d'artifice pour l'amusement de son élève le prince François, fils de son protecteur, lui valut le surnom qu'il garda toute sa vie.

Son début comme architecte fut la construction d'une maison de plaisance pour son protecteur, la terre de Pratolino. Cette maison, qu'on admire encore aujourd'hui, et qui ne coûta pas moins de 182,000 écus romains (près de quatre millions de francs), est surtout remarquable par les machines hydrauliques qu'il y établit. Entre autres ouvrages remarquables d'architecture qu'on lui doit encore, il faut citer surtout *il Casino*, qu'il construisit derrière Saint-Marc ; la Galerie ou Musée de Florence, établi à l'étage supérieur d'un bâtiment construit par Vasari, et nommé *Uffizii nuovi ;* l'achèvement du palais Pitti, la *villa* appelée *Marignola*, le palais Piazza, bâti sur ses dessins ; le palais ducal à Pise ; la belle porte appelée *Delle Suppliche*, à Florence, etc. Il fit preuve aussi du plus grand talent dans l'architecture militaire, particulièrement par la construction de la forteresse dite du Belvédère, à Florence. Appelé ensuite à Naples par le duc d'Albe, qui l'employa aux fortifications de plusieurs places de ce royaume, la forteresse de Porto-Ferrajo et les deux ports de l'île d'Elbe furent construits sur ses dessins. Livourne, Grossetto, Pistoia, Prato, furent fortifiés par lui, et enfin d'autres travaux du même genre, tels que les fossés de Livourne et les arsenaux de Pise, lui valurent la place d'ingénieur en chef de toute la Toscane.

On prétend qu'il perfectionna les batteries des fusils, et que dans la guerre de Sienne il fabriqua dans une seule nuit des canons de bois qui suffirent pour battre en brèche un des bastions de la ville. Il inventa aussi une énorme couleuvrine nommée *scaccia diavoli* (chasse-diable), qui lançait des boulets creux remplis d'artifices. Enfin on lui attribue aussi l'invention des grenades incendiaires et de nouveaux procédés pour les mines.

Malgré tant de travaux, qui auraient dû lui procurer une fortune colossale, le défaut de désintéressement et la générosité naturels au caractère de Buontalenti l'exposèrent sur la fin de ses jours à des chagrins de famille qui durent abréger sa vie. Il mourut âgé de soixante-douze ans, regrettant surtout de ne pouvoir assurer le bien-être de sa fille unique, chargée d'une nombreuse famille. Le grand-duc, instruit trop tard de la triste situation de ses affaires, paya ses dettes et fit une pension à sa fille ainsi qu'à chacun de ses enfants. Buontalenti avait ouvert dans sa propre maison, à Florence, une école d'où sont sortis Jules Parigi, Augustin Migliorini, Gérard Salviani, Ludovico Cigoli et Bernardino Pocetti.

BUPHONIES ou **DIIPOLIES**, fêtes en l'honneur de Jupiter Poliéus, protecteur de la ville d'Athènes. On les célébrait le 14 du mois de scirrophorion (10 juin). On y sacrifiait un bœuf, en mémoire de ce qu'un jour un bœuf ayant mangé un gâteau sacré, le prêtre, nommé Thaulon ou Diomus, le tua d'un coup de hache, et s'enfuit. On mit la hache en jugement comme coupable du meurtre. Tous les ans, on en jetait une à la mer. Cette cérémonie se rapportait au temps où c'eût été un crime de sacrifier des animaux destinés au labourage. Une loi de Solon le défendait, et prenait sous sa protection ces animaux si utiles à l'agriculture. Porphyre dit qu'on chassait des bœufs autour d'une table d'airain sur laquelle on avait mis des gâteaux sacrés, et celui qui en mangeait était immolé.

BUPHTHALME (de βους, bœuf, et de οφθαλμος, œil), genre de plantes de la famille des composées, tribu des astéroïdées, qui a reçu ce nom de la ressemblance de sa fleur avec l'œil d'un bœuf.

Le *buphthalme épineux* croît le long des eaux, dans le Languedoc, etc., et à Marseille, sur les bords de la mer. Sa tige est haute et velue; les feuilles inférieures sont longues, obtuses, rétrécies vers leur base; les supérieures, embrassantes, velues et lancéolées. Au milieu d'un involucre à folioles dures, nerveuses, ouvertes en étoile et terminées par une petite épine, est placée une fleur jaune, à demi-fleurons très-étroits.

Le *buphthalme aquatique* a les fleurs plus petites, les folioles de l'involucre molles, linéaires, nombreuses. Il croît sur le bord des eaux, dans le Dauphiné, la Provence, etc.

Le *buphthalme maritime*, qu'on rencontre sur les bords de la Méditerranée, a les fleurs plus grandes, les demi-fleurons plus larges et tridentés. Ses tiges sont courtes, dures, rameuses, un peu velues; les feuilles oblongues, en forme de spatule, velues à leurs bords, rétrécies en pétiole.

Deux espèces voisines croissent ensemble dans l'Auvergne, le Dauphiné, etc., sur les collines, au pied des montagnes, le long des terrasses; ce sont le *buphthalme à feuilles de saule* et le *buphthalme à grandes fleurs*. La première de ces espèces est facile à reconnaître à ses feuilles et à ses grandes et belles fleurs, qui dépassent les folioles du calice. La seconde en diffère très-peu; elle est seulement plus glabre, et ses feuilles sont plus aiguës. Les feuilles de ces deux dernières espèces passent pour avoir les propriétés du thé, et peuvent, dit-on, le remplacer avantageusement.

BUPHTHALMIE (de βους, bœuf, et οφθαλμος, œil), nom sous lequel la plupart des auteurs ont désigné le premier degré de l'o phtalmie, et quelques autres, tels que Sabatier, la turgescence du corps vitré, qui, poussant l'iris en avant, forme autour du cristallin une sorte de bourrelet qui lui fait ombre.

BUPLÈVRE, genre de plantes de la famille des ombellifères, comprenant une cinquantaine d'espèces répandues dans toutes les contrées extratropicales de l'ancien continent, au cap de Bonne-Espérance, et rares dans l'Amérique tropicale.

Le *buplèvre à feuilles arrondies* fleurit en juillet. Les grandes feuilles arrondies, embrassantes, et les supérieures percées par la tige (d'où lui est venu le nom de *perce-feuille*), rendent cette espèce facile à reconnaître. Les fleurs sont jaunes; l'involucre des ombellules a cinq grandes folioles ovales, un peu jaunâtres; les ombelles en sont privées.

Le *buplèvre en faucille*, nom vulgairement *oreille de lièvre*, est un arbrisseau de la France méridionale, qui a environ 1^m,50 de haut, des tiges nombreuses, des feuilles persistantes, oblongues, obliques et glauques, qui donne en grand nombre, de juin en août, des fleurs petites et jaunes, disposées en ombelles, qui demande une terre franche et humide, avec exposition mi-soleil, et qui se multiplie de semences et de marcottes.

Ces deux espèces de buplèvre ont été mises au rang des médicaments : ainsi la première passe pour astringente et vulnéraire, et la seconde pour vulnéraire et fébrifuge. Du reste, on ne les emploie plus guère ni l'une ni l'autre.

BUPRESTE (de βους, bœuf, et πρηθω, j'enfle), genre de coléoptères pentamères qui comprend un grand nombre d'espèces. Le nom que portent ces insectes indique le danger auquel les bœufs sont, dit-on, exposés, lorsqu'ils en avalent quelques-uns cachés dans les plantes de leurs pâturages : l'enflure de tout le corps annonce promptement l'effet du poison, et la mort de l'animal en est souvent le résultat. Le nom de bupreste est donc la traduction en grec du nom vulgaire *enfle-bœuf*, donné à ces dangereux insectes. Cependant, il est extrêmement probable que les mauvaises qualités de quelques espèces ne peuvent être attribuées à tout le genre, et qu'en les flétrissant par une dénomination odieuse on confond plusieurs innocents avec les coupables. Quelques espèces ne peuvent nuire beaucoup, fussent-elles même très-vénéneuses : tel est, par exemple, le *bupreste pédiculaire* de Surinam, qui n'est guère plus grand qu'une puce.

Les naturalistes assignent au genre *bupreste* les caractères suivants : antennes filiformes, en scie, un peu plus courtes que le corselet; onze articles, dont le premier est peu allongé, et le second petit et arrondi; la bouche composée d'une lèvre supérieure, de deux mandibules cornées, courtes et à bords tranchants, de deux mâchoires uni-dentées, d'une lèvre inférieure et de quatre antennules filiformes, courtes et tronquées; cinq articles aux tarses, les quatre premiers en cœur et le dernier allongé. C'est dans les pays chauds que l'on trouve les plus grandes et les plus petites espèces, ainsi que les plus remarquables par l'éclat de leurs couleurs. Les Indes orientales fournissent aux collections les *buprestes bande-dorée, porte-or, indigo, chrysis, enflammé, fulminant*, etc. L'Amérique méridionale, non moins riche en trésors de cette sorte, leur envoie les *buprestes brillant, fastueux, décoré, doré, charmant, noble*, etc. La part de l'Afrique n'est pas moins belle, quoique cette partie du monde n'ait pas encore acquitté toute sa dette envers l'entomologie, et que nous n'ayons presque aucune notion sur les insectes d'une grande partie de l'intérieur et de la côte orientale.

Selon quelques naturalistes, les larves de ces insectes ne sont pas connues, et il est probable qu'elles vivent aux dépens des bois. D'autres assurent, au contraire, qu'on peut les observer très-facilement à l'extrémité supérieure des trous qu'elles se creusent dans la terre, qu'elles sont carnassières et très-voraces. Mais est-il probable que dans toutes les espèces qui composent ce genre les larves se logent et se nourrissent de la même manière? On aperçoit ici une lacune dans les observations; on peut la remplir facilement pour les espèces européennes. Mais la plus importante recherche que l'on ait à faire sur les buprestes est celle qui ferait connaître les espèces réellement dangereuses pour les bestiaux. FERRY.

BUQUOI, famille originaire de l'Artois, qui s'établit en Belgique et de là passa en Autriche, où elle fleurit encore aujourd'hui. Les Buquoi de Belgique descendaient d'*Adrien* DE BUQUOI, dont le petit-fils *Adrien*, premier comte DE BUQUOI, fut conseiller d'État et des finances de Philippe II, et périt en 1581 au siège de Tournai. — *Alexandre-Bonaventure de Longueval*, comte DE BUQUOI, son fils, né en 1551, l'un des plus célèbres hommes de guerre du dix-septième siècle, fut protégé, au début de sa carrière, par Maurice de Nassau, qu'il accompagna dans ses campagnes de France et servit dans l'armée aux ordres de l'archiduc Albert d'Autriche, qui s'empara de Calais et d'Ardres (1596). En 1598 il obtint le grade de général d'artillerie, tomba en disgrâce à la cour pour avoir été battu à Nieuport (1600) par Maurice de Nassau, mais revint en faveur par suite de son mariage avec l'une des dames de la cour d'Albert, et fut nommé en 1613 grand-bailli du Hainault. Après avoir rendu les plus grands services à l'empereur dans la lutte qu'il eut à soutenir contre les révoltés de la Bohême et contre Bethlen-

5.

Gabor, il périt, le 10 juillet 1621, au siége de Neuhansel, en Hongrie, frappé mortellement d'un coup de lance, après avoir déjà reçu seize blessures dans cette sanglante affaire. L'empereur, en reconnaissance des importants services qu'il lui avait rendus, tant en Bohême qu'en Hongrie, lui avait fait don de la belle terre de Rosenberg, située en Bohême, et avait ajouté à ses titres celui de comte de Gratz. — Son fils, *Charles-Albert*, comte DE BUQUOI, mourut en 1663, grand-bailli du Hainault, laissant trois enfants, dont l'un, *Landelin* DE BUQUOI, colonel au service de l'empereur, fut tué en 1691 à la bataille de Salankemen, livrée contre les Turcs. Un autre, *Charles-Philippe*, fut créé prince en 1688 par le roi d'Espagne; un troisième fils d'Alexandre-Bonaventure, *Albert*, laissa seul des descendants.

BUQUOI (GEORGES-FRANÇOIS-AUGUSTE DE LONGUE-VAL, baron DE VAUX, comte DE), chambellan de l'empereur d'Autriche, seigneur de Gratz et de Rosenberg, né en 1781, hérita en 1803, à la mort de son oncle, du majorat appartenant à sa famille, et consacra toute sa vie à l'étude des sciences mathématiques et physiques. Ses importantes verreries sont encore aujourd'hui en possession de fournir les plus beaux cristaux de la Bohême; c'est là qu'on fabrique l'*hyalithe*, nouveau produit cristallin dont il est l'inventeur, et surtout ces verres bariolés de toutes les couleurs et de toutes les nuances dont la mode actuelle fait l'ornement obligé de toutes les étagères.

Le premier ouvrage qu'il publia fut sa *détermination analytique de la loi des vitesses au point de vue mécanique et statique* (Leipzig, 1813), travail écrit au point de vue de la théorie corpusculaire, tandis que dans ses autres livres l'auteur se rattache au système philosophique de Schelling. Parmi ses autres productions nous mentionnerons : *Glorification idéale de la vie de nature au point de vue empirique* (deuxième édit., Leipzig, 1826) ; *Théorie d'économie politique* (Leipzig, 1815) ; *Esquisse d'un code de la nature* (1826) etc., etc. M. de Buquoi faisait imprimer ses ouvrages à ses frais, et les envoyait gratuitement aux hommes qu'il supposait devoir s'intéresser aux questions qu'il y traitait. Tous sont écrits en allemand. Il s'y montre constamment penseur profond et original, mais pas toujours exempt de bizarrerie. Herbart dit de lui que c'est un habile mathématicien et un penseur très-lucide, dont devront tenir compte tous ceux qui voudront étudier la philosophie contemporaine.

A la suite des événements dans la ville de Prague fut le théâtre de 1848, M. de Buquoi fut l'objet d'une instruction judiciaire qui entraîna momentanément son incarcération. Il est mort à Prague le 19 avril 1851. Son fils *Georges* est marié depuis 1847 avec une princesse d'Œttingen-Wallerstein.

BURATTINI. On appelle ainsi en Italie des marionnettes à l'aide desquelles on réussit en ce pays mieux que partout ailleurs à jouer des comédies, et même à représenter des ballets, dans lesquels sont parodiés de la façon la plus comique les danseurs à la mode. Le jeu des *burattini* est l'un des divertissements populaires les plus universellement goûtés. On cite surtout à cet égard le théâtre Fiano à Rome et le théâtre San-Carlino à Naples.

BURCHIELLO (DOMINIQUE), fut peut-être le plus extraordinaire des poètes. Il vivait au commencement du quinzième siècle, à Florence, où probablement il était né. C'était le Jasmin de son temps. Fils d'un barbier nommé Jean, il n'avait reçu lui-même d'autre nom que celui de Dominique, mais ayant pris tard celui de *Burchiello*, par suite de circonstances qui sont restées inconnues. Ce fut vers 1425 qu'il commença à être célèbre ; mais ce n'est qu'en 1432 qu'il fut inscrit dans la corporation des barbiers. Il mourut à Rome, en 1448. On a dit beaucoup de mal de son caractère, et on l'a représenté comme un vil farceur qui faisait tout pour de l'argent. Mais s'il eut des antagonistes, il trouva aussi des défenseurs. Sa boutique de barbier devint si célèbre, que grands et petits, lettrés et illettrés s'y rassemblaient journellement, et que le grand Côme de Médicis la fit peindre dans sa galerie. Elle était divisée dans le tableau en deux parties : d'un côté on faisait la barbe, de l'autre on faisait de la poésie et de la musique. Le portrait de Burchiello figurait au haut du tableau. Ses satires étaient fort goûtées de ses contemporains, surtout à cause de l'obscurité mystérieuse qui y règne, et de l'étrangeté des expressions. Ses sonnets burlesques sont autant d'énigmes dont la clé nous manque, malgré l'explication que Doni prétend en avoir donnée. Ceux qui sont écrits dans le genre narratif et descriptif se comprennent mieux, mais le sel y est parfois trop grossier, et il y règne trop de licence. Les meilleures éditions des sonnets de Burchiello sont celles de Florence, 1568, de Londres 1757.

BURCKHARDT (JEAN-CHARLES), astronome et l'un des calculateurs les plus exacts de notre époque, naquit en 1773, à Leipzig. L'étude des mathématiques lui inspira du goût pour l'astronomie. Après avoir commencé à l'université de sa ville natale l'étude du droit, qu'il abandonna bientôt après pour la médecine, il sentit se réveiller avec une nouvelle ardeur sa prédilection pour les mathématiques et l'astronomie, et écrivit alors, à la demande du professeur Hindenburg, un essai intitulé : *Methodus combinatorio-analytica, evolvendis fractionum continuarum valoribus maxime idonea*. Recommandé par ce même professeur à Zach, sous qui il commença l'étude pratique de l'astronomie à Gotha, il le seconda dans l'observation de l'ascension droite des étoiles.

Lors de son voyage à Paris, en 1797, Zach recommanda Burckhardt à Lalande, qui le logea chez lui. Il se livra alors particulièrement au calcul de la marche des comètes, prit une part active à tous les travaux du neveu de Lalande, à l'observatoire de l'École Militaire, et traduisit en allemand les premiers volumes de la *Mécanique céleste* de Laplace. Nommé astronome adjoint au bureau des longitudes, il reçut, en 1799, des lettres de naturalisation comme citoyen français. A la mort de Lalande, en 1807, il le remplaça en qualité d'astronome à l'observatoire de l'École Militaire, et mourut le 22 juin 1825. Son importante dissertation sur la comète de 1770 fut couronnée en 1801 par l'Institut, et a été insérée dans les Mémoires de ce corps savant pour l'année 1806. Burckhardt se livra surtout avec un zèle particulier au calcul des éclipses de soleil et des occultations d'étoiles, pour la détermination des longitudes géographiques. Les *Tables de la Lune* qu'il publia en 1812 sont généralement reconnues comme les meilleures. C'est encore à Burckhardt qu'on doit les *Tables des diviseurs pour tous les nombres des premier, deuxième et troisième millions, avec les nombres premiers qui s'y trouvent*, œuvre gigantesque et d'une utilité incontestable.

BURCKHARDT (JEAN-LOUIS), célèbre voyageur moderne, naquit à Lausanne, le 24 novembre 1784, d'une famille patricienne originaire de Bâle.

Après avoir fait d'excellentes études à Neufchâtel, à Leipzig et à Gœttingue, le jeune Burckhardt revint à Bâle en 1805, dans le sein de sa famille, et repartit bientôt après pour Londres. Une lettre de recommandation de Blumenbach pour sir Joseph Banks lui donna accès dans la maison de ce savant et dans celle de Hamilton, alors secrétaire et trésorier de la Société Africaine. Comme cette société s'occupait d'envoyer explorer l'intérieur de l'Afrique, en suivant la route déjà parcourue par Hornemann, elle accepta l'offre que fit Burckhardt d'entreprendre cette expédition. Il reçut le 25 janvier 1809, ses pouvoirs et ses instructions, après avoir employé tous les moyens possibles pour se convenablement préparer au voyage. Endurci par toutes sortes d'épreuves (il s'était soumis à des jeûnes volontaires, aux tortures de la soif, et avait passé des nuits entières couché sur le pavé); devenu familier avec la langue arabe, qu'il avait étudiée à Cambridge, il s'embarqua le 14 février 1807 pour Malte, où il commença à se laisser pousser la barbe, et d'où il partit, vêtu en arabe et sous le nom de *scheik Ibrahim*, pour la Syrie, à l'effet d'étudier les mœurs et les langues de l'Orient à l'école d'Alep. Après deux années de séjour dans cette ville, il était parvenu à si bien parler la langue vulgaire qu'il pouvait se faire passer partout pour un marchand hindou-arabe

Il visita d'abord Palmyre, Damas, le Liban et autres lieux, puis il se rendit au Caire, d'où en 1812 il entreprit une tournée en Nubie, en remontant le Nil. Il traversa ensuite (c'était en 1814), au milieu de privations de tout genre, le désert de Nubic, ainsi que toute la contrée jusqu'à la mer Rouge, et se rendit de là à la Mecque par Djidda, afin d'étudier l'islamisme à sa source même. Après avoir passé quatre mois à la Mecque, il se joignit à une troupe de pèlerins qui allaient faire le saint pèlerinage du mont Ararat, et put dès lors prendre le titre, si révéré en Orient, de *hadji*, c'est-à-dire de pèlerin. Il s'était si complétement initié à la langue et aux coutumes religieuses des musulmans, que quelques doutes s'étant un jour élevés au sujet de l'orthodoxie de sa foi, il fut, après un examen sévère fait par deux ulémas sur la partie théorique et pratique du Coran, reconnu et proclamé non-seulement comme un fidèle croyant, mais encore comme un très-savant musulman. En 1815 il revint au Caire, où il apprit la mort de son père. Au mois d'avril 1816 il fit l'ascension du mont Sinaï, et ce fut sa dernière expédition. De retour du Caire dès le 16 juin suivant, il se livra sans relâche à des travaux de mathématiques et d'histoire naturelle, ainsi qu'à la rédaction de ses notes et journaux. Les lettres qu'il écrivit à cette époque à Banks et à Hamilton témoignent de la vive contrariété qu'il éprouvait par suite des retards apportés à son voyage. Enfin arriva la caravane du Fezzan, si impatiemment attendue, et dont le départ était fixé au mois de décembre 1817. Burckhardt croyait déjà avoir à moitié atteint son but, lorsque, le 4 octobre, il fut saisi d'une fièvre violente à laquelle il succomba le 17 du même mois. Il fut enterré dans le cimetière mahométan avec tous les honneurs dus à un cheik et à un hadji.

L'acte de ses dernières volontés, qu'il dicta à Salt, consul général d'Angleterre, contenait, entre autres dispositions, le don de tous ses manuscrits orientaux, composant trois cent cinquante volumes, à la bibliothèque de Cambridge. Déjà, avec Salt et Belzoni, il avait été envoyé de Thèbes en Angleterre la tête colossale de Memnon, du poids de plus de trois cent quintaux, et avait payé la moitié des frais de transport. Ses relations se distinguent par leur fidélité et leur exactitude. Burckhardt était évidemment né voyageur et *découvreur*, et, sous le rapport moral, un galant homme dans toute la force de l'expression. La relation de son voyage en Nubie parut à Londres en 1819 ; celle du voyage en Syrie et au mont Sinaï, en 1822 ; et enfin celle du voyage d'Arabie, en 1829. Ses *Notes on the Beduins and Wahabis* (Londres, in-4°, 1830), et ses *Arabic Proverbs, or the manners and customs of the modern Egyptians illustrated* (Londres, 1831), sont deux ouvrages du plus grand mérite.

BURDETT (Sir FRANCIS), membre de la chambre des communes d'Angleterre, né le 25 janvier 1770, descendait d'une ancienne famille établie dans le comté de Derby depuis Guillaume le Conquérant. Après des études préparatoires, faites à l'école de Westminster, il alla terminer son éducation à Oxford ; puis il entreprit, sous la tutelle du savant Lechevalier, si connu par son *Voyage de la Troade*, le tour de l'Europe. Ce voyage, fait dans les premières années de la révolution française, donna occasion à Burdett d'assister à quelques-unes des scènes les plus remarquables de ce grand drame, et aussi de voir dans les différentes cours les hommes alors à la tête des affaires ; et il eut alors la joie de voir à la chambre reconnaître enfin la nécessité de restituer aux catholiques d'Angleterre et d'Irlande leurs droits politiques.

Envoyé, en 1796, au parlement par Boroughbridge, bourg pourri appartenant au duc de New-Castle, il alla tout aussitôt s'asseoir sur les bancs de l'opposition, et se rattacha au parti des nouveaux whigs ou *radicaux*, dont il ambitionnait de devenir le chef. Faire enfin de la représentation du peuple dans la chambre des communes une vérité et non une fiction, telle fut la mission à laquelle il déclara vouloir consacrer sa vie. Dès 1799 il avait réussi à complétement gagner la confiance et la faveur populaires en flétrissant les violences et les mauvais traitements dont étaient victimes les individus arrêtés pour délits politiques à la suite de la suspension de l'*habeas corpus*. Grâce à une fortune qui n'était pas moindre de 40,000 livres st. (1,000,000 fr.) de rente, et en employant toutes les ruses et tous les moyens en usage dans les élections anglaises, il réussit à se faire élire membre du parlement par le plus important comté de l'Angleterre, celui de Middlessex ; victoire qui, dit-on, lui coûta plus d'un million, en raison des frais immenses qu'il lui fallut supporter pendant toute la durée de la lutte électorale. C'est ainsi qu'il dut retenir et louer pendant toute la durée de l'élection la totalité des voitures de louage, charrettes, etc., existant à Londres, afin de rendre ainsi plus difficile au candidat que lui opposait le ministère le transport gratuit jusqu'au lieu de l'élection des électeurs favorables à sa cause. Dans les sessions suivantes, s'il ne fut pas tout à fait à la hauteur des chefs illustres que comptait alors l'opposition, ce fut lui du moins qui le premier attaqua énergiquement le pâle et insignifiant ministère dont Addington était le chef.

Après la mort de Pitt, et pendant le peu de temps que Fox resta à la tête des affaires, Burdett vota avec le cabinet ; et, quand, en 1807, il fut réélu membre du parlement par le bourg de Westminster, partie occidentale de la ville de Londres, il insista sur la nécessité du suffrage universel et de la convocation d'un nouveau parlement chaque année. En 1810, un écrivain ayant été condamné à la prison pour violation des priviléges de la chambre des communes, Burdett fit imprimer une lettre à ses commettants dans les termes peu mesurés de laquelle un membre de la majorité vit une nouvelle atteinte aux priviléges et à la dignité de la chambre. Malgré tous les efforts de l'opposition, un ordre d'arrestation fut aussi lancé contre sir Francis, qui, protégé pendant trois jours par une émeute populaire, ne consentit à se rendre à la Tour que lorsque les agents de la justice eussent enfin à l'appréhender au corps. Son incarcération se prolongea jusqu'à la fin de la session, et dura deux mois.

Au retour de Napoléon de l'île d'Elbe, il insista vivement pour que l'Angleterre se maintînt en paix avec la France. En 1818 il proposa de nouveau son plan de réforme radicale des lois électorales. En 1819 il combattit vivement les mesures restrictives de la liberté de la presse, que Castlereagh fit alors adopter à la législature. Peu à peu cependant on vit s'affaiblir l'énergie de son opposition, soit qu'en devenant vieux l'indolence naturelle à la vieillesse prit lentement le dessus ; soit que, grand propriétaire terrier, il ne séparât pas complétement ses intérêts de ceux de l'aristocratie territoriale, notamment dans les discussions relatives à la libre introduction des céréales. Quand l'influence de Canning l'emporta dans les conseils de la couronne, Burdett donna ouvertement son appui au cabinet dirigé par ce célèbre homme d'État. Il seconda surtout les réclamations des catholiques d'Irlande, et proposa de nouveau à la chambre, en 1827, un bill ayant pour but de leur rendre leurs droits politiques, mais qui fut repoussé par la majorité, malgré l'appui formel de Canning. Sans se laisser décourager par cet échec, Burdett saisit de nouveau la chambre, en 1828, d'une proposition tendant au même but ; et il eut alors la joie de voir à la chambre reconnaître enfin la nécessité de restituer aux catholiques d'Angleterre et d'Irlande leurs droits politiques.

En 1832, personne plus que sir Francis Burdett ne se montra partisan dévoué, décidé, du bill de réforme parlementaire présenté par lord Grey. Pour le faire triompher, il tint au peuple les discours les plus violents; et pour obtenir le triomphe de la mesure législative qui avait été le but de sa vie entière, il ne craignit même pas de donner à entendre que l'insurrection serait un moyen saint et légitime. Ce grand résultat une fois obtenu, Burdett s'éclipsa complètement de la scène parlementaire, et cessa même de paraître à la chambre. La goutte, qui le confinait chez lui, aurait peut-être pu lui servir d'excuse, si les fréquentes attaques auxquelles il se livrait par la voie de la presse contre O'Connell, dont l'influence toujours croissante semblait avoir excité sa jalousie, n'avaient pas prouvé qu'il se souciait désormais médiocrement de voir arriver aux affaires un ministère franchement dévoué aux principes et aux intérêts qui venaient de triompher.

Les meneurs du parti radical à Westminster ne pouvant plus douter davantage des modifications survenues dans les principes de leur représentant, le sommèrent d'en appeler aux électeurs. Dans une lettre passablement cavalière, Burdett déclara alors qu'il était prêt à se soumettre à une nouvelle élection, afin que les électeurs de Westminster pussent manifester leur approbation ou leur improbation de sa conduite parlementaire. Il ajoutait que les réformes qui avaient été le but des travaux et des luttes de sa vie étaient désormais obtenues et accomplies; et que jamais il n'appuierait un cabinet qui consentirait à se faire l'esclave d'O'Connell et du clergé catholique irlandais, ou de cette foule de novateurs qui affichaient hautement chaque jour la prétention de détruire la constitution de l'Église et de l'État. Il terminait en déclarant qu'il ne cesserait jamais d'être l'ami sincère du peuple et de la constitution, mais qu'il avouait franchement être devenu tory. Une pareille déclaration devait naturellement être accueillie dans le camp des tories par des acclamations de joie, et elles ne lui firent pas défaut non plus; car, au printemps de 1837, la discorde s'étant glissée dans les rangs des radicaux, Burdett fut de nouveau élu membre du parlement pour Westminster. Mais lors des élections générales qu'entraîna bientôt après l'avènement au trône de la reine Victoria, les électeurs de Westminster firent enfin infidélité à celui qu'ils avaient constamment honoré de leurs suffrages pendant trente années, et Burdett fut réduit à se faire élire comme candidat conservateur par les fermiers de la partie nord du Wiltshire. Depuis lors sir Francis Burdett vota dans la chambre des communes avec Peel contre ses anciens amis les whigs; mais c'en était fait désormais de son influence et de sa considération politiques.

Sans avoir fait les fortes études indispensables à un véritable homme d'État, Burdett, grâce à d'heureuses dispositions naturelles, avait pu, dans le cours de sa longue carrière parlementaire, acquérir une grande habitude des discussions, ainsi que la faculté de comprendre facilement les questions les plus ardues ou de les traiter hardiment. Ses discours brillaient par une simplicité qui n'excluait pas une certaine animation, par l'élégance et par le naturel de l'expression. Il mourut à Londres, le 22 janvier 1844, laissant sa fortune et son titre de baronnet à son fils, Robert Burdett.

Dans les dernières années de sa vie, son beau-père, Coutts, avait épousé en secondes noces une actrice de Drury-Lane, miss Mellon, à laquelle il avait assuré une fortune immense. Celle-ci, à la mort de Coutts, se remaria avec le duc de Saint-Albans, très-pauvre, mais très-grand seigneur, à qui ce mariage doré permit de jouer dans la high life le rôle qui convenait à son rang. En mourant, la duchesse de Saint-Albans disposa de sa fortune, montant à 1,800,000 liv. st. (45 millions de francs), non compris un intérêt majeur dans la maison de banque Coutts et comp., en faveur d'une petite-fille de son premier mari, de miss Angéla, la plus jeune fille de sir Francis Burdett, née au commencement de ce siècle et devenue ainsi l'une des plus riches héritières des trois royaumes. Aujourd'hui encore, miss *Angéla* Burdett, continue à être l'objet des passions les plus enflammées, sans avoir jamais pu se décider jusqu'à ce jour à faire un choix parmi les nombreux adorateurs qui s'acharnent à se disputer son cœur... Il fut bien un instant question, comme d'une chose résolue, de son mariage avec lord Surrey, fils aîné du duc de Norfolk, premier pair d'Angleterre, dont la famille, comme on sait, est demeurée catholique. Mais son père et, après la mort de sir Francis, les directeurs de sa conscience la dissuadèrent d'accepter une alliance qui eût fait d'elle, sans aucun doute, la plus grande dame des trois royaumes, mais qui devait assurer son immense fortune dans une famille catholique. Or miss Angéla Burdett professe pour l'orthodoxie anglicane le plus profond respect, et elle a donné une preuve de la sincérité de son attachement à l'Église dominante en faisant construire entièrement à ses frais la belle église de Saint-Étienne, aujourd'hui l'un des ornements du quartier de Westminster.

BURE, grosse étoffe de laine rousse et dure au toucher, qui paraît avoir reçu son nom de sa couleur, le mot *burrus* (souvent employé par les Latins pour *rufus*, roux) étant dérivé du grec πυρρος qui a la même signification. La *bure* est l'étoffe dont s'habillaient généralement autrefois les gens de la campagne et les corporations ecclésiastiques qui avaient fait vœu de pauvreté. Cependant on lit dans Baronius que l'ancien habit des évêques se nommait *burrus*, d'où il faudrait conclure ou que ce mot ne s'appliquait pas uniquement à l'étoffe du pauvre, ou que les évêques de la primitive Église étaient plus simples et plus modestes que ceux d'aujourd'hui. Quoi qu'il en soit, la *bure*, même depuis que la chose a presque complètement disparu, est restée dans le langage le représentant de la pauvreté, et s'emploie dans la même acception que le mot *chaume*. On dit également qu'il y a souvent plus de vertu et plus de bonheur *sous la bure* ou *sous le chaume* qu'on n'en trouve sous la pourpre et dans les palais.

Du mot *bure* sont dérivés les mots *burat*, qui s'applique à la bure la plus grossière, et *buratine*, nom d'une sorte de popeline ou d'étoffe dont la chaîne est de soie et la trame de grosse laine. On a dit autrefois *bureau* pour bure : témoin ces vers de Boileau :

Et qui, n'étant vêtu que de simple *bureau*,
Passe l'été sans linge et l'hiver sans manteau.

BUREAU. Ce mot a un grand nombre d'acceptions ; dans son sens le plus restreint il se prend pour une table, d'abord recouverte de bure, et sur laquelle on écrit. Par extension on nomme *bureau* une ou plusieurs pièces renfermant de ces sortes de tables à écrire.

En termes de palais, on donne aussi ce nom à la table sur laquelle sont posées les pièces d'un procès lorsqu'on en fait le rapport. Dans une académie ou une assemblée, c'est la réunion du président, du vice-président et des secrétaires. On appelle encore de ce nom les différentes sections dans lesquelles se répartissent les membres d'une assemblée législative pour l'examen préparatoire des affaires et la nomination des commissions. Dans un autre sens ce mot est un synonyme d'*office*, d'*étude* et de *cabinet*. Nous donnerons rapidement quelques indications sur certains établissements anciens et modernes qui ont porté ce nom.

Le *bureau des décimes* était un tribunal ecclésiastique chargé de régler les décimes, les dons gratuits et généralement toutes les impositions assises sur les bénéfices. Il y en avait de deux sortes : les *bureaux diocésains*, et les *bureaux généraux* ou *souverains*, qu'on appelait aussi *provinciaux*.

Le *bureau des aides* était, avant 1791, le lieu où se percevaient les droits sur les boissons. On les a appelés plus tard *bureaux des droits réunis*; aujourd'hui ce sont ceux des contributions indirectes.

La constitution de l'an III avait établi dans les villes divisées en plusieurs municipalités un *bureau central* pour l'administration des affaires que le pouvoir législatif jugeait indivisibles, et particulièrement de la police. L'organisation et les attributions de ces bureaux avaient été en conséquence déterminées par plusieurs lois. Ils furent supprimés par celle du 28 pluviôse an VIII, et remplacés à Paris par un préfet de police; ailleurs, par des commissaires généraux.

[En droit administratif et politique le terme de *bureaux* a plusieurs significations. La plus commune s'entend du travail intérieur des ministères et des administrations générales. On dit ainsi les *bureaux* des ministres de la justice, des finances, de la guerre, des douanes, des contributions indirectes, des douanes, des ponts et chaussées. On dit aussi les *bureaux* des préfectures, des sous-préfectures, des mairies.

Bureaux du Conseil. Avant la révolution de 1789, le conseil d'État était divisé en *bureaux*. Il y avait le *bureau des finances*, le *bureau des dépêches*, le *bureau du conseil des parties*. Les conseillers d'État attachés à plusieurs bureaux cumulaient plusieurs appointements.

Les *bureaux des ministères*, qui avaient succédé aux redoutables comités exécutifs de la Convention, devinrent tout-puissants sous le Directoire. On y brassait des affaires immenses. Les décisions s'y prenaient dans l'ombre, et sur le rapport des chefs de bureau. Les questions les plus ordinaires de la législation vague et arbitraire sur les émigrés, les séquestres, les radiations, les ventes de domaines nationaux, les liquidations de l'arriéré, les marchés de fournitures et les entreprises de travaux publics, s'y traitaient souvent en première et dernière instance. Il y eut en ce temps-là de grandes corruptions; il y eut aussi des mérites éminents qui s'y développèrent. Mais, à tout prendre, le gouvernement clandestin de la b u r e a u c r a t i e n'en valait rien. Le premier consul, après avoir réorganisé le conseil d'État, retira des bureaux, pour le lui confier, la décision des affaires litigieuses de l'administration. Il établit dans le sein de ce conseil des expédients de surveillance et de contrôle suprême qui allaient tout à fait au génie de Napoléon. Cette défiance qu'il eut des bureaux s'étendit aux ministres, qui, privés de toute responsabilité et de toute initiative, n'étaient plus que des premiers commis titrés, hauts et supérieurs. Les *bureaucrates* ne furent pas en faveur sous le règne de Napoléon. Ils marchaient à la baguette, comme des soldats. Ils communiquaient ponctuellement et rigoureusement l'impulsion qu'ils recevaient du maître, et, pour leur rendre justice, il faut dire que l'on doit à leur habile et prodigieuse activité cette forte organisation administrative qui fait encore aujourd'hui la grandeur de la France et l'envie de l'Europe. TIMON.]

Bureaux des colléges électoraux et des sections. Aux termes du décret réglementaire des élections du 2 février 1852, ces bureaux se composent d'un président, de quatre assesseurs et d'un secrétaire choisi par eux parmi les électeurs. Dans les délibérations du bureau le secrétaire n'a que voix consultative. Les colléges et sections sont présidés par le maire, les adjoints et conseillers municipaux de la commune; à leur défaut, les présidents sont désignés par le maire parmi les électeurs sachant lire et écrire. A Paris les sections sont présidées dans chaque arrondissement par le maire, les adjoints ou les électeurs désignés par eux. Les assesseurs sont pris suivant l'ordre du tableau parmi les conseillers municipaux sachant lire et écrire; à leur défaut, les assesseurs sont les deux plus âgés et les deux plus jeunes électeurs présents, remplissant les mêmes conditions; et c'est ce qui a lieu dans chaque section de Paris. Trois membres du bureau, au moins, doivent être présents pendant tout le cours des opérations du collége. Le bureau prononce provisoirement sur les difficultés qui s'élèvent touchant les opérations du collége ou de la section. Ses décisions sont motivées.

Sous l'Empire et sous la Restauration le président des colléges électoraux était nommé par le chef de l'État. Sous Louis-Philippe les colléges électoraux et leurs sections étaient provisoirement présidés par le président du tribunal civil, ou, à défaut de tribunal, par le maire, ou par un juge, ou par un adjoint. La première opération du collége était de constituer un bureau définitif par l'élection, et cette première lutte annonçait tout d'abord de quel côté serait la victoire.

Bureaux du sénat et du corps législatif. Le bureau du sénat se compose d'un président, d'un premier vice-président, de trois vice-présidents, d'un grand référendaire et d'un secrétaire : tous sont nommés pour un an par le président de la république et choisis parmi les sénateurs. Le bureau du corps législatif se compose d'un président et d'un vice-président nommés annuellement par le président de la république, parmi les députés, et assistés des quatre plus jeunes membres présents à la séance d'ouverture, lesquels remplissent pendant la durée de la session les fonctions de secrétaires.

Le bureau de la dernière assemblée législative était composé d'un président, de quatre vice-présidents et de six secrétaires, tous élus par la chambre à la majorité absolue pour trois mois; celui de l'Assemblée constituante de 1848 avait la même composition, mais il n'était élu que pour un mois. Sous la monarchie de Juillet le bureau de la chambre des députés était nommé au scrutin pour toute la session, et se composait d'un président, de quatre vice-présidents, et de quatre secrétaires. Celui de la chambre des pairs avait une composition identique, mais les quatre secrétaires étaient seuls élus; le président, qui était le grand chancelier, et les vice-présidents étaient désignés par le roi. Sous la Restauration le roi choisissait le président de la chambre des députés parmi trois candidats que présentait la chambre. Ces diverses législatures avaient d'ailleurs un bureau provisoire, formé du doyen d'âge, président (à l'exception de la chambre des pairs), et des quatre plus jeunes membres secrétaires.

Il ne faut pas confondre *le bureau* du sénat et du corps législatif avec *les bureaux* de ces deux assemblées. Le sénat se divise par la voie du sort en cinq bureaux. Ces bureaux examinent les propositions qui leur sont renvoyées, et élisent les commissions qu'il y a lieu de nommer.

Quant aux *bureaux* du corps législatif, à l'ouverture de la première session, le président du corps législatif, assisté des quatre secrétaires procède, par la voie du tirage au sort, à la division de l'assemblée en sept bureaux. Ces sept bureaux, ainsi formés pour toute la durée de la session, sont présidés par le doyen d'âge de chaque bureau, le plus jeune membre présent faisant fonctions de secrétaire. Ils procèdent à l'examen des procès-verbaux d'élection, qui leur sont répartis par le président du corps législatif, et chargent un ou plusieurs de leurs membres d'en faire le rapport en séance publique. Les projets de loi présentés par le président de la république sont mis à l'ordre du jour des bureaux qui les discutent, et nomment, au scrutin secret et à la majorité, une c o m m i s s i o n de sept membres chargée d'en faire rapport.

Le mode de la composition des bureaux par la voie du tirage au sort a donné lieu à de vives et sérieuses critiques. « Rien, en effet, n'étant plus aveugle que le sort, il arrive souvent, a dit M. de Cormenin, que toutes les spécialités se trouvent agglomérées et parquées dans un ou deux bureaux, et que les autres bureaux sont dépourvus de gens à ce connaissant; il faut donc choisir des demi-savants, des approximatifs : la c o m m i s s i o n n'est plus alors l'expression intelligente de la majorité. » A l'ancienne chambre des pairs, le président nommait d'abord toutes les commissions; mais on finit par trouver ce droit exorbitant, et on le restreignit au cas où les bureaux avaient déclaré lui laisser ce soin. Dans nos anciennes assemblées législatives les bureaux se renouvelaient tous les mois. Ils choisissaient leurs président et ces secrétaire, et ces élections, vivement débattues, faisaient connaître d'avance l'opinion des commissions qu'on aurait à nommer. Le travail des bureaux est favorable aux hommes qu'un grand public effraye et qui en petit comité osent exprimer librement une opinion qu'ils ne sauraient émettre à la tribune.

On nomme *bureaux d'adresses* ou *de renseignements* des bureaux tenus par des particuliers et servant à renseigner ceux qui s'y présentent sur différentes choses dont on y tient registre, comme des appartements à louer, des biens, des fonds, des meubles à vendre, des maisons de commerce à recommander, des domestiques à placer, etc., etc. Le premier bureau de ce genre fut fondé par le médecin Théophraste Renaudot, créateur de la Gazette de France; le privilège lui en fut octroyé par lettres patentes. Sa feuille, qu'il datait de ce bureau, en porta même longtemps le nom; c'est ce que nous nommons maintenant les *Petites-Affiches*.

La police a un *bureau de renseignements* non moins utile. Elle possède un registre général contenant les nom, prénoms, profession, âge, résidence et signalement de tous les individus condamnés à un emprisonnement correctionnel ou à une plus forte peine. Les ministres de la justice et de la police doivent, aux termes des articles 600, 601 et 602 du Code d'Instruction criminelle, le faire tenir, d'après les registres qui leur sont envoyés tous les trois mois par les greffiers des tribunaux correctionnels et des cours d'assises. C'est à l'aide de ces registres généraux que l'on parvient à connaître les antécédents des individus traduits en justice et à établir le rapport statistique et judiciaire que chaque année publie le ministère de la justice. On s'est servi de ce registre en 1849 pour épurer les listes électorales.

Une célébrité de la police a eu l'idée de faire jouir les particuliers des avantages de ce genre de renseignements. Pour une somme il vous retrouvait l'homme ou la femme que vous cherchiez, sous quelque nom et sous quelque costume que se cachât le perdu. Il vous renseignait sur les antécédents judiciaires d'un homme que vous soupçonniez et sur la solvabilité de votre débiteur; mais tout cela ne satisfaisait pas complètement la justice, qui trouva que les agents officieux du sieur Vidocq outrepassaient souvent les droits d'une administration particulière.

Après la révolution de Février on a plusieurs fois proposé de créer des *bureaux de renseignements* où les ouvriers sans ouvrage auraient pu se faire inscrire sur des registres que les patrons auraient pu consulter.

Parlerons-nous des *bureaux d'affaires*, où des agents d'affaires cherchent à mettre en relation prêteur et emprunteur, marchand et vendeur, pour tirer un pécule des opérations dont ils sont les entremetteurs? Leur industrie se borne souvent à lire et noter les *Petites-Affiches*, à recevoir les rentes, et à *représenter* devant la justice de paix ou les tribunaux de commerce, qui n'exigent que de simples pouvoirs; car les agents d'affaires ne sont pas avocats, ou ne peuvent exercer. Heureux lorsqu'ils s'élèvent jusqu'à la mission d'arbitres en matière de commerce ou de syndics de faillite.

Les *bureaux de placement* sont de deux sortes : les uns pour les domestiques et employés, les autres pour les ouvriers d'un corps d'état spécial. Ces industries étaient complètement libres autrefois. Elles sont aujourd'hui sous la surveillance immédiate de la police. Les bureaux de placement de corps d'état sont centralisés. Les scandaleux abus des bureaux de placement, établissements qui auraient pu être fort utiles dans une ville comme Paris, finirent par attirer l'attention du gouvernement. Un décret présidentiel du 27 mars 1852 et une ordonnance du préfet de police du 5 octobre de la même année sont venus régler cette industrie. Ceux qui veulent s'y livrer doivent obtenir une permission spéciale de l'autorité municipale, qui surveille leur gestion et règle le tarif des droits qui pourront être perçus par le gérant, soit à titre de droit de placement, soit à titre de droit d'inscription; ce dernier ne doit, dans aucun cas excéder cinquante centimes. L'autorisation est personnelle au titulaire; en cas de changement de résidence le nouveau local doit être agréé par l'administration; toute succursale est prohibée. Chaque titulaire est obligé d'avoir des registres dans la forme indiquée par l'arrêté d'autorisation; il doit de plus tenir affichés dans son bureau le tarif des droits dont la perception est autorisée et l'ordonnance du préfet de police. Toute contravention à ces règlements est punie d'une amende de 1 à 15 fr. et d'un emprisonnement de cinq jours au plus, ou de l'une de ces deux peines seulement, indépendamment des restitutions et des dommages intérêts qui pourraient avoir lieu. S'il y a eu une première condamnation dans les douze mois précédents, le maximum des deux peines est prononcé.

Il nous resterait encore à parler des bureaux de bienfaisance, de conciliation, de douane, d'enregistrement, de garantie, des hypothèques, de loterie, des nourrices, de papier timbré, de poste, de tabac, etc., ainsi que du bureau central d'admission aux hospices; mais ces détails trouvent plus naturellement leur place aux articles spéciaux.

BUREAUCRATIE. La bureaucratie joue un rôle important dans l'administration française. Du petit au grand, c'est elle qui tient dans sa main les fils innombrables de toutes les affaires. *Frais de bureau, fournitures de bureau, chefs de bureau, commis de bureau* et *garçons de bureau*, sont des dénominations vulgaires et familières en partie, au traitement fixe des fonctionnaires. Les *fournitures de bureau* enrichissent les monopoleurs. Les *chefs de bureau* sont les sergents de l'armée des expéditionnaires et des rédacteurs; ils rêvent l'épaulette, la gratification de fin d'année, la promotion, la pension et la croix. Les *commis de bureau* arrivent le plus tard possible ou n'arrivent pas du tout; ils taillent gravement leurs plumes, tisonnent le feu, lisent le journal, copient et recopient trente fois de suite les mêmes chiffres ou la même circulaire, nuancée d'anglaise et de bâtarde, et ils émargent avec une ponctualité exemplaire, le dernier jour du mois, d'assez maigres appointements, en attendant mieux. Ce qu'ils n'attendent pas, c'est que l'aiguille de l'horloge ait marqué sur le cadran une minute de plus passé quatre heures. Les *garçons de bureau* bourrent le poêle et font des cendres; ils estropient les noms des gens qu'ils annoncent; ils nettoient les encriers et mettent de la cire sur les enveloppes; dans cette opération, essentiellement administrative, quelques-uns se brûlent les doigts. La position est si douce, et la presse des concurrents est si grande, qu'il est presque aussi difficile de se faire nommer garçon de bureau que ministre. Ce qu'il y a de sûr, c'est que les surnuméraires ministres attendent moins leur tour que les garçons de bureau surnuméraires.

Les bureaux ont cependant inventé autre chose que la cire, les plumes d'oie, les cendres de poêle et les encriers : ainsi, il y a des chefs qui du matin au soir ne font qu'apposer sur des tas de papier ces mots : *vu*, *bon*, *approuvé*, et puis après, ils repassent la pièce par de petites trappes, à d'autres chefs qui remettent *vu*, *bon*, *approuvé*. Leur plume tombe juste, par une espèce d'instinct machinal, sur l'endroit de la signature. S'il manquait à la pièce un seul de ces bons intelligents, elle serait nulle, de toute nullité. D'ailleurs, à quoi emploierait-on les commis? Il faut bien qu'ils travaillent! On appelle cela travailler. Quand ils se sont donné de la sorte toute cette peine pendant une dizaine d'années, et qu'ils ont manié avec une dextérité incomparable la signature et le paraphe, le ministre reconnaissant les rangs au nombre des gens à décorer ; et lorsque après avoir été retraités, légionnés et pensionnés, ils meurent, car toutes les gloires passent, tous les hommes utiles à l'humanité meurent, on les enterre, cela tout d'abord, et puis l'on met sur la pierre de leur tumulus,

En guise d'épitaphe,
Un bon avec paraphe.

La centralisation, dont les bureaux sont les admirateurs pour cause, est sans doute une chose très-admirable et très-belle ; mais il ne faut rien outrer, et ce n'est pas centraliser que de se noyer dans les détails. Pour le moindre legs fait à une fabrique, il faut produire, 1° le testament sur papier timbré et légalisé par le président du tribunal civil ; 2° l'extrait de l'acte de décès du testateur ; 3° l'évaluation de l'objet légué ; 4° l'acceptation provisoire faite par le maire ; 5° la délibération du conseil de fabrique ; 6° l'état de sa situation financière ; 7° l'avis de l'évêque ; 8° le consentement ou le refus des héritiers ; 9° la lettre d'envoi au sous-préfet ; 10° l'avis du sous-préfet ; 11° l'arrêté du préfet. Et le conseil d'État, que nous oublierons ! Si l'instruction de l'affaire ne dure qu'un an, c'est que vous avez de fiers amis dans les bureaux, et je soupçonne même que, pour les faire marcher si vite, vous les avez corrompus.

On ne s'en tire pas à aussi bon marché, Dieu merci ! pour la construction d'un moulin à vent. Voici l'agréable série de formalités, et j'en saute, par où il faudra passer : 1° pétition du propriétaire au ministre des travaux publics, et vous aurez soin qu'il y en ait une double expédition, dont une sur papier timbré ; 2° certificat du maire constatant que le pétitionnaire est propriétaire du sol sur lequel seront les constructions ; 3° le nom, s'il y en a, du premier concessionnaire ; 4° envoi des pièces ci-dessus au ministre ; 5° renvoi par le ministre au maire ; 6° affiche d'une copie pendant un mois ; 7° certificat constatant qu'il y a eu ou qu'il n'y a pas eu de réclamations ; 8° visite et plan des lieux ; 9° rapport et procès-verbal par l'ingénieur ordinaire, le tout envoyé au préfet ; 10° dépôt du dossier pendant quinze jours à la mairie ; 11° affiche pour avertir les intéressés du dépôt ; 12° renvoi du dossier à la sous-préfecture, avec les réclamations faites, la copie de l'affiche apposée et l'avis motivé du maire ; 13° avis du sous-préfet ; 14° avis du préfet ; 15° décret.

Gardez-vous d'omettre la plus petite de ces choses-là, gardez-vous-en bien, car vous seriez un homme perdu. Si avant d'avoir rempli et accompli ces quinze formalités le vent soufflait impatiemment dans les ailes de votre moulin, il vous faudrait les refermer et, de plus, payer l'amende. Je crois cependant qu'on vous ferait grâce de la prison. Si avant ces quinze formalités l'eau s'avisait de tomber dans l'aube de vos roues, et que l'ingénieur entendait de loin le tic-tac du moulin, ils lèveraient toutes les vannes pour que l'eau, sans permission, ne fit pas tourner ces roues maudites, et il ne vous resterait d'autre ressource que de la boire.

TIMON.

BUREAU DES LONGITUDES. Cet utile établissement fut créé par une loi du 7 messidor an III de la république (25 juin 1795), rendu par la Convention sur une proposition de Lakanal et d'après un rapport de Grégoire. Il est composé de deux géomètres (savants qui ont appliqué les hautes mathématiques aux mouvements des corps célestes), de quatre astronomes, de deux anciens navigateurs, d'un géographe et d'un artiste pour les instruments d'astronomie et de navigation ; deux surnuméraires et quelques adjoints prennent ordinairement part à ses travaux. Le bureau des Longitudes a dans ses attributions l'Observatoire de Paris et celui de Marseille, et tous les instruments d'astronomie qui appartiennent à l'État. Il indique les observatoires à conserver ou à établir ; il correspond avec les observatoires de France et des pays étrangers. Il doit publier d'avance la *Connaissance des temps ou des mouvements célestes, à l'usage des astronomes et des navigateurs*, ouvrage dont la première apparition date de 1679, et qui ne fut interrompu qu'en 1794, après la suppression de l'Académie des Sciences, qui jusque alors avait été chargée de cette publication. Outre les moyens de calcul que cet ouvrage met à la disposition de ceux auxquels il est spécialement destiné, on peut le regarder comme un dépôt où l'histoire de la science est soigneusement conservée, où toutes les découvertes faites dans les espaces célestes sont enregistrée dès qu'elles sont constatées. Le bureau des longitudes publie encore un *Annuaire*, beaucoup moins répandu qu'il ne devrait l'être, et qui ferait beaucoup de bien s'il était substitué à la foule des almanachs dont la charlatanerie nous inonde tous les ans. Un des membres du bureau fait chaque année un cours d'astronomie à l'Observatoire de Paris.

BUREAU D'ESPRIT. Se réunir à certaines heures, en certain lieu, avec l'intention bien arrêtée d'avoir ou de faire de l'esprit, voilà ce qu'on appelait dans les deux derniers siècles *tenir un bureau d'esprit*, comme on eût dit de toute autre marchandise, expression aussi juste que pittoresque, pour peindre des coteries qui remplaçaient le véritable public aux yeux de la vanité excessive, ou de l'excessive modestie. La maîtresse de la maison, affichant son goût pour la littérature, et faisant profession d'en parler avec connaissance de cause, rassemblait chez elle, à jour fixe, les hommes de lettres et les personnages les plus distingués de la cour et de la ville, présidait l'assemblée, y donnait le ton, et voyait ses décisions respectées comme des oracles. Tel fut pendant cinquante ans cet hôtel de Rambouillet, rue Saint-Thomas-du-Louvre, qu'on a si justement surnommé depuis les *Galères du bel esprit*. Ce devait être un rude métier en effet que de se montrer continuellement ingénieux et spirituel ; que d'avoir sans cesse l'imagination tendue et l'esprit *collet-monté*, pour s'élever et se maintenir au degré du thermomètre du langage précieux et affecté qui se forma dans cette brillante coterie, et fut longtemps le style habituel des tendres propos et des compliments de l'époque.

Là trônaient Catherine de Vivonne, marquise de Rambouillet, et sa fille la belle Julie d'Angennes. Ce fut pour celle-ci que composée la célèbre *Guirlande de Julie*, dont l'original existe encore en Angleterre. On vit successivement figurer dans ce cercle de *précieuses* les cardinaux de Richelieu et de la Valette, la princesse de Condé, son fils le grand Condé, et la duchesse de Longueville, sa fille ; Mmes de La Fayette et La Suze, Mlle de Scudéry et son frère, le duc de La Rochefoucauld, Chapelain, l'abbé Cotin, Pellisson, Voiture, Benserade, Ménage, Vaugelas, le savant Huet, depuis évêque d'Avranches, et deux autres prélats qui devaient être un jour célèbres, Bossuet et Fléchier, sans compter bon nombre de généraux, de ministres, de magistrats, enfin tout ce qu'il y avait alors d'hommes distingués par l'esprit et le savoir ; car à cette époque la science encore au berceau, l'érudition pédantesque en grand crédit, et le jargon prétentieux des poètes, étaient à l'unisson et marchaient de compagnie. De graves dissertations sur des questions frivoles, de la métaphysique sur l'amour, des sentiments romanesques, et, par-dessus tout cela, un raffinement puéril d'expressions exagérées, tels étaient les sujets dont s'occupait cet aréopage hermaphrodite. Des arrêts étaient sans appel, et faisaient autorité dans ses nombreuses succursales. « L'on a vu, il n'y a pas longtemps, dit La Bruyère, un cercle de personnes des deux sexes, liées par la conversation et par un commerce d'esprit. Ils laissaient au vulgaire l'art de parler d'une manière intelligible ; une chose dite entre eux peu clairement en entraînait une autre encore plus obscure, sur laquelle on enchérissait par de vraies énigmes, toujours suivies de longs applaudissements. Par tout ce qu'ils appelaient délicatesse, sentiment et finesse d'expression, ils étaient enfin parvenus à n'être plus entendus et à ne s'entendre pas eux-mêmes. Il ne fallait pour servir à ces entretiens ni bon sens, ni mémoire, ni la moindre capacité. Il fallait de l'esprit, non pas du meilleur, mais de celui qui est faux, et où l'imagination a le plus de part. »

Là on admirait les énigmes de l'abbé Cotin; là on s'extasiait sur les *Métamorphoses* en rondeau de Benserade, sur ses bons mots et sur ceux de Voiture. Là les noms des choses les plus simples, les plus communes, étaient défigurés par des périphrases entortillées. On appelait l'eau *le miroir céleste*, et un miroir, *le conseiller des grâces*; un bonnet de nuit, *le complice innocent du mensonge*; un violon, *l'âme des pieds*; un chapelet, *la chaîne spirituelle*; les filous, *les braves incommodes*. Les femmes ne s'appelaient entre elles que *ma chère*, ou par des noms de romans qu'elles avaient adoptés. Au lieu de cartes de visite, elles s'envoyaient une énigme ou un rondeau. Elles se couchaient au moment des visites, et les personnes admises se rangeaient dans l'alcôve autour du lit. Le facétieux Scarron, dont le style outrait le naturel, le sévère Boileau, et surtout Molière, dans ses *Précieuses ridicules* en 1659, et dans ses *Femmes savantes* en 1672, stigmatisèrent l'hôtel de Rambouillet, ses usages, son jargon, ses ridicules.

La mort de Mme de Montausier avait précédé d'un an les *Femmes savantes*. Longtemps auparavant, elle avait figuré, sous le nom d'*Arthénice*, dans un des portraits que Mlle de Scudéry encadrait dans ses longs romans. Ce portrait eut tant de vogue, et l'influence de la coterie Rambouillet fut si grande, que l'illustre Fléchier, l'un des commensaux de cet hôtel, ne crut pas rabaisser son saint ministère, dans l'oraison funèbre de la duchesse, en lui donnant le nom d'*Arthénice*, et en prodiguant les éloges à l'hôtel de Rambouillet, qu'il compare à la grandeur romaine. Au reste, cette société, bien que justement frappée de ridicule, ne fut pourtant pas inutile aux lettres et aux mœurs, pendant une période mémorable de près d'un demi-siècle, embrassant la moitié du règne de Louis XIII et les trente premières années de celui de Louis XIV. Elle adoucit les mœurs, à la suite des guerres civiles et religieuses, éteignit les haines, rapprocha les opinions, les distances, répandit le goût des lettres parmi la noblesse, et établit entre les savants et les littérateurs une confraternité profitable à tous.

Sur la fin du règne de Louis XIV, deux femmes appartenant à la classe la plus élevée tinrent bureau d'esprit : la première, Marie-Anne Mancini, l'une des nièces du cardinal Mazarin, duchesse de Bouillon, donna son hôtel à Paris, où elle mourut, en 1714. Elle avait eu assez de tact pour deviner La Fontaine, à qui elle donna le nom de *fablier*. Mais elle et sa société se couvrirent plus tard de ridicule en préférant la *Phèdre* de Pradon à celle de Racine. Cette duchesse, qui protégea Campistron et Belin, ne sut pas apprécier la franchise et l'indépendance du caractère de Lesage. Il devait aller lire chez elle sa comédie de *Turcaret* : retenu au Palais par un procès important, il arriva trop tard à l'hôtel de Bouillon. La duchesse accueillit fort mal ses excuses, et lui reprocha d'avoir fait perdre deux heures à la compagnie : *Eh bien, madame!* répondit Lesage, *je vais les lui faire regagner : je ne lirai point ma pièce*; et il sortit aussitôt sans qu'on pût le retenir. L'autre dame fut la duchesse du Maine, petite-fille du grand Condé. C'était dans son château de Sceaux que cette princesse intrigante, ambitieuse et spirituelle, tenait sa petite cour littéraire, et donnait des fêtes dont Malézieux composait le plus souvent les paroles et Mouret la musique. Tous les hommes de lettres qu'elle admettait dans ses salons étaient ses tributaires; mais leurs chaînes ne furent pas tellement légères, que plusieurs d'entre eux ne s'exprimassent avec assez d'amertume sur la dure nécessité où ils se trouvaient d'user leur esprit et leurs loisirs à amuser les grands.

Au commencement du règne de Louis XV, une autre intrigante, pour ne pas dire plus, la fameuse Mme de Tencin, qui rassemblait chez elle l'élite des savants et des gens de lettres, appelait cette réunion sa *ménagerie* ou ses *bêtes*, et donnait tous les ans pour étrennes à ceux qui la composaient deux aunes de velours pour se faire une culotte. Marmontel, qui y lut sa tragédie d'*Aristomène*, faillit être inscrit sur la liste des convives habituels; mais il s'aperçut à temps qu'il y régnait trop d'esprit pour lui; qu'on y arrivait préparé à jouer son rôle, et que l'envie d'entrer en scène n'y laissait pas toujours à la conversation la liberté de suivre son cours facile et naturel. « C'était à qui saisirait le plus vite, et comme à la volée, le moment de placer son mot, son conte, son anecdote, sa maxime ou son trait léger et piquant, et pour amener l'à-propos, on l'amenait quelquefois d'un peu loin. Dans Marivaux, l'impatience de faire preuve de finesse et de sagacité perçait visiblement; Montesquieu, avec plus de calme, attendait que la balle vînt à lui; Mairan guettait l'occasion; Astruc ne daignait pas l'attendre; Fontenelle seul la laissait; venir sans la chercher, et il en usait si sobrement, que ses mots fins, ses jolis contes, n'occupaient jamais qu'un moment. Helvétius, attentif et discret, y recueillait pour semer un jour. » Quant à Mme de Tencin, enveloppée dans son extérieur de bonhomie et de simplicité, elle avait plutôt l'air de la ménagère que de la maîtresse de la maison. Ce fut elle qui, en distribuant à tous ses amis un exemplaire de l'*Esprit des Lois*, donna la première impulsion au succès de cet immortel ouvrage.

Deux femmes de cette époque, la marquise Du Châtelet et Mme Du Bocage, tinrent aussi bureau d'esprit, l'une pour y choisir ses amants, l'autre uniquement pour y recevoir des hommages.

Quelques années après, la marquise Du Deffant, lorsqu'elle eut passé l'âge de la galanterie, fit le charme des conversations d'un cercle qui se tenait chez elle, et qui devint le rendez-vous de ce qu'il y avait de plus illustre à Paris : étrangers, grands seigneurs, ministres, femmes aimables, hommes d'esprit de toutes les conditions, tenaient à honneur d'y être admis. Elle y devint célèbre, et y acquit une grande considération. D'Alembert, Montesquieu, Voltaire, Walpole, Pont-de-Veyle, etc., faisaient partie de cette société. L'esprit de la marquise était toujours au niveau de ceux qui en avaient le plus. Ne serait-ce pas ce qui lui causa cet ennui qu'elle portait partout, qu'elle communiquait à tout, dont elle cherchait vainement le remède, et qui empoisonna le reste de sa longue carrière?

A la même époque, Mme de Pompadour, maîtresse de Louis XV, conservait et augmentait à la cour des gens de lettres qu'elle avait eue quand elle n'était que Mme Lenormand-d'Étioles. Dans le nombre on remarquait ses protégés, les plus célèbres furent Crébillon, Voltaire et surtout l'abbé depuis cardinal de Bernis. Mais le sauvage J.-J. Rousseau repoussa sa faveur et ses bienfaits, persuadé, comme il l'a écrit dans sa *Nouvelle Héloïse*, *que la femme d'un charbonnier est plus respectable que la maîtresse d'un prince*.

Dans le même temps aussi existait à Paris une coterie qui s'intitulait *la Société de ces Messieurs*, et qui se composait des comtes de Caylus et de Maurepas, de Duclos, de Moncrif, de Crébillon fils, de Vadé, de Mme de Verrue, etc. Il en sortit les *Étrennes de la Saint-Jean*, *Les Écosseuses*, et les *Œufs de Pâques*, le *Recueil de ces Messieurs*, et autres ouvrages plus ou moins graveleux. Mme de Graffigny, obligée de payer son tribut à cette société, fournit une nouvelle espagnole intitulée : *Le mauvais exemple produit autant de vertus que de vices*. Piquée des plaisanteries que plusieurs des membres se permirent sur le titre et le fonds moral de cette production, elle les abandonna, et publia de dépit ses *Lettres péruviennes*.

Cette société n'eut qu'une durée éphémère. Il n'en fut pas de même de celle de Mme Doublet, qui offre un exemple de plus de l'influence exercée à cette époque par l'empire de l'amabilité, de la tradition du bon ton, de la tenue, dans une femme douée d'ailleurs d'un esprit ordinaire. Célèbre par son goût pour les nouvelles politiques et littéraires et par ses liaisons avec beaucoup de gens de lettres et de savants distingués, elle vit se renouveler chez elle pendant soixante ans la meilleure société de Paris : Coypel, Fréret, Bougainville, Rigaud, Largillière, Fagan, Helvétius, Mirabaud, les deux Lacurne de Sainte-Palaye, Marivaux, Mairan, Falconnet, Foncemagne, d'Argental, Piron, l'abbé de Rothelin, de Chauvelin, Xaupi et de Voisenon, Mme Lemarchand, Mlle Quinault, etc., enfin Bachaumont, le plus ancien de ses amis, auquel elle ne survécut que quinze jours, étant morte en mai 1771, à quatre-vingt-quatorze ans. Logée au couvent des Filles-Saint-Thomas (sur l'emplacement duquel a été bâtie la Bourse), elle n'en sortit pas une seule fois durant quarante ans. Chacun de ses amis, en entrant, venait se placer dans son fauteuil, au-dessous de son propre portrait. Les nouvelles que chacun apportait étaient inscrites sur un registre, et la séance se terminait par un souper, qui, malgré l'âge avancé de la plupart des convives, dégénérait souvent en saturnales. C'est à cette réunion que l'on doit la collection connue sous le nom de *Mémoires secrets de Bachaumont*.

N'oublions pas le financier bel esprit de La Poplinière, qui dans sa maison de Passy avait formé une ménagerie de gens de lettres, d'artistes, d'hommes, de femmes et de filles de tous les rangs, de tous les pays et de tous les états, dont il était le *sultan*, qui contribuaient à varier ses amusements, et qui pour son argent ne rougissaient pas de lui prodiguer l'encens et les titres de *Mécène* et de *Pollion*. Tous néanmoins ne se prosternaient pas devant l'idole, et l'un d'eux, choqué de son air d'importance, dit un jour de lui : *Qu'il aille cuver son or!* Ce qu'il y a de certain, c'est qu'il fut le protecteur des jeunes gens qui débutaient alors dans la carrière de la littérature et des arts; qu'il fit beaucoup de bien, par orgueil, dit-on, mais qu'importe? et que sa maison fut le temple des muses et des plaisirs.

Le siècle de Louis XV vit encore deux *bureaux d'esprit*, dont l'existence se prolongea sous le règne de son successeur. Mlle de Lespinasse, protégée par Mme Du Deffant, puis sa rivale, plus tendre, plus aimante, aussi bonne que spirituelle, et joignant à beaucoup d'instruction un excellent ton et le goût le plus sûr, fut l'âme et le charme d'une réunion moins nombreuse, mais mieux choisie. Son cercle était composé tous les soirs d'hommes et de femmes du premier rang, d'ambassadeurs et de seigneurs étrangers, et des gens de lettres les plus marquants. Personne ne savait mieux soutenir et varier la conversation, et faire valoir l'esprit des autres, sans dissimuler le sien. Mais son âme ardente et passionnée altéra pour elle les douceurs de la société, de l'amitié, et abrégea sa carrière. Les amours du vieux président Hénault, de d'Alembert, qui avait avec elle des rapports de naissance et d'infortune, du jeune comte de Mora, Espagnol, et du comte de Guibert, elle mourut en 1776, à quarante-quatre ans.

Mme Geoffrin, plus vive, plus gaie ou plus vaine, dut sa célébrité aux gens de lettres, dispensateurs de la renommée. Elle avait fréquenté la société de Mme de Tencin, dont elle recueillit les débris. Elle ne se borna pas, comme elle, à les avoir à dîner, à leur faire de petits présents utiles; elle les aidait de son crédit et de sa bourse, ainsi que les artistes. Elle donnait un dîner par semaine aux uns, un dîner par semaine aux autres, et les mettait tous en rapport avec les gens en place, les ambassadeurs et les étrangers de marque qui s'étaient fait présenter chez elle. Elle avait encore des soupers moins nombreux, mais plus recherchés du grand monde. Ce qui manquait malheureusement à ces réunions, c'était la liberté de penser. Avec son *voilà qui est bien*, elle tenait les esprits à la lisière et mettait fin à toute discussion. Lorsqu'elle s'attendait à la présentation de quelque étranger, elle recommandait à ses convives habituels d'*être aimables*, c'est-à-dire de faire plus de frais d'esprit; ce qui ne laissait pas que d'être parfois embarrassant pour quelques-uns. Bernard surtout n'était que froidement poli, et ne se montrait jamais le *gentil Bernard*. On a persiflé Mme Geoffrin et sa société dans plusieurs satires, surtout dans *Le Bureau d'Esprit*, comédie en cinq actes, en prose, du chevalier de Rutlidge, imprimée en 1777, l'année même de la mort de cette dame. Peu de temps auparavant, Mme de la Ferté-Imbault, sa fille, avait fermé sa porte à d'Alembert, à Marmontel, à Morellet et aux autres encyclopédistes.

Sous le règne de Louis XVI, à l'époque où les hommes de lettres commençaient à avoir de l'empire sur l'opinion, les bureaux d'esprit devinrent plus rares, parce que, le goût des lettres étant répandu, on reconnut que le titre d'académicien ne donnait pas plus d'esprit à un homme qu'à la maison qu'il fréquentait; et qu'il n'était pas absolument nécessaire pour parler, penser et raisonner, de consulter ces prétendus oracles de la littérature. Voltaire lui-même, dans son dernier voyage à Paris, en 1778, n'était plus à l'unisson du siècle. Il montait trop haut ou descendait trop bas. Il avait trop de démangeaison de paraître ingénieux. A chaque phrase, on voyait l'effort qu'il faisait pour guinder son esprit, et cet effort semblait dégénérer en manie et en affectation, quoiqu'il ne fût peut-être que par l'habitude puisée dans les salons du siècle de Louis XV.

Peu de temps après, Mme Necker, femme du ministre, rassemblait chez elle plusieurs hommes de lettres jouissant alors de la plus grande réputation : Thomas, son ami intime, Buffon, Saint-Lambert, Marmontel, Grimm, l'abbé Raynal, etc. Mais c'était plutôt un cercle philosophique qu'un *bureau d'esprit* dans la vieille acception du mot. Le véritable *bureau d'esprit* n'existait plus alors que relégué dans un cercle de médiocrités poétiques qui se rassemblaient chez la comtesse Fanny de Beauharnais, femme galante, faible et bonne, qui avait plutôt la manie que le génie de la poésie. Là brillait Dorat, qui passa pour l'amant de la maîtresse du logis. Buffon ne l'appelait que sa chère fille, et le philosophe de Genève semblait la voir avec plaisir. Mais, dans ses dernières années, la perte de sa fortune, les infirmités et les ridicules d'une vieillesse peu respectable, l'avaient entièrement discréditée. Rien n'y contribua plus que ses liaisons intimes avec Cubières-Palmezeaux, qui, successeur aux droits et aux titres de Dorat, en avait aussi usurpé le nom.

La révolution éleva les idées des femmes comme celles des hommes, et sembla pour un temps les guérir de leurs goûts superficiels. Nous citerons comme exception la pédante Mme de Genlis, qui joua toutes sortes de rôles, et qui, n'ayant pu parvenir à l'érudition, à la science, au bel esprit, à la dévotion, ni même à l'estime du public, mourut sans laisser de regrets ni de souvenirs. Nous citerons encore la femme à trois maris, Mme d'Antremont de Bourdic-Viot, qui, malgré les jolies lettres que lui adressa Voltaire, malgré quelques pièces de vers assez agréables, malgré les éloges de quelques gens de lettres admis dans son bureau d'esprit subalterne, ne fut elle-même qu'un bel esprit subalterne. La seule baronne de Staël-Holstein, digne fille de Mme Necker, est la femme qui à cette époque a le plus marqué dans la littérature comme dans la politique. En 1797 elle présidait, à l'hôtel de Salm, le cercle constitutionnel, qui était en opposition avec le cercle semi-royaliste de la rue de Clichy, et qui avait pour principal orateur son compatriote et ami Benjamin Constant. Mme de Staël se trouva donc à la tête des défenseurs du Directoire exécutif, et ce fut à elle que Talleyrand dut l'intimité de Barras et le portefeuille des affaires étrangères. Mais sous le consulat de Bonaparte, dont elle avait démêlé le caractère et deviné les projets, elle cessa d'être en faveur; et sous l'Empire elle éprouva une longue suite de disgrâces qui ne finirent qu'à la Restauration.

Nous ne parlerons pas ici, et pour cause, de quelques sociétés contemporaines, qu'on ne saurait appeler *bureaux d'esprit*, quoique des femmes y président ou y figurent, quoique nos Apollons obscurs et nos muses incomprises y viennent tous les hivers leurs chefs-d'œuvre, que le public ne lit pas. La vérité est qu'il n'y a plus aujourd'hui de *bureaux d'esprit*; le dernier a été le salon de Mme Récamier. Les femmes de nos jours, renonçant à ce ridicule, semblent l'avoir laissé à quelques femmes d'académiciens, qui désirent les pousser dans la carrière des honneurs et des sinécures. On peut attribuer diverses causes à ce changement : 1° la science, l'érudition, la politique et la philosophie ont tué non-seulement le bel esprit, mais encore l'esprit; 2° la galanterie française étant passée de mode, la société a changé de formes et d'usages, et les hommes y sont moins aimables et moins empressés d'y plaire aux femmes; 3° depuis que le goût des lettres s'étant propagé parmi les dames est devenu pour plusieurs un besoin et en quelque sorte un métier, elles ne sauraient prétendre, comme autrefois, à juger en dernier ressort les ouvrages d'esprit, puisqu'elles se sont mises elles-mêmes dans le cas d'être jugées, et qu'en devenant les égales des hommes de lettres, elles ont perdu la supériorité de rang qu'elles avaient sur eux; 4° ceux-ci sont généralement de nos jours trop orgueilleux du présent ou de l'avenir pour se faire les complaisants, les adulateurs d'un sexe qui, malgré ses empiétements plus ou moins heureux dans le domaine littéraire et scientifique, ne peut prétendre, en raison de nos lois, à tirer parti de ses talents pour arriver aux fonctions publiques, aux dignités académiques. Quel est aujourd'hui l'homme de lettres, le savant, le *sans-culotte* même, qui ne rougirait pas de vendre, comme jadis, ses hommages, son tribut d'admiration en une *culotte*? 5° Le bel esprit, même l'esprit naturel, ne peut plus suffire pour réussir : il faut y joindre l'instruction, et savoir traiter les objets les plus graves sur le ton de l'agrément et de la légèreté. Il n'y a donc plus de *bureaux d'esprit*; mais il existe des coteries littéraires portant différents noms. Dans chacune de ces cercles tout le monde a de l'esprit; hors du cercle, il n'y a pas d'esprit : c'est comme à l'Académie. Il y a aussi des sociétés particulières, où, à défaut de confiance, d'amitié, de cordialité, on peut trouver un certain échange d'idées qui rapproche les manières de voir et de sentir; là, les prétentions se taisent, les professions sont fondues; on y remarque des nuances, jamais de couleur dominante. On y rencontre des femmes qui, ayant perfectionné leur goût par le commerce d'hommes éclairés, réunissent en elles les avantages des deux sexes. Ce n'est pas qu'on n'y voie siéger quelques femmes pédantes :

Il en est jusqu'à trois que je pourrais citer.

Ce n'est pas que l'on n'y rencontre aussi des académiciens; mais, loin d'y faire les beaux-esprits, ce qui leur serait peut-être difficile, j'en ai vu qui dormaient et ronflaient sur le canapé de la maîtresse de la maison, comme dans un fauteuil académique. H. AUDIFFRET.

BUREAUX ARABES. L'histoire des bureaux arabes pourrait être l'histoire complète de notre domination en Afrique. La population indigène est une population mobile dans ses impressions, mais d'une ardente opiniâtreté dans ses principes et d'un invariable attachement à ses mœurs. Qu'ils habitent la montagne ou la plaine, la tente ou le gourbi, les indigènes ne comprennent qu'une seule puissance, celle qui se manifeste par la force; pour eux l'homme de la justice doit être en même temps l'homme du glaive. Ils n'admettent même point, et c'est pour cela que nos missionnaires ont toujours eu si peu de succès parmi eux, ce caractère de pacifique autorité que donne chez nous aux ministres du culte une religion hostile à toute autre ardeur que celle de la charité et de la foi. Chez eux le prêtre aime le cheval et la poudre. Presque toujours le cavalier qui se détache de leurs rangs et vient avec une exaltation intrépide choisir des buts pour son fusil jusque sur le flanc de nos colonnes, est un marabout. Indépendamment même de ces besoins de la conquête qui nous forçaient à faire toujours peser sur les Arabes une puissance armée, il y aurait donc eu une véritable folie à vouloir nous mettre en contact avec cette population, que sa nature, sa religion, ses mœurs nourrissent de la guerre, par ce qui s'appelle chez nous un fonctionnaire civil et ce qui n'existe pas chez eux. On établit donc cette admirable organisation des *bureaux arabes* qui n'a pas encore été assez appréciée, assez connue; on établit cette organisation qui certainement est un des procédés administratifs les meilleurs, les plus simples, les plus efficaces dont se soit jamais avisée la politique d'un pays.

On choisit dans l'armée des officiers dévoués, capables, connaissant la langue, familiers avec les mœurs des Arabes, et on les établit sur tous les points du territoire militaire divisé en cercles, avec une mission de guerre et de justice en même temps. Les résultats que cette institution a obtenus ont dépassé tout ce qu'on pouvait espérer. Le respect et la confiance sont entrés facilement chez les Arabes par cette sorte de magistrature à cheval qui se transporte, franche, décidée et expéditive, partout où un méfait a été commis. Les Arabes aiment et comprennent la justice ; mais la légalité telle qu'on l'entend chez les nations modernes est pour eux chose à la fois répugnante et inconnue. Cet homme de guerre qui entend leurs réclamations à toute heure, et, quand il le peut, donne une suite immédiate à toute affaire qu'on porte devant lui, représente la seule autorité qu'ils puissent accepter. Les rapports journaliers qui se sont établis entre les indigènes et les officiers des bureaux arabes exercent maintenant sur les tribus une action des plus intéressantes à étudier et que chaque jour voit se développer.

L'officier du bureau arabe n'est plus seulement pour les tribus comprises dans son cercle un chef militaire qui veille à la répression des délits, au maintien de l'ordre et au recouvrement des impôts; c'est un homme d'un caractère éprouvé et d'une intelligence reconnue, qu'en mainte occasion et sur maint objet d'utilité publique on se fait une loi de consulter. Ainsi ces progrès que maintenant l'on remarque parmi les indigènes, ces maisons qui sur quelques points remplacent les tentes des caïds, ces travaux d'agriculture, ces plantations d'oliviers, ces constructions de moulins qui changent déjà l'aspect de certaines tribus, sont dus aux officiers des bureaux arabes. Rien n'est entrepris sans leur conseil, rien ne s'opère sans leur concours.

L'habile direction qui a dans ces derniers temps communiqué à l'Algérie un mouvement dont ne s'est pas assez occupée l'attention publique, trouve à l'heure qu'il est d'énormes ressources dans un commandement que chaque jour elle fait agir avec plus de force et organise avec plus de régularité, dans le commandement indigène. Toutes les tribus qui reconnaissent notre autorité sont gouvernées en notre nom par des agas, des bachagas, des caïds que nous choisissons avec soin et surveillons avec vigilance. Ces chefs, dont la puissance doit d'abord une sorte de concession faite à la nation conquise par la politique et la clémence de la nation conquérante, ont pris maintenant rang et un important parmi les agents les plus utiles et l'on peut même dire les plus dévoués de notre domination. Il y avait aux courses d'Alger de 1850 un indigène qui attirait sur lui les regards de la foule par son visage guerrier et la croix d'officier de la Légion-d'Honneur suspendue à son burnous ; ce chef était Si-Chériff-Bel-Arch, qui, sur un ordre du gouvernement français, venait, avec 1,500 hommes des goums, de poursuivre, d'atteindre et de frapper dans le désert des fractions de tribus insoumises dont nous voulions punir les déprédations. Ce fait d'une expédition composée tout entière d'indigènes et agissant cependant avec énergie sous l'impulsion de notre autorité est un des faits les plus remarquables et peut-être les plus féconds pour l'avenir qui se soient encore produits en Afrique. A l'endroit où cessent nos postes, nous en sommes venus maintenant à organiser des postes arabes, qui sur les routes les plus lointaines protègent les voyageurs. Les provinces de Constantine et d'Oran sont sillonnées sur plusieurs points par des patrouilles indigènes ; dans la province d'Alger, toute l'entrée de la Kabylie, le voisinage de l'Arbah, la vallée de l'Isser sont maintenus dans un état de sécurité par nos caïds et nos agas. Les services que nous rendent tous les chefs qui ont reçu de nous le burnous d'investiture deviennent chaque jour plus efficaces et plus nombreux.

Ce commandement indigène, si utile, si important, mais si délicat à manier, est surveillé par les officiers des bureaux arabes. Réunis par une même habitude du danger, par un même goût pour le mouvement, par un même entrain dans la guerre, nos officiers et les chefs arabes vivent dans une union d'où sort chaque jour un nouvel avantage pour l'Algérie. Si l'on détruisait les bureaux arabes, on détruirait du même coup toute une organisation qui sans eux est immédiatement privée de vie.

L'organisation des bureaux arabes, que l'Angleterre serait heureuse de pouvoir appliquer à ses possessions indiennes, a été créée par les généraux Lamoricière et Marey ; elle a été perfectionnée sous le gouvernement du maréchal Bugeaud par un des hommes que de longues études ont le plus profondément initiés aux mœurs africaines, par le général Daumas. Sait-on ce que coûte à la France ce vaste réseau d'agents militaires qui parvient à contenir en Afrique plusieurs millions d'habitants ? 160 ou 180,000 francs, le quart à peine du budget que réclamaît l'administration civile rêvée par quelques esprits. Paul DE MOLÈNES,
officier d'ordonnance du Gouverneur général de l'Algérie.

BUREAUX DE PUSY (JEAN-XAVIER), naquit à Port-sur-Saône, en 1750. Il embrassa la profession militaire, et avait obtenu le grade de capitaine du génie lorsqu'il fut nommé, en 1789, député aux états généraux par la noblesse de sa province. L'origine d'un mandat et la haute position de sa famille ne l'empêchèrent pas de suivre le parti national, vers lequel l'entraînaient ses sentiments et les principes libéraux. Mais en se prononçant pour la cause du peuple, Bureaux de Pusy, esprit droit et modéré, se fit toujours remarquer par la sagesse de ses opinions, et il ne craignit pas de lutter plus d'une fois contre le torrent des idées et des passions dominantes pour défendre les prérogatives de la couronne, dont le maintien et le salut lui paraissaient liés à la conservation de l'ordre et de la liberté. Ses lumières et sa modération lui acquirent un rang élevé parmi les constitutionnels et une grande considération dans toute l'assemblée. Il fit partie et fut souvent rapporteur des comités, sur toutes les matières soumises à leur examen, diplomatie, guerre, finances, etc. Il eut spécialement une grande part à l'immense travail de la division territoriale et à la fondation de l'unité française. Appelé trois fois aux honneurs de la présidence, il occupait le fauteuil dans une circonstance difficile, où il s'agissait de répondre à un discours de Louis XVI, de manière à concilier les égards dus à la majesté royale et les ménagements réclamés par la susceptibilité nationale : Bureaux de Pusy remplit cette tâche avec autant d'habileté que de dignité.

Après la dissolution de l'Assemblée constituante, il retourna à la profession des armes, avec son grade de capitaine du génie, et continua de manifester son attachement aux doctrines du parti constitutionnel, alors vaincu dans l'arène parlementaire. Cette courageuse persévérance le fit mander à la barre de l'Assemblée législative. Le calme de son attitude et la noble sincérité de ses paroles le justifièrent pleinement aux yeux de la représentation nationale. Mais il était facile de prévoir que la méfiance et l'irritation du parti républicain ne feraient que s'accroître en présence des résistances intérieures et des coalitions étrangères, et que de nouveaux orages s'élèveraient bientôt sur la tête des modérés. Bureaux de Pusy le comprit, et voulut passer en Amérique ; c'était, pour échapper aux fureurs de la démocratie française, se livrer aux vengeances des monarchies européennes : les premiers constitutionnels, les patriotes de 89, étaient plus odieux aux rois absolus que les démagogues de 1793. Bureaux de Pusy, La Fayette, Latour-Maubourg et Lameth, l'éprouvèrent. L'histoire gardera le souvenir de la captivité cruelle que ces sages amis de la liberté eurent à subir pendant cinq ans dans les cachots d'Olmütz. Ils ne durent leur délivrance qu'à l'intervention généreuse du jeune conquérant de l'Italie, qui ne voulut accorder la paix à l'Autriche qu'après avoir obtenu d'elle la mise en liberté du compagnon d'armes de Washington et de ses amis. Bureaux de Pusy exécuta alors son projet de voyage transatlantique ; il voulut voir à l'œuvre le peuple libre des États-Unis, seul peuple qui eût accueilli comme un digne compagnon d'infortune du prisonnier d'Olmütz. Revenu en France à l'époque du consulat, il fut nommé préfet de l'Allier. De là il passa à la préfecture de Lyon, puis à celle de Gênes. Il mourut en 1806, dans cette dernière ville, des suites des fatigues qu'il avait éprouvées en allant repousser une irruption des Parmesans et en cherchant à apaiser, au retour, les esprits exaltés des campagnes génoises, double mission dont la réussite complète lui coûta la vie.   LAURENT (de l'Ardèche).

BUREAUX DE PUSY (MAURICE-POIVRE), fils du précédent, né à Paris, le 22 juin 1799, sortit un des premiers de l'École Polytechnique en 1819, et entra dans le corps du génie militaire, où il fut nommé capitaine en 1821. En 1830, l'indépendance de son caractère et ses connaissances aussi variées que solides le firent remarquer parmi les hommes les plus propres à concourir à la fondation du nouvel ordre de choses qui suivit la révolution de Juillet. Appelé successivement à la préfecture des Hautes-Pyrénées et à celle de Vaucluse, en 1832, il épousa la fille de Georges Lafayette, et resserra ainsi les liens qui n'avaient pas cessé de l'unir à cette glorieuse famille. Mais alors les mêmes qualités qui lui avaient valu sa nomination se trouvèrent en opposition avec les nouvelles vues ministérielles, et il fut révoqué. Aussitôt il songea à entrer à la chambre : ses connaissances spéciales en administration publique et la rigide fermeté de ses principes marquaient sa place dans les rangs de sa famille d'adoption. Néanmoins, avant de se présenter comme candidat de la gauche, il jugea à propos de se démettre de son grade de capitaine du génie, incompatible, selon lui, avec le mandat qu'il sollicitait.

Élu député en 1834, en 1842, et en 1846, il se fit remarquer à la chambre par son esprit lucide. Dans la dernière session, son indignation contre le système du gouvernement de Louis-Philippe éclata plusieurs fois en improvisations énergiques. Néanmoins ses prévisions furent dépassées par le résultat de la révolution de Février ; mais, dévoué dès le lendemain au service d'une république loyale et modérée, il accepta, avec M. Tourret, son ancien collègue à la chambre, les fonctions de commissaire du gouvernement dans le département de l'Allier. Cependant survinrent bientôt les circulaires Ledru-Rollin, contre lesquelles il crut devoir protester. M. Mathé ayant été adjoint aux deux commissaires, M. Bureaux de Pusy se retira.

Élu représentant du peuple dans l'Allier, M. Bureaux de

Pusy devint questeur de la nouvelle assemblée. Il y était un des plus chauds partisans du général Cavaignac, et y votait souvent contre l'administration du 20 décembre. Il ne fut pas réélu à la Législative; mais cette assemblée l'appela, au premier tour de scrutin, à faire partie du conseil d'État, où il siégea dans la section de législation jusqu'au coup d'État du 2 décembre 1851, époque où il est rentré dans la retraite, et il n'en est pas sorti depuis.

BURELLE, BURELÉ, termes de blason et d'armoiries. Les *burelles* sont des fasces diminuées en nombre pair, de huit pièces ou plus; quand elles sont en nombre impair, on les appelle *trangles*. Un *écu burelé* est composé de diverses fasces d'émail différent; quand il y en a plus de dix, il faut en faire l'expression en blasonnant; quand il y en a moins, on dit seulement *fascé*. La maison La Rochefoucauld porte *burelé* d'argent et d'azur à trois chevrons de gueules brochant sur le tout.

BUREN (MAXIMILIEN D'EGMOND, comte DE). Ce grand capitaine, descendant des ducs de Gueldre, commanda plusieurs fois des armées de l'empereur Charles-Quint, qui le décora de la Toison-d'Or. En 1536 il eut sous ses ordres trente mille hommes de pied et huit mille chevaux, avec lesquels il tint tête aux forces de François Ier. On l'a accusé d'avoir aggravé par les excès les malheurs inséparables de la guerre. Il est vrai qu'il saccagea et livra aux flammes la ville de Saint-Paul; mais il l'avait prise d'assaut, et les habitants avaient pendu un héraut de l'empereur qui était venu les sommer de se rendre. Suivant les idées du temps, une telle vengeance, qui aujourd'hui ferait horreur, était légitime. Le comte de Buren mourut d'une esquinancie à Bruxelles, le 23 ou 24 décembre 1548, et *fit*, dit Brantôme, *la plus belle mort de laquelle on ouyt jamais parler au monde*. Le célèbre chirurgien André Vésale lui ayant annoncé qu'il n'avait plus que cinq à six heures à vivre, il profita de ce temps pour convoquer ses amis, dicter son testament, se confesser; puis il se leva, vêtit ses plus riches habits, se fit armer de pied en cap, et mit son collier, son grand manteau d'ordre, son magnifique bonnet à la polacre, qui était sa coiffure de prédilection. Dans cet équipage, ayant devant lui son casque, ombragé de plumes, il ordonna d'introduire tous les officiers qui avaient servi sous lui, et leur dit adieu ainsi qu'à ses gens, qu'il recommanda, chacun suivant son mérite, à l'évêque d'Arras, depuis cardinal de Granvelle, qu'il appelait son frère d'alliance. Puis il prononça plusieurs belles paroles, vida, à la santé de l'empereur, son grand verre de fête, rendit le collier de la Toison-d'Or au comte d'Aremberg, son frère d'armes, pour le porter au grand maître, *but le vin de l'étrier et de la mort*, et se fit porter sur son lit, où il rendit le dernier soupir. Il ne laissa de sa femme, Marie de Lannoy, qu'une fille unique, qui épousa Guillaume de Nassau, prince d'Orange, surnommé le *Taciturne*. De là le fils aîné de ce prince, que le duc d'Albe fit enlever de l'université de Louvain en 1568, avait reçu en naissant le titre de comte de Buren. DE REIFFENBERG.

BUREN (MARTIN VAN), président des États-Unis de l'Amérique du Nord de 1837 à 1841, issu d'une ancienne famille de colons hollandais, aussi pauvre que dénuée d'influence, naquit le 5 décembre 1782, à Kinderhook, dans le comté de Columbia, État de New-York, et reçut une éducation très-incomplète dans la petite école de son endroit natal. Dès l'âge de quatorze ans il se consacrait à l'étude du droit, et surtout de la politique. A dix-huit ans il fut nommé délégué de son comté à une convention démocratique de l'État de New-York, et en 1803 il fut admis à plaider à la barre comme avocat. Il y acquit promptement par son ardeur au travail et par son économie une petite fortune, et en 1809 il vint s'établir à Hudson, chef-lieu du comté, où il s'adonna tout autant à la plaidoirie qu'à la politique, prenant rang parmi les meneurs les plus actifs du parti démocratique.

En 1812 il entra avec le titre de sénateur dans la législature de New-York, et en 1815 fut nommé procureur général de l'État. Comme sénateur, il se prononça pour la présidence de Jefferson, et contre le renouvellement du privilége de la banque des États-Unis; mais il consacra surtout son énergie au soutien de la guerre que les États-Unis faisaient alors avec des chances diverses à l'Angleterre. Il proposa de lever dans l'État de New-York un corps de 12,000 hommes, et réussit à faire adopter cette mesure. Dès lors il se posa comme l'un des chefs du parti opposé à De Wit Clinton; hostilité qui lui coûta son emploi quand, en 1817, Clinton fut élu gouverneur de New-York. Mais le parti démocratique obtint plus tard dans les deux chambres de la législature une majorité qui lui permit d'enlever deux fois de suite à De Wit Clinton ses fonctions de gouverneur, et de réintégrer également à deux reprises Van Buren dans ses fonctions de procureur général. Enfin, le 6 février 1821 il fut nommé sénateur au congrès des États-Unis.

Son activité politique sur ce nouveau théâtre se déploya dans une opposition systématique contre la banque des États-Unis et contre le système des tarifs élevés en matière de douanes; questions qui ont résumé, dans ces trente dernières années, toute la politique du parti démocratique aux États-Unis. Il combattit toutefois l'extension indéfinie et illimitée du droit électoral, et se déclara contre la cession, aux divers États y intéressés, des terres appartenant à l'Union; principe que depuis 1842 le parti démocratique n'a pas cessé de combattre. En 1828 nous le voyons l'un des plus zélés partisans du général Jackson. Le 12 mars 1829, à la suite d'une rupture survenue entre Jackson et son ministère, il fut nommé secrétaire d'État, et en 1831 ambassadeur des États-Unis à Londres. Le sénat, auquel la constitution a dévolu le droit de confirmation de tous les hauts fonctionnaires publics, repoussa la nomination de Van Buren aux fonctions d'ambassadeur à Londres, et en conséquence le président Jackson dut le rappeler. Cela lui donna un certain air de patriote persécuté; et le parti démocratique crut devoir l'en dédommager en l'élisant vice-président en même temps que le général Jackson était de nouveau proclamé président de l'Union.

Van Buren parut dès lors l'ami le plus chaud de Jackson, son confident intime, et sembla désigné d'avance par le parti démocratique pour lui succéder. La Convention nationale, convoquée à Baltimore, le nomma en effet l'un des candidats à la présidence, et lors des élections qui eurent lieu en 1835 il obtint une majorité absolue de vingt-quatre voix sur ses trois concurrents, Clay, Webster et Harrisson. Mais dès le début de son administration les désordres financiers qui avaient déjà troublé les dernières années de l'administration du général Jackson prirent une gravité telle, que Van Buren se vit bientôt forcé de convoquer extraordinairement le congrès. Il proposa à cette assemblée de rendre l'administration des finances de l'Union tout-à-fait étrangère à la banque des États-Unis, et de créer un trésor central à Washington, avec des caisses auxiliaires dans les provinces; mais ce projet, quelque talent qu'il apportât à le défendre, ne fut point adopté, et le crédit de son administration ne put guère se relever de ce grave échec.

Van Buren n'avait pas l'art de conserver ses amis; il y avait quelque chose d'affecté, de contraint, dans ses dehors bienveillants, qui le plus souvent lui faisait manquer son but. Aussi en 1840 le candidat du parti whig, le général Harrisson, fut-il élu président des États-Unis. Les pouvoirs de Van Buren ayant expiré le 4 mars 1841, il se retira à Kinderhook, conservant toujours l'espoir de remonter quelque jour sur le siége présidentiel. Cependant, aux élections nouvelles qui eurent lieu en 1844 sa candidature ne fut pas appuyée à l'unanimité par le parti démocratique, et dans les États à esclaves notamment elle fut accueillie avec de vives défiances. La convention démocratique réunie à Baltimore la repoussa, pour désigner aux suffrages du parti l'ancien orateur de la chambre des représentants, Polk, qui effectivement fut élu président. Il en résulta une scission entre les démocrates du nord. Les uns se rallièrent à une fraction du parti whig pour former ce qu'on appela le parti des *freesoilers* (partisans de la liberté du sol), que leurs adversaires affublèrent du sobriquet de *barnburners* (bruleurs de granges), donné par les propriétaires d'esclaves à tous les abolitionnistes. Les *freesoilers* convoquèrent une convention à Utica, État de New-York, dans laquelle Van Buren fut à l'unanimité désigné comme candidat à la présidence pour l'élection de 1848. Van Buren accepta cette candidature, et par cette acceptation donna une importance au parti de la *liberté du sol*. Toutefois les lauriers du général Taylor, son compétiteur, rallièrent les masses à ce nom, sans distinction de couleurs ou de nuances politiques; et Van Buren, tout aussi bien que Cass, le candidat des vieux démocrates, se trouvèrent en immense minorité.

Van Buren a trois fils, dont le second, *John Van Buren* s'est également fait connaître comme homme de parti. En 1838 il entreprit un voyage en Angleterre, où il fut accueilli avec la plus grande distinction dans les cercles aristocratiques. Jusqu'en 1844 l'un des orateurs favoris du parti démocratique dans l'État de New-York, il fut le premier qui se prononça pour la *liberté du sol*; il paraît que c'est lui qui a déterminé son père à rompre avec ses anciens coreligionnaires politiques pour se rattacher à l'agitation provoquée par les *freesoilers*. Dans un *meeting* tenu en 1848 à Cleveland, État de l'Ohio, il prononça contre le système de l'esclavage un discours des plus véhéments, et qui provoqua dans le sud une exaspération extrême.

BURETTE, diminutif du vieux mot *buire*, par lequel on désigne de petits vases à goulot, ordinairement en argent, qui servent à contenir le vin et l'eau destinés dans les églises au sacrifice de la messe, et que l'on a étendu aussi à des vases semblables qui, dans l'usage domestique, doivent contenir le vinaigre et l'huile dont on peut avoir besoin dans le courant des repas.

Les *burettes* font partie de la chapelle d'argent d'un prélat. On avait donné le nom de *burettier*, dans la cathédrale de Paris, à un officier chargé de porter les burettes devant le prêtre officiant, devoir qui est rempli dans les églises ordinaires par un enfant de chœur.

BURGAU. Nom vulgaire de plusieurs espèces de coquilles du genre *turbo*, dont l'épiderme de diverses couleurs recouvre une substance calcaire nacrée très-brillante. Ces coquilles servent pour la confection des petits bijoux ou ornements de nacre. On a donné spécialement le nom de *burgau* au *turbo marmoratus*, aussi appelé *la Princesse*.

BURGAUDINE, nom donné à la plus belle espèce de nacre, que fournit la coquille nommée *burgau*.

BURGER (Geoffroi-Auguste), fils d'un pasteur protestant, naquit à Wolmerswende, le 1er janvier 1748. Sa première éducation fut assez négligée, car à douze ans il savait à peine lire et écrire; cependant, il annonçait déjà de poétiques dispositions. On le voyait chercher la solitude, préférer aux jeux bruyants de son âge les vagues terreurs que causent l'obscurité, le silence des bois profonds et des lieux déserts, où il aimait à s'égarer; et tout enfant, sans autres modèles que ceux que lui offrait le livre des cantiques de l'Église, il faisait déjà des vers, qui ne manquaient ni de rhythme ni d'harmonie. En 1760 on l'envoya au collège d'Aschersleben : l'étude du latin lui parut fastidieuse et pénible; le régime rigoureux de l'école ne tarda pas à révolter son esprit, un peu sauvage, et qui n'avait subi jusque alors aucune espèce de contrainte. Le mélancolique enfant, n'était pas dénué de malice, et ses épigrammes l'ont prouvé, ayant fait quelques vers assez piquants sur la perruque a bourse du professeur, en fut puni par une cruelle fustigation : cet indigne traitement l'exaspéra à un tel point qu'il conjura ses parents de l'arracher de ce qu'il appelait *un lieu de désolation*. On le plaça à Halle, dans une de ces écoles préparatoires connues en Allemagne sous le nom de *pædagogium*, où, malgré son dégoût pour les études classiques, il fit assez de progrès pour être en état d'entrer à l'université de la même ville, et de suivre un cours de théologie, car ses parents le destinaient à l'état ecclésiastique. Mais quatre années d'études infructueuses n'aboutirent qu'à lui faire prendre en aversion la carrière dans laquelle on l'avait forcé d'entrer. Son père venait de mourir, et le jeune homme obtint de son grand-père d'échanger l'étude de la théologie contre celle du droit, pour laquelle il croyait se sentir plus de dispositions.

Il passa donc à Gœttingue en 1768. Malheureusement pour lui, pendant son séjour à Halle il s'était lié intimement avec Klotz, et les mœurs licencieuses de ce dernier n'eurent que trop d'influence sur le jeune étudiant. Arrivé à Gœttingue, où son ami l'avait précédé, au lieu de se livrer aux études sérieuses qu'exigeait sa nouvelle carrière, il contracta dans la maison de la belle-mère de Klotz, chez laquelle tous deux demeuraient, des liaisons qui nuisirent singulièrement à ses mœurs et à ses travaux. Son grand-père, qui jusque alors l'avait soutenu, dans l'espoir de le voir parvenir à un état honorable, lassé de fournir de l'argent à ses folies, l'abandonna. Sans l'amitié de quelques jeunes gens distingués qui étudiaient en même temps que lui à Gœttingue, tels que Gœcking, Boje, Hœlty, les frères Stolberg, H. Voss, Cramer, Leizewitz, il est vraisemblable que Burger eût été perdu pour l'art et pour la société. Leurs généreux secours le mirent en état de terminer ses cours; Boje surtout le protégea d'une manière toute particulière, il lui fit rompre de honteuses relations, releva son courage, le présenta dans le monde, lui rendit tous les services d'un véritable ami; et quand Burger eut passé ses examens, Boje lui fit obtenir par son crédit la place de conseiller de justice à Alten-Gleichen, emploi modique, il est vrai, et dont le mince traitement ne lui fournissait que tout juste de quoi ne pas mourir de faim; mais du moins cet état, en assurant au jeune homme une sorte d'indépendance, contribua efficacement à le retirer du désordre et à le réhabiliter à ses propres yeux.

Ce fut dans la société de ces amis qui devaient tous devenir des hommes célèbres, que Burger sentit se développer les ailes poétiques du talent qui devait l'illustrer un jour, et se mit à exploiter le fonds riche et fertile dont l'avait gratifié la nature. Il s'adonna à des études sérieuses; celle des langues lui devint tout à coup facile et agréable; avec Voss, il apprit le grec, et Homère fut son rudiment; avec ses autres amis, il apprit successivement le français, l'anglais, l'italien, l'espagnol, et chercha dans les chefs-d'œuvre de ces différents idiomes des leçons et des modèles. Parmi les modernes, Shakspeare était son auteur favori; il aimait aussi les vieilles et naïves ballades anglaises et écossaises; il feuilletait sans cesse les *Percy's Relicks*. Toutes ces lectures eurent une grande influence sur la nature de son talent.

En 1773 Burger publia son premier recueil de poésies, au nombre desquelles se trouve la fameuse *Lénore*, dont la fortune dépassa toutes ses espérances. L'apparition de ce petit poème fit sensation, et plaça tout de suite Burger au rang que sa Muse lui avait destiné. Le bruit de ce succès parvint au grand-père du jeune poète, qui, apprenant en même temps le changement de conduite du nouvel enfant prodigue, lui rendit sa tendresse. Il lui envoya même la somme d'argent nécessaire pour acquitter ses dettes et payer le cautionnement de sa place, chose qu'il n'avait pu encore effectuer, et qui pouvait seule donner de la sécurité à sa position; toutefois, la générosité de son aïeul n'apporta aucun avantage à Burger : le désordre habituel qui régnait dans ses finances lui fit bientôt dilapider une grande partie de cet argent, et un abus de confiance lui enleva le reste. Près de retomber dans son ancienne misère, Burger fut encore obligé de recourir à ses amis; leur zèle ne se démentit point dans cette nouvelle circonstance : ils payèrent ses dettes, et lui, stimulé par ces nouvelles obligations, travailla avec tant d'ardeur, qu'il parvint à les acquitter, et même à se faire une existence assez supportable.

En 1774 Burger épousa la fille d'un employé aux domaines, nommé Léonhard ; mais cette union, qui devait embellir sa vie solitaire, assurer sa tranquillité et lui permettre de se livrer sans inquiétude à ses travaux littéraires, devint pour le faible et passionné jeune homme, comme il le dit lui-même, « la source d'une douleur sans nom, d'un long et cruel désespoir ». Le jour de son mariage, presque au moment où il conduisait à l'autel la femme à laquelle il allait jurer d'appartenir, il vit pour la première fois la sœur de sa fiancée, jeune fille à peine âgée de quinze ans et d'une remarquable beauté : on l'avait fait venir d'une pension où elle avait été élevée, pour assister aux noces de sa sœur. A cette vue il se passa dans l'âme de Burger quelque chose de si étrange, qu'il en attribua la cause à une fièvre instantanée ; c'était tout à la fois une joie insensée et une angoisse indicible; tout son être était bouleversé, et vingt fois durant la cérémonie nuptiale il fut tenté de s'enfuir pour échapper à ces liens, que des convenances de fortune et d'estime lui avaient fait contracter, et auxquels l'amour n'avait point présidé. La crainte du scandale, le respect pour les bienséances, la voix de la raison, qui lui disait que ce mouvement fiévreux s'apaiserait, le contînrent; mais son attente fut trompée. Il avait été décidé que la jeune personne, qui n'avait plus de sœur, demeurerait avec les nouveaux mariés sous la surveillance de sa sœur : ce fatal arrangement, auquel Burger n'osait s'opposer, les perdit. Soit que son imagination de poète eût été trop vivement frappée, soit que la jeune beauté eût cause du trouble si funeste encourageât elle-même, peut-être sans le savoir, un attachement que la vertu réprouve dans cette sorte de relation, cet amour empreint, comme celui des anciens, d'un caractère de fatalité, ne se passa point ; la fièvre redoutable, toujours plus ardente, toujours plus inextinguible, ne s'apaisa point ; et, comble de misère !... le feu qui dévorait le beau-frère, pénétra le cœur même de la belle-sœur : *elle aima comme elle était aimée!* Tout ce que le devoir a de plus oppressif, tout ce que le remords a de plus poignant, tout ce que l'honneur, la vertu, la foi, ont de plus impérieux, torturait jour et nuit ces deux infortunés.

Cette passion furieuse s'accrut en peu de temps avec une telle violence qu'elle amena Burger à la plus étrange extrémité. Il osa faire à sa femme l'aveu de son malheur... Ce fut avec des torrents de pleurs, avec des cris de désespoir qu'il lui peignit les tourments qu'il endurait, et la lutte terrible qu'il soutenait contre sa passion. En faisant cet aveu il était hors de lui. La généreuse épouse entrevit d'un coup d'œil toute l'horreur de son sort, et s'y résigna. L'état d'exaspération de son mari lui faisait craindre pour sa raison et pour sa vie; elle prit la résolution la plus courageuse, la plus héroïque... ah ! une résolution qu'on ne saurait qualifier et contre laquelle il n'est cœur de femme qui ne se révolte.... Elle calma Burger, le consola, fit appeler sa sœur, lui prit la main, la plaçant avec la sienne dans celle de son époux, elle lui dit, avec la comtesse de Gleichen, avec la Cécilia de Gœthe : *Nous sommes tiennes*. Et de ce jour, épouse seulement aux yeux du monde, elle abandonna sans réserve à sa sœur tous les droits de l'hymen. D'une part, ces joies furtives, mais troublées de remords, de l'autre le douloureux sacrifice de tous les jours, de toutes les heures, cette situation équivoque de trois individus dont le monde ignorait les véritables rapports, dura dix ans!... La mort secourable mit enfin un terme au long martyre de la victime : en 1784 l'épouse légitime de Burger mourut. Après une année de deuil, tribut payé autant aux convenances qu'à une juste douleur, Burger épousa ostensiblement la femme qu'il avait aimée avec tant d'emportement; mais, comme si le ciel rémunérateur n'eût pas voulu sourire à un bonheur dont ces imprudents avaient déjà ravi les prémices, au moment où la jeune femme allait donner à son époux un gage d'amour ardemment désiré, elle lui fut enlevée en peu d'heures, à la suite d'un cruel et laborieux enfantement.

La douleur de Burger fut affreuse : « Je l'aimais si immensément, dit-il, que mon amour pour elle remplissait non seulement mon cœur tout entier, mais qu'il était en quelque sorte mon cœur lui-même. Maintenant, c'en est fait de moi ! ma vie est éteinte, je ne suis plus rien ! » En effet, nul événement dans sa vie ne l'accabla comme cette perte cruelle. Il en demeura frappé de stupeur, et sentit à peine d'autres malheurs qui suivirent celui-là. Il perdit sa médiocre fortune, engagée inconsidérément dans des entreprises hasardeuses, et ne fit aucun effort pour en sauver les débris; en butte à une cabale d'envieux, on lui ôta sa place, et toute son existence fut renversée. Burger connaissait trop la dignité du talent pour y recourir en cette extrémité : obéissant à cet instinct secret qui lui défendait de faire servir les dons du génie à des nécessités vulgaires, il préféra travailler en quelque sorte manuellement pour vivre. Il se rendit à Gœttingue, où il s'établit d'abord maître-répétiteur (*privat docent*), puis professeur adjoint à l'université, mais sans appointements fixes. Ce fut là que l'auteur de tant de compositions charmantes devenues populaires, que Burger, le poëte chéri de toute l'Allemagne, fut réduit pour vivre à traduire du français d'obscurs romans pour un libraire qui le payait à tant la feuille, et misérablement..... Cependant, il eût vécu d'une manière tolérable si les inquiétudes qu'il éprouvait pour l'avenir de l'enfant que lui avait laissé sa chère Molly, n'eussent encore ajouté aux amertumes de son sort.

En 1790 une jeune personne de Souabe, nommée Élise Hahn, charmée de la beauté des poésies de Burger, lui adressa des vers dans lesquels elle lui offrait son cœur et sa main. Burger hésita longtemps avant de répondre à une proposition bien faite pour toucher le cœur d'un poëte, mais qu'il pouvait aussi regarder plutôt comme le fruit d'une imagination vivement excitée par la peinture des amours de Blandine, que comme la détermination d'un esprit sage et prudent. De plus, Burger, malgré tous les écarts de sa conduite, avait une âme loyale; il craignait de tromper cette jeune personne et de ne pas réunir les qualités propres à la rendre heureuse; il jugeait sans illusion son caractère comme son talent : cette crainte, cette timidité, bien digne d'un cœur honnête, engagea Burger à adresser à celle qui lui offrait un sort si doux un petit écrit qu'il intitula : *Confession d'un homme qui ne veut pas tromper une personne généreuse.*

La *jeune fille de Souabe,* comme il l'appelle dans ses poésies, ayant persisté dans sa résolution, Burger, cédant aux sollicitations de ses amis, qui voyaient dans ce nouveau mariage un moyen de rétablir la fortune du poëte, et peut-être de le guérir de cette mélancolie profonde où il était plongé, Burger se rendit à Stuttgart. Il vit Elise Hahn ; elle lui plut, et il l'épousa. Mais cette union, contractée d'une manière romanesque et inconsidérée, loin d'être heureuse, lui causa d'amers chagrins. Au bout de deux ans, Burger sollicita lui-même la rupture de cette dernière femme: elle reprit la foi qu'elle lui avait apporté, et le poëte retomba dans cet état de pauvreté où le sort semblait résolu à le laisser. Il revint à Gœttingue. Ses amis, qui avaient pris chacun une carrière, s'étaient dispersés : privé de leurs consolations, de leurs secours, abattu de corps et d'esprit, épuisé de courage et dégoûté de la vie, Burger parut oublier son génie. Il se livra de nouveau à ses travaux de traduction, son gagne-pain ordinaire. En 1793 la régence de Hanovre lui accorda un secours annuel, qui, en soulageant d'abord son oppressive misère, réveilla dans l'âme brisée de cet infortuné l'espoir d'un meilleur avenir; mais cet espoir ne devait se réaliser pour lui que dans une autre vie, et six mois après, à la fin de 1794, Burger avait cessé de souffrir et de vivre.

Burger a laissé des poésies justement estimées : ballades, chansons amoureuses ou naïves, odes, élégies, sonnets, épigrammes. Dans aucun de ces genres il n'est resté au-dessous du but qu'il se proposait; dans quelques-uns il s'est élevé à une grande supériorité, et la voix de sa nation l'a placé au rang de ses poëtes les plus distingués. Marchant sur les traces de Schiller et de Gœthe, il a composé de petits poëmes appelés *ballades*, dont le sujet, tantôt fantastique, tantôt chevaleresque, est toujours simple, touchant, mais éminemment dramatique. *Lénore* et *Le Sauvage Chasseur*, si dignement appréciés par madame de Staël, firent sa réputation; *Lénardo et Blandine*, *L'Enlèvement*, *La Pèlerine*, *La Fille du Pasteur*, *L'Empereur* et *L'Abbé*, l'augmentèrent encore. Voici, du reste, comment il juge lui-même son talent dans l'admirable préface de ses dernières poésies : « Si je suis réellement un poëte national, ainsi qu'on le dit quelquefois à ma louange, je doute que cette réputation soit due à mes *hopp, hopp, hourré, hourré, houhue*, etc. Je doute également qu'elle soit due à quelque expression énergique que j'aurai peut-être saisie à propos, ou à la circonstance d'avoir mis en vers et en rimes quelques contes populaires; je croirais plutôt que c'est au soin que j'ai toujours eu de peindre à l'imagination avec simplicité, vivacité, sans voile et sans confusion, le sujet dont je veux entretenir le lecteur. La popularité d'une œuvre poétique est la preuve de sa perfection, et la poésie est un art qu'il faut exploiter, non pour l'art en lui-même, mais pour le peuple, dont le suffrage seul assure l'immortalité. »

Toutefois, la gloire de Burger ne fut point sans mélange; et les suffrages de sa nation, les applaudissements de ses amis, les éloges de W. Schlegel et d'autres critiques recommandables, ne purent adoucir l'amertume que lui causa le jugement de Schiller. Le grand poëte, ne regardant l'art des vers que comme *une échelle intellectuelle donnée à l'homme pour s'élever de la terre au ciel*, ne fut point touché de la grâce et de la naïveté de Burger. Il trouvait sa muse trop sensible, trop sensuelle, et découvrait dans ses tableaux moins un produit de l'idéal qu'un assemblage de traits capricieux et d'une sorte de mosaïque. Trop pur, trop chaste, peut-être est rigoureux; en le portant, le tendre, l'élégant Schiller, oubliait *Adeline*, pure vestale, que n'eût pas désavouée la chaste muse du chantre de *Laura*; *Mon amour*, profession de foi du poëte, qui semble répondre à ses détracteurs; la *Belle que je sais*, doux et gracieux badinage où se cache une pensée si délicate; l'*Adieu*, l'*Élégie à Molly* et la peinture de leurs amours, si tristes, si passionnées; enfin, la charmante *Fleur de Merveille*, que toute jeune fille en Allemagne sait par cœur et chante avec émotion.

Les œuvres de Burger se composent de sept volumes, dont deux de poésies ont été publiés en 1812 : ceux-ci contiennent, sans aucune classification de genre, et seulement dans l'ordre chronologique de leur composition, ballades, chansons, odes, élégies, sonnets, et une nombreuse suite d'épigrammes. Les cinq autres volumes renferment des fragments de traductions de divers auteurs. Burger fut le premier en Allemagne qui traduisit Homère en vers iambiques. Il publia d'abord les cinq premiers chants de l'*Iliade*; mais, quoique cet essai eût été assez bien accueilli du public, il ne continua pas ce travail, que le célèbre Voss devait entreprendre et terminer plus tard d'une manière remarquable. Outre la traduction d'un conte de Xénophon d'Éphèse, celle de la *Batrachomyomachie* et celle du quatrième livre de l'*Énéide*, il traduisait aussi plusieurs tragédies de Shakspeare, entre autres celle de *Macbeth*, qu'il reproduisit avec un rare bonheur, non-seulement vers pour vers, mais encore mot pour mot. Il travaillait alors dans le goût de Voss et d'après ses leçons. Le reste de ses œuvres offre de bons morceaux de prose, parmi lesquels se distingue celui qui a pour titre : *Situation de l'Angleterre sous la domination de Cromwell*. Une correspondance pleine d'intérêt et d'agrément termine les cinq volumes.
Élise Voïart.

BURGHERS, dissidents écossais. *Voyez* SECEDERS.

BURGO ou BURGOS. On donne ce nom vulgaire à une race de chien qui résulte du croisement du barbet et de l'épagneul.

BURGOS, ville fort ancienne, chef-lieu de la province du même nom (dans la division politique actuelle de l'Espagne) et autrefois du royaume de la Vieille-Castille, est située sur la rive droite de l'Arlanzon, dans une fertile vallée, au pied de la Sierra d'Oca. Burgos est construite en amphithéâtre et en forme de croissant, sur le flanc et au pied d'une montagne; aussi les rues en sont-elles étroites et tortueuses. Au nombre de ses places publiques, on remarque surtout celle du Marché, qui est entourée d'arcades et ornée de la statue de Charles III.

Burgos possède un bel hôtel de ville; et parmi ses nombreuses églises, il faut mentionner surtout sa grande cathédrale gothique, édifice remarquable par son architecture et sa magnificence, et renfermant les tombes d'un grand nombre de souverains maures et de la Vieille-Castille. On y trouve une université, un collège et un séminaire archiépiscopal, ainsi que divers hôpitaux et hospices. Sous le règne de Joseph Bonaparte, son vieux château a été transformé en citadelle. Cette ville est depuis 1574 le siége d'un évêché, et compte 12,000 habitants, qui se livrent à la fabrication des étoffes de laine, des draps et des bas, ainsi qu'au commerce des laines.

Burgos est la patrie du Cid, dont la statue en pierre surmonte l'une des neuf portes de la ville, et dont le tombeau se trouve dans l'ancien couvent de San-Pedro de Cardena, situé à quelques lieues de là, et de Fernando Gonzalez, à la mémoire de qui on a élevé un magnifique arc de triomphe.

La *bataille de Burgos* livrée le 10 novembre 1808, et dans laquelle Soult, à la tête de 40,000 hommes, anéantit presque complétement l'armée espagnole aux ordres du marquis de Belvédère, et forte de 20,000 hommes, n'est pas moins célèbre dans les fastes de l'histoire moderne que les deux assauts donnés à la ville en septembre et en octobre 1812 par Wellington.

BURGOS (Don FRANCISCO-XAVIER DE), homme d'État et écrivain espagnol distingué, descend d'une ancienne famille noble établie à Motel, dans la province de Grenade, où il est né, le 22 octobre 1778. Jusqu'à l'âge de dix-neuf ans il se consacra dans sa ville natale à l'étude de la théologie; mais à ce moment il abandonna la carrière ecclésiastique, pour laquelle il ne se sentait point de vocation, et se rendit à Madrid, où il fit la connaissance du jurisconsulte et poëte Mélendez Valdès, vers lequel l'attirait l'amour de la poésie, qu'il avait ressenti dès son enfance et qu'avaient nourri en lui divers essais poétiques. D'après ses conseils, il se livra à l'étude du droit, et Mélendez lui fit espérer une place par la protection de son ami Jovellanos, alors ministre de la justice. La chute de ce dernier, qui entraîna par contre-coup celle de Mélendez, le força de renoncer à cet espoir, et il s'en revint dans sa ville natale. Quand les Français eurent réussi en 1810 à soumettre l'Andalousie, Burgos accepta la sous-préfecture d'Almeria, que le nouveau gouvernement lui fit offrir ainsi qu'une place dans la *junta de subsistencias*, actes politiques qui furent considérés comme des crimes de lèse-nation par les libéraux partisans des cortès de Cadix. Aussi se vit-il proscrit en 1814 et dépouillé de sa bibliothèque de même que de tous ses manuscrits; cette injustifiable violence a fait perdre à la littérature quelques travaux précieux.

Burgos sen vengea de la manière la plus noble, c'est-à-dire en consacrant les loisirs forcés que lui fit alors son exil en France à doter son pays d'une traduction des œuvres complètes d'Horace, demeurée jusqu'à ce jour la meilleure qui existe en espagnol; et à son retour à Madrid, en 1817, il y ajouta des notes et des commentaires. Toutefois, il n'en fit paraître les deux premiers volumes qu'en 1820, et les deux autres virent seulement le jour en 1823. Une fois rentré dans son pays, il s'occupa aussi de la publication de quelques anciens ouvrages de la littérature nationale, sous le titre de *Continuacion del Almacen de frutos literarios*, d'une *Biografia universal*, et à partir de 1819 d'un recueil périodique intitulé *Miscelanea de Comercio, Artes y Literatura*, auquel en 1820 il ajouta une partie politique. Pour la rédaction de ce recueil il n'eut jamais d'autre collaborateur que lui-même. Une si grande activité littéraire popularisa bientôt son nom comme écrivain, mais épuisa ses forces en même temps qu'elle lui attirait la haine des absolutistes comme celle des libéraux, parce qu'il se refusait à être exclusivement l'homme d'un parti quelconque. Néanmoins la rédaction en chef de l'*Imparcial*, journal qui comptait au nombre de ses collaborateurs des hommes tels que Lista, Miñano, Hermosilla et Almenara, fut confiée à cet éminent publiciste.

Plus tard, en 1824, le gouvernement le chargea de la négociation d'un emprunt à Paris; et il conclut avec le banquier Guebhard cette affaire devenue pour lui la source des persécutions les plus acharnées en même temps que d'une fortune considérable. De Paris il adressa à Ferdinand VII un mémoire dans lequel il lui signalait avec une entière franchise les vices et les abus de son gouvernement, en même temps qu'il l'adjurait d'user du pouvoir avec modération, d'adopter une politique de conciliation et d'accorder une large amnistie. Il n'ignorait pas cependant que c'était conseiller le rappel de ses ennemis les plus implacables. Rappelé de Paris en 1827, il fut nommé alors intendant au conseil des douanes, puis membre du conseil supérieur des finances. La même année l'Académie espagnole le reçut au nombre de ses membres, et il fit alors jouer et imprimer sa comédie de *Las tres Iguales*, composée dix ans auparavant. C'était un essai ayant pour but de rajeunir les formes classiques de la vieille école nationale; et peu de temps après il le fit suivre des deux comédies : *El Baile de Mascara* et *El Optimista y el Pesimista*.

Burgos s'était retiré à Grenade pour y diriger lui-même diverses entreprises industrielles et rurales qu'il avait fondées. Mais dès 1833 on le rappela à Madrid, où, après la mort de Ferdinand VII, la reine régente le nomma ministre de l'intérieur, poste dans lequel il déploya une rare activité et fit preuve d'un grand talent d'organisation administrative. A la retraite d'Antonio Martinez, il dut également se charger du portefeuille des finances; et le premier ministre Zea-Bermudez ayant été renversé peu de temps après, il resta seul avec le ministre de la guerre Zarco del Valle à la tête du gouvernement. Burgos crut devoir conserver sa position dans la nouvelle administration qui se forma alors, et qui se composait d'hommes de demi-mesures, jaloux de ne se brouiller avec personne, tels que Martinez de la Rosa et Garelly. Malgré son opposition à quelques-unes des plus essentielles dispositions de l'*Estatuto real*, il attacha son nom à cette mesure politique; mais il donna sa démission dès qu'il eut reconnu que cet acte n'avait fait que déchaîner de plus en plus les passions politiques.

Nommé membre de la chambre des *proceres*, la haine des partis continua à le poursuivre dans cette assemblée, et il s'y vit un jour faussement accusé par le comte de Las Navas de s'être rendu coupable, lors de la négociation de l'emprunt Guebhard, non-seulement de tripotages, mais encore de malversations. Burgos essaya de se défendre, et réclama lui-même une enquête; mais ses ennemis ne le laissèrent pas s'expliquer, et firent prononcer par la chambre son exclusion temporaire. Burgos se retira alors à Paris, pendant que la commission d'enquête qui avait été instituée pour examiner sa conduite dans toute cette négociation proclamait son innocence; ce résultat toutefois ne lui fut notifié qu'à la fin de 1835, après la dissolution des cortès. Il entreprit en conséquence au printemps suivant le voyage de Madrid pour venir se défendre une fois lui-même devant les cortès; mais il reçut en route la nouvelle de la révolution de la Granja, qui termina complètement sa carrière politique. Il retourna à Paris, où il écrivit son *Histoire du gouvernement d'Isabelle II*, ouvrage du plus haut intérêt, mais dont il n'a été publié jusqu'à ce jour que quelques fragments. Xavier de Burgos se livra aussi de nouveau au culte de la poésie, et composa plusieurs comédies et poèmes, entre autres sa célèbre *Oda á la Razon*. Ce n'est qu'en 1839 qu'il est rentré en Espagne, où depuis lors il vit retiré dans ses propriétés près de Grenade, au milieu d'un petit cercle de parents et d'amis.

BURGOYNE (John), général anglais dont le nom se rattache à l'histoire de la guerre de l'indépendance américaine, connu aussi dans le monde littéraire par des vers et des comédies assez médiocres, était le fils naturel d'un lord qui le destina à la carrière militaire. Il fit ses premières armes en 1762, avec un corps de troupes anglaises destiné à soutenir le Portugal dans sa lutte contre l'Espagne. A la fin de la guerre, il fut appelé au conseil privé et élu membre de la chambre basse. Envoyé en 1775 au Canada, il fut deux ans après chargé du commandement d'un corps d'armée dirigé contre les insurgés américains. Son premier acte fut la publication d'une proclamation qui n'offrait aux insurgés que la perspective des plus sévères châtiments, s'ils persistaient à soutenir leurs droits. Burgoyne remporta d'abord sur eux quelques avantages; mais plus tard, s'étant imprudemment engagé à la poursuite d'un ennemi qu'il méprisait trop, il se vit entouré à Saratoga, et obligé de mettre bas les armes devant la division du général Gates. Son corps d'armée eut toutefois la permission de retourner en Angleterre, sous la condition de ne plus porter les armes contre les insurgés américains. La capitulation de Saratoga décida la cour de France à reconnaître l'indépendance des États-Unis.

A son retour en Angleterre, le général Burgoyne ne tarda pas à tomber dans un profond oubli comme militaire; et il ne fut plus question de lui à la cour, qu'à titre de bel esprit. Il mourut en 1792.

BURGRAVE, en allemand *burggraf*, en basse latinité *burgravius*, et aussi *præfectus, comes urbis* ou *civitatis*. On ne désigna d'abord ainsi qu'un commandant chargé par l'empereur ou par le prince de la surveillance et de la juridiction sur un château (*burg*) et les terres qui en dépendaient, et, en cas d'attaque de l'ennemi, de convoquer les hommes relevant du château et de se mettre à leur tête. Plus tard encore on trouve investis des mêmes attributions les *burgraves* de Kalsmunt près de Wetzlar, de Friedberg en Vettéravie, etc. Par la suite des châteaux de ce genre s'élevèrent dans les villes; et alors les *burgraves* devinrent, à proprement parler, des comtes de villes (*comites urbis*). En cette qualité ils exerçaient le droit de justice, de ban et d'arrière-ban sur les possesseurs de francs-alleux; surveillaient le commerce de détail, les métiers et l'architecture des villes; fonctions rétribuées par certains droits qui leur étaient accordés. Quoique d'ordinaire ces burgraves descendissent de grandes familles nobles, leur pouvoir et leur considération allèrent toujours en s'affaiblissant à partir du douzième siècle, à mesure que les villes acquirent plus de force et de richesses; et il n'y eut qu'un bien petit nombre d'entre eux, tels que les burgraves de Nuremberg, de Magdebourg, de Meissen, etc., qui réussirent avec le temps à acquérir une plus grande autorité et une position plus élevée, en rendant peu à peu ces burgraviats héréditaires dans leurs familles et en y adjoignant d'importantes possessions territoriales.

Le titre de *burgrave* finit également par devenir héréditaire, et existe encore aujourd'hui dans quelques familles nobles de l'Allemagne. Dans beaucoup de localités, notamment en Hesse, on le donne aussi aux inspecteurs de bâtiments attachés aux domaines de l'État.

Le terme de *burgrave* fut introduit en 1850 dans le langage de la politique comme un sobriquet dont on affubla alors les meneurs d'une coalition politique qui s'établit tant dans l'Assemblée nationale qu'au dehors.

Après l'élection de Louis-Napoléon Bonaparte à la présidence de la république, les deux partis dynastiques, les légitimistes et les orléanistes, s'emparèrent du président, dont ils avaient appuyé la candidature. Leurs chefs s'efforcèrent de l'entourer, et lui il sembla prêter assez volontiers les mains à ce manége. Or il arriva au commencement de 1850 qu'après avoir nommé trois candidats socialistes pour remplacer les représentants éliminés par la condamnation de la haute cour, Paris eut encore à nommer un représentant à la suite de l'option faite par un des candidats élus : M. Suë fut choisi. La peur du socialisme gagna alors tous les esprits. Le président appela aussitôt les chefs des partis qui formaient la majorité dans l'Assemblée, pour aviser. Un arrêté ministériel du 2 mai chargea MM. Benoît d'Azy, Berryer, Beugnot, de Broglie, Buffet, de Chasseloup-Laubat, Daru, Léon Faucher, Jules de Lasteyrie, Molé, Montalembert, de Montebello, Piscatory, de Sèze, de Saint-Priest, Thiers et de Vatimesnil, de préparer des lois capables de mettre un frein au débordement socialiste qui menaçait de tout envahir. Cette commission imagina de restreindre le suffrage universel, et elle prépara la loi dite du 31 mai, que M. Baroche, ministre de l'intérieur, présenta à l'Assemblée ; cette loi fut adoptée d'urgence, et promulguée sans la moindre objection de la part du pouvoir exécutif. Les chefs des partis royalistes purent se croire sûrs de ramener la monarchie. Ils étaient maîtres de l'Assemblée, on les chargeait de diriger la politique du nouveau gouvernement : ils n'avaient plus qu'à s'entendre sur les résultats : mais là reparut l'antagonisme ; et malgré les tentatives de *fusion*, aucun des deux partis royalistes n'abandonna son drapeau, comme le prouva la discussion de la proposition Creton sur le rappel des lois qui proscrivaient les Bourbons. D'un autre côté, le pouvoir ne resta pas non plus longtemps d'accord avec la majorité de l'Assemblée. Le ministère, qui avait la confiance de cette majorité, fut renvoyé, et le général Changarnier destitué ; la majorité s'en vengea en refusant la dotation supplémentaire du président. Enfin la révision de la constitution n'ayant pu obtenir la majorité légale, le président résolut d'en revenir au suffrage universel, et le coup d'État du 2 décembre détruisit la loi du 31 mai, qui, a dit un publiciste, fut à l'acte du 2 décembre ce que l'œuf fut à l'aigle. En voulant l'écraser, la commission du 2 mai l'avait couvé et fait éclore.

Les petits journaux, toujours en quête de mots nouveaux pour définir brièvement les situations nouvelles, avaient imaginé de désigner les membres de cette commission, les chefs de file de l'orléanisme et du légitimisme, par cette épithète de *burgraves*, empruntée du fonds des souvenirs laissés par un drame romantique de M. Victor Hugo, et qui ridiculisait d'une manière facile à saisir par la foule ces invalides politiques oubliant les uns et les autres qu'ils avaient perdu les princes dont ils prétendaient imposer de nouveau le règne à la France, traitant et considérant le pays comme leur propriété et en disposant en idée comme les seigneurs suzerains du moyen âge pouvaient faire de leurs terres et de leurs manants.

BURIDAN (Jean), était natif de Béthune en Artois. Il vint à Paris, y professa la philosophie avec un grand éclat, et composa divers ouvrages longtemps fort estimés, et qui, suivant le goût de l'époque, avaient pour objet l'interprétation des livres d'Aristote. Quelques-uns disent qu'il était recteur de l'université de Paris en 1320 ; ils ajoutent qu'il fut député à la cour de Rome. Il fleurit surtout de 1348 à 1358. Voilà ce qu'on sait de positif sur ce célèbre professeur.

L'âne de Buridan est une espèce de proverbe et d'exemple, qui a été longtemps en vogue dans les écoles. On dit que ce rhéteur supposait un âne ayant faim, et placé à égale distance de deux picotins d'avoine, ou bien ayant également faim et soif et mis entre un buisseau d'avoine et un seau d'eau, et qu'il prétendait que dans une telle position l'âne mourrait de faim, étant également attiré des deux parts, et demeurant par conséquent immobile. Quel est le sens de cette proposition ? où tendait-elle ? quelle doctrine voulait en tirer son auteur ? Le fait même est-il vrai, et rapporte-t-on fidèlement l'énoncé de Buridan ? C'est ce qui ne vaut pas la peine d'être discuté. Ceux qui voudront y perdre leur temps pourront lire l'article *Buridan* dans le *Dictionnaire* de Bayle, avec la remarque critique qu'on y a jointe dans l'édition de Hollande de 1720.

Mais il est une tradition plus curieuse dans laquelle figure le nom de Buridan ; cette tradition a été mise sur la scène par les auteurs de la *Tour de Nesle*. L'historien Gaguin, qui écrivait au quinzième siècle, après avoir parlé des débauches des trois filles de Philippe le Bel, et de leur châtiment, ajoute que ces désordres et leur suite épouvantable donnèrent naissance à une tradition injurieuse à la mémoire de Jeanne de Navarre, épouse de Philippe le Bel. Suivant cette tradition, cette princesse était d'un tempérament si lubrique que quand elle voyait un homme de bonne mine, elle le faisait monter dans son appartement, d'où il ne sortait que pour être précipité dans la Seine, afin qu'il ne révélât pas ses débordements. Un écolier, que l'on n'avait pas bien attaché, se sauva à la nage, et découvrit tout. C'était Jean Buridan ; c'est pourquoi il publia ce sophisme : « *Ne craignez pas de tuer une reine, si cela est nécessaire.* » Gaguin ne conteste pas le fait, mais il se plaint de ce qu'il l'attribue à Jeanne de Navarre, qui ne vivait pas du temps de Buridan. La reine coupable de tels excès était plutôt Jeanne de Bourgogne, femme de Philippe le Long, morte en 1329. Du reste, la tradition qui fait jouer à Buridan un rôle dans ces infamies est encore indiquée par Villon, dans les vers suivants de la ballade des *Dames du temps jadis* :

> Semblablement où est la reine
> Qui commanda que Buridan
> Fût jeté où un sac en Seine.

Il y a encore moins de certitude dans ce que Bayle rapète, d'après Aventin, sur un prétendu exil de Buridan, qui, disciple de Guillaume Occam, et attaché à la secte des *nominaux*, fut, dit-on, chassé de Paris par les *réalistes*, et s'étant réfugié à Vienne en Autriche, y ouvrit une école publique pour subsister. Il n'existe dans les monuments aucun vestige de ce fait.

Auguste SAVAGNER.

BURIN, barre d'acier trempée, à laquelle on donne différentes dimensions et des formes variées, suivant les usages auxquels on la destine. L'acception la plus usitée est celle par laquelle on désigne l'outil que l'on emploie pour graver sur cuivre : dans ce cas, le burin est une petite barre quadrangulaire, d'environ douze centimètres de longueur, avec un manche fort court en bois, ayant la figure de la moitié d'une pomme d'api. L'angle que l'on pose sur la planche lorsque l'on s'en sert se nomme le *ventre* du burin, et le bout auquel on le donne le nom de *nez* est taillé en biseau ; il présente une pointe plus ou moins aiguë, suivant le goût du graveur ou le travail qu'il veut exécuter. Cet outil étant celui qui sert le plus dans la gravure, on emploie l'expression *gravure au burin* pour la distinguer des autres

6.

gravures sur cuivre, à l'*eau-forte*, en *mezzotinte*, au *lavis*, au *pointillé*, ou dans le *genre du crayon*. On dit même figurément un *beau burin*, un *burin brillant*, un *burin doux*, pour vanter la manière de graver d'un maître.

Un *burin* avec quelques légères différences est employé sous le nom d'*onglette* par les graveurs de médailles, parce que le nez est légèrement arrondi. On lui donne dans d'autres circonstances le nom d'*échoppe*, et alors le *ventre* en est aplati et le nez présente une pointe moins aiguë, qui forme des tailles plus larges, sans pour cela être plus profondes.

Des *burins* d'une autre forme sont employés par les serruriers pour couper le fer à froid : ce sont de petits fermoirs, ou ciseaux à deux biseaux, qui ne sont pas emmanchés dans du bois, comme ceux dont se servent les menuisiers.

Dans la marine on donne le nom de *burin* à une espèce de ciseau ayant une rainure dans l'épaisseur du bout. Les calfats s'en servent pour faire entrer de force l'étoupe dont on remplit les intervalles qui se trouvent entre les planches dont est formé le bordage d'un vaisseau.

Les carriers se servent aussi d'un *burin*, qui est une longue barre d'acier trempé, ronde et taillée en pointe, avec laquelle ils font dans le grès ou dans les roches des trous de 40 à 50 centimètres de profondeur ; ils remplissent ensuite ces trous avec de la poudre à canon, puis, ayant tamponné l'ouverture, on y met le feu, afin de faire détacher de grandes masses.

Les dentistes enfin ont aussi, pour nettoyer les dents, de petits outils appelés *burins*. DUCHESNE aîné.

BURINS. *Voyez* CITIZENOTS.

BURKARD-WALDIS, célèbre fabuliste et conteur allemand du seizième siècle, naquit à Allendorf sur la Werra, et commença par être moine. Plus tard il embrassa le protestantisme, dont il devint l'apôtre zélé, puis il se mit à parcourir une grande partie de l'Europe. A son retour, il fut nommé chapelain de la landgrave Marguerite de Hesse, et mourut, à ce qu'il paraît, vers 1555, pasteur d'Abterode, village situé non loin de sa ville natale. Son *Esopus, gantz new gemacht und in Reimen gefasst, mit sampt hundert newer Fabeln, vormals im Druck nicht gesehen noch aussgangen* (Francfort, 1548, 5ᵉ édition, 1584), dans lequel se trouvent 400 fables, récits et drôleries, racontés pour la plupart d'après des traductions d'Ésope et autres anciens fabulistes, se distingue par sa gaieté, par une satire aussi franche que piquante, et est rédigé d'un style qui ne manque ni d'originalité, ni de facilité, ni d'harmonie. Sa polémique fut surtout dirigée contre les prêtres. S'il devient partois fatigant par son bavardage, il faut moins l'en accuser que le siècle où il vivait. Dans la prison où le fit jeter sa trop grande franchise, il écrivit une paraphrase des Psaumes. Ce ne sont pas seulement d'anciens poëtes, tels que Rollenhagen, qui se serviront de ses ouvrages ; plusieurs des meilleurs fabulistes allemands, Gellert, Zacharie, Hagedorn, y ont puisé l'idée première de leurs productions les plus vantées, et quelquefois même jusqu'à la forme qu'ils leur ont donnée.

BURKE (EDMOND), l'un des hommes d'État les plus spirituels de l'Angleterre, et peut-être le plus grand de ses orateurs, en conséquence appelé souvent le *Cicéron anglais*, naquit le 1ᵉʳ janvier 1730, à Dublin, où son père était avocat, et fut élevé par un brave quaker du nom de Shackleton. Après s'être principalement occupé jusqu'en 1749 de littérature classique, de philosophie et d'histoire au Trinity-College de Dublin, il commença en 1750 à Londres l'étude de la jurisprudence. Malgré les encouragements de toutes espèces que lui valaient son esprit et la rare étendue de ses connaissances, il ne put s'empêcher de les détourna de l'étude à laquelle il s'était voué. Le premier ouvrage par lequel il se fit connaître fut sa *Vindication of natural Society* (1756), qu'il donna pour une œuvre posthume de Bolingbroke, dont il avait admirablement réussi à imiter le style et la manière. Son but était de démontrer qu'on pouvait attaquer toutes les institutions civiles et politiques avec les arguments dont s'était servi Bolingbroke pour attaquer la religion. Sa *Philosophical Inquiry into the origin of our ideas of the sublime and beautiful* parut en même temps. Les idées qu'il émettait dans cet ouvrage sur les motifs du contentement qu'on éprouve à la vue du beau et du sublime ne laissèrent pas que d'éclairer Kant dans ses recherches esthétiques. Devenu un des éditeurs de l'*Annual register* à partir de l'année 1758, Burke se forma peu à peu et en silence au rôle d'orateur et d'homme d'État, et prit des leçons de déclamation de Garrick. En 1765 le marquis de Rockingham, premier lord de la trésorerie, le nomma son secrétaire particulier, et il fut en même temps élu membre du parlement par le bourg de Wendover.

A ce moment les démêlés avec l'Amérique commençaient à occuper toute la nation. Dans son premier discours Burke se prononça contre l'impôt du timbre (14 janvier 1766), et obtint l'approbation de Pitt. Sur sa motion, la taxe du timbre fut retirée, quoiqu'on maintînt le droit pour l'Angleterre d'imposer ses colonies. Lors de la dissolution du ministère Rockingham, Burke écrivit *A short Account of a short Administration*, et entra dans les rangs de l'opposition. Il combattit énergiquement les atteintes portées au droit d'élection, et publia ses *Thoughts on the cause of the present discontents*, ouvrage important pour l'histoire de sa carrière politique, où il expose ses idées sur la constitution anglaise, et attribue tout le malaise social aux tendances du pouvoir à vouloir gouverner par des influences occultes. Mais la proposition aristocratique qu'il y faisait de remettre le pouvoir aux mains des grandes familles whigs lui aliéna dès ce moment un grand nombre d'amis de la cause populaire. Il n'en demeura pas moins l'inébranlable athlète de la liberté de la presse, du jury et de la tolérance religieuse ; et malgré son opposition au ministère, il fit tout pour empêcher une rupture avec l'Amérique.

Le talent oratoire de Burke était alors arrivé à son point de maturité. Plus d'une fois ses discours, empreints de la vivacité la plus entraînante et de la plus chaleureuse conviction, quoique débités du ton le plus simple, ébranlèrent le ministère, et lord North qu'il attaquait d'ailleurs personnellement avec autant de violence que d'esprit. Cependant, c'est aussi à cette époque qu'il prononça le célèbre discours où il recommande au pouvoir d'avoir l'œil attentif sur la conspiration des athées contre la religion et contre le trône. En 1774 les whigs de la ville de Bristol le choisirent pour représentant, à ce moment Fox lui-même se rattacha à lui et le reconnut pour son chef de file. Le 22 mars 1775 Burke soumit au parlement ses treize célèbres motions ayant pour but d'opérer une réconciliation entre l'Angleterre et l'Amérique. Mais alors la guerre était devenue populaire en Angleterre, et l'attitude prise à ce moment par Burke lui aliéna sensiblement l'opinion publique. En même temps il irrita ses amis et ses commettants de Bristol en présentant des motions tendantes à faire accorder la liberté commerciale aux Irlandais et une législation plus douce aux catholiques. S'il se prononça contre la réforme parlementaire demandée par Pitt, comme conduisant à des révolutions, en revanche il mit en avant un projet d'*economical reform*, dans la défense duquel il dépensa tant d'esprit qu'il s'attira la haine implacable de tous les sinécuristes.

Malgré la défaveur où il était tombé dans l'opinion, Burke n'en fut pas moins réélu membre du parlement. C'est dans l'une des réunions électorales tenues à cette occasion qu'il prononça le discours où il rend compte de toute sa conduite politique, et qui passe pour son chef-d'œuvre. Le bill qu'il proposa pour faire modifier les mesures de rigueur adoptées en 1780 lui rendit enfin la faveur populaire. Quand en 1782 Rockingham rentra au ministère avec tous ses amis politiques, Burke fut nommé payeur général de l'armée avec voix au conseil privé ; et il réussit alors à faire adopter ce bill, quoique modifié. La mort de Rockingham amena la dissolution du cabinet dont Burke avait été l'âme, bien que sa capacité administrative fût de beaucoup inférieure à son talent oratoire. Lord Shelbourne, le nouveau ministre, ne tarda pas cependant à être renversé par une coalition parlementaire dont Burke avait conçu le plan, mais qui fut renversée à son tour à la suite de la présentation par Fox d'un bill relatif aux Indes orientales, également mal vu du roi et de la nation. Pitt, qui prit alors le timon des affaires, commença par dissoudre le parlement ; mesure vivement combattue par Burke. Dans l'intervalle il avait aussi figuré parmi les accusateurs de lord Hastings. A cette occasion il fit preuve d'une violence et d'une obstination qui ne contribuèrent guère à accroître sa réputation, parce qu'on vit quelque chose de personnel dans son acharnement contre Hastings. Plus tard il combattit les ministres lorsque, en 1788, l'état mental de Georges III parut exiger la formation d'une régence ; mais au début de la révolution française il abandonna avec éclat les bancs de l'opposition.

Les nouvelles idées françaises étaient incompatibles et avec ses opinions, ayant pour base l'aristocratique constitution anglaise, et avec son caractère. Que si à cet égard on est en droit de lui adresser des reproches, c'est pour la violence aveugle avec laquelle à partir de ce moment il attaqua tout ce qui provenait de la France, repoussant obstinément toute innovation, toute amélioration, comme ayant de l'affinité avec les principes français. Quand, en 1790, Fox demanda qu'on témoignât au nouveau gouvernement de la France une noble confiance, Burke déclara hautement qu'il rompait tout lien d'amitié avec Fox. A peu de temps de là, il publia ses *Reflexions on the Revolution in France* (1790), ouvrage d'une admirable sagacité, et qui exerça la plus décisive influence sur la direction de l'opinion publique en Angleterre. L'effet de cet écrit fut également immense dans le reste de l'Europe.

Dans sa vie privée, Burke manquait d'esprit de conduite ; et il se vit réduit à accepter de Georges III une pension de 2,500 livres sterl., ce qui ne l'empêcha pas de se défendre énergiquement de l'accusation de corruption. Après avoir inutilement tenté un dernier effort en faveur de l'émancipation des catholiques, il renonça en 1794 à la vie parlementaire, et mourut, le 8 juillet 1797, accablé sous le poids de l'âge et du chagrin. Il avait eu, en effet, la douleur de se voir précéder dans la tombe par son fils unique, qui lui avait succédé au parlement. Son dernier ouvrage, *Thoughts on a regicide peace* (1796), est le livre le plus énergique qui soit jamais sorti des presses anglaises. Comme particulier, Burke était l'un des hommes les plus aimables qu'on pût rencontrer. Il a paru une édition complète de ses œuvres en 16 volumes (Londres, 1830). On a de James Prior *Mémoir of the Life and the Caracter of Edm. Burke* (2 vol.), 3ᵉ édit., 1839), livre dont la lecture offre plus d'un attachants.

BURKE (WILLIAM), cordonnier irlandais, établi à Édimbourg, fameux assassin, et voleur de cadavres, fut arrêté dans le courant de décembre 1828, avec un de ses voisins, appelé Hare, sous la prévention d'avoir commis cette année-là trois assassinats. Tous deux nièrent les faits mis à leur charge ; mais la culpabilité de Burke en ce qui touchait l'un de ces assassinats fut prouvée par témoins, en conséquence de quoi il fut condamné à mort. Peu de temps avant son exécution, il avoua, dans sa prison, avoir assassiné dans la seule année 1828 quinze individus, dont il avait vendu les corps à un médecin d'Édimbourg nommé le docteur Knox.

Un vieillard mort de maladie dans la demeure de Hare, vers la fin de 1827, lui avait inspiré l'idée de cette série de crimes. Hare, auquel le défunt était redevable d'une faible somme, ouvrit avec l'aide de Burke le cercueil, déjà cloué, qu'ils remplirent de rognures de cuir, puis vendit le corps au docteur Knox moyennant 7 liv. sterl. 10 shellings. Le prix en fut partagé entre Hare et Burke. Le premier meurtre résultat de leur horrible association fut commis sur la personne d'un étranger logé chez Hare, loueur de chambres garnies. Lorsque cet individu se trouva endormi, Hare proposa de l'étrangler pour vendre son corps. Burke y acquiesça, et le cadavre de la victime fut porté chez Knox, qui, satisfait d'avoir un nouveau sujet, paya la *marchandise* qu'on lui livrait, sans prendre d'autres informations. Les autres victimes périrent de la même manière. Dans la plupart des cas, les meurtriers préludaient à l'assassinat en enivrant leurs hôtes. Hare leur comprimait le nez et la bouche, tandis que Burke leur tenait les bras et les jambes. Les corps étaient ensuite placés dans des bières, où ils avaient le temps de devenir froids et roides avant qu'on les ouvrît. Le médecin et ses aides, quelque suspectes que dussent leur paraître les circonstances dans lesquelles on leur livrait tous ces sujets anatomiques, se contentaient toujours des raisons que leur donnaient les vendeurs, qui prétendaient avoir acheté ou obtenu ces corps des parents des défunts.

La manière particulière dont Burke s'y prenait pour étouffer ses victimes fit créer alors dans beaucoup de langues le verbe *burker*.

La découverte des crimes si horribles commis par Burke et par Hare, son complice, crimes qui faisaient singulièrement pâlir les sacrilèges processus commises chaque jour dans un but identique par les *resurrection's men*, contribua beaucoup à faire adopter par la législature anglaise de nouvelles mesures relatives à la police des inhumations, et autorisant les écoles d'anatomie à se procurer les sujets nécessaires aux démonstrations anatomiques.

BURKHANS. *Voyez* BOURKHANS.

BURLAMAQUI (JEAN-JACQUES), célèbre moraliste et publiciste, d'une famille noble et ancienne, originaire de Lucques, naquit à Genève, en 1694. S'étant distingué de bonne heure, il fut dès l'âge de vingt-six ans nommé professeur de droit naturel à l'université de cette ville. Avant d'exercer ces fonctions, il employa quelques années à voyager en France, en Hollande et en Angleterre. A Oxford il reçut les témoignages d'estime les plus flatteurs de la part des membres de l'université ; à Groningue, il se lia avec Barbeyrac, qui cultivait la même science que lui, et ayant pris connaissance de ses principes, il les adopta de préférence à ceux de Puffendorf. De retour à Genève, en 1723, il se livra tout entier pendant dix ans aux soins de l'enseignement. En 1734 le prince Frédéric de Hesse-Cassel, qui avait été son élève, l'emmena dans ses États, et le garda auprès de lui jusqu'en 1740. Depuis cette époque, sa santé l'obligeant à prendre du repos, il renonça à l'enseignement, et entra dans le conseil souverain de Genève, où il resta jusqu'à sa mort (1748).

Burlamaqui a laissé trois ouvrages, qui ont assuré sa réputation : les *Principes du Droit naturel*, les *Éléments du Droit naturel*, et les *Principes du Droit politique*. Dans le premier de ces ouvrages, qui est devenu manuel classique du droit naturel, servit longtemps de texte aux leçons des professeurs de Cambridge, il pose les bases du droit en général et du droit naturel en particulier, définit avec Montesquieu les lois : les rapports nécessaires dérivés de la nature des choses ; cherche les fondements de la loi naturelle, non dans une volonté arbitraire, mais dans la constitution même de l'homme, considéré soit en lui seul, soit dans ses relations avec ses semblables et avec Dieu ; et poursuivant ce principe fécond dans toutes ses conséquences, déduit, avec clarté et rigueur, d'un légitime *amour de soi* les devoirs de l'homme envers lui-même ; de la *sociabilité*, les devoirs de l'homme envers ses semblables ; et de la dépendance de l'homme à l'égard de Dieu, ses devoirs envers son créateur. Les *Éléments du Droit naturel* ne font que résumer et appliquer à tous les détails de la vie individuelle et sociale les principes posés dans l'ouvrage précédent. Dans ses *Principes du Droit politique*, sans pouvoir entrer en comparaison pour la profondeur avec l'auteur de l'*Esprit des Lois*, ni pour l'éloquence avec celui du *Contrat social*, il donne cependant un traité élémentaire précieux pour la jeunesse, où l'on trouve plus de sagesse et de vérité que dans l'ouvrage de son compatriote Rousseau, plus d'ordre que dans celui de Montesquieu, et qui peut servir d'introduction au second et de correctif au premier.

Les ouvrages de Burlamaqui, surtout les *Principes du Droit naturel*, ont été imprimés plusieurs fois et traduits dans plusieurs langues. A l'époque où, par suite de la création d'une chaire de droit naturel à la faculté de droit de Paris, l'étude de cette science prit un nouvel essor en France, M. Dupin aîné donna une nouvelle édition de Burlamaqui (5 vol. in-8°, Paris, 1820 et ann. suiv.). BOUILLET.

BURLEIGH. *Voyez* CÉCIL (William).

BURLESQUE. Ce mot vient clairement du verbe italien *burlare*, se moquer. L'écrivain burlesque est un homme qui se moque de son lecteur. L'écrivain héroï-comique ne cherche qu'à l'amuser en chantant sur le ton majestueux de l'épopée de petits hommes et de petites actions. La *Batrachomyomachie* d'Homère, le *Lutrin* de Boileau ne sont point des poèmes burlesques, mais des poèmes héroï-comiques. Le père Vavasseur, jésuite, dans un traité sur cette matière, intitulé : *De ludicra Dictione*, prétend que le burlesque était entièrement inconnu des anciens. Cependant, quelques auteurs parlent d'un certain Raintovius, qui, du temps de Ptolémée Lagus, aurait travesti en burlesque quelques tragédies grecques; mais ce fait, s'il est constant, prouve plutôt l'antiquité de la farce que celle du genre burlesque.

On regarde communément les Italiens comme les véritables inventeurs du burlesque. Le premier qui se signala parmi eux dans ce genre fut le Berni, qu'imitèrent le Mauro et Caporali. D'Italie le burlesque passa en France, où il devint tellement à la mode, qu'il parut en 1649 un livre sous le titre de la *Passion de Notre-Seigneur en vers burlesques*. En vain a-t-on voulu l'introduire en Angleterre, le flegme de la nation n'a jamais pu goûter cette extravagance, et à peine compte-t-on dans ce pays deux auteurs qui y aient réussi. Quant à la France, ce mot y était encore tout neuf du temps de Ménage. « M. de Sarrazin, dit le célèbre critique, m'a assuré autrefois que c'était lui qui s'en était servi le premier. Quelques savants néanmoins l'ont retrouvé dans le *Catholicon*. » Quoi qu'il en soit de la date et du mot, on est bien forcé de reconnaître que c'est Scarron, flanqué de Saint-Amand et de Colletet, qui le premier chez nous s'y est essayé de sang-froid et de longue haleine. Le spirituel cul-de-jatte, qui avait une femme d'un sens si profond et si froid, passait sa vie à faire du burlesque sous toutes les formes. Il lui prit un jour fantaisie de travestir de la sorte l'admirable épopée de Virgile, l'*Énéide*; et il en résulta entre autres mille gentillesses, au grand ébattement de ses contemporains, cette description des pénates sauvés de Troie, qu'Énée transporte religieusement par delà les mers : c'étaient

La béquille de Priamus,
Le livre de ses oremus,
Un almanach fait par Cassandre,
Où l'on ne pouvait rien comprendre; etc., etc.

Et ce portrait de Didon, peint par le même :

C'était une grosse dondon,
Grasse, vigoureuse et bien saine,
Un peu camuse à l'africaine,
Mais agréable au dernier point.

Et cette plaisante critique du doute pyrrhonien, alors fort en vogue :

J'aperçus l'ombre d'un cocher

Qui frottait l'ombre d'un carrosse
Avecque l'ombre d'une brosse.

On trouvait cela charmant à cette époque : l'hôtel de Rambouillet lui-même en raffola, et l'engouement alla si loin, qu'il fut sérieusement question de détrôner d'Assoucy, l'empereur du burlesque, le chantre de l'*Ovide en belle-humeur*, un usurpateur enfin, pour remettre son sceptre entre les mains de Scarron, devenue secrètement la femme du roi, il prétendit qu'on ne voulait plus même rien lire du pauvre cul-de-jatte, ce qui lui valut de la Maintenon l'épithète de *brutal*. Scarron avait pourtant fait les délices de Racine, qu'il égayait beaucoup en lui lisant sa parodie de l'*Énéide*, quand Boileau n'était pas là pour le lui imputer à crime. Voiture, Benserade, le sévère Marmontel lui-même ne dédaignaient pas ce genre, bien que l'Académie Française eût lancé contre ses partisans toutes les foudres de son excommunication. Au fond, l'excellent auteur du *Roman Comique* griffonnait du burlesque en se jouant et autant pour faire enrager ceux qui prenaient la chose au sérieux que pour sa propre satisfaction. Il y attachait d'ailleurs très-peu d'importance. « Je suis prêt à signer, disait-il, devant qui l'on voudra, que tout le papier que j'emploie à écrire du burlesque est autant de papier gâté. Je demande que la punition du premier mauvais plaisant qui sera atteint et convaincu d'être *burlesque relaps*, soit sa condamnation, comme tel, à *travailler* toute sa vie sur le Pont-Neuf. »

Les meilleurs auteurs du temps ont fait une guerre acharnée au burlesque : Molière surtout, dans les *Précieuses Ridicules*, dans les *Femmes savantes*, etc., et Balzac l'ancien, dans ses *Lettres*. « Ne saurait-on rire en bon français et en style raisonnable, a dit ce dernier? On peut se travestir et se barbouiller en carnaval ; mais le carnaval ne doit pas durer toute l'année. Ces gens-là sont de *très-burlables burlesques*. » Tout le monde cependant ne prend pas la chose d'un si mauvais côté. « Le burlesque, dit M. Sandeau, est une poésie qui travestit les choses les plus nobles et les plus sérieuses en plaisanteries bouffonnes ; et il arrive souvent que les choses nobles et sérieuses y gagnent beaucoup. Rien n'est plus moral d'ailleurs, rien n'est plus philosophique que le burlesque : il nous fait voir que tous les objets ont deux faces ; il prouve que le sublime touche au ridicule, la grandeur à la petitesse : un poème burlesque vaut tout un long discours de Bossuet ou de Massillon sur les vanités humaines. Quoi que l'on pense de ce genre, c'est peut-être celui de tous qui demande le plus de verve, de saillie et d'originalité : il est au poème ce que la parodie est au drame, et dans le burlesque comme dans la parodie, rien de plat, rien de forcé, rien de froid n'est supportable, par la raison que de tous les personnages les plus ennuyeux est celui d'un mauvais bouffon. » En tout cas on cultive peu ce genre de nos jours. Nos grands hommes ne s'amusent plus pour si peu. « Aujourd'hui, grâce à Dieu, dit Jules Janin, il n'y a plus de genre burlesque ; il n'y a plus que des ouvrages et des auteurs naturellement burlesques : c'est un progrès. »

BURMANN, nom d'une famille dont plusieurs membres se sont distingués dans toutes les lettres et dans les sciences.

François BURMANN, né à Leyde, en 1628, fut successivement pasteur à Hanau, sous-régent du collège des Ordres à Leyde et professeur de théologie à Utrecht. Il mourut en 1679, laissant deux fils, *Pierre* et *François*. On a de lui plusieurs ouvrages théologiques estimés.

Pierre BURMANN, né à Utrecht, en 1668, fut reçu en 1688 docteur en droit, obtint en 1696, sur la recommandation de

Grævius, dont il avait été l'élève, la chaire d'histoire et d'éloquence, et succéda en 1715 à Perizonius, comme professeur d'histoire, d'éloquence et de langue grecque à l'université d'Utrecht. Il mourut dans cette ville, en 1741, laissant deux fils : *François*, qui se distingua dans la carrière des armes, et *Gaspar*, qui fut membre du sénat d'Utrecht, et publia quelques ouvrages sur l'histoire de cette ville. On a de Pierre Burmann un grand nombre d'ouvrages, parmi lesquels nous citerons sa dissertation *De Vectigalibus Populi Romani* (1694, in-4°); ses *Antiquités Romaines* (1711, in-8°), et ses savantes éditions de *Phèdre* (1727); d'*Horace* (1699, in-82), de *Pétrone* (1709 et 1843, 2 vol. in-4°); de *Velleius-Paterculus* (1719 et 1744, in-8°); de *Quintilien* (1720, 2 vol. in-4°); de *Justin* (1722, in-12); de *Valerius Flaccus* (1724, in-4°); d'*Ovide* (1724, 4 vol. in-4°); des *Poetæ Latini Minores* (1731, 4 vol. in-4°); de *Suétone* (1736, 2 vol. in-4°); de *Virgile* (1746, 4 vol. in-4°), et de *Claudien* (1760, in-4°). Ces deux dernières ont été publiées par les soins de son neveu. On voit que Pierre Burmann avait embrassé presque tout le champ de la littérature latine. Ses éditions ne sont pas remarquables par le goût et la critique; mais elles se recommandent par l'érudition, l'exactitude philologique, l'abondance des secours qu'elles offrent au lecteur et la beauté de l'exécution : quelques-unes sont regardées comme des modèles.

François, frère de *Pierre*, né à Utrecht, en 1671, mourut en 1719, professeur de théologie à l'université de cette ville, laissant, comme son père, de nombreux ouvrages de théologie, et quatre fils, dont deux, *Jean* et *Pierre*, se distinguèrent particulièrement. *Jean*, né en 1707, fut nommé en 1738 professeur au jardin de botanique d'Amsterdam, et mourut en 1780, après avoir publié, entre autres ouvrages, une *Flore de Ceylan* (1737, in-4°, avec 110 planches); une *Description des Plantes les plus rares d'Afrique* (1738-1739, in-4°, avec 100 planches); un *Herbier d'Amboine* (1741-1750, 6 tom. in-fol., 669 planches); les *Plantes d'Amérique*, d'après Plumier (1755-60, in-fol., avec 262 planches); une *Flore du Malabar* (1769, in-fol.).

Nicolas-Laurent BURMANN, fils de Jean, né à Amsterdam, en 1734, fut aussi professeur au jardin de botanique de cette ville, et mourut en 1793. On a de lui une *Flore de l'île de Corse*, dans les *Nouveaux Actes de la Société académique d'Upsal*, et une *Flore des Indes* (1768, in-4°, avec 67 planches).

Pierre BURMANN, dit *Secundus*, né à Amsterdam, en 1713, marcha comme philologue sur les traces de son oncle *Pierre*, qui s'était chargé de son éducation. Il fut en 1734 reçu docteur en droit à l'université d'Utrecht, succéda en 1735 à Wesseling comme professeur d'histoire et d'éloquence à Franeker, quitta cette ville en 1742 pour aller occuper à Amsterdam la chaire d'histoire et de langues anciennes, devenue vacante par la mort d'Orville, et mourut en 1778, dans sa terre de Sandhorst. On a de lui, entre autres ouvrages, des éditions très-savantes et très-estimées, de l'*Anthologie Latine* (1759-73, 2 vol. in-4°); des *Sicula* d'Orville (1764, in-fol.), et de *Properce* (1780, in-4°). Cette dernière était à moitié imprimée lorsqu'il mourut; ce fut un de ses élèves qui la publia. Léon RENIER.

BURNES (Sir ALEXANDER), connu par son voyage dans l'Asie centrale, naquit le 16 mai 1805, à Montrose. Après des études faites avec quelque distinction, il entra à l'âge de seize ans dans l'armée de la compagnie des Indes orientales, et fut attaché avec le grade d'enseigne à l'un des régiments stationnés dans les Indes. Il arriva à Bombay le 31 octobre 1821, et on ne tarda pas à s'apercevoir des rapides progrès que notre jeune officier avait faits dans la connaissance des langues hindoue et persane. Il fut placé en conséquence à Surate comme interprète; mais au mois d'août 1826 on l'envoya à l'état-major général dans la province de Koutsch, position qu'il conserva pendant plusieurs années. Burnes, qui pendant ce temps se livrait sans relâche à l'étude de la géographie et de l'histoire du pays, visita dans ce but l'embouchure orientale de l'Indus. A cet effet le commandant de l'armée de Bombay mit à sa disposition toutes les ressources désirables pour une pareille entreprise, en l'encourageant à étendre encore ses recherches sur des frontières aussi importantes pour l'Angleterre que celles du nord-ouest de l'Inde. Burnes s'offrit en conséquence en 1829 pour une expédition à travers le désert jusqu'à l'Indus, et ensuite en descendant les rives de ce fleuve jusqu'à la mer. Sir John Malcolm, connu par les services qu'il a rendus à la littérature et à la géographie asiatiques, accepta cette offre avec joie, et comprit le lieutenant Burnes au nombre des officiers à employer dans des missions politiques, parce qu'il jugeait nécessaire de lui faire obtenir par une position officielle de l'influence sur les princes de cette contrée.

Burnes commença son voyage en 1830; mais arrivé à Djaisoulmir, il fut rejoint par un exprès que lui envoyait le gouverneur général pour lui ordonner de rebrousser chemin, attendu qu'il jugeait imprudent dans ce moment d'exciter les craintes et les défiances des souverains du Sindh et d'autres États par une entreprise ayant pour but d'étudier ces régions aussi exactement que possible. Burnes se trouva de la sorte déçu dans son espoir; mais il en fut bien dédommagé l'année suivante lorsque l'arrivée dans l'Inde d'un certain nombre de chevaux de la plus belle race offerts en cadeau par le roi d'Angleterre au maharadjah Rundjet-Singh fournit l'occasion d'utiliser de nouveau les talents de notre jeune officier. A la recommandation de Malcolm, ce fut Burnes qu'on choisit pour conduire ce convoi à Lahore. Le voyage depuis Mandewi dans la province de Koutsch jusqu'à Lahore dura du 1er janvier au 18 juillet 1831. Sur toute sa route Burnes dressa des cartes et leva des plans du pays. De Lahore il traversa le Sutledge et gagna Loudiana, où il rencontra pour la première fois le schah Soudjah, l'ex-souverain du Kaboul, expulsé de ses anciens États, et alors réfugié sous la protection de l'Angleterre, qui lui faisait une pension. Au mois de décembre 1831 il arriva à Delhi, où il fut présenté au Grand-Mogol. Le 2 janvier 1832 il commença son grand voyage vers l'Asie centrale avec une mission du gouvernement indo-britannique. Il en a donné l'historique dans ses *Travels into Bokhara* (Londres, 1834), ouvrage qui fournit les renseignements les plus précieux sur l'état de l'Afghanistan et des contrées limitrophes.

Au mois de juillet 1833 Burnes s'embarqua à Calcutta pour Londres, où il fut reçu avec la plus grande distinction. Son livre obtint un succès sans exemple; il s'en vendit neuf cents exemplaires dans une seule journée, et la première édition lui rapporta 800 liv. sterl. Après un séjour de dix-huit mois en Angleterre, Burnes débarquait de nouveau, le 1er juin 1835, à Bombay, où il fut promu au grade de capitaine, et d'où il dut d'abord aller reprendre son ancien poste à Koutsch. Mais dès le mois d'octobre il était envoyé dans le Sindh pour y négocier un traité de commerce relatif à la navigation de l'Indus. Rappelé à Bombay au mois d'avril 1836, il fut chargé, quand Hérat fut menacé par le schah de Perse Mohammed, d'aller négocier un traité d'alliance offensive et défensive avec les souverains du Kaboul, de Kandahar et de Kélat. Il partit pour cette mission au mois de novembre 1836; mais au printemps de 1838 il se vit contraint de rompre des négociations demeurées jusque alors infructueuses et de s'en revenir à Simla. Promu alors au grade de lieutenant colonel et créé *baronet*, il fut nommé agent politique du gouvernement anglais à la cour de Schah-Shoudjah, rétabli par l'Angleterre en possession de la souveraineté sur le Kaboul, où il trouva la mort dans une émeute de la population, le 2 novembre 1841. Pendant le séjour qu'il avait fait à Kaboul de 1836 à 1838 il avait réuni les matériaux qui ont servi pour écrire l'intéressant ouvrage intitulé : *Cabool*, being a personal narrative of a journey to and residence in that city (Londres, 1842).

BURNET (Gilbert), évêque de Salisbury, prêtre de l'Église anglicane, célèbre par ses vertus privées, par l'esprit de tolérance dont furent empreints sa conduite publique et ses différents ouvrages, de même que par l'influence qu'il exerça sur la révolution de 1688, naquit à Édimbourg, le 18 septembre 1643, d'une famille royaliste. Par les études qu'il fit en Écosse et en Angleterre, par ses voyages sur le continent, notamment en Hollande, il acquit des connaissances d'une rare étendue, mais surtout cet esprit de douce tolérance qui à cette époque était aussi étranger aux presbytériens qu'aux épiscopaux. Aussi ses adversaires avaient-ils coutume de désigner, en dérision, lui et ses partisans par le sobriquet de *latitudinariens*.

Après avoir publié en 1669 ses *Dialogues entre un Conformiste et un Non-Conformiste*, qui excitèrent une controverse de trop vives, et avoir été appelé à occuper une chaire de théologie à Glasgow, il écrivit contre Buchanan sa *Défense de la Constitution et des Lois de l'Église et de la Couronne d'Écosse*, ouvrage tout dans l'intérêt de l'Église épiscopale et de la suprématie du souverain, qui lui valut les bonnes grâces de Charles II. Cependant, en même temps qu'il défendait l'Église épiscopale et prêchait la tolérance à l'égard des presbytériens, il déployait à Londres, où il était venu de Glasgow, le zèle le plus intolérant contre les catholiques. Cette conduite le mit fort en relief, mais lui fit perdre les bonnes grâces de Charles, et lui attira l'inimitié de Jacques II. Aussi, quand ce prince monta sur le trône, en 1683, Burnet jugea-t-il prudent d'entreprendre un voyage à l'étranger. Partout sur le continent il témoigna hautement de sa profonde antipathie pour le culte catholique. Aussi Innocent XI, qui l'avait d'abord accueilli avec bienveillance à Rome, fut-il forcé de l'en expulser.

En Hollande, où il se fit naturaliser pour échapper aux persécutions du gouvernement anglais, il travailla tantôt dans l'ombre, tantôt ouvertement, au moyen de pamphlets, dans les intérêts de Guillaume d'Orange. Il s'embarqua avec ce prince en 1688, et rédigea sa proclamation au peuple anglais. En 1689 il accepta de Guillaume III l'évêché de Salisbury, après avoir refusé précédemment à deux reprises la dignité épiscopale, et ses votes dans la chambre haute furent tous empreints de cet esprit de tolérance qui formait le fonds de son caractère. Il eut toutefois la mortification de voir le parlement condamner le livre brûlée par la main du bourreau une lettre pastorale dans laquelle il semblait baser sur le droit de conquête les droits du nouveau roi à la couronne. Il mourut en 1715, après avoir réussi dans ses efforts pour assurer à la maison de Hanovre la succession au trône d'Angleterre.

Comme homme privé, Burnet était doué du caractère le plus aimable; mais trop souvent les circonstances influaient sur les déterminations qu'il était appelé à prendre comme homme public. Son *History of the Reform of the Church of England* (5 vol., Londres, 1679-1714), ouvrage qui lui valut des remercîments publics de la part du parlement, pèche par la trop grande partialité dont il y fait preuve contre les catholiques. Son *History of his own Time*, publiée avec une notice biographique sur lui par son fils Thomas Burnet (2 vol., Londres, 1723-1724; nouvelle édition, avec des passages supprimés dans la première édition et des annotations, 6 vol., Oxford, 1823), contient de précieux matériaux pour une histoire de la révolution d'Angleterre.

BURNEY (Charles), connu surtout comme historien de la musique, naquit à Shrewsbury, en 1726. Initié de bonne heure par son père, et sous la direction d'un frère aîné, aux études musicales, il ne tarda pas à se soustraire à l'autorité d'Arne, qui lui avait été donné à Londres pour second maître (1744-1747), accepta une place dans un orchestre, et se mit à donner des leçons. Trois pièces qu'il composa pour Drury-Lane, *Robin-Hood*, *Alfred* et *Queen-Mab*, ne lui ayant rapporté que de faibles profits, il quitta la capitale. A Norfolk il conçut le plan du grand ouvrage, qui l'a rendu célèbre, et projeta dès lors de parcourir l'Europe pour en recueillir les matériaux. Mais, cédant aux sollicitations du duc d'York, il revint à Londres en 1760, où on rendit cette fois toute justice à ses compositions et à son talent : de sorte que l'université d'Oxford crut devoir lui décerner le titre de *docteur en musique*. De 1770 à 1772 Burney parcourut la France, l'Italie, les Pays-Bas et l'Allemagne. Le résultat de ce voyage fut son ouvrage intitulé : *Present State of Music in France and Italy* (2 vol., Londres, 1772), livre qui ne brille pas toujours par l'impartialité et l'exactitude, et enfin sa *General History of Music, from the earliest ages to the present period* (4 vol., Londres, 1776-1789). Entre autres ouvrages précieux, on a encore de lui une vie de Hændel. Il mourut en 1814, organiste de l'hôpital de Chelsea.

Parmi les membres de sa nombreuse famille, qui tous brillèrent à différents titres, sa seconde fille, Mme *Francisca d'Arblay*, se distingua surtout par la publication de plusieurs romans, publiés sous le nom de miss Burney. *Évelina* (1773), *Cecilia* (1785), *Georgina* (1780) et *Camilla* (1797) furent, au temps où ils parurent, les livres à la mode, et ils ont encore conservé aujourd'hui de la valeur, à cause de la netteté et de la délicatesse de touche avec lesquelles y sont décrites les mœurs de l'époque. Après avoir été longtemps femme de chambre de la reine, épouse de Georges III, miss Burney avait épousé un Français, M. d'Arblay, qu'elle suivit à Paris en 1802; mais en 1812 elle revint en Angleterre, où elle est morte, au mois de janvier 1840.

BURNOUF (Jean-Louis), membre de l'Académie des Inscriptions et Belles-Lettres, inspecteur général des études honoraire, bibliothécaire de l'université, naquit le 14 septembre 1775, à Urville (département de la Manche). Il acheva ses études au collège d'Harcourt, où il remporta le prix d'honneur, sous la direction de M. Gueroult, qui fut depuis proviseur du lycée Charlemagne, puis conseiller de l'université impériale, et chef de l'École Normale. Ce fut en 1808 que M. Gueroult l'appela dans l'enseignement, et le fit entrer au lycée Charlemagne, d'abord comme professeur suppléant; il passa bientôt au lycée Impérial comme professeur titulaire de rhétorique, fonctions qu'il exerça jusqu'en 1826, où il fut nommé inspecteur de l'Académie de Paris. En même temps maître de conférences à l'École-Normale, de 1811 à 1822, et professeur au Collège de France depuis 1817, il a dans ce triple enseignement formé le plus grand nombre des professeurs qui pendant les dernières années de l'Empire et sous la Restauration entrèrent dans la carrière de l'instruction publique. Dans ces trois chaires M. Burnouf déploya cette solidité de savoir, cette connaissance approfondie des langues anciennes, et ce goût sûr, infaillible, qui l'ont fait reconnaître à la nouvelle université pour son maître.

Mais ce n'est pas seulement comme professeur que M. Burnouf a rendu de si grands services à l'enseignement public. Il avait reconnu l'insuffisance des livres élémentaires suivis en France, en particulier pour l'étude de la langue grecque. Il s'attacha à simplifier les règles, à les ramener à des principes clairs, et à suivre la marche analytique qui va du connu à l'inconnu. Le résultat de ce travail fut la *Méthode pour étudier la Langue Grecque* qui parut au mois d'octobre 1814. On peut dire que de cette époque datent les progrès que firent les études grecques dans les écoles de la France. Les élèves de l'École-Normale popularisèrent dans tous les collèges cette excellente grammaire, dont on ne compte plus les éditions. M. Burnouf passa les dernières années de sa vie à achever pour la langue latine un travail qu'on peut regarder comme le digne pendant de sa grammaire grecque, et qui remplacera dans nos classes le livre si médiocre de Lhomond. Depuis longtemps les philosophes ont reconnu que dans toutes les sciences les livres élémentaires sont ce qu'il y a de plus difficile à faire. Si donc M. Burnouf a si complétement réussi dans cette tâche délicate, c'est qu'en effet il réunissait les conditions requises pour une telle œuvre : jugement sûr, sagacité, analyse pénétrante, érudition vaste et variée.

Au milieu de ces occupations continues, il trouva encore du temps pour d'autres travaux, qui devaient étendre sa réputation d'habile philologue. Il donna, pour la grande collection des classiques latins de Lemaire, l'édition du Salluste, qui est sans contredit un des volumes les plus estimés de cette collection. Il publia, de 1828 à 1833, la traduction des œuvres complètes de Tacite, travail qui révéla en lui un écrivain digne de lutter avec un modèle si redoutable. Les notes surtout contiennent le commentaire le plus remarquable qui ait été fait sur cet auteur ; les idées de Tacite y sont souvent éclaircies par d'heureux rapprochements qu'y fait le traducteur avec des passages de Montesquieu et d'autres publicistes ou orateurs modernes. M. Burnouf a donné encore, en 1834, le *Panégyrique de Trajan*, en collationnant le texte sur les manuscrits de la Bibliothèque Nationale ; et lorsque la mort l'a surpris, le 8 mai 1844, il achevait la traduction du traité *de Officiis*, de Cicéron.

Tant d'utiles travaux avaient mérité à M. Burnouf d'être adopté par l'Académie des Inscriptions et Belles-Lettres. En 1830 il avait été nommé inspecteur général des études, et dans ces importantes fonctions il rendit de nouveaux services à l'université, soit en propageant les saines méthodes dans les collèges des départements, soit en dirigeant comme président les concours de l'agrégation pour les classes de grammaire. En 1840 il prit sa retraite comme inspecteur général, et fut nommé bibliothécaire de l'université.

BURNOUF (Eugène), fils du précédent, naquit à Paris, le 12 avril 1801. Après de brillantes études, faites sous la direction de son père, il se livra d'abord à l'étude du droit, et en 1824 il produisit pour sa licence une thèse remarquable, *De Re Judicata*, dans laquelle il exposait l'histoire de la procédure usitée dans les tribunaux romains, depuis la loi des Douze Tables jusqu'à Dioclétien, et même jusqu'à Justinien. Mais bientôt entraîné par un goût irrésistible vers l'étude des langues orientales, il s'y adonna tout entier, sous la direction de MM. de Chézy et Abel Rémusat, et ne tarda pas à faire dans cette nouvelle carrière des découvertes qui, malgré sa jeunesse, illustrèrent son nom, et le placèrent, presque dès les premiers pas, parmi les maîtres de la science. Il publia d'abord, en 1826, un *Essai sur le Pali ou langue sacrée de la presqu'île au delà du Gange*, et, l'année suivante, des *Observations grammaticales sur quelques passages de l'Essai sur le Pali*. En même temps il poursuivait de profondes recherches de linguistique sur le sanscrit, et il en consignait les résultats dans de nombreux articles du *Journal Asiatique* et du *Journal des Savants*.

Mais ce qui a placé M. Eugène Burnouf au premier rang des orientalistes, c'est l'admirable effort de sagacité et de pénétration par lequel il a retrouvé l'intelligence de la langue zende, dont la clef était perdue. Anquetil Duperron, le traducteur du Zend-Avesta, n'avait fait sa version que sur une autre traduction déjà faite dans un idiome populaire dans l'Inde, et non d'après la langue sacrée et originale ; il avait rapporté de ses curieux voyages de précieux manuscrits de cette langue inconnue, et les avait déposés à la Bibliothèque Nationale, où ils restaient enfouis comme une lettre morte : ce sont ces manuscrits que M. Burnouf entreprit de déchiffrer, et l'on conçoit quelle gloire devait couronner le succès d'une tâche si difficile. Il commença par faire lithographier textuellement, d'après le manuscrit, tout le *Vendidad-Sadé*, l'un des livres de *Zoroastre* (Paris, 1830, in-fol.), comprenant les trois livres intitulés : *Vendidad*,

Izechné et *Vispered*, accompagné de la glose sanscrite. Il publia successivement, dans le *Journal Asiatique*, plusieurs comptes rendus de l'état de son grand travail, et des résultats qu'il obtenait. Enfin en 1834 parut le premier volume du *Commentaire sur le Yaçna*, l'un des livres liturgiques des Parses, publication qui, pour la première fois, a rendu possible la connaissance non-seulement des dogmes, mais de la langue de Zoroastre ; *Bhâgavata Purâna, ou Histoire poétique de Krichna*, texte sanscrit publié pour la première fois, et traduit en français (3 vol., 1840-1847) ; *Mémoire sur deux inscriptions cunéiformes, qui font partie des papiers du docteur Schulz* (1836). M. Burnouf imprima ensuite une *Introduction à l'Histoire du Bouddhisme indien* (1844, in-4°), et des *Études sur la Langue et sur les Textes Zends* (1 vol. in-8°, 1845). Sa main s'est glacée sur le second volume de cet ouvrage, dont il corrigeait les dernières épreuves lorsque la mort vint l'enlever, à la suite d'une longue maladie, le 28 mai 1852.

M. Eugène Burnouf était membre de l'Académie des Inscriptions et Belles-Lettres, qui venait de le choisir pour secrétaire perpétuel, professeur de langue et de littérature sanscrites au Collège de France, et inspecteur général de l'enseignement supérieur.   ARTAUD.

BURNOUS ou **BOURNOUS**, nom arabe d'un vêtement particulier aux Orientaux, mais qui n'est plus en usage aujourd'hui qu'au nord de l'Afrique, à Alger et au Maroc. C'est une espèce de manteau blanc, que l'on jette par dessus le vêtement *Urdinaire* ; on le confectionne avec une épaisse étoffe de laine, et il est surmonté d'un capuchon qui se tire sur la tête en cas de pluie. Le burnous est généralement blanc ; cependant les gens de distinction en portent aussi de bleus, de verts, de rouges, etc. Comme vêtement parfaitement convenable pour garantir des intempéries de l'air, le burnous se propagea aussi parmi les Espagnols sous le nom d'*Albornoz*. La conquête d'Alger par les Français a eu pour résultat d'introduire en France et de là dans le reste de l'Europe l'usage du burnous, dont la forme originelle a subi depuis de nombreuses modifications.

BURNS (Robert), l'un des poètes les plus remarquables de l'Écosse, naquit le 25 janvier 1759, dans la ville d'Ayr, près de l'église d'Alloway, qu'il a rendue célèbre par son poëme *Tam O'Shanter*. Son père était un bon fermier du comté de Kincardin, en Écosse. Il destinait son fils à l'état et ensuite à lui succéder dans la double fonction de fermier et de jardinier, qu'il remplissait chez M. Ferguson, propriétaire du domaine de Doonhoim. Dès l'âge de six ans, Robert fut envoyé à l'école de Alloway-Mill, petit village voisin, pour y recevoir l'éducation que l'on donnait alors aux fils de fermiers, c'est-à-dire pour apprendre à lire, écrire et compter. Il eut le bonheur d'être sous les soins d'un brave magister, nommé Murdoch, qui, reconnaissant dans son jeune disciple des dispositions naturelles, s'appliqua à les lui faire aimer et à lui inspirer le goût de l'étude. Sous ses auspices, Robert et son frère Gilbert apprirent la langue anglaise, qui pour un Écossais était alors la langue classique.

Les moyens d'instruction lui manquaient. Son père ayant affermé le domaine de Mount-Oléphant, Burns dut s'éloigner de son instituteur. Cependant il mettait à profit chaque année le temps de repos qui suit les moissons, pour aller le retrouver et apprendre avec lui la langue française. Ses progrès furent tellement rapides, qu'il fut bientôt en état de comprendre non-seulement *Télémaque*, mais encore tous les classiques français, prose ou vers. La connaissance de cette langue, alors fort à la mode en Écosse, le fit rechercher dans les familles les plus recommandables d'Ayr. Mais ses tentatives pour apprendre la langue latine furent moins heureuses ; il ne put jamais, quelque effort qu'il fit, surmonter les premiers dégoûts de cette étude et aller au delà des conjugaisons. Une fois de retour dans la ferme de son père, Robert laissait là ses plumes et ses livres pour prendre en main le hoyau ou la charrue, qu'il conduisait très-habilement : bien dur était alors son genre de vie! Le sol que son père avait entrepris d'exploiter était le plus ingrat de l'Écosse; il fallait l'arroser de sueur pour en tirer quelque chétif produit, qui suffisait à peine à procurer à la famille une nourriture grossière. Cette existence de privation et de travail, si contraire aux goûts instinctifs de Robert, eut une influence marquée sur son caractère. Elle fut cause, malgré la force primitive de son tempérament, de cette mélancolie profonde dont tous ses écrits sont empreints, et surtout de cette humeur sauvage que le contact de la société ne put jamais entièrement adoucir.

Burns perdit son père en 1784. C'est vers ce temps que se développa dans son âme cette passion qui ne pardonne guère à la jeunesse des poëtes, l'amour. Burns en connut tous les orages, toutes les émotions : les écarts qu'elle lui occasionna ne sont malheureusement excusés ni par le mérite ni par la beauté des femmes dont il fit choix, bien que son imagination se soit plu à les revêtir des plus brillantes couleurs, des formes les plus délicates. « L'idée et le goût de la poésie ne me vinrent, dit-il, que lorsque je fus sérieusement amoureux. Le rhythme et la chanson furent alors, en quelque sorte, le langage naturel de mon âme. » N'ayant plus son père, il songea d'abord à se retirer à Irving, pour y exercer la profession de cordier ; mais il se ravisa. Apprenant que l'on avait organisé un club littéraire dans la ville d'Ayr, il entreprit d'en former un sur le même plan dans le village de Tarbolton, et y réussit au delà de ses espérances : son club eut bientôt un grand succès. Il a écrit l'histoire de ce club. Plus tard, s'étant fixé à Manchline, aux environs de Tarbolton, il y institua une société semblable, qui lui survécut. Ces réunions ne contribuèrent pas peu à former le goût littéraire de Burns.

Pour les poëtes le mariage est une faute : c'est un joug sous lequel l'indépendance naturelle de leur âme se courbe difficilement. Burns ne le commit que pour en dissimuler une qui l'avait précédée. Ses liaisons avec miss Jeanne Armour, d'abord secrètes, devinrent bientôt si apparentes, que le mariage pouvait seul les excuser aux yeux de la société; mais la position de notre poëte était tellement précaire, que les parents de la demoiselle aimaient mieux encore lui donner quittance que de lui permettre de réparer ainsi la brèche faite à l'honneur de leur fille. Burns persista, et obtint enfin la main de celle qu'il aimait, mais à la condition qu'il irait chercher fortune à la Jamaïque : c'était un moyen comme un autre de s'en débarrasser. Plusieurs de ses chants font allusion aux chagrins que lui suscitèrent dans cette circonstance ses démêlés avec les parents de sa femme; mais il ne partit point. Toutefois, son existence littéraire ne date réellement que de 1789, époque de son premier voyage à Édimbourg, où sa renommée comme poëte chansonnier l'avait précédé. Mackensie avait, peu de temps auparavant, publié dans un de ses numéros du *Rôdeur* un article remarquable où il appréciait convenablement les poésies du jeune laboureur; grâce à la protection du célèbre professeur de philosophie Stewart, il eut bientôt accès auprès de toutes les notabilités littéraires et scientifiques de la capitale de l'Écosse. Il connut, en l'allant remercier, Mackensie, le célèbre romancier, dont les ouvrages avaient fait les délices de sa jeunesse; puis Blair, l'arbitre du bon goût; l'historien Robertson, Frazer-Tyler et d'autres personnages célèbres, sur le compte desquels il a laissé des notes biographiques extrêmement curieuses.

Au reste, Burns ne se trouva ni déplacé ni intimidé au milieu de ce monde nouveau. Il eut bientôt pris cet à-plomb, cette assurance qu'il puisait dans la conscience de son mérite, et qui lui permettaient de faire usage de tous ses moyens. On fut étonné de la haute portée de son esprit, de l'à-propos de ses reparties, de l'habileté avec laquelle ce rustique parvenu maniait le sarcasme et la plaisanterie. Des honneurs de tout genre lui furent décernés : il devint président d'une loge de francs-maçons et membre du célèbre club de *Caledonian-Hunt*, composé de tout ce que l'ancienne noblesse écossaise avait de plus considérable. C'est à lord Glencairn, l'âme et l'amphitryon de ce club, que Burns, dont les opinions étaient d'abord jacobites, dédia le recueil de ses œuvres poétiques. Cette publication, qui eut lieu, à cette époque, par souscription, lui rapporta assez d'argent pour lui permettre d'aller parcourir les sites les plus pittoresques de l'Écosse; et il nous a laissé le journal de ses excursions dans les lieux chantés par Ossian et illustrés par les exploits de Wallace.

Les nouvelles habitudes de Burns n'étaient déjà plus de nature à se concilier avec son état de fermier. Il le sentit, et se détermina à vendre sa ferme et les récoltes, qui souffraient de ses distractions de poëte. Cependant, comme pour vivre il fallait travailler, il obtint en 1789 une place d'employé à la douane d'abord de l'Ellisland, puis à celle de Dumfries. Il remplissait ces fonctions avec toute la rigueur du métier, et ne redevenait poëte et homme de cœur que lorsqu'il allait se reposer à la taverne; car, il faut bien le confesser, Burns n'allait plus chercher ses inspirations sur les rives fleuries de l'Ayr, mais au cabaret. Là il s'abandonnait à des excès de boisson si désordonnés, que sa constitution en reçut une grave atteinte. Les opinions libérales qu'il manifestait à propos de la révolution française, qui venait d'éclater, manquèrent plus d'une fois d'amener sa destitution. Sortant de la taverne par une nuit d'hiver, ivre et chancelant, il fut tout d'un coup glacé par le froid et ressentit des attaques de rhumatisme aigu. Depuis, sa santé et ses facultés déclinèrent sensiblement; les bains de mer, un voyage à l'est de l'Écosse, ne purent prolonger que de peu de jours les dernières lueurs d'une existence usée. Il le sentait lui-même; aussi, pendant son séjour à Dumfries, une dame, riche propriétaire, sa voisine, l'ayant prié de venir la visiter, il lui dit en se traînant avec peine à sa rencontre : « Madame aurait-elle des ordres à me donner pour l'autre monde? » Il mourut quelques jours après, dans cette même ville de Dumfries, le 18 juillet 1796. Une souscription fut ouverte en Écosse et en Angleterre pour faire les fonds d'une nouvelle édition de ses œuvres, dont le produit devait être employé à l'éducation et à l'établissement des enfants qu'il laissait en bas âge (4 vol., Londres, 1800).

Telle fut la vie d'un poëte qui n'eut d'autre maître que la nature, d'autres inspirations que celles qu'il puisait dans la conviction intime de son cœur et dans les accidents de la vie commune. Ses écrits portent tous l'empreinte d'une sensibilité exquise, et sont l'expression naïve des sentiments les plus nobles et les plus délicats, genre de mérite qu'on s'étonne de rencontrer dans un homme dont la vie s'est passée au milieu des occupations les plus grossières. Il écrivait et chantait pour obéir, comme le rossignol, à un instinct irrésistible de sa nature : aussi ses chansons et ses élégies peuvent-elles être regardées comme les plus fidèles échos de son âme. Burns, pour être un grand poëte, n'alla pas chercher au bout du monde les sujets de ses poëmes; il était trop pauvre pour équiper à ses frais un navire, comme Lamartine; lui, il les cueillait, comme des fleurs dans un parterre, tout autour de soi, sans sortir de la sphère étroite de ses habitudes privées ou du sol natal. Tantôt il déplore le destin d'une pâquerette, dont le soc de la charrue vient de briser la tige fragile; tantôt il chante les plaisirs du coin du feu, les combats de deux chiens, les charmes de Mary-Bonny Lass, la gloire et les exploits des héros qui ont combattu pour l'indépendance nationale, de Wallace surtout, dont l'histoire a fait couler tant de larmes à son enfance.

Burns est en effet brûlant de patriotisme. Enfant du peuple, il parle au peuple le langage du peuple, et puise ses inspirations dans des souvenirs de gloire nationale. Le sentiment religieux de la Bible respire dans les poésies du barde écossais, dont la mémoire vivra tant qu'il y aura dans les vallées de l'Écosse un paysan pour chanter, et dans ses vieilles montagnes un écho pour répéter les refrains de sa muse rustique. Consultez Lockhardt, *The Life of Robert Burns* (Édimbourg, 1828).

BURRHUS (AFRANIUS), nommé chef unique des cohortes prétoriennes en 55, sous le règne de Claude, dut ce poste important à la faveur d'Agrippine. Il aida plus tard cette princesse à faire proclamer Néron au mépris des droits de Britannicus. C'était, au rapport de Tacite, un homme fort estimé des gens de guerre, à cause de ses talents militaires, et recommandable par l'intégrité de sa vie et la sévérité de ses mœurs. L'éducation du jeune empereur lui avait été confiée conjointement avec Sénèque ; et l'on attribua aux conseils des deux précepteurs les heureux débuts du règne de Néron. Cependant il y eut bientôt une première tache à la vie de Burrhus; car il consentit à s'enrichir des dépouilles de Britannicus.

Quand Agrippine fut accusée par Julia Silana de vouloir se donner un mari et usurper l'empire, il arrêta Néron impatient de faire périr sa mère, en lui promettant sa mort si son crime était prouvé. Il lui représenta en même temps que tout accusé, et à plus forte raison une mère, avait droit de demander qu'on entendît sa défense, et parvint à lui démontrer l'absurdité de l'accusation. Mais lorsque le parricide fut enfin commis, Burrhus fut le premier qui apporta quelques consolations à Néron, troublé par les remords. Il lui envoya les centurions et les tribuns avec ordre de lui baiser la main et de le féliciter de ce qu'il avait échappé aux embûches que sa mère dressait contre sa vie! Lorsque Néron descendit sur le théâtre disputer le prix des acteurs, l'austère Burrhus assista comme le reste des courtisans à cet avilissement du pouvoir suprême; mais cependant, racontent les historiens, avec un air triste, et louant malgré lui de bouche ce qu'il désapprouvait dans l'âme. Il mourut l'an 62 de J.-C., ne sachant pas lui-même s'il succombait à la maladie ou au poison. Nous lisons encore dans les historiens qu'il fût extrêmement regretté du peuple romain, moins sans doute pour ses vertus qu'à cause des vices de ceux qui lui succédèrent dans la faveur de Néron.

BURRITT (ÉLIHU), philanthrope américain, surnommé *l'Apôtre de la Paix*, naquit vers 1800 à Berlin, petite ville du Massachusetts, fut mis en apprentissage à l'âge de quatorze ans chez un forgeron, et exerça cet te industrie pendant la plus grande partie de sa vie. De bonne heure il se fit remarquer par la vivacité de son intelligence et par la bonté de son cœur. Plus tard il manifesta des dispositions extraordinaires à acquérir des connaissances utiles, consacrant toutes ses heures de loisir à s'instruire et à orner son esprit. Les études de linguistique avaient surtout pour lui un attrait particulier. Il apprit successivement le latin et le grec, puis l'hébreu, afin de pouvoir lire la parole de Dieu dans le texte original, ensuite l'Arabe, les langues modernes de l'Europe et jusqu'aux langues slaves. Toutefois il n'est parvenu qu'à comprendre ces différents idiômes, sans pouvoir les parler. Pendant qu'il se livrait avec un zèle infatigable à ces études, il ne négligeait pas pour cela les travaux tout matériels de sa profession. En même temps, sa réputation se répandait de la Nouvelle-Angleterre dans toute l'Union, et les Journaux ne tarissaient pas en éloges sur le savant forgeron (*the learned blacksmith*).

L'un des principaux traits du caractère d'Élihu Burritt, c'est une religiosité profonde, enthousiaste même. La Bible était et est demeurée son livre favori. A vingt ans à peine, il avait déjà formé ce qu'il appelait un *cercle de famille*, dans lequel il exposait ses idées, prenant constamment la Bible pour texte et pour base. En peu de temps il compta un grand nombre de disciples, notamment parmi les femmes ; et, encouragé par ce succès, il entreprit un voyage à travers les États-Unis, faisant partout des cours publics dans lesquels il prêchait la paix et représentait la guerre comme une chose contraire aux principes de l'Évangile, aux sentiments de l'humanité et au libre développement du bonheur des peuples. Pour élargir encore la sphère de son activité, il finit par traverser l'Océan, et se rendit d'abord en Angleterre, dont il étudia les institutions avec une prédilection toute particulière, et où, en 1848, il publia un petit ouvrage intitulé *Sparks from the Anvil* (Étincelles de l'Enclume), que le public anglais accueillit avec une vive sympathie. Dans les divers congrès de la paix ou réunions de la Société des Amis de la Paix, tenus à Bruxelles, à Paris, à Francfort (dans l'automne de 1849) et à Londres (1851), il joua un rôle important, et publia ensuite ses *Olive Leaves* (Feuilles d'Olivier), ouvrage qui fut traduit dans toutes les langues, imprimé à plusieurs millions d'exemplaires et répandu jusqu'en Russie. Il réside maintenant constamment en Angleterre, dont il paraît avoir fait choix comme d'une seconde patrie, et où il continue avec une activité et une persévérance rares à prêcher de vive voix et par écrit les grands principes de la charité et de la fraternité chrétiennes, au triomphe desquels il a voué sa vie.

BURSAH. *Voyez* BROUSSE.

BURSAIRE, genre de plantes de la famille des pittosporacées, formé par Cavanilles. La seule espèce connue, le *bursaire épineux* (*bursaria spinosa*, Cav.) est un arbrisseau de la Nouvelle-Hollande, de $1^m,30$ à $1^m,60$ de haut, avec des rameaux grêles ou épineux, de petites feuilles oblongues, spatulées, éparses, luisantes, qui donne, de septembre à octobre, des fleurs blanches, petites, en grappes paniculées. Il se multiplie de marcottes, demande une terre de bruyère, et ne quitte guère l'orangerie.

On connaît aussi sous le nom de *bursaire* un genre d'animaux infusoires, de la classe des amorphes.

BURSAUX (Édits). *Voyez* ÉDIT.

BURSCHENSCHAFT. En allemand *Bursch* signifie au propre, garçon, camarade ; *ein guter Bursch*, un brave garçon, un bon compagnon. L'équivalent de *Burschenschaft*, si un tel mot se laissait exactement traduire, serait donc, en français, compagnonnage, camaraderie. Suivant d'autres, *Bursch* serait dérivé de *Bursales* ou *Bursarii*, dénomination sous laquelle on désignait au moyen âge les étudiants des universités, d'après l'édifice qu'ils habitaient en commun et appelé *Bursa*. Ajoutons qu'au commencement de ce siècle les étudiants allemands en étaient insensiblement venus à se réserver exclusivement cette appellation de *Burschen*, que le vulgaire consentait à leur abandonner. De là ce nom de *Burschenschaft*, confrérie des *Burschen*, donnée en 1815 à une association particulière formée entre eux par les étudiants de diverses universités, telles que Iéna, Tubingue, Heidelberg, etc., qui avaient abandonné deux ans auparavant leurs études, afin de prendre part à la lutte pour l'indépendance nationale. Leur but était de perpétuer dans les foyers de lumières et d'instruction les idées au nom desquelles l'Allemagne tout entière, répondant à l'appel de ses princes, s'était courue aux armes en 1813 pour expulser l'étranger de son sein, mais que les gouvernements s'étaient efforcés de comprimer aussitôt qu'elles avaient cessé de servir leur politique.

Les fondateurs de la *Burschenschaft* se proposaient d'ailleurs de substituer dans les universités l'esprit mâle et sévère de la liberté aux habitudes de débauche qui le plus souvent faisaient le fond des diverses associations existant depuis un temps immémorial entre étudiants appartenant à la même contrée, et désignées sous le nom de *Landmannschaften*. Les tendances de la *Burschenschaft* étaient sans doute moralisatrices, mais avant tout politiques, et n'allaient à rien moins qu'à forcer quelque jour les gouvernements allemands de tenir ces promesses d'affranchissement dont ils avaient été si prodigues quand ils s'était agi de provoquer la lutte, et que, le danger une fois passé, ils avaient si vite oubliées. On avait trop usé alors de ces grands mots : patrie, *liberté, indépendance nationale*, pour qu'on dût espérer comprimer les idées et les espérances qu'ils avaient éveillées au sein des populations auxquelles on avait appris à les répéter avec enthousiasme. C'est ce que ne comprirent pas les gouvernements allemands; et leur effroi fut grand quand ils s'aperçurent que l'esprit de progrès, pour combattre leurs tendances réactionnaires, avait recours au principe de l'association, c'est-à-dire au moyen dont eux-mêmes s'étaient servis pour se soustraire à la domination de l'étranger.

Les progrès de la *Burschenschaft* furent rapides. Dès la fête de la Wartburg, célébrée à Iéna au mois d'octobre 1818, on avait vu les délégués de quatorze universités se réunir dans cette ville et discuter publiquement les moyens à employer pour donner une direction unique à l'association, puis créer un comité directeur chargé de mettre les nombreuses *Burschenschaften* en rapport les unes avec les autres. Des espèces de congrès furent ensuite tenus, sous la dénomination de *Burschentagen* (jours des *Burschen*), à l'effet de délibérer sur les intérêts communs de ces diverses sociétés, et d'élire les membres du comité directeur, renouvelés chaque année; usage qui subsista jusque dans ces derniers temps. En même temps les membres de l'association arboraient ostensiblement, comme signe de ralliement, les anciennes couleurs de l'Empire : noir, rouge et or. Au printemps de 1819 des *Burschenschaften* complétement organisées existaient déjà dans toutes les universités de l'Allemagne, à l'exception de Gœttingue, de Landshut, et de celles de l'Autriche. Il était naturel que ceux des membres de ces associations qui se préoccupaient vivement de politique se vissent plus souvent entre eux et formassent des réunions plus étroites, dans lesquelles l'irritation passionnée de quelques-uns devait facilement se transformer en fanatisme.

Quand Kotzebue eut été assassiné par Sand, ancien membre de la *Burschenschaft*, les résolutions de Carlsbad prononcèrent la dissolution de l'association; et tout aussitôt des procédures furent instruites dans la plupart des universités de l'Allemagne pour fait de menées démagogiques, mais sans produire de résultats bien positifs. La vie universitaire amène de trop nombreux et de trop constants points de contact entre des étudiants habitant le plus souvent une ville relativement peu peuplée, pour que les mesures adoptées aient à l'effet de dissoudre les *Burschenschaften* pussent avoir quelque chose d'efficace. Aussi, une année à peine s'était écoulée depuis la publication des lois de police décrétées par la diète germanique conformément aux résolutions de Carlsbad, que ces associations avaient reparu sur un grand nombre de points, mais cette fois, en raison même de l'interdiction dont les frappaient les lois de police, avec tous les caractères particuliers aux sociétés secrètes et politiques, et dissimulées sous diverses dénominations spéciales. Les gouvernements, s'apercevant de l'inutilité des mesures répressives qu'ils avaient d'abord prises, recoururent à de nouvelles et plus sévères prohibitions, mais toujours sans plus de succès. Cependant, après la *Junglingsbund* (alliance de la jeunesse), on vit se former vers 1827, au sein de la *Burschenschaft*, deux partis suivant chacun une direction d'idées différente : celui des *Germanen*, dont le but était tout politique et pratique, qui visaient l'unité politique de l'Allemagne; et celui des *Arminen*, pour lesquels l'unité de l'Allemagne demeurait dans les nuages de l'idéal, et qui ne voyaient dans l'unité de la patrie qu'un moyen de la moraliser et de l'éclairer. Il y avait là un germe de profondes discordes au sein de la *Burschenschaft*; et en effet ces questions l'agitèrent jusqu'en 1831, fournissant à ses membres matière aux discussions les plus animées. Les *Arminen*, bien que formant la grande majorité dans toutes les universités, devaient succomber dans cette lutte, parce que partout les minorités comptent dans leurs rangs les caractères plus audacieux et plus dominateurs. On finit en effet par les exclure de la *Burschenschaft*, en vertu de délibérations prises par les délégués dans divers *Burschentagen*.

La commotion produite en Europe par la révolution de Juillet ne put que donner plus de force et d'audace à la *Burschenschaft*, privée désormais de son élément inerte ou modérateur. C'est ce qui explique les mouvements révolutionnaires qui éclatèrent en 1833 sur divers points de l'Allemagne, et qui tous eurent pour acteurs principaux des membres de la *Burschenschaft*. Dans le *Burschentag* tenu à Tubingue aux fêtes de Noël 1832, les délégués de six universités avaient formellement décidé « que la mission de « la *Burschenschaft* générale de l'Allemagne était de pour- « suivre par les voies révolutionnaires la réalisation de l'u- « nité et de la liberté de la patrie commune, et qu'elle « devait dès lors se rattacher au comité patriotique de « Francfort. » A quelques jours de là le chef-lieu de la Confédération était le théâtre d'une échauffourée désignée sous le nom d'*attentat de Francfort*, et qui dans la plupart des universités allemandes donna lieu à de nouvelles et sévères recherches pour fait de menées démagogiques. On comprit dans le grand procès instruit à cette occasion non pas seulement les membres de la *Burschenschaft* générale, mais encore ceux des *Burschenschaften* dont les statuts n'avaient rien de politique, et qui n'avaient pris part ni directement ni indirectement à l'*attentat de Francfort*. L'année suivante environ cent condamnations à des détentions plus ou moins longues, à la perte des capacités pour emplois, fonctions publiques, etc., furent prononcées contre des étudiants. Il y eut même plusieurs condamnations capitales; mais elles furent l'objet de commutations. L'amnistie générale accordée en Prusse en 1840 rendit à la liberté tous les sujets prussiens qui avaient été l'objet de ces divers arrêts de la justice. L'attentat de Francfort provoqua de la part de la diète une longue et minutieuse enquête, par suite de laquelle dix-huit cent soixante-sept individus se trouvèrent compris dans des poursuites, dont le résultat fut d'ailleurs à peu près nul. En effet, tous les efforts faits par les gouvernements pour détruire dans la jeunesse des universités cette tendance à s'occuper de questions politiques de préférence aux différentes sciences qu'on y envoie y étudier, sont demeurés inutiles.

La grande erreur des gouvernements fut aussi de croire que les universités étaient l'unique foyer de l'esprit d'opposition; ils durent bien s'en apercevoir lors des événements de 1848, où l'on vit dans doute les étudiants des différentes universités s'associer au mouvement, mais non en être les chefs, et ne faire au contraire que suivre le torrent.

Une remarque importante à faire aussi, c'est que les *Burschenschaften* n'ont pas eu de persécuteurs plus passionnés que les hommes qui pendant leur jeunesse et leur séjour aux universités s'étaient affiliés à ces sociétés secrètes, de même que la révolution n'a pas eu non plus d'adversaires plus acharnés, encore bien que la plupart d'entre eux se soient montrés les représentants et les partisans du progrès et de la réforme en politique.

L'université de Vienne, la seule où il n'y ait jamais eu de société secrète ni de *Burschenschaft*, la seule où le gouvernement avait toujours réussi à empêcher les préoccupations politiques de s'introduire, prit au contraire, comme on sait, la part la plus décisive aux événements de mars 1848, dont l'initiative lui revient tout entière. Consultez Haupt, *Landsmonnschaften und Burschenschaft* (Leipzig, 1820).

BURTSCHEID ou **BORCETTE**, ville située à environ un kilomètre d'Aix-la Chapelle, dont elle semble faire partie, possède comme celle-ci des sources thermales justement célèbres, et compte 5,000 habitants, qui se livrent également avec beaucoup de succès à la fabrication des draps et à celle des aiguilles. L'origine de Burtscheid, comme celle d'Aix-la-Chapelle, remonte au septième siècle. Elle doit son origine à une fondation pieuse faite par Chlodulf, véritable souche des Carlovingiens, et, par la protection du couvent de religieuses nobles du mont-Saint-Sauveur près d'Aix-la-Chapelle, obtint le rang de ville impériale. Les sources thermales de Burtscheid sont divisées en hautes et basses. Les premières se trouvent dans la ville même; et dans le nombre il en est une qui atteint 77° Réaumur, le point le plus élevé de la température des eaux de l'Allemagne. Les hautes sources ne contiennent pas de gaz hydrogène sulfureux; ce qui les distingue des basses sources et des eaux d'Aix-la-Chapelle. Consultez Quix, *Description historique et topographique de Burtscheid* (Aix-la-Chapelle, 1832) et *Histoire de l'ancienne abbaye impériale de Burtscheid* (1834).

BURUSSA. *Voyez* BROUSSE.

BUSARD. Le genre *busard*, de l'ordre des oiseaux de proie, famille des falconidées, a pour caractères essentiels : bec faible, très-élevé à sa base, et très-comprimé dans le reste, avec un léger feston vers le milieu de son bord; cire très-grande, couvrant près de la moitié du bec; lorums recouverts de petites plumes et de poils longs et recourbés; ouverture du bec très-large; oreilles grandes, entourées en partie d'un demi-cercle de petites plumes tassées, dans le genre de celles des oiseaux de proie nocturnes; tarses longs, grêles, lisses; corps svelte; ailes longues et amples; queue arrondie.

Le busard est plus petit que la buse, et cependant il lui faut une plus ample pâture. Pour se procurer la quantité d'aliments qui lui est nécessaire, il faut que cet oiseau se donne plus de mouvement; il est donc plus actif, plus hardi dans ses attaques, et plus *méchant*, comme nous disons, suivant les prétentions de notre espèce. On a élevé de jeunes busards, on les a dressés pour la classe des lapins, des perdrix et autre petit gibier. Ils sont donc susceptibles d'éducation, quoique d'autres espèces aient obtenu et conservent une préférence sans doute méritée. Ces oiseaux ne sont pas non plus aussi lâches que la buse; ils n'évitent pas le combat contre un seul faucon, et triomphent quelquefois de ce redoutable ennemi. Pour éviter cette lutte périlleuse, le fauconnier ne manque pas de lâcher deux ou trois faucons contre un busard. Les oiseaux de proie de moindre taille, tels que les hobereaux et les cresserelles, fuient à son approche. Il n'est pas moins habile pêcheur que chasseur; il prend les poissons vivants, et les enlève dans ses serres, fait la guerre aux oiseaux aquatiques, etc. Ces habitudes fixent son séjour à portée des étangs, des marais et des rivières; il ne perche pas sur les grands arbres, comme la buse, et place son nid à peu de hauteur au-dessus de la terre. Quoiqu'il produise autant que la buse, il est cependant beaucoup plus rare, particularité dont la cause n'est pas encore bien connue.

Les auteurs ne sont pas d'accord sur le nombre d'espèces que renferme le genre *busard*. M. Ch. Bonaparte, dans sa classification, ne conserve même qu'une seule espèce européenne, le *busard des marais*, auquel Buffon donne le nom de *harpaye*. Cependant la plupart des naturalistes conservent le *busard Saint-Martin* ou *oiseau Saint-Martin*. Quant à la *soubuse*, dont Buffon avait fait une espèce distincte, c'est simplement la femelle du ce dernier.

BUSBECQ, BOUSBEKE ou BOUSSEBECQUES (AUGIER GHISLAIN DE), fils naturel du seigneur de ce nom, naquit en 1522, à Comines, en Flandre, et annonça de si heureuses dispositions, que son père prit un soin tout particulier de son éducation et le fit légitimer par l'empereur Charles-Quint. Après avoir fait de brillantes études aux plus célèbres universités de Flandre, de France et d'Italie, il accompagna en Angleterre Pierre Lassa, ambassadeur de Ferdinand, roi des Romains. L'année suivante, 1555, ce prince le choisit pour son ambassadeur auprès de Soliman II. Il y revint une seconde fois, et séjourna alors sept ans à Constantinople. C'est de ce ministre et de quelques autres, ayant résidé, comme lui, près de la sublime Porte, que l'empereur Maximilien II disait : « Les ambassadeurs flamands sont presque les seuls dont les négociations aient été utiles à l'Empire d'Allemagne. » Busbecq fut ensuite gouverneur des archiducs Matthias, Maximilien, Albert et Wenceslas; il accompagna en France, en 1570, l'archiduchesse Élisabeth, qui allait épouser Charles IX, et demeura auprès d'elle, en qualité de maire du palais, jusqu'à son départ de France, après la mort de son époux, en 1574. Mais bientôt l'empereur Rodolphe II le choisit pour représenter l'Empire à Paris; et il y résida de 1582 à 1592. Quittant ce poste pour se rendre en Flandre, il se vit attaqué en route par un détachement de ligueurs, qui, ayant examiné ses passeports, ne lui reconnurent en lui le représentant d'une grande puissance; mais la peur que lui causa cet événement lui donna une fièvre violente, qui l'emporta, au château de Maillot, près de Rouen, le 28 octobre 1592.

Busbecq a laissé quatre *Lettres sur ses deux ambassades en Turquie* (1589), dont il a paru plusieurs éditions et traductions. On lui doit, en outre, l'introduction en Europe du lilas, à l'ombre duquel Bernardin de Saint-Pierre voulait qu'on lui érigeât, dans nos jardins, un socle décoré de son nom. Il envoya au botaniste Charles de l'Écluse quantité de semences de tulipes, qui se naturalisèrent en Belgique en 1575; André Scott, Juste-Lipse et Gruter reçurent de lui des inscriptions antiques; il rapporta encore beaucoup de médailles, le fameux monument d'Ancyre élevé en l'honneur d'Auguste, et deux cents manuscrits grecs, qu'il déposa dans la bibliothèque impériale. Les *Lettres de Busbecq à Rodolphe II* (1630) ont été traduites en français. Busbecq, en parvenant à empêcher la France d'envahir les Pays-Bas et de secourir le duc d'Alençon, donna à la médiation de l'Empire de l'autorité et de la grandeur, sans subjuguer sur le principe de *non-intervention*. Les différents écrits qu'on vient d'énumérer, plus une relation de l'ambassade de Soliman à la cour de Vienne, en 1562, ont été réunis par les Elzevirs en un volume in-24, portant la date de 1633, et dont le titre a été rafraîchi en 1660, année où cette édition fut reproduite à Oxford. Elle est accompagnée d'une notice sur l'auteur.

Busbecq, un des grands talents diplomatiques, possédait de vastes connaissances scientifiques et littéraires, et parlait sept langues. Parmi les savants avec lesquels il était lié, Juste-Lipse est un de ceux qui lui témoignèrent le plus d'attachement. Il lui dédia ses *Saturnales*, et composa son épitaphe. Busbecq ayant parlé irrévérencieusement du parlement de Paris, le célèbre parasite Montmaur, professeur de grec, lui lança de doctes invectives, recueillies par Adrien de Valois et de Sallengre, et l'appela Allemand ivre : *Tace, ebrie Germane!* Parmi tant d'injures, on s'étonne qu'il n'y en ait point de relatives à la naissance illégitime de Busbecq, que Pontus Heuterus a omis de comprendre dans sa liste des bâtards célèbres.   DE REIFFENBERG.

BUSC. *Voyez* CORSET.

BUSCHETTO. Cet architecte célèbre, qui remit en honneur les ordres de l'architecture grecque, rendit à la lumière une multitude de fragments d'antique sculpture, auparavant méconnus dans les débris où sont les ruines des édifices romains, et, en recueillant leurs précieux restes, prépara comme une espèce d'école où les rénovateurs du bon goût trouvèrent après lui des leçons et des modèles, tant en architecture qu'en sculpture. Né à Dulichium, vers 1020 ou 1030, il vivait encore en 1080. Si on n'a rien de plus certain sur les dates de sa naissance et de sa mort, on sait au moins que les Pisans, après avoir conquis Palerme sur les Sarrasins, en 1063, ayant décidé d'employer le produit des marchandises trouvées dans le port de cette ville à la reconstruction de leur cathédrale, appelèrent Buschetto en Italie, et le chargèrent de diriger l'érection de ce monument. Ce fut l'œuvre capitale de cet architecte et à sa mort les magistrats de Pise lui élevèrent un tombeau contre la façade de la basilique qu'il avait construite.

BUSCHING (Antoine-Frédéric), le créateur de la géographie moderne, naquit le 27 septembre 1724, à Stadthagen, dans le pays de Schaumbourg-Lippe, d'un père exerçant la profession d'avocat, et dont la sévérité excessive fit le tourment de son enfance. Elevé à l'institut des orphelins de Halle, il étudia la théologie dans cette ville, et se rendit en 1748 à Saint-Pétersbourg, où il devint précepteur du jeune prince Biren. En 1754, nommé professeur extraordinaire de philosophie à Gœttingue, il écrivit, pour obtenir le titre de docteur en théologie, une dissertation dans laquelle il développait des idées qui n'étaient pas complètement celles de l'Église dominante. Accusé à propos d'hétérodoxie, il lui fut interdit de continuer à professer la théologie et de rien imprimer à l'avenir en pareille matière sans autorisation préalable. Les suites fâcheuses de cet incident s'effacèrent à la longue, et en 1759 il fut même nommé professeur ordinaire de philosophie; mais le séjour de Gœttingue ne lui en était pas moins devenu désagréable : aussi se décida-t-il à accepter en 1761 les fonctions de prédicateur de la communauté protestante de Saint-Pétersbourg. Une cabale ne tarda pas à s'y former contre lui, et le força de donner sa démission dès l'an 1765. Il vint alors se fixer à Altona, avec l'intention de s'y livrer à des travaux littéraires; mais dès l'année suivante (1766) il acceptait les fonctions de membre du consistoire supérieur à Berlin. Il mena dès lors dans cette capitale une vie très-retirée, qui ne l'empêcha pas de déployer une prodigieuse activité littéraire, et mourut le 28 mai 1773.

Avant la publication de la Géographie de Busching, dont les premières parties obtinrent les honneurs de nombreuses éditions, mais qui est devenue aujourd'hui complètement inutile, par suite des changements sans nombre que les révolutions politiques ont introduits dans la délimitation de tous les États, aucune nation ne possédait un ouvrage dans lequel la géographie fût traitée d'une manière complète et vraiment scientifique.

On a aussi de Busching un *Magasin d'Histoire et de Géographie*, des *Essais biographiques sur les personnages les plus remarquables*, et une *Histoire moderne des Confessions Évangéliques en Pologne*.

BUSCHING (Jean-Gustave-Gottlieb), fils du précédent, né à Berlin, en 1783, mort à Breslau, en 1829, a laissé la réputation d'un archéologue érudit. On lui est redevable d'une foule de travaux remarquables sur l'ancienne littérature allemande. Nommé, en 1811, archiviste royal à Breslau, puis, en 1817, professeur d'archéologie à l'université de cette ville, il a publié une foule de documents précieux relatifs à l'histoire de la Silésie. Les *Mémoires de Hans de Schweinichen*, gentil-homme attaché au service de différents ducs souverains de cette province, qu'il édita et annota, restevont un curieux monument des mœurs, des usages et de la langue de l'Allemagne au seizième siècle, et offrent d'ailleurs tout l'intérêt d'un roman.

BUSE. Le genre *buse*, de l'ordre des oiseaux de proie, famille des falconidées, a pour caractères essentiels : Tête grosse; bec arqué dès sa base; l'espace entre l'œil et les narines dénué de plumes et couvert de poils; les ailes longues ; la queue égale ou faiblement arrondie; les pieds robustes, garnis d'une seule rangée d'écailles en avant et sur le dos des doigts, et réticulées dans le reste de leur étendue.

Buffon, reconnaissant les nombreuses analogies de mœurs et de forme des buses et des busards, les range, avec les milans, à la suite des vautours, qui les surpassent en grandeur et en force, quoiqu'ils n'aient pas plus de générosité ni de courage. « Ce sont, dit-il, des oiseaux ignobles et lâches ; plus communs que les vautours, ils n'en sont pas plus incommodes. Loin de se fixer dans les déserts, ils préfèrent les lieux habités, les plaines, où ils trouvent une subsistance plus abondante et plus facile à recueillir. Comme toute proie leur est bonne, que toute nourriture leur convient, et que plus la terre produit de végétaux, plus elle est en même temps peuplée d'insectes, de reptiles, d'oiseaux et de petits animaux, ils établissent ordinairement leur domicile au pied des montagnes, dans les terres les plus vivantes, les plus abondantes en gibier, en volaille, en poisson. Sans être courageux, ils ne sont pas timides; ils ont une sorte de stupidité féroce qui leur donne l'air de l'audace tranquille, et semble leur ôter la connaissance du danger; on les approche, on les tue bien plus aisément que les aigles ou les vautours. Détenus en captivité, ils sont encore moins susceptibles d'éducation ; de tout temps on les a proscrits, rayés de la liste des oiseaux nobles, et rejetés de l'école de la fauconnerie; de tout temps on a comparé l'homme grossièrement impudent au milan, et la femme tristement bête à la buse. » Ici le peintre a forcé quelque peu les traits des objets qu'il voulait représenter : en entrant dans quelques détails, nous aurons l'occasion d'adoucir des reproches trop sévères, et de rendre le tableau plus fidèle, dût-il être un peu décoloré.

Et d'abord faisons une remarque applicable probablement à d'autres espèces. La membrane qui couvre la base du bec des oiseaux de proie, nommée *cire* par les fauconniers, est bleue ou jaune : la première caractérise les oiseaux nobles, et la seconde les *ignobles*, et la buse porte cette marque de réprobation. Mais ce signe ne trompe-t-il jamais ? Lorsqu'on rencontre dans une même espèce, *dans un même nid*, des cires de l'une et de l'autre couleur, a-t-on cherché les moyens de savoir si les caractères individuels étaient conformes à l'indication des couleurs ? L'auteur de cet article a trouvé lui-même cette singularité dans un nid d'aigle canardier, et les petits, nourris assez longtemps, et devenus familiers, conservèrent les cires différentes qu'ils avaient reçues de la nature. Si des aigles sont aigles en dépit de la couleur jaune qui entoure la base de leur bec, il est probable que cette livrée d'abjection n'empêche pas que certaines buses ne soient beaucoup moins *buses* que leur nom ne le commande. Mais, quoiqu'on ne puisse se dispenser de reconnaître la possibilité de ces anomalies d'intelligence et de caractère, même dans les espèces où ces qualités ne se montrent qu'à un degré très-faible, il n'en est pas moins vrai que la buse a mérité la réputation de stupidité qu'on s'accorde à lui faire. Quoiqu'elle supporte très-bien la domesticité, on ne cite aucun individu de son espèce que la culture ait *perfectionné*, dans le sens que nous attachons ordinairement à ce mot : dans l'état de liberté, c'est un oiseau sédentaire et paresseux, que l'on voit quelquefois perché plusieurs heures de suite sur le même arbre. Mais ce que l'on impute à la paresse n'est peut-être que l'inaction naturelle, on dirait presque *raisonnable*, d'un animal qu'aucun besoin ne presse et ne sollicite. Le *busard*, plus consommateur que la buse, est beaucoup plus actif, excité comme il l'est par l'aiguillon de la faim, tandis qu'il paraît que la buse se contente de peu, puisqu'elle est très-répandue, et n'expulse de ses domaines aucun autre oiseau de proie. Cette sobriété n'est sans doute pas une qualité dont on doive lui tenir compte ; mais on assure que cet oiseau si peu sensible en apparence à ses propres intérêts donne aux autres oiseaux de proie l'exemple d'une tendresse paternelle qui trouve peu d'imitateurs : la mère est tuée, le père n'abandonne pas les petits, et continue à les nourrir jusqu'à ce qu'ils prennent l'essor et pourvoient eux-mêmes à leur subsistance.

Il est rare que deux buses soient exactement semblables. On remarque presque toujours dans le plumage des différences, qui dépendent vraisemblablement du sexe et de l'âge. Dans cette espèce, comme dans les autres oiseaux de proie, le mâle est d'environ un tiers plus petit que la femelle. FERRY.

BUSE, terme injurieux qui, comme *butor*, se prend pour synonyme de *sot*, *stupide*, mais avec quelques nuances distinctives, telles que les offrent les oiseaux qui en sont les types. On dit proverbialement d'un homme à l'esprit bouché : *C'est une buse.*

J'ai ouï, ce n'est d'huy ni d'hier,
Dire qu'on ne peut espervier
En nul temps faire d'un *buzart*,

Ces vers, tirés du *Roman de la Rose*, prouvent que ce n'est pas d'aujourd'hui que date le dicton : *On ne saurait faire d'une buse un épervier*, c'est-à-dire d'un ignorant un habile homme, d'un fat un homme de mérite, d'un poltron un brave. On emploie aussi cette locution dans le sens affirmatif, pour exprimer qu'on a fait d'un laquais un financier, d'un écolier un général, d'un commis un ministre.

La buse a le regard fixe, hébété, les mouvements lents; on ne peut la dresser à la chasse. C'est donc particulièrement aux enfants qui ne peuvent rien apprendre, aux gens ineptes et d'une intelligence bornée, que cette injure s'applique.

Buse, en terme de mineurs, est un tuyau de bois ou de plomb qui sert de communication entre les puits des mines, et qui y conduit l'air. *Buse*, enfin, est le nom qu'on donne au bout des soufflets, en bois, en fer, en cuivre ou en argent.

BUSEMBAUM (HERMANN), jésuite fameux par les subtilités de sa morale, naquit en 1600, à Nottelen, en Westphalie, fut plus tard recteur du collége des jésuites à Munster, et mourut dans cette ville, le 31 janvier 1668, confesseur de l'évêque Bernard de Galen, de belliqueuse mémoire, dont il était en outre l'ami et le favori.

Son ouvrage intitulé *Medulla Theologiæ moralis, ex variis probatisque auctoribus concinnata*, ne tarda pas à être adopté comme livre classique dans tous les séminaires et colléges tenus par les jésuites. Quoiqu'un grand nombre des propositions qu'il développe dans ce traité de théologie aient été solennellement condamnées par les papes et l'aient fait interdire dans plusieurs pays catholiques, il en a déjà été fait plus de cinquante éditions (la première parut, en 1645, à Munster; la plus récente a été publiée en 1848 à Louvain, en 2 vol.). A l'origine, le livre du Père Busembaum ne formait qu'un petit volume in-12; mais en 1707 un autre jésuite, le P. Lacroix, trouva moyen d'en faire, à l'aide de commentaires, deux volumes in-folio, que le P. Montansan publia à Lyon, en 1729. Le jésuite Alfonso de Ligorio en fit encore paraître une édition plus complète à Rome (1757, 3 vol.). C'est à cette époque qu'on y découvrit pour la première fois une théorie du meurtre, d'après laquelle le régicide même était déclaré chose licite; et les étranges principes qui y étaient développés et de propos parurent d'autant plus dangereux, que cette découverte coïncida avec la tentative d'assassinat commise par Damiens (1757) sur la personne de Louis XV. Le parlement de Toulouse fit brûler publiquement l'ouvrage de Busembaum, et cita les supérieurs des jésuites à sa barre. Ceux-ci désavouèrent les principes contenus dans la *Medulla Theologiæ moralis* (La Moëlle de la Théologie morale), déclarèrent n'en pas connaître l'auteur, et nièrent même qu'un jésuite eût pris part à la rédaction de l'ouvrage. Le parlement de Paris se contenta de condamner le livre. Un jésuite italien, nommé le P. Zacharia, prit parti, avec l'agrément de ses supérieurs, pour ces deux arrêts, et se constitua le défenseur de Busembaum et de Lacroix. Son apologie fut également condamnée par le parlement de Paris; ce qui n'empêcha pas un autre jésuite de publier en 1760 une nouvelle défense de Busembaum.

BUSSONE (FRANCESCO). *Voyez* CARMAGNOLA.

BUSSY (ROGER DE RABUTIN, comte DE), naquit à Epiry, en Nivernais (1618), d'une famille dont il ne vantait pas à tort l'ancienneté, car Mayeul de Rabutin, le premier sur l'arbre généalogique de sa maison, figurait dès 1118 parmi les grands seigneurs du Mâconnais. Bussy étudia d'abord chez les jésuites d'Autun, ensuite au collége de Clermont à Paris, d'où il fut retiré, pendant son cours de physique, pour commander au siége de La Motte le régiment de son père. Il commença donc à seize ans une carrière qu'il devait suivre avec distinction. Un an après avoir épousé Gabrielle de Toulongeon (1643), qui, par sa fin prématurée, céda sa place, avec trois filles, à Louise de Rouville, il acheta la lieutenance des chevau-légers d'ordonnance du prince de Condé, et succéda même à son père comme lieutenant de roi dans la province du Nivernais. Plus tard, Condé ayant donné sa faveur à Guitaud, cornette de la compagnie, songeait à obtenir la démission de Bussy, quand il fut arrêté avec Longueville et Conti. Rabutin, malgré de justes motifs de mécontentement, ne laissa pas d'embrasser la vengeance des princes. Mais Condé, à sa sortie de prison, ayant mêlé aux remerciments la même proposition de céder sa lieutenance à Guitaud, Bussy se trouva forcé d'abandonner sa cause pour celle du roi, qui lui donna son agrément pour acheter du comte de Palnau la charge de mestre-de-camp général de la cavalerie légère.

Cousin germain de Mme de Sévigné, il fut en correspondance avec elle; mais l'intérêt vint se mettre de la partie. La campagne de 1658 allait s'ouvrir, et Bussy, ayant besoin d'argent, pria sa cousine de lui avancer 12 ou 15 milliers de francs, sur les 10 mille écus qui lui revenaient dans la succession de l'évêque de Châlons. Malheureusement, Mme de Sévigné n'avait pas la somme à sa disposition, et l'abbé de Coulanges lui refusait sa caution si l'arrangement du cousin n'était consenti par Neuchèse, nouvel évêque de Châlons. Ces formalités exigeaient des pourparlers, des missives en Bourgogne, des réponses; le temps pressait, et Bussy, n'ayant vu dans les lenteurs qu'un refus déguisé, mit ses diamants en gage, et rejoignit l'armée, où il arriva la veille d'une bataille, circonstance qui accrut son dépit, comme s'il n'avait pas tenu à sa cousine que le nom de Rabutin eût manqué à la journée des Dunes.

La guerre étant terminée, Bussy compromit les espérances que pouvait lui donner le résultat de sa brillante campagne dans une débauche où Vivonne l'invita avec de Guiche et Manicamp. C'était dans la semaine sainte, la nuit du samedi; nos jeunes étourdis, ayant impatience de revoir les viandes sur la table, font une *media-noche*, et, pressés de chanter l'*alleluia*, composent la plus obscène des chansons, où les grands noms de la cour sont immolés à la moquerie, avec ceux de Louis XIV, de la reine-mère et de Mazarin. Bussy aimait à dessiner des personnages contemporains. Il s'avisa d'encadrer dans un narré de cette débauche un portrait où certains linéaments bien saisis font illusion sur le reste de la figure. C'était de la *belle cousine*, qu'il appelait avant sa rupture *la plus jolie femme de France*. Les cent bouches de la médisance eurent bientôt révélé le secret, et le portrait même arriva dans les mains *mal taillées* de la *froide Sévigné*. Elle en fut douloureusement affectée, et son commerce de lettres en fut même suspendu jusqu'à la disgrâce de Fouquet. Bussy, qui n'avait pas attendu si longtemps pour condamner sa faute, croyant l'occasion favorable pour essayer d'expier ses torts, se fit, en cette circonstance, le défenseur ardent de sa cousine, que la malignité affectait de confondre parmi les maîtresses du surintendant. Quant aux couplets, Bussy en fit sa confession dans une lettre, où il adresse à Sévigné une traduction de la prose *O filii*, en expiation des vers licencieux qu'il a composés jadis sur le même chant. Cependant, il les a reniés dans ses *Mémoires*, non content d'avoir signé à Louis XIV un désaveu conçu dans les termes les plus énergiques. Ces *Mémoires*, imprimés en 2 vol. in-4° (Paris 1696), et pleins de choses inutiles, ont perdu de l'intérêt en sortant de sa famille.

Pendant son exil sur la terre de Bourgogne, Bussy employa le temps de sa disgrâce à retracer les aventures galantes de Mmes d'Olonne et de Chastillon, ouvrage qui s'augmenta graduellement des prouesses d'autres héroïnes, et auquel on adjoignit de nouveaux noms; on y ajouta aussi des appendices, et le miroir fut si bien élargi, que chacun put s'y voir, depuis le *grand Alcandre*, prêtant ses mains royales à l'accouchement de La Vallière, jusqu'au formier Béchameil, prenant à bail la maréchale de La Ferté. Certes, ce n'est pas l'esprit, la gaieté, l'ironie légère, l'expression nette des portraits, le piquant des anecdotes, qui manquent à ce je ne sais quoi, histoire ou roman, écrit avec le style d'un homme de qualité, comme disait la marquise de Sévigné, et ce laisser-aller de la conversation, qui semble ouvrir aux lecteurs les portes d'un salon. Bussy eut l'imprudence de prêter son manuscrit pendant vingt-quatre heures : on lui en déroba une copie, qui devint l'original de beaucoup d'autres. Bientôt le manuscrit se multiplia sous la presse : L'*Histoire amoureuse des Gaules* (Liége, sans date, in-12, édition originale, qui fait collection avec les Elzévirs), fut lue partout, et Louis reçut l'auteur avec un visage glacial. Bussy sentit combien était amer le métier de courtisan et d'écrivain satirique. Occupé tout entier de sa disgrâce, implorant avec des larmes un regard de *son maître*, il faisait un arsenal de son carrosse, et quatre hommes l'accompagnaient à cheval, s'il marchait la nuit. Enfin, il obtint la place que Perrot d'Ablancourt laissa vacante à l'Académie Française, faible consolation pour un homme plus ambitieux des faveurs de la cour.

Cinq semaines après, il fut arrêté et conduit à la Bastille. Personne ne supporta une captivité avec plus d'impatience : il insistait par des lettres et des placets, dont telle phrase n'eût pas été déplacée dans une oraison (23 mars 1666); il s'humiliait sous la verge, il baisait la main qui l'avait châtié. Il occupait les loisirs de sa prison à composer une histoire de Louis XIV; mais l'adulation toute nue avait taillé sa plume, dans l'unique dessein d'inaugurer une idole. Il paraît que *son maître* y fut peu sensible, car huit jours après il lui fit demander sa démission, et le duc de Coislin fut reconnu mestre-de-camp général de la cavalerie légère. Enfin, le désespoir ayant mis sa vie en danger, il obtint son élargissement, et fut porté chez Dalancé, fameux chirurgien, où la visite de la *belle cousine* lui aida à oublier treize mois de captivité. Exilé dans sa terre du Chaseu, en Bourgogne, il allégea sa disgrâce par les secours de la religion, de la philosophie, de sa gaieté naturelle, et des illusions d'un retour en faveur. Quoiqu'il paraisse avoir su apprécier les avantages d'une vie tranquille, néanmoins à chaque promotion de maréchaux et de chevaliers des ordres on voit percer sa vanité jalouse à travers le manteau du philosophe, et l'homme de consoler de n'être pas un des dignitaires, en comparant son mérite à leur inégalité; car il était plein d'estime pour lui-même et d'une franchise étonnante à cet égard. Il avait repris son dessein d'écrire une vie de Louis XIV; aucun génie, dans son idée, n'était plus capable d'un tel ouvrage, et du haut de ses magnifiques promesses il laissait tomber son dédain sur Pellisson, Racine et Boileau. Bussy mourut à Autun en 1693. Sur la fin de sa vie, il avait obtenu des grâces, une pension de 4,000 livres pour lui-même, une autre pour son fils aîné, qui suivait la carrière des armes, un prieuré pour le cadet, qui fut évêque de Luçon et l'éditeur des *Lettres de Madame de Sévigné*.

Outre les ouvrages dont nous avons parlé, on possède de Bussy : 1° un recueil de ses *Lettres* avec les réponses (Paris, 1711, 5 vol. in-12); 2° une *Histoire de Louis XIII, roi de France et de Navarre* (manuscrit in-4°); 3° une *Histoire abrégée de Louis XIV* (in-4°); 4° un *Discours* à ses enfants sur l'usage des adversités (Paris, 1694, in-12); 5° *Diverses histoires amoureuses*, contenant l'histoire de Mme de l'Echelle, de Mlle de Romorantin, de Mme de Fontaines, de la cousine de la marquise de Nesle, de la comtesse de Moulins ou la comtesse de Busset (manuscrit in-4°); 6° une carte géographique de la cour et autres galanteries (Cologne, 1668, in-12). Il faut y ajouter ce qu'on appelle son *Livre d'Heures*, qui doit une assez grande célébrité à ces vers de Boileau :

Quoi! j'irais épouser une femme coquette!
J'irais, par ma constance aux affronts endurci.
Me mettre au rang des saints qu'a célébrés Bussy,

On croit généralement, sur la foi du poëte et des annotateurs, que c'était une parodie impie des *Heures catholiques*, où l'auteur, ayant substitué aux images des saints les portraits des maris *les plus marris* de la cour, avait remplacé les dévotes oraisons par des prières ironiques, accommodées au sujet. Mais ni Boileau ni sans doute les personnes d'où lui était venue l'anecdote n'avaient feuilleté ce livre, et l'on avait jugé le fruit que portait l'arbre sur la couleur de son écorce. C'est un volume in-16, relié en maroquin citron doré, avec dentelles, et doublé en maroquin rouge. Au dos, il est étiqueté : PRIÈRES. Il contient quarante feuillets en vélin, ornés d'un filet d'or, et la plupart en blanc. Aux recto et verso des feuillets 15 et 19, on trouve les vestiges de vingt-quatre lignes d'un et de dix-sept sur l'autre, effacées au grattoir, mais où l'on entrevoit encore quelques mots; par exemple : *empeschent point d'aymer toute ma vie ce que je ne sauroisassez aymer*, et plus bas : *Dieu que j'auray si bien servy. Ainsi soit-il*. Aux verso des feuillets 12, 16, 20, 23, 26, 29, 32 et 35, les recto en blanc, sont représentées sainte Cécile, sainte Dorothée, sainte Catherine et sainte Agnès, entremêlées aux images de saint Sébastien, saint Jean-Baptiste, saint Georges, et, avant celui-ci, saint Louis, sous la figure de Louis XIII. Ce livre, qui fut acheté 100 louis à la vente de la bibliothèque La Vallière, comme un objet curieux, et par les vers de Boileau, et par le chef-d'œuvre des miniatures, et par ces portraits véritables des plus jolies femmes de la cour au beau siècle, est moins une imitation de Bussy qu'une imitation des *Heures galantes* des courtisans de Henri III, dont aucune n'est parvenue jusqu'à nous. H. FAUCHE.

BUSSY D'AMBOISE (Louis DE CLERMONT DE), né vers le milieu du seizième siècle, se signala par sa cruauté dans les massacres de la Saint-Barthélemy. Plaidant pour le marquisat de Renel contre Antoine de Clermont, son parent, il profita du désordre de la nuit pour fatal pour l'assassiner, n'ayant, dit l'historien de Thou, d'autre motif de le hair que le procès qui les divisait. Quelque temps après, le parlement donna gain de cause à Bussy, qui ne jouit pas longtemps de sa victoire : en vertu de l'édit accordé aux huguenots, l'arrêt qu'il avait obtenu fut cassé. Bussy, s'étant attaché au duc d'Anjou, obtint le commandement du château d'Angers, et se rendit universellement odieux par son caractère fier et turbulent. Ayant entrepris de séduire la femme de Charles de Chambes, comte de Montsoreau, des lettres dans lesquelles il parlait de cette intrigue au duc d'Anjou furent communiquées à Charles IX par le duc lui-même, et le roi les montra au comte, en lui faisant entendre qu'il était de son honneur d'en tirer vengeance. Montsoreau, de retour chez lui, força sa femme d'écrire à Bussy pour lui donner rendez-vous au château de Coustancières, où Bussy, arrivant avec un intime, trouva, non la dame du lieu, mais son mari et quelques hommes armés, qui se jetèrent sur lui. Malgré sa bonne contenance, il succomba enfin sous le nombre, « et toute la province en fut charmée, dit de Thou, ainsi que le duc d'Anjou lui-même; » ce qui n'empêcha pas Brantôme de faire, selon son usage, l'éloge du défunt.

BUSSY-LECLERC (JEAN), d'abord maître en fait d'armes, puis procureur au parlement, fut l'un des chefs de la faction des Seize pendant la Ligue. Le duc de Guise l'avait fait gouverneur de la Bastille, et en 1589 il y enferma le parlement, qui avait refusé de se joindre au chef du parti opposé à la maison royale. Comme il fit jeûner les magistrats au pain et à l'eau, on l'appela le *grand pénitencier* du parlement. Il poussa l'exagération du fanatisme à un tel point, qu'il disait pendant le siége de Paris : « Je n'ai qu'un enfant; je le mangerais plutôt à belles dents que de me rendre jamais. J'ai, disait-il encore, une épée tranchante, avec laquelle je mettrai en quartiers celui qui parlera de paix. » En effet, il désigna à la fureur des Seize plusieurs membres du parlement de Paris, entre autres Brisson, Larcher, Tardif, Duru, qu'ils firent périr. Il fallut que le duc de Mayenne lui-même, auquel ces fanatiques s'étaient rendus redoutables, délivrât Paris de leur tyrannie, en 1591. Il en fit pendre plusieurs; Bussy échappa au supplice en rendant la Bastille à la première sommation; il se retira à Bruxelles, où il vécut pauvrement de son premier métier. On dit qu'il vivait encore en 1634, ayant toujours un chapelet au cou, parlant peu, mais avec emphase, des grands projets qu'il n'avait pu accomplir. Auguste SAVAGNER.

BUSTAMENTE (ANASTASIO), l'un des généraux et des hommes d'État les plus honorables de l'ancienne Amérique espagnole, est né en 1790, dans les environs de Queretaro, au Mexique, d'un père riche planteur et propriétaire de mines. Se trouvant pour affaires dans la Colombie, en 1827, il prit part à un mouvement qui éclata dans ce pays en faveur de l'indépendance menacée, fut proclamé général par les troupes, propagea l'insurrection victorieuse à Guayaquil et dans le Pérou, et disparut de la scène en 1828, quand la paix eut été conclue entre le Pérou et la Colombie. Cherchant un élément à son activité, il rentra dans sa patrie, où la réputation qu'il s'était acquise dans l'Amérique du Sud lui valut un brillant accueil. Aussi, dès le 26 janvier de l'année suivante, le congrès, livré à l'influence du parti conservateur des *Escocesos*, s'empressait-il de l'élire président de la confédération mexicaine; mais à peu de temps de là, le parti contraire, la faction démocratique des *Yorkinos*, provoquait dans la capitale une émeute dont le résultat était de faire annuler l'élection précédente, et d'appeler à la présidence le général Guerrero, avec Bustamente pour vice-président. Le gouvernement cherchait à mettre à profit ces luttes intestines pour rétablir sa prépondérance, lorsque le 27 juillet 1829 un corps d'armée expéditionnaire espagnol débarqua sur la côte mexicaine; et tout aussitôt Guerrero prit les mesures les plus énergiques pour combattre l'invasion. Mais tandis qu'une armée se réunissait à Jalapa, sous le commandement de Bustamente, le général Santa-Anna, agissant sous sa propre responsabilité, attaquait les Espagnols sans attendre les ordres du gouvernement central, les forçait à se rembarquer, et sauvait la république.

Guerrero fut déposé, par suite du mécontentement général, et on confia provisoirement (1er janvier 1830) l'exercice du pouvoir suprême au vice-président Bustamente. Celui-ci, après avoir comprimé dans le courant de l'année 1830 diverses insurrections militaires, eut à combattre en 1832, à la Vera-Cruz, une révolte plus sérieuse, qui y avait éclaté le 3 janvier. Il fit marcher sur cette place un corps de troupes, qui remporta sur les insurgés une victoire complète, mais inutile, puisqu'elle ne lui ouvrit point les portes de la ville. Il essaya alors de négocier; enfin, les pourparlers étant demeurés infructueux, il marcha contre les révoltés dans l'été de 1833, à la tête de l'armée nationale. La chance des armes lui fut d'abord favorable; battu plus tard, au mois d'octobre, par Santa-Anna sous les murs de Puebla, il finit par consentir à ce qu'on rappelât de l'exil l'ancien président Pedrazza, qui reprit en conséquence le pouvoir en janvier 1833, mais pour le céder dès l'année suivante à Santa-Anna.

Quand les Texiens firent Santa-Anna prisonnier (1836), Bustamente revint à Mexico, et remplit de nouveau les fonctions présidentielles de 1837 à 1841. Mais cette fois encore il eut constamment à lutter contre des révoltes et des troubles intérieurs. C'est ainsi que les provinces du nord essayèrent de se former en république indépendante, et qu'au sein de la capitale elle-même le parti fédéraliste ne craignit point de relever la tête. Cette tentative ne fut réprimée qu'au prix des plus grands efforts (15-27 juillet 1840). La position de Bustamente devint encore plus critique à la suite des difficultés survenues avec le gouvernement français et de la mise en état de blocus par celui-ci de tous les ports mexicains de la côte orientale de l'océan Atlantique; mesure dont les effets se prolongèrent du 13 avril 1838 au 9 mars 1839, et qui porta le plus rude coup au commerce et à l'industrie du pays. Il essaya vainement de remédier à la pénurie toujours croissante des finances en établissant un impôt de consommation, qui acheva de le rendre impopulaire. Dans l'été de 1841 éclata contre lui un nouveau mouvement insurrectionnel, auquel Santa-Anna ne tarda point à se joindre. Tandis que Bustamente abandonnait la capitale pour marcher contre les révoltés, la capitale à son tour se soulevait contre lui; de sorte que le 30 septembre 1841 il se voyait forcé de déposer le pouvoir, qui passait entre les mains de Santa-Anna. Depuis il n'a plus joué qu'un rôle secondaire dans les affaires du Mexique. C'était un homme instruit, courageux, de mœurs douces, mais qui n'a peut-être pas toute l'énergie nécessaire au gouvernement d'un pays sans cesse agité par des commotions nouvelles.

BUSTE. Cette expression sert à désigner la représentation de la partie supérieure du corps humain, c'est-à-dire la tête, le cou, les épaules et une partie de la poitrine. On emploie ce mot spécialement en sculpture; ainsi on dit : *un buste en marbre, en bronze; un buste antique; faire le buste de quelqu'un*; tandis que dans la peinture il ne sert que de complément, et dans cette phrase seulement, *un portrait en buste*. On pense que les plus anciens peuples n'avaient pas de bustes, ou du moins les portraits qu'ils faisaient ainsi étaient simplement de profil et en bas-reliefs; ils doivent donc être compris sous la désignation de *médaillons*. Ce n'est que du temps d'Alexandre que l'usage des bustes de ronde bosse a été mis en pratique; il s'est considérablement étendu chez les Romains, au temps des empereurs. Le droit qu'avaient les nobles d'exposer les portraits de leurs ancêtres dans le vestibule de leur habitation donna naissance à un grand nombre de bustes, qui étaient renfermés dans des niches que l'on ouvrait les jours de fête, afin que par la vue de ces grands citoyens les descendants cherchassent à se rendre dignes de leurs ancêtres. Il paraît que d'abord les portraits furent faits en cire colorée, et qu'ils étaient couverts d'habits et de bijoux, comme ceux que l'on porte maintenant à la curiosité du peuple. Plus tard, des bustes d'une matière plus solide furent employés à décorer les tombeaux, et c'est sans doute de là qu'est venu le nom de *buste*, parce que de telles *images* se plaçaient sur les tombeaux, ou que le mot latin *bustum* est souvent employé pour désigner ce qui se rapporte aux funérailles.

Le nom du personnage représenté dans un buste est écrit quelquefois sur le cou, sur la poitrine ou sur la base; mais il arrive aussi que de telles inscriptions sont fausses, ayant été faites par une main plus moderne que le buste lui-même, ou bien encore une tête inconnue ayant été placée sur une base dont la tête avait été brisée, et sur laquelle on lisait le nom d'un personnage connu. C'est en comparant ces monuments avec des médailles que l'on parvient à rectifier les erreurs. Visconti a restitué ainsi beaucoup de personnages dont on ne pensait pas avoir d'image authentique. On a publié plusieurs recueils de bustes antiques. DUCHESNE aîné.

BUSTROPHE ou **BUSTROPHÉDON.** *Voyez* BOUSTROPHÉDON.

BUSTUAIRES (en latin *bustuarii*, dérivé de *bustum*, bûcher). C'était le nom que l'on donnait à Rome aux gladiateurs qui se battaient près du bûcher d'un mort, à la cérémonie de ses obsèques. Ce fut d'abord la coutume de sacrifier des captifs sur le tombeau ou en face du bûcher des guerriers. On en voit des exemples dans Homère, aux funérailles de Patrocle, et dans les tragiques grecs. On croyait que leur sang apaisait les dieux infernaux et les rendait propices aux mânes du mort. Dans la suite cette coutume parut trop barbare, et au lieu d'égorger des victimes humaines on fit combattre des gladiateurs. Au rapport de Valère-Maxime et de Florus, Marcus et Décius, fils de Brutus, furent les premiers qui honorèrent à Rome les funérailles de leur père par ce spectacle. On croit que les Romains empruntèrent cet usage cruel aux Etrusques, qui peut-être l'avaient pris eux-mêmes des Grecs. Suétone, dans la vie de Tibère, dit que cet empereur fit combattre des bustuaires en mémoire de son père et de son aïeul Drusus, en divers temps, en divers lieux; et l'on n'en usait pas seulement de la sorte aux obsèques des personnes de qualité, on suivait encore la même pratique pour les funérailles des particuliers, à ce qu'assure Tertullien. Il y en avait même qui, au lit de la mort, ordonnaient par leur testament qu'on leur rendît cet honneur. Dans la suite, ces jeux sanglants, qui ne se célébraient d'abord qu'auprès des bûchers, passèrent dans le cirque et aux amphithéâtres.

BUT (dans la basse latinité *buttum*), mot par lequel on désigne, au propre comme au figuré, le point que l'on vise ou celui que l'on se propose d'atteindre. Les honnêtes gens ont coutume d'aller au but par la ligne droite, qu'ils regardent avec raison comme la plus courte et la plus sûre. Mais ce principe, vrai en physique et en mathématiques, admet par malheur de trop fréquentes exceptions, nous ne dirons pas en morale, pour ne point profaner ce mot, mais dans la conduite ordinaire des choses de la vie; et l'on voit trop souvent le fripon et l'intrigant, partis après l'honnête homme, le dépasser rapidement et arriver au but avant lui par des voies secrètes et détournées.

Le mot *but* est entré dans plusieurs façons de parler; on dit *jouer but à but*, pour dire jouer à chances égales; *troquer but à but*, pour dire troquer sans donner ni recevoir de retour; *être but à but*, pour être quitte. On dit aussi attaquer quelqu'un de *but en blanc*, pour l'attaquer directement, sans ménagement, sans prendre de biais. Le mot *but* ne diffère de ses synonymes *dessein*, *projet*, *vues*, que par des nuances, qu'il est utile de saisir : le *but* a quelque chose de plus fixe, les *vues* sont plus vagues, et le *projet* a quelque chose de moins arrêté; le *dessein* annonce une résolution prise avec fermeté; on se propose un *but*, on a des *vues*, on forme un *dessein*, un *projet*. Quant à l'acception philosophique du mot *but*, prise pour *fin*, nous devons renvoyer à ce mot. *Voyez* FIN.

BUTE, bailliage (*stewartry*) de l'Écosse méridionale, qui sur une superficie d'environ 577 kilomètres carrés compte une population de 18,000 habitants s'occupant d'agriculture, de pêche et de commerce. Il se compose des cinq îles *Arran*, *Bute*, *Inchmarnock*, la *Grande* et la *Petite Cumbrα*. Arran est la plus grande de toutes. L'île de Bute, qui donne son nom au bailliage tout entier, et n'a que 121 kilomètres carrés de superficie, est séparée par un étroit canal (*Kyles of Bute*) du comté d'Argyle, situé en face. Longue et étroite, elle est assez fertile à l'intérieur, quoique humide et un peu sablonneuse, et produit notamment beaucoup d'avoine et de pommes de terre. Le climat d'ailleurs en est sain et tempéré. On y voit encore les ruines d'un temple britannique, et elle a donné son nom à une branche de la famille des Stuarts, aux comtes de Bute. C'est du chef-lieu de cette île, *Rothsay*, ville de 5,500 âmes, pourvue d'un bon port, avec d'importants bains de mer, que le prince de Galles prend en même temps le titre de duc de Rothsay.

BUTE (JOHN STUART, comte DE), homme d'État anglais, né en 1713, en Écosse, d'une famille alliée aux anciens rois du pays, ne s'était encore occupé que fort peu de politique lorsqu'en 1737 il fut élu membre du parlement en remplacement d'un pair écossais décédé, et il combattit alors sans relâche, et souvent sans motif, les mesures des ministres, conduite qui n'était guère propre à lui servir de recommandation auprès du gouvernement; aussi lorsqu'en 1741 un nouveau parlement fut convoqué, il ne fut pas réélu. Vivement blessé de cet ostracisme politique, il s'en alla bouder le pouvoir dans ses terres jusqu'en 1745, époque où le débarquement en Écosse du prétendant Charles Édouard le détermina à se rendre à Londres à l'effet de s'y mettre à la disposition du gouvernement. Jouant un jour sur un théâtre de société où se trouvait le prince de Galles, il plut tellement à ce prince, que peu de temps après il lui était devenu tout à fait indispensable. Après la mort de son mari, arrivée en 1751, la veuve du prince de Galles le fit nommer chambellan de son fils, et, protégé par la mère contre toute espèce de contradicteurs, il dirigea presque seul l'éducation du jeune prince.

Lorsque à la mort de Georges II, arrivée le 25 octobre 1760, son petit-fils monta sur le trône, Bute fut nommé membre du conseil privé, et en 1761 ministre secrétaire d'État à la place de lord Holderness. Il choisit pour sous-secrétaire d'État Charles Jenkinson, qui devint plus tard lord Hawkesbury et comte de Liverpool. La démission de Legge, chancelier de la trésorerie, fut acceptée. Pitt (le grand Chatam), qui voyait ainsi son influence dans le nouveau conseil anéantie, donna sa démission la même année. Bute, investi de la confiance illimitée de son souverain, se trouva alors placé à la tête de l'État. Il ne tarda pas non plus à faire renvoyer du ministère le duc de New-Castle, le seul des membres de l'ancienne administration qui eût jusque alors conservé un département, et s'adjugea son portefeuille. Après de longues luttes parlementaires, il conclut la paix avec la France, en 1763. Ce traité et les faveurs de tous genres dont les tories étaient l'objet de sa part lui firent un grand nombre d'ennemis, qui l'attaquèrent avec le plus grand emportement dans des nuées de pamphlets. Son influence n'en était pas moins restée sans limites, lorsqu'au mois d'avril 1763, à la surprise générale, il donna sa démission. Georges Grenville lui succéda au ministère, mais il n'en continua pas moins à passer pour l'inspirateur secret de la politique du cabinet; et ce fut à lui qu'on attribua la conception de l'acte du timbre, qui devint le premier brandon de discorde entre la Grande-Bretagne et ses colonies de l'Amérique du Nord. Ce ne fut qu'après la mort de la princesse de Galles (1772) qu'il renonça complètement à la politique.

Les haines ardentes que Bute avait provoquées s'assoupirent peu à peu, de sorte qu'il vécut dès lors très-tranquillement dans ses terres et qu'il était presque complètement oublié quand il mourut, le 10 mars 1792. La botanique était son étude favorite. Il composa pour la reine d'Angleterre ses *Botanical Tables* (9 vol.), ouvrage du plus grand luxe typographique et d'une rareté extrême (il ne fut tiré qu'à seize exemplaires), contenant la description des différentes familles de plantes qu'on rencontre dans la Grande-Bretagne.

Bute avait plus de présomption que de capacité; les talents et les connaissances qui lui eussent été nécessaires pour de si hautes fonctions lui faisaient complètement défaut; et par ses fausses mesures il sema la discorde et le trouble dans la nation. Pendant toute la durée de son ministère il refusa constamment d'avoir à sa solde ce qu'on nomme si pittoresquement en France des *valets de plume*, tout en protégeant généreusement les savants et les écrivains, et dans la vie privée il était de la plus aimable simplicité.

BUT EN BLANC. Ces mots, qui devraient répondre aux termes italiens *punto in bianco*, marque noire sur du blanc ou point sur lequel on tire, ont chez nous un tout autre sens. Gaya employait déjà cette expression en 1670, non comme substantif, mais sous forme adverbiale. Les tireurs au blanc n'employaient cette locution que dans la phrase et sous l'orthographe de *bute en blanc*. Ils ont ainsi légué à la langue vulgaire le proverbe *aller de but en blanc* (*de bute en blanc* ou *de butte en blanc*). Ce proverbe, dont l'orthographe a perdu sa justesse primitive, ne veut pas dire, ou du moins ne voulait pas dire originairement agir inconsidérément, comme on le lit dans le *Dictionnaire de l'Académie*, mais il signifiait, au contraire, s'avancer franchement, brusquement, sans biaiser. Ce qui explique et justifie ce dernier sens, c'est qu'il y avait deux *butes*, celle d'où l'on tirait, celle vers laquelle on tirait. Le tireur, venant examiner son coup après avoir tiré, changeait alternativement la destination de l'une et de l'autre *bute*, parce qu'il y avait un blanc à chaque *bute*. On retrouve cet usage de la double *bute* en divers pays, dans toute la Flandre, dans les villages qui environnent Cambrai, villages où tous les dimanches on s'exerce au tir de l'arc. Ainsi, il y avait la *bute* où se plaçait le tireur, où il portait et établissait sa *buttière*, ou arquebuse, comme le démontre Furetière. « *Tirer de but en blanc*, dit-il, c'est le faire depuis le lieu où l'on est posté pour tirer, jusqu'à celui où l'on doit tirer, et où est attaché le blanc. »

Maintenant, les mots *but en blanc*, qui, suivant quelques auteurs, sont à peu près synonymes de l'expression *tir direct*, doivent être considérés, disent-ils, comme indiquant « la position horizontale du mousquet » ou autre arme faisant feu. Cette définition, peu satisfaisante et même fausse, est celle que donnent Carré et l'*Encyclopédie* de 1751. Le général Cotty, au contraire, dit que « les deux points où la ligne noire coupe la ligne de tir sont les deux buts en blancs. » Mais on pourrait dire aussi que ces points sont des rencontres balistiques et ne sont pas des buts. Le fusil d'infanterie, comme l'assure Lombard, a toutes les conditions du but en blanc : le général Cotty affirme, au contraire, qu'il n'y a pas de but en blanc pour les armes à feu portatives et à baïonnette. Les lignes de mire et de tir du fusil ne sont cependant pas parallèles entre elles; or c'est ce défaut de parallélisme qui constitue le but en blanc. Ce mot, qui au premier aperçu semblerait exprimer un but, une butte, où se rendent une trajectoire, un projectile, indique, au contraire, des intersections qu'effectue une courbe rencontrant une ligne droite, ou, en d'autres termes, des intersections par lesquelles un mobile ou une ligne de tir coupe une ligne droite ou une ligne de mire.

L'instruction du 9 mars 1831, relative au tir du fusil de rempart, comprend le *but en blanc* comme le point dont le tireur est à une distance telle que pour y atteindre il doit mettre en correspondance directe la visière et le point, tandis qu'à une distance plus grande il faudrait que proportionnellement la visée fût non pas directe avec ce point ou but, mais plus ou moins au-dessus; le calcul inverse répondrait à un tir plus rapproché. Le *but en blanc naturel* est la concordance de la visière ordinaire dans le blanc ou sur le point à atteindre; le *but en blanc artificiel* est la proportion de l'élévation de l'arme suivant un exhaussement combiné; ce but en blanc s'obtient avec *hausse* ou *visière mobile*; celle-ci étant relevée, le but est à 400 mètres, tandis que le but en blanc naturel du fusil de rempart est à 200 mètres. On sait qu'on a garni d'une visière les carabines des chasseurs de Vincennes.

L'intention des inventeurs du substantif *but en blanc* a été de différencier certaines lignes de trajection qui aboutissent par des moyens différents au terme que se propose le tireur. Dans le siècle dernier, la langue de l'artillerie a fait principalement emploi des mots *tir de but en blanc*, par opposition aux tirs à ricochet, à toute volée et de plein fouet. *Voyez* Tir.

Gal Bardin.

BUTER, vieux mot employé autrefois au propre, dans certains jeux, comme au billard et à la paume, pour dire *viser au but*, puis au figuré, d'abord dans le même sens, celui de se proposer quelque but, quelque fin, comme objet de ses travaux, de ses désirs, puis enfin pour désigner l'action d'une personne qui se montre d'un sentiment opposé, d'un avis contraire à celui d'une autre. Aujourd'hui encore ce mot s'entend, comme verbe réfléchi, de l'action d'une personne qui s'attache à un dessein avec persévérance, avec opiniâtreté. Comme verbe actif, il ne se dit guère qu'en agriculture et en architecture; dans le premier cas, pour exprimer l'action d'amonceler la terre en pyramide autour d'un jeune arbuste, d'une jeune tige, d'une plante délicate, afin de la soutenir contre les secousses du vent, ou pour couvrir une plante ou une herbe de fumier, afin de la garantir de la gelée, et dans le second cas, pour indiquer l'opération qui consiste à soutenir un mur, à empêcher la poussée d'une voûte ou l'écartement d'un mur au moyen d'un arc ou d'un pilier butant ou buttant. *Voyez* Buttée.

BUTIN. On a dit aussi *gaignage*, *gain*, *preie*, *proie*, *robe*, ou *robbe*. Le mot butin est emprunté de l'allemand *beute*, qui a la même signification. L'usage de *butiner* est vieux comme le monde. De temps immémorial presque toutes les milices grecques apportaient le butin en commun, et le partageaient méthodiquement : un tiers des prises revenait au général, les deux autres tiers étaient répartis dans toute l'armée au prorata de la paye. L'institution des despotats byzantins avait été une suite de ces règles ou de ces coutumes. Le butin est un bénéfice de guerre que le vainqueur s'attribue du droit de la force : tel fut le fondement de la fortune de Clovis et de ses leudes. Le butin était l'indemnité et l'appât de nos armées primitives, et il ne paraît pas qu'elles eussent d'abord d'autre solde. Grégoire de Tours, qui ne dit rien de la solde, entre dans de grands détails sur les formes observées par les Franks dans le partage du butin. La féodalité a vécu de butin; elle l'appelait techniquement *proie* et *gagnage* ou *gaignage*, signifiant lucre ou profit. Dans les temps de barbarie le butin n'a rien que de naturel; la philosophie commode des anciens et l'esprit de rapine des chevaliers du moyen âge se conciliaient fort bien avec ce honteux profit; c'était surtout pour entreposer le butin qu'on s'incastelait, qu'on construisait des recets (*receptacula*), qu'on élevait des forteresses. Depuis l'institution d'une armée régulière, le roi, le connétable, les grands maîtres de l'artillerie, s'appropriaient un genre de butin dont la prise et la possession étaient devenues un article de loi. La cavalerie irrégulière n'avait d'autre solde que le butin. Notre philosophie, plus éclairée, réprouve ce véhicule de la bravoure des anciens siècles; l'honneur et la gloire l'interdisent. Ces nobles passions, il est vrai, ne sauraient animer tous les hommes de guerre, ni être influentes dans tous les temps et dans tous les pays; vouloir la guerre sans butin, c'est ne connaître ni la guerre ni les soldats; tolérer le butin sans oser en régulariser la distribution par un acte de jurisprudence, c'est donner ses mains au pillage : on peut proscrire le maraudage; on ne peut extirper le goût du butin.

On a perdu la trace des coutumes que nos ancêtres observaient dans le partage du butin : car un genre de solde suppose un système de distribution. On ne retrouve sur ce sujet que l'ordonnance de 1306. Dans ses dispositions vagues, elle décerne au roi l'or et les prisonniers, et donne au connétable le surplus du butin. Pasquier cite un édit de Jean relatif à la gabelle et au partage des prises de guerre; il y est interdit au connétable, aux amiraux, aux maîtres des arbalétriers, d'exiger leur part de butin, s'ils n'ont assisté aux actions dont cet acquêt a été le fruit. On pourrait conjecturer, à la lecture de Philippe de Clèves, qui écrivait en 1520, qu'il était alors d'usage que le maréchal de France s'attribuât le dixième du butin. Depuis ces époques, rien n'a été réglé à l'égard du butin; on sentait cependant le besoin de quelques principes dans les siècles passés : ainsi Bonnor, en 1481, discute, en son chapitre 71, comment *se doivent partir les choses gaignées en bataille*. Dans les armées dépourvues d'institutions et auxquelles la routine tient lieu d'art militaire, le butin est le mobile du soldat, comme au temps des guerres privées il était le mobile des expéditions des seigneurs. En certaines armées qui se croient bien perfectionnées, *butin* est une expression si invétérée dans le langage de l'homme de troupe, que cet homme comprend sous cette dénomination sa légitime raème, et nomme *butin* son havresac, ne s'inquiétant guère si les dictionnaires et la philanthropie ne regardent le butin que comme une prise de guerre et comme un droit de sauvages.

Il existe au dépôt de la guerre une copie d'un règlement de 1638, sans autre date ; il concerne surtout la cavalerie ; et est intitulé : *Règlement concernant le partage des butins*. Il donne à un colonel quinze parts, à un capitaine commandant un parti quinze parts, à un capitaine servant en sous-ordre dans un parti douze parts, au lieutenant six parts ; il ne donne au soldat d'infanterie que la moitié de ce qui est accordé aux dragons. Mais ces vieux souvenirs se sont entièrement effacés. Notre méticuleuse législation évite de se prononcer à cet égard ; elle s'occupe pourtant d'un butin fort peu chrétien, que l'artillerie et le génie ont le droit de s'approprier : nous voulons parler des cloches de forteresses. Sauf cette disposition, où le mot butin est sous-entendu s'il n'est pas prononcé, on ne trouve sur cette matière que des oui-dire ou des usages. Ainsi, Philippe de Clèves conseille, en 1520, à chaque capitaine de créer un butinier ; ainsi Billon dit en parlant du capitaine : « Qu'il prenne sa part des butins, sans les accoutumer (les ennemis) à avoir du sien. » Une ordonnance du 30 juin 1648 veut que, dans le partage des butins faits par les partis, la cavalerie ait deux parts et l'infanterie une. C'est à peu près tout ce qu'il y a de positif et de légal sur cette matière. Cependant la marine partage régulièrement les prises qu'elle fait ; mille règlements pèsent sur les cas qui s'y rapportent. Si les prises sont interdites à nos soldats, n'en faites pas un privilège pour nos marins. Si vous légitimez sur mer cet usage, que votre code l'institue sur terre. Le butin, non pas celui qui vient de la spoliation des peuples et du sac des villes, mais le butin du champ de bataille est une dépouille permise ; c'est le gain qui doit s'apporter en commun et faire masse, pour être, sous la présidence des chefs, l'objet d'une répartition régulière. Il se compose des armes abandonnées ou enlevées des magasins de l'ennemi, du son trésor, de son matériel d'artillerie, de ce qu'on trouve sur les morts : un compte fidèle en doit être rendu à tous les victorieux ; un partage exact doit leur en être fait ; une rémunération même, aux frais du trésor public, doit leur être allouée en payement des objets de butin qui ne peuvent tourner qu'au profit de la gloire de l'armée ou à l'avantage des arsenaux du gouvernement. Ainsi, chez des peuples voisins, on tarife, en bonne guerre, les prises de terre ; les soldats qui s'emparent d'un canon, d'un cheval, d'un drapeau, ont droit à une somme fixe, qui leur est religieusement comptée. Telle est la règle dans la milice anglaise.

Mais à côté de ce principe il règne dans l'armée de la Grande-Bretagne un énorme abus : il est alloué au colonel cent cinquante parts et au feld-maréchal deux mille ; ce partage est à la fois, comme le démontre M. Ch. Dupin, et trop favorable aux officiers et trop onéreux à l'État. Dans un mémoire adressé au lord Wellington il est fait état de toutes les propriétés publiques mobilières dont l'armée anglaise pourrait revendiquer la valeur, puisqu'elle s'en est emparée en Espagne et en France. Le montant de cette réclamation s'élevait à plus d'un million sterling ; et le budget de la Grande-Bretagne de 1823 témoigne qu'en effet 25,200,000 francs furent soldés pour cette cause à l'armée, au moyen d'un prélèvement sur les 127 millions que la France dut payer pour indemnités à l'Angleterre. Chacun sait tout ce que le duc de Wellington reçut pour récompense ; mais nous ne pensons pas que les soldats de son armée aient en autant à se louer du partage de nos dépouilles.

Des règlements français ont osé regarder comme licites le dépouillement et le pillage, puisqu'ils ont donné les mains à ce que des généraux en exigeassent le rachat : avoir mentionné une telle exception, c'est avoir tacitement reconnu que l'action de prendre est licite. Cet aveu est consigné dans le règlement de service de 1768, qui assignait aux partisans le prix de leur brigandage légal. N'eût-il pas mieux valu puiser dans l'antiquité même nos exemples ? Les Romains se partageaient scrupuleusement le butin, comme on le voit dans le récit que Polybe fait de la prise de Carthagène : ils avaient dans le camp, ainsi que le dit Hygin, un entrepôt où s'amassait le butin, que leur répartissait le questeur. Contents de leurs parts, qui s'appelaient *pecunia manubialis*, les manubiaires (*manubiares*) respectaient dans leurs camps les arbres chargés de fruits. Louis IX et Duguesclin apportèrent une attention scrupuleuse aux distributions du butin. Gustave-Adolphe et Charles XII firent de la répartition du butin une des merveilles de leur discipline. A leur exemple, Eugène, après la bataille de Belgrade, en 1717, ne se réserva que la tente du grand-visir, et abandonna le reste du *butin* à un pillage méthodique fait par détachements et les officiers en tête. Daniel, Deville, Maizeroy, fournissent quantité de citations relatives au butin, et l'*Encyclopédie* retrace dans de longues pages les règles et les exemples de partage de butin depuis Moïse jusqu'à César. Voici quelques lignes profondes et éloquentes qui appartiennent aux encyclopédistes : « Ce qui est pris sur un champ de bataille ou dans une ville emportée d'assaut appartient à qui le prend, par conséquent au plus avide et au plus féroce. C'est un véritable pillage ; les brigands se partagent leur proie. Nous sommes en ce point plus avant qu'eux dans la barbarie. Cet usage introduit par l'indiscipline cause de grands maux : il engage le soldat à se débander pour piller, et le rend avide et cruel ; la moindre résistance à sa cupidité l'irrite et le porte au meurtre ; il cherche à s'assurer la possession qu'il désire, en tuant les habitants dans une ville et les blessés sur le champ de bataille. On éviterait toutes ces horreurs en instituant le partage du butin comme il l'était chez les anciens : tous les soldats seraient animés par cette espérance, et les seuls avantages que peut leur donner la victoire ne seraient point abandonnés aux plus méchants, aux plus avides, aux plus lâches, aux plus indignes d'en jouir. » Lessac, animé du même esprit, a dit, en parlant de la conduite des Romains, « qu'elle valait mieux que l'usage de ces contributions obscures, de ces traités clandestins, par lesquels un général ou quelques commandants particuliers enlèvent et gardent pour eux seuls les richesses de l'ennemi. »   Gal BARDIN.

BUTLER (SAMUEL), né en 1612, à Strensham, dans le comté de Worcester, en Angleterre, est l'auteur d'un poëme satirique et burlesque contre les puritains, intitulé *Hudibras*. Sa famille était d'une condition si humble, qu'on sait peu de chose sur ses relations de parenté et sur sa jeunesse. D'abord clerc d'un juge de paix, puis attaché en la même qualité à l'intendant d'une noble dame, le début de Butler dans la vie promettait peu pour son avenir. Mais il se trouva que l'intendant qu'il servit était le célèbre Selden, chargé alors de l'administration des biens de la duchesse de Kent ; et Selden ne donnait pas moins de temps à sa bibliothèque, à l'étude, qu'à l'apuration de ses comptes. Butler profita de cette bonne fortune, et, malgré l'infériorité de sa position, ne se trouva pas à une mauvaise école. Les troubles de l'époque arrachèrent Butler de cette retraite, qu'il échangea contre une position à peu près semblable, mais au service d'un personnage bien différent. C'était un certain sir Samuel Luke, vieux républicain, officier dévot des armées de Cromwell. Quelques qualités du cœur qu'il possédât, toujours avait-il peu d'amabilité dans le caractère ; aussi était-il difficile de voir un hôte et un maître moins convenable à un poète comme d'aller que ce rigide puritain, qui considérait toute science comme inutile et profane, et qui regardait la poésie en particulier comme une abomination. Butler dut d'autant plus facilement prendre sa nouvelle situation en aversion, qu'il était habitué à la société et à l'amitié de Selden. Tout porte donc à croire que le génie satirique et l'humeur caustique de Butler furent développés par les relations désagréables qu'il eut avec la famille de sir Samuel Luke.

La restauration des Stuarts, en 1660, le fit sortir de son humble condition : il fut nommé secrétaire de lord Carbury, président de la principauté de Galles, qui lui confia les fonctions d'intendant du château de Ludlow. Il épousa alors une veuve qui possédait une petite propriété, suffisante cependant pour nourrir le poète quand il était sans place et sans travail. Ce fut là le temps de prospérité de la vie de Butler, et ce fut alors aussi que son génie se développa. Il y eut cette différence remarquable entre la Restauration anglaise de 1660 et la Restauration française de 1814, que les royalistes et les nobles ramenés au pouvoir par la première purent s'emparer du sceptre du ridicule comme de celui de l'administration. Les émigrés français, au contraire, malgré leur ascendant à la cour et dans le sein de la législature, ne purent jamais mettre les rieurs de leur côté. Le génie du ridicule combattit toujours avec l'opposition, et ses traits acérés ne contribuèrent pas peu à la chute de la dynastie des Bourbons. Les Stuarts eurent la partie plus belle : non-seulement ils purent frapper leurs ennemis de proscriptions et de disgrâces, mais ils eurent encore l'avantage de couvrir les puritains de ridicule. Butler fut le grand instrument de la vengeance et du triomphe des royalistes. Il ne se trouva pas plus tôt au service d'un royaliste *restauré*, que son génie pour la satire se donna carrière.

D'abord il s'appliqua à imiter et à travestir le débit lourd et emphatique des célèbres prédicateurs puritains. On trouve deux exemples de cette ironique imitation dans ses œuvres posthumes. Mais il méditait une vengeance bien autrement durable. Il se mit à composer un poème héroï-comique, dont son ancien patron, sir Samuel Luke, devint le héros sous le nom d'*Hudibras*. C'était une satire complète de la république anglaise, qui y était attaquée par son côté faible; le fanatisme religieux. Hudibras, le héros, représente les puritains. Il est dépeint comme un juge de comté, qui s'en va, semblable à un autre Don-Quichotte, à la recherche des abus qui offensent la piété ou scandent la superstition catholique. Il est accompagné d'un écuyer, nommé Ralph, de la secte des indépendants, de cette secte la plus populaire du presbytérianisme, qui, malgré les sarcasmes de Butler, a eu l'honneur de proclamer la première les grands principes de la tolérance universelle. Rien assurément de plus injuste que la satire de Butler; aussi Johnson, quoique zélé tory, blâme sa partialité. Après avoir remarqué que Cervantès, tout en rendant Don Quichotte ridicule, en fait un homme qu'on peut, qu'on doit même aimer et honorer, il regrette que Butler n'ait pas été aussi généreux à l'égard de son héros puritain, dont la vérité historique ne lui commandait nullement de faire un lâche. « Si l'on considère Hudibras comme le type des presbytériens, il est difficile de dire pourquoi ses armes sont représentées comme inutiles et ridicules. En effet, quelque jugement que l'on porte de leur savoir et de leurs opinions, toujours est-il que l'expérience a démontré que l'épée de ces enthousiastes n'était pas à mépriser. »

Voltaire prenait grand plaisir à la lecture d'*Hudibras*; il a fait un vif éloge de ce poème, bien propre du reste à plaire à l'ennemi né de tous les genres de fanatisme, à l'homme qui maniait lui-même avec tant d'habileté l'arme du ridicule. La verve comique de Butler l'avait tellement séduit qu'il essaya de traduire *Hudibras* en vers. Il en traduisit effectivement un chant, mais comme un poète en traduit un autre.

Il existe une traduction complète en vers français du poème d'*Hudibras*; mais l'auteur, Townlay, avait le désavantage d'écrire dans une langue qui n'était pas la sienne. Pour lire *Hudibras* dans l'original, il faut une connaissance profonde de l'anglais, et même de l'anglais vulgaire, si l'on veut comprendre un genre d'esprit qui doit une bonne partie de son sel à des mots vides de sens et à des rimes doubles. Johnson lui-même se plaignait de ce que son temps la gaieté d'*Hudibras* avait vieilli, et qu'elle était difficile à comprendre; difficulté qui depuis s'est encore accrue. En un mot, on ne saurait mieux caractériser Butler qu'en le comparant à Rabelais.

A l'exception de sa pauvreté et de l'abandon dans lequel le laissa le parti qu'il avait si bien servi, on ne sait presque rien sur les dernières années de sa vie. *Hudibras* fut publié en 1663, et fut connu même à la cour; ses couplets étaient familiers au roi et à ses joyeux amis, qui tous avaient promis de récompenser le poète. Charles lui-même, le duc de Buckingham et lord Clarendon se disputèrent l'honneur d'être le patron de Butler; mais ils différèrent l'exécution de leurs bienveillantes intentions jusqu'à ce qu'il eut succombé victime du besoin et de l'abandon. Il mourut en 1680. Sa mort ne réveilla pas le désir d'une tardive justice dans cette cour dissipée. Une souscription ouverte pour l'inhumer à Westminster ne produisit pas de fonds; et un ami fut ensevelir à ses frais les restes du poète dans Covent-Garden.

CROWE, de Londres.

BUTO. *Voyez* BOUTO.

BUTOME, genre de plantes de la famille des alismacées. Il renferme une jolie plante aquatique de France, propre à orner le bord des eaux et les bassins, le *butomus umbellatus*, ou *jonc fleuri*, dont les feuilles sont droites et graminées, les tiges nues, de la hauteur d'un mètre, couronnées en juillet par une ombelle d'une vingtaine de fleurs assez grandes, roses et veinées de rouge, dont chacune a neuf étamines, six ovaires et six styles, d'un bel effet et durant longtemps. Il en existe une variété à feuilles panachées.

BUTOR. C'est le nom d'un genre d'oiseaux qui ne manquent nullement de l'intelligence instinctive appropriée à leurs besoins. S'il est prudent et sage de cacher sa vie pour en goûter les douceurs avec plus de sûreté, les butors donnent à l'homme l'exemple de cette sorte de sagesse. Habitants des marais, ils vivent solitaires, invisibles au milieu des roseaux, où ils savent se mettre à l'abri de la pluie, du vent et des chasseurs, attendant paisiblement dans cette retraite qu'une proie vienne s'offrir à eux, et se contentant de ce que le hasard leur envoie. Lorsqu'ils se décident à changer de demeure, c'est le soir qu'ils prennent leur essor, et s'élèvent très-haut.

Les butors forment une section du genre *héron*. Le *butor vulgaire* ou *héron grand butor* (*ardea stellaris*, Linné) a le bec verdâtre, d'une ouverture très-large, fendu jusqu'au delà des yeux. L'ouverture de l'oreille est grande, la langue courte, et la gorge peut se dilater assez pour que l'on y mette le poing. Les pieds sont longs, de la couleur du bec, et armés d'ongles aigus. La longueur de cet oiseau est d'environ un mètre depuis l'extrémité du bec jusqu'à celle des ongles. Ce butor est très-remarquable, par le bruit ou cri singulier qu'il fait entendre matin et soir, depuis l'époque où les rigueurs de l'hiver sont adoucies jusqu'au milieu de l'été, pendant six mois plus tard. C'est de ce cri que l'on a formé le nom latin de cet oiseau (*botaurus*), et par des altérations successives, le nom qu'il porte en France. Il imite le mugissement du taureau, *boatum tauri*. Ce mugissement est *si gros*, dit un ancien ornithologiste, *qu'il n'y a bœuf qui pût crier si haut*. On peut l'entendre à une demi-lieue. Pour donner une idée de son intensité, on l'a comparé à *l'explosion d'un fusil d'un gros calibre*. Par une autre comparaison, les Italiens ont nommé cet oiseau *trombotto*, *trombone*.

Dans cette espèce d'oiseaux, les femelles sont en plus grand nombre que les mâles. Elles accourent de loin au cri d'appel, et quelquefois le sérail d'un seul mâle réunit une douzaine de maîtresses. L'amour devient alors une cause de guerres et de combats à outrance. Les mâles sont plus grands et plus beaux que les femelles; leurs couleurs sont plus vives, et les plumes de la poitrine et du cou sont plus longues. Les temps de la ponte, de l'incubation, de la nourriture des petits sont à peu près de deux mois, pendant lesquels le père ne se sépare point de la mère, et partage constamment ses travaux. Lorsque la couvée a pris l'essor, les liens de famille sont dissous, et chaque membre vit isolé. Cependant, l'hiver force d'autres réunions : lorsque les marais sont gelés, il faut bien que ses habitants se réfugient en des lieux qui leur offrent quelque nourriture; mais ces asiles ne conviendraient point aux butors s'il n'y avait point de roseaux. On les y trouve alors par douzaines dans un espace assez resserré.

Le butor vit principalement de grenouilles, de poissons et d'autres animaux aquatiques. Chasseur patient, il reste très-longtemps à l'affût, immobile, mais attentif. Ses longs pieds sont mal conformés pour la marche, et cette manière de se mouvoir paraît lui coûter de pénibles efforts, car il avance lentement et de fort mauvaise grâce. Mais s'agit-il de se défendre, de secourir sa femelle ou ses petits, il montre, au contraire, une impétuosité qui étonne l'assaillant; son bec est lancé avec la rapidité d'une flèche, et pénètre dans les chairs; ses ongles déchirent : le chasseur est quelquefois blessé cruellement, et ne peut se débarrasser de son adversaire qu'en l'assommant. La chair du butor est assez bonne à manger, pourvu qu'on la dépouille de la peau, qui est fortement imprégnée d'huile de poisson rancie.

Les autres espèces du genre *butor* sont étrangères à l'Europe; ce sont : 1° le *butor jaune* (*ardea flava*), qui a environ 0^m,91 de longueur et habite le Brésil; 2° le *butor mokoho* ou *butor de la baie d'Hudson* (*ardea mokoho*), dont la taille est de 0^m,64, habitant le nord de l'Amérique pendant l'été, et descendant l'hiver jusqu'à la Louisiane; 3° le *butor du Sénégal* (*ardea senegalensis*), encore appelé *crabier blanc et brun* ou *héron à manteau brun*. Ce dernier est le plus petit; il n'a pas plus de 0^m,32 de longueur, depuis le bout du bec jusqu'à l'extrémité des ongles.   FERRY.

BUTOR. Ce mot, comme terme d'insulte, de mépris ou de reproche, a bien à peu près la même signification que le mot *buse*, dont il est presque synonyme, mais il s'applique également au physique et au moral, et caractérise pas moins le cri et la démarche pesante, embarrassée de l'oiseau de ce nom, que la maladroite et grossière stupidité des individus des deux sexes à qui l'on donne cette épithète insultante; car on l'a féminisée aussi d'après Molière : *Voyez cette maladroite, cette bourrique, cette butorde*, crie à sa servante la comtesse d'Escarbagnas. Ainsi, l'on dit d'un homme qui fait plus de balourdises qu'il n'en profère, qui est plus maladroit qu'imbécile : *C'est un butor*; et d'un lourdaud qui vient se jeter bêtement sur les passants : *Peste soit du gros butor !* Ainsi, *buse* exprime mieux la stupidité morale, et *butor* la stupidité physique. Pour caractériser ces deux sortes d'idiots que parmi nos anciens rôles de boulevard, nous comparerons volontiers le premier à *Janot* et le second au *Jocrisse*. Au reste, les mots *buse* et *butor* sont employés depuis longtemps au figuré. L'on les trouve dans le *Dictionnaire du Vieux Langage français*, aux mots *Busas* et *Butau*, pris dans cette acception.

BUTTE. C'est, dans son acception la plus générale, une élévation de terre, qui a pu servir de *but* (*meta terrea*), comme la butte des archers, la butte des arbalétriers, la butte des arquebusiers. De là aussi le nom de *roi des buttes* donné au roi des arbalétriers ou des arquebusiers, c'est-à-dire à celui qui avait remporté le prix dans ces sortes de jeux ou d'exercices.

Du sens propre ce mot a passé au sens figuré, dans l'acception de son radical *but*, et l'on se sert très-fréquemment des expressions *être en butte* à l'envie, à la médisance, à la satire, à la vengeance, pour dire : être exposé aux traits de l'envie, de la médisance et de la satire, et aux entreprises de la vengeance.

On donne aussi le nom de *buttes* à certains monticules naturels, comme les buttes Montmartre, les buttes Saint-Chaumont, etc. Les différentes buttes qui se trouvent dans l'intérieur de Paris proviennent de l'usage fort ancien qu'on avait d'entasser sur différents points les immondices et les gravois. Ces amas d'abord placés à l'extérieur des murs se trouvèrent plus tard en dedans lorsque ces murs furent portés plus loin; on les nommait aussi *Mottes* ou *Monceaux*. Sur la rive droite de la Seine on trouvait le *Monceau Saint-Gervais*, la *butte de Bonnes-Nouvelles* ou de *Villeneuve-de-Gravois*, la *butte Saint-Roch* ou *des Moulins*, celle du rempart Saint-Denis, etc.; dans la cité, la *Motte aux Papelards*, ou *le Terrain* qui appartenait aux chanoines de Notre-Dame; sur la rive gauche, il y en avait une sur l'emplacement actuel de la rue Mazarine, le long du fossé de Nesles, et une autre en face de la Charité, près de la rue Saint-Guillaume; la *butte des Copeaux* existe encore en son entier; elle a été plantée en arbres verts, dessinée en labyrinthe, et elle fait partie du Jardin des Plantes.

BUTTÉE. Une butte étant ordinairement pyramidale, cette forme, qui est la plus solide, a fait donner le nom de *buttée* à toutes les parties d'un édifice qui ont un effort latéral à soutenir. Ainsi, dans toutes sortes de constructions il se fait deux genres d'efforts : l'un vertical ou d'aplomb, qui exige des fondements solides, et l'autre latéral, auquel il faut opposer des buttées suffisantes. Un édifice quelconque, en bois ou en pierre, non voûté, est capable d'éprouver des efforts latéraux; un massif même a besoin d'être fortifié par un talus. On forme des buttées avec des massifs de maçonnerie, des contre-forts, des arcs ou piliers buttants, des talus, des chaînes de fer, etc. Les étaiements sont des buttées provisionnelles, qu'on est souvent obligé d'opposer aux efforts latéraux d'un édifice qui menace ruine. Un édifice construit selon toutes les règles de l'art, qui n'aurait ni voûtes ni autres constructions capables de produire des efforts latéraux, peut encore avoir quelquefois besoin de buttées, pour obvier au tassement inégal du sol, des matériaux et des constructions. En général, le moindre déplacement du centre de gravité d'un édifice, occasionné par un effort quelconque, produit un effort latéral qui exige une buttée, dont la forme et les dimensions dépendent des efforts qu'elle doit soutenir. *Butter*, c'est opposer une buttée aux efforts latéraux d'une partie d'édifice.

BUTTIÈRE. *Voyez* CARABINE.

BUTTMANN (PHILIPPE-CHARLES), l'un des plus remarquables philologues des temps modernes, né à Francfort-sur-le-Mein, le 5 octobre 1764, fit ses études à Goettingue. En 1789 il obtint à Berlin une place d'employé auxiliaire à la Bibliothèque royale, dont il fut nommé secrétaire en 1796, et en 1800 il fut appelé à occuper une chaire au gymnase de Joachimsthal ; mais il y renonça en 1808 pour se consacrer exclusivement à la Bibliothèque, dont il devint conservateur en 1811. Pendant neuf années, à partir de 1803, ce fut lui qui rédigea la *Gazette de Haud et Spener*. En 1824 il éprouva différents accidents apoplectiques, et alors sa santé alla toujours en s'affaiblissant jusqu'à sa mort, arrivée le 21 juin 1829. A une érudition immense il joignait la sagacité, la clarté et la concision d'exposition dont a besoin le philologue qui veut mettre ses leçons à la portée de la grande masse des lecteurs. Ses ouvrages sont suivis dans toutes les écoles qui ne sont pas demeurées étrangères aux progrès que l'enseignement des langues anciennes a faits dans ces derniers temps. La première édition de sa *Grammaire Grecque* parut à Berlin en 1792. La dix-huitième édition, donnée par son fils, *Alexandre* BUTTMANN, est de 1849. Cet ouvrage, et l'abrégé qui en a été fait à l'usage des écoles, doivent leur immense succès d'abord à ce que l'auteur, ne quittant jamais les voies historiques, a recueilli les divers éléments de la langue comme autant de monuments bien conservés et portant leur date avec eux ; ensuite, à ce qu'il s'est efforcé de mettre dans le trésor ainsi amassé l'ordre et l'unité que donne la méthode philosophique. Ce que les proportions d'un livre destiné aux écoles l'empêchaient de faire entrer dans cette grammaire, il l'a déposé en partie dans deux autres ouvrages, qu'on peut considérer comme des recueils d'éclaircissements. Le premier a pour titre *Lexilogus, ou Secours pour l'explication d'un certain nombre de mots grecs, surtout d'Homère et d'Hésiode* (Berlin, 1818); le second est la *Grammaire Grecque détaillée* (Berlin, 1819-1825 ; 2ᵉ édit., revue par Lobeck, 1839).

On trouve les mêmes qualités dans ses éditions des *Dialogi quatuor* de Platon (4ᵉ édit., Berlin, 1822), de l'*Oratio in Midiam* de Démosthène (1823), et des *Phænomena et Diosemia* d'Aratus (1826). Il acheva en outre l'édition de Quintilien restée interrompue par suite de la mort de Spalding, ainsi qu'une réimpression, considérablement augmentée et corrigée, des *Scolies de l'Odyssée* découvertes par Mai (Berlin, 1826). Buttmann est aussi l'auteur de quelques-unes des plus savantes dissertations du *Museum Archéologie*, et du *Museum Antiquitatis* de Wolf. Il a réuni lui-même sous le titre de *Mythologus ou Dissertations sur les traditions de l'antiquité* (2 vol., Berlin, 1828) ses Mémoires à l'Académie des Sciences sur différentes questions d'archéologie.

BUTURLIN. *Voyez* BOUTOURLINE.

BUTYRIQUE (Acide). Découvert par M. Chevreul dans le beurre, dont il est le principe odorant, cet acide forme avec les alcalis des sels qui ont une forte odeur de beurre rance. Sa densité est 0,976 à 25°. Il bout au-dessus de 100°, absorbe l'oxygène de l'air en se résinifiant partiellement, et brûle avec une flamme fuligineuse.

BUVETTE. Ce mot est synonyme de *buffet*, et signifiait dans l'origine un cabaret, une taverne où l'on se rafraîchit. Le palais de justice dans chaque ville avait autrefois sa buvette, témoin ce vers de Racine :

Elle eût du *buvetier* emporté les serviettes,
Plutôt que de rentrer au logis les mains nettes.

Ces sortes d'établissements étaient généralement tenus par les concierges et portiers. C'est là que les Hortensius et les Cicérons de chaque barreau trouvaient les rafraîchissements nécessaires pour réparer leurs forces, épuisées par des luttes où d'ordinaire la victoire restait à celui qui parlait le plus longtemps et le plus véhémentement. C'est là aussi que pendant longtemps ils déposèrent cette toge sans laquelle ils ne pouvaient plaider à l'audience, et que leur garde complaisamment aujourd'hui, à Paris, le costumier honoré du titre officiel de fournisseur de l'Ordre.

Il y a longtemps que la *Buvette* a disparu du temple de Thémis à Paris ; c'est une source de profits de moins pour les portiers. Cependant l'usage s'est conservé, entre avocats et gens de palais, de désigner sous le nom de *buvette* le café le plus voisin, où plaideurs et plaidants peuvent déjeûner entre deux audiences.

Quant à la buvette de nos assemblées législatives son origine est bien récente ; elle a pris naissance dans les temps orageux de la révolution de Juillet. Les séances se prolongeaient alors extrêmement, les commissions travaillaient nuit et jour sans désemparer ; on reconnut la nécessité d'assurer dans l'intérieur du palais des aliments confortables aux laborieux représentants. Sous la Restauration les députés n'avaient à leur disposition que quelques carafes d'eau sucrée, destinées à humecter le gosier des orateurs altérés lorsqu'ils étaient à la tribune ; c'était le privilége exclusif de l'éloquence, et les membres qui se bornaient à interrompre ou à parler de leur place n'avaient droit à aucun rafraîchissement. M. Tanski nous a dépeint la buvette de la chambre des députés sous le règne de Louis-Philippe ; c'était une petite chambre de six mètres de longueur sur cinq de profondeur, coupée en deux parties par une table. D'un côté se tenaient les gens en livrée de la chambre, ayant à leur droite des armoires pleines de rafraîchissements et de comestibles nécessaires aux collations des honorables membres ; de l'autre côté étaient de petites tables rondes en marbre, autour desquelles se groupaient debout les députés, pour éviter tout encombrement. Les députés trouvaient à la buvette, aux frais du budget particulier de la chambre, des sirops de diverses espèces, un bouillon consommé, du lait naturel et des petits pains appétissants. Le buffet tenait en outre en réserve quelques bouteilles de vin de Bourgogne et de Bordeaux ; mais il n'y avait qu'un petit nombre de membres de la chambre, obligés de suivre un régime fortifiant, qui en usassent. La buvette de la chambre des pairs offrait aux nobles membres un ordinaire beaucoup plus confortable ; il consistait surtout en volaille froide, pâté de foie gras et vins fins. Après la révolution de Février la buvette de l'Assemblée nationale prit une singulière extension, et devint un véritable restaurant, où les citoyens représentants ne se faisaient pas faute de déjeûner et de dîner aux frais de la République ; l'abus devint même si grand, que nos législateurs se virent forcés, pour contenir l'indélicat appétit de plusieurs de leurs collègues, de supprimer le crédit ouvert à la buvette, et de la transformer en un établissement libre, où chacun put dès lors se faire servir à sa guise en payant sa consommation. Le croirait-on ? Cette mesure, toute de conciliation, eut aussitôt pour effet de diminuer prodigieusement le débit de la buvette. Qu'est-ce devenue aujourd'hui ? Ce n'est probablement qu'une ombre, qu'un souvenir effacé de ce qu'elle fut jadis, soit aux beaux jours de 1848, soit sous le règne du dernier roi. Les membres du corps législatif dépensant incomparablement moins de forces en discussions et en joutes oratoires doivent consommer incomparablement moins.

BUVEUR, celui qui boit, qui est accoutumé à boire, qui est enclin à la boisson. Ce penchant est plus ou moins grand chez tel ou tel homme, chez telle ou telle nation, suivant le besoin, le climat, et souvent aussi l'habitude. Les peuples septentrionaux, par exemple, passent pour de grands buveurs, et l'on conçoit que les rigueurs de leur climat peuvent exciter chez eux plus que chez d'autres le besoin des liqueurs fortes et alcooliques ; mais dans les climats chauds la soif se fait sentir avec plus d'intensité, rend et veut être apaisée plus souvent.

Les anciens Perses avaient en grande estime ceux qui pouvaient bien porter le vin. Le jeune Cyrus s'attribuait cet avantage comme une qualité qui devait le rendre plus digne du sceptre que son aîné Artaxercès. Il écrivit aux Lacédémoniens, dont il réclamait l'assistance, une lettre dans laquelle il leur disait naïvement : « J'ai plus de cœur que lui ; je suis meilleur philosophe ; j'entends mieux la magie ; je bois et je porte mieux le vin. » Darius, dans son épithaphe, se vante d'avoir été grand buveur. « Je pouvais boire beaucoup de vin et porter bien cette charge. » C'est ainsi que les goûts des peuples sont différents. « On ne peut nier, dit Bayle, que, physiquement parlant, ce ne soit une bonne qualité que celle dont Darius se glorifiait ; car enfin c'est une force, c'est une puissance, c'est l'effet d'un tempérament robuste ; mais outre que c'est une qualité qui entraîne presque toujours un déréglement moral, je ne vois pas que l'on doive faire plus de cas de la faculté de bien boire que de celle de manger beaucoup. Or il est certain que l'on sent je ne sais quelle aversion naturelle pour les grands mangeurs. Démosthène avait donc bonne grâce lorsqu'il disait à ceux qui donnaient à Philippe, roi de Macédoine, la louange de boire beaucoup : *Ce n'est pas là une qualité royale, c'est celle d'une éponge.* »

Un plaisant prétendait reconnaître à l'apparence ce qu'un homme buvait : le buveur d'eau à sa sécheresse, le buveur de lait à son teint blême, le buveur d'eau-de-vie à son hébétement, le buveur de thé à son ennui, le buveur de cidre à son air querelleur, le buveur de bière à sa graisse, le buveur de café à son illuminisme, le buveur de vin à sa gaîté. Ce qu'il y a de certain, c'est que l'eau ne semble pas une boisson suffisante pour l'homme qui travaille. Laissons donc quelque professeur d'hygiène faire l'éloge de l'eau en chaire sinon à table; le poète ne consent à la chanter que parce qu'elle est utile à la vigne. D'ailleurs, la sagesse des nations aurait-elle tort de qualifier de *buveur d'eau* l'homme sans force et sans vigueur. Horace a dit que les *buveurs d'eau* ne faisaient jamais que de méchants vers, et un chansonnier du commencement de ce siècle, Armand Gouffé, dans une boutade pleine d'esprit, prétend que

Tous les méchants sont *buveurs d'eau*,

ce qui, dit-il,

Est bien prouvé par le déluge.

N'oublions pas d'ajouter qu'en appel'e, en anatomie, le muscle *adducteur* de l'œil, *muscle buveur*, parce que, servant à faire mouvoir l'œil du côté du nez, il reproduit un mouvement qui s'accomplit d'ordinaire quand on boit.

BUXHOEWDEN (Frédéric-Guillaume, comte de), général russe, né d'une famille livonienne, le 14 septembre 1750, dans l'île de Moon, voisine de celle d'Œsel, à Magnusdal, terre que son père possédait à titre de fermier de la couronne, fut élevé à l'école militaire de Saint-Pétersbourg, et fit dès 1769 la campagne contre les Turcs. Pendant les années 1774 et 1775 il accompagna le comte Orloff dans un voyage en Italie et en Allemagne. Cependant ce ne fut qu'en 1777, et grâce à son mariage avec une très-grande dame russe, qu'il obtint de l'avancement dans l'armée. En 1789 il fit avec le grade de général la campagne contre la Suède ; il battit, en 1790, les généraux suédois Hamilton et Meyerfeld, et s'empara de Frédérickslam et de Viborg; actions d'éclat, que l'impératrice Catherine récompensa en lui faisant don du domaine impérial de Magnusdal.

Dans la guerre de Pologne, en 1792 et en 1794, il fut placé à la tête d'une division, et lors du terrible assaut du faubourg de Praga, il s'efforça vainement de modérer la fureur de ses soldats. Souwaroff lui confia le commandement de Varsovie ainsi que le gouvernement général de la Pologne, et dans l'exercice de ces fonctions sa modération et son désintéressement lui méritèrent l'estime des vaincus. Il devint bientôt gouverneur militaire de Saint-Pétersbourg; mais étant tombé à peu temps de là en disgrâce, il se retira en Allemagne. Après la mort de Paul, rappelé par l'empereur Alexandre, il fut chargé par le prince de régulariser l'assiette de l'impôt; mission dont il s'acquitta à la satisfaction de l'empereur, qui approuva toutes les modifications opérées dans cette partie du service. En qualité de gouverneur général, il fut ensuite chargé de l'inspection des troupes cantonnées en Livonie, en Esthonie et en Courlande.

A la bataille d'Austerlitz, il commandait l'aile droite, à la tête de laquelle il fit de vains efforts pour vaincre, le centre et l'aile gauche ayant été contraints de se replier. Dans la campagne de 1806 il commanda en chef; mais après la bataille de Pultusk il dut résigner son commandement entre les mains de Bennigsen, et ne le reprit qu'après les batailles d'Eylau et de Friedland. Lorsque éclata en 1808 la guerre contre la Suède, il envahit la Finlande à la tête de dix-huit mille hommes, conquit en dix mois toute cette province, força Sweaborg à capituler, et termina la campagne en Laponie, sur les bords du Tornéo, qui lors de la conclusion de la paix devint la limite du territoire russe. En 1809 l'affaiblissement de sa santé le força de renoncer à son commandement, et il mourut le 23 août 1811, dans sa terre de Lohde, en Esthonie.

BUXTON, petite ville du comté de Derby (Angleterre), l'un des établissements thermaux les plus à la mode du royaume-uni, est situé à 26 myriamètres de Londres, dans une étroite vallée des monts Peaks, n'ayant d'autre issue que la rivière de *Wye*. Parmi les édifices qu'il contient, on remarque surtout le palais appelé *Crescent*, orné de colonnes d'ordre toscan, avec une bibliothèque, des bains, etc., que le duc de Devonshire fit construire en 1781, et qui ne coûta pas moins de 100,000 livres sterling.

Cet endroit est important en raison de ses sources d'eaux sulfureuses, parmi lesquelles il faut surtout citer la source Sainte-Anne. Buxton reçoit année communé quinze mille baigneurs. Aux environs on trouve d'importantes carrières à chaux, près desquelles on voit la fameuse grotte à stalactites dite *Pool's Hoole* et le *Diamond hill*, où on rencontre en abondance de beaux quartz cristallisés.

BUXTON (Sir Thomas Fowell), philanthrope célèbre par ses efforts en faveur de l'abolition de l'esclavage, naquit à Norfolk, en 1786, d'une bonne famille. Dès son enfance sa mère lui inspira l'amour de la vérité, de la justice et de la vertu ; et sur les bancs de l'école on citait déjà l'extrême loyauté de son caractère. Jamais, disait un de ses anciens condisciples, on n'entendit un mensonge sortir de sa bouche. Il était destiné à hériter d'une grande propriété foncière en Irlande; mais, déçu dans son attente, il se vit forcé en 1808, peu de temps après son mariage avec une miss Gurney, de chercher à faire fortune en prenant une part d'intérêt dans l'une des grandes brasseries de Londres. Les relations de famille que lui créa son mariage ne purent que contribuer à l'affermir dans les principes de sa jeunesse, qui lui faisaient considérer une active philanthropie comme l'un des premiers devoirs de l'homme en société. Il contribua à la fondation de la société pour l'amélioration des prisons créée sous les auspices d'Elisabeth Fry, l'une des parentes de sa femme.

Ayant été élu vers le même temps membre du parlement pour la ville de Weymouth, il se trouva dès lors en position de prendre utilement en main la cause de l'humanité et de la charité chrétienne. L'un des fruits de ses efforts fut son *Enquiry wether crime and misery are produced or prevented by our present system of prison discipline* (Londres, 1818). Cependant sa fortune s'était assez améliorée pour qu'en 1820 il lui fût loisible de vivre à la campagne qui avait constamment fait ses délices; et dès lors il résolut de consacrer tout son temps à l'entière extirpation de la traite et de l'esclavage des noirs. En 1821 il prit la direction des débats sur cette importante question, direction que Wilberforce avait eue pendant trente-trois ans sans interruption; et à partir de ce moment jusqu'en 1840, époque où il se retira de la carrière parlementaire avec le titre de *baronnet*, il se montra constamment l'infatigable défenseur de toutes les mesures relatives à l'émancipation. Il eut la joie de voir ce grand principe proclamé et reconnu dans toutes les colonies anglaises; mais ses derniers jours furent contristés par l'inutilité des efforts faits par l'escadre anglaise chargée de réprimer la traite sur les côtes de l'Afrique, et que force lui fut de confesser dans son ouvrage : *The african slave Trade* (Londres, 1839).

Buxton mourut le 19 février 1845, à Northrepps, dans le comté de Norfolk. Ses intéressants mémoires ont été publiés en 1818 par son fils, sir *Édouard North* Buxton.

BUXTORF (Jean), né le 25 décembre 1564, à Kamen, en Westphalie, étudia à Marbourg et à Herborn, puis à Bâle et à Genève, où il suivit les leçons de Grynæus et de Théodore de Bèze. Après avoir parcouru l'Allemagne et la Suisse, il se fixa à Bâle, où il devint professeur de langue hébraïque. Il occupait cette chaire depuis trente-huit ans, lorsqu'il mourut victime d'une épidémie, le 13 septembre 1629. Les travaux de Buxtorf eurent surtout pour objet les écrits des rabbins, dont il avait fait une étude approfondie. Ce sont, par exemple, sa *Biblia hebraica rabbinica* (4 vol., Bâle, 1618), et son *Tiberias, seu Commentarius massorethicus* (Bâle, 1620). On a aussi de lui des ouvrages estimés de grammaire et de lexicographie, notamment un *Lexicon Hebraicum et Chaldaicum* (Bâle, 1607).

Son fils, nommé aussi *Jean*, né le 13 août 1599, à Bâle, montra dès ses premières années le penchant le plus décidé pour la branche de littérature dans laquelle son père s'était distingué. Il visita les diverses villes de la Hollande, de la France et de l'Allemagne, où florissaient le plus la langue et la littérature hébraïques. En 1630 il succéda à son père dans la chaire d'hébreu de Bâle, et mourut dans cette même ville, le 16 août 1664. Indépendamment de son *Lexicon Chaldaicum et Syriacum* (Bâle, 1622) et du *Morenevochim* de Maimonides (Bâle, 1629), il publia, d'après les manuscrits laissés par son père, le *Lexicon Chaldaicum, Talmudicum et Rabbinicum* (Bâle, 1639) et les *Concordantiæ Bibliorum Hebraicorum* (Bâle, 1632).

Son fils, *Jean-Jacques*, né à Bâle, le 4 septembre 1645, mort le 4 avril 1704, et son neveu *Jean* Buxtorf, né le 8 janvier 1663, mort le 19 juin 1732, furent également professeurs d'hébreu à Bâle, et se sont aussi fait un nom par leurs travaux relatifs à la littérature hébraïque.

BUZOT (François-Nicolas-Léonard), était né à Évreux, le 1er mars 1760. La réputation qu'il s'était acquise au barreau dans sa ville natale le fit nommer en 1789 député du tiers par ce bailliage aux états généraux. Il débuta dans cette assemblée, qui devint bientôt l'Assemblée nationale, par les principes de l'opposition la plus violente contre la noblesse, le clergé et la monarchie. Il ne cessa de s'élever contre toutes les prétentions des privilégiés, s'opposa à la reprise des conférences rompues relativement à la vérification des pouvoirs, et, à l'issue de la séance royale du 23 juin 1789, vota pour le maintien des arrêtés que le roi venait de prononcer la nullité. Dans la même année il attaqua violemment les droits du clergé à toute propriété foncière, et le droit exclusif de chasse, comme contraire à celui de tous les citoyens au port d'armes; il manda à la barre la garde des sceaux pour la réprimander sur sa négligence à faire répandre les lois, et établit la nécessité de former dans le sein de l'Assemblée un tribunal qui serait exclusivement investi de la connaissance des crimes de lèse-nation.

Mirabeau, qui inventait une révolution monarchique, était incommodé de ce qu'il appelait la faction républicaine, à la tête de laquelle se dessinaient Buzot et Péthion, et après eux Robespierre. Buzot appuya fortement, en 1790, la réclamation des habitants du Comtat-Venaissin pour leur réunion à la France. Il demanda aussi que le droit de pétition fût accordé sans distinction à toutes les réunions de citoyens, faute de quoi l'insurrection devenait pour eux *le plus saint des devoirs*. Après le retour de Varennes, l'Assemblée, sur la faculté de mettre le roi en jugement, se prononça négativement, à l'exception de sept députés, dont étaient encore Buzot, Péthion et Robespierre. Cependant, ces trois hommes, si unis de principes en 1789 et 1790, ne devaient pas former un triumvirat solidaire dans la carrière législative. En 1791 Buzot alla se ranger parmi les girondins.

La tête de Louis XVI étant tombée, il n'y avait plus d'autre parti que la république; le Temple renfermait, pour ne le rendre que mort, le fils du monarque, et l'émigration, sous les ordres du frère de Louis, avait à jamais, on devait le croire alors, fermé les barrières de la patrie à la famille royale. Réconcilié avec lui-même, échappé des convulsions révolutionnaires pour rester dans le simple droit de sa conscience, Buzot reparut dans la Convention auprès de Rolland et de Brissot, et dès les premiers jours de septembre 1792, par une sorte d'amende honorable de ses principes passés, il dénonça avec toute son énergie les auteurs des assassinats qui avaient souillé le berceau de la république. Dès ce jour aussi il fut dévoué à la haine de ses anciens amis. Buzot ne devait pas tarder à éprouver les effets de cette implacable inimitié. Le 20 septembre 1792 il accusa à la Convention Robespierre, présent à la séance, d'aspirer à la dictature. Le 8 octobre suivant il demanda que chacun des quatre-vingt-trois départements fût tenu de fournir, pour la sûreté et l'indépendance de la Convention, autant de fois quatre hommes d'infanterie et deux de cavalerie qu'il nommait de députés. Cette garde, choisie dans toutes les parties du territoire, en eût été, pour ainsi dire, la députation armée, attachée à protéger celle qui ne l'était pas. Le discours que Buzot prononça à cette occasion fut le manifeste de ses opinions politiques, et trancha plus vivement que jamais la démarcation qui le séparait du parti des anarchistes. Aussi plus tard ce discours fut-il une des causes de sa proscription.

Mais, inébranlable dans la route que son patriotisme s'était tracée, il s'éleva au-dessus des menaces dont il fut dès lors l'objet; et quand le procès de Louis XVI occupa la Convention, il reprit la parole avec la même abnégation de lui-même pour appuyer *l'appel au peuple*. Cette espérance étant perdue, il s'attacha courageusement à la seule qui restât pour le salut du monarque, et vota pour le *sursis* à la peine de mort. Ces deux votes étaient également courageux. Buzot ne s'en dissimulait pas la portée : républicain de conviction, ce n'était pas par attachement pour le prince, encore moins pour la royauté, qu'il votait aux risques de sa vie pour sauver celle de Louis XVI. C'était uniquement dans l'intérêt de la république, et de la Convention, dont il transférait le mandat au peuple pour le jugement du roi, qu'il s'empara deux fois de la tribune, attaquant violemment ceux qui trompaient le peuple, déshonoraient la Convention et mettaient la république en péril. Buzot avait dès le principe dénoncé les excès du pouvoir royal; il dénonçait en 1793 les excès du pouvoir législatif, en voulant lui enlever une juridiction qu'il ne lui reconnaissait pas. Il sentait avec sa haute raison que le sang d'un Bourbon déchu n'importait point au salut national, quand plusieurs Bourbons émigrés, héritiers des droits de leur chef, étaient hors des atteintes de la révolution; mais il ne voulait ni une faute, ni un crime inutile, ni surtout un excès de tyrannie. L'influence de la Commune de Paris, qui inconstitutionnellement, et par une terreur anticipée, dominait la Convention, était encore, et en première ligne, l'ennemi qu'il combattait, comme représentant du peuple appelé à défendre l'indépendance de la Convention.

Dans ces jours de fureur et d'aberration humaine, c'était un beau spectacle de voir des hommes se dévouer corps et biens à la cause de la liberté, en présence de ses bourreaux, certains qu'ils étaient de passer de la tribune à l'échafaud, ou au moins d'être proscrits pour avoir été fidèles. Ce fut ce qui arriva à Buzot : irrité plus que jamais des crimes de la Commune et du despotisme qu'elle faisait peser sur la Convention, il dit à la tribune : « Si l'anarchie qui dévore Paris n'est pas promptement réprimée, Paris verra bientôt l'herbe croître dans ses murs. » Cependant, malgré les clameurs des assassins et l'orage que les anarchistes soulevèrent contre lui, la Convention le nomma membre du comité de salut public et de défense générale le 25 mars suivant. La haine de ses ennemis s'arma de ce triomphe, et son courage s'en accrut. Mais la faction de Robespierre triompha, et le 2 juin Buzot fut mis en arrestation dans son domicile. Il prit la fuite, arriva à Évreux, et se réunit à plusieurs de ses collègues de proscription pour soulever les populations contre les ennemis de la patrie. L'insurrection républicaine menaçait la tyrannie de la Montagne dans tous les départements de l'Ouest et du midi; toutefois, cette immense guerre civile n'eut d'autre résultat que la manifestation de l'opinion d'une grande partie de la France.

Une petite armée royaliste, qui se dirigeait sur Paris, ayant été dispersée du côté de Vernon par l'armée républicaine, la correspondance de Buzot avec ses amis fut interrompue, et dans le dessein d'atteindre le malheureux proscrit en lui fermant jusqu'à l'asile de la pitié, la Convention se fit écrire une lettre qui attestait la complicité de Buzot avec l'armée royale. Plus cette allégation était absurde, plus elle trouva de partisans : la Montagne ordonna que la maison de Buzot à Évreux serait rasée, et qu'un poteau y porterait cette inscription : « Ici demeurait le scélérat Buzot, qui a conspiré la perte de la république. » Cependant, Buzot avait trouvé le moyen de gagner la mer et de s'embarquer pour le département de la Gironde. Dévoué à la mort, ainsi que ses collègues, il trouva néanmoins une retraite généreuse, qu'il partagea plusieurs mois avec Pétillon. Obligés enfin de délivrer du péril de son hospitalité l'homme courageux qui les avait recueillis, ils furent réduits à errer dans les bois et dans les lieux les plus sauvages. Ils échappèrent ainsi à la mort de l'échafaud, mais quelques mois après leurs corps furent trouvés dans un champ, non loin de Saint-Émilion : les loups et les oiseaux de proie avaient exercé sur eux les vengeances de la *Montagne*. Leurs cadavres, soumis à l'autopsie, signalèrent les traces du poison. Buzot n'avait pas encore atteint sa trente-quatrième année! J. NORVINS.

BYBLOS, en hébreu *Gébal*, antique ville de Phénicie, bâtie sur une hauteur, à peu de distance de la mer, entre Tripoli et Béryte, resta sous l'autorité de ses propres rois plus ou moins indépendante des peuples voisins, jusqu'à l'époque de Pompée.

Il y avait, au rapport de Lucien, près de la ville de Byblos une rivière qui portait le nom d'Adonis, et dans laquelle on lava la plaie de ce prince après qu'il eut été blessé par un sanglier. Ce fut le sujet de fêtes instituées et célébrées en son honneur à Byblos, sous le nom d'*Adonies*.

BYNG (GEORGES), *vicomte de Torrington*, amiral anglais, né en 1663, entra au service à l'âge de quinze ans. En 1703 il était parvenu au grade de contre-amiral, et rendit en cette qualité des services essentiels à la coalition pendant la guerre de la succession d'Espagne. Vice-amiral en 1706, amiral du *pavillon bleu* en 1708, il déjoua en 1717, par son activité, les projets conçus par Charles XII contre l'Angleterre, et de 1718 à 1720 ceux qu'Alberoni méditait contre Naples et la Sicile. Il appareilla de la baie de Sainte-Hélène avec une escadre de vingt vaisseaux de ligne du premier et du second rang : arrivé à la hauteur du cap Saint-Vincent, il donna avis au roi Philippe V de la destination de la flotte anglaise; mais le cardinal Alberoni, qui croyait son honneur engagé dans l'expédition de Sicile, fit rejeter avec dédain cette déclaration, et, quoique éclairé sur l'infériorité de ses forces navales, il osa les exposer aux hasards d'une bataille. Le 11 septembre les deux armées se trouvèrent en présence à la hauteur du cap Passaro; les Espagnols ne comptaient que dix-sept vaisseaux de ligne, et, inférieurs de beaucoup en dimensions à ceux des Anglais; surpris en outre dans un désordre complet, ils ne surent pas reformer leur ligne de bataille. Byng profita de cet avantage, et partout chaque vaisseau ennemi eut à combattre deux, trois et même quatre vaisseaux plus forts que lui; aussi ce fut plutôt une déroute qu'un combat. Jamais victoire navale ne coûta moins au vainqueur n'eut un succès plus complet : neuf vaisseaux et trois frégates amenèrent pavillon, et tous les projets d'Alberoni sur Naples et la Sicile s'évanouirent. Un fait remarquable, et qui prouve combien l'art de combattre sur mer était alors peu connu, c'est qu'après leur défaite les Espagnols reprochèrent aux Anglais comme une honte d'avoir attaqué leur flotte partiellement et en se réunissant deux contre un ; et cependant c'est en cela que consistait le talent de Byng, d'avoir su réunir une grande supériorité de forces partout où le combat se trouvait engagé. Il poursuivit sa victoire jusqu'au bout, et anéantit la flotte espagnole. Précédemment créé *baronet*, il reçut en récompense de ce beau fait d'armes la pairie et les éminentes fonctions de chef de l'amirauté. Il mourut à Londres, le 28 janvier 1730.

BYNG (JOHN), fils du précédent, né en 1705, entra de bonne heure aussi au service, parvint rapidement au grade d'amiral, et servit toujours son pays avec courage et loyauté. Mais il fut malheureux un jour, et paya de sa tête le tort de n'avoir pas vaincu.

En 1756 La Galissonnière avait été expédié de Toulon avec douze vaisseaux pour opérer un débarquement de troupes à Minorque et protéger leurs opérations. L'amiral Byng reçut l'ordre de courir sur-le-champ au secours de l'île; son escadre était à peu près aussi forte que celle des Français, et le 20 mai ces deux flottes se trouvaient en combat en vue de Mahon. Byng prit l'avantage du vent, et, serrant sa ligne de bataille, il manœuvra en route oblique de manière à venir élonger l'avant-garde ennemie, et à l'écraser sous le feu successif de toute son armée. Cette disposition était belle, et, dans l'enfance où l'art se trouvait encore, elle méritait des éloges d'admiration ; mais un accident imprévu coupa sa ligne : le sixième vaisseau de tête essuya de telles avaries, qu'il fut presque désemparé, et soudain la marche de tout le corps d'armée et de l'arrière-garde fut arrêtée. L'amiral français s'aperçut du désordre de l'ennemi, et sut en tirer habilement parti : il fit plier ses navires d'avant-garde, après un léger engagement, força de voiles avec le reste de sa flotte, et, continuant rapidement sa bordée, il vint à son tour foudroyer la tête de l'ennemi, isolée alors du corps de bataille, puis, se reformant de nouveau sous le vent, présenta une nouvelle ligne intacte et prête à recommencer le combat. L'attaque était bien combinée, mais la défense est un modèle. Byng fut obligé de se retirer à Gibraltar pour réparer son escadre; car, de son aveu même, une grande partie de ses vaisseaux étaient hors de combat, et il y aurait eu de l'imprudence à retourner à la charge sur un ennemi qui dès le commencement de l'action s'était montré supérieur, et n'avait encore rien perdu de ses forces.

Le peuple anglais rugit de fureur à la nouvelle qu'une de ses escadres avait fui devant une escadre française : quelle atteinte à l'orgueil d'une nation qui prétendait à la domination universelle des mers ! L'amiral fut traduit devant un conseil de guerre. Au rapport de ses propres officiers, Byng n'avait fait paraître au milieu du combat ni crainte ni même aucune agitation intérieure ; il n'avait pas cherché à éviter l'ennemi, et il avait donné ses ordres avec une présence d'esprit admirable. Les ministres seuls étaient coupables: ils ne lui avaient donné ni assez de forces pour battre l'escadre française, ni assez de troupes pour faire lever le siège du fort Saint-Philippe ; mais la haine publique amoncelait sur leurs têtes un orage : ils se hâtèrent de le détourner en le faisant tomber sur le malheureux amiral. La cour martiale reconnut que Byng n'avait manqué ni à son bonne volonté ni de bravoure; il parut seulement coupable *de n'avoir pas fait pendant le combat tout ce qu'il était en son pouvoir de faire*. Ses juges le condamnèrent à mort, et la sentence fut exécutée le 14 mars 1757.

Théogène PAGE, capitaine de vaisseau.

BYRON (JOHN), célèbre navigateur anglais, né le 8 novembre 1723, dans le comté de Nottingham, à *Newstead-Abbey*, manoir de sa famille, laquelle se vantait de remonter jusqu'à l'époque de Guillaume le Conquérant, était le second fils de lord *William* BYRON. A l'âge de dix-sept ans il s'embarqua avec l'amiral Anson pour un voyage autour du monde; il fut le vaisseau à bord duquel il se trouvait fit naufrage sur les côtes de Patagonie, en mai 1741. Il se sauva dans un canot avec cent quarante-cinq hommes de l'équipage. La moitié mourut de faim : les autres, contrairement à ses ordres, prirent une route différente. Quant à lui et à trois compagnons demeurés fidèles à sa fortune, après avoir erré pendant plusieurs années sur ces côtes inhospitalières et être devenus de véritables squelettes ambulants, faute d'une nourriture assez substantielle, ils furent enfin recueillis par des Indiens, qui, à l'aide de leurs canots, les conduisirent aux îles Chiloé ; et en 1745 ils furent échangés comme prisonniers de guerre. Byron a raconté les tortures presque incroyables qu'il eut à endurer, dans un ouvrage intitulé : *Narrative of John Byron*, etc. (Londres, 1748, souvent réimprimé depuis).

Nommé commodore quand la guerre éclata entre la France et l'Angleterre, il donna tant de preuves de courage et d'habileté, à la tête d'une petite flottille, que Georges III l'appela au commandement de deux frégates qu'on arma en 1764 pour un voyage de découvertes dans la mer du Sud. Il acheva le tour du monde en mai 1766, époque où il revint en Angleterre par Batavia. Bien que cette expédition n'ait point été féconde en découvertes, et n'ait enrichi les cartes que de quelques îles nouvelles seulement, comme celles du *Désappointement* et celles du *Roi Georges*, elle n'en occupe pas moins un rang distingué dans l'histoire des voyages autour de la terre, attendu que Byron fut le premier circumnavigateur de quelque célébrité qui dans son entreprise n'ait pas seulement eu en vue les intérêts mercantiles, mais se soit aussi préoccupé des intérêts de la science.

Plus tard, Byron fut nommé amiral, et chargé d'un commandement dans les Indes occidentales, à l'époque de la guerre d'Amérique. Il mourut à Londres, en 1786.

BYRON (Georges Gordon, lord), naquit à Londres, le 22 janvier 1788. La jeunesse du capitaine Byron, son père, avait été très-orageuse : marié en premières noces avec lady Carmarthen, qu'il avait séduite, et qui était divorcée d'avec son mari, il vécut peu de temps avec elle ; elle mourut, laissant pour seul enfant lady Augusta Byron, qui épousa le colonel Leigh. Quand le capitaine Byron fut libre, il offrit ses hommages à miss Catherine Gordon, fille et héritière de Georges Gordon, esquire. Tout porte à croire que la fortune dont jouissait miss Gordon décida le capitaine Byron à demander sa main. Elle lui fut accordée, et peu d'années s'écoulèrent avant que fût dissipé le patrimoine de sa femme. Bien que mistress Byron aimât son mari avec une violence qui n'était que trop dans son caractère, les deux époux se séparèrent, et le capitaine mourut en France, à Valenciennes, peu d'années après la naissance de celui qui devait être l'auteur de *Childe-Harold*.

Quand on raconte la vie de l'homme dont on a dit avec une certaine raison « qu'il était plus fier de descendre de ces Byron de Normandie qui accompagnèrent Guillaume le Conquérant en Angleterre, que d'être l'auteur de *Childe-Harold* et de *Manfred* », il faut parler un peu de ses ancêtres. On trouve ses aïeux paternels inscrits dans le *Doomsday-Book*, comme possesseurs de grands biens dans le Nottinghamshire ; mais les Byron ne paraissent avoir été titrés que sous le règne de Charles Iᵉʳ. Ils se firent remarquer par leur dévouement à la cause royale pendant la première révolution, et justifièrent leur devise, qui était : *Trust Byron* (Fiez-vous à Byron). Quant à la mère du poète, c'était une Gordon de Giglis ; elle descendait de sir William Gordon, troisième fils du comte de Huntley, époux de la fille de Jacques Iᵉʳ. Telle était la famille de celui que dans son enfance ses camarades de collège appelaient *le vieux baron anglais*, pour rallier son attachement à son titre, et qui plus tard, devenu libéral et carbonaro, disait, en repoussant une ressemblance qu'on avait voulu établir entre J.-J. Rousseau et lui : « Il était du peuple, et je suis de la noblesse. »

Georges Byron naquit boiteux. Il est remarquable que les deux plus grands hommes littéraires de l'Angleterre au commencement de ce siècle, Byron et Walter Scott, aient eu tous les deux cette infirmité. On fit de nombreuses tentatives pour redresser la jambe du jeune Byron : on le forçait de se tenir couché, immobile, et pendant ce temps la femme qui le soignait lui racontait des légendes et lui faisait des récits empruntés aux saintes Écritures. Il est permis de croire qu'il dut à cette circonstance le goût qu'il a toujours montré pour les récits bibliques et pour le merveilleux. Il reçut les premières leçons de grammaire à Aberdeen, et en 1793 il visita la haute Écosse avec sa mère, qui cherchait à lui donner des distractions. Aimant avec passion les promenades dans les montagnes, il s'absentait de longues heures pour les gravir et jouir de leur aspect majestueux et pittoresque.

Ce fut à cette époque (il n'avait que huit ans) qu'il se prit pour une jeune fille de son âge d'une affection qui avait tous les caractères de l'amour. Ce phénomène n'est pas très-rare, surtout dans les enfants qui doivent un jour être des hommes à imagination : c'est la passion qui se trompe et vient trop tôt. Dante, Alfieri, Canova, ont été amoureux dans leur enfance ; on connaît les amours précoces de J.-J. Rousseau. Ceux de Georges Byron étaient plus purs : « Je me rappelle, a-t-il écrit plus tard, nos promenades et le bonheur que j'éprouvais à m'asseoir auprès de Marie, dans l'appartement des enfants, pendant que sa plus petite sœur jouait à la poupée, et que nous nous tenions gravement, faisant l'amour à notre manière... Qu'elle est charmante son image, qui est restée parfaitement dans ma mémoire ! sa chevelure noire, ses yeux bruns, ses vêtements eux-mêmes ! Je serais désolé de la voir maintenant : la réalité, quelque belle qu'elle pût être, détruirait, ou au moins rendrait confus les traits de l'aimable péri, qui toujours vivent dans mon imagination, à la distance de plus de seize années : j'ai maintenant vingt-cinq ans et quelques mois... »

Pendant que l'enfance de Byron se passait dans la rêverie, il se préparait un événement qui devait avoir une immense influence sur sa destinée. Par suite de la mort d'un jeune homme qui habitait la Corse, il se trouva l'héritier du titre du cinquième lord Byron, son grand-oncle, qui vivait à l'abbaye de Newstead, dont Henri VIII avait fait présent à un Byron. Peu de temps après, en 1795, ce lord mourut : sa vie avait été affligée de cette mort douloureuse, ou plutôt une rixe, dans laquelle il avait tué un M. Chaworth, son parent. Les habitudes du vieux lord étaient singulières, son caractère sombre, et le vulgaire lui reprochait des crimes. Il n'y avait nul fondement à ces soupçons, mais ils le suivirent au tombeau. Cet événement fit une grande impression sur Georges Byron : la première fois qu'on l'appela à l'école en plaçant, selon l'usage, son titre avant son nom, le jeune lord fondit en larmes.

Sa nouvelle position demandant un nouveau tuteur, lord Carlisle, allié du feu lord, fut chargé de cette tutelle, et Byron vint à Londres avec mistress Byron. On l'envoya d'abord dans une institution particulière ; mais sa mère, qui n'avait aucune espèce de force dans le caractère, tantôt trop indulgente, tantôt trop sévère, empêcha son fils de suivre avec fruit ses études. Enfin, il entra à l'école publique de Harrow. Le docteur Drury, qui l'examina, trouva qu'on lui avait envoyé en effet un jeune cheval de montagne ». Son caractère était en effet ingouvernable, et, comme il le dit lui-même, il n'était pas populaire parmi ses camarades, mais il savait se faire aimer de quelques-uns. Ses sentiments en effet étaient aussi généreux qu'emportés : un jour, un de ces écoliers qu'on nomme *tyrans* dans les classes, et qui abusent brutalement de leur force, battait un écolier plus faible : Byron s'approche tremblant de colère, et lui demande « combien il compte donner de coups à son ami. — Que t'importe, petit drôle ? répond l'oppresseur. — Parce que, si cela vous plaisait, dit Byron, j'en prendrais la moitié. » Cet enfant qu'on battait, c'était Peel, qui devait être un jour l'un des plus grands hommes d'État de l'Angleterre.

Byron contracta des amitiés passionnées au collége; il aimait avec toute la fougue de son caractère et avec toute la susceptibilité d'une passion plus tendre. La mélancolie se mêlait à tout chez lui, et cet enfant, qui excellait aux jeux de force et d'adresse, qui était toujours le premier dans les conspirations enfantines, se plaisait à rêver dans le cimetière de Harrow, où l'on montre encore le tombeau sur lequel le plus souvent il s'asseyait. Il était encore à Harrow quand il contracta pour miss Chaworth une passion qui eut certainement de l'influence sur le reste de sa vie. Cette jeune personne habitait Annesley, près de Newstead; il la voyait souvent, et en devint très-épris. Elle ne put le payer de retour, car son cœur était engagé à un autre; elle railla même l'amour de celui qu'elle ne regardait que comme un enfant; elle le plaisanta sur son infirmité. En un mot, il fut très-malheureux dans cette première inclination. Certainement, les entraînements de la jeunesse calmèrent bientôt son chagrin; mais s'il ne regretta plus miss Chaworth, il plaignit le sentiment qu'elle avait inspiré. Il désespéra d'aimer jamais aussi sûrement, et ce rêve de sa jeunesse fut pour lui un regret et un motif pour tomber dans de coupables égarements. Ce fut en 1808 qu'il lui adressa les stances qui commencent ainsi:

> Well! thou art happy, and I feel
> That I should thus be happy too;...

et que tous les hommes de goût savent par cœur.

Dès l'année 1805, étant encore à l'université de Cambridge, il avait commencé à faire des vers. Il imprima d'abord ses *Juvenilia*, seulement pour ses amis; mais comme ils reçurent l'approbation de ceux à qui il les adressa, il obéit au désir secret qu'il avait de les livrer au public. Ses *Hours of Idleness* (heures d'oisiveté) parurent; il les dédia à lord Carlisle, son tuteur. Quand on parcourt ces premières poésies de Byron, sans se laisser préoccuper par la réputation qu'il s'est acquise plus tard, on n'y trouve rien de remarquable, et l'on peut être tenté de condamner leur auteur à la stérilité. Les premiers vers de lord Byron sont faibles et sans verve. Ordinairement on trouve dans les jeunes poëtes de la force et de l'obscurité : le défaut de Byron à son début est le prosaïsme et une clarté insipide. Mais les symptômes du génie sont différents, et lui-même l'a bien prouvé. On pourrait à la rigueur pardonner à la *Revue d'Édimbourg* d'avoir méconnu l'avenir du jeune poëte; ce qu'on ne saurait excuser, c'est le ton grossier et méprisant de la critique. On sait comment Byron s'en est vengé.

Peu de temps avant l'apparition de la satire qui devait donner l'essor à son talent, il était dans une position vraiment décourageante : son premier essai poétique était frappé du dédain cruel des journalistes et de l'oubli du public, et il avait fait son entrée à la chambre des lords inaperçu, sans patrons. Son manque de fortune, la mauvaise réputation de son père, la folle conduite de sa mère, avaient éloigné de lui des hommes de sa classe. Il était donc négligé de tous. Or cet esprit indomptable ne pouvait supporter le mépris. C'est ce qui explique l'amertume de *English Bards and Scotch Reviewers*, de cette satire qui étonna l'Angleterre et qui fit cesser dans Byron le sentiment qui tourmente surtout les hommes de génie, le doute qu'ils ont de ce qu'ils valent. Ce fut le sort de Byron d'attaquer dans cet écrit tous ceux dont il devait être un jour l'admirateur et l'ami : Walter Scott et Moore y sont fort maltraités. Plus tard il répara noblement les torts qu'il avait eus envers eux, et la note insultante qui regarde Moore dans cette satire fut même l'occasion de l'amitié qui s'établit entre eux. La versification de la satire est forte et concise, mais la composition entière manque de clarté. Une remarque que l'on peut faire, c'est que la satire de Byron, tout en donnant une haute idée de ses talents, ne pouvait, pas plus que ses *Hours of Idleness* révéler la nature et l'étendue de son génie : en effet lord Byron a écrit depuis sous une bien plus haute inspiration que celle qui lui dicta sa satire. Il devait s'élever fort au-dessus de cette poésie, qui n'est que correcte et ingénieuse. On pouvait craindre, après ses premiers essais, qu'il ne fût jamais poëte; après sa satire, il y avait à craindre qu'il ne fût qu'un disciple de Pope. Cependant on y remarque quelques traits hardis et poétiques, entre autres l'invocation au jeune Kirke White, mort d'un excès de travail; il le compare à un aigle frappé par un dard, qui doit sa rapidité au plumage de l'oiseau qu'il frappe. La comparaison n'est pas nouvelle : Waller et La Fontaine en ont pu donner l'idée à l'auteur. Il y a trop de solennité dans les vers, mais, au total, ce beau morceau est fortement touché.

Peu de temps après la publication de sa satire, lord Byron partit pour le continent. Avant de l'y suivre, constatons dans quelle disposition d'esprit se trouvait le poëte. Après le désappointement que lui avaient fait souffrir les dédains de miss Chaworth, il s'était livré, avec toute la violence de son caractère, aux passions et à la singularité de sa nature : sa jeunesse n'avait eu longtemps aucun frein, et il menait dans le vieux château de Newstead une vie de débauche et d'oisiveté. C'est avec le cœur plein de passions, avec de la force, mais du désordre dans l'esprit, que lord Byron partit le 2 juillet 1809 pour son voyage dans le Levant. Il traversa le Portugal et le sud de l'Espagne. Il séjourna quelque temps à Cadix, cette ville de plaisirs, qui a vécu dans ses vers, avec ses sérénades, ses belles femmes et son délicieux climat. Il visita la Sardaigne, la Sicile, Malte, et passa en Turquie. Il aborda en Albanie, l'ancienne *Épire*; il s'avança jusqu'au mont Tomarit, et fut traité avec bienveillance et distinction par le fameux Ali-Pacha. Après avoir visité l'Illyrie, la Chaonie, etc., il traversa le golfe d'Actium, avec une garde de cinquante Albanais, et passa l'Achéloüs dans sa route à travers l'Acarnanie et l'Étolie. Il s'arrêta en Morée, franchit le golfe de Lépante, et aborda au pied du Parnasse; il vit les ruines de Delphes, et se rendit à Thèbes et à Athènes; il gagna ensuite Constantinople. Il en partait en même temps que M. Hobhouse, son ami, qui l'avait accompagné dans cette excursion, et en rapportait en Angleterre un livre bien fait. Quant à lord Byron, il retourna à Athènes, où il rencontra son ami le marquis de Sligo, qui désira l'accompagner jusqu'à Corinthe. A Corinthe ils se séparèrent; le marquis se dirigea sur Tripolitza, et Byron sur Patras. Il parcourut ensuite la Morée. Son intention était de se rendre en Égypte; mais il n'accomplit pas ce dessein, et revint en Angleterre au mois de juillet 1811, après deux ans d'absence. Il rapportait de ce voyage les deux premiers chants du *Pèlerinage de Childe-Harold*, et une satire, assez mauvaise imitation de l'*Art Poétique* d'Horace. Un fait singulier, c'est qu'il crut que *Childe-Harold* n'était pas digne de l'impression, et qu'il fonda toutes ses espérances de succès sur son imitation d'Horace. Il fallut que M. Dallas, son ami, et M. Gifford lui assurassent que ce poëme était une œuvre de génie. Il se laissa persuader à la fin; mais il conserva toute sa vie de la prédilection pour cette médiocre satire, qui devait faire suite à ses *English Bards and Scotch Reviewers*.

Lord Byron n'avait pu revoir sa mère à son retour : elle était morte d'une maladie rapide. Il pleura en elle, non pas la plus éclairée des mères, mais la seule amie qu'il eût au monde. Il perdit presque en même temps son ami Charles Skinner-Mathews, qui périt dans la rivière qui coule à Cambridge. Ces deux morts l'affligèrent profondément; et il fallut pour l'en consoler les occupations de la chambre haute, dans laquelle il rentra, et les soins que lui demandait la publication de *Childe-Harold*, dont il comprenait enfin l'importance. Il fut accueilli avec faveur à la chambre des pairs. Avant son voyage il s'était assis presque isolé sur les bancs de l'opposition, à son retour il trouva de l'appui parmi ceux qui pensaient qu'il pouvait être utile à leur cause. Il fut surtout l'objet de la bienveillance de lord Holland, que sa générosité seule eût porté à devenir le soutien de la réputation naissante de lord Byron. Le premier discours qu'il prononça, le 27 février 1812, peu de jours avant la publication de *Childe-Harold*, fut très-applaudi. Il s'agissait d'un bill contenant des peines très-sévères contre les briseurs de métiers. Le jeune orateur fit dans son discours allusion à ses voyages : « J'ai traversé, dit-il, le théâtre de la guerre dans la Péninsule ; j'ai parcouru les provinces les plus opprimées de la Turquie, mais jamais, sous le plus despotique des gouvernements infidèles, je n'ai vu une misère plus odieuse que celle qui a frappé mes yeux depuis mon retour dans le cœur même d'un pays chrétien. Et quels sont vos remèdes ? Après plusieurs mois d'inaction, enfin vient le grand spécifique, la panacée de tous les médecins d'État, depuis Dracon jusqu'à nos jours. Après avoir tâté de pouls, après avoir secoué la tête, on prescrit, selon l'usage, l'eau chaude et la saignée : l'eau chaude de votre police nauséabonde et les lancettes de vos soldats ; et puis les convulsions se terminent par la mort, ce qui est la fin de toutes les cures de nos Sangrado politiques. N'y a-t-il donc pas assez de sang sur notre code pénal ? en faut-il verser encore pour qu'il monte au ciel et témoigne contre vous ?.... » Il nous semble que ce style vif, ces images d'un goût trop hardi, révèlent dans Byron le désir d'imiter ce Sheridan, qu'il considérait comme le premier orateur de la Grande-Bretagne, et qui avait réuni à un si haut degré la réputation d'homme de lettres à celle de brillant orateur. Quoi qu'il en soit, Byron fut ravi de son succès et dit à M. Dallas, qui s'occupait de la publication de *Childe-Harold* : « Mon discours est la meilleure préface à placer en tête du *Pèlerinage*. »

Quand les deux premiers chants parurent, le public n'hésita pas : le succès fut subit, immense. « Un matin en m'éveillant, dit lord Byron, je me trouvai fameux. » Il devint l'objet de l'empressement général. Le prince régent lui-même désira le voir. Ils causèrent de Walter Scott, qui avait alors une grande réputation comme poète. On peut dire, quoique cela puisse sembler un paradoxe, que nous devons *Waverley* à Byron. En effet, comme Walter Scott l'a déclaré lui-même, il n'aurait pas quitté la poésie pour la prose, s'il n'avait point été surpassé comme versificateur par l'auteur de *Childe-Harold*. Ce poème effaça *La Dame du Lac*; mais sans lui nous n'aurions peut-être pas *Ivanhoé*.

Le beau fragment du *Giaour*, ce poème si passionné, si brillant, si oriental, augmenta encore la réputation de lord Byron. Ce qui ajouta à l'empressement du public, ce fut le bruit, qui n'était pas sans fondement, que lui-même était le héros de l'aventure qu'il racontait. En effet, se trouvant à Athènes, il avait empêché, par sa fermeté et son crédit, de mettre à mort une jeune fille qui s'était laissé séduire par un chrétien. *La Fiancée d'Abydos* ne fit qu'augmenter la popularité de l'auteur. Il vivait alors et dans les dissipations du monde et dans les cercles les plus distingués de Londres. Il avait pour amis tout ce que l'Angleterre contenait d'illustre dans l'opposition : lord Holland, le marquis de Lansdowne, sir James Mackintosh. Il fut attiré dans le salon de Mme de Staël par le charme qu'elle savait répandre dans la conversation, bien que l'esprit du poète, un peu dédaigneux, ne se plût pas à ce qu'il y avait dans la fille de Necker de trop personnel et de trop disert. Il se livra avec délices à l'amitié de Sheridan, qui n'était plus que le débris de lui-même, mais dont l'étonnant entretien ravissait tous ceux qui l'écoutaient. Les suffrages du jeune lord, qui s'élançaient vers la réputation, consolèrent Sheridan, qui sentait cruellement que sa gloire était obscurcie par ses vices. Un jour lord Byron dit, en parlant de lui : « Sheridan a excellé dans tout ce qu'il a voulu faire. Il a écrit la meilleure comédie (*l'École de la Médisance*); le meilleur opéra (l'opéra du *Mendiant*); la meilleure farce (*Le Critique*); le meilleur prologue (sur la mort de *Garrick*), et, pour couronner tout, il a prononcé le meilleur discours (sur l'Inde) qui ait été entendu dans ce pays. » Lorsque ces paroles furent répétées à Sheridan, il se mit à pleurer. Quand *Le Corsaire* parut, en 1814, il accrut la réputation de l'auteur ; mais quelques vers qui l'accompagnaient soulevèrent contre lord Byron les amis du gouvernement, et ses journaux accablèrent le poète d'injures. Ces vers contenaient une louange pour la princesse Charlotte, un sarcasme cruel contre son père.

Les événements de 1814 donnèrent une nouvelle force aux sentiments politiques de lord Byron. Tout en blâmant les fautes de Napoléon, il admirait ce qu'il y avait de grand et de poétique en lui, et il déplorait le sort de la France. Il dit, en parlant d'une conversation dans laquelle Sheridan, avec la magie de sa parole, lui avait peint l'effet produit en Angleterre et en Irlande par le retentissement de la révolution française : « Si j'avais véritablement vécu alors, mais hélas ! je n'étais qu'un enfant, j'aurais été un Édouard Fitz-Gérald anglais. » Et dans quelques fragments qu'il a laissés que lui inspiraient et l'amuesement des rois contre la France, et la petitesse des vues qui les dirigeaient : *The thieves are in Paris* (Les voleurs sont dans Paris), dit-il. Cette sympathie pour notre cause se manifesta dans plusieurs poésies qu'il annonça comme traduites du français.

Avant d'arriver à un événement qui eut une grande influence sur la vie de lord Byron, nous devons dire que ce fut à cette époque qu'il rencontra Walter Scott à Londres ; mais son âme était trop élevée pour que quelques vers moqueurs lui rappelassent l'éloignement d'un homme tel que l'auteur de *Childe-Harold*, qui s'était, en outre, montré fâché et honteux d'avoir composé les *English Bards and Scotch Reviewers*. Ils passèrent près de deux mois à Londres, et se voyaient presque chaque jour. Lord Byron, malgré ses préoccupations politiques, n'avait pas continué de parler à la chambre des lords. Son second discours avait été moins applaudi que le premier, et il sentait qu'il affaiblirait son titre incontesté de grand poète s'il s'opiniâtrait à devenir un médiocre orateur. D'ailleurs, les hommes à grande imagination ne sont pas faits pour la science politique, qui demande une vue froide du monde qu'ils ne peuvent avoir. Walter Scott a dit de Byron qu'il ne le croyait pas convaincu des principes libéraux qu'il affichait. La mort de Byron a donné un démenti éclatant à cette erreur ; mais elle ne prouve pas que Byron eût pu être un homme d'État.

Quand un homme s'est livré aux passions, quand il n'a pas encore usé sa vie, on a coutume de lui proposer de cesser sur-le-champ d'être passionné, et de passer, sans transition, de l'agitation à un calme parfait, et gravement on lui offre de le marier. Ce remède vulgaire, on l'offrit à lord Byron, et ce qui est singulier, c'est qu'il l'accepta. Il avait vu longtemps miss *Anna Isabella*, fille de sir Ralph Milbanke Noel, avec une complète indifférence ; non qu'elle fût sans beauté ; elle était même remarquable sous ce rapport ; non qu'elle ne fût pas spirituelle : elle faisait des vers ; mais parce qu'elle avait un caractère froid et sévère, qui ne pouvait sympathiser avec le sien. Comment il fut conduit à demander sa main, c'est ce qu'on ignore. Elle le refusa d'abord ; et cependant, d'après une coutume anglaise, qui étonne notre pruderie française, elle continua à correspondre avec lui. Au bout d'un an il demanda de nouveau sa main, et l'obtint. La plus simple prudence aurait dû lui déconseiller cette union : il était sous le coup de poursuites, et presque ruiné ; il se maria cependant, le 2 janvier 1815 ; le 10 décembre de la même année lady Byron lui donna une fille, son Ada, la seule fille de sa maison et de son cœur :

Ada! sole daughter of my house and heart!

Le 15 janvier 1816 lady Byron, après avoir écrit une lettre pleine d'affection à son mari, lui fit savoir qu'elle ne le reverrait jamais. Thomas Moore, selon sa coutume, a, dans ses mémoires sur Byron, fait beaucoup de métaphysique et dépensé beaucoup d'érudition pour prouver que lord Byron ne pouvait pas être heureux en ménage. Un mot de Byron, que lui-même il rapporte, aurait dû lui épargner la peine et de faire une psychologie matrimoniale des poètes, et de dresser la liste des grands hommes célibataires. Ce mot, le voici : « Les causes de notre séparation sont trop simples pour être aisément trouvées. » En effet, entre un poëte jeune, ardent, et une femme froide et attachée à ses devoirs, il ne devait pas y avoir de sympathie. Lord Byron était l'un des administrateurs de Drury-Lane; il y avait dans ces nouvelles occupations de quoi inquiéter une femme moins susceptible que lady Byron. Il est douteux qu'il ait eu des torts; la noble conduite qu'il a toujours tenue après la séparation semble prouver son innocence; mais son caractère impétueux et ses habitudes étranges ont dû fournir mille occasions de brouille et de rupture. Lady Byron, pour s'excuser d'avoir écrit une lettre pleine de tendresse à son mari peu de temps avant de le quitter, a adressé à Thomas Moore quelques lignes qu'il ne faut point hésiter à blâmer. Elle devait au père de sa fille et au plus grand poëte de son pays de garder un entier silence.

Peu de temps après une séparation à laquelle lord Byron lui-même avait consenti, il fit paraître deux pièces de vers, peu propres à ramener à lui le public, qui avait pris hautement le parti de sa femme. The Sketch, satire dans le goût de Juvénal, où il s'abaissa jusqu'à poursuivre de traits sanglants une servante dont l'influence lui avait été funeste, lui donna un caractère de violence qui nuisit à sa dignité. L'autre pièce, son fameux Adieu à sa femme, est encore restée une énigme pour ses amis. Il semble s'avouer des torts, qui sont imaginaires, et y affecter pour sa femme une tendresse, qu'il ne ressentait pas. Mais il ne faut pas attacher trop d'importance à cette production charmante et passionnée, c'est le caprice d'un poëte qui fait mentir la vie réelle pour se peindre avec plus de bonheur. L'impopularité de Byron fut à son comble après l'apparition de ces vers. Les journaux l'attaquèrent; les caricatures multiplièrent son image; les cercles où il avait fréquenté, et l'on passait pour courageux quand on le recevait dans son salon. Le parti aristocratique, qu'il avait négligé, les saints, qu'il avait offensés, les femmes, qui croyaient avoir à se plaindre de lui, s'unirent pour en faire un monstre; et les mots de vampire, de Turc barbare, d'ogre et d'assassin, peuvent à peine donner une idée de ce qu'on pensait de lord Byron en Angleterre à cette époque. Enfin, les journaux ne trouvèrent rien de mieux que de le représenter comme un voleur de cabriolets.

Lord Byron quitta l'Angleterre pour la seconde et la dernière fois, le 25 avril 1816. Il débarqua à Ostende, traversa la Flandre et parcourut les bords du Rhin. Il s'arrêta quelque temps à Genève, et occupa, sur les bords du lac, la villa Diodati, qui commande la vue du Léman. A peine arrivé à Genève, il y fit la connaissance de Shelley et de sa femme : Shelley était chassé de son pays par l'intolérance. Sa conversation originale, son imagination, qui, pour nous servir d'une expression de Moore, aurait pu suffire à une génération entière de poëtes, durent plaire à lord Byron. L'intimité de Byron avec cet homme si extraordinaire et si malheureux fut certainement favorable au développement de son génie. L'athée Shelley avait une philosophie mystique, et pour nous servir d'une expression de Milton : *elle était musicale comme le luth d'Apollon.*

...... musicalas is Apollo's lute.

On s'apercevra facilement en lisant les vers que Byron a composés postérieurement à sa liaison avec Shelley de l'influence quel esprit méditatif et rêveur de ce dernier a exercée sur lui.

Ce fut près de Genève, pendant une semaine pluvieuse qui les renfermait à la maison, que Shelley, sa femme et lord Byron s'amusèrent à composer des nouvelles dans le genre d'histoires allemandes, remplies de scènes et de traits diaboliques, qu'ils avaient lues pour tromper leur ennui. Une de ces nouvelles, *Frankenstein*, composée par mistress Shelley, est restée une œuvre d'originalité et de talent. Byron traça à cette époque l'esquisse du *Vampire*. Un jeune homme, le docteur Polidori, qui était son médecin et son protégé, s'empara de cette esquisse abandonnée par lord Byron, et composa un roman du *Vampire* qui parut en France sous le nom du poëte, et qui commença, il faut le dire, la réputation de Byron parmi nous. Lord Byron avait vu Mme de Staël à Coppet, et celle-ci l'avait décidé à tenter un raccommodement avec lady Byron. La démarche qu'il fit ne réussit pas : ce fut peu de temps après qu'il composa *the Dream* (le Rêve), dans lequel il peint ses malheurs avec une exquise sensibilité.

Byron quitta bientôt la Suisse pour l'Italie. Il visita Milan et Vérone, où il vit Monti. Il se fixa à Venise, en 1816. C'était certainement la ville qui convenait le mieux à un poëte, à un homme qui avait besoin de distractions et de plaisirs. Venise, qui est une ruine vivante, a beaucoup de charmes pour les Anglais : et si l'*Héloïse* de Rousseau avait poétisé pour Byron les bords du lac de Genève, l'*Othello* et la *Venise sauvée* rappelaient à son imagination deux des plus nobles efforts de la Muse anglaise. Il y retrouva aussi des habitudes sociales qui flattèrent la renaissance de ses passions, si nous pouvons nous exprimer ainsi. Il eut d'abord pour maîtresse la jeune femme d'un marchand, nommée Marianna, qui était d'une rare beauté. En même temps qu'il se jouait avec l'intelligence enfantine de Marianna, et qu'il était l'esclave de ses caprices et de sa jalousie, il se rendait chaque jour dans un couvent de moines arméniens, et y apprenait la langue arménienne. Son génie poétique ne restait pas non plus oisif. Il termina le troisième chant de *Childe-Harold*, fit paraître les *Lamentations du Tasse*, et composa le drame de *Manfred*. Ce drame étrange, qui le premier a introduit sur le théâtre les esprits de la nature et fait des montagnes et des précipices des êtres avec lesquels on peut converser, obtint le plus grand succès, particulièrement en Allemagne. On y retrouve une imitation évidente du *Faust* de Gœthe. Byron n'avait pu lire ce drame dans l'allemand, qu'il n'entendait pas; mais M. Lewis le lui avait traduit en anglais. En 1817 il quitta Venise pour aller visiter Rome. Il vit cette cité de l'âme (*city of the soul*) en très-peu de temps. Marianna attendait avec impatience son retour à Venise; il y revint, et composa le quatrième chant de *Childe-Harold*, qui est généralement considéré comme son inspiration la plus haute. Maintenant va se montrer une nouvelle face de sa vie, va commencer un nouveau développement de son talent.

Depuis son départ d'Angleterre, les événements et les lieux avaient merveilleusement préparé les deux premiers chants de *Childe-Harold*. Rien ne manquait à son génie, pour nous servir de l'expression si heureuse de Bossuet, « que ce je ne sais quoi d'achevé que porte avec soi le malheur ». Sur ce point il n'avait plus rien à désirer. Une mélancolie grave s'étant emparée de lui, tout le portait à s'élever au dessus de ce monde, qui le repoussait. La plaine de Waterloo, les bords du lac de Genève, pleins des souvenirs de la Julie, élevèrent sa pensée, que les entretiens de Shelley servirent à spiritualiser. Enfin, tranquille à Venise, bercé par un amour enjoué, vivant sous le ciel inspirateur de l'Italie, il termina son œuvre majestueuse. Mais la vie s'était réveillée en lui; l'inspiration, au lieu d'épuiser son génie, avait au contraire fait jaillir des sources nouvelles. Il était, dit Shelley, dans une admirable veine de composition ; il se sentait fertile, et, enivré de sa force, il se jeta dans le monde et dans ses erreurs. Marianna fut abandonnée. Il s'adressa à des femmes ardentes au plaisir, chez lesquelles l'amour était un besoin et une fureur. Margarita Logni, femme du peuple, violente, emportée, mais belle *comme une tigresse*, s'empara de lui, et à cette époque sa maison devint un lieu de scandale et de débauche. Il y usa sa vie.

Ce fut alors qu'il conçut le *Don Juan*, sa seconde épopée, *Don Juan*, qui devait être la satire de tout ce qu'il avait vu, de tout ce qui l'avait fait souffrir, dans lequel il déposait la peinture idéale de la beauté et de l'amour. Il ne pouvait cependant rester longtemps dans cet état d'abaissement moral; il en fut tiré par la vue de la comtesse Guiccioli. C'était une jeune et belle Romagnole, mariée depuis deux années à un vieillard. Ils se virent une première fois sans s'attacher l'un à l'autre. Une seconde entrevue livra la jeune comtesse tout entière à un amour que Byron a vivement partagé. La comtesse Guiccioli fut bientôt forcée de retourner à Ravenne, sa résidence habituelle. Lord Byron l'y rejoignit sous le prétexte poétique de visiter la tombe du Dante. Depuis ce moment il vit continuellement la comtesse, malgré la colère de sa famille et la jalousie, tardivement éveillée, de son mari. Il l'accompagna à Bologne; elle alla même avec lui seule à Venise. Comme il voyait que cette jeune femme s'attachait de plus en plus à lui, il lui proposa de fuir avec lui. Cette proposition causa une vertueuse indignation à la comtesse Guiccioli, qui, comme toutes les Italiennes, trouvait très-simple de tromper son mari, mais très-odieux de l'abandonner. Elle proposa à son amant l'expédient romanesque de se faire passer pour morte, disant que c'était chose facile. Byron a dû sourire à l'idée de cette tromperie, empruntée au drame italien de Shakspeare.

Il composa à Ravenne sa prophétie du Dante, et écrivit son premier drame (*Manfred* n'est qu'une rêverie dramatisée), *Marino Faliero*. Il avait ainsi atteint l'année 1820. Les trois premiers chants de Don Juan avaient obtenu un grand succès. Murray était resté l'éditeur de Byron; mais ce libraire, qui appartenait à l'opinion tory, éditait avec peine les nouveaux ouvrages du noble auteur, et pour le dégoûter du sujet de *Don Juan* il lui faisait passer sans cesse des critiques de son poëme. Il lui écrivait un jour qu'une moitié seule de cet ouvrage devait être admirée. Lord Byron lui répondit : « C'est le plus bel éloge que vous puissiez faire de mon poëme? Est-il une composition poétique parfaite? Exiger qu'un poëme soit parfait, c'est vouloir que tous les astres brillent en même temps à minuit. » La liaison prolongée de Byron avec la comtesse Guiccioli avait amené la séparation de cette dame d'avec son mari. Elle habitait près de Ravenne, et, réduite à des revenus très-médiocres, elle se consolait de la richesse qu'elle avait perdue par l'amour d'un grand poëte. Quant à lui, il avait renoncé au projet de revenir en Angleterre au moment même de le réaliser.

L'année 1820 remua toute l'Europe. La révolution de Naples avait donné beaucoup d'espoir aux patriotes de la Romagne. Lord Byron s'était lié intimement avec le comte Gamba, père de la comtesse Guiccioli, et avec son frère, Pietro Gamba. Tous deux étaient fort avant dans le carbonarisme, et leur amitié compromit lord Byron, dont la maison même renferma pendant quelque temps les armes des conjurés. L'année qui suivit fut célèbre par les persécutions de la sainte-alliance. Les Gamba et la comtesse Guiccioli furent obligés de fuir Ravenne. Le séjour de cette ville convenait à lord Byron; mais un gouvernement soupçonneux et l'impossibilité de rester éloigné de ses amis le forcèrent à la quitter. La comtesse Guiccioli hésita entre la Suisse et l'Italie. Ils se décidèrent enfin à aller habiter Pise. En 1821 lady Noël mourut. C'était la belle-mère de Byron. Une de ses dernières volontés était que sa petite-fille Ada fût un assez grand nombre d'années sans avoir le portrait de son père. Cette disposition haineuse excuse l'aversion que lord Byron avait pour une femme dont il dut prendre le nom, d'après des conventions de famille, mais qu'il se vantait, pour ainsi dire, de détester. L'année qui avait précédé cette mort, une personne qui n'était pas de sa famille s'était occupée d'une manière noble et touchante de l'état de ses croyances religieuses. La conduite de M. Sheppord, comparée à celle de lady Noël, montre toute la différence qui existe entre la dévotion et la bigoterie. M. Sheppord avait perdu une jeune femme d'une grande piété; il trouva dans des papiers qu'elle avait laissés à sa mort une prière pour le salut de l'âme de lord Byron; il la lui fit passer avec une lettre courte et bien écrite. La réponse de Byron est pleine de grâce et de sensibilité. « Croyez, dit-il en finissant, que la prière d'une âme sainte adressée pour moi au ciel me semble plus précieuse que la gloire d'Homère, de César et de Napoléon, si elle pouvait s'unir sur une seule tête. »

Une rixe avec un sous-officier autrichien força Byron de quitter Pise pour Gênes, où il se trouvait en 1822. Là deux chagrins cruels l'attendaient. Il perdit sa fille naturelle, Allegra, qui avait cinq ans et quelques mois. Il voulut qu'elle fût enterrée dans l'église de Harrow, avec cette seule inscription tirée de Samuel : « *J'irai à elle, mais elle ne reviendra pas à moi.* Le second événement qui l'attrista profondément fut la mort de Shelley, qui se noya dans le golfe de la Spezzia. Un passage de la lettre où il rend compte de cette mort est trop frappant pour n'être pas cité : « Nous avons brûlé les corps de Shelley et de Williams sur le bord de la mer, pour rendre possible de les transporter et de leur faire des funérailles. Vous ne pouvez vous figurer quel effet produisait ce bûcher funèbre sur un rivage désolé, avec des montagnes au fond et la mer devant, et la singulière apparence que le sel et l'encens donnaient à la flamme. Tout le corps de Shelley fut consumé, excepté son cœur, qui ne voulut pas prendre la flamme, et qui a été conservé dans l'esprit de vin. »

Pendant ces trois années, 1820, 1821 et 1822, lord Byron continua l'édition de *Don Juan*. En 1821, cependant, la comtesse lui avait fait promettre de ne pas continuer ce poëme. On sait qu'heureusement cette parole ne fut pas tenue, ou, que le noble poëte en fut relevé. Outre *Don Juan*, ces trois années virent paraître les drames de Byron : d'abord *Marino Faliero*, puis *Sardanapale*, *Les deux Foscari*, *Caïn*, et *Werner*. Il n'est point d'époque de sa vie où il ait plus travaillé. Son amour pour la comtesse Guiccioli avait calmé son existence. Il était revenu à tous ses bons penchants. La passion de l'amour avait chez Byron cet effet singulier de l'identifier avec la personne aimée. Lors de son indigne liaison avec Margarita Logni, il était devenu d'une sordide avarice. On servait quatre bec-figues à leur dîner, et il en mangeait trois. A Gênes, sous l'empire de la comtesse Guiccioli, il donnait le quart de ses revenus aux pauvres.

Les comédiens de Londres voulurent représenter *Marino Faliero* malgré le vœu de l'auteur et les efforts de ses amis : la pièce (et cela ne pouvait être autrement, pour plus d'une raison) fut accueillie froidement. Des journaux dirent même qu'elle avait été sifflée; lord Byron fut vivement affecté de cette nouvelle, et quand il apprit qu'elle était fausse, il écrivit avec gaieté : « Combien de dommages-intérêts me payera le directeur de Drury-Lane pour avoir été cause que j'ai cru pendant huit jours avoir été sifflé par son parterre? » *Caïn* souleva contre Byron le parti des saints; ses amis mêmes, effrayés des grandes hardiesses de cet ouvrage, accusèrent Shelley de l'avoir inspiré à Byron. Shelley le nia, rétablit la vérité du fait, et s'écria : « Plût à Dieu que je fusse pour quelque chose dans cet admirable ouvrage! » Des contrefaçons de ce drame ayant paru en Angleterre, le chancelier refusa à l'éditeur de Byron les moyens légaux de poursuivre les contrefacteurs. Sur ces entrefaites, pendant qu'il composait ses drames, il entretenait une guerre de plume avec le docteur Bowles, qui avait attaqué la réputation de Pope, le Boileau de l'Angleterre. Cette polémique ne passa pas cependant les bornes de la politesse. On ne peut pas dire qu'elle ait été favorable au talent de lord Byron; il y formula les principes d'une critique étroite et peu digne de son génie, ce qui fit écrire avec raison à Shelley : « Il affecte d'être le patron d'un système de critique fait seulement pour les productions de la médiocrité; et quoique tous ses plus beaux poèmes et ses plus beaux passages aient été composés au mépris de ce système, j'en reconnais cependant les pernicieux effets dans le *Doge de Venise*. Cela limitera ses futurs efforts, s'il ne s'en débarrasse pas.... »

Shelley, qui avait eu une heureuse influence, selon nous, sur le génie de Byron, lui rendit un bien triste service en lui recommandant M. Leigh Hunt, que lord Byron avait, au reste, déjà connu en Angleterre. Malgré les prières de ses amis, lord Byron coopéra avec M. Hunt à la publication d'une revue intitulée *Le Libéral*. Cette publication n'obtint pas de succès, malgré la belle préface qui la précède et dont Byron est l'auteur. Elle eut en outre le désavantage de l'envelopper dans des tracasseries qui fatiguèrent sa patience. Il se persuada alors que sa réputation diminuait, et que l'admiration qu'il avait excitée en Angleterre ne tarderait pas à s'évanouir. Il était dans un état de découragement qu'au reste il avait déjà connu, lorsque les partisans de la révolution grecque songèrent à lui, comme étant l'homme dont la présence ferait le plus de bien à la cause des Hellènes. Il embrassa avec ardeur l'idée de se rendre en Grèce. Il répétait « qu'un homme doit faire pour la société plus que d'écrire des vers ». Néanmoins il ne pouvait se défendre d'un triste pressentiment; et certes l'état d'une santé affaiblie par des excès de diète, que lui commandait la crainte qu'il avait de prendre trop d'embonpoint, et par un régime capricieux, devait lui rendre ce voyage très-dangereux. Malgré les prières de la comtesse Guiccioli et sa mélancolie profonde, il s'embarqua en juillet 1823. Le vent d'abord le rejeta dans le port; mais il devint favorable, et une fois lancé sur la mer il reprit son courage, son espoir, et, comme dit Thomas Moore, « la voix de sa jeunesse semblait encore se faire entendre dans la brise qui le poussait aux rivages de sa Grèce bien aimée ». Dix jours après son départ, favorisé par un beau temps, il était à Céphalonie.

En Angleterre, où le ridicule est si puissant, on le railla beaucoup de ce que, parmi les armes qu'il emportait, se trouvaient trois casques richement ornés. On taxa de puérilité cette fantaisie poétique. Il prouva bientôt que s'il avait été entraîné par l'enthousiasme en Grèce, il devait s'y conduire avec bon sens, fermeté et prudence. Instruit par un précédent voyage, tout en estimant les Grecs, il ne voyait pas en eux des contemporains de Miltiade et de Thémistocle. « Il croyait les Grecs bons, pour nous servir d'une expression du colonel Stanhope, mais son but était de les rendre meilleurs. » Il voulut rester parmi les îles Ioniennes jusqu'à ce qu'il sût quel était l'état des partis en Grèce, et quels étaient les besoins les plus pressants à satisfaire. Pendant son séjour à Céphalonie, il se fit aimer par sa bienfaisance et estimer par la sagesse de ses vues. Le pressentiment de sa fin prochaine lui revint pourtant alors avec une grande force. Il écrivait, le 27 décembre 1823, à Thomas Moore : « Si quelque chose, comme la fièvre, la fatigue, la famine, ou quoi que ce soit, atteignait au milieu de sa carrière votre frère en poésie, comme il est arrivé à Garcilaso de la Vega, à Kleist, à Kœrner, souvenez-vous de moi *au milieu des sourires et du vin*. »

Il se rendit enfin à Missolonghi, après avoir traversé la flotte turque, qui manqua de s'emparer de son navire. Là, il prit à sa solde un corps de Souliotes, avec lequel il comptait attaquer Lépante. Il fut infatigable dans les soins qu'il prit pour calmer les dissensions intérieures, et pour donner à cette cruelle guerre des habitudes d'humanité. Plusieurs fois il fit rendre les prisonniers turcs à la liberté, et il mettait à prix non la tête des ennemis, mais le soin qu'on aurait de les sauver. Cependant il n'arrivait à aucun résultat. Il fut obligé de renvoyer les Souliotes, et le climat humide et malsain de Missolonghi ébranla fortement sa santé. Le 14 février les Souliotes quittèrent la ville. Le 15 il eut une horrible convulsion. Il se plaignit ensuite de la lourdeur de sa tête. On lui posa des sangsues au front; mais le sang coula trop longtemps. Des Souliotes révoltés ne respectèrent pas son état de souffrance. « Bientôt après cette fatale crise, dit le colonel Stanhope, lorsqu'il était étendu sur son lit de douleur, épuisé par une saignée trop forte, et avec tout son système nerveux ébranlé, les Souliotes mutinés, leurs riches habits couverts de boue, entrèrent dans son appartement, brandissant leurs armes magnifiques et réclamant leurs droits. Lord Byron, électrisé par ce spectacle inattendu, sembla pour un moment guéri de sa maladie : plus grande était la rage des Souliotes, plus il était calme : la scène était vraiment sublime. Bientôt ses amis durent perdre tout espoir; il expira le 19 avril 1824, dans les bras de son fidèle domestique Fletcher. « J'ai donné, dit-il, à la Grèce mon temps, ma fortune, ma santé, et maintenant je lui donne ma vie. Que pouvais-je faire de plus ? » A ses derniers moments, les noms de sa sœur, de son Ada, de la Grèce, de son ami Hobhouse, se confondirent sur ses lèvres. Missolonghi célébra par un deuil solennel les funérailles du grand homme. Le 16 juillet 1824 le corps de Byron, suivi de peu d'amis, fut déposé sans pompe dans la petite église de Hucknall, près de Newstead. Son titre a passé au capitaine de vaisseau Georges Anson-Byron. Ernest Desclozeaux.

La fille unique de l'illustre poète, lady *Ada Augusta*, est morte le 27 novembre 1852, à l'âge de trente-sept ans. Elle avait épousé en 1835 lord King, petit-neveu du grand philosophe Locke, créé en 1838 *comte de Lovelace*. Elève du célèbre Babbage, elle possédait des connaissances peu communes en mathématiques.

BYSSUS, mot latin introduit sans aucun changement dans notre langue, et dérivé du grec βύσσος. D'abord employé chez les anciens pour désigner en langage usuel des substances végétales et animales filamenteuses propres à former un tissu très-fin, il a passé ensuite dans la nomenclature des sciences naturelles et de l'anatomie.

La sensation agréable du toucher des tissus faits avec le byssus a déterminé l'emploi de ce mot dans le sens moral chez les anciens. Ils ont pu dire : *byssus castitatis*, *vel continentiæ candor*, littéralement : byssus de la chasteté, ou candeur de la continence; βύσσινα ῥήματα, pour paroles byssueuses, c'est-à-dire expressions nobles, élégantes. Le génie de la langue latine a pu permettre à Tertullien les métaphores suivantes : *vestite vos serico probitatis*, *byssino sanctitatis*, *purpura pudicitiæ* : prenez pour vêtements la soie de la probité, le byssus de la sainteté et la pourpre de la pudeur. Vossius, qui disserte longuement sur le mot *byssus*, ne détermine pas la substance ainsi nommée avec laquelle on fabriquait des étoffes précieuses par leur finesse, leur couleur et leur rareté. Les byssus les plus renommés étaient celui de l'Elide et celui de la Judée. D'après les historiens, ce dernier était remarquable par sa couleur et l'éclat de l'or; on en faisait les habits sacerdotaux chez les Hébreux. La substance végétale désignée sous le nom de *byssus* dont ils se servaient pour fabriquer ces tissus si renommés n'est point connue. M. Léman pense que c'est tout simplement du coton.

Du moins nous connaissons en anatomie animale et en zoologie les parties qui, dans l'organisme animal, sont spécifiées sous l'appellation de byssus, ainsi que les mollusques qui le fournissent, et que pour cette raison Lamark a nommés *byssifères*. Le byssus de ces animaux est une touffe de filaments soyeux plus ou moins fins qui leur servent à s'attacher et à se fixer aux corps sous-marins. C'est dans les genres *houlette, linne, peigne, pinne, moule, modiole, perne, marteau, avicule, saxicave, tridacne* qu'on l'observe. Cette touffe sort de leurs valves, tantôt par le milieu, tantôt par le bout de la coquille. Le byssus de la tridacne est très-fort et tendineux, en raison de la grosseur de cette coquille, qui pèse quelquefois plusieurs quintaux. Celui des saxicaves, qui vivent dans l'intérieur des pierres, est très-court. Le byssus des pinnes marines mérite le plus de fixer un moment notre attention; ses filaments, longs de 0^m16, soyeux, fins, d'une très-grande souplesse, d'un brun fauve et brillant, sont susceptibles d'être filés et convertis en tissus; aussi l'industrie humaine s'en est-elle emparée. Le commerce des objets confectionnés avec ce byssus était autrefois beaucoup plus étendu qu'aujourd'hui; on en faisait en Sicile et en Calabre des étoffes, des bas, des gants. En France, on a fabriqué des draps entièrement faits de byssus de pinne, qui étaient remarquables par leur moelleux et leur solidité. Lorsqu'on veut convertir le byssus en fil, on le laisse dans un lieu humide, pour l'amollir et de l'humecter; on le peigne ensuite, on en sépare la bourre et on le file comme la soie.

Quoiqu'on ait dit qu'un organe musculeux, conique, creusé d'un sillon longitudinal et remplaçant le pied, est l'instrument qu'emploie le mollusque pour tirer en fils la matière des byssus; quoiqu'on ait admis une glande particulière pour cette sécrétion et un canal pour l'excrétion, il conviendrait d'examiner et de vérifier si ce ne sont pas simplement des filaments tendineux, en raison de leur connexion avec un rudiment de pied musculaire.

En botanique, Linné a donné le nom de *byssus* ou *bysse*, Link celui de *byssocladium*, et Persoon celui de *byssoïdes*, le premier à des plantes cryptogames, filamenteuses, pulvérulentes; le deuxième à des filaments rayonnants, rameux, couverts de sporules épars, et le troisième à toute la famille des mucédinées, caractérisée par des filaments continus ou articulés sans sporules. L. LAURENT.

BYSSUS MINÉRAL. *Voyez* AMIANTE.

BYSTRŒM (JEAN-NICOLAS), célèbre sculpteur suédois, est né le 18 décembre 1783, à Philippstadt, dans la province de Wermeland. Destiné d'abord à la carrière commerciale par ses parents, ce ne fut que lorsqu'il les eut perdus qu'il se trouva libre de suivre le penchant qui l'entraînait vers la culture des beaux-arts. A l'âge de vingt ans il entra à Stockholm dans l'atelier de Sergell, qui se prit d'affection pour lui, et se plut à l'instruire avec un soin tout particulier. Il y passa trois années, qu'il consacra presque exclusivement à l'étude de l'antique. En 1809 l'Académie des Beaux-arts de Stockholm lui décerna un de ses prix, et l'année suivante il alla à Rome, d'où il ne tarda pas à envoyer dans sa patrie une *Bacchante couchée*. Cette statue, qui obtint des éloges universels, notamment ceux de Sergell, fonda la réputation de notre artiste dans sa patrie. Plus tard, il dut en faire successivement jusqu'à trois copies. Sergell avait désigné son élève favori comme celui qui était le plus digne de lui succéder, et il avait obtenu par son crédit que le gouvernement assurât à Bystrœm la jouissance du logement et de l'atelier qu'il avait construits et arrangés pour lui-même, à son retour de Rome, aux frais du trésor public. A la mort de son maître, en 1815, Bystrœm revint donc à Stockholm, et à cette occasion il présenta au nouveau prince royal sa statue, de grandeur colossale, qu'il avait déjà terminée jusqu'à la tête, à Rome, et qu'il avait achevée à son retour dans sa patrie. Le prince récompensa cette attention de l'artiste en déclarant qu'il considérait désormais comme siennes toutes les productions de son ciseau, et en lui commandant immédiatement les statues colossales en marbre des rois Charles X, XI et XII. Pour les exécuter, Bystrœm s'en retourna à Rome, où il séjourna jusqu'en 1821, et où il continua longtemps à revenir après de courtes visites rendues à sa patrie.

Indépendamment des ouvrages déjà cités, on a de lui un *Amour enivré, qui a dérobé les attributs de Bacchus*, une *Nymphe entrant au bain*, une *Junon endormie*, un *Jeune Hercule à la mamelle*, *Apollon jouant du cythare*, *Hygie*, une *Pandore soignant sa chevelure*, une *Danseuse*, la statue de Linné *en négligé et méditant sur un livre*, ouvrage exécuté aux frais des étudiants de l'université d'Upsal et qui orne l'amphithéâtre de botanique; enfin pour la cathédrale de Linkiœping un *Christ entouré de l'Amour et de la Religion*, groupe. A la liste des statues colossales de rois sculptées par cet artiste il faut encore ajouter celles de Charles XIII, de Gustave-Adolphe et de Charles XIV Jean, qui ornent soit la grande place de Stockholm, soit la grande salle du château royal. Quand Bystrœm se décida à se fixer définitivement à Stockholm, il fut nommé professeur à l'Académie des Beaux-Arts de cette capitale. Les devoirs de cette place ne l'ont point empêché de continuer à travailler avec autant d'ardeur que par le passé, et il est en outre doué d'une extrême facilité. Les formes fraîches et gracieuses, les figures de femmes et d'enfants surtout sont le genre dans lequel il réussit le mieux. Ses créations sont d'ailleurs pleines de vérité, exemptes de toute affectation de naïveté : il groupe avec grâce et intelligence; son exécution est nette et sage.

BYZACÈNE, partie sud du territoire de Carthage.

BYZANCE (*Byzantium*), ville située sur le Bosphore de Thrace, fut fondée l'an 656 avant J.-C. par les habitants de Mégare; et cette colonie ne tarda point à prospérer par son commerce, que favorisait son heureuse situation géographique. La victoire que Pausanias remporta à Platée l'affranchit de la domination des Perses, à laquelle l'avait soumise Darius Hystaspe. Quand, en l'an 411, les villes maritimes de la Grèce se détachèrent de l'hégémonie d'Athènes, Byzance prit part à ce mouvement émancipateur; mais dès l'an 409 elle retombait au pouvoir des Athéniens, dont Alcibiade commandait l'armée; et en 405 les Spartiates, commandés par Lysandre, l'enlevaient à ceux-ci. Byzance, étant de nouveau devenue puissante sur mer, se ligua, en l'an 357, avec Chios et Rhodes ainsi qu'avec le roi de Carie, Mausole II, pour faire la guerre connue sous le nom de *guerre des alliés*; et elle continua à devenir d'autant plus puissante que le commerce d'Athènes déclina davantage. Démosthène la détermina à contracter une nouvelle alliance avec Athènes contre Philippe de Macédoine, qui l'assiégea vainement en 341 et 340. Sous le règne même d'Alexandre elle conserva une certaine indépendance; après la mort du conquérant elle soutint Antigone contre Polysperchon, et en 318 elle se ligua contre Séleucus avec Héraclée de Pont, ville qui était redevable de sa fondation aux habitants de Byzance.

Byzance fut pendant quelque temps tributaire des Gaulois qui après la mort de Brennus s'établirent en Thrace. En raison des droits que pour acquitter le tribut elle imagina de prélever sur les navires qui franchissaient le Bosphore, elle eut des querelles avec les Rhodiens, et s'allia en conséquence avec les Romains, lorsque, après la seconde guerre punique, ceux-ci intervinrent dans les affaires particulières des États de la Grèce et de l'Asie. Sous la domination romaine, Byzance, favorisée par Rome, demeura toujours un grand centre d'activité commerciale. Septime-Sévère, contre lequel elle avait pris parti en faveur de Pescennius Niger, s'en empara en l'an 196 après J.-C., à la suite d'un siége de près de trois années. Le vainqueur, irrité, se vengea en détruisant la ville, qui se trouva réduite aux proportions d'une simple bourgade, n'ayant plus même de juridiction particulière. Mais, grâce à son commerce, Byzance eut bientôt recouvré son ancienne prospérité, et lorsque, en 330, Constantin le Grand l'érigea en capitale de l'empire romain sous les noms de *Nouvelle Rome* et de *Constantinople*, elle fut considérablement agrandie et embellie. Dotée alors de tous les privilèges de l'ancienne Rome, elle devint bientôt l'une des plus importantes villes de l'univers.

BYZANTIN (Empire). *Voyez* ORIENT (Empire d').

BYZANTIN (Art). Byzance, devenue à partir de Constantin le Grand la nouvelle capitale de l'empire, s'efforca d'égaler Rome, sa rivale, par la magnificence de ses monuments. Là se concentrèrent les forces artistiques de l'ancien monde, et pendant que l'art y prenait un certain essor, toute activité allait s'éteignant de plus en plus dans l'ancienne capitale des Césars, de même que dans le reste de l'Occident, sous les violents assauts des peuples barbares et au milieu de la dissolution des éléments du monde païen. Pendant la sombre époque des premiers siècles du moyen âge, Byzance fut le foyer chargé de conserver l'étincelle de l'art, d'où devait renaître une vie nouvelle. Le grand mérite de l'art byzantin, c'est d'abord d'avoir conservé la tradition du style idéal antique en même temps que celle de la pratique matérielle de l'art; c'est ensuite d'avoir accueilli et fixé certains types répondant aux idées nouvelles, et qui semblaient affranchir l'art chrétien en l'éloignant des types créés par le monde païen. Ce caractère d'indépendance de l'art byzantin date de l'époque de Justinien, c'est-à-dire du sixième siècle de l'ère chrétienne. Son plus vif éclat dura jusqu'à la conquête de l'empire d'Orient par les Latins (1204). A partir de ce moment commence sa décadence. Toutefois, il se maintint parmi les populations de l'empire d'Orient jusqu'à la conquête qu'en firent les Turcs (1453); et aujourd'hui même il continue à caractériser l'Église grecque. Il brille encore chez toutes les nations orientales et chez les Russes, bien qu'il se soit singulièrement abâtardi sous divers rapports.

En ce qui est de l'*architecture*, ce fut l'église de Sainte-Sophie de Constantinople, que Justinien fit bâtir par Anthemius de Tralles et par Isidore de Milet, qui en fixa les règles. La voûte romaine en constitue dès lors le grand principe. D'énormes piliers unis entre eux par des arcs hardis soutiennent l'immense coupole qui se déploie au-dessus du centre de l'édifice. A ce centre se rattachent d'autres espaces, surmontés le plus souvent de demi-coupoles et autres voussures qui s'appuyent sur les arcs; ou bien de gracieuses arcades se voient disposées en plusieurs rangées l'une sur l'autre entre ces grands piliers et ces arcs. A cet égard on n'a observé dans le plan général de l'église aucune règle précise. L'église semble en partie être un octogone, et en partie un carré oblong; et c'est la forme qui par la suite devint dominante. L'espace libre en est occupé dans sa longueur par une nef haute et longue, et dans sa largeur par un transsept d'égale hauteur, de telle sorte que les deux principales parties de l'édifice forment ce qu'on appelle la croix grecque; et c'est au point d'intersection que s'élève la coupole supportée par les piliers. L'influence de l'Orient se manifesta dans la disposition et la nature des détails, et elle eut en grande partie pour résultat l'abandon de l'imitation slave de la colonne grecque. On inventa en outre de nombreuses formes nouvelles de chapiteaux. Lors de la décadence de l'empire byzantin on manqua de moyens artistiques et matériels pour élever de vastes coupoles; et les parties latérales, jadis demeurées en sous-ordre, en prirent plus d'extension. Cependant ces parties latérales, aussi bien que le centre, restèrent voûtées. Nous citerons encore comme des modèles d'architecture byzantine, après l'église Sainte-Sophie, celle de Saint-Vital à Ravenne, celle de Saint-Marc à Venise, les cathédrales d'Aix-la-Chapelle et d'Hexhaim (comté de Northumberland), et l'église Saint-Front à Périgueux.

En ce qui est de la *plastique*, l'art byzantin développa une symétrie riche d'effets et une dignité solennelle dans le mouvement des formes, offrant un contraste avantageux avec la manière heurtée et brisée de l'antiquité romaine. En même temps l'ingénieuse symbolique qui distingue déjà les premières figures de conception chrétienne reçut alors de nouveaux perfectionnements. C'est également au commencement du sixième siècle que cette partie de l'art prend un caractère particulier, par l'introduction d'un élément oriental se manifestant surtout dans des costumes d'un faste exagéré. Les figures semblent écrasées par la richesse; et il en résulte une lourdeur qui empêche d'en apercevoir les lignes nobles et hardies. L'exécution cependant est soignée, minutieuse même. Toutes les formes d'invention nouvelle sont composées de cette manière; et il n'y a que les figures de la première époque du christianisme, de même que celles qui appartiennent à l'antique, qui conservent un caractère plus sévère. La sculpture byzantine se maintint néanmoins à une certaine hauteur jusqu'au douzième siècle; et ce n'est guère qu'à partir du treizième siècle que ses productions commencent à affecter une roideur inerte.

L'art byzantin nous a laissé des sculptures sur ivoire exécutées dès le sixième siècle, par exemple le dyptique de Justinien (qu'on voit aujourd'hui au palais Riccardi, à Florence). Une certaine gravité d'attitudes et de gestes, provenant évidemment du cérémonial de la cour de Byzance, une grande magnificence de costumes, des détails d'exécution très-soignés, tels sont les caractères particuliers de ce travail. Il faut encore mentionner comme un monument tout à fait caractéristique de cet art une plaque de haut relief représentant les quarante saints, que possède le musée de Berlin. Les sculptures d'une époque postérieure trahissent déjà plus de roideur dans les formes. Les objets consacrés à l'exercice du culte dont les églises étaient remplies jouent aussi un rôle important dans l'art byzantin, et on peut dire que les églises possédaient à cet égard d'immenses richesses. Non-seulement ces objets, tels que calices, coupes, lampes, flambeaux, croix, etc., étaient faits en or et en argent et ornés de diamants, mais souvent encore on revêtait complètement de métaux précieux les lieux consacrés, et plus particulièrement l'autel et son voisinage immédiat, et on couvrait les surfaces plus vastes de sculptures en ronde bosse. On cite comme un des artistes les plus célèbres un certain genre Tutilo de Saint-Gall; mais on n'a conservé qu'un bien petit nombre de productions de cette espèce.

L'amour du faste qui dominait à Byzance fit substituer sur les murailles la mosaïque à la peinture proprement dite. Des matières vitreuses, dont le plus souvent on dorait les fonds, fournissaient à cet effet des matériaux aussi durables que brillants. Les travaux de ce genre exécutés dans les églises de Ravenne, pour la plupart parfaitement conservés encore aujourd'hui et provenant du sixième siècle, ainsi que d'autres ouvrages de la même époque, présentent des preuves visibles de l'influence de l'antique; tandis qu'au septième siècle se manifeste un nouveau style, auquel il faut spécialement réserver la dénomination de byzantin, et qui pourtant n'est autre qu'un style conçu par le génie ascétique de l'Orient, mis extérieurement en pratique, mais, au fond, romain d'une époque postérieure et devenu insensiblement une vague tradition. Le luxe de la vie ecclésiastique s'étendit enfin jusqu'aux saintes Écritures, qui devinrent ainsi l'asile de la peinture en miniature. Dans les figures de quelques manuscrits grecs de luxe du neuvième et du dixième siècle l'élément byzantin proprement dit se trouve d'abord dans les formes de saints et dans les figures de portraits. A l'égard du reste, la pauvreté d'invention propre se dissimule sous des réminiscences de la bonne époque chrétienne primitive. Sous ce rapport il faut particulièrement citer un manuscrit du neuvième siècle contenant les sermons de saint Grégoire de Nazianze, qui se trouve à la Bibliothèque Nationale à Paris, ainsi que les figures d'un psautier du dixième siècle. Vers la fin de cette époque on trouve déjà, conformément à la direction particulière des idées byzantines en matière d'art, la représentation de cruelles scènes de martyrs exécutées avec autant de magnificence que de solidité. C'est seulement au onzième siècle que l'art byzantin se développe complètement dans les miniatures, et que les éléments antiques disparaissent. Les formes deviennent alors maigres, décharnées, la couleur trop crue, et le tracé des contours est marqué par des lignes noires. Après la prise de Constantinople, en 1204, ces travaux dégénèrent également en une manière froide et compassée. La peinture sur toile ne s'employa plus que d'une manière très-secondaire, surtout par la raison qu'alors il n'était point encore d'usage d'exposer des tableaux particuliers au-dessus de l'autel. Tout ce qu'on rencontre en fait de productions de l'art byzantin de l'époque postérieure est d'un ton de couleurs lourd, obscur, sans animation, surchargé de dorures et de clinquant.

L'art byzantin, de même que toute la vie sociale de l'empire d'Orient, manqua du principe vital. Malgré le caractère particulier et indépendant de ses premières manifestations, on cesse bientôt d'apercevoir aucun développement ultérieur, aucun progrès dans l'œuvre commencée. De même que les traditions directes de l'art antique qu'on découvre dans les siècles de sa décadence ne contribuèrent que faiblement à ranimer le goût classique, de même le caractère propre de l'art byzantin fut impuissant à atteindre une organisation supérieure. Il fallut y suppléer par l'ornementation et la parure dans le goût oriental, et souvent avec une extrême exagération ; le système si remarquable de voûtes de l'architecture byzantine demeura sans développement, quels que fussent le nombre des colonnades, la magnificence des matériaux et la richesse des ornements de sculpture qu'on y ajoutait. Cette solennité symétrique de formes se roidit encore davantage sous la contrainte du cérémonial des cours, sous le poids des costumes d'apparat dont on les entourait, sous l'éclat scintillant de l'or dont on les affublait, sans doute par respect pour des formes dont le caractère avait été fixé dès les premiers temps de l'art chrétien, notamment pour la figure du Sauveur et celle des Apôtres. On conserva bien l'antique manière, mais la représentation des figures qu'on introduisit plus tard dans l'art n'en offre qu'un plus saillant contraste, et le spectateur n'en reconnaît que mieux, en comparant les deux manières, l'impossibilité d'en constituer un tout artistique. Toute apparence de vie disparaît de plus en plus de l'art byzantin, et à la fin on n'y trouve plus qu'une froide enveloppe glacée, de la nature des momies. Cependant cette enveloppe elle-même avait à l'origine contenu quelque chose de vivant. Elle convenait parfaitement dès lors à servir de guide à un art en voie de rénovation, à le conduire vers une conception digne et une expression juste de l'idéal. C'est ce qui arriva lorsque le besoin de nouvelles formes artistiques se fit sentir chez les peuples de l'Occident et même parmi les mahométans. Ce qu'il y a de certain, c'est que l'architecture byzantine, abstraction faite des cas dans lesquels on en suivit exactement les principes, comme pour l'église de Saint-Marc à Venise, ne laissa pas que d'influer sur la construction des voûtes dans l'Occident ; mais son influence fut encore bien plus sensible sur la sculpture. Le peintre Cimabué, qui dans la seconde moitié du treizième siècle fit renaître l'art italien, peut être considéré comme l'un des disciples de l'art byzantin. Toutefois, l'étude de l'art byzantin ne fit que donner l'impulsion ; il était réservé au génie, plus indépendant, des peuples d'Occident de prendre bientôt un large essor et d'en transformer tellement les formes traditionnelles, qu'il en fit dès lors l'expression particulière et propre de son caractère individuel.

BYZANTINE (École). *Voyez* ÉCOLE.

BYZANTINES. On appelle ainsi en numismatique les monnaies des souverains de l'empire d'Orient ou de Byzance, depuis son origine, sous Constantin le Grand, jusqu'à sa destruction par les Turcs, au milieu du quinzième siècle. Dans ces derniers temps toutefois on a restreint la signification de ce mot, et on ne s'en sert plus que pour désigner les monnaies frappées à partir d'Anastase. Sous le règne de ce prince et sous ceux de ses successeurs Justin et Justinien on changea tantôt les coins, tantôt les titres mêmes des monnaies; et en disparaissant graduellement du théâtre de l'histoire, l'empire romain d'Occident laissa une série de monnaies particulières, qu'on ne voulait attribuer ni à l'antiquité ni au moyen âge.

Les *byzantines* sont en or, argent et bronze, et diffèrent essentiellement des monnaies romaines antérieures. Les relations commerciales de l'empire de Byzance contribuèrent à répandre ses monnaies par toute la terre alors connue, et elles avaient cours dans l'Inde aussi bien que dans le nord de l'Europe. C'est ce qui explique comment certains pays imitèrent les coins et adoptèrent en même temps le titre des monnaies byzantines. Ce n'est que tout récemment d'ailleurs que les *byzantines* sont devenues l'objet d'une attention spéciale et de savantes investigations. Le premier ouvrage dans lequel ce sujet ait été traité à fond est l'*Essai de classification de suites monétaires byzantines* par M. de Saulcy (Metz, 1830).

BYZANTINS (Historiens). On appelle ainsi, en littérature, les écrivains grecs qui ont écrit sur l'histoire de l'empire de Byzance. Les uns sont des chroniqueurs généraux et des historiens proprement dits, se complétant, se continuant les uns les autres, et retraçant spécialement l'histoire de l'empire, de ses guerres extérieures, de ses déchirements intérieurs, etc.; les autres, enfin, traitent des usages, des antiquités, de l'architecture, etc. Quels que soient les défauts de ces différents ouvrages, ils n'en sont pas moins l'unique source à laquelle on puisse puiser pour connaître l'histoire de l'empire qui s'éleva en Orient sur les débris de la puissance romaine. Les plus importants sont ceux qui ont pour sujet le récit d'événements particuliers, par exemple l'ambassade envoyée à Attila, etc., ou qui traitent de la constitution même de l'empire. Ils ont été recueillis et publiés par l'abbé Fabrotti, Dufresne, etc. (42 vol, Paris, 1656-1711). En 1828, Niebuhr entreprit la publication d'un nouveau *Corpus Scriptorum Historiæ Byzantinæ* en collaboration avec divers savants, tels que J. Bekker, L. et W. Dindorf, Schopen, Meinekes et Sochman. Les auteurs suivants ont déjà paru dans cette collection : Agathias, Jean Cantacuzène, Léon diacre, Nicéphore Grégoras, Georges Syncelle, Constantin Porphyrogénète, Procope, Cédrénus, la Chronique paschale, Nicéphore de Brienne, Glykas, Manassés, Cinnamus, Joel, Georges Acropolite, Merobaudes, Corippus, Nicétas Choniata, Pachymère, Georges Phranza, Paulus Silentiarius, Georges Pisida, Nicéphore patriarche, Théophanes, Jean Kameniata, Syméon Magister, Theophylacte Simoccatta, Genesius, Zozime, Codinus, Laonicus Chalcondyle, Zonaras et divers ouvrages anonymes. Pour que la collection soit complète il manque encore Jean Scylitzès, Anne Comnène, Ducas, etc. On y joint ordinairement les écrits d'Anselme Banduri et de Pierre Gilles. Consultez Hanke, *De Byzantinarum Rerum Scriptoribus græcis* (Leipzig, 1677).

BYZAS, personnage vraisemblablement mythique, dont la tradition fait un prince grec qui, au septième siècle avant J.-C. aurait conduit une colonie de Mégariens fonder sur l'endroit de la côte du Bosphore où s'élève aujourd'hui Constantinople, une ville appelée de son nom Byzance. Diodore en fait le contemporain des Argonautes, ce qui le ferait vivre treize ou quatorze cents ans av. J.-C. Phidalie, femmme de Byzas, joua aussi un grand rôle dans l'histoire de son époux ; et à la tête des femmes de Byzance, elle repoussa Strobus, frère de Byzas, qui profita d'une expédition qu'il avait entreprise contre les Thraces pour tâcher de surprendre la nouvelle ville et de s'en emparer.

C

C, troisième lettre de l'alphabet latin, de l'alphabet français et de celui de la plupart des langues vivantes. Scaliger dit que cette lettre s'est formée du K des Grecs, par la suppression du trait qui forme la première moitié de celui-ci. D'autres veulent que le C soit le ב (caph) des Hébreux, qui lisent, comme on sait, de droite à gauche : les Romains l'auraient retourné. Mais le son des deux lettres n'est pas le même. Le caph est une lettre aspirée qui a beaucoup plus d'analogie avec le χ des Grecs qu'avec notre C. La lettre des Hébreux qui répond davantage au kappa des Grecs ou à notre C est le ק (kouph), dont la figure n'a aucun rapport avec celle du C. Il est d'ailleurs beaucoup plus rationnel de croire que les Romains ont emprunté leur alphabet plutôt aux Grecs qu'aux Hébreux. Le père Montfaucon, dans sa *Paléographie*, indique aux formes du K grec qui se rapprochent beaucoup de celle du C, et Suidas appelle formellement le C *kappa* romain.

Le C se prononce, du reste, avec le son du K devant les voyelles *a* et *o*, ainsi que devant les diphthongues dans la composition desquelles elles entrent, comme dans les mots *cabinet*, *copie*, *cause*, *couleur*, etc.; devant la voyelle *u*, et surtout les diphthongues en tête desquelles cette lettre se trouve jointe au c, la prononciation de cette dernière devient plus douce, comme dans les mots *cueillir*, *cuirasse*, *curieux*, etc.; enfin le c prend la prononciation de l's lorsqu'il précède les voyelles *e*, *i*, et devant les voyelles *a*, *o*, *u*, elles-mêmes, lorsqu'il est marqué en dessous d'un petit signe (ç) que nous avons appelé *cédille* (ou petit c), de l'espagnol *cedilla*, et il répond alors au *sigma* des Grecs. Le son du *ch* en français est un son palatal ; pour le former il faut approcher la langue du palais comme font les Anglais pour leur *sh* et les Allemands pour le *sch*, tandis que le *ch* des Allemands est dur et guttural. Le père Mabillon observe que Charlemagne écrivait son nom (*Carolus*) avec la lettre C, tandis que les rois de la seconde race qui portaient le même nom y substituaient un K, usage qui d'ailleurs a prévalu pendant tout le neuvième siècle, comme on peut le voir sur les médailles de l'époque. Tous les anciens grammairiens ont remarqué encore que les Romains prononçaient le Q comme le C, et que leur C avait chez eux la prononciation que nous donnons au K.

Le C français se prononce d'une manière fortement accentuée à la fin de presque tous les monosyllables, comme dans *bec*, *choc*, *froc*, *pic*, *roc*, *sac*, *soc*, etc., et à la fin de quelques polysyllabes, tels que *bissac*, *Enoc*, *arsénic*, *Lamec*, etc. Dans les mots où cette lettre finale est précédée d'une consonne nasale, tels que *banc*, *blanc*, *jonc*, etc., elle ne se prononce point, ainsi que dans les mots *almanach*, *clerc*, *marc*, etc.; elle ne doit pas non plus se prononcer dans les mots *tabac*, *estomac*, *broc*, surtout dans le langage familier; mais on la fait entendre dans la poésie, qui demande une prononciation plus accentuée, non-seulement pour marquer la rime quand cette lettre la termine, mais encore pour éviter l'hiatus et faire sentir la liaison quand elle est au milieu des vers. Dans les mots *correct*, *exact* et *direct*, on prononce tout à la fois le c et le *t*; dans *respect* et *suspect*, on supprime généralement le *t* pour ne faire entendre que le c dans la prononciation; mais le *c* disparaît à son tour dans la prononciation des mêmes mots lorsqu'ils sont employés avec la marque du pluriel. L'usage avait aussi prescrit autrefois la transformation du *c* en *g* dans les mots *Claude*, *second*, et ses dérivés, mais les personnes qui se piquent de bien parler ne se sont jamais conformées à cette prononciation.

On peut séparer les C des monuments et des chartes en quatre séries. Dans la première et la plus ancienne, la forme du C est tantôt semblable au Γ grec, tantôt à l'L latin, tantôt à un angle ouvert du côté droit. La deuxième série est composée de C plus ou moins carrés, qui appartiennent presque tous au moyen âge. Les C diversement arrondis constituent la troisième série. La quatrième, uniquement consacrée au gothique, ne remonte pas au delà du douzième siècle et arrive jusqu'au nôtre.

Le C tient la place du Γ sur quelques anciennes médailles de la Sicile. Cette lettre a été souvent confondue aussi par les Romains avec le K, le G et le Q, à cause de l'identité de leur prononciation. On trouve fréquemment dans les manuscrits latins le mot *cotidiè* pour *quotidiè*, *cuandò* pour *quando*, et les marbres portent parfois *cointus* pour *quintus*. Les anciens poëtes latins ont souvent employé le c au lieu du *q* quand ils ont voulu donner une syllabe de plus à un mot. Ainsi, Plaute a écrit *acùa* pour *aqua* ; ainsi Lucrèce emploie *cuiret* de trois syllabes pour *quiret*, et *relicu-um* pour *reliquum* ; ainsi les Latins écrivaient *qui* (monosyllabe) au nominatif et *cu-i* (dissyllabe) au datif. Enfin, le C a quelquefois la place du T, chez les Latins, à la fin des mots terminés en *itius*, *itia*, substitution qui est devenue plus fréquente encore chez nous dans les mots que nous leur avons empruntés.

Chez les Romains, le C était une lettre numérale qui représentait *cent*; CC, 200; CCC, 300; CCCC ou CD, 400 ; XC, 90. Le C retourné et précédé de l'I, IƆ, s'employait pour D et représentait 500 ; CIƆ, employé pour M, signifiait 1,000; C̄, valait cent mille; C̄C̄, 200 mille; et C̄C̄C̄, trois cent mille. Le Ɔ (retourné) désignait encore chez les Romains le *silique*, poids ancien de la valeur de deux drachmes ou six scrupules.

En général le C désignait le prénom de Caïus devant les noms qu'il accompagnait, et les lettres *Cl.*, *Cn.*, *Cor.*, ceux de *Claudius*, *Cneius* et *Cornelius*. Les jurisconsultes employaient le C pour *codice* ou *consule*, en le doublant pour le mot *consulibus*. Le C désignait aussi, dans les fastes et les calendriers, les jours où il était permis d'assembler les comices. Cicéron appelle cette lettre une lettre *triste* (*littera tristis*), parce qu'elle servait, dans les jugements, à marquer la condamnation (*voyez* A).

Dans les formules chimiques, C signifie le carbone; Ca, le calcium; Cd, le cadmium; Cé, le cérium; Cl, le chlore, Co, le cobalt; Cr, le chrôme; Cu, le cuivre. C était aussi la marque distinctive d'un des hôtels des monnaies de France, celui qui avait été transféré de Saint-Lô à Caen, et le C double (CC) la marque de la monnaie de Besançon.

C représente, en musique, la note *ut*, première de la gamme : cette lettre est employée ainsi depuis saint Grégoire, qui remplaça les signes grecs, alors en usage dans la notation musicale, par les lettres de l'alphabet latin. C indiquait autrefois la p r o l a t i o n imparfaite. Placée au commencement d'un morceau de musique, cette lettre désigne la mesure à quatre temps, et traversée par une ligne perpendiculaire elle indique la mesure à deux temps. Dans les anciennes basses c o n t i n u e s, on trouve C employé comme abréviation de *canto*.

CAABA. *Voyez* KAABA.

CAAMA, nom que donnent les Hottentots à un animal du genre *a n t i l o p e*, appelé par les Hollandais *cerf du Cap*, et que Buffon, Pallas, et Gmelin confondent avec le bubale, quoiqu'il en diffère positivement. Le caama à la tête plus longue et plus étroite à proportion que le bubale ; la courbure de ses cornes en avant et en arrière est beaucoup plus prononcée, tandis qu'elles s'écartent beaucoup moins de côté ; elles sont aussi plus grandes à proportion, et ont des anneaux plus nombreux et plus marqués ; leur extrémité est très-lisse et très-pointue. La couleur est un fauve bai plus brun sur le dos ; une grande tache noire entoure la base des cornes. Il y a aussi une bande noire sur les deux tiers inférieurs du chanfrein ; une ligne étroite sur le cou, et une bande longitudinale sur chaque jambe sont de la même couleur, ainsi que le bout de la queue. Ces différentes marques sont brunes plutôt que noires dans la femelle du caama ; mais elles y sont encore très-distinctes, tandis que les bubales de l'un et de l'autre sexe n'en ont aucune.

Le caama est fort commun au Cap, où il vit en grandes troupes ; sa vitesse est telle qu'un cheval ne peut l'atteindre ; son cri ressemble à une espèce d'éternument. Les femelles ne font qu'un petit, qu'elles mettent bas en septembre et quelquefois en avril. Les colons éloignés de la ville en font sécher la chair pour la manger. G. CUVIER, de l'Acad. des Sciences.

CAB, espèce de cabriolet dont on se sert à Londres depuis longtemps, et qui a été importé à Paris en 1850. Sa caisse est moins élevée que celle du cabriolet ordinaire ; le cocher placé, sur un siége par derrière, conduit à grandes guides ; pour monter dans le cab, une petite plate-forme presque au niveau du sol remplace le marchepied et donne un facile accès. Ce véhicule doit à la grandeur de ses roues une certaine vitesse.

CABADES. *Voyez* KHOBAD.

CABALE, ou mieux KABBALE. Dans l'intérieur de l'Asie s'est fait le premier travail de l'homme pour remonter à l'origine de toutes les choses, pour reconnaître l'éternelle vérité. De ce travail est issue une doctrine qui, de proche en proche, s'est répandue à l'Occident, et à mesure qu'elle s'éloignait de son premier foyer a été tour à tour perfectionnée, modifiée ou corrompue. Les systèmes religieux et philosophiques que l'antiquité nous a légués sont presque tous empreints des traces de cette doctrine de l'Orient. Ce sont les nombreuses analogies entre ces différents systèmes qui ont fait entrevoir la source commune d'où ils sont émanés, quoiqu'il fût impossible de dissiper les ténèbres qui l'environnaient. Il est peut-être réservé à notre siècle de lever le voile des mystères de l'Asie et de connaître dans leurs formes primitives ces doctrines philosophiques que jusque ici on a vaguement désignées sous le nom de *philosophie orientale*, mélange de spéculations profondes et de croyances superstitieuses, de haute sagesse et d'extravagances. La théologie de Moïse, basée sur un sublime m o n o t h é i s m e, avait longtemps évité le contact des doctrines panthéistes de l'Orient ; mais il vint un moment où le mosaïsme, perfectionné et spiritualisé par les prophètes, devait à son tour subir l'influence de ces doctrines et c'est de l'amalgame du panthéisme oriental avec la religion des Hébreux qu'est sortie la théosophie mystique des Juifs, ou la *cabale*.

Il faut tout d'abord dissiper une erreur assez généralement répandue, et qui fut partagée même par quelques illustres savants, celle de considérer la cabale comme faisant partie de ce que les juifs appellent la *tradition* ou la *loi orale*. Il suffira de dire que la cabale a trouvé de nombreux partisans dans la secte des *c a r a ï t e s*, qui rejette la tradition, et qu'au contraire elle avait parmi ses adversaires les plus illustres rabbins des écoles d'Espagne, notamment le célèbre Maimonides. Le mot *kabbalah*, vient en effet du verbe *kibel*, qui veut dire *recevoir par tradition ;* mais on ne s'étonnera nullement de trouver sous le nom de *tradition* une doctrine que, par superstition ou par charlatanisme, ils faisaient remonter jusqu'à Abraham et même jusqu'à Adam, qui, disent-ils, eut pour maître l'ange Raziel. De la part des chrétiens, la cabale a été l'objet tantôt de superstitieux hommages, parce qu'on croyait y retrouver les dogmes fondamentaux de l'église et des moyens infaillibles pour convertir les Juifs, tantôt de railleries et de sarcasmes, comme n'ayant d'autre fondement que les rêves creux et l'imagination extravagante des rabbins.

Si les Juifs avaient puisé leur théosophie mystique dans les mystères des prêtres égyptiens, les livres de Moïse et des prophètes en offriraient des traces ; mais loin de là ces livres sont même en opposition avec les doctrines cabalistiques. Les derniers livres de l'Ancien Testament, surtout ceux d'Ézéchiel et de Daniel, offrent seuls quelques traces de doctrines étrangères entées sur la religion des Hébreux. Pendant l'exil de Babylone, les Juifs mêlèrent à leur monothéisme la doctrine des deux principes. C'est ici qu'il faut chercher l'origine de la *partie positive* de la cabale, de l'angélologie et de la démonologie fantastique, qui donna lieu à tant de superstitions et d'extravagances. A la vérité, la tradition des anciens Hébreux connaissait des a n g e s, mais elle n'en parle que vaguement ; elle ne leur donne ni noms ni fonctions particulières ; l'angélologie n'est pour rien dans le système religieux de Moïse. La *partie spéculative* de la cabale, dont la base est la doctrine de l'Émanation, ne reçut ses développements que par les philosophes juifs d'A lexandrie. Des écoles alexandrines, où les doctrines de P y t h a g o r e et de P l a t o n furent combinées avec des philosophèmes orientaux, sortit la cabale spéculative, ainsi que la g n o s e et le n é o p l a t o n i s m e. On peut regarder Philon comme le chef des théosophes juifs ; à l'instar des philosophes cabalistes qui le suivirent, il rattacha à l'Écriture Sainte les doctrines panthéistes de l'Orient. Les plus anciens livres écrits sur la cabale ne remontent pas au delà du deuxième siècle de l'ère chrétienne ; le livre *Yetsira* a probablement pour auteur Rabbi A k i b a. Le *Zohar*, attribué à son disciple Rabbi Siméon-Ben-Yochaï, ne fut connu aux rabbins que vers la fin du treizième siècle, ce qui rend son authenticité bien problématique. Ces deux livres sont les principales sources où l'on peut puiser les doctrines de la cabale. On voit déjà que la prétendue antiquité de cette doctrine ne peut soutenir le plus léger examen.

On divise ordinairement la cabale en *théorique* (*iyyounith*) et *pratique* (*maasith*). La première renferme la philosophie et la théologie mystique : elle expose la doctrine de l'Émanation, les différents noms de Dieu, des anges et des démons, et leur influence sur le monde sublunaire ; enfin, elle enseigne un mode d'exégèse mystique pour faire retrouver ses doctrines dans l'Écriture Sainte. La seconde renferme une prétendue science secrète, qui enseigne l'art de faire agir en certaines occurrences les puissances supérieures sur le monde inférieur, et de produire par là des effets surnaturels ou des miracles. En prononçant certains mots de l'Écriture Sainte, qui renferment des allusions aux différents noms des puissances qu'on veut faire agir, ou en écrivant ces mots sur des a m u l e t t e s (*kaméoth*), on parvient à sa-

soumettre ces puissances, et par là on peut exorciser, guérir des malades, éteindre des incendies et opérer toutes sortes de miracles. Cette science chimérique, qui offre un triste spectacle des égarements de l'esprit humain, est sortie sans doute des ténèbres de l'exil de Babylone; les livres apocryphes de l'Ancien Testament, les Évangiles, les Actes des Apôtres et le Thalmud en offrent des traces nombreuses. Beaucoup de livres cabalistiques sont remplis de ces doctrines superstitieuses, et les ennemis des Juifs les ont souvent représentées comme faisant partie des croyances juives modernes, quoiqu'elles fussent rejetées même par les plus grands cabalistes. Rabbi Joseph Gikatilla, dans son livre intitulé : *Les Portes de la Lumière* (Schaaré Orah), les donne pour des mystifications. Ce sont, dit-il, des piéges tendus aux âmes faibles et crédules pour les précipiter dans un abîme. Maïmonides, qui, à la vérité, n'a adopté aucune des parties de la cabale, mais que les juifs modernes considèrent presque comme leur législateur, s'exprime ainsi au sujet de la cabale pratique : « N'appliquez point votre pensée à la folie de ceux qui écrivent des *kameôth*, ni à rien de ce que vous entendrez d'eux ou de ce que vous trouverez dans leurs livres absurdes. Ils composent des noms qui n'ont aucun sens ; ils prétendent que pour ces compositions il faut de la sainteté et de la pureté, et qu'elles peuvent opérer des miracles. Un homme de bon sens ne devrait pas écouter ces choses semblables, et comment, à plus forte raison, pourrait-il les croire? »

Sans nous arrêter à ce dernier degré de folies et d'extravagances dues à l'imagination déréglée de quelques têtes malades, considérons la cabale dite *théorique* dans ses différentes parties. Les cabalistes eux-mêmes la divisent en *maaseh beréschith* (explication du premier chapitre de la Genèse) et *maaseh mercava* (explication des visions d'Ézéchiel et de quelques autres prophètes); mais ils sont très-peu d'accord sur ce qu'il faut comprendre sous chacune de ces dénominations, et la confusion qui règne sous ce rapport dans les écrits originaux est si grande, que nous croyons devoir abandonner cette division. En suivant un ordre qui nous paraît plus méthodique et en même temps plus conforme au développement historique de la cabale, nous la diviserons : 1° en symbolique, 2° en positive ou dogmatique, et 3° en spéculative ou métaphysique. La deuxième et la troisième forment ensemble la *cabale réelle*.

I. La *cabale symbolique* donne les moyens de trouver dans l'Écriture Sainte un sens ésotérique ou mystique, différent du sens littéral. On y parvient par différentes permutations ou combinaisons des lettres. Ces opérations se réduisent à trois : *themoura, guematria* et *notarikon*. La *themoura* (change, permutation) consiste à transposer arbitrairement les lettres d'un mot, ou à leur substituer, d'après certaines règles, d'autres lettres de l'alphabet, de manière qu'on en forme un autre mot que celui qui est dans le texte. Parmi les nombreuses méthodes de substitution, nous choisissons pour exemple celle qu'on appelle *ath basch*, et qui consiste à substituer la dernière lettre de l'alphabet (thau) à la première (aleph), l'avant-dernière (schin) à la deuxième (beth), et ainsi de suite. C'est de cette manière que le mot *scheschac* (Jérém., XXV, 26 ; LI, 41), nom de pays inconnu, et qui se compose des lettres *schin, schin, caph*(il faut se rappeler qu'en hébreu on n'écrit que les consonnes), est expliqué par *Babel* (beth, beth, lamed), ce qui convient parfaitement dans les deux passages. La *guematria* consiste à n'avoir égard qu'à la valeur numérique des lettres et à leur en substituer d'autres qui produisent la même somme ; car les Hébreux, comme les Grecs, employaient les lettres de l'alphabet comme chiffres numériques. Le mot *Maschiach* (Messie), composé de *mem* (40), *schin* (300), *yod* (10), *chet* (8), donne la valeur numérique de 358 ; il en est de même du mot *natachach* (serpent), composé de *noun* (50), *chet* (8), *schin* (300). Il résulte de là

que le Messie l'emporta sur Satan, représenté sous l'image du serpent, et qu'il détruira le péché et la mort spirituelle. Le *natarikon* consiste à réunir les lettres initiales ou finales de plusieurs mots pour en former un seul, ou à considérer les lettres d'un seul mot comme autant de mots dont elles formeraient les initiales. Ainsi par exemple, les finales des mots *baar elohim laasot* (*creavit Deus ut faceret*, Genèse, II, 3), forment le mot *emeth* (vérité), ce qui indique que Dieu n'a créé le monde que pour que la vérité y règne. Les trois lettres du mot *Adam* forment les initiales des trois mots *Adam, David, Messie*, ce qui prouve que l'âme d'Adam, par la métempsycose, devait reparaître dans les corps de David et du Messie.

Cette méthode d'exégèse laisse un champ très-vaste à l'imagination : on devait nécessairement recourir à ces moyens artificiels dès qu'il s'agissait de trouver dans les écrits de Moïse et des prophètes les dogmes d'une croyance étrangère et les différents noms de Dieu et des anges. La cabale symbolique devait se perfectionner à mesure que les doctrines étrangères se multipliaient, et si les méthodes de *guematria* et de *notarikon* paraissent assez récentes, comme l'indiquent ces mots mêmes, corrompus du grec et du latin, celle de *themoura*, dont le nom est hébreu, est sans doute très-ancienne, comme les deux passages de Jérémie cités plus haut paraissent le prouver. Il se trouve dans le même prophète un troisième passage très-remarquable (LI, 1), où le nom d'un pays est indiqué par les mots *Leb Kamay* (le cœur de mes adversaires), ce que les Septante expliquent par *Chaldéens*. Or, par la permutation *ath basch*, les lettres LEB KAMAY correspondent en effet à celle du mot hébreu CASDIM (*Chaldée* ou *Chaldéens*).

II. La *cabale positive dogmatique*. Nous comprenons sous cette dénomination tout cet amas de croyances et de dogmes mystiques entés sur le judaïsme pendant l'exil de Babylone, et naturalisés longtemps avant la formation de la théosophie spéculative. Quoique celle-ci ait accueilli en général l'essence de ces dogmes, elle ne s'occupe pas de leurs détails positifs. Ces détails sont plutôt du domaine de la croyance que de celui de la spéculation philosophique ; c'est pourquoi nous en formons une branche particulière, que nous appelons *cabale dogmatique*. Elle s'occupe des anges et des démons et de leurs différentes divisions, des différents départements du paradis et de l'enfer, de la transmigration des âmes, etc. Toute cette partie est purement mythologique ; comme nous l'avons déjà dit, elle est empruntée aux Chaldéens et aux Perses ; mais les cabalistes n'ont pas manqué d'y exercer leur imagination et d'amplifier à leur manière les fables étrangères. Dans les visions d'Ézéchiel, nous voyons Dieu sur un trône entouré de différentes figures d'animaux ailés ; les figures d'Ézéchiel ressemblent assez à celles que l'on trouve représentées sur les ruines de Persépolis ; les unes et les autres sont sans doute des êtres symboliques en rapport avec les croyances locales. Les rabbins appellent la vision d'Ézéchiel *maaseh mercava* (la description du char céleste), et ils y voient de profonds mystères. Maïmonides, dans un langage très-obscur, a essayé d'expliquer cette vision selon les idées astronomiques de son temps ; il paraît y avoir vu les différentes sphères dans lesquelles tournent les astres selon la cosmologie d'Aristote. Les cabalistes ont vu la cour du roi céleste, le trône de Dieu entouré des anges, et ils y ont rattaché leurs théories d'anges et de démons. Nous voyons reparaître les bons génies d'Ormuzd, Ahrimân avec ses Devs, un monde entier de génies bienveillants et de malins esprits. Les astres, les différents règnes de la nature, les éléments, les hommes, leurs vertus, leurs passions, enfin tout ce qu'il y a dans la nature de matériel et d'intellectuel se trouve sous l'influence d'anges ou de génies. Le monde inférieur lui-même est rempli de génies matériels des deux sexes, qui tiennent le milieu entre l'homme et l'ange, et qui s'appellent *keliphoth* ou *schédim.* Les bons anges se trouvent sous le commandement de *Metatron*, qui s'appelle aussi *Sar Happanim* (l'ange de la face divine), et qui est le premier ministre de la cour céleste. Les diables sont commandés par *Samael*, qui est le Satan et l'ange de la mort. La description cabalistique de la vie future ressemble beaucoup à celle qu'en a donnée Mahomet, qui s'est fait souvent l'écho des rabbins ; mais, pour être juste, il faut dire que les cabalistes, dans leurs descriptions, sont restés bien loin du sensualisme mahométan, et que par la plupart ces descriptions sont regardées comme des allégories.

Le dogme de la métempsycose, adopté par la masse des cabalistes, fut vivement combattu par le célèbre Saadias, rabbin du dixième siècle, par Yedayah-Bedraschi, par Levi-Ben-Chabib, et par plusieurs autres rabbins. Outre la métempsycose indienne, les cabalistes en admettent une autre, qu'ils appellent *ibbour* (imprégnation) ; c'est la réunion de plusieurs âmes dans un seul corps, ce qui a lieu lorsqu'une âme humaine a besoin d'un secours étranger pour arriver à un certain but. Pour tout dire, la cabale dogmatique présente une mythologie complète, qui peut se placer à côté de celle des Indous et des Parsis ; des rabbins d'une imagination poétique n'ont pas manqué d'en profiter. Plusieurs de leurs fables du Paradis et de l'Enfer rappellent les descriptions d'un Dante, d'un Milton ; et leurs légendes respirent souvent un profond sentiment poétique. C'est pourquoi cette partie de la cabale est devenue assez populaire parmi les Juifs, sans que pour cela ils eussent généralement adopté la partie métaphysique qui s'y rattache et qui en donne le sens ésotérique.

III. La *cabale spéculative* ou *métaphysique* renferme un système de philosophie mystique qui tend à mettre d'accord le monothéisme et le dogme de la création avec ce principe fondamental de l'ancienne philosophie : *ex nihilo nihil fit*. Les philosophes non matérialistes admettaient deux principes fondamentaux, l'esprit et la matière ; mais dans ce dualisme les deux principes sont bornés l'un par l'autre ; l'esprit, ou la divinité, n'est pas libre dans son mouvement, et ne peut se manifester selon sa volonté. D'un autre côté, ce système avait l'avantage d'expliquer l'existence du mal moral et physique, qu'on rejetait sur la matière, tandis qu'en n'admettant qu'un seul principe d'une perfection absolue, on ne pouvait comprendre le mal. Au lieu de mettre ce principe au-dessus de la spéculation et du raisonnement, et de reconnaître l'insuffisance de la raison humaine, on se perdait dans un labyrinthe de subtilités pour lever toutes les contradictions. Dans la doctrine de Zoroastre, la question n'est que déplacée ; car, quoique dans son dualisme il *subordonne* le principe du mal (Ahrimân) au bon principe (Ormuzd), on se demande toujours quelle pouvait être l'origine du mal dans le monde d'Ormuzd. Pour résoudre ces difficultés, on imagina la doctrine de l'É m a n a t i o n. Toute la création, disait-on, est émanée graduellement de la lumière divine ; à mesure qu'elle s'éloignait de la source elle s'approchait des ténèbres, et la matière qui en est le plus éloignée est le siège du mal.

Cette doctrine, qui nous fait entrer dans un nouveau labyrinthe, était en vogue dans les écoles d'Alexandrie ; la cabale spéculative est une des branches qui en dérivent. Voici son système : aucune substance n'est sortie du néant absolu, tout ce qui est a tiré son origine d'une source de lumière éternelle, de Dieu ; Dieu n'est compréhensible que dans sa manifestation ; le Dieu non manifesté est pour nous une abstraction. Ce Dieu est de toute éternité ; c'est, selon la terminologie des cabalistes, le *Vieux des jours*, l'*Occulte des occultes* (*Attik-Yomin*, *Temir miccol temirin*). Sous ce rapport, il est appelé aussi le *Néant* (*Ayin*). Le mot hébreu *Ayin* (rien, néant) est aussi adverbe interrogatif, et signifie *où*. David a dit (*Psaume* CXXI, 1) : « Je lève mes yeux vers les montagnes *d'où* (me-ayin) viendra mon secours. » Les cabalistes : *du néant* (c'est-à-dire de Dieu) *viendra mon secours*. C'est ainsi que le monde est créé du néant. Ce néant est unique, c'est l'unité indivisible et infinie ; c'est pourquoi il s'appelle *En-Soph* (sans fin). Cet En-Soph n'est borné ni déterminé par rien ; car il est tout, et rien n'est hors lui ; il se manifeste librement et par sa sagesse, et devient ainsi la *cause première*, la *cause des causes* (*Illath-Ha-Illoth*). La lumière primitive du dieu Néant remplissait tout l'espace, elle est l'espace même ; tout y était *virtuellement*, mais pour se manifester elle devait créer, c'est-à-dire se développer par l'émanation. Elle se retira donc en elle-même pour former un vide qu'elle remplit ensuite graduellement par une lumière tempérée et de plus en plus imparfaite. Cette *contraction* de la lumière de l'En-Soph s'appelle, dans le langage des cabalistes, *tzimtzoum*. Ils croyaient par cette théorie sauver l'*infini* de la lumière ; car dans les autres systèmes d'émanation la lumière se montrait bornée et se perdant à la fin dans les ténèbres ; mais on pourra toujours demander : Pourquoi cette lumière primitive, bornée et parfaite, trouvait-elle bon de se manifester dans une création finie et imparfaite ?

Mais voyons ce que font les cabalistes de la lumière primitive, ou de l'En-Soph, regardé comme *cause première*. Par sa sagesse et son *verbe* (*memra*), l'En-Soph se manifesta d'abord dans un premier principe, prototype de la création ou *macrocosme*, qui est appelé le fils de Dieu ou *l'homme primitif* (*Adam-Kadmôn*). C'est la figure d'homme qui plane au-dessus des animaux symboliques d'Ézéchiel. De cet *Adam-Kadmôn* émana la création en quatre degrés ou quatre mondes, que les cabalistes appellent Atzilah, Bériah, Yetzirah, Asia.

Le monde de *Atsilah* (émanation) présente les qualités opératrices de l'Adam-Kadmôn ; ce sont des puissances ou des intelligences émanées de lui et qui forment en même temps ses qualités essentielles et les instruments avec lesquels il opère. Ces qualités sont ramenées à dix, et forment la sainte décade des *Sephirôth*, qui se compose de deux nombres sacrés, *trois* et *sept*, car les trois premières *Sephirôth* sont appelées *intellectuelles*, tandis que les sept autres ne sont que des *attributs*. Elles s'appellent : 1° *Kéther* (couronne), 2° *Chocmah* (sagesse), 3° *Binah* (intelligence), 4° *Chésed* (grâce) ou *Guedoulah* (grandeur), 5° *Guevoura* (force), 6° *Thiphérith* (beauté), 7° *Nétzach* (triomphe), 8° *Hôd* (gloire ou majesté), 9° *Yesod* (fondement), et 10° *Malcouth* (règne). On les représente quelquefois en dix cercles les uns dans les autres, et dont l'En-Soph est le centre commun. On reconnaît facilement dans les Sephirôth les *puissances* (δυνάμεις) de Philon et les *dons* des gnostiques. En comptant les trois premières Sephirôth pour une seule, comme le font plusieurs cabalistes, on a exactement les huit éons.

Ce premier monde d'*émanation* fit émaner à son tour le monde *Beriah* (création) : c'est le commencement de la création. Les substances qui'l renferme sont toutes spirituelles, mais n'étant pas immédiatement émanées de l'En-Soph, elles sont inférieures aux Sephirôth. C'est d'elles qu'émana le monde *Yetzirah* (formation), qui renferme les anges, êtres incorporels, mais individuels, entourés d'une enveloppe lumineuse. Enfin, le monde *Asiah* (fabrication) est la dernière émanation : c'est la nature. Le monde renferme des substances soumises à des variations continuelles, qui naissent et périssent, se composent et se divisent. Tout ce qui est matériel y appartient ; c'est le rebut de l'émanation, c'est là que subsiste le mal.

L'homme par sa nature participe aux trois mondes créés, et pour cela il est appelé *microcosme* (*Olâm-Katân*) ; car tout ce que l'*Adam-Kadmôn* ou le macrocosme contient *virtuellement*, l'homme le contient en réalité. Par l'âme, comme principe vital, il appartient au monde Asiah, par l'esprit au monde Yetzirah et par l'âme intellectuelle au monde Beriah; cette dernière est une partie de la Divinité; elle est préexistante. C'est pour exprimer cette triplicité que la langue hébraïque a trois mots pour dire *âme*; savoir: *nephesch* (*anima*), *rouach* (*spiritus*), *neschamah* (*animus*); Isaïe y fait allusion dans ces mots (XLIII, 7) : « Je l'ai créé (*berathiro*), je l'ai formé (*yetzarthiro*), et je l'ai fait (*af asithiro*). » L'homme est donc composé de deux principes, l'un bon et l'autre mauvais; il dépend de lui de faire prévaloir l'un sur l'autre, et après la mort il est récompensé selon ses œuvres car la *neschamah* est immortelle.

Par ce système les cabalistes croyaient tout justifier; mais les difficultés, loin d'être résolues, ne sont qu'éludées. Le passage de l'esprit à la matière, du bien absolu au mal, reste toujours enveloppé d'un voile impénétrable. La *raison humaine*, en poussant à bout ce système d'émanation, ne pourra arriver à d'autre résultat qu'au panthéisme. Aussi l'Église chrétienne, dont les dogmes fondamentaux sont empruntés à la philosophie cabalistique (l'Évangile de Saint-Jean et les Épîtres de Saint-Paul en offrent des traces nombreuses : le *Verbe incarné*, le Messie, n'est autre chose que l'Adam-Kadmôn descendu sur la terre), n'en a-t-elle appelé qu'*à la foi*. Les gnostiques, ainsi que les philosophes modernes en Allemagne, qui ont voulu transformer les dogmes en philosophèmes et établir une espèce de christianisme spéculatif, sont tombés dans le panthéisme.

Il nous reste à ajouter quelques mots sur l'influence et l'histoire de la cabale. Comme nous venons de l'indiquer, il y a le plus intime rapport entre les mystères du christianisme et les principes de la cabale ou de la philosophie judaïco-alexandrine, et on ne saurait douter que ce fût cette philosophie qui portât la première atteinte à la religion fondée par Jésus-Christ, en y introduisant des dogmes qui lui étaient absolument étrangers. Le christianisme primitif ne fut qu'un judaïsme spiritualisé dans le sens des prophètes; en appliquant matériellement le *philosophème du Verbe* à la personne de Jésus, on arriva au *mystère* de l'Incarnation et de la Trinité. Ce mystère on devait le *croire*, mais il y eut des idéalistes qui se crurent au-dessus d'une simple foi; ils s'abandonnèrent à la spéculation, selon les principes de la cabale qui devint ainsi la source des premières hérésies dans l'Église chrétienne. Car au fond, Basilide, Valentin et quelques autres gnostiques sont des cabalistes. Parmi les Juifs, la cabale fleurit surtout pendant les deux premiers siècles de l'Église; les plus célèbres cabalistes de cette époque sont Akiba, qui florissait sous l'empereur Adrien, et Siméon-Ben-Yochaï, qui, dit-on, passa treize ans dans une caverne pour échapper aux cruelles persécutions de l'empereur romain, dont son précepteur Akiba avait été victime. Il paraît qu'après sa mort les études cabalistiques tombèrent en décadence. Il n'en est presque plus question jusqu'au dixième siècle; probablement ce furent les études thalmudiques qui pendant cet intervalle absorbèrent l'esprit des rabbins. Le Thalmud renferme à la vérité de nombreux passages qui se rattachent à la cabale symbolique et dogmatique, mais la cabale spéculative n'y a laissé que très-peu de traces. Au dixième siècle, Saadiah-Gaôn de Fayoum fait revivre la cabale; on lui doit un commentaire du livre *Yetzirah*.

Quand les écoles rabbiniques eurent été transportées en Espagne, la philosophie cabalistique y fleurit à côté de celle d'Aristote; mais elle y trouva aussi de puissants adversaires. Depuis Moïse Ben Nachman, qui florissait au treizième siècle, nous voyons paraître un grand nombre de cabalistes, tant en Orient qu'en Espagne. Nous nous contenterons de nommer Isaac Loria (mort en 1572) et Abraham Cohen Irira, ou mieux Errera (mort en 1631), dont les ouvrages ont servi de base aux cabalistes modernes parmi les chrétiens. Dès le quinzième siècle, des savants chrétiens avaient commencé à étudier la cabale; le célèbre comte Pic de la Mirandole y a mêlé des philosophèmes de Platon et d'A-ristote; il croyait même que la philosophie grecque était puisée dans les livres des Juifs. Jean Reuchlin suivit ses traces et contribua beaucoup à répandre la connaissance de la cabale par ses ouvrages *De Verbo Mirifico* et *De Arte Cabbalistica*. Malheureusement, ces deux hommes s'étaient moins attachés à la partie philosophique qu'aux symboles; pour retrouver les dogmes chrétiens dans l'Ancien Testament, ils se servirent surtout de la permutation et de la combinaison des lettres; ils contribuèrent par là à répandre des idées fausses sur la véritable tendance de la cabale, et, grâce aux folies que débita Cornelius Agrippa dans son livre *De Occulta Philosophia*, on ne vit plus bientôt dans le mot *cabale* qu'un synonyme de *magie* et de *sorcellerie*. Elle reparut sous une lumière bien plus avantageuse dans les écrits du savant anglais Henri More ou Morus (mort en 1687). Son contemporain Chr. Knorr de Rosenroth a donné dans sa *Kabbala denudata* (2 vol. in-4°) un précieux recueil des meilleurs ouvrages cabalistiques. Il est à regretter seulement que ce savant n'ait pas fait un usage plus fréquent du *Zohar*, et qu'il se soit trop attaché aux écrits des modernes, où souvent, comme par exemple dans la *Porta Cælorum* d'Errera, la philosophie cabalistique est enveloppée d'un nuage péripatéticien.

Au dix-septième et au dix-huitième siècle, la cabale a donné naissance à plusieurs sectes nouvelles parmi les juifs, et de nos jours elle paraît de nouveau avoir acquis quelque importance, surtout en Allemagne. D'un côté, les mystiques protestants recommencent à s'en servir, comme d'un instrument de propagande chrétienne; d'un autre côté, elle offre de nombreuses analogies avec la moderne philosophie allemande ou avec les systèmes panthéistes de Schelling et de Hégel. Déjà, au commencement du siècle dernier, Wachter, savant allemand, présenta la cabale comme la source du système de Spinosa, et, de même que dans le spinosisme, on remarque dans le panthéisme allemand une tendance très-prononcée vers la *philosophie orientale*. Ce que nous avons dit sur les rapports de la cabale avec les dogmes de l'Église explique aussi pourquoi les nouvelles écoles d'Allemagne se disent *chrétiennes* par excellence; elles ne le sont ni plus ni moins que celles des cabalistes et des gnostiques. Les unes comme les autres offrent peu de consolations au cœur humain. Il n'y a pas de place là pour le sentiment individuel, pour le sentiment religieux, pour *la foi* ; tout va s'engouffrer dans l'*idée*, dans ce dieu Néant, qui n'apparaît plus dans le monde comme un père, mais comme une *fatalité* organisatrice de la nature divinisée.   S. MUNK.

CABALE. Dans son acception profane et vulgaire, le mot *cabale* s'éloigne assez de l'interprétation sacrée qu'il avait reçue chez les Juifs pour faire penser qu'il a une origine toute différente, et que ce sont deux mots entièrement distincts, quoiqu'ils aient la même physionomie. Ménage le fait venir en effet de *caput*, tête ou chef; il s'entend alors d'une association de personnes ayant les mêmes desseins, les mêmes intérêts, et il se prend toujours en mauvaise part (*coitio*, *factio*). En politique, par exemple, on appelle de ce nom un parti bruyant et remuant, d'ordinaire assez peu délicat sur les moyens, procédant par des voies couvertes et détournées pour arriver à renverser celui qui a le pouvoir, et auquel il veut se substituer ; à la cour, le but est plus mesquin, mais les efforts ne sont pas moins grands, et il n'est pas rare de voir mettre en jeu autant de ressorts pour ruiner un rival et parvenir à le remplacer auprès du maître dans les fonctions les plus serviles. Les anciens, qui ont été nos maîtres en tout, ont connu la *cabale*, et Pline le jeune, dans une de ses *Lettres*, nous apprend qu'elle fut longtemps une arme puissante à Athènes et à Rome. Elle se décorait quelquefois, il est vrai, chez les Latins du nom plus honorable d'*ambitus*, dont nous avons fait notre mot français *ambition*, et répondait à notre mot brigue.

Ce que nous avons dit de cette dernière peut s'appliquer à

toute espèce de *cabale, politique* ou *littéraire*, toutes deux procédant par les mêmes moyens, toutes deux étant également nuisibles aux intérêts de l'État, de la société ou des lettres, toutes deux enfin méritant d'être flétries.

Quant à la *cabale littéraire*, elle s'exerce surtout au théâtre, où les succès sont d'autant plus enviés qu'ils sont plus retentissants. Les anciens la pratiquaient aussi, et plus d'un compétiteur à l'empire ne dédaigna pas, à l'exemple de Néron, d'employer la cabale littéraire pour se faire applaudir comme acteur, après s'être servi de la cabale politique pour parvenir au rang suprême et obtenir le titre d'Auguste ou de César. On doit même à l'un d'eux (à Néron ou à Caligula) l'établissement et l'organisation d'une certaine milice qui avait pour mission de forcer les citoyens à trouver bons les vers, le chant ou la pantomime du maître. C'est là l'origine de nos applaudisseurs à gages, vulgairement appelés *claqueurs* ou *Romains*, auxquels nos acteurs et nos auteurs ont trop souvent recours pour faire applaudir leur jeu ou leurs pièces, et parfois aussi pour faire siffler un camarade ou un confrère.

Quelques honnêtes gens, qui ignorent que les cabaleurs, amis ou soldés, forment toujours la majorité du parterre à une première représentation, s'avisent encore, de temps à autre, de pousser le cri : *à bas la cabale ! à la porte la cabale !* Mais la cabale, inébranlable comme un roc, ne s'en émeut point. S'il y avait conflit, rien ne lui serait plus facile que d'y répondre en mettant à la porte le public payant. Sachons lui gré de ce qu'elle ne le fait pas.

CABALE (Ministère de la), en anglais *Cabal*. C'est ainsi qu'on appela le ministère déplorablement célèbre du roi d'Angleterre Charles II, dont les membres, en ne réunissant que les lettres initiales de leurs noms, se trouvaient composer ce mot qui exprimait parfaitement la nature particulière de leur genre d'activité politique. L'histoire de ce *ministère de la Cabale* est aussi embrouillée qu'elle fut importante pour la consolidation des droits politiques du peuple anglais.

Après le premier traité de paix qu'il conclut avec les états généraux de Hollande, Charles II résolut d'empiéter successivement sur les différentes prérogatives du parlement pour arriver ainsi à rétablir en Angleterre le pouvoir absolu. Ses prodigalités en tout genre l'avaient réduit aux plus grands embarras pécuniaires ; il ne voyait pour en sortir d'autre moyen qu'un coup d'État, et la politique adroite de Louis XIV l'affermissait dans ce projet. Vers le milieu de l'année 1669 il prononça la dissolution de son conseil d'État ordinaire, qui se composait de vingt et un membres, et forma un nouveau cabinet avec cinq hommes, complices de sa conspiration contre les libertés publiques. C'étaient : 1° Thomas Clifford, catholique ardent et avouant hautement ses principes ; 2° le comte Arlington, secrètement dévoué aux intérêts du catholicisme ; 3° le duc de Buckingham, homme sans religion d'aucune espèce et favori du roi ; 4° Antoine Ashley, créé plus tard comte de Shaftesbury, homme habile sans doute, mais dénué de caractère, nommé lord chancelier ; et 5° le duc de Lauderdale, presbytérien, ancien gouverneur de l'Écosse, homme instruit, mais rude et passionné. Si à ces personnages on ajoute encore le roi, papiste au fond du cœur, et son frère, le duc d'York, chef avoué du parti catholique, on ne pourra disconvenir qu'il y avait là réellement complot contre les libertés politiques et religieuses de la nation.

La première mesure à laquelle le nouveau ministère se proposa de recourir pour atteindre le but qu'il se proposait, ce fut de provoquer une guerre avec la Hollande, quoique par le traité de paix d'Aix-la-Chapelle, et à la grande satisfaction de la nation, une triple alliance eût été conclue en 1668 entre l'Angleterre, la Hollande et la Suède. Le roi n'espérait pas seulement obtenir ainsi de l'argent pour l'entretien de la flotte et de l'armée, mais encore porter un coup mortel à l'esprit de liberté en écrasant les états généraux ; et dans l'oppression du protestantisme hollandais les catholiques voyaient un premier pas fait vers l'oppression générale du protestantisme en Europe. Quant à Louis XIV, il n'avait jamais renoncé à ses projets sur la Hollande. Après quelques négociations suivies dans le plus grand mystère, Buckingham se rendit à Paris, où il conclut un traité secret par lequel Louis XIV s'engageait formellement, aussitôt que les efforts communs auraient amené la destruction de la république des Provinces-Unies, à appuyer de ses troupes et de son argent le rétablissement de l'absolutisme et du catholicisme en Angleterre.

Le 14 octobre 1669, Charles II convoqua le parlement, y exalta l'alliance de la Hollande, puis le prorogea aussitôt qu'il en eut obtenu des subsides considérables, qu'il disait destinés à mettre la flotte sur un pied plus respectable. En janvier 1670 il le réunit de nouveau pour lui redemander, sous divers prétextes, des sommes immenses. Elles ne lui eurent pas plus tôt été accordées, qu'il le prorogea encore une fois ; et il continua à diverses reprises le même manège jusqu'à l'année 1672. A ce moment le duc d'York embrassa publiquement le catholicisme, espérant bien déterminer le roi son frère à en faire autant ; mais Charles II n'osa point. Il dut d'ailleurs différer encore la guerre contre les états généraux, parce que déjà depuis longtemps les sommes accordées par le parlement se trouvaient dissipées, tout comme les subsides de la France. Une explosion d'indignation générale éclata quand on vit le roi supprimer tout à coup une banque particulière qu'il avait créée à Londres sous la dénomination de chambre des rentes, et où les gens riches déposaient leurs capitaux contre intérêt ; suppression qui permettait au gouvernement d'employer les sommes existant dans les caisses de cet établissement à l'armement de la flotte. Au mois de mars 1672, la flotte marchande des Hollandais, s'en revenant de Smyrne, fut attaquée sans déclaration de guerre préalable ; mais cette véritable tentative de flibustiers, dont le but était de s'emparer, contrairement à toutes les notions du droit des gens, des richesses immenses qui devaient se trouver à bord de cette flotte, échoua misérablement. Enfin on détermina Charles II à rendre, en violation de toutes les lois existantes et des droits du parlement, un édit qui accordait aux non-conformistes et à ceux qui refusaient de reconnaître la suprématie de l'Église anglicane, le libre exercice de leur culte. Ce qu'on se proposait par cette mesure, en apparence conçue dans un esprit libéral, c'était d'introduire des catholiques dans le jeu des institutions politiques du pays et de rattacher provisoirement les presbytériens à la cause du roi. On décrirait difficilement l'exaspération qu'elle provoqua dans les masses et parmi les presbytériens eux-mêmes, quoiqu'ils fussent appelés à en profiter. C'est à ce moment que la *Cabale*, d'accord avec la France, l'électeur de Cologne et l'évêque de Munster, déclara enfin officiellement la guerre aux états généraux de Hollande.

La *Cabale* en était arrivée ainsi, sans grande résistance, à ses fins au commencement de l'année 1673 ; mais alors il lui fut impossible de reculer davantage devant une convocation du parlement. Le 4 février 1673 le roi en fit l'ouverture par un discours où il justifiait la guerre contre la Hollande, préconisait l'alliance française, et représentait son récent édit de religion comme un acte de justice chrétienne. Il terminait en demandant des subsides considérables. Les crédits demandés furent votés ; mais les deux chambres combattirent les usurpations de la couronne en matière de législation, et se plaignirent hautement des faveurs de tout genre accordées aux papistes. Afin d'enlever au ministère de la Cabale l'appui des non-conformistes, le parlement vota un bill qui accordait l'exercice des droits politiques aux presbytériens, à la condition de prêter le serment de suprématie, et du bénéfice duquel étaient exclus les *refusants*, par conséquent les catholiques. En même temps les deux chambres soumirent à la sanction royale une loi excluant les catholiques de toutes fonctions publiques. Le roi, n'osant pas entrer en lutte formelle et violente avec le parlement, rapporta son édit, et donna sa sanction au bill d'exclusion des catholiques. L'inconstance d'idées dont Charles II fit preuve dans cette occurrence amena de l'aigreur et de la désunion parmi les membres de la *Cabale*. Le chancelier Shaftesbury, comprenant alors que cette conspiration pourrait bien aboutir pour les ministres à un procès de haute trahison, passa dans les rangs de l'opposition, en pleine chambre des lords et en présence du roi lui-même, après avoir provoqué de la part de Clifford un discours des plus compromettants. Il dévoila ensuite tous les détails du complot tramé contre le peuple et le parlement. Aussitôt après cette éclatante défection, les deux chambres soumirent à la sanction de Charles II l'acte du *Test*, serment nouveau que devaient prêter les fonctionnaires publics, comme garantie contre le catholicisme, et une loi contre les mariages mixtes; elles lui votèrent aussi une adresse dans laquelle elles l'adjuraient de renoncer à ses menaçantes velléités d'absolutisme.

Le roi y répondit en termes vagues et généraux, sanctionna l'exclusion de toutes fonctions publiques prononcée de nouveau contre les catholiques, puis prorogea le parlement après en avoir obtenu des subsides. La *Cabale* put donc continuer la guerre contre la Hollande, mais trois batailles navales n'amenèrent rien de définitif. Au mois d'octobre le roi, à bout d'expédients, dut convoquer encore une fois le parlement, et cette mesure mit fin au ministère de la Cabale. Comme toujours le roi demanda de l'argent à ses fidèles communes; il proposait le remboursement des propriétés de l'État confisquées par la chambre des rentes, et promettait solennellement de protéger la propriété et l'Eglise d'Angleterre. Mais les chambres refusèrent de croire à la sincérité d'engagements et souvent pris et oubliés. Elles insistèrent plus que jamais sur la sanction à donner à l'acte du *Test*, refusèrent toute espèce de crédits nouveaux; rejetèrent le projet de mariage du duc d'York avec une princesse catholique, demandèrent qu'on renonçât à la dangereuse alliance de la France, qu'on diminuât l'effectif de l'armée, et dressèrent un acte formel d'accusation contre les perfides conseillers de la couronne. En conséquence, neuf jours après avoir été ouvert, le parlement fut de nouveau prorogé; le roi enleva les sceaux à Shaftesbury et en même temps publia une proclamation contre les catholiques et les jésuites. Mais ces concessions étaient insuffisantes pour ramener la confiance dans les esprits. Charles II comprit alors que ses conseillers actuels ne pourraient jamais réussir à réaliser des vues secrètes ; qu'ils ne faisaient, au contraire, que rendre sa position de plus en plus difficile et périlleuse; il renonça donc pour le moment à ses projets. Quand le parlement se réunit de nouveau au mois de janvier 1674, il soumit le traité conclu avec la France à l'examen de la chambre des communes, se déclarant en même temps disposé à traiter de la paix avec la Hollande, à la seule condition qu'on lui accordât les subsides nécessaires pour pouvoir négocier honorablement. La chambre des communes regarda ce discours comme non avenu, et vota, au contraire, une adresse au roi dans laquelle se retrouvaient reproduits tous ses anciens griefs, en même temps qu'elle insistait avec force sur le renvoi de la *Cabale*. La chambre haute, de son côté, vota une adresse analogue, plus particulièrement dirigée contre les papistes. Les deux chambres déclarèrent en outre que le royaume était en danger, et ordonnèrent en conséquence des jours de prières et de jeûne général; mesure que le roi dut encore sanctionner, quelque mortification qui en résultât d'ailleurs pour lui et pour son parti. Les votes hostiles à un ministère odieux se succédèrent rapidement. Le parlement intenta un procès en forme aux trois membres restants de la *Cabale* (Clifford était mort et Shaftesbury avait été éloigné), et le roi dut renvoyer ses nouveaux conseillers. Mais le parlement ayant encore une fois remis sur le tapis le bill du *Test*, qu'il présenta à la sanction du roi avec un surcroît de rigueurs et de restrictions, Charles II le prorogea indé-

finiment. Il en résulta que le roi se trouva bientôt encore une fois sans argent, et que, sous la pression de l'opinion publique, force lui fut de conclure la paix avec la Hollande et de renoncer à l'alliance française. Sans doute la chute de la *Cabale* ne mit point un terme à l'influence des hommes d'État dont elle se composait, non plus qu'aux menées du parti papiste; mais par la fermeté de son attitude le parlement s'était acquis une prépondérance réelle, de même qu'il obtint la confiance de la nation par la vigilance dont il fit preuve pour les libertés publiques pendant tout le règne de Charles II.

CABALETTE (de l'italien *cabaletta*), phrase finale d'un mouvement toujours accéléré, destiné à donner ce qu'on appelle le *coup de fouet* au morceau et à faire applaudir l'artiste. La cabalette termine aujourd'hui presque tous les airs, duos et morceaux d'ensemble des opéras italiens, et se répète deux fois.

CABALLERO (Don Fermin), membre des cortès espagnoles, né le 7 juillet 1800, à Barajas-de-Melo, dans la province de Cuença, fut reçu avocat en 1823. Par suite de la réaction qui s'opéra peu de temps après le renversement de la constitution, il abandonna la capitale, et alla s'établir en Estramadure, où il continua de résider jusqu'à ce que les chances qui, dans les derniers temps de la vie de Ferdinand VII, s'ouvrirent pour le parti libéral le ramenassent à Madrid. Il y fonda en 1833 le *Boletin del Comercio*, et ce journal ayant été supprimé en 1834, il le transforma en *Eco del Comercio*. Lorsque Martinez de la Rosa convoqua les cortès, Caballero, nommé *procurador* par une double élection, à Madrid et à Cuença, opta pour cette dernière province, et se plaça tout aussitôt sur les bancs de l'opposition la plus avancée; son nom parut alors en tête de toutes les pétitions adressées à la couronne pour en obtenir l'extension des droits politiques des Espagnols.

Sous le ministère Toreno, au mois d'août 1835, il parvint à se dérober à l'exécution d'un mandat d'arrestation lancé contre lui. Dans les deux législatures qui se réunirent sous le premier ministère de Mendizabal, il ne manqua jamais de se prononcer en faveur des grands changements politiques qu'opérait cet homme d'État par la suppression des couvents et en ordonnant la vente des biens nationaux ; il prit même alors, dit-on, une part assez importante aux efforts tentés pour remettre en vigueur la constitution de 1812. Elu député aux cortès constituantes, il vota rarement avec le ministère Calatrava ; et lors de la discussion du projet de la constitution de 1837, il déclara qu'il ne pouvait qu'à grand'peine y voir l'ombre de la constitution de 1812. Bien qu'ils pussent encore moins prêter leur appui au ministère d'Ofalia qu'à celui qu'avait présidé Calatrava, Caballero et ses amis ne sentirent trop isolés dans le congrès pour pouvoir agir autrement que par abstention. Nommé en 1838 membre de la députation provinciale de Madrid, il y exerça une influence réelle sur les classes moyennes de la population de cette capitale. Caballero n'a jamais poursuivi la réalisation de plans ambitieux et personnels; il a refusé de hautes dignités, et, habitué à vivre simplement, il a toujours exercé gratuitement les fonctions publiques dont il a été revêtu. Il possède une instruction très-étendue, surtout dans ce qui est du domaine de l'histoire et de la statistique. — Entre autres ouvrages dont on lui est redevable, nous citerons plus particulièrement ici sa *Fisonomia natural y politica de los diputados à cortès de 1834*, 1835, 1836 (Madrid, 1836) ; *El gobierno y las cortes del estatute, materiales para su historia* (Madrid, 1837) ; et son *Manual geografico-administrativo de la Monarquía Española* (1844).

CABANE (du grec καπάνη, sorte de char thessalien), bâtisse chétive, faite de matières communes et légères, quelquefois de feuillages et de branches d'arbres, ou de bois et de terre mêlés, et couverte, soit en chaume, soit en planches légères, qui peut servir à différents usages, et qui est dans beaucoup de contrées la demeure des peuples non encore civilisés, ou trop pauvres pour se procurer des demeures plus commodes. Il paraîtra bizarre peut-être de parler d'architecture à propos de cabanes; et cependant cet art, comme presque toutes les créations de l'esprit humain, a dû passer par des tâtonnements et des perfectionnements successifs avant d'arriver au point où nous le voyons. Une idée première et fort simple dans son application n'a pu manquer de lui servir de point de départ, et la cabane a dû être le premier type, bien informe sans doute, des palais somptueux que le génie de l'homme a élevés depuis et décorés de tous les prestiges du luxe et de la magnificence. Thucydide nous apprend que les cabanes de l'Attique étaient formées d'un assemblage de bois de charpente. Ces constructions pouvaient se démonter à volonté, se transporter et se remonter ailleurs. Dès que la guerre du Péloponnèse fut déclarée, Périclès ordonna d'abattre dans toute l'Attique les maisons de bois, et d'en déposer les matériaux à Athènes, afin de les soustraire au feu de l'ennemi. On conçoit que l'architecture grecque ait pu trouver dans de pareilles constructions, dans des cabanes ainsi faites, un sujet d'imitation et de perfectionnement, et, comme le dit Quatremère de Quincy, un tout déjà lié par des rapports nécessaires, un ensemble composé de parties subordonnées à un principe, un modèle susceptible de se plier aux besoins de tous les pays et de tous les climats. Mais si l'architecture s'est élevée aux plus hautes combinaisons de l'art en partant d'un point aussi bas, ne peut-on pas l'accuser d'un peu d'ingratitude? ne pouvait-elle rien faire pour l'humble cabane où elle avait pris naissance, et aider un peu le pauvre à perfectionner l'asile qu'elle avait transformé pour le riche en palais? La cabane est restée ce qu'elle était à l'enfance de l'art, et dans trop de contrées encore ceux qui l'habitent n'ont guère profité des avantages que la civilisation a répandus dans presque toutes les classes de la société.

Un mot maintenant sur la *cabane du berger*. Il y en a de deux sortes, l'une portative et l'autre fixe. La première est une espèce de très-petite chambre, faite avec des planches, portée sur un chariot à quatre roues, et plus communément à deux, dans laquelle le berger couche à côté du parc où le troupeau est renfermé, et qu'elle peut suivre partout. On la maintient parallèlement, au moyen de deux piquets, l'un placé sur le devant et l'autre sur le derrière : ils tiennent au chariot à l'aide d'une cheville et d'une boucle de fer : celui de devant sert à tirer et à faire rouler la cabane, et l'autre la suit. La cabane fixe est également en planches, mais le plus souvent en pierres. On peut la considérer plutôt comme un abri pour garantir les bergers des pluies et des vents froids.

On appelle aussi *cabane* un réduit, une grande niche en bois, une cage, dans laquelle on met des animaux domestiques, soit pour la garde, soit pour l'agrément d'une maison, soit pour les y élever. En termes de marine, c'est un bateau surmonté d'une cahute en planches, usité particulièrement sur la Loire, et dans lequel on peut être debout et à couvert; il se dit encore d'un bateau couvert, du côté de la poupe, d'une sorte de toile appelée banne et destinée à mettre les passagers à l'abri des injures du temps, du petit réduit pratiqué à l'arrière ou le long des flancs d'un navire et dans lequel couchent les marins et les passagers, en un mot, de toute retraite en planches où les mariniers couchent et font leur cuisine. En termes de chasse aux oiseaux, c'est une petite hutte de feuillage dans laquelle se placent les chasseurs pour attendre les oiseaux à l'affût, ou pour veiller à une chasse à la pipée. On appelle enfin *cabanes de vers à soie* les cases formées avec de la bruyère, de la fougère, du gramen, ou toute autre plante rameuse, dont les vers à soie forment une voûte où ils filent leur cocons.

Du mot *cabane* on a fait le mot *cabanon*, petite loge ou cachot obscur, en usage dans quelques prisons. Ceux de Bicêtre avaient jadis une affreuse célébrité

CABANIS (Pierre-Jean-Georges), médecin, philosophe et littérateur, fut représentant du peuple au Conseil des Cinq-Cents, professeur d'hygiène à la Faculté de Médecine de Paris, membre de l'Institut national, classe des sciences morales et politiques, et, après la révolution du 18 brumaire, appelé au Sénat conservateur. Il naquit à Cosnac (Charente-Inférieure), en 1757. Son père, qui était avocat, le plaça d'abord, à l'âge de six ans, chez un bon curé pour lui donner les premiers éléments d'instruction. Le jeune Cabanis montrait un esprit méthodique et opiniâtre dans ses desseins, ce qui faisait présager des succès dans ce qu'il entreprendrait. Envoyé ensuite au collége de Brives, il continua ses études, et prit un goût très-vif pour la poésie et les belles-lettres. Quoique distingué, rien cependant ne révélait un éclat supérieur dans sa destinée, lorsqu'un châtiment injuste ou trop rigoureux de l'un de ses maîtres vint exaspérer cette jeune âme, altière, impatiente du frein et de toute contrainte. Dès lors se déploya dans Cabanis cet esprit de haine contre les institutions, la domination et ce qu'on appelait les préjugés ou les abus, le despotisme; de là cette ardeur d'indépendance qui le lança plus tard dans l'arène politique et lui imprima cette tournure d'esprit dit philosophique et propre à soumettre toutes les opinions à l'examen du doute.

En effet, révolté des mauvais traitements, redoublés à cause de son opiniâtreté avouée, il négligea exprès tous ses devoirs; il prit si bien à tâche de résister à ses supérieurs, qu'il se fit renvoyer chez son père. Celui-ci, mécontent de sa conduite, usa de sévérité à son tour, et heurta plus vivement encore ce caractère tenace et absolu, pour le dompter; mais ce fut en vain. Le jeune Cabanis, ne croyant pas mériter ces violences, se rebuta complètement; dégoûté de tout travail, il ne fit plus rien. Il allait tomber dans une sorte d'abrutissement par cette voie, si son père n'eût pas compris qu'il n'y avait rien de bon à tirer des rigueurs. Il se relâcha, et il amena le jeune Cabanis, âgé de quatorze ans, à Paris, le livrant, au milieu de cette grande ville, non sans tant de séductions, à toute sa liberté, non sans le recommander toutefois à quelques amis influents, parmi lesquels on doit citer le célèbre Turgot, ministre des finances. Certes, la position était fort périlleuse pour un jeune homme abandonné ainsi à toute l'indépendance de ses actions; pour ainsi dire sans guide et sans autre maître qu'une raison encore mal assurée, ou qui n'avait pour directrice que la présomption de ses forces. Cabanis s'en tira cependant avec succès; il sentit se réveiller en lui la passion de l'étude; il comprit qu'il devait justifier par sa conduite cette liberté pour laquelle sa jeunesse avait subi tant de combats contre ses maîtres et son père. Il refit tout son éducation de lui-même en suivant les cours des professeurs, s'adonnant aux diverses branches des connaissances qui lui étaient le moins familières, comme la physique; il étudia surtout aussi la logique et l'*Essai sur l'Entendement humain*, de Locke. C'est à cette source en effet qu'il puisa toutes les idées de l'analyse métaphysique qu'il a plus tard développées dans ses écrits.

Depuis deux ans il vivait ainsi heureux, oubliant le temps, lorsque son père lui écrivit de retourner près de lui. Quelle destinée pour un esprit nourri de hautes pensées, d'aller enfouir au sein obscur d'une bourgade des talents et un glorieux avenir! Vers la même époque on lui offrit une place de secrétaire chez un seigneur polonais qui retournait dans l'antique patrie des Jagellons, siéger à la fameuse de diète de 1773. Cabanis n'hésita point : son imagination s'enflamma à l'idée de voir de près cette illustre Pologne, si patriotique, si guerrière, et ces fiers descendants des Sarmates dans leurs assemblées tumultueuses, le sabre au côté, votant par acclamation, élevant à leur libre choix un roi qui les conduise à la victoire. Vaines illusions! Cabanis ne rencontra, durant deux années de séjour en Pologne, que de tristes querelles, de honteuses brigues, des divisions déplorables et la corruption, qui, compromettant les intérêts les plus sacrés, amenèrent le premier partage de ce royaume. Il s'en revint le cœur flétri, méprisant les hommes d'autant plus qu'il s'était formé une opinion élevée et généreuse de leurs sentiments, d'après la noblesse de son propre caractère.

Il reprit, dans son dégoût, le chemin de Paris : il se présente à Turgot, ami de son père; mais les hautes positions sont glissantes : les plans de réforme de ce sage ministre, ses projets d'amélioration, trop brusques peut-être, ou mal préparés pour une cour amollie et corrompue, malgré un roi honnête homme, lui enlevèrent bientôt le pouvoir. Cabanis, privé de tout appui, trompé dans ses espérances, allait succomber à l'infortune; son père vint à son secours. Bientôt, reprenant courage, et fatigué d'une obscurité dont rougissait son amour de la gloire, il s'élance dans la carrière des lettres. Lié d'amitié avec Roucher, alors accueilli par la haute société, il prend part à ses encouragements, il s'anime à ses triomphes. L'Académie française avait proposé pour sujet d'un prix la traduction en vers d'un morceau de l'*Iliade*; Cabanis se place au nombre des concurrents, et, dans son ardeur, il entreprend la traduction entière de ce poëme. Toutefois, le succès fut loin de répondre à ses espérances : ce début, audacieux sans doute, n'obtint aucune attention de ses juges; quelques éloges de société le consolèrent à peine, avec des amis indulgents, du rude coup que son amour-propre avait reçu de la dédaigneuse sévérité des dispensateurs de la renommée.

En effet, avec des talents littéraires réels, Cabanis n'était pas né poète. Ses études métaphysiques, son esprit de méthode et d'analyse, mieux approprié aux sciences exactes, devaient éteindre en lui le feu sacré, et, faut-il l'avouer, il était froideur, hostile examinateur des croyances, un ennemi de tout ce qui enthousiasme et subjugue l'âme humaine. Avec ses principes, il ne pouvait pas rester religieux, et il ne fut donné qu'au seul Lucrèce d'allier l'essor poétique à la philosophie matérialiste; mais Lucrèce inspiré croyait encore aux divinités qu'il combattait. Cabanis, trop sévère physicien pour mettre son imagination au-dessus de sa raison, n'atteignit qu'à une froide et correcte élégance. Les suffrages de quelques littérateurs, tout en caressant sa vanité, ne remplissaient pas, il le sentait, le vide de son cœur; il se consumait dans la mélancolie; car il ne se trouvait pas au niveau de sa destinée dans cette carrière des lettres. Son père, affligé de cette lutte infructueuse, le pressait de choisir une profession capable d'assurer son sort; l'âge des illusions fuyait devant de tristes expériences. Cabanis fut donc déterminé par son goût pour les sciences à préférer la médecine : un ami, le respectable docteur Dubreuil, qu'il avait consulté sur le choix d'un état, s'offrit à lui servir de guide et de maître. Dès lors, Cabanis sent se réveiller ses premières passions pour l'étude; il s'y précipite avec tant d'ardeur pendant six années, avec cette constance obstinée qu'il apportait à tous ses travaux, que sa santé s'en altère et que les distractions de la campagne deviennent nécessaires pour la rétablir.

L'étude de la médecine (non pas d'une pratique guérissante, qui s'acquiert près du lit des malades, mais des sciences exactes qui constituent le médecin philosophe, le physicien, le naturaliste, le physiologiste) exige en effet une encyclopédie de connaissances sur presque tous les objets de la nature. Si l'homme, qu'on a qualifié du nom de *petit monde* (microcosme), entre en communication avec l'univers qui réagit sur lui et dont il faut apprécier l'action, c'est donc la science la plus vaste, la plus relevée, la plus noble, pour quiconque aspire à l'embrasser dans son immensité. On a dit que la médecine était sœur de la philosophie, parce qu'elle doit aussi descendre dans les profondeurs de l'homme intellectuel et moral, comme dans les entrailles de son organisation corporelle. La médecine d'ailleurs, par les grands spectacles qu'elle dévoile à l'esprit humain, par la hauteur et l'indépendance de ses vues, plane sur tous les êtres; elle contemple la vie et la mort, le temps et les générations; elle scrute les plus sombres replis des causes naturelles qui nous font subsister; elle doit sonder les cœurs et deviner le secret de nos passions pour nous arracher à leurs tourments rongeurs; magicienne habile, elle remue les fibres les plus cachées de nos amours propres et nous dérobe aux douleurs comme aux tristesses mortelles. La médecine est encore la seule science qui s'élève au-dessus des préjugés et des superstitions, parce qu'elle est éclairée sur les causes naturelles des prestiges ou des miracles.

Cette étude était digne de Cabanis : elle remplissait merveilleusement ses méditations dans la solitude de la campagne, aux environs de Paris, à Auteuil. C'est là qu'il eut l'occasion de connaître la veuve du philosophe Helvétius, si célèbre par la société des hommes illustres de tous les pays qu'elle réunissait, Turgot, Franklin, d'Alembert, Diderot, Jefferson, Condillac, le baron d'Holbach et quelques autres. A cette période de la dissolution de l'antique monarchie française, tout l'ordre social était mis en question; les États-Unis d'Amérique se constituaient en république; les opinions religieuses étaient battues en ruine : et en renversant le colosse du Despotisme, il était difficile qu'on n'outrepassât point les limites de la liberté : on s'occupait beaucoup plus des droits que des devoirs du citoyen. Aussi Cabanis, ulcéré contre toute autorité, dont il avait en tant à souffrir dans son enfance, se présentait comme l'un des plus ardents partisans de la révolution qui fermentait.

Avec de tels sentiments, Cabanis devait se montrer le plus chaud admirateur de Mirabeau. Celui-ci, ayant rencontré Cabanis dans la salle des députés, et se rappelant quelques pièces fugitives qu'il avait publiées, lui adressa des paroles flatteuses. Depuis ce moment, Cabanis se voua pour ainsi dire au culte de Mirabeau, qui bientôt ne sut plus se passer de lui, et employa sa plume. Le *Mémoire sur l'Éducation publique*, trouvé dans les papiers de ce dernier à sa mort, en 1791, est en effet de Cabanis, qui le publia lui-même. Personne n'ignore qu'il fut le médecin de Mirabeau, dans les derniers temps de son existence. Chargé de la responsabilité immense, à cette époque, d'une vie sur laquelle la France et l'Europe avaient fixé leurs regards, Cabanis crut devoir appeler le médecin Antoine Petit. Mirabeau n'y consentit qu'après avoir appris de son ami que ce docteur avait abandonné le dauphin malade pour soigner une paysanne enceinte, et qu'il avait répondu aux reproches de la reine en cette circonstance : « Je n'ai point abandonné votre fils : il eût été le dernier de vos palefreniers que je ne lui aurais pas donné plus de soins. » Cette dure impolitesse parut à Mirabeau un titre à sa confiance. Malgré les soins les plus empressés de Cabanis, le fougueux et éloquent tribun ne put être arraché à cette mort prématurée, que des excès de tous genres avaient provoquée. D'ailleurs, Mirabeau avait péri à propos, en quelque manière, pour sa renommée, puisqu'elle fut attaquée avec violence par le parti même auquel sa puissante parole avait donné la victoire. Cabanis s'indignait de voir flétrir la mémoire de son ami, et dans le *Journal de la Maladie et de la Mort de Mirabeau*, il répondit à diverses critiques sur le traitement qu'il avait employé.

Ce qui fait non moins d'honneur aux sentiments de son cœur, c'est la tendre sollicitude qu'il montra pour Condorcet, victime des fureurs révolutionnaires, et auquel il prodigua les plus douces consolations en recueillant religieusement ses derniers écrits. Touchée de ces nobles soins, la belle-sœur de Condorcet, Charlotte Grouchy, sœur de Sophie sa veuve, et de celui qui devait être plus tard le maréchal

Grouchy, épousa Cabanis; il eût vécu heureux si la liberté, qui était son idole, et si la république, dont il avait caressé la chimère, n'eussent point été déshonorées par de sanglantes saturnales, qui lui ravirent ses meilleurs amis. Sous le régime de la terreur, il vécut retiré, se livrant à des travaux particuliers, revoyant ses premiers essais et quelques traductions du grec, comme l'idylle de Bion sur la mort d'Adonis, outre celle de l'Iliade, et *Le Serment du Médecin*, imitation libre de celui d'Hippocrate. Il avait aussi dédié à madame Helvétius un *Choix de Littérature allemande*, composé de différents morceaux de Gœthe et de Meissner, avec l'élégie célèbre de Gray sur un cimetière de campagne, traduite de l'anglais.

Cabanis s'était aussi fait connaître comme médecin par des *Observations sur les Hôpitaux*, en 1789. Ses vues philanthropiques réclamaient la division des grands établissements de ce genre, si meurtriers, en petits hospices salubres et bien aérés. Sans contredit la remarque est vraie; on perdrait ainsi bien moins de malades, car les épidémies s'y éteindraient plus facilement; mais il s'ensuivrait une notable augmentation de dépenses, et on n'a point encore opéré cette réforme, malgré son évidente utilité. Cabanis a pareillement réuni les rapports qu'il fit de 1791 à 1793 à la commission des hôpitaux. Il fut surtout chargé, au Conseil des Cinq-Cents, en l'an VIII, le 29 brumaire, du *Rapport sur la loi d'organisation des écoles de médecine*; et c'est encore celle dont les bases servent à leur enseignement, car il y insistait sur les études cliniques, comme les plus propres à former de vrais médecins. Il voulait y joindre aussi, comme auxiliaire utile, les notions de l'art vétérinaire, puisqu'on peut tenter d'importantes expériences sur les animaux pour perfectionner la médecine humaine; de même, l'art vétérinaire peut s'enrichir de toutes les observations faites sur notre espèce. Dans son amour de la science médicale, il fonda un prix consistant en une réception gratuite de l'élève qui, chaque année, se serait le plus distingué par ses travaux et son savoir.

En 1797 Cabanis joignit à ses autres écrits déjà connus un morceau remarquable : *Du degré de certitude de la médecine*, où il prouve fort bien que cet art existe, puisqu'il y a des choses nuisibles et d'autres utiles à la santé comme aux maladies; c'est ce que démontre l'expérience. On peut faire son profit de ces observations ; donc il existe un art médical. Qu'il soit bien ou mal appliqué, cette question est autre; car cela dépend du jugement et du savoir du médecin praticien. Il eût pu ajouter que l'instinct des animaux les guide eux-mêmes dans leurs maladies, et qu'ils ont été les précepteurs de l'homme de la nature. Le médecin doit consulter cette nature dans ses inspirations médicatrices et l'aider selon ses tendances à se débarrasser des maux. On ne doit donc pas seulement rechercher si la médecine existe, mais s'il serait possible qu'elle n'existât point pour des êtres délicats et sensibles.

Ce travail conduisit Cabanis à jeter un *Coup d'œil sur les révolutions et la réforme de la médecine* (Paris, 1804). Il y passe en revue, avec des aperçus brillants de philosophie, les différents systèmes qui tour à tour ont régné dans les sciences médicales, selon les opinions des hommes de génie qui s'y sont illustrés. Après avoir examiné avec une sage critique ces théories, ces hypothèses diverses, à travers lesquelles la médecine a pu néanmoins grandir en expérience, ou se purifier d'erreurs, Cabanis propose ses moyens de réforme. Il veut qu'on analyse les faits, qu'on classe les phénomènes pour mettre de l'ordre dans les opérations de l'esprit, et surtout qu'on corrige le langage vicieux de la science, qui ne peut apporter que de la confusion et de fausses idées. Les connaissances physiques, chimiques, mathématiques, mécaniques, etc., si elles ont servi au développement de la médecine, lui ont aussi fait des torts immenses, en imposant leurs explications aux phénomènes vitaux dont la cause est et sera peut-être toujours ignorée. Cabanis veut que le vrai médecin se renferme dans l'observation, et ne se hasarde jamais dans ces ridicules opinions émises sur la digestion par trituration ou par fermentation, etc., soutenues de calculs mathématiques sur la force des membranes ou des fibres. C'est au lit des malades que la thérapeutique doit être consultée. Il est à remarquer surtout que Cabanis, tout philosophe qu'il est, reconnaît les dangers d'appliquer trop rigoureusement les principes de telle ou telle philosophie à la médecine. C'est ainsi en effet qu'il y a eu des systèmes médicaux cartésiens, atomistes, mécaniciens, animistes, etc., soit par désir d'innover, soit par mépris pour les travaux de nos prédécesseurs, ou par ambition inquiète de se faire un nom; les passions humaines, on le voit, jouent leur rôle dans un art qui ne devrait être que le sacerdoce de l'humanité.

Nous passerons ses *Observations sur les affections catarrhales en général* (Paris, 1802), non qu'elles soient sans mérite, mais on n'y rencontre point d'aperçus nouveaux. Nous arrivons au plus grand titre de gloire de Cabanis, à son *Traité du Physique et du Moral de l'Homme* (2 vol. in-8°; Paris, 1802). L'auteur, nommé membre de la classe des sciences morales et politiques de l'Institut national, y avait lu les premiers mémoires qui composent son livre ; leur éclatant succès le détermina à les compléter par d'autres mémoires, qui ne furent pas compris parmi ceux de l'Institut. Ils sont au nombre total de douze : 1° *Considérations générales sur l'étude de l'homme et sur les rapports de son organisation physique avec ses facultés* ; 2° *Histoire physiologique des sensations* ; 3° *Suite de l'histoire physiologique des sensations* ; 4° *De l'influence des âges sur les idées et sur les affections morales* ; 5° *De l'influence des sexes sur le caractère des idées et des affections morales* ; 6° *De l'influence des tempéraments sur la formation des idées et des affections morales* ; 7° *De l'influence des maladies sur la formation des idées et des affections morales* ; 8° *De l'influence du régime sur les dispositions et les habitudes morales* ; 9° *De l'influence des climats sur les habitudes morales* ; 10° *Considérations touchant la vie animale, les premières déterminations de la sensibilité, l'instinct, la sympathie, le sommeil, le délire* ; 11° *De l'influence du moral sur le physique* ; 12° enfin *Des tempéraments acquis par les maladies, le climat, les travaux de l'esprit*.

Partout, dans cet ouvrage, Cabanis fait dériver les dispositions des idées et des affections morales, de l'état matériel de nos organes ; parce qu'il y voit correspondance, il en conclut que le moral n'est en effet que le retentissement du physique. De là on a pu l'accuser de ne reconnaître en nous qu'une seule substance matérielle, quoique plus ou moins parfaitement organisée. Ainsi, dans le mémoire même qui a pour titre *De l'influence du moral sur le physique*, c'est encore, selon Cabanis, la prédominance du système nerveux cérébral qui réagit sur tous les autres appareils ou systèmes de nos organes, en sorte que ce serait le physique d'un organe dominateur qui opérerait sur des organes inférieurs en puissance. Mais de ce matérialisme il résulterait que la matière serait active par elle seule et capable de penser, capable de se modifier spontanément ou de se créer des propriétés nouvelles. En un mot, une masse informe, dans l'origine des choses, s'organiserait d'elle seule en homme, en cerveau pensant, avec cette science incomparable et cette sagesse de rapports infinie, de l'œil avec la lumière, des sexes, l'un avec l'autre, qui existe jusque chez les plantes destituées de tout moyen d'intelligence. Le cerveau sécréterait la pensée comme une glande sécrète une humeur. On comprend toutes les difficultés qui résultent de cette hypothèse, puisqu'il faut accorder l'intelligence à la matière inorganique la plus brute, afin qu'elle fasse et crée de l'organisme intelligent. Le cadavre doit, d'après ces principes, conserver ses facultés intellectuelles et morales, non point alors en acte, mais en essence, ou virtuellement, avec les propriétés intrinsèques et inaliénables de la matière, composée de carbone, d'azote, d'hydrogène, d'oxygène, réunis ou séparés par la mort. Autrement, d'où viendraient l'intelligence, la raison, puisqu'il n'existerait aucune substance spirituelle distincte de la matière. Aussi Cabanis, dans son premier mémoire, avait-il laissé entrevoir la possibilité de la spontanéité des générations ou des créations organiques de la matière livrée à ses propres forces. Il faut bien que cette opinion ne l'ait pas complétement satisfait plus tard, puisque dans un *Essai sur les causes premières*, adressé à M. Fauriel (mais sous lequel de ses admirateurs de son système retinrent inédit pendant longtemps), Cabanis se trouve forcé de recourir à la toute-puissante intervention d'une cause supérieure à la matière. Dans ce petit écrit, qui témoigne de la sincérité d'esprit de son auteur, il ne peut comprendre des merveilleux rapports qui lient les êtres et qui ont construit des organisations si savantes, sans qu'une force intelligente, universelle, pénètre la matière et lui communique un rayon de son génie. Ici, Cabanis tombe dans l'animisme, peu différent de celui de Stahl, et il est déiste; il sépare les deux substances qu'il avait précédemment confondues en une seule avec Spinosa et les anciens atomistes ou épicuriens.

Il est permis de douter que Cabanis, si ardent ami de la liberté humaine, ait consenti à toutes les conséquences du système matérialiste, qui nécessairement aboutissent à l'esclavage et au despotisme. En effet, si nous ne sommes que le produit de notre organisation corporelle, il faut que nous en subissions tous les résultats comme la brute, qui n'est pas maîtresse de résister à ses appétits, à ses instincts dominateurs; elle se montre tigre ou agneau, tyran ou victime, par une force irrésistible. Que dirait Cabanis ou son disciple devant un génie despotique, celui de César ou de Napoléon? Le maître étant formé par la nature pour dominer, par sa supériorité organique cérébrale, les génies inférieurs seraient condamnés à l'obéissance d'après le même droit que l'homme s'arroge sur les animaux. De même, le blanc aurait des titres suffisants pour réduire le nègre à l'esclavage. Dans toute famille, il peut naître des esprits supérieurs comme des idiots, et si, d'après Cabanis, l'habitude seule a le pouvoir d'agrandir les organes employés, l'homme civilisé depuis des siècles aura le droit évident de soumettre les sauvages, les esclaves, dès longtemps asservis et croupissant depuis des siècles dans l'ignorance. En un mot, si tout être peut ou doit se prévaloir des avantages de son organisation matérielle ou d'une puissance acquise par le régime carnivore sur l'herbivore, etc., c'est une loi de la destinée qu'il faut accomplir sans murmure : malheur aux faibles et aux vaincus ! De quel droit s'armer contre l'audacieux scélérat qui se dit jouir de prérogatives attribuées par la nature? Ainsi la femme et l'enfant sont des êtres subordonnés. Nul le supérieur, qui suit l'instinct de son ambition et de son despotisme, ni l'inférieur, rampant dans la servitude, ne peuvent accuser que la nécessité des choses : nul génie ne doit s'enorgueillir de ses découvertes, nul imbécile se plaindre de sa stupidité, si son organisation seule le réduit au rôle passif de l'arbre qui porte ou des sauvageons acerbes ou des fruits délicieux. Bien plus, la déformation, les monstruosités de naissance physiques et morales serviront dans cette hypothèse à justifier des penchants atroces et criminels; Tibère ou Néron s'excuseront sur une dépravation innée de leur tempérament ou d'une sensibilité viciée; il n'y aura plus de vertu louable lorsqu'on n'y verra qu'un mécanisme organique bien équilibré.

Aussi les successeurs de Cabanis ne croient aucun crime ou vice punissable de mort : c'est plutôt pour eux comme une maladie excusable ou une folie à guérir. Ils dépouillent les actions de moralité, s'ils ôtent en effet toute volonté libre à l'humanité; nous voilà réduits au triste rôle de marionnettes; la nature ou la Providence seules sont responsables de nos actions, comme de celles des fournis et des castors. Nous voilà rangés parmi les simples animaux, et la société sans garantie ni sécurité. Il faut reconnaître en effet que la philosophie qui fait dériver nos idées des sens extérieurs, ou qui n'admet avec Aristote, Locke et Condillac que la sensibilité physique transformée pour cause unique de notre intelligence, doit arriver, par une déduction logique, exacte, à cette conclusion, que l'intellect résulte de la matière et de ses modifications. Si l'on peut se passer ainsi de tout autre principe, qui d'ailleurs ne tombe point sous nos sens, la matière seule paraît suffisante pour produire tous les phénomènes que nous apercevons dans l'univers. Nous avons vu cependant que les philosophes ont reculé pour la plupart devant l'athéisme. Cabanis, nourri dans la société de d'Holbach, de Diderot et de plusieurs autres métaphysiciens du dix-huitième siècle, devait donc s'empreindre de leurs opinions. Nous rendons justice à cet homme célèbre; il n'eut point le courage de suivre dans toute leur rigueur ses principes; il n'osa admettre l'anéantissement total de notre moral à la mort.

Fatigué de l'agitation des affaires publiques et des travaux dans lesquels il consumait sa vie, dès l'âge de cinquante et un ans l'altération de sa santé obligea Cabanis à se retirer dans la petite ville de Meulan ou à Rueil; en 1807, au printemps, atteint d'une première attaque d'apoplexie, il ne s'occupa plus dès lors que d'amusements littéraires, et, prévoyant sa fin avec terreur, il en parlait avec une douce mélancolie. Enfin, le 5 mai 1808, une nouvelle et forte attaque l'enleva à l'âge de cinquante-deux ans.

Cabanis, sans s'être placé au rang des génies, a jeté un grand éclat par les liaisons avec des hommes illustres et par des écrits remarquables. Son style est plein d'élégance, quoique ses périodes soient parfois longues et diffuses. Il manque de chaleur et non pas de clarté; il développe fort bien des idées déjà connues, sans en offrir de nouvelles; ennemi de tous les préjugés, il montre une bonne foi sincère dans ses opinions. Il aima la science, et l'aida surtout par son zèle à réorganiser l'École de Médecine, quoiqu'il n'ait nulle part agrandi le champ des connaissances humaines. Il n'était guère praticien; cependant ses vues ne manquaient pas de justesse; il orna la médecine de fleurs littéraires, et l'appliqua principalement à la métaphysique et à l'idéologie. Destutt de Tracy, son ancien collègue et son ami, a donné un excellent abrégé de ses principes et en a suivi les conséquences avec une grande sévérité logique. C'était un véritable philanthrope et un homme sensible, dont les torts étaient réparés par les plus nobles qualités du cœur. J.-J. VIREY.

Les œuvres de Cabanis ont été réunies en 5 vol. in-8°, publiés en 1823-25; le dernier volume contient les *œuvres posthumes*. Les doctrines et le talent de Cabanis ont été l'objet d'une appréciation remarquable de M. Ch. de Rémusat dans la *Revue des Deux-Mondes* (octobre 1844). En 1850 M. Mignet a donné lecture à l'Académie des sciences morales et politiques d'un mémoire sur la vie et les écrits du célèbre médecin philosophe.

CABARDIE. Voyez KABARDAH.

CABARET, lieu où l'on vend du vin en détail, où l'on donne à boire et à manger. Ce mot, suivant Ménage, vient de *caparetum*, dérivé du latin *caupo*, cabaretier. Des vocabulistes ont perdu leur temps à établir des distinctions puériles entre les mots *cabaret* et *taverne*, les uns prétendant qu'on boit du vin dans les tavernes sans y manger, et qu'on donne à manger dans les cabarets; les autres soutenant que les tavernes sont les lieux où l'on donne à manger et où l'on vend du vin *par assiette*, et les cabarets des lieux où l'on vend du vin sans nappe ni assiette. Quoi qu'il en soit, il existe, en France, une différence réelle entre le cabaret et la taverne. Le cabaret est

CABARET

un endroit où l'on vend du vin en détail à qui en veut, soit pour l'emporter, soit pour le boire sur place, soit sur le comptoir, soit sur une table. La taverne, chez nous, malgré son antique origine, exprime quelque chose de plus vil, de plus odieux encore que le cabaret. On n'y va que pour y boire avec excès. Il n'y a que la canaille qui hante les tavernes ou tapis-francs, rendez-vous ouverts à la débauche et à tous les désordres qui en résultent. Justement flétries à cause des excès qui s'y commettent, les tavernes, suivant le célèbre Patru, devraient être, aux yeux de la loi, aussi infâmes que les mauvais lieux. Cependant ce mot tend de nos jours à se réhabiliter, et, grâce à l'anglomanie, d'assez bons restaurants l'ont remis en crédit.

Or, voyez un peu comme tout change et se modifie, selon le temps, les pays et les circonstances. Avant l'introduction du café, avant l'établissement des cafés publics en France, et jusqu'au commencement du siècle dernier, les *cabarets* étaient encore des lieux de rendez-vous, de société, d'amusement, de liberté; les *gens comme il faut* ne rougissaient pas de les fréquenter. Sous Louis XIV encore il y avait foule, et du meilleur ton, je vous jure, à la Pomme de Pin. Les marquis et les chevaliers allaient au cabaret, quelquefois uniquement pour boire, pour s'enivrer, comme font encore les hommes de la lie du peuple, mais souvent aussi pour dîner, pour souper. C'est dans un cabaret de la rue des Fossés-Saint-Germain des Prés, chez Landelle, marchand de vin traiteur, qu'avaient lieu les dîners de l'ancien Caveau, où figuraient Piron, Collé, Panard, Saurin, Gallet, etc. Mais comme tout tend aujourd'hui à s'élever, à s'épurer, nobles, gens de lettres et gens comme il faut, ont cessé de hanter les cabarets; et, si l'on vous invite encore quelquefois par plaisanterie à *dîner au cabaret*, vous pouvez être sûr d'avance que ce sera chez quelque traiteur ou restaurateur en vogue. On cite bien certains *marchands de vin* chez lesquels on est mieux servi que dans plus d'un restaurant en renom; mais ce progrès annonce toujours une transformation prochaine, et on vous montrera à Paris plusieurs *restaurants* somptueux qui n'étaient il y a douze ou quinze ans que de vulgaires *cabarets*.

Il n'en est pas de même chez nos voisins d'Outre-Manche. Les tavernes sont en grand honneur à Londres. Un gentleman, un membre du parlement, un noble lord, ne croiront point manquer aux convenances en y allant boire le *porter* et manger le *roast-beef* avec le simple industriel, avec l'homme du peuple. Qui ne sait que les personnages les plus célèbres de la Grande-Bretagne, Pitt, Fox, Sheridan, Burke, Brougham, etc., n'ont jamais dédaigné d'assister dans des tavernes à ces réunions d'où ont surgi, au milieu d'une orgie et de toasts nombreux, à travers la mousse de la bière et les fumées du vin, tant d'idées lumineuses, et utilement adoptées pour la gloire et les intérêts du gouvernement.

On appelle *cabarets borgnes* ceux qui sont sales, obscurs, situés dans des rues détournées, et tenus par des gens mal famés. Ceux qu'on trouve dans les villages et sur les routes sont nommés *bouchons*, parce qu'ils ont pour unique enseigne un bouchon de lierre ou de quelque autre feuillage, suspendu au-dessus de la porte. Ceux-ci sont fréquentés par les postillons, les rouliers, les voyageurs piétons, et quelquefois par les malfaiteurs. Les premiers sont le réceptacle de la lie du peuple, des gueux et des mendiants, qui pullulent dans les grandes villes. C'est là qu'ils apportent l'argent, les débris de viandes et de poissons, les morceaux de pain, qui forment le produit de leurs quêtes vagabondes, et qu'on voit souvent, à la suite d'abondantes libations d'eau-de-vie, l'aveugle recouvrer miraculeusement la vue et le paralytique l'usage de ses membres. Là aussi, autour d'une table informe, où l'on boit, chante et mange, un ménétrier fait danser une populace déguenillée.

C'est dans les guinguettes des barrières que les ouvriers et les petits boutiquiers de Paris, femmes et maris, filles et garçons, vont les fêtes et dimanches, mais surtout les lundis, se livrer au plaisir de boire et de danser. On y trouve du vin à six et sept sous le litre, salle de danse pour l'hiver, jardin champêtre pour la danse d'été, orchestre ordinairement détestable, mais assez nombreux, surtout en instruments aigus et bruyants. En changeant de nom, ces cabarets n'en ont pas pris un plus relevé; car *guinguette* vient de *guinguet*, sorte de petit vin. Il y a une soixante d'années, on avait aussi donné à ces réunions de danse le nom de *bastringues*; mais à ce mot se rattache aujourd'hui une idée de mœurs et d'habitudes crapuleuses bien propre à en faire proscrire l'usage par la politesse. Le vin qu'on y débite n'est pas moins mauvais que dans les cabarets urbains : c'est toujours de la *ripopée*; mais comme il est à meilleur marché, l'ouvrier en boit davantage, ce qui revient au même pour la dépense, mais non pas pour la raison et la santé. Il boit en un jour le gain de la semaine précédente, le montant de ce qu'aurait coûté le pain de ses enfants pour la semaine suivante. Ce n'est pas sans dégoût et sans danger que le soir on voit déboucher de toutes les barrières une foule d'ivrognes, les uns hurlant, chancelant, heurtant les murs et les bornes, et risquant à chaque pas de tomber ou d'être écrasés par les voitures; les autres, plus fermes sur leurs jambes, et plus redoutables dans leur ivresse, injuriant, poussant, maltraitant les passants. Mais l'ivresse n'est qu'une indisposition passagère; c'est l'*ivrognerie* du peuple parisien qui est horrible, abominable, parce que les vins âpres, durs, aigres et détestables dont il s'abreuve dans les cabarets et les guinguettes, étant toujours frelatés par des mélanges pernicieux, altèrent d'autant plus les organes, disposent plus promptement à l'ivresse, et la rendent plus funeste au bon ordre et à la santé.

On a augmenté dans ces derniers temps la pénalité contre les marchands de vin qui débitent des boissons falsifiées, mais la loi est encore trop indulgente. Les cabaretiers qui falsifient le vin, l'eau-de-vie et les liqueurs par des mixtions dangereuses, en sont quittes, lorsque leur fraude criminelle est découverte, pour la perte du liquide falsifié, une légère amende et une quinzaine de jours de prison au pis-aller. Ils devraient être poursuivis et punis comme empoisonneurs, car ils tuent autant de personnes que tous les fléaux réunis.

On dit proverbialement et populairement qu'*il y a du vin à tout prix au cabaret*, pour dire qu'il faut distinguer les choses, et qu'il y en a de différentes valeurs. *Faire de sa maison un cabaret*, c'est y recevoir trop facilement tout le monde à boire et à manger. Il faut bien cependant que le mot *cabaret* ne soit point tout à fait ignoble, puisqu'on l'a donné à de petites tables et à des plateaux à rebords, en vernis ou en laque de la Chine et du Japon, sur lesquels on place des tasses et autres pièces de porcelaine, pour prendre du thé, du chocolat, du café. On appelle également ainsi ces pièces de porcelaine, lors même qu'elles ne sont pas sur un plateau. A la cour du grand-seigneur et des potentats de l'Asie, on sert de pareils cabarets de porcelaine, les jours de gala, devant les fonctionnaires publics invités. H. AUDIFFRET.

Aux termes du décret présidentiel du 29 décembre 1851, aucun café, cabaret ou autre débit de boisson à consommer sur place, ne peut être désormais ouvert sans la permission préalable de l'autorité administrative. La fermeture de ces sortes d'établissements peut être ordonnée par arrêté du préfet, soit après une contravention aux lois et règlements qui concernent ces professions, soit par mesure de sûreté publique. Tout individu qui ouvre un de ces établissements sans autorisation préalable ou contrairement à un arrêté de fermeture, est puni d'une amende de 25 à 500 francs et d'un emprisonnement de six jours à six mois; l'établissement est en outre immédiatement fermé. Une circulaire du ministre de l'intérieur aux préfets, en date du 2 janvier 1852, a recommandé les soins les plus consciencieux et l'attention la plus scrupuleuse à ces fonctionnaires chargés d'appliquer une loi qui, dit-elle, « fait une large part à l'arbitraire dans une question touchant aux intérêts publics et aux intérêts privés ». L'autorisation d'ouvrir un de ces établissements ne doit être accordée qu'après un examen minutieux et à des individus dont les antécédents et la moralité sont suffisamment garantis. Les cafés et cabarets que l'on transformerait en clubs ou foyers de propagande politique, qui deviendraient le rendez-vous des repris de justice, d'individus vivant de prostitution et de vol, ainsi que ceux où l'on débite des boissons falsifiées ou altérées doivent être impitoyablement fermés.

CABARET (*Botanique*), plante vivace du genre *asaret*, de la décandrie monogynie et de la famille des aristoloches (*asarum europæum*, Linn.), très-commune dans le midi de la France. Sa racine, menue, traçante et accompagnée de quelques fibres qui plongent à environ cinq centimètres dans la terre, entre dans la composition de la **thériaque**, et s'emploie quelquefois comme émétique. Ses feuilles, qui naissent des nœuds de la racine, ont une forme particulière, qui a souvent fait donner à la plante le nom d'*oreille d'homme* ou d'*oreillette*. Elles sont d'un vert foncé en dessus, plus pâle en dessous, et ont une vertu purgative plus forte encore que la feuille. Le cabaret est encore connu sous les noms vulgaires de *rondelle*, *nard sauvage*, *Girard Roussin*, etc. Ses fleurs, qui naissent du même endroit que les feuilles, mais dont le pédicule n'a guère que deux centimètres et demi de longueur, sont d'une seule pièce, à six pans, d'un vert brun, tirant sur le rouge, et renfermant plusieurs étamines et un pistil, qui devient un fruit contenant des semences semblables à des pepins de raisin. Elles ont une odeur aromatique très-forte, tenant de celle de la grande valériane et du nard indien.

Une espèce de *cabaret* qui croît au Canada diffère de celui d'Europe, en ce que ses feuilles, quoique arrondies, se terminent en pointe, que son odeur n'est pas aussi forte et que ses racines ne sont point émétiques.

CABARET (*Ornithologie*), nom vulgaire du *fringilla montium*, espèce du genre *linotte*.

CABARRUS (François, comte de), né à Bayonne en 1752, et destiné au commerce par son père, négociant distingué, après avoir étudié à Bayonne et à Toulouse, fut envoyé à Saragosse chez un correspondant de son père, nommé Galabert, dont il épousa secrètement la fille en 1772, contre le consentement des deux familles. Cependant un beau-père cède à la direction d'une fabrique de savon qu'il avait à Carvanchel. La proximité où il était de Madrid lui fournit l'occasion de se lier avec plusieurs savants de cette ville, nommément avec l'abbé Guevara, éditeur de la *Gazette de Madrid*, qui lui fit faire la connaissance du comte de Campomanès et du P. Olavidès. C'est alors que des plans ambitieux se développèrent dans son esprit. La guerre avec l'Amérique septentrionale, à laquelle l'Espagne dut prendre part contre l'Angleterre, enleva à ce pays ses ressources en Amérique, et Cabarrus, consulté par le ministre des finances au milieu de circonstances aussi embarrassantes, proposa de créer un papier-monnaie portant intérêt. En conséquence, on en mit en circulation pour dix millions de piastres; et comme cette monnaie de papier fut bientôt plus recherchée que l'argent comptant, Cabarrus devint l'objet d'une extrême considération. Il fonda alors, en 1782, la banque de San-Carlos, dont il fut nommé directeur, et établit en 1785 l'association commerciale des îles Philippines, et fut nommé conseiller des finances. Il y eut même en France beaucoup d'engouement pour les actions des deux compagnies de ce moderne Law, ce qui détermina Mirabeau à éclairer le public sur leur véritable valeur; et le pamphlet de l'orateur français porta un coup sensible au crédit de ces deux institutions.

Cabarrus se disposait néanmoins à relever le gant, lorsque après la mort de Charles III, en 1788, il tomba en disgrâce. Florida Blanca était alors ministre. Cabarrus, accusé de malversation, fut arrêté en 1790 et enfermé pendant deux ans. Pour se justifier, il adressa au Prince de la Paix plusieurs lettres qu'il a rendues publiques sous le titre de *lui*), les torts enfin (peut-être parce qu'on avait besoin de lui), les torts qu'on avait eus à son égard. Le roi fit déclarer son innocence par un jugement, lui donna une indemnité de 6 millions de réaux (1,500,000 fr.), le créa comte, et l'employa dans diverses missions, principalement au congrès de Rastadt. On voulut aussi l'accréditer en qualité d'ambassadeur auprès du gouvernement français, mais le Directoire refusa de l'admettre, parce qu'il était Français de naissance. Envoyé alors en Hollande, il ne figura pas dans la révolution qui fit tomber Charles IV du trône; et lorsque Napoléon y eut fait monter son frère Joseph, Cabarrus devint son ministre des finances. Il mourut à ce poste le 27 avril 1810, peu avant l'expulsion de la nouvelle dynastie. Sous le règne de Charles III, il avait marié sa fille à un M. de Fontenay, conseiller au parlement, quoiqu'elle eût été demandée par le prince de Listenay. C'est elle qui s'est rendue si célèbre sous le double nom de Mme Tallien et de princesse de Chimay.

CABAS, nom d'une espèce de coche, ou de voiture, dont le corps était d'osier. Il se dit aujourd'hui familièrement, et par plaisanterie, d'une vieille voiture, à l'ancienne mode, ou d'un vieux chapeau de paille déformé.

Ce mot a reçu dans ces derniers temps une nouvelle extension. Après avoir désigné durant des siècles une espèce de sac ou de panier, de jonc ou de paille, servant à contenir des figues ou des raisins secs, il a remplacé chez les dames l'ancien *ridicule*, qui ne pouvait guère contenir que leur mouchoir et leur bourse, tandis que le panier dont nous parlons, et auquel on a donné la forme plate et carrée, est propre à recevoir toutes sortes de petits ouvrages à la main, et les emplettes journalières qu'une bonne ménagère ne dédaigne pas de faire elle-même. On en confectionne en paille ou en point de tapisserie, selon celle des deux destinations auxquelles nous venons d'indiquer; mais on conçoit bien que les uns et les autres ne sont en usage que dans la petite bourgeoisie, et que les dames de haut parage croiraient en adoptant le *cabas* avoir échangé un *ridicule* contre un autre.

CABASSET, vieux mot hors d'usage depuis longtemps, et qui désignait un casque sans crête, sans gorgerin, sans visière. Les arquebutiers ou les reîtres portaient des cabassets. On a longtemps disputé autrefois pour savoir si ce mot venait de l'hébreu *coba*, casque, heaume, ou bien de l'espagnol *cabeça*, tête; des flots d'encre ont été répandus et des trésors d'érudition dépensés à propos de cette grave question. *Adhuc sub judice lis est.*

Dans quelques-unes de nos provinces centrales, on dit encore d'un homme qu'il a bien de la malice sous son *cabasset*, pour exprimer qu'il a une tête bien organisée, qu'il a de l'esprit.

CABASSOU. C'est le nom qu'on donne en Languedoc et en Provence aux poissons du genre athérine, qu'on y appelle encore *joëls* ou *sauclets*. C'est sans doute à la bandelette argentée de leurs flancs qu'ils doivent les épithètes de *prêtres*, d'*abusseaux*, de *petits abbés*, de *prestras*, qui leur ont été données par nos pêcheurs de l'Océan. Sur les côtes de la Manche, on les appelle aussi *roserés*. Enfin, une espèce méditerranéenne (l'*atherina mochon*) est connue sous le nom de *mochon*. Les athérines forment un genre que G. Cuvier place entre les mugiloïdes et les gobioïdes. Ce sont de petits poissons d'un goût délicat. Lorsqu'ils sont jeunes, ils se tiennent longtemps en troupes serrées. On les mange sur les côtes de la Méditerranée, où ils sont désignés sous le nom commun de *nonnat*.

On connaît maintenant vingt-huit espèces d'athérines, dont six se pêchent sur les côtes de France, où on les vend sous le nom de *faux-éperlans*.

On appelle encore *cabassou* ou *kabassou* le tatou à douze bandes.

CABAT (LOUIS-NICOLAS). Bien que Louis Cabat soit du nombre de ces artistes dont la carrière n'a pas tenu tout ce que leur début avait fait espérer, il a néanmoins sa place marquée dans l'histoire du paysage moderne. Né à Paris, le 24 décembre 1812, il eut pour maître Camille Flers, qui marchait alors, sinon à la tête, du moins à côté des peintres récemment affranchis de l'ornière académique. Il n'est cependant pas resté fidèle à ses leçons. Malgré le vif sentiment qu'il a toujours eu de la nature, malgré l'accent de vérité dont il a essayé de colorer ses tableaux, Cabat n'a jamais cessé complétement de se préoccuper du style. Il débuta au salon de 1833 par quatre paysages d'une grande simplicité d'aspect, et dont la vigoureuse coloration mérita les applaudissements de tous les bons juges : c'étaient les *Bords de la Bouzanne*, le *Moulin de Dampierre*, l'*Intérieur d'un bois* et le *Cabaret à Monsouris*. Le succès de Cabat s'accrut l'année suivante de l'exposition de la *Vue du Jardin Beaujon*, de l'*Intérieur d'une métairie* et de l'*Étang de Ville-d'Avray*, peinture solide, et peut-être même trop solide, qui fait aujourd'hui partie du Musée du Luxembourg.

Dans ces premières œuvres, dans celles qu'on vit de lui aux diverses expositions du Louvre, il y avait comme une forte saveur de réalité qui mérita bientôt à Cabat, dans le groupe des paysagistes de la nouvelle école, une place qu'il n'a malheureusement pas su garder. Un voyage qu'il fit vers 1837 en Italie, sa manière subit une transformation fâcheuse. Troublé par le souvenir de Poussin et de Guaspre, il voulut agrandir ses horizons, il voulut corriger la nature : le *Chemin dans la vallée de Narni*, exposé en 1838, inquiéta d'abord ses amis ; mais lorsqu'en 1840 Cabat mit au salon le *Jeune Tobie*, le *Samaritain*, le *lac de Némi* et l'*Intérieur de forêt*, on reconnut que la révolution était complète. Malheureusement, en abordant les compositions de style, Cabat oublia les qualités de naïveté et de fraîcheur qui avaient fait son succès : les deux *Paysages* du salon de 1841 ne ramenèrent pas à l'artiste la sympathie qui l'abandonnait. Pris alors d'une sorte de lassitude, et inquiet des destinées de son talent, Cabat n'exposa plus aux salons annuels ; et bien que, le 6 juin 1843, la décoration de la Légion d'Honneur ait été le consoler sous sa tente, il ne reparut au Louvre qu'en 1846, où il envoya le *Repos* et un *Ruisseau à la Judie*.

Depuis cette époque Cabat a essayé de remonter le torrent et de retrouver son ancienne manière. Il y est une fois parvenu ; car c'était une toile lumineuse et charmante que ses *Chèvres dans un bois*, du salon de 1851. Par une étrange contradiction, il peignait en même temps les *Pèlerins d'Emmaüs*, l'une des plus froides, l'une des plus fausses de ses compositions ambitieuses. Sa dernière œuvre, le *Soir d'Automne* (1852) n'est guère plus recommandable. Ajoutons enfin que, même dans ses meilleurs jours, Cabat a montré dans l'exécution une lourdeur qui diminue singulièrement la réalité de son coloris et la transparence de ses effets.

Paul MANTZ.

CABESTAING (GUILLAUME DE), troubadour célèbre par l'histoire sanglante de ses amours, vivait vers la fin du douzième siècle. Selon la chronique placée en tête de ses poésies dans plusieurs manuscrits, l'horrible catastrophe de sa mort paraît avoir eu lieu en 1180, sous le roi d'Aragon, Alphonse II, qui possédait alors Barcelone. Boccace, dans sa *quatrième Journée*. Antérieure d'une dizaine d'années à la mort de Raoul de Coucy, tué au siège d'Acre en 1981, la fin déplorable de Cabestaing paraît avoir fourni à l'auteur du roman de *La Dame de Fayel*, écrit en 1228, les circonstances atroces d'une vengeance maritale que Fauchet et La Croix du Maine ont rapportées, et que De Belloy a rendues populaires par le succès de sa meilleure tragédie. On reconnaît dans la vie de notre troubadour les principaux incidents de l'histoire de *Gabrielle de Vergy*.

Cabestaing, gentil-homme sans fortune, vint, dès sa première jeunesse, se présenter à Raymond de Castel-Roussillon, qui l'agréa pour *varlet*, c'est-à-dire pour page, et ne tarda pas à le donner comme *donzel* (écuyer) à sa femme, madame Marguerite. Jeune, sensible, spirituel, enjoué, d'une figure charmante, Cabestaing, par ses assiduités et les charmes de son esprit et de sa personne, offrait à la belle châtelaine un danger qu'elle ne put éviter ; elle conçut pour lui une passion dont il partagea toute la violence, et l'amour le rendant poète, il célébra les attraits et la beauté de sa nouvelle maîtresse dans des chants où l'on trouve une naïveté gracieuse jointe à un mélange d'idées religieuses et d'images passionnées.

Les vers de Cabestaing éveillèrent bientôt l'attention des envieux ; leurs propos malins arrivèrent à l'oreille de Raymond, qui, voulant aussitôt connaître la vérité, s'élance sur son destrier, et vient seul au-devant de l'écuyer, occupé à chasser à l'épervier aux alentours du château. Là, tout en chevauchant ensemble, et après avoir fait avouer adroitement à Cabestaing que l'amour seul lui inspire ses chants poétiques, il lui demande le nom de la dame qui en est l'objet. En vain le damoisel se refuse à une confidence qui serait une indiscrétion coupable, sa résistance irrite encore l'humeur jalouse de Raymond ; il insiste, il presse, il supplie, à tel point que Cabestaing, pour lui donner le change, finit par lui déclarer qu'il aime la belle Agnès, sœur de madame Marguerite, sa femme : Raymond, transporté de joie, lui jure qu'il servira leurs amours de tout son pouvoir, et néanmoins, pour s'assurer mieux encore du fait, il veut aller sur-le-champ au château de Robert de Tarascon, son beau-frère.

On tourne bride, on arrive ; Raymond se hâte de remplir l'objet du voyage, il interroge secrètement Agnès, et la bonne Agnès, qui a cru surprendre dans son regard un soupçon de défiance, frappée d'ailleurs de l'inquiétude qu'elle a remarquée chez l'écuyer de sa sœur, dont elle connaît les amours, répond aux questions insidieuses du beau-frère en lui avouant, comme malgré elle, qu'elle aime Cabestaing ; mais, en femme adroite et prudente, elle se hâte de faire connaître sa bienveillante supercherie à son mari, qui l'approuve, et l'engage même à user de toutes les apparences qu'elle croira propre à tromper la jalousie de Raymond. En effet, Agnès s'enferme dans sa chambre avec le damoisel, et, seule avec lui pendant plusieurs heures, elle n'en sort que pour le souper, où elle se montre sémillante et toute joyeuse. Raymond ne conserve plus de doute sur la fausseté des rapports qu'on lui a faits ; et le lendemain, grâce aux adroites dispositions d'Agnès pour leur coucher, il repart du château avec l'intime persuasion que la nuit a mis le comble au bonheur des amants. De retour chez lui, il s'empresse de révéler à sa femme l'intrigue qu'il croit avoir découverte, et lui raconte malignement tout ce qui s'est passé chez sa sœur. Marguerite, se croyant trahie, et frappée au cœur, cache à peine ses larmes ; libre enfin d'y donner cours, elle fait appeler Cabestaing, l'accable de ses vifs reproches, refuse de l'entendre, puis finit par l'écouter, et reçoit enfin sa justification : elle était facile, elle fut complète. Mais, entièrement rassurée sur la fidélité de son amant, Marguerite n'en reste pas moins fâchée qu'on puisse attribuer aux chants poétiques de Cabestaing un autre objet qu'elle-même, et, au risque de tout ce qui peut en advenir, elle exige de lui dans une chanson il dise qu'il l'aime et n'aime qu'elle seule. La chanson est faite ; elle nous a été conservée. Selon l'usage des troubadours, elle se termine par un envoi, imprudemment adressé au mari lui-même.

À cette lecture, la plus noire jalousie s'empare de Raymond ; il ne doute plus de sa honte, et, comprimant sa fureur pour mieux assurer sa vengeance, il conduit Cabestaing, sous un prétexte, hors du château, le poignarde, lui coupe la tête et lui arrache le cœur; puis, apportant à son cuisinier ce cœur palpitant encore, il lui ordonne de l'apprêter comme un morceau de venaison, et le fait ensuite servir à sa femme, qui le mange en lui avouant qu'elle a trouvé ce mets excellent. « Je le crois, répond le cruel; il est bien juste que vous aimiez mort ce que vous avez tant aimé vivant, et, lui présentant à ces mots la tête pâle et sanglante de Cabestaing, il lui apprend l'horrible repas qu'elle vient de faire : à cette vue, à ces paroles effroyables, Marguerite, saisie d'horreur et de désespoir, s'écrie : » Oui, barbare! je l'ai trouvé si délicieux, ce mets, que je n'en mangerai jamais d'autre pour n'en pas perdre le goût. « Raymond, ne contenant plus sa fureur, court à elle l'épée à la main; elle fuit, se précipite d'un balcon, et expire en murmurant encore le nom de son amant.

Le bruit de cette aventure tragique se répandit bientôt dans la contrée avec toutes ses affreuses circonstances; les parents de Marguerite, ceux de Cabestaing, tous les chevaliers, les seigneurs du Roussillon et des pays voisins se liguèrent contre Raymond, et mirent ses terres à feu et à sang; le roi Alfonse, son suzerain, vint lui-même sur les lieux, le fit arrêter, le dépouilla de ses biens, et fit démolir son château. Ce prince honora ensuite la mémoire des deux amants par de magnifiques funérailles ; ils furent mis dans le même tombeau devant une église de Perpignan, et l'on y grava leur histoire. Longtemps encore après, les chevaliers et les dames du pays et des environs y venaient chaque année prier pour le repos de Marguerite et de Cabestaing. Les chansons qui nous restent du troubadour, au nombre de sept, se trouvent dans des manuscrits de la Bibliothèque nationale. Cinq d'entre elles sont imprimées dans le deuxième volume du *Choix des Poésies originales des Troubadours*, par M. Raynouard, qui a également publié la Vie de Cabestaing. PELLISSIER.

CABESTAN (de l'espagnol *cabre stante*, chèvre debout). Cette machine ne diffère du treuil que par sa position. Le cabestan en effet se compose d'un arbre ou cylindre autour duquel s'enroule la corde qui tire le corps qu'il faut déplacer : on fait mouvoir ce cylindre, dont la position est verticale, au moyen de deux ou plusieurs barres disposées en croix, ce qui forme quatre leviers ou davantage que des hommes poussent devant eux en circulant autour de la machine ; plus ces leviers sont longs relativement au rayon du cylindre, plus les avantages de ceux qui font tourner le cabestan sont grands, ce qui résulte immédiatement de la théorie du levier.

Supposons que le rayon du cylindre soit de deux décimètres, que la longueur des leviers, mesurée du centre du cylindre à leurs extrémités, égale deux mètres ou vingt décimètres, il en résultera qu'une force appliquée à l'extrémité du levier déplacerait un obstacle résistant comme une force décuple, c'est-à-dire qu'un tel cabestan décuplerait les forces des hommes qui le feraient mouvoir. L'érection de l'Obélisque de Louqsor à Paris donne une faible idée de la puissance de ces machines. Il semble au premier abord qu'en faisant le cylindre du cabestan d'un très-petit diamètre, on pourrait augmenter à l'infini les avantages de la machine ; cela est vrai en théorie, mais la chose est impossible dans la pratique; d'abord, parce qu'il est nécessaire que le cylindre ait une grosseur suffisante pour résister sans rompre aux efforts qui s'exercent sur lui ; en second lieu, si le cylindre étaît d'un très-petit diamètre, la corde se roulerait plus difficilement dessus, ce qui ajouterait à la résistance de l'obstacle qu'il faudrait vaincre; enfin, plus les leviers seront longs, plus la force motrice emploiera de temps, puisqu'elle aura plus d'espace à parcourir.

On a proposé un moyen fort simple pour qu'une force donnée, agissant sur les leviers du cabestan, puisse déplacer une masse quelconque. Ce moyen consiste à diviser le cylindre en deux parties, lesquelles représentent deux cylindres de diamètres inégaux : dans ce cas, le fardeau qu'il faut tirer est attaché à l'axe d'une poulie dans la gorge de laquelle passe une corde dont les bouts sont fixés sur les cylindres inégaux, de façon que, quand le cylindre total tourne, les deux moitiés de la corde se roulent sur les cylindres inégaux en sens contraires. Admettons que les cylindres partiels aient la même diamètre, il est évident que les efforts représentés par la résistance à déplacer se détruiraient réciproquement, puisque les cordes tendraient à faire tourner le cylindre total en sens contraire, agissant l'une et l'autre avec des leviers égaux (les rayons des cylindres); mais si le diamètre de l'un des cylindres est de si peu que l'on voudra plus grand que celui de l'autre cylindre, la force qui tendra à faire rouler la corde sur le gros cylindre en dépensera plus qu'il ne s'en déroulera sur le petit; la masse se déplacera et s'approchera du cabestan avec d'autant moins de vitesse que la différence des diamètres des cylindres entre eux sera plus petite. Si un tel système n'est pas généralement adopté, c'est, entre autres inconvénients, par rapport à la lenteur avec laquelle une semblable machine fonctionnerait.

Les cabestans ordinaires sont employés de temps immémorial pour traîner, soit sur des rouleaux, soit sur des surfaces unies, des fardeaux de tout poids et de toute grandeur; c'est indubitablement avec leur aide que les anciens Égyptiens ont pu ériger les superbes obélisques qui décoraient les entrées de leurs temples. L'emploi du cabestan permet aux hommes qui le font tourner d'agir avec le maximum de forces dont ils sont moyennement capables : on estime ce maximum à 25 kilogrammes.

Les défauts de ces machines consistent principalement dans les frottements des tourillons du cylindre dans leurs trous et dans le déplacement de la corde qui, en se roulant, avance vers l'une des extrémités du cylindre à la manière d'une vis, ce qui oblige à suspendre le mouvement pour replacer la corde, vers l'autre extrémité : cette opération, que les ouvriers nomment *choquer*, fait perdre un temps considérable. Quoi qu'on ait fait pour obvier à ces inconvénients, on n'y a pas encore réussi complètement.

Les marins appellent *vindas* le cabestan mobile sur les ports; pour les constructeurs en bâtiments, le *vindas* est un cabestan de petite dimension, fixe ou mobile. TEYSSÈDRE.

Cette machine est employée sur les vaisseaux pour lever les ancres ou autres fardeaux auxquels sont amarrés les câbles, que l'on fait passer autour du cylindre. Pour cet effet, il y a ordinairement deux cabestans sur les vaisseaux, savoir un grand, qu'on appelle *cabestan double*, et un petit, qui est le *cabestan ordinaire*. Le cabestan double est placé sur la première batterie, derrière le grand mât; il s'élève jusqu'à 1^m 30 ou 1^m 60 au-dessus du pont. Son nom de *cabestan double* lui vient de ce qu'on peut mettre des hommes sur les deux ponts en même temps pour le faire tourner et doubler ainsi sa force. Il sert particulièrement à lever les ancres. Le cabestan ordinaire est placé sur le second ou le troisième pont, et sert à hisser les mâts de hune et les grandes voiles, et dans toutes les occasions où l'on peut lever les ancres avec peu de force.

CABET (ÉTIENNE), l'un des grands prêtres du communisme, est né en 1788, à Dijon, où son père exerçait la profession de tonnelier. Les sacrifices que celui-ci s'imposa permirent à son fils de faire quelques études sous la direction du fameux Jacotot, le révolutionnaire de l'enseignement primaire, dont il s'honora longtemps d'être avant tout le disciple. Plus tard, M. Cabet remplit les modestes fonctions de surveillant ou de *pion* dans diverses pensions, où il put commencer l'étude de la médecine, qu'il abandonna bientôt pour celle du droit, bien autrement facile quand on se trouve en pareille position. Reçu avocat à force de travail et de persévérance, il se fit inscrire au barreau de sa ville natale; mais c'était là un théâtre trop étroit pour son ambition. Il ne tarda donc pas à se rendre à Paris, où son premier soin fut de se faire affilier à la *charbonnerie française*. L'exagération de ses principes en politique lui valut bientôt une place dans le comité directeur de cette société secrète ; honneur suprême qui lui fit à juste titre bien des envieux, parce qu'en cas de révolution il lui assurait une part dans la curée des places. Effectivement, la révolution de Juillet ne fut pas plus tôt consommée que le nouveau garde des sceaux, Dupont (de l'Eure), s'empressait de récompenser la pureté et la notoriété de son patriotisme par les fonctions de procureur général en Corse. Pour un avocat sans causes l'avancement était un peu prompt ; mécontent pourtant de son lot, et comprenant parfaitement que sous le régime parlementaire, tel que la royauté de Juillet entendait le pratiquer, la chambre des députés allait être le grand bazar des places et des faveurs, M. Cabet brigua en 1831 les honneurs de la députation ; et avec l'appui assez timide de l'administration, en même temps qu'avec le concours de la société Aide-toi le ciel t'aidera, reconstituée par Garnier-Pagès et à laquelle il avait donné des gages, il fut nommé dans la Côte-d'Or.

Au Palais-Bourbon, le nouveau député mit tout de suite le marché à la main aux ministres, et, les trouvant hésitants, se jeta dans l'opposition la plus avancée. C'était donner sa démission. Les feuilles du parti radical exaltèrent alors à l'envi le patriotisme de l'ex-procureur général, qui passa ainsi, d'emblée et définitivement, grand citoyen. L'année suivante M. Cabet publia une *Histoire de la Révolution de 1830*, œuvre sans portée, sans idées et sans style, mais violente et déclamatoire autant que possible, et qui fit de lui dès lors dans le parti républicain une notabilité incontestée. A quelque temps de là il fondait avec Rodde, Cauchoix-Lemaire et autres, *le Populaire*, feuille radicale du dimanche, restée célèbre dans les souvenirs de l'époque, bien moins par le talent de sa rédaction que par ses nombreux démêlés avec le parquet d'abord, et ensuite avec la police, qui prétendait avoir le droit de faire arrêter la vente sur la voie publique. Un article publié par M. Cabet dans ce journal le fit condamner, en mars 1834, à deux ans de prison ; mais comme en matière de délits de presse il n'y a point d'arrestation préventive, M. Cabet, peu soucieux des honneurs du martyre entre les quatre murailles d'une prison, passa en Angleterre, où il continua de faire au gouvernement de Louis-Philippe une guerre de pamphlets des plus acharnées, et où il attendit jusqu'à ce que l'amnistie de 1839 lui rouvrit les portes de la France.

En 1840 M. Cabet crut devoir gratifier ses concitoyens d'une *Histoire de la Révolution de 1789 à 1830* de la même façon (4 vol. in-8°), ouvrage précisément de la même valeur que celui qu'il avait consacré huit ans auparavant à la révolution de juillet, mais qui, grâce au mode de publication par feuilles et livraisons détachées, obtint un certain débit dans les classes populaires, où il fit d'assez nombreuses recrues à la démagogie, et qui, on le devine, n'était que l'apothéose aussi lourde que triviale de tous les héros du jacobinisme, le tout relevé de force déclamations contre *l'exploitation du pauvre par le riche* et de visibles tendances au communisme. A partir de ce moment M. Cabet devint l'oracle des bas-fonds de la démagogie, et n'eut d'autre rival dans leur estime et leurs sympathies que le *citoyen* Laponneraye, autre historien de la révolution française *ejusdem farinæ* dont l'œuvre, demeurée non moins inconnue dans les classes qui croient encore à la grammaire et veulent avant tout qu'on la respecte quand on se mêle d'écrire, fait aussi partie des Évangiles de la démagogie, et, comme la sienne, a même obtenu les honneurs de trois ou quatre éditions (si tant est qu'à cet égard on puisse ajouter une foi entière aux énonciations inscrites sur la couverture).

M. Cabet était revenu à Paris dans un bon moment pour un agitateur. Les inutiles fortifications dont le roi Louis-Philippe s'était obstiné à entourer la capitale, profitant, pour en ordonner d'urgence la construction, d'une crise produite dans la politique extérieure par la question d'Orient et ses péripéties, avaient provoqué dans les masses le plus vif mécontentement, et continuaient à être de la part de la presse de Paris et des départements le sujet des discussions les plus passionnées. Cette fois, à la surprise générale, la politique du gouvernement n'avait pas rencontré de plus habile avocat que *le National*. M. Cabet, on le pressent, n'eut garde de tomber dans une semblable hérésie, et fit bien vite chorus avec ceux qui le dénonçaient aux *frères et amis* comme une noire trahison commise, à prix d'argent sans doute, par quelque chef de file de l'orgueilleuse et impuissante coterie à laquelle cette feuille républicaine servait de *fort détaché* pour tenir constamment le pouvoir en échec. A partir de ce moment l'hégémonie exercée jusque alors par le *National*, comme représentant la portion intelligente du parti, fut irrémissiblement perdue ; et la direction de l'*idée révolutionnaire* se trouva partagée entre cinq ou six meneurs représentant autant de nuances de cette même idée. Or, depuis 1830 M. Cabet avait assez payé de sa personne et de sa plume pour avoir droit, en dépit de l'hostilité dédaigneuse des hommes du *National*, à être enfin compté comme quelque chose parmi ses coreligionnaires politiques. Cette question des fortifications le servit donc à souhait sous ce rapport, et le grandit à ses propres yeux de dix coudées.

D'ailleurs, l'ancien procureur général près la cour royale d'Ajaccio, distançant du premier vol tous les autres aigles du Socialisme, ses concurrents dans l'exploitation des misères sociales comme moyen d'arriver au pouvoir, arborait maintenant bravement le drapeau du Communisme. Le feuilleton avait mis le roman à la mode ; ce fut la forme du roman que M. Cabet choisit pour populariser ses idées. Son *Voyage en Icarie*, roman philosophique, où l'on trouve la description enchanteresse de la terre promise par lui à ses adeptes, eut tout le résultat qu'il s'en était promis. Il circula dans les classes inférieures de nos principaux centres d'industrie, où l'auteur compta bientôt un certain nombre de fanatiques adhérents à ses doctrines. A leurs yeux il fut désormais *la loi et les prophètes* du nouvel ordre social, dont on annonçait alors publiquement de tous côtés la prochaine inauguration. En effet, M. Cabet n'était pas le seul publiciste qui fit en ce temps-là de réformation sociale métier et marchandise. Son utopie *Icarienne* n'était même au fond, on peut le dire, que la contrefaçon assez plate des idées et du système dont les disciples de Fourier, eux-mêmes contrefacteurs des disciples de Saint-Simon, avaient commencé sept ou huit ans auparavant et continuaient encore la très-fructueuse exploitation sous le nom de phalanstère.

On a aujourd'hui de la peine à comprendre la tolérance du pouvoir à l'égard des théories saugrenues imaginées à l'envi depuis 1830 tant par de charlatans politiques, littéraires ou philosophiques. On s'expliquera cependant aisément qu'ils se soient rencontrés en si grand nombre, si on se rappelle les incroyables fortunes faites, sous le règne de Louis-Philippe, par certains *condottieri* de la presse périodique, et surtout par les adeptes du Saint-Simonisme, que le gouvernement de ce prince s'efforça de rallier à lui, et qu'il combla de faveurs et d'honneurs, malgré la notoriété de scandale qui s'attachait à leur nom. Ces primes données par le pouvoir à l'esprit d'audace et d'aventure devaient nécessairement provoquer les ambitieux et les intrigants à se servir de moyens analogues pour arriver au même but, à savoir : des positions honorifiques et surtout lucratives dans cet ordre social qui a tous les vices et qu'il faut détruire coûte que coûte, tant qu'on ne profite pas soi-même de ses abus. Parmi tous ces réformateurs et tous ces rénovateurs, recrutés indistinctement aux différents degrés de la hiérarchie sociale, et acceptés comme autant de génies les uns par

9.

les autres avec une touchante bienveillance, ne se discutant non plus jamais entre eux, attendu qu'en pareille matière l'important est de paraître nombreux, on voit bientôt s'établir une solidarité autrement énergique et puissante que celle qui existe entre les membres des coteries littéraires; et chacun d'eux pour parvenir compte à bon droit autant et plus même sur l'appui de ses complices que sur son propre savoir-faire.

M. Cabet put librement débiter ses doctrines, et elles ne furent l'objet d'aucune critique de la part de la presse. On aimerait à pouvoir attribuer le silence de celle-ci à son respect pour le principe de la liberté des opinions, si on ne savait que le produit de l'annonce figurant au nombre des bénéfices les plus clairs du journalisme, la presse a renoncé aux droits de la critique le jour où elle s'est faite entrepreneuse et courtière de publicité. Or M. Cabet était sous ce rapport un client à ménager, puisqu'il faisait de l'annonce en grand. Il connaissait trop bien aussi l'influence du journalisme pour ne pas user directement lui-même de ce levier, dans l'intérêt de la propagation de ses idées. Il ressuscita donc *le Populaire*, qui devint le Moniteur de l'*Icarie*; et le gouvernement le laissa tranquillement battre en brèche l'ordre social à l'aide de cette feuille politico-mystique, parce que le journaliste avait cette fois l'art de rester dans le vague de théories et de discussions jugées peu dangereuses du moment où elles ne prenaient pas corps à corps les puissants du jour, et que d'ailleurs il n'allait point encore jusqu'à attaquer franchement le mariage et la famille. M. Cabet fit même paraître en outre, pendant cinq ou six années consécutives, un *Almanach Icarien* à 50 centimes; parce que dans ce bon pays de France, en dépit du progrès si vanté des lumières et de l'instruction, l'almanach étant le seul livre que consultent pratiquement les deux tiers de la population sachant lire ou à peu près, il y avait encore là un moyen facile et commode de vulgariser des idées qui ne demandent qu'à être indiquées pour être tout aussitôt saisies et comprises par les intelligences les plus épaisses. Il se rencontra même parmi ses disciples des hommes de bonne volonté, des fanatiques de l'idée Icarienne, qui se chargèrent de tenir, sous la dénomination de *cours icariens*, des conférences populaires où on lisait et commentait, à l'usage des néophytes, les écrits du maître; et la police laissa faire.

Ainsi, secondé par l'apathie des uns et l'incurie des autres, M. Cabet réussit à rallier de nombreux prosélytes à ses doctrines. En 1847 son journal publia les statuts d'une association pour la fondation dans les pays d'outre-mer d'une colonie destinée à réaliser les mirobolantes. descriptions de son Voyage en Icarie. Il annonçait avoir obtenu une concession d'un *million* d'acres de terre au Texas, sur les bords de la Rivière-Rouge, et conviait ses fidèles à réaliser tout ce qu'ils possédaient, à abandonner cette vieille Europe, dont l'aspect soulève le cœur de tout franc républicain, et à s'en venir fonder avec lui l'*Icarie*. Déjà soixante-neuf individus des deux sexes et de tout âge, formant l'avant-garde de la grande armée icarienne, s'étaient embarqués au Havre et faisaient voile vers la terre promise, quand éclata la Révolution de Février. Cet événement fit espérer un moment à M. Cabet qu'il allait enfin lui être donné de réaliser ses utopies en France même. Il suspendit son départ, se mit à la tête du gros de l'armée icarienne, dont il confia provisoirement le commandement à un de ses vicaires, homme d'ailleurs d'une vertu éprouvée, pour briguer les suffrages des Parisiens à l'effet d'être nommé par eux l'un des représentants de la Seine à l'Assemblée Nationale, du haut de la tribune de laquelle il se proposait de faire tomber sur le reste du pays des torrents de lumière icarienne. Qui de nous ne se rappelle encore les affiches de toute grandeur, de toute couleur, apposées à cet effet sur tous les murs de la grande ville à l'époque des élections pour la Constituante, en 1848, et annonçant sa candidature par la simple formule alors d'usage; *Nommons Cabet!*

Tant d'efforts et une mise en scène si habile furent inutiles. La coterie du *National* et de la *Réforme* l'emporta bien sur presque toute la ligne; mais M. Cabet, lui, en fut pour ses frais. A quelques jours de là une lutte terrible ensanglantait Paris. C'était le drapeau de la république démocratique, socialiste et surtout communiste, que l'insurrection avait franchement arboré. Elle fut décidément vaincue, et M. Cabet, perdant désormais tout espoir de *sauver* la France à sa façon, se décida à l'abandonner à son malheureux sort pour aller rejoindre ses fidèles sur les bords de la Rivière-Rouge. L'opinion lui sut d'autant plus gré de cette stoïque résignation, que précisément à cette même époque un de ses concurrents en matière de réforme sociale, M. Considérant, montait à la tribune de l'Assemblée nationale pour demander à l'Assemblée à son malheureux sort pour aller une petite concession de 1,500 hectares, fond et superficie, dans la forêt de Saint-Germain, en s'engageant à la *défricher* et à y réaliser, aux portes mêmes de Paris, les merveilles du *Phalanstère*. On trouva que pour un simple *essai* demander au trésor public une subvention de plusieurs millions de francs, c'était aller un peu vite en besogne, surtout de la part d'un réformateur. Un immense éclat de rire accueillit donc la proposition du *citoyen* Considérant : celui-ci ne fut plus désormais qu'un pygmée en comparaison du *citoyen* Cabet, qui, lui du moins, en fait d'expériences sociales, se chargeait de les faire à ses frais.

Il y avait ici erreur. M. Cabet expérimentait tout bonnement aux frais des malheureux prolétaires et ouvriers qui avaient cru à ses belles paroles, et qui, sur la foi de ses brillantes promesses, n'avaient pas hésité, qui à retirer son pécule de la caisse d'épargnes, qui à vendre ses meubles, pour subvenir aux frais du passage à travers l'Atlantique, parfaitement convaincus que sur les bords de la Rivière-Rouge les alouettes, comme on dit vulgairement, tombaient du ciel toutes rôties. Il nous a été personnellement donné de voir partir ainsi pour le nouveau monde une famille de prolétaires parisiens, et jamais nous n'oublierons l'exaltation de ces infortunés, dont tous les propos indiquaient un état de démence tenant le milieu entre la fureur et l'imbécillité, ou plutôt participant de l'une et de l'autre.

Est-il besoin d'ajouter qu'à leur arrivée sur les bords de la Rivière-Rouge tous ces fanatiques, au lieu du bonheur ineffable que le Maître avait pendant si longtemps fait miroiter à leurs yeux, ne rencontrèrent que misère et déception? Nos consuls aux États-Unis durent les rapatrier, et, comme on voit, c'est encore en définitive le trésor public qui a dû faire en partie les frais des folies de M. Cabet. Parmi les infortunés qu'il avait si cruellement abusés par ses prédications il s'en rencontra un bon nombre qui, ayant perdu un peu trop tard toute foi en la vertu et aux belles paroles du Maître, n'hésitèrent pas à le traduire comme un vulgaire escroc devant le tribunal correctionnel de la Seine, en l'accusant de s'être personnellement approprié une partie du trésor commun montant à plus de *deux cent mille francs*; et M. Cabet, qui pendant ce temps-là s'était rendu dans sa fameuse concession d'un *million d'acres de terre*, fut condamné par défaut, le 30 septembre 1849, à deux ans d'emprisonnement.

Cette condamnation lui servit de prétexte décent pour abandonner la colonie nouvelle déjà agonisante. L'honneur du fondateur de l'Icarie ne devait-il pas rester immaculé? M. Cabet s'en revint donc à Paris purger ce défaut; et il eût fallu en vérité lui supposer bien peu de l'habileté pour ne pas prévoir qu'il arriverait armé de chiffres irréfragables qui forceraient ses juges à repousser la plainte en escroquerie déposée par les rénégats de l'Icarie, et à déclarer qu'il n'avait commis aucun délit prévu par la loi. Ce second jugement est du 26 juillet 1851.

Le triomphe de M. Cabet était trop éclatant pour ne pas légitimer de sa part les plus hautes espérances. Au lieu donc de songer à aller retrouver ses frères en Amérique, il annonça hautement alors l'intention de se mettre sur les rangs pour l'élection présidentielle, qui devait avoir lieu en France en mai 1852. Les événements de décembre 1851 ont dû lui enlever à jamais les illusions dont il se berçait à cet égard. Cependant nous n'avons pas appris qu'il ait encore jugé à propos de s'en retourner en Amérique, malgré les pompeuses descriptions qu'il se plaisait à donner de la prodigieuse prospérité à laquelle était déjà parvenue la colonie fondée sur les bords du Mississipi par le gros de ses disciples, trois cents Icariens pur sang pratiquant là toutes les lois du communisme et jouissant d'une incomparable félicité.

On pardonnerait peut-être à M. Cabet ses illusions si elles avaient le mérite de l'originalité ; mais on ne peut même lui concéder la propriété des idées avec lesquelles il est parvenu un instant à grouper autour de lui quelques centaines de dupes. *Icarie* n'est en effet que la plate contrefaçon de *New-Lanark* et de *New-Harmony*, colonies que Robert Owen, il y a de ça trente et quelques années, essaya successivement de fonder, en Écosse d'abord et aux États-Unis ensuite ; colonies qui échouèrent tout aussi piteusement, et qui avaient également pour base le communisme. Le réformateur social écossais dépensa à ce grand œuvre l'immense fortune que lui avait léguée son beau-père, brave travailleur mort quatorze ou quinze fois millionnaire. M. Cabet n'y a dépensé que les dernières ressources de quelques familles de prolétaires, sans y rien mettre du sien, à l'exception de ses théories. Or, qu'on ne l'oublie point, elles ne lui appartiennent même pas en propre; il ne peut tout au plus prétendre qu'à la propriété de certaines broderies dont il a cru devoir les orner. Nous aimons du reste, après avoir apprécié le visionnaire politique, à constater l'honorabilité du caractère privé de M. Cabet.

CABIAI, que, selon Sonnini, on doit prononcer *cabiaye*, est le nom donné par Buffon à l'*hydrochœrus capibara*, animal américain de l'ordre des *rongeurs*, que le naturaliste Klein a pris pour type de son genre *cavia*. Ce genre, qui nous offre des espèces intéressantes, telles que le *cochon d'Inde*, l'*agouti*, etc., a été plus ou moins modifié par les successeurs de Klein; F. Cuvier y a établi quatre divisions bien distinctes, qui peuvent être considérées comme autant de genres; il les nomme : 1° *cœlogenus*, c'est celui des pacas; 2° *chloromys*, qui renferme les agoutis; 3° *hydrochœrus*, ou véritable cabiai : 4° *anœma*, qui renferme les cochons d'Inde.

Les *pacas* se trouvent au Brésil, au Paraguay et aux Antilles, où ils sont fort estimés comme aliment; mais ils commencent à devenir très rares, tant on leur a fait la chasse. Les *agoutis* habitent les parties chaudes de l'Amérique, où ils représentent par la bonté de leur chair et la douceur de leurs mœurs nos lièvres et nos lapins ; ils sont omnivores, et ne font pas de provisions, comme l'a cru Buffon. Le véritable genre *cabiai*, qui ne contient qu'une seule espèce, l'*hydrochœrus capibara* des auteurs, est de la grandeur d'un cochon de Siam; son museau est très-épais et ses jambes courtes; son poil est grossier et d'un brun jaunâtre. Cet animal manque de queue. On le trouve dans les lieux humides et marécageux à la Guyane et au Brésil. Il y fait sa proie de poissons, ne s'écarte guère des eaux, et s'y réfugie lorsqu'on l'inquiète. Paul GERVAIS, prof. à la Fac. de Montpellier.

CABILLAUD, et, selon d'autres, *cabeliau, cabéliaud, cabelliau* ou *cabliau*, nom vulgaire donné par les Hollandais à la morue fraîche, et que nous avons adopté.

CABILLAUDS (Faction des). Elle prit naissance en Hollande, vers le milieu du quatorzième siècle à l'occasion de la rivalité qui s'éleva entre Marguerite, veuve de l'empereur Louis V, et son fils Guillaume comte d'Ostrevant. Les nobles tenaient pour le fils, le peuple pour la mère. Les partisans du comte prirent le nom de *cabillauds* (*kabeljaauws*), parce que le poisson qui s'appelle ainsi est connu pour dévorer le fretin. Leurs adversaires, les défenseurs de l'impératrice, adoptèrent l'emblème de l'*hameçon* (*hoek*), avec lequel on prend le cabillaud. Pour se distinguer, les premiers portaient des chaperons gris, les seconds des chaperons blancs. Pendant cent quarante-deux ans la victoire resta alternativement aux deux partis, qui traversèrent plusieurs règnes sans que leur animosité semblât s'affaiblir. Les *cabillauds* triomphèrent d'abord ; mais lorsque Guillaume V eut perdu la raison, les *hameçons* se relevèrent à leur tour, et se prononcèrent en faveur d'Albert de Bavière, qui avait des droits légitimes à la régence, ayant été désigné pour succéder au comte. Ces deux factions ensanglantèrent ensuite le règne de Jacqueline de Bavière. Les *hameçons* étaient pour elle, les *cabillauds* pour Jean de Bavière, oncle paternel de Jacqueline. C'est alors que la fureur des partis donna lieu à l'héroïsme d'Albert Beiling, surnommé le *Régulus hollandais*, et qui a été célébré par Helmers dans de beaux vers, qui manquent seulement de couleur locale. Beiling avait arrêté longtemps les *hameçons* devant le château de Sconhoven. Obligé de se rendre, il fut condamné par l'ennemi à être enterré vif, et demanda un délai pour aller dans sa famille mettre ordre à ses affaires. On le lui accorda avec une barbare confiance, et le délai expiré il vint subir son épouvantable supplice.

Plus tard les *cabillauds*, qui favorisaient Philippe de Bourgogne, exercèrent l'autorité jusqu'à ce que le stadhouder Guillaume de Lalain, ayant marié sa fille à Reinaud de Brederode, chef des *hameçons*, se laissa séduire peu à peu par le parti de son gendre. De là de nouveaux troubles. Enfin, Philippe sentit la nécessité d'étouffer ces discordes, et défendit jusqu'aux vaudevilles satiriques que se renvoyaient les partis rivaux, surtout leurs *rederykers*, aux *Chambres de Rhétorique*. Cependant, on retrouve encore des *cabillauds* en 1470, dans une conspiration contre ce Reinaud de Brederode nommé tout à l'heure. On les revoit en 1477 avec les *hameçons*, sous le règne de Marie de Bourgogne. Ils se réunirent pour obtenir de la comtesse la *grande charte* ou le *grand privilège des cabillauds*. Mais cette union fut bientôt rompue, et la guerre recommença avec un nouvel acharnement. François de Brederode était encore chef des *hameçons* en 1487, et agissait ouvertement contre Maximilien, roi des Romains. Sa faction reçut alors des échecs terribles, et fut entièrement détruite en 1492. En résumé il semble que les *hameçons* combattaient plutôt en faveur du droit et de l'équité, les *cabillauds* pour la cause de l'usurpation et de la tyrannie. Cependant, les uns et les autres se livrèrent à des excès qu'on ne peut trop flétrir, et que les haines politiques rendent malheureusement trop communs, même dans des siècles plus policés. DE REIFFENBERG.

CABINE. On appelle ainsi, en termes de marine, de petits réduits ou des chambrettes ménagées dans diverses parties d'un navire de commerce, mais plus particulièrement à l'arrière, où couchent les différents officiers de bord, et qui forment leur *appartement* particulier. La *grande cabine* ou la *chambre*, est celle du capitaine, et en même temps l'étroit espace où logent la nuit les passagers, et où le jour le capitaine, ses officiers et les passagers qui ont payé pour ne point être confondus avec les gens de l'équipage prennent en commun leurs repas.

CABINET. Ménage fait venir ce mot de *cavinettum*, diminutif de *cavinum*, dérivé lui-même de *cavum*. Dans son acception vulgaire : c'est une petite pièce sans cheminée. Il se prend aussi pour désigner la chambre destinée au travail, à la retraite ou à la conservation d'objets d'art.

Les anciens avaient comme nous plusieurs genres de *cabinets*, qu'ils distinguaient par des noms divers, tels que ceux de *cubiculum*, *tablinum*, et *exedra*, dont le premier est employé par Pline dans le sens de *bibliothèque*, et le second semble avoir eu la signification vague et générale que nous donnons au mot *cabinet*, bien que quelques auteurs l'aient employé dans le sens déterminé de *cabinet de tableaux*, pour lequel cependant il existait un nom particulier indiqué par Vitruve : *pinacotheca*. Quant à l'*exedra*, il avait la signification particulière de *parloir*, ou plutôt d'un *lieu destiné aux conférences scientifiques*. On ne peut rien dire de certain sur la construction, la disposition et surtout l'ornement des cabinets chez les anciens. Vitruve dit qu'il faut donner au *tablinum* les deux tiers de la largeur du vestibule s'il est de 6 mètres et demi, et la moitié seulement s'il est de 10 ou 13 mètres ; si le vestibule a de 13 ou 16 mètres de largeur, il faudra diviser cet espace en cinq parties égales et en donner deux au cabinet, c'est-à-dire le dixième du tout. Ce sont plutôt là, comme on le voit, les dimensions d'un cabinet d'étude que d'une galerie ou d'un cabinet de tableaux. Quant à la décoration de ces sortes de lieux, on sait que les peintures représentant *Apollon* et les *Muses*, qu'on trouve en tête du second volume du *Muséum d'Herculanum*, décoraient une seule et même pièce, ce qui ferait supposer que cette pièce était un cabinet d'étude, et ferait juger dès lors du soin et de l'importance que les anciens apportaient à orner cette partie de leurs appartements.

Dans les dispositions de l'architecture moderne, le *cabinet*, considéré comme lieu d'étude ou de travail, est une des pièces constitutives de tout appartement complet, et il forme même souvent à lui seul la plus grande partie ou la partie notable de celui des *gens d'affaires*. Autant que cela peut se faire, cette pièce doit être éloignée du bruit.

Il y a dans nos jardins des *cabinets de verdure*, qui sont à peu près disposés comme les berceaux. On y donne aussi quelquefois le nom de *cabinets d'eau* aux **buffets d'eau**, comme les **buffets d'orgue** ont eu autrefois celui de *cabinets d'orgue*.

Il est encore une autre acception du mot *cabinet*, qu'Alceste désigne assez clairement dans le *Misanthrope* lorsqu'il dit du sonnet d'Oronte :

Franchement, il n'est bon qu'à mettre au *cabinet*.

Au palais, dans le notariat, chez tous les officiers ministériels, on appelle *cabinet* le bureau particulier des magistrats, des jurisconsultes, des notaires, des avoués, des huissiers ; la salle où, assistés de leurs greffiers, les juges d'instruction, les présidents des assises, les juges de paix, interrogent avant les débats publics et dans le cours de l'instruction préliminaire les prévenus, les accusés et les témoins. La pièce affectée spécialement au travail particulier des procureurs généraux, des procureurs du roi, de leurs substituts et de tous les officiers du parquet, s'appelle aussi *cabinet*. On désigne encore par ce nom le bureau particulier du ministre ou des chefs d'administration.

Les *cabinets d'affaires* sont des établissements très-répandus de nos jours, quoiqu'il n'y en ait qu'un très-petit nombre qui jouissent d'une considération méritée. Des gens qui n'ont fait très-souvent qu'une étude imparfaite de la jurisprudence, ou qui n'ont acquis qu'une connaissance peu étendue du droit commercial, se chargent des affaires de tous ceux qui ne peuvent poursuivre leurs procès ou passer leurs transactions. On y entreprend aussi de recevoir les rentes, les loyers et les pensions et de vendre les fonds peu achalandés. Comme la loi ne requiert pour ces sortes d'établissements, soumis seulement au payement d'une patente, aucune preuve de capacité, et que leurs directeurs n'encourent aucune responsabilité, il arrive souvent qu'ils font mieux *leurs affaires* que celles de leurs clients.

Dans le palais d'un prince le cabinet est une pièce de l'appartement particulier du souverain, celle dans laquelle il s'occupe des affaires du gouvernement et où se tient le conseil. De là vient que le mot *cabinet* se prend aussi dans le sens de gouvernement, surtout lorsqu'on parle des relations d'une puissance avec d'autres nations. On disait autrefois le *cabinet de Versailles*, le *cabinet de Saint-Cloud*, le *cabinet des Tuileries*, et l'on dit encore aujourd'hui le *cabinet de Saint-James* ou *de Londres*, le *cabinet de Vienne*, de *Saint-Pétersbourg*, etc.

On prend aussi le mot *cabinet* dans le sens de ministère, ensemble des hommes qui forment l'administration d'un État ; c'est ainsi qu'on dit le *cabinet du 29 octobre*, le *cabinet du 1er mars*.

Dans les gouvernements parlementaires, les questions dans lesquelles l'existence d'un ministère est mise en jeu prennent le nom de *questions de cabinet*.

La qualification d'*homme de cabinet* s'applique à celui qui se distingue bien plus dans le conseil que dans l'action.

On appelait autrefois en France *ministres du cabinet* ceux qui avaient entrée de droit au conseil ; les autres, bien qu'ils eussent un département spécial, n'étaient considérés que comme directeurs généraux d'une branche d'administration publique. Les *ordres du cabinet* étaient les ordres immédiats du roi, soit qu'ils eussent été délibérés en conseil, soit qu'ils émanassent du propre mouvement du monarque ; les lettres de cachet étaient des ordres de cabinet. Les ordres de cabinet, en ce qui touche les affaires de l'État, sont absolument abolis dans les États constitutionnels, en raison du principe fondamental suivant lequel tout acte de gouvernement doit être fait sous la responsabilité d'un fonctionnaire : le contreseing des ministres est l'expression de cette responsabilité.

En Allemagne on appelle *justice* ou *instance de cabinet* la justice rendue sous l'influence immédiate du souverain, sans garanties suffisantes de l'indépendance du pouvoir judiciaire.

Cabinet se dit aussi non-seulement d'un lieu où l'on place, où l'on expose des objets d'étude ou de curiosité, tels que livres, tableaux, médailles, productions naturelles, etc. ; mais encore de tout ce que contient un de ces cabinets.

On désignait autrefois sous les noms de *cabinets d'anatomie, d'histoire naturelle, de physique*, etc., la partie ou les pièces d'un bâtiment dans lesquelles étaient disposés, dans un ordre plus ou moins favorable à l'étude, les préparations anatomiques, les objets d'histoire naturelle et les instruments de physique. Lors de la fondation de ces premiers établissements, soit par de simples particuliers ou par des gouvernements plus ou moins riches, les collections peu nombreuses de ces trois sortes d'objets étaient souvent réunies dans un même local peu spacieux, d'où leur vint le nom de *cabinet*. Mais au fur et à mesure que ces collections, en s'augmentant, acquirent de nouvelles richesses, il fallut nécessairement pour les contenir et pour pouvoir les disposer dans un ordre favorable, soit au coup d'œil, soit à l'étude, les transporter ou les recevoir dans des salles spacieuses, qui prirent alors le nom de *galeries*. Enfin, lorsque ces richesses scientifiques s'accumulèrent au point de nécessiter un nombre considérable de galeries, il fallut construire des bâtiments ou édifices publics qu'on appela *musée* ou *muséum*. Cependant on dit quelquefois indifféremment *cabinet* ou *muséum d'histoire naturelle*.

Quelque nom qu'on donne à ces établissements, leur modèle est celui que possède le Jardin des Plantes de Paris. Berlin et La Haye sont les capitales dans lesquelles on marche le plus près sur nos traces. A Munich on essaye d'imiter la France, la Prusse et les Pays-Bas. A Vienne, les collections zoologiques surtout sont médiocres. Sous ce rapport Madrid offre un mélange de barbarie et de magnificence : un local somptueux, le squelette d'un *megatherium* et de pesants échantillons des métaux les plus précieux, ne suffisent pas pour rendre un cabinet d'histoire naturelle remarquable, lorsqu'y règnent la confusion, l'incohérence et le mauvais goût dans le choix des objets de la collection. En Italie il semble qu'on préfère les monuments de l'art à ceux de la nature. En Angleterre on ne voit pas plus qu'à Naples, qu'à Rome et qu'à Madrid, de collection

CABINET

bien entendue. Nulle part, enfin, on ne rencontre la richesse et l'ordre admirable qui placent au premier rang les galeries de notre Muséum.

Nous ferons remarquer que l'on continue toujours avec raison de désigner sous le nom de *cabinet de physique* les pièces renfermant dans des armoires les instruments nécessaires pour les expériences qui sont indispensables dans la démonstration des faits de cette science. En admettant que la collection de ces instruments s'agrandit au point qu'on fût obligé de les disposer dans des salles spacieuses et longues, ou de construire même un bâtiment *ad hoc*, on ne pourrait dans ce cas donner le nom de *galeries* à ces salles, ni celui de *muséum* au bâtiment affecté à une collection d'instruments de cette science. Il serait plus convenable de l'appeler *Arsenal de physique*.

[Sous la dénomination de *cabinets de tableaux* on désigne ordinairement une collection peu nombreuse, ou bien celle dans laquelle ne se trouvent pas de morceaux capitaux, ou bien encore une collection appartenant à un simple particulier, tandis que les collections publiques appartiennent à des princes souverains ou à des états sont nommées *galeries* ou *musées*. Cependant l'usage, qui, sans raison apparente, fait si souvent loi, l'usage fait que l'on a longtemps désigné sous le nom de *cabinet du roi* la riche et immense collection du musée français, tandis qu'une autre, formée par un simple marchand, reçut le nom de *galerie Lebrun*. L'origine des cabinets les plus anciens ne remonte pas au delà du seizième siècle. On sait que François 1er avait fait acheter en Italie plusieurs tableaux précieux. Il avait demandé à Raphael une *Sainte Famille*, qui fut si bien payée par ce prince, que le peintre crut devoir par reconnaissance lui offrir le célèbre tableau de *Saint Michel*; mais on ne connaît pas les autres tableaux qui pouvaient alors former le cabinet du roi. Le duc de Bavière avait à la même époque recueilli quelques tableaux de Lucas de Cranach et d'autres artistes allemands. L'empereur Maximilien Ier accordait sa protection à Albert Durer, et Charles-Quint protégeait Le Titien, ce qui doit faire croire que ces princes, aimant les arts, avaient réuni dans leurs palais quelques ouvrages de peinture; mais on n'a aucune notion certaine sur les objets qui pouvaient se trouver dans ces anciens cabinets. Vers 1590, Paul de Praun, sénateur à Nuremberg, forma un cabinet, qui passa successivement à ses héritiers jusqu'en 1797. Alors on en fit un catalogue, et il fut vendu à l'encan.

Au commencement du dix-septième siècle, le duc de Mantoue forma un beau cabinet de tableaux italiens. Quelques-uns furent donnés par lui au roi d'Angleterre Charles Ier, et les quatre grands tableaux de l'histoire d'Hercule, par Guido Reni, passèrent successivement dans ces deux collections, puis arrivèrent enfin dans celle du roi de France. Le célèbre Thomas Arundel avait aussi formé un cabinet de tableaux à Londres, et le cardinal de Richelieu en avait un à Paris. La reine Christine de Suède en forma un d'un bon choix, ainsi que le duc de Brunswick. Plus tard, le cardinal Mazarin recueillit un grand nombre de tableaux, dont l'inventaire manuscrit existe à la Bibliothèque Nationale; mais les noms quelquefois estropiés, les tableaux souvent mal attribués, ôtent beaucoup d'intérêt à ce document, qui cependant apprend que le cardinal possédait plus de six cents tableaux de toutes les écoles, qui passèrent tous dans le cabinet du roi, et parmi lesquels on doit surtout remarquer de Raphael la petite *Sainte Famille au berceau*, le petit *Saint Michel* et le petit *Saint Georges*; du Corrége, le *Mariage de sainte Catherine*, estimé alors 15,000 fr., et le tableau de *Jupiter et Europe*, estimé 5,000; du Carrache, une *Sainte Famille* dite le *Silence*, et *Martyre de saint Étienne*; de Guido Reni, *David tenant la tête de Goliath*; du Dominiquin, *David jouant de la harpe*; de Valentin, le *Jugement de Salomon* et celui de *Susanne*. Un grand nombre de cabinets furent formés depuis cette époque en France et à l'étranger.

Les estampes peuvent avoir moins d'attraits que les tableaux, mais leur valeur étant de beaucoup inférieure à celle des peintures, elles se trouvent naturellement à la portée d'un plus grand nombre de personnes, et leur dimension, ainsi que la possibilité de les placer en portefeuille, offre les moyens de réunir des histoires ou des recueils plus complets. Les *cabinets d'estampes* purent bien d'abord faire partie des bibliothèques, mais le goût des arts ayant pris de l'accroissement, les estampes étant devenues plus nombreuses, il se forma des amateurs qui s'adonnèrent exclusivement à ce genre de curiosités. Aucune notion certaine ne vient cependant nous révéler l'existence d'aucun cabinet avant la fin du seizième siècle. Le plus ancien est celui que forma Claude Maugis, abbé de Saint-Ambroise et aumônier de Marie de Médicis. L'origine de ce cabinet doit remonter à la fin du règne d'Henri III; il fut augmenté sans doute lors du voyage que l'abbé de Saint-Ambroise eut occasion de faire à Florence, pour aller chercher la reine. Lors de sa mort, après 1612, son cabinet passa en entier dans les mains de Delorme, médecin de la reine. A la mort de celui-ci, vers 1640, M. de Marolles acheta pour 1,000 louis ce qui s'y trouvait de plus précieux. Puis le cabinet de ce dernier possesseur fut acquis par le roi en 1667. C'est de là que proviennent les estampes anciennes les plus rares de la Bibliothèque Nationale.

Le cabinet de Vienne ne remonte qu'à l'année 1718. Il fut alors formé par le prince Eugène de Savoie. L'origine du cabinet de Dresde ne peut guère dater que de l'année 1754, et celui de Munich ne peut pas remonter plus haut. Le cabinet d'Amsterdam, acquis de Van Leyden vers 1810, avait été commencé par cet amateur vers l'année 1780.

Dans le siècle dernier les cabinets d'estampes se composaient d'œuvres nombreuses des maîtres les plus célèbres, tels que Marc-Antoine, Carrache, Rembrandt, Rubens, Van Dyk, La Belle, Callot, Sylvestre ou Le Clerc. Les possesseurs tendaient toujours au complet, et on citait l'œuvre de tel cabinet comme ayant cent pièces de plus que celui d'un autre. Maintenant les amateurs ont changé de méthode; ils laissent aux collections publiques le soin d'avoir des œuvres complets, et ils ne cherchent plus à réunir que les pièces les plus remarquables de chaque maître. Il en résulte que les chefs-d'œuvre sont devenus d'un prix excessif, tandis que les estampes ordinaires ont baissé de valeur.

Il est probable que depuis longtemps les princes ont formé des cabinets d'antiques, de pierres gravées et de médailles. C'était pour les contenir que l'on avait imaginé ces meubles nommés *cabinets*, et dans lesquels se trouvaient une infinité de tiroirs et de petites armoires, richement ornées et destinés à contenir séparément chaque nature d'antiquités ou de bijoux.

Les cabinets d'antiquités les plus riches sont ceux de France à la Bibliothèque Nationale, de Florence, de Vienne, de Londres et de Munich. Parmi ceux qui ont été célèbres autrefois, on doit citer ceux de Christine, reine de Suède, de Peiresc, Foucault, Mahudel et Caylus. M. de Crozat, le duc d'Orléans, le baron de Stosch et d'Enneri ont eu de très-riches cabinets de pierres gravées. C'est dans ce dernier cabinet que se trouvait la belle collection de portraits peints en émail par Petitot; elle fut alors payée 70,000 fr., et se trouve aujourd'hui au musée du Louvre. La collection du duc de Marlborough en Angleterre est très-belle; celle de la famille de Blacas est des plus remarquables. Quant aux cabinets de médailles, les plus célèbres dont on ait conservé le souvenir sont ceux du duc d'Estrées, de Camps, Graver, le président de Maison, Le Bret, Chamillart, Layné, Pélerin, Cousinery, Allier de Hauteroche. DUCHESNE aîné.]

Quelques particuliers ont encore des *cabinets de curiosités*, qui sont des objets gardés plutôt à cause de leur originalité que de leur beauté ou de leur valeur. Des faïences, des porcelaines, des magots, des petits meubles rococos forment ces cabinets. D'autres font des *cabinets d'armes*.

N'oublions pas dans cet inventaire les *cabinets de cire*, où quelques têtes de cire habillées selon la circonstance figurent tour à tour les héros du moment, les assassins surtout, au grand ébahissement des bonnes d'enfant et de *messieurs les militaires*.

CABINET NOIR. C'est sous cette dénomination qu'était connu dans le monde un bureau spécial et secret de l'administration des postes, où l'on décachetait les lettres, soit à l'arrivée, soit au départ; bureau qu'on a affirmé ne plus exister depuis 1830, bien que certains faits aient de temps à autre permis d'en douter. Son existence remontait au règne de Louis XIV; l'art odieux d'amollir les cachets se perfectionna depuis lors avec une singulière rapidité. « Ce cabinet était le laboratoire d'un comité de vingt-deux membres qui profitaient des ténèbres de la nuit pour se rendre à des heures convenues dans cet odieux repaire, et l'on sortait qu'avec les plus grandes précautions pour se dérober aux regards du public. Cinquante mille francs par mois, pris sur les fonds d'un ministère (les affaires étrangères) servaient à solder ces vils employés... » Ainsi s'exprimait le rapporteur du comité des pétitions à la tribune de la chambre des députés, séance du 12 mai 1829. Jamais le *cabinet noir* ne fut plus occupé que sous le règne de Louis XV, prince qui trouvait un plaisir tout particulier à se faire rendre compte des intrigues amoureuses et des secrets des familles. Le grand maître et surintendant des postes se rendait à Versailles aux jours et heures convenus, et remettait au roi un bulletin analytique des lettres qu'avaient explorées les agents du *cabinet noir*. Le roi n'attachait d'importance qu'aux lettres d'intrigue privée; il avait pour la partie politique une agence toute spéciale, habilement organisée, et dont les membres, largement rétribués, résidaient dans toutes les cours de l'Europe. Cette correspondance secrète fut successivement dirigée par le prince de Conti et le comte de Broglie.

Les surintendants des postes ne se bornaient pas au bulletin destiné au roi; ils devaient en remettre d'autres au lieutenant général de police de Paris et au ministre des affaires étrangères, qui souvent recevaient des copies entières des lettres décachetées. M. Rigoley d'Oigny écrivait au lieutenant général de police Le Noir, le 3 décembre 1780, en lui envoyant le bulletin ordinaire : « Je joins ici deux copies de lettres de La Douay, que *j'ay arresté;* je vous prie de les lire et de me mander si vous voulez que je *l'es tais aller*. En ce cas, elles partiraient demain. Avez-vous *remply* votre projet, afin que de mon côté je fasse arrêter ces lettres s'il y en a. » (*Police dévoilée*, t. Ier, page 133.) On comprendra dès lors aisément que le département des postes eût acquis une grande importance sous le règne de Louis XV; aussi le surintendant avait-il ses entrées libres chez le roi à toute heure de jour et de nuit. Louis XVI, à son avénement au trône, ayant manifesté sa résolution d'abolir le *cabinet noir*, on n'osa pas d'abord contrarier la volonté du jeune monarque; mais peu à peu on fit valoir à ses yeux la *raison d'État*, et il fut entraîné. Quelque temps après, Rigoley d'Oigny perdit une de ses plus lucratives attributions, par la réunion de la régie de la poste aux chevaux à celle des messageries : réunion arrêtée pour raison d'économie par le ministre Turgot. Le surintendant fit alors fabriquer, par des affidés prenant les noms et le style des gens de toute condition, les fameuses lettres qui peignaient toutes les opérations du ministre citoyen sous les couleurs les plus fausses et les plus défavorables. Turgot fut renvoyé, et le surintendant, qui conserva toutes les parties de son département, eut le plaisir de voir son ami M. de Clugny succéder à ce ministre. Sous le règne de Louis XV, le docteur Quesnay manifestait hautement la répulsion qu'il éprouvait pour l'ignoble ministère du surintendant des postes; il ne pouvait dissimuler son indignation et son mépris pour ce personnage. La rencontre du bourreau dans les appartements du roi et de la favorite lui aurait, disait-il, causé moins de surprise et d'horreur. Toute la France partageait l'opinion de l'honorable économiste.

L'abolition du *cabinet noir* fut un vœu exprimé par les cahiers de 1789. L'Assemblée nationale fut fidèle à son mandat, et dans les jours des plus grands dangers et de la plus vive exaltation de l'opinion, elle refusa de prendre communication de lettres saisies par le comité permanent des électeurs de Paris, qui avait remplacé les autorités déchues. Quelques jours après, une lettre adressée à l'ex-lieutenant général de police de Crosne fut interceptée par le district de Saint-André-des-Arcs, et envoyée avec le porteur à l'hôtel de ville. L'assemblée des électeurs chargea un de ses membres de remettre cette lettre à M. de Crosne, sans être décachetée. Le *cabinet noir* fut aboli à cette époque; mais il est avéré qu'on le rétablit plus tard, quoiqu'on ignore à quelle époque précise; peut-être même, sans une pétition adressée à la chambre des députés dans les premiers jours de mai 1829, et qui donna lieu à une grave discussion, le fait serait-il encore aujourd'hui à l'état de problème. Le rapporteur assura que le cabinet noir avait cessé d'exister en janvier précédent; qu'alors tout le mobilier, avec les ustensiles des employés de ce bureau mystérieux, avait disparu de l'hôtel des postes. Cet hôtel a été depuis agrandi, et les bureaux ont été déplacés. La disparition du mobilier du *cabinet noir* en 1829 n'aurait-elle eu par hasard d'autre cause qu'un changement de local? En tout cas, le budget des fonds secrets du ministère des affaires étrangères, publié par la *Revue rétrospective* en 1848, portait encore en 1847 plus de 60,000 fr. pour pensions aux employés de l'ancien cabinet noir.   DUFEY (de l'Yonne).

CABINETS DE LECTURE, établissements où le public peut lire, moyennant une faible rétribution, les feuilles publiques et les ouvrages nouveaux et anciens. On dit encore *salons* et *cercles littéraires*. Ces établissements suppléent aux bibliothèques publiques, d'abord en ce qu'on y trouve les journaux du jour, les revues, les brochures, les romans et généralement toutes les nouveautés qui manquent à celles-ci; ensuite parce qu'ils demeurent ouverts depuis le matin jusqu'au soir. L'influence de ces établissements sur les mœurs publiques est incalculable, et l'on peut dire que l'atmosphère morale d'une ville se purifie quand les lieux de plaisir diminuent et que les cabinets de lecture augmentent.

Les cabinets de lecture de Paris présentent des physionomies différentes, suivant les divers quartiers de la capitale. Les cabinets de lecture au Palais-Royal et dans ses environs sont situés au *rez-de-chaussée* ou au *premier*. De même que les journaux qu'ils étalent à tous les regards surprennent par la variété de leurs *couleurs*, de même aussi les abonnés qu'ils attirent tranchent entre eux. Vers les onze heures du matin, affluent les hommes qui suivent avec persévérance toutes les ondulations de la politique. On les voit non-seulement plongés dans la méditation des journaux quotidiens, mais ils en transcrivent certains passages. Vers midi, ils battent en retraite, et vont mêler leurs élucubrations aux fausses nouvelles des *coulissiers* de la Bourse. A la suite de ces lecteurs arrivent les *enfants chéris* de la maison; ils se connaissent tous, et se saluent d'une légère inclinaison de tête. Ils parcourent plus qu'ils ne lisent les feuilles publiques, et se réservent pour les productions du jour. Avec quel sentiment d'orgueil ils tiennent les premiers entre leurs mains la brochure encore humide, le livre prôné à l'avance, ou la pesante revue d'outre-mer! Ces émotions épuisées, ils écrivent à la hâte quelques billets du matin, qu'ils appellent leur *courrier*. Ils sortent, vont, reviennent, apportent des nouvelles au chef de l'établissement, causent avec la dame qui est au comptoir, sourient aux employés. La journée n'est pas finie; mais déjà ils ont concerté si bien leurs mesures qu'ils tombent juste à la minute où débarquent en toute hâte les journaux du soir. Aussi ne manquent-ils jamais leur moitié de la *Gazette de France*, de *la Patrie* ou de *la Presse*, car dans les moments de crise on partage les journaux en *deux*. Cette tâche accomplie, ils vont instruire les salons des nouvelles les plus fraîches, puis, la conscience en repos, ils s'endorment pour recommencer le lendemain.

Vient en troisième ligne la classe des abonnés *sédentaires*, ou vulgairement dits les *grognards*. Pour eux la porte du cabinet de lecture s'ouvre toujours trop tard et se ferme toujours trop tôt; ils ne se retirent que quand la lumière s'éteint. Ils s'arrêtent en passant chez les restaurateurs; ils campent la nuit dans leurs maisons, mais ils ne vivent en réalité que dans le cabinet de lecture. C'est là qu'ils ont une place à part, et disposent comme en souverains de certaines commodités : plumes, écritoires, tout leur revient de droit. Il est vrai qu'ils gênent leurs voisins et fatiguent la complaisance des employés, auxquels ils ont toujours des demandes à faire ou des reproches à adresser. Les uns se livrent à de longues traductions de l'anglais ou de l'allemand; d'autres composent des livres ou des brochures, dont on leur apporte les épreuves, qu'ils corrigent *séance tenante*. En dépit des dissemblances qui existent entre les habitués des cabinets de lecture du Palais-Royal et de ses environs, on y rencontre en général un grand usage du monde.

Traversons-nous la Seine, quel contraste! surtout dans le pays latin. Dans une pièce unique sont entassés quatre-vingts étudiants en droit ou en médecine. A peine possèdent-ils l'espace indispensable pour lire ou pour écrire; ils se touchent du coude et n'y pensent pas. L'étude, qui absorbe toutes leurs facultés, leur donne l'aspect d'une sorte d'égoïsme de science; nul agrément, nulle politesse dans leurs manières; ce serait autant de dérobé au travail. Mais ces jeunes gens rudes, et qui appartiennent à des parents de province peu riches, brilleront un jour dans toutes les carrières. C'est l'élite de notre jeunesse; elle recevra plus tard de la société les grâces et l'aménité qui lui manquent. Il semble au reste que tout doit être grave et instructif dans les cabinets de lecture du pays latin. Quelques-uns possèdent des *conférences*, présidées parfois par des hommes de talent.

En d'autres quartiers, le cabinet de lecture ne vit que de prêts au dehors; là on se contente des journaux, des revues et des romans. Un jour le goût des romans devint une frénésie, on lut avidement les élucubrations des auteurs à la mode, qui multiplièrent leurs volumes plus que leurs inventions. Mais les journaux s'emparèrent de cette source lucrative; le roman s'épanouit dans le feuilleton, les journaux accrurent leur format, diminuèrent leur prix, et pour ce que coûtait une séance de cabinet de lecture on eut son journal à soi, son roman à soi. Les cabinets de lecture s'en ressentirent, ils tombèrent à rien; et ils ne se sont pas encore relevés, bien que la presse quotidienne ait été obligée de modifier ses allures.

Les cabinets de lecture à Paris, surtout ceux de deuxième classe, sont tenus en général par des dames; quelques-unes ont eu jadis dans le monde une position élevée. On a pu citer entre autres la veuve d'un général, qui avait été attachée à Marie-Louise comme dame de compagnie. Mais, il faut bien le dire, ce n'est là qu'une exception, quoiqu'à entendre toutes les dames qui occupent le fauteuil du cabinet de lecture, elles appartiennent ou ont appartenu à de hauts fonctionnaires publics, victimes de nos réactions. Dans les départements il est d'usage que le propriétaire d'une imprimerie y joigne un cabinet de lecture, une librairie et un petit débit de papier : en cumulant qu'il parvient à vivre.

Avant la révolution, il n'y avait en France que des loueurs de livres, chez lesquels on allait s'approvisionner, mais qui ne recevaient pas le public pour lire. En Angleterre les gens de lettres au siècle dernier se réunissaient chez les libraires pour causer. Sous la reine Anne ils se donnaient rendez-vous dans les cafés. Le poëte Dryden en avait adopté un, et chaque soir on faisait cercle autour de la place d'honneur qui lui était réservée. Les Anglais ont aujourd'hui des *reading-rooms* et des *circulating libraries;* ils achètent en outre des livres en commun pour les lire à tour de rôle. Du reste, tous les pays civilisés possèdent aujourd'hui des cabinets de lecture. SAINT-PROSPER.

CABINETS SECRETS, sorte de cabinets dont la construction est telle, que la voix de celui qui parle à un bout de la voûte est entendue à l'autre bout : on voit un *cabinet* ou chambre de cette espèce à l'Observatoire de Paris. Tout l'artifice de ces sortes de chambres consiste en ce que la muraille auprès de laquelle est placée la personne qui parle bas soit unie et cintrée en ellipse; l'arc circulaire pourrait aussi convenir, mais il serait moins bon. Si on imagine une voûte elliptique, et qu'une personne placée à l'un des foyers parle tout bas qu'on peut parler à l'oreille de quelqu'un, l'air poussé suivant différentes directions se réfléchira à l'autre foyer par la propriété de l'ellipse, d'où il suit qu'une personne qui aurait l'oreille à ce second foyer doit entendre celle qui parle au premier foyer aussi distinctement que si elle en était tout proche.

Les endroits fameux par cette propriété étaient la prison de Denys à Syracuse, qui changeait en un bruit considérable un simple chuchotement, et un claquement de mains en un coup très-violent; l'aqueduc de Claude, qui portait la voix, dit-on, jusqu'à seize milles; et divers autres, rapportés par Kircher dans sa *Phonurgie*.

Le *cabinet* de Denys à Syracuse était, dit-on, de forme parabolique : Denys ayant l'oreille au foyer de la parabole, entendait tout ce qu'on disait en bas; parce que c'est une propriété de la parabole que toute action qui s'exerce suivant des lignes parallèles à l'axe se réfléchit au foyer.

Ce qu'il y a de plus remarquable sur ce point en Angleterre, c'est le dôme de l'église Saint-Paul, à Londres, où le battement d'une montre se fait entendre d'un côté à l'autre, et où le moindre chuchotement semble faire le tour du dôme. Derham dit que cela ne se remarque pas seulement dans la galerie d'en bas, mais au-dessus dans la charpente, où la voix d'une personne qui parle bas est portée en rond au-dessus de la tête jusqu'au sommet de la voûte, quoique cette voûte ait une grande ouverture dans la partie supérieure du dôme. D'ALEMBERT, de l'Académie des Sciences.

Paris possède encore deux autres salles où se reproduit cet effet d'acoustique, l'une au Conservatoire des Arts et Métiers, la seconde au Musée des Antiques au Louvre.

CABIRES, divinités mystérieuses qui étaient adorées en Égypte, en Phénicie, en Asie Mineure et en Grèce. Dans cette dernière contrée, c'est en Samothrace, à Lemnos, à Imbros et à Thèbes, que leur culte était surtout en usage; mais partout on y rattachait des mystères et des solennités participant de la nature des orgies. En Asie Mineure le culte des Cabires avait son centre à Pergame; en Phénicie, c'était à Béryte; et en Égypte, à Memphis. Par suite des renseignements obscurs, incomplets et souvent contradictoires, que les anciens nous ont laissés au sujet des Cabires, il est naturel, d'une part, que ces divinités soient devenues l'objet d'une foule de recherches, de travaux et de suppositions de la part des savants modernes, et de l'autre qu'elles aient donné lieu aux systèmes et aux explications les plus diverses, dont, jusqu'à ce jour le résultat unique a été d'amener les investigateurs à conclure que l'incertitude des traditions qu'on possède à ce sujet empêchera toujours de la bien élucider. En effet les anciens ne s'accordent pas plus sur l'origine des Cabires que sur leurs noms, leur nombre, leur représentation plastique, leur culte et les symboles que représentent ces divinités. Tout ce qu'on peut dire avec assez de certitude, c'est qu'elles provenaient des dieux inférieurs, qu'elles résidaient sur la terre, qu'elles avaient beaucoup d'affinité avec les Curètes, les Corybantes et les Dactyles, et qu'elles représentaient certaines forces mystérieuses et malfaisantes de la nature du genre des gnômes, et dont le culte, originaire de l'Asie, était un culte de la nature entremêlé d'orgies. Il est fort douteux, en dépit de la tendance des Grecs à retrouver leurs dieux dans les dieux étrangers, que les Cabires de la Phénicie et de l'Égypte fussent les mêmes que ceux de la Grèce. Tout ce qu'on peut inférer des pratiques de débauche inhérentes au culte de la nature, si généralement répandu dans toute l'Asie ainsi qu'en Égypte, et aussi de la similitude et de l'affinité intime des divinités de ces contrées, c'est que vraisemblablement les Cabires de la Phénicie et de l'Égypte étaient des divinités analogues à celles qu'on adorait également en Grèce.

CÂBLES, gros cordages dont on se sert pour tirer ou élever des fardeaux considérables. Dans la marine, un de leurs principaux usages est de retenir les navires à l'aide des ancres sur lesquelles ils sont amarrés, ou (comme l'on dit en langage technique) *étalingués*, par un nœud d'une forme particulière. La fabrication des câbles ordinaires est la même que celle des cordages. Mais la roideur des cordes opposant une grande résistance quand celles-ci doivent être enroulées, par exemple, sur un cabestan, on emploie avec avantage dans ce cas des câbles formés d'*aussières* (*voyez* CORDAGES) juxtaposées et cousues ensemble par du fil retors; c'est ce que l'on nomme des *câbles plats*. Enfin la marine préfère à tous ces câbles les *câbles en fer* ou *câbles-chaînes*.

Les *câbles en fil de fer* avaient dans les premiers temps de leur fabrication l'inconvénient d'offrir trop de roideur. On a trouvé depuis le moyen de diminuer cette roideur, en plaçant au centre de ces câbles une *âme* de chanvre goudronné, qui les rend presque aussi flexibles que ceux de chanvre. Exécutés par des procédés mécaniques, ces câbles, dont la durée surpasse de beaucoup celle des câbles de chanvre, ont une force au moins trois fois plus grande, tandis que leur prix au kilogramme est à peu près le même. Il résulte donc de leur emploi une grande économie.

Jusqu'à ces derniers temps, on avait fait usage de câbles en chanvre; mais on a enfin conçu l'heureuse idée de leur substituer des chaînes en fer. C'est sans contredit un grand progrès : les câbles en chanvre, que l'on est souvent obligé de renfermer dans la cale encore tout imprégnés d'eau de mer sont exposés à se détériorer par la fermentation du chanvre sous l'influence de l'eau et de la chaleur; ils ont en outre l'inconvénient d'être rongés par le frottement contre les corps durs. Les navires voyaient souvent leur sécurité compromise dans les mouillages, quand l'ancre tombait sur un fond de roches ou de corail, dont la surface, semée de pointes aiguës et tranchantes, pouvait couper leurs câbles en très-peu de temps. Les câbles-chaînes n'ont aucun de ces inconvénients, et c'est surtout dans les campagnes de longue durée que l'on peut les apprécier. Le seul avantage que les premiers semblaient avoir sur les seconds, c'est de résister aux chocs brusques, ainsi que cela est quelquefois nécessaire quand une violente rafale vient assaillir les navires en rade; l'élasticité du chanvre présente dans ce cas une garantie que ne donne pas la rigidité du fer : néanmoins, quand ces derniers sont bien éprouvés, on peut se reposer sur eux en toute sécurité. Dans des circonstances extrêmes, où le navire court risque de faire côte, on se trouve quelquefois dans la nécessité d'appareiller en coupant sur-le-champ les câbles; un coup de hache suffit alors pour se débarrasser d'un câble en chanvre : pour pouvoir exécuter cette manœuvre pressée avec les câbles-chaînes, on les a construits de façon qu'il est très-facile d'en détacher les maillons, et de les rompre soudain en plusieurs morceaux; mais, pour cela, il faut les entretenir avec soin, afin de les préserver de la rouille.

Les câbles en fer sont formés d'anneaux retenus les uns dans les autres : les barres de métal destinées à les faire sont d'abord dégrossies sous des martinets, et ensuite forgées à la main; on les courbe à l'aide d'une machine. À cet effet, on place la barre de fer encore rouge sur un levier où elle se trouve retenue par une cheville; on la courbe d'abord par une extrémité en levant le levier, puis on la change de côté, et par un mouvement semblable on arrondit l'autre extrémité. La forme elliptique lui est donnée par le moyen d'un mandrin autour duquel se façonne cette barre; on soude ensemble les deux extrémités ainsi réunies, et l'on fixe dans la direction du petit axe une traverse en fer qui embrasse solidement les deux branches de l'ellipse, et l'empêche de s'alonger sous les efforts qui la tirent. Le calcul et l'expérience se réunissent pour prouver qu'il était impossible de leur donner une forme plus avantageuse, et l'on a remarqué que c'est toujours aux endroits où ces petites traverses viennent à manquer que les chaînes se brisent. Les chaînes portent de dix-huit en dix-huit brasses un maillon, ou demi-anneau, d'une forme particulière, dont la traverse est retenue par une petite cheville en fer étamé, que l'on peut aisément enlever, ce qui permet de rompre la chaîne à volonté.

L'invention du câble-chaîne est due au capitaine Samuel Brown. Au mois de janvier 1808 il eut l'idée de remplacer le chanvre par le fer dans plusieurs cordages, et il fit un voyage aux Antilles avec un bâtiment presque tout gréé en fer; le succès de ses câbles-chaînes surtout éveilla l'attention de l'amirauté anglaise, qui donna l'ordre de fournir sur-le-champ des chaînes de 100 brasses à quelque-uns de ses navires de guerre; l'avantage en fut bientôt reconnu, et dès 1811 l'usage en était devenu général dans la marine anglaise. En 1812 M. Brunton apporta une amélioration dans la fabrication de ces câbles : il souda les anneaux sur le côté au moyen d'un long écart, et donna à cette soudure un si grand degré de solidité que ce n'est jamais à cet endroit qu'ils se brisent; il ajouta ensuite la traverse intérieure.

Un désavantage qu'offrait le câble-chaîne, c'était d'être difficilement retenu lorsqu'il s'échappe avec rapidité hors du navire, entraîné par le poids de l'ancre et par son propre poids; un officier de la marine française, M. Béchameil, a imaginé un appareil nommé *stopper*, au moyen duquel on l'arrête sur-le-champ : ce *stopper* consiste en une barre de fer d'un poids assez considérable, arrêtant de maillon en maillon le câble-chaîne, de sorte que tout ce qui concourt, soit à laisser échapper, soit à lever l'ancre, viendrait-il à casser, cette barre suffirait à arrêter le câble. Il est un autre inconvénient auquel on ne peut parer : quand on mouille par un grand fond, il est difficile de retirer l'ancre, à cause du poids de la chaîne, qu'il faut enlever avec elle.

Théogène PAGE, capitaine de vaisseau.]

CABOCHE, terme familier emprunté de l'espagnol *cabeça*, et qui dérive de *caput*. On dit une *grosse caboche*, une *bonne caboche*, comme on la qualifie aussi de *vieille*, de *dure*, etc., mais non pas de petite, de légère, d'évaporée. C'est que ce mot semble dévolu aux hommes doués dès l'enfance d'un cerveau largement développé, alors même qu'il reste inculte. En effet, dans ces campagnes éloignées de tout centre d'instruction naissent souvent des individus fortement constitués et auxquels le seule nature, qui grandissent avec un sens droit et ne doivent rien à l'art. Leur tête volumineuse, livrée à ses réflexions simples et naturelles, peut avoir de la capacité; elle mûrit sans doute un jugement sain, tel qu'un fruit heureux sans le secours du jardinier. Cependant on dit d'une lourde *caboche* pour l'ordinaire, parce que, privés des moyens du déploiement étendu dont ils étaient capables dans leur jeunesse, limités par le cercle étroit de leurs relations quotidiennes, ils roulent dans l'ornière de la routine, deviennent entêtés ou tenaces, faute de connaître d'autres faits.

Les physiognomonistes accusent de *pertinacité* les individus à front droit et relevé, tandis que les personnes dont le coronal est rabaissé, comme chez le nègre (et dans les chiens couchants), passent pour dociles ou souples. Les premiers montrent surtout ces *dures caboches*, qui résistent aux enseignements. Il n'est donc pas vrai que l'esprit s'étende en proportion de la masse du cerveau. Il faut ajouter néanmoins que cela peut se rencontrer chez de forts caractères, des héros et des martyrs de leur opinion. C'est ainsi que les peintres, les statuaires antiques, représentent des personnages célèbres avec un front très-rehaussé; et qu'on appelle *effrontés* des hommes audacieux ou très-résolus, comme on l'observe dans les portraits de Charles XII de Suède.

Parmi les diverses races humaines, il en est qui ne présentent guère ce qu'on qualifie de *caboches* : telle est, par exemple, la race noire, puisqu'elle a presque toujours l'encéphale moins étendu que les races blanches. Aussi fut-elle plus facilement soumise de tout temps à l'esclavage. On a remarqué que la tête est fort petite en général chez les nègres et chez les Hindous, en comparaison de celle des Anglais, leurs dominateurs, qui présentent de fortes *caboches*, comme la plupart des peuples du nord de l'Europe, surtout ceux de race germanique, auxquels on attribue des têtes carrées (*Breitkopf*). Les Tatars, les peuples montagnards, passent également pour d'entêtées *caboches*, n'en croyant qu'elles seules dans leurs volontés. De là naît peut-être la perpétuité de leurs antiques coutumes.

La *chouette-chevêche* (*strix passerina*, L.) est nommée parfois *caboche*, à cause de sa grosse tête. C'est l'oiseau de Minerve. J.-J. VIREY.

CABOCHE, CABOCHIENS. Simon CABOCHE est un factieux historique de premier ordre. Les noms des sicaires qui tuaient dans Rome au temps des proscriptions ne nous ont pas été conservés : c'est un malheur; il est bon de garder de tels noms, ne fût-ce que pour montrer à quelle sorte de complices sont obligés de descendre les grands ambitieux qui ont besoin de crimes pour arriver à la puissance.

Simon Caboche était *écorcheur de bêtes* sous le roi Charles VI. Ce métier semblait l'avoir exercé à la barbarie : il devint un grand personnage dans les séditions du temps. Paris était livré aux factions des Bourguignons et des Armagnacs; le dauphin, duc de Guyenne, s'opposait seul, pendant la folie de son père, à cette double sédition ; et le peuple, incertain de l'autorité, se laissait aller à la volonté des plus hardis et des plus criminels. La corporation des Bouchers embrassa le parti de Bourgogne. Simon Caboche, Denis de Chaumont, et les trois fils du boucher Legoix, se mirent à la tête de la populace. Leur première pensée fut d'aller attaquer la Bastille, puis ils se tournèrent vers le palais du roi. Ils demandaient qu'on leur livrât les mauvais ministres; ils en voulaient faire justice. On leur résista. Ils se précipitèrent, ravagèrent le palais, emmenèrent des captifs, retournèrent à la Bastille, et s'en emparèrent. Le signe de leur rébellion était le chaperon blanc. Le drapeau était alors la couleur du peuple. La faction de Caboche voulait entraîner le dauphin dans ses rangs pour autoriser ses brigandages : c'était une sorte de pudeur. Elle se vengea du refus par des atrocités. Elle se mit à massacrer dans la ville tous ceux qui tremblaient devant sa puissance. Elle commença par les gens de la cour, et arriva bien vite aux bourgeois. Ce furent des pillages et des meurtres infâmes. Puis, Simon Caboche, peu content de l'autorité acquise par le carnage, voulut être législateur. Il avait fini par se faire donner par le dauphin le commandement des ponts de Saint-Cloud et de Charenton, et ainsi, il était maître de la ville. Alors il se mit à dominer les états. Il fit sanctionner par eux une ordonnance qui est restée dans nos monuments historiques sous le nom d'*ordonnance cabochienne*. Le roi ayant repris quelque chose de sa raison, on fit des processions pour remercier Dieu, et le peuple se réjouissait d'être délivré d'une faction effroyable. Mais elle reparut au milieu des solennités de la religion, et elle vint faire prendre le chaperon blanc au roi et aux magistrats qui assistaient aux cérémonies. Dix mille hommes perdus de mœurs dominaient toutes les lois. Ils recommencèrent leurs scènes de désordre au palais, qu'ils allèrent de nouveau souiller de meurtres et d'infamie. Ils avaient gardé jusque là prisonnier Pierre des Essarts, gouverneur de la Bastille. Ils songèrent enfin à le mettre à mort; mais ils voulurent le juger, et ils le condamnèrent comme traître au roi. En ce temps-là ce n'était pas une dérision, car le nom du roi restait sacré, même au milieu des outrages. Mais c'était une usurpation qu'on croyait utile pour couvrir l'odieux des attentats.

Le duc d'Orléans sembla vouloir mettre fin aux calamités en proposant la paix à la cour. Simon Caboche jura *par le sang distillé goutte à goutte de Jésus-Christ* qu'il tiendrait pour ennemi de la noble ville de Paris quiconque recevrait *cette paix fourrée couverte de peaux de brebis*. Le sacrilège factieux fit peur, et il n'y eut pas de négociations. Mais peu à peu le peuple sentait le poids odieux d'une tyrannie que se perpétuait par des massacres, et les princes cherchaient à s'affranchir d'une domination sans exemple. Le duc de Bourgogne seul était intéressé à prolonger cette crise, et il sentait que la paix lui était tout son ascendant. C'était lui qui soufflait en secret cette effroyable opposition des cabochiens. Mais, à la fin, elle fut vaincue. La paix fut préparée par les princes et publiée à son de trompe, aux acclamations universelles du peuple. Le duc de Bourgogne fut obligé de mêler à cette joie des témoignages d'une satisfaction hypocrite. Mais bientôt il quitta la ville, où son désespoir se trahissait trop aisément. Les cabochiens furent poursuivis et chassés. Quelques-uns furent pendus. On trouva chez les principaux les indices d'un vaste complot de massacres. Dans sa fuite, le duc de Bourgogne se rattacha ce qu'il put de cabochiens échappés à la justice. Il recommença la guerre, et marcha sur Paris. Pendant ce temps, le dauphin étant mort, les écorcheurs reprirent le dessus. Il y eut des égorgements tels qu'on n'en avait pas vu encore. On tuait dans les rues pêle-mêle tout ce qui se rencontrait, femmes et enfants. Les femmes enceintes n'étaient pas épargnées. Au contraire, on prenait plaisir à les éventrer, selon l'expression de l'histoire, et puis les sauvages meurtriers disaient : *Voyez ces petits chiens qui remuent!* On frissonne de redire ces paroles. Le duc de Bourgogne fut maître un instant avec de tels auxiliaires. Puis le nouveau dauphin l'assassina sur le pont de Montereau. Simon Caboche disparut au milieu de ces révolutions sanglantes, et son nom reste dans l'histoire comme un affreux souvenir. LAURENTIE.

Le comte de Saint-Pol, gouverneur de Paris, partisan dévoué du duc de Bourgogne, fut l'instigateur de cette révolte qui prit le nom de Caboche. Dès 1411 le comte permit aux trois fils Legoix de former une compagnie de cinq cents garçons bouchers ou écorcheurs, auxquels il distribua des armes en leur confiant la garde de la ville. Aux trois frères Legoix, maîtres de la boucherie de Sainte-Geneviève, s'étaient associés les Thibert et les Saint-Yon, maîtres de la Grande-Boucherie du Châtelet, Jean de Troyes, chirurgien, qui était l'orateur du parti, et Jean ou Simon Caboche, écorcheur de bêtes à la boucherie de l'hôtel-Dieu. En 1413, les insurgés ayant échoué devant la Bastille, se portèrent sur l'hôtel Saint-Paul, où se trouvait le dauphin. Celui-ci se retira dans la chambre du roi; les insurgés fouillèrent l'hôtel, et deux ou trois hommes seulement, signalés comme des compagnons de débauche du dauphin périrent ce jour-là. Mais, comme le remarque Sismondi, la grande bourgeoisie de Paris avait été décimée et ruinée par le triomphe de l'autorité royale depuis le roi Jean; les chefs du peuple étaient désormais des bouchers riches, il est vrai, mais grossiers et brutaux, qui donnaient aux insurrections un caractère féroce, et qui ne pouvaient s'élever à une politique libérale et éclairée. Ils s'étaient encore associés avec des docteurs en théologie, et cette alliance avec la Sorbonne n'ôta rien à la cruauté de leurs actes; la brutalité de la populace sembla s'accroître de toute la dureté impitoyable du sacerdoce. Les cabochiens cherchèrent bien à se rattacher aux anciens défenseurs de la liberté de Paris, ils arborèrent comme eux les blancs chaperons, symboles d'affranchissement chez les Gantois, ils les présentèrent au roi, au duc de Guienne, au duc de Berry, au duc de Bourgogne, qui consentirent à les porter; mais ils ne comprenaient point la liberté dont ces blancs chaperons avaient été le signe. Jaloux du petit nombre de bourgeois qui auraient pu modérer leurs excès, ils demandèrent au dauphin son assentiment pour en faire arrêter soixante, qu'ils représentèrent comme Armagnacs, lui donnant à entendre que la confiscation des biens de ces riches marchands était le moyen le plus prompt de faire entrer de l'argent dans les coffres. Le dauphin consentit, et l'ordre fut exécuté.

L'ordonnance cabochienne, rendue le 25 mai, était un code entier, en 258 articles, sur la réforme du royaume; elle apportait de grandes réductions dans les traitements de tous les officiers publics, de notables diminutions dans le nombre des emplois, quelque allégement dans les charges publiques, mais elle ne contenait aucune institution libérale. Le duc de Bourgogne fit donner la garde et le commandement des ponts de Saint-Cloud et de Charenton à Denis de Chaumont et à Caboche, qui furent également nommés commissaires avec Guillaume Legoix et Henri de Troyes, fils du chirurgien, pour asseoir un emprunt forcé sur les bourgeois de Paris, ce qu'ils firent avec une rigueur extrême sans épargner les officiers du roi, les prélats et les docteurs de l'université; d'autres qu'eux n'auraient pas osé le tenter peut-être. Mais on reconnut bientôt à leur luxe extravagant que dans cet emploi leurs mains n'étaient pas demeurées pures.

De même que le mépris qu'inspiraient les manières et le caractère des cabochiens éloignait d'eux les bons bourgeois de Paris, il empêchait les factieux de former, comme ils se l'étaient proposé, une confédération entre toutes les villes de France, et la populace de Paris ne put compter que sur elle-même. Le supplice de Pierre des Essarts, ancien prévôt de Paris et surintendant des finances, fut encore l'œuvre des bouchers. Sur ces entrefaites s'ouvrirent à Pontoise des conférences avec les députés des princes; la bourgeoisie, qui désirait la paix, se sépara des cabochiens; elle s'arma, et alla chercher le dauphin, qui se mit à sa tête. Après avoir délivré le duc de Bavière et le duc de Bar, le dauphin fit ouvrir les portes de toutes les prisons. Pendant que cette révolution s'accomplissait, Caboche et les principaux chefs de son parti, se voyant abandonnés par le peuple, s'étaient échappés de Paris.

Le 29 mai 1418 la conjuration de Périnet Le Clerc livra Paris aux Bourguignons; le 12 juin la populace se souleva pour massacrer les prisonniers. Le comte Bernard d'Armagnac tomba le premier sous les coups des assassins; ils allèrent ensuite de prison en prison, forçant les portes et tuant à coups d'épée ou de hache tous ceux qu'ils y trouvaient renfermés. Les corps des morts trouvés dans la rue par la populace furent livrés à mille outrages; des femmes, des enfants furent égorgés. Le massacre recommença le 21 août sous la conduite du bourreau Capeluche, auquel le duc de Bourgogne serra la main, et à qui il fit trancher la tête quelque temps après.

CABOCHON. Ce genre de mollusques gastéropodes pectinibranches, voisin des patelles et des ormiers ou haliotides, a pour caractères : Animal conique ou subspiral, offrant une tête distincte, une bouche en trompe, des tentacules presque cylindriques, gros, obtus, et portant les yeux sur de petits renflements un peu au-dessus de leur base extérieure; pied grand, très-antérieur et mince; manteau simple; branchies en lames multiples, étroites et longitudinales, disposées sur une seule ligne transversale au plafond d'une cavité ouverte en avant; orifice anal sur le côté droit de cette cavité; coquille irrégulière, conique, plus ou moins inclinée ou contournée en spirale à son sommet, offrant à sa face interne une impression musculaire en fer-à-cheval ouvert en avant; ouverture arrondie à bords continus, irréguliers et simples.

Le genre *cabochon* renferme plusieurs espèces, les unes vivantes, les autres fossiles, qu'on distingue en celles à coquille sans support connu, ou les *cabochons proprement dits*, et en celles ayant un support, ou les *hipponices*.

Les lapidaires donnent aussi le nom de *cabochon* à la pierre précieuse (gemme) qu'ils ne taillent point, et qu'ils se contentent de polir.

CABOT ou **CABOTTO** (Jean et Sébastien). Les Anglais, qui aspirent à la domination universelle des mers, et qui prétendent avoir sur toutes les nations une supériorité incontestable dans les diverses branches de la marine, ont voulu opposer le nom de Cabot à celui de Colomb, comme son rival de gloire dans la découverte du Nouveau-Monde. Deux hommes de ce nom, Jean Cabot et Sébastien, son fils, nés à Venise, mais établis à Bristol sous le règne de Henri VII, ont fait en effet des voyages de découvertes qui placent leur nom parmi ceux des navigateurs illustres des quinzième et seizième siècle; mais nous n'avons sur leurs expéditions que de vagues notions; quelques-unes même sont évidemment imaginaires. Nous ferons connaître celles dont les détails nous ont paru suffisamment authentiques pour qu'on puisse y ajouter quelque foi.

Christophe Colomb avait imprimé aux esprits de son siècle une ardeur extraordinaire pour les voyages à la recherche de mondes nouveaux, lorsque le bruit se répandit qu'il venait de découvrir une route pour se rendre aux Indes par l'Occident : Jean Cabot, en étudiant le chemin qu'avait suivi Christophe Colomb, pensa qu'il devait en exister un beaucoup plus court par le Nord, et il présenta au roi Henri VII un mémoire pour lui demander d'autoriser et de protéger une expédition qui devait rapporter d'immenses richesses à l'Angleterre, en la mettant en communication directe avec le fameux Cathai. Henri accepta, et donna en 1409 à Jean Cabot et à ses fils (il en avait plusieurs, mais la gloire ne s'est attachée qu'au nom de Sébastien) une commission portant permission de « naviguer, avec cinq vaisseaux choisis dans ses ports, dans tous les pays de l'Orient, de l'Occident et du Nord, à la recherche de terres inconnues, etc., etc. ». Jean Cabot partit de Bristol au commencement de 1497, et fit voile à l'ouest-quart-nord-ouest vers la côte septentrionale du Labrador. Il est probable qu'il mourut dans la traversée, et que le commandement de l'expédition revint à son fils Sébastien, car la relation tronquée qui nous en reste est désormais faite au nom de ce dernier.

Sébastien rêva donc comme son père la chimère du passage à la Chine par le Nord, mais il ne put la poursuivre longtemps, car le 11 juin, parvenu au 67° degré de latitude boréale, il se vit arrêté par des bancs de glace. Cette circonstance, jointe au mécontentement de ses matelots, l'engagea à redescendre vers le sud-ouest, et le 24 juin, au point du jour, il aperçut les montagnes du *Newfoundland* (Terre-Neuve) : ce qui l'avait le plus frappé par la haute latitude où il était parvenu, c'est que le soleil cachait à peine un instant son disque sous l'horizon. Il longea ensuite toute la côte occidentale de l'Amérique du Nord, admirant les immenses bancs de gros poissons qu'il rencontrait, et ces côtes, tantôt stériles, tantôt couvertes d'une riche végétation, et leurs sauvages habitants, qui chassaient à coups de fronde et de flèches les ours blancs qui osaient sortir de leurs forêts. Sa course paraît l'avoir conduit jusqu'au cap de la Floride, en parcourant le nouveau canal de Bahama, malgré les violents courants qui y règnent; là, le manque de vivres le contraignit à retourner en Angleterre. Il rapporta de ce voyage des renseignements intéressants sur la déviation de l'aiguille aimantée : Christophe Colomb avait bien éveillé l'attention publique sur ce phénomène, mais il n'était encore constaté que d'une manière incertaine. En 1526 Sébastien Cabot, oublié en Angleterre, repassa en Espagne, où il s'embarqua dans le but de traverser le détroit de Magellan, pour se rendre de là aux Moluques; mais le défaut de provisions le força de changer son plan de campagne, et il parcourut la côte du Brésil. Il revint ensuite en Angleterre.

Dès 1548 le banc de Terre-Neuve était devenu pour les Anglais une riche possession, à cause de la pêche qu'ils y faisaient. Les avantages qu'en retirait le commerce excitèrent la reconnaissance nationale, et, en 1549, Édouard VI accorda à Sébastien Cabot une pension viagère de quatre mille francs, comme récompense de ses services. Toujours pénétré de l'idée qu'il existait un passage par le nord pour se rendre en Chine, Cabot proposa, en 1553, au roi Édouard VI d'envoyer une expédition à la recherche de cette chimère; et le roi, séduit par la réputation du voyageur, équipa sur-le-champ trois navires, laissant à Cabot le choix des capitaines qui devaient les commander. Sir Hugh Willughby fut nommé amiral de cette petite flotte, et ce fut de la bouche même de Cabot qu'il reçut ses instructions : entre autres choses particulières qu'il établit pour la direction de l'expédition, nous remarquons un conseil composé de l'amiral, des commandants et premiers officiers des navires, au nombre de douze membres, pour déterminer la route à suivre dans les circonstances critiques. En 1555 il fut nommé gouverneur à vie de la compagnie des marchands *aventuriers* (c'est le nom qu'on donnait en Angleterre aux associations pour les découvertes de terres nouvelles), et il termina sa carrière vers 1557, dans les honneurs une certaine de cette charge.

Voilà l'homme que les historiens anglais opposent avec emphase à Christophe Colomb, et dont ils disent : « Cabot a été pour l'Angleterre ce que fut pour l'Espagne Christophe Colomb; celui-ci révéla aux Espagnols les îles, et celui-là fit découvrir aux Anglais le continent de l'Amérique. »
Théogène PAGE, *capitaine de vaisseau*.

CABOTAGE, terme qui exprime l'action de côtoyer ou de naviguer à la vue des côtes. On appelle *commerce de petit cabotage* celui que fait un bâtiment qui transporte des marchandises d'un port de l'Océan dans un autre port de l'Océan, ou d'un port de la Méditerranée dans un autre port de la Méditerranée. La dénomination plus étendue de *grand cabotage* s'applique aux navires qui vont d'un port de l'Océan dans un port de la Méditerranée, et *vice versa*, sans quitter les côtes. *Voyez* NAVIGATION.

L'acte de navigation décrété le 21 septembre 1793, sur le rapport du comité de salut public, interdisait le cabotage français à tout navire étranger, et ne le permettait qu'aux nationaux dont les officiers et les trois quarts de l'équipage étaient français. La faculté d'accorder aux bâtiments neutres l'autorisation de faire le cabotage était réservée au gouvernement. Sous la Restauration une ordre rendu par le lieutenant général comte d'Artois (Charles X), en date du 7 avril 1814, en faisant disparaître quelques formalités imposées au cabotage français, conserva aux navires nationaux le privilège de cette circulation maritime, qui est restée assujettie, pour ses dispositions principales, aux règlements énoncés dans l'acte de navigation. Par arrêté ministériel du duc de Richelieu, en date du 6 septembre 1817, les navires espagnols furent admis au libre cabotage sur les côtes de France.

Quoique ce commerce n'ait pas, il s'en faut de beaucoup, la même importance que la navigation transatlantique, quoiqu'il n'exige pas une avance aussi considérable de capitaux, et qu'il se fasse avec des bâtiments de faible tonnage, il n'en pèse pas moins d'un grand poids dans la balance de la richesse d'un pays. C'est un des agents les plus actifs de la circulation. Il porte l'industrie d'un port dans un autre port, et, par l'échange continuel des produits de leur navigation, il unit les trois mers qui baignent les côtes de France : 35,000 à 40,000 marins sont occupés à cette navigation dans notre pays.

Par le cabotage les ports de France échangent surtout des vins, des bois, des céréales, des matériaux, du sel, de la houille, des eaux-de-vie, des fers, des huiles, du savon, des pierres, des engrais, etc. Les navires qui servent à cette navigation sont en moyenne d'une contenance de 50 tonneaux. A ne considérer que les chiffres du tonnage, l'importance du cabotage ne paraît que moindre que celle du commerce extérieur, mais le chargement comprend en général des objets de moindre valeur. La moyenne du tonnage des navires caboteurs chargés est de plus de 2,000,000 de tonneaux par an. Le cabotage d'une mer à l'autre ne se compare pas pour l'importance à celui qui se fait dans la même mer. Le premier figure à peine pour un dixième dans le total. Le cabotage dans la Méditerranée est infiniment au-dessous de celui qui se fait dans l'Océan, et figure à peine pour le quart du poids total du tonnage. Les ports qui prennent surtout part au cabotage sont, suivant l'ordre de leur importance, dans l'Océan : Rouen, Bordeaux, le Havre, Nantes, Dunkerque, Honfleur, Libourne, Charente, Marens; dans la Méditerranée : Marseille, Cette, Arles, Port-de-Bouc, Agde, Port-Vendre. En 1851 les 9 à 10,000 bâtiments qui s'occupent du cabotage ont, dans 98,290 traversées, transporté 2,121,520 tonneaux. Le petit cabotage comptait dans cette navigation pour 1,931,236 tonneaux, et le grand cabotage pour 190,284 tonneaux. En 1837 le grand cabotage représentait un mouvement de 190,175 tonnes, et le petit cabotage un mouvement de 1,591,935 tonnes. Les chemins de fer sont sans doute destinés à enlever une partie du commerce de cabotage; les canaux ont déjà réduit les chargements du grand cabotage, la situation des ports de la Méditerranée et ceux de l'Océan, séparés par la péninsule espagnole, rendant ces voyages presque aussi longs et aussi dispendieux que les voyages par terre.

CABOTIN, mot consacré par l'usage depuis plus d'un demi-siècle, et qui a reçu son brevet de légitimation de la part de l'Académie Française. On l'applique aux comédiens nomades, et par extension à tout comédien saltimbanque. Ce mot est évidemment dérivé de celui de *cabotage*. Comme un marin, un navire, qui vont de port en port, sans s'éloigner de la côte, font le *cabotage*, et sont nommés *caboteur* et *cabotier*, de même le comédien qui va de ville en ville, qui contracte tous les ans un nouvel engagement avec un nouvel entrepreneur, qui dans la même année joue sur les divers théâtres dont se compose l'arrondissement d'une troupe ambulante, a été nommé *cabotin* avec juste raison; et *cabotiner*, c'est faire le *cabotinage*, c'est-à-dire le métier de cabotin. Littéralement parlant, il n'y a là rien d'injurieux; mais comme on suppose que les comédiens de départements et d'arrondissements n'ont pas un talent transcendant ni une conduite bien édifiante, ce qui en général est assez vrai, et qu'ils croient suppléer aux qualités qui leur manquent par l'orgueil, la forfanterie et l'impertinence, ce qui n'est encore assez souvent que trop commun, le nom de *cabotin* est devenu un terme de mépris, un synonyme insultant. Quand on parle d'un mauvais comédien de province, d'un comédien de tréteaux, et même de certains comédiens de Paris qui font les insolents envers le public, on dit : *c'est un cabotin, un mauvais cabotin*. Aucune injure ne leur est plus poignante, parce qu'il n'en est aucune qui humilie plus leur amour-propre, et Dieu sait si les comédiens en sont pourvus! Cependant, nous avouons sincèrement et avec plaisir que sous le rapport des mœurs et des qualités sociales il y a progrès aujourd'hui dans la classe des artistes dramatiques, et que même parmi les actrices il en est aujourd'hui plusieurs qui, loin de faire étalage de leurs conquêtes et de leur luxe, vivent honnêtement et modestement. Nos révolutions successives ont-elles contribué à cette réforme des mœurs des acteurs? Oui, sans doute, en rapprochant la distance qui les séparait des autres classes, et en les forçant ainsi à se respecter et à se rendre dignes de l'estime de leurs concitoyens.

H. AUDIFFRET.

CABOUL. *Voyez* KABOUL.

CABRAL (PEDRO-ALVAREZ), navigateur que la découverte du Brésil a immortalisé, était né en Portugal. Commandant d'une flotte de treize voiles que le roi Emmanuel envoyait en l'an 1500 aux Indes orientales, une tempête violente qui l'assaillit en route, le rejeta à l'ouest et le fit aborder, le 24 avril, sur des côtes jusque alors inconnues, et dont il prit possession au nom de son souverain. Cette terre inconnue, c'était le Brésil, qui reçut alors le nom de *Terre de Sainte-Croix*. Le premier havre où la flotte portugaise put débarquer fut appelé *Porto Seguro*. Cabral reprit ensuite la route de la mer des Indes, et perdit encore le 29, à la suite d'une tempête, la moitié de ses vaisseaux et de ses équipages, dont faisait partie le célèbre navigateur Barthélemy Diaz. Alors, ayant rallié six vaisseaux, il visita Mozambique, Quiloa, Mélinde, puis Calicut, qu'il canonna pendant plusieurs jours. Après cet acte de vigueur, qui donnait une haute idée de la puissance et de la valeur portugaise, il parcourut et conquérant les rivages de l'Inde, et noua avec les rois de Cochin et de Cananor des relations commerciales destinées à devenir bientôt si importantes pour le Portugal. Le 23 juin 1501 il rentrait dans les ports du Tage avec une riche cargaison de produits du pays. Il ne paraît pas qu'il ait été employé dans les expéditions suivantes, et l'on ignore l'époque de sa mort. Le Portugal lui doit l'établissement de ses premiers comptoirs dans les Indes orientales.

CABRAL, homme d'État portugais. *Voyez* COSTA-CABRAL.

CABRER (SE), verbe qui exprime l'action d'un cheval qui, au lieu d'avancer, se lève sur les pieds de derrière. Cet acte de désobéissance vient ou de la faiblesse de l'animal ou, plus souvent encore, de l'impéritie du cavalier. Pour corriger le cheval enclin à se cabrer, il faut l'assouplir dans l'inaction, puis le faire beaucoup reculer, et le porter en avant que lorsqu'il n'offre plus de résistance au mouvement rétrograde. Par cette pratique réitérée on réussit à vaincre la difficulté qu'il éprouve à se porter franchement en avant et à revenir sur lui-même lorsqu'il a fait un écart; s'il se livrait encore à de faux mouvements par suite d'une habitude enracinée, quelques attaques vigoureuses dans le moment où il cherche à s'enlever l'en déshabitueraient. Mais pour se hasarder à infliger cette correction il faut être solidement placé, et ne pas se laisser désarçonner par les élans du cheval. Aussi ces sortes de chevaux ne doivent-ils être confiés qu'à des gens capables; car non-seulement un cavalier incertain ne remédierait pas au mal, mais il l'aggraverait.

Cette expression a passé du langage direct dans le langage figuré, et l'on peut en éducation, en morale, en politique, appliquer les mêmes conseils qu'en matière d'équitation à tous ceux qui ont affaire à des esprits rétifs, sujets à *s'effaroucher*, à *se cabrer* : l'adresse en ces occasions est bien plus puissante que la force.

CABRERA, île d'Espagne, dans le groupe des Baléares, à 12 kilomètres sud de l'île Majorque, ayant 12 kilomètres de long sur trois de large, avec fort peu d'habitants. Presque inculte, elle n'a d'autre richesse que ses nombreux troupeaux de chèvres, et renferme un bon et vaste port, défendu par un château fort. Après la capitulation de Baylen, nos malheureux soldats, retenus prisonniers au mépris des traités, furent jetés sur ce sol aride. Entassés par milliers, manquant de vivres, d'eau et de vêtements, ils moururent presque tous. L'unique source de l'île fournissait à chaque homme un demi-verre d'eau par jour, et l'on devait attendre plusieurs heures à la file pour obtenir cette faible ration. Une once de viande de mulet, deux onces de pain ou quelques fèves de marais étaient les seuls aliments que l'Espagne donnât chaque jour à chacun de ses prisonniers. Le nombre de ces malheureux, sans cesse renouvelé par de nouveaux venus que le sort des armes faisait tomber entre les mains des ennemis, et diminuant sans cesse, était réduit à quelques centaines, lorsqu'en 1814, après six ans d'une captivité inouïe dans l'histoire militaire, ces nobles victimes d'une infâme trahison purent enfin revoir le sol de la patrie. (*Voyez* PONTONS.)

CABRERA (DON RAMON). Ce nom fait encore aujourd'hui frémir d'horreur les populations d'une grande partie de l'Espagne. C'est celui d'un aventurier de la pire espèce, indigne successeur du brave Zumalacarreguy, et qu'il faut se garder de confondre avec ceux qui de bonne foi embrassèrent la cause de don Carlos, pas même avec ceux qui ne la servirent que pour faire leurs propres affaires.

Né à Tortosa, en Catalogne, le 31 août 1810, d'une famille pauvre mais honnête, Ramon Cabrera annonça de bonne heure ce qu'il serait un jour. Ses parents, qui le destinaient à l'état ecclésiastique, le placèrent à l'université de Cervera, où il ne tarda pas à donner un libre cours à toutes ses passions mauvaises. Quoique né dans la pauvreté et habitué dès l'enfance aux privations, il éprouvait de grands besoins d'argent; car des orgies presque quotidiennes, des parties de débauche et le jeu étaient ses occupations ordinaires; et pour fournir aux dépenses d'une vie semblable, il eut souvent recours à des moyens qui en France l'eussent conduit en cour d'assises. Une vieille tante, supérieure d'un couvent, parvint toutefois à lui faire obtenir la survivance de la place de chapelain de l'ermitage de *Nuestra Señora del Camino*, près de Tortose; et il reçut en 1831 les ordres mineurs. Mais l'évêque diocésain lui refusa les ordres majeurs, déclarant que ses mœurs l'en rendaient indigne.

Lorsqu'à la suite de la mort de Ferdinand VII, en 1833, les partisans de don Carlos commencèrent à s'agiter, Cabrera dès le mois d'octobre abandonna son ermitage pour se mettre à la tête d'une petite bande de guérillas, et alla ensuite rejoindre Carnicer, qui le nomma capitaine d'une compagnie d'élite. Le pillage et l'assassinat signalaient en tous lieux l'arrivée des bandes insurgées, et bientôt une sanglante notoriété s'attacha au nom de Cabrera, devenu la terreur des populations paisibles. Quelle que fût, au reste, sa férocité habituelle, il faut reconnaître qu'elle ne prit un caractère monstrueux que lorsque Mina (en 1836), recourant à des moyens de répression que nous ne saurions trop énergiquement flétrir, fit arrêter la mère de Cabrera, aveugle et octogénaire, ainsi que ses trois sœurs, qui vivaient à Tortose dans la plus complète obscurité. Bientôt, rendant la mère responsable des horreurs commises par le fils, il la fit fusiller à la requête du brigadier Nogueras. Cet assassinat politique dont Mina ne rougit point de se souiller, et dont les annales contemporaines de l'Espagne n'offrent malheureusement que trop d'exemples, fut dès lors le prétexte que mit en avant Cabrera pour justifier toutes les atrocités qu'il commettait, et qui ont rendu son nom l'objet de l'exécration de la Péninsule. Quelques jours auparavant, plusieurs centaines de prisonniers étaient tombés entre ses mains; apprenant le meurtre de sa malheureuse mère, il les fit tous impitoyablement égorger! A ces hécatombes humaines Mina répondit par d'atroces représailles, et fit à son tour fusiller en masse les prisonniers carlistes faits par ses soldats. Chose horrible à rapporter, et qui pourtant n'est que trop vraie, on vit alors les deux *rivaux* mettre leur amour-propre à lutter de cruauté envers les prisonniers que le sort de la guerre faisait tomber en leur pouvoir!

Après s'être emparé d'une foule de villes, de bourgs et de châteaux dans la province de Valence et dans l'Aragon, et y avoir répandu la terreur et la désolation, Cabrera envahit l'Andalousie.

On parlait trop de l'audacieux chef de guérillas pour qu'à la petite cour du prétendant cet homme ne devînt point l'objet de l'envie et le point de mire de l'intrigue : aussi, malgré les services réels qu'il rendait à la cause de don Carlos, celui-ci le laissa-t-il longtemps végéter dans une position subalterne, sans lui reconnaître aucun grade officiel, sans lui accorder aucun titre. Découragé, Cabrera rentra alors en Aragon, où sa bande, surprise par des forces de beaucoup supérieures, fut enfin complétement battue et dispersée; lui-même fut à cette affaire grièvement blessé à la cuisse, d'un coup de feu. Dénué de tout secours chirurgical et réduit aux plus grandes privations, Cabrera, que les christinos traquaient de tous côtés comme une bête fauve, se cacha pendant quelque temps dans les bois; mais l'excès de la douleur le força enfin de en sortir et d'aller, déguisé, demander asile à un habitant d'Almagon, village peu éloigné des cantonnements ennemis. Recueilli par le curé, qui le cacha à tous les yeux, sa blessure n'était pas encore complétement guérie, lorsque ses fidèles l'appelèrent de nouveau à leur tête; et tout à coup, à la surprise générale, on vit reparaître en Aragon l'homme qu'on croyait mort depuis longtemps. Il eut bientôt réorganisé un corps d'armée, et, grâce à l'ordre et à la discipline qu'il sut établir dans ses rangs, il compta alors sous ses ordres jusqu'à 10,000 hommes d'infanterie et 1,600 chevaux. Entrant avec la rapidité de l'éclair dans la province de Valence, il y battit complétement les *christinos*, d'abord le 18 février 1837, à Buñol, puis, le 19 mars suivant, à Burjasot, faisant dans ces deux rencontres une grande quantité de prisonniers et recueillant un immense butin. Battu à son tour par les chasseurs d'Oporto, à Torre-Blanca, et blessé grièvement encore une fois, il n'échappa que par miracle à la mort, et se trouva de nouveau forcé de se tenir caché. On n'avait pu extraire de son corps la balle qui l'avait frappé, lorsque l'occupation par les *christinos* de l'importante position de Villa-Réal lui inspira l'audacieuse pensée de les y surprendre à la tête d'une poignée d'hommes déterminés et de les en chasser. Après s'être emparé, en outre, du vieux château fort de Contrariejo, non-seulement il résista avec énergie au général Oraa, envoyé pour arrêter ses succès, mais encore il favorisa puissamment la marche de don Carlos sur Madrid; manœuvre hardie, qui faillit ouvrir au prétendant les portes de cette capitale. En reconnaissance de ce service et à l'occasion de la prise de Morelia, ce prince, par un décret inséré dans la partie officielle de la gazette d'Oñate (1838), le nomma comte de Morella, lieutenant général, et gouverneur général des provinces d'Aragon, de Valence et de Murcie. Heureux dans presque toutes ses expéditions, Cabrera se vit cependant réduit à la défensive après la trahison de Maroto.

Quand l'impossibilité de soutenir plus longtemps la lutte força le prétendant à abandonner la partie et à se réfugier en France, Cabrera, qui, dans toutes les phases de cette horrible guerre civile, avait été bien moins le champion des droits de don Carlos que le représentant de la cause du monachisme et de l'inquisition, Cabrera déclara fièrement qu'il continuerait la guerre pour son propre compte. Mais une grave maladie, qui vint le frapper dans le courant de 1839, l'empêcha d'exécuter les vastes projets qu'il avait conçus, et le força de rester inactif dans une forte position située au milieu des montagnes de la Catalogne et de l'Aragon, jusqu'au 6 juillet 1840, jour mémorable dans les fastes de cette lutte si acharnée, où Espartero le contraignit à se jeter avec les débris de sa bande sur le territoire français. Le gouvernement français, ne le considérant pas d'abord comme un *réfugié*, mais comme un *malfaiteur*, le fit conduire au château de Ham; cependant, après quelques mois de détention, il lui rendit la liberté, et lui permit même, en 1841, d'aller rétablir sa santé aux îles d'Hyères.

Comme un grand nombre de ses compagnons d'armes, Cabrera ne tarda point à rompre ouvertement avec la fraction de son propre parti qui constituait l'entourage immédiat du prétendant; de sorte qu'en mai 1842 don Carlos lui enleva formellement les pouvoirs et le titre de *général de ses armées*. Lorsqu'en 1845 ce prince abdiqua ses droits à la couronne en faveur de son fils le comte de Montemolin, Cabrera se prononça de la manière la plus vive contre cette mesure. Cependant il ne laissa pas de se rapprocher du jeune prince, et s'enfuit bientôt avec lui à Londres, dans l'espoir que la fameuse affaire des *mariages espagnols* déterminerait l'Angleterre à soutenir désormais la cause carliste. Il prépara alors une invasion de la Péninsule, et provoqua même la formation de quelques bandes d'insurgés en Catalogne, dans le royaume de Valence et dans l'Aragon ; mais le gros de la population fit preuve de la plus grande froideur pour cette nouvelle levée de boucliers. Ce fut seulement à la suite de la révolution de Février que des chances plus favorables semblèrent un instant s'offrir au comte de Montemolin. Au mois de juin Cabrera débarqua en Espagne et déploya l'étendard carliste en Catalogne; mais bien peu répondirent à son appel. Après l'affaire qui eut lieu le 27 janvier 1849 à Pasteral, il dut, gravement blessé, venir encore une fois se réfugier en France, où le gouvernement le fit arrêter. Cependant, dès le mois suivant il était remis en liberté. Cabrera se rendit alors à Londres, où il épousa une certaine miss Richards, enthousiaste de la cause de don Carlos, et qui, dit-on, lui apportait en mariage une fortune considérable, s'estimant heureuse de voir son mari l'employer à assurer le triomphe de. son parti. Déjà on évaluait la fortune particulière de Cabrera, fruit de ses rapines et de ses exactions pendant la guerre civile, à plusieurs millions, qu'il avait eu la précaution de faire passer à l'étranger. Peut-être ce mariage passablement romanesque devait-il surtout servir à en expliquer la possession. Quoi qu'il en soit, Cabrera tâcha encore de mettre à profit la mésintelligence survenue en 1850 entre la cour de Naples et celle de Madrid, pour aller à Naples travailler dans les intérêts du comte de Montemolin; mais au commencement de 1851 il fut expulsé du territoire napolitain.

CABRI (autrefois *cabril*), nom sous lequel on désigne vulgairement le petit d'une *chèvre*.

CABRIÈRES, village de 775 âmes, situé à trois kilomètres de la fontaine de Vaucluse, et dont le nom est resté historique en raison du massacre de tous ses habitants, suspects de partager l'hérésie des Vaudois, exécuté par le baron d'Oppède, sous le règne de François Ier, le 18 avril 1545.

CABRIOLE, CABRIOLEUR. Les mœurs et les habitudes de la chèvre et du chevreau (*cabri*) ont donné naissance au mot *cabriole* (que l'on a écrit aussi *capriole*), lequel exprime un saut léger, et qui a été depuis étendu aux autres animaux, et même à l'homme. On qualifie, ainsi, en termes de manége, le mouvement que fait un cheval lorsqu'il est en l'air, également élevé du devant et du derrière, et qui détache ses ruades; ce qu'il faut éviter, en bonne école, pour maintenir, autant que possible, l'équilibre dans les forces de l'animal et l'harmonie dans celles du cavalier. Appliquée à l'homme, cette expression s'entend également d'une sorte d'élévation spontanée du corps, de ces sauts légers, et quelquefois périlleux, de ces tours d'agilité, qui prouvent la souplesse du corps, et sont familiers surtout à certains saltimbanques de la nature des cabris, d'où ils ont reçu le nom de *çabrioleurs*. C'est ordinairement dans les places publiques ou dans les rues, sur des tapis, qu'ils donnent leur spectacle, soit isolément, soit en petite troupe, soit comme accessoire de quelque bateleur ou charlatan. On donne aussi ce nom aux danseurs de théâtre qui se distinguent moins par la noblesse et la grâce de leurs poses que par la hardiesse et la légèreté de leurs sauts.

On emploie quelquefois dans le langage familier le mot *cabriole* avec la même acception, et au figuré, pour indiquer cette souplesse d'esprit qui fait qu'un homme se plie merveilleusement à tout ce qu'on exige de lui, quelque contrariété qu'il en résulte pour sa nature et ses inclinations.

CABRIOLET. Voiture légère, à deux roues, traînée par un seul cheval. Cette voiture est le type de presque toutes les voitures ouvertes et élégantes. Sa caisse est couverte par une capote en cuir, que l'on peut ouvrir ou fermer à volonté au moyen de ressorts brisés. Le cabriolet est monté sur des ressorts de calèche, par derrière seulement : par devant il est suspendu à l'aide d'un ressort simple attaché par dessous, au centre du brancard, et qui vient se fixer sur la flèche au moyen d'une poignée saillante ; cette poignée, qui n'existe pas toujours, sert à monter dans le cabriolet. Les cabriolets soignés n'ont ordinairement qu'un siège ; mais les cabriolets communs en ont quelquefois deux, celui du fond et celui du devant. Tous les cabriolets, lorsqu'ils sont fermés, le sont par un tablier ou portière en cuir ; mais les plus élégants sont tout à fait ouverts. Au dessus du point où les ressorts de derrière s'unissent à l'extrémité postérieure de la flèche, deux branches ou montants de fer supportent un petit plateau de bois, plaqué de fer en dessous, pour soutenir le domestique qui s'accroche debout après les cordons de la voiture.

CABYLES. *Voyez* KABYLES.
CACADOU. *Voyez* CACATOÈS.
CACAO, nom que les habitants de la Guyane donnent à la graine du cacaoyer, et qu'on livre au commerce. Ces grains sont ovoïdes, à peu près de la grosseur d'une olive, charnus, d'un violet obscur, recouverts d'une pellicule cassante, et enveloppés dans une pulpe blanchâtre d'une acidité très-agréable, et qui, mise dans la bouche, rafraîchit et désaltère. On extrait du cacao la matière grasse contenue dans les cotylédons, et qui forme ce que l'on nomme le *beurre de cacao*. Mais le plus grand emploi que l'on fasse de cette graine est pour la fabrication du chocolat.

On attend pour recueillir le cacao que les fruits, parfaitement mûrs, résonnent un peu lorsqu'on les agite, par le choc intérieur des semences. Alors on les amoncèle en tas assez considérables, et on les laisse ainsi pendant trois ou quatre jours. Au bout de ce temps, on brise le fruit pour en retirer les amandes, et on les débarrasse de la pulpe qui les environne ; puis on les dispose dans des caisses ou auges en bois, qui sont un peu élevées au-dessus du sol ; quelquefois même on se contente de les jeter dans un trou pratiqué dans la terre ; on les recouvre alors des feuilles de balisier ou des nattes, qu'on assujettit au moyen de planches chargées de pierres. On les laisse ainsi quatre ou cinq jours ; on a soin seulement de les retourner chaque matin. Par ce procédé, auquel on donne le nom de *terrage*, les amandes laissent transsuder une grande quantité d'humidité, et subissent une sorte de fermentation qui leur fait perdre une partie de leur âcreté et de leur amertume, en même temps que leur couleur s'obscurcit et que leur poids diminue. Cette préparation leur ôte en outre la faculté de germer, et facilite leur conservation.

On distingue dans le commerce un grand nombre de variétés de cacao, et on leur donne le nom de la contrée d'où elles viennent. Ainsi, on a le *cacao caraque*, le *cacao surinam*, etc. On nomme aussi *cacao des îles* celui qui vient des possessions françaises. Le *caraque* est le plus estimé de tous : il est plus onctueux-que les autres, et n'a pas d'âcreté. On le reconnaît à ce qu'il est plus gros, rugueux, ovoïde oblong, non aplati, recouvert d'une poussière grisâtre, et à ce que l'amande se divise facilement en plusieurs fragments irréguliers.

Le *beurre de cacao* est une huile concrète, douce, odorante, d'un blanc jaunâtre qui se rapproche du suif de veau pour la consistance, qui fond facilement dans la bouche, en donnant une saveur agréable, analogue à celle du chocolat, et que l'on extrait du cacao par expression à chaud après broiement, ou par macération chaude, l'huile se séparant alors et venant nager à la surface du liquide. Cette substance, entièrement soluble dans l'éther quand elle est pure, donne au chocolat son aspect gras et onctueux. Le beurre de cacao, quoique doué de propriétés émollientes très-développées, est aujourd'hui peu employé en médecine, où il ne sert plus qu'à faire des suppositoires. On s'en sert cependant encore pour les engelures, les hémorrhoïdes, les strictures et crevasses au sein des nourrices, etc. DÉMEZIL.

CACAOYER ou **CACAOTIER**, genre d'arbres de la famille des malvacées de Jussieu, et de la famille des byttnériacées de Robert Brown, et qui se reconnaît aux caractères suivants : Les fleurs sont réunies par petits faisceaux, qui naissent un peu au-dessus de chacune des feuilles ; le calice est caduc, à cinq divisions profondes, étalées et souvent colorées. La corolle se compose de cinq pétales attachés à la base du tube staminifère ou androphore. Ces pétales sont dressés, élargis et concaves dans leur tiers inférieur, minces et linéaires dans leur tiers moyen, élargis de nouveau et concaves dans leur partie supérieure, par laquelle ils convergent vers le centre de la fleur. Les étamines forment un tube divisé dans ses deux tiers supérieurs en dix lanières, cinq plus longues, privées d'anthères, et cinq plus courtes, alternant avec les précédentes, et portant à leur sommet deux anthères, qui sont logées dans la partie supérieure et concave de chaque pétale. L'ovaire est ovoïde, tronconique, à dix stries longitudinales ; il offre cinq loges, dans chacune desquelles on trouve huit ou dix ovules insérés vers leur angle interne. Le style, plus long que l'ovaire, est partagé à son sommet en cinq divisions courtes, dont chacune porte à son extrémité un stigmate capituté ; le fruit est une capsule à parois épaisses, portée sur un pédoncule fort court, et qui lors de la maturité est devenue uniloculaire par la disparition des cloisons. Elle contient plusieurs graines en nombre indéterminé, attachées à un placenta central, et entourées d'une pulpe gélatineuse. Ces graines sont dépourvues de périsperme ; les cotylédons sont épais, charnus, plissés et huileux.

Les espèces de ce genre sont des arbres de moyenne grandeur, originaires de l'Amérique. Le plus célèbre est le *cacaoyer cultivé* (*theobroma cacao*, Linné), qui s'élève à peu près à la hauteur de nos cerisiers, et que l'on cultive en abondance, pour en avoir les graines, dans diverses contrées de l'Amérique, particulièrement au Mexique, sur la côte de Caracas, et dans la Guyane. Sa racine est pivotante, roussâtre et non raboteuse ; l'écorce du tronc est de couleur cannelle plus ou moins foncée ; le bois est blanc, poreux, cassant et fort léger ; les feuilles, qui se renouvellent sans cesse, sont alternes, pendantes, lancéolées, terminées en pointe, très-entières, très-glabres et d'un vert brillant des deux côtés, nerveuses et veinueses en dessous ; les plus grandes ont 24 à 27 centimètres de longueur sur 8 de largeur ; elles sont portées sur des pétioles à la base desquels se trouvent deux stipules longs de 27 millimètres couverts d'un duvet roussâtre, et épaisses à leur sommet. Les fleurs sont dépourvues d'odeur ; elles naissent en grand nombre presque toute l'année, mais particulièrement vers les solstices. Chacune est portée sur un pédoncule long de 13 millimètres. Les folioles du calice sont blanchâtres en dehors et rougeâtres en dedans, les pétales jaunâtres ou de couleur de chair fort pâle. La plupart de ces fleurs avortent et tombent ; celles qui restent produisent des fruits d'une forme presque semblable à celle d'un concombre, longs de 16 à 22 centimètres, larges de 5, pointus à leur sommet; leur surface présente dix côtes longitudinales, mamelonnées et peu saillantes, séparées par autant de sillons. Ces fruits, nommés *cabosses* dans les îles, deviennent d'un rouge foncé, et se couvrent de points jaunes lorsqu'ils sont mûrs; ils deviennent entièrement jaunes dans une variété. Le temps qu'ils mettent à se former et à mûrir est d'environ quatre mois. Chacun de ces fruits renferme vingt-cinq à quarante graines ou amandes. C'est à ces graines qu'on donne dans le commerce le nom de *cacao*.

DÉMEZIL.

CACATOÈS ou CACATOIS. Les espèces du genre *perroquet* connues sous le nom de *cacatoès* se distinguent à la huppe, formée de longues plumes érectiles, dont leur tête est ornée. Leur plumage est généralement blanc. Ils habitent quelques parties de l'Océanie et de l'Inde, vivent surtout de racines, et fréquentent les terrains marécageux. On les nomme aussi *cacadous*.

De tous les perroquets qu'on apporte en Europe, les cacatoès sont les plus dociles et les plus susceptibles d'attachement. Ils ont mimes et cabrioleurs, et développent à chaque instant une belle huppe dès qu'ils sont mus par quelque sentiment de crainte, de colère ou de curiosité.

Notre vocabulaire maritime, qui s'est emparé du mot *perroquet*, emploie également le terme *cacatois* pour désigner la voile légère qui termine ordinairement le système de voilure d'un bâtiment. Ce nom s'applique également au mât qui supporte cette voile.

Les marins disent indifféremment *cacatois* ou *catacois*.

CACAULT (FRANÇOIS), né à Nantes, en 1740, était en 1785 secrétaire de légation à Naples. Rappelé en France en 1791, il fut envoyé à Rome en 1793 avec le titre de chargé d'affaires, tout aussitôt après le meurtre de Basseville. Il ne put pas toutefois parvenir à sa destination, et dut s'arrêter à Florence, où il ne demeura pas inactif, car il y réussit à détacher le grand-duc de Toscane de la coalition. Il se trouvait à Gênes lors de la signature du traité de Tolentino; rappelé encore une fois en 1798, il fut élu député aux Cinq-Cents. Après le 18 brumaire il fit partie de la nouvelle assemblée législative, et fut nommé, en 1800, ambassadeur à Rome. Sa mission ayant pris fin en 1803, il rentra en France, devint membre du sénat, et mourut en 1805, à Clisson.

CACHALOT, genre d'animaux mammifères appartenant à l'ordre des cétacés. Ils ont, comme les baleines, une tête énorme, qui fait à elle seule le tiers ou la moitié de la longueur du corps. La mâchoire supérieure ne porte point de fanons et manque de dents, ou n'en a que de petites; l'inférieure, étroite, allongée, et répondant à un sillon de la supérieure, est armée de chaque côté d'une rangée de dents cylindriques ou coniques, qui entrent dans des cavités correspondantes de la mâchoire supérieure quand la bouche se ferme. La partie supérieure de la tête ne consiste qu'en grandes cavités recouvertes et séparées par des cartilages, et remplies d'une huile qui se fige en refroidissant, et que l'on connaît dans le commerce sous le nom impropre de *blanc de baleine*, ou sous celui, plus impropre encore, de *sperma ceti* (voyez CÉTINE). Les cavités qui la contiennent sont fort différentes du véritable crâne, lequel est assez petit, placé sous leur partie postérieure, et contient le cerveau comme à l'ordinaire. Il paraît que des canaux pleins de cette huile se distribuent dans plusieurs parties du corps, en communiquant avec les cavités qui remplissent la masse de la tête, et qu'ils s'entrelacent même dans le lard ordinaire, qui règne sous toute la peau.

Comme tous les cétacés d'ailleurs, les cachalots ont les membres antérieurs en forme de nageoires, le corps absolument dépourvu de poils dans toute son étendue, privé de membres postérieurs, et terminé par une queue en forme de nageoire aplatie horizontalement. Chez eux, comme dans tous les cétacés ordinaires ou *souffleurs*, l'eau qu'ils engloutissent continuellement avec leur proie entre par le gosier dans les narines, la traverse et s'amasse dans un sac placé à l'orifice extérieur de la cavité du nez, d'où elle est chassée avec violence, et sous forme de jets d'eau, par une ou deux ouvertures étroites, situées au-dessus de la tête, et qui portent le nom d'*évents*. Les cachalots, dont plusieurs espèces atteignent la taille des baleines, sont avec cela mieux armés et plus agiles que ces dernières. Leur taille, plus effilée, leur permet de nager avec plus de rapidité; ils peuvent plonger aussi pendant plus longtemps. Ils voyagent en troupes nombreuses dans presque toutes les mers, portent le ravage dans les bandes de poissons, dont ils avalent même de très-grandes espèces, et attaquent avec fureur jusqu'aux baleines. Leurs coups de queue, quoique moins violents que ceux des baleines, sont cependant assez forts pour briser les nacelles des pêcheurs. Le principal produit que l'on tire de leur pêche consiste dans le blanc de baleine qu'ils fournissent; car ils donnent peu d'huile. La substance odorante connue sous le nom d'*ambre gris* paraît être une concrétion qui se forme dans leurs intestins, surtout lors de certains états maladifs, et, à ce que l'on a dit, principalement dans leur cœcum.

Ce genre contient plusieurs espèces, mais dont les caractères distinctifs n'ont pu être encore bien déterminés. La plus commune et la mieux connue est le *grand cachalot* (*physeter macrocephalus*, Shaw), dont la taille va jusqu'à vingt mètres, la tête faisant le tiers de la longueur totale. Il est noir, mêlé de verdâtre sur le dos, blanchâtre sous le ventre. Il a la queue très-étroite et comme conique, une éminence longitudinale ou fausse-nageoire au-dessus de l'anus; vingt à vingt-trois dents de chaque côté à la mâchoire inférieure; ses deux évents se réunissent avant d'arriver à l'extérieur, et n'ont qu'une seule issue au dehors dirigée vers le côté gauche. Cette espèce est répandue dans beaucoup de mers : on en a pris des individus jusque dans la mer Adriatique, et il en échoua trente et un, en 1784, sur les côtes de Bretagne.

DÉMEZIL.

CACHEMIRE. Voyez KACHEMIRE.
CACHEMIRE (Chèvres de). *Voyez* CHÈVRES.
CACHEMIRE (Châle). Voyez CHALE.
CACHET, petit sceau dont on appose l'empreinte sur une lettre pour la fermer. Ce mot, suivant Ménage, vient de *cacher*, parce qu'il sert à cacher l'écriture. Il est ordinairement en métal ou en pierre fine montée sur métal, pendant la gravure de quelque image, armoirie, chiffre, emblème ou devise, qu'il imprime sur de la cire d'Espagne ou sur du pain à cacheter, pour empêcher qu'on n'ouvre une lettre, un paquet, fermés et marqués de cette empreinte. Quant à sa forme, il est le plus souvent adapté à un anneau, à une bague, à l'extrémité d'un étui; ou, l'a monté aussi à une breloque de montre; mais on le fixe surtout au bout d'un manche ou d'une poignée en ivoire, en nacre, en ébène, etc. Les cachets existaient sans doute avant l'invention de l'écriture. Longtemps après qu'elle eut été découverte on ne connaissait pas l'emploi des signatures; on y suppléait par le cachet. Au moyen âge nos chevaliers signaient et cachetaient avec le pommeau de leur épée. Chez les anciens, signer c'était apposer son cachet; aussi c'est de son nom latin, *signum* (figure), qu'est venu le mot *signature*, parce qu'il y avait des figures sur les cachets.

L'origine des cachets remonte à la plus haute antiquité. Ils étaient connus en Égypte du temps de Joseph, et plus anciennement en Perse, si, d'après le poète Sâdi, il faut attribuer à Djemschid, premier législateur de ce pays, ayant régné plus de 2,000 ans avant J.-C., l'usage de porter un anneau-cachet à la main gauche. L'un des plus fameux dont les annales vraies ou fabuleuses du monde fassent mention, c'est celui qui formait l'anneau de Salomon. Gygès se rendait invisible à l'aide d'un anneau semblable. Il est parlé du cachet d'Assuérus dans le livre d'*Esther*, et l'historien Thucydide fait mention de celui de Xerxès.

Le cachet n'était jadis qu'un anneau portant la figure gravée d'une divinité, d'un roi, d'un empereur, d'une princesse, d'un philosophe, d'un chef de secte, ou de tout autre personnage célèbre; de l'un des ancêtres de celui qui en était possesseur; de quelque symbole, ou d'un animal vrai ou fabuleux. Auguste adopta le sphinx sur son cachet, puis la tête d'Alexandre, et enfin sa propre image. Mécène avait fait choix d'une grenouille. Quoique les fleurs de lis en nombre, puis réduites à trois, fussent les armoiries empreintes sur les sceaux de France, plusieurs de nos rois avaient leur cachet particulier : une salamandre était sur celui de François 1er, un soleil sur celui de Louis XIV.

Les Orientaux ne connaissent pas les armoiries proprement dites, particulières à chaque famille, et transmissibles d'âge en âge. Le premier cachet de Mahomet fut d'or, en forme de bague; mais, ayant proscrit ce métal, il eut un cachet de fer entouré de fils d'argent. Il prohiba aussi le fer et adopta un cachet d'argent, sur lequel étaient gravés ces mots : *Mohammed ressoul Allah* (Mohammed envoyé de Dieu). Il le porta au doigt jusqu'à sa mort, et les trois premiers khalifes ses successeurs n'en eurent pas d'autre. Au faîte de la puissance, au milieu du faste asiatique, les autres khalifes n'eurent qu'un cachet d'argent, en forme de bague, sur lequel ils faisaient graver leur chiffre ou leur monogramme, avec un verset du Coran, une maxime ou une sentence; mais ce cachet était indépendant des sceaux de l'État. Les croisades en Asie et en Afrique, les relations des chrétiens avec les Maures d'Espagne, introduisirent parmi les musulmans quelques traces de blason et d'armoiries. Le cachet de Tamerlan avait trois cercles, accompagnés de deux mots persans, dont le sens était : *Tu as été sauvé pour avoir dit la vérité*. Les cachets des princes s'appelaient autrefois *bulles*; on les nomme aujourd'hui *sceaux*. Leurs cachets particuliers étaient originairement des contre-sceaux.

Dans un temps où le cachet tenait lieu de signature, c'était une politesse chez les Romains d'envoyer l'empreinte ou d'envoyer le cachet lui-même : le don qu'on en faisait à quelqu'un était la plus grande marque de confiance. Auguste, dans une maladie dont il guérit, voulant indiquer Agrippa pour son successeur, lui donna son anneau. Tibère, au lit de la mort, tira son anneau, le tint quelques instans comme pour le confier à quelqu'un, et le remit à son doigt. Caïus, son neveu, voulant s'assurer l'empire, s'empara de l'anneau, malgré la résistance du moribond, qu'il fit étouffer. Chez les musulmans, donner son cachet est aussi un témoignage d'amitié, de confiance et de dévouement. On voit dans Joinville que les Vieux de la Montagne envoya le sien à saint Louis. Les anciens avaient un respect superstitieux pour les cachets. L'empereur Galba ayant perdu celui d'Auguste, on en tira l'augure de la brièveté et de la triste fin de son règne. La perte du cachet de l'empereur Adrien fut le présage et la cause de sa mort. On retrouve la même superstition chez les musulmans. Le khalife Othman ayant laissé tomber dans un puits le cachet de Mahomet, on regarda cet accident comme le pronostic des désastres qui accablèrent l'islamisme et ce malheureux prince. La mort de Sélim 1er, le conquérant de l'Égypte, fut attribuée à la même cause que celle d'Adrien.

Les anciens, ne connaissant pas les serrures à clefs, fermaient tout dans des coffres entourés de cordons, auxquels ils faisaient des nœuds très-compliqués. Ulysse était lui-même habile à les défaire. Alexandre trancha le nœud gordien. Les Romains scellaient tout, jusqu'aux provisions de bouche, avec de la cire. C'est d'eux que cet usage passa chez les Parthes, et s'est conservé dans l'Orient. Le khalife Hescham, prince très-avare, au huitième siècle, avait sept cents coffres, marqués de son sceau, remplis de ses effets les plus précieux. Tout était scellé, au dix-septième siècle, chez les rois de Perse de la famille des Sofys, jusqu'aux sceaux de l'État, conservés dans un coffret que la reine-mère avait en garde, et dont le roi portait le petit cachet pendu à son cou.

Les cachets servaient anciennement à receler du poison, comme l'a prouvé l'exemple d'Annibal et de Mithridate. Quoique le dogme de la prédestination rende le suicide beaucoup plus rare chez les Orientaux, on sait que le chef de l'illustre famille des Barmékides portait du poison dans son cachet, et plusieurs princes musulmans en ont fait usage.

De nos jours il n'est pas de musulman qui ne possède un ou deux cachets; le jaspe et l'agate sont les seules pierres qu'il soit permis d'y employer. À l'exemple des juifs, les mahométans ont exclu toute figure humaine de leurs cachets; ils se font même scrupule d'y consigner leurs titres et qualités : le nom du propriétaire, quelque épithète de dévotion, d'humilité, une devise, une sentence , un verset du Coran, c'est tout ce qu'on y trouve. Un cordon noué et cacheté avec de la cire molle est encore aujourd'hui la méthode la plus ordinaire en Orient de garantir la propriété. Les musulmans apposent leur cachet en tête de leurs livres, et sur tout ce qui leur appartient; ils mettent le plus grand soin à ne pas s'en séparer; ils le portent sur eux et ne le quittent qu'au bain : leur fortune en dépend. Le principal usage de ces cachets est de confirmer les promesses et les engagements. Peu importe aux Orientaux quand ils rédigent un acte, qu'il ne soit pas écrit de leur main ni revêtu de leur signature. Le cachet tient lieu de tout, comme autrefois; ils l'apposent non-seulement sur l'enveloppe, mais sur la pièce même, le seul endroit où il soit de rigueur. L'importance du cachet a dû déterminer les gouvernements de l'Orient à prendre des mesures préventives contre les voleurs et les contrefacteurs. La Porte Ottomane retient un duplicata des cachets de tous les pachas et fonctionnaires publics, pour s'assurer de leur fidélité. En Perse, les graveurs de cachets forment une corporation. Astreints à tenir registre de tous les cachets qui sortent de leurs mains, ils sont punis de mort s'ils en font deux pareils.

On scellait autrefois avec de l'argile. Plus tard, on employa la cire; mais comme dans plusieurs pays la chaleur du climat la fondait et effaçait l'empreinte, les musulmans ont adopté une encre épaisse, semblable à l'encre d'imprimerie. L'orgueil place le cachet en signature au haut de la page; la politesse en bas. Le grand-vizir l'appose en marge. Les ambassadeurs, dans leurs dépêches au gouvernement turc, ont quelquefois substitué le cachet à la signature.

Il s'en faut que chez nous les cachets aient acquis jamais, et qu'ils aient surtout aujourd'hui, la même importance que chez les Orientaux. Leur forme, la matière qui les compose, sont un objet de luxe, de mode, de caprice; les armoiries, les chiffres qu'on y grave, n'offrent plus rien d'authentique, rien de personnel, ne donnent aucun gage de propriété : chacun peut adopter à son gré des armes, des chiffres, des devises , des emblèmes, des allégories , des têtes antiques, des allusions sentimentales, selon qu'il écrit à de grands personnages, à des gens d'affaires , à des amis ou à une maîtresse. Tous ces cachets sont insignifiants, et ne servent qu'à fermer bien ou mal une lettre; car le *cabinet noir* de l'administration des postes savait fort bien en violer le secret.

On appelle encore *cachet* la figure, la marque empreinte sur la cire. Une lettre est sous *cachet volant* lorsque, mise sous le pli supérieur de l'enveloppe, le cachet n'est pas adhérent au pli inférieur, ne ferme pas la lettre et qu'on peut ainsi le communiquer à une personne tierce qu'elle concerne, pour que cette personne en prenne connaissance et l'envoie ensuite, ou la remette elle-même à son adresse, après l'avoir cachetée.

Le *timbre*, l'*estampille*, ne sont autre chose que des cachets.

Cachet se dit encore de petites cartes sur lesquelles on met son cachet ou son nom, et qui servent à constater plus tard le nombre de fois qu'une personne a fait telle ou telle chose. Un maître de danse, un maître d'écriture prend tant par cachet. On dîne à tant le cachet, etc.; *courir le cachet* se dit d'un maître qui donne des leçons en ville.

Employé au figuré, *cachet* est synonyme de *coin*, et signifie style, manière, touche, couleur, ciseau, pinceau, talent, caractère, etc. Si on veut louer un auteur original, on dit : *Il y a mis son cachet.* S'agit-il d'un bon ouvrage? *Il porte le cachet du génie, de l'esprit.* Parle-t-on d'un mauvais? *Il est marqué au cachet de l'ignorance* ou *de la sottise;* d'un tableau, d'un bas-relief, d'un opéra? *On y reconnaît le cachet* de tel peintre, de tel sculpteur, de tel musicien. H. AUDIFFRET.

CACHET (Lettres de). *Voyez* LETTRES DE CACHET.

CACHEXIE, dérivé de deux mots grecs, κακὸς, mauvais, et ἕξις, disposition, habitude, c'est-à-dire *mauvaise disposition.* Dans la rigueur de l'étymologie, toute maladie serait donc une *cachexie*; mais on est convenu d'entendre par ce mot un état de détérioration de l'ensemble de l'économie provenant d'une altération, le plus ordinairement chronique, de la nutrition générale. Cet état se révèle sous des aspects variés que l'homme du monde peut apprécier aussi bien que le médecin. Il n'est personne en effet qui ne soit frappé de l'état maladif empreint sur la physionomie et sur l'ensemble d'un individu en proie à la décomposition scorbutique, bouffi par les scrofules, dévoré par un cancer, miné par une maladie occulte. Mais l'homme de l'art, non content de savoir distinguer les caractères extérieurs propres à ces affections diverses, a besoin de pénétrer dans l'intimité des organes, afin d'apprécier les causes et le mécanisme de ces altérations, dans le but d'y porter remède. Alors que les caractères des maladies étaient uniquement basés sur les phénomènes extérieurs, les cachexies durent former une classe nombreuse d'affections disparates; aussi voyons-nous à une époque assez rapprochée de la nôtre le nosologiste Sauvages comprendre dans cette classe toutes les habitudes vicieuses du corps, générales ou locales, quant au volume, à la forme, à la couleur, de sorte que nous y trouvons la maigreur, la grossesse, la rétention d'urine, l'ictère, l'alopécie, la grangrène humide et sèche, etc. On conçoit qu'un pareil cadre n'est pas plus admissible de nos jours : pour nous, la cachexie ne peut être qu'un état général en quelque sorte accidentel et secondaire à une foule d'affections qu'il serait irrationnel de grouper dans une seule catégorie.

Les auteurs, par cela même qu'ils ont beaucoup varié sur ce que l'on devait comprendre sous le nom de *cachexie*, ont nécessairement différé sur la cause première, originelle, essentielle, de ce phénomène secondaire et complexe. Ainsi les uns l'ont attribué à l'altération des *forces régulatrices* de l'économie, aux aberrations du *principe vital*; d'autres, en plus grand nombre, ont reconnu dans cet état une altération des *humeurs* animales; d'autres enfin, et ce sont la plupart des modernes, n'y voient qu'une altération des *solides*, à laquelle celle des humeurs est subordonnée. La cachexie résume donc toutes les doctrines qui, selon les temps, ont tour à tour dominé dans la science. Dr FORGET.

Dans la médecine vétérinaire, on appelle *cachexie* ou *pourriture* une maladie chronique des bestiaux, qui se reconnaît à l'œil gras, à la couleur blafarde des lèvres, à la saburre blanche et limoneuse, à la sécheresse de la laine, à la diminution du suint. Comme cette maladie indique un dépérissement qui provient presque toujours de mauvaise nourriture, d'herbes marécageuses, ou de l'insalubrité de la bergerie, il faut y remédier par des fourrages, ou plutôt par des graines de bonne qualité et arrosées de sel, et par des opiats fortifiants. Comte FRANÇAIS (de Nantes).

CACHOT, prison souterraine, dans laquelle l'air et le jour peuvent à peine pénétrer. C'est le supplice le plus atroce que la cruauté des hommes ait pu inventer, puisqu'il est de tous les instants et conduit à une mort certaine par toutes les angoisses d'une lente agonie. Qui pourrait en nombrer les victimes depuis le cachot féodal jusqu'au cachot de l'inquisition? Ferrière a défini le cachot « un sépulcre funeste où l'on enferme des hommes vivants, où l'on ne gît que sur la paille. » Chose étrange! des hommes enfermés jeunes dans ces lieux humides, privés d'air, de clarté, de chaleur, n'ayant pour lit que la pierre, pour nourriture que du pain et de l'eau, sont néanmoins parvenus à la vieillesse. Mais c'était là l'exception ; la plupart des prisonniers mouraient avant l'âge. Souvent même il suffisait d'une absence ou d'un oubli du gardien; séparés par cent pieds de terre du reste des vivants, leurs cris se perdaient sous les voûtes ; et ils étaient morts de soif ou de faim quand on se souvenait d'eux. De temps en temps aussi l'oubli pouvait bien être volontaire.

Les cachots de la Bastille ont été décrits avec une scrupuleuse exactitude avant d'être démolis. Ils se divisaient en deux classes : les uns, appelés *calottes*, étaient établis dans l'étage supérieur des tours. L'été, la chaleur y était excessive, et l'hiver, le froid insupportable. Un créneau pratiqué dans un mur de 2 mètres d'épaisseur, assez large en dedans, n'avait qu'un étroit orifice de 3 à 6 centimètres de large que diminuaient encore d'énormes barres de fer. Il y avait donc à l'extérieur privation d'air et de jour. Les cachots souterrains étaient creusés à 6 mètres au-dessous du niveau de la cour et à 1^m,60 environ au-dessus du niveau des fossés ; ils n'avaient, comme les calottes, d'autre ouverture qu'une étroite barbacane, et étaient encore plus impénétrables au jour. Le prisonnier plongé dans une atmosphère humide, infecte, croupissait dans un dégoûtant limon où pullulaient les crapauds. Les constitutions les plus robustes ne pouvaient longtemps résister à ces miasmes délétères. Tous ces cachots étaient dépourvus de meubles ; on n'y voyait qu'une pierre couverte de paille pourrie. Louis XI avait fait construire à la Bastille un cachot exprès pour les jeunes fils du duc de Nemours. Ce cachot, creusé à son centre et revêtu de maçonnerie, avait la forme d'un cône renversé; le prisonnier, retenu au fond par son propre poids, ne pouvait ni s'asseoir, ni se coucher : le repos lui était impossible.

Les cachots de la tour de Montgommery ou du Grand-César à la Conciergerie étaient aussi hideux ; le prisonnier n'y pouvait pas rester debout. Il est vrai que l'ordonnance de 1670 défendait aux geôliers de mettre les prisonniers au cachot sans l'ordre des magistrats; mais cet ordre n'était jamais refusé. La même ordonnance enjoignait aux procureurs du roi et aux juges de visiter chaque mois les prisons et les cachots; mais ces dispositions n'étaient point observées. Une autre ordonnance, rendue sous le ministère de Turgot, avait supprimé les cachots; ils n'en ont pas moins été conservés et l'usage n'en fut même jamais suspendu. De nos jours la peine du cachot n'est mentionnée que dans les règlements militaires : c'est une peine disciplinaire ; le code pénal n'en parle pas ; elle subsiste pourtant comme mesure disciplinaire dans les prisons ; c'est d'ordinaire le directeur qui s'arroge le droit de la prononcer, droit qu'il puise dans des règlements intérieurs que l'on s'est constamment efforcé de cacher à la publicité.

CACHOU. Cette substance et le nom qu'on lui donne nous viennent également d'Orient, où l'on extrait de différentes parties de plusieurs espèces de plantes, et principalement de l'*acacia catechu.* Pour l'obtenir on fait bouillir dans l'eau le bois de cet arbre, réduit en copeaux minces, puis on filtre cette décoction et on la laisse évaporer au soleil. Il reste alors pour dépôt une substance végétale, solide, friable et brune, composée de tannin, d'un principe extractif amer et de mucilage, substance qu'on a longtemps regardée comme une terre, d'où lui est venu son premier nom latin de *terra japonica.* Ce qui a pu contribuer aussi à entretenir cette erreur, c'est que le cachou nous parvient rarement dans son état de pureté ; on l'apporte en gâteaux de différentes grosseurs, mêlé de substances étrangères, et surtout d'une terre fine qui fait quelquefois le tiers de son poids. Quand il est pur, il est fragile et compacte ; sa cassure est brillante, d'une couleur approchant de celle de la châtaigne ; il n'a point d'odeur remarquable ; il brûle avec une flamme vive et se fond entièrement dans l'eau. Sa saveur est d'abord âpre, astringente et amère, mais il lui en succède une autre, assez douce, analogue à celle de la violette, et qui dure longtemps. On en fait des pastilles agréables au goût, en le mêlant avec du sucre, de la cannelle, de l'ambre et autres substances parfumées. Le cachou répandu dans le commerce, n'ayant pas le même degré de pureté, a la cassure plus mate, plus terreuse et plus brune : sa saveur est moins vive et passe beaucoup plus vite ; ils ne se dissout pas complétement, et laisse un dépôt terreux.

Cette substance est tonique et astringente ; on l'emploie en médecine, où on l'administre en poudre, en pastilles, en tablettes, en teinture ou en décoction, dans la dyspepsie, la leucorrhée chronique, les hémorrhagies passives, la dyssenterie, etc. On obtient encore un effet très-efficace de sa dissolution par l'eau dans le traitement des fièvres ardentes et bilieuses. On recommande aussi le cachou comme dentifrice, seul ou associé avec trois fois son poids de charbon, finement pulvérisé. Il est également employé pour hâter la cicatrisation des aphthes et d'autres ulcères superficiels de la bouche. Enfin, les chanteurs en prennent pour prévenir l'enrouement ; et l'on voit beaucoup de personnes, notamment les fumeurs, en faire un usage journalier pour corriger la fétidité de l'haleine ; dans le dernier cas, il est associé à quelques aromates.

CACHUCHA (On prononce *catchoutcha*), mot espagnol, qui ne se trouve dans aucun dictionnaire, qui n'a aucun sens arrêté, ou plutôt qui sert à tout désigner. C'est le nom de tout ce que la langue vulgaire ne peut nommer ; l'expression qui en espagnol supplée à toutes celles qui manquent ; nom vague, capricieux, sans règle, s'appliquant au masculin comme au féminin, ne s'employant jamais au pluriel et pouvant exprimer la pluralité ; mot bohémien, introduit dans la Péninsule hispanique par les gitanos. Ce fut probablement dans l'Andalousie, cette terre si poétique, qu'il fit sa première apparition : mot prononcé, sans doute, d'abord, dans un moment d'extase, ne sachant par quel nom donner à sa maîtresse ; puis chant tendre, voluptueux, fascinateur ; puis danse, ou plutôt langue de gestes, de poses poétiques, excitantes ; mimique passionnée comme l'on n'en voit qu'en Espagne. Aujourd'hui toute l'Europe connaît le mot, grâce à Fanny Elssler, qui obtint un si grand succès à l'Opéra de Paris, en introduisant dans le ballet du *Diable boiteux*, sous le nom de *cachucha*, un pas particulier du *Bolero* et du *Fandango* ; mais les Andalous seuls savent l'employer. Pour l'Andalou, pour le gitano surtout, *cachucha* est la traduction de toute sensation vive, de toute affection inexprimable, de toute extase, de tout délice des sens ou de l'esprit. Ce mot est essentiellement espagnol ; nulle autre langue ne saurait se l'approprier, parce que, ne signifiant rien, il peut cependant tout exprimer.

Manuel DE CUENDIAS.

CACIQUE ou **CASSIQUE**, genre d'oiseaux de l'ordre des passereaux, dont toutes les espèces habitent l'Amérique. Elles se nourrissent de baies, de graines et d'insectes ; la plupart se rassemblent en troupes nombreuses. Ces oiseaux suspendent leurs nids à l'extrémité des branches des arbres les plus élevés ; ce nid a la forme d'une cucurbite étroite, dont l'entrée est oblique : il a jusqu'à 10^m de longueur. La chair du cacique a une assez forte odeur de *castoreum*, et n'est point bonne à manger.

CACIQUES, nom ou titre que les peuples indigènes d'Amérique donnaient aux gouverneurs des provinces et aux généraux d'armée sous les anciens Incas ou empereurs du Pérou. Les princes du Mexique, des îles de Cuba, de Saint-Domingue et de quelques autres régions de l'Amérique méridionale, portaient aussi le titre de *caciques*, lorsque les conquérants espagnols s'en rendirent maîtres. Ces caciques, en général, étaient très-respectés. Leur pouvoir était héréditaire et absolu ; leurs sujets avaient pour eux une vénération qui allait jusqu'à l'idolâtrie. Au-dessous étaient des chefs, ou princes tributaires du souverain de chaque district : ils semblent avoir eu quelque ressemblance avec les anciens barons ou feudataires d'Europe. Ils étaient obligés d'accompagner le souverain en temps de paix et en temps de guerre. Selon Pierre Martyr, les caciques léguaient l'autorité suprême aux enfants de leurs sœurs par ordre d'ancienneté, au préjudice de leurs propres enfants. Suivant Oviédo, l'une des femmes de chaque cacique était particulièrement distinguée de toutes les autres ; le peuple la considérait comme reine régnante, et ses enfants succédaient au trône de leur père par ordre de primogéniture ; mais en l'absence d'enfants de la princesse favorite, les sœurs du cacique, à défaut de frères, prenaient la place des propres enfants qu'il aurait eus de ses autres femmes. La cacique principal était distingué par des ornements royaux et par une cour nombreuse. La vénération pour les caciques s'étendait au delà du tombeau. Martyr rapporte que lors de la mort d'un cacique, la plus chérie de ses femmes était immolée sur sa tombe, mais Oviédo soutient que cette coutume n'était point générale. Aujourd'hui dans le Nouveau Monde ce titre de cacique est éteint, quant à l'autorité, parmi les peuplades soumises ; les sauvages seuls, internés jusqu'au pied des Andes, le donnent toujours aux plus nobles, aux plus sages, aux plus vénérés d'entre eux.

CACOCHYMIE, CACOCHYME (de κακός, mauvais, et χυμός, suc, humeur). La *cacochymie* s'entend d'une altération morbide des parties fluides et humeurs des corps organisés. Selon Galien, la surabondance de la bile, de l'atrabile et de la pituite constituait seule la cacochymie, qu'il ne confondait point avec les altérations du sang. Boerhaave comprenait sous ce nom tout changement quelconque dans la quantité d'une de nos humeurs, ce qui est une exagération formelle, puisque sa signification originelle indique une altération dans la nature chimique. Lorsque l'humorisme prédominait dans les doctrines médicales, on a admis autant de sortes de cacochymies que de sortes d'humeurs prédominantes et viciées. De là les *cacochymies pituiteuse, bilieuse, atrabilaire, sanguine, glutineuse, laiteuse, purulente, scorbutique*, etc., auxquelles on aurait pu joindre les cacochymies produites par les virus ou agents venimeux et toxiques qui se développent naturellement dans l'organisme ou y sont introduits, soit par inoculation, soit par imprégnation ou empoisonnement miasmatique ou par contact.

Cacochyme signifie *atteint de cacochymie*. On dit un tempérament cacochyme, un état cacochyme, un individu, un enfant, un vieillard cacochymes. Ce mot est considéré comme synonyme des termes *valétudinaire, maladif, infirme*.

CACODÉMON (en grec κακοδαίμων, de κακός, mauvais, et δαίμων, démon), mauvais génie, opposé à *Agathodémon Voyez*: DÉMON.

CACOPHONIE. Ce mot, dérivé du grec κακός, mauvais, et φωνή, son, exprime en grammaire la rencontre de lettres ou de syllabes qui par leur répétition, leur dissonance ou leur bizarrerie, forment un son désagréable à l'oreille.

La cacophonie qui vient de la rencontre de deux voyelles s'appelle *hiatus*. Les exemples en sont fréquents dans nos anciens poètes. Mais depuis Malherbe il n'est aucun poète, même parmi les plus médiocres, qui ne se soit fait une loi d'éviter une imperfection rigoureusement proscrite par les règles de la versification. Les prosateurs ne sont pas aussi scrupuleux, et l'on trouve fréquemment chez eux des négligences telles que celles-ci : il alla *à* Amiens ; fatigué *et* épuisé ; il *y* hiverna ; une voie d'eau *au* vaisseau ; il fut vaincu une fois. La cacophonie vient aussi de syllabes nasales trop multipliées et surtout trop rapprochées, comme dans ce vers de Voltaire, qui depuis a été un peu modifié :

Non, il n'est rien que Nanine n'honore.

On dit aujourd'hui que sa vertu n'honore, ce qui réduit à cinq les huit nasales. Il y a cacophonie par la fréquence et le voisinage des mots où domine la lettre r, comme dans ces vers de Lemierre :

Je pars, j'erre en ces rocs ou partout se hérisse,

et dans ceux-ci du grand Corneille :

Attale a l'esprit grand, le cœur grand, l'âme grande
Et toutes les grandeurs qui forment un grand roi.

Le quatrain suivant, spirituelle et mordante épigramme qui fut attribuée à Casimir Delavigne, est un véritable tour de force en fait de cacophonie :

Ou, ô Hugo, hucheras-tu ton nom?
Justice enfin que faite ne t'a-t-on !
Quand donc au corps qu'Académique on nomme
Grimperas-tu de roc en roc, rare homme?

En musique, cacophonie désigne l'union discordante de plusieurs instruments ou de plusieurs voix. Ce mot s'applique également à toute espèce de bruit provenant du mélange incohérent de différents sons; les réunions où tout le monde parle à la fois sont de véritables cacophonies.

CACTÉES ou **CACTACÉES**. Cette famille de plantes dicotylédones polypétales pérygines, qui porte encore les noms de *nopalées* et d'*opuntiacées*, ne formait autrefois que le seul genre *cactus*; mais les accroissements successifs de ce genre, les différences marquées que présentaient des plantes regardées jusque alors comme de simples espèces, ont décidé les botanistes à faire des *cactées* une famille, subdivisée depuis en deux tribus : les *cactées à fleurs tubuleuses*, et les *cactées à fleurs rotacées*. La première tribu se distingue par un périanthe prolongé en tube au-dessus de l'ovaire; elle renferme les genres *mamillaria*, *melocactus*, *echinocactus*, *echinopsis*, *cereus*, *phyllocactus*, *epiphyllum*, etc. Les cactées à fleurs rotacées ont le périanthe divisé immédiatement au-dessus de l'ovaire et se composent des genres *rhipsalis*, *opuntia*, etc.

Sauf une espèce, la plus vulgaire, l'*opuntia vulgaris* (voyez RAQUETTE), qui abonde dans les régions méditerranéennes, toutes les cactées vivantes sont originaires de l'Amérique, et principalement de ses régions intertropicales. Les formes de ces plantes sont généralement bizarres : arrondies comme des melons (*mamillaire*), allongées en colonnes cannelées ou prismatiques (*cierges*), aplaties en lames continues ou séparées en une suite de palettes épaisses (*raquettes*), elles sont ordinairement dépourvues de feuilles; car ces parties qu'on nomme vulgairement *feuilles*, dans les *plantes grasses*, ne sont autre chose que la tige. Quant aux feuilles, elles ne se montrent guère qu'à l'état rudimentaire, quoique leur place soit bien indiquée par autant de coussinets d'où partent les bourgeons, et qui portent souvent des touffes de poils et des épines plus ou moins développées. C'est là que se montrent les fleurs solitaires, quelquefois très-grandes et très-belles, avec des couleurs plus ou moins vives.

Plusieurs espèces de cactées sont d'une grande utilité : rappelons seulement que la cochenille vit sur quelques-unes et que les fruits connus sous le nom de *figues de Barbarie* proviennent de la raquette ordinaire. E. MERLIEUX.

CACTUS. Ce mot désignait autrefois un genre de plantes renfermant plus de deux cents espèces. Ce genre n'existe plus dans la science, et le mot *cactus* a été élevé à l'honneur de représenter désormais une famille qui a été instituée sous le noms de *cactées*.

CACUS, berger d'Italie qui déroba à Hercule une partie des bœufs que ce héros avait lui-même pris à Géryon lors de son expédition en Italie, et qui, pour tromper Hercule les fit entrer à reculons dans sa caverne. Mais le mugissement de ces animaux le trahit, et Hercule le tua dans un combat. Tite-Live rapporte fort au long cette antique tradition. Ovide et Virgile l'ont embellie du charme de la poésie. Ils font de Cacus un fils de Vulcain en même temps qu'un énorme géant, qui répandait la terreur dans toute la contrée. En reconnaissance de cette victoire, Évandre éleva un autel à Hercule.

CADALOUS (PIERRE), antipape. *Voyez* HONORIUS II.

CADALSO (Don JOSÉ DE), l'un des plus célèbres poètes de l'Espagne, né le 8 octobre 1741, à Cadix, descendait d'une noble, ancienne et riche famille de Biscaïe, et fut élevé à Paris, où il acquit une connaissance étendue des langues modernes, qu'il augmenta plus tard par des voyages en Angleterre, en France, en Allemagne, en Italie et en Portugal. En 1762 il entra au service, et se distingua tellement dans la guerre contre le Portugal, que le général en chef, le comte d'Aranda, le nomma son aide de camp. Mais le tumulte des camps ne put jamais lui faire oublier les sciences, et bien moins encore la poésie. Il utilisa les années qu'il passa en garnison avec son régiment à Saragosse, à Alcala de Henarez et à Salamanque, pour augmenter ses connaissances scientifiques et pour se lier avec les poëtes et avec les savants les plus célèbres. Jamais le mérite naissant et encore inconnu n'échappa à son attention et à sa bienveillance; et l'influence qu'il exerça ainsi sur deux jeunes hommes qui fuisaient concevoir de brillantes espérances, Jovellanos et Mellendez Valdès, ne contribua pas peu à la régénération de la littérature espagnole, opérée plus tard par ces écrivains. Chef d'escadron en 1777, il alla, en 1779, pendant la guerre qui éclata entre l'Espagne et l'Angleterre, rejoindre avec son régiment l'armée qui avait investi Gibraltar. C'est à ce siége, et peu de temps après avoir été promu au grade de colonel, qu'il fut tué, dans la nuit du 27 au 28 février 1783, par une grenade, à une batterie très-avancée.

Parmi les ouvrages qu'il a laissés, les plus connus sont : sa tragédie de *Sancho Garcia*, tout à fait composée encore dans le goût français, et qu'il fit d'abord paraître, en 1771, sous le pseudonyme de *Juan del Valle*; *Los Eruditos a la Violeta*, piquante satire en prose du savoir mal digéré (1772), et *Los Ocios de mi Juventud*; deux productions, qu'il publia d'abord sous le nom de J. Vasquez, de même que ses *Poesias* (1773), qui depuis ont eu de nombreuses éditions; enfin *Las Cartas Marruecas*, imitation peu heureuse, mais cependant assez remarquable pour l'époque, des *Lettres Persanes* de Montesquieu, et qui ne parut qu'après sa mort.

Ses différents ouvrages ont été réunis sous le titre de *Colleccion de Obras en prosa y en verso de don Jose Cadalso* (la meilleure édition est celle qu'en a donnée en 1818 [3 volumes, Madrid] don M. F. de Navarrete, avec une notice biographique sur l'auteur). Les poésies de Cadalso, ses odes anacréontiques surtout, lui ont assuré une place durable dans la littérature de son pays; en effet, dans ces chants empreints d'un doux enthousiasme, il est plein de grâce et d'aménité, et c'est à lui qu'appartient la gloire d'avoir de nouveau naturalisé sur le Parnasse espagnol ce genre négligé depuis Villegas. On trouvera dans la *Floresta de Rimas modernas castellanas* de Wolff un choix de ses poésies lyriques. L'ironie piquante, et cependant au fond toujours bienveillante, qui domine dans ses œuvres satiriques caractérise aussi en partie sa prose, qui sous le rapport du style sont du nombre des plus remarquables que la littérature espagnole moderne ait produits.

CADA-MOSTO ou **CA-DA-MOSTO** (ALOÏS ou LUIGI), navigateur célèbre par les découvertes qu'il fit sur la côte occidentale de l'Afrique, né à Venise, vers 1432. Il reçut une bonne éducation, et se destina au commerce. A cet effet, tout jeune encore il exécuta divers voyages dans la Méditerranée et la mer Atlantique. En 1454 il se rendit en Flandre, à bord d'un navire commandé par son compatriote Marco Zeno. Des vents contraires les retinrent devant le détroit de Gibraltar, et les obligèrent à relâcher au cap Saint-Vincent, où le prince Henri poursuivait ses études dans la retraite et s'occupait de recherches relatives à la détermination exacte du littoral Africain. Cada-Mosto, jeune et entreprenant, offrit ses services au prince, et obtint de lui le commandement d'un bâtiment de quatre-vingt-dix tonneaux. Il mit à la voile le 22 mars 1455, arriva au Sénégal, débarqua à la côte, et séjourna quelque temps chez le prince Damel, dont les États s'étendaient du Sénégal au cap Vert. Après avoir fait provision de poudre d'or et d'esclaves, il poursuivit sa route jusqu'au cap Vert; là, il se joignit à deux autres bâtiments envoyés en exploration par le prince, et tous trois parvinrent jusqu'à l'embouchure du fleuve Gambia, dont on leur avait vanté les richesses. Mais, ayant été attaqués par les naturels du pays, et leur équipage, épuisé de fatigue, se trouvant entièrement découragé, ils furent obligés de retourner en Portugal. En 1456 Cada-Mosto, en compagnie de deux autres vaisseaux, entreprit un second voyage au fleuve de la Gambie, et découvrit pendant le trajet un groupe d'îles qu'il appela *Iles du Cap-Vert*, en raison de leur proximité du cap Vert. A son entrée dans les eaux de la Gambie, il fut cette fois plus favorablement accueilli; mais l'échange de l'or ne répondit pas à son attente. Les trois vaisseaux, après s'être avancés jusqu'au Casamansa et au Rio-Grande, s'en retournèrent en Portugal. Cada-Mosto y demeura jusqu'à la mort du prince Henri, arrivée en 1463; et alors il s'en revint à Venise. La première édition de son Voyage, devenue très-rare aujourd'hui, est intitulée : *El libro de la Prima Navigazione per Oceano a le terre de nigri de la Bassa Ætiopia, per infanto don Henrico de Portogallo* (Plaisance, 1567). L'ouvrage est mal coordonné, la narration en est attrayante, et les descriptions en sont d'une grande clarté et d'une exactitude remarquable.

CADASTRE. Avant 1789 on donnait plus particulièrement le nom de *cadastre* au registre public qui servait à l'assiette des tailles dans les lieux où elles étaient réelles, comme en Provence, dans le Languedoc et dans le Dauphiné. Depuis cette époque ce mot a changé d'acception; ce n'est plus seulement un registre, mais bien un ensemble d'opérations qui comprend non-seulement l'arpentage, la désignation et l'estimation de chaque parcelle de propriété composant le territoire d'une commune, d'un canton ou d'un département, mais encore l'inscription sur des registres spéciaux du résultat de chacun de ces travaux. En d'autres termes, le mot *cadastre* ne saurait s'appliquer aujourd'hui à aucune opération particulière; c'est le nom générique du système en usage pour établir l'assiette et la répartition de l'impôt foncier.

Avant d'entrer dans le détail des opérations diverses que comprend le cadastre, nous allons dire quelles sont les révolutions que ce système a subies. Ce fut en 1790 que l'Assemblée constituante posa les bases de notre système actuel de contributions foncières, et ordonna l'arpentage ainsi que l'estimation de tout le sol du royaume. L'égalité dans l'assiette et dans la répartition de l'impôt territorial doit être le but de cette dernière prescription; les opérations cadastrales dont nous allons parler furent le moyen adopté pour parvenir à la réalisation de cette immense et utile entreprise. Ces opérations ont peu varié dans leurs détails d'exécution matérielle; mais il y a eu changement dans l'impulsion et la direction. Ainsi, avant l'année 1822 le gouvernement avait la disposition exclusive de cet instrument régularisateur; les agents des contributions directes agissaient d'après ses seules instructions, et les travaux ne pouvaient présenter que des fausses d'appréciation dont la fraction la plus minime devait comprendre au moins le revenu de tout un canton. La loi de finance du 31 juillet 1821 a déplacé le moteur; elle a fait sortir en quelque sorte le cadastre des mains de l'administration pour le remettre dans celles des communes; il n'opère aujourd'hui que dans le cercle de ces individualités politiques, et ne règle plus, comme autrefois, les rapports de plusieurs départements entre eux, ou bien ceux de tous les cantons d'un même arrondissement, mais seulement les rapports existant entre les propriétés et les contribuables de chaque commune prise isolément.

Nulle commune ne peut être cadastrée que deux ans après sa délimitation par un géomètre dont la nomination appartient au géomètre en chef du département, et doit être approuvée par le préfet. Dans l'année qui précède celle de l'arpentage, un autre géomètre procède à la triangulation. Cette seconde opération terminée, l'on fait les travaux d'arpentage et ceux que nécessite la levée du plan parcellaire, plan qui comprend non-seulement chaque parcelle ou portion de terrain présentant une même nature de culture et appartenant au même propriétaire, mais encore les rues, places, chemins, rivières, etc.

Dès que le plan parcellaire est terminé, le préfet, sur la proposition du directeur des contributions, autorise le maire à convoquer le conseil municipal et les plus fort imposés. Cette assemblée procède, sur la réquisition et en présence de l'inspecteur des contributions de l'arrondissement, à la nomination des *commissaires-classificateurs*, lesquels doivent être au nombre de cinq et choisis parmi les possesseurs des cultures principales ou prédominantes du territoire. Deux sont pris parmi les non-résidents ou forains, et les trois autres parmi les domiciliés. A ces classificateurs titulaires, on adjoint cinq classificateurs suppléants, dont trois doivent également habiter la commune, et les deux autres appartenir à une localité étrangère. Ces nominations faites, on procède, après un certain délai, à la division de chaque nature de culture en classes.

Cette classification du territoire d'une commune ne peut avoir lieu que lorsque, au préalable, le géomètre qui a levé le plan a communiqué à chaque propriétaire un bulletin indicatif de toutes les parcelles éparses sous son nom, et de la contenance de celles-ci en mesures métriques. Elle est également précédée, dans les départements où le conseil général en a réclamé l'emploi, ou quand le conseil municipal l'a spécialement demandée, de la nomination d'experts chargés de concourir, avec les contrôleurs des contributions, à toutes les parties du travail. Cette nomination est faite par le préfet, sur l'avis du directeur. Pendant le cours du classement, ces experts ont voix délibérative, et en cas de partage voix prépondérante. Ils assistent également à celles des délibérations du conseil municipal qui ont pour objet la formation du tarif des évaluations. Quand tous ces préliminaires ont été remplis, et lorsque le contrôleur a reçu le tableau indicatif des parcelles et des propriétaires, ainsi que le calque du plan cadastral, et copie du procès-verbal de la première réunion du conseil municipal, il se transporte dans la commune, et réunit les propriétaires classificateurs ainsi que l'expert, si le concours de ce dernier est autorisé, puis il procède avec eux tous : 1° à la reconnaissance générale du territoire et à sa classification; 2° au choix des *types*; 3° au classement de chaque parcelle; 4° à la formation du tarif des évaluations.

Choix des types. Quelques variétés que présentent les propriétés de même espèce, on ne peut diviser chaque nature de culture qu'en cinq classes au plus. Cette limite impose dès lors aux classificateurs la nécessité de ranger dans une même classe des parcelles qui n'ont pas un produit absolument égal. Afin d'établir d'une manière exacte les limites des différentes classes, et de faciliter le placement de chaque parcelle, ainsi que la vérification des réclamations soulevées par cette opération, on choisit pour chaque classe deux parcelles destinées à servir de *types*. La première est prise dans les meilleures propriétés de la classe, et forme le *type supérieur*; la seconde, choisie dans les fonds les plus mauvais de la même classe, forme le *type inférieur*. Ce choix une fois fait, les classificateurs établissent le revenu de chaque nature de culture et de chaque classe, en prenant pour base de leur estimation le terme moyen, par hectare, du produit net de parcelles prises pour *types*. Procès-verbal est ensuite dressé par le contrôleur de la classification arrêtée, des évaluations provisoirement adoptées, avec désignation des parcelles choisies pour types ou étalons, et indication pour chacune d'elles du numéro du plan, de la nature de culture, du climat ou lieu dit, de la classe et du nom du propriétaire.

Classement de chaque parcelle. Ce classement est immédiatement entrepris par trois classificateurs au moins, ou trois suppléants, qui, opérant successivement dans chaque section, distribuent chaque parcelle dans les classes précédemment arrêtées. A mesure qu'il arrive sur chaque parcelle, le contrôleur appelle les noms, prénoms et professions des propriétaires, et tient note par section de toutes les erreurs qui ont pu échapper aux géomètres.

Tarif des évaluations. Le classement terminé, les propriétaires classificateurs, aidés du contrôleur et de l'expert, établissent le revenu de chaque classe de propriété, en prenant pour base, ainsi que nous l'avons dit, le terme moyen, par hectare, du produit net de deux parcelles choisies pour *types*. Application est faite ensuite par eux de ce tarif sur un certain nombre de propriétés affermées ou dont le revenu est notoirement constaté ; puis, si cet examen fait découvrir des erreurs dans ce contrôle, les classificateurs et l'expert doivent s'assurer que les mêmes imperfections ne se sont pas reproduites sur les autres parties du territoire. Après avoir, s'il y a lieu, rectifié le classement, ils vérifient si le tarif par eux provisoirement arrêté ne doit pas être modifié sous le rapport des évaluations par nature de culture et par classe. Le tarif ainsi rectifié est appliqué une seconde fois aux propriétés choisies pour étalons ; puis, lorsqu'il est régularisé dans toutes ses parties, le contrôleur invite le maire à réunir le conseil municipal pour l'examiner et l'arrêter. Le procès-verbal de cette séance ainsi que le tarif sont ensuite envoyés au préfet, qui approuve ou modifie ce tarif après avoir entendu le directeur des contributions et pris l'avis du conseil de préfecture. En cas de modifications, le tarif est envoyé au conseil municipal pour recevoir ses observations ; et ce n'est que lorsqu'elles ont été entendues que le préfet l'arrête d'une manière définitive, et le transmet au directeur des contributions, pour que ce dernier en fasse l'application au classement de chaque parcelle.

Le travail du cadastre est définitif; une fois terminé, il n'y a plus de réclamations possibles pour erreurs dans la contenance ou le revenu net imposable de chaque propriété, après les six premiers mois de la mise en recouvrement des premiers rôles dressés par suite de ces opérations. Ce délai est de rigueur; les six mois écoulés, toute demande en rectification est rejetée. Ce n'est que dans quelques circonstances extrêmement rares que le ministre des finances, sur la demande qui lui est directement adressée, relève de cette déchéance. Mais telle est à cet égard sa réserve, que sur cent pétitions de ce genre dix à peine sont admises. L'autorité locale ne néglige rien, au reste, pour mettre les contribuables lésés à même de profiter du délai que la loi accorde à leurs réclamations. Ainsi, au 1er juin de l'année qui suit l'achèvement des opérations cadastrales, le directeur des contributions invite les maires de chaque commune assemblée à prévenir leurs administrés qu'ils n'ont plus qu'un mois pour présenter leurs griefs. Le 1er juillet arrivé, le contrôleur fait l'envoi de toutes les réclamations au directeur, qui les transmet à l'inspecteur avec ordre de procéder à leur vérification. Ce dernier adresse alors au maire un état nominatif des réclamants, lui donne avis de sa venue, et l'invite à réunir les classificateurs pour le jour et l'heure qu'il désigne. Le maire, de son côté, avertit les pétitionnaires d'assister à la vérification ou de s'y faire représenter par des fondés de pouvoir. En principe, on ne peut réclamer contre le classement d'une parcelle cadastrée que par comparaison avec les types ou étalons choisis pour chaque classe; aussi la vérification en cas de réclamation se fait-elle toujours sur le terrain. Une fois qu'elle est terminée, l'inspecteur rédige procès-verbal de l'opération et du dire des classificateurs. Dans le cas où le réclamant n'adhère point à l'avis de ces derniers, il peut dans les vingt jours qui suivent requérir une contre-expertise, laquelle est faite alors par deux experts nommés, l'un par lui et l'autre par le sous-préfet de l'arrondissement agissant au nom de la commune. Procès-verbal est dressé par l'inspecteur de cette opération nouvelle; puis toutes les pièces qui la constatent ou qui s'y rattachent sont renvoyées au conseil de préfecture; ce conseil doit statuer dans les dix jours de la réception de ces documents. Tous les frais sont supportés par la commune, si la réclamation est reconnue fondée; dans le cas contraire, ils tombent à la charge du réclamant.

Ce sont les conseils généraux de département qui prononcent seuls aujourd'hui sur l'opportunité des opérations cadastrales dans les communes de leur ressort ; à eux seuls appartient le vote des fonds nécessaires. Ce vote est toutefois limité; il ne peut excéder 3 centimes par franc du principal de la contribution foncière payée par le département. Indépendamment de ces ressources locales, les chambres votent annuellement un fonds commun destiné à être distribué entre les départements proportionnellement aux fonds votés pour le cadastre par les conseils généraux de chacun d'eux.

Malgré les sacrifices faits par le gouvernement depuis l'origine du système cadastral actuel, la surface du territoire est loin d'être entièrement cadastrée. Les lacunes ne comprennent pas toutefois des départements entiers. Il n'en est pas un qui ne compte un ou plusieurs arrondissements cadastrés; quelques uns même le sont complètement. C'est à cette existence de cantons soumis au cadastre à côté de localités vierges encore de toute triangulation qu'il faut surtout attribuer la différence que présentent l'assiette et la quotité de l'impôt dans un grand nombre de communes. Il est tel canton où les propriétaires ne payent que huit pour cent de leur revenu net, tandis que dans d'autres on rend de par le fisc deux et trois fois autant. Quelques intérêts privés peuvent trouver leur profit à retarder le moment où le cadastre aura mesuré et classé tout le sol de la France ; mais la masse des propriétaires fonciers, qui se compose aux neuf dixièmes de contribuables à fort petites cotes, a le plus grand intérêt à voir ce travail achevé. Il est à souhaiter que les opérations cadastrales prennent une activité nouvelle, et qu'elles dotent bientôt la France territoriale d'une égalité qu'elle poursuit depuis longtemps, l'égalité fiscale.
Achille DE VAULABELLE,
ancien ministre de l'Instruction publique.

CADAVAL (Nunho-Caetano-Alvarès-Pereira de Mello, duc de), président de la chambre des pairs de Portugal en 1826, premier ministre de dom Miguel, descendant d'une ancienne famille de la haute noblesse portugaise qui forme la branche cadette de la maison de Bragance, était né le 9 avril 1799. Il était très-jeune encore lorsqu'il fut appelé à faire partie du conseil de régence créé par décret du roi Jean VI, en date du 6 mars 1826, sous l'autorité de l'infante Isabelle-Marie, troisième fille de ce monarque. Dom Pedro, successeur de Jean VI, ayant alors, en sa qualité d'empereur constitutionnel du Brésil, octroyé la charte du 23 avril 1826, le duc de Cadaval fut nommé membre héréditaire et président de la chambre des pairs; et lorsque ce prince abdiqua la couronne de Portugal en faveur de sa fille dona Maria, encore mineure, le duc de Cadaval, comme les autres membres de la régence, prêta serment à la charte et fut nommé par la régente, le 31 octobre 1826, conseiller d'État à vie.

Dans la lutte qui ne tarda pas à se déclarer entre les partisans de la constitution et les absolutistes groupés autour de la reine douairière, le duc de Cadaval, que les deux partis se disputaient avec le même empressement, à cause de l'influence que son nom devait exercer sur la noblesse, flotta longtemps irrésolu; puis il finit par pencher pour les absolutistes, sans toutefois se départir encore de son rôle neutre et passif. Quelques pairs et bon nombre de députés songèrent même un instant à placer sur sa tête la couronne de Portugal; mais une pareille perspective fut impuissante à lui inspirer une plus grande énergie. Dom Pedro ayant nommé, le 2 juillet 1827, son frère dom Miguel régent, le parti apostolique et absolutiste devint plus hardi que jamais. Alors, cédant aux instances des constitutionnels, le duc de Cadaval proposa bien aux cortès de 1828 la création d'une commission chargée d'examiner les atteintes portées à la constitution; mais cette proposition n'eut pas de suite, et à partir de ce moment il se rapprocha visiblement des partisans de la reine douairière. Aussi ce fut d'accord avec cette princesse que dom Miguel, à son arrivée à Lisbonne, le 22 février 1828, l'appela à la présidence du conseil. Dès lors le duc de Cadaval se jeta dans les bras du parti apostolique, s'abandonnant complètement à la direction d'un prêtre fanatique, le P. José-Agostinho Macedo, et ne rougit pas de déclarer au nouveau régent, qui en cette qualité avait dû jurer respect et obéissance à la constitution de dom Pedro, que ce serment ne l'engageait à rien, attendu qu'il ne l'avait pas prêté sur l'Évangile. Désormais il devint l'âme de toutes les intrigues mises en jeu contre la constitution. On réunit à cet effet une prétendue assemblée des trois ordres, qui conféra au duc de Cadaval les fonctions de connétable du royaume et proclama dom Miguel souverain absolu de la monarchie portugaise. Les complications nouvelles qu'engendra cette révolution trouvèrent encore une fois Cadaval irrésolu et incertain, et lors de la terreur organisée par dom Miguel il perdit toute influence sur ce prince. Plus tard, cependant, il revint en crédit auprès de lui; et lors de la lutte qui s'établit en 1833 entre les deux frères, dom Pedro et dom Miguel, il fit tout, d'accord avec le féroce Tellez Jordão, pour résister aux constitutionnels, qui s'avançaient des Algarves contre la capitale. Tellez Jordão ayant été complètement mis en déroute le 22 juillet 1833, Cadaval fut obligé de se sauver de Lisbonne. Il alla plus tard résider à Paris, et y mourut au commencement de 1837, assez généralement méprisé.

CADAVRE (du latin *cadaver*). On entend généralement par ce mot un corps, un être organisé, même un végétal, privé de vie; mais cette expression s'applique surtout au corps humain.

Le cadavre, n'étant plus soumis aux lois de la vie, rentre, vis-à-vis des forces physiques et chimiques, dans le cas des corps inorganiques; ses éléments se dissolvent, la mollesse des tissus augmente et les fluides s'altèrent de plus en plus. La putréfaction, qui atteint d'abord les parties molles du corps humain, se développe à diverses époques plus ou moins rapprochées du moment de la mort, suivant une foule de circonstances qui dépendent de la température de l'atmosphère, de son humidité ou de sa sécheresse, du genre de mort, de l'âge, du sexe, de la constitution du sujet, et des moyens qu'on emploie pour le conserver.

On peut jusqu'à un certain point préserver le cadavre de la décomposition par une dessication rapide, déterminée par une grande chaleur sèche, par l'action de substances poreuses qui absorbent l'humidité, par l'action chimique de diverses substances capables de se combiner avec les tissus (*voyez* EMBAUMEMENT), et enfin par la coagulation permanente des fluides, comme on l'a observé dans des montagnes de glace situées près du pôle.

Avant de tomber sous l'influence immédiate et entière de la décomposition, le cadavre présente, quelquefois dans une étendue de temps assez longue, la même composition, le même arrangement qu'un corps vivant, ce qui permet à l'anatomiste de s'éclairer sur l'organisation et la structure intime de l'homme, par l'inspection et l'étude des cadavres. Mais il y a nécessairement entre un corps placé sous l'influence de la vie et un autre qui est abandonné à l'action décomposante des causes physiques, des différences notables que nous devons rapidement signaler. Le cadavre est froid: cette froideur, qui n'a pas lieu chez le vivant, où la circulation et l'action nerveuse entretiennent dans le corps une température à peu près constante, et presque toujours supérieure dans nos climats à la température des milieux qui nous environnent, existe nécessairement lorsque par suite de la mort la chaleur contenue dans le corps s'en exhale pour se mettre en équilibre avec celle des objets environnants. De plus, le cadavre obéit à cette loi commune, l'inertie, qui régit les corps inorganiques. Parfois, cependant, l'électricité et les irritations mécaniques produisent des mouvements dans le cadavre. Tout le monde connaît les expériences fortuites de Galvani sur des muscles de grenouille mis à découvert; mais il est évident que ces mouvements dépendent d'une impulsion étrangère, et non d'une contraction semblable à celle qui s'exerce sur le vivant.

Le cadavre présente en outre un état de mollesse et de flaccidité qui lui est propre: le relâchement général des solides après la mort en est la cause. Les muscles n'ont plus cette fermeté dont ils sont doués pendant la vie, même en l'absence de toute contraction; d'autres fois, au contraire, la contraction est telle qu'on pourrait lever le cadavre tout d'une pièce en le tenant par une seule de ses extrémités. Cette roideur se remarque peu à la suite de maladies longues et épuisantes, mais chez les sujets peu avancés en âge et enlevés par une mort brusque et prématurée. Du reste la *roideur cadavérique* cesse généralement vingt-quatre heures après la mort.

Les fluides aussi nous présentent dans le cadavre divers phénomènes, soit qu'ils s'accumulent de préférence dans certaines parties sous l'influence des pressions atmosphériques, soit qu'ils se coagulent dans d'autres en l'absence de tout mouvement, soit qu'ils s'altèrent en passant de la teinte noire à une sorte de sanie brunâtre, qu'ils s'évaporent en diminuant le poids total du corps, soit enfin que le commencement de leur décomposition se trouve indiqué par la présence de gaz dont les propriétés délétères ne sont plus balancées comme chez le vivant.

A quelques exceptions près, qui sont l'absence de roideur et l'absence d'un enduit muqueux recouvrant les yeux, la décomposition du fœtus après la mort ne diffère pas sensiblement de celle des corps ordinaires.

Sous le point de vue scientifique le cadavre a des usages importants: on l'ouvre pour étudier les organes qu'il renfermait dans l'état de santé, mais aussi pour reconnaître la disposition des parties dans l'état de maladie. En pratique encore l'ouverture des cadavres dans quelques cas de médecine légale, pour déterminer les causes de la mort.

CADDÉE (Ligue) ou LIGUE DE LA MAISON DE DIEU. *Voyez* GRISONS.

CADE. Nom vulgaire du genévrier dans le midi de la France. On donne le nom d'*huile de cade*, dans le commerce, à deux huiles différentes: l'une est tirée de ce même arbuste, l'autre est la partie la plus fluide de l'huile qui se dégage du bois de pin dans l'opération pratiquée pour le convertir en charbon.

CADELLE, nom que l'on donne dans le midi de la France à une larve du *trogosite bleu*, qui attaque le blé dans les greniers, et en dévore la substance farineuse; on l'appelle encore autrement *chevrette brune*.

CADENAS (de *catena*, chaîne). Ces petites serrures portatives qui se voient partout sont ainsi appelées sans doute de la petite chaîne qui a pu tenir lieu de ce que nous appelons l'*anse* ou l'*anneau* du cadenas. Le mécanisme d'un cadenas ordinaire ne diffère presque en rien de celui des serrures fixes : c'est une clef qui fait marcher un pêne; celui-ci, au lieu d'entrer dans une gâche, passe dans l'ouverture pratiquée à l'extrémité de l'anse, laquelle se meut en charnière par l'autre bout. Il y a des cadenas plus ou moins compliqués, plus ou moins riches, de diverses formes et dimensions.

Les *cadenas à combinaisons* offrent la commodité de pouvoir s'ouvrir ou se fermer sans qu'il soit besoin d'avoir une clef; et il est impossible, du moins très-peu probable, qu'un voleur parvienne à les ouvrir quand ils sont faits avec soin. Voici une idée de leur composition : Sur une pièce de métal est fixée une petite règle, également métallique, sur laquelle sont taillés quatre crans; cette règle entre dans l'axe d'un cylindre, formé d'un certain nombre de rondelles retenues en place tout en tournant librement sur elles-mêmes, au moyen d'une disposition qu'il n'est pas difficile de concevoir. Ces rondelles, qui ont la grandeur d'une grosse pièce de deux sous, sont percées à leur centre d'un trou circulaire d'un diamètre plus petit que la largeur de la règle; cependant, celle-ci enfile aisément toutes les rondelles, parce qu'on pratique une entaille sur le côté du trou percé à leur centre; on conçoit qu'il est nécessaire que les rondelles soient disposées de telle sorte que les quatre entailles se trouvent sur la même ligne. Quand la règle a traversé les quatre rondelles, il suffit, pour l'empêcher de sortir, de faire tourner une de celles-ci d'une quantité quelconque; le cran que porte son ouverture s'écarte de la ligne qu'il formait avec les autres, et la rondelle accroche la règle par celle de ses entailles qui répond à son épaisseur; dans cette disposition, le cadenas est fermé; pour l'ouvrir, il faut rétablir les rondelles dans la position où leurs crans se trouvent de nouveau sur la même ligne; ce qui est facile, si l'on a eu la précaution de faire une marque sur la circonférence de chaque rondelle. Quand la règle est entrée dans les rondelles, une cheville, portée par une pièce qui fait un tout avec le système des rondelles, s'introduit par son extrémité dans une ouverture pratiquée au bout de la pièce à laquelle est fixée la règle, et le cadenas est entièrement fermé. Tel est le cadenas à combinaisons dans toute sa simplicité. Supposez maintenant qu'au lieu de faire une seule marque sur chaque rondelle, on y ait gravé les 24 lettres de l'alphabet, par exemple, en les espaçant également entre elles sur chaque rondelle; il est évident que si le cadenas a quatre rondelles et s'ouvre quand quatre lettres (une de chaque rondelle) forment un certain mot, il ne s'ouvrira plus dans toute autre combinaison de lettres prises quatre à quatre, tellement que le voleur qui se flatterait de l'ouvrir à coup sûr s'exposerait à effectuer toutes les combinaisons dont 24 lettres groupées quatre à quatre sont susceptibles. Or, 24 choses disposées quatre à quatre de toutes les manières possibles produisent 331,776 **combinaisons**. On multiplie les difficultés pour ouvrir le cadenas, soit en augmentant le nombre des rondelles, soit en écrivant sur leur contour un plus grand nombre de signes.

Le cadenas à combinaisons *perfectionné* se compose de rondelles formées d'un anneau divisé intérieurement en autant de crans qu'il porte de lettres ou de chiffres sur son contour extérieur. Son ouverture est remplie par un autre anneau, dont la circonférence porte une dent saillante qui entre exactement dans les crans du grand anneau, ce qui permet de donner au petit anneau, autant de positions différentes relativement à un des points de la circonférence du grand, qu'il y a de lettres sur ce dernier; enfin, le centre du petit anneau est percé de la même manière que les rondelles simples dont il a été parlé plus haut. Au moyen de ce système, on peut changer à volonté la combinaison qui indique la position des rondelles où le cadenas s'ouvre : ainsi donc, si on soupçonne un domestique d'avoir saisi le secret du cadenas, il suffit d'un instant pour le dérouter, ces cadenas étant construits de façon qu'on puisse les démonter avec facilité et en peu de temps. TEYSSÈDRE.

CADENCE. Ce mot a deux significations en musique : la première est conforme à son étymologie (*cadere*, tomber). Dans ce sens, on nomme *cadences* les terminaisons ou repos qui divisent les phrases harmoniques. La cadence est exactement l'équivalent de la ponctuation grammaticale; elle peut terminer la proposition musicale : alors elle répond à l'effet du point et est appelée *cadence parfaite*; elle peut aussi n'être qu'un repos momentané, incomplet, tel que le point et virgule : alors elle est désignée par les noms de *cadence rompue* et *demi-cadence*, selon la manière dont elle est employée. La *cadence parfaite* procède de la dominante à la tonique par un accord parfait ou de septième; dans ce cas la basse descend de quinte ou monte de quarte sur l'accord parfait de la tonique. Il y a une autre espèce de *cadence parfaite*, appelée *plagale*, qui a lieu lorsqu'on passe de l'accord parfait de la sous-dominante, ou quatrième note du ton, à l'accord parfait de la tonique. Cette cadence a été souvent employée dans la musique d'église. La *demi-cadence* est le repos sur l'accord parfait de la dominante. La *cadence rompue* a lieu lorsque le sens d'une phrase fait pressentir une *cadence parfaite*, que le compositeur évite. Les cadences sont ordinairement précédées de plusieurs accords, qu'on pourrait subdiviser en autant de cadences. Il est essentiel de ne pas être étranger aux premiers principes de l'harmonie pour bien comprendre l'emploi des cadences; ceux qui se sont déjà occupés de cette partie de l'art en trouveront un exposé clair et méthodique dans les traités de Catel et de Reicha.

On divisait autrefois la cadence en une foule d'espèces, dont les noms sont aujourd'hui hors d'usage; cependant, comme il peut être utile de les connaître, pour l'intelligence des anciens auteurs, nous expliquerons les dénominations les plus usitées : 1° *cadence détournée, interrompue* ou *évitée* : on désignait par ces noms la cadence appelée maintenant *cadence rompue*; 2° *cadence étrangère* : celle qui avait lieu sur une autre finale que celle du mode; 3° *cadence trompeuse* : lorsque après un accord de dominante tonique on plaçait une pause au lieu de l'accord de tonique, on faisait une *cadence trompeuse*; 4° *cadence médiante* : on appelait ainsi le repos sur la tierce ou médiante du ton; 5° *cadence simple*, celle où toutes les différentes parties étaient composées de notes de la même valeur. Tous ces termes sont abandonnés aujourd'hui, ou pris dans une acception différente.

La seconde signification du mot *cadence* s'applique à une succession rapide et alternative de deux notes avec la voix ou sur les instruments, appelée en italien *trillo*. La cadence était depuis longtemps en usage sur les instruments, lorsque Lucas Conforti, de Milet, célèbre chanteur de la chapelle pontificale, en 1591, imagina le premier de la pratiquer avec la voix. On a lieu de croire cependant que les anciens ont employé la cadence en chantant; c'est du moins dans ce sens qu'on peut interpréter le passage suivant de V. Flaccus : *Vibrisse est vocem in cantando crispare*. La cadence était indiquée dès le commencement du seizième siècle par la lettre *t*, abréviation de *tremolo* ou *tremblement*. L'emploi multiplié des cadences ou trilles dans la musique a été à diverses époques une preuve de mauvais goût. C'est au reste un défaut qu'on peut reprocher à certains compositeurs de l'école moderne, qui pour faire briller le talent des chanteurs ont étrangement abusé de cet effet. La perfection dans l'exécution des cadences est une qualité rare et difficile à acquérir. Les diverses manières dont on peut les combiner ont donné lieu à des passages d'une difficulté extraordinaire sur les instruments. On a nommé entre autres *cadence du diable* un *trille* pour le violon, imaginé, dit-on, par Tartini, et qui se pratiquait en battant avec le petit doigt sur une note tenue de l'annulaire, pendant que les deux premiers doigts exécutaient plusieurs notes sur les cordes voisines.

Le terme italien *cadenza* a encore une signification toute différente, dont on trouvera l'explication au mot ORGUE (Point d').   F. DANJOU.

Les règles de composition, de jugement et d'appréciation, relativement à la *cadence*, sont les mêmes en littérature qu'en musique : dans l'une et dans l'autre, leur observation dépend de la justesse de l'oreille, sans laquelle on n'est ni musicien, ni orateur, ni poète. S'il n'est pas prouvé que tout musicien peut être un bon poète, du moins paraît-il incontestable que les poètes réellement dignes de ce nom possèdent à un haut degré l'une des qualités essentielles qui constituent le bon musicien. A ces deux branches des arts libéraux, la *musique* et la *poésie*, vient s'en joindre une troisième, qui emprunte aussi de l'observation de la cadence l'un de ses principaux mérites : c'est la *danse*; ou plutôt, il n'existe pas de danse sans cadence, comme il n'y a sans elle ni musique ni véritable poésie.

Ce terme, qui exprime le *retour du son à des temps égaux et marqués*, s'applique aussi au besoin d'ensemble et d'unité dans l'emploi de toutes les forces : ainsi des régiments entiers marchent en cadence au son du tambour ou des instruments de guerre, frappant alternativement la terre du pied droit et du pied gauche, avec un ensemble également appréciable à l'œil et à l'oreille ; ainsi, les rameurs frappent la lame à temps égaux et uniformes pour la diviser et ouvrir le passage au bateau ; ainsi, les forgerons sont obligés de battre le fer en cadence pour régler leurs coups, ne rien perdre de leurs forces, et ne pas se gêner réciproquement lorsque plusieurs marteaux frappent à la fois; enfin, en termes d'équitation, on dit qu'un cheval qui marche, trotte ou galoppe, est *cadencé*, quand ses temps sont assez purs, assez égaux, pour laisser distinguer aisément le mouvement de chaque jambe, et quand celles-ci restent un moment comme suspendues en l'air. Pour obtenir et conserver cette brillante régularité, il faut que le cavalier, à l'aide de l'assiette, sente bien le mouvement des jambes et la disposition du corps de son cheval ; il faut de plus qu'il soit toujours prêt à rétablir cette harmonie, si quelque faux mouvement la dérange.

Pour revenir au point de vue littéraire, nous dirons que tous les bons auteurs se sont accordés à donner au mot *cadence* une extension plus grande que celle à laquelle son étymologie semblait d'abord vouloir le restreindre, et qu'ils ne l'entendent pas seulement de la *chute* ou de la terminaison d'une phrase, d'un vers ou d'une période, mais encore de l'économie de toutes leurs parties, de l'arrangement des mots, qui ramène les longues et les brèves à de certaines distances, ainsi que du tour, du nombre de la période, et de l'agencement des phrases qui la composent. La poésie, qui dans les temps anciens fut regardée comme le langage des dieux, semble avoir eu d'abord le privilège exclusif de la cadence. Isocrate, dit-on, fut le premier qui reconnut et fit admettre comme règle qu'on devait garder la mesure et la cadence même dans la prose. Cicéron veut aussi que la prose, sans être mesurée comme les vers, soit cependant *nombreuse* et satisfasse l'oreille : *superbissimum aurium judicium*. On trouvera dans les œuvres de ce grand orateur l'application de ces principes, dont Buffon, dans la prose, et Racine, dans les vers, n'ont poussé chez nous l'observation à un haut degré de perfection. C'est aussi dans ce sens général que Boileau entendait le mot cadence, quand il disait dans son *Art poétique* :

Ayez pour la *cadence* une oreille sévère.

Et plus loin,

Enfin Malherbe vint, et le premier en France
Fit sentir dans les vers une juste *cadence*.

Balzac, l'ancien, dit, de son côté : « Est-il possible que nous travaillions à la structure et à la *cadence* d'une période comme s'il y allait de notre vie » ? Et Saint-Evremont : « C'est un vice du discours de trop faire sentir la cadence mesurée des périodes. » Et Rapin : « Une cadence trop harmonieuse et trop régulière finit par *ennuyer* l'auditeur ou le lecteur. » Du reste, cet art n'a point de règles précises : c'est l'instinct, l'inspiration, la réflexion, le goût, la justesse et la délicatesse de l'oreille, qui, plus que les veilles et l'étude, apprennent à combiner des sons appropriés à la nature des idées que l'on veut rendre; et tous les traités du monde ne sauraient faire en cela pour personne ce que la nature avare ou prodigue refuse si impitoyablement aux uns ou accorde avec tant de facilité à d'autres. Ce serait nous écarter de notre sujet que d'entrer ici dans des détails, qu'on trouve partout, sur la structure et la cadence des vers grecs et latins. Les exemples d'Homère et de Virgile valent mieux à cet égard que les meilleurs préceptes.   E. HÉREAU.

CADENETTE, nom d'une espèce de natte ou de chevelure militaire, qui a précédé le *crapaud*. Le mot *cadenette* vient du latin *catena* (chaîne), dont les Espagnols ont fait *cadena* dont il est un diminutif; cependant Ménage veut qu'il ait été pris du nom de *Cadenet* (le maréchal), qui en avait amené la mode. Le règlement du 25 avril 1767 donna à l'infanterie la *cadenette* à l'instar des Prussiens ; c'était une tresse partant du milieu du crâne et se retroussant sous le chapeau ; la cavalerie portait la *queue*. Les grenadiers et surtout les hussards ont longtemps conservé la *cadenette*, même après l'introduction et l'usage plus général du *catogan* et de la *queue*.   Gal BARDIN.

CADET DE GASSICOURT, famille de pharmaciens qui s'est perpétuée jusqu'à nos jours, et qui a illustré son art par d'importantes recherches.

CADET DE GASSICOURT (LOUIS-CLAUDE), pharmacien et chirurgien de mérite, né à Paris, le 24 juillet 1731, était neveu de Vallot, médecin de Louis XIV. Il commença ses premières armes par la direction de la pharmacie à l'hôtel des Invalides ; en 1757 il fut nommé, comme on disait alors, *apothicaire* des armées d'Allemagne et de Portugal; neuf ans plus tard l'Académie des Sciences le recevait dans son sein. Il paraît que de son temps, comme de nos jours, le génie de la fraude exploitait sur une large échelle les diverses relations commerciales, et plus particulièrement le commerce des denrées, car le gouvernement le chargea de constater les falsifications pratiquées sur le vin, les vinaigres et autres substances alimentaires.

Cadet de Gassicourt dirigea avec beaucoup d'habileté les travaux chimiques de la manufacture de Sèvres. Fourcroy et Jean Darcet furent ses collaborateurs ; il prit part aux belles observations chimiques faites sur le diamant par Macquer et Lavoisier. On sait que depuis ces recherches le diamant n'est plus considéré comme un corps composé, mais bien comme un corps simple, comme du carbone cristallisé.

Cadet de Gassicourt mourut en 1799. On a de lui : *Analyse chimique des eaux minérales de Passy* (Paris, 1755, in-8°); *Mémoire sur la terre folite de tartre* (Paris, 1764, in-8°); *Catalogue des remèdes de Cadet, apothicaire* (Paris, 1765, in-8°), ouvrage qui a servi de base au *Formulaire magistral*, publié par son fils, etc.

CADET DE GASSICOURT (CHARLES-LOUIS), fils du précédent, né à Paris, le 23 janvier 1769, fut à la fois un savant distingué, un écrivain élégant et un administrateur habile. Sa pharmacie était devenue l'un des premiers établissements de la capitale. Son père fit d'abord de lui un avocat ; mais il abandonna bientôt la toge pour se livrer à l'étude de la chimie et de la pharmacie. Dans cette nouvelle carrière il n'oublia pas entièrement sa première profession ; car il n'était pas dans sa nature de s'enfermer dans le laboratoire ou dans le silence du cabinet, il lui fallait une vie de lutte et d'action : aussi le voyons-nous, avant et après la Restauration, se mêler à toutes les questions d'intérêt général. Le 13 vendémiaire an IV il présidait la section du Mont-Blanc, qui marcha contre la Convention ; il fut condamné à mort ; heureusement ce jugement fut annulé.

En 1809 Gassicourt était pharmacien de la maison de l'empereur ; il le suivit pendant la campagne de Wagram ; et, à Schœnbrun, Napoléon le nomma chevalier de l'empire. On lui doit un *Voyage en Autriche, en Moravie et en Bavière*, où se trouvent consignées des anecdotes recueillies sur cette campagne. Malte-Brun, qui en rendit compte dans le *Journal des Débats*, critiqua très-vivement cette production, empreinte d'un esprit de libéralisme que ses patrons n'avaient point encore embrassé, et termina son article en s'étonnant qu'un homme qui par position n'avait jamais pu voir que *les derrières* de l'armée se mêlât de parler tactique. Ce calembour *ad hominem* valut au trop hardi critique une paire de soufflets appliqués devant témoins. Cadet de Gassicourt s'occupait autant de politique que de science ; et on cite de lui une repartie qui n'est pas sans originalité. Figurant comme témoin à décharge dans un procès dirigé contre la *Société des Amis de la Presse*, il répondit, lorsqu'il fut interrogé sur son organisation : « Celui qui nous faisait les honneurs de la soirée n'était pas plus président élu que le roi de l'Épiphanie n'est un roi légitime. »

Cadet de Gassicourt contribua beaucoup à la formation du conseil de salubrité de la ville de Paris, aux travaux duquel il participa pendant dix-neuf ans avec un zèle infatigable. Ses écrits sont aussi nombreux que variés. Nous ne citerons que les plus importants : *Observations sur les peines infamantes ; Le Tombeau de Jacques Molay, ou Histoire secrète des Templiers, francs-maçons, illuminés ; Le Souper de Molière*, comédie ; *Cours gastronomique ; Chimie domestique ; Dictionnaire de Chimie*. Il mourut le 21 novembre 1821.
Jules GARNIER.

CADET DE VAUX (ANTOINE-ALEXIS), savant distingué et écrivain utile, naquit à Paris, en 1743. Il était frère du pharmacien Louis-Claude Cadet de Gassicourt. Censeur royal avant la révolution, il ne montra point dans ces fonctions la rigidité qu'affectaient quelques-uns de ses collègues. Il eut l'heureuse idée de créer le *Journal de Paris*, aujourd'hui éteint, mais qui a eu tant de succès et dont il commença la fortune en y attachant Suard et plusieurs littérateurs alors en vogue, si bien qu'en 1777 il obtint du garde des sceaux le privilége de cette publication. Lié avec Parmentier et Duhamel, il publia successivement un grand nombre d'ouvrages remarquables sur l'agriculture, la chimie, l'économie rurale et la salubrité. Sous ce dernier rapport, la capitale lui dut plus d'un service important : ce fut lui qui éclaira le gouvernement sur le danger d'un foyer permanent d'infection placé dans le quartier le plus populeux, et qui obtint, sous le règne de Louis XVI, d'abord la clôture du cimetière des Innocents, puis l'exhumation et le transport aux catacombes des cadavres et des débris humains qui s'y trouvaient amoncelés, ainsi que l'assainissement de ce vaste local, approprié depuis à d'autres usages. Il indiqua pour purifier les fosses d'aisance des moyens généraux que Darcet devait un jour perfectionner. Plus tard, en 1795, en publiant des observations sur le danger de renfermer le lait dans des vases de cuivre et de revêtir le plomb les comptoirs des marchands de vin, il éveilla l'attention publique sur ces deux sources de funestes maladies. Il créa une *École de Boulangerie*, dans laquelle il professa gratuitement cet art, proposa le premier l'établissement de *comices agricoles*, fit paraître des mémoires sur le blanchiment à la vapeur, l'emploi de la gélatine des os, le parti qu'on pourrait tirer de la pomme de terre pour la panification, et le danger qu'il y avait de diminuer les eaux en détruisant les forêts etc. etc.

Cadet de Vaux, nommé par le lieutenant général de police Lenoir inspecteur général de la salubrité de Paris, remplit diverses fonctions publiques dans le cours de la Révolution. Dans tous ces emplois il montra de la justice et de la modération. On eut cependant à lui reprocher une fâcheuse déviation de ses principes, un grave écart de sa philanthropie habituelle, lorsqu'à l'occasion du complot de la machine infernale du 3 nivôse il demanda, par une lettre insérée dans les journaux, pour les attentats contre la vie du premier consul le rétablissement du supplice de la roue et de l'écartèlement. Bonaparte, il est vrai, l'avait nommé l'année précédente directeur de l'hospice du Val-de-Grâce, mais c'était pousser un peu trop loin le sentiment de la reconnaissance !

Membre de l'Institut, il se retira, dans ses dernières années, d'abord à Franconville, dans la vallée de Montmorency, où il possédait une jolie maison de campagne, qu'il vendit, puis à Argenteuil, où, propriétaire de vignes, il imagina des procédés pour donner à leurs produits une qualité presque égale à celle des vins de Bourgogne. On prétendit, il est vrai, que sa recette exigeait l'emploi de substances qui porteraient le prix du vin amélioré au même taux que celui du nectar bourguignon, ce qui diminuait les avantages de la découverte. Cadet de Vaux est mort en 1828, chez son fils , à Nogent-les-Vierges, près de Creil, âgé de quatre-vingt-cinq ans.
OURRY.

CADÈTES et **CALÈTES**, deux peuples des Gaules, que l'on a quelquefois confondus, et dont il est parlé dans les *Commentaires de César*, dans *Ptolémée*, dans *Strabon*, et qui paraissent avoir habité, les premiers l'emplacement actuel du diocèse de Bayeux, les seconds le pays de Caux.

CADETS, terme de relation, qui s'emploie généralement pour désigner les enfants d'une famille qui viennent après l'*aîné* ou le premier né : *natu minor, junior frater, soror* (cadet ou cadette). Le second de la famille, le *puîné*, prend à son tour le titre d'aîné à l'égard de ceux qui viennent après lui, et qui sont les cadets ou *puînés*, et ainsi de suite jusqu'au dernier ou plus jeune de la famille. Jadis, le titre de *cadet*, qu'on écrivait *capdet*, et qui vient, selon Ménage, de la basse latinité *capitetum* (petit chef), paraît avoir été dévolu spécialement au second de la famille : Borel confirme cette opinion, en disant qu'en Gascogne on appelait les aînés *capmas*, et *capdeto* ceux qui étaient les plus proches après l'aîné, *quasi minora capita*.

On appelle *branche cadette* d'une maison celle qui est sortie d'un cadet, par opposition à la *branche aînée*, nom de celle qui est issue de l'aîné.

Dans le partage des biens, en plusieurs pays et à des époques différentes, les aînés ont été avantagés au détriment des cadets. La coutume de Caux, en Normandie, par exemple, donnait tout à l'aîné, ne laissant qu'une faible légitime aux cadets. *Voyez* AÎNESSE (Droit d'), MAJORATS, PRIMOGÉNITURE, etc.

[On a appelé *cadets*, dans l'armée française, de jeunes *volontaires*, servant sans paye, sans être enrôlés, portant l'enseigne de la compagnie et restant tout à fait libres de renoncer au service. Quelques auteurs les ont comparés aux *bénéficiaires romains*. L'ordonnance du 25 février 1670 défend d'admettre dans une compagnie plus de deux de ces cadets. De cet usage résulta celui des cadets élevés aux frais de l'État, afin d'alimenter d'officiers l'armée de terre. Depuis Louis XIV jusqu'à la révolution ils figurent, à diverses époques et sous différentes formes, dans la composition de notre armée ; leur avancement les amenait au grade d'enseigne ; leur âge militaire était fixé entre quinze et vingt ans. Louvois créa quatre mille cadets, en 1682, et les réunit en six corps ou compagnies. Ces pépinières d'officiers ne remplirent pas son attente, et tous les sujets sortis de ces foyers de mutinerie servirent si mal, comme le témoigne Dangeau, que, sur les plaintes des colonels, Louis XIV fut réduit à casser les compagnies en 1692. Par l'ordonnance du 12 décembre 1726, Leblanc rétablit à Metz les six compagnies du cent cadets ; en 1729 elles furent amalgamées en deux compagnies de trois cents hommes chacune ; en 1733 on les réunis en une seule, de six cents jeunes gens, qui fut supprimée en 1733. Le cardinal de Fleury attacha des cadets aux régiments, et leur donna des ecclésiastiques pour précepteurs. D'Argenson abolit cette institution ; mais les ecclésiastiques restèrent dans certaines armes, et leur rôle ne consista plus qu'à dire la messe. Telle est l'origine de la permanence des a u m ô n i e r s dans une partie des corps français, si l'on en croit Xavier Audouin.

Il fut de nouveau placé dans les corps, en 1776, des jeunes gens, que l'ordonnance du 25 mars nommait *cadets gentilshommes*, et qui sortaient de l'École militaire ; il en était attaché un à chaque compagnie de cavalerie et d'infanterie ; ils étaient confiés aux soins d'un mentor ; ils faisaient le service de soldat, sauf les corvées, ne recevaient, au reste, aucune éducation particulière, et n'avaient point de maîtres ; ils passaient par tous les grades de bas officiers. Cette institution dura peu ; elle était supprimée en 1782. Le conseil de la guerre affecta, en 1788, aux fils et neveux des officiers deux places de cadets gentils-hommes par régiment, et distingua leur habit par une petite aiguillette. Le révolution a fait disparaître en France ces priviléges et la dénomination de *cadets*. Il a existé des cadets dans les milices russe, américaine, autrichienne, bavaroise, danoise, des Pays-Bas, hessoise, prussienne, wurtembergeoise, portugaise ; mais enfin la voie du concours pour l'avancement a partout prévalu, et les cadets ont perdu leurs anciens priviléges : ils ne deviennent plus indistinctement officiers, qu'ils soient capables ou non. La langue allemande a germanisé le mot *cadet*. Toutefois aujourd'hui les cadets d'outre-Rhin ne sont plus que les élèves des écoles militaires, d'où ils sortent, comme en France, avec l'épaulette de sous-lieutenant.

Gal Bardin.]

CADETS DE LA CROIX. *Voyez* Camisards.
CADHY ou CADI, CADHY AL CODAT, CADHY EL ASKER. *Voyez* Kadi.
CADIÈRE (Catherine). *Voyez* Girard (Le Père).
CADIX ou CADIZ, l'une des plus importantes et des plus riches villes commerciales de l'Espagne, chef-lieu de la province du même nom, formant l'extrémité méridionale du royaume de Séville en Andalousie, est située à l'extrémité nord-ouest de l'étroite langue de terre de l'île de Léon que le canal de Santi-Petri sépare du continent en même temps que le *Puente del Zuar* la met en communication avec lui. Comme place forte, Cadix est un des points les plus importants de toute l'Espagne, attendu que les rochers qui l'environnent au nord, à l'ouest et au sud, forment comme une ligne naturelle de fortifications où l'art a élevé de nombreux bastions et que protégent en outre les redoutables forts *Santa-Catalina* et *San-Sebastian*, tandis qu'au nord-est l'approche en est rendue d'une difficulté extrême par de dangereux bancs de sable, en même temps que par des rochers à fleur d'eau. Cadix ne peut donc être attaquée que du côté le plus étroit de la presqu'île sur laquelle elle est bâtie, et c'est aussi en cet endroit qu'on a réuni les moyens les plus propres à la défendre. Sur cette langue de terre, qui n'a pas moins de 30 kilomètres de développement, une route, couverte par deux murailles et protégée par le fort de *la Cortadura* ainsi que par la redoute *la Glorieta*, conduit à la ville de San-Fernando, bâtie sur le canal de Santi-Petri ; et à l'extrémité septentrionale de ce canal, protégée par une série de batteries et d'ouvrages avancés et défendu au sud par le fort de Santi-Petri, se trouve l'arsenal appelé *la Caraca*. Au nord-est de la ville, la baie de Cadix forme un beau port, assez spacieux pour recevoir des vaisseaux marchands de toute grandeur, érigé en port franc le 21 février 1829, mais qui a perdu ce privilège au mois de septembre 1832. Sur la rive nord de la baie on trouve l'embouchure du Guadalete, située au-dessous de Cadix, en face de la ville de Puerto-Santa-Maria. Au sud-est elle se rétrécit de manière à ne plus former qu'un canal de 500 brasses de large, défendu par les forts *Puntales, Matagorda* et *San-Luis*, réservé aux vaisseaux de guerre et aux bâtiments du commerce destinés aux relations avec l'Amérique, et au milieu duquel s'élève l'île marécageuse du Trocadero.

Depuis l'année 1786 la ville de Cadix a été singulièrement agrandie, embellie et ornée d'édifices du meilleur goût. Elle possède un évêché, une ancienne cathédrale et une nouvelle, construite avec une extrême magnificence, une académie des beaux-arts, une école de dessin, une école de navigation et de pilotage, un observatoire parfaitement monté, un hôpital pour les troupes de terre, un hôpital maritime et un grand nombre d'hôpitaux civils, une école de chirurgie, un jardin botanique et un théâtre. Parmi les 72,000 habitants dont se compose la population de Cadix, on compte un grand nombre d'Anglais. Sur la langue de terre appelée *Puerto-Real* il existe d'importantes salines et d'excellents vignobles. La pêche du thon donne des produits considérables ; par contre, l'activité industrielle proprement dite de la population est peu importante. La ville manque de bonne eau potable. Quoique chaque maison soit pourvue d'une citerne, on est obligé de tirer de l'eau fraîche de Puerto-Santa-Maria. Cadix est le centre du commerce de l'Espagne avec l'Amérique et de l'exportation de tous les produits de l'Espagne méridionale. Toutes les nations de l'Europe entretiennent des consuls et des agents à Cadix. Il s'y fait surtout d'importantes affaires en vins, huiles d'olive, liéges, safran, anis, amandes, noix, oranges et autres fruits du sud, savons, soudes, laines, plomb et vif-argent.

Cadix fut fondée par des Tyriens. Les Carthaginois l'enlevèrent à ce peuple. Les Romains, à leur tour, la conquirent sur les Carthaginois, et la nommèrent *Gades*. On aperçoit encore aujourd'hui sur les bords de la mer, quand elle est calme, les débris du temple d'Hercule et de quelques édifices de l'antique Gades. Plus tard, les Arabes s'emparèrent de cette ville, et l'incendièrent jusqu'en 1262, époque où elle leur fut enlevée par les Espagnols. Les Anglais la pillèrent et l'incendièrent en 1596 ; mais à peu de temps de là elle fut reconstruite par les Espagnols, et mise par eux sur un pied de défense plus respectable. Une tentative faite encore par les Anglais en 1702 échoua complètement. A l'époque de l'alliance entre la France et l'Espagne, Cadix fut bloquée à diverses reprises par les Anglais, qui la bombardèrent, en outre, de nouveau, mais toujours sans succès. Depuis la révolution de 1808 jusqu'au retour de Ferdinand VII dans ses États, elle demeura en état d'insurrection ; et lorsque les Français envahirent l'Andalousie, ce fut là que vint s'établir la junte suprême insurrectionnelle. Celle-ci fit couper la langue de terre de Cadix et rompre le pont de 700 pas de longueur joignant l'île de Léon au continent, mesures grâces auxquelles la ville se trouva complètement séparée de la terre ferme. Comme du côté de la mer, Cadix était défendue par des ouvrages et des forts, mais surtout par les flottes combinées d'Espagne et d'Angleterre, le siège de cette ville par les Français, qui se prolongea du 6 février 1810 au 25 août 1812, appartient aux entreprises les plus extraordinaires dont fassent mention les annales de la guerre. Le général Sébastiani la bloquait du côté de la terre. Après avoir ouvert la tranchée, au mois de mars 1810, sur plusieurs points le long de la côte, et avoir continué les travaux du siège malgré le feu terrible des forts, des vaisseaux et des batteries flottantes, malgré les nombreuses sorties des assiégés, après avoir enlevé les forts construits le long de la côte, enfin après s'être emparé du redoutable fort de *Matagorda*, situé en face de Cadix, le général Sébastiani, une fois maître de cette position, entreprit, en dépit de l'éloignement, de bombarder la ville. Le 15 décembre les premières bombes et grenades furent lancées, et parvinrent en effet dans la ville ; mais comme les maisons de Cadix sont presque toutes construites en pierre, il ne se déclara point d'incendie, et le dommage fut insignifiant. Diverses tentatives faites dans le courant de 1811 par les Anglais et les Espagnols pour dégager la ville échouèrent; toutefois, les assiégés réussirent à détruire en partie les travaux des assiégeants. Les Français s'occupèrent alors activement de la construction et de l'armement d'une flottille destinée à attaquer l'île de Léon; et, de leur côté, les Espagnols continuèrent avec une incomparable ardeur leurs préparatifs de défense, sachant bien que de la prise de cette île dépendait le sort de Cadix. Cet état de choses dura jusque vers le milieu de l'année 1812, époque où la marche victorieuse de Wellington contraignit les Français à lever le siége et à évacuer l'Andalousie.

Cadix eut encore à soutenir un autre siége en 1823. Le duc d'Angoulême, commandant supérieur de l'armée française d'invasion, ayant pris, sans résistance, possession de Madrid le 24 mai, donna ordre aux divisions Bordesoulle et Bourmont de s'avancer vers le sud pour délivrer le roi d'Espagne des mains des Cortès, et étouffer les derniers restes de l'insurrection. Un mois après, Bordesoulle se trouvait déjà sous les murs de Cadix, et s'efforçait de couper les communications de cette ville avec la terre ferme. Le 14 juin, le roi Ferdinand avait dû abandonner Séville avec les Cortès et se retirer à Cadix, où s'étaient également rendues une partie des troupes irrégulières aux ordres de Lopez Baños, ce qui avait porté à 14,000 hommes l'effectif de la garnison. Une sortie tentée le 16 juillet n'eut d'autre résultat pour les assiégés que des pertes considérables. Toutefois, par suite de la vigoureuse résistance qu'il rencontrait, le duc d'Angoulême avait dû porter à 20,000 hommes l'effectif de l'armée assiégeante, et, de concert avec la flotte aux ordres de l'amiral Duperré, donner une grande énergie aux opérations du siége. Le 31 août, après une affaire des plus chaudes, les Français enlevèrent d'assaut le Trocadéro et le fort San-Luis; et la possession de ces positions donna désormais plus d'effet au feu dirigé contre la ville. Une proposition d'armistice faite par les assiégés fut repoussée. La prise du fort de Santi-Petri le 20 et le bombardement de la ville opéré le 24 septembre par la flotte, que favorisait le vent, hâtèrent singulièrement le dénoûment. Toutefois il fallut encore entreprendre des travaux d'une extrême difficulté avant de pouvoir tenter une dernière et décisive attaque. Le 29 septembre elle fut différée, sur l'avis qu'on reçut que le roi était prêt à se rendre au lieu qui serait indiqué. Mais une députation s'étant présentée au lieu du roi à Puerto-Santa-Maria avec des propositions, le duc d'Angoulême résolut d'attaquer sans plus de délais. Toutefois l'arrivée du général Alava au quartier général français eut encore pour résultat de faire différer l'attaque; et le 1er octobre le roi Ferdinand VII vint en personne à Puerto-Santa-Maria déclarer les Cortès dissoutes. Cette démarche décida de la chute de Cadix, qui effectivement ouvrait ses portes aux Français le 3 octobre.

CADMÉE, nom de la citadelle de Thèbes, en Béotie, qui prit le nom de Cadmus, son fondateur. Elle était assise sur une hauteur, et constitua d'abord une ville à elle seule; mais cette ville s'étant accrue avec le temps, Cadmée ne fut plus qu'une citadelle relativement à la ville basse, bâtie depuis, et qui reçut le nom de *Thèbes*.

CADMIES. *Voyez* CADMIUM.

CADMIUM. En 1818 on crut reconnaître dans les *fleurs de zinc* que les pharmaciens allemandes reçoivent de la Silésie la présence de l'arsenic. Les recherches entreprises pour constater la réalité de ce dangereux mélange amenèrent la découverte du *cadmium* par les chimistes Hermann et Stromeyer. Ce métal, encore assez rare, est cependant tout à fait digne d'attention, par ses propriétés, qui pourraient le rendre très-utile aux arts si quelques mines venaient à le fournir en abondance. On ne l'a rencontré jusqu'à présent que dans les minerais et les produits métallurgiques du zinc; les cadmies des fourneaux en contiennent de un à vingt centièmes. Les mines de la Silésie sont seules en possession d'en fournir au commerce, mais il est probable qu'on pourrait en recueillir dans les usines d'Angleterre et de Belgique, où l'on traite en grand la calamine pour en extraire le zinc.

Par ses propriétés physiques, le cadmium se rapproche beaucoup de l'étain, dont il a la couleur, le brillant et le cri; mais il est plus dur, plus tenace et plus dense. Il se laisse facilement étirer en fils déliés ou étendre sous le marteau en feuilles très-minces. L'air ne l'altère pas, comme le fer et le cuivre; une faible chaleur suffit pour le fondre; à la température où le mercure bout il se distille, et sa vapeur se condense en gouttes, qui par le refroidissement prennent des formes cristallines très-nettes. Il faut éviter de le chauffer au contact de l'air si on ne veut le voir s'enflammer et brûler en répandant une épaisse fumée jaune brunâtre.

Ses alliages avec les autres métaux sont cassants, et une très-petite quantité de cadmium suffit pour donner de l'aigreur au zinc. Les commerçants et les constructeurs ont un moyen facile de le reconnaître en dissolvant un morceau du métal dans un acide, l'acide nitrique par exemple, et en plongeant une lame de zinc dans la liqueur : tout le cadmium sera précipité sous forme d'une poudre grise; car le zinc a la propriété de remplacer le cadmium dans ses combinaisons avec les acides.

Les combinaisons du cadmium avec le soufre sont jusqu'à présent les seules employées. Le *sulfure de cadmium*, réduit en poudre fine, donne une magnifique couleur rouge de feu, qui par sa richesse, par sa fixité et par les beaux tons verts et bleus qu'elle offre son mélange avec des couleurs bleues, a déjà pris place sur la palette du peintre. Aussi, le sulfure de cadmium se prépare en grand à Paris et en Allemagne. On l'obtient soit en faisant chauffer un mélange de soufre et d'oxyde de cadmium, soit, et ce moyen est plus sûr, en précipitant un sel de cadmium par l'hydrogène sulfuré ou un sulfure alcalin.

Guidée par les nombreuses analogies chimiques du zinc et du cadmium, la médecine a essayé l'emploi du *sulfate de cadmium* comme astringent. On assure l'avoir appliqué avec succès à la guérison des maux d'yeux et pour combattre l'atonie locale qui est la suite des maladies vénériennes. Les garanties d'une longue expérience ne sont pas encore assez acquises à ce remède pour qu'on en puisse conseiller l'usage.

On appelait autrefois *cadmia fossilis* la mine de zinc. De là le nom de *cadmium*, donné au nouvel élément trouvé dans ce minéral; de là aussi le nom de *cadmies*, employé par les métallurgistes pour désigner les matières sublimées qui s'attachent aux parois des fourneaux où l'on réduit les minerais, et particulièrement le zinc, et y forment une suie. L'oxyde de zinc, étant très-volatil, constitue souvent une grande partie de ces dépôts; ils contiennent aussi de l'oxyde de cadmium, dont la présence est signalée par la couleur jaune ou brune des matières. A. Des Genevez.

CADMUS, fils d'Agenor et de Telephana, frère d'Europe, de Phœnix et de Cilix, fut, ainsi que ses frères, envoyé par son père à la recherche d'Europe, quand elle eut disparu, et avec ordre de ne pas revenir sans elle. Mais toutes les recherches demeurèrent inutiles. En conséquence Cadmus alla s'établir en Thessalie avec sa mère, qui l'avait accompagné. Après la mort de celle-ci, il se rendit à Delphes à l'effet de consulter l'oracle au sujet du sort de sa sœur. Celui-ci lui répondit qu'il devait s'abstenir de la chercher davantage, suivre la première vache qu'il rencontrerait et fonder une ville à l'endroit où elle s'arrêterait de fatigue. Ce fut en Phocide qu'il rencontra cette vache. Il la suivit en Béotie, et y fonda, vers l'an 1550 avant J.-C., la ville de Thèbes à l'endroit où l'animal s'arrêta. Voulant sacrifier cette vache à Minerve, il envoya ses compagnons chercher de l'eau à la source d'Arès, située à peu de distance de là. Mais cette source était gardée par un dragon, qui les tua tous. Cadmus égorgea alors le monstre, et, d'après le conseil de Minerve, il sema ses dents. Il en poussa des hommes tout armés, dits σπαρτοί, c'est-à-dire *semés*. Une lutte terrible s'engagea tout aussitôt entre eux, et il n'en survécut plus que cinq : *Echion*, *Udæos*, *Chthonios*, *Hyperenor* et *Peloros*. Cadmus dut expier pendant huit années d'esclavage chez Arès le meurtre du dragon. A l'expiration de ce terme, Athéné, ou Minerve, lui accorda la souveraineté sur Thèbes, et Zeus (Jupiter) le maria à H e r m i o n e ou Harmonie, dont il eut un fils, *Polydore*, et quatre filles, *Autonoé*, *Ino*, *Sémélé*, et *Agavé*. Plus tard il abandonna Thèbes avec sa femme, et se retira chez les Enchélètes, qui le choisirent pour roi, et qui sous son commandement vainquirent les Illyriens, avec lesquels ils étaient en guerre. Comme roi d'Illyrie, Cadmus eut d'Hermione un autre fils, appelé *Illyrios*. Les deux époux, parvenus à un âge très-avancé, furent métamorphosés en serpents, et envoyés à Elysium par Zeus. Suivant Pindare, un char attelé de dragons les conduisit tous deux à Elysium, où Cadmus trôna désormais comme juge des ombres. Il faut encore mentionner que la tradition veut qu'il ait rapporté d'Egypte ou de Phénicie en Grèce un alphabet de seize lettres, et aussi qu'il ait découvert et employé le premier l'airain. Suivant Ottfried Müller, le Cadmus Thébain est le même personnage que l'Hermès-Cadmilos de l'île de Samothrace, divinité des Pélasges tyrrhéniens, et toute la tradition de l'émigration de Cadmus de la Phénicie en Thrace et en Béotie appartient au règne de la fable.

CADMUS, de Milet, fils de Pandion, florissait 450 ans avant J.-C., sous le règne d'Halyattes, père de Crésus. Il passe pour être le premier des Grecs qui ait écrit l'histoire en prose. On lui attribue une histoire de la fondation de Milet et des autres villes d'Ionie, divisée en quatre livres, qui n'existait déjà plus du temps de Denys d'Halicarnasse.

CADORE ou **PIEVE DI CADORE**, bourg du royaume Lombardo-Vénitien, à 37 kilomètres au nord-ouest de Belluno, sur la rive droite de la Piave, est le chef-lieu d'un district montagneux, abondant en forêts, en pâturages et en fer, et compte une population de 2,000 habitants, dont le commerce du bois et du fer constitue la principale industrie. En 1797 nos troupes remportèrent ce lieu un avantage signalé sur les Autrichiens.

CADORE (Duc de). *Voyez* CHAMPAGNY.

CADOUDAL (GEORGES), plus connu sous son seul prénom, a été moins célèbre comme chef de chouans que comme l'un des co-accusés de Moreau et de Pichegru. Né en 1769, la même année que Napoléon, au village de Brech, dans le Morbihan, Georges était le fils d'un meunier. La protection du seigneur de l'endroit lui permit d'entrer au collège de Vannes, où il ne fit que des études incomplètes. Il avait vingt-trois ans lorsqu'il prit une part active aux premières insurrections de ces contrées. Les Bretons, privés de leurs prêtres, dont aucun n'avait prêté serment en 1791, combattaient beaucoup plus pour le rétablissement des autels que pour la royauté. Fait prisonnier et enfermé dans un des forts casematés de Brest, Georges se sauva déguisé en matelot, et devint l'un des principaux chefs de la chouannerie. En 1795 il se prononça contre la pacification de la Mabilais. Plus tard, il voulut faire fusiller M. de Puisaye, à qui il imputait le mauvais succès de l'expédition de Quiberon. L'année d'après, il fit sa soumission entre les mains du général Hoche, et en 1797 il essaya de ranimer la guerre civile; mais déjà le principal mobile des insurrections royalistes n'existait plus. Le Directoire lui-même montrait de la tolérance pour les prêtres réfractaires, qui remplissaient avec un secret très-mal gardé les fonctions de leur ministère pour les populations de l'Ouest. Le consulat, aussitôt après le 18 brumaire, prépara les voies au concordat de 1801, et rendit la liberté aux prêtres insoumis. Il n'en fallait pas davantage pour attiédir le zèle des royalistes. Cependant quelques bandes tenaient encore; on criait de toutes parts à la trahison; Georges fit fusiller, sans forme de procès, un chef des plus influents, dit *Bec-de-Lièvre*, beau-frère du général de Bourmont, qu'il accusait de vouloir racheter par sa soumission au premier consul la liberté de son parent, alors détenu au Temple. Cependant la mauvaise issue des combats de Grand-Champ et d'Elven le mit, en janvier 1800, dans la nécessité de traiter avec le général Brune.

Il partit alors pour Londres, où il reçut, avec les félicitations du ministère anglais, des mains du comte d'Artois, depuis Charles X, le titre de lieutenant général et le grand-cordon de l'ordre de Saint-Louis. Le cabinet britannique fermait les yeux sur les complots insensés tramés par les conseillers des princes exilés, qui sur la foi de Pichegru comptaient un peu trop sur les dispositions de l'armée française, irritée, contre eux, des titres impériaux créés par Napoléon au profit des membres de sa famille et de ses généraux les plus dévoués. Le général Moreau, retiré mécontent à Grosbois, avec un traitement de réforme de 40,000 francs, avait refusé les titres et les honneurs qui lui étaient offerts. Substituer ce général républicain au soldat qui s'était créé lui-même empereur semblait une transition aussi naturelle que facile pour opérer le rétablissement des Bourbons. MM. de P o l i g n a c, M. de R i v i è r e, Georges et Pichegru, séduits par cette chimère, partirent secrètement pour la France, avec d'anciens chefs vendéens. Leurs débarquements successifs sur divers points de la côte se firent avec assez de facilité pour qu'il ne fût pas permis de douter que la police tendait un piège où des imprudents venaient aveuglément se précipiter. Si l'on compulse les journaux anglais de l'époque, et l'*Annual Register*, qui en a donné le résumé, on verra que les projets de Georges et de ses amis n'étaient un mystère pour personne. Lord Hutchinson, qui commandait le comté de Kent, instruit par Georges lui-même du motif pour lequel il s'embarquait à Hastings, lui dit que son devoir ne lui permettrait pas de lui donner, même indirectement, aide et assistance, une telle expédition ne pouvant être approuvée ni selon les lois de la guerre ni selon le droit des gens. Ce général Hutchinson, qui avait combattu en Egypte contre le général Bonaparte, était le père de John-Ely Hutchinson, depuis lord Donoughmore, l'un des trois généraux Anglais qui en 1815 sauvèrent la vie à Lavalette.

On sait ce qui se passa en France après l'arrivée de Georges. Une entrevue eut lieu dans un fiacre, sur le boulevard des Capucines, entre le général Moreau, Pichegru et Georges. Moreau refusa positivement sa coopération, et dès ce moment les conjurés, abandonnés à eux-mêmes, furent contraints de se cacher dans des réduits où la police alla les trouver lorsqu'elle jugea à propos de les prendre. Georges seul paraissait insaisissable. On n'avait pas mis sa tête à prix; mais une loi de circonstance, une loi draconienne, punissait de mort quiconque donnerait asile à un ou plusieurs des *brigands* dont les listes étaient publiées par les journaux et placardées sur les murs de Paris. On avait porté l'aveuglement de l'esprit haineux et la petitesse jusqu'à comprendre Moreau sous les *brigands*! Le général voulait avouer, dit-on, dans ses interrogatoires, la conférence des Capucines, et exprimer les nobles motifs qui l'avaient déterminé, d'une part, à refuser les propositions de son ancien frère d'armes, et, de l'autre, le silence qu'il devait s'imposer, en n'avertissant point Napoléon de la conspiration. Il fut arrêté dans cette résolution par sa famille et par ses conseils. C'eût été la confession explicite de la non-révélation de complot, et il n'en fallait pas davantage pour justifier légalement les trois années d'emprisonnement prononcées plus tard par la cour criminelle, et commuées ensuite en un exil volontaire aux Etats-Unis.

Quant à Georges, dont les changements de domicile étaient sans cesse signalés à l'autorité, il fut arrêté enfin, le 9 mars, vers sept heures du soir, rue Saint-Hyacinthe, dans un cabriolet de place où il se trouvait avec Léridan, son secrétaire. Georges tua d'un coup de pistolet un des agents de police, en blessa un autre du second coup, et fut ensuite saisi par un garçon boucher. M. Thuriot de la Rosière, ancien conventionnel et conseiller à la cour criminelle spéciale de Paris, instruisait avec beaucoup d'activité la procédure contre les personnes déjà arrêtées. Le suicide de Pichegru enlevait à l'affaire une grande partie de son intérêt; car on ne doutait pas de l'absolution de Moreau. L'arrestation de Georges vint de nouveau stimuler la curiosité; mais dès ce premier moment, et dans tout le cours des débats, Georges refusa d'entrer dans des explications quelconques. Apostrophant ironiquement M. Thuriot, son interrogateur, et faisant allusion à un vote mémorable, il disait : « Monsieur *Tue-Roi*, vous aurez beau faire, vous n'aurez pas de moi une seule réponse à vos questions. » Apercevant un jour, dans un coin du cabinet du juge, un dessinateur qui faisait son portrait, il s'écria : « Ma tête n'appartient qu'au bourreau; personne ici n'a le droit de la prendre d'avance ! » Le jeune artiste se retira sur un signe du conseiller; cependant le portrait, fort ressemblant, de Georges a paru dans la collection du procès sténographié.

Aux débats cet accusé montra un flegme imperturbable, et garda un silence obstiné. L'agent de police qu'il avait blessé disputait vivement au garçon boucher la gloire d'avoir mis le premier la main sur le célèbre proscrit. « J'adjure, dit-il, monsieur *le conspirateur* de faire connaître la vérité sur ce fait, qui est d'un haut intérêt pour moi; car on a donné la croix d'Honneur à celui qui l'a le moins méritée. » Georges haussa les épaules sans proférer une parole. Il ne montra quelque émotion qu'à la lecture d'une lettre signée *Gédéon*, que les experts écrivains lui attribuaient, et qui aurait été un indice de sa participation à la machine infernale de la rue St-Nicaise, exécutée par Saint-Réjan et Carbon, le 3 nivôse, et qui fit de nombreuses victimes sans atteindre le premier consul. Il ne se défendit toutefois sur ce point que par un signe négatif; et l'on a vu sous la Restauration les anciens chefs royalistes accusés d'avoir trempé dans cet odieux attentat en repousser avec énergie la responsabilité. Pendant le procès de Georges, tout l'intérêt se concentra sur le général Moreau. Une phrase heureuse qu'il improvisa lors de son interrogatoire fut vivement applaudie, et plusieurs gendarmes témoignèrent hautement leur approbation. La séance fut suspendue; les gendarmes de la Seine furent relevés par des gendarmes d'élite, et des dragons firent au fond de la salle le service à la place des fantassins. J'étais à l'entrée du couloir lorsque les prisonniers, conduits par leurs gardes, furent ramenés de la Conciergerie dans l'intérieur de la salle. Georges, qui entrait toujours le premier, dit en passant auprès du vainqueur de Hohenlinden : « Si j'étais le général Moreau, j'irais coucher ce soir aux Tuileries. »

Condamné à mort avec M. Armand de Polignac, M. le marquis de Rivière et un grand nombre d'autres, Georges ne manifesta aucune émotion. M⁰ Dommanget, qui l'avait défendu avec une hardiesse dont on ne trouverait pas aujourd'hui d'exemple, le pressa de signer un mémoire pour demander sa grâce. Le défenseur ajoutait que le prince Murat était tout prêt à l'apostiller; Georges hésita d'abord, puis il refusa net en voyant que la requête était adressée *à sa majesté l'empereur et roi*. MM. de Polignac et de Rivière furent l'objet de la clémence impériale. Le bruit s'était répandu que l'indulgence s'étendrait sur Georges lui-même, malgré sa résistance stoïque. Cette rumeur alla jusqu'à Bicêtre; et l'on entendit un soir les compagnons d'infortune de Georges chanter dans leurs cabanons ces deux vers du *Déserteur* :

Quel bonheur, il a sa grâce !
C'est nous la donner à tous !

L'illusion ne tarda pas à être détruite. Le lendemain matin, 25 juin 1804, Georges et plusieurs anciens chefs de chouans, Noël Ducorps et Picot, ses domestiques, furent conduits sur la place de l'Hôtel-de-Ville. Suivant les règles, Georges, comme le principal condamné, devait être exécuté le dernier; il demanda et obtint, non sans peine, la faveur d'être livré le premier à l'exécuteur. « Messieurs, dit-il à ses compagnons, vous allez voir comment on meurt pour son roi ! » Noël Ducorps avait lu dans les journaux que sa vieille mère, s'étant jetée aux genoux du premier consul, avait obtenu pour lui une commutation de peine. Cet article était le résultat d'une confusion de noms. Le malheureux Ducorps soutenait qu'il ne pouvait y avoir d'erreur dans des journaux qui recevaient toutes leurs communications de l'autorité. Les exécuteurs ne voulaient pas l'entendre. Il prétexta enfin le désir de faire des *révélations*, et il fallut le conduire auprès du commissaire de la cour criminelle, qui se tenait dans un corps de garde voisin, pour dresser procès-verbal. Ducorps renouvela ses instances. Le commissaire eut beaucoup de peine à lui faire comprendre que les journaux même censurés pouvaient se tromper, et qu'il n'avait d'ailleurs aucun pouvoir pour redresser la méprise, si elle eût existé. Le malheureux Ducorps fut supplicié le dernier, et subit ainsi une lente agonie. Georges était, au dire de Napoléon, *une bête féroce, ignorante et douée de courage, mais sans aucune autre qualité*. Les royalistes en ont fait un martyr de la foi monarchique. Après la Restauration, la famille de Georges a été anoblie et comblée de places et d'honneurs.

BRETON.

Son frère, *Joseph* CADOUDAL, né sur la fin de 1780, servit sous les ordres de Georges, dès qu'il fut en état de porter les armes, dans les guerres vendéennes de 1793 à 1800. Forcé, après que son frère fût mort sur l'échafaud, de quitter le Morbihan, Joseph Cadoudal, surnommé *Joyou*, alla vivre à Blois sous la surveillance de la police, ralluma plus tard l'insurrection royaliste avec Guillemot, disparut après l'arrestation de celui-ci, ne se montra plus qu'en 1814, aux environs de Vannes, à la tête de 8,000 paysans, fut nommé par Louis XVIII colonel, par Charles X gentil-homme de sa chambre, et mourut septuagénaire, en juin 1852, avec les épaulettes de général. Un dernier frère, *Louis* CADOUDAL, né en 1790, colonel de gendarmerie en 1830, est mort en 1853.

CADRAN (*Horlogerie*), plaque circulaire en bois, carton, faïence, porcelaine, verre, métal argenté, doré, émaillé, sur laquelle on note les heures, les minutes, etc.

Voici comment on fabrique les cadrans en émail : Pour faire un cadran de montre, par exemple, on prend une lame de cuivre rouge, mince comme une feuille de papier; on la taille en rond, de la grandeur convenable, après quoi on lui fait prendre, en la pressant dans un creux, la forme bombée que doit avoir le cadran. On perce ce rond d'un trou, au centre, pour le passage des pivots qui portent les aiguilles, plus, d'un autre sur le côté, lorsqu'on doit y introduire la clef pour remonter la montre. Enfin, on soude vers la circonférence du rond trois chevilles, ou pieds de cuivre rouge, destinées à fixer le cadran sur la platine qui porte la c a d r a t u r e. La circonférence et les bords des trous sont relevés du côté de la surface convexe pour empêcher l'émail de couler quand il est en fusion.

La plaque ainsi disposée est plongée dans l'acide sulfurique étendu d'eau pour être *dérochée*, car l'émail ne prend sur le cuivre qu'autant que celui-ci est dépouillé de toute impureté. Cela fait, on couvre la surface convexe de la rondelle de cuivre d'émail blanc en grain, bien purifié dans de l'acide nitrique; la surface concave est en même temps couverte d'émail impur ou contenant les parcelles métalliques qui se sont détachées du mortier d'acier dans lequel on a pilé l'émail. On émaille la surface concave de la plaque, moins pour la fortifier que pour contrarier l'action de la couche d'émail appliquée sur la face convexe. La rondelle chargée d'émail est introduite petit à petit sous une pièce de terre à creuset, dont le profil a la figure de la lettre C, et qu'on appelle *moufle*; elle est placée dans un four à réverbère, chauffé avec du charbon de bois de hêtre. Sitôt que l'émail est fondu, ce qui est facile à reconnaître, on retire le tout avec lenteur, parce que le verre qui forme le fond de l'émail se fendille quand il passe brusquement d'une température à une autre plus basse ou plus haute. On émaille la rondelle à trois reprises différentes, et toujours de la même manière, sinon que les dernières couches sont d'émail plus fin que la première. Si quelque point de la plaque est resté à découvert, ou si l'émail ne s'est point attaché au cuivre, on répare ces défauts en couvrant les places nues de nouvel émail.

La rondelle étant émaillée en blanc, on la divise en parties égales : c'est sur ces divisions qu'on peint grossièrement en émail noir et tendre les chiffres des heures, des minutes, etc. On attend que la couche soit sèche pour rectifier les signes : pour cela, on fait usage d'un compas dont une des pointes en cône tourne dans l'ouverture centrale du cadran, et d'une petite règle très-mince; on remet la rondelle au feu; l'émail noir fond, se fixe sur les couches de l'émail blanc, et le cadran est terminé.

Les cadrans en émail d'une seule pièce ont tout au plus une quarantaine de centimètres de diamètre. Ceux qui ont de plus grandes dimensions sont formés de plusieurs morceaux appelés *cartouches*. Le plus extraordinaire de ces derniers cadrans est celui de l'horloge de la ville de Paris, construit vers la fin du dernier siècle : il a 4^m.90 de diamètre, se compose de 13 morceaux, dont un au milieu, de figure circulaire, et les 12 autres disposés tout autour. Il coûta dans le temps 25,000 francs.

La construction des cadrans en carton pour les horloges en bois, ou en cuivre doré ou argenté, n'offre rien de particulier, pas plus que les cadrans en porcelaine, en plomb recouverts de plusieurs couches de blanc verni. Les cadrans en carton sont recouverts d'une feuille de papier imprimée et vernie; et les cadrans en métal sont ordinairement guillochés, et les chiffres y sont peints en émail.

Les cadrans en verre se construisent ainsi : on entoure le rond de glace d'un cercle de cuivre doré; on garnit aussi d'une virole de cuivre les trous dont la rondelle doit être percée; on peint en noir sur cette dernière les divisions des heures, des minutes, etc., et l'on recouvre le tout d'une couche de chaux vive, bien lavée et délayée avec de la colle de poisson. On conçoit combien il est facile de varier la construction d'un cadran de cette espèce. TEYSSÈDRE.

CADRAN (*Histoire naturelle*). On donne ce nom, en conchyliologie, à un genre de mollusques gastéropodes pectinibranches, à coquille univalve, et dont plusieurs espèces sont recherchées des curieux. Le genre *cadran*, séparé des toupies par Lamarck, n'est qu'un simple sous-genre pour beaucoup de conchyliologistes. Il se distingue cependant des toupies par une spire en cône très-évasé, dont la base est creusée d'un ombilic fort large, où l'on suit de l'œil les bords intérieurs de tous les tours marqués par des cordons crénelés. On en connaît sept espèces, propres aux mers australes et à celle des Indes; une seule, le *cadran strié*, se trouve dans la Méditerranée.

On donne aussi dans quelques parties de la France le nom de *cadran* à l'*orongue vraie*.

CADRANS SOLAIRES. Ces instruments, qui sont tantôt fixes, tantôt mobiles et portatifs, sont construits sur le principe que la terre n'est qu'un point relativement à la grandeur du cercle que le soleil paraît décrire tous les jours autour d'elle. En effet, la distance du soleil à notre planète étant de 33,000,000 de lieues, le diamètre du cercle qu'il parcourt chaque jour est de 66,000,000 de lieues; celui de la terre n'est que d'environ 2,892. On peut donc, sans inconvénient notable, supposer que le cadran et celui qui le consulte sont placés au centre de la terre, puisque le point de la surface où ils se trouvent n'est éloigné de ce centre que de 1,446 lieues.

Les cadrans les plus simples sont ceux que l'on construirait aux pôles et sur l'équateur. Le *cadran polaire* consisterait en un plateau circulaire horizontal, au centre duquel s'élèverait perpendiculairement un style ou piquet. On sait qu'au pôle le soleil ne se couche point pendant six mois, et qu'il décrit en vingt-quatre heures un cercle parallèle à l'horizon. Il suffit donc, pour construire un cadran devant servir sous le pôle, de diviser la circonférence d'un plateau circulaire en vingt-quatre parties égales, de fixer verticalement un style au centre du plateau, et de donner à celui-ci une position horizontale. On conçoit que l'ombre du style passera successivement sur les divisions du plateau avec une vitesse égale à celle du soleil.

Le cadran polaire une fois bien compris, on a la théorie de tous les cadrans possibles, ce que l'on concevra en se figurant qu'un cadran simple quelconque se trouvait d'abord sous le pôle, qu'il a été déplacé et transporté au lieu où l'on se trouve, tout en conservant le parallélisme du plan sur lequel se projette l'ombre du style, tellement que si le cadran polaire était porté sur l'équateur terrestre, son plateau prendrait une position verticale, et son style une direction horizontale et parallèle à la ligne qui joint les deux pôles, et que l'on appelle *axe du monde*. Dans les régions qui sont situées entre l'équateur et les pôles, le plan du cadran formerait avec celui de l'horizon un angle, qui, de droit qu'il était à l'équateur, deviendrait nul sous le pôle.

Pour construire un cadran solaire, on prendra donc un plateau de métal, de bois, de marbre ou de toute autre matière; au centre de ce plateau, on fixera perpendiculairement un style d'une longueur convenable, et l'on divisera la circonférence du plateau en vingt-quatre parties égales; du pied du style, et par chacune de ces divisions on tirera des lignes qu'on numérotera I, II, III, et ainsi de suite, jusqu'à XII, parce que ces lignes seront destinées à indiquer les heures sur le cadran, qui, sera alors terminé à peu de chose près. Il ne restera plus qu'à le placer convenablement, suivant la latitude du lieu où l'on se trouvera, de manière à faire prendre au style du cadran une direction parallèle à l'axe du monde. Dans tous les cas, il est possible de placer assez bien le cadran, en observant à l'époque des équinoxes la direction des rayons du soleil quand il se lève, quand il est parvenu à son midi, et qu'il se couche. Au lever du soleil, on tiendra le cadran de façon que son style soit dirigé vers le nord, et l'on fera tourner le plateau jusqu'à ce qu'on ait trouvé la position où sa surface est rasée par le rayon solaire. Par là, on sera certain que le plan du cadran est à peu près parallèle au diamètre de l'équateur. Mais, comme il est nécessaire que le plateau du cadran soit exactement parallèle au plan de ce cercle, on le fera tourner vers midi sur la direction qu'il aura donnée le matin comme sur un axe fixe, et l'on s'arrêtera quand le rayon du soleil frisera de nouveau la surface du plateau. On fixera le cadran dans cette position, et l'on sera certain que l'ombre de son style indiquera les heures de la journée, à très-peu d'erreurs près. Dans les temps de *déclinaison*, c'est-à-dire quand le soleil décrit des cercles parallèles à l'équateur, soit au delà, soit en deçà de ce dernier, vous parviendrez à bien placer le cadran en le tournant de façon que les ombres projetées par le style le matin, à midi et le soir, soient égales entre elles.

On donne en général le nom d'*équinoxiaux* à ces sortes de cadrans, parce que leur plan est parallèle à celui de l'équateur, et parce qu'il est facile de les bien placer quand le soleil décrit ce cercle. Il serait tout aussi exact de les appeler *cadrans polaires;* car, comme on l'a dit ci-dessus, leur plan est aussi parallèle à celui d'un cadran qui serait placé exactement sous le pôle. Pour placer le cadran en le rapportant au cadran polaire, il suffirait de donner à son style une direction exactement parallèle à l'axe du monde, ce à quoi on parviendrait aisément en dirigeant d'abord ce style suivant la ligne qui va directement du nord au midi (*voyez* MÉRIDIENNE) ; après quoi on lui ferait faire avec l'horizon, ou tout autre plan horizontal, un angle égal à celui de la hauteur du pôle du lieu.

Tout cadran équinoxial doit avoir deux faces et un double style ; nous voulons dire que le plateau doit être traversé par un axe, comme une roue de brouette est traversée par son essieu. En voici la raison : admettons que le cadran est placé sous l'équateur même et que son plateau est infiniment mince. Le jour de l'équinoxe les rayons solaires raseront en même temps les deux faces du plateau, et les deux styles projetteront des ombres égales entre elles. Cela est évident. Il n'est pas moins clair que lorsque le soleil décrira le tropique du cancer, par exemple, le plan du cadran, étant vertical, projettera une ombre vers le pôle méridional, de sorte que la face méridionale du cadran étant dans l'ombre, on ne saurait distinguer celle de son style à toutes les heures de la journée. Pareil phénomène aura lieu en sens contraire lorsque le soleil décrira le tropique du capricorne. Le même raisonnement s'applique au cadran polaire proprement dit ; car le soleil n'éclaire ce cadran que pendant six mois, ou plutôt pendant le temps qu'il emploie pour aller de l'équateur à l'un des tropiques, et de ce dernier à l'équateur. Pendant ce temps, la face inférieure du cadran est dans l'ombre ; mais si le globe terrestre était transparent, cette dernière face serait éclairée à son tour pendant six mois, et la face opposée serait dans l'ombre. Dans les lieux situés entre les pôles et l'équateur terrestre, les cadrans sont plus ou moins inclinés à l'horizon ; ce qui a déjà été dit. L'on comprend maintenant que dans ces diverses positions les deux faces du plateau projettent alternativement de l'ombre pendant six mois de l'année dans nos latitudes. C'est celle qui est inclinée en-dessous, qui est éclairée en hiver ; celle de dessus l'est à son tour en été. On fait des cadrans équinoxiaux dont le plateau est remplacé par un anneau ; les heures sont marquées sur son bord. Les jours des équinoxes, l'intérieur de l'anneau n'est point éclairé.

On trace des cadrans solaires sur toutes sortes de surfaces planes, horizontales, verticales, tournées au midi, à l'orient, à l'occident ou inclinées plus ou moins vers ces points. Aussi distingue-t-on des *cadrans horizontaux, verticaux, orientaux, occidentaux*. On trace encore des cadrans sur des cylindres. Tel est celui que Pingré exécuta sur la colonne de Catherine de Médicis, qui est adossée à la Halle aux farines de Paris. Il a treize styles pour obvier aux inconvénients qui seraient résultés de la courbure des ombres projetées par un seul. La construction de tous ces cadrans est toujours basée sur la théorie du cadran équinoxial, ce qui sera rendu très-clair par la supposition que voici. Le style qui doit projeter l'ombre sur une surface quelconque étant placé convenablement, c'est-à-dire parallèlement à l'axe du monde, supposez que ce style sert aussi d'axe à une petite sphère divisée par douze méridiens en vingt-quatre parties ou fuseaux égaux entre eux ; supposez encore que les plans de ces cercles s'étendent indéfiniment en tout sens. On appelle ces méridiens *cercles horaires*. Puisque la petite sphère est divisée de la même manière que le globe terrestre, il est évident que le soleil en fera le tour en vingt-quatre heures, et qu'il mettra une heure pour passer d'un méridien au suivant. Concevez maintenant que le plan de chaque méridien est représenté par une lame matérielle très-mince : quand le soleil passera par le plan d'un méridien, celui-ci projettera une ombre qui, rencontrant une surface quelconque, donnera l'image de la ligne droite ou courbe qu'il faudrait tracer sur cette surface pour indiquer une certaine heure. Cette ligne serait également indiquée par l'ombre du style qui sert d'axe à la petite sphère, car cet axe est commun au plan de tous les méridiens, dont il est un des diamètres, et l'ombre d'un plan matériel projetée par son épaisseur est la même que celle d'une ligne matérielle prise dans ce plan. En procédant suivant les principes qui viennent d'être exposés, il n'est pas de cadran solaire fixe ou mobile qu'on ne puisse exécuter.

Une boule régulière est toujours placée comme la sphère terrestre, puisqu'un de ses diamètres est parallèle à celui du globe. Si donc la boule étant transparente et qu'un petit corps opaque occupât son centre, l'appareil étant exposé au soleil, l'ombre du petit corps décrirait dans l'intérieur de la boule un cercle parallèle au plan de l'équateur. En divisant la boule en vingt-quatre fuseaux égaux entre eux par des méridiens, on aurait un véritable cadran, car l'ombre du petit corps opaque mettrait une heure pour passer d'un méridien au suivant. Comme il est assez facile de diviser une sphère en vingt-quatre fuseaux par des méridiens, un tel cadran serait bientôt construit si l'on pouvait disposer d'un globe de verre régulier. Après l'avoir divisé, on placerait une petite boule opaque à son centre, qu'on fixerait au moyen d'une tringle menue, ce qui est facile à concevoir ; puis on placerait le globe de manière que le diamètre commun à tous ses méridiens fût parallèle à l'axe du monde.

Pour tracer les cadrans fixes ordinaires, on se sert d'un compas à verge (règle portant deux pointes, dont une mobile), d'un cercle divisé pour prendre la hauteur du pôle, d'un cercle divisé pour prendre la hauteur du pôle, déterminer l'inclinaison d'un mur, etc. Les géomètres ne s'en rapportent pas entièrement aux méthodes graphiques pour tracer les lignes horaires ; ils ont recours avec raison aux théories de la trigonométrie.

Si le globe dont on se propose de faire un cadran est opaque, on procédera ainsi : on prendra un petit tube de matière opaque, on le fixera au centre d'une plaque portant trois pointes. La boule étant en place dans un lieu découvert, on posera au soleil levant sur le globe le tube portant sur les trois pointes de la plaque, et on le tournera jusqu'à ce que le rayon solaire enfile son intérieur et aille indiquer un point lumineux sur le globe. On marquera ce point. Un moment après, on en marquera un autre de la même manière, et ainsi de suite jusqu'au soir. La trace de tous ces points déterminera un cercle parallèle à l'équateur ; et si l'opération se fait un jour d'équinoxe, le cercle tracé sera l'équateur même de la boule. Il n'y aura plus qu'à diviser ces cercles en douze parties égales, par lesquelles on fera passer autant de méridiens, et le cadran sera fait. Pour s'en servir, on fera toujours usage du petit tube, ou d'une plaque percée d'un petit trou fixé à l'extrémité d'un quart de méridien qui tournerait sur l'un des pôles de la boule.

Les cadrans portatifs sont ordinairement accompagnés d'une boussole, qui sert à les orienter ; toutefois ces instruments sont loin d'être parfaits, par la raison que la direction de l'aiguille de la boussole est variable de sa nature. D'ailleurs, il suffit qu'il y ait dans le voisinage du lieu où l'on consulte le cadran une masse de fer pour produire des erreurs sur l'indication de l'aiguille. Au reste, les cadrans portatifs sont aujourd'hui peu communs, peut-être à cause du bas prix des montres. TEYSSÈDRE.

CADRANURE. En horticulture, c'est le nom d'une maladie qui affecte particulièrement les arbres, et que l'on nomme aussi *cadran*. C'est une espèce de dépérissement produit par la sécheresse, et dont les gros arbres, surtout les vieux chênes, sont principalement affectés ; les jeunes n'en sont jamais atteints. Cette maladie se reconnaît à des fentes circulaires et rayonnantes. Il n'y a aucun remède à lui apporter ; il faut arracher les arbres qui en sont attaqués aussitôt qu'elle paraît, et ne pas attendre qu'elle soit assez invétérée pour empêcher le bois d'être utilisé.

CADRATURE. Les horlogers appellent de ce nom le mécanisme qui transmet aux aiguilles d'une montre, d'une horloge, le mouvement et les vitesses avec lesquelles ces pièces doivent tourner pour indiquer les heures, les minutes, etc. Ce mécanisme est ordinairement placé entre la platine et le cadran qu'elle porte. On appelle aussi *cadrature* le système au moyen duquel on fait sonner à volonté les heures aux montres et aux horloges. L'exécution des cadratures est confiée à des ouvriers spéciaux, qui s'adonnent exclusivement à ce genre de travail : on les appelle *cadraturiers*.   TEYSSÈDRE.

CADRE. A bien dire, ce n'est autre chose qu'un assemblage rectangulaire de quatre pièces de bois, et c'est dans ce sens que dans la marine on nomme *cadre* le châssis auquel des cordes sont entrelacées pour placer un matelas dessus. Les cadres sont bien préférables aux hamacs sous tous les rapports.

Dans la fabrication du papier, *cadre* est également le nom que l'on donne au châssis dans lequel on fait entrer la forme en fil de laiton, et dont le rebord empêche la pâte de retomber dans la cuve au moment où on la sort de l'eau.

Cadre est encore, en menuiserie, la partie ordinairement chargée de moulures qui entoure les panneaux d'une porte ou d'un lambris.

Cadre, enfin, est aussi employé comme synonyme de *bordure* : on dit le *cadre d'un tableau*, *d'une glace*; on dit aussi qu'un tableau est mal *encadré*. Dans cette dernière acception, il y a quelquefois des cadres ronds ou ovales. L'usage ordinaire est d'entourer les tableaux avec des cadres en bois doré plus ou moins chargés d'ornements. On fait aussi des cadres en acajou ou en tout autre bois, de couleur naturelle. Il y en a maintenant qui portent des ornements de cuir estampé.

On emploie aussi le mot *cadre* en parlant des travaux de l'esprit, et l'on dit, par exemple, le *cadre d'un discours* ou *d'un ouvrage*, pour le plan, le canevas ou l'esquisse, quoiqu'il y ait des nuances légères à saisir et à bien observer entre ces différentes expressions. Il a donné naissance aussi au verbe *cadrer* qui s'emploie, au propre comme au figuré, pour marquer la convenance ou le rapport d'une chose avec une autre.

CADRE DE RÉSERVE. Voyez ÉTAT-MAJOR.

CADRE DE TROUPES. Le *cadre* d'un corps consiste dans le tableau de formation des divisions et subdivisions dont il se compose. On nomme *cadres* la réunion des officiers, sous-officiers et caporaux d'une compagnie, d'un bataillon, d'un régiment. C'est une sorte d'agrégation administrative, constitutive, dont la création, la force, la mesure, les grades, dépendent des règles propres à la constitution et à la composition militaire de chaque nation. En considérant le cadre comme *constitutif*, les autorités d'un corps, les chefs d'un bataillon, d'une compagnie, d'un peloton, d'une subdivision, en sont le cadre; c'est dans ce sens que des auteurs ont dit : « La bonté des cadres constitue en grande partie le mérite du soldat. » Une question délicate, et qui n'a pas encore été résolue, est celle-ci : faut-il en temps de paix autant de cadres en partie vides qu'il faut en temps de guerre de cadres remplis? Telle semble être l'application vraie du système de pied de paix. Tenir en permanence de bons cadres pour y insérer subitement toutes les recrues qui doivent y entrer, semble tout le secret des levées de guerre. Mais l'important est que les cadres soient bons : or pourront-ils l'être pendant de longues années de paix? pourront-ils même se maintenir complets s'ils ne sont que l'enveloppe d'un corps fictif? L'exercice des fonctions, la pratique des devoirs, un travail réel, sont seuls capables de donner et de maintenir l'expérience et le savoir des chefs militaires. On pourra trouver peut-être assez d'officiers, mais où prendre des sous-officiers? un caporal peut être aussi regardé comme l'homme de choix trié par promotion sur quinze ou seize simples soldats; s'il n'y a pas de soldats, qui fournira le caporal? D'autre part, et c'est l'opinion de personnages instruits, le meilleur, le seul moyen d'alimenter les cadres d'infanterie est d'avoir des corps alimentés de soldats, sauf à partager en deux ou plus ces cadres le jour de l'établissement du pied de guerre. Mais dans cette hypothèse de grandes difficultés se présentent : il n'y aura pas d'administration montée pour autant de cadres qu'il en faut ; il faudra improviser une multitude d'avancements ; la comptabilité militaire recevra un échec; cette organisation par dislocation bouleversera tout, et, à supposer même que les éléments des cadres soient bons, rien ne sera prêt. Quant à l'artillerie et à la cavalerie, des cadres d'attente créés en temps de paix seraient aussi dispendieux qu'inutiles; ces armes doivent être toujours complètes.   Gal BARDIN.

CADRYS, nom d'une espèce de derviches.

CADUC, CADUCITÉ. Ces mots ont pour racine le verbe latin *cadere*, choir, tomber. L'adjectif *caduc* signifie qui tombe, qui chancelle, qui ne peut se soutenir, vieux, usé, cassé, qui a perdu ses forces. L'épilepsie porte vulgairement le nom de *mal caduc*. On désigne généralement sous le nom de *caducité*, en physiologie générale, l'état des corps organisés ou de quelques-unes de leurs parties qui, après avoir joui d'une grande énergie vitale, la perdent plus ou moins rapidement, meurent et tombent. Certaines parties des végétaux et des animaux qui ne doivent point persister toute la vie sont donc caractérisées par cette fin précoce, et sont connues en général sous le nom de *parties* ou *organes caducs*.

Le plus souvent on se sert du mot *caducité* ou *âge caduc* pour exprimer la dernière phase de l'existence des corps vivants, l'âge de décadence, qui conduit à une fin inévitable. *Caducité* se dit aussi des choses inanimées : on a pu s'en servir pour indiquer l'état d'une construction quelconque qui menace de tomber en ruine ; la fin prochaine d'une chose qui n'a point d'effet.

L'étude comparative des phénomènes de l'âge et de la caducité observés dans les corps organisés, est un sujet très-étendu qui ne peut trouver place dans cet ouvrage. Nous ferons seulement remarquer ici que la progression de la vie et de l'intelligence humaines ne nous paraît point s'effectuer suivant une courbe moitié en ascendance et l'autre moitié en chute ou descendance. Nous pensons, au contraire, que malgré la détérioration physique, qui est plus ou moins prononcée à partir même des premiers âges, la raison des individus du genre humain, agrandie par l'expérience, s'élève suivant une ligne droite ascensionnelle jusque dans la vieillesse très-avancée, et qu'ensuite elle ne descend point lentement, mais tombe plus ou moins rapidement; ce qu'indique très-bien l'épithète de *caducité* donnée à la dernière phase de la vie intellectuelle de l'homme en général.

On peut ramener tous les phénomènes de la caducité de la vie de l'homme et des animaux qu'on a pu observer, à trois principaux, et dans l'ordre suivant : 1° *faiblesse musculaire*, qui rend la démarche incertaine, lente, les mouvements roides et difficiles ; le corps se courbe, les membres inférieurs fléchissent sous son poids, et refusent de le supporter. Cette faiblesse est aussi appréciable dans les couches charnues des viscères et du cœur; 2° *imbécillité* ou débilité cérébrale et des appareils nerveux des sens. En effet, la sensibilité générale baisse, les sens s'émoussent, les facultés intellectuelles deviennent obtuses ; 3° *décrépitude* : c'est le dernier degré de la caducité. A l'augmentation de la faiblesse musculaire et de la débilité de l'appareil nerveux, de l'intelligence et des sensations, se joignent le délabrement des viscères digestifs, la paralysie des organes urinaires, le ralentissement de la circulation et de la respiration : tout annonce une dissolution graduelle et la destruction de l'individualité animale.

La détérioration organique des individus du règne végétal qui précède leur mort a été désignée sous le nom de *dépérissement*, tandis que celle qui amène la chute de leurs parties (feuilles, fleurs) avant la mort de l'individu a été appelée *caducité*.

Suivant les lois générales de l'organisme, les parties liquides ou solides, organisées ou inorganisées, qui ont une fois accompli leurs fonctions, et qui, par une détérioration rapide ou lente, ne peuvent plus adhérer à l'économie vivante, sont destinées à s'en détacher, et le phénomène de cette séparation a reçu des dénominations diverses. Le mouvement centrifuge, qui exporte les parties liquides, préside aux sécrétions, excrétions, transpirations, dépurations, éliminations. Ces phénomènes sont observables dans les végétaux et les animaux. Chez ces derniers, certaines parties, formées de matière cornée ou calcaire (épiderme, ongles, poils, piquants, plumes, becs, fanons, cornes pleines, cornes creuses, opercules cornés, croûtes, plaques, opercules calcaires, dards, dents de toutes formes), s'usent par le frottement, et tombent plus ou moins par les progrès de l'âge avant la mort de l'individu. La chute précoce ou tardive de ces parties (poils, cheveux, dents, etc.) est un des phénomènes de l'âge de caducité.

Dans les plantes, la caducité des feuilles est un phénomène qui indique la mort de ces organes et la torpeur de l'individu plus ou moins vivace, qui réparera dans une saison favorable cette perte au moyen des bourgeons. La flétrissure, la chute des enveloppes de la fleur (*périanthe*) et de celles du fruit (*péricarpe*) sont, de même que dans les feuilles, les signes de leur caducité. La chute du fruit qui s'effectue lors de sa maturité est le procédé voulu par la nature pour la propagation des embryons libres. C'est ainsi que la caducité du pédoncule et du péricarpe favorise ce mode de reproduction végétale. Le germe vivant tombe, mais tôt ou tard, placé sous les influences vivificatrices, il s'élève pour perpétuer l'espèce. La manière dont le germe des végétaux se détache est donc accompagnée de phénomènes de caducité. Nous aurons à les indiquer encore en mentionnant celles des parties des enveloppes des germes des animaux qui doivent périr avant ou au moment de la naissance du nouvel individu. Au dire des observateurs, le jeune animal gemmipare se détache de la mère sans entraîner ni laisser aucune enveloppe caduque. Mais dans les êtres animés, qui sont les uns ovipares, les autres ovovivipares, ceux-ci subvivipares, d'autres enfin vivipares, des enveloppes nombreuses de l'embryon ou du fœtus (véritables péricarpes animaux), sont destinées à se séparer du nouvel être au moment de la naissance et à tomber dans le monde extérieur pour s'y décomposer. Quoique ce fait de la caducité de toutes les membranes et couches plus ou moins solides de l'œuf des animaux soit observable dans chacune d'elles, on a donné seulement le nom de *membrane caduque* à celle qui, dans l'œuf des mammifères, disparaît la première et de bonne heure.

D'autres organes non moins remarquables des animaux ont un caractère de caducité que nous devons signaler. On pourrait les réunir sous le nom de *pavillons* ou *étendards d'amour caducs*, parce que en effet on les voit se développer, s'accroître, pendant la virilité des mâles, persister dans la saison du rut et tomber ensuite. Tels sont les bois des cerfs, des élans, des rennes, les plumes qui constituent les aigrettes, les collerettes, les brins et tous les autres ornements par lesquels la nature a voulu différencier les oiseaux mâles de leurs femelles. Quelquefois des organes utiles sont détachés volontairement pour que l'animal se livre sans distraction à un travail plus important. C'est ainsi que les fourmis femelles font leur chute elles-mêmes ou que les neutres les leur arrachent, afin qu'elles soient entièrement occupées de la ponte prochaine. D'autres fois, les parties caduques servent à former une enveloppe qui protège l'animal : tels sont les poils de certaines chenilles et la peau des larves des diptères, qui se raccornit pour former la coque de leur nymphe. L. LAURENT.

En droit, les mots *caduc, caducité* s'emploient pour exprimer qu'une donation entre vifs ou un legs, valables dans le principe, ont été, par un événement quelconque, privés de leurs effets. Les articles 1039 et suivants du Code Civil fournissent des exemples de dispositions caduques.

CADUCEE, baguette entourée de deux serpents et surmontée de deux ailes, symbole de paix et attribut de Mercure. L'origine de cette figure et l'époque d'où elle date ne peuvent guère se déterminer avec certitude. La fantaisie des poëtes et des artistes ajoutant aux idées reçues, aux symboles consacrés, et nul ne songeait à contester ces transformations successives. Dans Homère, les hérauts sont porteurs d'une simple baguette ou d'un bâton, appelé *sceptre*, qui (à part une différence probable dans la forme) était à la fois l'attribut des rois et celui des hérauts. Avec le temps, la différence du sceptre royal avec la baguette des hérauts dut devenir plus sensible : plus tard les rois ne paraissent même plus en possession de cet emblème. Resté exclusivement au pouvoir de ces messagers officiels, le caducée se revêt de signes allégoriques appropriés à leurs fonctions. Dans tout l'Orient le serpent fut l'éternel symbole de la prudence, vertu si nécessaire dans les négociations et les messages : on le fit tourner autour du caducée ; on le doubla même, soit qu'on voulût exprimer l'accord entre deux partis, soit que les artistes y trouvassent un développement plus favorable au dessin. Les ailes sont le symbole de la vitesse ; elles surmontèrent l'insigne des messagers.

Apollon aurait, dit-on, donné cette baguette à Mercure pour le récompenser de lui avoir cédé l'honneur de l'invention de la lyre. Mercure l'aurait portée lors de son arrivée en Arcadie. Voyant deux serpents en lutte, il l'aurait jetée entre eux et les aurait vus s'y attacher sans se faire aucun mal. Depuis, ce sceptre lui aurait servi à conduire les mânes aux enfers, d'où le surnom de *Caducifer*. On voit figurer sur des médailles antérieures de quelques siècles à l'ère chrétienne le caducée tel que nous le dépeignons ici, et tel qu'on le prête non-seulement à Mercure, mais à Bacchus, à Hercule, à Cérès, à Vénus, à Anubis. Toutefois, ce ne sont guère que les écrivains latins qui le décrivent ainsi. Il n'est pas prouvé que Thucydide l'ait conçu exactement sous la même forme. Quant à l'étymologie du mot *caducée*, en grec, κῆρυξ signifie messager, et dans le dialecte des Tarentins, καρυκεον, κηρυκειον, baguette des hérauts. Comme les Tarentins étaient Doriens d'origine, et que c'est au dialecte dorien que les Latins ont surtout emprunté les mots grecs, il n'est pas étonnant que de καρυκεον ils aient fait *caduceum* ou *caduceus*, noms latins de cette espèce de baguette.

François GAIL.

CADY. *Voyez* KADI.

CAEN, ville de France, chef-lieu du département du Calvados, à 220 kilomètres de Paris, au confluent de l'Odon et de l'Orne, avec une population de 40,352 habitants. Siège d'une cour d'appel dont le ressort embrasse les départements du Calvados, de la Manche et de l'Orne, de tribunaux de première instance et de commerce, d'une église consistoriale calviniste, elle possède une académie universitaire, des facultés de droit, des lettres, des sciences, une école secondaire de médecine, un lycée avec école primaire supérieure, une école normale primaire départementale, une école d'hydrographie et une école de sourds-muets ; une bibliothèque publique de 47,000 volumes, des musées, un jardin botanique, un théâtre, une chambre de commerce, un bureau principal de douanes et un dépôt de remonte. C'est le chef-lieu de la 3ᵉ subdivision de la 2ᵉ division militaire.

La ville est bien bâtie, ses rues sont larges et alignées ; elle renferme plusieurs édifices remarquables, entre autres le lycée, ancienne abbaye de bénédictins, dite *Abbaye aux Hommes*, bâtie au commencement du siècle dernier d'après les dessins de Guillaume de La Tremblaye, frère convers de l'ordre, sur l'emplacement des constructions élevées par le célèbre Lanfranc, sous Guillaume le Conquérant ; une aile en harmonie avec l'ancienne architecture y a été ajoutée en 1828 ; l'école normale installée dans le bâtiment qu'on appelle palais de Guillaume le Conquérant, quoique le caractère de son architecture ne permette pas de le reporter

11.

à une époque plus reculée que le quatorzième siècle; l'imposante basilique de Saint-Étienne; l'ancienne Abbaye-aux-Dames, aujourd'hui l'Hôtel-Dieu : ces deux derniers monuments renfermaient, l'un le tombeau du vainqueur de Hastings, l'autre celui de sa femme, la reine Mathilde. Ils furent détruits une première fois, pendant les guerres de religion et une seconde sous la révolution; ce sont de nouveaux mausolées qu'on y voit aujourd'hui. Nous citerons encore l'église Saint-Pierre, dont les différentes parties sont l'ouvrage de plusieurs siècles, et qui est remarquable par l'élégance de sa tour et de sa flèche; le palais de justice, l'hôtel de ville.

L'industrie est très-active à Caen; il s'y fait une fabrication importante de blondes, dentelles et tulles; de bonneterie de coton, laine angora, laine cachemire et fil d'Écosse; de broderie sur tulle, de cotons et cotonnades, linge damassé; de machines à vapeur et de mécaniques; de papiers peints. On y trouve des filatures de coton à tisser, à coudre et à broder, de fil et de soie à dentelles, des huileries, tanneries, blanchisseries, teintureries, corderies, raffineries de sucre; on y compte sept imprimeries. Quoique à 12 kilomètres de la mer, son port est renommé pour les constructions navales. Après l'achèvement du canal de Caen à la mer, il pourra recevoir les plus forts bâtiments marchands. Le commerce consiste en grains et graines, cidre, chevaux et bétail, beurre, œufs, fruits, granit et pierre de taille, poterie, etc.

Caen n'est pas une ville fort ancienne, et cependant on ne peut fixer avec certitude l'époque de sa fondation. On croit qu'elle a remplacé une cité romaine dont les débris se trouvent encore aux environs. Lors de la cession de la Neustrie aux Normands par Charles le Simple (912), Caen était déjà une cité importante; et elle prit un grand accroissement sous les ducs de Normandie, qui en firent souvent leur séjour et qui la fortifièrent. Elle soutint plusieurs sièges mémorables. En 1346, Édouard III, roi d'Angleterre, la prit d'assaut, la livra au pillage, et fit massacrer une partie des habitants. Les Anglais s'en emparèrent une seconde fois, en 1417, et la gardèrent jusqu'en 1448. Dans cet intervalle Henri IV y fonda en 1437 une université que le roi Charles VII confirma en 1452. Jusqu'à la révolution Caen demeura la capitale de la basse Normandie : c'était le chef-lieu d'une généralité, d'une intendance et d'une élection. C'est dans cette ville que se retirèrent les Girondins proscrits par la Convention et qu'ils organisèrent la guerre civile; c'est encore de Caen que partit à la même époque Charlotte C o r d a y pour assassiner Marat.

Ce qui distingue surtout le chef-lieu du Calvados, c'est son grand nombre d'institutions scientifiques et littéraires; nous citerons seulement ici sa Société des Sciences et des Arts, qui figure au premier rang parmi nos académies de départements.

CAERMARTHEN, ou CARMARTHEN, le plus considérable des comtés de la principauté de Galles, à l'extrémité méridionale de laquelle il se trouve situé, occupant une superficie de 25 myriamètres carrés, est borné au sud par la baie à laquelle il donne son nom, et qui se rattache à l'est au canal de Bristol, à l'ouest par le comté de Pembrocke, au nord par celui de Cardigan, et à l'est par ceux de Clamorgan et de Brecknock. Le sol en est en partie montagneux et s'élève avec les derniers contreforts de la montagne de Wales, qui s'abaisse en cet endroit. Il est arrosé par le Towy, le Tiwy, le Dulas, le Tave, l'Amman, le Gilly et autres cours d'eau extrêmement poissonneux; et sous ce rapport on doit surtout citer la vallée formée par le Towy. Les habitants, dont le chiffre s'élève à 115,000, s'occupent surtout de l'élève du bétail, et possèdent aussi quelques manufactures de lainages. On n'y rencontre pas une seule manufacture de coton. Le sol fournit de la houille en abondance, et aussi du fer qu'on prépare surtout à Llanelly, de l'étain, du plomb, du marbre, etc.

Ce comté envoie deux membres à la chambre des communes. Les trois villes les plus importantes sont Llanelly, Kidwelly et Caermarthen (appelé aussi Caer Fryddyn) son chef-lieu. Cette dernière ville, considérée en même temps comme la capitale de la partie méridionale du pays de Galles, est bâtie sur les deux rives du Towy, à 11 kilomètres de son embouchure, dans la baie de Caermarthen, sur le versant d'une montagne, de sorte que les rues en sont passablement escarpées et irrégulières, mais offrent partout les plus beaux points de vue. Les maisons sont bien construites. Il faut surtout mentionner en fait d'édifices l'église paroissiale, de style gothique, ainsi que les chapelles servant à différentes sectes dissidentes, le bel hôtel de ville avec une façade ornée de colonnes d'ordre ionien, et le pont de six arches qui établit une communication entre les deux parties de la ville. A son extrémité occidentale, on voit une colonne de 80 pieds d'élévation, qui fut consacrée en 1826 à la mémoire de T. Picton, ancien représentant de cette ville, tué à la bataille de Waterloo. Caermarthen compte environ 11,000 habitants, qui s'occupent de commerce et de pêche, surtout de celle du saumon. Comme le Towy est navigable pour des bâtiments de 200 tonneaux jusqu'au pont dont nous venons de parler, c'est Caermarthen qui fournit aux besoins de tout le district; et elle reçoit en échange des produits du sol, notamment du beurre, et en outre quelques minerais de plomb. On y construit aussi des navires jaugeant de 50 à 150 tonneaux.

Au point de vue littéraire Caermarthen est surtout célèbre comme ayant, dit-on, vu naître dans ses murs le célèbre enchanteur Merlin, et parce que c'est dans ses environs que mourut, dans une champêtre solitude, Richard Steele, l'ami d'Addison. Cette ville est fort ancienne. Il en est déjà fait mention dans l'Itinéraire d'Antonin, sous le nom de *Maridunum*, comme habitée par les Démètes ou Démécelles; et on y trouve encore de nombreuses ruines de l'époque romaine. Longtemps elle fut la résidence des souverains du pays de Galles, et elle joua un rôle important dans leurs luttes contre les Anglais. C'est ainsi qu'en 1137 elle fut complètement brûlée par Owen Gwynedd, puis reconstruite bientôt après par le comte de Clare. C'est d'elle que le duc de Leeds prend le titre de marquis de Caermarthen.

CAERNARVON ou CARNARVON, comté situé au nord de la principauté de Galles. Les limites en sont : au sud, la baie d'Harlech ; à l'ouest, la baie de Caernarvon et le canal de Menai, qui sépare le comté de Caernarvon de l'île d'Anglesey; au nord, la mer d'Irlande, et à l'est, le comté de Denbigh. Le sol, qui comprend en superficie 13 myriamètres carrés, est est extrêmement montagneux, attendu que c'est là que se concentre la masse principale de la chaîne du pays de Galles. Le *Snowdon*, montagne à trois pics, de 1,180 mètres d'élévation, et composé presque entièrement de porphyre et de granit, en forme le point central. Il est le but de fréquentes ascensions ; aussi une auberge a-t-elle été construite au pied de cette montagne, où d'ailleurs il n'y a pas de route tracée. La montagne la plus haute après celle-ci est le Carnel-Llewelyn, dont l'élévation est de 1,178 mètres. Le grand nombre de ses pics et de ses lacs donne au comté de Caernarvon le caractère essentiellement romantique des contrées alpestres; caractère qui se retrouve encore dans le genre d'occupation le plus généralement en usage parmi les habitants : l'élève du bétail et la fabrication du beurre. Comme le Towy dans la partie méridionale du pays de Galles, le Conway, rivière où l'on trouve des perles, y forme une vallée extrêmement fertile. Après lui le cours d'eau le plus considérable est le Seiont, lequel prend sa source dans le *Snowdon*. Les habitants, dont le chiffre s'élève à 72,000, se livrent avec beaucoup de profit sur la côte à la pêche des huîtres et des harengs; ils produisent aussi un peu de laine, de cuivre et de plomb. Ils envoient deux membres à la chambre des communes. Les villes principales du comté sont Caernarvon, Bangor et Conway.

Caernarvon, chef-lieu fortifié du comté, est bâti à l'embouchure du Seiont, dans le détroit de Menai, large en cet endroit de 3 kilomètres, à 11 kilomètres au sud-ouest du grand pont de Menai, et compte 11,000 habitants. Parmi ses édifices on remarque surtout son hôtel de ville. Il faut aussi mentionner ses nombreux et anciens ouvrages de fortification, notamment le château fort parfaitement conservé d'Édouard Ier, connu des voyageurs sous le nom de *Caernarvon-Castle*, et qu'ils vont visiter de préférence à toutes les autres ruines du pays de Galles. Le port, jadis dangereux et ensablé, mais aujourd'hui parfaitement sûr, peut recevoir des bâtiments de 500 tonneaux. On y fait un commerce des plus actifs avec Bristol, Liverpool et Dublin, consistant surtout en grains avec l'Irlande. Le minerai de cuivre et les ardoises constituent les principaux objets d'exportation. Les manufactures qu'on y trouve sont sans importance. L'histoire de cette localité remonte jusqu'à l'époque des Romains, dont elle était peut-être la seule et en tout cas la plus importante station dans la *Cambria*; et de nombreuses ruines y rappellent encore aujourd'hui leur domination. Le *Segontium* d'Antonin, dont le nom se rapproche de celui du fleuve appelé de nos jours *Seiont*, était situé à peu de distance du Caernarvon actuel; et ses matériaux servirent à le construire, sous le règne d'Édouard Ier. Ce prince bâtit Caernarvon, de 1282 à 1284, avec les fortifications, dont une partie subsistent encore aujourd'hui. En 1294 les Gallois pillèrent cette ville, qui eut aussi beaucoup à souffrir à l'époque des guerres civiles de l'Angleterre, mais surtout lorsqu'elle fut prise d'assaut en 1644. C'est là que naquit Édouard II, le premier prince Anglais qui porta le titre de prince de Galles.

CAFARD. De tous les **hypocrites**, le cafard est le plus vil et le plus dangereux. Le masque dont il couvre d'ordinaire son âme de celui de la dévotion, parce qu'elle est presque toujours le moyen le plus sûr de se faire ouvrir les portes auxquelles il frappe.

.... Sous les plis de ce manteau crasseux
Qu'à nos sales *cafards* a légué Diogène
Habitent le .mensonge, et l'envie et la haine,
L'orgueil, le fanatisme et son cortège affreux.
(BRIDEL.)

Mais ce n'est pas dans les sacristies seulement que l'on trouve des cafards; les ateliers, les régiments et en général les nombreuses agglomérations d'hommes réunis sous un chef en comptent dans leur sein, et ce sont quelquefois des gens très-peu religieux. Ces différentes variétés de l'espèce ont néanmoins des caractères communs; tout cafard fait abandon de sa dignité personnelle et de sa conscience; est humble avec les gens qui veulent autour d'eux des complaisants et des laquais; il s'efface et s'amoindrit tant qu'il peut; il est prêt à accepter tous les rôles, à endosser toutes les infamies, s'il y voit quelque profit; dans la conversation, il est rare qu'il contrarie vos sentiments; parfois il feint de les partager. Mais avec quel art il vous dénigre quand vous n'êtes plus là! Ces dénigrements sont d'ordinaire enveloppés d'un voile d'humilité qui en impose aux plus clairvoyants :

Les gens de morale austère
Ne manquent jamais de fard;
La vertu la moins sincère
C'est la vertu du *Cafard*.

Le cafard est implacable dans ses haines et ses vengeances; son plus grand ennemi est celui qui l'a pénétré; l'imprudent qui l'a sifflé tout haut n'aura de lui ni trêve ni merci, et devra se garder jusqu'à la mort de l'être rampant et venimeux qu'il a démasqué. On ne lui pardonne jamais tout son venin; cependant s'il voit ses révélations mal reçues, il se tait, il avoue volontiers des torts, jusqu'à ce que la moindre occasion de nuire lui ramène tout son fiel sur les lèvres. Comme ces animaux si prompts à rentrer dans leurs coquilles au moindre obstacle, et qui, au moyen de leurs tentacules, sondent si bien le terrain avant de s'engager, le cafard partout où il passe laisse des traces de sa bave dégoûtante.

CAFARD (*Entomologie*). Voyez BLATTE.

CAFÉ, CAFÉYER. Le *caféyer* est un arbuste de la famille des rubiacées de Jussieu et de la pentandrie monogynie de Linné, qui est devenu par ses graines un objet d'utilité journalière et d'un vaste commerce, à cause de la boisson excitante qu'on en prépare maintenant chez la plupart des peuples civilisés.

L'enthousiasme inspiré par cette boisson à quelques savants leur fit supposer que le fameux *népenthès* d'Homère, donné par la belle Hélène à Télémaque, dans un repas pour le réjouir, ne pouvait être autre que le café. Hélène tenait ce népenthès d'une dame égyptienne. Homère assure qu'elle le mêla dans du vin; mais, outre que les Orientaux nomment toute boisson vin ou *kawa*, Avicenne parle d'un *vinum elcahve*; ainsi l'on a préparé du café au vin (comme on le fait encore chez certains peuples du nord), ce qui ne lui a point ôté sa propriété exhilarante. Les érudits n'ont pas toutefois accueilli cette opinion; mais on lit dans la Bible, disent-ils, que la belle Abigaïl, épouse de Nabal, offrit aux guerriers qui accompagnaient David des provisions de bouche et cinq mesures de *kali*. Ils soutiennent que ce mot, signifiant une graine torréfiée, ne pouvait être autre chose que le *kawa* ou *cahué*, c'est-à-dire le *café*. Cependant la plupart des rabbins expliquent le mot *kali* par de l'orge torréfiée. Rien ne prouve, d'ailleurs, que le café fût découvert à ces époques reculées; les musulmans assurent qu'il fut révélé à Mahomet par l'ange Gabriel.

On a prétendu qu'Avicenne avait voulu désigner le café sous le nom de *bunch* ou *bunchum*; qu'il fut apporté de l'Yémen; mais comme il ajoute qu'on l'obtient des racines d'un végétal nommé *anigailen*, devenu vieux, ceci n'a plus de rapport avec le café. On n'a donc aucune certitude que celui-ci fût anciennement connu, et ce n'est que vers l'an 656 de l'hégire (le treizième siècle de notre ère), que l'historien Ahmet-Effendi attribue sa découverte, vers la Mecque, en Arabie, à un derviche. Nos histoires des croisades n'en font aucune mention. Cette boisson paraît se s'être d'abord répandue dans la Perse et quelques régions de l'Abyssinie, car c'est le muphti Djemel-Eddin, surnommé Dhabbani, qui, voyageant en Perse, en rapporta l'usage à Aden, sa patrie, où il mourut, l'an 865 de l'hégire (1459). Lorsque Sélim conquit l'Égypte, en 1517, l'usage du café passa à Constantinople.

L'époque de son introduction en Europe est connue. Rauwolff fut le premier qui parla du café, en 1583. Prosper Alpin vint ensuite, et décrivit l'arbre du café en Égypte, sous le nom de *bon*, ou *bun*, ou *boun*. Son ouvrage parut en 1591. Bacon de Vérulam, en 1614, fit mention de cette boisson des Orientaux, et Meisner en publia un traité dès 1621. Ce n'est cependant que vers 1645 que l'on commença d'en prendre en Italie; les premiers *cafés* furent ouverts à Londres en 1652, et à Paris en 1669, époque où la livre de café valait jusqu'à quarante écus. Ce fut surtout Soliman-Aga, ambassadeur de la Porte, qui mit à la mode le café à Paris. En 1674 il avait pénétré en Suède, où on le vantait contre le scorbut. Le premier qui essaya le café au lait fut Nieuhoff, ambassadeur hollandais, en Chine, à l'imitation du thé au lait. Antoine de Jussieu publia la première description botanique du caféyer dans les *Mémoires de l'Académie des Sciences*, en 1713, avec figures.

Personne n'ignore qu'à la fin du dix-septième siècle, le caféyer fut transporté par les Hollandais, de Moka, en Arabie, à Batavia; qu'on en cultiva quelques pieds à Amsterdam vers 1710, où ils donnèrent des fruits productifs ; qu'en 1713 M. Resson, lieutenant général d'artillerie, en France, en donna un pied venu de Hollande au Jardin des Plantes de Paris; qu'en 1720 un autre pied élevé dans les serres de ce jardin fut transféré aux Antilles par le capitaine Declieux, qui aima mieux pendant la traversée souffrir de la soif, pour arroser avec l'eau de sa boisson ce précieux arbuste, que de risquer sa perte. C'est de ce pied que sont venus tous les caféyers cultivés à la Martinique, à la Guadeloupe et à Saint-Domingue, comme dans les autres Antilles. Le café était déjà cultivé à l'île de la Réunion en 1717, où il vint d'Arabie directement.

Le caféyer présente des feuille ovales, entières, brillantes, opposées, sur des rameaux quadrangulaires. Sa fleur, blanche, monopétale, à cinq divisions, est analogue à celle du jasmin, odorante, naissant en bouquets à l'aisselle des feuilles; elle porte cinq étamines, avec un style au milieu; elle est suivie d'une baie d'abord rouge comme une cerise, puis noirâtre dans sa maturité; ce fruit est mucilagineux, un peu fade et sucré; on en peut obtenir par la fermentation de l'eau-de-vie, et les nègres en sucent la chair. Dans l'intérieur sont les deux semences ou fèves accouplées sous une coque, et entourées d'une arille. Cette enveloppe, nommée improprement, *fleur de café*, est employée en Orient et par les Arabes pour faire le *café à la sultane*.

Quoique l'usage ordinaire soit de torréfier le café, ce qui développe beaucoup son odeur et une sorte d'huile pyrogénée, excitante, cependant plusieurs médecins ont recommandé l'emploi du café non brûlé, ou seulement séché et pulvérisé. La décoction qui en résulte est d'un jaune verdâtre, moins agréable, mais c'est un bon remède contre les fièvres intermittentes ou d'accès, comme s'en est assuré Grindel. En cet état, il peut même remplacer le quinquina. On sait que l'on a extrait du café un principe cristallin et amer nommé *caféine*; outre cette huile empyreumatique très-odorante, le café torréfié contient du tannin.

On connaît les effets physiques du café : il accélère la circulation du sang, cause une agréable chaleur dans l'estomac, favorise la digestion et anime les fonctions du cerveau; il aide donc le travail intellectuel en tenant aussi éveillé longtemps, car il chasse le sommeil; non-seulement il excite la transpiration, mais il porte aussi fortement vers l'appareil urinaire. Les individus très-irritables l'aiment quelquefois avec passion, témoin plusieurs femmes, quoiqu'il les dispose aux tremblements, même à un mouvement d'exaltation fébrile. Des personnes très-sanguines peuvent en éprouver des palpitations, des vertiges, des exanthèmes à la face; on l'a même accusé de disposer à l'apoplexie et à la paralysie; cependant des hommes de lettres, tels que Fontenelle et Voltaire, en ont fait un emploi constant et prétendu abusif; si c'est un poison, il faut convenir avec Fontenelle que c'est un poison *lent* : ces deux hommes célèbres l'ont bien prouvé. Le café a la propriété de combattre les effets de l'opium, puisqu'il écarte le sommeil et les affections soporeuses. On l'a vu dissiper la migraine, l'asthme humide; il excite les règles chez les femmes; il peut rejoindre du ton aux organes digestifs affaiblis, et combattre les relâchements diarrhéiques. On pense qu'il nuit dans les maladies des reins et de la vessie, à cause de la sécrétion urinaire, qu'il augmente. Le café n'en est pas moins aujourd'hui une boisson dont la puissance sur nos habitudes intellectuelles ou morales n'a peut-être jamais été calculée comme elle le mérite, depuis qu'on en fait emploi chaque jour, et qu'elle a presque supprimé l'ivresse, que se permettaient nos bons aïeux dans leurs grands repas.

Les aliments et les boissons ne se bornent point à modifier nos corps seulement à mesure que ces substances agissent sur notre organisation; il est certain que notre manière de penser et de sentir en éprouve aussi des changements, par la relation perpétuelle du physique et du moral en nous. Le même effet s'observe dans l'emploi du thé comparé à l'usage du vin, pour boisson habituelle.

La Chine, routinière sous le bâton de ses mandarins, et qui compte plus de 200 millions d'habitants, asservis par une poignée de conquérants tatares, à plusieurs reprises et pendant des siècles, accuse hautement une lâcheté et une mollesse radicales, entretenues, fomentées sans cesse par l'abus de boissons continuelles d'eau chaude, d'infusions théiformes. Quoique des institutions politiques concourent aussi à garrotter cette antique nation, rien de semblable ne serait possible en introduisant chez elle l'habitude du vin et des spiritueux, si l'on considère l'impétuosité que l'ivresse imprime, ou seulement l'exaltation modérée que des boissons fermentées entretiennent dans le courage et donnent à toutes les actions des peuples européens, sous un climat pareil à celui de la Chine septentrionale. Quelle sera donc l'influence du café pris habituellement et substitué en partie au vin parmi les Européens, dans leur état social actuel? Il suffit de l'observer parmi les peuples orientaux, qui font abondamment usage ou plutôt excès de cette boisson.

Les Arabes, indépendamment de leur climat sec et ardent, qui rend leur complexion grêle et nerveuse, ainsi qu'on le remarque parmi les Bedouins, doivent au café, qu'ils prennent assidûment, une partie de leur mobilité impétueuse, de leur vivacité d'esprit, du feu de leur imagination, de ce caractère d'indépendance ou même de cette liberté exagérée qui fait leurs délices, et qui les maintient indomptables et fiers dans leurs arides solitudes. Ils puisent encore dans cette boisson et les longues veilles qu'elle détermine l'amour des *contes de fées*, de ces ingénieux badinages des *Mille et une Nuits*, dont ils savent charmer leurs fortunés loisirs. Voyez-les assis en cercle près de leur tente patriarcale, autour d'un petit feu de bouse de chameaux desséchée. Là est une poêle percée de trous dans laquelle rôtit la fève du *bunn*, ou le café Moka sa coque, parce qu'ils ne séparent pas toujours celle-ci comme inutile; deux pierres plates ont bientôt broyé le *kawa modjahham* (café avec sa coque) en une poudre presque impalpable. L'eau bouillante est préparée dans l'*ibrik* (la cafetière); on y jette cette poudre. Si l'on emploie la graine du café avec la coque, la boisson se nomme *bunnya*; mais, si l'on se contente de la seule coque grillée (ou ce qu'on appelle en Europe du *café à la sultane*), la boisson se nomme *kischériya*. On agite le mélange, et sans qu'il dépose, mais encore tout épais et chargé de la poudre fine, on le verse bouillant dans des petites tasses de cuir, et on le savoure ainsi par petites gorgées sans sucre, sans lait, sans aucun mélange étranger qui en adoucisse ou déguise l'amertume. Cependant l'assemblée, accroupie sur ses nattes ou ses tapis de peau de chameau, prépare un tabac tantôt parfumé de bois d'aloès, tantôt mêlé d'un peu d'opium, dans de longues pipes de terre de Trébizonde dites d'*écume de mer*; et pendant que chacun fume gravement, le chéik ou le vieillard engage un jeune homme à réciter soit l'histoire des amours de Soleyman (Salomon), soit quelque autre conte oriental, soit à chanter une complainte.

Cependant la préparation du café continua, et de temps en temps, l'échanson, le Ganymède de la troupe renouvelle les doses de la noire décoction dans les tasses flexibles, ces fidèles compagnes de nos vagabonds Bedouins. Souvent on passe toute la nuit, sous ces heureux climats, à s'abreuver chacun de vingt à trente tasses de café. La conversation s'échauffe, s'anime; alors les cerveaux s'exaltent; quelquefois un jeune Bedouin ardent se lève dans son enthousiasme, entonne un hymne sacré à la louange du grand Allah et de son prophète Mahomet, puis, respirant la gloire, propose à toute l'assemblée quelque partie de voyage, telle que de détrousser une caravane, d'attaquer une autre horde d'Arabes, ou de piller quelques villages de la Syrie et de l'Égypte. Toute la société applaudit à la proposition, et dès le lendemain l'on prépare les chevaux, et les chameaux, avec le sabre arabe et le djerrid ou la lance tant de fois terrible et victorieuse dans les champs de l'Yémen.

Lorsque l'usage du café passa de la Mekke à Constantinople et au Kaire, il s'établit dans ces grandes villes des cafés, des *kawha-hanés*, où l'on vendait cette boisson. Les oisifs s'y réunirent pour en prendre, et indépendamment des *almées*, des *ghawasiés*, danseuses ou courtisanes, qu'on y faisait venir pour amuser de leurs danses et de leurs chants les assistants, on y jouait aux échecs, on y racontait des histoires sempiternelles, des contes de féerie orientale assaisonnés d'apophtegmes. Mais comme tout s'use et devient insipide à la longue, l'on s'occupa quelquefois de nouvelles politiques ; à défaut de gazettes officielles, qui vous ordonnent de croire à tels événements, l'on en rapporta de vrais ou de faux, et l'imagination vive des orientaux ne dut pas être stérile en commentaires, surtout à l'aide du café, sous le régime de fer du despotisme. L'on conçoit que les sulthans, les visirs et les pachas ouvrirent bientôt les yeux sur ces réunions et sur une boisson trop intellectuelle pour leur administration féroce et insensée. Déjà le sulthan Mourad III avait défendu l'emploi du café à Constantinople : cependant l'usage s'en étendait ; mais sous la minorité de Mahomet IV, pendant la guerre de Candie, le grand-visir, Kiuperli, apprenant que dans les cafés publics on se permettait de blâmer sa conduite en lui attribuant les malheurs et la décadence de l'empire, fit fermer sur-le-champ tous ces lieux et même démolir les maisons, précipiter dans le Bosphore, cousus dans des sacs de cuir, les téméraires scrutateurs de son administration, ou distribuer, par son ordre, la bastonnade à d'imprudents raisonneurs, à quelques cafetiers de Constantinople, desquels on brisa les tasses. Cependant le même Kiuperli, moins inquiet des cabarets et des tavernes où l'on vendait du vin malgré la loi expresse du prophète, les laissa subsister : il pensait en vrai tyran, qu'il redoutait peu l'ivresse, qui abrutit les hommes, mais beaucoup la raison, qui les éclaire. Sous le despotisme c'est en effet un crime bien capital que de penser, dit B. Moselay. Toutefois, les mauvais traitements étant peu propres à convaincre les esprits, l'on buvait toujours du café en cachette, peut-être avec plus de plaisir, parce qu'on le proscrivait. La tyrannie résolut donc de le discréditer. On représenta aux ouléams, aux docteurs de la loi sainte, que les kawha-kanés étaient des lieux de débauche et d'impiété. On alla plus loin : Mahomet, le divin prophète, n'avait ni connu le café ni usé de cette boisson : c'était donc une abomination de l'employer ; de plus, le café doit être brûlé et charbonné avant qu'on en fasse une décoction : or, le Koran proscrit les choses impures en aliments, telles que les charbons. Les muphtis, les muezzins, assemblés dans un docte divan, fulminèrent un sanglant anathème dans un fetwa contre le café, déclarant en propres termes que ceux qui en useraient porteraient au jour de la résurrection générale un visage plus noir que le fond des chaudrons où l'on fait bouillir cette infernale substance. Nous ignorons si cette menace effraya beaucoup les musulmans petits-maîtres et jaloux de la blancheur de leur teint. Les mollahs, les derviches, les imans et fakirs, toute la hiérarchie sacerdotale fut déchaînée dans ses prédications par l'influence des émirs, des cheïks de la Mekke, soutenue de l'autorité des pachas et des sulthans. Ce n'était point assez, à ce qu'il paraît, et l'on se moquait toujours un peu des visages noirs au jour du jugement : l'on voulut donc faire décider encore par les facultés de médecine que le café était dangereux. Deux frères persans, médecins (*hakimani*) de l'émir et des cheïks de la Mekke et du pacha, l'an 817 de l'hégire (en 1502), crurent faire leur cour en déclarant que le café était sec et froid. Cette décision était adroite ; elle faisait craindre que l'usage du café ne refroidît la faculté prolifique, très-honorée dans l'Orient surtout ; elle dut fort alarmer les harems ou les sérails : quel puissant motif de repousser le café, pour le beau sexe principalement !

Cette fois les fakirs, les mollahs, les imans, prirent hautement la défense du café, parce que s'ils l'interdisaient au peuple, qu'il faut toujours tenir en bride, ils ne laissaient pas d'en faire eux-mêmes, en particulier, la plus ample consommation, jusque dans l'enceinte sacrée de la Kaaba, de la grande mosquée de la Mekke, et sous le spécieux prétexte de mieux veiller les nuits, pour célébrer sans relâche les louanges du grand Allah et de son prophète. D'ailleurs, c'était un saint iman, le pieux, l'illustre muphti Djemal-Eddin-Abou-Abdallah Mohammed-Ben-Saïd, surnommé Dhabhani, qui avait propagé l'usage du café : ce sont des fakirs de l'Yémen, et particulièrement le célèbre Ali-Ben-Omar-Schadili, auxquels on rapporte la découverte des vertus de cette fève. Dieu gagnait en louanges dans les veilles dévotes des mollahs. On contredit donc les assertions des docteurs persans Noureddin-Cazérouni et Alaeddin-Ali. Les savants du pays découvrirent dans de vieux livres que l'incomparable docteur Ben-Giaslah avait décidé jadis que le café était chaud et non pas froid. Le docte Fakhr-Eddin-Aboubekr-Ben-Abi-Yésid publia un livre admirable intitulé : *Le Triomphe du Café*; enfin, épris de cette boisson, le cheïk Schérif-Eddin-Omar-Ben-Faredh, dans ses sublimes poésies, s'exprima en ces termes en parlant de sa maîtresse : *Elle m'a fait boire à longs traits la fièvre ou plutôt le café de l'amour*.

Que pouvait-on répondre à ces raisons foudroyantes ? Les docteurs persans furent atterrés, et l'on sait que plus tard, quoique pour d'autres motifs, ils eurent le ventre fendu par l'ordre d'un sulthan. D'ailleurs, les pachas du Kaire, très-amateurs de café, ayant demandé l'avis des docteurs, ceux-ci, après avoir pris leur tasse, prononcèrent un fetwa où rescrit en faveur de cette boisson, déjà fort en vogue parmi les friands muphtis, les jurisconsultes, les docteurs, les hommes d'esprit jet d'étude. Néanmoins les cheïks, s'ils tolérèrent en particulier son usage, continuèrent à en défendre la vente en public, dans les cafés, qu'ils regardaient comme des séminaires de liberté et même d'insurrection.

Mais il était décrété sans doute par la fatalité que le café triompherait dans les entrailles même du despotisme ; car jusque dans les harems de sa Hautesse Amurath III, et malgré ses défenses, les charmantes odalisques, les mignons et les jeunes icoglans se délectaient de cette précieuse liqueur. Loin d'enivrer comme le vin, si abhorré du fidèle musulman, elle dissipe l'ivresse, elle débrouille les fumées opaques que l'opium envoie au cerveau. Enfin, l'on se trouva tout étonné de penser un peu pour la première fois, et dès lors l'on n'en fut plus si effrayé. Dès 1554 on vendait librement du café à Constantinople sous Soliman le Grand.

Croit-on que désormais un pacha turc se laisse étrangler par les muets de sa Hautesse avec le fatal cordon de soie verte, et sur une simple lettre ou firman ? Pense-t-on qu'aujourd'hui le moindre derviche ait une croyance aussi illimitée dans les moindres versets du Koran en prenant son café, qu'autrefois en se stupéfiant l'opium et le bendjé ? Si cette boisson diminue la crédulité, qui fait toute la violence du fanatisme et toute l'autorité des sulthans, elle sert la cause de la civilisation en Turquie et en Orient, d'où l'imprimerie était encore repoussée naguère par la même haine qui proscrivit le café.

Considérons maintenant quelle fut l'influence de cette boisson sur les peuples les plus civilisés de nos climats. C'est un fait remarquable qu'à Londres, en 1675, sous Charles II, rétabli sur le trône, on trouva que les cafés publics devenaient déjà tellement multipliés qu'on en comptait plus de trois mille. On les fit fermer, en adoptant, pour les tavernes à vin et autres boissons abrutissantes, l'exception que le visir Kiuperli avait accordée aux cabarets de Constantinople. Si l'influence de ces cafés publics sur l'esprit général fut d'abord moins sensible en France, la cause en est que le vin resta longtemps chez nous en honneur, comme produit national, et qu'il y avait presque du patriotisme à s'enivrer. La spirituelle Sévigné prédisait que le café et Racine passeraient de mode, et qu'il n'était pas alors de mauvais ton comme il est aujourd'hui de se mettre en pointe de vin, ou même d'aller au delà, ainsi qu'on le voit par l'aventure des amis de Molière dans un souper à Auteuil. Les jeunes seigneurs de la cour, jusque sous la licencieuse régence de d'Orléans, ne cherchaient la gaieté que dans les vins délicats ; ce n'est guère qu'au moment où Louis XV préparait lui-même son café dans son intérieur avec la comtesse Dubarry, que cette boisson prit une grande faveur dans la nation française. On vit dès lors les cafés exercer un puissant empire sur le public ; et, par exemple, la renommée du café Procope, où se rassemblaient les beaux esprits de ce temps, n'est pas étrangère à l'histoire politique du dix-huitième siècle, non plus qu'à la philosophie, comme on peut le voir par la correspondance littéraire de Grimm.

Que si l'on rapporte aux journaux et gazettes, enfin à toute autre cause qu'au café, le caractère de l'esprit depuis environ un siècle, et la révolution opérée dans les idées des peuples les plus civilisés d'Europe, nous ne prétendons pas, nous, l'attribuer uniquement à cette boisson ; mais il nous serait d'autant plus facile de montrer du moins à quel point elle y a contribué, que l'introduction des gazettes politiques date elle-même de l'époque de l'établissement des cafés publics. L'usage habituel du vin rend le tempérament éminemment sanguin, mobile, vif et jovial, mais plutôt étourdi et irréfléchi que pensif ; ainsi il excitera aux mouvements, à la danse, au chant, à un babil folâtre, d'autant plus qu'on s'échauffera en buvant, à moins qu'on ne se plonge dans des excès abrutissants. L'amateur de café acquerra, au contraire, par l'usage fréquent de cette boisson, une complexion plus maigre, grêle, nerveuse ; son système musculaire s'affaiblira et éprouvera même par la suite des tremblements, à mesure que son système nerveux sera plus souvent stimulé au moyen du café. Cette constitution le rendra donc plus propre à la réflexion qu'à l'activité corporelle. Il est facile de remarquer combien les personnes de ce tempérament grêle, surtout les femmes, idolâtrent le café et y trouvent leur bien-être, quoiqu'il agite excessivement leur système nerveux. L'on voit aisément aussi combien on éprouve de différence dans la faculté de penser, en déjeunant avec du vin ou bien avec du café. Or, le caractère moral des personnes adonnées au vin et de celles accoutumées au café devient à la longue tout à fait différent. Les premières s'abandonnent à la gaieté, sont insouciantes, franches, simples, ouvertes ; les secondes, plus réfléchies, plus subtiles ou calculatrices, plus pénétrantes, se possèdent infiniment davantage. On ne peut nier que cet état de l'organisation ne soit plus favorable à la pensée que le précédent. Il se laisse moins aveugler, il approfondit mieux les objets. Par conséquent, on raisonne mieux dans un café que dans un cabaret.

Ainsi, peu à peu cette fève méridionale imprimera aussi un tempérament plus nerveux, plus méridional, aux peuples du nord, qui en usent aujourd'hui si abondamment. L'Arabe est spirituel et vif, sans doute, mais aussi fort sérieux et calculateur. Il a sans doute une grande exubérance d'imagination ; mais pourquoi la richesse, la multiplicité des images dégénèrent-elles chez lui en recherche, comme on le voit dans les poésies, dans l'architecture, dans tous les discours de ce peuple ? Parce que, indépendamment du climat sec et enflammé qu'il habite, le fréquent usage de la fève de Moka contribue à fouetter, pour ainsi dire, davantage encore cette imagination exaltée. En gagnant beaucoup pour la vivacité de réflexion par l'emploi du café, l'on n'en conclura pas que la nation du génie augmente nécessairement. Les hommes de l'antiquité, illustres par leur haute intelligence, n'ont point connu cette boisson, et cependant bien peu de modernes, buveurs de café, les égalent. Nous remarquerons en effet qu'augmentant la mobilité, la susceptibilité intellectuelles, le café fera plutôt jaillir l'éclair d'une pensée, d'une saillie vive, d'un trait délicat et perçant, qu'il ne mûrira lentement de graves et de profondes méditations. Les Arabes ont produit beaucoup d'hommes d'esprit, très-peu de génies inventeurs ; ils ont été les copistes et les singes des Grecs, comme on l'a dit, plutôt que leurs émules ou leurs rivaux ;

même avant l'usage du café ; et cette boisson n'a pu qu'alguiser davantage leur esprit, sans les rendre des génies supérieurs. J'ajoute que les hommes le plus éminemment spirituels du dix-huitième siècle ont été de grands amateurs de café : tels furent Voltaire, Fontenelle, Jacques Delille et quelques autres. Enfin, si les lumières sont aujourd'hui plus répandues et disséminées dans la société, grâce à une plus facile compréhension, elles n'en sont pas pour cela plus vives ni plus concentrées en quelques têtes. Pense-t-on que si l'usage de l'opium s'introduisait jamais parmi nous, comme chez les Turcs, les Persans et d'autres Orientaux, nous aurions le même caractère, la même activité d'esprit que par l'emploi du café ?

On peut donc conclure de tout ceci que l'introduction de nouvelles substances en aliments ou en boissons, telles que le café, agit sur le physique et influe à la longue sur le moral, sur l'état politique même des hommes, et ne peut que nous conduire à un degré de civilisation plus perfectionné. La plupart des médecins et des philosophes qui ont fait de si heureuses recherches sur l'influence des climats ne se sont point aperçus que les aliments devaient exercer une action non moins vive. S'il est des climats pour la servitude, il est aussi des nourritures d'esclavage et des boissons de liberté. Le vin ne conviendrait pas dans les empires despotiques, comme l'opium, le banguc et les assoupissants ou les débilitants, tels que l'eau chaude du thé en Chine, et des thermopolies à Rome, au temps de ses despotiques empereurs. Pourquoi le blé et sa culture sont-ils mieux appropriés aux États civilisés, et le riz aux nations courbées sous le joug des sulthans d'Asie ? Nous pourrions en établir diverses raisons, si c'était ici le lieu. Cette étude offrirait une carrière neuve encore à parcourir. L'on apprécierait l'influence que la chair, qui est la nourriture des peuples chasseurs, le poisson, qui est celle des nations maritimes, et le laitage celle des nomades pasteurs, doivent exercer aussi sur leur moral et leur constitution politique, et l'on en rechercherait les causes.

La nature agit sans relâche sur nous ; ce n'est jamais à notre insu que nous négligeons de l'interroger : nous ne sommes pas ce que nous voulons, mais ce qu'elle veut et comme elle veut, en nous repaissant de nourritures pour ses divers desseins.   J.-J. VIREY.

CAFÉIER. *Voyez* CAFÉ.

CAFÉINE. Cet alcaloïde, identique en tout au moins isomère avec la *théine*, s'obtient en traitant par l'eau bouillante des graines de café vertes ou torréfiées ; on précipite la dissolution par l'acétate de plomb, on filtre et on sépare l'excès de plomb en faisant passer dans la liqueur un courant d'hydrogène sulfuré ; on filtre de nouveau et on fait cristalliser par évaporation. La caféine se présente alors en longues aiguilles soyeuses, blanches, solubles dans l'eau bouillante. Soumise à l'action de la chaleur, elle perd deux équivalents d'eau à 100°, fond à 177° et se volatilise à 884°.

CAFÉRISTÂN. *Voyez* CAFRES.

CAFÉS. On appelle ainsi une des branches de la puissance législative dans les pays libres, tels que nous les comprenons chaque jour davantage. Ce sont des chambres au petit pied. Là se traitent les grandes questions politiques ; là se décident la paix et la guerre ; là se font et surtout se défont les cabinets ; là se jugent, là se détruisent les renommées. Là, les généraux sont mandés à la barre pour avoir mal conduit les opérations, trop tard livré la bataille, trop tôt ouvert la tranchée, témérairement découvert leurs flancs, lâchement, ou traîtreusement battu en retraite, ou campé aux bords du fleuve quand il est clair que ce devait être dans la plaine, ou encore mieux sur le plateau. Là aussi les orateurs éminents sont victorieusement réfutés ; les ministres gourmandés sur leur ignorance, leur incapacité, leur perfidie, leur corruption. Là, enfin, l'économie politique est professée comme la stratégie, comme la législation, comme la diplomatie ; les finances, le commerce, l'administration sont des sciences communes à tous les assistants. Parmi eux les hommes d'État abondent. Les temps sont-ils orageux, la patrie est sauvée vingt fois le jour. Sont-ils pacifiques, l'étranger est mis à contribution, attaqué, révolutionné, constitué, sans repos. Y a-t-il des négociations pendantes, on sait tout ce qui s'y passe. On ne permet ni secret, ni retard, ni ménagement. Le fil est rompu ou renoué sans cesse; et qu'il se rompe ou se renoue, c'est la faute du négociateur. Comme pour le général, il y a toujours inpéritie, presque toujours cupidité et trahison.

Cependant, un grand événement est annoncé. Un nouvel interlocuteur, le plus important de tous, ne va pas tarder à paraître : la voiture qui le porte a été entendue ! On se presse, on attend. C'est une anxiété générale ; toutes les mains sont tendues vers lui à la fois. Heureux qui le premier aura ses confidences. Tout le monde fait silence ! On retient son haleine. On se pose pour écouter. Enfin, on écoute avec religion, les yeux à terre, les bras croisés, l'air pensif. De moment en moment, une exclamation trahit les émotions trop vives de l'auditoire...... Toutes les combinaisons sont renversées. On venait de décider la paix : le nouveau venu apporte la guerre ! On s'était allié au Piémont : il a vu, ce qui s'appelle vu, les Autrichiens dans Alexandrie ! On penchait pour un ministre entre tous, que l'opposition avait porté au pouvoir ; et c'est justement, ô pudeur ! celui-là qui est l'ennemi public ! On avait à élire un député ; on cherchait inutilement autour de soi depuis longtemps.... Le choix est tout fait. L'étranger propose ou plutôt impose un nom excellent, populaire, illustre, qui commande la confiance universelle... Il ne reste plus qu'à l'apprendre par cœur, qu'on le peut, et à le retenir. En conséquence, chacun d'emprunter timidement à l'hôte qu'on admire le plus humble lambeau de papier pour écrire, d'après lui, le nom glorieux qu'on ignore. Car cet hôte est le journal, c'est-à-dire *le Siècle*, *le Constitutionnel*, ou tel autre, et on ne discute pas contre le journal ! C'est la seule autorité que le temps présent reconnaisse. Il est le juge souverain, le maître incontesté : *Ipse dixit*.

Aussi n'est-il guère de si mince village qui n'ait une de ces officines politiques ; les opinions contraires sont obligées de s'y réunir, comme ces religions qui, dans les hameaux de la Suisse, n'ont qu'un seul temple pour desservir les communions ennemies. Dans les bourgs, on en a deux. Alors, les partis se distinguent seulement en deux camps : en *bleus* et *blancs* dans l'ouest et le midi, ou en ministériels et libéraux dans le reste de la France. Quand on en possède trois, les trois grandes opinions du temps présent ont chacune leur quartier général. C'est là que triomphe l'intolérance. C'est alors que les passions se donnent carrière, qu'on se hait de tout son cœur, et que la discorde sourit à son ouvrage. Les villes marquent leur importance parce qu'on y trouve de plus le café Militaire, le café du Commerce, celui de Thémis, celui de la Marine et beaucoup d'autres. Ce sont des représentations d'états.

Enfin, viennent les capitales, officielles ou non, les grandes cités. Leur attribut est de posséder la foule des cafés sans couleur et sans destination, cafés de luxe, cafés de rencontre et de plaisance, qui ne sont pas des lieux où l'on pense, où l'on parle, où l'on gouverne. Dans ceux-là, on prend un journal en courant ; on feuillette une *Revue* ; on ne jouit pas des trésors de la littérature contemporaine ; on ne fait que promener l'œil sur la polémique du jour. Dans ces grands centres d'affaires et de plaisirs, les oisifs ont bien autre chose à faire ou à rêver, et la politique véritable a de bien autres caravansérails, de bien autres places d'armes.

Ce n'est pas pour la bourgeoisie subalterne, pour les officiers à demi-solde et les rentiers, que le café reste un lieu de controverse et de délibération. Ainsi naguère encore, le café Lemblin, au Palais-Royal, était le rendez-vous consacré des débris de l'état-major impérial ; les libéraux implacables de la vieille garde et de la grande armée y gémissaient à perpétuité sur les infractions à la charte et sur l'abaissement continu de la diplomatie royale. Plus loin, le café Valois rassemblait d'autres ruines : une confédération d'anciens chevaliers de Saint-Louis, pauvres, fidèles et mécontents, mécontents déjà sous la Restauration qui se perdait visiblement, en ne gouvernant pas à leur guise ; plus mécontents depuis 1830, quoiqu'ils eussent la consolation de répéter souvent qu'ils l'avaient bien dit !

Il y a quelques autres *spécialités*, comme on dit à présent, quelques-unes qui remontent au dernier siècle. Le café de Foy, toujours au Palais-Royal, antique et renommé, est en possession de réunir les lecteurs de journaux qui méditent et ne dissertent pas, ou les amateurs de glaces perfectionnées, qui ne dissertent ni ne méditent. Au-dessus, le café des Mille Colonnes fut longtemps visité fidèlement par les provinciaux, qui ne croyaient pas avoir vu *la capitale* s'ils n'étaient allés contempler ce palais de cristal, d'or, de marbre, et par-dessus tout cette fameuse belle limonadière qu'on admirait déjà du temps de l'Empire, et qu'ils s'étonnaient de trouver toujours jeune, fraîche et belle. Ils ne s'expliquaient pas le miracle. Dans le voisinage, le café de la Régence est depuis l'ancien régime le chef-lieu des joueurs d'échecs du monde entier. Les plus grands seigneurs s'y pressaient du temps de Philidor ; les amateurs d'échecs entêtés s'y rencontrent encore. On voit là des parties dont le partner invisible suit son jeu, d'Angleterre, de Hollande et des Indes. Il y a des parties interminables, qui ont traversé la révolution, comme celles-là traversent les mers. Sur les boulevards on a des intérêts plus actuels et plus puissants. Tortoni et le café de Paris sont fréquentés par d'autres joueurs. Le steeple-chase et la rente, les *lions* et les agents de change, deux races d'hommes dont les préoccupations se croisent et se mêlent en cent façons, ont là leur camp volant. Ce sont les succursales actives de ce qu'on a nommé sous la Restauration, des jours de naïf étonnement, *le temple de Plutus*, de ce que nous nommons simplement la bourse aujourd'hui. Là, les nouvelles politiques s'échangent, se faussent, s'inventent, se multiplient sans fin, avec la rapidité de l'éclair et l'obscurité du nuage, escomptées de cent façons, sous les noms de hausse, de baisse, de découverts, de reports et mille autres qui cachent la spéculation politique, la spéculation financière, la richesse, la misère, la ruine. Oublierons-nous, sur l'autre rive de la Seine, un établissement qui ont traversé le siège de tous les beaux-esprits du dix-huitième siècle ? Le café Procope, dans l'ancien régime, était publiquement philosophique et littéraire, parce que c'était toute la politique du temps. Aujourd'hui les étudiants s'en sont emparés. Au sortir de la Révolution il réunissait encore une foule de vieillards instruits, vétérans de tous les régimes et de toutes les opinions qui s'étaient disputé la France depuis un demi-siècle. On raconte qu'à cette époque, dans les premières années de l'Empire, un enfant y accompagnait quelquefois l'instituteur trop indulgent de ses jeunes années, qui croyait bon de lui faire entendre tous ces demeurants du passé, et on n'eût pu trouvait encore meilleur de faire entendre d'eux le babil de son disciple. Celui-ci, au grand étonnement des vieillards, discutait tous les plans de campagne de l'empereur, annonçait les marches, ses batailles, ses victoires ; car l'unique chose qu'il ne prévît pas, bien entendu, c'étaient les revers. Il avait cent citations à faire d'Annibal, d'Alexandre et de César. Un jour, l'un des assistants, homme aux manières graves et distinguées, au visage austère quoique doux, conservateur à la bibliothèque Sainte-Geneviève, et nommé M. Flocon ou Faucon, prit l'orateur à part, et lui tint ce discours : — « Mon petit ami, je vais bien vous étonner ! » Ce début en effet l'étonna beaucoup. M. Flocon poursuivit. « Vous avez de l'esprit. » Ceci pouvait passer ! Mais était-ce la chose étonnante ? Le vieillard allait toujours : — « Hé bien, si vous continuez comme vous faites, à vingt ans, vous serez un ignorant..! » — Oh ! oh ! — « Et ne serez bon à rien ! » — Miséricorde ! —

« Mon enfant, voici pourquoi : c'est que vous parlez à l'âge où l'on doit s'instruire, et vous vous faites écouter d'hommes âgés à qui vous n'avez rien à apprendre, plutôt que de les écouter pour essayer d'apprendre ce qu'ils savent. Au lieu d'être ici, vous devriez être au collége, faire de bonnes études, travailler sérieusement et avec suite, comme la foule des jeunes gens, pour vous élever un jour au-dessus de la foule, quand vous serez homme, si Dieu vous en a donné les moyens, ce qui n'est pas impossible. Comprenez-vous cela ? »
— A la gloire de l'éloquence de M. Faucon, il faut dire que l'enfant comprit. Dès le lendemain il se mettait en campagne pour demander une bourse à l'empereur, n'arrivait qu'au prince archichancelier de l'empire, sortant du sénat, sur les degrés du grand escalier de l'empire, et obtenait une gracieuse promesse qui ne se réalisa jamais. Alors il recourut à M. de Fontanes, au bienveillant grand maître de l'université, qui autorisa l'excellent M. de Wailly à recevoir le jeune solliciteur à demi-pension, en lui souhaitant d'heureuses destinées et en paraissant y croire. Bref, il fit si bien qu'au bout de quelques mois il se présentait à la bibliothèque Sainte-Geneviève, devant le respectable et excellent administrateur, revêtu de pied en cap de l'uniforme du lycée Napoléon. O puissance d'un bon avis, bien donné, et donné à propos ! Objet d'éternelle reconnaissance ! Que de bienfaits ont été recueillis et célébrés qui ne valaient pas celui-là !

Le docte et vénérable café Procope était digne de cette fortune. Les autres ne sont pas généralement si bien inspirés. Il s'y donne beaucoup de conseils, mais qui n'ont pas d'ordinaire une si favorable influence. Les gouvernants peuvent se compromettre beaucoup en ne les suivant pas ; ils ne se sauveraient pas en les suivant. La politique et l'ascendant de ces ateliers de déclamations à vide n'ont guère d'autre vertu que d'irriter les questions, d'agiter les esprits, de grossir les difficultés, d'en faire naître d'insolubles. Un jeune membre de nos assemblées étonna beaucoup la chambre des députés, il y a quelques années (1836), et ne la scandalisa pas moins, en hasardant cette observation. « La royauté de 1830 a été engagée dans les plus graves complications avec les grandes cours du Nord. La diplomatie a pu toutes les aplanir, et le monde aurait pu toutes les ignorer. Nous avons été entraînés, au contraire, dans des luttes bruyantes et sans fin, avec toutes les républiques du monde, la Suisse, les États-Unis, le Mexique, la Bolivie, Monte-Video, la Plata ? A quoi tient cette différence ? A ce qu'une politique, qui ne prend parmi nous que trop d'empire, la *politique de café*, règne dans tous les États républicains, et en particulier d'un bout de l'Amérique à l'autre...! » Il y eut de grands cris ; les députés de la monarchie constitutionnelle se croyaient tenus de prendre fait et cause pour les républiques américaines. Ils avaient raison ! Les deux régimes sont plus près l'un de l'autre qu'on ne veut le comprendre.

Malheureusement, les cafés ont une importance trop réelle. C'est une institution éminemment démocratique et révolutionnaire. L'Angleterre, qui a une vaste aristocratie, n'en possède pas, à vrai dire ; ou, s'il s'en rencontre quelqu'un dans ses capitales, ce sont les seuls établissements qui y soient moins confortables que parmi nous. A un étage plus haut, elle a le c l u b, et dans une tout autre région, pour de tout autres besoins, la t a v e r n e. Le café, tel que nous le pratiquons, consacré en même temps aux breuvages, aux lectures et aux conversations qui portent à la tête, est réellement une institution française. Il comprend un mouvement d'hommes dont la taverne anglaise ne donne point d'idée ; il comprend un mouvement d'esprit qui lui est bien plus étranger encore, dont elle n'offre aucune image. Cette étude superficielle et cette discussion journalière des intérêts publics, qui sont le vrai caractère de nos cafés de villages, sont un fruit de notre sol. Nous avons pris l'institution à l'Italie, qui l'avait reçue de Venise, laquelle l'avait apportée d'O-rient. Mais en Orient, à Venise, en Italie, elle était silencieuse comme la taverne de nos voisins (sauf les jours de banquets extraordinaires et à grand fracas). En France elle a pris sur-le-champ nos mœurs et notre génie. Elle a commencé par la dissertation politique, qui les perpétue ! Elle est nécessairement empreinte de notre esprit d'égalité le plus étroit, le plus inquiet, le plus subversif, et elle le propage. Elle donne aux idées et aux passions populaires deux ou trois comices et autant de tribunes au pied de chaque clocher ; c'est le sol miné partout à la fois, d'un bout du royaume à l'autre. Le moindre incident suffit pour l'explosion.

Sans doute il s'y bien des erreurs sont agitées, quelques vérités sont établies. Tout le monde prend ainsi l'habitude de s'associer aux affaires publiques, qui sont, en effet, les affaires de tout le monde ; chaque village entre par là dans la politique active ; c'est une souveraineté du peuple à huis clos, qui serait excellente si elle établissait dans les masses les idées d'ordre légal, l'attachement aux institutions existantes, la connaissance des conditions du gouvernement constitutionnel : qui sera funeste, si les habitudes d'opposition, l'hostilité au pouvoir, la haine des supériorités, sont tout ce qui se répand dans les populations. Ces forums au petit pied, où l'on discute, mais où l'on ne décide rien et où l'on n'agit pas, se soumettront-ils toujours à ne pas décider et à ne pas agir ? On en peut douter.

Il faut dire que sous l'heureux ministère de 1838, au milieu de l'apaisement des esprits, après un bon ouvrage, parmi tous les succès du dedans et du dehors, quand tout à coup un certain air de monarchie apparut au milieu de nous dans les fêtes de Fontainebleau et de Versailles moins encore que dans les sentiments mêmes du pays, le tribun moderne, c'est-à-dire le journal, sembla perdre de son empire jusque dans le café, son arsenal et son sanctuaire. La foi en lui n'était pas détruite, mais elle était ébranlée ; on commençait à penser par soi-même, à discuter à part soi contre le journaliste, à élire même quelquefois autrement que le journal ne l'avait voulu. Ceci tient à ce que la presse vit de réminiscences et, par suite, d'anachronismes ; elle se croyait encore à huit ou dix ans en arrière. La nation au contraire avait marché ; elle s'éclairait ; elle voulait du repos, de l'ordre, de la durée. Ce repos blessa quelques-uns de ceux qui avaient le plus à s'en réjouir et à s'en honorer. Un homme d'esprit imagina d'écrire que le coupable ministère du comte Molé avait mis la *sourdine au gouvernement représentatif*. D'autres hommes d'esprit, plus considérables, qui avaient voulu pour la plupart la royauté de 1830, se mirent à secouer toutes les outres d'Éole pour réveiller le gouvernement représentatif engourdi ! Ils résolurent de mettre le *gouvernement parlementaire* à sa place, ce qui était une seconde révolution dans la révolution de Juillet au moment même où celle-ci était calmée enfin et semblait terminée. Toute la face de la politique a été changée par ce fait, qui s'est appelé la *coalition*, comme pour indiquer qu'il risquait d'être à l'égard de la royauté constitutionnelle ce qu'avait été à l'égard de l'Empire la Coalition véritable. Le premier effet fut de réveiller de son court sommeil ce quatrième ou cinquième pouvoir dont nous nous occupons, plus fort que celui qui est immédiatement au-dessus de lui (le journal), comme celui-ci est plus fort que tous les autres, ainsi qu'il convient dans un pareil régime. Tous s'étaient graduellement modérés. Ils reprirent, pour ne les plus perdre probablement, leurs allures les plus emportées. Or, on ne gouverne pas contre les cafés et les journaux. La révolution s'est faite parce qu'ils étaient à la révolution. Napoléon a régné parce qu'étourdis des cruelles leçons qu'ils avaient reçues comme toute la France, ils étaient au pouvoir, à l'ordre, à la gloire. La Restauration s'est brisée parce qu'ils entendaient la charte autrement qu'elle ; ils avaient refusé leurs concours, bien avant les 221. N'avoir pas ces puissances souveraines pour soi, dans le temps où nous sommes, c'eût été avoir contre soi les abbayes au moyen âge, les châteaux plus tard. Si Louis le Débonnaire, l'empereur Wenceslas et Charles X avaient pu changer d'époque, ils auraient régné en paix; car pour régner, il faut avoir avec soi les forces de son temps. Le temps est-il gouvernable à de telles conditions? la démocratie ne va-t-elle point faisant chaque jour des pas de plus? Son empire ne descendra-t-il pas de quelques degrés plus bas encore? Nous venons de décrire les domiciles présents de l'esprit moderne. Pourquoi ne retournerait-il pas à ceux qui furent ses points de départ? On sait où il se montra d'abord, avec Chapelle et Bachaumont, avec Racine, Boileau, et tous les grands esprits du grand siècle (voyez CABARET). Y retournera-t-il? mais sans y retrouver Boileau, ni Racine, sans y écrire *les Plaideurs*, pour y préparer d'autres œuvres, cette fois avec la hache et la torche. Vastes questions que nous ne voulons pas approfondir ici. Elles sembleraient trop grandes pour le sujet que nous avons choisi. C'est déjà trop qu'on puisse croire qu'elles y sont contenues. Nous ne les en ferons pas sortir.

N.-A. DE SALVANDY, de l'Académie Française.

Le premier café qu'il y ait eu en Europe fut fondé en 1551, à Constantinople. Cent ans plus tard, en 1652, le domestique d'un marchand nommé Edwards, qui faisait le commerce du Levant, et que son maître avait ramené de Grèce avec lui, fonda à Londres, dans Saint-Mitchell's Abbey, le premier café qu'ait eu cette capitale, à l'emplacement même où existe aujourd'hui le *Virginia Coffee-House*.

En 1672, c'est-à-dire trois années après que l'ambassadeur turc eut mis le café à la mode à Paris, un Arménien du nom de Pascall s'avisa d'ouvrir à la foire Saint-Germain une boutique où il vendait du café *à deux sous la tasse*, et son établissement prospéra. Il eut bientôt des imitateurs. L'un, Arménien comme lui, s'établit rue Mazarine; un autre au bas du pont Notre-Dame; un autre encore rue Saint-André-des-Arcs. Mais tous ces cafés n'étaient guère que de sales tabagies. Aussi, à proprement dire, le premier café qu'il y ait eu à Paris fut celui qu'établit en 1689, également à la foire Saint-Germain, le Sicilien Procopio CULTELLI. L'élégance de son établissement, la propreté du service, la bonne qualité du café, y attirèrent la foule; et quelques années plus tard notre Sicilien transférait son café rue des Fossés-Saint-Germain, en face de la Comédie-Française. Cette situation devait y amener naturellement les auteurs dramatiques et avec eux tout ce qui s'occupait de littérature à Paris. Dès lors le *café Procope* devint le rendez-vous des gens de lettres, et il conserva ce privilège pendant tout le siècle dernier. A Vienne, ce fut un Polonais du nom de Kulczycki qui en 1683 y ouvrit le premier café, en vertu d'un privilège spécial qui lui fut accordé par l'empereur en récompense de services signalés qu'il avait rendus pendant le siège de cette capitale. Ses premiers approvisionnements en café, Kulczycki les avait trouvés dans le camp même des Turcs, après que le roi Sobieski eût battu le grand visir Kara-Monstapha et sauvé ainsi l'empereur Léopold.

CAFETIÈRE, vase approprié à la confection du café. Trois choses sont à considérer dans le choix de l'espèce de cafetière dont on veut faire usage : 1° l'économie, 2° l'écomomie, 3° la perfection du café. Il est assez difficile d'obtenir d'un système de cafetière quelconque ces trois conditions à la fois. Sous le rapport de la commodité, nous ne connaissons rien de mieux que la cafetière *à la Debelloy*, que nous décrirons plus bas; sous celui de l'économie, c'est la cafetière dite *à sifflet* qu'il convient d'adopter; et pour faire un café délicieux, sans égard ni au temps à employer ni à l'économie, rien de mieux qu'une simple *chausse* de laine placée sur un entonnoir. Pour concevoir la justesse de cette distinction, il faut d'abord examiner le café réduit en poudre après son *brûlage*, et voir ce qu'on veut en extraire. Dans cet état, le café contient plusieurs substances de solubilité différente, de parfum et de saveur variés, et dont on a plus ou moins d'intérêt à saturer l'infusion qu'on se propose de faire. Le café torréfié (dit *brûlé*) contient un principe résinoïde amer et un peu âcre, du tannin, un peu d'acide gallique, et une huile essentielle.

De toutes ces substances, la moins soluble, celle que le café ne cède à l'eau qu'à une température au moins aussi élevée que celle d'ébullition du liquide, c'est la résine amère; tout le reste peut être extrait à de basses températures, et même à froid, à l'aide d'une plus longue digestion. S'agit-il donc de faire un café délicat, peu amer, conservant ce parfum si recherché des gourmets, et qui est susceptible de se dissiper à la température de l'eau bouillante, on fera usage de la *chausse* de préférence à tout autre appareil; on fera passer sur le café en poudre de l'eau peu chauffée, de l'eau froide même, qui extrait à la longue tout ce qu'on veut avoir; le temps n'y fait rien, on fait des repassages de l'infusion. Voilà pour le riche gourmet. Quant au consommateur économe, au palais moins velouté, il n'abandonne à son marc de café rien de ce qui peut colorer l'eau; celle-ci, à l'état d'ébullition, l'épuisera de la substance résinoïde amère, et, le sucre aidant, on se félicitera d'avoir fait du café *fort* et *haut en couleur*. Tel est en effet celui qui nous est servi dans tous les cafés, même dans ceux qui sont le plus en réputation, et il doit être ainsi chaque fois qu'on fait longtemps bouillir le marc, afin d'en obtenir une décoction noire qui serve en guise d'eau pure pour les infusions suivantes.

Toutes les cafetières peuvent être faites, soit en faïence, soit en porcelaine, soit en fer-blanc. Les riches en ont en argent. Je les en félicite; ils évitent la saveur âcre et pour ainsi dire vitriolique que le fer-blanc communique souvent au café.

La *cafetière à la Debelloy* consiste en deux pièces superposées; la pièce supérieure porte à son fond un disque percé d'une multitude de très-petits trous, dont l'ensemble forme un *filtre*. C'est sur ce filtre que l'on place le café en poudre; on l'y tasse bien également à l'aide d'un foulon. Cette égalité de pression ou de tassement de la poudre de café sur tout le filtre, est essentielle; car si une partie était moins serrée que le reste, c'est par là que l'eau s'écoulerait rapidement, et ne séjournerait pas sur les parties voisines; celles-ci ne seraient pas épuisées de leurs principes solubles. Cette pièce supérieure, munie du filtre, s'emboîte dans une autre pièce ou vase destiné à recevoir la liqueur claire qui aura traversé le filtre. Afin que l'eau qu'on verse sur la poudre de café ne la soulève pas dans sa chute trop pesante, la pièce supérieure est aussi garnie, dans sa partie haute, d'un crible à larges trous qui divise la masse d'eau tombant sur le fond de la pièce où repose le café. Telle est la cafetière assez généralement en usage aujourd'hui dans tous les ménages. Dans ce système, on la trouve aujourd'hui abondamment dans le commerce, et à fort bon marché, des appareils en terre de Sarreguemines, en grès, en faïence de toute espèce, soit en porcelaine, soit en étain fin, exempt par conséquent de l'inconvénient qu'offre le fer-blanc. La cafetière à la Debelloy se prête, tout comme la chausse de laine, à la confection du café des riches, des oisifs et des gourmets, puisqu'on peut y opérer des repassages successifs d'eau à basse température sur la poudre de café.

Dans la cafetière dite *à sifflet*, il faut nécessairement que l'eau soit portée à l'ébullition, ce qui donne un café fortement coloré, amer, âcre, peu parfumé. La *cafetière à sifflet* consiste en un vase cylindrique qui offre deux cavités, l'une inférieure à l'autre, et toutes deux partagées par un diaphragme qui interrompt hermétiquement toute communication entre elles. Dans la cavité inférieure, on met constamment assez d'eau pour la remplir tout à fait, ce qui implique l'obligation de faire toujours la même quantité de café. Cette exigence à satisfaire est un grand inconvénient. Deux petits tuyaux cylindriques sont appliqués aux parois de la cafetière : l'un descend jusqu'à une ligne environ du fond de la cavité inférieure; l'autre tube est soudé au diaphragme, et sert à donner issue à l'air, qui doit s'échapper quand, à l'aide d'un petit entonnoir, on viendra à verser l'eau dans la cavité inférieure, où elle arrive par le tuyau long. Une boîte qui entre à recouvrement dans le haut de la cafetière, et qui repose sur son bord supérieur, porte dans sa partie basse un filtre du genre des *Debelloy*. Sur ce filtre, on place la poudre de café. Un autre filtre (mobile) entre à frottement et vient presser la poudre de café, qui se trouve ainsi contenue entre deux filtres. Enfin on surmonte les deux tuyaux d'un tube à équerre qui bouche hermétiquement le tube à air et continue la communication avec le long tube. C'est ce tube à équerre qui porte le sifflet par lequel s'échappe l'eau bouillante, qui doit y monter comme il va être dit. Rappelons-nous que la cavité inférieure est pleine d'eau : la cafetière est placée sur le feu ; aussitôt que cette eau s'échauffe, il se produit de la vapeur, qui gagne la surface de l'eau, presse sur elle par son ressort et force l'eau d'enfiler le tube coudé, d'où elle se répand sur le filtre chargé de poudre de café, qu'elle lessive. C'est à l'instant où toute l'eau achève de se vaporiser que le sifflet placé sur le tube à équerre se fait entendre. Ce résonnement est produit par la pression de la vapeur. On est ainsi averti que le café est fait ; et il faut alors enlever promptement l'appareil de dessus le feu, car il ne reste plus d'eau à ce moment dans la cavité inférieure, qui pourrait dès lors être endommagée par le feu. On aperçoit que dans cet appareil l'eau, à cause de la pression qu'elle éprouve de la vapeur, doit s'élever à une température supérieure à celle de l'eau bouillante ; elle dissoudra donc d'autant mieux et plus abondamment la substance résinoïde amère et âcre du café. Aussi nous dit-on qu'avec l'appareil à sifflet on économise un tiers de la marchandise, ce qui ne peut manquer d'être apprécié par ceux qui tiennent moins à la quantité qu'à la qualité. PELOUZE père.

Une cafetière fort à la mode aujourd'hui est composée de deux ballons en verre superposés : le ballon inférieur est supporté par une fourchette horizontale fixée au moyen d'une vis de pression sur une tringle verticale qui fait corps avec un plateau servant de pied à l'appareil ; c'est dans ce ballon qu'on introduit l'eau destinée à faire l'infusion de café ; on y réunit ensuite le second ballon, dont la partie inférieure porte un bouchon traversé par un tube en cristal qui vient presque affleurer le fond du premier ballon ; le ballon supérieur contient vers le bas un filtre sur lequel on verse le café en poudre, en enlevant le couvercle de l'appareil ; au-dessous de ce filtre est un entonnoir très-plat où se termine par le tube en cristal dont nous avons déjà parlé. Tout étant préparé ainsi qu'il vient d'être dit, on allume une lampe à esprit de vin qu'on place sous le ballon inférieur. Aussitôt que l'eau entre en ébullition, la vapeur, qui occupe la partie supérieure du ballon où cette eau est contenue, acquiert une tension suffisante pour faire remonter le liquide dans le tube de cristal, et, de là, dans le ballon supérieur, en traversant le filtre et en soulevant le café situé dessus ; ce qui le met dans une agitation continuelle, et augmente la rapidité et l'uniformité de l'infusion. Lorsqu'on éteint la lampe à esprit de vin, la tension de la vapeur diminuant, l'infusion repasse à travers le filtre, et retombe parfaitement claire dans le ballon inférieur, en suivant pour y rentrer le chemin par lequel elle en était sortie. Cet appareil est un des plus élégants et des plus commodes que l'on puisse employer pour préparer le café.

CAFEYER ou **CAFIER**. *Voyez* CAFÉ.
CAFFA. *Voyez* KAFFA.
CAFFARELLI, l'un des célèbres *soprani* de l'Italie, dont le nom véritable était *Gaetano* MAJORANO, naquit vers 1703 dans la province de Bari (royaume de Naples), et était le fils d'un paysan. Caffaro, maître de chapelle de la cathédrale de Bari, qui avait eu occasion d'apprécier la belle voix de l'enfant, décida son père à le consacrer à chanter les parties de soprano. Après avoir reçu sa première instruction à l'école de Norcia, il suivit les leçons de Caffaro, d'où le sobriquet de *Caffarello*, qu'il conserva plus tard, et pendant six ans, à Naples, celles de Porpora, qui le congédia enfin en lui déclarant qu'il était maintenant le premier chanteur de l'Italie, et par conséquent de l'univers. Vers 1730 il se rendit en Angleterre, où il excita une admiration universelle. A son retour en Italie, il chanta sur divers théâtres avec un succès extraordinaire, et gagna des sommes si considérables, qu'il put acheter la terre de *Santo-Dorato*, qui lui donnait le droit de prendre le titre de *duc*. Caffarelli ne se fit pas faute de se parer de cette qualification ; mais il ne croyait pas déroger en continuant à chanter dans des églises et dans des couvents, à Paris notamment, complaisance qu'il se faisait d'ailleurs énormément payer. Il fut l'un des artistes qui contribuèrent le plus à répandre le goût du chant italien ; mais ses prétentions étaient au moins égales à son talent. Il mourut en 1783.

CAFFARELLI DU FALGA (LOUIS-MARIE-JOSEPH-MAXIMILIEN-AUGUSTE) naquit d'une famille noble, au Falga, dans le Haut-Languedoc, en 1756. Sorti de l'école de Sorèze, il entra dans le corps royal du génie, où son aptitude fut bientôt remarquée. A la mort de ses chefs de famille, aîné de sept enfants, il voulut que la fortune patrimoniale fût distribuée en parts égales, bien que la coutume du pays lui en attribuât la moitié. Quand vint la révolution, Caffarelli la salua de tous ses vœux, et la servit de tout son dévouement jusqu'en 1792, où il refusa, en présence de l'armée du Rhin, de reconnaître le décret du 10 août qui proclamait la déchéance du roi. Destitué à cette occasion, puis dénoncé et détenu pendant quatorze mois, il ne rentra au service qu'après le 9 thermidor. Son talent fut d'abord utilisé dans les bureaux du comité militaire, dont il dirigea les opérations ; mais plus tard, rétabli sur le cadre d'activité, il passa le Rhin avec Kléber près de Dusseldorf, en septembre 1795. A quelque temps de là, dans un combat sur les bords de la Nahe, près de Kreutznach, il fut blessé aux côtés du général Marceau par un boulet qui lui fracassa la jambe gauche, et nécessita l'amputation. Nommé plus tard membre de l'Institut, il s'y fit remarquer par des mémoires pleins d'aperçus neufs et sagaces, sur les matières d'administration, de philosophie et surtout d'économie politique.

A l'époque où Bonaparte revint à Paris, après la campagne de 1797, Caffarelli fut du petit nombre d'hommes que le héros admit dans son intimité. Quand, plus tard, l'expédition d'Égypte fut décidée, le général en chef le choisit des premiers pour en faire partie, et lui confia le soin des choix subalternes. Parti de Toulon le 19 mai 1798, Caffarelli prit jusqu'à sa mort une part active à cette merveilleuse campagne. Général de brigade, commandant en chef du génie, il dirigea avec zèle et talent les travaux de cette arme. Après la révolte du Caire, quand il s'agit d'entourer cette capitale remuante d'une ceinture de forts, ce fut lui qui présida à ce vaste système de défense. Dans ses heures libres, il s'occupait de sciences et de beaux-arts, comme membre de l'Institut d'Égypte. Même quand l'armée était en marche, on voyait Caffarelli, avide de découvertes, clopiner avec sa jambe de bois vers quelque vieil aqueduc ou quelque colonne fruste.

Le siège de Saint-Jean-d'Acre, si fatal à l'armée française, devait emporter ce brave militaire. Visitant lui-même la tranchée, le 20 germinal an VIII (9 avril 1799), il fut blessé dans l'articulation du coude, seul point qui fût à découvert. L'amputation fut faite à l'instant par Larrey, et réussit ; mais au treizième jour une fièvre nerveuse saisit le blessé, et le consuma lentement. Ses derniers moments furent marqués par des scènes de haute philosophie. En proie au délire, brisé par des douleurs atroces, il se soulevait à demi sur son lit de mort. Les yeux animés, la voix sonore et claire, il discutait les plus graves questions d'économie politique. D'autres fois, des idées tristes et poignantes le poursuivaient. Chaque jour ouvrait auprès de lui une tombe nouvelle, et l'élite de son arme s'en allait moissonnée. Quand on vint lui apprendre la mort d'Horace Say (frère de l'économiste), son chef d'état-major et son ami : « Ces pauvres jeunes gens, dit-il, c'est moi qui les ai séduits, qui les ai entraînés; et pourquoi? pour les faire tuer devant une bicoque. » Après dix-huit jours de cruelles souffrances, Caffarelli expira. Il fut enterré en face des tentes du quartier général. Citoyen vertueux, savant distingué, soldat intrépide, joignant tous les dons du génie à ceux du cœur, doué d'une âme belle et pure, grand, généreux, désintéressé, il s'était fait aimer de tout ce qui l'approchait. Voici quel éloge funèbre le général en chef fit à son sujet dans l'ordre du jour du 9 floréal : « Il emporte au tombeau les regrets universels : l'armée perd un de ses plus braves chefs, l'Égypte un de ses législateurs, la France un de ses meilleurs citoyens, les sciences un homme qui y remplissait un rôle célèbre. » Louis REYBAUD, de l'Institut.

Plusieurs frères du général Caffarelli ont dignement porté leur nom; ce sont : le baron *Charles-Ambroise* CAFFARELLI, d'abord chanoine de Toul, puis préfet de divers départements, né en 1758, mort curé du Falga en 1833; — *Louis-Marie-Joseph* comte CAFFARELLI, conseiller d'État, préfet maritime de Brest, pair pendant les Cent-Jours, né en 1760, mort en 1845; — *Jean-Baptiste-Marie* CAFFARELLI, évêque de Saint-Brieuc, né en 1763, mort en 1815; — *Marie-François-Auguste* comte CAFFARELLI, général français, ministre de la guerre et de la marine du royaume d'Italie, pair de France sous Louis-Philippe, né en 1766, mort en 1849.

CAFRES. Ce nom, dérivé de l'arabe *kafir*, signifiant *infidèle* (*voyez* GUÈBRES), est surtout employé par les mahométans pour désigner deux peuples idolâtres; et c'est aux mahométans que les chrétiens l'ont emprunté. Les deux peuples idolâtres auxquels cette dénomination est plus particulièrement réservée sont les *Cafres* de l'Asie centrale et les *Cafres* de l'Afrique méridionale.

Les premiers, appelés aussi *siahpouches*, c'est-à-dire *vêtements noirs*, et célèbres par la beauté de leur conformation physique, habitent les vallées, si peu accessibles, de l'Hindoukousch, appelées d'après eux *Caferistan*, entre Pechaouer, Koundous, Badakschân et le petit pays montagneux de Gilgit dans le Petit-Thibet. Ils forment environ 40,000 familles, parlent une langue indo-germanique, sont divisés en plusieurs tribus obéissant à des chefs différents, et ont récemment embrassé la religion mahométane dans laquelle ils font partie de la secte des chiytes.

Les Cafres de l'Afrique méridionale y habitent, sur la rive orientale, le pays compris entre les frontières de la colonie du Cap et la baie de Delagoa; mais on ne sait pas exactement jusqu'à quel point de l'intérieur du pays de la Table ils s'étendent. Ils constituent un type particulier parmi les races africaines. Ils sont d'une taille et d'une force remarquables, parfaitement proportionnés, d'un noir tirant sur le gris, avec des cheveux noirs et laineux. Les traits de leur visage ont quelque chose de caractéristique. Comme les Européens ils ont le front haut, le nez proéminent, comme les Hottentots les pommettes des joues saillantes, comme les nègres les lèvres déprimées; leur barbe est peu fournie. Ils forment quatre peuplades différentes. La première, celle des *Amakosas*, habite l'extrémité méridionale de la Cafrerie, tout près des frontières de la colonie du Cap, et se compose d'environ 150,000 âmes. La seconde, celle des *Amattimbas*, appelés aussi *Tamboukis*, habite au nord et à l'ouest des Amakosas, le long des rives de l'Om-Bashi et jusqu'à la Karrou. La troisième, celle des *Amapondas*, plus connue sous le nom de *Mamboukis*, habite depuis l'Om-Bashi jusqu'à l'Oumsikalia; la quatrième enfin, la plus nombreuse de toutes, celle des *Amazoulahs* ou *Zoulous*, habite le long des côtes entre l'Oumzimrabo et la baie de Delagoa, et dans l'intérieur des terres, depuis les sources de l'Orange jusqu'au Moiapo, et se subdivise en deux peuplades, celle des côtes et celle de l'intérieur des terres, les *Abaka-Zoulahs* et les *Matabélés*. Chacune de ces peuplades principales se divise à son tour en tribus différentes, soumises aux lois de chefs héréditaires; mais toutes les tribus dont se compose une peuplade reconnaissent un chef suprême commun. Les Cafres ne sont qu'à moitié nomades, car ce n'est que contraints et forcés qu'ils s'éloignent des lieux où ils se sont établis, et ils vivent des produits de leurs troupeaux, notamment de lait, et un peu d'agriculture et de jardinage. Leurs demeures ressemblent à celles des Hottentots. D'ordinaire plusieurs *kraals* sont réunis sous un même chef qui fait administrer par ses représentants les divers districts de la tribu. Il a sur ses subordonnés le droit de vie et de mort, et réunit le pouvoir judiciaire au pouvoir législatif. S'il commet des injustices, les grands c'est-à-dire les membres de l'assemblée du conseil, lui font des représentations. Les guerres ont généralement pour origine des rapts de troupeaux. Les Cafres ne sont pas un peuple naturellement belliqueux; tout au contraire, ils aiment la vie douce et tranquille du pasteur. Cependant ils font preuve de courage et de bravoure quand on les attaque dans leur honneur ou dans leurs propriétés. Ce n'est qu'avec les Boschimans qu'ils ont des guerres d'extermination. On a vu aussi de temps à autre surgir parmi eux quelques chefs ambitieux, qui réussissaient à inspirer des sentiments belliqueux à certaines tribus et à les métamorphoser en peuple conquérant. Dans ces derniers temps ils ont eu de fréquentes guerres avec les habitants de la colonie du Cap. C'est surtout ce qui est arrivé aux Amazoulahs, aujourd'hui la nation la plus puissante du sud-ouest de l'Afrique; à diverses reprises ils ont ravagé le territoire des peuplades voisines, et, commandés par les deux frères *Tchaka* et *Dingadn*, horriblement fameux par leur cruauté, ils ont poussé leurs dévastations jusqu'aux frontières de la colonie du Cap, dont ils compromirent la sécurité jusqu'à ce qu'ils aient été refoulés par les Anglais et en dernier lieu par les Boers émigrés de la colonie (*voyez* BONNE-ESPÉRANCE [Cap de]).

Il faut aussi comprendre dans la famille des Cafres les Betjouans, bien que ceux-ci soient moins intelligents, moins moralisés et moins belliqueux.

CAFTAN, espèce de vêtement turc, assez semblable à une pelisse ou à une robe de chambre, également en usage chez les autres nations de l'Orient ou voisines de l'Orient, qu'on confectionne avec des étoffes de soie ou de coton et qu'on enrichit souvent de précieuses fourrures. Autrefois les ambassadeurs étrangers, quand ils obtenaient une audience du grand-seigneur, étaient tenus de porter un caftan en se rendant à la Porte, à moins qu'ils n'eussent obtenu l'autorisation expresse d'y paraître avec leur costume national. Ce caftan était du reste un présent que leur faisait le sulthan. L'usage d'en distribuer comme distinction honorifique existe, non pas seulement à la cour du grand-seigneur, mais aussi chez les pachas, qui en gratifient leurs subordonnés; et cette coutume est encore très-répandue aujourd'hui en Orient.

CAGE. En général on désigne par ce mot tout espace fermé par des parois pleines ou à claire voie : ainsi, on dit la *cage* d'un escalier, d'un moulin à vent, d'un clocher, pour désigner l'espace dans lequel l'escalier est construit, le bâti en bois qui contient le mécanisme et les meules d'un moulin; la *cage* d'une horloge, d'une montre, pour l'assemblage de plaques et de barreaux dans lequel on place le mécanisme de ces machines. Tout le monde connaît les *cages* dans lesquelles on enferme des oiseaux; on les construit communément en bois et fil de fer; le fond est formé de planches que l'on ferait bien de remplacer par une lame de zinc. Ce métal, aujourd'hui à bas prix, se nettoie facilement: une cage ainsi perfectionnée n'offrirait pas l'aspect repoussant qui affecte la vue et l'odorat dans les cages à fond en bois imbibé et pourri par les ordures de leurs habitants. Les cages destinées à renfermer des alouettes se font en petites baguettes de bois ; celles qui contiennent des cailles ont le dessus formé d'une toile tendue pour que ces oiseaux ne se brisent pas la tête lorsqu'ils font des efforts continuels pour s'élever, aux époques de leurs migrations. Les cages dans lesquelles on nourrit des serpents sont en fils de fer très-rapprochés ; quand les animaux dangereux sont très-forts, tels que les lions, les tigres, on les transporte dans des cages faites de barreaux le fer. Des hommes ont, dit-on, été enfermés dans des cages de fer. Bajazet, vaincu par Tamerlan, fut traîné à la suite dans une cage de fer. Louis XI fit enfermer le cardinal La Balue, son favori, tombé en disgrâce, dans une cage que celui-ci avait fait construire pour y placer ses ennemis. Teyssèdre.

Chez les Romains on nommait *cages pullaires* (*caveæ pullariæ*) celles où l'on renfermait les poulets destinés aux augures. Lorsqu'ils se jetaient avec avidité sur le grain qu'on leur apportait, c'était d'un bon augure ; si leur avidité était telle qu'en sautant et en mangeant ils en répandissent une partie, le présage en était d'autant plus favorable ; et si, au contraire, ils refusaient de manger, c'était un mauvais signe.

CAGLIARI, capitale de l'île de Sardaigne, l'une des plus anciennes villes de l'Italie, siége d'un intendant général, d'un archevêque et des autorités supérieures, est située dans le golfe du même nom, sur la côte méridionale, et à l'embouchure de la Mulargia. Le port est assez sûr et protégé par des forts, et la ville entourée de remparts. Parmi les trente-huit églises que renferme Cagliari on distingue surtout celle du Château, avec son riche revêtement en marbre. Le théâtre et quelques palais sont d'un bon style. En fait de curiosités dignes d'être visitées, il faut citer le musée d'antiquités, les débris d'un aqueduc romain qui fournit à la ville l'eau dont elle manque, et d'autres ruines de l'époque romaine.

L'université de Cagliari fut fondée en 1720, réorganisée en 1764, sans prendre pour cela beaucoup plus d'importance, et compte aujourd'hui environ 200 étudiants. La première imprimerie qu'ait possédée Cagliari y fut établie en 1769.

Cagliari est le grand centre du commerce de la Sardaigne. On y trouve plusieurs chantiers de construction et un établissement de quarantaine des mieux organisés. La population est aujourd'hui de 30,000 habitants, qui font un commerce des plus importants en vins, olives et sels et entretiennent de grandes manufactures d'armes et de poudre. Dans les environs on remarque San-Giovanni di Pula, la *Nora* des Romains, et Milis, la *Neapolis* des anciens.

CAGLIARI (Paolo). *Voyez* Véronèse.

CAGLIOSTRO (Alexandre, comte de). Ainsi se faisait appeler un aventurier fameux, qui, dans la dernière moitié du dix-huitième siècle, par ses cures, ses panacées, ses prétendus miracles, son opulence inexplicable, fixa quelque temps l'attention de l'Europe. Il naquit à Palerme, en Sicile, le 8 juin 1743, d'une famille obscure, et profita habilement de cette obscurité pour jeter sur son berceau un voile mystérieux. Son nom véritable était Giuseppe Balsamo, qu'il échangea dans la suite en France contre celui de *Cagliostro*, que portait sa marraine et tante, native de Messine. Jeune, mais sans ressources et avec une éducation fort négligée, il trouvait peu de moyens de se lancer sur la scène du monde, où il ambitionnait de se montrer ; son âme ardente et sa corruption hâtive suppléèrent à tout. Il eut l'idée de voyager, mais il manquait d'argent ; il mit alors en jeu son prétendu commerce avec le diable, qui dans la suite, disait le peuple, fut son banquier, fournissant à son train de maison et à son luxe. Il fit accroire à un certain Marano, orfévre, qu'au fond d'une grotte de la Sicile, qu'il lui désigna, Satan avait posté des sentinelles, qui mit le jour veillaient à la garde d'un immense trésor, enfoui sous des roches. L'orfévre, auquel il en promit la possession entière et prochaine, lui donna un à-compte de soixante onces d'or. Le jeune thaumaturge,

muni de cette somme, disparut, et commença ses voyages, qui ne finirent qu'en 1789, au château Saint-Ange, à Rome.

La Grèce, l'Égypte, l'Arabie, la Perse, Rhodes, l'île de Malte, furent les théâtres où se jouèrent les premiers actes de sa vie aventurière. Là il allait guérissant dans les cours, dans les palais, dans les harems. Sa panacée était tantôt des pillules dont l'aloès formait la base, tantôt un élixir vital dont l'or et les aromates étaient le principe. Il se présentait lui-même comme un frappant exemple de la puissance de cet élixir, et attribuait à ses incomparables vertus ce qu'il y avait encore de verdeur dans toute sa personne en dépit de ses cent cinquante ans bien comptés. Ce fut sous le nom d'Acharat, disciple du savant *Althotas*, qu'il parcourut tout le Levant, où le chérif de la Mekke l'appelait, dit-il, *le fils infortuné de la nature*. Au besoin, selon les lieux et les circonstances, notre imposteur prenait les noms de comte *Harat*, de comte *Fenix*, de marquis d'*Anna*, de *Tischio*, de *Melissa*, de *Belmonte*, de marquis de *Pellegrini* : ce fut sous ce dernier titre qu'à la requête de l'implacable Marano, qui le reconnut, on l'arrêta à Naples, en 1773 ; mais il sortit de prison dix-sept jours après son arrestation. Il fallait nécessairement à cet enchanteur une Circé qui l'aidât dans ses œuvres ; il la trouva à Venise dans la fille d'un fondeur en cuivre, la belle *Lorenza Feliciani*, qu'il épousa. Ses charmes fournirent plus d'or à son époux que le creuset d'Hermès. Au reste, il paraît que Balsamo ne manquait pas non plus de ces avantages extérieurs si utiles aux intrigants pour faire des dupes. La Borde, dans ses *Lettres sur la Suisse*, nous dit : « La figure de Cagliostro annonce l'esprit, exprime le génie ; ses yeux de feu lisent au fond des âmes. » De l'Italie, Cagliostro passa au nord de l'Europe. C'était en 1779. Mittau, en Courlande, fut sa première étape avant de gagner Saint-Pétersbourg ; il avait calculé que c'était là un excellent théâtre pour se faire de nombreux admirateurs, et voulait n'arriver dans la capitale du grand empire que précédé d'une réputation d'homme merveilleux acquise en Russie même. Cagliostro ne tarda pas en effet à grouper autour de lui les familles les plus distinguées de Mittau, et, par ordre d'un génie supérieur, il y fonda une loge de francs-maçons, dans laquelle on admettait aussi les femmes. Il y donna en outre des cours publics, où il faisait le plus bizarre mélange de théosophie chrétienne et de thaumaturgie païenne, prétendant posséder dans les sciences physiques des connaissances profondes et surnaturelles, et évoquant des esprits. On cite parmi les dupes qu'il fit dans cette ville la comtesse Élisa von der Recke, sur laquelle il avait exercé une telle fascination, qu'elle prit un moment la résolution de l'accompagner partout dans ses voyages. Cagliostro passa par Varsovie avant de gagner Saint-Pétersbourg. Mais il fit *fiasco* complet à la cour de Catherine, qui avait trop de bon sens pour être dupe d'un tel jongleur, et qui prit la liberté grande de choisir lui et ses sectateurs pour le sujet d'une comédie satirique. Cagliostro comprit alors qu'il n'avait rien à faire dans un tel pays, et se hâta de l'abandonner, pour venir exploiter notre France, qui fut toujours la terre promise des charlatans. Dès 1780 Strasbourg le recevait avec enthousiasme ; son titre, son opulence, son luxe, son aplomb, et, plus que tout, son audace, imposèrent aux premiers personnages de cette ville. Il y parcourrait les hôpitaux, aidant les malades de ses conseils et de sa bourse, et pansant lui-même les plaies les plus hideuses : les bons Allemands le tinrent pour un être surnaturel. Ajoutez à cela force lettres de recommandation en faveur du noble étranger, et vous aurez une idée de la confiance que devait avoir lui-même cet imposteur ; or cette confiance était une partie de sa force.

On ne sera plus étonné de l'admiration, de l'engouement de tant d'hommes recommandables, si on songe que le célèbre physiognomiste Lavater lui-même fut la dupe de cet escroc. Persuadé qu'il était véritablement un envoyé de Satan, le bon ministre de Zurich eut avec lui des débats très vifs. Il aurait sacrifié sa vie au bonheur de triompher de cet ennemi de Dieu et des hommes. Quand Cagliostro arriva à Paris, il y était déjà depuis longtemps l'objet de la curiosité générale. Cette curiosité ne tarda pas à devenir de l'admiration. Il s'annonça dans cette capitale comme le fondateur du *rit égyptien* dans la franc-maçonnerie, où un enfant désigné aux adeptes sous le nom de *Colombe* lisait l'avenir dans une carafe d'eau; et en pratiquant la fantasmagorie, art alors tout nouveau et inconnu, il y eut bientôt acquis le renom d'un homme qui possédait réellement le don d'évoquer les morts. Pour peu qu'on consentit à y mettre le juste prix, il vous faisait converser avec les squelettes des hommes les plus célèbres des temps passés. Ce n'est pas tout. Le *grand cophte* ou *vénérable* (c'était lui), au moyen de son élixir, vous assurait l'immortalité ou bien vous déléguait le pouvoir de faire de l'or. De Paris, et sans doute pour ne pas laisser à l'engouement dont il était l'objet le temps de se fatiguer, Cagliostro alla à Londres, où il n'eut pas de plus zélés prôneurs que les partisans de Swedenborg.

Le 30 janvier 1785, il revint à Paris. Ce fut rue Saint-Claude, au Marais, qu'il alla se loger; et sa demeure devint bientôt le rendez-vous des personnages les plus influents à la cour. L'appartement qu'il avait choisi était assez vaste pour qu'il y pût loger Mme de La Motte : c'est là que tous deux recevaient le cardinal Louis de Rohan. Ces liaisons, quand vint à éclater la triste affaire du *collier*, ne manquèrent pas de fixer les yeux de la police sur Cagliostro; il fut arrêté le 22 août et enfermé à la Bastille. La comtesse de La Motte l'accusait d'avoir reçu le collier des mains du cardinal, et de l'avoir dépecé pour en grossir le *trésor occulte d'une fortune inouïe*. Cagliostro se défendit dans un mémoire où il s'efforça de prouver que les sources de son opulence n'étaient ni dans le vol ni dans les escroqueries; il y indiquait tous les banquiers de l'Europe sur lesquels il tirait. Coupable ou non, mais véhémentement soupçonné, par un arrêt du parlement du 31 mai 1786, il fut absous, ainsi que le cardinal, de l'accusation portée contre lui. Tous deux néanmoins furent exilés. Cagliostro se retira en Angleterre, y fit un séjour de deux années, puis alla successivement à Bâle, à Bienne, à Aix en Savoie, à Turin, à Gênes, à Vérone, enfin à Rome, où se termina le dernier et le plus tragique acte de sa vie. Le 27 décembre 1789 l'inquisition s'empara de sa personne, et lui fit son procès comme *illuminé* et *franc-maçon*. Une bulle du pape portait alors peine de mort contre les affiliés de ces associations secrètes : cette peine fut commuée pour Cagliostro en une prison perpétuelle. Du fort Saint-Ange il fut transféré au château de Saint-Léon, près de Rome, où il mourut en 1795. Sa femme finit ses jours au couvent de Sainte-Apolline, où elle subissait le même jugement.

On se demande encore d'où venait l'argent qui fournissait aux profusions de cet intrigant. Le peuple attribuait comme Lavater ses richesses à une science de le diable; des gens même éclairés assuraient qu'elles provenaient de la science hermétique; enfin, plusieurs disaient qu'elles étaient le fruit de ses cures merveilleuses et de sa panacée. Ceux-ci nous semblent avoir été près de la vérité. De tout temps la vente des remèdes secrets a été une véritable mine d'or. De nos jours telle pâte opiacée présentée comme souveraine contre le rhume ne vaut-elle pas encore au charlatan qui en indiqua la formule 40,000 fr. de rente par bail authentique? Au dix-neuvième siècle Cagliostro eût exploité en grand la commandite; il eût eu un journal à feuilleton et à 50,000 abonnés. La belle *Lorenza Feliciani* eût été, par-dessus le marché, un *bas-bleu*, et en cette qualité ne lui eût pas été moins utile que comme femme galante. Qui sait, peut-être se serait-il annoncé comme réformateur social et eût-il fondé une religion nouvelle? Donc son grand tort, avouons-le, fut de venir au monde soixante ans trop tôt. DENNE-BARON.

CAGNACCI ou **CAGNAZZI**. *Voyez* CANLASSI.

CAGNEUX. C'est ainsi que l'on nomme les individus qui ont les jambes tournées ou cambrées en dedans, sans doute du mot *canis*, chien, en italien *cane* et *cagna*, chienne, d'où l'on avait fait le vieux mot *cagne*, en italien *cagnazzo*, lesquels expriment le même genre de difformité, commune à une certaine espèce de chiens bassets.

CAGOT, mauvais double du *cafard*, fourbe religieux qui ne travaille que pour le petit peuple. Le cafard étudie ses démarches; le cagot prodigue ses grimaces; le premier est tout en réflexion, le second tout en action. Il faut dans quelques circonstances se garer à petit bruit du cafard; on peut souvent siffler tout haut le cagot; il laisse toujours passer quelque maladresse de métier qui met les rieurs contre lui. Le cagot, quand il se trompe trop grossièrement, est renié par le cafard, comme un *sous-ordre sans conséquence*. Tous les cafards sont de mauvaise foi; mais il existe une nuance entre les cagots : les uns ne croient à rien, mais dans l'impossibilité de savoir feindre avec art, ils exagèrent : ce sont de grossiers batêleurs; les autres ont la foi, mais ils manquent de son intelligence. Ils éprouvent cependant le désir de produire de l'effet; alors ils mettent en spectacle leurs propres croyances, et leur ôtent toute dignité.

La philosophie a voulu donner des conseils au cagot, après l'avoir fustigé; mais à quoi bon? Cette race est incorrigible. Crois-moi, disait un grand écrivain du siècle dernier,

.... Renonce à la *cagoterie*,
Mène uniment une plus noble vie;
Rougissant moins, sois moins embarrassé,
Que ton col tors désormais redressé
Sur son pivot garde un juste équilibre.
Lève les yeux, parle en citoyen libre,
Sois franc, sois simple, et, sans affecter rien
Essaye un peu d'être un homme de bien.

CAGOTS. Il existe en France, dans diverses localités, des populations flétries et réprouvées comme les soudras, ou parias de l'Inde, et désignées sous les noms de *cagots*, *caqueux*, *caquins*, *cacoux*, *cacvas*, *capots*, *agots*, *gaffos*, *gahètes*, *cahets*, *gésitains*, *colliberts*, *crétins*, *chrétiens marrons*, etc. Ces races sont-elles identiques ou sœurs? Ont-elles une origine commune ou diverse? D'où viennent-elles?

La première fois qu'on entend parler des *cagots*, c'est au dixième siècle, sur le versant septentrional des Pyrénées occidentales, dans le pays basque surtout, où le moyen âge les regarde comme des hommes livrés à tous les vices, des sorciers, des hérétiques, des anthropophages même. Ils vivent dans des hameaux reculés, en tribus ou *cagoteries*, isolés du reste de la société, ayant à l'église leur place distincte, leur porte d'entrée et leur bénitier à part, ne pouvant, comme les autres fidèles, participer à la communion des choses saintes. Dans ces contrées, comme dans la Gascogne, la Guienne et la Bretagne, ils sont astreints à porter un costume particulier : ici leur indigne une chaussure rouge et une casaque rouge, marquée d'une patte d'oie ou de canard, d'une couleur qui tranche, afin qu'on puisse les apercevoir de loin et les éviter. Leur proscription est enracinée dans les mœurs, elle est confirmée par les arrêts de la jurisprudence cruelle : le *for* de Henri II, de Béarn, défend aux *cagots* de se mêler familièrement aux autres hommes et de converser avec eux ; ils doivent avoir leurs habitations à part, et ne point se placer avant les hommes et les femmes à l'église ou aux processions. En justice, il faut le témoignage de sept d'entre eux pour balancer celui d'un Béarnais ou d'un Basque.

Jamais, dans ces contrées, il n'était donné au fils d'un pauvre *cagot* d'effacer l'ignominie de sa naissance; et sa mère, fût-elle du plus pur sang béarnais ou basque, ne pouvait se relever aux yeux des siens, de la déchéance encourue par ce lien impur. Du reste, ils parlent la langue du pays; mais, malgré cette communauté d'idiome, à laquelle résiste si difficilement la fusion des races, le sceau de *cagoterie* se perpétue, quoique sur une moindre échelle, parmi ces générations maudites, et demeure ineffaçablement empreint au front de cette race de *parias*. Ce n'est qu'à partir de 1789 que toute profession, hormis celles de bûcheron et de charpentier, a cessé de leur être interdite.

En Bretagne, les *caqueux, cacous,* ou *caquins,* désignés dans les vieux actes latins sous le nom de *cacosi,* apparaissent au commencement du quinzième siècle ayant, comme les *cagots* du Béarn, leurs habitations séparées de celles des autres hommes, *ainsi que le boire, le manger et autres relations naturelles,* ne pouvant, à l'église, marcher en avant des fidèles dans le baiser de la paix et des reliques, obligés de rester debout dans la partie basse des temples, sans toucher au calice ni aux autres vases saints, et ne pouvant se livrer à d'autre commerce que celui du fil et des filets, ni cultiver d'autre terre que leurs propres jardins. Le parlement de Rennes dut même intervenir pour leur faire accorder le droit de sépulture.

Le Poitou, le Maine, l'Anjou, l'Aunis nous montrent, en même temps, une autre race maudite, les *colliberts,* qui n'étaient ni libres ni esclaves, dont les maîtres, cependant, pouvaient les vendre ou les donner, et confisquer leurs terres, et qui formaient, particulièrement sur la Sèvre, une peuplade de pêcheurs, dont le plus grand nombre fut exterminé par les Normands.

L'opinion la plus répandue en Béarn voit dans les *cagots* de ce pays des débris des Visigoths, dont la puissance fut détruite à Vouillé par les armes de Clovis. L'orgueil des nations alliées du vainqueur aurait accablé du poids de son mépris les traînards qui n'auraient pas eu le temps de franchir les Pyrénées et de rejoindre leurs frères fixés en Espagne. Ajoutez, dans le principe, à cette considération de la dissidence des cultes : les Visigoths étaient ariens ; jadis persécuteurs de la foi, ils en seraient devenus, à leur tour, les victimes, et auraient gardé, longtemps après leur abjuration, le stygmate de leur hérésie ; de là une haine invétérée que le temps n'aurait pu assouvir ni désarmer. La dénomination de *chrétiens,* qu'on leur applique par dérision, confirmerait encore l'opinion qui en fait des hérétiques convertis. L'exemple de pareils débris de nations, jadis victorieuses, succombant à leur tour, et restant dans un degré d'abaissement au milieu de leurs vainqueurs du lendemain, vaincus eux-mêmes de la veille, n'est pas, du reste, nouveau dans l'histoire. Il suffit de citer à l'appui les îlotes de Sparte, les castes inférieures de l'Inde et de l'Égypte, les serfs de la domination franque, lesquels étaient à divers degrés maîtresses déchues, autrefois maîtresses du territoire. Ainsi s'explique, ou par la conquête, ou par un asile conditionnel, l'existence de tant de populations maudites, se perpétuant vouées à l'esclavage au profit de sociétés plus ou moins puissantes. Il n'était donc pas besoin, comme l'historien du Béarn Marca, pour prouver que les *cagots* sont des Goths, de faire dériver leur nom des deux mots béarnais *caas Goths* (chien de Goths) et moins encore, afin d'expliquer pourquoi ils exercent presque tous l'état de bûcheron, d'invoquer l'exemple des Gabaonites, condamnés par Dieu à couper le bois nécessaire à la construction du temple de Jérusalem.

Un second système, moins admissible, transforme les *cagots* du Béarn en débris des Sarrasins *martelés* dans les plaines de Tours; une troisième version découvre en eux des descendants des Albigeois ; une quatrième, des marchands juifs, désignés par le nom de *capi* dans les capitulaires de Charles le Chauve; une cinquième enfin, rattache les *cagots* à l'une des grandes plaies du moyen-âge, aux lépreux qui longtemps partagèrent avec les juifs la haine fanatique des populations, aux goitreux, aux crétins qui jadis étaient aussi nombreux dans certaines vallées pyrénéennes que dans celles du Valais. Mais ce qui prouve que dans le Béarn ces malheureux au teint livide, à l'air stupide, à la physionomie dégradée, étaient distincts des *cagots,* c'est que la loi du pays permettait aux premiers le port d'armes et l'interdisait aux seconds, c'est qu'en 1460 seulement les états de la vicomté, par une délibération solennelle, assimilèrent les *cagots* aux lépreux, leur défendant de marcher pieds nus dans les rues et les chemins, de peur de contagion, et les condamnant, en cas de désobéissance, à avoir les pieds percés avec un fer rougi au feu. Ils n'étaient pas lépreux cependant, et le médecin Noguez, analysant leur sang, le déclara pur et *louable.* En 1600 le parlement de Toulouse ordonne une enquête pour s'assurer s'ils sont atteints de la lèpre, et la preuve négative est de nouveau formellement acquise ! Enfin le naturaliste Palassou, né dans le Béarn, cite, au milieu du dernier siècle, trois villages de la vicomté où vivaient deux cents cagots dont pas un seul, dit-il, n'était affecté de disposition vicieuse dans le sang.

Ce n'est que vers la fin du dix-septième siècle qu'il commence à être question de les réhabiliter dans l'esprit des peuples au milieu desquels ils traînent leur douloureuse existence. En Bretagne, le jurisconsulte Henri, prenant pitié de leur sort, prouve que la haine qu'on leur porte est injuste et obtient du parlement de Rennes un arrêt en leur faveur, qui n'est pas exécuté. Le parlement de Bordeaux en 1723 et celui de Navarre en 1688, 1693, 1721 et 1723 ne sont pas plus heureux dans leurs tentatives de réhabilitation; le pays se révolte contre l'intérêt qu'inspire cette race maudite. Ramon voit dans les cagots des goitreux, Court de Gébelin, des Alains; Marca, l'évêque Sanadon; et le naturaliste Palassou, des Sarrasins; d'Oihenart et du Mège, des Goths. Diverses opinions sont en outre émises sur ces malheureux par Cambry, par l'abbé Venuti par Guyon, par Millin, par l'abbé Grégoire, par MM. Reinaud et Francisque Michel.

Nous avons clairement démontré, les arrêts de divers parlements en main, que les *cagots* ne sont ni lépreux, ni goitreux, ni crétins, et, pour notre part, nous n'en avons jamais rencontré un seul dans le Béarn qui fût atteint d'une de ces trois infirmités. Ce ne sont pas non plus de débris de Sarrasins, d'Albigeois ou de marchands juifs (espagnols ou portugais), races méridionales, au teint brun, aux cheveux noirs. Tous les *cagots* du Béarn que nous avons vus ont le teint blanc, les yeux bleus, les cheveux blonds, et forment un contraste frappant avec une autre race maudite, les Bohémiens ou *Zingaris,* vivant côte à côte avec eux, sans qu'il en résulte jamais aucun mélange. A ces traits des *cagots* qui ne reconnaît un peuple septentrional parti des confins de la Scandinavie et des bords de la Baltique pour inonder l'Europe méridionale sous les noms de Goths, d'Ostrogoths et de Visigoths ? Mais on retrouve, nous objectera-t-on, des *cagots,* sous diverses dénominations, non-seulement dans la Gascogne et la Guienne, mais encore dans l'Aunis, l'Anjou, le Maine, le Poitou, la Bretagne, là où les Goths ne pénétrèrent jamais. D'abord, qui prouve que l'origine de ces races maudites soit la même, malgré ces diverses appellations qui se ressemblent et qui ont dû être souvent à tort confondues? Plusieurs arrêts du parlement de Bretagne ne les qualifient-ils pas positivement de *juifs convertis ?* Qui prouve, en outre, que les causes de leur proscription soient partout les mêmes? Et, au pis aller, qui empêche que les *cacous* de Bretagne n'aient été dans le principe des *cagots* émigrés du Béarn, et qui ne pouvaient en changeant de climat échapper à la malédiction attachée à leurs pas? Pour ces divers motifs nous persistons dans nos conclusions : les véritables *cagots,* les *cagots* du Béarn et du pays basque sont des descendants des Goths. Eng. GARAY DE MONGLAVE.

CAHIER DES CHARGES. C'est l'acte qui contient les conditions d'une a d j u d i c a t i o n p u b l i q u e et les obligations auxquelles seront soumis les adjudicataires, qu'il s'agisse d'une vente ou d'une c o n c e s s i o n. Il est déposé dans un lieu public, où chacun peut en prendre communication.

Un cahier des charges relatif à une vente doit contenir

les droits et qualités des parties, la désignation de la chose, et l'établissement de la propriété mise en vente, le titre en vertu duquel la vente a lieu. Si elle est ordonnée par autorité de justice, le cahier des charges doit, en outre, faire mention des actes judiciaires qui ont ordonné cette vente, des noms de l'avoué poursuivant, des tuteurs, curateurs et subrogés-tuteurs. Le cahier des charges a également pour objet de provoquer les observations des parties intéressées, qui peuvent demander la rectification des clauses leur portant préjudice. Ces observations, qu'en termes de procédure on appelle *dires*, sont consignées sur un procès-verbal rédigé par l'officier public dépositaire. Dans les adjudications devant les tribunaux, ce sont les avoués qui déposent le cahier des charges. L'acte de dépôt est rédigé par le greffier. Mais devant les notaires le cahier des charges peut être déposé par les parties elles-mêmes, ou par leurs mandataires; les avoués même ne peuvent pas faire ce dépôt comme avoués, mais seulement comme mandataires. Dans ce cas l'avoué doit représenter au notaire une procuration spéciale qui doit rester annexée au procès-verbal.

Dans les adjudications administratives, c'est l'administration qui dresse le cahier des charges et le dépose dans un lieu public, où chacun peut en prendre connaissance, et faire les observations qui naissent de son examen et tendent à modifier sa rédaction. Au jour de l'adjudication publique, cet acte, qui ne doit plus être changé, est lu avant de procéder soit à la lecture des offres qui ont été faites par écrit, soit aux enchères verbales; et lorsque l'adjudication est faite, le contrat est formé et régi par les termes du cahier des charges.

Les adjudications d'emprunts publics, de chemins de fer, de travaux publics, sont toujours accompagnées d'un cahier des charges.

CAHIERS DES BAILLIAGES. Aux états généraux de 1355 on trouve établi pour la première fois l'usage des cahiers, recueil des remontrances et des propositions adressées au roi par l'assemblée. On les appela d'abord *cédules*, et ils prirent ensuite le nom de *cahiers de condoléance*, aux états de 1363. En réalité ces cahiers étaient les mandats donnés aux députés; ils exprimaient la volonté et les besoins des électeurs. Le député chargé par le tiers état de remettre son cahier au roi, le remettait à genoux; les députés du clergé et de la noblesse restaient debout et découverts. Ce n'est qu'en 1789 que ces cahiers furent appelés *cahiers des bailliages*.

Par le règlement du 4 janvier 1789, tous les membres de la noblesse et du clergé furent appelés à la rédaction des cahiers ainsi qu'à la nomination de leurs mandataires. Quant au tiers état, tous les habitants des villes, des bourgs, des paroisses, toutes les communautés composant le tiers état, furent tenus de s'assembler, de rédiger le cahier de leurs plaintes et doléances, et de nommer des députés chargés de porter ce cahier dans une autre assemblée, où tous les cahiers des villes, des bourgs, paroisses et communautés d'un arrondissement devaient être réduits en un seul; ces seconds cahiers devaient être portés par de nouveaux députés, réduits eux-mêmes au quart des premiers, à l'assemblée générale du bailliage. C'est dans ces assemblées bailliagères que tous les hommes éclairés présentèrent leurs vues, proposèrent leurs moyens et, sur les plaintes et les vœux de leurs commettants, confièrent à de nouveaux députés le soin de faire cesser les unes, en demandant la réparation des torts, le redressement des griefs, la cessation des abus, et de remplir les autres, en appuyant les principes fondamentaux de la monarchie, en concourant à la réformation ou à l'amélioration de certaines institutions vicieuses. Les cahiers définitifs furent arrêtés, et les députés nommés aux états généraux, qui devaient bientôt devenir l'assemblée constituante, prêtèrent serment de fidélité au mandat dont ils furent chargés.

Tous les cahiers des bailliages furent rédigés dans le même sens; tous s'accordèrent sur les points fondamentaux de la constitution; tous enfin déclarèrent unanimement : « Le gouvernement monarchique le seul admissible en France. — La couronne héréditaire de mâle en mâle, suivant l'ordre de primogéniture, dans la race régnante; la personne du roi inviolable et sacrée; dans le cas d'extinction de toutes les branches royales, la nation devant rentrer dans le droit d'élire celui qu'elle jugerait digne de régner. — La religion catholique, religion dominante en France, n'y a été reçue que suivant la pureté de ses maximes primitives; c'est le fondement des libertés de l'Église gallicane. — Les états généraux, peuvent seuls à l'avenir pourvoir à l'état de la régence, dans les cas où elle serait nécessaire. — La puissance législative devant être exercée par les députés de la nation conjointement avec son chef. — Les lois devant être sanctionnées par le roi, à qui seul, comme administrateur suprême, appartient la plénitude du pouvoir exécutif. — Le pouvoir judiciaire exercé au nom du roi par des juges qui ne pourraient dans aucun cas participer ni s'opposer aux actes législatifs, et dont les fonctions seraient indépendantes de tout acte du pouvoir exécutif. — Les limites des différents pouvoirs devant être fixées clairement et de manière qu'ils ne puissent jamais être confondus. — La liberté des personnes mise à l'abri des ordres illégaux et de toute atteinte. — Tous les asservissements personnels abolis. — La liberté de la presse, sauf les préservatifs nécessaires pour l'ordre public. — Le secret des lettres inviolable. — Les ministres responsables envers la nation, et le mode de leur responsabilité réglé par les députés. — Le droit de propriété sacré, personne ne pouvant être privé d'aucune partie de sa propriété quelconque, même à raison d'intérêt public, sans une juste et préalable indemnité. — Aucun impôt ne devant être levé sans le consentement de la nation. — Le renouvellement périodique et sans longs intervalles de l'assemblée des états. — L'établissement dans tout le royaume des états provinciaux et des municipalités électives. — Tous les citoyens également soumis à la loi et à l'impôt; tous susceptibles de parvenir aux emplois ecclésiastiques, civils et militaires. — La noblesse accordée à l'avenir seulement pour récompense de services importants rendus à l'État, aucune profession utile n'y pouvant faire déroger. — La justice rendue gratuitement; la vénalité des charges abolie; le choix des juges réservé au roi; les juges inamovibles ne pouvant être destitués que pour forfaiture jugée. — Nul ne pouvant être soustrait à ses juges naturels. — Établissement d'un tribunal supérieur dans chaque province. — Commissions extraordinaires illégales et inutiles. — Répartition des impôts consentis par la nation faite par les états provinciaux, proportionnellement entre tous les contribuables, sans exception; le montant de leur produit, le compte de leur emploi et celui des charges de l'État rendus publics tous les ans par la voie de l'impression. — Toutes les dépenses des départements (ou ministères) fixées par chaque assemblée des états généraux. — La dette publique vérifiée et reconnue par roi, déclarée dette nationale et acquittée par payements réels; aucun papier-monnaie ne pouvant être établi. — Le roi, comme essentiellement dépositaire du pouvoir exécutif et chef suprême de la nation, ayant le commandement de toutes les forces de terre et de mer, demeurant chargé de pourvoir à la défense du royaume et de la guerre ou la paix. — Le militaire ne devant être employé que pour la défense de l'État, ou contre l'être contre les citoyens que dans les cas prévus par une loi positive ou contre des rebelles proscrits par la nation. — Disposition des emplois et grades militaires, de même que celle de tous les emplois publics et des principales places d'administration, continuant d'appartenir au roi, qui est et doit toujours être la source de toutes grâces, distinctions et honneurs dans le royaume. — Aucun militaire ne pouvant être destitué sans jugement préalable, etc. »

Tous ces articles fondamentaux étaient accompagnés d'une série d'autres qu'on en peut regarder comme les corollaires naturels, et qui tenaient également à l'intérêt général de la nation. On peut voir par ce qui précède qu'une réforme radicale, atteignant non-seulement le mode du gouvernement, mais les bases même de l'organisation sociale, était alors réclamée par les vœux de la nation. Et, malgré nos soixante-ans de révolution, il faut reconnaître que tous ces vœux ne sont pas encore satisfaits.

CAHORS, ville de France, chef-lieu du département du Lot, à 470 kilomètres de Paris, sur la rive droite du Lot, avec une population de 12,020 habitants. Siége d'un évêché suffragant d'Alby, et dont le diocèse comprend le département du Lot, de tribunaux de première instance et de commerce, d'une Académie universitaire, chef-lieu de la 2e subdivision de la 12e division militaire, elle possède un lycée, une école normale primaire départementale, une bibliothèque publique de 12,000 volumes et une pépinière départementale.

La ville est dominée de toutes parts par des montagnes qui bordent la rive opposée du Lot et qui dessinent une portion d'ellipse dont l'aspect est âpre et sauvage; elle est mal bâtie, ses rues sont escarpées et tortueuses; parmi ses monuments on ne peut guère citer que la cathédrale, dont les parties les plus anciennes sont, dit-on, le reste d'un temple antique, et l'obélisque élevé à Fénelon. En revanche, il existe des ruines romaines assez intéressantes; entre autres : un portique, que l'on croit avoir fait partie d'un édifice consacré à des bains publics; un théâtre de grande dimension, et un aqueduc, qui allait chercher l'eau à plus de 24 kilomètres. Les remparts, d'où l'on voit le Lot entourer presque entièrement la ville, et le rocher sur lequel elle s'appuie, forment une belle promenade.

Cahors est le centre d'une récolte importante de vins très-foncés en couleur et très-spiritueux, dits *vins noirs* ou *vins de Cahors*, et fort estimés pour les mélanges. Les manufactures de draps et de lainages forment sa principale industrie, ainsi que des papeteries, des tanneries et des verreries; on y compte trois typographies. Elle fait commerce en eaux-de-vie, truffes, huiles de noix, de chènevis et de lin.

L'origine de Cahors est très-ancienne; elle existait déjà du temps de César, et portait le nom de *Divona*. Les Romains l'appelèrent *Cadurci*, du nom du peuple de la contrée. Les Goths s'y établirent, et y frappèrent monnaie; Théodebert, fils de Chilpéric, la saccagea et renversa ses remparts, que releva l'évêque saint Géry, en 675. Prise par Pépin, en 763, elle fut encore dévastée par les Normands, en 864. Passée une première fois sous la domination anglaise, par le mariage d'Éléonore d'Aquitaine avec Henri II, elle fut de nouveau cédée à cette puissance, par le traité de Brétigny. Mais bientôt elle se souleva en même temps que soixante-dix autres villes ou châteaux forts du Quercy, dont elle était la capitale; les Anglais essayèrent en vain de reprendre Cahors. Cette ville n'eut pas à souffrir des massacres de la Saint-Barthélemy, les religionnaires s'y trouvant en assez grand nombre pour empêcher l'exécution des ordres de Catherine de Médicis. Toutefois Cahors refusa de reconnaître Henri IV, alors roi de Navarre, qui, en 1580, ne put s'en rendre maître qu'après plusieurs jours d'un siège meurtrier. Avant la révolution cette ville était le chef-lieu d'une élection et d'un présidial. Le pape Jean XXII y avait établi en 1322 une université, qui fut réunie en 1751 à celle de Toulouse. Cujas y enseigna le droit. L'évêché de Cahors date du commencement du quatrième siècle; l'évêque était seigneur temporel, et portait le titre de *comte de Cahors*; lorsqu'il officiait, il avait le privilège d'avoir l'épée et les gantelets placés à côté de l'autel.

CAHUSAC (LOUIS DE), écuyer et secrétaire des commandements du comte de Clermont, auteur dramatique, né à Montauban, composa d'abord des tragédies et des comédies, telles que *Le Comte de Warwick*, *Zénéide*, *L'Algérien*, *Pharamond*, qui n'ont pas laissé la moindre trace au théâtre. Il fut plus heureux dans l'opéra, et parvint à s'y frayer une route nouvelle, où il obtint des applaudissements mérités. Les *Fêtes de Polymnie*, *Les Fêtes de l'Hymen et de l'Amour* (1747), *Zaïr*, *Naïr*, *Zoroastre* (1749), *Anacréon* (1754), sont des drames lyriques ingénieusement conçus, dans lesquels le merveilleux est habilement ajusté au fond du sujet, et dont la versification est naturelle et facile. Cahusac eut aussi le bonheur d'avoir Rameau pour composer la musique de ses poëmes. Il mourut à Paris, en 1759. On a encore de lui d'autres ouvrages : un *Traité historique de la Danse ancienne et moderne*, et des articles dans l'*Encyclopédie* sur l'Opéra et sur les grands spectacles de l'Europe.

CAIEPUT ou CAJEPUT (Huile de). Cette huile, claire, transparente, verte et aromatique, vient des Moluques, où l'on extrait des feuilles du *melaleuca leucodendron*, arbre que les Indiens nomment *caïou-pouti* ou *cajuputé*, d'où le nom d'*huile de cajeput* (voyez MÉLALEUQUE). Cette huile, dont on fait peu d'usage en France, est très-fréquemment employée dans le Nord comme antispasmodique. On lui a prêté beaucoup d'autres propriétés; mais jusque ici sa vertu le mieux constatée paraît être de préserver les collections d'histoire naturelle des attaques des insectes qui les détruisent.

CAIEU. On nomme ainsi une petite bulbe produite par une autre; c'est-à-dire que toute bulbe, après avoir donné des fleurs un certain nombre de fois, périt, et qu'alors les caïeux la remplacent. Tantôt ils naissent sur la bulbe elle-même, comme dans le safran et dans les colchiques; tantôt à côté d'elle, comme dans la tulipe et le lis; tantôt au-dessus, comme dans les glaïeuls; tantôt enfin au-dessous, comme dans quelques ixias.

Les caïeux sont le moyen de multiplication le plus usité pour les tulipes, les jacinthes, les narcisses, etc. Séparés des bulbes mères, soit à l'automne, soit au printemps, et mis en terre, ils ne fleurissent guère que la seconde et la troisième année.

CAILHAVA D'ESTANDOUS (JEAN-FRANÇOIS DE), l'une des célébrités littéraires du siècle dernier, naquit au village d'Estandous, près de Toulouse, le 28 avril 1731. Jeté dans le monde à une époque où la poésie était en grand honneur, et où Dorat faisait école, il se lança à corps perdu dans ce qu'on nommait le *commerce des Muses*. Mais il eut bien des difficultés à surmonter pour se faire un nom parmi ses contemporains. S'il ne fût rebuté dès les premiers pas, s'il eût à jamais brisé avec l'art dramatique après l'accueil plus que froid que reçut son premier ouvrage, une pièce de circonstance en l'honneur de Louis XV frappé par le canif de Damiens, il fût sans doute devenu simple conseiller dans quelque obscur parlement de province; mais, loin de se tenir pour battu à son premier échec, essuyé en 1757, il se livra au théâtre avec plus d'ardeur que jamais. Sa *Présomption à la mode*, comédie en cinq actes et en vers, jouée en 1763, ne fut cependant pas plus heureuse que sa devancière, malgré les honneurs posthumes de l'impression, qu'il jugea devoir lui accorder, par un sentiment tout paternel d'amour-propre.

Cailhava fut mieux inspiré dans ses essais d'imitation des anciens, et sa comédie du *Tuteur dupé*, en cinq actes et en prose, dont il puisa le sujet dans Plaute, obtint un succès d'estime. On était alors en 1765. Quatre ans plus tard, il produisit encore les *Étrennes de l'Amour*, comédie-ballet en un acte et en vers, et une nouvelle imitation de Plaute, *Le Mariage impromptu*, également en vers et en trois actes. L'année suivante Cailhava obtint de nouveaux succès : plusieurs pièces, dont deux étaient tirées des *Mille et une*

Nuits, qu'il donna à la Comédie-Italienne, firent fureur. En 1771 il risqua un opéra-comique, que les sifflets du parterre empêchèrent d'avoir longue vie. Il réussit mieux dans une nouvelle production de même nature, imitée de Goldoni, intitulée *La Bonne Fille*. L'œuvre dramatique capitale de Cailhava, *L'Égoïsme*, comédie en cinq actes et en vers, fut diversement jugée. C'était cependant une œuvre consciencieuse, mais ayant l'inconvénient de toutes les pièces à caractères, dans lesquelles l'intérêt se développe toujours avec une certaine froideur. Cailhava s'occupait dès lors d'un grand ouvrage, intitulé l'*Art de la Comédie*, et publié d'abord en quatre volumes, puis réduit plus tard à deux. Cet ouvrage est un excellent guide pour les jeunes auteurs qui veulent débuter en suivant les voies de l'école classique.

Picard, prononçant l'oraison funèbre de Cailhava, et se faisant gloire d'être un de ses élèves, disait sur sa tombe : « Cailhava, à une époque où la comédie était dénaturée par le jargon et l'enluminure du faux bel esprit, eut le courage, car il en fallait alors, de vouloir composer des ouvrages dans le goût de Molière.... Par sa théorie et par sa pratique, il s'est marqué une place honorable parmi les restaurateurs de la comédie française. » Trois nouvelles imitations de Plaute, *Les Ménechmes grecs*, en quatre actes et en prose, *La Maison à Deux Portes*, en cinq actes, et *La Fille supposée*, en trois actes et en vers, virent le jour en 1791, sous le nom de Cailhava. C'était alors l'époque où les orages politiques occupaient seuls les esprits : Cailhava n'était pas fait pour ces grandes agitations. Nous le retrouvons cependant, en 1792, dans les rangs de cette assemblée électorale de Paris qui envoya à la Convention les hommes le plus en avant de la Montagne. Dès 1789 le poëte toulousain s'était fait publiciste. Ainsi, dans le cours de cette année il avait publié sur la *Décadence des Théâtres* un ouvrage dans lequel il développait de fort bonnes vues sur l'art dramatique; il entreprit aussi à cette époque la publication des *Annales Dramatiques*. Mais il revint à la comédie ; dans son culte pour Molière, il osa mettre la main sur l'une des œuvres les plus connues de ce grand homme : lorsqu'il annonça, en l'an III, qu'il allait rétablir en cinq actes le *Dépit amoureux*, cette audacieuse tentative rencontra peu de partisans, et provoqua de la part des comédiens une véritable insurrection. Cailhava dut renoncer à faire représenter la pièce restaurée par lui, mais il la fit imprimer en 1803. Il ne fut pas plus heureux dans une imitation d'Aristophane, *Athènes pacifique*, comédie en trois actes et en prose, qui n'obtint jamais les honneurs de la représentation.

C'était alors l'époque où le Français, *né malin*, créait le vaudeville ; les fredons de Piis, de Désaugiers empêchaient de dormir le restaurateur de la comédie française : lui aussi voulut s'essayer dans ce genre, et en 1797 il fit représenter un petit acte assez gai et assez vif, intitulé *Le Ziste et le Zeste*. Peu de temps après il était appelé à remplacer à l'Institut M. de Fontanes, condamné à la déportation lors du 18 fructidor. Nous n'avons plus à citer de lui, que ses *Études sur Molière*, publiées en l'an X; et son *Hommage à Molière*, qui parut un an plus tard, en 1803. Il justifiait de la sorte sa vive sympathie pour l'illustre Poquelin, sympathie qui était une véritable adoration ; car on assurait alors qu'il avait fait enchâsser une dent de Molière, comme une relique précieuse qu'il se gardait bien d'exposer aux regards des profanes. Cailhava était devenu vieux et infirme; sans les bienfaits de Napoléon, il serait mort pauvre, ruiné qu'il avait été par la perte d'une somme importante. Mais le ciel lui avait donné une fille qui, nouvelle Antigone, se dévoua avec une admirable constance à adoucir ses derniers jours, et dans les bras de laquelle il s'éteignit, à l'âge de quatre-vingt-deux ans, le 26 juin 1813. Il mourut à Sceaux, et fut enterré auprès de Florian. Qui croirait que l'homme qui prêchait dans ses écrits la nécessité d'une moralité sévère pour les œuvres dramatiques a publié des pièces fugitives assez licencieuses? Il en fut cependant ainsi : Cailhava eut la faiblesse de se prêter aux goûts de son époque, et les *Contes en prose et en vers de feu l'abbé de Colibri*, ou *le Soupé*, sont de lui. Napoléon GALLOIS.

CAILLAUD. *Voyez* CAILLIAUD.

CAILLE. Les cailles forment une des quatre divisions du genre *perdrix*, de l'ordre des gallinacés. Comme les colins et les francolins, elles ont beaucoup de rapports avec les perdrix proprement dites, dont elles ne diffèrent que par une taille plus petite, et l'absence de sourcils rouges et de l'éperon qui arme la patte de la perdrix mâle. Loin d'être sociables comme les perdrix, les cailles vivent solitaires, si ce n'est à l'époque de leurs migrations annuelles.

Le bec de la caille est un peu aplati ; la pièce inférieure est noirâtre, la supérieure est brunâtre et se termine en pointe recourbée. L'iris des yeux est couleur de noisette, le ventre et la poitrine d'un jaune pâle mêlé de blanc; la gorge a une teinte de roux; la queue de l'oiseau est courte; ses pattes sont grises et couvertes d'une peau écailleuse comme tuilée ; le dessous du pied est jaunâtre, et, chose remarquable, le doigt extérieur tient par une membrane à celui du milieu jusqu'à la première articulation. Le mâle se distingue de la femelle par une bande noire au-dessous du bec et trois bandes longitudinales étroites et blanchâtres, passant l'une sur le sommet de la tête et les deux autres au-dessus des yeux. Son cri, que tout le monde connaît, et qu'on a rendu par ces mots : *paye tes dettes !* est éclatant, et s'entend à des distances considérables; celui de la femelle au contraire est faible, et ne s'entend que de près. Les mâles se livrent des combats à outrance; aussi les Athéniens en dressaient-ils pour les faire battre à la manière des coqs. Enfin, le mâle est un des oiseaux qui recherchent la femelle avec le plus d'ardeur, la fuit et la chasse même à coups de bec quand ses désirs sont satisfaits. Les mères donnent d'abord des soins à leurs petits, mais pendant un temps fort court.

Les cailles ont une propension singulière à changer de climat à deux époques de l'année, le printemps et l'automne. Ce besoin de voyager leur est si fortement imposé par la nature qu'à l'époque du départ une caille, née dans nos climats et tenue dans une cage, s'agite nuit et jour dans sa prison avec tant de violence qu'elle se briserait la tête si l'on n'avait la précaution de former le dessus de la cage d'une toile tendue. Cette fièvre qui la prend au printemps et en automne la tient pendant un mois environ. On ignore la cause véritable qui détermine les cailles à quitter l'Europe pour l'Afrique à l'approche de l'hiver, pour revenir en Europe au printemps ; ce n'est pas le pressentiment de manquer de nourriture qui les fait voyager ni la rigueur du froid qui règne dans nos contrées en hiver, puisque les perdrix, qui se nourrissent comme elles, n'y meurent ni de faim; en second lieu, des cailles supportent fort bien le froid de nos climats sans qu'il soit nécessaire de faire du feu dans le local où elles sont enfermées; d'ailleurs, il y a de ces oiseaux qui, pour une cause quelconque, n'ayant pu suivre la troupe, hivernent en Europe dans des lieux abrités. Les cailles arrivent par troupes en Italie et dans le midi de la France au commencement d'avril ; ce n'est qu'au mai qu'on en voit dans les départements du nord et en Allemagne; elles quittent ces dernières contrées dès le mois d'août et nos provinces méridionales en septembre. Cependant, ces époques d'arrivée et de départ ne sont pas tellement invariables que le pressentiment du froid ou de la chaleur ne les fasse hâter ou retarder. On prétend que ces oiseaux voyageurs ne mettent que sept à huit heures pour faire le trajet de nos contrées méridionales de la France à la côte d'Afrique : cette distance est d'environ 880 kilomètres. Les cailles feraient donc 110 kilomètres à l'heure, ce qui est difficile à croire pour des oiseaux naturellement lourds et volant mal. Les cailles ne traversent la Méditerranée que par un vent favorable, car elles quittent les côtes de Provence par un vent du nord, et elles reviennent en Europe par un vent du midi ; d'ailleurs, elles trouvent sur la route des points de repos, tels que la Sicile, les îles Baléares, la Sardaigne et la Corse. Ce qui a fait croire que ces oiseaux mettent si peu de temps pour faire un si long voyage, ce sont les graines qu'on trouve dans le jabot de celles qu'on tue à leur arrivée en France ; ces graines appartiennent au climat africain, et l'on sait par expérience que les cailles les digèrent en huit heures de temps.

Quoi qu'il en soit, aussitôt que ces oiseaux sont arrivés en Europe, ils s'y livrent dans les blés à leurs amours ; la femelle creuse sur le sol avec ses pieds une cavité qu'elle garnit d'herbes et de feuilles sèches. C'est dans ce nid qu'elle dépose environ quinze ou seize œufs, bariolés de brun sur un fond jaune ; l'incubation dure vingt et un jours. La caille a très-grand soin de cacher sa couvée, de crainte que les mâles de son espèce ne cassent ses œufs ou que les oiseaux de proie ne les mangent. Les cailleteaux trottent à l'instant où ils sortent de la coquille, et ils croissent et se fortifient avec tant de rapidité qu'on peut les élever sans le secours de leur mère au bout de huit jours. La jeune caille est en état de se reproduire trois mois après sa naissance. Quant à la durée moyenne de la vie de ces oiseaux, on croit qu'elle ne va pas au delà de cinq ans. Quelques naturalistes ont prétendu que les cailles font deux pontes dans un même été ; d'autres veulent qu'elles se reproduisent aussi en Afrique ; ils en donnent pour raison le nombre prodigieux qu'on en tue en Italie, et principalement sur la côte d'Égypte. Il est incontestable que les cailles multiplient rapidement, mais il n'est pas prouvé qu'elles pondent deux fois dans une même saison.

Dans ce qui précède nous avons principalement considéré la *caille commune* (*coturnix dactylisonans*, Temminck), qui en Europe est l'unique représentant de la division des cailles. On connaît encore la *caille natée* (*coturnix textilis*, Temminck), qui habite tout le continent indien ; la *caille australe* (*coturnix australis*, Vieillot), qu'on trouve dans la Nouvelle-Hollande ; etc.

Les manières de chasser les cailles varient suivant les temps et les circonstances. Les époques les plus favorables sont celles de leur départ ou du leur arrivée, attendu qu'alors elles se réunissent en troupes plus ou moins nombreuses. On profite alors du temps des amours, et quand on veut les avoir grasses on attend la fin de l'été. Les instruments dont on se sert pour cette chasse sont les *appeaux* artificiels ou vivants, le *trémail* ou *halier*, la *tirasse*, le *traîneau*.

Du 15 août aux premiers jours d'octobre, il se fait aux environs de Marseille une chasse aux cailles très-abondante, au moyen d'appeaux vivants : ce sont de jeunes mâles de l'année pris au filet, qu'on nourrit dans des volières ; on les aveugle au mois d'avril en leur passant légèrement un fil de fer rouge sur les yeux ; au mois de mai, on les plume en partie sur le dos, aux ailes et à la queue, pour les forcer à muer, parce que s'ils muaient dans le temps du départ ils se chanteraient pas. Au commencement du mois d'août, on les met dans des cages pour les y accoutumer ; au moment de la chasse, on suspend ces cages dans les vignes à des pieux de trois à quatre mètres de haut ; elles y restent nuit et jour tant que dure le passage. Ces mâles appelants, qui sont au nombre de trente, quarante, et quelquefois cent, chantent dès l'aube du jour et attirent autour des cages non-seulement celles qui passent, mais encore celles qui se trouvent dans les environs. Deux heures après le soleil levé, le chasseur bat d'abord les vignes à petit bruit, puis il tire les cailles qu'il fait lever par un chien. Il en peut tuer ainsi quarante ou cinquante dans une matinée, pourvu que la mer soit calme ; dans le cas contraire, les cailles ne passent point.

Les appeaux vivants s'appellent encore *chanterelles*. Pour former une chanterelle, on prend une caille femelle, on l'enferme dans une cage placée dans un lieu obscur, où, soir et matin, on lui donne à manger du millet à la lumière d'une lampe, et on l'accoutume ainsi jusqu'à ce qu'elle ait appris à chanter à l'aide de l'appeau artificiel. Ce dernier appeau se compose d'une petite bourse de cuir large de deux doigts et longue de quatre, qui se termine en pointe comme une poire ; on la remplit à moitié de crins de cheval et l'on adapte à la pointe une sorte de sifflet long de trois doigts, fait d'un os de jarret de lièvre. Il y a des appeaux plus compliqués que l'on trouve chez les marchands. On chasse à l'appeau depuis le mois de mai jusqu'en août ou pendant tout le temps que durent les amours.

Le *halier* est un filet que l'on tend debout au moyen de piquets ; le chasseur se place d'un côté, fait jouer l'appeau, et les mâles qui l'entendent courent vers le chasseur, croyant trouver une femelle, et se prennent dans le filet.

La *tirasse* est aussi un filet de couleur sombre ; on la traîne au moyen de la corde qui lui sert comme de bord d'un côté. Il faut deux personnes pour manœuvrer ce filet ; cependant un homme seul peut s'en servir utilement en fixant la tirasse par un pieu. On conçoit aisément la manière dont les cailles se prennent à la tirasse ; comme elles se tiennent habituellement à terre, il est facile de les environner et de les couvrir avec le filet.

Le *traîneau* est une sorte de tirasse dont un côté rase la terre et ramasse les cailles comme un filet prend le poisson de la partie d'une rivière dont il balaie le fond. Teyssèdre.

CAILLE (La). *Voyez* La Caille.

CAILLÉ, qualité d'un liquide décomposé par un agent quelconque, et qui forme une masse plus ou moins consistante : on dit du *sang caillé*, du *lait caillé*. On emploie même souvent ce dernier mot tout seul et dans la forme substantive, pour indiquer le lait qui est dans cet état, et qui fait en grande partie la nourriture de beaucoup d'habitants des campagnes, et surtout des hautes montagnes, telles que celles de l'Auvergne.

CAILLÉ (René). *Voyez* Caillié.

CAILLEBOTE, espèce de tenons à croc que l'on ménage sur les faces de la mèche d'un mât d'assemblage et qui s'emboîtent dans des entailles correspondantes dont les jumelles sont pourvues.

CAILLEBOTIS, sorte de grillage ou de treillis fait de petites pièces de bois légères entrelacées et mises à angles droits, dont on recouvre les écoutilles. Les caillebotis, dont l'objet est de donner du jour, de l'air et un passage à la fumée dans un combat, conviennent très-bien à un vaisseau de guerre ; mais la marine marchande doit considérer qu'une écoutille à caillebotis donnant toujours de l'eau dans les mauvais temps, offre un inconvénient à éviter pour un navire du commerce, qui ne doit jamais souffrir d'humidité entre ses ponts. C'est pourquoi les caillebotis sont remplacés par des *panneaux* sur les bâtiments du commerce.

CAILLE-LAIT, nom vulgaire du genre *gaillet*, de la famille des *rubiacées*, et en particulier du *gaillet jaune* (*galium verum*, Linné). On distingue encore le *gaillet blanc*, le *gaillet des bois*, le *gaillet des marais*, le *gaillet grateron*, etc. Ces différentes espèces, que l'on cultive dans les jardins, viennent aussi spontanément dans les champs, où la dernière est même très-incommode, par la facilité avec laquelle ses fruits s'attachent à tout ce qui les touche : les moutons en sont quelquefois tout couverts, et on ne peut les arracher qu'au détriment de leur laine.

Ce qui a fait donner à cette plante son nom vulgaire, c'est qu'on a longtemps attribué à l'une de ses espèces, le *gaillet jaune*, la propriété de faire cailler le lait. Parmentier s'est assuré, par une suite d'expériences variées, que cette croyance n'est pas fondée ; mais on emploie avec avantage, en Angleterre surtout, les sommités fleuries de cette espèce pour donner une couleur jaune au beurre et au fromage. La tige de ce gaillet, bouillie avec de l'alun, fournit une couleur propre à teindre les laines en jaune, tandis que l'on retire des racines une couleur rouge.

CAILLEMENT. *Voyez* CAILLOT.

CAILLET (GUILLAUME), paysan né au village de Mello dans le Beauvoisis, fut le chef de la Jacquerie, ce formidable mouvement populaire qui eut lieu pendant la captivité du roi Jean; les insurgés l'appelaient *Jacques Bonhomme*, et personnifiaient en lui par ce surnom le malheureux peuple des campagnes. On sait que les Jacques faillirent changer la constitution politique et sociale du nord de la France; mais ils succombèrent devant la grande croisade que les gentils-hommes de France, de Flandre, de Brabant et de Bohême organisèrent contre l'ennemi commun. Caillet, après plusieurs défaites éprouvées coup sur coup, voulut entrer en pourparlers avec Charles le Mauvais, roi de Navarre, qui se saisit de lui par trahison, et le fit pendre avec quelques autres chefs du parti.

CAILLETTE. En langage usuel, ce nom, diminutif de celui de caille, s'applique à une femme frivole et bavarde, sans préjudice d'un nom nombre d'hommes à qui il pourrait bien convenir. Mais ce synonyme poli de *commère* fut employé autrefois dans une acception différente. On le trouve dans plusieurs ouvrages du seizième siècle, pour *niais, fol, imbécile*. C'est ainsi que le comprennent Marot, Bèze et d'autres.

Le sobriquet de *Caillettes* s'est surtout appliqué aux enfants de Paris. En cette ville, *Caillette-maman* se disait d'un petit garçon timide ou grognon, qui, au lieu d'aller jouer avec les enfants de son âge, se tenait sous les jupons de sa mère. On lit dans la *Satire Ménippée*: « Si nous étions tous de Paris, je dirais que nous ne sommes que *caillettes*. » Le commentateur Le Duchat fait d'ailleurs la remarque suivante : « Le sobriquet de *caillette* est particulier aux Parisiens. Comme, du reste, il y a apparence que *Sibilot*, fou de Henri III, ne fut appelé de la sorte qu'à cause de sa simplicité, semblable à celle d'un oison, appelé en plusieurs endroits de la France *sibilot (a sibilundo)*, je suis bien tenté de croire que le sobriquet de *caillette*, donné, comme je le suppose, au fou de François 1ᵉʳ, à cause de sa niaiserie, semblable à celle de la caille, ne sera demeuré aux Parisiens badauds qu'à cause qu'on prétend qu'il lui ressemblent. » Un autre passage de la satire *Ménippée* pourrait confirmer l'opinion de Le Duchat, le voici ; « *Et n'est pas sans cause que les autres nations nous appellent caillettes* (fait dire au ligueur d'Aubray, dans sa harangue pour le tiers état, le savant Pierre Pithou), *puisque, pauvres cailles coiffées et trop crédules, les prédicateurs et sorbonistes, par leurs caillots enchanteurs, nous ont fait donner dans les rets des tyrans et nous ont après mis en cage, renfermés dedans nos murailles pour apprendre à chanter* ; » et, autre part, il ajoute : « Et ne peut empêcher que nous ne soyons toujours jugez et réputez grands badauds et *caillettes*, sots en latin et en français. » Oudin, dans ses *Curiosités françaises*, dit : « Une caillette, un niais, c'est l'attribut des enfants de Paris. » En voilà bien assez pour réfuter l'opinion de La Monnaie, qui en parlant du fou *Caillette*, d'après Jean-Jovien Pontanus, veut que ce nom lui ait été donné par mépris, du quatrième ventricule du bœuf et de tous les animaux ruminants.

CAILLETTE (*Anatomie comparée*). C'est le quatrième estomac des ruminants, ainsi nommé parce qu'on en retire, chez le veau, l'agneau, le chevreau, etc., une substance dont on se sert pour faire cailler le lait. Cette signification du mot *caillette* a son origine dans le mot latin *coagulare*, transformé par contraction en notre verbe *cailler*.

CAILLETTE, fou de Louis XII et de François 1ᵉʳ, est le héros de l'un des romans historiques du bibliophile Jacob. Ce qu'on sait de sa vie se borne à peu de chose, et les mémoires contemporains ne lui donnent ni la grâce, ni la délicatesse, ni le courage dont s'est plu à le gratifier l'auteur des *Deux Fous*. Dans les *Contes* de Bonaventure des Perriers, la seconde nouvelle concerne trois fous de François 1ᵉʳ, *Caillette, Triboulet* et *Polite*. Ces trois hommes, tels que des Perriers, valet de chambre de la reine de Navarre, les représente, étaient plutôt des idiots que des fous. Des pages attachent Caillette par l'oreille à un poteau : il se croit condamné à passer là toute sa vie, et s'y soumet. On lui demande qui l'a ainsi attaché? il n'en sait rien ; si ce sont les pages? oui ; s'il les reconnaîtra bien? oui. On les fait tous venir, et chacun proteste que ce n'est pas lui qui a fait ce tour ; Caillette soutient que ce n'est pas lui non plus. Je n'y étais pas, disent tous les pages à la fois ; je n'y étais pas non plus, dit Caillette. Certes, il n'y a pas grand esprit là-dedans. La *Nef des folz*, imprimée, en vers français, en 1497, fait vivre Caillette en 1494, et donne son portrait comme patron des modes nouvelles, ce qui induit Le Duchat à penser qu'il pourrait bien y avoir eu deux Caillettes, quoique cette supposition ne soit pas, à la rigueur, nécessaire. Rabelais lui donne plusieurs fois, et lui donne pour bisaïeul *Seigné Joan*. On peut consulter, au reste, sur ce bouffon une brochure intitulée la *Vie et Trépassement de Caillette*, sans lieu ni date, petit in-8°, gothique.

CAILLIAUD (FRÉDÉRIC), voyageur moderne, est né à Nantes, le 10 mars 1787, d'un serrurier-mécanicien. Sa première éducation fut très-négligée ; mais un goût précoce et inné pour la minéralogie le détermina à venir à Paris en 1809, à l'effet d'y compléter ses études dans cette science et dans la géologie, qui excitèrent en lui la passion des voyages, dont l'objet principal fut d'abord le commerce des pierres précieuses. Après avoir visité la Hollande, l'Italie, la Sicile, une partie de la Grèce et de la Turquie d'Europe et d'Asie, il partit de Constantinople pour l'Égypte, où il arriva au mois de mai 1815. Il parcourut avec M. Drovetti toute la Haute-Égypte, et pénétra en Arabie jusqu'à la cataracte de Wady-Halfah. Mohammed-Ali-Pacha, qui l'avait bien accueilli, l'ayant chargé d'explorer les déserts à l'est et à l'ouest du Nil, pour y chercher des mines, il se rendit à la mer Rouge, et découvrit dans les environs un ancien temple égyptien, et au mont Zabarah les fameuses mines d'émeraudes, connues seulement par les écrits des auteurs anciens et les récits des Arabes, et qui depuis plusieurs siècles étaient oubliées et stériles. M. Cailliaud trouva des outils et des ustensiles qui avaient dû servir du temps des Ptolémées aux ouvriers grecs chargés d'exploiter ces mines, et vit les ruines d'une petite ville grecque qui avait dû être habitée par ces mineurs ; il retrouva ensuite l'ancienne route, pour le commerce de l'Inde, de Coptos à Bérénice, ville ruinée. Malgré l'ardeur brûlante de la saison, il traversa 25 myriamètres de désert pour arriver à la grande oasis, où il découvrit des monuments antiques, dont les voyageurs anglais Browne et Hornemann n'avaient pas parlé. Après avoir donné au pacha d'Égypte 5 kilogrammes d'émeraudes, M. Cailliaud revint en France, en février 1819, avec une riche collection d'antiquités, de minéraux, de plans, d'inscriptions, que le ministère de l'intérieur, sur le rapport d'une commission, fit acheter pour le muséum de Paris, ainsi que le journal, dont la rédaction fut confiée à M. Jomard, qui le publia sous ce titre : *Voyage à l'oasis de Thèbes, et dans les déserts situés à l'orient et à l'occident de la Thébaïde*, fait pendant les années 1815 à 1818 (Paris, 1824, 2 vol. gr. in-fol., atlas de planches).

L'accueil que M. Cailliaud avait reçu du gouvernement et de l'Institut l'encouragea à tenter de nouvelles découvertes. Il repartit pour l'Égypte, en septembre 1819, chargé d'une mission, et accompagné de M. Letorzec. Il parvint le 10 décembre, après une marche pénible de dix-huit jours, à travers le désert de Libye, et avec une faible escorte, à la ville de Syouah et au temple de Jupiter-Ammon, dont il leva le plan et détermina la latitude. Prenant une autre direction, il vit à El-Ouch les restes d'un temple romain et d'autres monuments antiques, et parcourant l'oasis de Fa- lafré, jusque alors inconnue aux voyageurs européens, il revint, toujours à travers les déserts, par les oasis de Dakel et de Thèbes, et rentra sur le sol égyptien, avec une foule d'objets d'histoire naturelle, d'antiquités et de documents. D'après ces matériaux et ceux que M. Cailliaud avait précédemment recueillis avec le chevalier Drovetti, M. Jomard a publié le *Voyage à l'oasis de Syouah*, de 1816 à 1820 (Paris, 1823, in-fol. avec fig.). Mais le voyageur était resté en Égypte. Informé que Mohammed-Ali se disposait à envoyer une armée, sous les ordres d'Ismaïl-Bey, un de ses fils, pour conquérir la Haute-Nubie, M. Cailliaud se rendit au Caire; et comme l'on comptait sur ses connaissances pour découvrir des mines d'or, il fut le seul Européen qui obtint du vice-roi la permission de faire partie de cette expédition. Il dépassa de plus de 50 myriamètres les ruines de la fameuse Méroé, et pénétra jusqu'au 10e degré de latitude, où il ne trouva qu'un pays inaccessible par ses hautes montagnes boisées, et des peuples idolâtres et féroces : ce fut le terme des rapides conquêtes d'Ismaïl-Pacha, qui fut assassiné près de Méroé. De retour à Paris en décembre 1822, après quatre ans d'absence, M. Cailliaud y résida quelques années, et y publia lui-même, aux frais du gouvernement, la relation de son *Voyage à Méroé, au fleuve Blanc, au delà de Fazogl, dans le midi du royaume de Sennâr, à Syouah, et dans cinq autres oasis, de 1819 à 1822* (Paris, 1826 et 1827, 4 vol. in-8°, ornés de figures coloriées, et accompagnés d'un atlas de cartes et planches in-fol.). Les voyageurs Bruce, Browne, Kobbé et Gau n'avaient pas pénétré aussi avant dans l'Afrique centrale que M. Cailliaud, qui a recueilli sur ces pays des documents précieux pour l'astronomie, la géographie, l'histoire naturelle et l'archéologie. Il mit en ordre une collection de plus de cinq cents pièces, qui fut achetée par le gouvernement et qui contient entre autres une momie qui a facilité les recherches de Champollion le jeune.

Décoré en 1824 de la croix de la Légion d'Honneur, membre de la Société de Géographie de Paris, de la société académique de la Loire-Inférieure, correspondant de celle de Marseille, et surnommé le *continuateur de l'expédition d'Égypte*, M. Cailliaud vit aujourd'hui retiré à Nantes, sa ville natale, où il n'occupe, depuis quelques années, que les modestes fonctions de conservateur du Musée. Il n'y a publié qu'un seul ouvrage, orné de planches coloriées : *Recherches sur les arts et métiers, les usages de la vie civile et domestique des anciens peuples de l'Égypte, de la Nubie et de l'Éthiopie, suivies de détails sur les mœurs et coutumes des peuples modernes des mêmes contrées* (Paris, 1831-1835, in-4°, fig.). H. AUDIFFRET.

CAILLIÉ (RENÉ), célèbre par son voyage à Tombouctou, naquit en 1800, à Mauzé (Deux-Sèvres), d'un pauvre boulanger. En 1816, riche de 60 francs, il s'embarqua pour le Sénégal à bord d'un navire français qui partait de conserve avec *la Méduse*, mais qui se partagea plutôt le célèbre naufrage de cette frégate. Quelque temps après être arrivé à destination, il s'adjoignit à l'expédition du major anglais Gray, dont le but était de pénétrer dans l'intérieur de l'Afrique. Mais l'entreprise n'ayant pas réussi, il ne tarda pas à revenir au Sénégal, dont il s'éloigna de nouveau pour entreprendre différents voyages. La lecture de Mungo-Park rallumait son ardeur : de la Guadeloupe, où il était passé, il revint en 1818 à Saint-Louis du Sénégal, et trouva moyen de s'associer, comme volontaire, à une caravane que M. Partarrieu conduisait, à travers les pays de Yolof et de Foutah, dans celui de Bondou. Tout le monde connaît la fatale issue de cette expédition, qui avec celle de Tuckey coûta, dit-on, à l'Angleterre 18 millions de francs. Caillié revint en France pour se faire guérir de la fièvre et se reposer de ses fatigues. En 1824 il était de retour au Sénégal, où le baron Roger, gouverneur des établissements français dans cette partie de l'Afrique, lui faisait avoir une petite pacotille avec laquelle il se rendit dans la tribu de Borákerah, autant pour y faire le commerce que pour apprendre la langue du pays et s'y familiariser avec les mœurs et les usages des Maures. Après un noviciat de huit mois, pendant lesquels il erra, avec les Maures du désert, de campement en campement, il revint à Saint-Louis solliciter des marchandises pour faire le voyage de Tombouctou; mais il essuya un refus. Ne pouvant obtenir un passeport pour les établissements anglais de la Gambie, il prit à pied la route de terre, parvint à Gorée, et passa de là à Sierra-Leone. Puis, à ce qu'il eut-il économisé un petit pécule de 2,000 fr. qu'il convertit cet argent en marchandises, et prit le costume arabe, se donnant pour un jeune Égyptien d'Alexandrie, enlevé dans son enfance par l'armée française, conduit ensuite en Sénégal pour y traiter des affaires commerciales de son maître, puis affranchi et voulant maintenant regagner sa patrie et reprendre le culte de ses pères.

Il avait appris du baron Roger que la Société de Géographie de Paris avait proposé un prix de 10,000 fr. pour le premier voyageur qui atteindrait Tombouctou, et il avait résolu tout aussitôt d'essayer de le gagner. Le 22 mars 1827 il partit de Sierra-Leone, et se dirigea d'abord vers Kakondi, sur la rivière Nuñez. Là il rencontra plusieurs marchands de la tribu de Mandingo, auxquels il avait recommandé un négociant français, et partit avec leur caravane pour le Niger. Traversant vers le sud-est les pays d'Irnanké, de Foutah-Djalo, de Baleya, d'Amena, franchissant pour la première fois le fleuve le 13 juin, passant ensuite par Kankan, par Sambatikila, il atteignit le 3 août Timé, bourg du pays de Mandingo, dans la partie sud de Bambara; une large blessure au pied le retint forcément en ce lieu, où un logement humide, enfumé, une nourriture malsaine lui donnèrent la fièvre et le scorbut. Ce ne fut qu'au bout de cinq mois de souffrances, après avoir perdu une partie des os du palais, que, grâce aux soins d'une vieille négresse, il recouvra assez de santé et de forces pour quitter ce village, qui avait failli devenir son tombeau.

Reparti de Timé le 9 janvier 1828, il parcourut, au nord-nord-ouest, des contrées entièrement inconnues, jusqu'à la ville de Djenné, qu'il atteignit le 11 mars; là il s'embarqua sur le Niger pour gagner Tombouctou, où il arriva un mois après, et où il fit un séjour de quatorze jours. Ayant épuisé toutes ses ressources, il lui fallut dès lors mendier pour subsister. Il se dirigea au nord de Tombouctou, vers le désert de Sahara, qu'il traversa en deux mois avec une caravane, et atteignit enfin les terres du Maroc. De là il gagna Tanger, où le vice-consul de France, M. Delaporte, ne fut pas peu surpris en entendant un jour un derviche, qui voyageait à pied, avec un sac de cuir tout usé sur le dos et des vêtements en lambeaux, lui parler français et s'annoncer à lui comme un voyageur de sa nation, arrivant de Tombouctou. Au mois de septembre 1828, M. Delaporte procura à Caillié le libre passage à bord d'un navire de l'État jusqu'à Toulon, et fit en même temps part de ce fait singulier à la Société de Géographie de Paris, qui s'empressa d'envoyer au secours à notre voyageur. C'est ainsi qu'obscur, sans mission, sans appui, il était parvenu à exécuter une entreprise dans laquelle avaient échoué tant de voyageurs anglais distingués, en dépit de tout rapport à la Société de Géographie, non-seulement elle lui adjugea le prix proposé, mais encore elle lui fit obtenir du gouvernement un secours annuel de 6,000 fr. réduit bientôt à 3,000, et que M. de Salvandy réduisit encore, mais pour le convertir en une pension fixe, dont une partie fut réversible sur la tête de sa veuve. Caillié reçut, en outre, la croix de la Légion d'Honneur. Les observations recueillies par Caillié ont été mises en ordre et publiées, avec des notes, par M. Jomard, de l'Institut, sous le titre de *Journal d'un Voyage à Tombouctou et à Jenné, dans l'Afrique centrale* (3 vol., Paris, 1830). Sans doute Caillié fut un voyageur dénué des connaissances préalables qui lui eussent été nécessaires, sans imagination, sans érudition, mais en revanche sans préjugés et sans opinions arrêtées à l'avance. Il a décrit d'une manière simple et convenable ce qu'il a vu ou appris, sans y ajouter le moindre ornement. Aussi n'hésitons-nous pas à dire que c'est très-certainement à tort qu'en Angleterre on a élevé des doutes sur l'authenticité de sa relation.

En 1830 Caillié se maria, acheta à Bourlay (Charente-Inférieure) une petite propriété, qu'il échangea contre une autre, dans le même département, au hameau de la Baderre. Là il se livrait aux travaux agricoles avec la même ardeur qu'il avait déployée dans ses voyages. Plus riche de considération que d'argent, il fut élu maire de sa commune. Au sein d'un repos si chèrement acheté, et quoiqu'il eût cinq enfants à élever, il ne rêvait que nouveaux voyages. Toute sa correspondance ne respire qu'une pensée : aller à Bamako et visiter les mines de Bouré. C'est au milieu de ces pensées qu'une crise de la maladie qu'il avait apportée d'Afrique l'enleva, en peu de jours, à sa famille et au monde savant, le 25 mai 1838. La *Société de Géographie* ouvrit une souscription pour qu'un modeste monument lui fût élevé à Pont-Labbé, arrondissement de Saintes, où il voulut être inhumé. Plus d'un hommage flatteur lui avait été décerné de son vivant; et le dernier éditeur des *Lettres Édifiantes*, Aimé Martin, lui avait dédié son travail.

CAILLOT. Ce terme, dérivé du verbe *cailler*, se figer, désigne toute concrétion molle formée dans un liquide qui se coagule. On nomme ordinairement *caillot de sang* la masse composée de fibrine et d'hématosine (matière colorante du sang), qui se sépare du sérum, lorsque les fluides sanguins, artériels ou veineux sont placés dans des circonstances favorables; et comme le caillot de sang flotte dans le liquide séreux, on lui donne encore le nom d'*île*. Les pathologistes étudient le caillot de sang : 1° *hors de l'économie*, c'est-à-dire sur des surfaces et en dehors du corps humain; 2° *dans l'économie*, ou dans l'intérieur de l'organisme vivant. Dans le premier cas ils examinent le sang tiré des veines, des artères, ou des vaisseaux capillaires, ou bien celui qui transsude à travers les tissus dans les flux sanguins, pour y rechercher les caractères du caillot, dont la masse, plus ou moins volumineuse, plus ou moins compacte, offre des différences de couleur, de forme, de consistance : ces caractères du caillot, réunis à l'ensemble des symptômes, servent à établir les signes qui révèlent la nature des maladies et à pronostiquer leur issue funeste ou heureuse. Dans le second cas les pathologistes observent les concrétions ou coagulations de sang qui se forment dans les cavités naturelles ou accidentelles. Lorsque le caillot de sang se forme sur les points où les vaisseaux artériels ou veineux ont été divisés, il devient un bouchon qui s'oppose à l'effusion du sang, et dans certains cas l'art chirurgical en provoque la formation par tous les moyens qu'il possède (*voyez* HÉMORRHAGIE). Lorsqu'au contraire les caillots s'accumulent dans des cavités accessibles à la main du chirurgien, seule une armée d'instruments, lorsque l'extraction est le seul moyen de prévenir les accidents déterminés par leur présence, le chirurgien, l'accoucheur, bergers et amours. L'âge de puberté ayant fait déterminent l'opportunité du procédé opératoire qui doit débarrasser l'économie animale de la présence de ces caillots.

En physiologie générale, on ne doit pas se borner à ces notions sur ce qu'on entend en médecine par *caillot*. Il suffit de constater, par une observation plus exacte et plus approfondie des faits, que les idées de fluides et de solides dans l'histoire des corps organisés n'ont rien d'absolu ni de rigoureux, pour arriver tout de suite à des vues plus saines et plus explicatives des phénomènes. Ainsi, les humeurs des végétaux et des animaux renfermant des molécules solides en suspension, la coagulation, le caillement, donneraît lieu à des caillots de toutes ces variétés d'humeurs. Mais ici il faut bien distinguer la coagulation de toute la masse fluide qui s'épaissit au contact de l'air (*caoutchouc*, etc.), du *caillement* qui s'opère, au sein même d'un fluide dans lequel le caillot reste suspendu. On voit tout de suite pourquoi on ne dit jamais *caillot de la sève*; tandis qu'on peut observer la coagulation du chyle, de la lymphe, du sang veineux et du sang artériel, ce qui permet d'admettre le caillot de ces quatre sortes de fluides sanguins, dont la partie séreuse est elle-même coagulable.

Les liquides des animaux contiennent donc tous en général des molécules solides, qui, soit dans l'état de santé, soit dans l'état pathologique, sont susceptibles de se rapprocher et de former des agrégats plus ou moins condensés, les uns flottant au milieu de ces liquides, les autres encroûtant les tissus. Ces corps, de nature et de formes très-variées, ayant tous une densité plus ou moins molle ou pierreuse, en leur a donné le nom de *concrétions*, *fausses membranes*, etc. Mais parmi ces fluides il en est un qui, devant être transformé en sang, s'en rapproche par sa nature; et ce liquide, sécrété par les organes mammaires, est le lait, destiné à la première alimentation des nourrissons des mammifères. Lorsque ce liquide, plus ou moins abondant chez les nourrices, est retenu dans les canaux excréteurs, où il s'accumule, il en résulte l'engorgement des mamelles, et une maladie nommée improprement *poil*, mais que Gatel a plus logiquement désignée sous le nom de *caillement du lait*.

L'industrie a su tirer parti dans les arts du caillement ou de la coagulation du sang, de l'albumine et du lait. Les deux premiers servent à la clarification des sirops et du sucre. C'est en se coagulant en effet qu'ils entraînent avec eux les matières grossières dont on veut se débarrasser. Les boudins servis sur nos tables ne sont que des *caillots* de sang de bœuf ou de cochon cuits avec des condiments et renfermés dans des portions de boyaux ou intestins. L'albumine coagulée est aussi préparée et combinée avec un très-grand nombre de substances alimentaires. Elle constitue alors des mets si généralement connus que nous sommes dispensés de les citer. Le lait de nos animaux domestiques, qui dans son état liquide nous fournit un aliment si commode et si recherché, renferme des substances concrescibles que l'économie rurale, l'art culinaire, la pharmacie et la chimie savent très-bien isoler, et livrer ensuite au commerce pour satisfaire à tous nos besoins. C'est par divers procédés de *caillement* ou de *coagulation* du lait que nous en retirons une foule de produits (beurre, crème, fromage, etc.) qui sont aux transformations des matières butyreuse, caséeuse, séreuse et sucrée, combinées ou obtenues isolément.

L. LAURENT.

CAILLOT (JOSEPH), célèbre acteur de l'Opéra-Comique et de la Comédie-Italienne, né à Paris, en 1732, était fils d'un orfèvre, et trouva un asile chez un porteur d'eau, pendant la détention de son père, qui arrêté pour dettes obtint ensuite une place subalterne dans la maison du roi. Caillot fit avec lui la campagne de Flandre, où son esprit, sa gentillesse et sa figure agréable intéressèrent tous les généraux, et jusqu'à Louis XV lui-même, qui de retour à Versailles l'attacha au spectacle dit des *petits appartements*, pour y jouer les jeunes bergers et les amours. L'âge de puberté ayant fait perdre à Caillot sa voix et sa place, il fut réduit, par l'inconduite de son père, à s'engager comme musicien au théâtre de La Rochelle, où la maladie d'un acteur lui fallait remplacer le fit remonter sur la scène. Après avoir joué quelques années l'opéra-comique à Bourges, à Lyon, dans quelques autres villes de France, et sur le théâtre de l'infant duc de Parme, il fut rappelé à Paris, et débuta, le 26 juillet 1760, à la Comédie-Italienne avec tant de succès qu'il fut reçu sociétaire la même année. Il répondit complètement aux espérances du public, et créa successivement, d'une manière inimitable, les rôles de Lubin dans *Annette et Lubin*, du *Sorcier*, de Mathurin dans *Rose et Colas*, de Richard dans *Le Roi et le Fermier*, du *Déserteur*, de Western, dans *Tom-Jones*, du *Huron*, du *Sylvain*, de Blaise dans *Lucile*, etc. Les Mémoires de Bachaumont, ceux de Marmontel, ceux de Grétry, la correspondance de Grimm, etc., rendent justice aux talents supérieurs et variés, aux qualités aimables et morales, à l'esprit et au tact de Caillot.

Voici un fait qui vient à l'appui des éloges généralement donnés à sa belle voix de basse-taille, tout à la fois pleine, sonore, étendue et flexible. Peu de jours après son premier début, il créa, dans une pièce de Favart et Anseaume (*La Nouvelle Troupe*), un rôle de villageois qui, se présentant pour chanter la haute-contre, la taille et la basse-taille, donnait un échantillon de son triple talent. A cette heureuse organisation Caillot joignait une taille avantageuse, une physionomie expressive et ouverte, un débit et un jeu toujours simples et naturels, mais gais et pathétiques, suivant la situation. Ce fut Garrick qui devina son talent de comédien, et qui le lui annonça. Grimm le mettait, dans son genre, au-dessus de Lekain. Caillot poussait la délicatesse et le scrupule au point de refuser les rôles d'intrigants, d'hypocrites, de personnages immoraux, de peur qu'ils ne nuisissent à sa réputation. La passion de la chasse, qui avait rendu sa voix capricieuse et sa mémoire ingrate, et des tracasseries de coulisses, le déterminèrent à se retirer avant d'être privé de l'affection du public. Il quitta le théâtre en septembre 1772, avec une pension de 1,000 francs; il joua encore *Le Déserteur* en 1773, avec autant de talent que de succès, devant le dauphin et la dauphine. Rentré depuis dix ans au théâtre de la cour et des petits appartements, il y fut attaché comme répétiteur jusque vers 1780; il retourna alors à Paris vivre avec sa mère et une de ses sœurs qui faisait le commerce de la bijouterie, et se retira ensuite, au bas de la terrasse de Saint-Germain-en-Laye, dans une petite maison que lui avait donnée le comte d'Artois, dont il était capitaine des chasses.

La révolution ayant enlevé à Caillot ses pensions et ses économies, il vendit sa maison, ouvrit à Saint-Germain un cours de musique et de déclamation, et y fit l'agrément des meilleures sociétés par sa gaieté, sa bonhomie et son talent de mime, qu'il conserva jusque dans une extrême vieillesse. En 1800 il fut reçu correspondant de l'Institut, classe des Beaux-Arts. En 1810 le théâtre Feydeau lui décerna une pension de 1,200 francs; et en 1814 Louis XVIII lui en accorda une de 1,000 francs; il était de plus devenu, par la mort de deux de ses sœurs co-propriétaire d'une maison sur le quai Conti, à Paris. La femme de Caillot était morte depuis longtemps, à Saint-Germain, du poison qu'elle avait pris, dit-on, pour ne pas succomber à une passion malheureuse. Son fils, major d'un régiment, périt en 1812 dans l'expédition de Russie. Accablé de cette perte et frappé de paralysie, le vieillard revint avec sa fille à Paris, où une nouvelle attaque l'emporta, le 30 septembre 1816, à quatre-vingt-quatre ans. Sa fille est morte depuis, en état de démence. H. AUDIFFRET.

CAILLOU. On entend généralement par ce mot tout fragment de pierre transporté par les eaux et arrondi par le frottement. Pour l'ancienne minéralogie, c'était plus particulièrement une pierre dure faisant feu sous le coup du briquet. On donnait au *cristal de roche*, lorsqu'il se trouvait en fragments roulés, les noms de *caillou du Rhin*, de *Cayenne*, du *Brésil*, de *Médoc*. On appelait *caillou d'Égypte* un minéral qui n'est pas transparent ni incolore comme le précédent, mais opaque, et offrant sur un fond jaune sale des bandes contournées, d'un brun foncé. Depuis que la science, renonçant aux caractères purement empiriques, a pris pour base de ses classifications et de ses dénominations intime des corps, tous ces cailloux ne forment plus que diverses variétés de l'espèce *quartz*.

La langue chimique a également subi une heureuse rénovation : les anciens chimistes nommaient *liqueur de cailloux* toutes les dissolutions dans lesquelles des bases retenaient la silice à l'état de combinaison. Ce sont maintenant des *silicates*.

Dans un ouvrage dont la nature encyclopédique admet dans l'espace de quelques lignes les plus singuliers rapprochements, nous pouvons, à la suite de ces notions scientifiques, rappeler l'expression si pittoresque par laquelle la langue du soldat désigne les fantassins : ce sont des *pousse-cailloux*. A ce mot, inventé peut-être par le dédaigneux laisser-aller du cavalier, il semble qu'on voie se traîner sur une route pierreuse ces pauvres fantassins courbés sous le poids de leurs armes et de leur sac, impuissants même à lever le pied pour éviter le choc douloureux d'un caillou; mais que le canon tonne, il n'y a plus de *pousse-cailloux* : à pied ou à cheval, ce ne sont plus que des *lapins!*
A. DES GENEVEZ.

CAILLOUTAGE, ouvrage de maçonnerie, de pavage, fait de cailloux. Les cailloutages sont de trois espèces principales : 1° les stratifications de cailloux sans mélange d'autres matières, comme cela se pratique sur les grands chemins; 2° les ouvrages dont les cailloux sont liés entre eux par des terres grasses, telles que de la glaise; 3° les ouvrages les plus importants en ce genre sont un composé de cailloux et de chaux : dans ce cas le cailloutage prend le nom de *béton*. On fait en cailloutage de petits ouvrages de jardins, comme des grottes, etc.

CAILLY (JACQUES, chevalier DE), né à Orléans, en 1604, fut un de ces esprits faciles et heureux, féconds en saillies, en bons mots, qui étaient si abondants au dix-septième siècle. Ses vers furent imprimés d'abord sous le titre de : *Diverses petites Poésies*, et parurent en 1667 (in-12). Il publia ce recueil, qui fit fortune au même titre que les *Madrigaux* de La Sablière, sous le pseudonyme d'*Acilly*, anagramme de son nom. Il faut étudier dans ce petit volume ces finesses de la langue, cet atticisme délicat et d'un goût si pur (malgré la grande liberté des expressions et des images) dont nous avons perdu le secret. Il a été réimprimé dans le *Recueil de Pièces Choisies, tant en prose qu'en vers*, publié par La Monnaie en 1714, et puis dans le *Recueil de Pièces Galantes en prose et en vers de madame de La Suze et Pélisson*, en 1748. Ch. Nodier en a donné une édition nouvelle, qui fait partie de la collection des *Petits Classiques Français*.

Plusieurs épigrammes de Cailly sont devenues proverbiales, celle-ci, entre autres, contre la fureur étymologique :

*Aljana vient d'*equus*, sans doute;*
Mais il faut avouer aussi
Qu'en venant de là jusque ici
Il a bien changé sur la route.

Puis cette autre sur l'*antiquité* :

Dis-je quelque chose assez belle,
L'antiquité tout un cervelle
Me dit : Je l'ai dite avant toi.
C'est une plaisante damzelle;
Que ne venait-elle après moi :
J'aurais dit la chose avant elle.

Beaucoup ont été imitées depuis de vingt manières différentes, et souvent avec très-peu de changements.

Jacques de Cailly se disait allié de la famille de Jeanne d'Arc. Il mourut en 1673.

CAÏMACAN. *Voyez* KAIMAKAN.

CAÏMAN ou ALLIGATOR, sous-genre de crocodiles, renfermant cinq espèces, toutes indigènes à l'Amérique. Les caïmans ont le museau large et court, et leur voracité égale leur force. Les Nègres estiment beaucoup la chair du caïman, celle de la queue surtout, qu'ils font rôtir, et qui est en effet, dit-on, un mets délicieux; mais la poursuite de cet animal est d'autant plus difficile et plus dangereuse, qu'il est très-friand lui-même de la chair du chasseur, et que la nature lui a donné non-seulement la force de se défendre, mais encore l'audace de prendre quelquefois l'offensive.

Le caractère essentiel des caïmans est d'avoir les dents inférieures de la quatrième paire enfoncées dans des fossettes de la mâchoire supérieure. De plus, ces reptiles ont leurs pattes de derrière de forme légèrement arrondie, et on les reconnaît encore à la brièveté de leur membrane inter-digitales.

CAÏMITIER ou CHRYSOPHYLLON, genre de la famille des *sapotées* et de la pentandrie monogynie, renfermant une trentaine d'espèces indigènes de l'Amérique tropicale. Ce sont en général de grands arbres lactescents, remarquables par la beauté de leur feuillage, qui dans les espèces le plus anciennement connues est recouvert en dessous d'un duvet soyeux d'un jaune plus ou moins vif : d'où le nom de *chrysophyllon* (de χρυσός, or, et φύλλον, feuille).

Le *chrysophyllon cainito* est un arbre des Antilles, dont le fruit passe pour un des meilleurs de cet archipel. Cet arbre est à peu près de la grandeur et de la grosseur de nos pommiers ; ses feuilles, qui sont très-belles, sont en dessus d'une couleur verte très-vive et vernissée, et d'un jaune doré en dessous. Ses fleurs viennent par bouquets. Le fruit, qui est rond, a environ huit centimètres de diamètre ; son écorce est lisse et d'un beau vert, mêlé de taches rouges ou aurores. Sa chair, blanche et spongieuse, est pleine d'un suc doux et miellé, qui ne plaît pas d'abord aux Européens, mais qu'ils trouvent excellent dès qu'ils y sont accoutumés. Il est d'ailleurs très-rafraîchissant, et l'on peut le donner aux malades.

Le *chrysophyllon monopyrenum*, moins élevé que le précédent, est remarquable par son fruit, monosperme, deux fois plus gros qu'une olive, et d'une saveur vineuse très-agréable. Parmi les autres espèces de caïmitier, on en cultive encore cinq ou six dans les serres chaudes d'Europe.

CAÏN, premier né d'Adam et d'Ève. On croit qu'il vint au monde après leur expulsion du paradis, et sa naissance combla de joie sa mère. Ève eut bientôt un second fils, nommé Abel. Devenu homme, Abel s'occupa à élever des troupeaux, tandis que Caïn, inventeur de l'agriculture, suivant la tradition juive, se livrait aux travaux des champs. Un jour les deux frères ayant offert un don à l'Éternel, le feu du ciel, disent les interprètes (car la Bible ne s'explique pas sur ce point), consuma l'offrande d'Abel sans toucher à celle de Caïn. Saint Paul pense que le sacrifice d'Abel fut plus agréable au Seigneur parce qu'il était plus abondant et qu'il venait d'un cœur animé d'une foi plus vive. Dieu s'aperçut que Caïn était blessé de la préférence accordée à son frère ; il lui dit : « Pourquoi cela t'irrite-t-il et pourquoi es-tu si abattu ? Si tu te conduis bien, tu seras considéré ; si tu ne te conduis pas bien, le péché t'assiège à ta porte, il veut t'atteindre, mais tu peux le maîtriser ? » — Cet avertissement paternel ne put apaiser le ressentiment de Caïn, qui ayant cherché Abel dans les champs, se jeta sur lui, et le tua. — « Caïn, où est ton frère ? » lui demanda le Seigneur. — Je ne sais ; suis-je le gardien de mon frère ? » La voix du sang de ton frère crie vers moi ; maintenant, sois maudit de dessus la terre, qui a ouvert son sein pour boire le sang de ton frère. Lorsque tu cultiveras le sol, il ne te donnera plus ses fruits, tu seras agité et fugitif sur la terre. »

Caïn se reconnut coupable, et exprima la crainte de recevoir la mort du premier qui le rencontrerait. Dieu le rassura en ajoutant « que celui qui le tuerait serait exposé à une sextuple vengeance ». Il imprima ensuite à Caïn un signe pour que tout venant ne le tuât pas. Quel était ce signe ? Le texte sacré n'entre à cet égard dans aucun détail, et nous livre aux conjectures des commentateurs. Les uns prétendent que Dieu changea la couleur du visage de Caïn : de là, assurent-ils, sont venus les nègres. Mais cette expli-

cation ne saurait s'accorder avec l'histoire de Noé, dont les fils, en se dispersant, furent la souche primitive de toutes les races humaines. D'autres interprètes soutiennent que Dieu disposa seulement l'avenir de manière à préserver Caïn.

Adam eut ensuite un autre fils, *Seth*, qui lui fut accordé pour remplacer Abel, car le meurtrier n'osa plus reparaître devant ses yeux. Comme à partir de l'arrêt prononcé contre Caïn, l'Écriture cesse d'en parler, il faut recourir à la tradition, qui nous apprend qu'après avoir erré longtemps à l'aventure, il s'établit dans la terre de Nod, à l'orient d'Éden. Le nombre de ses enfants s'étant accru, il éleva, pour les loger, des cabanes qui finirent bientôt par former une ville, qu'il appela *Hénoch*, du nom de son fils. Il périt enfin à la chasse, de la main de son neveu *Lamech*. Suivant une autre version il aurait atteint un âge fort avancé, et aurait même vécu jusqu'à l'époque du déluge.

Quoique maudit par Dieu lui-même pour s'être souillé du premier meurtre, Caïn a été loué et révéré par certains hérétiques, qui ont tenté de réhabiliter sa mémoire, et de glorifier son crime. C'est une des plus singulières et des plus déplorables aberrations de l'esprit humain. *Voyez* CAÏNITES.

CAÏNITES, secte gnostique du second siècle de notre ère, ainsi appelée du nom de Caïn, le premier né d'Adam et d'Ève, le meurtrier d'*Abel*, et qui avait beaucoup d'analogie avec celle des ophites. Le système du bon et du mauvais principe, né en Orient et transporté en Occident, lui servit sans doute de fondement.

Les caïnites supposaient que deux principes, la sagesse ou vertu supérieure, et l'*histère*, créateur du ciel et de la terre, ou vertu postérieure, ayant formé Adam et Ève, se revêtirent chacun d'un corps, et eurent commerce avec Ève. Les enfants nés de ces rapports reproduisirent le caractère de la puissance à laquelle ils devaient la vie. Caïn, issu du principe supérieur, tua Abel, acte juste, suite nécessaire du principe dont Caïn était le représentant. Non content de rejeter le dogme de la résurrection, d'introduire diverses hérésies dans le baptême, ils soutenaient encore que les mauvaises actions conduisaient au salut éternel. De tous les livres qu'ils avaient publiés pour justifier leurs doctrines, le plus célèbre était intitulé : l'*Ascension de saint Paul*. On y lisait que cet apôtre, ayant été ravi jusqu'au troisième ciel, avait entendu des paroles mystérieuses qu'il n'est point permis aux hommes de prononcer. Or, suivant eux ces paroles enseignaient qu'il faut honorer les méchants et réprouver les bons.

Ces dangereux principes circulèrent pendant quelque temps dans les diverses parties de l'empire, et ne laissèrent pas que de faire un certain nombre de prosélytes. Réfutées par deux contemporains, saint Irénée et Tertullien, avec tout l'ascendant de la raison et de l'éloquence, les erreurs des caïnites ne tardèrent pas à tomber dans l'oubli. Quoique ressuscitées en partie sous d'autres dénominations par les *valentiniens* et les *carpocratiens*, elles ne purent jamais jeter de profondes racines dans les esprits. On donnait aussi aux caïnites le nom de *judaïtes*, parce qu'ils avaient publié un Évangile de Judas, cet indigne apôtre, qu'un empereur grec, Michel, essaya même de faire canoniser.

SAINT-PROSPER, jeune.

CAÏPHE, dont le nom véritable était *Joseph Caïaphas*, grand prêtre des juifs à l'époque où Ponce Pilate était gouverneur romain de la Judée, prit une grande part à la condamnation de Jésus-Christ et plus tard aux mesures sévères adoptées par le sanhédrin à l'égard des apôtres, ce qui ne l'empêcha pas cependant d'être déposé par le proconsul Vitellius, l'an 36 de notre ère. Dans la primitive Église on l'a quelquefois confondu avec l'historien Josèphe, et on a prétendu que plus tard il s'était converti à la religion du Christ.

CAÏQUE, nom donné primitivement aux embarcations qui servaient de chaloupes aux galères. Plus tard, cette dénomination s'est étendue aux chaloupes isolées qui dans la Méditerranée, le Levant et les îles de l'Archipel, transportent le long des côtes, d'un lieu à un autre, les passagers et les marchandises de peu de poids et d'encombrement. Les *caïques* de la Méditerranée sont des embarcations d'un petit tirant d'eau, d'une construction légère et plate, gréées aux antennes, c'est-à-dire avec des voiles triangulaires, enverguées sur une espèce de bâton flexible, qui s'élève du ras du pont jusqu'à la partie angulaire la plus haute de la voile. Ces sortes de canots, qui ressemblent beaucoup à ce que nous appelons *chaloupes espagnoles* ou *trincadoures*, naviguent également bien dans les belles mers, à la voile et à la rame. Dans les parages septentrionaux, où la mer est ordinairement lourde et forte, ils réussiraient probablement moins.

Au temps où la flottille armée à Boulogne se disposait à faire une descente en Angleterre, on construisit, sous le nom de *caïques*, de grandes chaloupes pontées, rondes de l'avant, carrées par derrière, plates dans le fond. Ces embarcations, voilées en chasse-marée, bordaient une vingtaine d'avirons, et portaient sur l'avant un canon de 18 ou de 24. Abandonnées après qu'on eut renoncé à l'expédition, les *caïques* de Boulogne ont pourri dans nos ports, sans qu'on ait pu employer dans chaque intervalle ces barques, qui avaient coûté tant de millions et qui avaient fait gaspiller tant de bois. On ne se rappelle guère plus dans la marine les *caïques* de Boulogne que les *carlins* et les *canards*, qui composaient avec elles le menu de cette immense et inutile flottille.
Édouard CORBIÈRE.

ÇA IRA ! ÇA IRA ! *Voyez* CARILLON NATIONAL.
CAIRE. *Voyez* KAIRE.
CAISSE (du latin *capsa*, cassette, coffre). Dans son acception la plus générale, ce mot désigne une boîte, un coffre composé de planches assemblées et assujetties avec des clous ou des chevilles de bois, lequel coffre est destiné à renfermer des marchandises pour le transport ou la conservation.

En architecture, ce mot s'entend d'un renfoncement carré qui renferme une rose dans chaque intervalle des modillons du plafond de la corniche corinthienne.

On appelle *caisse de poulie*, sur un navire, la moufle de la poulie. Chez les tourneurs, la *caisse*, qui est d'ordinaire en fer ou en laiton, sert à contenir le registre ou clavier. En termes d'artificier, c'est un coffre de planches, long et étroit, en carré sur sa longueur, posé verticalement, et où l'on enferme une grande quantité de fusées volantes, lorsqu'on veut les faire partir en même temps et former en l'air une gerbe de feu.

On appelle *caisse d'un clavecin*, *d'un orgue*, *d'un piano*, la boîte ou l'armoire qui renferme le corps de ces instruments. La *caisse* est elle-même un instrument, prise dans le sens de *tambour*.

Les chirurgiens appellent *caisse à amputation*, *caisse de trépan*, *caisse à médicaments*, des caisses où ils renferment les instruments propres à faire les opérations indiquées, ou qui contiennent une espèce de petite pharmacie ambulante. On appelle *caisse catoptrique*, en physique, un instrument d'optique propre à grossir des petits corps très-rapprochés et répandus dans un grand espace, et en anatomie *caisse du tambour*, *caisse du tympan*, ou *trou de Fallope*, du nom d'un chirurgien célèbre du seizième siècle, qui le premier a donné une description savante de l'organe de l'ouïe, le trou auditif externe de l'oreille.

Le mot *caisse* a reçu encore une acception toute particulière, en passant dans le commerce et dans la finance. Il désigne alors une espèce de coffre-fort, soit entièrement en fer, soit en bois, garni de barres de fer, et d'une ou plusieurs serrures à ressorts, dont le secret n'est ordinairement connu que de ceux à qui la caisse appartient. C'est dans ces caisses que les marchands, négociants et banquiers enferment leur argent comptant, leurs billets de banque, effets de commerce, et en général toutes leurs valeurs. Dans les maisons de banque on entend aussi par *caisse* le cabinet où se trouvent ce coffre-fort et l'employé nommé *caissier*, qui, en ayant la garde, est chargé de recevoir et de payer. Les valeurs en papier constituent ce qu'on appelle le *portefeuille*. Le *livre de caisse* doit enregistrer, au débit ou au crédit, tout ce qui entre d'argent dans la caisse et tout ce qui en sort. *Faire sa caisse*, en style de commerce, c'est établir le compte, faire la vérification de l'état d'une caisse.

Enfin, par une extension donnée à cette acception du mot *caisse*, on a désigné des établissements publics ou privés, fondés soit par les gouvernements, soit par les particuliers, pour subvenir à des besoins que réclamaient la fortune et le crédit publics, tels que la *caisse des emprunts*, ou *caisse royale*, la première de ce genre, établie à l'hôtel des Fermes, sous le règne de Louis XIV, pour recevoir les deniers des particuliers qui voulaient prêter leur argent à intérêt. Les fermiers donnaient des promesses ou billets au porteur, pour valeur reçue comptant, lesquels avaient cours sur la place, sous le nom de *promesses des gabelles*. A la mort de ce roi elles furent converties en *billets de l'État*, et acquittées en entier sous Louis XV.

Parmi les principales caisses fondées depuis, nous citerons la *caisse d'amortissement*, la *caisse des dépôts et consignations*, la *caisse d'épargne*, la *caisse d'escompte*, dont le mauvais succès en 1784 fit donner à une forme de chapeaux que portaient les dames le nom de *chapeaux à la caisse d'escompte*, ou *chapeaux sans fond*; enfin la *caisse d'accroissement et de survivance*, et les *caisses de Lafarge et de Poissy*.
Edme HÉREAU.

Le mot *caisse*, pris dans une acception militaire, est de ceux dont la synonymie a le plus abusé. C'est à la langue espagnole qu'il faut demander l'origine de ce mot, pris dans le sens de *tambour*. Les troupes font usage aussi de *caisses à argent*, *d'armes*, *de chirurgie*, *de pharmacie*, *d'emballage*; mais nous ne parlerons ici que des *caisses de percussion*, puisqu'un usage, qu'aucune bonne raison ne justifie, veut qu'on nomme ainsi le *tambour* instrumental, et qu'on appelle *tambour* le soldat qui porte et bat la *caisse*. Les tambours de l'infanterie n'ont reçu le nom de *caisse* qu'à des époques peu anciennes. Pasquier dit que de son temps les soldats commençaient à nommer *quesse* le *tambour*, sans savoir dire pourquoi. S'il eût poussé plus loin ses recherches, il eût pu facilement découvrir que ce mot *quesse* était la corruption du mot espagnol *caxa*. Par une corruption nouvelle, on l'a écrit *caisse*. Cette étymologie s'explique par la supériorité que distinguait alors l'infanterie espagnole des autres infanteries. La caisse, d'une forme espagnole alors, et longtemps en bois, succéda ainsi aux *tambours* et *tambourins* des armées de Charles VIII et de François 1er. Depuis l'époque où écrivait Jean-Jacques, qui le premier a composé quelques lignes touchant les airs de tambours ou les *batteries de caisse*, le mot s'est subdivisé, par une application nouvelle, en *caisse roulante* et en *grosse caisse* ; conséquences de l'institution si peu ancienne de nos musiques militaires.
Gal BARDIN.

Les *caisses* sont aussi fort utiles et d'un usage fort commun dans tous les besoins de l'horticulture ou du jardinage. On en distingue plusieurs espèces : les unes servent à recevoir les arbustes ou les plantes d'orangerie d'une certaine valeur et d'une certaine dimension; les autres à faire des semis. Les premières sont ordinairement en bois; on en fait cependant en feuilles métalliques et en compositions diverses. Les caisses en bois se composent de quatre pieds droits, sur lesquels on assujettit, par des mortaises, par des clous, ou par des équerres en fer, les planches qui doivent former les quatre côtés et le fond. Quelque soin que l'on apporte dans le choix des bois dont on se sert pour leur confection, l'humidité les pourrirait bientôt si on n'avait l'attention de leur donner deux ou trois couches de peinture à l'huile à l'extérieur, et une couche au moins de goudron à l'intérieur. Quant aux *caisses à semis*, ce sont des boîtes de 40 à 50 centimètres de large, sur 65 à 100 centimètres de long, et 20 à 30 de profondeur, munies de poignées en fer pour en faciliter le transport. Elles sont spécialement destinées aux semis des plantes étrangères, qui ne peuvent être faits avec succès en pleine terre, et qui ont besoin de recevoir alternativement des expositions diverses pour être préservées du froid, de l'humidité, ou de la trop grande chaleur, et surtout des rayons brûlants du soleil.

CAISSE A EAU, caisse destinée à préserver l'eau de toute corruption à bord des vaisseaux. Jusqu'ici l'on n'est encore parvenu à rendre l'eau de mer potable que par la congélation et la distillation : le premier moyen ne peut être employé dans la navigation; quant au second, on y a presque renoncé, à cause de la quantité considérable de combustible qu'il faudrait embarquer. Et cependant la privation d'eau douce à la mer est une calamité ; l'obligation de boire, après quelques jours de traversée, une eau noire, fétide et putréfiée, au milieu de laquelle les vers nageaient par milliers, a longtemps fait le désespoir des marins : c'était donc vers les moyens de conserver l'eau douce que les esprits devaient diriger leurs recherches. Jusqu'au commencement de notre siècle, les découvertes n'avaient pas été poussées bien loin dans cette direction: l'eau était encore enfermée dans des barriques en bois; quelquefois on y jetait un peu de chaux vive, et le carbonate qui en résultait, formait une espèce d'enduit qui s'attachait aux parois des caisses. Mais on ne prévenait ainsi qu'une des causes d'altération, l'action de l'eau sur le bois des barriques, et encore cette précaution n'était pas toujours employée. Les Anglais enfin cherchèrent à se débarrasser des tonneaux en bois, qui, outre l'inconvénient de laisser l'eau se gâter, ont encore celui d'occuper un emplacement qui surpasse d'un quart environ le volume d'eau qu'ils contiennent. Le général Bentham fit le premier usage de compartiments de bois doublés en métal pour remplacer les pièces d'eau : il essaya cette innovation sur deux navires différents, pendant les années 1798, 1799 et 1800, et la Société d'Encouragement de Londres récompensa par une médaille d'or l'heureux résultat de cette expérience. Plusieurs années après, le mécanicien Dickenson entreprit de faire des caisses en fer battu, sans aucune enveloppe de bois pour les fortifier, et, aidé des conseils et de l'adresse d'un artiste habile (Maudslay), il vit bientôt ses efforts couronnés d'un succès complet. L'amirauté, toujours empressée d'accueillir et de favoriser les inventions utiles, adopta leurs caisses, et donna l'ordre, peu après la fin de la dernière guerre de l'Empire, d'en construire jusqu'à 7,000, chacune de près de deux tonneaux. Et nous aussi, enfin, éclairés par l'exemple de nos voisins, nous avons adopté cette heureuse innovation.

Les caisses à eau ont en général la forme d'un cube parfait; il y en a de diverses grandeurs : les plus grandes sont employées à bord des frégates et des vaisseaux de ligne : elles ont 1^m22 de côté, et contiennent environ 2,000 litres d'eau; il y en a d'autres pour les bricks et petits bâtiments, qui n'ont que 1^m12, et même 0^m90 de côté. Quelques-unes sont de forme arrondie; ce qui leur permet de prendre la courbure de la cale du navire, et d'augmenter d'une considérablement l'espace qu'elles occupent à bord. Le couvercle est un plateau ovale qui s'ajuste dans une emboîture pratiquée au centre de la face supérieure du cube; plusieurs cependant ont un couvercle carré. A la partie inférieure on a ménagé un trou, que l'on ouvre et que l'on ferme à volonté, au moyen d'un bouchon en fer tenu par une longue tige; et c'est par là que l'on fait sortir l'eau quand on veut vider complétement la caisse pour la nettoyer. Dans l'un des angles de la face supérieure, il y a encore une petite ouverture circulaire : c'est par là qu'on introduit la pompe à l'aide de laquelle on tire l'eau destinée aux besoins journaliers de l'équipage. Ces caisses préservent l'eau de toute corruption : à la fin d'une campagne de deux ou trois ans, on la retrouve aussi bonne qu'au moment du départ; elle se charge même de parties ferrugineuses qui la rendent favorable à la santé. Elles peuvent contenir aussi tout ce qu'on arrime en barriques dans la cale du vaisseau, salaisons, biscuits, légumes, etc. Par ce moyen on soustrait ces objets à l'action de l'air extérieur, et l'on assure leur conservation presque indéfinie. Dans son expédition autour du monde, la corvette *l'Astrolabe* conserva dans des caisses en fer du biscuit qui était encore excellent après trois ans d'embarquement. Le poids des caisses, 372 kilog. pour les plus grosses, n'est pas un inconvénient : il remplace une partie du lest en fer qu'on était obligé d'embarquer à bord des navires. Théogène PAGE.

CAISSON (*Art militaire*). Les significations de ce mot sont fort diverses, puisque tantôt il donne l'idée d'une arme, d'une machine de guerre, tantôt celle d'un moyen de transport. Les troupes font en effet usage de *caissons d'artifice*, qui sont des espèces de *fougasses*, ou de *mines volantes*, lesquelles s'entremêlent de projectiles creux, et auxquels un saucisson communique le feu. Les *caissons de transport* sont de bien des espèces; il y a des *caissons d'ambulance*, *d'artillerie*, *de vivres*, *d'infanterie*, *du génie*. Au nombre des caissons d'ambulance, il y a des caissons à blessés, genre de secours encore dans l'enfance chez nous. Durant la guerre d'Espagne, l'armée anglaise était pourvue de caissons à blessés qu'on pouvait citer pour modèles. Une instruction du 25 janvier 1831, relative aux caissons d'ambulance de l'armée française, en déterminait les règles de service et de manœuvre; elle indiquait le parti qu'on en pouvait tirer; elle énumérait les ressources qu'ils fournissaient; elles les organisait par division de cinq caissons; rien de pareil à ce règlement n'avait jusque là été mis au jour dans nos troupes. Les caissons de transport, considérés comme caissons à munitions, sont des chariots traînés par quatre chevaux attelés deux à deux : ce genre de voiture est principalement considéré ici par rapport au service et à la marche militaire des convois. Ces caissons sont recouverts ou bâchés en toile goudronnée, tendue sur un berceau en dos d'âne fermant à cadenas, et ouvrant à charnières dans le sens de la longueur; ils ont devant et derrière une fourragère et une auge pour y faire repaître les chevaux; le couvercle ou berceau porte l'inscription du numéro et de la destination du caisson. Cependant, les caissons d'artillerie et du génie, qui sont aussi des caissons de transport, affectent une forme différente. On évalue entre 420 et 540, suivant la nature des localités et l'état des routes, la quantité des caissons nécessaires à une armée de 30,000 hommes qui s'éloigne de 18 à 20 lieues de ses magasins. Les armées étrangères ont emprunté à notre administration l'usage des caissons, mais elles les font plus légers et à moins de frais. Un caisson français transporte 750 kilogrammes; il occupe un espace de quatre mètres de long; lorsqu'il est attelé de ses quatre chevaux, il occupe 12 mètres; il faut compter, en sus un mètre d'intervalle entre les caissons en route à la connaissance de ces mesures est la base du calcul du terrain d'un convoi. Gal BARDIN.

CAISSON (*Architecture*). On donne ce nom aux compartiments symétriques et renfoncés qui divisent et ornent souvent un plafond ou une voûte. L'origine de cette décoration vient de ce qu'autrefois les charpentes d'un plancher étant apparentes, le bord était orné d'une moulure, et cette figure avait l'apparence d'une petite caisse. Lorsque l'on décore une voûte ou un plafond, si on trouve qu'une moulure soit trop simple, on borde les caissons avec des feuilles d'or ou d'autres ornements, et on place au milieu une rosace en sculpture. On voit souvent en Italie des églises non voûtées dont les plafonds sont ornés de caissons. Ce goût s'est introduit en France de nos jours, et on en a fait usage dans l'église de Saint-Germain-en-Laye et dans celles de Notre-Dame-de-Lorette et de Saint-Vincent-de-Paul à Paris.

CAITHNESS, comté formant l'extrémité septentrionale de l'Écosse, borné à l'ouest par le Sutherland, partout ailleurs par la mer, et où l'on rencontre les deux caps situés le plus au nord de toute l'Écosse, le cap *Dunnet* et le cap *Duncansby*, et au midi l'*Ord of Caithness*, qui atteint une élévation de 433 mètres. Sa superficie est de 687 milles anglais carrés. Les soulèvements considérables de terrain qu'on y trouve portent tout à fait le caractère particulier aux *Highlands* d'Écosse; et dans le nombre on remarque plus particulièrement le *Morbhein*, haut de 1167 mètres, le *Pap of Caithness*, haut de 610 mètres, et les *Scarry hills*, hauts de 625 mètres. Malgré l'apparence un peu désolée du sol et l'absence aujourd'hui presque complète d'arbres, quoique tout indique qu'ils y abondaient autrefois et qu'ils y parvenaient à un développement considérable, on ne saurait dire que c'est là un pays pauvre. Le voisinage de la mer y tempère singulièrement le climat, beaucoup plus doux qu'on ne pourrait l'attendre par 58° de latitude nord. Ce comté est suffisamment arrosé par le Thurso, le Wick et le Dunbeath. De tous les produits du règne minéral le plus abondant est la chaux. On trouve à Reay du minerai de fer. Les habitants, dont le nombre s'élève à 41,000, s'occupent de l'élève du bétail, et surtout de la fabrication des fromages. Les deux villes, *Wick* (résidence du shérif du comté) et *Thurso*, sont les deux grands centres de la pêche aux harengs pour la Grande-Bretagne.

La population du comté de Caithness, par sa physionomie et par ses usages, présente tous les signes d'une origine scandinave.

CAIUS, nom très-commun parmi les Romains. Les philosophes, en y ajoutant le prénom de *Sempronius*, et les jurisconsultes ceux de *Titus* ou de *Mævius*, s'en servaient pour désigner des êtres de convention auxquels ils rattachaient telle ou telle idée générale, à peu près comme nous employons aujourd'hui les lettres A et B et encore N. ou X. Comme nom propre, la forme la plus en usage était *Gaius*.

CAIUS, pape qui a été canonisé, était natif de Salona en Dalmatie, et monta sur le siège pontifical en l'an 283. Parent et favori de Dioclétien, il convertit secrètement, dit-on, au christianisme la femme de cet empereur, Serena, de même qu'il détermina sa nièce, sainte Suzanne, à refuser la main de l'empereur Galerius. Par cette conduite il s'attira la haine de l'empereur, qui lui fit souffrir la mort des martyrs en l'année 296. On lui attribue le décret aux termes duquel aucun ecclésiastique ne doit obtenir la dignité épiscopale s'il ne possède pas les connaissances nécessaires pour recevoir les sept consécrations. L'Église catholique célèbre sa mémoire le 22 avril.

CAJEPUT. *Voyez* CAÏEPUT.

CAJÉTAN (BENOÎT). *Voyez* BONIFACE VIII.

CAJÉTAN (THOMAS DE VIO, *dit*), du nom de la ville de Gaëte (*Cajeta*), où il naquit, en 1469. Il entra à l'âge de quinze ans dans l'ordre des dominicains, dont il devint général en 1508. Léon X l'éleva en 1517 à la pourpre romaine, et le nomma l'année suivante son légat en Allemagne. L'objet principal de cette mission était de rattacher Luther aux intérêts du saint-siège avant que ce novateur eût consommé son schisme. Les conférences n'amenèrent aucun résultat, quoique Cajétan ne manquât ni de science ni de talents, et qu'il y eût apporté même une modération qui fait honneur à son caractère. Mais il était imbu d'idées exagérées sur l'autorité et l'infaillibilité du pape, dont il avait été le seul champion au concile de Latran. Cajétan, nommé en 1519 à l'évêché de Gaëte, eut encore quelques autres missions, notamment en Hongrie. Fait prisonnier, lors du sac de Rome, en 1527, il ne put recouvrer sa liberté et retourner dans son diocèse qu'au prix d'une rançon de 5,000 écus romains. Rappelé à Rome en 1530 par Clément VII, il y mourut, le 9 août 1534. Ce cardinal a composé un grand nombre d'ouvrages, entre autres un commentaire sur la Bible, pour lequel il s'est servi de la version des rabbins, de préférence à celle de la Vulgate, quoiqu'il ne connût pas la langue hébraïque; d'autres commentaires sur la philosophie d'Aristote et la *Somme* de saint Thomas d'Aquin, et un traité sur l'*Autorité du Pape*. Au jugement de Bossuet, c'était « un esprit ardent et impétueux, plus habile dans les subtilités et la dialectique, que profond dans l'antiquité ecclésiastique. »

CAJÉTAN (HENRI), de la maison de Sermoneta, né à Rome, en 1550, reçut d'abord le titre de patriarche d'Alexandrie, fut nommé cardinal en 1585, et envoyé en France comme légat *a latere* du pape Sixte-Quint, vers la fin de 1589. C'était peu de temps après la mort de Henri III; il s'agissait de donner un successeur au dernier des Valois ; les partis divisaient la France, et la Ligue était encore toute puissante. Sixte-Quint ignorait les véritables dispositions de la nation française au sujet de l'élection royale ; dans ces circonstances, les instructions du pape furent équivoques et telles qu'on devait les attendre d'un si grand politique. Son bref, destiné à la publicité, ordonnait de réunir tous les catholiques sous l'obéissance du saint-siège et de choisir un roi docile à son autorité, mais pourtant agréable aux Français, sans désigner nommément personne. Il recommanda de vive voix à son légat de marquer autant de désintéressement et de neutralité à l'égard des prétentions des puissances séculières que d'ardeur et de zèle pour la religion, et même de ne point paraître contraire au roi de Navarre, à moins qu'on ne vît aucune espérance de le ramener au giron de l'Église.

Élevé sous les principes ultramontains, que fortifiait encore son entourage, composé, entre autres, du jésuite Robert Bellarmin, depuis cardinal, et du cordelier François Panigarole, prédicateur fougueux qui plus tard vint crier dans les chaires de Paris : *Guerra ! Guerra !* Cajétan ne tint aucun compte des instructions pontificales ; il croyait subjuguer tous les partis et faire un roi par la seule manifestation de sa volonté. Ses illusions ne durèrent pas même autant que le cours de son voyage. Le roi de Navarre fit publier que si Henri Cajétan venait à sa cour, on eût à le recevoir avec honneur et distinction ; que si, au contraire, il s'acheminait vers les Parisiens rebelles, on ne devait plus le regarder comme légat, mais comme ennemi déclaré. Les ordres de Henri furent exécutés ponctuellement. Des détachements envoyés sur la route battirent et dispersèrent l'escorte fournie par le duc de Mayenne, et destinée à conduire le légat à Paris. Ainsi Cajétan, qui avait cru traverser la France en conquérant, se vit réduit à gagner la capitale en fugitif.

Il arriva à Paris le 5 janvier 1590. Le prévôt des marchands, les autorités, le clergé et dix mille Suisses ou bourgeois allèrent à la rencontre de l'envoyé du pape ; et, après l'avoir longuement harangué, on le salua d'une salve de huit à dix mille mousquetades. « Le légat, dit Le Grain, dans les *Décades de Henri le Grand*, tremblait de peur que quelque lourdaud ou quelque politique n'eût chargé à plomb, et faisait perpétuellement signe de la main qu'on cessât ; mais eux, pensant que ce fussent bénédictions qu'il leur donnât, rechargeaient toujours et le tinrent une bonne heure en certaine alarme. » Le onze du même mois Cajétan fit publier le bref du pape, et cette publication fut immédiatement suivie de deux déclarations empreintes du plus complet antagonisme : l'une, du parlement de Tours, composé d'adhérents du parti du roi de Navarre, défendait à tout Français de reconnaître le cardinal Cajétan à titre de légat et de lui obéir ; l'autre, du parlement de Paris, dévoué à la Ligue, commandait le respect au saint-siège et la déférence aux avis du légat. Pour concerter les mesures à prendre, le légat assembla un conseil, où se trouvèrent le duc de Mayenne, quelques seigneurs de la Ligue et le cardinal de Gondi, évêque de Paris. Les *Seize*, vendus à l'Espagne, y firent proposer le protectorat de Philippe II, au nom de sa fille, déclarée reine. Cette proposition ne pouvait manquer de plaire au légat, lui zélé partisan de l'Espagne, et qui, avant son départ d'Italie, à l'insu du pape, avait promis au duc d'Olivarès, ambassadeur de Philippe II auprès du saint-siége, de rendre son souverain maître de la France. Toutefois, dans la conjoncture, il jugea prudent d'ajourner une question aussi périlleuse, et il ne voulut permettre de s'occuper que de l'exclusion du roi de Navarre. Il fit jurer par l'assemblée de mourir pour le maintien de la religion catholique, et de rester fidèle à Charles X et au duc de Mayenne, serment qui le lendemain fut répété par le peuple et sanctionné par un décret de la Sorbonne. La nouvelle du siége de Meulan, forcément levé par le duc Mayenne, et celle de la bataille d'Ivry, arrivèrent coup sur coup pour compromettre l'infaillibilité de ce serment. Une entrevue que le légat eut au château de Noisy avec le maréchal de Biron n'amena aucun résultat. Paris fut assiégé et sa population réduite à la plus horrible famine. Cajétan cependant redoublait d'ardeur, mettait en jeu tous les moyens; il dit distribuer aux pauvres cinquante mille écus de son argent; mais le peuple au désespoir s'écriait : « Point d'argent, mais du pain! » On lit dans quelques historiens que ce fut Cajétan qui conseilla l'horrible invention de la farine faite avec les ossements des cimetières. Il fut probablement aussi l'un des organisateurs de cette fameuse procession des moines de la Ligue que conduisait Rose, évêque de Senlis. On sait que l'approche du duc de Parme, venu des Pays-Bas avec une armée, et qui avait fait sa jonction avec le duc de Mayenne, obligea Henri IV à lever le siége. Les ligueurs reprirent courage, et la guerre civile continua. Sur ces entrefaites, Cajétan, rappelé, partit pour Rome. « Il trouva le pape mort, dit L'Étoile, et bien à point pour lui, car il lui eût fait trancher la tête, pour avoir, contre son exprès commandement, allumé le feu de la sédition au lieu de l'éteindre. » En 1591 il fut envoyé comme légat de Grégoire XIV à Varsovie, afin de déterminer Sigismond, roi de Pologne, à joindre ses armes à celles des Impériaux contre les Turcs. Il ne réussit pas dans l'objet de sa mission, et mourut en 1599.

CAJOLERIE. Dans l'action de cajoler il n'entre ni avilissement ni bassesse : ce n'est souvent qu'un genre de séduction personnelle. Il est vrai que, suivant les époques, la cajolerie sort de la vie privée pour pousser bien au delà ses conquêtes : cajoler, c'est alors plus que s'insinuer dans les pensées ou les sentiments d'autrui; c'est, en leur consacrant une sorte de culte tendre, adroit, continuel, se dévouer à l'avancement de sa propre fortune. Il n'appartient pas à tout le monde de savoir cajoler : c'est un art qui exige de l'habileté, parce qu'il est tout de circonstance. Dans les monarchies on flattera le prince, dans les démocraties on cajolera le peuple. C'est sur un piédestal que domine le premier; l'adoration ne le charme qu'autant qu'elle est en harmonie avec le faste et la pompe, insignes de son pouvoir. Dans les républiques, même de médiocre étendue, c'est par une heureuse intelligence des susceptibilités locales que réussissent les meneurs. Dans ces deux cas, la différence est si palpable, que si le monarque, au plus léger caprice, expulse son favori, il est toujours sûr d'en trouver un autre ; le cajoler, c'est remplir auprès de lui le premier poste, du moins celui qui est le plus lucratif : les postulants ne manqueront jamais. Dans les démocraties, au contraire, le peuple ne récompense pas toujours les orateurs ou les publicistes qui le cajolent, et à ses yeux rarement l'homme de la veille est celui du lendemain.

On ne saurait condamner en masse la *cajolerie*; elle exige des exceptions. Sans doute un héritier attentif invente chaque jour une cajolerie nouvelle : c'est une chance de plus pour que le legs universel qu'il attend ne lui manque pas. Un ministre a grand'peine à se défendre des cajoleries des solliciteurs. En cherchant plutôt le plaisir que l'amour, on invente des cajoleries pour séduire sûrement la femme qui résiste avec succès ; ce qui n'empêche pas que dans l'amour le plus pur, sans vouloir tromper, on tombe dans une sorte de cajolerie involontaire; on va au delà de la vérité, mais on ne fait qu'exprimer ce qu'on sent : c'est une appréciation qui, pour manquer de justesse, n'en est pas moins sincère. Dépouillez l'amour de tout ce que lui prête l'imagination, puis comptez ce qu'il perdra en bonheur. La cajolerie dans l'intimité des cœurs est une sorte de condition indispensable : on s'attache par ce que de part et d'autre on se donne. En vieillissant, l'amour peut trouver à rabattre, mais tant mieux si dans l'origine il a fait de généreuses concessions; il lui en restera toujours assez pour être heureux. SAINT-PROSPER.

CAL. On désigne ainsi, en pathologie, la cicatrisation qui s'opère entre les deux surfaces d'un os fracturé. Les phénomènes qui président à la formation de cette sorte de cicatrice ont été diversement expliqués par les observateurs. Leur dissidence d'opinion à ce sujet s'explique par la difficulté qu'ils ont éprouvée de noter les moyens employés par la nature pour réunir les *fractures*, toujours profondément situées dans les parties molles.

Jusque vers le milieu du dix-huitième siècle, on attribuait généralement les phénomènes de la formation du *cal* à l'exsudation d'une sorte de glu qui réunissait les surfaces fracturées, à peu près comme on rapproche deux morceaux de bois par la force adhésive de la colle forte. Jusqu'au moment où Duhamel-Dumonceau fit ses belles recherches sur la cicatrisation osseuse, tous les anatomistes partageaient cette opinion. C'est ainsi que Haller et Dethleff, son élève, avancèrent que cette réunion était due à une exsudation provenant de la moelle et des surfaces fracturées, exsudation qui devenait cartilagineuse, puis osseuse. John Hunter, n'admettant point cet écoulement de lymphe plastique, pensait que le *cal* était dû au sang épanché par suite de la fracture, qu'il s'y coagulait, s'organisait et s'ossifiait. Bordenave regardait la cicatrisation des fractures comme analogue de celle des parties molles. Telle était également l'opinion de plusieurs auteurs modernes, au nombre desquels on doit placer l'immortel Bichat, qui considérait le *cal* comme étant dû au développement des bourgeons charnus s'unissant et se laissant pénétrer par le phosphate calcaire pour rétablir la continuité du tissu osseux.

D'après les observations de Duhamel-Dumonceau, on devrait regarder le périoste (membrane qui enveloppe les os) comme exerçant à l'égard de ces derniers les mêmes usages que l'écorce relativement au bois. En effet, Duhamel et Fougeroux avaient observé que la membrane médullaire et le périoste surtout formant là où un os long est fracturé une sorte de virole qui maintient les deux fragments osseux en confrontation. Mais ces auteurs n'avaient ainsi fait qu'entrevoir une partie des ressources de la nature. Il était réservé à Dupuytren et Breschet de donner une idée complète de tous les moyens employés par la nature pour cicatriser les plaies du système osseux. En effet, ces célèbres anatomistes découvrirent que la formation de cette virole, qu'avait découverte Duhamel, n'était qu'un travail préparatoire à une consolidation plus parfaite, et qu'ainsi le *cal* était d'abord *provisoire*, puis *définitif*.

Le *cal provisoire* est dû à la formation d'une sorte de bouchon contenu dans le canal médullaire des os longs, et qui maintient solidement unies ensemble les deux portions d'os, solidité rendue encore plus parfaite par la formation d'une virole qui, entourant extérieurement les deux fragments, les affronte, sans cependant qu'il y ait cicatrisation et continuité entre les surfaces. Alors le *cal définitif* commence à s'établir par l'ossification de liquides épanchés immédiatement entre les surfaces fracturées, mais seulement quatre à cinq mois après la formation du cal provisoire, qui disparaît par degrés au fur et à mesure que le cal définitif devient plus parfait dans son développement, lequel, une fois terminé, suffit pour entretenir la solidité la plus parfaite.

CALABAR. C'est le nom du pays de côtes qui s'étend à l'est du Bonny et du Joliba, entre ce fleuve et Biafra, sur le golfe appelé d'après ce dernier. Son sol sablonneux et rougeâtre est arrosé par les rivières le vieux et le nouveau Calabar, et le Bonny. Il produit en abondance les végétaux des tropiques, la canne à sucre, le poivre, etc. Les populations, race assez civilisée et de belle conformation, qui habitent ces côtes, forment les deux royaumes de l'ancien et du nouveau Calabar. Le premier est situé sur le fleuve du même nom (à l'est), de même que sa capitale, qui porte le même nom (mais appelée aussi quelquefois *Bongo*), est bâtie à environ 15 kilomètres de son embouchure. Ce n'est pas là toutefois que réside le roi, lequel exerce son autorité, fort limitée de tous points, dans une petite résidence éloignée de la ville de 15 kilomètres. Les habitants, par leurs rapports fréquents avec les Anglais ont civilisés, exportent de l'ivoire, du coton, de l'huile de palmier et surtout des esclaves. L'autorité du roi du nouveau Calabar est sans limites. Sa capitale, *Calabar*, est située dans une des îles du Nouveau-Calabar, fleuve que les Portugais désignent sous le nom de *Rio-del-Rey*. La végétation de cette contrée est assez pauvre; cependant là aussi les relations commerciales ont introduit de nombreux éléments de civilisation parmi la population, bien qu'elle persiste à considérer les esclaves comme l'un de ses plus avantageux objets d'exploitation. Dans les deux royaumes on parle à peu près la même langue que dans le royaume de Quoa, qu'on rencontre immédiatement derrière eux, en pénétrant plus avant dans l'intérieur de l'Afrique.

CALABER (QUINTUS). *Voyez* QUINTUS.

CALABOZO, chef-lieu du canton du même nom, dans la province de Caracas, république de Vénézuéla (Amérique méridionale), à 222 kilomètres au sud-ouest de Caracas, bâti sur la rive gauche du Guarico, qui se jette au sud dans l'Apurito, l'une des bras de l'Apure, a été, à diverses reprises depuis 1813 le théâtre de combats importants. Le plus célèbre de tous est celui que Bolivar y livra le 24 juin 1821 au général espagnol la Torre; affaire décisive, qui eut pour résultat la complète évacuation du territoire colombien par les Espagnols.

CALABRE, presqu'île d'Italie, formant l'extrémité sud-ouest du royaume des Deux-Siciles, entre les côtes de la mer Tyrrhénienne, du *Faro di Messina*, de la mer Ionienne et du golfe de Tarente, pays de montagnes âpres et abruptes, qui dans l'isthme septentrional, large de 74 kilomètres, se rattache au système de l'Apennin supérieur. La Calabre présente une superficie d'environ 170 myriamètres carrés, et compte plus de 900,000 habitants, dont un grand nombre d'Arnautes. Sur les côtes, généralement assez plates, et qui ne sont guère échancrées profondément que par les Golfes de Santa-Euphemia et de Squillace, on rencontre les caps dell' *Allice*, *Colonne*, *Rizzuto*, *di Stilo*, *Spartivento*, dell' *Arni* et *Vaticano*. Les vallées, pour la plupart de la nature la plus sauvage, ne sont arrosées que par des fleuves au cours extrêmement borné et dont les plus importants sont, à l'est, le *Crati*, le *Nieto*, le *Corace* et l'*Alaro*, à l'ouest le *Metramo*, l'*Amato* et le *Lao*. Les montagnes sont divisées en groupes distincts, formés jadis par l'expansion de forces volcaniques; ils séparent les unes des autres de profondes vallées, et atteignent en général leur point extrême d'élévation sur les côtes occidentales. Au nord le Monte-Pollino s'élève à 2,233 mètres; au centre du Monte-Selicella atteint presque 1,700 mètres, et au sud les pics de l'île d'Aspromonte n'ont pas moins de 2,000 mètres de hauteur.

C'est à la guerre que les Français eurent à soutenir au temps de Napoléon contre les orgueilleuses et fanatiques populations de la Calabre qu'on est redevable de la connaissance plus exacte qu'on a aujourd'hui de cette contrée. Dans l'antiquité, la Calabre faisait partie de la Grande-Grèce, qui fut la patrie de Charondas, de Zaleucus, de Praxitèle, d'Agathocle et autres hommes célèbres, la contrée où enseignait Pythagore. Mais dans ces lieux où s'élevait jadis la voluptueuse Sybaris les populations sont aujourd'hui tombées dans une barbarie profonde. Déjà du temps de l'antiquité on vantait le climat de cette contrée; et ce n'est que dans un petit nombre de localités que des eaux stagnantes, à l'époque des grandes chaleurs de l'été, provoquent des maladies épidémiques. D'abondantes rosées y entretiennent pendant presque toute l'année une charmante verdure. Pline vante la fertilité de la terre noirâtre qui, à l'exception de la grande plaine de Marcesato, recouvre presque partout des roches de formation calcaire. Les plus belles forêts de pins, de sapins et de mélèzes, de même que les arbres résineux de la forêt de Sila, si célèbre dans l'antiquité, et dont Virgile (*Énéide*, XII) nous fait un si pompeux éloge, ombragent la crête des Apennins. Là croissent aussi le chêne vert et le chêne à kermès, les platanes d'Orient, les châtaigniers, les noyers, les aloès et les figuiers. Le frêne y produit la *manne de Calabre*; on la recueille en faisant une incision horizontale, d'un centimètre et demi de profondeur dans l'écorce de l'arbre; on la laisse tomber sur de larges feuilles de figuier des Indes, qui sont placées au pied de l'arbre en guise de bassin. Limpide et transparente, elle se coagule en petites boules à la surface. On la préfère à toutes les autres espèces de mannes; mais elle est rare et se vend fort cher. On trouve sur la côte le tamaris et l'arbousier. Avec le jonc des marais (*Sarrachio*) les habitants excellent à fabriquer des cordages pour les navires, des corbeilles, des nattes, des cordes et des filets. Malgré l'état arriéré de l'agriculture, on ne laisse pas que d'y récolter d'excellente huile et des vins délicieux. On en exporte des grains, du riz, du safran, de l'anis, de la réglisse, de la garance, du lin, du chanvre et tous les fruits du sud. La soie y est aussi d'une excellente qualité : la culture en fut, dit-on, introduite dans cette contrée par le célèbre Roger, roi de Sicile. La Calabre n'est pas moins riche en bêtes à cornes et en moutons, et elle possède une remarquable espèce chevaline. Ses rivières contiennent des thons, des murènes et des anguilles. Aux environs de Reggio on trouve la *Pinna Marina*, espèce de coquillage dont le byssus très-fin sert à fabriquer une étoffe assez semblable à la soie, et qui malgré son extrême légèreté protège contre le froid. Les carrières et les mines fournissent de l'albâtre, du marbre, du grès, du plâtre, de l'alun, de la craie, du sel fossile, du lapis-lazuli et du cuivre, dont l'excellente qualité était déjà célèbre du temps d'Homère.

Le Calabrais, bien qu'il ne soit guère qu'à une quarantaine de lieues de Naples, est grossier et ignorant; ce qui ne l'empêche pas d'être sincère, hospitalier, très-sensible au point d'honneur, dès lors aussi très-vindicatif et ne pardonnant guère une injure. A côté d'un petit nombre de riches la contrée en contient guère que des gens en proie à la plus grande pauvreté. Le dialecte des Calabrais est difficile à comprendre, mais peu d'expressions originales et caractéristiques. La classe qui possède une certaine instruction s'exprime avec une facilité et une chaleur des plus heureuses. Les femmes généralement ne sont pas belles, se marient de bonne heure, vieillissent tôt, et sont par le reste maris l'objet de la plus jalouse surveillance. L'organisation défectueuse de la justice rend le Calabrais extrêmement enclin aux procès et aux chicanes. La superstition, qui domine dans toutes les classes, à tel point que le bandit lui-même porte sur lui quand il invoque l'appui tutélaire au moment où il va perpétrer un crime, trouve son principal soutien dans un clergé en général aussi ignorant que corrompu.

Qu'une race d'hommes naturellement si énergique ait fini par tomber dans un tel état de dégradation, c'est ce qui ne s'explique que par les influences d'une nature constamment environnée de dangers, par la fréquence des révolutions politiques auxquelles a été en butte un sol de la configuration la plus tourmentée, par l'impuissance des chefs sur une contrée divisée à l'infini, et enfin par les résultats du système féodal.

Au point de vue statistique, cette contrée se divise en *Calabre citérieure*, chef-lieu Cosenza, et *Calabre ultérieure première* et *deuxième*, chefs-lieux Reggio et Catanzaro. La première comprend la partie septentrionale et la seconde la partie méridionale du pays. A part celles que nous venons de nommer, on ne trouve guère en Calabre qu'un petit nombre de villes possédant quelque industrie et un peu de commerce. Les plus importantes sont Crotone (le *Croton* des anciens), avec 5,000 habitants; pour son port, Monteleone (l'*Hipponium* des Grecs, le *Vibona* des Romains), où l'on voit encore aujourd'hui les ruines d'un temple de Cérès; pour ses fabriques de soie, Gerace, avec 6,000 habitants, construit avec les débris de Locres, Pizzo, Santa-Eufemia et Paolo à l'ouest, et à l'est, comme ports de mer, Rossano et Squillace. Les traces de l'épouvantable tremblement de terre qui le 20 février 1783 ravagea le midi de la Calabre, où il détruisit trois cents villes et villages et fit périr 30,000 hommes, ne sont pas encore aujourd'hui complètement effacées.

CALABRESE (Maria Preti, dit *le*), né à Taverna, petite ville de Calabre, le 24 février 1613, demeurera avec Lanfranc, le Guide, Manfredi et Salvator Rosa, l'une des plus énergiques expressions des fougueuses existences de peintres au dix-septième siècle. Venu de bonne heure à Rome pour étudier son art sous la direction de son frère Gregorio, il y eut assez de succès pour obtenir le titre de prince de l'Académie de Saint-Luc. Mais Le Guerchin ayant à cette époque envoyé au pape Urbain VIII son fameux tableau de *Sainte Pétronille* (tableau qui eut l'honneur du voyage à Paris sous l'Empire), le jeune Preti renonça aux avantages déjà acquis de la position que le pape Urbain, son protecteur, lui avait faite, pour aller à Cento, recevoir les conseils de l'auteur du chef-d'œuvre qu'il admirait. Jusqu'à vingt-six ans, il se contenta d'étudier sous Le Guerchin, qui l'avait pris en amitié, sans vouloir rien produire. Son début n'en fut que plus brillant : la *Madeleine*, sa première toile, fut trouvée si parfaite par Le Guerchin lui-même, que ce dernier ne se lassait pas de l'admirer et de la faire admirer à tous ceux qui venaient le visiter dans sa retraite. Ce premier succès ne fit qu'enflammer la noble ambition de l'artiste : avant de revenir à Rome, il consacra six ans à parcourir les musées de l'Europe, et ce fut seulement à son retour qu'il exécuta son *Christ devant Pilate* et sa *Pénélope*. Les connaisseurs récompensèrent ses longs travaux en attribuant ces toiles au pinceau de son maître. On le tint désormais pour un grand peintre; ses protecteurs facilitèrent son admission dans l'ordre de Malte; il y entra en qualité de chevalier.

C'est alors que commencèrent les agitations de sa vie. Ayant blessé grièvement le spadassin d'un ambassadeur, il lui fut forcé de quitter Rome et de se réfugier à Malte. Peu de temps après, au moment où le grand maître commençait à apprécier son mérite, un des chevaliers le plaisantant sur sa noblesse; Preti le frappa si rudement qu'il le laissa pour mort. Mis en prison pour ce fait, il se sauva aussitôt sur une felouque et gagna Livourne, d'où il passa à Madrid, avec la suite du nonce. Il ne revint à Rome qu'à la mort du pape Urbain VIII. Cortone et Lanfranc y dominaient alors exclusivement. Ce ne fut qu'à la mort de ce dernier qu'on lui confia la suite des travaux commencés par le Dominiquin à Sant-Andrea della Valle; choix qui devint encore l'occasion d'une querelle. Un des concurrents éconduits ayant critiqué sa peinture, le Calabrese se battit avec lui, le blessa dangereusement, et de nouveau fut obligé de s'enfuir. C'est à Naples cette fois qu'il chercha un asile; mais la peste venait d'y exercer ses ravages. Ignorant les mesures sanitaires qui avaient été prises, il tue un soldat qui s'opposait à son passage, et on le saisit au moment où il s'attaquait à un autre. Sa réputation heureusement le sauva des mains de la justice. Le vice-roi l'accueillit, et lui donna quelques travaux : les seigneurs et les couvents imitèrent l'exemple du maître. Le reste de ses jours s'écoula à Malte, sauf; un dernier voyage qu'il fit à Naples. Il avait quatre-vingt-six ans lorsque son barbier l'ayant blessé en le rasant, la gangrène se déclara et l'emporta, après deux mois de souffrances, le 13 janvier 1699.

Malgré tant de traverses, peu d'artistes ont laissé autant d'ouvrages : presque toutes les villes d'Italie en possèdent. Ils sont communs en Espagne, à Malte, en Allemagne et en France. Notre Musée n'en possède que deux : *Saint Paul et saint Antoine dans le Désert*, et *le Martyre de saint André*. La méthode rapide du Calabrese n'exclut ni l'effet, ni la vigueur, ni la puissance. Son coloris sombre et mélancolique convenait parfaitement aux sujets qu'il choisissait de préférence, les pestes, les martyres, etc. On lui reproche.le défaut de correction, le mauvais choix des types, le peu de justesse et de convenance dans l'expression et la composition.   B. DE CONCY.

CALAGES (Marie de Pech de), dame de Toulouse, qui, à l'imitation de Clémence Isaure, cultiva la poésie avec un succès très-remarquable, vivait dans les premières années du dix-septième siècle. Elle remporta plusieurs fois le prix à l'Académie des Jeux Floraux. Contemporaine de Corneille, elle avait terminé son poème de *Judith, ou la Délivrance de Béthulie*, en huit livres, avant que *Le Cid* eût paru, avant que la langue poétique eût été formée par les chefs-d'œuvre de ce grand homme, à une époque où des poèmes tels que *Saint Louis, Alaric, Clovis*, écrits d'un style barbare et boursouflé, faisaient pourtant une réputation à leurs auteurs. *Judith* ne fut publiée qu'après la mort de Mlle de Calages, par les soins de Mlle L'Héritier de Villandon, qui le dédia, en 1660, à la reine mère, Anne d'Autriche, régente de France. Des fragments entiers de ce poème sont d'une touche hardie, ferme et correcte. Il y a lieu de croire que Racine connaissait et appréciait le talent de Marie de Calages, car sa *Phèdre* présente deux imitations évidentes de la *Judith*. Le poème de Marie de Calages a été réimprimé en partie dans *Le Parnasse des Dames*.   CHAMPAGNAC.

CALAIS, ville de France, chef-lieu de canton, située sur le détroit qui donne son nom au département du Pas-de-Calais, à 272 kilomètres nord de Paris, et 36 kilomètres sud-est de Douvres. L'origine du nom de Calais est demeurée incertaine; la contrée du Calaisis, faisant primitivement partie de la Morinie, fut soumise successivement au pouvoir des druides, à la puissance romaine, au joug de la féodalité, à l'autorité de comtes qui durant des siècles furent indépendants de la couronne, à la domination des Anglais et des Espagnols. Un assez grand nombre d'auteurs avaient cru pouvoir fixer à Calais la position du *portus Itius*, si controversée parmi les savants; mais l'opinion générale a reconnu depuis que c'est du port de Wissant, tombé aujourd'hui au rang des plus chétifs villages, que César s'élança pour faire la conquête de la Grande-Bretagne. Ce n'est guère qu'au dixième ou onzième siècle qu'il commença à être question de Calais, et il paraît que cette ville s'était formée du hameau de Saint-Pierre, habité par des marins. Le siège de Calais par Édouard III, roi d'Angleterre, est le fait le plus important de l'histoire de cette ville, et les dates de ce siège ont été rectifiées par un chroniqueur contemporain inédit, qui s'accorde avec le calcul de Bréquigny et le récit de Knigthon, pour n'en porter la durée qu'à onze mois.

Calais, soit comme l'une des barrières de la frontière du

CALAIS

nord, soit comme ville maritime, est défendue par sa situation même, par la mer, par les marais, par sa citadelle et par ses forts. L'enceinte de Calais est petite; mais l'aspect de l'intérieur est agréable, et on peut le caractériser en disant que Calais, par l'élégance et la symétrie de ses maisons, paraît une ville peinte. Le port de Calais, situé à l'est des caps Grinez et Blanez, qui l'abritent pendant les coups de vent d'ouest et de sud-ouest, si violents dans la Manche, sert de refuge aux navires battus par la tempête; il est accessible en tout temps, et son entrée n'est environnée d'aucun écueil. Il peut recevoir des navires de quatre cents à cinq cents tonneaux. Il est le point le plus constamment facile pour les communications avec l'Angleterre et la France. Des paquebots à vapeur y ont établi leur station régulière. Le service journalier de ces bateaux, se faisant des deux rivages avec une exactitude et une promptitude incontestées, favorise singulièrement le transport des voyageurs, des dépêches et des marchandises.

Il se fait à Calais un commerce extérieur très-étendu en bois de chêne et de sapin, en fers et autres productions du Nord, ainsi qu'en commissions de toutes espèces pour l'Angleterre. Les canaux qui aboutissent à la rivière de l'Aa, et vont joindre le canal de Saint-Quentin, sont aux portes de Calais. Un embranchement du chemin de fer du nord unit Calais à la capitale. Le commerce intérieur consiste surtout dans les produits de la pêche. Une industrie nouvelle, c'est la fabrication des tulles. C'est aussi à Calais que se confectionnent les métiers à tulle qui alimentent les ateliers du Pas-de-Calais, du Nord, de la Somme et d'autres départements plus éloignés. A la naissance des fabriques de tulles à Calais, des rues, des maisons, s'étaient formées comme par enchantement dans la commune de Saint-Pierre, qui y est contiguë, et cette commune allait devenir un nouveau *Birmingham*, si l'arme du génie n'y avait apposé son *veto*, dans l'intérêt de la défense de la place.

Bonaparte, encore premier consul, vint à Calais en 1803, durant son voyage dans le nord de la France. Il arriva en cette ville avec quelque prévention contre ses habitants, qu'il savait souffrir extrêmement de l'état de guerre avec l'Angleterre et du blocus continental. Aussi, le maire de la ville ayant rappelé avec complaisance dans sa harangue le dévouement d'Eustache de Saint-Pierre et de ses compagnons, Bonaparte l'interrompit en ces termes : « Mais votre Eustache de Saint-Pierre s'est rendu! » Et cette brusque apostrophe interloqua fort l'orateur. Cependant, Napoléon, qui ne connaissait jusque alors que la bravoure militaire, fut injuste en ne tenant aucun compte de l'une des plus belles actions du courage civil. Louis XVIII rentra en France par Calais, le 26 avril 1814, et un obélisque élevé sur la jetée marqua son premier pas dans son royaume. Plusieurs souverains visitèrent ensuite cette ville, où l'on trouve d'excellents hôtels dont l'un est devenu particulièrement fameux par la philosophie critique et l'originalité piquante de Sterne.

PARENT-RÉAL.

Calais compte aujourd'hui 12,508 habitants. Cette ville possède un tribunal de commerce, une chambre de commerce, un entrepôt réel, un bureau principal de douane, une école d'hydrographie et une bibliothèque publique, riche de 12,000 volumes. C'est une place forte avec citadelle.

On la divise en ville haute, qui n'est pourtant pas plus élevée que la plage, en ville basse, qui comprend le faubourg Courgain, habité par les marins. Ses maisons sont presque toutes bâties en briques jaunes, symétriques et élégantes. Calais possède d'ailleurs peu de monuments remarquables. On ne peut guère citer que la cathédrale, bâtie par les Anglais; l'hôtel de ville, construit en 1231 et rebâti en 1740; son beffroi, haut de 36 mètres, est d'une légèreté remarquable, et sert actuellement de phare; la cour de Guise, ancien bâtiment entouré de piliers en forme de tour, qui sous la domination anglaise servait de bourse aux marchands. Plantés d'arbres, les remparts offrent une agréable promenade; l'une des deux jetées du port est également fréquentée par la foule. Calais possède en outre un établissement de bains de mer.

Outre ses fabriques de tulles, façon anglaise, Calais possède des fabriques de bonneterie, de savon noir, de cuir, des raffineries de sel et des usines à vapeur pour la fabrication des huiles et la mouture des grains. La fabrication des tulles occupe plus de 600 métiers, tant à Calais qu'à Saint-Pierre-lès-Calais et dans les villages voisins. Il y a deux ouvriers par métier sans compter 3,000 femmes et enfants employés à l'apprêt, au dévidage, au bobinage, etc. Son principal commerce consiste en voitures, en vins de Bordeaux, de Bourgogne, de Champagne, et en eaux-de-vie, qui sont achetés pour être ensuite revendus aux Anglais; et le retour se compose de beurre et de cuirs tirés de l'Irlande. Calais fait le grand et petit cabotage, la navigation de long cours; elle envoie un grand nombre d'expéditions à la pêche du hareng et du maquereau et quelques-unes à celle de la morue.

Le port de Calais creusé par la nature, et amélioré en 997 par Baudoin IV, comte de Flandre, était défendu par deux grosses tours, dont l'une, que l'on disait l'œuvre de Caligula, était située au milieu des sables au nord de la ville; l'autre protégeait l'embouchure de la rivière de Guignes. Philippe de France, comte de Boulogne, fit construire, en 1224, autour de cette bourgade un mur flanqué de distance en distance de petites tours avec des fossés extérieurs. Ce même prince y fit élever trois ans après un vaste donjon, qui fut dès lors appelé le château, et qui, démoli en 1560, fut remplacé par la citadelle actuelle. Après la bataille de Crécy, Édouard III, roi d'Angleterre, vint mettre le siège devant Calais, et bâtit autour de cette ville une seconde cité, environnée de redoutes, de fossés et de tours. La famine se fit bientôt sentir dans Calais. Dix-sept cents habitants que l'on avait mis hors des portes, comme bouches inutiles, moururent de froid et de misère, entre la ville et le camp ennemi. Philippe de Valois, qui était venu au secours de la ville assiégée, n'osa pas attaquer le roi d'Angleterre dans ses lignes. Sa retraite laissait les Calaisiens sans espoir de salut. Jehan de Vienne, vaillant chevalier bourguignon et l'un des plus habiles capitaines de son temps, commandait cette ville. Mais depuis longtemps les vivres manquaient; il se vit réduit à capituler avec un ennemi irrité par la longue résistance des assiégés. Édouard, qui avait juré de passer tous les habitants au fil de l'épée, se laissa fléchir par ses barons, exigeant seulement que six des principaux bourgeois vinssent tête nue, la corde au cou, lui présenter les clefs de la ville. Eustache de Saint-Pierre se dévoua avec quelques généreux citoyens, et se rendit au camp d'Édouard, qui entra le lendemain dans la ville, en chassa les habitants, et y établit une colonie anglaise.

Les Anglais conservèrent Calais pendant plus de deux siècles; sous le règne de Henri II, roi de France, divers projets furent communiqués à Coligny, gouverneur de la Picardie, pour s'emparer de Calais. Pierre Strozzi, maréchal de France, et l'ingénieur Massimo del Bene entrèrent déguisés dans cette ville, et s'assurèrent que les Anglais, malgré l'importance qu'ils attachaient à sa conservation, n'avaient point pourvu suffisamment à sa défense. On prit toutes les mesures pour ne donner aucune alarme à l'ennemi, et tout à coup le duc de Guise parut de ce côté à la tête des troupes françaises : « Le 1er janvier 1558, dit Sismondi, il se présenta inopinément devant le pont de Nieullay, à mille pas de Calais. Un petit fort le défendait; 3,000 arquebusiers français s'en emparèrent d'emblée. Dandelot, frère de Coligny, vint attaquer le fort Risbank, à l'entrée de la petite rivière qui forme le port, et s'en rendit maître dès le 2 janvier. Ainsi l'entrée du port, ou l'abord à Calais par mer, et le pont de Nieullay, seule entrée de Calais par terre, se trouvaient dès les premières vingt-quatre heures entre les mains des Français. Tout le reste de la ville est entouré de marais impraticables; des batteries furent cependant montées aussitôt, soit du côté de Risbank, soit de celui de la vieille citadelle. Le 4 une large brèche fut ouverte près de la porte de la rivière. Le 5 la vieille citadelle fut enlevée d'assaut. Lord Wentwhorth, qui commandait à Calais, n'avait que huit ou neuf cents hommes de garnison; il perdit courage, et proposa de capituler. Guise, qui craignait sans cesse de voir arriver une flotte anglaise, n'hésita point à lui accorder les conditions les plus avantageuses. Tous les Anglais habitant Calais eurent la faculté de se retirer en emportant leurs propriétés mobilières; Wenthworth consigna aux Français toute son artillerie et ses munitions, en s'engageant à ne commettre aucun dommage dans les propriétés publiques tant qu'il les occupait encore. La capitulation fut signée le 8 janvier 1558; le lendemain la ville fut livrée aux Français. »

Calais fut encore prise en 1596, par les Espagnols, sous la conduite du baron de Rosne; mais la paix de Vervins la rendit à la France en 1598. Assiégée de nouveau sans succès par les Espagnols en 1657, elle fut deux fois bombardée sous le règne de Louis XIV par les Anglais, qui en 1804 tentèrent encore en vain de forcer l'entrée de son port pour y attaquer une flottille française qui s'y était réfugiée.

CALAISIS, pays de France, dans l'ancienne province de Picardie, compris aujourd'hui dans le département du Pas-de-Calais, d'une superficie de 29,800 hectares. Son chef-lieu était Calais, les villes principales Guines et Ardres; après 1558 il porta aussi le nom de *Pays reconquis*. *Voyez* CALAIS.

CALAMANDRE (Bois de). Cette espèce de bois, qu'on n'importe que depuis quelques années en Angleterre, provient uniquement de l'île de Ceylan, où elle ne laisse pas que d'être fort rare. Le bois de calamandre surpasse en beauté et en nuances multiples tous les bois connus; il est d'une dureté telle qu'on ne peut le travailler qu'à l'aide de limes et de râpes.

CALAMATA, ville de Grèce, chef-lieu du diocèse de Messénie, dans une plaine, au fond du golfe de Coron, siège d'un tribunal de première instance, avec une douane et un port de commerce assez actif. On en exporte de la laine, de l'huile, de la soie brute et d'excellentes figues.

Dès la première année de la conquête des croisés, Calamata, une des douze places fortes de la Morée, tomba au pouvoir des Français, et fut concédée à Geoffroi de Ville-Hardoin, comme seigneurie de famille. Geoffroi se hâta d'y faire bâtir un château fort, au-dessus d'un plateau élevé, au milieu de la plaine; ce fut là que naquit son second fils, Guillaume de Ville-Hardoin, surnommé, du lieu de sa naissance, Guillaume de Calamata, lequel devint ensuite prince d'Achaïe. Les ruines de ce château sont encore fort imposantes. La baronnie franque de Calamata passa successivement des mains de son premier possesseur, Geoffroi Ier de Ville-Hardoin, prince d'Achaïe, dans celles de son fils aîné, Geoffroi II; de Guillaume de Ville-Hardoin, second fils de Geoffroi Ier; d'Isabelle, fille aînée de Guillaume et de Mathilde, fille d'Isabelle et de Florent de Hainaut. Lorsque, quelques années après la mort de Mathilde de Hainaut, l'impératrice Catherine de Valois vint faire valoir en personne ses droits sur la seigneurie directe de la principauté d'Achaïe, avec l'aide de son chambellan et conseiller, Nicolas Acciajuoli, elle fit don à celui-ci de nombreuses terres en Messénie, et, en particulier, de la baronnie de Calamata, qui, en 1298, avait déjà été donnée en dot à Mathilde lors de son mariage avec le duc d'Athènes, Gui II De La Roche. Mais l'anarchie qui régna en Morée pendant la dernière moitié du quatorzième siècle et la première moitié du quinzième siècle, ne permet pas de suivre la filiation de cette seigneurie. Durant la guerre de Morée, Calamata fut brûlée par Ibrahim-Pacha en 1825. Les Français y débarquèrent en 1828. BUCHON.

CALAMATTA (Louis), l'un des plus habiles graveurs de l'école moderne, est né à Rome, en 1802; mais, depuis longtemps établi à Paris, il appartient à la France par le caractère de son talent et le choix des œuvres qu'il a reproduites. Dès son début Calamatta semble avoir obéi à l'influence de M. Ingres : ce qu'il s'est toujours attaché à rendre dans ses eaux-fortes ou dans ses gravures au burin, c'est moins la couleur et l'effet que l'élégante précision des contours. Bien qu'il ait successivement exposé, en 1827 *Bajazet et le Berger*, gravé d'après Dedreux-Dorcy (en collaboration avec Coiny); en 1831 le portrait de Paganini et plusieurs dessins; en 1833 quelques lithographies, ce fut seulement en 1834 que son talent attira sérieusement l'attention publique et donna une certaine célébrité à son nom. Il avait envoyé au salon de cette année une reproduction au burin du masque de Napoléon, d'après l'effigie moulée sur nature à Sainte-Hélène, par le docteur Antomarchi. La savante exactitude des tailles et leur correcte finesse firent le succès de cette planche, qui est restée l'une des meilleures dans l'œuvre de l'artiste. Calamatta exposa ensuite *Le Vœu de Louis XIII*, gravé d'après le tableau de M. Ingres (1837), *Françoise de Rimini* d'après Ary Scheffer (1843), les portraits de M. Guizot d'après Paul Delaroche, de M. Molé et du duc d'Orléans d'après M. Ingres, de Fourier d'après Gigoux, de la reine d'Espagne d'après Madrazzo, et de Lamennais d'après A. Scheffer. Ce sont d'intelligentes et fidèles reproductions. Calamatta a aussi gravé, d'après ses propres dessins, le portrait de M. Ingres, dont la ressemblance est saisissante (1840), et celui de George Sand, effigie pleine de style, qu'il a deux fois exécutée dans une attitude et un costume différents. Artiste plus patient que fécond, il se sert du crayon avec une adresse parfaite : parmi les dessins qu'on a vus de lui, il faut citer *La Vierge à la Chaise*, *La Vision d'Ézéchiel*, *La Paix* et *La Fornarina*, d'après Raphael; et *La Vierge à l'hostie* d'après M. Ingres. Telle est jusqu'à présent l'œuvre de Calamatta; œuvre savante, consciencieuse et d'une incontestable valeur. Pourquoi faut-il que, trop fidèle aux leçons d'un maître illustre, il ait si complétement négligé l'effet et la couleur, et que ses gravures les plus réussies soient d'un aspect blafard, gris et presque monochrome?

Mme *Joséphine* CALAMATTA, femme du graveur dont il vient d'être parlé, est elle-même un peintre de mérite. Elle appartient, comme son mari, à cette école austère, mais froide, qui se préoccupe avant tout de la pureté des lignes et de la correction des attitudes. Depuis le salon de 1842, où elle débuta par une *Vierge* et deux portraits, elle a exposé presque tous les ans. On a remarqué parmi ses tableaux : *Eudore et Cynodocée* (1844), *Sainte Cécile* (1846), *Ève* (1848), le portrait d'une Espagnole (1849), et *Sainte Véronique* (1852). La manière de Mme Calamatta est pleine de distinction; mais elle est parfois entachée d'étrangeté et presque toujours de sécheresse.

CALAMBA ou CALAMBAC. *Voyez* AGALLOCHE.

CALAMBOUR (Bois de), espèce de bois des Indes, que l'on vend en bûches chez les droguistes, et dont les ébénistes se servent pour leurs ouvrages de marqueterie. Il est de couleur verdâtre et très-odorant, qualité qui le fait rechercher pour beaucoup de petits ouvrages, et le fait employer surtout à confectionner des chapelets.

CALAME (ALEXANDRE), l'un des plus ingénieux et des plus remarquables paysagistes de ce temps-ci, est né à Neufchâtel, mais vint encore enfant à Genève, où il apprit les règles de son art et où il a fini par fonder une école particulière. D'abord élève de Diday, il ne tarda point à égaler et même à surpasser son maître. Malgré une constitution physique des plus faibles, Calame déploya une infatigable ardeur à poursuivre le cours des études dans les montagnes de son pays, études quelques fois périlleuses, fatigantes presque toujours. Mais c'est seulement en vivant ainsi au milieu de la nature alpestre, qu'il est parvenu à en reproduire tous les effets avec son pinceau et à donner les plus éloquentes traductions de sa magnificence. Les glaciers et leurs coupoles de neige, l'eau des montagnes d'un vert d'émeraude et à l'écume blanchissante, les arbres brisés, les nuages amoncelés, les rochers aux nuances multiples, tantôt enveloppés par les nuages, tantôt vivement illuminés par les rayons du soleil, le calme du lever du soleil, la magnificence de son coucher, animés l'un et l'autre par de douces scènes de la vie pastorale; tels sont les sujets que Calame excelle à traiter, et il les reproduit avec une si rare vigueur, avec tant d'énergie et de profondeur, avec une telle douceur de coloris, que chacune de ses toiles ne manque jamais de produire l'effet le plus saisissant. Aussi ses tableaux, et le nombre en est grand, font-ils l'ornement de toutes les expositions publiques et se payent-ils fort cher.

Calame est membre des Académies de Saint-Pétersbourg et de Bruxelles, et chevalier de l'ordre de la Légion d'Honneur. Il a peint *Le Mont-Blanc*, *La Jungfrau*, *Le lac de Brienz*, *La chaîne neigeuse du Monte-Rosa et du Mont-Cérin*, *La chute de la Handeck*, *l'Oberland bernois*, et autres sites remarquables de la Suisse. On a aussi de lui un grand nombre de remarquables lithographies et eaux-fortes, par exemple des *Vues de Lauterbrunnen et Meiringen* (1842), vingt-quatre feuilles de *Paysages des Alpes d'après nature* (1845); plus : *Soir et Matin*, *Solitude*, etc. En 1845 Calame alla passer quelque temps à Rome avec un certain nombre de ses élèves. Nous nous contenterons de citer, comme preuve de l'habileté avec laquelle il a su comprendre la nature italienne dans sa magnificence et sa plénitude de vie, son tableau des *Ruines du Temple de Neptune à Pæstum*, œuvre vraiment touchée de main de maître. La plus récente production que nous connaissions de lui est la représentation des *Quatre Saisons* et des *Quatre Heures du Jour* en quatre paysages, où l'artiste nous montre, par une matinée de printemps, une nature de sol toute méridionale, et dans son *Midi d'Été* le sol calme et plat particulier à l'Allemagne. *Le Soir d'Automne* est emprunté à une nature montagneuse, et dans sa *Nuit d'Hiver* il donne la mesure de la diversité ainsi que de la souplesse de son talent.

CALAMENT, nom vulgaire d'une espèce de genre *mélisse*.

CALAMINE. La métallurgie, qui ne considère les corps que sous le rapport de leur produit utile, a donné le nom de *calamine* à divers minéraux d'où l'on extrait le zinc. Ce sont presque toujours des mélanges de *silicate* et de *carbonate de zinc* avec des carbonates de fer et de manganèse, avec des calcaires et des argiles; aussi l'aspect des calamines est-il très-varié : elles se présentent en masses tantôt poreuses et cellulaires comme des éponges, tantôt onduleuses et mamelonnées comme des agates, souvent à l'état complètement terreux. Leur couleur varie du blanc au rouge, du jaune au gris; celle-ci doit sa couleur à un mélange de peroxyde de fer hydraté.

Il est souvent très-difficile de reconnaître les calamines. Par leurs caractères physiques et par la manière dont elles se comportent avec les acides, elles se confondent avec plusieurs autres substances minérales. Dans le doute, il faut en fondre une petite quantité au chalumeau avec du cuivre rouge; si le minéral est calaminaire, on obtiendra un bouton de *cuivre jaune* ou *laiton*.

La calamine se rencontre à peu près dans tous les étages de la croûte terrestre; mais ses masses exploitables sont concentrées dans les terrains nommés *calcaire carbonifère* et *calcaire magnésien* par les Anglais. La France ne possède aucun gisement important de calamine. L'Angleterre, la Belgique, la Silésie, les provinces polonaises sont les seules contrées qui en exploitent des dépôts considérables. Tous les gisements offrent des caractères à peu près communs : même disposition en bassins irréguliers, même dissémination en rognons ou en veines, même variation de richesse; partout aussi la calamine est accompagnée d'argile ou de matières terreuses, partout associée au plomb sulfuré et au fer hydroxydé.

Les procédés au moyen desquels on extrait en Europe le zinc de la calamine viennent, dit-on, des Chinois. On commence par la calciner pour chasser l'eau, l'acide carbonique, et faciliter la division mécanique; on pile et on bocarde la matière, on la mêle avec du charbon ou de la houille, puis on introduit le mélange dans des tuyaux de terre qui traversent un fourneau et communiquent par leur extrémité supérieure avec d'autres tuyaux, ou par leur partie inférieure avec une voûte; on chauffe fortement; l'oxyde de zinc se réduit, et le métal volatilisé vient se condenser en gouttes dans les tuyaux extérieurs ou sur les parois de la voûte. On refond le métal dans un creuset pour lui donner la forme commerciale.

La calamine sert aussi à la préparation du laiton.

Les minéralogistes désignent sous le nom de *calamine électrique* un composé de silice, d'oxyde, de zinc et d'eau, ordinairement blanc, jaune ou bleuâtre, cristallisé en prismes à 4 ou 6 faces électriques par la chaleur. A. Des Genevez.

Palisot de Beauvois a donné le nom de *calamine* (du grec κάλαμος, chaume), à un genre de graminées comprenant l'apludée de Linné, et dont les espèces sont originaires des Indes; mais ce genre n'a pas été généralement adopté.

CALAMITE. Ce nom paraît avoir été originairement celui d'une espèce du genre *rainette*, qui l'aurait reçu de son habitation parmi les roseaux (*calamus*).

On a aussi appelé *calamite* ou *styrax calamite* la résine qui découle des incisions faites à l'écorce de l'*aliboufier*.

Enfin les végétaux fossiles qui se rencontrent très-fréquemment dans les terrains houillers, et qu'on avait assimilés à de grands roseaux, ont à cause de cela reçu le nom de *calamites*, nom qui a été conservé depuis, bien que M. Ad. Brongniart ait démontré qu'une partie de ces végétaux offraient de grandes différences avec les graminées.

CALAMITÉ (du latin *calamitas*). Synonyme de misère, trouble, malheur, infortune, ce mot se prend surtout dans une acception large et générale : « Une *calamité*, dit M. Guizot, n'est un mal positif que relativement à la masse; elle peut menacer les individus sans les atteindre. » La peste, par exemple, est une calamité qui dépeuple une ville, mais à laquelle plusieurs personnes peuvent échapper; le *malheur* et l'*infortune* emportent dans leur acception plus restreinte quelque chose de spécial et d'individuel. Charles Nodier, après Calepin, imagine que le mot *calamité* a été pris autrefois dans un sens moins étendu, et qu'on l'a appliqué d'abord aux désastres auxquels est exposée l'habitation du peuple, comme la grêle et les orages qui brisent ses toits, son *chaume* (en latin *calamus*), d'où ce mot aurait été fait. Un poète du dix-huitième siècle a dit avec plus de bonheur que de vérité, il faut le croire :

Les temps calamiteux sont féconds en grands hommes.

CALAMUS, le roseau à écrire dont se servaient les anciens au lieu de plume provenait d'une espèce de jonc qui croissait dans certaines localités marécageuses, et dont les meilleurs étaient ceux qu'on tirait d'Égypte, de Cnide et du lac d'Anaïti. On commençait par amollir le tuyau; puis on le séchait, et on le taillait et fendait ensuite à l'aide d'un instrument tranchant appelé *scalprum librarium*. Aujourd'hui encore, la plupart des peuples d'Orient n'écrivent qu'avec des roseaux, auxquels les Arabes ont aussi donné le nom de *Kaldm*.

CALANDO, terme italien employé dans la musique, et qui indique tantôt le ralentissement de la mesure, tantôt la diminution du son, et embrasse souvent ces deux significations réunies.

CALANDRE (*Ornithologie*), oiseau du genre *alouette* (*alunda calandra*, Linné). Cet oiseau de passage, un peu plus grand que l'alouette commune, a les mêmes mœurs, le même pennage, les ailes et la queue semblables, mais point de huppe, et sa voix est plus haute ; le mâle a la tête et le bec plus gros que la femelle. La calandre fait jusqu'à trois nids par an, savoir : en mai, en juin et à la mi-juillet ; elle choisit d'ordinaire pour cela les lieux secs et surtout les champs ensemencés. On peut la mettre en cage, mais il faut la prendre jeune, pour qu'elle puisse y faire sa première mue. Son chant devient alors fort agréable, et elle imite parfaitement celui d'une grande partie des oiseaux qu'on met auprès d'elle.

CALANDRE (*Entomologie*). Ce genre d'insectes, établi par Fabricius, et qui faisait autrefois partie de celui que Linné appelait *curculio* (charançon), attaque particulièrement les palmiers et les graminées. La larve de la plus grande espèce de calandre, la *calandre palmiste* (*calandra palmarum*), qui vit en société dans le tronc des palmiers, aux Indes et en Amérique, y est estimée comme un mets délicat, et on l'y mange grillée, sous le nom de *ver palmiste*; elle est de la grosseur de celle des hannetons, à laquelle elle ressemble beaucoup. Quant à l'animal, il est d'un très-beau noir dans son état parfait.

La *calandre du blé* (*calandra granaria*) et *la calandre du riz* (*calandra oryzæ*) causent les plus grands dommages à ces graminées, particulièrement la *calandre du blé*, qui a voyagé avec cette céréale partout où l'industrie de hommes en a propagé la culture. Elle est d'une taille moyenne; son corps est étroit et de couleur brune ; ses antennes sont en massue ovale et ses élytres profondément striés. Dans son état parfait, elle n'occasionne pas de grands dégâts dans nos greniers, pour lesquels sa larve est un véritable fléau. Elle ne s'y introduit qu'au temps de la ponte ; mais à peine devenue insecte parfait, et lorsque la température est au-dessus de 10 ou 11° centigrades, elle travaille à la propagation de son espèce.

[Le rapprochement des deux sexes n'aurait pas lieu s'il faisait plus froid, et au-dessous de 7°, la calandre, engourdie, paraît être comme dans un état de mort. Depuis le mois d'avril jusqu'à l'automne, la femelle s'enfonce dans les tas de frumentacées récoltées par l'agriculteur; elle fait à chaque grain un trou, dans lequel, mère prévoyante, elle dépose un œuf qu'elle bouche par dessus avec un enduit tenace, de la couleur même de la semence attaquée, de sorte que l'œil le plus exercé n'en saurait distinguer la trace. L'œuf, déposé dans le grain, ne tarde pas à éclore ; il en provient une petite larve blanche, allongée, molle, ayant le corps formé de neuf anneaux, avec une tête arrondie, de consistance cornée, munie de deux fortes mandibules, au moyen desquelles elle agrandit chaque jour sa demeure, en se nourrissant de la substance farineuse dont est composé son berceau. Parvenue au terme de son accroissement, elle se métamorphose en nymphe, sommeille dans cet état durant huit ou dix jours, et se transforme enfin en nouvelle calandre, capable de perpétuer sa race destructive, après avoir brisé l'enveloppe qui la tenait renfermée, comme le poulet brise la coque de l'œuf où s'organise sa petite et vivante machine. La durée des métamorphoses de la calandre est subordonnée au degré de la température atmosphérique, la chaleur l'accélérant, et le froid la retardant beaucoup; par terme moyen, à compter du dépôt de l'œuf jusqu'à l'émancipation de la calandre, on l'évalue de quarante à quarante-cinq jours. Selon le calcul de Dégéer, une seule mère peut, dans le cours d'une année, produire vingt-trois mille six cents individus : ce résultat est effrayant ; d'autres restreignent cette fécondité à six mille environ. Qu'une calandre produise vingt-trois mille six cents successeurs, ou seulement six mille, une telle propagation est encore prodigieuse, et rend raison des dégâts qu'éprouvent nos greniers et de l'importance qu'on a mise à découvrir les moyens les plus propres à y porter obstacle. On a proposé des fumigations, l'exposition subite à une chaleur excessive dans des étuves, le mélange, dans les tas de grains, de poudre de chaux; mais ces divers procédés, qui peuvent ne pas tuer à coup sûr l'ennemi qu'on veut atteindre, peuvent altérer les récoltes; il a fallu conséquemment y renoncer. Le procédé qui nous paraît le plus certain, sinon pour détruire, du moins pour diminuer considérablement le nombre des insectes destructeurs dans les grains, est de sacrifier un tas de céréales, d'orge, par exemple, au milieu du dépôt des frumentacées; on n'y touchera point durant une saison, tandis qu'avec des pelles on remuera souvent toutes vers la part qui leur aura été abandonnée. L'agronome aura soin, vers l'époque où l'on peut supposer que les larves auront été déposées en presque totalité dans le tas d'orge, d'échauder celui-ci avec de l'eau bouillante.

Bory de Saint-Vincent, de l'Académie des Sciences.]

Ce genre contient encore plusieurs autres espèces. Parmi ces dernières, la seule que l'on trouve en France est la *calandra abbreviata*, qu'on rencontre aussi en Barbarie et en Sibérie. C'est la plus grande espèce d'Europe : elle atteint quelquefois dix-huit millimètres de long, et peut être considérée comme le type du genre. Elle est ordinairement toute noire ; cependant elle offre une variété à élytres bruns. On pense que sa larve vit dans l'intérieur de certains roseaux.

CALANDRE, CALANDRAGE (*Technologie*). Le calandrage fait une partie essentielle de l'apprêt des étoffes. Cette opération a pour but de donner du lustre à l'étoffe, effet que l'on obtient en la comprimant entre des cylindres qu'on presse l'un contre l'autre par un moyen quelconque. Dans l'ancien mode de calandrage, on n'imprimait à ces cylindres qu'une rotation incomplète. Le poids qui pressait sur le cylindre supérieur consistait en une caisse en forme de parallélipipède rectangle. Cette caisse, placée sur le cylindre, était chargée de pierres ou de gueuses de fonte en quantité relative à la pression qu'on voulait obtenir. On imprimait à cette caisse un mouvement de va-et-vient au moyen duquel les cylindres roulaient. Cet appareil est aujourd'hui presque partout abandonné. Les Anglais, qui ont été bientôt imités, y ont substitué une combinaison de cylindres à rotation continue. Cette machine a été importée en France, où elle a été répandue dans la plupart des fabriques. Elle consiste en trois cylindres superposés l'un à l'autre comme ceux d'un laminoir. Ces cylindres, assez gros, ont au moins 0m,30 de diamètre. Celui du milieu est en métal, ordinairement en cuivre jaune ou laiton. Les deux autres peuvent être en bois, bien exactement tournés et très-lisses ; mais mieux encore en carton. Pour obtenir ces derniers, on coupe des disques ou rondelles de carton, qu'on humecte et qu'on enfile sur un axe ou verge métallique, portée sur un fort disque en métal. Quand le nombre nécessaire de disques de carton a été ainsi enfilé, on place dessus un autre disque de métal traversé au centre par la verge métallique, et, par quelque moyen qu'il est facile d'imaginer, on exerce une pression qui tend à rapprocher les deux plaques métalliques entre lesquelles est logé le carton humide. On continue à le presser ainsi pendant plusieurs jours consécutivement. Les rondelles de carton finissent par se souder. On obtient ainsi un cylindre très-solide, qu'il ne s'agit plus que de dégager de l'axe. On le porte sur le tour, qu'on enlève des copeaux semblables à ceux du bois. On tourne bien exactement ces cylindres, et ils sont dès lors en état d'être employés : ils jouissent d'une élasticité qui favorise singulièrement l'opération du calandrage. Le cylindre métallique placé entre ceux de carton ou de bois est creux; et comme le calandrage doit être fait à chaud, on fait passer dans l'intérieur de ce cylindre un courant de vapeur, ou bien on y introduit des barres de fer rougies ou des charbons allumés. L'étoffe, bien étendue entre le cylindre métallique et les cylindres de carton, et qu'un ouvrier maintient avec un grand soin dans cet état, passe sous un des cylindres, et revient au-dessus de l'autre. Par cette manœuvre, l'étoffe, enduite d'un apprêt appelé *parou* ou *parement*, et légèrement humectée, acquiert beaucoup de lustre; sa surface devient unie et presque polie, parce que le parement se dessèche à mesure que le laminage s'opère. Cette espèce de laminage applatit les fils du tissu; tous les vides qu'avait laissés le tissage se bouchent: l'étoffe paraît alors comme glacée.

Au moyen de quelques modifications, les Anglais sont parvenus à appliquer une machine analogue, qu'ils appellent *mangle*, au repassage et lustrage du linge et des hardes lessivées. Cette méthode de repassage est prompte, économique et conservatrice du linge.

C'est encore au moyen de la calandre qu'on opère le moirage et le gaufrage des étoffes. Dans ces derniers cas, comme pour la *mangle*, le cylindre métallique est gravé à sa surface.
PELOUZE père.

CALANUS, l'un de ces philosophes des bords du Gange que les Grecs appelaient *gymnosophistes*, avait pour véritable nom *Sphines*, si l'on en croit Plutarque. Alexandre ayant désiré s'attacher quelques gymnosophistes, Calanus, âgé de quatre-vingt-six ans, fut le seul qui consentit à le suivre, et il l'accompagna en Perse. Son langage était presque toujours métaphorique, souvent même il employait la pantomime, pour répondre aux questions qu'on lui adressait. Le changement de climat lui fit connaître pour la première fois, dans un âge si avancé, les maladies et les infirmités. Suivant la doctrine de la secte à laquelle il appartenait, il voulut prévenir sa dernière heure par une mort volontaire. Il pria le roi de Macédoine, qui était alors à Pasargade, de commander qu'on lui dressât un bûcher. Alexandre, ayant vainement cherché à le détourner de ce dessein, voulut au moins honorer le philosophe d'une pompe funèbre digne de la magnificence d'un grand monarque. Au milieu d'un entourage vraiment théâtral, Calanus prit congé des Macédoniens, en leur disant : « Après avoir vu Alexandre et perdu la santé, je n'ai plus rien qui me touche. Le feu va brûler les liens de ma captivité. Je vais remonter au ciel et revoir ma patrie. Vous devez en ce jour vous réjouir et faire bonne chère avec le roi. Je ne lui dis point adieu, parce que je le reverrai dans peu à Babylone. » Ces dernières paroles furent regardées comme une prédiction, parce qu'Alexandre mourut trois mois après. Ensuite, le philosophe distribua quelques présents à ses amis, monta sur le bûcher, se coucha et se couvrit le visage. Il mourut avec une admirable constance. Alexandre, ayant fait recueillir peu après les cendres de Calanus, donna un souper, et, afin d'honorer le gymnosophiste, proposa pour prix une couronne d'or à celui des convives qui boirait le plus de vin. Beaucoup succombèrent aux excès qu'ils commirent. Promachus remporta le prix, et mourut trois jours après. Il avait avalé quatre mesures de vin (dix-huit à vingt pintes).
AUG. SAVAGNER.

CALAO, genre d'oiseaux de l'ordre des passereaux. Ces oiseaux sont surtout remarquables par la grosseur et la forme de leur bec, dont l'intérieur est cellulaire. Ce bec énorme est surmonté quelquefois d'une proéminence en forme de casque, de corne ou de croissant, redressée ou arquée, qui l'égale lui-même en grosseur, et qui vient avec l'âge; car on ne l'a point observée chez de jeunes individus. La conformation de ce bec donne à la tête du calao la figure la plus étrange, et embarrasse beaucoup son allure; aussi, dit Bory de Saint-Vincent, quoiqu'il soit muni de fortes ailes et de pattes robustes, on le voit rarement errer à la surface de la terre ou fendre les plaines de l'air; il se tient habituellement perché sur les arbres morts ou dépouillés, d'où, pouvant au loin distinguer les objets qui tentent son appétit, il fond sur eux par le chemin le plus court.

Ces oiseaux, d'un naturel taciturne, vivent dans les forêts du sud de l'ancien continent et de la Nouvelle-Hollande. Véritables omnivores, ils se repaissent également de chair fraîche ou putréfiée; ils font la chasse aux rats et aux souris; aussi dans les Indes, où certaines espèces sont en grande vénération, les calaos sont-ils nourris dans les maisons, qu'ils purgent des petits rongeurs qui les infestent.

C'est dans le creux des arbres que les calaos construisent leur nid; ils s'y retirent chaque soir, lors même que le temps de l'incubation est passé. La ponte consiste en quatre ou cinq œufs, communément d'un blanc sale, que couvent alternativement le mâle et la femelle. Ils ont grand soin de leurs petits, qui ne les quittent qu'à un âge avancé.

Les calaos semblent représenter dans l'ancien monde les toucans, qui habitent exclusivement l'Amérique. Cependant ils en diffèrent par la conformation de la langue, qui chez les premiers, petite et placée au fond de la gorge, est longue, grêle et barbelée dans les derniers.

Le genre *calao* renferme un grand nombre d'espèces dont plusieurs portent le nom de *bec de corne*. Leur chair est généralement délicate; le *calao des Moluques* (*buceros hydrocorax*), qui vit principalement de noix muscades, a un fumet très-agréable.

CALAS. En 1761, la famille Calas, de Toulouse, se composait de *Jean* CALAS, de *Rose* CABIBEL, sa femme, de quatre fils et de deux filles. Calas, presque septuagénaire, commerçant intègre, excellent époux, père tendre, jouissait d'une haute estime, que les ennemis de sa religion ne pouvaient pas même lui refuser. *Marc-Antoine* CALAS, son fils aîné, âgé de vingt-huit ans, homme instruit, ami des arts et des lettres, sollicitait le titre d'avocat; mais le fanatisme du gouvernement interdisait le barreau aux réformés. Calas, sans abjurer sa croyance, fréquentait les églises, dans l'espoir de fléchir la rigueur des autorités. Ces démonstrations furent vaines, et ce jeune homme, d'un esprit ardent et fier, désespéré de voir avorter en lui des talents dont il a la conscience, exprime hautement son dégoût d'une vie dont il ne peut disposer à son gré; il s'indigne, et tombe dans une profonde mélancolie. Son frère, *Louis* CALAS, d'un esprit bas et faux, prévoyant dans sa religion un obstacle à sa fortune, se hâte de l'abjurer ; Marc-Antoine surprend ce secret, et lui adresse des reproches amers. Louis, craignant ou feignant de craindre la colère paternelle, s'enfuit. Les prêtres lui offrent un refuge; l'archevêque devient son protecteur. Bientôt ils osent demander au père outragé des secours pour le renégat; le vénérable Calas s'empresse de faire une pension au fugitif, en expédiant au prêtre qui le sollicitait : « Rien ne doit être plus libre que la conscience ; je laisse mon fils adopter le culte préféré par la sienne. » Le nouveau catholique, haïssant les parents qu'il avait trahis, ne cesse de les calomnier, et contribue à creuser l'abîme qui s'ouvrait devant eux.

Le 13 octobre 1761, le jeune Lavaysse, fils d'un avocat au parlement de Toulouse, à son retour de Bordeaux, où il apprenait le commerce, se rendait chez son père à Caraman. Il traversait rapidement Toulouse, lorsqu'il aperçoit dans le magasin de Calas des personnes de Caraman; il leur demande des nouvelles de sa famille, et convient de partir le lendemain avec elles. Les deux fils de Calas, témoins de cet entretien et liés d'amitié dès l'enfance avec Lavaysse, l'invitent à souper avec eux ; Calas joint ses instances à celles de ses enfants : Lavaysse accepte et va, accompagné du second fils de Calas, faire dans la ville quelques préparatifs pour le départ du lendemain. Ces jeunes gens rentrent à sept heures du soir; ils montent dans l'appartement où sont réunis M. et Mme Calas et leur fils aîné : les deux filles étaient à la campagne chez une amie de leur mère. Le souper fut court et frugal ; la conversation, insignifiante, roula sur les antiquités de l'hôtel de ville. Marc-Antoine, sombre et silencieux pendant le repas, sort au dessert, selon son usage. En traversant la cuisine, il trouve la vieille servante de son père, qui lui demande s'il n'a pas froid : « Je brûle, répondil » ; et il descend. La conversation continue entre les autres membres de la famille et leur hôte : il est près de dix heures : Lavaysse se retire ; le fils cadet le reconduit un flambeau à la main. Ils trouvent près de leur passage le corps de Marc-Antoine, suspendu à une corde attachée au-dessus de la porte du magasin. Les cris de douleur et d'effroi poussés par ces jeunes gens attirent M. et Mme Calas et la domestique. Le père, désespéré, se jette sur le corps de son fils, l'embrasse, le soulève vainement ; la mère ne peut croire son fils mort : elle lui prodigue ses soins, et confond ses cris avec les sanglots de son mari. Le jeune Lavaysse, sorti rapidement, revient avec un chirurgien ; mais le suicide était consommé. C'était alors une infamie que de disposer de sa vie. On traînait sur la claie le corps de l'infortuné qui avait abrégé le chemin de douleurs où le sort l'avait poussé. Ainsi, la famille Calas, entourée par la foule curieuse, que grossissait sans cesse le fatal événement, prit soin, au milieu de son désespoir, d'écarter tout soupçon de suicide. Les catholiques interprétèrent son silence ; ils accusèrent Calas d'avoir tué son fils, parce que ce fils devait, changer de religion comme l'avait fait son frère ; et sa famille et Lavaysse étaient ses complices.

Cette extravagante calomnie acquit de la force de son absurdité même. Calas était protestant : les protestants étaient nécessairement criminels et parricides aux yeux de leurs ennemis. Un misérable, nommé David Baudrigue, capitoul, c'est-à-dire échevin de la ville, que les Calas avaient euxmêmes appelé sur les lieux, fait transférer à l'hôtel de ville M. et Mme Calas, leur domestique et le jeune Lavaysse. On les interroge : la simplicité, la clarté de leurs réponses, auraient suffi pour attester leur innocence, quand elle n'aurait pas été prouvée par leur vie entière. L'intolérant capitoul s'obstine à trouver des coupables. Toute la ville est en émoi ; la populace répète, exagère les mensonges les plus absurdes. Une funeste circonstance exaspérait le boupir contre une famille protestante : les Toulousains avaient fondé une fête séculaire pour rendre grâce à Dieu du massacre de quatre mille huguenots. Ils préparaient cette fête impie, qui rallumait singulièrement la fureur de secte. Les prêtres rayonnaient de joie de pouvoir, au milieu de leur solennité, jeter à la populace une famille protestante broyée par le fer des bourreaux. Jusque là Calas, sa famille et le jeune Lavaysse avaient cru qu'il ne s'agissait pour eux que d'avoir tenté de dérober à la vindicte religieuse le corps du suicidé. Ils apprirent avec stupeur la gravité de l'accusation. Une action infâme vient ajouter à l'horreur du sanglant scandale : Louis Calas, le converti, comblé des bienfaits de son père, s'empresse d'aggraver les soupçons en feignant un désespoir qui lui arrache de prétendus secrets de famille et de secte. L'archevêque, protecteur de ce néophyte, lance des monitoires ; on désignait ainsi les appels faits par le chef des prêtres à tous les ardents catholiques, de déclarer à la justice ce qu'ils pouvaient avoir vu ou appris à la charge des prévenus. Les fanatiques, les esprits faibles ou exaltés, les ennemis des Calas ou les lâches payés par leurs ennemis encombrent le tribunal et grossissent l'amas d'absurdités qui pèsent sur cette famille. La populace, les moines, les prêtres, ont devancé l'arrêt sinistre : ils proclament Marc-Antoine Calas martyr de la foi. Son corps, destiné à la claie, est porté solennellement à la tête des processions de moines ; un squelette, représentant la victime, est placé sur l'autel et tient d'une main l'accusation de son père et de l'autre un glaive vengeur. On fait l'apothéose du martyr, on s'agenouille, on l'invoque, on lui demande des miracles, il en fait. Cependant le tribunal des capitouls, sur les conclusions du procureur du roi, nommé Dupuy, condamne Calas, sa femme et son fils à la question ordinaire et extraordinaire, et Lavaysse et la servante à être présents à cette double torture. Parmi les juges-bourreaux, l'assesseur Carbonnel fait une honorable exception : il déclare les prévenus non coupables. Ces infortunés interjettent appel, et, qui le croirait ? le procureur du roi en appelle de son côté à *minima*, et les fait jeter, chargés de fers, des prisons de l'hôtel de ville dans les cachots du parlement.

L'horrible procédure recommence ; on complique, on dénature tous les faits ; on charge les accusés avec un implacable acharnement. La noblesse du caractère de Calas, la vertueuse résignation de sa femme ne se démentent pas. La domestique, qui les sert depuis trente ans, donne elle-même un éclatant témoignage de son attachement à ses maîtres et à la vérité. Le jeune Lavaysse surtout console par son courage héroïque les amis de l'humanité, affligés de ne voir autour des victimes que des furieux altérés de sang. Pas une voix courageuse ne retentit pour éclairer le tribunal. Le juge Lasalle seul se déclare hautement contre l'invraisemblance de l'accusation ; mais, après des discussions amères, il se récuse, et, par une fausse délicatesse, rend son intégrité inutile. Le père de Lavaysse parvient à acheter la permission de descendre dans le cachot de son fils. Persuadé, comme les Toulousains, de la culpabilité des Calas, il supplie son fils de ne plus exposer sa vie pour servir une famille coupable ; il n'a qu'un mot à dire pour recouvrer la liberté ; il l'exhorte à faire des aveux. « Mon père, dit le jeune homme, vous voyez l'horreur de ces cachots : dussent-ils ne jamais s'ouvrir pour moi ; dussent tous les supplices inventés par la cruauté m'arracher lentement la vie, je ne trahirai pas la vérité. Je n'ai pas quitté un seul instant la famille Calas : elle est innocente ; sa vertu me devient plus chère par les persécutions qu'elle éprouve. Le hasard m'a enveloppé dans son infortune : je lui resterai fidèle. » Le père, convaincu de l'innocence des Calas, admire la vertu de son fils ; mais cet avocat célèbre, qui devait être inspiré par l'amour paternel et par la vérité dont il avait acquis la preuve, se courbe devant le fanatisme et reste muet d'effroi.

Le parlement, excité par le procureur du roi, hâte la procédure ; la ferveur catholique exaspère les juges et le public. Le parlement condamne plusieurs écrits faits pour la défense des protestants à être brûlés sur l'échafaud. Le jour même où Calas devait subir son dernier interrogatoire, on brûlait un écrit destiné à prouver que le protestantisme ne commandait point le parricide. Calas, chargé de fers, traversait la cour qui séparait son cachot du tribunal ; l'aspect des gardes, des bourreaux, des flammes, fait croire à l'infortuné qu'on attisait son propre bûcher : accablé de désespoir, il dédaigne de répondre autre chose, sinon qu'il est innocent, que tous les accusés sont innocents. Le procureur général conclut à ce que Calas et son fils soient livrés aux plus affreux supplices ; mais il ajourne l'arrêt des autres victimes. Il porte la fureur jusqu'à condamner à comparaître devant la cour l'assesseur Monyer, accusé de trop d'indulgence pour les interrogatoires et dans son rapport aux capitouls. Après quelques débats sur l'application des peines, le tribunal, composé de treize juges, ne compte que deux voix favorables aux victimes. L'horrible arrêt est prononcé ; les mêmes capitouls qui avaient rendu le premier jugement sont chargés de s'associer aux bourreaux pour diriger les tortures, préludes du dernier supplice. Les juges espéraient que l'excès de la douleur contraindrait un vieillard à faire sincèrement ou à simuler des aveux qui, justifiant l'arrêt, serviraient à condamner les autres victimes. Le calme de l'innocence n'abandonne pas un moment le vieillard, sublime d'infortune et de courage. De la torture de la question, il est traîné lentement aux affres de la mort ; contraint de tenir un flambeau de sa main déchirée par la torture, la tête et les pieds nus, dépouillé de ses vêtements, il doit faire *amende honorable* à la porte des églises. Le juste prend le ciel à témoin de son innocence, et demande le pardon de ses juges. Les tourments les plus atroces l'attendent sur l'échafaud : afin de lui arracher, au nom de la religion, de prétendus aveux qu'il avait refusés aux tourments, deux prêtres sont apostés par ses juges, intéressés à mettre leur conscience à l'abri du remords ou du reproche de l'avenir. Ces prêtres, d'un œil tranquille, épient les angoisses qui affaiblissent à la fois le corps et la pensée. L'un d'eux, connu de Calas, l'entoure de ses bras, et joint aux horreurs du supplice la fatigue de ses questions. Le martyr le regarde avec étonnement : « Et vous aussi, dit-il, vous croiriez qu'un père ait voulu tuer son fils? » Le prêtre cependant insiste; Calas, étendu sur la roue, où chaque coup du bourreau vient de lui rompre un membre, le corps presque entièrement broyé, se ranime : « Je meurs innocent, vous dis-je? Dieu punit soit moi, sur sa mère, sur son frère, la faute de mon malheureux fils. J'adore son châtiment. » Puis, adoucissant la voix : « Mais ce jeune étranger, cet intéressant Lavaysse, comment la Providence l'enveloppe-t-elle dans mon désastre? » Il dit : « le bourreau lui arrache le reste de sa vie; son corps est jeté dans un bûcher ardent, et le vent disperse sa cendre.

La férocité du peuple s'adoucit à la pitié se montre dans ses larmes; le calme héroïque du martyr proclame son innocence. On accuse les juges, et ces juges, épouvantés, veulent sans délai relâcher tous les accusés; on leur fait observer qu'absoudre ainsi, c'est se condamner soi-même; mais quand on a été injuste et cruel, on devient bientôt inconséquent et faible. Sans prononcer de jugement, le tribunal renvoie le jeune Lavaysse, M⁰⁰ Calas et sa fidèle domestique; mais on prive cette mère infortunée de ses deux filles, qu'on enferme dans un couvent; et pour donner une apparence de culpabilité au fils dont on vient de massacrer le père, le jeune Calas est condamné au bannissement. Arrêté presque aux portes de la ville par un moine envoyé sur ses pas, on l'entraîne dans un monastère, où il reste enfermé quatre ans; il s'évade enfin pour traîner ses malheurs dans des pays étrangers. Cette famille resta plongée dans la plus affreuse détresse jusqu'à l'instant où le plus jeune des fils de Calas, qui à l'époque du procès s'était réfugié en Suisse, fut enfin présenté à Voltaire. Apôtre de la vérité, le philosophe la rechercha dans cette horrible procédure, la découvrit, et la fit éclater à tous les yeux. Voltaire commandait au siècle, déjà personnifié en lui; il élevait le sceptre du génie au-dessus de tous les trônes : sa voix puissante contraignit les dévots au silence, rappela les tribunaux à la justice, et le conseil royal cassa l'arrêt meurtrier des Toulousains. Louis XV lui-même adouci par des bienfaits l'irréparable infortune des Calas. L'intolérance reçut un coup mortel; la raison obtint un triomphe, et Voltaire rehaussa sa gloire par une action plus belle que ses plus admirables chefs-d'œuvre. Les juges toulousains cependant moururent dans leur lit; mais leurs tourments surpassèrent les angoisses des victimes, car elles trouvèrent un refuge dans leur conscience. La plus cruelle infortune peut goûter des instants de calme, le remords n'accorde aucun repos.

De Pongerville, de l'Académie Française.

CALATAYUD, place forte d'Espagne, dans la province de Saragosse, à 60 kilomètres de cette ville, au confluent du Xalon et du Xiloca, avec une population de 9,500 âmes, des tanneries et des fabriques de draps, lainages et savons. Elle est située tout près de l'emplacement de l'ancienne *Bilbilis* des Celtibériens, dans l'Espagne Tarragonaise, sur le fleuve Xalon, célèbre par la trempe qu'on savait y donner au fer et par la naissance du poète latin *Martial*, qui l'a plusieurs fois célébrée dans ses épigrammes. La ville actuelle a été fondée au huitième siècle, par un des premiers chefs de la conquête musulmane, Ayoub, d'où lui vient son nom de *Cala't Ayoub* (château d'Ayoub). Alphonse d'Aragon la prit aux Maures en 1118. Enfin, le roi de Castille Alphonse XI l'enleva en 1362 aux descendants de l'Aragonais.

CALATHIDE (de κάλαθος, corbeille), mot employé par Cassini comme synonyme de *capitule*.

CALATHUS. C'était un vase en terre que les Grecs appelaient de ce nom et les Latins de celui de *quasillum* ou *quasillus*, suivant Festus, mot que nous traduisons cependant par *corbeille* ou *panier*. Le *calathus* avait servi d'abord à recevoir le lait que les bergers tiraient de leurs chèvres, de leurs brebis ou de leurs vaches; on l'emplissait aussi de vin. Celui qu'on portait dans les processions d'Iacchus, avait une large ouverture : Pline le compare à la fleur du lis, qui va toujours en s'élargissant. On mettait dans ce vase des jets de plantes, des pavots blancs, du froment, de l'orge, des pois, de la vesce, des cicerolles, des lentilles, des fèves, de l'épautre, de l'avoine, des figues sèches, du miel, de l'huile, du vin, du lait, de la laine de brebis non lavée et le couteau des sacrificateurs. Il était en usage dans les fêtes d'Iacchus et de Cérès, dans les *Dionysiaques*, dans les *Thesmophories*, dans les solennités de Diane et de Minerve; il était un des attributs d'Osiris et de Sérapis : ce dernier le portait sur la tête. L'*accipiter*, emblème de la Divinité, source de toute production, portait le calathus. Apollon est souvent représenté avec ce vase sur la tête. C'était l'attribut de Priape, de Sylvain et de toutes les divinités champêtres. Sur plusieurs monuments anciens, Cybèle et Rhéa le tiennent en main; sur d'autres, Isis et Cérès le portent sur la tête. On le trouve aussi sur d'anciens monuments avec Junon Samienne, avec Diane *Polymommos*, avec Minerve, avec toutes les déesses que les anciens regardaient comme symboles de la nature et de la génération. Enfin le calathus était un des attributs des trois Parques.

Le *calathus* avait aussi sa partie historique : suivant le même Callimaque, Hespérus, qui annonce son retour, fut le seul qui sut persuader à Cérès d'étancher sa soif, lorsqu'elle cherchait les traces de Proserpine. Le *calathus* était encore la représentation du vase où Proserpine avait déposé les fleurs qu'elle avait cueillies lorsqu'elle fut enlevée par Pluton, comme le témoignent Claudien, Ovide, Columelle, l'*Anthologie Latine*, Properce et Virgile. Th. Delbare.

CALATRAVA (Ordre militaire de). La ville de Calatrava, qui de 1032 à 1145 obéit aux rois maures de Séville, puis passa sous l'autorité de ceux de Cordoue, fut reconquise dans le mois de janvier 1146 par le roi de Castille Alphonse VIII, qui en 1149 chargea les Templiers de la défendre. Mais ceux-ci ne purent s'y maintenir que jusqu'en 1157, époque où ils la rendirent à Sanche III, fils et successeur d'Alphonse. En raison de l'importance de ce poste pour la Manche, le roi offrit la ville en toute propriété à celui qui serait déterminé à s'y défendre jusqu'à la mort. Un religieux de l'ordre de Cîteaux, Diego Velasquez, du couvent de Vitero, secondé par son abbé, Raymond, se chargea de la place à ces conditions. Celui-ci reçut donc Calatrava en fief, en 1158, et pour la défendre il créa un ordre de chevalerie, placé sous la règle de Cîteaux. A la mort du fondateur de l'ordre (1163), les chevaliers se séparèrent des religieux de Cîteaux; puis ils élurent don Garcias de Redon pour leur premier grand maître, et en 1164 ils obtinrent du pape Alexandre une bulle de confirmation. Lorsque en 1197 les Maures se furent rendus maîtres de Calatrava, les chevaliers se retirèrent à Salvatierra, ville dont le nom passa à leur ordre, qui le conserva jusqu'à ce qu'il réussît enfin à se remettre en possession de Calatrava. L'ordre d'Avis en Portugal et celui d'Alcantara en Espagne s'empressèrent de se soumettre à sa règle et à ses statuts, le premier en 1213, le second en 1217, et l'on vit s'élever en 1219 une communauté de religieuses du même ordre.

Après la mort du vingt-neuvième grand maître, Garcias

Lopez de Padilla (1486), le choix du chapitre se porta successivement sur les rois Ferdinand et Charles d'Espagne; et en 1523 la grande maîtrise de l'ordre fut définitivement réunie à la couronne d'Espagne par le pape Adrien VI. En revanche, les chevaliers obtinrent en 1540 du saint-siége l'autorisation de se marier une fois, à la charge par eux de se vouer à la défense de la *Conception immaculée de la Vierge Marie*. L'ordre, dont les biens-fonds et les richesses immenses avaient déjà considérablement diminué depuis 1808, n'est plus considéré aujourd'hui que comme un ordre de mérite. Le costume des chevaliers, dans les jours de cérémonie, consiste en un grand manteau blanc, avec une croix rouge fleurdelisée, cousue au côté gauche. Les armoiries de l'ordre sont *d'or, à la croix de gueules, fleurdelisées de sinople, accompagnées, dans les deux premiers cantons, de deux menottes d'azur*, rappelant qu'il fut institué pour délivrer les chrétiens du joug des infidèles.

CALATRAVA (Don José-Maria), homme qui a exercé une influence considérable sur les destinées récentes de l'Espagne, sa patrie, naquit le 26 février 1781 à Mérida, en Estramadure. Après avoir fait ses études à Badajoz et à Séville, il s'établit comme avocat, en 1805, à Badajoz, où il ne tarda pas à se faire une grande réputation de savoir et d'habileté. En 1808 il fut élu membre de la junte populaire d'Estramadure, et deux ans après député aux cortès générales, qui se réunissaient dans l'île de Léon. Une certaine timidité, qu'il ne sut pas surmonter, l'empêcha de se mettre en évidence dans cette assemblée; mais un peu plus tard, dans les cortès de Cadix, il se fit une réputation méritée comme orateur, comme jurisconsulte et comme énergique défenseur des libertés de son pays. En 1814, lors du retour de Ferdinand VII en Espagne, il fut arrêté et déporté à Melilla, sur la côte d'Afrique, où il demeura jusqu'à ce que le rétablissement de la constitution, en 1820, le rendît à sa patrie. Élu immédiatement député d'Estramadure aux cortès, il y brilla dans la discussion de toutes les questions importantes, particulièrement de celles qui se rapportaient à quelque point de législation. L'exagération de ses opinions, résultat des souffrances et des misères de l'exil, fit dès lors de lui le constant adversaire de Martinez de la Rosa; et le projet du code criminel, dont on lui confia la rédaction, ne porte que de trop nombreuses traces de cette préoccupation de son esprit. Après la dissolution des premières cortès, il se retira dans sa province, où il resta jusqu'en 1822, époque à laquelle il fut appelé à Séville pour y prendre le portefeuille de la justice. Il remplit les mêmes fonctions à Cadix jusqu'à ce que cette ville se rendît aux Français, et il s'embarqua alors pour l'Angleterre, après s'être laissé tromper jusqu'au bout, de la manière la plus indigne, par les protestations et les promesses du roi en faveur du parti constitutionnel. Les loisirs que lui fit ce nouvel exil, il les employa à étudier la législation et l'organisation judiciaire de la Grande-Bretagne; mais il se vit en butte aux attaques de l'émigration espagnole, qui l'accusait d'avoir été la cause principale de la ruine de la constitution.

Aussitôt après la révolution de Juillet, Calatrava accourut sur les frontières d'Espagne, et devint membre de la junte directrice de Bayonne. L'entreprise de Mina ayant échoué, il vint s'établir à Bordeaux, et y resta jusqu'en 1834, époque où il obtint la permission de rentrer en Espagne. Il ne lui eut pas plus tôt été donné de fouler de nouveau le sol de la patrie, que sa vieille haine pour Martinez de la Rosa et les partisans d'un gouvernement modéré se réveilla avec plus d'énergie que jamais. C'est ainsi qu'en août 1835 on le vit prendre une part active à l'insurrection de la garde nationale de Madrid contre le ministère Toreno.

Lorsqu'en août 1836 la reine eut accepté et juré à la Granja la constitution de 1812, Calatrava fut choisi comme l'homme dont la sagesse et l'habileté pouvaient seules maintenir désormais l'ordre et conjurer de nouveaux orages. Cependant son administration ne fut qu'une suite non interrompue d'erreurs, de fautes et d'humiliations, à tel point que ses amis eux-mêmes n'hésitèrent pas à se ranger alors parmi ses adversaires. Avec moins de vanité, il eût pu comprendre quand le moment de donner sa démission était venu, tandis qu'il ne s'y décida que sous l'influence de la terreur que lui causa une démonstration assez inoffensive de quelques jeunes officiers. Lors de la convocation des nouvelles cortès, il fut désigné simultanément par plusieurs provinces pour les fonctions de sénateur, et confirmé en cette qualité par la reine pour la province d'Albalcête. Mais son influence sur les affaires publiques était désormais irréparablement perdue. Il est mort le 24 janvier 1846.

CALAVRYTA, ville de Grèce, dans la Morée, chef-lieu du diocèse de Hyllénie, à 27 kilomètres sud-est de Patras, au bas des montagnes sur le flanc desquelles s'élève le célèbre monastère de Méga-Spiléon. Au moment du partage de la Morée entre les seigneurs français, en 1206, Calavryta fut donnée comme haute baronnie à Raoul de Tournay. La famille des Tournay posséda cette haute baronnie pendant tout le treizième et une partie du quatorzième siècle. La forteresse qu'ils construisirent est placée presque à deux kilomètres de Calavryta, au sommet d'une montagne rocheuse, et près d'un petit mamelon sur lequel était bâti un fortin, dont les ruines portent encore le nom de Tremoula, de son possesseur le Français La Trémouille, baron de Chalandritza. Les ruines du château fort des Tournay sont considérables : le mur d'enceinte se tient debout presque en entier, et deux des tours carrées subsistent encore. Le souvenir de l'occupation franque vit dans les traditions locales, et les bergers vous montrent avec assurance la pierre sur laquelle fut précipitée ou se précipita du haut de sa forteresse la belle dame de cette seigneurie, la Basilipoula, au moment où son château tomba entre les mains des Turcs. A peu de distance de Calavryta, au nord, est situé le monastère de Méga-Spiléon, et à peu de distance au midi, celui de Hagia-Laura, où l'archevêque Germanos convoqua les hétairistes et leva le drapeau de l'insurrection. Hagia-Laura a été réduit en cendres par les Turcs, ainsi que la ville de Calavryta. Mais depuis la paix elle s'est promptement relevée de ses ruines.

Buchon.

CALCAIRE, pierre à chaux, composée de chaux et d'acide carbonique. C'est de toutes les substances minérales la plus commune sur la terre. Les calcaires, déposés sous l'influence de circonstances très-diverses, mêlés en toute proportion d'autres matières, surtout à l'argile, offrent de grandes différences de dureté, de forme, de couleur et de densité, et c'est un des beaux résultats de la science humaine que d'avoir assimilé avec certitude des sables gris, complètement désagrégés, à des cristaux d'une transparence et d'une limpidité parfaite; des masses blanches, grenues, semblables à du sucre, à des stalactites informes et jaunâtres. Quelle que soit l'allure sous laquelle se présente un calcaire, on peut toujours éclaircir promptement les doutes nés de l'incertitude des caractères physiques en laissant tomber à sa surface quelques gouttes d'un acide fort, d'acide nitrique, par exemple : l'acide carbonique, chassé par un acide plus puissant, s'échappe en frémissant, et ce phénomène caractéristique est connu dans la science sous le nom d'*effervescence*. Pour le géologue qui cherche, dans l'étude détaillée et le classement des couches nombreuses étagées sur la petite partie du rayon terrestre accessible à nos regards, les éléments de l'histoire antédiluvienne du globe, les calcaires sont un vaste champ d'investigations. Nous devons nous borner ici à quelques définitions, et à l'examen rapide des théories qui ont essayé de remonter à l'origine des calcaires.

On nomme *calcaire marin* une roche calcaire déposée au fond d'une mer; ce que l'on reconnaît à la présence des débris fossiles d'animaux marins contenus dans la pierre. Le *calcaire d'eau douce* ou *lacustre* est un sédiment formé dans des lacs d'eau douce ou par des sources minérales. Toutes les couches calcaires ne contenant pas de fossiles, on a appelé *calcaire coquillier* celles qui en renferment. Le *calcaire spathique* est la matière calcaire à l'état cristallin. Lorsqu'elle se trouve en masses lamelleuses, on dit qu'elle est *lamellaire*; en cristaux grenus, *saccharoïde*. A cette variété se rapportent les *m a r b r e s*, qui ne sont, comme chacun sait, autre chose que des calcaires susceptibles par leur texture, à la fois compacte et cristalline, de recevoir un beau poli, et par leurs couleurs variées d'offrir un aspect agréable.

Le *calcaire compacte* a une pâte fine, serrée, unie. Ces calcaires sont souvent impurs, et d'après la nature du mélange on les dit *siliceux, magnésiens, argileux*, etc. C'est un mélange d'argile et de calcaire qui constitue la *m a r n e*. C'est aussi la présence d'une petite quantité d'argile qui, en donnant à des calcaires compactes la propriété de s'imbiber d'eau jusqu'à un certain point, produit le *calcaire lithographique*. Une variété de calcaire compacte qui n'offre sur un fond de couleur claire des veinules de couleur foncée disposées de manière à représenter grossièrement les ruines d'une ville reçoit le nom de *calcaire ruiniforme* (*voyez* DENDRITES). La c r a i e est un calcaire compacte par excellence.

Le *calcaire oolitique*, autrefois *pierre d'œuf*, est ainsi nommé parce qu'il est composé de grains dont la grosseur varie depuis celle d'un pois jusqu'à celle d'un grain de millet. Enfin le *calcaire brèche* est composé de fragments inégaux et anguleux de calcaire, ordinairement de couleurs diverses, réunis par un ciment calcaire (*voyez* BRÈCHES).

Les arts emploient les calcaires à de nombreux et divers usages. Au moyen de la chaleur, le calcaire est changé en c h a u x vive, et, selon sa nature, fournit des chaux maigres ou grasses. En y mélangeant une certaine quantité d'argile, on obtient des chaux hydrauliques. Auprès des villes, les couches calcaires sont débitées en moellons ou taillées en pierres d'appareil. Les marbres fournissent au luxe des nations de magnifiques vêtements pour leurs édifices, au luxe des particuliers des meubles élégants. La lithographie transmet ses compositions au papier par l'intermédiaire d'un calcaire; les arts du dessin l'emploient encore sous forme de craie à tracer des traits grossiers. Les arts d'ornement utilisent sous le nom d'*a l b â t r e oriental* certains calcaires à bandes parallèles et ondoyantes, de couleurs variées, susceptibles d'un beau poli. Enfin, l'importance du calcaire est grande en agriculture, soit comme assiette du sol, soit comme a m e n d e m e n t. Seul, le calcaire forme un sol peu favorable au développement de la végétation: compacte, il repousse les racines; poreux, il se laisse trop facilement traverser par l'eau. Cette dernière propriété peut devenir très-utile dans les climats pluvieux ; car on peut se débarrasser rapidement des eaux excédantes au moyen de puisards foncés dans les calcaires. Dans les mines et carrières, on met également à profit cette propriété pour évacuer les eaux qui gêneraient les travaux. Pour améliorer un sol calcaire, il faut se rendre compte des causes de son infertilité : s'il est trop compact, on peut l'ameublir par un mélange de sable; s'il est trop perméable, on peut le lier par un mélange d'argile. C'est à tort assurément qu'en France on laisse incultes de vastes étendues de terres calcaires. Certaines parties de la Champagne, longtemps regardées comme impropres à la végétation, se sont couvertes depuis quelques années de forêts de pins, grâce à des essais intelligents. Bien d'autres terres de mauvais renom seraient rendues à une production utile, si l'agriculture s'aidait plus souvent des sciences. Dans les contrées sablonneuses ou argileuses, le calcaire est une amendement précieux, et chacun sait quels bons effets peut produire parfois le *marnage* des terres.

C'est un des problèmes les plus difficiles que la géologie puisse se proposer que d'expliquer d'une manière satisfaisante la formation des calcaires. Lorsqu'on eut observé que certaines couches de la terre renfermaient de nombreuses dépouilles d'êtres organisés, et que des polypiers formaient encore de nos jours des îles entières dans l'océan Pacifique, on se hâta de généraliser ces faits, et l'on en conclut que tous les calcaires ont été formés par les sécrétions et l'entassement des mollusques. Cette opinion ne soutient pas un examen approfondi. Et d'abord, s'il est vrai qu'on trouve des coquilles fossiles dans toutes les parties du globe, il faut remarquer aussi que ce phénomène n'a que bien peu d'étendue par rapport à l'immense développement de la matière calcaire. Dans les hautes montagnes, où l'on peut étudier les dépôts de sédiment sur une grande épaisseur, on voit des formations calcaires de plus de 1,000 mètres sans aucune trace de fossiles ; d'autres en contiennent quelques-uns largement disséminés, puis on en rencontre çà et là quelques amas. Quant aux polypiers, des recherches récentes ont constaté qu'ils ne pouvaient vivre à de grandes profondeurs sous la surface des mers, et qu'ils prennent pour base de leurs singulières habitations des rochers couverts de cinq à six brasses d'eau; ils ne peuvent donc former des couches d'une grande épaisseur. D'ailleurs, il est une considération physiologique qui détruit complétement l'hypothèse de la formation des calcaires par les êtres organisés : c'est qu'un être organisé, végétal ou animal, ne peut croître qu'aux dépens de la matière préexistante, qu'il s'assimile suivant les nécessités de son organisation. Pour que les polypiers puissent sécréter de la matière calcaire, il faut qu'ils l'empruntent à l'eau dans laquelle ils vivent. Cette matière existait donc avant que des animaux sécréteurs aient fait partie de la création.

D'autres naturalistes, frappés de voir un grand nombre de sources et quelques lacs déposer du calcaire, ont cru trouver dans ce phénomène, conçu sur une plus grande échelle, l'origine de toutes les matières calcaires. Mais c'est encore un fait très-restreint généralisé outre mesure. Comment peut-on comparer quelques i n c r u s t a t i o n s abandonnées par les eaux d'une fontaine, quelques stalactites descendant des voûtes d'une grotte, et même un mince sédiment formé dans un petit lac, aux vastes et puissants dépôts qui composent une grande partie de l'écorce terrestre ? Comment expliquer le mélange intime et si fréquent du calcaire avec l'argile, le quartz et d'autres substances insolubles dans l'eau, et même dans une eau acide ? Où trouver dans les dépôts actuels quelque analogue avec ces montagnes entières à texture saccharoïde qui fournissent aux arts des marbres statuaires ?

Ces autres opinions sur l'origine des calcaires, soutenues par les géologues qui veulent à toute force rapporter à l'influence des *causes actuelles* les phénomènes auxquels notre planète doit sa composition et son relief, sont repoussées par tous ceux qui ont compris l'esprit et la portée de la géologie moderne. Si aucune théorie nouvelle n'a encore remplacé ces théories discréditées, ce n'est pas que l'imagination manque aux géologues pour en créer; mais l'expérience des méthodes scientifiques a démontré qu'il était plus philosophique de laisser la solution de certaines questions à l'avenir progressif de la science que de chercher à le résoudre avec des éléments incomplets.   A. DES GENEVEZ.

CALCANÉUM (de *calcare*, fouler aux pieds, marcher dessus), os court faisant partie du t a r s e; il s'articule à la partie antérieure avec l'astragale et le cuboïde; en arrière, il forme la saillie du talon et derrière, par sa face postérieure, à ce fort tendon que l'on sent en arrière et au bas de la jambe, et que l'on connaît sous le nom de *tendon d'Achille*. Chez l'homme, chez quelques singes à station verticale, et chez les autres mammifères plantigrades à station horizontale, le calcanéum est le plus volumineux des os du pied, celui qui forme le talon et sur lequel porte principalement tout le poids du corps dans la station et dans la progression. Il n'en est pas de même dans tous les animaux vertébrés pourvus d'un tarse. Le calcanéum est en effet modifié dans sa forme, dans sa texture et ses dimensions pour concourir aux divers genres de locomotion sur le sol, sur les arbres, dans l'air et dans l'eau.

Dans les mammifères, que nous venons de signaler, le calcanéum offre encore en dedans et en bas une sorte de voûte sous laquelle passent les vaisseaux, les nerfs et les tendons qui viennent de la jambe. Ces parties sont ainsi à l'abri de la pression produite par le poids du corps, et on y remarque de plus en avant et en haut des facettes, pour s'unir à deux autres os du tarse ou coude-pied, à l'aide de membranes synoviales et de ligaments très-forts. Dans les chauves-souris ordinaires, le calcanéum est considérablement allongé et caché dans l'épaisseur des membranes de l'aile situées entre le membre de derrière et la queue. Cet os a la forme d'un stylet très-grêle et fait l'office d'un arc-boutant qui tend la membrane pendant le vol. Dans le paresseux à trois doigts, le calcanéum et les autres os du tarse sont disposés de manière à ne pouvoir exécuter que des mouvements latéraux d'abduction et d'adduction, ce qui permet à l'animal de grimper très-facilement, tandis qu'il ne peut marcher que très-péniblement. Nous devons nous borner à indiquer ces deux singulières modifications du calcanéum chez les mammifères. Cet os manque chez les oiseaux, qui n'ont point de tarse, et à plus forte raison chez les poissons, qui n'ont ni cuisse, ni jambe, ni tarse; mais il existe chez les reptiles, dans lesquels il est plus ou moins développé et s'articule avec le péroné. C'est dans les crocodiles que son volume absolu et proportionnel est le plus grand, tandis que dans les tortues il est rudimentaire.

Dans l'étude comparative des os du tarse et du carpe, on constate que le caractères seul correspond aux deux os du poignet qu'on appelle *pyramidal* et *pisiforme*. C'est la partie du calcanéum qui forme le talon qui correspond à l'os pisiforme; son autre portion est considérée comme l'analogue de l'os pyramidal. Ces déterminations ont été introduites dans la science depuis que l'illustre Vicq-d'Azyr a recherché les analogies des parties du corps humain et des animaux entre elles. L. LAURENT.

CALCAR (JEAN-STÉPHEN DE), peintre remarquable, né en 1499, à Calcar, dans le pays de Clèves. On manque de renseignements sur les premières années de sa vie et sur la manière dont se forma et se développa son talent. Sa ville natale s'enorgueillissait d'une excellente école de peinture formée sous l'influence de la vieille école flamande; toutefois, la direction particulière de talent de Jean de Calcar est essentiellement italienne. C'est en effet en Italie, à Venise, qu'il se forma sous le Titien. Plus tard il alla à Naples, où il mourut, en 1546.

On regarde Jean de Calcar comme l'un des plus habiles et des plus heureux imitateurs du Titien, et les meilleurs connaisseurs sont quelquefois embarrassés pour distinguer les ouvrages de l'un et de l'autre. Ses toiles les plus célèbres sont une *Mater dolorosa*, qui faisait naguère partie de la collection Boisserée, ainsi qu'une *Adoration des Bergers*, qui appartenu jadis à Rubens. Ce grand maître avait l'habitude de l'emporter partout avec lui dans ses voyages, et, après avoir passé par diverses mains, il a fini par entrer dans la galerie impériale de Vienne. Les dessins anatomiques, gravés sur bois, que Jean de Calcar composa pour les *Institutiones Anatomicæ* de Vésale sont de véritables chefs-d'œuvre. C'est d'ailleurs par erreur qu'on lui attribue les portraits qui se trouvent dans la *Biographie des Peintres* par Vasari.

CALCÉDOINE (*Minéralogie*), sorte d'agate formée de 99 parties de silice et 1 d'eau. Elle se présente ordinairement en masses mamelonnées et en gouttes. Ce qui distingue essentiellement la calcédoine des autres quartz, c'est son aspect laiteux, qu'il soit ou non mêlé de jaune, de bleuâtre ou de vert. La transparence nébuleuse de cette pierre et le beau poli qu'elle est susceptible de recevoir l'ont de tout temps fait rechercher des graveurs. Ils emploient surtout la calcédoine blanchâtre sous le nom de *cornaline blanche*. Les amateurs de curiosités minéralogiques recherchent la variété *anhydre* du Vicentin, parce que ses coques blanches et transparentes renferment une goutte d'eau plus ou moins mobile, que le polissage extérieur permet d'apercevoir. A. DES GENEVEZ.

CALCÉDOINE (*Géographie*). Voyez CHALCÉDOINE.

CALCÉOLAIRE. Les calcéolaires doivent leur nom à la lèvre inférieure de leur corolle, qui ressemble à un petit soulier (*calceolus*). Ce genre remarquable de la famille des scrophularinées renferme une soixantaine d'espèces indigènes du Chili et du Pérou, dont proviennent un grand nombre de variétés hybrides que cherchent à multiplier sans cesse les horticulteurs stimulés par la vogue soutenue de ces plantes d'ornement. Les variétés obtenues par la culture, bien supérieures au type primitif par la grandeur du limbe et la richesse de ses couleurs, offrent toutes les nuances du jaune, du blanc et du pourpre, avec de larges macules ou une multitude de petits points d'une autre couleur, dont l'effet est infiniment gracieux.

On sème les calcéolaires en automne ou au printemps, en terre de bruyère. Ces plantes redoutent surtout la sécheresse et le grand soleil, et demandent une température douce et humide. On les tient l'hiver en serre tempérée, en modérant les arrosements.

CALCÉOLE, genre de mollusques dont l'animal est inconnu et qu'on a formé pour des coquilles fossiles des environs de Juliers. Les calcéoles sont, d'après M. Deshayes, des coquilles curieuses, voisines des cranies et non des rudistes, ainsi que l'avaient cru Lamarck et Desmoulins. Voici les caractères que leur assigne M. Rang : coquille épaisse, équilatérale, très-inéquivalve, triangulaire, adhérente par la face postérieure de la valve inférieure; celle-ci très-grande, pyramidale, plate en arrière, convexe en avant, à ouverture un peu oblique, demi-circulaire, le bord antérieur étant arrondi et le postérieur droit, celui-ci muni d'une dent au milieu pour former la charnière; valve supérieure operculiforme, aplatie, présentant à son bord postérieur deux petites dents à côté d'une fossette. On n'en connaît que deux espèces, la *calcéole sandaline* et la *calcéole hétéroclyte*.
L. LAURENT.

CALCÉPONGES. On désigne sous ce nom des éponges qui offrent dans l'intérieur de leur substance charnue des aciculus ou spiculus calcaires.

CALCHAS, fils de Thestor et le principal devin de l'armée grecque au siège de Troie. C'est par erreur qu'on donne souvent à Calchas le titre de grand prêtre, il n'était que devin. Il avait reçu d'Apollon la science du présent, du passé et de l'avenir. A cette époque les Grecs n'avaient pas de temples; ils sacrifiaient eux-mêmes, soit en public, soit dans leurs demeures particulières, et les devins étaient l'âme des conseils, chargés de prédire l'avenir, mais ne présidaient pas aux sacrifices. Un augure était alors un personnage d'une haute importance pour toutes les expéditions. Hérodote raconte que les Lacédémoniens engagèrent le devin Tisamène à prendre le commandement, conjointement avec leurs rois, dans la guerre qu'ils eurent à soutenir contre les Héraclides. Il ne faut donc pas s'étonner qu'avant de s'embarquer pour Troie, Agamemnon ait pris la peine d'aller en personne à Mégare, afin d'engager Calchas à venir au siége de la grande cité asiatique. Un devin était une colonne de feu qui guidait les peuples ou les armées dans leurs migrations. Homère dit positivement que Calchas conduisit à Ilion la flotte des Grecs. C'est ce devin qui avant le départ des vaisseaux avait prédit dans l'*Aulide* que Troie ne serait prise que par le dixième année du siége. C'est lui qui déclara au roi Agamemnon qu'on n'obtiendrait des vents favorables que par le sacrifice de sa fille Iphigénie, circonstance qui prouve la barbarie des mœurs de cette époque; et pourtant cette barbarie primitivo laissa des traces durables dans des siècles plus éclairés de la Grèce, puisque l'an 480 les Athéniens crurent devoir encore offrir un sacrifice humain pour se rendre les dieux favorables à la bataille de Salamine.

Lorsque l'armée des Grecs, sur les rivages troyens, est ravagée par une peste de neuf jours, les chefs s'assemblent, et pour sortir de cette crise on a recours encore à un devin. Calchas se lève, et déclare, après s'être assuré de la protection d'Achille contre Agamemnon, que la main d'Apollon cessera de s'appesantir sur eux quand on aura rendu la captive Chryséis à Chrysès, son père, grand prêtre d'Apollon, dans un temple peu distant, sur la côte de la Troade. C'est Calchas, enfin, qui annonce que Troie ne pourra être prise si l'on ne décide Achille à reprendre les armes en faveur des Grecs. Ainsi, dans toutes les circonstances capitales, Calchas joue un rôle important et influe sur les destinées de l'armée des Grecs. Calchas se donna la mort, après une dispute avec Mopsus, devin et prêtre d'Apollon, à Colophon, dans l'Asie Mineure. Vaincu dans son art, dit Strabon, par Mopsus, qui lui avait proposé une énigme au-dessus de sa pénétration, Calchas ne put survivre à cette humiliation.

François GAIL.

CALCINATION (de *calx*, chaux). On entend proprement par ce mot l'action de transformer le carbonnate calcaire en chaux vive, à l'aide d'une forte chaleur, qui dégage l'acide carbonique du carbonate; mais on l'étend aussi, en général, à toute opération qui consiste à traiter par le feu une substance quelconque jusqu'à ce qu'elle ait perdu les matières décomposables ou volatiles qu'elle contient. Les vases qui servent à cette opération ne doivent pas être attaquables par le corps que l'on veut calciner; ordinairement on y emploie des creusets de platine.

Les anciens chimistes, qui croyaient que les métaux, chauffés au contact de l'air, perdaient du phlogistique et redevenaient à l'état de chaux, donnaient également à cette opération le nom de *calcination*; mais il est reconnu aujourd'hui que c'est une simple oxydation.

CALCINATO (Bataille de). Après l'éclatant triomphe du duc de Vendôme, à Cassano, sur le prince Eugène, le général français n'eut pas plus tôt planté ses drapeaux sur les remparts de Socino et de Montmellian que, cédant à l'usage alors établi et à son penchant pour le plaisir, il avait quitté son camp pour venir passer son quartier d'hiver à la cour. C'était au milieu des distractions du monde que Vendôme arrêtait les desseins les plus hardis. Le 19 avril 1706 il parait inopinément au milieu de son armée. Pour donner à l'ennemi toute sécurité sur le mouvement qu'il prépare, il feint de changer seulement quelques dispositions qui avaient été faites dans ses quartiers pendant son absence. Le comte de Reventlau, retranché avec 15,000 Autrichiens à Calcinato, sur la Chiesa, se vit tout à coup attaqué à la baïonnette, avec une impétuosité telle que son armée fut dissipée, avec plus de promptitude que la fumée de la mousqueterie. Le lieutenant du prince Eugène se hâta de se mettre à couvert à Roveredo, de l'autre côté de l'Adige, laissant sur le champ de bataille de Calcinato trois mille morts, autant de prisonniers, six pièces de canon, mille chevaux, et la presque totalité de son bagage. Cette victoire ne coûta pas huit cents hommes à l'armée française. LAIRÉ.

CALCIUM. Découvert par Davy, en 1807, ce métal, qui par sa combinaison avec l'oxygène constitue la chaux, n'existe pas à l'état natif; on ne le rencontre qu'à l'état d'oxyde, uni presque toujours à d'autres oxydes ou à des acides.

Le calcium est d'un blanc d'argent, solide, beaucoup plus pesant que l'eau. Il s'oxyde rapidement à l'air, et se recouvre d'une couche blanche qui préserve le reste de l'oxydation. Traité à l'eau, il la décompose, en mettant l'hydrogène en liberté.

Il existe deux oxydes de calcium; le *protoxyde de calcium* ou *chaux*, et le *peroxyde* ou *bioxyde de calcium*. Ce dernier, qui s'obtient au moyen de l'eau oxygénée, passe à l'état de protoxyde, quand on le met en contact avec un acide.

Le calcium, qui n'est encore en usage ni dans les arts ni dans la médecine, s'obtient de la même manière que le strontium et le baryum.

CALCUL (de *calculus*, petit caillou). Les Grecs et les Romains se servaient de *calculs* non-seulement pour compter, mais encore pour donner leur suffrage dans les affaires publiques, les jugements. Ils marquaient aussi les jours heureux avec une pierre blanche, *dies albo notanda lapillo*, dit Horace, et les jours malheureux par une pierre noire. Les Grecs appelaient les calculs naturels ψῆφος. C'étaient d'abord de petites coquilles de mer, qu'on remplaça dans la suite par des imitations en bronze appelées *spondyles*. Les calculs qui portaient condamnation étaient noirs et percés d'un trou; les calculs qui indiquaient l'acquittement de l'accusé étaient blancs et point troués. L'abbé de Canaye, donne une fort bonne raison de la nécessité où l'on était de percer les calculs noirs : « Les juges de l'aréopage, dit-il, rendaient leurs sentences dans les ténèbres; la couleur des calculs ne pouvait nullement les faire distinguer dans cette circonstance : il était donc de toute nécessité de leur imprimer une marque qui les fît reconnaître au toucher. »

On sait que l'arithmétique des anciens était très-imparfaite. Pour signes numériques, ils se servaient des lettres de l'alphabet, au moyen desquelles, à la vérité, il leur était possible d'exprimer toutes sortes de nombres; mais la manière de les combiner était si embarrassante, que pour écrire un nombre d'une grandeur médiocre, il en résultait une expression longue et compliquée. Aussi dans leurs supputations ordinaires s'aidaient-ils de *calculs* ou d'*abaques* pour éviter les erreurs. Les sauvages qui ont acquis quelque civilisation font usage de moyens à peu près semblables. Les Chinois se servent du *souan-pan*, sorte de lyre dont les cordes portent de petites boules enfilées comme des grains de chapelet; ils n'ont qu'à pousser un certain nombre de ces globules en haut ou en bas pour représenter des unités d'un certain ordre. Les Russes emploient un instrument du même genre (*stchote*), composé d'une petite planche carrée, creusée en échiquier. Les cordes qui portent les globules sont tendues dans l'intérieur, et quand ils font usage de l'instrument, ils le tiennent dans une position horizontale afin que les globules n'aient pas de tendance à couler plutôt vers l'une des extrémités de la corde qui les porte que vers l'autre.

Le mot *calcul* s'étend encore à toutes les branches des sciences exactes, qui emploient des procédés particuliers pour exécuter des recherches ou des opérations mathématiques : c'est dans ce sens que l'on dit : *calcul des probabilités*; *calcul infinitésimal*, comprenant le *calcul différentiel* et le *calcul intégral*, auxquels se rattachent le *calcul des variations* et le *calcul exponentiel*.
TEYSSÈDRE.

CALCULER (Instruments et Machines à). L'*abaque* des Romains, le *souan-pan* des Chinois et le *stchote* des Russes (*voyez* CALCUL) facilitent les calculs, mais ne les effectuent pas : ce sont des *instruments* et non des *machines à calculer*. Les *bâtons de Neper* sont en partie dans le même cas. Cet instrument, tel que l'illustre géomètre l'inventa, se compose de règles égales divisées chacune en neuf petits carrés. On écrit dans le carré supérieur de chaque règle l'un des neuf premiers nombres, et, au-dessous, successivement ses multiples jusqu'au neuvième; de sorte que ces règles étant placées dans leur ordre numérique, à côté l'une de l'autre offrent l'aspect de la table de Pythagore. Seulement chaque carré est divisé en deux triangles par la diagonale qui va du sommet supérieur de droite au sommet inférieur de gauche, et le nombre qu'il contient est écrit de manière que ses unités se trouvent dans le triangle de droite, tandis que ses dixaines sont placées dans le triangle de gauche. Pour multiplier un nombre donné par un autre, on dispose autant de bâtons qu'il en faut pour que l'ensemble des chiffres d'en haut représente le multiplicande; chaque ligne horizontale de carrés donne alors un des neuf premiers multiples de ce nombre; de sorte qu'il ne reste plus qu'une addition à faire pour obtenir le produit cherché. Neper consigna ce procédé dans sa *Rhabdologia* (de ῥάβδος, bâton), publiée à Édimbourg, en 1617. M. Hélie a perfectionné les *bâtons de Neper*, de manière à exécuter facilement avec eux les multiplications et les divisions les plus compliquées.

En 1642, Pascal, alors âgé de dix-neuf ans, inventa le premier une véritable *machine à calculer*, qu'on voit encore au Conservatoire de Paris. Cette machine, composée de rouages nombreux, effectue tous les calculs sur les nombres complexes ou non. Leibnitz et plusieurs autres géomètres cherchèrent à la perfectionner. Cependant, ainsi que le remarque M. Binet, après un siècle, Bossut disait : « La machine de Pascal est aujourd'hui peu connue et nullement en usage. »

Depuis, on a fait beaucoup d'essais en ce genre, et M. Babbage a obtenu de beaux résultats. On cite aussi avec éloges l'*Arithmomètre* de M. Thomas, la *Machine à Calculer* du docteur Roth, et l'*Arithmaurel* de MM. Maurel et Jayet. Toutes ces machines, comme celle de Pascal, donnent des résultats parfaitement exacts; mais l'élévation de leur prix de revient et l'attention que leur emploi sont cause qu'on leur préfère généralement les machines *graphiques* qui dans la plupart des cas donnent une approximation suffisante.

La plus simple de ces machines est la *Règle à calcul* imaginée par l'Anglais Gunther, mais qui doit son principal perfectionnement à notre compatriote Camus, de l'ancienne Académie des Sciences. Ici encore Neper pourrait revendiquer sa part de cette ingénieuse invention, entièrement fondée sur la belle théorie des logarithmes. Cet instrument se compose en effet de deux règles, dont l'une plus étroite, glisse dans une coulisse pratiquée sur l'autre; elles portent toutes les deux une série de divisions numérotées et espacées à partir du zéro, proportionnellement aux logarithmes des nombres correspondants. Donc, pour multiplier un nombre a par un nombre b, il suffit de faire glisser la règle mobile jusqu'à ce que son zéro corresponde à la division a de la règle fixe; on lit immédiatement le produit sur cette dernière au-dessus de la division b de la règle mobile. La division se fait de même par une simple soustraction.

Enfin, on conçoit qu'on puisse avec des règles analogues résoudre les triangles rectilignes et sphériques, extraire les racines de tous les degrés, et, en général, évaluer toutes les quantités calculables par logarithmes.

Les lois de la statique donnent aussi les moyens d'effectuer certains calculs. On sait que si P et P' sont deux poids quelconques, p et p', les distances respectives de leurs points de suspension au point d'appui d'un levier qu'ils sollicitent, pour que l'équilibre ait lieu, il faut et il suffit qu'on ait la relation $Pp=P'p'$. Partant de ce principe, le célèbre astronome Cassini remarque qu'on peut effectuer des multiplications et des divisions au moyen d'une balance ordinaire, dont les bras seraient divisés en parties égales. Supposons qu'on veuille multiplier 8 par 5; on prendra un poids de 8 unités (grammes, décagrammes, etc.) que l'on suspendra sur la *cinquième* division de l'un des bras ; puis on fera courir sur l'autre bras du fléau un poids d'une unité jusqu'à ce qu'il y ait équilibre, et le nombre de divisions marqué (dans cet exemple particulier, 40) sera le produit cherché. On pourrait encore employer un point de suspension fixe à la distance d'une division : le nombre d'unités de poids établissant l'équilibre serait alors le produit cherché.

Cette remarque de Cassini nous conduit à parler de la *balance arithmétique* de M. Léon Lalanne. Cet instrument se compose d'un fléau de balance ayant plusieurs centimètres de largeur, et dont les bras sont égaux et gradués à partir du centre : l'un d'eux est en outre partagé dans le sens de la longueur en intervalles égaux à l'aide de petites lames perpendiculaires au fléau, entre lesquelles on peut placer des poids en formes de plaques : disposition qui permet de fixer un grand nombre de poids différents à des distances variables. Si on désigne ces poids par P, P', P'',..., leur distance au centre du fléau par p, p', p'',...; si de plus on appelle R un poids qui, situé à une distance r du point de suspension, fasse équilibre à tous ces poids, on a $Rr = Pp + P'p' + P''p'' + ...$, d'où l'on voit que la balance arithmétique donne immédiatement la somme d'une série de produits. Elle serait surtout d'une grande utilité pour calculer la distance moyenne de transport du déblai en remblai dans un projet de route, de canal, etc.; car la formule qui donne cette moyenne est analogue à celle qui précède.

Si on ajoute à la graduation en parties égales de la balance arithmétique, des divisions logarithmiques comme celles de la règle de Gunther, on peut l'employer à une foule d'autres calculs, tels que l'élévation aux puissances, l'extraction des racines, les règles de trois simples et composées, etc.

En 1840, M. Léon Lalanne a présenté à l'Académie des Sciences une *balance algébrique*, instrument propre à résoudre les équations numériques de tous les degrés, et même, ainsi que l'a fait voir M. Cauchy, les équations transcendantes. La construction de cette ingénieuse machine repose sur les principes émis dès 1810 par M. Bérard, professeur au collége de Briançon, dans ses *Opuscules mathématiques*.
E. MERLIEUX.

CALCULS (*Pathologie*). Ce n'est pas un des phénomènes les moins étonnants de l'organisation que la formation de ces dépôts de matière inorganique, qui s'engendrent accidentellement au sein des organes vivants, et dont les propriétés physiques et chimiques diffèrent suivant les parties où on les rencontre. Ces cristallisations animales constituent en même temps un des problèmes les plus compliqués de la vie; car tandis qu'elles réalisent dans la substance des tissus animés les opérations chimiques qui s'observent dans la nature morte, elles sont cependant subordonnées à certaines lois de l'organisation. Ainsi, la formation des calculs proclame l'influence réciproque de la vie sur la matière, et constitue l'un des chaînons qui rattachent la nature inerte à la nature vivante. Ces calculs peuvent se rencontrer dans tous les organes, même dans le cerveau; mais ils se déposent le plus souvent dans ceux où se forment et séjournent les fluides sécrétoires : tels sont les reins, la vessie, le foie, les conduits salivaires, etc.; ils sont eux-mêmes le produit d'une sécrétion anormale, ou résultent de la précipitation de certains éléments des fluides sécrétés. Il en est cependant quelques-uns qui se forment par simple agglomération de substances venues du dehors : tels sont ces pelotons de poils qu'on trouve quelquefois dans les voies digestives des ruminants, et qu'on désigne sous le nom d'*égagropiles*. Nous nous occuperons plus spécialement de ceux qui se forment aux dépens des fluides animaux.

Ces fluides, formés de principes divers, ne peuvent conserver leur composition normale qu'autant qu'ils restent soumis aux conditions physiques et physiologiques d'où dépend leur intégrité : c'est ainsi qu'ils ont besoin d'un certain degré de chaleur et de mouvement, d'une certaine disposition dans les canaux qui les traversent et les réservoirs qui les recèlent; changez l'une ou l'autre de ces conditions, et vous pourrez provoquer des modifications dans les affinités qui retiennent les éléments de ces fluides dans une combinaison donnée : c'est absolument comme pour les composés chimiques de nos laboratoires, qui déposent ou cristallisent de telle ou telle manière, par le repos, le refroidissement, selon la forme du vase, etc. Ainsi se concréteront les matières arrêtées dans les lacunes du canal digestif, l'urine dans la vessie, la bile dans les canaux hépatiques, etc.; c'est ainsi que, selon M. Magendie, la chaleur animale étant moindre dans la vieillesse, cet âge prédispose aux concrétions urinaires. Cette influence de l'âge est moins appréciable quant à la production des calculs biliaires, arthritiques et autres.

L'observation a constaté l'influence de l'hérédité sur la diathèse calculeuse : la gravelle, la goutte, les calculs biliaires, se transmettent de père en fils. Les habitudes hygiéniques des individus exercent aussi une influence manifeste sur la formation des calculs : c'est ainsi que les concrétions urinaires sont assez rares dans les pays chauds. Il semblerait au premier coup d'œil que la déperdition de liquides par les sueurs, en rapprochant les éléments solides de l'urine, dussent en favoriser la cristallisation ; mais il est à remarquer que lorsque les sueurs augmentent, les urines contiennent moins de ce principe azoté, l'acide urique, qui forme le plus ordinairement la base des calculs : il existe ici solidarité entre les fonctions de la peau et celle des reins. Néanmoins, si le docteur Scott dit n'avoir jamais vu de calculeux dans les Indes, d'une autre part, le docteur Clot-Bey a pratiqué bon nombre d'opérations de taille en Égypte. Chose remarquable, cette rareté des calculs se rencontre dans les circonstances extrêmes : c'est ainsi qu'en Russie l'on trouve également très-peu de calculeux. Le froid humide paraît être la condition la plus favorable au développement des calculs urinaires.

L'alimentation exerce une influence au moins aussi puissante que la température ; une nourriture très-azotée augmente la quantité d'acide urique dans les urines ; les vins généreux et chargés de tartre exercent une influence analogue. On trouve, dit-on, plus de calculeux en Bourgogne que dans les autres provinces de France ; et si les Indiens sont rarement affectés de la pierre, ils le doivent peut-être à ce que la plupart ne mangent que du riz et ne boivent que de l'eau. Cette influence des aliments peut être expérimentée directement. C'est ainsi que M. Magendie faisait à volonté naître et disparaître la gravelle, en soumettant des individus à l'usage de tel ou tel aliment, de l'oseille en particulier, qui contient, comme on le sait, de l'acide oxalique, principe constituant d'une espèce particulière de calculs.

Ce que nous venons de dire se rapporte spécialement aux calculs urinaires, qui sont ceux dont l'étude intéresse le plus. Quant aux autres espèces, on saisit moins l'influence des habitudes hygiéniques sur leur production. Cependant, pour ce qui concerne les concrétions biliaires, on peut avancer *a priori* qu'elles doivent être plus fréquentes dans les pays chauds ; car les affections du foie y sont communes. En effet, il est rationnel d'admettre que les maladies des organes sécréteurs, en modifiant leur action, doivent favoriser les combinaisons anormales des éléments constitutifs des fluides sécrétés ; d'ailleurs, ces maladies entraînent fréquemment les obstructions des conduits excréteurs, que nous avons dit favoriser puissamment la formation des calculs. Les calculs biliaires sont quelquefois très-nombreux : Hunter cite des observations d'individus qui avaient un millier de ces petits calculs. Il est vrai que plus ils sont nombreux, moins ils sont volumineux. Toujours est-il que la production de ces calculs est le plus souvent précédée de l'inflammation plus ou moins manifeste des organes qui en sont le siège ; c'est ce qui s'observe pour le foie, les reins, la vessie, les articulations goutteuses, etc. L'état fébrile qui peut accompagner ces maladies agit dans le même sens, en modifiant les proportions relatives, et même la composition des sécrétions.

La déviation des fluides sécrétés favorise, dans certaines circonstances, la formation des calculs : une dilatation partielle, une crevasse de l'urètre ou d'un conduit salivaire peut devenir le siège d'un dépôt de matière cristallisable. D'autres fois la concrétion calculeuse s'opère à l'occasion d'une cause mécanique : un corps étranger tombé dans la vessie, un bout de sonde, une épingle, un caillot de sang, deviendra presque nécessairement le noyau d'un calcul ; ce point central hétérogène se rencontre également dans les calculs salivaires, intestinaux, pulmonaires, etc. Mais, indépendamment de ces causes appréciables, il en est une non moins réelle, impénétrable dans son essence, et qui probablement domine toutes les autres : c'est cette fatale disposition à *faire* des calculs, cette diathèse calculeuse, cette *lithiase*, qui fait que tel individu produit beaucoup de calculs, comme tel autre engendre beaucoup de sang ou de bile. Il est tel de ces malheureux dont la vessie est une espèce de carrière, dont on peut successivement extraire un nombre illimité de pierres, qui se reproduisent indéfiniment ; il est tel autre qui tous les huit jours se voit condamné à subir la torture d'un accès de colique hépatique, qui cesse avec l'issue d'un calcul biliaire, jusqu'à ce qu'un autre ait ramené les mêmes accidents.

Quelle que soit du reste la manière dont les calculs se sont engendrés dans les tissus ou dans les humeurs de l'économie, ces calculs peuvent se révéler par des signes qui leur sont communs, et par d'autres qui sont propres à l'espèce de calcul et à l'organe qui en est le siège. Le sentiment de pesanteur, la douleur, le trouble des fonctions que leur présence détermine, peuvent tenir à tout autre cause que celle dont il s'agit ; cependant ces troubles sont quelquefois assez significatifs, et les individus sujets aux calculs rénaux ou biliaires ne se trompent guère sur la cause de leurs souffrances. Il existe d'autres signes communs plus positifs ; ce sont ceux fournis par les sens : ainsi l'œil peut apercevoir un calcul dans le conduit auditif, le doigt peut sentir un calcul dans les conduits salivaires, dans l'urètre, et même dans la vessie : le toucher peut s'exercer à l'aide d'instruments explorateurs, sondes, stylets, etc. ; l'oreille seule, ou aidée du stéthoscope, peut encore prêter des lumières ; enfin, il n'y a plus de doute lorsque le calcul est produit au dehors.

Tout ce que vous avez appris jusque ici, c'est qu'un calcul existe ; mais il s'agit actuellement d'en déterminer la nature ; or, cette détermination est basée sur plusieurs données, telles que l'organe souffrant, les habitudes de l'individu, et principalement l'analyse chimique. C'est ainsi que les calculs du foie sont le plus souvent composés de cholestérine ; mais les calculs de la vessie sont de nature très-variable. Cependant, si l'individu tourmenté par des calculs urinaires fait usage d'une alimentation plantureuse, de liqueurs spiritueuses ; si son urine dépose un sédiment rougeâtre, vous aurez lieu de supposer que sa vessie contient des calculs d'acide urique, ce dont vous n'aurez la certitude que lorsque vous aurez soumis le calcul lui-même aux réactifs chimiques. Disons en passant que la lithotritie est une source précieuse de diagnostic, en procurant des fragments de calculs sur lesquels on peut opérer. La difficulté du diagnostic est moindre pour les calculs autres que ceux des voies urinaires, parce que ces calculs, avons-nous dit, sont composés d'éléments moins variables, et d'ailleurs les lumières que fournirait l'analyse seraient pour eux d'une utilité moins directe, parce qu'il est très-rare qu'il soit possible et avantageux de les attaquer par des dissolvants.

Les accidents déterminés par la présence des calculs dans les organes sont en général relatifs à l'importance et à la sensibilité de ces organes, au volume, à la forme et au nombre des calculs. Ces règles cependant subissent de nombreuses exceptions ; c'est ainsi qu'on a vu des calculs assez volumineux se former dans l'organe le plus important, le cerveau, sans causer d'accidents ; d'énormes calculs qui remplissaient la vessie n'ont pas été même soupçonnés pendant la vie du malade, tandis que d'autres fois le plus petit calcul hépatique ou rénal détermine des douleurs atroces. Le plus souvent la présence du corps étranger donne lieu à des accidents inflammatoires persistants, plus ou moins graves; dans certains cas heureux, un abcès, une adhérence salutaire, donnent issue au calcul à travers la peau ou par les voies intestinales. Lorsqu'il obstrue un canal excréteur, il peut déterminer *a tergo* une distension énorme du réservoir, et par suite sa rupture, puis la diffusion du liquide incarcéré, d'où des accidents plus ou moins graves; d'autres fois, le liquide retenu est résorbé, comme cela s'observe dans l'ictère et la fièvre urinaire.

Des maladies aussi graves que le sont en général les affections calculeuses ont dû exercer le génie des médecins, qui, empruntant les secours de la chimie, ont de temps en temps conçu l'espérance, toujours déçue, de délivrer les malades sans recourir à ces opérations douloureuses et chanceuses, qui pourtant sont souvent l'unique ressource. La chimie s'est donc proposé de dissoudre les calculs existants et de prévenir leur formation ultérieure; mais ni l'emploi des boissons alcalines pour dissoudre les sédiments acides et salins de la goutte et de la gravelle, ni l'usage du vin de colchique, pour dériver les concrétions arthritiques sur les voies urinaires, ni les savonneux adressés aux calculs biliaires, etc., n'ont complétement justifié les vues théoriques de leurs inventeurs. C'est surtout à l'égard des calculs vésicaux qu'on a conçu les plus flatteuses espérances : suivant que ces calculs sont acides ou alcalins, on conseille l'usage des alcalins ou des acides; et, bien qu'il y ait assez loin de l'estomac à la vessie, et que le réactif, assez innocent pour ne pas endommager le premier de ces organes, doive arriver bien faible à celui sur lequel il doit agir, plusieurs observateurs ont néanmoins constaté l'efficacité des *lithontriptiques*, employés d'une manière judicieuse et avec persévérance. Mais, d'une part, il n'est pas toujours facile de préciser la composition des calculs, et, d'autre part, cette composition peut varier la stratification des couches calculeuses : or, en agissant en aveugle, il est à craindre d'ajouter au mal qu'on prétend soulager. Pour éviter les inconvénients de ces moyens éloignés, on a dû songer à attaquer directement les calculs urinaires, en injectant dans la vessie des liquides dissolvants plus actifs que ceux qu'on peut ingérer dans l'estomac. Fourcroy et Vauquelin ont exécuté *sur table* des essais très-satisfaisants ; mais les expérimentateurs ont trop compté sur la tolérance de la vessie, et les lithontriptiques sont aujourd'hui délaissés, comme dangereux ou insuffisants. Depuis, on a voulu cependant fonder quelques espérances sur le plus puissant des dissolvants, l'électricité, qui n'a pas eu plus de succès. Certes, il convient de tenir compte des tentatives faites dans ce sens, et surtout de ne pas désespérer des progrès ultérieurs des sciences chimiques et médicales ; mais toujours est-il que pour le moment c'est à la chirurgie qu'il est le plus sûr de s'adresser.

Extraire les calculs en masse ou par fragments, tel est le but de la taille et de la lithotritie. Ces opérations sont encore, disons-nous, les seules sur lesquelles il soit permis de compter, et hors desquelles il n'existe guère que des palliatifs. Quelque douloureux que soient les calculs biliaires et intestinaux, il n'est guère permis d'imiter la hardiesse de J.-L. Petit et de Meckel, qui ont tenté de les extraire en incisant les parois abdominales. Contre ces maladies on ne peut user que des moyens indirects indiqués par la douleur et l'irritation. Quant aux calculs différents accessibles aux moyens d'extraction, il n'est pas besoin de nous en occuper ici.

Ce que nous avons dit des causes qui président à la formation des calculs suffit pour faire pressentir les précautions à l'aide desquelles on pourra s'en préserver. Ces moyens sont pour la plupart du domaine de l'hygiène et sont basés particulièrement sur le régime alimentaire.   Dr FORGET.

CALCUTTA, chef-lieu de la présidence du même nom, dans l'Inde anglaise, et siége du gouvernement général de toutes les possessions britanniques dans les Indes-Orientales, est située dans le delta du Gange, sur la rive gauche du principal bras occidental de ce fleuve, appelé le *Hugly*. Elle est bâtie sur un sol marécageux, qui rend le climat de cette ville très-malsain, bien qu'on ait beaucoup fait pour l'améliorer au moyen de desséchements de marais et de larges éclaircies opérées dans les forêts voisines. On la divise en trois parties principales : *la Ville Noire*, au nord; *la Ville Blanche*, au centre; *et le fort William*, au sud. Ce dernier est une vaste citadelle, parfaitement construite, séparée de la ville par une esplanade, et renfermant d'immenses casernes, un magnifique arsenal et une foule d'autres établissements militaires. La Ville Blanche, appelée aussi *Tschauringhy*, qui est habitée par les Européens, circonstance à laquelle elle est redevable de sa dénomination, est bien bâtie, et, sauf quelques exceptions commandées par le climat, a tout à fait l'air d'une ville d'Europe. Les rues en sont larges, droites, et formées par des maisons ayant pour la plupart toute l'apparence de palais, construites en briques et séparées l'une de l'autre. Les plus beaux édifices sont le palais du gouvernement, l'hôtel de ville, le palais de justice, les deux églises anglicane et presbytérienne. En fait de curiosités, il faut mentionner le monument, aujourd'hui tombant en ruines, qui fut élevé en face du fameux *trou noir* (servant aujourd'hui de magasin) dans lequel, en 1756, le radjah Ed-Daulad fit périr une centaine d'Anglais dans les plus horribles tortures. La Ville Noire, appelée aussi *Patta*, qui ne se compose guère que de huttes en jonc et en bambou, ou encore de petites et basses maisons construites en briques et en argile, à des rues sales et étroites, et n'est habitée que par les indigènes. On y trouve plusieurs temples hindous et plusieurs mosquées, mais pour la plupart de petites proportions et insignifiants comme œuvre d'architecture. Indépendamment de ces trois parties principales, il existe encore divers grands faubourgs et plusieurs quartiers particuliers, par exemple le quartier des Arméniens, où l'on voit une belle église. Le nombre des habitants peut aller de 150 à 200,000, et en y comprenant la banlieue à 500,000. La plus grande partie de cette population se compose d'Hindous, et ensuite des mahométans indiens. On y trouve aussi un grand nombre d'Européens, d'Anglais surtout, dont le mélange avec les Indiennes a donné naissance à une foule de métis désignés sous le nom de demi-caste, de même que les nationaux de la plupart des contrées de l'Asie méridionale.

Calcutta est le siége d'un évêque anglican, dont la juridiction diocésaine s'étend sur toute l'Asie méridionale et orientale. La plupart des dissidents anglais, de même que les autres sectes protestantes d'Europe, et les arméniens, les catholiques, en un mot la plupart des confessions chrétiennes y ont également des temples; on y trouve en outre une foule de mosquées et des temples païens à l'usage des indigènes. Quoique, d'un côté, Calcutta soit une ville complétement asiatique, elle possède, d'un autre, toutes les institutions et toutes les jouissances matérielles des grandes villes de l'Europe, et on y compte une foule d'établissements utiles, propres uniquement à un état de civilisation des plus avancés. De ce nombre sont divers hôpitaux, des écoles de différents degrés et de tous les genres pour les Européens et les indigènes, plusieurs imprimeries et sociétés savantes, dont la plus importante est la Société Asiatique, un théâtre, un observatoire et un jardin botanique justement célèbre. C'est la ville commerciale la plus importante de l'Inde orientale et peut-être de toute l'Asie; elle est surtout l'entrepôt de l'Hindoustan proprement dit et le grand centre de tout le commerce de l'Inde orientale avec l'Angleterre. Le commerce intérieur se fait principalement au moyen d'une navigation fluviale, qui n'emploie pas moins de cinq cents bâtiments, et d'une navigation maritime des plus importantes, encore bien que les navires jaugeant plus de cinq cents tonneaux ne puissent pas remonter le fleuve jusqu'à Calcutta. Cette ville est d'ailleurs une cité toute moderne. Les Anglais s'établirent bien dès l'année 1690 en cet endroit, et c'est le village indien *Godwindpour* qui devint le premier noyau de Calcutta; mais ce ne fut longtemps qu'une misérable bourgade, où en 1717 on ne comptait encore que quelques centaines d'habitants. Ce ne fut que vers le milieu du dix-huitième siècle, et seulement après la construction du fort William, qu'elle commença à prendre quelque accroissement. Mais à partir de ce moment, favorisée par sa situation géographique, qui en faisait le centre des possessions britanniques dans l'Inde, elle fit des progrès si rapides, qu'elle est aujourd'hui l'une des plus grandes et des plus riches cités de l'Asie.

La *présidence* de Calcutta comprend une superficie de 25,756 myriamètres carrés, avec une population de près de 80 millions d'âmes. Toutefois, le territoire possédé directement par les Anglais n'est que de 14,306 myriamètres carrés, avec 65,532,000 habitants. Il se compose, dans l'Indostan proprement dit, des provinces du B e n g a l e, de B i h a r, d'A l l a h a b a d, d'A u d h, d'A g r a, de D e l h i et de G o u r w a l, et, dans le Dekkan, des provinces d'O r i s s a, G o u n d o u a n a, H y d e r a b a d, Beder et Berar.

CALDANI (Léopold-Marc-Antoine), célèbre anatomiste, né à Bologne, le 21 novembre 1725, était destiné par son père à l'étude de la jurisprudence, mais fut entraîné par une irrésistible vocation vers la médecine. Il fit ses études médicales dans sa ville natale, y devint professeur en 1755, alla dans les années 1758-1760 suivre à Bologne les cours de Morgagni, et revint à Bologne à la fin de 1760. Des cabales qui s'élevèrent contre lui le forcèrent de se retirer à Venise, d'où il fut peu de temps après appelé à Padoue, en qualité de professeur de médecine théorique; fonctions qu'il accepta à la condition qu'à la mort de Morgagni il hériterait de sa chaire. Cette éventualité se réalisa en 1771.

Caldani mourut le 30 décembre 1813. Sa grande réputation à l'étranger eut surtout pour fondements ses *Recherches sur l'Irritabilité* (Bologne, 1757), qui lui valurent l'amitié de Haller, dont il embrassa le parti dans les vives discussions scientifiques de l'époque. Ses *Manuels de Pathologie* (Padoue, 1772), *de Physiologie* (Padoue, 1773), *d'Anatomie* (Venise, 1787), et *de Sémiotique* (Padoue, 1808), ont servi longtemps de base à l'enseignement dans les diverses universités de l'Europe. Toutefois, son ouvrage principal est celui qu'il publia avec son neveu, Florian Caldani, sous le titre de *Icones Anatomicæ* (4 vol. in-fol.; Venise, 1801-1814; nouvelle édition, 1823), et qu'accompagna une *Explicatio iconum anatomicarum* (5 volumes in-4°; Venise, 1802-1814), qui parut simultanément.

CALDANI (Florian), neveu du précédent, s'occupa, comme son oncle, surtout de l'anatomie, et fut nommé en 1800 professeur d'anatomie et de physiologie à Padoue, puis appelé en 1812 à remplir les mêmes fonctions à Bologne. Plus tard, il revint se fixer à Padoue, où il mourut, le 11 avril 1836, recteur de l'Université. Indépendamment de l'ouvrage intitulé *Icones*, dont il a été fait mention plus haut, il publia plusieurs traités originaux, par exemple *Sur le Système Lymphatique* (Padoue, 1792) et *Sur la Membrane du Tympan* (Padoue, 1794), etc.; des *Elementi di Anatomia* (Venise, 1824; nouvelle édition, Bologne, 1828). Peu de temps avant sa mort, il avait aussi fait paraître une *Anatomia umana completa* (in-fol., avec gravures; Venise, 1836).

CALDARA (Polidoro). *Voyez* Caravage.

CALDAS, c'est-à-dire *sources chaudes*. C'est le nom de diverses localités, tant en Espagne qu'en Portugal, où l'on trouve des eaux thermales. Les plus en renom sont : Caldas de Malavella, Caldas de Estrac et Caldas de Mombui, en Catalogne; Caldas de Reyes, Caldas de Cuntis et Caldas de Tuy, en Galice; Caldas das Taipas, Caldas de Favelos ou de Murça, Caldas de Rainhas en Portugal. Malheureusement on ne possède encore sur les eaux thermales de la presqu'île Pyrénéenne que bien peu de renseignements scientifiques ou pratiques auxquels on puisse ajouter foi.

CALDERARI, c'est-à-dire *chaudronniers*, nom d'une des nombreuses sociétés secrètes qui surgirent en Italie de la vive fermentation produite dans les esprits par les événements politiques de 1815. Son principal foyer était le royaume de Naples, et plutôt dans les provinces que dans la capitale. Il n'est rien moins que prouvé que les *calderari* aient été pendant quelque temps en relation avec les *c a r b o n a r i* ; et il est certain, au contraire, que plus tard ils devinrent leurs adversaires. A l'origine toutes ces sociétés secrètes paraissaient avoir pour but l'unité politique de l'Italie et l'affranchissement de toute domination étrangère; mais elles différaient tellement sur les moyens à employer, qu'elles finirent par prendre à l'égard les unes des autres une attitude franchement hostile. Il est tout aussi difficile de donner des renseignements bien précis sur le véritable caractère que l'origine de ces différentes sociétés secrètes, dont les *calderari* et les *carbonari* étaient les plus importantes. Le comte Orloff, dans ses *Mémoires sur le Royaume de Naples*, dit que les *calderari* parurent vers la fin de 1813, et doivent leur origine aux *carbonari*. Après le retour à Naples du roi Ferdinand, le prince Canosa, ministre de la police, favorisa les *calderari*, afin de s'en servir comme de contre-poids aux *carbonari*. Il les organisa, les divisa en curies, et leur fit distribuer vingt mille fusils; mais le roi, instruit de cette politique aventureuse, en arrêta les progrès par la destitution et le bannissement de Canosa; toutefois, la société même des calderari ne fut pas abolie pour cela.

Ce ne fut que trois mois plus tard qu'il parut un décret royal qui remettait en vigueur les défenses et les peines portées contre toutes les sociétés secrètes, et ordonnait même des poursuites judiciaires contre les *calderari*, malgré les preuves de dévouement qu'ils avaient pu donner au roi et à la *bonne cause*.

Canosa, dans un écrit anonyme (*I piffferi di montagna*, Dublin, 1820), a réfuté d'ailleurs les assertions du comte Orloff en ce qui touche les *calderari*, et la part qu'il aurait prise aux encouragements donnés à leur société. Selon sa version, les *calderari* se seraient formés à Palerme, et non à Naples. En ce pays, les corporations (*maestranze*) ayant été abolies par lord Bentinck, il en résulta beaucoup de mécontentement dans les basses classes. Les chaudronniers (*calderari*) offrirent spécialement leurs services à la reine Caroline de Naples, et déclarèrent qu'ils étaient prêts à prendre les armes contre la domination anglaise. Cette fermentation des esprits vint fort à propos en aide aux réfugiés napolitains, qui ne manquèrent pas de tout faire pour l'entretenir. Beatinck en fit débarquer un bon nombre sur le territoire napolitain, où bientôt ils s'affilièrent aux sociétés secrètes organisées contre Murat. Lorsqu'au commencement de 1816 il fut question d'adopter des mesures rigoureuses contre la société des *calderari*, qui n'étaient peut-être bien aussi que la continuation des bandes formées et soudoyées en 1799 par le cardinal Ruffo, le prince de Canosa, suivant l'écrit anonyme précité, ne les prit pas sous sa protection, mais fit seulement observer qu'on pourrait s'en servir comme d'un contre-poids utile contre les *carbonari*, bien autrement nombreux et dangereux. Plus tard, les *calderari* disparurent complétement, et on ne trouve plus aujourd'hui la moindre trace de cette société secrète. Consultez Tonelli, *Breve idea della Carbonaria, sua origine nel regno di Napoli, suo scopo, sua persecuzione e causa che fè nascere la setta de calderari* (Naples, 1820).

CALDERON (Don Rodrigue), que les vicissitudes de la fortune ont rendu fameux en Espagne, était né à Anvers, d'un misérable soldat de Valladolid et d'une Flamande; il fut depuis *comte d'Oliva, marquis de Siete-Iglesias* et secrétaire d'État sous Philippe III, roi d'Espagne. Favori du duc de Lerme, il en obtint cent mille ducats de rente avec l'espérance d'une vice-royauté. Aveuglé par sa haute fortune, il méconnut d'abord, dit-on, son pauvre père, que dans la suite il entoura d'égards et de respects, pénétré de repentir pour ses premiers procédés. En 1618 la disgrâce de son protecteur entraîna la sienne. On l'accusa de l'empoisonnement de la reine Marguerite. Lorsque Philippe IV monta sur le trône, il y avait déjà deux années qu'il languissait dans les cachots. Le comte-duc d'Olivarès le sacrifia à la haine du peuple contre le duc de Lerme. On l'accusa du meurtre de deux gentils-hommes espagnols ; le 21 octobre 1621 il monta avec fermeté sur l'échafaud, où on lui trancha la tête par devant ; les seuls coupables de haute trahison étaient décapités par derrière. C'est ainsi que l'envie lui fit expier les faveurs d'une fortune inouïe. Cependant son courage et son innocence touchèrent de compassion jusqu'à ses ennemis. DENNE-BARON.

CALDERON DE LA BARCA HENAO Y RIAÑO (Don PEDRO), poëte dramatique, un des plus célèbres, des plus féconds et des plus ingénieux auteurs du théâtre espagnol, naquit à Madrid, en 1601, et fut élevé par les jésuites. A l'âge de quatorze ans il avait déjà composé une pièce (*El Carro del Cielo*) dans l'intervalle de ses études, qui ne durent point, son génie à part, être très-fortes, puisque dans son *Héraclius* il introduisit du canon, des boulets, parle d'un duc de Calabre, d'une reine de Sicile, et cela au septième siècle ! Dégoûté presqu'à son entrée dans le monde, des grands et d'une cour à laquelle il devait bientôt reparaître avec éclat, il se jeta dans la milice, où il fit, comme simple soldat, quelques campagnes en Italie et dans les Pays-Bas. La renommée de son talent dramatique, qu'il exerçait en même temps que le métier des armes, vint bientôt aux oreilles de Philippe IV, dont la passion dominante était le théâtre, et qui avait composé lui-même quelques comédies sous le nom d'*un bel-esprit de la cour* (*un ingenio de esta corte*). En 1636 ce prince manda Calderon, le décora de l'ordre de Saint-Jacques, et l'institua l'unique directeur des spectacles, fêtes et jeux publics. C'était à peu près la charge que Molière remplissait auprès de Louis XIV. La munificence et la libéralité de ces deux monarques protecteurs des lettres étaient égales. Elles fournissaient largement et noblement à la pompe des divertissements qu'inventaient pour le plaisir du peuple et du souverain ces deux célèbres poëtes.

La fertilité de Calderon est encore plus étonnante que son génie. Il ne composa pas moins de quinze cents pièces ; il fut néanmoins surpassé par Lope de Véga, qui en fit deux mille deux cents ; le plus fécond des tragiques grecs, Sophocle, n'alla qu'à cent trente. Les Espagnols doivent à Ca'deron, devenu chanoine de Tolède, en 1652, soixante-huit *autos sacramentales*, actes sacramentaux. Ces pièces étaient ce qu'en France au seizième siècle on appelait les *mystères*, les *actes des saints*, les *moralités*. Ces *autos* sont précédés de *loas* ou prologues ; cette règle n'est pas constante. Outre des *comedias de capa y espada*, de cape et d'épée (haute comédie), Calderon composa des pièces. L'un des *autos* de ce poëte est intitulé : *La Devocion de la Misa* : on célèbre en effet une messe sur le théâtre, et pendant l'office on engage une bataille ; un ange, le diable, un roi de Cordoue, mahométan, une vivandière et deux *graciosos* ou soldats bouffons sont les acteurs. La pièce est terminée par le mariage de la vivandière avec un *gracioso*, et par l'éloge de la messe. Vers le milieu du siècle dernier on représentait encore sur le théâtre de Madrid quelques-uns de ces *autos*.

Les pièces de Calderon sont divisées en trois *journées* ou actes. Toutes les règles d'Aristote sont violées ; nos célèbres drames du boulevard en trente et quarante tableaux peuvent seuls donner une idée des *imbroglio*, de la confusion des personnages, des disparates et du mépris de toutes les unités qui y règnent. Vainement Cervantes, par ses plaisanteries fines et originales, voulut-il opposer une digue à ce dévergondage de la scène ; le goût espagnol l'emporta. Comme dans Shakspeare, il y a de l'or et des diamants dans cette poussière et ces scories ; il en sort des traits sublimes, de merveilleuses intrigues, des dénoûments inespérés et une fermentation d'intérêt et de style qui va toujours échauffant l'imagination du spectateur. Il est à remarquer cependant que, comme l'auteur d'*Othello*, Calderon n'ignorait les règles fondées par les chefs-d'œuvre de Sophocle et d'Euripide ; il sacrifiait à son penchant et à son époque.

Une des pièces les plus remarquables de ce poëte, c'est l'*Héraclius*, que Voltaire a traduite ; les Espagnols la nomment la *famosa comedia*. Corneille aussi nous a donné un *Héraclius*. Laquelle de ces tragédies est antérieure à l'autre ? quel est l'imitateur ? La question n'est point encore résolue. La comédie du poëte espagnol : *On ne badine pas avec l'amour*, a été imitée par Molière dans les *Femmes savantes*. La force comique excelle dans ce dernier ; mais la pièce manque d'intrigue, et n'a pas l'intérêt de celle de Calderon. Dans sa comédie de *La Fausse Apparence*, Scarron a entièrement imité celle qui a pour titre : *Se défier des apparences*. En 1789, Collot-d'Herbois fit jouer avec succès à Paris sur le Théâtre-Français *Le Paysan Magistrat*, qui n'était qu'une quasi-copie de *L'Alcade de Zalamea*, du poëte espagnol, dont on admire par-dessus tout, et avec raison, *Le Prince constant* et *La Vie est un Songe*. La première est son chef-d'œuvre. Enfin l'Odéon nous a donné dans ces dernières années une traduction libre, par M. Hippolyte Lucas, du *Médecin de son Honneur* (*El Medico de su Honra*), une des pièces où le génie du dramaturge espagnol brille le plus et où le caractère castillan ressort de la manière la plus frappante.

Il a paru en Espagne plusieurs éditions des comédies et des *autos* de Calderon. L'édition publiée à Leipzig en 1827 par J.-G. Keil est estimée ; elle forme 4 volumes compactes. « Jamais, dit M. Philarète Chasles, autant de coups d'épée ne furent échangés en Espagne ; jamais autant de déguisements, de travestissements, de complications, de rencontres imprévues, de générosités foudroyantes, de duels insensés, de portes secrètes, de cachettes, de bizarres imbroglios, de ruses féminines, de vengeances jalouses ne se sont joués à travers la brûlante voie espagnole.... Mais il y a en elle le germe, l'ébauche de tout cela. Calderon entasse ou plutôt il complique avec une grande habileté incidents sur incidents, événements sur événements, amours sur amours, intrigues sur intrigues ; la vie abonde dans ses puissantes et faciles conceptions ; il crée sans beaucoup réfléchir, il chante et il agit, passant de l'élan lyrique et de la passion dithyrambique au conflit tumultueux des faits. Il invente toujours, sans se lasser, des situations extraordinaires, qu'il renouvelle avec la facilité la plus étourdissante ; son rhythme correspond à sa pensée ; c'est une succession rapide de vers qui volent étincelants et sonores : ces vers, surchargés de fleurs orientales et d'hyperboliques métaphores, soutiennent sans effort des périodes immenses, des récits merveilleux, de somptueuses descriptions, qui vous entraînent et vous emportent dans leur essor. »

Calderon mourut en 1687. Depuis son entrée au canonicat de Tolède, il n'a plus voulu entendre parler de son théâtre profane ; comme Racine dévot, il avait eu la force ou la faiblesse de renoncer à ses premières gloires. Ses seuls *autos sacramentales* occupèrent exclusivement la fin de sa vie.
DENNE-BARON.

CALDERON (Don SÉRAFIN), l'un des poëtes de la jeune Espagne, est né au commencement de ce siècle à Malaga, et se fit déjà remarquer à l'université de Grenade, où il étudia le droit. En 1822, il fut nommé professeur de rhétorique et de poésie à Grenade, et éveilla l'attention du monde lettré par la publication de plusieurs poëmes. Ayant, peu de temps après, embrassé la profession d'avocat dans sa ville natale, il ne renonça pas pour cela au commerce des muses. En 1830 il vint à Madrid, et y publia sous le voile de l'anonyme ses *Poesias del Solitario* (Madrid, 1833), qui obtinrent un très-favorable accueil. Il écrivit, en outre, pour les *Cartas Españolas*, le seul journal littéraire qui parût alors, quelques articles, pleins de vérité et de malice, sur les mœurs de l'Andalousie, qui contribuèrent à populariser son nom encore davantage. Il se livrait en même temps avec un rare succès à l'étude de la langue arabe, et composait, par ordre du gouvernement, un manuel d'économie politique : *Principios de Administracion*. Au commencement de 1834 il fut nommé auditeur général à l'armée du Nord, et en 1836 gouverneur civil de Logroño. Une chute de cheval qu'il fit cette même année l'ayant forcé de revenir à Madrid pour s'y faire traiter, il employa ses loisirs à former une collection complète des *Cancioneros* et *Romanceros*, tant imprimés que manuscrits, de ces trésors de l'antique littérature espagnole qui deviennent de plus en plus rares, et à en préparer une édition critique. C'est aussi à cette époque qu'il écrivit son remarquable roman *Cristianos y Moriscos*, qui rappelle l'esprit et le style de Cervantes, et qui est imprimé dans la *Colleccion de Novelas originales españolas* (Madrid, 1838). Vers la fin de 1837 il fut nommé chef politique de Séville, mais à la suite de l'insurrection populaire qui éclata dans cette ville en novembre 1838 il dut prendre la fuite, pour ne point périr victime de la haine des partis, et rentrer dans la vie privée. Depuis ce moment il s'est exclusivement consacré aux sciences et à la poésie. On a, entre autres, de Sérafin Calderon de précieuses études sur la littérature des Maures d'Espagne. Son ouvrage le plus récent se compose de scènes ingénieuses empruntées à la vie populaire : *Escenas andaluzas* (Madrid, 1847). C'est le développement des articles insérés dans les *Cartas Españolas*.

CALDERWOOD (David), célèbre théologien de l'Église d'Écosse, naquit en 1575. Il s'appliqua de bonne heure à l'étude des saintes Écritures, qu'il voulut lire dans les langues mêmes où elles sont conçues; il lut aussi les ouvrages des Pères. En 1604 il se prononça contre l'épiscopat, et, pour le système ecclésiastique établi alors en Écosse. Comme le roi Jacques Ier voulait accorder ce système avec celui qu'avait embrassé l'Angleterre, il éprouva la plus vive opposition de la part de Calderwood, aux assemblées tenues à Glasgow, en juin 1610, et à Aberdeen, en août 1616. Les ecclésiastiques écossais ayant protesté contre une infraction que le parlement avait faite à leurs privilèges, Calderwood, l'un des signataires de cet acte, reçut l'ordre de comparaître à la cour, où il se trouvait alors à Saint-André, pour y rendre compte de sa conduite. Fort mal accueilli par le roi, qui le fit même arrêter, on lui donna à entendre qu'il eût à s'exiler volontairement des États de sa majesté, et à n'y point rentrer jusqu'à nouvel ordre.

Calderwood se retira en Hollande, où il resta plusieurs années. Pendant sa retraite forcée dans ce pays, il composa un ouvrage intitulé : *Alatre damascenum*, dont le sujet roule sur la querelle des presbytériens et des épiscopaux. Comme il avait été longtemps malade, on fit courir le bruit, en 1624, qu'il était mort. Un individu qui avait intérêt à se prêter aux vues de la cour, s'avisa de publier sous le nom de Calderwood une prétendue rétractation de ses idées en matière de dogme et de liturgie, dont les matériaux furent fournis, dit-on, par le roi lui-même. Mais on ne tarda point à savoir que Calderwood vivait encore et désavoua hautement cette œuvre d'un faussaire. Il ne quitta la Hollande pour retourner en Écosse qu'en 1636, et mourut en 1651 à l'âge de soixante-seize ans. On a de lui plusieurs ouvrages de controverse; voici les titres des principaux : *Discours de l'Église à ses Enfants bien aimés; Différence entre le pasteur et le prélat; Raisons pour lesquelles on ne doit pas fléchir le genou devant le Saint-Sacrement; Questions sur l'état de l'Église d'Écosse; De Regimine Ecclesiæ Scoticanæ brevis Relatio*, ou *Hieronymi Philadelphi de Regimine Ecclesiæ Scoticanæ Epistola; Vindiciæ contra calumnias Joannis Spotwodis*. Ces ouvrages furent pour la plupart imprimés en Hollande, et firent grand bruit lorsqu'ils furent importés en Écosse. Calderwood a laissé aussi des mémoires manuscrits assez volumineux et relatifs aux affaires ecclésiastiques de son pays, depuis le commencement de la Réformation jusqu'au règne de Jacques II; mais ils n'ont jamais été imprimés.

CALDIERO (Combats et Batailles de). Caldiero est un village du royaume Lombardo-Vénitien, situé à 15 kilomètres de Vérone, sur la route de cette ville à Vicence. Il y a des eaux minérales connues du temps des Romains, sous le nom de *Bains de Junon*. Ce lieu, sans aucune importance par lui-même, a cependant acquis quelque célébrité par plusieurs faits d'armes dont il a été le théâtre. La disposition du terrain en fait un champ de bataille naturel et même presque obligé pour les armées qui attaquent ou qui défendent la Lombardie. Entre Vérone et Villanova, l'Adige d'un côté et les contre-forts des Alpes de l'autre forment un bassin presque circulaire, que traverse la grande route de Vérone à Venise et en Allemagne. A Caldiero, un de ces contre-forts descend jusqu'au village, et entre le village et l'Adige le terrain est embarrassé par des rivières marécageuses; c'est cette espèce de barrage qui forme la position militaire qu'il importe de défendre pour couvrir Vérone, ou d'attaquer pour s'en approcher. Les plus anciens faits d'armes dont l'histoire nous ait conservé le souvenir dans la position de Caldiero sont ceux que nous avons déjà rapportés à l'article Bassora, et qui eurent lieu entre les armées vénitiennes et celles du duc de Milan.

Les Autrichiens profitèrent, vers la fin de 1796, de la longue résistance de Mantoue pour former successivement des armées destinées à débloquer cette clef de l'Italie et à dégager le maréchal de Wurmser. Les Impériaux firent de tels efforts, que le général d'Alvinzi posséda bientôt dans le Frioul une armée de cinquante mille hommes, tandis que son lieutenant en avait vingt mille dans le Tyrol. Bonaparte, ne pouvant avec les divisions disponibles de son armée résister à des forces aussi considérables, chercha d'abord à arrêter les mouvements de l'ennemi sur la Brenta à l'aide de divers corps d'observation. Alors Alvinzi passe la Piave; Bonaparte évacue le pays entre la Brenta et l'Adige; le 12 novembre les armées française et autrichienne sont en présence. Les Français étaient dans la nécessité de vaincre sans retard les ennemis; ils les attaquèrent avec autant d'intelligence que de bravoure. A la droite était Augereau, à la gauche Masséna. Augereau enlève Caldiero et fait deux cents prisonniers; Masséna tourne l'ennemi et prend cinq pièces de canon; mais une pluie froide et abondante, qui se transforme subitement en grêle, contrarie les mouvements des Français. L'affaire reste indécise. Les deux armées demeurent sur le champ de bataille, et Bonaparte se retire, méditant la nécessité de vaincre à Arcole.

Neuf ans plus tard, en 1805, tandis que Napoléon s'avançait, à grands pas, dans l'Allemagne, le maréchal Masséna combattait encore à Caldiero contre l'archiduc Charles d'Autriche. L'armée française avait pris possession à trois kilomètres au-dessus de Vérone. Elle attaqua l'ennemi le 30 octobre, à deux heures après midi. Le village de Caldiero fut emporté de vive force, et les Autrichiens se virent repoussés jusque sur les hauteurs voisines. L'action se soutint jusqu'à la nuit avec des chances diverses; enfin l'archiduc rentra dans ses retranchements, après avoir perdu cinq à six mille hommes, morts, blessés ou prisonniers. Les Français n'en avaient perdu que deux à trois mille. En même temps, une colonne autrichienne, forte de cinq mille hommes, se trouvait coupée par une suite de mouvements opérés par la division Seras. Le maréchal Masséna, après une sommation inutile, fit marcher quatre bataillons pour achever de les cerner. Le général autrichien sentit alors que toute résistance était impossible ; et le 2 novembre il consentait à mettre bas les armes sur les glacis de Vérone.

En 1809, après la perte de la bataille de Sacile, le prince Eugène, vice-roi d'Italie, se vit forcé de se retirer sur Vérone, afin de se rapprocher de son aile gauche, pressée dans le Tyrol par l'armée autrichienne de Chasteler, et de rallier les troupes qui ne l'avaient pas encore rejoint. La position de Caldiero fut alors occupée en sens inverse, c'est-à-dire par l'armée qui défendait Vérone, au lieu de l'être par celle qui menaçait cette ville. Le 28 avril l'armée française d'Italie se déploya dans cette position, forte d'environ soixante mille hommes d'infanterie et de cinq mille chevaux, en mesure de reprendre l'offensive contre l'archiduc Jean, qui avait laissé vingt-cinq mille hommes aux blocus de Venise et de Palma-Nova. Les opérations de ce jour et du lendemain nous furent favorables ; mais le 30 au matin deux brigades autrichiennes attaquèrent le 1er de ligne italien à Castel-Cerino. La première attaque de l'ennemi fut vivement repoussée, et le régiment gagna du terrain : cependant il fut rejeté, à son tour, sur Castel-Cerino. Le général Sorbier allait lui envoyer des renforts, et l'armée entière se disposait à marcher en avant ; mais le général Bonfanti, qui était à la tête du 1er italien, au lieu de continuer à défendre son poste, se mit en retraite, abandonnant Sorbier sans le prévenir. Les trois bataillons de la garde italienne, laissés à découvert par cette manœuvre, se défendirent avec une valeur héroïque, et parvinrent à se retirer à Cazzola, sans être entamés, quoique ayant perdu beaucoup de monde ; mais nous eûmes à déplorer la mort du général Sorbier, officier d'un grand mérite. Le lendemain le prince Eugène voulait reprendre Castel-Cerino ; mais l'archiduc Jean avait quitté ses positions dans la nuit, et nous ne nous occupâmes plus que de le suivre, ce que nous fîmes avec assez de bonheur pour parvenir à dissiper son armée.

En 1813 les hauteurs de Caldiero furent encore une fois le théâtre d'un combat entre les Français et les Autrichiens. La défection de la Bavière, et l'ennemi l'entrée du Tyrol, avait obligé le prince Eugène à se replier sur l'Adige. En même temps le corps principal de l'armée autrichienne traversait le Tyrol à grandes journées, afin d'essayer de prévenir le prince à Vérone. Ce fut ce mouvement qui décida Eugène à se fortifier à l'instant derrière l'Adige, sans s'arrêter dans la position de Caldiero, où il pouvait être tourné. Le 9 novembre il attaqua les troupes ennemies qui avaient dépassé Ala, et les repoussa en désordre avec une assez grande perte jusqu'à Roveredo. Le 16 nouveau combat, qui commence à dix heures du matin. Le général Jeannin ayant emporté les retranchements de San-Pietro, un régiment autrichien qui défendait les mamelons de Caldiero fut enveloppé, pris ou détruit presque en entier. L'aile droite continuant son mouvement, la division Eckhardt, quoique renforcée par des troupes fraîches, fut poussée en désordre derrière l'Alpon, où elle prit position. La division Vecsey, découverte sur sa droite, et canonnée en flanc par l'artillerie de la division Marcognet, fut également enfoncée par le général Quesnel, et poussée à Monteforte, où elle se reforma et essaya de tenir ; mais une fusillade ouverte l'obligea à quitter Monteforte et à se retirer derrière l'Alpon. La canonnade se soutint jusqu'à la nuit, et l'attaque parut tellement sérieuse au général Hiller, qu'il fit avancer ses troupes, afin d'être prêt à soutenir le gros de l'armée. Le mouvement du général Mermet avait manqué, à cause des difficultés qu'avaient éprouvées les troupes dans des chemins inondés et un terrain marécageux, qui ne lui permit d'arriver à Castelletto qu'après la retraite de l'ennemi. Mais la position de Caldiero avait été emportée, et l'ennemi, repoussé en désordre, malgré sa grande supériorité numérique, avait perdu quinze cents

DICT. DE LA CONVERS. — T. IV.

hommes hors de combat, neuf cents prisonniers et deux canons. Le but du prince Eugène étant atteint ; et, après avoir employé la journée du 16 à détruire les retranchements ennemis, il fit rentrer son armée dans ses positions derrière l'Adige, laissant cependant une forte avant-garde à Saint-Martin. La vigueur de ses deux attaques avait imposé à l'ennemi, et il fallut la défection du roi de Naples pour obliger, deux mois plus tard, le prince Eugène à quitter Vérone.   Gal G. DE VAUDONCOURT.

CALE. La *cale d'un vaisseau* est la partie du navire comprise entre le fond et le premier pont ; elle est divisée en plusieurs compartiments : le premier et le plus grand, nommé *cale à eau*, se trouve de l'avant à partir du grand mât ; on y renferme les caisses d'eau, les câbles et presque tous les cordages de rechange. Derrière est ordinairement placée la *cale au vin*, dans laquelle sont arrimées les barriques de vin et d'eau-de-vie destinées à la consommation de l'équipage ; les salaisons et les farines sont réparties dans ces deux cales. Les autres subdivisions du fond du navire s'appellent *soutes* : il y a la soute aux poudres, la soute aux voiles, les soutes à biscuit, à charbon, etc. ; on dit cependant les *puits à boulet*, le *puits de la chaîne* (câble-chaîne), la *fosse au câble* et la *fosse aux lions* (sans doute par corruption de *fosse aux liens*). Depuis longtemps il ne s'est fait aucune amélioration sensible dans les emménagements de la cale des navires ; on avait proposé de séparer les diverses parties par des cloisons qui devaient s'adapter presque hermétiquement au fond du vaisseau ; les communications entre tous les compartiments auraient été établies à l'aide de vannes qu'on aurait ouvertes ou fermées à volonté. Il est malheureux pour les cas d'incendie et de voies d'eau graves que cette idée ne soit guère applicable.

Cale de construction. Les vaisseaux sont construits à terre, sur des plans inclinés de huit centimètres par mètre, où ils glissent entraînés par leur propre poids quand on les lance à la mer. La longueur de la cale, y compris celle de l'avant-cale, qui plonge dans l'eau, est d'environ cent mètres ; elle doit être bâtie solidement et reposer sur un sol bien ferme, pour supporter l'énorme charge d'un vaisseau et de tous les chantiers sur lesquels il s'appuie. On a construit à grands frais dans nos ports des cales couvertes : ce sont de magnifiques édifices, dont la toiture repose sur d'énormes piliers ou colonnes en pierres de taille, de manière à enfermer le vaisseau tout entier. Comme monument, ces cales sont admirables, mais une sage économie doit les repousser comme objets de luxe ; les navires en construction sont aussi bien à l'abri des injures de l'air sous une simple couverture en planches garnies d'une toile peinte ou goudronnée. Aujourd'hui, on est parvenu à tirer de l'eau un navire tout construit et à le guinder sur sa cale. On concevra l'énorme force qu'exige une pareille opération, si l'on fait attention que le poids d'un vaisseau de 74 canons est d'environ 1,500,000 kilogrammes. L'adoption des chemins en fer facilite considérablement cette manœuvre.

Un navire désarmé et gardé au port ne tarde pas à se briser et à se détériorer ; en peu d'années il se trouve hors de service : nous avons des vaisseaux qui ne sont jamais sortis, et ne sont plus en état de naviguer. Sur une cale de construction il se conserve indéfiniment. C'est ainsi qu'au temps de sa grande puissance, Venise renfermait mystérieusement ses flottes sous des cales couvertes, et les faisait reparaître soudain dès que l'ennemi, ignorant ce secret, osait se représenter.   Théogène PAGE, capitaine de vaisseau.

CALE (Supplice de la). Voici en quoi consiste ce supplice. Le patient est amarré à l'extrémité d'une corde qui passe dans une poulie fixée au bout de la grande vergue ou de la vergue de misaine ; on lui lie les mains au-dessus de la tête, et on le hisse jusqu'à la hauteur de la vergue, d'où on le laisse retomber de tout son poids dans la mer trois fois de suite. Cette exécution se fait ordinairement avec beaucoup d'appareil; les équipages des navires en rade sont convoqués pour y assister; elle est annoncée par un coup de canon et par un pavillon d'une espèce particulière. Elle retient le nom de *cale mouillée*, et c'était la seule qui eût été conservée dans notre code pénal maritime, lorsque le gouvernement provisoire abolit les châtiments corporels après la révolution de Février.

La *cale sèche*, qu'on donnait plus anciennement, était un cruel supplice; le condamné retombait sur le pont et s'y brisait. On avait encore imaginé une peine intermédiaire, une modification de la cale sèche; elle consistait à retenir le patient dans sa chute, lorsqu'il était arrivé à quelques pieds au-dessus du pont. L'origine de cette peine remonte aux siècles barbares. La *cale sèche* était connue en France aux quatorzième et quinzième siècles sous le nom d'*estrapade*. Voici ce qu'on trouve dans les lois navales de Richard Cœur de Lion lors de son expédition en Terre Sainte : « Tout matelot qui aura frappé son camarade, mais sans effusion de sang, sera plongé trois fois de suite à la mer. » Du reste, l'antiquité de son existence n'était pas une raison pour conserver dans nos lois un supplice ridicule, enfanté par le même cerveau qui condamnait le matelot convaincu de vol « à avoir la tête rasée, arrosée de poix bouillante, frottée avec de la plume et du duvet, afin qu'on pût le reconnaître, et on cet état déposé à terre au premier endroit. »   Théogène PAGE, capitaine de vaisseau.

CALEB, fils de Jéphunné, Cénézéen, fut un de ceux qu'envoya Moïse à la découverte de la terre de Canaan. A la différence de ses frères, qui étaient partis avec lui, il ne jeta pas l'épouvante dans le cœur du peuple, et le législateur des Hébreux lui promit en récompense qu'il aurait en héritage le coin de terre où il avait mis les pieds. Il avait alors quarante ans; ce ne fut que quarante-cinq plus tard qu'il obtint de Josué la montagne d'Hébron, dont son gendre Othoniel hérita à sa mort.

CALEBASSE. On désigne sous ce nom les fruits du baobab, du calebassier et de plusieurs espèces de cucurbitacées. Il s'applique surtout à une de ces dernières, la *courge calebasse* (*cucurbita lagenaria*, Linné), plante qui répand une légère odeur de musc et se reconnaît à ses feuilles molles, un peu arrondies, lanugineuses, d'un vert pâle. Les fleurs sont blanches et fort évasées. Les fruits sont en forme de poire avec un cou allongé ou un étranglement, ou arrondies en forme de bouteille, de faux ou de croissant : ce sont ces fruits qui, dans leurs diverses variétés, portent les noms de *calebasse*, de *courge bouteille*, *gourde des pèlerins*, *courge trompette*. Leur pulpe est bonne à manger et leur écorce sert de vase.

CALEBASSIER, genre de la famille des solanées et de la didynamie angiospermie de Linné, qui renferme des arbres ou arbustes de l'Amérique méridionale, de la hauteur de nos pommiers, et à peu près de la même grosseur, dont les fruits, semblables par leur forme et leur volume à ceux des courges (*voyez* l'article précédent), servent aux mêmes usages. Le tronc du calebassier est tortueux, couvert d'une écorce grise et raboteuse, divisé en plusieurs branches principales d'où naissent d'autres plus petites, chargées de feuilles pointues, longues de quinze centimètres sur trois de largeur, plus larges dans le milieu que par l'une ou l'autre de leurs extrémités, lisses, glabres, d'un vert clair en dessous, et plus obscur en dessus, et qui sont disposées comme par bouquets. Ses fleurs sont d'une seule pièce, blanchâtres, en forme de cloche, irrégulières, pointillées sur leur surface, et d'une odeur désagréable. Les étamines sont blanches, et le calice de la fleur est verdâtre. Le fruit, semblable, comme nous venons de le dire, à une courge, est composé d'une écorce douce et épaisse, d'une couleur blanchâtre et rempli de semences pareilles à celles du concombre pour la forme, mais de couleur brune. Les Américains l'emploient à confectionner des vases qu'ils ornent de dessins coloriés.

CALÈCHE. Cette élégante voiture à un ou deux chevaux se distingue particulièrement par la capote mobile dont elle est pourvue. Cette capote est en cuir et se trouve tendue sur quatre cerceaux ; de plus elle est soutenue par des leviers en fer à charnière, en forme d'S, que l'on appelle *compas*. Lorsqu'on veut ouvrir complètement la calèche, le domestique resserre ces compas en les repliant sur eux-mêmes et en jetant la capote en arrière. Il y a plusieurs espèces de calèches, les *calèches à l'anglaise*, les *calèches à cave*, c'est-à-dire fermées par un tablier de cuir percé d'un trou, les *calèches-coupés* et les *calèches de chasse*.

CALÉDONIE. C'est sous ce nom que les Romains désignaient la contrée montagneuse de l'Écosse située au nord du golfe et de la Clyde, et que Cnéius Julius Agricola, qui pénétra lui-même en Calédonie, assigna pour limites à la province romaine appelée *Britannia* ou Bretagne; limites qu'il fallut d'ailleurs plus tard reporter plus au sud. Tacite donne le nom de *Calédoniens* à tous les habitants de cette contrée indistinctement; mais Ptolémée le réserve à ceux de la partie nord-ouest seulement. Ils n'appartenaient point à la race germanique, mais à la race celtique, et leur nom s'est conservé dans celui de *gaels*, qu'on donne encore aux Écossais des montagnes. Au commencement du troisième siècle de l'ère chrétienne, Septime-Sévère fut impuissant à réprimer leurs incursions dans la partie romaine de la Bretagne. Les Pictes, dont à partir du quatrième siècle le nom remplace l'ancienne dénomination de Calédoniens, n'étaient point un peuple différent. Il faut y joindre les Scots, dont le nom apparaît pour la première fois dans la seconde moitié du cinquième siècle, et qui avaient émigré d'Irlande dans la partie du territoire désigné de nos jours sous le nom de comté d'Argyle. Au cinquième siècle, quand ils se virent abandonnés par les Romains, les Bretons invoquèrent l'appui des Saxons pour les protéger contre les actes de brigandage et les dévastations de ces deux peuples. Ces Scots, dont de nouvelles émigrations avaient vraisemblablement accru le nombre pendant le cours du sixième siècle, détruisirent en 839 le royaume des Pictes; et à partir de cette époque le royaume des Scots comprit tout le territoire appelé aujourd'hui Écosse.

CALÉDONIE (Canal de). Ce canal, d'une haute importance pour le commerce, la navigation, les pêches et l'agriculture de l'Écosse, s'étend depuis la mer Atlantique, à partir du fort William, dans le comté d'Inverness, jusqu'au Murray-Firth, golfe de la mer du Nord, près d'Inverness. Il est coupé par huit grandes écluses, et ses deux embouchures sont protégées par des forts. Ce canal est remarquable par ses gigantesques proportions ; il a 6 m. 66 cent. de profondeur; dans son fond il est large de 16 m. 66 cent., et à 40 m. 66 cent. de largeur d'un bord à l'autre. Les écluses ont 57 m. 33 cent. de long et 13 m. 33 cent. de large. Des frégates de 32 canons, complètement armées, peuvent y naviguer sans danger. Les deux ports situés aux embouchures sont si spacieux et si profonds qu'ils peuvent recevoir les flottes les plus considérables. La longueur du canal est de 58,750 mètres; mais comme on a su tirer parti des trois lacs (*loch*) de Lochy, d'Oich et de Ness, qu'il traverse dans son parcours, on n'a eu besoin de creuser qu'un espace de 21, 500 mètres. Les frais de construction ne s'élevèrent pas à moins d'un million de livres sterling.

Le gouvernement en entreprenant, sous le règne de Georges III, ce travail colossal, voulut d'abord donner de l'occupation à beaucoup d'ouvriers des îles et des montagnes voisines, qui commençaient à émigrer faute de moyens d'existence, et ensuite ouvrir à la navigation une voie qui permit au commerce d'éviter complètement les côtes, si périlleuses, de la haute Écosse, où, malgré toute l'exactitude avec laquelle les cartes indiquaient les écueils, malgré les fanaux et les balises qui avertissaient les navigateurs, chaque gros temps causait de nombreux naufrages. Depuis l'ouverture du canal, les vaisseaux peuvent éviter ce long et dangereux détour; et quand le vent est contraire, ils le traversent en se faisant remorquer par des bateaux à vapeur. Toutefois, ce n'a pas été là une entreprise bien productive pour le gouvernement; car c'est à peine si ce canal rapporte la moitié de ses frais d'entretien. A. SAVAGNER.

CALÉDONIE (NOUVELLE-). *Voyez* NOUVELLE-CALÉDONIE.

CALÉFACTEUR. Cet utile appareil, inventé par M. Lemare, et destiné à la cuisson économique des aliments, offre de grands avantages aux pays où le bois est cher et aux ménages privés de domestiques. Le mérite de ce fourneau est dans le bon emploi de la chaleur développée par la combustion du charbon. Le foyer est entouré et recouvert d'une double enveloppe métallique pleine d'eau, et très-propre par conséquent à absorber la chaleur. Une autre enveloppe, en étoffe ouatée, empêche la déperdition de cette chaleur par les parois extérieures des vases, de sorte que la température acquise se maintient longuement et que la production de chaleur est très-économique. On conçoit que les vases placés dans ce magasin de chaleur y sont soumis à une température constante et déterminée, tout à fait favorable à une bonne cuisson des aliments. L'appareil est d'ailleurs peu dispendieux, n'exige presque aucun soin et peut livrer tout le jour de l'eau chaude pour les besoins domestiques. Économique et commode, cet appareil fournit des préparations d'excellente qualité. A. DES GENEVEZ.

CALÉFACTION (du latin *calefactus*, échauffé). Un creuset métallique étant chauffé jusqu'au rouge blanc, si on y projette quelques gouttes d'eau, ce liquide, au lieu de s'évaporer rapidement, s'arrondit comme le mercure sur le verre, restant en repos pendant quelque temps ou bien tournant sur lui-même avec une grande rapidité. Dans cet état nommé *sphéroïdal* ou *globulaire*, l'ébullition est nulle, et la diminution de volume très-lente. Mais si on laisse refroidir le creuset, au moment où sa température varie au rouge brun, le liquide bout avec violence, se trouve projeté de toutes parts et l'évaporation a lieu instantanément. Cet état particulier d'un liquide qui par son contact avec un corps surchauffé prend la forme globulaire que nous venons de décrire, a reçu le nom de *caléfaction*.

La cause de la caléfaction est inconnue. MM. Pouillet, Baudrimont, Person, etc., prétendent que le sphéroïde liquide est soutenu par la vapeur interposée entre lui et la paroi du vase. M. Boutigny, qui depuis nombre d'années se livre à des recherches sur ces curieux phénomènes, admet l'existence d'une force particulière. Pour combattre l'opinion de ses adversaires il recourt à l'expérience suivante : Il roule en spirale un fil de platine d'un millimètre de diamètre, de manière à en former une sorte de crible à mailles circulaires et continues, propre à laisser passer un liquide quelconque; puis, faisant rougir cette sorte de capsule, il verse dessus de l'alcool ou de l'éther, et il observe que la vapeur qu'ils produisent ayant une densité beaucoup plus élevée que celle de l'air, fait équilibre jusqu'à un certain point au courant ascendant d'air chaud produit par la haute température de la capsule; cette vapeur, tombant par les vides de la capsule, s'enflamme en dessous et en dessus, et le sphéroïde se trouve alors placé entre deux cônes de flamme opposés par leur base; la vapeur, s'échappant librement et uniformément de toute la surface du sphéroïde, ne saurait donc produire la réaction nécessaire pour neutraliser l'action de la pesanteur et maintenir le sphéroïde au delà du rayon de sa sphère d'activité physique et chimique. Si on remplace l'alcool ou l'éther par l'iode, l'expérience devient encore plus concluante : le cône de flamme inférieur est remplacé par une belle colonne de vapeurs violettes, qui tombe des vides de la capsule correspondant au sphéroïde d'iode. « Ces expériences, ajoute M. Boutigny, me paraissent tout à fait propres à établir l'existence de cette force mystérieuse, cette force répulsive qui neutralise l'action de la pesanteur. Assurément, l'attraction n'est pas détrônée par les expériences dont il s'agit, mais elles permettent de dire qu'à l'avenir il faudra compter avec la répulsion. »

Aux hypothèses de M. Boutigny, M. Person répond : « Supposons une goutte qui, libre dans un creuset, dure par exemple cent secondes; M. Boutigny explique cette lenteur, en disant que la chaleur rayonnante ne pénètre pas dans un liquide à l'état sphéroïdal. Maintenant je suspends la goutte à quelques millimètres du fond du creuset par un fil de platine terminé en anneau horizontal; la chaleur rayonnante reste sensiblement la même : d'ailleurs cela importe peu si elle ne pénètre pas. Ainsi le temps de l'évaporation doit être à peu près le même, ou plus petit, à cause de la chaleur que propage le fil. Or, c'est précisément le contraire qui arrive : la goutte va durer cent quatre-vingts secondes, deux cents secondes. Faudra-t-il admettre un état *supersphéroïdal* où la chaleur rayonnante pénétrerait encore moins que dans l'état sphéroïdal, où cependant elle ne pénètre pas du tout, d'après M. Boutigny?... La véritable explication, c'est que la chaleur rayonnante, qui est très-bien absorbée par l'eau, dans tous ces cas, est loin d'être aussi considérable qu'on le suppose. La chaleur transmise par les fluides élastiques et surtout par la couche très-mince de vapeur surchauffée qui soutient le liquide joue un rôle capital ici, comme le prouve l'accroissement brusque du temps de l'évaporation, dès qu'on éloigne un peu la goutte de la paroi. »

On voit donc que l'étude des phénomènes de caléfaction touche aux points les plus élevés de la science, et est encore bien peu avancée. Il est un fait qu'aucune théorie n'explique : c'est que tous les liquides ne se comportent pas de la même manière. Ainsi, dans l'expérience qui nous a servi de point de départ, si à l'eau pure que nous avons employée on substitue de l'eau chargée d'un alcali ou de quelque sel soluble, cette eau entre en ébullition dans un creuset rouge blanc, absolument de la même manière que dans un creuset qui est chaud sans être rouge.

Sans nous prononcer sur une question qui divise les hommes les plus compétents, rapportons encore une curieuse expérience de M. Boutigny, où nous verrons, comme résultat des lois de la caléfaction, ce fait remarquable de la congélation de l'eau obtenue dans un fourneau à moufle, à côté de métaux en fusion. Si on place dans le moufle une capsule de platine, et que, celle-ci étant suffisamment chauffée, on y verse quelques gouttes d'acide sulfureux, cet acide commence par prendre la forme globulaire, se volatilise lentement, et attire l'humidité, qui vient se congeler à sa surface; le glaçon ainsi formé finit par se fondre quand l'acide est presque complètement volatilisé, et il devient globulaire à son tour, pour disparaître aussi, non pas par ébullition, mais par évaporation.

Il paraît que Perkins a vu dans les bouilleurs des chaudières portés au rouge l'eau prendre la forme globulaire et ne plus donner que très-peu de vapeur. On comprend alors qu'au moment où la température s'abaisse, la vapeur, se produisant avec une grande intensité dans un vase clos, puisse occasionner ces explosions terribles dont on a déjà causé tant de sinistres sur les chemins de fer et dans les bâtiments à vapeur. E. MERLIEUX.

CALÉIDOSCOPE. *Voyez* KALÉIDOSCOPE.

CALEMBOUR. On sait que le calembour consiste à jouer sur le double sens d'un mot; on sait qu'il provoque le rire; on sait qu'il sert d'esprit à ceux qui n'en ont pas, qu'il diffère des bons mots proprement dits, qu'il y a de bons et de mauvais calembours, que si ces jeux de mots égayent les esprits légers et superficiels, ils excitent le mépris des hommes sérieux et profonds; on sait parfaitement tout cela ; mais si l'on demandait pourquoi il en est ainsi, on serait peut-être embarrassé de répondre.

14.

Pourquoi le calembour provoque-t-il le rire? Le rire est l'expression d'un sentiment excité dans l'esprit par la présence simultanée d'un rapport de convenance et d'un rapport de disconvenance qui se manifestent ou qui semblent se manifester à la fois entre deux choses, entre deux idées. Or, le calembour, qui consiste dans la double signification que présentent deux homonymes, ou mots ayant la même consonnance, nous offre d'abord un rapport de ressemblance ou de convenance entre les sons qui représentent les idées, puis un rapport de différence entre les idées représentées par des sons semblabes. M. de Bièvre, apprenant qu'un de ses amis est au lit depuis un mois, s'écrie : Quelle *fat-alité*! Ce mot présente deux idées fort différentes (rapport de disconvenance), qui pourtant sont exprimées toutes deux par des sons exactement semblables (rapport de ressemblance). On voit donc que les deux mêmes termes offrent le double rapport de convenance par l'expression, de disconvenance par l'idée. Plus ces rapports sont frappants, c'est-à-dire plus la ressemblance des sons est exacte et la différence entre les idées saillantes, plus aussi le calembour prête à rire. Ainsi, ce jeu de mots est moins heureux quand les homonymes s'écrivent avec une orthographe différente, parce que le rapport des ressemblances n'est plus alors aussi parfait; et c'est pour la même raison qu'on le trouve déplaisant quand la similitude des sons n'est pas entière, comme lorsqu'un o bref correspond la syllabe longue *au*, etc.

Mais on comprendra mieux ce qui constitue cette espèce de jeu de mots, on l'appréciera davantage à sa juste valeur, quand nous l'aurons comparé aux bons mots proprement dits. Prenons un exemple de ces derniers. Mme de Sévigné, en écrivant à sa fille, qui souffrait d'une affection gastrique, lui dit : *J'ai mal à votre estomac.* Quoique l'idée en elle-même n'invite pas à la gaieté, le lecteur ne peut rencontrer cette phrase sans que le sourire échappe de ses lèvres. Quelle en est la raison? nous l'avons donnée plus haut en définissant le rire. Cette phrase présente deux termes entre lesquels on aperçoit à la fois un rapport de convenance et de disconvenance. Comment peut-on avoir mal à l'estomac d'un autre? Un tel rapprochement ne pourrait-il pas être qualifié d'absurdité? Au fond cependant, comme on découvre facilement la raison de convenance qui existe entre ces deux idées! comme on voit bien sous cette forme déraisonnable le rapport naturel que l'amour fait entre les maux de la fille et la tendre sympathie de la mère! Telle est la raison qu'on peut donner de tous les bons mots et du plaisir intellectuel qu'ils excitent : c'est, comme dans le calembour, la simultanéité et, pour ainsi dire, le conflit entre les deux mêmes termes de deux rapports d'une nature opposée.

Comment se fait-il cependant qu'on porte un jugement si différent sur le calembour et sur le véritable bon mot? Le jugement est très fondé, et l'on va comprendre facilement la raison. Dans le calembour, le rapport de convenance est dans la forme, celui de disconvenance est dans le fond. S'il y a consonnance dans les mots, il y a discordance dans les choses. Dans un bon mot, proprement dit, le rapport de convenance est dans le fond, la discordance des pensées ou, si l'on veut, la discordance des pensées n'est que dans la forme. Dans le calembour, l'absurdité qui, à la faveur d'une équivoque, singe la vérité, et grimace sans pudeur sous le masque qu'elle lui emprunte. Dans le bon mot, c'est la vérité qui s'enveloppe avec coquetterie dans le voile transparent de l'erreur, et cache ingénieusement sous cette forme piquante son mérite et sa beauté. La vérité n'est rien pour le faiseur de calembour. S'il la rencontre quelquefois, il ne la cherchait pas, ne s'en inquiète jamais, et la sacrifie sans pitié à une misérable ressemblance de sons, qui fait mieux ressortir encore la frivolité et le vide de sa pensée. Plus même l'idée à laquelle il fait allusion est ridicule et fausse, plus on le verra s'enorgueillir de l'absurdité où il aboutit. L'amour de l'homme pour la vérité et le bon sens est donc la source légitime du mépris qu'on manifeste avec tant de justice pour ces esprits futiles dont les conceptions n'enfantent que le faux et l'absurde, et qui préfèrent le clinquant du mensonge à la lumière voilée de la raison. L'homme vraiment spirituel, au contraire, n'a en vue qu'une pensée vraie ou qu'il croit telle, et qu'il déguise seulement pour lui donner plus d'attrait. Et en effet, ce qui constitue le mérite d'un bon mot, c'est la justesse, la profondeur ou l'intérêt de la vérité qu'il recèle. Si la pensée qui se trouve au fond d'un bon mot est commune et de mince importance, le bon mot sera lui-même empreint des mêmes caractères : il fera rire un moment, perdra le être cité, et n'amusera que des têtes légères.

Mais je me surprends à m'étendre beaucoup sur l'*esprit*, quand je n'avais à parler que du *calembour*. Finissons, après l'avoir ainsi maltraité, par lui accorder quelque chose, et par avouer que dans certains cas, peu nombreux il est vrai, il mérite le nom de *bon mot* : c'est lorsque l'une des significations du terme sur lequel on joue, celle à laquelle on feint de ne pas songer, présente une pensée vraie et d'un certain intérêt pour l'esprit. En voici des exemples : Carle Vernet, entendant faire l'éloge de la comédie intitulée : *Maison à vendre*, qu'on venait de représenter, dit avec un grand sérieux : « Je ne sais pourquoi on s'extasie tant sur le mérite d'une pièce qui ne justifie pas son titre : on m'annonçait une maison à *vendre*, et je n'ai vu qu'une maison à *louer*. » On prête un mot de ce genre à une actrice célèbre : elle se promenait aux Tuileries, et entendit derrière elle des gardes du corps qui prononçaient son nom : « Eh, Messieurs ! dit-elle en se retournant, qu'a de commun *Mars* avec les gardes du corps? » Pourquoi de tels jeux de mots sont-ils goûtés? pourquoi les qualifie-t-on de traits d'esprit, d'heureuses saillies? C'est qu'on y peut trouver autre chose qu'un calembour.
C.-M. PAFFE.

A son retour à Paris, Voltaire fut blessé du calembour, dont on abusait en sa présence. Il le regardait comme le fléau de la bonne conversation, comme l'éteignoir de l'esprit. Il avait engagé Mme Dudeffant à se liguer avec lui contre son despotisme : « Ne souffrons pas, lui disait-il, qu'un tyran si bête usurpe l'empire du monde! » Cependant, nous avons surpris le philosophe en flagrant délit : Voltaire a fait au moins un calembour en sa vie. Une dame, lui parlant de son voyage en Angleterre, lui dit : « Comment avez-vous trouvé la *chaire anglaise*? — « Très-fraîche et très-blanche », répondit-il. Il est vrai qu'il entrait alors dans sa quatre-vingt-troisième année, et qu'il ne devait plus s'y connaître, le grand homme!

Le calembour remonte à une très-haute antiquité. Des exemples tirés du grec et du latin lui assignent une origine fort respectable. On en trouve dans Aristophane et dans Plaute. Cicéron, combattant le préteur concussionnaire Verrès, l'appelle, tantôt pourceau, tantôt balai de la pauvre Sicile (*verres*, verrut, *verrere*, balayer). Les trois esprits les plus profonds des temps modernes, Rabelais, Shakspeare et Molière ont fait des calembours. Mais le dieu du genre c'est M. de Bièvre, qui nous a laissé un recueil de bons mots et une œuvre sublime, une admirable tragédie de Vercingétorix, en cinq actes, dont chaque vers est lardé d'un calembour, et qui sera, dit-on, représentée prochainement au Théâtre Français. Parmi les héritiers de M. de Bièvre, on peut citer notre spirituel collaborateur M. Jacques Arago, qui dépense en calembours une grande partie de son esprit.

Jetant les yeux autour de nous, il ne serait peut-être pas difficile de découvrir, en cherchant bien, parmi ceux qui font d'être et de paraître sérieux métier et devoir, parmi nos hommes d'État eux-mêmes, les plus graves, les plus profonds, les plus forts, quelques consciences chargées de gros péchés de ce genre. Dans les rangs artistiques et littéraires, les exemples foisonnent. Témoin Carle Vernet, déjà cité; témoin l'auteur d'*Eugénie Grandet*, dont le personnage de prédilection est le rapin-faiseur de calembours ; témoin

l'auteur de *Notre-Dame de Paris*, qui, joignant le rébus au calembour, ne rougit pas de dessiner un Turc enlevant une femme et respirant un sachet de parfums, ce qui se traduit ainsi : « Le mal est qu'Adèle (le Malek-Adel) aime le patchouli. » On lui disait un jour : » C'est l'esprit des sots.
— Non, répondit le poëte; c'est la sottise des gens d'esprit. »

Des savants allemands ont prétendu que ce jeu de mots devait sa dénomination à un certain comte *Calemberg*, de Westphalie, qui habitait Paris sous Louis XIV, ou à un apothicaire appelé Calembourg, tous deux célèbres dans cette gymnastique plus ou moins intellectuelle. Nous sommes trop peu fort en étymologie pour oser nous prononcer en dernier ressort sur une question si importante.

Le Christ dont la réponse à Pilate, traduite en latin, forme un anagramme, a fait un calembour tout à fait français lorsqu'on traduit la phrase par laquelle il crée saint Pierre chef visible de son église : « Tu es Pierre et sur cette pierre je bâtirai mon église. » Nous sommes convaincu que Voltaire ne proscrivait les calembours que parce que Jésus en avait fait un. Jules SANDEAU.

CALENDER, nom d'une espèce particulière de moines turcs et persans, signifie *or pur*, et fait allusion à la pureté de cœur, à la spiritualité de l'âme et à l'exemption de toutes souillures mondaines qu'exigeait de ses disciples le fondateur de cet ordre. C'était un Arabe d'Espagne, Youssouf, surnommé *Endeloussy* (l'Andalousien), qui chassé de l'ordre des bektachis, et n'ayant pu être admis dans celui des mewlewis, finit par instituer les *calenders*, auxquels il donna le nom qu'il avait pris. Il leur imposa l'obligation de voyager perpétuellement, et autant que possible sans chaussure; de vouer une haine éternelle aux deux autres ordres de derviches; de ne vivre que d'aumônes, et de se livrer aux pratiques les plus austères, pour mériter les récompenses célestes, surtout cet état d'extase, d'illumination et de sainteté, vrai partage d'un digne cénobite.

Cette institution dégénéra bientôt. Le relâchement de la morale des calenders, la dissolution de leurs mœurs, les vices les plus honteux, le vol, l'assassinat, devinrent assez communs parmi ces moines musulmans pour que le poëte moraliste Sâdy, dans son *Gulistan*, qu'il écrivait au milieu du treizième siècle, ait traité peu favorablement ceux de Perse. Après les avoir accusés de gourmandise, il ajoute qu'ils ne sortent jamais de table tant qu'il y reste quelque chose à manger, tant que la respiration leur dure. Ailleurs, il dit qu'il y a deux sortes de gens qui doivent être inquiets sur leur sort : un marchand qui a perdu son vaisseau et un riche héritier tombé entre les mains des calenders. En effet, ils voyageaient assez souvent par bandes nombreuses, exerçant toutes sortes de violences et de brigandages.

Les calenders vivent à leur fantaisie, n'obéissent à aucun supérieur, ne suivent aucune règle, et ne gardent aucun frein. Leur moindre défaut est d'être de vrais pourceaux d'Épicure, jouissant de la journée sans s'inquiéter du lendemain, s'imaginant qu'un cabaret est un lieu aussi saint qu'une mosquée. Voleurs de grands chemins quand ils sont les plus forts, ils changent de rôle suivant les circonstances; ils font les fous, les imbéciles, les charlatans. Quelques-uns affectent une grande continence. D'autres cherchent à inspirer de la pitié, ou plutôt à exciter des émotions en se plantant des plumes dans la peau du front, en se traversant les muscles du bras avec des lardoires, en se faisant un séton au ventre avec un sabre, ou en s'appliquant des fers brûlants sur la face. Leur costume ne varie pas moins que leurs habitudes. A l'exemple de leur fondateur, qui, dit-on, était vêtu d'une peau de bête sauvage et d'un tablier de cuir, mais qui pourtant avait une ceinture ornée de pierres précieuses et de diamants faux, la plupart vont presque nus; les uns n'ont pour vêtement qu'une camisole sans manches,

tissue de laine et de crin. D'autres n'ont qu'un simple caleçon, et la tête nue garnie de longs cheveux. Il y en a, enfin, qui se coiffent avec des bonnets fort haut et composés de toutes sortes de loques qui pendillent. Ceux qui portent des plumes sur le front prétendent faire croire qu'ils sont gens à méditations, et qu'ils ont des révélations. Il y a cependant des calenders qui sont vêtus plus décemment; mais leurs habits, toujours plus courts que ceux des Turcs, ne sont que d'une seule couleur, rouge, jaune, vert ou bleu.

Les calenders se rasent la barbe et la tête, renoncent au mariage, à leur famille, à tout, excepté aux plaisirs, aux vices et aux excès qui résultent de leur vie vagabonde. Leur croyance est d'ailleurs assez commode, et favorise leur penchant pour la débauche. Le précepte du Coran qu'ils observent le plus scrupuleusement, c'est l'ablution. Ils prétendent qu'après les jouissances charnelles et les infamies les plus dégoûtantes, il suffit de se laver pour être purifié, même moralement. Ils s'enivrent d'opium et de liqueurs fortes, et dans cet état ils se frappent ou se tuent quelquefois sans le vouloir, ou se ruent sur les passants. Certes, de telles gens ne peuvent être considérés comme formant une société religieuse, et pourtant en Perse on leur donne le nom d'*Abdalahs*, serviteurs de Dieu. Mais, malgré ce respect apparent, personne ne les reçoit chez soi. Ils sont obligés de vivre isolés. On leur construit hors des villes et des bourgs, et près des mosquées solitaires, un petit oratoire et une cabane, où il n'y a qu'une natte de feuilles de palmier et une peau de mouton.

L'ordre des calenders, se trouvant naturellement disposé à se recruter des factieux, des bandits, des gens corrompus, du rebut de la population de tous les pays, n'a pu manquer de figurer au premier rang dans plusieurs révolutions, de produire des fanatiques, de prétendus illuminés, des ambitieux et de grands criminels. Ce fut un calender qui en 1493, tirant un sabre qu'il tenait caché, allait frapper le sultan Bajazet II, lorsqu'il fut lui-même renversé par un pacha, d'un coup de masse d'armes. En 1526, au commencement du règne de Soliman Ier, une troupe de bandits, ayant à leur tête *Calender-Beg*, commirent les plus horribles dévastations dans la Karamanie, et ne purent être détruits que par le grand vizir Ibrahim, qui les vainquit près de Césarée, où leur chef s'était fait reconnaître souverain. Plus tard, un calender, fameux voleur, mérita que ses exploits fussent célébrés dans les chansons. Son fils, s'étant révolté, en 1603, contre le sultan Ahmed Ier, livra plusieurs combats sanglants, fut enfin défait complètement près de Marasch, et se sauva en Perse. Si l'on a vu en Europe des grands seigneurs, des souverains, renoncer au monde pour embrasser la vie religieuse, il n'est pas extraordinaire qu'en Orient des princes, des fils de roi, ennuyés de l'étiquette des cours, aient adopté la vie joyeuse et indépendante de moines vagabonds, comme on le voit par le joli conte des *Trois calenders fils de rois*, dans les *Mille et une Nuits*. H. AUDIFFRET.

CALENDES. Les Romains appelaient ainsi le jour de l'apparition de la nouvelle lune. Leur mois commençait alors. Le jour des calendes, un des petits pontifes appelait le peuple au Capitole, lui annonçait les fêtes qu'il devait célébrer pendant le mois, et lui apprenait combien de jours devaient s'écouler jusqu'aux nones. A la rigueur, il n'était pas nécessaire d'être pontife pour savoir cela; dans les mois de 31 jours, les nones arrivaient le 7; dans les autres mois le 5. On voit que le calcul n'était pas compliqué; mais le pontife n'avait garde de le présenter d'une manière aussi simple. Il répétait autant de fois le mot *calo* (j'appelle) qu'il y avait de jours entre les calendes et les nones. C'est dans l'emploi de ce mot *calo* qu'il faut sans doute chercher l'étymologie des calendes.

Ces calendes, ainsi que les nones et les ides étaient des jours de fête exactement chômés, mais dont le lendemain, était réputé néfaste. Les calendes étaient consacrées à Junon, ainsi que l'atteste ce vers d'Ovide :

> Vindicat Ausonias Junonia cura Calendas.
> (*Fastes*, livre I.)

On avait coutume de sacrifier à cette déesse le premier de chaque mois ; c'est pourquoi elle portait le surnom de *Calendaris*.

Les calendes de janvier, qui commençaient l'année, ramenaient périodiquement cette explosion universelle de tendresse à jour fixe, de tendresse formulée d'avance en étrennes, et en vœux de bon an, dont les enfants et les domestiques ont perpétué chez nous la tradition ; Ovide est encore ici notre autorité :

> At cur lætæ tuis dicuntur verba Calendis,
> Et damus alternas accipimusque preces?
> (*Fastes*, livre I.)

Outre les faiseurs de cadeaux, il y avait une autre classe d'individus qui redoutaient vivement l'arrivée des calendes et pour laquelle celles de janvier n'étaient pas seules à craindre ; c'étaient les débiteurs, qui s'engageaient presque toujours à payer ce jour-là. Il s'en trouvait beaucoup qui l'échéance venue auraient bien voulu pouvoir renvoyer leurs créanciers *aux calendes grecques*, car le mois des Grecs n'avait point de calendes. — Émile SAUSSINE.

CALENDRE ou **QUALENDRE**, auteur du treizième siècle, qui écrivit en sept mille vers français une *Histoire des Empereurs romains*. Cet ouvrage contient l'histoire abrégée de Rome, depuis sa fondation jusqu'à la prise de cette ville par Alaric. Ce n'est véritablement qu'une chronique ; mais on y trouve des passages où se montrent quelques lueurs de génie poétique. Le style, au reste, est partout d'une clarté et d'une concision remarquables. L'auteur avait dédié son *Histoire des Empereurs* à Ferri Ier, duc de Lorraine, son protecteur.

CALENDRIER. Ce mot, dérivé de *calende*, désigne, d'après la définition qu'en donne M. Arago : « une collection de préceptes ou de tables dans lesquelles les subdivisions du temps sont envisagées dans leurs rapports naturels ou conventionnels de position et de longueur. » La principale de ces subdivisions est le *jour*, dont dérivent toutes les autres, multiples (semaine ou décade, mois, année, etc.), ou sous-multiples (heure, minute, seconde, etc.).

Les calendriers de l'Europe moderne tirent leur origine du *calendrier romain*. Les mois romains, dont nous avons déjà donné la disposition à l'article ANNÉE, étaient divisés comme ils le sont encore dans le calendrier latin, en *calendes*, *nones* et *ides*. Pour marquer les jours, on se servait des huit premières lettres de l'alphabet A, B, C, D, E, F, G, H, qu'on nomma à cet effet *lettres nundinales*, parce que la huitième indiquait le jour du marché, appelé *nundinæ* (*quasi novem*), en ce qu'il avait lieu la veille de chaque neuvième jour de cette période. On donnait le nom de *calendes* au premier jour de chaque mois. Les *nones* étaient le cinquième jour du mois pour ceux de 30 et le septième pour ceux de 31. Cette dénomination lui avait été donnée, parce qu'il tombait constamment neuf jours avant les *ides*, qui arrivaient le 13 pour les mois de 30 jours, et le 15 pour ceux de 31. Les vers suivants indiquent d'une manière heureuse les règles de cette division :

> Prima dies mensis cujusque est dicta Calendæ ;
> Sex maius Nonas, october, julius et mars ;
> Quatuor at reliqui ; dabit Idus quilibet octo ;
> Inde dies reliquos omnes dic esse Calendas
> Quos retro numerans dices a mense sequenti.

Les Romains ne comptaient pas les quantièmes comme nous. Ils caractérisaient chaque jour par sa distance à la fête suivante du même mois. Immédiatement après les calendes d'un mois quelconque, les dates étaient rapportées aux nones, et l'on disait sept jours, six jours, cinq jours, etc., avant les nones. Dès le lendemain des nones on comptait par les jours ; enfin les jours qui terminaient un mois étaient de même rapportés aux calendes du mois suivant. Par exemple, les derniers jours de février s'appelaient le septième, le sixième, le cinquième, etc., avant les calendes de mars. Remarquons que le jour qui précédait immédiatement les nones, les ides, les calendes, s'appelait, comme de raison, la veille des nones, la veille des ides, la veille des calendes ; et que l'avant-veille de chacun de ces jours aurait dû prendre respectivement le nom de *deuxième* jour avant les nones, avant les ides, avant les calendes. Cependant, par une anomalie étrange, il s'appelait en réalité le *troisième* ; sa veille était le *quatrième*, et ainsi de suite, avec une erreur constante d'une unité.

Déjà, au mot ANNÉE, nous avons indiqué les désordres qui s'étaient introduits dans le calendrier romain lorsque Jules César entreprit de le réformer, par le plus simple de tous les modes d'intercalation, celui d'une bissextile tous les quatre ans. « Mais, dit Laplace, si la courte durée de la vie suffit pour écarter sensiblement l'origine des années égyptiennes du solstice ou de l'équinoxe, il ne faut qu'un petit nombre de siècles pour opérer le même déplacement dans l'origine des années juliennes ; ce qui rend indispensable une intercalation plus composée. Dans le onzième siècle, les Perses en adoptèrent une, remarquable par son exactitude. Elle se réduit à rendre la quatrième année bissextile sept fois de suite, et à ne faire ce changement la huitième fois, qu'à la cinquième année. Cela suppose la longueur de l'année tropique de $365j.,2424242$, plus grande seulement de $0j.,0001002$ que l'année déterminée par les observations ; en sorte qu'il faudrait un grand nombre de siècles pour déplacer sensiblement l'origine de l'année civile. Le mode d'intercalation du calendrier grégorien est un peu moins exact ; mais il donne plus de facilité pour réduire en jours les années et les siècles ; ce qui est l'un des principaux objets du calendrier. Il consiste à intercaler une bissextile tous les quatre ans, en supprimant la bissextile de la fin de chaque siècle, pour la rétablir à la fin du quatrième. La longueur de l'année que cela suppose est de $365j.,2425$, plus grande que la véritable de $0j.,000236$. Mais si en suivant l'analogie de ce mode d'intercalation, on supprime encore une bissextile tous les quatre mille ans, ce qui les réduit à 969 dans cet intervalle, la longueur de l'année sera de $365j.,242250$, ce qui approche tellement de la longueur $365j.,242264$ déterminée par les observations, que l'on peut négliger la différence, vu la petite incertitude que les observations laissent sur la vraie longueur de l'année, qui d'ailleurs n'est pas rigoureusement constante. »

On voit, par ce qui précède, que le concile de Nicée, réuni en 325, se trompait lorsqu'il croyait que le calendrier julien ramènerait toujours l'équinoxe de printemps au 21 mars ; au quinzième siècle, cet équinoxe *anticipait* déjà beaucoup sur la date qui lui avait été assignée. Cette erreur, en s'accroissant chaque année fini par rejeter en plein hiver la fête de Pâques. Aussi, en 1414, le cardinal Pierre d'Ailly proposa-t-il au concile de Constance et au pape Jean XXIII de réformer le système d'intercalation de Jules César. Vers la même époque, le cardinal Cusa écrivit aussi sur la matière, que Roger Bacon avait déjà traitée. Le pape Sixte IV aurait sans doute opéré la réforme, devenue de plus en plus nécessaire, sans le mort de Regiomontanus, astronome célèbre, qu'il avait appelé à Rome pour le charger de cette affaire. Près d'un siècle après, en 1563, le concile de Trente, en se séparant, fit à ce sujet de nouvelles recommandations au pape. Enfin Grégoire XIII réussit, en 1582, à opérer la réforme tant désirée, avec le concours d'un savant Calabrais nommé Lilio.

La réforme grégorienne ne se borna pas à pourvoir aux besoins de l'avenir ; elle voulut ramener les choses à l'état où elles étaient à l'époque du concile de Nicée, et, comme l'équinoxe, fixé au 21 mars par les prélats qui composaient ce concile, avait anticipé sur cette date et arrivait le 11 mars, on décida de supprimer dix jours. Une bulle de 1581 ordonna donc que dans l'année 1582 le lendemain du 4 octobre porterait le quantième du 15 octobre, et ainsi de suite. Par ce moyen le jour qui eût été le 11 mars suivant se trouva le 21, et l'équinoxe fut rétabli sur le calendrier à sa date primitive. Le mois d'octobre avait été préféré à tous les autres parce qu'il ne s'y rencontre aucune des fêtes mobiles, dont la translation n'aurait pas été sans difficultés. Telle est l'origine de la différence primitive de dix jours qui a longtemps existé entre les dates pour les pays où la réforme grégorienne fut adoptée et les contrées protestantes ou du rit grec. Cette différence de dix jours ne s'augmenta pas en 1600, qui fut une année bissextile à la fois dans le calendrier Julien et dans le calendrier grégorien; mais elle s'accrut d'un jour en 1700 et d'un autre jour en 1800; ce qui fait un total de douze jours, différence actuelle entre les dates des Russes, qui, ont conservé le calendrier julien, et les dates des autres peuples de l'Europe.

La réforme grégorienne ne fut pas adoptée immédiatement et sans résistance, même dans les pays catholiques. Quant aux pays protestants, on y aima mieux, suivant la remarque d'un érudit, ne pas être d'accord avec le soleil que de l'être avec la cour de Rome. Cependant la réformation, commencée à Rome le 5 (15) octobre 1582, selon le décret, eut lieu en France le 10 (20) décembre de la même année. En Allemagne elle fut adoptée dans les pays catholiques, en 1584, à la suite des pressantes sollicitations de Rodolphe II; et dans les pays protestants, en 1600, le 19 février (1er mars). Le Danemark, la Suède, la Suisse, suivirent l'exemple de l'Allemagne : quelques villages seulement de l'Helvétie résistèrent, et il fallut pour les réduire recourir à des amendes et à la force armée. La Pologne reçut aussi la réforme en 1586, malgré une sédition que ce changement avait fait naître à Riga; et enfin l'Angleterre se décida à l'adopter, le 3 (14) septembre 1752.

Pour établir le calendrier grégorien correspondant à un millésime donné, il faut composer une table contenant : 1° le *quantième* ou ordre des jours, mois par mois, à raison de 31 pour janvier, 28 (et 29 les années bissextiles) pour février, 31 pour mars, 30 pour avril, 31 pour mai, 30 pour juin, 31 pour juillet, 31 pour août, 30 pour septembre, 31 pour octobre, 30 pour novembre et 31 pour décembre; 2° les *noms* des jours de la semaine (*lundi, mardi*, etc.); 3° l'*éponymie* des saints et fêtes pour chacun de ces jours; 4° enfin les autres éléments du calendrier connus sous les noms de *lettre dominicale, épacte, indiction*, et *nombre d'or*.

L'indication des fêtes fixes du catholicisme (l'Assomption, la Toussaint, Noël) n'offre aucune difficulté. Quant aux fêtes mobiles, leurs dates se déterminent au moyen de celle de la Pâque : ainsi la Septuagésime et le Mercredi des Cendres sont, l'un 63 jours, l'autre 46 jours avant Pâque, tandis que les Rogations, l'Ascension, la Pentecôte, la Trinité, la Fête-Dieu, viennent respectivement 36, 40, 50, 57, 60 jours après la fête pascale.

Comme la Pâque n'arrive jamais plus tard que le 25 avril ni plus tôt que le 22 mars, on a construit sur cette hypothèse un calendrier dit *perpétuel*, qui sert à trouver toutes les fêtes mobiles de l'année. Il semble au premier abord que le calendrier perpétuel doive nécessairement se composer d'une série de 35 calendriers, autant qu'il y a de jours depuis le 22 mars inclusivement jusqu'au 25 avril inclusivement. Tel est celui qui se trouve en tête de la première édition de l'*Art de vérifier les dates*. Mais en donnant une seconde édition de cet admirable ouvrage, D. Clément trouva le moyen de réduire les 35 calendriers à 7, par une série de combinaisons aussi exactes qu'ingénieuses.

CALENDRIER DE FLORE. On nomme ainsi un tableau indiquant les floraisons des végétaux mois par mois. Linné ayant remarqué que non-seulement les divers végétaux fleurissent à des époques différentes de l'année, mais qu'en général sous la même latitude la même plante fleurit à la même époque, il dressa le premier un calendrier de Flore pour la latitude d'Upsal. Plus tard, Lamarck en composa un propre au climat de Paris, et que nous allons reproduire ici :

Janvier : l'ellébore noir. — *Février :* l'aune, le saule-marseau, le noisetier, le *daphne mezereum*, la galantine perce-neige, etc. — *Mars :* le cornouiller mâle, l'anémone hépatique, le buis, le thuya, l'if, l'amandier, le pêcher, l'abricotier, le groseillier épineux, la giroflée jaune, la primevère, l'alaterne, etc. — *Avril :* le prunier épineux, la tulipe, la jacinthe, l'orobe printannier, la petite pervenche, le frêne commun, le charme, le bouleau, l'orme, la fritillaire impériale, les érables, les poiriers, etc. — *Mai :* les pommiers, le lilas, le marronnier, le gatinier, le merisier à grappes, le cerisier, le frêne à fleurs, le faux ébénier, la pivoine, le muguet, la bourrache, le fraisier, le chêne, etc. — *Juin :* les sauges, le coquelicot, la ciguë, le tilleul, la vigne, les nénuphars, le lin, le seigle, l'avoine, l'orge, le froment, les digitales, les pieds-d'alouette, les millepertuis, etc. — *Juillet :* l'hysope, les menthes, l'origan, la carotte, la tanaisie, les œillets, les laitues, le houblon, le chanvre, la salicaire, la chicorée sauvage, le catalpa, etc. — *Août :* la scabieuse succise, la parnassia, la gratiole, la balsamine des jardins, l'euphrasie jaune, plusieurs actées, les *rudbeckia,* les *silphium*, les coreopsis , la vraie laurier-tin, etc. — *Septembre :* le fragon, l'angélique épineuse, le lierre, le cyclamen, l'amaryllis jaune, le colchique, le safran. — *Octobre :* l'aster à grandes fleurs, le topinambour, la camomille à grandes fleurs, etc.

CALENDRIER RÉPUBLICAIN. Lorsque la Convention nationale eut proclamé l'établissement du gouvernement républicain, elle usa d'abord de sa puissance pour établir l'uniformité des poids et mesures dans toute la France; puis « voulant, comme le disait son décret, que la régénération fût complète, et afin que les années de liberté et de gloire de la nation française marquassent encore plus par leur durée dans l'histoire des peuples que ses années d'esclavage et d'humiliation dans l'histoire des rois », elle abolit le calendrier grégorien, et prit la fondation de la république pour point de départ de l'ère d'après laquelle les Français devaient désormais compter les années. A la séance du 20 septembre 1793, Romme présenta un bon travail sur la réforme du calendrier, et le 5 octobre intervint le décret qui abolissait l'ère vulgaire, et qui fixait le premier jour de l'année au 22 septembre, jour de la fondation de la république, et auquel le soleil entre dans le signe de la Balance, emblème de l'égalité. Ce ne fut toutefois que le 4 frimaire (24 novembre 1793) que Fabre d'Eglantine fit adopter définitivement, avec quelques changements, les noms proposés par Romme.

Par une heureuse coïncidence, la république avait été proclamée le jour même de l'équinoxe d'automne; ce qui faisait commencer l'année avec cette saison, tandis que le 1er janvier ne répond à l'ouverture d'aucune. Le premier jour de l'automne était d'autant mieux choisi pour notre climat, que c'est dans cette saison qu'après avoir recueilli les moissons de l'année qui finit, on prépare, par la culture et les semailles, celles de l'année qui va suivre. D'ailleurs, c'est à cette époque de l'année que se renouvellent chez nous presque tous les baux des campagnes. Il était convenable que l'année civile et fiscale répondît le plus exactement possible à l'année rurale.

Le calendrier républicain a été l'objet d'attaques passionnées de la part d'hommes qui n'ont vu en lui que l'institution d'un gouvernement auquel ils étaient hostiles. Cependant ce calendrier offrait de nombreux avantages. Les mois, au nombre de douze, se composaient uniformément de trente jours; l'année était complétée par des jours *épagomènes* ou *complémentaires* au nombre de cinq (six , les années sextiles). Chaque mois était divisé en trois *décades*, dont les jours prenaient les noms de *primidi, duodi, tridi, quartidi, quintidi, sextidi, septidi, octidi, nonidi, décadi.* Cette division était préférable à la semaine; car le nom du jour de la décade faisait connaître immédiatement le quantième du mois.

Les mois étaient ainsi rangés : *vendémiaire, brumaire, frimaire, nivôse, pluviôse, ventôse, germinal, floréal, prairial, messidor, thermidor, fructidor.* « Les étymologistes, dit M. Arago, ont critiqué ces dénominations; on a répondu qu'elles avaient l'avantage d'avoir la même terminaison pour les mois de chaque saison, et de se rattacher à des événements météorologiques ou agricoles annuels : ainsi fructidor correspondait à la maturation des fruits, vendémiaire aux vendanges, pluviôse au temps des pluies, frimaire à l'époque des frimas, etc. Mais ces dénominations avaient l'inconvénient de n'être relatives qu'au climat de la France; on se fit donc la plus étrange des illusions en s'imaginant qu'elles seraient adoptées dans tous les pays. » Remarquons que la Convention n'est point le premier pouvoir français qui ait conçu l'idée de substituer des noms significatifs à la nomenclature, absurde pour nous, du calendrier julien. « Charlemagne, dit Eginhard, donna des noms aux mois dans son propre idiome; ces noms, à son temps les Francs les avaient désignés par des mots en partie latins, en partie barbares.... Les mois eurent les noms suivants : janvier, *wintermonaht* (mois d'hiver) ; février, *hornunk* (mois de boue) ; etc. »

Le jour, qui durait de minuit à minuit, était divisé en dix parties ou heures. La centième partie de l'heure formait la minute décimale ; la centième partie de la minute, la seconde décimale. Enfin l'éponymie des saints et des fêtes du calendrier grégorien était remplacée par une série de noms de plantes, de métaux, d'animaux, d'instruments aratoires : ces derniers réservés pour les décadi, tandis que les noms d'animaux l'étaient pour les quintidi. Ainsi, pour citer un exemple, on eut : vendémiaire, primidi, *raisin* ; duodi, *safran* ; tridi, *châtaigne* ; quartidi, *colchique* ; quintidi, *cheval* ; sextidi, *balsamine* ; septidi, *carotte* ; octidi, *amaranthe* ; nonidi, *panais* ; décadi, *cuve*, etc. Le premier des jours complémentaires fut consacré à la vertu, le second au génie, le troisième au travail, le quatrième à l'opinion, le cinquième fut la fête des récompenses ; le sixième, dans les années sextiles, était la fête de la révolution. La période de quatre ans, au bout de laquelle avait lieu cette addition d'un sixième jour complémentaire, fut la *franciade*, en mémoire de la révolution qui après quatre ans d'efforts avait conduit la France au gouvernement républicain.

Nous avons vu à l'article ANNÉE que le calendrier républicain a été en usage moins de quatorze ans. Il fut aboli sur un rapport de Laplace au Sénat. Et cependant nos législateurs ont conservé le système des mesures décimales, système que ce calendrier complétait en l'appliquant autant que possible à la mesure du temps.

CALENTURE (de *calentura*, chaleur), espèce de fièvre ou de délire auquel sont sujets les navigateurs qui font des voyages de long cours dans les pays chauds, et surtout ceux qui traversent la ligne ou la zone torride. Voici, au rapport des auteurs, les principaux symptômes par lesquels s'annonce cette maladie. L'individu se lève tout à coup privé de la raison ; ses regards et ses gestes expriment la fureur ; il tient des discours incohérents ; il court dans tous les points du vaisseau ; la mer, sur laquelle il fixe ses regards, lui semble être une prairie émaillée de fleurs, une terre couverte d'arbres ; il devient brûlant ; son pouls est précipité ; il cherche à s'élancer hors du vaisseau, et les efforts réunis de plusieurs hommes ne suffisent pas toujours pour l'empêcher de se précipiter dans la mer. Un autre phénomène qui paraît propre à cette affection, c'est la viscosité du sang, qui ne sort qu'avec une grande difficulté, circonstance d'autant plus fâcheuse, d'ailleurs, que la saignée est ici le moyen le plus efficace. On y joint l'usage des boissons rafraîchissantes, des calmants et des évacuants des premières voies. On a proposé encore les topiques froids sur la tête et les rubéfiants aux extrémités et même à la nuque.

CALEPIN, ou plutôt CALEPINO, ou DA CALEPIO (AMBROISE, d'autres disent ANTOINE), religieux augustin de la fin du quinzième siècle, ainsi appelé du bourg de Calepio, dans la province de Bergame, en Italie, où il était né en 1435, et qui appartenait à l'ancienne famille des comtes de Calepio, dont il était issu, est célèbre par son *Dictionnaire des Langues Latine, Italienne, etc.*, plus connu, d'après lui, sous le nom de *Calepin*, imprimé pour la première fois à Reggio, en 1502 (in-fol.), augmenté depuis par Passerat, La Cerda, Chifflet, et autres lexicographes, et dont les meilleures éditions étaient celles de Lyon, la première en dix langues (2 vol. in-fol., 1586), et la deuxième en huit langues (2 vol. in-fol., 1681), avant que Jacques Facciolati eût fait paraître la sienne, également en huit langues (Padoue, 1758, 2 vol, in-folio). L'édition la plus complète est celle de Bâle (1590 ou 1627, in-fol.); elle est en onze langues, y compris le polonais et le hongrois. Passerat en a donné un abrégé très-commode en huit langues (Leyde, 1654, in-4°). Calepino était entré en 1451 dans l'ordre des Augustins, et mourut aveugle, dans un âge très-avancé, le 30 novembre 1511.

Le nom de *Calepin* est passé dans la langue pour désigner un dictionnaire, ou plutôt un recueil de notes et d'extraits, un agenda, un carnet qu'on porte sur soi pour y inscrire ses affaires ou des adresses. Boileau dit dans sa satire première :

Que Jacquin vive ici ; dont l'adresse funeste
A plus causé de maux que la guerre ou la peste,
Qui de ses revenus, écrits par alphabet,
Peut fournir aisément un *calepin* complet.

Et on lit dans la *satire Ménippée* à l'occasion de la harangue du cardinal de Pellevé, archevêque de Reims :

Son éloquence il n'a pu faire voir,
Faute de son livre, où est tout son sçavoir ;
Seigneurs états, excusez ce bonhomme,
Il a laissé son *calepin* à Rome.

CALÈTES. *Voyez* CADÈTES.

CALFAT, **CALFATER** : Le premier de ces mots désigne l'ouvrier et quelquefois la matière qu'il emploie ; le second exprime le travail dont il est chargé. Dans la construction d'un vaisseau, lorsque les bordages sont posés, il s'agit de boucher exactement tous les passages par lesquels l'eau pourrait s'introduire : c'est l'opération du *calfatage*. Il faut que la matière que l'on introduit dans toutes les fentes soit compressible, élastique jusqu'à un certain point lorsqu'elle est comprimée, enfoncée avec force et bien retenue à la place qu'elle doit occuper : les étoupes de chanvre ou de lin satisfont passablement à ces conditions, quoique leur réaction élastique soit faible et que l'humidité les altère assez promptement. On les enfonce à coup de maillet dans toutes les fentes, après avoir fait sécher le bois au moyen d'une forte chaleur qu'on lui fait subir ; dès que le *calfat* s'aperçoit que la température est assez élevée pour qu'il ne reste plus d'humidité, que le bois s'est réduit à ses moindres dimensions et que par conséquent les fentes sont aussi ouvertes qu'elles peuvent l'être, il se hâte d'y faire entrer les étoupes également desséchées. Il les introduit d'abord avec un ciseau non tranchant, sur lequel il frappe à coups de maillet, et il emploie ensuite un fer d'une autre forme pour continuer son opération. Lorsque les fentes sont très-profondes, comme entre les bordages d'un vaisseau de ligne, le maillet ne suffit plus ; on lui substitue une masse qu'un ouvrier manœuvre à deux mains, tandis qu'un autre tient le ciseau. Lorsque toutes les fentes où le calfat peut entrer sont remplies avec soin, on passe sur le tout du goudron appliqué à chaud, dont la fonction n'est pas seulement de défendre le bois et les étoupes contre l'action de l'eau, mais de boucher les petites ouvertures, les gerçures imperceptibles par lesquelles l'eau pourrait s'introduire dans le bois et le décomposer. La carène étant bien *calfatée* peut recevoir le *doublage*, soit en cuivre, soit en quelque autre matière à laquelle ni les plantes ni les animaux marins ne puissent s'attacher.

Après une navigation de long cours, il est rare que le calfatage d'un vaisseau n'ait pas besoin de quelques réparations. Ce travail est plus pénible que le premier, et il exige une habileté que l'expérience peut seule donner. Il faut débarrasser la carène de tout ce qui est pourri, étoupes et bois, sans ébranler ce qui peut rester en place, appliquer le feu pour dessécher et recalfater sur-le-champ avec autant de soin que la première fois. Si des voies d'eau se sont ouvertes pendant la navigation, les calfats parviennent quelquefois à les fermer; plus d'un navire a été sauvé, avec son équipage, par l'habileté et la persévérance courageuse du chef de ces ouvriers, le *maître calfat*. Celui-ci réunit en effet aux soins du calfatage celui des pompes; c'est lui qui dans le fort d'un combat la dangereuse mission d'aller boucher en dehors des vaisseaux les larges crevasses faites au ras de l'eau par les boulets ennemis. Actuellement, sur nos vaisseaux de guerre, le *maître charpentier* réunit à sa charge celle du *maître calfat*.

L'opération du calfatage peut être pratiquée ailleurs que dans les constructions navales. Dans les pays du Nord, aux approches de l'hiver, l'habitant d'une maison de bois a soin de la visiter en dehors et de la calfater soigneusement avec de la mousse au lieu d'étoupes. Dans plusieurs ateliers, des vaisseaux formés par un assemblage de feuilles métalliques ont besoin d'être *calfatés* dans les joints pour qu'ils puissent contenir, soit des vapeurs, soit des gaz plus ou moins comprimés. Si ces vaisseaux doivent être soumis à une haute température, la matière obturante ne peut plus être végétale : dans ce cas on met les feuilles de métal en contact aussi exactement qu'on le peut, et lorsque l'assemblage est bien consolidé, soit par des clous, soit de toute autre manière, l'oxyde qui se forme dans les joints parvient bientôt à les fermer exactement, et il y est retenu par son adhérence à la surface du métal qui l'a formé. Ce procédé est l'équivalent d'un calfatage, mais il vaut mieux à tous égards, puisqu'il n'exige aucune main-d'œuvre particulière et donne le meilleur résultat que l'on puisse obtenir. FERRY.

CALHOUN (John CALDWELL), l'un des hommes d'État les plus éminents et les plus influents de l'Amérique du Nord, descendait d'une famille originaire d'Irlande, qui après avoir subi les destinées les plus diverses finit par fonder en 1733 dans le district d'Abbeville de la Caroline du Sud un établissement agricole désigné sous le nom de *Calhoun's Settlement*. Mais les Cherokees, peuplade indienne voisine, ne tardèrent pas à l'attaquer; et dans cette affaire toute la famille Calhoun périt misérablement, égorgée par ces sauvages, à l'exception du fils aîné, Patrick Calhoun, qui fit des prodiges de valeur. Au rétablissement de la paix, Patrick Calhoun épousa la nièce d'un prêtre presbytérien. John Caldwell Calhoun, né le 18 mars 1782, était le plus jeune des fils issus de cette union, et perdit son père quand il n'avait encore que treize ans. Jusqu'à l'âge de dix-sept ans son éducation fut assez négligée; mais à ce moment son frère aîné, remarquant ses rares dispositions, le décida à commencer de sérieuses études au Yale-College. Plus tard il alla suivre les cours de l'école de droit de Lichtfield; puis, suivant un usage établi aux États-Unis et en Angleterre, il entra, pour se former à la pratique des affaires, dans le cabinet d'un habile avocat, appelé De Saussure, et commença vers 1807 à plaider pour son propre compte devant les tribunaux de la Caroline du Sud, où il ne tarda pas à acquérir une clientèle considérable et lucrative.

A ce moment les dispositions de la nature la plus hostile se manifestaient déjà dans toute l'Union à l'égard de l'Angleterre. L'attaque de *La Chesapeake* par un navire de guerre anglais fournit pour la première fois au jeune Calhoun l'occasion de se produire dans une assemblée populaire de son district; et son début comme orateur politique fut si heureux, qu'à quelque temps de là il était élu par la Caroline du Sud membre de la chambre des représentants de cet État. Deux années ne s'étaient pas encore complètement écoulées, et sa réputation s'était tellement agrandie qu'il était élu en 1810 membre du congrès. Il y fut tout aussitôt attaché au comité des affaires étrangères, et quoique le plus jeune des membres de l'assemblée, il en fut nommé président, lors de la résignation de Porter. Quoique le président Madison se fût déclaré pour la guerre avec l'Angleterre, le parti de la guerre semblait perdre du terrain; c'est alors que Calhoun prononça dans le congrès son premier discours, son *maiden-speach*, comme on dit de l'autre côté du détroit; et il y obtint un tel triomphe oratoire qu'il fut dès lors considéré comme le chef du parti de la guerre. Déjà il exerçait sur le parti démocratique assez d'influence pour combattre ouvertement le gouvernement au sujet de l'embargo et de l'organisation de la marine. Au rétablissement de la paix, Calhoun se prononça contre la création de banques de circulation, ainsi qu'en faveur de la banque nationale, et prit une part des plus vives à la discussion de la question du tarif, de même que dans toutes les affaires intérieures de l'Union. Le tarif de 1816, si favorable aux intérêts des États du Sud et surtout à ceux de la Caroline du Sud, fut complètement son ouvrage. Quand la banque nationale des États-Unis eut été instituée, il fit décider que les bénéfices à en provenir seraient employés à des objets d'utilité générale, et fonda de la sorte le système du capital national. Le discours qu'il prononça à la même époque sur le droit de conclure la paix produisit également une sensation extraordinaire. Il était à l'apogée de sa réputation : son patriotisme embrassait les intérêts généraux de l'Union, et il ne s'était point encore laissé aller à épouser exclusivement les intérêts égoïstes et illibéraux des États du Sud.

En 1817 le président Monroë le nomma ministre de la guerre. Ce département se trouvait dans le plus grand désordre; et il n'y avait guère que Calhoun qui pût se charger avec quelque chance de succès d'y ramener l'ordre et la régularité dans les divers services. Il fixa à 287 dollars par année les frais d'entretien d'un soldat, évalués encore sous son prédécesseur à 451 dollars, et épargna ainsi au trésor public 1,300,000 dollars par an, sans qu'aucun détail du service en souffrît.

A l'expiration de la seconde présidence de Monroë, il avait chance d'être choisi pour lui succéder; mais la Pensylvanie s'étant déclarée en faveur du général Jackson, ses amis dans le parti démocratique se décidèrent à appuyer cette candidature, et Calhoun retira son nom de la liste des candidats. Toutefois, ce fut Adams qu'on élut à la présidence, tandis que Calhoun était nommé vice-président; fonctions qu'il conserva aussi pendant la présidence de Jackson, et dont il s'acquitta avec autant de dignité que de fermeté.

Jusqu'alors Calhoun n'avait été, sous le rapport du patriotisme et de l'intégrité, l'inférieur d'aucun des hommes d'État de son pays. Il était l'égal de tous en ce qui est du talent et de l'activité. Mais à partir de ce moment son esprit se laissa aller à de malheureuses erreurs, qui obscurcirent singulièrement l'éclat de son nom. A l'époque où il prit part à l'exercice du pouvoir exécutif, le système du gouvernement en matière de banques et de tarifs avait subi une complète transformation. En 1828 un nouveau tarif médiocrement favorable aux intérêts du Sud avait été adopté. Calhoun se rattachait encore alors au pouvoir, parce qu'il espérait que le général Jackson userait de son véto pour repousser une loi odieuse. Déçu dans son attente, il se rendit dans la Caroline du Sud, où il provoqua les fameuses résolutions aux termes desquelles chacun des États de l'Union devait être autorisé à annuler ceux des actes du gouvernement fédéral qui ne lui conviendraient point. Au mois de février 1829 ces résolutions furent adoptées par la législature de la Caroline du Sud, qui reconnut et admit ainsi le déplorable principe de la *nullification*. La Virginie, la Georgie et l'Alabama se prononcèrent dans le même sens que la Caroline du Sud. La guerre civile et par suite la dissolution de l'Union paraissaient inévitables à ce moment. Cependant le président Jackson publia une énergique proclamation contre la *nullification*, et fit marcher des troupes vers la Caroline du Sud, en menaçant Calhoun de le faire pendre à un gibet *aussi élevé que celui d'Aman*.

Dès que Calhoun eut émis son système de *nullification*, il perdit toutes chances de jamais parvenir à la présidence, et se posa par suite en adversaire de l'Union, en homme uniquement préoccupé de la défense des intérêts des propriétaires d'esclaves. C'est au milieu de ces orages que Calhoun résigna ses fonctions de vice-président; cependant il fut encore à peu de temps de là élu membre du sénat. On crut généralement alors que Jackson le ferait arrêter au moment où il se rendrait à Washington, et le traduirait en justice; mais ces prévisions furent trompées. Ce fut un moment plein du plus dramatique intérêt que celui où le grand *nullificateur* parut au sénat, où naguère encore il comptait tant d'amis et d'admirateurs, et où maintenant on le considérait presque comme coupable de haute trahison. Calhoun prêta d'une voix sourde le serment de fidélité à la constitution de l'Union, et alla prendre son siége avec autant de calme que de dignité. La salle était comble et l'assistance sous le coup de la plus pénible anxiété, quand il se leva et prit la défense des résolutions de nullification, le front haut et la parole assurée. Il s'ensuivit une discussion à laquelle il serait difficile de rien trouver de comparable dans les annales législatives d'aucun pays. Calhoun déploya dans la lutte une éloquence et une habileté qui rappelèrent les plus grands orateurs de l'antiquité. Mais le *forcebill* et par suite toutes les mesures proposées par le gouvernement l'emportèrent, et les motions présentées par Clay tendant à un compromis éloignèrent les périls dont était menacée l'Union.

Calhoun dès lors prit une position d'isolement, mais ne laissa pas que d'exercer encore une notable influence. N'appartenant à aucun parti, il votait tantôt avec l'un, tantôt avec l'autre, suivant que le commandaient les intérêts des États du Sud. Cette grave dissidence politique l'avait tellement aigri, qu'il repoussa jusqu'aux avances personnelles de Jackson, de Benton et de quelques autres de ses anciens amis. S'il avait cessé d'être populaire dans les États du Nord, en revanche l'enthousiasme qu'il inspirait aux nullificateurs du Sud était arrivé à son comble. Les actes de l'administration de Jackson l'eurent presque toujours pour adversaire et pour contradicteur; et dans la nouvelle querelle qui surgit bientôt avec plus de violence que jamais au sujet de la question des banques et du papier de circulation, querelle qui a rendu l'administration de Jackson si célèbre, Calhoun se trouva à la tête de l'opposition. Ce fut sous la présidence de Van Buren qu'il appuya de nouveau pour la première fois le gouvernement, en se déclarant favorable au système des sous-trésoreries. En 1838 il prononça son discours si célèbre sur l'*abolitionisme*. Il fut également l'un des principaux orateurs qui prirent part à la discussion sur le bill des banqueroutes et sur l'arrangement ayant pour but la vente des terres du domaine public. Pendant cette période il eut pour adversaire ardent et redoutable Benton, le représentant de l'État de Mississipi et le chef de la gauche démocratique. Dans les dernières années de la présidence de Tyler, Calhoun remplit les fonctions de ministre de l'Intérieur, et

ensuite il resta sans position officielle. En 1845 il présida la grande convention tenue à Memphis par les États à esclaves, et dans laquelle le Sud reproduisit sa théorie de la *nullification*.

La retraite de Calhoun ne fut que momentanée. Élu de nouveau membre du sénat, il continua intrépidement dans cette assemblée à faire de l'*agitation* pour la défense des intérêts du Sud. Dans l'intervalle, la paix conclue avec le Mexique avait de nouveau adjugé d'immenses territoires aux États-Unis; et la question de l'esclavage, ce cancer qui dévore le sein de cette jeune société politique, provoqua encore une fois une agitation, une confusion et des luttes qui ébranlèrent l'édifice fédéral sur ses bases. Malade et brisé par la lutte, Calhoun réunit ce qui lui restait de forces pour prononcer encore dans le sénat un discours par lequel il engageait nettement et carrément les États du Sud à se détacher de l'Union. Il composa et écrivit un second discours dans le même sens, mais bien autrement menaçant encore, et en fit donner lecture à l'assemblée. C'est au milieu de ces luttes si passionnées qu'il mourut à Washington, le 22 mars 1850. Les efforts réunis de Clay, de Cass, de Foote et autres, parvinrent bientôt alors, à mettre provisoirement un terme à cette crise si dangereuse pour la stabilité de l'Union américaine.

Calhoun avait le génie de l'homme d'État; sa vie privée, son caractère particulier, étaient sans tache. Il n'en a pas moins jeté dans l'Union des brandons de discorde qui pourront bien amener un jour la suppression de l'esclavage dans les États du Sud, mais aussi la dissolution de l'union fédérative. Comme orateur, ce qui le distinguait, c'étaient l'absence de passion, une grande vigueur de logique, et des tendances plus morales que poétiques. Les discours qu'il prononça de 1813 à 1843 ont été publiés en 1844. En 1851 on préparait à New-York la publication d'un livre dont il s'était occupé toute sa vie : *The Philosophy of Government*.

CALIATOUR (Bois de). Ce bois nous vient de l'Inde; on ne connaît ni le genre ni même la famille à laquelle appartient l'arbre qui le produit. Le bois de caliatour est dur, compacte, pesant et d'un grain assez fin. A l'extérieur il est d'un rouge noirâtre, mais d'un rouge très-vif à l'intérieur. On s'en sert ordinairement pour teindre les laines en rouge tirant sur la couleur marron. Il nous arrive en bûches de deux à trois mètres de long.

CALIBAN, monstre à moitié humain de l'invention de Shakespeare, qui l'introduit dans son drame *La Tempête*, pour faire contraste avec le tendre génie de l'air, Ariel, et par lequel il termine la merveilleuse échelle des figures de ce poëme. C'est de là que le nom de *Caliban* est souvent employé comme synonyme de grossièreté toute bestiale.

CALIBRE, mot dérivé de l'italien *qualibro*, ou plutôt du latin *equilibrare*; aussi a-t-on d'abord écrit *qualibre*. Le calibre de toute espèce de canon peut se définir la dimension comparative du diamètre du tube de l'arme à feu et du diamètre du projectile de cette arme : ce rapport de l'un à l'autre est ce qu'on appelle *être de calibre*. Le calibre du tube est sa partie vide; il se mesure à la bouche de l'arme à feu. Le calibre du projectile se mesure à son extérieur : c'est son diamètre, si le projectile est sphérique; s'il est ovoïde, c'est le moindre diamètre de son milieu. Les calibres diffèrent à raison du vent du projectile; ainsi, *être de calibre* a un sens également applicable au récipient et à l'objet qui s'y insère, mais il ne signifie pas être exactement de même diamètre. On supputait autrefois la longueur du canon d'une arme à feu portative par le nombre des calibres; ainsi l'on disait l'arquebuse à mèche a quarante calibres, ce qui signifiait que la longueur intérieure du tube égalait quarante fois l'épaisseur du projectile. On appelle aussi *calibre* l'instrument propre à *calibrer*; de là cette locution : *passer au calibre*.

Le calibre des pièces d'artillerie a varié d'abord depuis

une livre de balles jusqu'à cinq cents, quelques auteurs disent même douze cents. Sous Henri IV il y avait, en 1610, comme le témoigne Sully, quatre espèces de calibres. L'ordonnance du 7 octobre 1732 en reconnaissait cinq espèces. Les règlements de l'armée prussienne sont les premiers qui aient déterminé quel calibre devait être donné aux canons de campagne. *Voyez* CANON.

Le calibre de canon de carabine se mesure à partir du fond des raies ; il admet la balle de fusil et n'a point de vent. Le calibre du canon de fusil se mesure à raison d'un espace qui en est le vent, et qui égale un millimètre cinq dixièmes. Le calibre du canon de mousqueton ne comporte pas autant de vent que le fusil, afin que, le mousqueton étant souvent porté la bouche basse, il retienne plus solidement sa cartouche. Gal BARDIN.

CALICE (en latin *calix*), vase dont la partie destinée à contenir un liquide est continue avec une portion allongée ou tige élargie à son extrémité inférieure, qui en est la base ou le pied. On désigne plus particulièrement sous le nom de *calice* le vase où se fait la consécration du vin dans le sacrifice de la messe. Dans les temps et dans les lieux où la c o m m u n i o n se faisait sous les deux espèces, le calice contenait également le vin destiné à être distribué aux fidèles après la consécration. On sait combien il a été versé de sang pour enlever à certains hérétiques le droit de boire au calice. Et pourtant le Christ en célébrant la cène avait dit à ses apôtres en leur donnant le calice : « Buvez-en tous. »

Les calices, selon l'abbé Fleury, étaient les coupes dont les Romains se servaient communément pour boire. Dans les premiers temps ils n'étaient sans doute que de verre, quoique souvent aussi ils fussent d'argent ou d'or, même durant les persécutions. Quand les églises devinrent riches, tous les arts ont été mis en œuvre pour embellir les calices.

Au mont des Oliviers, Jésus-Christ, dont l'âme était triste jusqu'à la mort, s'étant éloigné de ses disciples, se prosterna le visage contre terre, priant et disant : « Mon Père, s'il est possible, faites que ce calice s'éloigne de moi ! » Il comparait ainsi les souffrances qu'il allait endurer au dégoût, à la sensation pénible que fait éprouver un breuvage amer. On retrouve cette figure dans les expressions *calice d'amertume, boire, avaler le calice, le calice jusqu'à la lie.*

CALICE (*Histoire naturelle*). Une fleur complète, telle que celle de la rose, de la giroflée, de l'œillet, renferme des organes sexuels, qui sont protégés par deux enveloppes, l'une interne dite c o r o l l e, l'autre externe, qui a reçu et mérite le nom de *calice*. C'est le calice proprement dit, qu'il ne faut pas confondre avec l'*involucre* des fleurs composées ou capitules des synanthérées, qu'on ne regarde plus maintenant comme tel, quoiqu'on lui ait imposé autrefois le nom de *calice commun.* Dans le cas où le calice et la corolle sont pour ainsi dire confondus, on donne alors à l'enveloppe florale unique le nom de *périanthe.* Decandolle a proposé de désigner sous celui de *périgone* l'enveloppe simple ou double de la fleur. Le périgone ou l'enveloppe simple, que les uns regardent comme son calice, d'autres comme sa corolle, est appelé par lui *périanthe*, et le *périgone*, ou l'*enveloppe florale double*, se compose du calice et de la corolle. On voit par là quelle précaution les botanistes prennent pour distinguer les organes qui leur fournissent les caractères importants.

Dans l'œillet, la rose, le calice forme une sorte de tube continu, d'une seule pièce, d'où le nom de *calice monophylle*, ou à une seule feuille. Le calice des renoncules et des giroflées est dit *polyphylle*, où à plusieurs folioles ou divisions. Les parties d'un *calice monophylle* sont : 1° le tube, qui en est la portion inférieure et tubuleuse ; 2° le limbe, ou portion supérieure, le plus souvent évasé, et divisé plus ou moins profondément en un nombre variable de lanières, lobes ou dents, d'où les noms de calice *trident, quadridenté, trifide, quadrifide,* c'est-à-dire à trois ou quatre dents, à trois ou quatre lobes, et ceux de calice *triparti* et *quadriparti,* lorsque les divisions descendent presque jusqu'à la base du calice.

Le calice d'une seule pièce, ou monophylle, offre des formes très-variées, qui sont caractéristiques des végétaux. Il est tantôt tubuleux et cylindrique (œillet, primevère), tantôt tubuleux et prismatique (pulmonaire). Dans le behen blanc, il est dit vésiculeux ou renflé en forme d'ampoule. Tantôt encore il est campanulé ou en cloche (molucelle) ou plat (oranger) ; tantôt, enfin, il est éperonné, c'est-à-dire terminé à sa base par un prolongement creux en forme de cornet, qui porte le nom d'*éperon* (pied-d'alouette et capucine).

Le nombre des pièces d'un calice polyphylle a donné lieu aux épithètes de *diphylle, triphylle,* etc. Dans les *phylles*, ou pièces du calice polyphylle, on distingue un point d'attache, une lame et un bord. D'autres dénominations tirées de la forme des pièces ont dû leur être imposées.

Le calice monophylle ou polyphylle est dit en général *régulier* lorsque les parties sont symétriques autour de l'axe de la fleur, c'est-à-dire que chaque moitié de cette enveloppe florale est semblable à l'autre : c'est ce qu'on voit dans la campanule, l'œillet, etc. Il est irrégulier lorsqu'il y a des différences dans la forme, la grandeur, dans les divers points de l'étendue des parties qui entrent dans sa composition : tel est le calice de l'aconit, du pied-d'alouette. Considéré dans ses rapports avec l'ovaire, le calice présente des différences très-importantes : il est dit *supère* ou adhérent lorsqu'il est situé au sommet de l'ovaire (ombellifère) ; *infère* ou libre, lorsqu'il est placé au-dessous (pavot) ; *semi-infère,* quand il adhère en partie avec l'ovaire (plusieurs saxifragées). Un grand nombre de nuances peuvent être observées entre le calice adhérent ou supère et le calice semi-adhérent ou semi-infère. Le calice est *caliculé* lorsqu'il offre à sa base plusieurs petites écailles (œillets). On donne encore le nom de *caliculé* à un second calice, situé en dehors du calice proprement dit dans certains végétaux. Le *caliculé* est triphylle, pentaphylle ou polyphylle dans la mauve, la guimauve et la passerose.

Le calice présente les formes les plus variées, depuis celle de paillettes ou d'aigrettes simples ou plumeuses (fleurs composées) jusqu'à celle d'expansions foliacées, presque entièrement semblables aux feuilles supérieures de la tige, comme dans la pivoine. L'ouverture du calice, qui permet à la fleur de s'épanouir, n'est pas toujours à son extrémité terminale. Quelquefois il s'ouvre par son milieu, et son extrémité libre s'en sépare comme le couvercle d'une savonnette (les *eucalyptus*). Le calice est regardé comme un épanouissement de l'écorce du pédoncule (rosiers, pivoines). Il est ordinairement de couleur verte ; celui de la grenade est d'un très-beau rouge ; il est bleu dans la nigelle, et jaune dans la capucine. Sa structure est semblable à celle des feuilles, dont il revêt quelquefois les formes. Il présente en effet souvent des côtes ou nervures, des vaisseaux en spirale, un parenchyme cellulaire abondant, un épiderme et des pores corticaux. De même que les feuilles, les calices se crètent et exhalent certains fluides. Enfin, ce qui complète cette ressemblance de leur structure, c'est que dans quelques rosiers les calices se transforment en véritables feuilles ; c'est qu'enfin dans les fleurs doubles ils ne se transforment jamais en pétales, et que leurs divisions deviennent tout au plus des folioles, ressemblant beaucoup aux feuilles. Le calice ne se distingue point en général par l'éclat des couleurs ni par l'élégance des formes. Destiné à défendre les jeunes fleurs contre les ardeurs du soleil et les pluies abondantes, il fait l'office de tégument, d'abri ou corps protecteur. En effet, si lors de leur développement on prive ces fleurs de leur calice, elles s'altèrent et périssent bientôt. Cette action protectrice du calice n'est que temporaire dans les calices polyphylles, dont les pièces tombent presque toujours après l'épanouissement de la fleur (chélidoine, chou, pavot, etc.); elle est durable dans le calice plus ou moins adhérent à l'ovaire, qui est nécessairement monophylle et persistant, c'est-à-dire qu'il ne tombe pas quand la fleur s'épanouit, et qu'il se développe avec l'ovaire. Beaucoup de plantes ont des calices qui sans adhérer à l'ovaire sont persistants; quelques-unes même en ont (alkekenge, etc.) qui acquièrent un développement considérable, et forment autour du fruit une enveloppe accessoire, que M. Mirbel a nommée *induvie*.

La langue des mammifères présente des papilles de diverses formes, et parmi elles il en est qu'on a dénommées *papilles à calice*, ou *caliciformes*, ou *calicinales*: ce ne sont à la rigueur autre chose que des éminences de la membrane gustative, formées par des amas de cryptes. Plusieurs auteurs les ont nommées *glandes à calice*. L. LAURENT.

CALICOT, sorte de toile de coton dont la fabrication en France ne remonte guère qu'au commencement de ce siècle. C'est un tissu lisse, plus serré que les mousselines et jaconas, et fabriqué avec des cotons de numéros plus bas. Sa largeur varie depuis 0^m,90 jusqu'à 3 mètres et même 3^m,60. Sa finesse varie depuis les numéros 12 en chaîne et 15 en trame jusqu'à 60 ou 70 en chaîne et 80 ou 100 en trame; ces derniers degrés de finesse, et même quelques-uns de ceux qui précèdent, sont plus connus sous la dénomination de *percales*. Le calicot se fabrique dans presque toutes les parties de la France; les calicots les plus communs sont produits principalement par la Normandie, la Mayenne et Chollet; les fabriques moyennes s'élèvent entre les cotons d'Alsace; les fabriques d'Essone et un ou deux établissements d'Abbeville sont consacrés au tissage des qualités supérieures, dites *madapolams*.

Il est à peu près impossible de déterminer le chiffre de la production actuelle du calicot en France. Cependant on peut affirmer qu'elle s'élève annuellement à plus de trois millions de pièces (plus de cent quarante millions de mètres), ce qui représente un emploi de près de dix-huit millions de kilogrammes de coton filé, une valeur intrinsèque d'environ 100 millions de francs, et occupe, au tissage seulement, près de 100,000 ouvriers.

Après la Restauration, le sobriquet de *calicots* fut donné aux jeunes gens du commerce, et notamment aux commis en nouveautés, qui sans être jamais allés au feu s'imaginaient qu'ils étaient des calicots bronzés à la fumée de la poudre; en foi de quoi ils arboraient de formidables moustaches et d'énormes éperons, insignes guerriers peu en rapport avec leurs goûts et leurs occupations. S'il y avait chez eux affectation, ridicule même, ils en furent bien punis par les sarcasmes de bon goût de quelques-uns, qui ne prétendaient pas pour cela sans doute avoir reçu de leur uniforme le privilège exclusif du courage, et par les poursuites plus vives, plus grossières de quelques autres, qui étaient intéressés à ce que rien ne vînt offenser les yeux et troubler la quiétude de nos *bons amis* les ennemis, jouissant en paix, au milieu de nous, des fruits de la victoire que la trahison leur avait rendue si facile. Partout on vit pleuvoir sur nos jeunes confédérés de caricatures, où on les représentait avec leurs insignes guerriers, armés d'une aune inoffensive en guise d'épée; partout on traduisit d'une manière plus ou moins grotesque les *hauts faits* que l'on prêtait à ces héros d'une nouvelle *Iliade* comique; et la plus piquante de ces traductions sans contredit fut une parodie du tableau de David, *Le Serment des Horaces*, dans laquelle on voyait leurs modernes imitateurs prêter serment entre les mains d'une héroïne digne d'une pareille épopée, de Melle Percale. On lisait au bas de cette caricature le quatrain suivant:

Ces fiers enfants de Bellone,
Dont les moustaches vous font peur,
Ont un comptoir pour champ d'honneur
Et pour arme une demi-aune.

Les plaisanteries lancées contre les calicots amenèrent à Paris, en 1817, une sorte d'émeute au théâtre des Variétés à l'occasion d'un petit vaudeville intitulé *Le Combat des Montagnes*. On était alors au lendemain de Waterloo; les alliés occupaient la France. De toutes parts les protestations s'échappaient contre nos défaites. Mais le mépris du *pékin* restait encore au cœur du soldat. La pièce des Variétés devint la cause ou le prétexte d'une collision fâcheuse qui ensanglanta les jeux de la scène, et amena entre des concitoyens des rencontres où il fut répandu un sang généreux qu'il eût mieux valu garder en réserve pour la défense du pays. Quoi qu'il en soit, le nom est resté et trouve encore aujourd'hui son application.

CALICULE. *Voyez* CALICE.

CALICUT, ville de la province de Malabar, dans la présidence anglo-indienne de Madras, située dans une basse contrée, sur les bords de la mer des Indes, compte environ 25,000 habitants, pour la plupart *moplahs*, ou descendants de musulmans fanatiques qui quittèrent l'Arabie dès le septième siècle pour venir s'établir en ce lieu, et qui se distinguent comme marchands et comme navigateurs, par l'esprit d'entreprise dont ils sont éminemment doués. Depuis que le tissage du coton, dont autrefois les produits trouvaient surtout un débouché abondant en Occident, est tombé à rien, l'exportation des noix de cocos, du bétel, du poivre, du gingembre, des cardamomes, de la cire, du bois de tek et de sandal, forme la principale industrie de la population. Calicut est la première ville où Vasco de Gama aborda, après avoir doublé le cap de Bonne-Espérance, le 18 mai 1498. Dans ce temps-là c'était la capitale riche et florissante d'un prince puissant. Mais quand, en 1772, Hyder-Ali s'empara de cette ville, il en expulsa les marchands et facteurs, et ravagea les plantations environnantes. Son fils Tipou-Saïb transporta encore le restant de ses habitants à Beypour. La ville a repris peu à peu de l'importance depuis 1792, époque où elle tomba au pouvoir des Anglais.

CALIDASA. *Voyez* KALIDASAS.

CALIFE, CALIFAT. *Voyez* KHALIFE, KHALIFAT.

CALIFORNIE, nom commun à deux contrées situées sur la côte occidentale de l'Amérique septentrionale, entre le cap San-Lucas, par 22° 52′ 28″ de latitude nord, et le cap Oxford, par 44° de latitude nord, différant toutes deux par leur configuration extérieure, par leur caractère physique et par leurs rapports politiques: la Vieille ou Basse-Californie méridionale (*California la Vieja*), et la Nouvelle ou Haute-Californie septentrionale (*California la Nueva*).

La VIEILLE ou BASSE-CALIFORNIE, l'un des États dont se compose la Confédération Mexicaine, forme une langue de terre longue de trois cent cinquante *leguas*, avec une largeur moyenne de dix à quarante *leguas*; il s'étend depuis le cap San-Lucas, qui constitue son extrémité méridionale, jusqu'à l'embouchure du Rio-Colorado, au nord, dans le golfe de Californie, par 32° 39′ de latitude septentrionale, point où elle se rattache au Nouvelle-Californie continentale, tandis que ses côtes sont baignées à l'est par les eaux du golfe de Californie, où les flots abondent, et à l'ouest par celles du grand Océan. On estime approximativement sa superficie à 1,800 myriamètres carrés. Les prolongements de la chaîne septentrionale de montagnes qui se rattache immédiatement à la Sierra-Nevada de la Nouvelle-Californie, au point de partage de l'isthme et du continent, constituent le noyau de la presqu'île. Ces chaînes s'avancent roides et escarpées vers la mer, où ils forment de nombreux promontoires et ce grand nombre de mouillages et de ports excellents qui distinguent la côte de Californie. Le point culminant en est le *Cerro de la Giganta*, qui atteint une élévation de 1,206 mètres, sur la côte orientale, par 26° de latitude nord, à peu de distance de la ville de Loreto. Plus au nord, mais toujours sur la même côte, là où la presqu'île atteint sa plus grande largeur, on rencontre l'unique volcan existant dans ces contrées, le volcan de *las Virgines*, dont la dernière éruption est de 1746. Cependant plusieurs autres montagnes présentent encore des indices certains d'origine et de caractère volcaniques. Les derniers rejetons de la chaîne, au sud, portent les noms de *Sierras del Carmelo* et *del Enfado*, et font saillie dans la mer sous la dénomination de cap *San-Lucas*. Les crêtes escarpées, agglomérées les unes contre les autres, ne laissent pas de place pour la formation de vallées susceptibles d'être mises en culture, non plus que pour un développement fluvial de quelque importance. Les étroites plaines des côtes ne sont traversées que par de petits ruisseaux ; et c'est seulement dans la partie la plus large de la péninsule qu'existent des sources en assez grand nombre. En revanche, le climat y est excellent, aussi sain que tempéré ; et là où le sol est arrosé par le moindre ruisseau on voit se développer la plus riche vie végétale. Dans de tels endroits tout réussit, les différentes espèces de fruits d'Europe introduites par les missionnaires, la vigne, la canne à sucre, le coton, le maïs, le chanvre, le lin. Dans la partie septentrionale, à partir de la baie de San-Francisco (baie qu'il ne faut pas confondre avec celle du même nom dans la Nouvelle-Californie), la Vieille-Californie présente généralement un aspect plus riant, et l'agriculture peut être pratiquée avec plus de succès, attendu que les masses de vapeurs qui se concentrent sur les côtes s'y résolvent en une abondante humidité : toutefois, il n'y croît guère spontanément qu'un petit nombre d'espèces de cactus, dont quelques-unes produisent des fruits comestibles et servent de nourriture habituelle aux peuplades indiennes. On n'y rencontre d'arbres que sur très-peu de points ; aussi le manque de bois s'y fait-il vivement sentir. Parmi les animaux particuliers au pays, il faut mentionner en première ligne le mouton sauvage des montagnes, dont on utilise beaucoup la viande et la laine ; les animaux domestiques de l'Europe y réussissent d'ailleurs parfaitement. Citons encore la richesse remarquable des côtes en poissons, en baleines (aussi existe-t-il deux *Canales de las Ballenas*), en thons, etc., et encore les nombreuses tortues de la baie de Sainte-Madelaine. La belle coquille appelée *haliotis* est un article de commerce assez important ; et jadis les huîtres à perles, dont la pêche est faite par des pêcheurs indiens, mais est aujourd'hui à peu près abandonnée, en formaient un autre, bien plus considérable encore. Le règne minéral constitue vraisemblablement la principale richesse du pays ; mais il n'a encore été observé que d'une manière très-insuffisante. On peut présumer que sous ce rapport le sol de la presqu'île correspond à celui du continent mexicain situé en face, et duquel il a dû être séparé par une irruption de la mer à la suite de quelque révolution terrestre. Les mines argentifères de Moleje et de Réal-San-Antonio ne sont que très-imparfaitement exploitées. Il en est de même des lavages d'or, qui pourraient être bien plus productifs. D'ailleurs, on y trouve beaucoup de sel et de sources salées. Il serait assez difficile de préciser le chiffre de la population de cette contrée. En 1841 on l'évaluait à 18,200 âmes. On ignore si depuis lors ce nombre s'est augmenté ; mais il est à présumer que les masses d'Indiens, appartenant généralement à la tribu du *Walkours*, qu'attiraient d'habitude les stations des différentes missions envoyées dans le pays par les R. P. franciscains et jésuites, ont dû depuis se diriger de préférence vers le nord. Les principales localités de la Vieille-Californie sont : *Loreto*, sur la côte orientale, jadis le florissant chef-lieu du district, fondé par un missionnaire allemand, mais aujourd'hui presque complètement abandonné, dans une contrée assez fertile, avec un bon port, *La Paz*, à l'extrémité méridionale, sur un isthme, grand centre de la pêche des perles ; et au sud de cette dernière, *Réal-Antonio*, capitale actuelle, avec 800 habitants.

Par NOUVELLE ou HAUTE-CALIFORNIE on entend le pays de côtes situé au nord de l'ancienne Californie, appartenant maintenant (1852) depuis quatre années à l'Union de l'Amérique du Nord, et dont la superficie est officiellement évaluée à 21,132 myriamètres carrés. Les montagnes Neigeuses en forment à l'est les frontières ; au nord, le fleuve Columbia pourrait lui servir de limites naturelles, par 46° 20' de latitude septentrionale, tandis que ses limites politiques sont fixées par une ligne à prolonger dans l'intérieur des terres depuis le cap Oxford, par 44° de latitude septentrionale. Au sud, elle est bornée par le Rio-Colorado et la Vieille-Californie, à l'ouest par la mer. Le point culminant de la chaîne de montagnes qui traverse ce pays est le mont Hood, dans les montagnes Neigeuses, haut de 5,160 mètres. Les montagnes de la côte atteignent en moyenne une élévation de 1,000 à 1,300 mètres ; le *Monte di Diablo*, voisin de la baie San-Francisco, a 1220 mètres, et au cap Mendocino (par 40° 29' de latitude nord), formant l'extrémité ouest de la Nouvelle-Californie, l'élévation des plateaux va même jusqu'à 3,000 mètres. La large et belle vallée qui se développe entre les plateaux de l'intérieur et ceux de la côte se prête à un riche développement de cours d'eau que la nature a refusé à la Californie méridionale. Le *Rio San-Sacramento* (appelé autrefois *Jésus-Maria*) arrive du nord, où il sert de déversoir à plusieurs lacs de la montagne d'Hiver, avec une profondeur telle que les plus gros navires peuvent en remonter le cours jusqu'à une distance de 30 myriamètres. Son embouchure, comme celle du *San-Joaquim*, est située dans la baie de San-Francisco. Ce dernier prend sa source au sud, dans la Sierra-Nevada et traverse les deux grands lacs de Tulares. Le plus considérable, après ces deux fleuves, est le *Rio de San-Felipe*, dont l'embouchure est située dans la baie de Monterey. Nous passons sous silence un grand nombre de cours d'eau de moindre importance. Cette contrée a été douée de la nature du plus excellent climat. D'après des observations très-exactes faites à San-Francisco et au fort Ross, la température de toute l'année sur ce point a des extrêmes varie, a varié entre 10° et 20° Réaumur, au nord entre 7 et 11° ¼. Les chaleurs de l'été y sont singulièrement adoucies par l'air de la mer et par d'épais brouillards ; aussi les étrangers n'ont-ils pas à redouter les inconvénients résultant d'un changement de température, et qui leur sont en général si nuisibles. C'est à ces heureuses conditions qu'il faut attribuer la vigueur et la richesse de végétation qui y frappent partout les regards, et qui pour le voyageur arrivant de la Californie méridionale semblent tenir du prodige. Les plateaux sont couverts des plus magnifiques forêts de chênes (une espèce particulière produit un fruit blanc dont les indigènes se servent en guise de pain), de cèdres rouges, de platanes, de cyprès et de diverses sortes d'agaves. Les stations fondées par les missions trouvèrent ici un sol extrêmement favorable à l'agriculture, et se prêtant admirablement à la culture des diverses céréales d'Europe, qui y donnent des produits presque fabuleux. La vigne aussi y a été introduite avec le plus grand succès, et en dépit d'une culture encore imparfaite, elle y donne déjà un vin agréable à boire. Le palmier, le dattier, l'olivier, le cotonnier, etc., n'y réussissent pas moins bien. De vastes et gras pâturages y favorisent l'élève du bétail, immédiatement pratiqué avec succès par les missionnaires, qui introduisirent dans la contrée tous les animaux domestiques de l'Europe. Les bêtes à cornes et les chevaux y sont aujourd'hui presque à l'état sauvage, et pour se les procurer il faut leur faire la chasse. Les forêts sont peuplées de gibier de toutes espèces, ours, cerfs, chevreuils, daims, lièvres. On prend les renards en quantité, et il n'y a pas bien longtemps encore leurs peaux constituaient un des plus notables articles d'exportation. Il en est de même des marmottes, si nombreuses sur les côtes, et que des bâtiments russes venaient souvent y chercher autrefois.

Mais la principale richesse de la Nouvelle-Californie, celle qui l'a rendue si fameuse dans ces derniers temps, c'est l'or, dont Francis Drake y signalait la présence dès 1536. Il y a lieu de croire que les premiers missionnaires et le gouvernement espagnol avaient eu connaissance de l'existence de ces trésors, oubliés depuis, parce que divers motifs portèrent le cabinet de Madrid à les tenir secrets ou du moins à ne point les exploiter tout de suite. A. Erman, professeur à Berlin, qui visita la Californie en 1829, fut conduit par l'analogie qu'il remarqua entre les terrains de ce pays et les rochers aurifères de l'Oural à supposer que ce sol recélait dans ses profondeurs d'immenses richesses; cependant c'est au hasard seul qu'il fut donné de les en faire jaillir.

Au mois de février 1848, le capitaine Sutter, dont il a tant de fois été question depuis, et qui, originaire du grand duché de Bade, s'était établi en Californie à la suite d'une foule d'aventuriers plus merveilleuses les unes que les autres, voulut, avec l'aide d'un mécanicien anglo-américain appelé Marshall, agrandir le cours d'eau qui faisait mouvoir son moulin-scierie, construit sur un affluent du Sacramento. Pour s'épargner la peine de creuser la terre, on la fit battre et entraîner par la chute d'eau amenée sur un point donné; et cette espèce de lavage naturel mit tout à coup en lumière de brillantes parcelles d'or. Dans l'espace de quelques jours on en eut recueilli ainsi pour une valeur de 225 dollars. Il fut impossible à ceux qui avaient eu le bonheur de faire une telle découverte de la tenir secrète; et peu de temps après plusieurs milliers d'individus étaient déjà venus prendre leur part de cette importante trouvaille. Ce n'était pas seulement des contrées voisines qu'accouraient tous ces aventuriers chercheurs d'or, mais des parties du globe les plus éloignées. Malgré tout ce qu'on a écrit sur ce sujet, il serait difficile de déterminer avec quelque exactitude l'étendue des gisements aurifères de la Nouvelle-Californie ainsi que l'importance des trésors qu'on en a déjà extraits. Dès le mois de septembre 1848, il avait été apporté à San-Francisco pour plus de 600,000 dollars de poudre d'or, et la plus grande partie en avait été exportée. Le butin des chercheurs d'or variait beaucoup. Il y en avait qui dans une seule journée recueillaient jusqu'à 42 onces de poudre d'or; et on en citait un qui en trois jours, et seulement avec l'aide de quelques ouvriers, en avait recueilli 2,000. Le nombre de ceux qui voulaient s'enrichir tout de suite en se livrant à ce travail s'accrut de jour en jour, et au bout de quelques mois on l'évaluait déjà à 12,000 au moins. En septembre de la présente année 1852 on estimait le produit total des mines d'or de la Californie pendant les quatre années écoulées depuis leur découverte à la somme énorme de 47,860,000 liv. sterl., soit un milliard cent quatre-vingt cinq millions de francs. Jusqu'à présent c'est surtout dans les affluents orientaux du Sacramento, à 25 myriamètres de San-Francisco, qu'on se livre à la recherche de l'or. Mais des indices certains annoncent qu'on en trouvera encore bien plus loin. On le rencontre à l'état de pépites et au moyen de fouilles sèches, ou bien on l'obtient en paillettes par le lavage des sables et de la vase des rivières. Il est d'une remarquable pureté et de plus de 21 carats de fin.

La joyeuse surprise que provoqua cette découverte ne tardèrent pas à succéder parmi les financiers de vives appréhensions au sujet des effets désastreux que pourrait avoir sur l'assiette générale du marché la dépréciation des valeurs métalliques résultant de la surabondance des produits aurifères de la Nouvelle-Californie, attendu que ce pays même la valeur de l'or avait baissé de 18 0/0 en certains endroits. Mais aujourd'hui on peut affirmer sans crainte que la valeur de l'or ne tombera pas à beaucoup près autant que ce fut le cas après la découverte de l'Amérique, attendu qu'il y a aujourd'hui plus de proportion qu'autrefois entre la masse d'or existant en circulation et celle qu'y jette l'exploitation des nouveaux gisements aurifères. En outre, en admettant une dépréciation momentanée qui en pourrait résulter pour la valeur de l'or, elle serait bien moins désastreuse qu'il y a trois siècles, attendu que de nos jours c'est l'argent,

bien plutôt que l'or, qui est la grande unité monétaire.

Ajoutons encore à ces trésors du sol de la Californie des richesses qui frappent moins les yeux, dont on se préoccupe moins dès lors en dépit de leur importance réelle, par exemple du mercure, qu'on rencontre très-souvent, et une excellente terre à porcelaine qu'on trouve à Stockton, et que des Chinois ont déjà su utiliser pour fonder une manufacture.

Maintenant, si l'on réfléchit que cette terre si merveilleusement douée par la nature, qui en comparaison semble avoir traité la Californie du Sud en marâtre, est rendue accessible au commerce par les plus beaux ports qu'on puisse imaginer, par exemple ceux de San-Pedro, de Santa-Barbara, de Monterey, et surtout celui de San-Francisco, on ne peut que lui prédire les plus brillantes destinées. Depuis longtemps déjà sa population s'accroît d'année en année. En 1790 on comptait dans la mission 7,748 habitants; en 1801 ce chiffre était de 13,668 individus. Au commencement de l'année 1840 on évaluait à 15,000 le nombre des Indiens, qui formaient diverses tribus, telles que les *Quirotes*, les *Eslen*, les *Roumsen*, les *Matalenes*, etc., mais réunies par des dialectes de même famille, et qui n'ont été arrachées aux misères de la vie sauvage et initiées à quelques-uns des bienfaits de la civilisation que par les missions espagnoles. A la même époque le nombre des blancs était estimé à 5,000; mais il s'est accru depuis dans une merveilleuse progression. Au commencement de 1851 il dépassait déjà 200,000. Il en sera de même prochainement du commerce et de l'industrie, qui malheureusement y ont été jusqu'à ce jour insignifiants. L'exportation consistait en produits naturels du genre le plus grossier, en cuirs et pelleteries, dont 150,000 pièces arrivaient annuellement à San-Francisco, en suif (expédié surtout au Pérou), en grains, qui s'écoulait surtout dans les établissements russes de l'Amérique septentrionale. Les troubles sans cesse renaissants de la fédération mexicaine n'étaient guère propres à favoriser le développement intérieur du pays. Aujourd'hui la Nouvelle-Californie fait partie de l'Union américaine du nord, un avenir digne des avantages particuliers dont l'a comblée la nature lui est assuré.

Parmi les anciennes villes de cette contrée il faut citer *San-Carlos Monterey*, bâtie à l'embouchure du San-Felipe, dans la baie, aussi sûre que belle, du même nom, autrefois siège du commandant général des deux Californies, avec 1,500 habitants, dans une contrée entourée de hautes montagnes couvertes de pins; *San-Francisco*, aujourd'hui chef-lieu de l'État; *Santa-Barbara*, avec un port et 1,300 habitants, et *San-Diego*, le plus ancien endroit habité de la Nouvelle-Californie, avec un beau port; en outre, un grand nombre de florissantes stations des missions fondées pour la plupart dans les trente dernières années du siècle passé. *Puebla de San-Jose*, endroit autrefois sans aucune importance, mais où déjà l'on compte aujourd'hui plus de maisons et de constructions, a été dans ces derniers temps érigée en ville de gouvernement. Parmi les nouveaux établissements qui s'étendent maintenant au nord de la baie de San-Francisco, il faut mentionner le port de Sansalito, la mission de San-Francisco-Solano, la Sacramento-City, qui s'accroît rapidement, à cause de ses importants lavages d'or, Suttersville, Stockton, Martinez, Marysville, Sonora, York City, etc. Les M o r m o n s ont fondé fort avant dans l'intérieur, sur les rives du grand Lac Salé, leur établissement de *Deseret*, sur la grande route conduisant par terre des États-Unis à San-Francisco.

Jusque dans ces derniers temps l'histoire des deux Californies s'était confondue avec celle de la Nouvelle-Espagne. Une des expéditions organisées par Cortez atteignit en 1533 la Basse-Californie, dont Fernando de Ulloa visita six années plus tard les côtes orientales et occidentales. En 1542 Cabrillo découvrit le port de Monterey; en 1602 possession fut formellement prise de cette contrée par l'Espagne; mais ce ne fut qu'en 1642 qu'on essaya de la coloniser. Les jésuites dirigèrent la mission et la colonisation jusqu'à leur expulsion, en 1767, époque où ils furent remplacés par les PP. franciscains. En 1768 la Nouvelle-Californie fut occupée par une expédition envoyée de Mexico et colonisée par l'établissement de nombreuses stations de missions, lesquelles parvinrent à un remarquable état de prospérité. On y trouvait en outre des points militaires fortifiés (*presidios*), qui étaient en même temps les chefs-lieux de quelques districts, dont trois dans la Basse-Californie, et quatre dans la Haute-Californie. C'est sous leur protection immédiate que les Espagnols s'établirent en constituant des *pueblos*. Les agitations révolutionnaires du Mexique eurent les conséquences les plus rapides dans les deux territoires, qui eurent également à traverser les mêmes phases politiques. Formant depuis 1823 une province de la république mexicaine, les Californies reçurent un gouverneur dont la plupart des missionnaires refusèrent de reconnaître l'autorité. Ceux-ci ayant fini par abandonner le pays, la civilisation, qui venait à peine d'y naître, disparut bien vite; et le gouvernement mexicain se vit obligé d'en revenir au système des missions. Mais à peu de temps de là le parti démocratique supprima complétement les missionnaires par un décret en date du 17 août 1833, et projeta l'organisation d'une grande immigration en Californie. Un petit nombre d'émigrés s'y furent à peine établis, que lors de l'arrivée de Santa-Anna au pouvoir suprême, lequel voulait maintenir les missions dans leur ancien état, les colons mexicains en furent de nouveau formellement expulsés. Cet événement fut l'origine de l'hostilité qui exista constamment depuis entre la Californie et le gouvernement mexicain. Le parti opposé au pouvoir dans ce pays, tombé d'ailleurs dans une complète anarchie, fit cause commune avec les colons venus de l'Amérique du nord, et osa en 1836 tenter une insurrection, qui eut pour résultat, sans aucune effusion de sang, le renversement du gouvernement et une déclaration d'indépendance. Le chef de l'insurrection, l'ex-inspecteur des douanes *Alvarado*, fut également confirmé dans les fonctions de gouverneur par l'impuissant gouvernement du Mexique. Mais cet homme se rendit bientôt odieux par son despotisme, et, redoutant de la part du grand nombre des nouveaux colons venus des États-Unis une nouvelle révolution, il se vit forcé d'implorer l'appui du gouvernement mexicain. En 1842 Santa-Anna y envoya, en qualité de gouverneur, le général Michel-Torena, qui en peu de temps devint aussi odieux à la population qu'avait pu l'être son prédécesseur. Au printemps de 1846 toute la Haute-Californie se révolta contre lui, l'expulsa et élut don *Jose Castro*, Californien de naissance, comme commandant général. A l'époque de la guerre qui éclata vers la même époque entre le Mexique et les États-Unis, ceux-ci avaient déjà convoité la possession de la Nouvelle-Californie, qu'ils considéraient comme un point de communication désormais indispensable à leur commerce avec le Grand-Océan. Après quelques luttes dont ce pays même fut le théâtre, et qui eurent lieu entre le parti californien, disposé à s'allier avec l'Angleterre, et le parti américain, composé en grande partie d'émigrés américains, ceux-ci, ayant à leur tête le capitaine *Sutter*, et secondés par une flotte commandée d'abord par Sloat, puis par Stockton, remportèrent les 8 et 9 janvier une victoire décisive à Los Angelos; et la Nouvelle-Californie sous les lois de l'Union américaine du nord, tandis que la Vieille-Californie continua à faire partie de la confédération mexicaine. Au commencement de 1849, le gouvernement de Washington envoya à San-Francisco le général Smith en qualité de gouverneur militaire; mais la population, qui s'était considérablement accrue depuis la découverte des mines d'or, refusa de reconnaître au gouvernement central le droit de s'immiscer dans le rétablissement de l'ordre ou dans la rédaction d'une constitution. Cette dernière fut acceptée par le peuple en 1849, d'après un projet arrêté par un *convent* réuni en août à Monterey. Dans les premiers jours de décembre 1849, Peter Burnet fut élu en qualité de gouverneur, et l'ouverture de l'*Assembly* eut lieu le 17 du même mois. Le 7 septembre 1850 la Californie fut solennellement admise dans l'Union américaine du nord comme État distinct et indépendant.

La constitution de la Californie est l'une des plus libérales parmi celles qui régissent les diverses fédérations américaines. L'esclavage y est prohibé. Le pouvoir exécutif est séparé du pouvoir législatif et du pouvoir judiciaire. La législature est composée d'un sénat, dont les membres (au nombre de 16, au commencement de 1851) sont élus tous les trois ans, et d'une *assembly*, dont les représentants sont élus pour un an le 1er novembre de chaque année. Un gouverneur, dont les fonctions durent deux ans, est placé à la tête du pouvoir exécutif. Après lui vient un sous-gouverneur, chargé en même temps de présider le sénat. La puissance judiciaire est exercée par une cour suprême à laquelle ressortissent un certain nombre de tribunaux de cercles et de comtés, et les juges de paix forment une juridiction inférieure. Que si pendant trop longtemps dans les villes, notamment à San-Francisco. par suite des éléments si mêlés de la population, l'immoralité la plus profonde, la licence la plus effroyable, l'ivrognerie, le jeu, la débauche, la fraude et la force brutale ont été à l'ordre du jour; si la sécurité des personnes et des propriétés n'a pu le plus souvent avoir d'autre sanction que la mise en pratique de la terrible *loi de Lynch*, l'esprit de légalité et d'ordre semble aujourd'hui s'établir peu à peu dans le nouvel État. Aussi bien la Californie a encore une grande mission humanitaire à remplir, et qui ne consiste pas à assurer la prépondérance de la race blanche (*gente de razon*) par des massacres d'Indiens comme ceux qui furent commis au mois de septembre 1849, ou à acquérir avec l'or qui y coule à flots tout ce qu'un pays serait susceptible de se donner par son industrie nationale, pour mourir ensuite comme État capitaliste appauvri comme la race hispano-américaine; non: elle est appelée à de plus nobles destinées. Des divers États dont se compose l'Union américaine, la Californie est celui qui forme à l'ouest l'extrême frontière de cette admirable confédération, dont le territoire réunit les éléments les plus puissants de la vie sociale moderne; elle est le dernier point où devra enfin s'arrêter cet immense mouvement d'émigration qui entraîne toujours plus à l'ouest les populations de l'ancien monde. Des ports aussi sûrs que spacieux, situés sur la côte faisant face à l'Asie, semblent indiquer cette partie du monde à l'activité commerciale et industrielle de l'homme; et ce n'est pas sans motifs que la Nature, en séparant presque ironiquement ces deux grandes mers par l'étroit isthme de Panama, a rendu si difficile et si longue la navigation ayant pour but d'atteindre les rives orientales du continent américain. C'est de la Californie que commencera l'attaque de l'Asie par les idées européennes, dont la Chine sera la première conquête; c'est de là que nos neveux verront infailliblement résulter une rotation nouvelle dans la culture humaine. La Californie, la Nouvelle-Californie surtout ont été dans ces derniers temps l'objet d'une foule d'écrits. Les plus importants à consulter sont: Burriel, *Noticia de la Californie* (3 vol., Madrid, 1757; traduit en français, Paris, 1766); Forbes, *History of Upper-and Lower-California* (Londres, 1832); Fremont, *Narrative of the exploring Expedition to the Rocky-Mountains in the year 1842, and the Oregon and California in the years 1843-1844* (Londres, 1846); Duflot de Mofras, *Exploration de l'Oregon, des Californies*, etc. (2 vol., Paris, 1844); Anatole Chatelain, délégué du ministère de l'intérieur, de l'agriculture et du commerce des deux Amériques, *Rapport au Gouvernement Français sur la Californie* (mai 1852); Hoppe, *le Présent et l'Avenir de la Californie* (en allemand, Berlin, 1849); Hartmann, *Description géographique et statistique de la Californie* (en allemand, Weimar, 1849); Gerstæcker, *Le District d'Or et d'Argent de la Californie* (en allemand, 3e édit., Leipzig, 1849); Brooks, *Four months among the goldfinders in Alta California* (Londres, 1849); Johnson, *Sigths in the Gold Region* (New-York, 1849); Revere, *A Tour of Duty in California* (New-York, 1849); Taylor, *El-Dorado* (Londres, 1850); Fleischmann, *Derniers Rapports officiels adressés au Gouvernement des États-Unis sur le présent et l'avenir de la Californie* (en allemand; Stuttgard, 1850).

[Avant l'année 1848, ce pays, qui a éveillé depuis et éveille encore tant d'échos, était ignoré du plus grand nombre. Sous le nom de *Haute* ou *Nouvelle-Californie*, il figurait à peine, sans limites déterminées, sur quelques cartes consciencieuses de la côte occidentale de l'Amérique du nord, au milieu des dénominations barbares de diverses tribus indiennes, sillonné de rivières aux sources inconnues, ou passait inaperçu dans les recueils géographiques comme une annexe lointaine et délaissée de la confédération mexicaine. Les navires qui doublaient le cap Horn pour faire le commerce d'escale sur l'Océan Pacifique, ne remontaient presque jamais jusqu'à ce littoral; et si quelque baleinier, entraîné par l'ardeur de la poursuite, se trouvait dans ces parages, il poussait au large, et s'écartait d'une côte qui lui semblait inféconde et inhospitalière.

Trois siècles auparavant, un intrépide voyageur, en frappant du pied le sol de ce pays, s'était bien écrié : « Ce n'est pas de la terre, c'est de l'or! » Mais nul ne s'était ému à ces paroles. Et quand, vers le milieu du dix-septième siècle, l'éclat dont resplendissait alors cette puissance dans les États de laquelle le soleil ne se couchait pas encore vint à se refléter sur la Californie, grâce aux efforts courageux et civilisateurs des Pères de la Mission, ce ne fut que pour un moment, et la contrée, un instant illuminée, retomba plus que jamais dans le silence et l'obscurité.

Tout à coup, un cri retentit d'un bout de l'Univers à l'autre, le même qui avait été poussé trois cents ans auparavant par Francis Drake; mais cette fois le monde entier y répondit. C'était au moment où une révolution subite venait de faire tressaillir comme sous un choc galvanique la vieille Europe et menaçait tous les intérêts publics ou particuliers, le plus souvent engagés follement dans les spéculations les plus téméraires. L'inquiétude était dans les esprits; si ce n'étaient les fortunes, du moins les frêles échafaudages dont s'étayaient une foule d'espérances ardemment conçues s'écroulaient, et chacun tremblait pour son lendemain.

Aussi la nouvelle fut-elle accueillie avec enthousiasme et répétée par des millions de voix; les deux mondes s'en émurent; des récits merveilleux, fabuleux, circulèrent de l'extrême Orient à l'Occident avec la rapidité du fluide électrique, et de tous les points du globe des légions d'émigrants, franchissant les mers et les continents, se dirigèrent en hâte vers l'El-Dorado, où la réalité dépassait cette fois les rêves les plus ambitieux. En même temps, de tous les havres, de tous les ports qui s'ouvrent sur les deux océans, des bâtiments chargés de vivres et de marchandises cinglèrent vers ces rives fortunées. Ce fut un rendez-vous général des peuples les plus divers ; les pavillons de toutes couleurs flottèrent dans la baie de San-Francisco, et pour la première fois depuis bien des siècles les enfants de Noé, rassemblés sur les bords du Sacramento, y ramenaient la confusion des langues.

De cette agglomération soudaine d'hommes et de marchandises sur un même point, dans un pays où tout, agriculture, navigation, transports, avait été abandonné pour le travail de la mine, il résulta ce qui ne pouvait manquer d'arriver : beaucoup un instant faillirent périr de faim à côté de leur or, et beaucoup succombèrent au travail sans repos, à la nourriture insuffisante et malsaine. Beaucoup aussi, dans les fluctuations de commerce les plus fréquentes et les plus inattendues, perdirent plus facilement encore leur fortune qu'ils ne l'avaient rencontrée.

Alors au concert d'allégresse et de foi enthousiaste des premiers temps succédèrent bientôt les imprécations du découragement. Un instant la Californie avait été aux yeux de la foule le jardin des Hespérides, la Colchide aux toisons d'or ; le moment d'après elle n'était plus qu'un déplorable théâtre de tous les crimes et de toutes les calamités. Aussi bien le métal précieux dont la révélation dans cette contrée lointaine avait produit l'effet du mirage et entraîné tant de caravanes de voyageurs altérés semblait, comme à plaisir, surgir alors de tous les points du globe. Les *convicts* de Sydney, qui des premiers étaient accourus demander à la Californie des trésors faciles et la liberté, n'avaient plus désormais besoin de briser leurs chaînes : la mine d'or était venue jusqu'à eux. La Nouvelle-Hollande, elle aussi, avait ses *placers*. Et, comme pour faire écho, le cap Breton, les rives du Napo, Déméara, la côte occidentale de la Nouvelle Grenade, Upata du Vénézuéla, l'île de la Princesse Charlotte, retentissaient à l'envi du cri joyeux des découvreurs : de l'or, de l'or! tandis que dans l'isthme de Panama les travailleurs du chemin de fer abandonnaient la voie ferrée qui va relier les deux mondes, pour fouiller à deux pas de là des sables aurifères et y prendre eux-mêmes leur salaire.

Cependant, bien que la foule désenchantée eût perdu de son engouement pour un pays d'abord l'objet de ses plus vives préoccupations, il devait être évident pour tout observateur intelligent que la Californie résisterait victorieusement à cette concurrence de merveilles. Son climat, sa fertilité, sa position géographique, l'esprit d'entreprise et d'industrie du peuple entre les mains duquel la Providence l'avait récemment fait tomber, devaient en être les garants. Les faits sont venus justifier cette prévision, et déjà le présent prépare à la Californie le plus magnifique avenir.

Un rapide exposé des richesses de tous genres, minières, agricoles, forestières, maritimes, commerciales, dont la nature l'a dotée, ainsi que quelques mots sur sa situation politique et sur l'histoire de la découverte de l'or, en fourniront la preuve.

Depuis que la Haute-Californie, comme le Mexique, dont elle était la dépendance, avait, au commencement de ce siècle, secoué le joug de la métropole hispanique, elle était devenue le théâtre de guerres civiles sans fin et de révoltes continuelles contre la capitale de la nouvelle confédération. Les exactions ou l'incapacité des gouverneurs mexicains, aussitôt rappelés ou envoyés par le pouvoir fédéral, avaient mis le pays à deux doigts de sa perte; l'œuvre bienfaitrice des Pères de la Mission avait été anéantie et leurs biens dilapidés. Les *écumeurs de terre*, embrigadant les Indiens, un instant amenés à la civilisation par les révérends Pères et depuis retournés à la vie sauvage, désolaient le pays et jetaient audacieusement le *laso* sur les voyageurs. L'Angleterre et les États-Unis jetèrent en même temps les yeux sur cette contrée, devenue un embarras pour le Mexique. L'Angleterre en demanda la cession, proposant à la confédération obérée de la lui payer comptant; mais les États-Unis avaient pris les devants : leurs infatigables pionniers du Grand-Ouest franchissaient depuis longtemps les crêtes neigeuses des montagnes Rocheuses et de la Sierra-Nevada, frontière de la Californie. En 1846 ces éclaireurs, jusque alors disséminés dans le pays, se réunirent, le parcoururent rapidement sous la conduite de l'intrépide colonel Frémont, repoussèrent les troupes mexico-californiennes et firent flotter partout le drapeau de l'Union. Bientôt le traité de Guadalupe-Hidalgo vint confirmer cette prise de possession; et la contrée qui a produit et doit produire encore tant de millions devint régulièrement le patrimoine des États-Unis, moyennant une somme de 75 millions de francs : juste le prix d'achat de la Louisiane!

La population manquait toutefois à ce vaste territoire, qui du port de San-Diego, sa limite méridionale, jusqu'à Rocky-Point, frontière de l'Orégon, s'étend sur près de trois cents lieues de côtes. Vingt mille hommes à peine, Californiens et étrangers, la plupart Anglo-Américains, nous ne parlons pas des Indiens, étaient disséminés çà et là dans les vallées du littoral; lorsque, vers la branche sud de la rivière américaine, affluent du Sacramento, un associé du fameux capitaine Sutter dut au plus grand des hasards la découverte de la première de ces *pépites* que pendant de longs siècles, à l'exception de Francis Drake, les caravanes de voyageurs et les hordes indiennes avaient foulées aux pieds sans rien pressentir.

Il s'était agi d'élargir un petit canal qui livrait passage aux eaux d'une petite rivière servant de moteur à un moulin-scierie; le sable des déblais avait été amoncelé sur les bords. Marshall, l'associé du capitaine, en inspectant les travaux, maugréait contre cette besogne inattendue, quand dans les déblais qui en étaient la conséquence il aperçut la pépite. Il fit le contraire de ce qu'avait fait Francis Drake trois siècles auparavant, et il obtint le résultat contraire. Le premier cri n'avait pas trouvé d'écho; cette fois, en dépit de toutes les précautions prises pour que le secret fût bien gardé, le bruit de la précieuse trouvaille se répandit aussitôt d'un bout du monde à l'autre. Quelques jours après, deux mille travailleurs entassés pêle-mêle bouleversaient de fond en comble les alentours du petit canal, les criques, les cagnades voisines; et un mois ne s'était pas écoulé que Marshall pouvait compter cinq mille co-partageants.

Rien ne saurait dépeindre le courant d'immigration qui depuis cette époque, et surtout dans les premiers temps, épancha vers le moderne El-Dorado ses incessants, ses intarissables flots d'exilés volontaires.

On évalue à deux mille par jour, pendant les deux mois propices au voyage, le nombre d'individus de tout âge, de tout sexe, de toutes conditions, qui en 1849 et en 1850 s'acheminèrent des États de l'Ouest de l'Union vers la Californie, franchissant les montagnes, les plaines desséchées, les torrents, les rivières, et laissant partout le sol jonché de bagages et de débris. A la fin de l'année 1850 la population des immigrants s'élevait à 115,000 âmes; et San-Francisco, village qui avant la découverte de l'or renfermait à peine une centaine d'individus, était devenu à la même époque (fin 1850) une ville de 55,000 habitants.

Ce fut d'abord vers les mines, les *placers*, que la presque totalité des nouveaux arrivants dirigèrent leurs pas. Les chaloupes des navires abandonnées, les petits bateaux à vapeur apportés démontés de pays lointains, les chariots, transportaient à prix d'or les mineurs impatients, jusqu'à trente et quarante lieues nord ou sud de San-Francisco, sur les bords du Sacramento ou du Rio-Joaquim, à l'endroit où la terre jaunâtre commençait à annoncer la présence de l'or. De petits centres d'habitation, des groupes de tentes, s'établirent bien vite près des *placers* les plus recherchés pour leurs trésors; et l'on y vit aussitôt le prix des denrées, des outils, du logis, atteindre des taux qui tenaient du prodige, mais justifiés par les gains fabuleux du mineur.

Les premiers chercheurs d'or n'avaient, pour ainsi dire, qu'à se baisser pour ramasser le précieux métal, qui, semé par les volcans et recouvert à peine par la terre des collines entraînée par les eaux, effleurait souvent le sol. Une pépite, entre autres, fut trouvée du poids de trente-trois livres; une autre de vingt-deux, un grand nombre pesant cent quarante, cent quatre-vingt onces chacune de seize piastres, la piastre d'une valeur de 5 fr. 30 à 40 c. On dédaignait les cagnades, qui ne rapportaient pas cent onces par mois, tant était grand le nombre de mineurs qui pendant les premiers mois de la découverte avaient récolté ce nombre d'onces par jour!

Aussi tout nouveau venu se vouait-il à la mine. La charrue restait délaissée dans le sillon commencé; la bêche n'entr'ouvrait plus que le sable ou la terre aurifère. Entre les mains de l'agriculteur ou de l'artisan transformés en pion-

niers tout était bon comme instrument de travail. La conséquence forcée d'un pareil état de choses fut que le moment vint où, le pays ne produisant plus rien et les approvisionnements manquant, la faim fit sentir son aiguillon dans les *placers*. C'est alors qu'un œuf se paya 125 francs; une petite boîte de sardines, 200; la livre de farine, 50; et qu'une caisse de raisins secs fut vendue littéralement au poids de l'or.

La valeur de la nourriture des bestiaux était non moins exorbitante que celle de l'homme : le foin se vendait 5 francs la livre, l'orge et le maïs 50 francs le boisseau; et l'on devait s'estimer heureux quand on en trouvait beaucoup à ce prix. Des débris de paille équivalant à six bottes, trouvés au fond de caisses de marchandises arrivées d'Europe, furent *cédés* moyennant 30 francs.

Il en était de même alors pour les instruments de travail et les matériaux de tous genres.

Dans cet âge d'or des mineurs, comme des marchands, une bêche se vendait 150 fr., une mauvaise pelle 250. Les berceaux, *cradles* ou *rockers*, machines à laver le sable aurifère, qu'un menuisier construirait en Europe pour 10 fr., étaient achetés au prix de 800, 900 et 975 fr. Un cheval, qui valait 40 à 50 fr. avant la conquête par les Américains du nord, se *louait* 500 fr. par jour, 1,500 par semaine; et l'Indien, qui d'abord dédaignait ce qu'il appelait la *terre jaune* et échangeait joyeusement une once pesant d'or (85 fr. environ) contre un *dram*, un petit verre d'eau-de-vie, ou une demi-livre de poudre, eut bientôt, lui aussi, élevé ses prétentions. Son premier acte d'homme civilisé fut de menacer de faire grève si sa journée, payée autrefois un réal (12 sous et demi) ne l'était pas maintenant sur le pied de 100 fr. et 150 fr.

Les matériaux de construction étaient dans les mêmes conditions : les planches de sapin se vendaient 2,500 fr. le mille pieds, de 5 à 7 fr. 50 le pied carré en détail. Le transport des colis, des objets de tout genre, pour un trajet de trentaine de lieues s'éleva à 10 fr. la livre, 1,000 fr. les 100 livres. Enfin l'intérêt de l'argent, dépassant les rêves des usuriers les plus rapaces, fut longtemps au taux, sinon *légal*, du moins général, de 20 pour 100 par mois, 240 pour 100 l'an!

Ainsi que la mine, la ville San-Francisco surtout offrait de semblables exemples. Les salaires des ouvriers, ceux du bâtiment principalement, étaient de 120 et 160 fr. par jour; un commis de boutique gagnait 2,500 à 4,500 fr. par mois, nourri, logé etc.; le garçon de peine intelligent entrait en concurrence pour les mêmes émoluments. Une femme, n'importe laquelle, pour la seule considération qu'elle était femme, gagnait en 1849, et tant qu'elle faisait durer *la vogue*, 500 et 1,000 fr. par soirée à trôner dans le comptoir d'un *bar-room*, le *café*, l'estaminet américain, souvent n'ayant rien à faire qu'à se laisser voir de telle heure à telle heure. La profession qui après celle d'être femme rapporta le plus, ce fut celle de cuisinier. Un disciple, digne ou indigne, de Brillat-Savarin gagnait de 2,500 à 5,000 fr. par mois.

Si *les recettes* étaient telles, les *dépenses* ne laissaient pas que d'établir assez facilement la balance. Il était naturel que chacun tendît à participer à l'ampleur inusitée des bénéfices. Les locations, en conséquence, atteignaient à des prix tout aussi exagérés. Le propriétaire qui avait payé son terrain jusqu'à 5,000 et quelquefois même 10,000 fr. le mètre carré, qui avait toujours la torche incendiaire suspendue comme une épée de Damoclès au-dessus du toit de sa maison, louait à l'ouvrier qu'il avait si largement rétribué une chambre de quelques pieds carrés 2,500 fr. par mois.

Le prix de location d'une petite boutique toute nue était toujours de 2,500 à 5,000 fr. ; une échope sur le grand wharf, quai-débarcadère transversal, trouvait locataire à 13,500 fr. par mois ; un célèbre avocat américain payait encore en 1850 10,000 de loyer par mois pour son cabinet et son *appartement de garçon*, donnant sur *Montgomery street*, la grande rue de la ville ; et dans cette même rue les bureaux et l'appartement du banquier Burgoyne, établis, il est vrai, dans une maison *fire proof* (à l'épreuve du feu), lui revenaient à 50,000 fr. de location mensuelle.

On peut juger du reste par ces exemples ; nous citerons cependant encore quelques prix de denrées. Le pain et la viande de boucherie valaient 5 fr. la livre ; le vin au détail se vendait 10 à 15 fr. la bouteille ; une caisse de douze bouteilles, 125 fr. Quant aux légumes, ils n'avaient plus de prix ; c'étaient des objets de luxe. Un chou trouvait acheteur à 20, 15 et 10 fr. ; une tête de salade à 10 et 5 fr., et les pommes de terre valaient 15 à 10 fr. *la livre !*

C'est ainsi que l'or de la mine circulait activement et passait rapidement des mains du chercheur d'or, rendu libéral par la facilité du gain, entre celles du *tiender*, le restaurateur-logeur ; des mains de celui-ci, en celles du commerçant, qui en réservait une partie pour les retours à faire au négociant expéditeur, et souvent employait l'autre à l'achat d'un terrain et de matériaux, afin d'élever dans la ville nouvelle un nouvel édifice de planches.

Deux causes venaient encore imprimer à cette circulation un mouvement plus rapide : Le jeu et l'incendie.

Les mineurs, la plupart isolés, privés de famille, et que plusieurs milliers de lieues séparaient du sol natal, généralement inaccoutumés à un travail presque toujours pénible, épuisant, exaltés souvent aussi par les faveurs du hasard ; les mineurs, soit pour donner libre essor à leur joie exubérante, soit pour faire diversion à leurs fatigues ou à leurs regrets, se livraient à des libations abondantes et sans fin. Le *Bar-Room* ne désemplissait pas le matin, ni dans la soirée. Qu'importait en effet le prix du vin aux consommateurs ! la bourse était toujours pleine ; un coup de pioche suffisait à l'entr'ouvrir pour y puiser ; et le vin de champagne, qui jouait le principal rôle et qui s'est vendu jusqu'à 100 fr. la bouteille, coulait à grands flots dans les larges verres que tendaient les bras nus des travailleurs.

Mais ce n'était pas assez. L'homme est insatiable. Certes si dans la mère patrie on eût dit à ces chercheurs d'or : Dix ans vous suffiront pour amasser une honnête aisance, on les eût vus tressaillir d'allégresse. La Californie vint leur faire cette promesse, mais en réduisant des neuf dixièmes la durée du travail nécessaire pour obtenir le résultat désiré ; et alors ils ambitionnèrent un délai moindre encore.

Un mineur soucieux de sa famille, redoutant quelque retour de la maladie pour laquelle chaque visite du médecin avait fait sortir 300 à 500 fr. de son escarcelle, ou venant de clore ses travaux par la trouvaille inattendue d'un bloc d'or vierge pesant (ainsi qu'il nous est arrivé d'en voir déterrer) 13 livres 9 onces et valant 13,500 fr. au moins, songeait-il à revoir sa patrie et les siens, il arrivait joyeux à San-Francisco, et s'empressait de retenir sa place à bord du plus prochain steamer. Mais avant de partir il voulait visiter la ville des merveilles, et c'était là que l'attendait l'écueil !

En effet, à peu d'exceptions près, toutes les maisons de San-Francisco étaient des *Bar-rooms* ou des *Gaminghouses* (maisons de jeu) ; très-souvent l'un et l'autre. Là toute la journée et toute la nuit l'on roulait sur les tapis verts, sous la présidence de Grecs accourus de Hombourg, de Baden, d'Ems ou de Wiesbaden, avec des femmes élégantes et faciles pour partenaires et chargées d'interpréter le sort au lansquenet ou au *monte*, le lansquenet mexicain. Le mineur, fasciné par les gains faciles et rapides, voyant peut-être, comme cela nous est arrivé une fois à nous-même, 400,000 fr. passer en une demi-heure de la caisse d'un banquier dans les poches d'un joueur, ne pouvait résister à l'idée de doubler, de centupler le pécule amassé au prix de tant de peine et destiné à embellir la chaumière natale, à acheter le château du village, afin de trôner désormais sans rival là où on ne l'avait connu que pauvre. Il vidait son escarcelle sur le tapis vert ; tout son or passait dans des mains

habiles. Alors venaient les regrets amers, le désespoir, trop souvent la perte de la raison, quand ce n'était pas le suicide.

De San-Francisco les tables de jeu allèrent s'implanter jusqu'aux mines, jusqu'aux *placers* eux-mêmes. Les chercheurs d'or favorisés par le hasard dans la cagnade jetaient leurs outils pour aller le tenter, le braver pour ainsi dire, sur le tapis vert du banquier. Les ébats de la débauche, les disputes sanglantes, les coups de pistolet, les oubliettes complaisantes de la mine, étaient plus d'une fois le dénoûment de cette recherche effrénée du gain rapide. Après avoir perdu en quelques instants le fruit de plusieurs journées de travail, les mineurs retournaient tristement à leur *trou* piocher et laver au *craddle* ou à la balée la terre aurifère qui devait leur refaire un nouvel espoir.

L'autre cause qui activait la circulation des produits de la mine était, avons-nous dit, l'incendie.

Au premier cri d'angoisse jeté par la Californie, prise au dépourvu, un appel illimité fut fait aux centres producteurs les plus voisins ; et les premiers arrivages ayant donné des bénéfices jusque là sans exemple, cet appel fut redoublé et étendu aux centres producteurs du monde entier. Partis de trop loin pour que les expéditeurs pussent tenir compte des changements survenus dans l'intervalle sur un marché si nouveau, les navires, en atteignant leur destination, durent souvent encombrer la place ; or cet encombrement avait pour résultat d'avilir le prix des marchandises. Les arrivages n'en continuaient pas moins de tous les coins de l'univers. Venaient-ils d'aventure à s'interrompre, les prix tendaient à se relever ; mais on connaissait les bâtiments en cours de voyage, et devant les nouveaux approvisionnements annoncés les prix ne pouvaient guère s'améliorer. La disproportion entre les approvisionnements et les besoins était si énorme, que l'écoulement vers les *placers*, seuls centres importants de consommation, ne faisait que baisser d'une manière presque insensible le niveau de cet encombrement, trop grand pour que l'avilissement des prix pût faire reprendre quelque activité à la demande.

Dans une situation si perplexe et si tendue, des gens *pratiques* (et les Américains le sont par excellence) allaient répétant dans la foule qu'une ville de planches offrait un champ bien vaste à l'incendie, et que si *par malheur* ce désastre frappait San-Francisco, tout terrible qu'il dût être pour les commerçants victimes du fléau, il aurait au moins ce côté consolant, en désencombrant partiellement la place, de sauver de la crise le plus grand nombre ; c'était *le Personne ne me délivrera donc de ce prêtre turbulent!* de Henri II Plantagenet, et le vœu ne pouvait manquer d'être exaucé.

En une nuit, c'en était fait d'une partie de la ville ; les flammes avaient rongé jusqu'aux pilotis, fondements des édifices consumés, et qui, se détachant seuls, avec leurs longues lignes de têtes inégales et noircies, sur la vaste couche de cendres encore incandescentes, ressemblaient à autant de jalons, plantés là pour tracer l'alignement des rues.

Mais déjà l'œuvre de reconstruction était commencée ; les charriots chargés de matériaux de tous genres sillonnaient la blanche arène désolée, et les décombres se déblayaient pour la pose de la première brique ou de la première planche. Deux cents ouvriers à la fois étaient employés à un seul hôtel ; et dix jours après l'incendie plus de 300 maisons étaient rouvertes aux clients ou aux chalands, avant même que les artisans eussent mis la dernière main aux embellissements des étages supérieurs. Comme le désastre avait été prévu, rien n'était plus facile ; les marchés avec les fournisseurs et les entrepreneurs étaient conclus d'avance ; c'était la meilleure police d'assurance contre l'incendie qu'on pût faire passer !

Huit fois San-Francisco se réveilla ainsi dans les flammes : huit fois, que les gens *pratiques* eussent ou non répandu leur *avis* dans la foule, il se vit défiguré, mutilé, en une nuit !

Le résultat voulu n'en était pas moins obtenu : la place était soulagée. Le fléau avait anéanti une plus ou moins notable partie des marchandises qui formaient encombrement. Or San-Francisco n'était pas le seul endroit ainsi visité périodiquement par l'incendie. Les villes de Sacramento, de Stockton, de Nevada, de Sonora, de Marysville, payèrent tour à tour le terrible tribut, subissant l'effet d'une même cause.

Au prix où étaient les loyers, le propriétaire et le constructeur rentraient dans leur capital au bout de dix-huit mois, quelquefois d'un an. La crainte du feu ne les arrêtait donc pas ; les spéculations reprenaient leurs cours pour la bâtisse comme pour le négoce, et rien ne paraissait plus joyeux et plus prospère que San-Francisco rajeuni et nouvellement réédifié dans un ou plusieurs de ses quartiers.

En même temps, après chaque désastre, le nombre des maisons en briques, en panneaux de fonte boulonnés sur place, croissait sans cesse et diminuait ainsi la gravité des chances de l'incendie. On faisait venir la pierre de taille de Sydney, le marbre et le granit des États de l'Atlantique ; une extension plus grande était donnée aussi aux briqueteries locales. Le théâtre de Jenny-Lind construit sur la grande place de la ville, *Portsmouth-square*, et qui va être acquis par la municipalité pour être transformé en mairie, a été bâti en pierres de taille tirées de la Nouvelle-Hollande ; et un calcul approximatif porte à 5 fr. la valeur de chaque demi-kilogramme de pierre ainsi mis en œuvre.

En effet, bien que les arrivages de navires se fussent régularisés et que l'encombrement ne menaçât plus aussi constamment la place, ni surtout au même degré, les relations n'en restaient pas moins difficiles à établir avec les pays étrangers pour une contrée sur laquelle planait toujours la destruction. A l'instar de Boston, de New-York et de la Nouvelle-Orléans, des compagnies de *firemen*, pompiers volontaires, s'y organisèrent alors sur une grande échelle, s'exerçant au maniement de leur onze pompes éprouvées ; et la municipalité, qui avait déjà fait construire douze citernes d'une contenance totale de 13,543 hectolitres, projette en ce moment la construction d'un nouvel et immense réservoir. Il est même question d'amener à San-Francisco les eaux d'un petit lac, la *Laguna*, situé à environ dix milles de la capitale commerciale de la Californie.

D'un autre côté, la ville s'est déroulée plus au loin sur la colline qui domine une gigantesque baie de laquelle on peut dire à juste titre : *nec pluribus impar*, car elle n'a pas sa pareille dans le monde entier. Des *wharfs* nombreux, grands ponts-débarcadères contre lesquels les bâtiments marchands et les steamers viennent s'embosser pour prendre ou rompre charge, s'avancent transversalement dans la baie, précédant les maisons sur pilotis qui se rapprochent du mouillage et empiètent sur l'espace que baignent les eaux du port. Dans la ville même, des montagnes ont été coupées, des vallons comblés ; et les rues, tirées au cordeau, planchéiées, s'ouvrent à une circulation facile.

Une nouvelle phase est arrivée pour le pays : les affaires se sont établies sur des bases plus stables et moins sujettes aux fluctuations incessantes des premiers temps ; or cette phase nouvelle, la mine aussi a dû la subir.

Les gains fabuleux sont devenus plus rares. Bien que pour longtemps inépuisables, les *placers* offrent cependant des chances moins brillantes aux mineurs. Le travail individuel rencontre rarement des profits aussi rémunérateurs que par le passé. Les travailleurs se sont formé des associations, et par des travaux d'ensemble ils ont découvert des mines de quartz aurifères. Les capitaux ont répondu à l'appel qui a dû leur être fait, et des compagnies solidement organisées, sur les lieux mêmes ou bien en Angleterre, en France, ont installé de puissantes machines broyant par jour quarante tonneaux de quartz. Le rendement, qui d'abord ne dépassa pas la proportion de 10 et 12 pour 100, s'élève maintenant à 25 et 30. Six compagnies des environs de Stockton, la capitale des mines du sud, ont relevé leurs comptes et ont constaté que le produit net de l'exploitation annuelle variait de 18 à 47 pour 100 du capital engagé. Plus de soixante machines fonctionnent maintenant, soit dans les comtés du nord, soit dans ceux du sud, et l'existence de l'arrête quartzeuse s'est révélée dans la plus grande longueur des contreforts de la Sierra. Les associations qui n'ont pas dirigé leurs efforts sur l'exploitation du quartz aurifère ont entrepris un travail non moins lucratif : elles détournent les rivières, en conduisent les eaux, par des aqueducs, dans le *dry diggings*, les *placers* secs ; ou bien elles fouillent le lit même de la rivière, au cours de laquelle elles ouvrent un canal de dérivation. Des relevés authentiques ont donné, comme résultats annuels, des proportions variant de 16 à 48 pour 100 du capital engagé.

Aussi la production de l'or s'accroît-elle de jour en jour. Le produit du dernier semestre de l'année 1848, celle de la découverte, comme nous l'avons dit plus haut, s'est élevé à 10,500,000 francs ; celui de 1849 est évalué à 200 millions ; celui de 1850, à plus de 250 ; celui de 1851 a dépassé 400 millions ; enfin le produit de la présente année 1852 ne paraît pas devoir être de beaucoup inférieur à 500 millions.

Mais la période la plus remarquable de l'histoire de la Californie est celle où sa population a repris les travaux délaissés de l'agriculture. Un des résultats heureux de la moins grande faveur accordée aux travaux de la mine a été de rejeter vers la culture de la terre les nouveaux arrivants ou les mineurs désappointés, et d'y ouvrir une carrière féconde à l'esprit d'entreprise.

Les agriculteurs du Grand-Ouest, séduits par la fertilité du sol, se sont établis dans les vallées les plus favorisées, sur le bord des fleuves, et déjà ils y forment une population stable, celle qui doit véritablement coloniser le pays.

Les produits agricoles de toute espèce ont admirablement réussi. Le blé, l'orge, le maïs ont donné des moissons abondantes ; l'orge de la vallée du Sacramento est d'une qualité supérieure ; et bientôt la Californie et surtout l'Orégon, la contrée agricole par excellence, n'auront plus besoin, pour les céréales, de recourir à la production étrangère. Des colonies allemandes se sont déjà installées au Pueblo de San-Jose et à Sonoma, s'adonnant à la grande culture et à l'élève des bestiaux.

Les races ovines et porcines, qui manquaient, ont été demandées, les unes au Nouveau-Mexique, les autres aux îles Sandwich, mises de même à contribution pour fournir les éléments de l'engraissage de basse-cour ; et de nombreux troupeaux de gros bétail ont été rassemblés dans les fermes qui s'échelonnent autour de la baie.

Les spéculateurs n'ont pas dédaigné la culture potagère : ils ont créé des terrains maraîchers aux environs de San-Francisco et construit des serres pour forcer les produits et obtenir des primeurs. Enfin, la capitale de la Californie a eu son exposition d'horticulture. La vieille renommée de fertilité du pays a été justifiée d'une manière éclatante par les résultats obtenus. On cite une pastèque de 44 livres, un chou-fleur de 18 et un oignon, d'une espèce originaire de Madère et qu'on cultive dans les sables aurifères, qui y atteint le poids de 21 livres.

Les spéculateurs ne se sont pas arrêtés là : ils s'efforcent maintenant d'acclimater le nord la vigne, qui est une des plus grandes richesses du Pueblo de San Jose ; et dans toute la vallée du littoral, ils plantent les arbres fruitiers que leur apportent les bateaux à vapeur faisant le service régulier du littoral du sud. Ces plants proviennent des anciennes Missions, qui ont conservé ce dernier vestige des nombreux bienfaits des révérends Pères.

L'irrigation n'a pas échappé à l'attention des nouveaux colons. Là encore les Pères de la Mission ont laissé un exemple à suivre. L'utilité de l'étude de cette question est d'une évidence incontestable dans un pays soumis à deux

15.

saisons bien tranchées, l'une pluvieuse, l'autre sèche et la plus longue; et dont la partie située au-dessous du trente-neuvième degré de latitude est entièrement privée des eaux pluviales pendant cette dernière saison. Le travail est d'ailleurs préparé en quelque sorte par la nature, qui a disposé les affluents du Joaquim, la grande artère du sud, de manière à les désigner comme les premiers canaux naturels du système d'irrigation à établir.

Aussi, depuis que cette impulsion a été donnée à l'agriculture, depuis que les conditions sont devenues plus normales pour les affaires, le prix de toutes choses a-t-il considérablement baissé. Le pain, que nous avons vu valoir 5 fr. la livre, est successivement tombé (dernier semestre 1852) de 1 fr. 25 c. à 1 fr. et même à 50 c. dans certaines localités; la viande de boucherie, du même prix dans l'origine, vaut actuellement 1 fr. 25 c. à 65 c; le vin, de 10 et 15 fr. la bouteille, est arrivé au prix de 15 à 18 fr. la caisse de 12 bouteilles. La baisse pour les productions potagères s'est opérée dans une proportion plus forte encore : Le chou de 20, 15 et 10 fr. est tombé à 2 fr. 50 c., 2 fr. et 1 fr. 25 c.; et les pommes de terre, autrefois payées 15 et 10 fr. la livre, restées assez longtemps depuis au prix de 1 fr., ne valent actuellement, pour les 100 livres, guère plus du prix réclamé dans l'origine pour une seule livre.

Les prix des locations, des matériaux, des instuments, des salaires ont subi la même dépréciation relative. La petite chambre de 2,500 fr. par mois, n'est plus louée que 100 fr.; La location des boutiques varie de 200 à 600 et 1000 fr. par mois; le fret, le transport des matériaux, est tombé à 25 et 30 c. la livre; enfin l'intérêt de l'argent, autrefois de 20 pour 100 par mois, dépasse rarement, dans de bonnes conditions de garantie, le taux mensuel de 4 à 5.

En un mot, nous pouvons dire qu'on vit maintenant à San-Francisco, ainsi que dans les principaux centres de population californienne, à tout aussi bon marché que dans les grandes villes européennes, par conséquent à meilleur compte que dans les capitales de l'Amérique espagnole. En effet, de nombreux restaurants donnent à San-Francisco des déjeuners à 1 fr. 25 c., et des diners pour le double de cette somme. Quant aux mines, les chercheurs d'or, ceux du sud surtout, y peuvent vivre pour 2 fr. 50 c. par jour.

De plus, les émigrants trouvent actuellement à San-Francisco les plaisirs et les divertissements de nos cités du vieux monde. On se fait généralement une idée si peu exacte de ce pays, qui a trop tenu du prodige pour ne pas être regardé avec une certaine défiance, qu'on est sans doute loin de penser que la rue Montgomery possède dès aujourd'hui des boutiques ne le cédant guère pour la somptuosité à celles de nos rues les plus belles; que la ville est éclairée au gaz; qu'elle est sillonnée de voitures de place et particulières, ainsi que de cavalcades dans lesquelles figurent des amazones se rendant au Longchamp de San-Francisco, la Mission de Los-Dolores; que les cafés chantants, les cirques, les combats de taureaux, les courses sur le turf, les bals, les concerts, les casinos lyriques, plusieurs théâtres, un italien, un autre français, se disputent la foule, et lui offrent les distractions les plus variées; que les magasins de musique, les cabinets de lecture, les salons de coiffure, les loges maçonniques s'ouvrent aux initiés, aux malades, à l'homme d'affaires, à l'homme de loisir. Ils ignorent sans doute aussi que madame de Cassins y explique le passé et y prédit l'avenir dans les langues mortes et vivantes de l'Orient comme de l'Occident, et que le Green ou le Giffard de la Californie, à la grande place de Portsmouth, s'élève dans les nues accompagné de dames de caractère.

Si la part si faite aussi large aux plaisirs et à la curiosité des habitants de la future capitale de l'océan Pacifique, celle qui concerne les intérêts majeurs et les préoccupations les plus chères de l'âme, du cœur et de l'intelligence, n'a pas été oubliée : des écoles publiques ont été fondées et déjà donnent asile à près de deux mille enfants et adultes; une société française de bienfaisance s'est constituée pour les émigrants français sous le patronage de nos compatriotes les plus notables, et les autres nations ont suivi leur exemple; enfin, des temples ont été construits pour les besoins des différents cultes, et la religion catholique romaine a ses basiliques non-seulement à San Francisco, mais encore à Sacramento et à Stockton, les deux têtes des mines, l'une pour le sud, l'autre pour le nord.

La population, constamment alimentée par une immigration qui fait la chaîne, pour ainsi dire, et déroule ses anneaux incessants sur la plage ou par les passes de ses frontières montagneuses, croît à vue d'œil, et couvre de plus en plus le pays. Ce ne sont plus seulement les voyageurs d'un jour, qui ne mettaient le pied sur le sol qu'en se préoccupant du départ et du moment où il leur serait donné de rapporter au foyer natal la fortune rapidement acquise; ce sont des familles entières avec leurs vieux parents, ce sont les femmes avec les enfants, qui rejoignent le père et le mari courageux, parti en éclaireur; c'est la population qui vient là naître, vivre et mourir, faisant cesser pour la Californie la période exceptionnelle, et y amenant le règne de la sécurité, des gains honorables et de la moralité. Chaque pays apporte son contingent à cette immigration de tous les jours. La Chine, livrée à la guerre civile, voit les enfants du Céleste-Empire aborder par milliers à San-Fransclsco, y établir des comptoirs pour le commerce permanent entre la mère-patrie ou partir pour les mines. En moins de trois mois, cette année, plus de 16,000 Chinois se sont embarqués de Hong-Kong à destination de la baie de San-Francisco. La France y compte aussi de nombreux enfants : depuis la découverte de l'or, l'émigration française ne s'est pas ralentie; les expéditions de la loterie des lingots d'or sont venues accroître le nombre de nos compatriotes; trois mille déjà ont trouvé place sur Le Malouin, L'Alphonse-César, Le Cachalot, etc.; et quand les deux mille qui doivent les suivre auront touché le sol californien, près de trente mille Français seront répandus dans l'El-Dorado. Déjà le Mexique a fait appel à leur courage; et quelques centaines d'entre eux, sous la conduite du comte de La Raousset, vont combattre et refouler les Apaches de la Sonora et livrer à l'exploitation des civilisés les riches mines d'argent d'Arrissona, qui sont peut-être appelées à reproduire, pour un autre métal, les merveilles des cagnades de la Californie.

Avec son doux et magnifique climat, avec son sol si fertile et si riche en minéral, promptement revenu aux conditions de régularité dans les affaires, de sécurité pour les personnes, ce pays devait en peu d'années acquérir une population considérable, et il n'y a pas manqué non plus. Aujourd'hui plus de 500,000 individus, dont au moins 300,000 Américains et Européens, le reste Indiens et indigènes, Mexico-Californiens, etc., s'y livrent à la culture, au travail des mines, au commerce et à l'industrie.

Quant au climat, nous le ferons juger d'un seul mot : la ligne isotherme qui donne 15 degrés centigrades pour la température moyenne de la contrée, de San-José au sud de la baie, passe par Charleston, Marseille, Sienne, Smyrne, Trébizonde, etc. En ce qui touche la sécurité des intérêts, elle est à jamais garantie. La Californie est rendue à la vie normale des nations; la période exceptionnelle des commencements a cessé; et pour elle, comme pour la Ville éternelle, l'histoire des premiers jours et des premiers habitants ne doit pas être un obstacle à la juste appréciation du présent. L'application rigoureuse d'une loi draconienne, la *Lynch Law*, a fait cesser les débats sanglants de hordes perverses, habituées à la rapine et au meurtre. Aujourd'hui San-Francisco a ses *gardes volontaires* et sa compagnie de *national lancers* à cheval!

Partout une impulsion de plus en plus rapide est donnée à l'industrie comme au commerce, à l'agriculture comme à la mine; et partout la France directement ou indirectement y prend une part digne d'elle. Nos compatriotes ont fondé à San-Francisco un grand nombre de maisons des plus honorables et des plus solides. Des associations françaises exploitent les mines de quartz, celles de mercure, cette providence du Mexique, et des mines d'or; fouillent le lit des rivières ou fondent des établissements industriels; nos produits se maintiennent en faveur sur la place. Ce sont nos étoffes brillantes et soyeuses qu'une population luxueuse préfère à toutes autres; ce sont nos vins francs, généreux, salutaires, que demandent l'artisan de tous les pays, le mineur et l'homme de la ville. En 1851 20,000 barriques de Bordeaux et 34,000 barils de nos eaux-de-vie, sans compter les caisses et les paniers de vins fins et mousseux, ont trouvé place sur le marché californien. La même année la France n'a cédé qu'à l'Angleterre, forte de ses possessions et établissements dans la mer du Sud, et qu'au Chili, alors encore importateur de ses propres farines, l'avantage de la plus grande valeur relative des importations en Californie; et il est à remarquer qu'une assez forte quantité de nos marchandises, arrivées sous pavillon tiers, anséatique ou anglais, si elle pouvait être connue, augmenterait notre part au détriment de nos concurrents.

L'*intercourse* avec la Californie a donné à notre navigation sur l'Océan Pacifique une activité inaccoutumée; nos bâtiments, ne trouvant pas de chargement de retour à San-Francisco, font le commerce d'escale, entre cette capitale de l'El-Dorado et toute la côte ouest des deux Amériques, les archipels de l'Océanie, puis reviennent de l'extrême Orient, de l'Amérique Russe, de la Nouvelle Cythère, ou de la Nouvelle Hollande, chargés de houille ou de glace, d'oranges ou de Chinois des deux sexes et de chinoiseries.

Dans ce grand mouvement qui de la Californie, comme avant-poste, pousse les États-Unis vers le Céleste Empire livré aux guerres intestines, et qui demain peut-être sera contraint de réclamer le *protectorat* de la race anglo-saxonne, ainsi que vers l'immobile Japon; dans ce grand mouvement, disons-nous, qui transformera la baie de San-Francisco en un des ports de construction les plus importants de l'Union américaine, et qui devra immanquablement faire avant peu des États-Unis les *voituriers* de l'univers sur les deux Océans, notre France, avec ses possessions dans l'Océanie, avec son passé glorieux, avec le besoin impérieux de débouchés nouveaux pour son commerce, doit avoir son rôle ; or ce rôle, qui lui est tout naturellement tracé, on vient de le voir, elle commence à le remplir.

La découverte de l'or, en appelant de tous les coins du globe une population nombreuse sur un point jusque là isolé, presque inconnu, a eu en effet pour résultat d'y jeter 30,000 de nos compatriotes, d'y former en quelque sorte une colonie française, d'y attirer nos vaisseaux marchands, de les habituer de plus en plus à la grande navigation, aux combinaisons commerciales, enfin d'ouvrir de nombreux et profitables débouchés à notre industrie. Désormais nous avons pris place. De quelque nature que soit la lutte à laquelle l'Océan Pacifique servira nécessairement de théâtre, nous sommes, par nos possessions dans cette mer, par notre *colonie* de compatriotes, par les consommateurs et les *courtiers* naturels de nos produits, en position de protéger nos intérêts et de participer des premiers aux chances favorables que les événements peuvent faire surgir dans cet hémisphère.

Les cinq mille lieues qui nous séparent du moderne El-Dorado sont successivement abrégées par les trajets de plus en plus rapides dont la navigation est redevable aux prodiges de la vapeur. Dix jours suffisent actuellement pour franchir l'océan Atlantique ; et parti de New-York ou de Boston, par l'isthme de Panama ou celui de Nicaragua, au bout de vingt-et-un ou vingt-deux jours le voyageur peut voir se dérouler devant lui en amphithéâtre le Panorama de San-Francisco. Toujours à la recherche du progrès, les Américains, avec leur audace habituelle, ont lancé sur les deux Océans, par la voie du cap Horn, des *clippers* qui transportent des marchandises en moins de quatre-vingt-dix jours de leur capitale commerciale de l'Atlantique à celle de l'Océan Pacifique.

Une nouvelle communication est ouverte au service de la malle. Par le Mexique, un ordre envoyé de New-York parvient seize à dix-huit jours après à San-Francisco. Un mois suffit presque à la demande et à la réponse.

En attendant, la Californie, qui prépare de petits chemins de fer à son usage particulier, songe à faire encore mieux disparaître les distances. Adossée à l'Orégon, son grenier d'abondance, accotée à l'Utah, étape de ses émigrants terriens, et que colonisent 40,000 Mormons, ainsi qu'au Nouveau-Mexique et au Texas, elle s'occupe d'un *rail-way* qui franchira les montagnes Rocheuses ou les Andes mexicaines, et qui, soit par le *South-Pass* des unes, soit par le *Paso del Norte* des autres, réunira San-Francisco à New-York, en traversant le Missouri ou en touchant à la Nouvelle-Orléans. La Louisiane s'est émue et s'est déjà mise à l'œuvre, tandis que le Missouri, traversé par un *rail-road*, de Saint-Joseph à Hannibal, tend ses deux bras aux deux plages du nouveau continent qu'il s'agit de réunir, et forme comme le trait d'union de ce grand œuvre.

Bien plus, l'Angleterre, reliée au vieux continent par un fil électrique, se préoccupe du projet de s'unir au monde nouveau par le même moyen ; et le temps viendra bientôt sans doute, tant l'activité humaine s'ouvre de larges horizons, où la France, la mère-patrie, ne sera plus qu'à quelques heures d'intervalle de sa colonie en Californie pour les communications de la pensée, de même que quelques couples de jours seulement l'en sépareront pour ses rapports commerciaux. Anatole CHATELAIN.]

CALIFORNIE (Bois de). Il provient d'une des nombreuses variétés du *cæsalpinia*. C'est un bois noueux, tortueux, à fibres quelquefois longitudinales, mais le plus souvent entrelacées. Il est fort dur, d'un rouge jaune-souci, ou aurore quand la section est encore récente ; mais il brunit à l'air, passant en même temps au violâtre.

CALIFOURCHON (Aller à). *Voyez* CHEVAUCHER.

CALIGE, en latin *caliga*, chaussure des guerriers romains, dont *caligula*, petite *caliga*, est le diminutif. Les simples soldats étaient désignés par l'épithète de *caligati*. La *caliga* ressemblait à nos sandales : c'était une simple semelle liée sur le pied avec des courroies, et qui différait du *calceus cavus*, lequel ressemblait à notre soulier. On peut voir sur la colonne Trajane la forme de la *caliga* des simples soldats, et celle du campage (*campagus*), qui recouvre en partie le pied des officiers. La *caliga* était garnie de clous de bronze, avec une pointe qui aidait à marcher sur un terrain glissant. Justin dit qu'après avoir pillé des camps ou des villes très-riches, les soldats ornaient leur *caliga* de clous d'or. Ceux qui servaient d'espions, ou que l'on envoyait à la découverte, portaient une *caliga* sans clous, et que l'on nommait *speculatoria*. L'empereur Maximin étant descendu des derniers rangs de l'armée au trône de l'empire, sa *caliga* était passée en proverbe, et l'on disait *caliga Maximini*, pour désigner un homme grand et fort, parce que la *caliga* de Maximin était proportionnée à sa grande taille. Aug. SAVAGNER.

CALIGES (*Zoologie*), genre d'animaux de la classe des *crustacés hétéropodes*, placés dans la famille des siphonostomes, qu'on connaît aussi sous le nom vulgaire de *poux de poissons*, sur lesquels ils vivent en parasites. Ces petits crustacés ont un corps déprimé, en partie couvert d'un bouclier céphalothoracique membraneux, suivi d'un abdomen plus étroit et prolongé par deux tubes ovifères. Les caliges ont en avant deux très-petites antennes coniques, dirigées en dehors, à la base desquelles sont deux yeux écartés. Leur bouche est un bec ou siphon obtus. Les membres sont au nombre de cinq ou sept paires, dont les trois premières unguiculées et les autres conformées en feuillets membraneux ou en pinnules pour servir à la respiration. Les caliges détachés des poissons nagent et courent avec facilité.

L. LAURENT.

CALIGULA. (Caius-César-Augustus-Germanicus), fils de Germanicus et d'Agrippine, naquit l'an 12 de notre ère, à Antium suivant l'opinion la plus commune, quoique Tacite semble dire qu'il vint au monde au delà du Rhin, dans le camp même de son père; il est au moins constant qu'il y fut élevé. Le surnom de *Caligula* lui fut donné parce qu'il portait dans sa jeunesse la chaussure militaire qu'on appelait *calige*. Adoré des soldats, il fut aussi d'abord l'idole du peuple, à cause des vertus de Germanicus. Il vécut plusieurs années à la cour de Tibère, son aïeul adoptif, et sut conserver ses jours par une profonde dissimulation. La fin tragique de sa mère et de ses frères, Néron et Drusus, ne parut produire aucune impression sur lui. Tibère, qui voulait sans doute faire regretter un jour sa tyrannie, devina, s'il faut en croire quelques historiens, chez le jeune Caïus une âme plus féroce encore que la sienne : on rapporte qu'il avait coutume de dire : Je nourris le serpent du peuple romain et le Phaéton de l'Univers. Il l'associa d'abord à son pouvoir, puis le nomma son successeur, et Caligula n'avait que vingt-cinq ans lorsqu'il recueillit cet immense héritage.

La joie publique à son avénement fut si grande dans tout l'empire, qu'en moins de trois mois on immola plus de cent soixante mille victimes. Un moment on put croire que l'odieuse politique de Tibère s'était trompée dans ses prévisions : comme plus tard Néron, le jeune empereur commença un règne de forfaits par des actes de vertu et d'humanité. Les prisonniers furent relâchés, les exilés rappelés dans leur patrie, les impôts vexatoires abolis, les mœurs publiques épurées, le sénat remis en possession de ses droits. Il fit la promesse solennelle de n'écouter aucune délation, et comme on lui présentait la dénonciation d'une trame formée contre lui, il refusa de la recevoir, disant qu'il n'avait rien fait pour se rendre odieux. Quoique le testament de Tibère eût été annulé par le sénat, il en exécuta tous les articles, à l'exception de celui qui lui donnait pour cohéritier un autre petit-fils du défunt empereur. Il signala le commencement de son règne par des actes de grandeur, restituant, par exemple, le royaume de Comagène à Antiochus, fils du souverain dépouillé par Tibère, et lui donnant cent millions de sesterces comme dédommagement des revenus de ses États. Il ne fut pas moins généreux envers Agrippa, petit-fils du roi Hérode. Déjà le monde proclamait son nouveau souverain le modèle des princes; les mœurs de Caligula seules s'étaient démenties. Austère en apparence sous Tibère, il s'était livré après sa mort à la débauche et aux dissolutions. On attribua même à ses excès une maladie grave qu'il eut alors. Tout l'empire fut plongé dans la consternation; des citoyens passèrent des nuits entières autour de son palais; plusieurs se dévouèrent pour lui et firent afficher qu'ils combattraient parmi les gladiateurs si les dieux lui rendaient la santé. Quelques historiens ont prétendu que cette maladie avait dérangé son cerveau ; ce qui pourrait confirmer cette opinion, c'est le caractère de folie dont furent dès lors empreints tous les actes de Caligula. Quoi qu'il en soit, il n'eut pas plus tôt recouvré sa santé, qu'il ne fut plus le même homme. Après avoir adopté son neveu Tibère, fils de Drusus, avec toutes les démonstrations de la joie la plus vive et du plus tendre intérêt, il le fit mettre à mort quelques jours plus tard. Tous ceux qui pendant sa maladie avaient fait vœu de descendre dans le cirque durent tenir leur parole. Un jour qu'il ne se trouvait pas de criminels pour combattre les bêtes féroces, il y fit exposer des spectateurs. Il forçait les parents à assister à l'exécution de leurs enfants, et les faisait presque toujours assassiner la nuit suivante. Il fit mourir Macron, préfet du prétoire sous Tibère, à qui il devait peut-être l'empire et la vie, ainsi que son beau-père Silanus, sous le prétexte le plus futile.

Comme il pouvait se jouer impunément de la vie des hommes, il en vint à se croire Dieu; il prit tour à tour les attributs de Mars, de Mercure, d'Apollon; il voulut même détrôner Jupiter et se faire adorer à sa place sous le nom de Jupiter Latial. Quelquefois il prétendait être déesse, et paraissait en public avec les attributs de Vénus ou de Diane. Enfin il fit élever un temple à sa propre divinité : il y était représenté par une statue d'or. Plusieurs villes de l'empire, entre autres Alexandrie, lui dressèrent des autels; les juifs, qui s'y trouvaient en grand nombre, refusèrent de rendre les honneurs divins à la statue de l'empereur; il en résulta contre eux une longue persécution; ceux de Jérusalem furent plus heureux dans leur résistance. En fait d'extravagances qu'on raconte de Caligula, il faut rappeler son habitude de crier à la lune, quand elle était dans son plein, de s'en venir coucher avec lui : il se vantait même d'avoir obtenu ses plus secrètes faveurs. L'homme assez vain pour se croire un Dieu devait rougir d'avoir pour aïeul Agrippa, qui, né de parents obscurs, avait été l'artisan de sa grandeur. Ce fut pour désavouer son origine qu'il déshonora la mémoire d'Auguste, en disant que sa mère était le fruit du commerce incestueux de cet empereur avec sa fille Julie. Un de ses vœux était de voir son règne marqué par quelque grand désastre, tel qu'une peste ou un tremblement de terre; et l'on sait qu'il poussa cette démence frénétique jusqu'à souhaiter « que le peuple romain n'eût qu'une tête pour pouvoir la trancher d'un seul coup ». Il avait souvent à la bouche ce mot d'un ancien poëte : *Oderint, dum metuant*. Un de ses plus grands actes de folie fut le pont de bateaux que, à l'exemple de Xerxès, il fit jeter sur la mer entre Baies et Pouzzoles. Après avoir passé le jour et la nuit dans une continuelle orgie, il ne voulut pas quitter ces lieux sans y faire quelque chose d'extraordinaire; tout à coup donc il fit précipiter dans la mer les curieux réunis sur ce pont. Puis il s'en revint à Rome, où il fit une entrée triomphale, parce que, disait-il, il avait dompté la nature même.

Bientôt il voulut acquérir aussi de la gloire militaire ; une expédition en Germanie fut résolue ; il passa le Rhin avec deux cent mille hommes; mais, après avoir fait quelques milles de marche dans l'intérieur du pays, il revint sur ses pas sans avoir tué ni vu même un ennemi, ce qui n'empêcha pas ses troupes de le proclamer sept fois *imperator*. De retour dans les Gaules, il traita cette riche contrée en pays ennemi; et comme son avidité n'avait d'égale que sa prodigalité, il n'y eut point d'extorsions qu'il n'imaginât à l'égard de ce malheureux peuple. Avant de se revenir à Rome l'empereur annonça le projet d'envahir la grande Bretagne. Après avoir assemblé ses troupes sur le bord de l'Océan, il s'embarqua sur une superbe galère, puis, après s'être un peu éloigné de la côte, il revint aussitôt, ordonna de préparer les machines de guerre, de sonner la trompette, et le signal fut donné comme pour un combat. Alors il commanda aux soldats de ramasser des coquilles, d'en remplir leurs poches et leurs casques pour rapporter au Capitole ces dépouilles de l'Océan vaincu. Cette comédie finit par une distribution d'argent aux soldats, et Caligula fit élever sur la côte un phare en souvenir de ses exploits. Pour s'assurer un triomphe qui ne fût pas au-dessous de sa gloire, il choisit dans la Gaule les hommes de la stature la plus haute, qu'il força d'apprendre la langue des Germains et de se laisser croître et teindre les cheveux comme ces barbares.

De retour à Rome, il déclara nuls les testaments de tous les centurions qui depuis le commencement du règne de Tibère n'avaient pas désigné ce prince ou lui-même pour leurs héritiers. Aussitôt un grand nombre de personnes le portèrent dans leur testament. Quand il en fut instruit, il fit mourir les plus riches sous divers prétextes, disant que c'était se moquer de lui que de vivre après l'avoir fait héritier. Un jour, manquant d'argent, il trouva moyen de s'en procurer sur-le-champ, en faisant égorger dans la cour même de son palais plusieurs personnages de distinction, ce qui lui produisit six cent mille sesterces. Il entretenait lui-même des lieux de prostitution; il y en avait jusque dans son palais, et il ne dédaignait pas d'entrer dans le détail de la recette. La corruption de son âme s'était montrée de bonne heure; car il portait encore la robe d'enfant qu'il fut surpris en inceste avec une de ses sœurs; il en débaucha tout autant qu'il en avait, et il vécut publiquement avec l'une d'elles, Drusille, qu'il aimait passionnément. Il n'essayait même pas d'emprunter le voile du mystère pour couvrir ses infamies. Ses amours monstrueuses avec Lepidus et Nestor le pantomime ne modérèrent point son goût pour les courtisanes, et surtout pour Pyzallide, qui donnait depuis longtemps dans Rome des leçons de lubricité. Il épousa quatre femmes, dont la dernière, Césonie, quoique sans beauté, sut prendre un grand empire sur lui. On prétend qu'il eut l'idée d'anéantir les poëmes d'Homère, et peu s'en fallut qu'il ne fît enlever de toutes les bibliothèques les œuvres de Virgile, suivant lui, versificateur sans génie et sans savoir, et de Tite-Live, historien verbeux et inexact. Il voulait aussi faire brûler tous les livres de jurisprudence, pour que sa volonté fût la seule loi. Il avait un cheval nommé *Incitatus* : il en fit son favori. Ce cheval avait une maison, des meubles, des serviteurs pour recevoir splendidement ceux qui venaient le visiter; et la foule en était grande! Son écurie était de marbre, sa mangeoire d'ivoire, ses couvertures de pourpre, son licou semé de pierreries. On lui présentait sa nourriture dans des vases d'or, et il buvait du vin dans des coupes de même métal; l'empereur le faisait souvent manger à sa table, et lui servait lui-même de l'orge dorée; il l'avait nommé membre du collége des prêtres de son temple, et projetait même, dit-on, de le faire consul.

Quatre ans entiers, les Romains, enfants dégénérés des Scipion et des Brutus, supportèrent l'infamie d'un tel règne, que termina enfin, l'an 41 de J.-C., une conspiration tramée par deux tribuns des gardes prétoriennes, Cassius Chœræas et Cornelius Sabinus. Caligula n'attacha son nom à aucun grand monument; il acheva cependant le temple d'Auguste et le théâtre de Pompée, commencés par Tibère. Il entreprit aussi des constructions considérables, mais il les laissa imparfaites; il ne visait en ce genre, comme en tout, qu'au gigantesque ou plutôt à l'impossible. C'est ainsi qu'il avait conçu le projet de percer l'isthme de Corinthe. Caligula avait négligé l'étude des lettres; mais il s'était adonné avec assez de succès à l'éloquence. Sa stature était élevée, ses jambes et son cou grêles, son front large; il avait les yeux enfoncés, le teint pâle, l'air naturellement farouche, et s'étudiait encore à le rendre plus effrayant. Ce monstre avait vingt-neuf ans quand un bras vengeur en débarrassa la terre. W.-A. DUCKETT.

CÂLIN, CÂLINERIE. Ces mots paraissent dériver du grec καλέω, *j'implore*, *je supplie*, à la manière de ces mendiants que l'on appelait jadis *cagnards*, *bélitres* (*bettler* des Allemands), se faisant passer pour plus misérables que d'autres, afin d'inspirer plus de pitié. Il y a divers genres de mendiants et de *câlins* ou flatteurs. La richesse et la puissance sont par eux d'ordinaire assiégées, importunées. On *câline* aussi une maîtresse. En somme,

Il faut louer toujours trois sortes de personnes,
Les dieux, sa maîtresse et son roi.

On ménage le poëte satirique, l'écrivain puissant, l'orateur influent. De petites attentions, des dîners, des honneurs, sont autant de *câlineries* qui enguent la vanité des plus fortes têtes. Le grand Corneille faisait une *câlinerie* au financier Montauron dans cette épître dédicatoire qui a conservé à la postérité ce nom inconnu. Voltaire *câlina* maintes fois les grands, et fut à son tour *câliné* par une foule d'auteurs contemporains, qui sollicitaient quelques rayons de sa gloire littéraire; plusieurs ont ensuite déchiré cette immense renommée, tour à tour éclatante et obscurcie, suivant les alternatives de l'opinion.

La *câlinerie* est voisine du *patelinage*. On en accuse surtout les Italiens, les faux dévots, les individus souples, insidieux, qui savent se glisser dans l'intérieur des familles, séduire de jeunes personnes simples et sans défiance, intéresser les cœurs tendres, charmer l'orgueil, éblouir l'ignorance, duper des esprits faciles. Souvent on recommande de se méfier de la flatterie; mais on ne se tient pas assez en garde contre les *câlins*. Les plus adroits affectent la sincérité, la franchise, surtout celle qui flatte, tandis qu'ils écartent avec soin celle qui blesse : race plus dangereuse que celle des louangeurs. Le *câlin* vous épargne une foule de gênes et d'embarras, dont vous lui savez gré; lui seul connaît vos goûts, vos secrets, vos défauts, qu'il épie. Alors, devenu maître de vos affections, il vous gouverne, le *câlin* ! On dit aussi se *câliner*, se dorloter, s'entourer de petits soins, d'agréments, dans la paresse, le lit, dans le *confortable* de la vie suave. Les femmes, les petites-maîtresses, friandes de loisir et de plaisir, s'enfonçant dans une mollesse indolente et voluptueuse, aiment au suprême degré à être *câlinées*, comme on câline un enfant chéri. J.-J. VIREY.

CALIPPE, célèbre astronome grec, qui florissait vers l'an 330 av. J.-C., était né à Cyzique. Disciple d'un ami d'Eudoxe, il suivit son maître à Athènes, où il se lia avec Aristote, qu'il aida à rectifier et à compléter les découvertes du célèbre astronome de Cnide. Il inventa la *période calippique*. Déjà plusieurs tentatives avaient été faites pour trouver des périodes de temps qu'on put exprimer au moyen de chacune des trois unités naturelles de temps : l'année solaire, le mois lunaire et le jour solaire. Un siècle auparavant, Méton avait découvert que dix-neuf ans correspondaient à 235 mois ou 6,940 jours. D'après ce calcul l'année était de 365 jours $\frac{5}{19}$. Calippe, ayant observé que la différence entre l'année de Méton et l'année plus exacte de 365 jours $\frac{1}{4}$ était de $(\frac{5}{19} \frac{1}{4})$ $\frac{1}{76}$, proposa de quadrupler le cycle de Méton, et de retrancher un jour tous les soixante-seize ans. Ce nouveau cycle contient 940 mois et 27,759 jours, et fut généralement adopté par les astronomes. Ptolémée, qui en profita, cite une observation faite pendant le solstice d'été à la fin de la 50ᵉ année de la première période. D'autres indications du même auteur ont permis de fixer le commencement du *cycle Callippique* au 28 juin de l'an 330 av. J.-C. On ignore quand il devint d'usage public; il servit d'abord non à remplacer, mais à rectifier celui de Méton.

CALISTO. *Voyez* CALLISTO.

CALIXTE. Trois papes et un antipape ont porté ce nom.

CALIXTE Iᵉʳ, dix-septième pape, était fils du Romain Domitius; il succéda, en 221, à saint Zéphyrin. Héliogabale gouvernait alors l'empire romain; et les chrétiens jouirent d'une entière liberté sous ce règne infâme, tandis que les philosophes A n t o n i n et Marc-Aurèle avaient exercé contre eux ce qu'on appelle la *quatrième persécution*. Alexandre Sévère, successeur d'Héliogabale, poussa plus loin la tolérance : il accorda à cette *secte* l'exercice public de son culte, et lui adjugea un terrain que lui disputaient les cabaretiers de la ville impériale. Damase et Platina assurent que ce pape fonda sur ce terrain une église qu'il dédia à la vierge Marie; mais ces sortes de dédicaces n'étant point alors en usage, on est en droit de contredire cette fondation. Le père Pagi et Burnet lui contestent également le cimetière qui porte son nom. Les légendes assurent néanmoins que c'est à lui qu'est dû le jour de repos, où furent enterrés, dit-on, 46 papes et 174,000 martyrs. Quant aux deux décrétales qu'on a mises sous son nom, elles ne sont pas plus authentiques; mais on ne peut lui contester un règlement fort sage qui protégeait les ecclésiastiques contre les accusations des gens décriés, mal famés ou ennemis des accusés. Ceux qui veulent à toute force faire un martyr de ce pape prétendent qu'il fut précipité dans un puits, qu'on montre encore à Rome. Mais le critique Adrien Baillet, surnommé *le dénicheur de saints*, contredit cette assertion. Quoi qu'il en soit, sa mort est portée à l'an 220, après un pontificat de cinq ans et un mois.

CALIXTE II fut le cent soixante-huitième pape : il se nommait Guy, et était fils de Guillaume Tête-Hardie, comte de Bourgogne, sous le roi de France Philippe Ier. Guille, sa sœur, avait épousé Humbert II, comte de Maurienne, dont la fille, Adélaïde, fut mariée plus tard à Louis le Gros. Nommé par le crédit de sa famille à l'archevêché de Vienne, qui lui donnait en même temps le titre de chancelier du royaume de Bourgogne, il s'y distingua par son savoir, sa prudence et sa piété. Mais il est probable que son mérite seul ne l'eût pas élevé sur la chaire de saint Pierre, si ses grandes alliances n'en eussent suggéré l'idée dans un temps où l'Église de Rome avait à lutter contre l'empereur Henri V. Le pape Gélase II, chassé de sa capitale par ce monarque et par son antipape Bourdin, était venu se réfugier en France dans le monastère de Cluni, où la mort le surprit le 29 janvier 1119. Les six cardinaux qui l'avaient accompagné se hâtèrent de couronner l'archevêque de Vienne, qui, après une faible résistance, prit le nom de Calixte II et l'administration du saint-siège.

Il tint dans la même année un concile à Toulouse, où furent excommuniés les sectateurs de Pierre Bruys et de Henri, son disciple. Pendant ce temps ses envoyés négociaient avec l'empereur sur la question des investitures. Il voulut lui-même s'aboucher avec Henri V, qui persista à défendre l'autorité impériale contre les prétentions du saint-siège; et après des pourparlers inutiles, Calixte II vint retrouver le concile de Reims, qu'il avait ouvert quelques jours avant son voyage. Quinze archevêques, deux cents évêques, une foule d'abbés et d'autres dignitaires accoururent de tous les royaumes chrétiens pour assister à ce concile, dans l'espoir d'assurer la paix de l'Église. Louis le Gros y parut pour se plaindre de Henri, qui tenait en prison son frère Robert, duc de Normandie et réclamer la liberté de ce prince. L'archevêque de Rouen et les autres prélats normands, embrassèrent la défense du roi Henri, et le roi de France, dont la démarche impolitique augmentait ainsi les privilèges du saint-siège, fut obligé d'en appeler à ses armes, qui ne furent pas plus heureuses que ses négociations. Hildegarde, comtesse de Poitiers, vint également au concile de Reims pour se plaindre de son mari, qui vivait en concubinage avec la femme du vicomte de Châtellerault. Calixte II lui envoya l'ordre de reprendre sa femme légitime, sous peine d'anathème. Des règlements contre la simonie, les investitures et l'usurpation des biens de l'Église par les laïques terminèrent enfin ce concile, dix jours après son ouverture.

Le pape se rendit alors à Gisors, entra en conférence avec Henri d'Angleterre, rétablit la paix entre le roi de France et lui; mais l'Anglais ne lui céda sur rien : il garda la Normandie, et Calixte II, gagné, dit-on, par ses présents, ou forcé plutôt par les affaires d'Allemagne de ménager ce monarque, n'employa que la voie des conseils pour le rendre plus traitable. Il revint en Bourgogne, confirma les règlements de l'ordre de Citeaux, reçut en grâce l'archevêque de Trèves, Brunon, qui soutenait l'empereur d'Allemagne, et accorda à l'archevêché de Vienne, son premier siège, la primatie sur sept provinces.

Calixte II passa enfin les Alpes au printemps de 1120, pour aller prendre possession de Rome. L'Italie tout entière courut au-devant de lui. L'antipape Bourdin, effrayé, quitta Rome et se réfugia dans la forteresse de Sutri. Calixte entra dans la ville éternelle aux acclamations du peuple, et fut intronisé le 3 juin dans l'église de Saint-Jean de Latran. Il s'occupa des moyens de réduire son compétiteur, dont les partisans infestaient les routes du royaume de Naples. Il implora l'assistance des chevaliers normands, reçut leur hommage-lige comme suzerain de ce royaume, et renouvela en leur faveur la cérémonie de l'investiture; mais, après avoir été forcé de séjourner deux mois à Bénévent, il ne put regagner sa capitale que par le port d'Ostie. Plus heureux l'année suivante, il assiégea Sutri, et les habitants, effrayés, lui livrèrent l'antipape Bourdin, qui fut conduit à Rome sur un chameau, avec une peau de mouton ensanglantée. Le peuple demandait sa tête; Calixte II se contenta de faire enfermer le prétendu Grégoire VIII dans le monastère de Cava, et consacra le souvenir de sa victoire par un tableau où il était représenté lui-même posant le pied sur la gorge de Bourdin.

Il se montra plus digne de la tiare, en assurant la paix de ses États par la défaite d'une foule de tyrans qui dévastaient les terres de l'Église. Il força les barons romains à respecter les revenus de saint Pierre, que depuis longtemps ils étaient habitués à piller. Son esprit de domination ne s'arrêta point aux limites de ses États. Il envoya des légats dans tous les royaumes pour y exercer la puissance pontificale; mais Pierre de Léon, moine de Cluni, n'obtint pas plus du roi d'Angleterre que n'avait obtenu le pape lui-même. Ce monarque n'en tira pas de nouveaux présents; et le légat de Calixte n'osa rien entreprendre sur un prince qui le comblait d'honneurs et de richesses. Ceux qu'il envoya en Allemagne eurent plus de succès. L'empereur renonça aux investitures par la crosse et l'anneau, restitua les biens ecclésiastiques dont il s'était emparé, et se contenta de confirmer l'élection des abbés et des évêques. Cette paix fut signée à Worms. Le cardinal d'Ostie donna l'absolution à l'empereur et à toute son armée.

Un concile, le neuvième des œcuméniques, fut assemblé au palais de Latran pour mettre un terme à ces longs débats. Mille évêques ou abbés y assistèrent; on y renouvela les censures contre les détenteurs des biens de l'Église, les créatures de l'antipape Bourdin, et les spoliateurs du patrimoine des fidèles qui se croisaient pour la délivrance de la Terre Sainte et de l'Espagne, ou qui venaient en pèlerinage à Rome. On y condamna également l'aliénation des prébendes de bénéfices par les clercs qui les possédaient; on y dressa enfin une multitude de décrets qui prouvent à quel point étaient portés le relâchement de la discipline ecclésiastique et les empiètements des moines de Saint-Benoît, les seuls qui existassent alors, sur les privilèges des évêques. Ce concile fut le dernier acte de ce pape. Il mourut le 12 décembre 1124, après cinq ans et dix mois de pontificat. Rome lui dut la réparation de ses aqueducs et d'autres monuments. Saint-Pierre et les autres églises furent enrichies par ses libéralités. C'est lui qui érigea en archevêché Saint-Jacques-de-Compostelle.

CALIXTE III (JEAN UNGHIERI), antipape élu par le parti de l'empereur Frédéric Barberousse en 1168, après la mort de l'antipape Victor IV, sous le pontificat d'Alexandre III, était cardinal-évêque de Tusculum et abbé de Sturm. Il alla s'établir à Viterbe. Mais Frédéric, ayant fait sa paix avec le saint-siège, en 1177, à Venise, sacrifia ce fantôme, et Jean de Sturm, s'humiliant devant le pontife légitime, reçut son absolution le 29 août 1179. Il devint alors gouverneur de Bénévent.

CALIXTE III (ALPHONSE BORGIA), né à Valence en Espagne, en 1383, fut élevé, autant par son mérite que par sa naissance, à l'archevêché de cette ville, et se montra si propre aux grandes affaires, que saint Vincent Ferrier prédit son exaltation sur la chaire de Saint-Pierre longtemps avant qu'il y songeât lui-même. Mais cette prophétie enhardit tellement son ambition, qu'il commença à échanger son prénom d'Alphonse contre celui de Calixte, et à la mort de Nicolas V, en 1455, il annonça qu'il en serait le successeur. L'élection réalisa cette parole, que les cardinaux eux-mêmes prenaient pour un rêve en entrant au conclave. Il était alors dans sa soixante-onzième année, et on le nommait dans le sacré collège le *cardinal de Santiquatro*.

Son génie s'appliqua sur-le-champ à accomplir le vœu

qu'il avait fait de réchauffer l'ardeur des croisades contre les Turcs, et de reconquérir la ville de Constantinople sur Mahomet II, qui venait de s'en emparer. Il envoya des légats en France et en Hongrie pour soulever ces deux nations contre les infidèles, et profita de l'apparition d'une comète pour employer la superstition des peuples à ce grand œuvre. Il ordonna des prières à différentes heures de la journée, et ces prières devinrent par la suite ce que l'Église appelle l'*Angelus*. C'est à elles que fut attribuée la victoire de Belgrade, remportée sur les musulmans par le célèbre Huniade. Une croisade était prêchée en même temps contre les Maures d'Espagne, qui se soumirent à un tribut humiliant. Mais la mort d'Huniade ralentit le courage des chrétiens sur le Danube. Calixte III eut beau flatter les Français, en disant que s'ils ne manquaient pas à cette guerre sainte, il se faisait fort d'anéantir les infidèles, Charles VII avait trop d'affaires sur les bras pour s'éloigner avec ses troupes d'un royaume qu'il venait à peine de reconquérir. Le pape ne se bornait point d'ailleurs à demander des prières et des soldats : il avait rendu une bulle pour lever des décimes sur le clergé de France et d'Allemagne. L'université de Paris et les évêques allemands se soulevèrent contre cet impôt, et il fallut que le cardinal Alain et le fameux Æneas-Sylvius vinssent déployer toute leur éloquence pour le justifier. Le premier réussit à Paris ; mais le second eut à lutter longtemps contre l'opposition des Allemands, qui accusaient le saint-siége d'employer leur argent à tout autre chose qu'à la sainte ligue. Calixte III n'épargnait rien, au reste, pour atteindre son but. Ses galères parcouraient les îles de l'Archipel pour les protéger contre les Turcs, et son or entretenait les soldats du célèbre Scanderbeg, qui défendait l'Albanie contre le conquérant de Byzance.

Deux querelles particulières nuisaient cependant au succès de cette noble entreprise. Alfonse, roi d'Aragon et de Naples, voyant un de ses sujets sur la chaire de Saint-Pierre, crut pouvoir prendre avec lui des manières hautaines : celui-ci, devenu pape, ne souffrit point ces licences ; il lui refusa, tant pour lui que pour son fils naturel Ferdinand, l'investiture du royaume de Naples. Alfonse, qui réclamait de son côté la marche d'Ancône, fit ravager le pays de Sienne par les troupes aragonaises. Ce long débat prit une violence nouvelle à la mort d'Alfonse, dont le pape ne voulut pas reconnaître le testament et le successeur. Il prétendit qu'un bâtard ne pouvait gouverner un royaume tributaire de l'Église romaine. Mais ce scrupule de conscience n'était qu'un prétexte dont se servait l'ambition de Calixte III pour enrichir sa famille. Il avait attiré tous ses neveux à Rome, et le chapeau de cardinal coiffait déjà le plus méchant de tous, le trop fameux Roderic, qui fut depuis Alexandre VI ; un autre avait le même jour reçu le même honneur ; un troisième, Pierre de Borgia, avait été créé duc de Spolette, et son oncle avait la pensée de l'élever sur le trône de Naples. Calixte III déclara le trône vacant, défendit à Ferdinand de prendre le titre de roi, dégagea les sujets de ce prince de leur serment d'obéissance, et, semant le bruit que Ferdinand n'était qu'un enfant supposé, il soudoya des révoltes dans tout le royaume. Le fils d'Alfonse en fut alarmé : il écrivit au pape une lettre aussi humble qu'affectueuse, lui rappelant que sa jeunesse avait été confiée aux soins de sa sainteté avant même sa promotion au cardinalat, que le même vaisseau les avait portés du royaume d'Aragon à Naples ; il lui demandait enfin une amitié de père. Calixte III, dont les qualités incontestables ne pouvaient dominer cette affection de famille qui était le caractère distinctif des Borgia, ne fut point touché de ce langage. Il appela les Italiens aux armes, et les rua sur le royaume de Naples. Ferdinand en appela de son côté à son épée, publiant que les papes Eugène IV et Nicolas V avaient reconnu ses droits et que le peuple avait confirmé le testament de son père. La guerre civile était imminente ; mais le ciel eut pitié de l'Italie. La mort de Calixte III la délivra de ce fléau, et Ferdinand demeura en possession de son royaume.

Une autre querelle l'avait brouillé avec l'université de Paris, qui soutenait les curés contre les moines, auxquels Nicolas V avait permis la confession. Ce différend, porté devant Calixte III, fut jugé à la satisfaction des moines ; mais l'université de Paris persista dans son opposition, et le saint-siége fut obligé de reculer devant les libertés de l'Église gallicane, de peur de perdre la protection du roi de France et les décimes qu'il retirait de ce royaume. Ce pape mourut le 6 août 1458, et fut remplacé par Æneas-Sylvius (*voyez* Pie II). Cinquante mille écus d'or trouvés dans ses coffres firent crier à l'avarice ; mais l'usage qu'il faisait de cet or dément cette accusation. Son ambition ne peut être aussi facilement justifiée.

Viennet, de l'Académie française.

CALIXTINS, hérétiques nommés ainsi du latin *calix*, calice, parce qu'ils l'exigeaient pour la communion, même des laïques, ou encore *utraquistes*, parce qu'ils voulaient qu'on donnât la communion aux laïques sous les deux espèces (*sub utraque specie*). C'est le nom employé pour désigner, par opposition aux taborites, les hussites modérés, notamment ceux de Prague, qui dans les choses essentielles ne dépassaient ni Huss ni Jocabellus. Aux 14 articles des taborites de 1420, et à l'Église catholique, ils opposèrent en 1421, comme profession de foi, les quatre articles suivants : 1° La parole de Dieu doit être librement et régulièrement annoncée par les prêtres du Seigneur dans toute la Bohême ; 2° Le sacrement de la sainte Communion doit être librement présenté sous les deux espèces, à savoir du pain et du vin, à tous les chrétiens qui ne sont pas en état de péché mortel, d'après les paroles et l'institution du Sauveur ; 3° La souveraineté temporelle, que, à la honte de son ministère, au détriment de la puissance séculière, et contrairement aux préceptes du Christ, le clergé possède sur des richesses et des biens temporels, doit lui être enlevée ; et il doit lui-même être ramené à la règle évangélique ainsi qu'à la vie apostolique ; 4° Tous les péchés mortels, surtout les péchés publics (la débauche, la simonie, etc.), et autres désordres contraires à la loi de Dieu, doivent être empêchés et punis dans toutes les classes, conformément à la morale et à la raison, par qui de droit. Malgré leur modération en ce qui touchait le dogme et la morale, ils firent cause commune avec les taborites contre les armées de Sigismond, qui menaçaient la Bohême ; en même temps qu'ils ravagèrent les contrées voisines de ce pays.

D'un autre côté cependant la grande proximité existant entre leurs doctrines respectives détermina les catholiques, et notamment le concile de Bâle, à entamer directement avec eux, en 1431, des négociations. Grâce à l'intervention du légat Jules Césarini d'une part, et du théologien calixtin Jean Rokyczana de l'autre, on arrêta enfin après de longs débats les célèbres *Compactata* de Prague par lesquels les quatre articles de foi ci-dessus mentionnés furent, sauf de légères modifications, concédés aux calixtins. Très-mécontents d'une telle transaction, les taborites se soulevèrent ; mais ils furent complètement battus par les calixtins à Bœhmischbrod, le 30 mai 1434, et tellement affaiblis par cet échec, que force leur fut de se tenir désormais tranquilles. A partir de ce moment le parti dominant fut celui des calixtins. Ils reconnurent, moyennant des garanties de sécurité, Sigismond en qualité de roi (1436), après que ce prince eut solennellement juré à Iglau les *Compactata* ; mais, comme de part et d'autre on avait manqué de bonne foi dans cet arrangement, il n'en résulta point de paix véritable.

A la mort du parjure Sigismond (décembre 1437), les catholiques élurent pour empereur Albert (mort en 1439), auquel les calixtins étaient opposés. Les calixtins eurent ensuite en Georges de Podiebrad (gouverneur calixtin depuis 1444, et unique à partir de 1450, de la Bohême, pendant la minorité de Ladislas, zélé catholique), un roi de leur propre parti, que le pape Paul II anathématisa et déposa (décembre 1465), après que Pie II eût déjà trouvé à propos d'annuler les *Compactata* précédemment accordés. Georges se maintint en Bohême contre Matthias, roi de Hongrie, que le pape excita à l'attaquer; et son successeur catholique, le prince polonais Ladislas (1471-1516), que Matthias et le pape cherchèrent tout aussi inutilement l'un que l'autre à expulser, reconnut la puissance des calixtins et la complète légitimité des *Compactata*. Mais d'un côté ce calme, et de l'autre surtout l'état de désuétude où tombèrent les quatre articles ci-dessus mentionnés, état de désuétude produit par les négociations ouvertes avec les catholiques ainsi que par leur scission, d'abord avec les taborites, bien autrement énergiques, et plus tard avec les frères moraves ou bohèmes, rendirent dès la fin du quinzième siècle les calixtins complétement impuissants. A partir des premières années du seizième siècle ils avaient perdu toute espèce d'importance dans l'Église; ils n'offrent plus dès lors d'intérêt historique que comme ayant contribué à introduire en Bohême un protestantisme plus énergique, et dont l'histoire remplace dès lors celle des calixtins.

CALIXTUS (Georges), dont le véritable nom était *Callissen*, le plus spirituel et le plus éclairé des théologiens de l'Église luthérienne au dix-septième siècle, naquit le 14 décembre 1586, à Meelby, dans le Holstein, fit ses études à Flensburg et Helmstædt, devint en 1605 professeur particulier de philosophie à l'université de cette dernière ville, se consacra en 1607 à la théologie, et se fit connaître en 1611 à Helmstædt par une savante discussion sur les dogmes religieux, dans laquelle il se montra esprit original et adversaire redoutable des préjugés régnants. Peu de temps après il entreprit un grand voyage, dans la compagnie d'un riche flamand. Il séjourna d'abord à Cologne, puis en Hollande, en Angleterre et en France, afin d'apprendre à connaître les différentes sectes religieuses, et de se lier personnellement avec les plus grands savants de son temps. En 1613 il revint à Helmstædt, où il ne tarda pas à être nommé professeur de théologie, puis abbé de Kœnigslutter, enfin membre du consistoire, et où il mourut, le 19 mars 1656.

Son génie, la profondeur de ses connaissances, et la grande expérience du monde et des hommes qu'il avait acquise dans ses voyages, avaient développé chez lui à l'égard de la façon de penser des autres une large tolérance, fort peu en rapport avec l'étroitesse d'esprit des théologiens de son temps. Quoique ses dissertations sur l'Écriture Sainte, la transsubstantiation, le mariage des prêtres, la suprématie romaine, la communion sous une seule espèce, etc., appartiennent, même au dire de savants catholiques, à ce que le protestantisme a jamais produit de plus profond et de plus frappant contre les dogmes du catholicisme, il n'en fut pas moins accusé de tendance secrète au papisme, parce que quelques assertions de son ouvrage intitulé *De præcipuis religionis christianæ capitibus* (Helmstædt, 1603) paraissaient favorables aux dogmes catholiques. Comme dans sa théologie morale, et dans un ouvrage spécial sur la tolérance, il rendait justice aux catholiques, en dépit des accusations des protestants, et qu'il se rapprochait même d'eux sur quelques points, ces ouvrages lui furent reprochés par les protestants rigides comme une hérésie abominable; et ce fut bien inutilement qu'il démontra à ses accusateurs que les plus anciens articles de foi du catholicisme étaient restés communs à toutes les sectes chrétiennes. Dans des dissertations ultérieures, ayant déclaré que le dogme de la Trinité se trouvait, selon lui, bien moins clairement enseigné dans l'Ancien Testament que dans le Nouveau, que les bonnes œuvres étaient nécessaires au salut; enfin, dans les colloques de religion qu'il eut en 1649 à Thorn, où il avait été envoyé par l'Électeur de Brandebourg en qualité de médiateur, ayant eu des rapports plus intimes avec les théologiens réformés qu'avec les théologiens luthériens, ceux-ci recommencèrent à mettre en circulation contre lui des rumeurs qui l'accusaient d'apostasie. Ce sont ces débats et les questions qui s'y rattachaient qu'on désigne dans l'histoire du protestantisme sous le nom de *syncrétisme*.

CALKAR. *Voyez* Calcar.

CALLAO, l'un des ports les plus importants de l'Océan Pacifique, chef-lieu de la *Provincia littoral Callao*, dépendant du département de la république du Pérou appelé *Anchas*, est situé à l'embouchure de la petite rivière du même nom, à 12 kilomètres de Lima, et compte de 6 à 7,000 habitants. Une route pavée, mais misérablement entretenue depuis la fondation de la république, et des deux côtés de laquelle se prolonge la vaste Alameda avec ses arbres touffus et ses charmantes allées, conduit à travers une plaine étroite, depuis la capitale du Pérou jusqu'à Callao, qui en forme en réalité le port. Centre d'un commerce étendu, Lima n'entretient pas seulement par Callao d'actives relations avec tous les ports d'Amérique situés dans la mer du Sud, mais avec l'Europe; et ces relations ont dans ces derniers temps acquis un redoublement d'activité et d'importance par suite des communications multiples qui ont lieu maintenant à travers la mer du Sud entre le Pérou et l'Asie Orientale, ainsi que par la création de services réguliers de paquebots à vapeur avec la Californie et le Mexique d'une part, avec Panama, l'Ecuador et le Chili de l'autre.

La ville de Callao actuelle a été construite à peu de distance de l'ancien Callao, qui lors du tremblement de terre arrivé le 28 octobre 1746 fut englouti par la mer avec ses 4,000 habitants et la plupart des navires qui se trouvaient dans le port. Trois forts parfaitement situés, mais démolis en partie aujourd'hui ou tombés en ruines, rendaient jadis Callao le point le mieux fortifié de toutes les colonies espagnoles en Amérique; et c'est aussi la dernière place du Pérou où les Espagnols réussirent à se maintenir. Ce ne fut que le 19 janvier 1826, après que l'intrépide général Rodil eut résisté de la manière la plus opiniâtre à un siége qui dura plusieurs années, et lorsque sa garnison, réduite des deux tiers, se trouva complétement sans vivres, qu'une capitulation, fit passer Callao sous les lois de la république du Pérou. Depuis cette époque, Callao, dont la possession est d'une importance décisive pour le parti vainqueur, a constamment joué un rôle considérable dans les fréquentes convulsions politiques qui ont agité ce jeune État.

CALLE (La), ville et port d'Algérie, située dans le département de Constantine, sur les frontières de Tunis, à 494 kilomètres d'Alger et 100 kilomètres de Constantine. Elle est bâtie sur des rochers et entourée de toutes parts par la mer, excepté à l'est, où s'étend une longue plage de sable, et où se trouve la Porte-de-Terre. Elle contient aujourd'hui 250 maisons environ et 211 habitants européens; ses rues sont tirées au cordeau et bien pavées. Par son heureuse position au fond d'une vaste baie, ce port est appelé à devenir une station commerciale de haute importance en même temps que de cette place il est très-facile de maintenir dans la soumission les tribus fixées dans le cercle et de prêter une utile assistance au poste fortifié de Ghelma.

La Calle a longtemps été le siége des opérations de l'ancienne compagnie française d'Afrique. On sait en effet que depuis l'expédition du duc de Bourbon contre Tunis, en 1390, quelques Français s'étaient établis dans la partie orientale de la côte de Constantine; ces établissements s'étaient consolidés depuis 1450 par des conventions privées avec les tribus du littoral, et des forts existaient élevés sur divers points; le sulthan Sélim avait reconnu, sur un traité de 1518, notre possession comme très-ancienne. Malgré cette reconnaissance, Khaïreddin s'empara du Bastion de France, l'ancien établissement de la compagnie, et en conduisit à Alger les habitants captifs; mais un ordre exprès de Soliman lui enjoignit, en 1520, de les relâcher; et il restitua le

Bastion de France avec les forts qui en dépendaient, le privilége exclusif de la pêche du corail et l'exportation annuelle des grains, cuirs, laines, cires et autres productions du pays. En 1694 la compagnie abandonna cet établissement, parce qu'il n'offrait aucun abri aux navires, et se transporta sur un point plus oriental de la côte, à La Calle.

Cette ville parvint bientôt à un état des plus florissants : on y voyait un grand nombre de beaux magasins, des quais, une église, un hôpital, un lazaret, quatre postes militaires, des bastions armés de canons, une mosquée pour les Maures employés par la compagnie, et tout ce qui était nécessaire au bien-être, à l'approvisionnement et à la défense d'une ville de 2,000 âmes. Par sa navigation, elle formait en outre une excellente école de matelots. Mais cette prospérité cessa lors de l'expédition d'Égypte ; les bâtiments corsaires des États barbaresques commencèrent, par ordre du grand-seigneur, une guerre générale contre notre marine et notre commerce. L'établissement de La Calle fut livré aux flammes ; ses habitants disparurent précipitamment, heureux de sauver au moins leur vie dans ces désastres ; tout ce qu'ils laissèrent sur les lieux fut livré au pillage et à la destruction. L'Angleterre, toujours à la piste des coins de rochers que l'on abandonne, se fit céder, en 1807, nos concessions de La Calle, moyennant une redevance annuelle de 267,000 fr. Mais à peine cette puissance commençait-elle à s'indemniser des énormes dépenses que cet établissement lui avait coûtées pendant dix ans, que nous en reprîmes possession en 1816, après la conclusion de la paix générale. L'exploitation du privilége commercial fut abandonnée à M. Paret, négociant marseillais ; mais le département des affaires étrangères continua seul à diriger la pêche du corail. Ces deux systèmes d'exploitation étaient encore en vigueur lorsque la rupture éclata entre la France et Alger, en 1827. La destruction de La Calle par les troupes du dey en fut la conséquence.

Ce fut seulement en 1836 que l'occupation de La Calle fut, sur l'avis du général Jousouf, ordonnée par le maréchal Clauzel et définitivement consommée par un détachement de spahis irréguliers. Les tribus du voisinage ne firent aucune résistance et ne nous ont jamais depuis disputé cette place. Nous avons dû seulement forcer les Tunisiens à reconnaître nos droits. Son port était déjà fréquenté par les nombreux corailleurs qui y affluent de l'Italie. On entreprit aussitôt la réparation des anciens ouvrages de défense ; on joignit la ville au fort du Moulin par une muraille d'enceinte qui renferme le port et met les pêcheurs à l'abri d'une attaque subite des Arabes. Une caserne pour trois cents hommes, un petit quartier de cavalerie, un hôpital, un magasin de vivres et de poudre furent à la hâte édifiés pour pourvoir aux premiers besoins de la garnison. En 1843 l'ancienne tour du phare fut restaurée ; on y plaça un appareil catadioptrique.

La Calle est environnée, dans une superficie de 20,000 hectares, de forêts épaisses, où l'orme, le frêne, l'aulne et le chêne vert abondent. L'essence dominante est le chêne-liége. Les couches minéralogiques sur lesquelles reposent ces parties boisées appartiennent pour la plupart aux grès bigarrés ; sur plusieurs points on trouve à la surface du sol une assez grande quantité de sable siliceux, mélangé de parcelles de mica. Ce sable, au premier abord, semble dépourvu de tout principe végétal ; mais en creusant à quelques centimètres on arrive à des couches mélangées d'humus, ce qui s'explique facilement par la pénétrabilité de la couche supérieure. Il se fait une exploitation importante de mines de plomb argentifère au Kef-orms-Thabbol, à l'est de la ville. Trois grands lacs s'étendent aux environs de La Calle : ce sont Guerha-el-Malha (*l'étang Salé*), Guerha-el-Garah (*l'étang de Garah*), qui se jette dans la Mafrag ; Guerha-el-Hout (*l'étang des Poissons*), et Ouad-el-Hout (*la rivière des Poissons*). Au delà des lacs et des bois, à 10 kilomètres de la ville, les plaines d'Aïn Khiar et du Tarf, les bords de la Mafrag, et toutes les terres dans la direction de Bone, offrent un vaste champ à la colonisation. Il y a là des prairies naturelles et des cours d'eau nombreux, et le sol, pour produire, n'attend que la charrue.

CALLET (ANTOINE-FRANÇOIS), peintre d'histoire, né à Paris, en 1741, fut reçu à l'Académie en 1780. Il appartenait à cette école de Vien, qui retira l'art de la fausse voie où Boucher l'avait entraîné. Ses productions principales sont : un *Portrait de Louis XVI*, gravé par Bervic ; le *Lever de l'Aurore*, au plafond de la galerie du Luxembourg ; *Marcus Curtius se dévouant pour sa patrie* ; *Vénus blessée par Diomède* ; *Achille traînant le corps d'Hector devant les murs de Troie*, etc. Callet, qui après le 18 brumaire avait peint une allégorie représentant la *France sauvée*, Callet, qui depuis avait reproduit la *Bataille de Marengo*, l'*Entrée du premier consul à Lyon*, le *Mariage de Napoléon et de Marie-Louise*, le *Traité de Presbourg*, Callet ne manqua pas d'exposer au salon de 1817 un allégorie représentant l'*Arrivée de Louis le Désiré*. Aussi, lorsqu'il mourut, en 1823, était-il peintre du roi et de Monsieur.

CALLET (JEAN-FRANÇOIS), né à Versailles, le 25 octobre 1744, mort à Paris le 14 novembre 1798, s'était déjà distingué comme mathématicien en remportant, en 1779, le prix proposé par la Société des Arts de Genève sur les échappements, et comme professeur en formant pour l'école du Génie un grand nombre d'élèves remarquables, lorsqu'il termina, en 1783, son édition des *Tables de Gardiner*, contenant les logarithmes des nombres jusqu'à 102,950. Nommé professeur d'hydrographie à Vannes en 1788, et peu après à Dunkerque, il fut rappelé à Paris en 1792 pour y remplir les fonctions de professeur des ingénieurs géographes du dépôt de la guerre. Environ quatre ans après, cette place ayant été supprimée, Callet rentra dans l'enseignement libre, et en 1795 il publia son œuvre capitale, la nouvelle édition stéréotype des *Tables de Logarithmes*, comprenant les logarithmes des nombres jusqu'à 108,000 et ceux des lignes trigonométriques de seconde en seconde pour les arcs de 0° à 5° et de 85° à 90° et de dix secondes en dix secondes pour le premier quadrant. D'autres tables importantes, telles que celle des logarithmes des sinus pour la division décimale du cercle, s'y trouvent encore réunies. Ces tables, dont l'exactitude le dispute à l'utilité, et qui, stéréotypées par Firmin Didot, ont été portées au plus haut point de correction typographique, sont en outre disposées de manière à faciliter les recherches, tout en occupant le moins d'espace possible.

Quoique sa santé fût devenue chancelante, Callet publia encore, sous le titre de *Supplément à la Trigonométrie sphérique et à la navigation de Bezout* (Paris, 1798, in-4°), un mémoire sur les longitudes en mer. Il avait aussi présenté à l'Institut le plan d'un nouveau télégraphe et d'une langue télégraphique. Mais ses *Tables de Logarithmes* sont un monument impérissable, qui fera vivre à jamais sa mémoire. Cette œuvre, qui demandait tant de soin et de patience, assura à son auteur une place honorable parmi les savants modestes qui, se sacrifiant en quelque sorte à l'utilité générale, consacrent leurs veilles à d'obscurs et pénibles travaux.
E. MERLIEUX.

CALLEVILLE-LÈS-BOIS, village du département de l'Eure, qui a donné son nom à l'excellente espèce de pomme que l'Académie appelle *calville*, et qui nous vint du Danemark avec les Normands, suivant Bernardin de Saint-Pierre. Dans les ruines du château de Calleville, ancienne demeure des seigneurs d'Harcourt, on découvrit en 1817 une assez grande étendue de pavé composé de carreaux faïencés d'un émail fort beau et de dessins variés, offrant l'aspect d'une élégante mosaïque. Ce travail, qui est du treizième ou du douzième siècle, est de l'espèce que l'Anglais Henniker appelle *normantiles*, et que l'abbé de La Rue nomme assez improprement *briques*.

CALLIANIRE, genre d'animaux rayonnés de la classe des *médusaires* ou *acalèphes* de Georges Cuvier, que Perron et Lesueur avaient d'abord considérés comme appartenant aux mollusques. Blainville se range à l'opinion de Lamarck, qui le premier a placé les *callianires* dans la classe des médusaires, et leur assigne les caractères suivants : Corps régulier, gélatineux, hyalin, cylindrique, allongé, tubuleux , obtus aux deux extrémités, pourvu de deux paires d'appendices aliformes se développant en grandes feuilles et garnis d'un double rang de cils vibratoires sur les bords; une paire d'appendices tentaculiformes, rameux et non cilifères; un grande ouverture transversale à l'une des extrémités, et probablement une plus petite à l'extrémité opposée. On distingue dans ce genre deux espèces établies d'après le nombre des feuillets garnis de cils, qui est double dans la *callianire diploptère* et triple dans la *callianire triploptère*. La première a été trouvée dans les mers de la Nouvelle-Hollande, et la deuxième dans les mers de l'Inde et de Madagascar. L. LAURENT.

CALLIANO, bourg du Tyrol, pittoresquement situé sur la rive gauche de l'Adige et non loin du défilé de Castel della Piétra, que défendent de redoutables fortifications, est célèbre dans l'histoire par la victoire que les Impériaux y remportèrent en 1487 sur les Vénitiens, et par celle que Bonaparte y gagna en 1796 sur les Autrichiens. Il força l'entrée du Tyrol le 4 septembre, après avoir contraint les Autrichiens à se retirer avec une perte de 6 à 7,000 prisonniers et 25 canons, sans avoir pu débloquer Mantoue, investie par les Français.

CALLICHTHE (de καλλιχθυς, espèce de poisson de mer). Genre de poissons établi par G. Cuvier dans sa famille des *siluroïdes*. Les caractères des *callichthes* sont : Corps presque entièrement cuirassé sur les côtés par quatre rangées de pièces écailleuses, un compartiment de ces pièces sur la tête, le bout du museau nu ainsi que le dessous du corps; première nageoire dorsale faible et courte, la deuxième n'ayant qu'un seul rayon; quatre barbillons, bouche fendue, dents presque insensibles. Ce genre renferme dix à douze espèces, dont les mœurs, encore peu connues, ressembleraient, a-t-on dit, à celles des anguilles, qui peuvent sortir de l'eau et ramper plus ou moins loin sur les bords des fleuves. L. LAURENT.

CALLICRATES, nom de deux célèbres artistes grecs de la moitié du cinquième siècle avant J. C. L'un était architecte. C'est lui qui construisit le Parthénon dans l'Acropole à Athènes, et une grande muraille dont Socrate parle dans le *Gorgias* de Platon, qu'il appelle la *muraille du milieu*, et dont Cratinus se moque dans une de ses comédies, où il dit : « Il y a longtemps que Périclès avance fort cette muraille en paroles, mais en effet elle ne bouge pas. »

L'autre, natif de Sparte, et au nom duquel on associe d'ordinaire celui du milésien Myrmécide, s'était fait une grande réputation par son adresse à sculpter des œuvres d'ivoire d'une délicatesse et d'une ténuité excessive. On rapporte qu'il avait gravé des vers d'Homère sur des grains de millet, qu'il avait construit un char attelé de quatre chevaux qu'on pouvait cacher sous une aile de mouche, et qu'il avait fait des fourmis dont on distinguait tous les membres.

CALLICRATIDAS, célèbre général lacédémonien, était fort jeune encore quand, l'an 406 avant J.-C., il fut appelé à succéder à Lysandre dans le commandement de la flotte. Malgré l'envie et la jalousie de Lysandre, qui rendit à son successeur tous les mauvais services qu'il put, Callicratidas fit preuve dans ces fonctions d'autant d'activité que de courage et de probité. Il battit à plusieurs reprises la flotte athénienne, notamment à Métymne. Mais l'an 405 avant J.-C., ayant accepté un combat avec elle à forces très-inégales, à la hauteur des îles Arginuses, il périt dans les flots au moment où le vaisseau qu'il montait abordait un navire ennemi; et sa mort entraîna la déroute complète des Péloponnésiens.

CALLIDIES, genre d'insectes coléoptères de la famille des *longicornes*, dont les élytres sont voûtés, le corselet globuleux et inerme, et les antennes de moyenne longueur filiformes.

L'une des nombreuses espèces qu'on trouve en Europe, et qui est la plus commune, habite souvent sous bûchers et sort quelquefois des boiseries des appartements. C'est celle que les entomologistes nomment la *callidie arquée*, parce qu'elle offre des lignes courbes jaunes sur un fond noir.
L. LAURENT.

CALLIÈRES (FRANÇOIS DE), né à Thorigny, en Basse-Normandie, le 14 mai 1645, fut reçu à l'Académie Française le 7 février 1689, à la place de Quinault; il mourut le 6 mai 1717. Il avait été conseiller du roi, ministre plénipotentiaire à Ryswick, en 1693, signataire du traité, et enfin secrétaire du cabinet du roi. On a de lui : 1° *Traité de la manière de négocier avec les souverains* ; 2° *De la science du monde et des connaissances utiles à la conduite de la vie*; 3° *Des mots à la mode et des nouvelles façons de parler* ; 4° *Du bon et du mauvais usage dans les manières de s'exprimer, des façons bourgeoises et en quoy elles sont différentes de celles de la cour*; etc. Ces deux derniers ouvrages sont ainsi contredit les plus curieux ; la forme du dialogue ajoute encore à l'intérêt et en fait de véritables comédies de mœurs.

Jean DE CALLIÈRES, père de François, maréchal de bataille des armés du roi, mort en 1697, commandant la place de Cherbourg, se mêla aussi d'écrire. Il est auteur de la *Vie du duc de Joyeuse, capucin*, et de celle *du maréchal Jacques de Matignon* (1661).

CALLIGRAPHIE (de καλος, beau, et γραφω, j'écris). C'est l'art de bien écrire, c'est-à-dire de tracer avec correction les caractères d'une langue. Dans les temps anciens on écrivit d'abord sur les pierres, les briques, l'écorce, le liber des arbres, les plaques de plomb, les feuilles du talipot et du palmier. On inventa ensuite la préparation du papyrus et celle du parchemin. Au quatorzième siècle, quand l'industrie était loin encore de songer à imaginer le papier du coton et le papier de vieux linge, on se servait de cuir à défaut de parchemin, et certaine chronique rapporte que Pétrarque, revêtu de la dépouille en forme de veste, s'en servait en guise de tablettes pour y recueillir ses pensées. Cette veste, longtemps conservée comme une relique, existait encore en 1572.

Placés en tête de la civilisation qui a précédé la nôtre, les Grecs et les Romains avaient perfectionné la calligraphie, si intimement liée à la parole, ressort principal de leur gouvernement. Les *notarii*, notaires (en grec ταχυγραφοι, tachygraphes), officiers chargés de recueillir les actes publics, usaient d'une sorte d'écriture semée d'abréviations, qui leur permettaient de suivre, pour ainsi dire, les mots à la course, à mesure qu'ils s'échappaient de la bouche des orateurs. Mais, ce travail rapide ayant besoin d'être déchiffré et mis au net, ce fut la tâche de copistes connus sous le nom de *calligraphes*. Quand le despotisme toujours croissant des empereurs eut étouffé toutes délibérations, même celles du sénat, l'esprit de discussion, chassé de la politique, se réfugia dans la religion. Au sein des conciles, l'éloquence chrétienne retrouva une tribune dont les calligraphes recueillaient les inspirations.

Cependant, au milieu des ténèbres du moyen âge, la calligraphie ne cessa pas de fleurir, car si les nouveaux maîtres du monde romain dédaignaient de savoir écrire, ils protégeaient ceux qui cultivaient un art si nécessaire. A ces jours d'ignorance, où les livres étaient aussi rares qu'ils sont nombreux maintenant, les couvents produisirent une foule d'habiles calligraphes, qui nous ont laissé dans ce genre de véritables chefs-d'œuvre. Dans l'impossibilité où nous sommes de nous étendre longuement sur les moyens pratiqués à ce sujet chez les anciens, nous nous bornerons à indiquer qu'ils avaient deux manières de former le caractère de leur écriture, l'une *pingendo*, en peignant les lettres, l'autre *incidendo*, en gravant les lettres sur des lames de plomb, de cuivre, ou des tablettes de bois enduites de cire. Un petit instrument pointu d'un côté et aplati de l'autre servait à tracer ou à effacer les mots au gré de l'écrivain. Le parchemin ayant remplacé généralement chez les modernes les lames de plomb et les tablettes, on substitua au stylet les plumes d'oiseaux, encore en usage aujourd'hui. On peut voir dans la *Paléographie* du père Montfaucon la description et la représentation des instruments et des caractères mis en œuvre par les calligraphes à la cour de Byzance et dans les autres contrées de l'Europe.

Depuis cette époque jusqu'à celle où parut l'imprimerie, de nombreux changements furent introduits dans la calligraphie. On sait que l'imprimerie, à sa naissance, réduite à des procédés imparfaits, et repoussée par de puissants intérêts, ne fit que des progrès assez lents; les livres pendant longtemps furent donc presque aussi chers que les manuscrits. Mais la ruine des calligraphes, pour avoir été moins prompte, s'accomplit enfin, et ceux-ci, réduits à descendre au rang de maîtres d'écriture, essayèrent d'étayer leur considération en se parant d'un titre nouveau. Un faussaire ayant abusé de la confiance de Charles IX, ils furent érigés en communauté de maîtres experts-jurés-écrivains, expéditionnaires et arithméticiens, teneurs de comptes établis pour la vérification des écritures, signatures, comptes et calculs en justice.

De nos jours, la calligraphie a perdu ses honneurs aussi bien que son importance: d'art elle est devenue métier. L'enseignement des professeurs de calligraphie porte principalement sur les règles qui doivent déterminer la position du corps et de la main, la taille de la plume, son inclinaison sur le papier suivant qu'on veut obtenir des *pleins* ou des *déliés*, etc. Plusieurs d'entre eux ont publié des théories qui tendent à ramener la formation des lettres à un petit nombre de principes qu'il suffit de bien pratiquer pour écrire toutes les sortes d'écriture en usage chez nous, *gothique*, *ronde*, *bâtarde*, *cursive*, *coulée* ou *anglaise*. Voyez ÉCRITURE.

SAINT-PROSPER jeune.

CALLIMAQUE, fameux sculpteur et architecte de Corinthe, où il florissait peu de temps après la 60° olympiade, dont la première année se rapporte à l'an 540 avant J.-C., est l'inventeur du *chapiteau corinthien* (*voyez* ACANTHE), dont il dut, comme on sait, la découverte au hasard. Il fit aussi, pour le temple de Minerve à Athènes, une lampe d'or qu'on emplissait d'huile au commencement de chaque année, sans qu'il fût besoin d'y toucher davantage, quoiqu'elle restât allumée nuit et jour; ce qui provenait, dit Pausanias, de ce que la mèche de cette lampe était faite de lin de Carpasie (ville de l'île de Chypre), le seul que le feu ne consumât pas, et qui n'était autre chose sans doute que l'*amiante*.

CALLIMAQUE, l'un des poètes et des savants les plus célèbres de l'ère d'Alexandrie, qui florissait vers l'an 250 avant J.-C., descendait d'une famille distinguée de Cyrène en Lybie. Il ouvrit à Alexandrie une école de grammaire et de belles-lettres, de laquelle sortirent divers hommes célèbres, par exemple Ératosthène, Apollonius de Rhodes, etc., et fut nommé membre du musée par le roi Ptolémée Philadelphe, auprès duquel il était en grande estime, comme il le fut encore auprès de son successeur Ptolémée Évergète. Dans cette position, si favorable à l'étude, et à laquelle il joignait encore les fonctions de conservateur de la bibliothèque, il écrivit une foule d'ouvrages sur les branches les plus diverses de la littérature, mais dont nous ne possédons plus aujourd'hui malheureusement que quelques fragments, avec soixante-treize épigrammes et sept hymnes. Son poëme sur *la chevelure de Bérénice* ne nous est connu que par une traduction latine de Catulle.

Les poésies de Callimaque portent toutes le cachet du siècle où elles furent composées, et où on s'efforçait de suppléer à l'absence d'originalité et de naturel par un grand étalage d'érudition, ainsi que par l'emphase d'un style artificiel et exagéré; et au lieu de vérité et de simplicité on y voit briller la recherche de l'effet et la manie de l'archaïsme.

Parmi les Romains, Callimaque eut surtout pour imitateur dans ses élégies Properce. Outre les anciennes éditions de ce poëte données par Grævius (2 vol., Utrecht, 1697) et par Ernesti (2 vol., Leyde, 1761), auxquelles se trouve également joint le savant commentaire de Spanheim, nous citerons encore l'édition plus récente de Bloomfield (Londres, 1815) et la collection de Luzac, *Elegiarum Fragmenta* (Leyde, 1799). On possède une assez bonne traduction française de Callimaque par La Porte du Theil (Paris, 1775). L'édition originale des poésies de Callimaque, imprimée à Florence en 1494, est un volume excessivement rare, qui a été payé jusqu'à 85 liv. sterl. (2,200 fr.) à Londres.

CALLINUS D'ÉPHÈSE, le plus ancien poëte élégiaque grec que l'on connaisse, vivait au septième et même, suivant d'autres, au neuvième siècle avant J.-C., et passe généralement pour le créateur de l'élégie patriotique. Le fragment encore existant aujourd'hui d'un de ses chants de guerre, dans lesquels il exhortait les Éphésiens à se défendre vaillamment contre les Magnésiens, a été expliqué et commenté par Brunck dans ses *Poetæ Græci gnomici* (Leipzig, 1817), par Gaisford dans le troisième volume de ses *Poetæ Græci minores* (Leipzig, 1823), enfin par Schneidewin dans son *Delectus poeseos græcæ elegiacæ* (Gœttingue, 1838).

CALLIOPE, Muse de l'éloquence et de la poésie épique, dont le nom veut dire *belle voix*, passait pour la plus savante de ses compagnes, probablement à cause de ses attributions, car l'éloquence et la poésie épique sont les deux genres de littérature qui exigent le plus de talent chez les écrivains. On la représente tenant d'une main la trompette de l'épopée, et de l'autre un ou deux couronnes de laurier. Son vêtement, son attitude, son regard, tout est noble et sévère. Qu'y a-t-il, en effet, de plus grave, de plus imposant que la haute éloquence, cet art de remuer les cœurs, de subjuguer l'âme, et d'y porter la conviction par l'ascendant du langage? Et quel poëme est comparable à l'épopée pour l'étendue, l'importance du sujet, la richesse des détails, la pompe et la magnificence des expressions? Le poëme épique comprend tous les autres: il se prête à tous les tons, depuis l'églogue jusqu'à l'ode. C'est donc à juste titre que la muse Calliope exerçait une sorte de prééminence sur ses aimables sœurs, et qu'Hésiode l'appelle la plus *distinguée* de toutes, puisque les poëtes qui écrivaient sous l'inspiration de cette divinité, chantaient spécialement les dieux, les héros, les grandes merveilles de la nature et les mystères incompréhensibles de ce vaste univers. Les Anciens ont beaucoup trop vanté la chasteté des muses. Elles n'ont pas été plus que d'autres déesses à l'abri des traits de l'amour. On donne même à Calliope jusqu'à trois fils: Jalemus, Hymeneus et Orphée, le plus tendre, le plus fidèle et le plus infortuné des amants. Hygin raconte que Vénus et Proserpine s'étant disputé la possession du bel Adonis, Jupiter choisit Calliope pour juge du différend. Cette Muse décida le jeune homme appartiendrait tour à tour à chacune des deux déesses pendant six mois. Vénus, mécontente de ce partage, s'en vengea sur Orphée.   P.-F. TISSOT, de l'Académie Française.

CALLIPÉDIE (de καλός, beau, et παῖς, παιδός, enfant). C'est *l'art de faire de beaux enfants*. Une justice à rendre à toutes les sottises, surtout à celles qui ont une certaine ampleur, c'est que l'ancienneté ne leur manque jamais. Il y a déjà tant de siècles que les hommes sont réunis en corps de nation! Les Grecs, qui nous servent encore de modèles, ont eu les premiers la prétention d'enseigner de quelle manière il faut s'y prendre pour avoir de beaux enfants. Ces ingénieuses productions ne nous sont point parvenues, et il ne faut pas s'en plaindre. Il est à parier qu'elles n'avaient pour auteurs que des célibataires désœuvrés, car c'est à peine si les pères de famille trouvent assez de temps pour élever et instruire les enfants qu'ils ont. A la suite des invasions des barbares, de longs siècles s'écoulèrent sans qu'on songeât à tout ce qui était *callipédie*. Chacun, n'écoutant que la bonne nature, avait des enfants le plus qu'il pouvait. Ils étaient tantôt bien, tantôt mal ; on les recevait comme ils venaient. Mais à la renaissance des lettres, ou, si l'on aime mieux, des lumières, un écrivain du dix-septième siècle, Claude Quillet, s'indigna d'une aussi coupable indifférence. Il était poète : s'adressant aux femmes, il leur débita dans ses vers latins les plus belles maximes, leur indiquant quelle conduite elles avaient à tenir afin d'avoir de beaux enfants.

Le poëme de Claude Quillet parut à Leyde. J'ignore si les dames hollandaises en firent leur profit ; mais un pareil chef-d'œuvre devait tôt ou tard faire son apparition en France. Un sieur Monthenaut d'Hély publia en 1747 une traduction en prose du poëme de Quillet. Lecteurs et lectrices furent en si grand nombre, qu'en 1774 un poète français se rendit l'interprète du chantre de Leyde. Mais il ne devait pas se borner sa gloire. Un sieur Cailleau, médecin à Bordeaux, en publia, l'an VII de la république, une nouvelle version en prose. Comme on le voit, Claude Quillet a été naturalisé parmi nous sous toutes les formes.

Tandis que poëtes et prosateurs s'escrimaient pour nous enseigner l'art d'avoir de beaux enfants appartenant aux deux sexes, le docteur Michel-Procope Couteau ne s'attachait qu'à la moitié de la question, et publiait, vers 1750, un art de faire des *garçons*, sans jamais s'y tromper. La révolution française ne pouvait rester indifférente à d'aussi graves débats. Le docteur Jacques-André Millot, *accoucheur des ci-devant princesses du sang*, publia, en 1800, l'*Art de procréer les sexes, ou système complet de génération*. M. Millot adresse d'abord une dédicace aux dames, qu'il appelle *sexe charmant*; puis il leur démontre qu'il ne dépend que d'elles de mettre au monde des enfants d'une beauté accomplie. Il leur donne à cet égard une foule d'instructions que, pour cause, nous passerons sous silence. Enfin, le docteur n'oublie pas d'indiquer à ses lectrices le numéro de la maison qu'il occupe, rue du Four-Saint-Honoré : M. Jacques-André Millot était chirurgien accoucheur. Trois ans après, M. Robert le jeune, des Basses-Alpes, entra dans la lice. Afin d'agrandir la discussion, il examine dans son ouvrage s'il existe un art physico-médical pour augmenter l'intelligence de l'homme et perfectionnant ses organes, ou la *mégalanthropogénésie* n'est-elle qu'une erreur ? L'auteur se déclare pour la négative. Sa conviction est si ardente, si vive et si sincère, que dans le premier chapitre de son livre on trouve le passage suivant : « C'est une vérité démontrée pour moi qu'il n'est pas plus difficile d'*avoir* des enfants d'esprit que d'*avoir* un cheval arabe, un basset à jambes torses ou un serin de race. » On sent qu'il est impossible de résister à des similitudes d'un aussi bon goût. L'ouvrage de M. Robert jeune, des Basses-Alpes, fit donc une sorte de sensation. L'auteur l'avait dédié aux membres de l'Institut : il s'agissait d'esprit, c'était frapper droit au but.

En Allemagne, où l'on a tant de bonhommie qu'on prend tout au sérieux, on a publié divers ouvrages sur l'art de faire des enfants sains et vertueux. Ces petits chefs-d'œuvre pleins d'érudition ont enrichi quelques libraires, mais en laissant venir au monde les enfants tels que jadis. Maintenant, que penser de la *callipédie*? c'est qu'elle remonte beaucoup trop haut ; elle prend les enfants avant qu'ils *soient*, tandis qu'on ne peut les étudier que quand ils *sont*. C'est à partir de ce moment que la science la plus habile peut seulement commencer à les observer. Les enfants sont-ils nés, il est constant que des soins attentifs, un air vif et, plus tard, une nourriture abondante, jointe à un exercice continuel, mais raisonné, aident au développement de leurs forces physiques. Une éducation bien entendue en fait ensuite des hommes moraux et intelligents. Mais il faut que sous les rapports que nous venons d'indiquer le *principal* soit préexistant. Qui crée ce dernier ? C'est le secret de la Providence. Les sots le cherchent, mais ne le découvrent pas. Saint-Prosper.

CALLIPYGE était, chez les Hellènes, un des surnoms de Vénus. Ils l'avaient formé de καλός, beau, et de πυγή, fesse. Quelquefois le surnom de *Calligloutos*, composé de καλός et de γλουτός, mots qui ont la même signification que *Callipyge*, fut aussi donné à la déesse de la beauté par les écrivains grecs. Voici la fable milésienne racontée à ce sujet par Athénée, ainsi que par Alciphron le Sophiste, et qu'a recueillie une jolie épigramme grecque. A Sparte, les jeunes filles luttaient nues, de force, d'agilité, d'adresse ; à Athènes, elles luttaient de grâce et de beauté. Tous les ans, d'heureux prytanes, institués pour ce genre de jugement, y adjugeaient un prix à la plus belle. Deux sœurs, de formes merveilleuses, disait le Deipnosophiste, Athéniennes selon lui, Syracusaines selon d'autres, rejetées du concours à cause de l'obscurité de leur naissance, et surtout de leur pauvreté, se consolaient de ce dédain en admirant ce jour-là, et sans voiles, la perfection de leur charmes. Deux jeunes gens des mieux faits et des plus riches de la ville surprirent les deux sœurs dans la naïve admiration de leurs beaux corps moulés et mollement arrondis par les Grâces. Être enflammés d'une violente passion pour ce couple sans rivales et s'offrir pour époux ne fut qu'un chez les jeunes Hellènes. L'hymen eut lieu le jour même. En mémoire de la puissance de ces charmes particuliers auxquels elles devaient leur fortuna, leur illustration, et des liens légitimes serrés au pied des autels, les deux sœurs élevèrent, d'un commun accord, un temple magnifique à la déesse de la beauté, à Vénus, dite par elles *Callipyge*.

Le palais Farnèse possède une statue de la Vénus Callipyge antique. Elle est gravée dans la *Raccolta* de Maffei. Cette déesse est debout, entrant au bain ou en sortant, car on ne sait si elle ôte ou si elle met la draperie qui lui couvre à peine les épaules. Sa gracieuse tête, qu'elle tourne en arrière, s'ajustant à un cou délicieux, se penche vers son dos cambré et plein de souplesse, et, les paupières un peu baissées, elle regarde avec une secrète satisfaction l'orbe admirable de ses hanches insensiblement arrondies, auxquelles s'agencent et s'harmonient des cuisses et des jambes non moins parfaites. Plusieurs pensent que la tête est moderne ; ils la disent inférieure, ainsi que la draperie, trop roide et trop parallèle dans ses plis, au reste de la statue. Il n'y a que le torse de parfait à leur avis. Nous ne sommes pas seul à ne pas partager cette dernière opinion. Il règne dans l'ensemble de cette antique une volupté pleine d'attraits qui n'est pas dans la Vénus de Médicis, qu'on croit être la fameuse Vénus cnidienne de Praxitèle. La Callipyge est gravée sur plusieurs pierres antiques. Sur une pâte de verre, on la voit appuyée contre une colonne. Il en a été fait quelques imitations malheureuses, entre autres celle du statuaire Thierry, qui jeta un voile sur ces formes admirables. Denne-Baron.

CALLIRRHOÉ, jeune fille de Calydon, fut vivement aimée par Corésus, prêtre de Bacchus, dont elle s'obstina à repousser les vœux. Celui-ci eut alors recours à l'assistance du dieu qu'il servait. Bacchus exauça sa prière, et envoya aux Calydoniens une épidémie dont le caractère était de frapper ceux qui en étaient atteints d'une espèce d'ivresse imbécile. L'oracle de Dodone, consulté à ce sujet, répondit que pour faire cesser le malheur des Calydoniens il fallait que Callirrhoé fût immolée sur son autel, ou bien qu'une autre se sacrifiât à sa place. Déjà l'on conduisait la chaste jeune fille à l'autel où elle devait tenir lieu de victime, quand Corésus se présenta pour la remplacer. Callirhoé, ajoute la fable, regrettant alors d'avoir si mal payé tant d'amour, alla se tuer aux bords d'une fontaine à laquelle on donna ensuite son nom.

La fable cite encore plusieurs femmes de ce nom. L'une, fille de l'Océan, fut la mère de Géryon, par Chrysaor ; de Chioné, par Neilos, et de Minyas, par Poseidon. Une autre Callirhoé, fille d'Achéloüs, fut la seconde femme d'Alcméon ; une autre, fille de Scamandre, fut l'épouse de Tros et la mère d'Ilus, d'Assaracus et de Ganymède.

CALLISSEN. *Voyez* CALIXTUS.

CALLISTÉES, fêtes de la beauté chez les anciens. Elles se célébraient particulièrement à Lesbos, en l'honneur de Junon ou de Vénus. Le roi Cypselus les avait aussi établies dans une ville qu'il avait fondée sur les bords de l'Alphée. Des Parrhasiens, y étant venus d'Arcadie, y consacrèrent à leur tour un bois, un autel, et les mêmes fêtes à Cérès Éleusine. Les femmes s'y disputaient le prix de la beauté, et celles qui le remportaient étaient appelées *chrysophores*, par analogie avec la beauté de l'or (*chrusos*). On dit que ce fut Hérodice, femme de Cypsélus, qui la première remporta le prix, et fût déclarée *chrysophore*. Il est possible qu'elle fut très-belle ; mais elle était aussi reine, et son rang entra pour quelque chose sans doute dans la décision des juges. Au reste, les femmes n'étaient pas les seules qui eussent de pareils combats à soutenir. Chez les Éléens, au rapport du même Athénée, les hommes avaient aussi une semblable couronne à disputer. Celui qui était déclaré le plus bel homme, était couronné de myrte et de bandelettes ; on lui donnait une armure complète, qu'il portait en triomphe, au milieu de ses amis, au temple de Minerve, à qui il la consacrait.

CALLISTHÈNES naquit à Olynthe, ville de Thrace, vers la 365° année avant J.-C. Neveu d'Aristote, il fut élevé par lui en même temps qu'Alexandre, et vers l'an 336 se rendit à Athènes pour y étudier l'histoire naturelle et les sciences historiques, puis suivit Alexandre dans son expédition de l'Inde, avec mission d'en écrire l'histoire. Mais, par sa gravité, par la sévérité de ses principes en matière de morale, il s'attira la haine des favoris du conquérant, qui ne lui savait pas toujours gré de la causticité de ses propos, bien qu'ils défrayassent souvent les loisirs de sa cour. Un jour, à la table même d'Alexandre, une discussion s'étant élevée entre lui et Anaxarque sur la température de l'atmosphère, par rapport au climat sous lequel ils se trouvaient en ce moment, il soutenait que celui de la Grèce était moins froid ; Anaxarque prétendait le contraire avec une véhémence qui tenait de l'opiniâtreté. « Vous avez tort, lui répliqua son adversaire ; c'est à vous-même que j'en appelle. Dans la Grèce, c'était assez d'un méchant manteau pour vous couvrir la nuit, aujourd'hui il vous faut trois tapis. » C'était lui reprocher amèrement son ancienne pauvreté, ainsi que le luxe dans lequel il vivait depuis, grâce aux faveurs du prince. Arrien avance que Callisthènes disait hautement : « Mes écrits, plus encore que les Fables inventées par Olympias, convaincront la postérité que le fils de Philippe appartient à Jupiter. » Et cependant Callisthènes refusa de le saluer à *la persane*, c'est-à-dire de l'adorer.

L'orage grossissait sur la tête du sophiste : Alexandre était à Cariate, ville de la Bactriane, lorsque la conspiration d'Hermolaüs contre ce prince fut découverte. Le chef, mis à la question et interrogé, dénonça plusieurs grands personnages, parmi lesquels Callisthènes, son ami et son maître : sans doute la violence de la torture lui arracha cet aveu. Plusieurs auteurs nient qu'il ait seulement nommé Callisthènes. Quoi qu'il en soit, l'historiographe d'Alexandre fut enveloppé dans la conspiration. Les complices d'Hermolaüs furent lapidés ou pendus ; Callisthènes fut réservé pour un supplice particulier. Il fut mis en croix, après avoir été appliqué à la question, dit Ptolémée. Il fut enfermé, disent Justin et d'autres dans une cage de fer avec un chien, et déchiqueté, mutilé, rongé de vermine, traîné parmi les bagages de l'armée ; objet de risée pour les uns et de pitié pour les autres.

Pour la gloire d'Alexandre, nous aimons à ranger au nombre des fables dont fourmillent les histoires anciennes cet affreux récit du supplice de Callisthènes, qui, après plusieurs siècles, souleva avec raison la juste indignation du stoïcien Sénèque. Ce qui confirmerait nos doutes, c'est qu'Aristote se contente de rapporter la simple condamnation de son parent et de son disciple, dont le supplice, jusqu'alors inouï, n'aurait pas manqué de révolter sa plume indignée, s'il eût été tel que le racontent ces historiens. On nous objectera le jeune et courageux Théophraste, qui fit éclater sa douleur dans un livre intitulé : *Callisthènes, ou de l'affliction*, et où Alexandre n'était point ménagé ; mais ce livre pouvait avoir rapport à la simple condamnation du sophiste, et non à la barbarie et aux raffinements d'un supplice particulier.

Tous les écrits de Callisthènes sont perdus. Athénée, dans ses *Deipnosophistes*, et Strabon, qui cite son histoire universelle et trouve qu'elle manque souvent d'exactitude, sentiment que partage avec lui Polybe, nous en ont laissé des fragments. Cicéron prétend qu'on y trouvait une relation *de la guerre de Troie*. Callisthènes écrivit, en outre, dix livres d'*Helléniques*, qu'il commença à l'année dans laquelle la paix fut conclue entre les Grecs et Artaxerxès, roi de Perse, et qu'il mena jusqu'au temps où Philomelus pilla, à la tête des Phocidiens, le temple de Delphes. Il fit aussi l'histoire de *la guerre sacrée*, entreprise à cette occasion et terminée par Philippe. Suidas nous signale encore de cet auteur un ouvrage intitulé *Les Persiques*. Tous ces écrits devaient faire partie de son histoire universelle. C'est dans *Les Persiques* sans doute que Callisthènes rapportait les observations astronomiques des Chaldéens, lesquelles remontaient à dix-neuf cent trente années. Julius Pollux cite de lui une œuvre d'*Apophthegmes*, et saint Épiphane un livre sur *les plantes*. On lui attribue aussi un traité *De la nature de l'œil*. On ne doit pas regarder comme de lui une espèce de roman manuscrit de la vie d'Alexandre, conservé à la Bibliothèque Nationale ; la barbarie du style en dévoile, dès la première page, la fausseté.   DENNE-BARON.

CALLISTO, fille de Lycaon, roi d'Arcadie, était une des nymphes favorites de Diane. S'étant éloignée de cette déesse un jour qu'elle l'avait accompagnée à la chasse, elle s'endormit dans un bois, de chaleur et de fatigue, et fut surprise par Jupiter, qui prit la figure de Diane. Il en résulta un fils, Arcas, qui régna sur l'Arcadie, à laquelle il donna son nom. La prude et sévère Diane, à laquelle la fable a cependant donné aussi quelques faiblesses, punit dans la personne de sa favorite la faute de Jupiter, et la chassa de sa présence. Junon, également irritée contre elle, la métamorphosa en ourse. Arcas, étant à la chasse, allait percer sa mère de ses traits, lorsque Jupiter, pour prévenir ce parricide, le changea lui-même en ours, et transporta tous deux dans le ciel, où ils forment les deux constellations de la *grande* et de la *petite Ourse*. On ajoute que Junon, furieuse à la vue de ces nouveaux astres, et voulant poursuivre sa vengeance jusqu'au bout, pria Thétis de ne point permettre qu'ils se couchassent jamais dans l'Océan.

Otfried Muller voit dans cette nymphe l'Artémis Callisto des Arcadiens, qu'on nommait fille de Lycaon, c'est-à-dire de Jupiter du mont Lycée, et mère d'Arcas, c'est-à-dire du peuple.

CALLISTRATE fut l'un des plus célèbres orateurs d'Athènes ; et, ravi de son éloquence, Démosthène, son contemporain, quitta pour le suivre l'école de Platon.

De l'aveu de Démosthène même, il ne put jamais égaler la puissance et l'entraînement du débit de son maître. Malheureusement, ces grands talents, l'orgueil d'Athènes, en étaient trop souvent le fléau : la plupart de ces orateurs se transformaient en accusateurs publics, et s'acharnaient sans pudeur contre la mauvaise fortune et la vertu. Ce Callistrate en est une triste preuve. Il déploya un talent immense contre Chabrias, un des généraux athéniens les plus intègres, l'accusant de trahison et lui reprochant d'avoir laissé surprendre Oropè par les exilés et les Thébains. Il ne réussit pas, car les Athéniens n'avaient pas oublié que leur général avait pris 17 villes, 70 vaisseaux, fait 3,000 prisonniers, et fait entrer 110 talents dans le trésor. Cet orateur échoua aussi contre le laconisme d'Épaminondas, dans une assemblée générale des Arcadiens, où il fut envoyé comme député d'Athènes. Cette ville voulait engager les peuples d'Arcadie à se liguer avec l'Attique.

Bien plus, ces ambitieux orateurs s'accouplaient, pour ainsi dire, afin de mieux perdre ceux qu'ils accusaient. Callistrate s'unit à Iphicrate pour faire condamner Timothée, dont la lenteur à voler au secours de Corcyre leur paraissait, disaient-ils, suspecte. Le commandement fut ôté à Timothée, et passa aux mains de ce même Iphicrate, son accusateur : mais celui-ci, dans son expédition, eut soin d'emmener avec lpi Callistrate, de peur qu'en son absence il ne fît pleuvoir sur sa tête les traits redoutables de son éloquence démagogique. L'exil termina cette fureur accusatrice de Callistrate : banni d'Athènes l'an 363 avant J.-C., il dut se retirer en Macédoine. Depuis il eut l'imprudence de revenir à Athènes, sans avoir obtenu son rappel : le peuple athénien, le peuple de la terre alors le plus jaloux de ses droits, le mit à mort.   DENNE-BARON.

CALLISTRATE, célèbre grammairien d'Alexandrie, disciple d'Aristophane de Byzance, vers le milieu du second siècle avant J.-C., s'occupa principalement de commentaires sur Homère, Pindare, les tragiques, etc.; mais nous ne connaissons ses observations critiques que par quelques fragments.

CALLITRIC ou **CALLITRICHE** (de καλλίθριξ, qui a une belle chevelure). Des fleurs hermaphrodites ou monoïques ayant deux bractées pétaloïdes à leur base, une étamine à anthère réniforme uniloculaire s'ouvrant par une suture transversale, un ovaire surmonté de deux styles, une capsule indéhiscente à quatre loges monospermes : tels sont les caractères distinctifs du genre *callitric*, que Decandolle range dans la famille des ha'oragées, et qu'Endlicher prend pour type de celle des *callitrichinées*.

Les callitrics croissent dans les eaux douces stagnantes ou dans celles qui ont peu de mouvement. Ils sont répandus dans toute l'Europe et dans l'Amérique boréale. Dans les environs de Paris, on rencontre les *callitriche sessitis* et *pedunculata*, connus vulgairement sous le nom d'*étoiles d'eau*. Ces plantes annuelles donnent pendant tout l'été des fleurs d'un blanc sale.

CALLITRICHE (*Zoologie*). Ce nom, qui signifie *beau poil*, a été donné à plusieurs espèces de sagouins.

CALLOSITÉ (du latin *callositas*, dérivé de *callum* ou *callus*, signifiant durillon, calus, peau endurcie par un exercice réitéré). En anatomie et en histoire naturelle on désigne sous ce nom des parties dont les unes sont des endurcissements de l'épiderme; les autres, présentant des premières à l'extérieur, en diffèrent par des caractères profonds ; d'autres encore, n'ayant que des rapports éloignés, soit avec les premières, soit avec les secondes, ont toujours été différenciées, quoique portant la même appellation.

Chez l'homme on observe que l'épiderme de la plante des pieds et surtout du talon est très-épais et très-dur : cette circonstance naturelle de l'organisation du son pied est favorable à la station et à la progression verticale sur le sol. Cet épaississement épidermique résulte du frottement, de la pression produite par le poids de tout le corps. Lorsqu'il n'est ni trop dur ni trop sec, il forme une couche qui protège efficacement les parties vivantes qu'elle enveloppe, contre les aspérités du sol. Lorsqu'au contraire il a acquis la consistance, la dureté, la sécheresse de la corne, il devient lui-même une sorte de corps étranger, qui s'enfonçant dans les parties vivantes les presse douloureusement. Cet épiderme épaissi constitue les callosités naturelles de la plante du pied de l'espèce humaine, qui se présentent sous forme de *plaques* : 1° au dessous et autour du talon, 2° à la partie antérieure de la plante du pied qui appuient sur le sol, et *vice versa*; c'est-à-dire que ces callosités sont d'autant moins apparentes que les individus sur lesquels on les observe ont moins marché, soit parce qu'ils sont plus jeunes, soit parce qu'ils se font transporter dans des voitures ou tout autre moyen de gestation. Il n'est pas inutile de faire remarquer que les autres parties du pied de l'homme exposées au frottement des chaussures peuvent aussi présenter des callosités accidentelles, tantôt sous forme de plaques, tantôt sous celle de noyaux qui saillent en dehors ou s'enfoncent dans les chairs, et causent des douleurs très-vives, qui forcent de recourir à l'habileté des médecins pédicures. Ces callosités accidentelles sont plus connues sous le nom de *cors* et de *durillons*.

En poursuivant ces observations sur les autres parties qui dans le membre inférieur peuvent devenir le siége de callosités accidentelles, on constate que chez les personnes qui, mues par des sentiments religieux, ou forcées par leurs professions, passent une grande partie de la journée à genoux, l'épiderme de cette région du corps s'épaissit considérablement immédiatement au-dessous de la rotule et devient *calleux*. Il pourrait le devenir dans la partie de la peau de la cuisse qui correspond au grand trochanter (éminence osseuse du fémur), sur laquelle porte une partie du poids du corps, lorsqu'on est couché sur un côté. Mais une bourse muqueuse ou synoviale sous-cutanée, qui favorise les glissements de la peau sur cette éminence, semble s'y opposer. Chacun sait que chez les hommes de peine, chez des ouvriers pratiquant des arts et des métiers dans lesquels les mains exercent et subissent des pressions et des frottements réitérés, ces parties, soit la paume ou au dos, soit à la face palmaire ou dorsale des doigts, offrent également des callosités presque aussi fortes que celles des pieds. Les plaques calleuses se forment aussi très-rapidement sur l'extrémité des doigts, chez toutes les personnes qui font de la musique avec des instruments à corde. Les autres régions des membres supérieurs dont l'épiderme peut devenir calleux sous l'influence des frottements et des pressions, sont le coude, chez les personnes qui resteraient longtemps accoudées, et la région acromiale de l'épaule chez les porte-faix; mais une particularité d'organisation qui consiste dans le développement d'une bourse synoviale accidentelle dans le point correspondant aux pressions, semble suppléer indirectement à une callosité scapulaire.

Lorsque toutes les callosités accidentelles que nous venons d'énumérer se forment très-rapidement et par suite d'exercices ou de travaux trop fréquents, elles peuvent être accompagnées d'ampoules ou phlyctènes et même d'inflammation. Lorsque devenues un obstacle à la sensibilité tactile, ou causes de pressions douloureuses, elles forcent à recourir aux secours de la médecine, on y remédie par les bains tièdes locaux d'eau simple ou mucilagineuse (eau de son, eau de guimauve). Après qu'elles sont ramollies, assouplies par l'eau, on les enlève avec facilité, on les ratisse, on les coupe avec des instruments tranchants, ou bien on les use avec la pierre ponce.

A toutes ces callosités accidentelles, qui se développent sur les personnes bien conformées, il faut joindre celles qu'on remarque dans les diverses régions du corps chez les individus atteints de difformités naturelles ou acquises, qui, tels que les culs-de-jatte, etc., sont forcés de se traîner sur le sol.

Ainsi que l'homme, les animaux qui se meuvent sur le sol, de quelque manière que ce soit, offrent des endurcissements calleux de la peau sur les parties qui supportent les effets de la pression. Chez les singes proprement dits, ou de l'ancien continent, la plante des pieds est moins calleuse que chez l'homme, mais les fesses offrent des callosités qui servent à les différencier des autres singes du nouveau continent. Les zoologistes, tout en constatant les parties plus ou moins calleuses de l'épiderme des pieds et des mains chez les singes, ne les considèrent point comme ces callosités distinctes qu'on observe dans un grand nombre de carnassiers et chez les rongeurs. Dans les animaux de ces deux ordres de la classe des mammifères, ces callosités sont de trois sortes : la plus postérieure, ordinairement la plus petite, est souvent divisée en deux parties, l'une *polliciale* ou pour le pouce, l'autre *carpienne* ou *tarsienne*, ou pour le *carpe* ou le *tarse*; la moyenne ou *callosité palmaire* ou *plantaire*, quelquefois subdivisée en trois ou quatre lobes; enfin, les plus antérieures, plus petites et plus nombreuses que la précédente, une pour chaque doigt, sont les *callosités digitales*.

Dans les mammifères des ordres inférieurs, qui ne marchent point sur les ongles, tels que l'éléphant, le rhinocéros, l'hippopotame, le chameau, l'épiderme acquiert une très-grande épaisseur et forme presque à lui seul une seule *callosité*, qui fait l'office d'une large semelle sur laquelle porte tout le poids du corps de ces volumineux quadrupèdes. Blainville regarde ce qu'on nomme la *fourchette* chez le cheval comme la *callosité digitale* du seul doigt qui reste. Les chameaux, les dromadaires, ont de plus des callosités au poignet, au genou, au coude, parce qu'en se baissant pour se reposer à terre, le poids de leur corps porte sur ces parties. On peut encore considérer comme une *callosité* une petite plaque cornée qui est située à la partie interne des jambes du cheval, au-dessus de l'articulation du genou dans les membres pectoraux et au-dessous du jarret dans les membres pelviens, à laquelle les vétérinaires donnent le nom de *châtaigne*.

Les animaux qui dans le repos s'appuient sur la poitrine présentent dans cette région une large callosité épidermique : tels sont chez les oiseaux l'autruche et le casoar. On avait aussi regardé comme une callosité pectorale chez le chameau une sorte de plaque cornée située dans cette région; mais une observation plus attentive fait découvrir qu'elle est formée, non par un épiderme épaissi, mais bien par des poils fasciculés, très-nombreux, très-serrés et agglutinés par leur extrémité. Chez tous les oiseaux, l'épiderme de la face inférieure des pieds offre des rides qui circonscrivent des sortes de callosités, dont l'épaisseur est proportionnelle au poids du corps. Ces sortes de saillies calleuses de la plante des pieds sont beaucoup moins marquées chez les reptiles écailleux et n'existent plus chez les reptiles nus ou amphibiens, ni chez les poissons.

Parmi les animaux invertébrés, les mollusques sont les seuls qui présentent des parties auxquelles on a aussi donné le nom de *callosités*. Ce sont des dépôts calcaires souvent semblables à l'émail, que l'on observe le plus souvent sur la **columelle**. Ces dépôts forment des protubérances situées sur diverses parties des coquilles, qui se distinguent des varices par leur forme, celle-ci étant plutôt allongée dans le sens de la longueur du test. Ces sortes de callosités non épidermiques, mais calcaires, ressemblant à l'émail, se développent aussi dans les points de l'ouverture de la coquille sur lesquels l'animal exerce le plus de pressions et de frottements.

Certaines excroissances ou végétations de chairs sèches, dures, indolentes, qui se développent quelquefois dans les vieux ulcères, dans les fistules et les plaies anciennes, sont désignées en pathologie sous le nom de *callosités*; elles se distinguent des fongosités en ce que celles-ci sont molles et spongieuses. Le durcissement calleux des bords ou des chairs des plaies et des ulcères est le résultat de mouvements intempestifs ou de frottements réitérés exercés sur les surfaces dénudées par les pièces d'appareil mal appliquées. On en triomphe facilement par le repos, l'immobilité de la partie, la compression et les émollients. On avait recours autrefois aux caustiques.

Quelques semences végétales ont été dites *calleuses*, lorsque leur enveloppe est épaisse et endurcie. L. LAURENT.

CALLOT (JACQUES), naquit en 1594, selon Perrault, et en 1593 selon le réfutateur de dom Calmet, à Nancy, ville fameuse par ses ducs comme par ses artistes en tous genres. Callot, né de parents riches et nobles, eut à lutter longtemps contre leur volonté. Il est à remarquer que les deux plus grands artistes de la Lorraine furent contrariés tous deux dans leurs goûts par les caprices de famille, souvent bizarres, puisque le père de Claude Gelée, dit *le Lorrain*, s'obstina longtemps à vouloir faire de son fils un pâtissier, comme lui. Callot fut forcé de fuir la maison paternelle et de se sauver à Rome, pour suivre en paix sa vocation. Ce que tout le monde trouvera au moins étrange, c'est que Callot, le plaisant et le danseur, jouant avec toutes les douleurs et grimaçant avec toutes les misères, se soit de lui-même fait élève de Jules le Parisien, et que sa première gravure soit un *Ecce homo*, avec des vers français au-dessous composés par lui-même, selon quelques savants.

J'appuierai volontiers cette hypothèse, car il est vrai que Callot s'exerçait souvent à la rime. Ayant eu un grave différend avec le peintre Ruet, au lieu de s'en venger, il lui envoya son portrait gravé de sa main, avec ces vers :

Ce fameux créateur de tant de beaux visages
S'étoit assez tiré dans ses rares ouvrages,
Où la nature et l'art admirent leurs efforts.
Il tenait le dessus du temps et de l'envie,
Et lui qui des ses mains ressuscitent les morts
Pourrait bien par soi-même éterniser sa vie.

Callot faisait donc des vers ; mais , comme on le voit par cet exemple, il maniait moins bien la plume que la pointe ou le burin.

Côme II, grand-duc de Toscane, se déclara son protecteur, et commença sa gloire dans le monde. Elle grandit vite, à ce qu'il paraît, puisque, le grand-duc étant mort, Callot se vit à la fois pressé par le pape, qui l'appelait à Rome, et l'empereur, qui l'appelait à Vienne, lui promettant plus encore que les richesses, son amitié. Mais Callot tenait peu à la faveur des princes; il aimait la vie libre, insouciante, la vie vagabonde d'artiste, comme à Salvator, non pour l'amour, ce n'était pas là sa nature, mais pour le plaisir de voir, d'entendre, de connaître, de rire, de se divertir de toute chose, et surtout de courir les champs. Il vint à Paris, et copia deux vues de cette ville, entre autres le côté de la Seine où est maintenant l'Institut. Il y grava aussi trois sièges : celui de Saint-Martin-de-Ré, celui de Breda et celui de La Rochelle. On rapporte que Louis XIII, ayant pris Nancy, envoya chercher Callot, à qui il ordonna de lever le plan du siège de cette ville ; Callot répondit qu'il était Lorrain, et qu'il se couperait plutôt la pouce que de travailler contre son pays. Et on ajoute encore que le roi répondit seulement : « Le duc de Lorraine est bien heureux d'avoir des sujets aussi fidèles ! »

Callot travaillait probablement avec une extraordinaire vitesse, car son œuvre est immense : on y compte plus de 1,400 pièces. Israel, le fameux graveur, qui traduisait si admirablement les poétiques inspirations de La Bella, gravait aussi presque tout ce que Callot trouvait. Ses compositions les plus fameuses sont : *Le Martyre des innocents*, *Les Bohémiens*, sa *Grande Tentation*, *Les Batailles des Médicis*, les danses grotesques des arlequins, des baladins ; *Les Misères de la Guerre*, où, dans un espace étroit, se trouvent réunis les spectacles les plus horribles à voir ; les *Paysages faits pour apprendre le dessin à la plume*, faussement attribués à Henriet, et surtout *Les Gueux*, *Les Hideaux*, *Les Misérables gueux*, dont le premier porte une enseigne sur laquelle on lit ces mots : *Capitano di Baroni*.

Ce qui fait le caractère principal de Callot, c'est sa finesse exquise à saisir l'à-propos et le côté plaisant des objets, même les plus austères, pour nous exciter à rire. Depuis lui on a fait bien des *Tentations*; aucune n'a même le droit d'être comparée à la sienne ; celle de Teniers, entre autres, est à côté sans couleur et sans sel. Il excelle à faire la charge du soldat, du reitre surtout, l'insolent tapageur de régiment, haut sur ses talons, et rejetant sa tête sur ses épaules comme un tambour-major parisien. Ses sujets religieux eux-mêmes provoquent le plus souvent plutôt le rire que la ferveur. Callot trouva pour la peinture le type du Scaramouche des *sotties* protestantes du quinzième et du seizième siècle : son grand mérite est surtout dans sa promptitude et son originalité d'invention.

Il mourut le 23 mars 1635, âgé de quarante et un ans. Il fut enterré à Nancy, dans le cloître des Cordeliers. Sa femme, Marguerite Paflinger, lui fit élever un tombeau magnifique. Au-dessous de son portrait, dit Chevrier, on lit une épitaphe latine, à la suite de laquelle une main certainement habile a écrit les quatre vers français que voici :

En vain tu ferais des volumes
Sur les louanges de Callot;
Pour moi je n'en dirai qu'un mot :
Son burin vaut mieux que ses éloges.

Le nom de Callot, prôné à l'excès pendant longtemps, a perdu peu à peu de sa gloire. Il ne compte plus aujourd'hui de zélés partisans que parmi cette race éternelle de vieillards antiquaires que La Bruyère a si plaisamment dépeints. La Bibliothèque Nationale a une belle collection de Callot ; la bibliothèque de Sainte-Geneviève en possède une qui n'est pas moins belle. Barthélemy HAURÉAU.

CALLOTS, sorte de mendiants valides, très-nombreux à Paris, surtout dans la première moitié du dix-septième siècle. Ils appartenaient à la grande confrérie des gueux, et habitaient dans les repaires connus sous le nom de Cour des Miracles. Ils simulaient une récente guérison de la teigne, et prétendaient tenir de Sainte-Reine, où ils avaient été miraculeusement délivrés de ce mal.

CALMANTS. Ce nom sert à qualifier les moyens nombreux et très-divers qui peuvent produire l'adoucissement, le soulagement de nos souffrances, et ramener le calme sans enlever la cause du mal. Parmi les influences qui peuvent produire un calme plus ou moins durable, on peut citer celle qui est due à la présence du sommeil, ou de toute autre personne susceptible d'exciter en nous des sentiments divers. C'est ainsi que le mal de dents est parfois suspendu tout à coup chez les personnes très-impressionnables, au moment de l'arrivée du dentiste, par la crainte de la douleur plus vive de l'arrachement. Le choix des vêtements, l'emploi bien entendu de quelques cosmétiques, les aliments convenables, l'observance de toutes les précautions nécessaires pour assurer l'exercice régulier de toutes les fonctions, suffisent souvent pour calmer les douleurs, les convulsions et l'agitation morale, surtout si l'on parvient à en éloigner la cause.

Mais parlons des médicaments dit *calmants* ou *sédatifs* (de *sedare*, calmer) ; ils ont reçu différents noms : on dit qu'ils agissent : 1° comme *anodins* ou *parégoriques*, quand ils apaisent les douleurs ; 2° comme *hypnotiques* ou *narcotiques*, quand ils provoquent le sommeil ; 3° comme *antispasmodiques*, quand ils dissipent les spasmes, les convulsions. Les *anesthésiques* peuvent aussi être regardés comme des calmants énergiques ; mais ils ne suppriment la douleur qu'on suspendant la sensibilité.

Un très-grand nombre de substances tirées des végétaux et quelques-unes seulement des animaux ont été employées comme *remèdes calmants* : ce sont principalement les racines de valériane, de pivoine, les feuilles de nénuphar, d'oranger, les fleurs de tilleul, de sureau, de reine des près, de fraxinelle, de coquelicot, de mauve, de primevère, de muguet, de camomille, de bouillon-blanc, etc. ; le camphre, le castoréum, le musc, l'assa-fœtida, le safran, les raclures de corne de cerf, l'opium et ses préparations, la thériaque, les éthers. Mais parmi ces agents pharmaceutiques les uns agissent comme émollients (infusion de fleurs de mauve, etc.), les autres comme sédatifs ou narcotiques (opium), les troisièmes comme excitants, soit généraux, soit spéciaux (éther, musc, assa-fœtida) ; tous, cependant, peuvent procurer du calme. Les formes sous lesquelles on administre ces remèdes calmants sont relatives à leur usage externe ou interne, et selon la voie par laquelle on veut les faire pénétrer dans l'organisme Celles qui sont le plus usitées, quand on les introduit dans l'estomac, sont celles de tisane, de bol, de julep, d'émulsion, de potion.

Dans d'autres cas de maladie, les douleurs, les convulsions ou autres symptômes, ne cèdent point à l'emploi des remèdes calmants ; il faut alors pour calmer recourir à des moyens chirurgicaux, qui sont d'abord : la saignée, soit des veines, soit des artères, soit des capillaires, à l'aide des sangsues ou des ventouses scarifiées, ensuite les *sinapismes*, les *vésicatoires*, les *cautères*, les *douches* dans certaines maladies, enfin le feu, soit par le *moxa*, ou à l'aide du fer ou autre métal, chauffé jusqu'au rouge incandescent. Dans certains cas, les douleurs dites névralgiques, rebelles à tous les moyens, ont nécessité la section du nerf malade, à l'aide de l'instrument tranchant.

Telles sont les ressources que la médecine et la chirurgie fournissent à l'homme de l'art pour calmer les phénomènes nerveux qui caractérisent ou accompagnent les maladies. Il suffit de les indiquer, puisqu'il est impossible d'exposer ici les règles de leur emploi. Cette indication nous montre que l'action de ces ressources de l'art de calmer ou de pallier est tantôt directe ou relative et tantôt indirecte ou dérivative. Celle-ci est fondée sur cet aphorisme du père de la médecine : *Si l'on a deux maux en même temps, et non dans la même partie, le plus douloureux rend l'autre moins sensible*.

Maintenant, si nous voulions jeter un coup d'œil rapide sur les moyens mis en œuvre par l'homme pour calmer l'agitation, l'irritation de ses semblables, nous aurions à constater l'influence manifeste du regard, du sourire, de l'expression de la face ou de la physionomie, du geste et de l'attitude ; la puissance de la parole, du chant et celle de la musique, enfin de tout ce qui est harmonieux. Aussi, la médecine appelle-t-elle souvent ces moyens à son aide. Mais la raison se refuse à croire à ces soulagements meurtriers que certains visionnaires recherchaient avec fureur, comme les coups de bûche, de barres de fer, de pierres, etc., que les convulsionnaires se faisaient administrer.

Pour achever son énumération des moyens calmants, nous ne devons point passer sous silence ceux auxquels les pieux cénobites, les personnes religieuses cloîtrées ou celles qui faisaient vœu de chasteté, avaient recours pour calmer l'effervescence des sens rebelles à leur volonté. En outre des précautions de régime alimentaire, la médecine leur prescrivait autrefois dans ce but le nitre, le camphre, le nymphæa ou nenuphar, et les émulsions avec les semences froides. A ces moyens doux, le rigorisme en ajoutait d'autres, tels que le redoublement de prières, le jeûne, l'abstinence, le cilice, la haire et la discipline, qui ne réussissaient pas toujours aussi bien, et dont certains avaient même quelquefois un effet tout contraire. L. LAURENT.

CALMAR ou KALMAR, ville située dans la Smolande, province de Gothland, sur la côte orientale de la Suède et le détroit formé par l'île d'Œland, est le siége d'un évêque et des autorités de la province. On y trouve un collége, plusieurs fabriques et d'importants chantiers de construction pour les navires. Elle est aussi le centre d'un commerce considérable en bois. Sa magnifique cathédrale, construite, sur l'ordre de Charles XI, par Nicodème Tessin le jeune, en pierres d'Œland, est un des plus remarquables monuments d'architecture qu'il y ait dans le Nord; mais elle a beaucoup souffert d'un incendie qui y éclata en 1800. Des formidables fortifications qui entouraient autrefois cette ville, il ne reste plus aujourd'hui que ses remparts.

CALMAR (Union de). C'est ainsi qu'on désigne dans l'histoire la réunion des trois royaumes du nord, le Danemark, la Norvége et la Suède, en un seul, qui fut opérée à Calmar, le 12 juillet 1397, par la reine de Danemark Marguerite, surnommée la *Sémiramis du Nord*, et fille du roi de Danemark Waldemar III. Désirant fondre les trois royaumes en un seul et même corps politique, elle en convoqua les états à Calmar, et y fit reconnaître et couronner, en qualité de son successeur, son petit-neveu Éric, fils de Wratislas, duc de Poméranie, et de Marie de Mecklembourg, fille d'Ingeburge, sœur de Marguerite. L'acte qui ordonnait l'union perpétuelle et irrévocable des trois couronnes, fut approuvé dans cette assemblée. Il portait que les royaumes unis n'auraient à toute perpétuité qu'un seul et même roi, qui serait élu d'un commun accord par les sénateurs et les députés des trois royaumes; qu'on ne s'écarterait pas de la descendance de Éric, s'il venait à en avoir; que les trois royaumes s'assisteraient mutuellement de leurs forces contre tous les ennemis du dehors; que chaque royaume conserverait sa constitution, son sénat et sa législation particulière, et serait gouverné par le roi conformément à ses propres lois.

Cette union, quelque formidable qu'elle semblât être au premier abord, n'était cependant que faiblement cimentée. Un système fédératif de trois monarchies divisées entre elles par des jalousies réciproques, par une grande diversité de formes, de lois et de coutumes, n'offrait rien de solide ni de bien durable. La prédilection, d'ailleurs, que les rois de l'Union successeurs de la reine Marguerite montraient pour les Danois, la préférence qu'ils leur accordaient dans la distribution des grâces et des gouvernements, le ton de supériorité enfin qu'ils affectaient envers les deux autres nations alliées, durent servir naturellement à nourrir les animosités et les haines, et à soulever les Suédois contre l'Union. Après plus d'un siècle de luttes acharnées, l'Union de Calmar fut à jamais rompue par la paix conclue en 1523 à Malmœ, et la Suède redevint indépendante sous Gustave-Wasa. A. SAVAGNER.

CALMARS, animaux mollusques, rangés parmi les céphalopodes à dix pieds, dans la famille des seiches; ils répandent autour d'eux, lorsqu'on les inquiète, une espèce d'encre ou liqueur noire; de là, suivant les étymologistes, le nom de *calmar* (du latin *theca calamaria*, écritoire), qu'on leur a donné. En Languedoc, on les appelle *calamars* ou *ganglio*; en Saintonge, *casserons*; en Provence et à Venise, une espèce est dite *tothena* ou *totena*, et à Marseille, *tante* : noms évidemment dérivés du mot grec τευθίς, par lequel Aristote les désigne.

Les calmars sont très-bien décrits par Aristote, qui les sépare avec raison des seiches, avec lesquelles Linné les a confondus. Ils s'en distinguent en effet par leur corps allongé, muni d'ailes ou nageoires à la partie inférieure du sac seulement. Ils ont un test interne, mince, corné et transparent comme du verre, semblable à une plume, comme l'ont dit les anciens. On a trouvé quelques-uns de ces tests qui étaient de la longueur de plus de 30 centimètres, ce qui suppose une assez grande taille dans certaines espèces. La bouche chez ces animaux est terminale et entourée, comme chez tous les mollusques décapodes, de dix bras ou tentacules, ordinairement garnis de ventouses. Deux de ces bras sont plus longs que les autres.

Plusieurs espèces se trouvent assez abondamment sur nos côtes; on les rencontre quelquefois aussi en pleine mer. Ces animaux se tiennent dans les algues et sur les rochers, y font la guerre aux poissons et aux autres animaux marins, dont ils détruisent une grande quantité. Ils pondent leurs œufs en grand nombre, et les disposent en tubes ou grappes cylindriques, de consistance gélatineuse; ces œufs ne se développent heureusement pas tous; ils deviennent en partie la proie des poissons, ou bien sont rejetés sur le rivage et s'y dessèchent. Bohadsch a évalué à 39,760 le nombre d'œufs contenus dans une seule masse de grappes qu'il a observée.

Athénée et Aristophane nous apprennent que de leur temps les gens du peuple mangeaient des calmars. Apicius donne la manière dont on les accommodait. Du temps de Rondelet, on les estimait assez; il dit qu'on les préparait, avec leur encre, dans une sauce au beurre ou à l'huile, avec des épices et du verjus. Dans l'Archipel et sur les côtes d'Italie, cet usage existe encore. Les pêcheurs leur font une guerre cruelle, parce qu'ils détruisent beaucoup de poisson. A Terre-Neuve, on les coupe en morceaux, et on s'en sert comme d'appâts pour la pêche de la morue. Paul GERVAIS.

CALME. Girard regarde les mots *tranquillité* et *paix* comme synonymes de calme; et il donne à ces trois noms, pour caractère commun, une situation exempte de trouble et d'agitation. Puis il les nuance ainsi qu'il suit : *tranquillité*, situation considérée en elle-même dans le temps présent indépendamment de toute relation; *paix*, situation par rapport au dehors et aux ennemis; *calme*, situation par rapport à l'événement passé ou futur, c'est-à-dire succédant à l'agitation ou la précédant. On a, dit-il, la tranquillité avec soi, la paix avec les autres, le calme après l'agitation. »

Nous sommes agités pendant la vie de diverses manières : aussi pourrait-on mentionner une grande variété de calmes. Mais on peut réduire et ramener toutes ces variétés à deux sortes, savoir : le calme résultant de l'équilibre des forces physiques et morales, et le calme produit par l'affaissement ou l'absence de ces forces. Ce dernier est un état plus ou moins prolongé dans lequel un être vivant perd ou n'a plus le sentiment du *moi* moral, malgré l'action des circonstances qui l'excitaient auparavant. Ses degrés sont l'indifférence, l'insensibilité et la mort. Le premier, au contraire, est la situation plus ou moins durable d'un être animé placé dans les conditions qui excitent en lui les idées de plaisir et de bonheur qu'il appuie par l'expérience. Ces phénomènes ayant leur siége principal dans tout le système nerveux sont plus ou moins subordonnés à toutes les autres parties de l'organisme. Ce premier calme résultant de l'équilibre des forces animatrices, se distingue lui-même en deux autres bien différents, *calme physique* et *calme moral*. Le *calme physique* est un état plus ou moins durable dans lequel on sent plus ou moins fortement les avantages et les plaisirs de l'harmonie, née de l'exercice régulier des organes qui agissent simultanément et successivement dans les limites que la nature leur a assignées. Le calme physique c'est la santé. Le *calme moral* est une situation plus ou moins prolongée de la raison humaine qui sent le bonheur de s'élever, indépendamment des circonstances sociales et, jusqu'à un certain point, des douleurs physiques, d'apprécier la portée scientifique des conceptions abstraites considérées en elles-mêmes et dans leur application à tous les genres d'activité de la nature humaine. Le calme physique se toujours subordonné au calme moral; quoique celui-ci soit dans la dépendance manifeste du premier, il faut cependant s'y dérober quelquefois. Aussi n'hésitons-nous pas à proclamer la prééminence du calme moral.

C'est surtout dans les actes des hommes supérieurs qui sont la gloire de l'humanité, c'est dans les manifestations sublimes de leur génie, que le physiologiste et le poète doivent étudier cet état de l'âme qui n'est ni l'*extase*, ni l'exaltation tranquille, ni le sommeil lucide, ni le *collapsus* intellectuel; cet état qu'on nomme le *calme moral*, dans lequel la raison humaine, écoutant les leçons du passé, interrogeant l'avenir, reçoit ses inspirations de tous les faits du présent auquel elle assiste. Mais pour que cet état soit le *calme vrai*, le calme d'une grande âme, il faut qu'il soit indépendant de toutes les circonstances de malheur et de bonheur qui tendent sans cesse à le troubler, à en altérer la pureté; il faut qu'il se manifeste, dans toutes les situations extrêmes et intermédiaires de la vie, toujours le même, toujours dominant; imposant la loi aux autres, toujours commandé et dominé par la religion de l'honneur, par le sentiment énergique du devoir envers ses semblables, envers soi, envers l'auteur de toutes choses. Il faut donc le concours rare d'une intelligence vaste, d'une raison supérieure et des passions les plus nobles, les plus pures, pour constituer le *calme*. Cet état peut donc être considéré comme l'équilibre parfait résultant de l'action de toutes les forces de la nature humaine; ce n'est ni le *repos*, ni l'*inaction*: c'est au contraire la condition la plus favorable pour l'activité et le progrès de l'entendement humain; aussi, toutes les intelligences qui disent aimer et vouloir le progrès recherchent cette condition.

Le peintre doit s'étudier à rendre par l'expression de *calme de l'âme* qu'on lit sur le visage de la sagesse, de la vertu, de l'innocence. Le sage, soutenu par le sentiment d'une bonne conscience, conserve dans les moments les plus difficiles ce calme qui l'élève au-dessus du commun des hommes,

 Et sa grande âme ne s'altère
 Ni des triomphes de Tibère
 Ni des disgrâces de Varus.

Les passions nous font perdre le calme avec le bonheur, et même alors que le calme nous est rendu, il est rare qu'il puisse persister chez l'homme qui ne sait pas vaincre ces ennemis de son repos qu'il porte en lui-même.

CALME (*Marine*). Les marins appellent ainsi l'immobilité de l'air, le contraire du vent. Quand l'atmosphère est en repos et que la mer est unie, on dit qu'il fait *calme plat*. Le premier qui s'avisa de faire dériver le mot *calme* du latin *calamus* (chaume), parce que c'est sous le chaume que l'on trouve la paix, le contentement, le bonheur, celui-là, n'était point marin. Le mot calme, à la mer, ne rappelle pas les idées gracieuses qu'il présente à l'esprit quand il sert à désigner une belle soirée d'été, au moment où le soleil vient de se coucher, que tout se tait dans la nature, et que les zéphyrs et les oiseaux n'osent plus agiter le feuillage; à la mer, le calme est presque toujours accueilli par des malédictions. Ou bien il enchaîne le navire sur une mer immobile et l'arrête dans sa course, et alors les provisions s'épuisent à bord, l'ennui gagne tous les esprits, les caractères s'aigrissent; ou bien il est le fatal précurseur de la tempête, et le marin alors craint pour sa sûreté; si un coup de vent s'élève soudain fort et violent, et qu'il vienne assaillir le vaisseau sans mouvement, la mâture est exposée à se rompre sous l'effort d'un choc brusque. Dans les parages où règnent des courants, près des rochers, au milieu des brisants, les navires sont entraînés sur les écueils, n'ayant devant eux que le naufrage et la mort : et cette force inerte, nul effort humain ne peut la vaincre ou la neutraliser; toute rage est impuissante contre elle; c'est la loi de fer du destin qu'il faut subir.

Quand le vent saute d'une direction à une autre, un instant de calme sépare ordinairement ce passage de deux ondulations opposées de l'atmosphère, et la mâture encore court risque de se rompre. Mais il est plus terrible mille fois que la tempête quand il survient tout à coup après l'orage. Qu'importe au navire qui fuit devant les lames la fureur des vents et des flots? C'est en vain qu'ils mugissent et aboient derrière lui, il vole sur les mêmes ailes et en est à peine ébranlé; mais, quand l'ouragan a bouleversé la mer presque dans ses abîmes, que le vent a soulevé d'énormes vagues qui se heurtent et se brisent l'une contre l'autre, la masse liquide ne s'arrête pas soudain dès que la cause qui l'a remuée a cessé d'agir; son agitation dure longtemps encore après, et la position du bâtiment devient extrêmement critique : surpris sans mouvement entre deux montagnes d'eau qui s'élèvent au-dessus de ses mâts, il est battu comme un rocher par la vague acharnée contre son flanc et dont la secousse va peut-être l'entrouvrir. Malheur! malheur alors! chaque lame qui accourt sur lui furieuse et la crête étincelante peut l'enfoncer et l'engloutir; il roule violemment, et chaque oscillation menace d'emporter ses mâts et ses agrès; en vain pour fuir il borde toutes ses voiles, il appelle la brise, l'orage, l'orage encore!... Les voiles, que l'air ne gonfle plus, battent contre sa mâture et ne font qu'augmenter sa détresse. Calme maudit! les marins devraient inventer un autre mot pour le qualifier. Quel navigateur a passé la ligne sans avoir le cauchemar du calme? Sous cette zone brûlante où le soleil dévore, rester exposé à ses rayons sans que l'air soit un instant rafraîchi par un souffle de brise! souffrir de la soif, d'une chaleur étouffante, haletant, épuisé, pendant des semaines entières! ou assailli par des nuages qui crèvent en torrents d'eau, et répandent dans l'atmosphère une chaude humidité, si insalubre que rarement les équipages échappent à sa funeste influence! Dans plusieurs endroits de l'océan Atlantique, et sous une zone assez considérable de l'océan Pacifique, on rencontre des calmes qui ont souvent plus d'un mois de durée.

Une idée bizarre, qui n'a pu naître que dans une imagination profondément ignorante, s'était accréditée chez quelques esprits inattentifs : on prétendait qu'en répandant de l'huile sur la surface de la mer, on pourrait calmer sur-le-champ la plus violente tempête. Ceux qui croient les sciences physiques assez avancées de nos jours pour expliquer les phénomènes considérés autrefois comme des miracles auraient là une belle occasion de rendre raison du fameux *Quos ego* de Virgile, et de ce pouvoir du Christ, dont la voix apaisait les flots de la mer. Théogène Page.

CALMET (Dom AUGUSTIN), savant bénédictin de la congrégation de Saint-Vannes, naquit le 16 février 1672, à Mesnil-la-Horgne, diocèse de Toul. Il fit ses premières études au prieuré de Breuil, et prononça ses vœux le 23 octobre 1689. Ses études achevées, il apprit l'hébreu sous la direction d'un ministre luthérien, nommé Fabre, puis il étudia la langue grecque et les saintes Écritures, qu'il fut bientôt chargé d'expliquer. En 1704 il passa à l'abbaye de Munster, où il continua d'enseigner les jeunes religieux. Il fut récompensé de ses grands travaux par sa nomination, en 1718, à l'abbaye de Saint-Léopold de Nancy, d'où il passa, dix ans après, à celle de Sénones, où le reste de sa vie laborieuse s'écoula dans l'exercice des devoirs sacrés et la pratique des vertus chrétiennes. Encore plus modeste que savant, il écoutait les critiques et en profitait. Benoît XIII lui offrit un évêché *in partibus*, qu'il refusa. Il mourut à Sénones, le 25 octobre 1757.

Dom Calmet a publié des ouvrages importants sur l'Écriture Sainte. On cite surtout ses *Commentaires sur l'Ancien et le Nouveau Testament*; son *Histoire de l'Ancien et du Nouveau Testament* et son *Dictionnaire de la Bible*. Outre ces livres, que l'on consulte plutôt qu'on ne les lit, ce savant bénédictin a laissé une *Bible*, une *Histoire de la*

Vie et des Miracles de Jésus-Christ, un *abrégé d'Histoire générale*, une *Histoire universelle* inachevée ; un traité *sur les Anges, les Revenants et les Vampires* ; des traités historiques sur la Lorraine et sur les eaux de Plombières, Bourbonne et Luxeuil, sur la *Nature des Perles*, sur *les anciens Chiffres*, sur des *Monuments de l'antiquité*, sur la *Terre de Gessen*, sur *les Dragons volants*, etc., et plus de vingt manuscrits, parmi lesquels on remarque des histoires locales et des dissertations sur l'*origine du jeu de cartes*, sur la *cérémonie du roi boit*, sur *le vieux langage de Lorraine*, etc.

Tant que vécut dom Calmet, Voltaire lui témoigna beaucoup d'admiration et de respect ; plus tard, il le qualifia d'*imbécile*. Il était allé le voir à Sénones, et dans la lettre où il lui avait annoncé sa visite, il s'exprimait ainsi : « Je préfère, monsieur, la retraite à la cour et les *grands hommes* aux sots.... Je voux m'instruire avec celui dont les livres m'ont formé et aller puiser à la source.... Je serai un de vos moines. Ce sera Paul qui ira visiter Antoine. » A Sénones, Voltaire ne perdit pas son temps. Au milieu de la bibliothèque de l'abbaye, guidé par dom Calmet, il trouva de quoi refaire son *Histoire générale* et compléter son *Essai sur les Mœurs des Nations*. Au bout de six semaines il quitta Sénones pour aller à Plombières, et de là il écrivait : « Je prendrai ici les eaux en n'y croyant pas, comme j'ai lu les Pères ; » ce qui ne l'empêchait pas de dissimuler à son hôte ses dispositions à l'incrédulité et de lui écrire de Plombières même : « J'ai trouvé chez vous bien plus de secours pour mon âme que je n'en trouve à Plombières pour mon corps. Vos ouvrages et votre bibliothèque m'instruisaient plus que les eaux de Plombières ne me soulagent. » Enfin, pour passer des contradictions en prose aux contradictions en vers, on cite de Voltaire deux quatrains sur dom Calmet : l'un dans lequel il qualifie ses œuvres de fatras, l'autre dans lequel il loue ses travaux et ses vertus.

CALMIE. *Voyez* ACCALMIE.
CALMOURS. *Voyez* KALMOURS.
CALODENDRON (de χαλός, beau, et de δένδρον, arbre), genre de plantes de la famille des diosmées, caractérisé par une corolle à cinq pétales longuement onguiculés, cinq étamines avortées alternant avec cinq étamines fécondes, une capsule quinquéloculaire portant latéralement le style, et dont la seule espèce connue est un arbre du cap de Bonne-Espérance à belles fleurs d'un rouge pâle.

CALOMARDE (Don FRANCISCO-TADEO, comte), ministre de Ferdinand VII, roi d'Espagne, pendant les années 1823 à 1832, naquit en 1775, de parents très-pauvres à Villel, en Aragon, et n'eut pour commencer et achever son éducation que les faibles ressources de l'école de Teruel. Entré comme précepteur dans une famille de Saragosse, il trouva dans cette position les moyens de compléter ses études académiques ; et quand il les eut entièrement terminées, il se fit recevoir avocat et docteur en droit. Plein d'ambition, il vint à Madrid dans les premières années de ce siècle, et le mariage qu'il contracta peu de temps après avec une femme remarquablement laide, mais nièce de son compatriote Lorga, homme très-influent, parce qu'il était le chirurgien particulier du roi et du prince de la Paix, lui valut une place au ministère de la justice. Fuyant devant la domination française, Calomarde se retira avec la junte centrale, d'Aranjuez à Séville, puis à Cadix, où il fut promu au poste de premier commis du ministère de la justice. Lorsque, en 1814, Ferdinand VII rentra en Espagne, Calomarde fut un des premiers qui accoururent de Valence au-devant de ce prince pour le saluer du titre de souverain absolu ; il en obtint alors comme récompense de son zèle monarchique le poste de premier commis du *secretaria general de Indias*. Accusé et convaincu d'avoir abusé de ses nouvelles fonctions pour se charger, moyennant une somme considérable, de faire obtenir à un solliciteur un évêché en Améri-

que, il fut exilé à Tolède ; puis, ayant osé reparaître à Madrid en 1816, à Pampelune.

En 1820, lors du rétablissement de la constitution de 1812, il essaya de jouer le libéralisme, mais il ne réussit à en imposer à personne. Quand, en 1823, l'armée française, aux ordres du duc d'Angoulême, rétablit en Espagne le pouvoir absolu, le duc de l'Infantado le nomma secrétaire de la régence établie à Madrid. Les nouveaux ministres de Ferdinand eurent bientôt reconnu en lui un utile instrument pour la réaction projetée, et le nommèrent en conséquence secrétaire de la *camara del real patronato*, poste aussi lucratif qu'influent. A quelque temps de là, Ferdinand VII le nomma ministre de la justice, tout en lui conservant ses précédentes fonctions. Il eut dès lors atteint le comble de sa fortune ; les affaires d'État les plus importantes passaient par ses mains ; le roi lui avait accordé sa faveur, et chacun se courbait devant lui. L'organisation d'une police secrète lui fournit d'immenses moyens d'influence, et on le vit poursuivre les libéraux avec une froide cruauté. En donnant des armes aux volontaires royalistes, il créa des défenseurs fanatiques de toutes ses mesures, et il eut en même temps grand soin de rappeler les jésuites, de rétablir les couvents et de fermer les universités. Pour s'assurer une influence exclusive dans le parti de don Carlos, qui commençait dès lors à poindre, il le favorisa secrètement ; et en même temps, cependant, afin de n'être pas compromis par les entreprises prématurées de ce parti, il avait l'art, en punissant avec une sévérité voisine de la cruauté ceux qui les tentaient, de paraître complètement étranger à ses intrigues.

Au mois de septembre 1832, quand Ferdinand fut atteint à la Granja d'une attaque de goutte si violente que son médecin, Castello, déclara qu'il était mort, Calomarde fut le premier à saluer don Carlos du titre de roi. Ferdinand VII ayant recouvré la santé, il s'agit dès lors de tenter un grand coup ; les partisans de don Carlos, mettant donc à profit la faiblesse de corps et d'esprit du royal moribond, le décidèrent à signer le 31 décembre 1832 un décret préparé par Calomarde, et qui mettait à néant la déclaration de 1830, par laquelle la loi salique avait été abolie en Espagne. De ce moment Calomarde fut le point de mire de la haine populaire ; et ensuite, quand Ferdinand VII déclara que les modifications faites à son testament lui avaient été arrachées par surprise, il fut renvoyé avec les autres membres du cabinet et exilé dans ses terres, en Aragon. Trois mois plus tard, il allait même être arrêté ; mais, prévenu à temps, il parvint, à l'aide d'un déguisement, à s'enfuir en France. Il y vécut d'une manière très-retirée, d'abord à Orléans, puis à Toulouse, où il mourut en 1842. Il ne laissait guère qu'un demi-million d'argent comptant ; d'où il faut conclure que l'immense fortune qu'il avait amassée en Espagne y est restée.

CALOMEL ou **CALOMELAS** (de χαλός, beau, et μέλας, noir). On donnait autrefois ce nom, ainsi que celui de *mercure doux*, au protochlorure de mercure, que l'on sublimait à plusieurs reprises, dans le dessein de le rendre plus doux et de diminuer sa vertu corrosive. Après six sublimations, on l'appelait *calomelas*, et après neuf, *panacée mercurielle*. Il est parfaitement reconnu aujourd'hui que ces diverses sublimations n'opèrent aucun changement dans la nature de cette substance.

CALOMÉRIDES. *Voyez* KALOMÉRIDES.
CALOMNIE, mot fait du verbe latin *calvo*, qui signifie tromper, frustrer. La calomnie en effet tend à nous frustrer de ce que nous possédons de plus cher et de plus précieux, l'honneur et la réputation ; « fiel, dit Charron, qui empoisonne tout le miel de notre vie. » Le premier besoin de l'homme, par cela seul qu'il vit en société, c'est l'estime de ses semblables, et comme son premier devoir est de respecter les autres, il a droit en retour d'en être respecté. La calomnie, en le blessant dans son droit le plus sacré, en attirant sur lui le mépris public, en brisant le lien de sociabilité,

constitue, selon la belle expression de Benjamin-Constant, un véritable assassinat moral. Née de la haine ou de l'impuissance, la calomnie est le vice favori du méchant, la maladie incurable des âmes faibles et jalouses. C'est une arme à la portée de tout le monde et non moins terrible entre les mains du sot qu'entre celles de l'homme d'esprit : la seule différence, c'est que ce dernier vous assassine avec un instrument moins grossier.

La peur, qui dans l'antiquité païenne fit dresser plus d'autels aux êtres malfaisants que la reconnaissance et l'amour n'en élevèrent aux bienfaiteurs de l'humanité, la peur fit aussi de la calomnie une divinité, objet d'un culte assidu. Les Grecs la nommaient διαβολή, et c'est de là que vient le nom donné vulgairement à l'esprit de mensonge et de ténèbres (voyez DIABLE). On trouve dans le langage populaire et proverbial de tous les peuples des traces de l'horreur et de la crainte dont la calomnie est l'objet. Tels sont ces proverbes si connus : *Plus blesse une mauvaise parole qu'une épée affilée* ; *On guérit d'un coup de lance, mais on ne guérit pas d'un coup de langue* ; et beaucoup d'autres encore qu'il est inutile de rappeler. *Calomnions*, disent les Basile, *il en reste toujours quelque chose !* si la plaie guérit, il reste au moins la cicatrice ! paroles impies et trop vraies, à notre honte! En effet, que de malheurs privés et publics la calomnie n'a-t-elle pas enfantés ! N'est-ce pas ce monstre, éternel ennemi de la paix et de la concorde, et corrupteur de l'opinion, n'est-ce pas lui qui divise les familles, après s'être assis à leur foyer, qui brise les amitiés les plus étroites, qui jette la dissension dans les cités, qui, partout où il a passé comme un fléau, laisse le trouble et la désolation? Véritable Protée, la calomnie sait se plier avec une étonnante souplesse à tous les caractères, flatter tous les préjugés, exploiter toutes les apparences, toutes les erreurs. Arme favorite des plus mauvaises passions, c'est avec une déplorable habileté qu'elle distingue et met à profit tout ce qu'il peut y avoir de faible et d'incomplet dans les intelligences, de vulnérable dans le cœur humain. Voyez comme elle s'attache à intéresser et à séduire d'abord l'ignorance, la crédulité, la faiblesse, l'égoïsme, l'ingratitude, la peur, tout ce qu'il y a d'infirme et de honteux dans l'espèce humaine, afin de gagner plus facilement, par l'autorité du nombre, la partie honnête et intelligente de la société. C'est alors que ses mensonges acquièrent un degré de probabilité qui égare trop souvent l'opinion publique. Lisez l'admirable portrait qu'en trace dans le *Barbier de Séville* un écrivain de génie, dont l'ironie acérée sut plus d'une fois le confondre : « La calomnie! vous ne savez guère ce que vous dédaignez : j'ai vu les plus honnêtes gens près d'en être accablés. Croyez qu'il n'y a pas de plate méchanceté, pas d'horreurs, pas de contes absurdes qu'on ne fasse adopter aux oisifs d'une grande ville en s'y prenant bien ; et nous avons des gens d'une adresse !... D'abord un bruit léger, rasant le sol comme l'hirondelle avant l'orage, *pianissimo*, murmure et file, et sème en courant le trait empoisonné. Telle bouche le recueille, et *piano*, *piano*, vous le glisse en l'oreille adroitement. Le mal est fait ; il germe, il rampe, il chemine, et, *rinforzando*, de bouche en bouche, il va le diable ; puis tout à coup, ne sais comment, vous voyez Calomnie se dresser, siffler, s'enfler, grandir à vue d'œil. Elle s'élance, étend son vol, tourbillonne, enveloppe, arrache, éclate et tonne, et devient, grâce au ciel, un cri général, un *crescendo* public, un *chorus* universel de haine et de proscription. Qui diable y résisterait ? »

Et en effet il y a en nous un singulier et fatal penchant à accepter toujours plus volontiers le mal que le bien :

L'homme est de glace aux vérités ;
Il est de feu pour le mensonge,

surtout lorsqu'il le divertit par une tournure piquante ; aussi la calomnie exerce-t-elle sur nous un invincible ascendant lorsqu'elle se présente sous le manteau du ridicule, et avec l'expression de la raillerie, qui trop souvent n'est elle-même que l'éclair de la calomnie ; alors, peu empressés d'écouter la défense, nous donnons de prime abord gain de cause à une accusation frivole en apparence, outrageante en réalité, sauf à motiver ensuite, et avec la même insouciance de l'honneur d'autrui, l'arrêt que nous avions porté. C'est ainsi qu'à chaque instant notre égoïsme et la légèreté de nos esprits donnent des primes d'encouragement à la calomnie, notre plus mortelle ennemie.

La calomnie présente encore ce déplorable effet de nécessiter dans certains cas et même de légitimer le d u e l ; elle est presque la seule cause qui perpétue cette funeste coutume. L'honnête homme habilement calomnié voit souvent l'opinion incertaine entre son calomniateur et lui : on conçoit qu'alors, outragé dans ce qu'il a de plus intime, il lui faut une protestation plus énergique et plus persuasive qu'une action intentée devant les tribunaux et aboutissant à une amende ou à des dommages-intérêts : il donne pour gage de son innocence sa vie même, il se bat. Blessé, mort ou vainqueur, la présomption est pour lui, il est vengé, il est absous.

Il y a plusieurs manières de calomnier, par la parole ou par le silence, et souvent ce dernier moyen n'est ni le moins perfide ni le moins puissant. Il y a même des calomnies en action : pour compromettre une honnête femme qui ne l'avait pas reçu, il suffisait au maréchal de Richelieu d'envoyer deux ou trois fois sa voiture stationner une ou deux heures devant sa porte. Le cheval d'un quaker ayant été mordu par un chien, se mit à ruer et faillit démonter son maître ; celui-ci, à qui sa foi défend de porter une arme et de répandre le sang, se vengea du barbet en criant : *Au chien enragé!* Le peuple répète après lui : *Au chien enragé!* et dans l'instant le pauvre animal est assommé, victime d'une calomnie. Il est peu d'hommes qui peuvent résister aux traits d'une arme aussi sûre. Cependant l'histoire nous apprend que la calomnie, qui avait triomphé de la vertu de Socrate, fut impuissante contre celle de Caton. « Le sénat vous a calomnié, » disait-on à César, et il répondait : « La victoire m'en a vengé à Pharsale. » Napoléon disait aussi : « Une victoire, un monument de plus, me vengeront de la calomnie. »

La calomnie tient une grande place dans la politique ; elle pourra revendiquer sa part d'influence et de solidarité dans l'histoire des événements de notre époque. Depuis un demi-siècle elle a servi d'arme offensive à presque tous les partis puissants qui ont successivement régné sur la France, et qui, pour s'assurer la fortune, croyant tous la fixer, ont largement exploité l'insouciance, la peur, l'égoïsme, et se sont fait de la délation, de la corruption, de l'intrigue, autant de moyens de gouvernement. Quand donc deviendra-t-elle une loi de moralité publique cette maxime de Lycurgue : « Si tu rencontres ceux qui se disputent, tu peux te mettre d'un parti ; mais au moins dis la vérité. »

Jetons maintenant un coup d'œil rapide sur l'histoire de la législation relative à la calomnie, et cherchons-y des leçons et des exemples. Les Égyptiens et les Athéniens punissaient la calomnie par la loi du talion, c'est-à-dire que les calomniateurs étaient condamnés au même supplice qu'aurait subi ceux qu'ils accusaient si le crime se fût trouvé véritable. Les lois de Moïse la poursuivaient avec la même rigueur : « Vous traiterez le calomniateur, dit-il aux prêtres et aux juges d'Israël dans le *Deutéronome*, comme il avait dessein de traiter son frère ; et afin que les autres soient dans la crainte et n'osent entreprendre rien de semblable ; vous n'aurez point compassion du coupable, vous en exigerez vie pour vie, œil pour œil, dent pour dent, pied pour pied. » A Rome, sous la république, le calomniateur était marqué au front de la lettre K avec un fer chaud : de là venait l'expression *integræ frontis homo* pour désigner un honnête homme. Cette peine disparut avec l'inflexibilité des mœurs républicaines; mais la calomnie n'en continua pas moins d'être sévèrement réprimée. La législation romaine la condamnait au même degré que les attentats commis contre les personnes. « *Injuria committitur*, dit Ulpien, *non solum cum quis pugno pulsatus, aut fustibus cæsus, vel etiam verberatus sit, sed et si quis ad infamiam alicujus, libellum aut carmen, aut historiam scripserit, composuerit, ediderit.* » Le délit de calomnie ne comprenait pas seulement les paroles injurieuses, *verbales* ou écrites, il s'étendait encore à des actions qui paraissent fort innocentes aujourd'hui, comme on peut s'en convaincre par cette autre phrase d'Ulpien, qui fait suite aux précédentes : « *Vel, si quis matrem familias aut prætextatam adsectatus fuerit,* » c'est-à-dire si quelqu'un avait affecté de suivre une mère de famille ou une jeune fille. « L'Église, dit Pascal, a différé aux calomniateurs aussi bien qu'aux meurtriers la communion jusqu'à la mort. » Le concile de Latran les a jugés indignes de l'état ecclésiastique. Les auteurs d'un libelle diffamatoire qui ne pouvaient prouver ce qu'ils avaient avancé étaient condamnés par le pape Adrien à être fouettés. Sous l'ancienne monarchie française, dans les temps de chevalerie, on n'eut guère recours contre la calomnie qu'aux *duels judiciaires* ou *jugements de Dieu*. Plus tard on s'adressa aux parlements pour obtenir justice ou réparation.

L'article 367 du Code Pénal de 1810 définissait et punissait le délit de calomnie ; mais cet article a été abrogé par les lois du 17 mai 1819 et du 25 mars 1822 sur les injures et la diffamation, avec laquelle elle se confond devant la loi. L'article 373 du même code, encore en vigueur, punit la dénonciation calomnieuse faite par écrit aux officiers de justice, de police administrative ou judiciaire, d'un emprisonnement d'un mois à un an, et d'une amende de cent francs à trois mille francs.   Auguste HUSSON.

CALONNE (CHARLES-ALEXANDRE DE), fils du premier président du parlement de Douai, naquit dans cette ville le 20 janvier 1734. Sa famille le destinait à la magistrature, et lui fit faire ses études à Paris. Il avait quitté depuis peu les bancs de l'école, quand il fut nommé successivement avocat-général au conseil provincial d'Artois, procureur-général au parlement de Flandre, et en 1762 maître des requêtes au conseil du roi, spécialement chargé du rapport des affaires relatives au clergé et à la magistrature. Ce fut en cette qualité qu'il eut quelques conférences avec La Chalotais, procureur-général au parlement de Bretagne. Il changea bientôt son rôle de confident et d'ami en celui d'accusateur. Cette contradiction dans sa conduite publique, la réprobation éclatante et méritée de l'opinion, semblaient devoir lui fermer sans retour la carrière des honneurs. Mais il avait à la cour de puissants protecteurs ; ses services ne restèrent pas sans récompense, et lui valurent l'intendance de Metz, et bientôt après celle de Lille, considérée comme une des premières de France. Homme d'esprit, d'intrigue et de plaisir, avide de jouissances, d'or et de pouvoir, capable de tout pour satisfaire ses goûts et son ambition, sans souci du lendemain, il se livrait à toutes les passions du jeune âge, aimant avec une égale exaltation les femmes, la table et le jeu. Une imagination vive, une élocution brillante et facile, une rare sagacité, mais une légèreté, une étourderie qui arrêtaient son attention à la superficie des objets, ces qualités et ces défauts serviraient également son ambition. « Il réunissait, dit un contemporain, à la vivacité d'un jeune colonel l'étourderie d'un écolier, l'élégance et la présomption d'un homme à bonnes fortunes, une coquetterie outrée, l'importance d'un homme en place, le pédantisme de la magistrature. » Plus intrigant qu'homme d'État, il avait plus d'audace que d'habileté ; ses censeurs les plus sévères ne l'ont point accusé de s'être enrichi aux dépens du trésor public. Le moment présent était tout pour lui ; il avait trop bonne opinion de lui-même pour se croire exposé à une disgrâce ; cette erreur lui a coûté plus que la vie, l'honneur. Son nom se rattache à toutes les fautes qui ont dû hâter la chute de l'ancien gouvernement.

Sa nomination au contrôle-général des finances fut le résultat d'une intrigue. D'Harvelay, banquier de la cour et dépositaire des fonds des affaires étrangères, voulut profiter des fautes de d'Ormesson pour lui faire ôter le portefeuille des finances et le faire donner à Calonne, *ami de la maison* ; il alla trouver à Fontainebleau Vergennes, et lui fit part de son projet. Ce ministre refusa d'abord de proposer le protégé de la maison d'Harvelay, dont le roi avait, quinze jours auparavant, parlé en termes très-défavorables. Un comte, ami de Vergennes, suggéra un nouveau plan : il fut convenu avec d'Harvelay que celui-ci retournerait sur-le-champ à Paris, d'où il écrirait à Vergennes une lettre qui lui fut dictée à l'instant même. Cette lettre était un acte d'accusation contre d'Ormesson ; on n'osait pas attaquer sa probité, mais on le signalait comme absolument incapable ; il n'y avait pas un instant à perdre pour réparer l'effrayant désordre causé par son impéritie, et personne n'était plus capable de rétablir les finances que Calonne. On ne donnait cet avis que par zèle pour le service du roi et le bien de l'État. On s'était arrangé de manière à ce que le courrier porteur de la lettre n'arrivât à Fontainebleau qu'à neuf heures du soir. C'était l'heure où le roi, retiré dans son intérieur, soupait avec sa famille. Vergennes fit passer la lettre au roi sous un prétexte d'urgence. Le lendemain matin, d'Ormesson était renvoyé et Calonne nommé à sa place, sans que l'on pût attribuer ce changement à l'intervention directe de Vergennes.

Tout autre que Calonne eût été effrayé de l'état déplorable où se trouvaient les finances, mais lui, peu scrupuleux sur les moyens de subvenir aux besoins du moment, incapable de combiner un plan vaste et méthodique de réforme, il fit autrement que ses prédécesseurs, mais ne fit pas mieux ; il semblait se jouer des obstacles, et se bornait à les éviter ; connaissant bien la cour, il s'assura l'appui des courtisans les plus influents, se rendit nécessaire et agréable en ne repoussant aucune de leurs exigences, et les séduisit par la hardiesse et la nouveauté de ses plans. Il avait toujours de nouveaux expédients pour fournir à de nouveaux besoins, ou plutôt à de nouvelles prodigalités ; mais les ressources ordinaires n'étaient pas inépuisables. Le faste de la cour, les fêtes brillantes qui s'y succédaient, contrastaient avec la misère publique. Sa première opération en entrant au ministère décela l'extrême légèreté avec laquelle il traitait les affaires les plus graves. Le bail des fermes avait été cassé par arrêt du conseil, sans motif et sans utilité; il fallut le rétablir par un nouvel arrêt. La proposition et la rédaction de cet arrêt étaient dans les attributions du ministre des finances, et Calonne, sans songer que c'était le même conseil qui prononçait ce second arrêt, qui, comme le premier, était signé par le roi, déclara dans le préambule que la cassation avait été l'effet d'une *ignorance coupable*. En pareil cas, pour éviter de choquantes contradictions, on ne manquait pas de motiver le rétablissement du bail sur de nouvelles considérations, de nouveaux faits. Il était contraire à toutes les convenances que le roi et son conseil s'accusassent mutuellement d'avoir cassé par *une ignorance coupable* un arrêt qui était leur ouvrage. Cette *inconséquence* passa inaperçue à la cour, mais les économistes la signalèrent à l'opinion publique.

Toutes les opérations du ministère Calonne présentent le même caractère de légèreté et d'imprévoyance. Deux édits fixent successivement le chiffre du déficit, mais avec des résultats différents. Un projet de remboursement de la dette publique est annoncé ; on y procède par des emprunts sans garantie réelle, et par conséquent sans succès. Une caisse d'amortissement est fondée, mais sans fonds spéciaux.

pour opérer les remboursements désignés. Les préambules de tous ces édits promettent l'ordre, l'économie la plus sévère et d'indispensables réformes ; et les dépenses, qui doivent êtres réduites, sont augmentées. Des acquisitions sont faites sans utilité, sans intérêt pour l'État ; les échanges de domaines ne sont que des dons déguisés. Calonne ne s'oublie pas dans ces spéculations, au nombre desquelles il faut placer en première ligne le monopole des blés, que l'histoire a flétri du nom de *pacte de famine*. Les déviations de la Garonne, de la Réole à Langon, avaient englouti plusieurs villages et déplace le cours du fleuve. Le fisc s'adjuge les terrains, et ils sont donnés à des courtisans ; le parlement de Bordeaux s'oppose avec une vertueuse énergie à ces scandaleuses usurpations ; il est sommé de se présenter en corps à Versailles ; il paraît devant le roi : la vérité est reconnue, les ordres menaçants donnés contre cette cour souveraine sont révoqués, et elle est rendue à ses fonctions. Le renvoi du ministre accusateur devait en être la conséquence, et il resta en place ! Calonne était haï des parlements depuis l'affaire La Chalotais. Cette considération seule aurait dû l'exclure du ministère à une époque où la cour avait le plus grand intérêt à ménager la susceptibilité des cours souveraines pour l'enregistrement à des édits bursaux. Calonne avait trop d'esprit et de sagacité pour ne pas pressentir tout ce qu'il avait à craindre de l'opposition systématique des parlements. Aussi, avant de présenter à celui de Paris de nouveaux édits de finances, il désira avoir une conférence avec les membres les plus influents de cette cour : c'était l'unique moyen d'arriver à une conciliation ; mais, sans suite dans ses idées, sans plan arrêté ; Calonne rendit cette conciliation tout à fait impossible ; il s'oublia dans la discussion, et se laissa aller à toute la violence de son caractère. Il s'aliéna pour jamais les rapporteurs des affaires de la cour et le premier président, qu'il la poursuivit avec un acharnement que rien ne peut justifier.

Le déficit était énorme ; de Calonne l'avouait, mais il prétendait qu'il était l'ouvrage de ses prédécesseurs. On lui objectait qu'au nom du roi, en 1781, il avait été déclaré que le revenu excédait alors les charges et la dette de dix millions. Necker, qui avait fait cette déclaration au nom et avec la sanction du roi, offrit d'en démontrer l'exactitude devant l'assemblée des notables. De la cette polémique si animée qui s'établit entre Necker et Calonne. Le roi crut devoir prévenir ce déplorable débat ; il défendit toute publication à ce sujet ; mais, attaqué dans son honneur, Necker rompit le silence. Il fut exilé. On attribue à Clavière, qui fut ministre des finances pendant la révolution, le plan d'une refonte des monnaies d'or et d'argent ; mais on ne peut sans injustice refuser à Calonne le mérite de l'avoir exécuté : c'était une opération à la fois juste et utile. La valeur intrinsèque n'était pas en proportion avec les monnaies européennes, et cette différence était toute en faveur des étrangers. La refonte et l'élévation de la taux des monnaies d'or de France pouvaient seules en empêcher l'exportation. En général, cependant, jeté dans un chaos qu'il ne pouvait débrouiller, Calonne frappait ou caressait au hasard, se livrait sans réflexion aux inspirations du moment, et mettait sans nécessité son honneur à la merci du premier venu. On ne lui a reproché qu'une seule opération de change à laquelle il ait pris un intérêt personnel. Dans tout le reste de sa vie politique et privée, il a montré la même insouciance pour sa fortune que pour sa réputation. Impoli jusqu'à la brutalité envers le premier président du parlement de Paris et d'autres hauts personnages, qu'il devait se concilier à tout prix, il se montra obséquieux jusqu'à l'imprudence avec un homme qui ne tenait plus au pouvoir que par un souvenir. Machaut, appelé chez Calonne pour une affaire particulière, reçut en effet de lui la plus singulière confidence. Il ne s'était, lui dit-il, déterminé à accepter le portefeuille que par suite du désordre de ses affaires personnelles. Il devait 200,000 francs en entrant au ministère ; il avait avoué son embarras au roi, qui lui avait fait cadeau de 230,000 fr. d'actions de l'entreprise des eaux, dont il avait su tirer un fort bon parti. Machaut, en racontant depuis cette singulière conversation, ajoutait gravement : « Je n'avais pourtant rien fait pour provoquer une confidence si extraordinaire. »

De Calonne, étant intendant, s'était opposé à l'établissement des administrations provinciales ; devenu ministre, il proposa aux notables la création de ces mêmes administrations, et ne pouvait manquer de réussir. Il espérait, au moyen de cette concession, faire admettre ses projets de finances ; mais les notables ne s'étaient pas trompés sur ses motifs, et ses nouveaux projets, présentés sous les formes les plus spécieuses, furent rejetés. Cet échec ne le découragea point ; repoussé par les notables, qu'il avait choisis, contrarié par ses collègues, il les fit attaquer également par des pamphlets ; il manœuvra avec plus d'habileté que de succès auprès du roi pour faire changer le cabinet. Il dirigea ses premières tentatives contre le baron de Breteuil et le chancelier. Il réussit, il est vrai, à faire renvoyer celui-ci ; mais au même instant qu'il se félicitait de ce succès, il reçut l'ordre de remettre son portefeuille et de se rendre en Lorraine, où il était exilé. L'exemple de tant de courtisans, qui n'embrassèrent la cause de la révolution qu'en haine de la cour, ne fut pas contagieux pour lui ; il se dévoua spontanément au parti du roi et des princes. Il revint à Paris en 1790, et bientôt après il retourna rejoindre les princes à Coblentz, où il fut chargé de la direction de leurs finances. Il parcourut plusieurs cours étrangères pour solliciter leur appui en faveur de la cause monarchique. Il exposait dans une conférence avec l'empereur Léopold un plan qu'il croyait infaillible pour opérer la contre-révolution ; l'empereur lui objectait que pour l'exécuter il fallait beaucoup d'argent, et que le mauvais état des finances serait toujours un obstacle insurmontable : « Ce n'est pas là une difficulté, répondit Calonne ; je ne veux pas plus de six mois pour rétablir les finances. — Monsieur, dit Léopold, il est fâcheux que vous n'ayez pas eu cette idée lorsque vous étiez en place. »

Calonne ne s'était pas enrichi dans son ministère ; on ne lui a reproché que d'être prodigue, et tout Paris savait qu'il avait donné pour étrennes à Mme Lebrun, sa maîtresse, une grande boîte d'or remplie de pastilles enveloppées dans des billets de la caisse d'escompte. Il se montra plus scrupuleux et plus économe dans l'administration des finances des princes pendant l'émigration, puisqu'il se trouva bientôt hors d'état de soutenir son fils, qui servait dans l'infanterie de l'armée de Condé. Il proposa un plan de contre-révolution modérée, que les royalistes purs n'approuvèrent point. Il partit pour l'Angleterre, dans l'unique but de correspondre avec les chefs de la conjuration de la Rouarie. Un agent de la police du directoire, nommé Chevetel, parvint à lui arracher son secret, et cette folle entreprise échoua comme tant d'autres : il espéra être plus heureux en faisant fabriquer à Londres une masse énorme de faux assignats Le crédit public en fut ébranlé ; mais ce moyen, aussi honteux que lâche, causa la ruine d'un grand nombre de familles et de la classe si nombreuse et si inoffensive des créanciers de l'état. Le gouvernement anglais n'était nullement scrupuleux dans ses moyens d'attaque contre la France ; tous étaient bons, même l'assassinat et la famine. Il ne devait pas reculer devant un faux, et, à la honte de l'émigration, il trouva des complices dans les transfuges français.

Calonne s'était dévoué corps et âme à la cause des Bourbons. On s'est étonné que ces princes l'aient si tôt éloigné d'eux ; on attribue sa disgrâce à un pamphlet intitulé : *Tableau de l'Europe*. La petite cour du *prétendant* était un foyer d'intrigues. On sait par qui fut convoité le trône de Louis XVI avant et depuis la révolution de 1789, et quelles prétentions nouvelles surgirent après la mort de ce prince. Le nouveau mémoire de Calonne exprimait le vœu d'un changement de personne ou même de dynastie. Quelques courtisans crurent y voir une proposition en faveur du duc d'York ou du duc de Brunswick. Mais en l'examinant sans prévention on reste convaincu qu'il avait été écrit dans l'intérêt du comte d'Artois. Cette publication avait divisé les chefs de l'émigration. Louis XVIII était en possession du titre, avec toutes ses conséquences possibles. Calonne fut contraint de s'éloigner ; il passait pour modéré et presque pour *jacobin* dans l'opinion des monarchistes *rectilignes*, comme les appelait Ferrand. Or les royalistes *rectilignes* ne voyaient qu'un moyen d'en finir avec la révolution : ce moyen était de faire pendre un nombre de révolutionnaires calculé sur la population de chaque commune, pour servir d'exemple aux autres. Calonne, repoussant les proscriptions et les confiscations en masse, admettait des catégories d'amnistie et une charte sur des bases plus larges que celle qui fut octroyée en 1814. Son *Tableau de l'Europe* annonce un écrivain qui, tout en conservant ses préjugés de caste, avait néanmoins profité des leçons du malheur et de l'expérience. Le seul fait de sa fabrication de faux assignats devait à jamais lui interdire toute espèce de retour en France par toute autre voie que celle d'une contre-révolution, et cependant il ne fut pas exclu de l'amnistie en faveur des émigrés. Il revint en France, y publia quelques mémoires sur les finances, qui passèrent inaperçus, et revint pour la dernière fois en Angleterre, où il avait rétabli sa fortune par un mariage avec une riche veuve française. De retour en 1802, il mourut à Paris, le 19 octobre de la même année.

DUFEY (de l'Yonne).

CALORICITÉ (de *calor*, chaleur). C'est le nom que Chaussier a donné à cette propriété vitale en vertu de laquelle la plupart des êtres organisés conservent une chaleur supérieure à celle du milieu dans lequel ils vivent. En d'autres termes, la *caloricité* est la faculté qu'ont les organes d'élaborer la quantité de *c a l o r i q u e* nécessaire à la vie, et de se maintenir ainsi dans la même température, quelle que soit d'ailleurs celle du milieu dans lequel le corps est plongé. Le *calorique*, ou le *principe de la chaleur*, est à la vie ce que l'air est à la respiration : il pénètre, échauffe, dilate, épanouit les organes, facilite le cours des humeurs ; en un mot, il anime tout, et sans lui la vie s'éteindrait à l'instant même. D'un autre côté, la trop grande abondance de ce fluide serait tout aussi nuisible à l'économie animale : elle réduirait toutes les humeurs en vapeurs, irriterait, enflammerait, et même désorganiserait les tissus vivants. La nature a donc dû établir un juste équilibre entre l'absence et l'excès de ce fluide.

La température dans laquelle l'homme vit habituellement est de 36 à 37 degrés centigrades. Quelque climat que l'homme habite, à quelque degré de froid ou de chaud qu'il s'expose, son corps offre toujours cette même température. Les habitants des contrées les plus opposées, ceux , par exemple, de la glaciale Laponie et ceux de la brûlante Éthiopie offrent toujours. au thermomètre le même nombre de degrés. *Voyez* CHALEUR ANIMALE.

CALORIE, quantité de chaleur nécessaire pour élever un kilogramme d'eau de un degré du thermomètre centigrade. C'est l'unité de mesure pour la chaleur, comme le mètre est l'unité de mesure pour les longueurs. On aurait pu en choisir une autre, mais celle-ci est commode et assez généralement admise pour l'appréciation de la valeur calorifique des combustibles et des appareils de chauffage.

CALORIFÈRE (de *calor*, chaleur, et *fero*, je porte). Ce nom, pris dans sa plus grande généralité, appartiendrait à tous les appareils propres à échauffer les appartements, étuves, séchoirs, ateliers, etc. ; mais les moyens de chauffage domestique ayant des noms particuliers (*voyez* CHEMINÉE, POÊLE), il vaut mieux réserver le titre de *calorifère* aux appareils destinés à échauffer de grandes masses d'air dans un espace fermé, et à les porter ensuite dans les lieux où elles doivent être utilisées. Ils conviennent aux manufactures et aux édifices publics : tout le monde sait que les foyers des théâtres et les salles des écoles sont ainsi chauffés. Les particuliers riches en font quelquefois placer un dans les caves de leur maison, pour échauffer les vestibules, les corridors et toutes les pièces sans cheminée.

On emploie trois sortes de calorifères : les calorifères à air, à vapeur, à eau chaude. Les premiers se composent d'une chambre de chauffage et de tuyaux destinés à porter l'air échauffé et la fumée ; les seconds, d'une chaudière pour la production de la vapeur, et de tuyaux de conduite, de condensation et de dégorgement ; les derniers, d'une chaudière et de tuyaux dans lesquels l'eau bouillante se renouvelle lorsqu'elle a cédé à l'air ambiant une quantité déterminée de sa chaleur.

Dans ces trois systèmes, on peut obtenir les mêmes effets de la même quantité de combustible, quand les surfaces de chauffe sont de dimensions convenables. Mais les calorifères à vapeur ont sur ceux à air chaud l'avantage de conserver une température à peu près constante dans toute l'étendue de leurs tuyaux, et de ne jamais échauffer l'air qu'à une température inférieure à 100 degrés. Les calorifères à eau chaude sont plus compliqués que les deux autres modes ; les tuyaux sont infiniment plus chargés ; toutefois, comme ils conservent fort long-temps la chaleur, on en a fait une heureuse application à l'incubation artificielle des œufs, et à l'entretien d'une température moyenne dans les serres.

Les tuyaux à travers lesquels on fait circuler l'air chaud, la vapeur ou l'eau bouillante, sont en fonte ou en cuivre. La fonte étant susceptible de tacher les tissus, on n'emploie que le cuivre dans les fabriques d'étoffes ; mais dans tout autre cas, il vaut mieux employer la fonte, parce que le cuivre échauffé répand une odeur désagréable et malsaine. La dépense est à peu près la même pour les deux métaux.

A. DES GENEVEZ.

CALORIFIQUE, qualité des corps qui produisent la chaleur ; on dit, par exemple, les *rayons calorifiques*, etc.

CALORIMÈTRE. On nomme ainsi tout instrument propre à mesurer la c h a l e u r s p é c i f i q u e des corps. Un des plus simples est le *calorimètre de glace*, imaginé par Lavoisier et Laplace. Cet appareil se compose de trois cavités concentriques : la plus interne est formée d'un grillage en fer et destinée à recevoir les corps sur lesquels on veut faire l'expérience ; la cavité moyenne est parfaitement close et munie à sa partie inférieure d'un robinet qui traverse la paroi de la cavité extérieure ; ces deux dernières s'ouvrent en outre vers le haut au moyen d'un couvercle, ce qui permet d'y introduire les substances nécessaires à l'opération. Si on met dans la partie moyenne de l'appareil de la glace pilée à zéro, si de plus on préserve celle-ci de l'action de l'air ambiant, en remplissant de glace la cavité extérieure, le corps dont on veut connaître la chaleur spécifique étant placé dans la cavité centrale fera fondre une certaine quantité de glace pilée, qui, s'écoulant par le robinet, pourra être recueillie et exactement mesurée. En comparant le résultat obtenu avec celui que donne le même poids d'un corps déterminé, l'eau par exemple, pris à la même température, on aura la valeur cherchée.

Avant l'invention du calorimètre de glace, Black et Crawford avaient déjà déterminé la chaleur spécifique de plusieurs corps par la *méthode des mélanges*, qui consiste à mêler des corps connus de différentes substances à différentes températures, et à noter la température obtenue, qui généralement n'est jamais la moyenne des deux températures primitives. Ainsi en mêlant un kilogramme d'eau à 50° avec un kilogramme d'huile de baleine à 100°, le mélange, loin d'être à 75° (comme cela arriverait si on employait le même liquide de part et d'autre), ne se trouvera qu'à 67° ; les 17° d'élévation de température que l'eau a éprouvés ne pouvant provenir que des 33° que l'huile a perdus, il s'ensuit que la capacité calorique de l'eau est à peu près double de celle de l'huile.

Rumfort résout les mêmes questions au moyen du *calorimètre d'eau*, composé d'une caisse pleine d'eau, dans le fond de laquelle passe un tube horizontal ouvert des deux bouts en dehors de la caisse. En faisant traverser ce tube par des quantités connues de gaz à une température déterminée, on n'a qu'à observer au moyen d'un thermomètre l'échauffement de la masse d'eau du calorimètre.

Enfin, la *méthode du refroidissement*, inventée par Mayer, consiste à observer la durée du refroidissement de différents corps élevés à la même température. Pour des poids égaux, les chaleurs spécifiques des corps sont proportionnelles aux temps qu'ils mettent à descendre d'un même nombre de degrés de l'échelle thermométrique. MM. Petit et Dulong, qui ont employé cette méthode dans leurs belles recherches calorimétriques, y ont apporté de nombreux perfectionnements. Elle offre l'avantage de pouvoir s'appliquer à tous les corps, tandis que celles de Black, de Lavoisier et de Rumfort ne s'emploient commodément, l'une que pour les liquides, l'autre que pour les solides, et la dernière que pour les fluides aériformes. E. MERLIEUX.

CALORIQUE. Lorsqu'on s'approche d'une cheminée, d'un poêle où se trouvent des corps en combustion, ou que l'on reste exposé à l'action directe des rayons du soleil, on éprouve une sensation particulière, à laquelle on donne le nom de *chaleur*. Dans l'un comme dans l'autre cas, on se convainc facilement que le corps brûlant ou le soleil ont exercé sur nos organes une action particulière, qui n'a pu nous être transmise que par l'intermédiaire de quelque corps qui en est émané : c'est la cause de cet effet remarquable que les physiciens désignent sous le nom de *calorique*, réservant celui de *chaleur* pour l'effet que nous observons quand nous sommes soumis à son action. On peut aussi, et c'est ce qu'on fait un certain nombre de physiciens, admettre que la chaleur est produite par des vibrations imprimées aux molécules des corps; mais comme la première opinion est la plus généralement admise, nous la suivrons dans tout ce que nous avons à dire à ce sujet.

L'idée d'un corps entraîne avec elle celle de trois propriétés essentielles ; l'étendue, l'impénétrabilité et la pesanteur ; c'est-à-dire que le corps, quelque petit que nous puissions le supposer, occupe une étendue quelconque dans l'espace; qu'il ne peut y exister en même temps qu'un autre corps, et qu'il a un poids appréciable. Le calorique, ainsi que la lumière et l'électricité, n'a pour nous aucun poids commensurable ; aussi lui donne-t-on, ainsi qu'à ceux-ci, le nom de *fluide impondérable*. En effet, que l'on pèse un corps froid ou fortement échauffé, on lui trouve toujours le même poids, et même on pourrait croire qu'il a diminué, si on ne faisait pas attention à une cause d'erreur qui peut s'offrir, et qui est due à ce que le calorique émané du corps dilate l'air et peut tendre à soulever le fléau de la balance. Ainsi, un lingot d'argent pris à la température ordinaire ou rougi vivement dans une forge ne présente pas de différence dans son poids. Il serait cependant possible que le calorique fût pesant, et que nous ne parvinssions pas à le peser, parce que nos instruments ne sont pas assez sensibles : une supposition très-simple suffira pour nous en convaincre. Le platine pèse vingt et une fois plus sous le même volume que l'eau pure. L'air pèse sept cent soixante-dix fois moins que l'eau, et le gaz hydrogène, qui sert à enlever les aérostats, pèse quatorze fois et demie moins que l'air, de sorte que le poids d'un volume de platine et celui d'un même volume d'hydrogène sont comme 234,465 est à 1, c'est-à-dire qu'un volume d'hydrogène pesant 1, un volume de platine parfaitement semblable pèse 234,465. Si le calorique avait un poids qui fût à celui de l'hydrogène comme le poids de ce corps est à celui du platine, quoique l'on soit parvenu à construire des balances qui trébuchent sous le poids du plus petit morceau de fil de soie ou de cheveu, nous ne pourrions peser le calorique. Quoi qu'il en soit, au surplus, il nous importe peu de savoir si jamais le calorique pourra être apprécié par des balances ; constater ses propriétés, nous rendre compte de son action sur les corps, tels sont les objets qui nous offrent un véritable intérêt.

Les corps que la nature nous présente s'offrent à nous sous trois états différents ; ils sont toujours solides, liquides ou gazeux, et par l'action de la chaleur nous pouvons, dans beaucoup de cas, liquéfier des solides ou gazéifier des substances liquides, et produire ainsi une foule de résultats d'une grande utilité pratique, soit pour les arts, soit pour la vie commune. Le calorique, en agissant sur tous les corps, produit plusieurs effets généraux qu'il est très intéressant de connaître, et que nous énumérerons successivement : et d'abord, il les dilate tous, c'est-à-dire qu'en éloignant leurs parties, il en augmente le volume. Les corps solides sont moins dilatables que les liquides ; ceux-ci augmentent beaucoup moins de volume que les corps gazeux, et quand on les soumet à l'action du refroidissement, ils se contractent dans des rapports semblables à ceux qu'ils avaient présentés dans leur dilatation. Prenons quelques exemples. Une barre de fer mesurée à la température de la glace fondante, offrant une certaine longueur, sera trouvée d'autant plus longue qu'on l'échauffera davantage. De l'eau renfermée dans une bouteille qu'elle remplit en partie augmente tellement de volume quand on l'échauffe qu'elle peut arriver à déborder. Une vessie à moitié remplie d'air dont on a lié l'ouverture, et qu'on approche d'un foyer de chaleur, se gonfle de telle sorte qu'elle finirait par crever si on continuait trop long-temps de la maintenir à cette température. C'est sur cette propriété que sont fondés tous les **thermomètres**, au moyen desquels on détermine les changements de température, et qui sont employés dans les recherches scientifiques aussi bien que pour beaucoup d'usages domestiques.

Dans les solides ou les liquides, la dilatation ne présente aucune comparaison aussitôt que l'on passe d'une substance à une autre; il en est tout différemment des gaz et des vapeurs. Ici le même accroissement de température donne lieu à une dilatation précisément semblable, quels que soient les gaz sur lesquels on opère. Par exemple, 1,000 centimètres cubes d'air échauffé, de la glace fondante ou zéro jusqu'au point d'ébullition de l'eau ou 100°, donneraient 1,375 centimètres cubes, et l'on trouve par expérience pour chaque degré d'augmentation de volume est précisément la même ; d'après cela, l'air ou les gaz formeraient des thermomètres plus exacts que les liquides, et seraient par conséquent préférables pour déterminer les changements de température, si leur volume ne forçait à donner aux instruments des dimensions qui les rendent peu commodes à manier et très fragiles.

Lorsqu'on mesure la dilatation des solides, on obtient directement les changements de volume qu'ils présentent, tandis que les liquides et les gaz, étant nécessairement renfermés dans des enveloppes solides, qui se dilatent par la chaleur et augmentent par là de capacité, on ne trouve directement que la différence entre la dilatation des enveloppes dans un sens et celles des liquides ou des gaz dans l'autre.

De la dilatation qu'éprouvent tous les corps lorsqu'on les chauffe, il s'ensuit que des divers usages auxquels ils sont appliqués, on doit pouvoir au moyen de les laisser obéir à cette force, sans quoi ils pourraient occasionner des accidents de diverses natures. Ainsi, des barres de fer fortement encastrées dans des pierres, et qui se dilatent ou se contractent par l'action de la température, peuvent ébranler et détruire même les portions de constructions qu'elles sont destinées à consolider ; ainsi des tuyaux de fonte employés à conduire la fumée ou la vapeur, et même l'eau, peuvent se briser ou occasionner de grands dégâts, si on n'a pas pourvu aux effets de dilatation et de contraction qu'ils doivent éprouver. Des liquides renfermés dans des vases solides, même en métal, pourraient les faire briser avec plus ou moins de danger, si, la température les dilatant fortement, la résistance des parois devenait impuissante pour s'opposer à leur effort. Les vapeurs produisent encore une action beaucoup plus considérable : l'eau en passant de l'état de liquide à celui de vapeur prend un volume 1,698 fois plus grand, et par l'augmentation de la chaleur la vapeur acquiert une telle force qu'elle peut produire d'épouvantables effets. La destruction de tant d'usines et de tant de bateaux à vapeur est là pour attester les désastreux effets de l'explosion d'une chaudière.

Le calorique ne borne pas toujours son action à dilater les corps; souvent il peut les faire changer d'état. Parmi un grand nombre d'exemples que nous pourrions citer, nous nous contenterons de celui que nous observons si fréquemment dans une foule de circonstances, la liquéfaction de la glace et la transformation de l'eau en vapeur. Quand, pendant un hiver plus ou moins rigoureux, nos rivières sont gelées, et que la glace qui les recouvre peut supporter le poids des hommes et même celui des voitures, nous concevons facilement l'idée de la solidité à laquelle peut arriver l'eau quand elle a changé d'état par le froid. La surface de la terre, dans presque toutes les localités, est sillonnée par des masses d'eau qui, sous la forme de lacs ou de rivières, deviennent des moyens si importants pour la fertilisation des campagnes et le transport des hommes et des marchandises; et la vaste et imposante étendue des mers, en offrant à notre admiration l'un des objets les plus capables de nous faire apprécier la puissance du Créateur, ne montre avec tous les caractères des corps liquides. Quand un vase rempli d'eau est placé sur le feu, et que peu de temps après le liquide a disparu, ou bien lorsque, pendant la chaleur de l'été, un lac ou une rivière se dessèchent et présentent à nos yeux le fond que recouvrait précédemment une couche d'eau plus ou moins épaisse, nous nous apercevons facilement que ce liquide peut prendre un nouvel état, et se transformer en un fluide aériforme, dont les propriétés deviennent un objet d'étonnement et d'admiration, surtout dans ces ingénieuses machines dont les effets sont si supérieurs à l'action de l'homme et des animaux, et dont toute la force réside dans une certaine quantité de vapeur, qui sert à leur procurer le mouvement.

Dès que le calorique est nécessaire pour faire passer les corps de l'état solide à l'état liquide, et de celui-ci à l'état de vapeur, il s'ensuit que ces changements d'état doivent donner lieu à des abaissements de température dans les corps qui sont en contact avec les substances qui passent à un état plus dilaté, et ceci explique des effets qui étonnent quand on n'a pas présenté à la pensée la cause de la dilatation et du changement d'état des corps. Lorsqu'on mêle de l'eau chaude avec de la glace, on voit celle-ci se fondre, et si l'on prend des quantités pesées de ces deux substances, on arrive à des résultats qui paraissent presque inexplicables. Ainsi, un kilogramme d'eau chaude à 75° mêlé avec un kilogramme de glace donne 2 kilogrammes d'eau à la température de la glace fondante, c'est-à-dire que 75 degrés de chaleur sont nécessaires seulement pour faire fondre la glace sans en élever la température, ce qui prouve que l'eau liquide à la même température que la glace renferme une beaucoup plus grande quantité de calorique. De même, si on met de la glace dans un vase sur le feu, et qu'on l'agite constamment pour empêcher que la température ne s'élève inégalement, on trouve que tant qu'il reste une portion d'eau solide, la température reste à zéro, parce que toute la chaleur communiquée par le foyer sert à liquéfier l'eau, et ne peut par conséquent l'échauffer. C'est par une raison semblable que l'eau qu'on place dans un vase sur le feu, du moment qu'elle est en ébullition conserve constamment la température de 100°, la chaleur qui lui arrive à chaque instant étant nécessaire pour produire de la vapeur, qui est immédiatement volatilisée (voyez CHALEUR LATENTE).

Tous les corps solides ne sont pas susceptibles de se fondre, même lorsqu'on les élève à une très-haute température; ceux qui résistent à l'action de la chaleur prennent le nom de *corps infusibles* ou *réfractaires* : tels sont le platine, la chaux, le cristal de roche, etc.; d'autres ne fondent qu'à une chaleur rouge longtemps soutenue, comme l'argent, l'or. Un grand nombre enfin n'exigent qu'une faible quantité de chaleur pour prendre l'état liquide : l'étain et le plomb sont dans ce cas. Presque tous les corps susceptibles de passer à l'état gazeux deviennent d'abord liquides avant de se transformer en gaz. Il y a cependant des exceptions : par exemple, l'arsénic se réduit en vapeur sans avoir été liquéfié.

Des applications utiles ont été faites de la propriété qu'offrent les corps solides d'absorber beaucoup de chaleur en passant à l'état liquide, pour produire des refroidissements artificiels au moyen desquels on peut congeler des substances qui exigent une température très-basse pour prendre cet état. Ainsi, tous les jours on se procure des sirops et différentes préparations analogues, connues sous le nom de *glaces*, en plongeant les vases qui les renferment dans un mélange de deux parties de glace et d'une partie de sel, qui produit un froid de 20° au-dessous de zéro. Ce froid est loin d'être le plus intense que l'on obtienne au moyen de mélanges : ainsi, du chlorure de calcium, mêlé dans le rapport de 3 avec 2 parties de neige, donne 27 degrés de froid, et si on avait d'abord fait refroidir les deux substances à 10 ou 12° au-dessous de zéro, comme on le peut facilement dans un peu rigoureux, le froid produit descendrait jusqu'à 45 et 46°, et l'on pourrait y congeler du mercure. En mêlant de cette manière des substances exposées à des températures toujours plus basses, on peut produire jusqu'à 70° au-dessous de la glace fondante.

On observe quelquefois dans l'abaissement de température des liquides des effets singuliers : ainsi, l'eau, qui se congèle à zéro, peut sans devenir solide s'abaisser jusqu'à 12 et 14° au-dessous de ce point, si elle est parfaitement tranquille; mais à l'instant où on lui communique le plus léger mouvement, elle se congèle en masse, et la température se relève à zéro. Lorsque le passage d'une substance de l'état liquide à l'état solide est lent, elle peut prendre des formes régulières, que l'on désigne sous le nom de *cristaux*. La nature en présente souvent de très-remarquables, mais l'art peut, dans beaucoup de circonstances, imiter son action (*voyez* CRISTALLOGRAPHIE). Parmi les curieux phénomènes auxquels donne lieu la chaleur, il en est encore un très-singulier, et qui n'a pas encore été expliqué : c'est celui de la caléfaction de certains liquides.

Les liquides produisent un froid plus ou moins considérable quand ils passent rapidement à l'état de vapeur, et l'on tire parti de cette propriété pour diverses expériences, et pour se procurer des liquides froids, et quelquefois même de la glace. Ainsi, que l'on renferme un liquide dans un vase poreux qui reste exposé à l'action d'un courant d'air, et bientôt le liquide pourra marquer plusieurs degrés au-dessous de la température de l'atmosphère : c'est de cette manière qu'agissent les alcarazas. En facilitant beaucoup l'évaporation de l'eau, on peut arriver à lui faire prendre la forme solide. Au Bengale, où la température est très-élevée pendant le jour, et où les nuits sont loin d'être assez froides pour obtenir la congélation de l'eau, on se procure cependant de la glace en exposant l'eau sous une grande surface à l'action de l'air pendant la nuit. L'évaporation, favorisée par la pureté du ciel, devient assez grande pour occasionner un froid qui va jusqu'à zéro. Si, au contraire, on diminue le rayonnement de la chaleur en abritant les corps, même au moyen d'une toile mince, on évite leur refroidissement, et c'est de cette manière que les paillassons et les toiles dont on se sert pour recouvrir les pêches en espalier et d'autres fruits les préservent de la destruction presque inévitable qu'ils éprouveraient quand pendant les nuits la température est peu élevée, l'air pur et le ciel sans nuages.

Lorsque des corps sont échauffés dans quelques points, on observe que tantôt la chaleur se transmet jusqu'à des points très-éloignés, et tantôt on éprouve à peine une élévation de température sensible à une très-petite distance de la partie chaude. Cet effet est dû à l'inégalité de *conductibilité* pour la chaleur que présentent tous les corps. Les métaux la transmettent beaucoup mieux que tous les autres corps, et présentent entre eux des différences considérables. Quand on place dans un foyer une barre de fer mince, de quelques décimètres de longueur, on ne peut la toucher à l'extrémité opposée, tant elle est chaude. Cependant, si la barre avait une épaisseur et une largeur assez considérable, aucune partie de la chaleur ne serait transmise d'une extrémité à l'autre, quand l'une serait à la température la plus élevée possible. Ainsi, une barre de fer ou de cuivre de 4 mètres de longueur et de 5 centimètres d'équarrissage ne s'échaufferait que d'un seul degré à l'une de ses extrémités pour plus de trois mille degrés qui seraient communiqués à l'extrémité opposée, c'est-à-dire pour une température bien supérieure à celle qui serait nécessaire pour la fondre. Les substances vitreuses et terreuses sont au contraire de très-mauvais conducteurs de la chaleur, et ces propriétés sont mises à profit dans le chauffage des habitations, suivant que l'on veut obtenir rapidement une élévation de température ou conserver longtemps celle d'un lieu quelconque. Un poêle en métal procure le premier effet, tandis qu'une construction en briques ou en faïence permet d'obtenir le second. Dans le premier cas, la chaleur développée par le combustible, transmise immédiatement par les parois échauffées, laisse le poêle froid aussitôt que le combustible est brûlé; dans le second, la masse de briques et de faïence s'échauffe plus lentement, mais aussi se conserve beaucoup plus longtemps à la même température.

Les corps liquides ne transmettent pas directement la chaleur comme le font les corps solides : si on les échauffe par leur partie supérieure, on peut conserver dans leur partie inférieure de la glace qui ne se fonde pas; mais si on laisse flotter la glace à la surface et que l'on place sur le feu le vase qui les renferme, la chaleur se transmet à la partie supérieure, et après un certain temps ils sont parvenus à l'ébullition. Dans ce cas, le liquide, s'échauffant à son contact avec le foyer, devient plus léger, s'élève à la partie supérieure, et se trouve remplacé par une portion de liquide froid, qui vint s'échauffer à son tour pour céder ensuite la place à une autre partie, et de cette manière la masse entière se trouve bientôt portée à la température la plus élevée que puisse supporter le liquide, et l'ébullition une fois déterminée l'évaporation se produit.

Un corps échauffé ne transmet pas seulement de la chaleur par son contact avec d'autres corps, il en répand dans l'espace qui l'environne, comme on en acquiert la preuve en se plaçant à une certaine distance, et cette transmission n'est pas due à l'air, mais à des rayons invisibles qui émanent du corps; aussi la chaleur est-elle transmise dans le vide comme dans l'air. La nature de la surface extérieure des corps a la plus grande influence sur la quantité de chaleur qui est perdue par le corps sur lequel on opère. Les métaux polis perdent peu de chaleur par leur surface. Le papier, le verre, et surtout le charbon donnent au contraire lieu à une déperdition très-considérable, et il suffit, pour qu'ils produisent cet effet, qu'ils se trouvent, en lames très-minces, appliqués à la surface du corps échauffé. Inversement, un corps froid dont la surface est en métal poli réfléchit beaucoup de chaleur, et s'échauffe fort peu quand on le place devant le feu, tandis que, recouvert de noir de fumée, il s'échauffe très-rapidement. On peut s'en convaincre en plaçant à égale distance du feu deux vases d'argent, l'un bien brillant et l'autre couvert de noir de fumée. Dans le premier de l'eau sera beaucoup plus longtemps à s'échauffer que dans l'autre; mais aussi, après avoir retiré les deux vases du feu, le liquide se maintiendra chaud dans le vase poli longtemps après que celui du vase noirci serait déjà refroidi. La couleur des corps influe beaucoup aussi sur leur échauffement et sur leur facilité à se refroidir. Une expérience de Franklin donne le moyen de s'en assurer facilement. Que pendant un temps de gelée, lorsque la terre est couverte de neige et que le soleil brille, on place sur la neige des morceaux de drap blanc, bleu, jaune, rouge et noir; on trouvera après un certain temps que le drap noir s'est enfoncé dans la neige, le rouge moins profondément, et que le blanc est encore à la surface. C'est ainsi que, quand la terre est gelée profondément, et que l'on ne peut la travailler, on hâte singulièrement le moment où les labours deviennent possibles, en répandant à la surface de la terre noire, qui échauffe celle qui est glacée inférieurement, en absorbant les rayons lumineux. De même, lorsqu'on est exposé à l'action d'un froid intense, on se préserve en grande partie des inconvénients et de la sensation pénible qu'il présente en se couvrant de fourrures, qui n'échauffent pas, comme on le dit généralement, mais qui empêchent de se refroidir, et qui alors produisent un effet analogue, quoique dû à une autre cause. Ce n'est pas que le poil des animaux n'émette beaucoup de chaleur quand il est échauffé, mais, comme c'est une des substances qui conduisent le plus mal le calorique, il ne peut en transmettre à l'extérieur que des quantités extrêmement petites et tout à fait hors de proportion avec celles que le corps lui-même perdrait s'il se trouvait librement en contact avec l'air.

Quand on pose la main sur différents corps pendant un temps froid, la sensation que l'on éprouve varie avec leur nature : les métaux paraissent plus froids que le marbre, et celui-ci plus que le bois. Cependant, si on fait reposer dessus un thermomètre, il assignera pour tous la même température. La capacité pour le calorique ou la *conductibilité* différente de ces corps donnent lieu à cet effet. Si les corps sont très-bons conducteurs de la chaleur, comme les métaux, ou qu'ils aient une grande capacité pour le calorique, ils absorbent la main qui les touche une quantité considérable de chaleur, et comme la proportion que peuvent lui enlever ceux dans lesquels cette propriété se trouve moins marquée est moindre, ils doivent paraître beaucoup plus froids, quoiqu'ils soient à la même température.

C'est sur l'application des diverses propriétés du calorique que nous avons rapidement énumérées, que sont fondés une foule de constructions et d'utiles procédés, qui seront traités dans des articles particuliers.

H. GAULTIER DE CLAUBRY.

CALOTTE. Ce mot a de nombreuses acceptions : dans sa signification la plus ordinaire, il signifie une espèce de petit bonnet de cuir, de maroquin, de laine, de satin ou d'autre étoffe, qu'on porta d'abord par nécessité, et qui alors était ample et couvrait même les oreilles (de là l'expression *calotte à oreilles*). En un mot, la calotte était la ressource des personnes chauves avec les perruques; mais, par succession, elle est devenue un ornement de tête à l'usage des ecclésiastiques. La calotte est rouge pour les cardinaux, violette pour les évêques, noire pour les autres prêtres. Si l'on en croit un M. Thiers, historien *des perruques*, cité par le *Journal de Trévoux*, le cardinal de Richelieu est le premier qui ait porté en France une calotte rouge. Il fut un temps où la calotte était pour les ecclésiastiques un ornement réprouvé par la sévérité des règles disciplinaires. Un statut de la faculté de théologie de Paris, du 1er juillet 1561, défendait aux bacheliers d'argumenter en calotte. Sous le règne de Louis XIII, la calotte devint d'un usage presque général pour tous les laïcs d'une profession grave; magistrats, avocats, hommes de lettres, bons bourgeois, en portaient aussi bien que les abbés. Le chancelier Séguier, le *bon homme* Corneille, Saint-Évremond lui-même, nous sont représentés avec la calotte. *Arnolfe*, dans l'*École des Femmes* de Molière, doit porter la calotte; il en est de même de *Tartufe*. Dans les écrits de cette époque on disait : *un amant à calotte*, non point pour désigner un ecclésiastique, mais un vieillard amoureux, comme on dirait aujourd'hui *un amant en perruque*. Dans la parodie de quelques scènes du *Cid*, intitulée *Chapelain décoiffé*, la calotte de ce poëte joue un grand rôle; mais en lisant cette facétie de Boileau, ou plutôt de Furetière, un grave commentateur serait embarrassé de dire si c'est la perruque ou la calotte de l'auteur de *la Pucelle* qui est mise en jeu.

Pendant la première révolution (de 1789 à 1793) le peuple avait de *calotte* fait dériver *calottin*, pour désigner un prêtre. Maintes fois l'abbé Maury fut salué de ce titre par la populace ameutée!

On dit au figuré et familièrement la *calotte des cieux*, pour dire le firmament : On ne trouverait pas son pareil *sous la calotte des cieux*. La *calotte* désigne encore, dans le langage familier, un coup du plat de la main appliqué sur la tête. Donner des *calottes* est pour les écoliers synonyme de souffleter.

Calotte est en termes d'arts et de métiers ce qui a la forme d'une calotte. En architecture, c'est une portion de voûte sphérique, relevée au milieu de la voûte principale, une cavité ronde en forme de bonnet, ménagée pour augmenter la hauteur d'une chapelle, d'un cabinet, d'une alcove.

En pharmacie, la *calotte céphalalgique* ou *cucupha* est un sachet que jadis on appliquait sur la tête dans la céphalalgie; mais ce remède est tombé en désuétude. En chirurgie, c'était un emplâtre agglutinatif dont on enduisait la tête d'un teigneux après l'avoir rasée, et qu'on enlevait ensuite avec violence, afin d'extirper les bulbes des cheveux et avec elles le principe qui entretient la teigne. On appelle encore *calotte du crâne* la partie supérieure de cette cavité, et *calotte aponévrotique* l'aponévrose des muscles frontaux.

Enfin, pour épuiser ce vocabulaire de la *calotte* et de ses dérivés, nous trouverons *calottier*, anciennement synonyme de noyer, et *calottier*, ancien fabricant de calottes, métier aujourd'hui bien tombé. La satire Ménippée emploie le mot *calottier* pour désigner un homme qui porte calotte : trois des principaux ligueurs se présentent aux états *portant calotte à la catholique*... « Ce que, ajoute l'auteur, les politiques détorquoient en mauvais sens, et disoient, que les trois *calottiers* estoient tigneux, etc., tellement que leur commun dire estoit qu'aux dits estats n'y avoit que trois tigneux et un pelé. »

CALOTTE (Régiment de la). Il fut fondé vers la fin du règne de Louis XIV, par une société de joyeux officiers, qui n'avaient, à ce qu'il parait, rien de mieux à faire que de se moquer de tout le monde, en commençant par eux-mêmes. Le hasard donna lieu à cette facétie, qui se prolongea plus d'un demi-siècle. Les fondateurs furent : Aymond, porte-manteau du roi, et de Torsac, exempt des gardes du corps. Ces messieurs s'entretenaient avec quelques amis, quand l'un d'eux se plaignit d'avoir mal à la tête, et dit qu'il avait *une calotte de plomb*. Le mot fut relevé; il fit fortune : de là le nom de régiment *de la calotte* donné à leur réunion. Elle fit frapper des médailles, adopta un étendard et un sceau avec des armes parlantes, et se trouvaient réunies, dans toutes les règles de l'art héraldique, une calotte, une pleine lune, un rat, un drapeau, une marotte, deux singes habillés, bottés, avec l'épée au côté. La devise était : *favet Momus, luna influit*. Une autre devise portait : *C'est régner que de savoir rire*. Les associés se mirent à distribuer des brevets en vers à tous ceux qui faisaient quelque sottise éclatante : ministres, princes, maréchaux, courtisans, abbés, dames de la cour, financiers, hommes de lettres, artistes, comédiens, personne ne fut excepté. Le brevet de la calotte devint alors une véritable censure des travers et des ridicules. Plusieurs personnes du plus haut rang s'empressèrent de s'enrégimenter. Ceux qui se montraient peu flattés de cette distinction bouffonne ne faisaient que s'attirer de plus sanglants brocards; et les rieurs n'étaient pas de leur côté : témoin le peintre Coypel, qui vint se plaindre au régent de l'envoi fait à son fils d'un brevet de la Calotte. « Je suis déshonoré, dit-il, je n'ai plus qu'à quitter la France! — *Bon voyage!* » répondit froidement le prince. Il y eut bien des menées pour détruire le régiment de la Calotte; mais, grâce à la faveur publique et à la protection secrète du gouvernement, il subsista malgré le crédit de ses puissants ennemis.

Le sieur Aymond fut son premier généralissime. Louis XIV lui demanda un jour s'il ne ferait jamais défiler son régiment devant lui : « *Sire*, répondit le hardi plaisant, *il n'y aurait personne pour le voir passer*. » Cette anecdote a donné lieu au poème du *Conseil de Momus* et de *la Revue du Régiment*, imprimé à *Ratopolis*, en 1730. Pendant que les alliés assiégeaient Douai, en 1710, Torsac, étant chez le roi, s'avisa de dire qu'avec 30,000 hommes et carte blanche non-seulement il ferait lever le siège aux ennemis, mais aussi qu'il reprendrait en quinze jours toutes leurs conquêtes depuis le commencement de la guerre. Aymond, qui entendit cette bravade, lui céda sur-le-champ le titre de *généralissime des calottins*, et Torsac conserva ce commandement jusqu'à sa mort, arrivée à Pontoise, en 1724. On composa son oraison funèbre avec des phrases, plus ou moins ridicules, tirées soit de discours prononcés à l'Académie Française, soit des livres alors le plus en vogue. Cette pièce fut imprimée sous ce titre : *Éloge historique, ou Histoire panégyrique et caractéristique d'Emmanuel de Torsac, monarque universel du monde sublunaire, et généralissime du Régiment de la Calotte, prononcé au Champ-de-Mars, et dans la chaire d'Érasme, par un orateur du régiment*. Ce burlesque panégyrique, dont le garde des sceaux avait autorisé l'impression, fit scandale à la ville et à la cour. Les hommes de lettres, qui se trouvaient blessés de l'emploi qu'on avait fait malicieusement de leurs phrases, réussirent par le crédit de leurs protecteurs à faire saisir cette pièce curieuse. Aymond, secrétaire du régiment de la Calotte, s'adressa alors au maréchal de Villars : « Monseigneur, lui dit-il, depuis qu'Alexandre et César sont morts, nous ne reconnaissons d'autres protecteurs du régiment que vous. » Ce ne fut pas inutilement que le vainqueur de Denain s'interposa auprès du garde des sceaux, qui donna main-levée de la saisie, en disant *qu'il ne voulait pas se brouiller avec ces messieurs*. Aymond succéda au défunt dans la charge de généralissime, qu'il conserva jusqu'à sa mort en 1731; il eut pour successeur le sieur Saint-Martin, lieutenant aux gardes françaises. Son élection fit avec solennité dans le château de Livry, premier maître d'hôtel du roi. Plusieurs ministres, secrétaires d'État, ambassadeurs, assistaient à cette cérémonie. Piron fit les fonctions d'orateur. Louis XV et la reine, qui s'intéressaient beaucoup au régiment de la calotte, avaient ordonné au marquis de Livry de leur dépêcher un courrier extraordinaire incontinent après l'élection, pour leur faire savoir sur qui le choix serait tombé. Depuis cette époque le régiment de la Calotte continua paisiblement le cours de ses malicieux enrôlements, et donna lieu à une institution militaire dont on va parler dans l'article suivant.

Les publications de la Calotte parurent en plusieurs formats de 1725 à 1752 sous ce titre : *Mémoires pour servir à* l'histoire de la Calotte. Les principaux auteurs de ce recueil sont Aymond, Saint-Martin, l'abbé Desfontaines, l'abbé Magon, Gacon, Piron, Grécourt, Roy, etc. Les curieux conservent en outre dans leur bibliothèque une infinité de volumes manuscrits de *brevets de la Calotte*. Les *Mémoires* de ce burlesque régiment sont un monument curieux de la licence de la presse. Il n'est personnage si élevé qui ne s'y trouve attaqué : le régent, Louis XV, Marie Leczinska, n'y sont pas ménagés ; Law, le cardinal Dubois, le cardinal Fleury, le père Daniel , en un mot, l'épiscopat, la robe et la finance, viennent tour à tour figurer sur cette sellette du ridicule. Destouches, Terrasson, Moncrif, Lamothe, Fontenelle et tous les hommes de lettres distingués de l'époque ont chacun leur brevet et leur part d'épigramme. La calotte avait surtout déclaré guerre à mort à l'Académie Française. Voltaire, dans son *Mémoire sur la Satire*, publié en 1739, parle avec beaucoup de mépris de la Calotte : on le conçoit ; il est fort maltraité dans les *Mémoires* du régiment. Ils n'en sont pas moins un monument précieux de l'*esprit du jour* à l'époque de la régence et pendant les heureuses années du règne de Louis XV. On vit en 1814 une réminiscence des brevets de la Calotte dans la distribution des *ordres de l'Éteignoir et de la Girouette*, faite par les rédacteurs du *Nain Jaune*. Enfin, dans son *Oraison funèbre de Bonaparte*, Bouchot a très-heureusement imité l'*Oraison funèbre du sieur de Torsac*. C'est ainsi que pour rire de bon cœur il nous faut, dans ce siècle de gravité, imiter tout bonnement ce qu'ont fait nos pères. Charles Du Rozoir.

CALOTTE (Conseil de la), appelé aussi *Régiment de la Calotte*, est une police militaire, sorte de censure, moitié grave, moitié bouffonne, qui en France a quelque temps existé extra-légalement dans nos régiments. Elle s'exerçait par et sur les officiers de chaque régiment, en vertu de décisions et de censures que ces officiers élisaient eux-mêmes parmi leurs camarades. Une noble pudeur, un sentiment de dignité nationale et de convenances sociales, le besoin de la conservation de l'esprit de corps, avaient originairement donné naissance, dans quelques troupes de France, à ces conseils de censure, qui jugeaient fraternellement, exécutaient eux-mêmes leurs sentences de discipline, et ne relevaient que de la coutume, nullement de la loi. Il y avait de la part du gouvernement tolérance, mais non consentement ; c'était un utile supplément à la loi, restée muette par négligence ; malheureusement sa désignation était bizarre, pour ne rien dire de plus, et les jugements rendus tombaient quelquefois dans le trivial et le mauvais goût.

On voit dans les *Mémoires* du comte *de Ségur* (1824) que la juridiction de la jeunesse écervelée de cette époque allait quelquefois jusqu'à faire sauter une couverture les colonels de l'infanterie française. Un procès jugé à la fin de 1821 à Versailles a révélé au public qu'une police analogue aux anciennes formes de la *Calotte* s'exerçait encore alors dans les gardes du corps, compagnie d'Havré.

Ce que le fond de l'institution de la Calotte avait de bon a été senti par plusieurs milices étrangères. On y a éprouvé qu'il existe dans la vie militaire des actes qui sans être des délits, sans pouvoir être classés même dans la nomenclature des fautes, ne sont pas de nature à être tolérés dans un corps qui se respecte. On ne doit pas laisser à l'arbitraire indolent ou complice, quand il n'est pas injuste ou complice, le soin de la répression d'une quantité de méfaits qu'il est plus aisé de sentir que d'énumérer. De là est venue la création légale de tribunaux d'honneur, qui au besoin se forment dans les milices bavaroises et prussiennes. Ils sont temporaires ou régimentaires ; ils ne sont appelés en rien à connaître des actes que la loi et les ordonnances qualifient d'infractions ; ils ne sont pas seulement vengeurs, ils sont aussi conciliateurs. C'est sous ce dernier point de vue qu'ils s'occupent des duels ou des provocations de duel venues ou portées à leur connaissance ; ils sont tenus à dénonciation envers qui de droit, si leur conciliation est repoussée ou méprisée. Cette forme de censure intérieure et secrète est, comme on le voit, une combinaison régulière, sage, convenable, une rectification des institutions défectueuses connues en France sous le nom de *Calotte* ou de tribunal de point d'honneur. — Parmi les soldats des régiments français il existait un usage qui n'était pas sans analogie avec celui-ci, et qu'ils appelaient ignoblement la *savate*. — Les conseils d'enquête, les conseils de discipline , créés par l'ordonnance du 2 novembre 1833, sont une imitation incomplète des modernes institutions des étrangers ; institutions dont ils ont puisé la pensée dans l'ancienne Calotte française. Gal Bardin.

CALOTTIN. *Voyez* Calotte.

CALOYER ou **CALOGER**, altération d'un mot grec qui signifie *bon vieillard* (χαλὸς γέρων). C'est le nom des moines grecs de l'ordre de Saint-Basile. Ils forment le clergé régulier de la religion grecque, et c'est toujours parmi eux que l'on choisit les évêques et les patriarches, parce qu'ils appartiennent généralement aux familles les plus distinguées de la noblesse et de la bourgeoisie. C'est aussi dans cet ordre que l'on trouve aujourd'hui les seuls hommes un peu instruits en matières théologiques. Mais s'ils sont respectables par leur savoir et leur extérieur réservé, ils ne sont pas moins répréhensibles pour les excès auxquels les porte leur ambition anti-évangélique, et qu'ils poussent souvent jusqu'aux proscriptions. Les caloyers font leurs premières études dans les nombreux monastères du mont Athos, où ils se trouvent comme séparés du reste du monde. Dans ces monastères et dans celui de l'île de Pathmos, ils lisent les Pères de l'Église, et même les traductions grecques de Bossuet et des meilleurs théologiens français. Mais leur esprit subtil semble avoir éternisé dans ces écoles les sophismes du Bas-Empire, sur les points les plus incontestables du christianisme. De tout temps ces asiles de la paix furent le théâtre d'intrigues et de dissensions où se formaient des cabales pour arriver aux dignités ecclésiastiques. Il y a aussi quelques monastères de caloyers dans la Morée et une douzaine aux *Météores*.

L'instruction est tout à fait négligée dans les monastères de la Morée ; aussi vient-on rarement y chercher un évêque. On n'y trouve que des cénobites couverts de haires et de cilices, vivant du travail de leurs mains, et se nourrissant d'aliments grossiers dans un pays délicieux. Ils couchent par terre, se flagellent et se stigmatisent plusieurs fois la semaine. L'office divin, la lecture de l'Évangile ou des Pères de l'Église, partagent le reste de leur temps ; mais ils méprisent les livres de théologie, comme un tissu de chicanes. Point d'hommes érudits parmi eux. Les travaux de l'agriculture et les macérations éteignent et usent en eux toutes les facultés de l'esprit. Les couvents de caloyers ont des dotations, outre le casuel et les aumônes. Les chefs-lieux d'ordre envoient dans le temps des carêmes quelques-uns de leurs religieux faire des excursions évangéliques plus ou moins profitables à la maison. Il n'y a point de bigarrure dans le costume des caloyers : c'est une simple soutane noire ou brune, avec une ceinture de la même couleur, et un bonnet noir à forme plate, d'où pend quelquefois sur le dos une pièce de drap noir. Ce costume ne diffère de celui des *papas*, ou prêtres séculiers, que par une bande blanche que ceux-ci portent au bas de leur bonnet. Les caloyers font vœu d'abstinence, d'obéissance et de chasteté. S'ils veulent rester dans leur règle, ils ne disent pas la messe ; s'ils se font prêtres, ils deviennent moines sacrés et n'officient qu'aux grandes fêtes. C'est pourquoi chaque couvent entretient des papas pour les offices journaliers. Les novices caloyers sont reçus à dix et douze ans. Les travaux de la maison font partie du noviciat, qui se prolonge deux ans après la prise d'habit. Outre les caloyers qui vivent dans les couvents, il y a parmi eux des ermites qui demeurent seuls, et des anachorètes , qui se réunissent trois ou quatre dans une petite

CALOYER — CALPURNIUS

maison voisine d'un monastère. Ce sont ces derniers qui habitent aussi les rochers isolés et inaccessibles qu'on trouve parsemés dans les îles de l'Archipel, et qu'en raison de cela on nomme *caloyero*. Au reste, tous ces moines sont fort sales, et ne soignent ni leur barbe ni leurs cheveux. Il semble qu'en tous pays la malpropreté soit identifiée avec les habitudes monastiques. H. AUDIFFRET.

CALPÉ, ancien port de Bithynie, dans l'Asie Mineure, situé sur les bords du Pont-Euxin, à l'embouchure du fleuve du même nom, qui a reçu depuis celui d'*Agua*. Pline le nomme *Calpas*. « Calpé, dit Xénophon, est situé dans la Thrace asiatique, laquelle s'étend par ses côtes depuis l'embouchure du Pont-Euxin jusqu'à Héraclée, espace que peut franchir en un jour une galère qui va à force de rames. Calpé, qui en occupe le point central, est défendu par un rocher escarpé, qui s'avance dans la mer. Le port possède une source qui ne tarit jamais. » Ce port devait être fort ancien, puisqu'il est dit que les Argonautes y abordèrent. A peine y furent-ils arrivés, qu'Amycus, roi de Bébrycie, envoya défier le plus brave d'entre eux. L'honneur de le combattre fut déféré à Pollux, qui par la mort de ce monstre délivra les peuples voisins d'un ennemi dont ils redoutaient la férocité. »

Calpé est aussi une montagne d'Espagne, dont parlent Strabon, Pline et Ptolémée, située près du détroit qui joint l'Océan à la Méditerranée, la même que nous appelons aujourd'hui *Gibraltar*.

CALPRENÈDE (LA). *Voyez* LA CALPRENÈDE.

CALPURNIA (Loi). Ce nom avait été donné par les Romains à plusieurs lois. Il y en avait une contre le péculat, appelée *lex Calpurnia repetundarum*, et deux autres, *lex Calpurnia militaris*, et *lex Calpurnia de ambitu*. Cicéron parle de la dernière dans son discours pour L. Murena.

CALPURNIA (Famille). La *gens* Calpurnia, famille plébéienne de Rome, à laquelle appartenaient les branches Pison, Bestia et Bibulus, faisait remonter son origine à Calpus, prétendu fils de Numa. Parmi les membres les plus connus des deux dernières branches nous citerons : Lucius CALPURNIUS BESTIA, consul l'an 110 avant J.-C., qui, ayant été chargé de la guerre contre Jugurtha, se laissa corrompre et conclut un traité honteux ; et *Marcus* CALPURNIUS BIBULUS, collègue de César dans l'édilité et dans le consulat.

On ne sait à quelle branche de cette famille appartenait *Marcus* CALPURNIUS FLAMMA, tribun militaire, que son dévouement généreux place à côté des Decius et des Curtius. Le consul Attilius Calatinus, à l'époque de la première guerre punique, ayant engagé en Sicile l'armée dans un défilé dangereux, Calpurnius se dévoua avec trois cents hommes pour la sauver (258 avant J.-C.). Il échappa providentiellement à une mort qui paraissait inévitable.

Trois femmes du nom de Calpurnia méritent une mention particulière : une fille de Calpurnius Bestia, qui se donna la mort en apprenant que son époux, Publius Antistius, avait été assassiné comme partisan de Sylla, l'an 82 avant J.-C., par Lucius Damasippus, dans la curie d'Hostilie; Calpurnia, fille de Pison, l'ennemi de Cicéron, épouse de César : la veille des ides de mars elle eut un songe horrible qui l'avertissait du danger que courait son époux ; mais elle ne put l'empêcher de se rendre au sénat, grâce aux perfides exhortations de Decimus Brutus. Après le meurtre du dictateur elle envoya tous ses trésors à Marc Antoine pour le mettre en état de châtier les assassins. — Une autre Calpurnia, fut mariée à Pline le jeune, dont les lettres témoignent de son amour pour elle et des qualités qui la rendirent durable. Elle était plus jeune que lui, et il en était fait son élève, en lui inspirant le goût de la littérature, qu'elle portait à un si haut degré, ainsi que sa tendresse et sa vénération pour son mari, qu'on pouvait se demander si elle aimait Pline pour les belles-lettres ou bien les belles-lettres pour Pline.

Entre les divers écrivains du nom de *Calpurnius*, nous ne citerons que Titus Calpurnius, dont un poëte parlera plus loin, et CALPURNIUS FLACCUS, rhéteur latin, que l'on croit avoir vécu sous Adrien et sous Antonin le Pieux. Il a donné son nom à un de ces recueils de *déclamations* ou exercices de rhétorique, si nombreux à Rome, et dont les principaux nous sont parvenus sous le nom de Quintilien et de Sénèque le père. Dans Calpurnius le genre délibératif a tout à fait disparu, ce ne sont que des *controverses* ou discours judiciaires ; le style y est altéré et affaibli comme la pensée, comme tout le reste. La puérilité obligée des sujets (car la politique des empereurs n'aurait pas souffert des questions propres à agiter les esprits) entraîne l'élocution dans les plus étranges défauts, et sa constante délicatesse dégénère en afféterie et en subtilité de mauvais goût.

CALPURNIUS (TITUS). Nous ne savons presque rien de la vie de ce poëte bucolique ; elle fut obscure, comme celle de tant d'autres écrivains, dont toute l'histoire est dans leurs ouvrages. Il naquit en Sicile, probablement vers l'an 260 de notre ère. Némésien de Carthage, que l'empereur Numérien combla de ses grâces, fut son bienfaiteur. Ce favori d'un prince ami des arts sauva son protégé d'une affreuse misère, comme l'atteste le passage d'une de ses pastorales où il se représente n'ayant pour toute nourriture que des fraises, des mûres de buisson, de la guimauve et le fruit du hêtre. La bonté de Némésien y ajouta quelque chose de plus solide, du pain ! *farre*. Némésien lui-même cultivait la littérature ; on cite de lui trois ouvrages importants, le premier sur la pêche (*Alieutica*), le second sur la chasse (*Cynegetica*), et le troisième sur la navigation (*Nautica*). On y ajoute quatre pastorales imprimées communément sous son nom avec celles de Calpurnius ; mais il est fort douteux qu'elles soient de lui.

Les commentateurs sont d'accord sur ces deux poëtes ; quelques-uns les font vivre sous le règne d'Auguste : on ne conçoit guère sur quelles preuves ; car la décadence du langage est évidente ici, ou il faut renoncer à connaître la langue latine. D'ailleurs, l'historien Vopiscus, qui écrivait en 304, place Némésien au rang des poëtes qui ont fleuri sous Numérien, vers 284 ; il parle des trois ouvrages dont nous avons rapporté plus haut les titres, et ne garde le silence que sur les quatre églogues, ce qui indiquerait assez qu'elles ne sont pas de lui. Il nous reste de Calpurnius sept *Pastorales*, qui depuis long-temps sont reléguées dans les bibliothèques des érudits, quoique jadis on les ait expliquées dans les collèges. Elles n'ont pas toujours été l'objet d'une critique impartiale : des admirateurs trop passionnés ont cru y voir des perfections qu'on y cherche vainement ; d'autres lecteurs, n'y apercevant que des défauts, les ont dédaignées, comme des productions d'un mérite très-équivoque. La vérité est ailleurs que dans cet excès de louange ou de blâme. Les *Pastorales* de Calpurnius manquent de ce cachet d'originalité, de cette délicatesse de langage qui caractérisent la poésie des grands siècles de la littérature ; elles sont un peu trop calquées sur celles de Virgile ; l'imitation n'y est pas assez déguisée ; le style, quelquefois dur, présente des alliances de mots qui annoncent l'oubli des bonnes traditions ; mais peut-être faut-il moins en accuser le poëte que l'époque où il a vécu. Ce qui lui appartient en propre, ce qu'on ne pourrait lui contester sans injustice, c'est qu'il a bien su prendre le ton qui convient à l'églogue, c'est qu'il ne manque ni de naturel ni de variété, et que plusieurs de ses *Pastorales* ne seraient pas indignes du pinceau de Virgile. Fontenelle, qui s'était créé un système particulier sur le genre de poésie, laisse échapper quelque part cette exclamation en parlant d'une idylle de Calpurnius : « C'est dommage que Virgile n'ait pas fait les vers de cette pièce ; encore ne serait-il pas nécessaire qu'il les eût tous faits. »

Cet aveu d'un écrivain qui s'est montré si avare d'éloges

ouvers les grands maîtres, n'est point suspect de flatterie. Quant aux quatre *pastorales* que des commentateurs attribuent à Némésien, nous n'hésitons pas à croire, contre le sentiment même de Vossius, que Némésien n'en a jamais été l'auteur : il est impossible qu'il y ait entre deux poètes une conformité de style si extraordinaire. La nature, qui paraît éprouver une sorte de répugnance à jeter dans le monde deux hommes d'une conformation parfaitement semblable, n'a pas dû suivre d'autre règle à l'égard du principe intellectuel. Les onze églogues sont évidemment de la même main.

La première traduction de ces petits poëmes a paru à Bruxelles en 1744 ; elle ne manque pas d'élégance. Le traducteur, Mairault, a gardé l'anonyme ; mais il est aisé de voir que c'était un homme de sens, versé dans la connaissance de la littérature ancienne. Une autre version *élégante* et fidèle a vu le jour en 1842 dans la *Bibliothèque Latine-Française*, de Panckoucke : elle est du professeur Cabaret-Dupaty.

Tissot, de l'Académie Française.

CALQUE. On nomme ainsi le résultat d'une opération par laquelle, au moyen de la transparence des matières, on fait la copie d'une composition avec autant de promptitude que de facilité. Plusieurs procédés également bons sont employés pour *calquer* : le plus simple de tous est de poser un papier blanc sur l'objet que l'on veut copier ; plaçant ensuite ces deux feuilles sur une vitre élevée, à travers laquelle peut passer la lumière, on profite de la transparence que l'on obtient, pour copier les traits principaux du dessin, les nuances d'ombre ou même tous ses détails. Si le corps sur lequel est tracé le dessin original est de nature à ne pouvoir laisser pénétrer la lumière, tel qu'un tableau, un vase, alors on pose dessus une gaze ou un papier d'une grande transparence, soit par la finesse de sa pâte, soit par des applications, telles que de l'huile, du vernis ou de la gélatine. On fabrique sous le nom de *papier-glace* une matière aussi transparente que le verre même, mais elle a le défaut de se rayer très-facilement et quelquefois de se briser. Pour éviter cet inconvénient, il vaut mieux employer le papier dit *papier végétal*, qui, au lieu d'être composé de vieux chiffons, est formé de belle filasse de lin, ce qui lui laisse toujours une teinte un peu verdâtre. En raison de la nature du papier que l'on emploie pour calquer, et suivant l'usage que l'on veut faire de son calque, on se sert d'encre ou de crayon, pour bien encore d'une pointe fine, dite *pointe à calquer*. Cette dernière est d'un usage habituel chez les graveurs, soit à l'exécution du *papier verni*, soit qu'ils se servent de *papier-glace*. Le calque est souvent employé pour conserver le souvenir d'une composition ; quelquefois aussi il est destiné à obtenir une copie exacte ; dans ce cas, il reste à faire une seconde opération que l'on nomme *décalque*.

Il est inutile de dire qu'un *calque* est plus ou moins spirituel, en raison du talent de celui qui l'a fait ; il faut que le copiste qui fait un calque soit capable d'imiter l'original sans ce secours, et qu'il ne prenne ce moyen que pour avoir plus de promptitude dans l'exécution. Celui qui croirait pouvoir faire un calque sans savoir le dessin ressemblerait à la personne qui voudrait copier un ouvrage en langue étrangère sans qu'en avoir aucune connaissance de cette langue, et ne connaîtrait ni la valeur des lettres ni celle des accents. Mais un calque fait avec esprit par un artiste lui procure en peu d'instants une copie fidèle et dont il aura besoin par la suite ; pour un graveur et un lithographe, le calque lui donne le moyen de transporter une composition sur une planche ou sur une pierre avec une parfaite exactitude, et sans fatiguer aucunement la matière, qui doit conserver toute sa fraîcheur et toute sa pureté, soit pour le travail de l'eau forte, soit pour celui du crayon lithographique.

Duchesne aîné.

CALUMET, pipe de sauvage, particulière aux peuplades de l'Amérique septentrionale. C'est un symbole de paix, et quelquefois de guerre. Les Illinois disent que c'est le soleil qui leur a donné le calumet ; aussi le décorent-ils des plus brillantes plumes d'oiseaux, et même d'ailes entières : c'est presque le caducée de Mercure et des hérauts chez les Grecs anciens ; il fait tomber les armes des mains des combattants, au plus fort de la mêlée et du carnage. Dans les grands traités de paix et d'alliance, un des sauvages, choisi à cet effet, porte en dansant et en chantant le calumet le plus magnifique qu'on puisse se procurer, et en frotte le *grand chef* par tout le corps ; puis, l'ayant rempli de tabac, il le lui offre tout allumé : il fume avec lui, pousse vers le ciel la première vapeur du tabac, la seconde vers la terre, et la troisième autour de l'horizon. Tous les jours, au lever du soleil, le *grand chef* pratique la même cérémonie. Le calumet est ordinairement d'une pierre rouge, polie comme du marbre, percée de telle façon qu'un des bouts sert de fourneau au tabac, et que dans l'autre s'introduit la tige, qui est une canne creuse de soixante-cinq centimètres de long, élégamment ornée, entortillée de cheveux nattés, et garnie de plumes vertes, rouges et bleues. Quand ils veulent obtenir de la pluie ou du beau temps, les naturels le présentent au soleil pour qu'il fume ; ils font aussi honneur aux ambassadeurs de la première bouffée de fumée. Quand ils offrent le calumet, on ne doit pas le refuser si on ne veut pas devenir ennemi ; mais il suffit de feindre d'y fumer. Les calumets de guerre ont la tige peinte de vermillon dans l'intervalle des tresses de cheveux. Les peuplades amies se font réciproquement présent de cette pipe en signe d'une paix éternelle. Elles l'ont plus d'une fois offerte aux Français, naguère leurs voisins dans le Canada. Les Outagamis surtout excellent dans la danse et le chant du calumet, qui, comme une divinité, a aussi sa fête solennelle.

Denne-Baron.

CALUS. *Voyez* Cal.

CALVADOS (Département du). Formé du Bessin, du Bocage, de la campagne de Caen, du pays d'Auge et du Lieuvin, dépendant de la basse Normandie, il tire son nom d'une chaîne de rochers située en mer, à peu de distance de ses côtes, entre l'embouchure de l'Orne et de la Vire. Il est borné au nord par la Manche, à l'est par le département de l'Eure, au sud par celui de l'Orne et partie du département de la Manche, qui le borne aussi à l'ouest.

Divisé en six arrondissements, dont les chefs-lieux sont Caen, Bayeux, Falaise, Lisieux, Pont l'Évêque et Vire, il compte 37 cantons, 789 communes et 498,385 habitants. Il envoie quatre députés au corps législatif. Il forme avec les départements de la Manche, de la Mayenne, de l'Orne, de la Sarthe, d'Eure-et-Loir le 15e arrondissement forestier, constitue la 2e subdivision de la 2e division militaire, dont le chef-lieu est à Caen, ressortit à la cour d'appel de cette ville, et compose le diocèse de Bayeux, suffragant de l'archevêché de Rouen. Son académie comprend une faculté de droit, une faculté des sciences, une faculté des lettres, une école préparatoire de médecine et de pharmacie, un lycée, une école primaire supérieure, 6 collèges communaux. Sa superficie est d'environ 562,093 hectares, dont 316,523 en terres labourables ; 123,059 en prés ; 46,325 en vergers, pépinières et jardins ; 39,795 en bois ; 13,114 en landes, pâtis, bruyères ; 3,588 en propriétés bâties ; 2,793 en forêts, domaines non productifs ; 2,775 en lacs, rivières, ruisseaux ; 305 en étangs, abreuvoirs, mares, canaux d'irrigation ; 98 en cultures diverses ; 30 en oseraies, aulnaies, saussaies, etc. On y compte 128,287 propriétés bâties, dont 127,003 consacrées à l'habitation. Il paye 3,798,484 fr. d'impôt foncier, et son revenu territorial est évalué à 35,500,000 fr.

Dominé au sud par les terrains élevés du département de l'Orne, le département du Calvados n'a qu'une pente du sud au nord ; il n'est sillonné de collines que dans sa partie méridionale, et n'offre que de vastes plaines séparées par des vallées peu profondes. Il est abondamment arrosé, et appartient en partie au bassin de la Seine et à celui de la Vire et de l'Aure ; il forme en outre ceux des petits fleuves de la Dromme, de la Secelle, de la Dives recevant la Vie, de la Touques, et la partie inférieure du bassin de l'Orne recevant l'Odon. Il y a peu d'étangs, mais on trouve des marais assez étendus sur les bords de l'Aure inférieure, de la Dives et de la Touques. La côte est d'un accès difficile, on n'a pas de bons ports ; entre Honfleur et Dives, elle est formée par des falaises hautes de 120 mètres; par des dunes de sable de la Dives à la Secelle, et par des falaises et des terres élevées de cette dernière rivière à la Vire. Le climat est salubre quoique humide.

Les bêtes fauves sont devenues rares dans ce pays. Les sangliers ainsi que les lièvres et lapins ont presque disparu; mais le poisson abonde dans les rivières. Les essences dominantes dans les forêts sont le chêne, le bouleau, le hêtre et le charme. On trouve dans le département du fer. On y exploite de la houille, surtout à Littry; on tire en outre des carrières de la pierre à bâtir, du granit, du grès, de la pierre à chaux, des terres argileuses pour les poteries, les tuileries et les briqueteries, de la terre à foulon, de l'ardoise, de la tourbe. Il existe aussi plusieurs sources d'eaux minérales, dont les plus renommées sont celles de *Brucourt*, dans l'arrondissement de Pont-l'Évêque.

Le sol du Calvados est gras et fertile; c'est un pays de culture céréale et d'herbages. Les pâturages fournissent des fromages renommés, entre autres celui de Livarot, et d'excellent beurre : celui d'Isigny et de la vallée d'Auge est particulièrement renommé. On cite encore parmi les plus riches vallées celles de Trévières, sur un affluent de la Vire, et de Saint-Pierre sur la Dives. On trouve peu de vignes, et elles ne donnent que de mauvais vins. Le cidre est la principale boisson du pays ; on en fait un grand commerce ainsi que de l'eau-de-vie qu'on en obtient. Les poiriers sont également cultivés pour le même objet. Le département fournit d'excellents chevaux, une immense quantité de bêtes à cornes, des moutons, des porcs, des volailles de toutes espèces ; peu de chèvres, de mulets et d'ânes.

L'industrie manufacturière et commerciale du département du Calvados consiste notamment dans la filature des laines et des cotons, la fabrication des draps fins et communs, des étoffes et des couvertures de laine, des siamoises, des étoffes de coton, des toiles de cretonne, des molletons, des flanelles, etc. Les blondes de Caen et les dentelles de Bayeux ont de la réputation. La fonderie et le travail du fer ont encore une branche importante de l'industrie locale. Le département possède en outre des papeteries, des tanneries, des tuileries, des raffineries, des distilleries, des fabriques de produits chimiques, des corderies, etc. Les diverses pêches occupent les habitants du littoral.

Le département du Calvados est sillonné par neuf routes nationales, et dix-sept départementales. Il ne possède pas de canaux ; mais il a cinq rivières navigables.

Les principales villes du département du Calvados sont : Caen, chef-lieu du département, Bayeux, Lisieux, Falaise, Vire, Pont-l'Évêque, sur la Touques et la Calonne, avec 2,155 habitants, qui doit à sa situation géographique d'être chef-lieu d'arrondissement ; Honfleur, Condé-sur-Noireau, au confluent du Noireau et de la Drounnce, avec 5,976 habitants : elle renferme un grand nombre de filatures de coton et de fabriques de divers tissus ; Orbec, sur la rivière du même nom, avec 3,357 habitants, Isigny, Trouville. Le petit port de Courseulles est l'entrepôt d'un commerce considérable d'huîtres.

CALVAERT (Dyonis), peintre célèbre, naquit en 1555, à Anvers, vint très-jeune en Italie comme peintre de paysages, fréquenta à Bologne les écoles de Fontana et de Sabattini, et partit avec ce dernier pour Rome. Après avoir pendant quelque temps dessiné d'après Raphael, il ouvrit à Bologne une école de laquelle sont sortis une foule de grands maîtres, tels que l'Albane, le Guide et le Dominiquin. Les Bolonais, qui l'appellent *Denis le Flamand*, le considèrent comme l'un des restaurateurs de leur école, particulièrement sous le rapport du coloris, dans le maniement duquel il a effectivement une remarquable habileté.

Calvaert appartient incontestablement aux meilleurs maîtres qui précédèrent la restauration de l'art italien par les Carrache. Il mourut en 1619, à Bologne, où l'on a conservé ses meilleures toiles. Augustin Carrache et Sadeler ont gravé une partie de ses œuvres.

CALVAIRE (*Calvariæ locus* ou *mons*) est la traduction littérale du mot *Golgotha*, qui en hébreu et en syriaque désigne la partie de la tête qui se dépouille de cheveux, qui devient chauve, *calva*. Il y a deux mille ans le Calvaire, à quelques cents pas de Jérusalem, était une montagne, ou plutôt un monticule, sec, rocailleux, aride, sans vie, sans végétation. On a prétendu qu'Adam y fut enterré et qu'Abraham y conduisit son fils Isaac pour l'immoler conformément à l'ordre qu'il en avait reçu du Seigneur. Les Juifs y faisaient exécuter les criminels condamnés à mort. Afin que tout le peuple pût assister à ce spectacle, il y avait une grande place entre le mont et la muraille de la ville. Le reste du mont était environné de jardins, dont l'un appartenait à Joseph d'Arimathie, disciple secret de Jésus-Christ; il y avait fait creuser pour lui-même un sépulcre, dans lequel fut mis le corps du Sauveur. Mais depuis deux mille ans ce pays a bien changé de face : Chanaan a cessé d'être la terre de promission, comme son peuple a cessé d'être l'espérance de l'humanité. Cette contrée si fertile, si riante, si belle, qu'elle mérita d'être appelée l'image du ciel, est une solitude triste, sombre, stérile, qui « semble, dit Châteaubriand, respirer en même temps la grandeur de Jéhovah et les épouvantements de la mort. » La reine des cités est devenue la reine du désert ; et qui s'en étonnerait après tant de dévastations?—Au contraire, les changements ont profité au Golgotha. Les soldats de Titus avaient détruit le temple de Jérusalem. Adrien, l'an 135 de l'ère chrétienne, détruisit la ville même, et se fit, sans le savoir, grand accomplisseur de prophéties ; car il n'y laissa pas *pierre sur pierre*. Jérusalem fut anéantie, et défense fut faite aux Juifs de la relever. Adrien leur interdit même l'entrée de la ville nouvelle, qu'il fit bâtir à l'occident de l'ancienne, sous le nom d'*Ælia Capitolina*, et qu'il peupla d'une colonie romaine. Il renferma dans son enceinte une partie du mont Ghion, et le Calvaire tout entier. Voulant en même temps faire perdre aux chrétiens la tradition de leurs saints lieux, il éleva une statue de Jupiter sur le saint-sépulcre, et sur le Calvaire celle de Vénus ; mais deux siècles après ces statues étaient renversées et remplacées par des églises. C'est là que se trouve aujourd'hui l'église du Saint-Sépulcre. C'est aussi là que fut retrouvé le bois sacré de la croix.

Dans le sens spirituel, le *Calvaire* indique la conformité du chrétien avec Jésus-Christ dans la résignation aux peines et aux souffrances de la vie.   DE KERTANGUY.

Dans les pays catholiques on a donné le nom de *calvaire* à certaines élévations du sol et à certaines chapelles où l'on a planté une ou trois croix en commémoration du crucifiement de Jésus-Christ, et où l'on va en pèlerinage dans la semaine sainte. Le plus célèbre de ces *calvaires* fut celui du mont Valérien près de Saint-Cloud, à quelques kilomètres de Paris, et faisant partie de la commune de Nanterre. Du temps de Henri IV il existait déjà sur cette colline un ermitage, qui plus tard fut converti en une chapelle, à laquelle on donna le nom de Saint-Sauveur. En 1634 il s'y établit une congrégation sous le nom de *prêtres du Calvaire*, dont la chapelle était le but d'un pèlerinage que l'on y faisait la nuit du jeudi au vendredi saint, en portant des croix. Quelques dévots se faisaient fustiger en chemin ; des pèlerins et des pèlerines faisaient souvent des stations dans le bois de Boulogne avant d'en faire sur la montagne du Calvaire, et peu à peu la galanterie et le plaisir ayant fini par remplacer le zèle et la pénitence, les pèlerinages nocturnes furent supprimés par l'archevêque de Paris en 1697. La loi de 1791 détruisit toutes les congrégations religieuses ; celle du Calvaire, qui s'était distinguée surtout par la fabrication des bas de soie, dont elle fournissait les élégants de l'époque, se dispersa. Après le 9 thermidor, Merlin de Thionville acquit, moyennant 17,000 fr. en assignats, les bâtiments du Calvaire avec les quarante-cinq arpents qui les entouraient. Il y recueillit six des anciens habitants, et quelques années plus tard l'église fut rouverte. On y retrouva le corps du Père Charpentier, fondateur de la maison des missions du Calvaire au commencement du dix-septième siècle. Ce corps, qui était parfaitement conservé, fut enfermé dans une châsse en verre et placé dans une petite chapelle spéciale, où l'on vint de toutes parts pour obtenir la guérison des maladies. Par malheur le corps du père Charpentier tomba bientôt en dissolution, et au bout de deux mois il fallut le porter à un cimetière des environs. Le concordat avait été signé. Merlin de Thionville vendit ce domaine à un curé de Paris, qui en fit un lieu de rendez-vous où des prêtres et des évêques tenaient conciliabule contre le gouvernement. Un jour les grenadiers de la garde en garnison à Courbevoie se rendent au mont Valérien, surprennent les conspirateurs, et rasent de fond en comble l'église et le couvent. Quelque temps après, Napoléon ordonna de construire sur l'emplacement des anciens bâtiments un vaste édifice qu'il destinait à une caserne. Sous la restauration, les Pères de la foi obtinrent cet emplacement. Il s'y forma une mission ; on y prêcha en plein air ; les processions recommencèrent ; Charles X fit planter une belle allée d'arbres pour y arriver, et il s'y créa une industrie lucrative, qui consistait à vendre fort cher un coin de terre aux personnes dévouées à la congrégation qui désiraient être inhumées en ce saint lieu. A la révolution de Juillet, la maison des missions fut saccagée, et l'État reprit possession des biens des révérends Pères. Enfin les fortifications de Paris ayant été décidées, on y établit un fort magnifique, qui domine à une grande distance la plaine environnante et défend le passage de la Seine qui coule à ses pieds.

CALVAIRE (Filles du), ordre de religieuses qui suivaient la règle de saint Benoît. Elles furent fondées premièrement à Poitiers, par Antoinette d'Orléans, de la maison de Longueville. Le pape Paul V et le roi Louis XIII confirmèrent cet ordre, en 1617 ; et le 25 octobre de la même année Antoinette d'Orléans prit possession d'un couvent nouvellement bâti à Poitiers, avec vingt-quatre religieuses de l'ordre de Fontevrauld, qu'elle avait tirées de la maison d'Encloitre, située aux environs. Deux couvents de Paris ont porté le nom de *Filles du Calvaire*. Le premier, situé rue de Vaugirard, fut fondé en 1620, par les soins d'un fameux capucin appelé le père Joseph, au moyen des libéralités de la reine Marie de Médicis et de la veuve d'un conseiller au parlement appelé Lauzon ; il se composa d'abord de six religieuses venues du couvent de Notre-Dame du Calvaire de Poitiers. En 1625 Marie de Médicis leur fit élever leur chapelle, dont l'intérieur fut décoré de quatre tableaux peints par Philippe de Champagne. Ces religieuses furent supprimées en 1790, et leur chapelle convertie en remises dépendantes du palais du Luxembourg. Le second couvent, situé sur l'emplacement actuel de la rue Neuve de Bretagne et de la rue Neuve-de-Ménilmontant, fut également fondé par le père Joseph, en 1633 ; douze religieuses, prises du couvent du Calvaire près du Luxembourg, y furent transférées le 16 avril 1637. C'est dans cet dernière maison que résidait la générale de tout l'ordre.

CALVI, ville de France, chef-lieu d'arrondissement dans le département de la Corse, à 70 kilomètres au nord d'Ajaccio, sur la côte occidentale de l'île et le golfe qui porte son nom, avec une population de 1,746 habitants. C'est une place de guerre de deuxième classe ; elle possède un tribunal de première instance et un collège. Calvi est bâtie sur un roc, qui s'avance dans la mer, dont elle est de la sorte entourée de trois côtés ; son aspect est imposant ; elle n'offre d'ailleurs aucun monument remarquable. La caserne, qui est l'ancien palais des gouverneurs génois, et l'Église, où l'on voit le tombeau de l'ancienne famille Baglioni, présentent seules quelque intérêt. Son port, dominé par un château presque imprenable, peut abriter une flotte nombreuse. On récolte dans les environs de bons vins rouges. Le commerce consiste en bois, huile, amandes, citrons, orange, cire, cuirs et peaux de chèvre.

Calvi fut fondée au treizième siècle, par Giovanninello de Pietra-Allerata, qui vint se retrancher sur les hauteurs où elle se trouve aujourd'hui, pour la guerre qu'il fit à Giudice della Rocca, seigneur de toute la Corse. Les Avoghari, seigneurs de Nonza, dominèrent ensuite à Calvi jusqu'à ce qu'elle se soumit aux Génois. Occupée un instant par les troupes d'Alphonse, roi d'Aragon, puis assiégée inutilement par les armées combinées de la France et de la Turquie, sous le règne de Henri II, grâce, dit la tradition, à un crucifix placé sur les remparts, cette ville ne prit jamais part aux révoltes de l'intérieur contre la république de Gênes ; aussi lisait-on sur la porte de la citadelle cette inscription : *civitas Calvi semper fidelis*. Les Anglais assiégèrent Calvi au mois de juin 1794, et la ville dut se rendre après une héroïque résistance de cinquante et un jours. La population s'embarqua tout entière pour Toulon, laissant à l'ennemi que des murs à moitié renversés ; elle revint dans ses foyers l'année suivante quand la Corse eut secoué le joug des Anglais.

CALVILLE. *Voyez* CALLEVILLE.

CALVIN (JEHAN CAUVIN, plus connu sous le nom de) domine une des grandes révolutions de l'esprit humain. La réformation de Luther changea le droit public, la pensée sociale de toute une époque ; Calvin fut le grand organisateur de ce mouvement religieux et politique. Il mit une forme de gouvernement là où il n'y avait encore qu'un désordre d'idées, qu'une effervescence de systèmes s'entrechoquant dans le chaos. C'était là la mode des savants de ce temps-là de se cacher sous des noms supposés, et de latiniser, par amour de la science, leur origine franque ou gauloise. Aussi ferai-je remarquer que le pseudonymie de Calvin qu'il se fit appeler, suivant les circonstances, *Calvarius*, qui signifie la même chose que Calvin ; puis, *Alcuin*, dans l'édition de son *Institutio Christiana* (Strasbourg, 1539) ; *Lucanus*, *Deparçan*, et *Charles de Happeville*. Il porta ce dernier nom pendant son séjour en Italie. Enfin, ce fut sans doute comme docteur en droit qu'il prit quelquefois le titre de *maître Jehan Calvin*.

A peine sorti des mains de Mathurin Cordier, dont il fut le disciple, Calvin fut, à l'âge de douze ans, pourvu d'un bénéfice dans la cathédrale de Noyon, ville où il était né en 1509, et à seize ans de la cure de Marteville, qu'il permuta deux ans après avec celle de Pont-l'Évêque. Il vint à Paris étudier les belles-lettres et la philosophie. Il y trouva Robert Olivétan, son parent. C'est à lui que Calvin dut d'entrer dans la carrière où il acquit tant de célébrité ; ou bien peut-être l'étude approfondie qu'il fit alors de l'Écriture Sainte, sous un précepteur réformé, développa-t-elle en lui les germes d'une vocation secrète. Quoi qu'il en soit, le jeune docteur saisit avec chaleur les idées de la réforme, et renonça à la scolastique, qui ne lui offrait plus désormais une morale conforme à celle qu'il puisait dans les Testaments. Ayant résolu d'étudier en droit, il alla à Orléans, où il écouta les leçons de Pierre de L'Estoile, puis à Bourges, où il connut Melchior Wolmar. Cet Allemand célèbre lui enseigna la langue grecque, et fortifia en lui les idées nouvelles qu'il avait reçues sur la religion. Dès lors Calvin commença à les répandre par la prédication dans les villages environnants, et le seigneur de Linières, qui l'entendit quelquefois, disait : « Du moins celui-ci enseigne quelque chose de nouveau. » A l'âge de vingt-deux ans, Calvin était consulté dans les affaires de la plus haute importance politique. Il approuvait le divorce de Henri VIII, roi d'Angleterre ; mais il cherchait à détourner ce prince de son second mariage, et surtout de la suprématie religieuse qu'il voulait s'arroger. Tout ceci se passait encore à Bourges, que Calvin quitta une seconde fois pour se rendre à Paris. Il y publia à vingt-quatre ans son curieux commentaire sur les deux livres *De la Clémence*, de Sénèque : leçon de douceur et de mansuétude, que les circonstances rendaient si importante au moment des grandes persécutions de François Ier contre les nouvelles doctrines.

La protection de la reine de Navarre vint enhardir Calvin dans ses travaux. Déjà célèbre parmi les réformés par ses talents en controverse et en théologie, il en reçut une impulsion nouvelle, pour aspirer à de plus hauts succès. Mais alors se formait contre lui un orage que ni ses talents ni ses protecteurs ne purent écarter. Accusé d'avoir enseigné ses idées au sein même de l'université de Paris, Calvin fut forcé de fuir en Languedoc. On ignore les particularités de sa vie pendant tout le temps qu'il erra en France, temps que la reine de Navarre employait, mais sans succès, à le réhabiliter par le secours de son crédit. Calvin, doué d'une prodigieuse activité, mit à profit son exil pour faire germer son vaste système dans les esprits. C'est de cette époque, en effet, que datent les liaisons avec Marlorat, Lépine et Lefebvre d'Étaples, qui prévit et annonça dès lors la grande révolution qu'allait opérer la ténacité d'un esprit puissant de science et de conviction.

Soit qu'il eût appris que les haines de ses ennemis s'étaient assoupies, soit, comme l'ont cru quelques-uns, qu'il fût poussé par le désir de connaître Servet, qui devait se trouver alors à Paris, Calvin y revint, en 1534. Servet n'y était point ; il avait fui, et Calvin en témoigna sa peine ; car il avait pour ce hardi docteur autant d'admiration qu'il eut depuis de jalousie. François Ier régnait alors. On sait qu'avec les idées de chevalerie de son siècle, ce prince avait adopté surtout son esprit de persécution contre les réformateurs. Ses vengeances devenaient chaque jour plus cruelles. Calvin gémissait des maux qu'elles occasionnaient à sa patrie, et, ne voulant pas en être plus longtemps le témoin, il résolut de se soustraire au spectacle de si sanglantes injustices. Cependant, avant de quitter la France pour se retirer en Suisse, il publia un ouvrage intitulé *Psychopannichia*, contre ceux qui croyaient que les âmes dormaient quand elles étaient séparées du corps. Arrivé à Bâle, il entra bientôt en relation intime avec les savants de ce pays, parmi lesquels Capito et Grynæus. Ce fut là qu'il apprit l'hébreu.

Au sein des douceurs d'une vie laborieuse et retirée, l'image des persécutions des Français ses coreligionnaires poursuivait le réformateur. Soudain il prend une résolution qui honore également le courage de celui qui la prend, et la réputation de magnanimité du prince qui put l'inspirer. Connaissant la grandeur d'âme dont se piquait François Ier, il veut l'instruire des malheurs de ses sujets et lui en dévoiler les causes. C'est dans ce but qu'il compose en latin sa fameuse *Institution Chrétienne*. Il la dédia au roi de France par une préface dont l'éloquence, toujours justement admirée, en fait un de ces rares morceaux qui ne s'oublieront jamais. Dans son infatigable sollicitude à propager ses doctrines, Calvin s'informait des provinces et des villes qui nourrissaient des idées favorables à la réformation. La fille de Louis XII, la célèbre duchesse de Ferrare, se faisait alors remarquer par ses connaissances étendues et son génie. Son entourage se composait surtout des protestants les plus instruits, pour les opinions desquels elle semblait pencher. Calvin vole auprès d'elle ; sa réputation l'ayant devancé, il reçoit de cette princesse l'accueil plus distingué. Il éclaircit les doutes qui restaient dans l'esprit de la duchesse,

la subjugue, l'entraîne par ses fortes pensées, et finit par lui inspirer une estime qu'elle lui conserva pendant toute sa vie, ainsi que le témoignent une multitude de ses lettres au théologien de Genève. Bientôt il est poursuivi, en danger même à la cour de Ferrare, et il n'a d'autre parti que de chercher un dangereux refuge sur les terres de France. Il eut ici à redouter encore le contact d'un système tout catholique, et, comparant à cette intolérance la liberté de l'Allemagne, il prit la résolution d'y aller fixer son séjour.

A cette époque, la guerre allumée dans la Flandre et la Lorraine rendant ce chemin impraticable, il fut forcé de passer par Genève. On était au moins d'août 1536 ; Calvin avait alors vingt-sept ans. Les deux réformateurs de ce pays, Farel et Viret, ne réussirent par d'abord à le retenir ; il était demeuré sourd à leurs prières, ainsi qu'aux instances de la république naissante, lorsque ces deux ministres l'ayant sommé au nom de Dieu de les aider dans le travail qu'ils faisaient pour le Seigneur, il se rendit enfin à leurs sollicitations. Dès ce moment (1546) on trouve Calvin investi à Genève de la place de ministre de la parole de Dieu, et chargé de faire des leçons de théologie. C'est ici le lieu de rapporter un incident ignoré de presque tous les historiens. Fuyant les persécutions de Ferrare, Calvin s'arrêta dans la cité d'Aoste, en Piémont, où il prêcha d'abord la réformation avec succès, mais d'où il fut encore proscrit par l'intolérance. Mon opinion à cet égard est fondée sur l'existence d'une colonne érigée pour éterniser l'arrivée de Calvin à Aoste et son bannissement ; en effet, on lit sur cette colonne : *Hanc Calvini fuga erexit MDXLI, Religionis constantia reparavit anno MDCCXLI.* Quant à cette date de 1541, il est facile de l'expliquer : bien que l'événement qui en est le sujet se soit passé en 1535, ce monument ne fut élevé que six ans après, lorsqu'on ne craignit plus les suites de la réformation. Muratori commet à ce sujet une erreur singulière, lorsqu'il dit en parlant de Calvin, que dans la même année, se voyant découvert, ce *loup* (*questo lupo*) s'enfuit à Genève. Ainsi que nous l'avons dit, Calvin visita d'abord la France, avant de se fixer en Suisse.

La réputation du nouveau prédicant s'étendit au dehors. A Lausanne on le choisit, en 1537, pour présider une dispute qui devait détacher le peuple de la religion romaine, et l'éclairer sur les changements proposés par les réformateurs. Puis, tout rempli de ses propres convictions, il défendit les réformés attaqués par les anabaptistes, et il employa contre eux avec tant de succès l'Écriture Sainte et le raisonnement, qu'il proscrivit pour jamais cette secte de Genève. Peu après il fut forcé de plaider sa propre cause contre Caroly, qui l'accusait d'arianisme.

L'année suivante (1538) fut signalée par le bannissement du ministre réformateur. Voici quels en furent les motifs : Il existait alors deux partis à Genève, celui des ministres austères et celui des magistrats plus faciles, qui ne voulaient pas heurter les mœurs et de douces habitudes. Calvin et Farel, profondément irrités des désordres qui régnaient dans la société de leur ville, firent des représentations au conseil pour l'engager à pourvoir à la correction de la république. Ces deux pasteurs prêchaient en même temps avec force contre les vices du temps. Les magistrats de l'opinion opposée se plaignirent de leur zèle acerbe, et une ligue se forma pour se débarrasser de ces censeurs ecclésiastiques. Ils s'efforcèrent de rendre les ministres de l'Évangile suspects au peuple. Pour y réussir, on fit adopter au conseil la décision du synode de Lausanne, sur la célébration du baptême avec les fonts baptismaux, sur l'usage du pain azyme dans la communion, sur les fêtes de Noël, de l'Ascension, etc., parce qu'on savait bien que ces décisions seraient blâmées par Farel et Calvin. Les deux ministres, pénétrant les motifs de cette conduite, et jugeant que le conseil avait méconnu leurs austères prédications, résolurent une violente manifestation de principes. En conséquence, le jour de

17.

Pâques, ils refusèrent d'administrer la sainte cène de la manière prescrite par le conseil. Ils allèrent plus loin. Ils crurent qu'ils ne pouvaient pas donner le sacrement à des hommes que leurs divisions et leurs vices rendaient, à leurs yeux, indignes du titre de chrétiens. Le conseil et le peuple furent tellement irrités de cette désobéissance, que leur bannissement fut aussitôt prononcé. On ne leur laissa que trois jours pour pourvoir à leurs affaires domestiques. En quittant Genève, Calvin disait aux magistrats que son exil faisait l'éloge de ses principes : « Si j'avais cherché à plaire aux hommes, leur dit-il, certainement je serais mal récompensé ; mais j'ai travaillé pour celui qui récompense même pour ce qu'on n'a pas fait. »

Farel se retira à Neufchâtel, où il prêcha jusqu'à la mort de Calvin. Celui-ci se rendit à Strasbourg. Bientôt, soutenu de l'amitié généreuse des savants Bucer, Capito et Hedio, Calvin fut nommé par le conseil de cette ville à une chaire de théologie, et pasteur d'une église française, dans laquelle il introduisit sa discipline ecclésiastique. Cependant les Génevois ainsi privés de deux têtes de la réforme, le cardinal Sadolet espéra les vaincre. Il écrivit au peuple et au conseil des lettres très-pressantes pour le faire rentrer dans le sein de l'Église romaine. Le conseil répondit par des paroles polies ; mais Calvin combattit la proposition du cardinal par un long pamphlet, encore imprimé dans ses œuvres ; puis il exhorta les Génevois à persister dans leurs principes de réformation, par deux lettres écrites en 1538 et 1539. Ce zèle de Calvin fut apprécié par les habitants de Genève, et la faction opposée aux ministres sévères en fut tellement affaiblie qu'on travailla à les rappeler. En conséquence on écrivit à Calvin, en 1540, pour lui rendre les emplois qu'on lui avait ôtés ; mais il répondit qu'il appartenait à Strasbourg, sa nouvelle patrie, et qu'il souhaitait d'être remplacé à Genève par Pierre Viret. Alors le conseil s'adressa aux magistrats de Strasbourg, qui, à la considération des cantons de Zurich, de Berne et de Bâle, qui appuyaient cette demande, accordèrent le retour de Calvin. Celui-ci était dans ce moment-là à Ratisbonne, où il assistait à des assemblées qui s'y tenaient relativement à la religion réformée. Sollicité de nouveau par le conseil et les ministres ses collègues à Genève, encouragé par Bucer, informé que son bannissement avait été revoqué le 1er mai 1541, il s'arracha à son église de Strasbourg, qui lui accorda un congé de deux ans, et de Ratisbonne il partit pour Genève.

Calvin y fut reçu aux acclamations du peuple, le 11 septembre 1541. Dans la crainte de l perdre encore, les Genevois écrivirent de nouveau à Strasbourg pour obtenir sa licence absolue, et, après bien des difficultés vaincues, il fut convenu que Calvin resterait fixé à Genève. La ville de Strasbourg confirma à Calvin son titre de bourgeoisie, lui voulut lui conserver les honoraires qu'il recevait ; le ministre les refusa. Et cependant, en quoi consistaient les émoluments que Genève lui donnait? En cinquante écus, douze coupes de blé, deux tonneaux de vin et son logement ! Dès son arrivée à Genève, Calvin s'empara du pouvoir. Ce fut sous son influence que parut le règlement présenté et sanctionné en plein conseil le 20 novembre 1541, lequel réalisait une idée opiniâtre de la réformation des mœurs et de la création d'une grande puissance ecclésiastique. Le consistoire institué par ce règlement fut le tribunal auquel il confia le salut et la réputation des citoyens. La puissance ecclésiastique s'y mêlait tellement à la puissance civile, qu'elle la dominait : Cette création donnait le pouvoir absolu à Calvin. Le consistoire n'avait pas le droit d'infliger des peines corporelles ; il devait renvoyer au conseil les cas les plus graves, avec le jugement qu'il en portait.

Malgré les soulagements que Calvin reçut de Farel et de Viret, on ne comprend pas comment il a pu suffire à tous ses travaux, et surtout quand on songe de quels maux violents et continuels il était accablé. Infatigable dans sa vie de savant, il travaille à la composition des édits et ordonnances de la ville, en même temps qu'il prêche sur la place publique et qu'il écrit ses livres de controverse. Ces livres se multipliaient ; car les attaques devenaient vives et pressantes. Calvin n'avait pas oublié qu'autrefois, accusé d'arianisme par Caroly, il avait été obligé de se défendre devant lui. Ayant su que ce théologien abusait de son imagination dans sa manière d'expliquer l'Écriture Sainte, il alla le chercher à Strasbourg, puis à Metz ; mais à son grand mécontentement il ne put obtenir des magistrats de disputer publiquement contre lui. Il revint à Genève, où il donna dans cette même année (1543) une liturgie ecclésiastique composée de prières et d'enseignements importants sur la visite des malades.

Charles-Quint avait désiré l'assemblée d'un concile général où seraient discutées sérieusement les affaires des deux religions. Paul III n'y consentit pas d'abord. Ces assemblées de concile étaient redoutées par la toute-puissance romaine, parce qu'elles ramenaient l'Église à sa primitive et libre constitution. Calvin combattit avec énergie les arguments du pontife, et, dans un ouvrage publié lorsque la diète était réunie, il chercha à prouver directement la nécessité de la réforme de l'Église. Il fit paraître à la même époque plusieurs ouvrages contre les anabaptistes et les *libertins*. On appelait ainsi à Genève ceux de la faction à mœurs faciles, qui lui était opposée.

Calvin avait connu à Strasbourg, en 1539, un professeur nommé Castalion, auquel il procura une place de régent à Genève, en 1540. Castalion avait toutes les exagérations de la renaissance, cette fureur de tout latiniser et de formuler le christianisme dans les idées de l'antiquité. Il traduisait la Bible en latin, et s'efforça de faire parler à Moïse la langue de Cicéron. Il essaya même de lui faire réciter quelquefois les tendres stances d'Ovide ou de Tibulle. Calvin s'emporta en dures violences contre ces bizarreries d'une époque d'imitation. Castalion, blessé, demanda à disputer publiquement avec Calvin sur la descente de Jésus-Christ aux enfers. On le lui refusa ; mais, par amour pour la science, on lui concéda d'ouvrir cette dispute devant l'assemblée des ministres : elle dura longtemps sans résultat. Mais Castalion s'étant aigri au point de parler sans ménagement des ministres de Genève, il fut destitué de sa place de régent. Il se retira à Bâle, où il mourut. Calvin entra en dispute, l'année suivante, avec Pierre Toussaint de Montbéliard, sur la sainte cène, et après avec la Sorbonne, qui avait prescrit des articles de loi. En 1545, il écrivit longuement contre Pighius sur le libre arbitre ; mais il renouvela ses controverses avec Osiander sur la sainte cène, et ces années semblaient accroître le nombre des adversaires de Calvin.

Ce fut en 1545 qu'un fléau redoutable fondit sur la ville de Genève ; Calvin s'y montra courageux et dévoué. En même temps qu'il exposait sa vie au service des pestiférés, il obtenait de Strasbourg et des princes d'Allemagne une somme d'argent pour secourir les vaudois échappés aux massacres de Cabrières et de Mérindole. A côté de ce dévouement se montrent des actes de cruelle intolérance. On ne peut mettre en doute sa participation à la condamnation de Jacques Gruet, décapité le 26 juillet 1547. Celui-ci ayant osé afficher à la chaire de la cathédrale un libelle contre les Genevois réformés, mais surtout contre les réformateurs et les ministres, fut arrêté sur-le-champ. On trouva dans ses papiers une requête qu'il voulait présenter au conseil général contre la discipline ecclésiastique, un écrit qui renfermait des objections contre la divinité des livres sacrés, la spiritualité et l'immortalité de l'âme, et enfin, dans ses lettres, des passages très-violents contre Calvin. Le pasteur de Genève fit rendre une sentence capitale, dans laquelle on remarque ces motifs singuliers de condamnation : « Pour avoir soutenu que les lois divines et humaines étaient l'ouvrage du caprice; pour avoir écrit des livres impies et des vers libertins; pour avoir soutenu que la paillardise n'était point criminelle lorsque les deux parties étaient consentantes; pour avoir mal parlé des ministres et des réformateurs, et surtout de M. Calvin, contre lequel il a cherché à irriter la cour de France, etc., etc. » Quel siècle que celui-là!

Après, vint la controverse suscitée par Bolsec; moine et prédicateur trop ardent, il avait été forcé de quitter le froc, et était resté théologien malheureux; ensuite il se fit médecin, et enfin, adoptant les idées de Pélage sur la prédestination, il crut pouvoir les publier à Genève comme missionnaire. Nouveau sujet d'irritation et de colère chez Calvin, qui, l'ayant mandé à comparaître devant lui, et n'ayant pas réussi à le persuader, le fit censurer par les ministres. Bolsec persiste à publier sa doctrine, et le 15 août il en parle ouvertement dans l'église après la congrégation. Il est mis en prison, et on instruit son procès. Cependant, en ayant appelé au jugement des églises voisines, on l'élargit sous caution. Mais, n'en ayant point trouvé, est remis en prison, et peu après banni du territoire de la république. Quand on examine ces actes d'intolérance, il faut, pour juger les choses sainement, se placer à la hauteur des idées de cette époque et des nouveaux besoins de la réforme. Après avoir attaqué le grand système du catholicisme, Calvin voulait établir une force de gouvernement, un principe d'ordre au milieu de la désorganisation sociale; et ce principe, il ne pouvait le retrouver qu'en exterminant tous les systèmes qui lui étaient opposés.

Calvin, afin de détruire l'effet qu'avaient pu produire les arguments de Bolsec, composa en 1552 son livre De Prædestinatione, qu'il dédia au conseil. Ce fut l'année suivante que s'accomplit l'acte de violence contre Servet. Michel Servet, Espagnol d'origine, avait publié deux grands ouvrages, où, devançant son siècle, il proclamait l'unité de Dieu et du Verbe. C'était la démolition de l'œuvre de Calvin. De là sa haine et ses poursuites. Servet lui avait communiqué ces importantes œuvres. Calvin les combattit dans plusieurs opuscules remplis d'amertume et d'âcreté. Servet persistant dans ses sentiments, le pasteur de Genève lui renvoya son ouvrage intitulé *Restitutio Christianismi*, déjà livré à l'impression, et rompit tout commerce avec lui. On peut juger à quel degré s'était élevée la haine de Calvin contre Servet. Il écrivait en même temps à Farel et à Viret, « que si cet hérétique venait à Genève, il ferait en sorte qu'il y perdît la vie »; phrase remarquable, qui, si elle peut atténuer à l'égard de Calvin le soupçon d'avoir trahi le secret de Servet en le dénonçant aux magistrats de Vienne, lui jette que trop de lumières sur les idées de toutes les têtes de cette époque et sur l'issue de ce triste drame! Viret et Farel ne blâmèrent ni la pensée ni la violente expression de sa lettre. Bucer osait écrire de Strasbourg, « que Servet lui paraissait digne de quelque chose de pire que la mort! » L'excellent, le doux Mélanchthon lui-même applaudit au supplice de Servet. En écrivant à Calvin, il lui dit : « Je soutiens que vos magistrats ont agi avec équité, en faisant mettre à mort, d'après les lois, l'auteur de tant de blasphèmes. » Calvin fut implacable; abusant de la confiance de Servet, il envoya à Vienne les lettres qu'il avait reçues de lui, en y joignant l'ouvrage déjà édité, *Restitutio Christianismi*, dont Servet lui avait fait présent. Il écrivait en même temps sa fameuse lettre conservée dans la Bibliothèque Nationale à Paris, et dont a parlé Uttembogaert. Là encore il dit que Servet demande son appui et sa protection: « Mais, ajoute-t-il, je me garderai bien de lui en donner ma foi, car s'il venait ici, pour peu que j'aie d'autorité, je ne l'en laisserais pas sortir vivant! »

Échappé aux tortures qu'on lui préparait à Vienne, où il fut brûlé en effigie, Servet erra de village en village, jusqu'à ce qu'il pût entrer à Genève. Le bruit de son évasion s'étant répandu, la vigilance active de son puissant ennemi ne l'y laissa pas en repos. Persuadé que ce ne pouvait être que sur les terres de la république qu'il avait trouvé un asile, Calvin le fit chercher, et peu de jours après il était arrêté en effet, et jeté dans les prisons de la ville. Comme la loi de Genève exigeait que l'accusateur fût emprisonné en prison, Calvin fit entamer le procès par Nicolas de La Fontaine, son secrétaire, étudiant en théologie. Ce qu'il y a de curieux, c'est que Calvin avoue dans ses ouvrages que cela se fit *de son su*. De La Fontaine se constitua prisonnier en requérant la détention de Servet, et il produisit quarante articles sur lesquels il demanda que Servet fût examiné. Bientôt après, Servet fut reconnu coupable. Le lieutenant criminel se saisit de la procédure à l'instance du procureur général, et l'étudiant fut libéré. On put dès lors juger de l'issue fatale du procès. Les principales accusations furent en rapport avec l'esprit de toute cette époque; on dénonçait Servet, 1° pour avoir écrit dans son *Ptolémée* que c'était à tort et par vanterie que la Bible célèbre la fertilité de la terre de Chanaan, tandis qu'elle était inculte et stérile; 2° pour avoir appelé un Dieu en trois personnes un Cerbère, un monstre à trois têtes; 3° pour avoir écrit que Dieu était tout et que tout était Dieu.

Jusque ici Servet n'avait pas cru que la mort fût à Genève, comme ailleurs, la peine portée contre l'hérésie. Lorsque la tournure des débats le lui eut prouvé, il adressa une requête au procureur général, dans laquelle il insiste sur la nécessité d'être tolérant. Sa requête fut repoussée. Pendant que Servet était dans les fers, il reçut plusieurs visites de Calvin. Les disputes qu'ils eurent ensemble ne furent pas bien modérées, comme on se l'imagine : d'un côté, Servet, inébranlable et aigri du manque de foi de son accusateur; de l'autre, Calvin, esprit dominant et vindicatif. Les injures étaient une des parties essentielles des disputes d'alors. Le conseil de Genève, multipliant ses interrogatoires, ne négligeait rien pour engager Servet à se rétracter. Il importait à l'autorité civile et ecclésiastique surtout que le déisme baissât la tête devant les ordonnances religieuses de la cité. Calvin se témoigne son ardent désir et tout le dépit qu'il éprouva de la résistance, dans des lettres écrites à cette époque. Mais tous les moyens employés ayant été inutiles, on écrivit aux cantons suisses réformés pour avoir leur avis. Ils furent unanimes à exhorter le conseil de Genève à *punir le méchant et à le mettre hors d'état de provoquer l'hérésie*. Ce fut le 27 octobre 1553 que Servet fut condamné à être brûlé vif, et que sa sentence fut exécutée. Une loi était à Genève de procéder avec violence contre les hérétiques. Cela n'est pas étonnant, car la constitution y étant aussi religieuse que politique, toute hérésie troublait l'ordre social. En 1536 on priva de la bourgeoisie tous ceux qui n'admirent pas la Réforme reçue, et depuis 1541 le consistoire, qui était l'œuvre de Calvin, se trouva investi du droit de *forcer* les magistrats et le peuple à rester fidèles à la saine doctrine et à pratiquer les bonnes mœurs. La république pouvait fondre sur un principe religieux, les peines durent l'être également. Cette manière de procéder s'éloignait-elle beaucoup de l'inquisition?

Poursuivant ses doctrines après la mort de Servet, Calvin publia en 1554 un ouvrage pour combattre les erreurs de l'anti-trinitarisme, et pour assurer aux magistrats le droit de punir de mort les hérétiques : c'était la conséquence inévitable de son système. Il s'occupait en même temps à terminer les différends élevés entre les églises de la Suisse et du Valais, et à solliciter l'appui des princes protestants d'Allemagne en faveur des Français persécutés pour la cause de la réforme. Deux ans auparavant, les magistrats du pays de Vaud avaient accusé Calvin de faire Dieu l'auteur du péché. Calvin n'ayant pu se disculper à leurs yeux par écrit, ils renouvelèrent la querelle en 1555, et se servirent de Bolsec, l'ennemi de Calvin, pour soutenir cette grande dénonciation. Calvin fut contraint d'aller à Berne pour se justifier : il sortit victorieux de l'épreuve.

Calvin, surpris par une violente attaque l'année suivante (1556), avait passé pour mort pendant près d'un jour, et les chanoines de Noyon célébrèrent par des actions de grâces cet heureux événement, qui enlevait au monde le vieux collège de leur cathédrale. A peine revenu à la vie, l'infatigable réformateur partit pour Francfort, dans le dessein de terminer les troubles que la sainte cène faisait naître parmi les protestants. On peut juger à quel point de crédit et de puissance il s'était élevé à Genève, puisque le conseil de la ville lui accorda des huissiers pour l'accompagner, comme au chef même de la république. On doit à Calvin l'institution d'un collège pour l'instruction de la jeunesse genevoise. Ce dessein, qu'il avait conçu et dont il avait sollicité l'exécution en 1556, avait été arrêté par l'embarras des affaires extérieures de l'État. Calvin eut la satisfaction de voir ses projets accomplis en 1559. Calvin reçut à cette époque seulement ses lettres de bourgeoisie.

François II étant mort, Charles IX, son successeur, écrivit en 1561 au grand conseil pour se plaindre de ce qu'on recevait dans la ville les ennemis de la France, et qu'on favorisait les perturbateurs. De Genève en effet partaient les instructions et les docteurs prédicants qui allaient réchauffer le zèle et soutenir le courage des réformés français. Calvin fut appelé avec ses collègues devant le conseil. Il répondit avec fierté que la compagnie des pasteurs envoyait en France des hommes pieux pour régir les églises lorsqu'on les demandait, mais qu'elle s'occupait trop sérieusement de la religion pour vouloir semer le trouble dans le royaume de France ; qu'il était au surplus en état de répondre avec ses collègues, devant le roi, à tous les accusateurs. Calvin voulait trouver en face de la royauté un moyen de publicité plus grand pour ses doctrines. Il y réussit dans le colloque de Poissy, où Bèze joua le premier rôle.

Les disputes de théologien de Calvin eut à soutenir ne sont pas finies, car il vivait au siècle de la parole. En 1561 il s'en éleva une nouvelle entre lui et Balduin. Celui-ci ayant publié, pendant le colloque de Poissy, un livre de Cassander sous ce titre : *De officio pii ac publicæ tranquillitatis vere amantis in hoc religionis studio*, Calvin, Bèze et plusieurs autres docteurs protestants le crurent attaqués. Calvin y répondit par un ouvrage aussi abondonné par son titre que par la manière dont il est composé : *Responsio ad versipellem quemdam mediatorem, qui, pacificandi specie, ratum Evangelii cursum in Galliam abrumpere molitur*. Balduin, maltraité, se vengea par de nouvelles injures. Qui ne sait l'implacable colère des savants ! C'était d'ailleurs le cachet du seizième siècle.

En 1562 les maux physiques de Calvin, aigris sans doute par tant d'amères contestations, étaient devenus insupportables. Acharné, pour ainsi dire, à ses œuvres, Calvin faisait taire ses souffrances pour composer la confession de foi présentée à la diète de Francfort par le prince de Condé. Il n'en continua pas moins assidûment, en 1563, ses fonctions publiques ; il adressa deux exhortations aux Polonais contre les blasphémateurs de la Trinité ; il donna en latin et en français ses commentaires sur les quatre premiers livres de Moïse ; enfin, il termina par son commentaire sur Josué la série de ses ouvrages, dont les bornes de cet article ne nous ont permis de signaler que les principaux. Ses lettres, ses défenses théologiques, ses sermons, ses commentaires, sont innombrables. La fermeté de Calvin ne l'abandonna pas à la fin de sa vie. Il prévit l'instant de sa mort, et en profita pour demander au conseil une audience le jour même où il croyait quitter la terre. Le conseil cède à ses désirs ; il se rend auprès du mourant. Dès que Calvin le voit entrer : « Je remercie le conseil, dit-il, des bontés qu'il a eues pour moi ; je proteste devant lui avoir toujours souhaité le plus grand bien de l'État, et je le prie de me pardonner mes défauts, et surtout ma vivacité, qui m'a souvent emporté trop loin, ainsi que Dieu me la pardonnera, je l'espère. Je prends le ciel à témoin d'avoir toujours purement prêché l'Évangile, et je lui adresse mes ferventes prières pour la prospérité de l'État et la conservation des membres du conseil. » Après quelques exhortations adressées aux ministres, ses collègues, rangés autour de lui, après leur avoir demandé également pardon de ses manières chagrines et des emportements dont il leur avait donné le fâcheux exemple, Calvin mourut, le 27 mai 1564.

Malgré ses défauts, malgré cette susceptibilité de domination qui dépareront sa vie, Calvin avait inspiré les sentiments d'une vive amitié à quelques personnes qui le connurent. On peut citer parmi elles son ancien collègue Farel, qui à quatre-vingts ans partit de Neufchâtel à pied pour venir recevoir ses derniers embrassements. On ne peut refuser encore à Calvin un haut désintéressement. Ses meubles, ses livres et son argent, dont on fit l'inventaire après sa mort, ne produisirent pas plus de 120 écus d'or. Son caractère dominant fut un despotisme doctoral, une certaine manière de gouverner par les idées religieuses qu'il avait jetées dans la société. Sa haute capacité théologique, ses ouvrages, fortement pensés et éloquemment écrits, enfin la finesse de sa critique, lorsqu'elle n'était pas aveuglée par l'esprit de système, lui valurent les éloges d'une foule d'hommes célèbres, parmi lesquels on remarque : Bèze, Albert Pighius, Papyre Masson, ennemi déclaré des protestants, de Thou, Pasquier, Balzac, Stapleton, le père Simon, Mélanchthon et Scaliger, qui regardait Calvin comme le meilleur interprète de l'Écriture sainte.

Calvin était d'un visage pâle et décharné ; son teint était sombre, sa barbe longue et terminée en pointe. Sa constitution était très-faible. La migraine, la fièvre quarte, la goutte, la colique, le tourmentaient presque continuellement ; enfin, à tous ces maux se joignirent encore avant sa mort les douleurs atroces de la gravelle.

On pourrait ainsi résumer cette vie agitée de disputes et de doctrines : La réforme de Calvin fut toute gouvernementale, s'il est permis de s'exprimer ainsi. Son infatigable activité se dirigea tout entière vers l'organisation du mouvement religieux. Il le fit avec ténacité, avec ce despotisme d'école qui formait le caractère de son siècle. Il ne faut jamais séparer les hommes de leur époque. Calvin fut persécuteur parce qu'il voulait établir quelque chose de fixe dans la société, l'opposer par mille doctrines : il opposait une digue au torrent. Il est dans les conditions de tous ceux qui arrêtent un mouvement d'aller aux excès. La force se manifeste alors par les violences.
CAPEFIGUE.

CALVINISME, CALVINISTES, doctrine de Calvin et sectateurs de cette doctrine. On peut réduire à six chefs principaux ses dogmes caractéristiques ; savoir 1° que Jésus-Christ n'est pas réellement présent dans le sacrement de l'Eucharistie, qu'il n'y est qu'en signe ou en figure ; 2° que la prédestination et la réprobation sont antérieures à la présence divine des œuvres bonnes ou mauvaises ; 3° que la prédestination et la réprobation dépendent de la pure volonté de Dieu, sans égard aux mérites ou aux démérites des hommes ; 4° que Dieu donne à ceux qu'il a prédestinés une foi et une justice inamissibles, et qui ne leur impute point leurs péchés ; 5° que les justes ne sauraient faire aucune bonne œuvre, en conséquence du péché originel qui les en rend incapables ; 6° que les hommes sont justifiés par la foi seule, qui rend les bonnes œuvres et les sentiments inutiles.

Remarquons toutefois qu'à l'exception du premier article, qu'ils ont constamment maintenu, les calvinistes modernes ou adoucissent ou rejettent tous les autres. Calvin a puisé le fond de sa doctrine dans celle des Vaudois, en ce qui concerne le saint-sacrement, la messe, le purgatoire, l'invocation des saints, la hiérarchie de l'Église et ses cérémonies. Pour les autres points plus théologiques, il a suivi Luther. C'est ainsi qu'il détruit le libre arbitre; la grâce, selon lui, a toujours son effet et entraîne le consentement de la volonté par une nécessité absolue; la justification a lieu par la foi seule; la justice de Jésus-Christ nous est imputée; les bonnes œuvres sont sans aucun mérite devant Dieu. Il réduit les sacrements à deux, et leur ôte la vertu de conférer la grâce; les vœux sont inutiles et nuls, à la réserve de ceux du baptême, etc. Mais Calvin a tiré de son propre fonds l'opinion que la foi est toujours mêlée de doute et d'incrédulité; que la foi et la grâce son inamissibles; que le Père Éternel n'engendre pas continuellement le Fils; que Jésus-Christ n'a rien mérité à l'égard du jugement de Dieu; que Dieu a créé la plupart des hommes pour les damner, parce que cela lui plaît, et antérieurement à toute prévision de leurs crimes. Quant à l'Eucharistie, Calvin assure que Jésus-Christ nous donne réellement son saint corps dans la Cène, mais par la foi, en nous communiquant son esprit et sa vie, quoique sa chair n'entre point en nous.

Si l'on peut caractériser d'un mot le luthéranisme et le calvinisme, accomplissant, guidés par des génies si divers, une révolution peut-être unique, nous dirons que l'un semble animé d'un esprit conservateur jusque dans la fougue et les emportements de la Réforme, tandis que l'autre procède avec sang-froid à la destruction radicale du passé; l'un veut laisser subsister dans l'Église *tout ce qui n'est pas condamné par la parole de Dieu*, l'autre veut abolir en elle *tout ce qui n'est pas prescrit par la parole de Dieu*; le calvinisme est plus strictement scripturaire, le luthéranisme plus traditionnel. Le premier se distingue du second par une révolution plus radicale, proscrivant tout culte extérieur et toute hiérarchie, ne reconnaissant pas plus le caractère d'évêque et de prêtre que celui de pape. Cette différence n'a pas échappé au génie pénétrant de Montesquieu : « Chacune de ces deux religions, dit-il, pouvait se croire la plus parfaite; le calviniste se jugeant plus conforme à ce que Jésus-Christ avait dit, et le luthérienne à ce que les apôtres avaient fait. »

Le calvinisme prit naissance vers 1536, à Genève, où, depuis, il n'a pas cessé de dominer. Il se répand bientôt dans plusieurs cantons de la Suisse, en France, à La Rochelle, sur les côtes de la Saintonge et de l'Aunis, dans les Cévennes, le Languedoc, dans le Béarn, grâce à Jeanne d'Albret, mère de Henri IV; dans la Hollande, où il s'associe aux bandes de *Rederikers*, qui courent le pays en déclamant contre les abus. De là, passant la mer, il vient troubler la victoire de Henri VIII sur le pape, et s'assied sur le trône d'Angleterre avec Édouard VI, tandis qu'il est porté par Knox dans la sauvage Écosse, et ne s'arrête qu'à l'entrée des montagnes, où les *Highlanders* conservent la foi de leurs ancêtres avec la haine des Saxons hérétiques. L'Allemagne et les États-Unis eurent aussi leurs calvinistes; la première, grâce au voisinage de la France et de la Suisse et par le contre-coup de la révocation de l'édit de Nantes; les seconds, par suite de leurs fréquents rapports avec la Grande-Bretagne et les Pays-Bas. *Voyez* RÉFORME, PROTESTANTISME, HUGUENOTS, etc.

Le calvinisme s'est modifié et a reçu des noms divers selon les différents pays : on l'appelle souvent en France *religion réformée*, en Écosse *presbytérianisme*, en Hollande *gomarisme*. En Prusse et dans plusieurs États de l'Allemagne, les cultes calviniste et luthérien se sont depuis peu réunis sous le nom d'*église évangélique*.

CALVITIE, état dans lequel se trouve la tête d'une personne qui a perdu souvent en tout ou en partie, par suite des progrès de l'âge. La calvitie commence sur les tempes, au front, ou à la partie la plus élevée de la tête; elle est incurable (*voyez* CHAUVE). Il n'en est pas de même lorsque la perte des cheveux est occasionnée par un accident ou une maladie : alors il n'y a pas *calvitie*, mais *alopécie*.

CALYCANTHE (de κάλυξ, calice, et ἄνθος, fleur), genre de plantes retiré par Lindley de la famille des ro- sacées pour devenir type de celle des *calycanthacées*. Connu vulgairement sous le nom d'*arbre aux anémones*, parce que ses fleurs ont la forme de l'anémone des jardins, il porta aussi dans la science celui de *pompadoura*, Buchoz l'ayant dédié à Mme de Pompadour : exemple fameux de l'excès où peut parvenir la flatterie. Les calycanthes mériteront toujours une place non-seulement dans les collections de plantes de choix, mais encore dans tous les jardins d'agrément, et cela parce qu'indépendamment de ce qu'ils forment de beaux buissons de rameaux flexibles et d'un feuillage touffu, leurs fleurs, nombreuses, presque aussi grandes que celles des belles anémones, sont d'un rouge brun tirant sur le noir, ou presque entièrement noires quand elles touchent à leur fin, et qu'elles exhalent en outre une odeur délicieuse d'ananas, de melon et de pomme de reinette. Les rameaux de ces arbustes sont eux-mêmes trèsodoriférants, ainsi que toutes leurs autres parties. Les calycanthes s'élèvent à trois ou quatre mètres; ils se multiplient par les rejetons, qui poussent très-abondamment, ou par le marcottage de leurs branches. Cet arbuste a une variété moins élevée, nommée *calycanthe nain*, qui peut également figurer avec distinction dans les jardins. Originaires de l'Amérique septentrionale, les calycanthes viennent bien chez nous en pleine terre.

CALYDON, ville de la Grèce ancienne, capitale de l'Étolie, sur la rive gauche de l'Événus, dans une plaine fertile, doit surtout sa célébrité au terrible sanglier suscité par le courroux de Diane, oubliée par Œnéus dans un sacrifice solennel qu'il avait offert aux dieux. Ce monstre dévastait les champs et les vergers. Pour en débarrasser la contrée, Méléagre, fils d'Œnéus, appela à son aide tous les guerriers et héros les plus célèbres de son temps; mais aucun n'en put venir à bout, et plusieurs même y perdirent la vie. Cependant Atalante, la fiancée de Méléagre, réussit enfin à le frapper d'une flèche; après quoi les autres achevèrent de le tuer. Jason, Thésée, le maître des Argonautes, et Nestor assistaient à cette chasse fameuse. Homère, dans un épisode qu'il met dans la bouche de Phénix, paraît fixer cet événement à cinquante-trois années avant la guerre de Troie.

CALYPSO, personnage mythologique, dont le génie d'Homère a fait toute la réputation : sans l'*Odyssée*, il est probable que cette nymphe, d'une origine fort incertaine, serait aussi obscure que beaucoup d'autres. On varie, du reste, sur sa parenté avec les dieux : les unes disent qu'elle était fille de l'Océan et de Téthys, ou simplement leur petite-fille par Doris et Nérée; d'autres lui donnent le Jour pour père; enfin, plusieurs assurent qu'elle était née d'Atlas et de Pléione. On n'est guère plus d'accord sur le lieu qu'elle habitait; et les géographes se sont donné beaucoup de peine pour déterminer la position de l'île d'Ogygie, où cette déesse accueillit Ulysse après son naufrage. Ici, les lecteurs sont encore le choix entre Othonos ou Thoronos, aux environs de Corcyre, et un rocher stérile appelé *Calypsus insula*, qu'on trouve au sud de Crotone, sur la côte d'Italie. Du reste, c'était un charmant séjour que celui de Calypso : Homère en a fait une peinture des plus riantes, et Fénelon, qui l'a imité dans le premier livre de *Télémaque*, est allé encore plus loin. Et cependant Calypso n'était pas heureuse; elle rêvait une félicité plus parfaite; elle éprouvait le besoin d'aimer. Ulysse vint pendant quelques années partager les douceurs de sa retraite, et lui donner le bonheur qu'elle souhaitait sans le trouver. Calypso lui offrit de le rendre immortel s'il consentait à rester dans son île. Mais les destins en ordonnaient autrement : Ulysse devait retourner à Ithaque, et l'Olympe dépêcha Mercure vers la déesse pour lui commander de laisser partir le héros. Elle obéit à regret.

Si Calypso eût aimé comme Didon, elle n'aurait pas aimé deux fois, et nous aurions perdu les tableaux que l'archevêque de Cambrai a tracés avec une plume quelque peu prolane, mais pleine d'éloquence et de charme ; et, il faut bien le dire, ce n'est pas seulement à Virgile et à Racine que Fénelon a dû cette peinture, il l'a trouvée aussi dans un cœur tendre et passionné, et non moins savant dans les mystères des passions que celui de Massillon. L'amour de Calypso pour le fils d'Ulysse, si semblable à son père, est une flamme dévorante, et, pour l'accroître encore, le poëte a voulu que la déesse dédaignée eût à subir les tourments de la jalousie, qui lui cause des transports pareils aux fureurs de Phèdre en découvrant sa rivale : Télémaque fuit Calypso, et ne cherche que la nymphe Eucharis. Dans la peinture du trouble que la présence de l'Amour a jeté parmi les nymphes de Calypso, dans l'image du désespoir de la déesse et de la métamorphose produite en Télémaque par une passion insensée, Fénelon égale au moins ses maîtres.

P.-F. Tissot, de l'Académie française.

CALYPTRE (en grec καλύπτρα, de καλύπτειν, cacher), voile dont les prêtres se couvraient la tête pendant la célébration des mystères. Élien fait aussi mention d'une sorte de coiffure des femmes grecques qui portait ce nom, et sur la forme de laquelle nous n'avons que des conjectures très-incertaines.

En botanique, *calyptre* est le nom scientifique d'une enveloppe du pistil des mousses et des hépatiques, plus communément appelée *coiffe*.

CALYPTRÉES, mollusques gastéropodes à coquilles univalves, dont Lamarck a fait un genre pour quatre espèces seulement, mais dont le nombre s'est considérablement accru par les derniers voyages de circumnavigation. Voici les caractères que ce savant leur assigne : Coquille conoïde, à sommet vertical, imperforé et en pointe, à base orbiculaire; cavité munie d'une languette en cornet ou d'un diaphragme en spirale. Dans le nombre des espèces connues, il en existe quelques-unes fort remarquables, qui présentent à l'intérieur une véritable double coquille en forme de cloche. La *calyptrée tubifère*, dont M. Lesson a fait, dans ses *Illustrations zoologiques*, sans doute par inadvertance, son nouveau genre *calypeopsis*, en offre l'image fidèle. Jusqu'ici, l'animal qui habite ces coquilles était resté inconnu : il appartenait à ce voyageur plein de zèle de nous en donner la figure, que l'on peut voir à la planche 15 du *Voyage autour du Monde sur la corvette la Coquille*; il est seulement à regretter que ce savant zoologiste ait posé la tête de ce gastéropode précisément à la place que doit occuper la partie opposée.

P.-L. Duclos.

CALZA (Antoine). *Voyez* Bataille (*Peinture*), t. II, p. 603.

CAMAÏEU. Ducange, Gaffarel, Lessing et Veltheim, ont écrit de longues dissertations sur l'origine de ce mot ; sans vouloir décider entre eux, nous adopterions cependant plus volontiers l'idée de ce dernier, qui fait dériver *camaïeu* du mot arabe *camaa*, relief. Nous ajouterons que ce mot ne paraît avoir été en usage dans la langue française que depuis le quatorzième siècle. Il était alors employé pour désigner des pierres gravées à plusieurs couches, telles que le célèbre camée représentant l'apothéose d'Auguste, qu'on trouve mentionné dans un inventaire de la Sainte-Chapelle de Paris, à la date de 1376.

Le mot *camaïeu* a servi depuis pour désigner des peintures *monochromes*, c'est-à-dire à une seule couleur, et que l'on nomme aussi quelquefois *grisailles*, lorsque, comme celles de la Bourse de Paris, devant imiter des bas-reliefs en pierre, elles sont faites avec du noir et du blanc ; mais lorsque ces peintures, comme dans les salles du Vatican et dans les voûtes de la galerie de Versailles, sont faites de couleurs variées et rehaussées d'or, pour imiter des bas-reliefs en bronze, en porphyre ou en lapis lazuli, elles ne peuvent plus avoir d'autre nom que celui de *camaïeux* ou *peintures monochromes*. Les dessins au crayon pourraient avec raison être considérés comme des *camaïeux* ; cependant on ne donne guère ce nom qu'aux dessins de couleurs foncées et rehaussées d'or que faisaient assez fréquemment les artistes du seizième siècle. Comme ils étaient poussés à l'effet avec beaucoup de vigueur, on les a souvent désignés sous le nom de *clair-obscur*.

Polidore de Caravage, voulant décorer l'extérieur de plusieurs maisons de Rome, y a souvent exécuté de longues frises représentant des bas-reliefs peints en *camaïeu*. Le Parmesan a fait un grand nombre de dessins de cette manière; André Andreani, Hugues de Carpi, Antoine de Trente, et d'autres graveurs sur bois, ont imité ces dessins et ceux d'André Mantegna, en imprimant l'une sur l'autre trois planches de bois gravées : l'une faisait le fond, d'une couleur assez claire, et on avait soin d'y enlever toutes les lumières en blanc ; la seconde planche, imprimée d'une couleur plus foncée, rendait les demi-teintes ; la troisième, ayant un ton encore plus intense, donnait les contours et les ombres les plus fortes. Ces épreuves, connues sous le nom de *camaïeu* ou de *clair-obscur* sont devenues assez rares ; elles se vendent maintenant fort cher, surtout lorsqu'elles sont bien conservées.

Duchesne aîné.

CAMAIL, espèce d'habillement ecclésiastique, qui ne s'étend que depuis le cou jusqu'au coude ; sorte de petit manteau, avec capuce ou capuchon, lequel se relève sur la tête ou qui se rabat sur les épaules, et qui sert plutôt d'ornement que de préservatif contre le froid, quoiqu'il soit regardé comme un vêtement d'hiver, et qu'il se prenne à la Toussaint pour se quitter à Pâques. C'est aux capuchons des moines que le camail doit son origine. Les chanoines et autres ecclésiastiques ne commencèrent à s'en servir que vers la fin du quinzième siècle, ou au commencement du seizième. Le concile provincial de Saltzbourg, en 1386, prouve cependant qu'on en faisait usage en Allemagne avant ce temps-là, puisqu'il défend aux ecclésiastiques de paraître dans l'église en public sans un camail. Le concile de Bâle (1435), celui de Reims (1456) et les conciles de Sens (1460 et 1485), au contraire, ne veulent pas que les chanoines portent le camail à l'office : ils ne furent rétablis dans ce droit que par un autre concile, tenu à Paris en 1528. Quant à l'étymologie de ce mot, il est facile de le retrouver dans le nom d'une espèce de casque en bois ou en bronze, que portaient au moyen âge les chevaliers, et que l'on appelait *cap de mailles*, couverture de tête, faite de mailles.

Le camail des évêques se nomme *mozette*.

L'ordre militaire du *porc-épic*, institué en 1394 par Louis de France, duc d'Orléans, au baptême de son fils Charles, est désigné par quelques auteurs sous le nom d'*ordre du camail*; mais l'on est fondé à croire que cette dénomination ne s'est introduite que par corruption, et qu'il faut lire *ordre du camaïen*, l'usage voulant qu'on donnât à ceux qui en recevaient l'investiture un collier avec une bague d'or ornée d'un camaïeu, camée ou pierre d'agate, sur laquelle était gravée la figure d'un porc-épic.

CAMALDULES, ordre religieux fondé par saint Romuald, vers le milieu du dixième siècle, et qui tire son nom d'un couvent de l'Apennin dans la vallée des *Camaldoli*, où il établit sa règle en 1012. Cette règle était celle de saint Benoît, modifiée et rendue plus sévère. La manière de vivre qu'il prescrivit à ces ermites consistait à demeurer tous dans des cellules séparées, à se rendre aux heures marquées à l'oratoire pour y chanter l'office divin qu'ils psalmodiaient seulement. Les reclus étaient dispensés de cette obligation, et ne sortaient point du lieu de leur réclusion. Il y en avait qui pendant les deux carêmes gardaient un silence inviolable, et d'autres pendant cent jours continuels. La loi de l'abstinence et du jeûne était que chacun devait manger dans sa cellule, et que pendant tout le temps de chaque carême ils devaient jeûner tous les jours au pain et à l'eau, excepté les dimanches. Tous pendant le reste de l'année jeûnaient encore au

CAMALDULES — CAMARADERIE

pain et à l'eau les lundis, les mercredis et les vendredis, le plus souvent encore le mardi et le samedi, mais le dimanche et le jeudi ils mangeaient des légumes.

Cet ordre est composé d'ermites et de cénobites, mais aucun n'a conservé la règle, trop sévère, du fondateur, et tous se sont contentés de suivre celle de saint Benoît. Il y avait cinq congrégations de camaldules : celle dont nous venons de parler, celle de Saint-Michel de Murano, celle des ermites de Saint-Romuald ou du mont de la Couronne, celle de Turin et celle de France. Le monastère de Saint-Michel de Murano fut fondé en 1212, à la prière de la république de Venise, par le père Laurent, ermite, dans une petite île entre Venise et Murano. La fréquentation des séculiers et des laïques ayant amené le relâchement et le désordre dans les différentes maisons de cette congrégation, elle reçut une réforme sévère au commencement du quinzième siècle, sous la discipline de dom Ambrosio da Portico, connu sous le nom du *Camaldule*, général de l'ordre. Il y avait dans cette congrégation plusieurs couvents de femmes. Ils avaient été fondés par Adolphe, quatrième général de l'ordre. La congrégation de Saint-Michel de Murano a donné à l'Église plusieurs prélats distingués.

Les prétentions des camaldules observants et conventuels ayant amené une rupture entre eux et les ermites camaldules, Thomas Justinien fut chargé de rédiger les constitutions de ces derniers, qui furent acceptées par le général Delphino, sous le nom de *Règle de la vie érémitique*. Ce Justinien était entré dans l'ordre en 1510, à l'âge de trente-quatre ans, et y avait acquis une grande influence. Plus tard il sépara sa congrégation naissante de celle des *camaldoli*, les ermites de cette dernière lui ayant donné pour s'y établir l'ermitage de Massaccio. Un bref du pape Léon X, de l'an 1520, exempte la nouvelle congrégation de la juridiction des supérieurs de l'ordre des camaldules. En 1718 ces ermites avaient vingt-huit couvents en Italie, en Autriche et en Pologne. Ce ne fut qu'après la mort de Justinien, arrivée en 1528, sous un autre Justinien de Bergame, général de l'ordre, que le chef-lieu en fut établi dans l'État de l'Église, sur le mont de la Couronne, qui lui a donné son nom. Tout ce que l'on sait de la congrégation de Turin, c'est qu'elle fut fondée par le père Alexandre de Leva, mort l'an 1612, et commencée sous les auspices de Charles-Emmanuel de Savoie, l'an 1601.

Quant à la congrégation des camaldules de France ou de Notre-Dame de la Consolation, elle fut fondée en 1626 par le père Boniface-Antoine de Lyon, ermite camaldule de la congrégation de Turin. Leurs premiers établissements furent Notre-Dame de Capel, au diocèse de Vienne, et Notre-Dame de la Consolation, au diocèse de Lyon. Ils en eurent dans la suite plusieurs autres, parmi lesquels on remarque les camaldules d'Yères, près de Grosbois, dont la propriété leur fut donnée par Charles de Valois, duc d'Angoulême, en 1642. Le père Boniface-Antoine mourut en 1673. Sa congrégation avait été érigée en congrégation particulière en 1635 par Urbain VIII, et en 1650 par Innocent V. Les camaldules occupèrent pendant deux ans et demi environ le mont Calvaire, ou mont Valérien près de Paris, de 1671 à 1673. La congrégation de Fonte-Avillani, fondée en l'an 1009 par Ludolphe, évêque d'Eugubio, se joignit à celle des camaldules de Saint-Michel de Murano en 1570, sous le pontificat de Pie V.   H. BOUCHITTÉ.

CAMARADERIE. Quand Henri de Latouche s'avisa de lancer ce néologisme, il ne faisait qu'énoncer un fait aussi ancien que le monde, témoin les épigrammes de Lucien, et celles de Martial contre les Mævius et les Bavius, effleurés par Virgile et ménagés par Horace; témoin le vieux proverbe thérapeutique : *passe-moi la rhubarbe, et je te passerai le séné*; témoin enfin le vers de Molière aux Trissotins de son temps :

Nul n'aura de l'esprit, hors nous et nos amis.

Du reste, la camaraderie menace de durer autant que le monde, et on la trouve ailleurs que dans la littérature et les arts. Elle joue son rôle au théâtre, à l'Académie, comme dans les affaires publiques et privées. Les romantiques sont loin d'être aujourd'hui *camarades*. En revanche, nous voyons de petits cénacles se soutenir si bien qu'il n'est aucun changement politique qui puisse atteindre leurs membres. Ces réserves faites, laissons la parole au créateur du mot :

[L'amitié est une des calamités de notre époque littéraire. Elle glisse en tous lieux sa partialité dangereuse, et peut développer au sein de quelques hommes, réservés peut-être à de brillantes destinées soutenir le sentiment le plus infertile qu'ils puissent cultiver, *l'amour de soi*. Si, nous autres flatteurs, nous ne trompions que le public, je ne dis pas que nous ne dussions être bannis de la cité; le public a été mis au monde pour être dupe, et il le mérite peut-être à cause de son infaillible disposition à dénigrer ce qui l'amuse ou le touche, à se venger de toute supériorité par le dédain. S'il y a d'ailleurs, comme on l'a très-bien dit, quelqu'un de plus spirituel que Rabelais, Molière, Voltaire, et que ce soit tout le monde, il y a aussi quelqu'un de plus stupide que Nicaise et Jocrisse, et c'est tout le monde encore. Ce n'est donc pas en faveur de ce public distrait, tyran sublime et vulgaire, que nous essayons de stipuler ici; c'est dans l'intérêt des arts, c'est aux seuls poètes que nous nous adressons. La complaisance des juges les égare sans pitié, et étouffe le progrès de leurs talents. On s'endort sur un lit de lauriers tout fait; on se couronne de palmes inodorées, et le moindre rimeur, subissant le sort de Vert-Vert, va périr sous les dragées de la critique. Quelques hommes de franchise et de solitude commencent à se révolter contre tant de déceptions et contre la morgue et la fatuité qui sont les conséquences de ces apologies.

Qui donc a changé nos mœurs littéraires au point de faire qu'on ne rencontre plus que des princes et des courtisans, des grands hommes et leurs serviteurs, ou plutôt des charlatans et des compères? Qui trompe-t-on? Qui donc a rayé l'épigramme de la liste de nos franchises et la satire généreuse des tables de nos libertés? Qui donc a donné au rire innocent de la malice le nom odieux de la méchanceté, et celui de l'envie à la justice? Personne, que je sache, ne regrettait les coutumes de l'ancien régime poétique. Ces apostrophes dont nos prédécesseurs faisaient commerce au profit de la canaille oisive, ces dictionnaires d'injures qu'ils se jetaient à la tête, ces noms d'athée, de cuistre, et autres aménités classiques, ne sont pas à revendiquer dans le domaine de nos lettres; mais ne pouvions-nous pas nous arrêter dans un milieu d'équité rigoureuse, et éviter les *sottises* sans tomber dans les *fadaises*? Convenons que la vieille dignité d'Aristarque et même certaine hostilité de son esprit renfermaient un secret d'émulation qui n'est pas dans je ne sais quel parti pris de nos flagorneries universelles. La guerre civile des *vieux d'avant Boileau*, comme écrivait un philologue de nos jours, entretenait le courage et retrempait les talents. Donner maintenant plus qu'on ne doit est aussi injuste et préjudiciable que refuser d'acquitter sa dette; c'est manquer à la probité de manière et d'esprit, et depuis que nous sommes des hommes de génie, le talent devient singulièrement rare.

Ce mal rencontre peut-être, je le sais, de la meilleure cause et du meilleur sentiment. Il se sera rencontré une petite société d'apôtres qui, se disant persécutés dans la pratique d'un nouveau culte, se sera enfermée en elle-même pour s'encourager. Les apôtres se seront aimés; car on commence toujours par s'aimer dans les catacombes, quitte à devenir ensuite persécuteurs et haineux. Ils se seront appuyés les uns sur les autres pour leur utilité réciproque, et pensant ensuite qu'il était temps de conquérir sur nulle préjugés l'indépendance poétique, ils auront servi une juste cause avec zèle et quelquefois avec succès. Mais, le danger passé, l'amitié sera devenue une spéculation ; la vanité aura servi de lien social, et la charité, commencée par soi-même, aura fini exactement où elle avait commencé. Entre tout adepte rencontré par un autre adepte il s'échange à toute heure un regard qui veut dire : *Frère, il faut nous louer !*

Tout cela n'aurait été que fort innocent si les catéchumènes, respectant les autres croyances, n'avaient pas attaqué toutes les gloires dont se compose la gloire du pays. Pourquoi détruire avant d'avoir fondé ? Ne peut-on se chatouiller doucement entre soi sans qu'il en coûte d'autre sacrifice que celui de la modestie, et sans qu'il y ait d'autres chances à courir que celle de devenir un peu ridicule ? Si les militaires de l'Empire n'ont pas manqué de fatuités, qui paraît être un travers de ce siècle, comment faire exercer chez nous ce que l'auteur des *Femmes Savantes* appelait prophétiquement :

La constante hauteur de la présomption,
Cette intrépidité de bonne opinion,
Cet indolent état de confiance extrême.

Si nos braves s'applaudissaient à tort en face d'eux-mêmes, sur de très-petits théâtres, il faut avouer du moins que c'était après quelques triomphes ; et il y a des esprits chagrins qui ne savent encore où prendre des journées de Marengo et d'Austerlitz pour la littérature contemporaine. Le pire de tous les obstacles, pour empêcher ces soleils-là de se lever jamais à l'horizon littéraire, est peut-être de triompher avant d'avoir vaincu. Quand, nous autres prôneurs, nous proclamons que nous a tout découvert, nous dispensons le talent de chercher. Et cependant, si l'école *nouvelle* n'avait encore inventé que Shakspeare, Schiller et Ronsard, il serait modeste d'en rester là.

Quelques esprits stationnaires ont peine à s'expliquer aussi que ce soit une bien bonne action que de nous rendre la risée de l'Europe savante, en dénonçant chaque jour nos antiques réputations de poésie comme étant toutes usurpées. Les étrangers ne sont que trop disposés déjà à humilier les fondateurs de notre gloire. Sommes-nous chargés de leur fournir des arguments et des preuves ? Si nous nous renversons nous-mêmes, que nous restera-t-il ? Sont-ce des compositions récentes, tellement affranchies de naturel et de toute raison, même poétique, qu'on se demande, après les avoir lues, qui marche à la folie, de l'auteur ou du lecteur ? Puis quelques fanfares gasconnes, au lieu de victoire ; puis des ovations et point de conquêtes ; puis des préfaces et point de livres ! En vérité, notre littérature deviendra une imitation de cette précaution des architectes, qui masquent toujours par des planches fragiles et des toiles menteuses l'endroit où manque l'édifice. L'effet infaillible de ces mystérieux chefs-d'œuvre, espèce de logographies sans mots, non-sens de plusieurs pages, dont les lignes n'ont bien souvent de rapports entre elles que par la puérile similitude de leurs désinences, est de provoquer un rire ou une tristesse sans charme. On se tâte, on s'interroge, on se demande si l'on veille ; et quand on en est à peu près sûr, on se trouve dans la poésie comme i rutus devant la vertu.

Pourquoi donc nos futurs grands hommes prétendent-ils ne régner que sur des cadavres d'auteurs ? Et qu'est-ce que toutes ces renommées que les autres renommées importunent ? L'opinion de tous les partis a déjà fait justice de ces spéculateurs qui traversèrent la France, il y a cinquante ans, rasant d'augustes édifices, mutilant des statues, renversant des monuments publics. Aura-t-elle plus d'indulgence pour les spéculateurs de ruines poétiques, pour les agents de cette *bande noire littéraire* ? Cette ardeur de saper ce qu'il y a de grand sur le sol natal, cette colère d'enfant qui veut déchirer la nourrice, a quelquefois caractérisé la décadence des littératures. Prenons garde de donner des signes de décrépitude au moment où nous avons la prétention d'être si jeunes ! Couper les membres d'Éson, essayer de châtrer les géants de l'antiquité, ne donne de puissance à personne. Il y eut aussi dans le Bas-Empire une foule de *gentes* qui jetaient à leurs devanciers les mêmes pierres que nous ramassons aujourd'hui contre Racine, et qui médisaient partout de la vieille Rome. Ces grands hommes composaient des *Halieutiques*, des *Sylves*, des *Cynégétiques* ; c'étaient, je crois, Némésien, Gratius, Calpurnius, et quelques autres dont les pédants seuls savent les noms.

Mais nous avons parlé de l'amitié qui loue ; n'est-ce pas une dérision ? Ne serait-ce pas plutôt, à l'insu de messieurs les renards et de messieurs les corbeaux, une trahison véritable ? Les connaisseurs qui se sont abreuvés, par exemple, à des *cascatelles de diphthongues*, ne savent-ils pas bien qu'ils envoyaient leurs disciples au saut glissant du Niagara ? Ceux qui, ne comprenant qu'à moitié la plaisanterie de quelques *Tristes*, ont admiré, ont reflété certains *Rayons jaunes du dimanche*,

Plus jaunes ce jour-là que pendant la semaine,

n'ont-ils pas bien mérité d'être menés dans un certain creux de la vallée, *au fond du bois, à gauche* ? Tel qui a souri aux monstres altérés d'eau de mer et affamés de régiments islandais ne nous conduira-t-il pas à ne nous passionner que pour des tours de force exécutés sur la place publique littéraire. Les poètes vont devenir autant de Jean de Falaise ; ils avaleront, pour vous plaire, des pierres, des couleuvres, des flèches mogoles et le *courbe damas* (*Voyez* Hugo [Victor]).

Cette *camaraderie* de tels inconvéniens, que nous pourrions citer de nobles caractères, des auteurs longtemps purs d'immodestie, qui, à force de hanter des convives enivrés d'eux-mêmes, ont fini par s'exagérer leur importance et leur vrai talent. Échappés aux séductions du pouvoir, on les a vus tomber dans la dépendance des flatteurs. Rougissant alors de leur candeur passée, ils ont dû subir les embrassements de leurs confrères se trouver enfin tout barbouillés de fard. Un autre *camarade*, craignant de n'avoir pas assez de *camarades*, ne s'est-il pas adressé à la sensibilité publique, comme les pauvres ingénieux qui s'enrichissent par des plaies postiches ? Il n'a pas reculé devant la gloire, un peu hasardeuse, qui s'attache à la pulmonie ; et parce qu'un immortel génie est noblement tombé sur un échafaud, il a fait lo mort sur la place. Que si l'on expire ainsi par métaphore avant son livre, on risque de n'être admiré que sous bénéfice d'inventaire, et de suivre son convoi tout seul (*Voyez* SAINTE-BEUVE).

Ces mutuelles compagnies d'assurance pour la vie des ouvrages ne sont attaquables, nous le répétons, que par leur influence sur l'avenir des lettres. Du reste, elles sont douces et commodes. Si elles nuisent à l'art, elles font peut-être le bonheur de l'artiste. Cette banque de vanité escompte les mérites futurs, et permet de réaliser des jouissances viagères qui suffisent aux exigences du moment. Des poètes *encamaradent* des musiciens, des musiciens les peintres, les peintres des sculpteurs ; on se chante sur la plume et la guitare ; on se rend en madrigaux ce qu'on a reçu en vignettes ; on se coule en bronze de part et d'autre. Chacun peut, à l'heure qu'il est, se suspendre à sa cheminée et s'instituer le dieu Lare de son foyer. Certes, si la postérité n'est pas un peu dédaigneuse et impertinente, elle sera bien riche ! Les médailles fabriquées jusque ici n'affectent pas toutefois des proportions monumentales : ce sont des *monnerons* dont le module est encore portatif, et on pourrait, à la rigueur, cacher une trentaine de grands hommes vivants dans sa poche.

Nos obscures réclamations, étrangères à toute personnalité, ne s'adressent, on le sait, qu'à des abstractions vaniteuses. Nous savons fort bien qu'en disant d'un chapitre particulier de rimeurs, qu'il n'est peut-être pas le temple d'une religion destinée à changer la face du monde, mais qu'il est seulement, pour l'exploitation de la gloire du siècle, une petite société anonyme, nous nous exposons à des rancunes anonymes aussi, et à de longs ressentiments des dévots romantiques. Nous sommes parfaitement informé que les immortels sont intolérants et colères : si vous leur refusez l'adoration, vous êtes Galérius; si vous exprimez un doute, même en faveur de la syntaxe, vous êtes Dioclétien. Mais pour qui a déjà risqué de déplaire à de plus importants ennemis l'hésitation de l'égoïsme est bientôt vaincue par le désir sincère d'être utile. Aux yeux de tous les pâles révolutionnaires démagogiques, musicaux, pittoresques, la modération est toujours un crime; s'arrêter, c'est fuir; et devant la Montagne et les Jacobins poétiques on peut prévoir le sort de la Gironde littéraire. N'importe! nous avons vu crouler un empire que nous aimions moins que celui des arts, et nous avons retenu de ces événements quelque antipathie pour tous les Narcisse. Nous savons que si les hommes de talent se sont aimés dans tous les temps, que si nous retrouvons avec attendrissement quelque trace de cette amitié entre Racine et Boileau, Molière et La Fontaine, ceux-là gardaient quelque dignité dans les éloges. Vadius et Trissotin sont les seuls qui se louent sans réserve. Nous ne voudrions pas voir le romantisme, réforme utile, pour laquelle nous avons fait les premiers vœux et que nous aimerions toujours, changer de nom, et ne s'appeler plus que le *Trissotinisme*.

Le public se doute à peine encore de l'intrépidité de nos bonnes opinions; il ne sait pas que ce qui était exceptionnel au temps de Corneille est devenu presque général en notre fière époque; que les vices littéraires d'autrefois sont devenus les mœurs d'aujourd'hui. On peut corriger un ridicule tant qu'il n'est signalé qu'à demi. Allons, messieurs, nos amours-propres sont une de ces choses qu'il faut laver et se hâter de laver en famille. Démasquer les flatteurs est un service qui permet de faire une blessure légère à nos susceptibilités; et s'il n'a pas été impossible, en de mauvais jours, de creuser le sable politique pour dire la vérité aux rois, à travers les roseaux, pourquoi hésiter de crier aux poètes : *Travaillez, ne vous vantez point!* H. DE LATOUCHE.]

CAMARD, CAMUS, synonymes qui s'emploient toutefois plus spécialement, le premier pour désigner ceux qui ont le nez plat et écrasé, le second, ceux qui l'ont court, creux et enfoncé du côté du front. Les poètes ont qualifié la Mort de *Camarde*, parce qu'on la représente avec la face décharnée, privée par conséquent presque entièrement de nez. Les personnes *camardes* ou *camuses*, surtout les dernières, rappellent désagréablement cette triste représentation de la Mort; et pourtant il est des pays où cette difformité est regardée comme une beauté. En Tatarie, et principalement chez les Tchérémisses, les femmes sont réputées d'autant plus belles qu'elles ont moins de nez; la femme de Gengis-Khan, au rapport de Rubruquis, n'avait pour ainsi dire que deux trous au lieu de nez. Chez quelques animaux, comme les chiens, par exemple, c'est une particularité de certaines espèces d'avoir le nez camus, sans que cela nuise également à leur beauté : tels sont les *carlins*. Le bouvreuil, oiseau de l'ordre des passereaux, qui lorsqu'on le prive de la vue possède un si brillant gosier, a le bec camus. On dit qu'un cheval est *camus* quand il a le chanfrein enfoncé. Enfin, *camus* est le nom vulgaire du dauphin commun.

CAMARGO. Il y a eu deux danseuses de ce nom à l'Opéra de Paris, deux sœurs. *Marie-Anne* CUPPIS DE CAMARGO, la plus célèbre, née à Bruxelles, le 15 avril 1710, débuta à l'Opéra en mai 1726, à peine âgée de seize ans, dans l'opéra d'*Atys*, où elle se fit d'abord des admirateurs passionnés. Mlle Sallé avait alors la vogue; Marie de Camargo se plaça dès ses débuts au même rang. Marie de Camargo était d'origine noble. Elle porta au théâtre un caractère plein de fierté et de délicatesse, qui la mit d'abord à l'abri des séductions, quoiqu'elle fût recherchée avec passion par les plus grands personnages de l'époque. Mlle de Camargo résista deux ans, et défendit sa jolie sœur des mêmes attaques. Enfin, en 1728, le comte de Melun, usant de violence, les enleva toutes deux. Voici une requête curieuse de Camargo, père dont l'original a fait partie de la curieuse collection de Beffara :

« A son éminence monseigneur le cardinal de Fleury.

Mai 1728.

« Monseigneur,

« Ferdinand-Joseph de Cuppis, *alias* Camargo, écuyer, seigneur de Renoussart, représente très-respectueusement à votre éminence que, né d'une des plus nobles familles de Rome, qui a donné à l'Église romaine un archevêque de Frani, un évêque d'Ostie et un cardinal du titre de Saint-Jean *ante Portam Latinam*, doyen du sacré collège en l'an 1517, sous le pontificat de Léon X; s'étant trouvé privé des biens de la fortune par les malheurs, les procès et les ravages des guerres que ses pères ont essuyés, il a évité avec plus de soin que la mort de déroger à sa naissance et à ses ancêtres, dans la noblesse desquels il n'y a jamais eu aucune altération, pas même par les alliances, le suppliant étant en état de prouver seize quartiers, tant de père que de mère, puisque la famille des Cuppis a sorti de Rome pour venir s'allier à Bruxelles à celle des Darville et Vanglien Derlaclein, qui sont du nombre des sept familles qui ont fondé la ville de Bruxelles, et dont les descendants confondent en eux la noblesse et la bourgeoisie.

« Hors d'état de pouvoir soutenir son rang, et chargé de sept enfants, il a gémi sans murmurer, il a cherché à procurer à ses enfants des talents particuliers et des arts libres qui pussent, sans qu'ils dérogeassent, subvenir aux besoins de la vie, et les faire sortir de la misère en attendant des temps plus heureux; il a fait donner à l'un des instructions pour la peinture, à d'autres pour la musique, à d'autres pour la danse. Dans ce nombre sont deux filles, actuellement âgées, l'une de dix-huit ans, l'autre de seize. Comme le feu roi, de glorieuse mémoire, a voulu qu'on pût être à l'Opéra sans déroger, le suppliant, ayant été d'ailleurs sollicité, même forcé par des personnes qui savaient les grandes dispositions de l'aînée, n'a pu s'empêcher de consentir qu'elles entrassent à l'Opéra, mais sous la condition que lui ou son épouse les y conduiraient et les reprendraient en sortant. En effet, l'aînée, qui y est depuis trois ans, s'est toujours parfaitement comportée, et cette conduite a été universellement admirée, aussi bien que sa danse. Mais depuis trois ans M. le comte de Melun a usé de séductions et de voies également indignes de lui et du suppliant. Après avoir trouvé le secret de faire interposer des ordres au suppliant, que l'on a dit émaner d'une part respectable, pour ne point réprimer sa fille, quoiqu'il y eût occasion de le faire, il a cru que la soumission du suppliant à ces ordres, quoique surpris par de faux exposés, avancerait ses lâches desseins; il a osé proposer au suppliant de consentir à la débauche de sa fille, et lui a offert pour cela de lui abandonner les appointements qu'elle a à l'Opéra. Le suppliant ayant traité comme il le devait cette proposition, le comte a trouvé le moyen de s'introduire pendant plusieurs nuits dans la chambre de ses filles, et enfin les 10 et 11 de ce mois de mai il les a enlevées toutes deux, et les tient actuellement en son hôtel à Paris, rue de la Couture-Saint-Gervais.

« Le suppliant, ainsi déshonoré aussi bien que ses filles, poursuivrait à l'ordinaire si le ravisseur était un simple particulier; et les lois établies par S. M. et ses augustes prédécesseurs veulent que le rapt soit puni de mort. Il y a double crime : deux sœurs enlevées, dont une âgée de dix-huit ans, l'autre de seize. Mais le suppliant, ayant pour partie une personne du rang du comte de Melun, est obligé de recourir au législateur, et espère de la bonté du roi qu'il lui fera rendre justice, et qu'il ordonnera à M. le comte de Melun d'épouser la fille aînée du suppliant et de doter la cadette. Il

ne peut que par là réparer une injure si sanglante, etc., etc. »
Ce qu'il advint de cette requête, l'histoire ne le dit pas, ni comment le comte de Melun répara ses torts envers les demoiselles de Camargo. Tout ce qu'on sait de celle qui a donné de l'éclat à ce nom, c'est qu'elle rentra au théâtre, et ne s'en retira que vingt-trois ans après. Malgré cette aventure, bien connue de son temps, Melle de Camargo conserva toujours parmi ses camarades de l'Opéra une grande réputation de sagesse et d'honneur, qui indique suffisamment, à notre avis, que les torts ne furent pas de son côté. Jamais danseuse n'avait mis dans ses pas autant de légèreté, d'enjouement, d'audace. Toutes les modes et une contredanse longtemps populaire prirent son nom; toutes les femmes voulurent être chaussées par son cordonnier, dont elle fit la fortune. Elle se retira en 1751, avec une pension de 1,500 fr.; ses appointements n'avaient jamais été que de 3,000. Voltaire a célébré, selon l'esprit du temps, et caractérisé dans les vers suivants la danse de Melle de Camargo et celle de Melle Sallé :

Ah ! Camargo que vous êtes brillante !
Mais que Sallé, grands dieux, est ravissante !
Que vos pas sont légers, et que les siens sont doux !
Elle est inimitable, et vous êtes nouvelle ;
Les Nymphes sautent comme vous,
Et les Grâces dansent comme elle.

Cette danseuse mourut à Paris, le 29 avril 1770.
Charles ROMEY.

CAMARGUE, île formée par la bifurcation du Rhône, un peu au-dessus d'Arles, jusqu'à son embouchure dans la Méditerranée. Quelques érudits ont cru reconnaître le nom de Marius (*Camaria*, *Caii Marii ager*) dans celui de cette île, où l'illustre Romain fit creuser un canal dont on voit encore des vestiges. Les deux bras du fleuve qui renferment la Camargue se nomment le *grand* et le *petit* Rhône. Celui-ci forme une partie des limites du département du Gard et de celui des Bouches-du-Rhône, dont elle dépend. La forme triangulaire et la situation de cette terre l'ont fait comparer au delta du Nil; mais ces analogies sont les seules qu'on puisse trouver entre les deux territoires. Le travail du fleuve africain vers son embouchure est terminé depuis longtemps. Avant d'approcher de la mer, il dépose les matières pesantes dont ses eaux s'étaient chargées dans les régions pluviques, et ne charrie plus qu'un limon fécondant, source intarissable des richesses qu'il répand sur ses rives. La longueur de son cours et la diminution progressive du volume de ses eaux tendent continuellement à le ralentir; aucun affluent ne lui apporte des galets ou des sables qu'il puisse transporter jusqu'à la mer. Les eaux et la terre sont parvenues dans cette contrée à une lenteur de changement qui, par rapport à nous et même à nos annales, équivaut à la stabilité. Le régime du fleuve européen est tout à fait différent : grossi sur ses deux rives par des courants tributaires, il conserve son impétuosité jusqu'aux approches de la mer, et reçoit à plusieurs intervalles de nouveaux débris, qu'il roule jusque dans la Méditerranée, avec des sables et des graviers dont l'accumulation ne peut former un sol fertile. Une tour construite en 1737 à l'embouchure du grand Rhône en est maintenant éloignée de près de quatre kilomètres, tant les atterrissements ont fait de progrès. Les cailloux amenés par le fleuve et repoussés par les flots de la mer s'amoncellent, s'agglutinent au moyen d'un ciment dont les eaux remplissent leurs interstices, et forment un *poudingue* analogue à celui de la Crau, plaine qui n'est séparée de la Camargue que par une lisière étroite au delà du Rhône, et dans laquelle on reconnaît les dépôts que la Durance y a laissés à l'époque où cette rivière tombait directement dans la mer, au lieu d'aller se confondre avec le Rhône.

On évalue la longueur de la Camargue à 40 kilomètres du nord au sud, sa plus grande largeur à 30, et sa superficie à 65,000 hectares, dont un cinquième seulement est en culture.

Des sables peu cultivables, des espaces imprégnés de sel, où les soudes peuvent seules réussir, des marais et des étangs, des canaux d'irrigation et de dessèchement, des chaussées qu'il a fallu exhausser pour les soustraire aux inondations, occupent tout le reste de cette vaste étendue, plus grande que le dixième de celle du département des Bouches-du-Rhône, quoique sa population soit au-dessous de 4,000 habitants. Il paraît que cette terre, si peu féconde aujourd'hui, jouissait autrefois d'une prospérité qu'elle a perdue, sans que l'on puisse imputer ce dommage à des causes dont l'histoire ait conservé le souvenir. D'anciennes descriptions parlent d'îles boisées, infestées de *bêtes féroces*, à la place couverte maintenant par le vaste étang de Valcarès, et, dans un temps plus rapproché de nous, de peuplades industrieuses et commerçantes qui occupaient ce petit archipel. *Saintes-Maries*, bourg dont la population, jointe à celle du canton, composé de plusieurs communes, ne s'élève guère aujourd'hui qu'à 600 habitants, on a compté plus que l'on n'en trouve maintenant dans l'île entière. Quelques-uns des étangs, communiquant encore avec la mer, ne sont jamais à sec et nourrissent des poissons; d'autres, entièrement isolés et peu profonds, ne sont que des espaces inondés, dont les eaux disparaissent pendant l'été. Des marais viennent joindre leurs miasmes à ceux de toutes ces eaux stagnantes, et, dans une contrée dont l'atmosphère serait plus calme, un sol tel que celui de la Camargue serait un foyer de contagion. Heureusement le *mistral* emporte les exhalaisons délétères, et les bergers ne sont pas exposés, non plus que leurs troupeaux, à la funeste influence des marais. Il est cependant certain que l'état de la Camargue a changé au désavantage de ses habitants.

En observant le terrain de la Camargue, on remarque d'abord que l'on n'y trouve point de pierres, à quelque profondeur que l'on pénètre. Le mode de formation n'a donc pas été le même que celui des atterrissements dont on est témoin aux embouchures du fleuve. Ce sont les eaux de la surface, et non celles du fond, qui ont déposé les débris dont la composition et l'arrangement des couches superposées révèlent facilement l'origine. Le géologue, dont les observations ont embrassé tout le bassin du Rhône, retrouve dans la Camargue ce qui n'est dû qu'aux débordements de l'une des rivières affluentes. Certaines couches proviennent en entier de la Saône, d'autres de l'Isère, etc. Dans quelques autres, ces diverses origines ne sont pas distinctes, et les débris de diverses régions s'offrent pêle-mêle aux yeux de l'observateur. Au-dessous de ces dépôts des eaux du fleuve, d'épaisses argiles interrompent les recherches, et ne laissent point apercevoir la cause de leur accumulation dans le lieu qu'elles occupent. L'inspection des débris de végétaux et d'animaux confirme ce que les observations minéralogiques avaient appris : on reste convaincu que la Camargue est l'ouvrage du Rhône presque seul, et que si les eaux de la mer y ont mêlé ce qui la caractérise, du sel et des coquilles, ce n'est qu'en très-petite quantité, accidentellement, lorsque des vents du sud soufflaient avec assez de violence pour que les lames pussent franchir les digues formées le long de la côte par les mouvements opposés des eaux du fleuve et de celles de la mer. Les effets caractéristiques des tempêtes sont facilement reconnus dans les couches de formation marine, mêlées quelquefois à celles d'eau douce, dans le terrain de la Camargue; rien n'y est distinct, nivelé, régulier; une extrême confusion atteste partout que des mouvements impétueux bouleversèrent les dépôts et intervertirent l'ordre de chaque formation. En ceci le présent vient encore éclairer le passé : les invasions de la mer n'ont pas totalement cessé, et les eaux dont elles couvrent l'île, y déposent une grande partie de leur sel. De là les infiltrations et les incrustations salines, *sansouires*, en langue du pays. On sait aussi que le lit du Rhône se comble de plus en plus, comme celui de presque toutes les rivières, vers leur embouchure, au lieu que vers leur source l'érosion du sol continue, et le canal s'approfondit. La Camargue serait donc menacée de retomber sous les eaux qui l'ont formée, si l'on n'avait pas soin de l'exhausser à mesure que le fleuve s'élève au-dessus de son ancien niveau.

Toutes ces données, dont l'exactitude est incontestable, ont conduit à un projet dont plusieurs obstacles moraux empêcheront peut-être l'exécution. Il s'agirait de creuser dans l'île une multitude de fossés dont les déblais serviraient à rehausser les chaussées actuelles, et, afin de multiplier ces voies de communication, les canaux auraient des écluses pour y faire entrer les eaux du Rhône en temps opportun, et pour les évacuer lorsque les besoins de la culture l'exigeraient. Quand ces dispositions seraient prises, on soumettrait l'île à une submersion totale, en profitant des saisons et des circonstances où les eaux seraient bien chargées de terres venues de loin et très-divisées, qu'elles déposeraient sur l'espace qu'elles auraient couvert : on les ferait sortir quand le niveau du fleuve le permettrait, ce qui ne tarderait jamais longtemps, comme on le sait par des observations assez prolongées. Il est certain que l'on créerait de la sorte un sol excellent, dont la fertilité toujours croissante égalerait un jour celle des rives du Nil. L'entretien de l'état actuel de la Camargue est fort dispendieux, quoiqu'il soit restreint à un strict nécessaire, qui ne suffit pas pour tout conserver. L'entretien des voies de communication y coûte beaucoup, ainsi que celui des canaux. Ce n'est qu'en augmentant le produit des terres, l'aisance des cultivateurs, et par ce moyen la population, que l'on peut alléger le fardeau des cotisations que s'imposent aujourd'hui les propriétaires du sol natif dans cette île. Si les étangs étaient comblés et les marais desséchés, la vaste plaine de la Camargue n'aurait plus pour ses habitants que les inconvénients d'un sol trop exactement nivelé, tel que celui de la Hollande. Sa population pourrait être ainsi décuplée. FERRY.

Fertile dans les parties élevées, le long des bras du Rhône, où l'on récolte du blé, de l'orge, de l'avoine et des vins rouges, le sol de la Camargue forme dans les parties basses, de verts pâturages où errent en liberté de nombreux troupeaux de chevaux, de bœufs et surtout de moutons. On évalue le nombre des agneaux qui y sont élevés annuellement à 40,000, celui des bœufs, petits mais vigoureux, à 3,000, et à pareil nombre celui des chevaux, petits aussi, très-légers à la course, estimés pour la selle, et descendant, dit-on, des chevaux arabes amenés dans le pays par les invasions des Sarrasins. L'île renferme neuf communes, un grand nombre de belles maisons de campagne et de 3 à 400 fermes appelées *mas*.

CAMARILLA, mot espagnol signifiant littéralement *petite chambre*. C'est, dans le langage du peuple de Castille, le nom que donnent les pédagogues à la pièce où ils enferment et corrigent leurs écoliers. *Camara* est encore la chambre par excellence, la chambre du souverain d'Espagne; *camarilla*, sa petite chambre, son cabinet, l'endroit où il reçoit ses amis les plus intimes, ses courtisans, ses flatteurs, ceux qui dominent son esprit de plus près et souvent avec plus de pouvoir que les ministres chargés ostensiblement du poids des affaires. De là est venu l'usage d'appeler *camarilla* dans tous les pays monarchiques le conseil privé du chef de l'État, conseil tout à fait en dehors des constitutions et des lois, et composé presque toujours ou de ses compagnons ordinaires de plaisir, ou des hommes attachés à sa personne par les liens de la domesticité. Ces rapports intimes ont surtout lieu de l'influence des appartements de l'Escurial, où l'on confond sous la dénomination générale de *criados* (domestiques) l'officier de bouche qui prépare les friandises royales, le chambellan qui les sert, le grand veneur qui accompagne le prince à la chasse. Un monarque espagnol se croit, avec sa famille, pétri d'un autre limon que le reste du genre humain; sa livrée, grande et petite, sa *camarilla*, est le seul anneau intermédiaire entre ce vil bétail et son trône; il tutoie sans distinction tout ce qui l'approche, et pense que

c'est faire beaucoup d'honneur à cette tourbe de vilains. Dans ce pays les Gil-Blas sont communs, et l'élévation d'un barbier aux premiers emplois de l'administration est chose naturelle et presque journalière : on fernit un long catalogue des grands fonctionnaires sortis des cuisines ou des écuries royales. Qu'on ne se fie pas à leurs noms pompeux, à leurs titres! ils sont presque toujours d'emprunt : la faveur royale a l'habitude de débaptiser ceux qu'elle élève. C'est à peu de chose près la France du moyen âge.

La *camarilla* de l'Escurial n'est point l'ancien *œil-de-bœuf* de Versailles. Il y avait ici plus de souplesse et d'élasticité; il y a la plus de force et d'action brutale. Le bras des Maintenon, des Pompadour, des Dubarri, des Polignac pesait bien autant peut-être que celui des Pacheco, des Alberoni, des Olivarès, des Calderon, des Nitard et des Godoy, mais il écrasait moins.

CAMBACÉRÈS (JEAN-JACQUES-RÉGIS DE), né à Montpellier, le 18 octobre 1753, d'une ancienne famille de robe, fut destiné aux fonctions de la magistrature, auxquelles il se prépara par une étude approfondie du droit. Pourvu de la charge de conseiller en la cour des comptes, aides et finances de Montpellier, il fut choisi, lors des élections pour les états généraux de 1789, comme secrétaire rédacteur des cahiers de son ordre (la noblesse), et élu, en second, député de cet ordre par la sénéchaussée de Montpellier; mais cette élection n'ayant point été admise, il fut appelé successivement à des fonctions administratives et à la présidence du tribunal criminel de l'Hérault. En septembre 1792 ce département l'envoya à la Convention.

Trois époques ont marqué la vie de cet homme célèbre : sa carrière de législateur comme conventionnel, la grande part qu'il eut au pouvoir pendant la durée de l'Empire, et enfin sa proscription et sa retraite. Cambacérès n'appartient ni à cette classe, peu nombreuse, de grands citoyens toujours prêts à se dévouer pour le bien de la patrie, ni au petit nombre de ces génies élevés que la nature appelle à guider les peuples et à gouverner les États dans les temps de crise; mais doué d'un esprit juste et lumineux, habile et savant jurisconsulte, il fut toujours ami de l'ordre et des lois. Politique éclairé et adroit, s'il n'entreprit pas de lutter contre les tempêtes qui bouleversèrent la Convention, il fit souvent d'heureuses tentatives pour ramener le vaisseau public dans une meilleure route, et il chercha toujours à faire prévaloir les idées de justice et de modération. Doué d'une âme calme, qui laissait à son jugement toute sa liberté, il sut éviter de se compromettre avec la fureur des partis, et montra plus d'une fois, à propos, de la fermeté. Ainsi, dans le procès de Louis XVI, il ne s'éleva pas sans doute à l'impartialité consciencieuse ni à la générosité et saine politique des Lanjuinais et des Valady; mais, comme eux, quoique avec bien moins d'énergie, il refusa à la Convention le droit de juger un prince malheureux, et, en prononçant sur la peine, à travers l'ambiguïté apparente de son vote, perce l'intention évidente de le sauver au moyen d'un ajournement indéfini. Le vote de Cambacérès avait été compté comme équivalant à un refus de condamner. Sa proscription comme régicide en 1816 fut donc l'œuvre d'une vengeance inique.

La législation devint l'occupation principale de Cambacérès dans les comités et à la tribune. Sa pensée dominante fut la rédaction d'un *code civil*; il en présenta le projet en esquisse dès les mois d'août et d'octobre 1793. Il en développa de nouveau les bases dans les séances des 6 et 9 décembre (16 et 19 frimaire an II), et le reproduisit dans la suite au conseil des Cinq-Cents. Si la gloire d'avoir accompli cette grande œuvre est l'un des plus beaux titres de Napoléon, c'est à Cambacérès qu'en appartient la conception; sa persévérance à en reproduire le projet en assura l'exécution, et ses travaux antérieurs la dirigèrent. Plusieurs actes remarquables honorèrent encore la première partie de sa carrière politique. Chargé de communiquer à Louis XVI la décision qui lui accordait le choix de ses défenseurs, il insista pour l'entière liberté des communications entre l'accusé et ses conseils, et la fit sanctionner par un décret. Il combattit la proposition d'obliger les représentants à déclarer l'état de leur fortune. Ce n'eût été qu'une inquisition et une déception. Cambacérès demanda qu'une loi fixât le sens de la qualification de *chefs de brigands* appliquée aux Vendéens, et désignât clairement les individus qui pourraient être considérés comme tels. Après la mort de Robespierre, il voulut que l'on retirât aux comités de gouvernement le pouvoir de faire arrêter les représentants. Lors du rappel dans l'assemblée des soixante-treize députés emprisonnés après le 31 mai, Cambacérès invoqua l'amnistie pour tous les faits révolutionnaires non prévus par le code pénal. Il rouvrait ainsi la porte de la Convention aux débris de la Gironde qui avaient survécu à la proscription. Ce fut lui qui, après le 9 thermidor, présenta le projet d'adresse au peuple français, où l'assemblée, affranchie du joug des terroristes, professait des principes de modération et de justice. Opposé à toute réaction, il fit repousser la proposition de mettre en jugement les membres des comités et des tribunaux révolutionnaires. Rentré au comité de salut public, il fit remplacer par le bannissement la peine de la déportation, que l'on proposait contre les prêtres qui troubleraient l'ordre public. Le commandant du château de Ham, où l'on détenait les individus prévenus de *terrorisme*, les avait traduits devant l'officier de police judiciaire, qui les avait rendus à la liberté. Cambacérès s'opposa à l'emprisonnement de ce militaire dénoncé pour ce fait. A la formation de l'Institut national, il en fit partie comme membre de la classe des sciences morales et politiques. Il entra depuis à l'Académie Française, et ne cessa d'en faire partie qu'au 31 mars 1816, date de l'ordonnance qui prononça sa radiation.

Si pendant la durée de la Convention il concourut à faire maintenir ou adopter quelques mesures rigoureuses, et qui pouvaient faire peser sur des particuliers, et même sur des classes de citoyens, des souffrances inméritées, c'est moins à lui qu'il faut imputer ces rigueurs qu'aux difficultés et à la dureté des temps. Après tant d'écarts et de désastreux événements, lorsque la fureur des partis était plutôt assoupie que calmée, rétablir tout d'un coup un terme à tous les maux, rétablir soudainement dans les lois et dans le gouvernement la balance exacte de la justice, n'était point une tâche facile, ni peut-être même d'une exécution praticable. En appréciant en masse les actes et la conduite politique de Cambacérès à la Convention, on trouve qu'il s'y montra plus digne d'éloge que de blâme. La direction des affaires après la chute de Robespierre reposa longtemps sur le député de l'Hérault, comme président du comité de salut public. Il avait en cette qualité la vérification et la signature de tous les actes de gouvernement. Il était en quelque sorte le président de la république, et la direction qu'il imprima, plus éclairée et plus sage que celle des gouvernements antérieurs depuis la révolution, tendit constamment au retour de l'ordre. La réputation de modération et d'habileté qu'il sut s'acquérir alors le signala depuis à l'œil clairvoyant de Bonaparte, comme le premier de ses auxiliaires dans l'exercice du pouvoir. Vers la fin de sa carrière conventionnelle, le futur second consul fut écarté du Directoire, où il allait être appelé, par une circonstance fâcheuse pour son crédit sur l'opinion républicaine. Une lettre du marquis d'Entraigues, agent des Bourbons à l'étranger, contenait ces mots : « Je ne m'étonne pas que Cambacérès soit un de ceux qui désirent le retour de la royauté; je le connais, etc. » Il eut beau se disculper ; une publication de sa justification fut-elle ordonnée : l'impression était produite, et ne s'effaça pas.

La seconde époque de la vie de Cambacérès, sous la constitution de l'an III et sous l'Empire, n'ayant laissé à ses talents éminents qu'une influence secondaire, il suffira d'une revue rapide des faits principaux. Nommé membre du Conseil des Cinq-Cents, il y signala principalement sa présence par deux mesures remarquables qu'il fit adopter, la création d'une commission pour l'examen des actes du Directoire susceptibles de porter atteinte au pouvoir législatif, précaution qui ne put prévenir le coup d'État du 18 fructidor an v, et l'institution de la contrainte par corps en matière civile, décrétée le 27 février 1797. Sorti du conseil le 20 mai suivant, il fut réélu à Paris, par l'assemblée électorale réunie à l'Oratoire ; mais la loi de floréal an VI annula son élection. Il ne fut promu au ministère de la justice qu'après le mouvement politique de prairial an VII, qui, faisant triompher les républicains les plus ardents, avait expulsé du Directoire Merlin et Treilhard. Appelé au gouvernement comme second consul par Bonaparte, en décembre 1799, après la chute du Directoire, il fut chargé d'organiser tous les pouvoirs judiciaires. Ce travail important, son concours à la préparation de toutes les lois, et surtout de ce Code civil qu'il avait si longtemps appelé de ses vœux et élaboré d'avance, furent l'œuvre principale de sa carrière d'homme d'État pendant la durée du Consulat et de l'Empire.

Napoléon avait constamment recours aux lumières et à la sagesse de Cambacérès. Il lui confiait les rênes de l'administration pendant ses absences. Quand l'Empire fut constitué, le second consul fut élevé à la dignité de prince, de duc de Parme, d'archichancelier, et décoré du grand-aigle de la Légion d'Honneur ; presque tous les ordres de l'Europe lui furent successivement conférés. Il devint, en outre, altesse sérénissime, officier de la maison impériale, membre du conseil privé, membre président du sénat, du conseil d'État, de la haute cour impériale, titulaire d'une sénatorerie, grand commandeur de la Couronne de fer, etc. On assure qu'il donna souvent au chef de l'Empire d'excellents avis, malheureusement négligés. Il s'opposa, dit-on, dans le conseil, à l'exécution du duc d'Enghien, aux guerres d'Espagne et de Russie, et au mariage de l'empereur avec une archiduchesse.

Mais si dans le cabinet il parlait en ami du pays et de la vérité, il prêtait un appui public à tous les actes de la volonté impériale. Il en fut à peu près constamment l'organe et l'apologiste auprès du sénat. Nommé président du conseil de régence en 1814, au départ de Napoléon pour l'armée, en conformité de ses ordres, il fit décider la translation de l'impératrice et du gouvernement à Blois. Ce fut après l'enlèvement de cette princesse et de son fils que, le 7 avril, il envoya, comme sénateur, son adhésion à la déchéance de l'empereur. Rappelé par celui-ci, à son retour, à la dignité d'archichancelier, avec les fonctions de ministre de la justice, il se borna à signer les actes du ministère, et les fonctions ministérielles furent exercées par le conseiller d'État Boulay de la Meurthe, sous le titre de directeur de la correspondance et de la comptabilité. L'archichancelier ne s'installa même pas à l'hôtel du ministère. Investi de la présidence de la chambre des pairs et de l'assemblée centrale des députés des collèges électoraux, il adressa la parole à l'empereur au nom de ces deux corps.

Après le retour de Louis XVIII, il fut compris, comme régicide, au nombre des individus bannis par l'article 7 de la loi qui amnistiait tous ceux qui n'étaient pas proscrits. Il se retira à Bruxelles, où il vécut jusqu'en mai 1818, époque à laquelle ses droits civils et politiques lui furent restitués par décision royale du 13 du même mois. Il revint à Paris, où il mourut, en 1824.

L'adhésion successive de Cambacérès, et la part qu'il prit aux différents pouvoirs qui s'établirent en France depuis la révolution de 1789, prouve qu'aucune passion, aucune conviction politique ne l'attachaient à un mode spécial de gouvernement et à une doctrine constitutionnelle. Il fut du nombre de ces hommes d'État qui admettent tous les faits accomplis et s'y plient, en s'efforçant de contribuer par leurs lumières et leurs travaux à introduire dans la gestion des affaires le plus de justice et d'ordre qu'il leur paraît possible d'espérer dans une situation donnée. Dans cette classe d'hommes politiques, on peut le compter comme l'un des plus éminents par leurs talents et leurs services. Il avait commencé des mémoires, dont les manuscrits auraient, dit-on, formé six volumes. On regrette que sa famille n'ait pas jugé à propos de publier ces souvenirs, qui, malgré la discrétion connue de leur auteur, renferment sans doute plus d'une révélation curieuse.   AUBERT DE VITRY.

La famille Cambacérès a produit, en outre, quelques hommes dignes d'ajouter à son illustration, entre autres un docteur de Sorbonne, membre de l'Académie de Béziers, mort en 1758; l'abbé de Cambacérès, mort en 1802, archidiacre de Montpelier, qui, chargé de prêcher le carême de 1757 devant Louis XV et sa cour, s'honora autant par le courage dont il fit preuve que par le talent qu'il déploya comme prédicateur; le cardinal-archevêque de Rouen *Étienne-Hubert* DE CAMBACÉRÈS, sénateur, ensuite pair des Cent-Jours, mort en 1821, et le général baron de Cambacérès, mort en 1826, l'un et l'autre frères de l'archichancelier. Le général a laissé deux fils, dont l'aîné, *Marie-Jean-Pierre-Hubert*, DUC DE CAMBACÉRÈS, né à Tolingen (Prusse), le 20 septembre 1798, fut élevé à la pairie le 11 septembre 1835 par Louis-Philippe. Membre de la commission consultative après le 2 décembre 1851, il est aujourd'hui sénateur. Le plus jeune fut envoyé à la chambre en 1842 par le collége *extra-muros* de Saint-Quentin, en remplacement de M. Fould. Il siégeait à la gauche, et votait avec l'opposition. Il s'associa au mouvement réformiste, prononça un discours énergique au banquet de Saint-Quentin, où il but à *la vérité du gouvernement représentatif!* signa la mise en accusation du ministère Guizot, et montra beaucoup de fermeté dans la lutte qui précéda la révolution de Février. Membre de la Législative, il y a appuyé la politique du ministère Barrot. Il représente encore le département de l'Aisne au corps législatif. L'archichancelier, en mourant, avait partagé son immense fortune entre ses deux neveux.

CAMBAY, ville commerçante et jadis célèbre de la province de Goudjerat, est située à l'extrémité septentrionale du golfe auquel elle a donné son nom, et compte 30,000 habitants. Dans l'antiquité et au moyen âge cette contrée fut le grand centre du commerce de l'Inde avec le monde occidental. C'est là que s'élevait la ville de *Barygaza*, dont il est tant fait mention dans les anciens auteurs. C'est aussi là que vinrent se réfugier les Parses fuyant devant le cimeterre des musulmans ; et Marco-Polo fait mention d'un royaume de *Cambaja* où a lieu un commerce très-important, et où l'on trouve en abondance du coton et de l'indigo.

La richesse de cette contrée et la prospérité de son commerce provoquèrent dans ce pays la construction de villes magnifiques, dont la prospérité fut détruite par le changement survenu plus tard dans la direction du commerce au quinzième siècle, et de l'existence desquelles ne témoignent plus guère aujourd'hui que les nombreuses et imposantes ruines qu'on trouve çà et là dans cette contrée.

À l'époque où Ahmed-Abad était la capitale d'un royaume mahométan indépendant, Cambay en était le florissant entrepôt. On dit que le secte des *Djainas* y fut autrefois extrêmement nombreuse. Entre autres ruines existant aux environs de Cambay, on trouve dans un temple souterrain les statues de deux divinités de cette religion de l'Inde. On prétend qu'autrefois il n'y avait pas moins de 30,000 sources et réservoirs dans la ville de Cambay et ses environs. En 1780 elle obéissait à un prince indigène qui payait un tribut considérable aux Mahrattes. Depuis la chute de l'empire du Peischewa, ce sont les Anglais qui l'ont remplacée.

CAMBISTE (de *cambium*, change), terme de banque et de négoce. On donne ce nom à ceux qui s'occupent du négoce des lettres et des billets de change, qui sont régulièrement sur la place ou à la bourse pour s'instruire du cours de l'argent, afin de pouvoir faire à propos des traites, remises ou négociations quelconques d'argent ou de billets.

Ce mot a été employé aussi adjectivement, et s'est dit des places ou villes, telles qu'Amsterdam, où il se fait le plus d'affaires en ce genre.

On a par suite donné le titre de *cambiste* à un livre qui contient des comptes tout faits et facilite les opérations relatives au change.

CAMBIUM, liquide transparent, sans odeur ni saveur, qui se produit chaque année dans les végétaux dicotylédones, entre le *liber* et l'aubier. Ce fluide, au moyen duquel s'opère l'accroissement en diamètre, est formé par la sève descendante; mêlé à une partie des sucs propres du végétal, il s'organise peu à peu. C'est d'abord une couche d'une consistance semblable à celle de la glu, qui, se condensant peu à peu, devient un tissu de plus en plus solide, et vers la fin de l'automne a acquis son développement nécessaire : sa face interne alors a produit une nouvelle couche d'aubier et sa face externe une nouvelle couche de liber.

Duhamel est le premier qui ait reconnu l'existence du *cambium* : ayant enlevé une portion de l'écorce d'un cerisier, il vit se former à la surface de l'aubier de petits mamelons gélatineux, qui reproduisirent une nouvelle écorce; mais il ne poursuivit point ses expériences, et ne donna aucune explication de celle que le hasard seul lui avait fait trouver. Depuis, on s'est beaucoup occupé du *cambium*, et l'on connaît bien aujourd'hui le rôle important qu'il joue dans le développement des végétaux.   Paul GERVAIS.

Tous les botanistes n'admettent pas d'une manière aussi certaine le rôle du *cambium* dans l'accroissement des végétaux. M. Gaudichaud, par exemple, explique tout différemment ce mode d'accroissement.

CAMBO (Eaux minérales de). Cambo est un assez joli village du département des Basses-Pyrénées, situé sur les bords de la Nive, à 13 kilomètres de Bayonne. On trouve là deux sources sulfureuses tièdes (21° cent.), d'une composition analogue aux autres eaux sulfureuses des Pyrénées, et une source ferrugineuse froide, comme on en voit tant sur tous les rivages de la France. Il paraît certain que c'est un malheur pour une source thermale sulfureuse d'avoir dans son voisinage une source ferrée; c'est presque toujours l'indice, sinon la cause, que la source thermale est d'une température peu élevée, et que les vertus de ses eaux sont médiocres ou insignifiantes. D'où cela vient-il? Est-ce que ces sources différentes, en infiltrant leurs eaux l'une vers l'autre, altèrent ainsi leurs propriétés? ou serait-ce que la présence du fer serait incompatible avec l'abondance du soufre? Que l'on nie, si l'on veut, ces deux causes, l'effet que je leur attribue n'en sera pas moins réel, quoique inexpliqué. L'eau sulfureuse de Cambo est un peu plus pesante que l'eau distillée, et peu chargée de principes : bonne à boire, on est obligé de la faire chauffer pour en composer des bains, ce qui est toujours un malheur, ne fût-ce qu'en autorisant de fâcheuses préventions. Toutefois, ces eaux réussissent assez bien dans ce que l'ancienne médecine appelait des obstructions, de même que dans les pâles couleurs. La vie de Cambo est agréable et peu dispendieuse ; les curieux trouvent là de charmants paysages. On se rend à Cambo en mai et juin : c'est la première saison ; la seconde saison est en septembre. C'est alors que les Espagnols accourent voisiner avec les hydropotes français, gravir avec eux les montagnes, et comme eux faire la chasse aux palombes, partie de plaisir fort en vogue parmi les Basques. Il vient là chaque année environ quatre cents malades visiteurs.

Dr Isidore BOURDON.

CAMBODGE ou **CAMBOGE**, grande contrée de l'Asie, dans les royaumes d'Annam et de Siam, entre 8° 30′ et 15° 30′ de latitude nord, 105° et 109° de longitude est; bornée à l'ouest par le royaume de Siam proprement dit; au nord par le Laos, à l'est par la Cochinchine, au sud par la mer de Chine et le golfe de Siam. Sa superficie est évaluée à 250,000 kilomètres carrés; sa population à trois millions d'âmes. Ce pays forme la partie inférieure du bassin du May-Kong, ou fleuve de *Cambodge*, qui le traverse du sud au nord. Ce cours d'eau, qui descend des montagnes du Yunnan, est déjà navigable dans le Laos, entre 22° et 23° de latitude nord. C'est un des plus considérables de l'Asie, et, bien qu'il ne porte pas à la mer une aussi grosse masse d'eau que le Gange, bien qu'il ne reçoive pas dans sa route un aussi grand nombre d'affluents, il fournit un trajet navigable aussi long, soit 2,000 kilomètres environ, avant de se jeter dans le golfe de Siam, sous le 10° de latitude nord; sa large vallée est alluviale et souvent inondée dans sa partie inférieure; les côtes en sont basses et sablonneuses.

Cette contrée, à peine connue des Européens, déploie toutes les richesses de la plus belle végétation tropicale. Ses immenses forêts produisent du bois de tek, du bois de santal, de précieux bois de teinture et d'ébénisterie, des arbres qui donnent la laque et la gomme gutte ou gomme cambodge. Ailleurs on cultive l'arek, le poivre, le riz, la canne à sucre. Le bétail abonde, et l'on rencontre dans les déserts des éléphants, des rhinocéros, des buffles, des panthères et des tigres. Le pays renferme des mines d'or, d'étain et de pierres précieuses.

Son ancienne capitale, *Cambodge*, *Camboje* ou *Levek*, qui doit être remplacée par Saigoun ou par Panomping, est située dans une île du May-Kong, à 300 kilomètres de son embouchure, par 13° de latitude nord et 106° 55′ de longitude est. C'était autrefois une ville très-considérable; elle est aujourd'hui entièrement déchue. Les Hollandais y ont eu un comptoir jusqu'en 1643. Les maisons y sont en bois : on y trouve un grand palais et plusieurs pagodes.

Par leurs mœurs, par leurs coutumes, les Cambodgiens ressemblent aux Siamois; ils parlent un dialecte de l'idiome annamitique, et appartiennent presque tous au culte de Bouddha. Le christianisme, introduit en 1624 par des jésuites portugais, s'y est conservé dans un petit nombre de familles. Les exportations du Cambodge sont considérables; elles consistent en bois de senteur, de teinture, d'ébénisterie, noix d'arek, laque, gomme gutte, poivre, cardamome, ivoire, peaux, nacre de perle, poisson sec. Ce pays formait autrefois un des royaumes les plus puissants de la presqu'île de l'Indo-Chine. Devenu tributaire des Annamites vers le milieu du siècle dernier, et envahi en 1809 par les Siamois et les Annamites, il fut partagé entre ces deux nations, et appartint durant un quart de siècle, en majeure partie, au royaume d'Annam. Plusieurs de ses provinces ont recouvré leur indépendance en 1835, pendant la guerre des États d'Annam et de Siam.

CAMBON (Joseph), né à Montpellier, en 1734, professait, comme toute sa famille, la religion réformée, et avait embrassé la carrière commerciale, quand éclata la révolution de 1789; il se dévoua avec enthousiasme à la cause de la liberté, fut élu officier municipal, et nommé député de l'Hérault à l'Assemblée législative, où il s'occupa surtout des finances. C'est à lui qu'on doit la formation du grand-livre de la dette publique. Homme d'ordre et de dévouement, Cambon dirigea cette grande opération. La transcription ne fut terminée qu'en juin 1794, la liquidation se trouva dès lors au courant. Le 21 novembre 1791 il se prononça contre le serment exigé des ministres du culte; il considérait ce projet de loi comme trop favorable aux prêtres réfractaires. Le lendemain il parla contre les émigrés avec toute la fougueuse énergie qui le caractérisait. On le vit bientôt s'opposer à la promotion des généraux Luckner et Rochambeau au grade de maréchal de France. Le 2 février 1792 il appuya les dénonciations faites à l'Assemblée contre le ministre Bertrand de Molleville. Il insista vivement, avec Bazire, pour la confiscation immédiate des biens des émigrés. Le 24 juillet de la même année il demanda la destruction des statues des *tyrans* et leur conversion en canons. Il combattit une pétition d'une section de Paris, qui sollicitait l'abolition du pouvoir royal, et provoqua une adresse au peuple pour l'instruire de la juste mesure de ses droits et de ses devoirs politiques. Au 10 août il prit les mesures les plus sages pour la sûreté du roi et de sa famille, réfugiés dans une tribune de l'Assemblée législative. Il fit ensuite, à des époques très-rapprochées, décréter la privation de traitements des ecclésiastiques qui refusaient de prêter le serment civique, provoqua la vente des diamants et joyaux de la couronne, et seconda de tous ses efforts la mise en accusation des ex-ministres Lajard, La Grave et Narbonne. Élu président le 16 septembre, il proclama, quatre jours après, la clôture de la session de l'Assemblée législative, et le lendemain il siégea à la Convention comme représentant de l'Hérault.

Cambon n'était pas homme de parti, il ne suivait que ses propres inspirations, et tous ses votes étaient consciencieux. Dès les premiers jours de la Convention, il se prononça contre Marat et contre la commune de Paris, dont il signala les actes comme attentatoires aux droits, à la dignité de l'assemblée, et contraires aux intérêts et à l'honneur de la république. De concert avec Louvet, il prit hardiment l'initiative contre la dictature de Robespierre, n'hésita pas à voter la mise en accusation du ministre de la guerre, et dénonça comme coupables de marchés frauduleux Malus, d'Espagnac et Servan. Ce fut sur sa proposition que la Convention rendit, le 15 décembre, le décret qui fixa les attributions et les limites des pouvoirs des généraux en pays étranger. Il déchira le voile de popularité dont Dumouriez couvrait sa déloyauté et ses projets contre-révolutionnaires. Le lendemain il appuya l'expulsion de tous les Bourbons, et l'ostracisme contre tous les chefs de parti dont l'influence compromettait la cause de la liberté. Juge de Louis XVI, il vota la peine de mort sans appel et sans sursis, demanda que Kersaint, démissionnaire, fit connaître les représentants qu'il accusait d'avoir provoqué les massacres de septembre. On le nomma, le 7 avril 1793, membre du premier comité de salut public. Il fallait plus que du courage pour oser à cette époque se prononcer contre la commune de Paris en faveur du parti de la Gironde. Cambon n'hésita pas à demander l'ajournement d'une pétition qui avait pour objet la mise en accusation des députés girondins. Il fit ordonner, le 1er août, la démolition des châteaux et fortifications de l'intérieur. Accusé par Robespierre, le 8 thermidor an II, il justifia ses actes relatifs aux finances, et accusa à son tour Robespierre de tyrannie et de despotisme. Le lendemain il se prononça avec la même énergie contre *le nouveau dictateur*. Il continua depuis à diriger les finances; mais, fidèle à ses serments et à son mandat, il fut en opposition constante avec les chefs de la réaction thermidorienne, et signala Tallien comme l'un des auteurs des journées de septembre. Après avoir soutenu encore quelque temps une lutte inégale, ses adversaires le firent comprendre dans la conspiration du 1er prairial, et mettre hors la loi sur la motion d'André Dumont. Mais la loi d'amnistie du 4 brumaire le rendit à la liberté.

Retiré à Montpellier, il fut élu membre de la municipalité et bientôt après commissaire du Directoire. Revenu à Paris en 1804, où il le sollicita vivement de rentrer dans la carrière politique; il persista à rester dans la vie privée. Il ne reparut plus sur la scène qu'en 1815, pendant les Cent-Jours; élu alors membre de la chambre des représentants, il se montra tel qu'il avait été à la Législative et à la Convention.

Banni en juillet suivant comme conventionnel, il se réfugia à Bruxelles, où il mourut, le 15 février 1820.

Dupey (de l'Yonne).

CAMBRAI, ville de France, chef-lieu d'arrondissement dans le département du Nord, située sur un des bras de l'Escaut, à l'origine du canal de Saint-Quentin, à 50 kilomètres de Lille, avec une population de 18,308 habitants. Ville forte avec citadelle et place de guerre de deuxième classe, Cambrai est le siége d'un archevêché, métropolitain de l'évêché d'Arras, et dont le département du Nord forme le diocèse; elle possède des tribunaux de première instance et de commerce, un collége communal, un séminaire diocésain, une bibliothèque publique, composée d'environ 30,000 volumes et qui renferme de précieux manuscrits.

Cambrai possédait avant la révolution de 1789 une infinité d'églises riches en monuments curieux, entre autres sa cathédrale. Le marteau du vandalisme a tout détruit : il n'a pas même respecté le mausolée de Fénelon; aussi cette ville n'offre plus, à l'exception de quelques maisons gothiques, aucune des constructions du moyen âge. L'hôtel de ville, situé sur une grande place, n'a aucun caractère monumental. Le pavillon de la grande Horloge, qui parait sous la garde de trois ou quatre statues moresques, annonce que la domination espagnole a passé par là. Cependant depuis trente ans l'administration municipale a fait de grands efforts et de grandes dépenses pour embellir et assainir la ville : un nouveau monument a été érigé à Fénelon ; on a construit une salle de spectacle, et restauré l'hôpital civil. Il y a de nombreux souterrains sous les maisons de Cambrai; les habitants s'y réfugiaient autrefois à l'approche de l'ennemi.

L'industrie y est très-active ; il s'y fait une immense fabrication de toiles fines et de batistes dites *toilettes de Cambrai*, faites avec le lin qu'on récolte dans le pays, industrie dont cette ville a, dit-on, été le berceau, quoique Valenciennes élève la même prétention. Les linons, les gazes, les fils retors, la bonneterie, les petites draperies, telles que callemandres, turquoises ; la tapisserie, la brasserie, la blanchisserie, occupent un grand nombre de bras. La fabrication du sucre indigène a pris une grande extension, grâce à la qualité supérieure de la matière première. La filature de coton est également florissante ; on trouve aussi des raffineries de sel, des huileries, tanneries et corroieries, des fabriques de savon noir et trois typographies. On fait un grand commerce de blé, huiles, graines grasses, lin, houblon, laines, beurre, bestiaux, et charbon de terre.

Les chroniqueurs flamands ont attribué à Cambrai (*Cameracum*) une antiquité et une origine fabuleuses; cette ville est nommée pour la première fois et sans désignation dans l'*Itinéraire* d'Antonin comme se trouvant sur la route d'Arras à Bavai, ville aujourd'hui réduite aux proportions d'un village, et qui, au dire des Flamands, était la Rome de la Belgique. Il ne paraît pas que les Romains aient élevé à Cambrai aucun monument considérable, ni même qu'ils y aient transféré leurs principaux établissements, puisque après la destruction de Bavai, en 395, par les Huns d'Attila, le préfet militaire et la garnison municipale résidaient à Famars (*Fanum Martis*), qui n'est plus qu'un village situé près de Valenciennes. L'intendant des manufactures pour le fisc impérial résidait à Tournai. Cependant Cambrai était devenu une ville importante lors de l'irruption des Francs, puisque Clodion en fit la capitale des pays qu'il avait conquis. Mais il n'y domina que deux ans; car, vaincu par Aétius, il fut obligé de s'en retourner dans ses anciennes possessions des bords du Rhin. Nous voyons aussi Clovis un Régnacaire, issu de Clodion, régner à Cambrai et périr victime de l'ambition du premier roi chrétien qui régna sur la Gaule (vers l'an 511). Cambrai demeura sous la dépendance des rois mérovingiens. Sous la seconde race, lors du partage des États de Lothaire, elle échut à Charles le Chauve. Les Normands la prirent en 870, massacrèrent la plus grande partie de ses habitants et y firent un butin immense. Elle passa ensuite à Charles le Simple, qui la céda en 922 à l'empereur Henri Ier. En 953 elle fut assiégée par les Hongrois, qui ne purent s'en rendre maîtres.

La commune de Cambrai est une de celles qui ont joué un grand rôle dans la lutte communale. Ce fut en l'an 957 que se forma, en l'absence de Bérangaire, leur évêque, une première association des bourgeois de Cambrai, qui se jurèrent les uns aux autres de ne pas le laisser rentrer dans la ville. L'évêque, parent de l'empereur Othon Ier, revint à la tête d'une armée d'Allemands. A son approche, tout rentra dans l'ordre accoutumé, et l'association parut dissoute d'elle-même. Mais Bérangaire, après avoir dissimulé son ressentiment, fit revenir à quelque temps de là des troupes qui surprirent les bourgeois à l'improviste dans les rues et sur les places. Ceux-ci se sauvèrent dans le monastère de Saint-Géri : « Mais, dit un historien cambrésien, le chanoine Dupont, les gens de l'évêque, sans respect pour ce saint lieu, y entrent armés, tuent ceux-ci, coupent les pieds et les mains à ceux-là, crèvent les yeux et marquent le front d'un fer rouge à d'autres. » Cette affreuse exécution laissa de profonds ressentiments dans le cœur des bourgeois de Cambrai, et prépara des jours pleins d'amertume aux successeurs immédiats de Bérangaire. L'association ne se réveilla pourtant qu'en 1024, sous l'évêque Gérard de Florines, prélat érudit et modéré. Tandis qu'il tenait un synode à Arras, les bourgeois, maîtres de Cambrai, chassèrent les chanoines et les prêtres, démolirent leurs maisons, et empoisonnèrent ceux dont ils avaient le plus à se plaindre. Une armée impériale ayant rétabli l'autorité ecclésiastique, la révolution parut assoupie jusqu'en 1064, sous laquelle les bourgeois en armes firent prisonnier le *bienheureux* Liebert, successeur de Gérard : trois armées envoyées par l'évêque, le comte de Flandre et la comtesse de Hainaut, comprimèrent encore cette tentative de liberté. L'an 1076, sous Gérard, neveu et successeur de Liebert, les bourgeois, profitant de son absence, établirent et formèrent entre eux la commune qu'ils désiraient depuis longtemps : *Episcopo absente*, dit Baldéric, *diu desideratam conjurarunt communiam*. L'évêque rentra, feignit d'avoir tout oublié, et peu de temps après une exécution militaire força les bourgeois à renoncer à la commune. A la faveur du schisme qui s'éleva vers l'an 1095 entre Manassès et Goucher, tous deux prétendants à l'évêché de Cambrai, la commune se reconstitua, mais elle fut encore détruite l'an 1107 par l'intervention de l'empereur Henri V en personne. Dès l'an 1123 les bourgeois reprirent tout leur ascendant, et la commune fut rétablie pour être encore abolie à deux reprises différentes, en 1138 et 1180, sans que les Cambrésiens renonçassent à leurs généreux efforts. Elle soutint jusqu'au milieu du quatorzième siècle une guerre à outrance contre ses évêques et contre leur clergé, qu'elle contraignit plusieurs fois à sortir en masse de la ville. Admirée dans le moyen âge, l'antique commune de Cambrai était gouvernée par un corps de magistrats, composé de quatre-vingts membres, appelés *jurés*, qui se partageaient l'administration civile et les fonctions judiciaires. Les droits qu'elle avait conquis consistaient en ce que ni l'évêque ni l'empereur ne pouvaient asseoir aucune taxe ni faire sortir la milice, si ce n'est pour la défense de la ville, et seulement pendant un jour.

Au temps des guerres entre Philippe de Valois et le roi d'Angleterre Édouard III, Cambrai, qui avait été dévolu au roi de France par un traité récent, fut inutilement assiégé l'an 1339, par l'Anglais, qui, si les historiens flamands n'exagèrent point, avait une armée de plus de quatre-vingt mille hommes. En récompense de cette courageuse défense, à laquelle avait présidé son fils, depuis roi sous le nom de Jean II, Philippe de Valois accorda à cette ville les plus beaux priviléges. Après avoir longtemps fait partie des domaines de la maison de Bourgogne, à la mort de

Charles le Téméraire, Louis XI occupa militairement Cambrai, l'an 1477, et demanda aux habitants 40,000 écus d'or, et des otages, dont la plupart moururent en prison. Le seigneur du Lude, que le roi laissa pour gouverneur à Cambrai, y exerça d'atroces cruautés. Il est vrai que trois ans après Louis XI, ayant peur de la mort, fit deux pèlerinages à Notre-Dame de Cambrai, et d'après Le Carpentier « offrit en expiation de ses crimes à l'église de Nostre-Dame une couronne de la valeur de douze cents écus d'or, reconnut au pied du grand autel que la ville estoit vrayement impériale, et renonça solennellement à toutes les prétentions qu'il pouvoit y avoir. » Ce n'était pas la dernière fois que les Cambrésiens devaient entendre parler de Louis XI. Après la journée de Guinegate, où son armée fut défaite par l'archiduc Maximilien, époux de Marie de Bourgogne et depuis empereur, il envoya, pour je ne sais quelles représailles, son grand prévôt, escorté de 800 lances, pendre dix prisonniers bourguignons devant les portes de Cambrai; et l'exécution ne se passa point sans de grands dégâts sous les murs de la ville. Charles-Quint y fit bâtir *sur le Mont-aux-Bœufs* une des plus fortes citadelles de l'Europe. Plus de huit cents maisons, une partie de la ville de Crèvecœur ainsi que les châteaux de Cavillers, Escandœuvres, Rumilly, Fontaine, Saint-Aubert et Cauroy, voire même la magnifique église des chanoines de Saint-Géri, furent démolis pour fournir les matériaux nécessaires à cette construction. Cette importante citadelle fut encore perfectionnée, en 1595, par le comte de Fuentès, qui bâtit le fort de Cantimpré, et agrandit l'esplanade; enfin, Louis XIV y fit mettre la dernière main par Vauban.

En 1553, le roi de France Henri II l'assiégea inutilement. Lors du soulèvement des Pays-Bas, Cambrai s'étant donné au duc d'Anjou, frère de Henri III, en 1581, cette place demeura à la France jusqu'en 1595; alors, après un siège assez long, le comte de Fuentès l'enleva au gouverneur Balagny, qui avait reçu d'Henri IV le titre de *prince de Cambrai*. Enfin, cette place fut vainement assiégée en 1649, par le comte d'Harcourt, et en 1657 par Turenne; mais Louis XIV la prit en 1677, après neuf jours de tranchée ouverte. Un article du traité de Nimègue en assura la possession à la France. En devenant ville française, Cambrai ne perdit pas ses libertés communales. Le *magistrat* (son corps municipal), composé d'un prévôt, de deux conseillers et de quatorze échevins, conserva des attributions administratives et judiciaires assez étendues. Cambrai avait aussi une officialité, un bailliage ressortissant du parlement de Flandre. Le lieutenant général gouverneur de la province y résidait. Cette ville, si importante sous le rapport militaire, était le chef-lieu d'un département d'artillerie. La citadelle formait un gouvernement confié à un maréchal de camp. Cambrai fut encore assiégée par les Autrichiens en 1793 et occupée en 1815 par les Anglais, qui y établirent leur quartier général.

L'évêché de Cambrai date du cinquième siècle; ses évêques les plus célèbres sont saint Vaast, saint Géri, saint Aubert; après eux nous citerons Robert de Genève, Pierre d'Ailly et Guillaume de Croy, qui furent cardinaux. Cambrai, érigé en archevêché, à la demande de Philippe II, roi d'Espagne, par Paul IV, qui lui donna pour suffragants les évêques d'Arras, Tournai, Saint-Omer et Namur, Cambrai a eu seize archevêques, parmi lesquels on citera toujours Fénelon et le cardinal Dubois, c'est-à-dire le modèle et la honte de l'humanité. Heureusement pour Cambrai, Fénelon résida pendant de longues années dans ses murs; et Dubois, favori si nécessaire au duc d'Orléans régent, ne souilla jamais son diocèse de sa présence. Après le concordat de 1802, Cambrai ne fut plus qu'un simple évêché, qui en 1841 a été de nouveau érigé en archevêché. Il s'est tenu à Cambrai deux conciles dans le quatorzième siècle, l'un en 1303, et l'autre en 1383.

Situé sur un terrain marécageux, Cambrai est exposé à des brouillards fréquents; aussi les affections de poitrine y sont-elles communes. Un français vicié par une prononciation traînante est le langage du peuple à Cambrai. Les personnes de la classe aisée ont un accent qui, chez les femmes surtout, n'a rien de désagréable. Les habitants de Cambrai n'ont pas encore à l'extérieur ce type flamand qui caractérise la population des environs de Lille et de Valenciennes; mais il n'en est pas ainsi du caractère moral : les Cambrésiens possèdent les qualités qui distinguent la race flamande : le sangfroid, la bonhommie, l'esprit d'ordre et d'économie.

Il nous reste à dire un mot de la *Ducasse*, ou fête communale de Cambrai. Elle est placée au mois d'août et dure trois jours. Cette fête conserve le caractère à la fois religieux et chevaleresque des vieux Flamands. Le dernier jour, six chars, dont le moins haut s'élève jusqu'au delà d'un premier étage, se promènent dans la ville. Sur le plus beau char est une jeune fille représentant la Vierge : elle est entourée de compagnes vêtues en blanc, comme elle. Les cinq autres chars sont également remplis de jeunes filles. Le cortège se compose d'hommes à cheval, représentant les Baudoin, les Philippe de Bourgogne, les Charles le Téméraire et leurs chevaliers. La commune n'épargne rien pour relever ce cortège par l'éclat et la vérité historique du costume.

Charles Du Rozoir.

CAMBRAI (Ligue de). Dès son avènement au trône, Jules II, un des pontifes les plus ambitieux de l'Église romaine, forma le double projet d'agrandir la puissance temporelle du pape, et d'expulser les Français de l'Italie. Les Vénitiens, puissance alors considérable par ses richesses, s'étant refusés à lui remettre les villes de la Romagne usurpées par le pape Alexandre VI, et que Venise avait réunies à son domaine à la mort de ce pontife, ayant également refusé d'entrer dans une ligue contre la France, à laquelle ils étaient alliés, avaient irrité Jules II. Il résolut de les punir et de faire servir leur abaissement à l'accomplissement de ses projets. Il conçut à cet effet le plan d'une ligue des grandes puissances contre Venise, se réservant, lorsque les Vénitiens seraient obligés de se soumettre à lui, de diriger la ligue contre la France. Louis XII, qui régnait alors, ne pouvait ignorer ni la haine du pape contre lui et la France, ni son désir de se débarrasser de leur voisinage. Mais, trahi par son ministre, le cardinal d'Amboise, que le désir d'arriver à ses intérêts de Rome, il se laissa persuader, et devint le plus ardent promoteur d'une coalition qui devait tourner contre lui. L'empereur Maximilien, toujours prêt à se vendre et à vendre ce qu'il pouvait prendre, y entra, pour arracher quelques dépouilles aux Vénitiens; le roi d'Aragon et de Naples, Ferdinand, surnommé le Catholique, pour reprendre sans payer les villes qu'il avait engagées aux Vénitiens; le duc de Savoie et les petits princes d'Italie y accédèrent dans l'espoir d'y gagner quelque chose. Cette ligue est connue sous le nom de *Cambrai*, parce qu'elle fut signée dans cette ville, le 10 décembre 1508.

Vaincus par Louis XII à Agnadel, les Vénitiens se renfermèrent dans leurs lagunes, et de là, par d'adroites concessions, détachèrent de la ligue le pape d'abord, puis le roi d'Espagne, puis l'empereur. Le roi de France, resté seul, fut réduit à combattre non plus seulement les Vénitiens, mais encore ses anciens alliés.

Gal G. de Vaudoncourt.

CAMBRAI (Paix de). *Voyez* Dames (Paix des).

CAMBRÉSIS (*Camerensis pagus*). Ce pays, qui se trouve aujourd'hui compris dans le département du Nord, faisait autrefois partie de la province de Flandre. Il était borné au nord par le Hainaut, qui formait aussi sa limite orientale; à l'ouest, par l'Artois; au sud, par la Picardie. Son étendue en longueur ne dépassait pas 30 kilomètres; sa largeur, 50 ou 60 kilomètres; sa superficie était de 96,985 hectares. Cambrai en était la capitale; après cette ville nous citerons encore le Câteau-Cambrésis et Solesmes. Dans les anciens temps le Cambrésis paraît avoir été beaucoup plus étendu qu'il ne le fut à des époques plus rapprochées de nous. Il fit des pertes considérables lorsqu'en 1007 l'empereur Henri II donna le comté de Cambrai à l'évêque de cette ville; la faiblesse du pouvoir sacerdotal fut souvent contrainte de céder des portions de territoire aux puissants seigneurs qui l'environnaient. Le Cambrésis, réuni à la France par Louis XIV, était un pays d'états : une assemblée provinciale, composée des députés du clergé, de la noblesse et du tiers état réglait les affaires du pays, et votait librement les subsides demandés par le gouvernement : dans ce pays il y avait de nombreuses communautés ecclésiastiques. Le Cambrésis était jadis entouré de forteresses, qui le défendaient contre les incursions auxquelles la configuration du sol l'exposait sans cesse.

CAMBREUR, ouvrier corroyeur qui prépare les pièces dont se composent les tiges de bottes ordinaires, en leur faisant prendre la forme qu'elles doivent avoir pour s'adapter convenablement au talon, au cou-de-pied. Dans son travail, le cambreur, après l'avoir mouillée, applique la pièce de cuir sur une sorte d'embouchoir, et l'y fixe avec des clous de cordonnier en la tirant fortement avec des tenailles. La pièce étant sèche, elle conserve la forme qu'on lui a fait prendre.

CAMBRIDGE, la seconde ville universitaire de l'Angleterre et la rivale d'Oxford, agréablement située et moins bruyante, est bâtie sur le Cam, qu'on y traverse sur un beau pont en fer, dans le comté de Cambridge, et compte environ 24,000 habitants, dont l'université constitue la principale ressource. Il n'existe presque pas d'industrie ni de manufactures à Cambridge, et les étudiants de l'université n'ont pas même la distraction du spectacle. Cette ville est le siège d'un évêché, et possède plusieurs belles places, dont la plus remarquable est la place du Marché, où se trouvent l'hôtel de ville et une belle fontaine. Les bâtiments de l'université, généralement de construction nouvelle et de bon goût, sont unis les uns aux autres par des jardins, et forment ainsi un tout. Ils sont au nombre de dix-sept, dont treize collèges et quatre *halls*, à savoir :

1° Le collège de Saint-Pierre, vieil édifice en briques, fondé en 1257; 2° celui de *Clare-Hall*, fondé en 1326 : détruit par un incendie, il fut d'abord rebâti en 1344, mais son complet achèvement ne date que de 1638; 3° le collège de *Pembroke-Hall*, fondé en 1343 par Marie, comtesse de Pembroke, mais considérablement accru par le roi Henri VI ; 4° le collège de *Corpus-Christi* ou *Bennet-College*, vieil édifice de style gothique, fondé en 1344 : cette dernière dénomination provient de ce qu'il est à proximité d'une église placée jadis sous l'invocation de saint Benoît; 5° le collège de *Gonville*, fondé en 1348 par Edmond Gonville, qui lui donna son nom; on l'appelle aussi *College Caïus*, parce qu'il fut considérablement augmenté, sous le rapport des revenus et des édifices, par le docteur Jean Caïus, médecin de la reine Marie; 6° le collège de *Trinity-Hall*, fondé en 1350, doit son existence aux libéralités de Henri Bateman, évêque de Norwich; 7° le collège du roi (*King's-College*), fondé en 1441, qu'on peut regarder comme la perle de l'université, est redevable de son origine au roi Henri VI ; 8° le collège de la Reine (*Queen's-College*), fondé en 1448, par la célèbre Marguerite d'Anjou, épouse de Henri IV; 9° le collège de *Catharine-Hall*, avec un portique de toute beauté, est redevable de sa fondation à Robert Woodiack, chancelier de l'université, fondation qui eut lieu en 1475; 10° le collège de Jésus, fondé en 1496 par Jean Alcock, évêque d'Ély; 11° le collège du Christ, fondé en 1451 par Henri VI, reçut en 1505 le complément de sa dotation de Marguerite, comtesse de Richemond et de Derby; 12° le collège de Saint-Jean, fondé en 1509, ne fut ouvert qu'en 1516; il est également redevable de sa dotation à Marguerite, comtesse de Richemond; 13° le collège de la Madeleine, fondé en 1542, doit son origine à Édouard Stafford, duc de Buckingham; 14° le collège de la Trinité, fondé en 1546 par Henri VIII (c'est le plus riche de tous); 15° le collège Emmanuel, fondé en 1584 par sir Walter-Wildmay; 16° le collège Sidney-Sussex, fondé en 1598 par Françoise Sidney, comtesse de Sussex ; 17° le *Downing-College*, situé en avant de la ville, et servant uniquement aux étudiants en droit et en médecine. Fondé et doté successivement en 1717 et en 1800, l'ouverture n'en eut lieu qu'en 1821.

On trouve dans tous ces collèges les portraits de leurs fondateurs et des personnages éminents qui y reçurent leur éducation; ils renferment chacun, indépendamment des logements nécessaires pour les élèves et pour les professeurs, une bibliothèque, une chapelle, un réfectoire et un jardin. Le sénat académique se compose de tous les docteurs et maîtres ès arts de l'université, laquelle, de même que la ville, envoie deux députés au parlement. Le nombre des étudiants varie ordinairement entre 4,000 et 5,500, mais une grande partie d'entre eux ne suivent pas les cours. La chapelle du collège du Roi, édifice gothique du meilleur goût, est le principal ornement de l'université. Il faut aussi mentionner tout particulièrement la bibliothèque, riche d'environ 170,000 volumes et de plus de 4,000 manuscrits, et qui contient, entre autres objets curieux, une statue antique de Cérès, apportée du temple d'Éleusis, le cippe de la tombe d'Euclide, de Bèze manuscrit, etc.; le Muséum-Fitz-William, légué à l'université en 1816, et situé dans un édifice de style grec; l'observatoire, le jardin botanique et la maison du sénat.

L'université de Cambridge occupe un rang distingué dans l'histoire littéraire et scientifique de l'Angleterre. C'est là qu'étudia Newton, dont le *Trinity-Hall* possède la statue en marbre et quelques précieuses reliques ; c'est là aussi que professa Bentley. Consultez, *A History of the University of Cambridge* (2 vol. avec planches; Londres, 1815), et le *Cambridge University Calender*, qui paraît à Cambridge chaque année; Fuller, *History of the University of Cambridge and of Waltham Abbey* (nouv. édit., Londres, 1840).

Des nombreux endroits qui portent également le nom de *Cambridge*, tant en Angleterre qu'aux États-Unis, le plus important est la ville de Cambridge, fondée en 1631 dans le Massachusetts, sur les bords du Charles, communiquant par un pont en bois de 1060 mètres de long avec Boston, situé en face, et par un autre pont avec Charlestown. Elle occupe une très vaste surface, et est le siège d'une université, la plus ancienne qu'il y ait dans l'Union, et fondée dès l'année 1638 par Harvard, d'où on la nomme *Harvardi college*. On y compte trente professeurs et trois ou quatre cents étudiants. Elle possède une importante bibliothèque, un jardin botanique, un cabinet d'histoire naturelle et un observatoire. La population de la ville est de 9,500 habitants, et outre l'université on y trouve encore une école de médecine et un collège.

CAMBRIDGE (Adolphe-Frédéric, duc de), comte de Tipperary, baron de Culloden, feld-maréchal d'Angleterre, le plus jeune des fils de Georges III et frère de Georges IV et de Guillaume IV, né à Londres le 24 février 1774, reçut, dans sa jeunesse, une éducation toute militaire, et entra dès l'âge de seize ans dans l'armée avec le grade d'enseigne. Plus tard il alla suivre les cours de l'université de Gœttingue, où il s'assimila complétement la langue et les mœurs de l'Allemagne. Après un hiver passé à la cour de Frédéric-Guillaume II, il retourna à Londres, en 1793. Le cabinet anglais se préparait alors à sa grande et terrible lutte contre la France. Les deux partis entre lesquels se divisait le parlement, celui de Pitt et celui de Fox, cherchèrent chacun à l'attirer à eux. Ce fut pour le second qu'il se décida, mais en secret, dans la crainte de blesser son père, dont il était le favori. Toutefois, il paraît que plus tard les *Réflexions* de Burke produisirent sur lui un effet tel qu'il embrassa ouvertement le parti du gouvernement, et cessa complétement sa timide opposition. Il fit la campagne de 1793 dans les Pays-Bas, et fut fait prisonnier à la bataille de Hondscoote, mais bientôt après échangé.

En 1801 il alla à Berlin, dans l'espoir de déterminer les puissances du Nord à s'abstenir de faire occuper le Hanovre, mais ne réussit point dans cette négociation. En 1803 on jeta les yeux sur lui pour le placer à la tête des populations armées du Hanovre; mais cette levée en masse produisit peu de résultats. Le duc de Cambridge n'échappa même à la nécessité d'une capitulation que parce que quelques jours auparavant il avait cédé son commandement au général Walmoden. A son retour en Angleterre, il se prononça de la manière la plus énergique dans la chambre haute contre la France et sa politique.

Quand, en 1813, le prince régent reprit possession du Hanovre et l'érigea en royaume, le duc de Cambridge y fut envoyé le 24 octobre 1816 en qualité de gouverneur général, et, à la suite des troubles qui éclatèrent à Gœttingue en 1831, il fut nommé vice-roi de Hanovre. C'est sous son administration, en 1819, que fut régularisée provisoirement l'ancienne constitution d'états du pays, et qu'en 1833 la nouvelle loi fondamentale accordée à ses sujets par Guillaume IV fut introduite et mise à exécution. Par sa bonté, par sa libéralité et par son extrême équité, ce prince acquit l'attachement sincère de tous les Hanovriens. Lorsqu'en 1837, à la mort de Guillaume IV, le royaume de Hanovre échut au prince le plus âgé de la maison royale, Ernest-Auguste, le duc de Cambridge s'en retourna en Angleterre, où il ne s'occupa plus guère que de protéger les nombreuses institutions de bienfaisance dont il était président et qu'il avait aidé en grande partie à créer, par exemple, l'hôpital allemand de Londres, dont il fut l'un des plus zélés promoteurs. Il mourut le 8 juillet 1850, après une longue maladie.

De son mariage avec la princesse Auguste de Hesse-Cassel, il laissait trois enfants : un fils, le duc de Cambridge actuel, *Georges-Frédéric-William-Charles*, né le 26 mars 1819, général-major dans l'armée anglaise, et à qui une décision du parlement a accordé en août 1850 un apanage de 12,000 liv. sterl., malgré les efforts faits par l'opposition pour réduire cette dotation à 8,000 ou tout au moins à 10,000 liv. sterl.; et deux filles : *Auguste*, née en 1822, qui a épousé le grand-duc héréditaire de Mecklembourg-Strélitz, et *Marie*, née en 1833.

CAMBRONNE (Pierre-Jacques-Étienne, baron de), né au bourg de Saint-Sébastien près de Nantes, le 26 décembre 1770, se dévoua à la cause de la révolution de 1789 avec toute l'ardeur, tout le désintéressement du jeune âge. Il s'empressa de se faire inscrire parmi les volontaires nationaux de la Loire-Inférieure, et fit ses premières armes contre les bandes vendéennes; il partagea les dangers et la gloire de la célèbre légion nantaise, et gagna ses premiers grades sur le champ de bataille. Intrépide dans le combat, généreux après la victoire, il ne voyait dans l'ennemi vaincu qu'un malheureux : cette alliance du courage et de l'humanité était le caractère distinctif des soldats-citoyens de cette époque. Plusieurs émigrés lui durent la vie à Quiberon. Cambronne avait d'abord combattu dans l'armée de Hoche sous les yeux de ses concitoyens. Après la première pacification de la Vendée, il passa dans l'armée commandée par Masséna, et prit part aux exploits de la campagne de 1799 en Suisse; il se signala surtout à Zurich : capitaine, il fit, avec sa compagnie, mettre bas les armes à quinze cents ennemis. Il commanda l'année suivante la compagnie de grenadiers à la tête de laquelle s'est immortalisé Latour-d'Auvergne : ce brave fut tué à ses côtés. Cambronne fut proclamé héritier de son beau titre de *premier grenadier de la république*. Il refusa cette distinction : ce refus seul prouvait qu'il en était digne : « Il appartenait, disait-il, à tous les militaires français. » Successivement chef de bataillon et colonel du 16ᵉ régiment d'infanterie de ligne, il fut cité au nombre des braves qui se signalèrent les plus beaux faits d'armes à la bataille d'Iéna, et dans la seconde campagne d'Autriche en 1809. L'empereur Napoléon le nomma major commandant du premier régiment de chasseurs à pied de sa garde; il se distingua dans ce nouveau grade en 1812 et 1813. Après la bataille de Hanau, il protégea, avec le général Bertrand, la retraite des débris de la grande armée échappés au désastre de Leipzig. Blessé grièvement à l'affaire de Craone, le 10 mai 1814, il ne se crut pas délié de son serment en apprenant l'abdication de l'empereur, et vint s'offrir pour l'accompagner à l'île d'Elbe. Il n'en revint qu'avec lui en mars 1815. Il avait pendant son séjour dans cette île commandé la place de Porto-Ferrajo.

A son débarquement au golfe Juan, Napoléon lui confia le commandement des braves qui l'avaient suivi, et le 11 mars il signa l'adresse de la garde impériale à l'armée, adresse remarquable par son énergie et sa précision; l'empereur l'avait dictée lui-même; elle se terminait ainsi : ... « Que la postérité dise un jour : Les étrangers, secondés par des traîtres, avaient imposé un joug honteux à la France; les braves se sont levés, et les ennemis du peuple et de l'armée ont disparu et sont rentrés dans le néant. » Cambronne, à la tête de quarante *grognards*, formait l'avant-garde de l'*armée éboise*; souvent il les précédait à une grande distance pour leur faire préparer des logements et des vivres. Les magistrats et les partisans de la restauration répandaient partout le bruit que les *brigands de l'île d'Elbe* signalaient leur passage par des dévastations, le pillage et l'incendie, et partout les prétendus brigands et leur chef étaient accueillis avec confiance, avec enthousiasme; les populations se pressaient au-devant de l'empereur et de son armée. A la tête de cette avant-garde, il s'empara, dans le bourg de Saint-Pierre, du pair de France prince de Monaco, qui se rendait dans ses États, et que Napoléon fit immédiatement remettre en liberté. Un seul maire, celui de Sisteron, marquis de vieille roche, voulut faire du dévouement, et l'épargna rien pour soulever ses administrés; il s'épuisait en efforts d'éloquence, quand Cambronne parut seul sans autre arme que son épée. Le marquis balbutia de timides excuses; il craignait, disait-il, que les vivres demandés ne fussent point payés. Cambronne lui jeta froidement sa bourse et ces mots: *Payez-vous!* Les habitants de Sisteron, indignés, s'empressèrent à l'envi de fournir plus de vivres qu'il n'en avait été demandé; et quand le *bataillon* de l'île d'Elbe parut, ils lui offrirent un drapeau tricolore. En sortant de la mairie de Sisteron, Cambronne et ses quarante grenadiers se trouvent en présence d'un bataillon envoyé de Grenoble pour leur fermer le passage. Cambronne s'arrête, il veut parlementer, il n'est pas écouté; le bataillon envoyé de Grenoble n'était qu'une avant-garde; il rétrograda avec les troupes qui le suivaient. On sait que dès que Napoléon parut toute la colonne le salua des cris de : *Vive l'empereur!* Cambronne, qui le précédait partout, l'attendit à Lyon; mais déjà l'empereur avait une armée.

Arrivé à Paris, il fut nommé par Napoléon grand-aigle de la Légion d'Honneur et général de division, puis bientôt après membre de la chambre des pairs des Cent-Jours. Il suivit l'empereur à l'armée. Resté avec les nobles débris de la division qu'il commandait à Waterloo, pressé de tous côtés par des masses d'ennemis, il en fut sommé de se rendre : un mot énergique fut sa seule réponse. Cette réponse a été également attribuée au colonel Michel Maret; et la rhétorique bourgeoise de l'époque l'a traduite ou plutôt commentée par cette phrase théâtrale et sonore : *La garde meurt et ne se rend pas*. Que cette réponse soit du reste de Cambronne ou de Michel Maret, peu importe! Elle était dans la pensée de l'armée entière. Recueillie bientôt par les journaux et les chansons populaires, elle fut répétée par toute la France. Cambronne ou Michel Maret, et tous les deux peut-être, avaient refusé de se rendre à une première sommation ; mais ils n'étaient pas des faiseurs de phrase à effet, et leur réponse, d'un laconisme grossier et soldatesque, ne ressemblait en rien à la phrase qu'on leur prête. Elle fut inventée, après coup, par un homme de lettres nommé de Rougemont, dans le *Journal du Commerce*, qui devait bientôt devenir le *Constitutionnel*, grand coutumier plus tard de pareils traits de chauvinisme. Quoi qu'il en soit, couvert de sang et de blessures, Cambronne avait été laissé gisant sur le champ de bataille de Waterloo ; il fut transporté à Bruxelles, et de là en Angleterre. Napoléon, à qui il avait dévoué sa vie, était captif sur le rocher de Sainte-Hélène, qui devait être son tombeau ; les Bourbons régnaient sur la France. Cambronne avait été inscrit sur la liste de proscription qui condamnait à l'exil ou à la mort les plus illustres chefs de l'ancienne armée. Il écrivit à Louis XVIII la lettre suivante : « Sire, major au premier régiment de chasseurs à pied de la garde, le traité de Fontainebleau m'imposa le devoir de suivre l'empereur à l'île d'Elbe ; cette garde n'existant plus, j'ai l'honneur de prier Votre Majesté de recevoir ma soumission et mon serment de fidélité. Si ma vie, que je crois sans reproche, me donne des droits à votre confiance, je demande mon régiment ; en cas contraire, mes blessures me donneront droit à la retraite, qu'alors je solliciterai, regrettant d'être privé de servir encore ma patrie. »

Au moment où Cambronne écrivait ces lignes, le duc de Feltre, alors ministre de la guerre, inscrivait le nom de ce brave sur la liste des généraux accusés d'avoir attaqué la France et le gouvernement royal à main armée. Le retour de Napoléon de l'île d'Elbe était qualifié de *Conspiration du 20 mars*. Cambronne ne recula pas devant cette étrange accusation ; il n'ignorait pas que sa tête était vouée au bourreau ; il n'hésita pas ; le 25 septembre 1815 il arriva à Calais, et se rendit immédiatement à Paris. Il se constitua prisonnier à l'Abbaye, et y trouva un de ses compagnons d'armes, le général Drouot. Ney, trois mois après, fut condamné à mort et subit son arrêt (décembre 1815). Ce ne fut que le 16 avril 1816 que Cambronne comparut devant le conseil de guerre de la première division militaire. Sa défense fut présentée avec beaucoup de courage que de talent par M° Berryer, et valut à cet avocat l'honneur d'être poursuivi par le procureur général Bellart. Sur les conclusions du capitaine rapporteur Delon, Cambronne fut acquitté à l'unanimité. Delon fut destitué. Un commissaire du roi, Duthuis, appela de ce jugement au conseil de révision : le jugement fut confirmé. Le commissaire du roi Duthuis fut nommé peu de temps après au commandement en second de la seizième division militaire (Lille). Cambronne, rendu à sa liberté, se retira au bourg de Saint-Sébastien, lieu de sa naissance, au sein de sa famille. Quelques années après, en 1820, il était appelé, comme maréchal de camp, au commandement de la place de Lille. Mis à la retraite, sur sa demande, en 1822, il revint dans ses foyers, d'où, à l'issue de la révolution de 1830, il fut de nouveau rappelé dans les rangs de l'armée, dont il avait été une des gloires. Heureux de saluer le retour du drapeau tricolore, il sollicita une seconde fois sa retraite, et mourut à Nantes, le 28 janvier 1842. Une statue colossale en bronze lui a été élevée dans cette ville sur le cours Napoléon. Due au ciseau de M. Debay, elle a été inaugurée le 23 juillet 1848. Le général y est représenté debout, s'appuyant contre un mortier brisé ; d'une main il tient son épée, de l'autre il presse un drapeau sur son cœur. Malgré les réclamations des héritiers du baron Michel Maret, le piédestal porte ces mots gravés : *La garde meurt, et ne se rend pas !*

DUFEY (de l'Yonne).

CAMBRURE ou LORDOSIS. On donne ce nom à la courbure excessive des vertèbres en avant, d'où il résulte une dépression exagérée vers les lombes, en arrière du cou ou dans le dos. La cambrure des lombes et celle du cou ne sont pas fort rares ; on les rencontre l'une ou l'autre chez les enfants scrofuleux et rachitiques, qui ont le ventre très-gros et la tête d'un volume souvent énorme. Cette difformité maladive est quelquefois la suite d'une gibbosité des vertèbres dorsales. Quant à la cambrure du dos, elle est beaucoup plus rare que les deux autres. Le dos est en effet naturellement convexe en arrière, outre que les apophyses épineuses de ses vertèbres sont tellement contiguës et tellement inclinées l'une vers l'autre qu'elles rendent impossible, une fois que l'ossification en est accomplie, toute proéminence en avant de la région dorsale. Toutefois, on a observé des difformités de cette dernière espèce. A l'égard des cambrures vicieuses des jambes et des genoux, elles sont ordinairement précédées de l'inflammation du périoste et du ramollissement des os de ces membres, et elles n'attaquent presque jamais que les enfants pauvres et scrofuleux des villes. Les orthopédistes guérissent ces difformités au moyen de machines appropriées, aidées d'un régime succulent et tonique.

Dr Isidore BOURDON.

CAMBUSE, CAMBUSIER. On appelle *cambuse*, dans un vaisseau, un endroit fermé où l'on conserve une certaine partie des vivres, et où se fait aux hommes de l'équipage la distribution des provisions nécessaires à la consommation du jour. Les *cambusiers* sont les servants de la cambuse.

CAMBYSE. L'histoire de l'ancienne Perse mentionne deux rois de ce nom, l'un père, l'autre fils du grand Cyrus.

Le premier vivait environ l'an 600 avant J.-C. Selon Hérodote, c'était un prince du sang des Achéménides, tandis que Justin lui donne une naissance obscure. D'après cette dernière version, Astyage, roi des Mèdes, sur la foi d'un songe qui l'avait averti que son petit-fils le détrônerait, aurait donné sa fille en mariage à Cambyse croyant n'avoir rien à craindre d'un homme né dans l'obscurité. L'événement aurait justifié cette appréhension ; et Cyrus, fils de Cambyse, lui aurait ravi la couronne, l'an 559 avant l'ère chrétienne.

L'autre Cambyse, également roi de Perse, fils de Cyrus le Grand et de Cassandane, succéda à son père l'an 530 avant J.-C., conquit l'île de Chypre et l'Égypte l'an 525, fit une infructueuse expédition contre les Éthiopiens l'an 524, et mourut, selon l'opinion commune, l'an 522, après huit ans de règne. Ctésias le fait régner dix-huit ans, ce qui bouleverse toute la chronologie de ce temps-là ; et il confond la conquête de l'Égypte par Cambyse avec la première expédition que les Perses firent sous le règne d'Artaxerxe Longuemain contre les Égyptiens révoltés, l'an 463. Tous les historiens anciens, un seul excepté, s'accordent à représenter Cambyse comme un monstre de cruauté. Tel il nous apparaît dans Hérodote, Diodore de Sicile, Justin, dont les récits fournissent à Sénèque quelques-unes des belles pages de son *Traité de la Colère*. Ctésias ne prête pas à Cambyse tous les crimes atroces que rapportent de lui les autres écrivains ; il l'accuse seulement de la mort de son frère Tanyoxarcès, qu'Hérodote et Diodore appellent Smerdis : or, de la part d'un monarque oriental rien n'est plus ordinaire que l'assassinat d'un frère, qui peut lui enlever la couronne. C'est la suite de la pluralité des femmes. Élevés dans un sérail, loin de leur père commun, sous les yeux de leur mère respective, quelle affection peuvent avoir les uns pour les autres des fils de femmes différentes ? Rivales entre elles, ces mères élèvent leurs fils dans des sentiments de rivalité ; et quand est venu le moment de recueillir la succession paternelle, cette rivalité commande des meurtres. Et cependant les dispositions que Cyrus avait faites en mourant étaient de nature à prévenir toute catastrophe de ce genre. Il avait partagé son empire entre ses deux fils de manière à ce que Smerdis ou Tanyoxarcès le plus jeune, en recevait la Bactriane et les pays limitrophes, fût dépendant de son frère aîné, sans en être tributaire.

Sous Cambyse la constitution politique de la Perse ne paraît pas avoir pris de grands développements. Heeren conjecture seulement que ce prince fit continuer les constructions monumentales des villes mystérieuses et sacrées de Persépolis et de Pasagarde. Le tombeau de Cyrus, décrit par l'historien d'Alexandre Arrien, d'après des témoins oculaires, en est une preuve. Cambyse lui-même fut inhumé à Pasagarde. Ctésias nous dit qu'Icétas fit conduire le corps de ce prince à cette cité, qui fut pour les rois de Perse ce que Saint-Denis et Westminster ont été pour les rois de France et d'Angleterre.

Hérodote rapporte sur les motifs de la conquête de l'Égypte par Cambyse des anecdotes de sérail, qui si elles ne sont pas exactes offrent du moins des traits de mœurs, des tableaux d'intérieur bien précieux pour une époque de si haute antiquité. Remontant jusqu'au règne de Cyrus, il raconte que ce prince avait prié le roi d'Égypte Amasis de lui envoyer un médecin habile à traiter l'ophthalmie. Cet homme, ulcéré de ce que le monarque égyptien l'avait arraché à sa femme et à ses enfants, sut engager Cambyse à demander à Amasis sa fille. Amasis, qui ne haïssait pas moins les Perses qu'il ne les redoutait, sachant bien que Cambyse n'avait pas dessein d'épouser sa fille, mais d'en faire sa concubine, ne pouvait se résoudre ni à l'accorder ni à la refuser. Il prit le parti de lui substituer Nitétis, fille d'Apriès, son prédécesseur, princesse d'une grande beauté; et l'ayant gratifiée d'une robe d'étoffe d'or, il la fit partir pour la Perse, comme si elle eût été sa fille. A quelque temps de là, cette princesse, qui abhorrait dans Amasis l'usurpateur et peut-être le meurtrier de son père, Apriès, révéla à Cambyse ce stratagème; et le roi de Perse, pour venger et la cause d'Apriès et sa propre injure, résolut de porter la guerre en Égypte. Tel était, selon Hérodote, le récit des Perses, et il paraît l'adopter. Mais, selon les Égyptiens, à ce qu'il ajoute, ce n'était pas à Cambyse, mais à Cyrus, que la fille d'Apriès avait été envoyée par Amasis comme étant sa propre fille; et Cambyse était né de cette princesse pseudonyme. Enfin, suivant une troisième version, également rapportée par Hérodote, Nitétis, devenue la concubine de Cyrus, inspirait la plus vive jalousie à la reine Cassandane, mère de Cambyse. Cette princesse se plaignait un jour devant son fils de ce que Cyrus n'avait pour elle que du mépris, tandis que tous les honneurs étaient pour l'esclave égyptienne, sur quoi Cambyse, qui avait alors dix ans, prit la parole : « Ma mère, dit-il, lorsque je serai grand, je détruirai l'Égypte de fond en comble. »

Quoi qu'il en soit de ces anecdotes, la nature même des choses, sans parler de l'ambition de Cambyse, rendait la guerre inévitable entre l'Égypte et la Perse : les frontières de la domination persane étant devenues du côté de l'Égypte les mêmes que celles de la monarchie assyrienne, ces deux États s'étaient trouvés limitrophes; et Cambyse, héritier de la puissance des despotes assyriens, n'était pas homme à renoncer à leurs prétentions sur l'Égypte. Pour ne pas se perdre dans le désert, situé entre la Syrie et l'Égypte, funeste, avant lui, à tant de conquérants, il eut la sage politique d'acheter l'amitié d'un cheick arabe, qui se chargea de faire transporter à dos de chameau une quantité suffisante d'eau pour l'usage des Perses pendant leur passage au travers du désert. Puis, par un stratagème qui fut couronné de succès, il s'empara de Péluse, ville importante à l'embouchure du Nil, et bientôt de l'Égypte entière; mais voulant pousser plus loin ses conquêtes, son entreprise eut un résultat malheureux : cinquante mille hommes qu'il avait détachés pour aller saccager le fameux temple de Jupiter Ammon furent détruits par la violence des vents, qui soulevaient des montagnes de sable. Ses troupes, envoyées contre les Éthiopiens, se virent obligées de revenir sur leurs pas par suite d'une famine si cruelle que les soldats se nourrirent de cadavres humains. A son retour, les Égyptiens célébraient une fête en l'honneur du bœuf Apis; Cambyse, interprétant ces réjouissances comme une insulte à ses défaites, frappa de son épée cette idole vivante, et fit fustiger les prêtres et les assistants.

On a dit que les cruautés qu'il est accusé d'avoir commises dans ce pays portèrent bien plus sur la puissante caste des prêtres que sur la nation, et que la politique paraît y avoir eu bien plus de part que la religion; on a prétendu enfin que dans le portrait qu'Hérodote fait de ce prince, on voit percer la haine que lui portait la caste sacerdotale en Égypte, qui, ne pouvant lui pardonner d'avoir détruit son autorité, le fit passer pour fou furieux et pour épileptique. Certains critiques ont même été jusqu'à accuser Hérodote d'avoir, en sa qualité de Grec, chargé volontairement le portrait d'un despote persan. Malheureusement rien ne s'explique plus facilement que la conduite monstrueuse de Cambyse. Mal élevé, comme tous les princes livrés dans les sérails aux femmes et aux eunuques, usé jusqu'à l'épilepsie par l'excès des voluptés précoces, plongé incessamment dans une ivrognerie brutale, Cambyse nous apparaît comme les Néron, les Caligula, les Domitien, les Héliogabale, ces jeunes hommes chez qui un pouvoir monstrueux, un monstrueux attirail de voluptés, développaient des passions et des vices aussi gigantesques que leur puissance.

Le trait de Gessler et de Guillaume Tell, avec la flèche et son fils, paraîtrait vraiment calqué, moins la pomme, sur un épisode de la vie de ce prince. Un jour que cette bête féroce paraissait radoucie pour mieux surprendre sa proie, Cambyse ordonna à Prexaspe, un de ses officiers, de lui dire ce que les Perses pensaient de lui : « Ils admirent en vous un grand nombre d'excellentes qualités, dit Prexaspe, mais ils trouvent que vous êtes adonné au vin. — C'est donc à dire, reprit Cambyse, que le vin me fait perdre la raison. » Puis, se mettant à boire plus que de coutume, il ordonna au fils de Prexaspe, qui était son échanson, de se tenir droit au bout de la salle, la main gauche sur la tête. « Si je perce le cœur de votre fils, dit-il au malheureux père, vous reconnaîtrez que les Perses m'ont calomnié. Si je manque mon coup, je conviendrai volontiers que j'ai tort. » Le monstre ajuste la flèche, et tire en déclarant qu'il en veut au cœur de la victime. Il le perce en effet. Par ses ordres, on pratique une ouverture du cadavre; puis, montrant à Prexaspe le cœur de son malheureux fils percé de la flèche : « Eh bien, lui dit Cambyse, ai-je la main sûre? » Prexaspe eut l'infamie de répondre : « Un dieu lui-même ne tirerait pas plus juste. » Sénèque observe qu'il est plus odieux d'avoir loué que d'avoir porté un pareil coup. Fort bien, Sénèque! il est dommage seulement que vous ayez fait l'apologie officielle du parricide d'Agrippine par Néron, votre élève! Cambyse était fait pour trouver des flatteurs. Il voulut épouser sa sœur, malgré les lois; et pour donner à ce mariage une apparence de légitimité, il consulta les juges de son royaume. Ils répondirent qu'à la vérité la loi défendait une semblable union, mais qu'une autre loi permettait au roi de Perse de faire tout ce qu'il voudrait. Cambyse n'en demanda pas davantage : il épousa sa sœur; puis quand sa passion fut assouvie, étant à table avec cette malheureuse, il la tua d'un coup de pied dans le ventre. Cambyse était un monstre, mais les juges de Perse étaient des infâmes.

Cambyse toutefois avait ses bons moments : il usa de clémence envers le roi Psammenit, qu'il avait vaincu et fait prisonnier. Malheureusement celui-ci conspira plus tard contre son vainqueur, qui le fit mourir. Cambyse était tendrement attaché au vénérable Crésus, qui depuis la perte de son royaume et de ses richesses était devenu pour Cyrus et pour sa famille l'ami le plus dévoué. On peut citer encore de Cambyse un trait de justice sévère, tout à fait conforme aux mœurs asiatiques et aux droits du despotisme :

Sisamnès, un des juges royaux, ayant prévariqué, Cambyse le fit mourir, et ordonna qu'on couvrît de sa peau le siège où ce magistrat avait rendu la justice; puis il donna au fils la place du père. La peinture s'est emparée de cette anecdote, et ce tableau, chef-d'œuvre d'un ancien maître, figure dans la grande galerie du Louvre.

Cambyse, comme tous les tyrans qui usent largement de la vie, mourut vite, et lui-même fut la cause de sa mort. On vint lui apprendre que son frère, qu'il croyait avoir bien et dûment fait tuer, s'était fait proclamer roi de Perse : dans sa colère, Cambyse se blesse de sa propre épée. Selon Ctésias, ce fut en polissant un morceau de bois. Quoi qu'il en soit, sa blessure s'envenima, et il expira à Ecbatane, petit bourg de Syrie. Charles Du Rozoir.

CAME (*Conchyliologie*), genre de coquilles bivalves fort rapprochées, pour la forme, des huîtres et des spondyles, appartenant à la classe des conchylifères lamellipèdes de Lamarck, présentant pour caractères spécifiques une coquille irrégulière, inéquivalve, fixée, à crochets recourbés, inégaux; charnière à une seule dent, épaisse, oblique, légèrement crénelée, s'articulant dans une fossette de la valve opposée; deux impressions musculaires distantes, latérales; ligament extérieur, enfoncé. Ces coquilles, ornées de feuillets testacés ou hérissés d'épines, vivent à une très-petite profondeur dans la mer; on les trouve toujours attachées aux rochers, à des coraux et sur divers autres corps marins, dont elles prennent l'empreinte, en sorte qu'on en rencontre rarement deux de pareille forme; leur adhérence est telle que souvent on les casse avant de les obtenir. Ce genre, composé de vingt et quelques espèces, fait l'ornement des collections, mais est plus spécialement recherché des Anglais; la couleur dominante de ces coquilles est le blanc mat et le citron. On connaît un assez grand nombre de ces espèces à l'état fossile; toutes appartiennent aux couches de sédiment supérieures à la craie. P.-L. Duclos.

CAME (*Arts mécaniques*), sorte de dent implantée dans un arbre que fait tourner une roue mue par un courant d'eau ou autrement, et qui soulève des marteaux, des pilons, etc. Dans ce but la came pèse sur un mentonnet adapté à la tige du pilon, du marteau, le soulève tant que dans son mouvement circulaire elle appuie dessus, et enfin, lorsqu'elle cesse de presser sur le mentonnet, le pilon, le marteau s'échappe, et par son poids retombe produire l'effet qu'on en attend, jusqu'à ce qu'une autre came, ou la même après une révolution entière du cylindre, recommence à soulever le mentonnet. C'est ainsi qu'on bat le fer dans les forges, qu'on broie dans des mortiers les ingrédients qui entrent dans la composition de la poudre, etc.

Lorsque le mécanisme doit faire mouvoir plusieurs marteaux ou plusieurs pilons, les cames sont disposées sur le cylindre, de manière que leur ensemble forme une vis ou hélice, c'est-à-dire que si le contour du cylindre était divisé circulairement, par exemple, en douze parties égales, la première se placerait sur la première division, tout près de l'un des bouts du cylindre; un peu plus loin de même bout et sur la division suivante se trouverait la seconde came; un peu plus loin encore se placerait la came suivante, sur la troisième division; et ainsi de même. Au moyen de ce système, les pilons ou les marteaux ne sont point soulevés tous à la fois, mais successivement les uns après les autres, d'où résulte l'avantage que la force motrice, qui serait insuffisante pour soulever tous les pilons en même temps, peut les faire fonctionner en agissant successivement sur chacun individuellement. Teyssèdre.

CAMÉE. C'est le nom que l'on donne aux pierres gravées en relief, tandis que celles qui sont gravées en creux sont désignées sous celui d'*intailles*. L'origine de ce mot, comme celle de *camaïeu*, vient, à ce que l'on croit, du mot *camaa*, qui en arabe signifie *relief*, *bosse*. Le travail est le même pour les camées et pour les intailles (*voyez* Gravure); dans les camées le travail ne semble même pas avoir autant de difficulté que dans les intailles; et pourtant les camées sont bien moins anciens, puisque presque tous sont des plus beaux temps, tandis que l'on voit beaucoup d'intailles qui dénotent d'une manière visible l'enfance de l'art. Les camées offrant un relief, l'artiste voit continuellement le progrès de son ouvrage; il abat ou enlève de la matière partout où il le juge à propos sans craindre d'en ôter trop, et sans avoir besoin, comme dans la gravure en creux, de consulter à chaque instant l'empreinte en cire au moyen de laquelle il se rend compte de son travail. Telle est du moins l'observation que l'on peut faire en examinant les beaux camées sur pierres d'une seule couleur, tels que ceux qu'on peut voir à la Bibliothèque Nationale : Ulysse, sur cornaline; Valentinien III, sur agate, etc. Mais la plupart des camées sont faits sur des sardoines ou des agates onyx; c'est-à-dire sur des pierres à plusieurs couches, de couleurs variées; alors il ne suffit plus à l'artiste d'être bon dessinateur, de savoir bien modeler, de connaître le mécanisme de la glyptique, d'avoir enfin ce que l'on nomme *de la main*, il lui faut encore une grande intelligence, un génie particulier pour tirer parti des différentes couleurs de la pierre : il faut qu'il les distribue dans les places convenables, qu'il les adapte aux divers objets qu'il a l'intention de représenter, qu'il les y fasse cadrer, et que ces dispositions paraissent si naturelles qu'en voyant son ouvrage ainsi coloré, on soit en quelque sorte incertain si c'est le graveur qui a su profiter d'un jeu de la nature, ou bien si c'est la nature seule qui a fait l'opération.

Dans ces pierres à plusieurs couches, les figures sont ordinairement taillées dans la partie blanche, tandis que celle qui est plus ou moins colorée en brun sert de fond au sujet, et donne ainsi plus de valeur au bas-relief. D'autres camées sont exécutés sur des pierres à trois et même à quatres couches, de sorte que dans un buste la coiffure, les cheveux, la barbe, les draperies, se trouvent de couleurs variées de la manière la plus agréable. On peut voir dans plusieurs cabinets de beaux exemples de cette nature : nous citerons en première ligne ceux qui se trouvent à la Bibliothèque Nationale de Paris savoir : 1° l'apothéose d'Auguste, sardoine à trois couches, de 0^m, 32 sur 0^m, 27 et contenant 22 figures. Souvent désigné sous le nom d'*agate de la Sainte-Chapelle*, ce précieux camée antique fut apporté de l'Orient du temps de saint Louis. Donné ensuite par le roi Charles V à la Sainte-Chapelle de son palais, il y fut considéré comme représentant le triomphe de Joseph sous Pharaon. 2° L'apothéose de Germanicus, sardoine à trois couches, ayant 0^m, 12 sur 0^m, 11. Ce beau camée, apporté de Constantinople par le cardinal Humbert, sous le pontificat de Léon IX, fut donné alors à l'abbaye des bénédictins de Toul. L'aigle qui supporte ce jeune prince a fait considérer ce camée comme représentant l'évangéliste saint Jean. La critique ayant fait reconnaître l'erreur, le couvent le donna au roi en 1684. 3° Cérès conduisant Triptolème dans son char tiré par deux dragons : camée d'un très-beau travail, ayant 0^m, 07 sur 0^m, 06. 4° La dispute entre Neptune et Minerve ; on y voit ces deux divinités faisant naître le cheval et l'olivier. Ce camée sur sardoine à trois couches n'est pas de la très-grande dimension, mais le travail en est superbe. 5° Un autre camée également beau est Silène précepteur des Amours: sa dimension est de 0^m,099 sur 0^m,067. Au cabinet impérial de Vienne on remarque une autre apothéose, également sur sardoine à trois couches. La gravure de ce précieux monument est attribuée à Dioscoride ; sa dimension est de 0^m, 218 sur 0^m, 184. Donné par Philippe le Bel à l'abbaye de Poissy, il fut enlevé furtivement pendant les guerres de religion du seizième siècle, et acquis alors par l'empereur Rodolphe II. A la Bibliothèque de la Haye, on remarque une apothéose de Claude, accompagné de Messaline et de Britannicus. Ce grand camée, le troisième pour la grandeur, n'est pas aussi précieux sous le rapport du travail : sa dimension est de 0^m,27 sur 0^m,17.

On peut encore citer parmi les camées remarquables les bas-reliefs qui entourent les coupes en pierres précieuses, telles que : 1° celle qui du trésor de l'abbaye de Saint-Denis est passée, en 1794, à la Bibliothèque de Paris. Ce vase, souvent désigné sous le nom de *vase de Mithridate*, ou *coupe des Ptolémées*, représente les objets consacrés aux mystères de Cérès et de Bacchus. Il a 0^m,128 de haut; son diamètre est de 0^m,135, non compris les deux anses, qui sont également prises dans la matière. 2° Le vase de Brunswick, représentant d'un côté Cérès cherchant sa fille, et de l'autre, cette déesse enseignant l'agriculture à Triptolème. Ce beau vase, de 0^m,162 de haut, avait appartenu à la famille de Gonzague : lors du sac de Mantoue, en 1630, il fut enlevé et vendu 100 ducats. 3° La coupe du musée de Naples, sur laquelle, suivant Visconti, on doit voir Isis, Horus, le Nil et des nymphes. 4° Enfin, le vase si longtemps désigné sous le nom de Barberin, comme ayant appartenu à cette collection, et faisant maintenant partie de celle de Portland, à Londres. Ce précieux monument est en verre coloré à deux couches, l'une blanche, dans laquelle sont taillées les figures, l'autre améthyste, qui fait le fond. Le sujet n'a pu encore être bien expliqué, mais le travail est de la plus grande beauté.

Les intailles, d'abord destinées à servir de sceaux, de cachets, étaient montées en bagues, afin de donner plus de facilité pour en faire des empreintes. Cet usage, très-répandu chez les anciens peuples, et depuis parmi les Orientaux, rendit leur nombre fort considérable. Les camées, infiniment moins nombreux, ne servirent que pour la parure et pour orner les vêtements. Les émeraudes, des saphirs et d'autres pierres précieuses se trouvent souvent employées soit pour orner des diadèmes, pour agrafer les manteaux ou pour fixer les courroies des chaussures. Des princes crurent peut-être trouver un nouveau moyen de rendre hommage à leurs divinités tutélaires en faisant représenter sur ces pierres quelques-uns de leurs mythes les plus remarquables; ou bien aussi ils y firent graver le portrait de quelques personnes dont ils aimaient à revoir les traits. Bientôt, sans doute pour rendre ces parures plus agréables, on donna un peu de convexité au revers de la pierre : profitant ainsi de sa transparence, le revers offrit l'apparence d'un camée, et on pouvait mieux juger de la beauté du travail; cette manière de tailler les pierres reçut le nom de *cabochon*. L'un des plus beaux que l'on connaisse est une aigue-marine de 0^m,076 sur 0^m,034, et portant le nom du graveur Évodos : il représente la tête de Julie, fille de Titus, et se trouve à la Bibliothèque Nationale. Arrivé à ce point, il fut facile de sentir que la pierre offrirait encore plus d'agrément si, au lieu d'être gravée en creux, on la travaillait en relief : c'est donc ainsi que l'on employa les pierres les plus belles, et celles surtout qui, par leur dimension, ne pouvaient être montées en bague. Les camées alors se montrèrent dans toute leur beauté : on les vit ainsi offrir à la vue de petits bas-reliefs, qui liés avec les broderies, et soutenus par des ornements de bon goût, produisirent l'effet le plus brillant.

La barbarie pourtant inondait de plus en plus les pays où les arts avaient été cultivés; le clergé seul conserva en Europe quelques nuances d'instruction; tout le reste de la population n'était occupé que de la culture des terres, ou bien se livrait à la profession des armes, et, sans avoir aucune notion d'histoire ni aucun goût pour les arts, elle se prêtait à des guerres lointaines dans des pays d'où les arts existaient. Les ordres des souverains, leurs actes, ne furent plus alors scellés avec des pierres gravées; on n'y attachait aucun prix ; les sceaux grossiers en métal n'offrirent plus qu'une simple croix, ou bien le monogramme du prince, quelquefois son portrait, assez mal fait, ou encore la représentation des saints patrons de la seigneurie. On cessa de rechercher ces bagues, dont les anciens faisaient tant d'usage; elles se trouvèrent dispersées : plusieurs rentrèrent dans le sein de la terre, pour ne reparaître que dans un siècle plus éclairé et plus digne de les posséder. Cependant, quelques camées furent sauvés de la destruction, et se trouvèrent employés à orner des châsses, des évangéliaires, des vases ou des ouvrages d'orfèvrerie destinés aux églises, car c'était le goût dominant : les guerriers revenant de la Terre Sainte offraient ainsi le fruit de leurs conquêtes. Plusieurs de ces anciens camées, que les empereurs d'Orient avaient emportés de Rome, repassèrent dans l'Occident, pour venir y occuper des places dans les chapelles, et y tenir un rang dans les reliquaires. Les Vénitiens remplirent ainsi le fameux trésor de Saint-Marc. Des églises françaises furent enrichies des dépouilles des trésors des empereurs d'Orient. Plusieurs de ces précieux monuments ne durent alors leur conservation qu'à la première ignorance, qui fit regarder comme tirés de l'histoire sainte des sujets de l'histoire profane, ou même des scènes mythologiques.

L'ignorance s'étant dissipée peu à peu, la renaissance ramena l'étude de la glyptique comme celle des autres arts. Les Médicis contribuèrent à son développement et à son accroissement; on doit même dire que cet art fut exercé alors avec tant de succès, et par des artistes si habiles, que l'on est quelquefois dans l'incertitude pour déterminer si une pierre est l'ouvrage d'un graveur moderne, ou si c'est un produit antique. C'est surtout dans la fabrication des camées que les graveurs de ce siècle se distinguèrent particulièrement. On doit même dire que, à quelques exceptions près, les plus beaux camées sont des ouvrages modernes. L'un des graveurs les plus habiles du quinzième siècle, souvent employé par Laurent de Médicis, est Dominique de Milan, ordinairement désigné sous le nom de Dominique *de camei*. Mathieu del Nassaro, autre graveur du siècle suivant, acquit aussi une grande réputation, et il fut appelé en France par le roi François Ier. Ce qui l'occupa le plus fut de graver des camées de toutes espèces : c'était un ornement de mode qui entrait dans toutes les parures. On prisa beaucoup une tête de Déjanire, qu'il grava en relief sur une très-belle agate. Il se servit habilement des nuances différentes de la pierre pour exprimer, dans leurs couleurs naturelles, les chairs, les cheveux, la peau de lion : une veine rouge qui traversait la pierre fut par lui si heureusement adaptée sur le revers de la peau qu'elle semblait être fraîchement écorchée.

La multiplicité des camées que l'on demandait fit bientôt sentir la rareté des belles sardoines; on tâcha donc d'y suppléer, et on employa souvent des coquilles dans lesquelles on trouvait aussi des couches de couleurs variées. Cette matière, n'ayant pas la dureté des agates, facilitait infiniment le travail, et apportait de la modicité dans le prix de ces parures; mais elles étaient susceptibles de s'altérer par le moindre frottement, ce qui les rendait bien moins précieuses. Cependant, on fit alors un grand usage de coquilles, et beaucoup de camées de cette époque furent gravés sur cette matière. Une très-jolie parure de ce genre est un collier ayant appartenu à Diane de Poitiers : il se voit maintenant à la Bibliothèque Nationale. Il est composé de quatorze petits camées sur coquille : au milieu, une agate offre le portrait de la célèbre mortelle, portant en diamants les attributs de la déesse de la chasse.

On fait encore maintenant en Italie beaucoup de camées sur coquille; mais les camées sur pierres deviennent d'autant plus chers que l'on ne trouve plus de belles matières; on ne sait même pas au juste de quels pays les anciens tiraient leurs belles onyx. Il est cependant natural de penser que c'est vers l'Orient et dans l'Inde qu'elles devaient se trouver. C'est là du moins que Ctésias place ces hautes montagnes d'où l'on tirait les sardoines, les onyx et d'autres pierres fines. Pline vante aussi les sardoines de l'Inde, si remarquables par leur grandeur. Mais la partie de l'Inde que fréquentent aujourd'hui les Européens est bien éloignée de celle que traversaient autrefois les voyageurs, lorsque l'on allait par terre dans ces contrées lointaines. Il faudrait donc, pour retrouver de belles pierres, diriger de nouvelles recherches dans des pays d'une communication peu facile.

Souvent on fait de frauduleuses restaurations, en découpant avec soin la partie gravée des pierres antiques, que l'on colle sur un fond uni d'agate d'une autre couleur, qui, par ce moyen, offre l'apparence d'un camée sur onyx.

DUCHESNE aîné.

CAMÉLÉE. *Voyez* DAPHNÉ.

CAMÉLÉON. Ce terme vient des mots grecs χαμαί, adverbe qui exprime l'idée de bas, de rampant, et de λέων, lion, parce qu'on a cru voir la forme d'un lion dans celle de ce petit lézard, long de 25 centimètres. C'est un reptile devenu célèbre par la propriété qu'il possède de changer de couleur; aussi lui compare-t-on, dans la société, les hommes prêts à prendre tous les masques et à se ranger sous les bannières de tous les partis, dont ils revêtent les couleurs. Rien en effet n'est plus commun dans nos révolutions politiques que cette flexibilité de caractère, ou plutôt cette absence de tout caractère, qui fait qu'on rencontre presque constamment les mêmes hommes surnageant sous chaque régime différent. Mais le caméléon est moins changeant lui-même que ces reptiles humains; car il ne prend pas la teinte des étoffes ou autres objets qui l'environnent, comme on l'a dit : c'est bien assez de changer de nuance par lui-même; on l'a donc calomnié sur ce point, et il n'est pas si *caméléon* qu'on le pense.

Cette étrange propriété n'est point l'apanage du seul caméléon; il y a des lézards iguanes, des agames, des *trapelus* et d'autres espèces, le *calotes*, les *polychrus*, la gorge des anolis et diverses races à goîtres renflés, qui grimpent sur les grands arbres de l'Amérique méridionale, et qui prennent aussi diverses teintes, mais moins parfaitement que le caméléon; il y a surtout notre rainette verte sautant sur les arbres, et une sorte de petite grenouille dont le dos change du vert-pomme au blanc, puis devient bleuâtre, violet, brun.

Voici comment on explique ce singulier phénomène. La peau de tous ces reptiles multicolores est assez fine, demi-transparente et traversée d'une infinité de vaisseaux en tout sens, comme le cuir ou le derme de tous les autres animaux. Mais ces reptiles, respirant lentement, ont un sang noirâtre ou violâtre, parce qu'il est peu oxygéné. Or, suivant que ce sang noirâtre se précipite plus ou moins abondamment dans les petits vaisseaux capillaires de la peau, il y produira des nuances plus ou moins foncées, et des ecchymoses variées avec les autres humeurs qui s'y trouvent naturellement. De même, dans la colère le visage de l'homme devient rouge ou livide; la crainte rend pâle, le froid violet ou la bile épanchée peut soudain causer la jaunisse. En effet, c'est selon les affections diverses des animaux que la poche goîtreuse du cou des iguanes, des anolis, de l'agame vert, etc., prend soudain des teintes variables comme la peau des caméléons. Spittal a rassemblé dans le *Nouveau Journal Philosophique d'Édimbourg* les opinions des divers auteurs sur les causes de ces transmutations de couleurs. Wormius établit qu'elles sont dues chez le caméléon à ses affections ou à ses passions. Linné et Lacépède y ajoutent aussi l'influence de la chaleur. Perrault, Shaw, Murray, Vrolik, soutiennent que c'est un effet de la réflexion de la lumière sur le tissu de la peau, comme ces étoffes de soie changeantes selon l'aspect. Cuvier a donné pour cause la diverse quantité du sang circulant dans les mailles de la peau. Des recherches de M. Milne-Edwards sur le changement de couleur de la peau du caméléon tendent à rapprocher ce phénomène de celui qui se manifeste dans la peau du calmar. Ce changement serait dû, d'après l'auteur, à l'existence simultanée de deux matières colorantes ou *pigments* dans la peau de ces animaux. Le pigment superficiel donne la nuance ordinaire, grise ou jaunâtre; le pigment situé plus profondément sous le derme est d'une teinte rouge violacée, ou vert bouteille fort intense. Ce pigment, renfermé dans de petits utricules rameux, peut être plus ou moins repoussé vers la région superficielle de la peau, suivant les contractions de l'organe et les divers états de l'animal; il en résulte des mélanges de couleurs diversifiées, qui expliquent ainsi les changements instantanés qu'on a remarqués. M. Milne-Edwards a pu produire artificiellement ces variations de nuances sur la peau détachée des caméléons. Quand l'animal revient à son état tranquille, le pigment inférieur, qui s'était épanché comme une jaunisse, rentre dans ses utricules inférieurs, et disparaît de la surface, qui n'est plus teinte que du pigment superficiel.

La tête du caméléon est triangulaire, aplatie sur les côtés; sa bouche est très-fendue; les os des mâchoires sont dentés, mais ils ne sont point garnis de dents comme ceux des autres lézards; les yeux sont gros ou très-saillants; ils se meuvent indépendamment l'un de l'autre dans tous les sens, et sont recouverts par une membrane chagrinée, qui en suit tous les mouvements; cette membrane est divisée par une fente horizontale, au travers de laquelle on aperçoit une pupille vive, brillante, comme bordée d'or; aussi le caméléon jouit-il du sens de la vue au plus haut degré, la membrane étant là plutôt d'être question servant à le préserver de la trop grande vivacité de la lumière; sa gorge présente un gonflement comme dans les iguanes, et cependant moins volumineux; son corps est revêtu d'une peau lâche et granulée; ses pattes sont fort longues, et n'annoncent pas un animal rampant; aussi s'accroche-t-il presque continuellement aux branches des arbres; les cinq doigts de chacun de ses pieds sont également longs, garnis d'ongles crochus et réunis par des peaux en deux paquets, avec cette différence qu'aux pieds de devant c'est le paquet extérieur qui n'a que deux doigts, et qu'aux pieds de derrière c'est l'intérieur. Une telle disposition dans ces parties donne à ces animaux une très-grande facilité pour saisir les branches des arbres et s'y tenir perchés à la manière des oiseaux; leur queue, longue et douée d'une assez grande force prenante, leur sert encore à s'y fixer plus solidement. La démarche des caméléons est fort lente : on les voit quelquefois des jours entiers sur la même branche; ce n'est qu'avec une sorte de circonspection, après avoir tâtonné, s'être fixés fortement avec la queue, qu'ils se hasardent à faire quelques pas. Cette lenteur de mouvement et leur dénuement d'armes défensives et offensives les rendent victimes des ennemis qui veulent les attaquer. Aussi s'en fait-il annuellement une immense destruction; et l'espèce serait bientôt néantie si sa fécondité n'était pas aussi grande.

C'est d'insectes et principalement de mouches que vivent les caméléons; ils les saisissent avec vivacité au moyen de leur langue, longue et gluante, et les broient entre leurs mâchoires. Ils peuvent rester, comme les autres reptiles, plusieurs mois entiers sans manger; c'est ce qui avait fait croire qu'ils vivaient d'air; mais enfin ils succombent au besoin. Golberry, au Sénégal a fait des expériences rigoureuses pour savoir combien les caméléons pouvaient vivre de temps sans manger, a obtenu quatre mois pour *maximum*. Leur ponte est de neuf à douze œufs, que la femelle dépose dans le sable, où ils éclosent par le seul effet de la chaleur. On ignore la durée de la vie des caméléons; mais on doit présumer que peu d'individus arrivent naturellement au terme fixé par la nature, puisque, comme on vient de le dire, ils ne peuvent que par un grand hasard échapper aux nombreux animaux qui leur font la guerre, et qu'un caméléon aperçu est un caméléon perdu. Dans les pays un peu froids, comme la Basse-Égypte, les côtes de Barbarie, ils se cachent pendant l'hiver dans les trous sous des amas de pierres, où ils restent dans un état de parfaite immobilité, mais sans être endormis. Les Indiens et les Africains regardent les caméléons comme des animaux utiles; ils les voient avec plaisir autour de leurs maisons détruire les insectes qui les tourmentent; ils ne leur font jamais de mal, et se plaisent même à les caresser, à leur offrir des insectes, etc. Le caméléon, de son côté, est fort doux; on peut le prendre dans la main, lui mettre même le doigt dans la bouche sans craindre qu'il cherche à mordre. On assure qu'il ne peut pousser de véritables cris; d'autres personnes disent qu'il fait entendre un petit sifflement lorsqu'on le surprend et qu'on le saisit.

Le caméléon n'arrêterait pas les regards de ceux qui ne cherchent à remarquer que les objets les plus saillants du règne animal, si la faculté de présenter, suivant ses différents états, des teintes plus ou moins variées, ne l'avait depuis longtemps rendu célèbre. Ses couleurs, en effet, changent avec autant de fréquence que de rapidité; mais il n'est pas vrai qu'elles soient déterminées par celles des objets environnants : leurs nuances dépendent de la volonté de l'animal, de l'état de ses affections, de sa bonne ou mauvaise santé, et sont subordonnées d'ailleurs au climat, à l'âge et au sexe. On croyait du temps de Pline qu'aucun animal n'était aussi timide que le caméléon; et en effet, n'ayant aucun moyen de défense, et ne pouvant sauver sa vie par la fuite, il doit souvent éprouver des craintes, des agitations intérieures plus ou moins profondes. Son épiderme est transparent, sa peau est jaune, et son sang d'un bleu violet fort vif. Il en résulte que lorsque la passion, ou une impression quelconque, fait passer plus de sang du cœur à la peau et aux extrémités du corps, le mélange du bleu, du violet et du jaune produit plus ou moins de nuances différentes. Aussi dans l'état naturel, lorsqu'il est libre, ou qu'il n'éprouve aucune inquiétude, sa couleur est d'un beau vert, à quelques pattes près, qui offrent une nuance de brun rougeâtre ou de blanc gris. Est-il en colère, sa couleur passe au vert bleu foncé, au vert jaune, et au gris plus ou moins noir. Est-il malade, il devient gris-jaune et jaune feuillemorte : telle est la couleur de presque tous les caméléons qu'on apporte à Paris ou dans les autres pays froids, et qui ne tardent pas à mourir. En général, les couleurs des caméléons sont d'autant plus vives et plus variables qu'il fait plus chaud, que le soleil brille d'un plus grand éclat. Elles s'affaiblissent toutes pendant la nuit.

Le caméléon jouit d'une autre propriété qui mérite un examen particulier. Il peut enfler à volonté les différentes parties de son corps, et leur donner par là un volume plus considérable. Il est probable que ce sont là, avec sa couleur semblable aux feuilles, les faibles moyens de salut que la nature lui a donnés pour ne pas paraître entièrement maratre à son égard. « C'est, dit Lacépède, par des mouvements lents et irréguliers, et non pas par des oscillations progressives, que le caméléon se gonfle. Il se remplit d'air au point de doubler son diamètre; son enflure s'étend jusque dans les pattes et la queue; il demeure dans cet état quelquefois pendant deux heures, se désenflant un peu de temps en temps. Sa dilatation est toujours plus soudaine que sa compression. Il est plus que probable qu'elle a lieu par l'introduction de l'air des poumons entre l'épiderme et la peau; mais il n'y a pas d'observations positives sur cet objet, digne sans doute des recherches des voyageurs. On est certain, du moins, que ces animaux peuvent considérablement gonfler leurs poumons; car ceux qui les ont disséqués sont fort discordants sur le volume de cet organe : les uns le disent très-petit et les autres très-gros. »

Nous n'entrerons pas dans la description des diverses espèces de caméléons connues jusqu'à ce jour; leurs mœurs sont à peu près semblables, et l'on sait qu'ils n'ont rien de malfaisant.
J.-J. VIREY.

CAMÉLÉON (*Astronomie*). C'est l'une des douze constellations méridionales ajoutées durant le seizième siècle à celles que les anciens avaient reconnues au midi du zodiaque. Elle est sur le colure des équinoxes et au-dedans du cercle polaire antarctique.

CAMÉLÉON MINÉRAL. Dans l'ancienne nomenclature chimique, on désignait ainsi une combinaison obtenue en calcinant sept à huit parties de potasse avec une partie de peroxyde de manganèse. Cette matière était ainsi nommée parce que traitée par l'eau, elle la colore en vert et prend elle-même la couleur violette, qu'on peut faire passer subitement au bleu, au pourpre, à l'indigo et au rouge, à l'aide de divers réactifs.

CAMÉLÉOPARD ou **CAMÉLOPARD** (de κάμηλος, chameau, πάρδος, léopard, panthère), ancien nom de la girafe.

En astronomie, c'est une petite constellation de l'hémisphère boréal, placée entre la Grande-Ourse et Cassiopée.

CAMÉLIENS (de *camelus*, chameau). On donne ce nom à une famille d'animaux ruminants correspondant au genre *camelus* de Linné. Ces animaux diffèrent des autres ruminants, en ce que leur pied n'est pas séparé en deux doigts distincts : il appuie sur une sorte de semelle calleuse au-devant de laquelle on aperçoit seulement deux petits sabots. Ils ont deux dents incisives à la mâchoire supérieure, et leur estomac, au lieu d'être divisé en quatre poches seulement, en présente une cinquième, qui est une sorte d'appendice de la panse, dans lequel l'animal met en réserve une certaine quantité d'eau. Leur lèvre supérieure fendue, leur cou contourné en S, toutes ces particularités, jointes à la proportion désagréable de leurs jambes et de leurs pieds, aux loupes graisseuses et calleuses qu'on remarque sur certaines parties de leur corps, en font des êtres en quelque sorte difformes; mais leur extrême sobriété et la faculté qu'ils ont de passer plusieurs jours sans boire les rendent de la première utilité.

Les espèces sont partagées en deux groupes, celui des vrais *chameaux*, dont on connaît deux espèces, toutes deux de l'ancien monde et complètement réduites en domesticité. Le second groupe est celui des *lamas*, animaux non moins connus que les précédents, originaires de l'Amérique, où ils vivent sur les montagnes les plus élevées, principalement les Cordillières.
P. GERVAIS.

CAMELINE, genre de la famille des crucifères, dont la principale espèce est la *camelina sativa*, plante annuelle, qui croît naturellement en Europe, dans presque tous les champs, et y est cultivée comme plante oléagineuse; on extrait en effet de ses semences une huile bonne à brûler, recommandée également en médecine comme un adoucissant, et que l'on nomme à tort et par corruption *huile de camomille*. Les jardiniers appellent aussi la cameline *camomille de Picardie*. Il faut de quatre à cinq hectolitres de graines pour obtenir une tonne d'huile. Cette huile, qui brûle bien, répand moins d'odeur et de fumée que celle du colza, et se vend un quart ou un cinquième de moins. Les tourteaux ou gâteaux de marc de la cameline se vendent au même prix que ceux du colza et servent aux mêmes usages.

Cette plante, dont la végétation s'accomplit en moins de quatre mois, peut remplacer avantageusement les cultures d'automne que l'hiver a détruites ou les cultures hâtives du printemps. Il faut la semer à la volée, du printemps en juin; cinq kilogrammes suffisent pour ensemencer un hectare. Les seules préparations que demande la terre sont un labour et quelques hersages; lorsque le plant est levé, il faut l'éclaircir de manière à ce que les tiges soient à environ quinze centimètres de distance l'une de l'autre. On récolte ordinairement la graine au mois d'août; mais il faut avoir soin de ne la battre que lorsque la maturité et la dessiccation sont parfaites, ce qui s'annonce d'ailleurs par la couleur jaune que prennent alors les capsules. Les tiges sont susceptibles de donner une assez bonne filasse et de servir à la fabrication du papier.

On a donné aussi autrefois le nom de *cameline* ou *camelin* à une robe ou à un habit fait de *camelot*, ou à cette étoffe elle-même. On trouve aussi le mot de *cameline* employé dans le *Roman de la Rose* pour désigner une couleur brune : *sauce cameline*, c'est-à-dire de la couleur du *camelot*.

CAMELLIA. On désigne sous ce nom un très-beau genre de la famille des ternstrœmiacées, qu'on nomme aussi vulgairement *rose du Japon et de la Chine*, à cause de la ressemblance de ses belles fleurs avec celles de la rose des haies, et mieux encore avec celles de l'arbre à thé. Linné lui donna ce nom en le dédiant au moine allemand J. Kamel ou Camelli, de Brunn, en Moravie, qui en fit passer en Europe, vers 1740, le premier individu. Le camellia est un grand arbre dans son pays, mais chez nous il n'est encore qu'un arbrisseau. Peut-être le verrons-nous, quand il sera parfaitement acclimaté, s'élever et s'associer en pleine terre, dans nos départements du midi, avec les myrtes et les lauriers.

On en connaît deux espèces, le *camellia tschabakki* (*camellia japonica*), et le *camellia thé* (*camellia sasanqua*). La première espèce est très-répandue : c'est un arbrisseau toujours vert, haut de trois ou quatre mètres, fourni d'un grand nombre de rameaux à écorce brunâtre, ornés en tout temps de feuilles ovales, lisses, d'un vert luisant et foncé en dessus, jaunâtre en dessous. Les fleurs, d'un rouge vif, solitaires, ou deux et même six au sommet des rameaux, demeurent épanouies depuis le mois d'avril jusqu'en octobre. Elles sont inodores, et se conservent longtemps après être cueillies; celles qu'une forte pluie frappe durent peu et se gâtent très-vite. C'est pourquoi les amateurs sont dans l'habitude de couvrir les camellias à l'époque de la floraison toutes les fois que la pluie menace. Aux fleurs succède une capsule ovale, conique, à trois sillons et à trois loges, contenant chacune deux graines d'un brun clair et ailées. Les variétés de cette espèce sont : le *rouge double*, de la couleur la plus brillante, qui a fleuri pour la première fois en France en 1794, et qui se propage par la greffe en fente; le *blanc double*, le *jaune* ou *buff*, le *panaché*, le *pinck*, le *pompon*, le *semi-double*. On réussit aujourd'hui très-bien à multiplier ces variétés par boutures; mais il ne faut en ôter que les feuilles placées sur la portion de tige qui doit être mise en terre. On les coupe avec précaution, on entaille la tige au-dessous d'un nœud ; on doit encore placer les boutures en couche tiède et les étouffer sous un verre dépoli. Toutes les peintures chinoises représentent le *camellia tschabakki* et ses nombreuses variétés. Au Japon ses graines fournissent une huile très-fine, bonne à manger.

Le *camellia thé*, ou la deuxième espèce de camellia, est aussi cultivé en France depuis 1811. On en possède également plusieurs variétés, dont l'une est à fleurs rouges très-doubles, qui paraissent en mars et en avril. L. LAURENT.

CAMELOT, sorte d'étoffe non croisée, faite de poil de chèvre, laine et soie, qui se fabrique comme la toile et comme l'étamine, sur un métier à deux marches. Il y a du camelot de Hollande et de Lille, du camelot ondé ou calandré, et du camelot sans ondes. Cette étoffe se fabrique principalement à Roubaix. On l'emploie pour manteaux d'hommes, et les femmes de la campagne s'en font des capotes ou capuchons presque imperméables.

Du nom de cette étoffe grossière est venu le terme de *camelote*, qui sert dans le commerce à qualifier un ouvrage de peu de valeur et mal exécuté.

CAMENÆ, nom générique sous lequel on désignait d'anciennes divinités italiques, dont la plus célèbre est Égérie. Elles offrent d'ailleurs une grande analogie d'origine avec la déesse Carmenta. Elles avaient à Rome un bois qui leur était consacré, et c'est le roi Numa qui avait introduit leur culte. Les poëtes romains transportaient fréquemment ce nom aux Muses, parce que la tradition voulait que le roi Numa se fût souvent retiré dans ce bois pour pouvoir travailler en paix à ses lois.

CAMERA (Musique *da*), c'est-à-dire *musique de chambre*. L'harmonie était découverte depuis longtemps, mais on l'appliquait seulement à la musique d'église, quand les compositeurs écrivirent une infinité de pièces d'une mélodie plus agréable, d'un sentiment plus tendre, d'un style moins pompeux et d'une exécution en général plus facile, qu'ils destinèrent aux réunions particulières, aux plaisirs des amateurs. On donna le nom de musique *da camera* (de chambre) à ces compositions familières, à ces pièces fugitives, parmi lesquelles on remarquait beaucoup de chansons populaires, écrites à quatre parties, et des madrigaux dont la plus grand mérite sous le rapport des effets de l'harmonie et de la disposition savante des parties. Orlando Lasso, Monteverde, Luca Marenzio, Palestrina, Carlo, prince de Venouse, ont laissé des modèles admirables dans ce genre. On chantait cette musique après le repas, et si la réunion des musiciens avait lieu dans un salon de compagnie, ils se rangeaient autour d'une table, ainsi qu'on peut le voir dans plusieurs tableaux de l'école vénitienne. De là vient que les madrigaux sont appelés *madrigali di tavolino*, par quelques auteurs. Les cantates ont succédé aux madrigaux; elles appartiennent à la *musique de chambre*, comme les sonates, les airs variés, les romances, les duos, les trios, les quatuors, quintettes pour instruments à archet, les nocturnes et les airs détachés, tels que l'*Adélaïde* de Beethoven, l'*Ariadne* de Haydn, le quatuor *da camera* de Rossini, *Cantiamo*, etc. CASTIL-BLAZE.

CAMERA CLARA, LUCIDA, OBSCURA. *Voyez* CHAMBRE CLAIRE, CHAMBRE OBSCURE.

CAMÉRAIRE, genre de plantes de la famille des apocynées, établi par Plumier en l'honneur de Joachim II Camerarius, botaniste du seizième siècle. Il se compose d'arbres et d'arbrisseaux de l'Amérique tropicale, remarquables par l'élégance de leur port et la beauté de leurs fleurs blanches, jaunes ou orangées, disposées en corymbes axillaires et terminales.

CAMÉRALES (Sciences), en allemand *kameral Wissenschaften*. Cette expression désigne en Allemagne l'ensemble des connaissances qu'embrasse l'administration; ce sont en un mot *les sciences administratives*. En Italie la chaire qu'illustrait Beccaria en 1768, à Milan, était celle des *scienze camerali*. Ce mot, vient de *camera*, *kammer*, qui, en italien, en allemand, comme en latin et en grec, signifie *chambre*, et qui au moyen âge était pris aussi pour synonyme de *trésor*. Autrefois, on appelait *chambres* certains conseils de la couronne. En Allemagne, les *chambres* étaient les autorités supérieures chargées des questions de finance et de police. Tant que la science gouvernementale fut peu compliquée, l'administration des finances, à laquelle le terme de *chambre* était dans l'origine particulièrement consacré, formait la branche principale et presque unique de l'administration publique. Mais dans le développement successif de l'art de gouverner, d'autres branches vinrent s'y joindre, et la dénomination qui primitivement n'avait servi à désigner qu'une partie, la plus importante il est vrai, de l'administration, celle des finances, embrassa plus tard tout ce qui ressortait de la science administrative; quand les connaissances nécessaires aux fonctionnaires de l'ordre administratif devinrent l'objet d'un enseignement officiel, l'ensemble de ces connaissances fut appelé sciences *camérales* ou sciences *politiques et camérales*. La création de cet enseignement remonte au dix-huitième siècle. Ce fut Frédéric-Guillaume, père de Frédéric le Grand, qui le premier, en 1727, créa dans ses universités de Halle et de Francfort des chaires de sciences camérales. Jusque là, soit à cause de la faveur dont jouissait la science du droit, soit à défaut d'un autre enseignement méthodique, les jurisconsultes avaient été en possession des fonctions administratives. Mais on reconnut qu'il n'était plus possible de ne faire de l'art d'administrer que l'accessoire de la science du jurisconsulte, et on institua pour ceux qui aspiraient à cet art difficile un enseignement appliqué directement à cet objet.

CAMERANI, décédé en 1815, dans les fonctions de semainier ou directeur de l'Opéra-Comique, suivit pendant sa longue existence de quatre-vingt-trois ans toutes les vicissitudes de ce théâtre. Il avait débuté en 1767 à la Comédie-Italienne dans les jeunes amoureux, et obtenu assez de succès, malgré son accent parmesan, qu'il ne perdit jamais. Il remplaça deux ans après Clavarelli dans le rôle des Scapins, et succéda au fameux arlequin Carlin. Depuis 1780 les comédiens italiens ordinaires du roi ne jouaient plus que des opéras français et même des comédies ou des drames en prose. En 1792 Piis et Barré, fondateurs du vaudeville, emmenèrent une partie des acteurs. Camerani resta fidèle à sa troupe, dont il ne tarda pas à avoir la direction, d'abord rue Favart, ensuite rue Feydeau. Il devina le talent d'un jeune acteur qui avait assez mal débuté et qui était méconnu, Elleviou.

Camerani blâmait le genre moderne ; il estimait par-dessus tout le répertoire des auteurs morts, par la grande raison qu'il n'y avait plus de droits à payer. « Mes amis, disait-il un jour, en apprenant avec effroi que la caisse était vide, ce sont les auteurs vivants qui nous *touent*, ce sont de vraies *sangsoues*; et tant que vous aurez des auteurs, vous serez tous ruinés; il ne nous restera bientôt plou que les *Dettes* et *Maison à vendre* ! » Cette prophétie se serait accomplie peut-être sans la fusion des théâtres rivaux et sans secours des Berton, des Méhul, des Boïeldieu et des auteurs des poëmes contre lesquels Camerani exerçait surtout sa verve satirique. Un jeune écrivain lui avait confié un manuscrit; il le lui rendit quinze jours après, sans l'avoir lu. « *Mio caro*, lui dit-il, votre opéra est admirable; je l'ai *lou* avec le plus grand plaisir ; notre comité est composé d'ignorants, vous êtes *refousé* à l'ounanimité. » Le jour où Garnerin fit, dans le jardin Biron, rue de Varennes, la première et malencontreuse expérience du parachute, tout Paris s'était rendu à ce spectacle ; la salle de l'Opéra-Comique était déserte. Camerani, furieux, ne pouvait comprendre l'engouement du public. « Quelle pitié ! disait-il; est-il possible d'abandonner un *sarmant* spectacle, *Blaise* et *Babet*, *Zémire et Azor* et la divine Saint-Aubin, pour courir après *oun sarlatan* et *oun baladin* ! »

Dans les derniers temps de sa vie, Camerani avait acquis, grâce à Grimod de la Reynière, la réputation d'un fin gourmet. Il était du comité dégustateur du *Journal des Gourmands*, dans lequel les marchands de comestibles désirant obtenir des réclames favorables étaient tenus de se faire *légitimer* en envoyant quelque échantillon de leurs chefs-d'œuvre. Tout banquet somptueux commençait par un potage dit à la *Camerani*, qui pour certains convives ne coûtait pas moins d'un louis. BRETON.

CAMERARIUS (JOACHIM), dont le véritable nom était Liebhart, qu'il changea en celui de *Camerarius*, parce que ses ancêtres avaient rempli les fonctions de chambellans à la cour de l'évêque de Bamberg, est l'un des littérateurs et des historiens les plus remarquables que l'on connaisse dans la littérature allemande. Il contribua puissamment au progrès des arts et des sciences au seizième siècle, par ses éditions, ses traductions et ses commentaires d'une foule d'auteurs latins et grecs, par ses propres ouvrages, qui pour la plupart furent longtemps classiques et sont encore aujourd'hui fort estimés, enfin par la nouvelle organisation qu'il donna aux universités de Leipzig et de Tubingue, et au gymnase académique de Nuremberg. Il prit aussi une part importante aux affaires politiques et religieuses de son temps, et fut chargé de différentes négociations difficiles. Le vaste cercle de ses connaissances, la sagesse et la modération de ses principes, la force de son caractère, son éloquence douce et persuasive, lui méritèrent l'estime d'un grand nombre de personnages de distinction parmi ses contemporains, et particulièrement de l'empereur Charles-Quint, de Ferdinand Ier et de Maximilien II.

Né à Bamberg, en 1500, son père l'envoya à l'âge de quinze ans étudier la langue grecque et la littérature ancienne à Leipzig. En 1518 il se rendit à Erfurt, et en 1521 à Wittemberg, où Mélanchthon l'honora tout particulièrement de son amitié. Ses remarques critiques sur les *Quæstiones Tusculariæ* de Cicéron (1525) lui valurent un commerce de lettres avec Erasme. Après avoir quitté Wittemberg la même année, et avoir parcouru la Prusse, il fut nommé en 1526 professeur des langues classiques à Nuremberg; et en 1530 le sénat de cette ville le choisit pour son représentant à la diète d'Augsbourg, où, de concert avec Mélanchthon, il participa activement aux délibérations de la diète, desquelles sortit l'acte si célèbre sous le nom de *Confession d'Augsbourg*.

Quatre ans après le sénat de Nuremberg l'éleva au poste de secrétaire; mais il refusa ces fonctions pour accepter les offres du duc Ulric de Wurtemberg, qui l'appela à l'université de Tubingue, où il écrivit ses *Éléments de Rhétorique*. En 1541 Henri et Maurice de Saxe le chargèrent d'organiser l'université de Leipzig sur un nouveau plan. En 1555 il assista encore une fois comme député à la diète d'Augsbourg, et alla en 1556 à Nuremberg, accompagné de Mélanchthon, pour conférer sur différents sujets de religion. L'année suivante il accompagna Mélanchthon à la diète de Ratisbonne. Maximilien II, qui l'invita en 1569 à venir à Vienne pour le consulter sur différentes affaires de l'église, le combla de présents. Camérarius mourut à Leipzig, le 17 avril 1574, laissant un fils nommé comme lui, né à Nuremberg, en 1534, et l'un des plus grands médecins et naturalistes de son siècle. Il était d'un caractère sérieux et peu communicatif, même avec ses enfants. Ses écrits, dont le nombre est immense, consistent principalement en traductions grecques et latines. Ses *Commentarii Linguæ Græcæ et Latinæ* (Bâle, 1551) sont encore estimés de nos jours. On a aussi de lui des poésies dans ces deux langues, ainsi que onze livres de lettres familières, où l'on trouve d'intéressants détails sur les événements de l'histoire contemporaine.

CAMERARIUS (JOACHIM), fils du précédent, l'un des médecins et des botanistes les plus instruits de son siècle, né à Nuremberg, le 5 novembre 1534, étudia la médecine à Wittemberg, à Leipzig et à Breslau, et voyagea ensuite en Italie, où il suivit les cours des professeurs les plus en renom et fut reçu docteur à Bologne. Établi médecin à Nuremberg à partir de 1564, il détermina les magistrats de cette ville à y fonder une école de médecine, dont il fut le doyen jusqu'à sa mort. La botanique étant son étude de prédilection, il créa un jardin botanique à son usage, et n'épargna ni peines ni dépenses pour réunir les matériaux de divers grands ouvrages qu'il préparait sur cette science. C'est ainsi, entre autres, qu'il acheta à Gaspard Wolf de Zurich sa précieuse bibliothèque de botanique et paya 150 florins les manuscrits de Conrad Gessner. Il se trouvait dans le nombre une collection de 1,500 plantes gravées sur bois, qu'il utilisa en partie pour la publication de l'*Epitome Matthioli de Plantis*, etc. (Francfort, 1586). Parmi ses autres ouvrages nous citerons encore : *De Re Rustica Opuscula nonnulla* (Nuremberg, 1577); le Catalogue de son jardin botanique, *Hortus Medicus et Philosophicus* (Francfort, 1588) ; et *Symbolorum et emblematum ex Re Herbaria desumtorum Centuria una* (Nuremberg, 1590-1597). Camerarius mourut à Nuremberg, en 1598.

CAMERATA. *Voyez* BACCIOCHI.

CAMÉRIER (*Camerarius*). On a désigné de la sorte, à Rome, un fonctionnaire préposé à la garde et à l'administration du trésor papal, au fisc ou à la chambre fiscale. Cet emploi avait été institué par Grégoire VII, mais le titre en remontait beaucoup plus haut. Plusieurs ordres monastiques avaient aussi des camériers ou **chambriers**, chargés d'administrer les biens du monastère, de percevoir ses revenus et de veiller à ses approvisionnements. Il y en avait aussi jadis dans les chapitres de certaines cathédrales, dont les chanoines vivaient en commun. On a souvent confondu le camérier avec le **camerlingue** et quelquefois on a pris ce mot pour synonyme de **chambellan**.

CAMÉRINE. *Voyez* NUMMULITES.

CAMERINO, ville des États de l'Église, située dans la délégation du même nom, qui comprend une population de 38,000 âmes, répartie sur une superficie de 825 kilomètres carrés, dans une contrée montagneuse, à peu de distance de la route conduisant de Rome à Ancône par Foligno. Elle est le siège d'un archevêché, d'une petite université fondée en 1707, mais qui avant la révolution de 1849 n'était guère fréquentée que par deux cents étudiants. En fait d'édifices, on ne peut citer que le palais archiépiscopal et la cathédrale. Sur la grande place se trouve une statue en bronze du pape Sixte-Quint. Les habitants, au nombre de 7,500, ont pour principale ressource la culture de leurs champs et la fabrication de quelques étoffes de soie.

Camerino est le *Camerinum* des anciens, appelé autrefois *Camers*, et qui était l'une des villes les plus importantes de l'Ombrie. Au moyen âge elle forma l'une des marches du duché de Spolète, jusqu'à ce que vers le milieu du treizième siècle elle passa à la maison de Varani, dont l'un des membres, appelé *Giovanni Maria*, obtint en 1520 du pape Léon X le titre de duc DE CAMERINO. En 1589 Camerino échut à Ottavio Farnese, puis, quand celui-ci devint duc de Parme, à la chambre apostolique.

CAMÉRISTE, en italien *camerista*, femme ou fille attachée au service personnel de la maîtresse du logis. En Espagne et en Portugal on donne aussi ce nom aux femmes qui remplissent les mêmes fonctions auprès de la reine, des princesses et des dames les plus distinguées par leur rang et par leur fortune. A Madrid la première charge du palais a long-temps été celle de la *camerera mayor*, espèce de surintendante de la maison royale, qui disposait souverainement de tous les offices exercés par des femmes, réglait et déterminait la marche du service. Chargée d'accompagner partout la reine, elle avait sa place marquée dans son carrosse, et s'asseyait dans les cérémonies publiques sur deux coussins disposés près de sa personne. Elle exerçait quelquefois les fonctions de gouvernante de la souveraine, quand celle-ci était d'un âge ou d'un caractère à ne pouvoir se gouverner elle-même. Mme de Villars, dans ses lettres, en cite un exemple dont elle fut témoin : la reine se livrant un jour à divers amusements avec ses femmes, la *camerera mayor* survint, la prit par le bras et la contraignit de rentrer dans son appartement. Ces fonctions sont aujourd'hui fort restreintes. Il y avait autrefois un *camerero mayor*; mais ce titre disparut quand Charles-Quint, devenu roi d'Espagne, introduisit dans son palais les titres et les fonctions en usage à la cour de Bourgogne, où il avait été élevé.

En Portugal la *cameréira-mor*, ou grande-camériste, donnait la chemise à la reine, marchait derrière elle en public et portait la queue de son manteau. Mais à Lisbonne la fonction la plus haute et la plus influente était jadis celle du *camereiro-mor* : il commandait d'une manière absolue aux valets de chambre, tous choisis dans le corps de la noblesse. Comme il habillait et déshabillait le monarque, il logeait au palais, et exerçait sa juridiction sur toutes les personnes de la chambre, telles que les pages de la sonnette, ceux de la lance, ceux de la mule, ceux des clés et ceux des coffres renfermant les vêtements du prince. Il commandait encore aux portiers ou huissiers de l'appartement, chargés de transmettre les messages des personnes qui demandaient à parler au roi, ainsi qu'aux officiers de l'écritoire, qui avaient charge d'écrire pour sa majesté. Quand les cortès étaient assemblées, il tenait le pan de l'habit du roi et se plaçait derrière son fauteuil. Cette charge était une des plus anciennes du royaume; elle assurait un pouvoir très-étendu à celui qui en était revêtu, par l'avantage qu'elle lui donnait de parler au prince chaque jour et à des heures privilégiées. Les mœurs constitutionnelles ont fait considérablement déchoir dans ces derniers temps ces hauts dignitaires de la domesticité royale.

En France le mot *camériste* semble avoir été introduit pour la première fois dans *Le Mariage de Figaro*, car il ne se rencontre dans aucun lexique avant l'époque de la représentation de cette comédie de Beaumarchais.

SAINT-PROSPER jeune.

CAMERLINGUE. On appelle de ce nom, à la cour de Rome, le cardinal chargé de veiller à l'administration de la justice et du trésor. Il compose la chambre apostolique avec le vice-camerlingue, un auditeur général, un trésorier général et le doyen des *clercs de la chambre*. Ceux-ci sont douze prélats, qui forment la chambre des finances. Outre ces fonctions, déjà si importantes, le cardinal-camerlingue, quand la chaire de saint Pierre vient à vaquer, exerce durant l'interrègne une partie des droits attribués à la souveraineté. C'est ainsi qu'il publie des édits, fait battre monnaie à son coin et marche en public précédé de la garde pontificale et des autres officiers du palais.

Camerlingue est tiré de l'allemand *kamer-ling*, chambrier ou maître de la chambre. Il signifiait aussi trésorier, car un certain Berthold, revêtu de cet emploi, est désigné sous le nom de *camer lingue* dans une charte de l'empereur Lothaire.

SAINT-PROSPER jeune.

CAMÉRONIENS, Il y eut deux sectes de ce nom, l'une en Écosse, l'autre en France.

Les caméroniens écossais se séparèrent en 1666 des presbytériens. Ils tenaient dans les champs leurs assemblées religieuses; comme parti politique, ils étaient républicains, et ne firent volontairement leur soumission que sous le règne de Guillaume de Nassau. Le prédicateur Richard Caméron, leur premier chef, qui leur donna son nom, périt dans une émeute qu'il avait excitée.

Les Caméroniens de France eurent pour chef Jean Caméron, qui fut professeur d'abord à Glascow, où il était né, en 1580, puis à Bordeaux, Sédan et Saumur, qui étaient alors le siège d'académies protestantes très-célèbres : il adoucit la doctrine trop sévère de Calvin, et prétendit que la grâce s'étendait sur tout le genre humain; c'est ce qui le fit ranger par les partisans du nom d'*Universalistes* : on les a encore appelés *Amyraldistes*, parce que le ministre Amyrault fut, avec Cappel, Bochart et Daillé, un des plus habiles défenseurs de leur opinion.

Auguste SAVAGNER.

CAMERTES, peuples d'Italie, qui faisaient partie de ceux qu'on appelait *Ombres*, et que Tite-Live, pour cette raison, appelle *Camertes Umbri*. Leur alliance avec les Romains datait de l'année 444; ils se distinguèrent entre tous par leur fidélité, et fournirent 600 hommes armés à Scipion, lorsqu'il entreprit de passer en Afrique. Plus tard, C. Marius ayant donné le droit de bourgeoisie à mille Camertes qui s'étaient parfaitement bien conduits dans une guerre, et cette faveur, qui outrepassait les intentions et les bornes que le législateur avait mises, ayant excité quelques murmures, il répondit aux mécontents « que le bruit des armes l'avait empêché d'ouïr la loi. » C'est de là qu'est venue cette expression célèbre : *inter arma silent leges*, que l'on peut regarder comme la condamnation la plus formelle de la guerre et de ses funestes résultats.

CAMILLE. Marcus-Furius CAMILLUS, l'une des plus éclatantes et des plus pures illustrations de la république romaine, après avoir été successivement censeur et tribun militaire, fut nommé dictateur pour s'emparer de Véïes, ville étrusque rivale de Rome, dont le siége durait depuis dix ans. Voyant que la force était impuissante, Camille employa contre elle avec succès la sape et la mine. Ses troupes arrivèrent par un souterrain jusque dans la citadelle, d'où elles se répandirent dans la ville, qui fut livrée au pillage. Les Véiens ayant été secourus par les Falisques, Camille marcha contre eux. Un maître d'école vint offrir au dictateur de lui livrer les enfants des premières familles de la ville qui lui étaient confiés. Camille, justement indigné de cette proposition, fit attacher les mains du traître, et ordonna aux élèves de le ramener dans la ville à coups de verge. Les Falisques, touchés de cette action généreuse, se soumirent volontairement aux Romains. Enorgueilli de sa victoire, il entra à Rome en triomphe sur un char magnifique traîné par quatre chevaux blancs. Cet appareil, inouï depuis l'établissement de la république, déplut au peuple en lui rappelant ce que les Romains avaient le plus en exécration, la royauté. Les tribuns ayant, en outre, proposé de faire de la ville conquise une seconde Rome en y transportant la moitié du peuple, des chevaliers et du sénat, Camille sentit combien serait dangereuse une loi qui priverait l'État d'un point unique de centralisation, et s'opposa de tout son pouvoir à cette proposition : il fut alors en butte aux attaques du peuple, qui oublia ses services, et l'accusa d'avoir soustrait une partie du butin de Véies. L'accusation fut si violente, que Camille, désespérant de se justifier, s'expatria volontairement : « Que les dieux, s'écria-t-il en partant, me vengent en forçant Rome à me regretter ! »

Ses vœux ne tardèrent pas à être exaucés : poussés hors de leur pays par une affluence de population, attirés par le beau climat et les riches productions de l'Italie, et vraisemblablement aussi soudoyés par les Étrusques, les Gaulois Celtes, ayant à leur tête un chef, *brenn*, dont le nom n'est pas venu jusqu'à nous, mais du titre duquel les écrivains latins ont fait le nom de *Brennus*, se ruèrent sur l'Italie centrale, et vinrent camper devant Clusium, la seule ville d'Étrurie qui, avec Céré, fût alliée de Rome. Par suite de l'imprudence des trois Fabius, ses ambassadeurs, Rome s'attira l'animosité de ces dangereux ennemis. Brennus marche contre les Romains, taille en pièces leur armée à Allia, s'empare de Rome après l'avoir mise à feu et à sang, et fait le siége du Capitole, dernier refuge du nom romain. Le sénat, sentant alors le besoin qu'il a de Camille, le crée dictateur, et le décret d'élection va le trouver au lieu de son exil : c'était Ardée, ville des Rutules. Le tribun militaire Sulpicius était convenu avec les Gaulois d'une somme d'argent moyennant laquelle ils devaient se retirer ; Camille survient avec une armée au moment où se pèse la rançon de Rome. « C'est le fer, et non l'or, dit-il, qui doit racheter les Romains. » Puis il fait retomber sur les Gaulois le mot de Brennus : *Malheur aux vaincus !* Ils sont défaits, et, après une seconde bataille à huit milles de Rome, il n'en reste pas même un seul pour aller porter dans leur patrie la nouvelle de ce désastre. Camille reçoit les honneurs du triomphe, avec le titre glorieux de second fondateur de Rome.

Tel est en substance le récit plein d'intérêt de Tite-Live et de Plutarque ; mais est-il vraisemblable que lors de la capitulation faite entre Sulpicius et les Gaulois, Camille soit arrivé tout à coup pour en arrêter l'exécution ? Comment surtout les Gaulois, toujours si redoutables aux Romains, se sont-ils laissé égorger comme des troupeaux timides dans deux combats successifs ? Les Gaulois ont pris Rome, puis se sont retirés par capitulation et en recevant une rançon. Voilà ce que nous dit Polybe, bien plus voisin de l'événement que Tite-Live. Le témoignage de ce grave historien est confirmé par celui de Suétone, d'après lequel, bien des siècles après, Drusus retrouva et reconquit chez les Gaulois la rançon de Rome. Il est évident d'ailleurs que les Gaulois ne furent de longtemps chassés du pays. Tite-Live lui-même nous les montre toujours campés à Tibur, qu'il appelle le *foyer de la guerre des Gaulois* (*arcem gallici belli*). L'intervention de Camille est donc ici une fable imaginée par les patriciens, qui furent longtemps les seuls dépositaires des traditions historiques de Rome : ils voulaient, dit la critique, montrer la vengeance céleste armée contre les plébéiens quand ils auraient l'insolence d'offenser un membre de l'ordre sénatorial. C'était pour venger l'exil de Camille que les dieux avaient amené les Gaulois à Rome, et ils ne devaient permettre qu'à Camille de chasser ces terribles ennemis. Des prodiges avaient précédé sa condamnation : le plus grand avait été une voix qui dans la rue Neuve, pendant la nuit, s'était fait entendre à Marcus Ceditius, homme d'une probité reconnue, et lui avait annoncé la prochaine arrivée des Gaulois.

L'histoire, après la retraite de Brennus, continue de rassembler le merveilleux sur la personne de Camille. Par lui Rome était tout, sans lui Rome n'était plus rien. Il avait délivré la république par les armes, il la sauv par la prudence. Il calma l'effervescence populaire, qu'excitaient les tribuns du peuple, qui parlaient toujours de s'aller établir à Véies, et il engagea le peuple à rebâtir la ville, qui se releva promptement de ses ruines. Bientôt une ligue formidable des peuples de l'Italie se forma pour écraser Rome, encore saignante de ses récentes blessures. Camille est nommé dictateur pour la troisième fois ; dès lors les ennemis ne savent plus que trembler, et ne disputent pas même leur défaite. Enfin, pendant quatre ans, soit comme tribun militaire, soit comme dictateur, il leur fit toujours la guerre et toujours avec succès. Il ne fut pas étranger à la condamnation de Manlius, qui fut précipité de ce même Capitole qu'il avait sauvé. Manlius aspirait-il vraiment à la tyrannie ? ou fut-il victime de l'orgueil patricien, qui voyait avec inquiétude sa popularité ? Comme il est impossible aujourd'hui de résoudre nettement cette question, il n'est pas aisé non plus à l'historien impartial d'absoudre ou de condamner la conduite de Camille dans ce grand procès politique.

Sur ces entrefaites une révolution fermentait dans l'intérieur ; les classes opprimées réagissaient contre le pouvoir et les priviléges du patriciat. Les citoyens de la sixième classe du peuple (les prolétaires), las d'être toujours pauvres, écrasés et exploités par les riches, voulant enfin une part du bien-être positif, demandèrent *l'existence matérielle* ; les plébéiens, plus aisés et plus éclairés, comprenant leurs droits, et sentant qu'ils pouvaient aussi peser dans la balance, demandèrent *l'existence politique*. De là l'origine de cette aristocratie plébéienne qui finit par se confondre avec l'aristocratie patricienne, dont elle prit les passions et les intérêts, sans que ce qui restait peuple s'en trouvât mieux. Mais alors les patriciens, épouvantés d'entendre proclamer que les dignités et les biens devaient être également la récompense des capacités, sans distinction aucune de naissance et de richesse, craignant en outre de se voir envahis dans ce qu'ils appelaient leurs propriétés et leurs droits politiques, cherchèrent leur salut dans de fréquentes dictatures, et nommèrent Camille. Le dictateur, qui veut gagner du temps, convoqua tout le peuple en armes au Champ-de-Mars, pour le suivre à la guerre. Mais les tribuns protestent énergiquement, et Camille, craignant l'irritation des esprits et un nouvel exil, abdique sa dignité sous des prétextes de religion.

Cependant une invasion des Gaulois força le peuple et le sénat de se réunir et de proclamer Camille dictateur pour la cinquième fois. Les Gaulois eurent le sort de leurs prédécesseurs, si l'on en croit ces mêmes historiens si prodigues du sang ennemi de Rome. Camille, après avoir vaincu au dehors, eut encore la gloire de calmer les troubles intérieurs et de rallier les partis. Mais le peuple avait remporté une double victoire sur les patriciens. Le consulat lui était enfin accordé. Camille, qui avait plaidé la cause du peuple, fut porté en triomphe dans sa maison. Ainsi fut rétablie la paix entre les deux ordres, après dix ans de troubles. Le vénérable dictateur, en mémoire de cet événement, jeta les fondements du temple de la Concorde. Ici finit sa carrière politique. Deux ans après (365 avant J.-C.), il mourut d'une de ces épidémies alors si communes à Rome, mal bâtie, mal aérée, et dont le sol humide et fangeux était dans le plus mauvais état d'entretien. Charles Du Rozoir.

CAMION. On donne ce nom à de très-petites épingles.

On appelle aussi *camions* des chariots à roues basses, qui servent dans les chantiers de construction en pierres de taille, et que des ouvriers traînent au moyen de bretelles. Perronet, ingénieur du pont de Neuilly, perfectionna ces sortes de camions en plaçant l'essieu de façon que la moitié de la charge se trouve au-dessous de ce dernier, ce qui rend le camion moins sujet à verser. Dans les villes, les négociants font usage de camions à quatre roues très-basses. Ces voitures se chargent commodément, mais elles sont fatigantes pour les chevaux, dont elles neutralisent une partie de la force.

Le *camion* des peintres en bâtiments est un vase de terre non verni dans lequel ils délayent le badigeon. Teyssèdre.

CAMISARDS, CAMISARDS NOIRS et CAMISARDS BLANCS ou CADETS DE LA CROIX. C'est en confondant les faits qui appartiennent à ces trois classes de camisards que la plupart des historiens ont donné une fausse idée des protestants qui les premiers prirent ce nom. L'étymologie en a été très-controversée. Il paraît maintenant démontré que ce nom leur fut donné de ce qu'ils portaient sur leurs habits une chemise (en languedocien *camise*) ou une blouse de toile blanche. Les guerres des camisards ne sont d'ailleurs qu'un épisode des *guerres des Cévennes*, qui seront l'objet d'un article spécial.

L'insurrection des camisards fut tout à la fois politique et religieuse. Leur devise était : *Plus d'impôts, et liberté de conscience!* Colbert avait compris les conséquences de la persécution dirigée contre les protestants; il prévoyait que ces rigueurs excessives auraient pour résultat l'émigration d'une population essentiellement industrielle, et l'exportation de grands capitaux. Il s'opposait donc de tout son pouvoir à la proscription de deux millions de Français. Tout en flattant la vanité du *grand roi*, il lui montrait les éléments de sa grandeur dans le développement progressif du commerce et des arts. « Vous êtes roi, lui disait-il, pour le bonheur du monde, et non pour juger le culte. » Louvois, qui n'était qu'un ministre courtisan, lui répétait : « Vous êtes roi pour faire tout ce que vous voulez. » Louvois seul fut écouté, et Louis XIV se fit *théologien armé*. L'Édit de Nantes fut annulé. Les montagnes des Cévennes se couvrirent de dragons et de missionnaires. Les prêches, les temples furent brûlés et détruits; l'inquisition apparut sur tous les points avec ses bûchers et ses bourreaux. Les ministres surpris prêchant dans les bois, dans les cavernes, furent envoyés aux galères; les enfants, arrachés des bras de leurs mères, enfermés dans des couvents pour être convertis. Basville, intendant du Languedoc, se signala par l'atrocité de ses persécutions. Un certain abbé du Chayla, inspecteur des missions, avait transformé son château en prison; inventant de nouveaux supplices, il faisait attacher les protestants à des pieux disposés de manière à éteindre leurs membres dans une douloureuse contraction.

Les protestants des Cévennes, pour célébrer leur culte, ne pouvaient plus se réunir que dans des lieux écartés. L'abbé du Chayla, informé qu'ils tenaient une assemblée secrète près de son manoir, au pont de Montvert, se mit à la tête d'un nombreux détachement de soldats. Soixante protestants sont enlevés; l'abbé fait pendre les uns et conduire les autres à sa demeure. Au nombre des prisonnières était la fiancée d'un jeune Cévenol. Celui-ci n'a plus qu'une pensée, mourir ou la délivrer. D'autres jeunes gens, dont les parents ont subi le même sort, se joignent à lui; tous sont armés de fourches et de faux; ils investissent le château, s'en rendent maîtres, et les prisonniers sont délivrés. Tous montrent à leurs libérateurs leurs plaies, leurs membres disloqués par la pression des poutres fendues dans lesquelles ils ont été successivement attachés. Ces instruments de torture s'appelaient les *ceps* de l'abbé du Chayla. Un cri d'horreur et d'indignation s'élève; tous les jeunes Cévenols ont juré la mort du bourreau de leurs familles. Leur plan d'attaque est habilement combiné; toutes les issues du manoir sont soigneusement gardées. L'abbé du Chayla est arrêté et pendu. Les Cévenols, pour se reconnaître et cacher leurs armes, s'étaient tous revêtus, nous l'avons dit, d'une chemise ou d'une blouse blanche. Tel fut le prélude de l'insurrection de ces montagnards, et l'origine du nom de *camisards*.

L'intendant Basville, effrayé du progrès de cette insurrection, avait demandé un renfort de troupes, et bientôt 20,000 hommes furent réunis sous les ordres du maréchal de Montrevel. L'affaire du château de Montvert n'avait eu pour cause qu'une vengeance privée; un autre incident vint imprimer à ce soulèvement le caractère d'une grave insurrection politique. C'était peu de leur interdire l'exercice de leur culte, même dans l'intimité du foyer domestique, de les surcharger de logements de gens de guerre : on les écrasait d'impôts; les curés, abusant de leur influence, faisaient peser sur les protestants le poids d'une capitation extraordinaire. Ils se plaignirent : on méprisa leurs plaintes; la plupart ne purent s'acquitter : on s'empara de leurs meubles et de leurs récoltes, qui furent vendus aux enchères. Mais bientôt les receveurs et les auteurs de ces saisies furent à leur tour enlevés pendant la nuit de leurs maisons, et pendus aux arbres avec leurs rôles au cou. A cette nouvelle, des troupes fraîches furent envoyées dans le pays; les montagnards cévenols se réunirent et s'armèrent pour leur commune défense. Ils choisirent pour chefs les plus ardents et les plus braves d'entre leurs jeunes compatriotes, Roland, Cavalier, Ravenel et Catinat. Roland s'établit dans les montagnes et Cavalier dans la plaine; il avait sous ses ordres Catinat, qui commandait leur cavalerie improvisée.

Cavalier, garçon boulanger, n'avait que vingt ans; il avait à combattre un maréchal de France et 20,000 hommes de troupes régulières et aguerries. Il soutint pendant plusieurs années une guerre d'extermination, avec une intrépidité héroïque et une supériorité de talents qui eût honoré un vieux général. Il se croyait inspiré. Prophète et guerrier, il n'employa son influence qu'à faire triompher la cause qu'il avait embrassée. Tous ses compagnons lui étaient dévoués à la vie et à la mort. Sur un mot, sur un geste, ils se précipitaient au milieu des plus grands dangers. Il combattait toujours à leur tête. Censeur sévère, il ne pardonnait pas la plus légère infraction aux lois de l'humanité, de la religion et de la discipline.

Quelques traits suffiront pour faire apprécier les camisards et leurs chefs. La commune de Mariége avait été forcée de recevoir les camisards vainqueurs des troupes du maréchal Montrevel. Les habitants n'avaient cédé qu'à des forces supérieures. Le maréchal, honteux de ses défaites réitérées, s'en vengea sur ces malheureux villageois : il fit brûler leurs maisons. C'était provoquer et justifier de funestes représailles; les chefs camisards déclarèrent hautement leurs intentions. Cavalier écrivit au maréchal qu'il allait brûler deux villages catholiques, et que s'il ne mettait fin à ses fureurs, pour un village brûlé, désormais, au lieu de deux, il en brûlerait trois, et ainsi de suite en augmentant toujours. Le maréchal ne répondit point. Cavalier fit exécuter sa menace : deux villages catholiques furent brûlés. Après cette déplorable expédition, Cavalier et les siens s'étaient fait loger par billets à Vestris, village près de Nîmes. Le maréchal fit incendier ce village. Cavalier écrivit encore au maréchal, mais sans succès. Les camisards brûlèrent trois villages. Le maréchal redoublait de fureur, et les incendies se succédaient avec une effrayante rapidité. Les soldats ne donnaient pas même aux paysans le temps de se retirer; plusieurs familles périrent dans les flammes. Les états du Languedoc dénoncèrent le maréchal à la cour, et supplièrent le roi et son conseil de mettre fin aux dévastations commises par les deux partis. Le maréchal fut blâmé, et conserva son commandement; mais les incendies cessèrent. Poul, l'un des plus hardis chefs de partisans du maréchal, se vantait d'exterminer seul tous les camisards, et d'en purger la province. Il ne demandait qu'un régiment de dragons pour battre Cavalier et *l'enlever mort ou vif*. Le maréchal y joignit un régiment d'infanterie. Cavalier, prévenu de cette attaque, prit position; l'action fut chaude; Poul périt dans le combat; le régiment d'infanterie fut presque entièrement détruit, et quarante chevaux de dragons et seize prisonniers restèrent au pouvoir des camisards.

Cavalier avait mis ces prisonniers, tous blessés, en lieu de sûreté, et en faisait prendre le plus grand soin. Le maréchal agissait tout autrement. Il faisait, il est vrai, soigner les prisonniers blessés, et, sous l'espoir de pardon, il tâchait d'obtenir d'eux des révélations; mais à peine guéris, il les livrait aux bourreaux. Ces malheureux n'échappaient à la mort sur le champ de bataille que pour la recevoir sur les échafauds.

Un meunier, dont les trois fils servaient dans les rangs des camisards, et qui lui-même s'était montré un des plus zélés et des plus intrépides pourvoyeurs de Roland, s'était laissé séduire par une gratification de 50 louis que lui avait fait compter le maréchal de Montrevel. Roland lui avait confié le projet d'une grande expédition qu'il méditait depuis longtemps : il s'agissait de marcher en masse contre les troupes royales, qui se concentraient dans l'Auserre, et de les battre. Le succès ne paraissait pas douteux. Devenus maîtres du Bas-Languedoc, les camisards se seraient mis en communication avec leurs frères du Rouergue et du Vivarais, et auraient pu étendre ainsi dans un plus large rayon les forces et les ressources de l'insurrection. Mais le meunier avertit le maréchal que les camisards avaient choisi pour lieu de rendez-vous la tour de Belot; elle fut immédiatement cernée, et de nombreuses colonnes y arrivèrent à la faveur de la nuit. D'une à deux heures, les sentinelles protestantes s'aperçurent que des soldats par groupes se glissaient en silence, et à des distances égales, vers la métairie du donjon, qui bientôt fut investie. Au premier cri d'alarme, les camisards courent aux armes. Roland et Cavalier s'avancent aux principales portes, et parviennent à rallier quelques centaines d'hommes. Cette lutte nocturne fut une horrible boucherie. Quelques protestants s'étaient retranchés dans l'intérieur, et tiraient par les fenêtres; mais, ne pouvant distinguer les combattants, leur feu faisait autant de mal à leurs frères qu'à leurs ennemis. Aux premiers rayons du jour, les camisards ont pu se reconnaître; ils se frayent un passage pour se rallier à Roland et à Cavalier, qui ont échappé aux horreurs de cette nuit sanglante, et les débris de cette troupe, naguère si brillante de jeunesse, de courage et d'espérance, parviennent à rejoindre leur cavalerie, qui s'avançait à leur secours. Une colonne nombreuse de troupes royales leur barre le passage. La lutte était très inégale; les protestants mis en déroute. Un autre combat s'engage entre les camisards retranchés dans une grange de la métairie et les troupes royales; ils combattaient avec le courage du désespoir. Bientôt la grange, qu'ils ne peuvent plus défendre, devient leur bûcher et leur tombeau. Ils n'ont pu supporter la pensée de tomber vivants au pouvoir de l'ennemi; ils ont eux-mêmes allumé l'incendie qui va les dévorer. Les camisards perdirent dans ce long combat de nuit et de jour six à sept cents de leurs frères. Ceux qui avaient pu suivre Roland et Cavalier rencontrèrent le régiment de Firmacon, qui revenait triomphant de la tour de Belot, et se dirigeait sur Nîmes. Roland le charge à la tête de sa cavalerie, le met en pleine déroute et le force à rebrousser chemin.

Après ce combat, les protestants se retirèrent dans les bois de Saint-Benezet, où ils apprirent avec autant d'indignation que d'étonnement toutes les circonstances de la trahison du meunier. Il échappa pendant quelque temps au juste ressentiment et aux investigations des camisards; il fut enfin découvert et amené devant Cavalier. Traduit devant le conseil, il fit l'aveu de son crime; il fut condamné à passer par les armes. Il demanda avant l'exécution à embrasser ses fils. Cette grâce lui fut accordée sans difficulté; mais ceux-ci refusèrent de le voir.

A la suite du désastre de Belot, où ils avaient lutté un contre six, les camisards se trouvèrent réduits à 1,200 combattants; ils attribuèrent à la Providence le miracle de leur conservation : les mesures avaient été si bien prises qu'aucun ne semblait devoir échapper à cette collision, qui fut moins un combat qu'un massacre. Ils ne se laissèrent point abattre. Ils comptaient sur de prochains et puissants secours d'Angleterre et de Hollande. Roland, Cavalier et les prophètes de la secte, dans les bois de Saint-Benezet, où ils s'étaient retirés, prédisaient que l'heure *de la délivrance allait sonner*. Cependant, privés des provisions qu'ils avaient amassées à la tour de Belot, ils allaient succomber de faim et de fatigue. Roland et Cavalier se séparèrent, et s'enfoncèrent dans des directions différentes contre les troupes royales. Roland retourna dans les montagnes, Cavalier dans le Bas-Languedoc. Ravenel, qu'il avait détaché avec cinquante hommes, tailla en pièces deux miquelets, près de la petite ville de Saint-Geniès.

De nouveaux succès enhardirent les camisards. Le maréchal s'étonnait de ces revers après sa victoire. Cavalier avait repris son projet de pénétrer dans le Rouergue, où il devait trouver de nombreux partisans. Le conseil avait approuvé son plan. Les troupes se partagèrent en plusieurs colonnes. Il fallait traverser un pays catholique; la marche des protestants devait être mystérieuse. Ils avaient intérêt à n'engager aucune action avant d'être arrivés à leur destination. Instruit de cette marche, le maréchal charge deux de ses plus hardis espions de jouer auprès de lui le rôle de députés des protestants du Rouergue. Ils se présentent à Roland, alors à Saint-Laurent, et parviennent à le tromper. Cavalier, malade de ses blessures et de la fièvre, avait été transporté dans les Hautes-Cévennes. Catinat le remplaçait. On redoutait son caractère bouillant; Roland lui recommanda la prudence. Les prétendus députés du Rouergue avaient mission de porter les camisards à de graves désordres. Fidèles à leurs instructions, ils s'attachèrent au fougueux jeune homme, qu'ils provoquèrent aux plus violentes représailles contre les catholiques. Après l'avoir poussé à mettre le feu à plusieurs églises, au grand regret de Roland, ils disparurent et allèrent rejoindre les troupes royales.

Celles-ci grossissaient à vue d'œil, et traquaient de plus en plus les camisards. Roland opinait pour qu'on évitât le combat, et proposait de se cantonner dans un bois voisin de Pumpignan. Catinat insista pour l'attaque, et malheureusement son avis fut adopté. L'action fut terrible; les protestants se replièrent en désordre vers la forêt. Roland protégea la retraite; mais c'en était fait des camisards, sans l'heureuse témérité de Catinat. Il s'élança à la tête de sa cavalerie contre celle de l'ennemi, la culbuta sur tous les points, et déblaya les approches du bois. Ce beau fait d'armes ne put le soustraire à la justice de ses frères. Aussitôt qu'il eut réuni les débris de ses troupes, Roland mit Catinat aux arrêts, et n'attendait plus que le retour de Cavalier pour procéder à son jugement. Il parut enfin devant le conseil de guerre, qui l'acquitta à l'unanimité en considération de ses services et de son dévouement à la cause commune.

Cependant, les camisards, informés que l'intendant Basville allait se rendre de Montpellier à Saint-Hippolyte pour y faire juger, c'est-à-dire condamner ceux des leurs qui avaient été pris à l'affaire de Pompignan, résolurent de les délivrer et d'enlever l'intendant. Roland chargea Cavalier de l'exécution de ce hardi projet. Les prisonniers furent délivrés, et l'intendant n'échappa que par miracle. Montrevel fut rappelé. On lui reprochait de ne pas agir avec assez de vigueur. Il voulut se justifier par un coup d'éclat qui ne laissât presque rien à faire à son successeur. Il se mit en campagne avec toutes ses troupes, et c'en était fait des camisards, leur défaite eût été complète et décisive, sans le courage et le sang froid d'un enfant, frère de Cavalier, qui combattait à ses côtés, lui servant d'aide-de-camp et d'officier d'ordonnance. Dans une circonstance non moins périlleuse, on vit une jeune fille de dix-sept ans combattre et vaincre à la tête d'une troupe de camisards.

Le maréchal de Villars vint remplacer Montrevel. Avant d'agir, il voulut s'assurer de l'état des affaires. Il prit des renseignements sur les camisards, et dans le compte qu'il rendit aux ministres Chamillard et de Lafeuillade, du résultat de ses investigations, il s'exprimait ainsi : « Il y a trois sortes de camisards : les premiers, avec lesquels on pourrait entrer en accommodement, pour être las des misères de la guerre et connaissant qu'elle causera tôt ou tard leur perte. Les seconds, d'une folie outrée sur cet article. Le premier petit garçon ou petite fille qui se met à trembler leur dit que le Saint-Esprit lui parle; tout le peuple le croit, et si Dieu, avec tous ses anges, venait lui parler, il ne le croirait pas mieux : gens d'ailleurs sur lesquels la peine de mort ne fait pas la moindre impression. Ils remercient dans les combats ceux qui la leur donnent; ils marchent au supplice en chantant les louanges de Dieu, et exhortent les assistants de manière qu'on a souvent été obligé d'entourer les criminels de tambours pour empêcher le pernicieux effet de leurs discours. Les troisièmes, enfin, gens sans religion, accoutumés au libertinage, à se faire nourrir par les paysans, et à ne plus faire que voler et même beaucoup de débauches, canaille furieuse et fanatique, et remplie de prophétesses. » Ces renseignements pris, le maréchal entama des négociations avec Cavalier. La première condition exigée par celui-ci fut la liberté de conscience, le libre exercice du culte protestant et le commandement d'une légion entièrement composée de camisards. Villars indiqua la petite ville de Calvisson comme lieu de sûreté et de réunion. Tandis que Cavalier parcourait les Cévennes pour ramener ses lieutenants et les autres camisards, il fut permis à ceux qui déjà s'étaient rendus à Calvisson, d'y professer publiquement leur culte. A peine cette nouvelle fut-elle répandue dans les environs, que tous les protestants accoururent des bourgs et des villages, non pour se rendre, mais pour y chanter des psaumes avec leurs frères. Cette affluence extraordinaire alarme les zélés catholiques; ils crient que la religion est outragée, perdue; que l'hérésie triomphe. Les portes de la ville sont fermées, les postes renforcés, mais rien ne peut arrêter la ferveur des protestants; ils escaladent les murailles et culbutent la garde. On accuse le maréchal de favoriser l'impiété et d'être complice des hérétiques. Tout cependant eût peut-être fini s'il avait été secondé; mais lui seul était de bonne foi. L'impatience et l'irritation des catholiques provoquèrent la reprise des hostilités; les négociations rompues ne reprirent leur cours qu'après une lutte plus vive, plus animée, plus sanglante que jamais.

Cependant, le maréchal, qui avait compté sur la loyauté de Cavalier, ne s'était point trompé. Un jeune camisard insistait sur la liberté de conscience. Elle fut accordée, mais sans les garanties réclamées par ses frères. Cavalier, quelques-uns de ses officiers et un grand nombre de leurs frères d'armes se soumirent, et l'organisation du nouveau régiment fut arrêtée. Ils devaient se croire parfaitement libres; mais dès les premiers jours ils devinrent l'objet d'une surveillance aussi injuste qu'humiliante. Divers dépôts furent indiqués, et ils y furent dirigés par faibles détachements, toujours accompagnés d'une escorte nombreuse. Quant à Cavalier, on l'envoya à Versailles : Louis XIV avait désiré voir ce jeune et redoutable chef de partisans. Cavalier était de petite taille, mais bien fait et d'une agréable tournure. Le roi, après avoir laissé tomber sur lui un regard dédaigneux, haussa les épaules, et passa outre. Cavalier, abreuvé de dégoûts, passa, de dépit, au service de l'Angleterre.

Roland, après le départ de Cavalier, avait réuni les restes des camisards; il ne croyait pas que les engagements pris par le maréchal et Basville fussent sincères, et ses tristes prévisions ne tardèrent pas à se réaliser. Il se vit bientôt environné d'espions, de traîtres, dont le gouvernement avait acheté à tout prix la conscience et les honteux services. Poursuivi, traqué partout, il annonça hautement qu'il ne mettrait bas les armes que si le roi voulait rétablir l'édit de Nantes et accorder des temples et des ministres aux réformés du Languedoc; mais il exigeait des garanties. Des traîtres le vendirent. On apprit qu'il était au château de Castelnau, à deux lieues d'Uzès; un fort détachement du régiment de Charolais, commandé par un chef de bataillon, et deux compagnies de dragons, cernèrent sa retraite pendant la nuit. Roland parvint à s'échapper, mais il fut aperçu. Enveloppé de toutes parts, seul contre tous, il s'adosse à un olivier. Sommé de se rendre, il ne répond que par trois décharges d'un fusil à trois coups. Une prime considérable avait été promise à qui le prendrait vivant. Enhardis par l'appât du gain, les soldats et les dragons s'avançaient sur lui sans riposter, lorsqu'un dragon, effrayé du nombre de ses camarades tombés sous ses coups, tira sur lui presque à bout portant. Roland n'était plus qu'un cadavre. Avec lui périt le dernier soutien, la dernière espoir des camisards. Telle fut la fin d'une lutte qui durait depuis plusieurs années.

Il ne faut pas confondre avec les camisards dont nous venons de raconter les exploits, les *camisards provençaux* ou *camisards noirs*, bandes de voleurs et de pillards sortis de la Provence, et qui infestèrent le Bas-Languedoc. Se faisant appeler *camisards* pour dissimuler le véritable but de leur criminelle association, ils ne furent point inquiétés par les troupes royales. On affectait de les confondre avec les vrais camisards, pour faire considérer ceux-ci comme leurs complices. Les chefs camisards s'en plaignirent. Des brigands qui menaçaient toutes les existences et toutes les propriétés étaient les ennemis de tout le monde. Roland et Cavalier les poursuivirent sans relâche. Ils se montrèrent souvent plus généreux que prudents, en renvoyant ceux qu'ils avaient faits prisonniers, sous la promesse de renoncer à leurs coupables habitudes. Mais enfin, convaincus qu'ils violaient leurs promesses, ils les traitèrent sans pitié, et parvinrent à en purger le pays.

Les *camisards blancs* ou *cadets de la croix* apparurent dans le Bas-Languedoc presque à la même époque que les *camisards noirs*. Ils portaient une croix blanche au retroussis de leur chapeau. Ce n'était d'abord qu'une cohue de jeunes catholiques fanatisés, au nombre de cinq ou six cents, sans discipline, sans chefs, et qui se ruaient sur les protestants, les massacraient sans distinction d'âge ni de sexe, pillaient, brûlaient leurs maisons. Aux cadets de la croix se joignirent bientôt trois autres bandes, plus disciplinées en apparence. La première avait pour chef Florimond, meunier ; il était courageux, et connaissait parfaitement le pays ; la seconde, Lefèvre; la troisième, le frère François-Gabriel, ermite, plus redoutable que les deux autres, et plus cruel. L'évêque de Nîmes lui avait donné sa bénédiction et l'avait relevé de ses vœux. Ces bandes avaient été organisées en vertu d'une bulle du pape Clément XI, datée du 6 mai 1703, qui accordait un pardon absolu et général à ceux de ces *nouveaux croisés* qui prendraient les armes pour massacrer et exterminer la race maudite et exécrable des vrais camisards. Ils marchaient avec les troupes royales sous les ordres du maréchal de Montrevel. Les cadets de la croix, poursuivis à outrance par Cavalier et Roland, eurent le même sort que les camisards noirs. Les puissances étrangères liguées contre la France, l'Angleterre surtout, correspondaient avec les camisards, et leur promettaient des secours. Elles profitaient de cette diversion qui retenait dans le bas Languedoc 20,000 hommes des meilleures troupes du roi. Ces promesses, souvent renouvelées, ne se réalisèrent qu'après une lutte de plusieurs années, dont les camisards seuls supportèrent tous les dangers. Enfin, cette flotte si souvent annoncée parut sur le littoral du Languedoc ; mais il était trop tard : Cavalier s'était soumis et Roland n'était plus. La flotte ne fit qu'une démonstration inutile. Les troupes de débarquement revinrent à bord, et les vaisseaux s'en retournèrent avec force armes et munitions. DUFEY (de l'Yonne).

CAMISOLE DE FORCE, espèce de corset à longues manches, hermétiquement clos par-devant, et qu'on peut fermer et serrer par-derrière. Ce vêtement s'étend le plus ordinairement depuis le cou jusqu'au-dessous des côtes et parfois jusqu'au bassin, qu'on maintient ainsi assujetti comme le reste du tronc. Les manches dépassent les mains de plusieurs pouces, de manière que les patients ne puissent user de leurs doigts ni de leurs ongles, et on fixe à l'extrémité de ces longues manches de gros et longs cordons solides, au moyen desquels on assujettit les bras soit aux supports d'un siège, soit aux traverses d'un lit de bois ou de fer, etc. Les camisoles de force doivent être faites avec de fort coutil. Tel est le moyen dont on se sert pour réprimer les fous furieux et certains malades en délire, quelquefois aussi pour modérer les spasmes des hystériques, des épileptiques, de quelques maniaques ; on en fait usage aussi dans des maisons de correction. Avec une camisole bien appliquée et solide, on n'a rien à redouter des tentatives d'assassinat ou de suicide. Il est des conjonctures où l'on est forcé d'employer en même temps un caleçon de force, dont le bout dépasse les pieds, et qui est d'ailleurs confectionné comme la camisole, avec renfort de lacs et de rubans. Ces simples entraves sont à peu près les seules qu'on emploie de nos jours dans les maisons de fous : Esquirol en faisait un grand usage, et s'en applaudissait. Je suis étonné qu'on n'ait pas encore conseillé la camisole de force contre la fureur de l'onanisme.

Les Anglais reprochent à ce vêtement de répression de comprimer la poitrine, d'entraver la respiration : à cause de cela, ils lui substituent, dans de rares circonstances, les menottes et des entraves métalliques ; mais ordinairement on a recours en Angleterre à un procédé de préservation plus judicieux et plus doux. Dans les maisons de fous de Bedlam et d'Hanwell, ainsi qu'au pénitencier de Pentonville, on renferme les furieux criminels ou insensés, durant le paroxysme périlleux, dans des cabinets obscurs et clos hermétiquement, mais bien aérés, dont les parois et le parquet sont de toutes parts matelassés d'épais et moelleux coussins, que les ongles ni les dents ne peuvent entamer, tant l'enveloppe en est résistante. Nous avons pu voir à Londres ces espèces de salons ou d'élégants cachots, qui nous ont involontairement rappelé ce que Mesmer nommait, non sans orgueil, sa *salle des crises*. Dr Isidore BOURDON.

CAMOËNS (Luiz de), le plus célèbre poëte qu'ait produit le Portugal et l'un de ces grands hommes dont la postérité proclame les mérites, tandis que leurs contemporains les laissent mourir de faim, naquit à Lisbonne, vers 1524. Son père, Simon Vaz de Camoëns, capitaine de vaisseau dans la marine du roi Emmanuel, avait épousé dona Anna de Sà e Macedo ; il habitait le quartier de la Mouraria, sur la paroisse de Saint-Sébastien, et perdit la vie, en 1552, dans un naufrage sur la côte de Goa. Quoique vivant dans un état voisin de la gêne, il voulut pourtant que son fils reçût une éducation complète ; et grâce aux privations qu'il s'imposa, le jeune Luiz put aller suivre les cours de l'université de Coïmbre. Ses études terminées, Camoëns revint à Lisbonne. Il devait toucher alors à sa vingtième année. Si la médiocrité de sa fortune ne lui permit pas de fréquenter assidûment les cercles de la cour, où sa naissance lui donnait le droit de figurer, il vécut du moins dans une société d'élite. Une passion qu'il conçut pour une dame de la cour, Catherine d'Atayde, sœur d'Antonio d'Atayde, favori de Jean III, fut l'origine de toutes les tragiques infortunes qu'il éprouva plus tard ; en effet, le roi ne fut pas plus tôt instruit de cet amour qu'il exila le présomptueux jeune homme à Santarem, lieu de naissance de sa mère. Cette passion était-elle partagée par celle qui en était l'objet ? A cet égard on en est réduit aux conjectures. Faria y Souza semble persuadé qu'un mariage avait été arrêté entre les deux amants, mais que le volage Catherine d'Atayde avait oublié ses serments. Il est probable que la riche et puissante famille d'Atayde se tint pour offensée qu'un si pauvre et si mince gentilhomme osât prétendre à s'allier avec elle, et qu'elle se débarrassa de ce soupirant en obtenant de Jean III l'ordre d'exil en question, et qui fut maintenu quelques années. Revenu à Lisbonne en 1550, sans avoir pu arracher de son cœur l'image de la femme qu'il aimait, Camoëns chercha à tromper sa douleur en demandant des distractions au métier des armes. Il passa en Afrique, et se rendit à Ceuta, ville considérée alors comme une sorte d'école à l'usage de ceux qui se destinaient à la carrière militaire, et qui y trouvaient mille occasions de se distinguer par suite d'un état de guerre continuel. C'est dans un engagement livré sous les murs mêmes de Ceuta que Camoëns perdit l'œil droit, atteint par un morceau de mitraille ; et quelques historiens ajoutent que lorsqu'il reçut cette blessure, le jeune poëte se trouvait à bord d'un bâtiment commandé par son père. Dès 1552 Camoëns était de retour à Lisbonne ; mais on ne lui tint pas plus compte de ses services militaires et de ses blessures, qu'on ne sut reconnaître ses talents poétiques ; et le silence absolu que gardent à son égard les hommes éminents que comptait alors la littérature portugaise, tels que Sà de Miranda, Gil Vicente, Barros et Ferreira, doit faire supposer qu'il leur était resté inconnu. Désespéré de ne pouvoir parvenir à rien, il prit le parti, en 1553, de s'embarquer pour les grandes Indes, à bord de l'escadre commandée par Alvarez Cabral. Dès le début de son voyage, il faillit être victime d'une effroyable tempête qui assaillit l'escadre et la sépara ; et de tous les bâtiments dont elle se composait, celui qu'il montait fut le seul qui parvint cette année-là aux Indes. C'est à Goa que Camoëns débarqua. Les exploits accomplis dans cette lointaine contrée par ses compatriotes excitèrent au plus haut degré son imagination : et quoique ayant toujours à se plaindre des hommes, il ne résista point au désir de composer une épopée dans laquelle il célébrerait les hauts faits des Portugais dans les Indes. Mais il écrivit en 1555, sous le titre de *Disparates na India*, un poëme satirique, dans lequel il flagellait de vers sanglants ce mélange de vénalité et d'orgueil, de ruse et de bassesse qu'on remarquait dans la partie opulente de la population de Goa. Le gouverneur général, Francisco Barreto, crut y voir des allusions blessantes pour lui, ou plutôt il obéit aux rancuneuses obsessions des individus bien plus clairement désignés que lui dans les *Disparates* ; et il intima au poëte l'ordre d'avoir à se rendre immédiatement à l'établissement que les Portugais venaient de fonder à Macao, sur la côte de la Chine. Camoëns y arriva en 1556 ; et plusieurs années de sa vie s'écoulèrent heureuses et paisibles dans cette contrée, où la nature orientale étale avec profusion toutes ses beautés et toutes ses magnificences. C'est là aussi qu'il composa son célèbre poème des Lusiades (*Os Lusiadas*), nom par lequel il désigne les Portugais, qu'il fait descendre, suivant les antiques traditions, d'un certain roi Lusus, fils ou compagnon du Bacchus indien, et dont on aurait ensuite donné le nom au pays appelé aujourd'hui Portugal. On rapporte qu'il écrivit la plus grande partie de son épopée dans une grotte située au milieu des rochers qui avoisinent Macao, et appelée alors *Grotte de Patane*, mais à laquelle on donne de nos jours le nom de *Grotte de Camoëns*, et que les voyageurs qui arrivent à Macao ne manquent jamais d'aller visiter. De toutes les épopées modernes les *Lusiades* sont la seule qui soit conçue dans un esprit s'approchant du véritable génie épique et populaire. Elle naquit en effet dans des circonstances telles qu'il en faut pour produire une véritable épopée, à l'époque des expéditions héroïques des Portugais en Afrique et aux grandes Indes, au milieu de l'essor d'enthousiasme provoqué par ces exploits dans l'esprit d'une nation à laquelle ils avaient donné la conscience de sa force et de sa grandeur. En réalité, c'est bien plutôt une épopée épique et national de l'héroïsme portugais, qu'un poème consacré à chanter la gloire d'un seul héros, ou encore un haut fait isolé; et l'entreprise de Vasco de Gama n'est que le principal morceau de cette galerie héroïque, dans laquelle le poète trouve le moyen de faire défiler sous les yeux de ses lecteurs tous les exploits, toutes les grandes actions, par lesquels d'autres Portugais se sont immortalisés, et dans le récit desquels, comme on en est déjà averti par le titre même, il faut se garder de voir de simples épisodes. Les plus célèbres d'entre ces tableaux, qualifiés bien à tort d'*épisodes* par certains critiques, sont celui de la tragique destinée d'Inès de Castro, et de l'apparition du géant Adamastor, qui, près du cap de Bonne-Espérance, essaye d'user de la puissance qu'il exerce sur les tempêtes pour mettre obstacle au voyage de Vasco de Gama. Suivant le goût qui dominait de son temps, Camoëns a mêlé dans son poème, complètement modelé sur les œuvres de l'antiquité classique, les récits de l'histoire de Portugal avec l'éclat de la poésie, et le christianisme avec la mythologie. La versification des *Lusiades* est quelque chose de ravissant. L'intérêt général de cette épopée consiste surtout dans les sentiments patriotiques dont il est pénétré; la gloire nationale des Portugais y revêt toutes les formes que l'imagination peut lui prêter.

Pour se rendre à Macao, il dut parcourir les mers de l'Inde, et on croit qu'il visita par cette occasion les Moluques. Force est d'ailleurs d'avouer, à la décharge de la mémoire de Barreto, qu'il accorda au poète exilé la place de *curateur des successions*; fonctions lucratives, puisqu'il suffit à Camoëns de les remplir pendant trois ou quatre années pour amasser de quoi vivre désormais à l'abri du besoin. Quand il se sentit indépendant, le poète en eut assez d'un emploi si peu poétique. Dès lors le séjour de Macao lui parut insupportable, et il songea à s'en retourner à Goa. Il sollicita son rappel, et l'obtint, en 1561. Il s'embarqua de Macao pour les Indes avec tout ce qu'il possédait. Déjà le navire qui le portait avait dépassé les terres de la Cochinchine et allait entrer dans les eaux du golfe de Siam, quand une horrible tempête le jeta à la côte et l'y brisa, à peu de distance de l'embouchure du Mécon. Toutefois, si Camoëns vit la tempête engloutir tout ce qu'il possédait et le pain de ses vieux jours, il fut du moins assez heureux pour se sauver miraculeusement à la nage et à l'aide d'une planche, emportant avec lui le précieux manuscrit de ses *Lusiades*. Après un séjour de plusieurs mois sur les côtes témoins de son naufrage, le poète arriva enfin à Goa, où il retrouva de la personne de Constantin de Bragance, nouveau gouverneur général, un des hommes dont il avait obtenu l'amitié à son début dans le monde; mais le comte de Redondo, son successeur, tout en estimant la personne et le talent de Camoëns, finit par prêter l'oreille aux accusations de ses ennemis. Bon nombre de ceux qu'il avait blessés dans ses *Disparates* habitaient encore Goa; et Camoëns, sans que l'exil eût pu le rendre plus prudent, continuait à fronder les puissants, à persifler les lâches et à attaquer sans pitié les fripons. Sur une accusation de prétendues malversations qu'il aurait commises à Macao, on le jeta en prison; puis, lorsque la vérité fut connue, un créancier l'y retint longtemps encore. Quand il eut enfin été rendu à la liberté, notre poète accepta l'offre que lui fit de l'accompagner à Mozambique le nouveau gouverneur de cette colonie, et il arriva à Sofala en 1567. Mais il ne tarda pas à se brouiller avec son protecteur, et alors sa position fut intolérable; car ce petit despote, s'il ne fit pas jeter en prison, s'arrangea du moins de façon à ce qu'il fût en proie à la plus affreuse et à la plus incurable des misères. Heureusement pour Camoëns, d'anciens amis qui vinrent le relâcher dans les eaux de Sofala, l'arrachèrent à ce misérable séjour; encore fallut-il, pour être libres de l'emmener à leur bord, qu'ils payassent une misérable dette d'une centaine de francs qu'il avait contractée envers le gouverneur de la colonie. C'est en 1569 que Camoëns s'embarqua pour Lisbonne, où il n'arriva qu'en juin 1570. Dix sept années s'étaient écoulées depuis qu'il était allé chercher fortune aux Indes. Au lieu du roi Jean III, il y trouvait le jeune roi Sébastien et une régence orageuse. On ignore comment s'écoulèrent les premières années qui suivirent le retour du poète dans sa patrie. Tout ce qu'on sait, c'est que la première édition de son poème épique, *Os Lusiadas*, parut en 1572, et obtint un grand et légitime succès. Il s'en fit quatre éditions successives dans l'espace de moins de vingt ans. Mais si la gloire vint enfin récompenser cette vie si noblement remplie, force est bien d'avouer qu'elle n'améliora point la situation du poète, qui finit par tomber dans la plus poignante détresse. Des recherches consciencieuses, faites dans ces derniers temps, portent à faire croire, ou du moins espérer qu'on a trop chargé les couleurs de ce sombre tableau. Mais s'il ne mourut point à l'hôpital, comme on le trouve imprimé partout, il paraît avéré qu'à l'instant de passer de vie à trépas l'infortuné poète n'avait pas même de couverture pour défendre ses membres amaigris contre le froid, et que le suaire dont on enveloppa son cadavre dut être emprunté à la maison de Vinuoso. Luiz de Camoëns mourut en 1579, sur un grabat, dans une pauvre maison de la rue Santa-Anna, et fut enterré dans l'église du couvent des religieuses du même nom. Seize ans plus tard, ce ne fut pas sans peine qu'on parvint à retrouver l'emplacement de sa tombe, sur laquelle on plaça alors cette inscription: *Ci-gît Luiz de Camoëns, prince des poètes de son temps. Il vécut pauvre et misérablement. Il mourut de même*. Le terrible tremblement de terre de 1755 détruisit l'église Santa-Anna, qu'on réédifia ensuite à peu de distance de son ancien emplacement primitif. Des fouilles pratiquées avec intelligence, et sous la direction d'une commission de l'Académie de Lisbonne, en 1854, ont fait retrouver les restes mortels de l'illustre poète enfouis sous les débris du tremblement de terre avant amoncelés en cet endroit; et un décret rendu par les deux chambres a décidé qu'un monument serait élevé à la mémoire de l'immortel chantre des *Lusiades*. Outre de beau poème, on a de lui un grand nombre de poésies diverses, de délicieux sonnets, pleins de grâce, au nombre de soixante-six, des *canzone*, des *sextinas*, des odes, des élégies, des églogues, des stances, des *redondillas*, des épigrammes et des satires, plus deux comédies médiocres, *Les Amours de Philodème*, et un *Amphytrion*, imité de Plaute. La plus récente et la plus complète édition des *Obras completas* de Camoëns est celle qu'ont publiée Barreto Feio et Monteiro (3 vol., Hambourg, 1834); elle n'est d'ailleurs que la réimpression de la magnifique édition qu'en fit faire à ses frais, en 1817, chez Didot, Manoel de Souza Botelho, et qui ne fut tirée qu'à 200 exemplaires.

19.

CAMOMILLE. On nomme ainsi quelques espèces de plantes qui appartiennent à des genres différents, rangés par Linné dans la syngénésie polygamie superflue, et par Jussieu dans la famille des corymbifères ou des radiées. Les principales ont : 1° la *camomille romaine* ou *des boutiques* (*anthemis nobilis*, *officinalis*); ses racines sont fibreuses; ses tiges, herbacées, hautes d'environ deux décimètres, sont nombreuses, faibles et presque couchées; ses feuilles sont composées, ailées, découpées, ayant leurs divisions linéaires aiguës et un peu velues; ses fleurs sont blanches ou moins jaunâtres au centre, exhalant une odeur agréable et très-aromatique. Toutes les parties de cette plante ont une saveur très-amère; elle est vivace et très-commune en France. Les jardiniers la cultivent pour faire ordinairement des bordures, et la multiplient facilement en écartelant les pieds. 2° La *camomille puante* ou *maroute* (*anthemis cotula*) : le port de cette espèce, commune dans les champs cultivés, est plus élevé que celui de la précédente; les fleurs sont blanches et exhalent une odeur repoussante; 3° la *camomille pyrèthre* (*anthemis pyrethrum*), qui croît dans le Levant; 4° la *camomille ordinaire* (*matricaria chamomilla*) : cette plante n'appartient pas au genre *anthemis*; elle fait partie du genre *matricaire*. Elle est annuelle, et s'élève environ à sept décimètres; ses tiges sont branchues, très-divisées et portent plusieurs fleurs blanches, groupées en corymbe, ayant une odeur forte et désagréable.

Toutes ces plantes fournissent par la distillation une huile d'un bleu de saphir, et par l'analyse chimique un principe gommo-résineux, ainsi que du tanin et du camphre; les fleurs de ces diverses espèces ont été employées par les médecins depuis un temps immémorial, en poudre, en décoction, mais surtout en infusion, pour remédier aux faiblesses d'estomac, aux coliques, aux vents, au scorbut, à la goutte, aux affections vermineuses, etc.... On les récolte avant qu'elles soient entièrement épanouies, et on les fait sécher à l'ombre : pour qu'elles conservent leur blancheur, il est nécessaire de les tenir dans des boîtes hermétiquement fermées.

Les fleurs de la camomille romaine sont presque uniquement employées aujourd'hui, les autres ayant été abandonnées, à cause de leur amertume, qui est comparativement beaucoup moins tolérable. On les emploie en infusion théiforme ; c'est le stomachique banal et presque aussi populaire que le vulnéraire : il est peu de ménagères qui n'en possèdent une provision pour les cas d'indigestion et de faiblesse d'estomac; plusieurs personnes commencent leur journée par une tasse d'infusion pour prévenir les maladies. Les fleurs de camomille romaine en poudre ou en forte infusion servent efficacement dans le traitement des fièvres intermittentes; elles sont au nombre des substances les plus propres à suppléer le quinquina. L'huile obtenue par la distillation n'est employée qu'à l'extérieur : on s'en sert pour faire des onctions sur le ventre dans les maladies de cette région, notamment chez les enfants qui ont des vers, comme aussi sur les parties affectées de rhumatisme. Les fleurs de la camomille pyrèthre entrent dans la composition de quelques vinaigres et des poudres sternutatoires.

Les progrès immenses de la médecine en France, depuis ces quarante dernières années, qui a réduit de beaucoup les approvisionnements pharmaceutiques, ont affaibli aussi la réputation qu'on accordait aux propriétés médicales des camomilles. Néanmoins, l'*anthemis* romaine est employée journellement dans les altérations des fonctions des organes digestifs, et encore trop aux yeux des médecins, qui ont reconnu que le ménagement et le repos de ces organes, c'est à-dire la température et la diète, sont les meilleurs moyens pour prévenir et guérir les désordres légers de la digestion. Ces médecins conviennent cependant que ces infusions amères et aromatiques peuvent produire quelquefois des résultats avantageux, et qu'on peut en user impunément, comme de tous les toniques, quand c'est avec modération, et surtout quand on en a contracté l'habitude. Mais l'usage de la camomille n'est pas exempt d'inconvénients; il n'est pas rare de voir ces boissons hâter le développement d'une gastro-entérite ou d'une fièvre bilieuse; c'est surtout durant la funeste épidémie du choléra qu'on a pu faire cette remarque : il est peu de médecins qui n'aient rencontré à cette triste époque des personnes qui se sont rendues malades en prenant l'infusion de camomille, qu'on avait indûment signalée au public comme une boisson préservatrice de la maladie; il est nécessaire de renoncer à cette boisson aussitôt qu'on s'aperçoit qu'elle augmente la soif ainsi que l'amertume de la bouche.
Dr CHARBONNIER.

La *cameline* a aussi reçu quelquefois le nom de *camomille de Picardie*. De là le nom d'*huile de camomille* donné à celle qu'on tire de cette plante.

CAMOUFLET, du latin *calamo flatus* : on a dit aussi autrefois *chaumouflet*. On entend au propre par ce mot de la fumée soufflée, au moyen d'un chalumeau ou d'un cornet de papier, dans les narines d'une personne qui sommeille, pour lui faire pièce et la réveiller désagréablement : c'est un tour de page ou d'écolier. En termes de guerre ou de mineur, c'est un jeu un peu plus sérieux : il s'entend du feu, ou plutôt de la fumée souterraine qu'on envoie à l'ennemi, dans les ouvrages avancés, afin de l'étouffer, de le suffoquer, de le forcer à déguerpir. Pour y réussir, le mineur, ou le contre-mineur, perce la terre avec sa tarière, fait couler dans le trou une sarbacane ou canon de fusil, ouvert par les deux bouts, et dans l'intérieur duquel il a introduit une composition de soufre et de poudre; après quoi il y met le feu, et souffle la fumée dans la direction de son adversaire. C'est ce qu'on appelle *donner un camouflet*. On se sert par analogie de la même expression, dans le style familier, pour exprimer une injure, une mortification que l'on fait éprouver à quelqu'un.

CAMP, CAMPEMENT. Le lieu où une armée s'établit pour stationner un ou plusieurs jours s'appelle *camp*, de quelque manière qu'elle s'y établisse, dans des tentes ou des baraques, ou sur la terre nue; qu'elle s'y couvre de retranchements ou non. Il en résulte qu'un camp n'est à proprement parler qu'une position militaire qu'une armée occupe plus ou moins longtemps. Un camp peut être destiné à différents objets ou opérations militaires, d'après lesquels doit être déterminée la position qu'il occupe. Il peut avoir pour but de couvrir un point important, un défilé, un passage de rivière, une place forte; d'accorder quelque temps de repos à l'armée qui l'occupe; d'attendre et de protéger l'arrivée d'un renfort, ou la formation de nouveaux magasins; d'observer les mouvements de l'ennemi, afin de profiter des chances qu'ils offriraient, pour l'attaquer avec avantage, etc. L'ordre dans lequel les troupes doivent camper est déterminé par l'objet du campement; mais il ne saurait y avoir que deux dispositions de campement : celle en ordre de marche et celle en ordre de bataille. La première peut être employée sans inconvénient dans les camps qui ne sont que des étapes de route, en marchant à l'ennemi, dans tous les camps passagers enfin, où l'on doit avoir la certitude de ne pas être attaqué; car dès le moment où l'on peut craindre une attaque, il convient que les troupes, en prenant les armes, se trouvent dans la disposition où elles devront combattre. Le passage de l'ordre de marche à l'ordre de bataille est assez long pour ne devoir pas être exécuté devant l'ennemi. Cette seule observation prouve qu'il est bien peu de cas où il puisse être permis de camper en ordre de marche; et encore quand le pourrait, vaut-il mieux camper en ordre de bataille, et régler son ordre de marche de manière à ne pas être obligé, pour s'y soumettre, à des mouvements compliqués.

Un camp destiné à couvrir une place de guerre, un siége, ou à empêcher l'ennemi de s'avancer plus loin dans le pays, est ce qu'on peut appeler un *camp défensif*. En effet, il ne s'agit pas d'opérer contre une armée ennemie, mais de s'opposer aux opérations qu'elle peut vouloir tenter. Il doit donc être placé dans une situation avantageuse, sans qu'il soit nécessaire cependant qu'il se trouve sur le chemin direct par où l'ennemi peut atteindre le but de ses opérations. En général, il ne peut être utile de boucher un chemin que quand il n'y en a pas d'autres. Au lieu de se restreindre à se placer de front devant l'ennemi, il est d'autres considérations qu'on doit avoir en vue, et qui font atteindre avec plus de certitude l'objet qu'on se propose. De la manière dont les armées régulières font la guerre, elles ont peut-être plus besoin encore de veiller sur leurs derrières que devant elles. Les communications qui les lient à leurs dépôts, à leurs magasins, à leur base d'opération, doivent toujours être libres : une interruption un peu prolongée entraînerait de graves inconvénients. Il nous faut donc chercher à nous placer de manière à ce que l'ennemi ne puisse pas nous dépasser sans risquer de perdre ses communications, ou de voir ses dépôts et ses magasins menacés. Il faut chercher à l'obliger, soit à nous attaquer de front, dans une position où tous les avantages sont pour nous, soit à manœuvrer et à courir le risque de tomber dans un faux mouvement, dont nous pourrions profiter. Mais en plaçant l'ennemi dans le danger d'être pris en flanc, ou tourné s'il prolonge son mouvement en avant, il faut admettre qu'il cherchera lui-même à nous menacer en flanc, ou à nous tourner dans la position que nous occupons, afin de nous obliger à la quitter. Il est donc nécessaire de couvrir nos flancs, non-seulement de près, mais même à une assez grande distance, pour obliger l'ennemi à un long circuit, qui ne lui permette pas de masquer son mouvement. Malgré toutes les précautions que nous pouvons prendre, il est cependant possible que l'ennemi tourne tout à fait la position où nous avons assis notre camp. Notre situation défensive ne sera ordinairement que le résultat de notre infériorité relative, et alors l'ennemi peut couvrir son mouvement, et nous faisant observer par un corps assez fort pour nous maintenir en échec. En général, celui qui entend bien la guerre défensive ne doit pas se trouver réduit à n'avoir qu'une position à occuper, il doit en avoir reconnu plusieurs, correspondant aux différents mouvements que peut faire l'ennemi, et s'être préparé à passer de l'une à l'autre.

Les camps destinés à couvrir les défilés ou des passages de rivière ne doivent pas être placés en avant. Si nous sommes plus forts que l'ennemi, ou seulement égaux, en force, il n'est pas probable qu'il soit assez imprudent pour passer derrière nous, et nous n'avons pas besoin de grands préparatifs pour le faire repentir de cette faute. Si nous sommes plus faibles, nous ne serons pas nous-mêmes assez imprudents pour risquer de nous faire accabler en nous faisant acculer à un défilé ou à un pont. Ces deux obstacles seront donc devant lui. Le camp que nous choisirons dans ce cas ne devra certainement pas être trop éloigné du passage, puisque alors nous aurions manqué notre but; mais il ne devra pas non plus y être attenant, parce qu'alors, en nous plaçant directement devant le plus grand effort de la force d'impulsion, nous courrions le risque de ne pouvoir y résister. L'armée ennemie en venant à nous est obligée, il est vrai, de se déployer en colonne, ce qui la rend vulnérable par ses flancs, et l'expose à être mise en désordre. Mais ses flancs, engagés dans le défilé, sont couverts, et par conséquent à l'abri de nos coups. Si elle échoue, la tête de la colonne a seule souffert; c'est une entreprise manquée, mais ce n'est qu'un échec, qui ne peut pas avoir assez d'importance pour empêcher une seconde, une troisième tentative. Il faut donc que nous prenions notre position assez en arrière du passage pour que l'ennemi ne puisse pas arriver en colonne sans risquer une déroute par une attaque de flanc, et soit obligé de se déployer, mais assez près de ce passage pour que nous puissions saisir le moment où il y aura assez de troupes hors du défilé pour que leur défaite cause une perte sensible à l'ennemi, sans cependant qu'il y en ait trop pour conserver la chance certaine de les battre.

Si un camp est destiné, soit à accorder quelque temps de repos à l'armée, soit à couvrir l'arrivée de quelques renforts, ou la formation de nouveaux magasins, on concevra facilement la position qu'il doit occuper à deux conditions à remplir : d'abord, il faut qu'elle se présente assez forte, soit par la disposition naturelle du terrain, soit par le secours de l'art, pour que la défense offre des chances à peu près certaines de succès. Mais ce succès peut aussi bien consister dans l'impossibilité où serait l'ennemi de nous y tenir et forcer que dans les pertes qu'il devrait faire pour cela, et qui le mettraient dans l'impossibilité de continuer ses opérations offensives. En second lieu, la position de notre camp doit être telle que l'ennemi soit forcé de l'attaquer ou ne puisse le tourner qu'à des conditions trop désavantageuses pour qu'il s'y expose.

Un camp qui n'a pour objet que d'observer les mouvements de l'ennemi, afin de profiter des chances avantageuses qui peuvent en résulter, n'exige pas toujours une position dont la force défensive soit très-grande, car son objet n'est pas toujours d'obliger l'ennemi à nous attaquer. Parmi les circonstances variées de la guerre, il en est deux principales qui peuvent nous engager à nous tenir en observation: d'abord, lorsque l'ennemi occupe une position où nous ne jugeons pas convenable de l'attaquer, et qui nous force momentanément à renoncer à l'initiative; en second lieu, lorsque les mouvements de l'ennemi sont assez habilement combinés pour que leur but réel nous échappe au premier abord. Dans le premier cas, nous devons occuper à proximité de l'ennemi une position qui nous permette, tout en couvrant nos propres communications, de menacer les siennes, en faisant manœuvrer des détachements sur ses flancs, et rechercher ainsi le point vulnérable de ses communications. Nous devons même quelquefois changer de position, parce qu'il ne faut pas exposer à une trop grande distance les détachements que nous employons, pour ainsi dire, à tâter l'ennemi. Mais on ne doit pas oublier que l'ennemi nous observe aussi, et cherche à profiter de nos fautes. C'en est une de trop affaiblir nos forces dans la position centrale, et pour remédier à cet inconvénient il convient que nous la choisissions ou la rendions assez forte pour que la défense en soit facile. Dans le second cas, nos campements doivent être plus mobiles, et n'ont pas besoin d'être tous choisis dans de fortes positions. En effet, notre but n'est pas de nous opposer directement aux mouvements de l'ennemi, puisque nous ne connaissons encore ni leur objet ni leur direction réelle; nous cherchons à les deviner. Pour cela il faut que chaque fois qu'il fait un mouvement un peu prononcé, quelque manquant qu'il paraisse, nous fassions un contre-mouvement, soit pour menacer ses communications, soit pour flanquer sa nouvelle ligne d'opérations apparentes. Dès que nous aurons rencontré celle qu'il veut réellement suivre, il sera forcé de développer son mouvement pour la couvrir, et notre but sera atteint.

Sous le rapport de la durée de leur occupation, les camps sont ou passagers, ou permanents. Les *camps passagers*, au nombre desquels se trouvent nécessairement ceux qui ne servent, pour ainsi dire, que de gîte d'étape, appartiennent autant à la guerre défensive qu'à la guerre offensive : ce sont des positions militaires que nous occupons pendant un temps plus ou moins long, soit pour observer, soit pour gêner les mouvements de l'ennemi, ce qui a lieu dans les deux genres de guerre. Mais les *camps permanents* appartiennent tous au système de guerre défensive. Ce sont de ces positions qu'on peut appeler points stratégiques absolus, et dont l'occupation a toujours une influence directe sur les opérations de la guerre. Celui sur le territoire duquel ils se trouvent, et qui par conséquent les possède, est dans l'obligation d'en conserver la possession, et son adversaire ne peut se dispenser de chercher par tous les moyens possibles à s'en emparer, afin d'assurer le succès de ses opérations. Quelques-unes de ces points sont déterminés par la configuration du terrain : tels que la gorge d'un défilé, un isthme ou une gorge de montagne ; d'autres le sont par des considérations statistiques ou politiques, en raison des ressources que fournit leur possession ou de ses résultats politiques.

Les différentes circonstances qui déterminent le choix d'un camp sont, ainsi que nous l'avons vu, indépendantes de la configuration du terrain qu'il occupe. Il ne sera donc pas toujours fortifié par la nature, ou ne le sera pas complètement. Dans ce dernier cas l'art doit y suppléer, et le camp prendra le nom de *camp retranché*. Mais la fortification des camps passagers, surtout quand ils ne sont pas purement défensifs, et qu'ils ne servent qu'à assurer un retour offensif, n'a pas besoin d'être faite avec le même soin que celle des camps permanents. Ces derniers étant établis dans des positions fixes, et se liant à l'ensemble du système défensif, sont des espèces de forteresses, qui doivent pouvoir obliger au besoin l'ennemi à un siège régulier.

Nous n'avons parlé jusqu'à présent que des campements de guerre; nous allons nous occuper de ceux qui ont lieu pendant la paix, et qui sont destinés à l'instruction des troupes. Les uns les appellent *camps de manœuvres*, et c'est ce qu'ils devraient être; d'autres leur donnent le nom de *camps de plaisance*, et ce n'est ordinairement pour les spectateurs. Déjà Guibert observait que de son temps « on y faisait bonne chère; on y manœuvrait pour les dames (ou les damoiseaux), et on se séparait sans avoir rien appris. » Il en a été de même à peu près depuis lors. Leur résultat le plus réel jusqu'à ce jour a été de faire dépenser beaucoup d'argent, qui n'a pas été, il est vrai, perdu pour tout le monde. On y passe le temps en revues et en exercices de détail; on ne s'y occupe que de faire briller les régiments à l'envi, par le poli des armes et la tenue du soldat; on y exécute trop rarement quelque manœuvre de guerre capable de former les officiers et les généraux. Cependant, l'instruction que l'homme de guerre reçoit dans les régiments et les exercices des garnisons, si elle lui inculque une bonne partie de la tactique, ne saurait la lui enseigner toute, car il n'apprend ordinairement que des évolutions uniformes, et qu'il exécute sur un terrain dénué d'obstacles et le plus égal qu'on peut. Il les exécute machinalement, car rien n'y peut attirer son attention d'une manière particulière; il ne conçoit pas même la cause des manœuvres qu'on lui fait faire, et moins encore sait-il à quel mouvement d'un ennemi qui serait devant lui elles doivent correspondre. Aussi a-t-on vu souvent des officiers supérieurs, qui avaient acquis dans un champ de Mars bien préparé la réputation d'habiles manœuvriers, ne plus savoir sur le champ de bataille laquelle de ces manœuvres il fallait employer pour prévenir ou parer les mouvements de l'ennemi.

Quant à la stratégie, on peut bien en étudier les principes théoriques en garnison, et même dans son cabinet, mais l'exécution pratique de ces principes ne saurait s'apprendre qu'en les mettant en œuvre sur le terrain. Ce n'est que par les grandes manœuvres de guerre et dans les camps que l'homme de guerre peut se former, et que le génie du stratégiste se développe. Mais il faudrait que ces camps fussent ce qu'ils doivent être, de deux espèces, permanents et accidentels, les premiers propres à défendre les points stratégiquement intéressants de l'intérieur, les seconds pouvant servir de base au système défensif ou offensif, qu'on supposerait dans certains cas, pour l'instruction de deux armées.

Nous voudrions que les opérations générales à exécuter fussent divisées en opérations de campagne et opérations de siége, séparées ou combinées; que chaque année, pendant deux ou trois mois, trois corps d'armée fussent organisés et réunis sur le terrain qui devrait être le théâtre de la guerre;

que deux de ces armées opérassent l'une contre l'autre, et que la troisième fût chargée d'un siége, ou que l'une, étant destinée à former le siége d'une place forte, la seconde fût chargée de la couvrir, et que la troisième eût la mission de l'empêcher. Cette guerre simulée étant destinée à l'instruction des officiers de tout grade, les ordres de mouvement donnés aux troupes seraient accompagnés d'une instruction détaillée aux chefs des corps, contenant l'analyse du mouvement ordonné et des causes qui l'ont motivé. Tous les ordres du jour et de mouvement, avec leur analyse, seraient, en outre, inscrits sur un livre séparé, et à la fin du temps des manœuvres ils devraient être permis aux officiers de tout grade d'en prendre communication pour y étudier et s'instruire. Il faudrait enfin que les généraux reçussent en manière d'instructions, qui devraient être inscrites à la tête du livre du mouvement, une espèce d'historique des antécédents de la campagne, une indication du plan présumé de l'ennemi, le système général des bases défensives à suivre, sous le rapport politique seulement, et le résultat final auquel il faudrait tendre. Toutes les opérations actives de la guerre étant ainsi enseignées et pratiquées dans les camps passagers, le service intérieur, la police et la discipline des camps le seraient dans les camps permanents.

Pour l'histoire du campement, voyez CASTRAMÉTATION.

Gal G. DE VAUDONCOURT.

CAMPAGE. Chaussure que portaient chez les anciens les principaux de l'armée et les empereurs ; elle différait peu de la *calige* ; elle était seulement plus ou moins ornée.

CAMPAGNARD, habitant de la campagne, homme des champs, paysan. À une époque de préjugés, naguère encore, ce mot de *campagnard* excitait un dédaigneux sourire de la part de nos orgueilleux citadins. Ils disaient d'un homme au maintien gauche et embarrassé, à la tournure lourde : il a l'*air campagnard*. Mais le mot *campagnard* cessa d'être pris en mauvaise part à mesure que la mode vint d'aller

... aux champs couler d'heureux jours.

Peut-être aussi le besoin répété de briguer les suffrages des gens de la campagne dans une multitude d'élections a-t-il contribué à faire disparaître ce terme du langage du *dandysme* urbain. Avouons d'ailleurs que l'habitant des campagnes n'est plus le rustre d'autrefois. Grâces en soient rendues aux publications utiles de quelques hommes consciencieux , qui n'ont pas cru déroger en descendant des hauteurs de la science pour se mettre à la portée des plus faibles intelligences, et qui, convaincus qu'ils ne s'avilissaient pas en la distribuant à bon marché, ont puissamment contribué à la répandre dans les hameaux les plus obscurs et les plus reculés ! Un temps viendra sans doute où les études sérieuses remplaceront le goût des futilités à la campagne comme à la ville, et alors ces vers du satirique n'auront plus de sens :

Deux nobles *campagnards*, grands lecteurs de romans ,
Qui m'ont dit tout *Cyrus* dans leurs longs complimens.

En tout cas, nous n'en sommes pas encore là ; et le livre de la chaumière n'est toujours que l'*Almanach liégeois* ou le roman à 20 centimes. Les loisirs sont en effet si grands à la campagne, et les livres sérieux sont si chers !

Du reste, ces *campagnards* que le théâtre accablait autrefois de ses moqueries, et que l'homme du monde affecte de plaindre et de regarder comme appartenant à une classe inférieure de l'humanité, mais dont l'œil du philosophe sait discerner le mérite et la vertu native sous l'écorce quelquefois un peu rude qui les revêt, ne sont-ce pas en général des hommes aux habitudes douces et pleins de finesse ? L'air pur, suave et religieux des champs, en les livrant, à leur insu, à la contemplation, à la méditation , ne leur rend-il pas la réflexion habituelle, le jugement droit, le raisonnement sain? Enfin, leur vie régulière ne contribue-t-elle pas à leur développement moral et physique? Fiers habitants des villes, si vous rencontrez quelquefois de ces visages frais, eu teint de rose, qui tranchent par leur brillant coloris avec vos figures pâles et décolorées ; si vous rencontrez de ces hommes bien constitués, forts, vigoureux, athlétiques, dites alors, on vous le permet, parce que ce sera en bonne part : Ce sont des *figures campagnardes*; ces hommes sont des *campagnards*.

Venez donc dans les champs ; vous les verrez, ces *campagnards* jouets de votre dédaigneuse fierté, placés près de la nature que vous, s'occuper de travaux utiles, faire le plus heureux et le plus large emploi du temps, devancer le jour quand il est le plus long de l'année, les uns pour se livrer aux travaux pratiques et techniques de l'agriculture, les autres pour cultiver les sciences, d'autres pour s'adonner à l'étude de la littérature ancienne et moderne ; car la campagne, ne vous en déplaise, a aussi ses illustrations relatives. Venez jouir dans les champs d'un immense horizon, de ce ciel, *pavillon de l'homme*, comme l'appelait le malheureux poëte Gilbert, qu'étouffa l'air vicié des villes. Venez contempler ces riches moissons, ces larges tapis de verdure, et toute la variété des plus utiles productions, qui attestent mieux que tous les discours, le travail, la patience et le mérite des *campagnards*. Alors vous referez votre vocabulaire, et *mœurs campagnardes*, *habitudes campagnardes*, *ton campagnard*, *manières campagnardes*, ne signifieront plus pour vous que bonnes mœurs, qu'habitudes louables, que ton et manières convenables.

CAMPAGNE (du latin *campus*, champ), grande étendue de pays plat et découvert, vaste plaine, ou étendue de terre où il n'y a ni villes, ni montagnes, ni forêts, rien qui borne ou arrête la vue. Les plaines ou les campagnes de la Beauce et de la Brie principalement sont renommées pour leur fertilité. On dit que la *campagne est belle*, lorsqu'elle offre toutes les apparences d'une bonne récolte. On dit aussi : quand vous aurez passé cette vallée, vous trouverez une plaine, vous serez *en rase campagne*.

Campagne s'applique encore à tout ce qui est hors des villes ; cet homme est allé à sa *maison de campagne*; on lui a ordonné *l'air de la campagne*. On appelait autrefois *noble de campagne*, ou noble *campagnard*, un gentilhomme vivant dans ses terres loin des habitations des villes.

Campagne se dit enfin par extension de quelques lieux particuliers, comme la campagne de Rome ou la Campanie. Notre ancienne province française, la *Champagne*, (en latin *Campania*), tire ce nom de la disposition de son terrain, qui est une plaine, un pays plat, une *campagne*.

Par une autre extension, *campagne* se dit, en termes de guerre, du temps qu'on tient sur pied une armée, ou d'une expédition militaire, considérée sous le rapport des plans, de la conduite, du résultat des opérations, et des années qu'un officier ou un soldat passe au service (*voyez* plus loin). Les *pièces de campagne* sont de petites pièces d'artillerie que l'on mène aisément en campagne. On se sert de l'expression *mettre en campagne* pour dire mettre sur pied un certain nombre de troupes, ou faire sortir les troupes d'une garnison pour les former en corps d'armée et les conduire à l'ennemi. *Tenir la campagne, être maître de la campagne,* c'est être maître du pays, c'est avoir obligé l'ennemi à se retirer.

En termes de guerre ou de chasse, *battre la campagne* c'est ou l'action des éclaireurs qui vont à la recherche, à la découverte de l'ennemi, ou l'opération qui consiste à s'emparer d'une plaine et à la faire parcourir en tous sens par des hommes et par une meute, afin d'en faire lever le gibier. Par analogie, on dit, au figuré, qu'un orateur, qu'un poëte *bat la campagne* quand il avance des choses vagues, incohérentes, inutiles, sans liaison, et qu'il imite la marche d'un homme qui erre dans la campagne, sans but et sans direction. On *bat* encore *la campagne* dans le délire de la fièvre, ou dans celui des passions. On met *ses amis en campagne* pour réussir dans une affaire ; la force armée *en campagne*,

pour s'emparer d'un coupable, d'un criminel ; *des gens en campagne* ou *des espions en campagne*, pour avoir des nouvelles de quelque chose ou pour découvrir une intrigue. Un homme qui *se met en campagne* est un homme prompt et colère, qui s'échappe et s'emporte à tout propos, quand on lui montre la moindre opposition ou qu'on lui dit quelque chose qui ne lui plaît pas.

Enfin, les poëtes ont étendu les mots de *plaine* et de *campagne* à une vaste étendue du ciel ou de la mer. C'est ainsi que Voltaire parle des *campagnes de l'air*, et J.-B. Rousseau des *campagnes humides*.

CAMPAGNE (Maison de). L'ouvrier, le petit marchand, et en général tous ceux qui ne peuvent gagner leur vie qu'en exerçant leur profession dans une grande ville, sont fort excusables de s'*encaquer*, pour ainsi dire, dans des logements bas, resserrés, bornés par des rues étroites et humides, où l'air circule et se renouvelle lentement. Mais ce qui doit exciter quelque surprise, c'est la sécurité, le goût, le plaisir même, avec lesquels des gens riches, des rentiers oisifs, passent les quatre saisons de l'année dans une chambre où l'air et le soleil arrivent avec tant de parcimonie. Les Athéniens, plus sages, habitaient la campagne avec prédilection : ils ne se rendaient à la ville qu'autant que des affaires ou des événements extraordinaires, tels que l'invasion du pays par des étrangers, les y forçaient. Les Romains eurent de tout temps beaucoup de goût pour le séjour des champs, et, chose digne de remarque, ce goût sembla s'accroître avec la décadence des mœurs : on sait que vers la fin de la république et sous les premiers empereurs l'Italie était couverte de *villas* et de parcs immenses. Les Italiens se sont montrés dignes de leurs ancêtres dans la décoration de leurs séjours champêtres. On reproche même à ces demeures d'être trop chargées d'ornements, de ressembler plutôt à des musées qu'à des habitations champêtres.

Nos aïeux vivaient habituellement à la campagne, dans des châteaux, très-solides assurément, mais aussi peu commodes qu'agréables. Le goût de l'architecture raisonnable et régulière ayant été apporté en France dans le seizième siècle, les manoirs féodaux firent successivement place à des habitations conformes aux mœurs de générations plus civilisées ; nos rois donnèrent l'exemple de ce changement, car Chambord, Fontainebleau, etc., ne furent dans l'origine que de grandes maisons de campagne. La noblesse, à l'imitation de la cour, alla passer la belle saison dans ses châteaux, reconstruits à la moderne.

Les petites maisons de campagne, que nous appellerions volontiers *bourgeoises*, sont assez multipliées aux environs des grandes villes. Dans le voisinage de Paris elles se font remarquer par leur régularité et l'élégance de leurs formes. Auteuil, Ville-d'Avray, Bellevue, Aulnay ne sont presque composés que de ces charmantes habitations, dont les propriétaires semblent avoir voulu rivaliser par l'originalité des constructions : en quelques instants on passe d'un chalet suisse à une tourelle gothique ou à un péristyle grec ; d'autres maisons offrent le style de la Renaissance, et celles qui, plus modestes, n'ont pas d'ornement superflu plaisent encore par leur simplicité. Les maisons de campagne que les riches négociants de Hambourg ont à l'envi fait construire sur la rive droite de l'Elbe, au-dessous d'Altona, sont célèbres aussi à bon droit par l'élégance de leur architecture et les recherches de *comfort* qu'on y trouve réunies. Il en est de même de celles qui couvrent les rives de la Tamise, au-dessus de Londres.

Les positions les plus favorables pour l'emplacement d'une maison de campagne ne sont pas toujours au choix de celui qui veut l'établir ; mais s'il était complètement le maître, il préférerait les bords de la mer, d'un grand fleuve ou d'un lac : dans tous les cas il faut éviter le voisinage des marais, ne point bâtir sur une plaine basse, mais bien sur un tertre plus ou moins élevé. Quant à la maison proprement dite, elle doit être entièrement isolée de ses dépendances, comme écuries, laiteries, poulaillers, etc., où l'on nourrit des animaux. Son plan géométral sera un polygone régulier, tel qu'un carré, un octogone, afin que ses faces offrent de plusieurs côtés des masses disposées symétriquement.

Toute grande maison de campagne doit être environnée d'un parc où se trouvent des ombrages habilement distribués, des courants d'eau, des bassins poissonneux. Des accidents naturels, comme rochers, cavernes, des ruines même, y produisent des sensations mélancoliques, qui ont leurs agréments; mais pour faire illusion il faut que ces objets aient des masses imposantes et le ton convenable; aussi l'art les imite-t-il difficilement.

Quant aux amusements dont on peut jouir ordinairement dans une maison de campagne, ils ne sont ni aussi nombreux ni aussi variés qu'ils pourraient l'être : quand on a quelque activité dans la pensée, on se lasse bientôt des jeux de cartes et de billard; la promenade, soit sur terre, soit sur l'eau, la lecture des romans, ne peuvent distraire que par moments. Pourquoi la maison de campagne n'aurait-elle pas sa bibliothèque, son petit observatoire, son cabinet de physique, son microscope ordinaire et solaire, sa chambre obscure, son miroir ardent, et une foule d'autres instruments peu coûteux, dont les effets enchantent la vue et n'ennuient jamais? Un petit laboratoire de chimie et un autre de mécanique ne seraient pas déplacés dans l'habitation d'un homme curieux, actif et intelligent. On ne sait pas, ou on ne veut pas se donner la peine de tirer tout le parti possible des effets curieux qu'on peut faire produire aux courants d'eau, d'air, à l'électricité atmosphérique, etc. : un petit ruisseau deviendra un torrent, une cascade, si on le retient, ou si on le fait passer dans un conduit contourné en siphon, on se conformant au principe de la fontaine intermittente. Une fontaine de Héron composée peut élever de l'eau sans frais à des hauteurs considérables; le bélier hydraulique jouit de semblables propriétés; un moulin à vent, même de petite dimension, peut élever des eaux en faisant jouer des pompes, et produire ainsi des jets et des courants d'eau, etc. TEYSSÈDRE.

CAMPAGNE DE ROME (en italien *Campagna di Roma*). On désigne sous ce nom la région malsaine et aujourd'hui presque déserte de l'Italie, comprenant la plus grande partie de l'ancien Latium, et s'étendant depuis Ronciglione jusqu'à Terracine, par delà les Marais Pontins, sur environ 123 kilomètres de large, et 396 de long, au milieu de laquelle s'élève, à moitié dépeuplée, l'ancienne capitale du monde. A l'est elle est limitée par les premiers contreforts du Sous-Apennin romain, tels que le mont Oreste, le mont Albano et le mont Sabin; à l'ouest les eaux de la mer Tyrrhénienne baignent ses côtes; et à l'intérieur elle forme une plaine légèrement ondulée, dans laquelle on ne trouve d'autre soulèvement un peu considérable que le *Monte-Sacro*. Le sol en est entièrement d'origine volcanique, et les lacs qu'on y rencontre ne sont que des cratères éteints. Les vapeurs qui s'en exhalent partout, notamment de la **Solfatara**, sur la grande route de Rome à Tivoli, produisent l'*aria cattiva*, dont toute cette contrée se trouve infectée.

Les principaux points de la Campagne de Rome sont Tivoli, Castel-Gandolfo, palais d'été des papes, Aricia et Genzano. La population en est très-peu considérable, et à l'époque des chaleurs les habitants se voient forcés de se réfugier à Rome ou dans les villes voisines, où ils passent la nuit sous les portiques des églises ou des palais. A l'automne les bergers des Apennins y descendent avec leurs troupeaux. Cependant l'éducation du bétail proprement dite y est tout à fait négligée. C'est à cheval et armés de lances que les bouviers y font paître leurs bœufs, qu'ils excellent à diriger à l'aide de leurs lances. Il y eut un temps cependant où cette région n'était ni si déserte ni si dépeuplée; ce devait être, au contraire, un véritable paradis terrestre à l'époque de la grande splendeur de l'empire romain, quand les Domitien, les Adrien y construisaient leurs superbes *villas*. Les guerres et les dévastations auxquelles fut si souvent en proie la Campagne de Rome, non moins que la peste noire du quatorzième siècle et l'énorme mortalité qui en résulta, ou que les fréquents débordements du Tibre, peuvent être regardés comme les causes directes de la désolation qui règne aujourd'hui en ces lieux. Tite-Live rapporte que la Campagne de Rome avait de tout temps été malsaine; mais à force de travaux, et à l'aide des moyens immenses qu'ils possédaient, les Romains étaient parvenus à y introduire la plus riche culture. Quelques papes aussi, notamment Pie VI, ont tenté d'assainir cette contrée par le dessèchement des Marais Pontins. Sous la domination française, le général Miollis, alors gouverneur général des États Romains, mérita bien de la population de la Campagne de Rome par les plantations d'arbres et par les dessèchements de marais, de même que par les défrichements qu'il y fit entreprendre.

CAMPAGNE MILITAIRE, CAMPAGNE ACTIVE. Le mot *campagne* est à plusieurs égards synonyme de *guerre*, et se prend souvent par opposition aux mots *garnison* ou *place de guerre*; quelquefois il exprime la totalité du temps des hostilités, quelquefois une partie convenue de leur durée; il équivaut aussi aux expressions *année de campagne*, *année de service en campagne*; mais une campagne n'est pas toujours d'une année. Ce terme est visiblement dérivé des expressions *camp* et *champ*; mais ici, au lieu de donner, par un sens simple, l'idée d'une contrée parcourue par un militaire, par une armée qui guerroie ou navigue, il donne, par un sens composé, l'idée du temps que dure un tel trajet, une telle position; aussi pourrait-on, en appliquant l'expression aux opérations de terre et à l'art de la guerre en général, faire revivre l'acception qu'elle a eue primitivement en la définissant : mesure d'un laps de temps pendant lequel le campement et le cantonnement sont possibles ou pratiqués; ou bien, espace de temps consacré, pendant une année solaire, aux actions de guerre et au rassemblement des armées; ou enfin, plan, conduite, résultat, fin des opérations d'une campagne hostile. Sous une acception analogue au terme *campagne*, les Romains se servaient du mot *aestiva*, comme on dirait *été militaire* ou *durée des expéditions d'été* : c'est à peu près dans le même sens que les Allemands emploient leur mot *feldzug*.

Le mot *campagne active* semblerait devoir être synonyme de campagne hostile, et donnerait précisément en ce cas la mesure d'un temps de guerre; mais il n'en est pas toujours ainsi, puisqu'en temps de paix, et tant notre langue est incorrecte et capricieuse, il est reconnu des *campagnes de mer*, des *campagnes hors d'Europe*. Brantôme, qui écrivait en 1600, nous apprend que Henri II, dont le passe-temps était « la guerre, laquelle il affectait (affectionnait) fort, dressait l'armée sur la frontière en mars, et finissait au commencement d'octobre. » Sous Louis XIV, comme on le voit dans Feuquières, les campagnes avaient une durée qui variait à raison du théâtre de la guerre et du climat du pays où l'on combattait; ainsi, en Espagne et en Italie on ouvrait la campagne plus tôt, et on la coupait par un repos qu'on appelait *quartier d'été*. Ce repos durait de la mi-juillet au 1er septembre; on renouait alors quelques opérations. Dans les autres pays on n'interrompait pas la campagne; on la commençait sitôt que la terre offrait aux chevaux leur subsistance, et on la terminait par le quartier d'hiver. On a poétiquement appelé *campagne des cinq jours* les prodigieux combats de 1794, qui du premier au cinq août détruisirent en Italie une armée autrichienne, et élevèrent si haut la réputation de Bonaparte.

Dans les usages de la milice française, si l'on s'en rapportait à ses règles écrites, mais mal observées, une campagne pourrait être considérée comme une durée de temps comprise entre l'entrée en campagne, ou le cantonnement d'entrée en campagne, ou l'ouverture de la campagne, et le retour à une garnison ou au cantonnement de la fin de la campagne. Il fallait, suivant la loi ancienne, pour constituer une campagne de terre que les troupes eussent été mises sur le pied de guerre et que le rassemblement de l'armée eût eu lieu; il faut, suivant les usages modernes, que les corps de l'armée aient été formés. Dans les supputations qui regardent la solde de retraite, une campagne porte accroissement à cette solde. Les campagnes se constatent par des certificats du conseil d'administration.

On doit à Napoléon l'usage de ces publications, plus ou moins sincères, et de ces tableaux devenus historiques où sont tracés les épisodes principaux d'une campagne : on a nommé *bulletins* ce genre de compte-rendu.

Les *campagnes de mer* et les *campagnes hors d'Europe* sont en temps de paix comptées à l'armée de terre comme moitié en sus du temps de leur durée; elles le sont en temps de guerre comme le double de cette durée. Les mots *campagne de mer*, étonnés de se trouver ensemble, révèlent l'indigence de la langue militaire.

Gustave-Adolphe, Torstenson, Turenne, ont, dans les temps modernes, donné l'exemple des *campagnes d'hiver*; telle fut la campagne de décembre 1674. Charles XII exagéra, comme il fit de tout, ses campagnes d'hiver. Maurice de Saxe illustra nos armées dans la campagne d'hiver de 1746; nous fûmes moins heureux dans celles de 1757, 1758, 1761. Frédéric II a tracé les règles des campagnes d'hiver; il en avait entrepris plus qu'aucun général du siècle. Mais notre campagne de Hollande et tant d'autres que rappelle la guerre de la révolution ont effacé tout ce qui s'était fait de pénible et d'étonnant en ce genre. L'art de conduire une campagne a été tracé par Feuquières, Folard, Frédéric II, l'*Encyclopédie*, Lloyd, Maiserol, Platen, Reichlin-Wenzel, etc. On trouve dans M. Rumpf (1824) la nomenclature de tous les écrivains qui ont tracé des récits de campagnes; quelques-uns de ces auteurs les ont distinguées en *campagnes défensives* et en *campagnes offensives*. Montecuculli loue l'habitude qu'a contractée la milice turque de commencer tard et de prolonger peu les campagnes. Maurice de Saxe, en 1757, a le premier posé une règle qu'approuvait Napoléon sans la suivre toujours : c'était de ne commencer la campagne qu'après les récoltes emmagasinées.

Gal BARDIN.

Les lois militaires qui fixent les droits des officiers, sous-officiers et soldats à la retraite, évaluent chaque campagne à une année de service ordinaire; de sorte que chaque année de service qui comprend une campagne est comptée pour deux ans. Sous la première république, il s'est trouvé ainsi des militaires qui, ayant commencé à servir de bonne heure, comptaient plus d'années de service que d'années d'âge. Il en est de même pour certains avancements qui exigent un certain nombre d'années de services, dans la Légion d'Honneur par exemple.

Pour l'armée navale le mot *campagne* s'applique tant à l'ensemble des opérations quelconques qui s'exécutent entre la sortie du port d'armement et la rentrée, qu'à l'appréciation du service des marins de tout grade. Dans la marine toute campagne compte, même celle dans laquelle on n'a fait que sortir du port pour y rentrer. Le mot est opposé à *voyage*, qui s'applique plus particulièrement aux expéditions de la marine marchande. On dit *campagne d'instruction*, *d'évolution*, *de découverte*, *d'observation*, *de croisière*, etc. On dit aussi *campagne de l'Inde*, *de l'Amérique*, *du Levant*, etc.

CAMPAGNOL, genre d'animaux mammifères, appartenant à l'ordre des rongeurs. Ils sont remarquables par leur grosse tête, leur large museau et leurs lourdes proportions; ils ont de chaque côté et à chaque mâchoire trois molaires sans racines, qui s'accroissent continuellement à mesure qu'elles s'usent, et qui sont formées chacune de prismes triangulaires placés alternativement sur deux lignes; leur taille est petite, leurs jambes à peu près d'égale longueur entre elles, et généralement assez courtes; les pieds de devant ont quatre doigts, avec un tubercule en place de pouce; ceux de derrière cinq doigts, y compris un pouce très-court. Tous les doigts sont libres, armés d'ongles longs, crochus, fouisseurs; la queue est velue, à peu près aussi longue que le corps; l'œil grand, à prunelle ronde; la lèvre supérieure partagée par un sillon; le pelage long, épais, moelleux, avec de longues soies qui garnissent les côtés du museau et le dessus des yeux. Ces animaux ne vivent guère que de matières végétales, telles que graines et noix, amandes, bulbes de liliacées, etc., dont plusieurs d'entre eux font des provisions plus ou moins considérables, dans des réduits souterrains qu'ils se creusent. On en connaît dans les deux continents un certain nombre d'espèces, parmi lesquelles les seules qui se trouvent communément en France sont le *rat d'eau*, le *schermaus* et le *campagnol proprement dit*. Nous ne parlerons ici que du dernier.

Cet animal, appelé aussi *petit rat des champs*, est grand comme une souris, avec la queue un peu plus courte que le corps; son museau est obtus, ses dents incisives très-jaunes, ses yeux saillants, ses oreilles petites et presque entièrement cachées par le poil, sa queue à demi couverte de poils, avec une sorte de petite touffe à l'extrémité. Un mélange de brun, de couleur de rouille et de noir teint le dessus de la tête et du corps; le dessous est ardoisé ou d'un cendré très-foncé. Quelques individus ont tout le pelage d'un blanc pur. On voit des campagnols dans toute l'Europe : « Le campagnol, dit Buffon, est encore plus commun, plus généralement répandu que le mulot : celui-ci ne se trouve guère que dans les terres élevées; le campagnol se trouve partout, dans les bois, dans les champs, dans les prés et même dans les jardins. Il se pratique des trous en terre, où il amasse du grain, des noisettes et du gland. Ces trous ressemblent à ceux des mulots, et sont souvent divisés en deux loges; mais ils sont moins spacieux et beaucoup moins enfoncés sous terre : ces petits animaux y habitent quelquefois plusieurs ensemble. Lorsque les femelles sont prêtes à mettre bas, elles y portent des herbes pour faire un lit à leurs petits : elles produisent au printemps et en été; les portées ordinaires sont de cinq ou six, et quelquefois de sept ou huit. Les campagnols ne se nourrissent pas de poisson et ne se jettent point à l'eau; ils vivent de glands dans les bois, de blé dans les champs, et dans les prés, de racines.... Cependant il parait qu'ils préfèrent le blé à toutes les autres nourritures. Dans le mois de juillet, lorsque les blés sont mûrs, les campagnols arrivent de tous côtés, et font souvent de grands dommages, en coupant les tiges du blé pour en manger l'épi; ils semblent suivre les moissonneurs; ils profitent de tous les grains tombés et des épis oubliés; lorsqu'ils ont tout glané, ils vont dans les terres nouvellement semées, et détruisent d'avance la récolte de l'année suivante. En automne et en hiver, la plupart se retirent dans les bois, où ils trouvent de la faîne, des noisettes et du gland. Dans certaines années, ils paraissent en si grand nombre qu'ils détruiraient tout s'ils subsistaient longtemps; mais ils se détruisent eux-mêmes, et se mangent entre eux dans les temps de disette; ils servent d'ailleurs de pâture aux mulots, à la marte et aux belettes. »

On emploie du reste divers moyens pour détruire des animaux si nuisibles : on leur tend des pièges, en y mettant pour appât des substances propres à les attirer; on pratique dans les champs, soit avec une bêche à fer étroit et tranchant, soit avec une espèce de tarière, de petites fosses à parois coupées bien net, de sorte que l'animal ne puisse plus s'accrocher pour sortir du trou quand il y est tombé; on a recours à des labours assez profonds pour atteindre leur retraite, et une personne qui suit la charrue les tue à mesure qu'ils sortent; enfin, on a proposé de semer sur les champs de blé de l'avoine macérée dans une dissolution d'arsenic, ou d'autres appâts formés de même de substances agréables aux campagnols et de matières très-vénéneuses; mais ce moyen, qui présente des dangers de plus d'une espèce, ne doit être employé qu'à la dernière extrémité, et avec une extrême prudence. DÉMEZIL.

CAMPAN (Vallée de), site délicieux du département des Hautes-Pyrénées, dans l'arrondissement de Bagnères de Bigorre, qui tire son nom de la petite ville de *Campan* située à 6 kilomètres de Bagnères, avec une population de 4,400 habitants, et à proximité de laquelle se trouvent une célèbre carrière de marbre (*voyez* l'article suivant) et une grotte à stalactites. De la vallée de Bagnères, à laquelle la nature a prodigué tous ses charmes, et aux collines de laquelle se rattachent sur l'arrière-plan le Pic du Midi, haut de 2985 mètres, et le Lheyris, on arrive à la vallée de Campan par une allée à laquelle on a donné le nom de Mme de Maintenon, qui y vint à plusieurs reprises. Le point le plus intéressant de la vallée est l'abbaye de Médous. Derrière le village de l'Esponne le paysage prend un caractère sauvage : des rochers élevés et d'épaisses forêts environnent le vieux prieuré de Saint-Paul, sous lequel l'Adour disparaît dans un profond abîme. Le mont Aigu, haut de 2066 mètres, clôt de la manière la plus pittoresque cette vallée si romantique. Le poëme de Jean Paul intitulé *la Vallée de Campan* a donné à cette contrée une grande popularité chez nos voisins d'outre-Rhin.

CAMPAN, marbre veiné de blanc et de vert, sur un fond gris ou brun, nuancé d'un rouge plus ou moins vif, ainsi appelé de la vallée de ce nom. On distingue de marbre en *campan vert, campan rouge* et *campan isabelle.*

CAMPAN (Jeanne-Louise-Henriette Genet, [Mme]), naquit à Paris, le 6 octobre 1752. Elle était fille d'un M. Genet, que la protection du duc de Choiseul avait élevé à la place de premier commis au ministère des affaires étrangères. Son père, quoique chargé d'une nombreuse famille, fit tous les sacrifices imaginables pour l'éducation de ses enfants. Henriette fut celle qui montra les dispositions les plus brillantes. Le virtuose Albanèze lui donna des leçons de chant; Goldoni lui enseigna l'italien, et la langue de Pope et de Milton fut, en même temps que celle du Tasse, l'objet de ses études; ces deux idiomes lui devinrent bientôt familiers. L'art de la lecture à haute voix, de la déclamation même, ne fut point oublié; on exerçait son organe et son débit depuis le pathétique du théâtre jusqu'à l'éloquence de la chaire. Thomas et Marmontel, que charmait la vivacité de son esprit, quoiqu'elle comptât à peine quatorze ans, lui faisaient réciter les plus belles scènes de nos chefs-d'œuvre dramatiques. Ces académiciens la révélèrent à la société; ils exaltèrent ses talents et son esprit; et peu de temps après madame de Choiseul n'eut point de peine à obtenir pour la jeune Henriette, à peine âgée de quinze ans, la place de lectrice de Mesdames, filles du roi. La fille du commis parut subitement de la simplicité de la maison paternelle à la pompe de Versailles. Elle ne dissimule pas dans ses *Mémoires* la joie qu'elle ressentit lors de sa présentation à la cour.

A ce moment Louis XV venait de perdre la reine sa femme, Marie Leczinska. Jusqu'au luxe du grand deuil du palais, tout éblouissait la jeune Henriette; mais les charmes de la toilette, le plaisir, les égards, constituaient ses seuls plaisirs, car la cour des princesses auxquelles elle se trouvait attachée était aussi austère et compassée, que celle du roi était libre et voluptueuse. La vue de Louis XV, d'ailleurs si galant, imposait à Mlle Genet; elle redoutait les sarcasmes auxquels il était si enclin et qu'il ne lui ménagea pas, s'il faut en croire ses *Mémoires*.

En 1770, Marie-Antoinette d'Autriche, étant devenue l'épouse du dauphin, remarqua chez madame Victoire, où elle aimait à aller souvent, Mlle Genet. Cette dernière, à peu près du même âge que la dauphine, l'accompagnait sur la harpe ou le piano, qu'elle chantait des airs nouveaux ou ceux des opéras de Grétry, qui était alors dans toute la fraîcheur de son talent. La bienveillance de ces princesses s'étendit jusqu'à chercher un mari à leur protégée : elles fixèrent les yeux sur M. Campan, dont le père était secrétaire intime de la reine. L'union eut lieu; Louis XV présent à la jeune épouse d'une dotation de 5,000 livres de rente, et la dauphine lui assura une place de femme de sa chambre. Le véritable nom du mari de Henriette Genet était *Berthollet* ; c'était un parent du célèbre chimiste : il avait emprunté le surnom de Campan à une vallée du pays de Bagnères de Bigorre (*voyez* ci-dessus), et dont il était originaire.

Pendant l'espace de vingt années jusqu'au 10 août 1792 Mme Campan ne quitta pas la reine; dans cette journée si désastrueuse pour le trône, elle l'accompagna dans la cellule des Feuillants, où Louis XVI, coupant deux mèches de ses cheveux, lui en donna une pour elle, et l'autre pour sa sœur, comme un gage de sa reconnaissance. Sa confiance en Mme Campan était telle, qu'en 1792 il mit en dépôt dans ses mains ses papiers les plus secrets; et c'est elle dont on soupçonna depuis l'attachement à la reine, elle qu'on accusa, non pas seulement d'ingratitude, mais de perfidie! Le dévouement de Mme Campan alla jusqu'à vouloir être enfermée avec la reine dans la tour du Temple. Pétion s'y opposa. Observée de près, elle crut se dérober aux yeux des argus révolutionnaires en allant s'ensevelir, elle et son désespoir, à Coubertin, dans la vallée de Chevreuse. Sa sœur, Mme Auguié, venait d'être arrêtée; elle n'attendit pas les horreurs de l'échafaud, elle les prévint par une mort volontaire.

Enfin vint luire le jour libérateur, le 9 thermidor, Mme Campan respira, si c'est respirer que d'avoir perdu du même coup sa royale bienfaitrice, sa sœur, et son beau-frère. Mais il fallut vivre, elle, sa mère âgée de soixante-dix ans, son mari malade, et son fils âgé de neuf ans. Mme Campan avait toujours eu un goût prononcé pour l'éducation; dès l'âge de douze ans elle ne voyait pas d'enfants qu'elle ne désirât être leur institutrice. Dans la situation où elle était, ne possédant pour toute fortune qu'un assignat de 500 francs, et ayant 30,000 fr. de dettes, ce goût se réveilla fort à propos; elle s'en fit une ressource. Elle loua une modeste habitation à Saint-Germain, après avoir lancé une centaine de prospectus qu'elle écrivit de sa main, faute d'argent. Une religieuse de l'Enfant-Jésus l'aidait dans ses fonctions. Au bout d'un an elle eut soixante élèves; ils montèrent bientôt à cent et plus : il en venait des quatre parties du monde; enfin son institution finit par recevoir les enfants des familles les plus distinguées par le rang et la fortune : « Mme de Beauharnais, dit Mme Campan, m'amena sa fille Hortense (depuis reine de Hollande), et sa nièce Émilie (depuis l'héroïque Mme de Lavalette). Six mois après elle vint me faire part de son mariage avec un gentilhomme corse, élève de l'école militaire et général. Je fus chargée d'apprendre cette nouvelle à sa fille, qui s'affligea longtemps de voir sa mère changer de nom. » Le premier consul plaça dans la maison de Saint-Germain Caroline, sa plus jeune sœur, depuis reine de Naples, et Stéphanie de Beauharnais, sa fille adoptive, depuis grande-duchesse de Bade.

Devenu empereur, Napoléon pensa aux enfants de ses compagnons d'armes qui étaient morts ou qui avaient versé leur sang sur les champs de bataille. Par son ordre un établissement spécial pour les filles, sœurs ou nièces des membres de la *Légion d'Honneur*, s'éleva, sous la surveillance du comte Lacépède, à Écouen. Mme Campan en eut la direction et l'intendance; elle y montra tant de zèle et d'expérience que Napoléon, visitant la maison quelque temps après, ne put s'empêcher de s'écrier : « *Tout est bien!* »

Ce ne fut point légèrement que l'empereur chargea d'une si importante fonction cette institutrice, car ce fut à elle que disant un jour : « Les anciens systèmes d'éducation ne valent rien ; que manque-t-il aux jeunes personnes pour être bien élevées en France? » il en obtint cette courte réponse : « Des mères! » Une autre fois, Mme Campan lui présentant une note où étaient tracées dans le plus grand détail les règles de sa maison, dont l'une disait que les élèves assisteraient à la messe les dimanches et les jeudis, Napoléon écrivit de sa main, à la marge : *tous les jours*. Pour toute distraction à ses pénibles devoirs, Mme Campan avait loué dans le village, près du château d'Écouen, une petite retraite ; là elle recevait quelques amis, et se plaisait à leur montrer une robe de mousseline unie, présent envoyé à la princesse Tippou-Saeb, non moins infortuné que cette princesse : « Voilà, leur disait-elle, une tasse dans laquelle elle a bu, une écritoire dont elle faisait ordinairement usage ; voilà son portrait ; » et elle essuyait quelques larmes. Ce n'était de sa part ni hypocrite affectation ni royalisme fanatique, car elle disait en parlant de quelques nobles incorrigibles : « Le pouvoir est aujourd'hui dans les lois ; partout ailleurs il serait déplacé ; mais la poussière des vieux parchemins les aveugle. »

Napoléon renversé, les intérêts changèrent. Dans le calme qu'apportait la paix générale, Mme Campan, femme de chambre de la reine, depuis sa confidente, son amie, eût dû avoir sa part de repos ; il en fut autrement : elle fut calomniée! La maison impériale d'Écouen fut supprimée, et sa surintendante avec elle. En 1813, une mort aussi horrible qu'imprévue lui avait enlevé sa nièce, Mme de Broc, pleine de jeunesse et de grâces. Mme Campan alla cacher à Nantes l'amertume de ses souvenirs ; les sites riants de cette petite ville, et la société d'une de ses élèves qu'elle avait toujours chérie, Mme Maigne, reposèrent d'abord son âme, que la plus incurable des douleurs devait déchirer de nouveau : elle perdit son fils unique! Ajoutons à ce coup terrible l'exécution du maréchal Ney, l'époux de sa nièce. De tels assauts accélérèrent les principes des maux dont elle portait le germe dans le sang, une maladie de poitrine et un cancer au sein. Elle quitta Mantes, et alla sous le ciel pur de la Suisse et aux eaux de Bade chercher un remède : soins inutiles! elle revint à Mantes, où elle subit avec un mâle courage la plus cruelle des opérations, dont la réussite donna des espérances, qui ne furent point réalisées. C'est alors que Mme Campan prononça les plus belles paroles échappées à un mourant : « Elle m'appela, dit le docteur Maigne, d'un son de voix plus élevé que de coutume. J'accourus : se reprochant alors cette espèce de vivacité : *Comme on est impérieux*, dit-elle, *quand on n'a plus le temps d'être poli!* » Quelques minutes après, elle rendit le dernier soupir : ce fut le 16 mars 1822.

Mme Campan a laissé, outre ses *Mémoires* sur Louis XIV, Louis XV et Marie-Antoinette, des *Nouvelles* et plusieurs comédies, entre autres : *la Vieille de la Cabane* ; *Arabella, ou la pension anglaise* ; *les Deux Éducations* ; *les Petits Comédiens ambulants* ; *le Concert d'Amateurs*. Mais ses ouvrages les plus importants sont : *De l'Éducation des Femmes*, *Lettres de deux jeunes Amies*, *Conversations d'une Mère avec sa Fille*, une édition en français-anglais, une en français-italien. M. Barrière a publié en 1824 un *Journal anecdotique* de Mme Campan, et en 1835 a paru la *Correspondance avec la reine Hortense*. DENNE-BARON.

CAMPANE (de *campana*, cloche). C'est le nom qu'on donne au corps du chapiteau corinthien, qui, dénué de feuilles et de tous les ornements accessoires dont il est environné, ressemble effectivement à une *cloche* renversée. Le corps du chapiteau corinthien s'appelle aussi quelquefois *vase*, quelquefois *tambour*, et le rebord qui touche au tailloir prend le nom de *lèvre*.

On appelle aussi *campane* une décoration d'architecture ou un ornement de sculpture en manière de crépine, d'où pendent des houppes en forme de clochettes pour un dais d'autel, de trône, de chaire à prêcher, etc. ; tel est la campane de bronze qui pend à la corniche composite du baldaquin de Saint-Pierre à Rome.

Enfin, on entend par *campane de comble* certains ornements de plomb chantournés et vides, qu'on met au bas du faîte et du brisis du comble, tels qu'on en voit de dorés au château de Versailles.

CAMPANELLA (THOMAS), naquit le 5 septembre 1568, à Stilo, dans la Calabre, non loin de Tarente. Il avait reçu de la nature des facultés remarquables, et n'avait encore que quatorze ans et demi lorsque sa famille voulut l'envoyer à Naples étudier la jurisprudence sous Jules Campanella, son parent ; mais déjà il avait pris la résolution d'entrer dans l'ordre des Prêcheurs, séduit par l'éloquence de l'un d'eux, sous lequel il avait étudié la logique. Lorsqu'il eut à l'âge de seize ans, prononcé ses vœux, il se retira dans un couvent de son ordre à Morgenta, dans l'Abruzze, où il se livra avec distinction à l'étude de la philosophie. Plus tard, pendant qu'il étudiait la théologie à Cosenza, il montra le même zèle pour la philosophie, préférant toujours, contre la volonté de ses supérieurs, les déductions de la raison à l'autorité de la Bible et à celle de l'Église. Sa sagacité fermait souvent la bouche à ses maîtres, qui ne trouvaient aucune réponse à ce qu'il opposait à leurs preuves. Il avait peu d'estime pour la philosophie péripatéticienne.

Résolu à comparer avec les principes des philosophes les opérations vivantes de la nature, il lut parmi les anciens Platon, Pline, Galenus, les stoïciens et les disciples de Démocrite ; et parmi les modernes il choisit en particulier les écrits de Telesio, et les compara au livre original et autographe de la nature, comme il l'appelle. L'existence de ce philosophe lui fut indiquée par hasard dans une dispute à Cosenza, où il pressait vivement son adversaire. Les auditeurs étonnés s'écrièrent : « Il faut que l'esprit de Telesio soit passé tout entier dans ce jeune moine! » Ce nom, qu'il entendait pour la première fois, excita l'attention de Campanella, qui reconnut avec plaisir dans ses ouvrages une recherche philosophique plus libre. Ce qui lui plut surtout fut que Telesio ne s'en rapportait pas à une autorité illusoire, mais à son jugement immédiat sur la nature opérante et vivante. Ce fut dans sa solitude d'Altamonte, dans l'Abruzze supérieure, qu'il se livra à l'étude de la nature et de l'homme, à laquelle il donnait ses heures du matin. Il composa dans l'espace d'onze mois, avec les conseils du médecin François Bianchi, une réfutation du livre que J.-Ant. Martha avait mis onze ans à écrire contre Telesio en faveur d'Aristote. Il avait alors vingt-deux ans. Un triomphe éclatant, qu'il remporta dans une discussion théologique sur un vieillard qui avait d'abord dédaigné de disputer contre lui, lui attira beaucoup de calamités. Son adversaire l'accusa de magie.

Pour éviter les poursuites de ses ennemis, il vint de Naples à Rome, en 1592, et de Rome à Florence, où il dédia au grand-duc Ferdinand Ier son livre *De Sensu Rerum*. Il alla ensuite à Venise et à Padoue pour y publier quelques ouvrages, mais on lui déroba ses manuscrits sur la route de Bologne, où il s'était arrêté. Quelques années après, la même chose lui arriva à Rome, où il apprit en même temps que les livres qu'on lui avait pris à Bologne avaient été déposés au tribunal de l'inquisition, devant lequel il répondit et se justifia. Pendant son séjour dans cette ville, il entra dans la société intime de plusieurs cardinaux. A son retour à Stilo, quelques mots qui lui échappèrent le rendirent suspect au ministre espagnol ; il fut jeté en prison à Naples, et accusé, de lèse-majesté et de haute trahison : il supporta la torture avec fermeté. Dans les diverses prisons qu'il habita pendant sa captivité, il fut longtemps privé de livres, et composa néanmoins de nombreux morceaux de poésie en latin et en italien. Dans la suite, après sa condamnation à une prison perpétuelle à Naples, ses livres lui furent rendus, et il obtint même la permission de recevoir devant un gardien la visite des savants ses amis, et celle d'entretenir une correspondance avec les savants étrangers. Parmi ces savants se trouvaient Vestrius, Cesarinus, Gaspar Scioppius, peut-être bien aussi Tobias Adami et Rudolphe Bunavius.

La captivité de Campanella excitait beaucoup d'intérêt pour sa personne. Gaspar Scioppius, son ami, intercéda inutilement pour lui auprès du pape Paul V en 1608. La famille Fugger ne fut pas plus heureuse auprès de la cour d'Autriche. Il se justifia en 1608 devant l'inquisition, et en reçut même des éloges. Mais accusé de complicité avec le fameux Pietro Giron, duc d'Ossuna, qui avait aspiré à la couronne, il ne put se justifier, et sa prison devint plus dure et fut prolongée. Enfin, après vingt sept années de captivité, il fut mis en liberté, le 15 mai 1626, et déclaré innocent par le vice-roi de Naples, duc d'Albe, sur l'ordre du roi Philippe IV, auquel la demande formelle en avait été faite par Urbain VIII, à la sollicitation de plusieurs cardinaux. Après être resté à Rome jusqu'à l'année 1629, à titre de prisonnier de l'inquisition, dans une captivité qui n'en avait que le nom, il recouvra sa pleine liberté; mais la bienveillance que lui témoignait Urbain VIII et l'inutilité dont il l'honorait étaient d'impuissantes protections contre l'envie qui le poursuivait.

Il se retira en France, sous la protection de Fr. de Noailles, ambassadeur à Rome, dont la maison lui avait servi d'asile contre la fureur de ses ennemis. Il débarqua à Marseille au mois d'octobre 1634. Après y avoir fait connaissance avec Gassendi, par l'entremise de Nicolas de Peiresc, à la générosité duquel il dut d'amples secours, il vint à Paris au mois de mai 1635. Le cardinal de Richelieu le recommanda à Louis XIII, qui lui donna une pension de 2,000 francs, avec laquelle il se retira dans le couvent des Dominicains de la rue Saint-Honoré, où la volonté du prince lui avait ménagé une honorable réception. Les savants et les hommes d'État venaient le visiter, et le roi même le consulta souvent sur les affaires de l'Italie. Il était lié avec tous les hommes éclairés qui se trouvaient alors à Paris, ainsi qu'avec d'autres Italiens, Français, Anglais et Allemands. Il mourut dans le couvent qu'il habitait, au milieu des religieux en prières, le 21 mai 1639, à l'âge de soixante et onze ans.

Campanella avait étudié l'astrologie, et croyait comme Cardan et Socrate avoir un esprit ou démon particulier qui l'avertissait toutes les fois qu'une circonstance extraordinaire allait se présenter. Il avait de singulières superstitions sur les jours de la semaine : tous les malheurs lui étaient arrivés le mardi et le vendredi, le bien au contraire le dimanche et le mercredi, les choses moins importantes le lundi et le jeudi ; le bien qui lui arrivait le samedi se changeait bientôt en mal, le mal ordinairement en bien; six fois il reçut la question : ce fut toujours le mardi ou le vendredi ; six fois il fut emprisonné, tourmenté ou forcé de fuir : ce fut chaque fois un de ces jours. Il était aussi partisan de la physiognomonie, et ne doutait pas que l'état de l'âme ne se fît voir dans les traits du visage, les gestes et la démarche. Il disait que si un homme avait ses traits et toute sa conformation physique, il aurait nécessairement ses pensées et ses sentiments.

Dix-huit ouvrages de Campanella ont été imprimés ; ses travaux manuscrits montrent à plus de cinquante articles.

La théologie de Campanella ne part pas de la croyance à l'Église, mais de la croyance en Dieu. Il admet une trinité : *puissance, sagesse, amour*, de laquelle dérivent tous les êtres, qui ne sont nécessairement que la représentation. Le mal n'est dans chaque chose que le défaut de proportion entre ces qualités par rapport au sujet en qui elles résident. De cette trinité, il conclut une Providence, et admet un Dieu fait homme, premier agent de la rédemption du genre humain. La dignité de notre âme immortelle est à ses yeux telle qu'il regarde les miracles comme possibles à celui qui accomplit en tout point la volonté divine. On voit par plusieurs passages de ses écrits que, dans le besoin qu'il éprouve de voir le bien réalisé dès cette vie, il partage l'opinion des millénaires. Du reste, il admet et défend les dogmes vulgaires de l'Église romaine, et se rattache principalement à la dogmatique de saint Thomas. Il y a quelque chose dans sa manière d'aborder la philosophie qui ressemble au procédé cartésien. Comme le philosophe français, il commence par le doute, et n'admet rien qu'après un mûr et scrupuleux examen ; mais il diffère de Descartes en ce qu'il admet avant tout la certitude du témoignage des sens, et l'existence des objets extérieurs. C'est là ce qui l'a fait classer parmi les philosophes sensualistes. Il ne l'est cependant pas exclusivement, car il établit ailleurs que les sens ne font connaître que les objets isolés, tels qu'ils nous apparaissent, et non leurs rapports généraux ; mais il ne pousse assez ni les conséquences de ses principes sensualistes, ni celles de ses principes spiritualistes. Son esprit, plus ardent que conséquent, hésite quelquefois entre des principes contradictoires. De l'existence des objets extérieurs révélés par les sens il conclut le lieu ou l'espace, qu'il appelle *substantiam primam incorpoream, immobilem, aptam ad receptandum omne corpus*. C'est comme on voit se payer de mots.

Dieu, selon lui, a d'abord créé la matière, à laquelle il a attaché deux causes actives : le chaud et le froid. La matière raréfiée par la chaleur donne le ciel ; condensée par le froid, la terre. Tous les êtres de la nature ne sont dans ce système que le résultat des proportions infinies dans lesquelles ces deux éléments se combinent, proportions qui déterminent leurs différences. Il établit qu'il y a des sens dans toutes choses, ou plutôt un sens, car il réduit tous les autres à n'être que des modifications du toucher. Il accorde de l'intelligence aux bêtes ; il leur accorde même un langage, et il en apporte des preuves fort piquantes, mais on ne voit pas clairement s'il ne se borne au langage articulé, ou s'il y fait entrer toute espèce de signes, auquel cas son opinion n'aurait rien que d'admissible. Il reproduit dans sa métaphysique les qualités premières (*primalités*, comme il les appelle), *puissance, sagesse, amour*, qui constituent l'être, et les oppose à *impuissance, ignorance, haine*, qui constituent le néant. Les objets de ces primalités sont : l'*essence*, la *vérité*, la *bonté*, qui se développent sous l'influence de la *nécessité*, du *destin* et de l'*harmonie*. Du reste, il discute sur Dieu, les anges, les maladies, la mort, la vérité de la religion, avec beaucoup de confusion. Il réfute dans sa logique les péripatéticiens, et prouve que tous leurs raisonnements sont des cercles vicieux. Mais, tout en blâmant Aristote, il s'arrête lui-même à des subtilités, et n'enseigne point la voie pour la recherche de la vérité. Dans la morale, qu'il fonde sur la doctrine ontologique, il met en avant plusieurs idées neuves. L'être infini est le bien suprême : toutes choses se rapportent donc à lui et tendent vers lui : c'est la loi religieuse ; la religion est le chemin qui conduit l'âme, du monde des sens au monde invisible et à la plus haute perfection : elle consiste dans l'obéissance à notre Créateur, la contemplation des choses divines et humaines, et l'amour de Dieu.

Dans sa politique, il se montre adversaire consciencieux du machiavélisme. Il s'occupe aussi de mathématiques, et il cite dans le *Syntagma* un essai de cosmographie qu'il a tenté. Il étudia avec beaucoup d'ardeur la magie, qu'il divise en *divine, naturelle et diabolique*. Il est peu de superstitions auxquelles il n'ait ajouté foi. Il prétendait prédire l'avenir. Cette singulière disposition d'esprit ne fut point étrangère aux poursuites dont il fut longtemps, comme on l'a vu, l'objet et la victime. H. BOUCHITTÉ.

A son livre intitulé *Realis Philosophiæ epilogisticæ Partes quatuor, hoc est de rerum natura, hominum moribus, politica œconomica*, etc., Campanella a joint une sorte de roman utopique, dans le genre de ceux de Thomas Morus et d'Harrington : c'est sa *Cité du soleil* (*Civitas solis*). L'auteur y établit la communauté des femmes. Certains réformateurs contemporains, retrouvant un devancier dans Campanella, se sont attachés à chanter ses louanges. Voici comment s'exprime M. Pierre Leroux dans son *Encyclopédie nouvelle* : « Il suffit d'examiner les sujets des ouvrages de Campanella pour être frappé d'un tel ensemble et pour admirer l'ordonnance régulière et vaste d'une pareille œuvre.... Il est impossible de concevoir un ensemble plus grand, plus imposant, plus régulier. Voilà l'essai d'une philosophie complète, et cet essai est aussi remarquable par son unité que par sa profondeur. » Une traduction des *Œuvres choisies* de Campanella a paru en 1844 ; elle renferme une portion de ses poésies, la *Cité du soleil* et quelques lettres, le tout précédé d'une notice écrite par Mme Louise Colet. Les *Poesie filosofiche* avaient déjà été recueillies par les soins d'Orelli (Lugano, 1834).

CAMPANELLE et **CAMPANETTE**, faits de *campana*, anciens noms botaniques français du liseron des haies et du liseron des champs, le *liset* des troubadours. Le premier s'appliquait aussi aux cloches métalliques de petite dimension, ou *clochettes*, comme on le voit dans ces vers du P. Lemoine :

Le frein d'or sous ses dents d'écume dégouttoit,
De *campanelles* d'ur son poitrail éclatoit.

CAMPANIE, ancienne province d'Italie dont Capoue était le chef-lieu, et qui forme aujourd'hui la contrée désignée sous le nom de Terre de Labour (*Terra di lavoro*). Elle avait pour limites au sud-est la Lucanie, au nord-est le pays des Samnites ou Samnium, au nord-ouest le Latium, au sud-ouest la mer Tyrrhénienne ; et, en raison de l'extrême fertilité de son sol ainsi que de la douceur de son climat, les Romains lui donnaient par excellence le surnom de *regio felix*. Une foule de beautés naturelles, telles que le cap Misène, le Vésuve, les champs Phlégréens, le fleuve Vulturnus, le lac d'Averne et celui de Lucrin, donnaient à cette contrée un charme tout particulier. Les souvenirs historiques les plus importants se rattachent en outre aux villes de Baïes, Cumes, Misène, Linternum, Puteoli, Naples, Herculanum, Pompei, Caprée, Salerne et Capoue. Paolini a réuni et décrit les principaux monuments qu'on y trouve, dans ses *Memiore su 'i Monumenti di Antichita in Miseno, Baoli* etc. (Naples, 1812).

CAMPANIFORME (de *campana*, cloche, et de *forma*, forme, figure), nom donné par Tournefort à une classe de fleurs simples, monopétales, régulières, dont toutes les parties de la corolle sont coupées uniformément et placées à égale distance d'un centre commun, de manière qu'elles affectent une figure symétrique et régulière dans leur contour, imitant une cloche (*voyez* CAMPANULACÉES et CAMPANULE), et qu'on a conservé comme épithète aux calices et aux corolles de ces fleurs.

CAMPANILE. Ce mot, que quelques dictionnaires font du genre féminin et écrivent avec deux *l* (*campanille*) a été transporté de l'italien en français, et s'emploie comme synonyme de *tour* ou *clocher*, quoique ces constructions diffèrent assez sensiblement entre elles : « Parmi les constructions appropriées à l'usage des cloches, il en est, dit Quatremère de Quincy, de forme entièrement pyramidale, qui s'élèvent au-dessus du comble des églises, principalement des églises gothiques ; c'est ce que l'on nomme le plus souvent *clocher* ou *flèche*. Il en est d'autres qui font partie des façades des églises, et qui se trouvent ordinairement au nombre de deux ; c'est ce que nous nommons *tours*; elles sont destinées au support des grosses cloches ou bourdons et à la décoration des façades. Il y en a une troisième espèce, en forme de tour ronde ou carrée, qu'on bâtit tout près des églises, mais dont elles ne font point partie ; on les voit surtout en Italie, où cet usage est général, et on les y appelle du nom générique *campanile*. »

Parmi les monuments qui portent ce nom il faut citer le campanile de Pise, connu également sous le nom de *campanile storto* ou *torre pendente*; le campanile de Ravenne, celui de Padoue, celui de Sainte Agnès à Mantoue ; le campanile de Crémone, celui de Florence, et enfin le campanile de Bologne, nommé aussi tour de Garifendi.

CAMPANULACÉES, famille de plantes dicotylédones, monopétales, à étamines périgynes, ainsi nommées de la ressemblance de leur corolle avec une petite cloche (*campana*) : on en connaît, dit M. de Mirbel, jusqu'à cent soixante-quatorze espèces, dont le genre *campanule*, qui est le plus nombreux, réclame cent dix pour sa part. La plus grande partie de ces espèces sont des herbes annuelles, bisannuelles, ou vivaces par leurs racines ; mais cette famille compte aussi quelques arbustes ou arbrisseaux, entre autres le *campanula aurea* de Linné (*campanule dorée*) et le *ceratostema* du Pérou ; et un seul arbre, le *foryesia*, de l'île de la Réunion. Les feuilles des campanulacées sont souvent dentelées, quelquefois découpées plus profondément et presque toujours alternes, c'est à dire attachées une à une en échelons autour de la tige. Ses fleurs, qui naissent ordinairement dans l'aisselle des feuilles et se font remarquer par leur forme élégante, leurs couleurs agréables, et quelquefois aussi par leur grandeur, sont disposées en épis, en grappes, en thyrses, en capitules, en calathides ; ou bien sont solitaires dans l'aisselle des feuilles ou dans les bifurcations des rameaux. Plusieurs d'entre elles jouissent de propriétés médicinales, mais peu prononcées ; quelques espèces, par exemple, prises à grande dose, sont émétiques. Elles renferment en général un suc propre, laiteux, analogue à celui des chicoracées, mais plus doux et moins amer. Toutefois, disons encore M. de Mirbel que cette famille doit être considérée comme suspecte, et qu'elle recèle souvent des propriétés vénéneuses. Plusieurs plantes qui lui appartiennent, telles que la raiponce (*campanula rapunculus*), servent, il est vrai, quelquefois d'aliment ; mais ce n'est que dans leur jeunesse, parce qu'alors le mucilage l'emporte sur les sucs propres ; plus tard, l'action de l'air et de la lumière sur la végétation, produisant un effet inverse, ne peut contribuer à leur donner des qualités plus ou moins nuisibles.

CAMPANULAIRE, genre de polypes de la famille des sertularidées, ainsi caractérisés par de Blainville : animaux hydriformes, pourvus d'une couronne simple de tentacules ciliés, contenus dans des cellules urcéolées, c'est à dire en forme de cloche, pédicellées, attachées le long d'un arc cornéen filiforme, rameux. Les espèces connues sont divisées par ce zoologiste en deux groupes, selon que la tige simple qui porte les individus est ou n'est pas volubile.

L. LAURENT.

CAMPANULE, genre de plante appartenant à la pentandrie monogynie de Linné, à la famille des campanulacées de Jussieu, et qui se distingue facilement par son calice monophylle, à cinq divisions, dont les sinus sont quelquefois très-dilatés et réfléchis ; par sa corolle, en forme de cloche à cinq lobes ; par ses étamines, dont les anthères, longues et droites, sont posées sur des filets tellement larges à leur base qu'ils recouvrent le sommet de l'ovaire ; par son stigmate, divisé en trois ou cinq lobes ; enfin, par son fruit, qui consiste en une capsule à trois ou cinq loges, dont chacune correspond à un lobe stigmatique, et s'ouvre par un trou à la maturité. Les campanules sont des plantes herbacées, ou très-rarement de petits arbrisseaux, qui ont les fleurs munies de bractées et disposées en épis ou en panicules, ou bien solitaires dans les aisselles des feuilles. Parmi les espèces de ce genre qui servent quelquefois d'aliment, nous citerons la *raiponce*, et parmi celles qui contribuent vers la fin de l'été à l'ornement de nos jardins, le *carillon*, la *gantelée* ou *gant de Notre-Dame*, et plus particulièrement la campanule à *feuilles de pêcher* et la *campanule pyramidale*.

La campanule à *feuilles de pêcher* (*campanula persicifolia*, Linné) que l'on trouve communément dans nos bois-taillis, a une tige grêle, droite, lisse, haute de 60 à 95 centimètres, terminée par un épi de grandes fleurs bleues ou blanches, qui doublent aisément; les feuilles n'ont pas de pétiole; celles de la base sont ovales oblongues; celles de la tige sont étroites, allongées, en fer de lance et dentelées; il y a trois lobes au stigmate et trois loges à la capsule.

La *campanule pyramidale* (*campanula pyramidalis*, Linné) est une herbe bisannuelle, qui croît naturellement dans la Carniole et la Savoie. Sa tige, droite, simple, élevée, porte à son sommet de grandes et belles fleurs bleues ou blanches, disposées en thyrses pyramidaux; ses feuilles, lisses et dentelées, sont en cœur à la base de la tige, et ovales allongées à sa partie supérieure; le stigmate est à trois lobes, la capsule à trois loges.

Parmi les espèces ligneuses, nous n'indiquerons ici que la plus jolie, la *campanule dorée* (*campanula aurea*, Linné), arbuste toujours vert, qui croît spontanément à Madère, et que l'on cultive en Europe dans les jardins, mais que l'on est obligé de tenir dans l'orangerie durant l'hiver. Les tiges sont épaisses et rameuses, les feuilles larges, ovales, dentelées, lisses; les fleurs en panicules pyramidales, le calice et la corolle jaunes, le stigmate à cinq lobes, la capsule à cinq loges.

DÉMEZIL.

CAMPBELL (Thomas), poète Anglais, né le 27 juillet 1777, à Glasgow, suivit dès l'âge de treize ans les cours de l'université de sa ville natale, où il remporta plusieurs prix. Après avoir terminé ses études en 1795, il alla vivre quelque temps dans le comté d'Argyle, chez une branche de sa famille et de tout le clan des Campbells. La nature sauvage et romantique de cette contrée frappa vivement son imagination. Quelques petits poèmes, qu'il y composa obtinrent du succès dans les cercles littéraires, et furent cause que, renonçant à la carrière de la jurisprudence, qu'il avait embrassée, il se rendit à Édimbourg, où il fit la connaissance de Stewart, de Jeffrey, de Brougham, etc.

Au printemps de 1799 il publia son poème *the Pleasures of Hope* (les Plaisirs de l'Espérance), qui fut accueilli avec le plus vif empressement par le public, et obtint les honneurs de quatre éditions en une seule année. Peu de temps après il entreprit un voyage en Allemagne, où il agrandit à Gœttingue le cercle de ses connaissances en littérature grecque, sous la direction de Heyne, et où plus tard il fut témoin oculaire de la bataille de Hohenlinden (1800), qu'il a immortalisée par une élégie. En 1801 il revint à Édimbourg par Hambourg, et, après s'être marié, s'établit à Sydenham, près de Londres, où il commença une série de travaux littéraires destinés principalement à l'*Encyclopédie d'Édimbourg*. Ses *Annals of Great Britain from the accession of George III to the peace of Amiens* (Londres, 1808) ne sont pas une publication sans mérite. Lorsqu'en 1806 les whigs arrivèrent au pouvoir, Campbell, attaché à ce parti, obtint une pension. Mais, après la publication de sa *Gertrude de Wyoming* (Londres, 1809) il sembla que sa verve poétique fût épuisée, et dès lors il se consacra de préférence à la prose. Ce qu'il a écrit depuis en vers, par exemple son poème narratif *Theodoric* (Londres, 1824), n'a plus qu'un mérite tout-à-fait secondaire.

Les meilleures productions de cette période de sa vie sont consignées dans le *New Monthly Magazine*, revue qu'il fonda en 1821, et qu'il continua de diriger pendant dix ans. En 1818 il avait fait un second voyage en Allemagne, où il s'était lié avec Arndt. A son retour il publia ses *Specimens of Bristish Poetry* (7 vol. Londres, 1819-1821; 2ᵉ édit.

en un vol., 1841) avec des annotations critiques et biographiques. Cet ouvrage peut à bon droit être considéré comme le meilleur manuel de poésie anglaise. En 1820 il fit à la *Surrey Institution* un cours de poésie qui attira un grand nombre d'auditeurs, et figura parmi les promoteurs les plus actifs de la création de l'Université de Londres, pour l'organisation de laquelle, en 1825, il conçut un plan nouveau. L'université de sa ville natale l'élut aussi en 1827 son lord recteur, élection renouvelée à deux reprises les années suivantes. Une excursion qu'il fit à Alger lui fournit les matériaux de descriptions extrêmement attachantes, qui parurent dans le *Metropolitan Magazine*, autre revue mensuelle fondée en 1831 sous sa direction. Il fut moins heureux comme biographe. Sa Vie de Mistress Siddons (2 vol. Londres, 1837) est une œuvre pâle et faible; et dans sa Vie de Pétrarque (2. vol. Londres, 1841; 2ᵉ édit., 1843) il a traité un sujet éminemment inspirateur avec peu de sympathie poétique.

Jusqu'au dernier instant de sa vie il ne cessa de prendre le plus vif intérêt aux affaires de la politique. Il témoigna surtout de la plus ardente sympathie pour la cause de la Pologne, qu'il avait célébrée dans le premier ouvrage sorti de sa plume : et il fit partie de la société littéraire polonaise fondée à Londres. Son dernier poème a pour titre : *the Pilgrim of Glencoe* (Londres, 1842). Il est mort à Boulogne, après une longue maladie, le 15 juin 1844. On a déposé sa dépouille mortelle dans la partie de l'abbaye de Westminster qu'on désigne ordinairement sous le nom *poet's corner* (le coin des poètes), près de celles de Chaucer, de Spenser, de Ben Jonson, de Dryden et d'autres illustrations du Parnasse anglais.

Campbell a été bien certainement un des poètes anglais les plus remarquables du dix-neuvième siècle. Le caractère de son talent n'est ni la verve, ni l'éclat, ni la féconde originalité, mais une fermeté concise, lucide et pour ainsi dire transparente, un mélange de finesse et de vigueur qui l'isole parmi les auteurs contemporains. Sa veine peu fertile, la précision quelquefois maniérée de sa diction, l'affectation de laconisme qu'on lui reproche, trouvent leur compensation dans cette pureté et cette perfection de travail qui classent quelques-uns de ses poèmes parmi les chefs-d'œuvre. Il procède de Gray et de Cowley plus que de tout autre poète. Dès l'âge de vingt-ans il publiait un poème didactique, espèce d'anneau et de compromis entre l'école de Pope, déjà passée de mode, et celle des nouveaux poètes passionnés qui commençaient à poindre à l'horizon. Les *Plaisirs de l'Espérance* succédaient aux *Plaisirs de l'Imagination*, par Akenside, aux *Triomphes du Caractère*, par Hayley, et aux *Plaisirs de la Mémoire*, par Rogers : c'était une école moraliste et froide, compassée et triste, nécessairement étrangère ou hostile à la vigueur comme à la nouveauté de l'inspiration. Adoptée par les génies timides ou prudents qui ne voulaient pas se brouiller avec l'école ancienne, elle dut néanmoins à Rogers et à Campbell des accents heureux, pleins de sensibilité et quelquefois d'énergie. Encouragé par le brillant accueil que lui faisaient à la fois les représentants du passé et ceux de l'avenir, il chercha une voie plus libre et plus convenable à l'originalité de son talent. C'était la grande époque du combat à mort entre Napoléon et l'Angleterre. Campbell eut la gloire de chanter les diverses phases de cette lutte redoutable; les contemporains ont été vivement émus de ces petites pièces assez courtes, œuvres vraiment lyriques, à la fois odes antiques et chansons populaires, qui assurent à Campbell dans son pays une situation analogue à celle de Béranger parmi nous. Devenu le poète national, et assuré d'une pension sur l'État, il vécut dans la retraite, occupé de travaux littéraires. L'avenir rabattra quelque chose de l'adoration dont la vie du poète fut environnée. Pour l'originalité, la grandeur et l'inspiration, Campbell ne sera guère classé que parmi les poëtes du second ordre. Ses véritables titres de gloire sont les chansons guerrières dont nous avons parlé, chefs-d'œuvre d'énergie et de précision, et le poëme américain *Gertrude de Wyoming*, récit en vers d'un intérêt pathétique et d'une grande énergie, où le contraste de la civilisation et de la vie sauvage produit d'admirables effets. Le caprice et l'indépendante facilité de l'esprit manquent trop à ce poëte. Sculpteur attentif et vigoureux, soigneux de son rhythme et de ses images, il atteint quelquefois l'obscurité à force de labeur, et la froideur à force de travail; mais il a les qualités qui conservent les œuvres de l'art, la solidité et la concentration. Philarète CHASLES.]

CAMPBELL (JOHN, lord), grand juge d'Angleterre et l'un des plus savants jurisconsultes de la Grande-Bretagne, naquit le 15 septembre 1781, dans un village voisin d'Édimbourg, où son père était ministre. Après avoir terminé ses études à l'université d'Édimbourg, il vint à Londres, où il fut pendant plusieurs années attaché à la rédaction du *Morning-Chronicle* pour rendre compte des séances des chambres et des tribunaux. Devenu avoué à partir de 1806, il acquit peu à peu une brillante clientèle et une grande réputation comme jurisconsulte. Aux occupations de son cabinet, il ne laissa pas toutefois que d'ajouter les travaux de l'écrivain, en publiant de courtes notices sur les points de droit les plus importants qu'avaient à décider les cours du *king's bench* et des *common pleas*. Il y fit preuve d'un rare talent pour élucider avec impartialité les questions les plus compliquées, talent qui, joint à sa loyauté et à sa franchise, lui a mérité la place distinguée qu'il occupe dans le parlement et dans la magistrature. Son mariage avec la fille de lord Abinger, alors sir James Scarlett, ajouta encore en 1821 à sa considération dans le monde. C'est à fort peu de temps de là qu'il fut pour la première fois élu membre du parlement, et où il se rattacha par conviction au parti des whigs, et où il exerça bientôt une grande influence dans toutes les discussions relatives à des questions de droit. A deux reprises il fut élu représentant de la ville d'Édimbourg. Nommé *king's counsel* sous le ministère Canning (1827), et *solicitor general* sous celui de lord Grey (1832), puis en 1836 *attorney general*, il jouit alors en cette qualité d'un traitement annuel de plus de 10,000 liv. st. (250,000 fr.). Lors de la crise de 1835 il rendit à son parti le service des plus importants et l'emporta aux élections, par un discours où il se départit de sa modération habituelle, sur le candidat que lui opposaient les tories. Après la retraite de Peel, en 1835, on lui rendit ses fonctions d'*attorney general*, et le ministère Melbourne, pour lui témoigner sa reconnaissance, érigea, le 19 janvier 1836, une pairie nouvelle en faveur de sa femme. On ne lui conféra pas alors à lui même les honneurs de la pairie, parce qu'on ne croyait pas encore pouvoir se passer de ses services dans la chambre basse. Cependant en 1841, quand l'administration whig approcha de sa fin, il fut nommé lord chancelier d'Irlande et en même temps créé pair du royaume. Quelques semaines après, il était obligé de céder cet emploi éminent à un tory. Depuis cette époque lord Campbell compte au nombre des chefs de son parti dans la chambre haute.

Ses travaux politiques, si nombreux, n'ont pas laissé que de lui permettre quelques loisirs qu'il a noblement consacrés aux lettres. C'est ainsi qu'on l'a vu publier successivement *Lives of the Lord chancelors of England* (7 vol. Londres, 1845-1847), et *Lives of the Chiefs justice of England* (Londres, 1849).

Cependant, dès l'année 1846 la reconstitution d'un cabinet whig avait eu pour résultat de lui faire donner la charge de chancelier du duché de Lancaster, avec siége dans le conseil; enfin, au mois de mars 1850 il a été appelé aux éminentes fonctions de lord grand-juge du *queen's bench*.

CAMPBELLS (Clan des). Cette antique et célèbre tribu écossaise appartenait à la nation des Scott ou Écossais proprement dits, qui vint d'Irlande, dans le courant du troisième siècle, occuper les contrées septentrionales de la Grande-Bretagne, et changea leurs noms d'*Alben* (la montagne) et de *Celyddon* (la forêt) en celui de terre des Scott (*Scotland*). Une tradition très-accréditée parmi les Campbells leur donne pour ancêtre, c'est-à-dire pour premier chef, pour fondateur du clan, un guerrier nommé Dermid ou Diarmid, compagnon d'armes d'Ossian et de Gaul, et ils occupèrent probablement dès ce temps reculé quelques cantons du pays d'Argyle. Après être demeurés longtemps confondus parmi les clans de second ou de troisième ordre, ils ne commencèrent à figurer avec éclat que vers la fin du treizième siècle. Durant la terrible lutte qu'Alaster ou Alexandre III, roi d'Écosse, eut à soutenir contre les Norvégiens, Callum, chef des Campbells, contribua glorieusement à repousser les rivages écossais les envahisseurs scandinaves, et mérita par ses exploits d'être surnommé *More* ou le Grand. Son nom devint même la qualification patronymique de tous les chefs du clan Campbell ses successeurs; ils prirent désormais le titre de *Mac-Callum-More* (fils de Callum-le-Grand), et c'est encore ainsi que les montagnards de l'Argyleshire désignent le duc d'Argyle, héritier et descendant du vieux héros de leur race. Le fils de Callum-More, Neil-Campbell, se distingua par un courage et un patriotisme inébranlables, pendant l'usurpation sanguinaire d'Édouard Ier. Tandis que la plupart des grands d'Écosse courbaient la tête devant le monarque étranger, ou même lui prêtaient secours contre leurs compatriotes, Neil-Campbell et sa tribu n'abandonnèrent jamais le parti national, secondèrent bravement William Wallace, et s'attachèrent ensuite à la fortune de Robert Bruce; ils formaient la meilleure partie de sa petite armée, lorsque après sa défaite à Methven, Robert voulut chercher un refuge dans le pays de Lorn. Les puissantes tribus de Comyn et de Mac-Dougal lui fermèrent le passage : les patriotes succombèrent encore, et Neil-Campbell resta sur le champ de bataille.

Plus tard, lorsque la victoire fut revenue sous la bannière de Robert Bruce, ce prince n'oublia pas plus ses amis que ses ennemis; il écrasa les Comyn et les Mac-Dougal, et enrichit les Campbells des dépouilles du clan Dougal. De cette époque date la puissance et la prospérité des Campbell. Ils n'occupaient auparavant qu'un canton assez peu étendu aux environs du lac Awe; Robert leur livra la plupart des domaines de Jan de Lorn, chef des Mac-Dougal, qui possédait un très-vaste territoire dans l'Argyleshire, le Lorn et le Morven. Les Mac-Callum-More s'élevèrent ainsi au niveau des plus grands feudataires écossais, et ne virent plus au-dessus d'eux dans la montagne que les Mac-Donald des Îles. Pendant le reste du moyen âge, les Campbells participèrent à toutes les guerres extérieures et intérieures de l'Écosse, tantôt amis, tantôt ennemis de la couronne.

Lorsqu'on reçut en Écosse la nouvelle du supplice de Marie Stuart, Jacques VI, fils de cette princesse infortunée, se contenta d'ordonner un deuil général. Le comte d'Argyle, chef des Campbells, vint alors à la cour de Jacques couvert de son armure au lieu des vêtements funèbres, comme pour indiquer au roi la nature des honneurs funéraires qu'il fallait rendre à la victime d'Élisabeth. L'égoïste et faible Jacques VI feignit de ne pas comprendre la muette démonstration d'Argyle. La conduite du chef gael était d'autant plus remarquable, qu'ayant embrassé le protestantisme durant les luttes religieuses de son pays, il n'avait point d'intérêt personnel à venger la catholique Marie Stuart. Les Campbells, comme tous les autres montagnards, se passionnèrent assez peu des controverses religieuses qui exaltaient tous les esprits parmi les habitants de la plaine : cependant ils abjurèrent le catholicisme à l'instar de leur Mac-Callum-More.

Lorsque les presbytériens jurèrent entre eux la fameuse ligue dite du *Covenant* (1637), et prirent les armes pour repousser la liturgie anglicane, que leur voulait imposer Charles Iᵉʳ, le comte régnant d'Argyle, habile politique, mais assez peu pourvu de courage militaire, fut l'un des plus zélés défenseurs de l'*union* presbytérienne. CharlesIᵉʳ, mal soutenu par la nation anglaise, fut obligé de céder, et créa même Argyle marquis, en gage de réconciliation. Cette trève fut de courte durée, et la guerre recommença avec fureur. On sait quelle en fut l'issue, malgré les brillants avantages remportés d'abord par Montrose, général des troupes royales en Écosse. Vainqueur dans les montagnes et dans les basses-terres, il succomba au fond des Cheviots, devant une armée presbytérienne. Après la ruine du parti royal, le marquis d'Argyle, soutenu par toutes les forces du Covenant, exerça des représailles cruelles contre les dévastateurs de son comté ; une grande partie des Mac-Donald furent détruits ; leur plus illustre chef, Alaster Colkitto, fut pris, condamné à mort et exécuté. Cependant, lorsque Montrose lui-même, fait prisonnier dans le nord, cut été amené à Édimbourg pour se voir livré par le parlement écossais au supplice des traîtres, Argyle eut la pudeur de ne point se faire le juge de son rival, et ne parut point au parlement le jour où la sentence fut prononcée. Lord Lorn, son fils, moins scrupuleux, assista aux derniers moments de l'ennemi de sa maison, et contempla la fin tragique de Montrose avec une joie barbare (1650).

Charles II, rappelé au trône douze ans après la mort de son père, vengea tardivement Montrose, et fit faire le procès au marquis d'Argyle, qui eut la tête tranchée *pour crime de haute trahison* (1661). Cette tête sanglante fut exposée sur la Tour, où avait figuré précédemment celle de Montrose. Argyle montra sur l'échafaud ce courage passif et résigné qu'on a remarqué chez des hommes absolument dépourvus de bravoure guerrière. Le comte Archibald, lord de Lorn, fils du célèbre marquis, fut persécuté avec le même acharnement : on lui intenta, pour quelques paroles imprudentes, une accusation de lèse-majesté, et il fut condamné à mort. Cependant Charles II recula devant la servilité féroce de ces juges, et se contenta de retenir le Mac-Callum-More prisonnier. Argyle parvint plus tard à se sauver en Hollande.

Lorsque Jacques II, succédant à son frère Charles, eut commencé le cours d'un règne oppressif et impolitique, Argyle, d'accord avec le duc de Monmouth, fils naturel de Charles II, voulut exciter une révolution en Écosse. Cette tentative prématurée devint funeste à son auteur : Argyle, en vain secondé par son clan, fut abandonné des seigneurs qui s'étaient joints à lui ; il tomba au pouvoir des royalistes, et fut décapité par la *maiden* (la *jeune fille*), machine analogue à la *guillotine* française. « C'est la *jeune fille* la plus agréable que j'aie embrassée de ma vie ! » dit-il en s'approchant de l'instrument de mort. Sa conduite avait été conforme jusqu'au bout à cette étrange bravade (1685). Plus de vingt chefs subalternes d'entre les Campbells furent égorgés avec leur Mac-Callum-More. L'Argyleshire fut dévasté et confisqué, l'héritier de ses comtes obligé de s'enfuir en Amérique, et le nom de cette maison condamné à être aboli (1685).

Le comte de Breadalbain, chef d'une subdivision du clan des Campbells, succéda au pouvoir des marquis d'Argyle sur toute la tribu. La chute de Jacques II et l'avénement du roi Guillaume (1688) ne tardèrent pas à rendre aux Campbell leur ancienne importance dans les hautes-terres. A la révolution de 1688 le fils du malheureux comte Archibald avait été amnistié, réintégré dans ses biens et investi du titre de duc, en dédommagement de ce que lui et les siens avaient eu à souffrir de la part des Stuarts. Ce seigneur ne prit point une part bien remarquable aux affaires de son temps ; mais son fils John annonça dès la première jeunesse les talents politiques du fameux marquis, joints aux vertus guerrières que celui-ci n'avait jamais possédées. Nommé lord haut-commissaire près le parlement d'Écosse en 1705, John,

devenu duc d'Argyle, contribua beaucoup à l'adoption de l'union législative entre l'Angleterre et l'Écosse. Cette mesure, qui détruisit la nationalité écossaise en absorbant le parlement écossais dans celui d'Angleterre, fut opérée par les moyens les plus honteux, et l'argent seul décida la plupart des membres du parlement écossais à accepter ce suicide politique. Cependant, le duc d'Argyle montra toujours un caractère trop noble et trop élevé pour qu'on pût le soupçonner d'avoir partagé la vénalité de ses collègues, et sans doute sa sagacité avait pressenti les avantages incontestables que l'Écosse retirerait un jour de cette *union*, d'abord si odieuse. La reine Anne récompensa le duc John de sa coopération aux projets du gouvernement en le créant pair d'Angleterre, comte de Greenwich et baron de Chatham. Il servit ensuite sous Marlborough, et fut chargé du commandement des forces anglaises en Espagne vers la fin de la guerre de la succession ; mais on laissa cette armée manquer de tout, et John Campbell fut forcé d'en ramener les débris à Minorque. Le commandement en chef de l'Écosse et le gouvernement de la citadelle d'Édimbourg ne le réconcilièrent point avec la faction *tory*, qui dirigeait alors les affaires et préparait sourdement les voies à la restauration du fils exilé de Jacques II (Jacques VII d'Écosse). On sait que la mort subite de la reine Anne (1ᵉʳ août 1714) déconcerta les projets des torics et permit aux partisans de la *succession protestante* d'élever à la royauté et d'appeler à Londres, sans opposition, l'électeur de Hanovre (Georges Iᵉʳ). Argyle, qui avait naguère dénoncé au parlement les menées des conseillers de la reine Anne, soutint avec énergie le nouveau gouvernement, d'abord dans le conseil, puis sur les champs de bataille contre Mac-Intosh, le comte de Mar et autres chefs Jacobites, quand l'ancien parti royaliste et catholique des montagnes eut levé l'étendard de l'insurrection (6 septembre 1715), proclamé roi le prétendant Jacques Stuart, et occupé l'importante ville de Perth. L'affaire de Sheriffmuir, où Argyle ne comptait guère que 4,000 hommes sous ses ordres, tandis que l'armée du comte de Mar s'élevait à plus du double, était demeurée indécise ; mais ses résultats furent tout à l'avantage d'Argyle et de son parti : la désunion et le découragement s'introduisirent parmi les chefs de l'insurrection ; l'arrivée en Écosse du prétendant Jacques Stuart ne rétablit pas leurs affaires, et bientôt ce grand parti se dissipa de lui-même sans tenter de nouveau le sort des armes.

Le duc d'Argyle avait sauvé l'une des *trois couronnes* de Georges Iᵉʳ ; il en fut récompensé *royalement* : lorsque la fin de la guerre eut rendu ses services moins indispensables, il se vit privé de tous ses emplois, peut-être parce qu'il s'était opposé aux réactions et à l'abus qu'on voulait faire de son triomphe. L'injustice et l'ingratitude du gouvernement à son égard redoublèrent encore la haute estime que lui portaient au duc tous ses compatriotes, même ceux contre lesquels il avait combattu.

Après la mort de cet homme justement célèbre, les Campbells restèrent fidèles à la cause qu'il avait glorieusement défendue : ils figurèrent dans les armées de Georges II pendant l'expédition brillante et malheureuse du prince Charles-Édouard (1745-1746) ; un millier d'entre eux, commandés par le colonel Campbell, qui fut depuis duc d'Argyle, assistèrent à la bataille de Falkirk, où le général Hawley fut vaincu par les montagnards jacobites. Un bataillon de 600 Campbells contribua à décider contre les Stuarts la fatale journée de Culloden ; ce furent les seuls montagnards qui prirent part à la sanglante victoire du gouvernement sur la grande armée des montagnes. Culloden fut la fin de la vieille Écosse ; l'esprit de *clan*, les mœurs, l'indépendance de la race gallique n'y survécurent pas : on proscrivit jusqu'à son costume national, et la race des Campbells ne fut pas exemptée des mesures générales qui réduisirent les belliqueux enfants d'*Alben* à la condition des paysans anglais. Beaucoup de membres de cette grande famille, qui n'était plus un *clan*, abandonnant les Hautes-Terres d'Argyle, cherchèrent fortune en Angleterre et même en Amérique, et il est aujourd'hui peu de contrées des deux hémisphères où l'on ne rencontre des Campbells. HENRY MARTIN.

CAMP DU DRAP D'OR. Le luxe incroyable déployé à l'envi par François Ier et par Henri VIII, lors de la célèbre entrevue qu'ils eurent, en 1520, dans un champ situé entre Guines et Ardres, fit donner à ce lieu le nom de *Camp* ou *champ du drap d'or*. La politique avait depuis longtemps préparé cette conférence, dans laquelle François Ier espérait, en gagnant l'amitié et l'alliance du roi d'Angleterre, déjouer les intrigues de Charles-Quint, qui déjà était allé visiter Henri VIII; et elle se termina par un traité où fut confirmé le mariage du dauphin avec Marie d'Angleterre.

D'excessives mesures de précaution avaient, au reste, été prises des deux côtés; et c'est ainsi qu'on avait choisi pour l'entrevue des deux monarques la plaine qui séparait le château d'Ardres, appartenant à l'Angleterre, de celui de Guines, appartenant à l'Angleterre, afin que les deux monarques se trouvassent en sûreté chacun dans un poste fortifié. Le protocole convenu et arrêté pour la circonstance portait que François Ier et Henri VIII s'avanceraient à la rencontre l'un de l'autre, faisant chacun la moitié du chemin, sous l'escorte de leurs gentils-hommes, au milieu des tentes et des pavillons dont cet espace était couvert. Voici la description que nous en a laissée le maréchal de Bouillon, dit de Fleuranges :

« Avoit fait le roi de France les plus belles tentes qui furent jamais, et le plus grand nombre et les principales étoient de drap d'or fusé dedans et dehors, tant chambres que salles et galeries; et tout plein d'autres draps d'or ras, et toiles d'or et d'argent. Il avoit dessus les dites tentes force devises et pommes d'or; et quand elles étoient tendues au soleil, il les faisoit beau voir. Et y avoit sur celle du roi un saint Michel tout d'or, afin qu'elle fût connue entre les autres, mais il étoit *tout creux*. »

Ces merveilles de magnificence coûtaient cher à la France, car tout ce que les agents du fisc étaient parvenus à arracher aux populations exténuées, sous prétexte de relever les forteresses du royaume et de faire élire François empereur, y fut dévoré. Et cependant, le fastueux monarque, d'après le chroniqueur que nous venons de citer, dut s'avouer vaincu en luxe par le roi d'Angleterre. Fleuranges ajoute en effet : « Or, quand je vous ai devisé de l'équipage du roi de France, il faut que je vous devise de celui du roi d'Angleterre, lequel ne fit qu'une maison, mais elle étoit trop plus belle que celle des François et de plus de coûtance; et étoit assise la dite maison aux portes de Guines, assez proche du château; et étoit de merveilleuse grandeur et carrure, et étoit ladite maison toute de bois, de toile et de verrine; et étoit bien la plus belle verrine que jamais l'on vit; car la moitié de la maison étoit toute de verrine ; et vous assure qu'il y faisoit bien clair. Et y avoient quatre corps de maison, dont au moindre vous eussiez logé un prince. Et étoit la cour de bonne grandeur, et au milieu de ladite cour et devant la porte y étoient deux belles fontaines qui jettoient trois tuyaux, l'un hypocras, l'autre vin, et l'autre eau. Il faisoit dedans ladite maison le plus clair logis qu'on sauroit voir et la chapelle de merveilleuse grandeur et bien étoffée, tant de reliques que de tous autres parements, et vous assure que si cela étoit bien fourni, aussi étoient les caves, car les maisons des deux princes durant le voyage ne furent fermées à personne. »

Beaucoup de seigneurs anglais et français, qui se piquèrent d'émulation, à l'exemple de leurs souverains, quittèrent le *Camp du drap d'or* converts de dettes ou ruinés, ce qui fit dire à Dubellay dans son langage naïf et figuré que « plusieurs y portèrent leurs moulins, leurs forêts et leurs prés sur leurs épaules. »

Les deux rois se rencontrèrent le 7 juin. Ils s'embras-

DICT. DE LA CONVERS. — T. IV.

sèrent, entrèrent dans le palais, et y signèrent un nouveau traité rédigé par Wolsey et par Robertet, et confirmant celui de 1508, par lequel il avait été stipulé que Tournay serait rendu à la France. La méfiance qui avait présidé, de part et d'autre, aux préparatifs de l'entrevue, eût beaucoup nui sans doute aux plaisirs et aux festins dont elle devait être le prétexte, si dès le lendemain François Ier, qui, ajoute le maréchal de Fleuranges, « n'étoit pas homme soupçonneux, et qui étoit fort marry de quoi on n'ajoutoit pas plus de foi les uns aux autres, » laissant de côté toutes les formalités d'étiquette arrêtées par les commissaires, alla à Guines voir Henri VIII sans être attendu. Il entra dans la chambre de ce monarque, qui dormait encore, l'éveilla et l'aida à s'habiller. Le lendemain, Henri VIII lui rendit sa visite, et dès lors pendant trois semaines, c'est-à-dire jusqu'au 21 juin, les deux cours passèrent leur temps en *déduits et choses de plaisir*. Ce ne fut que bals, festins, joûtes, etc. « Un jour, dans une de ces joûtes, rapporte notre chroniqueur, le roi d'Angleterre prinst le roi de France par le collet, et lui dit : *Mon frère, je veux luiter avec vous*, et lui donna un attrape ou deux. Et le roi de France, qui est fort et bon lutteur, lui donna un tour de Bretagne et le jeta par terre, et lui donna un merveilleux saut. »

Voilà comment se pratiquait au seizième siècle l'*entente cordiale*, et chacun conviendra sans doute que François Ier en comprenait à merveille la théorie; mais force est d'avouer que dans la pratique il se montrait évidemment inférieur à son magnanime allié. Il ne tarda pas en effet à voir qu'il en était pour ses frais de *drap d'or*, puisqu'au moment même où il prodiguait si follement les trésors de l'État, Charles-Quint trouvait moyen de gagner Wolsey à ses intérêts. Aussi, à son retour du *Camp du drap d'or*, Henri VIII, ayant rencontré *par hasard* l'empereur à Gravelines, renouvela avec lui son alliance et ses anciens engagements.

CAMPE (JOACHIM-HENRI), auteur d'ouvrages à l'usage de la jeunesse et de l'enfance et de travaux lexicographiques justement estimés, né en 1746, à Deensen, dans le duché de Brunswick, mort à Brunswick, le 22 octobre 1818, étudia la théologie à Helmstaedt à à Halle, et fut nommé en 1773 aumônier du régiment du prince de Prusse à Potsdam; mais, vivement frappé de l'aspect des misères humaines, il se tourna plus particulièrement du penchant pour l'éducation de la jeunesse, convaincu qu'une réforme dans le système suivi jusque alors ne pourrait qu'avoir les suites les plus heureuses pour l'amélioration des conditions générales d'existence de l'humanité. Ce fut aussi la direction définitive qu'il suivit à partir de l'année 1776. Après avoir remplacé pendant quelque temps Basedow en qualité de recteur ou de président de l'établissement d'instruction publique que celui-ci avait fondé à Dessau sous la dénomination de *Philanthropin*, il fonda à Hambourg pour son propre compte une maison d'éducation que la faiblesse de sa santé ne tarda pas à le forcer de céder à Trapp, son collaborateur, pour s'établir dans un petit bourg des environs de Hambourg. En 1787 cependant il fut nommé *conseiller d'écoles* par le gouvernement de Brunswick, qui l'employa à la réforme de ses écoles. C'est aussi à Brunswick qu'il fonda bientôt une librairie, demeurée florissante longtemps encore après qu'il l'eut cédée à son gendre, et qui pendant les trente premières années de ce siècle fut en possession d'approvisionner presque exclusivement l'Allemagne protestante de livres à l'usage de la jeunesse. Lorsque Campe se sentit vieillir, il renonça à son emploi administratif et au commerce, pour ne plus s'occuper que de la composition de ses ouvrages pédagogiques et autres et vivre dans le cercle étroit de sa famille.

Dans ses ouvrages philosophiques Campe apparaît toujours comme un homme animé des plus nobles sentiments. Ses *Lettres écrites de Paris à l'époque de la Révolution* (Paris, 1790) produisirent à l'époque où elles parurent la

20

plus vive impression. La pensée y est sans doute aussi hardie que l'expression y est libre ; mais on peut leur reprocher un ton d'exagération qui ne s'explique que de la part d'un penseur ordinairement si calme et si sage que par l'enthousiasme presque général qu'excitait alors le grand mouvement de rénovation sociale dont la France était le théâtre. L'amélioration des mœurs, l'accroissement des richesses intellectuelles, la transformation complète du système jusque alors suivi dans l'éducation de la jeunesse, tel est le but qu'il s'est constamment proposé dans ses divers écrits. Les services qu'il a rendus sous ce rapport ont été généralement reconnus et appréciés, encore bien qu'on ait pu blâmer quelques opinions hasardées au sujet de l'antiquité classique, son engouement prolongé pour les idées particulières de Basedow désignées sous le nom de *philanthropinisme* et la direction pratique qu'il suivit. Ses ouvrages à l'usage de la jeunesse ont eu pendant longtemps une vogue extraordinaire, et il en est dans le nombre dont la vogue se soutient même encore aujourd'hui. La collection complète n'en forme pas moins de trente-sept volumes. Dans le nombre, celui qui a pour titre *La Nouveau Robinson* a été traduit dans la plupart des langues de l'Europe. Sa *Découverte de l'Amérique* a obtenu un succès presque égal.

Quoique ses efforts pour purifier et enrichir la langue allemande aient souvent dépassé le but, on doit reconnaître qu'ils n'ont pas laissé que de produire quelques fruits utiles. Sous ce rapport, il faut surtout mentionner son *Dictionnaire de la Langue Allemande* (1807) et son *Dictionnaire explicatif des termes étrangers imposés à la langue allemande* (2° édition, 1813).

CAMPÊCHE, ou plutôt *San-Francisco de Campêche*, appelé par les indigènes *Kimpech*, ville de la côte occidentale de la presqu'île de Yucatan, dépendante de la fédération mexicaine, est située à l'embouchure du *Rio de San-Francisco*, dans la baie du golfe de Mexique qui porte le même nom. Elle est tout entourée de montagnes et défendue par quatre tours. On y trouve deux belles églises, deux couvents, un hôpital et de jolies maisons, qui du port présentent le coup d'œil le plus gracieux. Ce port, le meilleur de toute la côte, est protégé par une digue de 50 mètres de longueur ; mais il est mal organisé et trop peu profond, d'où résulte pour les navires d'un fort tonnage la nécessité de rester à l'ancre dans la rade. D'après les documents les plus récents la population de Campêche s'élevait à 26,000 âmes. L'industrie y est assez insignifiante, et se borne à peu près à la fabrication de quelques étoffes de coton. En revanche le commerce y est aussi actif qu'important, et a pour objets principaux la cire et le bois dit *de Campêche*. La ville est entourée de riches jardins et de belles promenades. Mais l'eau potable y manque complétement, et il faut l'aller chercher à dos de mulet à une assez notable distance.

Le district dont Campêche est le chef-lieu compte une population totale de 113,000 habitants répartis sur une superficie de 324 myriamètres carrés, et produit du riz, du tabac, du bois de Campêche, du marbre et du sel. La ville fut fondée en 1540, mais eut de durcs traverses à supporter. C'est ainsi qu'elle fut prise par les Anglais en 1659, par des forbans en 1678 et 1685, et détruite en très-grande partie.

Lors de la dernière insurrection contre le Mexique, dont le Yucatan fut le théâtre, la ville de Campêche devint le principal centre des hostilités commencées en novembre 1842. Le 18 de ce même mois un combat opiniâtre fut livré sous ses murs entre les insurgés et les Mexicains, qui perdirent beaucoup de monde, et dont tous les efforts pour se rendre maîtres de la place furent aussi inutiles par terre que par mer. Six jours après, ayant engagé une nouvelle bataille pour s'emparer des hauteurs qui dominent la ville, ils furent plus heureux. Cependant les assiégés parvinrent à les en chasser dès les premiers jours de 1843. Le 1ᵉʳ février suivant, les Mexicains, après s'être rendus maîtres de Chica, se disposaient, sous les ordres du général Andrade, à livrer une nouvelle attaque à Campêche ; mais dès le 4 du même mois les insurgés, commandés par le général Llergo, sortant des murs de la ville, remportèrent sur les troupes mexicaines un avantage si décisif qu'ils n'hésitèrent plus à proclamer leur indépendance et à arborer un nouveau drapeau national.

CAMPÊCHE (Bois de). Ce bois, appelé aussi *bois d'Inde*, est le produit de l'*hæmatoxylum campechianum*, arbre très-épineux, qui devient quelquefois très-gros. Cet arbre appartient à la décandrie monogynie, famille des fausses légumineuses, et il a reçu différents noms suivant les pays d'où on le tire. Il nous en arrive principalement de la côte orientale de l'Amérique du sud, et en petite quantité des Antilles. Le bois de Campêche est très-dur, compacte, solide, très-pesant, aisé à travailler, et susceptible d'un beau poli : aussi en fait-on quelque usage dans la petite ébénisterie ; mais son principal emploi est comme ingrédient pour les teintures. Il nous arrive en bûches plus ou moins grosses, dépouillées en grande partie de leur aubier, et pesant jusqu'à 200 kilogrammes. Ce qui reste de l'aubier est d'un blanc jaunâtre.

On distingue dans le commerce, à des prix très-variables, d'après les divers lieux de provenance, 1° le *Campêche coupe d'Espagne* ; 2° le *Campêche coupe d'Haïti* ; 3° le *Campêche coupe de la Martinique* ; 4° le *Campêche coupe de la Guadeloupe*. Le Campêche coupe d'Espagne est sur le bois de coupe fraîche, à l'extérieur, d'un rouge noir, et la nuance rouge disparaît complétement en vieillissant. A l'intérieur la couleur est d'un rouge jaunâtre, et quelquefois grisâtre. Les bûches de la coupe d'Espagne sont très-variables dans leur grosseur, et pèsent de 10 à 200 kilogrammes. Ces bûches sont en général mal arrondies, souvent noueuses, offrant quelques cavités, et coupées aux extrémités en forme de coin ; elles ont de 1ᵐ,30 à 1ᵐ,45 de longueur. La coupe d'Haïti offre des bûches aplaties, noueuses, sillonnées longitudinalement ; elles portent en général plus d'aubier que celles de la coupe d'Espagne. Les coupes Martinique et Guadeloupe se ressemblent beaucoup par l'aspect : bûches tortueuses, petites et fort irrégulières, chargées d'aubier, pesant seulement de 5 à 25 kilogrammes. On préfère la coupe Martinique à la coupe Guadeloupe.

En général les couleurs qu'on obtient de ce bois en teinture n'ont que peu de solidité quand on veut leur conserver dans les premiers moments quelque éclat. On ne parvient guère à leur donner de la fixité qu'aux dépens de la pureté des nuances : c'est ainsi qu'une addition d'écorce de bouleau, de brou de noix, etc., en fonçant la couleur du Campêche et en l'altérant plus ou moins, la fixe plus solidement. Quoi qu'il en soit, le bas prix de cet ingrédient tinctorial, la facilité qu'on trouve à s'en procurer de qualité toujours égale et l'abondance du seul colorant qu'on en peut extraire sans difficulté, en font faire une consommation très-étendue dans nos ateliers de teinture. Il entre d'ailleurs avec beaucoup d'avantage dans toutes les brunitures.   Pelouze père.

CAMPEMENT. *Voyez* Camp et Castramétation.

CAMPEN ou **CAMPER**, ville de la province d'Overyssel (Hollande), dans l'arrondissement de Zwolle, située sur la rive gauche de l'Yssel, à peu de distance de son embouchure dans le Zuyderzée et de l'île en forme de delta qu'il y forme, et à laquelle elle donne son nom, au milieu d'une contrée qui peut être à volonté complétement inondée, est entourée de fossés et d'ouvrages de fortification en mauvais état. Un beau pont, long de 243 mètres, jeté sur l'Yssel, y conduit. En fait de constructions, on y remarque surtout l'hôtel de ville. Elle possède un collége et une population de 9 à 10,000 habitants, dont la principale industrie est la construction des navires et la préparation de la chaux.

La fondation de Campen remonte à l'année 1296. C'était autrefois une ville libre de l'Empire, faisant partie de la ligue hanséatique et le centre d'un important commerce, qui par suite de l'accumulation des sables à l'embouchure de l'Yssel et de la formation successive du banc appelé *Camper-Dieps* a toujours été décroissant, et se trouve aujourd'hui réduit presque à la vente de nattes, de corbeilles et autres ustensiles en osier. Les Hollandais s'en emparèrent en 1578. Elle fut contrainte de se rendre en 1672 aux troupes combinées du roi de France et de l'électeur de Munster, qui y commirent beaucoup d'excès et détruisirent la tête de pont existant sur la rive droite de l'Yssel.

CAMPEN (JACOB VAN), architecte célèbre, né à Harlem, vers la fin du seizième siècle, mort en 1658. Il s'était d'abord destiné à la peinture, et la tradition veut qu'au moment de son départ pour Rome, où il avait dessein de se perfectionner dans cet art, une vieille diseuse de bonne aventure lui prédit qu'il en reviendrait architecte, que l'hôtel de ville d'Amsterdam serait brûlé, et qu'il en construirait un beaucoup plus beau. Quoi qu'il en soit de cette prédiction, qui pourrait bien avoir été faite, comme tant d'autres, après coup, les choses se passèrent comme il est dit ici, et la Hollande doit son plus bel édifice à Van Campen. Il construisit en outre, dans la même ville, un théâtre, celui de la *Comédie hollandaise*. Plusieurs mausolées, élevés en l'honneur des amiraux les plus illustres dont s'honore le pays, ainsi que le palais du prince Maurice de Nassau, à la Haye, sont encore de lui.

CAMPENON (FRANÇOIS-NICOLAS-VINCENT), biographe et ami de Ducis, neveu du poëte Léonard, naquit à la Guadeloupe, en 1772. Il arriva en France à l'âge de quatre ou cinq ans. Il en avait à peine treize quand sa modeste famille vint se fixer à Sens, où il fit son éducation. Atteint par les événements de la Révolution dans les amis, les protecteurs qu'il avait à la cour, il composa pour la reine, peu de temps avant la chute du trône, une romance qui eut un grand succès, et força l'auteur de fuir à l'étranger, où il vécut des leçons qu'il donna. Ce fut alors qu'il écrivit son *Voyage à Chambéry*, petit livre plein de prose et en vers, où respirent les vertus de la famille. Ramené en France par la santé de son vieux père, alors que Robespierre était encore au pouvoir, il se tint à l'écart jusqu'au consulat, où il obtint la place de chef du bureau des théâtres au ministère de l'intérieur. Sous l'Empire il fut sévèrement censuré pour avoir, en cette qualité, autorisé la représentation de l'*Antichambre*, opéra-comique de son ami Dupaty, dans lequel Napoléon crut voir des allusions injurieuses à sa personne. Mais il n'en conserva pas moins sa place, dont il fit marcher de front les devoirs avec *le culte des muses*, comme on disait alors.

L'année 1800 vit paraître son *Epître aux Femmes*, dans laquelle on remarque une grande facilité de versification. Digne neveu de son oncle, il ne chercha pas d'autre issue. Campenon était un poëte de l'Empire ni plus ni moins ; il marchait sur les traces de Delille, dont il devait être le successeur à l'Académie.

A l'*Epître aux Femmes* succéda la *Maison des Champs*, poëme didactique, assez agréable, tempéré parfois par des traits d'esprit et même de sentiment, dans lequel il célèbre tour à tour les charmes de la campagne, le parfum des fleurs, l'art de faire pousser les légumes et de conserver les fruits ; science fort utile sans doute, mais qui n'exige pas, pour être décrite, qu'on brave tant de difficultés.

Ce fut après la publication de son *Enfant prodigue*, poëme en quatre chants, que Campenon fut admis à l'Institut. C'est une petite légende biblique fort agréablement versifiée, qui passerait aujourd'hui inaperçue, et qui fit fureur à cette époque. Tous les théâtres s'emparèrent à la fois de ce sujet si simple. Il n'y eut pas jusqu'à la Comédie Française qui ne reprît à cette occasion le faible drame de Voltaire. La nomination de l'auteur au fauteuil de Delille n'eut pas lieu toutefois sans opposition, et l'épigramme suivante vivra peut-être plus que les vers de l'académicien :

Au fauteuil de Delille aspire Campenon.
Son talent suffit-il pour qu'il s'y campe? Non.

Les événements funestes qui amenèrent la chute du gouvernement impérial retardèrent de plus de dix-huit mois la réception du poëte. Élu à la fin de 1812, il ne put être admis qu'en 1814. A la première date il eût prononcé l'éloge de Napoléon ; à la seconde il se lança en plein panégyrique de Louis XVIII. Dans ce discours toutefois il fit preuve, plus encore que dans ses ouvrages en vers, d'un esprit fin, élégant, facile, qui pourrait faire présumer que s'il s'était adonné à la prose, il aurait peut-être acquis en ce genre une réputation supérieure à celle qu'on lui accorda comme poëte. Il avait bien vite oublié sa pièce de vers intitulée *Requête des rosières de Salency à sa majesté l'impératrice*, insérée dans l'*Hymen et la Naissance*, recueil où s'étaient donné rendez-vous tous les thuriféraires de l'époque impériale. Il était alors commissaire impérial du théâtre de l'Opéra-Comique, et chef adjoint de la première division de l'université. A la rentrée des Bourbons, *ses princes légitimes*, il fut nommé chevalier de la Légion d'Honneur, censeur royal, secrétaire du cabinet du roi et des menus-plaisirs ; ce qui ne l'empêcha pas pendant les Cent-Jours de réclamer son emploi de *commissaire impérial* des théâtres. Il était trop tard, il avait été distancé par un académicien plus prompt. Après les Cent Jours il ne conserva que fort peu de temps sa position à l'université, et vécut dans la retraite.

Campenon publia une 3e édition de ses ouvrages, en deux volumes, enrichie de pensées nouvelles, de son discours de réception, et de quelques poésies légères, élégies, stances, madrigaux et romances, avec des dessins d'Isabey et de Picot. Il fit paraître en 1823, avec Desprez, conseiller honoraire de l'université, une traduction d'Horace, précédée d'une notice; en 1824, des essais de Mémoires sur Ducis dépouillé de ses énergiques pensées républicaines, qui ne l'empêchaient pas de faire sa cour à Louis XVIII; en 1829, une notice sur David Hume et une traduction de l'*Histoire d'Écosse* de Robertson; des notices sur Mme de Sévigné, le comte de Tressan, Gresset, Ducis, Léonard, Clément Marot. Il a laissé un poëme inédit sur le Tasse.

Il mourut le 24 novembre 1843, dans sa retraite de Villecresnes, près de Grosbois, et c'est là, dans un humble cimetière de village, que repose le poëte de la *Maison des Champs*.

CAMPER (PIERRE) naquit à Leyde, le 11 mai 1722. Son père, *Florent* CAMPER, ministre protestant à Batavia, avait épousé en ce pays une riche héritière, Catherine Thetting, née à Surate, mais d'origine hollandaise. Les Camper avaient dès lors quelque importance à Leyde : plusieurs avaient exercé la médecine, d'autres étaient magistrats. Ces différentes circonstances eurent de l'influence sur la jeunesse de P. Camper. Son père était riche ; il avait voyagé, beaucoup vu, beaucoup étudié ; il aimait les savants, et c'était dans sa propre maison que se tenaient leurs conférences; de sorte que le jeune Camper, comme Pascal dans le siècle précédent, fut entouré dès le berceau d'une atmosphère académique. Ce fut là qu'il puisa ce goût des sciences, cet amour de l'étude, qui d'abord le rendit heureux, et qui plus tard le consola ; mais aussi cette soif de vains titres, d'applaudissements et de prompte renommée, qui nuisit à sa gloire. P. Camper, entouré de tout un institut, aborda d'abord toutes les sciences. Le célèbre Moor lui enseigna le dessin et la peinture, et il s'y prit d'une manière si séduisante que Camper toute sa vie aima les beaux-arts avec passion. S'Gravesande lui apprit la physique, et Boërhaave, dans sa glorieuse vieillesse, oubliait ses souffrances en lui faisant bégayer quelques-unes de ses théories. Labordes fit de lui un bon mathématicien ; Albinus lui enseigna l'anatomie. Chargé de ce butin encyclopédique, et promettant de l'accroître, Camper dut embrasser la médecine, car dans le pays de Boërhaave, lui vivant, la médecine prévalait sur la magistrature.

A vingt-quatre ans on le reçut docteur en philosophie

20.

et en médecine, grâce à deux thèses, l'une *sur la Vision*, l'autre *sur l'Œil*, dans lesquelles il se montra à la fois physicien instruit, anatomiste au niveau de la science, et dessinateur habile. Après cela, en 1748, âgé alors de vingt-six ans, la mort de ses parents le laissant maître absolu de ses actions, Camper se mit à voyager. Il lui fallait des musées pour exercer ses yeux et ses crayons, des noms célèbres qu'il pût inscrire sur ces vaniteuses tablettes, des académies qui lui offrissent titres, fauteuils et couronnes à disputer. Il commença par l'Angleterre et finit par Paris. Dans cette dernière ville, la peinture et les lettres excitèrent son admiration. Il continua son voyage par Lyon, par Genève, Lausanne et Bâle, et ce fut dans cette dernière ville qu'il examina soigneusement les écrits d'Érasme, les tableaux d'Holbein, et qu'il rendit hommage à Jacques Bernoulli.

De retour de son voyage, Camper alla s'enfermer dans la petite ville de Franeker, où il venait d'être nommé professeur tout à la fois de philosophie, de chirurgie et de médecine. C'est là qu'il se maria à la veuve d'un bourguemestre, et qu'il professa durant dix ans, s'ennuyant de son obscurité, au lieu de la racheter par du bonheur. Il commença ses leçons par un discours *Sur le meilleur Monde (De Mundo optimo)*, et apparemment ce monde heureux n'avait pas Franeker pour patrie, car il profita bientôt de quelques vacances pour aller écouter les grands hommes de Londres. Nommé professeur à Amsterdam en 1758, il prononça un discours remarquable sur *l'utilité de l'anatomie dans toutes les sciences*, et un autre discours sur *ce que la médecine offre de certain*, thème heureux sur lequel Cabanis a depuis composé une dissertation qu'on lit moins qu'on ne la cite.

Je ne connais pas de vie plus difficile à résumer que celle de Camper, toujours occupée, toujours laborieuse, mais décousue à chaque endroit, et toujours changeante, interrompue, versatile. Au lieu de se laisser conduire par l'amour patient d'une gloire solide, éparpillant sans cesse son activité et son génie, Camper encensa jusqu'à la fin de ses jours l'idole des petits endroits, la vanité. Écrivant aujourd'hui une lettre à Pallas (*sur le rhinocéros à deux cornes*), afin d'être nommé membre de l'Académie de Saint-Pétersbourg, demain il ira à Londres tout exprès pour s'asseoir sur les coussins soyeux de la Société Royale, à laquelle il vient d'être associé. Il envoie une dent de dugong et une lettre éloquente à Buffon, afin d'être loué et remercié dans son immortelle Histoire, au lieu de méditer lui-même quelque grand ouvrage où le peuple des savants vienne brigner avec humilité l'honneur d'une citation. Quoique déjà membre de l'Académie de Londres, il n'en composera pas moins plusieurs mémoires *Sur les hernies des enfants*; *Sur la manière de les vêtir*, etc., cela uniquement dans le but d'être reçu membre de la Société de Harlem, ou même d'en recevoir un accessit; un mémoire par Académie : aussi que de mémoires, que d'opuscules ! Tantôt c'est un *Mémoire sur les calus des fractures*; le mois suivant, c'est un *Discours judicieux sur le beau physique*. C'est tantôt un mémoire sur l'*Inoculation* ou *sur la meilleure forme des souliers*, et tantôt un ouvrage très-remarquable sur *l'éléphant* ou sur *l'orang-outang*. Il adresse d'une main à l'Académie des Sciences de Paris un mémoire sur *l'organe de l'ouïe dans les poissons*, et de l'autre, à l'Académie de Chirurgie, un ouvrage sur les *bandages herniaires*.

Camper ne comprit pas la mission d'un homme de sa nature. Le souvenir de Londres et de Paris gâta son bonheur et désenchanta sa vie. Sa petite bourgade lui parut dès lors un séjour insipide ; il la quitta pour Amsterdam, puis il quitta Amsterdam pour Groningue, Groningue pour Franeker, pour sa terre, pour Paris, et pour vingt voyages vers des capitales et des académies. Camper rechercha en outre les fonctions publiques : il fut membre du conseil d'État des Provinces-Unies et député à l'assemblée des états de la Frise. Lors de la révolution de 1787 il resta dans le parti du stathouder, sans en approuver tous les actes. Il mourut le 7 avril 1789.

Si Camper n'a laissé aucun grand ouvrage, il en a du moins ébauché de fort nombreux, et il s'est livré à des recherches très-diverses. On a de lui de nouvelles vues sur la composition des *digues*, dont on l'avait nommé inspecteur pour la Hollande. Il s'est livré à des expériences d'agriculture, et peut-être est-ce à lui qu'on est redevable de la première idée des *fermes modèles*. Il préconisa l'*inoculation*, non-seulement pour la petite vérole, mais pour prévenir ou modifier certaines épizooties meurtrières, comme celles qui régnaient de son temps, et que le gouvernement de son pays l'avait chargé d'étudier. Quant à ses travaux politiques, comme conseiller d'État, comme député ou publiciste, ils lui valurent beaucoup plus d'ennemis que d'admirateurs, beaucoup moins de gloire que de chagrins.

Ses travaux en anatomie ne furent pas sans mérite : c'est lui qui le premier, quoi qu'ait prétendu Hunter, découvrit que l'air s'extravase dans l'intérieur des os des oiseaux, ainsi que dans le tissu intime de beaucoup de leurs organes, ce qui rend leur corps plus léger, leur sang plus rouge, plus aéré, leurs mouvements plus énergiques. Ses remarques sur le larynx de l'orang-outang sont intéressantes. C'est d'après une dissection scrupuleuse de cet animal que Camper a été conduit à conclure que Galien n'avait jamais disséqué de cadavres humains. Son anatomie de l'éléphant et ses travaux sur l'organe de l'ouïe des poissons n'ont pas été non plus sans utilité.

La zoologie, outre plusieurs monographies estimables, doit à Camper la première idée un peu motivée de l'*analogie qui existe entre tous les animaux*, analogie de structure et même de forme, qu'il démontra non-seulement à l'aide du scalpel, mais aussi avec son habile pinceau. Son mémoire sur le rhinocéros à deux cornes est aussi remarquable, littérairement parlant, à cause du talent de saine critique qui le distingue, que sous le rapport scientifique ; c'est lui qui, l'un des premiers a eu l'idée qu'on devait classer les animaux d'après leur organisation plutôt encore que d'après leurs caractères extérieurs, et il était réservé à Cuvier de remplir ses intentions à cet égard. Il a aussi recherché avec sagacité l'origine de la couleur des nègres. Ses connaissances en géologie de même qu'en anatomie et zoologie inspirèrent à Camper l'idée de réunir une collection d'ossements fossiles, et l'étude qu'il fit ensuite de ces pétrifications d'organes et d'organes vivants, la comparaison qu'il établit entre ces débris fossiles et les squelettes des êtres analogues qui vivent encore sous nos yeux, lui firent émettre l'opinion que les révolutions dont le globe terrestre offre les traces irrécusables ont fait disparaître de sa surface des races entières d'animaux. Cette idée de Camper, que les ossements fossiles appartiennent à des *races perdues*, il ne l'appuya peut-être pas sur des recherches assez minutieuses et assez approfondies pour qu'on doive reprocher à Cuvier d'en avoir déshérité Camper.

En chirurgie, on a de Camper des *Recherches intéressantes sur les causes de la claudication* et sur sa fréquence dans les enfants des riches; des observations sur *l'opération de la taille*, sur les *accouchements laborieux*, sur l'opération de la symphyse, sur l'abus des onguents, sur les rétrécissements du canal uréthral, sur les cancers incurables, sur les fractures de la rotule, etc. La médecine lui doit des recherches sur les remèdes spécifiques, sur les maladies chroniques des poumons, sur les vrais signes de la mort, sur l'infanticide, sur différents points d'hygiène, sur les épidémies, sur l'action de l'air dans les maladies, sur l'hydropisie; il rechercha aussi quelles sont les causes qui exposent l'homme à plus de maladies que les animaux. Enfin, il s'occupa de tant d'objets, qu'il n'acheva presque aucun ouvrage. Ce qui recommande le plus aujourd'hui la mémoire de Camper, ce sont ses remarques sur *l'angle facial*, sur la physionomie des peuples, des âges, des sexes, et des passions, comme aussi les emprunts essentiels que plusieurs contemporains ont été heureux de lui faire, mais que la postérité lui rendra.

Dr Isidore BOURDON.

CAMPERDUIN, ou simplement KAMP, village de la Hollande septentrionale, bâti dans les dunes qui en longent la côte occidentale, entre Alkmaar et l'Helder, est célèbre par une grande bataille navale que le vice-amiral anglais Duncan remporta le 11 octobre 1797 sur la flotte batave commandée par l'amiral de Winter. Ce brillant fait d'armes valut au vainqueur le titre de *Vicomte de Camperdown*. Cette même bataille est aussi appelée quelquefois, du nom d'un village situé dans les dunes qui se trouvent au sud-ouest d'Alkmaar, bataille *d'Egmond op Zee*.

CAMPESTRE (MARIE - JOSÉPHE - CAMILLE - ADÉLAÏDE MILLO, veuve BENOIT, dite comtesse ou marquise DE). Nous avons dit à l'article d'Alphonse de Beauchamp à quelle famille distinguée de Monaco appartenait cette dame. Les journaux judiciaires parlèrent beaucoup dans le temps de la soi-disant Mme de Campestre, et elle s'efforça d'ajouter encore à cette fâcheuse publicité en faisant imprimer deux volumes in-8° de mémoires. Si l'on en croit ces mémoires, sa mère se serait liguée avec diverses personnes, entre autres, le chevalier de Pougens, de l'Institut, pour la persécuter : on l'aurait empêchée d'obtenir une place de lectrice auprès de l'impératrice Joséphine, afin de ne pas nuire à une sœur admise au même titre dans la maison de la princesse Borghèse, laquelle fit ensuite un brillant mariage. Suivant ce même ouvrage, victime du despotisme impérial, Mme de Campestre aurait été enfermée d'abord au couvent des Dames Saint-Michel, à Paris, puis dans une *prison d'État*, rue du Cherche-Midi. A cette époque, pourtant, il n'existait dans cette rue d'autre lieu de détention que le dépôt des prisonniers justiciables des conseils de guerre et des commissions militaires, avec lesquels il n'est pas à croire qu'elle ait jamais eu rien à démêler. Voici, du reste, comment Pougens s'exprime à son égard dans les *Souvenirs* publiés après sa mort : « Ma chère Jenny ainsi que ma sœur, Mme Benoît, connue depuis sous le nom de Mme la comtesse de Campestre, qui a publié des mémoires, dans lesquels elle débite sur moi de basses et ridicules injures. La pauvre dame oublie que j'ai douze à quinze lettres, toutes écrites de sa main, où elle m'appelle son bienfaiteur, son sauveur, son Dieu tutélaire. En effet, comme elle était dans la plus affreuse misère, je l'ai nourrie; et ce qui est assez gai, c'est que je ne lui ai jamais parlé. Maintenant elle est devenue riche, grâce à certains calculs financiers, et surtout à l'intérêt de plusieurs protecteurs en crédit. »

Par malheur pour la soi-disant comtesse, sa fortune était bâtie sur le sable mouvant de la Bourse. Douée d'une fort jolie figure et des plus beaux yeux du monde, elle avait trouvé de nombreux adorateurs, et s'était lancée dans la haute société après que la mort de sa mère l'eut rendue indépendante. Elle rencontra dans les salons de l'aristocratie financière le comte de Corvetto, alors ministre des finances et ancien ami de sa famille. Admise pour des sommes considérables dans la souscription des emprunts de 1816, elle en avait revendu, avec de gros bénéfices, les certificats d'inscription, sans avoir déboursé un centime. Les Italiens disent proverbialement qu'il faut souhaiter à son plus grand ennemi le gain d'un terne à la loterie. Ce succès inespéré donna à Mme de Campestre du goût pour les spéculations chanceuses, où il n'est plus possible de s'arrêter une fois qu'on s'y est engagé. On commence par être dupe, on finit... par aller en police correctionnelle. C'est ce qui lui arriva.

Née pour les aventures galantes, elle fut dans l'espace de quatre années mise deux fois en jugement et condamnée pour escroquerie. Elle se vantait d'un immense crédit auprès des personnages les plus puissants, qui, à l'en croire, la chargeaient de spéculer à la Bourse pour leur compte, en l'autorisant à y prendre un intérêt pour elle-même et ses amis. Comme elle jouait à la hausse, dont la fièvre allait toujours croissant, elle paraissait faire fructifier les fonds qui lui étaient remis ; mais le plus souvent, au lieu de les porter chez un agent de change, elle les dissipait follement en fêtes splendides données par elle, soit dans un appartement somptueux à Paris, soit dans une des plus élégantes maisons de Saint-Cloud. Quand on lui demandait compte des bénéfices, elle alléguait une baisse inattendue, et ne rendait ni en capital ni en dividendes les sommes qu'on avait eu l'imprudence de lui confier. Souvent, pendant qu'elle présidait à un banquet, entourée de nombreux convives, un valet en livrée demandait à parler à madame; elle s'absentait quelques instants, et reparaissait radieuse en disant : « Je viens d'apprendre, de la part de tel prince ou de tel ministre, une importante nouvelle; j'ai donné aussitôt mes ordres à mes mandataires à Tortoni. Demain, à l'ouverture de la grande bourse, j'aurai 30,000 francs de bénéfice. » Chacun désirait avoir sa part dans le succès, sans avoir la présomption de pénétrer dans le secret intime de l'opération; et elle recevait ainsi de nouveaux tributs qui servaient à alimenter ses fastueuses dissipations.

Dans ses mémoires, Mme de Campestre a soutenu, comme en police correctionnelle, que son crédit n'avait eu rien d'imaginaire, mais que le sort avait pu quelquefois trahir ses espérances. Telle nouvelle qui était vraie au moment où un bavard imprudent la lui transmettait se trouvait démentie par un événement imprévu, ou bien la nouvelle, escomptée à l'avance par des spéculateurs plus habiles, avait produit, par la réalisation de gros bénéfices, une réaction en sens contraire. Pressée par des questions embarrassantes, Mme de Campestre démentait en pleine audience ses dénonciateurs ; elle leur démontrait que si une terreur panique ne s'était pas emparée d'eux, et surtout si des créanciers trop avides avaient su patienter quelques mois, ou seulement quelques jours, leurs fonds eussent été doublés. Dans cet ouvrage, hérissé de lettres initiales et de réticences, à l'en croire, aucun des événements du temps ne lui était caché : on lui révélait tout, ou bien elle savait tout prévoir. C'est dans ce livre qu'elle a déposé le germe d'une invention abominable. Elle y parle d'une orpheline dont l'origine est illustre, et menace de divulguer, on l'y force, un mystère qui étonnera l'univers. On avait fait, suivant elle, des efforts inouïs pour la contraindre à parler, on l'avait même retenue en prison. Ce n'est que longtemps après sa sortie et lors de son second procès, en 1833, qu'elle fit des confidences sur ce sujet à diverses personnes, notamment à un vieux général en retraite. Belle encore, elle avait inspiré à cet ancien militaire la passion la plus vive; pour le mieux tenir sous le charme, elle affectait dans ses lettres de la jalousie : « Pensez bien, lui disait-elle, qu'on ne retrouve pas deux fois dans la vie une femme comme moi ! » Le général, qui depuis est mort dans un état cruel d'abandon, sacrifia toutes ses ressources pour procurer à Mme de Campestre le moyen de faire en Angleterre un voyage destiné à les enrichir tous deux. Il ne s'agissait pas moins que de faire reconnaître par George IV cette orpheline dont il avait été, disait-on, le père, en 1793, lorsqu'il était prince de Galles. Le prince, suivant Mme de Campestre, aurait réussi à s'introduire dans la tour du Temple; et y aurait contracté un *mariage secret*...... Cette fille serait issue l'intéressante personne, méconnue depuis de ses illustres parents, et que Mme de Campestre aurait été trop heureuse de marier à un avocat de province. L'ancien amant de Mme de Campestre disait en plein tribunal qu'il s'était laissé fasciner par une habile enchanteresse, qui l'avait complètement ruiné, quoique leurs relations, suivant lui, n'eussent eu rien que de platoniques. La prévenue ayant paru offensée de la réserve circonspecte du témoin, le galant suranné s'écria : « Ah, madame ! J'ai vu quelquefois des fats se vanter de bonnes fortunes imaginaires, mais je n'avais jamais entendu jusque ici une femme se compromettre gratuitement elle-même. » Condamnée, à cause de la récidive, à cinq années d'emprisonnement et cinq ans de surveillance, la soi-disant comtesse de Campestre est morte dans une maison de santé avant d'avoir entièrement expié sa peine. Cette intrigante de haut parage n'a pas du reste emporté avec elle l'art de vivre aux dépens des coureurs de places et de rubans. Que de *marquises de Campestre* nous pourrions vous citer parmi les belles dames qui ont exploité le règne de Louis-Philippe ou qui exploitent le régime actuel ! Mais force nous est de garder le silence, puisqu'elles ont su éviter jusqu'à ce jour le banc vengeur de la police correctionnelle. BRETON.

CAMPHAUSEN (LUDOLF), homme d'État prussien, né le 3 janvier 1803, à Hunshoven, dans l'arrondissement d'Aix-la-Chapelle, embrassa la carrière commerciale, et fonda en 1825 à Cologne une maison de banque en société avec son frère aîné. Nommé successivement membre du conseil municipal de Cologne, de la chambre de commerce et de diverses autres réunions et sociétés d'intérêt général, il fut un des premiers qui s'efforcèrent d'enrichir l'Allemagne d'un système complet de communications par chemins de fer. Cette question lui a fourni le sujet de différentes brochures qui prouvent un esprit éminemment pratique. Il ne montra pas moins de zèle à défendre les principes de la liberté commerciale contre les partisans d'un système protecteur basé sur l'exagération des droits de douane, et depuis 1839 jusqu'en 1848 il présida la chambre de commerce de Cologne. En 1841 il fonda la société des remorqueurs à vapeur du Rhin, qui a tant contribué au développement du commerce sur les rives de ce fleuve. En 1842 la ville de Cologne l'élut pour son représentant à la diète provinciale rhénane, et de cette époque date, à bien dire, sa carrière politique.

Les motions les plus importantes de ces états provinciaux furent faites à son instigation. C'est ainsi qu'en 1843 ils votèrent une adresse à la couronne pour réclamer la liberté de la presse, et qu'ils demandèrent en 1845 l'exécution de l'ordonnance du 22 mai 1815 relative à l'établissement d'une représentation nationale. Dans la diète de 1847 il présenta une motion ayant pour but d'obtenir la réunion périodique de cette assemblée. A ce moment une division nettement tranchée s'opéra dans les rangs du parti libéral. M. Camphausen appartenait à la fraction conservatrice de ce parti, composé en général des représentants des pays rhénans. Le recès de clôture de la diète provinciale dans l'été de 1847 lui apprit toutefois que le gouvernement était décidé à ne pas plus tenir compte des vœux de l'opposition modérée que des exigences de l'opposition la plus avancée, à n'accueillir par conséquent aucune des motions toutes de conciliation votées par son parti.

Quelques mois plus tard, en février 1848, il fut presque le seul homme marquant de l'opposition qu'on vit siéger au comité des états à Berlin. Un discours qu'il y prononça au commencement de la session sur un nouveau projet de code pénal, et où il exprimait son mécontentement au sujet de la politique de résistance du gouvernement, autorisa à penser qu'il en était aux regrets de l'attitude toute de calme et de conciliation observée jusque alors par son parti. Mais l'esprit de conciliation était trop l'un des traits saillants de son caractère pour qu'il ne se manifestât pas de nouveau quand les événements dont la Prusse fut le théâtre au mois de mars 1848 l'appelèrent à la direction des affaires publiques.

Après des efforts inutilement tentés par le comte d'Arnim-Boitzenburg pour obtenir l'entrée de M. Camphausen dans le cabinet, celui-ci fut nommé président du conseil des ministres le 29 mars, en remplacement du comte, qui remit au roi sa démission. Mais il s'en faut fort que le nouveau ministre acceptât sans réserve les principes démocratiques, base des promesses de mars : pour lui, comme pour tout l'ancien parti libéral, le mouvement était allé beaucoup trop loin. De là bientôt une lutte entre l'élément démocratique et l'ancien élément libéral ; lutte dans laquelle succombèrent et les ministres dévoués à l'ancien parti libéral, et la démocratie, et finalement l'ancien parti libéral lui-même. Aucune des grandes mesures politiques adoptées par M. Camphausen n'obtint l'assentiment de la démocratie, et en même temps il lui fut impossible de donner complète satisfaction aux exigences qui lui étaient exprimées en haut lieu.

M. Camphausen ne vit alors que le danger qui menaçait d'en bas. Sous son administration il ne fut donc fait que très-peu de chose pour modifier le vieil esprit de routine du gouvernement prussien. Les créatures et les soutiens de la politique renversée par les événements de mars conservèrent leurs places, et on leur commit le soin d'appliquer les principes d'une politique dont ils avaient été les constants adversaires. M. Camphausen, en dépit des exigences de l'opinion, persista à faire convoquer la diète réunie. Il partait de cette idée que les institutions nouvelles devaient se développer organiquement sur les anciennes. Vint ensuite le projet de constitution préparé par M. Hansemann, et que M. Camphausen soumit à l'Assemblée nationale convoquée après la dissolution des anciens états. Ce projet était calqué sur la constitution belge, et contenait notamment le principe du cens électoral, tandis que diverses autres dispositions libérales de cette constitution y avaient été omises. La sanction ainsi donnée à ces importantes questions rendait insoutenable la position de M. Camphausen en présence de la majorité de l'Assemblée nationale. Des divergences de vues dans le sein du ministère vinrent l'aggraver, et le 20 juin il se voyait contraint de remettre au roi sa démission. La majorité de l'Assemblée nationale, en lui offrant la présidence, lui prouva combien elle appréciait sa loyauté et ses manières conciliantes ; mais il refusa cet honneur.

Dans les premiers jours de juillet le vicaire de l'Empire lui fit offrir le portefeuille des affaires étrangères et la présidence éventuelle du conseil des ministres de l'Empire ; mais M. Camphausen le refusa également. Déjà, en sa qualité de président du conseil des ministres de Prusse, il s'était prononcé contre les prétentions de souveraineté émises par le parlement de Francfort ; et il se montra l'adversaire non moins décidé de toutes les mesures qui pouvaient tendre à annuler ou seulement à amoindrir la part d'influence que la Prusse est naturellement appelée à exercer sur l'Allemagne. Vers la fin de juillet il fut nommé ministre d'État (*wirklich geheimer Rath*) et accrédité auprès du pouvoir central allemand en qualité de ministre plénipotentiaire. Sa mission était des plus difficiles. Il avait tout à la fois à défendre le principe de l'indépendance absolue de la Prusse à l'égard du parlement de Francfort et à maintenir le gouvernement prussien dans les voies de la véritable politique allemande. Il combattit en conséquence l'idée du rétablissement de l'Empire, de même qu'il repoussa comme trop démocratique la constitution de l'Empire telle qu'il en fut donné lecture pour la première fois, provoquant une déclaration identique de la part de 31 autres gouvernements. Il fut de même le promoteur de l'importante circulaire en date du 23 janvier 1849, dans laquelle le gouvernement prussien émettait pour sa direction, un État fédératif réuni par des liens plus étroits. Il se peut qu'en cela il ait eu en vue de se rapprocher du programme de M. de Gagern, mais au mois d'avril suivant le ministère du comte Brandebourg rompait complétement avec le parti Gagern, et cette détermination semble avoir été jusqu'à un certain point en opposition avec les vues de M. Camphausen, puisque, ne pouvant approuver sans restriction la politique adoptée par le cabinet, il donna alors sa démission.

Depuis, M. Camphausen a pris part aux diverses assemblées législatives réunies en Prusse, ainsi qu'aux délibérations du parlement d'union à Erfurt. Dans la session de la première chambre prussienne de 1849 à 1850 il fit encore une fois prévaloir sa politique de conciliation. Dans l'intérêt de l'œuvre d'union de l'Allemagne, et pour consolider la position acquise par la Prusse, qu'il jugeait devoir être compromise si le ministère Brandebourg-Manteuffel se retirait et si les propositions royales du 9 janvier 1850 étaient repoussées, il conserva une attitude isolée dans les rangs de l'opposition constitutionnelle. Au *Volkhaus* d'Erfurt (1850), ce fut lui qui remplit les fonctions de rapporteur du comité de constitution, et il défendit en bloc la constitution sortie de ses délibérations. Dans la session de 1850 à 1851, M. Camphausen qui, comme tant d'autres de ses amis politiques, ne pouvait adhérer à la politique dont les bases venaient d'être posées aux conférences de Varsovie et d'Olmutz, entra alors dans les rangs de l'opposition décidée. Les discours qu'il prononça à propos de la discussion de l'adresse, de même que dans celle du projet de loi relatif au régime de la presse, témoignent d'une certaine amertume et du parti pris de ne céder à la réaction qu'après la résistance la plus opiniâtre, quelque inutile qu'il la sût d'avance.

Renonçant désormais à toute participation aux affaires publiques, M. Camphausen est venu reprendre sa position d'associé gérant de la maison de banque A.-E.-L. Camphausen. Il est le premier exemple qu'on ait encore eu en Prusse d'un homme s'occupant d'affaires commerciales tout en étant investi du titre de ministre d'État.

CAMPHRE, produit immédiat fourni par plusieurs végétaux de familles différentes, et connu dès l'antiquité la plus reculée. Les Arabes l'appelaient *kamphur* ou *kaphur*. C'est dans la classe des laurinées que l'on rencontre le camphre en plus grande abondance : on l'extrait par le procédé le plus facile. Le *laurier camphrier* (*laurus camphora*), très-abondant à la Chine et au Japon, fournit la majeure partie du camphre brut qui est exporté en Europe. Un autre arbre, dont la famille nous reste encore inconnue, et qui croît à Bornéo, à Sumatra, ajoute à cette production. Rumphius nous apprend que le camphre se trouve logé entre le bois et l'écorce de cet arbre, fort abondant près de Malacca, et qu'il est très-facile d'en extraire mécaniquement cette résine. Quant à l'extraction du camphre produit par les *laurus*, elle nécessite la réduction du bois en petits copeaux, qu'on soumet ensuite à l'action de la chaleur pour faire sublimer le camphre. Comme toutes les opérations pratiquées dans l'Inde, sans égard à la dépense du temps et de la main-d'œuvre, cette sublimation se fait au moyen d'un procédé extrêmement simple : les copeaux du *laurus camphora* sont placés dans une chaudière pleine d'eau qu'on soumet à l'ébullition ; cette chaudière est surmontée d'un chapeau en terre cuite, garni dans l'intérieur de cordelettes en paille de riz ; dans le progrès de la vaporisation de l'eau elle entraîne avec elle la vapeur camphorique, qui se condense sur ces cordelettes en grenailles d'un gris sale.

Le camphre se sublime complétement dans un vase clos à une température peu au-dessus de 200°. C'est sur cette propriété qu'est fondé l'art de purifier cette résine, qui nous est apportée brute de l'Inde, et en former ces pains presque translucides, d'une blancheur éclatante, que l'on trouve dans le commerce de la droguerie. La purification du camphre est singulièrement favorisée et surtout beaucoup accélérée par une addition de chaux vive, dans la proportion de un cinquantième environ du poids de la matière brute. Cette opération se fait très-bien au bain de sable. Comme dans toutes les sublimations, le produit est d'autant plus compacte et mieux formé en calote hémisphérique que le feu a été plus ménagé d'abord, et élevé graduellement et sans interruption. Quoi qu'il en soit, quelque simple que semble être cette opération, elle ne réussit constamment bien qu'entre les mains d'ouvriers qui en ont une grande habitude. Le produit est sujet à être peu dense et neigeux au lieu d'être serré et demi-transparent, comme on l'exige dans le commerce. Un autre accident fort commun dans cette distillation, ce sont les soubresauts de la matière et la projection de la chaux et du camphre brut, qui vient s'attacher à la calote de camphre purifié qui se forme. Le meilleur moyen pour éviter ces soubresauts de la matière est d'y répartir uniformément la chaleur, et on y parvient en y plongeant une lame de platine tournée en spirale. M. Robiquet a observé que l'addition de deux parties de charbon animal réduit en poudre impalpable, sur cinquante-une parties de camphre brut et de chaux, contribuait puissamment à la beauté du produit.

Proust, ayant remarqué l'énorme quantité du camphre tenu en dissolution dans les huiles essentielles fournies par plusieurs labiées d'Espagne, a cru pouvoir annoncer que dans tous les climats chauds il serait possible d'extraire ce camphre avec ces huiles essentielles. Il suffit de laisser séjourner longtemps ces huiles essentielles dans une cave fraîche, pour qu'il s'y dépose de gros cristaux de camphre.

Le camphre raffiné doit être bien blanc, presque transparent, dur, cassant, gras au toucher, avec une légère ductilité. L'odeur du camphre est vive et pénétrante ; sa saveur est chaude, âcre, piquante ; il a une propriété calmante bien constatée, mais qui a été fort exagérée. L'extrême volatilité du camphre, même à une basse température, le rend propre à l'exhibition d'un phénomène amusant, et qu'on peut faire tourner à l'utilité : qu'un fil de platine roulé en spirale et porté à la température rouge soit placé un peu au-dessus d'un morceau de camphre, ce fil deviendra incandescent et continuera de l'être tant qu'il restera du camphre non volatilisé ; on se procurera ainsi une lampe sans flamme, dont on pourra s'éclairer.

Le camphre est bien peu soluble dans l'eau, à laquelle il communique cependant avec beaucoup de rapidité une odeur très-prononcée ; mais il l'est beaucoup dans l'alcool et dans toutes les huiles essentielles et fixes, surtout à chaud. Par le refroidissement, il se forme dans ces huiles des cristaux de camphre.

Il ne paraît pas que toutes les espèces de camphre, extraites de végétaux différents, soient identiques entre elles, mais elles se rapprochent toutes par des propriétés saillantes qui leur sont communes. Le prétendu *camphre artificiel* de quelques chimistes résulte du passage du gaz hydrochlorique (muriatique) à travers l'essence de térébenthine. Il s'en faut de beaucoup que l'on produise dans ce cas un camphre jouissant de toutes les propriétés du camphre naturel. Ceci est encore du ressort de la chimie théorique.
PELOUZE père.

Usité en médecine comme calmant et antiseptique, le camphre a été il y a quelques années le sujet d'une polémique médicale, dans laquelle M. Raspail a joué le principal rôle. « Le camphre, dit ce savant chimiste, a la propriété de ramener le sommeil, d'éclaircir les urines, de mettre en fuite ou d'empoisonner les parasites internes ou externes, par conséquent de dissiper les crampes et maux d'estomac, les douleurs d'entrailles, la diarrhée et la dyssenterie, la gravelle, de prévenir la formation de la pierre. » Faisant du camphre une sorte de panacée universelle, M. Raspail l'administre, soit sous forme de lotions, de pommade, de bougies, etc., soit en poudre à priser, en cigarettes, etc. Quant aux raisons qui le déterminent à avoir au camphre une telle importance, il les expose ainsi : « Mes recherches m'ayant amené à admettre que le plus grand nombre des maladies émanent de l'invasion des parasites internes et externes, et de l'infection, par les produits de leur action désorganisatrice ; d'un autre côté, ayant en vue de simplifier la médication autant que je venais de simplifier la théorie médicale, je ne pouvais pas arrêter ma préférence sur une substance meilleure que le camphre, dans le double but d'étouffer la cause immédiate du mal, et d'en neutraliser les effets. Si j'avais eu sous la main un médicament d'une plus grande énergie sous ce double rapport, je n'aurais pas basé ma médication sur le camphre. »

Cette dernière phrase répond à bien des critiques, et explique pourquoi M. Raspail a tant préconisé l'emploi des *cigarettes de camphre*, que l'on aspire de manière à absorber le camphre qui se volatilise. Selon lui, ces cigarettes sont souveraines contre la migraine, les pesanteurs d'estomac, le coryza, les affections des voies nasales, les maux d'yeux, la toux, les rhumes les plus invétérés, la pituite, le croup, et même contre la phthisie pulmonaire, du moins dit-il, à son premier degré. Le malade, ajoute M. Raspail, en éprouve un bien-être presque instantané. On ne peut nier en effet que cette substance n'agisse comme un stimulant énergique sur l'économie animale. Mais cette énergie même a paru aux adversaires de M. Raspail renfermer un danger, et le moment où les *cigarettes de Raspail* étaient devenues en quelque sorte une affaire de mode, l'un d'eux écrivait : « Si d'une part on songe que le camphre, en raison de l'étonnante rapidité avec laquelle il se vaporise à la température ordinaire, peut être introduit en quantité considérable dans les poumons, et que de l'autre ce médicament peut dangereusement aggraver certaines maladies de poitrine, et par un usage prolongé détériorer les constitutions, on devra au moins reconnaître la nécessité de régulariser l'emploi d'un remède actif, devenu, à tort ou à raison, populaire. » Ces craintes étaient sans doute exagérées, car l'usage des cigarettes de camphre, s'il n'a guéri personne, semble du moins n'avoir amené aucun accident.

CAMPHUISEN (Dirk-Rafelsz), l'un des créateurs de la poésie hollandaise, né à Gorkum, en 1586, perdit de bonne heure ses parents, et fut élevé par les soins de son frère aîné, qui, ayant cru remarquer en lui des dispositions pour l'art, le plaça dans l'atelier d'un bon peintre. Il y fit des progrès tels qu'en peu de temps il eut surpassé son maître ; mais plus tard il se consacra à l'étude des sciences, alla étudier la théologie à Leyden, et embrassa chaudement les doctrines d'Arminius. Enveloppé dans la persécution générale dont les partisans de ce docteur devinrent bientôt l'objet, il fut expulsé de la cure de Vleuten, qu'il avait précédemment obtenue, et réduit à errer en fugitif de bourgade en bourgade, en proie à toutes les souffrances et à toutes les privations de la misère, jusqu'à ce qu'il eut enfin trouvé un asile à Dokkum, dans la Frise, où il mourut, en 1626.

Ses poésies, dont les sujets sont en général pieux, se distinguent par une originalité et une profondeur de sentiment assez rares parmi les poètes de son époque.

CAMPI, nom d'une célèbre famille d'artistes de Crémone, qui fleurit dans la seconde moitié du seizième siècle. Le premier membre de cette famille qui se fit un nom, *Galeazzo* Campi, mourut en 1536, à soixante et un ans. Ses trois fils, *Giulio* (né en 1500, mort en 1572), *Antonio* et *Vincenzio* Campi ont plus d'importance dans l'histoire de la peinture.

Le premier peut être considéré comme le véritable fondateur de l'école des Campi. Élève de Jules Romain, il fit aussi de la sculpture et de l'architecture. Il se rendit plus tard à Rome, où il étudia les anciens et Raphael, et dessina, entre autres, la colonne Trajane avec une rare exactitude. Il prit également pour modèle Le Titien et Pordenone, de sorte qu'on l'a confondu quelquefois avec le premier de ces maîtres, par exemple dans ses grandes toiles de San-Gismondo, tandis qu'on a attribué à Pordenone son *Christ devant Pilate* de la cathédrale. D'ailleurs, si bien qu'il fût le maître, ne négligeant pas plus que lui l'étude de la nature. On remarque surtout leurs belles têtes de femme. Il est plus aisé de les distinguer entre eux par le dessin que par le coloris. Giulio l'emporte sans doute sur ses frères en ce qui est du grandiose et de l'importance de ses sujets, mais à cet égard il est encore resté inférieur

à Bernardino Campi, dont nous parlerons plus loin. *Antonio* prit les leçons de son frère Giulio pour la peinture et l'architecture. La sacristie de Saint-Pierre est de lui. Il fut en outre sculpteur, graveur, et même l'historien de sa ville natale, dont, en 1585, il publia la chronique ornée d'un grand nombre de gravures. Comme peintre il prit surtout Le Corrège pour modèle ; et il semble que son frère *Vincenzio* l'ait eu pour guide plutôt que leur frère aîné Giulio. Vincenzio réussissait mieux dans les petites figures que dans les grandes. On estime aussi ses portraits et ses fruits, sujet qu'il reproduisait avec une remarquable vérité. Il y a de lui à Crémone quatre *Descentes de croix*, dont la plus remarquable est celle de la cathédrale. Il mourut en 1591. Son frère Antonio vivait encore alors, et fut créé chevalier.

Bernardino Campi, né en 1522, mort en 1590, de la même famille que les précédents, est demeuré le maître le plus important de l'école à laquelle ils ont donné leur nom, et il est à ses parents ce qu'Annibale est aux Carraches. Initié d'abord aux principes de l'art par l'aîné des Campi, il ne tarda pas à dépasser son maître, dont il avait adopté l'éclectisme. Plus tard il prit successivement pour modèles Jules Romain, Le Titien et Le Corrège, mais surtout Raphael. Toutefois, il savait imiter sans copier. A Milan, et surtout à Crémone, il existe un grand nombre de tableaux de lui. Son meilleur et son plus grand ouvrage est resté la coupole du chœur de l'église San-Gismondo, dans la seconde de ces villes. Bernardino Campi faisait aussi le portrait d'une manière très-remarquable, et on a de lui quelques assez bonnes eaux-fortes. *Sofonisba Anguisciola*, dont les portraits sont si célèbres, avait été son élève. Bernardino Campi publia en 1584 un livre intitulé *Para sulla Pittura*. Notre Musée du Louvre possède de lui *La Mère de Pitié*.

CAMPINE, en flamand *Kempens*, contrée de Belgique, dans les provinces de Liège et de Brabant. Cette contrée, renommée pour ses pâturages, où l'on élève les chevaux, les bœufs, les moutons les plus beaux du royaume, forme un plateau peu élevé sur la limite des deux bassins de l'Escaut et de la Meuse, et comprend les territoires de Turnhout, Herenthals, Gheel, Hoogstraeten, Moll, Postel, Heyst-op-den-Berg, Meerhout, Wortel, Merxplas, Ryckevorsel, Herck, Beringen, Peer, Hamont, etc. La première colonie agricole que la Belgique forma, à l'imitation de la Hollande, eut pour théâtre les landes de la Campine, dans la commune de Wortel, contrée saine et agréable. Ces landes incultes furent bientôt arrachées à leur antique stérilité ; les bas-fonds se comblèrent, des routes s'ouvrirent. En 1830 il y avait là quantité de maisons bien bâties, bien entretenues, parfaitement saines, entourées de champs de seigle, de pommes de terre, de maïs, etc. ; cinq vingt-cinq fermes, cinq maisons de surveillants, une pour le directeur, une filature, un magasin et une école. Tout près, dans les communes de Ryckevorsel et de Merxplas, fonctionnait une colonie de répression de mille mendiants valides, transformés en agriculteurs. Dans le bâtiment, qui est immense, régnaient le plus grand ordre, la plus délicate propreté ; aucune règle hygiénique n'était négligée ; les colons, bien soignés, bien nourris, étaient forts et contents. Il y avait là une école, une infirmerie, un magasin, une filature, un atelier de tissage et deux boutiques où l'on débitait du beurre, du café et du tabac.

A 12 kilomètres de Wortel, près de la route d'Anvers, il existe une colonie agricole de trappistes émigrés de France en 1792. A Gheel, bourg de 0,500 âmes, à 20 kilomètres de Turnhout, des aliénés sont placés chez les cultivateurs, qui les occupent dans les champs ; ce grand air, cette liberté, cette vie paisible rendent la raison à beaucoup de ces infortunés. Bruxelles, Anvers et d'autres villes y envoient les leurs. Ils ont généralement l'air satisfait et vivent avec leurs hôtes comme en famille. Il n'y a pas d'exemple qu'un aliéné se soit livré à des excès.

Les colonies agricoles de la Campine étaient toutes florissantes en 1830. En 1852 elles sont pour la plupart dans une décadence complète.

CAMPISTRON (Jean Galbert de), né à Toulouse, en 1656, mort en 1723, gentilhomme et poëte, académicien et guerrier, eut une carrière de succès militaires et dramatiques. Secrétaire des commandements du duc de Vendôme, il montra le plus grand courage dans les campagnes d'Espagne et d'Italie, qui lui valurent de Philippe V une riche commanderie de Saint-Jacques, et du duc de Mantoue le marquisat de Pegnano. Mais qui se souviendrait du gentilhomme et du courtisan Campistron, si à son nom ne se rattachait la réputation du plus heureux copiste de Racine? Un duel avait marqué son entrée dans le monde; un acte de désintéressement lui valut la faveur du duc de Vendôme. Il avait fait pour ce prince je ne sais quel divertissement dramatique; le prince lui offrit une gratification; Campistron la refusa, et Vendôme le nomma son secrétaire des commandements : aimable sinécure, s'il en fut jamais. On sait que c'est en brûlant les lettres adressées au prince que l'heureux secrétaire y répondait, et le patron en riait tout le premier. A Steinkerque, le duc de Vendôme, voyant au fort de la bataille son secrétaire galoper étourdiment à sa suite, lui cria : « Allez-vous-en, Campistron ! — Monseigneur, est-ce que vous voulez vous en aller? répliqua le belliqueux poëte. » Comme l'observe M. Saint-Marc Girardin, « en face de la mitraille, il y a là plus que de l'esprit ». Malgré la faveur du maître et les honneurs dont il avait été comblé, Campistron n'attendit pas la vieillesse pour aller dans sa patrie goûter la liberté modeste et calme de la vie privée. Telle était la force des liens qui enchaînaient aux petits aux grands, que notre poëte encourut le reproche d'ingratitude. Il avait été nommé mainteneur des jeux floraux en 1694, et membre de l'Académie Française en 1701. Sa mort, selon quelques biographes, fut causée par une indigestion. D'autres se sont efforcés d'absoudre Campistron de ce reproche d'intempérance.

Campistron prit pour guide dans la carrière dramatique l'auteur de *Phèdre*, dont il s'attacha à reproduire la manière. Bien que ses œuvres aient eu dix éditions, il y a peu d'auteurs moins lus que Campistron : son style est faible. « Chez lui, dit encore M. Saint-Marc Girardin, point de cette chaleur qui entraîne, point de ces traits qui étonnent. Mais son expression, toujours simple, ne reste jamais en arrière de sa pensée. Et puis ce style, encore qu'il ait peu de brillant et d'énergie, est tout ce qu'il faut au théâtre, de la tenue et la diction de l'acteur corrigent aisément ce qui peut manquer à la force de la versification. » A la lecture, on ne peut nier que les faibles esquisses de Campistron pâlissent devant les tableaux du maître; et le Raphaël de notre tragédie classique n'a pas eu son Jules Romain.

En se plaçant au point de vue où nous entraîne la liberté d'allure de l'art dramatique actuel, il sera assez difficile de tenir compte à l'auteur de *Virginie* et d'*Andronic* de l'observation docile et constante de ces règles multipliées, minutieuses, dont une critique sans appel entourait à cette époque les abords de l'art, en resserrant le drame, non-seulement dans le lien des trois unités, mais encore dans les chaînes de convenances et d'impossibilités dont nous ne pouvons pas avoir aujourd'hui l'idée. C'est ainsi que Campistron, voulant transporter sur notre scène la tragédie trop malheureusement vraie de Philippe II et de don Carlos, fut obligé, par ces tyranniques convenances, de transporter la scène à Byzance, et d'inventer le côté d'*Andronic*. Si Campistron, dont les tragédies produisirent de leur temps un effet merveilleux sur la scène, nous paraît à la lecture n'avoir copié que les imperfections de son modèle, la lecture de ces vers décolorés nous met à même de saisir le secret de Racine, dont la diction magique n'est plus là pour nous cacher les efforts de sa composition. Campistron a pris l'école de Racine précisément où il l'avait laissée après *Phè-*

dre. Phèdre est une passion d'exception, un amour coupable, hors nature : c'est de cette passion d'exception, de ces situations violentes, de cette lutte de l'âme, en proie à une pensée criminelle, que part Campistron, pour aller plus loin encore, non en talent, non en génie, mais en hardiesse de fond et de peinture : dans *Andronic*, c'est un fils qui aime sa belle-mère; dans *Tiridate*, un frère est amoureux de sa sœur. Mais combien Campistron, autant par système que par impuissance, est faible et décoloré sous un autre rapport ! combien ses personnages sont au-dessous de l'histoire ! Dans *Tiridate* on trouve, comme dans *Andronic*, ces aimables princes, ces tendres feux, ces appas charmants, ces adorables princesses, qui si longtemps ont charmé nos grands-pères, mieux que nous, sans doute, profès en galanterie. Je ne parlerais pas de l'*Arminius* de Campistron, si à cette tragédie ne se rattachait une anecdote assez piquante. *Virginie*, la première de ses pièces, n'avait point triomphé sans peine de la cabale de Pradon. Campistron mit *Arminius* sous le patronage de la duchesse de Bouillon, afin de n'être pas une seconde fois en butte avec un rival si bien protégé, et il dédia sa seconde tragédie à la duchesse. Grâce à ce nom souverain dans les coteries, Campistron devint à la mode et marcha de succès en succès. *Phocion*, *Phraate*, *Adrien*, *Aetius*, *Alcibiade*, *Juba*, tels sont les noms de ses autres tragédies.

Campistron, comme presque tous nos poëtes tragiques, s'est essayé dans la comédie. *Jaloux désabusé* présente une intrigue bien conçue et des détails plaisants. On lui doit aussi deux opéras, *Acis et Galathée*, *Achille et Hercule*. Cette dernière production donna lieu à l'épigramme suivante :

A force de forger on devient forgeron :
Il n'en est pas ainsi du pauvre Campistron ;
Au lieu d'avancer, il recule :
Voyez *Hercule* !

Campistron eut un frère jésuite et professeur, qui le suivit en Espagne : on sait qu'alors les jésuites se trouvaient partout, même à l'armée; et quelques-uns y faisaient meilleure contenance que le R. P. Canaye, à qui Saint-Évremond a assuré une si plaisante immortalité dans quelques pages inimitables. Le P. Campistron fut de ce nombre. Il ne craignait pas plus les balles que son frère. Il a laissé des poésies latines et françaises qui ne sont pas sans mérite.

Charles Du Rozoir.

CAMPO-FORMIO (Paix de). *Campo-Formio* ou *Campo-Formido* est un village du Frioul, à huit kilomètres sud-ouest d'Udine, avec un château et une population de 1,500 âmes. Ce lieu est célèbre par le traité de paix qui y fut conclu le 17 octobre 1797 entre la république française et l'Autriche.

Les victoires de Bonaparte avaient rapidement porté l'armée d'Italie sur les revers des Alpes-Noriques, d'où elle menaçait Vienne. En vain que le général avait compté sur le Directoire pour se procurer les fonds nécessaires à son entrée en campagne. Il eût fallu pour cela que ce corps vermoulu fît acte de capacité et de patriotisme, qu'il suspendît les dilapidations et les concussions de ses agents. Or, c'était impossible. Le 31 mars Bonaparte reçut à Klagenfurt une dépêche du Directoire qui lui annonçait qu'il ne devait plus même compter sur la coopération des autres armées. Sa position devenait dès lors embarrassante. Il prit le seul parti qui, avec son génie et la rapidité de ses conceptions et de ses mouvements, présentât des chances favorables : ce fut celui d'offrir la paix, en même temps qu'il poursuivrait ses succès avec une nouvelle vivacité. Le jour même où il reçut la dépêche du Directoire, il adressa au prince Charles une lettre où il parlait de mettre un terme à la guerre. L'archiduc répondit qu'il n'avait aucun pouvoir pour traiter. Mais il n'avait pu se dispenser de rendre compte de l'ouverture qui lui avait été faite. Bonaparte n'ignorait pas, de son côté, que la nouvelle de notre entrée à Klagenfurt avait jeté la consternation à Vienne, que l'on commençait à évacuer. Quelques succès brillants, rapidement remportés, devaient encore augmenter l'épouvante, et par l'offre qu'il avait faite le premier il fournissait à l'Autriche un moyen moins humiliant de conjurer le danger.

Les hostilités avaient cependant continué malgré cette correspondance. Vaincu de nouveau à Neumark, l'archiduc proposa cette fois une suspension d'armes, *afin*, disait-il, *de pouvoir prendre en considération la lettre du 31 mars*. Bonaparte répondit à son tour *qu'on pourrait négocier et se battre*, et qu'il n'accorderait d'armistice qu'à Vienne, à moins que ce ne fût pour la paix définitive. Il tint parole, continua son mouvement en avant, chassa les Autrichiens des défilés de Hundsmarck, fit occuper Léoben, et se trouvait à Indenbourg, à 80 kilomètres de Vienne, lorsqu'il y reçut une véritable réponse à sa lettre du 31 mars, qui lui fut diplomatiquement remise par le comte de Meerveldt. L'empereur d'Autriche demandait un armistice de dix jours, afin de rétablir la paix *entre les deux grandes nations*. Bonaparte, qui avait hâte de revenir à Paris pour sonder le terrain et pour voir de quel prix on se disposait à payer ses victoires, consentit à une suspension d'armes de cinq jours, et n'épargna rien pour abréger les négociations : « Votre gouvernement, dit-il aux plénipotentiaires autrichiens, a envoyé contre moi quatre armées sans général. Cette fois il m'envoie un général sans armée. »

L'Autriche, naturellement temporisatrice, avait intérêt à gagner du temps : comptant sur la révolution que les royalistes méditaient à Paris et que ses propres agents cherchaient à faire éclater, espérant que l'Angleterre ou la Russie, toutes les deux mille-très, viendraient à son secours, elle employa toute son habileté à faire traîner les négociations, et ce ne fut que six mois après que les préliminaires, signés le 18 avril à Léoben, furent suivis d'un traité définitif. Les clauses principales de ces préliminaires étaient : 1° que l'Autriche renoncerait à ses droits sur les provinces belges réunies à la France, et qu'elle reconnaîtrait les frontières de la république ; 2° qu'un congrès s'ouvrirait à Berne pour la paix avec l'Autriche, et un autre dans une ville allemande pour la paix avec l'empire d'Allemagne ; 3° que l'Autriche abandonnerait ses possessions au delà de l'Oglio, et obtiendrait en échange la partie des États vénitiens situés entre cette rivière, le Pô et la mer Adriatique, et de plus la Dalmatie vénitienne et l'Istrie ; 4° que l'Autriche occuperait aussi, après la ratification du traité définitif, les forteresses de Palma-Nova, de Mantoue, de Peschiera et quelques autres places ; 5° que la Romagne, Bologne et Ferrare, indemniseraient la république de Venise ; 6° que l'Autriche reconnaîtrait la république Cisalpine, formée des provinces qui lui avaient été enlevées.

Pendant qu'on négociait à Léoben, un vertige de s'emparait de Venise et des provinces qui lui étaient restées attachées, et les destinées de cette caverne de police et d'inquisition, si improprement appelée *république*, se déroulaient avec toute la rapidité que peut donner la triple impulsion de l'orgueil, de la jactance et de la sottise. Le bruit s'étant répandu à Venise et à Vérone que l'armée française, ayant été battue dans la Carinthie, 60,000 Autrichiens accouraient pour reprendre l'Italie, ces nouvelles commentées et garanties par l'ambassadeur d'Angleterre à Venise, tournèrent la tête aux oligarques ; des troupes marchèrent de toutes parts, et l'insurrection éclata surtout dans le Véronais, le Padouan, le Vicentin et la Marche trévisane. Des meurtres et furent commis par trahison : à Venise, le sénat fit égorger sous ses yeux le lieutenant de vaisseau Laugier, qui s'était réfugié dans le port avec son bâtiment ; à Vérone, le 17 avril, lundi de Pâques, le peuple, excité par l'aristocratie, prit les armes et égorgea environ quatre cents Français dans les hôpitaux et dans les maisons ; mais les assassins échouèrent contre les forts, qui foudroyèrent la ville.

A Palma-Nova, où il n'y avait que cinq cents Français, et où l'on avait imprudemment laissé une garnison vénitienne de deux mille hommes, presque tous Esclavons, le massacre de la garnison française devait avoir lieu le même jour. Heureusement le complot fut déjoué. La garnison vénitienne fut désarmée et expulsée de la ville ; personne ne reçut même une blessure. L'insurrection de Vérone fut bientôt étouffée.

Des députés du sénat de Venise avaient été envoyés à Bonaparte à Léoben. Pressés de s'expliquer sur les intentions positives de leur gouvernement, ils balbutièrent des réponses évasives. Le général les renvoya chercher des instructions plus positives. Enfin ils retrouvèrent le général à Gratz, et reçurent l'ordre d'aller l'attendre à Palma-Nova. Bonaparte arriva dans cette ville le 2 mai. Ce jour-là l'auteur de cet article faisait près de lui le service d'aide-de-camp extraordinaire. Il assista à l'entrevue. Dès l'abord, Bonaparte apostropha les députés en leur reprochant leurs perfidies, les massacres de Vérone et leurs autres méfaits. Les députés, atterrés, hasardèrent, en véritables marchands, quelques mots de *dédommagement pécuniaire*. A cette offre insolente la colère du général ne connut plus de bornes : « Vous couvririez, s'écria-t-il, la plage de Venise d'un pied d'or, que vous ne payeriez pas le sang d'un seul soldat français ; il n'y a plus de dédommagement possible : vous avez comblé la mesure. J'ai rayé la république de Venise du catalogue des puissances de l'Europe. Allez ! » Et les députés sortirent à reculons, presque prosternés, et sans oser répondre un mot. Le lendemain parut le manifeste, sous la forme d'ordre du jour, par lequel le général en chef de l'armée d'Italie déclarait la guerre à la république de Venise. Elle cessa d'exister le 16 mai, jour où une division française, sous les ordres du général Baraguey d'Hilliers, prit possession de la capitale.

Rentré en Lombardie, Bonaparte établit son quartier général à Montebello. Le 24 mai l'échange des ratifications du traité préliminaire de Léoben y eut lieu entre le général Bonaparte et le marquis del Gallo, ambassadeur de Naples à Vienne, plénipotentiaire pour l'Autriche dans les négociations qui allaient suivre. Elles commencèrent en effet sur le-champ. Il avait été convenu par le traité de Léoben que les conférences pour la paix définitive se tiendraient à Berne, et que la paix avec l'Allemagne se traiterait dans une ville allemande qui serait désignée. Mais Bonaparte obtint de M. del Gallo qu'on renoncerait au congrès de Berne ; qu'on négocierait séparément avec l'Autriche, sans l'intervention de ses alliés, et que les négociations de Radstadt n'auraient lieu qu'au mois de juillet suivant. La bonne volonté apparente du négociateur de l'Autriche ne s'arrêta pas là : il se montra coulant sur tous les points, et bientôt on convint des bases de la paix définitive, à peu près comme elles furent posées dans le traité de Campo-Formio. La chute de la république de Venise avait encore aplani les difficultés. Les plénipotentiaires français, Bonaparte et Clarke, avaient les pouvoirs nécessaires pour signer ces bases. M. del Gallo ne les avait pas, mais il assura qu'il les recevrait par son prochain courrier. L'Autriche ne cherchait toujours qu'à gagner du temps, et se réservait, si elle était trop pressée, de désavouer M. del Gallo, qui paraissait plutôt comme négociateur officieux que comme plénipotentiaire avoué.

Le 19 juin un nouveau plénipotentiaire autrichien, le général Meerfeld, arriva à Montebello ; l'Autriche ne voulait plus traiter qu'à Berne, et de concert avec ses alliés. Il était évident que ni l'Angleterre ni la Russie ne consentiraient à ce que les indemnités de l'Autriche fussent prises sur la république de Venise. La principale base du traité de Campo-Formio, la seule même qui fût arrêtée, était renversée ; tout était remis en question, et il devenait inévitable de recourir de nouveau à la force des armes. L'armée d'Italie était complète, dans le meilleur état, animée du courage que donne une longue suite de victoires, et elle était presque aux portes de Vienne. Celles de Rhin-et-Moselle et de Sambre-et-Meuse avaient passé le Rhin, et étaient en bon état. L'Autriche pouvait être attaquée simultanément de trois côtés. Le cabinet de Vienne comprit qu'il s'était trop avancé, et sentit la nécessité de faire un pas en arrière. Le général Meerfeld reçut de nouvelles instructions qui l'autorisèrent à traiter séparément, et à ne plus insister sur le congrès de Berne. Udine fut indiqué pour le lieu des conférences, qui s'ouvrirent le 1er juillet. Clarke y parut d'abord seul, le général Bonaparte ayant déclaré ne vouloir s'y rendre que lorsqu'il aurait acquis la conviction que l'Autriche voulait réellement la paix, et que les plénipotentiaires avaient le pouvoir de signer.

Sur ces entrefaites, une insurrection populaire ayant vainement éclaté à Gênes, et la couardise des bourgeois ayant fait expulser les patriotes de la ville, l'aristocratie, excitant ses sicaires contre les Français, fit piller leurs maisons; quelques-uns furent même blessés et traînés dans les cachots. Le ministre de France demanda en vain satisfaction; le sénat, comptant sur l'appui du Directoire, s'y refusa. Cependant, Bonaparte, averti de ce qui se passait à Gênes, y envoya le 29 mai son aide-camp Lavalette avec ordre d'exiger immédiatement la libération des Français arrêtés, le désarmement des charbonniers et des portefaix, soutiens de l'aristocratie, et l'arrestation de trois inquisiteurs d'État, comme mesure préliminaire à tout arrangement. En même temps une division française se dirigeait de Tortone sur Gênes. Le sénat essaya d'abord de résister; mais il se soumit bientôt, voyant surtout que la bourgeoisie, encouragée par l'appui des troupes françaises, commençait à se réveiller. Le doge et deux sénateurs se rendirent en députation à Montebello, et le 6 juin signèrent une convention par laquelle le gouvernement aristocratique fut aboli et remplacé par un gouvernement démocratique, fondé sur la souveraineté du peuple.

Ce premier exemple d'une république démocratique, fondée en Italie par la France, était non-seulement d'un augure favorable pour les Italiens, mais il faisait encore grandir chez eux le désir de voir l'indépendance, dont ils ne jouissaient encore que d'une manière précaire, convertie en droit par la reconnaissance d'une grande puissance. Cette disposition des esprits servait on ne peut mieux les projets du général Bonaparte. Il décida donc aussitôt la fondation de la grande république cisalpine, avec Milan pour capitale, comme noyau autour duquel toute l'Italie pourrait se grouper dans un temps plus ou moins long et reconquérir son indépendance sans secousses ni luttes intestines. Tout céda devant cette considération nationale, et les places fortes jusque alors gardées par la France furent remises aux troupes italiennes.

D'un autre côté, la journée du 18 fructidor, grâce aux secours envoyés par Bonaparte au Directoire, ayant tourné contre *les royalistes, l'Autriche, qui n'était pas encore prête pour une nouvelle guerre, sentit la nécessité de faire la paix, et ne chercha plus à batailler que pour obtenir les meilleures conditions possibles. Le comte de Cobentzel fut envoyé en hâte à Udine avec les pleins pouvoirs nécessaires. Le 26 septembre la négociation fut de nouveau entamée avec le comte de Cobentzel, assisté de MM. de Meerfeld et del Gallo; le général Bonaparte était le seul négociateur pour la France, Clarke ayant été rappelé.

Le commencement de ces nouvelles conférences fut peu favorable aux espérances qu'on devait avoir conçues pour la paix. Cobentzel joignait à la morgue et à la roideur autrichiennes une dureté toujours nuisible en affaires. Très-mauvais raisonneur, il cherchait à suppléer à ce qui lui manquait de ce côté par des éclats de voix et un air impérieux, qui lui attirèrent de la part du très-peu endurant Bonaparte plus d'une leçon sévère. Il commença par désavouer tout ce qu'avaient fait ou dit ses collègues depuis quatre mois, et chercha à compliquer de nouveau la question par l'intervention des alliés de l'Autriche. Bonaparte ne se trompa pas sur cette jactance et ces difficultés apparentes; il était aisé de voir que toutes les prétentions exagérées de Cobentzel n'avaient pour but que d'obtenir en Italie la plus large part possible. Mais la fermeté du général français convainquit les négociateurs autrichiens de l'inutilité de leurs efforts pour le faire sortir du système général des bases posées à Montebello. On y revint donc, et la discussion se réduisit à la fixation des nouvelles frontières de l'Autriche en Italie.

Mais le Directoire apportait aux négociations de nouveaux obstacles, qui ne tendaient à rien moins qu'à tout entraver. Ébloui par sa victoire du 18 fructidor, il ne voulait plus la paix et faisait secrètement insinuer à Bonaparte de rompre les négociations et de recommencer les hostilités. Heureusement Bonaparte n'était pas homme à servir de jouet à ces gens-là; le Directoire, voyant que ses insinuations restaient sans effet, se croyant surtout tout à fait consolidé, se déclara plus explicitement. Par une dépêche du 29 septembre, qui lui fut reçue le 6 octobre à Passeriano, il fit connaître son *ultimatum* : il refusait à l'Autriche Venise et la ligne de l'Adige. Cet *ultimatum* équivalait à une rupture immédiate. Son plan de campagne consistait à ordonner à Bonaparte de marcher sur Vienne, tandis que Hoche, à la tête de l'armée de Sambre-et-Meuse, et Augereau, avec celle du Rhin, avanceraient pour l'appuyer. Ce plan était le comble de la sottise. L'*ultimatum* n'ayant été reçu que le 6 octobre, les hostilités ne pouvaient commencer que le 15 novembre. A cette époque de l'année il était difficile que les armées françaises pussent faire la guerre d'une manière avantageuse en Allemagne, tandis que les Autrichiens pourraient facilement la faire en Italie. Notre armée d'Italie n'était qu'à vingt journées de Vienne, dont celles du Rhin et de Sambre-et-Meuse étaient à une distance au moins double. Il était donc facile à l'Autriche, en masquant les deux autres armées par des détachements un peu forts, de réunir les trois quarts de ses forces contre l'armée d'Italie, et de l'écraser avec d'autant plus de facilité, que le refus de ratifier le traité avec le roi de Sardaigne l'affaiblissait de dix mille Piémontais et d'un nombre égal de Français, qu'il faudrait employer à couvrir l'Italie vers Milan.

Bonaparte fit ses observations au Directoire. Mais au fond il songeait sérieusement à passer outre, à conclure la paix bon gré mal gré, ou, s'il n'y réussissait pas, à résigner son commandement plutôt que de s'embarquer dans un plan d'opérations qui pouvait devenir honteux et funeste à la France. Une lettre du ministre des relations extérieures lui fournit le moyen de sortir de ce mauvais pas. Cette lettre lui faisait connaître que le Directoire, en arrêtant son *ultimatum*, ne s'était décidé que dans la persuasion que le général pourrait le soutenir par les armes. Bonaparte résolut de n'en point faire usage, et de passer outre d'après ses premières instructions.

Les plénipotentiaires autrichiens s'étaient établis à Udine; le général avait son quartier général à Passeriano, près de Codroipo, château appartenant au dernier doge de Venise, Manini. Le village de Campo-Formio, à moitié chemin, avait été neutralisé pour les conférences; mais étant dépourvu d'un local convenable, elles se tenaient alternativement à Udine et à Passeriano. Les points principaux étant convenus, la négociation fut réduite à la fixation des limites de l'Autriche en Italie. Mais ce fut là où Cobentzel recula tant qu'il put la conclusion par une résistance longtemps invincible. D'abord il revendiquait pour l'Autriche toute la république de Venise et le Mantouan jusqu'à l'Adda. Voyant que pour toute réponse le général Bonaparte, poussant ses prétentions en sens inverse, s'éloignait autant que lui des bases de Montebello, Cobentzel céda quelque chose, et consentit à admettre la ligne du Mincio. « Puisque la France, disait-il, doit recouvrer Mayence, il serait déshonorant pour l'empereur de ne pas recevoir Mantoue en compensation. » Tel était, selon lui, l'*ultimatum* dont il ne pouvait s'écarter; et voyant que le plénipotentiaire français so refusait absolument à y accéder, il chercha à appuyer ses protestations par des apparences hostiles. L'armée autrichienne vint camper dans la Carniole et sur la Drave, et il annonça que lui-même partirait incessamment. Bonaparte, de son côté, fit avancer sur l'Isonzo les troupes qui étaient en arrière du Tagliamento jusqu'à l'Adige; ma's il savait parfaitement à quoi s'en tenir sur les menaces de Cobentzel.

Après avoir lutté vainement de parole avec M. de Cobentzel, Bonaparte, prêt à reprendre les armes, résolut de faire un dernier effort avant d'en venir aux hostilités. Le 16 octobre une conférence se tint secrète à Udine chez M. de Cobentzel. Rien ne put vaincre l'obstination de ce dernier, qui protestait hautement n'avoir pas de pouvoirs pour consentir aux conditions de la France. S'il s'en fût tenu là, on n'aurait rien vu dans ce qu'il disait qu'une exagération mercantile, dans le but d'obtenir un peu plus que ce qu'on offrait; mais il s'avança jusqu'à reprocher au général de la mauvaise foi et des vues ambitieuses dans sa manière de négocier. Alors Bonaparte, qui savait qu'il dépassait lui-même les concessions que le Directoire avait énoncées dans ses dernières instructions, irrité de la mauvaise foi et de la jactance de M. de Cobentzel, qui menaçait d'hostilités auxquelles il n'était pas autorisé, prit sur la cheminée du diplomate un petit cabaret de porcelaine qui lui avait été donné par Catherine II de Russie, et le brisa sur le parquet en disant : « Eh bien ! la trêve est donc rompue et la guerre déclarée; mais souvenez-vous qu'avant la fin de l'automne je briserai votre monarchie comme je brise cette porcelaine. » En sortant de la conférence, Bonaparte expédia un officier d'état-major pour annoncer à l'archiduc Charles la reprise des hostilités dans les vingt-quatre heures. Cobentzel, effrayé de la responsabilité qui allait peser sur lui, se hâta d'envoyer le marquis del Gallo à Passeriano, porter la déclaration signée de son adhésion à l'*ultimatum* de la France. Le lendemain, 17 octobre, la paix fut signée.

Lorsque l'on commença à rédiger le traité, le secrétaire ayant écrit : « L'Empereur d'Autriche reconnaît la république française. — Effacez cet article, lui dit Bonaparte ; la République française est comme le soleil : aveugle qui ne la voit pas. Le peuple français est maître chez lui ; il a fait une république; peut-être demain fera-t-il une aristocratie, après demain une monarchie; c'est son droit imprescriptible : la forme de son gouvernement n'est qu'une affaire de son intérieur. »

Cependant le Directoire avait, à ce qu'il paraît, réfléchi aux observations faites par le général Bonaparte; car le 21 octobre il lui écrivit pour lui annoncer qu'il était résolu à modifier son plan de campagne; qu'il enverrait à l'armée d'Italie un renfort de 6,000 hommes, et qu'il ratifierait le traité conclu avec le roi de Sardaigne, ce qui porterait l'armée d'Italie à 80,000 hommes, et y comprenant 10,000 hommes de troupes italiennes. Mais le Directoire avait été beaucoup trop longtemps à réfléchir, et cette dépêche arriva à Passeriano douze jours trop tard. Si Bonaparte l'avait reçue avant la signature du traité, il est certain qu'il aurait rompu les négociations. Mais nous, témoin oculaire des événements de ce temps et de la situation de la France à cette époque, nous pouvons dire que ce retard fut heureux. L'opinion publique était à la paix : tourmentée par les intrigues de la faction bourbonienne, et par celle, plus dangereuse encore, des clubistes de Clichy, qui l'égaraient sur les intentions réelles de la coalition, la nation se lassait des sacrifices qui lui étaient imposés; il s'était créé dans son sein un juste milieu inerte. Le trésor était épuisé, le complétement de l'armée éprouvait des difficultés. Un gouvernement doué d'un patriotisme énergique aurait paré à tout, sans aucun doute; mais le Directoire eût sacrifié l'armée d'Italie et perdu la chose publique. Il le sentait sans doute intérieurement, car il ne fit aucune difficulté pour ratifier le traité de Campo-Formio.

Par ce traité, l'Autriche reconnut à la république française ses limites naturelles entre le Rhin, les Alpes, les Pyrénées et la mer. La république Cisalpine, composée de la Lombardie, du Modénais, les légations de Bologne, Ferrare et la Romagne, le Mantouan, les provinces vénitiennes à la droite de l'Adige, et la Valteline, fut également reconnue. Mayence devait être remise à la France d'après une convention militaire à conclure à Radstadt, où devaient se traiter, de concert avec la France et l'Autriche, la paix de l'Empire et les indemnités des princes dépossédés sur la rive gauche du Rhin. Les provinces prussiennes sur cette même rive étaient réservées contre une indemnité à établir en Allemagne. L'Autriche cédait le Brisgau au duc de Modène. La France devait posséder les îles Ioniennes. En retour de ce que l'Autriche perdait à cette nouvelle délimitation, la France consentait à ce qu'elle se mit en possession de Venise et des États de cette république à la gauche de l'Adige.

Gal G. DE VAUDONCOURT.

CAMPOMANÈS (Don PEDRO-RODRIGUEZ, comte DE), né dans les Asturies, en 1723, et mort en 1802, joua, comme économiste et comme ministre, à peu près le même rôle en Espagne que Turgot en France. Il fut, par sa haute intelligence et par son instruction profonde, un des Espagnols les plus distingués du dix-huitième siècle. L'histoire, la philologie, la diplomatie, l'administration, mais surtout l'économie politique, furent à la fois l'objet de ses études, et il y porta la sagacité d'un esprit éminent. Nous indiquerons seulement ici quelques-uns de ses nombreux ouvrages : il débuta par un *Essai historique sur les Chevaliers du Temple*; puis il publia une *Notice géographique du royaume et des routes du Portugal*, un *Itinéraire des routes de l'Espagne*. On a de lui des *Recherches sur Carthage* et une traduction du *Périple* d'Hannon (Madrid, 1756), un *Discours sur la Chronologie des Goths*. Son dernier ouvrage fut une *Histoire générale de la marine espagnole*; mais la mort le surprit avant qu'il y eût mis la dernière main.

Les travaux les plus remarquables de Campomanès furent ceux qui avaient pour but la réforme de l'administration en Espagne. Il avait compris en effet que la véritable richesse de ce royaume n'était pas dans les mines du Mexique et du Pérou, mais que c'était le territoire même de la Péninsule qu'il fallait mettre en valeur pour fonder sa puissance sur des bases durables. Aussi proposa-t-il, soit comme écrivain, soit comme ministre, les mesures nécessaires pour affranchir l'agriculture des impôts vexatoires qui l'accablaient, pour protéger l'industrie et émanciper le commerce intérieur et extérieur. Les principes économiques annoncés par Adam Smith en Angleterre, par Quesnay et Turgot en France, Campomanès travaillait à les faire prévaloir en Espagne. Pour s'en convaincre, il suffit de lire ses mémoires intitulés : *Discurso sobre el fomento de la industria popular*, et *Discurso sobre la educacion de los artisanos y su fomento*. Il s'éleva avec courage contre les abus du clergé, contre les inconvénients des mains-mortes et l'accumulation des biens territoriaux détenus par les établissements ecclésiastiques. Le mérite de Campomanès l'avait fait nommer en 1765, par Charles III, fiscal du conseil de Castille ; plus tard il devint président du même conseil et ministre. Mais lorsque son collègue Florida Blanca devint le favori du roi d'Espagne, il le fit disgracier. Le libraire Salvá a publié à Paris en 1830 son *Tratado de la Regalia de España, ó sea el derecho real de nombrar á los beneficios ecclesiasticos de toda España, y guarda de sus iglesias vacantes*, etc., qu'il avait laissé en manuscrit. ARTAUD.

CAMPO-SANTO. Ces mots italiens, qui signifient *champ saint*, servent à désigner chez nos voisins d'au delà des monts le cimetière, le champ du repos. Mais ils donnent plus particulièrement encore ce nom à un endroit servant de sépulture à des hommes distingués, et qui est entouré d'un portique, fermé à l'extérieur, mais ouvert à l'intérieur par des arcades. Le plus célèbre *Campo-Santo* est celui qui se trouve à Pise, près de la cathédrale. Il fut consacré à la mémoire des hommes qui avaient bien mérité de la république. L'architecte Giovanni Pisano, qui le termina en 1283, est désigné comme celui qui le fit construire. Il occupe un espace d'environ 133 mètres de long sur 35 de large, entouré de hautes murailles, à l'intérieur desquelles se développe un large portique voûté à arcades. Au mur faisant face à l'est est adossée une grande chapelle ; et à celui du nord deux chapelles moindres. Au mur faisant face au sud sont situées les deux entrées. Ces différentes murailles sont toutes ornées de peintures à fresque. Les plus anciennes parmi celles qui se sont conservées ornent l'un des côtés de la muraille de l'est. Elles représentent la passion de Jésus-Christ, sa résurrection, etc., composition aussi grandiose que fantastique, qui semble avoir été exécutée avant le milieu du quatorzième siècle, et qu'on attribue à Buffalmaco, appelé aussi *Buonamico*, peintre de l'ancienne école florentine du quatorzième siècle. Toutefois, les archéologues ne sont pas d'accord sur la question de savoir si ces figures appartiennent complétement à la poésie, ou bien si elles n'ont fait que passer des nouvelles de Boccace et de Sachetti dans les traditions biographiques de Vasari et autres.

A la suite de cette représentation des scènes de la Passion se trouvent, sur la muraille du nord, les peintures, d'un sens si profond, de Bernardo Orcagna : Le triomphe de la Mort, le Jugement dernier et l'Enfer ; viennent après : La vie des ermites dans les déserts de la Thébaïde par P. Laurati, puis la première porte d'entrée, et entre celle-ci et la seconde l'histoire de saint Ranierus et celle de saint Éphesus et Potitus, la première exécutée en partie par Antonio Veneziano (1360-1370), la seconde par Spinello Aretino, qui florissait à la fin du quatorzième siècle. Sur la muraille méridionale se trouve l'histoire de Job, attribuée à Francesco di Volterra. La muraille faisant face à l'ouest ne contient que de mauvaises peintures de l'époque moderne. Des circonstances politiques interrompirent pendant assez longtemps les travaux d'ornementation du Campo-Santo. On ne les reprit que dans la seconde moitié du quinzième siècle, et Benozzo Gozzoli peignit, de 1469 à 1485, les histoires de l'Ancien Testament depuis Noé jusqu'à David, tableau riche et plein de vie, en même temps que l'un des monuments les plus importants de l'art à cette époque. Ce ne fut que sous Napoléon, lorsque le Vénitien Carlo Lasinio fut nommé conservateur de l'édifice, qu'on songea à prévenir la ruine dont étaient menacés ces monuments si précieux pour l'histoire de l'art. Il en donna aussi les dessins, sous le titre de : *Pitture a fresco del Campo-Santo di Pisa*, ouvrage dont une édition en format réduit a paru à Florence en 1832.

D'autres *Campi-Santi* nouveaux se trouvent en Italie, à Bologne et à Naples, et on en construit un en ce moment à Milan, du caractère le plus grandiose, sous la direction de l'architecte Aluisetti. Tout récemment aussi en Allemagne il a été question d'un Campo-Santo ; et la nouvelle cathédrale de Berlin, dont la construction a commencé en 1845, devra être bordée d'un côté par les sépultures des membres de la famille royale. On y verra un portique semblable à celui qu'on voit ordinairement dans les cours des couvents. La forme en sera carrée ; chaque muraille aura 60 mètres de long, sur douze de haut. C'est Cornelius qui a été chargé de couvrir complétement de peintures ces murs, qui ne présentent pas moins de 2,000 mètres carrés, et ce célèbre artiste s'occupait en 1851 à en dessiner les cartons. Son sujet est le développement de cette parole de saint Paul : « En effet la mort est le prix du péché, tandis que la grâce de Dieu est la vie éternelle dans Jésus-Christ notre seigneur. » La gravure en a déjà reproduit tout le plan sous le titre de : *Projets de Fresques pour le cimetière de Berlin* (Leipzig, 1848). Reste à savoir si Cornelius, qui commence à se faire vieux, aura le temps d'achever ces cartons et de les traduire en couleur.

CAMPS DE CÉSAR. On donne cette dénomination à des camps retranchés qui remontent à une assez grande antiquité. Ces camps sont assis sur des points élevés, ou appuyés d'un côté sur une rivière, ou bien entourés de vallées profondes qui ont dû leur servir de défense. Si quelque côté était inaccessible par sa pente, on n'y faisait aucun travail ; sur les autres on élevait des retranchements de plusieurs pieds, défendus par un fossé, avec des terrassements en dos d'âne. On y ménageait les issues nécessaires aux communications extérieures. L'état des murs et des travaux sert en général à caractériser ces camps et à en reconnaître l'époque. A en croire certains écrivains, il en existe un assez grand nombre en France, mais on ne doit pas donner à tous le nom de *camps de César* ; ce chef militaire ne les a pas fait construire tous ; les généraux qui lui succédèrent dans la Gaule se trouvèrent souvent dans la même nécessité. Il faut aussi distinguer les camps romains de ceux que d'autres peuples construisirent encore dans les Gaules à des époques postérieures. On trouve dans ceux qui sont réellement d'origine romaine des débris d'armes et des médailles : c'est le signe le plus certain de leur date véritable. Les diverses descriptions de plusieurs camps de César, sur lesquels on a pu recueillir des notions certaines, indiquent suffisamment les dispositions, les formes et les dimensions qui les caractérisent selon les localités.

Le *camp de L'Étoile* a pris ce nom du lieu près duquel il est situé : c'est le village de L'Étoile, sur la Somme, à 12 kilomètres au-dessous de Péquigny. Il était placé au milieu d'un marais, sur une éminence escarpée, de 65 mètres du côté de l'occident, de 26 mètres du côté du midi, et de 19^m,50 à l'orient et au nord. Par cette position, il dominait tous les environs, et commandait un des plus importants passages de la Somme. La forme de ce retranchement représente une figure ovale, et sa situation est bien de celles que César choisissait pour asseoir ses camps. Sa longueur est de 422^m,30, sur une largeur de 260^m ; et en cela il est encore conforme à la dimension des camps romains, qui, selon Végèce, devaient être un tiers plus longs que larges. A l'époque où l'on reconnaît la position de ce camp, il fut impossible d'y retrouver des traces de fossés ; cependant on ne doit pas douter qu'il n'y en eût, puisque c'était la première occupation du soldat romain en arrivant dans un lieu pour y camper. Contre les règles de la castramétation de ce peuple, le camp de L'Étoile n'avait qu'une porte, ce qui s'explique du reste par la hauteur où il était placé, et parce qu'il était accessible que par le seul côté où l'on avait pratiqué cette entrée. Le peu d'étendue de ce camp rappelle l'usage des Romains de ne faire les camps à demeure (*stativa castra, hiberna œstiva*) que d'une étendue médiocre et pour y loger seulement une légion, et quelquefois même une ou deux cohortes ; aussi ne voit-on pas que César, dans la distribution de ses troupes en quartier d'hiver dans les provinces de la Gaule, ait mis plus d'une légion dans aucun camp. La construction et la disposition du camp de L'Étoile sont conformes aux règles de la castramétation romaine : on peut donc adopter la tradition constante et unanime du pays, qui en fait un camp romain, et un des trois dans chacun desquels César mit en quartier d'hiver une des trois légions qu'il retint avec lui lorsqu'il vint passer l'hiver à Amiens, au retour de sa seconde expédition en Bretagne, ainsi qu'il nous l'apprend lui-même dans ses *Commentaires*.

Le camp près de *Wissan* est aussi attribué à César ; son étendue est moins considérable que celui de L'Étoile. Le bourg de Wissan, situé entre Calais et Boulogne, à 12 kilomètres environ de l'une et de l'autre ville, a été autrefois une assez grande ville et un port très-fréquenté pour le passage de France en Angleterre. Du Cange, Cambden et d'autres savants ont prétendu que c'était le fameux port *Iccius*, d'où César s'embarqua pour ses deux expéditions d'Angleterre. C'est au sortir de ce bourg que l'on aperçoit, sur une éminence, ce camp de César, dont la conformité de structure et de situation avec celui de L'Étoile fait présumer qu'il date de la même époque. Ces deux camps ne diffèrent que par leur étendue : celui de Wissan n'a guère que 97^m,45 de long, sur une largeur proportionnée. Comme celui de L'Étoile, il domine tous les environs, et commande entièrement le bourg et le port du même nom, pour la défense duquel il paraît avoir été construit. La forme en est pareillement ovale, et il n'a qu'une seule entrée. Il est également facile à défendre avec un petit nombre de troupes par le peu de front qu'il présente à l'ennemi. La montagne sur laquelle il s'élève a probablement été autrefois battue par les eaux de la mer pendant les hautes marées.

On a encore donné le nom de *camps de César* à des travaux de fortification postérieurs à l'époque de l'invasion romaine, comme l'on attribue aux Sarrasins quelquefois des restes de vieilles murailles que l'on voit encore, parce que ces peuples furent les derniers qui envahirent la France.

CHAMPOLLION-FIGEAC.

CAMUCCINI (VINCENZO), peintre d'histoire, mort à Rome le 2 septembre 1844, était né dans cette ville, en 1773. Orphelin dès l'enfance et sans fortune, Camuccini se forma seul et par la persistance de son travail. Il fut bien aidé des conseils de son frère aîné Pietro, restaurateur de tableaux, et de Bombelli, graveur; mais son véritable maître fut Raphaël, qu'il étudia avec ardeur jusqu'à trente ans sans rien produire d'original. Cette absorption prolongée de son individualité dans un autre ne saurait être bonne à l'artiste. Camuccini l'éprouva d'une manière éclatante. Malgré son labeur opiniâtre, les heureuses dispositions qu'il avait annoncées, les conseils de David, qui s'intéressait à ce caractère, il ne parvint jamais qu'à cette honorable médiocrité qui a toujours été la véritable perte de l'art. Pierre Guérin disait de lui, et avec raison, qu'il s'était nourri des anciens et de Raphaël, mais qu'il n'avait pu les digérer. Sa nature le portait à des sujets plus tendres que la *Mort de Virginie*, le *Départ de Régulus pour Carthage*, etc., qu'il s'obstinait à peindre en dépit d'Apollon et des Muses. Et la preuve, c'est qu'il réussit mieux dans les portraits et les petits sujets, qui le mirent fort à la mode dans le beau monde de Rome. Il est mort riche et décoré de tous les ordres d'Italie, officier de la Légion d'Honneur, membre associé étranger de l'Académie des Beaux-Arts de l'Institut de France, conservateur de la collection du Vatican et directeur de l'académie de Saint-Luc.

B. DE CORCY.

CAMUS. *Voyez* CAMARD.

CAMUS (ARMAND-GASTON), jurisconsulte, né à Paris, en 1740, s'est fait un nom par la publication de différents ouvrages estimés, et par le rôle distingué qu'il joua dans les luttes de la Révolution comme homme politique. Il avait été avocat du clergé de France au parlement de Paris; et sachant allier à cette profession des études classiques très-étendues, il s'était ouvert dès 1783 les portes de l'Académie des Inscriptions et Belles-Lettres par sa traduction de l'*Histoire des Animaux d'Aristote*, le premier qui parut. Connu parmi ses concitoyens par ses principes libéraux, il fut nommé député du tiers état de la ville de Paris aux états généraux, et fut l'un des premiers à prêter le fameux serment du *Jeu de Paume*. Durant la session, il parut souvent à la tribune, présenta différents projets de finance, dénonça le *Livre rouge*, où étaient inscrites les pensions payées par le trésor royal, prit part à la rédaction d'un grand nombre de lois, notamment à la constitution civile du clergé, et se signala en toute occasion comme adversaire ardent de la cour de Rome; il était janséniste de cœur, et joignait à son enthousiasme politique une piété sévère, assez rare à cette époque. Ce fut lui qui contribua le plus à la réunion du comtat Venaissin, et qui fit enlever au pape les annates et les autres avantages pécuniaires qu'il avait en France.

Les travaux de l'Assemblée constituante terminés, il se renferma dans les devoirs de la place d'archiviste, à laquelle il avait été nommé, et rendit un service important aux lettres en prévenant la dilapidation des papiers et des livres des corporations supprimées. Député du département de la Haute-Loire à la Convention, et plus tard membre du comité de salut public, il montra dans ces fonctions une grande rigidité de principes. Absent pendant le procès de Louis XVI, il écrivit pour voter la mort du roi. En 1793, faisant partie de la commission envoyée par le gouvernement central pour surveiller les généraux suspects, il fut arrêté par Dumouriez avec ses collègues, et détenu pendant deux ans dans différentes prisons de l'Autriche. C'est alors qu'il traduisit le *Manuel d'Épictète*. On sait que les cinq commissaires furent échangés plus tard contre la fille de Louis XVI, depuis duchesse d'Angoulême. Rentré en France en 1795, Camus fut nommé membre du Conseil des Cinq-Cents, et élu président de cette assemblée. Il en sortit deux ans après, et se livra depuis, comme membre de l'Institut et comme archiviste national, à ses travaux littéraires jusqu'à sa mort, arrivée le 2 novembre 1804. On a reproché à Camus la roideur de son caractère; mais ce défaut, si c'en était un dans les circonstances où il se trouvait, était racheté par une probité et une activité dignes des plus grands éloges.

Outre la traduction des deux ouvrages mentionnés ci-dessus et plusieurs traités curieux, insérés en grande partie dans les Mémoires de l'Institut, on lui doit un *Code matrimonial*, publié en 1770, in-4°, et des *Lettres sur la profession d'avocat*, avec une bibliothèque choisie de livres de droit. Ce dernier ouvrage est le plus beau titre de Camus à une réputation durable, et depuis 1772, qu'il a paru pour la première fois, il peut-être regardé comme le manuel le mieux écrit et le plus utile de l'avocat et de ceux qui étudient le droit. La *Bibliothèque* est une espèce d'histoire littéraire de la jurisprudence, et elle est indispensable surtout pour les livres de droit français. Camus fut à peu près le premier en France qui entra dans cette voie. En Allemagne, le mérite de son ouvrage resta assez longtemps ignoré, et c'est principalement au jurisconsulte Hugo que l'on doit d'avoir fixé sur lui l'attention de ses compatriotes. Depuis, les bibliographes allemands s'en sont beaucoup servis. M. Dupin aîné en a donné de nouvelles éditions, considérablement augmentées.

MUNTZ.

CAMUSAT (JEAN), célèbre imprimeur libraire sous Louis XIII, avait pris pour devise la Toison d'Or, avec ces mots : *Tegit, et quos tangit inaurat*. Un auteur était presque sûr de la faveur publique lorsque Camusat se chargeait de son manuscrit. Ne publiant que de bons ouvrages, il fut choisi par l'Académie Française comme libraire, lors de sa première organisation, en mai 1634; en cette qualité, il était tenu d'assister aux séances et d'y remplir les fonctions d'huissier. Plusieurs fois l'Académie se réunit chez lui avant d'être admise au Louvre. Plusieurs fois il fut chargé de faire pour elle des compliments ou des remerciements, et s'en acquitta fort bien. Il mourut en 1639, après avoir fait paraître un ouvrage de sa composition intitulé : *Négociations et traité de paix de Cateau-Cambrésis*, etc., in-4°. Il fut arrêté qu'on lui ferait un service funèbre, au nom de l'Académie, où il y assista en corps. Le cardinal de Richelieu ayant fait demander sa place pour le libraire Cramoisy, l'Académie, résistant à la volonté de son protecteur, nomma la veuve Camusat, qui fut représentée par son parent Duchesne, docteur en médecine. Ce dernier prêta serment pour elle, et « fut exhorté, dit Pellisson, d'imiter les soins, la discrétion et la diligence du défunt ».

CANA, qu'on écrit aussi *Kana*, ville où Jésus-Christ opéra son premier miracle, était située en Galilée, dans la tribu de Zabulon. Un village qu'on trouve à 44 kilomètres sud-est de Saint-Jean-d'Acre, au nord-ouest du mont Thabor, conserve encore le nom de *Kefer-Kanna*. On pense que c'est la ville du Nouveau-Testament. A peine le Christ eut-il réuni quelques apôtres, qu'il fut invité à une noce avec eux et sa mère. Le vin ayant manqué, Marie, pleine de foi dans la puissance de son fils, lui dit : « Ils n'ont plus de vin. » Mais Jésus, ne pensant pas que le moment fût propice pour manifester son pouvoir, lui répondit : « Femme, qu'y a-t-il de commun entre vous et moi? mon heure n'est pas encore venue. » Cependant la Vierge ne se découragea point. « Faites tout ce qu'il vous dira ! » dit-elle aux serviteurs ; et Jésus leur ordonna d'emplir d'eau six vases de pierre et de les porter au chef du banquet, qui déclara ce vin excellent. Saint Jean, témoin du prodige, ajoute : « Jésus commença de la sorte la série de ses miracles ; il manifesta ainsi sa gloire, et ses disciples crurent en lui. »

Les noces de Cana ont inspiré à Paul Véronèse un de ses meilleurs tableaux, composition grandiose, d'une ordonnance hardie et d'un coloris brillant, une des plus belles du musée du Louvre, et dont il existe plusieurs bonnes gravures. Beaucoup d'autres peintres ont également traité ce sujet.

CANAAN est l'ancien nom de la Palestine et de la Phénicie, habitées autrefois par les descendants de *Canaan*, fils de *Cham* et petit-fils de *Nod*. Ce nom ne se trouve pas seulement dans l'Ancien-Testament, mais aussi sur les monnaies phéniciennes, et, selon un passage de saint Augustin, il n'était pas inconnu aux Carthaginois : « Des paysans, dit-il, des environs de Carthage, près Hippone, interrogés d'où ils étaient, répondirent qu'ils étaient des *Chanani* (Cananéens).

La division et les limites du pays de Canaan varient aux différentes époques de son histoire. Avant l'invasion des Hébreux, on ne comprenait sous le nom de *Chanaan* proprement dit que le pays à l'ouest du Jourdain. Selon la Genèse (x, 19), il s'étendait de Sidon à Gaza et aux environs de la mer *Morte* ; il était habité par plusieurs peuplades, d'ailleurs peu connues, telles que les Héthites, les Gergésites, les Amorites, les Cananéites proprement dits, les Phérésites, les Hévites, les Jébusites, les Philistins et quelques autres de moindre importance. Sous Josué, les Hébreux expulsèrent la plupart de ces peuplades, après avoir conquis déjà sous Moïse le pays de Giléad, à l'est du Jourdain. Les deux pays à l'est et à l'ouest du fleuve furent divisés en douze cantons, selon les douze tribus ; la tribu de Lévi n'eut pas de district particulier, mais celle de Joseph fut divisée en deux, Manassé et Ephraïm. Les tribus de Ruben, Gad et la moitié de celle de Manassé, avaient pris possession sous Moïse du pays de Giléad ; aux autres neuf tribus et demie Josué assigna le pays de l'ouest, en partie conquis, en partie à conquérir. Depuis, *Canaan* est appelé quelquefois le *pays d'Israël*. Ce pays, agrandi peu à peu par des conquêtes, était sous David et Salomon d'une assez grande étendue. A l'est, au-delà du Jourdain, il s'étendait jusque vers l'Euphrate. Au sud la limite allait de la pointe méridionale de la mer Morte, le long de l'Idumée et de l'Arabie Pétrée, jusqu'au *torrent d'Égypte*, comme s'exprime l'Écriture : c'est, selon les anciennes versions, le ruisseau de Rhinocolura (El-Arisch). A l'ouest le pays était borné par la Méditerranée, et au nord par le Liban, mais au nord-ouest la Phénicie restait toujours exclue du pays des Hébreux, qui s'étendait à peu près du 31 au 34° de latitude et du 52 au 57° de longitude. Lorsque après la mort de Salomon il eut été divisé en deux royaumes, ceux d'Israël et de Juda, le dernier renfermait seulement les cantons de Juda et de Benjamin, dont la capitale était *Jérusalem* ; tous les autres cantons appartenaient au royaume d'Israël, appelé aussi *Samarie*, du nom de sa capitale. S. MUNK.

CANADA. C'est la partie des possessions britanniques située dans l'Amérique septentrionale qui s'étend au nord des grands lacs de ce continent, à l'ouest des monts Albany et du golfe Saint-Laurent, des deux côtés du fleuve de ce nom, au sud du soulèvement du sol formant le point de partage entre le système de la baie d'Hudson et celui du fleuve Saint-Laurent, depuis le 41° jusqu'au 52° de latitude nord, et depuis le 290° jusqu'au 320° de longitude est, et renfermant une superficie de 16,000 myriamètres carrés.

Le Canada n'est guère qu'une immense vallée comprise dans le grand abaissement du sol qu'arrose le système du Saint-Laurent. On y remarque l'absence de chaînes proprement dites, et de médiocres soulèvements du sol y séparent seuls les différents bassins et domaines secondaires des lacs et cours d'eau. Tandis que la direction du sol va généralement en s'inclinant du nord vers les lacs et le Saint-Laurent, la partie du territoire située à l'est du méridien de Montréal affecte davantage le caractère d'un pays de plateaux, lequel, se prolongeant presque jusqu'à la rive septentrionale du fleuve, forme, notamment au-dessous de Québec, un littoral escarpé, d'une beauté souvent romantique d'une élévation moyenne de 100 à 133 mètres, parfois même de 6 à 700 mètres, jusqu'à ce qu'il finisse par se rattacher, non loin de l'embouchure du fleuve Saint-Laurent, aux côtes, aussi hautes qu'escarpées, du Labrador. A l'ouest de ce même méridien de Montréal, la vallée de l'Ottawa forme, au nord du Saint-Laurent et du lac Huron, une solution de continuité dans la configuration de ce sol, qui devient aussitôt bien autrement accidenté. On voit alors la rive septentrionale du fleuve s'abaisser, attendu que le plateau qui s'étend dans la direction de l'E.-S.-E. à l'O.-N.-O., inclinant d'une part jusqu'au Saint-Laurent et de l'autre jusqu'à l'Ottawa, atteint son maximum d'élévation à 97 mètres, là où il est traversé par le canal Rideau, dans sa partie sud-est, la seule presque que l'on connaisse encore bien exactement. Dans la direction du nord-ouest, ce plateau, d'où les eaux du lac de Nipissing sont conduites au lac Huron par la *French-River* avec celles de plusieurs torrents, et qui sur les rives septentrionales de la baie Georgian atteint avec les montagnes de la Cloche une hauteur de 250 mètres au-dessus du niveau des lacs et de 450 mètres au-dessus de celui de la mer, apparaît couvert de belles forêts, plein de lacs et de torrents ; mais il est resté jusqu'à ce jour à peu près complétement inconnu, n'étant guère parcouru que par les agents et les chasseurs de la Compagnie de la Baie d'Hudson. A l'ouest de cette contrée, et au nord du lac Supérieur, on a récemment découvert de riches mines de cuivre et d'argent. La partie méridionale du Canada, vaste presqu'île située entre les lacs Huron, Ontario, et Erié, présente un tout autre caractère. Elle est divisée en deux par une crête, qui atteint à peine une élévation de 116 mètres au-dessus du lac Huron, s'étend depuis la baie de Nottawasaga autour de la baie de Burlington, jusqu'aux rives méridionales du lac Ontario, où à Queenstown, sur le Niagara, elle produit les grandes cataractes. La partie orientale, surtout dans le voisinage de l'Ontario, renferme une grande quantité de terres fertiles. La partie occidentale constitue ce qu'on appelle la plaine du Haut-Canada, composée d'un riche sol d'alluvion et couverte d'une extrême diversité d'arbres forestiers. La partie du Canada située au sud du Saint-Laurent forme deux divisions toutes naturelles. L'une, qui appartient au bassin de ce fleuve, est subdivisée par l'Etchemin en partie occidentale, contrée basse, longeant le fleuve, richement arrosée et quelquefois marécageuse, et partie orientale, s'étendant jusqu'à l'embouchure du Saint-Laurent, et singulièrement rétrécie par l'approche des premiers contreforts du système Apalachien. Le sud du bassin du Saint-Laurent forme un plateau encore inconnu, de 350 mètres d'élévation moyenne, et constitue en même temps le bief de partage entre le Saint-Laurent et le Saint-John.

La grande artère fluviale de cette contrée est le Saint-Laurent, de tous les fleuves de la terre le plus riche en eau, qui traverse le Canada dans la plus grande étendue, et qui constitue sa principale voie de communication en même temps que la principale source de sa richesse et de sa prospérité. Son développement complet, depuis l'embouchure du Saint-Louis dans le lac Supérieur jusqu'au point où il se déverse dans le golfe Saint-Laurent, est d'environ 1,900 kilomètres, dont 700 appartiennent au Saint-Laurent proprement dit, lequel au-dessous de Québec forme un canal de 100 kilomètres de large et navigable pour les vaisseaux de guerre des plus fortes dimensions. Les bâtiments jaugeant 600 tonneaux peuvent remonter le fleuve jusqu'à Montréal. Parmi ses affluents, ceux qui viennent du nord, comme l'Ottawa, le Saint-Maurice, le Batiscan, la Sainte-Anne, le Jacques-Cartier et le Saguenay, sont plus considérables que ceux qui viennent du sud, tels que le Chambly (ou le Richelieu), l'Yamaska, le Saint-François, le Nicolet, le Bécancour, le Duchesne, la Chaudière et l'Etchemin. Plusieurs de ces rivières sont elles-mêmes grossies par des affluents importants, et navigables sur de vastes étendues. En fait de cours d'eau considérables, on peut encore citer le Ristigouche, qui se jette dans la baie de Chaleurs, et le Saint-John, dont le cours moyen et inférieur appartient au Nouveau-Brunswick. Indépendamment des grands lacs, dont quatre, le lac *Supérieur*, le lac *Huron*, le lac *Érié* et le lac *Ontario*, appartiennent pour moitié au Canada, il existe plusieurs bassins de l'eau d'une bien moindre étendue, et parmi lesquels les lacs de Simcoe, de Saint-Clair, de Georges, de Nipissing, de Temiscaming et de Ricelake, sont à leur tour les plus considérables. Toutes les rivières du Canada sont sujettes dans leur parcours à un grand nombre d'élargissements de leurs rives, qui les font reconnaître des lacs. La plupart des lacs communiquent les uns avec les autres par leurs décharges, ou par le canal même le Saint-Laurent. Quoique ce système hydrographique, au moyen duquel les parties intérieures de l'Amérique anglaise du nord ont à peu près les mêmes avantages que si la situation en était maritime, assure de grands avantages au commerce, la manière dont on l'utilise varie en raison des bâtiments différents que nécessite la diversité même de la nature des eaux. Tandis que la partie inférieure du Saint-Laurent à partir de Montréal, de même que les grands lacs, ne présente aucun obstacle à la grande navigation, les voies de communication entre ces grands bassins, comme la rivière de Niagara, par exemple, de même aussi les plus considérables d'entre ses affluents, par exemple l'Ottawa, autrefois si important, ne peuvent être franchis en partie qu'à l'aide de barques ou même offrent souvent des obstacles qui rendent toute navigation impossible, qui obligent de les tourner au moyen de canaux, et là où il n'en existe pas d'y suppléer par ce qu'on appelle des *portages*. Parmi les nombreux canaux dont la création a été le résultat de cette nécessité il faut surtout citer le canal Rideau, qui unit, à Kingstown, le lac Ontario à l'Ottawa ; le canal Welland, construit entre le lac Ontario et le lac Érié, pour tourner les chutes du Niagara ; le canal Grenville et le canal La Chine.

Le climat du Canada se distingue de celui des latitudes analogues en Europe par un hiver rigoureux, par un printemps très-court et un été fort chaud, quoique, par suite des influences résultant du voisinage de la mer et des grands lacs, les contrastes entre l'hiver et l'été ne paraissent point aussi frappants au Canada dans les localités de ce même continent plus enfoncées dans l'intérieur. Les brusques changements de température particuliers à ces contrées, fréquents surtout pendant les mois d'hiver et dans les parties du sol situées le plus au nord-est, où souvent dans l'espace d'une seule nuit le thermomètre tombe de 2 à 3° au-dessus de 0 à 20° au-dessous de 0, sont le seul désagrément de ce climat, dont la salubrité est d'ailleurs incontestable. Dans le Bas-Canada, l'hiver commence à la mi-novembre, et dure jusqu'à la fin d'avril. Dans le Haut-Canada, au contraire, ce que l'on appelle la saison des traîneaux (*sleighing season*) ne dure que deux mois. Ces différences de climat ne laissent pas que d'influer aussi sur la culture des plantes et des végétaux. Tandis que dans le Haut-Canada toutes nos espèces d'arbres fruitiers, les cerisiers, les abricotiers, etc., réussissent à souhait et donnent des fruits en abondance, le pommier seul croit et mûrit aux environs de Québec. Le froment, le seigle, l'orge, l'avoine et toutes les plantes potagères de l'Europe centrale y sont cultivés avec le plus grand succès. La chaleur extrême de l'été est on ne peut plus favorable à la culture du maïs. De belles forêts couvrent encore de vastes parties du Haut-Canada. Les arbres à feuilles aciculaires, entre autres le pin blanc ou de weymuth, l'arbre le plus élevé qu'on rencontre à l'est des montagnes Rocheuses, sont l'essence qui y domine ; ils fournissent des bois de construction précieux surtout pour la marine, et sont l'objet d'un important commerce d'exportation. Parmi les arbres à feuilles caduques, les essences qui réussissent le mieux après le chêne du Canada, sont les peupliers, les bouleaux, les aunes, les saules et les érables. L'érable à sucre fournit une grande quantité de sucre, et on tire du pin balsamique toujours vert un beau vernis, connu sous le nom de *Baume de Canada*. Parmi les plantes indigènes il faut encore mentionner, à cause de son importance, le riz aquatique. Le règne animal peut montrer une grande quantité d'animaux sauvages, de bêtes de proie et de bêtes de chasse. Plusieurs espèces de renards et de belettes sont importantes à cause de leurs précieuses fourrures. On y trouve aussi l'élan d'Amérique, le renne, le bison, diverses espèces de cerfs, l'ours, le renard, le chat sauvage. Le castor et la loutre commencent à devenir rares. Le buffle se rencontre dans certains districts de la partie méridionale. Les animaux domestiques qu'on y a introduits d'Europe s'y sont multipliés à l'infini. En fait d'oiseaux, on trouve le colibri jusqu'à Québec. Le Canada est d'ailleurs riche en oiseaux aquatiques, et on y rencontre beaucoup de serpents, notamment le serpent à sonnettes. Il abonde aussi en poissons, tels que saumons, esturgeons, etc. En fait de minéraux utiles à l'industrie, le Haut-Canada fournit du cuivre et de l'argent ; et on trouve du fer au nord du Saint-Laurent, dans le Bas-Canada, et même de l'or, dans la seigneurie de Beauce. Au mois d'octobre de la présente année 1852 on a annoncé que la compagnie de la Chaudière venait de découvrir dans la seigneurie de Léry un filon de ce précieux métal d'une largeur de deux mètres et promettant d'être d'une richesse extrême, à en juger du moins par les résultats des premiers travaux d'exploitation. Un habitant de Québec avait rencontré un morceau d'or de 14 livres et demie ; et dans les veines du terrain exploité existait une grande quantité de quartz qu'on jugeait aurifère.

Les habitants du Canada sont ou de race indigène ou descendant d'émigrés. Les premiers appartiennent aux tribus indiennes des Hurons, qui de jour en jour disparaissent devant la civilisation européenne, et à celles qu'on désigne sous les noms de *Six nations* (entre autres les Mohawks, au nord du lac Ontario), d'*Algonquins* (dans le Bas-Canada) et de *Mic-Macs*. Toutefois leur nombre total ne dépasse pas, dans le Bas-Canada, 3,400 individus, et dans le Haut-Canada 11,000. Tous ont embrassé le christianisme, et se livrent à la culture du sol, à l'éducation du bétail, à la chasse et aux industries les plus élémentaires. Les émigrés sont d'origine française, ou bien des Anglais, des Écossais et des Irlandais. On compte aussi parmi eux quelques Allemands. A la fin de l'année 1850 le nombre total des habitants d'origine Européenne s'élevait à près de 2 millions, dont un tiers d'origine française et désignés sous la dénomination générique d'*habitants*. De 1842 à 1847 il est arrivé au Canada par le Saint-Laurent 241,302 émigrés, dont un grand nombre d'Irlandais complètement sans ressources. Sur ce

CANADA

nombre, 48,689 individus passèrent aux États-Unis, et 172,851 s'établirent dans le Haut-Canada. Pendant ce même laps de temps il est arrivé des États-Unis au Canada 20,276 individus, dont le plus grand nombre est demeuré dans le Haut-Canada. En 1848 le chiffre des émigrés s'est élevé à 27,939 individus, dont 16,582 Irlandais et 1,395 Allemands, les uns et les autres venus au Canada par Québec. Depuis cette époque l'immigration des individus dépourvus de toute espèce de ressource a singulièrement diminué; résultat qu'il faut surtout attribuer à l'incertitude des circonstances politiques. Indépendamment de la chasse et de la pêche, les occupations habituelles de cette population sont l'agriculture, l'élève du bétail et l'exploitation des bois. L'industrie manufacturière et les métiers y sont encore dans l'enfance, état de choses qui sert trop bien les intérêts des manufactures anglaises pour que l'Angleterre ne s'applique pas à le prolonger autant qu'elle pourra. Toutefois le commerce, en dépit d'un système jaloux et prohibitif, y a atteint beaucoup plus d'importance. Les principaux articles d'exportation ont été jusqu'à présent les bois de construction et les produits divers de la pêche maritime (poissons salés, huile de baleine, etc.). Jusqu'à ce jour l'agriculture n'a encore que peu fourni à l'exportation; mais avec le temps elle ne peut manquer de constituer la plus importante branche d'industrie des contrées de l'intérieur. On expédie en outre à l'étranger beaucoup de beurre, de viande, de potasse, de sel et jusqu'à des bâtiments tout gréés. La valeur des exportations de Québec s'est élevée en moyenne dans ces dernières années à environ 1,450,000 liv. sterl. L'importation, qui dépasse toujours l'exportation de 300,000 liv. sterl., consiste principalement en produits manufacturés de toutes espèces, provenant généralement de fabriques anglaises, en denrées coloniales, tirées surtout des Indes occidentales, en vins et autres produits du midi de l'Europe expédiés soit d'Angleterre, soit de Gibraltar. Sous le rapport religieux, cette population est singulièrement mélangée. Dans le Bas-Canada ce sont les catholiques qui sont les plus nombreux, et ils ont pour chef spirituel l'archevêque de Québec. Les membres de l'Église anglicane ne constituent partout ici qu'une faible minorité; bien autrement nombreux sont les adhérents de l'église d'Écosse, qui forment une grande partie des classes supérieures de la population. Il existe en outre des méthodistes, des anabaptistes, des quakers, des luthériens et des mennonites. De cette extrême diversité des cultes résultent pour le gouvernement de graves difficultés pratiques en ce qui touche l'instruction publique. Les écoles primaires et autres établissements analogues sont en très-petit nombre; aussi l'instruction de la plus grande partie de la population est-elle encore excessivement défectueuse et incomplète. En fait d'établissements supérieurs d'instruction publique, il faut citer dans le Haut-Canada le *King's College* à Toronto, le *Queen's College* à Kingston, le *Victoria College* à Cobourg. Dans le Bas-Canada, où tout ce qui regarde l'instruction publique est fort mal organisé, il n'existe qu'un petit nombre de séminaires et de collèges, pour la plupart anciennes fondations françaises, et placés sous la direction exclusive du clergé. Quoique la division en Haut et Bas-Canada n'existe plus aujourd'hui au point de vue politique, on continue toujours à l'appliquer dans la vie ordinaire. Le dernier recensement (celui de 1848) donnait au Haut-Canada une population de 723,000 âmes, répartie sur une superficie de 6,500 myriamètres carrés, tandis qu'elle n'était encore en 1811 que de 77,000 âmes. Il est divisé en 20 districts, subdivisés eux-mêmes en comtés (ou *ridings*) et *townships*. Les villes les plus importantes de cette partie du Canada, après Toronto, son chef-lieu, sont : Bytown, fondée en 1826; Kingston, fondée en 1783, sur le lac Ontario, avec 8,500 habitants; Cobourg, avec 3,500 habitants; Londres, bâtie en 1817, avec 4,600 habitants, etc. Le Bas-Canada comptait à la même époque environ 800,000 habitants, répartis sur un territoire de 9,500 myriamètres carrés, divisé en trois grands et deux petits districts, subdivisés eux-mêmes en comtés, dont le nombre va toujours en augmentant. Les villes principales sont Montréal, Québec et *Trois Rivières*, où l'on compte 4,000 habitants.

Deux navigateurs italiens, *Giovanni* et *Sebastiano* Caboto, furent les premiers qui fournirent des renseignements précis sur les parties septentrionales de ce vaste continent du nord. Cependant les Anglais négligèrent longtemps les découvertes faites de ce côté. En conséquence, l'Italien *Giovanni Verrazani*, alors au service de France, qui avait déjà visité la Floride, étant venu reconnaître la côte de l'Amérique septentrionale, prit possession de cette contrée au nom du roi François Ier, sous le nom de *Nouvelle-France*. A son second voyage dans ces parages, pendant les années 1534 et 1535, Jacques Cartier, de Saint-Malo, fit de plus importantes découvertes dans l'intérieur de cette contrée. Il conclut quelques traités avec les naturels, et essaya de coloniser le pays. Mais après la mort de Cartier la France, embarrassée dans ses guerres civiles et religieuses, ne fit rien pour venir en aide aux colons qui étaient allés s'y établir, et l'établissement fut en quelque sorte abandonné à lui-même. La colonisation du Canada fut alors uniquement le résultat d'efforts particuliers. C'est ainsi qu'en 1600 le nommé Chauvin, ayant obtenu du roi Henri IV le privilège et le monopole du commerce du Canada, y fit deux voyages en compagnie de plusieurs autres individus, pour échanger contre des bagatelles sans valeur les riches fourrures des Indiens. Après la mort de Chauvin, ce fut surtout Samuel de Champlain qui, avec Demont et Dechatte, continua l'œuvre de la colonisation du Canada. Il y établit divers postes commerciaux, et le 3 janvier 1608 il jeta les fondements de Québec. Mais une politique inhabile entrava longtemps les développements de la colonie, dont une nouvelle société de commerce, composée de cent membres, et formée sous la protection spéciale du Richelieu, en 1627, fut impuissante à améliorer le fâcheux état. Les Anglais s'emparèrent assez facilement de Québec en 1629; cependant ils durent le restituer à la France en vertu de la paix conclue à Saint-Germain. Les cruautés exercées d'abord par quelques colons sur les Indiens et les vengeances fréquentes et terribles qu'en tiraient ces derniers ne furent pas un moindre obstacle à la prospérité de la colonie, et empêchèrent de songer de longtemps à une exploitation paisible et régulière du sol. Colbert, voulant faire cesser un tel état de choses, conçut un plan d'organisation tout à fait nouveau pour le Canada. La société de commerce qui avait continué d'exister depuis le ministère de Richelieu fut supprimée en 1663; et en 1664 l'administration du pays fut confiée à une compagnie française des Indes orientales, en même temps qu'on replaçait toutes les colonies sous l'autorité immédiate de la couronne. A partir de ce moment l'établissement français au Canada fit de rapides progrès; et quoique depuis près d'un siècle la France ait irrémissiblement perdu ce vaste territoire, il n'est aujourd'hui sans intérêt ni sans utilité de jeter un coup d'œil rétrospectif sur l'admirable position politique et commerciale que l'activité d'intrépides aventuriers et de persévérants colons lui avaient faite dans ce vaste territoire de l'Amérique septentrionale, position certainement avantageuse que celle qu'y avaient prise les colons anglais. Les treize colonies que la Grande-Bretagne comptait dans l'Amérique du nord n'en occupaient en effet que la vingt-cinquième partie, c'est-à-dire la langue de terre comprise entre la mer et les monts Alleghanys, tandis que les Français possédaient un territoire vingt fois plus considérable. Nos missionnaires et nos chasseurs canadiens avaient découvert et révélé au monde le grand et double bassin du Saint-Laurent, qui se déverse dans l'Océan, et, par le Mississipi et ses affluents, porte les eaux au golfe du Mexique. Partout des pionniers, plus intrépides que nos soldats eux-mêmes, les jésuites et les récollets, avaient porté, avec la connaissance de l'Évangile, des germes de civilisation chez des sauvages, qui longtemps encore après la ruine de nos établissements ne parlaient qu'avec reconnaissance des *robes noires* si bonnes et si dévouées, et de cet *Onontio* (c'était le roi de France) qu'elles leur avaient appris à bénir. Des forts et des missions placés le long des lacs et des rivières nous assuraient la domination du pays ainsi que le commerce des pelleteries ; et les positions avaient été si bien choisies, qu'en suivant notre colonisation sur une carte moderne du Canada, et en faisant reparaître l'ancien nom français sous le nom anglais qui le dissimule aujourd'hui, on trouve des villes partout où quelques palissades seulement protégeaient au siècle dernier nos soldats et nos prêtres. Maîtresse des grands cours d'eau et d'un territoire presque sans bornes, il semble que c'est la France qui eût dû finir par absorber les possessions de sa rivale. Mais on s'explique bien vite l'état d'infériorité réelle où étaient demeurés nos établissements, en songeant qu'après deux siècles de possession, c'est à peine si nous comptions dans la *Nouvelle France* une population européenne de 80,000 âmes, alors que celle des colonies anglaises voisines en était venue dans le même espace de temps à dépasser le chiffre de 1,500,000 individus. Nous ne possédions, à vrai dire, que la surface du Canada; nous y avions des chasseurs, des coureurs de bois, des soldats, mais de colons point. De l'autre côté des monts Alleghanys la race anglo-américaine, sous l'empire d'une constitution libre, prenait au contraire fortement racine dans un sol péniblement défriché. Il était dès lors facile de prévoir que cette dernière population ne tarderait pas à se trouver trop à l'étroit sur son territoire, et qu'elle descendrait les Alleghanys pour venir dans les vallées de l'ouest, parcourues plutôt que possédées par nos chasseurs et par les Six-Nations. La lutte commença en 1753, et la question de la délimitation des frontières réciproques, laissée indécise par les négociateurs du traité d'Aix-la-Chapelle, en fut le prétexte. Tandis que la prétention constante des Français était d'arrêter les Anglais au sommet des Alleghanys et de mettre le Saint-Laurent au centre de la colonie, les chartes anglaises étendaient la Virginie jusqu'au lac Érié. De part et d'autre on voulut s'assurer la possession de ce vaste territoire ; et dans l'histoire de la guerre acharnée à laquelle elle donna lieu, on voit figurer parmi les plus intrépides adversaires de nos Canadiens un jeune homme dont le nom devait quelques années plus tard acquérir une si grande et si pure renommée, Georges Washington. Cette lutte lointaine et disproportionnée ne fut pas d'ailleurs sans gloire pour la France, qui a inscrit dans ses fastes le nom du marquis de Montcalm, l'intrépide défenseur de Québec, mort en brave dans la dernière bataille livrée pour défendre le Canada contre les envahisseurs anglais. Wolfe, leur chef, lui aussi, fut tué dans cette affaire (septembre 1759) ; mais il emporta en mourant la consolation de savoir que la victoire des siens était complète, et que cette victoire assurait à sa patrie la possession du Canada. Montcalm à ses derniers moments n'eut pour le soutenir que le sentiment du devoir accompli. Averti par le chirurgien que sa blessure était mortelle, il demanda avec joie combien il avait d'heures à vivre ; apprenant qu'il ne passerait pas la journée : « Tant mieux ! s'écria-t-il, je ne verrai pas rendre Québec! » Belle parole, mais éternelle accusation contre ceux qui avaient condamné à une mort stérile un si noble courage. En dépit de toutes ses instances, Montcalm n'avait pu obtenir de secours des insouciants ministres de Louis XV. Trois mille hommes de troupes régulières et six à sept mille colons canadiens enrégimentés en milices et armés de mauvais fusils, voilà tout ce que l'héroïque défenseur de notre colonie avait eu à opposer à 50,000 Anglo-Américains, maîtres de la mer et disposant de moyens de toutes espèces.

La perte du Canada fut accueillie avec indifférence par le gouvernement français. Aux yeux des hommes légers placés alors à sa tête, cette colonie, cause perpétuelle d'embarras et de guerres, était trop coûteuse et sans profit pour la métropole. Ils en firent donc bon marché quand, lors des préliminaires pour la honteuse paix de 1763, Pitt déclara avec une insolence tout anglaise que jamais l'Angleterre ne rendrait sa conquête. Le traité de Versailles en consomma l'entier et définitif abandon à notre éternelle rivale.

A partir de ce moment la politique du gouvernement anglais consista à transformer entièrement, au moyen d'immigrations anglaises, la population d'origine française, qui alors ne se composait guère, nous l'avons dit, que de 80,000 individus. La législation française fut abolie et remplacée, tant au civil qu'au criminel, par le droit anglais; en même temps, pour propager de plus en plus l'usage de la langue anglaise, on créa des tribunaux où toute la procédure ainsi que les plaidoiries avaient lieu en anglais. Le mécontentement produit dans la population française par ces diverses innovations ne fut pris en considération par le gouvernement anglais que lorsque l'insurrection de ses colonies du sud lui fit redouter un mouvement analogue de la part des populations du Canada. Il se détermina alors à faire des concessions ; en conséquence le *Quebec-Act* de 1774 remit en vigueur pour les Canadiens français les lois civiles et la jurisprudence françaises. Le droit criminel anglais fut seul maintenu en usage, et la coutume de Paris redevint, comme avant 1763, la base du droit civil. Quant aux terres et aux domaines non investis à cette époque de droits seigneuriaux et de privilèges féodaux, il fut décidé qu'ils seraient concédés aux nouveaux colons conformément aux prescriptions de la loi anglaise. Ces mesures si tardivement réparatrices, et évidemment arrachées par la crainte, eurent pour résultat de calmer complètement toute agitation dans cette colonie, de si récente acquisition. A peu de temps de là, un grand nombre de *loyalistes*, fonctionnaires ayant occupé des emplois publics dans les ci-devant colonies anglaises, devenues maintenant indépendantes, se retirèrent au Canada, où le gouvernement anglais récompensait leur fidélité par des concessions de terre au milieu de nouveaux établissements créés par des colons militaires, et aussi par des places dans le conseil législatif de Québec. C'est de la sorte qu'arriva à se constituer peu à peu au Canada une aristocratie britannique en face de la population française, demeurée forte et nombreuse jusqu'à nos jours.

Une fois la guerre avec les insurgés du sud terminée, l'Angleterre, ne craignant plus de voir le feu de l'insurrection se propager également dans cette contrée, changea de politique à l'égard de la colonie, dont un acte du parlement rendu en 1791, sous le ministère de Pitt, modifia essentiellement l'administration. Le Canada fut alors divisé en deux gouvernements, celui du *Haut* et celui du *Bas-Canada*, chacun ayant son gouverneur particulier et sa législature distincte, composée d'une assemblée élective et d'un *council* dont les membres étaient nommés à vie par la couronne. Quoique par cette constitution, calquée sur le système représentatif anglais et destinée à faire moins envier le régime des États-Unis, les Canadiens eussent obtenu le droit de s'imposer eux-mêmes, ainsi que celui de contrôler les dépenses inscrites au budget, l'acquisition de ces droits politiques était loin de compenser à leurs yeux les habitudes et les usages antiques, auxquels force leur avait été de renoncer. La division géographique et politique du pays en Haut et Bas-Canada (ce dernier presque entièrement peuplé de Français, tandis que l'on ne rencontrait dans le premier que des colons d'origine britannique) devait nécessairement rendre encore plus tranchée la séparation des deux éléments dont se compose la population, et plus difficiles les efforts qu'on pourrait tenter pour en opérer la fusion. De là une ligne de démarcation de plus en plus profonde entre les deux provinces, de même qu'un antagonisme de plus en plus violent entre leurs intérêts respectifs. Toutefois, les Canadiens, lorsque la guerre éclata en 1812 entre les États-Unis et l'Angleterre, secondèrent loyalement les Anglais dans leur lutte contre les Américains. Mais cette guerre une fois terminée, et plus particulièrement à partir de 1820, sous l'administration de lord Dalhousie, gouverneur général, les Canadiens français se plaignirent vivement de la partialité extrême de l'administration pour ce qui touchait les intérêts purement anglais, de la cupidité de certains fonctionnaires publics, des exactions et des vexations de tous genres dont ils se rendaient coupables à leur égard.

[L'origine réelle de ces griefs, c'est que lorsque le gouvernement anglais s'était aperçu qu'en dépit de tous ses efforts, la population du Bas-Canada entrait avec ardeur dans la voie du progrès, il s'était pris à trembler pour la durée de sa puissance sur cette terre encore presque toute française, et qu'il prétendait maintenant régir comme une *conquête*. Plus d'un demi-million de Canadiens, restés opiniâtrement fidèles à leur origine, continuaient en effet à parler notre langue, à garder nos usages et nos mœurs, à régler leurs intérêts civils d'après l'ancienne coutume de Paris. Le cabinet anglais voyait là un danger incessant ; et cependant la France, bien loin de songer à entretenir de secrètes intelligences dans son ancienne colonie, semblait avoir complètement oublié qu'au nord de l'Amérique une population loyale, brave, intelligente, essentiellement française d'esprit, de cœur et surtout de souvenirs, a religieusement conservé le culte de la patrie, et proteste encore aujourd'hui contre le traité qui au siècle dernier l'a exhérédée et livrée à l'Anglais. Nos livres répétaient servilement les préventions injurieuses et les erreurs de toutes espèces propagées dans le passé par des écrivains anglais au sujet de notre ancienne colonie ; et jusque vers 1835 nos abrégés et nos dictionnaires de géographie, ouvrages le plus souvent de pacotille, continuèrent à n'évaluer la population qu'à peu près au chiffre où elle se trouvait en 1763. On ne manquait non plus jamais de nous représenter ce pays comme resté plongé dans l'ignorance la plus profonde, quoique l'instruction élémentaire soit très-certainement beaucoup plus répandue dans certains de ses comtés qu'elle ne l'est dans bon nombre de cantons de notre France.

Lord Dalhousie, devenu gouverneur général de l'Amérique anglaise du Nord, entreprit d'*angliser* radicalement le Bas-Canada français. Son premier soin fut de remplir les tribunaux, les conseils et les bureaux de l'administration d'agents dévoués ; il s'attacha surtout à corrompre le jury, les élections, à entraver la vente et le défrichement des terres encore incultes, et l'étendue en est immense, il sut en outre dilapider impunément le trésor de la province. Le ministère, mis en demeure par le cri universel des populations, se décida, après une longue enquête, à destituer ce gouverneur. Il promit même, en 1829, de satisfaire aux justes plaintes des provinces ; mais il persista dans son refus de rendre électifs leurs conseils législatifs, et d'introduire dans l'organisation de leurs conseils exécutifs le grand et salutaire principe de la responsabilité. Or, dans le Bas-Canada surtout, le *conseil législatif*, espèce de chambre haute au petit pied, semblait avoir reçu mission d'annuler les votes libéraux de la *chambre d'assemblée* ou *élective*, composée de 80 membres, la plupart français. Le petit nombre de votes émis par cette assemblée qui parvenaient au conseil exécutif étaient le plus souvent si affaiblis, que arrivés à Londres ils expiraient avant même d'être frappés du veto royal. Dans l'espace de quatorze ans plus de 200 bills furent ainsi annulés, et 86 autres profondément altérés ; en 1836 sur 107 bills adoptés par la chambre d'assemblée, le *bon plaisir* en rejeta 34.

Cependant, en 1834 le Bas-Canada avait renouvelé l'expression légale et solennelle de ses griefs tant aggravés depuis 1824 ; ils étaient au nombre de 92, et l'adresse à la couronne qui les contenait était revêtue de 90,000 signatures. Imitant cet exemple, le Haut-Canada à son tour n'avait pas consacré moins d'un volume in-8° à l'exposition de ses doléances et de ses vœux. Le ministère envoya alors sur les lieux, mais seulement pour gagner du temps, trois commissaires généraux, MM. Gray, Gipps et lord Gosford. Après dix-huit mois employés à une enquête très-partiale, les Canadiens de race française, au lieu d'une bien tardive réparation, virent les abus s'accroître ; et leur chambre élective, poussée à bout par tant d'injustices, refusa dès lors son concours au pouvoir exécutif. Malgré les éloquents discours prononcés dans son sein par quelques membres de l'opposition en faveur des Canadiens, le parlement d'Angleterre ne fit droit à aucun de leurs griefs : tout au contraire, il fulmina contre eux des mesures *coërcitives*.

Aussitôt que ces bills, qui portaient la date du mois de mars 1837, furent connus dans le Bas-Canada, les villes, les comtés, les villages, tinrent des réunions dites d'*anticoërcition*. Dans un seul bourg plus de 2,000 électeurs se rassemblèrent en déployant le drapeau national, rouge, blanc et vert, avec un castor, une feuille d'érable et un *maskinongé*. Partout les *meetings* populaires, le plus souvent présidés par l'éloquent Papineau, toujours réélu depuis vingt ans aux fonctions de président de la chambre élective, adoptèrent avec enthousiasme des résolutions se résumant ainsi : Refus, sous peine de déshonneur, de tout emploi à la nomination du gouverneur ; création dans chaque paroisse de tribunaux de paix et de conciliation ; mise en activité de la milice ; urgence de former une *convention* de délégués de chaque comté, et un comité central pour correspondre avec les paroisses. Il fut en même temps décidé qu'on demanderait dorénavant à l'industrie indigène la plupart des articles importés par le commerce anglais, et qu'on organiserait même la contrebande en grand avec les États-Unis. Il en résulta que la douane vit bientôt décroître de moitié ses recettes.

Redoutant de plus en plus le patriotisme de la chambre élective, lord Gosford ajourna le parlement. Dès lors plus de pouvoir modérateur, plus de frein aux avanies britanniques ni à ce système spoliateur qui depuis un demi-siècle refusait impitoyablement la concession d'un arpent de terre domaniale à tout père de famille indigent (mesure qui eût remédié à tant de misères sans léser le trésor), et qui livrait pour des prix dérisoires des *townships* entiers à des agioteurs ! On disait encore : le commerce de petit détail sera-t-il donc toujours la seule part laissée aux Canadiens dans la répartition des éléments du travail et de la richesse ; que distinguent une grande instruction et des talents ne cesseront-ils donc jamais d'être exclus de la magistrature et de l'administration du pays, et devront-ils se considérer comme trop heureux qu'on veuille bien ne pas leur interdire l'exercice des professions libérales ?

Le ministère était d'autant plus inquiet de cet état des esprits, qu'il n'avait que peu de forces dont il pût disposer dans ces colonies. Voulant cependant faire de la vigueur, il ordonne à lord Gosford de destituer quelques fonctionnaires ; mais ceux qui eussent épargnés par ce coup d'État repoussèrent comme injurieuse une exception qui les flétrirait aux yeux de leurs concitoyens, et s'empressent de donner leur démission. Les choses en étaient là lorsque, le 6 novembre 1837, une troupe de très-jeunes gens, tous *enfants de la liberté*, s'exerçant aux manœuvres militaires dans un faubourg de Montréal, se virent tout à coup assaillis, puis violemment dispersés par un des corps de volontaires *loyalistes* dont le général John Colborne avait pressé la formation. A la nouvelle que la vie de plusieurs députés à la chambre élective est menacée, et que déjà six notables citoyens sont incarcérés, le tocsin sonne dans les campagnes. Quelques jours plus tard, des prisonniers amenés de Saint-John sont arrachés à un détachement de soldats, dont le colonel est tué. Alors la loi martiale est proclamée, comme seule ré-

21.

ponse aux griefs des populations. Ce fut sur la rive droite du Saint-Laurent que les insurgés essayèrent pour la première fois de se retrancher, en détruisant les ponts et rompant les chemins. Le 23 novembre, au village de Saint-Denys, 1,500 patriotes soutinrent vaillamment l'attaque d'un corps commandé par le colonel Gore, et le contraignirent à se replier avec perte. Plus heureux le lieutenant-colonel Watherell s'empare de Saint-Charles; alors, en punition de la résistance héroïque qu'on lui a opposée, il incendie ce village important, et fait impitoyablement périr dans les flammes une centaine d'insurgés qui s'y sont réfugiés. Entrés de vive force à Saint-Denys, le 4 décembre, les soldats et les volontaires anglais pillent et saccagent ce qu'ils ne peuvent pas détruire, et là aussi ils font expier aux femmes, par les plus lâches outrages, le dévouement qu'elles témoignent pour la noble cause que défendent leurs frères, leurs maris.

Déjà il ne restait plus de ce côté du fleuve que quelques bandes d'insurgés, et le plus grand nombre s'étaient réfugiés sur le territoire américain. L'île de Montréal ayant dès lors cessé d'être menacée, le général Colburne se transporta à la tête de 1300 hommes sur la rive gauche du Saint-Laurent, vers le nord de l'Ottawa. Un seul village, Saint-Eustache, y avait été fortifié par les patriotes; sur les quatre cents braves qui le défendaient, et que commandait le docteur Chenier, cent furent tués et cent vingt blessés. Non content d'incendier l'église et les maisons, le vainqueur brûla aussi Saint-Benoît, quoique ce village eût fait sa soumission. Dépourvue de chefs aguerris et manquant de munitions, l'insurrection était étouffée dès le 20 décembre. Deux mille hommes seulement avaient pris les armes; c'était à peine la cinquantième partie de la population valide du Bas-Canada. Les sauvages eux-mêmes furent indignés des ravages et des atrocités de tout genre commis par *les instruments du châtiment*, pour nous servir de l'expression par laquelle étaient désignés les soldats anglais dans les emphatiques bulletins des colonels Gore et Townshend. Ils fouillaient les forêts couvertes de neige pour y saisir des fugitifs et des proscrits, qu'ils garrottaient et traînaient en triomphe en les accablant de mauvais traitements. Dix députés au parlement, onze avocats, six docteurs en médecine, des journalistes, des notaires, des négociants, des propriétaires, furent jetés, sans examen, dans les vastes prisons de Montréal, qui restèrent encombrées pendant plusieurs mois.

Le Haut-Canada, dont la population compte à peine un vingtième d'habitants d'origine française, au lieu de faire acte de *loyalisme* et, comme on l'avait annoncé, de marcher contre les insurgés de la province citérieure, convoqua une convention pour forcer le gouverneur et le parlement, composé de ses créatures, à rétablir l'ordre dans les finances et la légalité dans l'administration. M. Lyon Mackensie, libraire, trois fois élu député et trois fois repoussé par la chambre d'assemblée, le *grand agitateur* de la province, fut arraché par le peuple de Toronto des mains des soldats, dont le colonel reçut une blessure mortelle, et le 4 décembre il pénétrait dans le chef-lieu, à la tête de 3000 insurgés. Le gouverneur, sir Francis Head, surpris, se réfugia avec son conseil sous la protection des canons du fort. Mais bientôt plusieurs milliers de *loyalistes* accoururent à son secours, et dès le 7 les patriotes durent se disperser. Toutefois, un certain nombre d'entre eux se rallièrent encore à Buffalo.

Dans cette portion de l'État de New-York les sympathies des populations pour la cause des Canadiens excitèrent une foule de citoyens américains à prendre parti pour les insurgés, et à s'emparer des armes et des munitions que renfermait un arsenal appartenant à l'État. 1500 combattants occupèrent, le 13, la petite île de Navy-Island, dépendante du Canada. Le colonel anglais Mac-Nab, commandant un corps d'observation placé sur la frontière, au mépris de ses instructions, qui lui défendaient d'entreprendre la moindre démonstration hostile sur le territoire de l'Union, ordonna à un détachement de ses *loyalistes* de s'emparer, à l'aide des ombres de la nuit, d'un bateau à vapeur américain et de le détruire. C'était *la Caroline*, qui n'avait à bord que des marins inoffensifs, avec quelques femmes et enfants; tout périt par le feu dans cette lâche surprise. L'État de New-York réclama une réparation éclatante, que le cabinet anglais n'osa pas contester, mais qu'il parvint cependant à éluder. L'arrestation à New-York, en novembre 1840, d'un nommé *Mac-Leod*, accusé d'avoir présidé à la perpétration de cet atroce attentat, excita, tant au sein du congrès que dans le parlement anglais, des débats si graves que la paix entre les États-Unis et la Grande-Bretagne faillit être rompue, et elle ne fut maintenue que grâce à l'adresse de l'ambassadeur extraordinaire, lord Ashburton (*voyez* BARING), que le cabinet de Saint-James crut prudent d'envoyer à Washington.

Malgré toute leur audace et tout leur courage, les patriotes canadiens et les Américains, leurs auxiliaires, qui partageaient avec une noble résignation leur entier dénûment dans Navy-Island, durent finir par l'évacuer; il en fut de même des positions qu'ils occupèrent successivement au détroit de Michigan, proche le lac Ontario et celui d'Érié. Sir Francis Head s'empressa, aussitôt après sa réinstallation à Toronto dans l'hôtel du gouvernement, de proclamer la loi martiale; et grâce au régime de terreur résultat de cette suspension de toutes les formes protectrices du régime légal, la soldatesque anglaise, dans la *chasse aux fugitifs* qu'elle entreprit alors, put en fusiller un grand nombre sans s'embarrasser de suivre les formalités par trop lentes de la justice ordinaire. Les têtes des chefs présumés des deux insurrections furent mises à prix, et les primes ainsi offertes à l'assassinat varièrent de 1,000 à 25,000 livres st. Reconnaissons toutefois que, fort heureusement pour l'honneur du nom anglais, aucune ne fut gagnée. La constitution du Bas-Canada se trouva par le fait entièrement suspendue; l'autre province garda de la sienne ce que le régime militaire daigna en conserver. Le parlement, convoqué à Toronto, se hâta de voter des remerciements à sir Francis Head; mais celui-ci eut peu de temps après la mortification d'avoir à annoncer à cette assemblée la prochaine arrivée de Georges Arthur, que le cabinet de Londres, mécontent seulement de son imprévoyance, lui donnait pour successeur.

Deux chefs du mouvement insurrectionnel, Lount et Mathews, furent pendus le 12 avril 1838, et à cette époque soixante-quinze pauvres villageois gémissaient encore dans les fers, sous la pompeuse qualification de prisonniers d'État. Pendant ces rapides événements, l'opinion publique se prononça diversement en Angleterre. C'est ainsi qu'on vit à Londres l'association des ouvriers manifester hautement ses vœux pour le succès des patriotes. Les Canadas, disait-on assez généralement, sont onéreux à la Grande-Bretagne; pourquoi persister à garder des colonies dont il sera impossible d'empêcher quelque jour la réunion aux États-Unis ou la déclaration d'indépendance? En revanche on s'affligeait ailleurs des obstacles qu'opposait l'hiver à l'envoi du nombre de régiments nécessaires pour châtier sans pitié la race franco-canadienne. Puis, quand arriva enfin la nouvelle de la répression de l'insurrection, l'orgueil britannique se prit à exalter outre toute mesure les succès obtenus par les autorités constituées: c'est ainsi qu'on qualifia de *bataille de Swanton* un engagement qui n'avait duré que vingt minutes, la nuit, dans un bois, et dont les trophées consistaient en deux canons avec les charrettes qui leur servaient d'affût! Au commencement du printemps de 1838 lord Durham arriva à Québec, en qualité de lord haut-commissaire, et précédé de la réputation de libéralisme éclairé que lui avait faite sa participation à l'adoption du bill de réforme par le parlement anglais. Mais, trop fidèle à ses instructions, il ne sut que maintenir le régime militaire établi par ses prédécesseurs, et prendre vis à vis des provinces canadiennes et de la métropole une attitude qui mécontenta également les deux partis. Quand le cabinet de Saint-James se décida à déclarer illégales les ordonnances rendues à l'égard du Canada par lord Durham, celui-ci commit la faute d'en appeler de cette décision au peuple canadien; protestation qui était la violation manifeste de toutes les idées gouvernementales et de toutes les règles de la hiérarchie des pouvoirs. Cette collision entre le pouvoir et son ancien agent eut pour résultat de semer la division dans les rangs des *loyalistes*, d'y faire naître contre la métropole des préventions et même des sentiments assez voisins de l'hostilité, que le successeur immédiat de lord Durham, lord Sydenham, eut mission de calmer par un décevant système de concessions. D'un autre côté, lord Gosford avait été remplacé dans ses fonctions de gouverneur général par le général Colburne, homme que le parti anglais regardait avec raison comme encore plus disposé que son prédécesseur à donner satisfaction à ses haines contre les patriotes.

La liberté individuelle privée de toute garantie, la bureaucratie devenue plus insolente encore que la soldatesque, la misère publique s'accroissant toujours, les chantiers de construction déserts, le commerce languissant, une partie des terres laissées incultes, l'administration dissipant le trésor provincial qu'avait amassé avec sollicitude la chambre d'assemblée : telle était la déplorable situation du pays neuf mois après la répression du mouvement de 1837. C'est ainsi qu'après la victoire le gouvernement anglais avait songé à réaliser des promesses solennelles arrachées uniquement par l'imminence du péril. A ce moment, forts de la justice de leur cause, les patriotes du Bas-Canada résolurent de nouveau d'en appeler aux armes.

Les hommes compromis dans le premier mouvement et qui s'étaient réfugiés dans l'État de New-York, prenant encore une fois les armes, rentrèrent sur le territoire canadien, où de nombreux patriotes, restés dans la province, les rejoignirent aussitôt, et où une foule d'Américains et d'étrangers grossirent en peu de temps leurs rangs. Un médecin, homme d'un grand mérite, Robert Nelson, de Montréal, commandement en chef de cette petite armée, lança un manifeste dans lequel il proclamait la république. Au 6 novembre 1838 les insurgés avaient déjà réussi à occuper les comtés de l'Acadie et de Beauharnais, et dans plusieurs rencontres avec les troupes royales le succès était resté balancé. En même temps un autre corps d'insurgés se portait sur Prescott, dans le Haut-Canada. L'armée anglaise reçut alors d'importants renforts, et la valeur bouillante, mais mal dirigée, des insurgés fut impuissante contre ses habiles manœuvres. Après avoir perdu un grand nombre des leurs, les Canadiens furent obligés de chercher de nouveau un asile sur le territoire américain. Cette fois les troupes anglaises ne commirent ni pillage ni incendie.

Le gouverneur Colburne annonça avec une certaine affectation que parmi les prisonniers se trouvaient une centaine de Français, quoiqu'il n'ignorât point que l'intérêt assez général sans doute qu'avait inspiré en France la cause canadienne s'était réduit en définitive à de stériles vœux pour son triomphe.

En février 1839 on comptait qu'à la suite de ce second mouvement trente-quatre Canadiens avaient été pendus; parmi eux se trouvaient Hindenlang, brigadier général, et le chevalier de Lorimier. La peine capitale fut commuée pour d'autres insurgés, notamment pour le docteur Nelson, en une détention aux Bermudes; une trentaine furent déportés à la terre Van-Diémen, où ils arrivèrent à la fin de 1840, et nos marins de *l'Astrolabe* et de *la Zélée* furent témoins à Hobart-Town des égards bienveillants témoignés par les colons à ces proscrits, que l'administration prétendait pourtant traiter comme des *convicts*. Lord Sydenham tout en prêchant emphatiquement la modération dans ses proclamations résolut dès son arrivée d'expulser du Canada les prisonniers accusés d'avoir pris part au mouvement; aussi bien que les condamnés, et mit immédiatement cette mesure à exécution. Pour centraliser l'action du pouvoir, on résolut aussi de détruire la division politique du territoire en Haut et Bas-Canada ; et il ne fut pas difficile d'obtenir l'assentiment de la législature du Haut-Canada à cette mesure. Cette province avouait sa détresse profonde, la suspension de tous travaux publics, l'interruption dans l'arrivage des émigrants d'Europe, dont chaque année le nombre s'élevait autrefois en moyenne à 20,000; enfin le dérangement de ses finances : or il s'agissait de lui adjoindre le Bas-Canada, qui n'avait aucune dette, et qui se trouverait de la sorte obligé de payer celles qui l'obéraient. Comme on pouvait bien s'y attendre, le parlement anglais adopta et la reine Victoria sanctionna, en 1840, ce bill dont le but évident était d'absorber la race franco-canadienne, véritable propriétaire du sol, dans la race récemment implantée d'Angleterre et d'Irlande.

Les sentiments de vieille nationalité que conservent opiniâtrement tous les peuples nouvellement réunis ou conquis font le désespoir des gouvernements despotiques. Or, ce n'est pas du cœur des braves Canadiens que la nationalité française pourra de longtemps encore être extirpée. Vainement, afin de les gagner à son système d'*anglification*, le gouvernement a admis des Français à de hauts emplois, dont jusque alors ils avaient été exclus. En effet, comme s'il se fût repenti de cette tendance réparatrice, le pouvoir exécutif, par ses intrigues et sa partialité, ne tarda pas à forcer ces fonctionnaires à donner leur démission.

Nos coutumes, notre langue, nos lois : telle était la devise inscrite sur les drapeaux des insurgés. Plus la politique anglaise fera d'efforts pour changer et détruire les institutions du pays qu'on appelait autrefois la *Nouvelle-France*, plus la population canadienne s'attachera à conserver nos coutumes et l'usage de notre langue. Ajoutons que depuis 1820 ses progrès dans la civilisation ont été aussi réels que constants, sans méconnaître pourtant qu'elle est redevable de quelques améliorations à sa metropole actuelle. Notre littérature continue à être le sujet d'études d'affection pour l'élite des Franco-Canadiens, et plusieurs d'entre eux se sont distingués par d'heureuses imitations de nos auteurs. La tendance de plus en plus française des Canadiens a pu être modifiée par les phases de l'insurrection ; mais ce temps d'arrêt apporté à l'accomplissement de la loi du progrès devra infailliblement leur faire céder à la force que communiquera à nos anciens frères l'étude d'une littérature notre commun héritage. Elle créera toujours entre eux et leur ancienne mère-patrie une communauté d'idées grâce à laquelle ils triompheront du système d'abaissement où voudraient les retenir une politique qui ne peut se dissimuler que l'Angleterre est condamnée à perdre tôt ou tard la souveraineté d'un pays que tout pousse vers l'indépendance, et qu'à son retour sur le sol anglais lord Durham se plaisait à proclamer un des plus beaux fleurons de la couronne britannique.

Isidore LEBRUN.]

L'acte du parlement anglais de 1840 a établi et proclamé une nouvelle constitution au Canada. Les gouvernements du Haut et du Bas-Canada ont été réunis, pour n'en plus former qu'un seul, désigné sous le nom de gouvernement du Canada, et administré par un *governor general*, à l'autorité duquel sont soumis, en ce qui touche toutes les questions militaires, les gouverneurs (*lieutenant-governors*) des quatre autres provinces de l'Amérique anglaise. Le *gouvernement du Canada*, tel qu'il est aujourd'hui constitué, possède une législature particulière, composée d'un conseil législatif et d'une *assembly* (la chambre élective de cette espèce de parlement). La première de ces assemblées, où le Haut et le Bas-Canada comptent le même nombre de représentants, est composée de vingt membres nommés à vie par le gouverneur général. Celui-ci convoque le conseil législatif, en désigne le président, et peut le proroger ou le dissoudre suivant qu'il le juge convenable. Les membres de l'*assembly*, qui élisent eux-mêmes leur président, reçoivent leur mandat pour quatre ans. Sont électeurs tous les sujets britanniques de naissance et tous ceux qui le sont devenus au Canada en vertu d'actes de naturalisation, à la condition d'être âgés de vingt et un ans accomplis et de posséder une propriété foncière d'au moins cinq livres sterl. de revenu annuel. L'électeur qui use de son droit dans un district doit y posséder une propriété (*freehold*) d'au moins quarante shellings de revenu. Il y a chaque année au moins une session du *council* et de l'*assembly*. Un acte du parlement, en date du 1ᵉʳ août 1849, a rapporté la disposition législative qui rendait l'emploi exclusif de la langue anglaise obligatoire dans toutes les affaires administratives. Tous les impôts et revenus publics constituent un fonds consolidé destiné à assurer les différents services administratifs du Canada. Sur leur produit on doit prélever et payer annuellement à la reine, à ses héritiers et successeurs une somme de 45,000 liv. sterl. destinée à solder les frais de l'administration civile et judiciaire; en outre, mais seulement pendant la vie de la reine actuelle et encore cinq après sa mort, une somme additionnelle de 30,000 liv. st. pour pensions et dépenses diverses de bureaux.

Le gouvernement anglais, en octroyant au Canada cette nouvelle constitution de 1840, avait espéré se débarrasser de la majorité française dans l'assemblée coloniale, et arriver ainsi à complétement comprimer l'élément démocratique. Cependant les libéraux l'ont constamment emporté jusqu'à ce jour dans l'*assembly* ou chambre élective, et le pouvoir s'est même trouvé en minorité décidée lors de la discussion du bill relatif à l'indemnité à payer pour les pertes et dommages essuyés dans le Bas-Canada pendant l'insurrection de 1837 et celle de 1838. Après la violente opposition faite dans les divers parlements du Canada par le parti tory à ce bill, qui appelait le Haut-Canada à supporter sa part dans l'indemnité, lord Elgin fut nommé gouverneur général du Canada, en août 1847. Il laissa d'abord sommeiller cette question, et dans l'été de 1848, espérant d'élections nouvelles une plus favorable composition de la chambre élective, il prononça la dissolution de l'*assembly*. Mais les élections qui eurent lieu alors ne firent que donner plus de force au parti libéral, et amenèrent la chute du ministère. Le nouveau cabinet, composé d'hommes libéraux, représenta en janvier 1849 la question à l'*assembly* nouvellement élue, et obtint l'appui de la majorité des députés anglais. Le parti tory ou saxon, ayant à sa tête Mac Nab, qui estimait que les pertes et dommages qu'il s'agissait de réparer avaient été uniquement le fait des libéraux dans le Bas-Canada, était révolté dans son orgueil national de se voir ainsi assimilé aux Français, les auteurs de la révolution. Ce bill, objet de si longues et de si vives controverses, ayant enfin obtenu la sanction du gouverneur le 25 avril 1849, une émeute éclata le même jour à Montréal, comme précédemment (22 mars) à Toronto; et la populace, à l'instigation de la coterie aristocratique, réduisit complétement en cendres la salle des séances de l'*assembly* avec sa bibliothèque et ses archives. Malgré la foule de pétitions adressées par la faction tory au gouvernement anglais à l'effet d'obtenir de lui le rappel du gouverneur général, et qu'il fît usage de son droit de *veto* à l'égard du bill d'indemnité, la conduite de lord Elgin fut approuvée de tous points par les ministres de la reine. Plusieurs émeutes éclatèrent encore pendant l'été de cette même année 1849. Que si ces troubles, par suite desquels le siége du gouvernement dut être pendant quelque temps transféré de Montréal à Toronto, furent rapidement comprimés par l'intervention énergique du pouvoir, il s'en faut cependant qu'on ait réussi à mettre ainsi fin à la lutte sourde et intestine dont la colonie est incessamment travaillée, lutte existant entre l'élément romano-français et l'élément anglo-germain et conservateur de la population, au sein de laquelle l'antagonisme devient chaque jour plus prononcé entre le sentiment d'attachement et de fidélité à la métropole et l'aspiration à la liberté et à l'indépendance coloniales. Toutes les autorités civiles et militaires, à tous les degrés de la hiérarchie, ont bien pu protester solennellement, à la date du 19 novembre et du 6 décembre 1849, de leur inaltérable attachement à la couronne britannique, il n'en est pas moins certain que dans ces dernières années tous les partis, quoique obéissant sans doute à des motifs différents, ont travaillé de concert à l'œuvre d'*annexation* (réunion de la colonie aux États-Unis), et que ces sympathies ont trouvé l'appui le plus zélé dans les États du nord de l'Union. Par leurs si importants *Montreal annexation Manifests* des 3, 28 et 31 décembre 1849, les annexationistes ont nettement déclaré que « toutes les voies politiques et industrielles entraînaient le Canada vers les États-Unis ». Nous noterons encore ici que l'état d'incertitude qui a continué de peser pendant ces dernières années sur la situation du Canada a singulièrement contribué à y ralentir tout développement de prospérité intérieure. Consultez le P. de Charlevoix, *Histoire et description de la Nouvelle-France* (3 vol., Paris, 1744); Mac Gregor, *British America*, 2 vol., Londres 1832); Isidore Lebrun, *Tableau statistique et politique des deux Canadas* (2 vol., Paris, 1833); Murray, *An historical and descriptive Account of British America* (3 vol., Édimbourg, 1839); Taylor, *Journal of a Tour from Montreal to port Saint-Francis* (Québec, 1840); *Views of Canada and the Colonists* (Édimbourg, 1844); Head, *The Emigrant* (2ᵉ édit., Londres, 1846); Bigsby, *The Shoe and Canoe, or pictures of travel in the Canadas* (2 vol. Londres, 1850); Smith, *Canadian Gazetteer* (Toronto, 1849).

CANADA (Ténèbres du). *Voyez* Brume.

CANAILLE (mot dérivé du latin *canis*, chien), terme de mépris, synonyme de *menu peuple*, *vile populace*, *gens sans aveu*. Dans les temps féodaux tout vassal devait faire *aveu* de ses terres aux seigneurs dont il relevait : l'homme *sans aveu* était donc celui qui ne possédait rien. Nous avons accepté ce mot du moyen âge; et *gens sans aveu*, *canaille*, sont encore des expressions dont on se sert trop souvent pour flétrir la misère : la canaille d'aujourd'hui, ce sont les *vilains* d'autrefois; c'est toujours la classe vouée à la production, vouée aux jouissances du riche. L'aristocratie bourgeoise elle-même n'a pu échapper à cette plaie de toute aristocratie : elle a *ses vilains*! Et si la canaille est sale, étiolée de misère et de dépravation, on ne manque pas de proclamer partout que c'est sa faute, que c'est la conséquence de ses vices. Mais dites-moi, hommes de loisir, vous êtes-vous occupés de la *canaille* autrement que pour en faire l'objet de vos mépris, pour la refouler dans ses bouges obscurs? Avez-vous essayé de faire germer l'homme dans le paria de notre époque? La prospérité du commerce et de l'industrie n'a pas même sur la canaille l'influence heureuse qu'on lui suppose; elle tend à améliorer son sort comme la richesse du maître tend à améliorer le sort de l'esclave. Privé de conseils, de protection bienveillante, l'ouvrier de cette classe ne peut léguer aux siens que sa haine instinctive contre toutes les supériorités sociales, et puis le lit de paille où il est venu au monde, où il meurt de misère et de faim, quelquefois de débauche, car les orgies nocturnes où vous vous plongez, heureux du siècle, n'ont pas de charmes seulement pour vous : la canaille a aussi besoin de jouissances, et les seules que puisse goûter son ignorance brutale, c'est l'orgie de bas étage, l'orgie que vous flétrissez.

Que la canaille s'agite dans la rue, on répond à ses cris de détresse par des cris d'alarme. Voltaire a dit : « Il vaudrait mieux que la canaille fût muette; mais force est de la laisser

parler, ne pouvant lui couper la langue. » Que demande-t-elle, cependant, cette hideuse canaille ?.... De l'instruction, du travail, du pain, plus relevée en cela dans ses sentiments que celle de Rome, qui ne demandait aux empereurs que le pain de l'aumône et les jeux du cirque. Honnêtes citoyens, ne vaudrait-il pas mieux tâcher de comprendre et de satisfaire les intérêts de cette foule de malheureux que de fermer vos boutiques à la hâte et de courir aux armes à la première apparence de mécontentement de sa part? Les *barbares* vous menacent, dites-vous; transigez; rappelez-vous enfin que vos pères étaient les *vilains* et la *canaille* d'un autre siècle. Il fallut bien transiger avec eux. Leur *jacquerie*, leurs révoltes successives ont jeté les fondements du bien-être dont vous jouissez, et cet exemple de la justice du peuple subsiste actuellement contre vous. C'est par des améliorations progressives du sort de la canaille, en adoucissant ces dégoûtantes infortunes que crée le hasard auquel nous confions nos destinées, qu'on sauvera du naufrage ces privilèges restés debout. Oui, peut-être à ces conditions ont-ils encore quelques chances de durée, jusqu'à ce que la classe pauvre, instruite et libre, sache formuler ses griefs, et vienne en termes clairs et précis réclamer une réforme sociale.
 Théodore Tricout.

Ajoutons cependant que dans les siècles passés tout le monde ne pensait pas comme ce Clermont-Tonnerre, évêque de Noyon, qui, du haut de la chaire évangélique, ne craignait pas de qualifier son auditoire plébéien de *canaille chrétienne*; tout le monde n'avait pas l'orgueil insensé de quelques grands seigneurs aux yeux desquels tout ce qui n'était pas noblesse était *canaille*; et ce terme ne flétrissait pas l'artisan pauvre et laborieux, mais seulement le misérable de la lie du peuple souillé de tous les vices et prêt à tous les crimes. Par une conséquence logique de cette acception du mot, il fut bien vite individualisé. On s'aperçut qu'il y avait de la canaille dans toutes les classes de la société et l'on osa le dire :

Sous les habits dorés on voit tant de *canailles* !

Après 1848, aux jours où l'orgie populaire semblait avoir renversé toutes les notions du sens moral, on a voulu réhabiliter le mot dans son acception la plus compromettante ; il parut alors une feuille, sans portée sérieuse du reste, qui prit pour titre : l'*Aimable faubourien, Journal de la canaille*, avec ces vers d'Auguste Barbier en épigraphe :

.... à travers la mitraille
Et sous le sabre détesté
La grande populace et la sainte canaille
Se ruaient à l'immortalité.

L'essai ne fut pas heureux, et valut en juin à ses rédacteurs, pauvres jeunes hommes au cerveau brûlé, le triste honneur de la transportation.

CANAL, rivière artificielle creusée, soit pour porter des bateaux, soit pour amener des eaux qui font mouvoir des machines ou servent à l'arrosement des terres, etc. On distinguera toujours aisément un canal d'un *aqueduc*, dont la seule destination est d'amener des eaux auxquelles on trace souvent une route souterraine, que l'on renferme dans des tuyaux, construction qui n'offre rien que l'on puisse comparer à une rivière.

Lorsque le volume des eaux qui alimentent un canal est assez considérable, on peut leur assigner plus d'un emploi; mais il en est un que l'on a eu spécialement en vue, et auquel tout autre est subordonné. Si c'est une voie que l'on a ouverte à la navigation, rien n'empêchera que l'on en tire parti pour l'établissement de quelques usines, à condition que leur mouvement cessera lorsque celui des barques exigera l'emploi de toutes les eaux. Un *canal d'irrigation* peut être rendu navigable, et servir très-utilement lorsque les terres n'ont pas besoin d'être arrosées. Il est rare que les canaux de quelque étendue ne soient pas mis en état de remplir une double destination : celle qui impose le plus de conditions, qui exerce le plus l'habileté de l'ingénieur, n'est pourtant pas la plus ancienne, car on a creusé des canaux d'irrigation longtemps avant que l'on en fit usage pour les transports par eau. Mais comme les *canaux navigables* sont aujourd'hui les plus importants, c'est par eux que nous commencerons.

Comme il est prudent de borner les recherches à ce qu'il est possible de découvrir, on n'essayera point de remonter jusqu'à l'origine de la navigation, renonçant à savoir si elle a débuté sur les rivières avant de prendre possession des mers. Il est assez vraisemblable que les premiers canaux ne furent que des embranchements des rivières navigables, des passages ouverts aux eaux pour établir des communications que la nature n'avait pas faites, et dont la possibilité était facilement reconnue. Tel fut, par exemple, l'ancien canal entre le Nil et la mer Rouge, commencé, dit-on, par le successeur de Sésostris, continué de temps en temps, et qui ne fut achevé qu'au septième siècle par le khalife Omar, suivant les historiens arabes. On avait profité du bassin des lacs amers, interposé entre la mer et la branche orientale du fleuve, en sorte qu'il ne restait à creuser qu'un espace diminué de la longueur de ce bassin. Le canal de Narbonne est un autre exemple de voie navigable créée par les travaux des hommes, en se bornant à une imitation exacte de cours d'eaux courantes. On pouvait même aller plus loin sans rien inventer : en observant que le cours de certaines rivières est composé de sections d'une pente presque insensible, jointes par des *rapides*, où les eaux coulent sur un fond très-incliné, et s'abaissent en peu de temps jusqu'au niveau de l'extrémité inférieure de la descente, on était assez bien guidé pour adapter ces dispositions à des rivières artificielles. Les canaux des Chinois n'ont peut-être pas eu d'autre origine : en effet à l'exception des écluses qui retiennent les eaux, on n'y voit que des sections nivelées sur toute leur longueur, rachetées par des plans inclinés où l'eau forme des *rapides* lorsque les écluses sont levées. La largeur des plans inclinés est réduite à ce qui est nécessaire pour le passage des barques, et des machines sont disposées pour aider la navigation ascendante à franchir ces *pertuis*, peu différents de ceux que l'on ouvre à travers les digues des moulins établis sur quelques-unes de nos rivières navigables.

L'industrie des Européens ne s'est pas arrêtée aux limites que celle des Chinois n'a pu franchir ; les écluses à *sas*, dont l'Italie fit voir le premier modèle, triomphèrent de toutes les difficultés qui peuvent entraver la navigation intérieure. Mais ce n'est pas à l'Italie qu'il était réservé de faire les plus belles applications de l'art qu'elle avait créé ; elle se laissa devancer par la France, où deux canaux à *point de partage* transportèrent les barques au delà des hauteurs qui séparent les bassins des fleuves, spectacle que n'offre pas encore la terre classique de presque toutes les inventions hydrauliques.

Depuis l'introduction des écluses à sas, l'art des canaux n'a plus reçu de perfectionnement d'une aussi grande importance, mais ses applications sont devenues très nombreuses et mieux dirigées. On en trouve aujourd'hui dans toute l'Europe, excepté en Grèce et dans les provinces turques. L'Égypte commence à les adopter ; l'Amérique du nord les multiplie entre ses fleuves et ses lacs, et la Chine était entrée dans cette carrière plusieurs siècles avant que l'Europe y fit ses premiers pas (*voyez* CANAL IMPÉRIAL). Au nord de l'Asie, on peut espérer que des embarcations parties de la côte orientale traverseront un jour le lac Baïkal, navigueront sur le Iénisséi, passeront dans le bassin de l'Ob, traverseront l'Oural, arriveront sur le Volga, et transporteront jusque sur la Baltique les productions des pays compris dans cette immense navigation intérieure. L'Euphrate et le Tigre semblent disposés pour faire communiquer le golfe Persique à la Méditerranée, à la mer Noire et à la Casp'enne ; peut-être même parviendra-t-on quelque jour à prolonger la navigation du Sind jusqu'au Djihoun, et à faire arriver ainsi les navires de l'Inde jusqu'au centre de l'Asie. Les maîtres actuels de l'Indoustan connaissent trop bien les avantages des transports par eau, pour ne pas multiplier les voies navigables dans leurs vastes possessions asiatiques.

Il restera pourtant dans cette partie du monde un grand espace où il faudra se contenter des *navires du désert*, où le sobre et vigoureux c h a m e a u suppléera seul aux diverses voies commerciales dont ces contrées ne peuvent jouir. Telle sera aussi la destinée de presque toute l'Arabie, et peut-être de l'intérieur de l'Afrique, région privée de cette distribution des eaux qui rend le sol cultivable presque partout, permet à la population de se répandre sur tout le territoire, et supprime les déserts. Malgré les chaînes de montagnes qui traversent l'Amérique dans toute sa longueur, ce sera dans cette partie du monde que les canaux opéreront les plus grandes merveilles, en abrégeant de plusieurs milliers de lieues les voyages aux côtes orientales de l'Asie, et dans cette nouvelle division de la terre, dont l'importance commerciale augmente de jour en jour. Il est probable que le continent américain sera coupé, de l'est à l'ouest, par plusieurs voies navigables, dont quelques-unes donneront passage à de grands vaisseaux.

On nomme b i e f la partie d'un canal comprise entre deux écluses; on donne le même nom à un *canal de dérivation*, qui amène l'eau aux roues d'une usine. Dans une communication navigable entre les bassins de deux rivières, le *bief de partage* est sur la limite, entre les deux bassins, à la plus grande hauteur que les barques ont à franchir. Les autres biefs sont distribués par étages, de part et d'autre, jusqu'aux rivières où le canal se termine. On passe d'un bief à un autre en montant ou en descendant, au moyen d'un *sas*, écluse à deux portes, l'une dans le bief supérieur, et l'autre dans l'inférieur. La distance entre ces portes, ou la longueur du sas, doit être un peu plus grande que celle des barques, augmentée de l'espace nécessaire pour les manœuvres d'entrée et de sortie, d'ouverture et de clôture. Pour faire descendre une barque, le sas doit être rempli d'eau jusqu'au niveau du bief supérieur, et par conséquent la porte d'*aval* est fermée : on ouvre la porte d'*amont*, la barque est introduite et placée, la porte est refermée; on fait écouler l'eau du sas par des ouvertures disposées pour cette manœuvre, et lorsqu'elle est abaissée au niveau du bief inférieur, on ouvre les portes d'aval, et la barque est tirée hors du sas. La même opération est exécutée en sens contraire pour la navigation ascendante. Ainsi, le passage d'une barque fait perdre au bief supérieur un volume d'eau mesuré par la capacité du sas diminuée de la plongée de la barque; et pour le bief de partage, cette perte est doublée. Il faut donc que cette partie du canal soit alimentée par un réservoir assez spacieux pour fournir le nombre d'éclusées qu'exige l'activité de la navigation. Il faut tenir compte aussi de la consommation d'eau causée par l'évaporation sur la surface du bief et par l'infiltration dans les terres qui a lieu par le fond et les côtés. Pour les biefs, les éclusées ne font rien perdre, comme il est facile de s'en assurer; mais les autres causes de perte agissent en raison de l'étendue du canal, et si d'autres eaux n'y suppléaient pas, la navigation serait considérablement réduite et peut-être totalement supprimée. Il faut donc, pour qu'un canal à point de partage soit exécutable, qu'on puisse former et tenir constamment plein le réservoir qui doit fournir les eaux consommées par le bief de partage, et que des courants placés plus bas apportent à chaque branche de ce canal le supplément d'eau qui est indispensable. Le projet conçu par le tsar Pierre 1er pour la jonction du Don au Volga ne pouvait satisfaire à ces conditions aux lieux où ces deux fleuves sont le plus rapprochés; il a fallu le transporter plus haut, augmenter considérablement la longueur du canal, et par conséquent les frais de l'entreprise, sans rien ajouter à son utilité.

Nous n'entreprendrons pas d'exposer ici les moyens divers imaginés pour diminuer la dépense d'eau dans les sas, et pour se passer au besoin de ces appareils d'une construction et d'un entretien dispendieux. Toutes ces inventions sont essentiellement confinées dans les lieux où l'on n'a pas besoin de grandes barques *tirant* beaucoup d'eau.

Les petits canaux sont aujourd'hui en concurrence avec les c h e m i n s d e f e r, qui leur seront peut-être généralement substitués. Quant aux canaux *à grande section*, aucune autre voie ne peut les remplacer dans l'emploi qui leur est assigné. On ne pensera certainement pas que des chemins de fer puissent tenir lieu d'une large voie navigable entre les deux océans séparés par l'Amérique. On n'aurait pas assez fait pour le commerce de l'univers si les vaisseaux ne pouvaient franchir, avec leur cargaison, la barrière opposée par le nouveau continent. C'est en Angleterre qu'il faut étudier le plus beau modèle de ces grands travaux : le canal de Ca l é d o n i e peut recevoir des frégates de trente-deux canons, et forme une jonction réelle de deux mers. Notre célèbre *canal du Midi* n'est plus aujourd'hui qu'une œuvre vulgaire, et ne peut conserver le titre fastueux de *canal des deux Mers*, puisque les embarcations qu'il porte ne peuvent servir qu'à la navigation intérieure.

Le *canal de Briare*, entre la Loire et la Seine, est le premier canal à point de partage exécuté dans toute l'Europe. Ce canal atteint, à Montargis, la petite rivière de Loing, que l'on a canalisée jusqu'à son embouchure dans la Seine. Un autre canal, celui d'*Orléans*, établit une communication directe de la Loire au canal de Loing, auquel il aboutit au-dessous de Montargis. Une autre communication navigable entre la Loire et la Seine, au moyen de l'Yonne, porte le nom de *canal du Nivernais* ; il commence à Decize, sur la Loire, traverse le département de la Nièvre, et se termine dans celui de l'Yonne. La principale destination de cette voie est d'étendre et d'assurer les moyens d'approvisionner la capitale. Le bassin du Rhône et celui de la Seine, qui étaient déjà réunis par le *canal du Centre*, la Loire et les canaux de Briare et de Loing, sont joints plus directement encore par le *canal de Bourgogne*. L'un des grands projets de Charlemagne, la jonction du Rhône au Rhin, ou, comme on dit, de la Méditerranée à la mer d'Allemagne, est une des œuvres de ce siècle ; entre la Seine et la Meuse, des projets conçus depuis longtemps par Vauban sont exécutés en grande partie; vers les frontières du nord, la navigation est continuée jusqu'à l'Escaut par l'Oise, la Somme et les canaux qui joignent ces deux rivières, et le *canal de Saint-Quentin*, dont l'exécution a rencontré de grands obstacles à cause de la nature spongieuse du terrain et de la difficulté d'y retenir les eaux. Enfin nous ne pouvons nous dispenser de faire une mention spéciale du *canal de l'Ourcq*, indiqué par Léonard de Vinci, durant le séjour de cet homme illustre à la cour de François 1er, commencé en partie sous Louis XIII, et que la toute-puissance de Napoléon ne put faire achever qu'avec une extrême lenteur.

On voit que Paris est le centre vers lequel on a dirigé les principales ramifications de notre système de canaux. Passons maintenant dans le midi de la France, et commençons par le fameux *canal de Languedoc*, *du Midi* ou *des deux Mers*, l'une des illustrations du règne de Louis XIV, dont la renommée éclipsa longtemps celle de toutes les constructions analogues, anciennes ou modernes. Cette entreprise fut exécutée avec une grandeur dont le monarque fut satisfait, mais dont Vauban ne put se contenter : il eût voulu que l'on creusât une voie plus large et plus profonde, prolongée jusqu'aux deux mers, qu'on prétendait joindre par une navigation continue; il demandait un passage qui permît aux forces navales de la France de se réunir promptement sans obstacle, et d'agir plus efficacement, soit dans la Méditerranée, soit dans l'Océan. Les vues de ce *grand citoyen* ne furent point celles de la cour : on craignit l'excès de dépense et de temps qu'exigerait une entreprise aussi gigantesque ; on se restreignit à des dimensions qui donnaient l'espoir d'entrer bientôt en jouissance : la branche orientale du canal fut arrêtée à l'étang de Thau, et l'autre à la Garonne un peu au-dessous de Toulouse. Les eaux sont fournies au bief de partage avec une telle abondance qu'elles suffiraient à la navigation la plus active, quand même les écluses seraient considérablement agrandies. Les réservoirs de Saint-Ferréol et du Lampy contiennent plus de huit millions de mètres cubes d'eau, et des ruisseaux versent chaque jour dans ce bief plus de quatre-vingt-sept mille mètres cubes, dont les deux cinquièmes coulent vers l'Aude et tout le reste vers la Garonne. Malheureusement, la navigation sur ce fleuve est difficile pendant trois mois de l'année, et quelquefois dangereuse. On doit y remédier par un canal *latéral*, c'est-à-dire creusé sur l'une des rives, et passant quelquefois d'une rive à l'autre, lorsque des obstacles empêchent qu'on ne le continue sur celle où il a commencé.

Le bassin de la Garonne et le pied des Pyrénées françaises ont été, sous divers aspects, l'objet des explorations de nos ingénieurs, le but de leurs projets. Ils ont proposé de joindre l'Adour à l'Aude, au moyen du canal du Midi, de la Garonne, dont la navigation serait prolongée jusqu'à Saint-Gaudens, et du *canal des Pyrénées*, descendant par la vallée de l'Arros jusqu'à l'Adour. L'utilité militaire de cette voie navigable ne peut être douteuse en cas de guerre au delà des Pyrénées. Un autre projet conçu dans des vues très-pacifiques, et dont la stratégie pourrait aussi tirer parti, joindrait la Garonne à l'Adour, en ouvrant un canal à travers les grandes landes, desséchant les marais qui couvrent cette triste contrée, et qui répandent dans l'air le germe des maladies auxquelles ses malheureux habitants sont exposés.

Les étangs disséminés sur les côtes de la Méditerranée, entre l'embouchure du canal du Midi et celle du Rhône, avaient préparé la jonction de ce fleuve avec la Garonne : il ne s'agissait que d'établir une communication navigable entre ces eaux stagnantes, et c'est ce qu'on a fait. Ainsi, les transports par eau peuvent être effectués sans interruption depuis la Gironde jusqu'au Rhin. L'ouest de la France, depuis le Grand-Bec-d'Ambez jusqu'à l'embouchure de la Seine, plus favorisé par la navigation fluviale, n'est pas aussi avancé quant aux ouvrages d'art qui peuvent étendre et multiplier les avantages d'une bonne distribution des eaux. On voit dans le midi plusieurs canaux d'irrigation qui pourraient être imités avec succès dans quelques départements, où de vastes plaines seraient fertilisées par les eaux que l'on y amènerait, sans porter aucun préjudice au pays qui les aurait fournies. Quand même on aurait un jour de bonnes raisons pour renoncer entièrement aux voies de navigation artificielles on continuerait encore l'usage des canaux d'irrigation.

L'ancienne province de Bretagne mérite une attention spéciale en cas de guerre maritime. On manquait de moyens de transport économiques et sûrs pour faire arriver à Brest tout ce qui est nécessaire à l'armement et à l'équipement d'une flotte : le canal ouvert entre cette ville et Nantes pourvoit à ce besoin. Ce canal a plusieurs embranchements ; avec les canaux d'Ille et Rance et du Blavet, il met en communication Brest, Lorient, Nantes et Saint-Malo. Le nord de la France communique directement avec les divers points de la Manche et les fleuves de la Belgique par la canalisation de l'Oise, les canaux de la Somme et des Ardennes. Il entre encore le canal de l'Aisne à la Marne, et celui de la haute Seine.

Le *canal du Berry* doit ouvrir de nouvelles sources de prospérité dans cette partie de l'intérieur de la France, où, suivant un agronome anglais (Arthur Young), l'agriculture bien dirigée est encore un moyen de s'élever en peu de temps à une haute fortune. L'intérieur de la terre offre aussi dans les mêmes lieux d'abondantes ressources à plusieurs sortes d'industrie ; mais les moyens de transport étaient dispendieux ; la nature et la forme du terrain convenaient à l'établissement des voies navigables : on s'est enfin décidé à les faire. Le canal du Berry diffère beaucoup de celui de Nantes à Brest, car il n'a qu'un seul bief de partage pour trois branches, dont deux sont dirigées vers le Cher, et la troisième vers le canal latéral à la Loire.

C'est surtout sous le règne de Louis-Philippe que la canalisation de la France a fait de rapides progrès. En récapitulant l'ensemble de tout le réseau de la canalisation créée et achevée par le gouvernement et l'industrie pendant les dix-huit ans de la monarchie de Juillet, on trouve un chiffre total de 2,796 kilomètres. Parmi ceux de ces travaux qui ont été récemment terminés, il faut citer le *canal de la Marne au Rhin*. Conçu dans le double but d'établir une grande voie de transit de l'ouest à l'est, en utilisant le cours de la Seine, celui de la Marne et tous les canaux qui se réunissent à ces deux rivières, et de rattacher entre elles et au cœur de la France les industrieuses et fertiles contrées qu'arrosent la Meuse, la Moselle, la Meurthe, la Sarre et le Rhin, ce canal est une des plus grandes lignes de navigation européenne, car il se lie par la vallée du Rhin au *canal Louis*, exécuté par le roi de Bavière, et qui lui-même communique avec le Danube et la mer Noire.

Après avoir esquissé le tableau de la navigation artificielle en France, essayons aussi la statistique de cet art dans les pays où il a fait le plus de progrès.

Arrêtons d'abord nos regards sur la Grande-Bretagne, où l'industrie manufacturière a fait creuser tant de canaux. Dans un intervalle d'environ soixante-dix ans, la navigation intérieure a été prolongée artificiellement sur une longueur de plus de 4,500 kilomètres, non compris les embranchements qui ne servent qu'à des exploitations particulières. Mais quelques-uns de ces canaux se rétrécissent vers le point de partage et ne portent plus que de petites barques ; sur le continent européen, on voudrait plus de continuité dans les transports ; on s'affranchirait de la nécessité de changer d'embarcations, et les dimensions du canal seraient conservées dans toute son étendue. Les constructions anglaises sont plus économiques, mais elles ne seraient sans doute pas suffisantes sur le continent. On ne peut donc s'astreindre partout à une imitation exacte des canaux anglais, de leurs plans inclinés, de leurs petites barques pour traverser des passages étroits, etc. ; mais lorsqu'il s'agira de grande navigation, il ne sera plus permis de rester au-dessous de ce que l'art a produit dans la Grande-Bretagne pour perfectionner les sas des canaux. Il n'y a sur le continent européen qu'un seul emplacement pour une œuvre aussi gigantesque que le canal de Calédonie : c'est la jonction du golfe de Gascogne à la Méditerranée, soit en remontant la Garonne par un canal latéral, approfondissant le canal du Midi, et l'agrandissant dans toutes ses dimensions, soit en ouvrant une autre voie le long des Pyrénées. Partout ailleurs on ne conçoit plus ce que l'on pourrait faire des sas de 52 mètres de long sur 12m,30 de large adaptés à une voie navigable de 6m,15 de profondeur, creusée dans toute son étendue, aux frais d'une génération qui n'en profiterait point.

Le zèle des Anglais pour la construction des canaux s'est ralenti ; les chemins de fer ont actuellement la vogue, et l'Europe continentale croit n'avoir rien de mieux à faire que de suivre l'exemple de la Grande-Bretagne. L'autorité des calculs vient fortifier les prestiges de l'exemple : on compare les frais d'établissement d'un canal ou d'un chemin de fer au bénéfice qu'on peut obtenir de l'une ou de l'autre voie, et l'intérêt spéculateur adopte la dernière. On ne tient pas compte des autres avantages attachés aux canaux, parce qu'ils ne sont que d'un intérêt général, et que d'ailleurs il serait très-difficile de les soumettre à la mesure commune des intérêts privés, afin de pouvoir les peser dans la même balance : comment assigner une valeur monétaire à un accroissement de la fertilité du sol, de sécurité contre des armées d'invasion, etc. ?

L'Espagne et le Portugal ne peuvent être considérés isolément par rapport à leur navigation intérieure, dont le système doit comprendre toute la Péninsule. Mais par rapport à l'Europe ces deux États sont dans une situation tout à fait insulaire ; la barrière des Pyrénées ne sera point franchie, même par de petites barques. Ainsi, les considérations relatives aux canaux de l'Espagne sont restreintes à un espace limité, et la politique ne les embarrasse point. L'arrosement des terres a été leur premier objet ; on a voulu suivre l'exemple des Arabes, imiter les beaux modèles de canaux que ce peuple a laissés dans les provinces qu'il rendit autrefois si florissantes ; les transports par eau ne furent qu'un objet secondaire, et n'ont lieu que sur deux canaux, ceux d'Aragon et de Castille : le premier est navigable sur une longueur de 160 kilomètres, depuis la prise d'eau dans l'Èbre, en Navarre, jusque auprès de Saragosse ; il franchit le Xalon, l'un des affluents de l'Èbre, sur un *pont-canal* de 1,400 mètres de longueur, et très-élevé. Le canal de Castille commence dans la province de Burgos, et suit d'abord la vallée de la Pisnerga, dont les eaux servent à l'alimenter ; il change de direction près de Herrera, franchit la Pieza, atteint le Carrion, près de Calahorra, et se termine dans cette rivière, un peu au-dessous de Palencia. Le *canal de Segovie* est une prolongation de celui de Castille jusqu'à la ville dont il porte le nom. L'ensemble de ces deux canaux est la plus grande ligne de navigation artificielle que l'on ait entreprise en Espagne. Le Portugal s'est contenté jusqu'à présent de la navigation sur ses rivières.

La Péninsule italique est à peu près dans le même cas que l'Espagne : on ne peut espérer de prolonger au-delà des Alpes la navigation de ce pays ; mais le nord de l'Italie, qui fut en Europe le berceau de la navigation artificielle, est sillonné par des canaux plus nombreux qu'on n'en voit dans aucune autre contrée de même étendue ; c'est là aussi que la distribution naturelle des eaux imposait à l'homme de plus grands travaux pour s'approprier des avantages qu'il en a fait. Contenir le Pô par des digues assez hautes et assez fortes pour diriger son cours, rendre navigables des courants torrentueux descendant des Alpes, arroser des terres, dessécher des lagunes, recueillir des réservoirs l'excédant des eaux pluviales pour les mettre à profit dans des temps de sécheresse, etc., voilà ce qu'ont fait les ingénieurs italiens dans une partie de la Péninsule, depuis le treizième siècle jusqu'au commencement de celui-ci. Leur tâche n'est pas terminée : des marais à dessécher, des terrains à rendre cultivables, de nouvelles communications à ouvrir entre la côte de l'est et celle de l'ouest les occuperont encore longtemps.

Après le nord de l'Italie, c'est la Hollande qui a le plus de canaux. On prétend que celui qui porte le nom d'*Yssel* a été creusé par les Romains, sous le commandement de Drusus, père de Germanicus. Dans cette contrée les terres ont plus généralement besoin de dessèchement que d'irrigation ; diverses machines sont mises en mouvement pour débarrasser les cultures des eaux superflues, et les verser dans les canaux dont la surface est presque partout au-dessus du sol.

La Belgique n'est pas, comme la Hollande, menacée continuellement de l'invasion des eaux ; la terre y est plus haute et moins nivelée. Quelques-uns de ses canaux sont à point de partage : celui de Bruxelles à Charleroi, ouvert à la navigation en 1830, s'élève de plus de 100 mètres, quoique le bief de partage soit dans un souterrain ouvert pour entrer dans le bassin de la Sambre. Des vues politiques ont fait changer la direction du canal de Mons à Condé : il est maintenant entre Mons et Antoing ; et comme aucun ruisseau ne peut alimenter son bief de partage, des machines à vapeur y portent les eaux nécessaires à ses divers services, qui sont très-actives.

Entre l'Elbe et le Sund, on voit deux canaux remarquables, celui de Lauenbourg à Lubeck, et celui du Holstein : le premier remonte jusqu'à la fin du quatorzième siècle ; il établit une communication entre l'Elbe et la Baltique. Comme le bief de partage n'est qu'à 18 mètres au-dessus de Lauenbourg, pente distribuée sur une longueur de plus de 50 kilomètres, on a pu l'établir suivant la méthode chinoise ; mais les anciennes écluses ont été remplacées par des sas. Le canal du Holstein est moderne et à grande section, pour ouvrir au commerce une route plus courte et plus sûre entre la Baltique et la mer du Nord. Le point de partage n'est qu'à 8 mètres au-dessus des deux extrémités ; un lac y fournit les eaux nécessaires, et des chevaux de halage peuvent conduire les vaisseaux d'une mer à l'autre (de Tonningen à Haltenau) en moins de quinze heures, la distance n'étant que de 105 kilomètres, en suivant les développements du canal.

L'Allemagne n'a que très-peu de canaux, et cependant aucun pays ne se prête mieux à un bon système de navigation intérieure, et sa position devrait lui en faire sentir le besoin. Une population déjà pressée sur le sol natal, industrieuse, amie de l'ordre et du travail, éprouve un malaise dont elle cherche à sortir ; une inquiétude qui ne peut être sans fondement la dispose aux émigrations : elle traverse l'Océan, forme des établissements dans tous les lieux où elle trouve un gouvernement protecteur, des terres à cultiver ou de l'occupation pour son industrie. Qu'on lui procure chez elle ce qu'elle est forcée à chercher au dehors, ses vœux seront exaucés. On ne peut douter que la multiplication des canaux ne soit un moyen d'étendre le sol cultivable, d'accroître la fertilité des terres traversées par ces nouveaux courants, de donner plus d'activité au commerce et aux travaux industriels : mais l'Allemagne est encore plus entravée que l'Italie par la difficulté d'amener des États indépendants à des mesures de concert pour des objets étrangers à la politique. Chacun se renferme dans ses frontières et ne s'occupe que de l'administration de son territoire ; les vues d'ensemble ne viennent point, ou se présentent hors de propos. Dans les vastes États de l'Autriche on ne compte que quatre canaux, dont l'un est, dit-on, hors de service, parce qu'on ne l'a pas entretenu. La plus utile de ces voies navigables est le *canal de François II*, en Hongrie : il abrège de 264 kilomètres la navigation de la Danube et la Theiss, entre Monostorzeg et Fordvar. La Prusse a fait plus de travaux dans ses anciens États, et ses nouvelles acquisitions ont aussi quelques canaux ; mais la jonction de l'Elbe au Danube est une entreprise que chaque règne, chaque siècle renvoie à d'autres temps et à d'autres circonstances ; il est impossible de prévoir à quelle époque le grand projet de Charlemagne sera discuté, préparé et mis en état de recevoir au moins un commencement d'exécution.

Le gouvernement suédois n'a pas craint de s'exposer à une forte dépense en ouvrant le *canal de Gotha*, entre la mer du Nord et la Baltique : commencé en 1810 et terminé en 1832, il a coûté près de 60 millions à un peuple pauvre, mais courageux et zélé pour les intérêts de sa patrie ; il a voulu s'affranchir du passage par le Sund. Le Gotha-Elf, écoulement du lac Wener dans la mer du Nord, puis ce lac même, et successivement ceux de Wiken, Botten, Wetter, Boren, Roxen, Asplangen, joints l'un à l'autre par des canaux, et enfin un canal du dernier à la Baltique, qu'il atteint à 5 kilomètres au-dessous de Sonderkjöping, tracent les sinuosités de cette navigation de 188 kilomètres, dont une centaine sur les lacs, où le halage est impossible ; on y supplée par des bateaux à vapeur pour mener les navires à la remorque. Le point culminant de ce canal est à 91^m,50 au-dessus du niveau de la mer.

Depuis que Pierre-le-Grand a fait entrer la Russie dans la confédération européenne, on y a fait des canaux ; mais on a commencé par imiter ceux des Chinois, plutôt que les modèles que le tsar eut sous les yeux en France et en Hollande. Le *canal du Ladoga*, si important pour le commerce et l'approvisionnement de Saint-Pétersbourg, est construit d'après le système asiatique. Les canaux plus modernes sont à européenne, navigables dans les deux sens, établis au nord et au milieu de la Russie d'Europe, et tendent principalement à joindre par des voies navigables la Russie à la Pologne. La navigation n'a pas reçu autant de secours dans la partie méridionale de l'empire : le Don n'est pas encore joint au Volga ; les cataractes du Dnieper interrompent encore la navigation de ce fleuve, etc. Lorsque le gouvernement russe croira que sa tâche est accomplie en ce qui concerne les voies de transport et de communication, il s'apercevra sans doute qu'une grande partie des terres de l'empire n'attendent que des eaux pour produire avec abondance, et que des canaux d'irrigation seraient un immense bienfait pour les cantons mal pourvus de ce principe fécondant.

Si la Russie avait prolongé sa navigation artificielle dans toute l'étendue de son immense territoire, les derniers perfectionnements de l'art seraient presque en présence de ses premiers essais. Ce n'est pas que les Chinois puissent être regardés comme les créateurs de cet art : leurs propres annales ne justifient point cette prétention. Il est vrai que la partie méridionale du Canal impérial remonte jusqu'au sixième siècle, et bien avant cette époque les Romains avaient creusé des voies navigables en Italie et dans les Gaules ; mais la longueur de ce canal, qui n'a pas moins de 2,000 kilomètres, la grandeur de sa section et l'abondance de ses eaux, les nombreuses ramifications qu'il projette sur ses deux rives et qui s'étendent au loin, les rivières qu'il traverse, etc., frappent d'étonnement les Européens les plus accoutumés aux prodiges de nos arts. Que l'on compare, s'il est possible, cette création d'un travail dirigé vers un but d'une grande utilité avec les stériles monuments de l'ancienne Égypte !

Mais cette Égypte ne perdit pas toujours son temps en érections de pyramides et d'obélisques : elle ouvrit aussi des canaux, et si elle n'égala point la grandeur de ceux de la Chine, c'est parce qu'elle manquait d'eau et d'espace pour des ouvrages aussi gigantesques. Ce pays retrouvera peut-être son ancienne prospérité, dont l'agriculture fut de tout temps la source la plus féconde. Si l'on entreprend d'y rétablir une communication entre la Méditerrannée et le golfe d'Arabie, on osera sans doute suivre la ligne la plus courte entre les deux ports qui termineront ce canal (voyez Suez [Isthme de]).

La ville d'Alexandrie est actuellement pourvue d'eau douce par un ancien canal restauré et perfectionné par les Français, et des produits destinés au commerce extérieur sont amenés sur le canal Mahmoudieh, ouvrage exécuté par les ordres de Méhémet-Ali. Les autres canaux de l'Égypte ne servent qu'aux irrigations.

Passons maintenant au nord du nouveau continent, où la navigation a fait usage de toutes ses ressources pour la guerre et pour la paix. Nous y verrons qu'il est possible de faire vite et bien, secret que nous ne possédons pas au même degré que les Anglo-Américains, qui en neuf années de travail ont achevé un canal de 640 kilomètres, tel que celui qui joint le lac Érié à la rivière d'Hudson, dans l'état de New-York. Le canal de la Chesapeake à l'Ohio, entre Washington et Pittsbourg, est l'une des plus grandes entreprises exécutées aux États-Unis. Le bief de partage traverse la chaîne des Alleghanys à 256 mètres au-dessous de la cime, et l'excavation n'a pas moins d'une lieue et demie de longueur. Ce passage est le plus élevé que la navigation artificielle ait franchi jusqu'à présent : la fameuse chute du Niagara est surmontée au moyen de 37 écluses, et il en faut quatre fois autant pour atteindre le bief de partage du canal de l'Ohio. D'autres canaux sont faits ou commencés dans plusieurs États ; on estime que la longueur totale de ces voies navigables est de 4,000 kilomètres. Le Canada ne pouvait se passer de canaux pour surmonter les obstacles opposés fréquemment à la navigation sur les rivières de ce pays ; le gouvernement de la métropole y a pourvu suivant des vues plus militaires que commerciales : les canaux qu'il a fait construire élèvent jusque dans les grands lacs les vaisseaux armés qui protègent les frontières des possessions anglaises dans cette partie de l'Amérique. Dans tout le reste du nouveau continent la navigation artificielle est à peu près inconnue. Cependant on agite depuis longtemps, en Amérique et en Europe, le projet de jonction des deux Océans par le canal de Panama, et cette œuvre gigantesque mériterait le concours de tous les peuples. FERRY.

CANAL (Anatomie). Le mot canal, en latin canalis, que Vossius dérive de canna, roseau, ou du verbe grec χαίνειν, s'entrouvrir, suffit seul pour donner une première idée de la forme des parties creuses et allongées qu'on a coutume de désigner sous ce nom dans les sciences de l'organisme vivant.

Dans l'anatomie de l'homme, plusieurs conduits ont reçu des noms particuliers, ce sont : 1° le canal artériel, prolongement de l'artère pulmonaire, qui s'ouvre dans l'aorte chez le fœtus, et qui après la naissance se rétrécit, s'oblitère et se convertit en un ligament; 2° le canal veineux, continuation de la veine ombilicale, qui après sa bifurcation dans le foie va aboutir dans la veine cave inférieure : ce canal s'oblitère aussi peu de temps après la naissance; 3° le canal ou conduit thoracique, tronc vasculaire auquel viennent aboutir les vaisseaux lymphatiques des membres inférieurs, de l'abdomen, du membre supérieur gauche, d'une partie de la tête et ceux du thorax : il commence aux lombes par un renflement dit réservoir de Pecquet, et finit en s'ouvrant dans la veine sous-clavière gauche. Ce canal persiste toute la vie, et ne s'oblitère jamais, si ce n'est dans l'état pathologique.

Les canaux des os du squelette humain sont : 1° le canal carotidien ou inflexe de l'os temporal ; 2° les canaux dentaires des os maxillaires supérieur et inférieur ; 3° le canal nasal et le canal sous-orbitaire du maxillaire supérieur ; 4° les canaux médullaires des os longs ; 5° les canaux nourriciers des trois sortes d'os (longs, larges et courts); 6° les canaux veineux du tissu diploique ou spongieux des os ; 7° le canal rachidien ou vertébral, formé par la série des trous des vertèbres.

Les canaux des voies lacrymales, le canal godroné de Petit dans l'œil, le canal et la trompe d'Eustache, les canaux demi-circulaires du labyrinthe de l'oreille, sont les seuls observables dans les organes des sens.

L'appareil des voies digestives, depuis la bouche jusqu'à l'anus, est aussi appelé dans l'homme canal alimentaire ou canal digestif. On dit aussi les canaux des voies aériennes au lieu de trachée-artère et bronches. Les canaux des voies biliaires se divisent en canal hépatique, ou venant du foie, et en canal cystique, ou aboutissant à la poche ou vésicule du fiel, et en canal cholédoque, qui se terminent au duodénum Le canal de Sténon est le conduit salivaire de la glande parotide. Le canal de Warthon est celui de la glande sous-maxillaire ; le canal déférent est le conduit spermatique. Enfin le canal de l'urètre est celui par lequel s'écoule l'urine.

En botanique, on donne le nom de canal médullaire ou étui médullaire à la partie la plus intérieure des corps ligneux, dans la tige et les branches des végétaux dicotylédones. C'est dans ce canal qu'est renfermée la moelle.

Dans les corps organiques, certains canaux ont reçu le nom de vaisseaux; d'autres sont plus spécialement désignés par les appellations de tubes, de conduits et de voies.

CANALETTO (ANTONIO DA CANALE, dit). Voici un artiste qui sut se connaître, et qui eut le rare esprit de ne demander à son talent que ce que la nature et l'étude lui avaient donné. Qui ne sait se borner ne saura jamais peindre. Il est vrai que celui-ci avait son nom et sa patrie pour guides : être né à Venise et s'appeler Canale, c'étaient là deux circonstances décisives qui devaient le mener fatalement à faire des canaletti. Aussi ne fit-il jamais autre chose ; et combien on a-t-il fait! Il n'est pas une galerie en Europe qui ne compte quelque chef-d'œuvre de cet artiste, amoureux fidèle de Venise, qu'il a vue et peinte par tous les côtés, depuis l'*Isola di Santa Chiara* jusqu'à la *Punta di Quintavalle*, du *Casino de' Spiriti* à la *Spianata* et à la *Punta di San-Biasio*. Mais il n'en est pas sorti.

Canaletto suivit d'abord la profession de son père, *Bernardo da* Canale, peintre en décorations de théâtre; mais il s'en dégoûta bientôt, quoiqu'il s'y fût fait, à juste titre, une prompte et brillante réputation. Il alla étudier à Rome, où il s'occupa exclusivement de copier la nature et les ruines. C'est à son retour qu'il composa ses *Vues de Venise*, tant recherchées, et le nombre en est considérable. Il est le premier qui se soit aidé de la chambre obscure, mais tout en apportant un soin particulier à corriger les défauts que son emploi entraîne. Il faut dire encore que ce fut souvent à Tiepolo qu'il eut recours pour les figures qu'il introduisait dans ses tableaux. Le musée du Louvre possède de Canaletto une *Vue de l'église appelée la Madona della Salute*, à Venise. Né le 18 octobre 1697, il mourut le 20 août 1768. B. DE CORCY.

Bernardo BELLOTO, surnommé aussi *Canaletto*, son neveu et son élève, naquit en 1724, à Venise, et excella également comme peintre et comme graveur. Il pratiqua son art non-seulement dans sa ville natale, à Rome, à Vérone, à Brescia et à Milan, mais aussi à la cour de Saxe, où il vécut longtemps, et où il fut reçu en 1764 membre de la nouvelle Académie fondée à Dresde. Indépendamment des environs les plus remarquables de Dresde, il prit aussi très-souvent pour sujet la jolie petite ville de Pirna. Une grande justesse de perspective, une remarquable vigueur dans la manière de traiter les effets de lumière et d'air, telles sont les principales qualités de ses toiles, qui ne paraissent quelquefois un peu lourdes que dans les parties d'ombres, résultat qu'il faut sans doute attribuer à l'emploi de la chambre obscure par l'artiste. Plus tard il se rendit également à Londres, où l'avait précédé la réputation de ses tableaux de Venise vendus par le consul d'Angleterre Smith. Dans cette capitale il gagna directement des sommes importantes, tandis que jusque alors il avait eu à subir les dures conditions du marchand de tableau, intermédiaire entre lui et l'amateur. Horace Walpole possédait de lui une vue admirable de l'intérieur de *Kings College Chapel*. Il existe d'autres grandes toiles de cet artiste à *Queen's House*. Les plus célèbres de ses eaux-fortes sont : quinze Vues de Dresde, devenues pour la plupart d'une rareté extrême, des Vues de Kœnigstein et de Pirna, ainsi que de Varsovie, œuvres pleines d'effet et exécutées avec un goût extrême. Belloto mourut à Varsovie, en 1780. Le Musée du Louvre possède deux Vues de Venise qui lui sont attribuées.

CANALIFÈRES. Première famille des mollusques trachélipodes zoophages, institués par Lamarck, qui la caractérise ainsi : Coquille spirivalve, à ouverture en général oblongue, munie à sa base d'un canal plus ou moins long, tantôt droit, tantôt recourbé vers le dos de la coquille, dont le bord droit ne change point de forme avec l'âge. Lamarck divise cette famille en deux sections, selon que la coquille porte un bourrelet constant sur le bord droit ou est dépourvue de ce bourrelet; il y range les genres *pleurotome, turbinelle, fasciolaire, fuseau, pyrule, ranelle, rocher, triton, cérite, cancellaire* et *strutioaire*. M. Deshaies en a retiré les trois derniers.
 L. LAURENT.

CANAL IMPÉRIAL. Le canal impérial, en chinois *Tchao-ho* (fleuve des écluses), est l'œuvre la plus gigantesque et la plus utile qu'il ait été donné à aucun peuple d'exécuter. Commencé vers le septième siècle, cet immense travail ne fut achevé que vers la fin du quinzième, et les relations des Arabes qui le virent à cette époque nous le décrivent tel qu'il est aujourd'hui, suppléant à une navigation côtière dangereuse dans ces mers, et souvent impossible, à cause des moussons. De Péking à Canton, dans un parcours de plus de deux cents myriamètres, il sillonne les provinces de ce vaste empire, et transporte de l'une à l'autre les productions si variées de leur territoire et de leur industrie. Outre qu'il satisfait ainsi à la nécessité de communication entre les diverses régions d'un pays qui s'est toujours réduit à ses propres ressources, il aide à la fertilité de certaines parties, en y reversant ses eaux fécondantes; d'autres fois, il sert d'égout aux marécages insalubres ou recueille le trop plein des inondations; enfin il règle les déchaînements du fleuve Jaune.

De tels résultats indiquent une civilisation avancée, une grande puissance gouvernementale et une industrie peu ordinaire. Cependant sous ce dernier rapport les Chinois ont souvent contourné les difficultés, mettant en première ligne, comme principal avantage, la simplicité d'exécution. La plus grande partie du canal traverse des pays plats et de nature facile; néanmoins, sur une aussi longue étendue, il a été impossible d'éviter les obstacles si difficiles provenant de grandes différences de niveau ou de terrains défavorables; les Chinois les ont surmontés avec hardiesse et persévérance, mais ils ne se sont décidés à ces travaux qu'en cas d'absolue nécessité. Aussi la largeur, la profondeur, la direction, varient suivant les circonstances naturelles; d'innombrables écluses séparent les sections de niveaux différents. Quand les bateaux arrivent, on les hisse au moyen de fortes machines et on les dépose à l'autre bord. Souvent encore la surface des eaux se trouve de beaucoup au-dessus des terrains environnants, et elles coulent encaissées entre deux solides remparts, s'abaissant en talus sur les terrains inférieurs. C'est du moins ce que nous vîmes à l'île d'Or, lorsqu'en 1842 nous y visitâmes le grand canal.

Cette île se trouve, sur le Yang-tze-Kiang, à une centaine de kilomètres au-dessous de Nanking. Le canal y arrive par trois de ses branches, ce qui fait de cet endroit comme le carrefour des grandes routes qui relient le nord au midi. Aussi l'expédition anglaise y avait-elle établi le centre du blocus, et par l'occupation de ce seul point causait un dommage inappréciable au commerce de la Chine, commerce nécessaire non-seulement à son bien-être, mais encore à son existence. Nous remontâmes une de ces branches à quatre ou cinq kilomètres dans l'intérieur; sa largeur était de soixante à quatre-vingts mètres, et sa profondeur de cinq. Sur chaque rive, de larges et solides chaussées ornées d'arbres magnifiques et surtout de saules, permettaient le halage, et nous fîmes atteler à nos embarcations un troupeau de Chinois fort dociles. La promenade était pittoresque; mais il nous manquait ces mouvements de bateaux de toute grandeur qui dans des temps ordinaires eussent animé le paysage. Nous ne rencontrâmes sur notre route qu'une grande jonque coulée par des pierres, de façon à barrer le passage aux steamers de l'escadre, et par contre-coup plus tard aux bâtiments chinois. Du reste, la solitude et le silence faisaient ressortir la grandeur de l'œuvre, et il n'est pas un de nous qui n'ait ressenti quelque dépit d'admirer une telle merveille chez un peuple que nous dédaignons généralement beaucoup trop. Ajoutons, pour consoler notre amour-propre, que c'est une grande exception parmi les monuments de la Chine, de quelque genre qu'ils soient. Il a fallu une nécessité bien grande pour les faire sortir de leur système pour ainsi dire superficiel. Partout ailleurs on ne rencontre tout au plus que des beautés de détail dans lesquelles tout est sacrifié à l'effet du moment, et qu'il faudrait se garder d'examiner de trop près. A. DELAMARCHE.

CANAMELLE. *Voyez* CANNE A SUCRE.

CANAPÉ, espèce de siège de repos, à large dossier, sur lequel peuvent s'asseoir trois ou quatre personnes. Il paraît que l'on a d'abord écrit et prononcé *conopé*, du latin *conopeum*, que Varron emploie pour désigner un lit d'accouchée, fait du grec κωνωπεῖον (de κώνωψ, cousin, moucheron), espèce de pavillon d'étoffe légère et transparente, dont on s'entourait pour se mettre à l'abri de la piqûre des insectes.

[Le mot *canapé* a longtemps été employé dans la polémique des journaux pour désigner la secte des doctrinaires. Mais s'il est bon nombre de lecteurs de gazettes pour qui le mot *doctrinaire* n'est pas d'une parfaite clarté, il en est aussi beaucoup, sans doute, pour qui l'origine du mot *canapé* n'est pas d'une entière évidence, quoique cette origine ne se cache pas dans la nuit des temps; et en effet il est des rapports plus faciles à saisir que l'analogie qui existe entre un canapé et la secte des doctrinaires. L'affectation qu'on a mise à la désigner ainsi pourrait faire attribuer à l'origine de ce mot une importance qu'elle est loin d'avoir; si bien que les doctrinaires des âges futurs, jaloux d'entourer de merveilleuses fictions le berceau du nouvel Évangile, pourraient s'imaginer que le *canapé* était un siège où le chef de la doctrine recevait ses inspirations et rendait ses oracles, ou bien où il révéla un jour à ses disciples de sublimes vérités, à l'exemple de Socrate (et plus commodément que lui toutefois), lorsque du haut de son lit de mort il enseignait le dogme de l'immortalité de l'âme. En sorte que le *canapé* pourrait finir par atteindre la célébrité des jardins d'Académus, voire même du baquet de Mesmer ou du trépied de la Sibylle. Afin de préserver la postérité de toutes les erreurs où elle pourrait tomber à cet égard, nous croyons utile d'assigner au mot *canapé* sa véritable origine.

Dans les premières années de la Restauration, lorsque les hommes appelés dès lors *doctrinaires* avaient quelque part au pouvoir et annonçaient hautement, sinon clairement, que le monde ne pouvait être gouverné que d'après certaines doctrines philosophiques dont eux seuls avaient le secret, leurs prétentions, leur science mystérieuse, et avant tout la faveur dont ils étaient prêts sous le ministre Decazes, firent craindre l'envahissement d'un nouveau parti; et l'on demandait, un jour, si ce parti était nombreux : « Moins que vous ne semblez le craindre, répondit quelqu'un, car les doctrinaires tiennent tous ensemble sur un *canapé*. » Le mot était juste, et, comme on voit, il a fait fortune. Il est vrai que depuis ce parti se recruta tellement qu'un *canapé* ne put plus suffire assurément pour contenir les nouveaux adeptes; mais il fallait plutôt attribuer leur nombre au vent favorable qui, en soufflant de ce côté, les avait multipliés tout à coup, qu'à leurs convictions ou à leur intelligence de la doctrine qu'ils paraissaient avoir embrassée; à l'heure qu'il est, s'il fallait compter tous ceux qui y croient et qui la comprennent, à coup sûr un *canapé* serait trop grand encore pour les contenir. C.-M. PAFFE.]

CANARD, genre d'oiseaux appartenant à l'ordre des palmipèdes, et qui se distinguent par les caractères suivants : Bec grand, épais, revêtu d'une peau molle plutôt que d'une véritable corne, moins haut que large à sa base, et aussi large ou plus large à son extrémité que vers la tête, garni sur ses bords d'une rangée de lames saillantes, minces, placées transversalement, qui paraissent destinées à laisser écouler l'eau quand l'oiseau a saisi sa proie; narines plus rapprochées du dos que de la base du bec; langue longue, charnue, dentelée sur ses bords; ailes de longueur médiocre; jambes courtes et plus en arrière que celles des oies, et rendant par conséquent la marche des canards moins facile, tandis que sur l'eau ils se meuvent, au contraire, avec beaucoup d'agilité. On trouve des canards dans toutes les parties du monde, sur les fleuves, les étangs, les lacs et même la mer, quoiqu'en général ils préfèrent les eaux douces. Ils vivent de poissons, de mollusques, de larves d'insectes, de vers, et même de fucus et autres plantes marines. Il sont monogames ou polygames, selon les espèces. Ils construisent sur le bord des eaux, soit à terre, au milieu des herbes, soit dans le creux d'un arbre, un nid assez grossier. La forme, la couleur et le volume des œufs varient dans chaque espèce, mais dans toutes les petits quittent le nid et vont à l'eau dès le moment de leur naissance. Les canards sont presque tous voyageurs : ils habitent pendant l'été les contrées du Nord, et celles du midi pendant l'hiver; en sorte qu'ils traversent deux fois par an nos climats tempérés : au printemps du Sud au Nord, et à l'automne du Nord au Sud. Presque tous aussi sont sujets à une double mue annuelle, et le changement du plumage est souvent tel chez les mâles qu'ils sont méconnaissables aux deux époques opposées de l'année. En général, ils prennent leur robe de noces vers la fin de l'année, et ne la quittent qu'après la fin de l'incubation. L'homme trouve dans leur chair un aliment agréable, et dans le duvet qu'ils fournissent une matière éminemment propre à former des coussins et des vêtements à la fois mous, légers et chauds.

Ce genre se partage naturellement en deux divisions. Les espèces de la première, ou celles dont le pouce est bordé d'une membrane, ont la tête plus grosse, le cou plus court, les pieds plus en arrière, les ailes plus petites, la queue plus roide, les tarses plus comprimés, les doigts plus longs, les palmures plus entières. Elles marchent plus mal, vivent plus exclusivement de poisson et d'insectes, et plongent plus souvent. On y distingue plusieurs subdivisions, savoir : les *macreuses*, qui se reconnaissent à la largeur et au renflement de leur bec; les *garrots*, dont le bec est plus court et plus étroit à sa partie antérieure, et à la subdivision desquels se rattachent : 1° les *garrots ordinaires*, qui ont la queue ronde ou carrée, et qui comprennent l'*eider*, toutes les espèces de *millouins*, et le *morillon*; 2° les canards dont la queue a ses pennes du milieu plus longues, ce qui la rend pointue, comme dans le *canard de Terre-Neuve* et le *canard arlequin*.

Le *canard de Terre-Neuve* (*anas glacialis*, Linné) est blanc, avec une tache fauve sur la joue et le côté du cou; la poitrine, le dos, la queue et une partie de l'aile sont noirs; sa taille est de quarante-cinq centimètres non comprises les deux longues pennes qui terminent la queue du mâle et qui manquent dans la femelle; son duvet le dispute en beauté, en finesse et en élasticité à celui de l'eider.

Le *canard arlequin* (*anas histrionica*), de même taille à peu près que nos canards domestiques, offre un plumage cendré, avec le sourcil et les flancs sont roux; le mâle est bizarrement bigarré de blanc. Il passe pour un excellent gibier, et est, ainsi que le précédent, originaire des climats du nord des deux continents. L'un et l'autre nous viennent en hiver, mais à des intervalles éloignés.

Les canards de la deuxième division, dont le pouce n'est point bordé d'une membrane, ont la tête plus mince, les pieds moins larges, le cou plus long, le bec plus égal, le corps moins épais; ils marchent mieux et recherchent les plantes aquatiques et leurs graines autant que les poissons et autres animaux. On distingue parmi eux les *souchets*, les *tadornes*, le *pilet*, le *chipeau*, le *siffleur*, la *sarcelle*; le *canard de la Chine* (*anas galericulata*), long de quarante centimètres et remarquable par la richesse de ses couleurs; dont le mâle porte sur la tête un magnifique panache vert et pourpre, qui s'étend jusqu'au delà de la nuque; le *canard de la Caroline*, ou *beau canard huppé* (*anas sponsa*, Linné), également recherché par l'éclat de son plumage et le goût exquis de sa chair; enfin, le *canard musqué*, vulgairement nommé, par erreur, *canard de Barbarie* (*anas moschata*, L.) et le *canard ordinaire* (*canard sauvage* et *canard domestique* : *anas boschos*, L.), dont nous laissons à un de nos honorables collaborateurs le soin d'entretenir le lecteur. DÉMEZIL.

Parlons d'abord du *canard sauvage*. Examinez dans la tête de ce canard son bec lamelleux, dentelé, d'un vert tirant sur le jaune; l'iris de ses yeux, de couleur brune; les émeraudes qui brillent sur un fond offrant les teintes et les reflets d'un acier poli, et qui colore la moitié de son cou, tandis que l'autre moitié est revêtue d'une couleur pourpre qui s'étend sur sa poitrine; ses ailes couvertes d'une bande d'azur, mêlée avec du velours bleu; les vingt pennes de sa queue, qui se termine par un liseré blanc, tandis que quatre de ces pennes se recourbent en demi-cercle vers le croupion, qui est nuancé de noir et de vert; les jambes, les pieds et les doigts orangés, et les ongles noirs. Eh bien, ce bel oiseau, pourvu de tant de charmes, et si bien fait pour plaire, en état de liberté, sur les mares, sur les rives des fleuves, sur les chaussées des étangs, y conserve les mœurs et l'austérité d'un monogame. Il se contente de la femelle de son choix, tandis que le canard de nos basses-cours, qui est pourtant de la même famille, est dans un état constant de polygamie, vit au milieu d'un sérail; et pour dégénérer, ce noble oiseau n'a eu besoin que de vivre dans notre voisinage. Il y a pis que cela encore : sa femelle ne se refuse jamais aux empressements du *canard musqué de Barbarie*, qui appartient cependant à une autre famille, et de ce rapprochement monstrueux naît une postérité qui est le plus souvent frappée de stérilité. La nature a refusé le don de se reproduire à ceux qui n'auraient jamais dû naître.

Examinons maintenant les habitudes de notre sauvage dans les détails de sa vie privée. Lorsqu'au printemps l'hépatique étale sa fleur sur les rives des mares, il se sépare de sa société, qui est toujours fort nombreuse; il fait choix d'une compagne, et si on la lui dispute, il se bat avec acharnement contre ses rivaux; il emmène sa conquête dans les touffes écartées de roseaux, et il y fixe son domicile, pour se livrer sans distraction à l'inclination qui l'entraîne. Toute la nation des canards se sépare ainsi par couple, et se retire dans des asiles mystérieux. Il n'y a plus de société, il n'y a que des tête-à-tête. L'apparition de la fleur a été pour ces oiseaux ce qu'est l'apparition du pontife donnant la bénédiction à des fiancés. Chaque couple vit donc retraité à peu près vingt et un jours, qui plus, qui moins, suivant la force ou l'ardeur de chacun. Nul ne sort de la maison nuptiale que pour prendre le soir un peu de nourriture. Les trois semaines écoulées, vous voyez la femelle porter au bout de son bec des brins de jonc ou de roseau, s'arracher les plumes du ventre, et construire avec ces matériaux un nid douillet, dans lequel elle pond successivement, et de deux jours l'un, douze à quinze œufs, dont les gros bouts sont plus obtus que ceux des poules, et d'une couleur jaune tirant sur le rouge. Mais c'est durant l'incubation qu'il faut admirer l'intelligence de cette bonne mère. Aucune apparition d'oiseau de proie ni menace de chasseur ne sont capables de l'arracher aux objets de son affection. Elle ne sort un instant le soir que pour aller chercher un peu de pâture, et quand elle quitte le nid, elle couvre de roseaux ses petits, pour les dérober à tous les regards. Le mâle demeure en sentinelle tout autour, et lorsqu'elle revient, ce n'est jamais par la ligne la plus courte; elle fait mille circuits dans les airs, afin de donner le change au chasseur. Les dangers qu'elle redoute sur les rivages, ou dans les lieux trop découverts, la déterminent quelquefois à construire son nid dans des bruyères ou sur le tronc des grands arbres. Quand, après trente jours d'incubation, les œufs sont éclos, elle descend dans l'eau et y appelle ses poussins; et comme ils ne peuvent pas y descendre, le père et la mère, au moyen de leur bec, les saisissent l'un après l'autre par la peau, et les déposent sur l'eau, sans les blesser jamais, tant l'instinct paternel est habile à développer toutes les facultés de l'intelligence. Une fois sortis de leur nid, il n'y retournent plus comme les petits oiseaux de bocage retournent dans le leur; ils exercent leur enfance à la poursuite des mouches, des larves et de toutes les petites proies que la mère leur indique. Dans cet état, la couleur jaune de leur duvet les fait ressembler à une couvée de serins. A trois mois ils prennent des ailes et reçoivent le nom de *halbrands*; à six mois ils sont adultes. Telle est la dépense de force vitale que fait le mâle durant la pariade qu'immédiatement après il perd toutes ses plumes; et la femelle après l'incubation éprouve une révolution semblable.

Le canard sauvage est essentiellement sociable. La pesanteur de son vol, quand il commence à s'élever, et le bruit de ses ailes, l'exposent à des dangers perpétuels. Le sentiment de cette faiblesse est probablement le principe de l'association de ces oiseaux. Lorsqu'ils partent, ils se rangent en bataillon sous la forme d'un triangle, les commandants en tête. Ils s'élèvent à perte de vue; et quand ils veulent s'abattre, ils envoient une avant-garde pour prendre connaissance du terrain, et ils placent des sentinelles dans tous les lieux d'où l'on pourrait les découvrir. Ils aiment beaucoup le froid, et dans les régions polaires, où ils jouissent d'une entière sécurité, les lacs et les fleuves sont tout couverts de ces oiseaux. Ils y retournent tous les ans ; mais quelques couples, retenus par de tardives amours, passent l'année entière dans nos climats et s'établissent le long des bois pour manger des glands, faute d'autre nourriture. On ne rencontre jamais de canards isolés que lorsqu'ils sont en pariade, ou qu'ils sont détachés de leur société par la poursuite des chasseurs ou des oiseaux de proie.

Le *canard musqué* ou *de Barbarie* n'est jamais un prisonnier volontaire comme le canard ordinaire, et il ne résiste pas à la séduction qu'exerce sur lui l'apparition des oiseaux de son espèce qui sont demeurés sauvages : pour prévenir cette désertion, on doit couper à chacun un bout d'aile.

Le *canard sauvage* se distingue du *canard domestique*, dont nous allons parler tout à l'heure, d'abord par son plumage, qui est plus varié, plus éclatant; par son cri, qui est plus rare et moins retentissant, parce que la trachée-artère s'élargit dans l'état domestique; par les os de la poitrine, qui sont moins saillants chez lui; par les écailles de ses pieds, qui sont plus fines, plus lustrées; enfin par les membranes qui unissent ses doigts, lesquelles sont plus minces. La chair de ces deux oiseaux offre par sa saveur la même différence que celle qui existe entre la chair du poulet et la chair du perdreau. On distingue aussi, dans les canards, le mâle de la femelle par la couleur de celle-ci, qui est plus terne, et par sa taille, qui est plus petite; les canards vieux des jeunes, en ce que ces derniers ont des pattes plus lisses et d'un rouge jaune plus vif.

Du reste, le *canard domestique* n'est pas seulement du même genre et de la même famille que le *canard sauvage*, mais il est encore de la même espèce, et il n'y a dans les deux races que les différences superficielles qui tiennent au genre de vie et au régime alimentaire; et comme le canard sauvage est infiniment meilleur que le canard domestique, il est nécessaire de ramener ceux qu'on élève dans les basses-cours à leur type primitif pour les régénérer. Quand vos canards acquièrent une couleur entièrement blanche, vous devez les tenir pour être arrivés au dernier degré de dégradation, et pour les renouveler vous devez faire prendre dans les mares et le long des étangs des œufs de canards sauvages et les faire couver par des canards domestiques, pour en obtenir une espèce supérieure. Sachez encore que par suite de la dépravation sociale le canard mâle de sept à huit mois suffit à plus de douze canes; mais que dans l'état domestique la meilleure et la plus grasse des canes est toujours une fort mauvaise couveuse, par la même raison que les plus belles dames de ville sont toujours les plus mauvaises des nourrices. Il convient infiniment mieux de confier l'incubation à une dinde, qui abrite sous ses ailes une cinquantaine de ces oiseaux, qu'à une cane, qui ne peut en couver qu'une douzaine. En la privant du travail de l'incubation, vous la restituez à celui de la ponte, qu'elle fait alors en entier, et qui se compose de quarante à cinquante œufs chaque année, lorsqu'elle n'est pas distraite par d'autres soins. Il faut épier tous les matins avec la plus grande vigilance cette pondeuse, car son habitude est de pondre dans les lieux écartés, de couvrir ses œufs avec tout ce qu'elle trouve à sa portée ; c'est un instinct qu'elle retient de l'état sauvage. Les œufs de cane sont meilleurs que ceux de poule pour la pâtisserie et la composition des gâteaux ; et l'on peut les employer encore dans les omelettes lorsqu'on les mêle avec d'autres. Mais ils ont l'inconvénient de ne pouvoir être mangés à la mouillette, parce que dans la cuisson les deux enveloppes qui recouvrent le jaune perdent leur état liquide pour passer à une consistance solide.

La cane domestique n'est ni une aussi bonne couveuse, ni une mère aussi attentive que la cane sauvage. La première est en pariade perpétuelle avec les mâles, qui sont d'une exigence extrême. Les jeunes *canetons*, une fois placés dans l'eau, n'ont presque plus besoin de leur mère. Ils sont d'une constitution rustique, et infiniment plus robustes que les poussins des poules. Il suffit de les faire rentrer chaque soir dans l'habitation, et de leur en donner de bonne heure l'habitude. Aussitôt nés, il faut leur donner du pain émietté dans du vin ou du cidre. Deux jours après, on leur sert une pâtée faite avec des orties tendres, hachées bien menu, avec un tiers de farine de froment, de sarrasin ou de maïs. On les lâche alors dans l'eau la plus voisine de la basse cour, et la dinde, qui s'en inquiète, parce qu'elle ne peut pas les suivre, les attend toujours sur le rivage pour les réchauffer sous ses ailes. Cet oiseau vit de tout ce qu'il rencontre, mais il préfère la nourriture animale à la nourriture végétale. C'est pour les vers, dont on leur donne une provision trois fois par jour ; qu'on improvise à Rouen des halbrands hâtifs qui ont une grande valeur. Dans quelques autres cantons de la Normandie, on est dans l'usage de faire avaler aux canetons des gobbes de farine de sarrasin ; et par ce moyen on obtient en deux mois des canards de huit livres, qui ont par conséquent acquis une livre par semaine. On reconnaît que le canard est parvenu au dernier degré d'obésité lorsqu'il porte sa queue en éventail, parce que les pelotes de graisse placées sur le croupion ne lui permettent plus de réunir les pennes.

Les canards livrés à eux-mêmes, et qu'on ne veut pas trop rapidement pousser à la graisse, coûtent fort peu pour leur nourriture. Il n'y a pas de plus habiles qu'eux pour purger un jardin de chenilles, de hannetons, de courtilières, de crapauds, de limaces, d'araignées, de vers, de mans, et surtout des altises, fléau des raves et des navets. Mais, comme ils mangent aussi les légumes, on ne les introduit jamais dans les jardins potagers où légumiers sans danger, non plus que dans les fossés où il y a de l'alvin et de jeunes poissons, qu'ils sont habiles à saisir, parce qu'ils sont doués de la faculté de plonger. Le duvet que fournit le canard est d'une grande utilité quand on le lui arrache avec précaution, dans les mois de mai et de septembre seulement, sous le cou, le ventre et les ailes, et quand on le fait dessécher à la chaleur modérée d'un four, pour le purger des parties huileuses inhérentes aux animaux aquatiques. Il est peu de canards qui vivent une année. On consomme ce l'on vend les jeunes en automne ou au commencement de l'hiver, et du plus nombreux troupeau on ne conserve, pour la pariade du printemps suivant, que quatre ou cinq femelles et un mâle.

Cte Français (de Nantes).

CANARD. Dans le jargon de la presse périodique, on a donné le nom de ce volatile barboteur et glouton à une nouvelle plus ou moins absurde à laquelle on donne cours en lui prêtant une forme plus ou moins vraisemblable, et, par suite, à de petits imprimés, à têtes de clous, sur papier gris, contenant le récit d'un événement du jour, que l'on débite dans les rues. Voici, d'après un recueil belge, l'origine de ce trope :

« Pour renchérir sur les nouvelles ridicules que les journaux lui apportaient tous les matins, un habitant d'Anvers, nommé Cornelissen, avait fait annoncer dans les colonnes d'une de ces feuilles, qu'on venait de faire une expérience intéressante bien propre à constater l'étonnante voracité des canards. On avait réuni vingt de ces volatiles ; l'un d'eux avait été haché menu avec ses plumes et servi aux dix-neuf autres, qui en avaient avalé gloutonnement les débris ; l'un de ces derniers à son tour avait immédiatement servi de pâture aux dix-huit survivants et ainsi de suite, jusqu'au dernier, qui se trouvait, par le fait, avoir dévoré ses dix-neuf confrères dans un temps déterminé très-court. Tout cela, spirituellement raconté, obtint un succès que l'auteur était loin d'en attendre. Cette petite histoire fut répétée de proche en proche par tous les journaux, et fit le tour de l'Europe. Elle était à peu près oubliée depuis une vingtaine d'années, lorsqu'elle nous revint d'Amérique avec de merveilleux développements et le procès-verbal de l'autopsie du dernier survivant, auquel on prétendait avoir trouvé des lésions graves dans l'œsophage. On finit par rire de l'histoire du canard, mais le mot resta. »

Parmi les journaux de Paris, *le Constitutionnel* exerce, presque depuis sa naissance, une suprématie sur tous les autres dans le genre *canard*. Il ne s'en cache guère du reste, il connaît si bien ses lecteurs. On s'est beaucoup amusé du fameux serpent de mer qui a reparu tant de fois dans ses colonnes. Le défunt *Courrier français* disputa longtemps la palme à son confrère dans cette spécialité, avec son tombeau aux inscriptions grecques que découvrait tous les ans le père Martinez sur les rives du *Rio de la Plata*. La *Presse* prit la chose plus au sérieux lorsqu'on lui fit dire une fois que le clocher de Strasbourg avait marché de quelques mètres. Il n'est pas rare de voir un *canard*, échappé des feuilles de la capitale, circuler des mois entiers dans les journaux de province, obtenir même souvent les honneurs de la traduction et un asile dans les feuilles de l'étranger, et, après s'être ainsi promené, *la canne à la main*, dans toutes les feuilles du monde, rentrer enfin à Paris, dans le berceau qui l'a vu naître, sans que le publiciste qui lui a donné le jour le reconnaisse.

CANARDER. C'est tirer sur des canards ou bien à l'abri d'une canardière.

CANARDIÈRE, nom d'abord appliqué à une arme propre à tuer des canards, et qu'on a ensuite donné à des *échauguettes* (ouvertures pratiquées dans les murs) de châteaux forts, d'où l'on tirait de très-loin sans se découvrir.

On appelle aussi de ce nom un lieu couvert et préparé, où l'on se met en embuscade pour prendre les canards, ou bien pour tirer sur des canards, au moyen d'un fusil long de 3^m,25 à 3^m,50, dont on place le canon sur une main de fer posée sur le devant d'une petite barque garnie de feuillage, dans laquelle le chasseur, assis, tire sur ces oiseaux.

CANARI, genre de plantes de la diœcie pentandrie et de la famille des térébinthacées, qui contient un arbre de l'Inde (*canarium vulgare*), dont l'écorce, au rapport du naturaliste et voyageur Rumph, laisse suinter une liqueur balsamique, laquelle, en s'épaississant devient une résine odorante. Les fruits ou les graines de cet arbre se mangent comme des amandes quand elles sont sèches ; mais fraîches elles donnent la dyssenterie, si l'on n'a la précaution des assaisonner avec du sel, comme nous le pratiquons pour les jeunes noix ou cerneaux.

Canari est aussi le nom vulgaire du serin des Canaries.

CANARIES (Iles), groupe de dix îles de diverses grandeurs, situées à l'ouest de la côte d'Afrique, entre 27° 29' et 29° 26' de latitude nord, et entre 1° de longitude occidentale et 4° 50' de longitude orientale, à environ 150 kilomètres du continent. Elles sont d'origine volcanique, jouissent d'un climat délicieux et d'une fertilité telle que les anciens leur avaient donné le nom d'*Iles Fortunées*. Il est très-probable qu'elles étaient déjà connues des Carthaginois. Juba II, roi des deux Mauritanies, est le premier qui en ait donné une description exacte. On l'a malheureusement perdue ; mais Pline l'avait sous les yeux quand il écrivait son *Histoire Naturelle*.

On indique comme en ayant été les premiers habitants les *Guanches*, peuple au sujet duquel les Espagnols, qui en firent la conquête en 1316, racontent les détails les plus merveilleux. Il ne paraît pas toutefois qu'ils aient attaché alors une grande importance à la possession de ces îles, qui furent aussi visitées vers 1400 par un Français du nom de *Bétancour* (lequel s'en serait fait donner l'investiture par le roi de Castille Henri III), puisqu'en 1456 Henri le Navigateur en fit prendre possession au nom du Portugal. Cependant les Espagnols se ravisèrent, et en entreprirent de nouveau la conquête, en 1478. Elle fut achevée à la fin du quinzième siècle, et les vainqueurs adoptèrent à l'égard des vaincus un système d'extermination tel que la race aborigène a depuis longtemps complétement disparu de ces îles, qui sont uniquement habitées aujourd'hui par une population résultant du mélange des Espagnols et des Portugais.

Sur les dix îles il n'y en a que sept d'habitées ; ce sont : *Ténériffe*, la plus grande de toutes ; la *Grande Canarie*, de 18 myriamètres carrés avec 53,000 habitants, la plus fertile du groupe, chef-lieu Palma ; *Palma*, de 8 myriamètres carrés, avec 32,000 habitants ; *Gomera*, avec 7,000 habitants et une superficie de 4 myriamètres carrés ; *Fuertaventura*, de 19 myriamètres carrés, avec une population de 10,000 âmes ; *Lanzarote*, de 7 myriamètres carrés, avec 10,000 âmes ; enfin, *Ferro* la plus petite de toutes.

L'aspect intérieur de ces îles présente dans l'ensemble le même caractère que dans les détails, circonstance qu'il faut attribuer à leur origine volcanique. On trouve presque toujours au sommet de leurs montagnes, dont les pentes sont toutes fort escarpées, une excavation de forme conique, désignée sous le nom de *la caldera*, et sur leurs versants un système, en forme de rayons, de saillies très-abruptes, dites *baranaos*, dont une seule ordinairement pénètre dans le cône et met à nu la structure intérieure de pierres volcaniques régulièrement stratifiées.

Les recherches d'Alexandre de Humboldt et de Léopold de Buch ont jeté la plus instructive lumière sur la géographie végétale des îles Canaries, et ces savants en ont exposé les diversités multiples dans un tableau comparatif de cinq régions successives, depuis le palmier, dont le fruit mûrit sur les bords de la mer, jusqu'à la flore des Alpes, qui caractérise les pics les plus élevés. La région des produits africains s'étend jusqu'à une hauteur de 400 mètres, avec une température moyenne de 18° Réaumur, par le bananier, par le pisang, par le palmier à dattes, par l'arbre à sang de dragon et par la canne à sucre. La zone de la culture européenne lui succède immédiatement, jusqu'à une élévation de 865 mètres, avec une température moyenne de 14° Réaumur. On y rencontre les plus belles espèces de vignes et d'arbres fruitiers, des champs de blé et de maïs, des forêts de châtaigniers et d'oliviers, dans tout l'éclat de la plus riche végétation. En atteignant la troisième région, celle des forêts toujours vertes, jusqu'à une hauteur de 1365 mètres, on voit, sous l'influence d'une température de 10° Réaumur et d'une fécondante humidité, la plus vigoureuse végétation se développer dans les forêts de lauriers, où se termine la zone des produits méridionaux. La région des pins sauvages (*pinus canariensis*) et des fougères communes commence au-dessus de la région des nuages, exposée à une nuisible sécheresse et couverte de neiges pendant plusieurs mois de l'année, jusqu'à une élévation 1666 mètres, avec une température moyenne de 8° R. ; après quoi on atteint, par une température de 4° et une élévation de 3100 mètres, la région de la *retama blanca*, arbrisseau particulier à cette contrée, qu'on y rencontre avec celle du genévrier et de la seule plante alpestre, l'*arabis alpina*. Les points extrêmes des pics sont complétement dépourvus de végétation, sans cependant atteindre encore la région des neiges éternelles.

Le règne animal n'offre qu'une collection très-bornée d'espèces, et encore la plupart y ont-elles été introduites. Le dromadaire d'Afrique et la chèvre dite des Canaries y sont, avec le chien, le porc, le mouton, le furet et le chat, les animaux domestiques les plus communs. L'oiseau des Canaries y est indigène, de même que beaucoup d'autres oiseaux à ramage et d'oiseaux de marais ou de mer, auxquels d'ailleurs ces îles ne servent guère que de station d'hiver. Les amphibies et les poissons s'y rencontrent en abondance. En fait d'insectes, on attache à bon droit beaucoup de prix à ses vers à soie et à ses abeilles, et on y redoute les santerelles, qu'y apportent souvent les vents d'Afrique. Le commerce de ces îles est assez actif, surtout depuis que le gouvernement espagnol l'a tout récemment déclaré libre ; mais l'industrie y est encore dans l'enfance. Leur principal produit est un vin blanc, sucré, dont il s'expédie, année commune, environ 40,000 muids, principalement pour l'Amérique et l'Angleterre. Les soies brutes, l'esprit-de-vin, la soude et les fruits secs constituent encore d'importants articles d'échange. Consultez Léopold de Buch, *Description physique des îles Canaries* (Berlin, 1825) ; Barker-Webb et Sabin-Berthelot, *Histoire naturelle des îles Canaries* (2 vol., Paris, 1836-1844).

CANARIES (Vin des). C'est la dénomination générique d'une excellente espèce de vins, offrant beaucoup d'analogie avec ceux de l'île de Madère, et qu'on récolte aux îles Canaries. Cependant on devrait la réserver plus spécialement au vin de *Bidogne*, qu'il faut distinguer du *Malvoisie des Canaries*, et qu'on obtient de raisins cueillis avant leur complète maturité. Il est d'abord rude et sec ; mais après deux ou trois ans il commence à ressembler au vin de Madère, et s'adoucit encore davantage en vieillissant ; de sorte qu'on le vend alors souvent pour du vin de Madère. De même que celui-ci, il gagne beaucoup à séjourner dans les pays chauds. C'est de la récolte surtout dans l'île de Ténériffe, où le produit moyen de chaque année s'élève à 40,000 *pipes* (chacune de 440 litres). Santa-Cruz est le centre du commerce des vins des Canaries. Palma en produit moins que Ténériffe ; mais le vin de Palma a l'avantage d'être plus agréable au goût et de pouvoir se boire plus tôt.

CANASTRE. C'est ainsi qu'on appelle en général tout bon tabac de Varinas ; mais autrefois on réservait ce nom à la première qualité seulement, laquelle s'expédie en paniers. Le mot *canastre* est dérivé de l'Espagnol *canasta*, panier, corbeille.

CANAVESE (au moyen âge *Canavensis ager*, *Canapitium*), district situé au nord de la province de Turin, entre le Pô, la Dora Baltea et la Stura, et qui renferme deux cents forts et châteaux, aujourd'hui en ruines pour la plupart. En l'année 1435 cette riche contrée, où, circonstance bien singulière, on ne rencontre que une seule ville, échut à Amédée VIII de Savoie ; et la paix de Cherasco en assura définitivement la possession aux princes de la maison de Savoie. *Ivrée*, la ville qui en est la plus voisine, sert de chef-lieu administratif au Canavese.

CANAYE (Famille de). Plusieurs de ses membres se distinguèrent dans les lettres. *Jacques* DE CANAYE, célèbre avocat du seizième siècle, travailla à la réforme de la Coutume de Paris. *Philippe* DE CANAYE, sieur de *Fresnes*, son fils, né à Paris, en 1551, fut élevé dans les principes du calvinisme. Après avoir voyagé en Allemagne, en Italie et en Turquie, et écrit la relation de son séjour à Constantinople sous le titre d'*Éphémérides*, il suivit le barreau de Paris, fut nommé conseiller d'État par Henri III, président de la chambre mi-partie de Castres sous le règne suivant et ensuite ambassadeur en Angleterre et en Allemagne. Chargé d'assister à la célèbre conférence qui eut lieu à Fontainebleau, en 1600, entre Duplessis-Mornay pour les calvinistes, et Duperron, évêque d'Évreux, pour les catholiques, Canaye fut ébranlé dans ses croyances, et bientôt

CANAYE — CANCAN

après il abjura. Envoyé à Venise, l'année suivante, comme ambassadeur, avec la commission de terminer les différends survenus entre cette république et la cour de Rome, il y réussit, à la satisfaction des deux parties. Il mourut à son retour en France, en 1610. Ses *Ambassades* ont été imprimées, à Paris, en 1635.

Jean DE CANAYE, jésuite, parent du précédent, né à Paris, en 1594, mort à Rouen, en 1670, est plus connu par sa prétendue *Conversation avec le maréchal d'Hocquincourt*, spirituelle production attribuée généralement à Saint-Évremont et par certains à Charleval, que par les quelques ouvrages qu'il a laissés.

Étienne DE CANAYE, arrière-petit-neveu de Philippe, et cousin germain de Jean, né à Paris, en 1694, mort en 1782, était oratorien et membre de l'Académie des Inscriptions et Belles-Lettres. Ami de Fontenelle et de D'Alembert, qui lui dédia son *Essai sur les Gens de Lettres*, l'abbé de Canaye a composé quelques mémoires, qui se trouvent dans le Recueil de l'Académie; mais son indifférence pour la gloire littéraire l'a empêché d'écrire d'autres ouvrages. « En littérature, disait-il, comme au théâtre, le plaisir est rarement pour les acteurs. »

CANCALE, chef-lieu de canton de l'arrondissement de Saint-Malo, département d'Ille-et-Vilaine, bâti sur une hauteur dominant la baie du même nom, avec une population de 4,800 habitants, dont la pêche et la navigation constituent la principale ressource. Cancale, dont le port est au hameau de la Houle, est renommé par les excellentes huîtres qu'on pêche à quelque distance, sur le fameux *rocher de Cancale*, et dont la majeure partie est expédiée à Paris. Cette pêche productive occupe, indépendamment des populations de tout ce littoral, un grand nombre de pêcheurs du Calvados et de la Manche; et il n'est même pas rare de voir des pêcheurs anglais s'essayer d'aller sur les brisées des nôtres. En 1758 les Anglais firent une inutile tentative contre Cancale. En 1778, sous les ordres de Wallace, ils détruisirent les bâtiments qui se trouvaient à La Houle.

CANCAN, mot factice imité du cri du canard, et qui a été d'abord appliqué par extension aux bruits tumultueux qui s'élèvent dans une assemblée nombreuse où l'on ne s'accorde pas et où l'on s'occupe de choses frivoles, et par extension à toutes les causeries irréfléchies des oisifs, à tous les propos médisants qui circulent rapidement. Tello est du moins, au sujet de ce mot, l'opinion de Ch. Nodier.

L'Académie Française lui donne cependant une autre origine; elle pense qu'on l'a appliqué aux discussions orageuses sur des sujets futiles, par allusion aux horribles disputes qui eurent lieu au seizième siècle sur la manière dont il fallait prononcer le mot *quanquam*, disputes qui coûtèrent peut-être la vie au philosophe Ramus. Sous le règne de Charles IX il y eut en effet à l'Université de Paris de violents démêlés pour savoir si l'on n'adopterait pas une prononciation univoque de ces trois mots latins : *quanquàm*, *quisquis*, et *quodquod*. Certains docteurs voulaient qu'on prononçât *kankam*, *kiskis*, *kodkod*; d'autres savants préféraient *kuankuam*, *kuiskuis*, *kuodkuod*; d'autres enfin opinaient pour *kouankouam*, *kouiskouis*, *kouodkouod*. Après de longs et sérieux débats, tant en paroles qu'en écrits, on ne décida rien, et l'usage a prévalu, du moins en France, de prononcer chacun de ces trois mots d'une manière différente : *kouankouam*, *kuiskuis*, *kodkod*. De là, suivant quelques étymologistes, l'origine du mot *cancan*.

Quoi qu'il en soit, le verbe *cancaner* n'en est pas moins devenu très-vulgaire; les gens du peuple (et le peuple est aujourd'hui à peu près tout le monde) s'en servent très-fréquemment pour signifier faire des *cancans*, répéter sans discernement, par étourderie ou par malveillance, des propos qui peuvent nuire à quelqu'un. Par suite on a créé les noms de *cancanier*, *cancanière*, pour qualifier ceux qui se livrent à cet aimable exercice de la langue.

Les *cancans* diffèrent des *caquets* en ce que ces derniers sont quelquefois inoffensifs, et destinés seulement à tuer le temps. Les autres, au contraire, ne sont jamais sans malignité, et s'ils ne tuent pas une réputation, ont toujours pour but de la blesser au vif. Nous avons les *cancans de portier*, les *cancans de village*, les *cancans de petite ville*. La grande société elle-même a les siens, qui ne sont pas toujours les moins perfides. Deux tiers de calomnie et un tiers de médisance, voilà, en général, de quoi se composent les *cancans*.

CANCAN et CHAHUT, manière de danser ou plutôt de dénaturer la contredanse par des sauts, des postures et des gestes imités de la danse des nègres, et par des allures empruntées aux gens de la halle et aux débardeurs des ports. Ce fut vers 1822 que les jeunes gens qui se rendaient à la Chaumière le dimanche, le lundi et le jeudi, pendant la belle saison, commencèrent à danser ce que l'on appela d'abord la *chahut* et ensuite le *cancan*. Les figures du quadrille restèrent les mêmes, mais on ne les exécuta plus au moyen de pas réguliers et balancés, ou bien en marchant comme cela se fait aujourd'hui. Le cancan négligé, dédaigné, repousse tout ce qui pourrait rappeler le *pas*, la règle, la régularité de la tenue; pour aller en *avant-deux* l'homme et la femme s'avancent l'un vis-à-vis de l'autre, avec le pas, le geste, l'attitude que bon leur semble; celui-ci a les bras pendants et les membres disloqués comme un pantin, comme le pierrot de nos parades; celle-là, les bras croisés comme une personne qui ne veut rien faire : à moins que ce ne soit la femme qui s'avance les bras balants, tandis que l'homme restera se dandinant, en croisant les bras. Puis, vous croyez qu'ils *chassent* à droite et à gauche? pas du tout; ils aiment mieux aller deux fois en avant. Obligés de *traverser*, pensez-vous qu'ils fassent cette passe, comme on devrait la faire, en traversant en face et vis-à-vis l'un de l'autre? Nullement; c'est *dos à dos* qu'ils *traversent*. Dans la figure de la *poule*, le *ne traversent* pas davantage, et dans la *trenitz* ou la *pastourelle*, le cavalier ne conduit sa dame : cela pourrait être convenable, gracieux, amener la manifestation, la marque, la montre de quelques égards, de quelques habitudes polies ou policées. Pour ne pas tomber dans ces inconvénients, quelquefois le danseur laisse aller sa danseuse toute seule; une autre fois, il la prend dans ses bras, l'enlève et va, — à la lettre, — la jeter à la tête ou dans les bras de son vis-à-vis.

Mais ce ne sont pas ces seules différences dans les passes matérielles de la contredanse *légitime* qui constituent le *cancan*; c'est encore, c'est surtout le *dégingandage* des danseurs et des danseuses. Le crayon de Gavarni peut plus facilement en fournir l'image que la plume en donner l'idée. Pour danser le *cancan*, il ne s'agit pas de faire telle ou telle chose réglée, convenue : il faut, au contraire, faire ce qui est déréglé, ce qui est inconvenu et par conséquent *inconvenant*. Si cela lui passe par la tête, l'homme, au lieu de danser, de sauter, mettra les mains dans les poches de son pantalon, de son habit, de son gilet, fera quelques pas en avant ou restera immobile regardant son vis-à-vis féminin d'un air hautain, impérieux ou lascif, qu'il tâchera de rendre le plus satanique qu'il pourra, à la façon de Frédérick-Lemaître lorsqu'il dansait la valse de Méphistophélès, dans le mélodrame de *Faust*; ou bien, loin de jeter les yeux sur son vis-à-vis, il les tournera à droite et à gauche sur l'assemblée, et semblera occupé de toute autre chose. Puis tout à coup ce ne sera plus cela; le voilà comme fou, comme furieux, comme piqué de la tarentule, piétinant, gesticulant, jetant le corps en avant, en arrière; faisant des mines, des grimaces, des contorsions. *Ab uno disce omnes !* Tous font de même; ce que fait l'homme, la femme le fait; elle comme lui, lui comme elle; ils sont tous deux mélancoliques ou échevelés, sérieux ou furibonds, indifférents ou passionnés, et leur danse, qu'il faut que j'appelle ainsi faute d'un autre

DICT. DE LA CONVERS. — T. IV. 22

mot, se ressent de tous les sentiments qu'ils veulent peindre ou affecter; tels sont en effet, s'il est toutefois possible de définir, de qualifier ce qui semble échapper à toute description, l'esprit, l'intention, la pensée du *cancan*.

Le cancan veut être intelligent, expressif, plaisant, voluptueux, dramatique. On pense bien alors que dans cette prétentieuse excentricité, et avec les moyens qu'il ne craint pas d'employer pour s'y livrer, il peut arriver à ceux qui s'y abandonnent des écarts que le goût et la grâce proscrivent assurément, mais encore que la décence publique ne saurait approuver. En effet, lorsque dans la *pastourelle*, au lieu de conduire sa danseuse par la main, le cavalier qui veut *chahuter* la place devant lui, l'enlace dans ses bras, corps contre corps, poitrine contre poitrine, œil sur œil, que dit-il, que fait-il à sa partner, et que lui répond celle-ci la tête penchée sur son sein, l'étreignant de ses mains crispées, le regard enflammé, la respiration halètante? Ou bien, dans le *solo*, que signifie, de la part de l'homme, cette pantomime de saillie musculaire, d'érotisme nerveux, de gesticulations ou d'attitudes équivoques; et de la part de la femme, le coup de pied, adroitement lancé par devant ou par derrière, qui fait relever la robe; ce balancement, dans un sens ou dans un autre, qui fait prendre à la taille des formes d'une variété singulière; ces airs boudeurs, agaçants, abattus, enivrés, accompagnés de tours, de demi-tours étourdissants ou d'un abandon complet dans les bras de son *chahuteur*? Ce que cela signifie? Nous nous garderons bien de rechercher la signification de toutes ces *chatteries* soi-disant chorégraphiques, par lesquelles la police des bals publics de 1822 vit avec raison des atteintes à la décence et aux mœurs, et contre lesquelles elle fit des règlements prohibitifs dont l'interprétation et l'exécution amenèrent des collisions, parfois sanglantes, entre les jeunes gens de cette époque et les gendarmes, qui étaient seuls alors officiellement chargés du maintien des bonnes mœurs.

Comment de l'état d'isolement, de prohibition policière, de proscription sociale où il resta pendant dix ans, le cancan put-il passer à l'état public, toléré, avoué, recherché même, où il est aujourd'hui? Comment la police a-t-elle pu permettre de l'exécuter sur les théâtres secondaires? C'est qu'une révolution s'était accomplie, et que, comme toutes les choses de son temps, le cancan s'était trouvé mêlé à la politique. *Chahuter* n'était-ce pas encore pour les étudiants et les commis faire de l'opposition au pouvoir? A. DELAFOREST.

CANCELLAIRE, genre de coquilles univalves créé par Lamarck aux dépens des volutes de Linné, appartenant à la famille des trachélipodes canalifères, et présentant les caractères suivants : Coquille ovale ou turriculée; ouverture subcanaliculée à sa base; le canal court ou presque nul; columelle plicifère, les plis plus ou moins nombreux, la plupart transverses; bord droit, sillonné à l'intérieur. Lamarck décrit douze espèces de ces coquilles, dont deux appartiennent à d'autres genres, savoir : la *cancellaire lime*, qui doit être reportée au genre *buccin*, quoique de Blainville en fasse dans son *Traité de Malacologie* un *rocher* ou une *turbinelle*, et la *cancellaire brune*, qui est une *mitre* parfaitement caractérisée. Les dix espèces restantes, toutes assez rares et d'un prix fort élevé, sont fort recherchées, et ceux qui les possèdent pouvaient leur donner telle valeur qu'il leur plaisait avant qu'un voyage de M. Cuming, de Londres, fût venu enrichir ce beau genre de quarante-huit espèces nouvelles. P.-L. DUCLOS.

CANCER (*Pathologie*). La définition du mot *cancer* est d'autant plus difficile à donner que sous ce nom les auteurs ont souvent rangé des maladies absolument opposées. Cependant on peut dire que c'est une dégénérescence des tissus qui entraîne une sorte de fonte déterminée par une inflammation secondaire. Cette difficulté de la définition du cancer fait que l'on n'est pas étonné de voir les anciens médecins attribuer cette affection à une foule de causes diverses. Galien, Arétée, Celse et Hippocrate regardaient l'atrabile qui fermente dans les humeurs comme la cause déterminant cette dégénérescence. Ambroise Paré disait que le cancer était dû à une humeur maligne et rongeante; Chopart, Desault, Ledran, Sœmmering, ainsi que Pelletan, Quesnay, Petit et Lapeyronie, attribuèrent les dégénérescences cancéreuses à des altérations du système lymphatique, ce qu'ils appuyaient plutôt de l'autorité de leur nom que d'une conviction déduite de leurs expériences. Crawford y admit la présence d'un gaz ayant quelques rapports avec l'hydrogène sulfuré, combiné avec l'ammoniaque, déterminant des phénomènes semblables à ceux de la putréfaction. Pouteau soutint que sans affection morbide première toute partie peut être envahie par le cancer à la suite de simples lésions extérieures, telles que celles qui résultent d'un coup, d'une plaie, etc. Hunter, célèbre anatomiste anglais, expliqua le développement des affections cancéreuses par l'existence d'un ver globuleux nommé par lui *hydatide cancéreuse*; ce médecin alla jusqu'à admettre trois espèces de ces hydatides : suivant lui, les unes étaient aqueuses ou sanguinolentes, les autres gélatineuses, et celles de la troisième espèce sanguines; mais là encore tout est supposition, et Burns et Himly soutiennent n'avoir reconnu l'existence d'aucun animal dans les tissus cancéreux qu'ils soumirent à leurs recherches. Dans l'état actuel de la science, et d'après les belles recherches de MM. Breschet, Lisfranc, Chomel et Ferrus, tous les tissus peuvent être affectés du cancer, primitivement et consécutivement, et cela parce qu'il succède toujours à une inflammation dont n'est exempt aucun tissu.

Le cancer commence toujours par une induration ordinairement indolente; et en effet il convient de ne pas confondre la douleur déterminée par la pression de la partie indurée sur les parties environnantes, qui peuvent être pourvues d'une plus ou moins grande quantité de nerfs. Cette induration, ou état squirrheux, est le résultat de l'abord du sang dans une partie, sous une influence quelconque, mais en plus grande quantité que d'habitude : les vaisseaux capillaires sont engorgés et laissent perspirer une sorte de lymphe concrescible, qui, si elle est absorbée, fait que l'engorgement disparaît. Si l'inflammation des parties qui environnent l'induration persiste pendant un laps de temps plus ou moins long, et continue sourdement, l'ulcération arrive rapidement quand l'induration est superficielle. Si elle est profonde, la partie engorgée est désorganisée, de manière à se transformer en une sorte de détritus réuni en masse, constituant ce que les médecins appellent la *matière cérébriforme*, ou *fungus hæmatode*, quand il y a épanchement de sang dans son intérieur. Quelle est donc, pourrait-on demander, la différence entre le squirrhe et le cancer? C'est que dans ce dernier l'inflammation s'est développée dans la tumeur, qui à l'état de squirrhe n'est réellement point enflammée. Quelques auteurs recourent à la dénomination de *carcinome* lorsque l'ulcération cancéreuse présente à sa surface des inégalités. Le squirrhe par lui-même est indolent, à moins qu'il ne provoque de la douleur par sa pression sur les parties environnantes; s'il est sur le point de s'ulcérer, il devient douloureux, et les malades y accusent des douleurs lancinantes, qu'ils comparent à des coups de canif.

Bien que nous ayons dit que tous les tissus et tous les individus peuvent être affectés indistinctement de cancer, il est de fait cependant que telles ou telles personnes sont moins susceptibles que d'autres d'être en proie à cette désorganisation. Pourquoi, par exemple, un coup porté sur le sein d'une femme n'y détermine-t-il qu'une sorte d'engorgement qui peu à peu s'évanouit, tandis que chez telle autre un coup semblable sera suivi d'induration squirrheuse et d'ulcération carcinomateuse? On n'en sait rien. Les auteurs ont satisfait par un mot leur incertitude, et alors ils ont imaginé la *diathèse cancéreuse*, par laquelle ils expliquent cette disposition de quelques individus chez lesquels les plaies les plus simples s'ulcèrent et prennent tous les caractères du cancer. Mais, nous le répétons, c'est expliquer par un mot une manière d'être qui jusqu'à présent n'a pu être éclaircie.

Les femmes sont plus généralement exposées aux affections cancéreuses, qui se développent surtout au sein et à d'autres parties, exposées chez elles à des alternatives d'excitation et de spasmes qui facilitent l'irritation, principalement dans l'âge de trente-six à cinquante ans. Le tempérament lymphatique, qui est évidemment celui de la femme, semble coïncider avec le développement des affections cancéreuses.

Le cancer est-il contagieux? On le croyait autrefois, et cependant Alibert et Biett se sont inoculé eux-mêmes ce prétendu virus cancéreux sans en être atteints. Des animaux furent nourris exclusivement de chairs cancéreuses, sans jamais en avoir été affectés. Les rapports entre les sexes ont pu continuer également d'exister sans transporter le principe de l'un à l'autre. Enfin, tous les jours dans nos amphithéâtres des élèves touchent des parties cancéreuses, et se piquent même en les préparant, et jamais on n'a vu ces jeunes gens contracter la maladie qui nous occupe. Le cancer n'est donc point contagieux ; seulement les liquides provenant des tissus cancéreux sont irritants, et mis en contact avec quelques surfaces excoriées les excitent, en retardant la cicatrisation, mais sans infecter toute l'économie.

Le cancer peut se développer dans toutes les parties du corps et dans tous les tissus : à la peau, il prend le nom de *noli me tangere*; à l'œil, il va détruire tous les tissus qui composent cet organe. Enfin, on l'observe tantôt aux mamelles, au pharynx, à l'œsophage, tantôt à l'estomac, aux intestins, au rectum, où Lisfranc l'a plusieurs fois extirpé avec succès; au foie, à la rate, et à des parties secrètes, que Lisfranc a également amputées pour cette affection.

Quant au traitement que les médecins ont apporté au cancer, on conçoit qu'il a dû varier suivant l'organe qui en était affecté; et d'ailleurs les uns ont cherché à combattre l'affection générale, et les autres l'affection locale. Dans le premier cas, on a conseillé une foule de médicaments, mais presque tous ont toujours échoué. En fait de moyens locaux, on a recours soit aux applications de sangsues à la circonférence de l'affection cancéreuse, soit aux fondants, comme les frictions mercurielles, les fumigations aromatiques, soit à la compression des tumeurs cancéreuses, pratiquée avec succès par le docteur Récamier; mais de tous les moyens curatifs qui ont été indiqués le plus certain consiste dans l'extirpation de la partie cancéreuse toutes les fois qu'elle peut être pratiquée, ce qui a lieu lorsque l'organe cancéreux n'est pas tellement indispensable que l'individu ne puisse vivre sans lui.

CANCER ou ÉCREVISSE (*Astronomie*). C'est ainsi que s'appelle le quatrième signe du Zodiaque, formulé par une constellation du même nom, faisant partie des six constellations boréales. Parmi les signes qui sont sur la route oblique de l'écliptique, c'est, avec le Capricorne, un des plus importants en astronomie. Éloigné comme ce dernier signe solsticial de 23° 28' de l'équateur, il est la limite où le soleil dans l'hémisphère septentrionial est arrêté et pour ainsi dire se reposer : point du ciel qui à cause de cette espèce de station, s'appelle *solstice du Cancer*. Mais ce repos n'est qu'apparent : le soleil jamais n'est stationnaire; du Cancer il ne redescend au Capricorne que pour remonter sans relâche dans ce signe boréal : ce sont dans la voûte céleste les deux bornes qu'effleure sa course éternelle. Le *tropique du Cancer* est le plus petit parallèle que le soleil puisse décrire en sa plus grande déclinaison septentrionale ; c'est alors que les jours sont au plus long pour les peuples du Nord. Enfin, notre été commence dès l'instant où le soleil se trouve au premier point du Cancer sur le colure, l'un des grands cercles fictifs de la sphère céleste, et c'est du 20 au 23 juin que son passage arrive, parce qu'il dépend de la vitesse et de la nature de l'orbite de cet astre.

Cette constellation, ainsi que chacun des onze autres signes, occupe dans l'écliptique une étendue de 30 degrés ; elle est une des moins apparentes du zodiaque, bien qu'on y compte quatre-vingt-trois étoiles, sans celles que le télescope y découvrira encore; mais elles forment un amas de petites lumières si pâles et si confuses qu'on a de la peine à distinguer cet astérisme. C'est une nébuleuse à laquelle on a eu soin d'accoupler, pour le secours des yeux, deux étoiles qui ne sont à peine que de la quatrième grandeur : cette nébuleuse s'appelle *l'Étable*; les deux étoiles latérales se nomment *les deux Anes*, que l'imagination des Grecs a voulu être ceux qui portèrent Bacchus dans la guerre de Jupiter contre les Titans; *l'Étable* est leur écurie. Pour démêler cette nébuleuse dans notre firmament boréal, il faut la chercher en allant de Procyon à la queue de la grande Ourse, si brillante au pôle, entre deux étoiles quartaires, les *deux Anes*, dont nous venons de faire mention.

Sous le rapport mythologique, voici ce qui appartient à ce signe : l'Écrevisse, selon les uns, fut placée par Jupiter dans le zodiaque en récompense d'avoir piqué une nymphe, fille de Garamanthe, et d'avoir ainsi retardé sa fuite quand il la poursuivait; selon les autres, suscitée par Junon contre Hercule combattant l'hydre de Lerne, écrasée par le pied du héros, qu'elle mordit, elle fut, pour prix de ses services, mise au rang des constellations par la déesse. Sur les marbres mithriaques elle est toujours présente au sacrifice du génie Mithra; chez les Romains elle était consacrée à Mercure, chez les Égyptiens à Anubis.

Est-il besoin de rappeler ici l'hypothèse par laquelle des astronomes, après l'ère chrétienne, ainsi que des géographes, et Pluche à leur tête, ont prétendu expliquer l'origine, le nom, la figure et la place de ce signe? Parce que chez nous, peuples septentrionaux, l'été commence au 22 juin, époque où le soleil parvenu au point solsticial va rétrograder, ils ont trouvé tout simple de voir dans un animal qui marche à reculons, dans l'écrevisse enfin, le symbole instantané de cet astre; mais on sait qu'il en est bien autrement aujourd'hui. Au 22 juin, lorsque le soleil entre dans le signe du Cancer il n'est réellement à présent que dans la constellation des Gémeaux, qui précède le Cancer : que devient donc ce signe comme image du phénomène solsticial ? Il devient nul, à moins de remonter à une époque où le solstice arrivait réellement dans le signe du Cancer; mais par la précession des équinoxes, les constellations du Zodiaque ne coïncident plus avec les phénomènes des saisons. Quoi qu'il en soit, les anciens commençaient l'ordre des signes par le solstice d'été; Plutarque, Ptolémée, Hipparque, Ératosthène mettent le Cancer en tête du zodiaque, car les Égyptiens commençaient alors l'année par ce signe, qui annonçait l'inondation du Nil, causée par la présence du soleil, qui fondait les neiges des hautes montagnes où sont les sources de ce fleuve.

Le Cancer jouait un grand rôle dans l'astrologie judiciaire. Selon les astrologues, ce signe engendrait la pituite par rapport à l'empire que la lune avait sur lui ; il mettait les serpents à la torture quand le soleil y entrait; comme écrevisse, il gouvernait les écrevisses; il présidait à la poitrine, aux poumons, à l'estomac et aux muscles des bras.
DENNE-BARON.

CANCHE, nom vulgaire du genre *aira*, de la famille des graminées, tribu des avénacées. Les canches, qui offrent de nombreux points de ressemblance avec l'avoine, sont communes dans toute l'Europe, où elles habitent de préférence les terrains secs, un peu sablonneux, les lieux montueux et boisés. Quelques auteurs les regardent comme donnant de bons pâturages.

Les principales espèces de ce genre sont : la *canche caryophyllée*; la *canche précoce*, qui fleurit en mars et en avril;

la *canche blanchâtre*, qui forme dans sa jeunesse de jolis gazons, malheureusement de peu de durée; la *canche flexueuse*; la *canche touffue*, la plus grande et la plus belle espèce du genre; la *canche globuleuse*, plante mignonne qu'on rencontre en petites touffes dans les landes sèches des environs de Dax; la *canche naine*, qui croît en Portugal et en Espagne, etc.

CANCIONERO en espagnol, CANCIONEIRO en portugais, c'est-à-dire : *Livre de Chants*. On appelle ainsi au delà des Pyrénées une collection de poésies, lyriques surtout, répondant toujours aux exigences de l'art, que ce soit d'ailleurs les œuvres réunies d'un seul ou bien celles de plusieurs auteurs. Cependant, à l'origine on se servit de ce mot pour désigner de préférence les recueils de poésies de cour. Lorsqu'en effet des associations poétiques, objet de toute la faveur et de toute la protection des rois et de leur noblesse, s'établirent dans les cours de Catalogne, de Portugal, d'Aragon et de Castille, et s'exercèrent dans les mêmes genres que les t r o u b a d o u r s, anciens et modernes, on y fit, sous le nom de *cancionero*, pour la plus grande gloire et aussi pour le divertissement des protecteurs de l'art, des collections de productions de cette poésie, passe-temps des cours et aliment des conversations. Voilà pourquoi ces recueils ne contiennent guère que les œuvres d'une société poétique particulière, existant à telle ou telle cour, toutes empreintes cependant d'un caractère commun, se complétant les unes par les autres, devenant souvent même incompréhensibles quand on les sépare de tout ce qui les entoure, et présentant, au contraire, dans leur ensemble un tableau achevé non pas seulement de la poésie, mais encore de la vie et des tendances sociales du cercle de courtisans instruits et polis dont elles charmaient les loisirs.

En fait de recueils de ce genre nous possédons le *Cancioneiro* galicien-portugais des réunions poétiques dont la cour du roi dom Diniz était le centre; c'est le seul livre de chants qui contienne la véritable poésie chevaleresque de ces cours, dont le génie est le même que celui de la poésie des troubadours. De Moura en a publié la première partie; elle comprend les poèmes attribués au roi Diniz lui-même; elle est intitulée : *Cancioneiro d'el rei dom Diniz, pela primeira vez impresso sobre o manuscripto da Vaticana* (Paris, 1847). On a encore conservé dans cette catégorie la collection des chants de la cour des rois Jean II et Emmanuel de Portugal; elle est connue sous le titre de *Cancioneiro geral de Resende*, et fut publiée pour la première fois par celui-ci à Almeirim et à Lisbonne. Tout récemment la société littéraire de Stuttgart en a donné une réimpression faite sous la direction de Kaussler (3 vol., Stuttgard, 1850-1851).

On possède de la société poétique dont la cour d'Aragon fut le centre sous le règne du roi Ferdinand Ier et de ses successeurs immédiats, mais seulement en manuscrit, le *Cançoner d'amor*, qui se trouve à la Bibliothèque Impériale à Paris, et dont un double existe aussi dans celle de l'Université de Saragosse, l'un et l'autre presque complètement en langue catalane et dans le genre de la poésie employée plus tard par la corporation des Troubadours de Toulouse. Il existe également des poètes de cour qui accompagnèrent en Italie le roi Alphonse V d'Aragon (Alphonse Ier de Naples), mais seulement en manuscrit, un recueil analogue de chants, connu sous le titre de *Cancionero de Lope de Stuñiga*. Il est entièrement écrit en langue castillane.

Le plus ancien livre de chants de la Castille, et à bien dire le seul de la cour de ce pays, est le *Cancionero de Baena*, qui contient les productions de la société poétique qui florissait à la cour des rois Jean Ier, Henri III et surtout Jean II de Castille, en partie encore en galicien, mais pour la plus grande partie déjà en langue castillane, et rédigé dans le même genre que la poésie postérieure des troubadours. Il en a été tout récemment publié presque en même temps deux éditions d'après un manuscrit unique qui se trouvait autrefois à l'Escurial, et appartenant aujourd'hui à la Bibliothèque Impériale de Paris, l'une à Madrid, par Gayangos et Pidal (1851), l'autre à Leipzig, par Michel (1852).

Lorsque plus tard cette poésie se propagea dans un cercle plus étendu, les amateurs se mirent à entreprendre des collections de la même espèce, non plus seulement à la diligence et pour les plaisirs de ces sociétés de cour dont le vulgaire était exclu, mais à leur usage propre et à celui des amis qui partageaient leurs goûts : ils leur donnèrent également le nom de *Cancioneros*. A cet effet ils mirent bien quelquefois à contribution les anciens livres de chants de cour proprement dits, mais, au lieu de se borner uniquement à un seul cercle poétique donné, ou encore à une période de temps strictement déterminée, ils recueillirent, sans acception de temps et de lieux, ni sans les soumettre à un triage bien sévère, tout ce qui dans l'ancien trésor poétique avait conservé de la vie, tout ce qui leur en plaisait, tout ce qui même, dans les productions modernes, avait eu le plus de succès ou obtenait leur approbation particulière. Voilà pourquoi les *cancioneros* de cette catégorie, composés à un point de vue esthétique et subjectif, ont un caractère éminemment littéraire et forment souvent de volumineuses collections comprenant plus d'un siècle.

Il existe en manuscrit dans les bibliothèques de Madrid, de Paris, etc., plusieurs *cancioneros* de ce genre, remontant à la seconde moitié du quinzième siècle et aux premières années du seizième. On peut citer sous ce rapport une collection qui a souvent été réimprimée et qui est universellement connue : c'est le *Cancionero general* : elle a pour premier compilateur Juan Fernandez de Constantina, et est intitulée : *Cancionero llamado Guirnalda esmaltada de galanes y eloquentes desires de diversos autores*. Elle fut imprimée sans indication de lieu ni de date, mais vraisemblablement vers la fin du quinzième ou au commencement du seizième siècle; et il en existe des exemplaires dans la bibliothèque du British-Museum et dans celle de Munich. Ce livre de chants fut ensuite augmenté et continué par Fernando del Castillo. La plus ancienne édition qu'on possède de celui-ci parut in-folio en 1511, à Valence. On en connaît en outre six autres in-folio faits en Espagne et deux in-4° imprimées à Anvers (la dernière est de 1573). Il n'existe plus qu'un seul exemplaire d'une édition d'un format moindre, qui n'est qu'un extrait de la grande; encore n'en possède-t-on que la *Segunda parte* (Saragosse, 1552). Cet exemplaire appartient à la Bibliothèque Impériale de Vienne. Ce célèbre *cancionero general*, dont font mention tous les historiens littéraires, contient, classés tantôt par ordre de sujets, tantôt par ordre de poèmes, mais au total très-confusément, les produits de la poésie castillane depuis l'époque de Jean II jusqu'à celle de Charles-Quint.

Nous avons déjà dit que plus d'une fois les recueils d'œuvres d'un seul poète portèrent le titre de *cancionero*, par exemple ceux d'Enzina, de Montesimo, etc. Souvent aussi on donna ce nom à des recueils de poésies de divers auteurs sur un même sujet, tels que la *Vita Christi* (Saragosse, 1492), le *Cancionero de Ramon Dellavia* (Saragosse, 1489); mais c'est fort improprement qu'on intitule une des plus anciennes collections de romans *Cancionero de Romances* (voyez ROMANCERO). Consultez Bellermann, *Les anciens Livres de Chants des Portugais* (Berlin, 1840); Wolf, *Essai sur les Livres de Chants des Espagnols*, imprimé à la suite de l'*Histoire de la littérature espagnole* de Ticknor (Leipz'g, 1852); tous ces ouvrages sont en allemand. Les meilleures notices bibliographiques sont celles qui accompagnent le *Romancero general* de Duran (2 vol., Madrid, 1851).

CANCRE. Ce nom, qui appartient surtout à la langue vulgaire, sert à désigner les crabes, sur lesquels tant de fables ont été répandues. Dans sa *Batrachomyomachie*, ou son poëme de la guerre des rats et des grenouilles, Homère, feignant que Jupiter envoie des *cancres* au secours de ces dernières, fait de cet animal la description suivante, fort bien rendue dans cette traduction :

> Soudain vient un renfort d'épouvantables bêtes,
> D'animaux contrefaits, de monstres à deux têtes.
> Leur échine reluit, leur dur et large dos
> Semble un épais rempart qui s'élève des eaux ;
> Leur corps est revêtu de solides écailles,
> Leurs dents sont des ciseaux et leurs pieds des tenailles ;
> Ils ont deux bras nerveux ; ils ont huit pieds fourchus ;
> Leurs bras, leurs mains, leurs doigts et leurs pieds sont crochus ;
> Ils marchent de travers, et souvent en arrière ;
> Leur œil voit et dessous, et devant, et derrière.

Ce mot a été pris au figuré pour désigner un homme avare et sordide (*voyez* AVARICE), sans que l'on voie bien clairement l'analogie sur laquelle on a pu fonder cette interprétation ; à moins qu'elle n'ait trait *aux doigts crochus* du thésauriseur. La Fontaine, de son côté, l'a popularisé dans une autre acception, quand il a dit :

> Quittez les bois, vous ferez bien ;
> Vos pareils y sont misérables,
> *Cancres*, hères et pauvres diables,
> Dont la condition est de mourir de faim.

CANCRIN (GEORGES, comte), général d'infanterie, ministre des finances de Russie, et directeur général du corps des ingénieurs des mines, naquit à Hanau, en 1774. Son père, *François-Louis* CANCRIN, né en 1738, était un écrivain allemand très-fécond, et que quelques ouvrages, notamment son *Traité des Mines et des Salines* (13 volumes, 1773-1791), ont rendu justement célèbre. Il avait d'abord été directeur des mines et salines de Hesse ; puis, en 1783, il accepta la direction des mines de Staraja-Russa, dans le gouvernement de Nowogorod, et mourut en 1816. Son fils, élevé au collége de sa ville natale, termina ses études aux universités de Giessen et de Marbourg, où il étudia le droit et l'économie politique. Ayant perdu l'espoir d'entrer dans l'administration hessoise, il se détermina, en 1796, à aller rejoindre son père, auquel il fut adjoint pour l'administration des mines de Staraja-Russa. Trois ans plus tard il fut admis dans les bureaux du ministère de l'intérieur, et les preuves de capacité qu'il y donna déterminèrent le gouvernement à lui confier l'inspection supérieure des colonies allemandes dans le gouvernement de Saint-Pétersbourg. En 1812 il était déjà intendant général de l'armée de l'ouest. C'est à cette époque qu'il publia son *Essai sur l'Administration Militaire en temps de paix et en temps de guerre* (3 vol., en allemand ; Saint-Pétersbourg, 1812), ouvrage demeuré classique sur ces matières. La manière dont il fut remplit les fonctions d'intendant général de l'armée de l'ouest fut, du reste, l'application pratique des principes qu'il y posait.

En 1813 Cancrin fut nommé aux fonctions d'intendant général des différents corps de l'armée active, et jamais, on doit le dire, l'armée russe ne fut aussi bien nourrie et soignée que sous son administration. Au retour des troupes russes en Russie, Cancrin prit une part des plus actives aux négociations entamées avec la France, au sujet d'une indemnité de trente millions de francs réclamée pour le service des remontes. Le succès dont elles furent couronnées lui valut en 1815, comme récompense de l'empereur, le grade de lieutenant général ; cependant, peu de temps après, une intrigue du vieux parti russe eut pour résultat de faire de sa conduite dans cette affaire l'objet d'une enquête judiciaire ; mais il en sortit tellement à son honneur, que l'empereur, en 1820, refusa de recevoir la démission qu'il avait cru devoir donner de ses fonctions d'intendant général. Tout au contraire, il fut appelé alors à faire partie, par intérim, du conseil du ministère de la guerre, et à peu de temps de là nommé membre en service ordinaire du sénat.

C'est à cette époque qu'il fit paraître son ouvrage intitulé *Weltreichthum, Nationalreichthum und Staatswirschaft* (Richesse de l'Univers, Richesse nationale, et Économie politique).

La période la plus importante de la carrière de Cancrin date de l'année 1823, époque où il prit, en qualité de ministre des finances, la direction du trésor, complétement épuisé par les fausses idées administratives de Camphausen et de Gourieff. Pendant vingt et un ans, sous les règnes d'Alexandre et de Nicolas, il lui fut donné de mettre en pratique dans ces hautes fonctions et avec le plus grand succès les principes qu'il avait proclamés, et qui consistaient à affaiblir le crédit privé pour accroître d'autant plus le crédit public, de même qu'à déprécier la valeur du travail privé pour augmenter celle des entreprises industrielles faites par l'État. Son système avait pour base à l'extérieur les gênantes restrictions du système prohibitif, et à l'intérieur l'emploi des établissements de crédit de l'empire pour les opérations financières de l'État. Il ne faut pas oublier toutefois que le grand mérite de Cancrin est surtout d'avoir établi le crédit public de la Russie et d'avoir introduit tout au moins une apparence d'ordre et de régularité dans l'administration des finances de cet empire. Les moyens dont il usa à cet effet blessèrent plus d'une fois tout autant les intérêts du peuple que les désirs formels du tzar, de son gouvernement et de la haute noblesse. Cancrin triompha de ces difficultés par l'opiniâtre fermeté avec laquelle il appliqua ses principes jusque dans leurs conséquences les plus extrêmes, non moins que par la juste considération personnelle qu'il s'était acquise. Après avoir plusieurs fois demandé à être déchargé de ses fonctions, l'empereur accepta enfin sa démission, en 1844, en y mettant pour condition qu'il continuerait à prendre part à l'administration de l'empire en qualité de sénateur. Au mois de mai de la même année, Cancrin partit pour les eaux d'Allemagne, à l'effet d'y rétablir sa santé délabrée, et vint passer à Paris l'hiver suivant. Il y écrivit, en allemand, son *Économie de la Société* ; ouvrage d'ailleurs fort en arrière des progrès faits par la science économique. Peu de temps après son retour à Saint-Pétersbourg, il mourut dans cette ville, le 22 septembre 1845. Il avait eu, depuis le mois d'avril de la même année, pour successeur définitif dans ses fonctions de ministre Wrontschenko, homme qui partageait tous ses principes en économie politique.

En 1816 Cancrin avait épousé une demoiselle Mourawieff ; quatre fils et deux filles sont issues de cette union. Dans sa première jeunesse il s'était aussi essayé quelque peu dans la littérature ; un roman, *Dagobert, histoire empruntée à la guerre actuelle pour la liberté* (Altona, 1796), fournit souvent par la suite à ses ennemis l'occasion de l'accuser de nourrir en secret des idées démocratiques.

CANDACE. Plusieurs auteurs anciens assurent que c'était la coutume des Éthiopiens d'être gouvernés par des reines. Eusèbe prétend que cette coutume existait encore de son temps, et il ajoute que toutes ces reines s'appelaient *Candace*. Pline dit que les personnes envoyées en Éthiopie par Néron rapportèrent que l'île de Méroé avait pour reine une Candace, et que ce nom avait passé depuis plusieurs années de reine en reine. Ce sentiment, difficile à admettre au premier abord, quoique très-bien établi par l'antiquité, paraîtra toutefois très-vraisemblable si l'on considère que les rois éthiopiens, toujours renfermés dans leur palais, où ils étaient révérés comme des dieux, laissaient l'administration et le gouvernement à leurs femmes, qui se mêlaient même aux hommes dans les exercices militaires. De là sans doute l'espèce de priorité qu'elles avaient prise sur leurs maris dans toutes les affaires du gouvernement.

Parmi toutes ces femmes qui auraient porté le même nom de Candace, l'histoire nous a conservé surtout le souvenir de deux reines d'Éthiopie. La première, dont il est fait mention dans les *Actes des Apôtres*, touchée de l'exemple que lui en avait donné un de ses eunuques, converti à la foi par Philippe, embrassa le christianisme, et y persista avec ferveur jusqu'à sa mort. L'autre, dont parlent Dion Cassius, Strabon, Crévier, et qui vivait du temps de César-Auguste, femme de beaucoup de courage, mais privée d'un œil, tenait sous ses lois une grande partie de l'Éthiopie. La capitale de ses États était *Napata*. Petronius, préfet d'Égypte, ayant poussé ses victoires jusqu'à cette ville, Candace se vit obligée de se retirer dans un fort voisin, d'où elle envoya faire des propositions de paix à Petronius, qui ne voulut point les écouter. Après avoir pris et saccagé la ville royale, il se préparait à marcher plus loin; mais ayant été prévenu qu'il ne rencontrerait que des sables et des solitudes incultes, il prit le parti de se retirer, laissant une garnison de quatre cents hommes et des provisions pour deux ans dans Premnis, ville située sur le Nil, au-dessous de la grande cataracte. Candace fit alors de nouveaux efforts, et leva de nouvelles troupes pour reprendre cette ville. Petronius, de son côté, usa de diligence, et la prévint ; mais, comprenant enfin qu'il n'y avait rien à gagner pour les Romains dans cette guerre, il se montra plus facile à entrer en négociation avec la reine, qui, voyant elle-même à quels ennemis elle avait affaire, renouvelait ses instances pour obtenir la paix. Lorsqu'on dit à Candace qu'il fallait qu'elle envoyât des ambassadeurs à César, elle demanda *qui était César* et où il faisait sa résidence. On donna des guides à ses ambassadeurs, qui furent reçus favorablement de César-Auguste; et non-seulement ce prince accorda très-volontiers la paix à leur reine, mais il l'exempta encore du tribut que Petronius lui avait imposé. Cette ambassade l'avait trouvé à Samos, où il alla vers l'an de Rome 730.

CANDAHAR. *Voyez* KANDAHAR.

CANDAULE, que les Grecs nomment *Myrsile*, était fils de Myrsis, roi de Lydie, de la race des Héraclides. Il succéda à son père, et, comme lui, fixa sa résidence à Sardes. Il aimait les arts et protégeait les artistes. Sa femme est nommée *Abro* par Abas, *Nysia* par Ptolémée Éphestion, *Tydée* ou *Clutia* par d'autres. On s'accorde à dire qu'elle était d'une rare beauté. Le roi de Lydie, plus vain encore qu'épris des charmes de la reine, voulut, en les montrant sans voile à Gygès, un de ses gardes, lui faire comprendre tout son bonheur. Gygès s'en défendit, Candaule insista. Malgré toutes les précautions prises, la reine aperçut Gygès, et le choisit pour l'instrument de sa vengeance; elle l'appela, au sortir du bain, dans son cabinet, et lui laissa que l'alternative d'assassiner le roi ou d'être égorgé sur-le-champ « En me regardant, dit-elle, tu t'es rendu criminel autant que le maître qui t'a commandé cette indignité; et comme tu as jeté les yeux sur ce qui ne doit être vu que par un mari, je t'offre ma main et le trône de Lydie : c'est le seul moyen qui me reste de réparer la tache imprimée à mon honneur. » Gygès ne balança pas, et Candaule fut assassiné, environ 716 avant J.-C.

CANDEILLE (PIERRE-JOSEPH), compositeur dramatique, naquit à Estaire, le 8 décembre 1744. Élevé à Lille comme enfant de chœur, il vint à Paris à l'âge de vingt ans. Après être resté dix-sept ans à l'Académie royale de Musique, où il chantait la basse dans les chœurs, il obtint sa retraite en 1784, avec une pension de sept cents francs. Nommé chef de chant en 1800, et réformé en 1804, il se retira à Chantilly, où il mourut, le 24 avril 1817, âgé de quatre-vingt-deux ans.

Candeille composa d'abord des motets, qui furent fort applaudis, ce qui l'engagea à travailler pour le théâtre. *Laure et Pétrarque*, opéra en trois actes, eut du succès à la cour et n'en obtint point à Paris. *Pizarre, ou la conquête du Pérou*, en cinq actes, n'eut que neuf représentations. Sa longue carrière, il fit plusieurs autres opéras, qui ont été refusés ou bien reçus et non représentés, et dont l'énumération serait inutile. Le seul ouvrage qui lui ait fait vraiment honneur, c'est la musique qu'il substitua à celle de Rameau dans quelques morceaux de l'opéra de *Castor et Pollux*. Gluck, à qui l'on avait conseillé de refaire en partie la musique de Rameau, avait répondu : « Je ne veux rien retoucher à un ouvrage où l'on admire l'air *Tristes apprêts*, *pâles flambeaux*, le chœur du second acte, et celui du quatrième acte *Brisons tous nos fers* ». Ce sont les morceaux que Candeille a conservés, ainsi que l'ouverture. Parmi ceux qu'il a ajoutés, on a distingué les airs de ballet et surtout le chant religieux de l'hymne à l'Amitié : *Présent des dieux, doux charme des humains !*   FAYOLLE.

CANDEILLE (AMÉLIE-JULIE), fille et élève du précédent, née à Paris, en 1767, manifesta de bonne heure les plus grandes dispositions pour la musique, et dès l'âge de sept ans on la vit faire sa partie dans un concert qui fut donné devant le roi. A douze ans elle avait pris rang parmi les compositeurs à la mode. Elle n'en avait que dix-sept lorsque la Société des Concerts spirituels exécuta sous sa direction une symphonie concertante, dont les paroles et la musique avaient été composées par elle. Mais bientôt Mlle Candeille se fit actrice, et Monvel l'ayant remarquée au petit théâtre de Lille, où elle jouait, l'engagea à venir à Paris. Elle débuta successivement à l'Opéra et à la Comédie-Française, puis, en 1790, Monvel l'engagea pour le théâtre des Variétés du Palais-Royal, où se trouvaient alors nos meilleurs acteurs. Là Mlle Candeille se montra sous les traits de Catherine, dans la comédie de *la Belle Fermière*, dont elle avait composé les paroles et la musique. L'actrice et la pièce eurent le plus grand succès, et *la Belle Fermière* resta au théâtre.

En 1794, Mlle Candeille épousait un jeune médecin ; mais ce mariage fut rompu au bout de trois ans. En 1798 elle se remaria avec le riche fabricant de voitures de Bruxelles, nommé Simons. Les circonstances de cette seconde union étaient romanesques : désolé de ce que son fils voulait épouser une comédienne, Mlle Lange, M. Simons s'était rendu à Paris pour empêcher ce mariage ; il vint demander conseil à Julie Candeille, dont on lui avait vanté la raison. La voir et l'aimer éperdument fut pour notre Bruxellois même chose, et, sans plus songer à s'opposer aux désirs de son fils, il épousa lui-même la belle comédienne. Cette nouvelle union de Julie Candeille ne fut pas du reste plus heureuse que la première ; car les deux époux se séparèrent dès 1802. Cependant, au milieu de tous ces troubles domestiques, les travaux littéraires allaient leur train. Une petite comédie de circonstance, *Cange, ou le Commissionnaire de Saint-Lazare*, fut jouée en 1794; *la Bayadère*, en 1795. La chute de ce dernier ouvrage fit renoncer Julie Candeille à travailler pour le théâtre. Mais elle continua d'écrire et publia successivement : *Lydia*, roman de mœurs, en 1808 ; *Geneviève*, en 1812 ; *Bathilde*, en 1816 ; un volume de souvenirs, en 1816 ; *Agnès de France*, en 1818, et *Blanche d'Évreux*, en 1822. Mariée en troisièmes noces à M. Périé, directeur du Musée de Nîmes, Julie Candeille avait disparu presque complètement de la scène littéraire lorsqu'elle mourut, en 1834, à l'âge de soixante-sept ans, encore remarquablement belle et aimable. C'est pour elle que Fabre d'Églantine avait écrit la chanson *Je t'aime tant*, mise en musique par Garat.

CANDÉLABRE, en latin *candelabrum*, fait de *candela*, chandelle, mot par lequel on désigne en général les supports sur lesquels les anciens plaçaient les lampes qu'ils ne voulaient pas suspendre au plafond. Le premier candélabre fut une pierre sur laquelle on brûla des matières flambantes pour s'éclairer. Lorsque les lampes furent inventées, les candélabres qui les soutenaient consistaient en un simple bâton fiché en terre, ou portant à son extrémité inférieure un bout de planche qui lui servait de pied. On a trouvé dans les ruines d'Herculanum et de Pompéi un grand nombre de candélabres en bronze, qui sont l'imitation d'un bâton gros comme le doigt, avec ses nœuds et son écorce. Tel fut le candélabre dans toute sa simplicité; mais dans la suite, la féconde et brillante imagination des artistes de l'antiquité en varia les formes et les ornements à l'infini : tantôt leur fût représentait un tronc d'arbre avec ses branches, auxquelles on suspendait les lampes : tel était celui qu'Alexandre avait consacré à Apollon à Cume, après le sac de Thèbes, et qui fut transporté dans le temple d'Apollon Palatin à Rome. Le plus souvent le candélabre affectait la forme d'un balustre ou d'une colonne cannelée, couronnée par une sorte de chapiteau. D'autres étaient construits de façon qu'on pouvait placer la lampe à diverses hauteurs : alors ce chapiteau ou plateau portait une tige qui coulait dans une ouverture pratiquée dans l'intérieur du fût du candélabre, ou bien le fût se composait d'un certain nombre de parties mobiles, couronnées chacune par une soucoupe ou plateau : pour abaisser la lampe, il suffisait d'enlever quelques-unes de ces parties. Les grands candélabres devaient porter sur leur plateau un bassin au lieu de lampe, dans lequel on allumait le combustible.

Les candélabres dont on faisait usage dans les palais et surtout dans les temples étaient d'une richesse extraordinaire, tant pour la matière que pour le travail. On lit dans l'Écriture que Salomon fit placer dix candélabres d'or avec leurs lampes, également d'or, autour de la table des pains de proposition. Homère dit que le palais d'Alcinoüs, roi de Corcyre, était éclairé par des lampes que des candélabres en or, représentant des jeunes hommes debout sur des autels, tenaient dans leurs mains. Cicéron fait mention d'un candélabre orné de pierres précieuses qu'un fils d'Antiochus avait destiné au temple de Jupiter Capitolin à Rome. Les musées modernes renferment plusieurs candélabres antiques d'une richesse et d'un fini de sculpture admirables : il y en a qui ont plus de deux mètres de haut. Ces grands candélabres servaient dans les temples ou pour éclairer les vastes coupoles des bains publics. Les habitants de Tarente et de l'île d'Égine passaient chez les anciens pour les plus habiles artistes en candélabres.

Les modernes ont fait peu de véritables candélabres, si ce n'est pour quelques églises. Ce que nous appelons *candélabre* aujourd'hui n'est autre chose qu'un grand chandelier à plusieurs branches; on en fait en toutes sortes de matières, telles que le cristal, la porcelaine, l'albâtre, etc., montées sur un métal; mais c'est surtout en bronze que notre industrie en livre chaque année une grande quantité au commerce intérieur et extérieur. TEYSSÈDRE.

CANDEUR, en latin *candor*, de *candidus*, blanc. La couleur blanche étant l'emblème de la pureté, la *candeur* sert à exprimer l'innocence, la sincérité, la pureté, la *blancheur* de l'âme. La candeur suppose l'ignorance du mal, ou du moins le sentiment intérieur de la préservation de toute souillure. Elle se peint dans les actions comme dans les paroles, et le silence même la révèle, comme elle s'annonce aussi par les traits et la couleur du visage. Elle est « la première marque d'une belle âme », dit Duclos. « Les âmes pleines de candeur, ajoute Fénelon, sont d'ordinaire plus simples dans le bien que précautionnées contre le mal » : voilà pourquoi il est si aisé de les tromper. Aussi la candeur est-elle ordinairement le caractère distinctif des jeunes gens, qui n'ont pas encore appris à leurs dépens à se mettre en garde contre les embûches de ce monde; rarement elle persiste au delà des premiers pas qu'ils font dans une société corrompue; s'ils la conservent dans un âge plus avancé, c'est une marque qu'ils ont vécu dans la compagnie et le commerce d'âmes choisies, c'est presque dire dans l'isolement, car elle ne peut guère subsister au milieu du tourbillon du monde et de ses passions. « N'espérez plus, a dit La Bruyère, de franchise ni de candeur d'un homme qui s'est livré à la cour, » et nous pourrions ajouter : de celui qui s'est mêlé aux intérêts de la société. D'ailleurs, à chaque âge ses priviléges et ses avantages : à l'enfance l'innocence, la paix et la candeur. On ne revêt point deux fois la robe virginale, pas plus qu'on ne peut remonter le cours des années. La candeur, c'est ce cristal dont le moindre souffle ternit la pureté. Du moins, quand nous l'avons perdue, sachons la respecter chez les autres! *Voyez* CANDIDE. Edme HÉREAU.

CANDI, sucre épuré et cristallisé. Les étymologistes sont peu d'accord sur l'origine de ce mot, que les uns dérivent du nom de l'île de Candie, d'où il aurait été introduit en Italie; les autres du grec κανδός, angle, à cause des angles qu'il présente, soit dans sa forme, soit dans sa cassure ; les autres, enfin, du latin *candidus*, blanc. Quoi qu'il en soit, du mot *candi* a été fait le verbe *candir*, qui signifie faire fondre et réduire du sucre à diverses fois jusqu'à ce qu'il soit *candi*. Les pharmaciens font aussi *candir* certains médicaments en les faisant bouillir dans le sucre, et l'on appelle *fruits candis* ceux qui ont été confits dans le sucre jusqu'au degré de cristallisation. Enfin, on se sert du verbe réfléchi *se candir* en parlant des confitures liquides, lorsqu'à force d'être gardées le sucre vient à s'en séparer et à s'élever au-dessus du fruit, où il forme une espèce de croûte.

CANDIDAT, CANDIDATURE. A Rome on appelait *candidats* ceux qui aspiraient aux premières dignités de la république. Ils étaient ainsi nommés parce qu'ils portaient au jour des élections une robe blanche. Ils n'avaient point de tunique, afin de montrer plus aisément les cicatrices des blessures qu'ils avaient pu recevoir dans les combats et s'assurer ainsi la bienveillance du peuple.

Dans les derniers temps ce n'était que par des faveurs toutes particulières de la part du sénat ou du peuple que l'on pouvait, quoique absent, être l'objet d'une élection, à moins, à ce qu'il paraît aussi, qu'il ne s'agit de fonctions sacerdotales; il fallait en outre avoir fait la déclaration que l'on se mettait sur les rangs, dans les délais prescrits par les lois, c'est-à-dire avant la convocation des *comices*. Les conditions de l'éligibilité pouvaient se réduire à deux principales : 1° dix ans de service dans les armées; un âge fixe, selon la charge que l'on briguait; savoir, vingt-sept ans pour la questure, trente pour le tribunat, trente-sept pour l'édilité, trente-neuf pour la préture, quarante-trois pour le consulat. En outre, ceux qui prétendaient à une magistrature supérieure devaient avoir exercé les magistratures moins importantes.

Une fois ces premières conditions remplies, les démarches que devaient faire le candidat duraient ordinairement deux ans. La première année, les candidats demandaient au magistrat la permission de haranguer le peuple ou de le faire haranguer par quelqu'un de leurs amis. Ils déclaraient à celui-ci, à la fin de ces harangues, qu'ils désiraient obtenir telle charge sous son bon plaisir, le priant d'avoir égard au mérite de leurs ancêtres et aux services qu'ils avaient rendus, dont ils faisaient une longue énumération. Cela s'appelait *profiteri nomen sutum*. Au commencement de la seconde année, les candidats retournaient vers le magistrat avec la recommandation du peuple, conçue ordinairement en ces termes : *Rationem illius habe*, et le priaient d'écrire leurs noms sur la liste des prétendants, ce qu'on appelait *edere nomen apud prætorem aut consulem*. Dès que le magistrat avait vu la requête du candidat avec la recommandation du peuple, il assemblait le conseil ordinaire des sénateurs, qui examinaient les raisons sur lesquelles l'exposant appuyait sa demande, et s'informaient de sa vie et de ses mœurs, après quoi le magistrat lui permettait la poursuite en ces termes : *Rationem habebo*, *renuntiabo*, ou le rejetait en disant : *Rationem non habebo*, *non renuntiabo*.

Lorsque le postulant avait été admis au rang des candidats, il s'efforçait de gagner la bienveillance publique, et cette brigue s'appelait *ambitus*; alors commençaient les visites aux citoyens ayant droit d'élire : le candidat serrait la main à celui-ci, appelait celui-là familièrement par son nom, et se faisait accompagner à cet effet d'un homme qui lui disait à voix basse le nom des électeurs : cet homme s'appelait *nomenclator*. Anciennement, les candidats étaient dans l'usage de se trouver au jour du marché dans les réunions du peuple et de se placer sur un endroit élevé, afin d'être aperçus de tous les citoyens. Quand ils descendaient au Champ de Mars, ils avaient quelquefois pour cortége leurs parents et leurs amis; ils chargeaient des agents de distribuer en leur nom de l'argent parmi le peuple. Ces criants abus donnèrent lieu à plusieurs lois spéciales (*leges de ambitu*); cependant le trafic des votes avait lieu ouvertement. Des individus que l'on nommait *interprètes* marchandaient les suffrages du peuple et ceux entre les mains de qui on déposait le prix convenu étaient appelés *séquestres*.

Le candidat élu à la majorité des voix prenait le nom de *designatus*, et d'ordinaire remerciait sur place même les électeurs de la marque de confiance qu'ils venaient de lui donner; mais il n'entrait en fonctions que l'année suivante.

Dans les premiers âges du christianisme les nouveaux baptisés étaient également appelés *candidats*, à cause du vêtement blanc qu'ils continuaient à porter dans les huit jours qui avaient suivi leur baptême.

Aujourd'hui on donne la qualification de *candidat* à quiconque se met sur les rangs pour obtenir une fonction; et dans les pays protestants elle sert à désigner les théologiens qui, après examen soutenu devant l'autorité supérieure ecclésiastique, ont obtenu l'expectative d'une charge quelconque.

Le mot de *candidature* n'existe pas depuis plus de quarante ans, et seulement dans le langage politique. Sous le régime parlementaire les candidats modernes agissaient encore à peu de chose près comme les candidats romains, en tenant compte de la différence des mœurs et du génie des peuples. En France l'intrigue et la corruption étaient les mêmes; seulement c'était le gouvernement qui en avait l'initiative, et non celui qui briguait les suffrages. Le candidat ministériel n'avait garde d'engloutir sa fortune, comme faisait à Rome celui qui captait la faveur publique; la promesse d'une ligne de fer et la satisfaction de quelques intérêts locaux qu'il s'engageait à obtenir, plusieurs bureaux de tabac mis à sa disposition : voilà quels étaient souvent les armes puissantes dont il disposait à son profit, immenses avantages qu'il avait sur ses concurrents de l'opposition, sauf à rendre par son vote au ministère autant de bons offices qu'il en avait reçus. Promesses, menaces, vins, voitures, circulaires, poignées de mains, discours emphatiques dans les réunions préparatoires, tout cela était à l'usage des candidats de chaque camp. La corruption devint moins facile avec le suffrage universel et le scrutin de liste; mais le peuple ne pouvait bien connaître ses choix : il erra. Aujourd'hui le gouvernement présente carrément ses candidats; et il n'a laissé que de faibles moyens de se produire aux candidats qu'il n'adopte pas.

En Angleterre et aux États-Unis la corruption est poussée à un bien plus haut degré qu'elle ne le fut jamais chez nous; mais en revanche les rapports entre électeurs et candidats y ont bien plus de franchise et de largeur. On a reproché la trivialité de leurs harangues aux candidats anglo-saxons, sans réfléchir que cette trivialité n'est qu'un calcul de leur part, et qu'elle leur sert à traduire clairement aux intelligences populaires les questions les plus abstraites de la politique et de l'organisation sociale. Ensuite il faut tenir compte du lieu où ils les débitent, et se rappeler que c'est la plupart du temps du balcon d'une auberge ou du siége d'une calèche qu'ils s'adressent à une foule tumultueuse, et qu'en pareille occasion l'urbanité et l'atticisme du langage parlementaire ne seraient guère de saison.

CANDIDE. « Il y avait en Westphalie… un jeune garçon à qui la nature avait donné les mœurs les plus douces ; sa physionomie annonçait son âme. Il avait le jugement assez droit, avec l'esprit le plus simple : c'est, je crois, pour cette raison qu'on le nommait Candide. » Il est impossible de donner une meilleure définition de l'homme *candide* que ne le fait ici Voltaire, en introduisant dans un de ses romans philosophiques un personnage que l'on rencontre encore parfois dans le monde. L'homme *candide* porte en toutes choses et partout ce caractère : l'homme *naïf*, *ingénu*, peut bien ne l'être pas toujours; l'homme *candide* reste incessamment lui-même; sa confiance en la bonne foi des autres est invincible, parce qu'elle prend sa source dans cette franchise bienveillante qui chez lui est un sentiment ou plutôt un instinct : aussi donne-t-il le plus souvent dans l'optimisme. Le mal que lui font les autres le froisse, l'afflige, le décourage, mais sans jamais l'éclairer. Vous le trouvez se lamentant sur la perversité dont il vient d'être victime : vous êtes son ennemi, son envieux; il s'en doute peut-être, car il ne conviendra jamais avec lui-même du tort de son prochain; n'importe! donnez à votre visage le masque de la bienveillance et de l'intérêt, et déjà il se livre tout à vous, il vous confie ses plus intimes pensées, il vous donne de nouvelles armes contre lui : il éprouvera bientôt quel usage vous en aurez fait, et il ne vous accusera pas. On a dit avec autant d'esprit que de justesse : l'*ingénuité du vice*; on ne dira jamais : la *candeur du vice*; car un homme *candide* ignore le mal, même en le commettant, et ne songe point à en faire parade.

Le P. d'Orléans a dit je ne sais de quel personnage historique : « Ses mœurs innocentes, douces, *candides* et pacifiques. » On croirait lire le portrait de saint Louis ou de Louis XII; car la candeur, qui ne se glisse jamais sur les marches du trône, s'y est assise quelquefois. Louis IX, dans les naïvetés de sa vie privée, dans sa sainte docilité envers sa mère, dans les chastes scrupules de sa conscience timorée, ne nous apparaît-il pas comme le type de l'homme *candide*? Louis XII, qui, trompé douze fois par Ferdinand *le Catholique*, se livrait toujours avec la même confiance, était bien aussi une âme *candide*. Les âmes basses, étroites, les esprits calculateurs, astucieux, méprisent sans doute les âmes jetées dans ce moule de candeur. Mais à ces gens-là tout réussit et rien ne profite : leurs richesses sont troublées par la crainte de les perdre, leurs acquisitions par le regret de n'avoir pas obtenu davantage, tandis qu'il faut si peu de chose pour faire le bonheur d'une âme *candide*! un regard de la femme qu'il aime, le sourire bienveillant d'un supérieur, l'estime et la confiance qu'on lui témoigne, un service surtout qu'on lui demande, un travail consciencieux, utile, qu'il vient d'achever, en voilà plus qu'il ne faut pour procurer à l'homme *candide* des jours, des semaines, des années de bonheur, d'inappréciables joies, de précieux souvenirs.

En politique, il y a des hommes *candides* aussi bien que dans les voies ordinaires de la vie : le jour du péril ils ont le mérite du courage, du zèle, des efforts; le lendemain, jour du partage pour les vainqueurs, le *candide* reste en arrière; il attend tout de la justice des hommes auxquels il a frayé le chemin, et il attend en vrai dupe, heureux encore si la tourbe, qui ne peut concevoir la spontanéité qui préside aux résolutions d'une âme *candide*, ne l'accuse pas d'ambition, et qui pis est pour le vulgaire, d'ambition déçue! Un homme *candide* ne fera jamais fortune, à moins qu'il ne se rencontre sur son chemin de ces hommes grands par eux-mêmes, qui se plaisent à chercher le mérite et à élever celui qui ne demande rien.

Une femme *candide*, car il y en a quelques-unes, est facilement trompée par son amant : ceux qui l'entourent appellent sa candeur d'un tout autre nom; témoin ce trait d'un de nos vieux comiques :

> Ma fille assurément n'est point une stupide,
> Mais dans son procédé je la trouve *candide*.

Un des plus aimables spectacles que puisse offrir l'humanité, c'est l'union de deux âmes *candides*, soit en amitié, soit en amour. Enfin une dévotion *candide* est un rayon de la pureté divine que le ciel laisse tomber sur la terre.

Ch. Du Rozoir.

CANDIE, anciennement *Idæa*, du mont Ida, puis bien plus célèbre sous le nom de *Crète*, dont les Turcs ont fait celui de *Kired* ou *Icriti*, qu'ils lui donnent encore; l'une des îles les plus importantes de l'empire Ottoman, est située dans la Méditerranée, sous les 41° 30′ et 44° 30′ longitude est et les 34° 50′ à 35° 55′ latitude nord, à 132 kilomètres de la pointe sud de la Morée, à 154 de l'île de Rhodes et à 396 de la côte d'Afrique. Elle a environ 386 kilomètres de long sur une largeur moyenne de 22 à 88 kilomètres, et, en y comprenant quelques îlots du voisinage, occupe une superficie de 189 myriamètres carrés. Une haute montagne, couronnée de forêts et divisée en deux chaînons, la traverse dans toute sa longueur. La partie occidentale est appelée *Sphachia* (autrefois *Leukâ*), et la partie orientale *Lasthi* ou *Sethia* (anciennement *Dikté*). Elle s'abaisse doucement vers le nord, et s'y termine par une côte fertile et munie de bons ports. Au sud elle est escarpée, et offre un rivage formé de rochers, avec très-peu d'ancrages. Le *Psiloriti*, l'Ida des anciens, qui en est la cime la plus élevée, a 2066 mètres de hauteur, et est couvert de neiges pendant la plus grande partie de l'année. De nombreuses sources donnent aux vallées une grande fertilité; une végétation très-active couvre le versant des montagnes; l'air est doux, l'été est rafraîchi par les vents du nord; l'hiver ne se fait sentir que par des giboulées. Rarement on voit sur la côte le thermomètre descendre au-dessous de 5° Réaumur. Il n'y a que le *sirocco* dont on ait parfois à souffrir pendant la saison d'été.

L'île de Candie serait le séjour le plus agréable du monde; car, outre ses produits en blé, vin, huile, bois, lin, miel, cire, soie, coton, poisson et gibier, elle fournirait des bestiaux, les plus beaux fruits des climats méridionaux, la plus grande variété de végétaux, et même des métaux en abondance, si l'oppression et la cruauté des Turcs n'entravaient ici, comme partout, l'agriculture et l'industrie, au point qu'il est impossible aux habitants, découragés, de récolter au delà des besoins les plus indispensables de la vie. La population, qui au temps des Grecs s'élevait à 1,200,000 âmes et au temps des Vénitiens à 900,000, ne montait plus à l'époque où éclata la guerre d'indépendance des Hellènes qu'à 300,000 âmes. Elle est descendue de nos jours au-dessous de 200,000 habitants, grecs pour la plupart: diminution qui s'explique par les nombreuses révoltes dont cette île a été depuis lors le théâtre; révoltes toujours étouffées dans des flots de sang. Parmi les peuplades particulières qui habitent l'île de Candie, on remarque les *Abadiotes* et les *Sphachiotes*. Les premiers occupent une vingtaine de villages au sud du mont Ida, et forment un groupe d'environ 4,000 âmes. Ils sont musulmans, et descendent des Arabes qui furent jadis maîtres de l'île. Leur langage, leur teint basané, leur stature maigre et moyenne, leur caractère méfiant et vindicatif, leur penchant pour le brigandage et la piraterie décèlent suffisamment leur origine. Quant aux Sphachiotes, qui habitent les hautes montagnes au sud de La Canée et de Rettimo, on les regarde comme les vrais descendants des anciens Crétois. Ils se distinguent des autres Grecs par leur taille élevée, leur bonne mine, leur courage, leur adresse, et surtout par leur amour de la liberté et leur haine contre les usurpateurs de leur patrie. Il y a aussi dans l'île de Candie quelques centaines de juifs et un petit nombre d'Arméniens. Les Turcs qui y sont établis sont les plus beaux et les plus intelligents de leur nation; ils sont les premiers qui aient soumis leurs vaisseaux à la quarantaine pour se préserver de la peste.

Quant au commerce, aux manufactures et aux sciences, il n'en faut pas parler. Tous les ports, si florissants sous la domination des Vénitiens, sont aujourd'hui obstrués par les sables, et les villes sont encore des monceaux de décombres. Sous le nom de *Kired* l'île forme aujourd'hui un eyalet particulier, divisé en trois sandjaks: *Candie*, *Rettimo* et *Canea*. Le premier de ces sandjaks a pour chef-lieu *Candie*, capitale de toute l'île, qui compte environ 10,000 habitants. Cette ville est le siége d'un archevêque grec et du pacha; elle est bien fortifiée, et on y compte quatorze mosquées et plusieurs églises chrétiennes. Dans ses environs on rencontre un grand nombre d'antiquités. *Rettimo* (autrefois Réthymne), la ville la plus agréable de l'île, compte 5,000 habitants, est le siége d'un évêque grec; *Canea*, l'ancienne Cydonie, que nous appelons *La Canée*, la ville la plus commerçante de toute l'île, compte une population de 9,000 âmes, parmi laquelle existe un certain nombre de maisons françaises et italiennes. Elle est le siége d'un évêque grec, et son port est le meilleur de toute l'île; circonstance à laquelle elle est redevable de l'importance toute particulière de son commerce.

C'est en l'an 823 de notre ère que l'île de Crète passa sous la domination des musulmans. *Abou-Hafs-Omar-al-Caledh*, natif de Cordoue, ayant pris parti pour le prince Abd'Allah, gouverneur de Valence, dans sa révolte contre son neveu, Abdéraman II, roi de Cordoue, et redoutant la vengeance de son souverain, s'embarqua avec sa famille et des troupes qui s'attachèrent à son sort, parcourut la Méditerranée en pirate, et aborda dans l'île de Crète. Trop faible pour s'en emparer, il se borna au pillage des côtes. Mais l'année suivante il revint avec des forces plus considérables, et s'établit dans l'île, qui opposa peu de résistance. Il battit deux armées grecques envoyées par l'empereur Michel le Bègue, et fonda sur les ruines d'Héraclée une forteresse qu'il nomma *Al-Khandak* (retranchement). De ce nom se forma par corruption celui de *Candie*, que prit cette place, dont il avait fait sa capitale, et ce dernier nom devint commun à toute l'île. Abou-Hafs-Omar fut le premier émir arabe de l'île de Crète. Il y mourut, vers l'an 855. On ignore les noms et l'histoire de ses successeurs, qui probablement devinrent vassaux des souverains de l'Égypte, puis des khalifes d'Afrique, après avoir été soumis, sous Basile le Macédonien, à un tribut, qu'ils ne payèrent que pendant dix ans à l'empire Grec. Les Arabes possédaient l'île de Crète depuis environ cent trente-huit ans, lorsqu'en 961 Nicéphore Phocas, qui fut depuis empereur, ayant remporté sur eux plusieurs avantages, enleva toutes leurs places, et les força dans Khandak, leur métropole: après une guerre de neuf mois, il réduisit leur dernier émir, que les auteurs grecs nomment *Curup*, à se rendre à discrétion; puis il l'emmena à Constantinople, avec un grand nombre de captifs et un immense butin.

Rendue à l'empire d'Orient, Candie demeura au pouvoir des Grecs jusqu'à la prise de Constantinople par les Latins, en 1204. Baudouin, comte de Flandre, élu empereur, récompensa ses alliés des secours qu'il en avait reçus. Boniface III, marquis de Montferrat et roi de Thessalonique, obtint l'île de Candie, qu'il vendit la même année aux Vénitiens pour trente livres pesant d'or. La possession de cette île leur fut d'abord disputée par les Génois et par le duc de l'Archipel, Marc Sanudo, qui, bien que Vénitien lui-même, fit avec les rivaux de sa république un traité de partage. Soutenu par eux, il s'empara de Candie, et y prit le titre de roi. Mais il en fut bientôt chassé par les troupes vénitiennes, commandées par Tiepolo, qui fut le premier duc ou gouverneur de Candie. Cette île respira sous la domination de Venise, et devint à un état florissant. La ville de Candie fut le siége du gouvernement, du conseil et du provéditeur général.

Les Vénitiens, ayant compris toute l'importance de cette île, s'attachèrent les habitants par un gouvernement doux, et repoussèrent victorieusement les attaques des Génois et des Othomans jusque vers le milieu du dix-septième siècle. A cette époque, les hostilités des Turcs devinrent plus sérieuses.

Une prise fut amenée à Calismène, port de l'île de Candie, par des Maltais, qui y séjournèrent quelque temps. Parmi les captifs se trouvaient l'agha des eunuques, et, d'après une version accréditée alors en Europe, la favorite et un fils du sulthan Ibrahim; mais il est probable que ces deux derniers personnages n'étaient qu'une esclave employée dans le sérail en qualité de nourrice et son enfant. Les Vénitiens, qui n'avaient point de garnison à Calismène, ne firent aucune démonstration pour protéger l'agha et sa suite. Le sulthan, courroucé, attribua aux Vénitiens ce qui était du fait des Maltais; il envoya, en juin 1645, des forces considérables, qui débarquèrent dans l'île, prirent La Canée et Rettimo, et assiégèrent sérieusement la capitale. La garnison repoussa victorieusement l'attaque des Turcs, qui la renouvelèrent en 1649 avec aussi peu de succès. En 1656 les Othomans firent une troisième tentative ; plus tard, ils transformèrent le siège en blocus, et le continuèrent dix ans sans aucun résultat, parce que les Vénitiens, alors souverains des mers, ravitaillèrent la place, et en renforcèrent la garnison.

En 1667, après la paix de Vasvar, le grand vizir Ahmed Kiouperli, pour réparer l'atteinte portée à sa gloire par la perte de la bataille de Saint-Gotthard, et se remettre en grâce auprès de Mahomet IV par une action d'éclat, fit de sérieuses dispositions pour la conquête de Candie, et investit la ville, le 14 mai, avec 80,000 hommes. La forteresse était défendue par un rempart flanqué de sept bastions et précédé d'autant de ravelins, au-devant desquels se trouvaient en outre plusieurs ouvrages détachés. Pendant qu'une flotte nombreuse la protégeait du côté de la mer, et tenait les Turcs en respect, une bonne garnison, commandée par le chevalier de Ville (remplacé ensuite dignement par le chevalier Saint-André-Montbrun) et par Morosini, était décidée à s'ensevelir sous les ruines de la forteresse. En même temps, des volontaires accouraient de toutes les parties de l'Europe sur ce théâtre sanglant, pour faire preuve de valeur et s'instruire dans l'art de la guerre. Tous les ingénieurs voulurent se distinguer dans cette campagne mémorable. Werthmuller, Rimpler et Vauban se trouvaient dans la place. Le pape envoya des troupes et de l'argent; le grand maître de Malte, des chevaliers et des soldats : le duc de La Feuillade y conduisit 600 Français des plus nobles familles, qui avec l'insouciance caractéristique de leur nation, recherchant les dangers aux postes les plus périlleux, trouvèrent presque tous une mort glorieuse. Plus tard, le comte de Waldeck y amena trois régiments de troupes lunebourgeoises. Ces divers renforts successifs maintinrent constamment la garnison sur un pied de 10,000 hommes. La trahison apprit aux Turcs que les bastions Saint-André et Sabionetta étaient les points les plus faibles de la place : ils dirigèrent en conséquence leurs attaques les plus vives de ce côté. Des sorties vigoureuses et le jeu des mines, pratiqué à propos, retardèrent néanmoins les Turcs pendant longtemps, et détruisirent souvent leurs ouvrages. Lorsque enfin ils eurent réussi à s'établir dans le bastion Saint-André, ils furent arrêtés par de fortes tranchées, qui paralysaient leurs assauts les plus vifs, et l'hiver ne trouva guère les assiégeants plus avancés que l'année précédente.

Au printemps de 1669, les Turcs continuèrent leurs travaux de siège, mais avec plus de lenteur et plus de succès. Bientôt les Vénitiens virent leur bastion Saint-André transformé en un monceau de terre et de décombres, et leur dernière égide fut un rempart élevé à la hâte pendant l'hiver. Dans cette extrémité apparurent les ducs de Beaufort et de Navailles avec une flotte française et 7,000 hommes. Une sortie désespérée fut tentée avec ce renfort; mais une mine dont l'explosion devait servir de signal et jeter les assiégeants dans la confusion ne prit pas feu, et, pour comble de malheur, un magasin à poudre appartenant aux Turcs sauta au moment où les Français venaient d'emporter les retranchements ennemis et de repousser les Othomans, qui avaient tenté de les reprendre. Les Français, craignant alors d'être sur un terrain miné de toutes parts, se retirèrent en désordre dans la place, laissant sur le champ de bataille 200 morts, parmi lesquels étaient le duc de Beaufort et beaucoup d'officiers. En même temps la flotte chrétienne, qui se composait de 80 vaisseaux et de 50 galères, et qui devait prendre en flanc le camp des Turcs, fut mise en déroute par les batteries des côtes et l'explosion d'un vaisseau de soixante-dix canons : ainsi la sortie échoua sur tous les points. Ces circonstances augmentèrent la désunion qui existait déjà parmi les généraux chrétiens, au point que le duc de Navailles, convaincu que le salut des troupes françaises était compromis, embarqua le corps qu'il commandait, et retourna en France. Des soldats dispersés des autres nations se joignirent aux Français ; enfin les Maltais et presque tous les volontaires qui avaient pris part à l'expédition firent également leur retraite.

Un assaut des Turcs, plus heureux que les précédents, les amena jusque auprès des palissades de la dernière tranchée, que défendaient mollement 3,000 hommes de garnison, entièrement découragés et démoralisés. Des dissensions entre les différents commandants, et cent autres indices annonçaient que la place serait emportée au prochain assaut. Un conseil de guerre décida en conséquence la reddition de la ville. La capitulation assura à la garnison et à la population la liberté de l'évacuer dans l'espace de douze jours, en emportant les bagages, les armes et toute l'artillerie; elle garantissait également aux Vénitiens la possession des places de Suda, Garabusa et Spina-Longa. Le 27 septembre 1669 la ville fut donc rendue, après une guerre de vingt-cinq ans, un investissement de treize ans, et un siège où la tranchée demeura ouverte pendant deux ans trois mois et vingt-sept jours.

La défense de Candie, non moins mémorable que celle de Troie, est la plus longue et la plus glorieuse dont l'histoire fasse mention. Il ne restait plus de toute la garnison que 2,500 hommes lorsque vint le moment d'évacuer la ville. On compta 118,754 tués ou blessés du côté des Turcs pendant la durée du siège, et 30,985 du côté des chrétiens ; les Othomans avaient donné 56 assauts ; les assiégés avaient fait 96 sorties ; les premiers avaient fait jouer 472 mines, et les seconds 1,173 ; on avait tiré de la forteresse 509,692 coups de canon, et employé du côté des chrétiens 180,449 quintaux de plomb pour les balles de mousquet. Les Turcs trouvèrent la ville dans l'état le plus déplorable. Tous les objets de quelque valeur avaient été emportés ; 13 hommes seulement, vieillards pour la plupart, étaient demeurés dans la ville ; 350 pièces de canon ou mauvais état étaient restées sur les remparts.

Les vainqueurs s'empressèrent de réparer tous les ouvrages de fortification, et restaurèrent le quartier du marché. Maîtres de la capitale, ils cherchèrent à chasser les Vénitiens des autres points de l'île qu'ils occupaient encore, et avant l'expiration du dix-septième siècle, Garabusa leur fut livrée par la trahison. Spina-Longa et la Suda leur furent cédées, au commencement du dix-huitième siècle par des traités spéciaux. Depuis ce moment le despotisme turc pèse sur l'île de Candie.

Par suite de contestations survenues entre les trois pachas gouverneurs de cette île, des montagnards de l'agalich de Sphachia avaient obtenu de se gouverner eux-mêmes sous la protection turque. Comme on ne continua pas de leur garder la foi promise, ils eurent fréquemment recours aux armes, notamment en 1770, où ils furent soutenus par les Russes, qui les abandonnèrent ensuite. Les Sphachiotes furent souvent battus, mais jamais opprimés ni assujettis dans leurs montagnes. Déjà, sous le gouvernement vénitien, ils étaient célèbres par leur fermeté à ne souffrir aucune atteinte à leurs droits. Si l'on avait armé les montagnards lorsque les Turcs abordèrent dans l'île au dix-septième siècle, il aurait été absolument impossible à ceux-ci de s'y maintenir. Les Sphachiotes jouent dans l'histoire de Candie le même rôle que les Maïnottes dans la Morée ; seulement, il n'ont pu échapper au tribut de la capitation. En 1821, irrités de ce que les pachas avaient exigé des otages de leur tribu, ils s'unirent à l'insurrection grecque.

Cette révolte des Candiotes n'était pas encore étouffée, et il n'y avait que les principales villes qui fussent au pouvoir des Turcs, lorsque le sulthan Mahmoud, forcé par les circonstances de reconnaître l'indépendance de Méhémet-Ali, vice-roi d'Égypte, lui céda l'île de Candie par le traité de 1833. Mais les habitants, persuadés qu'ils n'avaient pas plus de bonheur à espérer sous le monopole désespérant de ce nouveau despote que sous la tyrannie des agents avides du sulthan, accueillirent assez mal Méhémet-Ali, lorsqu'il se présenta pour y faire reconnaître son autorité. La force lui fit raison de ces velléités de protestations, et le vice-roi d'Égypte étouffa dans le sang toute résistance. Il faut cependant rendre à son administration la justice de reconnaître qu'elle réussit à rétablir l'ordre dans un pays où depuis longtemps régnait la plus despotique anarchie. Méhémet-Ali conserva Candie jusqu'à l'année 1840 ; mais à cette époque la coalition de la Russie, de l'Angleterre, de la Prusse et de l'Autriche avec la Turquie eut pour résultat de replacer cette île sous les lois du sulthan ; et les diverses tentatives faites depuis pour la rendre indépendante ont toujours échoué. H. AUDIFFRET.

CANDOLLE (De). *Voyez* DECANDOLLE.

CANDY, dans la langue nationale singhalaise *Mahânoura*, c'est-à-dire la grande ville, est située dans les montagnes de l'intérieur de Ceylan, à 5 ou 6 myriamètres au nord de l'*Adam's-Peak*, sur le Mahâvali-Ganga supérieur, à 500 mètres au-dessus du niveau de la mer, dans une position fort malsaine. D'épaisses forêts peuplées de bêtes féroces s'étendent presque jusqu'aux portes de la ville, et les hauteurs qui l'avoisinent atteignent une élévation de 6 à 700 mètres. Le fleuve n'est navigable que pour de petits bâtiments. Une route bien construite conduit de là à Colombo, qui en est distant de 10 myriamètres.

Cette ville eut autrefois de l'importance comme capitale du royaume du même nom. Il existe encore de cette époque beaucoup de temples, entre autres celui des princes, où l'on conserve une précieuse relique, une dent de *Bouddha*, et des huttes d'argile, mais qui tombent successivement en ruines. Près de la ville on trouve un lac artificiel, ouvrage du dernier roi appelé *Sri Vikrama*, et au milieu de ce lac s'élève une île où se trouvait le pavillon de bain de la reine.

La garnison qu'y entretient aujourd'hui le gouvernement anglais donne un peu d'animation à Candy, dont on évalue encore la population à 3,000 âmes. Cette ville est également la résidence du gouverneur anglais, pour la sécurité duquel on a établi quelques ouvrages de défense tant à l'intérieur que sur les hauteurs qui dominent Candy. C'est aussi la plus importante station des missions dans toute l'île de Ceylan. Les habitants diffèrent beaucoup des autres Singhalais par leurs mœurs, leur langue et toute leur constitution physique. Leur royaume remontait, suivant eux, à une très-haute antiquité. Le dernier roi s'étant permis quelques violences à l'égard d'Indiens sujets du gouvernement anglais, celui-ci lui déclara la guerre le 10 janvier 1815. Dès le 14 février suivant Sir Robert Brownrigg faisait son entrée à Candy ; le 18 le roi fut fait prisonnier, et ce furent ses sujets eux-mêmes qui le livrèrent au vainqueur. Formellement détrôné le 2 mars, il fut banni avec toute sa famille à Madras, où il n'est mort qu'en 1843. Les prêtres bouddhistes firent bien diverses tentatives insurrectionnelles, en 1818 et surtout en 1842 ; mais elles furent toujours étouffées, grâce à l'énergie et à la rapidité des mesures prises par le gouvernement anglais. Consultez *Ceylon and the Cingalese* (2 vol. avec planches ; Londres, 1850).

CANE, femelle du canard. De ce nom on a fait le mot *caneter*, pour dire marcher à la façon d'une cane, d'une manière embarrassée, et *caner*, terme d'écolier qui signifie faire la cane, imiter la cane en manquant de courage.

CANÉE (La). *Voyez* CANDIE.

CANÉFICIER, nom vulgaire d'une espèce de casse, la *cassia fistula*.

CANEPETIÈRE. Nom vulgaire de la petite outarde, ainsi appelée de l'habitude où elle est de se tapir contre terre à la manière des canes dans l'eau.

CANÉPHORES. Au rapport de Pausanias et de Pline, il y avait à Athènes, auprès du temple de Minerve Pollade, une maison habitée par deux vierges, que les Athéniens appelaient *canéphores* (de κάνης, corbeille, et φέρω, je porte). Elles passaient un certain temps au service de la déesse, et quand le jour de sa fête était arrivé, elles allaient de nuit au temple, où elles recevaient de la prêtresse de Minerve des corbeilles qu'elles mettaient sur leur tête, sans que ni elles ni la prêtresse même sussent ce qui était dedans. Il y avait dans la ville, assez près de la *Vénus aux Jardins*, une enceinte d'où l'on descendait dans une caverne où les deux vierges déposaient leurs corbeilles ; après quoi elles en reprenaient d'autres, qu'elles portaient au temple sur leurs têtes, toujours avec le même mystère. De ce jour elles cessaient leurs fonctions, et l'on en choisissait deux autres pour les remplacer. On ne pouvait les prendre que parmi les filles de qualité, condition exigée, d'ailleurs, chez les anciens, de tous ceux qui se vouaient au culte de la divinité.

Il paraît, du reste, que l'emploi de *canéphores* ne fut pas restreint au culte de Minerve : elles assistaient aussi aux fêtes d'Iacchus, de Bacchus et de Cérès. Dans ces fêtes, comme dans les *panathénées*, les *canéphores*, parées magnifiquement, et portant sur leur tête des corbeilles entourées de guirlandes de fleurs, et remplies d'objets consacrés au culte, marchaient en tête de la procession, suivies des prêtresses et du chœur.

La figure de ces vierges nous est parvenue sous divers aspects dans les monuments de l'antiquité. Cicéron, dans son sixième plaidoyer contre Verrès, parle des *canéphores* de Polyclète comme de deux statues d'une grande beauté. Pline fait mention d'un chef-d'œuvre du sculpteur Scopas, dont les *canéphores* étaient le sujet. La belle cornaline du Cabinet Impérial appelée le *cachet de Michel-Ange* porte aussi la figure de trois canéphores. Elles sont devenues enfin un ornement de l'architecture moderne, dans laquelle on les confond souvent, mal à propos, avec les *caryatides*.

CANÉPHORIES. Quelques-uns prétendent que sous ce nom on désignait spécialement chez les Grecs les fêtes de Diane ; Meursius croit que ce n'était point une fête, mais simplement une cérémonie qui faisait partie de la fête que les jeunes filles célébraient la veille de leurs noces sous le nom de *Protélies*. Cette cérémonie, qui variait, ainsi que la fête elle-même, selon les localités, consistait chez les Athéniens à porter solennellement la jeune fille par son père et sa mère au temple de Minerve, avec une corbeille pleine de présents, pour engager la déesse à rendre heureux le mariage projeté, ou plutôt, comme disent les scoliastes de Théocrite et de la *Thébaïde* de Stace, pour faire amende honorable à la déesse protectrice de la virginité, et lui demander pardon de déserter son culte.

CANEPIN (de κάνναβις, chanvre), nom que l'on a donné d'abord à l'écorce du tilleul, et plus habituellement encore du bouleau, chez les anciens écrivains. Depuis ce mot est devenu, dans l'usage général, l'appellation de l'épiderme des peaux d'agneaux ou de chevreau préparées par les mégissiers, et dont on se sert principalement pour éprouver la qualité des lancettes. On en a fait aussi des éventails, des gants de femme, etc.

CANETON, jeune canard.
CANETTE, nom vulgaire de la sarcelle d'hiver.

En termes de blason, ce mot désigne de petites canes qui se représentent comme les merlettes, avec les ailes serrées (non déployées), mais avec bec et jambes, tandis que ces dernières n'ont que la moitié de ces parties.

Ce terme reçoit encore d'autres applications, qui indiquent une tout autre origine. On appelle ainsi, par exemple, en termes de manufacture, un petit tuyau de bois ou de roseau (espèce de bobine) sur lequel on enroule la soie ou le fil d'or qui sert à la trame d'une étoffe.

En termes de fontainier, c'est un petit tuyau ou fontaine de cuivre que l'on enfonce dans le trou d'un muid qui a été mis en perce, afin d'en extraire la liqueur à volonté; c'est, comme on voit, ce que l'on appelle autrement et plus ordinairement du nom de *cannelle*.

Le mot *canette* est encore pris dans le sens de vase, petit pot de terre ou d'étain employé à mettre les liqueurs et principalement de la bière.

CANEVAS (*Technologie*). On appelle ainsi une sorte de toile dont les mailles sont peu serrées et divisées en carreaux d'égale dimension, de manière à recevoir et diriger le point de la broderie en tapisserie. Sur cette toile la brodeuse trace d'avance le dessin qu'elle veut exécuter; puis elle le copie à l'aiguille et en se servant de fils de soie ou de laine de différentes nuances, suivant la couleur des objets qu'elle veut représenter.

On nomme aussi *canevas* une toile grossière de chanvre dont on usait jadis pour doubler les bords et revers des habits des hommes et les corps à l'usage des femmes.

CANEVAS (*Musique*). On donne ce nom à des mots sans aucune suite, que les musiciens mettent sous un air. Ces mots servent de modèle au poëte pour en arranger d'autres de la même mesure, et qui forment un sens: la chanson faite de cette manière s'appelle aussi *canevas*.

Dans ces sortes d'ouvrages le poëte ne saurait s'astreindre à croiser les rimes, quelquefois il redouble à l'infini les rimes masculines ou féminines.

Les vers de douze syllabes, ceux de dix, de sept, et de six, adroitement mêlés, ne sont pas les seuls dont se serve l'auteur d'un canevas. Les vers de sept, de cinq, de quatre, de trois syllabes, lui sont en outre réservés: la phrase de musique qu'il faut rendre donne la loi; une note quelquefois exige un vers fini, il lui faut par conséquent un vers d'une seule syllabe.

Les canevas les mieux faits sont ceux dont les repos et les sens des vers répondent aux différents repos et aux temps des phrases de la musique. Alors le redoublement des rimes est un nouvel agrément: il n'est point d'ouvrage plus difficile, qui exige une oreille plus délicate, et où la prosodie française doive être plus observée. Le poète qui est en même temps musicien a dans ces sortes de découpures un grand avantage sur celui qui n'est que poëte.

Du reste, comme le disait Rousseau, sur les paroles du musicien, qui ne signifient rien, le poëte en ajuste souvent d'autres, qui ne signifient pas grand'chose, et où l'on ne trouve pour l'ordinaire pas plus d'esprit que de sens, où la prosodie enfin est ridiculement estropiée pour le plus grand charme de nos oreilles.

CANEVAS (*Littérature*). On entend par là l'esquisse d'un ouvrage, poëme, pièce de théâtre, discours, mémoire, etc., où les idées premières, leur marche et leur liaison sont indiquées sommairement. Les Italiens, précurseurs des autres peuples de l'Europe dans presque toutes les carrières, se laissèrent dépasser dans un art qu'ils ont cependant cultivé les premiers: en effet, le théâtre resta chez eux dans une sorte d'enfance jusqu'au dix-huitième siècle, puisqu'à cette époque ils n'avaient guère que des pièces en canevas, abandonnées aux acteurs chargés de leur donner la vie par l'improvisation. Si *La Mandragore* de Machiavel et certaines esquisses de L'Arétin témoignent de ce que les Italiens auraient pu faire, ces comédies n'en sont pas moins des exceptions qui confirment le principe. Des érudits et même un grand poète, L'Arioste, ont aussi enfanté des productions dramatiques; mais ces productions ne sont que des copies inspirées par les muses latines, elles-mêmes pâles reflets d'une société éteinte.

Longtemps les comédiens italiens n'apprirent rien par cœur; il leur suffisait pour jouer une pièce d'en avoir étudié le sujet avant d'entrer en scène. Il n'y a personne qui ne puisse apprendre par cœur et réciter devant le public ce qu'il aura appris; mais il fallait tout autre chose pour le comédien italien: qui disait alors *bon comédien italien* disait un homme qui avait du fonds, qui jouait plus d'imagination que de mémoire, qui composait en jouant tout ce qu'il disait, qui savait seconder celui avec qui il se trouvait en scène, mariant si bien ses paroles et ses actions avec les siennes, qu'il entrait sur-le-champ dans tout son jeu, dans tous les mouvements que l'autre lui demandait, de manière à faire croire à tout le monde qu'ils s'étaient concertés.

Il nous semble pourtant facile de prouver que nos grands acteurs l'emportent autant sur ces acteurs italiens que Molière et ses successeurs sur les comiques ultramontains. En effet, la comédie de caractère et celle de mœurs, écrites par nos grands maîtres, peignent avec tant de force les sentiments du cœur, avec tant d'esprit les ridicules, avec tant de finesse les nuances qui composent nos vertus et nos vices, qu'il faut pour parvenir à les bien traduire sur la scène une dose de pénétration, un tact délicat, une opiniâtreté de travail à part. En Italie, au contraire, quand la bouffonnerie était le fondement principal du comique, un masque plaisant, des inflexions étranges, beaucoup d'aplomb, des gestes ou des grimaces, suffisaient pour soutenir l'acteur au niveau de son rôle et provoquer le rire des spectateurs, si facilement impressionnables. Ajoutez à ces avantages la disposition d'une langue riche, sonore, inépuisable en expressions burlesques. Que de moyens pour amuser un peuple idolâtre de Polichinelle et de Pantalon, dont les saillies plaisaient à tous les âges et divertissaient tous les rangs, d'un bout de l'Italie à l'autre! Caractères types, Arlequin, Polichinelle, Mezzetin, d'autres personnages de la même famille, se rencontraient dans toutes les villes, quelquefois sous des noms différents, mais avec les mêmes attributs, qui leur assignaient le premier rang sur la scène comme sur la place publique, ce qui nuisait singulièrement à l'art en en aplanissant les difficultés. Grâce à ces personnages connus et caractérisés par avance, les auteurs se croyaient dispensés d'étudier les vices ou les ridicules; ils ne songeaient qu'à l'intrigue de la pièce, et abandonnaient à l'acteur le soin de tirer parti des situations, en les brodant au gré de la verve et de la fécondité de son esprit. Ainsi conçue, la comédie était la caricature et non le portrait de la société, elle excitait le rire, mais ne pouvait instruire ni attacher personne, pas même les Italiens. Aujourd'hui ce genre a presque complétement disparu de la péninsule opprimée: on y chante encore des paroles qu'on n'entend pas; on y débite plus de paroles qu'on pourrait entendre. L'Italie n'a plus de comédiens; elle n'a que des chanteurs.

SAINT-PROSPER jeune.

CANGA-ARGUELLES (Don José), ancien ministro des finances d'Espagne, né en Asturie vers 1770, se distingua dans les cortès de 1812, comme député de Valence, autant par ses talents que par son zèle pour les principes constitutionnels. En 1814, au retour de Ferdinand VII en Espagne, il fut exilé à Penniscola; mais, rappelé au mois de juillet 1816, il obtint un emploi public à Valence; et lorsqu'en 1820 on rétablit la constitution de 1812, il fut nommé ministre des finances. En cette qualité, Canga-Arguelles présenta aux cortès un tableau comparatif des domaines appartenant au clergé et de ceux qui étaient la propriété de l'État, et démontra ainsi que les premiers étaient d'un tiers plus considérables que les seconds. C'est aussi à cette époque que remonte la publication de son remarquable ouvrage sur la situation financière de l'Espagne : *Memoria sobre el Credito Publico* (Madrid, 1820). Dans ce livre il peignait l'état où se trouvait réduit le trésor public au moment où le roi jura la constitution, et il indiquait les moyens propres à couvrir le déficit annuel. Ses projets ne furent que partiellement adoptés, mais du moins le déficit du budget de 1822 ne s'éleva plus qu'à 198 millions de réaux. Ferdinand VII, dans le discours d'ouverture des cortès, qu'il prononça le 1er mars 1821, s'étant plaint de la faiblesse du pouvoir exécutif, sans avoir préalablement communiqué ce document à ses ministres, Canga-Arguelles, comme le reste de ses collègues, donna immédiatement sa démission. Membre des cortès de 1822, Canga-Arguelles vota alors avec les libéraux modérés. Il fit diverses propositions tendant à affermir la constitution et à améliorer, par des réformes, la situation financière. Après la chute du gouvernement des cortès, il fut obligé d'émigrer en Angleterre, où il composa son grand et bel ouvrage intitulé : *Diccionnario de Hacienda para el uso de la suprema direccion de ella* (5 vol.; Londres 1827-1828), qu'avaient précédé ses *Elementas de la ciencia de Haciendu* (Londres, 1825). En 1829 il reçut l'autorisation de rentrer en Espagne. Appelé plus tard à siéger de nouveau aux cortès, il s'y montra fidèle aux principes de toute sa vie, mais sans y jouer un rôle important. Il est mort en 1843.

CANGE (Du). *Voyez* DUCANGE.

CANGUE (Supplice de la). C'est un morceau de bois qui, emprisonnant ou le cou ou les bras ou les jambes, souvent le tout à la fois, empêche les mouvements du patient, et de plus lui impose un poids, qui varie de 10 à 30 et même 100 kilogrammes. Ce supplice est fort usité en Chine, les condamnés sont promenés ou exposés, et une inscription placée sur la *cangue* indique le caractère du crime.

C'est la peine la plus ordinairement infligée par les lois chinoises, si toutefois on excepte les coups de bambou ; mais ceux-ci se donnent avec un tel laisser-aller que les Chinois n'y font guère attention. Ils se distribuent de supérieur à inférieur, et n'entraînent aucune conséquence pénible, on dit même que l'empereur en gratifie assez souvent ses courtisans, et qu'il les traite après cette petite correction tout aussi bien qu'auparavant.

Après la *cangue* viennent l'exil, la mort par la strangulation d'abord, puis par la décollation (ce qui est beaucoup plus infamant), et enfin la mort lente, les tortures de toutes sortes, les découpements en aiguillettes, bref toutes les exagérations d'une cruauté pour ainsi dire fantastique. Ces derniers raffinements ont lieu quand il s'agit de parricides ou de crimes contre l'empereur, lequel, on le sait, est à la fois le père et la mère de ses sujets.

Il n'y a rien d'aussi effrayant à voir que les albums qu'on vend à Canton, et dans lesquels sont représentés ces bizarres supplices ; et l'étranger ne peut guère se rendre compte de ces apparentes tendances à la cruauté, quand un séjour prolongé parmi les Chinois lui a permis d'apprécier leurs qualités douces et pacifiques. Il est alors porté à croire que ces exhibitions de supplices n'ont pour but que d'effrayer les coupables à venir, et telle est aussi l'opinion générale des gens habitués aux mœurs du pays. Il paraît cependant qu'il y a chaque année un grand nombre de condamnés à mort, quoique nul sentence doive être ratifiée par le tribunal de Pékin, et signée par l'empereur, qui a le droit de faire grâce. On doit bien penser que les exécutions sont aussi expéditives qu'il se peut, chez un peuple qui n'a pas plus voulu de notre guillotine que de nos autres inventions. On réserve tous les condamnés d'une année pour le même jour, et l'habileté des étrangleurs ou des hommes au glaive ne les fait guère languir. Ajoutons que la peine de mort est moins terrible chez les Chinois que partout ailleurs, à cause de l'indifférence avec laquelle ils renoncent à la vie. L'influence puissante de leurs mœurs diminue aussi l'horreur qu'inspirerait chez d'autres peuples la mesure par laquelle, dans les cas graves, le châtiment atteint non-seulement le coupable, mais encore tous les siens, et même quelquefois les générations à venir.

Pendant les deux premières années de notre séjour en Chine, bien des crimes avaient été commis, mais pas une peine grave n'avait été infligée. Nous étions donc fermement persuadés que, suivant le dire d'anciens auteurs, la justice chinoise était lente, minutieuse et douce ; mais en 1843, dans les derniers jours que nous passâmes à Canton, nous fûmes bien obligés d'abandonner cette opinion. A la suite de troubles et d'incendies à Canton, six malheureux Chinois, pris, disait-on, à peu près au hasard, furent mis à la *cangue* sur la place du marché, attachés à des poteaux, accroupis, les jambes et les bras pris dans la maudite machine, exposés au milieu de l'immense concours de peuple qui venait acheter, et condamnés à rester là immobiles jusqu'à ce qu'ils y mourussent de faim, entourés de vivres de toutes sortes. Un officier de justice veillait seul, armé de son petit rotin blanc, et nul n'osa les secourir. Ils résistèrent plus ou moins longtemps : quand l'un d'eux mourait, on apportait un cercueil, et on enlevait son corps sous les yeux de ses camarades. Les spectateurs de cet horrible supplice ne paraissaient pas y faire attention, et, chose plus étrange, les malheureux condamnés causaient entre eux et avec les passants comme s'ils eussent été dans la position la plus ordinaire.

A. DELAMARCHE.

CANICHE. *Voyez* BARBET.

CANICULE. On a donné ce nom à une étoile que les astronomes désignent sous celui de *Sirius*, et que les Égyptiens appelaient *Sothis*, d'où sont venues les expressions de *période sothiaque*, ou *cycle caniculaire*, et *année cynique*, qui était l'année égyptienne. Dans les temps reculés le lever héliaque de cette étoile arrivait beaucoup plus tôt qu'aujourd'hui, de manière à coïncider avec les jours les plus chauds de l'année, ou ceux dont la chaleur passait pour être la plus malfaisante. C'est ce qui explique le nom de *jours caniculaires* employé pour désigner les jours qui s'écoulent du 22 juillet au 23 août, c'est-à-dire pendant que le soleil est dans le signe du *Lion*, période dont la vertu maligne a sans doute été exagérée.

CANIN, CANINE, de *caninus*, dérivé de *canis*, chien, qui a rapport au chien, qui tient du chien. Ce nom sert à qualifier en anatomie : 1° les *dents canines*, ainsi appelées à cause de leur forme conique, plus ou moins allongée, dont les crocs du chien ont été pris pour type ; 2° la *fosse canine*, cavité plus ou moins profonde de l'os maxillaire supérieur des mammifères, située au-dessus de la dent canine, et qui, chez l'homme, aurait occupé si elle avait existé ; 3° le *muscle canin* (*muscle petit susmaxillo-labial* de Chaussier), qui de cette fosse, où il s'attache, se porte vers la commissure des lèvres, qu'il élève et porte en dedans.

En physiologie et en pathologie, on a les noms de : 1° *faim canine*, qui exprime un besoin excessif, désordonné de dévorant des aliments solides qu'on ne peut assouvir ; 2° *ris canin*, ou spasme des muscles dilatateurs des commissures des lèvres et des joues : ce rire a aussi été appelé *spasme cynique*, à cause de la ressemblance de l'expression de la face de l'homme avec la physionomie du chien, lorsque ses lèvres sont écartées par l'effet des contractions spasmodiques de leurs muscles, sous l'influence des passions qui les agitent ; 3° *rage canine*, maladie cruelle, qui se manifeste ordinairement chez les chiens, et qui se communique par la morsure à l'homme et à d'autres animaux (*voyez* HYDROPHOBIE).

L. LAURENT.

CANINO (Charles-Jules-Laurent-Lucien Bonaparte, prince de), naquit à Paris, le 24 mai 1803, de Lucien Bonaparte et d'Alexandrine de Bleschamps. Il suivit son père à Rome, et alla le retrouver en Angleterre, où il était retenu prisonnier. Tout enfant, le prince Charles Bonaparte montra une ardeur extrême pour l'étude de l'histoire naturelle, à laquelle il commença à se livrer dans les campagnes de Worcester. Après les événements de 1815, son père revint se fixer en Italie, où le Saint-Père le nomma prince de Canino, magnifique domaine que lui avait vendu la Chambre Apostolique. A Rome, le jeune Charles s'adonna à l'étude des lettres et de l'histoire naturelle avec un remarquable succès; il s'occupa des plantes, des insectes, des animaux vertébrés et surtout des oiseaux. Déjà se révélait le talent qui devait lui valoir l'estime du monde savant.

Le 28 juin 1822, il épousa à Bruxelles sa cousine, la princesse Zénaïde-Charlotte-Julie Bonaparte, née à Paris, le 8 juillet 1802, fille unique de Joseph-Napoléon, comte de Survilliers, qui demeurait depuis longtemps aux États-Unis, où les deux époux allèrent l'embrasser. C'était une femme d'une remarquable instruction, et qui s'est fait connaître par la traduction de divers drames de Schiller. De ce mariage sont issus huit enfants, trois fils et cinq filles, savoir : *Joseph*, prince de Musignano, né à Philadelphie, le 13 février 1824 ; *Lucien*, né à Rome, le 15 novembre 1828 ; *Julie*, née le 6 juin 1830, mariée le 30 août 1847, à Alessandro del Gallo, marquis de Roccagiovine ; *Charlotte*, née à Rome, le 4 mars 1832, mariée le 4 octobre 1848, au comte Pietro Primoli ; *Marie*, née le 18 mars 1835, mariée le 2 mars 1851, au comte Paul de Campello ; *Augusta*, née le 9 novembre 1836 ; *Napoléon*, né à Rome, le 5 février 1839 ; *Bathilde*, née le 26 novembre 1840. La princesse Zénaïde continue à habiter Rome, quoique son mari n'y puisse plus rentrer.

Aux États-Unis le prince Charles Bonaparte publia plusieurs ouvrages, qui lui firent le plus grand honneur, entre autres l'*Ornithologie d'Amérique*, les *Genres des Oiseaux* et la *Synopsie des Espèces*. Il visita les principales cités des États-Unis, où il sut apprécier le régime si doux de ces contrées libres ; mais il n'oublia là ni la France ni l'Italie. Il vint à Londres, où la Société Linnéenne et la Société de Zoologie le reçurent au nombre de leurs membres ; il fit partie de plusieurs cercles littéraires et politiques de cette métropole. Les plus grands naturalistes de l'Europe adoptaient déjà ses plans et ses classifications scientifiques.

De retour à Rome, en 1828, avec un nombre immense d'objets d'histoire naturelle, il commença son cabinet zoologique, qui était l'un des plus riches que l'on connût. En 1830 il publia ses *Observations sur la seconde édition du Règne Animal de Cuvier*. De 1831 à 1832 il donna suite à un ouvrage sur la disposition des quatre classes de vertébrés ; il fit paraître encore le 4ᵉ volume de l'*Ornithologie Américaine*. Ce fut alors aussi qu'il commença l'un de ses ouvrages capitaux, qui lui coûta dix ans de travaux, et qui suffirait pour établir la réputation d'un auteur éminent : nous voulons parler de la *Faune Italienne*. En 1839, revenant de Londres, où il avait lu à la Société Linnéenne la première ébauche de son *Système des Vertèbres*, qui eut un immense succès, il traversa la France, où le roi Louis-Philippe l'accueillit avec une grande bienveillance, et où tous nos savants le reçurent avec empressement et sympathie.

Nous arrivons à l'un de ses plus beaux titres de gloire : c'est qu'il fonda véritablement en Italie (de 1830 à 1842), l'institution de ces congrès scientifiques qui ont été si utiles au développement des études dans la péninsule. Dans ces réunions, toujours nommé président de la section de zoologie, il sut diriger les travaux avec dignité et éloquence, et fit souvent d'utiles et intéressantes lectures. A Berne il mit la dernière main à la *Synopsie des Reptiles d'Europe* ; plus tard, à Lyon, il se mit en rapport avec le professeur Jourdan, et commença à diviser les mammifères en deux sous-classes, les *éducables* et les *inéducables*. Le 29 mai 1840 il eut la douleur de recevoir le dernier soupir de son père ; il réunit alors le titre de prince de Canino à celui de Musignano, qu'il avait porté jusqu'à cette époque. On connaissait si parfaitement son amour du bien public, qu'on l'associait à toutes les entreprises philanthropiques. Le roi Charles-Albert l'estimait beaucoup, et à Turin la cour et la ville lui faisaient toujours le plus aimable accueil. Il s'employa avec ardeur pour obtenir que son oncle et beau-père Joseph-Napoléon pût séjourner en Italie, et il eut le bonheur d'y réussir. Puis il se rendit de nouveau à Londres en traversant la France, et utilisa cette course rapide en s'entretenant avec les savants qui se trouvaient sur son passage.

En 1841 il brilla au congrès de Lyon, où il fut accueilli avec distinction ; dans le Dauphiné, à Vienne surtout, il devint l'objet de démonstrations populaires bien flatteuses ; enfin l'Académie des Sciences l'admit parmi ses correspondants. Nous n'avons pu citer qu'une partie des immenses travaux du prince, nous n'avons pu que constater à la hâte cette noble existence d'un homme « qui portait si bien alors, dit M. Jules Pautet, un grand nom, que notre Geoffroy Saint-Hilaire appelait : *une autre face du génie de l'empereur*. »

Mais dès 1847 la scène change : ayant cette année même mêlé quelques allusions politiques à un discours qu'il prononça au congrès des savants italiens réunis à Venise, il fut expulsé de cette ville par ordre du gouvernement autrichien, et dut retourner immédiatement à Rome. En sa qualité de libéral, il fut, au commencement de l'agitation romaine, l'un des admirateurs du pape Pie IX. Il revêtit l'uniforme de la garde nationale pontificale, se mêla aux manifestations populaires, entreprit des voyages en faveur de la propagande avec son secrétaire Masi, et enfin se vit rayé des contrôles de la garde civique, pour avoir rêvé, dit-on, l'émancipation de l'Italie. Plus tard il tourna tout à fait au radicalisme, et à l'orageuse journée du 16 novembre 1848, où le pape fut forcé d'accepter un ministère radical, le prince de Canino devint, avec Sterbini, Cernuschi, etc., l'un des chefs du parti républicain. Au commencement de l'année 1849 il fut élu député à la constituante romaine, laquelle, à son tour, le choisit à diverses reprises pour vice-président. Son fils aîné *Joseph*, prince de Musignano, qui désapprouvait hautement ses opinions politiques, échappa heureusement le 10 février 1850, à Rome, à un attentat dirigé contre sa personne.

Après l'entrée des troupes françaises à Rome, le prince de Canino se réfugia en France. Mais, lors de son débarquement à Marseille, le gouvernement français crut devoir lui interdire le séjour de la France. Ayant persisté à continuer sa route vers Paris, il fut arrêté à Orléans et conduit au Havre, où il dut s'embarquer pour l'Angleterre. Ce ne fut que plus tard qu'il obtint la permission de revenir à Paris, où, depuis le milieu de l'année 1850, il vit, se consacrant de nouveau tout entier à ses études d'histoire naturelle. Indépendamment d'un *Conspectus Systematum* (Leyde, 1850), il a publié *Conspectus Generum Avium* (tomes 1 et 2, Leyde, 1850). C'est le fruit de vingt-cinq années d'études et de travaux, tant sur la nature même que dans les plus célèbres musées de l'Europe et de l'Amérique. Il a vainement tenté jusqu'à ce jour d'obtenir un fauteuil à l'Académie des Sciences, quoique M. Arago ait chaudement soutenu sa candidature à la place laissée vacante par la mort de Blainville.

On sait que l'*Italie Rouge* du vicomte d'Arlincourt contenait des attaques contre le prince de Canino, dont celui-ci a eu beaucoup de peine à obtenir le redressement.

CANISIUS (Petrus), l'un des jésuites qui contribuèrent le plus à arrêter les progrès du protestantisme en Autriche et dans le midi de l'Allemagne, et dont le vrai nom, latinisé suivant l'usage de l'époque, était *de Hondt* (le Chien), naquit en 1524, à Nimègue, et fut admis en 1543, à Cologne, dans l'ordre des jésuites, dont il se montra bientôt l'un des membres les plus adroits. Ce fut lui en effet qui réussit à faire échouer les essais de réforme tentés par l'électeur Herman de Cologne. Appelé plus tard au collége de son ordre, à Ingolstadt, il y fut nommé en 1549 professeur de théologie, et bientôt après recteur, puis vice-chancelier de l'université de cette ville. Désigné ensuite pour les fonctions de recteur du collége que les jésuites avaient à Vienne, il rendit encore de nouveaux services à son ordre en opérant dans l'université de cette ville des changements complétement favorables aux vues des jésuites, dont il fut premier provincial en Allemagne, et il contribua à la fondation des différents colléges que des membres de l'ordre fondèrent successivement à Prague, à Augsbourg, à Dillingen et à Fribourg, en Suisse. C'est dans ce dernier établissement qu'il se retira, lors de l'accession au trône de l'empereur Maximilien II, prince bien moins favorable au système des jésuites que son prédécesseur Ferdinand Ier. Canisius avait assisté au concile de Trente. Il mourut dans cette ville, en 1597. On a de lui une foule d'écrits ascétiques et théologiques. Nous citerons entre autres ses fameuses *Institutiones christianæ Pietatis, sive parvus catholicorum Catechismus* (1566), livre qui depuis sa première apparition a été réimprimé plusieurs centaines de fois, et traduit dans toutes les langues; et son *Manuale Catholicorum in usum piè precandi collectum* (Anvers, 1530).

CANITIE (de *canities*, dérivé de *canus*, blanc). Ce nom signifie simplement *blancheur des poils*, et surtout *des cheveux*. Les animaux y sont sujets ainsi que l'homme. On voit en effet, sous l'influence de la vieillesse ou de la maladie, les poils perdre leur couleur naturelle et devenir blancs. La canitie, considérée dans l'homme seulement, a été distinguée en *naturelle, contre-naturelle* et *accidentelle*. La première a lieu dans un âge avancé, la seconde est celle des enfants; la troisième est produite par les maladies. Lorsque la chevelure n'est blanche que dans quelques parties, la canitie est *locale*. Il n'est point rare de rencontrer des personnes qui ont des touffes ou la moitié de la chevelure entièrement blanche, pendant que le reste offre la teinte noire ou plus ou moins blonde. La canitie est dite *générale* lorsque non-seulement les cheveux, mais encore les poils de la barbe et de toutes les autres régions sont devenus blancs. Les cheveux commencent ordinairement à grisonner entre trente et quarante ans. Quelquefois la canitie est plus précoce, et d'autres fois plus tardive. Le phénomène se manifeste d'abord à la tête, ensuite au menton, plus tard aux autres régions du corps, et plus tardivement encore aux aisselles. En observant l'ordre dans lequel il s'effectue, on est porté à penser que les parties les plus éloignées du centre circulatoire ou cœur, et les plus exposées aux intempéries de l'air, doivent subir les premières l'influence de l'âge, et réciproquement.

En outre des espèces de canities mentionnées ci-dessus, on observe des *canities originelles* ou *de naissance*, qu'il ne faut pas confondre avec les canities accidentelles, qui surviennent chez les enfants non malades. Ces canities originelles offrent diverses nuances de blancheur. Rarement les cheveux et même tous les poils offrent le blanc de lait qu'on observe chez les vieillards; le plus souvent ils sont, dans ces cas, d'un blanc clair, argenté, qui devient quelquefois légèrement blond. Les enfants atteints de la canitie originelle ont ordinairement la peau très-blanche. La couleur blanche du système pileux dans les albinos diffère aussi beaucoup de la blancheur sénile des poils.

La canitie peut quelquefois survenir subitement. Haller a révoqué en doute ce fait. Cependant les recueils d'observations en citent des cas très-nombreux et très-variés, qu'on voit se renouveler fréquemment, surtout à l'époque des grandes agitations politiques, chez les personnes douées d'une extrême susceptibilité nerveuse, dans tous les degrés de la hiérarchie sociale. Il suffit d'observer et d'apprécier les conditions organiques normales dans lesquelles les cheveux et les poils poussent et végètent avec la couleur ou la teinte propre aux diverses constitutions individuelles dans la vigueur de l'âge et de la santé, pour savoir ensuite reconnaître les influences diverses qui produisent la canitie. Ces influences, qu'il est impossible de préciser exactement, sont très-nombreuses. Il en est qui s'exercent dans le sein de la mère, et avant la naissance. Celles-ci ou sont bornées à quelques parties de la tête, ou s'étendent à toute la chevelure, ou bien elles portent sur tout l'organisme. Dans ce cas la canitie générale s'observe non-seulement dans tous les poils et cheveux, mais encore à la peau et à l'œil, dont l'iris est d'un bleu plus ou moins clair. A ces influences extraordinaires, qui agissent profondément sur tout l'organisme pendant qu'un nouvel individu se forme et se développe, il faut opposer, sans les confondre, l'action non moins extraordinaire, moins profonde, mais rapide et plus ou moins subite de tous les genres d'excès, des maladies très-graves ou très-longues, et des fortes commotions morales, qui blanchissent les cheveux, les poils, et font vieillir plus ou moins rapidement. La succession et la continuité des actes habituels d'une vie régulière pendant la santé peuvent retarder la canitie sénile.

L'aridité de la peau, le desséchement des bulbes des poils, ou bien la constitution humide des tissus de ces organes, dans les tempéraments phlegmatiques, ont été considérés comme deux causes générales de la canitie. Ces deux conditions, quoique opposées, peuvent réellement produire le même effet. La canitie de l'enfance a été attribuée avec raison à la faiblesse, à la délicatesse et à la constitution lymphatique propres à cet âge. L'altération générale des fluides du corps humain, entraînant les modifications des tissus et des poils pendant les maladies, a été considérée comme cause de la canitie accidentelle. Enfin, la canitie sénile, coïncidant avec le desséchement de la peau et l'atrophie des bulbes des poils, a dû être regardée comme l'effet des modifications de ces parties produites par l'âge avancé.

S'il est possible d'apercevoir le rapport entre les canities lentes et les conditions qui président à leur développement, il n'en est point de même à l'égard des *canities subites* observées chez quelques personnes affectées d'un profond chagrin, ou frappées d'une grande terreur. Vauquelin a proposé l'explication suivante : « Il faudrait, dit-il, que dans ces moments de crise, où la nature est en révolution, et où conséquemment les fonctions naturelles sont suspendues ou changées de nature, il se développât dans l'économie animale *un agent* qui, passant jusqu'aux cheveux, en décomposât la matière colorante. » Les acides seuls lui ont paru capables de produire cette action, et en effet des cheveux noirs plongés pendant quelque temps dans ces réactifs chimiques blanchissent très-sensiblement. Petit n'admet point cette explication, et pense que dans ces grandes perturbations de l'organisme chez l'homme les éléments chimiques de la substance des cheveux et des poils peuvent réagir les uns sur les autres, former des produits différents, et amener rapidement la blancheur des cheveux. Ainsi l'altération de la matière colorante des cheveux par des agents inconnus ou par des réactions chimiques dans les canities subites, le défaut de sécrétion de la matière colorante dans les canities lentes, sont les causes de la blancheur des cheveux.

La canitie plus ou moins précoce des cheveux et de la barbe étant considérée en général comme un indice de détérioration ou de laideur physique chez les diverses nations plus ou moins civilisées, on s'est occupé des moyens de la prévenir, de la guérir ou de la masquer. Comme *moyens préservatifs*, on a prescrit à l'intérieur les pilules d'agaric, la thériaque, le mithridate, la chair des vipères. Des médecins anciens ont prétendu que l'usage de la chair de vipère préservait non-seulement de la canitie, mais encore conservait dans une jeunesse perpétuelle. Nous passerons sous silence les formules des médicaments proposés comme moyens internes préservatifs ou curatifs de la canitie, et quant aux médicaments employés à l'extérieur, nous ferons remarquer qu'ils ne servent qu'à masquer momentanément la canitie, puisque la base des cheveux et des poils, qui continuent de pousser, est toujours blanche lorsqu'on est parvenu à noircir toute la chevelure ou la barbe à l'aide de pommades ou de liniments. Un très-grand nombre de substances ont été employées à noircir les cheveux. Les principales sont la fiente d'hirondelle, le fiel de taureau, l'huile d'olives sauvages, les cendres de fleur de bouillon blanc dans le vinaigre, la pulpe de coloquinte, la chaux vive, la litharge, les noix de galle, etc. Mais les personnes dont les cheveux ont blanchi dans un âge plus ou moins avancé ont tort de recourir aux moyens qui les noircissent ; car les plus efficaces de ces moyens ont quelquefois de graves inconvénients, et les plus doux ne réussissent point, ce qui oblige de répéter les applications.

La canitie ou blancheur des cheveux et de la barbe d'un beau vieillard inspire le respect, surtout lorsque la vieillesse, plus ou moins prématurée, a été quelquefois devancée par des travaux pénibles et par les nobles efforts d'un généreux dévouement aux grands intérêts de l'humanité. Aussi dit-on, au propre et au figuré, qu'un homme *a blanchi sous le harnais*, *sous le mousquet*, lorsqu'il a passé toute sa vie dans les armées ; ou qu'un homme *a blanchi dans les emplois administratifs, religieux, judiciaires, scientifiques*, etc., lorsqu'il a rempli avec honneur et probité les devoirs des divers degrés de la hiérarchie sociale qu'il a parcourus. La blancheur des cheveux chez les enfants, chez les convalescents de maladies graves ou longues, excite la compassion, parce qu'elle fait naître en nous l'idée d'une santé faible, délicate, ou d'une constitution qui a reçu des atteintes profondes. Enfin, qui ne se rappelle avec émotion ces exemples de canitie survenue quelquefois subitement chez les victimes qui attendaient le coup de la hache révolutionnaire.   L. LAURENT.

CANITZ (FRÉDÉRIC-RODOLPHE-LOUIS, baron DE), poëte allemand, issu d'une famille riche en hommes célèbres, et dont les annales de Misnie font mention dès le douzième siècle, naquit à Berlin, en 1654, et y mourut, en 1699. Il fut longtemps employé dans la diplomatie par son souverain, l'électeur de Brandebourg, devenu plus tard roi de Prusse sous le nom de Frédéric Ier, et vécut de 1681 à 1695 dans la plus heureuse union avec Dorothée (Doris) d'Arnimb, dont les qualités et les vertus ont été célébrées d'abord par son mari, et ensuite par Franz Horn et par Varnagen d'Ense. Canitz, dont les poésies ne parurent qu'après sa mort, sous le titre de *Nebenstunden unterschiedener Gedichten*, Berlin, 1700; 14e édition, 1760), et qui furent éditées par Lange, se livra au commerce des Muses que dans les rares intervalles de loisir que lui laissaient ses fonctions officielles. Il appartient à l'école française qui régna si longtemps en Allemagne, et exerça une si déplorable influence sur la littérature et la poésie de ce pays. Imitateur du style et de la manière de Boileau, ses satires, sans avoir le mérite de celles du modèle qu'il s'était proposé, ont tout au moins celui de faire contraste, par la pureté et la simplicité élégante du style, avec l'enflure et la prétention pédantesque de l'école qui florissait alors, et dont les Bohse, les Postel, les Hunold et autres poëtes ridicules, étaient les coryphées. Ses œuvres poétiques se composent de satires et de poésies pieuses ou galantes.

Le baron DE CANITZ ET DE DALLWITZ, général-major, envoyé extraordinaire et ministre plénipotentiaire de Prusse près la Sublime-Porte, de 1827 à 1829, à la cour de Hanovre, puis à Vienne, et enfin ministre des affaires étrangères en 1849, appartenait à la même famille. On a de lui un livre justement estimé sur la cavalerie. Entré au service en 1806, il fit toutes les campagnes de la Prusse contre la France jusqu'en 1815, et fut pendant quelque temps professeur à l'école militaire de Berlin. Nommé colonel en 1829, il fut chargé en 1831 de suivre au quartier général du feld-maréchal Diebitsch les opérations de l'armée russe destinée à combattre les Polonais. Partisan du mysticisme dévot et protestant, aujourd'hui si fort à la mode à la cour de Berlin, il n'est pas surprenant qu'on ait attribué à ce militaire diplomate un livre anonyme intitulé : *Considérations d'un laïque sur la Vie de Jésus*, par Strauss (Gœttingue, 1837). Le baron de Canitz est mort à Berlin, le 25 avril 1850.

CANIVEAUX, nom des plus gros pavés qui, étant assis alternativement avec les contre-jumelles et un peu inclinés, traversent le milieu du ruisseau d'une rue ou d'une cour ; d'où l'on a appelé pierre taillée *en caniveau* celle qui est creusée en manière de ruisseau pour faire écouler l'eau, et que l'on emploie pour paver une cuisine, un lavoir, une laiterie, etc.

CANLASSI (GUIDO), peintre de l'école bolonaise, plus connu sous le sobriquet de *Cagnacci* ou *Cagnazzi*, qu'il dut à la difformité de son corps, naquit en 1601, à Castel-San-Arcangelo, près de Rimini, et mourut en 1681, à Vienne, où l'avait fixé la généreuse protection de l'empereur Léopold Ier. Ses tableaux, parmi lesquels on cite surtout un *Saint Mathieu* et une *Sainte Thérèse*, que l'on voit à Rimini, et la *Décollation de saint Jean-Baptiste*, qui se trouve à Bologne dans le palais Ercolagni, sont d'un coloris clair et harmonieux, mais ont moins de noblesse et de correction de dessin que ceux de Guido Reni, son maître et son modèle. Notre musée du Louvre possède de ce maître un *Saint Jean-Baptiste*.

CANNABICH. Deux hommes de ce nom, le père et le fils, se sont rendus célèbres en Allemagne par les services qu'ils ont rendus aux lettres et aux sciences. Le premier, *Gottfried-Christian*, né en 1745, et mort en 1830, était pasteur à Sondershausen et a publié de nombreux écrits théologiques, ainsi que des recueils de sermons justement estimés. Le second, *Joseph-Gunther-Frédéric*, né en 1777, à Sondershausen, est un des plus savants géographes modernes. On a de lui une foule de livres élémentaires relatifs à la science qui a fait l'étude de toute sa vie. Il a d'ailleurs, comme son père, embrassé l'état ecclésiastique, et vit aujourd'hui retiré dans sa ville natale.

CANNE (de *canna*, roseau), bâton droit, ordinairement conique, que l'on tient par le gros bout. Il paraît en effet que les premières cannes ont été faites ou du roseau ou du bois de férule. Bacchus avait ordonné sagement aux hommes qui boiraient du vin de porter des cannes de ce dernier bois, parce que leur grande légèreté les rendait inoffensives dans la fureur des rixes occasionnées par les excès de boissons. Les prêtres de Bacchus portaient également de ces cannes, et, suivant Tristan, la canne de férule était aussi un emblème de Pluton, comme étant à la fois la marque de la vieillesse et du commandement.

La canne a continué chez les modernes d'avoir la même valeur d'interprétation. Longtemps aussi, dans la troupe, les officiers ont été dans l'usage de porter la canne sous les armes. C'est qu'alors on se permettait de frapper le soldat dans les rangs. Il a fallu une révolution en France pour faire disparaître cet usage odieux et avilissant, qui avait été emprunté des armées étrangères, et qui subsiste encore chez quelques-unes. Aujourd'hui la canne n'est plus guère chez nous que le signe distinctif du tambour-major, du tambour-maître et des gardiens publics de nos jardins et châteaux nationaux ; les sergents de ville l'ont répudiée pour l'épée. On sait que les manœuvres et les batteries des tambours s'exécutent suivant les évolutions de la canne du caporal ou sergent tambour ; il aurait sans doute trop de peine à faire entendre ses commandements par la parole.

CANNE — CANNE AROMATIQUE

Nos dames de qualité ont porté autrefois de petites cannes légères, dont la pomme était plus ou moins riche, plus ou moins ornée; c'était un souvenir, une dernière trace sans doute des temps de la féodalité, et ces cannes ne pouvaient avoir dans leurs mains d'autre usage que de marquer la supériorité, la dignité, le commandement.

On fait des cannes de toutes sortes de bois; les plus estimées sont connues sous les noms de *joncs* et de *bambous*. Les *joncs* viennent des Indes; ils sont composés de fibres longitudinales et parallèles; leur surface est lisse, sans la moindre apparence de nœuds; une espèce de côte règne dans toute leur longueur. Les joncs ploient sans rompre, et reprennent leur premier état comme une verge d'acier trempé. Ils ont donc toutes les qualités qu'on peut désirer dans une canne. Comme le prix en est toujours élevé, on a imaginé toutes sortes de moyens pour les contrefaire; on y parvient avec succès de deux manières : dans le premier procédé, on prend un rotin, on le polit, et on lui donne exactement la forme d'un jonc ; après quoi on le peint et on le vernit. D'autres forment le faux jonc de plusieurs petits rotins taillés artistement et bien collés ensemble; on recouvre ce composé de peinture et de vernis. Les joncs en rotin font ressort; aussi est-il facile de les confondre avec les véritables, à la vue et au toucher ; pour découvrir la fraude, il faut frotter la canne avec un morceau de drap jusqu'à ce qu'elle ait acquis un certain degré de chaleur : si le jonc est faux, il se développera une certaine odeur de résine provenant du vernis qui recouvre sa surface, ce qui n'arrivera point si le jonc est naturel.

Le *bambou* est de couleur jaunâtre ou blanchâtre; sa surface est hérissée de nœuds; il est élastique et fait ressort comme le jonc, mais il est bien plus difficile à contrefaire, car il n'est pas de matière ayant son élasticité qui puisse prendre sa forme. Les faux bambous ne sont en effet que des bâtons noueux faits ordinairement de bois de charme et qui cassent aussitôt qu'on les ploie.

Après les joncs et les bambous, les meilleures cannes se font d'un pied d'arbrisseau naturellement dur et élastique; il y en a de tant d'espèces qu'il serait trop long de les énumérer ici. Des sarments de vigne servent surtout à cet usage. Les petites cannes prennent le nom de *badines*. On a fait encore des cannes en *tubes de fer*, vernis et polis à l'extérieur; on en a fait aussi en bois ou en fer recouvert de cuir verni. En général on garnit les joncs et les autres bois d'une pomme d'argent ou d'or, ou bien d'ivoire ou d'écaille, dont le travail est plus ou moins précieux; quelquefois c'est le bois lui-même qui est sculpté et travaillé dans la partie que l'on tient à la main, et le talent de l'ouvrier consiste surtout alors à savoir profiter de quelque nœud pour donner à la canne une poignée élégante. Quelques cannes sont des armes prohibées, comme celles qui contiennent intérieurement un dard, une épée, un poignard, emmanché dans la poignée et enfermé dans la partie inférieure comme dans une gaîne, et les *cannes plombées* dont un bout renferme du plomb caché, ce qui donne une plus grande volée à la canne dans les évolutions, et rend ses coups plus meurtriers.

La canne peut effectivement devenir une arme redoutable dans une main habile; et des *professeurs* spéciaux enseignent l'art de s'en servir.

On appelle *canne à vent* une arme qui dérive de la simple sarbacane, et diffère du *fusil à vent* en ce qu'à l'extérieur elle ressemble à une canne ordinaire. Voici une idée de sa composition : à la pomme de la canne est fixée la tige d'un piston qui joue dans un corps de pompe aussi bien calibré intérieurement qu'il est possible ; le piston porte une soupape qui s'ouvre en dedans; au fond du corps de pompe en est une autre qui ouvre en dehors ou pour mieux dire, dans un tube qu'on appelle le *réservoir*; on conçoit qu'en faisant jouer le piston du corps de pompe, on doit fouler dans le réservoir une masse d'air d'autant plus dense que les coups de piston seront répétés un plus grand nombre de fois : telle est la manière de charger la canne. Au bout du réservoir est soudé un tube ordinairement de cuivre, dans lequel on introduit la balle ou le dard que l'on veut lancer; une détente ouvre la soupape qui laisse passer le vent dans le tube, et le coup part.

On peut faire aussi des *cannes à poudre*. Si leur exécution est plus facile que celle des cannes à vent, l'explosion de leur décharge les rend moins dangereuses; néanmoins la fabrication et l'usage en sont sagement défendus. Pour s'en faire une idée, il faut se figurer que dans la poignée de la canne est logé un ressort en tire-bourre que l'on bande d'une manière fort simple et facile à concevoir : en appuyant sur un bouton, ce ressort se détend et pousse un autre bouton contre une capsule pareille à celle dont on fait usage pour les amorces des fusils dits *à piston*; la charge qui est contenue dans un tube logé dans l'intérieur de la canne prend feu et chasse le projectile. Cette arme est un fusil ordinaire, qui doit sa simplicité ou son perfectionnement à l'invention des fusils à piston.

En termes de fondeur et de monnayage, la *canne* est une verge ou tringle de fer avec laquelle on brasse les métaux en fusion. En termes de verrerie, c'est un tube de fer avec lequel on souffle les bouteilles ou autres ouvrages en verre, et dont le bout que l'on pose sur les lèvres pour cette opération s'appelle *bauquin*, et le bout opposé *mors de la canne*.

CANNE (*Métrologie*), sorte de mesure de longueur, dont il est parlé dans Ezéchiel (XL, 3) et dans l'*Apocalypse* (XI, 1). Le premier dit qu'elle avait six coudées et un palme ou plutôt six coudées et six palmes, c'est-à-dire six coudées-hébraïques, dont chacune était plus grande d'un palme que la coudée babylonienne.

La *canne* des Romains a été regardée généralement comme équivalant à dix palmes.

La *canne* avait aussi passé en France et dans d'autres pays, où sa valeur variait à l'infini. A Naples, la canne valait $2^m,237$. Celle de Toulouse et de tout le haut Languedoc contenait seulement $1^m,783$, tandis que celle de Montpellier et du bas Languedoc, usitée aussi en Provence et en Dauphiné, équivalait à $1^m,981$. Mais cette mesure fut supprimée bien avant l'introduction du système décimal en France, puisqu'on trouve deux arrêtés de 1687 qui en interdisent l'usage en Languedoc et en Dauphiné.

CANNE (*Botanique*). Ce nom a été appliqué à plusieurs genres de plantes qui diffèrent assez entre eux, telles que la *canne d'Inde*, la *canne aromatique*, la *canne à sucre*, etc. On l'emploie généralement pour indiquer celles qui ont des tiges droites, noueuses par intervalle et laissant échapper de leurs nœuds des feuilles engaînantes à la base; mais on l'applique plus particulièrement à la *canne vulgaire*, autrement nommée roseau, grand roseau, ou roseau à quenouilles (*arundo vulgaris*, ou *donax*), qui croît dans les eaux dormantes ou aux bords des rivières dans le midi de la France, ce qui lui a fait donner encore le nom spécial de *canne de Provence*.

CANNE AROMATIQUE. La *canne aromatique* ou jonc odorant (*acorus calamus*, Linné), forme avec l'*acorus gramineus* un genre de la famille des aroïdées. Ce genre offre pour caractères : fleurs hermaphrodites, complètement sessiles, disposées en une espèce de spadice simple et cylindrique; calice composé de six écailles dressées, inégales, dont trois un peu plus grandes et un peu plus extérieures ; six étamines hypogynes, à peine plus longues que les écailles, en face desquelles elles sont placées, et ayant les filets larges et plans; pistil unique; ovaires à trois loges, contenant chacune un certain nombre d'ovules renversés; stigmate simple, comme tronqué, placé sur le sommet court et aminci de l'ovaire; fruit charnu, contenant ordinairement trois graines ou petits nucules, environnés de fibrilles; embryon cylindrique, placé au centre d'un endosperme charnu; feuilles roides et rubanées, engaînantes à leur base; tige triangulaire, portant naturellement un seul spadice, et se terminant par une feuille.

Originaire de l'Inde, la canne aromatique croît également en Europe, dans les lieux inondés. Sa racine ressemble beaucoup, pour la forme et l'odeur, à celle de l'iris commune, et Bory de Saint-Vincent attribue à son infusion l'arôme qui particularise l'eau-de-vie de grains de Dantzig, et qui corrige en elle l'odeur empyreumatique qui fait ailleurs (en Russie, par exemple) des liqueurs de ce genre une boisson grossière. C'est une des substances, du reste, qui étaient les plus usitées autrefois en thérapeutique, où on l'employait comme excitante et sudorifique. Elle n'entre plus guère aujourd'hui dans quelques formules compliquées, telles que celles de la thériaque et du mithridate.

CANNE À SUCRE ou CANAMELLE. La *canne à sucre* (*saccharum officinale*) fait partie de l'humble et néanmoins très-précieuse famille des **graminées**. Quelles que soient les dénominations sous lesquelles la canne à sucre ait été indiquée, par rapport aux contrées où elle est cultivée, toutes se rapportent à une seule espèce, qui est la *canne à sucre blanche*, laquelle produit trois variétés constantes, qui sont la *canne à sucre jaune*, la *canne à sucre violette*, et la *canne à sucre rouge*. La canne à sucre jaune ne diffère de l'espèce d'où elle sort que par sa couleur; elle a la même stature, les mêmes formes dans toutes ses parties que la canne blanche. La canne à sucre rouge est moins forte dans tout son ensemble que l'espèce primordiale, et produit moins de sucre. La canne à sucre violette, connue aussi sous le nom de *canne à sucre hâtive*, et encore moins élevée que la rouge et moins productive; elle a été proposée comme susceptible de se naturaliser plus facilement que l'espèce ordinaire dans un climat moins chaud; mais l'expérience n'a pas justifié les promesses faites à son occasion à plusieurs époques.

S'il est conforme à la raison d'abandonner tout projet de culture en grand de cette plante en pleine terre, en France et même en Italie, il reste aux amateurs à faire des tentatives pour modifier la même ou sa constitution, chose néanmoins assez difficile, puisque la canne s'est toujours rencontrée la même aux divers lieux où on a cru l'avoir découverte croissant spontanément, et que (fait très-remarquable) sa culture, si ancienne et si répandue, n'a produit que trois variétés, moins bonnes que leur type, marche entièrement opposée à celle des autres végétaux que la culture perfectionne dans beaucoup d'espèces. La canne à sucre, au contraire, est la même en tous pays, quand elle est cultivée dans un sol profond et de première qualité, et au degré de température qui lui est nécessaire pour accomplir naturellement tous les efforts tous les temps de son existence. Elle a toujours été trouvée identique, qu'elle y soit naturelle ou qu'elle y ait été portée, à Madagascar, aux côtes de Coromandel, à Ceylan, dans le Bengale, à Siam, au Japon, à Java, aux îles Moluques ou au delà du Gange, dans l'Asie, qui a été désignée comme étant plus particulièrement sa patrie. Ainsi donc, en France et peut-être même dans le reste du continent, si ce n'est sur quelques points de l'Espagne et en très-peu d'autres sites européens, à la même hauteur de température, sous une température supérieure ou au moins analogue à celle de l'Andalousie, nous sommes réduits à cultiver comme objet de curiosité, comme plante d'agrément, la canne à sucre sous les vitrages, dans les serres, dont cette plante est à la vérité l'un des plus magnifiques ornements, et où elle s'élève avec majesté à la hauteur de quatre ou cinq mètres et plus.

Les racines des cannes à sucre sont rampantes, fibreuses et genouillées; elles produisent à la fois plusieurs tiges articulées, lisses, luisantes, hautes, le plus ordinairement, dans nos cultures artificielles, de $3^m 25$ à peu près, et ayant de deux à six centimètres de diamètre, et sur chacune d'elles 40 à 50 nœuds d'où sortent des feuilles longues de $1^m 30$, larges de 25 à 55 millimètres, dentées en leurs bords, d'un beau vert, ayant une nervure blanche et dont une partie embrasse par sa base la tige d'un nœud à l'autre, tandis que l'autre partie s'étend avec élégance en forme d'éventail. Ces feuilles tombent à mesure que le sucre s'élabore dans les entre-nœuds et que la canne mûrit. La tige de la canne à sucre se termine par un jet sans nœuds nommé *flèche*, de $1^m 30$ à $1^m 60$ de hauteur, lui-même surmonté d'un panicule de $0^m 55$, composé de ramifications grêles et nombreuses, qui portent une multitude de petites fleurs blanches et soyeuses. Le sucre s'élabore dans les parties de la tige appelées *entre-nœuds*, et ceux-ci servent à la reproduction de la plante au moyen de racines qui sortent des nœuds quand on les met en terre. Toutes les parties de la canne à sucre sont douces et sucrées, même la racine. Considérée comme plante d'ornement, la canne à sucre est d'une grande magnificence : port majestueux de la tige, beauté du feuillage, élégance de la fleur, elle réunit tout.

En horticulture, la canne à sucre se multiplie facilement par les rejetons qu'elle pousse du collet de sa racine, et qu'on en détache pour les mettre dans des pots qu'on place en serre chaude dans la tannée ou dans la couche qui tient lieu de tannée; il faut à la canne la meilleure terre possible, saine, légère et substantielle. En Amérique et ailleurs on multiplie la canne par boutures, qu'on fait avec les parties supérieures de la tige, qui s'enracinent par leurs nœuds, mis en terre, et que le sucre, comme toutes les racines, les centres les plus spéciaux de la reproduction. La canne à sucre a longtemps été cultivée avec avantage au midi de l'Espagne. A l'époque de l'occupation de ce pays par les Arabes, elle y poussait abondamment, et aujourd'hui encore elle se reproduit naturellement dans les parties de la péninsule où elle fut pendant plusieurs siècles un objet de grande culture. Les essais qui ont été tentés en Algérie font espérer que cette plante est en voie d'acclimatement dans les cultures françaises de notre colonie.
                                          C. TOLLARD aîné.

CANNEBERGE. Cette espèce d'*airelle* croît habituellement dans les endroits marécageux. Les racines de la *canneberge* (*vaccinium oxycoccos*) sont vivaces, menues, fibreuses, rougeâtres, ligneuses et rampantes; il en part plusieurs tiges menues comme des fils, inclinées contre terre et chargées de feuilles alternes assez semblables par leur figure à celles du *serpolet*, vertes en dessus, blanchâtres ou cendrées en dessous, et soutenues par des queues très-courtes. Ses fleurs naissent au nombre de deux ou de trois à l'extrémité des branches; elles sont purpurines et composées de quatre pétales longs de sept millimètres sur cinq de largeur. La base de leur pistil, joint au calice, devient un fruit ou une baie de la grosseur d'un pois, blanche et teintée de rouge, divisée en quatre loges qui renferment plusieurs semences arrondies et menues. Ces baies sont d'une agréable acidité, et remplacent dans le Nord la plupart des fruits acidules de l'Europe australe.

CANNE D'ARMES, bâton court, arme de demi-longueur, ou *genette* à l'espagnole, sorte de canne telle qu'une arzegaie courte, un bec-de-corbin, une hallebarde de petite dimension, une demi-lance dont on se servait à pied. La canne d'armes était employée dans certains duels, dans les tournois, dans les carrousels; elle l'était dans les combats singuliers et dans les combats de jugement quand les vilains y prenaient part. La canne d'armes a fait longtemps aussi partie de l'armement des cent-suisses.

On voit des cannes d'armes dont la hampe, à partir du dessous du fer, est d'un mètre de long. Le fer est quelquefois en marteau d'armes, en croissant, en trident, en double croix, c'est-à-dire à quatre branches horizontales, soit de diamètre égal, soit de force diverse. D'autres sont en forme de hallebardes, une grosse houppe de laine teinte en écarlate est arrêtée à demeure au-dessous du fer. On trouve aussi des armes qu'on peut ranger dans la classe des cannes d'armes, et dont la lame est accompagnée de deux fers de flèche à ailes ; ils sont disposés horizontalement et à l'opposite l'un de l'autre. Gal Bardin.

CANNE D'INDE. *Voyez* Balisier.

CANNEES. *Voyez* Amome, Amomées.

CANNELLE, CANNELLIER. La *cannelle* est l'écorce des branches du *laurier cannellier* (*laurus cinnamomum*, Linné), privé de son épiderme. Le *cannellier*, que la plupart des botanistes rangent dans le genre *laurier*, mais dont quelques-uns font cependant un genre particulier sous le nom de *cinnamomum*, est un arbre de grandeur moyenne, appartenant à la grande division des végétaux exogènes ou dicotylédonés, et à la famille des laurinées. Linné l'avait placé dans la neuvième classe de son système sexuel (ennéandrie monogynie) ; toutefois ses fleurs sont monoïques.

Le cannellier s'élève à 8 mètres environ, et son tronc offre jusqu'à 0^m,50 de diamètre ; ses feuilles, pétiolées et opposées, ovales-lancéolées, longues de 0^m,10 à 0^m,13 et larges de 0^m,05 environ, sont coriaces, lisses, vertes en dessus, glauques et cendrées en dessous, entières et marquées de trois nervures longitudinales très-saillantes, qui s'alternent vers le sommet ; les fleurs sont jaunâtres, en panicules lâches, axillaires ou terminales ; le fruit est un drupe ovoïde, entouré à sa base par le calice, coloré en violet, ayant la forme d'un petit gland et contenant une pulpe verdâtre ; il renferme un noyau dont l'amande est légèrement rougeâtre.

Le cannellier est originaire des Indes orientales, et croît à Sumatra, à Java, et particulièrement à l'île de Ceylan, où on le cultive dans un espace de 6 myriamètres, nommé le *Champ de cannelle*, entre Matura et Negombo. On le cultive aussi en Chine, dans la Cochinchine et le Japon ; enfin il a été introduit aux îles de France et de la Réunion, aux Antilles, à Cayenne et dans quelques contrées de l'Amérique méridionale, où il prospère parfaitement. Il a été aussi naturalisé aux environs du Caire, où il forme des plantations considérables, et c'est avec deux pieds de cannellier transportés de Paris, que cette naturalisation a été effectuée. Mais le cannellier, comme tous les arbres cultivés, selon l'exposition, la nature du terrain et le climat, plus ou moins favorables, offre plusieurs variétés qui donnent une cannelle plus ou moins estimée, ou plus ou moins recherchée.

Quand le cannellier croît au milieu de circonstances propices, on peut commencer à l'exploiter au bout de cinq ans ; dans le cas contraire, il ne donne de bonne cannelle qu'à l'âge de huit, douze et même seize ans ; cette exploitation se prolonge ordinairement jusqu'à trente ans, et on fait deux récoltes chaque année : la première commence en avril et finit en août ; elle est la plus considérable ; la seconde commence en novembre et finit en janvier. On coupe toutes les branches âgées de plus de trois ans qui paraissent avoir les qualités requises ; on détache l'épiderme avec un couteau, puis on fend longitudinalement l'écorce, et on la sépare du corps ligneux ; ensuite on insère les petits tubes fendus les uns dans les autres et on les fait sécher au soleil. Pendant la dessiccation les écorces se roulent sur elles-mêmes et prennent la forme qu'on leur voit dans le commerce. Alors on sépare les qualités, et elles forment des balles ou *surons* que l'on envoie en Europe, mais en ayant soin de remplir les interstices avec du poivre noir. Quant aux petits fragments ou *menus* de l'écorce qui ne peuvent pas entrer dans les *surons*, on les distille pour obtenir l'*huile essentielle de cannelle*, qui est versée dans le commerce et dont le prix est très-élevé.

Actuellement on distingue au moins cinq sortes de cannelle. 1° *Cannelle de Ceylan*. Elle est en faisceaux ou bâtons très-longs, formés de morceaux presque aussi minces que du papier, réunies un grand nombre les unes dans les autres, colorées en noisette clair, avec une teinte citrine blanchâtre, une saveur aromatique très-agréable, chaude, un peu piquante et un peu sucrée, et une odeur très-suave. Cette cannelle est la plus estimée. La Compagnie anglaise des Indes, qui a maintenant sous sa domination les contrées qui fournissent la meilleure cannelle, afin de conserver la réputation de celle qu'elle livre au commerce, emploie à Ceylan un inspecteur et deux adjoints pour surveiller le choix, l'assortiment et l'emballage de cette écorce : ils l'examinent morceau à morceau, et la séparent en *première*, *seconde*, *troisième sorte* et en *rebut*. Les écorces des grosses branches sont rejetées, ainsi que celles des pousses très-jeunes et très-succulentes, les premières ayant un arôme piquant et peu agréable, les secondes en ayant trop peu, et qui se dissipe avec rapidité. Les fragments de cannelle rejetés, ou *rebuts*, servent à extraire l'huile volatile : un kilogramme de cette cannelle ne donne que huit grammes environ d'huile volatile, mais d'une odeur très-agréable et très-suave. 2° *Cannelle de Chine*. Elle est infiniment moins estimée que la cannelle de Ceylan fine : les faisceaux sont plus courts, les écorces plus épaisses et plus rougeâtres, et d'une odeur désagréable, qui se rapproche de celle de la punaise. La cannelle de Chine est employée de préférence pour l'extraction de l'huile volatile, parce qu'elle en donne davantage, mais moins suave et plus colorée. 3° *Cannelle matte*. Elle provient du tronc du cannellier de Ceylan. Les écorces sont larges de 0^m,03 environ, épaisses de 0^m,004, plates ou peu roulées, d'une couleur tirant davantage sur le jaune foncé, d'une cassure fibreuse et brillante, d'une odeur et d'une saveur semblables à celles de la cannelle de Ceylan fine, mais très-faibles. La cannelle matte doit être rejetée, excepté pour obtenir l'huile volatile. 4° *Cannelle de Cayenne fine*. Elle est retirée de cannelliers de Ceylan transplantés dans cette île, et diffère très-peu de la cannelle de Ceylan ; seulement sa couleur est plus pâle. Elle est très-fréquemment employée. 5° *Cannelle de Cayenne épaisse*. Les cannelliers qui donnent cette écorce ont eu pour souche, pour ori.ine, un cannellier de l'île de Sumatra. Elle ressemble à la cannelle de Chine, et se réduit comme celle-ci en pâte mucilagineuse quand on la met dans la bouche. Ce fait donne à penser que la cannelle de Ceylan fine et la cannelle de Chine sont produites par deux espèces de *laurus* différentes.

Vauquelin a fait l'analyse des cannelles de Ceylan et de Cayenne (écorce épaisse), et en a retiré de l'huile volatile, du tannin, du mucilage, une matière colorante et un acide. D'après Guibourt, elles doivent contenir de l'amidon. Il est certain en ayant que la cannelle de Chine en fournit une grande quantité.

En médecine, la cannelle est un excellent excitant, qui convient dans un grand nombre de cas, surtout aux personnes faibles dont le travail de la digestion a besoin d'être activé. Elle entre dans un très-grand nombre de médicaments officinaux. On l'emploie en substance et réduite en poudre ; on en prépare une eau distillée, un sirop, une teinture et des pastilles très-agréables ; elle entre dans la composition du chocolat de santé, le rend plus agréable et plus facile à digérer. Dans l'économie domestique et l'art culinaire, elle est très-usitée et avec succès, ainsi que dans l'art du confiseur. L'essence ou l'huile volatile de cannelle est également très-employée ; les parfumeurs en consomment une grande quantité pour aromatiser leurs cosmétiques. A l'île de Ceylan, on retire du camphre de l'écorce de la cannelle, à l'aide de la distillation. Les fruits du cannellier fournissent par expression une huile concrète, odorante, dont on fait des bougies qui brûlent en répandant une odeur très-agréable. Il est à regretter que l'usage de ces bougies ne soit pas davantage connu en Europe, et sous le rapport hygiénique, et sous le rapport médical. Clarion.

CANNELURES. Pour donner aux fûts des colonnes l'apparence de plus de richesse, de légèreté et même de grosseur, les architectes anciens et modernes divisent leur surface par des canaux dont la coupe transversale présente le plus souvent la figure d'un arc de cercle. Les cannelures sont séparées par des baguettes ou côtes plus ou moins larges, dans les ordres corinthien, ionique, dorique moderne; dans le dorique antique et grec, les cannelures sont peu profondes eu égard à leur largeur, et la baguette qui les sépare n'a point d'épaisseur, c'est-à-dire que les courbures de deux cannelures qui se suivent immédiatement se terminent sur une même vive arête. Il y a des cannelures à fond plat : on en voit de telles sur les colonnes de l'intérieur du Panthéon à Rome; les colonnes de l'église de la Madeleine, à Paris, sont cannelées de cette manière.

Quelquefois le fût des colonnes n'est cannelé que sur les deux tiers supérieurs environ de sa hauteur; il y a aussi des cannelures qui sont remplies en partie d'une sorte de baguette qu'on appelle *rudenture*. Dans certaines colonnes, les rudentures règnent dans toute la hauteur des cannelures, ce qu'on observe au portique du Panthéon, à Paris; dans d'autres colonnes, les rudentures ne remplissent que le bas des cannelures; enfin, il y a des architectes qui ornent l'intérieur des cannelures de feuilles et de branches qui montent perpendiculairement dans leur intérieur.

On pratique aussi des cannelures sur la face antérieure du larmier de l'ordre corinthien, les consoles, les piédouches, les gaînes qui portent des bustes; certains vases reçoivent souvent des cannelures arrondies tantôt en creux, tantôt en relief.

Il est facile de concevoir de quelle manière s'exécutent les cannelures sur les colonnes des monuments : on divise leur circonférence un peu au-dessus de la base et au-dessous du chapiteau en autant de parties égales, comme 20, 24, 32, qu'on veut creuser de cannelures; les divisions supérieures répondent perpendiculairement aux divisions inférieures; on tire des lignes entre les divisions correspondantes, et le fût de la colonne se trouve divisé en bandes égales et à peu près parallèles; nous disons *à peu près*, car la colonne étant moins grosse au-dessous du chapiteau qu'au-dessus de la base, il s'ensuit que les bandes sont plus étroites à leur sommet qu'à leur base.

Dans les arts mécaniques, on creuse des cannelures tantôt au moyen d'un outil que l'on conduit avec la main, tantôt à l'aide d'une machine. Les menuisiers, les ébénistes, forment des cannelures sur les colonnes, les pilastres en bois, avec un fer dont qu'ils poussent quelquefois dans une coulisse qui lui sert de guide; alors la colonne qui doit être cannelée est soutenue entre les deux pointes d'une sorte de tour; à l'une de ses extrémités est fixée une rondelle de cuivre divisée par des trous en autant de parties égales que la colonne doit avoir de cannelures; quand l'une de celles-ci est terminée au moyen du bouvet, qui marche dans la coulisse, on fait tourner la plaque d'une division, on la fixe dans cette position au moyen d'une pointe, ce qui est aisé à concevoir, et l'on creuse une nouvelle cannelure. Quand la colonne a fait un tour sur elle-même, elle est entièrement cannelée.

Les cannelures sur des cylindres métalliques s'exécutent au moyen d'une machine qui a beaucoup de rapports avec le tour à pointes ordinaire ; figurez-vous deux poupées en fer fondu, dont une porte une pointe tournant sur elle-même comme l'arbre d'un tour en l'air; la pointe de l'autre poupée avance et recule à volonté au moyen d'une vis. Le cylindre à canneler est suspendu entre ces deux pointes et fixé au moyen de vis sur celle qui tourne dans sa poupée ; cette dernière pointe porte une plaque circulaire divisée en un certain nombre de parties égales ; une pointe, que porte une sorte d'alidade, sert à fixer la pointe et le cylindre, quelle que soit telle division de la plaque que l'on veut. Les jumelles qui portent les poupées de cette sorte de tour sont ordinairement en fer fondu ou battu ; leurs faces, parfaitement bien dressées, sont parallèles entre elles, ainsi qu'à l'axe du cylindre qu'on veut canneler; un chariot portant un burin coule sur les jumelles d'une poupée à l'autre ; on le fait mouvoir avec une vis ou au moyen d'une crémaillère et d'un pignon. Pendant ce mouvement, le burin trace un petit sillon sur le cylindre et dans toute sa longueur ; on ramène le chariot au point de départ ; on avance le burin d'une quantité convenable, et on enlève un nouveau copeau. On continue cette manœuvre jusqu'à ce que la cannelure soit assez profonde, après quoi on fait tourner la plaque d'une division ; on en creuse une pareille de la même manière, et ainsi de suite, jusqu'à ce qu'on ait fait le tour du cylindre. Il y a des machines à canneler dont le burin est fixe ; dans ce cas, ce sont les poupées qui marchent avec le cylindre qu'elles portent.

On appelle encore *cannelures* les raies en spirale elliptique qu'on creuse sur le fût de certaines colonnes, dans l'intérieur des canons de carabines, etc.   Teyssèdre.

CANNES (Bataille de). Cannes est un petit bourg du royaume de Naples, autrefois siège d'un évêché, situé sur le rivage de l'Adriatique, dans la Terre-de-Bari, à l'embouchure de l'Ofanto, dans l'ancienne Apulie; ce lieu était resté presque inconnu jusqu'à l'an de Rome 536 et 216 avant J.-C., époque où il devint célèbre par la grande bataille que les Romains y perdirent contre Annibal. Le champ de bataille de Cannes, qui est près de ce bourg, y porte encore le nom d'*il Campo di sangue* (le champ du sang).

Après la victoire du lac de Thrasimène, Annibal, obligé de donner un peu de repos à ses troupes, fatiguées par une double campagne, les conduisit dans la marche d'Ancône, pays abondant en vivres. Il n'avait pu songer à attaquer Rome, ville peuplée et bien fortifiée, devant laquelle il aurait risqué d'être enveloppé par les troupes appelées des autres provinces d'Italie restées fidèles aux Romains. Mais pendant ce repos forcé ceux-ci, dont l'énergie s'était accrue en proportion de leurs pertes et du danger qui les menaçait, avaient formé une nouvelle armée. Le commandement en fut donné à Fabius Maximus. Annibal trouva en lui un adversaire dont la prudence et la sagacité déjouèrent toutes ses ruses. L'expédition de Campanie manqua, et le Carthaginois fut obligé de se retirer au delà de l'Apennin, afin de s'appuyer sur l'Apulie, qui devait nourrir son armée. Au printemps suivant, il était encore condamné à une inaction complète, qui pouvait devenir pour lui l'équivalent d'une défaite, le pays d'alentour étant tout à fait épuisé. Il savait que les Romains avaient leurs principaux magasins dans la citadelle de Cannes, bâtie, non pas sur une hauteur commandant les environs, comme on a bien voulu l'écrire sans l'avoir vu, mais sur une éminence très-peu sensible. Il résolut aussitôt de leur enlever cette place d'armes et de changer ainsi le théâtre de la guerre. L'entreprise lui réussit, et la forteresse tomba en son pouvoir avec tous ses magasins.

Les proconsuls romains Fabius et Minucius étaient campés sur le Frontone, vers Serra-Capriola, n'osant, par crainte de la cavalerie d'Annibal, traverser la plaine, dit Tite-Live. Pour le suivre, ils la tournèrent donc par le pied des montagnes qui la dominent, par conséquent à peu près par Lucera, Troja, Bonivo et Ascoli, où ils prirent la rive droite de l'Ofanto pour couvrir *Venusium* (Venosa) et *Canusium* (Canosa). Là ils furent joints par les nouveaux consuls, Emilius (*voyez* Paul-Émile) et Varron, qui amenaient une seconde armée, de même force que la leur, en tout 80,000 hommes d'infanterie et 7,000 chevaux. Pour le malheur de Rome, l'usage était que, deux consuls se trouvant ensemble, chacun commandât alternativement pendant un jour.

L'armée combinée de Rome étant arrivée à six milles (huit kilomètres) des Carthaginois, dont le camp, situé sur la rive droite de l'Ofanto, s'appuyait à la citadelle de Cannes, Emilius, trouvant la plaine trop large en cet endroit où les collines s'éloignaient de la rivière, ne fut pas d'avis d'y combattre, et pensa que l'armée devait occuper les hauteurs qui dominent Cannes et Canosa, jusqu'à Minervino, et s'étendre de là, d'un côté vers Tarente, et de l'autre vers Venosa. Cet avis était sage : en le suivant on confinait de nouveau Annibal dans un pays qu'il eût bientôt ruiné. Mais Varron fut d'un avis contraire, et le lendemain étant son jour de commandement, il dirigea l'armée du côté de l'ennemi. En apprenant ce mouvement, Annibal se mit aussitôt à la tête de son infanterie légère et de sa cavalerie, afin d'attaquer les Romains pendant leur marche. Le premier choc occasionna quelque confusion. Mais Varron avait eu la précaution de placer quelques cohortes légionnaires à l'avant-garde : elles résistèrent à la première charge de l'ennemi, et donnèrent le temps à la cavalerie et à l'infanterie légère de se déployer et de se porter en avant, par les intervalles des cohortes et par les ailes. Le combat se soutint assez longtemps avec un avantage à peu près égal; mais pendant qu'il durait Varron, ayant renforcé successivement les troupes légionnaires de l'avant-garde, forma une bonne ligne d'infanterie, qui appuya ses combattants. Les Carthaginois, privés de cette ressource, furent battus et obligés de regagner leur camp avec perte. Annibal fut assez sensible à cet échec inattendu pour se croire obligé de relever le courage de ses soldats par un discours.

Le lendemain, Emilius, ayant repris le commandement, se refusa à engager la bataille ; mais, ne pouvant pas faire quitter sans danger à l'armée la position qu'elle occupait près de l'ennemi sur la rive de l'Ofanto, il voulut au moins l'assurer et se donner la facilité de gêner les fourrages des Carthaginois dans les plaines de l'Apulie. Ayant jeté un pont sur l'Ofanto, il fit passer environ un tiers de son armée sur la rive gauche, où elle s'établit dans un camp retranché. Annibal, témoin de ce mouvement, jugea à propos de rester le lendemain tranquille dans ses lignes, pour en attendre le développement et voir s'il y serait donné suite. Mais le surlendemain, s'apercevant que les Romains se contentaient d'asseoir leur position, il sortit de ses retranchements, et vint leur présenter la bataille. Emilius, qui commandait ce jour-là, la refusa, son projet de forcer Annibal, par la disette des vivres, à quitter son camp à venir lui-même chercher les Romains sur un terrain beaucoup moins favorable à la cavalerie. Le Carthaginois résolut alors d'exciter leur impatience en les harcelant, et de les amener ainsi à ce qu'il désirait. Il fit passer l'Ofanto à ses Numides, qui entourèrent à distance le petit camp des consuls, attaquant les partis et les fourrageurs, et glissant même le long de la rivière, assez près des retranchements pour empêcher les Romains d'aller à l'eau sans danger. Varron, irrité de l'espèce de blocus que l'ennemi leur faisait éprouver, et incapable, par sa présomption, de concevoir qu'Annibal ne pourrait pas continuer longtemps un jeu qu'il n'avait entrepris que pour sortir d'une inaction qui le tuait, résolut de combattre, fit partager son impatience aux troupes, malgré les sages avis de son collègue, et un jour où le commandement lui appartenait, leur fit passer la rivière et déploya son armée en bataille, dans la plaine de Cerignola.

Dans cet ordre de bataille, il commit une erreur grave, qui devint une des causes principales de sa défaite : il ne sut pas profiter de la supériorité numérique de son infanterie, soit pour déborder le front des Carthaginois en étendant le sien, soit pour se donner à chaque aile une réserve qui suppléât à son infériorité en cavalerie, ainsi que le fit César à P h a r s a l e. Pensant que la force de l'infanterie ne dépendait que de la profondeur des rangs, ou embarrassé du grand nombre de celle qu'il commandait, il changea l'ordonnance ordinaire des légions, en donnant aux manipules plus de profondeur que de front, c'est-à-dire que les manipules de 140 hommes étant ordinairement sur dix rangs et quatorze files, il augmenta le nombre des rangs, ce qui diminua le nombre des files, probablement jusqu'à dix, et les déploya sur quatorze rangs. Les intervalles des manipules devant être égaux à leur front, afin que les *princes*, qui étaient derrière les hastaires et rangés de même, pussent, en s'enchâssant, former une ligne pleine, il résulta de cette nouvelle disposition, comme le dit Polybe, que les intervalles entre les manipules diminuèrent en proportion de la diminution de leur front. Varron, ayant fait perdre de la sorte à ses fantassins l'avantage qui résultait de leur ordonnance accoutumée, que Polybe préfère à celle de la p h a l a n g e, partagea simplement sa cavalerie légère sur les deux ailes. A la droite, qui était appuyée à l'Ofanto, il plaça la cavalerie romaine, forte d'environ 2,400 chevaux ; celle des alliés, qui était le double, prit la gauche, du côté de la plaine. Aussitôt qu'Annibal apprit que les Romains étaient en mouvement et avaient traversé l'Ofanto, il fit également passer la rivière à ses troupes légères, en leur ordonnant de se dérouler sur une ligne, en face de celle de l'ennemi, afin de masquer les dispositions qu'il voulait prendre. Ce mouvement fut bientôt suivi par toute son armée, dont la force s'élevait à 40,000 hommes d'infanterie et à 10,000 chevaux. Puis il la fit déployer dans la plaine, en s'étendant vers Cerignola. A sa gauche, il plaça sa meilleure cavalerie gauloise et espagnole, qu'il opposa à la cavalerie romaine. Ses escadrons étaient formés à soixante-quatre, tandis que ceux des Romains n'étaient qu'à tente-deux ; ce qui lui donnait l'avantage du nombre joignait celui de la force des escadrons, et lui assurait la victoire de ce côté. A l'aile droite, il opposa à la cavalerie alliée des Romains sa propre cavalerie légère, en nombre à peu près égal. Elle ne pouvait pas vaincre; mais il lui suffisait qu'elle contînt et occupât l'ennemi de ce côté, jusqu'à ce que, la cavalerie romaine étant battue, la cavalerie gauloise et espagnole pût passer d'une aile à l'autre. L'infanterie, qui formait le corps de bataille, fut rangée dans l'ordre suivant : aux deux extrémités de la ligne, l'infanterie africaine, armée à la romaine, du pilum et de l'épée, par sections de phalange, moitié à droite, moitié à gauche; au centre l'infanterie gauloise et espagnole : les Gaulois nus avec leurs simples boucliers et leurs sabres, dont ils se servaient sans taille; les Espagnols en casaques rouges, armés du bouclier et de l'épée courte, que les Romains adoptèrent dans la suite. Pour égaliser les armes, les sections de ces deux nations furent rangées alternativement.

Avant de passer au récit de la bataille, nous croyons devoir nous arrêter un moment au champ de bataille même, en déterminer l'emplacement, en finir surtout avec un vieux conte qui fait mourir Emilius près d'un puits que l'on montre encore à Cannes. Selon la version soutenue par examen par les commentateurs, la bataille se serait livrée à la droite de l'Ofanto, dans l'espace assez restreint qui s'étend entre la rivière et les collines. Ne pouvant douter que les Romains aient eu l'Ofanto à droite, on leur a tourné le dos à la mer ; on en a fait venir le vent Vulturnus, pour leur souffler à la face, du mont Voltore, qui domine Venosa et Ascoli. On ne s'est point épargné des contre-sens qui naissent de cette supposition toute gratuite. D'abord, il en résulterait qu'Annibal se serait trouvé entre les Romains et leurs places d'armes de Canosa et de Venosa; et on se demande alors comment il aurait pu se faire que les fuyards de la bataille gagnassent sans obstacle ces deux villes au travers d'une armée victorieuse ; comment les consuls, qui craignaient pour leurs magasins de Canusium, s'en étant approchés pour les couvrir, auraient eu l'ineptie de se camper de manière à ce qu'Annibal leur en interceptât la route. Enfin, si la bataille s'était livrée à la droite de l'Ofanto, comme les deux armées avaient dû passer la rivière pour atteindre le champ de bataille, il en résulterait qu'elles auraient été auparavant campées sur la rive gauche, c'est-à-dire en plaine; ce qui est tout à fait contraire au témoignage de l'histoire. Pour bien comprendre la bataille de Cannes, il faut combiner les récits de Tite-Live et de Polybe. Nous laisserons le mont Voltore à sa place, sans l'admettre dans le compas nautique des anciens, où il n'a jamais figuré. Le vent Vulturnus était, dans la rose des vents, placé entre l'orient et le midi, à peu près au levant d'hiver; c'est ce qu'on appelle encore en Italie le *strocco*, qui s'élève vers le mois de mai dans la Pouille avec tant de violence, qu'il brûle les prairies et les inonde de poussière. Pour que les Romains eussent ce vent en face, en même temps que le soleil de neuf ou dix heures du matin, en ayant leur droite appuyée à l'Ofanto, il fallait nécessairement que le champ de bataille fût à la gauche de cette rivière; il le fallait aussi pour qu'Annibal, campé à Cannes, fût obligé de passer cette rivière pour s'y rendre. La bataille s'est donc livrée dans la plaine qui s'étend entre l'Ofanto et les ondulations de terrain sur l'une desquelles est aujourd'hui Cerignola. Le puits de Cannes était bien certainement, ou dans le camp des Chartaginois, ou tout auprès, au delà de l'Ofanto, en arrière de leur ligne de bataille. Il est donc également bien certain qu'Emilius, au milieu du carnage de ses troupes, n'a pas traversé l'armée des ennemis pour aller mourir près de leur camp et loin du sien.

Nous avons laissé les deux armées en présence. Chez les Carthaginois, la gauche était commandée par Asdrubal et la droite par Hannon; Annibal s'était réservé le centre. Chez les Romains, Emilius avait la droite, Varron prit la gauche, et les deux proconsuls, qui étaient restés à l'armée, eurent le centre. Ayant déployé son armée, Annibal, avant de donner le signal du combat, fit exécuter la manœuvre sur laquelle il comptait principalement pour s'assurer la victoire; puis l'action commença entre les troupes légères, qui combattirent de part et d'autre avec beaucoup d'opiniâtreté. Alors Annibal donna l'ordre à la cavalerie de sa gauche de charger celle des Romains, afin de s'assurer promptement de la victoire sur ce point, et ravoir son excellente cavalerie à sa disposition dans le moment opportun. Quelque temps après, les troupes légères se retirèrent des deux côtés derrière la ligne; et l'armée romaine s'avança en ligne pleine. Le combat de cavalerie le long de l'Ofanto fut assez long et meurtrier. Les Romains, plus faibles de moitié, soutinrent la charge avec une vigueur extraordinaire; et l'acharnement était tel de part et d'autre, que toutes les manœuvres en usage dans les actions de cavalerie furent négligées, et la mêlée devint bientôt générale. Les Romains, selon l'usage vicieux dont ils avaient été si souvent punis, se voyant pressés, sautèrent en grand nombre à bas de cheval pour combattre à pied. En même temps, la mêlée devint une déroute et le combat un carnage. Les cavaliers romains, accablés par le nombre, furent acculés à la rivière et presque tous taillés en pièces.

Sur ces entrefaites, les légions romaines avaient abordé l'ennemi. Le centre atteignit le premier le front des Carthaginois, et le choqua avec fureur, tandis que les ailes étaient encore nécessairement éloignées. Les Gaulois et les Espagnols, malgré le désavantage de leurs armes, résistèrent quelque temps, mais ils avaient enfin forcés à reculer, et le centre des Romains, emporté par le feu de l'action, s'allongea à leur suite. En même temps, les lacunes causées par les pertes du combat se remplirent naturellement en serrant les files, et ce mouvement causa un flottement des ailes vers le centre, qui alla toujours en augmentant pendant la bataille. La poussée avait été trop forte pour que la retraite des Gaulois et des Espagnols pût se faire en ordre. Il fallait nécessairement opposer une plus grande résistance à l'effort du centre des Romains. Annibal le sentit, et les ailes reçurent l'ordre de se porter en avant et d'aller soutenir le centre qui reculait vers elles. L'effet naturel de cette augmentation d'action de résistance fut d'obliger les Romains à augmenter l'effort du centre de leur armée. Selon l'expression de Polybe, « les troupes se serrèrent toutes vers le centre, au point de s'attrouper et de confondre les files. » Leur ligne se brisa; elle allait être enfermée dans une tenaille, quand les troupes légères carthaginoises, qui, en découvrant le front de l'armée, s'étaient retirées en réserve, reçurent l'ordre de se porter en avant et d'appuyer les Gaulois et les Espagnols. En même temps, les deux ailes des Africains, par un à droite et un à gauche, se présentèrent de front contre les faces obliques de la ligne romaine, les chargèrent sur-le-champ, et les rencontrant dans la situation désavantageuse où les plaçait le mouvement désordonné en avant de leur centre, les rompirent en plusieurs endroits.

Dès ce moment, le désordre fut à son comble, sans qu'il pût y avoir aucun moyen d'y remédier. La cavalerie des alliés, qui était à la gauche de l'armée romaine, après avoir lutté sans succès contre les Numides, qui se contentaient de la harceler, en évitant toutes les charges à fond, se voyant menacée par Asdrubal, qui, après avoir détruit la cavalerie qui lui était opposée, revenait avec ses Espagnols, se débanda presque sans combat. Varron, qui était resté à cette gauche, sans s'inquiéter, à ce qu'il paraît, de ce qui se passait dans le restant de l'armée, s'enfuit également et gagna Venosa, avec environ trois cents cavaliers. Emilius, après avoir vaillamment combattu à la tête de la cavalerie de l'aile droite, où il fut blessé, avait rejoint l'infanterie, abandonnée pour ainsi dire entièrement entre les mains de l'ennemi. Son courage et son dévouement ne purent remédier à des fautes trop grandes pour être réparées. Il mourut en héros, au milieu de ses soldats, qu'il ne voulut pas abandonner, et qui furent presque tous taillés en pièces sur le champ de bataille. Ceux qui échappèrent au carnage se réfugièrent d'abord dans les camps, d'où une partie eut le courage, pendant la nuit, de se rendre à Canosa et à Venosa; les autres posèrent les armes le lendemain. Les fuyards réunis à Venosa formèrent un corps de dix mille hommes environ; le restant fut pris ou périt sur le champ de bataille. Au nombre des morts furent le consul Emilius, un des proconsuls, presque tous les lieutenants généraux, et un si grand nombre de tribuns, de sénateurs et de chevaliers romains, que le vainqueur put envoyer un boisseau d'anneaux d'or à Carthage.

Gal G. DE VAUDONCOURT.

CANNES, ville de France, chef-lieu de canton, dans le département du Var, à 12 kilomètres sud-est de Grasse, sur le golfe de Napoule, avec une population de 3,990 âmes et un entrepôt réel. Dans une situation insalubre, elle est bâtie sur la pente d'une colline et est dominée par un vieux château gothique. On récolte aux environs des olives, des oranges, des figues, etc. Son port, peu commode, n'est guère fréquenté que par des bateaux pêcheurs et de cabotage. Son commerce consiste surtout en vins, huiles, fruits, savons, parfumerie, salaisons; on pêche en abondance sur les côtes des anchois et des sardines, et il s'y fait une importation de grain et de sel. On y trouve des chantiers de construction et des mégisseries.

Cette ville occupe, suivant quelques historiens, l'emplacement de l'ancienne *Oxybia*, détruite par les Sarrasins, qui emmenèrent les habitants en esclavage. C'est sur la plage voisine de Cannes que l'empereur Napoléon débarqua à son retour de l'île d'Elbe, le 1er mars 1815.

CANNIBALES. C'est le nom donné par les Espagnols aux sauvages féroces que la vengeance poussait jusqu'à la rage de l'anthropophagie. On a spécialement accusé de cette atrocité les habitants des îles Caraïbes, dans les premiers temps de la conquête des Amériques, et ce fut sous ce prétexte, ou par la frayeur qu'ils inspiraient, qu'on les extermina. En effet, l'on ne rencontre plus aujourd'hui d'indigènes dans les îles Sous-le-Vent; les derniers existaient à l'île Saint-Vincent vers le milieu du dix-huitième siècle; ils végétaient misérablement, pourchassés jusque dans leurs mornes (montagnes), y subsistant de racines et de fruits sauvages, nus et se fabriquant des vases de terre grossiers sur lesquels ils traçaient des figures bizarres. Les curieux conservent encore précieusement ces restes d'ustensiles de peuples cruels, sans doute, mais qui ont expié bien rigoureusement leur barbarie. Ces Caraïbes avaient le teint cuivré comme les autres Américains, la peau épilée, huileuse ou frottée d'huile de palmier; ils ne conservaient de poils que leur longue chevelure noire. Leurs traits farouches annonçaient la terreur et la cruauté, parce qu'il suffit de redouter son semblable pour concevoir l'idée de le détruire. Les représailles, les vengeances n'ayant dans la vie sauvage aucun frein s'exaltent jusqu'au plus haut degré d'exaspération. Et n'a-t-on pas vu les nations civilisées pousser au milieu des tourmentes révolutionnaires la rage jusqu'au *cannibalisme*. Une remarque trop peu faite est celle qui constate l'état d'abrutissement singulier de tous les individus disposés à ces excès de férocité. Ce sont moins des hommes alors que des brutes. Si l'on a dit avec raison que les Muses avaient le pouvoir de transformer les bêtes en êtres humains, si l'on appelle avec raison *humanités* l'étude des lettres et des sciences, qui adoucissent les mœurs; par contre, c'est la profonde ignorance, c'est l'état brutal, qui entretiennent ces dispositions furieuses ou atroces, sans contre-poids moral. On a constaté que la plupart des individus s'abandonnant à ces habitudes furibondes et meurtrières sont ou des aliénés, ou des êtres atteints d'une sorte d'idiotisme qui leur dérobe une partie des horribles conséquences de leurs crimes. Ils ne comprennent que la satisfaction présente de leur ressentiment.

De plus, la physiologie, aujourd'hui mieux éclairée sur les fonctions de l'organe cérébral, nous apprend que l'état sauvage ou inculte laisse, pour ainsi dire, atrophier le cerveau chez ces peuplades croupissant dans la barbarie depuis tant de siècles. La vie civilisée, ou perfectionnée, au contraire, par une longue éducation, dès l'enfance, peut développer, agrandir les lobes cérébraux, surtout vers leurs portions antérieures, qui sont plus essentiellement chargées des facultés intellectuelles : personne n'ignore que ces organes grossissent et se fortifient sous l'influence d'un exercice continuel, parce qu'il y a plus d'action vitale, un afflux de sang plus considérable, une nutrition plus abondante. Le fait est même constaté, soit chez plusieurs races nègres, soit chez les peuplades sauvages de l'Amérique, qui offrent dans certaines tribus un front tellement déprimé et aplati, qu'on leur attribue l'absurde coutume de comprimer au moyen d'une planche le front de leurs enfants. Cette mode, fût-elle aussi réelle et aussi fréquente qu'on l'assure, ne ferait qu'accroître cette atrophie ou cet amincissement des lobes antérieurs du cerveau situés sous l'os frontal, pour les rabaisser presque au niveau de ceux des brutes. On sait, par exemple, que les nègres ne sont point exposés à l'apoplexie, tandis que cette affection, occasionnée si souvent par l'excessif afflux du sang au cerveau, et par un excès de stimulation cérébrale, est commune chez les peuples civilisés et parmi les classes les plus éclairées de la société. Il est évident qu'une existence aussi inculte, aussi dépourvue de toute instruction chez les sauvages (tandis que leurs muscles se développent par une vie active qui met en jeu les passions ardentes, surtout à la chasse, à la guerre), allume chez eux un instinct sanguinaire. Tel qu'un arbre sauvage de nos forêts ne donne que des fruits âpres et acerbes, comme le prunelier, le poirier inculte, tel l'homme rustique est déjà moins sensible aux maux physiques; supportant les rigueurs et les intempéries de l'air, il plaint peu quiconque n'y est pas accoutumé. Plus la peau s'endurcit aux souffrances, plus on les voit avec dédain; on se rend indifférent à toute compassion. L'homme devient ainsi dur, barbare, pour autrui et pour lui, croyant être fort et impassible. Le véritable cannibale met son orgueil dans son insensibilité. On sait avec quel effroyable courage les Américains soutenaient les tourments horribles que leur infligeaient leurs vainqueurs. Mais il ne faut pas croire que dans cette exaltation féroce les prisonniers ressentaient toutes les douleurs d'un supplice ordinaire. Le corps se roidit comme le cœur, et le sentiment de la gloire fait surmonter bien des souffrances.

Une opinion singulière a été émise d'abord par quelques médecins, tels que Léonard Fioravanti, etc., puis soutenue par De Paw, dans ses *Recherches sur les Américains*, savoir, si la maladie vénérienne (regardée comme originaire de l'Amérique) n'était pas due à l'anthropophagie de ces cannibales. On présumait que toute espèce d'êtres qui se nourrit de la chair de sa race elle-même finit par corrompre sa nature et empoisonne la source de sa génération. Cette théorie n'est rien moins que démontrée. On connaît plusieurs animaux carnivores qui se dévorent entre eux, par concurrence, lorsqu'ils se rencontrent ; on a vu des rats s'entre-manger en l'absence d'autre nourriture, sans que cet aliment nuisît à l'existence de ceux qui survivaient. La vache et d'autres herbivores avalent l'arrière-faix, après le part ou l'accouchement, et cette nourriture si peu appropriée à leur estomac passe au contraire en cette circonstance pour les restaurer davantage. On soutient aussi que la chair humaine est une nourriture très-sapide, très-fortifiante : les animaux qui ont mangé de la chair humaine en deviennent, dit-on, très-friands et très-affamés. Rien ne prouve donc que cette nourriture prise, soit par l'homme lui-même, soit par d'autres animaux, puisse occasionner des maladies, surtout la syphilis.

Il s'en faut de beaucoup que la faim soit la cause de la férocité des cannibales : il n'est point présumable surtout qu'on trouve chez les Giagues et autres peuplades barbares de l'intérieur de l'Afrique des boucheries dans lesquelles on vend de la viande d'hommes blancs ou noirs, comme celle des bestiaux, ainsi que l'ont rapporté quelques voyageurs. Ce sont des contes d'ogre qui pouvaient causer des frissonnements aux lecteurs crédules des siècles passés. Il n'en est plus ainsi de nos jours, où l'esprit philanthropique a même révoqué en doute l'existence de l'anthropophagie au temps actuel. Cependant les relations les plus récentes de la Nouvelle-Zélande ne permettent guère à cet égard l'incrédulité. On apporte en Europe des têtes de ces cannibales fort bien conservées. Ces peuplades immolent pour leurs festins des esclaves de race noire qu'ils nourrissent avec soin. La scène des cannibales décrite dans le roman de *Robinson Crusoé* s'est plus d'une fois renouvelée, même de nos jours, dans les îles australes. J.-J. VIREY.

CANNING (GEORGES), l'un des hommes d'État le plus justement célèbres des temps modernes, naquit à Londres, le 11 avril 1770. Sa famille ne pouvait se vanter ni de sa noblesse ni de son opulence. Son père, en épousant, contre le gré de ses parents, une femme belle, mais pauvre, avait même été déshérité. Georges fut le fruit de cette union malheureuse à tous égards, puisque, son père étant mort peu de temps après, sa mère se trouva réduite à monter sur les planches pour subvenir à son éducation. Cependant, jeune Canning eut le bonheur de rencontrer un oncle généreux, qui l'envoya d'abord à une école préparatoire, puis à Eton, collége fréquenté par la jeune noblesse des trois royaumes, ainsi que par la jeunesse plébéienne d'Angleterre, qui espère arriver aux honneurs *en dépit de la naissance*, grâce au patronage puissant que lui assureront plus tard dans le monde des amitiés commencées dans la franche égalité du collége. A Eton, il fit preuve d'assiduité, de grandes dispositions pour les études classiques, et, ce qui était plus rare, de quelque velléité d'ambition littéraire, puisque nous le voyons concourir à cette époque à la fondation et à la rédaction d'un petit ouvrage périodique intitulé *le Microcosme*, qui ne laisse pas de faire honneur à la plume d'un écolier.

Quand il eut atteint sa dix-huitième année, Canning quitta Eton pour l'université d'Oxford, où il recueillit une part abondante dans les honneurs académiques. Cependant, les amitiés qu'il forma ou continua à Oxford furent plus importantes pour son avenir que ses succès scientifiques ; ce fut là qu'il se lia intimement avec le futur premier ministre d'Angleterre, lord Liverpool, ainsi qu'avec tous ceux de ses contemporains qui promettaient déjà de se placer un jour au premier rang dans le monde. Après avoir passé à l'université le nombre d'années d'usage, Canning vint à Londres, et s'inscrivit à *Lincoln's Inn*, à l'effet de devenir avocat. Mais ses liaisons avec des hommes influents, sa réputation déjà faite de talent et de capacité, lui permirent d'arriver à la fortune par une voie bien plus expéditive. Alors ses amis, nous pourrions même dire toute la jeunesse de l'époque, professaient des idées libérales et avaient adopté en politique les principes du parti whig; le torysme était à l'agonie. Toutefois, ce fut au moment même où il expirait, que le choc galvanique de la révolution française vint ranimer ce cadavre. Mais ce parti demeurait sans chef et sans orateur; pour qu'il en eût, il fallut que Pitt, désertant les bancs de l'opposition sous le prétexte des excès qu'on commettait en France, vînt se placer dans ses rangs, où le suivirent *Burke* et *Windham*. Cette désertion des whigs modérés pour les bannières du torysme venait d'avoir lieu quand Canning parut sur la scène politique. On était alors au plus vif d'une crise terrible : les deux partis, en présence, incertains de la victoire, attentifs à grossir leurs rangs de tout ce que la jeunesse offrait d'hommes d'avenir, se disputèrent Canning, qui eut à opter entre la protection de Pitt et l'amitié de *Fox*. Sans faire à Canning l'injure de supposer que sa pauvreté l'engagea à se déterminer pour le parti où il y avait le plus à gagner, nous pouvons conclure de son caractère qu'il dut naturellement préférer le plus prudent, le moins extravagant, qu'il dut sentir qu'il serait mal à l'aise parmi les enthousiastes généreux, et que sa place était plutôt marquée parmi ceux qui combattaient par des railleries les extravagances de leur adversaires. Il est en effet des hommes qu'on peut toujours être sûr de trouver du côté des rieurs, et Canning était de ces hommes-là. Il tourna donc le dos à Fox et à Sheridan, accepta les offres de Pitt, et entra au parlement en 1793, comme représentant du bourg pourri de Newport.

Pendant toute une année, mesurant et préparant ses forces, il garda un silence absolu, qu'il ne rompit qu'en 1794, à l'occasion de la discussion d'un bill ayant pour objet de fournir au roi de Sardaigne des subsides contre la France. Le thème qu'il adopta, et que plus tard il reprit encore en diverses occasions, ce fut la nécessité de faire, malgré la fortune, et quoi qu'il en dût arriver, une guerre à mort à la France républicaine. C'était la vieille idée, l'idée prédominante de Burke; en la développant, Canning parut avoir emprunté quelques-unes des qualités et même jusqu'à un certain point l'éloquence de ce grand orateur. Ces succès parlementaires lui valurent bientôt sa nomination aux fonctions de sous-secrétaire d'État au département des affaires étrangères, place qu'il occupa jusqu'à la fin de l'administration de Pitt, en 1801; pendant cette période, sa voix retentit fréquemment au parlement pour la défense des projets ministériels ; toutefois, à l'exception du discours qu'il prononça pour l'abolition de l'esclavage, nous ne voyons pas qu'il ait trouvé de fréquentes occasions de faire applaudir son éloquence. Enfin s'offrit à lui un sujet fécond en principes généreux; son génie s'en empara, et le discours qu'il prononça contre la traite, peut être regardé comme l'un de ses chefs-d'œuvre oratoires. Cependant ses travaux parlementaires et administratifs n'absorbaient pas tout son temps. Il y a dans ces effusions poétiques plus d'esprit que de générosité, et l'esprit de parti même ne saurait faire excuser la malignité de quelques-unes des allusions qu'elles contiennent.

En 1800, il épousa la fille du riche et *excentrique* général Scott qui dans son testament avait déclaré que celle de ses deux filles qui épouserait un pair perdrait par cela seul sa part d'hérédité. La sœur de Mme Canning en épousa un; mais celle-ci refusa de profiter de la clause du testament paternel. Mme Canning apporta à son mari une dot de 100,000 liv. sterl. (2,500,000 fr.), fortune qui assurait à jamais son indépendance, mais que, loin d'augmenter pendant une carrière si longue et si brillante, il compromit au contraire, disons-le, à sa gloire, bien qu'on n'ait jamais pu l'accuser de prodigalité. En 1801 Pitt quitta le ministère, par suite, dit-on, de dissidence d'opinion avec le roi au sujet de l'émancipation des catholiques. Canning suivit son patron dans sa retraite, mais ne défendit pas comme lui l'administration *juste-milieu* d'Addington ; il l'attaqua au contraire, et par ses discours au parlement, et par ses épigrammes dans la presse, tournant en ridicule la *modération* et la niaiserie du *docteur*, sobriquet dont il avait affublé Addington. Canning était en effet du nombre de ceux qui ne sympathisaient qu'avec une idée, celle d'une guerre à outrance avec la France. Pitt finit par en revenir à son opinion, et attaqua, de concert avec lui, l'administration irrésolue d'Addington, qui se retira en mai 1804. Pitt revint alors au poste de premier ministre, et Canning fut nommé trésorier de la marine. Les deux amis politiques ne jouirent pas longtemps de leur triomphe ; Pitt mourut au mois de janvier suivant, et Canning déposa sur sa tombe le tribut solennel de son amitié et de son admiration. Mais à partir de la mort de Pitt il se déclara indépendant comme homme politique, et il s'exprimait ainsi en 1812, dans une allocution à ses commettants, à Liverpool : « J'ai été dévoué de tout mon cœur, de toute mon âme, à un homme tant qu'il a vécu. Depuis la mort de M. Pitt, je ne reconnais plus de chef. Mon *allégeance* politique gît au fond de sa tombe; mais si je n'ai pas encore à suivre ses conseils immédiats, il me reste du moins sa mémoire à chérir et à vénérer. Autant que j'ai pu connaître ses opinions sur les questions agitées de son temps, j'y ai adhéré, et j'y adhérerai encore, les regardant comme les meilleurs guides de ma conduite publique. Quand de nouvelles questions seront soulevées, je m'efforcerai d'appliquer à ces questions les principes dont j'ai hérité de lui, principes qui, je le sais, me recommandent seuls aujourd'hui à vos suffrages. »

L'arrivée des whigs au pouvoir ramena encore Canning sur les bancs de l'opposition, où il les combattit plus avec les armes de la raillerie et du ridicule qu'avec celles de l'éloquence et de la logique. Mais la mort de Fox ayant causé la chute des whigs, comme celle de Pitt avait causé celle des tories, la *question catholique* servit encore une fois de prétexte au roi pour renvoyer son ministère, et une administration *à la guerre*, si on peut s'exprimer ainsi, fut formée en août 1807. Dans ce ministère, lord Liverpool eut le département de l'intérieur, lord Castlereagh celui de la guerre, et Canning celui des affaires étrangères : il était impossible d'imaginer une plus forte concentration de l'esprit tory. Le premier acte important de la nouvelle administration fut une de ces mesures qui réclament une audace extrême dans l'exécution, jointe à non moins de hardiesse et de naïveté pour la défendre. Cette mesure, qui n'est autre que l'enlèvement de la flotte danoise et le bombardement de Copenhague, est attribuée, à Canning : elle prouve qu'aucune considération ne pouvait arrêter cet homme d'État dans l'exécution des plans hostiles qu'il formait contre la France. Jusque alors la fortune et l'habileté avaient toujours manqué aux prodigieux efforts de la Grande-Bretagne. La résistance inespérée de l'Espagne offrait à l'Angleterre la plus glorieuse et la plus favorable occasion d'intervenir contre la France dans les affaires de l'Europe. La majorité du cabinet parut encore ne vouloir risquer qu'une assistance faible. Ce fut Canning qui, à force d'obsessions dans le conseil et dans le parlement, décida ceux entre les mains de qui se trouvaient les destinées du pays à jeter cette fois dans la balance toutes ses ressources et toute sa puissance. C'est que Canning sentait que la Péninsule était le seul point du continent où l'Angleterre pût espérer faire une diversion importante et décisive, et attaquer Napoléon à chances égales. A cet effet, il envoya en Espagne son ami intime, Frère, avec mission d'encourager l'esprit de résistance de la nation contre la France, et de consommer l'alliance de l'Angleterre avec les insurgés espagnols.

Ce fut à cette occasion que naquirent la rivalité et la mésintelligence de lord Castlereagh et de Canning. Le premier, qui appartenait à la vieille politique anglaise, et de beaucoup inférieur au second sous le rapport du talent, était plus porté à suivre la routine et les errements déjà adoptés, c'est-à-dire à multiplier les petites expéditions et les points de résistance, qu'à concentrer sur un même point les forces et les ressources de l'Angleterre. Comme lord Castlereagh était ministre de la guerre et Canning ministre des affaires étrangères, leur divergence d'opinion amena entre eux des différends sérieux. Lord Castlereagh conçut vers cette époque le plan de l'expédition de l'Escaut, comme opposition à celle de Copenhague; Canning, tout en appuyant la malheureuse expédition conseillée par son collègue, comprit son inutilité, et déplora de voir gaspiller ainsi des ressources qui, employées en Espagne, eussent infailliblement contribué au triomphe plus rapide des armes anglaises. En conséquence, il représenta au duc de Portland la nécessité, ou de retirer à lord Castlereagh le portefeuille de la guerre, ou d'accepter sa propre démission. Il eût désiré que ce portefeuille passât aux mains du marquis de Wellesley, homme d'un esprit actif et entreprenant, qui partageait complètement ses vues relatives à l'Espagne. Toutefois, la difficulté d'opérer ce remaniement dans le ministère et les événements mêmes de la guerre retardèrent cet arrangement et furent cause que Castlereagh l'ignora. Canning, fatigué d'attendre, insista pour avoir une solution immédiate, et son rival apprit alors, pour la première fois, la défiance qu'on avait conçue de ses talents et le projet qu'on avait formé de le remplacer. Il provoqua, en conséquence, Canning, et une rencontre eut lieu, dans laquelle Canning reçut une balle à la cuisse. Les deux adversaires donnèrent immédiatement leur démission, et une nouvelle administration fut formée, à laquelle présida Perceval. Cette révolution du cabinet, quoique fatale à Canning, puisqu'elle l'éloigna longtemps des affaires, ne fut pas cependant défavorable à la poursuite de ses idées et de ses plans politiques; car, circonstance assez singulière, son poste fut donné à ce même marquis de Wellesley, qu'il avait appelé de tous les vœux au ministère. C'est à l'entrée de lord Wellesley au cabinet qu'on doit attribuer la vigueur extraordinaire avec laquelle la cause des Espagnols fut alors défendue, et ses conséquences finales si importantes pour l'Europe.

En 1812 un nouveau changement eut lieu dans le cabinet. Lord Wellesley se retira, parce qu'on ne faisait rien pour l'émancipation politique des catholiques, et parce que la guerre était conduite avec trop de mollesse; en un mot, parce que les principes et les plans de Canning ne prévalaient point. L'assassinat du premier ministre Perceval arriva presqu'en même temps, et le prince régent chargea lord Wellesley et Canning de composer une nouvelle administration. Leurs efforts à ce sujet échouèrent devant la morgue des tories et devant le refus des whigs d'entrer dans un ministère de coalition. Ce contre-temps eut des résultats immenses, puisqu'il empêcha Canning de diriger la politique de l'Angleterre pendant les années 1813, 1814 et 1815, époques où les libertés de l'Europe, au lieu d'être scellées sur de nouvelles bases, comme on l'avait solennellement promis, furent tout bonnement transportées en grande pompe, comme des reliques de saints, d'un tombeau dans un autre.

Libre de tous travaux administratifs, Canning, qui ne vivait que pour la politique, se voua dès lors à des études positives et à celle des intérêts commerciaux. En 1811 la question de la monnaie de billon l'absorba tout entier; en 1812 celle du renouvellement de la charte de la compagnie des Indes orientales fixa son attention. Dans les débats importants qu'elle souleva, il émit des opinions bien plus favorables en général aux intérêts commerciaux qu'au monopole. Cette circonstance de sa vie politique fut d'un avantage extrême à sa carrière future, car, au lieu de continuer à être simplement un tory gouvernemental, soufflant la guerre et la défendant en qualité de membre représentant d'un bourg pourri, Canning se trouva lié à d'immenses intérêts commerciaux, et fut envoyé au parlement de la même année 1812 par l'importante ville de Liverpool, regagnant ainsi dans le pays ce qu'il avait perdu d'influence dans l'administration. Rien cependant ne pouvait adoucir dans son esprit la mortification d'être éloigné des conseils de son pays à une époque où le système politique qu'il avait conseillé produisait ses fruits. Il en résulta chez lui un dégoût passager pour les affaires publiques, dégoût accru encore par les inquiétudes que lui causait l'état de dépérissement de son fils aîné, déjà miné par la maladie à laquelle il succomba depuis. Mais, vers la fin de 1813, il ne s'en décida pas moins à accepter le poste d'ambassadeur à Lisbonne, acceptation qui lui attira plus de récriminations que tout autre acte de sa vie politique. En effet, comme il n'y avait pas alors de cour à Lisbonne, cette place n'était qu'une sinécure magnifiquement rétribuée, qui le rendait dépendant de lord Castlereagh. Quoi qu'il en soit, Canning repoussa avec son bonheur accoutumé les attaques et les accusations que ses adversaires se permirent à cette occasion contre lui dans la chambre des communes.

En 1816 il revint à Londres par la France, et à Paris il eut une entrevue avec Mme de Staël, qui en a rapporté les détails dans ses mémoires. Peu de temps après son retour en Angleterre, il accepta la place de président du bureau de contrôle (*board of controll*) pour les affaires de l'Inde, fonctions qui l'établissaient de fait ministre de l'Inde dans le cabinet, et auxquelles l'avaient rendu parfaitement apte les études et les travaux qu'il avait été obligé de faire en 1812 sur ces contrées. Cette partie de la carrière politique de Canning en est très-certainement la moins honorable, ou, si l'on veut, la moins libérale. Son torysme exagéré, au début de la guerre et pendant toute sa durée, pouvait fort bien avoir été le résultat d'un patriotisme mal éclairé; peut-être l'avait-il embrassé et soutenu comme le moyen le plus propre à défendre son pays contre le génie de Napoléon. Mais maintenant que ce redoutable ennemi avait cessé d'effrayer l'Angleterre, maintenant que la victoire avait couronné les efforts du parti dominant, il semble qu'il convenait à ce parti, du moins à ce qu'il comptait d'hommes généreux, et certes Canning était de ce nombre, de se départir quelque peu de ses maximes arbitraires et de sa haine pour la liberté. Malheureusement pour sa gloire, Canning fut débordé par les conséquences de la première partie de sa carrière politique, et contraint de suivre les errements qui au début de sa vie l'avaient fait l'ennemi acharné et le railleur amer de tout ce qui pouvait contribuer aux progrès de la liberté. On pourrait l'excuser si ses principes avaient été purement *stationnaires*; mais ils étaient alors essentiellement *rétrogrades*. Les lois draconiennes que les tories présentèrent pour réprimer le mécontentement populaire, ne trouvèrent pas d'avocat plus zélé, plus intrépide que Canning. La suspension de l'*habeas corpus*, le bill pour la répression des *meetings* séditieux, furent défendus par lui avec autant d'opiniâtreté que si 1817 eût été 1793, et que si les deux époques avaient offert les mêmes nécessités ou les mêmes périls. Il tournait en ridicule toute idée de réforme, et affectait de ne pas croire que ses adversaires y songeassent sincèrement. On le vit prendre sous son égide les agents impurs dont se servent quelquefois les gouvernements pour arriver à dévoiler les secrets qu'il leur importe de connaître, faire hautement l'apologie de l'espionnage et se permettre en plein parlement de railler les souffrances des malheureux prisonniers victimes des rigueurs du pouvoir. Si l'insolence des tories ne les a pas moins dépopularisés que leurs maximes et leurs actes, Canning y a contribué puissamment pour sa part, car jamais séide de l'autorité n'afficha un plus insolent mépris pour l'opinion publique. La majorité compacte dont les tories étaient redevables à leurs triomphes récents, et qu'ils croyaient éternelle, enhardit les ministres et Canning à tout oser. Mais la sévérité du parlement ne réussit point à étouffer le mécontentement populaire. Des *meetings* eurent encore lieu pour obtenir par la voie des pétitions la réforme parlementaire. A l'issue de celui où, en 1819, la foule fut sabrée, à Manchester, par la *yeomanry* (garde nationale à cheval), vinrent les célèbres *six actes*, mesures répressives dont on peut se faire une idée par une de leurs clauses, qui condamnait au bannissement tout individu convaincu par récidive de publication de libelle séditieux. Canning fut le promoteur et le défenseur ardent de toutes ces mesures; et comme ses talents le rendaient l'orateur du ministère le plus puissant, il fut peut-être à cette époque l'homme le plus impopulaire de l'Angleterre.

Heureusement pour lui, il survint des événements qui l'éloignèrent de l'administration ultra-tory. Ce furent la mort de Georges III, l'accession de son fils à la couronne, le retour de la reine Caroline en Angleterre et le bill de poursuite présenté contre elle par le cabinet. Canning, dont les relations d'amitié avec la reine dataient de loin, ne pouvait se joindre à ses persécuteurs. Il donna en conséquence sa démission, et prit la résolution d'aller passer une année ou deux sur le continent. Il partit pour l'Italie, et séjourna longtemps à Paris, séjour qui exerça une influence immense sur ses opinions politiques. Il se lia avec les hommes éclairés et libéraux de cette capitale, et son toryisme, en ce qui concernait du moins la politique étrangère, en reçut un choc qui contribua beaucoup à modérer son absolutisme et à modifier ses principes. A son retour en Angleterre, en 1821, il fit usage de son éloquence en deux occasions, une fois en faveur de l'émancipation catholique, l'autre contre la réforme. On peut dire qu'il défendit la première et combattit la seconde d'après le même principe, le désir de renforcer le pouvoir exécutif en groupant franchement les catholiques autour du trône, et en laissant intacte cette chaîne de fer des influences électorales dont l'aristocratie se servait pour étreindre le pays. Canning s'opposait à tout plan de réforme électorale, et raillait impitoyablement les avocats de cette mesure comme des charlatans qui offraient constamment le même spécifique pour guérir les maladies sans nombre dont souffrait le pays.

Il ne se doutait pas alors qu'il serait bientôt appelé à diriger les affaires de l'Angleterre. Il avait courbé la tête devant un rival plus heureux, quoique doué de moins de talents, et il avait renoncé à toute idée de faire scission, d'avoir un parti, une opinion à lui. Son désir semblait être de s'éclipser de la scène politique, et c'est dans ce but qu'il avait accepté les fonctions de gouverneur de l'Inde. Déjà le vaisseau qui devait le conduire à Calcutta était prêt à mettre à la voile, on n'attendait plus que lui, et il était allé prendre congé de ses commettants de Liverpool, quand la nouvelle du suicide de Castlereagh (août 1822) vint changer et sa position et les espérances de ses amis. L'amitié de lord Liverpool, triomphant de l'opposition du reste du cabinet et même de l'aversion du roi, parvint à faire offrir à Canning l'échange du gouvernement de l'Inde pour le ministère des affaires étrangères. Canning accepta, et reçut le portefeuille au milieu de septembre 1822.

On touchait à une crise décisive. La Sainte-Alliance, qui avait tout récemment résolu, dans ses congrès de Troppau et de Laybach, de détruire les gouvernements constitutionnels de l'Europe, et qui venait de renverser celui de Naples, allait se réunir de nouveau pour continuer sa politique arbitraire. Lord Castlereagh devait lui-même figurer dans ce congrès comme plénipotentiaire anglais, et il est peu douteux qu'il ne fût tout disposé à sanctionner ou du moins à regarder avec indifférence les résolutions que prendraient les potentats; mais Canning prit les rênes du pouvoir, libre des liens d'amitié et de gratitude personnelle pour les autocrates qui avaient fasciné son prédécesseur; lord Wellington reçut pour instructions de se rendre à Vienne, et non pas à Vérone, afin que sa présence ne parût pas sanctionner les mesures qu'on allait prendre pour asservir l'Italie. Cependant l'Espagne était le véritable but de ce congrès. Les ultra-royalistes français demandaient à la Sainte-Alliance la permission d'envahir ce pays et de renverser les Cortès. Le tsar, de son côté, désirait envoyer ses armées au delà des Alpes, en Piémont. Tout ce qu'il y avait dans le cœur de Canning de levain anti-français se réveilla au bruit de la détermination prise par les royalistes français de recourir aux armes pour contraindre l'Espagne à se courber de nouveau sous le despotisme de son ancien régime. Toute théorie politique à part, il sentait les intérêts anglais compromis par là, et l'honneur de l'Angleterre attaqué du moment où sa protection était méprisée. Il n'était pas homme à dissimuler de pareils sentiments; il les manifesta hautement dans une habile correspondance avec Chateaubriand, et ses vues étaient trop nationales pour ne point éveiller dès lors les sympathies et mériter l'approbation du peuple anglais. Jamais homme d'État ne sut mieux que lui trouver de ces inspirations qui électrisent un peuple. Il avait, du reste, alors grand besoin de l'appui populaire : attaqué violemment par l'opposition, surtout par lord Grey, pour ne pas avoir déclaré la guerre à la France, il commençait à devenir suspect aux ultra-tories en raison des idées libérales que trahissaient et ses discours et ses dépêches. Quand il donna à entendre qu'il ne dépendait pas de l'Angleterre d'allumer une guerre d'opinions dans laquelle les sujets se soulèveraient contre les souverains, quand il avoua sa détermination d'ébranler l'esprit *aréopagétique* de la Sainte-Alliance, les amis de Castlereagh s'aperçurent qu'ils étaient conduits par un chef avec lequel ils ne pouvaient plus sympathiser. De là des démissions, comme celle du frère de Castlereagh, ambassadeur à Vienne, et des changements dans le cabinet (Huskisson, par exemple, ami de Canning, devenu ministre du commerce), qui rendirent sensibles les progrès et le triomphe du toryisme libéral. Mais ce fut surtout dans la revanche qu'il prit de l'intervention française en Espagne, par la reconnaissance de l'indépendance des colonies de l'Amérique méridionale, que la pensée de Canning se montra à découvert.

Les années 1824, 1825 et 1826 appelèrent toute l'attention de Canning sur les questions commerciales, et ce fut pendant cette période que Huskisson commença à développer ses savantes théories commerciales; malheureusement aussi ce fut une époque de grande détresse. Quelques-uns des discours prononcés par Canning pour la défense des théories de son collègue, et notamment celui sur le commerce des soieries sont vivement admirés. Dans ce dernier il se défendit contre l'accusation d'avoir déserté le toryisme en économie politique comme en politique étrangère. L'argument, tout paradoxal qu'il fût, était obligé de sa part, appuyé qu'il était encore sur les tories; et on ne saurait citer rien de plus ingénieux et de plus habile que cette défense. Il passa l'été de 1826 à Paris avec son ami lord Grenville, ambassadeur d'Angleterre. A son retour en Angleterre, il fut requis par le gouvernement portugais d'intervenir en sa faveur et de le défendre contre une invasion espagnole, demande à laquelle il répondit par un envoi immédiat de troupes anglaises. En cette occasion l'opposition elle-même ne trouva rien à blâmer dans sa politique; elle l'admira au contraire et y adhéra. Brougham, bien au-dessus d'une basse rivalité, paya enfin un chaud tribut d'éloges à la libéralité des vues et à l'éloquence du ministre. Ce fut peu de temps après cet événement si important de la vie politique de Canning, qui la différenciait si complétement de celle de Castlereagh, qu'arriva un autre incident qui lui enleva à jamais et les votes et les sympathies des tories. Ce fut l'attaque d'apoplexie qui éloigna lord Liverpool de la scène politique au commencement de l'année 1827.

Canning se trouvait lui-même alors malade à Brighton. Un délai considérable s'écoula avant qu'un nouveau ministre fût nommé, à cause de la grande difficulté qu'il y avait à faire un choix qui satisfit Canning et les ultra-tories. Le roi espéra y réussir en chargeant Canning de choisir un premier ministre opposé à l'émancipation des catholiques : celui-ci s'y refusa péremptoirement, et offrit l'alternative de sa démission. Georges IV demanda encore du temps pour délibérer; enfin au mois d'avril, on apprit que Canning avait accepté le poste de *premier lord de la trésorerie*, titre synonyme de premier ministre. Ses sept collègues tories, lord Wellington, lord Eldon, Peel, donnèrent immédiatement leur démission. On croit généralement que dans l'interrègne ministériel il avait reçu une promesse d'appui d'un des orateurs influents du parti whig ; maintenant ce ne fut plus seulement le vote des whigs, mais leur accession personnelle à son ministère qui lui devint indispensable. Des ouvertures eurent lieu en conséquence; elles furent acceptées par la majorité, comprenant Brougham, lord Lansdown, lord Holland et même l'ultra-libéral Burdett. Tous comprirent les exigences de la crise et la nécessité de faire le sacrifice de leurs opinions et de leurs projets personnels au besoin d'exclure les ultra-tories du pouvoir. Lord Grey seul s'abstint et essaya même de rallier l'opposition et de lui inspirer de la défiance contre Canning; on ne l'écouta pas, et peu de jours après on apprit qu'à l'exception de lord Grey, les chefs des whigs avaient accepté des portefeuilles sous Canning. Il est triste de penser que ce grand homme d'État ne soit arrivé au faîte de la puissance que pour y rencontrer des soucis et des mortifications, sans pouvoir y trouver de compensations dans l'exécution de quelqu'une de ces grandes mesures qu'il était si propre à concevoir et à exécuter. Mais sa nouvelle position était trop difficile, trop incertaine, et malheureusement sa vie fut trop courte, pour lui permettre de suivre jusqu'au bout tous ses plans. Il fut condamné à boire le calice jusqu'à la lie et à ne goûter aucune des douceurs du poste de premier ministre. Il eut à se défendre contre la malveillance acharnée des tories, qui repoussèrent ceux même de ses plans qu'ils avaient défendus du temps de lord Liverpool, par exemple sa loi sur les céréales, laquelle, adoptée à la chambre basse, fut rejetée à la chambre haute par l'influence de lord Wellington, qui pourtant avait lui-même contribué à sa rédaction. A la chambre basse, Canning avait au moins l'avantage de pouvoir combattre lui-même; il ne pouvait bien le fatiguer, mais non le vaincre; il était là sur son terrain, dans son élément. Mais il n'avait pas dans la chambre haute d'ami capable de le soutenir contre les attaques passionnées et presque personnelles de lord Grey.

Cependant l'enveloppe extérieure de cet homme était trop faible pour l'âme qui l'animait. Canning était malade depuis longtemps. La grande excitation que devaient lui causer tant de déboires et la multiplicité de ses travaux aggravèrent son état, tout en l'empêchant de s'apercevoir lui-même des progrès de la maladie. Vers la fin de juillet, trois mois après sa nomination au poste de premier ministre, il lui devint impossible de s'occuper d'affaires, et il se retira à la maison de campagne du duc de Devonshire, à Chiswick, près de Londres, où il rendit le dernier soupir, le 8 août, dans la chambre même où Fox était mort. J. Quincy-Adams le proclama « l'homme d'État le plus complétement anglais et le plus patriote qu'eût encore produit l'Angleterre. »

Crowe, de Londres.

CANO (Alonso), célèbre peintre, sculpteur et architecte espagnol, qu'on désigne ordinairement comme le fondateur de l'école de Grenade, né à Grenade, en 1601, reçut sa première instruction de son père *Miguel Cano*, qui était architecte, et se perfectionna plus tard à Séville, sous la direction de Pacheco d'abord, et ensuite sous celle de Juan del Castillo ou Herrera. Il se fit un nom de bonne heure, et fut nommé en 1638 peintre du roi d'Espagne. Artiste des plus occupés, un horrible événement détruisit tout à coup son bonheur. En rentrant un jour chez lui, il trouva sa femme assassinée et sa maison dévalisée. Son domestique, Italien de naissance, avait pris la fuite, et fut l'objet des premiers soupçons. Mais les juges ayant découvert dans le cours de l'instruction qu'Alonzo Cano était jaloux de ce domestique et entretenait des relations avec une autre femme, ils acquittèrent le fugitif, et condamnèrent le mari. Ce jugement contraignit Cano à quitter Madrid. Le bruit se répandit alors qu'il s'était retiré en Portugal; mais il était allé se cacher à Valence; et là, son talent l'ayant trahi, il se réfugia dans un couvent de Chartreux. Plus tard il revint à Madrid, où il se tint d'abord soigneusement caché; mais ensuite, fatigué de la contrainte que .ui imposait un tel genre de vie, il se livra lui-même à la justice. Il fut alors soumis à la question. Cependant, par égard pour son talent, les bourreaux eurent ordre d'épargner son bras droit. Cano souffrit ces horribles tortures avec le plus grand courage et sans laisser échapper un seul mot qui pût servir de base à une condamnation. Le roi en ayant été instruit, lui rendit sa faveur, et comme, dans l'intervalle, Cano s'était fait prêtre, il le nomma *Racionero* (résident) de Grenade, où il mourut en 1664. Les toiles d'Alonso Cano brillent surtout par la grâce et par un charme de coloris tout particulier. La plus grande partie de ses œuvres se trouvent à Grenade ; mais on en voit aussi à Séville et à Madrid.

CANOBES. *Voyez* CANOPES.

CANON. Ce mot a dans la langue française des acceptions diverses et fort opposées. On peut rattacher presque toutes ces acceptions à deux origines distinctes : l'une est le mot grec χανων, qui signifie *règle*; l'autre est le mot latin *canna*, qui signifie *roseau*.

[On a d'abord donné le nom de *canon* à la plupart des lois de l'Église, et surtout aux décisions des conciles généraux, qui sont la règle de la foi et de la discipline ecclésiastique. Plusieurs de ces lois remontent à l'origine du christianisme, et sont appelées *canons des apôtres*, non qu'elles soient l'ouvrage des apôtres mêmes, mais parce qu'elles ont été recueillies de leur bouche par leurs disciples. L'Église latine admet cinquante de ces canons ; les Grecs en comptent trente-cinq de plus; mais ces derniers sont généralement regardés comme apocryphes, et paraissent d'origine plus récente, aussi bien que les *constitutions* qui portent également le nom des apôtres. La collection des lois et des canons de l'Église forme ce qu'on appelle le *droit canonique*.

On nomme encore *canon* cette partie de la messe qui suit la préface jusqu'à la communion, parce qu'elle est la règle de la consécration, et qu'elle est la même dans toutes les messes.

Il y a aussi le *canon de l'Écriture Sainte*, c'est-à-dire le catalogue des livres dont se composent l'Ancien et le Nouveau Testament. Le canon que les chrétiens reçurent des Juifs ne contenait pas les livres d'Esther, de Tobie, de Judith, de Baruch, de l'Ecclésiastique, de la Sagesse, ni ceux des Machabées; ces livres ne furent admis que dans le quatrième siècle, en même temps que l'Épître de saint Paul aux Hébreux, la seconde de saint Pierre, les deux dernières de saint Jean; celles de saint Jacques et de saint Jude, et l'Apocalypse, qui n'avaient pas été rangées d'abord parmi les livres canoniques du Nouveau Testament. C'est ce qui amena la distinction des livres *proto-canoniques* et *deutéro-canoniques*, c'est-à-dire du premier et du second canon. Les deutéro-canoniques ne sont pas reçus par les protestants. Voyez BIBLE et CANONIQUES (Livres).

L'abbé C. BANDEVILLE.]

On a donné chez les anciens le nom de *canon des auteurs classiques* à une liste des prosateurs et des poëtes les plus remarqués des beaux siècles de la Grèce, faite vers l'an 200 avant J.-C., par Aristophane de Byzance et Aristarque, son disciple. Voici ce canon, précieux en ce qu'il nous montre à quels hommes les Grecs eux-mêmes décernaient la palme. *Poëtes épiques :* Homère, Hésiode, Pisandre, Panyasis, Antimaque. *Poëtes iambiques :* Archiloque, Simonide, Hipponax. *Poëtes lyriques :* Alcman, Alcée, Sapho, Stésichore, Pindare, Bacchylide, Ibycus, Anacréon, Simonide. *Poëtes élégiaques :* Callimaque, Mimnerme, Philétas, Callinus. *Poëtes tragiques :* Eschyle, Sophocle, Euripide, Ion, Achœus, Agathon. *Poëtes comiques, ancienne comédie :* Épicharme, Cratinus, Eupolis, Aristophane, Phérécrate, Platon. *Moyenne comédie :* Antiphane, Alexis. *Nouvelle comédie :* Ménandre, Philippide, Diphile, Philémon, Apollodore. *Historiens :* Hérodote, Thucydide, Xénophon, Théopompe, Éphore, Philiste, Anaximène, Callisthène. *Orateurs :* Antiphon, Andocide, Lysias, Isocrate, Isée, Eschine, Lycurgue, Démosthène, Hypéride, Dinarque. *Philosophes :* Platon, Xénophon, Eschine, Aristote, Théophraste.

Les anciens nommaient *canons astronomiques* des tables chronologiques qui étaient pour eux une espèce de moyen ou d'*Art de vérifier les dates*. Celui que l'on trouve dans les manuscrits de Théon d'Alexandrie offre d'abord une suite des règnes de différents rois, à commencer par Nabonassar. La durée de chaque règne était exprimée séparément; dans une colonne séparée on ajoutait la somme des années depuis et y compris la première de Nabonassar, jusques et y compris la dernière de chacun de ces règnes. Par là on évitait les erreurs des copistes, ou du moins, on donnait par ce double nombre un moyen de les corriger. Le canon n'emploie jamais que des années entières; et les rois dont le règne a duré moins d'une année n'y sont pas inscrits. Tel est à Babylone Laborosoarchod, auquel Bérose donne neuf mois de règne dans le fragment conservé par Josèphe. Tels sont en Perse le mage Smerdis, et les deux fils aînés d'Artaxerxès I. Ces suites de règne descendaient plus ou moins bas, selon le temps auquel le canon avait été fait, ou du moins continué.

Le canon qui se trouve dans *le Syncelle*, et qui avait été publié d'abord par Scaliger, finit à son règne d'Alexandre. Celui que le père Pétau publia en 1651, à la fin de son *Rationarium Temporum*, et qu'il avait tiré d'un manuscrit du commentaire de Théon sur le canon astronomique, finit avec l'année 907 de Nabonassar, et ne passe point le règne d'Antonin, sous lequel vivait Ptolémée. En 1620, Bainbrige, savant anglais, avait publié un autre canon, trouvé de même à la suite d'un manuscrit de Théon, et qui descendait jusqu'à Théodose. Enfin, Dodwell donna en 1684, à la suite de ses dissertations sur saint Cyprien, le texte même d'un long fragment de commentaire de Théon sur le canon astronomique, et il y joignit différentes suites de règnes ou de magistratures trouvées dans les manuscrits. Une de ces suites descend jusqu'à l'empereur Basile le Macédonien, et jusqu'à Léon le Philosophe. Les années de celui-ci ne sont point marquées, sans doute parce que le canon avait été dressé sous son règne. La dernière année de Basile est la 1,033⁰ de Nabonassar : c'est l'an de Jésus-Christ 887. Une autre suite finit à l'an 1,737 d'Alexandre, 2,161 de Nabonassar : c'est l'an de Jésus-Christ 1,413.

Quelques-uns de ces canons marquent la suite des consulats, et sont de véritables *fastes consulaires*, appliqués aux années de Nabonassar. Il y en a un qui commence à l'an 152 de l'ère d'Auguste, et qui finit à l'an 314, c'est-à-dire à l'an de Jésus-Christ 285. Il est suivi d'un autre, qui commence avec l'époque de Dioclétien, et qui finit avec l'année 346 de cette ère, l'an de Jésus-Christ 630 , d'Auguste 659, et d'Alexandre 953.

Ces divers canons avaient sans doute été dressés pour trouver les années de l'ère astronomique auxquelles devaient se rapporter les magistratures et les années des règnes qui servaient à dater les observations astronomiques. Soit pour la facilité du calcul, soit pour d'autres raisons particulières, on avait établi de temps en temps de nouvelles époques, dont les années étaient égyptiennes, ou de 365 jours, et commençaient à l'heure de midi du premier jour de thot.

Après les listes de règnes et de magistratures, on donnait dans la seconde partie du canon astronomique, des préceptes pour convertir les années civiles en années astronomiques, et celles-ci en années civiles. On donnait aussi des règles pour le calcul astronomique des périodes de dix-huit et de vingt-cinq ans égyptiens.

Enfin, il y avait une troisième partie qui contenait les tables des mouvements célestes. Un semblable canon étant absolument nécessaire dans l'usage journalier du calcul astronomique, il est assez probable qu'il y en avait eu avant le temps de Ptolémée. Il n'en fait cependant aucune mention dans son Almageste, peut-être parce que c'était une chose trop commune, et qu'ils étaient entre les mains de tous les astronomes.

Le mot *canon* était souvent employé aussi en mathématiques comme synonyme de *table* : c'est ainsi qu'on disait *canon des logarithmes*, *canon naturel des triangles*, etc. Dans l'ancienne algèbre ce mot désignait ce qu'on appelle aujourd'hui une *formule*.

Il nous reste maintenant à énumérer les principales acceptions du mot *canon* dans sa relation avec l'étymologie que nous lui avons reconnue comme expression de *tube, canne, roseau*. Il se dit d'abord de la partie des mousquets, fusils, carabines, pistolets, et autres armes à feu, où se met la charge de poudre et de plomb.

Par extension et par analogie, on a donné aussi ce nom à plusieurs parties d'instruments usités dans les arts et métiers. Ainsi, en termes de serrurier, le *canon* est la partie d'une clef forée qui joint l'anneau, comme c'est aussi le nom de la partie de la serrure dans laquelle entre le bout de la tige de la clef quand elle n'est pas forée. En termes d'horlogerie, c'est une espèce de petit cylindre un peu long, percé de part en part, au moyen duquel on fait tourner une pièce sur son arbre. En termes d'architecture, ce sont des bouts de tuyaux en cuivre ou en plomb qui servent à jeter les eaux de pluie au-delà d'un chéneau. Le canon d'un arrosoir est le tuyau qui entre dans le corps de cet instrument de jardinage, et qui est terminé par la pomme.

Dans une acception plus détournée, *canon* se dit , en termes d'art vétérinaire, de la partie de la jambe d'un cheval comprise entre le genou et le boulet (*tibia*); elle est formée de trois os, à savoir : l'os du boulet, qui est en avant, et les deux styloïdes, qui sont en arrière. Ce mot s'étend aussi à la partie du mors qui entre dans la bouche du cheval et qui sert à l'assujettir. C'est encore le nom d'une mesure de liquides bien connue des marchands de vin et de ceux qui fréquentent leurs comptoirs.

Les imprimeurs désignent par le mot *canon* les gros caractères dont ils se servent; tels sont : le *petit-canon*, le *gros-canon*, le *double-canon*, le *triple-canon*, etc. Enfin, on appelait autrefois *canon* un demi-bas, montant du milieu de la jambe au milieu de la cuisse ; il y en avait en soie, en laine, en fil; les tailleurs donnèrent le même nom à un vêtement de toile, de mousseline, de batiste, rond, large, souvent ornée de dentelle, auquel Molière fait allusion, et qu'on portait par-dessous, attaché un peu plus bas que le genou et couvrant la moitié de la jambe, vêtement fort usité de son temps, et qu'il définit ainsi :

De ces larges *canons*, où, comme en des entraves,
On met tous les matins ses deux jambes esclaves.

CANON (*Artillerie*). Le mot *canon* est la plus ancienne dénomination qu'aient reçue les armes à feu. Les comptes de la ville de Saint-Omer, de 1306 à 1342 (Monteil, *Traité des Matériaux Manuscrits*, tome II, page 292, Paris, 1835), les documents rapportés par Georges Stella, et qui remontent à 1319, un décret de la république de Florence du 11 février 1326, enfin le document de Ducange, si souvent cité, et qui porte la date de 1338, font tous mention de *canons* servant, dès le commencement du quatorzième siècle, à lancer, au moyen de la poudre, des balles de plomb, des carreaux, des pierres et des matières enflammées. Dès 1347 il y avait dans les armées des *canonniers*, des *gunners*. Ce fait est constaté par un ancien manuscrit intitulé : *Solde de guerre en Normandie, en France et devant Calais*, par Walter Wentwaght. Ce document important prouve la vérité du récit de Jean Villani, qui rapporte que les Anglais avaient des bouches à feu à la bataille de Crécy, en 1346; car il est évident que si Édouard III avait dans la même campagne des canonniers auxquels il donnait de dix à douze sous par jour, il devait nécessairement traîner à la suite des canons; et d'ailleurs ce prince s'était déjà servi d'armes à feu contre les Écossais. Le mot *canon* vient du latin ou de l'italien *canna*, qui veut dire *roseau*. Cette étymologie et l'expression pendant longtemps usitée de *bâtons à feu* tendent déjà à prouver que les premiers canons étaient extrêmement petits. En effet, il résulte de tous les documents du commencement du quatorzième siècle qu'on entendait alors par canon un simple tube cylindrique en fer forgé, très-étroit et très-court. Nous avons d'ailleurs conservé au mot *canon* sa première acception, en appelant *canon de fusil* ou de pistolet le tube étroit en fer forgé qui sert aux armes portatives.

A la fin du quatorzième siècle et au commencement du quinzième les armes à feu s'étaient multipliées à l'infini, et elles avaient pris toutes espèces de formes : les unes, courtes et larges, ressemblaient à de vrais tonneaux, et lançaient des boulets de pierre qui avaient jusqu'à vingt-six pouces de diamètre (*Trésor de Chartres*), pesant environ 1,000 livres; les autres, très-longues et très-étroites, avaient jusqu'à trente pieds de longueur, et lançaient des balles de plomb, de six lignes de diamètre ou de trente trois à la livre (*Inventaire de l'Artillerie de l'Hôtel de Ville de Paris*, en 1505). Entre ces deux limites extrêmes de l'échelle des calibres il y avait une foule de subdivisions intermédiaires. La confusion qui existait dans les choses devait naturellement se retrouver dans les expressions, et à cette époque on donnait indifféremment à toutes espèces de bouches à feu les noms de *canons, bombardes, bâtons à feu* ou *bâtons de canonnage*. En effet, on trouve dans les Chroniques de Froissart, du maréchal Boucicaut, de J. Juvénal des Ursins, de Monstrelet, etc., les termes de *grosses bombardes* et de *canons*, tandis que Christine de Pisan, qui fait la description de l'artillerie française en 1400, n'emploie jamais l'expression de *bombarde*, et nomme *gros canons* les bouches à feu qui lançaient des pierres de 200, 300, 400 et 500 livres; *canons communs*, ceux qui lançaient des boulets moins volumineux, et *petits canons* ceux qui avaient pour projectiles des pierres irrégulières ou des balles de plomb. D'autres documents prouvent qu'on donnait aussi le nom de *canons* aux petits calibres : ainsi Valentine, duchesse d'Orléans, voulant approvisionner ses châteaux et forteresses de Valois, de Beaumont, de Champagne, rend une ordonnance le vingt-sixième jour de septembre 1408, pour qu'on achète 30 canons, 800 livres de poudre et 600 plombées pour armer toutes ces places; ce qui prouve que ces canons lançaient une balle de plomb d'environ une livre et un tiers; car le poids de la charge était alors aussi grand que le poids du projectile. En 1418, le seigneur de Cornouailles, lieutenant du roi d'Angleterre, passa la Seine près de Pont-de-l'Arche, ayant avec lui dans une nacelle un cheval chargé de petits canons (Monstrelet). Lobineau, dans son *Histoire de Bretagne*, rapporte un compte d'un trésorier des guerres qui prouve qu'il y avait en 1461 des canons dont la volée pesait quatre-vingt-quinze livres et la boîte ou culasse quarante livres. D'un autre côté, Monstrelet parle de petites bombardes, et Lampo Birago, qui écrivait en 1450, désigne sous ce nom toute espèce de bouche à feu. Il faut dire aussi que les auteurs qui écrivirent en latin, même au seizième siècle, se servirent toujours du nom de *bombarde* comme terme générique : ainsi, on grava sur la *couleuvrine* qui tua le connétable de Bourbon, au siége de Rome :

Carlum Borbonium quondam hæc BOMBARDA peremit;
Utilior Romæ machina nulla fuit.

Quoi qu'il en soit, on peut faire la distinction suivante dans l'artillerie française du commencement du quatorzième siècle. 1° Les bombardes et les mortiers, qui lançaient d'énormes boulets de pierre; 2° les canons *pierriers*, qui lançaient de petits boulets de pierre, et qui, étant les plus anciens, furent appelés *veuglaires canons*, puis ensuite par corruption *veuglaires* tout court; 3° les petits canons, qui lançaient des balles de plomb : les uns, d'après leur forme allongée ou la figure de leur bouche, étaient appelés *couleuvres, couleuvrines, serpentines*, ou *crapauds d'eau*; les autres, tels que l'*espringalle* ou *épingard*, et le *ribaudequin*, avaient conservé des noms affectés aux anciennes machines : le ribaudequin consistait en un train à deux roues qui portait deux ou trois petits canons; 4° enfin, les armes portatives, qui se tiraient en les appuyant sur l'épaule, et qui se nommaient *couleuvrines, hacquebuttes* ou *canons à main*. Ainsi donc, si à cette époque le mot *canon* était appliqué en général à des pièces moins grandes que les bombardes, il ne désignait cependant pas une espèce particulière de bouche à feu; mais vers le milieu du quinzième siècle un grand changement s'opéra dans l'artillerie par l'adoption des boulets en fer coulé, dont l'usage devint général en France. On put alors produire le même effet avec des canons d'un beaucoup plus petit calibre, puisque le projectile devint beaucoup plus dense; et on adopta une pièce qui tenait le milieu entre les bombardes et les canons jusque là employés, et qui fut appelée *courtaut*, à cause de la faible longueur de l'âme. Alors *canon* fut pris comme synonyme de *courtaut*, et devint le modèle de la pièce courte, de même que la *couleuvrine* resta le modèle de la pièce longue. Quant aux petites pièces, elles prirent les noms de *faucons* et *fauconneaux, sacres, émerillons*, etc., qu'elles conservèrent longtemps. Le courtaut fut donc dès le règne de Charles VII le modèle du canon de siége et de bataille. Il consistait en un cône tronqué en bronze, dont le vide intérieur était cylindrique, et qui dès lors fut uniquement destiné à lancer des boulets pleins en fer. C'est pourquoi les Allemands, les Italiens et les Anglais, en adoptant le canon français, adoptèrent également l'expression de *courtaut*, dont les premiers firent *karthaun*, les seconds *cortaldo*, et les troisièmes *curtall*. En 1470 Louis XI fit couler à Tours douze gros canons en bronze, surnommés *les douze pairs*, et c'est à tort que plusieurs auteurs les ont confondus avec les grosses bombardes que le même souverain fit fondre plus tard, en 1477 (*voir* la *Chronique scandaleuse*).

Les contemporains ne nous apprennent pas quels étaient les calibres de ces canons; mais, en raisonnant par induction, nous sommes porté à croire qu'ils devaient lancer un boulet de fer de 48 à 50 livres. En effet, à la même époque Charles le Téméraire avait devant Nancy, en 1475, des courtauts qui lançaient des boulets aussi grands que le rond d'un chapeau (*Siége de Nancy*, par Huguenin). Dans la mémorable conquête du royaume de Naples par Charles VIII, l'artillerie française avait, entre autres bouches à feu, des pièces appelées *canons* par Paul Jove, *courtauts* par d'autres écrivains, et qui lançaient des boulets de fer de la grosseur d'*une tête d'homme*, ce qui équivalait environ à un boulet de fer de 50 livres. Louis XII avait, suivant Philippe de Clèves, de doubles courtauts de 80, des courtauts ou canons de 50 livres de balles. Les canons de François Ier se distinguaient en doubles canons de 50, canons renforcés de 33, simples canons ou canons serpentins, de 18. Biringuccio, qui est le premier écrivain militaire qui ait écrit, vers le commencement du seizième siècle, un ouvrage systématique sur l'artillerie, nomme les pièces de 50 *doubles canons*. Charles-Quint avait des canons de 40, des demi-canons de 24. Sous Henri II on ne conserva que le canon moyen entre le canon de 50 et celui de 18; ce fut le canon renforcé de 33. L'édit de Blois de 1572 constate le calibre du canon de France à 33 et 1/3; les autres calibres étaient la couleuvrine de 16 1/3, la bâtarde de 7 1/2, la moyenne de 2 1/2, le faucon de 1 1/2, le fauconneau de 3/4. Sous Henri IV le double canon était de 42, et le canon de 33. A cette époque on distinguait dans l'artillerie allemande : le canon entier, dont le poids du projectile était de 48 livres; le 1/2 canon, de 24; le 1/4 de canon, de 12; le 1/2 quart de canon, de 6; le 16° de canon, de 3; le 32° de canon, de 1 1/2; le 64° de canon, de 3/4. La pièce longue appelée *couleuvrine* avait à peu près les mêmes subdivisions. Sous Louis XIV il y eut encore, au commencement de son règne, des canons de 96, des canons diminués, de 60, et des canons renforcés, de 48; on appelait le canon de France la pièce de 33; le demi-canon de France, la pièce de 16; le quart de canon de France, la pièce de 8. Il y avait en outre le demi-canon d'Espagne, de 24, le quart de canon d'Espagne, de 12, et des pièces courtes du même calibre, dites de *nouvelle invention*. Enfin, sous Louis XV, l'ordonnance de 1732, rendue sous l'influence de Vallière, vint simplifier les dénominations, et il n'y eut plus que des canons de 24, de 16, de 12, de 8 et de 4. En 1757 on adopta le *canon à la suédoise*, qui était une pièce légère de 4. Gribeauval conserva les calibres du système Vallière. Il introduisit cependant un canon d'une livre, nommé *à la Rostaing*. Sous le Consulat on voulut remplacer les canons de 8 et de 4 par la pièce de 6; mais le perfectionnement apporté dans la construction des affûts et voitures de l'artillerie ayant permis de traîner avec facilité sur le champ de bataille des pièces de 8, on a retranché depuis les pièces de 4 et de 6; et aujourd'hui l'artillerie de terre n'emploie plus que quatre calibres de canon, le canon de 24, de 16, de 12 et de 8. Nous devons ajouter que le 27 mai 1841 le gouvernement français a adopté le canon de 30 en fer coulé pour la défense des côtes. Il est hors de notre sujet de parler des **obusiers**, des **mortiers** et des **pierriers**.

Dès le quatorzième siècle on construisit des canons en fer forgé, en bois, en fonte de fer, en bronze.

Canons en fer forgé.

Le fer forgé, métal tenace, élastique et facile à travailler, fut la première matière employée à la construction des bouches à feu. Les documents les plus anciens relatifs à l'introduction de l'artillerie à feu font mention de canons en fer. Dom Vaissette, dans son *Histoire du Languedoc*, rapporte l'achat fait à Toulouse, en 1345, de deux canons en fer (*pro duobus canonibus ferri*). Ces premières armes consistaient en un tube cylindrique en fer forgé, d'un petit diamètre, assez court, et fermé à la culasse par la soudure du métal. Elles étaient destinées à lancer des balles de plomb; mais comme en même temps on voulut se servir des gros boulets de pierre qui étaient déjà en usage pour les anciennes machines, on construisit également des bouches à feu très courtes, d'un très gros diamètre, et qui avaient la forme d'un vase ou d'un cône tronqué. Gasperoni nous a laissé des dessins de ces espèces de mortiers.

De ces deux bouches à feu naquirent plusieurs formes et constructions différentes. On commença d'abord par les réunir, c'est-à-dire que le petit cylindre nommé *canon*, ou *boîte*, ou *chambre*, servit à renfermer la charge de poudre, et fut joint à la partie postérieure du tronc du cône à large ouverture nommé *volée*, qui contenait le projectile. Ces deux parties furent tantôt fixées invariablement l'une à l'autre, tantôt construites de manière à pouvoir être séparées. Dans ce dernier cas, on les réunissait pour tirer de la manière suivante. La volée était encastrée dans un large bloc de bois et retenue avec des cercles en fer. La boîte ou canon, dont l'extrémité s'emboîtait exactement dans la culasse de la volée, était également encastrée dans le bloc de bois, et un coin de fer enfoncé verticalement derrière la boîte lui permettait de résister à l'effort horizontal occasionné par le tir. Pour enfoncer ce coin, qu'on appelait *laichet*, on avait besoin d'un marteau, et pour le retirer des tenailles étaient nécessaires. C'est ce qui explique pourquoi dès 1358 on trouve dans un compte de la ville de Forlì : *Pro uno martello et uno pari tanagliarum ferri pro carigando bombardas* (Fantuzzi). On voit aussi dans les comptes de Saint-Omer, de 1306 à 1342 : *A Colard du Loquin, pour un laichet mis pour fremer les boistes sous l'engien dont on trait les dis canons, 11 solz* (Monteil). Il faut remarquer dans cette dernière construction que si on introduisait la poudre par la culasse, on était obligé de mettre le boulet par la bouche. Ces premières formes subirent une foule de transformations. Afin d'avoir une plus grande charge, on augmentait la boîte considérablement, et son diamètre devint égal à celui de la volée, qui à son tour prit la forme cylindrique; car on avait reconnu que cette forme était nécessaire afin que le boulet restât plus longtemps soumis à l'action des gaz, et qu'il ne sortît pas de la bouche le feu avant la complète inflammation de la poudre. Par la même raison, on augmenta la longueur des pièces. Dans les petits calibres, on se borna pour cet effet à construire un tube cylindrique en fer forgé, d'une grande longueur et d'une seule pièce; mais cette construction offrant de grandes difficultés pour les gros cylindres dès que la longueur dépassait une certaine limite, on les forgea de plusieurs parties, et parmi ceux-ci il faut distinguer encore les pièces qui se chargeaient par la culasse de celles qui se chargeaient par la bouche, comme nos canons actuels. Pour les premières, les constructions ressemblaient à celle que nous avons déjà décrite, sauf que toute la pièce avait la forme d'un tronc conique, et que la partie supérieure du corps du canon était ouverte pour recevoir une boîte qui contenait la charge de poudre; et cette boîte était fixée au moyen d'un coin contre le bois de l'affût. Souvent aussi les canons étaient complètement séparés en deux parties, dont l'une, taraudée, se réunissait à l'autre, munie d'un pas de vis. L'usage de charger le canon par la culasse, qui remonte, comme on voit, au quatorzième siècle, fut successivement abandonné et repris; et aujourd'hui il est adopté pour les fusils de rempart. Quant aux canons en fer forgé, qui se chargeaient par la bouche, ils étaient en général construits de la manière suivante : l'âme était formée d'une tôle d'environ quatre ou cinq lignes d'épaisseur; cette tôle était roulée en forme de cylindre, ou bien elle était composée de plusieurs pièces qui s'assemblaient comme les douves d'un tonneau. Pour renforcer cet assemblage, on le recouvrait d'une enveloppe faite de manchons ou de cylindres en fer placés joints à joints; ces joints étaient recouverts eux-mêmes par des anneaux extérieurs plus rapprochés entre eux du côté de la culasse, ce qui donnait à tout ce système la solidité requise. Les pièces de Charles le Téméraire prises par les Suisses à Granson et à Morat sont ainsi construites. Quelques-unes ont des tourillons, mais point d'anses. Quelquefois aussi ces pièces consistaient en barres de fer forgées ensemble et reliées par des cercles. Quoiqu'on ait adopté de bonne heure les canons en bronze, on conserva longtemps les canons en fer forgé. D'après Texier de Norbec, Charles-Quint avait des pièces en fer forgé pleines et forées. En 1744 il fut fabriqué aux forges de Guérigny des pièces de 8 et de 4 en fer forgé. Enfin, Gassendi fait la description d'une pièce de 8 en fer forgé, fabriquée en 1810 par la compagnie Étienne de Lyon. On conçoit les tentatives faites pour employer le fer forgé comme métal des bouches à feu, car la ténacité du fer forgé est plus grande que celles du bronze et de la fonte. Mais, à part les difficultés de construction, les pièces en fer forgé seraient facilement oxydables, et leur trop grande légèreté ferait briser leurs affûts. On a conservé le fer forgé uniquement pour les armes à feu portatives.

Canons en bois et en cuir.

Les canons en bois et en cuir furent construits de la même manière que les canons en fer forgé de Charles le Téméraire, avec cette différence que les manchons en fer étaient remplacés par des douves de bois cerclées par des anneaux en fer. Enfin, on appela *canons de cuir* ceux dont les douves en bois dont nous venons de parler étaient renforcées par des cordes mastiquées et couvertes par des lanières de cuir. Gustave-Adolphe avait à la bataille de Leipzig des canons de cette espèce. Les *canons en bois* furent usités jusqu'au dix-septième siècle pour lancer des balles à âme; au siège de Huist, les assiégés s'en servirent contre les Espagnols, en 1596.

Canons en fonte de fer.

Si l'on en croit le capitaine Moritz-Meyer, on fondit à Erfurth, en 1377, des canons en fer coulé. Cependant il est probable qu'à cause des difficultés que présentent le bon loi des hauts fourneaux et des qualités cassantes de la fonte, on fit peu usage de ce métal. Toutefois, parmi les pièces prises par les Suisses à Granson et à Morat, il s'en trouve une en fer coulé, qui existe encore à l'arsenal de La Neuville, dans le canton de Berne. Son calibre est de deux pouces. On a trouvé en 1844 à Péronne une boîte d'un ancien canon qui pèse 60 kilogrammes, et qui est en fonte de fer. Collado et Uffano, qui écrivaient de 1593 à 1606, disent qu'on ne fit jamais de bombardes en fonte de fer, ce qui est naturel à concevoir, à cause du peu de ténacité du métal. La métallurgie ayant fait des progrès, on se servit au dix-huitième siècle de bouches à feu en fonte de fer pour la marine, et ensuite pour les côtes, parce qu'alors on pouvait sans inconvénient augmenter leur poids et leur donner une grande épaisseur de métal. Mais pour l'artillerie de terre il n'y a que la Suède qui soit parvenue jusqu'à présent à employer la fonte, même pour les bouches à feu de place et de campagne. Gustave-Adolphe et Charles XII avaient dans leurs armées des canons de bataille en fer coulé.

Canons en bronze.

Une ordonnance du roi Jean, qui remonte à 1354, et dont on doit la découverte au savant M. Lacabane, prescrit aux généraux des monnaies de ne point laisser exporter de cuivre, afin d'en faire de l'*artillerie*. Ce document prouve qu'à cette époque les canons en cuivre ou en bronze étaient déjà connus. En 1400 ils n'étaient cependant pas encore très-communs, puisque Christine de Pisan, qui fait l'énumération de deux cent quarante-huit canons, n'en désigne qu'un seul, nommé *Artique*, comme étant en cuivre ou en bronze, car l'addition de l'étain au cuivre ne changeait pas à cette époque la dénomination du métal.

Alliage. Depuis qu'on a construit des bouches à feu en bronze, l'alliage a très-peu varié. On l'a presque toujours composé de huit ou dix parties d'étain sur cent parties de cuivre. C'était l'alliage employé du temps de Louis XII, et probablement de Charles VIII et de Louis XI. Le bronze doit sa ténacité au cuivre et sa dureté à l'étain; mais si on augmente la proportion d'étain au delà d'une certaine limite, la chaleur produite par l'inflammation de la poudre occasionne la fusion et l'oxydation du métal; si, au contraire, on augmente la proportion du cuivre, le bronze s'amollit et n'offre plus assez de résistance à l'action explosive de la poudre. Comme le bronze est un métal assez mou, tandis que la fonte de fer dont est composé le boulet est un métal très-dur, il en résulta de tout temps de graves inconvénients, car le boulet, par la pression que le gaz exerce sur sa partie supérieure ou par ses battements dans l'âme, produit des cavités qui mettent bientôt les pièces hors de service. Au seizième siècle un canon en bronze ne pouvait pas tirer plus de cent vingt coups par jour, et encore on le rafraîchissait après chaque coup avec du vinaigre. Avant la modification importante apportée par le colonel Piobert à l'emplacement de la charge de poudre dans les canons de siége, ceux-ci, au bout de huit cents coups, devaient être refondus. Aussi a-t-on cherché, sans y être encore parvenu, à remplacer pour l'artillerie de terre le bronze par un métal dur et plus résistant. Aujourd'hui cependant on essaye dans les différentes écoles d'artillerie un nouvel alliage, qui est le secret de l'inventeur, et qui jusqu'à présent semble répondre à toutes les conditions de durée.

Fabrication. Les anciens étaient déjà très-experts dans le coulage des bouches à feu en bronze, par cette raison que bien avant l'invention de la poudre la fabrication des cloches en bronze était très-répandue. En effet, Léonard de Vinci, Biringuccio et Vigénèro décrivent la fabrication des bouches à feu en bronze presque comme elle s'exécute encore maintenant.

On distingue sept opérations principales dans la fabrication des bouches à feu : le moulage, la fusion, le coulage, le forage, le tournage, le percement de la lumière et l'épreuve.

Le *moulage* en terre consiste à tourner sur un *trousseau* un modèle de canon du calibre prescrit, à mettre de l'argile apprêtée sur ce trousseau jusqu'à ce que la forme soit exacte. Le modèle séché, on tamise de la cendre dessus, on met plusieurs couches successives de nouvelle terre, on lie cette terre par des barres et des cercles de fer, et on laisse sécher les moules dans cet état; on retire ensuite le trousseau, on brise le modèle et le moule reste. C'est ce qui s'appelle *déchapper*. On moule séparément le corps du canon et la culasse, ainsi que les tourillons et les anses; on ajuste la culasse au corps du canon, et l'on transporte le moule dans la fosse où l'on doit couler. Quoique le moulage en sable ait réussi quelquefois, et qu'il soit plus économique et plus expéditif que le moulage en terre, on l'a abandonné, parce qu'il était moins sûr, à cause des soufflures qui se présentent souvent à l'intérieur des pièces.

La *fusion* s'opère dans des fourneaux à réverbère, et l'étain devenant liquide à une moins haute température que le bronze, on ne le jette dans la fusion qu'une demi-heure avant la coulée si l'on emploie du vieux bronze, et une heure si c'est du bronze neuf.

Coulage. Il y a plusieurs manières de couler : 1° le coulage à noyau, 2° le coulage à noyau et à siphon; 3° le coulage plein. Dans toutes ces opérations on place la volée en haut et la culasse en bas, parce qu'il y a avantage à obtenir dans cette dernière partie le métal le plus pur, qui toujours reste au fond, tandis que les matières étrangères surmontent le bain. Le premier coulage fut à noyau : il consiste à placer dans le moule un noyau ou cylindre en fer qui a la forme exacte de l'âme; il est soutenu vers la culasse par un châssis appelé *chapelet;* le moule est surchargé d'une quantité assez considérable de métal en fusion appelé *masselotte*, qui, par son poids, comprime le métal. Avec le coulage à noyau, la pièce n'avait pas besoin d'être forée. Le déchet était moins considérable; la fonte prenait une densité uniforme dans toutes ses parties, et même une espèce de trempe au contact du noyau, ce qui rendait la surface de l'âme plus dure; cependant il y avait souvent des soufflures; les dilatations inégales du noyau faussaient l'âme, qui n'était plus concentrique à l'axe de la pièce. En 1683, les frères Keller essayèrent à Strasbourg le coulage à noyau et à siphon. Au moyen de ce nouveau procédé, la fonte arrivait par en bas au lieu d'arriver par en haut, et on évitait les soufflures. Cependant on objectait que le métal pouvait se refroidir en montant, et que n'étant plus pressé par le poids de la masselotte, il n'avait pas la densité requise. En 1748, Maritz introduisit le coulage plein, aujourd'hui en usage. En forant la masse de métal, on obtient une âme parfaitement droite et concentrique; le bronze a plus de cohésion, parce que la masse étant plus grande, les matières restent plus longtemps fluides, et on a un affaissement plus libre que dans le coulage à noyau. Cependant on objecte que dans le coulage plein l'étain se réunit vers l'axe de la pièce et altère l'alliage de la partie de la masse qui reste après le forage.

Forage, alésage. Biringuccio décrit dès 1540 un alésoir horizontal pour rendre l'âme des pièces parfaitement cylindrique. Le forage ne vint naturellement en usage que depuis le coulage plein. Autrefois on forait la pièce en la posant verticalement; son poids la faisait descendre sur le foret, dont la barre servait d'axe à un manège que des chevaux faisaient tourner. Les frères Maritz inventèrent le *forage horizontal*, qui consiste à faire tourner le canon et avancer le foret, ce qui permet de percer plus régulièrement le canon.

Tournage. Autrefois on se contentait de limer la surface des pièces, ce qui empêchait de remarquer les taches d'étain et les défauts de coulage. Gribeauval fit adopter la méthode de les tourner.

La lumière se perçait avec des forets dans la masse de lumière, lorsque celle-ci était employée; mais depuis que les grains sont en usage, on perce dans la pièce un trou d'un diamètre égal à celui du filet intérieur du grain, et ensuite on y taraude un pas de vis.

Vérification et épreuve. La vérification des canons se faisait autrefois d'une manière très-incomplète, non-seulement parce qu'on n'avait pas d'instruments assez exacts pour découvrir les imperfections ou les défauts, mais aussi parce qu'il n'y avait rien de réglé sur les dimensions principales du canon, qui dépendaient entièrement de la volonté du fondeur. Les seuls instruments de vérification qu'on trouve chez les anciens auteurs sont un compas d'épaisseur et des règles parallèles. Cependant Tartaglia donne la description d'un instrument propre à vérifier si l'âme des pièces est concentrique. Cet instrument manque encore aujourd'hui. Le *chat* servait déjà dans le dix-huitième siècle pour reconnaître les cavités existantes dans l'âme. Gribeauval inventa un instrument beaucoup plus perfectionné, mais dans le même genre, surnommé l'*étoile mobile*. Il y a en outre aujourd'hui une double équerre à coulisse et à nonius, pour mesurer les tourillons; deux lunettes pour mesurer tout ce qui doit avoir les dimensions du calibre lui-même, une règle à fourche et à coulisse, une grande règle à croix, etc.

Les premières bouches à feu, étant très-imparfaitement construites, durent éclater souvent. On devait donc avoir eu l'idée de les essayer en les tirant avec précaution et même sans précaution, car nous voyons en 1460 Jacques II, roi d'Ecosse, mourir par l'éclat d'une bombarde qu'il faisait essayer, et cet accident se renouveler à Paris, sous Louis XI, en 1477. Les anciennes poudres étaient très-peu *brisantes*, de sorte qu'on pouvait impunément essayer les pièces en les chargeant avec la charge *maximum*; mais lorsque les progrès de la fabrication rendirent les poudres d'une conflagration plus vive, on trouva qu'il était inutile de soumettre les canons à une épreuve qui excédât de beaucoup trop la pression qu'ils étaient appelés à supporter dans la pratique. Au seizième siècle on faisait l'épreuve des pièces en appuyant la culasse contre un mur, et on les tirait trois ou quatre fois à la charge égale au poids du boulet. Par l'ordonnance de 1732 l'épreuve fut réglée à trois coups: la charge du premier égale à la pesanteur du boulet, et les deux autres aux 2/3; par l'ordonnance de 1744 la charge d'épreuve fut réglée à cinq coups, dont la charge des deux premiers serait égale aux 2/3 du poids du boulet, et des trois autres à la moitié du poids du boulet.

Formes extérieures et détails de construction.

Les canons en bronze subirent à peu près dans la forme les mêmes transformations que les canons en fer forgé. Le canon fut d'abord un cylindre parfait; puis on renforça le pourtour de la chambre, ce qui lui donna la forme de deux cylindres joints ensemble. Tels étaient les canons d'Orléans en 1428. Comme on s'aperçut que les pièces se fendaient souvent par la volée, on renforça le métal sur toute l'étendue de l'âme, et la ligne supérieure devint la génératrice d'un tronc de cône parfait. Les canons de Henri II étaient ainsi construits. Mais ensuite on ne fit pas décroître les épaisseurs uniformément depuis la culasse jusqu'à la bouche, et le canon devint un assemblage de trois cônes tronqués dont les ressauts, raccordés par des moulures, furent appelés *renforts*. Parmi les canons de bronze, il y en avait qui se chargeaient par la culasse au moyen de boîtes fixées par un coin comme celles dont nous avons parlé pour les pièces en fer forgé, ou bien la volée se vissait sur la culasse. Les canons employés au siège d'Orléans en 1428 avaient la partie supérieure du corps du canon ouverte, pour qu'on pût y introduire *verticalement* une boîte en bronze contenant la charge de poudre. Cette boîte, qui entrait exactement dans la section pratiquée au canon, ne pouvait pas se mouvoir horizontalement; mais, pour qu'elle ne pût pas se soulever de bas en haut par l'effet du tir, elle était fixée par un fléau ou barre en fer qui s'appliquait sur toute la surface supérieure de la pièce. Sous François Ier et Henri IV on fit encore des canons qui se chargeaient par la culasse, de la manière suivante : La pièce était percée cylindriquement d'outre en outre, mais près de la culasse l'âme était agrandie, afin de pouvoir la refermer, après y avoir mis la charge, par une masse cylindrique de métal appelée *mâle*, qui était retenue par un cône en bronze ayant un gros bout plus d'un culot d'épaisseur, et qui traversait verticalement le mâle et le métal de la pièce. Toutefois le courtaud ou canon qui vint en usage sous Louis XI et Charles VIII était un tronc de cône tout d'une pièce, ayant un renfort à la culasse, des tourillons, un renflement près de la bouche, qui se nomme encore aujourd'hui *bourrelet en tulipe*, parce qu'on conserva pour les pièces en bronze l'usage pratiqué pour les pièces en fer forgé, de simuler en relief sur cette partie du canon des feuilles de tulipe. La volée, c'est-à-dire la partie du canon qui s'étend depuis les tourillons jusqu'à la bouche, était quelquefois à six ou huit pans, au lieu d'être un tronc conique. Ces canons n'avaient ni cul-de-lampe, ni bouton de culasse, ni anses, ni embases pour les tourillons. Les anses, qui sont placées au-dessus du centre de gravité de la pièce, et qui servent à la suspendre dans les manœuvres de force, ne vinrent en usage que sous Charles-Quint. On les appela *dauphins* jusqu'à Louis XV, parce qu'elles avaient la forme de ces animaux marins. En Allemagne, encore aujourd'hui, les anses sont appelées *delfines*. Cependant, d'après les dessins que nous possédons de l'artillerie de Henri II et de Charles IX, il paraîtrait que les anses n'étaient pas généralement en usage en France au seizième siècle. Depuis Charles-Quint la culasse de la pièce est formée par un renfort de métal perpendiculaire à l'axe, qui se nomme *cul-de-lampe*, parce qu'il en a la forme. Le centre de ce cul-de-lampe est le bouton de culasse qui sert de point d'appui et de point d'attache pour les manœuvres de force. Ce n'est que depuis Gribeauval que les tourillons sont renforcés à leur base par un renfort cylindrique et concentrique aux tourillons qu'on nomme *embase*. Enfin, pour faciliter le pointage, le point le plus élevé de la culasse était muni d'une tige en cuivre non mobile, percée d'un trou pour guider l'œil du canonnier, et le point le plus élevé du bourrelet était indiqué par un bouton de mire; mais comme ces points en relief et immobiles n'étaient utiles que lorsque la pièce se trouvait placée horizontalement, et que, dans le cas contraire, ils pouvaient induire en erreur, on les a remplacés par des entailles appelées *crans de mire*. Les canons de campagne seuls ont des *hausses*, c'est-à-dire une tige en cuivre, mobile et graduée, qu'on fixe au moyen d'une vis de pression pour donner les degrés d'élévation à la pièce.

Forme intérieure.

Depuis l'origine des bouches à feu on avait pris l'habitude de renfermer la charge de poudre dans un espace cylindrique plus étroit que l'âme de la pièce. Cette disposition, avantageuse pour les petites charges, ne l'était pas pour les grandes, car il eût fallu donner une longueur immense à cette chambre pour y mettre les 50 ou 80 livres de poudre dont on chargeait les courtauts, sous Louis XI, Charles VIII et Louis XII. L'âme devint donc cylindrique. Cependant, sous Charles-Quint quelques canons avaient une chambre qui se joignait à l'âme sans ressaut de métal, et comme elle allait en s'élargissant du fond vers l'entrée en forme de *campane* ou de cloche, ces canons furent nommés *canons campanés* ou *encampanés*. Cette forme avait certains avantages, et Gassendi dit à ce sujet que c'est la vraie forme que devrait avoir l'âme des canons pour leur donner plus de durée et plus de portée. Le colonel Piobert ne partage point cette opinion; et en effet cette chambre ne serait avantageuse pour les canons que si la charge remplissait toujours entièrement et exactement la chambre. Sous Louis XIV, on adopta les canons espagnols dits *de nouvelle invention*, qui avaient des chambres sphériques d'un calibre et demi de diamètre. Elles avaient l'avantage d'être plus courtes, plus légères, sans perdre de leur effet; mais ces pièces brisaient leurs affûts, et de plus il était très-difficile d'y introduire l'écouvillon pour les nettoyer. Dans le système d'artillerie de Vallière, on construisit au fond de l'âme une petite chambre cylindrique très-étroite, qu'on appela *chambre porte-feu*. La lumière aboutissait au fond. De cette manière, l'épaisseur du métal que traversait le canal porte-feu était beaucoup plus grande, et le boulet se déplaçant dès l'inflammation de la poudre contenue dans cette petite chambre, la tension des gaz qui s'échappaient par la lumière était moins considérable, et celle-ci se détériorait moins promptement; mais on conçoit la difficulté de nettoyer ce vide intérieur. Gribeauval abolit cette chambre porte-feu, et aujourd'hui l'âme des canons est un cylindre parfait, terminé par un plan perpendiculaire à l'axe et raccordé par de petits arcs de cercle.

Dimensions principales.

Dans les premiers canons cylindriques, la ligne de mire, c'est-à-dire la ligne qu'on suppose être tangente, dans un plan vertical, aux deux plus grands cercles extrêmes de la bouche à feu, était parallèle à l'axe; mais dès qu'on adopta la forme de cône tronqué, la ligne de mire se trouva inclinée d'une certaine quantité sur l'axe de la pièce, et en supposant ces deux lignes prolongées, elles devaient se rencontrer et former un angle. C'est ce qu'on appela l'*angle de mire naturel*. Cet angle devait avoir une influence sur le tir; car on conçoit que si pour pointer on dirige la ligne de mire sur le but en la plaçant horizontalement, l'axe de la pièce se trouvera relevé au-dessus de l'horizon d'une quantité égale à l'angle de mire. La portée ainsi obtenue s'appelle *portée de but en blanc naturel*. L'angle de mire naturel est d'un peu plus d'un degré pour les canons de siége, et d'un peu moins d'un degré pour les canons de bataille. On distingue donc dans les canons les dimensions qui ont de l'influence sur la justesse du tir et celles qui règlent la construction des affûts. Les dimensions qui influent sur le tir sont : le demi-diamètre à la plate-bande de culasse, le demi-diamètre au plus grand renflement du bourrelet, et la distance qu'il y a entre ces deux demi-diamètres. Les dimensions nécessaires pour la construction des *affûts* sont : la longueur de la pièce depuis la plate-bande de la culasse jusqu'au derrière des tourillons, le diamètre de la plate-bande de culasse, la longueur des tourillons, leur diamètre, ces deux quantités égales jusqu'en 1839, l'écartement des embases en arrière des tourillons, et enfin la longueur totale du canon.

Axe des tourillons.

Depuis que le canon fut suspendu sur son affût au moyen des deux saillies nommées *tourillons*, ces parties supportèrent à elles seules tout l'effort du recul de la pièce. Par cette raison, la position de l'axe de ces tourillons par rapport à l'axe de la pièce et à son centre de gravité ne devait pas être sans importance. En effet, comme c'est autour de cet axe que s'effectue le mouvement de rotation de la pièce, s'il n'était pas placé en avant du centre de gravité du système, la pièce tendrait toujours à s'abaisser vers la volée, ce qui donnerait de l'incertitude au tir; mais comme, d'un autre côté, il faut pour la facilité du pointage que la culasse puisse s'élever aisément, il y a, suivant le calibre des pièces, une limite à fixer. On entend par *prépondérance* d'un canon la pression supportée par la vis du pointage lorsque l'axe de la pièce est horizontal. Cette prépondérance est d'environ $\frac{1}{72}$ du poids total de la bouche à feu pour les canons de siége et de place, et de $\frac{1}{4}$, pour les pièces de campagne.

L'axe des tourillons par rapport à l'axe de la pièce peut être dans le même plan horizontal ou au-dessous de ce plan. Quand l'axe des tourillons est dans le même plan horizontal que l'axe de la pièce, l'effort qui produit le recul se fait directement dans le sens horizontal, et le recul est le plus grand possible. Quand l'axe des tourillons est au-dessous, la force appliquée aux tourillons tend à imprimer un mouvement de rotation d'autant plus violent que la distance entre les deux axes est plus considérable. Dans ce cas, le recul est diminué; mais la pression verticale sur le point où repose la culasse est augmentée. Quand l'axe des tourillons est au-dessus de l'axe de la pièce, le mouvement de rotation se fait en sens inverse; mais comme ce mouvement tend à soulever la crosse, le recul est plutôt augmenté que diminué, les susbandes sont promptement faussées, et ces effets sont d'autant plus grands que le calibre du tir et la masse est faible. L'abaissement de l'axe des tourillons, peu nuisible pour les pièces de siége, le serait beaucoup pour les pièces de campagne. Dans les canons de Charles le Téméraire l'axe des tourillons coïncide avec l'axe de la pièce, et il en est de même des canons de Charles VIII. Mais ce qui prouve que déjà les anciens canonniers avaient remarqué l'influence que leur position exerce sur le recul et sur l'affût, c'est que nous voyons, dans une couleuvrine de 24, fondue en 1526 et prise par Charles-Quint au château de Gotha, les tourillons placés complètement au-dessus de la pièce, de sorte que l'axe passe coïncider avec la partie supérieure du canon. Au dix-huitième siècle l'axe des tourillons de tous les canons était d'un demi-calibre au-dessous de l'axe de la pièce. Gribeauval diminua cette distance pour les pièces de campagne, et la porta à un douzième de calibre.

Embases. Pour renforcer les tourillons, dont le métal est moins dense, parce que, dans le coulage, l'affaissement du bronze n'y fait librement sans être comprimé comme les autres parties par le métal superposé, Gribeauval ajouta des embases qui avaient surtout l'avantage de maintenir la pièce plus solidement sur son affût. Ce but fut principalement atteint lorsqu'on construisit leur tranche perpendiculaire à l'axe des tourillons, et que les flasques des nouveaux affûts furent parallèles.

Lumière. Dès qu'on se servit des canons en bronze, on s'aperçut que l'explosion de la poudre agrandissait à un tel point la lumière, que les pièces étaient bientôt mises hors de service. Il est probable que dès Louis XI on chercha à remédier à ce défaut en mettant à froid ou à chaud un coin de fer percé d'un trou à la place de la lumière; du moins il est certain que sous Louis XII on eut recours à ce procédé; car Philippe de Clèves nous apprend *qu'il est grand besoin d'avoir gens qui sachent vérouiller les lumières lorsqu'elles ont été agrandies.* Du temps de Henri II, Vigenère dit qu'on y plaçait, en les fondant, une clavette d'acier. D'après un autre auteur, nous voyons que cette clavette était un morceau de fer, tronc conique dont la base la plus large était placée dans le moule du côté de l'âme de la pièce et la plus petite en dessus; mais il ajoute que les fondeurs se plaignaient beaucoup de la difficulté de la construction. Aussi cela se perdit bientôt, et on se contenta de réparer la lumière en y coulant du nouveau métal, après avoir fortement chauffé la pièce et en perçant une autre lumière dans ce métal. Plus tard, on imagina d'adapter aux bouches à feu, pendant l'opération de la fonte, des *masses de lumière* en cuivre rouge écroui, métal beaucoup moins fusible que le bronze. Enfin, seulement sous Gribeauval, on adopta les *grains de lumière* qui se vissent à froid, ce qui permet de les remplacer facilement.

Indépendamment de la qualité du métal de la lumière, sa position par rapport à l'axe de la pièce a été pendant longtemps un sujet de controverse. Dans les premières bouches à feu le canal de la lumière était perpendiculaire à l'axe de la pièce. Plus tard, on inclina la lumière, afin que le canal aboutît au milieu de la charge. Aujourd'hui la lumière aboutit à deux ou trois lignes en avant du fond de l'âme, et, inclinée de la culasse vers la volée, elle fait avec la verticale un angle de 15°. Cette inclinaison légère est donnée pour que le dégorgeoir atteigne facilement la charge. Si le canal de lumière aboutissait en avant de la poudre, il serait d'abord difficile de tirer à petite charge, et puis le boulet étant déplacé par l'inflammation des premiers grains de poudre avant que toute la charge soit complètement comburée, il y aurait perte de force, car les gaz se développeraient dans un plus grand espace, ce qui diminuerait leur tension; il en serait de même si la lumière venait aboutir au milieu de la charge. La position, en arrière de la charge est donc la plus favorable : elle donne en outre la facilité d'expulser toutes les parties enflammées du sachet. D'après les expériences rapportées par le colonel Piobert, la position actuelle est aussi la plus favorable pour la conservation des pièces.

Longueur, poids des canons, épaisseur du métal, exprimés en calibres.

De même que les architectes avaient pris pour module le diamètre inférieur de la colonne, et les anciens ingénieurs le diamètre des câbles de torsion pour la construction des balistes et des catapultes, de même on prit au quinzième siècle le diamètre des projectiles ou celui des bouches à feu pour la base à laquelle on devait rapporter toutes les autres mesures. D'après le capitaine Moritz Meyer, ce fut en 1540 que Hartmann, de Nuremberg, inventa la mesure en calibre (*scala calibrorum*); mais nous croyons que bien auparavant on avait basé les mesures de l'artillerie sur l'ouverture de la bouche du canon, et nous trouvons dans un compte des guerres de 1431 le mot *kalibre* employé pour désigner le diamètre du boulet. Il était naturel d'évaluer en diamètres toutes les dimensions principales du canon, car le diamètre indiquait le poids du projectile, et partant le poids de la charge de poudre; la charge, à son tour, réglait la longueur du canon, l'épaisseur du métal, et partant le poids de la bouche à feu.

La *charge* dépend non-seulement du poids, mais aussi de la densité du projectile. Lorsqu'on se servait de boulets de pierre, la quantité de poudre était réglée (selon les plus anciens manuscrits) au neuvième du poids du projectile. Lorsqu'on adopta les boulets en fer coulé, la charge de poudre fut égale au poids du boulet. Il en fut ainsi jusqu'à Henri II. Alors la fabrication de la poudre étant améliorée, on réduisit la charge aux deux tiers; puis, en 1740, Belidor la réduisit à la moitié, puis Gribeauval au tiers, et même aujourd'hui il y a en Angleterre et en Hanovre des pièces de campagne dont la charge n'est que le quart du poids du projectile.

La *longueur des pièces* dépend de la charge de poudre, c'est-à-dire de la vitesse d'inflammation de cette poudre et de l'espace que la charge occupe dans l'âme. Car dans une même bouche à feu plus cette charge est considérable, plus elle occupe de place en longueur, et plus par conséquent le chemin que le boulet a à parcourir dans l'âme est diminué. Si on néglige les causes retardatrices, le boulet acquiert d'autant plus de vitesse qu'il reste plus longtemps soumis dans la pièce à l'action impulsive des gaz, et cette action n'aura atteint son maximum que lorsque toute la charge aura été comburée dans le plus bref délai possible; mais comme la tension des gaz diminue à mesure que l'espace dans lequel ils se dégagent augmente et à mesure que la chaleur produite par l'inflammation de la poudre décroît, l'expérience a prouvé que le boulet arrivé à une certaine distance de son point de départ éprouve par les battements contre les parois de l'âme et par la pression atmosphérique une résistance plus forte que l'accroissement de vitesse qu'il acquerrait en restant plus longtemps dans l'âme. Il y a donc une limite de longueur pour chaque calibre, passé laquelle la vitesse initiale du boulet diminue à mesure que la longueur augmente, et cette limite sera d'autant plus rapprochée de la culasse que l'inflammation de la poudre aura été plus rapide. Une foule d'expériences ont été faites sur ce point depuis Charles-Quint jusqu'à nos jours, et on a trouvé que la longueur d'âme la plus favorable était de 17 calibres pour la charge d'un quart, de 18 à 19 pour la charge d'un tiers, de 19 à 21 pour la charge de la moitié. Les courtauts ou canons de 50 de Charles VIII, Louis XII et François Ier avaient 13 calibres de longueur. Le canon de 33, sous Henri II, Charles IX et jusqu'à Louis XIV, avait 20 à 21 calibres de longueur. Par l'ordonnance de 1732 les canons de siège et de place avaient 21 à 23 calibres de longueur, les canons de campagne, de 24 à 26. Dans le système de Gribeauval la longueur des gros calibres resta la même, mais celle des pièces de campagne fut réduite à 17 calibres.

L'*épaisseur du métal* dépend de la force expansive de la poudre, et comme celle-ci diminue à mesure que le boulet se déplace, il est clair que l'épaisseur doit être beaucoup moins grande à la volée qu'à la culasse. Le général Lamartillière prétend qu'il y aurait avantage à donner aux canons la forme d'un cône tronqué régulier, en supprimerait ainsi les renforts et les moulures, ce qui apporterait plus de simplicité dans le moulage, et il avance que la tension des gaz diminuant uniformément, l'épaisseur du métal doit également uniformément aussi. La proposition peut être bonne, mais la raison donnée pour ce changement ne l'est pas, car d'après la loi de Mariotte, qui suppose la tension des gaz proportionnelle à leur densité, il faudrait des ressauts de métal bien plus prononcés que ceux que nous avons aujourd'hui. La première poudre était d'une inflammation très-lente; elle était en pulvérin, au lieu d'être grainée, et, d'un autre côté, les projectiles étant moins denses et par conséquent occupant un plus grand volume, l'épaisseur du métal pouvait être et était en effet beaucoup moins considérable qu'elle ne le fut depuis; mais lorsqu'on commença à grainer la poudre, à faire usage de boulets de fer et à employer de très-fortes charges, on fut obligé de donner beaucoup d'épaisseur aux canons; ils eurent souvent plus d'un calibre d'épaisseur à la culasse. Sous Charles-Quint les canons communs avaient un calibre à la lumière, 7/8 du calibre aux tourillons, et 1/2 près de la bouche. Les canons renforcés avaient à la lumière 1 1/8 calibre, aux tourillons un calibre, près de la bouche 9/16; les canons diminués, 7/8 de calibre à la lumière, 3/4 aux tourillons, 7/16 à la bouche. Mais à partir de cette époque l'épaisseur du métal diminua avec la diminution de la quantité de poudre employée. Dans le système Vallière les épaisseurs du métal furent fixées à un calibre à la lumière, 5/6 aux tourillons, 17/24 à la naissance de la volée, et 11/24 à la partie la plus faible de la volée. Gribeauval réduisit les épaisseurs des pièces de bataille aux proportions suivantes : 19/24 de calibre à la lumière, 2/3 aux tourillons, 1/2 à la naissance de la volée, 3/8 à la partie la plus faible.

Le *poids*, qui dépend de la longueur des pièces et de l'épaisseur du métal, était pour les courtauts de Charles VIII à François Ier de 110 fois le poids du boulet, pour les pièces moyennes, de 208 fois. Le canon de France sous Henri II et Charles IX pesait 150 fois, les petits canons de 250 à 450 fois leurs boulets. Sous Louis XIV les canons de gros calibre pesaient de 190 à 255 fois leur boulet, et les pièces de bataille 300 fois. Dans le système Vallière les premiers pesaient de 230 à 266, et les secondes de 250 à 287 calibres. Dans l'artillerie Gribeauval les pièces de siège pesèrent environ 250 fois, et les pièces de campagne 150 fois leur boulet.

On peut juger par les questions que nous venons d'effleurer combien de problèmes scientifiques a fait naître l'invention, si simple en apparence, de mettre dans un tube en fer ou en bronze une charge de poudre et un boulet, car nous n'avons ignoré que de ce qui a strictement rapport au canon, sans rien dire des autres bouches à feu ni des autres spécialités qu'embrasse l'artillerie, art vaste et complexe, comme l'indique son nom, art qui aujourd'hui s'appuie sur toutes les sciences physiques et mathématiques, et qui ne peut être bien traité que dans des livres spéciaux.

LOUIS-NAPOLÉON BONAPARTE.
Fort de Ham, juillet 1844.

CANON (*Musique*), sorte de fugue perpétuelle, dont les parties, entrant l'une après l'autre, répètent sans cesse le même chant. Autrefois on mettait à la tête des fugues perpétuelles certains avertissements qui indiquaient comment il fallait chanter ces sortes de fugues, ces avertissements, étant les *règles* de ces fugues, s'intitulaient *canoni*, règles, canons. De là, prenant cette indication pour la chose, on a, par métonymie, nommé *canon* cette espèce de fugue.

Il y a plusieurs espèces de canons. Pour les connaître toutes il faut avoir égard, 1° au nombre des parties : le canon peut être à deux, trois, quatre parties, ou davantage; 2° au nombre des solutions; 3° au nombre des voix principales; 4° aux intervalles par lesquels on fait la reprise : il y a des canons à l'unisson, à la seconde, à la tierce, etc.; 5° à la durée de l'imitation : tout canon se compose de façon que la voix suivante répète le chant de la première en entier, et l'autre recommence le chant de nouveau quand la seconde finit, ou bien on le dispose de manière que la voix suivante ne redit le chant de la précédente que jusqu'à une certaine distance marquée, et la pièce finit là; un *canon* de la première espèce se nomme *canon perpétuel* ou *obligé*; le second s'appelle *canon libre* : quand le *canon perpétuel* est composé de manière qu'à chaque reprise on change de ton, et qu'il fait faire par conséquent le tour des douze modes, on l'appelle *canon circulaire* ; 6° à la figure des notes, quand l'imitation des parties se fait par augmentation ou par diminution, laquelle peut être double, triple, etc.; 7° au mouvement : il y a des canons par mouvement contraire, par mouvement rétrograde, et par mouvement rétrograde et contraire; 8° à la quantité des parties : on fait des canons sur un *canto fermo*; on en fait d'autres avec des parties accessoires à la tierce ou avec une partie qui sert d'accompagnement; 9° au temps de la mesure : on fait des canons à contre-temps, dans la classe desquels on peut aussi ranger ceux par imitation interrompue; 10° à la manière d'écrire le canon: 1° on ne met par écrit que la voix principale du *canon*, pour en faire deviner les autres aux lecteurs, ce qui s'appelle *canon fermé*; 2° on y ajoute les voix consécutives à la voix principale, en les mettant en partition, ce qui s'appelle *canon ouvert*. Le *canon fermé* a une inscription pour indiquer la manière dont on doit l'exécuter, ou n'en a pas; quand il n'a pas d'inscription, ou que celle qu'il porte n'est point assez claire, ce qui est fait à dessein, on le nomme alors *canon énigmatique*.

Chacun s'efforçait de montrer son adresse et sa perspicacité dans ces énigmes musicales. C'était le goût des anciens maîtres; ils faisaient une infinité de canons, en s'imposant des conditions bizarres, des difficultés prodigieuses : par exemple, il fallait que toutes les notes blanches de l'antécédent ou de la première voix devinssent noires dans le conséquent, ou la seconde voix devait attaquer, ou que l'on supprimât toutes les noires pour ne laisser que les blanches, etc. Les maîtres se faisaient des défis, et s'envoyaient des canons composés d'après ces conditions, dont ils gardaient le secret. Ils les écrivaient sur une seule ligne, afin que leurs adversaires fussent obligés d'en chercher la solution. Le maître qui refusait le défi ou succombait dans la recherche de la solution du *canon énigmatique* était déshonoré. Je vais citer plusieurs de ces inscriptions ou devises : *Clama ne cesses*, ou *Otia dant vitia*, faisaient connaître que le conséquent devait imiter toutes les notes de l'antécédent, en supprimant les silences; *Nescit vox missa reverti*, ou *Semper contrarius esto*, ou bien *In girum imus noctu ecce ut consumimur igni*, indiquaient que le conséquent devait imiter l'antécédent par mouvement rétrograde. Observez que dans cette dernière devise les lettres prises à rebours forment les mêmes mots qu'en les lisant dans leur sens ordinaire. *Sol post vesperas declinat*, signifiait qu'à chaque reprise le canon baissait d'un demi-ton. *Cœcus non judicabit de colore*, avertissait que les notes noires de l'antécédent devaient se convertir en blanches dans le conséquent, et ainsi de suite. Toutes ces subtilités, du genre des jeux d'esprit rapportés par le seigneur des A c cords, n'allaient guère au but de l'art, mais elles étaient à la mode dans ces temps de pédantisme.

Les canons se montrent encore avec avantage dans la musique d'Église, qui leur a servi de berceau; dans la symphonie, la sonate, le quatuor, les pièces fugitives, les chansons de table, et même dans la musique dramatique. Martini est le premier qui ait introduit les canons dans un opéra, *La cosa rara*. Paër, Rossini et beaucoup d'autres compositeurs en ont mis dans leurs opéras; mais leurs canons diffèrent de celui de Martini, en ce qu'il n'y a que la partie principale qui chante régulièrement; les autres accompagnent après avoir pris le sujet à leur tour. *Celeste man piacata*, quintette de *Mosé*, *Mi manca la voce* quatuor du même opéra, sont des canons de cette espèce, dans un style tout à fait libre. Le trio en canon de *Fanisca*, bien qu'il ait été écrit pour la scène par Cherubini, est d'une régularité parfaite. Après de tels exemples je ne devrais point parler de *Frère Jacques*, donnez-vous : je le cite à cause de sa popularité. *Ma Fanchette est charmante*, des *Deux Jaloux*, est aussi très-répandu. Castil-Blaze.

CANON A VAPEUR. *Voyez* Armes a vapeur (t. II, p. 30), Artillerie, etc.

CANONICAT, c'est la dignité de chanoine, conférant à celui qui en est revêtu le droit de s'asseoir au chœur et une place au chapitre d'une église cathédrale ou collégiale. On a dit autrefois *chanoinie*. Souvent les canonistes ont confondu cette dignité avec la *prébende*, et pourtant elle en différait essentiellement ; le canonicat n'était que le titre ou la qualité spirituelle, laquelle était indépendante du revenu temporel, tandis que la prébende était le revenu temporel lui-même. Longtemps les papes créèrent des canonicats sans prébende, avec l'expectative de la première qui viendrait à vaquer. Mais ces expectatives cessèrent d'être données après le concile de Trente, qui les abolit. Seulement le pape choisissait quelquefois un chanoine sans prébende, quand il voulait conférer dans une église une dignité pour l'obtention de laquelle il fallait être chanoine. Ces canonicats s'appelaient *canonicats ad effectum* ; ce n'était qu'un titre stérile, qu'on nommait aussi pour cette raison *jus ventosum*.

Du temps où les dignités ecclésiastiques menaient au pouvoir, les canonicats étaient fort courus ; ce fut un grand sujet de contestation que de savoir à quel âge on était apte à en être investi. Sauf quelques exceptions locales, il fut admis en principe que cette dignité pouvait appartenir à des mineurs de dix ans, avec droit de siéger au conseil de l'évêque et de participer à l'administration du diocèse. Mais les bâtards ne pouvaient être revêtus d'un canonicat.

CANONIQUE (Droit). *Voyez* Droit canon.

CANONIQUES (Livres), nom qu'on donne, chez les juifs, les catholiques et les protestants, aux livres que la tradition, la synagogue, les conciles et l'autorité des ministres réformés ont décrétés comme la seule règle à suivre dans leur doctrine et leur communion respectives, les livres enfin qui, selon eux, sont la parole de Dieu ; c'est ainsi qu'ils les distinguent des livres contestés, apocryphes et même profanes.

Les livres saints sont divisés en *proto-canoniques* et *deutéro-canoniques*, dont on sépare les *apocryphes*. Par *apocryphes* on entend ici *non reçus dans le Canon*. Le peuple juif avait le premier fixé le sien par l'autorité de la grande synagogue, au retour de la captivité, et ce fut alors par le zèle et les soins d'Esdras que la *Bible*, réunie en un corps d'écritures, prit le nom de *Mikra*, en hébreu *lecture* ; elle comprenait vingt-deux livres, autant que de lettres dans l'alphabet de cette langue. Leur catalogue est tracé dans cet ordre selon Origène : 1° *la Genèse* ; 2° *l'Exode* ; 3° *le Lévitique* ; 4° *les Nombres* ; 5° *le Deutéronome* ; 6° *Josué* ; 7° *les Juges* et *Ruth* ; 8° le premier et le second de *Samuel*, qui ne font qu'un livre chez les Hébreux ; 10° le premier et le second des *Paralipomènes* ; 11° le premier et le second d'*Esdras*, y compris *Néhémie* ; 12° les *Psaumes* ; 13° les *Proverbes* ; 14° l'*Ecclésiaste* ; 15° le *Cantique des Cantiques* ; 16° *Isaïe* ; 17° *Jérémie*, avec *Lamentations* et *Épître aux captifs* ; 18° *Daniel* ; 19° *Ézéchiel* ; 20° *Job* ; 21° *Esther* ; 22° *les Petits Prophètes*. Voilà les livres proto-canoniques. Le peuple de Dieu en avait compté toutes les lettres, de peur d'adultération. Les premiers siècles de l'Église n'eurent point d'autre canon. Flavius Josèphe, saint Épiphane, saint Cyrille de Jérusalem, saint Hilaire, Méliton, évêque de Sardes, qui florissait au second siècle de l'Église, le synode de Laodicée, et par-dessus tout saint Jérôme, l'auteur de la *Vulgate*, sont ici nos autorités. Si quelques Juifs d'aujourd'hui, si les rabbins comptent vingt-quatre livres canoniques, la *Mikra* n'en est pas moins restée intègre depuis Esdras ; c'est qu'ils séparent les Lamentations de Jérémie de ses Prophéties, et le livre de Ruth de celui des Juges ; et comme leur alphabet n'a point subi d'augmentation, ils se servent trois fois de la lettre *jod*, initiale de *Jéhovah*, hommage qu'ils rendent au Dieu de leurs ancêtres. Les Samaritains et les Saducéens ne voulaient reconnaître pour divins que les cinq livres de Moïse : c'était leur Canon. Plusieurs sont de l'opinion que la *canonicité* des livres divins chez les Juifs s'est constituée telle qu'elle est aujourd'hui par la simple tradition et non pas l'autorité de la grande synagogue et les lumières d'Esdras.

On remarquera que les Israélites n'ont reconnu pour authentiques et sacrés que des livres composés en hébreu ; ils ont seulement admis le chaldéen, qui en est un dialecte, et dans lequel Daniel et Esdras, qui ont longtemps séjourné à Babylone, ont écrit des morceaux entiers. Les protestants ont suivi cet antique Canon, le seul Esdras excepté, qu'ils traitent d'apocryphe. Les Juifs enfin ont rejeté de leur Canon tout ce qui n'a pas été écrit dans leur idiome depuis Moïse jusqu'à Artaxercès, roi des Perses. Quelque temps après l'établissement du christianisme, les divisions de l'Église d'Orient et d'Occident nécessitèrent des synodes, qui dans l'origine ne s'accordèrent pas. Dès l'année 397 un concile de Carthage plaça dans le Canon des saintes Écritures des livres que le concile de Laodicée n'y avait pas placés trente ans auparavant. Enfin, le concile de Trente mit fin à ces espèces de schismes, en décrétant canoniques pour l'Ancien Testament les livres suivants, qui sont hors du Canon judaïque : *Tobie*, *Judith*, *la Sagesse*, *l'Ecclésiastique*, deux livres des *Machabées* ; et pour le Nouveau Testament : les quatre *Évangiles*, selon saint Matthieu, saint Marc, saint Luc et saint Jean ; les *Actes des Apôtres*, écrits par saint Luc l'Évangéliste, quatorze épîtres de l'apôtre saint Paul, dont une aux Romains, deux aux Corinthiens, une aux Galates, une aux Éphésiens, une aux Philippiens, une aux Colossiens, deux aux Thessaloniciens, deux à Timothée, une à Tite, une à Philémon, une aux Hébreux, deux épîtres de saint Pierre apôtre, trois de saint Jean apôtre, une de saint Jacques apôtre, une de saint Jude apôtre, et l'Apocalypse de saint Jean apôtre. Cette addition aux Canons des Juifs et ce catalogue des livres du Nouveau Testament forment ce qu'on appelle les *deutéro-canoniques*.

Cette décrétale émane de la quatrième session du très-saint et œcuménique concile général de Trente, le 8 avril 1546. « Voici, dit-elle, les livres sacrés qui ont été dictés par l'inspiration du Christ et sous le souffle de l'Esprit-Saint. Anathème à celui qui refusera de se soumettre à notre décision ! » Le canon de l'Église catholique est resté invariable depuis ce concile, où siégèrent deux cent cinquante évêques ou prélats, parmi lesquels on comptait plus de cent cinquante théologiens fameux assistés de jurisconsultes.

Il est resté quelque indécision dans le Canon des protestants : les calvinistes regardent l'Apocalypse comme un livre non *authentique* sous le rapport de sa divinité ; les luthériens l'acceptent. Dans un temps l'Épître de saint Jacques a été retranchée des Bibles luthériennes ; dans un autre, elle y a été rétablie ; d'ailleurs, Luther laisse là-dessus liberté pleine et entière.

Le concile de Trente a rejeté de l'Ancien Testament le livre d'*Hénoch*, le troisième et le quatrième livre d'*Esdras*, le troisième et le quatrième des *Machabées*, l'Oraison de Manassès, qui est à la fin des Bibles ordinaires ; à la fin de Job, un supplément qui contient une généalogie de Job, avec un discours de sa femme, un psaume de l'édition grecque, qui n'est pas du nombre des cent cinquante ; à la fin du livre de la Sagesse, un discours de Salomon tiré du huitième chapitre du troisième livre des Rois, et autres morceaux moins respectables et importants. Dans le Nouveau Testament, le concile a rejeté l'Épître de saint Barnabé, l'Épître prétendue de saint Paul aux Laodicéens, plusieurs faux Évangiles, plusieurs faux Actes des Apôtres, et plusieurs fausses Apocalypses; le livre d'Hermas, intitulé *le Pasteur*, la Lettre de Jésus-Christ à Abgare, les Épîtres de saint Paul à Sénèque, et d'autres pièces moins connues. Voilà ce qu'on appelle les livres *apocryphes*. DENNE-BARON.

CANONISATION. On appelle ainsi le jugement par lequel le pape déclare la béatitude d'un saint, et autorise le culte qui doit lui être rendu. *Canoniser* un saint n'est autre chose que l'inscrire dans le catalogue de ceux auxquels on rend un culte public, et non pas le faire entrer dans le ciel, comme ont paru le croire certains écrivains. L'Église reconnaît au contraire qu'il est une multitude de bienheureux dont elle ignore les vertus et le nom, et c'est en quelque sorte pour eux qu'elle a institué la fête de tous les saints, afin que ceux qui sont inconnus soient honorés et invoqués comme les autres. L'invocation des saints ayant été admise de toute antiquité dans l'Église, il était nécessaire qu'une autorité compétente se réservât le droit de régler cette invocation, et de déterminer ceux auxquels elle devait être adressée, afin de prévenir les abus que la superstition et l'ignorance n'auraient pas manqué d'introduire. Laisser une telle décision au jugement de chacun, c'eût été ramener l'idolâtrie et les erreurs du paganisme. Chaque famille, chaque personne aurait eu bientôt son saint particulier, qui n'eût pas tardé à devenir sa divinité familière.

Les formes de la canonisation des premiers temps étaient de la plus grande simplicité. Ceux qui avaient versé leur sang pour la foi étant les seuls qui fussent honorés d'un culte public, les actes de leur martyre étaient les seuls titres qu'il fallût présenter. Ces actes, tirés des pièces du procès, ou recueillis par des témoins oculaires, étaient vérifiés par l'évêque en présence de son clergé; on élevait un autel sur le tombeau du nouveau saint, on y célébrait les saints mystères, on inscrivait son nom sur les diptyques sacrés, et on l'invoquait dans le canon de la messe (d'où vint dans la suite le nom de *canonisation*). Après les temps de persécution, on inscrivit à côté du martyr les noms des confesseurs qui avaient souffert pour la foi, ceux des solitaires, des vierges, et en général de tous ceux qui étaient morts en odeur de sainteté. Les métropolitains étaient les juges ordinaires de ces sortes de causes, et leur jugement ne s'étendait point hors des limites de leur juridiction, à moins qu'il ne fût accepté par les églises voisines. Alors le culte du saint acquérait une sorte de célébrité, et finissait quelquefois par devenir général.

Telle fut la pratique de l'Église jusque vers la fin du dixième siècle. La grande facilité de plusieurs évêques, et leur précipitation à juger donnèrent naissance à de grands abus. Les élus qu'ils inscrivirent ne furent pas tous d'une sainteté bien authentique. Alors les souverains pontifes commencèrent à appeler à eux les causes de canonisation, en proposant d'étendre dans toute la chrétienté le culte de certains saints honorés dans quelques églises particulières. La canonisation de saint Ulric, évêque d'Augsbourg, par le pape Jean XV, en 993, fut le premier exemple de cet usage. Toutefois, les métropolitains se maintinrent longtemps encore dans la possession de leur ancien droit; car en 1153 l'archevêque de Rouen ordonna la translation de saint Gauthier, abbé de Pontoise. Ce fut la dernière canonisation épiscopale. Alexandre III, qui monta sur le trône pontifical en 1159, réserva entièrement au saint-siège ces sortes de jugements. Les canonisations particulières, en faveur d'une province, d'un ordre religieux, prirent le nom de *béatification*, et devinrent comme les préliminaires de la canonisation. Peu à peu s'établirent les formes usitées aujourd'hui. On vit les procès de canonisation s'instruire avec cette lenteur qui laisse à l'admiration le temps de se calmer et à la vérité celui d'être connue, avec cette sévérité d'examen qui écarte les faits douteux, et n'admet que ceux que confirment les suffrages unanimes. Un seul témoignage suspect, une seule opposition suffit plus d'une fois pour retarder de plusieurs siècles la canonisation d'un saint, par exemple celle du bienheureux Robert d'Arbrissel. L'abbé C. BANDEVILLE.

Ce n'est pas sans un examen sérieux et sévère que l'Église catholique procède à la canonisation d'un saint. Un procès en règle est instruit à sa mémoire. Deux avocats, dont l'un est dit *avocat de Dieu*, l'autre *avocat du diable* plaident, l'un en sa faveur, l'autre contre lui, devant la congrégation des rites, et après une procédure sans fin, dont les intéressés à la canonisation doivent faire les frais, la canonisation est reçue ou rejetée. On sait que pour être reçue il faut qu'elle s'appuie sur des miracles.

CANONISTE, adjectif qui désigne à la fois l'homme versé dans l'étude du droit canon et les maîtres de la science. Les canonistes les plus célèbres sont : pour l'Orient, Photius, Balsamon, Zonaras et Blastarès; pour l'Occident, Denis le Petit, saint Isidore de Séville, Isidore Mercator, Reginon, abbé de Prum, Burchard, évêque de Worms, saint Abbon, abbé de Fleury, Yves, évêque de Chartres, Gratien, Jean Paul Lancellot de Péronne, auteur des *Institutes du Droit Canonique* insérées d'ordinaire dans les éditions du *Corpus Juris Canonici;* Jean Doujah, auteur d'une excellente *Histoire du Droit Canonique;* Gaspard Ziegler, qui a donné le *Droit Canonique* avec des remarques sur les *Institutes* de Lancellot; Claude Fleury, prieur d'Argenteuil, auteur des *Institutions au Droit Ecclésiastique;* Augustin Barboza, Bernard Zeger van Espen, qui a composé le *Jus Ecclesiasticum universum;* Jean Cabbassut; François Suarez, jésuite, auteur du *Traité des Lois Ecclesiastiques;* Louis Thomassin, oratorien; le cardinal Juan de Torquemada; Diego Covarruvias; Jean Dartis; le cardinal François Zabarella; Panorme ou Nicolas Tudeschi, archevêque de Palerme; Martin Azpilcueta, dit le docteur Navarre; le docteur Philippe Decius; Prosper Fagnan, Paul Lagmann et Ernest Pirhing, jésuites, etc. Ceux qui se sont occupés spécialement du droit canon au point de vue des libertés gallicanes sont : le chancelier Jean Gerson, Jacques Almain, le cardinal d'Ailly, Gilles de Rome, Jean de Paris, Jean Major, Simon Vigor, J. Barclai, René Chopin, François Duaren, Edmond Richer, Pierre de Marca, Bossuet, Antoine Arnauld, Ellies Dupin, les frère du Puy, Pierre Pithou, Charlas, Chrétien Loup, le cardinal d'Aguirre, le frère Jean-Thomas Roccaberti, archevêque de Valence, Alphonse Muzarelli, le cardinal Litta, etc.

Depuis la révolution de 1789 l'étude du droit canon n'est plus en France qu'un sujet de recherches sur les vieilles sources du droit. Néanmoins nous pouvons citer Maultvot, Piales, Larrière, Camus, Lanjuinais, Durand de Maillane, Portalis, Bigot de Préameneu, Henriot, Dupin aîné, Marcadé, comme s'en étant particulièrement occupés parmi nous.

CANONNIER, ce mot, comme le témoigne Furetière, a signifié d'abord officier pointant le canon. Cette acception résultait de l'usage où l'on était de rassembler en temps de guerre des maîtres canonniers. Mais les canonniers sont mentionnés dans l'histoire dès le commencement du quinzième siècle, et même leur nom était plus ancien; ils ont obéi, suivant les temps, aux maîtres de l'artillerie, au grand maître des arquebusiers, aux maréchaux de France. Le rescrit du 22 avril 1411 et celui de janvier 1412 en sont les témoignages. Le même terme a désigné ensuite des militaires faisant partie du personnel de l'artillerie, et une sorte d'artilleurs à la fois bombardiers, canonniers, tireurs d'obusiers. Ce terme vieillit aujourd'hui, et celui d'artilleur est devenu d'un usage beaucoup plus général. Seulement dans l'exercice du tir au canon le canonnier se distingue du *servant*. On a, à diverses reprises, attaché des compagnies de canonniers à des corps d'infanterie.

On voit dans les mémoires de Las Cases Napoléon reprocher aux canonniers de ne pas tirer assez dans les batailles, d'économiser les boulets, et de se chamailler infructueusement de batterie à batterie, en vue d'éteindre les feux de l'ennemi, au lieu de foudroyer les masses d'infanterie. Une partie de ces préceptes étaient donnés par Frédéric II dans son *Instruction à son artillerie*.

On appelle aussi canonnier l'ouvrier fabricant de canons de fusils. C'est un des fâcheux synonymes de la langue militaire. Gal BARDIN.

CANONNIÈRE (*Art militaire*), sorte de tente ou d'abri pour des hommes de troupe, et qui dans l'origine servait, dit-on, à quatre canonniers. Maintenant les canonnières ne sont plus que des variétés dispendieuses et sans objet. Dans le siècle passé un camp de tentes se composait principalement de canonnières, que les règlements concernant ces matières ont nommées *tentes d'ancien modèle*. Leur partie principale ou leur corps était de forme prismatique. La canonnière était soutenue par une traverse à deux montants; elle se terminait d'un côté par un cul-de-lampe, et de l'autre carrément; elle n'avait pas de toit, ou plutôt n'était elle-même qu'une sorte de toit posant à terre. Le côté carré de la canonnière contenait la porte, et se fermait au moyen d'un pan ou prolongement de toile de forme triangulaire qui croisait de six pouces sur le montant antérieur. Une canonnière d'infanterie était destinée à contenir sept à huit hommes de troupe; elle avait, suivant les dernières dimensions, 2^m de haut, 3^m,35 de long (cul-de-lampe compris) et 2^m,00 de large; sa longueur, non compris le cul-de-lampe, était de 2^m. L'ordonnance du 17 février 1753 avait fixé à peu près les mêmes dimensions. Nos tentes couvraient environ 18 mètres de superficie. Celles de Frédéric II n'en occupaient que 15. Les canonnières de cavalerie tenaient 44 mètres de terrain. Les canonnières des officiers et des vivandiers étaient de même dimension que les canonnières de cavalerie. Celles des officiers se recouvraient d'une marquise. Le tarif du 13 novembre 1831 mentionnait les *canonnières* comme étant en toile ou en coutil.

On a appelé jadis *canonnière de rempart*, un créneau, une meurtrière, une embrasure, donnant passage aux petites armes, et permettant de faire feu de l'intérieur d'une forteresse.

Le mot *canonnière*, maintenant passé d'usage, est celui qu'emploient Brantôme et Machiavel, ou du moins les traducteurs de ce dernier écrivain. Rabelais applique ce mot aux *torrions*, ou grosses tours de ces époques. Gal BARDIN.

CANONNIÈRE (*Marine*). Voyez CHALOUPE.

CANOPE ou **CANOPUS**, ancienne ville de l'Égypte, située sur le bras le plus occidental du Nil, fameuse par les habitudes voluptueuses de ses habitants, mais dont le nom disparaît de l'histoire à partir de l'introduction du christianisme en Afrique. On voyait à Canope un temple de Sérapis fort révéré, célèbre, dit-on, par les cures qui s'y opéraient; mais il y a beaucoup d'apparence que l'on se rendait plutôt dans cette ville pour y chercher des distractions et des amusements, comme cela se pratique de nos jours dans beaucoup de lieux de bains, plus renommés encore pour leurs réunions de plaisir que pour les vertus médicinales de leurs eaux. Les anciens, en effet, s'accordent à nous peindre la ville de Canope comme un séjour très-dangereux pour les bonnes mœurs, et où la dissolution était portée au dernier excès. Strabon, parlant de la ville d'Elensis, dans l'Attique, dit qu'on y trouvait un prélude et un avant-goût des usages et de la licence de Canope. Sénèque dit aussi du sage dont il trace le portrait que s'il songe à se retirer, il ne choisira point Canope pour le lieu de sa retraite. Juvénal, voulant marquer combien les mœurs des dames romaines étaient corrompues, dit que Canope même les blâmait :

... Et mores urbis damnante Canopo. (*Sat.* VI.)

Et dans un autre endroit :

... sed luxuria , quantum ipse notavi ,
Barbara famoso non cedit turba Canopo. (*Sat.* XV.

Canope fut néanmoins le siége d'un évêché. On croit que c'était la patrie du poëte Claudien.

Le mythe qui veut que cette ville eût été fondée par *Canopus*, pilote de Ménélas, qui mourut là au retour de Troie et y fut enterré, et plus tard adoré comme Dieu par les Égyptiens, a pour base la tendance constante des Grecs à substituer leurs dieux et leurs fables aux religions des peuples étrangers.

CANOPES ou **CANOBES**, noms sous lesquels on désigne les vases peu élevés, mais au large ventre et au col long et étroit dont se servaient les anciens Égyptiens. La surface en est couverte de têtes d'hommes et d'animaux entremêlées de figures de dieux et de symboles et attributs mythologiques. Il n'est rien moins que prouvé qu'ils représentent le dieu *Canopus*, ni que ce Canopus soit le même que Sérapis. Il semble tout au contraire que la cruche en général a été considérée par les Égyptiens comme un vase sacré, et même qu'elle était un des principaux attributs d'Osiris destiné à représenter symboliquement l'utilité et les bienfaits de l'eau. Ce qui n'empêche pas qu'on ne l'ait aussi donnée pour attribut à d'autres divinités dans lesquelles on honorait la cause de bienfaits analogues. Ce qui le prouve c'est la forme de cruches sous laquelle on représentait les différents dieux.

Il existait diverses espèces de *Canopes*. Les uns servaient à conserver l'eau du Nil, les autres à la purifier; d'autres, enfin, étaient employés comme clepsydres. Il s'en trouve dans plusieurs galeries. On cite surtout le Canope en basalte vert de la Villa Albani et celui en albâtre blanc qu'on voit au Musée Pio-Clémentin.

Il est assez vraisemblable que ce nom de Canope est dérivé de l'ancienne ville de *Canope*.

CANOPUS (*Astronomie*), nom d'une étoile de première grandeur située dans l'hémisphère méridional. Il lui fut, dit-on, donné par les Égyptiens en l'honneur de leur dieu *Canopus*, le pilote d'Isis ou d'Osiris, dont l'âme après sa mort fut mise au rang des divinités et comptée en même temps au nombre des étoiles.

Vitruve dit que c'est celle qui est au bout du gouvernail dans la constellation du navire Argo; ceux qui de la Grèce font route vers le sud, dit-il encore, commencent à l'apercevoir à l'île de Rhodes, c'est-à-dire qu'on ne la voit que vers le 36e degré de latitude nord.

CANOSA, ville de la province du royaume de Naples appelée *Capitanata*, sur l'Ofanto, avec une population de 4,000 âmes, est le *Canusium* des anciens, fondé par des Grecs en Apulie, et qui jouit jusqu'à l'époque de la seconde guerre punique d'une grande prospérité dont témoignent encore aujourd'hui les débris d'un arc de triomphe et d'un amphithéâtre. Canosa est récemment devenue célèbre par les nombreux taillés dans le roc que Millin et d'autres découvrirent en 1812 dans les environs. Les vases, les armes et les ustensiles qu'on y trouva ornent aujourd'hui le Musée royal de Naples. Les peintures dont ces vases sont ornés ont rapport au mystérieux culte gréco-italique des anciens habitants de cette contrée. Consultez Millin, *Description des tombeaux de Canosa* (Paris, 1813, avec planches).

CANOSSA, ancien château-fort, célèbre au moyen âge, mais dont il n'existe plus aujourd'hui que des ruines, était situé dans le bourg du même nom, non loin de Reggio, dans le duché de Modène. En 951, Adélaïde, veuve du roi Lothaire, ayant offert à l'empereur Othon le Grand sa main et la couronne d'Italie, y fut assiégée par Béranger II. Au onzième siècle ce château appartenait à la comtesse Mathilde de Toscane, l'amie de Grégoire VII. Ce fut là qu'en 1077, l'empereur Henri IV donna au pape les preuves de la soumission la plus humble.

CANOT, barque légère et ordinairement fort petite. Il est des canots de bien des espèces, de dimensions bien différentes, de constructions très-variées, et qui sont appropriés à des usages multipliés. C'est surtout chez les peuples encore dans l'enfance de la civilisation que l'on retrouve presque constamment cette sorte d'embryon, cette ébauche, ce premier jet de la construction navale. Mais les nations plus avancées dans les arts et la vie sociale n'ont pas dédaigné parfois d'emprunter à cette nature encore informe, incomplète et brute, des modèles que la nécessité et l'absence de moyens plus développés avaient portés chez les sauvages à un point de perfection relative.

Le Canadien, le sauvage des parties intérieures des États-Unis, construisent un canot avec l'écorce de gigantesques bouleaux séculaires; et les sutures, dans cette économique et facile construction, se font avec des fibres végétales, qui par leur nature n'exigent aucun des procédés du rouissage, de la filature et du commettage. Ces canots, d'une extrême légèreté, et que le tissu résineux de l'écorce du bouleau rend jusqu'à un certain point imperméables à l'eau, sont extrêmement commodes au sauvage ou au commerçant en fourrures et pelleteries qui en a adopté l'usage sur les grands fleuves et les lacs intérieurs du nord de l'Amérique Cette longue et ennuyeuse navigation est fréquemment interrompue par des *chutes*, ou espèces de cataractes. Dans ce cas le navigateur s'arrête, parcourt à pied un mince trajet sur les côtés de l'obstacle qu'il a rencontré, et cependant l'extrême légèreté de son vaisseau lui permet de le charger à dos pour le remettre à flot à la partie supérieure de la cataracte. C'est là le service des *portages* du navigateur sur le Mississipi, l'Ohio et le Missouri.

Sur les côtes du Groënland et autres régions hyperboréennes, les naturels du pays connaissent un mode de construction qui offre encore plus de légèreté, mais surtout beaucoup plus de solidité et de durabilité pour les canots. Ici la matière de la barque, le gréement, les fibres qui servent à la suture des pièces, tout, jusqu'à l'espèce de membrure sur laquelle les côtes s'appuient en tête et en queue, est emprunté aux fanons de la baleine convenablement appropriés et refendus.

Dans toutes les îles de l'Océanie nos voyageurs européens ont pu observer une innombrable variété et une exquise appropriation aux besoins divers, dans la matière, le mode de construction et les formes de ces barques légères si multipliées qui offrent aux insulaires des moyens de communication entre eux, et surtout des moyens d'attaque et de défense de peuplade à peuplade. Les Européens doivent d'ailleurs le reconnaître, c'est à la mer du Sud qu'ils ont emprunté cette idée en apparence si simple des barques insubmersibles, qui consistent dans l'accouplement de deux canots au moyen de strapontins jetés de l'un à l'autre en proue et en poupe. Tel est le *double catimaron* des îles de la mer du Sud.

La race des sauvages Galibis, naturels des bouches de l'Orénoque et de l'Amazone, était habile dans la construction des canots creusés dans un tronc d'arbre. Les Caraïbes des îles de l'Archipel américain n'excellaient pas moins dans ce genre de construction, et si l'on vient à examiner la forme qu'ils savaient donner à ces barques, l'art avec lequel elles étaient ce que techniquement on appelle *espalmées*, on ne peut se défendre d'admiration et d'étonnement en remarquant une application judicieuse de données qui ne sembleraient devoir résulter que des savants calculs et des observations dont la résistance des fluides, qui ont occupé si laborieusement les géomètres staticiens. Tant il est vrai que les théories savantes servent plus souvent à expliquer l'art qu'elles ne sont propres à lui donner naissance!

Pour ce qui est des dénominations diverses, l'on connaît le petit *canot de pêche (fishing-boat)*. Si l'on y fixe vers le milieu de la longueur une gaule, en forme de mât, qui porte une petite voile carrée pour se dispenser de ramer à la pagaye, le canot prend le nom de *pirogue*. Dans le cabotage aux Antilles, d'île à île, les sloops, goëlettes, bateaux consacrés à cette navigation, sont munis, pour le débarquement sur la plage, d'un canot hissé à bord, et sou vent d'un autre plus grand, appelé *chaloupe*. Le petit canot est le *yawl* des Anglais (francisé en *yole*) ou *jolly-boat*, et notre c h a l o u p e est leur *long-boat*. En général, tout ce que nous appelons canot, les Anglais l'appellent *canœ*; mais c'est uniquement pour eux un terme de relations et de voyages. Le canot des peuples civilisés est dans leur langue un *boat*
Pelouze père.

CANOTIER. Depuis un temps immémorial les Parisiens (*nautæ Parisiaci*) se croient une aptitude singulière à diriger une barque sur le *perfide élément*; n'ont-ils pas, ces bons Parisiens, une *nef* dans leurs armes parlantes? Quand les Normands, dans leurs grossières pirogues, arrivèrent sous les murs de la ville, ils aperçurent, dit l'histoire, une nuée de bateaux qui fuyaient devant eux. C'était à coup sûr les canotiers de ces temps reculés. Le *canotage* n'est donc pas une passion nouvelle; cependant comme le goût pour la vie aventureuse que l'on mène entre le pont de Bercy et le pont de Chatou, a fait depuis quelques années d'immenses progrès, et qu'il semble devoir rester l'un des traits particuliers à notre époque, il convient d'en parler ici à ce titre.

Le canotier appartient à toutes les classes de la société. Ordinairement esclave de quelque fonction ou de quelque industrie, échappé aux ennuis de l'école, de l'atelier ou du magasin, il est empressé de jouir de sa liberté et de se retremper dans les brumes du fleuve. Il dépouille son paletot, revêt avec orgueil la vareuse, se munit du *brûle-gueule* indispensable et se met en campagne ou plutôt en rivière, ramant comme un forçat, et fumant sans désemparer de peur du scorbut. Quant au costume, les uns portent fièrement leurs vareuses goudronnées, les autres vont couverts de peaux de bêtes; ceux-ci se parent de camisoles rayées de rouge et de blanc, ceux-là, plus coquets, plus prétentieux peut-être, apparaissent avec l'uniforme de l'aspirant de marine, c'est-à-dire avec la veste de drap bleu aux ancres d'or, avec la casquette garnie de sa gourmette, avec la chemise au col bien rabattu. A cet élégant *flambard d'eau douce* il ne manque, pour faire peur à l'Anglais, que les aiguillettes et le poignard du lieutenant de vaisseau. Tous sont affublés de fantastiques sobriquets, tels que l'Araignée, l'Écureuil, Grain-de-sel, Fil-de-fer, Goliath, etc. Ils aiment à se donner une nationalité factice : les uns arborent le pavillon américain, les autres le pavillon anglais, ceux-ci le pavillon grec; ceux-là consentent à rester français. Même manœuvre qu'à bord des navires de guerre : le commandement se fait au sifflet, il y a un porte-voix pour le capitaine. En un mot, ils se prennent tout à fait au sérieux.

On écrirait des volumes avec toutes les plaisanteries qu'on a faites ou qu'on fera sur leur compte; mais elles n'ont aucune prise sur leur superbe dédain.

Horace a eu bien raison de dire

> Illi robur et æs triplex
> Circa pectus erat, qui *fragilem* truci
> Commisit pelago ratem
> Primus......

Le triomphe du canotier ce sont les r é g a t e s d'Asnières; on l'a même vu leur préférer avantage à celles du Havre; son lieu de relâche favori est la *Taverne des Canotiers* à Bercy, vaste établissement tenu par un vieux loup d'eau douce, où l'on cultive à la fois la matelotte, le petit vin à huit sous, la musique fluviatile et la poésie maritime. N'allez pas croire cependant que l'existence de canotier soit exempte de périls; parfois la tempête s'abat sur le pont du frêle navire; les typhons de Saint-Ouen, le mistral de Saint-Maur viennent mettre en danger la légère embarcation ; souvent tous les efforts sont inutiles, l'esquif chavire, il faut gagner la rive à la nage, heureux si en touchant la terre, l'équipage se trouve encore au complet. La vie du canotier se passe en défis audacieux, en luttes de vitesse, en prouesses inouïes. Un jour c'est l'arche du Diable que deux embarcations rivales franchissent en pirouettant ; une autre fois il s'agit de remonter la Marne : voyez-les ces intrépides jouteurs courbés sur les urs avirons, en compagnie de hardies *canotières* qui par leur présence redoublent leur ardeur. Le pari est quelquefois important ; mais le canotier est Français, et c'est avant tout *pour la gloire et pour son amie* qu'il veut être vainqueur. Il est triste d'ajouter que les nombreuses libations que l'on s'est permises dans le but de faire de la couleur locale, dans l'espoir de passer pour de vrais flambards, entrent pour beaucoup dans les trop fréquents accidents qui arrivent sur la Seine. Ainsi donc, capitaines, prêchez la sobriété à vos équipages, mille millions de sabords ! Le vrai marin attend qu'il soit à terre pour se livrer à l'orgie et à l'ivresse.

Quant aux embarcations qui sillonnent la Seine montées par nos braves canotiers, il y en a de plusieurs espèces : des yoles, des péniches, des gigs, des cutters, des lougres, des goélettes, voire même une pirogue baleinière qu'on nomme *le Cachalot*. La plupart de ces embarcations sont construites de manière à recevoir des voiles ; quelques-unes cependant sont manœuvrées avec l'aviron ou *à la godille*, c'est-à-dire au moyen d'un aviron placé à l'arrière et employé seul à faire marcher le bâtiment.

Londres compte plusieurs clubs dont les membres possèdent en commun ou individuellement des yachts plus ou moins élégants, plus ou moins bien équipés, avec lesquels ils vont croiser dans la Manche, dans le canal Saint-Georges, dans le petit ou dans le grand Minch, abordant tour à tour sur les côtes de Jersey, de l'île de Man, des Hébrides et des Orcades. Munis de toutes les ressources que procure l'argent, ces hardis touristes vont chercher sur la mer les émotions qu'on ne rencontre guère plus souvent sur le pavé du West-End que sur l'asphalte du boulevard des Italiens. Ils découvrent des déserts, où ils renouvellent l'histoire de Robinson Crusoé ; ils boivent du vin de Champagne sur des rochers battus par les flots, tirent des mouettes ou même des aigles sur des rivages déserts, et, au bout de quelques mois, reviennent chez eux avec une ample provision de souvenirs maritimes. Nos canotiers parisiens ne font pas encore de ces prouesses. L'argent et le temps, non le courage, leur manquent pour entreprendre ces lointaines expéditions ; mais il ne faut pas désespérer de les voir un jour dépasser le port d'Asnières pour aller dans les mers du nord échanger de joyeux toasts avec les *yachtmen* de Londres. Oui, la paix du monde sera pour toujours assurée lorsqu'un flambard de la Seine aura fumé une *bouffarde de caporal* sur le bord de la Tamise à la hauteur des îles Lewis ou des îles Shetland.

W.-A. DUCKETT.

CANOVA (ANTOINE), né le 1ᵉʳ novembre 1757, à Passagno, village du royaume Lombardo-Vénitien, appartenait à une famille d'artisans livrée à l'exploitation d'une fort belle pierre du pays qui sert aux travaux de construction et d'ornement. Son père étant mort très-jeune, sa première éducation fut confiée à son aïeul, d'autres disent à son oncle. Aussitôt que l'enfant eut la force de porter une masse et un ciseau, on lui donna de la pierre à travailler. Son assiduité, l'intelligence et la facilité remarquable dont il faisait preuve, attirèrent sur le jeune Canova l'attention du sénateur vénitien Jean Falieri, qui habitait une villa voisine de Passagno. Celui-ci, s'intéressant de plus en plus à cet enfant, plaça son protégé, alors âgé de quatorze ans, chez un sculpteur assez vulgaire de Bassano, nommé Torreti. Deux ans après, ce sculpteur transféra son atelier à Venise ; circonstance qui fut pour Canova une bonne fortune, car elle permit au jeune artiste d'étudier quelquefois d'après la nature vivante et le mit à même de remporter plusieurs prix à l'Académie. En même temps, la vue des monuments de la reine de l'Adriatique lui procurait, dans un âge encore tendre, ces inspirations qui font souvent éclore le goût des arts et qui le développent toujours. Deux ans après son installation à Venise, Torreti mourut, laissant un neveu, Giovanni Ferrari, qui pendant une année continua les leçons de son oncle ; mais à l'école de ces deux praticiens Canova n'avait guère appris qu'à travailler le marbre ; dans l'art proprement dit, comme tant d'autres artistes illustres, à partir de Raphael, il ne fut élève que de lui-même.

Tous les biographes s'accordent sur ce point que Canova venait d'atteindre sa dix-septième année lorsqu'il entreprit son premier ouvrage : seulement les uns disent que ce sont deux corbeilles de fleurs que l'on conserve encore à Venise, tandis que d'autres prétendent que le premier jet de son génie se révéla dans les statues d'*Orphée* et d'*Eurydice*, qu'il offrit à son protecteur. Quoi qu'il en soit, c'est de dernier travail qui put faire pressentir ce que son auteur deviendrait un jour ; aussi fut-il suivi de plusieurs commandes, dont les plus importantes furent les groupes d'*Apollon et Daphné* pour le procurateur Louis Rezzonico, de *Céphale et Procris*, de *Dédale et Icare* pour Marc Pierre Pisani, etc. Les Padouans, voulant honorer le savant qui avait répandu tant d'éclat sur leur ville, demandèrent la statue de Poléni au ciseau, déjà habile, de Canova. Tous ces travaux lui ayant procuré quelque argent, l'artiste, désireux d'étudier les chefs-d'œuvre de l'antiquité, partit pour Rome au mois d'octobre 1779. Falieri le recommanda au comte Zulian, ambassadeur de Venise auprès du Saint-Siége, et de plus lui fit obtenir du gouvernement vénitien une pension annuelle de cent ducats pour trois années.

Grâce à cette bienveillante protection de Falieri, Canova put aller visiter Herculanum et Pompéi, où il s'initia dans la connaissance de l'art antique. C'est à son retour qu'il exécuta son premier ouvrage en marbre, une statue d'*Apollon*, dont il fit présent au sénateur vénitien Rezzonico, qui avait aussi encouragé ses débuts dans la carrière. Définitivement fixé à Rome, il fit sortir d'un bloc de marbre qui lui avait été donné par le comte Zulian, son *Thésée vainqueur du Minotaure*. Ce beau groupe, aujourd'hui à Vienne, parut en 1783 ; il fut accueilli par l'approbation universelle, et alors commença cette renommée de l'artiste italien qui est allée grandissant sans obstacle, et s'est maintenue par une succession de chefs-d'œuvre jusqu'à la fin de ses jours.

A partir de cette époque l'histoire de Canova est dans ses œuvres. Les seuls événements remarquables de sa vie se rapportent à deux voyages qu'il fit à Paris. Dans le premier il reçut des artistes l'accueil le plus distingué. Le peintre Gérard fit son portrait. L'Académie des Beaux-Arts se l'associa, et il assista à plusieurs séances de l'Institut comme un de ses membres. Rappelé en France quelques années après pour faire la statue-portrait de l'impératrice Marie-Louise, il en plaça la tête sur une figure de la *Concorde*.

Mais après le désastre de Waterloo les différents États de l'Europe, spoliés de leurs richesses artistiques par l'abus de la conquête, les revendiquèrent, et Canova fit le voyage de Paris une troisième fois, muni des pouvoirs du pape pour reprendre les dépouilles de Rome. On ne peut blâmer le zèle qu'il déploya alors pour faire rentrer dans sa patrie les chefs-d'œuvre qui en avaient fait longtemps l'ornement ; mais il peut être permis de rappeler que la hauteur avec laquelle l'artiste remplissait ses fonctions diplomatiques lui attira plusieurs désagréments, dont il crut devoir se plaindre. Le ministre français auquel il adressait ses vives réclamations ne paraissant pas adopter tous ses griefs, notre Italien crut pouvoir lui représenter que dans cette circonstance il était *ambassadeur* du pape. « C'est *emballeur* que vous voulez dire, lui répliqua spirituellement le ministre, « en jouant sur les expressions italiennes. Mais à son retour à Rome Canova fut amplement dédommagé de ces désagréments par les honneurs de toutes espèces dont il y fut accablé. Le pape déclara qu'il avait bien mérité de la ville de Rome, fit inscrire son nom sur le Livre d'Or du Capitole, et, par une lettre autographe, lui conféra le titre de *marquis d'Ischia*, avec une pension annuelle de trois cents scudi.

Comblé de tant de faveurs, Canova résolut de réaliser le projet qu'il avait conçu depuis longtemps, celui d'élever à Passagno, sa patrie, un temple, dont il voulut être lui-même l'architecte et dont il emprunta les principaux motifs à deux monuments de l'antiquité, le Parthénon d'Athènes et le Panthéon de Rome. La première pierre en fut posée par lui le 11 juillet 1819, et chaque année il venait célébrer cet anniversaire. Déjà il avait composé les bas-reliefs des métopes; et comme il cultivait la peinture, il terminait pour l'intérieur un grand tableau d'autel, *le Christ déposé de la Croix*, lorsqu'une maladie qu'il avait contractée dans son assiduité au travail le força de s'arrêter. C'est en vain qu'il espéra trouver dans l'air natal quelque amélioration. Il se fit alors conduire à Venise, pour y avoir les secours d'habiles médecins; mais l'affection était arrivée à son dernier période. Il mourut dans cette ville, le 13 octobre 1822. L'Europe et l'Amérique concoururent à lui faire ériger, en 1827, un mausolée en marbre dans l'église *de' Frati*, à Venise. On a pris pour modèle de ce monument celui que le célèbre statuaire avait composé en l'honneur du Titien, et qui n'avait pas été exécuté. Enfin le pape Léon XII lui fit élever dans le Capitole un monument commémoratif.

Pour donner une idée du talent de Canova, rappelons *l'Amour et Psyché couchés*, où l'artiste toucha, a-t-on dit, les confins de la volupté, par l'expression difficile et tout à fait nouvelle d'un de ces moments fugitifs qu'il n'est donné qu'au génie de pouvoir saisir à l'instant même de l'action. Dans un autre genre, citons le mausolée de Clément XIII, ceux de Clément XIV et de Pie VI, immenses et magnifiques travaux exécutés avec une facilité prodigieuse. La *Madeleine repentante* a été en quelque sorte vulgarisée par la gravure qui l'a reproduite à l'infini : c'est peut-être de toutes les œuvres de Canova celle où il s'est montré le plus créateur et où il'on rencontre l'expression la plus naturelle de son gracieux génie. Le même artiste, auteur aussi de cette délicieuse figure d'*Hébé*, se révèle encore sous une autre face dans son *Hercule jetant Lycas à la mer* et dans ses deux athlètes *Creugas et Damoxène*. Pouvons-nous passer sous silence cette *Vénus italique*, qui à Florence remplaça la *Vénus de Médicis*, dont cette ville avait été dépouillée par nos armées? A la même époque Rome plaçait sur le piédestal vide de l'*Apollon du Belvédère* une autre statue de Canova, *Persée tenant la tête de Méduse*, et à l'occasion de cette statue le pape rétablit en faveur de Canova la charge d'inspecteur général des arts et de conservateur des antiquités dans les États Romains, créée par Léon X pour Raphaël. Faut-il citer encore les *trois Grâces*, *Psyché le papillon*, *Mars et Vénus*, la *Naïade s'éveillant au son de la lyre*, *Terpsichore*, les statues de la mère de Napoléon, de la princesse Borghèse, de la princesse Élisa, de Washington.... Mais nous ne devons pas pousser plus loin cette énumération, car le nombre des ouvrages de Canova est considérable. Il a sculpté de sa propre main cinquante-trois statues, douze groupes, quatorze cénotaphes, huit grands monuments, sept colosses, deux groupes colossaux, cinquante-quatre bustes, vingt-six bas-reliefs (un seul a été exécuté en marbre); en tout cent soixante-seize ouvrages complets. On ne compte pas ici la multitude d'études, de dessins d'architecture, de modèles qu'il a laissés. Pour connaître l'œuvre de Canova, il faut lire le savant ouvrage de Quatremère de Quincy : *Canova et ses Ouvrages, ou Mémoires historiques sur la vie et les travaux de ce célèbre artiste* (Paris, 1834, in-8°).

On remarque dans la manière de travailler le marbre de Canova une tendance visible à produire avec cette matière la netteté et le brillant de l'émail. Non content de donner à la superficie du marbre, à l'aide de la lime et de la pierre-ponce, le poli le plus délicat, ainsi que l'éclat le plus doux, il avait inventé une espèce d'enduit tirant sur le jaune, préparé avec de la suie, qu'il appliquait sur le marbre après le dernier poli, afin de rompre cette blancheur éblouissante et de lui donner à l'œil la douceur et la délicatesse de l'ivoire ou de la cire. Cet adoucissement est néanmoins peu apprécié par les vrais connaisseurs. Un ingénieux critique a écrit en parlant de Canova : « On dirait qu'il cherche à peindre avec le marbre. » Du reste, ses qualités les plus éclatantes furent la grâce, le fini de l'exécution et l'harmonie des contours. Sa théorie artistique peut se résumer dans quelques-unes de ces paroles, que rapporte Missirini : « Dans le cours ordinaire de la vie, j'ai toujours vu les hommes d'un caractère aimable et gracieux prévaloir sur les hommes sévères : la grâce a un attrait tout puissant pour conquérir les cœurs. Il en est de même dans le monde de l'art. Mais si l'on n'est pas naturellement porté à aimer et à exprimer la grâce, il vaut mieux cultiver l'art austère, *qui a aussi sa gloire.* »

Comme artiste, on ne peut mieux comparer Canova que Mengs : tous deux ont retiré leur art du degré d'abaissement où il était tombé par la corruption du bon goût, tous deux rivalisèrent de zèle; seulement, le talent du sculpteur italien fut plus fécond, plus souple et plus expressif. Comme homme, le caractère de Canova n'était pas moins digne d'estime. Il était actif, infatigable, ouvert, doux, sociable et bon envers tout le monde; il ne connaissait ni l'envie ni la jalousie, et était fort modeste, quoique sa gloire s'étendit sur toute l'Europe; il joignait au plus pur désintéressement la pratique de la plus noble bienfaisance; il encourageait les jeunes artistes, et instituait des prix pour exciter leur émulation; en un mot son caractère était tel qu'il n'y avait qu'une voix même parmi les envieux de l'artiste sur les qualités de l'homme privé.

Il a été publié en Italie divers recueils in-folio de planches d'après Canova; les *Opere descritte da Isabella Albrizzi* (Pise, 1821) forment 5 volumes in-8°, avec 125 planches au trait. Un autre ouvrage du même genre a paru à Venise, in-4°. En France, M. Réveil a publié les œuvres de Canova, in-8°, 100 planches, avec un essai de Latouche sur le célèbre sculpteur. Les Anglais possèdent un travail analogue, mis au jour par M. Moses (Londres, 1824 ; 3 vol. in-8°, 148 planches). Parmi les biographies de Canova, il faut distinguer celle qu'a écrite l'illustre historien de la sculpture, le comte Cicognara (Venise, 1825, in-8°).

CANSTEIN (CHARLES-HILDEBRAND, baron DE), né à Lindenberg, en 1667, et mort à Halle, en 1719, s'est rendu célèbre dans l'Allemagne protestante par la fondation d'une institution destinée à répandre la Bible parmi les classes peu aisées. Ancien page de l'électeur de Brandebourg, le baron de Canstein avait ensuite pris du service dans les Pays-Bas, où il avait mené la vie dissolue des camps. A la suite d'une longue et grave maladie, il se retira à Halle, où il se lia avec un célèbre prédicateur, qui le convertit. Néophyte ardent, il n'eut plus désormais qu'un désir, celui de répandre parmi ses contemporains les sentiments mystiques qui débordaient son âme. La propagation de la Bible lui parut le meilleur moyen d'atteindre ce but; et son entreprise, qui subsiste encore aujourd'hui, et qui est connue sous le nom d'*Institution biblique de Canstein*, fondée tant au moyen de ses sacrifices personnels qu'avec le produit d'une souscription, obtint un succès énorme. Elle a en effet successivement imprimé, depuis l'époque de sa fondation jusqu'à l'année 1850, dans divers formats, et vendu à des prix très-modérés, 4,799,317 exemplaires des Saintes Écritures, dont 1,178,635 exemplaires du Nouveau Testament en allemand;

plus 10,350 exemplaires de la Bible et 15,250 exemplaires du Nouveau Testament en langue bohême. Le produit des ventes, qui s'élèvent annuellement à 55,000 Bibles et à 5,000 Nouveaux Testaments, est toujours exclusivement employé à la réimpression du livre sacré ; ce qui assure l'existence de l'institution. Par ces courts détails on peut voir que l'établissement des *sociétés bibliques* dont les Anglais sont si fiers n'a été que l'imitation de ce que le baron de Canstein avait fondé près d'un siècle auparavant en Allemagne.

CANTABILE, adjectif italien, qui signifie *chantable*, *chantant*, ce qui est fait pour être chanté, c'est-à-dire l'espèce de morceau où l'on doit réunir tous les moyens, toutes les séductions, tous les ornements du chant ; le mouvement qui lui appartient est très-lent. On trouve des modèles du *cantabile* pour la musique vocale dans les ouvrages des maîtres anciens et modernes, tels que Leo, Vinci, Caffaro, Piccini, Sacchini, Jomelli, Gluck, Mozart, Cimarosa, Spontini, Paer, Rossini.

Un morceau de musique tel que le *cantabile* est le plus difficile qu'on puisse exécuter ; aussi il n'appartient qu'aux grands talents de le bien chanter, car il exige les qualités de la voix les plus parfaites, et l'emploi le plus sévère des règles du chant. Les qualités requises pour bien exécuter le *cantabile* sont : 1° de posséder parfaitement l'art de filer les sons, de savoir bien prendre et de retenir longtemps la respiration, car c'est dans ce caractère surtout qu'on doit employer souvent la mise de voix ; 2° d'exécuter les phrases de chant, les agréments et les traits avec expression et avec la noblesse qui distingue ce caractère de tous les autres ; 3° enfin, de mettre beaucoup de moelleux dans le port de la voix. Le style du *cantabile* exige que tous les traits, et spécialement les agréments qu'on y emploie, soient exécutés d'une manière large et analogue à la valeur du mouvement de ce caractère, c'est-à-dire qu'ils soient articulés plus lentement que partout ailleurs, mais sans pesanteur, sans leur faire perdre l'élégance, la légèreté et l'expression qui leur sont propres.

Chanter parfaitement le *cantabile*, c'est se montrer très-habile à exécuter tous les morceaux lents ; car aujourd'hui le mot *cantabile* n'est plus en usage pour la désignation des premiers mouvements de nos airs. *Andante, andantino*, tels sont les termes dont Rossini et ses confrères se servent.

CASTIL-BLAZE.

CANTABRES, ancien peuple d'Espagne, dans la Tarragonaise, vers les sources de l'Èbre, à l'est des Asturies, entre les Pyrénées et l'Océan, et dont le territoire correspondait à ceux de la Navarre, de l'Alava, du Guipuzcoa et de la Biscaye. Ils luttèrent pendant trois siècles contre la puissance romaine avec un courage et une persévérance que rien ne put abattre. Agrippa seul parvint à en dompter une faible portion sous le règne d'Auguste. Mais le gros de la nation se réfugia dans ces montagnes les plus escarpées, où les Cantabres conservèrent leur liberté, leur indépendance, en bravant le vainqueur. D'autres, cernés par des forces supérieures, s'entretuèrent avec leurs vieillards, leurs femmes et leurs enfants, aimant mieux périr avec gloire que vivre dans la servitude.

On donnait autrefois le nom de *monts cantabres* à la chaîne asturique, qui n'est que le prolongement occidental des Pyrénées, et celui de *mer cantabrique* à la partie de l'Océan qui baigne les côtes septentrionales de l'Espagne habitées jadis par les Cantabres. Les Basques actuels, des deux versants des Pyrénées, se glorifient avec raison de descendre des Cantabres.

CANTACUZÈNE. Voyez KANTAKUZÈNE.

CANTAL, groupe de montagnes, situé à peu près au centre de la France, et qui a donné son nom à un département, est remarquable à plus d'un titre. L'homme du monde qui va pendant la belle saison cherchant des contrastes à la vie des cités s'arrête avec plaisir au sein de ces montagnes, assez hautes, assez difficiles pour exciter son amour-propre de voyageur, assez abordables, assez habitées pour ne pas décourager sa curiosité. Le Plomb du Cantal s'élève à 1857 mètres au-dessus du niveau de la mer, et c'est, après le Puy de Sancy dans le Mont Dore, la plus haute sommité de la France centrale ; quoiqu'il domine tout le groupe, et que la vue s'étende de cette station à plus de 100 kilomètres à la ronde, la plupart de ses pentes sont si douces qu'on peut parvenir à cheval jusqu'au sommet, et qu'une ancienne route, attribuée aux Romains, comme tous les travaux dont l'origine se perd dans la nuit des temps, passe sur le plateau qui le couronne. L'aspect de ces montagnes n'est pas rude, hérissé, terrible, comme celui des Pyrénées ; mais la verdure qui les couvre presque entièrement, leurs formes généralement arrondies et l'isolement du massif largement assis sur une base peu élevée, leur donnent un air à la fois doux et majestueux. Dans les vallées profondes qui en sillonnent le centre ou qui s'échappent de leurs flancs, les pâturages s'entremêlent gracieusement aux bois de hêtres et de sapins, des eaux limpides tombent en cascades, et des rochers aux formes bizarres se prêtent aux caprices de l'imagination la plus fantastique. Mais ce que ces vallées offrent peut-être de plus singulier, c'est de n'être peuplées à certaines époques que de femmes, d'enfants et de vieillards. Le laborieux et avide Auvergnat est sur les montagnes occupé à recueillir le lait aromatisé de ses nombreuses vaches et à préparer dans les *burons* (c'est le nom des chalets en Auvergne) les fromages justement renommés du Cantal ; ou bien il a été mettre sa force et son industrie au service de quelque grande ville, Paris ou Londres, Amsterdam ou Madrid. Peu lui importe le pays, pourvu qu'il gagne, et ce qu'il gagne il ne sait que le dépenser. Aussi l'aisance est-elle générale dans ces vallées, et le voyageur n'apprend pas sans surprise que la modeste maison dans laquelle il vient de recevoir une hospitalité à la fois bienveillante et questionneuse possède un capital considérable.

C'est surtout comme témoin irrécusable d'une *volcanicité* qui remonte bien loin au delà de toutes les traditions humaines, que le Cantal est digne d'attention. Le centre du groupe est occupé par un cratère de plus de 9 kilomètres de diamètre, auquel sont accolés quelques cratères plus petits. Tous les produits ordinaires des volcans, scories, ponces, conglomérats, coulées de laves, se sont amoncelés en montagnes autour de cette vaste cavité, et quoique depuis la formation de ce volcan des commotions nouvelles aient parcouru la terre, assez puissantes pour ébranler les plus solides édifices de la nature, on peut cependant distinguer encore plusieurs périodes d'éruption, assez bien caractérisées par la différence de leurs produits. Les recherches les plus récentes ont compté trois périodes de trachytes, une de phonolites, deux au moins de basaltes. Ces matières n'ont pas été rejetées alternativement ; le désordre apparent dans lequel elles se trouvent révèle à un œil attentif une succession de changements graduels dans le travail des laboratoires souterrains où circulent et se mêlent sans cesse les matériaux des laves sous l'influence de l'ignition centrale du globe. Les débris de végétaux calcinés et les traces de lacs intérieurs à plusieurs niveaux prouvent que les éruptions ont été séparées par d'assez longs intervalles pour que la végétation ait pu reprendre possession des flancs du cône volcanique, et l'eau, de sa cavité centrale. Ce volcan éteint, dont les dimensions dépassent celles de presque tous les volcans actifs des temps historiques, est un des anneaux qui lient les phénomènes actuels aux phénomènes immenses dont la terre a été dans un passé très-lointain le théâtre ; et qu'accuse l'élévation de montagnes à plusieurs milliers de mètres au-dessus du niveau des mers. Aussi les deux opinions qui se disputent aujourd'hui l'empire de la géologie se sont-elles rencontrées sur ce terrain et rudement heurtées : l'une, qui veut expliquer la structure de la terre par la seule et lente action des causes actuellement en jeu dans la nature, ne voit dans le Cantal qu'un large volcan soumis dans tous ses accidents aux lois connues de la volcanicité, dans son cratère qu'un cratère d'éruption ; l'autre, qui fait intervenir dans les temps antédiluviens des forces susceptibles de produire brusquement de grands phénomènes, forces développées par le refroidissement séculaire du globe, et maintenant plutôt assoupies qu'éteintes, explique par l'action d'une force immense agissant de bas en haut, au centre d'un massif de matières volcaniques, et les vastes dimensions du cratère et la position peut-être anomale du manteau basaltique qui couvre les flancs du cône. A. DES GENEVEZ.

CANTAL (Département du). Ce département, l'un des trois qui ont été formés de l'Auvergne et du Vélay, est borné au nord par les départements de la Haute-Loire, du Puy-de-Dôme et de la Corrèze ; à l'est par ceux de la Haute-Loire et de la Lozère ; au sud par ceux de la Lozère, de l'Aveyron et du Lot, et à l'ouest par ceux du Lot et de la Corrèze. Il tire son nom de la plus élevée de ces montagnes.

Divisé en 4 arrondissements, dont les chefs-lieux sont Aurillac, siège de la préfecture, Mauriac, Murat et Saint-Flour, il compte 23 cantons, 258 communes et 260,479 habitants. Il envoie deux députés au corps législatif. Il forme avec les départements de la Corrèze, de la Haute-Loire, de la Haute-Vienne et de l'Aveyron, le 23e arrondissement forestier, constitue la 3e subdivision de la 20e division militaire dont le quartier général est à Clermont-Ferrant, ressortit à la cour d'appel de Riom, et compose le diocèse de Saint-Flour, suffragant de l'archevêché de Bourges. Son académie comprend 3 collèges communaux, une institution, une pension et 525 écoles primaires.

Sa superficie est de 582,959 hectares, dont 221,715 en terres labourables, 164,188 en prés, 103,124 en landes, pâtis, bruyères, 62,447 en bois, 12,076 en cultures diverses, 3,479 en rivières, lacs et ruisseaux, 2,878 en vergers, pépinières et jardins, 1,640 en propriétés bâties, 1,397 en forêts, domaines non productifs, 388 en vignes, 317 en étangs, abreuvoirs, mares, canaux d'irrigation ; etc. On y compte 46,359 propriétés bâties, dont 45,012 consacrées à l'habitation. Il paye 1,116,826 fr. d'impôt foncier, et son revenu territorial est évalué à 10,000,000 fr.

Le département du Cantal, situé dans la région la plus élevée de la France, est couvert d'un massif considérable de montagnes volcaniques, dont lesommet principal, qui en occupe à peu près le centre, le *Plomb de Cantal*, s'élève à 1906 mètres au-dessus du niveau de la mer. Ce massif se relie à celui de la Lozère par la chaîne des monts Masgerides et par une autre moins considérable au Puy-de-Dôme et au Mont Dore. Tout ce système de montagnes appartient à la ligne de faîte du bassin de la Loire et du bassin de la Garonne ; aussi détermine-t-il deux pentes d'inégale étendue, arrosées l'une et l'autre par de nombreuses rivières : celles du versant de la Loire, parmi lesquelles nous citerons l'Alagnon, sont toutes tributaires de l'Allier ; le versant opposé a pour principaux cours d'eau : la Truyère et la Celle, affluents du Lot ; la Cère, la Marone, l'Auzé, la Sunière et la Rue tributaires de la Dordogne, qui ne pénètre pas dans le département, mais qui le limite au nord-ouest du côté de la Corrèze.

Le sol du Cantal, quoique hérissé de montagnes et sillonné de vallées profondes, offre néanmoins quelques plaines assez étendues, entre autres celle qui est située entre Mauriac et Saint-Flour et qu'on nomme la *Planèse* ; elle est renommée pour sa fertilité.

La température est très-diverse dans cette contrée, qui se trouve, pour ainsi dire, soumise à l'influence de plusieurs climats. Ainsi quelques cantons la température est douce et humide, dans d'autres humide et froide, dans d'autres froide et sèche à la fois ; et enfin un froid très-vif règne toujours dans la partie centrale, appelée *la Montagne*, qui est couverte de neige pendant six mois de l'année. L'Auvergne est sujette à des ouragans terribles. Ceux qui éclatent en hiver et qu'on nomme *écirs* dans le pays sont très-redoutables. Les écirs neigeux sont les plus violents et les plus dangereux ; ils soulèvent les neiges, les jettent dans les vallées et engloutissent les habitations.

Le département du Cantal est une des contrées de France où le gibier est le plus abondant : les sangliers, les chevreuils, et surtout les lièvres y sont communs. Mais on y trouve aussi beaucoup de blaireaux, de belettes, de fouines, de renards et surtout de loups, qui y causent souvent de grands ravages. Malgré le grand nombre d'oiseaux de proie qui habitent les parties élevées du pays, et parmi lesquels se distinguent l'aigle et le faucon, le gibier à plume est assez considérable : les perdrix rouges et grises, les cailles, les vanneaux, les canards et les bécasses sont très-répandus. Les rivières, les ruisseaux fournissent une grande quantité de poissons de toutes espèces, tels que le saumon, le barbeau, la truite, l'anguille, l'ambre-chevalier, la loche, et l'écrevisse. Il y avait autrefois beaucoup de bois dans le Cantal, presque toutes les montagnes en étaient couvertes ; aujourd'hui, par suite de défrichements mal entendus, l'on n'en trouve que dans quelques cantons, et il devient rare dans presque tous ; il ne se conserve guère que dans les fondrières, où l'exploitation en est trop pénible et trop coûteuse. Les essences dominantes dans les forêts sont les conifères, le chêne, le hêtre et le bouleau. Les montagnes sont couvertes de plantes aromatiques. Le sol renferme un grand nombre de substances minérales, mais qui ne sont point exploitées. On y trouve de la houille, de la tourbe, de l'antimoine, du talc, du mica, du tripoli, des pierres-ponces, de l'amiante, du gypse, du porphyre, du granit, des pierres meulières, etc. Mais si ces productions minérales ne sont d'aucun avantage pour le département, il n'en est pas de même de ses nombreuses sources d'eaux minérales, thermales ou froides, dont plusieurs surtout, en attirant chaque année un grand nombre de malades, répandent l'aisance parmi les habitants. Celles qui ont acquis le plus de réputation sont les eaux froides et alcalines de Vic ; celles de la Bastide, du Fouilhoux, de Saint-Martin-Perroches, de Vaimeroux, de Tessières-lès Boulie, des Prades, etc. Quant aux eaux chaudes de Chaudesaigues, auxquelles on attribuait autrefois de grandes propriétés médicinales, elles ne servent plus depuis longtemps qu'aux usages communs de la vie. Il existe dans la commune de Trizac une fontaine temporaire, qui présente un phénomène singulier : cette fontaine, nommée *Bardouire*, coule deux ou trois fois dans une année, et reste ensuite plusieurs années sans reparaître.

La nature du sol et la rigueur du climat sont tous à fait défavorables à la culture des céréales dans le département du Cantal ; aussi la récolte ne suffit-elle pas à la consommation locale, et pour y suppléer a-t-on recours au seigle, au sarrazin, à la châtaigne et à la pomme de terre. La culture de la vigne est très-restreinte, et ne produit d'ailleurs que des vins sans qualité, qui sont consommés sur place. L'orge, l'avoine, les graines oléagineuses, le chanvre et le lin sont cultivés avec succès. La châtaigne sert dans quelques parties à l'engraissement des porcs. Mais la vraie richesse du Cantal, ce sont les prairies et les pacages, qui occupent plus du tiers de son étendue. C'est là que viennent s'engraisser ces nombreux troupeaux dont la vente forme le principal revenu du pays ; c'est là que se fabrique cette quantité immense de fromages connue sous le nom de *Fromages d'Auvergne*, que le commerce répand dans toute la France. Les bestiaux de Salers tiennent le premier rang parmi ceux du département. Les bestiaux des environs de la chaîne du Cantal sont beaucoup plus petits. On engraisse dans ce département un grand nombre de gros bestiaux qui se vendent dans le reste de la France. Les chevaux du Cantal sont légers, nerveux et durs à la fatigue, mais de petite taille et propres seulement à monter la cavalerie légère. Les mulets sont aussi de petite espèce, mais très-recherchés. Les races de bêtes à laine sont assez belles.

L'industrie manufacturière de ce département est pour ainsi dire nulle. Elle se borne à quelque tanneries, parcheminieries, chaudronneries, boisselleries, saleneries, papeteries et verreries, et dans certains cantons les femmes fabriquent une grossière dentelle noire. Ce défaut d'industrie est la cause de ces nombreuses émigrations d'Auvergnats qui chaque année quittent leurs familles pour aller exercer dans les grandes villes, et même à l'étranger, les métiers les plus humbles et les plus rudes, mais qu'ils savent rendre lucratifs, notamment les métiers de porteurs d'eau et de charbonniers.

Le département du Cantal n'a aucune rivière navigable, aucun canal. Les communications intérieures ont lieu par cinq routes nationales, dix-sept routes départementales et un certain nombre de chemins vicinaux.

Les principales villes, indépendamment d'Aurillac et de Saint-Flour, sont : Mauriac, Murat, Chaudes-Aigues, Vic sur Cère; *La Roquebrou* sur la Cère, avec 4,301 habitants, des fabriques de poterie et des tanneries ; *Maurs*, avec 3,004 habitants, des tanneries, taillanderies, cireries, coutelleries, coutelleries, et un commerce considérable de porcs, de bestiaux et de chevaux ; *Moussalvy*, avec 1,172 habitants et une église du onzième siècle; *Massiac*, sur la rive droite de l'Alagnon, avec 1,005 habitants; *Pierrefort*, avec 1,375 habitants, et les ruines d'un vieux château fortifié ; *Fléaux*, avec 2,996 habitants, un petit séminaire et un entrepôt de sel; *Salers*, sur la Marone, situé sur un roc volcanisé, au milieu des montagnes auxquelles elle donne son nom, et qui nourrissent les plus beaux bestiaux de l'Auvergne, avec 1,243 habitants ; *Allanche*, avec 2,502 habitants.

CANTALOUP, nom d'une race du genre *melon*. Les cantaloups sont ainsi nommés, dit-on, parce qu'ils furent d'abord cultivés à *Cantalupo*, maison de campagne des papes, à une vingtaine de kilomètres de Rome.

CANTARINI (SIMONE), dit le *Pesarese* ou *Simone da Pesaro*, peintre italien, né à Oropezzana, près de Pesaro, en 1612, fut l'un des meilleurs élèves du Guide, dont il s'appropria le style de manière à tromper les plus habiles connaisseurs. Il lui arriva même souvent de surpasser son maître en ce qui est de la correction du dessin et de la grâce. Un tel résultat porta Cantarini à prendre une trop haute opinion de son talent ; or l'exagération de son amour-propre ne pouvait qu'amener la rupture des liens d'amitié existant entre lui et Reni, qui le logeait dans sa propre maison à Bologne. Après s'être vu fermer cette porte hospitalière, Cantarini se rendit à Rome, où il se consacra à l'étude de l'antique et de Raphaël. A son retour à Bologne, il fonda une école, qu'il continua de diriger jusqu'au moment où le duc de Mantoue le prit à son service. Mais son orgueil ne tarda point à le brouiller également avec ce nouveau protecteur. Désolé d'avoir manqué la ressemblance dans un portrait du duc qu'il avait été chargé de faire, il en tomba malade, se retira à Vérone, et y mourut, le 15 octobre 1648, à l'âge de trente-six ans, des suites du poison qu'il s'était lui-même administré, à ce qu'on suppose.

Cantarini excellait dans le modelé et la carnation, et évitait dans son dessin le ton fardé que le Dominiquin donne à ses figures, de même que les ombres trop noires des Carraches. Il avait coutume de donner une teinte grisâtre aux parties saillantes de ses tableaux ; aussi l'Albane l'appelait-il en dérision le *peintre des cendres*. La galerie de Bologne possède de lui quelques toiles remarquables, entre autres une *Madone enlevée par les anges*, et un portrait de son maître Guido Reni. Citons encore de lui un *Saint Antoine* dans l'église des Franciscains à Cagli, un *Saint Jacques* à Rimini, et trois tableaux représentant des *saintes Familles*,

au Louvre. Il n'a pas seulement laissé un grand nombre de tableaux, mais encore vingt-sept eaux-fortes de différents sujets, qu'il est difficile de distinguer des œuvres de Guido Reni et auxquelles la fraude attache souvent la marque de ce maître.

CANTARO en italien, CANTAR en arabe. Nom d'une mesure de pesanteur répondant à notre ancien quintal, en usage dans différents pays d'Italie, en Turquie, en Égypte, à Tripoli, à Tunis, dans l'empire de Maroc et aux îles Baléares, et dont la valeur varie à l'infini. C'est ainsi qu'à Alexandrie et au Caire on ne compte pas moins de vingt-deux espèces différentes de *cantars*. Le cantar de Constantinople équivalait à environ 58 kilog. En Italie le cantaro est généralement divisé en cent *rotoli*. On appelle aussi *Cantaro* dans les provinces d'Aragon, de Valence et de Catalogne une mesure de capacité en usage pour les vins et eaux-de-vie répondant à environ douze de nos litres.

CANTATE (*Littérature*), genre de composition inconnu dans les langues anciennes, et dont notre lyrique J.-B. Rousseau a enrichi la littérature française. Ce petit poëme a beaucoup de rapport avec l'ode : on peut même dire qu'il n'en est qu'une forme particulière. La cantate admet ces écarts, ce désordre de la pensée que justifie l'enthousiasme où nous jette une passion fougueuse; elle admet aussi la noblesse d'idées, la pompe d'expressions, le sublime de sentiment et d'images qui caractérisent la haute poésie. Comme son nom l'indique, elle est faite pour être chantée. On y distingue deux parties, les *récits* et les *airs* : dans le récit, le poëte expose le sujet, qui consiste en quelque trait historique ou fabuleux; dans les airs, il exprime le sentiment ou la réflexion morale que les airs ont dû produire. Il est d'usage que les récits n'excèdent pas le nombre de trois, et qu'il n'y ait que des vers de huit ou de dix syllabes. On y emploie du reste toute espèce de mesure, excepté le vers alexandrin, qui ne se prête guère aux mouvements d'une musique vive et passionnée. Le nombre des airs est le même que celui des *récits*.

Dans la préface de ses œuvres, J.-B. Rousseau considère la cantate comme une allégorie exacte, dont les récits sont le corps et les airs l'âme et l'application. Il pose ensuite les règles d'après lesquelles ce poëme doit être composé. Nous n'avons pas de meilleures cantates que celles de l'inventeur lui-même : elles étincellent même souvent de beautés éminemment poétiques. Il n'avait pas eu de modèle, et il est resté sans imitateur. La *cantate de Circé*, qu'on trouve imprimée dans tous nos recueils, est surtout un chef-d'œuvre, qui ne le cède en rien aux plus belles odes connues : « La course du poëte n'est pas longue, dit un critique, mais il la fournit d'un élan qui rappelle celui des chevaux de Neptune, dont Homère a dit qu'en trois pas ils atteignaient aux bornes de l'univers. » J.-B. Rousseau, dans son œuvre, ne s'est point arrêté à la tradition de la Fable : sa Circé est une autre Didon; il nous la représente livrée au plus violent désespoir après le départ du héros qu'elle aime; ses regrets sont touchants, sa douleur est profonde. Quand elle a compris l'inutilité de ses plaintes, elle essaye de recourir aux secrets de son art pour ramener l'infidèle. Rien de plus beau que cette invocation aux divinités infernales, dont elle implore le secours. Vaines tentatives! Ulysse ne peut revenir : les destins le rappellent dans son royaume, comme ils appelaient Énée en Italie. Il n'y a qu'une seule tache dans cette cantate (et quel ouvrage n'en a pas!), c'est que la fin manque de vigueur, et qu'elle ne répond pas aux mâles accents que le poëte a d'abord fait entendre. C'est improprement qu'on a appelé *cantates* des chants populaires composés de couplets réguliers comme ceux d'une chanson.

P.-F. TISSOT, de l'Académie française.

CANTATE (*Musique*), petit poëme que l'on chante avec des accompagnements; bien que fait pour la chambre, il doit recevoir du musicien la chaleur et l'expression de la musique dramatique. *La Primavera*, de Cherubini; *Le Chant sur la mort de Haydn*, du même maître; *Sapho*, de Paër; *Adélaïde*, *Armide*, de Beethoven; *Ariane*, de Haydn, sont de très-belles cantates. On écrit des cantates à une ou à plusieurs voix récitantes; on y joint même des chœurs. On a composé des cantates d'un grand mérite pour les fêtes de la république française, mais c'est à tort que l'on a donné le nom de cantate à des chansons à couplets, telles que *Héros français*, de Persuis, *Le Drapeau tricolore*, etc. Les formes de la cantate sont plus développées, et surtout plus variées; on chercherait en vain des effets dramatiques dans le cadre étroit et compassé d'une chanson; les récitatifs, les cavatines, les duos, les chœurs doivent figurer dans la cantate: les plus simples, telles que l'*Adélaïde* de Beethoven, écrites pour une seule voix, nous présentent au moins un air complet à deux mouvements bien caractérisés.

Les airs, les scènes, les chœurs d'opéra, que l'on exécute dans les concerts et les réunions musicales, ont fait perdre l'usage de la cantate. On en compose cependant de temps en temps pour certaines fêtes solennelles, et les élèves qui toutes les années concourent pour le grand prix de l'Institut mettent en musique une pièce de vers disposée d'une manière ridicule portant le titre de *cantate*. CASTIL-BLAZE.

CANTATOURS. *Voyez* BRABANÇONS.
CANTATRICE. *Voyez* CHANTEUR, CHANTEUSE.
CANTÉMIR. *Voyez* KANTÉMIR.
CANTERBURY, dont nous avons fait CANTORBÉRY, l'antique et vénérable capitale du comté de Kent, en Angleterre, située dans une belle vallée, sur les bords de la Stour, qui l'entrecoupe par ses bras et ses canaux, a été bâtie en ovale et traversée en forme de croix latine par quatre grandes rues principales. Elle est le siège du primat d'Angleterre, qui pourtant réside d'ordinaire à Lambethouse, dans Southwark. Cette ville possède une grande et magnifique cathédrale, ornée de belles peintures sur verre, avec une chapelle souterraine et les tombeaux de l'archevêque Thomas Becket, assassiné en 1170, et du Prince noir. La longueur de cet édifice est de 514 pieds anglais; la hauteur de la nef est de 80 pieds, et celle de la tour 235. On compte en outre à Canterbury quinze églises, (dont l'une, l'église Saint-Martin, a été bâtie sur les ruines d'un temple romain et possède un baptistère remarquable par ses sculptures), plusieurs autres temples et chapelles, et une synagogue. Les plus remarquables de ses édifices civils sont l'hôtel de ville, le théâtre, plusieurs hôpitaux et grandes casernes. Le nombre de ses habitants est d'environ 16,000. Ils fabriquent des draps, des mousselines, des cotonnades et des soieries, se livrent en grand à la culture du houblon, et font un commerce assez important en grains et viandes salées. On trouve dans la ville et dans ses environs de nombreux vestiges d'antiquités romaines, qui rappellent l'antique *Duroverinum* des Romains. Canterbury fut longtemps la résidence des rois anglo-saxons du Kent, qui y introduisirent le christianisme de très-bonne heure, et qui y fondèrent le premier évêché qu'il y ait eu en Angleterre, transformé bientôt en archevêché et église primatiale. Aujourd'hui l'archevêque de Canterbury n'est pas seulement le primat de la Grande-Bretagne, mais encore le premier pair du royaume. Il a le privilége de couronner les rois d'Angleterre, et sa juridiction s'étend sur vingt évêchés, de même qu'il est investi du droit de convoquer en synodes ecclésiastiques les différents hauts dignitaires de l'Église.

CANTHARIDE, genre d'insectes coléoptères, hétéromères, trachélides, selon Latreille. Les espèces, dont Dejean porte le nombre à 24, ont pour caractères communs : Crochets des tarses profondément divisés et comme doubles; tête plus large à sa partie postérieure et arrondie; corselet en forme de cœur, la pointe dirigée en arrière; ces insectes contrefont les morts quand on les touche; les articulations de leurs pattes laissent alors suinter une liqueur jaunâtre, caustique et d'une odeur pénétrante, qui semble un moyen que la nature aurait donné à ces animaux pour éloigner leurs ennemis. L'espèce la plus communément employée en pharmacie (*cantharis officinarum*) est d'un vert doré; ses antennes et ses tarses sont noirs; elle est longue de 13 à 23 millimètres, large de 5 ou 6; elle répand une odeur vireuse très-désagréable, plus forte et plus pénétrante dans l'insecte vivant qu'après sa mort.

C'est particulièrement sur les frênes qu'on récolte les cantharides; néanmoins elles se trouvent aussi quelquefois sur le lilas et sur le troène. On les fait mourir en les exposant à la vapeur du vinaigre bouillant, et ensuite on les fait sécher au four pour les conserver. Leur conservation demande quelques précautions; elles doivent être préservées de la lumière; aussi les renferme-t-on dans des boîtes de fer-blanc. Exposées à l'humidité, elles moisissent, et l'odeur nauséabonde qu'elles répandent alors indique cette altération. D'autres fois, elles sont attaquées par un petit insecte nommé le *ptinus fur*; c'est surtout lorsqu'elles sont réduites en poudre depuis longtemps. Pour être tout à fait bonne, la poudre de cantharides doit avoir un aspect gris-verdâtre, et n'être pas trop fine. Quand elle est grise, légère et cotonneuse, on doit soupçonner qu'elle est attaquée par les vers.

Selon Robiquet, l'analyse chimique donne les résultats suivants : 1° huile verte insoluble dans l'eau, non irritante; 2° matière noire soluble dans l'eau, peu irritante; 3° matière jaune, visqueuse, soluble dans l'eau et dans l'alcool, nullement vésicante; 4° substance blanche sous forme de lames cristallines, insoluble dans l'eau, soluble dans l'alcool bouillant, qui la dépose en se refroidissant, soluble aussi dans les huiles, fort irritante; 5° une autre matière grasse, insoluble dans l'alcool, non vésicante; 6° des phosphates de chaux et de magnésie; 7° un peu d'acide acétique; 8° beaucoup d'acide urique, surtout quand les cantharides sont fraîches; les anciennes en sont totalement dépourvues.

Les cantharides sont employées en médecine sous trois formes différentes : en poudre, en teinture alcoolique ou éthérée, et sous forme d'onguent et d'emplâtre. On les emploie communément pour établir ou pour raviver des vésicatoires, quelquefois en frictions pour irriter la peau, et déterminer un effet révulsif. Tout le monde sait qu'appliquées sur la peau, elles amènent tous les phénomènes d'une brûlure légère. Mais comme le principe âcre des cantharides est absorbé et pénètre dans le sang, une action excitante générale sur l'économie se manifeste souvent; les urines deviennent rouges et irritantes, leur émission devient douloureuse; il suffit souvent de les associer au camphre pour éviter ces accidents. On les administre quelquefois à l'intérieur pour stimuler les organes urinaires dans les paralysies de vessie, et quelquefois pour arrêter des gonorrhées rebelles. On n'en doit faire usage ainsi qu'avec de grandes précautions, leur action irritante produisant souvent les accidents les plus funestes.

L'empoisonnement par les cantharides a quelquefois eu lieu par accident ou par l'usage inconsidéré qu'on en a voulu faire comme aphrodisiaque. Ambroise Paré cite l'exemple d'un abbé qui en mourut victime au milieu des souffrances les plus atroces. Les symptômes de cet empoisonnement sont, outre la saveur âcre insupportable, et l'odeur désagréable dont les sens sont affectés, une douleur brûlante au creux de l'estomac, une soif inextinguible, des vomissements, des coliques, des déjections sanglantes sans cesse renouvelées, une ardeur insupportable de la vessie, des urines brûlantes et rouges, un priapisme déchirant. Bientôt le délire et les convulsions précèdent de près une agonie des plus épouvantables. A ce spectacle on méconnaîtrait difficilement la cause d'un mal contre lequel on ne possède point d'antidote. L'inflammation des organes digestifs est si vive qu'ils se gangrènent. Les indications à suivre pour remédier au mal sont de déterminer le vomissement, s'il en est temps encore, d'administrer à haute dose des boissons mucilagineuses, de l'huile, du lait; de tirer du sang, de mettre le patient dans le bain, d'employer les frictions camphrées. Mais la gangrène survient si rapidement que les secours les plus méthodiques sont souvent sans succès.

L'action des cantharides sur la plupart des animaux est généralement la même que sur l'homme. On a vu des chiens et des vaches souffrir des douleurs atroces pour en avoir avalé par mégarde une seule. Aussi n'est-ce pas sans étonnement qu'on rapporte, d'après une observation de Pallas, qu'une espèce de hérisson les recherche avidement, et en avale des quantités considérales.

BAUDRY DE BALZAC.

CANTHUS, mot latin fait du grec κάνθος, qui signifie angle, coin, et par lequel on désigne en anatomie l'angle de l'œil ou la commissure des paupières. L'interne, qui répond au nez, prend le nom de *grand canthus*, et l'externe, qui est dirigé vers la tempe, celui de *petit canthus*.

On donnait également autrefois le nom de *canthus* à l'angle ou bec d'une cruche ou de tout autre vase par lequel on faisait couler le liquide, et c'est de ce mot qu'ont été faits le verbe *décanter* et son substantif *décantation*.

CANTINE, CANTINIER, CANTINIÈRE (de l'italien *cantino*, diminutif de *canto*, canton, cantonnement). La cantine est un lieu où l'on donne à boire et à manger, où l'on débite du tabac aux soldats et aux prisonniers. C'est subsidiairement un petit coffre divisé par compartiments pour porter des bouteilles et des fioles en voyage. Les cantiniers et cantinières sont, dans la première acception, ceux et celles qui tiennent des cantines. Les cantines, signifiant lieux où l'on boit, où l'on mange, où l'on vend du tabac, sont donc *militaires* ou *civiles*. Les cantines militaires elles-mêmes se subdivisent en *cantines sédentaires*, ou à poste fixe et en *cantines ambulantes*, ou cantines de vivandières. Les premières sont tenues dans les places de guerre, les forteresses, les quartiers et les casernes, par d'anciens sous-officiers et leurs femmes, qui sont ordinairement portiers ou concierges de ces établissements. C'est le ministre de la guerre qui les nomme, sur la présentation de l'autorité militaire locale. Les secondes, attachées aux régiments en activité, et se transportant, avec eux, en voitures et fourgons, ou à dos de mulets, dans les contrées montagneuses, sont tenues généralement par les sous-officiers du corps et par leurs femmes, qui sont les uns et les autres à la nomination des colonels ou autres chefs supérieurs en leur absence. Ces places échoient d'ordinaire aux maîtres tailleurs, cordonniers ou bottiers, aux caporaux de sapeurs porte-hache, aux tambours-maîtres, quelquefois même, mais rarement, aux tambours majors. Elles sont incompatibles avec celles de vaguemestres.

La cantine du régiment se transporte avec lui dans les camps, les forts détachés, les cantonnements, les places de guerre, les quartiers et les casernes. Comme la cantine sédentaire, elle est soumise aux mêmes visites que toutes les *débits de boissons*, et de plus, aux inspections des officiers et sous-officiers de semaine et aux visites des patrouilles. Le conseil d'administration du corps veille strictement à ce que tout ce qu'elle met en vente soit de bonne qualité, à des prix raisonnables, et à ce que les différents grades y soient reçus à part. Les sous-officiers fréquentent plus en général la cantine que les soldats; et les officiers moins que les uns et les autres, alors même que le régiment séjourne loin des villes. Mais ils se font ordinairement servir chez eux par la cantine au moyen du soldat qui remplit près d'eux l'emploi de domestique ou de brosseur.

La plupart des dictionnaires distinguent les cantiniers et cantinières des vivandiers et vivandières, en ce que, suivant eux, les premiers débiteraient des boissons et les seconds des vivres. Cette distinction n'a peut-être jamais existé, et n'existe certainement plus aujourd'hui dans les

corps. Le bourgeois se sert de préférence du premier mot, et le militaire du second.

Dans les prisons la cantine est communément tenue par un ancien gardien et par sa femme. Ce qu'on y débite en général est mauvais, fort cher, et aucune limite n'est ordinairement imposée à la consommation; d'où il résulte de graves abus et un monopole odieux, contre lequel jusqu'à ce jour toutes les réclamations sont venues se briser. Pourquoi? Nous ne le savons pas, et nous craignons trop de l'apprendre.

CANTIQUE (*Littérature*). Le cantique, qui dans son acception primitive était un chant d'allégresse, de triomphe, d'amour ou de reconnaissance, fut sans doute la première forme sous laquelle la poésie et la musique unirent leurs accords. Parmi les poèmes grecs décorés du titre de cantiques par les antiquaires, une mention particulière est due au *Cantique de Castor* (en latin *Canticum Castoreum*, et en grec Μέλος Καστόρειον) et au *Cantique* ou *Nome de Minerve* (en latin *Canticum* ou *Nomus Minervæ*, et en grec Νόμος' Ἀθένας). Le premier était un chant guerrier, usité parmi les Lacédémoniens, et à la cadence duquel ils marchaient au combat. Ce cantique ou cet hymne portait le nom de *Castor*, parce que l'on y invoquait ce héros lacédémonien, et qu'on y célébrait ses exploits, ou peut-être, dit Eustathe, parce qu'on lui en attribuait l'invention. Pour ce qui est du *Cantique de Minerve*, il était de la composition d'Olympe, qui vivait sous le règne de Midas. Il s'était perpétué de siècle en siècle, non-seulement quant à la poésie, mais aussi quant à la musique.

Abordant le cantique, dans son acception biblique, chrétienne, liturgique et populaire, nous le retrouvons dans les psaumes dix-huitième et quarante-quatrième, dont le premier est une action de grâces au Créateur, le second une espèce d'épithalame. Tels sont aussi les cantiques d'Isaïe, d'Ezéchias et les *Lamentations de Jérémie*. Dans les deux genres opposés, ces chants sont des modèles admirables. On sait que les Hébreux, longtemps après la mort de Josias, ne chantaient pas sans verser des larmes la *lamentation* que Jérémie avait faite sur ce roi. Les plus anciens cantiques que nous connaissions sont ceux de *Moïse* et de *Débora*. On ne trouve rien dans la *Genèse* qui prouve que les patriarches aient ainsi célébré les bienfaits de Dieu; mais il est probable qu'ils ne restèrent point muets. Ce ne fut guère que sous David, le roi psalmiste, qui sur le Cinnor composait et exécutait ses chants sublimes, que, par son ordre, des chœurs de voix et d'instruments furent établis dans le tabernacle. Salomon, son fils, ne manqua pas de les transférer dans le temple magnifique qu'il fit bâtir. Lui-même avait composé, dit l'Écriture, cinq mille cantiques. Vingt-quatre troupes de lévites consacrés à ces symphonies sacrées y faisaient le service tour à tour. C'était à la piscine de Siloé que le psalmiste s'enivrait des ondes prophétiques; c'était dans les eaux profanes de l'Hippocrène que se désaltérait le poëte : le premier les yeux au ciel, chantait sous l'influence de l'Esprit Saint, du Souffle, *Rouak*, comme le nomme Moïse dans les premiers versets de la *Genèse*; le second chantait courbé sur la terre, se débattant sous la Pythie : l'un choisissait pour sujet la grandeur de Dieu, les beautés de la création, la loi de la vertu, la félicité des patriarches, la Jérusalem céleste; l'autre les combats, la volupté, l'amour, les disputes des bergers et les joies de l'Olympe. Voilà pourquoi nous séparons le cantique des odes et autres poèmes lyriques des païens.

Dans le Nouveau Testament on compte trois cantiques : ceux du vieillard *Siméon*, de *Zacharie* et de *la Vierge*. Ce dernier, connu sous le nom du *Magnificat*, est admirable; c'est un mélange d'onction et d'élévation ineffables.

Dès les premiers temps du christianisme on chanta des cantiques à l'office divin; les fidèles persécutés chantaient dans les catacombes. Le plain-chant, si simple, des psaumes fit une impression si profonde sur l'âme de saint

CANTIQUE — CANTIQUE DES CANTIQUES

Augustin, entré par hasard dans l'église de Milan, qu'il ne contribua pas peu à sa conversion. C'est lui qui nous l'apprend, dans ses *Confessions*.

On donne encore le nom de *cantiques* à ces chansons ou sont rimés burlesquement les actions, la vie et les miracles des saints, et qu'un Jérémie ambulant, s'accompagnant d'un violon, va chantant sur les places des églises. Ce sont les cantiques de *sainte Geneviève*, de *saint Roch*, de *la Passion* et autres, et des noëls naïfs. Un petit théâtre, où sont représentés en relief ou modelés les saints et les saintes, tout étincelants d'oripeaux, ajoute à l'intérêt de ces drames grotesques. Le bœuf, le chien, les moutons en cire peinte y ont une physionomie particulière; leur air de mansuétude et de soumission, digne du paradis terrestre, invite les enfants à s'approcher; c'est leur Opéra-Comique. Il fait aussi les délices des gens de la campagne, et souvent les incrédules et les gens comme il faut ne dédaignent pas de faire cercle autour.

On connaît de nos jours les *Cantiques nouveaux* de Saint-Sulpice: ce sont des prières, des hymnes en français, plus ou moins bien versifiées, la plupart sur des airs qui rappellent des paroles que les boudoirs et les banquets n'admettent pas toujours. Pourquoi, lorsque la capitale abonde en jeunes talents en poésie et en composition musicale, le Chapitre ne les emploie-t-il pas? Il en résulterait des hymnes et des airs dignes du lieu respectable et saint où l'orgue majestueux fait disparate avec des chansonnettes. Les païens s'entendaient mieux à honorer leurs divinités. Ce fut Horace qui fit le *poëme séculaire* à la gloire de Diane et d'Apollon, et Pindare, prêtre d'un temple à Thèbes, composait et chantait les hymnes des Dieux. DENNE-BARON.

Les protestants, dans leurs temples, se servent de *livres de cantiques*. Ils en possèdent dans presque toutes les langues. Ils furent introduits en Allemagne par Luther, auteur lui-même d'excellents cantiques, dont celui qui commence par ces mots: *Eine veste Burg ist unser Gott* est devenu célèbre, et se chante encore dans les grandes solennités. Gellert marcha, plus tard, sur ses traces, et les plus beaux cantiques allemands sont tirés des *geistliche Oden und Lieder* de ce poëte. Le cantique *Jehovah, deinem Namen sey Ehre* se distingue par son style élevé et sa simplicité touchante. Il a été traduit en français, et fait partie du recueil de cantiques à l'usage des églises de la Confession d'Augsbourg en France. Les calvinistes restent fidèles à leurs psaumes et à leurs cantiques, que leurs pères ont chantés dans les jours d'orage; et quoique les productions de Théodore de Bèze et de Clément Marot aient bien vieilli, les souvenirs qui s'y rattachent ne permettent pas de les changer.

CANTIQUE DES CANTIQUES, ou le *cantique par excellence*. On attribue ce poème biblique à Salomon; c'est du moins l'opinion la plus généralement admise. Dans le texte et dans l'ancienne version grecque il porte le nom de ce roi. Ce dut être sans un mûr examen que les thalmudistes ou interprètes de l'Ecriture signalèrent Ézéchias comme en étant l'auteur. Ce chant d'amour charnel ou mystique n'eût point été à sa place dans la bouche d'un roi austère et pieux. Naturellement il dut découler des lèvres du roi voluptueux et pacifique qui avait soixante reines assises dans son palais, et quatre-vingts femmes du second rang, avec un nombre infini de jeunes filles, peuplaient les sérails. C'est le prince lui-même qui, dans son cantique, fit cette énumération aux jours de sa sagesse, car dans la suite nombre fut de beaucoup surpassé. A quel roi psalmiste en Israel convint-il mieux de tracer ces peintures brûlantes qu'à un roi qui portait secrètement au fond du cœur un vif penchant au plaisir et à l'idolâtrie, à un roi qui profana les saints encensoirs devant Astarté, la Vénus syrienne? Le *Cantique des Cantiques*, qui tient à peine quelques pages dans la Bible, est le monument le plus rare, le plus original, le type le plus délicieux qui nous soit resté de la poésie pastorale chez les Hébreux. L'amour y est à la fois si suave et si ardent, il y est peint avec des couleurs si tendres et si vives, qu'il a semblé aux hommes un amour divin. Salomon, roi psalmiste, pieux et puis idolâtre, dut confondre malgré lui les idées profanes avec les sacrées, les pensées d'en haut avec celles d'ici-bas. De là ce mélange admirable dans son poème de peintures tour à tour chastes et charnelles, tantôt nues, tantôt voilées; de là cette incertitude des Juifs et des chrétiens s'ils en feraient un chant du ciel ou de la terre. Un tel doute est à lui seul un éloge de ce morceau; tous les épithalames, idylles, odes érotiques, pâlissent auprès. Tout en pensant à la terre, Salomon, sans cesse sous l'influence céleste, peut avoir composé un chant mystique. Les Juifs l'ont pris pour l'allégorie de l'alliance de Dieu avec la synagogue; les Pères de l'Église, pour l'image de l'union de cette dernière avec Jésus-Christ. C'est l'opinion de Bossuet, qui ne voyait rien de licencieux dans ce poème.

Le concile de Trente a mis au nombre des livres canoniques ce poème, comme une allégorie sacrée. Les Juifs au temps d'Esdras l'avaient reçu dans le canon de la grande synagogue. Néanmoins leurs docteurs en défendaient la lecture avant l'âge de trente ans. Les anabaptistes allèrent plus loin; ils le regardèrent comme un livre dangereux. Il est difficile de concilier cette précaution de la loi et le mariage précoce des Juifs d'alors. La loi prescrivait presque aux femmes de se marier à dix-huit ans, et aux femmes à douze ans un jour. L'épithalame de Salomon devait être une pièce nationale, et chantée aux noces pendant les sept jours de leur célébration, chapitre par chapitre, ainsi que les a divisés Bossuet. On voit que nous acceptons ici cette pièce comme un chant nuptial. Le sentiment le plus commun est que Salomon composa cet épithalame sous la forme d'une pastorale pour célébrer son mariage avec la fille de Pharaon, roi d'Égypte; plusieurs passages confirment cette opinion.

Le *Cantique des Cantiques* est divisé en huit chapitres, qui se rapportent aux journées des noces chez les Hébreux. Les nuits ne sont pas oisives: les chants du bien-aimé et de la bien-aimée en occupent la partie qui n'est point donnée au repos. Ce cantique est une idylle orientale, où Salomon et la Sulamite, tantôt réunis, s'entretiennent de leur passion sous les métaphores les plus vives, et tantôt séparés, se renvoient les allocutions les plus tendres, l'absence doublant encore leur amour. Toutefois le chœur des jeunes filles de Jérusalem ne quitte pas la Sulamite, ni celui des jeunes hommes Salomon. Celui-ci est un chœur muet: c'étaient les *paranymphes* chez les Hébreux. Ils accompagnent l'époux, et chez les Grecs ils gardaient la chambre nuptiale. Dans toute la pièce le chœur des vierges est sans cesse présent; il mêle à la tendresse des époux les paroles les plus suaves, les interrogations les plus douces, les soins les plus affectueux; c'est absolument le chœur des tragédies grecques. Bossuet, ébloui des beautés ravissantes de ce petit poème, en fait l'analyse suivante avec une plume qui semble trempée dans les couleurs de Fénelon: « Tout ce cantique, dit-il, abonde en objets délicieux; partout l'œil n'aperçoit que des fleurs, des fruits, une profusion de plantes les plus agréables, le charme du printemps, des campagnes fertiles, des jardins frais et fleuris, des eaux, des puits, des fontaines; l'odorat est frappé des plus douces odeurs que l'art a préparées ou qui sont l'ouvrage de la nature. Nous y voyons des colombes, de plaintives tourterelles, du miel, du lait, des flots d'un vin exquis; enfin, dans les deux sexes nous n'admirons que grâces, qu'éclat, que beauté, que chastes embrassements, qu'amours aussi doux que pudiques. Si quelques objets terribles, tels que des rochers, des montagnes sauvages, le repaire d'un lion, y frappent notre vue, c'est pour accroître encore, par le contraste et la variété, le charme du tableau le plus gracieux. »

On a lieu de croire que Théocrite, contemporain des Septante, et qui faisait partie de la fameuse pléiade de poètes qui brillait à la cour de Ptolémée-Philadelphe, emprunta au *Cantique des Cantiques* plusieurs traits charmants de ses idylles. Nous n'irons pas avec Grotius toucher d'une main brutale à cette gracieuse composition; c'est une fleur mystique de l'Orient, qui ne doit être cueillie qu'avec le doigt d'une vierge. Après Grotius, Bèze et Castalion en ont donné des traductions avec des couleurs trop crues. L'abbé Cotin, aumônier et prédicateur du roi, fit du *Cantique des Cantiques* une comédie pastorale ou *bergerie*. Un ministre hollandais en composa un vrai drame, et divisa en scènes et actes l'épithalame de Salomon. La paraphrase qu'en a faite Voltaire en vers délicieux sent plus la cour de Louis XV que celle de Salomon. Millevoye a versifié une partie de ce poëme. Malgré l'harmonie de ses alexandrins, ce rhythme ne convient point à un chant d'amour. A la fin du douzième siècle, une traduction du *Cantique des Cantiques* ayant été trouvée dans une abbaye des environs de Sens, le chapitre général de Citeaux tenu en l'an 1200 ordonna aux abbés d'Orcamp et de Cercamp de se transporter à cette abbaye, et de faire brûler cette dangereuse production. Le même sort attendait la paraphrase de Voltaire. Le parlement qui la condamna n'ayant point incriminé l'œuvre de l'abbé Cotin, cela fit dire alors que les conseillers n'aimaient que les mauvais vers et les mauvaises comédies.
DENNE-BARON.

CANTIUM. Il est question d'une contrée de ce nom dans César. Il paraît que les Latins nommaient ainsi le pays qui constitue aujourd'hui le comté de Kent, dans la Grande-Bretagne, mais auquel César donne une plus grande étendue, puisqu'il comprenait sous ce nom toute la partie de l'île qui s'étendait vers l'orient, au midi de l'embouchure de la Tamise et vis-à-vis de la Gaule. Il dit que ses habitants étaient les plus civilisés de tous les Bretons, et que leurs mœurs ne différaient guère de celles des Gaulois. Le promontoire du même nom ; *promontorium Cantium*, dont Ptolémée fait mention, était situé sur la côte orientale, au lieu nommé aujourd'hui *North-Forland*.

CANTO-FERMO. C'est ainsi que les Italiens appellent la musique d'église que nous désignons sous le nom de *plain-chant*.

CANTON. C'est en France une subdivision administrative du territoire. Chaque arrondissement se divise en cantons; le canton comprend un nombre indéterminé de communes. Dans l'organisation actuelle, il existe 363 arrondissements, qui se divisent en 2,846 cantons, ayant chacun leur chef-lieu. La moitié des départements ne comptent pas plus de 30 cantons, mais les autres en renferment généralement de 31 à 48, et même le département de la Corse, qui, du reste, est formé de la réunion de deux anciens départements, compte 61 cantons. C'est le département qui a le chiffre le plus élevé; après lui vient immédiatement le département du Nord, qui en compte 60; les départements du Puy-de-Dôme et de la Seine-Inférieure présentent ensuite le chiffre de 50. Les départements qui offrent les chiffres les moins élevés sont ceux des Pyrénées orientales (17), de la Seine (20), de l'Ariége (20), de Vaucluse (22), du Cantal (23), de l'Indre (23), et du Rhône (25).

Dans le cours de la révolution, on avait reconnu la nécessité de créer un centre plus rapproché que les chefs-lieux d'arrondissement, auquel pussent se rattacher tous les intérêts de plusieurs communes voisines, et l'on avait choisi les chefs-lieux de canton pour former ce centre : c'était là que se trouvait placée la véritable municipalité cantonale, qui avait sous sa direction toutes les municipalités des communes comprises dans le canton ; cette assemblée, présidée par le maire du canton et composée des maires et officiers municipaux de chaque commune, délibérait sur toutes les affaires communes et arrêtait les règlements généraux de police municipale qui devaient faire la loi du canton. Malgré les avantages nombreux qui étaient déjà résultés de cette organisation, le gouvernement consulaire s'en effraya, et en isolant l'administration de chaque commune il s'attribua bientôt la nomination du maire. Les chefs-lieux de canton n'ont conservé depuis lors que leur importance locale et le tribunal du juge de paix. Sous le gouvernement de Juillet on sentit la nécessité de recourir à des assemblées cantonales, et dans l'organisation des conseils généraux et des conseils d'arrondissement, on préféra la réunion des électeurs par canton à leur réunion par arrondissement. La Constitution de 1848 voulut réorganiser des conseils cantonaux, et ne parla pas des conseils d'arrondissement; mais l'Assemblée législative ne trouva pas le temps de voter la loi municipale et départementale, et les conseils cantonaux étaient encore à l'état de projet lorsque la Constitution de 1852, corroborée par une loi votée le 26 juin de la même année par le Corps législatif, rétablit l'ancien système de conseils généraux, d'arrondissement et municipaux, en donnant seulement l'élection au suffrage universel.

Le mot *canton* se prend aussi, dans un sens plus général, pour une portion de terre, un district, une certaine étendue de pays, régie quelquefois par des lois particulières : tels sont les cantons de la Suisse.

Quant à l'étymologie de *canton*, les uns le font venir de *canthus*, bande de fer qu'on met autour des roues de voiture; d'autres étymologistes le dérivent du mot *centum*. « Les cités, dit l'abbé de La Bletterie à propos d'un passage de la *Germanie* de Tacite, étaient divisées en cantons (*pagi*), et les cantons en villages (*vici*). Comme Tacite vient de dire que chaque canton fournissait cent soldats pour son contingent, et qu'il dit ici que l'on donnait au prince ou chef de chaque canton cent assesseurs choisis parmi le peuple, et pris apparemment de chaque village, n'en pourrait-on pas conclure que dans les cités de la Germanie les cantons étaient ou avaient été formés originairement de cent villages? »

CANTON (*Blason*), portion carrée de l'écu. Régulièrement, cette partie, qui n'a guère de proportion fixée, doit être moindre cependant que le quartier. Le canton est pris souvent pour marque de bâtardise, et se met tantôt à l'angle droit et tantôt à l'angle gauche. Les espaces que laissent les croix et les sautoirs entre leurs branches sont aussi appelés *cantons*.

CANTON (Province et Ville de). *Voyez* KANTON.

CANTONADE, terme usité au théâtre. C'est le coin d'une coulisse ou du fond de la scène. *Parler à la cantonade* se dit d'un acteur ayant l'air d'adresser la parole à quelqu'un qui serait placé dans la coulisse, ou de parler, en se tournant, du côté par lequel il vient d'entrer. C'est aux entrées en effet qu'on parle presque toujours à la cantonade. Cependant on emploie aussi ce moyen quoique l'acteur soit depuis longtemps en scène. Molière y a souvent recours, mais c'est toujours avec un naturel, une bonhomie qui produit une illusion complète, tandis que quelques-uns de ses successeurs, entres autres Regnard, Dancourt, Destouches et surtout Lesage, Marivaux, Sedaine et Boursault en ont tellement abusé, qu'avec eux il en résulte fatigue et satiété. Le public, comme on dit en style de coulisses, aperçoit beaucoup trop les *ficelles* dans leurs pièces. Au théâtre moderne, et particulièrement dans le vaudeville, on se fait beaucoup moins de scrupule d'employer ce vieux ressort. Il est indispensable surtout dans ces bouffonneries à travestissements que Henri Monnier avait mis pendant quelque temps en vogue, où un seul acteur, jouant plusieurs rôles, changeant à chaque scène de costume, imitant les divers organes des personnages qu'il était censé représenter, parlait presque autant à la cantonade et dans la coulisse que sur la scène. En général, cependant, comme tous les moyens matériels, l'allocution à la cantonade doit être sagement ménagée si l'on veut qu'elle produise encore de l'effet, dans notre siècle sceptique et positif.

CANTONNEMENT (*Droit*), portion de terrain qu'un propriétaire abandonne en toute propriété à un usufruitier pour remplacer son droit d'usufruit. Le cantonnement ne peut être provoqué que par le propriétaire, l'État et les établissements publics propriétaires (Code forestier, art. 63, 111, 118). Les parties qui le demandent doivent avoir la capacité générale de contracter. Ainsi il ne pourrait être demandé au nom d'un mineur qu'en remplissant les formalités prescrites par la loi pour les transactions en cas de minorité; de même les établissements publics, l'État, les communes, ne peuvent cantonner leurs usages qu'après avoir obtenu l'autorisation du chef de l'État. Les droits de glandée et de panage ne peuvent pas être l'objet d'un cantonnement; le propriétaire n'a que le droit de s'en affranchir en payant un prix. Si le propriétaire peut libérer sa propriété au moyen d'un cantonnement, il faut que celui qu'il offre en compensation aux usagers soit pris en un lieu propre et commode et le plus prochain d'eux. Le cantonnement peut avoir lieu à l'amiable, et en cas de contestation il est réglé par les tribunaux. Il se détermine d'après une estimation d'experts. Cette estimation doit porter sur la valeur des usages qu'il s'agit de racheter, sur les avantages qu'en retirent les usagers et sur l'évaluation parcellaire de la superficie en distinguant le taillis des futaies et les diverses essences de bois. Outre ces principes généraux, on comprend que les bases de l'expertise doivent varier suivant la nature des propriétés et des différentes localités soumises aux usages. Quoiqu'il n'y ait pas de règles absolues ou fixe en général le cantonnement d'après le droit d'usage. Proudhon, dans son *Traité de l'Usufruit*, est d'avis que le rachat du droit d'usage ne peut se faire à prix d'argent. Quant aux frais du cantonnement, l'ordonnance de 1669 décidait qu'ils devaient être supportés proportionnellement par le propriétaire et les usagers. Cette disposition doit encore être suivie. Le cantonnement peut encore être demandé relativement au droit de pâturage et de vaine pâture.

Dans l'origine le mot *cantonnement* dans ses rapports avec les droits d'usage avait une tout autre acception, (*voyez* BIENS COMMUNAUX, t. III, p. 183). C'était l'opération par laquelle une partie déterminée d'une forêt soumise tout entière au droit d'usage était affectée exclusivement à la jouissance des usagers pour qu'ils eussent à exercer dans cette partie seulement les droits d'usage qui leur avaient été d'abord concédés sur le tout : ce qu'ils avaient le droit de prendre pour leurs besoins dans la totalité, ils le prenaient désormais dans une certaine portion reconnue suffisante. L'avantage de ce règlement était d'empêcher les usagers de se porter à des dévastations dans les diverses parties d'une même forêt, sous le prétexte de l'exercice de leurs droits, et de permettre au propriétaire de disposer librement de la portion de bois qui se trouvait ainsi soustraite à l'affectation usagère. De pareils règlements, plus connus sous le nom d'*aménagements*, ont été faits en foule dans le cours du soizième siècle, lorsque la valeur des bois s'éleva tout à coup et que l'administration reconnut la nécessité d'arrêter le dépérissement des forêts. Des tribunaux spéciaux, appelés *tables de marbre* furent même chargés de les faire. Cependant on ne tarda pas à remarquer que cette indivision perpétuelle qui résultait de ce cantonnement, entre l'usager et le propriétaire du fonds, en faisant sortir du commerce une grande quantité de bois, portait préjudice à la liberté de disposition, et que l'indivision définitive tous les biens ainsi aménagés pouvaient être considérés comme étant sans maître. On imagina alors de faire intervenir la puissance publique entre l'usager et le concessionnaire des usages, pour rompre, contre la volonté de l'une des parties, le contrat qui avait été passé entre elles, et y substituer un contrat entièrement nouveau. C'est à cette opération nouvelle qu'a été depuis

DICT. DE LA CONVERS. — T. IV.

attachée l'expression de *cantonnement*. C'était le roi, en son conseil, qui prononçait tous les arrêts de cantonnement; à peine en existe-t-il quelques-uns rendus par les parlements de 1770 à 1790. A la révolution le cantonnement fut consacré par la loi, qui en accorda même l'initiative, soit au propriétaire, soit à l'usager; initiative aujourd'hui restreinte au premier, comme nous l'avons vu.

Le mot *cantonnement* se dit, en matière de chasse, de la restriction qui est apportée, dans le but de prévenir une trop grande destruction du gibier et la dévastation des bois et forêts, au droit réciproque de chasser sur leur terrain respectif que peuvent avoir deux propriétaires voisins. Autrefois, le cantonnement était fréquemment pratiqué entre des seigneurs possédant des fiefs par indivis, ou enclavés les uns dans les autres; ordinairement ils jouissaient chacun des droits de chasse sur la portion du fief appartenant aux autres; mais si l'un d'eux souffrait impatiemment cette jouissance, il pouvait la faire cesser par le moyen du cantonnement. Aujourd'hui lorsque deux ou plusieurs propriétaires possèdent des terres enclavées les unes dans les autres, ils peuvent aussi se cantonner réciproquement pour le droit de chasse; mais nul ne peut contraindre au cantonnement un propriétaire qui ne voudrait pas s'y prêter de gré à gré. L'administration a divisé les forêts dépendant du domaine de l'État en *cantonnements de chasse*. Ceux qui ne sont pas réservés aux plaisirs du chef de l'État se mettent en adjudication; dans chacun de ces contrats, les droits de l'adjudicataire sont réglés par le cahier des charges qui sert de base à l'adjudication.

Les cantonnements de pêche comprennent la partie navigable des fleuves et rivières dépendant du domaine public, dans lesquels l'administration concède à prix d'argent, pour un temps plus ou moins long, le droit de pêcher. Chaque rivière, chaque fleuve se trouve ainsi divisé, suivant son importance, en un certain nombre de cantonnements dont les limites sont déterminées par l'administration, et qui commencent au point où la rivière devient navigable pour finir au confluent où elle perd son nom, s'il s'agit d'une rivière de l'intérieur, et au point où se porte l'eau salée dans les marées les plus fortes, dans les rivières ou fleuves qui se rendent directement à la mer. Il est à regretter que l'on ait étendu les cantonnements de la pêche fluviale aux rivières qui reçoivent l'eau salée sans avoir une embouchure directe dans la mer : il y a là une véritable usurpation du domaine sur les pauvres pêcheurs des côtes.

CANTONNEMENT (*Art militaire*). Ce mot exprime un rassemblement de militaires logés chez l'habitant et un terrain de campagne où des troupes sont accidentellement établies. Il s'emploie surtout aux termes *camp* et *caserne*; il se rapporte le plus ordinairement au temps où l'on fait campagne, et l'idée qu'il donne a un rapport immédiat avec le service de l'état-major de l'armée, avec l'administration des corps, avec la forme du service de campagne. Un cantonnement est un établissement passager qu'une armée agissante, ou censée telle, forme suivant l'ordre de bataille en des *cantons*, des villages, des communes, qui lui sont assignés comme gîtes. Dans l'autre siècle, ce qu'on appelait *marcher par cantonnement*, c'était s'avancer ou cheminer en corps d'armée, en prenant chaque jour gîte en des lieux habités, et non sous la tente.

Les acceptions du mot sont nombreuses : il signifie lieu où l'on cantonne, action de cantonner, opération relative à cette fin, ensemble de troupes cantonnées, réunion de militaires allant à l'avance prendre possession du cantonnement ou étant de cantonnement. Un cantonnement, ou un quartier de cantonnement, considéré par rapport au temps de guerre, serait un terrain plus étendu que celui du campement et plus resserré que celui des quartiers de repos ou des quartiers d'hiver; l'on continue à y observer les formes du service de campagne.

Aujourd'hui l'ancienne définition peut se simplifier, parce que la dissemblance entre le mot *quartiers de cantonnement*, par opposition aux mots *quartiers d'hiver*, a complétement disparu, et que l'une de ces opérations a cessé d'être un acheminement méthodique et obligé vers l'autre; ainsi l'on n'a plus donné le nom de *cantonnement* qu'à l'état ou à la position d'une troupe qui n'est ni en route, ni au camp, ni en garnison, mais qui stationne, par détachements, dans des villages entourés d'un cordon de postes. Suivant le besoin, le service des corps-de-garde est ou de simple police, ou de sûreté; les compagnies de grenadiers sont placées aux avenues du cantonnement. Les troupes sont distribuées dans leurs différents quartiers suivant les ordres du chef d'état-major de l'armée; elles couchent sur la paille; elles reçoivent le chauffage de campagne, mais seulement comme combustible de cuisine de soldat; elles ont ou doivent avoir une couverture pour quatre hommes de troupe. Les *cantonnements de cavalerie* sont répartis de préférence dans les pays plats et fourrageux.

En temps de guerre, les cantonnements sont établis, si faire se peut, derrière de petites rivières, sur une assiette défensive, dans des lieux où il y ait sûreté, liberté de rassemblement et facilité pour l'arrivage des subsistances; ils doivent être disposés, si le terrain s'y prête, sur des lignes droites, parallèles à l'ennemi, et susceptibles de s'entre-secourir en cas d'insultes ou d'attaques. Les corps cantonnés doivent être peu divisés et liés tous par des communications faciles. La position des cantonnements doit, autant que possible, être indiquée, décrite et même retracée graphiquement dans la correspondance avec le ministre de la guerre. Là il faut que les havresacs et les porte-manteaux soient toujours faits et les armes toujours prêtes. L'ordonnance de campagne de 1778 exigeait même qu'on cas d'alarme les corps cantonnés fussent en six minutes rangés en bataille et prêts à combattre, et qu'en dix minutes les équipages fussent en état de marcher; c'était une imitation des règles de Prusse. Le règlement du 5 avril 1792 voulait que le service des cantonnements se fît par division d'armée, que le quartier général occupât le centre des troupes; que nul ne pût s'établir que sur le logement marqué; que l'arrivée des corps au cantonnement, les bans d'arrivée, les limites, la discipline, le service des gardes, y fussent analogues à ce qui se pratique au camp; que des champs de bataille y fussent indiqués en cas d'alarme; que l'on hérissât d'obstacles les communications du côté de l'ennemi; qu'on assurât enfin le cantonnement au moyen de redoutes. Les lois de 1793 et de l'an VIII exigeaient qu'on expulsât des cantonnements les femmes, sauf celles qui étaient reconnues et attachées à la suite des corps. Si un corps en route dans l'intérieur ne peut être entièrement logé au lieu du gîte, il y est suppléé par des cantonnements; les vivres y sont fournis en vertu des marchés contractés au gîte principal. Malgré toutes ces dispositions minutieuses, malgré l'ordonnance du 3 mai 1832, qui s'en occupait cependant, notre législation est loin d'avoir déterminé tout ce qui intéresse le mécanisme, les dépenses, la direction des cantonnements. Dans la milice anglaise, au contraire, les nombreux détails qui s'y rapportent ont été calculés soigneusement; ils sont étudiés à l'école même de l'état-major; ils ressortissent au quartier-maître général ainsi qu'à l'assistant quartier-maître général.

Le maréchal Puységur est un des premiers auteurs qui aient traité des cantonnements; il se plaint de ne trouver à cet égard rien encore d'écrit, rien de concerté. Peu d'améliorations ont eu lieu depuis la publication de son ouvrage.

Gal BARDIN.

CANTONNIER. Combler des ornières, curer rigoles, gargouilles et arceaux, rassembler, casser des pierres errantes, couper ou arracher des chardons, sabler des rampes, redresser les jeunes arbres penchés par le vent et prêter gratuitement aide et assistance aux voyageurs en cas d'accident, telle est, sur les routes nationales, départementales et vicinales, la consigne du *cantonnier*, fonctionnaire public inventé, au commencement du siècle dernier, par le marquis Carrion de Nisas, lieutenant du roi en Languedoc. Il travaille douze heures par jour, et gagne 30 à 40 francs par mois. Quand il n'a ni habits ni outils, sauf retenue, l'État lui en fournit. Chapeau de cuir verni, avec plaque de cuivre, gilet-veste de drap bleu, pantalon de même étoffe ou de toile blanche, large et descendant jusque sur le cou-de-pied, tablier de cuir, brouette, pelle, pioche, rabot, râteau, masse, cordeau, le gouvernement français ne lui refuse rien, sauf retenue. En Prusse, le cantonnier est traité plus paternellement : on le loge et on l'habille gratis. Il reçoit *tous les ans* une paire de souliers, une veste bleue à revers et collet rouge cramoisi; *tous les deux ans*, une capote à manches de chapeau en cuivre avec l'aigle noir et le numéro de la station. Quand il a régulièrement changé d'aigle trois ou quatre fois dans sa vie, il est mis en retraite avec une pension. En France, on le laisse vieillir et mourir au service.

Les grandes villes de France, Paris en tête, ont aujourd'hui leurs cantonniers, dont le service, pour s'exercer sur une échelle plus restreinte que celui des précédents, n'en est certainement ni moins pénible ni moins assidu. Il y a dans la capitale des cantonniers balayeurs, des cantonniers paveurs, etc. Quelques-uns passent leur vie à combler les trous du macadam et à réunir en tas la boue ou la poussière qui s'y forme perpétuellement; d'autres grattent les ruisseaux, et maintiennent la propreté de la voie publique et des urinoirs. Dans les petites communes, ils joignent à tout cela l'avantage d'être les commissionnaires de la mairie.

Les chemins de fer ont aussi leurs cantonniers, aux costumes variés selon les caprices des administrateurs. Durant quatre-vingt-dix-neuf jours sur cent, la surveillance de ces cantonniers est inutile à la sécurité des nouvelles voies de communication; mais de leur vigilance, de leur exactitude, de leur intelligence, peut dépendre, à un moment donné, le salut d'un convoi. Leur disque, leurs drapeaux, leur lanterne sont autant de signaux sur lesquels se règlent la marche, le ralentissement, les temps d'arrêt des mécaniciens. Tout cantonnier est tenu de visiter la section après le passage d'un train. Si un rail s'est rompu, il en prévient les poseurs. Il porte avec lui des chevilles, des clous et un marteau pour resserrer les coins des coussinets. Il ramasse le coke tombé des machines, nettoie la voie. Son service dure souvent quinze ou seize heures. Il peut se retirer pour prendre ses repas dans sa guérite. Ses appointements varient de 800 à 1,000 francs. Le métier est rude, abrutissant et périlleux. Il s'agit de passer sa vie enterré dans une tranchée ou bien exposé à toutes les tempêtes sur un remblai; l'isolement est complet. Quant au danger, il suffira de dire qu'entre Paris et Asnières, sur le chemin de fer de Saint-Germain, il a circulé dans un seul jour jusqu'à cent trente-deux convois. Sur les petits chemins, aux portes des capitales, les cantonniers sont beaucoup plus multipliés que sur les grandes lignes, où ils se confondent la plupart du temps les fonctions de *poseur* et de *garde-voie*. Il y a plus de cantonniers en France qu'en Belgique, en Belgique qu'en Angleterre, en Angleterre qu'en Amérique. Là le cantonnier est réduit à sa plus simple expression : c'est un grand poteau planté sur le bord de la voie, dont aucune barrière ne défend les approches, et sur lequel on lit : *Look out for the locomotive.* (Prenez garde aux locomotives!)

Jules PATON.

CANTORBÉRY. Voyez CANTERBURY.

CANTU (CÉSARE), l'un des écrivains les plus féconds de l'Italie moderne, né le 5 septembre 1805, de parents pauvres et appartenant à la classe bourgeoise, à Brisio, dans le Milanais, fut élevé à Sondrio dans la Valteline, où dès sa première jeunesse il se livra aux études les plus sérieuses, et où à l'âge de dix-huit ans il occupait déjà une chaire de belles-lettres. De là il se rendit à Côme et plus tard à Milan, où il continua de résider jusqu'au moment où éclata la révolution de 1848. Après la mort de son père, ce fut lui qui dut se charger de pourvoir à l'entretien et à l'éducation de ses neuf frères, presque tous encore en bas-âge, devoir dont il s'acquitta avec une conscience au-dessus de tout éloge. L'un de ses premiers écrits, les *Ragionamenti sulla Storia Lombarda nel secolo XVII* (2e édition; Milan, 1842-1844), lui valut, en raison des idées libérales qu'il contenait, un procès de tendance, par suite duquel il fut condamné à une année d'emprisonnement. Comme Silvio Pellico, il a décrit les souffrances de sa captivité, mais en forme de roman historique, sous le titre de *Margherita Pusterla* (Florence, 1845), ouvrage qu'on place sur la même ligne que les *Promessi Sposi* de Manzoni.

Le sentiment profondément religieux et essentiellement catholique qui l'a animé toute sa vie, et qui perce dans tous ses ouvrages, l'a conduit à composer aussi des hymnes et des chants religieux devenus pour la plupart populaires, surtout à cause des idées politiques qu'ils expriment. Un poëme patriotique en quatre chants sur la ligue lombarde, *Algiso, o la Legua Lombarda* (nouvelle édition, Milan, 1846), mais surtout ses *Letture giovanile* (4 vol.), consacrées à l'éducation du peuple, qui ont obtenu en Italie plus de trente éditions, et qui ont été traduites dans la plupart des langues de l'Europe, répandirent son nom tant dans sa patrie qu'à l'étranger. Comme poëte et écrivain populaire, et même comme historien, Cantù s'est rattaché à l'école romantique, dont Manzoni est le principal représentant, et dont le but, poursuivi avec une constante activité, est d'arriver à confondre l'État dans l'Église, et la politique dans la religion.

En même temps, Cantù se faisait un nom comme historien. Il écrivait sa *Storia di Como*, qui ne pouvait parler renferme les annales de la Lombardie entière. Plus tard il a refait la partie historique de la description de Milan (2 vol.; Milan, 1847), publiée à l'occasion du congrès scientifique tenu dans cette ville. La censure le contraignit à laisser inachevés ses *Studi sul' Italia nel medio evo*, qu'il faisait paraître dans l'*Indicatore* de Milan. Les obstacles qu'un gouvernement ombrageux mettait à l'exercice de son activité littéraire le déterminèrent surtout à la consacrer désormais tout entière à un seul grand ouvrage, sa *Storia universale*, le livre d'histoire le plus volumineux que l'Italie ait vu paraître dans ce siècle.

L'œuvre de Cantù parut d'abord en 1837 et années suivantes, à Turin, en 35 volumes in-8°; et malgré son étendue, malgré le tirage considérable qui en avait été fait, elle se trouva épuisée en peu de mois. A la fin de 1842 l'éditeur (Pomba) en annonçait déjà la septième édition. Deux réimpressions en avaient en outre été faites à Palerme et à Naples, et il en avait paru des traductions en français (Paris, Firmin Didot), en allemand et en anglais. Une grande lucidité et une non moins grande solidité scientifique, une remarquable sagacité d'appréciation critique, des descriptions pleines d'animation, une rare perfection dans le style et dans la forme, telles sont les qualités incontestées de cet ouvrage, qui dans sa dernière édition est continué depuis les temps les plus reculés jusqu'à l'avènement au trône de Pie IX, et que les Italiens rangent à bon droit parmi leurs classiques.

Dans une introduction qui fit grand bruit quand en Italie elle vit le jour (1837), M. Cantù se montre plus que sévère pour les historiens qui l'ont précédé. Nous ne saurions, quant à lui, lui reprocher, à notre tour, comme on l'a fait par delà les Alpes, de réagir contre notre dix-huitième siècle, dont les meilleurs esprits et les plus nobles cœurs de l'Italie, indignés de voir leur pays encore aux mains du moyen âge, subissant peut-être trop absolument de nos jours encore l'influence et épousent trop facilement tous les préjugés. Il y a longtemps que la même réaction a eu lieu en France et çà et là; voilà ce que notre historien semble trop oublier. Apparemment Voltaire, contre lequel il s'avise, après tant d'autres, de s'escrimer, Voltaire, s'il revenait, se garderait bien de recommencer son œuvre, qui est faite, sinon parfaite : ce grand esprit tournerait aujourd'hui ses armes contre d'autres superstitions; et assurément après 93 ce n'est pas le fanatisme qu'il détesterait le plus et qu'il croirait le plus dangereux : voilà ce dont M. Cantù ne semble pas se douter. Il confond l'idéologie avec la philosophie; il immole la philosophie à la religion, et la tradition universelle du genre humain à la tradition particulière des chrétiens.

Et ce qui nous semble plus grave et presque incroyable chez un Italien, dans le monde aujourd'hui chrétien il ne voit que le christianisme; la tradition distincte et apparemment grande aussi du monde politique et civil, il la méconnaît dans son indépendante majesté, et il ne s'aperçoit pas qu'il tombe ainsi dans une autre *idéologie*. Si nous comprenons parfaitement qu'on soit amené, surtout en histoire, à préférer la tradition au raisonnement, nous ne pouvons nous expliquer comment aux yeux d'un historien qui n'est ni ecclésiastique ni catholique fervent la Rome des papes prévaudrait ainsi absolument sur la Rome des Césars, et pourquoi en histoire, si Moïse est si digne de foi quand il s'agit de la création du monde, Tite-Live et Machiavel ne le seraient point quand il s'agit du développement du monde romain.

Sans insister sur ces critiques, notons que les premières académies scientifiques et littéraires de l'Europe se sont fait une gloire de l'admettre M. Cantù au nombre de leurs membres. Tandis qu'aux congrès scientifiques tenus en 1846 et 1847 à Marseille, Gênes et Venise, il était de la part de l'élite des savants l'objet des hommages les plus flatteurs, ses sentiments politiques lui attiraient du gouvernement autrichien une multitude de tracasseries et de persécutions. Quand l'insurrection éclata à Milan, Cantù n'échappa à une arrestation certaine qu'en se réfugiant en Piémont. Après la révolution, à laquelle il s'était montré sympathique, il revint à Milan, où depuis lors il continue ses savants travaux dans un calme isolement. Les fruits les plus récents de ses études sont une *Histoire de la littérature Italienne* et une *Histoire des cent dernières années* (Florence, 1851). On trouve à la fin de ce dernier ouvrage une esquisse de l'histoire de la révolution et de la restauration en Italie.

Son frère *Ignazio* CANTÙ, né le 5 décembre 1810, a été pendant longtemps l'instituteur des enfants de l'archiduc Regnier d'Autriche, et s'est également fait un nom honorable comme historien.

CANUEL (SIMON, baron), naquit dans le Poitou, en 1767, d'un père marchand de bois, et gagna tous ses grades dans les guerres de la Vendée. Ainsi, de simple officier au 71e de ligne il devint tour à tour, grâce à la protection de Rossignol et de Kléber, adjudant-général, adjudant-général, général de brigade et général de division. Ses chefs le signalèrent comme s'étant distingué à Doué et à Savenay. Il se faisait remarquer alors par la plus grande exaltation révolutionnaire, exaltation à laquelle sans doute il fut redevable de sa rapide élévation. Lorsqu'en 1796 le Directoire eut besoin d'envoyer à Lyon, qu'il venait de déclarer en état de siège, un commandant dévoué, il jeta les yeux sur Canuel, et celui-ci accepta sans hésiter cette triste mission. On eût pu s'attendre à voir le nom du jeune général cité dans quelques-unes des grandes batailles du Consulat et de l'Empire; il n'en fut rien cependant. Napoléon ne jugea pas à propos de l'employer dans les armées actives; il eut simplement, dans ces jours de lutte au dehors, le commandement de quelques divisions militaires à l'intérieur, dans lesquelles il végéta obscur et inconnu. Mis ainsi à l'écart pendant la longue et glorieuse période du Consulat et de l'Empire; il se montra parmi les plus empressés à saluer le retour des Bourbons, à la suite de l'invasion de 1814. Bien d'autres généraux firent comme lui à ce moment, mais aucun n'imita sa conduite de 1815. On le vit en effet pendant les Cent-Jours se réfugier parmi les Vendéens insurgés, se placer dans les rangs des hommes qu'il avait combattus sous Rossignol et Ronsin, et devenir le chef d'état-major du marquis de La Rochejaquelein, comme s'il eût été dans sa destinée de ne combattre jamais que contre des Français !

La seconde restauration crut devoir récompenser un tel dévouement : Louis XVIII conféra à Canuel, qui l'accepta avec empressement, la présidence du conseil de guerre chargé de juger et condamner le général Travot. Canuel formula alors toute sa pensée dans un ordre du jour où il s'exprimait ainsi : « L'unanimité de sentiments qui nous réunit tous m'est un sûr garant que si jamais les ennemis du trône et de la légitimité osent se montrer, ce sera pour la dernière fois : l'instant d'après ils auront vécu. *Vive le roi !* » Rien ne devait étonner de la part d'un homme qui, envoyé à la chambre ardente de 1815 par le département de la Vienne, y alla siéger au milieu des plus fougueux réactionnaires royalistes. Dans le procès du général Travot, le zèle monarchique de Canuel l'entraîna jusqu'à dénoncer comme attentatoires à la majesté royale les mémoires dans lesquels les avocats de l'accusé se bornaient à invoquer pour leur client le bénéfice de l'amnistie ; et cette dénonciation n'eut pas de suite, ce ne fut pas de sa faute.

C'est à cette époque qu'on vit revenir à Lyon, comme général commandant la 19e division militaire, l'homme qui y avait exercé un commandement vingt ans auparavant, alors que le Directoire déclarait cette ville en état de siège, en motivant cette mise hors la loi de toute la population d'une grande cité par la présence d'émigrés dans ses murs. La conduite de Canuel dans ces circonstances fut honteuse. Il déploya en effet contre ses anciens camarades un rôle de bourreau. Il y avait alors à Lyon, comme ailleurs, beaucoup de mécontents. Un nommé Bonafoux déposa plus tard, devant le préfet de l'Isère, qu'il avait été employé à Lyon, auprès du général Canuel, qui l'avait chargé « d'exciter les mécontents et de leur proposer de se mettre à leur tête pour monter un coup. Stimulé par le ministre de la police, ajoutait-il, j'ai donné une apparence de conspiration à ce qui n'était que des discours de mécontents sans actions et sans projets. » Aussi vit-on bientôt éclater à Lyon et à Saint-Genis-Laval un mouvement insurrectionnel que tous les historiens s'accordent à reconnaître avoir été excité et dirigé par des agents provocateurs. Puis Canuel livra impitoyablement à la cour prévôtale les hommes qu'il avaient en l'imprudence d'y prendre part. Deux d'entre eux, l'adjudant-major Oudin et un jeune apprenti maréchal, Pierre Dumont, âgé de seize ans et demi, furent condamnés à mort, et exécutés le 18 juillet 1817. Le colonel Fabvier et M. Charrier-Senneville crurent devoir alors dénoncer à l'opinion publique la conduite tenue par le général dans ces tristes circonstances. Canuel leur intenta un procès, et il le gagna. Et cependant il n'en resta pas moins acquis aux débats que des actes d'une nature atroce avaient suivi ce mouvement provoqué par des hommes que l'ancien ami de Rossignol déclarait n'être pas des agents militaires, mais bien des agents de police. Des affiches et des ordres du jour avaient promis leur pardon aux coutumaces qui feraient leur soumission. Confiants en cet engagement sacré, se présentaient-ils devant l'autorité, ils étaient saisis, jugés, condamnés, et quelquefois exécutés. C'est ainsi qu'un maire fit fusiller, sans interrogatoire, sans jugement, sous les yeux de sa femme et de ses enfants, un homme compromis dans la conspiration ; et voyant qu'il donnait encore signe de vie, il le fit achever à coups de pistolet. Quoique la presse ne fût pas libre alors, de semblables faits et bien d'autres encore ne tardèrent pas à être connus et soulevèrent une indignation générale contre cet infâme système de provocation. L'opinion publique en fit avec justice retomber toute la responsabilité sur le général Canuel, dont le nom resta dès lors condamné à la plus fâcheuse célébrité.

Comme tous les pouvoirs réactionnaires et violents, le gouvernement de la Restauration sembla prendre à tâche de combler de faveurs l'homme qui venait de pousser le zèle jusqu'à la fureur et au fanatisme. On le fit baron ; on le couvrit de décorations. Vint cependant un moment où Louis XVIII, mieux conseillé, crut devoir ordonner sur ces événements une enquête, dont il chargea le duc de Raguse, et à la suite de laquelle Canuel et le préfet du Rhône furent destitués. À peu de temps de là, Canuel fut même arrêté, et resta détenu plusieurs mois sous une accusation de complot. L'instruction de cette affaire se termina par une ordonnance de non lieu, et il fut remis en activité de service. Compris au nombre des inspecteurs généraux de l'armée, il fit en 1823 la campagne d'Espagne, pendant laquelle il eut le commandement d'une division. À la révolution de Juillet il commandait la 15e division militaire. Il fut aussitôt mis à la retraite, et alla mourir ignoré, en 1841, dans nous ne savons quel coin de France, et nul depuis n'a daigné donner un souvenir au pourvoyeur de la cour prévôtale de Lyon.

Napoléon Gallois.

CANUSIUM. Voyez Canosa.
CANUT. Voyez Knut.
CANZONE, la plus belle et la plus noble composition lyrique dont la poésie italienne puisse s'enorgueillir. On ignore le nom de son inventeur ; mais on sait qu'elle fut introduite en Italie à l'imitation des poètes provençaux, qui l'appelaient et l'appellent encore *stampita*. Cependant cette composition est ancienne, et remonte à plus d'un siècle avant Pétrarque ; cet auteur la perfectionna à un tel point, que non-seulement il l'emporta dans la *canzone* sur tous les poètes qui l'avaient précédé, mais il enleva même à ceux qui pourraient le suivre l'espérance de l'égaler. Les rares beautés dont il enrichit le style lyrique italien et la haute perfection à laquelle il le porta valurent à ce style le titre de *petrarchesco* ; et les poètes qui depuis s'exercèrent dans le même genre le prirent pendant longtemps pour modèle. Nous donnerons une idée de la structure de ce petit poëme, que son nom pourrait faire confondre avec notre *chanson*, tandis qu'il participe à la fois de l'*ode* et de la *cantate*. Il consiste en une suite de stances dont les vers et les rimes sont disposés dans un ordre déterminé, et semblable en tout à celui qui a été observé pour la première stance. Ces stances doivent être au nombre de cinq pour le moins, de vingt au plus, et chacune d'elles doit se composer de neuf à vingt vers. Cet ordre cesse à la fin de la *canzone*, dont la dernière stance, appelée *chiusa*, *ripresa*, *comiato* ou *congedo*, est formée de vers plus courts et de rimes disposées d'une manière absolument différente. Quelques poètes se sont écartés de cette règle, mais ils n'ont point égalé Pétrarque, qui s'y était soumis, ainsi qu'à celle de n'employer que des vers de onze et de sept syllabes.

On observe pour la *canzone*, malgré sa brièveté, l'*exorde*, l'*exposition*, la *confirmation*, la *réfutation* et la *péroraison*. Le style en doit toujours être élevé, noble ou gracieux, selon le sujet. Sous ce rapport Pétrarque est merveilleux, et même dans les *canzoni* où il célèbre son amour on trouve des pensées profondes tirées de la philosophie de Platon, qu'il fut entre les modernes le premier à faire connaître. On ne se lasse jamais de lire toutes les *canzoni* de Pétrarque, quoiqu'on ait distingué parmi elles les trois qu'il a composées sur les *Yeux de Laure*, et celle qu'il adressa aux grands seigneurs d'Italie, pour les exciter à délivrer leur patrie du joug des étrangers. Un patriote italien ayant fait imprimer séparément cette *canzone*, peu de temps après l'occupation de Milan par les Français, elle tomba entre les mains du général Murat, qui donna sur-le-champ l'ordre d'en arrêter l'auteur, et fut très-surpris d'apprendre que dès le quatorzième siècle, toujours noble et toujours esclave, l'Italie, par la voix de ses grands hommes, proclamait son amour pour la liberté.

Presque tous les poètes italiens se sont exercés dans la *canzone* : nous citerons seulement Dante Alighieri, Dante da Majano, Guido Cavalcanti, Cino da Pistoia, et depuis eux le cardinal Bembo, Il Caro, Il Casa, les deux Tasso, et Angelo di Costanza. Vers la fin du quinzième siècle le style *petrarchesco* fit place au *pindarique*, qui laissait plus d'essor à l'imagination; et Il Testi, Il Chiabrera, Il Filicaja, il Guidi, il Metastasio, ne s'illustrèrent pas moins dans la *canzone* que dans les autres genres de poésie.

Cte DE BRADI.

CANZONETTA. On appelle ainsi dans la musique italienne une espèce de morceaux de chants qui à l'origine avaient le caractère de chants populaires, mais auxquels d'habiles compositeurs ont donné déjà depuis longtemps une forme artistique plus élevée. De nos jours le style simple et naïf de la *Canzonetta* a beaucoup perdu de sa grâce et de sa flexibilité primitives; et deux artistes italiens, notamment Rossini, dans ses *Soirées musicales*, et Mercadante, dans ses *Matinées musicales*, ont complétement abandonné les traditions de l'art national pour donner à la *Canzonetta* une forme dans laquelle on retrouve tous les raffinements des écoles française et allemande.

CAORSINS ou **CORSINS**, marchands ou trafiquants d'Italie, fameux au treizième siècle, en France, en Angleterre, dans les Pays-Bas et en Sicile par leurs usures, devaient leur nom suivant quelques historiens à la ville de Cahors où ils faisaient un gros commerce, et suivant d'autres à une famille de forts négociants de Florence, les *Corsini*. Quoi qu'il en soit, leurs procédés paraissent avoir indisposé plusieurs États contre eux. Henri III les expulsa d'Angleterre en 1240; le pape ayant intercédé en leur faveur, ils y revinrent en 1250, et s'en firent chasser une seconde fois, l'annee même qui suivit leur rétablissement. En 1260 le duc de Brabant (Henri III) les expulsa aussi de ses États par son testament. Enfin, saint Louis de France lança contre eux un édit de proscription en l'année 1268. Ils avaient donné lieu, si l'on en croit Du Cange, à une façon de parler proverbiale : *enlever comme un corsin*, qui serait devenue par corruption : *enlever comme un corps saint*, par allusion à la rigueur avec laquelle ils faisaient enlever et incarcérer leurs débiteurs.

CAOUANNE, la plus grande des trois espèces de tortues, dont l'écaille est la moins précieuse, étant très-mince, de vilaine couleur, et chargée en outre d'une espèce de gale qui la gâte entièrement. Sa chair, maigre, coriace, filandreuse et de mauvaise odeur, n'est guère bonne à manger; cependant on ne laisse pas de la saler pour les nègres.

CAOUTCHOUC. Le suc de diverses plantes renferme une substance singulière par ses propriétés, et que tout le monde connaît sous le nom de *gomme élastique*; dans divers cas cette substance ne se rencontre qu'en petite quantité, comme dans l'opium; d'autres fois, au contraire, la proportion en est si considérable qu'il suffit d'extraire le suc des plantes et de l'abandonner à l'air pour qu'il se solidifie : la matière obtenue est le *caoutchouc*. Ce sont particulièrement deux arbustes de l'Amérique méridionale, l'*hevea caoutchouc* et le *jatropha elastica*, qui donnent cette espèce de gomme élastique que le commerce peut livrer pour une foule d'usages. Les naturels du pays font aux tiges des arbres des incisions d'où découle un suc qu'ils recueillent pour en enduire des moules de diverses formes : le caoutchouc prend bientôt la forme solide, et, afin de pouvoir appliquer de nouvelles couches, ils exposent les vases à l'action de la fumée, ce qui colore le caoutchouc,

naturellement blanc. Pendant que la matière est encore molle, on trace dessus divers dessins. Comme les moules peuvent avoir toutes sortes de formes, on trouve de la gomme élastique sous celles de poires, d'animaux, etc. Le caoutchouc se rencontre aussi dans le commerce en plaques épaisses ou en cylindres de couleur blanche, jaune ou brune. Depuis quelques années on envoie de temps en temps le suc lui-même en Europe, dans des flacons complétement remplis et hermétiquement fermés. On emploie ce suc avec le plus grand avantage à former des tissus imperméables, à confectionner des tubes creux, etc.

Le caoutchouc jouit d'une propriété très-remarquable, et qui offre la plus grande utilité : quand on vient de le couper avec un instrument bien tranchant, les deux lèvres, rapprochées l'une de l'autre et légèrement comprimées pendant quelques instants, adhèrent si fortement entre elles qu'il n'est plus possible de les séparer, et la jonction se fait si parfaitement qu'aucun liquide ni gaz ne peut la traverser. On a mis à profit ce caractère remarquable pour préparer des tuyaux élastiques que l'on peut fabriquer, soit en coupant dans un morceau de caoutchouc une plaque d'une dimension convenable et comprimant les bords l'un sur l'autre pour procurer l'adhérence, soit en coupant une lanière que l'on roule en spirale sur un mandrin. Dans l'un comme dans l'autre cas, deux conditions sont absolument indispensables pour que la soudure soit parfaite : c'est que les bords soient coupés d'un seul coup de ciseaux, et que l'on rapproche les lèvres sans les avoir aucunement touchées avec les doigts. Tous les points où il y aurait des bavures ou sur lesquelles les doigts auraient déposé de l'humidité ne se soud̄eraient pas et procureraient des fuites. Avec un peu d'adresse, on peut en quelques secondes obtenir ainsi tous les objets que l'on désire.

Si l'on veut couper un morceau volumineux de caoutchouc pour obtenir des feuillets très-minces, que l'on divise ensuite en fils, on éprouve une difficulté qui provient de ce que le couteau, adhérant fortement au caoutchouc, on en déchire le morceau sans le diviser; pour éviter cet inconvénient, il suffit de mouiller la lame, et il devient alors facile de produire des feuillets aussi minces que l'on veut, et des fils qui peuvent servir à confectionner des tissus extrêmement élastiques.

Le caoutchouc est absolument imperméable à l'air et à l'humidité; il n'éprouve aucune altération par l'action de ces deux causes réunies, qui agissent si efficacement sur les substances organiques; aussi s'en sert-on avec un grand avantage pour préserver de l'humidité. Par exemple, on en rencontre maintenant dans le commerce beaucoup de chaussures en gomme élastique, que l'on peut aussi employer comme sous-chaussures, et qui, pour les dames surtout, deviennent un objet presque nécessaire. Une paire de ces chaussures coûte de sept à huit francs, et peut durer longtemps; le nettoyage en est extrêmement facile, puisqu'il peut se faire avec une éponge mouillée, on n'a absolument rien à craindre de l'humidité quand on en fait usage.

Le caoutchouc se ramollit par la chaleur et se fond alors aisément; mais la matière reste ordinairement glutineuse et collante; à une plus haute température, la gomme élastique brûle et donne beaucoup de fumée. On ne connaît qu'un petit nombre de substances qui puissent dissoudre le caoutchouc : l'éther, l'huile de térébenthine, et particulièrement l'espèce d'huile volatile que l'on obtient en distillant le charbon de terre pour en obtenir le gaz de l'éclairage, sont dans ce cas. Les deux dernières, moins coûteuses, seraient bien avantageuses s'il n'était si difficile de rendre au caoutchouc toutes ses propriétés ; il reste longtemps poisseux ; l'éther sulfurique le laisse au contraire immédiatement à l'état le plus convenable. Il suffit pour obtenir cette dernière liqueur de faire gonfler le caoutchouc découpé en lanières, en le tenant quelque temps dans l'eau bouillante, et de le jeter ensuite dans un vase renfermant de l'éther; il augmente d'abord beaucoup de volume, et se dissout ensuite en donnant une liqueur presque incolore, qui, étendue sur un objet quelconque, y a bientôt déposé une couche très-mince de caoutchouc très-élastique.

On peut fabriquer aussi avec le caoutchouc des ballons extrêmement légers et bien imperméables à l'air; deux moyens sont employés pour les obtenir : le premier consiste à ramollir dans de l'eau bouillante une bouteille de caoutchouc, sur laquelle il n'y ait pas de dessins, à lier son col sur le tube d'une pompe foulante et à y comprimer l'air avec précaution; la bouteille se gonfle et peut prendre une très-grande dimension. En ramollissant d'abord la bouteille dans l'eau bouillante, la plongeant ensuite quelque temps dans de l'éther sulfurique et y insufflant de l'air avec la bouche, au moyen d'un tube sur lequel son col est fixé, on obtient des ballons tellement minces que, gonflés de gaz hydrogène, ils peuvent s'élever facilement dans l'atmosphère.

Il n'y a personne qui ne connaisse l'usage de la gomme élastique pour obtenir des balles au moyen desquelles on se livre avec tant de plaisir à l'exercice de la paume. Mais c'est surtout par son utilité dans les arts que cette matière se recommande. Le caoutchouc sert à effacer les traces de crayons et à adoucir le papier. Il entre dans la composition de quelques vernis, de colles, de mastics, après avoir été fondu et uni soit à la chaux, soit à la chaux et au minium. Les tubes flexibles de caoutchouc, dont nous avons indiqué le mode de fabrication, servent à relier les tubes en verre que la chimie emploie dans ses analyses; ces tubes précieux pour les laboratoires sont imperméables aux gaz et inaltérables en présence de la plupart des réactifs. La chirurgie tire du caoutchouc plusieurs instruments qui demandent de la souplesse et de la flexibilité. Enfin, un des emplois les plus importants de cette substance est celui auquel on la fait servir pour la confection de tissus imperméables à l'humidité et à l'air et au moyen desquels on se procure des coussins utiles dans les voyages. H. GAULTIER DE CLAUBRY.

Les tissus des objets fabriqués en caoutchouc doivent, pour jouir de toutes les propriétés requises, posséder une élasticité qui ne s'altère pas par l'usage, ni surtout par les variations de température. On obtient ce résultat par la combinaison du caoutchouc avec une petite quantité de soufre; le caoutchouc ainsi préparé prend le nom de *caoutchouc vulcanisé*. Voici comment on opère : On plonge les articles fabriqués en caoutchouc, bien propres et bien secs, dans une solution contenant 2,5 de chlorure de soufre pour 100 de sulfure de carbone; après une minute d'immersion on les retire, on fait évaporer le sulfure de carbone et les traces d'acide chlorhydrique formé, à l'aide d'un courant d'air, dans une étuve chauffée de 20 à 25 degrés; quand les objets sont secs, on les replonge une minute et demie dans la solution, on les retire pour les faire sécher comme la première fois, puis on les lave dans une solution alcaline et enfin dans de l'eau pure.

Le caoutchouc vulcanisé est déjà un produit d'un usage fréquent dans l'industrie : on l'emploie en ressorts servant à la fermeture des portes; on en fait des rondelles qu'on interpose entre les brides de tuyaux conduisant le gaz à des becs mobiles; enfin d'épaisses rondelles, au nombre de dix à vingt suffisent pour amortir les chocs des wagons de chemins de fer.

CAOUTCHOUC FOSSILE ou **CAOUTCHOUC MINÉRAL.** *Voyez* ÉLATÉRITE.

CAP (du latin *caput*, tête, chef). En termes de géographie, il exprime une pointe de terre qui s'avance dans la mer, au delà des terres contiguës : tels sont les Caps Nord, Finistère, de Roca, Spartivento et Matapan en Europe; Severo-Vostotchnii, Oriental, Lopatka, Romania, Comorin et Bas-el-Gaad, en Asie; Serrat, Spartel, Blanc, Lopez, de Bonne-Espérance et d'Orfoui, en Afrique; de Wilson, d'York et de Leeuwin, dans l'Australie; de Glace, de Saint-Luc, Aguja, Horn, Charles et Farewell en Amérique. On désigne spécialement par le nom de *promontoires* les caps qui se terminent par une montagne. Presque tous les caps de l'Hindoustan et de l'Amérique sont dans ce cas, attendu le peu d'éloignement des grandes chaînes de montagnes qui les avoisinent.

La géographie donne aussi le nom de *cap* à plusieurs îles et villes, telles que les îles du *Cap-Vert*, l'île du *Cap-Breton*, la ville du *Cap*, celle du *Cap-Français* ou *Cap-Haïtien*, etc.

En termes de marine, *cap* signifie l'éperon ou l'avant du vaisseau; l'emploi de ce mot est fréquent dans les manœuvres. Par exemple, on dit : *porter ou avoir le cap à terre*, ou *au large*, ce qui signifie faire prendre au bâtiment la direction de la côte ou de la pleine mer. *Doubler un cap*, c'est le tourner, c'est en passer plus ou moins près en longeant la côte. *Le cap de mouton* est un bloc de bois, de forme ronde, percé de trois trous, disposés en triangle pour le passage des rides de haubans. *Le cap de compas* est le diamètre tracé au fond de la cuvette de la boussole, et qui indique la direction de l'axe du bâtiment.

Dans les arsenaux maritimes, on appelle *cap* une escouade d'ouvriers ou le chef qui les conduit; et dans les bagnes l'homme libre chargé de faire travailler les forçats.

Le mot *cap* a encore une autre acception, qui se rapproche de son étymologie dans les locutions *de pied en cap*, c'est-à-dire des pieds à la tête : *armé de pied en cap*.

CAP (Gouvernement, Colonie du). *Voyez* BONNE-ESPÉRANCE.

CAP (Ville du), en anglais *Capetown*, chef-lieu de la colonie du Cap de Bonne-Espérance, ainsi que d'un arrondissement de cette même colonie, siège du gouvernement et des autorités supérieures. Fondée en 1650, par les Hollandais, immédiatement au pied de la montagne de la Table, sur le rivage de la baie du même nom, qui va toujours en s'élevant insensiblement, elle compte aujourd'hui plus de 25,000 habitants, pour la plupart Hollandais d'origine. Les maisons, solidement et quelquefois élégamment construites et enduites en général d'un badigeonnage à la chaux qui leur donne l'aspect le plus riant, avec des toits plats et de larges croisées, forment des rues droites, régulières, se coupant à angle droit, mais qui ne sont pas pavées. Il en résulte une poussière intolérable pendant les mois d'été, saison qui sous cette latitude commence en septembre, surtout quand le vent souffle avec force dans la direction du sud-est. Un canal traverse la rue principale, qui, de même que la plupart des autres rues de la ville, peut être long de chaque rangée de maisons par une allée de beaux chênes. Un système de tuyaux hydrauliques, création du gouverneur comte Caledon, fournit chaque maison d'excellente eau à boire. Le château fort (*the Castle*) situé à l'entrée de la baie, ouvrage pentagonal d'une force remarquable, la domine tout entière. C'est là que se trouvent la plupart des bureaux administratifs, de même que les casernes. Divers forts d'importance moindre et quelques batteries défendent en outre l'entrée du port. Indépendamment d'un grand nombre d'églises, la ville possède plusieurs édifices publics remarquables, entre autres une Bourse aux proportions grandioses et une bibliothèque publique considérable. Un observatoire a été construit à environ 6 kilomètres au nord de la ville.

Le commerce, qui, grâce à la position si favorable de la ville du Cap, y est toujours extrêmement florissant, constitue la grande occupation des habitants. Les principaux articles d'exportation sont la laine, le vin, le froment, la viande salée, les cuirs et peaux, les cornes, l'ivoire, les plumes d'autruche, l'aloès et la gomme. Quoique les légumes, la viande et le poisson se vendent à bon compte dans les marchés du Cap, la vie y est tout aussi chère pour un étranger qu'en Angleterre. Un service régulier de navigation à vapeur établi dans ces derniers temps a singulièrement diminué la distance qui sépare la ville du Cap de Londres, distance qu'un bon navire voilier franchit en soixante-dix jours.

La plus grande partie du sol de l'arrondissement de la ville du Cap, lequel comprend une superficie d'environ 3,500 kilomètres carrés, est sablonneuse et inféconde. Ce n'est que çà et là, mais surtout aux approches de la ville, que d'élégantes maisons de campagne et de vastes jardins, où réussissent la plupart des fruits de l'Europe et des tropiques, en interrompent et animent la morne uniformité.

CAP (Vins du). On désigne sous ce nom les produits à bon droit célèbres des différents vins du Cap de Bonne-Espérance, à l'extrémité sud du continent africain. Ils proviennent de vignes dont les plants primitifs furent tirés par les colons Hollandais des vignobles du Rhin et de la Bourgogne. Les espèces de vins du Cap qu'on trouve généralement dans le commerce sont au nombre de trois. La première est le *Constance*, produit d'un crû situé à environ deux myriamètres du Cap. C'est un vin sucré, fin, spiritueux, agréable au goût, très-aromatique, et, après le Tokay, le meilleur de tous les vins de liqueur. Il y en a du rouge et du blanc, mais c'est ce dernier qui est le plus sucré. Le vin de Constance, au Cap même, est d'un prix fort élevé. En Europe on donne et on boit souvent pour vin de Constance la seconde espèce de vin du Cap, le vin de la *Baie de la Table*, bien qu'il soit de beaucoup inférieur au véritable Constance. La troisième espèce de vin du Cap porte le nom de *Vin de pierre*. On le récolte surtout dans les districts de Stellenbosch, Perlhem et Drachenstein. Le rouge, et c'est celui dont la production est la moindre, a une couleur foncée, beaucoup de bouquet, et est très-spiritueux.

Le vin du Cap s'expédie en barils jaugeant quatre-vingts litres. Il est indubitable, en raison des circonstances climatériques si favorables où se trouve placée la colonie du Cap de Bonne-Espérance et de la nature particulière de son sol, que ses vignerons récolteraient des produits et bien meilleurs et bien plus abondants s'ils voulaient se donner autant de peine que les vignerons français ou allemands.

CAPACITÉ vient de *capere*, prendre, ce qui suppose aussi la possibilité de recevoir et de contenir; c'est pour cela qu'on dit la *capacité* d'un vase, d'une mesure de *contenance*, pour exprimer ce qu'elle peut contenir. Les termes *caput*, *capitalis*, etc., nous semblent dériver aussi de la même étymologie.

En effet, la capacité se prend surtout pour la mesure intellectuelle propre à chaque individu, soit d'après son esprit naturel, soit par suite du travail et des acquisitions qui en ont développé les forces. L'état de la civilisation actuelle exigeant l'emploi de toutes les capacités, celles-ci sont devenues l'instrument universel. Naguère une secte philosophique, le saint-simonisme, ne prétendait à rien moins qu'à la réforme de l'état social d'après le classement et la hiérarchie des *capacités* individuelles, mais il était évident que nulle mesure certaine ne pouvait déterminer leur degré et leur valeur, soit absolue, soit relative. Chaque profession exige son genre de capacité pour la porter à la perfection qui lui est propre, car un ouvrier mécanicien peut avoir autant de génie qu'un grand général ou un ministre d'État.

Ce n'est ni l'étendue ni la multiplicité des connaissances qui donnent la mesure d'un esprit, bien que le raisonnement puisse y trouver de plus amples développements. On ne connaît point de *psychomètre*. Chaque homme ayant une capacité de compréhension comme une capacité d'estomac, il ne lui est pas plus convenable de trop apprendre que de trop manger, et il y a des indigestions de science comme il y en a de nourriture. On compare la *polymathie*, ou le savoir surabondant, à ces excès d'aliments que l'estomac ne peut supporter : tels sont les pédants, qui, remplis d'ordinaire d'un fatras scientifique d'érudition, étaient sans raison leur babil ridicule. Tout apprendre à la fois est ne rien savoir; une étude peut nuire à une autre, et plus on s'instruit plus on devient ignorant; c'est la science raisonnée et digérée qui seule est la vraie. *Scientia vera est per causas scire*.

Le jugement ou la raison a sa plus haute puissance constitue surtout la capacité. Les imbéciles, les idiots peuvent conserver encore la mémoire des sensations; les maniaques et autres aliénés montrent pour la plupart beaucoup d'imagination; les excitants, les spiritueux et d'autres moyens, tels que les passions, l'amour, etc., peuvent exalter l'esprit; toutefois la vraie capacité de la raison est plutôt le fruit d'une profonde réflexion à tête reposée : *sedendo fit anima sapientior*. C'est donc la prudence, la sagesse et le jugement sûr qui constituent le trésor de la capacité.

Personne jusque ici n'a constaté nettement les caractères anatomiques qui distinguent un cerveau d'homme ordinaire de celui d'un homme de génie. On a bien observé, par exemple, que celui de G. Cuvier était très-vaste et pesait près d'un tiers de plus que celui des autres hommes, mais ce fait n'a point été généralement retrouvé chez tous les hommes d'une vaste intelligence, car il y a même des idiots à cerveau très-volumineux, outre les hydrocéphales, certains apoplectiques, etc. De plus n'observe-t-on pas que dans l'échelle zoologique, à mesure que l'appareil encéphalique s'amoindrit, surtout dans ses lobes antérieurs, fonctionnels de l'intellect, la puissance organisatrice, par une admirable correspondance, diminue dans un degré proportionnel la dextérité des membres exécuteurs des conceptions de la pensée? Ainsi, la main des singes est déjà moins parfaite que celle de l'homme, tout comme leur cerveau est affaibli dans ses facultés. Cette dégradation est ainsi corrélative. Ne serait-il pas en effet aussi superflu qu'inconséquent à la souveraine sagesse créatrice d'avoir attribué au cheval une main industrieuse, mais inutile, en déposant son cerveau une intelligence brutale, comme d'avoir donné à l'homme, doué d'un large encéphale et d'une vive capacité spirituelle, une main encroûtée d'un sabot grossier ?

Vers le milieu du dix-huitième siècle, Helvétius prétendit, dans son livre *De l'Esprit*, établir que tous les hommes bien conformés naissaient égaux pour la capacité de l'intelligence, ou étaient pareillement habiles, mais que la diversité des éducations ou des exercices de l'intelligence auxquels les individus se trouvaient livrés produisaient seuls les différences que nous observons entre eux. Il pouvait jusqu'à certain point se donner en exemple, parce qu'il avait réussi dans toutes les études qu'il avait entreprises. Cependant son témoignage même déposerait contre la vérité de son système. En effet, il est évident, d'après cet axiome vulgaire, que *qui trop embrasse mal étreint*, et par l'affaiblissement nécessaire des forces intellectuelles, lorsqu'on les dissémine sur une foule de sujets différents, qu'être également propre à tout, c'est souvent n'être bon à rien.

Mais les hommes d'ailleurs ne naissent point aussi indifférents pour les divers emplois et carrières que le suppose Helvétius. Indépendamment des preuves incontestables données par Gall de nos dispositions innées, ou même organiques (bien qu'on n'admette pas son système sur les protubérances cérébrales), il est manifeste que nous avons des propensions plus ou moins vives, ou une capacité pour un objet plutôt que pour l'autre. On remarque à l'hôpital des enfants trouvés, à Paris, que tous ces enfants soumis au même régime, à un pareil genre d'éducation, développent spontanément chacun leur caractère spécial; il y a parmi eux de très-inégales capacités, soit d'intellect, soit de diverses propensions, car ils ont aussi des tempéraments et des organisations fort variées. Il n'est donc pas douteux que si les cerveaux et les corps sont si modifiés originairement dans cette population reçue au hasard et soumise aux mêmes lois d'institution, malgré le mélange si multiplié des parents de ces bâtards, il faut bien admettre des capacités diverses.

Les inclinations et les passions innées peuvent même constituer, soit des vocations vers tel état, soit une prédestination au bien comme au mal. Sans admettre la fatalité et la nécessité de nos actions, ni de nos penchants, qui ne reconnaît pas dans la société humaine une foule d'individus plus aptes que d'autres, soit à la guerre, soit à l'étude, soit à l'exercice de tel ou tel art? N'est-on pas étonné de voir souvent tel homme du peuple, un berger, un paysan, sans éducation, s'élancer par ses propres efforts vers une carrière d'industrie ou de talent dans laquelle il surpassera de bien haut le citadin, même soutenu par l'opulence et par l'éducation la plus soignée? Les phrénologistes présentent une multitude de ces traits à l'appui de leur opinion de nos diverses capacités; il en résulte aussi qu'on ne doit point trop blâmer celui qui ne trouve nullement en soi l'élément de succès dans ses études, ni trop louer celui dont la facilité extrême le fait atteindre d'abord aux premiers rangs; mais il convient de tenir compte de ce que peut la seule nature et de ce qu'on doit aux efforts du travail et de l'habitude.

J.-J. Virey.

CAPACITÉ (*Jurisprudence*). Ce mot s'entend de l'aptitude des personnes à la jouissance ou à l'exercice des droits reconnus par la société. La capacité constitue l'un des éléments essentiels à la validité de tout contrat. Manquet-elle, les actes et conventions émanés de l'incapable pourront être déclarés nuls. Dans le droit privé, comme dans le droit politique, la capacité est de droit commun, et l'incapacité, l'exception.

Les lois qui concernent la capacité des personnes sont comprises dans ce qu'on appelle le statut personnel, et régissent les Français même lorsqu'ils voyagent ou résident à l'étranger.

CAPACITÉS (*Droit politique*). Dans un sens restreint ce mot fut employé sous la monarchie constitutionnelle pour désigner les qualités spéciales qui devaient assurer à ceux qui les possédaient le droit électoral et celui d'éligibilité en dehors du cens exigé par la loi. La loi communale et départementale et la loi du jury admirent en effet une classe particulière de citoyens à jouir des droits qu'elles consacraient. Cette faveur résultait d'une qualité, de l'exercice d'une profession qui semblaient annoncer une éducation complète. Du nombre de ces professions ou qualités étaient celles d'avocat, de médecin, juge, notaire, de membres de certaines sociétés savantes, etc. C'est là ce qu'on appela les *capacités électorales*. Lorsque la France s'émut pour demander une réforme dans le système électoral, quelques-uns pensèrent que l'adjonction des *capacités* à la liste électorale suffirait pour tirer le gouvernement de la corruption dans laquelle on le disait plongé; mais leurs adversaires répondaient que les propriétaires de biens fonciers étaient les seuls vraiment intéressés à l'ordre public, et que celui qui, avec des capacités, n'avait pas de quoi s'enrichir, était peu propre à bien gérer les affaires du pays. Il répugnait en outre de créer des électeurs inamovibles. M. Pagès (de l'Ariège) faisait d'ailleurs remarquer que les professions dénommées ne devaient fournir qu'une partie des capacités, car toutes, disait-il, ne sont pas munies de diplômes et de brevets. Chacun put faire alors sa catégorie de capacités, et l'on proposa même d'y faire entrer les officiers de la garde nationale. Le gouvernement de Louis-Philippe, on le sait, se refusa constamment à l'*adjonction des capacités*. Cette résistance amena la révolution de février.

CAPANÉE, fils d'Hipponoüs et d'Astynome, ou de Laodice, fille d'Iphis, l'époux d'Évadné ou Janeira, et le père de Sthénélos, fut un des sept chefs de l'armée argienne qui allèrent mettre le siége devant Thèbes pour rétablir Polynice sur le trône de cette ville. Il s'était vanté de prendre Thèbes d'assaut, en dépit des dieux eux-mêmes. Effectivement il escalada le premier les murailles, mais à peine en eut-il atteint le sommet que Jupiter l'y tua d'un coup de sa foudre.

Il y a tout lieu de croire que pendant sa vie Capanée avait marqué peu de respect pour les dieux; Stace met dans sa bouche mille blasphèmes et mille extravagances. Quoi qu'il en soit, lorsque Thésée fit faire de magnifiques funérailles à ceux qui étaient morts devant Thèbes, on ne voulut pas brûler le corps de Capanée avec les autres, parce qu'il était regardé comme un impie, qui par ses blasphèmes s'était attiré le courroux du ciel; et on lui fit un bûcher séparé. Sa femme s'étant parée de ses plus beaux habits monta sur un rocher au pied duquel on brûlait le corps de son mari, et se jeta au milieu du bûcher, pour mêler ses cendres à celles d'un époux qui lui avait toujours été cher. On a prétendu, du reste, qu'Esculape avait rappelé Capanée à la vie.

CAP-BRETON, île située à l'entrée du golfe Saint-Laurent, à peu de distance de la Nouvelle-Écosse, et qui peut être considérée comme faisant partie de cette dernière île, avec laquelle elle présente les plus grandes analogies, tant au point de vue géognostique que sous les autres rapports physiques. L'île a environ 25 myriamètres de longueur sur 17 à 18 de largeur, et sa surface totale peut être évaluée à 140 myriamètres carrés. Un golfe, entrant profondément du nord-est au sud-ouest dans ses côtes, et appelé *le Bras d'Or*, la divise en deux grandes parties, unies entre elles par une étroite langue de terre, dite l'*isthme de Saint-Pierre*. Les côtes, généralement très-escarpées, sont dans la partie occidentale de l'île abruptement déchirées par des baies. Le golfe intérieur, dont la profondeur varie entre 20 et 60 brasses et qui communique avec la mer par un détroit nommé *le Petit Bras d'Or*, est échancré par une multitude de baies de toutes grandeurs, et rend extrêmement accessible à la navigation cette île, qui possède d'ailleurs quelques-uns des plus beaux ports du monde, entre autres ceux de Louisbourg et de Sidney. Toutefois, elle est fortement exposée à l'influence des masses de glace qui chaque année, au printemps, se détachent de la partie septentrionale du golfe de Saint-Laurent et sont entraînées vers l'Océan.

Le climat en est sain et fortifiant, et à peu près à l'abri de maladies épidémiques. Dans les districts fertiles, notamment aux environs du Bras d'Or et des bords des nombreuses rivières, où abondent toutes les espèces de poissons d'eaux douces, on voit prospérer toutes les plantes cultivées en Angleterre. On y rencontre aussi d'immenses pâturages pour les bêtes à cornes et les moutons. En fait de productions minérales en exploitation au Cap-Breton, on peut citer le sel, le cuivre, le fer, le plomb et surtout la houille, dont les principaux centres producteurs sont Sidney et Bredgeport. La population, qu'on peut évaluer de 60 à 70,000 âmes, a pour principale industrie l'exploitation de ces houillères, et surtout la pêche de la morue ou du cabillaud. Sauf environ 200 Indiens, derniers débris de la tribu des Mics-Macs, tous les habitants actuels descendent soit des anciens colons français, soit d'Écossais ou d'Anglais venus s'établir plus tard dans ces parages. Parmi ces derniers on distingue surtout, à cause de leur intelligence et de leurs habitudes laborieuses, les *loyalistes*, ou partisans du gouvernement anglais, qui lors de la déclaration d'indépendance des États-Unis refusèrent de faire cause commune avec les insurgés, et se fixèrent alors ici. La majeure partie de cette population est d'ailleurs fort ignorante et démoralisée par des habitudes d'ivrognerie et de débauche.

Sidney, chef-lieu de l'île, situé au fond d'un vaste port de la côte orientale, dans un district extrêmement favorable à l'agriculture non moins qu'à la pêche, ne compte que 600 habitants. Dans l'île *Madame*, située au sud de Cap-Breton et habitée surtout par des Acadiens, on trouve *Arichat*, port de mer et place de commerce importante, avec 2,000 habitants, dont la principale industrie consiste dans la construction des navires et le commerce de poisson. L'île *Saint-Paul*, rocher nu et sauvage, situé à l'extrémité septentrionale du Cap-Breton, est fameux par les nombreux naufrages dont ses côtes sont journellement le théâtre.

En raison de l'importance stratégique de sa position, qui en fait la clef des contrées baignées par le golfe Saint-Laurent, le Cap-Breton était autrefois de la part du gouvernement français l'objet d'une attention toute particulière. La colonie prit de si rapides développements que vers le milieu du dix-huitième siècle elle occupait à la seule pêche de la morue 300 navires et 1,500 chaloupes, montés par 12,000 hommes d'équipage. Après la paix d'Utrecht les Français ajoutèrent encore de nouveaux moyens de défense à ceux que lui a donnés la nature. Mais le 26 juillet 1757 Louisbourg, sa jolie capitale, fondée en 1718, tombait avec sa forteresse au pouvoir des Anglais, qui la détruisirent complétement, ainsi que plusieurs autres villes de la côte orientale fondées également par des colons français, notamment *Ingonish*.

La paix de Versailles de 1763 attribua à l'Angleterre la possession définitive du Cap-Breton, qui en 1784 fut érigé en gouvernement particulier, mais qui depuis 1820 est réuni à celui de la Nouvelle-Écosse.

CAPDUEIL (Pons de), riche baron du diocèse du Puy-Sainte-Marie, fut un de nos troubadours les plus distingués du douzième siècle, joignant aux avantages d'un physique séduisant la grâce des manières, les charmes de l'esprit, les goûts de la magnificence, et alliant le talent de la poésie et l'art de jouer avec supériorité des instruments, à toutes les qualités chevaleresques et guerrières. Amant heureux de la belle Azalaïs de Mercœur, femme d'un grand comte d'Auvergne, il la célébrait dans ses vers, prodiguait pour elle les fêtes et les tournois, et tenait en son honneur cour plénière, où se rendait à l'envi toute la noblesse des alentours, empressée de venir rendre hommage à la reine qui y présidait. Les manuscrits nous ont conservé une quinzaine de pièces de ce noble amant, dans lesquelles la dame de ses pensées est l'objet de tous ses éloges. Mais il eut bientôt à déplorer sa mort, et, après lui avoir consacré un chant funèbre, auquel rien n'est parvenu, il renonça aux joies du monde, passa tout à coup de l'amour le plus tendre à la dévotion la plus exaltée, et devint le zélé prédicateur d'une nouvelle croisade. Éloquent interprète de l'opinion, il appelle, il excite les barons et les princes à la conquête du Saint-Sépulcre. Guillaume, roi de la Pouille, usait ses richesses à soutenir la ligue formée en Italie contre l'empereur Frédéric-Barberousse ; les guerres de Philippe-Auguste et d'Henri II scandalisaient l'Europe, qui ne rêvait que la Terre Sainte : Capdueil blâme hautement leurs querelles, accuse leur coupable indifférence, les exhorte vivement à sacrifier leurs animosités et à prendre la croix. Les vœux du troubadour furent exaucés : la troisième croisade eut lieu en 1190, et Capdueil, joignant l'exemple à ses poétiques prédications, passa en Palestine, où il trouva la mort des braves. Trois de ses pièces nous ont été conservées ; elles respirent l'enthousiasme religieux et la simplicité des croyances du temps ; les plus meilleures ont été traduites par Raynouard dans le second volume de son *Choix des Poésies originales des Troubadours*. Les poésies de Capdueil ont été recueillies dans des manuscrits du Vatican, de la Laurentienne à Florence, et de la Bibliothèque Impériale de Paris.   PELLISSIER.

CAPE ou **CAPPE**. Ce mot, admis avec le même sens dans tous les dialectes de l'Europe, a toujours été employé dans notre langue pour désigner un vêtement de dessus, long et sans manche, avec un capuchon. « Cape, dit Nicod, est une sorte d'habit court, sans manches, au droit du collet duquel pend par derrière un capuchon. » De toute antiquité la cape fut en France un vêtement commun à tous, aux clercs, aux moines, aux chevaliers, aux laïcs des deux sexes. « Une robe de poil de chèvre, et qu'on appelle *cape*, est aujourd'hui, dit Ulphin Boéce, en usage parmi nous, » et nous trouvons dans une chronique écrite en 1156 cette description de la fameuse robe sans couture : « La *cape* de notre divin Sauveur fut miraculeusement retrouvée dans le monastère d'Argenteuil près de Paris. C'est une robe brune et sans couture, que lui fit sa glorieuse mère, alors qu'il était encore enfant. » Roger de Hoveden, en parlant du roi d'Angleterre Richard Cœur-de-Lion, blessé par un chevalier français, a écrit : « Le coup porté par Guillaume des Barres déchira la *cappe* du roi d'Angleterre. » Il semblerait pourtant que ce vêtement ait été dans les premiers siècles celui des laïques et non des clercs, si l'on veut s'en rapporter au concile de Metz, tenu en 888, dans les canons duquel on trouve ces paroles : « Les laïcs porteront la cotte ou manteau avec la *cappe*, s'ils le veulent ; les moines, au contraire, auront la cotte seulement. » Et dans les romans historiques ou chevaleresques, dans toutes les compositions en langue vulgaire, écrites en français au douzième siècle, le mot *cape* s'applique au vêtement des séculiers ou gens du monde. Ce n'est qu'après le douzième siècle qu'elle devient l'habillement le plus commun des gens d'église et des moines eux-mêmes ; et par le texte de quelques auteurs contemporains il est facile de prouver que la défense du concile de Metz n'avait pas été suivie partout. Dans les statuts de l'ordre de Saint-Benoît nous trouvons qu'il était loisible aux frères de posséder deux *cappes*, et ce vêtement fut même adopté parmi ceux de l'ecclésiastique officiant : il prit alors le nom de *chape*, qu'il porte encore aujourd'hui.

La défense faite par le concile de Metz aux gens d'église de porter des *cappes* fut causée probablement par le luxe qu'on déployait dans ces sortes de vêtements. Les seigneurs, et surtout leurs femmes, les garnissaient des plus belles fourrures ; il y en avait aussi en étoffe et de soie, ce qui faisait dire à Matthieu Paris : « Le vêtement du prêtre devient celui des femmes perdues de débauche. » Et plus tard nous trouvons dans plusieurs comptes manuscrits de la maison de nos rois des fourrures de menu vair employées « à couvrir *la cappe de madame la reyne* ou des princes ses enfants. »

La *cappe* fut aussi le vêtement ordinaire des marchands forains, qui, toujours sur les grandes routes, étaient contraints de se garantir des intempéries de l'air. De jolies capes noires, blanches ou rouges font encore aujourd'hui partie de l'élégant costume des villageoises pyrénéennes. Les bergers de ces montagnes en portent de brunes ou noires, beaucoup plus amples.

L'auteur d'un glossaire allemand, Wachter, prouve que le mot *cappe*, différemment écrit et prononcé chez les divers peuples, a toujours été l'expression générique employée pour désigner un vêtement de dessus, et que chez les Chaldéens et les Hébreux, chez les Grecs, les Romains et les peuples de l'Europe moderne, il a toujours eu la même signification.   Le Roux de Lincy.

On doit à ce mot les phrases ou façons de parler proverbiales suivantes : *rire sous cape*, pour rire à la dérobée, en cachette ; *n'avoir que l'épée et la cape*, pour signifier qu'on n'a pas un sou vaillant, qu'on ne possède d'autre fortune qu'un vêtement quelconque et une épée, situation au reste assez commune jadis chez les cadets de la gentilhommerie, auxquels le droit d'aînesse enlevait tout patrimoine, qui, tenus malgré cela à une certaine représentation, ne pouvaient parvenir sans déroger à se livrer à quelque industrie honnête, qui les aurait fait vivre.

CAPE (*Marine*). Lorsqu'un navire éprouve à la mer des vents contraires, trop violents pour lui permettre de louvoyer en *faisant de la toile*, il ne conserve que les voiles qu'il peut livrer au vent sans danger, et, après avoir mis la barre du gouvernail sous le vent, il reste au plus près en présentant obliquement son avant à la bourrasque et à la lame qui se soulève contre lui. Cette situation passive du bâtiment, par rapport à la mer et au vent, est ce qu'on appelle *la cape. Mettre en cape* n'est à proprement parler que disposer le navire de manière à supporter le mieux possible un coup de vent en mer. En effet, dans la position où se trouve un navire *en cape*, il fait trop peu de route contre la lame pour être exposé à recevoir le choc des vagues, qui, au lieu de trouver de la résistance en déferlant sur lui, le font céder au contraire peu à peu à leur impulsion. La petite surface de voile qu'il livre au vent dans cette situation suffit pour l'appuyer de manière à le préserver des forts coups de roulis qu'il éprouverait si l'effort du vent sur ses voiles ne le tenait pas incliné à peu près uniformément sur la mer. Obéissant un peu à chaque lame qui le heurte, et dérivant par l'impulsion qu'il reçoit des vagues et du vent dans le sens de la direction que lui impriment ces deux causes, le bâtiment résiste beaucoup moins à la tempête qu'il ne lui cède réellement. Aussi arrive-t-il assez rarement qu'un bâtiment en cape reçoive de forts coups de mer, même alors que la mer déferle avec le plus de force autour de lui. La dérive qu'on éprouve *en cape*, c'est-à-dire la route que l'on fait à reculons ou en travers, s'il est possible de s'exprimer ainsi, est quelquefois très-grande. C'est du chemin que l'on perd dans le sens de la violence du vent contraire. Mais en mer on est souvent obligé de céder aux éléments pour réussir à vaincre sans danger leur plus grande violence.

Les coups de cape ordinaires offrent pour la plupart si peu de péril, que presque toujours les équipages regardent le temps que l'on passe dans cette situation comme des moments de récréation ou de repos arrachés à l'activité de la vie habituelle du bord. Une fois que la barre a été amarrée sous le vent, et que la voile *de cape* a été livrée à la tourmente, les matelots de quart, assis à l'abri du pavois du vent ou de la chaloupe, emploient les heures d'oisiveté que leur procure la tempête, à causer entre eux, à chanter de vieilles complaintes de bord, ou à raconter des histoires de *gaillard d'avant*. Rarement, il est vrai, mais quelquefois enfin, il arrive que cette sécurité se trouve cruellement trompée. Lorsque, dans le nombre de lames qui élèvent le navire sur leur cime mouvante, il en vient une qui déferle sur le pont, elle enlève parfois, comme un coup de foudre, et la chaloupe amarrée sur le grand panneau, et le pavois du navire, et enfin tout ce qu'elle rencontre dans son effrayant passage, sans même en excepter les hommes, qui se cramponnent à tout ce qu'ils rencontrent sous leur main dans ce moment d'effroi. On a vu des coups de mer raser un navire comme un ponton, et avarier la coque de manière à rendre presque inutiles tous les efforts de l'équipage pour maintenir le bâtiment à flot.

Mais ce n'est pas seulement lorsque la violence d'un vent contraire force le navire à ne plus faire de route que l'on prend le parti de *mettre en cape*. Il arrive souvent qu'avec un vent favorable on se trouve obligé de *capeyer*. Lorsque la bourrasque, par exemple, est devenue trop violente pour que l'on continue à fuir vent arrière une lame furieuse qui menace d'engloutir le bâtiment en le gagnant de vitesse, on se voit forcé de *mettre en cape* pour supporter avec moins de danger l'effort de la tempête. Ce n'est pas toujours sans péril non plus que dans cette extrémité on cesse de fuir le vent en poupe pour venir à présenter l'avant du navire aux vagues que pousse la fureur de l'ouragan. Au moment où le navire revient en travers au vent, avant de se ranger au plus près, il a à recevoir trop ordinairement dans cette position critique le choc des lames qui le prennent alors *en belle*. C'est le paroxisme d'une des crises les plus terribles par lesquelles on puisse passer à la mer. Il n'y a que les hommes qui savent quelle progression de dangers il faut quelquefois parcourir dans la profession de marin, qui puissent concevoir qu'après avoir cessé de fuir *vent arrière* pour *mettre à la cape*, on soit forcé, pour plus de sûreté, de cesser de tenir la *cape* pour continuer à fuir *vent arrière*. C'est là cependant ce qui est arrivé à des capitaines qui, en raison de la force croissante du vent, ne pouvant plus *capeyer* sans s'exposer à sombrer, ont préféré courir le risque de fuir avec le temps au danger, plus certain, de tenir *en cape* avec le navire, sans cesse endommagé par des coups de mer devenus intolérables.

Il existe des bâtiments qui, sans avoir des qualités supérieures dans les circonstances ordinaires, ont pour ainsi dire la faculté de *bien capeyer*; c'est là un avantage dont les marins donnent une idée en nommant ces bâtiments de *bons capeyeurs*. D'autres navires, qui *capeyent* mal, soit qu'ils reçoivent des coups de mer *en cape*, soit qu'ils se montrent faibles du *côté* contre le vent, rachettent cette imperfection par l'avantage de bien fuir *vent arrière*. D'autres bâtiments enfin réunissent à la fois le double avantage de *bien fuir* et de *bien capeyer*. C'est là ce qu'on peut désirer de mieux, et ce qui suppose même d'autres qualités; car il est bien rare qu'un navire puisse *bien fuir avec le temps* sans être un bon marcheur et sans bien gouverner.

Le genre de voilure à employer pour la *cape* est déterminé en général par la nature du gréement du navire, et particulièrement par les qualités du bâtiment que l'on monte. Les bâtiments *carrés*, c'est-à-dire les trois-mâts et les bricks, *capeyent* sous une autre voilure que les goëlettes, les longres et les côtres. Mais il est toutefois des bâtiments *carrés* qui, par rapport aux qualités qui leur sont propres, mettent *en cape* sous une voilure qui ne conviendrait pas à tous les navires de la même espèce qu'eux. En général, on peut dire cependant que la *voile de cape* la plus favorable aux bâtiments carrés est le *grand hunier*, avec un ris, deux ris ou trois ris, selon la force du vent. Sous cette voile *de cape*, la plus rapprochée du point vélique, le navire n'est pas exposé, comme sous la misaine, à faire de trop grandes arrivées, ni, comme sous le foc d'artimon ou sous la brigantine, à revenir avec trop de force dans le vent. Le grand hunier, tenant le bâtiment dans une position presque uniforme, ne lui imprime ni trop de vitesse ni un mouvement trop prononcé de dérive, et cette voilure a l'avantage de ne le porter ni trop subitement dans le vent après une *arrivée*, ni de le faire trop arriver après une grande *olofée*. Anciennement *la cape* sous la misaine était employée comme la plus favorable pour les navires *carrés*. Les nombreux inconvénients et les dangers même attachés à cette voilure de *cape* ne purent faire renoncer les vieux marins à une pratique dont le moindre désavantage était d'exposer le navire à s'encombrer d'eau, et à recevoir par l'avant les plus terribles coups de mer. Plus tard, on essaya *la cape* sous la grand'voile avec un ris, et on préféra bientôt cette voilure à *la cape* sous la misaine. Pendant longtemps on avait déjà *capeyé* sous une voile spéciale, nommée la *pouillouse*, qui s'établissait le long du grand étai, entre le grand mât et le mât de misaine. Cette voile n'existe plus à bord des navires où l'on sait ce que c'est que de naviguer. A bord de quelques bâtiments, on l'a remplacée avec avantage par une voile de goëlette gréée sur l'arrière du mât de misaine. Un raisonnement théorique, favorisé par la triste expérience qu'on avait faite des inconvénients de toutes les vieilles manières de *capeyer*, a conduit les capitaines à essayer et à adopter *la cape* sous le grand hunier, et depuis ce temps la pratique a prouvé que cette manière de *capeyer* était la meilleure que l'on pût employer. Mais il a fallu des siècles pour ouvrir les yeux des marins sur les avantages attachés à ce dernier mode. *La cape* sous le grand hunier, comme toutes les innovations utiles, a longtemps eu ses antagonistes et ses détracteurs. Aujourd'hui on rirait dans la marine de ceux qui s'aviseraient de vouloir contester les avantages de cette voilure de *cape*. Edouard Corbière.

CAPE-COAST-CASTLE, principal établissement des Anglais sur la Côte-d'Or, avec un fort, est bâti sur un banc de gneiss et de schiste micacé, bas, s'avançant au loin dans la mer, et formant un môle naturel contre les brisants, souvent très-violents et dangereux le long de toute cette côte. La ville est située derrière un château, grand, mais mal armé ; aperçue de la mer, elle offre au total un aspect agréable, en raison du grand nombre de ses maisons, qui sont badigeonnées en blanc ; mais elle se compose en réalité du plus bizarre mélange de cabanes de nègres construites en torchis, couvertes en jonc, et étroitement pressées les unes contre les autres, ainsi que de maisons plus ou moins bâties à l'européenne. Le quartier habité par les Européens et par les riches naturels est d'un meilleur aspect. Les maisons en sont construites en briques cuites, surmontées de toits plats, et forment deux rues principales, larges, aérées, et ombragées çà et là par l'arbre qu'on appelle arbre-parapluie. On y trouve aussi une chapelle Wesleyenne et une jolie maison de Missions. La population, forte de 10,000 âmes, se compose de nègres, de mulâtres et d'Européens. Les premiers, à l'exception d'une colonie de Krous, qui séjournent ici à cause du profit qu'ils y font, appartiennent à la tribu des Fantis, qui est bien placée sous la protection des Anglais, mais qui n'en paye pas moins encore tribut aux princes des Aschantis. Les Fantis de la côte, indépendamment de l'agriculture dans la limite de leurs produits, se livrent d'une manière très-industrieuse à la pêche ou bien s'occupent de la recherche, en général assez peu profitable, de l'or, tandis que dans l'intérieur des terres les différents produits du sol, tels que maïs, bananes, etc., considérés comme articles de commerce d'après un certain système d'échange agricoles, sont conduits à la côte pour y être troqués contre des marchandises d'Europe (draps, couteaux, rhum, tabac et poissons salés). L'évaluation de la valeur à presque constamment lieu en or. Aussi la monnaie anglaise et américaine est-elle le moyen le plus ordinaire de circulation à Cape-Coast-Castle et dans d'autres forts.

Le château fort de *Cape-Coast-Castle* fut bâti par des Portugais, qui pendant quelque temps ne s'en servirent que pour tenir les esclaves en respect. Il passa ensuite au pouvoir des Hollandais, à qui, en 1661, les Anglais en enlevèrent la possession. Bien qu'en 1665 les Hollandais eussent essayé de s'en rendre de nouveau les maîtres et qu'en 1757 les Français eussent également tenté de s'en emparer, les Anglais réussirent à le conserver. A partir de l'année 1762 cet établissement fut administré par diverses compagnies anglo-africaines, jusqu'à ce qu'en 1844 le gouvernement anglais en reprit l'administration directe. Il érigea alors la ville en siége du gouvernement des différents établissements possédés par l'Angleterre sur la Côte d'Or, et y ajouta encore en 1850 les forts danois, vendus par le gouvernement danois auquel ils coûtaient d'entretien plus qu'ils ne valaient. Le vice-gouverneur de *Cape-Coast-Castle* relève du gouverneur de Sierra-Leone.

CAPEFIGUE (BAPTISTE-HONORÉ-RAYMOND), le plus fécond des historiens français modernes, est né à Marseille, en juillet 1802, d'une famille originaire de Gênes, d'où elle avait été exilée avec le doge Frégose, sous Louis XII, après y avoir longtemps exercé les fonctions sénatoriales. Il reçut sa première éducation dans sa ville natale, et vint à Paris étudier le droit, vers 1821, c'est-à-dire à l'époque où y arrivaient MM. Thiers et Mignet, accourus d'Aix en Provence pour chercher fortune, comme tant d'autres, dans la grande ville. Tandis que ces deux rivaux, *Arcades ambo*, mettaient leurs talents naissants au service de la cause libérale, et préludaient à leur célébrité future par des articles de polémique, M. de Capefigue se faisait recevoir élève à l'École des Chartes. Puis, au lieu d'aller grossir la queue du parti libéral, on le vit bientôt s'enrôler sous une bannière politique qui n'avait pas pour elle le prestige d'un grand nombre d'adhérents, mais qui répondait plus ou moins aux idées qu'il s'était faites des principes qui doivent présider à la direction des sociétés humaines ; principes qui ne sont autres que ceux de l'école gouvernementale que de l'autre côté du détroit on appelle le *toryisme*, mais renforcés d'une vive admiration pour le catholicisme en tant qu'institution politique, et à part toute idée de foi religieuse.

A quelque temps de là, M. Capefigue, admis au nombre des rédacteurs de *la Quotidienne*, avait réussi à attirer sur lui l'attention publique par plusieurs travaux sérieux qui lui avaient valu trois prix et une mention honorable à l'Académie des Inscriptions et Belles-Lettres. Quand, en 1827, le gouvernement de la Restauration sembla vouloir entrer dans des voies plus raisonnables, et accepter une ligne politique plus nationale, dont M. de Martignac devint la personnification, M. Capefigue fut choisi par la nouvelle administration pour exposer et défendre ses vues, ses projets, dans le *Messager des Chambres*, feuille créée exprès, et qu'il dirigea pendant tout le temps que M. de Martignac resta au pouvoir. Depuis il a fait partie de la collaboration des journaux *le Temps*, *le Moniteur du Commerce*, *le Courrier français*, *la Chronique de Paris*, *l'Europe monarchique*, *la Gazette de France*, *la Révolution de 1848*, et plus tard de *l'Assemblée nationale*.

Mais ces travaux de polémique journalière ne l'ont pas empêché de se livrer à des œuvres plus durables, dont le nombre effrayerait l'imagination si l'on ne savait combien M. Capefigue possède l'art heureux de se faire aider sans prendre précisément de collaborateurs. Voici la liste à peu près complète des ouvrages qui ont paru sous son nom, et qui tous sont décorés des titres les mieux trouvés : *Recueil des Opérations de l'Armée française en Espagne* (1823) ; *Essai sur les invasions des Normands dans les Gaules* (1823) ; *la Vie de saint Vincent de Paul* (1827) ; *Histoire de Philippe-Auguste* (4 vol., 1827-1829), couronné par l'Institut ; *Histoire constitutionnelle et administrative de la France depuis la mort de Philippe-Auguste*, 1re époque, *de Louis VIII jusqu'à la fin du règne de Louis XI* (4 vol., 1831) ; *Histoire de la Restauration et des causes qui ont amené la chute de la branche aînée des Bourbons* (10 vol., 1831) ; *Jacques II à Saint-Germain*, roman historique (2 vol., 1833) ; *Histoire philosophique des Juifs depuis la décadence des Machabées* (1833) ; *Histoire de la Réforme, de la Ligue et du règne de Henri IV* (8 vol., 1834) ; *Richelieu, Mazarin et la Fronde* (8 vol., 1835) ; *Le Gouvernement de juillet, les partis et les hommes politiques* (2 vol., 1835) ; *Louis XIV* (6 vol., 1837) ; *Philippe d'Orléans* (2 vol., 1838) ; *Hugues Capet et la troisième race jusqu'à Philippe-Auguste* (4 vol., 1839) ; *l'Europe pendant le Consulat et l'Empire* (12 vol., 1839-41) ; *Les Cent-Jours* (2 vol., 1841) ; *Charlemagne* (2 vol., 1841) ; *Louis XV* (4 vol., 1842) ; *l'Europe pendant la Révolution française* (4 vol. 1843) ; *Louis XVI, ses relations diplomatiques avec l'Europe* (4 vol., 1844) ; *François Ier et la Renaissance* (4 vol., 1844) ; *La Diplomatie de la France et de l'Espagne depuis l'avènement de la Maison de Bourbon* (1846) ; *Le Congrès de Vienne dans ses rapports avec la circonstance actuelle* (1847) ; *Histoire authentique et secrète des Traités de 1815* (1847) ; *L'Europe depuis l'avènement de Louis-Philippe* (10 vol., 1849) ; *La société et les gouvernements de l'Europe depuis la chute de Louis-Philippe jusqu'à la présidence de Louis-Napoléon* (4 vol., 1849) ; *Les quatre premiers siècles de l'Église chrétienne* (4 vol., 1850-1851).

Le *Dictionnaire de la Conversation* est redevable à la collaboration de M. Capefigue d'un grand nombre d'articles, et notamment de notices biographiques sur MM. de Metternich, Pasquier, Pozzo di Borgo, Talleyrand, etc., etc., qui depuis ont été réimprimées, avec d'autres encore, sous le titre de : *Hommes d'État et Diplomates contemporains* (4 volumes).

Le gouvernement de Louis-Philippe n'était pas resté indifférent, si l'on en croit la *Revue rétrospective*, aux prodigieux travaux de notre infatigable écrivain. Nous le voyons en effet porté pour une allocation annuelle de 6,000 à 9,000 fr. sur les fonds secrets du ministère de M. Guizot, de 1840 à 1847.

CAPELINE. Ce mot qui est dérivé de *cape*, et dont on avait fait *capal*, usité jadis pour *chapal*, ou *chapeau*, désignait, en effet, une espèce de chapeau, orné de plumes, que les femmes portaient autrefois à la chasse, et qui était fait d'ordinaire en paille, avec une forme peu élevée et de grands rebords doublés de satin ou de velours. Ce fut aussi à peu de chose près, et avec cette seule différence qu'elle était plus basse, à bords plus étroits et sans ornements, la coiffure des bergers, des messagers, puis des laquais. Le petit chapeau que l'on place sur la tête de Mercure avait aussi reçu ce nom. Enfin, on l'avait donné à celui que portaient anciennement les soldats, et qui était de forme à peu près semblable, mais en fer; d'où il était passé dans le blason, et avait donné lieu à cette expression, un *homme de capeline*, pour dire un homme courageux et résolu.

Aujourd'hui, ce mot n'est plus guère usité qu'en chirurgie, où l'on entend par *capeline* une sorte de bandage destiné à envelopper la tête, et qui se fait avec une bande roulée à deux globes; un des chefs de la bande sert à décrire sur le sommet de la tête des arcs de cercle qui sont placés les uns à côté des autres se rencouvrant en partie, tandis que l'autre chef sert à les fixer par des tours circulaires passant horizontalement du front à l'occiput. Ce bandage a été aussi nommé *bonnet d'Hippocrate*. Par extension on l'a appliqué, avec les modifications nécessaires, aux moignons des membres amputés et à la clavicule; dans ce cas, on ajoute à son nom celui du lieu où on l'applique, et on l'appelle *capeline de la clavicule*, etc.

CAPELLA (MARCIANUS - MINUCIUS - FÉLIX), savant grammairien, qui florissait dans la seconde moitié du cinquième siècle, naquit à Médaure en Afrique, fut élevé à Carthage, et plus tard investi des fonctions de proconsul romain. Vers l'an 470, il composa à Rome, dans un latin plein d'enflure et d'incorrection, un ouvrage assez bizarrement entremêlé de vers et de prose, et intitulé *Satyricon*. C'est une espèce d'encyclopédie. Au moyen âge, on le lisait avec avidité, on le commentait et on le faisait servir de base à l'enseignement des sciences. Il se compose en tout de neuf livres, dont les deux premiers : *De Nuptiis Philologix et Mercurii*, contiennent une assez divertissante histoire allégorique du mariage de Mercure avec la philologie, et dont les autres sont consacrés aux sept arts libéraux. L'édition *princeps* de cet écrivain est celle de Vicence (in-folio, 1499), et la plus récente, non moins remarquable sous le rapport critique que sous le rapport exégétique, est celle qu'en a donnée Kopp (Francfort, 1836, in-4º).

CAPELLE (GUILLAUME-ANTOINE-BENOÎT, baron), naquit le 9 septembre 1775, à Sales-Curan (Aveyron). Adolescent, il fit preuve d'une si grande ardeur révolutionnaire, que le district de Milhau le chargea de le représenter à la fédération de 1790. A dix-huit ans il était lieutenant dans le 2ᵉ bataillon de grenadiers des Pyrénées-Orientales; et en 1794 il fut destitué comme fédéraliste. On assure que vers cette époque le futur ministre de Charles X embrassa la carrière théâtrale, et qu'il parcourut même pendant quelque temps, en assez mauvais acteur nomade, plusieurs de nos départements. Quoi qu'il en soit, il paraît qu'il finit par prendre en dégoût la vie des planches, et qu'il se retira à Milhau, où il se maria, et devint même commandant de la garde nationale. Prompt à adhérer à la révolution du 18 brumaire, il accourut à Paris porter des félicitations de ses concitoyens, et profita de cette occasion pour se caser dans les bureaux du ministre de l'intérieur Chaptal. Il passa de là, en l'an x, au secrétariat-général de la préfecture des Alpes-Maritimes, et en l'an XIII à celui de la préfecture de la Stura. Se jugeant sans doute en état de remplir des fonctions plus importantes, il vint de nouveau à Paris solliciter de l'avancement, et réussit, après deux ans de démarches actives, à se faire nommer préfet du département de la Méditerranée, dont Livourne était le chef-lieu. Ce département se trouvait voisin des États de la princesse de Lucques et Piombino, Élisa, sœur de l'empereur Napoléon, qui était excessivement jalouse de son autorité. Capelle se tira habilement de cette position difficile, et parvint à se concilier la bienveillance de cette princesse. Cependant l'empereur prit ombrage des assiduités de Capelle auprès de sa sœur, et, jugeant à propos de le changer de résidence, le nomma en 1810 préfet du Léman, à Genève. Capelle fut arrêté après l'entrée des alliés dans cette ville en 1813; le gouvernement impérial l'accusait de n'avoir pas pris les mesures de défense nécessaires. Une commission d'enquête, composée de Lacuée, Réal et Faure, eut beau se prononcer en sa faveur, il n'en demeura pas moins détenu jusqu'à la rentrée des Bourbons. Cette conduite l'irrita fortement contre Napoléon, à qui il devait pourtant le titre de baron, la croix de la Légion d'Honneur et sa position administrative. Il accepta donc de Louis XVIII la préfecture de l'Ain et du comte d'Artois la croix d'officier de la Légion d'honneur. Dans les Cent-Jours il fit comme M. Guizot : *il alla porter des conseils à Louis XVIII, à Gand*.

Préfet du Doubs à la seconde restauration, Capelle vint à Paris déposer dans l'affaire du maréchal Ney; et s'il fallait en croire sa déposition, le prince de la Moskowa aurait dit que le retour de l'île d'Elbe était une affaire arrangée entre les généraux, lesquels avaient d'abord été sur le point d'offrir la couronne au duc d'Orléans, mais s'étaient vus ensuite entraînés par Hortense en faveur de *Buonaparte*. Capelle ne retourna pas dans sa préfecture; le 1ᵉʳ janvier il fut nommé conseiller d'État en service ordinaire. Secrétaire général du ministère de l'intérieur de 1816 à 1823, il vit tour à tour réunir à ses attributions celles de directeur général des hospices et établissements de bienfaisance, de directeur de l'administration des communes et de l'administration générale des départements, enfin de membre du conseil supérieur de santé. Plusieurs fois il parla devant les chambres, où il soutint différents projets de loi en qualité de commissaire du roi. Capelle avait bien aspiré à la députation; mais les électeurs de Milhau, auxquels il s'était présenté, ne jugèrent pas convenable de le nommer. En 1828 il dut échanger son secrétariat général de l'intérieur contre la préfecture de Seine-et-Oise. Après son avènement, le ministère Polignac chercha à se recruter; et le 20 mai 1830 une ordonnance royale nomma Capelle au ministère, nouvellement créé, des travaux publics. Certes, il fallait être royaliste comme le voulait M. de Polignac pour entrer dans une administration accueillie avec tant de défaveur par l'opinion publique. Capelle accepta sa part dans la tâche contre-révolutionnaire de ses collègues; comme eux, il signa les ordonnances liberticides du 25 juillet 1830, et trois jours après, comme eux, il était en fuite, s'efforçant d'échapper à la vindicte populaire, que n'eût peut-être point désarmée la nullité de sa valeur administrative. Plus heureux que ses complices, Capelle réussit à gagner la terre étrangère; mis en accusation devant la cour des pairs, il fut, par contumace, condamné à la mort civile. Mais, quelques années plus tard, l'amnistie lui permit de rentrer en France, où, à peu près oublié, il vint mourir à Montpellier, en octobre 1843.

Napoléon GALLOIS.

CAPELLE (MARIE). *Voyez* LAFARGE (Mᵐᵉ).

CAPELLEN (GODARD-GÉRARD, baron VAN DER), l'un des hommes d'État les plus honorables de notre époque, naquit en 1778. Après avoir perdu dès l'âge de neuf ans son père, ardent adversaire de la maison d'Orange, qui se rendit célèbre en 1780 par sa défense de Gorkum contre les Prussiens, il entra en 1803 dans l'administration, et en 1805, sous l'administration de Schimmelpenninck, fut nommé membre du conseil des finances d'Utrecht. En 1806 le roi Louis Bonaparte l'appela aux fonctions d'assesseur du préfet, et plus tard de secrétaire général du département d'Utrecht. En 1808 il fut, avec van Hooff et Bangeman-Huygens, chargé de la prise de possession de la Frise orientale, et il y resta avec le titre de préfet jusqu'en 1809, époque à laquelle il fut nommé conseiller d'État d'abord, puis, quelque temps après, ministre des cultes et de l'intérieur. Lors de la réunion de la Hollande à la France, il refusa d'accepter la moindre fonction publique, et se retira même en Allemagne, où il résida jusqu'en décembre 1813. A ce moment il fut créé commissaire général dans le département du Zuiderzée (Hollande septentrionale et Utrecht), et peu de temps après secrétaire d'État pour le commerce et la marine. Il n'exerça cependant pas ces dernières fonctions, parce qu'en mai 1814 il fut envoyé par le roi Guillaume Ier à Bruxelles en qualité de commissaire néerlandais près du gouverneur général baron Saint-Vincent, qui avait été chargé d'administrer les provinces belges au nom des cinq puissances, et auprès de qui elles avaient chacune accrédité un commissaire particulier. Au mois d'août suivant, la Belgique ayant été adjugée à la Hollande, le roi Guillaume nomma van der Capellen secrétaire général et gouverneur général des établissements hollandais dans les Indes Orientales. En octobre 1815 il partit pour les Grandes Indes, où il resta jusqu'en 1826. A son retour en Europe, il repoussa à diverses reprises des offres de missions diplomatiques et même de ministère, tant sous le règne de Guillaume Ier que sous celui de Guillaume II. En 1828 il consentit cependant à accepter les fonctions de curateur de l'université d'Utrecht ; et on le vit en 1838 assister au couronnement de la reine Victoria, en qualité d'ambassadeur extraordinaire. En 1840 il alla avec le même titre à Londres notifier au cabinet de Saint-James l'accession au trône du roi Guillaume II, qui peu de temps après lui conféra le titre de grand-chambellan. Mais à partir de ce moment il vécut complétement retiré dans sa terre de Vollenhoven, près d'Utrecht, où il est mort, le 10 avril 1848.

CAPELLEN (Théodore-Frédéric van), né à Nimègue, le 6 septembre 1762, de parents allemands, entra dès l'âge de dix ans dans la marine des Provinces-Unies. Le 1er juin 1781 il se distingua de la manière la plus glorieuse à bord de la frégate *De Briel*, dans sa rencontre avec le vaisseau anglais *The Crescent*, et fut promu au grade de capitaine de vaisseau en 1783. En 1792 on plaça sous ses ordres plusieurs chaloupes canonnières, avec lesquelles il repoussa le général Dumouriez quand celui-ci menaça la Hollande d'une invasion ; mais dans l'hiver de 1794 il tenta vainement d'arrêter dans sa marche l'armée française d'occupation. Après la révolution qui s'accomplit en Hollande en 1795, il vécut dans la retraite jusqu'en 1799, où il prit le commandement d'une partie de la flotte Hollandaise, avec laquelle il se rendit aux Anglais. Traduit pour ce fait devant un conseil de guerre, et condamné à mort par contumace, il vécut dès lors en Angleterre. Il revint dans sa patrie après les événements dont elle fut le théâtre en 1813, et reçut alors le grade de vice-amiral. En 1815 on lui confia le commandement de la flotte néerlandaise chargée d'agir contre les puissances barbaresques de concert avec la flotte anglaise aux ordres de l'amiral Exmouth. Lors du bombardement d'Alger (27 août 1816) il montra la plus grande intrépidité, et la rare habileté dont il fit preuve contribua puissamment au succès de l'expédition. La faiblesse de sa santé et son âge avancé le déterminèrent alors à prendre sa retraite comme marin. En 1822 il fut nommé maréchal de la cour du prince d'Orange, et mourut à Bruxelles, le 15 avril 1824.

CAPELLO (Bianca), seconde femme de François II de Médicis, grand-duc de Toscane, était issue d'une des premières familles de Venise. Encore toute jeune fille, Bianca noua avec *Pietro* Buonaventuri, jeune Florentin qui apprenait le commerce dans la maison des Salviati, dont il était le parent ; des relations qui ne tardèrent pas à prendre le plus haut degré d'intimité. Dans la crainte d'être découverts, tous deux s'enfuirent de Venise en 1563, emportant avec eux les riches joyaux de la maison Capello. Ce vol excita la fureur des parents de Bianca. Ils prétendirent que toute la noblesse de Venise était outragée dans leurs personnes, et obtinrent du sénat qu'il donnât l'ordre de poursuivre Pietro, et même qu'il mît sa tête à prix. A Florence, où Pietro Buonaventuri s'était réfugié avec sa maîtresse, régnait alors François de Médicis, prince en faveur duquel Cosme de Médicis, fatigué de régner, avait abdiqué le pouvoir souverain, et qui était sur le point d'épouser l'archiduchesse Jeanne d'Autriche. Mais il était impossible qu'il éprouvât jamais de l'amour pour cette princesse, à cause de son orgueil extrême et de sa glaciale réserve. Buonaventuri, tout aussitôt après son arrivée à Florence, se plaça sous la protection du grand-duc, et ne tarda pas à tolérer que François de Médicis nouât de coupables relations avec Bianca Capello, qu'il venait pourtant d'épouser. Le grand-duc tint ces relations cachées jusqu'à son mariage avec l'archiduchesse, qui fut célébré en 1565 ; mais alors il ne crut plus devoir se contraindre. Il introduisit Bianca dans son palais, et nomma Buonaventuri son intendant ; cependant en 1570 il fit assassiner cet homme, dont les prétentions lui étaient devenues intolérables. Bianca avait l'art d'enchaîner de plus en plus à son char ce prince, dont le ravissement fut au comble un jour qu'elle lui présenta un enfant du sexe masculin, en l'assurant qu'il était le fruit de ses œuvres. François II de Médicis en effet n'avait encore eu que des filles de Jeanne d'Autriche. Toutefois, l'archiduchesse, contre toute attente, accoucha, la même année, d'un fils, et mourut, en 1578, en couches d'un autre enfant. Ébranlé par la mort de sa femme et par les représentations de ses frères, François de Médicis s'était éloigné de Bianca, dans l'intention de rompre ses relations. Celle-ci eut alors recours à tous les artifices de la séduction ; aussi deux mois à peine s'étaient-ils écoulés depuis la mort de l'archiduchesse qu'elle était devenue en secret l'épouse du grand-duc.

Cependant un mariage secret n'était pas plus propre à satisfaire l'ambition de Bianca que les vœux de François II, à qui la mort prématurée du fils qu'il avait eu de Jeanne d'Autriche faisait ardemment désirer d'en avoir de sa nouvelle épouse. Il donna avis au roi d'Espagne, Philippe II, de l'union qu'il avait contractée ; et ce prince l'ayant approuvée, il résolut de la rendre publique. Il fit donc savoir à la république de Venise que son intention était de se lier avec elle de la manière la plus étroite en épousant une fille de Saint-Marc ; et le même sénat qui avait publiquement couvert Bianca d'opprobre, et mis à prix la tête de son séducteur, l'accabla alors de démonstrations honorifiques. Une proclamation *pregadi* la déclara fille de la république ; deux ambassadeurs, accompagnés de quatre-vingts gentilshommes, vinrent de Venise à Florence, pour y publier solennellement l'acte d'adoption et assister à la cérémonie nuptiale, qui fut célébrée au mois d'octobre 1579.

Bianca, reconnaissant qu'elle ne pourrait pas plus faire monter sur le trône son prétendu fils que renouveler sans péril la supercherie à laquelle elle avait eu précédemment recours, témoigna le désir de se réconcilier avec le plus proche héritier de son mari, le cardinal Fernand de Médicis. Celui-ci eut donc, en 1587, une entrevue avec elle et son frère le grand-duc. Quelques jours après, le prince et Bianca tombèrent subitement malades. Tous deux expirèrent le même jour, 19 octobre 1587, et Fernando, renonçant aussitôt à ses titres et à ses fonctions ecclésiastiques, monta sur le trône.

CAPELUCHE, bourreau de Paris sous le règne de Charles VI, devint le chef de la populace qui massacra les

Armagnacs après les séditions des Cabochiens, lorsque la conjuration de Périnet Le Clerc eut livré de nouveau Paris aux Bourguignons. Dans ces sanglantes journées, Capeluche ordonnait les exécutions et commandait le meurtre et le pillage sans rencontrer d'opposition; il se fit livrer les prisonniers de Vincennes en promettant de les conduire au Châtelet, et les fit égorger sous ses yeux. Le duc de Bourgogne, Jean sans Peur, essaya en vain de fléchir ces hommes altérés de sang; il vint au devant de Capeluche, que peut-être il ne connaissait pas, et tandis qu'ils conféraient ensemble, le bourreau se croyant devenu l'égal du prince, lui frappa dans la main en signe d'entente. Cependant le duc, inquiet de l'issue des troubles qu'il avait excités lui-même, et redoutant l'empire que Capeluche avait pris sur la multitude, proposa aux massacreurs d'aller combattre les Armagnacs, qui, maîtres de Montlhéri et de Marcoussin, affamaient Paris. Il leur fit ouvrir les portes, et les fit refermer aussitôt qu'ils furent sortis; six mille des plus turbulents se trouvèrent ainsi chassés de la ville. Il fit alors saisir les principaux meneurs. Capeluche fut arrêté, jugé sommairement, et condamné à mort. Le valet du bourreau, devenu son successeur, s'apprêtait à lui trancher la tête : c'était son coup d'essai; Capeluche lui montra froidement comment il devait s'y prendre, et reçut le coup mortel sans avoir faibli un seul instant.

CAPÉTIENS, nom donné à la descendance directe et indirecte de Hugues Capet, c'est-à-dire à la troisième race des rois de France. On a beaucoup discuté sur l'étymologie du surnom donné au chef de cette famille. Estienne Pasquier, dans ses *Recherches de la France*, « adhère avec le bonhomme Cenalis, évesque d'Avranches, qui en ses Périoques dit que tout ainsi que Charles, fils de Pépin, fut par aucuns appelé Charles le Grand et des autres Charlemagne, d'un mot corrompu du latin, pour la grandeur de ses chevaleries, aussi Hugues pour le grand sens qu'il apporta en la conduite de ses affaires, fut appelé *Capet*, d'un mot à demy latin, qui signifie le *chef* : car aussi, à vray parler, vous trouverez en toutes ses actions plus de conseil que de hauts faits d'armes. » Nicolas Gilles, en ses *Annales*, dit que ce sobriquet avait été donné à Hugues parce qu'étant jeune il avait l'habitude en folâtrant de jeter les chapeaux des jeunes princes et seigneurs qui le suivaient. A ce sujet, Du Cange fait remarquer qu'en Auvergne on désignait par le nom de *chapeto* l'homme plaisant qui s'amuse à rire d'autrui. D'autres ont cru que le mot de *Capet* était une injure, et venait de *capito*, grosse tête : on sait que la grosseur de la tête est souvent un signe d'imbécillité. Une chronique appelle *Capet* Charles le Simple. Mais il paraît plus probable que *Capet* est pris pour *chapet* ou *chappatus*, l'homme portant *chape*. Plusieurs chroniques françaises, écrites longtemps après, ont traduit *Hue Chappet* ou *Chapet*. Dans ce cas, ce dernier nom viendrait de la chape de Saint-Martin de Tours, que les Hugues, ducs de France et comtes de Paris, portaient comme détenteurs de l'abbaye de ce nom. Une chronique dit encore que le fils de Hugues, le pieux Robert, chantait les vêpres revêtu d'une chape. L'ancien étendard des rois de France était d'ailleurs la chape de Saint-Martin.

Si l'on a controversé sur l'étymologie du nom de Hugues *Capet*, on s'est bien plus exercé encore à découvrir l'origine de ce prince. Les historiens même du dixième et du onzième siècle connaissent fort mal la famille du nouveau roi. Le meilleur d'entre eux, un moine de Cluny, mort en 1048, Rodulphus Glaber, qui était né sous les Carlovingiens, se contente de dire, en rendant compte de l'élévation de Hugues Capet, qu'il était fils de Hugues le Grand et petit-fils de Robert, comte de Paris, qui avait été roi : « Mais, ajoute-t-il, j'ai différé de tracer son origine, parce qu'auparavant elle est fort obscure. »

Ce n'est que trois siècles plus tard qu'un moine de Trois-Fontaines, Albéric, ajoute à cette généalogie un degré de plus. « Les rois Robert et Eudes, dit-il, furent fils du comte Robert le Fort, marquis de la race des Saxons, auquel Charles le Chauve avait donné en fief le comté d'Anjou, comme à un homme vaillant, pour défendre de ce côté le royaume contre les Bretons et les Normands. Mais, ajoute-t-il, les historiographes n'ont su rien nous apprendre de plus sur cette race. » Plus les temps s'éloignèrent et plus les généalogistes, se trouvant à leur aise, prétendirent voir clair dans la nuit des âges. La descendance de Hugues Capet, qu'on voulait faire venir de quelque maison antique, puissante et illustre, devint l'objet de plusieurs systèmes, parmi lesquels on a distingué, au dix-septième siècle, comme les plus ingénieux, ceux de Zampini, de Chifflet et de Tournemine.

Robert le Fort serait donc le premier auteur connu de la race capétienne. Quelques auteurs le font descendre en ligne masculine de Witikind le Saxon, vaincu et converti par Charlemagne. D'autres le disent issu de la race mérovingienne, de Clodion le Chevelu ou de Clovis.

L'Art de vérifier les Dates fait remonter la souche des Capétiens jusqu'à saint Arnoul, qui aurait eu pour fils Ansigise, père de Pepin le Gros. Celui-ci aurait eu quatre fils, parmi lesquels figure Charles Martel. A celui-ci succède Childebrand Ier, mort en 753, lequel donna le jour à Nibelung Ier, qui vivait en 805. De celui-ci vint Théodebert, mort vers 830, laissant pour fils Robert l'Angevin, mort avant 867, et Childebrand II, souche de la première maison de Bourbon. Robert, qui fut roi des Francs, était fils de ce Robert l'Angevin, et fut lui-même père de Hugues le Grand. Les Capétiens auraient ainsi la même origine que les Carlovingiens. Suivant une autre généalogie, Robert l'Angevin serait le fils aîné d'un autre Robert, sur la vie duquel on ne sait rien, et qui aurait été le troisième fils de Théodebert, seigneur Franc descendant de Witikind, de Clovis, de Pepin d'Héristal, ou des Welfes de Bavière.

Quoi qu'il en soit du plus ou moins de probabilité de ces systèmes contradictoires, ils ne plaisaient pas tous également aux rois dont ils étaient destinés à caresser l'orgueil. Louis XIV ne voulait être ni Gaulois, ni Visigoth, ni Saxon ; mais il tenait beaucoup à ce qu'on lui prouvât qu'il descendait des Francs. Au reste, au temps de Hugues Capet c'était une opinion généralement répandue, et peut-être accréditée par ses ennemis, qu'il était sorti des rangs inférieurs de la société. Trois siècles encore après son usurpation la croyance populaire le rangeait toujours parmi les *plébéiens* ; aussi vers 1294, le moine Iperius, dans la *Chronique de Saint-Bertin*, cherche-t-il à combattre cette croyance *des hommes vulgaires et simples*, tandis que, peu d'années après, le Dante la reproduisit dans son immortel ouvrage, où il fait dire au comte Hugues lui-même, qu'il était fils d'un boucher de Paris :

Figliuol fui d'un beccaio di Parigi.

On a prétendu que le Dante avait imaginé de donner aux rois de France une semblable origine pour se venger d'un descendant de Hugues Capet, de Charles de Valois, qui l'avait chassé de Florence. Son assertion fut répétée par plusieurs auteurs italiens et allemands, entre autres par Agrippa, dans son traité *De la Vanité des Sciences* ; elle se retrouve même dans quelques auteurs français. Notre Villon, qui du reste ne respectait ni les rois ni la vérité, a dit :

Si feusse des hoirs de Capet,
Qui fut extrait de boucherie.

Luigi Alamanni, chassé de Florence comme le Dante, mais réfugié en France, où François Ier le combla de bienfaits, lisait un jour à ce prince l'endroit du Dante que nous avons cité. François Ier devint furieux, et dit à Alamanni : *Que je ne revoie jamais ce ridicule auteur !* Il voulut en défendre publiquement la lecture dans son royaume; heureusement sa colère s'apaisa, et le livre resta. Dans ses *Lettres sur l'Histoire de France*, M. Aug. Thierry semble préférer le système généalogique qui fait descendre Hugues Capet d'une race saxonne par Robert le Fort.

En tout cas, lorsqu'en 986 Hugues Capet fut proclamé roi par une poignée de ses partisans, qu'on représenta plus tard comme une *assemblée de notables*, mais qui n'était au fond que la réunion de ses vassaux, il triompha facilement de l'opposition des derniers Carlovingiens soutenus par les Allemands. L'avénement de cette troisième race fut un fait immense par ses résultats ultérieurs. Lorsqu'il eut lieu, il fut à peine remarqué. Dans leur lutte avec Eudes, Robert et Raoul, les derniers Carlovingiens avaient montré une disposition funeste à implorer le secours des princes germaniques. Louis d'Outremer partagea cette disposition. D'autre part, du milieu de l'enfantement du système féodal s'était formée une nation française, qui avait une grande aversion pour l'influence teutonique, surtout dans les provinces centrales; il paraît que les frontières de l'est penchaient pour les Carlovingiens, tandis que dans le midi les seigneurs affectaient une grande indépendance, et semblaient à peine faire attention à ce qui se passait dans le reste du royaume. Le représentant de l'opinion qu'on peut appeler nationale, et l'homme le plus puissant entre la Seine et la Loire, était Hugues, comte de Paris, auquel on donnait le surnom de *Grand*, à cause de ses immenses domaines. S'appuyant sur l'intervention normande, il parvint à neutraliser les effets de l'influence germanique. A la mort de Louis d'Outremer, en 954, son fils Lothaire lui succéda sans opposition apparente. Deux ans après, le comte Hugues mourut, laissant trois fils, dont l'aîné, qui portait le même nom que lui, hérita du comté de Paris, et auquel on donnait aussi le duché de France. Son père avant de mourir l'avait recommandé à Richard, duc de Normandie. La famille de Hugues avait dans cette France centrale un parti puissant, qui sommeilla jusqu'en 980. Lothaire eut des alternatives de popularité et d'impopularité, selon qu'il faisait des concessions à l'empire germanique ou qu'il cherchait à lui arracher celles qu'il lui avait faites. Pourtant l'autorité, sous son règne même, passa tout entière aux mains du fils de Hugues le Grand, Hugues, comte de l'Ile-de-France et d'Anjou.

[L'organisation féodale d'une république de gentilshommes s'était formée indépendamment de l'autorité royale, et sans son aveu, pendant que la seconde branche des Carlovingiens luttait avec tous ses sujets pour conserver son existence même. Il y avait eu une révolution dans l'État, et pour consolider cette révolution la dynastie devait être changée: elle le fut en 987. Le monarque, au lieu d'être plus longtemps le représentant du pouvoir national des premiers conquérants, au lieu d'élever des prétentions à la toute-puissance qu'avait exercée Charlemagne, d'invoquer les lois qui n'existaient plus de la force avait conquis, et de refuser de reconnaître les droits nouveaux que la force avait conquis, fut un seigneur d'entre les nouveaux seigneurs, un feudataire élevé, comme les feudataires, par le pouvoir que lui conféraient ses vassaux, les comtes, les barons, les chevaliers engagés par leur foi et leur hommage à le servir, Hugues Capet, en montant sur le trône, devint ainsi le complément de la révolution féodale: il n'avait ni le génie qui aurait pu en jeter les bases, ni la force d'esprit ou de caractère qui aurait pu la diriger; il fut peu de chose par lui-même, mais, tout dépourvu de talent et de grandeur que paraisse avoir été le fondateur d'une dynastie nouvelle, il valait mieux, pour le régime qui commençait, que la famille ancienne des rois.

Sous ce prince le territoire de la France fut ensanglanté par les guerres des grands feudataires: ces guerres, qui éclataient partout à la fois, influaient bien plus que les actes royaux sur le développement du caractère national et sur la prospérité ou le malheur des habitants. Mais comme les intrigues et les révolutions d'une province étaient presque toujours sans rapport avec celles de l'autre, il est à peu près impossible de trouver un fil pour se conduire au milieu de ce labyrinthe. La fin du dixième siècle et le commencement du onzième forment peut-être la période la plus mal connue de l'histoire: tout y est doute et confusion. Les causes de cette obscurité se trouvent dans le manque de communications entre les provinces, dans le peu d'intérêt accordé à l'histoire privée des provinces ou des villes, et aussi dans la nature des événements à cette époque. Le pouvoir royal et le pouvoir national avaient été simultanément anéantis; toute action à distance avait cessé. Pendant les premières années du règne de Robert II, l'autorité royale était si complétement détruite en France que la suite des actions du roi, quand on les relaterait dans le plus grand détail, ne nous donnerait aucune sorte d'idée de l'administration du pays. Une grande indifférence politique était maintenue dans la nation par l'attente universelle de la fin du monde: aussi, le pouvoir de l'Église, anéanti au dixième siècle, reprenait-il une force toute nouvelle dans le onzième.

Robert avait succédé à son père sans élection ni assentiment de ses vassaux; les plaids généraux et toute assemblée nationale avaient cessé; les fonctions royales se bornaient à la ville où le roi résidait. Une seule idée, celle de la transmission héréditaire de la couronne, semble avoir occupé les premiers Capétiens; aussi associèrent-ils au pouvoir et firent-ils sacrer de leur vivant l'aîné de leurs fils. L'événement le plus important de la vie du faible Robert fut son mariage, dissous par les prêtres, etc.: son extrême faiblesse, son manque complet de caractère, étaient peu propres au gouvernement. On comprendrait à peine comment un roi toujours prêt à sacrifier son intérêt à celui de tous les autres, à céder dans toutes les contestations, aurait pu maintenir une autorité antique et affermie par des siècles; mais si un usurpateur, si le second fondateur d'une dynastie nouvelle resta sur le trône avec des dispositions si débonnaires, c'est parce qu'il ne valait pas la peine qu'on lui disputât son autorité. En effet, le gouvernement des nobles s'organisait, s'affermissait; les provinces devenaient de plus en plus étrangères l'une à l'autre, les châteaux étaient toujours plus soustraits à l'influence de la couronne, et tandis qu'on voyait s'élever cette génération de fer, ces guerriers indomptables et impitoyables, dont les jeux étaient des combats, dont la religion demandait du sang, dont l'amour ne se montrait que dans les tournois, la race royale semblait devenir d'autant plus efféminée que la noblesse devenait plus fière. Le fils de Hugues Capet régna vingt-quatre ans, aimé de ses seuls domestiques, méprisé de ses voisins et de ses vassaux, oublié de ses peuples, et laissant anéantir entre ses mains, non pas seulement l'autorité des rois ses prédécesseurs, mais même celle des comtes de Paris, ses ancêtres. Cependant c'est durant cette longue léthargie de la puissance royale que l'on voit naître et se former tous les traits qui doivent caractériser la grande époque de la chevalerie; que la bravoure et le point d'honneur deviennent, loin de la cour, la base du caractère national; que les villes commencent à se considérer comme des corporations, à agir en leur nom propre et à contracter des obligations; que les paysans eux-mêmes s'efforcent de secouer dans les campagnes un joug trop oppressif, et, par des insurrections fréquentes, forcent enfin les seigneurs à les traiter avec moins de rigueur; que l'énergie de l'esprit humain se développe de nouveau par de hardies spéculations sur les mystères de la religion, et que le fanatisme, combattant cet esprit d'innovation, fait périr dans les flammes ceux qu'il ne peut convaincre; que les expéditions lointaines et aventureuses qui devaient illustrer la chevalerie commencent; que la poésie moderne fait pour la première fois entendre ses accords. Mais cette fermentation nouvelle, qui créait un monde nouveau, ne laisse encore entrevoir durant le règne de Robert que le germe de ce qui devait être.

C'est un caractère très-frappant de l'histoire des Français, après la révolution qui donna le trône à la maison capétienne, que le progrès graduel et constant de la nation, et la décadence simultanée de la race royale. Au fondateur de la dynastie nouvelle succèdent, dans un ordre régulier, son fils, son petit-fils, son arrière-petit-fils : chacun de leurs longs règnes embrasse toute une génération. Robert porte le sceptre près de trente-cinq ans, Henri trente ans, Philippe quarante huit ans ; tout un siècle se passe, et leur domination s'affermit. Cependant ils n'ont fait durant ce long temps que sommeiller sur le trône ; ils n'ont montré que faiblesse, amour du repos ou amour du plaisir; ils ne se sont pas signalés par une seule grande action. La nation française, au contraire, qui marque ses fastes par les époques de leur règne, s'agrandit et s'ennoblit d'année en année, acquiert à chaque génération des vertus nouvelles, et devient à la fin de cette même période l'école d'héroisme de tout l'Occident, le modèle de cette perfection presque idéale qu'on désigne par le nom de *chevalerie*, et que les guerres des croisés, les chants des troubadours et des trouvères, et les romans mêmes des nations voisines rendirent propres à la France.

La famille royale se trouvait à la tête de la féodalité, mais elle ne savait point en saisir l'esprit : elle portait plus haut ses prétentions, en même temps qu'elle se rabaissait en ne mettant pas à profit tout ce qu'elle aurait pu y trouver de puissance. Robert n'avait pas compris, Henri et Philippe Ier ne comprirent pas davantage que la place du roi était désormais celle de premier chevalier de son royaume. Au lieu de s'attacher à briller par les vertus du siècle, ils regardèrent les exercices du corps, et par conséquent la valeur, comme au-dessous d'eux ; ils se figuraient qu'ils pourraient recouvrer leur grandeur par des cérémonies et des pompes publiques ; se montrant dans les églises et les processions la couronne en tête et le sceptre à la main, tandis qu'ils n'auraient dû porter que le sceptre et la lance. Louis le Gros fut le premier à reconnaître quelle était sa vraie place, et à se proposer d'égaler ses grands vassaux en chevalerie : aussi est-ce seulement à partir de Louis le Gros, que la famille royale de France se trouva à la hauteur de son siècle.

Il avait fallu toute la lâcheté et toute l'impéritie des quatre premiers rois de la troisième race pour faire descendre le pouvoir de la couronne aussi bas qu'il était tombé dans le cours du onzième siècle. Dès que Louis, fils de Philippe Ier, connu plus tard sous le nom de Louis le Gros, se fut mis à la tête des affaires, on lui vit recouvrer son importance, et la progression du pouvoir de la couronne fut dès lors toujours croissante jusqu'à la fin du dix-huitième siècle : non que ce jeune prince déployât des talents extraordinaires, mais seulement parce que son caractère ne repoussait point l'estime que le peuple est toujours si empressé d'accorder à ses maîtres.

C'est en 1108 que commença réellement le règne de Louis VI, qui dura vingt-neuf ans. Ce règne comprend une période importante dans l'histoire des Français, soit par les progrès de la vie du peuple dans les **communes**, dont les droits ne commencèrent guère qu'à cette époque à être sanctionnés par l'autorité légale, soit par les progrès non moins marqués que fit le pouvoir central dans la monarchie ; car, au lieu de se perdre, comme sous le premier Philippe, entre la Seine et l'Oise, il commença réellement à se faire sentir de la Meuse jusqu'aux Pyrénées ; soit enfin par les développements que reçut en même temps le système féodal : ce dernier, profitant des progrès des lumières et de l'étude des autres systèmes de législation, acquit alors une régularité et une autorité qu'on n'osa plus lui disputer. Mais malgré l'importance des résultats du règne de Louis le Gros, cette période n'est remplie que par une série de petits faits d'armes, dans lesquels le roi, avec une activité infatigable, combattait chaque année en des lieux divers, suivi seulement par une poignée de chevaliers. Dans cet enchaînement de chétifs événements, on ne trouve aucun plan général, qu'on puisse saisir, aucun grand but autour duquel viennent se ranger de moindres circonstances. Sous d'autres rapports, on se forme une très-fausse idée du caractère de Louis VI : on le regarde comme le fondateur véritable des communes, tandis qu'il ne fit que confirmer celles qui existaient déjà dans sept ou huit villes de l'Église, dont le seigneurie était partagée.

C'est sous ce prince que commencent les guerres entre les rois de France et les rois d'Angleterre. Il a pour successeur Louis VII, son fils. Le domaine propre de la couronne avait déjà reçu des accroissements considérables : la valeur et l'activité de Louis le Gros avaient enfin déterminé tous les petits seigneurs du comté de Paris, qui lui avaient longtemps fait la guerre, à reconnaître son autorité. Sous les premiers Capétiens le roi était de tous les seigneurs de France le plus mal obéi dans ses domaines ; sous Louis le Gros le comté de Paris parvint à une consistance aussi compacte, à une subordination aussi régulière qu'aucun autre des grands comtés, et dès que le monarque fut sorti de la honteuse dépendance où son père et son aïeul étaient restés à l'égard des moindres seigneurs de château, les grands vassaux de France commencèrent à tourner leurs yeux vers lui ; ceux même qui l'emportaient de beaucoup en force sur lui n'hésitèrent plus à le reconnaître pour leur supérieur. Ni Louis le Gros ni Louis le Jeune n'étaient des hommes d'un mérite très-éminent : ce n'étaient ni leurs grands talents, ni leur haute politique, ni leur gloire, qui les relevaient aux yeux de leurs compatriotes, mais ils avaient participé à l'esprit et à l'éducation chevaleresque de leur siècle, auxquels Philippe Ier, ainsi que son père et son aïeul, étaient demeurés étrangers ; tous deux étaient de bons et braves chevaliers, et ils avaient mérité à ce titre l'estime de leurs sujets.

Philippe-Auguste doit être considéré comme un grand roi : il est en quelque sorte le fondateur de la nouvelle monarchie, de la monarchie féodale, qui remplaçait le fédéralisme féodal. Il conquit sur le plus grand des vassaux de la couronne des provinces qui dépassaient de beaucoup en étendue celles qu'il avait reçues en héritage de son père ; son triomphe sur le roi d'Angleterre, il mit un terme à l'indépendance de tous les grands vassaux, et acquit sur eux, sans les avoir vaincus, une autorité à laquelle aucun des rois de sa race n'avait osé prétendre. Son fils, Louis VIII, dans un règne si court qu'on peut le regarder comme le complément de la période de Philippe-Auguste, étendit encore ses conquêtes ; en sorte qu'au moment où il mourut, l'autorité royale était reconnue de La Rochelle jusqu'au Rhône, et du détroit de Calais jusqu'au rivage de la Méditerranée, à Montpellier.

Philippe-Auguste substitua le premier des formes constitutionnelles aux caprices individuels, et établit l'autorité des douze pairs de France, dont il attribua l'institution à Charlemagne. Le premier aussi, contre l'usage de ses prédécesseurs, il n'associa point de son vivant son fils à la couronne ; tous les droits, tous les fiefs, toutes les dignités en France étant héréditaires, personne ne songeait plus à mettre en doute que la couronne ne le fût également.

Nous voici arrivés à Louis IX. Le règne de ce prince et celui de ses descendants pendant cent deux ans, jusqu'à ce moment où, la ligne directe se trouvant interrompue, la couronne passa pour la première fois à des collatéraux, forme une des périodes les plus importantes de l'histoire des Français. Le caractère de cette période lui fut donné par les hommes de loi ; ils travaillèrent avec zèle et persévérance à fonder le pouvoir absolu de la couronne : sans détruire le système féodal, qui avait dominé jusque alors, ils le subordonnèrent complétement au principe monarchique. Un homme éminent par ses vertus, par son désir constant d'accomplir son devoir, hérita, au commencement de cette période, d'un sceptre que son père et son aïeul avaient déjà élevé au-dessus des trônes de tous les princes qui se partageaient la France. Saint Louis ne fut pas plus tôt parvenu à l'âge d'homme qu'il se proposa, non d'augmenter son pouvoir ou de s'approprier les droits de ces feudataires qui pendant sa minorité avaient recommencé à ensanglanter le royaume par leurs querelles, mais seulement de faire succéder au règne de la violence le règne des lois, de mettre l'intelligence et le droit à la place de l'audace et de la force. Il ne songea point à se rendre absolu, mais il voulut supprimer les guerres privées et les combats judiciaires; il ouvrit un recours à la justice, pour remplacer le recours aux armes, qui lui paraissait offenser Dieu. Il appela les légistes à décider entre les grands pour épargner le sang des grands, et les légistes lui soumirent ces grands mêmes qu'ils devaient sauver. Saint Louis fit sortir des rangs les plus obscurs ces hommes de la loi, qui, par reconnaissance comme par ambition, confondirent la loi avec le trône, et servirent l'autorité royale bien plus efficacement que n'auraient pu faire ses armées.

Saint Louis n'avait en vue que la justice, et il ne chercha à recueillir de ses institutions d'autre fruit que cette justice même qu'il croyait devoir à son peuple; mais le corps nouveau qu'il avait introduit dans l'État, auquel il avait confié de la puissance en raison de son habileté, sut mettre à profit, sous les successeurs de saint Louis, cette habileté comme cette puissance. Les légistes, jaloux de la noblesse, jaloux du clergé, qui par une autre route était arrivé à une même domination, employèrent le sceptre des rois à briser et l'épée des gentils-hommes et la crosse des prélats; ils savaient que les progrès de l'autorité royale leur profiteraient surtout à eux mêmes, qui en étaient dépositaires. Sous Philippe III, et plus encore sous Philippe IV, ils firent de la loi, dont ils se disaient les interprètes, l'instrument d'une effrayante tyrannie. Tous les ordres de l'État furent à leur tour, au nom de la justice, traités avec une révoltante iniquité.

Lorsqu'à Philippe IV, monarque cupide, cruel, ambitieux, mais habile, succédèrent l'un après l'autre ses trois fils, qui manquèrent autant de talents que de vertus, quelques légistes furent sacrifiés aux caprices de cour, et périrent dans les supplices; mais l'ordre demeura, il conserva tout son pouvoir, sous condition de servir d'une manière plus abjecte les terreurs ou la déraison d'un maître méprisé. Les choses étaient alors ainsi; elles changèrent avec le temps.

Le dernier des Capétiens directs fut Charles IV, le dernier des fils de Philippe IV.

La mort de Charles le Bel mettait fin à la première branche des Capétiens; elle transmettait à la branche des Valois un magnifique héritage. Bornée d'abord à quelques provinces d'entre Seine et Loire, la couronne possédait alors le duché de France, le Vexin, le Berry, le Vermandois, la Normandie, la Touraine, le comté de Blois, le Poitou, le Languedoc, le Lyonnais, la Champagne et plusieurs autres fiefs enclavés dans les États des grands vassaux. J.-C.-L. S. SISMONDI.]

Outre la branche directe, qui forma une longue dynastie, la famille des Capétiens vit sortir de son sein plusieurs branches collatérales. Henri Ier eut pour frère Robert, duc de Bourgogne en 1032, qui fut la tige des premiers ducs héréditaires de cette province. Philippe Ier avait un frère, *Hugues le Grand*, qui fut comte de Vermandois et de Valois, du chef de sa femme Adélaïde. La branche dont il fut le chef s'éteignit à la sixième génération. Louis VII avait deux frères, *Robert le Grand*, qui fut la tige des maisons de Dreux et de Bretagne, et *Pierre*, qui fut sire de Courtenay, et dont les descendants régnèrent à Constantinople. Louis VIII avait pour frère *Philippe*, qui fut comte de Boulogne, Louis IX avait trois frères : *Robert Ier*, tige de la branche d'Artois, éteinte en 1472; *Alphonse*, comte de Poitiers, qui épousa Jeanne, héritière de Toulouse, et mourut en 1271; enfin, *Charles*, comte d'Anjou, qui épousa Béatrix de Provence, et fut la tige des rois de Sicile. Les frères de Philippe III furent *Robert*, comte de Clermont, tige des branches de Bourbon, qui parvint au trône à la fin du seizième siècle, de Vendôme et de Montpensier, et *Pierre*, comte d'Alençon. Les frères de Philippe IV furent *Charles*, tige des maisons de Valois, qui devait remplacer la race directe, et d'Alençon, et *Louis*, tige de la maison d'Évreux-Navarre. Les trois derniers Capétiens directs eurent une sœur, *Isabelle*, qui épousa le roi d'Angleterre Édouard II, et porta dans la maison des Plantagenets ces prétentions à la couronne de France, source de guerres longues et sanglantes et de la rivalité des deux peuples.

CAPEYER, CAPEYEUR. *Voyez* CAPE (*Marine*).

CAP-HAÏTIEN, ville-forte de l'empire d'Haïti, chef-lieu du département du Nord, siége d'un tribunal civil et d'un tribunal de commerce, d'un archevêché, d'une université, d'Académies de peinture et de musique, etc., est situé à 130 kilomètres nord de Port-au-Prince, sur la côte septentrionale de l'île, avec une population de 8,000 âmes environ. Le climat en est très-chaud et peu salubre; le territoire fertile; le port, un des meilleurs de l'empire, mais d'un accès difficile; c'est un des principaux entrepôts du commerce du pays. Cette ville, fondée en 1670, et appelée dans l'origine *Guarico* par les Espagnols, fut nommée par les Français *le Cap*, ou *le Cap-Français*. Elle devint le chef-lieu de la colonie de Saint-Domingue, et après la révolte des noirs in devenue la capitale d'un nouveau royaume, sous le nom de *Cap-Henri*. Elle a été l'une des villes les plus opulentes des Antilles. Incendiée par les noirs en 1793, conservée par la France et partageant jusqu'en 1803 avec Port-au-Prince l'honneur d'être la résidence du gouverneur général, elle a été entièrement ruinée en mai 1842 par un tremblement de terre qui a enseveli sous ses décombres une bonne partie de sa population. Elle commence à se relever de ses ruines.

Bâti au pied du Morne du Cap, en face d'une vaste plaine, le Cap-Haïtien est encore, malgré la suite de ses désastres, la ville la mieux bâtie et la plus belle de l'île. Elle n'est inférieure pour la population et le commerce qu'à Port-au-Prince. Ses rues sont larges et pavées, et ses maisons toutes en pierres; elle a quelques belles places, des marchés, des fontaines. Mais ses fortifications, jadis considérables du côté de la mer, tombent en ruines. La belle église de Notre-Dame n'est pas en meilleur état, non plus que le théâtre et le palais du gouvernement. Ses édifices les mieux conservés sont l'arsenal et l'ancien palais du roi Christophe, résidence de l'empereur Faustin Ier quand il visite cette ville. Dans ses environs, près du village de Millot, sont les ruines de *Sans-Souci*, belle maison de plaisance de Christophe, dont les vastes appartements, meublés avec une grande richesse, furent pillés à la chute du tyran. On y montre la chambre à coucher où il mit fin à sa vie par deux coups de pistolet. La chapelle est la seule partie du bâtiment que la fureur populaire ait épargnée. A 14 kilomètres de Millot on voit La Ferrière, autrefois la *Citadelle Henri*, élevée par Christophe sur une montagne de plus de 800 mètres. Elle a coûté des sommes énormes. Elle est abondamment pourvue d'eau et défendue par 365 bouches à feu.

CAPHARNAUM ou **CAPERNAUM**. Cette ville est célèbre dans l'Évangile, parce qu'elle fut la demeure la plus ordinaire de Jésus-Christ pendant les trois années de sa prédication. Elle avait été fondée après le retour des Juifs de leur exil, et était située en Galilée, sur les bords du lac Génézareth et la grande route commerciale qui mettait Damas en communication avec la Méditerranée. Les deux apôtres saint André et saint Pierre étaient originaires de Capharnaüm.

Jésus-Christ prêcha souvent à Capharnaüm, et fit beaucoup de miracles dans cette ville; mais les habitants, du moins pour la plus grande partie, ne surent point profiter de ses instructions. Il leur en fit de grands reproches, et c'est à cette occasion que Jésus-Christ prononça cette parole qui a eu tant de retentissement depuis, et dont le sens s'est si souvent vérifié, que *nul n'est prophète dans son pays* (*Matth.*, XIII, 57). Les Galiléens, dit à ce sujet l'abbé Bergier, imbus du préjugé général de la nation juive, que le Messie devait être un conquérant, pouvaient-ils aisément se persuader que le fils d'un artisan dont toute la famille était connue fût le fils de Dieu descendu du ciel et incarné pour le salut des hommes? Trois ans d'instructions, de miracles et de vertus, n'étaient pas trop pour persuader à des hommes grossiers une vérité aussi étonnante, pour laquelle la plupart de tous les siècles ont eu tant de répugnance. On ne doit pas être surpris, ajoute-t-il, si les Capharnaïtes furent révoltés lorsque Jésus-Christ promit de donner sa chair à manger et son sang à boire (*Jean*, VI, 52), puisqu'il existe encore des sectes de chrétiens qui ne veulent point croire à cette parole.

CAPI-AGA, ou CAPOU-AGA (du turc *capi* ou *capou*, porte, et *aghassy*, maître ou seigneur : *maître de la porte*). C'est le titre que porte le chef des eunuques blancs du sérail à Constantinople, l'un des principaux officiers du palais du grand seigneur. Les eunuques blancs, qu'il commande, n'approchent jamais des femmes de Sa Hautesse; ils sont employés dans la maison et au service particulier du sulthan; ils forment la garde des portes intérieures du sérail. Le capou-aghassy est chargé aussi de commander et de surveiller les *itchoglans* ou pages, dont il punit avec la plus grande sévérité les moindres fautes; c'est lui qui nomme leurs instituteurs; il remplit également les fonctions d'introducteur des ambassadeurs étrangers. Dans les cérémonies publiques et les audiences solennelles, le *capi-aga* est toujours auprès du grand seigneur : dans le sérail, il l'accompagne jusqu'aux appartements des femmes; mais il s'arrête à la porte. Quoique le traitement fixe de sa charge soit peu considérable, elle ne laisse pas que d'être fort lucrative, en raison des présents qu'il reçoit pour les placets qu'il s'engage à remettre et qu'il présente vraiment de recommander au sulthan, parce qu'on suppose qu'il a la confiance de son maître, et qu'il est initié dans les secrets du cabinet.

CAPIDJY ou CAPOUDJY, formé aussi du mot turc qui signifie *porte*. Les *capidjys*, qu'il faut se garder de confondre avec les *capidjys-baschys*, sont les portiers ou huissiers du sérail de Constantinople. Leur nombre est de quatre cents, commandés par quatre capitaines, qui sont de garde chacun à leur tour, avec cinquante de leurs hommes, le jour où le divan se rassemble; cinquante autres veillent toujours aux portes extérieures du palais. Le chef des huissiers et portiers du sérail a le titre de *capoudjiler-ketkhoudassy* (maître-d'hôtel); il remplit dans les cérémonies la charge de maréchal de la cour, et tient à la main un bâton garni de lames d'argent.

CAPIDJY-BASCHY est le nom que portent les chambellans du grand seigneur. Ce sont eux qu'on charge de diverses missions extraordinaires les plus ou moins difficiles, désagréables ou périlleuses, qui ont pour objet l'exécution des ordres du sulthan, de quelque nature qu'ils soient. Lever des troupes, faire des approvisionnements de vivres et de munitions, porter à un pacha, à un beglerbeg, à un grand vizir, à un hospodar, le firman de sa confirmation ou de sa déposition, telles sont encore aujourd'hui leurs fonctions; l'arrêter, lui soutirer de l'argent pour lui faire racheter sa vie, ou plutôt l'étrangler ou lui couper la tête afin de confisquer ses richesses, telle était en outre autrefois une partie de son emploi, ce qui faisait en définitive des *capidjys-baschys* des sortes de bourreaux d'un rang plus élevé. Quand ils avaient exécuté les ordres sanguinaires du sulthan, ils lui portaient dans un sac la tête de la victime, après l'avoir salée s'ils avaient une longue route à parcourir. Les annales de l'empire othoman n'offrent pas moins d'exemples de *capidjys-baschys* qui ont succombé dans leurs téméraires entreprises que de vizirs et de pachas qui ont péri par les mains de ces cruels émissaires. Les *capidjys-baschys* ont pour chef le grand chambellan, dont le titre est celui de *mir-alem*, en raison de l'étendard qu'il porte devant le cortège de Sa Hautesse, dans les cérémonies publiques.

CAPI-KIAHIA. C'est le nom des agents entretenus à Constantinople par les pachas pour verser les taxes annuelles qu'ils doivent au trésor, présenter leurs demandes ou leurs réclamations au sulthan ou aux membres du divan, être promptement informés des intrigues ourdies contre leur vie ou leur fortune, faire parvenir leur justification et prévenir tout danger.

CAPILLAIRE. On appelle ainsi différentes plantes de la famille des fougères. Le *capillaire de Montpellier*, le *capillaire du Canada* appartiennent au genre *adiante*; le *capillaire commun* et le *capillaire noir* au genre *doradille*. L'espèce la plus employée est le *capillaire de Montpellier*, nommé aussi *adiante* ou *cheveu de Vénus* (*adiantum*, *capillus Veneris*, Linné), auquel on attribue des propriétés sudorifiques très-marquées. On en compose un sirop qui se trouve partout chez les liquoristes et les herboristes.

L'*adiantum capillus Veneris*, qui croit assez ordinairement sur les murs intérieurs des puits, est une plante acaule d'environ vingt centimètres de haut, présentant un faisceau de feuilles dont le pétiole commun est mince et luisant; ce pétiole, de couleur brunâtre, est nu dans la première moitié de sa longueur, mais sur la dernière moitié il est garni de nombreuses folioles, alternes, glabres, vertes, découpées de leur moitié supérieure. Les feuilles, qui sont la partie de cette plante employée dans la confection du sirop de capillaire, n'ont qu'une faible odeur, mais elle est douce et suave. La saveur n'est pas non plus fort énergique; on n'y trouve qu'un peu d'amertume mêlée à l'âcreté. Mais il paraît que dans le progrès de l'ébullition que l'on fait subir au sirop, toutes ces propriétés se développent et s'exaltent beaucoup. Le nom d'*adiante* (du grec à privatif, et διαίνω, je mouille), donné à cette plante et au genre dont elle est le type, vient sans doute de ce qu'elle ne se laisse pas pénétrer par l'eau.
PELOUZE père.

CAPILLAIRES (Vaisseaux). On donne ce nom, en anatomie et en physiologie, à des canaux infiniment petits dans lesquels le sang pénètre. Leur ténuité est telle, qu'ils échappent à la vue; leur existence est néanmoins démontrée par des expériences directes, et par la nécessité où l'on est d'admettre une voie de communication entre les artères, les veines et les canaux excréteurs des glandes. L'ensemble de ces vaisseaux a reçu le nom de *système capillaire*; c'est dans son intérieur que se passent les principaux phénomènes de la respiration, des sécrétions, de la nutrition immédiate. Différentes hypothèses ont été établies par les physiologistes pour expliquer, en partie au moins, la manière dont ces divers phénomènes se passent : deux d'entre elles doivent dominer toute la science. Selon Boerhaave, les vaisseaux qui terminent les artères sont successivement plus petits, et d'autre part le sang est formé d'une quantité considérable de globules rouges, que la division montre composés à leur tour de plusieurs globules jaunes. Si on examine isolément et l'on subdivise ces derniers, ils se réduisent en petits globules blancs. Cela étant, à mesure que le sang se divise pour pénétrer dans les vaisseaux plus petits, sa couleur, de rouge qu'elle était, devient blanche; et qui explique la couleur d'un rouge plus ou moins foncé, ou d'un blanc plus ou moins jaune, des divers organes, selon que leurs vaisseaux capillaires sont plus ou moins volumineux. On explique encore ainsi comment l'accélération de la circulation du sang dans l'inflammation des organes y cause un changement de couleur, de blanc en rouge, ou de rouge en rouge plus foncé, c'est par la dilatation des vaisseaux capillaires qui admettent alors des globules plus volumineux, par conséquent plus rouges. Selon Bichat, les variations du mode de sensibilité des vaisseaux capillaires sont cause qu'ils admettent tantôt une plus grande, tantôt une plus faible quantité de sang ; de là résulte l'explication des phénomènes indiqués.

Quoi qu'il en soit, il paraît que la circulation du sang dans les capillaires n'est pas aussi régulièrement continue que dans les vaisseaux plus gros; elle paraît soumise à des oscillations perpétuelles; on en a des exemples dans la mobilité de coloration de la face, et dans la facilité avec laquelle, par la moindre irritation, on voit survenir des changements de couleur plus ou moins fugitifs aux diverses parties de la peau. Il est probable que chez les derniers animaux, chez ceux qui n'ont aucune espèce d'organe central de la circulation, ainsi que chez les végétaux, le transport des fluides qui tiennent lieu de sang s'opère par un système capillaire, qui serait ainsi le premier rudiment de la circulation.

D'après les notions rapides que nous venons d'exposer, on peut comprendre que le *système capillaire* entre dans la texture intime de la moindre parcelle d'un tissu organisé, quels que soient d'ailleurs la simplicité ou le degré de complication de l'être auquel il appartient. BAUDRY DE BALZAC.

CAPILLARITÉ. C'est une loi de la nature, constatée par une foule d'expériences, que généralement les corps s'attirent réciproquement (*voyez* ATTRACTION). Les corps jouissent aussi de la propriété de s'attirer à des distances infiniment petites, propriété qu'on appelle *attraction moléculaire, cohésion*. Bien plus, lorsqu'on plonge l'extrémité d'un tube de verre d'un très-petit diamètre dans un liquide, on observe que ce liquide s'élève dans l'intérieur du tube d'une quantité notable au-dessus du niveau du bain : si le diamètre du tube est de 1 millimètre, la hauteur de la colonne d'eau sera de 30 millimètres à peu près. Si l'extrémité inférieure du tube trempe dans un bain de mercure, le liquide descend dans le tube au-dessous du bain. En général, les longueurs des colonnes d'ascension ou d'abaissement dans les tubes cylindriques d'un très-petit diamètre sont en raison inverse de leurs diamètres : ainsi, dans des tubes de verre de 1, 2, 3 millimètres de diamètre, les colonnes d'eau auraient 30, 20, 10 millimètres de hauteur. Si les tubes sont prismatiques, les hauteurs sont en raison inverse des périmètres. Dans tous les cas, l'extrémité de la colonne liquide est terminée par une courbe qui approche d'autant plus d'une demi-sphère que la section du tube est plus petite: cette courbe est concave lorsqu'il y a ascension du liquide et convexe lorsqu'il y a dépression.

On a donné à ces phénomènes, qu'on observe dans le vide comme en plein air, le nom de *capillaires* (de *capillus*, cheveu), parce qu'on les remarqua d'abord dans des tubes dont les diamètres étaient comparés à la grosseur d'un cheveu. La cause qui produit des effets semblables s'appelle aujourd'hui *capillarité* : c'est à la capillarité qu'on attribue l'ascension de l'eau dans une éponge, du café dans le morceau de sucre qui le touche par un bout, etc., parce que les petits interstices d'un corps poreux forment comme autant de tubes capillaires. Voilà pourquoi l'eau monte encore dans un vase rempli de sable, de cendres, quand le fond de ce vase communique au liquide. Les liquides s'élèvent ou s'abaissent au-dessous du niveau du bain, non-seulement dans les tubes de petit diamètre ; mais encore on observe de semblables phénomènes autour des corps de matières diverses qui trempent dans un liquide : si c'est une lame de verre dont le bord inférieur trempe dans l'eau, le liquide s'élève de chaque côté de la lame; le contraire arrive si la lame trempe dans le mercure; entre deux lames, disposées parallèlement et très-peu éloignées l'une de l'autre, l'eau monte d'une quantité égale à la colonne de même liquide qui s'observerait dans un tube dont le diamètre serait le double de la distance qui sépare les lames. Quand les lames font un angle, l'eau s'élève entre elles à des hauteurs inégales, puisque dans ce cas les lames ne sont point parallèles : le sommet de la colonne présente une ligne que les mathématiciens appellent *hyperbole*. Si les lames forment un angle dont le plan soit vertical, une petite quantité d'eau placée sur la lame inférieure se portera d'elle-même vers le sommet de l'angle; le contraire arrivera si le liquide est du mercure; enfin, dans un tube de verre conique, placé horizontalement ou à peu près, l'eau se porte vers son sommet, et le mercure vers la base.

Tous ces effets remarquables, qui semblent faire exception aux lois de l'hydrostatique, dépendent de l'attraction moléculaire du solide pour le liquide et de l'attraction moléculaire des particules du liquide les unes pour les autres. En partant de ce principe, Clairaut, La Place et Poisson ont démontré par l'analyse que tous les phénomènes rapportés ci-dessus en sont une conséquence.

Deux boules de cire placées à une petite distance l'une de l'autre sur un bassin plein d'eau franchissent spontanément l'intervalle qui les sépare, et finissent par se toucher : ce phénomène s'explique fort bien quand on sait que la cire ne peut pas être mouillée par l'eau ; le liquide s'abaisse tout autour d'elles, et si elles sont assez rapprochées, elles sont séparées par une petite vallée dans laquelle elles roulent naturellement. Si l'une des boules était de cire et l'autre de verre, elles se fuiraient réciproquement étant mises en contact sur le bassin ; cela devrait être, car l'eau s'élevant autour de la boule de verre et baissant autour de celle qui serait en cire, celle-ci serait obligée, pour joindre l'autre, de rouler en montant. Si les deux boules sont de verre, elles se rapprocheront : le liquide s'élevant tout autour d'elles, quand elles seront à une distance convenable, la lame d'eau qui se trouvera entre elles les attirera : ce qui se conçoit ; car si l'eau monte dans un tube de verre, c'est parce que ce dernier l'attire, mais il est évident encore que l'eau attire le tube. La raison pourquoi deux aiguilles légèrement graissées et placées à peu de distance l'une de l'autre sur un bain d'eau se réunissent, pourquoi des petits corps flottants se portent tantôt vers les bords du vase qui contient le liquide, tantôt s'en éloignent, se déduit fort bien des observations et des raisonnements qui précèdent : il suffit d'ajouter qu'un liquide ne s'élève dans l'intérieur et tout autour d'un corps qu'autant qu'il a la propriété de *mouiller* ; dans le cas contraire il s'abaisse.

Haüy disait en parlant de la capillarité : « On est étonné de voir on petit phénomène, dont la cause est resserrée dans un si petit espace, s'agrandir en quelque sorte à l'infini par sa généralité. » C'est en effet aux influences de la capillarité que se produit, du moins en partie, l'ascension de la sève dans les végétaux. Cette même force fait monter l'huile dans le bec de la mèche de notre lampe. L'économie animale, elle-même, présente des effets de capillarité d'autant plus marqués que les vaisseaux qui la composent sont d'une grande ténuité. L'endosmose est sans doute aussi un phénomène du même ordre, bien qu'il ne s'accorde pas complètement avec les lois ordinaires de la capillarité. TEYSSÈDRE.

CAPILOTADE, mot fait de l'espagnol *capirotada*, que Montaigne traduit *Capirotade*, et par lequel on désigne ordinairement un ragoût fait de débris de volaille et de pièces de rôti dépecées.

On a donné aussi autrefois, par extension et par analogie, le nom de *Capilotade* à un recueil de chansons, appelé également *Alphabet de Chansons*, lequel en contenait autant qu'il y a de lettres dans l'alphabet. Ces chansons étaient courtes, galantes ou bachiques : la première commençait par un A ; la seconde par un B, et ainsi de suite.

26.

CAPILUPI (Camillo), né à Mantoue, d'une famille noble, à la fin du quinzième siècle, est surtout connu par une relation de la Saint-Barthélemy, publiée à Rome sous les auspices du cardinal de Lorraine. C'est un récit apologétique de ce massacre, renfermant des particularités qui prouvent que l'auteur a reçu des communications officieuses de la part de hauts personnages intéressés à justifier un acte dont ils se sentaient accablés. Sous ce rapport l'œuvre de Capilupi mérite de fixer l'attention ; car, inspiré par un homme profondément initié dans les secrets de la cour du Louvre, il jette de véritables lumières sur un des faits les plus importants de notre histoire. L'écrit de Capilupi intitulé *Stratagèmes* porte la date du 18 septembre 1572. Il est dédié à son frère Alphonse.

Capilupi expose dans ce livre que Charles IX, conduit par la main de Dieu, résolut d'attirer à Paris les principaux huguenots et l'amiral de Coligny, afin de les exterminer d'un seul coup. Pour en venir à ses fins, il conclut en 1570 la paix avec les réformés, contre l'avis de son conseil, et malgré les remontrances des princes de la chrétienté et du pape Pie V, qui envoya même en France l'évêque Salviati pour rompre l'alliance projetée entre Henri de Béarn et la princesse Marguerite. Il feignit d'approuver les projets de Coligny, qui proposait de porter la guerre dans les Pays-Bas : guerre qui déplaisait aux catholiques et souriait aux huguenots, et il parut même ne pas tenir compte des observations que la reine lui fit à ce sujet. Entièrement rassurés, les réformés arrivèrent en foule dans la capitale pour assister aux noces du jeune Henri et de la sœur du roi. Le nouveau pontife Grégoire XIII s'opposant formellement à ce mariage, le roi le fit pourtant célébrer en supposant une lettre de son ambassadeur à Rome, dans laquelle on disait que le cardinal de Lorraine, par l'autorité de son nom et de son caractère, avait enfin obtenu une dispense, qui allait arriver par le premier courrier. La cérémonie achevée, et tandis que l'on ne songeait plus qu'à des fêtes, Charles apprit, dit Capilupi, que l'amiral avait concerté à ce jour de réjouissance pour mettre le feu dans différents endroits de la ville; tandis que le peuple serait occupé à l'éteindre, il devait, à la tête des siens, se porter au Louvre et y massacrer toute la famille royale sans épargner le roi de Navarre lui-même, que les protestants jugeaient peu propre à faire triompher leurs projets. Ils devaient couronner à sa place le prince de Condé, doué d'un caractère plus hardi. C'est alors que Maurevel essaya de tuer Coligny. Le roi parut très-affecté de ce crime; il ordonna sur-le-champ des poursuites contre le meurtrier, et le jour même il alla visiter l'amiral, lui donna une garde, et lui offrit de le faire transporter dans son palais. Le lendemain, les ducs de Guise et d'Aumale, étant venus se plaindre des insolences des huguenots, furent mal reçus par le monarque, quittèrent la cour, et sortirent de Paris par la porte Saint-Antoine; mais le soir venu ils y rentrèrent secrètement, et se rendirent au Louvre, où ils trouvèrent le roi tenant conseil avec sa mère, son frère le duc d'Anjou, le duc de Nevers, Tavannes et le comte de Retz. Le massacre fut résolu, et l'exécution confiée aux Guises et au duc d'Angoulême, frère bâtard du monarque.

Après avoir raconté cette horrible tragédie, Capilupi ajoute que la grandeur de cette action mérite qu'on ne s'en occupe pas sans *considérer et peser la vertu du roi, de la reine et de leurs conseillers*, pour avoir pris un parti *si généreux et si noble*, et avoir montré tant de dextérité dans sa conduite, tant d'habileté dans sa dissimulation, et tant de hardiesse et de bonheur dans son exécution. Puis il cherche à prouver, par des confidences de la reine mère au cardinal Santa-Croce et au signor Corero, ambassadeur de Venise, par des lettres qu'elle écrivit de sa main au pape et par une lettre du roi au général des Capucins en Italie, que cette action fut préméditée, ordonnée et traitée plusieurs mois auparavant, et non amenée par cas fortuit.

Telle est l'analyse fidèle de l'écrit de Capilupi. L'auteur, tout en comblant de louanges Charles et sa mère, a cependant grand soin d'établir que la cour de Rome fut complétement étrangère à la Saint-Barthélemy, réticence d'autant plus singulière que Grégoire XIII en accueillit la nouvelle avec beaucoup de joie. Il n'en fut pas de même des autres princes de l'Europe, qui désapprouvèrent hautement cet acte abominable. Confus du mauvais effet de cette apologie, où Charles est représenté comme un fourbe, un faussaire et un assassin, le cardinal de Lorraine essaya vainement d'en arrêter la publication. De son côté, la cour de France, pour en atténuer l'effet, fit répandre une justification en forme de lettre, attribuée par quelques-uns à la plume de Pibrac, où l'on s'efforce de démontrer que le roi ne se porta à cette extrémité que pour défendre sa vie et sa couronne menacées; mais cela ne saurait détruire le témoignage de Capilupi, appuyé d'ailleurs par d'autres relations dignes de foi.

Lelio Capilupi, frère du précédent, composa des *centons* tirés de Virgile, c'est-à-dire que se servant des vers du poëte de Mantoue, il les appliqua à des sujets entièrement étrangers. C'est ainsi que Virgile décrit le sacrifice de la messe, l'exorcisme, l'excommunication, et trace d'une façon satirique le tableau intérieur de la vie monacale, toutes choses auxquelles le chantre d'Énée ne pensa guère. Lelio Capilupi fit preuve dans ce genre d'une facilité digne de louanges, dit Tiraboschi, si un tel genre de poésie pouvait en mériter.

Hippolyte Capilupi, frère des précédents, envoyé du duc de Mantoue près la cour de Rome, fut enfermé par Paul IV au château Saint-Ange en 1550. Mis en liberté l'année suivante, et nommé évêque de Fano, il alla à Venise en qualité de légat. Il a composé aussi un grand nombre de poésies latines et des centons qui ont été publiés, réunis avec ceux de son frère Lelio.   Saint-Prosper jeune.

CAPISCOL (de ces deux mots latins *caput scholæ*, ou *caput chori*, le *chef de l'école*, le *chef des chantres*, celui qui présidait au chœur, et que l'on avait aussi nommé en certaines localités *préchantre* (*præcantor*). Cette dignité appartenait à plusieurs chapitres ou églises, soit cathédrales, soit collégiales, particulièrement en Provence, en Languedoc, en Guienne, en Béarn, etc. Le capiscol de l'abbaye Saint-Victor à Paris avait quatre prieurés.

CAPITAINE (*Art militaire*), du latin *caput*, tête, homme de tête, homme placé à la tête. Ce mot est une des plus anciennes désignations des hauts grades militaires. Il a en Italie six siècles; il n'en compte que cinq en France, mais que de changements sa signification a éprouvés pendant cet espace de temps! Il a succédé aux termes *duc*, *banneret*, *chevetain*, et à tant d'autres qui ont disparu des armées. Le langage pittoresque, le style historique, se substituant au parler positif, emploient encore, à l'ancienne manière, la qualification *capitaine* pour peindre un chef par excellence. Dire que Turenne, que Bonaparte ont été de grands généraux, est fade et froid; les proclamer grands capitaines est une image plus animée, plus colorée. Gonzalve de Cordoue a été surnommé *le grand capitaine*. L'expression *capitaine* a été s'abâtardissant dans les pages de nos lois, comme tous les anciens mots désignatifs d'un rang militaire. Le terme espagnol *colonel* s'est vulgarisé quand la dénomination de capitaine a décliné; le titre de général a pris faveur quand le colonel a cessé d'être synonyme de général. A son tour détrôné, comme l'avaient été les notabilités nommées *préfet des armées, maître de la milice, patrice, sénéchal, maire du palais*, etc., le capitaine a eu la chance de ne pas périr entier comme eux; mais s'il est resté dans le formulaire hiérarchique, en descendant de la tête de l'armée dans celle du régiment, il s'y est abaissé au point que, premier au temps de François Ier, second au temps de Turenne, il n'est plus que quatrième, en ne faisant acception ni de classes, ni de grades en second, dont l'abus règne en

CAPITAINE

quelques armes. Si l'on comprend ces échelons, tel capitaine n'est plus que cinquième ou sixième.

Si nous comptons bien, il y a eu depuis deux ou trois siècles cinquante-neuf sortes de capitaines; ce nombre a même été évalué plus haut. Nous nous garderons d'affliger nos lecteurs de cette fatigante nomenclature. La création légale des *capitaines d'hommes d'armes* a précédé celle des *capitaines d'infanterie*; elle remonte à Charles V : ce prince, par une ordonnance de 1373, subordonne sa gendarmerie à des capitaines, comparables aux anciens grands bannerets, c'est-à-dire *capitaines en chef* ou *capitaines généraux* pour les distinguer des leurs capitaines en sous-ordre. Si l'on disait d'un capitaine qu'il avait charge d'un nombre d'hommes tant soit peu considérable, on désignait par là un officier d'un grade pareil à celui qui caractérisa plus tard les colonels ou les mestres de camp; en d'autres termes, un capitaine ayant charge de mille hommes était à peu près ce qu'un colonel est aujourd'hui.

Louis XI institue explicitement les capitaines d'infanterie; il forme 16,000 francs-archers, qu'il soumet à quatre capitaines en chef, ayant sous leurs ordres des capitaines qui commandaient chacun à cinq cents soldats. François 1er prend le titre de capitaine de sa garde, donne à des capitaines subalternes la qualification de lieutenants ou de capitaines-lieutenants, et commissionne des capitaines qu'il met à la tête des bandes et des légions; il distingue sous le nom de *colonel* un des six capitaines de la légion : ainsi, cet officier commandant est à la fois capitaine de bande et capitaine de corps, d'où nous serait venu, si l'on s'en rapporte à des suppositions vagues, l'usage des compagnies colonelles.

Le grade de capitaine a donc équivalu successivement à celui de chef suprême, de colonel, de chef de bataillon, d'officier comparable au *ducénaire* des anciens. Puis il décroît encore par la réforme des légions et par le rétablissement des bandes isolées. Les capitaines de ces bandes reprennent, il est vrai, une sorte de commandement en chef, mais qui s'exerce à peine sur trois ou quatre cents hommes; ils ont sous eux un ou deux lieutenants et deux ou trois enseignes. Si à des époques l'autorité des capitaines d'infanterie est plus restreinte que celle des capitaines d'hommes d'armes, de francs-archers, de légions, ils ont du moins, comme leurs prédécesseurs, l'avantage de n'être primés que par deux grades, celui de général et celui de lieutenant du général, alors nommé maréchal de camp. De réforme en réforme les bandes finissent par être à peine de quarante soldats; elles s'incorporent dans des régiments; alors les capitaines qui en font partie ne sont plus que des officiers dont la position décroît d'autant.

Brantôme, professant un grand mépris pour l'infanterie de son temps, nous apprend que « les capitaines s'y font par douzaine. » Billon nous montre combien sous Louis XIII la charge de capitaine était déchue, lorsqu'il dit en son style sentencieux : « Le capitaine doit avoir bonne commission du prince, ou au moins du mestre de camp. » Ce passage témoigne que les capitaines pouvaient exercer sans brevet du roi; et en effet ils étaient depuis longtemps à la nomination des chefs de corps. On lit dans l'éloge de Vauban par Fontenelle que le maréchal de La Ferté avait donné à Vauban une compagnie dans son régiment et qu'il « lui en donna encore une dans un autre régiment, pour lui tenir lieu de pension. » Il faut tirer de là deux conséquences : on pouvait être capitaine de deux compagnies; et une compagnie était regardée comme une ferme, une sinécure. Louis XIV efface cette irrégularité, et en s'instituant grand propriétaire du militaire français, il rend quelque éclat au grade de capitaine le jour où il fait de ses régiments d'infanterie, de cavalerie, d'artillerie même, un mobilier vénal, et de leurs compagnies autant de sous-fermes. Mais la signification du mot capitaine n'en conserve pas moins quelque chose de bizarre. Une reine de France, un enfant de France au berceau, ont leur compagnie d'ordonnance et en sont capitaines.

Les mots *capitain*, *capine*, ont eu quelque analogie avec la qualification des *locagues* grecs (λόχαγος); ils ont remplacé les titres *grand banneret*, *chadellère*, *chadellière*, *chevetain*, mot jadis si usité qu'il a eu quatorze synonymes; mais l'usage du mot capitaine était ancien déjà quand il fit oublier les autres. Plusieurs de ces qualifications longtemps employées ont eu des significations difficiles à ressaisir. A l'exemple de Louis le Gros, et surtout depuis le règne de Philippe-Auguste, vers 1180, les rois de France s'appliquent à brider leur séditieuse noblesse; ils créent à cet effet des troupes royales, ils lèvent des compagnies d'aventuriers allemands, écossais, italiens, suisses ou nationaux, conduites par des *chevetains* ou chefs que Du Cange appelle *chataines*, et qui prennent ensuite le titre de capitaines, à l'imitation de ceux des bandes italiennes, où cette désignation était usitée depuis longtemps. Dans les révolutions de Milan en 1257, Martin de la Torre était *capitano e signor*, seigneur du peuple et chef des troupes. Andoin prétend que le mot capitaine vient du terme gascon *captal* : c'est une erreur, il est tout italien : cette langue l'a tiré du bas latin *capitaneus*, dérivé de *caput*, qu'on retrouve dans nos anciennes annales, et qui en Allemagne signifiait *vassal de l'Empire*, et était synonyme de *grand vavasseur* (*valvassor major*). La langue italienne en a fait le verbe *capitanare*, qui nous manque, et qui signifie commander en chef.

Le mot français *capitaine* a dans l'origine signifié encore *capitaine de forteresse*, gouverneur de place, *castelan*, commandant d'un lieu fortifié ou d'un château, colonel ou chef d'un cadre administratif quelconque; il avait même pris d'abord une acception encore plus relevée, parce que les capitaines des bandes faisaient pour leur compte la guerre, comme l'eût faite avec son armée un général en chef ou un petit souverain; aussi le langage historique s'est-il habitué à comprendre sous le nom de capitaines des guerriers du premier ordre, montant le cheval blanc, portant le panache blanc, armé des estafiers, des gardes du corps, etc. Sous Charles V, vers 1366, Hugues Aubriot est prévôt et *capitaine* (gouverneur) *de Paris*; ses fonctions se partagent, et Trésiguidy est pourvu de la place de capitaine de Paris. « Premier exemple, dit Villaret, de la création d'un capitaine, ou gouverneur de Paris particulier. » Sous Charles VI, des lettres patentes du 11 août 1410 prévoient le cas où des arbalétriers de Paris feraient campagne sous les ordres d'un capitaine, c'est-à-dire d'un général. On emploie encore sous Henri II, en 1550, et Henri III, en 1580, l'expression *capitaine de Melun*, *capitaine du château de Chinon*, *capitaine du château de Poitiers*, etc., etc., pour indiquer le gouverneur de ces différents lieux; de là vient, comme le témoigne la compilation des ordonnances de Blois, la dénomination de capitainerie, appliquée alors au gouvernement des places fortes, comme elle l'a été jusqu'à nos jours au gouvernement des chasses.

Vers le temps de François 1er la dénomination de capitaine commence à devenir une appellation obséquieuse et un synonyme de sire ou de monseigneur ; Montluc et Montgeon désignent sous ce titre de simples enseignes, et Brantôme nous dit que « son frère (le capitaine Bourdeille) avait avec lui un soldat qu'on nommait le capitaine Tripaudière, qu'il avait eslevé, et qui fut suborné par Bonnivet, colonel, pour être un de ses capitaines entretenus, etc. » On disait le capitaine *tel*, soit qu'on voulût indiquer un un militaire qui avait commandé comme colonel, ou le moindre gentil-homme simple soldat encore, mais suivi d'un goujat et susceptible de devenir officier. Cet usage dura jusqu'au règne de Henri IV vers 1600, et Beneton nous apprend que ce n'est que « quand on s'est lassé de voir tant de capitaines sous un capitaine » qu'on y a remédié, en donnant au capitaine en chef le nom de *mestre de camp*.

Walhausen et Pressac sont les premiers qui attribuent au mot capitaine un sens conforme à celui que comporte le brevet actuel, c'est-à-dire que ces écrivains regardent un capitaine comme le commandant d'une compagnie, et comme ayant un rang comparable à celui que tenaient dans les milices byzantine et romaine le centenier ou le centurion. Cependant l'ancien usage était tellement enraciné que le plus ancien de nos almanachs militaires, celui de 1735, désigne encore sous le titre de capitaine les lieutenants généraux de l'époque. Dans le siècle passé, le mot capitaine s'est modifié en certains temps et en certains cas par l'adjonction du terme factionnaire; quelquefois même on remplaçait la qualification de capitaine par la simple expression *factionnaire* : ainsi le faisait l'ordonnance d'exercice de 1776.

L'*Encyclopédie* cite soixante-deux espèces de capitaines reconnus de son temps dans les troupes françaises. Wimpfen tourne en ridicule les usages abusifs qui sous Louis XVI dénaturaient le terme de capitaine. Ainsi, il y avait alors des *capitaines à finance*, *à la suite*, *à réforme*, *colonel*, *commandant*, *en second*, *réformé*, etc., sans qu'aucune de ces dénominations exprimât une fonction active, un emploi utile au mécanisme de l'armée. Une confusion fâcheuse résultait aussi de la qualification de chef de bataillon capitaino, usitée dans la garde royale de Louis XVIII et Charles X.
Gal BARDIN.

Aujourd'hui dans la plupart des armées le grade de capitaine est intermédiaire entre le grade de lieutenant et celui de chef de bataillon ou commandant. Dans l'infanterie, la gendarmerie, le génie, les corps d'ouvriers, le capitaine commande à une compagnie de cent vingt à cent cinquante hommes. Il y en a en France de deux classes : ceux de la première jouissent d'une solde un peu plus forte que ceux de deuxième classe. Dans la cavalerie, l'artillerie et le train des équipages, ils commandent les escadrons ou batteries sous le titre de *capitaines commandants*. Partout où il y a deux capitaines dans la même compagnie, le principal prend le titre de *capitaine en premier*, l'autre celui de *capitaine en second*. Il y a en outre des officiers du grade de capitaine, dans les corps d'état-major et dans les états-majors particuliers du génie et de l'artillerie, qui n'ont pas de commandement. Il y a aussi des officiers de recrutement, d'armement, d'habillement du même grade, ainsi que des commandants de place, etc. Les insignes ordinaires du grade sont deux épaulettes à petits grains d'or ou d'argent suivant les corps. Les compagnies de pompiers et de la garde nationale sont aussi commandées par des capitaines. Tous sont aujourd'hui à la nomination du chef de l'État. *Voyez* GRADE.

Les fonctions de capitaine sont très-importantes; elles embrassent toutes les parties du service, et comprennent la surveillance générale de l'instruction et de la discipline, du logement, de la nourriture, de l'habillement, de la solde, en un mot de tout ce qui concerne l'administration de la compagnie. C'est aussi le capitaine qui conduit et dirige les soldats à l'armée, et qui les commande directement dans un combat ou une bataille.

Le titre de capitaine a encore servi à qualifier différents fonctionnaires civils. C'est celui que portèrent les premiers magistrats des républiques italiennes pendant les troubles du treizième siècle, et qui se confondit souvent avec le titre de podestat. Le *capitaine du peuple* fut un magistrat suprême, créé à Gênes, en 1257, lors du soulèvement qui éclata dans cette ville contre la noblesse, et supprimé en 1262. *Le capitaine de la liberté* génoise fut un titre créé, avec un pouvoir absolu, en faveur d'Obert Spinola et de Conrad Doria dans la révolution de 1270. La faction des Fiesques créa huit *capitaines de la liberté* en 1477, après le meurtre de Galéas-Marie. Les Florentins, dans les troubles de 1312, élurent *capitaine et conservateur du peuple* Gautier de Brienne, duc d'Athènes, qui changea cette qualification contre celle de *Seigneur à vie*, et fut chassé un an après. Le titre de *capitaine et conservateur de la garde du roi de France* était celui que reçut en 1400 Baptiste Boccanegra, après les troubles qui forcèrent le gouverneur français de Gênes à se retirer. On donna sous Philippe le Long le titre de *capitaine d'armes* à un officier que ce prince établit dans certaines villes du royaume pour défendre les bourgeois contre les vexations des seigneurs. Ce *capitaine*, élu par l'assemblée des bourgeois, avait à sa disposition le guet à pied et à cheval; il devint plus tard *le chevalier du guet*. En Grèce tous les chefs militaires prennent encore, comme jadis en Espagne, en Italie, en France, le titre de capitaine (*capitanys*). En Turquie le chef de la flotte s'appelle pacha-capitaine ou *capitan-pacha*; au Brésil, les maires ont le titre de capitaine; et dans toute l'Amérique méridionale on appelle indistinctement *capitaines* tous les Européens qui n'ont aucun titre.

CAPITAINE (*Marine*). Ce mot, appliqué dans la marine marchande à tout officier ou maître commandant un navire, indique un grade dans la marine militaire, on marine de l'État. On y distingue deux sortes d'officiers supérieurs portant le nom de capitaines : les *capitaines de vaisseau* et les *capitaines de frégate*, titre qu'un décret du 3 mai 1848 a substitué à celui de *capitaines de corvette*. Il y a deux classes de chacun de ces grades. L'effectif réglementaire de notre marine se compose de 110 capitaines de vaisseau, dont 36 de première classe et 74 de seconde classe; et de 230 capitaines de frégate. On assimile les capitaines de vaisseau aux colonels de l'armée de terre et les capitaines de frégate aux lieutenants-colonels ; aucun grade ne répond à celui de chef de bataillon. Depuis 1851 les capitaines de vaisseau commandant à plusieurs vaisseaux en mer prennent temporairement le titre de *chefs de division*, qu'ils conservent toute la durée ce commandement, et qui répond à peu près au titre de *commodore*, usité dans les marines étrangères.

Tout officier inférieur qui commandait un navire, quel qu'il fût, était autrefois appelé *capitaine*. Mais on s'est habitué à donner hyperboliquement aux lieutenants de vaisseau et aux enseignes commandant les petits navires le nom de *commandant* ; en sorte qu'aujourd'hui il n'y a plus guère que les capitaines marchands à qui l'on ait conservé le simple titre de *capitaine*. A bord des vaisseaux sur lesquels, avant les ordonnances de l'amiral de Rigny, les capitaines de frégate naviguaient comme seconds, on désignait ceux-ci sous le nom de *capitaine*, et les commandants sous celui de *commandant*. C'était un des seuls cas pour lesquels on employait encore la dénomination de capitaine en parlant à la seconde personne du bord. On nomme *capitaine de pavillon* le capitaine de vaisseau commandant le vaisseau que monte un officier général; mais à bord de son navire cet officier supérieur continue à être désigné sous le nom de commandant. Par extension, on nomme *capitaines* les maîtres ou patrons qui commandent de simples navires caboteurs, quoique ces marins ne soient portés sur les rôles qu'en qualité de maîtres au petit cabotage. C'est un abus de mot, par flatterie ou politesse.

A bord des bâtiments de l'État le *capitaine d'armes* est un sous-officier de la marine militaire ayant la garde des menues armes du vaisseau. Dans la marine le *capitaine de port* est encore un officier chargé des mouvements et de la police des bâtiments de commerce dans tel ou tel port. C'est d'ordinaire une retraite pour les vieux serviteurs de l'État.

Les *capitaines marchands*, ou *capitaines au long cours*, n'obtiennent ce titre, qui leur confère le commandement des navires du commerce, qu'après avoir satisfait à des conditions d'examen imposées et déterminées par une des lois les plus sages qu'on ait faites en marine. Le candidat au grade de capitaine au long cours, pour être admis à remplir ces fonctions, doit justifier, devant une commission d'examinateurs, de cinq ans de navigation, dont une année au moins passée à bord des navires de l'État. Il doit ensuite, outre les attestations qui garantissent sa moralité, avoir vingt-quatre ans d'âge, et posséder toutes les connaissances qui se rattachent à la manœuvre, au gréement et à l'arrimage des navires. C'est là ce qui compose la *partie pratique* de l'examen qu'il a à subir. L'examen théorique roule sur la connaissance de l'arithmétique, de la géométrie, des deux trigonométries et de l'astronomie nautique. Après avoir subi ces épreuves, les candidats sont admis par le ministre de la marine au privilége de commander les bâtiments marchands de toutes espèces. Le brevet de capitaine au long cours ne confère pas seulement ce titre, il constitue un grade en faveur de ceux qui l'ont obtenu. Un capitaine au long cours ne peut être appelé dans la marine militaire, quand les besoins de l'État réclament ses services, qu'en qualité de lieutenant de frégate auxiliaire. Les connaissances dont il a été appelé à faire preuve pour obtenir le droit de commander au commerce sont à peu de chose près les mêmes que celles qu'on exige du lieutenant de frégate.

Un vieux dicton a longtemps dans la marine servi à formuler en quelques mots les droits que l'on reconnaissait aux capitaines. On répète encore aujourd'hui, d'après cet axiome traditionnel, qu'un *capitaine est roi à son bord*. Mais cet empire absolu, que l'on accordait si libéralement autrefois aux commandants de navire a subi, comme tous les pouvoirs despotiques, de notables modifications. Malgré l'obéissance passive que le salut commun et les nécessités du service imposent aux subordonnés à bord des navires qui prennent la mer, il est des usages et des règles que les capitaines ne s'exposeraient jamais à franchir. A bord des bâtiments de guerre surtout, on sait que si les commandants sont armés d'une grande autorité, les subordonnés ont aussi leurs droits, et, à défaut de lois bien précises, il est entre les chefs et les subalternes une charte de bord que l'usage a établie et que le temps a consacrée. Dans aucun corps peut-être la liberté des opinions individuelles ne jouit d'une indépendance plus grande que dans la marine, et rarement, même dans nos temps de réaction les plus favorables aux révélations honteuses, les officiers de marine ont donné l'exemple de ces dénonciations clandestines qui ont affligé nos armées. E. CONSTANT.

Les capitaines sont choisis par les propriétaires ou armateurs du navire; ceux-ci peuvent congédier leur capitaine sans donner de motifs, et sans autre indemnité, que des frais de route. Si cependant le capitaine a un droit dans la propriété du navire et qu'un autre que lui soit désigné pour le commander, il peut renoncer à sa copropriété et exiger le remboursement du capital qu'elle représente. Les fonctions du capitaine cessent encore si le navire vient à être saisi et mis en adjudication. Comme le capitaine est responsable de la sûreté de l'expédition, la loi lui accorde le choix des gens qui doivent composer l'équipage, à moins que les propriétaires du navire ne soient domiciliés au même lieu : dans ce cas ce choix doit se faire de concert avec eux. Le premier devoir du capitaine, avant d'entreprendre un voyage de long cours, c'est de s'assurer que son navire est en bon état; et dans le cas contraire de faire faire les réparations nécessaires. Il reçoit les marchandises destinées à l'expédition, et en donne un reconnaissance qu'on nomme c o n n a i s s e m e n t ; il doit les placer dans la partie du bâtiment qui leur est destinée. Il doit tenir un registre nommé *livre de bord*, côté et paraphé par l'un des juges du tribunal de commerce, ou, à défaut, par le maire ou l'adjoint; sur lequel il doit inscrire les résolutions prises, la recette et la dépense du navire, en général toutes les circonstances qui concernent ses fonctions. Il doit aussi se munir d'un *acte de francisation*, c'est-à-dire d'un titre constatant que le vaisseau est français : il lui est délivré par la douane; du rôle de l'équipage, des procès-verbaux de visite du navire, des acquits de payements ou à caution des douanes. Toutes ces pièces lui sont d'un fréquent usage, surtout en guerre, où tout navire dont la propriété et le chargement ne sont pas régulièrement constatés est soumis au droit de prise.

Lorsque tous les préparatifs sont faits, le capitaine ne doit pas différer son départ; aussi les gens de l'équipage sont-ils affranchis de la c o n t r a i n t e par corps en matière civile, excepté pour les dettes qu'ils auraient contractées pour le voyage; encore, dans ce dernier cas ne peuvent-ils être arrêtés s'ils donnent caution. Le capitaine est tenu de terminer le voyage qu'il a entrepris, sous peine de dommages-intérêts; cette responsabilité cesse cependant en cas de force majeure. Il ne doit pas s'absenter de son navire, surtout à l'entrée et à la sortie des ports, havres et rivières; en cas de contraventions et principaux de l'équipage, il serait responsable de tous les événements qui arriveraient au vaisseau dans ces lieux difficiles. Un décret du 12 décembre 1806 lui enjoint même de prendre dans ces passages un *pilote lamaneur*. Même en cas de danger il ne peut abandonner son navire sans l'avis des officiers et principaux de l'équipage, et en ce cas il doit sauver avec lui, sous peine d'en répondre, l'argent et les marchandises les plus précieuses. Il ne répond plus des objets ainsi tirés du navire qui viendraient à périr par cas fortuits. Dans le cas où le navire, par suite des accidents du voyage, se trouverait hors d'état de continuer sa route, il doit le faire réparer si les dégradations sont réparables; si elles ne le sont pas, il a le droit de vendre le bâtiment et d'en acheter un autre, même quand il n'aurait pas reçu à cet effet un pouvoir spécial des propriétaires. Il a également le droit d'acheter tout ce qui est nécessaire à la subsistance de l'équipage. Il remplit pendant le voyage les fonctions d'officier de l'état civil à l'égard des naissances et des décès qui surviennent sur le bâtiment qu'il commande, mais il n'a pas le même droit relativement aux mariages.

Quand il arrive au port ou autre lieu de débarquement, il doit se conformer aux règlements de police sur le placement du navire. Il est soumis à la discipline de la marine militaire, notamment en ce qui concerne la police des ports et des rades. Dans les vingt-quatre heures de son arrivée, il est tenu de faire viser son livre de bord et de faire son rapport. Il ne peut, hors le cas de péril imminent, décharger aucune marchandise avant d'avoir fait ce rapport, sous peine de poursuites extraordinaires. Le rapport du capitaine est fait devant le président du tribunal de commerce, et dans les lieux où il n'y en a pas, devant le juge de paix du canton, qui est tenu de l'envoyer sans délai à ce magistrat. Si le capitaine aborde dans un port étranger, il fait son rapport au consul de France, et prend un certificat constatant l'époque de son arrivée ainsi que celle de son départ, l'état et la nature de son chargement. Ce rapport doit indiquer à quelle nation appartient le vaisseau, son équipage, etc., annoncer le lieu et le temps du départ, la route qu'il a suivie, les hasards qu'il a courus, les désordres arrivés dans le navire et toutes les circonstances remarquables du voyage. S'il a fait naufrage, le capitaine est tenu de se présenter devant le juge du lieu ou devant toute autre autorité civile, d'y faire son rapport et de le faire vérifier par ceux de son équipage. Le juge reçoit alors les interrogatoires de ceux-ci et, s'il est possible, des autres passagers. Enfin le capitaine est obligé à son arrivée de remettre aux employés des douanes un manifeste, signé de lui, et constatant la nature et la quantité des marchandises composant la cargaison. Les appointements du capitaine ne sont, pas insaisissables, comme les gages des matelots.

Quant aux obligations réciproques du capitaine et du propriétaire du navire, elles sont les mêmes que celles qui existent entre le mandataire salarié et le mandant. Il est tenu de rendre compte de sa gestion, et est responsable des fautes, *même légères*, qu'il commet dans l'exercice de ses fonctions. Le propriétaire ou armateur est tenu d'indemniser le capitaine de toutes les dépenses qu'il a faites dans l'intérêt du navire et des marchandises, non-seulement des dépenses *nécessaires*, mais encore des dépenses *utiles*. Le propriétaire se trouve même obligé à l'égard des tiers pour tous les engagements pris par le capitaine, sauf son recours contre ce dernier. Cependant il peut s'affranchir de toute responsabilité en abandonnant le fret.

Le capitaine possédant pour autrui ne peut acquérir la propriété du navire par prescription.

Les actions respectives du propriétaire et du capitaine et même celles des tiers sont prescrites dans les cas suivants : 1° toutes actions en payement pour fret de navire, gages et loyers des officiers, matelots et autres gens de l'équipage, un an après le voyage fini; 2° pour nourriture fournie aux matelots par l'ordre du capitaine un an après la livraison ; 3° pour fournitures de bois et autres choses nécessaires aux constructions, équipements et avitaillement du navire, un an après fournitures faites; 4° pour salaires d'ouvriers et pour ouvrages faits, un an après la réception de ces ouvrages; 5° toute demande en délivrance de marchandises, un an après l'arrivée du navire. Cependant la prescription ne peut avoir lieu s'il y a cédule, obligation, arrêté de compte ou interpellation judiciaire.

CAPITAINE-GÉNÉRAL. L'origine de ce grade, qui paraît remonter en France aux premières milices du moyen âge, est inconnue. Philippe le Bel le conféra au comte de Saint-Pol, en 1302, et Philippe de Valois à Guy de Nesle, en 1349. Les titulaires avaient des pouvoirs très-étendus : ils pouvaient rassembler dans toute l'étendue de leur commandement toutes les troupes sous leurs ordres, augmenter ou diminuer les garnisons, absoudre ou condamner toute personne prévenue de crimes. En 1406 le comte de Clermont prit le titre de *capitaine-général* du Languedoc. Louis XIII le conféra au duc de Savoie en 1635. Les prérogatives de cette charge furent considérablement restreintes sous le règne de Louis XIV ; elle s'éteignit au commencement du dix-huitième siècle. Sous le Consulat et l'Empire on créa des *capitaines-généraux des colonies*, chargés de leur défense intérieure et extérieure, et remplaçant les anciens gouverneurs, avec des pouvoirs aussi étendus que ceux des vice-rois. Sous la Restauration a reparu le titre de *gouverneur*, encore en usage aujourd'hui.

L'Espagne est encore divisée en circonscriptions militaires, dont les chefs ont le titre de *capitaine-général*. C'était aussi sous les deux Indes celui des vice-rois ou délégués des gouvernements espagnol et portugais.

CAPITAINERIE, division territoriale comprenant sans doute à l'origine l'étendue de territoire soumise à la juridiction et à l'autorité d'un capitaine d'armes. Néanmoins ce nom ne s'appliquait plus lors de la révolution de 1789 qu'à certaines divisions territoriales des côtes de France et à certaines juridictions des chasses.

Tout le territoire qui s'étend le long des côtes avait été divisé en *apitaineries*, dans chacune desquelles se trouvait un *capitaine-général* avec son état-major, composé d'un major et d'un lieutenant. Cet officier était chargé de surveiller la défense des côtes et d'organiser dans chacune des paroisses faisant partie de la capitainerie des compagnies de garde-côtes. La population des paroisses qui faisaient partie de la capitainerie était tenue de fournir les soldats miliciens nécessaires à la garde et à la défense des côtes; on les prenait de l'âge de seize à soixante ans. On comptait en France avant la révolution cent dix capitaineries, qui composaient une armée de plus de deux cent mille hommes, tant infanterie que cavalerie. Les capitaineries garde-côtes ont été supprimées en 1791. *Voyez* GARDE-CÔTES.

On appelait aussi *capitainerie* une fonction civile qui avait pour mission de veiller à l'entretien des forêts du domaine et à la conservation des chasses royales, et par extension on donnait le même nom à l'étendue de pays dans laquelle il avait le droit d'accorder ou de refuser le droit de chasse, et qu'il devait tenir toujours suffisamment fournie de gibier. Ces capitaineries, qui ne remontent pas au delà de François Ier, ont toujours été considérées comme formant des dépendances des maisons royales; elles ont été divisées en *capitaineries royales* et en *capitaineries simples*, suivant que dans leur territoire il se trouvait ou il ne se trouvait pas une maison royale. Chacun de ces capitaines avait une juridiction réelle comme juge, soit qu'il statuât lui-même, soit qu'il fît rendre les décisions par un officier auquel il déléguait son pouvoir judiciaire; en sorte que les officiers de chaque capitainerie constituaient un tribunal ayant sa juridiction propre. De grands débats s'élevaient pour savoir si l'appel de ces sentences devait être porté à la table de marbre du parlement de Paris, qui avait la juridiction des eaux et forêts, ou au conseil du roi, qui prétendait à la juridiction générale en toute matière d'administration. Les règlements généraux des capitaineries, et surtout des capitaineries royales, contenaient des dispositions exorbitantes. Les capitaineries des chasses furent abolies par le décret du 4 août 1789.

En Espagne, on appelle *capitaineries générales* certaines circonscriptions territoriales qui correspondent à nos divisions militaires; elles sont gouvernées par un capitaine général, connu aussi sous le nom de *chef politique*, qu'il ne faut pas confondre avec le gouverneur civil des provinces. L'Espagne est divisée en quatorze capitaineries générales, savoir : l'Andalousie, l'Aragon, les îles Baléares, les provinces Basques, Burgos, les îles Canaries, la Nouvelle-Castille, la Vieille-Castille, la Catalogne, l'Estramadure, la Galice, Grenade, la Navarre et Valence. Les colonies espagnoles forment quatre autres capitaineries générales ; ce sont : les possessions sur les côtes du Maroc, Cuba, les Philippines et Porto-Rico.

CAPITAL. Cet adjectif vient du latin *caput*, et se trouve dans différentes locutions pour marquer la relation de chef ou de principal : ainsi, ville *capitale* signifie la première ville d'un État, celle où se trouve le siège du gouvernement; par extension, c'est aussi la cité la plus importante d'une province. Le *crime capital* est celui pour la réparation duquel on inflige au criminel une peine *capitale*, comme la perte de la vie naturelle ou civile. Les *péchés capitaux* sont les péchés mortels les plus grands de tous. Dans les caractères typographiques comme dans l'écriture on donne le nom de *capitales* ou majuscules aux lettres qui par leur forme et leur grosseur semblent dominer les autres. On distingue dans l'imprimerie des *grandes* et des *petites capitales*. Les grandes capitales servent à marquer le commencement des phrases, à caractériser les noms propres, dont elles sont les initiales ; les petites capitales servent à composer des mots que l'on veut faire ressortir : les unes et les autres sont employées dans les titres ; elles ont une place particulière dans la casse, dont elles occupent en général les cassetins supérieurs. On est d'ailleurs peu d'accord sur l'emploi des grandes capitales et sur ce qu'on doit entendre par nom propre. Les Allemands ont pris le parti, plus simple, de mettre une capitale à tous les substantifs ; cela lève toute difficulté.

CAPITAL (*Économie politique*), somme de *valeurs* employées à faire des avances à la *production*. Ces valeurs, qui sont originairement le fruit de l'*industrie* aidée de ses *instruments*, ne se perpétuent et ne forment un *fonds productif* permanent qu'autant qu'elles sont *consommées reproductivement*. Du moment que, soit par l'amour des jouissances présentes, soit par l'impéritie de l'*entrepreneur* qui les emploie, elles ne renaissent pas dans d'autres produits, le capital est dissipé en tout ou en partie. Un crédit ouvert, des effets de commerce, ne multiplient pas les capitaux ; ce ne sont que des signes des valeurs quelquefois capitales, actuellement possédées par celui qui les cède, pour un temps ou pour toujours, à celui qui les accepte.

L'homme qui dispose d'un capital, soit qu'il lui appartienne, soit qu'il l'ait emprunté, le transforme, par des *échanges*, en objets propres à la *consommation*. Quand il est transformé en améliorations à un *fonds de terre*, en bâtiments, en machines durables, on l'appelle un *capital engagé*; quand il est employé à des travaux et à acheter des matières premières, on l'appelle un *capital circulant*. La reproduction n'est pas complète lorsque les valeurs capitales engagées ne sont pas entretenues de manière à conserver leur valeur vénale entière, et lorsque la valeur des *produits* obtenus ne rembourse pas les avances faites au moyen du capital circulant.

Cette fonction du capital peut se nommer le *service productif* du capital. Lorsqu'un *capitaliste* ne veut pas lui-même faire valoir son capital, il le prête à un *entrepreneur d'industrie*, et en tire un loyer qu'on nomme *intérêt*. Il vend ainsi le service qu'est capable de rendre son capital, de même que le propriétaire d'un *fonds de terre* vend, en le louant, le service que cet *agent* productif est capable de rendre; de même qu'un *ouvrier* vend son temps et son *travail* pour un *salaire*.

Le prêteur transmet à l'emprunteur les valeurs qu'il lui confie sous différentes formes. C'est quelquefois sous la forme d'un titre, qui donne à l'emprunteur le droit de disposer d'une valeur matérielle quelconque; d'autres fois c'est sous la forme de marchandises, comme lorsqu'on vend des marchandises à crédit; d'autres fois c'est en écus. La forme ne change pas la nature du capital : c'est toujours une valeur matérielle qu'on a la faculté d'employer et de transformer ainsi qu'il convient à la production. C'est par suite d'une fausse conception de la nature et des fonctions d'un capital que l'on a appelé son loyer *intérêt de l'argent*. C'est si peu l'argent que l'on prête, que les mêmes écus peuvent servir successivement à transmettre dix valeurs capitales, qui sont autant de capitaux différents rapportant dix loyers différents.

Un capital peut ne pas être employé à la reproduction, sans pour cela être un *capital improductif*. Les valeurs qu'on a sous forme de maisons, de meubles et d'autres choses qui servent aux besoins de la vie, sont un capital productif d'utilité ou d'agrément, c'est-à-dire de *produits immatériels*. Ce capital produit alors un *revenu* qui est consommé à mesure, soit par un locataire, soit par le propriétaire lui-même : ce *revenu* consiste dans l'utilité ou l'agrément qui résultent de son usage. *Voyez* CAPITAUX.

J.-B. SAY.

CAPITALE (*Politique*), ville qui occupe le premier rang dans un État ou dans une province, parce qu'elle est le siège du gouvernement ou de l'administration. Cette suprématie n'appartient pas exclusivement à la plus grande ville de chaque pays : Washington, capitale des États-Unis, ne peut être comparée à New-York ni par sa population ni par son importance commerciale; dans l'ancienne division territoriale de la France, Marseille n'était pas la capitale de la Provence, etc. Mais on ne peut disconvenir que la résidence la plus convenable pour l'autorité suprême est au milieu de la population la plus condensée. C'est là que son action a quelquefois besoin d'être plus prompte, et que dans tous les cas il lui importe le plus d'être bien éclairée. Il convient aussi que cette population ait d'autres ressources que les dépenses de l'administration et de ses employés, qu'elle sache subsister par une industrie qui lui soit propre. Une ville qui ne devrait son existence et sa splendeur qu'au séjour du chef de l'État, au luxe d'une cour et autres causes de même nature, ne saurait être un foyer de ces lumières dont un gouvernement ne peut se passer, et qui ne lui arrivent que plus faibles et moins pures lorsqu'elles viennent de loin. D'ailleurs, s'il existait une ville uniquement *gouvernementale* ou *administrative*, sa destinée serait assez étrange : elle pourrait s'affliger du bien général, attendre sa ruine du perfectionnement de l'art de gouverner, qui consiste, comme celui de tous les autres arts, dans la plus grande économie de procédés, de moyens et d'agents. Tout porte donc à désirer que la *capitale* d'un pays soit la plus populeuse, la plus remarquable par l'industrie et l'instruction de ses habitants, et surtout qu'elle trouve en elle-même les principales sources de sa prospérité. En appliquant ces maximes aux capitales actuelles, combien en trouvera-t-on qui justifient pleinement leur titre? L'histoire fait connaître la série d'événements qui les ont élevées au poste qu'elles occupent, et dont il est très-difficile de les faire descendre, quand même on aurait à leur reprocher quelque peu d'usurpation.

Il en est cependant quelques-unes dont les droits ne seront pas contestés. On reconnaîtra volontiers que Saint-Pétersbourg fut pour la Russie une heureuse conception du génie de Pierre le Grand, qui sentit la nécessité de faire disparaître le caractère asiatique de sa nation, en la mettant en contact plus immédiat avec la civilisation européenne. On pensera aussi que la Scandinavie ne pouvait placer ses capitales ailleurs que sur les bords de la Baltique. Quant à la malheureuse Pologne, la difficulté d'assigner une place convenable pour le siège de son gouvernement fait déjà pressentir les causes de son affaiblissement graduel, à mesure que ses voisins sont devenus plus forts. On entrevoit ce qui l'empêcha de suivre les progrès de ces redoutables voisins, et on commence à désespérer de son salut. La tête de la Prusse actuelle paraîtra peu convenablement placée sur ce corps si robuste, où la circulation doit être dirigée et réglée avec habileté. Le gouvernement prussien s'occupe sans doute avec une vigilante attention de ses domaines d'au delà du Rhin; mais il les surveillerait encore plus efficacement si sa capitale en était moins éloignée. Celle de l'Autriche semble assez bien placée, quoique peu favorable aux vues de cette puissance sur l'Italie. Les intérêts du gouvernement piémontais exigeraient peut-être qu'il allât s'établir à Gênes. Le royaume de Naples ne pouvait choisir une autre capitale que la ville dont il porte le nom; mais il sera bien difficile d'opérer une complète fusion d'intérêts entre les deux parties de ce royaume, séparées par le phare de Messine, et le nom même de la capitale sera peut-être un obstacle à cette union, d'autant plus nécessaire que le caractère national n'y supplée point. La Suède, avec sa petite capitale, sa faible population, son territoire stérile et ses glaces, pèse bien plus dans la balance politique de l'Europe que le royaume de Naples avec une population presque double et condensée, un sol d'une admirable fécondité, et une capitale qui tient le troisième rang parmi les villes de l'Europe.

Que dirons-nous de la capitale de l'Espagne? Il n'était guère possible de lui assigner un emplacement plus défavorable. Quelques publicistes attribuent à cette aberration de jugement une influence si funeste qu'on y croit difficilement. Il semble que le mauvais choix de la capitale d'un État doit avoir pour résultat plutôt une diminution de biens qu'un accroissement de maux. Si le siège du gouvernement espagnol eût été à Séville ou à Cadix, on ne craint pas d'affirmer que les colonies du continent américain seraient encore sous le joug de la métropole. On ne peut pas faire à la position de Londres les mêmes reproches qu'à celle de Madrid, et cependant ce sont les colonies anglaises qui ont donné à toutes celles de l'Europe le signal de l'affranchissement. Mais quand on recherche quelle pouvait être l'influence de Madrid sur l'Espagne, quand on consulte l'histoire pour savoir ce que cette première ville d'un grand royaume a fait pour l'accroissement de la prospérité intérieure et pour sa propre illustration, on est peu disposé à lui laisser le titre de *capitale*. En imitant les institutions de quelques pays voisins, le gouvernement espagnol y fait des expositions publiques de l'industrie dans tout le royaume. Si le tableau n'est pas infidèle, si les proportions y sont exactement observées, la capitale n'y tient que peu de place, et n'attire pas les regards des spectateurs.

Venons maintenant à notre pays. Sa capitale n'est certainement pas indigne du rang qu'elle occupe, et l'on ne songera jamais à l'en faire descendre. Il faut donc qu'elle continue à être un foyer d'industrie, et que tous les arts y trouvent de l'instruction, des modèles et des encouragements. Suivant quelques publicistes, l'intérêt de la France exigea de tout temps que sa capitale se rapprochât des frontières du nord plutôt que de la Méditerranée. Sans attribuer aux lieux une aussi puissante influence politique, on conviendra que l'ascendant de Paris se maintint à toutes les époques de la monarchie française. A la suite des épreuves révolutionnaires que nous avons subies, cette ville est devenue plus chère à la France et à tous les Français; chacun cherche à y reconnaître l'image de la patrie telle que son cœur et sa raison la dépeignent; on la considère comme une propriété commune, *nationale*; on ne regrette point ce que coûtent ses embellissements et les améliorations que l'on peut y faire. Il est vrai que pour entretenir la santé et la vigueur de tout le corps il faut que la tête n'absorbe point les sucs destinés aux autres parties; mais si l'on en juge par le rapport entre la Grande-Bretagne et sa capitale, Paris est encore loin du terme de son accroissement. Dès que l'Assemblée constituante eut commencé la restauration de la France, on prévit que la population parisienne serait un jour de plus d'un million d'habitants.

Hors de l'Europe, les recherches relatives à l'influence des capitales ne sont plus dirigées que par de faibles lumières, auxquelles le raisonnement ne peut se confier. Les États asiatiques n'offrent rien que l'on puisse comparer au régime européen. La Chine seule se présente avec une statistique assez régulière pour qu'on puisse employer avec confiance quelques-unes de ses données. Dans cet empire, les causes qui tendent à l'agglomération des habitants de la capitale peuvent être considérées comme ayant produit tout leur effet. Aussi la population de Pékin est à peu près la plus nombreuse que celle de Paris, et surpasse la trentième partie de celle de l'État. Cependant, la puissance attractive de cette immense capitale agit moins sur les Chinois que les charmes de Paris n'exercent de séduction sur les Français et même sur les étrangers. Attendons-nous donc à un accroissement progressif et peut-être assez rapide de notre capitale.

En Amérique, on ne peut appliquer aux fédérations républicaines les observations faites en Europe sur les États soumis à un pouvoir unique. Les capitales se ressentent nécessairement de cette différence dans la constitution des États. Cependant, au milieu des monarchies européennes, un petit pays a conservé le gouvernement fédéral, protégé par des montagnes, une sage réserve au dehors, et au dedans des mœurs simples et des vertus patriotiques. La fédération helvétique peut se passer de capitale, quoique celles de l'Amérique aient besoin d'un établissement fixe, où le pouvoir fédéral puisse se consolider. Mais les capitales des Cantons suisses, ainsi que celles des États particuliers dont se composent les républiques américaines, sont comprises dans la loi commune, sauf un degré d'énergie qui, suivant une autre loi générale de la nature, diminue à mesure que la masse et le volume des corps augmentent. C'est de que se manifesterait le dévouement dont l'antiquité nous offre de si beaux exemples, non dans quelques hommes au-dessus de la mesure ordinaire, mais dans toute une population, lorsque, d'une voix douloureuse, la patrie implore le secours de tous ses enfants.

C'est au milieu des dissensions intestines que les capitales peuvent rendre d'importants services, si elles sont constamment à la tête de l'opinion nationale, et si l'autorité publique, animée du même esprit, ose se confier sans réserve à la loyauté de leur population. Dans toutes les circonstances et toutes les positions, et surtout lorsque la patrie est souffrante ou menacée de quelque danger, une capitale grande et libre, forte de talents, d'instruction et de patriotisme, sera le rempart le plus sûr dont on puisse environner le précieux dépôt des lois et des institutions nationales. Mais ne doit-on pas seconder par d'autres moyens conservateurs le courageux dévouement des citoyens? De là, suivant quelques publicistes, la nécessité de fortifier les capitales. Paris est aujourd'hui protégé d'une double enceinte, de murs et de forts détachés. Vienne a eu de tout temps des fortifications qui n'ont pas empêché les Français d'y entrer. Rome est fortifiée, et elle n'en est pas moins tombée en notre pouvoir plusieurs fois. On parle de fortifier Berlin; ainsi, dans l'impossibilité où l'on est aujourd'hui de rendre les frontières invulnérables, ce sont les capitales qu'on veut organiser pour la résistance. FENNY.

Les capitales ont joué un grand rôle dans les guerres de la révolution : ces guerres n'avaient plus pour but, comme celles qui les avaient précédées, de venger l'amour-propre d'un monarque, de redresser une frontière ou de s'emparer de quelque ville voisine. Les rois et combattaient pour leur trône, et les nations pour leur existence! Aussi, dans ces luttes à mort, cherchait-on à se frapper au cœur et à s'emparer du siége même du gouvernement. Cette occupation, où l'on parvenait souvent après des batailles sanglantes, avait toujours des suites plus ou moins funestes, suivant la position topographique et l'importance des capitales. Ainsi, Vienne, Berlin et Madrid, qui par leur emplacement et leur faible population n'exerçaient que peu d'influence, ne décidèrent pas du sort de l'Autriche, de la Prusse, ni de l'Espagne, tandis qu'Amsterdam et Lisbonne, têtes démesurées d'un petit corps, ont soudainement entraîné à leur suite la Hollande et le Portugal. L'occupation de Paris, qui relativement au pays n'est pas dans la même proportion qu'Amsterdam et Lisbonne, a deux fois décidé cependant du sort de la France.

L'Italie demeurera morcelée et la proie des étrangers, tant qu'une capitale unique n'en formera pas un corps de nation; mais où l'établir? Est-ce sur l'Adriatique; est-ce dans le golfe de la Spezzia, là où Bonaparte voulait fonder de grands établissements? Comment décider Milan, Turin, Rome, Naples, à reconnaître la supériorité d'une autre ville? Cette rivalité, que rien ne peut éteindre, et à laquelle tout sert d'aliment, fut depuis la destruction de l'empire romain la principale cause des malheurs de cette belle contrée. Elle avait occasionné autrefois ceux de l'antique Trinacria, de la Sicile, où Messine, qui faisait face à l'Italie, Syracuse à la Grèce, et Lilybée à l'Afrique, se disputaient la prééminence. Les Rhodiens furent plus sages, quand, abandonnant Linde, Camire et Ialyse, ils chargèrent l'architecte Hippodamus de leur construire une seule capitale placée sur un promontoire qui s'avançait vers l'orient. Elle fit longtemps l'admiration du monde, et Strabon la met au-dessus de Rome, d'Alexandrie et de Memphis : « C'est la seule ville, dit-il, fortifiée comme une citadelle et ornée comme un palais. »

Quand les Romains conquéraient un pays, ils s'empressaient de démanteler, d'affaiblir ou d'effacer sa capitale. Le premier acte du sénat, après la prise de Capoue, fut d'ordonner la destruction du palais où s'assemblaient les sénateurs du peuple vaincu. Carthage, Corinthe, furent sacrifiées au même principe.

Nos conquêtes ne pouvaient pas durer : jamais il n'y eut de fusion, mais une agrégation forcée de parties hétérogènes. Le palais Pitti, à Florence, appelait un grand-duc; et celui de Turin semblait attendre le retour d'un roi. Il y a dans *ce qui a été* une puissance inconnue qui asservit l'avenir et qui régit le monde. Les progrès des lumières et de la civilisation s'opposent sans doute à l'emploi des moyens dont les Romains usèrent sans pitié ; mais alors pourquoi entreprendre des guerres qui ne doivent avoir aucun résultat ? Pourquoi dépenser tant de trésors, pourquoi répandre tant de sang pour des changements éphémères, qui ne doivent profiter qu'à la vanité du vainqueur ?

L'influence d'une grande population réunie, pressée, comprimée, pour ainsi dire, sur un seul point, est plus puissante encore que celle de l'emplacement de la capitale ; et c'est à cela peut-être plus qu'aux causes indiquées par Montesquieu que Rome dut ses premiers succès sur les peuples d'Italie, succès plus difficiles à obtenir que ceux qui plus tard lui soumirent le monde. Rome était toute dans Rome, et les vaincus qu'on y transportait venaient augmenter la foule des vainqueurs. Les Toscans, au contraire, partagés en douze lucumonies, les Samnites, divisés en trois fédérations et dispersés dans leurs villages et leurs hameaux, n'avaient pas de capitale unique qui centralisât toutes leurs forces et décuplât leur impulsion. La population de Rome s'accrut avec sa puissance. On conçoit quelle action une pareille cité devait imprimer au corps social, et combien tout dans l'univers soumis gravitait vers ce point où se réglaient les destinées du peuple et des rois, où tous les dieux réunis appelaient toutes les croyances, où la victoire avait transporté les chefs-d'œuvre de la Grèce, les monuments de l'Égypte et les dépouilles du monde.

Rien dans les temps modernes ne peut se comparer à Rome ; cependant Londres, avec deux millions cinq cent mille habitants, sa splendeur, ses richesses, son commerce, doit exercer une bien puissante attraction sur cette gigantesque Angleterre, qui, comme le disait Fox, n'est pas seulement dans son île, mais qui embrasse presque tous les points du globe asservi par son monopole. En vain une politique étroite s'opposa longtemps à son extension. La force des choses a triomphé des ordonnances d'Élisabeth, de Cromwell, de Charles II, et la richesse et la prospérité des trois royaumes se sont accrues avec elle.

Les mêmes préjugés s'opposèrent dans le dix-septième siècle à l'agrandissement de Paris. Les rois voyaient avec inquiétude ce qu'ils auraient dû voir avec orgueil et avec joie ; ils croyaient que Paris ne pouvait prospérer qu'en dépeuplant et appauvrissant le reste du royaume. L'aveuglement ! tout est contagieux dans le monde. L'opulence fait naître l'opulence, comme la misère engendre la misère. Qu'elle s'agrandisse donc encore, cette métropole de la civilisation, des sciences et des beaux-arts ; que des routes, des canaux, des besoins réciproques et bien reconnus, établissent une circulation plus prompte du centre aux extrémités ; que les pompes aspirantes et refoulantes soient dans un jeu continuel, et rendent la vie de tout le corps social plus active, plus pleine, plus puissante ; que la Seine, rendue navigable pour les grands bâtiments, amène dans ses murs le commerce du monde, et bientôt Londres aura une rivale qui lui disputera la prééminence en richesse et en population ; bientôt un système colonial plus étendu s'établira ; et l'on verra la France entière prendre un nouvel essor et suivre l'impulsion de sa capitale. Gal Max. LAMARQUE.

CAPITALE (*Fortification*), ligne de convention, qui est censée partager un bastion en deux parties égales perpendiculairement à la gorge de l'œuvre. Cette ligne est supposée tirée de l'angle flanqué à l'angle du centre du bastion. Elle est la différence du rayon du polygone extérieur et de l'intérieur. Les capitales des bastions ont de soixante à quatre-vingts mètres de longueur. C'est sur leur développement que l'on se dirige dans les tranchées pour approcher du bastion.

CAPITALISTE. On réserve ordinairement le nom de *capitaliste* pour l'homme qui, possesseur d'une somme d'argent, l'engage, à certaines conditions, dans les entreprises d'industrie ; mais cette façon de parler n'est point tout à fait exacte, et tient à la confusion que l'on fait la plupart du temps entre le *numéraire* et le *capital*. Toute richesse convertie en instrument de travail étant réellement un *capital*, la sévérité du langage scientifique exigerait que le nom de *capitaliste* désignât en général tout propriétaire d'un instrument de travail. Entre deux hommes dont l'un est propriétaire d'une terre, d'une maison, d'une usine, et l'autre d'une somme d'argent, il n'y a de différence véritable que celle des objets possédés. Le rôle social de ces deux hommes est pareil ; les services qu'ils rendent sont de la même nature et se payent de la même façon, c'est-à-dire par un prélèvement privilégié sur les produits du travail. Tous deux possèdent des instruments de travail, produits par les travaux accumulés des générations antérieures ; tous deux abandonnent, moyennant rente, loyer ou fermage, l'usage de ces instruments ; tous deux enfin peuvent les employer eux-mêmes, sans les donner à bail ni à loyer ; mais dans ce dernier cas l'un et l'autre sortent de la classe des capitalistes proprement dits, pour entrer à demi dans la classe des travailleurs : leur rôle et leur intérêt changent alors, car l'intérêt des capitalistes considéré en lui-même est opposé à celui des travailleurs. L'intérêt des travailleurs, et sous ce nom il faut comprendre depuis l'ingénieur, l'entrepreneur et le fermier jusqu'au dernier manœuvrier, est que le salaire général du t r a v a i l soit le plus élevé possible, l'intérêt du capitaliste au contraire est que sur le produit du travail la portion la plus grosse soit convertie en rente, en fermage, et la moindre dévolue au salaire du travailleur.

Mais cette opposition d'intérêt entre le capitaliste et le travailleur tend à s'effacer, c'est une des lois les plus avérées de l'histoire, que la prépondérance croissante que les travailleurs prennent sur les capitalistes proprement dits. Le fait de la capitalisation lui-même, qui n'est au fond que le perfectionnement et l'accroissement des instruments du travail humain, est évidemment impérissable ; mais les conditions dans lesquelles il s'accomplit se modifient d'époque en époque, et dans un sens de plus en plus favorable aux travailleurs. Le capital ne saurait disparaître ; mais il finira par subir la loi au lieu de la dicter. La baisse constante du taux des fermages et de l'intérêt de l'argent est à la fois l'expression et la preuve de cette loi historique. Voilà pourquoi, dans l'état de science et d'abondance relatives où sont parvenues les sociétés modernes, le problème de la répartition des fruits du travail a la même importance et touche d'aussi près à la paix et à la prospérité publique que le problème plus anciennement étudié de la production.

Ch. LEMONNIER.

CAPITAN. C'était le bouffon sérieux de notre vieille comédie. Essentiellement fanfaron, le capitan ne parlait que de tuer, de massacrer, et finissait par recevoir très-pacifiquement les corrections énergiques qu'on lui administrait. Ce personnage devait en outre employer un langage ampoulé et emphatique, et sous ce rapport il n'était guère plus ridicule que nos héros tragiques, toujours montés alors sur des échasses. Tel était son thème invariable. Le comique si vrai et si varié de Molière fit disparaître de la scène ces personnages de convention et cette bouffonnerie sans naturel, attribut de l'enfance de l'art. OURRY.

CAPITANATA, l'une des trois provinces (*intendanza*) du continent napolitain qui répondent à l'ancienne Apulie, était nommée par les anciens *Apulia Daunia*. On a, non sans raison, désigné la presqu'île qui compose la plus grande partie de la *Capitanata* comme l'éperon de l'Italie. La plus grande longueur de la *Capitanata* est de quarante-sept milles et demi italiens, et sa plus grande largeur d'environ quarante-trois. Les vastes plaines sablonneuses qui constituent la plus grande partie de cette province, et que ne traversent guère que de petits ruisseaux sans importance, sont dominées par le mont Gargano. Toutefois, le sol n'en est pas stérile. Outre la grande quantité de sel qu'on y recueille, on en exporte aussi de la térébenthine, de la résine et de la noix de galle. L'élève du bétail constitue cependant la principale occupation de la population, forte de 280,000 âmes; et les pâturages de la *Capitanata* passent pour les plus riches de toute la basse Italie. Après Foggia, son chef-lieu, les localités les plus importantes sont *Lucera*, *Ascoli*, *Monte Santangelo*, *Manfredonia* et *Bovino*.

CAPITAN-PACHA ou CAPOUDAN-PACHA, grand-amiral ou ministre de la marine de l'empire othoman. Ce nom ne vient ni de *capi* ni de *capou*, porte, mais de *capitan*, *capitano*, qui en espagnol et en italien signifient *capitaine*. Le capitan-pacha est à la fois commandant suprême de toutes les flottes turques, général des galères, surintendant général de la marine, et *begterbeg* de toutes les côtes et îles de l'empire, tant en Europe qu'en Asie. Il ne rend compte qu'au grand-seigneur. Il est pacha à trois queues et membre du divan. Il nomme à tous les emplois, à tous les grades de la flotte; il ordonne les levées de matelots, les constructions et les réparations. Il faisait autrefois tous les ans une tournée dans les îles de l'Archipel, sur les côtes de l'Asie Mineure, de la Syrie, de l'Égypte et des régences barbaresques, pour exiger les tributs et les impôts, prendre connaissance de l'état du pays, y redresser les torts et les abus, et juger en dernier ressort les affaires civiles et criminelles. Aujourd'hui ses expéditions sont moins fréquentes et surtout plus bornées. A Constantinople le capitan-pacha habite l'arsenal, dont il a l'inspection générale et le commandement; mais il y est suppléé en son absence par le *ters-khanahemtny*, qui a la direction des approvisionnements de l'arsenal, le soin de l'équipement des vaisseaux, la surveillance de tous les travaux, et l'administration des fonds affectés à la marine; il a sous lui des chefs, des commis et des capitaines de port, tant pour l'exécution des ordres que pour la police. Il commande même les escadres, à défaut du capitan-pacha. Le *ters-khanahemtny* est responsable pour ce qui le concerne. H. AUDIFFRET.

CAPITANYS, titre que portaient en Grèce les chefs des différentes bandes qui, sur les tribus, chefs appelés *klephtes* ou *armatoles*, et qui s'efforçaient de se rendre plus ou moins indépendants de la Porte. C'étaient d'ordinaire d'audacieux chefs de brigands, qui se retiraient avec leur bande ou leur tribu dans les défilés les plus impénétrables des montagnes d'où ils tenaient le gouvernement turc constamment en échec, ravageant tout aussi bien les terres de leurs compatriotes, paisibles cultivateurs, que celles des Turcs. Ils ne réunissaient leurs bandes et n'agissaient de concert que lorsque cela était nécessaire pour résister aux Turcs, et ils vivaient d'ailleurs entre eux en constantes querelles. C'est de leurs rangs que sortirent la plupart des chefs des Grecs dans la guerre de l'indépendance. *Voyez* GRÈCE.

C'étaient surtout les chefs des Maïnotes qui portaient ce titre de *capitanys*. Au temps de la domination des Turcs ils exerçaient une juridiction essentiellement arbitraire, dégagée de toute espèce de responsabilité, et formaient avec le bey, qu'ils choisissaient parmi eux, une espèce de grand conseil. Ce bey veillait au payement du *charadsh* ou de la capitation aux Turcs, et représentait le pays dans toutes les négociations avec le pacha.

CAPITATION (*capitatio*, *census capitum*), impôt personnel fort ancien, qui se prélève par tête. Il était en usage chez les Israélites. Moïse les avait soumis à payer un demi-sicle à chaque dénombrement. Au retour de la captivité de Babylone, ils obtinrent de ne payer qu'un tiers de sicle, leur pauvreté ne leur permettant pas de donner davantage. Après la ruine de Jérusalem, les Romains obligèrent les Juifs à payer au temple de Jupiter-Capitolin le demi-sicle qu'ils payaient auparavant au temple de Jérusalem.

Sous les empereurs romains la capitation était levée indifféremment sur toutes les personnes libres; cependant il y avait des provinces où les femmes n'y étaient soumises qu'après l'âge de douze ans, et les hommes que de quatorze à soixante-cinq ans. De ce qu'un homme vit, on peut bien conclure qu'il a des besoins, mais nullement qu'il soit en état de payer : une capitation qui confond le riche avec le pauvre, celui qui peut donner avec celui qui est en droit de demander des secours, est donc non-seulement le plus cruel et le plus injuste des impôts, mais encore il doit être l'un des moins productifs; car il faut bien qu'il se proportionne aux facultés des plus misérables. Lorsqu'on sait qu'aucune preuve d'indigence n'était admise pour se soustraire à la capitation, on a peine à comprendre comment cet impôt désastreux avait pu être porté à vingt-cinq pièces d'or par tête (environ 336 francs), par les ministres de Constance. Julien, à son arrivée dans les Gaules, le réduisit à sept pièces d'or ou environ quatre-vingt-douze francs, et cette somme parait encore exorbitante. Il est vrai qu'on rétablissait quelque proportion entre la capitation et les facultés des contribuables, tantôt en chargeant les plus riches de plusieurs cotes, tantôt en partageant une seule entre plusieurs pauvres. Une loi rendue par Valentinien et Valens, en 383, permit d'associer jusqu'à trois hommes et quatre femmes pour une seule capitation, tandis que le poëte Sidoine Apollinaire se plaint d'avoir été traité comme Cerbère, et taxé comme s'il avait trois têtes. D'après les calculs de l'abbé Dubos, confirmés par Gibbon, la Gaule romaine, plus étendue d'un quart que la France actuelle, ne contenait pas plus de cinq cent mille contribuables. Le territoire des Eduens, qui correspond à peu près aux deux départements de Saône-et-Loire et de la Côte-d'Or et qui contient aujourd'hui près d'un million d'habitants, ne fournissait au temps de Constantin que vingt-cinq mille contribuables; encore réduisit-il leur rôle à dix-huit mille.

Cet impôt fut établi pour la première fois en France sous le règne du roi Jean, par les états généraux, assemblés à Paris le 1er mars 1356. Il fut appelé *capitation générale*; il devait être proportionné à la valeur des biens et le fixé à 4 pour 100 sur les revenus de 100 livres, à 2 pour 100 pour les revenus au-dessous de 100 livres, à 1 pour 100 au-dessous de 40 livres. Les princes du sang, le clergé, la noblesse, y furent assujettis; on n'exempta que les veuves, les enfants en tutelle, les religieuses, les moines *clôturiers* et les mendiants. Il était juste sans doute de diminuer le cens dans la proportion des revenus modiques; mais en arrêtant le *maximum* au revenu de 100 livres, le système de répartition était vicieux; il aurait fallu l'augmenter progressivement. Ainsi, des contribuables à 1,000 livres de revenu et au-dessus ne payaient que dans la proportion fixée pour les revenus de 100 livres. L'impôt fut onéreux pour les petits propriétaires et surtout pour les laboureurs, manouvriers et domestiques, qui furent taxés à 10 pour 100 de leurs gages ou du prix de leur travail; ainsi, l'impôt grevait le nécessaire et n'atteignait pas le superflu. Il n'était que temporaire et spécial; il fut maintenu pendant la captivité du roi Jean, pour fournir aux frais de la guerre et au payement de sa rançon.

La capitation fut rétablie par une déclaration de Louis XIV (18 janvier 1695); supprimée en 1698, on y eut encore recours en 1701 pour fournir aux frais de la guerre de la succession; elle devait être payée par tous les Français, prêtres, nobles et roturiers : le clergé en fut néanmoins exempté, moyennant 150,000 fr. pour la première année, et sous la promesse de payer 4 millions pour les huit années suivantes. D'autres exemptions purement gratuites furent accordées à la noblesse et à la magistrature, et ce nouveau fardeau pesa de tout son poids sur la bourgeoisie, le commerce et les ouvriers. La capitation fut continuée par des édits ultérieurs, et n'a été supprimée qu'après la révolution de 1789. Cette suppression était formellement demandée dans beaucoup de cahiers des trois ordres, par le motif qu'elle avait été établie par Louis XIV *sans le consentement de la nation*; elle continua même à être perçue pendant les premières années de la révolution, mais sans exemption pour personne.

La capitation était en usage dans plusieurs états de l'Europe, notamment en Angleterre. Un règlement du roi Charles II la fixait à cent livres pour un duc, à vingt-quatre pour un marquis, à trente pour un baronnet, à vingt pour un chevalier, à dix pour un écuyer, enfin à douze deniers pour tout roturier. A la fin du dix-huitième siècle la capitation des Américains rapportait à l'Espagne une valeur de deux millions de francs.

La **contribution personnelle** est encore une sorte de capitation, mais qui a subi les modifications nécessairement amenées par le progrès des lumières et des idées gouvernementales. Cet impôt existe cependant encore avec son uniformité primitive dans quelques pays du nord, notamment en Russie, où elle atteint les bourgeois et les paysans. C'est, du reste, la grande ressource des états absolus à court d'argent. La Porte Othomane, par exemple, y a continuellement recours, et la prélève sur les *rayas*, sous le nom de *charadsh*.

CAPITAUX. Le mot *capital*, dans le langage ordinaire, est souvent pris pour synonyme de *numéraire* : entre ces deux mots la différence de signification est grande cependant; car une somme d'argent est bien un *capital*, mais tout *capital* n'est pas une somme d'argent. L'économie politique appelle *capital* tout produit du travail humain converti en instrument de travail, c'est-à-dire destiné à une consommation reproductive : une terre mise en valeur, une usine, un bâtiment, des troupeaux, des engrais, des semences, des outils, des livres, des routes, des canaux, des chemins de fer, qui ne sont que de grands outils de transport, sont des capitaux. L'argent, mesure et gage des valeurs, puissant agent de circulation, instrument de travail par conséquent, puisque sans lui, dans l'état actuel de la civilisation, beaucoup d'opérations industrielles seraient plus longues, plus difficiles, quelques-unes impossibles, doit donc aussi prendre place parmi les *capitaux*; mais il ne mérite pas plus que tout autre instrument de travail de porter exclusivement ce nom.

Les capitaux ont l'origine commune à toute richesse, le **travail**; ils représentent pour chaque génération l'excédant de la production des générations précédentes sur leur consommation. Plus une nation possède de capitaux, plus facilement les capitaux qu'elle possède circulent parmi les travailleurs, et plus cette nation est riche, heureuse et prospère; car le travail devient d'autant plus rapide, plus productif et moins fatigant que les instruments qui servent à l'exécuter sont plus nombreux et plus parfaits. Par conséquent l'attention des législateurs d'une époque qui prend tous les jours davantage le caractère industriel doit se porter sur deux points principaux, la formation des capitaux et leur distribution; toute loi d'impôt qui n'a point en vue la formation rapide et la répartition utile des capitaux est une mauvaise loi.

Pour que les capitaux s'accumulent, il est nécessaire que la solde des travailleurs et le remboursement des frais étant prélevés sur le produit brut du travail de toute la société, la part la plus forte possible soit réservée pour être convertie l'année suivante en instruments de travail. Pour que la circulation des capitaux soit facile et rapide, il est nécessaire que le **crédit** ait une large extension, c'est-à-dire que les conditions auxquelles les capitaux passent aux mains des travailleurs soient le plus possible avantageuses à ces derniers.

Tout capital étant le produit d'un travail, l'homme qui n'a pas encore travaillé, et qui n'a reçu de personne le fruit d'aucun travail, se trouve nécessairement sans capital. Or, le travail n'étant point possible sans capital, c'est-à-dire sans instrument, l'homme qui se trouve dans la position dont nous venons de parler n'a d'autre ressource pour vivre que de solliciter de la confiance de ceux qui possèdent d'une façon ou de l'autre un capital, le droit de s'en servir. La redevance moyennant laquelle les possesseurs des capitaux consentent à les prêter constitue ce qu'on appelle *rente*, *loyer* ou *fermage*; le taux de ce fermage, de ce loyer, de cette rente, est réglé par la concurrence que se font entre eux, d'une part, les possesseurs de capitaux, d'autre part les travailleurs, qui offrent leurs bras, leur talent, leur industrie. Plus les capitaux sont rares et les travailleurs nombreux, et plus les conditions moyennant lesquelles les capitalistes louent leurs instruments de travail sont onéreuses; au contraire, ces conditions sont d'autant plus favorables, c'est-à-dire que le taux du fermage ou l'intérêt de l'argent d'autant plus abaissé, que les capitaux sont plus nombreux et les travailleurs solvables en plus grand nombre. Or, la multiplication des capitaux et leur facile répartition entre les mains qui veulent et savent s'en servir étant les seules sources véritables de la richesse et de la prospérité des nations, il s'ensuit que le loyer, la rente et le fermage doivent tendre de plus en plus à la baisse, que le taux de cet intérêt, de ce fermage et de ce loyer est le vrai thermomètre du bonheur et de la prospérité des peuples. C'est en effet ce qui arrive : toute proportion gardée, les fermages actuels sont moins élevés que les fermages d'il y a cent ans, et les temps et les pays les plus riches et les plus heureux sont précisément aussi ceux qui ont vu tomber et se maintenir au plus bas le prix du fermage et le taux de l'argent.

On a longuement débattu dans ces derniers temps la question de savoir si l'impôt devait de préférence être assis sur le revenu ou sur le capital, mais le peu de soin que l'on a pris de définir exactement les mots de *capital* et de *revenu* a laissé quelque obscurité sur la question. Nous croyons, quant à nous, que l'impôt doit être assis sur le capital afin d'atteindre le revenu; ceci mérite explication. Il faut distinguer aussi le *salaire* du revenu et du capital. Le **salaire** est cette portion des fruits du travail qui demeure entre les mains du travailleur comme rétribution de son activité, de son intelligence et de sa moralité; le **revenu** est cette autre portion qui est abandonnée à titre de rente, fermage ou loyer au propriétaire de l'instrument de travail. Puisque le mot de *capital*, ainsi que nous l'avons dit plus haut, doit s'appliquer à toute richesse convertie en instrument de travail, on voit déjà que ce nom doit appartenir aux épargnes réalisées par le travailleur sur son salaire aussi bien qu'à celles que le propriétaire des terres, de numéraire ou de maisons fera sur ses fermages, rentes et loyers, si l'un et l'autre convertissent ces épargnes en instrument de travail. Or c'est évidemment sur ces épargnes, quelle qu'en soit l'origine, que doit se faire, de préférence, le prélèvement de l'impôt, car elles forment la portion la plus disponible de la richesse publique, celle qui n'étant pas encore convertie en instrument de travail peut être détruite avec le moins de dommage. Mais le seul moyen d'asseoir équitablement cet impôt, c'est évidemment de le répartir en raison du capital possédé par chacun des imposables; autrement on risquerait de frapper le salaire en voulant atteindre le revenu. Établi de la manière et entendu dans le sens que nous venons d'indiquer, l'impôt sur le capital est au fond un impôt sur le revenu; il est de plus un impôt universel, car chacun, plus ou moins est ou tend à devenir capitaliste. L'impôt ainsi établi prend, selon le mot d'un financier célèbre, *l'argent où il est*; il fonctionne par conséquent avec plus de facilité, plus de promptitude, plus d'économie que tout autre; il semble enfin de toute justice que les charges sociales au bon emploi desquelles chacun de nous doit sa sécurité, la consécration de sa portion de bien-être et de propriété, soient, en définitive, acquittées en raison de l'utilité qu'on en retire. Ch. LEMONNIER.

CAPITAUX (Péchés). C'est ainsi que l'Église nomme les vices habituels, au nombre de *sept*, auxquels l'humaine faiblesse est soumise, et dont quelques interprètes ont cru reconnaître (*Matth.*, XII, 45; *Luc*, VII, 2) l'emblème ou la désignation dans les paroles de Jésus-Christ au sujet des *sept démons* qui s'emparent de l'homme. Ces sept péchés sont l'*orgueil*, l'*avarice*, l'*envie*, la *gourmandise*, la *luxure*, la *colère*, et la *paresse*.

CAPITÉ (de *caput*, tête), expression usitée en botanique pour indiquer les plantes ou les parties des plantes qui ont la forme d'une tête, qui sont renflées à leur sommet : tels sont par exemple, les filets des étamines de la *dianella*, le stigmate de la *pervenche* et les poils de la *fraxinelle*. Quelques botanistes ont donné le nom de *capitées* aux plantes de la famille des *cynarocéphales*, parce que leurs fleurs forment une espèce de tête.

CAPITEUX (de *caput*, tête), épithète employée pour désigner les liqueurs qui contiennent beaucoup d'alcool et qui par conséquent *portent à la tête* et enivrent facilement.

CAPITIS DEMINUTIO. On appelait ainsi dans le droit romain la perte ou tout au moins la limitation de la capacité légale d'une personne, répondant jusqu'à un certain point à ce que dans les législations modernes on désigne sous le nom de *mort civile*. On en distinguait trois espèces : la *maxima capitis deminutio* (la plus étendue), la *media* (l'intermédiaire), et la *minima* (la moindre). Le premier degré impliquait l'anéantissement complet de la personne en droit; il frappait celui qui était déclaré esclave comme châtiment d'un crime, ou bien en vertu de certaines dispositions de la loi. Le second degré consistait dans la perte du droit civil romain proprement dit, perte qui était tantôt le résultat d'une pénalité, tantôt celui de l'acceptation du droit de cité à l'étranger, ou de l'entrée dans une colonie régie par le droit latin. Le troisième degré ne supprimait à bien dire que le droit de famille, le droit d'agnation, mais en aucune manière les droits politiques.

CAPITOLE, la forteresse de l'ancienne Rome et le siège du sanctuaire national, du temple de Jupiter, était situé sur le *Mont Capitolin*, la plus petite des sept collines, appelé autrefois *Mont Saturnin* et aussi *Mont Tarpéien*. La montagne elle-même, par ses pentes escarpées et presque partout à pic, formait une véritable forteresse; et l'on avait élevé des tours seulement aux passages un peu moins impraticables. Elle appartint d'abord aux Sabins de Tatius, ces rivaux de la peuplade romaine, qui se confondirent bientôt avec elle. Quand le mont Capitolin passa aux Romains, il remplaça pour eux le mont Aventin, où se trouvait leur première citadelle. Tarquin l'Ancien jeta les fondements du Capitole en l'an 614 avant J.-C.; il fut achevé par Tarquin le Superbe, après la prise de Suessa Pometia. Ce roi, pour accomplir le vœu de son aïeul, consacra à cette œuvre la dîme du butin et le produit de la vente des captifs, ainsi que force contributions et corvées. Le capitole ne fut consacré que trois ans après l'établissement de la république, par le consul M. Horatius. Saturne, le dieu des Sabins, fut contraint de céder la place à celui des Romains, Jupiter, qui devait détrôner son père. Les autres divinités italiques eurent le même sort; il n'y eut que Juventas et Terminus qui refusèrent de se retirer : on en conclut que la jeunesse du peuple romain serait éternelle, et que ses limites ne reculeraient jamais. Varron raconte que le Capitole reçut son nom de la tête d'un homme appelé *Tolus, à capite Toli*, que l'on trouva encore fraîche quand on en creusait les fondations. Considéré comme forteresse, il avait une grande importance; Appius Herdonius l'occupa par surprise, et y vendit chèrement sa vie quand le consul Valerius lui donna l'assaut. Lors de la prise de Rome par les Gaulois, mille hommes environ s'y étaient renfermés; on sait comment ce dernier rempart de l'indépendance fut sauvé par les oies sacrées et la vigilant Manlius.

Incendié à l'époque des guerres civiles de Marius et de Sylla, le Capitole éprouva le même désastre encore une fois plus tard. A l'exemple de Vespasien, Domitien le fit reconstruire avec une magnificence extrême, et y fit célébrer les jeux capitolins. D'après les données des anciens auteurs, le temple du Capitole se trouvait situé sur le côté occidental de la montagne, qui faisait face au Forum, et portait le nom de Roche Tarpéienne. On y montait par cent degrés, selon Juste Lipse, y compris ceux qui facilitaient d'abord de cette roche. Suivant la description de Denys d'Halicarnasse, le temple avait, avec ses colonnes extérieures, 62^m de long sur 57^m 35 de large. A proprement parler, le bâtiment dans son ensemble se composait de trois temples consacrés à Jupiter, à Junon et à Minerve, et qui étaient séparés par des murailles. C'est sous le vaste portique du Capitole qu'avaient lieu les banquets et jeux triomphaux qu'on donnait au peuple. La statue de Jupiter, armée d'un foudre d'or, était assise sur un siège d'or et d'ivoire, qui remplaça sous le règne de Trajan le siège primitif, en argile rouge. Le toit du temple était en airain; Q. Catulus le fit dorer. La porte était de même métal. En général, tout l'édifice était orné avec une grande magnificence. La dorure avait coûté, dit-on, quarante-cinq millions de notre monnaie; c'est pourquoi les Romains lui donnaient habituellement l'épithète de doré. Sur le faîte était un *quadrige* (char attelé de 4 chevaux), d'abord en argile, et plus tard en airain doré. Le temple proprement dit était orné d'offrandes et de dépouilles magnifiques. Il servait de dépôt aux actes les plus importants de l'État; les livres sybillins et les anciles y étaient conservés. C'était encore dans ce même temple que l'on faisait les vœux et les serments solennels, que les citoyens prêtaient serment de fidélité, et qu'enfin les magistrats et ceux qui obtenaient les honneurs du triomphe venaient rendre grâces aux dieux des victoires qu'ils avaient remportées. Les quelques débris qui s'en sont conservés jusqu'à nos jours consistent : 1° en un embasement en pierres de péperine (*Area Capitolina*); 2° en un mur énorme, construit avec les mêmes matériaux, et quelques restes des salles; 4° enfin en une partie du fronton qui faisait face au sud, avec une portion du grand escalier. Ces ruines produisent toujours l'effet le plus grandiose.

D'autres temples existaient en outre sur le mont Capitolin; le plus important était celui de *Jupiter tonnans*, qu'Auguste avait fait construire tout auprès du grand temple. On voyait autrefois à son extrémité orientale l'immense *Tabularium*, un bâtiment des archives publiques, qui communiquait avec l'*Ærarium* (trésor de l'État), et renfermait également une bibliothèque publique et de vastes salles où l'on faisait des cours et des leçons de toutes sortes.

Le Capitole moderne (*Campidoglio*), qui est situé sur l'emplacement et en partie sur les fondations de l'ancien, est un vaste édifice, bâti sur les plans de Michel-Ange. L'entrée principale présente un coup d'œil magnifique; mais quant à l'architecture, au jugement des connaisseurs, ce monument passe pour un des ouvrages les moins recommandables de cet artiste. Il est formé de trois bâtiments principaux qui ne couvrent pas en entier le mont Capitolin.

A l'imitation de Rome, diverses villes, et surtout les colonies romaines, eurent leur *capitole*, soit temple, soit forteresse. Constantinople, Milan, Ravenne, Vérone, Trèves, Cologne, Nîmes et Toulouse imitèrent sous ce rapport la capitale de l'empire. Les juges-consuls de Toulouse doivent même leur nom de Capitouls à son Capitole.

CAPITOLI (mot italien qui veut dire *chapitres*), sorte de pièce de poésie qui fut en vogue dans le seizième siècle. Les *capitoli* étaient des espèces de discours ou d'épîtres dans le genre badin, satirique ou burlesque, adressés le plus souvent à des êtres imaginaires ou anonymes, en *terza rima*, c'est-à-dire en rimes croisées, et en vers de dix, onze ou douze syllabes. Les sujets les plus bizarres fournissaient la matière des *capitoli*; l'auteur s'y livrait aux écarts les plus extravagants de son imagination, et poussait quelquefois la licence jusqu'à l'obscénité. Les *capitoli* sérieux existaient en Italie dès le quinzième siècle; on les fait même remonter jusqu'à Jacques Dante, fils du célèbre Dante, et à Busone da Gubbio, antérieur à Pétrarque. Mais ce fut Laurent de Médicis, surnommé *le Magnifique*, qui dans sa satire en neuf chapitres paraît avoir donné les premiers modèles de la satire badine ou burlesque. Les poëtes qui s'y exercèrent après lui adoptèrent le titre de *capitolo*, sans songer que si, comme lui, on pouvait diviser un ouvrage en chapitres, il était absurde d'appeler chapitre un ouvrage sans divisions.

Les *capitoli* de Berni font l'éloge de la peste, des goujons, des anguilles, des pêches, des cardes, de la gélatine, des dettes, du jeu de cartes appelé *la prime*. Dans un autre, à la louange d'Aristote, adressé à un cuisinier avec lequel il mangeait, l'auteur met ce philosophe en parallèle avec les savants orgueilleux et les pédants. Celui qu'il fit contre le pape flamand Adrien VI, ex-précepteur de Charles-Quint, contient les diatribes les plus virulentes contre ce pontife, qu'il traite d'ignorant et de barbare, et contre les cardinaux qui l'avaient élu.

Jean Mauro, son contemporain, a fait une vingtaine de *capitoli*, consacrés pour la plupart à des éloges bizarres ou graveleux de la fève, du dieu des jardins, des moines, du mensonge, des femmes des montagnes, de la disette, du lit, et de la chasse, qui causa sa mort. Jean della Casa, archevêque de Ravenne, a composé cinq *capitoli*, dont le plus décent est sur son prénom, si commun et si trivial; les autres sont sur la colère, sur le baiser, sur ce qu'on appelle en amour *avoir martel en tête*. Celui qu'il fit contre le cynisme de celui qui est intitulé *del Forno* (du Four); il empêcha le prélat d'obtenir le chapeau de cardinal. Varchi a fait dans six *capitoli* l'éloge des poches, des œufs durs, des pieds de mouton, du fenouil, fort usité dans la cuisine italienne, des *recuites*, sorte de laitage dont les Italiens sont très-friands. Il fit depuis une palinodie contre les œufs durs, qu'il se repentait d'avoir mangés. Molza est auteur de trois *capitoli* sur les figues, la salade, et sur un sujet plus délicat, l'excommunication, qu'il présente comme l'état le plus agréable et le plus commode. Ange Firenzuola, prêtre d'une conduite fort relâchée, a fait dans ses *capitoli* l'éloge de la soif, des cloches, du rien, de l'hôtellerie, et du *ligno santo* (saint bois ou gayac), qu'on employait alors comme remède au lieu de mercure. Les deux frères Louis et Vincent Martelli ont loué, l'un le jeu de la balançoire, l'autre le mensonge. Martin Franzesi, ami d'Annibal Caro, a fait l'éloge de la pauvreté, de la toux, de la goutte, de la mauvaise humeur, du cure-dents, des châtaignes et des carottes. Louis Dolce a fait l'éloge des longs nez. Bronzino, célèbre peintre, a vanté le pinceau, les raves, l'insecte appelé cousin, les galères, qui seraient plus utiles, dit-il, si l'on y envoyait tous ceux qui l'ont mérité, et le tapage, quoiqu'il ait fait aussi un *capitolo* contre les cloches. Bino a loué le verre, le jardin potager, et le mal que les Espagnols ont apporté d'Amérique.

Croirait-on que le célèbre Galilée n'a pas dédaigné de se livrer à ce genre futile : son chapitre contre la toge ou la longue robe que l'on portait de son temps n'est pas le moins piquant ni le moins bouffon de cette collection de folies, de niaiseries satiriques et d'obscénités. Grazzini le *Lasca* a fourni une trentaine de *capitoli* sur la soupe, la saucisse, les pois verts, les omelettes, les épinards, les melons, les châtaignes, la vieillesse, les cornes, la barbe, la folie, pour et contre la chasse, enfin contre les chiens et contre l'habitude de penser. Des six *capitoli* qu'on a du fameux Pierre Arétin, le premier est dirigé contre l'Albicante, mauvais poëte de cette époque; les autres sont adressés à Cosme Iᵉʳ, duc de Florence, au prince de Salerne, au roi François Iᵉʳ, au duc de Mantoue, et toujours pour leur demander de l'argent. Gabriel Simeoni, non moins avide que l'Arétin, son ami, attaqua dans ses *satires à la Berniesque* l'avarice du siècle, c'est-à-dire les princes qui ne payaient pas ses talents, les riches parvenus, les calomniateurs des gens de lettres, la cour, etc. Il a composé aussi des *capitoli* sur la rose et sur la critique. Pierre Nelli a fait des satires plus piquantes sur les peccadilles des avocats, les misères des plaideurs, le rire de la mort. Parmi ses *capitoli*, le plus remarquable est celui où il dit un mal épouvantable du bien, et où il prétend que l'amour du bien est la source de tous les maux. La liste des auteurs de *capitoli* finit à César Caporali. Malgré la bizarrerie des *capitoli* et au milieu des turpitudes qui en déparent le plus grand nombre, on y trouve toujours de l'esprit, de la variété, de la grâce, et une grande richesse d'imagination. Faut-il donc s'étonner que même aujourd'hui les Italiens ne blâment que l'immoralité et non pas les folies des *capitoli*, et que ce genre de poésie trouve encore non seulement des approbateurs, mais des imitateurs en Toscane? La France n'a rien produit de semblable. Dans notre littérature moderne, on pourrait tout au plus citer, comme ayant certaine analogie avec les *capitoli* d'Italie, quelques pièces de Piron, de Voltaire et de Gresset. H. AUDIFFRET.

CAPITOLINS (Jeux), consacrés à *Jupiter Capitolin*, protecteur de Capitole. Camille, vainqueur des Gaulois, les établit à Rome, 387 ans avant J.-C.. Ils se célébraient tous les ans, et consistaient en courses, en exercices gymniques et en concours de musique : des couronnes et des palmes données aux premiers vainqueurs étaient ornées de bandelettes ou rubans nommés *lemnisques*; les seconds prix étaient sans bandelettes :

Et quæ jam dudum tibi palma poetica pollet
Lemnisco ornata est quæ mea palma caret,

dit Ausone. Il y avait dans ces jeux une cérémonie dont on ne connaît pas bien l'origine : on conduisait au Capitole un vieillard vêtu d'une robe de pourpre, portant au cou une bulle d'or, et précédé d'un héraut qui criait : *Sardiens à vendre!* Plutarque paraît ignorer lui-même l'origine de cet usage. On dit que Romulus, s'étant rendu maître de Véies, ville étrusque, après une longue résistance, en fit vendre le roi et les habitants, pour se moquer de leur sottise. Or, les Étrusques étaient originaires de Lydie, et Sardes était la métropole de ce pays. Mais quel rapport cette histoire peut-elle avoir avec l'établissement des jeux Capitolins institués par Camille?

L'empereur Domitien institua aussi, à l'occasion de la reconstruction du Capitole, l'an 839 de Rome, des jeux capitolins dans lesquels non-seulement les lutteurs, les gladiateurs, les conducteurs de chars, et les autres athlètes s'exerçaient, mais encore les poëtes, les historiens, les musiciens et les acteurs se disputaient les prix. Ils se célébraient tous les cinq ans : l'empereur lui-même y distribuait les couronnes. Ces jeux attiraient un grand concours de toutes les parties de l'Italie; et ils devinrent si fameux, qu'au calcul des années par lustres on substitua l'usage de compter par jeux *Capitolins*, comme les Grecs avaient fait par olympiades. Il paraît pourtant que cet usage ne fut pas de longue durée. Th. DELBARE.

CAPITOLINUS (JULIUS), l'un des six écrivains désignés collectivement sous le nom de *Historiæ Augustæ Scriptores*, et qui nous ont transmis d'intéressants détails sur le règne et la vie privée des empereurs romains dont Suétone ne parle pas. Il vécut sous Dioclétien et sous Constantin le Grand, auxquels la plupart de ses écrits sont dédiés. On lui attribue dans l'*Histoire Auguste* les biographies d'Antonin le Pieux, de Verus, de Marc-Aurèle, de Pertinax, de Cl. Albinus, de Macrin, des deux Maximins, des trois Gordiens, de Maxime et de Balbin. Les défauts de Capitolinus sont d'abord ceux de son temps, l'incorrection, la dureté, la prolixité et en même temps la sécheresse; en outre, il remplit sa narration de minuties inutiles. A tous égards ses biographies sont aussi loin, comme art et comme style, de la *Vie d'Agricola*, par Tacite, que des *Annales* ou des *Histoires*, auxquelles on a eu tort de les comparer. Non-seulement elles manquent de ces larges horizons et de ces grandes vues politiques dont les historiens véritables abondent naturellement; mais elles ne sont ni assez intelligentes, ni même, quand il le faudrait, assez circonstanciées pour faire concevoir nettement et apprécier avec certitude les caractères et les actions. Casaubon et Saumaise ont éclairé d'utiles commentaires le texte de Capitolinus. A l'époque où vivait Capitolinus, toutes les œuvres littéraires participaient de la décadence générale. La liberté de penser et d'écrire étant de jour en jour plus restreinte, l'étude des classiques était de plus en plus négligée, et les historiens eux-mêmes, devenus moins citoyens à mesure que le nouvel esprit religieux ouvrait l'antique cité aux barbares, étaient chaque jour moins instruits de l'enchaînement intime des événements. Ajoutons que la flatterie et la corruption donnaient trop souvent alors pour unique sujet à l'histoire la *Vie des Césars*, non parce qu'ils étaient grands, mais parce qu'ils régnaient, de même que les orateurs ou plutôt les rhéteurs ne voyaient pas de plus beau sujet de discours que le panégyrique du maître. Jean AICARD.

CAPITOLINUS (MANLIUS). *Voyez* MANLIUS.
CAPITOLINUS (QUINTIUS). *Voyez* QUINTIUS.
CAPITOLO. *Voyez* CAPITOLI.

CAPITOULS, nom que portaient avant 1789 les premiers magistrats municipaux de la ville de Toulouse. Ils étaient ainsi appelés soit du lieu où se tenaient leurs réunions, et qu'on nommait *Capitole*, à l'imitation de celui de Rome, soit du *Capitulum*, conseil civil des comtes de Toulouse, dont ils étaient membres. C'était alors le beau temps de leur puissance: ils avaient l'administration générale non pas seulement de la ville, mais de tout le comté. Après l'extinction de la famille de Raymond et la réunion du Languedoc à la France, leurs fonctions civiles se réduisirent aux affaires de la cité. Les capitouls formaient à la fois un conseil d'administration ou de gouvernement et un tribunal. Comme magistrats municipaux, ils faisaient tous les règlements généraux qu'ils jugeaient utiles ou nécessaires, soit à la sûreté, soit à l'embellissement de Toulouse, et comme juges ils avaient à exercer une juridiction d'abord générale, puis successivement restreinte à certaines matières après l'établissement des viguiers et sénéchaux. Ils formaient la cour des consuls, devant laquelle la procédure était d'une simplicité remarquable.

Le parlement dépouilla successivement les capitouls de la plupart de leurs prérogatives, mais non sans rencontrer une résistance qui nécessita plus d'une fois l'intervention royale. Il les priva d'abord de la faculté qu'ils avaient eue jusque alors de juger les affaires civiles et criminelles; en 1517 il essaya de nommer lui-même les officiers municipaux, qui dans le principe, au sortir de leur charge annuelle, la transmettaient eux-mêmes à des successeurs de leur choix. A partir du règne de Charles IX les rois de France s'arrogèrent le droit de les choisir, malgré les plus vives réclamations. Enfin sous le règne de Louis XIV un arrêt du 10 novembre 1687 mit définitivement à la disposition du pouvoir royal la nomination des capitouls. Sous le rapport du nombre il n'ont pas moins varié. D'abord ils étaient douze, six de la ville et autant du bourg; en 1336 on en donna huit à la cité et quatre au bourg; en 1390 ils furent, par un décret de Charles VI, réduits à quatre, puis portés à six dans la même année et à huit en 1392, cinq pour la ville, trois pour le bourg. En 1401 ils revinrent à douze, répartis comme en 1336; enfin ils furent réduits à huit la même année, et leur nombre ne changea plus depuis.

Les premières familles de Toulouse ont de tout temps recherché avec empressement les honneurs du *capitoulat*, à cause des nombreux priviléges qui y étaient attachés. Les capitouls se qualifiaient de *chefs des nobles et gouverneurs de la ville de Toulouse*. A l'exemple des patriciens de Rome, ils avaient le droit d'image (*jus imaginum*); leurs portraits étaient conservés au Capitole avec les registres de leurs délibérations. Ils portaient le chaperon rouge, comme insigne de leur puissance; après leur nomination et la formalité de la prestation du serment, qui se faisait dans les derniers temps entre les mains du gouverneur de la province, on les promenait à cheval par la ville, escortés de troupes et au bruit des fanfares. Enfin, les capitouls devenaient nobles de droit, et la noblesse restait désormais acquise à leurs familles. Un arrêté du conseil d'État, en date du 25 mars 1727, déclare que « même dans le temps que Toulouse était alliée au peuple romain elle jouissait déjà de la noblesse, qu'elle communiquait à ses magistrats par l'exercice du capitoulat. » C'est là ce qui explique le nombre prodigieux de nobles qui se trouvent encore aujourd'hui dans cette ville.

CAPITULAIRES. Le nom de capitulaires a été donné à certains règlements rendus par les rois francs des deux premières races. Il vient du latin *capitulum* (capitule, petit chapitre), parce qu'en effet ces règlements, où l'ordre ne brille pas, étaient divisés en petits chapitres, traitant souvent d'objets contradictoires entre eux. On ne devrait appeler de ce nom que les règlements promulgués par les princes de la race carlovingienne; cependant il est appliqué par quelques auteurs à certains actes émanés des rois mérovingiens, constitutions, décrets, pactes, conventions. Le premier acte qui porte réellement le titre de Capitulaire est le *capitulare triplex* de Dagobert, de l'an 630 environ, et qui contient une promulgation nouvelle des lois des Allemands, des Ripuaires et des Bavarois. On a ensuite quelques capitulaires assez curieux de Carloman et de Pépin le Bref. Quant aux capitulaires de Charlemagne, les seuls véritablement importants, nous laisserons le soin de les faire connaître à l'illustre auteur du *Cours d'Histoire Moderne*.

On a conservé à peine quelques capitulaires des successeurs de Charlemagne; ils sont émanés de Pépin, roi d'Italie, de Louis le Débonnaire, de Charles le Chauve, de Louis II, de Carloman, de Charles le Simple, et ne présentent qu'un intérêt très-médiocre. Le capitulaire donné par Carloman en 742 est exclusivement relatif aux affaires de l'Église. Il défend aux clercs de prendre les armes, soit pour aller à la guerre, soit pour se livrer aux plaisirs de la chasse. Tout clerc convaincu de luxure sera battu de verges, mis en prison au pain et à l'eau, pour faire pénitence. Il est interdit aux prêtres et aux diacres d'avoir des femmes logées chez eux. Du reste ce qui prouve bien quelle était alors l'autorité des princes sur l'Église, c'est un capitulaire de l'année 743, dans lequel Carloman ordonne, qu'attendu les besoins de la guerre, l'argent de l'Église viendra en aide à son armée. Le roi, il est vrai, a soin d'avertir des serviteurs de Dieu et du peuple chrétien. La disposition finale d'un capitulaire en date de 744 est fort remarquable. Le prince y recommande la stricte observation de ce qui avait été décrété par vingt-trois évêques, assistés de plusieurs autres serviteurs de Dieu, du consentement du roi et de l'avis des premiers des Francs. Mais de tous les actes législatifs de ce prince, celui qui est incontestablement le plus curieux est un capitulaire synodal, ainsi nommé parce qu'il avait été rendu en plein synode. L'article 3 de ce capitulaire rappelle que les prêtres pouvaient se marier, et les articles suivants déterminent plusieurs causes de divorce assez singulières. Le mari forcé de fuir dans une autre province peut, si sa femme refuse de le suivre, prendre une épouse nouvelle, sauf à faire la pénitence ecclésiastique; la femme au contraire ne peut pas se remarier. L'impuissance du mari est une cause de divorce, et l'épreuve de cette impuissance doit se faire au pied de la croix. Un capitulaire de 757 permet au mari de renvoyer sa femme s'il découvre qu'elle a perdu sa pureté. Les capitulaires finissent à la mort de Charles le Simple, en 929. Les plus anciens titres dont on ait connaissance depuis les capitulaires ne commencent qu'à Louis le Gros, en 1100; encore jusqu'à Saint-Louis, si l'on en excepte l'ordonnance de Philippe-Auguste de 1190, ce ne sont que quelques chartes particulières pour les églises.

Hincmar, dans son traité *De ordine palatii*, explique le mode de confection des capitulaires : « Dans les assemblées générales, dit-il, pour qu'elles ne parussent pas convoquées sans motif, on soumettait à l'examen et à la délibération des grands, ainsi que des premiers sénateurs du royaume, et en vertu des ordres du roi, les articles de lois nommés *capitula*, que le roi lui-même avait rédigés par l'inspiration de Dieu, ou dont la nécessité lui avait été manifestée dans l'intervalle des réunions. Après avoir reçu des communications, ils en délibéraient un, deux ou trois jours, ou plus, selon l'importance des affaires. Des messagers du palais, allant et venant, recevaient les questions et leur rapportaient les réponses; et aucun étranger n'approchait du lieu de leur réunion jusqu'à ce que le résultat de leur délibération pût être mis sous les yeux du grand prince, qui alors, avec la sagesse qu'il avait reçue de Dieu, adoptait une résolution à laquelle tous obéissaient. Les choses se passaient ainsi pour un, deux capitulaires, ou un plus grand nombre, jusqu'à ce qu'avec l'aide de Dieu toutes les nécessités du temps eussent été réglées. »
Aug. SAVAGNER.

Les capitulaires n'étaient point des lois particulières à un seul peuple. Ces lois nous ont été conservées dans des pièces détachées indiquant le nom du roi, souvent aussi la date de la rédaction, et dans plusieurs recueils contenant des extraits empruntés ailleurs et beaucoup de dispositions nouvelles.

La constitution de Clotaire Ier, rendue vers l'an 560, concerne surtout les *provinciales*, c'est-à-dire les Romains, et confirme en termes généraux l'autorité du droit romain. Le préambule est copié textuellement d'une novelle de Valentinien. La constitution de Childebert, roi d'Austrasie, rendue vers l'an 595, établit une prescription qui a sa source dans le droit romain. L'appendice d'un capitulaire de Charlemagne, rendu à Worms en 829, pose comme règle générale la prescription de trente ans, et en fait une application spéciale à la prescription des colons (*coloni*). Ce dernier passage, sauf quelques modifications, est tiré mot à mot du *Breviarium*. Un capitulaire de Charles le Chauve règle les formes à suivre pour l'échange des biens de l'Église, et ces dispositions semblent reproduire divers passages de Julien. Enfin on voit dans un capitulaire dont on ignore la date un passage de Julien copié textuellement.

Les recueils de capitulaires se composent de sept livres, qu'on cite ordinairement d'après leurs numéros, et de quatre appendices différents. Chaque livre et chaque appendice est divisé en chapitres. On n'y trouve aucune méthode, et de fréquentes répétitions augmentent encore la difficulté des recherches. Les quatre premiers livres furent rédigés par Ansegis, les derniers par Benedictus Levita. Les auteurs des quatre appendices ne sont pas connus.

Les quatre livres d'Ansegis ne contiennent que les capitulaires de Charlemagne et de Louis le Débonnaire. Comme leurs successeurs citent ces capitulaires d'après les numéros des livres et des chapitres, l'authenticité n'en est pas douteuse. Il ne s'y trouve que deux passages empruntés au droit romain; ces deux passages concernent l'Église, et sont copiés littéralement de Julien.

Les passages tirés du droit romain sont bien plus nombreux dans le recueil de Benedictus Levita, rédigé vers le milieu du neuvième siècle par ordre de l'archevêque de Mayence Otgar. On a déjà remarqué que ce recueil se compose d'éléments fort divers, droit germanique, droit romain, etc. ; mais je pense que le titre, *Recueil de Capitulaires*, imposé à cet ouvrage, a trompé les auteurs modernes, sur sa véritable caractère. Ainsi Baluze prétend que déjà les rois de France avaient fait rassembler ces fragments sous forme de capitulaires, et que tels furent les matériaux mis en œuvre par Benedictus Levita. Mais cette supposition n'a pas le moindre fondement. Comment croire, par exemple, que les rois de France aient ordonné l'extrait du *Breviarium*, extrait sans intérêt pour les Francs, et inutile aux Romains, qui possédaient le texte original ? Benedictus Levita voulut faire une compilation qui pût, autant que possible, servir à tous les sujets de l'empire franc, ecclésiastiques ou laïques. Cela ressort de l'ouvrage lui-même; et la préface, malgré sa confusion, malgré son obscurité, semble confirmer cette opinion. On conçoit aisément que cet ouvrage soit intitulé Recueil de capitulaires, et qu'il fasse suite à celui d'Ansegis, car les capitulaires y occupent une place fort importante et avaient une autorité bien plus étendue que les diverses pièces admises dans ce recueil.

Considéré sous ce point de vue, notre recueil acquiert une nouvelle importance, car il ne nous montre plus les traces du droit romain dans les capitulaires, mais la connaissance et l'application immédiate des sources du droit romain pendant le neuvième siècle.

Quant à l'exécution du plan que je viens d'exposer, ce recueil mérite peu d'éloges. Il faut sans doute, d'après mon système, absoudre l'auteur du reproche d'avoir inséré plusieurs pièces étrangères aux capitulaires, mais son ouvrage manque complètement de méthode et de critique. Ainsi l'on y trouve des passages supposés, d'autres complètement méconnaissables. Pour comble de négligence, Benedictus Levita transcrit indistinctement des lois particulières à un peuple, tels que les Romains, les Bavarois, les Goths, etc.; et si leur véritable caractère ne nous était connu d'ailleurs, nous les croirions des lois générales de l'empire franc. Les fragments qui n'existent que dans ce recueil n'ont donc aucune autorité réelle, et l'on est encore moins en droit de leur attribuer un caractère particulier, d'y voir, par exemple, des passages authentiques des capitulaires.

Les sources de droit romain que Benedictus Levita a mises à contribution sont fort nombreuses : le *Breviarium*, le *Code Théodosien* original, le *Code Justinien* et l'*Epitome* de Julien. Le Breviarium et surtout les fragments de Paul ont servi pour le droit civil, les autres sources pour le droit canonique. Par une circonstance singulière, Benedictus a transcrit la loi visigothe, qui défend l'usage du droit romain, mais avec des omissions qui rendent moins évident son rapport au droit romain. On ne saurait dire quelle fut l'intention du rédacteur en insérant ce passage.

Montesquieu pense que Benedictus a transformé cette loi en capitulaire pour exterminer le droit romain par tout l'univers. Mais les nombreux passages empruntés au droit romain, et l'intérêt des prêtres à maintenir un droit qui leur était si favorable, s'élèvent contre la supposition de Montesquieu. Au reste, ce fragment paraît n'avoir eu dans la pratique aucune influence sur l'autorité du droit romain. Les premiers appendices (*additiones*) n'offrent aucune trace du droit romain. Les deux derniers contiennent plusieurs passages tirés du Breviarium, du code Théodosien original et de Julien.
F.-C. DE SAVIGNY.

Dans un de mes ouvrages (*Cours d'Histoire Moderne*, 1829), j'ai décomposé en huit parties les soixante-cinq capitulaires de Charlemagne, en classant sous huit chefs, selon la nature des dispositions, les articles qu'ils comprennent. Ces huit chefs sont : 1° la législation morale; 2° la législation politique; 3° la législation pénale; 4° la législation civile; 5° la législation religieuse; 6° la législation canonique; 7° la législation domestique; 8° la législation de circonstance.

I. *Législation morale.* J'ai classé sous ce nom les articles qui n'ont rien d'impératif ni de prohibitif, qui à vrai dire ne sont pas des lois, mais de simples conseils, des avertissements ou des préceptes purement moraux. De telles dispositions sont étrangères aux lois des sociétés naissantes et à celles des sociétés perfectionnées ; elles ne peuvent appartenir qu'aux lois faites dans le passage de la barbarie primitive à la civilisation. Je comprends aussi sous le nom de *législation morale* tout ce qui est relatif au développement intellectuel des hommes : par exemple, toutes les dispositions de Charlemagne sur les écoles, les livres à répandre, l'amélioration des offices ecclésiastiques, etc.

II. *Législation politique.* C'est une des parties les plus considérables des capitulaires : elle comprend deux cent quatre-vingt-treize articles. Je range sous ce chef : 1° Les lois et mesures de tous genres de Charlemagne pour assurer l'exécution de ses ordres dans toute l'étendue de ses États : par exemple, toutes les dispositions relatives à la nomination ou à la conduite de ses divers agents, comtes, ducs, vicaires, centeniers, etc.; elles sont nombreuses et sans cesse répétées ; 2° les articles qui ont pour objet l'administration de la justice, la tenue des plaids locaux, les formes qui doivent y être suivies, le service militaire, etc. ; 3° les dispositions de police, qui sont très-variées et entrent quelquefois dans les plus minutieux détails : les provinces, l'armée, l'Église, les marchands, les mendiants, les lieux publics, l'intérieur du palais impérial, en sont tour à tour l'objet ; on y rencontre, par exemple, la tentative de fixer le prix des denrées, un véritable essai de *maximum* ; la suppression de la mendicité et la taxe des pauvres y paraissent également. 4° Je range aussi sous le chef de législation politique tout ce qui tient à la distinction des pouvoirs laïque et ecclésiastique, et à leurs rapports. Charlemagne se servait beaucoup des ecclésiastiques ; ils étaient à vrai dire son principal moyen de gouvernement ; mais il voulait s'en servir en effet, et non se mettre à leur service. Les capitulaires attestent sa vigilance à gouverner le clergé luimême et à le contenir sous son pouvoir. 5° Il faut enfin, ce me semble, rapporter à la législation politique les dispositions relatives à l'administration des bénéfices concédés par Charlemagne, et à ses relations avec les bénéficiers. C'était à coup sûr une des plus grandes affaires de son gouvernement et une de celles sur lesquelles il appelle le plus assidûment l'attention de ses *missi.*

III. *Législation pénale.* Celle-ci n'est guère, en général, que la répétition ou l'extrait des anciennes lois salique, ripuaire, lombarde, bavaroise, etc. La pénalité, la répression des crimes, des abus de la force, est l'objet presque unique, le caractère essentiel de ces lois. Il y avait donc moins à faire sous ce rapport que sous tout autre. Les dispositions nouvelles que Charlemagne a quelquefois ajoutées ont en général pour objet d'adoucir l'ancienne législation, surtout la vigueur des châtiments envers les esclaves. Dans certains cas cependant il aggrave la pénalité au lieu de l'adoucir, lorsque les peines, par exemple, sont entre ses mains un instrument politique. Ainsi, la peine de mort, si rare dans les lois barbares, revient presque à chaque article dans un capitulaire de l'an 789, destiné à contenir et à convertir les Saxons : presque toute violation de l'ordre, toute rechute dans les pratiques idolâtres, sont punies de mort. Sauf de telles exceptions, la législation pénale de Charlemagne a peu d'originalité et d'intérêt.

IV. La *législation civile* n'en offre guère davantage. En cette matière aussi, les anciennes lois, les anciennes coutumes, continuaient d'être en vigueur ; Charlemagne avait peu à s'en mêler. Il s'occupa cependant avec soin, et sans doute à l'instigation des ecclésiastiques, de l'état des personnes, surtout des rapports des hommes et des femmes. Il est évident qu'à cette époque les rapports de ce genre étaient prodigieusement irréguliers ; qu'un homme prenait et quittait une femme sans scrupule et presque sans formalité. Il en résultait un grand désordre dans la moralité individuelle et dans l'état des familles ; la loi civile était par là fort intéressée au redressement des mœurs, et Charlemagne le comprit. De là le grand nombre des dispositions insérées dans ses capitulaires sur les conditions des mariages, les degrés de parenté, les devoirs des maris envers les femmes, les obligations des veuves, etc. La plupart de ces dispositions sont empruntées à la législation canonique, mais leur motif et leur origine n'étaient pas purement religieux : l'intérêt de la vie civile, la nécessité de fonder et de régler la famille y avaient évidemment beaucoup de part.

V. *Législation religieuse.* J'entends par législation religieuse les dispositions relatives non au clergé, aux ecclésiastiques seuls, mais aux fidèles, au peuple chrétien et à ses rapports avec les clercs. C'est par là qu'elle se distingue de la législation canonique, qui ne porte que sur la société ecclésiastique, sur les rapports des clercs entre eux. Ces dispositions de législation religieuse ont en général un caractère de bon sens, de liberté d'esprit même qu'on ne s'attend guère à y rencontrer.

VI. La *législation canonique* est celle qui occupe dans les capitulaires le plus de place. Rien de plus simple, les évêques étaient les principaux conseillers de Charlemagne ; c'étaient eux qui siégeaient en plus grand nombre dans les assemblées générales ; ils y faisaient leurs affaires avant tout. Aussi ces assemblées ont-elles été en général considérées comme des conciles, et leurs lois ont-elles passé dans les recueils de canons. Elles sont presque toutes rédigées dans l'intérêt du pouvoir des évêques. A l'avénement de la race carlovingienne, l'aristocratie épiscopale, bien qu'elle eût prévalu, était dans une complète dissolution ; Charlemagne la reconstitue : elle a repris sous sa main la régularité, l'ensemble qu'elle avait perdus, et est devenue pour des siècles le régime dominant de l'Église.

VII. La *législation domestique* ne contient que ce qui est relatif à l'administration des biens propres, des métairies de Charlemagne. Un capitulaire tout entier, intitulé *de Villis,* est un recueil de diverses instructions, adressées à différentes époques de son règne, aux employés de ses domaines, et qu'on a rassemblées à tort sous la forme d'un seul capitulaire. M. Anton a donné, dans son *Histoire de l'Agriculture allemande au moyen âge,* un commentaire très-curieux sur ce capitulaire et sur tous les détails domestiques qui s'y rencontrent.

VIII. La *législation de circonstance* est peu considérable : douze articles seulement appartiennent à ce chef.

Dans ces indications rapides, je n'ai rien dit de la révision que fit faire Charlemagne des anciennes lois barbares, et notamment des lois salique et lombarde. J'arrête ici cet exposé, beaucoup trop bref sans doute, de la législation de Charlemagne et de son objet. Je dis *législation* pour me servir du mot dont on se sert communément ; car il est clair qu'il n'y a rien là de ce que nous appelons un *code,* et que Charlemagne a fait dans ses capitulaires tout autre chose que de la législation. Les capitulaires sont, à vrai dire, l'ensemble des actes de son gouvernement, des actes publics de tous genres, par lesquels s'est manifestée son autorité. Il est évident que le recueil qui nous reste est fort loin de contenir tous ces actes, et qu'il nous en manque un grand nombre. Il y a des années entières pour lesquelles nous n'avons point de capitulaires ; on remarque même que nous possédons des dispositions qui se rapportent à des actes que nous n'avons plus. Le recueil de Baluze est un recueil de fragments ; ce sont les débris mutilés, non de la législation seule, mais de tout le gouvernement de Charlemagne. C'est là le point de vue dans lequel devra se placer quiconque voudra faire des capitulaires une étude précise, les comprendre et les expliquer.

F. GUIZOT, de l'Académie Française.

CAPITULATION, mot qui a une étymologie commune avec celui de *chapitre,* en latin *caput,* parce que les capitulations contractuelles se rédigent par chapitres. Les *capitulations* sont des conventions, des transactions, des pactes, disposés ou coupés par articles. Il y a des milices qui appellent *capitulation* une vente politique de soldats, une adhésion donnée à des levées de troupes sur un sol national au profit d'étrangers; divers cantons de la Suisse ont longtemps exercé ce trafic de chair humaine avec différentes puissances. Mais ici il s'agit surtout de *capitulations de guerre*. On les a quelquefois nommées *conventions*, comme pour donner, par un terme moins désobligeant, un peu de consolation à des vaincus, que le vainqueur craignait d'exaspérer : ainsi fit-on lors de la convention du 13 mai 1814, qui a coûté à la France tant de bouches à feu, tant de villes françaises, tant de navires, un si immense matériel. Le même mot s'est reproduit lors de la remise de Paris aux alliés, le 3 juillet 1815.

Les *capitulations* appartiennent surtout à la guerre de siège : ce sont des traités par lesquels une des parties contractantes s'engage à mettre bas les armes, soit absolument, soit momentanément, à condition d'être reçue à capitulation; c'est un accord amenant cessation de tous actes d'hostilité, et conclu le plus ordinairement entre des troupes enfermées dans des ouvrages et les assiégeants de ces ouvrages. Cependant, il s'est vu des capitulations en rase campagne, les Fourches-Caudines en sont une preuve; mais aucune loi n'en avait prévu le cas. C'est ce qui a fait dire à Bonaparte : « De ce que les lois ont autorisé les commandants de place à rendre leurs armes, elles n'ont autorisé aucun général à faire poser les armes à ses soldats dans un autre cas, etc. C'est détruire l'esprit militaire d'une nation, en affaiblir l'honneur, que d'ouvrir cette porte aux lâches, aux hommes timides ou même aux braves égarés. » Une capitulation de guerre doit être précise, suffisamment développée, ne prêter à aucune équivoque, à aucune subterfuge. Bonaparte passe encore pour avoir dit : « Les capitulations les plus inouïes dans les fastes de la guerre sont celles de Marengo et d'Ulm..... La capitulation de Gouvion Saint-Cyr à Dresde est une faute d'écolier; elle a beaucoup d'analogie avec celle de Mack à Ulm. » Sous le point de vue de la jurisprudence militaire, il a été traité des capitulations par Grotius; mais il y a perdu ses peines : la jurisprudence des armes serait une branche à créer.

Les lois ont prévu les *capitulations de poste*; le règlement du 5 avril 1792 ne les déclarait excusables que dans le cas où la garnison, après avoir perdu la plus grande partie de son monde, n'a plus de retraite, plus d'espoir de secours, plus de munitions ou de vivres. Ce règlement disposait que le chef du poste doit faire tous ses efforts pour n'en sortir qu'avec tous les honneurs de la guerre. Les *capitulations de siège* sont celles dont l'occasion se représente le plus fréquemment, et dont l'étude demande à être approfondie. Elles ne doivent être conclues que dans deux cas par l'assiégé, savoir : à l'instant où l'ennemi serait en mesure de livrer un assaut inévitable et de nature à menacer d'un péril imminent la place et ses défenseurs; ou bien dans le cas d'une pénurie de vivres ou de munitions qui rendrait impossible sa défense. Les mêmes règles s'appliquent aux capitulations des citadelles et à celles des forteresses.

Les hérauts étaient autrefois les négociateurs des capitulations. Au moyen âge, si les capitulations ne garantissaient pas à la ville la conservation de ses cloches et métaux, ou si l'un des articles n'en stipulait pas à prix convenu le rachat, tout le métal devenait la proie des officiers qu'on a nommés, suivant les temps, maître d'artillerie, grand-maître des arbalétriers, grand-maître de l'artillerie. Autrefois, les gouverneurs tenaient à honneur de ne sortir, après la capitulation, que par la brèche; ils faisaient trainer sur ses ruines leurs canons et leurs bagages : c'était en quelque sorte prendre et donner acte qu'il y avait brèche praticable.

En général, dans le dix-septième siècle, on ne regardait comme honorables que les capitulations obtenues par les garnisons auxquelles il était accordé de rejoindre, avec armes et bagages, mèches allumées, balle en bouche, leur armée, et non avec le bâton blanc à la main, c'est-à-dire la pique sans fer, comme on disait et comme on faisait au quinzième siècle. Les demandes ou les propositions de capitulation ont été, suivant les temps, annoncées en arborant des drapeaux blancs, en battant la chamade, en dépêchant des parlementaires, des hérauts d'armes, etc.

Le décret du 1er mai 1812 prévoyait les cas et réglait les formes des capitulations : elles ne peuvent, dans les usages de l'armée française, être négociées par le commandant de place ou ses délégués que d'après l'avis du conseil de défense. Les conférences se tiennent, soit dans le camp de siège, soit dans la place, avec toutes les précautions que la prudence doit suggérer contre les ruses des parlementaires et contre les intelligences furtives qu'ils chercheraient à pratiquer. Douze ou quinze heures sont le *maximum* de la trève accordée par le vainqueur pour le débat des conditions. L'acte minuté qui reçoit les articles de la capitulation se libelle à mi-marge, pour qu'en un regard de chaque paragraphe les mots *accordé* ou *refusé* puissent être apposés. Les *conditions de la capitulation* ne sauraient être prévues et déterminées par la loi ; elle ne peut s'en occuper minutieusement ; mais, à défaut de règles officielles, les bases générales en ont été posées par les traditions, les usages, les écrivains : elles ont eu pour l'une de leurs principales conditions la formule *Vie et bagues sauves*.

Une des plus anciennes capitulations qui nous soient connues textuellement est rapportée par Brantôme, et fut signée à Saint-Dizier par Sancerre, le 9 août 1544.

Il a été dressé quelquefois des *capitulations à conclusion éventuelle*, c'est-à-dire dont l'exécution était subordonnée à la possibilité et à la probabilité d'événements prévus ou espérés : ainsi, on se livrait des otages sous condition que faute de secours reçus à une époque qu'on fixait, la reddition du poste attaqué aurait immédiatement lieu. Les principales différences que présentent les capitulations de siège consistent en ce qui suit : les troupes assiégées se rendent à discrétion, ou bien elles sont traitées avec les honneurs de la guerre; elles sont ou conduites dans les prisons de l'ennemi, ou renvoyées dans leur pays, ou chez des alliés, soit sur parole, soit sans conditions, soit sans armes, soit avec armes et bagages, bouches à feu, caissons d'artillerie, chariots couverts, etc., etc. Suivant l'ancien usage d'Allemagne, les non-combattants, tels que les auditeurs, fourriers, commissaires, ministres ecclésiastiques, quartiers-maîtres, etc., étaient libres de s'en retourner dans leur pays. Les capitulations mentionnent la conservation des propriétés, tant des habitants que des militaires; elles expriment la cession des chevaux de troupe, du matériel, du trésor, etc.; elles stipulent une promesse d'amnistie, s'il y a lieu; elles s'occupent surtout du sort des blessés et des malades non transportables, laissés à la générosité de l'ennemi; elles prévoient quelle sera la destination de ces malades après leur guérison, à quels traitements pécuniaires ils auront droit, par quels moyens de transport et au moyen de quels passe-ports ils seront finalement mis en route et dirigés sur un point convenu.

Quelquefois les capitulations donnent les mains à une réciproque remise de déserteurs ; toujours elles conviennent de la restitution des prisonniers de guerre; dans aucun cas elles ne peuvent porter la clause « que le sort du gouverneur ou du commandant de la place assiégée et le sort des officiers se sépareraient (telle est la formule de la loi) du sort de la troupe. » Elles doivent soigneusement exprimer en combien de jours de marche et par quelle route la garnison prisonnière sera conduite à sa destination; mais on a quelquefois ou négligé cette précaution, ou violé cette condition. Ainsi, l'auteur du présent article a fait partie d'une garnison

27.

d'Italie qui, réduite à capituler dans l'hiver de l'an VIII, fut traînée par les Autrichiens dans les glaces des Apennins pendant plus de cinquante jours, quoique le trajet à parcourir en ligne directe fût à peine de huit journées. Les capitulations énoncent quelquefois que la garnison assiégée reste libre de se retirer dans sa citadelle ; dans ce cas, elles contiennent un engagement de la part de l'assiégeant de ne point attaquer la citadelle du côté de la place.

Quand les articles de la capitulation ont été débattus par le conseil, ils sont arrêtés par le gouverneur, qui doit seul décider de l'époque, du mode et des termes de la capitulation, puisque seul il est responsable, et qu'il y va de sa tête quand il justifiera de sa conduite devant un conseil d'enquête. Une fois que le gouverneur a pris sa décision, la capitulation est signée par tous les membres du conseil de défense et par les chargés de pouvoirs de l'assiégeant ; elle est regardée comme close et exécutoire. On se livre réciproquement des otages de condition ou de grades équivalents. Le gouverneur remet un des postes et la brèche aux assiégeants ; des officiers d'administration et d'artillerie procèdent à l'inventaire du matériel, et il est donné connaissance aux chefs de l'armée assiégeante des souterrains, fourneaux de mine et contre-mine de la forteresse, afin que les poudres en soient sur-le-champ retirées. Le lendemain de la capitulation, la garnison prisonnière défile en emmenant les malades transportables ; le plus souvent, elle dépose les armes sur le glacis et marche ensuite sous l'escorte convenue et avec le nombre de voitures accordées. Gal BARDIN.

On a encore donné le nom de *capitulation* à un traité par lequel une puissance s'oblige, moyennant un subside, ou toute autre compensation, à faciliter, sur toute l'étendue, ou seulement dans un rayon limité de son territoire, le recrutement de corps de troupes, jusqu'à concurrence d'un nombre déterminé de soldats, au compte d'une autre puissance, au service de laquelle ils s'engagent sous réserve de leur nationalité. De là divers droits que les troupes *capitulées* conservent en passant au service étranger, celui, entre autres, de rester justiciables des lois pénales et disciplinaires de leur patrie.

L'origine des *capitulations* se perd vraisemblablement dans celle du droit international qui régit les fractions démembrées du vaste empire de Charlemagne dès que les alliances se formèrent entre elles. Çà et là depuis le douzième siècle on rencontre dans les annales militaires de l'Europe des exemples de l'emploi fait par les chefs des grandes puissances, de troupes étrangères tirées par *capitulation* de pays plus ou moins éloignés du théâtre de la guerre.

Au nombre de ces pays que l'exubérance de leur population ou l'exiguité de leurs ressources a poussés à cet étrange marché de chair humaine, nul ne l'a exercé plus traditionnellement et sur une plus large échelle que la Suisse. Ses soldats ont été recherchés jusqu'à ces derniers temps pour leur bravoure ; et cependant le dévouement par fois admirable de ces mercenaires n'a pu jamais égaler en héroïsme celui de leurs ancêtres combattant pour leurs foyers et pour leur indépendance nationale, à Morgarten, à Sempach, à Nefels. Louis XI, qui, comme ses prédécesseurs, avait pour sa garde une compagnie de gentils-hommes écossais, fut le premier roi de France qui tira de Suisse des soldats par *capitulation*. Dès 1465, durant la guerre *du bien public*, il eut à se louer des services de cinq cents *suisses à pied*, qu'il avait fait lever sous main, à force d'argent, par le duc de Calabre Jean, fils du roi René de Sicile. « Ce furent, dit Philippe de Comines, les premiers qu'on vit en ce royaume, et ont été ceulx qui ont donné le bruit à ceulx qui sont venus depuis. »

Grand bruit en effet, et pourtant ce n'est que dans les *recès de la diète de Baden de* 1553 qu'on trouve les premières bases de ces capitulations suisses au profit de la France. Les *Mémoires de Besenval* contiennent de curieux détails sur celle qu'il eut à négocier avant la révolution de 1789. A cette époque les Suisses capitulés ne revirent leurs foyers, pour passer bientôt dans les rangs de nos ennemis, qu'après avoir teint de leur sang le seuil des Tuileries et les rues des principales villes de France. Dans les journées de juillet 1830, les Suisses de la garde de Charles X prolongèrent le plus une lutte devenue inutile, et se firent décimer par le peuple de Paris. Naples et Rome ont été les dernières puissances qui aient conservé des Suisses à leur service. Aujourd'hui les descendants de Guillaume Tell ont eu le bon esprit de rayer enfin le mot *capitulation* de leur dictionnaire. Il existe une *Histoire militaire* fort curieuse *des Suisses au service de France* par le baron Zur-Lauben. Malheureusement l'énumération de ces traités n'y dépasse pas 1748.

CAPITULATION D'ÉLECTION ou D'EMPIRE. En général le mot *capitulation* est synonyme de *contrat*. En Allemagne il s'est entendu surtout des conditions imposées à certains candidats par les électeurs.

Dès le quinzième siècle les chapitres ecclésiastiques existant en Allemagne commencèrent à soumettre comme conditions d'élection à leurs abbés, évêques et archevêques, quand il s'agissait de les élire, certaines règles que ceux-ci devaient observer dans leur future administration, et à leur faire prêter serment qu'ils s'y conformeraient. Il arrivait souvent toutefois que le pape cassait ces *capitulations* parce qu'elles empiétaient illégitimement, au profit des chanoines, sur les droits de souveraineté attachés aux différents sièges ou abbayes. Les Princes ecclésiastiques furent les premiers qui, après la chute des Hohenstaufen, se firent garantir par l'empereur nouvellement élu certains privilèges consignés dans des *capitulations*.

La première *capitulation d'élection* ou *d'empire* eut pour origine la proposition faite par l'empereur Maximilien de son neveu Charles-Quint pour lui succéder à l'empire. On redoutait en effet de ce prince que, élevé comme roi héréditaire et absolu d'Espagne, il ferait peu de cas de la constitution qui limitait son pouvoir en Allemagne ; on espérait l'en empêcher en lui faisant promettre par serment de maintenir et respecter certaines bases de cette constitution. Dès lors les électeurs continuèrent à présenter des *capitulations d'élection* de ce genre à chaque empereur qu'ils avaient à élire. Celui-ci devait solennellement les jurer, et elles constituaient par conséquent une catégorie importante des lois fondamentales de l'empire. Mais dès 1612 les autres États de l'empire contestèrent aux électeurs ecclésiastiques ce privilège, dont seuls jusque alors ils avaient joui ; et quoiqu'en 1671 il eût été question d'un projet de *capitulation perpétuelle d'élection*, on ne put point se mettre d'accord à ce sujet, parce que les électeurs entendaient se réserver le droit de pouvoir y faire des additions et des modifications (*jus ad capitulandi*). La question fit quelques pas de plus à l'époque de l'interrègne qui précéda l'élection de l'empereur Charles VI, un nouveau projet ayant été alors mis sur le tapis, qui concédait bien ce droit aux électeurs, sauf certaines restrictions. La divergence de vues et d'intérêts existant entre les différentes formes et États de l'Empire empêcha qu'il y fût donné suite ; et à chaque élection nouvelle on continua de soumettre au nouvel empereur une nouvelle *capitulation d'élection*.

La dernière *capitulation d'élection*, celle de l'empereur François II, en date du 5 juillet 1792, contenait trente articles, et ne laisse pas peut-être que d'avoir même encore aujourd'hui une certaine importance, à cause des principes de droit public allemand qui y sont posés.

CAPITULE (*capitulum*). On appelle ainsi, en termes de bréviaire, un petit chapitre, ou quelques versets tirés de l'Écriture Sainte, et relatifs à l'office du jour, qu'on récite après les psaumes et avant l'hymne. Le capitule des complies se dit après l'hymne, et il est suivi d'un répons comme dans les petites Heures.

CAPITULE (*Botanique*), assemblage de fleurs tellement serrées sur le sommet dilaté du pédoncule qu'elles ont de loin l'apparence d'une fleur unique. En d'autres termes, les capitules peuvent être regardés comme des ombelles à pédoncules très-petits, ou des épis à axe court, renflé et ovoïde. Ce mode d'inflorescence est général dans les synanthérées; on le trouve aussi dans les dipsacées, les scabieuses, les globulariées, etc. On nomme *capitule flosculeux* celui qui est composé de fleurons seuls, comme dans le chardon et l'artichaut; *capitule semi-flosculeux*, celui qui n'a que des demi-fleurons, comme dans la laitue et la chicorée; enfin *capitule radié* celui qui est formé de fleurons au centre et de demi-fleurons à la circonférence, comme dans la reine-marguerite.

La *calathide* de Cassini, le *céphalanthe* de C. Richard, ne sont autre chose qu'un capitule.

CAPMANY Y DE MONTPALAU (Don ANTONIO DE), l'un des plus savants archéologues et philologues espagnols, naquit le 24 novembre 1742, à Barcelone. Après avoir d'abord embrassé la carrière militaire, et avoir fait en 1762 la campagne de Portugal, il quitta le service en 1770, et fut chargé d'aller établir dans la Sierra-Morena une colonie d'ouvriers et de cultivateurs catalans. A son retour à Madrid, il fut élu membre de l'Académie royale de l'Histoire, qui en 1790 le choisit même pour son secrétaire perpétuel. Patriote zélé, il quitta la capitale lorsqu'elle fut occupée par les troupes françaises en 1808, et il se réfugia alors à Séville, abandonnant tout, parents, amis, et jusqu'à sa femme, dangereusement malade. Pendant la guerre de l'indépendance il joua un rôle brillant, tantôt en encourageant par ses discours les défenseurs du pays, tantôt en défendant les droits de la nation comme député aux cortès de 1812 et 1813, jusqu'au moment où il succomba (14 novembre 1813) à une épidémie qui sévissait à Cadix.

Ses meilleurs ouvrages historiques sont : *Memorias historicas sobre la Marina, Comercio y Artes de la antigua ciudad de Barcelona* (4 vol., 1779-92); *Codigo de las Costumbres Maritimas de Barcelona* (2 vol., 1791-94); ouvrages qui ne sont pas seulement précieux pour l'histoire de Barcelone, mais encore pour celle du commerce, de l'industrie et du droit maritime au moyen âge. Il publia en outre et annota les *Ordenanzas de las armadas navales de la corona de Aragon* (1787), et les *Antiguos tratados de paces y alianzas entre algunos reyes de Aragon* (1786), ainsi que les *Cuestiones criticas sobre varios puntos de historia economica, politica y militar* (1807). Ses œuvres philologiques et littéraires obtinrent peut-être encore plus de succès, par exemple : sa *Filosofia de la Elocuencia* (1776; souvent réimprimée), son *Teatro historico-critico de la Elocuencia Castellana* (5 vol., 1786). Par son *Arte de traducir del idioma Frances al Castellano*, et par son *Diccionario Frances-Español* (1805), Capmany a rendu un service signalé à ceux qui veulent étudier l'une ou l'autre langue.

CAPNOMANCIE (mot formé du grec καπνός, fumée, et μαντεία, divination). Les anciens pratiquaient de deux manières différentes cette sorte de divination : tantôt on jetait sur des charbons ardents des graines de jasmin ou de pavot, et l'on étudiait les mouvements et l'épaisseur de la fumée qui s'en élevait; tantôt on observait la fumée des sacrifices : cette dernière espèce de capnomancie était la plus généralement usitée, et celle à laquelle on attachait le plus d'importance. Si la fumée qui partait de l'autel était légère, peu épaisse, si elle n'était point rabattue par le vent et s'élevait en ligne droite, sans se répandre à l'entour de l'autel, l'augure était bon. Théophilacte remarque que les Juifs étaient également adonnés à cette pratique, comme paraît le prouver l'histoire de Caïn et d'Abel. La capnomancie se pratiquait encore en respirant la fumée des victimes ou celle qui sortait du feu qui les consumait, témoin ces vers de *la Thébaïde* de Stace, où le poëte dit du divin Tirésias :

Ille coronatos jamdudum amplectitur ignes
Fatidicus sorbens vultu flagrante vaporem.

On pensait sans doute que cette fumée donnait les inspirations prophétiques.

CAPO-D'ISTRIA, chef-lieu de la capitainerie et du cercle du même nom dans le royaume d'Illyrie. Cette ville est située dans une île du golfe de Trieste, qu'unit à la terre ferme un pont en pierres de 833 mètres de longueur. Ses murailles et ses fortifications délabrées, ainsi qu'une foule de vieilles constructions, lui donnent à l'extérieur une apparence sombre et triste qu'augmente encore à l'intérieur l'aspect de ses rues, sales et étroites. Parmi les nombreuses églises qu'elle renferme, on doit faire une mention plus spéciale de sa cathédrale, antique et vénérable édifice où les connaisseurs vont admirer de beaux tableaux et quelques belles sculptures; l'hôtel de ville, construit dans le style gothique, mérite aussi d'être vu.

Capo-d'Istria est le siége d'un chapitre de l'évêché de Trieste et d'une direction des salines; on y trouve deux couvents, un collége, deux écoles secondaires, un théâtre, plusieurs hôpitaux et une maison de correction. On y supplée à l'eau potable, dont elle manque complétement, par l'eau de pluie, soigneusement recueillie dans des citernes, et par de l'eau que des conduits amènent du continent. Sa population est de 6,500 âmes, et son commerce a pour objet principal les savons et des cuirs. Ses habitants se livrent d'ailleurs avec succès au cabotage, à la pêche, à la culture de la vigne et de l'olivier, et à la fabrication du sel.

Dans l'antiquité, cette ville s'appelait *Ægida*. Prise au sixième siècle par l'empereur Justinien, elle reçut en l'honneur de l'oncle de ce prince le nom de *Justinopolis*. Plus tard elle se déclara indépendante de l'empire Grec, et forma un État libre jusqu'au dixième siècle, époque où elle tomba sous la puissance des Vénitiens. Au quatorzième siècle Venise se vit forcée de la céder aux Génois, sous la souveraineté desquels elle resta jusqu'à l'année 1478. Les Vénitiens s'en emparèrent alors de nouveau, et en firent la capitale de l'Istrie, province dont elle a suivi le sort en passant sous la domination autrichienne.

CAPO-D'ISTRIA (JEAN-ANTOINE, comte), président de la Grèce de 1827 à 1831, né à Corfou en 1776, descendait d'une famille noble, qui avait pris pour nom celui de la ville de Capo-d'Istria d'où elle était originaire, et qui dès les premières années du quatorzième siècle jouissait d'une grande considération dans les îles Ioniennes. Destiné à la carrière civile, comme fils puîné, il alla en Italie perfectionner son éducation, et étudia la médecine à Padoue et à Venise. Il revint dans sa patrie à l'âge de vingt-deux ans, précisément à l'époque où la France venait de détruire l'ancienne constitution vénitienne, et en vertu de ses victoires (1798) étendait sa domination jusqu'aux îles Ioniennes. Le jeune Capo-d'Istria trouva son père emprisonné par ordre des autorités françaises, et lui-même se vit menacé de proscription, à cause de ses opinions politiques; toutefois, cette position critique lui servit à développer son habileté, qu'il employa heureusement à la délivrance de son père.

Lorsqu'en février 1799 la France dut abandonner les Ioniennes aux flottes combinées de la Russie et de la Turquie, le père de Capo-d'Istria fut mis à la tête de la députation envoyée à Constantinople pour prendre part aux négociations dans lesquelles devaient se décider les destinées ultérieures des îles Ioniennes. Ces négociations eurent pour résultat le traité du 20 mars 1800, qui reconnaissait formellement la république des Sept-Îles, et la plaçait sous la protection de la Russie et de l'Angleterre, tout en la laissant tributaire de la Porte. De cette époque date la vie politique de Capo-d'Istria. Dès 1800 il reçut la mission, aussi diffielle qu'honorable, d'organiser l'administration des îles Céphalonie, Ithaque et Sainte-Maure, et il s'en acquitta à la satisfaction générale. Depuis, il fit constamment partie du gouvernement de la république, et fut de 1802 à 1807 d'abord ministre de l'intérieur, puis ministre des affaires étrangères, de la marine et du commerce ; à partir de 1806 il exerça même une grande influence sur le département de la guerre.

Par suite de ses principes politiques, il refusa tout emploi sous le nouveau gouvernement établi aux îles Ioniennes à la suite de la paix de Tilsitt, et vécut dans la vie privée jusqu'en juin 1808, où la Russie lui fit faire des propositions honorables, qu'il accepta avec d'autant plus d'empressement qu'il regardait cette puissance comme celle qui pouvait travailler avec le plus de succès à la délivrance de son pays. En janvier 1809 il se rendit à Saint-Pétersbourg, où il fut employé au département des affaires étrangères. Lorsqu'un service de trois années l'eut familiarisé avec les attributions de sa nouvelle sphère d'activité, il fut en 1811 adjoint à l'ambassade de Vienne, puis appelé, en 1813, en qualité de chef du département diplomatique, au quartier général de l'armée russe sur le Danube, et plus tard au quartier général de la grande armée, où il prit jusqu'en 1815 la part la plus active aux importantes négociations qui eurent lieu pendant toute cette période. Investi de toute la confiance de l'empereur Alexandre, il signa en 1815 le second traité de paix de Paris, en qualité de plénipotentiaire russe. C'est à son influence que la république des Sept-Îles, placée désormais, il est vrai, sous la protection spéciale de la Grande-Bretagne, fut redevable de son rétablissement. De 1816 à 1822, Capo d'Istria fut ministre des affaires étrangères de la Russie ; mais il renonça à cette éminente position parce qu'à ce moment la Russie se déclara contre l'insurrection des Grecs. L'opinion était alors assez générale en Europe que ce mouvement n'avait pas seulement les plus ardentes sympathies du comte, mais même avait été jusqu'à un certain point provoqué par ses émissaires. Il est hors de doute qu'il avait eu des rapports suivis dès 1814 avec l'*hétairie*, cette association patriotique dont les membres préparèrent l'insurrection de 1821 ; et on lui attribue avec assez de vraisemblance la publication d'un écrit qui parut à Corfou en 1819 sous le titre de *Considérations sur les moyens d'améliorer le sort des Grecs*.

Il alla alors s'établir en Suisse, d'où il prêta le plus généreux appui à la cause de ses compatriotes, quoique vivant toujours dans la plus complète retraite, soit à Genève, soit à Lausanne. Au mois de janvier 1827 il se rendit à Paris, où il apprit qu'il avait été élu régent de la Grèce. Après avoir agi à Londres et à Paris pour faire admettre la Grèce dans le concert européen, il s'embarqua le 26 décembre 1827 à Ancône, à bord d'un sloop de guerre anglais, qui le conduisit à Corfou. De là un vaisseau de ligne le mena à Malte, où il eut des conférences avec les amiraux Codrington et Heyden ; et il aborda enfin le 18 janvier 1828 à Nauplie. De là il se rendit à Égine, où il prit en main les rênes du gouvernement grec (*voyez* GRÈCE).

Dans la création d'un ordre légal et l'organisation d'une administration intérieure, conditions premières de la régénération du pays, Capo-d'Istria pouvait s'attendre à trouver de la sympathie et de la bonne volonté dans cette partie du peuple qui travaille, c'est-à-dire dans la classe moyenne des industriels, des agriculteurs et des commerçants ; tandis que du côté des primats et des militaires, classes à la vérité plus influentes, mais plus exigeantes, il devait rencontrer des prétentions fondées à tort ou à raison sur d'anciens droits acquis. Quelque naturel qu'il fût de le voir prendre les intérêts des premiers, ce n'en fut pas moins de sa part une faute grave, commise intentionnellement dès les premiers mois de son administration, que de négliger comme il fit quelques chefs puissants, qui attendaient de lui d'honorables distinctions en récompense des services qu'ils avaient ou croyaient avoir rendus au pays. Mais Capo-d'Istria voulait par là rabaisser l'orgueil d'une caste ambitieuse, et la soumettre à ses volontés. A ce premier tort il ajouta bientôt celui de quelques actes insolites et d'engagements téméraires ment pris, puis demeurés sans exécution. Ses premières mesures politiques et administratives ne peuvent d'ailleurs échapper, même de la part de l'observateur le moins prévenu, au reproche d'une application partielle des principes monarchiques, sans égard à la différence de certaines positions données, telles que le caractère et les vœux du peuple. L'opinion ne peut non plus lui pardonner les nombreuses erreurs commises par lui dans la distribution des emplois les plus importants de l'État au préjudice des hommes les plus capables, uniquement par suite des préventions qu'il avait conçues contre eux, ni surtout la politique étroite et égoïste qui le porta à attirer peu à peu ses parents et ses amis de Corfou au service grec, et à les favoriser en toutes circonstances.

On ne tarda donc pas à regarder comme déçues les espérances qu'on avait placées en lui ; un mécontentement vague fit place à l'enthousiasme qu'on témoignait naguère. Le président considérait le rétablissement de l'ordre comme la manifestation la plus éclatante de l'approbation générale, tandis qu'il ne servait qu'à cacher la désaffection naissante du peuple. Ainsi seulement s'explique l'apparition d'une opposition dès la première année de l'existence du nouveau gouvernement, sans que celui-ci parût y attacher d'importance. Lors de la réunion de l'assemblée nationale d'Argos, en juillet 1829, époque qui peut être considérée comme l'un des moments les plus décisifs de la régence de Capo-d'Istria, cette opposition n'était pas encore assez fortement constituée pour essayer de mettre un terme à l'arbitraire du gouvernement. L'approbation bruyante et presque générale qui accueillit le discours par lequel Capo-d'Istria fit l'ouverture de cette assemblée, et qui plus tard fut exprimée dans différentes adresses au président, fit oublier à ce corps délibérant que le premier de ses devoirs eût été de vérifier et de contrôler les faits et les résultats énoncés dans ce document. Les choses en vinrent à ce point que, par exemple, dans les aperçus des états de finances des erreurs palpables ne furent pas seulement remarquées. Mais ces erreurs furent dans la suite relevées par l'opposition avec d'autant plus de véhémence qu'elles pouvaient servir de base irréfragable aux attaques dirigées contre le président.

Les votes de l'Assemblée nationale, réunie à Argos, ne pouvaient que contribuer à faire persévérer Capo-d'Istria dans son système d'arbitraire et de gouvernement personnel. De là les mesures subséquentes qu'il crut devoir adopter, notamment la dissolution du Panhellénion, à la place duquel s'éleva un sénat presque entièrement nommé par le président ; l'établissement d'un ministère d'État avec les formes sévères de la monarchie, et les changements apportés dans la marche des affaires des différentes autorités administratives et judiciaires. Si l'on ne pouvait méconnaître dans ces actes le désir d'apporter de l'ordre et de la fixité dans les différentes branches de l'administration, d'un autre côté, le dessein évident du président de réunir dans sa main tous les pouvoirs de l'État causait les plus vives inquiétudes. L'opposition devint plus agissante, et se rendit d'autant plus redoutable, qu'elle rattacha ses attaques à des plaintes fondées en réalité. Les événements de l'année 1830 amenèrent à l'irritation déjà existante les développements les plus funestes, et firent des deux années suivantes l'époque la plus déplorable peut-être de l'histoire du nouvel État. Au lieu de ménager ses forces par des concessions prudentes, Capo-d'Istria s'épuisa au contraire en luttes désespérées contre des adversaires devenus de plus en plus hostiles. Les insurrections d'Hydra, de Maïna et de la Romélie, ainsi que les actes de violence de l'opposition, prouvent suffisamment combien la situation était tendue. Capo-d'Istria parvint cependant encore une fois à rétablir la tranquillité, repos trompeur qui précéda la catastrophe dont il devait être la victime.

Il ne nous reste plus qu'à raconter les circonstances de l'attentat qui mit fin à ses jours. Parmi les familles grecques qui par leur puissance, leur richesse et leur considération, contrariaient surtout le gouvernement personnel et arbitraire du président, l'une des plus célèbres était celle du bey des Maïnotes, Pietro Mauromichalis, qui, par la mort héroïque de quarante et un de ses membres, avait chèrement payé la gloire et la vénération dont elle jouissait partout où son nom avait pénétré. Mal conseillé, Capo-d'Istria, lors de son arrivée en Grèce, avait montré à Mauromichalis une défiance offensante. C'est ainsi que sa politique s'était attachée à retenir au chef-lieu du gouvernement, sous des prétextes plus ou moins plausibles ou honorifiques, les membres les plus influents de cette famille, leur refusant toujours l'autorisation de rentrer dans leurs foyers. Mais au commencement de l'année 1831 des troubles sérieux, survenus dans leurs différents domaines, semblèrent y réclamer impérieusement leur présence. La fuite du vieux Pietro, accompagné de deux de ses frères, excita au plus haut degré l'irritation du président. Ramené à Nauplie de vive force, le bey des Maïnotes fut traduit devant un tribunal exceptionnel comme prévenu d'attentat contre la sûreté de l'État, puis enfermé dans le fort Itschkale, où il subit la plus rigoureuse captivité. Son frère Janaki fut emprisonné dans le fort Palamides, tandis que son second frère Constantin et un fils de Pietro, Georges, sans avoir jamais été interrogés sur les crimes ou délits qui leur étaient imputés, durent garder les arrêts à Nauplie sans pouvoir jamais sortir de chez eux qu'accompagnés d'agents de police armés.

Une entrevue que l'amiral russe Ricord et le chargé d'affaires russe baron de Brinkmann tentèrent de ménager entre le président et le vieux Pietro Mauromichalis, à l'effet d'amener de franches et loyales explications entre les deux adversaires, fut repoussée par Capo-d'Istria, qui ordonna au contraire de réintégrer sur-le-champ le vieillard en prison. Pietro Mauromichalis ne se soumit qu'avec désespoir à cet ordre, et en implorant la vengeance du ciel contre le tyran de la Grèce. Cette vengeance ne devait pas se faire attendre. Elle fut accomplie le 9 octobre 1831.

Ce jour-là, dans la matinée, Capo-d'Istria s'étant rendu suivant son habitude à l'église Saint-Spiridion, fut rencontré par Constantin et Georges Mauromichalis, accompagnés de leurs gardiens ; ils le saluèrent, et se hâtèrent ensuite de prendre les devants. Arrivés à la porte de l'église, ils l'attendirent après s'être placés de chaque côté de la porte. Aussitôt que le président fut arrivé à cet endroit, Georges lui barra le chemin, tandis que Constantin, placé derrière, tirait un pistolet caché sous son manteau, et l'appliquait sur le comte ; le coup manqua, mais à peine Capo-d'Istria se fut-il retourné, que Georges l'étendit à terre d'un autre coup de pistolet, tiré derrière la tête, tandis que Constantin lui enfonçait son yatagan dans le bas-ventre. Pendant que Constantin, qui avait pris la fuite, périssait massacré par le peuple, et que Georges trouvait un asile incertain dans la maison de l'ambassadeur français, on transportait le président dans l'église, où quelques moments après il rendit l'âme dans les bras d'un officier allemand. L'inhumation du malheureux comte n'eut lieu qu'après l'exécution de son meurtrier, le 20 octobre, en grande pompe et au milieu de démonstrations d'une vive douleur de la part du peuple. La Grèce, toutefois, n'a pas conservé la dépouille mortelle du président. Au mois d'avril 1832, son frère Augustin la fit transporter à Corfou, et de là à Saint-Pétersbourg.

Parmi les favoris que Capo-d'Istria trouva bon d'investir de sa confiance, il faut citer ses deux frères *Viaro* et *Augustin*, qui acquirent à cette époque une triste célébrité.

Viaro CAPO-D'ISTRIA, frère aîné du président, avait jusqu'alors exercé la profession de jurisconsulte à Corfou, lorsqu'en avril 1828 il fut nommé membre du *Panhellenion* pour le département de la guerre et de la marine, et, à quelques temps de là, gouverneur extraordinaire des Sporades occidentales, fonctions dans l'exercice desquelles il commit les fautes les plus impardonnables par suite de son manque absolu de connaissances et se fit haïr par son despotisme insolent. Après la dissolution du *Panhellenion*, il conserva le ministère de la guerre et de la marine. L'incapacité complète dont il continua à faire preuve dans ce poste, et surtout les mesures illibérales au suprême degré dont-il fut l'instigateur, le rendirent de plus en plus odieux, tout en amoncelant plutôt les haines et les orages sur la tête de son frère, le président, qui se laissait gouverner par lui. Il présida en janvier 1831 la commission extraordinaire chargée de prononcer sur le sort de Pietro Mauromichalis, accusé de crime contre la sûreté de l'État. Ce ne fut que six mois après, mais beaucoup trop tard, que le président se décida à se passer de son concours. Il se retira alors à Corfou, où il vit encore.

Jony-Maria-Augustin CAPO-D'ISTRIA, frère puîné du président, avait étudié le droit à Corfou, et y vivait sans rien faire, quand, au commencement de 1829, Capo d'Istria, malgré son manque absolu d'expérience politique, le chargea de le représenter dans l'administration civile et militaire du continent grec. Non moins radicalement incapable que son frère aîné, il ne songea qu'à son profit les fonds destinés à l'entretien et à l'armement des troupes. Après la mort de son frère le président, il joua encore un certain rôle comme président du gouvernement provisoire ; mais il ne tarda pas à se démettre de ces fonctions, et quitta la Grèce pour se rendre d'abord à Corfou, puis à Naples, et plus tard à Saint-Pétersbourg.

CAPON. Anciennement on donnait aux juifs le nom de *capons*. Un registre du parlement de Paris de l'année 1312 appelle leur société *societas caponum* et la maison où ils s'assemblaient *domus societatis caponum*. Maintenant on appelle ainsi un hypocrite, qui cherche à tromper, qui dissimule pour arriver à ses fins ; un joueur fin, rusé, qui s'applique à s'assurer toute espèce d'avantages aux jeux d'adresse ; un poltron, un lâche. *Caponner* dans ce sens, c'est on user de finesse au jeu, être attentif à y prendre toutes sortes d'avantages, ou montrer de la poltronnerie, de la lâcheté. Dans toutes ces acceptions les mots *capon* et *caponner* sont familiers et populaires. Ils appartiennent surtout au langage des écoliers.

Capon se dit aussi, en termes de marine, d'une machine composée d'une grosse poulie et d'une corde, au bout de laquelle est un croc de fer, qui sert à lever l'ancre, à la retirer de l'eau et à la hisser au bossoir. La corde se nomme *garant du capon*. Aussitôt que l'ancre commence à se montrer à la surface de l'eau on homme descend dessus, et croche dans son organeau le croc de la poulie du capon, qu'on a laissé pendre à cet effet. Aussitôt les matelots s'emparent du *garant du capon*, et le hissent en marchant au bruit du sifflet qui les stimule. L'ancre, sur laquelle le câble n'agit plus, s'élève et se rend au bossoir, où elle reçoit la bosse de bout qui l'y suspend, en remplacement du capon, qui est aussitôt décroché ; c'est ce qui s'appelle *caponner une ancre*.

CAPONNIÈRE ou **CHAPONNIÈRE**, comme l'appellent de vieux écrivains, pièce de fortification ou d'une galerie de communication établie entre les ouvrages d'une place fortifiée et qu'on a préférée aux fausses-braies. Ce mot est dérivé de l'italien *capone*, obstiné, qui a produit *caponiera*, signifiant d'abord petit corps de garde, casemate, logement à meurtrières, d'où l'on pouvait faire feu avec opiniâtreté et sûreté. On se battait originairement dans une caponnière, de la même manière qu'on l'eût fait dans une casemate; on s'y tenait tout à fait caché; le feu en était traître : circonstances qui ont de l'analogie avec le mot trivial *capon*, lâche, poltron. Il y a des caponnières qui aboutissent à des contre-mines du chemin couvert, à des contre-mines du rempart, ou bien au pied du glacis; il y en a qui se rendent du glacis à un ouvrage extérieur peu éloigné. En général, les caponnières sont propres à défendre le passage du fossé. Dans le cours d'un siége offensif, quand des assaillants cherchent à exécuter ce passage, on place dans la caponnière des fusiliers, qui de là font feu. On a construit autrefois des caponnières aux angles saillants des contrescarpes; on en a construit qui ne voyaient que d'un côté, et s'appelaient *demi-caponnières*.

Quand la caponnière est un passage qui correspond du milieu de la courtine à un ouvrage extérieur, ce qui suppose le fossé sec, elle règne d'un côté à l'autre du fossé et aboutit à la contrescarpe; cette caponnière est comme un double chemin couvert, ayant vue de chaque côté du fossé; elle a deux mètres de haut et quatre à cinq de large; sa saillie est d'un mètre au-dessus du fond du fossé; elle est à banquette; à parapet à glacis, à palissades, à ciel ouvert, et au besoin elle est blindée; elle s'unit en glacis au fossé, à 24 ou 30 mètres de son côté intérieur; elle enfile la cuvette. La citadelle d'Anvers, en 1832, communiquait par une double caponnière à la lunette Saint-Laurent. Gal Bardin.

CAPORAL (du vieux mot espagnol *caboral*, dérivé de *cabo*, tête), nom que les aventuriers gascons mirent en vogue. Rabelais employait dans le sens de capitaine ou de chef le substantif *caporion*, synonyme de *caporal*; et dans le siècle dernier les chefs de quartier de Rome s'appelaient encore *caporioni*. Brantôme et Henri-Étienne l'écrivent *corporal*, ce qui le ferait dériver du latin *corporalis*, et expliquerait pourquoi les Suisses, les Allemands, les Anglais, disent encore *corporal*. Du Cange le croit analogue au *corporalis* du latin barbare.

Caporion et *caporal* ont d'abord généralement signifié militaire en grade : ainsi, un cocher napolitain qui rencontre un homme en uniforme ne crie pas autrement que : Gare, *caporal!* Ce mot avait en effet d'abord un sens générique; il signifiait tête, chef, conducteur de troupe, quelle que fût la force de cette troupe ou le rang de ce chef. Il était même synonyme de général, toute ridicule que paraisse l'assertion. C'est en ce sens que l'expression *caporion* se trouve dans la *Sciomachie*, attribuée à Rabelais. Au seizième siècle, temps où les titres, les grades, la langue, étaient bien différents de ce qu'ils sont devenus, on tirait quelquefois de la classe des capitaines entretenus les caporaux de l'infanterie. Les caporaux actuels, bien déchus, par comparaison à ceux-là, ne sont pas sans analogie avec les *bénéficiaires* romains et avec certains chefs de brigade du dernier siècle. Par un usage général, on ne reconnaît maintenant en France de caporaux que dans une partie de l'infanterie; mais ce même titre a longtemps existé dans la cavalerie, avant d'y être remplacé par la qualification de *brigadier*. Les carabins français avaient des caporaux, et les milices autrichienne, piémontaise, etc., désignent généralement encore sous ce nom les hommes de troupe revêtus de ce grade, qu'ils appartiennent à la cavalerie ou à l'infanterie. Gal Bardin.

Il y avait autrefois dans les armées françaises un grade inférieur à celui de caporal. C'était celui d'*anspessade*, *appointé*, premier soldat. Les ordonnances de Henri Ier sont les premières où l'on voit apparaître le mot *caporal*. Ce grade est désigné dans les ordonnances de François Ier sous le nom de *caporal d'escadre* ou d'*escouade*. C'est le premier grade auquel puisse parvenir un soldat, et pourtant le caporal n'est pas encore *sous-officier*; il vit avec le soldat, et si le soldat lui manque, celui-ci peut être fusillé. Il y a là une grave lacune dans notre hiérarchie militaire, et depuis longtemps on demande avec raison, mais en vain, que le caporal soit sous-officier. Qui s'y oppose? Le caporal ne doit-il pas savoir lire, écrire et compter? Ne commande-t-il pas une escouade de douze à seize hommes? N'est-il pas chargé de veiller au maintien de l'ordre, à la régularité du service et de la tenue, à la propreté des vêtements, des armes et des chambres? Ne doit-il pas pourvoir à l'achat des vivres et objets de toute nature nécessaires aux hommes de sa chambrée, en tenir un compte régulier sur le *livre d'ordinaire*, coucher au milieu de ses hommes, leur apprendre le maniement des armes et l'exercice, leur enseigner à monter et démonter leurs fusils, à les nettoyer, à les tenir en état? Ne commande-t-il pas les patrouilles et les petits postes? ne place-t-il pas les factionnaires, ne leur donne-t-il pas la consigne et n'en surveille-t-il pas l'exécution? enfin, n'est-ce pas du grade de caporal que plusieurs de nos officiers généraux se sont élancés vers les grades supérieurs, où ils devaient plus tard développer leurs talents et parfois leur génie?

CAPORAL (Petit), sobriquet presque honorifique, qui est resté attaché, dans les classes populaires, au grand nom de l'empereur Napoléon Ier. On en rapporte l'origine aux jours qui précédèrent le 18 brumaire. Les directeurs Gohier et Moulins pressaient leurs collègues de donner à Bonaparte le choix d'une armée : « Oubliez cet ambitieux, et faites-le oublier, » dit Sieyès avec humeur. Barras ajouta : « Ce *petit caporal* a fait sa fortune en Italie; il n'a pas besoin d'y retourner. » Ce propos fut rendu à Bonaparte, qui le redit avec humeur; mais ses amis lui en firent un titre de gloire, et tous les soldats qui servirent sous ses ordres s'habituèrent à le répéter, sans en soupçonner l'origine.

CAPORALI (Cesare), ingénieux poète italien du seizième siècle, naquit à Pérouse, le 20 juin 1531, d'une famille noble et ancienne, originaire de Pérouse. De bonnes et solides études le préparèrent à la culture des lettres, qui devait faire l'occupation principale de toute sa vie. Horace, surtout, était son poète favori; et il lui emprunta sa philosophie de la vie. Il eût pu plus mal choisir, on en conviendra. Rome était au seizième siècle le grand centre intellectuel et politique de l'Italie; Caporali y fut attiré par la force même des choses, qui rendait alors le successeur de saint Pierre le dispensateur naturel de tous les biens de ce monde, l'auteur de toutes les fortunes. Doué d'un esprit vif et prompt, il sut plaire au cardinal Fulvio della Corina, neveu du pape Jules III, qui l'attacha à sa personne en qualité de secrétaire. Il remplit ensuite les mêmes fonctions, d'abord auprès du cardinal Ferdinand de Médicis, devenu plus tard grand-duc de Toscane, puis auprès du cardinal Ottavio Acquaviva.

La poésie burlesque était alors fort prisée en Italie; et trop souvent ceux qui cultivaient ce genre bâtard oubliaient dans leurs compositions les lois de la décence. Caporali, lui aussi, sacrifia au goût du jour; mais, quoique burlesques, ses poésies sont chastes par l'expression autant que par la pensée. Ses plaisanteries, toujours fines et ingénieuses, peuvent être avouées par le bon goût sans que la pudeur doive prendre l'alarme. Cette sage retenue, trop rare malheureusement parmi les écrivains du seizième siècle, fit rechercher et priser Caporali dans tous les cercles élégants et polis, qu'il charmait par la lecture de ses compositions. Il réussissait surtout dans le genre satirique, et la plupart de ses satires sont de véritables poëmes en action. Ses *Due Capitoli della Corte*, satires dans lesquelles il trace un tableau piquant des vices des courtisans, de leur abjection morale, et des bassesses en tous genres dont les cours sont le théâtre, passent à bon droit pour ce qu'il a fait de mieux.

On vante aussi avec raison le *Viaggio di Parnasso*, cadre heureux pour passer en revue les réputations contemporaines et faire en passant la part de l'éloge et de la critique. Caporali donna comme suite à ce joli poëme ses *Avvisi di Parnasso*, où il emprunte au journal sa manière et son style, afin de faire justice des ridicules qui de tous temps ont eu cours dans la république des lettres.

Caporali avait trouvé un Mécène digne de lui dans le cardinal Ottavio Acquaviva. Ce prélat l'admit dans son intimité, et lui confia même les gouvernements d'Atri et de Giulia-Nuova. Mais quand il se sentit vieillir, notre poëte alla se fixer à Castiglione, auprès d'Ascanio della Cornia, neveu du cardinal, qui avait été son premier protecteur; et c'est dans la maison de ce seigneur que s'écoulèrent les derniers instants de son existence. Il y mourut en 1601, à la suite d'une longue et douloureuse maladie, dont l'autopsie put seule expliquer la cause. En ouvrant le corps du défunt, on y trouva un calcul vésical de la grosseur d'un œuf. Dans son roman intitulé *Vittoria Accorombana*, Ludwig Tieck met en scène notre poëte burlesque; et le rôle qu'il lui fait jouer est une peinture fidèle de la vie indépendante et élégante que menaient les poëtes italiens au seizième siècle.

CAPOT, CAPOTE. Ces deux noms, dérivés du latin *caput*, tête, signifiaient primitivement toutes sortes de vêtements propres à couvrir la tête. On s'en est servi depuis pour désigner une cape ou un manteau d'étoffe grossière, avec ou sans capuchon, à l'usage des mariniers, des soldats et des voyageurs. Le capot est aussi un petit manteau à capuchon que portent les paysannes en divers pays, les jours froids et pluvieux.

La capote, qu'on nommait encore *calèche*, était une espèce de capuchon en mousseline ou en étoffe de soie noire ou de couleur, bordée de dentelles, que les dames portaient lorsqu'elles étaient en couche ou indisposées, et qu'elles assujettissaient autour du col au moyen d'une coulisse. La capote est aujourd'hui une coiffure, un chapeau de femme, à forme peu élevée, à bord large, devant lequel pend quelquefois une dentelle. C'est aussi une robe à capuchon que les femmes portaient jadis par dessus leurs robes; et une redingote, un surtout, avec ou sans capuchon, que les hommes portent encore par dessus leurs habits. Les soldats surtout portent des capotes, dont la mesure, disait-on autrefois, était prise sur une guérite. Elles sont généralement de drap gris, et pincées par une patte. Les corps d'élite ont une capote en forme de redingote et en drap bleu. La capote est la tenue d'hiver et de nuit. Il y a en outre la *capote de guérite*, à capuchon, de drap gris, et dont le soldat de faction s'enveloppe lorsqu'il a froid.

Le capot en marine est une sorte de capuchon en planches, dont on couvre l'entrée de l'escalier qui conduit à la chambre sur les petits bâtiments du commerce. Son dessus, couvert en toile goudronnée, est brisé pour s'ouvrir et livrer passage. Quand il est ouvert, il rappelle cet encaissement sous lequel se cache le souffleur d'un théâtre. Le capot peut s'enlever entièrement pour laisser circuler l'air dans la chambre.

Capoter se dit des petits navires qui, trop peu lestés ou mal assis sur l'eau par la répartition vicieuse du poids dans l'intérieur, sont facilement renversés sens dessus dessous par l'action du vent, qui les prend de côté; *capoter* c'est se renverser le haut en bas (*voyez* CHAVIRER); *faire capot* se dit aussi d'un petit bâtiment qui sombre.

Capot est encore un terme du jeu de piquet : on est capot quand on ne fait pas une seule levée, et l'on fait son adversaire capot en levant toutes les cartes. De là est venu le sobriquet *capot*, qui s'emploie en divers sens, et qui signifie sot, trompé, étonné, interdit, honteux, ruiné, pauvre, vaincu, mal dans ses affaires réduit en mauvais état. *Vous allez faire pic, repic et capot tout ce qu'il y a de galant dans Paris*, a dit Molière, et l'on trouve dans les poésies de M*me* Deshoulières :

Le fat est riche,
Et nous voyons le bel esprit *capot*.

CAPOTS. *Voyez* CAGOTS.

CAPOU-AGA. *Voyez* CAPI-AGA.
CAPOUDAN-PACHA. *Voyez* CAPITAN-PACHA.
CAPOUDJY. *Voyez* CAPIDJY.
CAPOUE (*Capua*). Ville mal bâtie et bien déchue, située dans la province napolitaine de *Terra di Lavoro*, sur les rives du Volturno (le *Vulturne* des anciens), était autrefois le chef-lieu de la C a m p a n i e, et l'une des belles villes de l'Italie, rivalisant avec Rome et avec Carthage. Elle est située dans une contrée fertile, mais peu salubre, compte 8,000 habitants, et est le siége d'un archevêché. Après sa magnifique cathédrale et l'église *dell' Annunziata*, riche surtout en bas-reliefs sculptés, il faut mentionner la *Piazza d' Giudici*, où se trouvent plusieurs restes d'antiquités romaines et la statue en marbre de l'empereur Frédéric II, que la ville fit élever en 1236 en l'honneur de ce monarque, mais à laquelle manquent aujourd'hui les mains et la tête.

Capoue doit sa fondation à un prince lombard, qui avait érigée en principauté. Elle tomba plus tard au pouvoir des Normands, qui y créèrent de nombreux établissements et l'agrandirent beaucoup. Ils l'incorporèrent en outre au royaume de Naples, dont elle dépend encore aujourd'hui.

La contrée environnante, surtout la partie située entre Capoue, Nola et Naples, justifie l'antique renommée de véritable paradis terrestre dont jouissait autrefois ce pays en raison de sa fécondité. Le sol n'y produit pas seulement trois récoltes de céréales et de légumes par an, mais encore une immense quantité d'oranges, de citrons, de limons, de figues de l'Inde (*cactus Opuntia*), d'huile, de vin, et de figues communes, de la plus exquise qualité.

Il ne faut pas, comme certains auteurs, confondre *Capoue l'ancienne* et *Capoue la moderne*, qui sont deux villes bien distinctes. La première n'existe plus depuis longtemps, et la seconde, qui a été jetée sur les débris de l'ancienne, est à environ un myriamètre et demi des ruines de la fameuse Capoue. Nous n'avons rien à ajouter à ce que nous avons dit plus haut de la ville actuelle.

L'ancienne Capoue faisait face, d'un côté, à des plaines superbes, entrecoupées de promenades agréables, qu'ombrageaient le pin, le platane, le mélèze, le thuya, l'oranger, le myrte et l'olivier, et qui étaient bordées en tous sens par d'immenses champs couverts de roses magnifiques, d'œillets, de jasmins et autres plantes odorantes, qui servaient à fabriquer les parfums dont les Capouans faisaient un grand commerce; de l'autre côté, elle était dominée par des coteaux couverts de la plus luxuriante végétation.

Au pied de ces coteaux se déroulaient d'admirables vallées et de vastes prairies où l'on engraissait de nombreux troupeaux. La vigne, le blé, les fruits de toutes espèces y étaient partout cultivés en abondance. Ses vins passaient pour les meilleurs de l'Italie, et ses récoltes en blé nourrissaient toute la population. Outre les richesses qu'elle devait à la fertilité de son sol, Capoue avait une industrie et un commerce fort actifs. Ses habitants excellaient dans la préparation et la teinture des cuirs, et on vantait partout la beauté et la bonne qualité des draps qui sortaient de leurs manufactures. Les Capouans avaient, dit-on, surpassé les habitants de Tyr dans l'art de teindre en écarlate et de préparer les étoffes de pourpre; aussi tirait-on de chez eux tout ce qui était nécessaire à la chaussure et au costume des empereurs romains.

L'intérieur de la ville de Capoue était vaste et majestueux, les maisons belles et commodément construites, les rues larges et bien percées. Pour y conserver de la fraîcheur dans les jours les plus chauds de la saison d'été, on avait construit dans tous les quartiers des fontaines jaillissantes : elles étaient alimentées, au moyen de conduits souterrains, par les eaux du Vulturne et du Literne. On y avait aussi construit de beaux aqueducs et creusé quelques canaux, qu'on avait utilisés pour créer des établissements de bains, où le marbre, le granit, le stuc, richement sculptés, n'étaient point épargnés. On y comptait un assez grand nombre de places publiques entourées de portiques qu'occupaient des marchands. Celle où se tenaient les parfumeurs était la plus belle et la plus agréable ; c'est là que se promenaient le plus volontiers les femmes de Capoue, que les historiens nous dépeignent comme étant en général d'un beau sang, bien faites et d'une taille élevée.

Les arts, qui fleurissaient à Capoue tout autant qu'à Rome, y produisirent aussi beaucoup de chefs-d'œuvre, que le temps n'a point épargnés, mais dont on voit encore de remarquables débris, entre autres un amphithéâtre construit en briques et revêtu de marbre blanc, appelé aujourd'hui par les paysans de la contrée *Lorilascio*. Quelques voûtes bien conservées, des corridors et des gradins pour les spectateurs s'y élèvent encore au-dessus de monceaux de décombres. Des rangées de colonnes qui l'entouraient il ne subsiste plus maintenant que la rangée inférieure, dont les colonnes sont d'ordre toscan. Il paraît qu'outre la première et la seconde rangée on voyait les têtes ; entre la seconde et la troisième, les bustes ; et entre la troisième et la quatrième, les statues de toutes les principales divinités romaines. (Consultez Rinaldo, *Memorie istoriche de la citta di Capua*, 2 vol., Naples, 1735 ; et Rucca, *Capua vetere*, Naples, 1828).

Après cet amphithéâtre, qui par ses vastes proportions et la richesse de son architecture égalait le Colisée de Rome, les principaux monuments de Capoue étaient le temple d'Apollon, ceux de Jupiter, de Junon, de Diane, de Mercure, ses portiques, ses pyramides, ses tombeaux, ses aqueducs, ses voûtes souterraines, ses arcs de triomphe, ses gymnases, ses écoles de gladiateurs et ses arènes pour les combats publics. Rappelons encore que c'est à Capoue que commença cette fameuse révolte de gladiateurs, à la tête desquels se trouvait Spartacus, qui fit trembler pendant trois ans le peuple romain.

Capoue avait, comme Rome, un sénat, des consuls, une forme de gouvernement qui lui était propre, et elle se régissait par des lois particulières, dont il ne nous est parvenu que très-peu de fragments. Son immense population s'accroissait tous les jours, par la foule d'étrangers qu'y attiraient l'amour des plaisirs et la facilité de s'y procurer toutes les douceurs de la vie. Capoue était devenue trop puissante et trop riche pour ne pas exciter l'envie de ses voisins ; aussi eut-elle de longues guerres à soutenir, tantôt contre les Samnites, les Volsques, les Étrusques, tantôt contre les Romains, les Lombards et les Toscans. Les Samnites furent les premiers qui songèrent à l'attaquer. En l'an de Rome 332, par suite des revers qu'elle essuya dans cette guerre, Capoue dut recevoir une garnison de Samnites ; et un jour ces étrangers profitèrent du désordre d'une fête publique pour massacrer une partie de la population, afin d'assurer mieux leur domination. Cependant les Capouans parvinrent à chasser leurs oppresseurs ; alors, pour ne point retomber sous le joug, ils envoyèrent à Rome des députés chargés de mettre leur ville sous la protection du peuple romain. Rome eut la sagesse de leur laisser leurs lois, leurs privilèges et jusqu'à leur forme particulière de gouvernement.

La seconde guerre punique ayant éclaté, et les phalanges romaines ayant été anéanties par les troupes d'Annibal à la célèbre bataille de Cannes, Capoue s'empressa de se déclarer pour le vainqueur ; défection qu'elle ne tarda pas à payer cher. Annibal ayant passé à Capoue avec son armée l'hiver qui suivit son triomphe, ses soldats furent tellement amollis, dit-on, par les délices de cette ville, qu'au printemps suivant ils ne purent supporter le choc des Romains. L'armée d'Annibal, battue à son tour, fut obligée de fuir, et la malheureuse Capoue, saccagée de fond en comble, paya du sang de ses sénateurs et par l'esclavage sa trahison envers ses anciens alliés. Les Romains cependant consentirent à ne point la raser ; mais, voulant en faire désormais le

grenier de Rome, ils ne permirent qu'à des laboureurs de s'y établir. Capoue perdit alors la splendeur qui l'avait fait surnommer la *seconde Rome*. Elle resta longtemps dans cet état de misère et de pauvreté, et ce ne fut que sous Jules-César, vers l'an de Rome 693, qu'elle se releva de ses ruines, et qu'elle reprit un peu de son ancienne prospérité. On y envoya, en vertu de la loi *Julia*, une nombreuse colonie de Romains, qui se partagèrent une partie des terres de la Campanie, et qui rebâtirent les quartiers de Capoue qui avaient été dévastés.

Genséric, roi des Vandales, appelé en Italie par l'impératrice Eudoxie pour la venger de l'insulte qu'elle avait reçue de Maxime, ayant passé avec son armée par Capoue avant de se rendre à Rome, la pilla et la ruina encore une fois. Plus tard, Narsès, l'un des généraux de Justinien, après avoir chassé Genséric de l'Italie, y ramena un peu de vie ; mais elle ne tarda point à être de nouveau détruite, et cette fois pour toujours, par les Lombards. Ainsi disparut cette ville, dont il ne reste plus que d'imposantes ruines.

Jules Saint-Amour,
ancien membre de l'Assemblée nationale.

CAPPADOCE, province de l'ancienne Asie Mineure, qui fait aujourd'hui partie de la Karamanie, était située dans l'intérieur des terres, tout à fait à l'orient, et bornée au nord par le royaume de Pont, au sud par la Cilicie, à l'ouest par la Galatie et la Phrygie, à l'est par l'Arménie. La partie orientale de la Cappadoce s'appela même *Petite Arménie*. Il y eut une époque où le Pont fit partie de la Cappadoce ; de là vient que les Perses et leurs vainqueurs les Macédoniens distinguèrent la *Cappadoce Pontique* (ou le Pont) et la Cappadoce proprement dite, ou *Grande Cappadoce*. La chaîne du mont Taurus séparait de l'ouest à l'est la Cappadoce de la Cilicie, et, sous le nom d'*Anti-Taurus*, sillonnait cette contrée méditerranée dans la direction générale du sud-ouest au nord-est. Les fleuves principaux qui l'arrosaient étaient l'Halys, l'Iris et le Mélas ; elle comptait pour villes principales : *Mazaca* ou *Eusebia*, sur le mont Argæos, sa capitale, qui plus tard prit le nom de *Césarée*, aujourd'hui *Kaisarieh*, dont l'archevêché, illustré par saint Basile, est le premier siège de l'Église grecque après le patriarcat de Constantinople ; *Nyssa*, où fut évêque saint Grégoire, frère de saint Basile ; *Nazianze*, patrie de saint Grégoire de Nazianze, et *Tyane*, où naquit Apollonius de Tyane.

Les Cappadociens étaient de race syrienne ; leur caractère a passé pour être superstitieux et pervers : Anne Comnène rapporte une épigramme dont voici le sens : *Un serpent mordit un Cappadocien, ce fut le serpent qui mourut.* Voici cette épigramme imitée de l'*Anthologie* :

Un gros serpent mordit Aurèle :
Que croyez-vous qu'il arriva ?
Qu'Aurèle en mourut ? Bagatelle !
Ce fut le serpent qui creva.

Le discrédit dans lequel tomba cette nation doit sans doute être attribué aux habitudes qu'on contracte dans la servilité, qui détruisent presque toutes les vertus et propagent la débauche et le mensonge.
François Gail.

La Cappadoce fit d'abord partie de l'empire perse. Les satrapes perses de la Cappadoce reçurent plus tard le titre de rois, et gouvernèrent souvent d'une manière indépendante. Quand Xénophon opéra sa célèbre retraite des *dix mille*, il paraît que les deux Cappadoces obéissaient à un souverain du nom de Mithridate, qui avait pris parti pour le jeune Cyrus, mais qui après la défaite de ce prince n'en réussit pas moins à se rendre indépendant des Perses. Par suite de cette séparation, les habitants de la partie de la Cappadoce voisine du Pont-Euxin reçurent le nom de Leucosyriens ou *Syriens blancs*, en raison de la teinte plus blanche de leur peau, tandis qu'on continua à appeler *Cappadociens* les habitants de l'intérieur du pays. La Cappadoce fut ensuite comprise successivement dans l'empire d'Alexandre, dans la satrapie d'Eumène et dans le royaume d'Antigone; mais elle recouvra son indépendance vers 312. Les premiers rois de la Cappadoce, jusque vers 370, sont peu connus. Après cette époque viennent dix rois du nom d'Ariarathe (350-92 avant J.-C.), puis trois Ariobarzane (92-34). Ariarathe VII ayant été vaincu par Mithridate, la chute de ce dernier entraîna la soumission de la Cappadoce aux Romains; cependant elle forma longtemps encore un royaume à part, sous le protectorat romain, et ne fut réduite en province de l'empire que sous Tibère, après la mort du roi Archélaüs (17 de J.-C.). Par la suite on en fit trois provinces distinctes : la Cappadoce Ire, au nord-ouest (chef-lieu, Sébaste); la Cappadoce IIe, au sud-ouest (chef-lieu, Mazaca); l'Arménie IIe, au sud-est : la partie située au nord-est fut comprise dans l'Arménie Ire. Le climat de la Cappadoce était rude, et son sol d'une nature très-inégale ; aussi ce pays ne montrait-il que quelques traces de culture, et ses immenses steppes n'étaient-elles utilisées que comme pâturages pour les moutons. Par suite de la disette presque absolue de bois, les maisons y étaient basses et généralement mal bâties, et *Mazaca* elle-même ressemblait bien plutôt à un camp qu'à une ville.

Les Turks Seldjoukides ayant envahi l'Asie occidentale et occupé la Perse au milieu du onzième siècle, quelques chefs turks et turkomans, qui les avaient suivis, s'avancèrent dans les provinces voisines, et y formèrent divers établissements. Après que l'empereur romain Diogène eut été vaincu et fait prisonnier par le sulthan Alp-Arslan, un des capitaines de celui-ci, connu seulement par son surnom ou celui de son père, *Danischmend* (le savant ou le maître d'école, nom assez singulier pour un guerrier appartenant à une nation à moitié barbare), s'empara de Césarée, de Sébaste et de plusieurs autres places de la Cappadoce, l'an 464 de l'hégire (1071 de J.-C.). Il y fonda une dynastie désignée sous le nom de *Danischmendli*, qui dura plus d'un siècle, compta six princes, et prit fin en 1174, époque où la Cappadoce entière demeura au pouvoir des Seldjoukides d'Iconium ou Konieh, qui la possédèrent jusqu'à l'extinction de leur race, vers l'an 1300. Depuis lors elle appartient aux Turks Osmanlis ou Othomans, d'abord serviteurs et ensuite héritiers d'une partie de la puissance des sulthans.

Aujourd'hui les Turks désignent la Cappadoce sous le nom de *Roum*, pays des Romains; et elle est gouvernée par un pacha résidant à Sivas.

CAPPARIDÉES (de κάππαρις, câprier), famille de plantes dicotylédones, polypétalées, à étamines hypogynes, qui comprend quelques arbres, un très-grand nombre d'arbrisseaux et beaucoup de végétaux herbacés. Cette famille renferme vingt-quatre genres (dont le plus important et le plus nombreux, le *câprier*, lui a donné son nom), et a des traits frappants de ressemblance avec les **crucifères** et les **papavéracées**. La plupart des capparidées sont odorantes dans toutes leurs parties, et contiennent un principe volatil, âcre et piquant; certaines espèces peuvent être employées comme excitantes et diurétiques; d'autres, broyées et appliquées sur la peau, y produisent une inflammation semblable à celle que procurerait un sinapisme de moutarde; plusieurs enfin servent à relever la saveur des aliments.

Cette famille a pour caractères généraux : Feuilles alternes, pétiolées, simples ou digitées, accompagnées souvent à leur base de glandes ou de stipules qui ont la forme et la consistance des épines; fleurs, portées sur des pédoncules, naissant ordinairement dans l'aisselle des feuilles, tantôt solitaires, tantôt réunies en grappes, en thyrses ou en corymbes; calice divisé profondément en quatre lobes ou formé de quatre sépales égaux ou inégaux; pétales, au nombre de quatre, presque toujours inégaux, rétrécis en longs onglets à leur base alternant avec les segments du calice; étamines variant en nombre, depuis quatre jusqu'à trente-deux, ou même en nombre indéfini; pistil à un seul stigmate; réceptacle souvent bombé et chargé de quelques glandes; étamines et pistil attachés sur le réceptacle ou sur un gamophore grêle et cylindrique, qui part de son centre; ovaire oblong, uniloculaire, devenant un fruit souvent pulpeux intérieurement; graines oblongues et pliées sur elles-mêmes en forme de rognon.

CAPPE. *Voyez* **CAPE.**

CAPPONI (Famille). La famille Capponi était déjà au quatorzième siècle une des plus considérables de Florence.

Gino CAPPONI, à qui l'on doit un morceau de l'histoire de Florence relatif à l'insurrection des *Ciompi*, ou cardeurs de laine, était en 1378 décemvir de guerre. Comme, par son influence sur les condottieri qui servirent Florence en cette occasion, il avait contribué beaucoup à la conquête de Pise, on le nomma par reconnaissance gouverneur de cette ville. Capponi se conduisit avec sagesse et modération dans son nouveau gouvernement, et mourut en 1420.

Neri CAPPONI, fils de Gino, fut, comme lui, un des premiers magistrats de la république florentine, et s'acquit une grande réputation comme homme de guerre; il lutta d'influence avec Côme de Médicis, mais sans que cela nuisît jamais aux intérêts de l'État; ils s'entendirent même ensemble, et leur union dura jusqu'à la mort de Neri, arrivée en 1457.

Pierre CAPPONI, petit-fils de Neri, après avoir rempli les emplois les plus importants de la république et avoir été ambassadeur en France, était magistrat de Florence lorsque Charles VIII, reçu en ami dans cette ville, voulut s'y conduire en maître. On sait que le secrétaire de Charles VIII, chargé par son maître de signifier ses volontés aux magistrats florentins, vint lire en leur présence le factum du roi. Pierre Capponi ne laissa pas le secrétaire achever cette lecture; lui arrachant le papier des mains, il le mit en pièces, et, s'adressant au roi : « Puisque vous exigez de nous choses humiliantes, vous n'avez qu'à faire résonner vos clairons, nous sonnerons nos cloches » ; puis il sortit avec les magistrats ses collègues. Cette fermeté, en même temps qu'elle étonna Charles VIII, lui fit comprendre que les Florentins étaient en mesure de lui résister : il n'osa pousser les choses plus loin, et proposa un nouveau traité, dont les conditions honorables furent acceptées par la république. « *Cappon, Cappon*, lui avait dit Charles VIII en italien, *tu strilli come un gallo.* »Pierre Capponi mourut d'un coup d'arquebuse, en 1496, devant le château de Sciano, qu'il assiégeait.

Le marquis *Grégoire Alexandre* CAPPONI, savant antiquaire italien, fut chargé par Clément XII de rassembler dans le Capitole les statues, bas-reliefs, bustes, en un mot tous les monuments des beaux-arts que l'on put trouver. Il s'acquitta avec un goût éclairé de cette tâche. A sa mort, arrivée en 1746, il légua sa curieuse bibliothèque à celle du Vatican. Le catalogue de cette bibliothèque, très-recherché des savants, a été publié sous ce titre : *Catalogo della Libraria Capponi, ossia de' libri italiani del fu marchese Alessandro Gregorio Capponi, patrizio romano* (Rome, 1747, in-4°).

FRIESS-COLONNA.

CAPPONI (GINO, marquis), de l'ancienne famille des Capponi, est né à Florence, le 14 septembre 1792. Homme d'érudition, d'un caractère aimable et doux, il était atteint depuis longtemps d'une maladie d'yeux, qui, ayant dégénéré plus tard en cécité, le condamna forcément à la retraite. Il s'occupait néanmoins de sciences et d'études, lorsque les événements dont la Toscane fut le théâtre en 1848 vinrent l'y chercher et le relancer dans la vie active. Il devint le chef du parti constitutionnel. Placé tout à coup dans une position que l'état moral et politique de l'Italie rendait difficile, il supporta avec résignation une infirmité que peu d'hommes auraient pu concilier avec la direction des affaires. Au premier ministère qui avait proclamé le régime constitutionnel en Toscane succéda bientôt une combinaison nouvelle d'hommes plus avancés, à la tête desquels fut appelé le marquis Capponi. Mais ce cabinet portait l'empreinte d'un caractère transitoire, et ne résumait aucune condition de durée. C'était une faible barrière séparant encore, au milieu de la tempête, la monarchie constitutionnelle de la république; aussi sa marche parut-elle trop lente au parti exalté. Il dénatura ses meilleures intentions, l'accusa de tiédeur, le traita de rétrograde et le signala à la vindicte des masses. Déjà Montanelli, qu'on venait d'envoyer comme gouverneur à Livourne, avait mis cette ville en émoi en y proclamant la constituante italienne. La tâche à remplir était au-dessus des forces d'hommes honnêtes, mais faibles de caractère. L'absence d'une grande partie des troupes, la démoralisation de celles qui restaient, les déplorables dissensions de la garde nationale ôtaient d'ailleurs toute force au pouvoir; aussi un mois d'existence suffit-il pour user le ministère Capponi, qui se retira en octobre 1848 devant l'émeute triomphante.

Son nom reparut cependant une fois encore après la crise du 11 avril 1849, lorsque le gonfalonier prit momentanément la direction des affaires en s'adjoignant cinq citoyens aimés du public, à la tête desquels figurait Capponi. Cette commission gouvernementale cessa ses fonctions après quelques jours d'exercice, lorsque le commissaire extraordinaire Serristori, envoyé comme *alter ego* par le grand-duc, arriva à Florence.

On doit au marquis Capponi la création, en 1831, du journal *l'Antologie*, dans lequel il écrivit pendant plusieurs années, et qui fixa l'attention publique par ses excellents articles scientifiques et littéraires. Il a publié aussi un bon *Traité d'Éducation*, et promet de nous donner très-incessamment une histoire complète des papes, conçue sur un nouveau plan.

CAPRAIA, appelé par les anciens *Ægilen*, *Ægitium*, *Capraria* ou *Capresia*, petite île de la mer de Toscane, située à neuf ou dix lieues au nord-est de la Corse, à pareille distance de Livourne. Autrefois, avec les petites îles appelées *Buccinaires*, situées dans le détroit qui sépare la Sardaigne de la Corse, elle faisait partie des dépendances de cette dernière île, et ce fut au moment où les troupes françaises commencèrent à s'établir sérieusement en Corso (1769), que la Sardaigne s'empara des Buccinaires, qui sont au nombre de dix (la *Maddalena*, la *Cabrera*, la *Rizzola*, *Santa-Maria*, *Spargi*, *Isola Piana*, il *Cavallo*, il *Budello*, il *Laveso*, *Santo-Stefano*). La Capraia partagea le sort des Buccinaires. C'est un rocher de 20 kilomètres de tour, très-montagneux, d'origine volcanique et sur lequel sont groupés environ 2,000 habitants, dont la pêche et le cabotage constituent la principale industrie, mais qui ne laissent pourtant pas que de cultiver aussi avec un notable succès l'olivier et la vigne, en dépit d'un sol très-peu profond et généralement composé de terres rapportées. Les chèvres, autrefois si nombreuses dans cette île, et dont le nom en grec et en latin lui ont été donné, y ont singulièrement diminué depuis. Aux premiers temps du christianisme, Capraia, suivant la légende, servit à diverses reprises de lieu de refuge aux fidèles persécutés. Plus tard elle fut souvent habitée par des anachorètes. En 1507 les Génoisから levèrent de vive force à Jacob de Maro, qui en était propriétaire; et à partir de ce moment elle demeura la propriété de leur république, jusqu'à ce qu'elle passa sous l'autorité du roi de Sardaigne, qui y entretient une garnison de soixante hommes.

Dans ces derniers temps, des négociations avaient été entamées par l'Angleterre avec la Sardaigne afin d'obtenir de cette puissance la cession de l'île de Capraia, qui, comme station d'hiver, aurait une grande importance pour la marine anglaise; mais ces négociations demeurèrent sans résultat.

CAPRAIRE (de *capra*, chèvre), genre de la famille des scrophulariées, qui renferme des arbrisseaux très-recherchés des chèvres, aux Antilles, d'où lui vient son nom. La plus intéressante de ses espèces est la *capraria biflora*, dont les feuilles ont une odeur fort agréable.

CAPRARA (Æneas-Sylvius, comte DE), général au service de l'Empire, fils d'un sénateur de Bologne appelé *Nicolas* DE CAPRARA, naquit à Bologne, en 1631, et entra de bonne heure au service de l'empereur. Neveu du célèbre Piccolomini et parent du comte de Montecuculi, il ne l'accompagna pas seulement dans ses voyages en Suède, en Allemagne et en Italie, mais prit en outre une part très-active à ses différentes campagnes contre les Suédois, les Hongrois et les Français. En 1674 il commandait, conjointement avec le duc de Lorraine, l'armée impériale sur les bords du Rhin; mais le 16 juin il fut battu par Turenne, à Sinsheim. Il fut plus heureux en Hongrie, où, en 1683, il battit, à la tête de la cavalerie, les mécontents de ce pays; succès qui permit au duc de Lorraine de leur couper toute communication avec l'armée turque, occupée au siége de Vienne, et de leur arracher Presbourg. En 1685 Caprara enleva d'assaut Neuhausel aux Othomans, et les poursuivit jusque dans les forteresses qu'ils possédaient sur la Theiss et sur les frontières de la Transylvanie. Frappés de terreur, les rebelles et les Turcs rendirent leurs places presque sans sommation. Sa mésintelligence avec les généraux placés sous ses ordres, qu'il contrecarrait par jalousie, lorsque l'honneur d'une entreprise ne devait pas lui revenir immédiatement, eut une influence fâcheuse sur le résultat final des campagnes suivantes. C'est ainsi qu'il se vit plus d'une fois abandonné lui-même par envie, et qu'on lui attribua les fautes d'autrui. On le blâme à bon droit encore de n'avoir pu supporter la gloire naissante du prince Eugène, et de s'être porté son accusateur en plein conseil de guerre après la victoire de Jentha. Il mourut en 1701, sans avoir été marié. Ses deux frères se distinguèrent également.

Albert, comte DE CAPRARA, fut comme lui général au service de l'Empire et employé dans diverses ambassades. Il se fit surtout connaître par sa mission à Constantinople en 1682, bien qu'il ne réussit pas à ramener la Porte à des dispositions plus favorables. On a de lui plusieurs traductions italiennes, particulièrement des œuvres de Sénèque, et quelques petits écrits de circonstance.

Alexandre, né à Bologne, en 1626, se consacra à l'état ecclésiastique, et fut longtemps auditeur de rote à Rome. Le roi Jacques II d'Angleterre le nomma son agent à Rome; et le cardinal d'Este, beau-frère de ce prince, son plénipotentiaire, lorsqu'en 1695 il se démit du cardinalat pour succéder à son frère sur le trône ducal de Modène. Ce ne fut que dans sa quatre-vingt-huitième année qu'il reçut de Clément XI le chapeau de cardinal, et il mourut cinq ans après, en 1711, laissant au fils aîné de sa sœur 200,000 *scudi*, à la condition expresse qu'il prendrait le nom de Caprara.

A. SAVAGNER.

CAPRARA (JEAN-BAPTISTE), cardinal et archevêque de Milan, issu d'une branche collatérale de la famille des précédents, né à Bologne, en 1733, embrassa la carrière ecclésiastique, et fut à diverses reprises chargé de missions diplomatiques par le souverain pontife, qui récompensa ses services par le chapeau de cardinal, en 1792. Pie VII, peu de temps après son exaltation, le nomma évêque d'Iesi, et en 1801 lui confia les importantes fonctions de légat *à latere* auprès de la république française. Sa mission avait pour but le rétablissement du culte; et comme il entra dans les vues du premier consul, il amena à sa conclusion le concordat, dont il célébra la signature le jour de Pâques 1802, par une messe solennelle et par un *Te Deum*. Peu de temps après il fut élevé au siége archiépiscopal de Milan, et ce fut en qualité d'archevêque de cette ville qu'il y couronna en 1805 l'empereur Napoléon roi d'Italie. Il dut à son noble caractère plus qu'à ses dignités l'estime et le respect dont il jouit pendant près de neuf ans auprès du gouvernement français. Il faisait le plus magnifique usage de sa grande fortune en faveur des pauvres, et lorsqu'il mourut, à Paris, le 21 juin 1810, infirme et aveugle, il la légua tout entière à l'hôpital de Milan. En vertu d'un décret impérial, son corps fut enseveli avec une grande pompe dans l'église de Sainte-Geneviève.

A. SAVAGNER.

CÂPRE, bouton du câprier, confit dans le vinaigre, dont on se sert pour assaisonner certains mets. Les câpres ont donné leur nom à une sauce qui n'est autre qu'une sauce blanche dans laquelle elles remplacent le verjus ou le vinaigre. Voici la manière de préparer les câpres. Au printemps, lorsque le câprier s'est couvert de son feuillage et que les boutons de sa fleur tendent à sortir de tous les points de ses tiges, les femmes et les enfants vont chaque matin, au point du jour, cueillir les boutons naissants, qu'elles rapportent chez elles pour les passer à travers de petits tamis ou cribles en tôle, afin d'en extraire les plus petits, qui sont les plus recherchés dans le commerce; elles les laissent ensuite exposés à l'air pendant plusieurs heures, puis les jettent dans des tonneaux de vinaigre. Au bout de huit jours on les retire de ces tonneaux, et après les avoir pressés avec soin pour les bien égoutter, on les remet de nouveau dans le vinaigre, auquel on ajoute du sel pour les affermir et les conserver. Le cultivateur les livre dans cet état aux marchands. On prépare de la même manière le fruit du câprier, lorsqu'il est à peine formé, et comme il a la forme d'un petit cornichon, on lui en a donné le nom ; mais le *cornichon du câprier* est beaucoup moins estimé que la câpre. Dans quelques parties du nord de la France, qui tirent peu de provisions du midi, on remplace les câpres par les boutons de capucine, qu'on fait confire également dans le vinaigre, et qui passent pour exciter beaucoup l'appétit.   J. SAINT-AMOUR.

CAPRE (*Marine*), du latin *capere*, prendre. C'est un vaisseau armé en guerre pour faire la course, et que les armateurs hollandais équipaient le plus souvent à leurs frais ; on en armait aussi *à la part*. Ils étaient destinés à balayer les mers de tout ce qui pouvait appartenir aux ennemis de l'État, et donnaient en conséquence la chasse aux corsaires et aux forbans. Leurs équipages étaient, pour cette raison, toujours fort nombreux, et il était rare que la plupart de leurs officiers ne fussent pas tirés de la marine militaire. Plusieurs capres ayant commis des excès, une ordonnance fort sage, rendue par le stadhouder en 1674, prescrivit à tout armateur de quelque nature que ce fût de fournir caution au siége de l'amirauté, avant de prendre la mer, à peine d'être considéré comme voleur public.   J. SAINT-AMOUR.

CAPRÉE ou CAPRI, chez les anciens *Capreæ*, l'une des plus charmantes îles de la mer de Toscane et où une foule de beautés naturelles, de ruines et de localités historiquement célèbres se succèdent à l'envi dans un espace extrêmement restreint, est située à l'entrée du golfe de Naples, en face du cap Massa et de Campanella. Sa superficie est à peine d'un myriamètre carré, et sa population de 4,000 âmes. La partie orientale, la plus grande et en même temps la moins riche de l'île, porte plus particulièrement le nom de *Capri*, et on donne celui d'*Anacapri* à la partie occidentale, qui est aussi la plus riche. La petite ville de Capri, située entre deux rochers très-élevés, défendue par des murs, des portes et des ponts-levis, et siège d'un évêque, offre de ravissants points de vue. On arrive par un escalier de cinq cent trente-six marches de 30 centimètres environ chacune, et taillées dans le roc vif, à la petite ville d'Anacapri, que défend un château dont la construction remonte à l'époque de Frédéric 1er.

Au temps d'Auguste et de Tibère, la petite ville de Capri, le seul point de l'île où l'on puisse aborder, offrait un aspect tout à fait féerique. On y trouve encore aujourd'hui les ruines du forum, des thermes et surtout des douze palais que Tibère y avait fait construire en l'honneur des douze grands dieux, et où il passa les onze dernières années de sa vie, au sein des plus sales voluptés. Aujourd'hui on n'y rencontre plus que des pêcheurs, des marins et quelques marchands. Quant à Anacapri, des vignerons et des cultivateurs d'oliviers en sont les seuls hôtes. Partout où il y a assez de terre pour qu'un arbre puisse y étendre ses racines, les habitants n'ont pas manqué d'en planter un ; et là où elle manquait ils ont été en chercher sur le continent, et l'ont rapportée pour la déposer sur les terrasses taillées dans le roc vif, donnant ainsi un merveilleux exemple de ce que peut produire la patience et l'industrie de l'homme. On récolte à Anacapri de délicieux vins rouges et blancs, exempts de ce goût de soufre qu'on reproche en général aux produits des différents crus du royaume de Naples. Les cailles, extrêmement délicates, qui y arrivent chaque année par centaines de milliers, au printemps et en automne, et qu'on y prend à l'aide de grands filets, constituent un des principaux revenus de l'évêque. Au *Monte Calora*, le point culminant de l'île, l'œil découvre l'un des plus vastes horizons dont on puisse jouir en Italie, attendu qu'on y aperçoit en même temps les golfes de Gaëte, de Naples et de Salerne, et, sur l'arrière plan, les terrasses différentes qu'y forment successivement les différentes montagnes de l'île.

Le souvenir d'un des plus brillants faits d'armes des grandes guerres de l'Empire se rattache à l'île de Capri. Quand Murat eut été appelé à remplacer sur le trône de Naples Joseph Bonaparte, passé roi des Espagnes et des Indes, l'un de ses premiers soins fut de songer à s'emparer de ce rocher de Capri, alors refuge d'une foule de forbans qui infestaient les côtes de la Calabre, et foyer de conspirations au profit de la vieille dynastie, réfugiée en Sicile, contre le nouvel ordre de choses établi sur la terre ferme par la volonté toute-puissante de Napoléon. L'entreprise était d'autant plus difficile qu'une garnison anglaise occupait l'île, que l'on manquait de vaisseaux de guerre, et que les Anglais, avec leurs navires sans nombre, étaient maîtres de tous ses parages et y faisaient active surveillance. Ces difficultés, si grandes qu'elles fussent, n'étaient pourtant rien encore en comparaison des obstacles naturels qu'offrait la configuration de cet îlot, élevé partout de plus de 30 mètres au-dessus du niveau de la mer, et aux côtes taillées pour ainsi dire à pic. Le général Lamarque, à qui l'exécution en fut confiée, partit de Naples le 4 octobre 1808, à la tête de 1600 hommes, réussit à s'emparer le lendemain même, à la pointe du jour, du fort Sainte-Barbe, qui le rendait maître de la partie occidentale de l'île, et où il fit sept cents prisonniers, parmi lesquels on remarquait un neveu de l'évêque de Lausanne, le capitaine comte de Lenzbourg, qui avait eu la cuisse fracassée d'un coup de feu. Maître de ce point important, il lui fut dès lors facile d'acculer à l'est le reste des forces anglaises, qui seize jours après étaient obligées de capituler. Elles étaient commandées par Hudson-Lowe, qui devait acquérir plus tard une si triste célébrité en exerçant à Sainte-Hélène les fonctions de geôlier et de bourreau de Napoléon.

CAPRÉE (Grotte de). Cette grotte, située dans l'île de ce nom (*voyez* l'article ci-dessus) et appelée aussi la *Grotte d'azur*, était sans doute connue des anciens, mais son existence avait été oubliée. Elle fut retrouvée au dix-neuvième siècle par des voyageurs qui se baignaient à l'abri des rochers qui la recèlent. On ne peut y arriver que par mer. Après avoir traversé dans une petite barque un passage bas, étroit et court, sur des eaux toujours immobiles, on met pied à terre sur un promontoire de rochers qui porte l'empreinte de travaux antiques. Lorsque la vue s'est familiarisée avec la demi-obscurité des lieux, on se voit dans une vaste salle où tous les objets, l'eau, l'air, les parois, sont d'un beau bleu d'azur. A peine un faible rayon de lumière blanche a-t-il accès par le passage qui communique avec la mer. La nouveauté, la magnificence de ce phénomène, ont frappé d'admiration tous les voyageurs ; tous aussi se hâtent d'en demander l'explication aux lois de la physique.

Si le niveau de la mer était plus bas de quelques mètres, cette grotte ne serait plus qu'une de ces cavités si communes dans les rochers calcaires, et dans lesquelles on entre par une galerie plus ou moins haute, plus ou moins étroite, ayant tantôt la forme d'un plein cintre, tantôt celle d'une ogive. Comme il est probable, d'après la position actuelle du palais de Tibère, que le sol entier de l'île s'est un peu affaissé depuis l'époque des empereurs romains, le phénomène singulier que nous décrivons n'existait pas pour les anciens ; il n'y avait là pour eux qu'une caverne qui ne méritait à aucun titre une mention dans les ouvrages où ils ont enregistré les curiosités naturelles de l'Italie. Par suite de l'affaissement général de l'île, l'eau s'élève dans le vestibule de la grotte presque jusqu'à la clef de voûte, de sorte que la lumière pénètre bien toujours dans l'intérieur par ce vestibule, mais en traversant l'eau qui le remplit. Or, la lumière blanche est, comme on le sait, composée de la réunion de sept rayons principaux, diversement colorés; elle se décompose et change de direction en pénétrant dans un milieu dense, et l'angle que font les divers rayons avec la direction primitive de la lumière n'est pas le même. Les rayons bleus, étant des plus réfrangibles, arrivent donc seuls dans l'eau de la grotte, qui, par réflexion des parois, est éclairée tout entière de leur teinte.

Suivant M. de Maistre, une autre cause produirait ce phénomène. D'après ses expériences, le bleu d'azur serait la couleur naturelle de l'eau en grande masse, et cette couleur se montrerait toutes les fois que des circonstances favorables la dérobent au mélange des autres couleurs. Ainsi, le demi-jour azuré de la grotte serait simplement causé par le passage de la lumière à travers un milieu bleu, comme on voit dans les vieilles églises la lumière colorer les objets de teintes empruntées aux vitraux des points qu'elle traverse.

A. Des Genevez.

CAPRICE.

Qu'est-il ? d'où vient-il ? où va-t-il
Et qu'en sait-on, et qu'en sait-il ?

Le *caprice* se rit des étymologistes et des philologues : quand on dit qu'il est ici, il est là ; chacun vous le définira *à son caprice* : il n'est pas s'il ne varie, et le fixer c'est le détruire. Sa volonté, sans but et sans suite, n'est pas même une volonté. Ce papillon, dont le vol si incertain, si chatoyant, bat si fréquemment l'air de ses ailes d'or et de soie, qui se dirige vers une fleur et qui s'arrête sur une autre, n'est-ce pas le caprice? Le caprice c'est cette impulsion fugitive, changeante, qui pousse et retient le jeune chat poursuivant une boule de papier ; sautant, le dos arrondi, retombant sur sa balle, en regardant ailleurs, la faisant jaillir en l'air, s'élançant pour la ressaisir, retombant à côté, ayant déjà oublié son jouet, secouant sa blanche patte, aussi souple que s'il était sans jointures, et avisant sur les longs poils de sa moustache un atome de poussière, un duvet d'édredon, source de nouveaux *caprices*. Le cabri, aux sauts légers, spontanés, inattendus, c'est le caprice qui le suspend au bord des précipices, au sommet des rochers. Le nom même du caprice ne vient-il pas de la chèvre, *capra*, aux fantasques et vagabondes humeurs? Après le papillon, le chat, le cabri et la chèvre, l'animal le plus capricieux est le cheval, ou le mulet ou l'âne même. Parmi les hommes, l'origine du caprice est toute moderne. Les Grecs et les Romains, fatalistes, ne pouvaient pas le soupçonner. C'est en France qu'on trouve son berceau. Le *capricio* n'entra dans l'Italie qu'avec nos courtisans aventuriers, qui la traversèrent tant de fois avant et depuis François 1er. Plus tard, et en dépit de l'étiquette, le *capricho* se glissa dans les graves Espagnes à la suite de Philippe V. Les Anglais prirent chez nous le mot, tel quel, plutôt que la chose. Ils ont le *spleen*, l'*humour* : à eux la tâche de supporter l'un et de définir l'autre. Mais quant à notre *caprice*, leur aristocratie, toute cosmopolite qu'elle est, n'a pu le naturaliser chez eux. Il grimacerait sur les grosses joues de John-Bull. Le caprice n'est ni la fantaisie, ni la boutade, ni l'inégalité d'humeur, ni la bizarrerie. Dans la fantaisie la raison s'éclipse ; dans le caprice elle se laisse subjuguer ; la boutade est souvent brusque, brutale; le caprice est ordinairement gracieux et délicat comme un enfant gâté. L'inégalité d'humeur est chronique, le caprice est passager. La bizarrerie, enfin, va jusqu'à l'extravagance, tandis que le caprice s'arrête à la taquinerie.

Agir capricieusement, c'est agir par caprice ; être capricieux, c'est avoir des caprices. Les esprits capricieux sont fréquents dans notre frêle humanité, particulièrement, il faut bien le dire parmi les acteurs, les artistes, les écrivains en renom, les jolies femmes surtout. On les flatte, on les cajole tant, on leur passe tant de choses, qu'en vérité il faudrait qu'ils fussent des saints ou des anges pour ne pas croire que tout leur est permis.

Cependant, à l'examiner de près, il ne faut pas supposer le *caprice* aussi méchant qu'on se le figure. Au fond, il vaut souvent mieux que sa réputation. D'ordinaire il est tout à la surface, ses continuelles variations n'ont pas plus de profondeur que de suite ; c'est un souffle, une vapeur, un geste, un sourire effleuré, une moue fugitive, un mouvement d'épaule, un silence, une parole ; c'est tout cela, et ce n'est rien de tout cela. Il règne encore en France, souverain absolu, changeant, rival avec la mode ; il y a régné avec les maîtresses et les favoris, dans les palais, les boudoirs, les petites maisons. Heureuse époque! le caprice gouvernait alors les arts et la littérature, tourmentait les colonnes et les trophées, faisait voltiger des rubans de pierres, aiguisait le madrigal en épigrammes et tournait l'épigramme en madrigal, se perdait dans un labyrinthe de charmilles, ou dans un dédale d'amphigouris, prenait la Dubarry dans la patrie de Jeanne-d'Arc, la sortait de la baraque d'un maltôtier, en faisait une fille de joie pour la préparer au trône, et plus tard riait, quand celle qui avait traité un vieux roi en laquais qu'elle appelait *la France*, à genoux aux pieds d'un sanglant valet lui criait : « Un moment, *monsieur* le bourreau? » Le caprice à Paris a fait, défait, refait, lois, alliances, guerres, traités de paix ; il a changé même les proportions des corps et la forme des visages et le type de la beauté ; il a donné des hanches démesurées aux hommes et aux femmes, retroussé le nez, reculé les fronts ; il s'est glissé partout, détruisant tout lien, toute suite, tout sentiment, toute émotion, et mettant à la place de la nature le *caprice*, à la place de la morale le *caprice*, à la place des passions, des vertus et des vices le *caprice*, toujours le *caprice*, grimaçant enfin ou souriant toujours et partout. Nous voudrions croire que son temps est passé, et que c'est un article *nécrologique* plutôt que *biographique* que nous venons d'écrire.

Adélaïde Montgolfier.

CAPRICE (*Musique*). On appelle ainsi un morceau dans lequel l'auteur, s'écartant des errements ordinaires, donne carrière à son imagination et se livre à tout le feu de la composition. Telle était du moins dans l'origine la forme du *caprice*. Depuis on nomma ainsi des études ou exercices pour le violon, et les Caprices de Locatelli jouirent d'une grande célébrité dans ce genre. De nos jours ce nom est bien à tort donné à une foule de compositions légères, qui semblent toutes faites sur le même modèle, et dans lesquelles on ne trouverait pas une seule innovation, un seul trait saillant qui pût justifier ce titre. Au contraire, tout, excepté l'art et la science, y est réglé et arrangé sur un plan toujours le même. Les *caprices* et les *fantaisies* se sont multipliés autour de nous dans une effrayante proportion ; toutefois, le public commence à faire justice de ces médiocres productions, et on peut espérer que bientôt elles seront remplacées par des compositions plus remarquables, et que l'art rentrera dans son domaine. F. DANJOU.

CAPRICORNE (*Entomologie*), en latin *cerambyx*.

Ce nom qui, dérivé de *caper*, bouc, ou de *capra*, chèvre, et de *cornu*, corne, conviendrait à beaucoup de ruminants, et qui en effet paraît avoir été autrefois le nom de l'œgagre, dont on a fait un des signes du zodiaque (*voyez* ci-après), a été donné par les naturalistes à un genre d'insectes coléoptères tétramères, de la famille des xylophages, remarquables en général par la longueur de leurs antennes, et dont les espèces, qui varient infiniment dans leurs nuances et par leur taille, vivent habituellement dans le tronc des arbres. L'espèce qui habite le saule, et qui a reçu le nom de *cerambyx moschatus*, est d'un très-beau vert et a une odeur de rose très-prononcée. L'espèce nommée vulgairement *le savetier* (*cerambyx cerdo*), et le *grand capricorne* (*cerambyx heros*), toutes deux de couleur noire lavée de brun, et trop communes en France, habitent les chênes; et leurs larves, dont les anciens, dit-on, étaient friands, y causent assez de dégâts pour faire quelquefois périr les plus beaux de ces arbres dans nos forêts.

CAPRICORNE (*Astronomie*). Dans l'ordre des signes du zodiaque, c'est le dixième; on le nomme aussi le *bouc*, la *chèvre Amalthée*, le *signe de l'hiver*, la *porte du soleil*; les Grecs, peuple à imagination ardente, qui distribuaient la zone zodiacale en douze maisons célestes, ne lui donnèrent cette dernière dénomination que par analogie. En effet, c'est par une de leurs portes éclatantes que l'astre du jour, arrivé à ce signe sur la limite de l'écliptique, semble y rentrer, quoiqu'il n'en sorte jamais. Le Capricorne est, vers le pôle austral, le point le plus éloigné de l'équateur où puisse parvenir le soleil, qui le traverse, et dans lequel il décrit le plus petit de ses cercles méridionaux ; c'est le *tropique du Capricorne*. Au 21 décembre, quand le soleil entre dans ce signe, l'hiver commence pour les peuples septentrionaux; ils ont alors les plus petits jours; c'est au contraire le premier soleil d'été pour les habitants de l'hémisphère austral.

Cette constellation est distante de près de 23 degrés et demi de l'équateur. Comme les autres constellations, elle occupe un arc de 30 degrés sur l'écliptique. Selon le catalogue de Flamstead, elle compterait cinquante et une étoiles, mais le télescope en a depuis découvert un plus grand nombre. Hévélius parle d'une étoile de la sixième grandeur, qui aurait disparu dans cette constellation à l'époque où il vivait. Du temps d'Hipparque de Rhodes, le signe du Capricorne était réellement dans sa constellation; mais la révolution lente et complète de toutes les étoiles, ou plutôt du firmament, qu'on appelle la précession des équinoxes, a éloigné ce signe de 30 degrés environ; il est donc aujourd'hui dans le *Sagittaire*. Bien plus, en des siècles très-reculés, il paraît que le Capricorne occupait le solstice d'été. En effet, le nom qu'il porte est celui de cet animal grimpant, qui sur les hauteurs semble comme suspendu, symbole du soleil et de l'élévation, et au contraire le *Cancer* ou *Écrevisse*, qui occupait par conséquent le solstice d'hiver, est celui de la rétrogradation, ce qui fait tomber en entier l'hypothèse de Pluche sur le *zodiaque*. L'invention de cette zone céleste étant due aux Égyptiens, il est à remarquer que le Capricorne y est représenté avec une queue de poisson, parce que cette constellation amenait pour le peuple le solstice d'été, temps où le Nil, grossi par la fonte des neiges lointaines, déborde, couvrant des rivages des habitants de ses eaux. Le double animal, la chèvre et le poisson, qui formulent ce signe, pouvait donc s'appeler le Soleil-Nil, astre et fleuve dont il était l'emblème.

Pour reconnaître cette constellation dans le firmament, il faut tirer une ligne qui aille de la Lyre à l'Aigle; elle se prolongera sur deux étoiles de troisième grandeur, voisines, et à deux degrés l'une de l'autre : elles marqueront la tête du Capricorne; la plus élevée est double; puis, à 20 degrés de là, deux étoiles quartaires du côté de l'orient, situées de l'orient à l'occident, à deux degrés l'une de l'autre, marqueront la queue de cet animal.

Sous le rapport mythologique, voici ce que les poëtes racontent du Capricorne : selon ceux-ci, la chèvre Amalthée, sur le mont Ida, nourrit de son lait Jupiter enfant, et ce dieu, en reconnaissance, la plaça parmi les astres; selon ceux-là, c'est Pan qui, assis à la table des dieux en un certain lieu de l'Égypte, et qui, voyant paraître tout à coup Typhon, le plus terrible des géants, s'enfuit saisi de frayeur avec les autres divinités, et se jeta dans le Nil, où il se cacha sous la forme d'un monstre nouveau, bouc par devant et poisson par derrière. Ils disent que le maître de l'Olympe le mit depuis au nombre des constellations. Ce que l'on sait de positif, c'est que le Capricorne était consacré à Pan, *le Tout*, *la Nature* chez les Grecs, et que les Égyptiens, qui le nommaient *Mendès*, lui avaient dédié un temple, où était nourri un bouc sacré, auquel ils rendaient un culte particulier, comme l'affirme Strabon.

En astrologie, cette constellation, ou plutôt cette *maison*, signifiait la moitié des ans de la vie humaine. Elle présidait aux genoux et aux jarrets. DENNE-BARON.

CAPRIER. Cet arbuste, type de la famille des capparidées, est originaire de l'Asie, où ses espèces sont très-variées; on a pu en acclimater quelques-unes sur la côte d'Afrique, en Espagne et dans le midi de la France. Les plus connues sont, après le *câprier commun* : le *câprier du Malabar* (*capparis baducca*); le *câprier à grosses siliques* (*capparis amplissima*); le *câprier luisant* (*capparis breynia*); le *câprier à belles fleurs* (*capparis pulcherrima*). Toutes ces espèces diffèrent beaucoup les unes des autres, et exigent dans la manière de les cultiver plus ou moins de soins. Nous ne nous occuperons dans cet article que du *câprier commun* (*capparis spinosa*), dont les produits sont pour les Provençaux une branche de commerce importante.

Le câprier commun vient en Provence presque sans culture, dans les lieux les plus pierreux, dans les crevasses des rochers et dans les fentes des vieilles murailles; mais on en fait aussi des plants, et il n'est pas rare de voir des champs entiers consacrés à sa culture. Cet arbuste croit ordinairement par touffes lâches et diffuses, grossissant continuellement par l'adhérence des nouveaux œilletons qui s'appliquent aux rejetons précédents. Chaque tige ou sarment est garnie de feuilles entières, lisses, un peu charnues, et d'une forme ovale arrondie; au bas de leur pétiole on voit deux épines courtes et crochues, et de chacune de leurs aisselles s'élèvent des pédoncules portant une seule fleur, large et très-ouverte, qui offre, par la beauté de sa corolle, nuancée de lilas, de blanc et de jaune, et la teinte pourprée de ses étamines nombreuses, l'aspect le plus agréable. Le fruit qui succède à cette fleur a la forme d'une petite poire.

Le câprier redoute peu la sécheresse ou la chaleur; mais il craint le froid et meurt à l'ombre. Les Provençaux, qui en cultivent des champs entiers, le disposent ordinairement en quinconce, et placent les sujets à trois mètres les uns des autres. Sa culture dans cet état est fort simple : il suffit de lui donner au printemps un seul labour et de couper les tiges languissantes, qui nuiraient à la prospérité de l'arbuste. En automne, pour le préserver des gelées, on coupe chaque touffe à quinze centimètres de la racine, et on recouvre toute la plante de terre, en creusant dans l'intervalle des lignes de petits fossés pour recevoir les eaux. Au printemps suivant, on remet les choses comme elles étaient auparavant, et de nouveaux jets ne tardent pas à pousser.

Le câprier fleurit ordinairement en été, et continue à porter des fleurs tant que la fraîcheur des nuits n'arrête pomt sa sève. L'odeur de sa fleur est douce et suave ; elle ressemble à celle du jasmin respirée d'un peu loin. C'est le bouton non encore épanoui de cette fleur qu'on nomme *câpre*, et qui est d'un usage si fréquent en France pour l'assaisonnement des mets. Le fruit du câprier se prépare de la même manière.

Les médecins employaient autrefois comme apéritive l'écorce de la racine du câprier. Comme elle contient beaucoup d'huile volatile diffusible et un extractif amer, ils en recommandaient l'usage dans les affections de l'estomac et des organes abdominaux. On l'employait aussi, et, dit-on, avec succès, dans la chlorose, la cachexie, la paralysie, l'hypochondrie, dans les maladies de nerfs et dans les engorgements de la rate et des viscères du bas-ventre. Aujourd'hui ce remède est inusité. J. Saint-Amour.

CAPRIFICATION (en latin *caprificatio*, fait de *caprificus*, figuier sauvage), opération pratiquée par les anciens sur les *figues*, dans le but d'en hâter la maturité, et qui s'est conservée en certains cantons du Levant. Elle consiste à placer sur un figuier des figues remplies d'une espèce de cynips, sorte de petit insecte qui, sortant pour se répandre sur les fruits qu'on prétend faire mûrir, pénètre dans la substance de ceux-ci, chargé du pollen fécondant que fournissent les fleurs mâles à l'entrée d'un calice commun. Des auteurs ont prétendu que le pollen ne jouait pas le moindre rôle dans la caprification, et que la piqûre seule des cynips suffisait pour faire mûrir les figues, puisque dans nos vergers toutes les espèces de fruits quelconques mûrissent d'autant plus vite que des larves d'insectes s'y sont introduites. On a d'ailleurs des doutes sur l'efficacité d'un procédé qui ne se pratique ni en France, ni en Espagne, ni en Italie, ni en Barbarie, où l'on mange des figues excellentes sans l'intervention des cynips. Bory de Saint-Vincent, de l'Académie des Sciences.

CAPRIFOLIÉES, ou CAPRIFOLIACÉES (de *caprifolium*, chèvre-feuille), famille de plantes dicotylédones monopétales à étamines épigynes et à anthères distinctes, qui se divise en une douzaine de genres et renferme des arbres, arbustes ou arbrisseaux, souvent si différents qu'on pourrait les considérer comme appartenant à autant de familles bien distinctes et bien tranchées : tels sont le *chèvre-feuille*, le *cornouiller*, le *lierre*, le *sureau*, la *viorne*, etc. Voici leurs caractères généraux, d'après M. de Mirbel : « Les rameaux naissent dans l'aisselle des feuilles, qui sont opposées, très-entières ou dentelées, ou même découpées en folioles ; les fleurs, souvent odorantes, presque toujours accompagnées à leur base de deux bractées, partent du sommet des rameaux, et sont quelquefois réunies par paires à l'extrémité de leurs pédoncules, plus communément disposées en panicules, en corymbes, en cymes, en faux verticilles, ou quand ces verticilles sont très-serrés l'un contre l'autre, ils forment des capitules. Quoique en général ces fleurs soient très-petites, et que prises une à une elles aient peu d'apparence, quand elles sont groupées en grand nombre, elles produisent un effet très-agréable ; aussi les caprifoliées sont-elles fréquemment employées à la décoration des jardins. Le tube du calice est soudé à l'ovaire ; son bord est libre et découpé en quatre ou cinq dents. La corolle, de forme très-variable, est tantôt régulière, tantôt irrégulière, mais toujours d'une seule pièce, tubulée à sa base et découpée à son orifice en cinq parties qui alternent avec les dents calicinales. Elle est fixée sur sa ligne circulaire, où commence l'union du calice avec l'ovaire. Les étamines, attachées au nombre de cinq, très-rarement au nombre de quatre, sont attachées à la surface interne de la corolle, au-dessous des sinus qui partagent son bord. Les anthères affectent diverses formes ; elles sont allongées, étroites, et attachées aux filets par leur milieu, ou bien elles ont la forme d'un cœur ou d'un fer de flèche, et la jonction avec les filets a lieu au sommet de leur échancrure. L'o-

vaire est couronné quelquefois d'une glande en forme d'anneau ou de tube, et porte un style terminé par un stigmate hémisphérique, ou trois stigmates placés sur une proéminence charnue, laquelle remplace le style ; il est composé de trois ou quatre coques soudées ensemble et uniloculaires, dont une ou deux avortent très-souvent ; un ou plusieurs ovules sont suspendus à la partie supérieure des loges, ou attachés à un placentaire central. Cet ovaire devient une petite baie au haut de laquelle on aperçoit encore de faibles vestiges du bord du calice. Les graines contiennent chacune sous leur tégument propre une amande composée d'un périsperme charnu et d'un embryon cylindrique central. Cet embryon a deux cotylédons ; sa radicule regarde le hile. »

CAPROMYS. Ce nom, qui signifie *chèvre-rat* (*capra* chèvre ; *mus*, rat), est celui que les naturalistes ont donné à une espèce d'animaux rongeurs qu'on n'a encore rencontrés que dans l'île de Cuba, où l'on appelle vulgairement *houtia*. Assez voisins des rats par l'ensemble de leur structure, mais d'une taille plus forte et qui approche de celle du lapin, les capromys vivent dans les bois, terrent comme les lapins et se nourrissent comme eux de racines et de végétaux : aussi leur chair a-t-elle quelque analogie avec celle de ces animaux, et ne sont-ils pas moins recherchés qu'eux. On en distingue plusieurs espèces différant les unes des autres par la longueur de la queue, qui, comme celle des rats, est longue, ronde, peu velue ; ainsi que par l'étendue d'une tache blanche qui existe sous la gorge, et qui chez une de ces espèces s'étend jusque sur le museau. Désmezil.

CAPROTINE, l'un des surnoms de Junon. C'était aussi une épithète donnée par les Romains aux *nones* de juillet. Voici à quelle occasion : Après l'irruption des Gaulois, quelques nations voisines de Rome, croyant qu'elles auraient désormais bon marché de cette ville, vinrent l'attaquer sous les ordres de Lucius, dictateur des Fidénates. Ce chef somma tout d'abord les Romains d'avoir à livrer à ses soldats leurs femmes et leurs filles. On feignit d'obtempérer à cette insolente injonction ; mais on n'envoya que des esclaves, lesquelles avaient pris pour la circonstance les vêtements et les parures de leurs maîtresses. Lucius se livra tout aussitôt à la brutalité de ses soldats ; mais les esclaves, fidèles au rôle qu'elles avaient été chargées de jouer dans ce drame, profitèrent de l'instant où ces hommes, fatigués par les excès de tout genre, cédaient au sommeil, pour donner du haut d'un figuier sauvage (en latin *caprificus*), un signal convenu à l'avance. Aussitôt les Romains, fondant sur eux, en firent un affreux carnage. La liberté fut la récompense de ces esclaves, qui en reconnaissance instituèrent une fête à Junon ; et la déesse fut nommée *Caprotine*, en mémoire du figuier sauvage du haut duquel était parti le signal. Ceci s'était passé le jour des nones de juillet ; de là le surnom de *nones caprotines*, donné à l'anniversaire d'un événement trop singulier pour qu'il ne soit pas permis d'en révoquer en doute l'authenticité.

CAPSE (en latin *capsa*), genre de mollusques à coquille bivalve, appartenant à la famille des nymphacées de Lamarck. Les capses sont faciles à reconnaître par leur forme en général, et présentent les caractères suivants : Coquille transverse, équivalve, un peu inéquilatérale, close ; charnière ayant deux dents sur la valve droite, une seule dent bifide et intrante sur la valve gauche ; dents latérales nulles ; ligament extérieur sur le côté court. Deux espèces constituent ce genre ; la *capse lisse*, et la *capse du Brésil*. P.-L. Duclos.

CAPSELLE (en latin *capsella*, fait de *capsa*, boîte), nom sous lequel quelques naturalistes anciens ont désigné l'*echium* ou *vipérine*, et Césalpin la *bourse à berger*. Plusieurs botanistes modernes l'ont réservé à cette dernière, dont ils ont fait sous ce nom un genre à part qu'ils ont démembré du genre *thlaspi* de Linné.

CAPSULE

CAPSULE (du latin *capsula*, diminutif de *capsa*, boîte). En chimie on entend par *capsule* un vase en forme de coupe très-évasée, d'une capacité plus ou moins grande, qui sert à échauffer et à évaporer les liquides. Il y a des capsules de porcelaine, de verre et de substances métalliques. Celles en verre sont les plus fragiles; parmi les capsules métalliques, celles en platine, dont le prix est très-élevé, sont les plus avantageuses; celles en porcelaine sont les plus employées.

En thérapeutique le mot *capsule* désigne ces enveloppes, ordinairement en gélatine, destinées à contenir des substances dont la saveur repoussante rendrait aux malades l'ingestion pénible et quelquefois même impossible. Ces capsules, remplies et fermées, n'ont aucun goût, et une fois parvenues dans l'estomac, la gélatine étant dissoute par les sucs gastriques, la substance qu'elle renferme se trouve mise en rapport avec les surfaces absorbantes par lesquelles elle doit agir sur l'économie: telles sont les capsules dites *de Mothes*, *de Raquin*, etc.

On appelle aussi *capsules* certaines a m o r c e s, qui depuis l'invention des f u s i l s à percussion ont pris une importance de plus en plus grande. Ces capsules sont formées d'une espèce de petit chapeau en cuivre très-mince, renfermant une certaine quantité de poudre fulminante. Une telle capsule étant placée sur la cheminée d'une arme à percussion, si on laisse échapper le chien, le choc suffit pour enflammer le contenu de la capsule, et par suite la charge qui doit chasser la balle. La fabrication mécanique de ces capsules a été portée à une grande perfection par M. Tardy, capitaine d'artillerie.

En botanique on donne le nom de *capsules* aux f r u i t s secs qui s'ouvrent naturellement en un certain nombre de pièces ou par des trous qui se forment sur différents points de leur surface. Les parties qui entrent dans la composition des capsules sont: 1° les battants, panneaux ou valves, qui recouvrent le fruit extérieurement; 2° les cloisons, qui séparent le fruit en plusieurs loges; 3° le pilier, axe ou columelle, qui réunit les parties internes avec les semences; 4° les loges, espaces vides occupés par les semences; 5° le réceptacle propre; 6° les semences. En raison du nombre de leurs loges, les capsules ont été distinguées en *uniloculaires*, *biloculaires*, *triloculaires*, *multiloculaires*. Leur distinction en *capsules bivalves*, *trivalves*, *quadrivalves*, *multivalves*, est aussi fondée sur le nombre de leurs valves. Lorsque l'ouverture ou la déhiscence valvaire des fruits capsulaires se fait par le milieu des loges, c'est-à-dire entre les cloisons, qui répondent alors à la partie moyenne des valves, on dit que la capsule est *loculicide* (éricinées); lorsqu'elle a lieu vis-à-vis les cloisons, qu'elle divise le plus souvent en deux lames, la capsule est *septicide* (rhodoracées, antirrhinées); lorsque enfin la déhiscence s'effectue en face des cloisons, qui restent en place au moment où les valves s'en détachent, les capsules sont dites *septifrages* (bignoniacées, bruyère commune). Les principaux fruits capsulaires sont le *follicule* (apocynées), la *silique* et la *silicule* (crucifères), la *gousse* ou *légume* (légumineuses), la *pyxide* ou *boîte à savonnette* (le mouron), l'*élatérie* (euphorbiacées), enfin la *capsule* proprement dite, qui ne peut être rangée parmi les cinq espèces précédentes (pavot, tulipe, lis). Quelques botanistes ont cherché à établir parmi les capsules plusieurs espèces de fruits différentes de celles indiquées ci-dessus, mais leurs distinctions n'ont point été adoptées. Les usages de toutes les parties des capsules que nous avons énumérées ci-dessus (valves, cloison, axe, loges) sont évidemment de contenir, de favoriser la formation de la graine, de la protéger et de concourir à sa dissémination. Le tissu des fruits capsulaires est, ainsi que celui des autres fruits secs, moins abreuvé de liquides que celui des fruits charnus.

Les bryologistes ont donné le nom de *capsule* à cette partie du fruit des mousses dans laquelle se forment et sont contenues les spores. La capsule, qui termine et surmonte le pédoncule en est pour ainsi dire le renflement. Ses formes et ses dimensions sont très-variables.

En anatomie on a prodigué le nom de *capsules* ou *parties capsulaires* sans aucun discernement. On les a évidemment confondues avec les vessies ou réservoirs des voies intestinales, lorsqu'on a considéré les extrémités dilatées des canaux déférents, et même les vésicules séminales comme des capsules. Dans cette acception, la vessie urinaire, l'estomac, les sacs pulmonaires, les cæcums, les matrices, et en général toutes les dilatations des voies intestinales, pourraient être regardés comme autant de capsules. Mais il y aurait confusion dans les termes, et les épithètes de *réservoirs* ou *cystes* et *vessies* doivent être préférées.

On a encore à tort donné le nom de *capsule de Glisson* aux gaines minces et denses que l'enveloppe cellulleuse du foie forme en se prolongeant dans son épaisseur autour des branches et des ramifications de la veine-porte, de l'artère hépatique et du conduit de même nom. Des gaînes ou canaux renfermant des vaisseaux et autres conduits ramifiés ne doivent point être considérés comme des capsules. A-t-on été plus heureux et plus exact lorsqu'on a été conduit à appeler *capsules atrabilaires* ou *surrénales* deux organes parenchymateux situés au-dessus des reins, qui sont creux et ovoïdes chez l'adulte, prismoïdes et granulés dans le fœtus? Dans l'intérieur de ces organes, d'une couleur brune jaunâtre, nuancée de rouge, on observe une grande cellule ou cavité étroite, triangulaire, lisse, n'ayant aucune issue à l'extérieur, offrant à sa partie inférieure une crête, et contenant un fluide visqueux, rougeâtre dans le fœtus, brunâtre chez les vieillards, et coagulable par l'alcool. Les parois de cette cavité sont épaisses et formées de granulations très-petites, rassemblées en lobules. Les *capsules surrénales* diminuent de volume en raison directe de l'âge, et disparaissent quelquefois dans la vieillesse très-avancée; leurs usages sont inconnus.

La dénomination de *capsule* semble avoir été imposée avec plus de justesse lorsqu'on s'en est servi pour désigner des membranes de diverses natures, destinées à envelopper et à favoriser les fonctions d'autres organes. C'est ainsi que Paracelse avait cru devoir nommer *capsule du cœur* la poche fibreuse dans laquelle cet organe est renfermé (*voyez* PÉRICARDE *et* CŒUR); c'est ainsi que les anatomistes de nos jours désignent les membranes fibreuses ou fibro-cellulleuses qui enveloppent les articulations très-mobiles sous le nom de *capsules articulaires*. Celles-ci sont des sortes de sacs cylindriques plus ou moins forts, blanchâtres, plus ou moins inextensibles ou d'autant plus lâches que les parties sont susceptibles de mouvements plus étendus. Ces membranes fibreuses capsulaires sont fortifiées à l'extérieur par les fibres tendineuses des muscles voisins, et enveloppées de tissu cellulaire. Leurs extrémités se continuent avec le périoste (enveloppe des os) ou avec le périchondre (enveloppe des cartilages), en s'insérant à la circonférence des surfaces articulaires. Leurs fibres s'écartent quelquefois pour laisser passer les tendons qui traversent la cavité articulaire (articulation du bras avec l'épaule). On ne donne point le nom de *capsules fibreuses* aux enveloppes des articulations gynglimoïdales (celles du coude, du genou), parce que les fibres ligamenteuses n'existent que sur les côtés, en avant et en arrière. Les vraies capsules articulaires fibreuses ne sont à la rigueur que des ligaments formant autour de l'articulation une tunique, dans l'intérieur de laquelle les extrémités des os, pourvues ou non de coussinets intermédiaires, glissent les unes sur les autres à l'aide de la s y n o v i e, fluide visqueux qui les lubrifie, et qui est exhalé par une membrane interne qui tapisse toutes les surfaces articulaires. Cette membrane, en raison de sa disposition sacciforme et de son occlusion, a été aussi appelée *capsule synoviale*. Ces capsules lubrifiantes différent des précédentes, que nous avons dit être des sacs cylindriques, continus avec le périoste, non-seulement par la nature de leur tissu, qui est moins dense, mais encore par des formes qui varient beaucoup en raison de la multiplicité de celles des articulations et des parties qui y sont quelquefois contenues. Ce sont toujours des poches sans ouvertures, transparentes, déployées sur toutes les parties articulaires, sans en renfermer aucune dans leur intérieur. Le nombre de ces sortes de capsules exhalant la synovie est très-considérable ; on en observe partout où s'exécutent des mouvements plus ou moins rapides et étendus, entre des parties dures ou tendant à la dureté.

CAPTAL, mot gascon dérivé du latin *capitalis*, qui signifie chef militaire, seigneur, et qui fut le titre du seigneur de Traine et du seigneur de Buch. Jean de Grailly a rendu ce dernier nom fameux au quatorzième siècle. Le duc d'Épernon fut aussi captal de Buch, petit pays des landes de Bordeaux (*voyez* TESTE DE BUCH).

CAPTATION. On appelle de ce nom tout moyen qui est employé dans des vues d'intérêt personnel pour obtenir des libéralités, en éteignant dans le cœur de l'homme les sentiments d'affection dont il est animé envers ceux qui sont naturellement appelés à lui succéder, en y faisant naître des sentiments de haine et d'animosité ; et toute action, toute conduite obséquieuse, toutes complaisances et caresses affectées, tous services rendus dans le dessein de s'attirer spécialement une institution testamentaire, un legs, une donation. Le Code Napoléon n'a point voulu comprendre d'une manière expresse et formelle la captation au nombre des causes de nullité des actes qui contiennent directement ou indirectement des libéralités, soit entre vifs, soit à cause de mort. Il s'est contenté d'en admettre la présomption dans certains cas ; et il a laissé en général à la conscience du juge la faculté d'apprécier les circonstances qui auraient pu gêner la liberté d'esprit de l'auteur de la libéralité, et lui faire témoigner une volonté autre que celle qu'il eût exprimée s'il n'eût été soumis à une influence étrangère. Ces circonstances sont de la nature de la preuve testimoniale est permise, et que les tribunaux ordonnent lorsqu'elles leur paraissent propres à établir avec un certain degré d'évidence, d'une part, que les dispositions écrites dont l'exécution est réclamée sont contraires à celles que leur auteur avait précédemment manifestées ; et qu'elles indiquent, d'autre part, que ces dispositions sont le fruit des manœuvres pratiquées pour les obtenir par ceux au profit de qui elles sont faites.

Mais la présomption est légale, et elle entraîne toujours la nullité de la donation ou du testament, lorsque les dispositions qui y sont contenues sont faites par une personne malade en faveur du médecin, de l'officier de santé ou du pharmacien qui l'aurait traitée pendant la maladie dont elle est morte ; ou en faveur du ministre du culte qui lui aurait donné les secours spirituels dans le cours de cette maladie.

La captation n'est pas un délit qualifié, elle n'est par conséquent pas susceptible d'une peine caractérisée ; elle n'offre qu'une sorte de violence morale, répréhensible dans sa cause comme dans ses résultats, et dont se trouve suffisamment puni celui qui l'aurait pratiquée, par la privation du fruit qu'il espérait en retirer.   J.-L. CRIVELLI.

CAPTIVITÉ, l'état de celui qui a été fait captif ou prisonnier, qui est retenu par force et contre sa volonté ou dans les fers, ou sur une terre étrangère, ou simplement sous la puissance d'un autre. Les amants seuls, dans leur langage métaphorique ou dans des accès de passion, reconnaissent une captivité volontaire et des chaînes qu'ils sont heureux, disent-ils, de recevoir et de porter ; mais souvent les plus légères leur paraissent lourdes, et ils trouvent bientôt le moyen de s'y soustraire quand la cause qui leur faisait rechercher avec tant d'ardeur a cessé. Toutes les ressources de la beauté sont alors impuissantes pour retenir le *captif* qui leur a été soumis, et parfois celles de l'esprit échouent également dans cette entreprise. Il n'y a de durables que les affections qui reposent tout à la fois sur ces qualités et sur celles du cœur.

Les anciens désignaient spécialement par le nom de *captifs* ceux qui avaient été pris à la guerre, et qui par ce fait se trouvaient sous la puissance, sous la dépendance entière du vainqueur. Les captifs à Rome étaient menés en triomphe et suivaient le char du triomphateur. En parlant des temps modernes, on appelait *captifs* les chrétiens que les corsaires barbaresques prenaient dans leurs courses et réduisaient à l'état d'esclavage, et qui ne pouvaient recouvrer la liberté qu'en payant une rançon plus ou moins forte. Le mot de *prisonnier* a été affecté à ceux que le sort de la guerre fait tomber entre les mains du vainqueur, et que l'on rend soit à la paix, soit par échange quand les hostilités durent encore.

Le verbe *captiver* se prend dans le même sens que celui de *capter*, mais avec une nuance plus favorable. Ils ne s'emploient du reste ni l'un ni l'autre au propre, c'est-à-dire dans l'acception de faire un prisonnier, un captif. On ne s'en sert qu'au figuré, pour désigner une influence toute morale exercée envers une personne ou envers une chose. On captive quelqu'un par des caresses, par des dons, par des promesses ; on captive l'oreille, le cœur, l'esprit, par des sons ou des paroles agréables, par des discours adroitement ménagés, par l'influence de la raison ou celle de l'éloquence et de la persuasion.

Le mot *captivité* est célèbre dans l'Écriture, parce que Dieu punissait ordinairement ainsi les infidélités de son peuple. On lit en effet dans la Bible que Moïse avait annoncé de la part de Dieu aux Israélites que s'ils n'étaient pas fidèles à observer sa loi, il les transporterait hors de la terre promise, et les livrerait au pouvoir d'une nation étrangère ; mais que s'ils revenaient à lui, il les rétablirait : ce qui arriva plusieurs fois. La première de ces captivités ou servitudes est celle d'Égypte, dont Moïse délivra les Israélites. On compte ensuite six autres captivités ou servitudes, qui arrivèrent sous les juges. La première eut lieu sous Chusan Rasathaim, roi de Mésopotamie : elle dura environ huit ans ; la seconde eut lieu sous Églon, roi de Moab : ce fut Aod qui en délivra Israel ; on place la troisième sous les Philistins : les Israélites en furent délivrés par Samgar ; la quatrième date de Jabin, roi d'Azor : elle dura vingt ans, et finit du temps de Débora et de Baruc ; la cinquième arriva sous les Madianites : Gédéon en affranchit les enfants d'Israël ; on place enfin la sixième sous les Ammonites et les Philistins, dans le temps que Jephté, Abésan, Élon, Abdon, Héli, Samson et Samuel étaient juges dans Israel. Mais les plus grandes et les plus fameuses captivités des Hébreux, ce sont celles qui arrivèrent dans Israel et dans Juda, sous les rois de ces deux États. *Voyez* BABYLONE (Captivité de).

CAPTURE. C'est l'arrestation d'une personne ; l'acte qui la constate se nomme *procès-verbal de capture*. Dans un autre sens, ce mot est synonyme de *prise maritime*.

CAPU-AGA, CAPUDAN-PACHA, CAPUDJY. *Voyez* CAPI-AGA, CAPITAN-PACHA, CAPIDJY.

CAPUCE, sorte de coiffure, comme l'indique le mot même (*caputio, a capite*), aussi nommé capuchon.

CAPUCHON, sorte de coiffure, nommée aussi *capuce*, et formé d'une pièce d'étoffe taillée en cône ou arrondie par le bout. Tout le monde se servait de la capuce avant l'adoption du chapeau. La cape avait d'abord un capuchon, comme il y en a encore aux *burnous* des Arabes, à nos *cabans* et à certains manteaux de femmes. Le capuchon attaché aux capes couvrait alors d'abord entièrement le visage. Les religieux ont gardé cette coiffure. Les bénédictins et les bernardins avaient deux sortes de capuchons, l'un noir pour les jours ordinaires, l'autre blanc et très-ample, et ils n'usaient qu'aux jours de cérémonie. Les capucins tirent leur nom de l'usage des capuces.

Quoique l'assemblée d'Aix-la-Chapelle eût réglé en 817

que la forme du capuchon serait au moins de deux coudées de longueur, cette partie de l'habillement monacal devint à la fin du treizième siècle la cause d'une guerre intestine, aussi longue qu'opiniâtre, entre les cordeliers. Ils se divisèrent en deux partis, les spirituels et les frères de la commune observance. Les premiers, les spirituels, dans le but, disaient-ils, de se rapprocher davantage de la pauvreté évangélique prêchée par saint François, blâmaient leurs supérieurs de former des réserves de blé, de vin et autres provisions; puis, en vertu du même principe, ils changèrent la forme du capuchon, et le portèrent plus étroit par esprit d'humilité. Quant aux frères de la commune observance, ils rejetaient ces innovations, prétendant qu'il appartenait aux supérieurs de régler tout ce qui concernait l'habillement et la discipline. La dispute ne tarda pas à s'aigrir; des arguments on passa aux invectives et quelquefois aux coups. Profitant de la vacance prolongée du généralat, les spiritualistes, au nombre de cent vingt, soutenus par les bourgeois de Narbonne et de Béziers, chassèrent à main armée, en 1314, des couvents de ces deux villes leurs adversaires. Grossis par un certain nombre de cordeliers échappés des monastères situés dans diverses parties de l'Europe, les moines vainqueurs se choisirent eux-mêmes des chefs, se constituant ainsi en état de rébellion. Ces troubles, que la cour de Rome s'efforçait en vain de pacifier, duraient depuis trois ans, lorsque Jean XXII, se référant aux bulles déjà publiées à ce sujet par ses prédécesseurs Nicolas IV et Clément V, décréta une constitution qui confirmait aux supérieurs la faculté de construire des greniers pour y renfermer les provisions, et leur reconnaissait le droit de déterminer la coupe des vêtements et le choix des étoffes destinées à l'habillement des moines placés sous leur juridiction. Cette décision suprême, loin de calmer les esprits, ne fit que les irriter davantage. Les spiritualistes continuèrent à dogmatiser, et essayèrent de former dans tous les monastères de l'ordre une ligue composée des frères partageant leurs opinions. Alarmés d'une résistance si menaçante, les supérieurs se déterminèrent à sévir contre les mutins, et quatre d'entre eux furent livrés à l'inquisition. Sommés de reconnaître la bulle du pape, ils la repoussèrent sous prétexte que le pontife n'avait pu s'immiscer dans ces matières. Ils furent condamnés au supplice du feu, et exécutés à Marseille, en 1318. Cette controverse dura près d'un siècle, malgré les efforts tentés par quatre papes pour l'étouffer : le temps seul réussit à la terminer.

Les évêques et les chanoines portent l'hiver des espèces de coiffes qui enveloppent la tête; et qu'on nomme aussi *capuchons* ou *scapulaires*. Dans l'origine, ils étaient de drap grossier; mais les dignitaires de l'Église ne tardèrent pas à les remplacer par des coiffes de soie et de velours, qui furent proscrites par le concile de Paris tenu en 1346. Un des actes de cette assemblée défend encore aux clercs de porter ni des capuchons courts terminés en pointe sur le front, ni des manches longues. SAINT-PROSPER jeune.

CAPUCHON (*Histoire naturelle*). Quelques anatomistes ont appelé ainsi le muscle trapèze qui sert au mouvement de l'épaule, parce qu'il présente l'aspect de cette partie de l'habillement monacal.

Le botaniste Link a appliqué le même nom à un évasement particulier des filets des étamines (*stylostegium*), qui dans les asclépiades recouvre l'ovaire comme un capuchon. On dit aussi que les pétales de l'ancolie (*aquilegia vulgaris*) sont *capuchonnés*.

Enfin, il paraît hors de doute que c'est à la configuration de sa fleur, qui ressemble à un capuchon, que la *capucine* a dû cette dénomination.

CAPUCIÉS ou **CAPUTIÉS** (*capuciati*). C'est le nom qu'on donna, sur la fin du douzième siècle, à certains fanatiques qui firent une espèce de schisme civil et religieux avec les autres hommes, et prirent pour marque de leur association particulière un capuchon blanc, auquel pendait une petite lame de plomb. Leur dessein était, disaient-ils, de forcer ceux qui se faisaient la guerre à vivre en paix. Cette idée surgit en 1186 dans la tête d'un bûcheron, qui publia que la sainte Vierge, lui étant apparue, lui avait donné son image et celle de son fils avec cette inscription : *Agneau de Dieu, qui effacez les péchés du monde, donnez-nous la paix ;* qu'elle lui avait ordonné de former une association dont les membres porteraient cette image avec un capuchon blanc, symbole de paix et d'innocence, s'obligeraient par serment à conserver la paix entre eux, et forceraient les autres à l'observer. La lassitude et le mécontentement qu'avaient produits dans tous les esprits les divisions, les guerres intestines, l'anarchie de ce malheureux siècle, donnèrent de la consistance à la secte des *capuciés;* ils trouvèrent des approbateurs, et firent des prosélytes dans tous les États, surtout en Bourgogne et dans le Berry. Malheureusement, pour établir la paix ils commencèrent, à ce qu'il paraît, par faire la guerre et par vivre aux dépens de ceux qui ne voulaient point se joindre à eux.

D'autres *capuciati* ou *encapuchonnés* parurent en Angleterre, vers la fin du quatorzième siècle. C'étaient des hérétiques, disciples de Wiclef, dont ils avaient adopté les principes hostiles au catholicisme romain, et qui refusaient d'ôter leur chaperon devant le saint-sacrement.

CAPUCINE, genre de plantes qui appartiennent à la famille des tropæolacées et à l'octandrie monogynie de Linné, et qui se rapprochent des violettes. Elles sont originaires de l'Amérique méridionale, et leur importation en Europe a beaucoup servi à l'ornement de nos jardins. L'aspect de ces végétaux est séduisant pour les yeux ; les fleurs ont une forme singulière et une couleur éclatante ; les feuilles sont d'un vert dont le ton est très-agréable, et l'eau ne peut les mouiller ; les tiges sont souples et transparentes; tout l'aspect de la plante enfin est gracieux. Si elle trouve un appui pour s'élever, elle monte beaucoup, les tiges, les pétioles des feuilles se contournant autour des tuteurs : aussi elles servent à garnir des treillages, des berceaux, qu'elles couvrent d'un riche tapis de couleur vert tendre et parsemé d'une infinité de fleurs, qui se succèdent durant tout l'été, et qui répandent une odeur très-suave. Ce joli végétal n'est pas une des moindres ressources des Parisiens pour établir sur leurs fenêtres des jardins suspendus. Les fruits sont formés de trois capsules charnues, réunies, et chacune d'elles renferme une semence. Toutes les parties de ces plantes offrent au goût la saveur du cresson de fontaine, ce qui les a fait appeler *cresson d'Inde* ou *du Pérou*.

On distingue plusieurs espèces de capucines, dont les principales, ou du moins les plus répandues, sont celles dites *grande capucine* et *petite capucine*.

La *grande capucine* (*tropæolum majus*) a été apportée du Pérou en Europe en 1684; ses fleurs, qui partent de l'aisselle des feuilles, sont très-grandes comparativement aux autres espèces; leur couleur est d'un jaune orangé ou souci-ponceau; les pétales supérieurs sont marqués à leur base de lignes noirâtres, la tige, cylindrique, peut s'élever à plus de deux mètres si elle est soutenue ; les fruits sont garnis de feuilles alternes ayant des pétioles de plusieurs décimètres de longueur; les feuilles, simples, ombiliquées, ont la forme d'une rondache ; la surface supérieure est lisse, tandis que l'inférieure, d'une couleur beaucoup plus pâle, est quelquefois pubescente.

La *petite capucine* ou *capucine naine* (*tropæolum minus*) fut apportée du Pérou en 1680; sa taille est en général beaucoup plus petite que celle de la précédente; ses tiges sont plus rameuses et plus tortueuses; ses fleurs sont d'un jaune pâle; ses trois pétales inférieurs sont plus petits que les supérieurs, et ils portent une tache rouge qui est constante, et qui suffit pour les distinguer.

On a obtenu une espèce hybride qui présente les caractères mixtes de la grande et de la petite capucine. Depuis quelques années, on possède une nouvelle variété, distinguée par des fleurs dont la couleur brune et veloutée est comme un mélange de terre de Sienne et de carmin. Ces espèces, vivaces dans leur pays natal, sont annuelles en Europe, et il est facile de les conserver par les graines, qu'on sème au printemps. On cultive une espèce double dans les serres, et qui se reproduit par boutures. On est même parvenu, dit-on, à faire doubler la capucine simple par des engrais.

Les capucines ne sont d'aucun usage en médecine. L'élégance de ce végétal porte les peintres de fleurs à le faire souvent entrer dans leurs compositions. Ses fleurs servent à orner les salades et à leur communiquer une odeur agréable, ainsi que le goût du cresson de fontaine; on leur associe aussi les fleurs de la bourrache et quelquefois des siliques, qui imitent si bien les chenilles que les plantes qui les fournissent se nomment *chenillettes*. Les fleurs en boutons et les jeunes graines confites dans le vinaigre suppléent très-bien les câpres.

D' CHARBONNIER.

CAPUCINES. Ce nom a été donné à un ordre de religieuses institué à Naples par Marie-Laurence Longa, d'une noble famille de Catalogne, veuve d'un seigneur napolitain. Elle embrassa d'abord la troisième règle de saint François, avec dix-neuf filles qui se joignirent à elle, et les théatins en furent les premiers directeurs; mais en 1538 un bref du pape Paul III chargea les capucins de la direction de ces religieuses. Alors, à la persuasion de leur fondatrice, elles renoncèrent à la troisième règle de saint François, qu'elles avaient suivie jusque alors, et embrassèrent celle de sainte Claire, dont l'austérité leur fit donner le nom de *filles de la passion*; on les appela aussi *capucines*, parce que leur habit était semblable à celui des capucins.

C'est sous le second de ces noms qu'en 1606 elles furent établies en France par la duchesse de Mercœur, suivant les dernières volontés de sa sœur, Louise de Lorraine, veuve de Henri III, et l'autorisation du pape Clément VIII. Après avoir successivement habité une maison rue de la Roquette, au faubourg Saint-Antoine, et une autre dans la duchesse leur avait fait bâtir dans la rue Saint-Honoré, vis-à-vis des Capucins, elles se fixèrent dans le monastère construit, par ordre et aux frais de Louis XIV, dans un enclos qui avait 260 mètres de long, depuis la rue Neuve-des-Petits-Champs jusqu'au boulevard, et dont la largeur, de 90 mètres, joignait la même rue à celle qui prit depuis le nom *des Capucines*. Le portail de leur église faisait face à la place Vendôme, et, quoique d'un goût médiocre, il avait une certaine apparence. Les capucines étaient au nombre de quarante, et, bien que logées dans le quartier le plus mondain de Paris, elles marchaient toujours nu-pieds, portaient une couronne d'épines, ne vivaient que d'aumônes, et faisaient maigre toute l'année, même dans les maladies mortelles. Tout était de la plus grande propreté dans leur couvent; les cellules étaient boisées, les cloîtres vitrés, et rien n'avait été négligé de ce qui peut rendre une maison agréable et commode. L'église n'était pas grande, mais somptueuse, surtout les chapelles, qui renfermaient les magnifiques mausolées du ministre Louvois, du duc de Créqui, de la marquise de Pompadour et de sa fille Alexandrine, morte à la fleur de l'âge. Avant d'être enterrée aux Capucines, cette maîtresse royale y avait pris un appartement, où elle venait souvent passer quelques jours pour s'y distraire des ennuis de la cour.

Après la suppression des ordres monastiques, le couvent des Capucines devint l'hôtel des monnaies de la révolution; et il dut cet honneur à son voisinage du ministère des finances, qui était alors dans la rue Neuve-des-Petits-Champs. C'est là que furent établies les presses de ces assignats depuis 10 sous jusqu'à 10,000 francs, de ces mandats et promesses de mandat, de ces bons deux-tiers et trois-quarts, et de tant d'autres papiers-monnaies de toute valeur et de toute couleur, dont la somme monta peut-être à 50 milliards. Après la chute des assignats, l'église servit de théâtre à la fantasmagorie de Robertson, et au bout de quelques années elle devint l'emplacement d'une manufacture de papiers peints. Dans le même temps, les cellules des recluses, les cloîtres, les parloirs, le réfectoire, les cuisines, subissaient une métamorphose non moins extraordinaire : ils étaient remplacés par les bureaux de l'administration du timbre, par des boutiques et des magasins, des cafés, des restaurateurs, des salles de danse, des tabagies, des lieux de débauche du plus bas étage. Le jardin, triste et silencieux, dont le mur solitaire bordait jadis le boulevard sans y avoir la moindre issue, avait aussi changé de destination. Les jardins publics étaient alors à la mode : celui des Capucines fut de ce nombre, et eut une ouverture sur le boulevard. C'est là qu'on voyait des danses champêtres, comme à la Grande-Chaumière; des escamoteurs et des saltimbanques, avec leur Gille et leur Paillasse, comme autrefois sur le boulevard du Temple; des jeux de bague et des balançoires, comme aux Champs-Élysées; des marionnettes, des marchands de gâteaux et de coco, comme partout. Là débutèrent les *puces savantes*, qui ont transmis leurs talents, par succession ou par la méthode de l'enseignement mutuel, à toutes les troupes entomologiques de la même espèce; là s'élevait une salle de spectacle en bois, où des comédiens à figure humaine jouaient de véritables comédies, des pièces en vers, ma foi, telles que *l'Amant timide* de M. Châteauneuf, refusé par tous les autres théâtres. Mais ce qu'on voyait de mieux au jardin des Capucines, c'étaient deux panoramas, modèles de tous ceux qui ont existé depuis; c'était surtout l'amphithéâtre provisoire en bois de Franconi, qui n'était pas encore ce qu'il est devenu depuis, mais qui annonçait déjà ce qu'il devait être. Pour tout dire enfin, ce jardin, sans être beau, était une foire perpétuelle, un lieu de promenade pour les enfants, pour les bonnes et leurs amants, pour les oisifs et les flâneurs de la Chaussée-d'Antin et du faubourg Montmartre. À la vérité, c'était un vacarme à ne pas y tenir : les trompettes des charlatans, les cris des aboyeurs de tréteaux, les crins-crins et les voix rauques ou glapissantes des chanteurs ambulants, le son nasard des orgues de Barbarie, et par-dessus tout cela les musiciens de Franconi, formaient un ensemble charmant, qui disparut devant Napoléon empereur, comme les capucines avaient disparu devant la révolution. Sur l'emplacement du couvent, de l'église et du jardin, on perça la belle rue de la Paix, où l'on bâtit une porte monumentale donnant accès à la partie des anciens bâtiments où l'on établit l'administration du timbre, ainsi que la caserne des sapeurs pompiers, au fond de laquelle existent quelques restes du cloître des Capucines.

H. AUDIFFRET.

CAPUCINS, nom dérivé de *capuce* ou *capuchon*, et qui a été donné à une fraction de l'ordre des frères mineurs, franciscains ou cordeliers, parce que le *capuce* des membres de cette fraction était plus long et plus pointu que celui des autres moines. Les religieux fondés par saint François d'Assise, s'étant écartés de leur règle, avaient dégénéré sous le rapport de la discipline et des mœurs; ils s'étaient tellement discrédités, que la plupart des conteurs italiens et français du moyen âge ont choisi les cordeliers pour les héros des aventures les plus licencieuses. Déjà s'était établi parmi eux la réforme de l'observance, lorsque Mathieu Baschi, du duché d'Urbin, moine du couvent de Monte-Fiascone, entreprit une réforme plus complète encore. Il se rendit à Rome en 1525, revêtu de l'habit grossier qu'il avait adopté, et obtint de Clément VII la permission de se retirer dans les solitudes avec ceux qui voudraient embrasser cette plus étroite observance. La bulle s'expédia en 1528, et le premier établissement de capucins fut fondé à Camerino, par la protection du duc et surtout de la duchesse Cibo. Mais l'ambition suscita des persécutions à Mathieu : Louis de Fossombrone, celui de ses compagnons qui avait eu le plus de part à la réforme, voulut le supplanter. L'immense capuchon était un des griefs allégués contre Mathieu;

mais il triompha : on l'élut vicaire-général, et son rival fut chassé. Paul III, par sa bulle du 25 août 1536, confirma la congrégation et tous ses privilèges, sous la clause qu'elle ne s'étendrait pas hors de l'Italie. Le même pontife interdit la prédication aux capucins en 1543 ; il la leur rendit deux ans après, et leur fondateur mourut à Venise, en 1552.

Les papes s'étant arrogé le droit de modifier et d'annuler les actes de leurs prédécesseurs, Grégoire XIII permit l'introduction en France des capucins, à la demande de Charles IX et de Catherine de Médicis. Bientôt ils y pullulèrent. En 1578 ils avaient tenu dix-sept chapitres généraux ; ils possédaient un monastère dans presque toutes les villes de France ; dans les principales on voyait des grands et des petits capucins. Ce fut avec la même rapidité qu'ils se répandirent et se multiplièrent en Espagne, en Portugal, dans la partie méridionale de l'Allemagne, en Belgique, en Hongrie, en Pologne ; ils s'établirent aussi dans les diverses colonies soumises aux Espagnols, aux Portugais et aux Français. On les vit rivaliser avec les jésuites, les carmes, les augustins, les théatins, les dominicains, avec des congrégations spécialement consacrées aux missions étrangères, pour aller fonder des monastères en Orient. Il y avait des capucins dans plusieurs villes de la Turquie d'Europe et d'Asie, de l'Égypte, de la Perse et de l'Inde.

Si la mendicité était une des obligations imposées à quatre ordres monastiques, aucun d'eux, même parmi les différentes subdivisions des franciscains, ne la remplissait avec plus de zèle et d'exactitude que les capucins ; on peut même dire que dès avant la révolution la plupart des moines mendiants avaient renoncé à la quête ; mais pour les capucins ce fut toujours le plus clair des profits du métier. Dans les villes ils ne faisaient pas fortune : ils demandaient humblement aux portes, et ils éprouvaient souvent des refus ; mais ils s'en dédommageaient dans les campagnes. Leur malpropreté était du reste passée en proverbe ; leur nazillement, leur costume, prêtaient au ridicule. On sait qu'ils avaient la tête rasée, la barbe longue, les jambes et les pieds nus, et des sandales au lieu de souliers ; ils ne portaient, ou du moins ils étaient censés ne porter ni culottes ni chemise. Leur robe, assez ample, en grosse étoffe de laine marron clair, était serrée à la ceinture par une corde, et avait un capuchon. Lorsqu'ils allaient en ville ou se mettaient en quête, ils portaient par-dessus un petit manteau de même étoffe et de même couleur, assez semblable au grand collet de nos carricks, mais accompagné de l'immense capuchon. Si les capucins n'ont pas été signalés, comme d'autres religieux, pour la licence de leurs mœurs, ils ont laissé une grande réputation d'ignorance ; et cependant plus d'un orateur évangélique d'un certain renom est sorti de leur corps. Néanmoins, s'il se débitait en chaire quelque sermon de mauvais goût, plein de naïvetés ridicules et d'indécentes allusions, on était sûr que c'était l'œuvre d'un capucin. De là le nom de *capucinade* servant à désigner tout sermon dont la forme et le style ne valaient pas mieux que le fond ; on l'a également appliqué à tout ce qui extérieur de dévotion puérile.

La restauration ressuscita cet ordre en France. Mais alors les capucins n'osèrent pas, comme les jésuites, les frères de la doctrine chrétienne et les trappistes, s'avancer dans les départements du Nord, de l'Est et de l'Ouest, parce qu'ils ne pouvaient pas, comme les premiers, faire valoir leur utilité pour l'enseignement de la jeunesse, ou, comme les derniers, leurs travaux agricoles. Ils restèrent dans les départements du midi (les anciennes provinces de Provence et de Languedoc), où l'on a toujours eu beaucoup de vocation pour les confréries de pénitents et pour les ordres religieux.

Les premiers capucins qui parurent en France furent installés à Meudon ; mais en 1576 Henri III les établit à Paris, dans la rue Saint-Honoré à côté des Feuillants, vis-à-vis du terrain sur lequel fut depuis construite la place Vendôme. On voit que les capucins ne répugnaient pas à s'éloigner de la solitude, que leur avait imposée leur fondateur. Cette maison, qui compta bientôt de cent à cent vingt habitants, devint le chef-lieu de leur ordre, qui eut bientôt en France neuf provinces.

Là, près du maître-autel de l'église, on voyait, avant la révolution, les tombeaux de deux capucins célèbres : l'un (le père Ange), Henri, comte du Bouchage, duc de Joyeuse et pair de France, dont la vie entière est contenue dans ces deux vers de *la Henriade* :

Vicieux, pénitent, courtisan, solitaire,
Il prit, quitta, reprit la cuirasse et la haire.

L'autre, moins illustre par sa naissance, mais bien connu par ses intrigues, le père Joseph, l'émissaire, le confident, le principal instrument politique, l'âme damnée du cardinal de Richelieu. N'oublions pas de mentionner encore deux hommes sortis de l'ordre des capucins, le terrible Chabot, membre de l'Assemblée législative et de la Convention, et Venance Dougados, poëte aimable, sécularisé avant la révolution, et depuis enthousiaste pur et désintéressé des idées nouvelles, dénoncé par Chabot, qui avait été son supérieur, et qui l'envoya périr à trente ans sur l'échafaud.

On remarquait dans le couvent de la rue Saint-Honoré la bibliothèque, le réfectoire, le sanctuaire et le chœur de l'église, rebâti en 1735. Tout cela a disparu, ainsi que le couvent des Feuillants, lorsqu'on a percé la rue Castiglione ; mais, au coin de cette rue, il reste encore la fontaine des capucins, sur laquelle on a rétabli les deux vers de Santeuil qui font allusion à ce voisinage et à celui de quatre autres couvents, les Jacobins, l'Assomption, la Conception et les Capucines.

Lorsque le quartier de la Chaussée-d'Antin eut pris de grands accroissements, il fallut procurer des secours spirituels à ses nombreux habitants : on y transféra, en 1783, rue Sainte-Croix, les capucins d'un autre couvent, fondé en 1613 sur un terrain plus vaste, qui avait servi de noviciat à la province de Paris, et dont les bâtiments et les jardins furent consacrés en 1784 à l'hospice du Midi, qui les occupe encore. La nouvelle église, sous la dédicace de Saint-Louis, est devenue une succursale de la paroisse de la Madeleine, et la maison a servi d'emplacement au lycée Bonaparte.

Le père Athanase Molé, syndic des capucins, appuyé sur le crédit de son parent Mathieu Molé, avait entrepris en 1622 de fonder à Paris un troisième couvent de cet ordre, sur l'emplacement d'un jeu de paume, rue d'Orléans. Ce couvent ayant été supprimé en 1790, ses bâtiments et ses jardins devinrent des propriétés particulières ; mais l'église a été érigée, sous le titre de Saint-François, en seconde succursale de la paroisse Saint-Méry. H. AUDIFFRET.

Quelques capucins ont reparu subitement à Paris depuis 1851. Ils habitent une maison de la rue du Mont-Parnasse. Nous ne saurions dire de quoi ils s'occupent ; mais s'ils mendient, ce n'est pas encore dans la rue.

CAPULE. C'était, chez les Romains, une bière ou cercueil qui servait à porter les morts en terre, d'où l'on appela les vieillards *capulares senes*, et les criminels condamnés à mort *capulares rei*, pour exprimer que les uns et les autres étaient près de la bière ou du tombeau.

CAPUT MORTUUM, expression dont se servaient les anciens chimistes pour désigner le résidu non liquide des opérations et des analyses chimiques ; par exemple on appelait *caput mortuum vitrioli*, dans la préparation de l'acide sulfurique de Nordhausen, l'oxyde de fer résultant de la calcination du sulfate de ce métal. Ce nom de *caput mortuum* (tête morte) venait de ce que, dans leur langage figuré, les alchimistes comparaient ces résidus à une tête de laquelle la distillation avait enlevé l'esprit. Aussi ces matières étaient-elles d'abord jugées inutiles ; mais Glauber prouva qu'il pouvait s'y trouver des corps intéressants, en découvrant dans un *caput mortuum* le sel qui porte son nom.

Un orateur a transporté cette expression dans le langage parlementaire en l'appliquant à ce qu'on a coutume d'appeler la *queue des partis*.

CAP-VERT (Iles du), *Ilhas Verdes*, groupe d'îles appartenant au Portugal, situées entre le 14° 48' et le 16° 59' de latitude septentrionale, à 37 myriamètres environ du cap Vert de l'Afrique occidentale, qui leur a donné son nom. Elles sont toutes très-montagneuses et de formation volcanique sous-marine. Leur superficie est de 44 myriamètres carrés, avec une population d'environ 66,000 habitants. Les chaleurs y sont très-vives et fort malsaines quand elles atteignent leur maximum. La saison des pluies dure depuis le milieu d'août jusqu'en novembre. Quoique l'eau manque, la végétation ne laisse pas que d'y être luxuriante; et ce ne sont pas seulement les productions végétales de l'Afrique qui y réussissent, mais encore celles du midi de l'Europe, les oranges, les limons, les bananes, les melons, le riz, le maïs, la vigne (la fabrication du vin est interdite), le sucre, l'orseille (monopole qui rapporte chaque année au gouvernement un revenu de plus de 1,200,000 francs). Les espèces animales particulières à l'Europe n'y réussissent pas moins bien , notamment les chèvres, dont la peau forme un objet d'exportation fort important. Les îles nécessaires à la consommation de la population sont tirés d'Afrique.

Les dix plus considérables d'entre ces îles sont : *San-Iago*, la plus grande et la plus peuplée de toutes , avec 44 kilomètres de long sur 22 de large et une population de 12,500 âmes, répartie sur une superficie de 20 myriamètres carrés. Elle est très-montagneuse, bordée de rochers, surtout sur la côte orientale, et atteint à l'intérieur son plus haut degré d'altitude avec le cône de San-Antonio. Sur sa rive orientale on trouve Porto-Praya, port fortifié dans une belle baie, avec 1,200 habitants. C'est là que réside le gouverneur portugais de toutes ces îles, tandis que le siège de l'évêché est à Ribeira-Grande. A 5 myriamètres environ on trouve *Fogo* ou *Fuego* (Ile de Feu), qui s'élève de la mer comme une montagne haute de 2,360 mètres. Le volcan, dont les éruptions forcent souvent la population à prendre la fuite, atteint même 2,500 mètres d'élévation. Le sol , fertile et bien cultivé, produit des grains et des fruits du Sud. Les deux localités les plus importantes de cette île sont San-Philippo et Luz. A 37 kilomètres environ , au sud-ouest, est située *Brava*, île ovale, très-saine et très-fertile, avec environ 3,000 habitants nègres, mais hospitaliers. Elle ne possède que peu d'églises; en revanche on y trouve de bonne eau, des fruits, des grains et du salpêtre.

Plus au nord on trouve *Saint-Nicolas*, après San-Iago la plus grande de ces îles , avec 5,000 habitants qui s'occupent du tissage et de la teinture du coton. Un évêque réside au chef-lieu du même nom. Au nord encore se trouve *Santa-Lucia* , montagneuse, surtout dans sa partie nord-ouest, avec un chef-lieu du même nom, dont les habitants ont pour ressources la culture du coton et de l'orseille et la chasse des tortues. A peu de distance de là est située *San-Vincent*, île montagneuse, abondante en cours d'eau, où prospèrent le coton, l'orseille et l'élève du bétail. Sur sa côte nord-ouest est situé Porto-Grande, le meilleur port de toutes les îles du Cap-Vert, avec une église et un bureau de douanes. Sur sa côte sud-ouest on trouve la baie de San-Pedro. A 3 ou 4 myriamètres plus loin s'élève l'île *San-Antonio*, la plus septentrionale de tout le groupe, et qui atteint un assez haut degré d'altitude, notamment dans sa partie nord-ouest, où se trouve une montagne appelée le *Pain de Sucre* dont la hauteur est de 2,633 mètres. Comme Saint-Vincent, elle est très-salubre et très-fertile, donne les mêmes produits ; et son chef-lieu, qui porte le même nom, compte environ 1,100 habitants.

Au sud on trouve l'*Ilha de Sal*, longue de 7 myriamètres, mais étroite, riche en tortues et en sel, avec le pic Martinez, haut de 533 mètres, et les deux baies de Palmyra et de Madeira sur sa côte occidentale. L'île *Bonavista* est très-dangereuse, à cause de ses nombreux écueils et bancs de sable. Elle compte 4,000 habitants, qui s'occupent de la culture de l'indigo et du coton, et recueillent du sel. Son chef-lieu est la ville du même nom. Entre cette dernière et San-Iago est situéé *Mayo*, de 2 myriamètres environ de longueur, et dont l'intérieur est fort élevé. Malgré le manque d'eau potable, on y élève beaucoup de bétail ; on y recueille aussi quantité de sel, qui constitue un article d'exportation. Les quatre autres petites îles, *Raza* ou *Chaon* , *Branto* ou *Redondo*, *Carneira* et *Guay* sont montagneuses, sauvages et inhabitées.

Les îles du Cap-Vert ont été découvertes par Cada-Mosto.

CAQUE, petit baril ou tonneau dans lequel on met des anchois, des sardines ou des harengs. Il est de la grandeur d'un muid, et contient d'ordinaire 500 harengs ou 1,000 sardines (*voyez* ENCAQUER).

On dit proverbialement que *la caque sent toujours le hareng*, pour dire qu'on se sent toujours d'une basse extraction, et surtout d'une mauvaise éducation et de mauvaises fréquentations, quelque fortune que l'on ait pu faire et quelque rôle que l'on soit appelé plus tard à jouer dans le monde.

Ce mot s'emploie encore dans d'autres acceptions : il se dit d'un tonneau destiné à renfermer de la poudre, de celui dans lequel les chandeliers mettent le suif fondu qui doit servir à faire la chandelle moulée; enfin , d'un fourneau cylindrique sur lequel les ciriers posent la poêle où doit s'opérer la fonte de leur cire. De cette dernière acception paraît avoir été fait le mot *caquerole*, inusité aujourd'hui, et par lequel on désignait autrefois un vase de cuivre à trois pieds, armé d'une longue queue, que l'on employait dans la cuisine, et qui aura sans doute donné naissance au mot *casserole* et à l'ustensile qu'il représente.

CAQUET, **CAQUETAGE**. Le caquet est l'imitation du bruit de la parole ; généralement parlant, c'est un flux de paroles inutiles et vides de sens. On le fait dériver du verbe latin *garrulare* (gazouiller), mais nous préférons l'emprunter à *cacabare* (crier comme une perdrix), ou à *cacillare* (glousser comme une poule). C'est en raison de ces diverses étymologies qu'on a qualifié de *caquet* les mots qu'articulent plus ou moins distinctement tous les oiseaux qui parlent : *Ce perroquet, cette pie, nous étourdit par son caquet*. Voilà aussi pourquoi on dit d'un petit enfant qui prononce les premiers mots sans y rien comprendre, *qu'il commence à caqueter* ; et de certaines femmes, surtout de la basse classe, qui parlent vite et longtemps sans rien dire, qu'*elles n'ont que du caquet*. On dit encore qu'un avocat, qu'un orateur *n'a que du caquet*, lorsque son verbiage ne présente aucune raison concluante.

Si le babil étourdit par sa volubilité et sa continuité, le caquet ennuie par son éclat et ses répétitions. Le babil est le partage des jeunes personnes ; le caquet est le propre des gens qui, n'ayant qu'une instruction superficielle, font toujours un grand étalage du peu qu'ils savent. Le babil est plus général; le caquet est du domaine des coteries. L'un est produit par le désœuvrement et l'indiscrétion ; l'autre vient assez souvent de la malignité, de la prétention à l'esprit, de l'importance que l'on met à des bagatelles que l'on croit savoir mieux que les autres. Le babil suppose une certaine facilité d'élocution que les sots prennent pour de l'esprit ; le caquet s'exprime avec une assurance qui leur impose.

Avoir le caquet bien affilé, c'est parler vite et distinctement. *Vous avez le caquet bien affilé pour une paysanne*, dit Molière dans le *Bourgeois-Gentilhomme*. Quand on accuse un jeune homme parlant avec fatuité d'*avoir trop de caquet*, on donne à ce mot un sens plus étendu, qui va même jusqu'à l'arrogance, et provoque un correctif. *Rabattre le caquet*, c'est imposer silence à un sot, à un ignorant, en lui prouvant qu'il se trompe, le confondre par de bonnes raisons, lui fermer la bouche; c'est faire taire par droit d'autorité un insolent subordonné, c'est humilier l'orgueil d'un rodomont par de dures paroles, des menaces ou une correction.

Le *caquetage*, la *caqueterie* est l'action de *caqueter*. Le *caqueteur* est celui qui *caquette*.

Caquet, surtout quand on l'emploie au pluriel, devient synonyme de commérages, faux rapports et propos injurieux. Une femme *s'expose aux caquets* quand par sa légèreté elle fournit matière à la médisance. Avec du babil, on parle de tout à tort et à travers; si l'on y joint un peu de méchanceté, *on se jette dans les caquets*. « Il y a, dit La Bruyère, une chose qu'on n'a pas vue sous le soleil, qu'on ne verra jamais : c'est une petite ville d'où l'on a banni les caquets, » le mensonge et la médisance. » Ce que l'auteur des *Caractères* signalait il y a cent soixante-dix ans, est encore vrai de nos jours. C'est dans les provinces, c'est surtout dans les petites villes, que les caquets sont fréquents et fâcheux. Ils y deviennent une occupation, une habitude, un besoin pour les citadins désœuvrés, pour les petits bourgeois, pour leurs femmes, qui, n'ayant pas ordinairement la ressource des spectacles, des arts, des talents, de la littérature, des grandes réunions, de la politique elle-même, qu'ils ne suivent que de loin en loin, verraient souvent tarir la *conversation* faute d'aliment s'ils n'avaient recours aux caquets, s'ils ne s'entretenaient pas de ce qu'on dit, de ce qu'on fait chez la voisine ou chez le voisin, s'ils n'en tiraient pas des conséquences ou des conjectures injurieuses, s'ils n'y ajoutaient pas des commentaires malins.

Dieu vous garde des sots caquets, amis lecteurs de Paris et de la province, des grandes et des petites villes! Mais si vous ne pouvez vous en garantir, sachez du moins les mépriser et vous mettre au-dessus du *qu'en dira-t-on ?* Imitez tant de gens débonnaires de votre connaissance, qui n'ayant pu faire taire les caquets, les ont laissés s'épuiser et s'éteindre jusqu'à ce qu'un sujet plus neuf ou plus piquant vînt leur donner une nouvelle direction.

Le *babil*, le *bavardage*, le *caquet*, ne pouvaient pas manquer d'être mis en scène. Nous avons la jolie comédie du *Babillard*, de Boissy; *Les Caquets*, pièce de Riccoboni, imitée de *I Pettegolezzi* de Goldoni; *Le Bavard, ou trop parler nuit*, proverbe dramatique de Carmontel; l'admirable *Petite Ville*, de Picard; *Le Bavard*, d'un anonyme; *Les Hâbleurs*, de Degligny; et *Le Parleur éternel*, de Ch. Maurice.

Outre *babiller* et *bavarder*, on a suffisamment expliqués, *caqueter* a pour synonymes *jaser* et *jaboter*. Le premier mot exprime le chant d'une poule qui pond; le second, le gazouillement d'un oiseau et l'action de son gosier; le troisième, le mouvement de son jabot. Appliqués aux personnes, *caqueter* c'est causer bruyamment, sans égard pour la compagnie; *jaser* c'est parler à son aise et avec abondance; *jaboter* c'est parler bas et en marmottant.

En termes de chasse, un chien *caquette* lorsqu'il aboie mal à propos, sans motif et hors de voie.   H. AUDIFFRET.

CAQUETS DE L'ACCOUCHÉE. Cette expression rappelle une mode fort suivie en France pendant des siècles. Depuis le quatorzième siècle, où les institutions de saint Louis et de ses successeurs fixèrent aux différentes classes de la société française leur rang et leurs priviléges, il fut d'usage que les femmes se visitassent pendant leurs couches. Seules et sans contrainte, elles jasaient beaucoup, dit-on, dans ces conciliabules, lesquels prirent dès l'origine le nom de *caquets de l'accouchée*. Il paraîtrait même que chaque femme alors, quel que fût d'ailleurs le rang ou l'état du mari, mettait beaucoup de vanité à faire parer avec luxe la chambre dans laquelle étaient reçues les visites. La fille du médecin astrologue du roi Charles V, Christine de Pisan, savante et vertueuse dame de cette époque, nous a laissé dans un de ses ouvrages (*La Cité des Dames*) une description curieuse d'une visite qu'elle rendit à la femme d'un marchand : « La chambre de l'accouchée, ornée d'une tapisserie précieuse en or de Cypre, attirait l'admiration; on y voyait des cartouches où étaient brodés les chiffres et les devises de la dame. Les draps du lit, en toile fine de Reims, avaient coûté plus de trois cents livres; le couvre-pied, invention nouvelle, était une étoffe de soie et argent; le tapis sur lequel on marchait était *pareil à or*. La femme du marchand brillait dans son lit avec la plus élégante robe de soie cramoisie, appuyée sur gentils oreillers, à gros boutons de perles orientales. »

Comme beaucoup d'autres, cette mode n'existe plus; entièrement oubliée, il n'en reste que quelques tableaux de mœurs, épars dans divers écrits, et un livre intitulé *les Caquets de l'Accouchée*, qu'on peut sans crainte placer au nombre des meilleures satires morales et politiques de notre langue. C'est un recueil de pièces satiriques, imprimées et publiées pour la première fois en 1622 au nombre de dix. Là princes, favoris et courtisans, catholiques, huguenots, noblesse de robe et d'épée, bourgeois, commis, marchands, sont tour à tour examinés, moqués, satirisés, et ce sont les femmes de toutes ces classes qui reflètent comme en autant de glaces fidèles les vices et les ridicules de leurs maris. Dans ce livre, dont l'auteur a gardé l'anonyme, chacun a sa part consciencieusement faite, depuis M. de Luynes, dont le règne venait de finir, jusqu'au petit marchand de la rue aux Ours. Les portraits tombent parfois, sans doute, dans la charge; mais il en est dans le nombre dont on retrouverait aujourd'hui les originaux parmi nous.   LE ROUX DE LINCY.

CAQUEUX ou **CAQUINS.** *Voyez* CAGOTS.

CAR, conjonction employée pour exprimer la raison, la preuve d'une proposition avancée. On la fait venir du latin *quare*; et il paraît en effet qu'on a d'abord écrit *quar*. Les ordonnances de nos rois et les lettres de chancellerie se terminaient toutes ordinairement par la formule : *Car tel est notre bon plaisir*. Mais on doit se garder de faire jouer à cette conjonction un rôle trop important dans le discours. Il faut, au contraire, l'employer avec sobriété, parce qu'elle ne fait qu'en ralentir la marche, quand elle n'est pas rigoureusement appelée par le sens. Il faut, enfin, sinon la bannir entièrement de la poésie, du moins éviter autant que possible de l'y admettre, surtout au commencement du vers, auquel elle donne une allure fort peu harmonieuse et fort peu poétique. Ce qui aura sans doute contribué à faire proscrire cette conjonction du langage soutenu, c'est son emploi fréquent dans la langue du barreau.

Les *mais*, les *si*, les *car*, enfants de la Chicane,

ont dû paraître à bon droit ennemis des grâces et du dieu de l'harmonie. On avait même porté jadis si loin la prévention contre cette malheureuse conjonction, qu'un auteur de la fin du seizième siècle, Beroalde de Verville, ne l'a employée qu'une seule fois dans son *Moyen de Parvenir*, où il l'a placée, par une sorte d'épigramme, tout à fait au commencement de l'ouvrage et pour entrer en matière. Un demi-siècle environ après lui, un autre écrivain français, poëte et académicien, Gomberville, mettait ses lecteurs au défi de la trouver dans ses ouvrages. Ce serait aujourd'hui, dit Charles Nodier, une vérification délicate et fâcheuse à faire dans les œuvres de nos auteurs modernes. Cette prévention injuste et ridicule contre un mot indispensable à une langue essentiellement logique avait fait dire à La Bruyère : « Quelle persécution le *car* n'a-t-il pas essuyée! S'il n'eût trouvé de la protection parmi les gens polis, il était banni honteusement d'une langue à laquelle il a rendu de si longs services, sans qu'on sût quel mot lui substituer. »   Edme HÉREAU.

CARA-AMID. Voyez DIARBÉKIR.
CARA-BAGH. Voyez KARABAGH.
CARABAS. Ce mot, qui a la même étymologie que *carrosse* ou *char-à-bancs*, et dont la véritable signification pourrait bien être *char à bas prix*, ou *char à pauvres gens*, fut donné à une sorte de voiture publique qui exploitait les environs de Paris, mais surtout les routes de Versailles et de Saint-Germain. C'était une cage en osier, longue, étroite, pouvant à peine contenir douze à quinze individus, et où cependant il y en avait fréquemment une vingtaine, pressés et entassés au point d'étouffer. Avant que tout le monde eût pu s'y placer, c'était un bruit, des criailleries, des disputes, des gourmades sans fin. Au moment où la machine s'ébranlait pour partir, une secousse générale faisait entre-choquer toutes ces têtes, et renversait les voyageurs, encore mal assis, les uns sur les autres. On était toujours sûr d'y trouver des capucins, des sœurs grises, des abbés, des employés subalternes de la maison du roi ou des ministères, des nourrices à qui le bureau avait procuré des nourrissons, et des provinciaux économes ou peu fortunés, qui allaient voir Versailles ou solliciter à la cour. Les carabas, mal clos et à jour, n'offraient aucun abri contre le soleil, le vent, la pluie, le froid et le chaud : on y était grillé, trempé ou gelé. On y montait par un large escalier de fer. Quoiqu'ils fussent attelés de huit chevaux, il s'en fallait de beaucoup qu'ils fussent en état de soutenir la comparaison avec les messageries et même les *omnibus* de nos jours; car ils mettaient plus de six heures à faire vingt malheureux kilomètres. Deux fois par jour le carabas entreprenait ce rude, long et fatigant voyage. Quand l'équipage grotesque rencontrait une des brillantes voitures de la cour, quelle humiliation d'un côté! quel mépris de l'autre! quel contraste bizarre entre la mesquinerie, la difformité, la malpropreté du poulailler plébéien, et la richesse, la légèreté, l'élégance du noble char! Et en considérant ces deux extrêmes, quel sujet de risées pour les passants, de méditations pour l'observateur et le philosophe! Malgré l'incommodité du carabas, un étranger qui ne possédait pas d'équipage ou qui ne pouvait pas louer une chaise de poste n'avait à choisir, pour aller à Versailles, qu'entre cette ignoble voiture et le c o u c o u ou *pot-de-chambre*, un peu moins laid, mais ouvert aussi aux quatre vents, et dont la marche était retardée par les *singes* et les *lapins* que le conducteur raccrochait en passant ; il appelait ainsi les voyageurs qu'il faisait monter devant ou derrière. Ces deux baraques jouissaient alors du privilège exclusif de rouler les roturiers sur les routes royales, afin de les tenir toujours à distance respectueuse de l'aristocratie nobiliaire et financière. Les cabriolets, les fiacres même, y étaient interdits : ils auraient trop rapproché les rangs et les fortunes.... La révolution a fait disparaître le carabas. On n'en retrouve vestige aujourd'hui que dans les *paniers à salade* employés au transport des prisonniers. Comparativement au carabas, l'omnibus est un progrès immense. H. AUDIFFRET.

Quand le carabas se fait homme, il change complètement de peau, d'allure et de position. On ne le cahotte plus sur les grandes routes : il a des propriétés immenses, qui couvrent une province entière; il se pavane dans un carrosse armorié; il est marquis. A qui cette terre? demandez-vous avec le prince du *Chat-botté*. — A M. le marquis de Carabas, vous répondra, le chapeau à la main, le paysan, qui n'a pas envie d'être haché comme chair à pâté. — Et celle-là? — Encore à M. le marquis de Carabas. — Et cette autre? —Toujours, toujours à M. le marquis de Carabas. » — On dirait que le globe appartient à cet heureux mortel. Mais s'il est le plus riche propriétaire foncier de la terre de tout autre pays, il n'en est pas, non plus, sous la calotte des cieux, qui soit plus entiché de ses titres nobiliaires. Pour lui la nuit du 10 août a passé inaperçue. Il se croit pétri d'un autre limon que nous. Et Béranger lui-même ne réussira pas à en faire un homme de son siècle en lui fouettant le visage de son ironique refrain :

Chapeau bas ! chapeau bas !
Gloire au marquis de Carabas !

CARABE. Les anciens donnaient ce nom à une sorte d'esquif fait d'osier et couvert de peaux de bêtes non tannées, que Suidas appelle autrement *liburnum*. Ce mot, signifiant aussi une espèce de brancard, de litière ou de chaise à porteurs, a pu donner lieu au nom de *carabas*.

CARABE (*Entomologie*), genre d'insectes coléoptères pentamères, type de la famille des c a r a b i q u e s. Les carabes ont les mâchoires en crochet, les antennes filiformes, et les tarses composés de cinq articles. Ces insectes exhalent une odeur très-forte, qui approche de celle du tabac. Lorsqu'on les prend, ils répandent par la bouche et par l'anus une liqueur noirâtre très-âcre, très-irritante et nauséabonde. Presque tous sont de grande taille. La plupart sont parés de couleurs métalliques très-brillantes.

La plus grande partie des espèces habitent l'Europe, le Caucase et la Sibérie. On en trouve aussi quelques-unes dans l'Amérique septentrionale, l'Asie Mineure, la Syrie et les côtes de Barbarie, et l'on peut dire que ce genre occupe l'hémisphère boréal jusqu'au 35° degré de latitude.

CARABÉ, ou mieux KARABÉ, nom que les Arabes donnent au succin. D'Herbelot, dans sa *Bibliothèque*, dit que ce mot vient du persan *cah rubah*, qui signifie ce qui dérobe ou enlève la paille.

CARABIN, synonyme ancien du mot plus moderne *carabinier*, auquel on a donné plusieurs origines, plusieurs étymologies différentes. Gaja, dans son *Traité des Armes*, le fait venir de l'espagnol *cara*, visage, et du latin *binus*, double ; ce qui voudrait dire *gens à double visage*, nom qui aurait été appliqué aux soldats de cette arme, à cause de leur manière de combattre, tantôt en fuyant, tantôt en faisant volte-face. D'autres le font venir de l'italien *carabina*, fait par corruption de *canna bina*, canne double; d'autres enfin de l'arabe (*voyez* CARABINE).

Du sens propre on avait transporté le mot *carabin* dans le sens figuré, en l'appliquant aux tireurs ou aux joueurs qui ne faisaient que paraître dans une compagnie, dans une partie, pour y tirer ou y jouer quelques coups, et se retiraient ensuite. On l'a enfin donné depuis ironiquement, dans le langage familier, par analogie, aux jeunes chirurgiens, faisant un usage un peu aventureux de la lancette dont ils sont armés.

Dans quelques provinces, en Bretagne surtout, on appelle *carabin* le sarrasin ou blé noir.

CARABINE, arme à feu, portative, à canon rayé, ou plutôt à âme rayée. Ce mot est d'origine arabe, et il a d'abord eu le même sens qu'*escopette* de carabin, ou de cavalerie. Puis il a signifié chez nous un fusil court, à canon renforcé, fait extérieurement à pans, et entaillé intérieurement de raies spirales. C'est donc par abus que la langue militaire a confondu les mots m o u s q u e t o n et *carabine*, puisque cette dernière arme se tire à balle forcée, l'autre à balle simple, et que le mousqueton n'a ni pan ni raie, et prend dans certaines troupes une baïonnette. Au temps où nous avions des *carabins*, armés d'escopettes, dont le nom se changea plus tard en celui de carabiniers, comme on eût dit armes de carabin, les Allemands nous empruntèrent le mot carabine, et lui donnèrent le sens de fusil de cavalerie, mais à canon ordinaire et non rayé; ils dénommèrent, au contraire, *büchse* la carabine d'infanterie à canon rayé. Quand nous avons, à notre tour, emprunté aux Allemands leurs hussards, ils ont apporté avec eux le mot carabine, comme synonyme de la carabine sous le nom de *buttière* et de *rainoise*. Les étrangers, et surtout les peuples montagnards, ont raccourci la carabine, et en ont perfectionné la forme et le tir ; l'Allemagne en a fait une arme à double détente ; telle est la carabine ou *chenapan*, qui depuis plus de deux siècles sert en ce pays comme arme de grande chasse. L'infanterie légère autrichienne nommée *chasseurs du loup* et les Tyroliens ont fait en guerre une application plus redoutée que dangereuse de la carabine. Les chasseurs à pied de la milice danoise en font usage encore, et y adaptent leur sabre, en guise de baïonnette ; c'est un système d'armement admis en plusieurs milices du Nord. L'usage de la carabine comme arme d'uniforme de troupe s'est maintenu ou introduit dans quelques corps d'infanterie légères des milices anglaise, anglo-américaine, autrichienne, bavaroise, hollandaise, prussienne, etc. ; elle a été rendue en 1831 à l'infanterie légère des Suisses, mais jusque là elle avait peu réussi, en général, dans la milice française ; on l'y avait toujours abandonnée presque aussitôt qu'essayée.

On s'abuserait en croyant que les gardes à cheval des gouverneurs, la compagnie de carabiniers que Louis XIV institua dans chaque régiment de grosse cavalerie, le régiment de carabiniers qu'il forma ensuite de l'amalgame de ces compagnies, et plus tard, les quatre carabiniers qui jusqu'au milieu du dernier siècle firent partie des compagnies de cavalerie, étaient porteurs de carabines rayées ; ils n'étaient carabiniers que de nom : ils se battaient en guerre tout autrement qu'à coups de carabine ; ils y portaient des mousquetons, qui furent abolis à cette époque. Frédéric II éprouve dans la guerre de 1741 de quelle faible ressource sont les carabines ou *büchsen* de ses troupes ; aussi le voit-on abolir en grande partie ces armes. Les carabines rayées apparaissent dans l'infanterie française lors de la guerre de la révolution, parce qu'à l'instar des corps belges qui passent alors à notre service, et dont une partie s'arme de carabines, il en est donné à quelques compagnies franches et au bataillon franc formé en 1792 à Valenciennes. La baïonnette ou coutal de cette carabine était plate, à double tranchant, longue comme un sabre briquet, et se portait en baudrier. Un peu plus tard, nos demi-brigades d'infanterie légère comprirent, au lieu de grenadiers, une compagnie de carabiniers, mais dans plusieurs de ces demi-brigades les carabiniers ne le furent pas effectivement, et continuèrent à se battre à coups de fusil. L'abus qu'on fit de nos diverses infanteries, en employant, au mépris de leur institution, les mêmes corps tantôt comme infanterie légère, tantôt comme corps d'infanterie de bataille, mit dans tout son jour les désavantages de la carabine : d'excellentes compagnies de carabiniers se trouvèrent pour ainsi dire désarmées, par la raison même qu'elles avaient des carabines. L'opinion prévalut alors que ce n'était nullement une arme de plaine ; néanmoins on voit encore sous le Consulat se former des compagnies de carabiniers armés de carabines. Les manufactures françaises, et surtout celle de Versailles, en confectionnèrent plus tard, en vertu d'une détermination restée sans résultats. Bonaparte voulut que la carabine fût une arme des voltigeurs ; en quelques corps elle devint une arme d'officier d'infanterie. En vertu des décrets du 22 ventôse an XII et du 2ᵉ jour complémentaire an XIII, les officiers, sergents et fourriers des voltigeurs reçurent des carabines sans baïonnettes.

Gal Bardin.

La carabine était abandonnée en France comme arme de guerre, lorsque M. Delvigne vint appeler sur elle l'attention de l'armée et du public. La difficulté et l'embarras du chargement au maillet paraissaient être la cause de son abandon, lorsque M. Delvigne trouva, il y a déjà vingt-cinq ans, un moyen simple de forcer la balle, sans autre instrument que la baguette du fusil. Pour cela il donna à la partie de l'arme destinée à recevoir la charge un diamètre moindre que celui du canon ; en d'autres termes, il fit une *chambre* à la carabine, et vit qu'il suffisait d'un choc assez léger, de deux ou trois coups d'une baguette ordinaire, pour forcer la balle placée sur cet appui. Fort heureux de sa découverte, M. Delvigne a réussi à obtenir pour elle la faveur de l'armée et même celle du public. Son idée est devenue féconde. Cependant il a souvent, du moins nous le croyons, nui lui-même à sa cause en refusant de voir les difficultés qui restaient à surmonter et en se montrant injuste à l'égard des hommes chargés de juger son arme et obligés de l'envisager sous des aspects multipliés, tels que les approvisionnements en campagne, la confection, le transport, la conservation des munitions, etc. Quoi qu'il en soit, l'invention de M. Delvigne donna lieu à des expériences nombreuses et à des études fort étendues, qui ne sont pas restées sans résultat. Elles ont d'abord appris qu'un calepin graissé devait être joint à la cartouche pour nettoyer les rayures, et pour permettre un tir prolongé ; elles ont encore montré qu'un petit sabot en bois, joint à la balle, donnait moyen de la mieux forcer en la déformant moins, et augmentait considérablement la justesse du tir.

La résistance de l'air est, comme on le sait, la cause principale de la déviation des projectiles et de l'incertitude du tir ; elle n'a pas seulement pour effet de ralentir le mouvement de translation des projectiles et d'en diminuer la portée, cette résistance a un autre résultat plus nuisible. Par suite des mouvements de rotation variables que prennent les projectiles, l'air les rejette à droite ou à gauche, au-dessus ou au-dessous de leur direction. La rotation autour d'un axe tangent à la trajectoire est la seule que la résistance de l'air, agissant alors symétriquement, ne dévie pas ; et le principal avantage de la carabine vient de ce qu'elle produit ce mouvement de rotation. Les expériences ont fait voir que la justesse du tir augmente, dans les limites de l'application, à mesure que la vitesse de rotation de la balle augmente relativement à la vitesse de translation. Mais pour augmenter la vitesse de rotation il faut rendre plus court le pas de l'hélice de la carabine ; alors on ne peut plus employer que peu de poudre et donner une vitesse de translation faible. Au delà d'une certaine charge, les cannelures de la balle sont arrachées, et elle perd son mouvement de rotation. Dans la carabine adoptée pour les chasseurs de Vincennes, M. le général Thierry a pris un point intermédiaire ; il a sacrifié quelque chose de la justesse pour pouvoir donner à la balle une vitesse plus grande. L'école de tir établie à Vincennes a donné, à la suite de nouveaux essais, de nouveaux résultats. M. le général d'artillerie Thouvenin a eu l'idée de supprimer la *chambre* de M. Delvigne et de la remplacer par une tige en acier vissée dans la culasse et s'avançant dans l'axe du canon de manière à laisser entre elle et les parois un espace plus que suffisant pour loger la poudre. En facilitant le forcement de la balle sans la faire dévier de l'axe du canon, cette innovation permet, chose importante, de supprimer le calepin et le sabot de la cartouche. M. le général Thouvenin était aidé dans ses nombreux essais par deux officiers de l'école de tir, MM. Tamisier et Minié. Quand il fut prouvé que la rotation de la balle était bien assurée dans la nouvelle carabine, M. Minié conseilla de faire varier la forme des balles. L'idée n'était pas nouvelle ; plusieurs officiers de l'école de tir l'avaient précédemment tenté, et M. Delvigne avait publié des essais de ce genre depuis plusieurs années. Les expériences firent d'abord voir que de petits changements dans la forme des balles avaient sur la justesse du tir une grande influence, et après plusieurs tâtonnements M. Minié arriva à une balle qui donne, pour le tir avec la nouvelle carabine, de très-grands avantages sur la balle sphérique. La forme de la nouvelle balle est compliquée ; sa partie antérieure se termine en pointe et son centre de gravité se trouve reporté en arrière ; son poids est de 47 grammes, au lieu de 29 grammes que pèse la balle sphérique. La baguette a été fraisée de telle manière que sa forme peut s'adapter à celle de la balle, car cette fraisure a une grande influence sur la forme que prend la balle après le forcement. L'avantage qu'offrent ces balles allongées sur les balles sphériques vient de ce que, à masses égales, elles présentent beaucoup moins de prise à la résistance de l'air. On peut leur donner au départ de plus faibles vitesses, qu'elles conservent mieux, et elles ne manquent pas pour cela de portée. La vitesse de la balle dans le canon étant faible, les rayures de la carabine peuvent avoir une inclinaison plus grande ; la vitesse de rotation de la balle est beaucoup augmentée et le tir est très-juste. La charge de la nouvelle carabine n'est que de 4 gr. 2.

Dans des épreuves faites plus tard sous les yeux d'une commission nommée par le ministre de la guerre, cette carabine, sur 100 balles, a mis dans une cible de 2 mètres de hauteur sur 4 mètres de longueur 81 balles à 400 mètres, 65 balles à 500 mètres, 45 balles à 600 mètres ; dans une cible de 2 mètres de hauteur sur 6 mètres de longueur, elle a mis 31 balles à 700 mètres, 33 balles à 800 mètres, 35 balles à 900 mètres ; enfin, dans une cible de 2 mètres de hauteur sur 10 mètres de longueur, elle a mis 39 balles à 1000 mètres, 23 balles à 1100 mètres, 12 balles à 1200 mètres, et 8 balles à 1300 mètres. La nouvelle carabine a toujours eu l'avantage pour la pénétration sur l'ancienne carabine des chasseurs de Vincennes, et même sur la carabine de rempart, qui est d'un calibre beaucoup plus considérable. Disons encore que la carabine à tige, chargée avec la cartouche ordinaire du fusil d'infanterie, a mis 46 balles sur 100 dans une cible de 2 mètres de hauteur sur 4 mètres de longueur. On voit donc que nous avons déjà une arme fort avantageuse à mettre entre les mains des tireurs d'élite ; mais, en outre, nous ne sommes peut-être pas loin d'un changement radical dans l'armement de l'infanterie ; sans doute il y a encore considérablement à faire pour généraliser des résultats particuliers. La fabrication en grand, les transports, les avaries, soit des armes, soit des cartouches, diminueraient beaucoup cette grande justesse, qui ne serait plus la même entre les mains des soldats, surtout à la guerre, quand la distance est variable et inconnue. Mais à côté de toutes ces difficultés, on peut penser que puisqu'on est dans une si bonne voie, et que l'on a fait déjà des progrès si remarquables, il n'y a pas de raison pour n'en pas faire encore. Courage donc aux hommes qui s'occupent de perfectionner le tir ! leurs travaux ne seront pas inutiles. Chacun d'eux concourt au progrès, et une question aussi importante par son influence sur l'art de la guerre ne saurait être trop étudiée.

Les Allemands et les Anglais ont des carabines se chargeant maillet et basées sur d'autres principes que celui du forcement Delvigne. Les Anglais donnent simplement à la balle une saillie annulaire qui glisse dans les deux rayures de leur carabine. Les Allemands ont une carabine dans laquelle ils ne forcent pas la balle ; ils l'entourent seulement d'un fort calepin qui pénètre dans les rayures. L'ensemble de la balle et du calepin prend dans le canon le mouvement de rotation, que le calepin continue ensuite par la balle. Il serait utile de s'occuper en France des perfectionnements de ces deux principes de rotation, en même temps que de celui qui est dû à M. Delvigne.

Ildefonse FAVÉ,
Chef d'escadron d'Artill. officier d'ordonn. de l'empereur.

CARABINIER. Ce mot a plusieurs sens, qui se ressemblent très-peu s'il s'agit des temps anciens ou modernes, des armées étrangères, de la milice française, et des troupes à pied ou à cheval.

Les carabiniers à cheval ont été des hommes d'élite faisant partie de compagnies ordinaires ; ou bien ils ont été formés en compagnies d'élite, ou enfin ils ont constitué des régiments. Il existait sous Henri IV, en imitation du service, plus ancien, des *carabins*, deux carabiniers par compagnie de grosse cavalerie ou de gendarmerie. Ces cavaliers étaient destinés à faire feu avant qu'on entamât une charge. Louis XIV amalgama ces carabiniers ; il en forma une compagnie par régiment de cavalerie ; ces compagnies, qui étaient au nombre de cent, furent incorporées en 1693, et formèrent le régiment de carabiniers, qui équivalait au moins à cinq régiments ordinaires. Depuis la régence jusqu'au milieu du siècle passé, il reparut des carabiniers dans les régiments de cavalerie ; c'étaient des hommes d'élite placés, au nombre de quatre, dans chaque compagnie, à peu près comme au temps de Henri IV. Cette institution n'eut pas de suite, et un régiment de carabiniers prit la tête de la cavalerie française. La loi du 23 fructidor an VII reconnaissait deux régiments de carabiniers ; la restauration n'en mit qu'un sur pied. Le ministre Clermont-Tonnerre en forma un second, quoiqu'il fût reconnu difficile de fournir d'hommes et de chevaux le régiment qui existait, et quoique les corps privilégiés, genre d'institution en tout temps blâmable, fussent alors hors de proportion avec le reste de l'armée.

Les régiments actuels de carabiniers diffèrent des anciens parce qu'ils n'ont plus de carabines, c'est-à-dire de mousquetons ; que leur uniforme n'y ressemble plus ; qu'ils portent une cuirasse et un casque ; que leurs officiers ont l'épaulette à petites torsades, etc. Leur nom de carabiniers est une désignation qui n'a rien de rationnel. L'ordonnance du 19 février 1831 a rangé dans la cavalerie de réserve les deux régiments de carabiniers.

Dans quelques milices étrangères et dans l'armée autrichienne le nom de carabiniers à cheval a une tout autre acception, et rappelle les primitifs carabiniers de France ; le mot y signifie *tirailleur*.

Passant maintenant à ce qui concerne les troupes à pied, nous aurons d'abord à faire observer que les *carabiniers d'infanterie* sont considérés tantôt comme des soldats porteurs de carabines rayées, tantôt comme formant des compagnies armées ou du moins censées armées comme leur nom le donne à entendre ; mais dans nos usages leurs carabines sont des fusils. En France la création des bataillons de chasseurs a amené l'institution des carabiniers d'infanterie, institution qui était déjà ancienne parmi les troupes du Nord. En 1788 six chasseurs carabiniers sont institués dans chaque compagnie de chasseurs de nos bataillons d'infanterie légère ; ils faisaient partie des files de la compagnie ; mais c'étaient des hommes d'élite, exercés conformément au genre de l'arme qu'ils portaient. Ils furent abolis en 1792. A cette époque, des compagnies de carabiniers français ont été créées à l'imitation de celles des corps hollandais, flamands et liégeois ; leur uniforme s'est décoré de la grenade ; leur haute paye est devenue celle des grenadiers. Les carabiniers français ont été de peu d'utilité dans la guerre de la révolution. Rien n'avait été fait pour leur instruction spéciale ; aussi nos compagnies de carabiniers, fusiliers par le fait, et grenadiers par le courage, l'aigrette, les attributs, ont presque toujours porté un nom ridicule, comme les **grenadiers**, depuis qu'ils n'ont plus de grenades en main. La milice anglaise, agissant avec plus de logique, a conservé sur pied de véritables tireurs de carabine. Dans cette milice la qualification de carabinier est synonyme de tirailleur à pied. Ces carabiniers chargent à volonté, tenant le canon de leur carabine entre les deux cuisses et bourrant des deux mains ; ils commencent et cessent le feu au son du clairon. Leur feu de peloton n'est autre chose que l'ancien feu de file exécuté avec locomotion, c'est-à-dire exécuté par deux files qui débottent en même temps, se déploient sur un rang en avant du front, font feu et se remboîtent ; le retour de la file est le signal du départ d'une autre file : ce feu a lieu, soit par la droite des sections, soit par celle des pelotons. Le carabinier tire en chasseur, c'est-à-dire en avançant le pied gauche de quarante-cinq ou de quarante-six centimètres, pliant le genou et portant le corps en avant ; on l'exerce aussi à tirer droit et debout. Il y a dans la milice prussienne des compagnies de chasseurs et de carabiniers.

Gal BARDIN.

CARABIQUES. Dans sa méthode, Latreille donne ce nom à une vaste et importante tribu d'insectes de l'ordre des coléoptères pentamères et de la famille des carnassiers. Dejean considère les carabiques comme formant une famille.

Plusieurs espèces de carabiques sont communes dans nos campagnes, où elles se font remarquer par la vivacité de leur course ou l'éclat métallique de leurs couleurs. Quelques-unes d'elles jouissent de curieuses propriétés; telles sont celles des genres *brachine*, *carabe*, etc.

CARABOBO, province de la république de Vénézuéla dans l'Amérique du sud, qui compte une population de 100,000 âmes, répartie sur une superficie de 298 myriamètres carrés, a pour chef-lieu *Valencia*, et a reçu le nom d'un village situé à 15 kilomètres au sud-ouest de cette ville, où, le 28 mai 1814, Bolivar battit le général espagnol Salomon, et où, sept ans plus tard, le 24 juin 1821, il gagna une bataille décisive sur les généraux La Torre et Moralès, victoire dont le résultat fut la complète évacuation du pays par les forces espagnoles.

CARABOULAKS. *Voyez* KARABOULAKS.

CARACAL ou **LYNX** des anciens, mammifère carnivore et digitigrade du genre *chat*. *Voyez* LYNX.

CARACALLA (MARCUS-AURELIUS), naquit à Lyon, en 188. Son véritable nom était BASSIANUS. L'empereur Sévère, son père, lui avait donné celui d'*Antonin*, en commémoration d'Antonin le Pieux, et c'est avec cette qualification que nous le voyons figurer dans les inscriptions et sur les médailles. Toutefois, l'inflexible histoire ne laissa d'autre nom à ce tyran que le ridicule sobriquet qu'il s'était attiré par sa prédilection pour un long vêtement gaulois ainsi nommé (*voyez* CARACALLE). Semblable en cela à beaucoup d'autres monstres de Rome, il eut une enfance douce et aimable, montra les plus heureuses dispositions, et se concilia l'affection du peuple et du sénat. Il était spirituel, obligeant, généreux; mais tout à coup la férocité se déclara. Elle altéra même les traits de son visage, au point que ceux qui l'avaient autrefois connu ne pourraient croire que ce fût le même homme. Il ne cessait de vanter Alexandre le Grand; il ambitionnait sa gloire, mais il voulait encore celle de Sylla et de Tibère : c'étaient ses modèles, ses héros.

Il avait à peine treize ans quand Sévère l'associa au gouvernement, et à la mort de celui-ci (en 211) Caracalla arriva à l'empire conjointement avec Géta son frère. D'abord ils avaient voulu le partager entre eux; mais leur mère, Julia, et les grands de l'empire surent empêcher l'exécution de ce projet. Depuis longtemps Caracalla nourrissait une haine implacable contre Géta; il feignit que celui-ci lui tendait des embûches, et le fit tuer dans les bras de sa mère, après lui avoir demandé une entrevue pour se réconcilier avec lui (212). Il rendit ensuite publiquement des actions de grâces aux centurions qui l'avaient massacré, disant que Géta voulait l'empoisonner, et qu'il était de plus coupable d'irrévérence envers leur mère. Mais ce crime ne fut pas accueilli avec faveur par les soldats campés devant d'Albe; ils fermèrent leurs portes, et ne reçurent Caracalla qu'après en avoir obtenu de riches présents. C'est à l'occasion de ce meurtre que fut prononcée cette belle parole de Papinien, qu'*il est plus facile de commettre un parricide que de l'excuser*. Ce grand jurisconsulte lui-même fut mis à mort sous les yeux de l'empereur : telle fut le prix de sa noble indépendance. Le tyran fit périr les affranchis de Géta et quiconque avait eu quelques relations avec lui. Plus tard, sa rage attaqua aussi les assassins de son frère, et Géta fut élevé au rang des dieux.

Nous ne ferons pas ici le compte des meurtres de Caracalla; nous ne parlerons ni de Lætus, contraint d'avaler du poison; ni d'Afer, qui se précipita du haut d'un édifice, et ne put échapper au fer des assassins; ni de Pompeianus, qu'il fit disparaître comme s'il eût été tué par des brigands. Nous dirons seulement que, plus cruel que Caligula et Néron, Caracalla les surpassa encore en extravagances, et qu'il prodigua les mêmes mépris au sénat et au peuple romain. Son avarice vendit le droit de cité romaine à tous les hommes libres, et le premier il reçut dans le sénat des Égyptiens. Le culte d'Achille s'associant dans son esprit à celui du grand Alexandre, il ne manqua pas de faire le voyage d'Ilion pour visiter la tombe de ce héros; et afin d'avoir comme lui un Patrocle à pleurer, il empoisonna son affranchi Festus. Rien n'est comparable à la forfanterie de ses expéditions militaires. Il vint dans la Gaule pour attaquer les Germains. Son premier soin fut de faire périr le gouverneur de la Narbonnaise, il eut le talent de blesser tous les intérêts et de heurter tous les droits des cités. Il y fut très-malade, et il ne put se retirer de leurs mains qu'à prix d'argent. Un jour il convoqua la jeunesse des Alemani, dont il se disait désormais l'allié; puis, la faisant cerner, il la massacra : victoire bien digne de lui et qui lui valut le titre d'*Alemanicus*. De là il se rendit par la Thrace en Asie, après avoir remporté quelques avantages sur les Goths. A Antioche, il conclut la paix avec le roi des Parthes, Artabane; mais il fit avec perfidie saisir et charger de chaînes Algare, roi d'Édesse et ami des Romains, et lui prit ses États. Il voulut en user de même envers Vologèse, roi d'Arménie, mais ses troupes furent repoussées. Alors il se rendit à Alexandrie, où il visita le tombeau d'Alexandre, et offrit des hécatombes à Sérapis, en consacrant aussi à ce dieu le glaive avec lequel Géta avait été tué.

Tout à coup, pour punir les habitants d'Alexandrie des railleries dont il était l'objet, il livra la ville au pillage et au meurtre; le sang coula à grands flots pendant plusieurs jours. Bientôt il marcha contre les Parthes, sous prétexte qu'Artabane lui refusait sa fille. L'ennemi ne s'attendait pas à cette brusque rupture de la paix; Caracalla put impunément ravager tout le pays. Mais quand il apprit que l'armée des Parthes se formait dans les montagnes, il revint en Mésopotamie et annonça au sénat la soumission de tout l'Orient. Aussi put-il joindre le titre de *Parthicus* à ceux d'*Alemanicus* et de *Germanicus*; ce qui fit dire plaisamment à Helvius Pertinax; en faisant allusion au meurtre de Géta : « Noubliez pas qu'il est aussi *Geticus-Maximus* »; jeu de mots d'autant plus juste que Caracalla avait vaincu les Gètes, qui ne sont autres que les Goths. Après six ans de règne, et à l'âge de vingt-neuf ans, il fut tué sur la route d'Édesse, au temple du dieu Lunus. Macrin, préfet du prétoire, qu'il avait offensé, en débarrassa la terre.

Rome devait néanmoins à Caracalla quelques monuments : des bains qui portent son nom, et un arc-de-triomphe en commémoration des actions de Sévère. Les inscriptions de Caracalla et de Géta sont fort communes en Alsace et dans le Brisgau : le nom de Géta y est presque toujours effacé.

P. DE GOLBÉRY.

CARACALLE, robe que portaient dans les Gaules les Atrebates et les Morini. Il y en avait de deux sortes, l'une simple et grossière, pour le peuple et les soldats, l'autre riche et distinguée, pour les grands; celle-ci descendait jusqu'aux talons et était ouverte comme les simarres; elle avait des manches assez larges pour y passer aisément les bras; la couleur était de garance fine et choisie, qui réunissait l'éclat de la cochenille avec le feu foncé de la pourpre, et formait de cette robe donnait un certain air de majesté à ceux qui la portaient, et il est probable que ce fut pour relever sa taille que l'empereur Bassian la préféra à toutes les robes romaines, ce qui lui fit donner le surnom de Caracalla.

CARA-CALPAKS. *Voyez* KARAKALPAKS.

CARACARA, genre d'oiseaux de proie d'Amérique, de la famille des falconidées. Les caracaras ont de grands rapports de formes et de mœurs avec les vautours. Comme eux, ils recherchent les charognes et les immondices.

CARACAS ou SAN-IAGO DE LEON DE CARACCAS, capitale de la république de Vénézuéla, dans l'Amérique du sud, est située à une distance de 25 kilomètres de l'Océan et du port appelé *La Guayra*, dont la sépare une chaîne de montagnes d'une élévation de 1,720 mètres, sur les rives de la Guayra, à 930 mètres au-dessus du niveau de la mer, au pied du mont Silla, haut de 2,877, dans la charmante et fertile vallée d'Aragon. Détruite en 1812 par un tremblement de terre qui fit périr près de 10,000 habitants, cette ville fut reconstruite sur un plan régulier. Les rues en sont droites et bien pavées. Elle possède plusieurs places publiques, et entre autres églises une cathédrale magnifique de 83 mètres de long sur 25 de large, qui a été considérablement endommagée par un nouveau tremblement de terre, survenu en 1826. Caracas est le siège des autorités supérieures de la république, d'un archevêque qui a pour suffragants les évêques de Mérida et de Guayana, et d'une université dont la fondation remonte à 1778. On y trouve plusieurs couvents, un collège, un séminaire et divers autres établissements d'instruction publique. Ses habitants, au nombre de plus de 50,000, s'occupent d'industrie manufacturière, notamment d'ébénisterie et de sellerie. Cette ville est aussi le centre d'un grand commerce d'exportation, dont les agents, établis à La Guayra, font d'importantes affaires en cacao, tabac, indigo, coton, bois de teinture, quinquina, cuirs, etc., ainsi que d'un commerce intérieur très actif avec les provinces d'Apure, de Varinas, de Barquisimeto et de Carabobo. Un canal établit une communication directe entre Caracas et La Guayra.

Caracas fut fondée en 1567, par Diego Losada à l'endroit même où, sept ans auparavant, Francisco Fajardo avait créé un petit établissement sous le nom de *Valle de San Francisco*. Grâce à sa position avantageuse, cette ville fit de rapides progrès, quoiqu'en 1766 elle ait été ravagée, comme toute la province, par de cruelles épidémies. A l'époque de la domination espagnole, elle était le siège de la capitainerie générale du même nom.

La province de CARACAS, ainsi appelée de son chef-lieu, l'une des treize dont se compose la république, compte une population de 500,000 âmes, répartie sur une superficie de 1244 myriamètres carrés. Elle est bornée au nord, sur une étendue d'environ 200 kilomètres, par la mer des Antilles, à l'est par la province de Barcelona, au sud en grande partie par l'Orénoque, vers les provinces d'Apure et de Guayana, et à l'ouest par la province de Carabobo. Les chaînes de montagnes très-élevées qui traversent la contrée donnent naissance à divers cours d'eau plus ou moins considérables, et dont les plus importants sont le Guarico, l'Orituco et le Manapire. La province est arrosée, en outre, par dix-sept lagunes, dont la plus remarquable, à cause de son étendue et de l'immense quantité de poissons qu'elle renferme, est celle de Tacarigua. Le climat est très-sain, à l'exception de quelques points des côtes où des inondations périodiques engendrent des fièvres. La végétation y est des plus riches, et la canne à sucre surtout y donne d'abondants produits. Le cacao qu'on y récolte est de la meilleure qualité. Le café, l'indigo, le riz, le coton n'y prospèrent pas moins. L'élève des bêtes à cornes et des bêtes à laine y prend chaque année de nouveaux développements; il en est de même de l'agriculture. Cependant les luttes pour la conquête de la liberté y ont longtemps entravé le progrès du bien-être général.

Cette province, qui envoie au congrès deux sénateurs et douze représentants, est partagée en seize cantons. A partir de l'année 1526 elle appartint à titre de propriété à une famille de patriciens d'Augsbourg, la famille des Welser; mais dès 1546 ceux-ci y renoncèrent, par la raison que les soldats allemands qu'on y avait envoyés ruinaient la colonie par leurs cruautés et leurs rapines. Alors l'Espagne en reprit possession. Caracas fut ensuite jusqu'en 1820 le théâtre de la lutte insurrectionnelle sous les ordres de Miranda d'abord, puis sous ceux de Bolivar, contre les troupes espagnoles, commandées par Murillo. Dès 1821 elle faisait partie de la république de Colombie; mais le 17 novembre 1831 elle fut appelée à constituer une des fractions les plus importantes de la république de Vénézuéla.

CARA-CATHAÏENS. *Voyez* KARA-KATHAÏENS.
CARACCI. *Voyez* CARRACHE.
CARACCIOLI, l'une des plus célèbres familles de Naples, originaire de Grèce, et qui était en possession de richesses et de domaines immenses. Parmi ses membres nous citerons *Gianni* CARACCIOLI, qui en 1415 devint le secrétaire de la reine de Naples Jeanne II, et dut à sa faveur les dignités de connétable et de grand-sénéchal, ainsi que les titres de duc de Vicence, de comte d'Avellino et de seigneur de Capoue. Son orgueil et ses prétentions sans bornes déterminèrent la reine à signer contre lui un ordre d'arrestation, dont la mise à exécution en 1432 amena son assassinat.

Marino CARACCIOLI se fit connaître pendant la tenue du concile de Milan par le pape Léon X, qui le nomma son protonotaire et l'envoya en Allemagne en 1518, pour obtenir de l'électeur de Saxe l'extradition de Luther. Frappé de ses talents, Charles-Quint le prit à son service. Comme ambassadeur de ce prince, il conclut en 1520, avec le duc de Milan, un traité de paix qui lui valut de ce dernier le titre de comte de Galera. En 1524 l'empereur lui fit obtenir l'évêché de Catane; plus tard Paul V lui conféra le chapeau de cardinal; et à la mort du dernier des Sforces, l'empereur le nomma gouverneur de Milan. Il mourut dans cette ville, en 1539.

Il y eut vers le milieu du dix-huitième siècle à Londres et à Paris un ambassadeur de Naples appelé le *marquis Dominique DE CARACCIOLI*, que sa liaison avec Marmontel et d'Alembert a rendu célèbre. Il était né en 1711. Dans l'une et l'autre de ces capitales, le marquis passa pour un des beaux esprits du temps, et fut longtemps l'un des ornements de la société parisienne. Il brillait avec un égal succès dans les petits appartements de Versailles, les réunions philosophiques de la capitale, dans les salons de madame du Deffand et de madame Geoffrin. Il était l'ami de Diderot, d'Helvétius, de Garat et de l'abbé Galiani. Il est question de lui dans la plupart des mémoires de cette époque. Plus tard, il fut nommé vice-roi de Sicile, et mourut à Palerme, en 1789.

Un cardinal *Philippe-Giudice* CARACCIOLI, de la maison des ducs de Gesso, est mort archevêque de Naples, en 1844. Il était né dans cette ville, en 1785, et avait été revêtu de la pourpre romaine en 1833.

CARACCIOLI (LOUIS-ANTOINE DE), issu de la famille des Caraccioli, né à Paris, en 1721, trouva en Italie, où il ne vint qu'après avoir terminé ses études, l'accueil le plus empressé, notamment à la cour des papes Benoît XIV et Clément XIII, à cause du charme tout particulier de sa société. Il se rendit ensuite en Allemagne et en Pologne. Le prince Rewski, grand-maréchal et premier sénateur polonais, lui confia l'éducation de ses fils. Cette éducation terminée, il revint en France avec le grade de colonel et une forte pension; et se consacra tout entier à la littérature. Par ses *Lettres intéressantes du Pape Clément XIV* (4 vol. Paris, 1777), qui trahissent une douce philosophie, des idées très-sages sur un grand nombre de rapports sociaux et un goût des plus fins, il mystifia non-seulement la France, mais toute l'Europe, parce qu'elles passèrent longtemps pour authentiques, et excitèrent le plus vif intérêt. La révolution française lui enleva toutes ses ressources; mais en 1795 la Convention lui accorda une pension de 2,000 fr, qui le mit à l'abri du besoin jusqu'à sa mort, arrivée à Paris, le 29 mai 1803. Les plus importants de ses autres ouvrages (dont une partie furent réunis en collection [10 vol., Paris, 1761]) sont : *Le Livre à la Mode* (1760), imprimé d'abord en lettres rouges, puis, un peu modifié, en lettres vertes, et *Dictionnaire pittoresque et sentencieux* (3 vol., Paris, 1768).

CARACCIOLI (Francesco), amiral napolitain distingué, entra très-jeune dans la marine, et fut quelque temps au service de l'Angleterre. En 1793, lors du coup de main des Anglais contre Toulon, il commandait l'escadre napolitaine chargée d'agir de concert avec leur flotte, et dans cette occurence il fit preuve d'autant d'habileté que de résolution. Chargé en 1798 de ramener à Palerme les vaisseaux de guerre napolitains, tandis que le roi s'y faisait conduire par Nelson à bord de vaisseaux anglais, il fut traité de la manière la plus outrageante par les courtisans de ce prince. Justement irrité, Caraccioli s'en revint à Naples, entra au service de la république Parthénopéenne, et repoussa avec un petit nombre de bâtiments seulement une tentative de débarquement faite par la flotte anglo-sicilienne. Quand Ruffo s'empara de Naples, en 1799, Caraccioli fut arrêté en violation flagrante des termes de la capitulation, traduit devant la junte présidée par Speziale, condamné à mort et pendu au grand mât de sa frégate. On jeta ensuite son cadavre à la mer. Sa mort est une honteuse tache à la gloire de Nelson.

CARA-COINLU. *Voyez* KARA-KOYUNLU.

CARACOL, CARACOLE, CARACOLER. Le premier de ces mots est un terme d'architecture, dont on ne se sert guère que dans le sens d'*escalier en caracol*, pour dire *escalier en limaçon*, en hélice, en rond, dont toutes les marches sont cintrées ou *gironnées*. Cependant Vaugelas l'a employé dans le sens de *caracole*, terme de guerre ou de manége, et il a dit : « Les Thessaliens, faisant promptement *le caracol*, revinrent à la charge », voulant exprimer le demitour que fait chaque cavalier, après avoir frappé l'ennemi, pour passer de la tête de l'escadron à la queue. Mais depuis l'usage a prévalu d'appeler ce mouvement *la caracole*. Aujourd'hui on entend généralement par ce mot, en termes de manœuvre militaire, le mouvement de tous les cavaliers d'un même escadron évoluant la fois à droite ou à gauche. La *caracole* diffère de la *conversion* en ce que celle-ci se fait par rangs et celle-là par files. En termes d'équitation ou de manége, la *caracole* est un rond ou un demi-rond que l'on fait exécuter à un cheval, en changeant quelquefois de main. « *Caracoler*, dit M. Baucher, c'est travailler le cheval dans un manége, sans assujettissement de terrain. Il faut, pour faire caracoler un cheval avec précision et sans l'énerver, le tenir bien rassemblé et ne pas abuser de ses moyens en prolongeant son gebre ou genre d'exercice. » Quant à l'étymologie des mots *caracol*, *caracole* et *caracoler*, on la trouve dans l'espagnol *caracol*, qui signifie à la fois limaçon et escalier tournant.

CARACOLI ou **CARACOLY**, nom d'un métal ou d'un alliage formé, dit-on, de parties égales d'or, d'argent et de cuivre, dont on fabrique des anneaux, des plaques et des pendants d'oreilles, qui sont très-recherchés des sauvages de l'Amérique. Ce serait, comme on voit, une espèce de *tombac*; cependant le père Labat veut que ce soit un métal simple, aigre, grenu et cassant, que l'on mélange seulement avec un peu d'or pour le rendre plus doux et plus traitable. L'ornement le plus commun fait de ce métal, et qui a retenu le même nom, est, dit-il, un croissant qui se porte les pointes en haut, soit aux oreilles, soit au nez, soit à la lèvre inférieure, et qui varie de grandeur selon ces divers emplois. Il y en a un plus grand, ayant 15 à 20 centimètres d'ouverture, qui se porte sur l'estomac.

CARACOLLE. C'est le nom vulgaire du *phaseolus indicus*, plante légumineuse exotique du genre *haricot*. Elle a reçu son nom de la configuration de sa tige, de ses branches et surtout de sa fleur, beaucoup plus grande que celle des haricots ordinaires, d'une odeur douce et fort agréable, et qui est tournée en spirale comme la coquille du limaçon. Elle est vivace, mais elle craint le froid, et ne fleurit guère en France que sur la fin de l'été. Le pistil, après que la fleur est passée, devient une gousse longue de cinq centimètres, arrondie, et qui renferme des semences taillées en rein.

CARA-CORUM. *Voyez* KARA-KORUM.

CARACTACUS, roi des Silures, peuplade de la Grande-Bretagne dans la province de Galles, se distingua parmi les adversaires les plus redoutables des conquérants romains. Souvent défait, mais jamais entièrement vaincu, il soutenait depuis neuf ans une lutte opiniâtre, quand le préteur Publius Ostorius vint prendre le commandement des légions romaines. Résolu de terminer la guerre, celui-ci marcha contre Caractacus, qui attendit l'attaque, et se retira dans son camp, protégé par un fleuve et fortifié par des pierres entassées formant un mur élevé. Mais cet obstacle ne put arrêter l'ardeur des assaillants; ils forcèrent les retranchements des barbares, non sans éprouver de grandes pertes. La victoire fut complète : la femme et les enfants de Caractacus tombèrent entre leurs mains; ses frères se rendirent aussi à discrétion. Le roi parvint cependant à s'échapper et se réfugia auprès de Castismandua, reine des Brigantes; mais, séduite par les promesses d'Ostorius, qui offrit d'augmenter ses États, cette reine livra son hôte aux mains du préteur. Envoyé à Rome, où le bruit de son nom l'avait devancé, Caractacus fit son entrée dans la capitale avec une pompe proportionnée à l'importance de cette capture, que les uns comparaient à la prise de Syphax, d'autres à celle de Persée. Les cohortes prétoriennes, sous les armes, entouraient le monarque breton, qui traversa toute la ville suivi de sa famille et des principaux seigneurs de sa cour. Amené devant Claude, Caractacus conserva toute la fierté de son caractère, et parla en ces termes à l'empereur : « Si dans mes jours de prospérité j'eusse eu autant de modération que de puissance, cette ville m'eût vu entrer dans ses murs, l'ami, non le captif des Romains; leur empereur n'eût pas dédaigné l'alliance d'un prince né d'illustres aïeux et souverain de plusieurs provinces. Aujourd'hui, la fortune vous élève de toute la hauteur d'où elle me précipite : j'avais des armes, des chevaux, des soldats, des trésors, ne devais-je pas tout faire pour conserver ces biens ? Si votre ambition veut donner des fers à tous, est-ce une raison pour que tous les acceptent ? Au reste, une soumission sans combat n'eût illustré ni mon nom ni votre victoire. Si vous me livrez au supplice, on m'oubliera bientôt; si vous me laissez vivre, ma vue rappellera sans cesse votre clémence. » Soit pitié, soit politique, Claude lui pardonna : on détacha ses fers, et Caractacus alla se prosterner aux pieds d'Agrippine, la reconnaissance lui fit rendre l'hommage que la crainte n'avait pu lui imposer. Après avoir été fêté à l'envi par le sénat, par le peuple, par l'armée, Caractacus, rétabli dans son royaume, garda religieusement les conditions de son alliance avec les Romains. Il mourut l'an 54 de J.-C., deux ans après son retour dans ses États.

CARACTÈRE (*Lexicographie*). Au sein de l'innombrable multiplicité des sujets d'observation directe ou indirecte, il n'eût point été permis à l'esprit humain de distinguer les objets d'étude et de les embrasser tous dans la pensée, s'il n'eût remarqué de bonne heure, parmi les impressions venues de l'extérieur ou des sensations externes, celles qui sont les plus vives, les plus fortes et les plus constantes. Par suite d'une réaction naturelle, l'entendement humain transforme ces impressions notables et constantes en moyens susceptibles de le guider sûrement dans le labyrinthe des faits qui constituent le domaine de toutes les connaissances humaines. Ces moyens, résultant de la réaction de l'esprit sur ces impressions les plus remarquables, sont les empreintes, les sceaux ou cachets qu'il grave sur les objets dont il veut fixer et transmettre la connaissance. A cause de cette sorte de gravure fictive, à cause de cette empreinte métaphysique assignée aux faits connus, les marques distinctives qui en résultent pour servir à les reconnaître ont reçu le nom de *caractères* (du latin *character*, dérivée du grec χαρχτερ, dont le radical est le verbe χαρασσω, je grave).

Cette caractérisation de tous les objets d'étude et d'enseignement existe d'abord *intra mentem*, c'est-à-dire avant sa manifestation par la parole ou par l'écriture. Le besoin de l'énoncer ou de l'exprimer a nécessité la création des signes verbaux ou du langage parlé ; le progrès de la civilisation a dû remédier à l'insuffisance de la tradition orale ; enfin, du style, des tablettes et des divers tissus dont on se servait pour fixer les *caractères de l'écriture* ou *lettres*, on est arrivé à l'emploi du papier, des plumes et des *caractères de l'imprimerie*, pour transmettre et propager rapidement les signes des idées.

En langage usuel, familier, poétique ou littéraire, le mot *caractère* est employé dans une foule d'acceptions. Il s'entend alors de tout signe conventionnel tracé pour exprimer quelque idée. Ainsi les *chiffres*, les signes de notation algébrique, les *notes musicales*, les *abréviations*, etc., sont rendus au moyen de caractères spéciaux. Ce mot s'est dit aussi de lignes magiques, de lettres ou figures auxquelles le peuple attribue une certaine vertu en conséquence d'un prétendu pacte fait avec le diable (*voyez* MAGIE).

Caractère se dit aussi de certaines qualités apparentes qui attirent du respect et de la vénération à ceux qui en sont revêtus. Il signifie alors *titre*, *dignité* : *caractère d'un monarque, d'un ambassadeur, d'un chef quelconque*, etc. ; ou bien mission, autorité : *Cet homme n'a point de caractère, il parle sans caractère, il n'est revêtu d'aucun caractère.*

On pourrait ajouter au mot *caractère*, signifiant penchant chez l'homme, toutes les épithètes des facultés morales, intellectuelles et affectives, admises par les philosophes et les phrénologistes, lorsqu'une de ces facultés prédomine plus ou moins sur toutes les autres. Dans le langage habituel de la *conversation* et dans le style littéraire, ce nom s'associe à ceux de toutes les qualités qui distinguent les personnes. Dans toutes les nuances des caractères, c'est à l'aide de l'expression de la physionomie, considérée dans ses rapports avec les actes, qu'on juge et qu'on apprécie la disposition habituelle de l'âme.   L. LAURENT.

CARACTÈRE (*Théologie*). C'est, dit l'abbé Bergier, cette marque spirituelle et ineffaçable que Dieu imprime dans l'âme d'un chrétien par quelques-uns de ses sacrements. Il n'y en a que trois qui aient ce pouvoir : le *baptême*, la *confirmation* et l'*ordre* : aussi ne les réitère-t-on jamais, même aux hérétiques, pourvu qu'en les administrant, on n'ait manqué à rien d'essentiel dans la matière ni dans la forme. La réalité de ce *caractère* est prouvée par des passages de saint Paul, dont le sens est à la vérité contesté par les hérétiques et même par quelques théologiens catholiques. Un savant anglican, Bringham, soutient qu'il n'est question du caractère dans aucun des anciens conciles. Il est toutefois obligé de convenir que plusieurs Pères de l'Église ont appelé le baptême le *sceau*, le *signe*, le *marque*, le *caractère* de Jésus-Christ ; mais, dit-il, ils n'en ont rien conclu, sinon qu'il ne faut pas réitérer ce sacrement. Lorsque les anciens conciles, ajoute-t-il, ont excommunié ou dégradé un prêtre, ils l'ont privé du sacerdoce et de tout pouvoir sacerdotal ; ils ont déclaré qu'il n'était plus prêtre ; ils l'ont rejeté même de la communion laïque. Que reste-t-il donc à ce prêtre dégradé en vertu de son ordination passée? L'abbé Bergier répond qu'il lui reste le pouvoir radical de l'ordre, et non celui d'en faire les fonctions. Cela est si vrai, dit-il, que si ce prêtre parvient à se faire absoudre et réintégrer, on ne l'ordonnera pas de nouveau ; il recommencera d'exercer validement et licitement les fonctions du sacerdoce. Il n'est pas de l'intérêt d'un anglican de soutenir le contraire, puisqu'il s'ensuivrait que les évêques et les prêtres d'Angleterre, excommuniés comme hérétiques par l'Église romaine, ont perdu dès ce moment leur *caractère* et tous leurs pouvoirs ; conséquemment qu'ils n'ont pu donner aucune ordination valide ; et que le clergé de l'église anglicane enfin n'est composé que de purs laïques, comme les catholiques le prétendent en effet.

Les protestants nient également l'existence du *caractère* sacramentel ; ils disent qu'il a été imaginé par Innocent III. Mais saint Augustin, qui a écrit contre les donatistes, lesquels réitéraient, comme on sait, le baptême et l'ordination, vivait huit cents ans avant ce pape, et a soutenu que les sacrements impriment un *caractère* ineffaçable. On peut donc affirmer avec lui, avec Fléchier, avec les autorités les plus imposantes et les plus saintes, que le *caractère* du prêtre est un caractère indélébile. En perdant eux-mêmes, dit l'orateur que nous venons de citer, le respect qu'ils doivent à la sainteté de leur *caractère*, les prêtres sont les premiers coupables du mépris qu'on a pour eux. Quant à la nature de ce *caractère*, les théologiens ne sont pas d'accord pour l'expliquer. Il paraît certain toutefois que ce mot, qui signifie au propre sceau, gravure, marque, signe, ne peut être appliqué à notre âme que par métaphore. C'est dans ce sens que l'on dit aussi que Dieu a empreint sur le front de l'homme un *caractère*, une *image* de la Divinité, et que la majesté des rois leur donne un *caractère* qui leur attire le respect des peuples.   E. HÉREAU.

CARACTÈRE (*Morale*). C'est l'empreinte typique des dispositions internes d'un individu, de ses penchants naturels, de ses sentiments, du mode vif ou lent, doux ou sévère, aimant ou haineux, de sa sensibilité. C'est encore le portrait de ses mœurs, de ses habitudes dans la vie, et la manière dont il agit envers ses semblables. Ainsi Théophraste s'occupait dans ses vieux jours à peindre les caractères moraux des Athéniens de son temps. Labruyère a tracé des esquisses parfaites au dix-septième siècle, que n'ont point éclipsées les observations piquantes de Duclos, ou profondes de Vauvenargues au dix-huitième. La comédie, la satire, s'emparent des caractères les plus frappants, soit par leurs vices, soit par leurs ridicules.

De nos jours, les recherches savantes faites sur le jeu de notre organisation, principalement sur l'appareil nerveux, ont donné lieu à Gall et à ses sectateurs d'attribuer la plupart des caractères moraux aux dispositions mêmes de l'organisme du cerveau. C'est ainsi que la cruauté, le penchant vin, l'esprit religieux ou théosophique, la vocation aux sciences, à la poésie, etc., ont été considérés comme le résultat du déploiement plus ou moins prononcé de certaines portions de la masse cérébrale. Dès lors, l'homme n'est plus qu'une sorte de machine, dont certains ressorts font mouvoir les parties. Le concert de nos actions ne dépendrait plus ainsi de nos volontés, mais d'une sorte de nécessité mécanique ou plutôt organique. Sans contredit, on ne peut pas séparer nos caractères innés de nos prédispositions originelles de notre constitution individuelle, de notre tempérament. Il ne dépend pas d'une complexion molle et lymphatique, imbibée de sucs abondants, avec un tissu spongieux, comme le Hollandais nourri de laitage et de bière, d'avoir le feu, la vivacité ardente d'un Italien, bruni, desséché au soleil de Naples ou de la Toscane, excité par l'harmonie et les arts, sous un ciel embaumé. Mais il peut dépendre de l'un comme de l'autre d'équilibrer ses mœurs, de régulariser son caractère par l'éducation, ou par un travail assidu sur soi-même.

Le *caractère* désigne surtout la forme propre que nous mettons dans nos actions, bonnes ou mauvaises ; il n'appartient qu'à l'homme. Le *naturel* se trouve dans les animaux comme chez l'homme. Il consiste dans les qualités particulières à chaque individu, comme d'être gai ou triste, hardi ou timide, sévère ou facile. L'étude de la complexion, l'expression de la physionomie, peuvent indiquer ces propensions originelles, ou déceler le naturel ; il est inné, car il tient à notre organisme. C'est sans détruire son germe qu'on s'efforce de le déguiser.

Naturam expellas furca, tamen usque recurret.

L'homme naturel, comme l'enfant et comme le sauvage, accorde beaucoup à ses sens et à ses affections; l'homme de caractère agit principalement par l'âme. Le premier cède au corps, le second lui commande. Le naturel est la physionomie du cœur, le caractère est le cachet de la volonté. Un homme qui se laisse mollement entraîner à tout, qui, tournant au moindre vent, manque d'une résolution constante et ferme, n'a point de caractère, bien qu'il puisse montrer du naturel. Celui qui, persévérant dans ses desseins et dans sa conduite, conserve partout une décision arrêtée, un type indélébile, a du caractère et quelquefois peu de naturel. Le corps dispose l'âme dans le naturel, mais l'âme dispose le corps relativement à elle dans un homme de caractère. Comme un métal dense contient plus de matière qu'un autre sous un même volume, ainsi un caractère pèse plus qu'un autre dans la balance sociale. Les plantes à fibres sèches ont plus de saveur et de propriétés que les herbes gonflées d'un suc fade et aqueux. Ainsi l'on rencontre plus de caractères originaux et de physionomies marquées dans les régions chaudes et arides que sous des cieux humides et froids. Tout ce qui augmente la densité, la raideur des fibres, semble imprimer aussi de la solidité et une trempe vigoureuse au caractère. Toujours résolu, décidé, l'homme qui en est doué ne prend jamais de demi-mesures; il veut avec force, et il sacrifie tout pour atteindre son but. Constant, inébranlable, ni la vie, ni la mort, ni le plaisir, ni la douleur, ni la violence, ne le domptent. Sa bonté ou sa méchanceté ne sont pas médiocres. L'homme sans caractère, rompu dans l'art de n'être jamais lui-même, se ménage avec tout le monde, et s'accommode à tous les intérêts. Souple, prenant mille formes comme Protée, courtisan, n'étant rien par lui seul, il n'a ni consistance ni volonté. Avec du caractère, on peut souvent déplaire et conserver l'estime d'autrui; sans caractère, on peut complaire sans être estimé. Il ne faut pas tant d'esprit pour qui veut avoir beaucoup de cœur, et l'un ne s'augmente peut-être qu'aux dépens de l'autre. L'esprit plaît bien brillant dans le monde, mais le caractère perce et prend de l'ascendant dans les grandes affaires. On remarque assez généralement que les hommes d'un caractère solide et élevé soutiennent longtemps la vie, même au milieu des traverses, parce que la vigueur de leur courage résiste aux maux qui accableraient de plus faibles esprits. La même fermeté d'âme les rend aussi moins susceptibles de maladies.

En retranchant par les extrêmes les défauts et les excès de l'âme, on la ramène en son centre, qui est le milieu de la vertu. Elle acquiert alors plus de solidité, ou de *densité*, comme dit Bacon, par cette modération qui, telle qu'un froid salubre, empêche nos facultés de s'évaporer dans les passions et les voluptés. Le caractère ainsi concentré ressemble au métal battu et écroui, qui conserve plus de force et de ressort que les naturels mous, diffluents. Ceux-ci dissipent leurs forces, sont vides ou creux à l'intérieur : *abstine et sustine* sont comme les deux contre-poids égaux qui fixent en équilibre le balancier de notre vie morale. Dans le mouvement général de l'existence, les organes dont les fonctions dominent le plus déterminent les mœurs et les propensions naturelles de chaque tempérament. Si la complexion reconnue d'un individu nous fait sur-le-champ apercevoir quel est le fond de son caractère et de ses mœurs, pareillement les mœurs décèlent la complexion et la nature des organes les plus intérieurs des individus qu'on ne peut examiner. Il y a en nous des organes ou des facultés qui dominent; il y en a d'autres qui sont assujettis, soit dès la naissance, soit par acquisition et par le genre de vie, soit par la révolution naturelle des âges, soit enfin par la qualité des nourritures, des climats ou des éléments qui nous environnent. De plus, les diverses parties du corps ne se développent pas également ; il en est qui obtiennent de l'ascendant. Par exemple, différents degrés d'activité des fonctions dérangent encore la parfaite symétrie du corps. Ainsi, l'homme de peine, fatiguant beaucoup ses muscles, sera plus porté à juger de tout par la force physique. Chez le poëte, le philosophe, l'activité du système cérébral est dominante. Nulle partie n'obtient une supériorité marquée qu'aux dépens des autres fonctions. Quelques hommes ont, dit-on, une *mauvaise tête*, ou le cerveau mal organisé, et un *bon cœur*, ou les sentiments internes dans une parfaite harmonie. Tous ces états physiques retentissent dans notre constitution morale, ou affectent nécessairement les caractères.

Bien que l'étude, l'exercice, l'empire de l'éducation, contribuent à développer les plus généreuses qualités, il faut bien que la nature en ait déposé le germe, car la seule éducation ne pourrait les donner. On voit même la plupart des grands caractères fructifier d'eux seuls, comme ces arbres vigoureux et pleins de sève, qui n'attendent pas pour fleurir la laborieuse culture du jardinier. Nous persistons pourtant à croire que si l'on excitait dès l'enfance notre caractère moral, si l'on inspirait les sentiments plus élevés, plus nobles à la plupart des hommes bien nés, s'ils étaient nourris, comme on l'a dit d'Achille, de moelle de lion, nous verrions percer des caractères bien plus audacieux que ceux qu'on a remarqués dans nos temps modernes. La nature a déposé dans nos cœurs un instinct de grandeur et d'énergie; elle nous dicte tout ce que nous sommes capables d'exécuter par nous-mêmes soit que la fortune nous seconde, soit qu'elle se déclare contre nous.

Mais de même qu'une multitude de vibrations discordantes ou qui se contrarient produisent un bruit déplaisant, tandis qu'un son harmonique résulte d'un concours de vibrations égales et à l'unisson, de même un caractère méchant est souvent produit par la discordance du système nerveux intérieur, et le bon naturel par sa concordance uniforme. Les diverses cordes de la lyre du cœur humain doivent être tendues à l'unisson pour rendre des accords mélodieux, et nous voyons même la cacophonie aigrir, irriter les passions ; par ce procédé même on a mis des hommes et jusqu'à des chiens en fureur. Ainsi, une femme qu'on émeut est un instrument qui résonne suivant l'accord ou le désaccord de sa sensibilité. Et pour preuve, ne voit-on pas le caractère moral s'altérer dans plusieurs lésions organiques ? Ainsi, les affections du foie rendent particulièrement chagrin, hargneux, susceptible de colère sans objet; celles de la rate disposent aux vapeurs hypocondriaques; un squirrhe à l'estomac est inséparable de passions tristes. Autant les mauvaises habitudes de l'âme engendrent une disposition vicieuse dans l'organisme, autant cette disposition vicieuse physique réagit à son tour sur notre moral. Il est des boissons et des aliments qui épanouissent les entrailles, et contribuent à nos vertus comme à nos vices; et il est des médicaments qui purgent l'humeur bilieuse et diminuent notre propension à la colère. Que le moral dispose autrement le cœur et les entrailles, tant dans le bon que dans le mauvais caractère, on peut s'en convaincre par l'expérience, puisque la scélératesse naît quelquefois d'un malaise habituel, qui aigrit l'humeur, tandis que la bonne conscience procure un contentement intérieur. Il est certain, par l'exemple de plusieurs criminels, que le désordre des facultés rend maladif, soit que les orages de l'âme produisent une disgrégation dans les puissances nerveuses, soit que le physique devienne la première source de dérangement dans le caractère moral.

Lorsque le concours harmonique de notre sensibilité est troublé par cet état pathologique ou par l'agacement du moral, celui-ci peut être involontairement poussé à des actes furibonds. Aussi, les passions violentes ressemblent-elles à des affections spasmodiques et à la manie. Caligula, Cambyse, durent leur férocité inconcevable à des spasmes épileptiques, qui les jetaient hors du droit sens. Ainsi, chez plusieurs individus nerveux il s'opère une rétroversion de sensibilité qui égare leurs volontés et leurs désirs. Néron, Tibère étaient obsédés chaque nuit, obligés de sortir du lit en vaguant dans les solitudes de leurs palais, attendant le jour dans des anxiétés d'esprit insupportables.

La médecine reconnaît dans ces circonstances un état de spasme, de constriction nerveuse, d'angoisse désespérante, comme dans un haut degré d'hypocondrie atrabilaire. Une telle dépravation peut produire des penchants à l'assassinat, au suicide, au brigandage, et nous voyons également chez les bêtes féroces la bile aiguiser leur ardeur pour le carnage, tandis que les herbivores, presque sans fiel, tels que la colombe, le cerf, le cheval, etc., montrent un naturel doux et paisible.

On peut donc dire que les caractères de scélératesse ne sont pas toujours tels de leur plein gré, bien que l'éducation et les soins puissent les porter à la pratique des vertus. Mais il existe une sorte de manie, disposition pathologique des entrailles, qui, retentissant au cerveau, pousse les individus à cette exaspération criminelle. Un traitement médical seul pourrait le sauver de cet abîme de maux, et leur faire éviter l'échafaud. Ainsi, la saignée, les bains, les boissons délayantes, les nourritures végétales adoucissantes, les occupations tranquillisantes, sont les moyens usités, dans le régime pénitentiaire des États d'Amérique, pour calmer singulièrement les caractères féroces et contribuer, avec diverses exhortations morales et religieuses, à ramener dans une meilleure voie les hommes égarés.

On ne comprend guère pourquoi ces individus se portent à des actes exécrables, sans raison, sans nécessité, sans but. Comme il n'y a rien de si abominable que de tels hommes ne soient capables d'entreprendre, pareillement il n'est rien de si sublime et de si héroïque qu'ils n'eussent pu exécuter (car ils ne redoutent point la mort), si quelque disposition plus naturelle les eût dirigés dans une bonne voie. Ces âmes excentriques apportent autant d'excès dans le bien que dans le mal, tandis que les caractères sages et tempérés demeurent souvent dans le milieu de la médiocrité. Une âme impétueuse ne peut pas toujours régler ses mouvements ni s'élancer d'un bond si exalté sans s'exposer à une chute proportionnée. Ainsi, plusieurs grands scélérats sont de même trempe que les grands hommes.

Personne n'ignore que Robespierre avait un caractère d'une apparente modération, mais que trahissait un amour-propre effréné et implacable. On sait que presque toutes les nuits, agité par les fureurs d'une ambition concentrée, son lit était taché de sang qui lui sortait des narines, après avoir été ainsi accumulé au cerveau dans ses élucubrations. Il était d'ailleurs fort porté à l'amour. Sa physionomie de chat, ses lèvres serrées, ses petits yeux, lui imprimaient quelques traits de Tibère, sans en marquer le profondeur. La figure comme le caractère de Danton lui donnait plutôt l'apparence d'une brutalité féroce et grossière que d'un naturel atroce, et Saint-Just, dont la physionomie était si douce, ne commettait des cruautés que par système politique. D'autres hommes, au contraire, ont aimé le sang par caractère : tels sont surtout les envieux et les timides. Dans les révolutions l'homme timide armé de la puissance est d'autant plus redoutable qu'il ne se croit en sûreté que par l'extermination de quiconque lui fait peur (*cuncta ferit dum cuncta timet*), ou de tous ceux qu'il croit suspects, par cela même qu'il se trouve supérieurs en valeur et en mérite à lui-même. La physionomie de Fouquier-Tinville reflète l'image de l'atrocité du caractère. On n'a peut-être pas remarqué dans la figure de Marat la singulière distorsion des mâchoires vers la droite, provenant sans doute d'un développement inégal, ce qui ajou-

tait à sa laideur naturelle, et ce qui faisait présumer une mauvaise conformation des os à la base du cerveau. Il pouvait en résulter des compressions, une gêne, capables d'influer sur le caractère. En effet, Marat, grêle et de petite stature, était doué d'une complexion si irritable, qu'il avait toujours le pouls fébrile et *une humeur massacrante*. Il achetait des animaux vivants pour faire sur eux des expériences, et assistait chez les bouchers à la mort des animaux pour suivre, disait-il, ses recherches de physiologie et de médecine.

Au contraire, il est des caractères si doux qu'ils ne peuvent supporter l'aspect de la souffrance dans les animaux. Cette douceur est naturelle à la jeunesse inexpérimentée, à l'enfance encore naïve et innocente, lors même qu'elle commet des actes répréhensibles par ignorance : heureuse preuve que le cœur humain est originairement bon. Ce n'est que la triste expérience du monde qui peut le désabuser, et encore est-il de ces âmes généreuses qui ne sauraient jamais se défaire de ces sentiments de confiance et de bonté, quoiqu'elles en aient été bien des fois les victimes. Combien d'honnêtes gens, au milieu d'une société de fripons, ont été pris pour niais ou pour dupes! L'excès de la civilisation est l'un des plus grands correctifs de cette simplicité de caractère. Aussi cette dernière ne se trouve-t-elle plus guère que chez les peuples peu cultivés, rustiques, ou dans des lieux isolés, loin du commerce des sociétés raffinées. La politesse, ou plutôt la politique, apprend à se défier des hommes, et la multiplicité de leurs intérêts, qui se froissent, aigrit leur méchanceté sous une apparente douceur.

On a remarqué de plus que les habitants des régions du nord, au teint blanc, vivant avec simplicité de laitage et de végétaux, tels que sont les grands corps blonds et flegmatiques des forêts de la Germanie, étaient et sont encore maintenant, d'ordinaire, candides et simples ; qu'ils avaient et qu'ils ont de la naïveté, un naturel plein de franchise (les Franks, peuples ingénus, en sont sortis). Les peuples bruns ou plus noirs des régions méridionales sont bien autrement rusés : ils ont un caractère malicieux, trompeur. Les Romains accusaient les Carthaginois de duplicité et de fraude; les Grecs se plaignaient de la mauvaise foi (*punique*) des Phéniciens; à leur tour, les Gaulois, les Germains, méprisaient la finesse des Latins, des Grecs, des Italiens. Or, les Phéniciens, les Numides et autres Africains sont plus noirs que les peuples du midi de l'Europe, et ceux-ci ont souvent abusé de la simplicité des hommes candides du nord. Chez les Romains, les prétendants aux magistratures populaires se présentaient vêtus de blanc, en signe de pureté et d'innocence, ce qui est venu le terme de *candidat*, qui est resté parmi nous, bien que la plupart des solliciteurs ne soient rien moins que *candides*. En général, les substances végétales blanches, comme les fécules, les farineux, le sucre et les gommes, etc., sont pareillement innocentes, douces, et rendent les tempéraments fades. J.-J. VIREY.

CARACTÈRE (*Art dramatique*). Le caractère dans les personnages qu'un poète dramatique introduit sur la scène est l'inclination ou la passion dominante qui éclate dans toutes les démarches, dans tous les discours de ces personnages, et qui est le principe, le mobile de toutes leurs actions : par exemple, l'ambition dans César, la jalousie dans Hermione, la probité dans Burrhus, l'avarice dans Harpagon, l'hypocrisie dans Tartufe, etc.

Les caractères, en général, sont les inclinations des hommes considérés par rapport à leurs passions. Mais comme parmi ces passions il en est qui sont, en quelque sorte, attachées à l'humanité, et d'autres qui varient selon les temps et les lieux, ou selon les usages propres à chaque nation, il faut aussi distinguer des *caractères généraux* et des *caractères particuliers*.

Dans tous les siècles et dans toutes les nations, on trouvera des princes ambitieux qui préféreront la gloire à l'amour, des monarques à qui l'amour fera négliger le soin de leur gloire, des héroïnes distinguées par la grandeur d'âme, telles que Cornélie, Andromaque; des femmes dominées par la cruauté et la vengeance, comme Athalie et Cléopâtre; des ministres fidèles et vertueux et de lâches flatteurs; de même que, dans la vie commune, qui est l'objet de la comédie, on rencontre partout et en tout temps des jeunes gens étourdis et libertins, des valets fourbes et menteurs, des vieillards avares et fâcheux, des riches insolents et superbes. Voilà ce qu'on appelle *caractères généraux*.

Mais parce qu'en conséquence des usages établis dans la société ces caractères ne se produisent pas sous les mêmes formes dans tous les pays, et qu'une passion qui est la même en soi varie d'un siècle à l'autre, n'agit pas aujourd'hui comme elle faisait il y a deux ou trois mille ans, chez les Grecs et chez les Romains, et que dans un même siècle elle n'agit pas à Londres comme à Rome, ni à Paris comme à Madrid, il en résulte des *caractères particuliers*, communs toutefois à chaque nation.

Enfin, parce que dans une même nation les usages varient encore, non-seulement de la ville à la cour, d'une ville à une autre ville, mais même d'une société à une autre société, d'un homme à un autre homme, il en résulte une troisième espèce de caractère, auquel on donne proprement ce nom, et qui, dominant dans une pièce de théâtre, en fait ce que nous appelons une *pièce de caractère*, genre dont Riccoboni attribue l'invention aux Français : tels sont *Le Misanthrope, Le Joueur, Le Glorieux*, etc.

Il faut de plus observer qu'il y a certains ridicules attachés à un climat, à un temps, qui dans d'autres climats et dans d'autres temps ne formeraient plus un caractère : tels sont *Les Précieuses ridicules* et *Les Femmes savantes*, de Molière, qui n'ont plus en France le même succès que dans leur nouveauté, et qui n'auraient aucun succès dans un pays où les singularités que frondent ces pièces n'ont jamais dominé.

Le caractère dans ce dernier sens n'est donc autre chose qu'une passion dominante, qui occupe tout à la fois le cœur et l'esprit, comme l'ambition, l'amour, la vengeance, dans le tragique; l'avarice, la vanité, la jalousie, la passion du jeu, dans le comique. On peut encore distinguer les *caractères simples et dominants*, tels que ceux que nous venons de nommer, d'avec les *caractères accessoires*, qui leur sont comme subordonnés. Ainsi, l'ambition est soupçonneuse, inquiète, inconstante dans ses attachements, qu'elle noue ou rompt selon ses vues; l'amour est vif, impétueux, jaloux, quelquefois cruel; la vengeance a pour compagnes la perfidie, la duplicité, la colère et la cruauté; de même la défiance et la lésinerie accompagnent ordinairement l'avarice; la passion du jeu entraîne après elle la prodigalité dans la bonne fortune, l'humeur et la brusquerie dans les revers; la jalousie marche guère sans la colère, l'impatience, les outrages, et la vanité est fondée sur le mensonge, le dédain et la fatuité. Si le caractère simple et principal est suffisant pour conduire l'intrigue et remplir l'action, il n'est pas besoin de recourir aux caractères accessoires; mais si ces derniers sont naturellement liés au caractère principal, on ne saurait les en détacher sans l'altérer.

Riccoboni, dans ses *Observations sur la Comédie*, prétend que la manière de bien traiter le caractère, c'est de ne lui en opposer aucun autre qui soit capable de partager l'intérêt et l'attention du spectateur. Mais rien n'empêche qu'on ne fasse contraster les caractères, et c'est ce qu'observent les bons auteurs. Par exemple, dans *Britannicus*, la probité de Burrhus est en opposition avec la scélératesse de Narcisse, et la crédule confiance de Britannicus avec la dissimulation de Néron.

Le même auteur observe qu'on peut distinguer les *pièces de caractère* des *comédies de caractère mixte*, et par ces dernières il entend celles où le poëte, se servant d'un caractère principal, lui associe d'autres caractères subalternes.

C'est ainsi qu'à celui du Misanthrope, qui fait le caractère dominant de sa fable, Molière ajoute ceux d'Araminte et de Célimène, l'une coquette et l'autre médisante, et ceux des petits-maîtres, qui ne servent tous qu'à mettre plus en évidence le caractère du Misanthrope. Le poëte peut joindre encore ensemble plusieurs caractères, soit principaux, soit accessoires, sans donner à aucun d'eux assez de force pour qu'il domine les autres : telles sont *l'École des Maris, l'École des Femmes*, et quelques autres comédies de Molière.

C'est une question de savoir si l'on peut et si l'on doit dans le comique charger les caractères pour les rendre plus ridicules. D'un côté, il est certain qu'un auteur ne doit jamais s'écarter de la nature, ni la faire grimacer; d'un autre côté, il n'est pas moins évident que dans une comédie on doit peindre le ridicule, et même fortement. Or, il semble qu'on ne saurait mieux y réussir qu'en rassemblant le plus grand nombre de traits propres à le mettre en relief, et qu'il est permis par conséquent de charger les caractères. Il y a en ce genre deux extrémités à fuir, et Molière a saisi mieux que personne le point de perfection qui tient le milieu entre elles : ses caractères ne sont ni aussi simples que ceux des anciens ni aussi chargés que ceux de ses successeurs. La simplicité des premiers, qui n'est point un défaut en soi, n'aurait cependant pas été du goût du siècle de Molière; mais l'affectation des modernes, qui va jusqu'à choquer la vraisemblance, est encore plus vicieuse. Qu'on caractérise les passions fortement, à la bonne heure; mais il n'est jamais permis de les outrer.

Enfin, une qualité essentielle au caractère, c'est qu'il se soutienne; et lorsque le poëte d'autant plus obligé d'observer cette règle, que dans le tragique ses caractères sont pour ainsi dire tous fournis par la fable ou par l'histoire. C'est pourquoi Horace dit :

Aut famam sequere, aut sibi convenientia finge.

Dans le comique, il est maître de sa fable, et il doit disposer tout de manière que rien ne s'y démente, que le spectateur y trouve, à la fin comme au premier acte, les personnages introduits guidés par les mêmes vues, agissant selon les mêmes principes, sensibles aux mêmes intérêts, en un mot les mêmes qu'ils ont paru d'abord. C'est encore le précepte d'Horace :

Servetur ad imum
Qualis ab incepto processerit et sibi constet.

DIDEROT.

CARACTÈRE (*Beaux-Arts*). Après s'être étudié à retrouver dans la physionomie de chaque homme des signes distinctifs indiquant son caractère particulier, on est arrivé à se servir du même mot pour désigner dans les arts l'expression de douceur ou de fierté, de candeur ou de fourberie, que l'artiste cherche à imprimer à ses figures; puis on a été jusqu'à dire qu'un tableau, un portrait, une statue, manquaient de caractère, pour faire sentir que l'artiste n'avait pas exprimé ce qui devait faire reconnaître le sujet ou l'individu dont il donnait la représentation. Avant de se mettre au travail, il faut donc que le peintre étudie à fond le caractère moral de son modèle, afin de le bien reproduire sur son portrait. S'il fait un tableau, il doit avoir soin de retracer sur chacune des figures de sa composition le caractère distinctif qui lui est propre, en y joignant l'expression convenable à l'action dans laquelle elle se trouve placée. Ainsi, ayant à représenter un prince dans une bataille, ou ordonnant la punition d'un malfaiteur, ou accordant la délivrance de prisonniers, il donnera à son héros un caractère de noblesse et de bonté; mais dans la première sa physionomie aura de plus une expression d'ardeur guerrière qui ne laissera aucun doute sur le succès de la victoire. Dans la seconde elle sera empreinte d'un profond ressentiment sans dureté. Dans la troisième, enfin, elle aura une expression de douceur et de générosité qui déterminera une vive explosion de reconnaissance de la part des graciés, et répandra une douce joie dans l'âme du spectateur. Mais ces différents personnages ayant chacun leur caractère, leur expression se modifiera en raison de l'âge, du sexe ou des habitudes qu'aura fait contracter à chacun son éducation ou son état. Le talent du peintre se fera donc d'autant plus remarquer qu'il aura su mieux faire sentir l'influence des caractères différents combinés avec la même expression. Un artiste doit encore avoir soin, dans ses compositions, de conserver à chacun le caractère qui lui est propre. Ainsi, il faut qu'un pasteur, un juge, un guerrier, se distinguent par un air vénérable, intègre ou fougueux, qui les fasse reconnaître. Il faut aussi que des caractères distincts nous apprennent si la scène représentée est tirée de l'Histoire Sainte, de quelques pays de l'Europe moderne, ou des contrées du Nouveau-Monde.

Ce que l'on vient de dire pour les compositions historiques se trouvera encore dans les sujets mythologiques, car les anciens ayant donné à leurs dieux des caractères particuliers, il est facile de concevoir que Jupiter et Bacchus, Apollon et Mars, auront des caractères distincts. Mais ce ne sera plus seulement dans la physionomie qu'on retrouvera les traits caractéristiques de chacun d'eux; leur corps entier offrira des caractères différents. Ainsi, dans la figure d'Hercule les muscles seront très-sentis et indiqueront une grande force, tandis que dans celle de Bacchus toutes les formes seront adoucies et auront un certain embonpoint qui, rendu excessif, deviendra le caractère particulier de Silène. La figure d'Apollon sera svelte, et la jeunesse s'y retrouvera dans toutes ses formes. La figure de l'Amour sera encore plus jeune et plus gracieuse. Les figures de déesse n'ont pas de caractères aussi prononcés, et il serait même impossible de spécifier avec précision les différences qui doivent les distinguer; cependant il est facile de sentir que Vénus doit avoir plus de grâce et Diane plus de vigueur.

Il est encore un point que l'on peut, en quelque sorte, considérer comme caractéristique, c'est le *costume*, ou du moins la manière dont on a coutume de représenter les dieux et les déesses. Ainsi, Minerve a toujours un ample vêtement qui lui enveloppe entièrement le corps, et laisse seulement à découvrir le visage, le cou et les bras. Diane est aussi vêtue, mais plus légèrement : elle a les jambes et la tête nues, mais les épaules et une partie de la poitrine; sa tunique est courte, afin de ne point s'embarrasser dans les forêts qu'elle parcourt habituellement. Vénus, au contraire, ne porte aucun vêtement, ou du moins, si elle a quelque voile, il est si léger, que l'on sent qu'il peut facilement disparaître. Nous n'avons pas parlé du casque et de la lance de Minerve, de l'arc et des flèches de Diane, parce que ce ne sont que des *attributs* et non des *caractères*. Quelquefois des difformités, des signes particuliers, deviennent caractéristiques : c'est ainsi qu'Ésope, Socrate et d'autres personnages célèbres de l'antiquité ont un caractère particulier, qu'il ne serait pas permis d'oublier en retraçant leur image. Ce n'est pas seulement dans les hommes qu'on doit différencier les caractères, les animaux aussi offrent des nuances de même nature. En représentant des chevaux, le peintre aura soin de rappeler les traits distinctifs de chaque variété, afin qu'on reconnaisse s'il a représenté des animaux de race arabe, normande, anglaise ou russe. S'il veut placer dans ses tableaux des groupes de bétail ou des troupeaux de moutons, il faudra que ces animaux aient des physionomies différentes, car si nous ne sommes pas d'abord frappés de la dissemblance qui existe parmi ces individus, nous devons cependant nous rappeler que le berger qui a su les étudier distingue parmi eux celui qui est malin ou débonnaire. Des caractères particuliers se font aussi remarquer dans les diverses situations des animaux, et ils doivent être saisis avec précision par l'artiste qui veut les peindre libres ou asservis, domestiques ou sauvages. C'est donc une qualité essentielle chez un artiste d'imprimer à son œuvre le *caractère* que dans la nature ou dans sa pensée revêtent les objets qu'il représente.

DUCHESNE aîné.

CARACTÈRE (*Sciences naturelles*). On entend par ce mot, pris dans toute sa généralité, certaine marque ou propriété essentielle qui distingue un être de tout autre. Dans les sciences réunies sous le nom d'histoire naturelle des corps organisés (botanique et zoologie), l'esprit humain, procédant rationnellement de l'idée d'*individu naturel* à celles d'espèce, de genre, de famille, d'ordre, de classe et de règne, n'aurait pu constituer et coordonner tous ces groupes de plus en plus grands, s'il n'eût acquis par l'expérience et par la méditation la connaissance de plus en plus approfondie des parties, dont l'existence, dont l'analogie et les différences devaient lui fournir des caractères de valeurs variables. Or, la connaissance exacte de ces parties considérées comme *caractéristiques* des espèces, des genres, etc., des corps organisés, nécessitant un très-grand nombre de laborieuses investigations anatomiques et physiologiques, n'a pu marcher que lentement vers le degré de perfectionnement indispensable pour arriver au but des méthodes naturelles.

Malgré les progrès réels obtenus dans ces sciences, à l'aide des savantes recherches exécutées de nos jours, il nous faut encore désirer que l'organisation des parties des végétaux et des animaux soit scrutée plus profondément, pour nous rapprocher davantage du but proposé. Si, dans les premières époques historiques des sciences naturelles, les propriétés des corps organisés et vivants qui ont excité les premières l'attention des observateurs ont été érigées en *caractères distinctifs*, établis tantôt d'après leur utilité plus ou moins immédiate à l'homme, tantôt d'après le séjour ou l'habitation, plus tard d'après leurs formes extérieures et leurs dimensions, et d'après quelques détails de l'organisation intérieure, il a fallu pour arriver au point où nous en sommes un temps proportionné à la multiplicité, à la difficulté des recherches et des découvertes à faire, et un degré de maturité de vues générales qui ont permis d'aborder la discussion sur la subordination des caractères. Quoique ces vues philosophiques sur cette subordination, nécessaire pour l'établissement des espèces, des genres et des familles, aient été vaguement énoncées par Conrad, Gesner, Aldrovande, Johnston, Jean Ray, il faut arriver jusqu'à Linné pour voir s'établir dans la science l'importance des caractères propres à fonder un système et à jeter les premières bases de la classification naturelle en botanique. Mais la gloire de perfectionner la méthode naturelle était réservée à Antoine-Laurent de Jussieu, qui dans son *Genera Plantarum* a établi les principes de subordination, et fait sentir la supériorité de la méthode des ensembles sur celle des caractères isolés.

Les parties de la végétation qui présentent les caractères les plus invariables dans les plantes congénères sont énumérées dans l'ordre suivant : 1° la graine et ses parties; 2° le péricarpe et ses parties; 3° les organes sexuels; 4° la corolle et le calice; 5° le pédoncule général ou le mode d'inflorescence; 6° les feuilles, les écailles, etc.; 7° la racine et la tige. Cet ordre est celui de leur plus grand degré d'importance aux yeux de la nature, qui semble prendre plus de soin à la conservation des espèces qu'à celle des individus. Rejeter les caractères isolés ou systématiques, recourir aux ensembles de caractères, ou aux caractères méthodiques, fournis par les parties rangées dans l'ordre de leur plus ou moins de constance, tel est le précepte de la philosophie botanique relatif à leur emploi dans la classification des végétaux.

Dans les sciences zoologiques, quoique l'importance de la

dignité des caractères ait été aperçue par les premiers naturalistes cités ci-dessus, ce n'est qu'en 1795 que G. Cuvier fut conduit, par ses travaux zootomiques, à appliquer au règne animal les principes de subordination si heureusement introduits dans l'étude du règne végétal. Mais il établissait d'abord ces caractères importants ou dominateurs sur les parties qui font l'a n i m a l, et non sur celles qui établissent le degré de l'animalité. Notre savant collaborateur Virey a le premier considéré le système nerveux comme l'appareil qui doit fournir les caractères les plus importants dans la classification des animaux, et en posant le principe, que la *seule sensibilité constitue l'essence de l'animalité*, il a contribué au perfectionnement des classifications zoologiques.

Quoique ces premiers efforts dans la recherche des principes de subordination des caractères qui conviennent au règne animal aient produit des résultats importants et très-utiles, cependant l'organisation si complexe des êtres animés est si peu connue, par rapport aux exigences de la science, qu'il est nécessaire de multiplier encore les investigations anatomiques et physiologiques, afin de bien reconnaître les parties organisées, qui, différant le plus de celles des végétaux, sont les plus caractéristiques des animaux, et qui, considérées dans leurs combinaisons naturelles, doivent fournir les *ensembles de caractères* capables de servir de base à la méthode naturelle en zoologie. Toutefois, au milieu de ces ensembles de caractères, il faut encore distinguer les parties qui, par leur prédominance, par leur constance et par leurs modifications différentielles faciles à constater, doivent être considérées comme les plus caractéristiques. Selon Blainville, les parties de l'organisme animal rangées dans l'ordre d'importance peuvent être énumérées ainsi qu'il suit : 1° appareil nerveux ; 2° organes sensoriaux ; 3° organes locomoteurs ; 4° peau et ses annexes ; 5° appareil respiratoire ; 6° appareil vasculaire ; 7° appareil digestif ; 8° appareil dépurateur ; 9° appareil génital. Ces parties lui paraissent d'autant plus propres à caractériser les animaux, qu'elles n'existent pas dans les végétaux.

Les caractères des corps organisés se distinguent ainsi qu'il suit : ceux des variétés ou sous-espèces ; ceux des espèces, ou *spécifiques* ; ceux des genres, ou *génériques* ; ceux des familles, des ordres et des classes, ou *classiques*. Le caractère, dit Linné dans sa *Philosophie botanique*, est la définition du genre. Il en admet trois espèces : 1° le *factice*, 2° l'*essentiel*, 3° le *naturel*. En appréciant leur valeur comparative, il ajoute : « Le caractère factice est secondaire, le caractère essentiel est le meilleur, mais à peine possible partout ; le caractère naturel se forme très-difficilement, mais une fois formé, il est la base, le gardien infaillible de tous les genres. » Mais nous ferons remarquer ici que sous le nom de *caractères* Linné indique non la partie ni la propriété qui sert à caractériser, mais bien la *phrase caractéristique*. G. Cuvier n'a admis que deux sortes de caractères, les uns *dominateurs*, importants, les autres *subordonnés*, ou d'une moindre importance. Il est évident qu'après avoir rangé les caractères suivant une progression hiérarchique, on peut admettre ceux du 1er, du 2°, du 3°, etc., ordre : c'est ce qu'a fait de Jussieu.

L'individualité attribuée aux substances minérales est un *caractère artificiel*, imaginé afin de pouvoir établir, à l'imitation des botanistes et des zoologistes, des espèces en minéralogie. Il n'y a donc point, d'une manière réelle et en bonne logique, un règne minéral correspondant aux règnes végétal et animal, parce que les prétendues espèces minérales n'en sont point, et ne doivent nullement être comparées aux espèces des corps organisés. Mais on doit admettre diverses sortes de minéraux, de même qu'en anatomie on distingue diverses sortes de tissus, etc., et non des espèces minérales comparables aux espèces d'individus animaux et végétaux.

En chimie les caractères généraux des corps sont établis :

1° d'après la manière dont ils résistent ou cèdent aux agents de décomposition ; 2° d'après les divers genres de c o m b i n a i s o n s dans lesquelles ils sont engagés en raison de leur nature intime, ou atomique et électrique. Les caractères spéciaux sont tirés des diverses espèces de réactions que chaque corps chimique peut exercer ou subir dans des conditions et dans des limites déterminées. Dans les sciences physiques et chimiques appliquées aux arts, à l'industrie, à la médecine et à tous nos besoins sociaux, les caractères des moyens qu'elles nous fournissent peuvent être fondés sur tous leurs degrés et à leurs divers genres d'utilité, et sur les inconvénients et les dangers des manipulations et autres procédés des arts qui nous les livrent.　　　L. LAURENT.

CARACTÈRE (*Imprimerie*). Dans l'art typographique on entend par *caractère* un assortiment complet de tous les signes qui servent à représenter un discours par l'impression, tels que grandes et petites capitales, lettres du bas de casse, chiffres, ponctuation, etc. Chaque type particulier est un petit parallélipipède, portant à l'une de ses extrémités une lettre, un chiffre, un signe de ponctuation, etc., gravé en relief, dans un sens contraire à celui qu'offrira l'impression qu'il est destiné à produire. Distribués dans les cassetins de c a s s e s préparées à cet effet, les caractères sont les éléments de la c o m p o s i t i o n typographique. Nous ferons à l'article IMPRIMERIE l'histoire de cet art merveilleux, qui repose réellement tout entier sur la mobilité des caractères. Depuis les premiers tâtonnements des inventeurs, l'art du fondeur en caractères a fait d'immenses progrès. Nous sommes loin de celui qui le premier imagina de graver des poinçons, de frapper des matrices et d'y couler des caractères uniformes pour chaque type. Les imprimeurs et fondeurs d'Allemagne, d'Italie, d'Angleterre, de France surtout, ont par leurs perfectionnements enrichi la typographie de *frappes* de mieux en mieux faites, de plus en plus profondes et de plus en plus élégantes.

Les caractères d'imprimerie sont faits d'un alliage de plomb et de régule d'antimoine dans des proportions qui varient suivant les fondeurs et suivant l'usage auquel le caractère est destiné. Cette combinaison donne assez de consistance aux caractères pour leur permettre de résister à l'action de la presse. On y ajoute parfois du cuivre ou de l'étain pour accroître leur dureté. On a essayé de fondre des caractères en alliage de cuivre, mais on y a renoncé ; les alliages de zinc n'ont pas encore donné de résultat parfait.

Les trois dimensions géométriques des caractères, longueur, largeur, profondeur, sont nommées, en typographie, *corps*, *épaisseur*, *hauteur*. Le corps d'une lettre se calcule à peu près de la tête des *d*, des *l*, jusqu'au pied des *g*, des *p*, des *q*. Toutes les lettres composant un caractère doivent avoir le même corps, que ce soient des capitales ou majuscules, des lettres à queue, ou de petites lettres comme l'*a*, l'*e*, l'*o*, l'*u*. Quand les lignes ne sont séparées par aucune *interligne*, le blanc qui existe d'une ligne à l'autre, ne provient que de cette partie de métal appelée *talus*, ménagée par exemple en haut et en bas d'un *o*, ou au-dessous d'un *d*, ou au-dessus d'un *p*. L'*épaisseur* n'est autre chose que la différence qui existe entre le *m* par exemple et le *n* ou l'*i*. La *hauteur* est la distance entre la face de la lettre supposée debout, jusqu'à l'*œil*. Elle est ordinairement de 0m,023686 (10 lignes ½) dans les fonderies françaises ; c'est ce que les typographes appellent la *hauteur en papier*.

Il y a des caractères de différentes épaisseurs, ou *forces de corps* ; ils se reconnaissent à l'*œil* et au *cran*. L'*œil* est la partie saillante qui représente le type. Ils sont classés par *force de corps* ; et comme dans chaque force de corps il y en a qui portent différentes sortes d'œils, on les distingue par des signes particuliers, soit en bas, soit en haut. Le *cran* sert encore à faire connaître le sens de la lettre. Comme il se trouve d'ordinaire du côté des accents, ce côté s'appelle le *dessus*, bien qu'en composant on le mette en dessous dans le composteur. Il y a cependant des pays où le cran est du côté opposé.

L'unité principale des proportions des caractères est le *point typographique*, équivalant à deux points de l'ancien pied de roi. Ainsi 6 points typographiques valent 12 points ou une ligne de l'ancien pied de roi, et 72, un pouce : soit $0^m,002256$ et $0^m,02707$.

Les caractères, dont le nombre était encore fort restreint il y a soixante-dix à quatre-vingts ans, sont maintenant variés à l'infini. Depuis le caractère microscopique, sur 3 points typographiques ($0^m001128$), jusqu'aux grosses lettres d'affiches, qui ont de 5 à 8 centimètres et que l'on sculpte souvent en bois, des fontes ont eu lieu sur tous les degrés intermédiaires de l'échelle et sur leurs principales fractions. Les caractères avaient reçu différents noms, tirés en général des premiers livres qu'ils avaient servi à imprimer; mais depuis que la mesure régulière des points typographiques a été généralement adoptée, un ordre s'est introduit dans leurs proportions et leur nomenclature qui a pu remplacer avec avantage des dénominations trop longtemps arbitraires.

Voici les noms et les valeurs en points des caractères les plus usités : la *perle* est fondue sur 4 points; la *parisienne* ou *sédanoise*, sur 5; la *non-pareille*, sur 6; la *mignonne*, sur 7; le *petit-texte*, sur 7 1/2; la *gaillarde*, sur 8; le *petit-romain*, sur 9; la *philosophie*, sur 10; le *cicéro*, sur 11 et 11 1/2; le *saint-Augustin*, sur 12 et 13; le *gros-texte* et le *gros-romain*, sur 14 et 16; le *petit* et le *gros-parangon*, sur 18, 20, 21 et 22. Ces derniers ne sont guère employés que pour affiches, ainsi que la *palestine*, le *trismégiste*, les *petit*, *gros*, *double* et *triple-canon* dont la force est très-variable, dans une échelle de 24 à 72 points. On ne dit même plus maintenant dans l'imprimerie de la parisienne, de la non-pareille, de la mignonne, etc., mais du 5, du 6, du 7, etc.

Comme l'œil de ces différents caractères varie sur le même corps, on a établi de nouvelles divisions : ainsi on a donné le nom de *gros-œil* aux caractères dont l'œil est plus gros que le corps du caractère ne semble le comporter; le *petit-œil*, au contraire, semble d'un corps plus petit; le nom de *poétique* a été donné à un caractère qui semble resserré sur lui même, plutôt long que rond; le caractère *gras* est celui dont les pleins sont lourds et épais; le caractère *maigre* est celui dont les pleins sont plus fins que les pleins des caractères ordinaires. Les *compactes* sont des caractères dont l'œil est fort, mais dont les queues sont très-courtes, si bien que dans moins de place on fait entrer un caractère assez gros. M. Henri Didot avait imaginé un moule à refouler qui donnait un plus grand nombre de types à la fois; mais ces sortes de caractères, qu'on nommait *polyamatypes*, sont peu en usage aujourd'hui. Souvent on distingue les caractères du même corps par les noms des fondeurs qui les ont mis en usage. C'est ainsi qu'on dit du 8 *Didot*, du 8 *Tarbé*, etc. Les Français sont en général très-vains de leurs caractères d'imprimerie, et certes leurs ouvrages de luxe ont une réputation méritée; mais pour les impressions courantes, pour ne pas être pris au dépourvu, par exemple, les Anglais nous sont bien supérieurs sous le rapport de la netteté.

On dit qu'un caractère *gagne* ou *perd* sur un autre, lorsqu'il en entre plus ou moins dans la composition. Plus un caractère est petit et mince, plus il gagne sur un plus gros; plus il est gros et épais, plus il perd sur un plus petit.

Les lettres ou signes qui composent un caractère doivent y entrer pour une quantité relative à l'usage présumé de chacun d'eux. C'est ce qu'on appelle la *police* d'un caractère. Il n'est pas indifférent de savoir dans quels rapports une fonte doit être assortie, pour ne pas être pris au dépourvu. Boileau, Racine, etc., épuisent les *o*; Voltaire et les modernes les *a*; le latin, les *m, n, u*; l'anglais, les *h, t, w*; l'italien les *i, o*, etc. Toutes les lettres semblables d'un même corps et d'un même type forment ce qu'on appelle une *sorte*.

Les caractères fondus d'après l'alphabet français sont gravés perpendiculairement et portent le nom de *romains*, sans doute parce qu'ils étaient en usage à Rome avant qu'Alde-Manuce, de Venise, inventât l'*italique*, penché de droite à gauche, dont par privilège il eut d'abord la propriété exclusive. Ce caractère est maintenant réservé pour contraster avec le *romain* chaque fois qu'il est nécessaire de faire ressortir quelque partie du discours. Tout caractère *romain* doit avoir son *italique* correspondant, et tout caractère quelconque, outre la série des lettres de son alphabet de forme ordinaire et courante, son assortiment complet de *capitales* ou *majuscules*, grandes et petites, de toutes les signes de ponctuation, et d'*espaces*, *cadrats*, *cadratins*, *demi-cadratins*, lames ou pièces de métal moins hautes que les lettres, qui servent à séparer les mots et à remplir les vides que laissent les fins d'alinéa. Il faut encore qu'une imprimerie possède sa collection d'*initiales* ou *lettres de deux points* (sortes de capitales destinées à la confection des titres) et de caractères imitant l'écriture ou garnis d'ornements sur lesquels l'esprit des fondeurs aime à s'exercer, et qui contribuent à la réputation de la typographie française. Il y a aussi des caractères anciens ou étrangers, dont chaque imprimeur est plus ou moins fourni, comme le grec, l'hébreu et les langues orientales. L'Imprimerie Impériale de Paris possède seule, entre toutes les typographies du globe, une collection complète de types de tous les idiomes connus.

Parmi les *caractères de fantaisie* inventés dans ces derniers temps, il faut citer la *normande*, qui n'est qu'un romain excessivement gras : on a aussi une *normande italique* analogue; l'*égyptienne*, qui est un romain comme écrasé et carré; les *allongées*, qui sont des lettres fluettes, minces, et déliées : c'est un caractère poétique exagéré. On sait quel pas on fait faire MM. Didot à l'impression des caractères d'écriture en imaginant des combinaisons de déliés et de jambages séparés, fondus sur des types obliques pour l'*anglaise*. M. Duverger a obtenu de beaux caractères d'écriture fondus sur des types droits.

Outre des *blancs* dont nous avons déjà parlé, les fondeurs en caractères doivent encore fournir aux imprimeurs des réglettes et des garnitures en alliage analogue. On peut mieux faire entrer dans les caractères proprement dits les accolades, les filets de toutes sortes, les fleurons, les vignettes à combinaisons, et enfin, jusqu'à un certain point, les clichés.

Dans ces derniers temps, la gravure et la fonte des caractères ont pris un nouvel essor. Parmi les inventions modernes, on peut citer les caractères mobiles pour l'impression des cartes géographiques et ceux pour la musique, renouvelés d'une création italienne du commencement du seizième siècle, mais récemment perfectionnés par M. Duverger. Aux dernières expositions on a remarqué un retour à des combinaisons de lettres fondues ensemble pour les caractères ordinaires, comme la syllabe *ment*, qui revient si fréquemment dans le discours, ce qui permettrait de lever ces quatre lettres d'un seul coup; malheureusement il est facile de tomber dans l'abus de ce système, et alors la multiplicité des cassetins pourrait rendre illusoire l'épargne du temps faite sur la levée des lettres. S'il y a, du reste, des innovations heureuses, le mauvais goût enfante de son côté des créations informes qu'on ne saurait trop stigmatiser, comme ces caractères qualifiés à juste titre du nom de *monstres*.
L. LOUVET.

CARACTÉRISTIQUE. En arithmétique, ce mot désigne la partie entière d'un *logarithme*. Dans les tables les plus usitées, telles que celles de Callet, quand on cherche le logarithme d'un nombre, on n'en trouve que la partie décimale, et la caractéristique n'est pas indiquée. Cette caractéristique est toujours facile à déterminer, car elle est égale à la quantité de chiffres du nombre donné diminuée d'une unité : ce dont il est facile de se convaincre en se rappelant que dans le système vulgaire les nombres 1, 10, 100, 1000, 10000, etc., ont pour logarithmes respectifs 0, 1, 2, 3, 4, etc.; or si on demande le logarithme d'un nombre de cinq chiffres, par exemple, ce nombre étant compris entre 1,000 et 10,000, son logarithme est compris entre 4 et 5, et, par conséquent, sa partie entière est 4.

On donne aussi le nom de *caractéristique* à un signe conventionnel par lequel on désigne une certaine fonction d'une quantité : la lettre d, par exemple, est la caractéristique des quantités différentielles, c'est-à-dire que dx exprime la différentielle de x; Newton, qui n'employait pas cette notation, se servait d'un point comme caractéristique, de sorte que pour lui x représentait la fluxion ou la différentielle de x. *Voyez* DIFFÉRENTIEL (Calcul).

En grammaire, on appelle *caractéristique* la principale lettre d'un mot, laquelle se conserve, ou du moins devrait se conserver, dans la plupart des temps, des modes et des dérivés de ce mot. Elle sert surtout à en marquer l'étymologie, et devrait suivre toutes ses vicissitudes et toutes ses transformations. Telle est, par exemple, la lettre p, que des écrivains modernes ont supprimée bien à tort dans le mot *temps*, où elle est inutile, il est vrai, pour la prononciation, mais dont elle fixe l'origine (du latin *tempus*), et qui a passé dans tous ses dérivés : *temporel, temporaire, intempestif*, etc.

CARAFA ou **CARAFFA**, ancienne et nombreuse famille napolitaine, qui compte au nombre de ses membres le Pape Paul IV et plusieurs cardinaux.

CARAFA (OLIVIO), né en 1406, ami éclairé des sciences et des savants, fut archevêque de Naples et promu au cardinalat en 1467. Sixte IV lui confia diverses missions diplomatiques, et en 1472 lui donna le commandement d'une flotte contre les Turcs, à la tête de laquelle il s'empara de Smyrne et du port de Satalia en Afrique. Il mourut en 1511.

CARAFA (CARLO), né à Naples, en 1517, servit dans les Pays-Bas, dans l'armée espagnole sous les ordres du duc de Parme; mais par suite de contrariétés il donna sa démission, et entra dans l'ordre de Malte. Le Pape Paul IV, son oncle, lui conféra ensuite le chapeau de cardinal, et subit complètement sa délétère influence. Carafa l'entraîna, entre autres, dans une guerre contre Philippe II, roi d'Espagne; mais quand le pape connut la vérité, il le fit jeter en prison avec son frère, et il y périt étranglé.

CARAFA (ANTONIO), né à Naples, en 1538, fut cardinal sous le Pape Pie V, et président de la commission chargée de la correction du texte de la Bible et de l'explication du concile de Trente. Comme historien ecclésiastique Antonio Carafa a beaucoup de mérite. Il recueillit les décrétales des papes et donna une meilleure édition des Septante. Il mourut en 1591.

CARAFA (GERONIMO), marquis *de Montenegro*, né à Naples, en 1564, prit du service dans les Pays-Bas, en 1584, sous les ordres de Farnèse, il défendit, en 1597, Amiens contre Henri IV. Il ne se distingua pas moins en Bohême, en 1620, et l'année suivante dans le Milanais. L'empereur le créa prince de l'Empire, et le roi d'Espagne le nomma vice-roi d'Aragon. Il mourut à Gênes, en 1633.

CARAFA (ANTOINE), feld-maréchal autrichien, descendait de la même famille. Entré au service de l'Autriche en 1665, il fit la campagne de Hongrie contre les Turcs, et lors du siége de Vienne par les Turcs il fut dépêché par l'empereur Léopold Ier auprès du roi de Pologne Jean Sobieski, afin de lui demander des secours. Après la délivrance de Vienne, il combattit de nouveau les Turcs en Hongrie; en 1685 il s'empara d'Épéries, en 1687 de Belgrade. La sévérité extrême dont il fit preuve contre les partisans de Tœkœli le fit généralement haïr. Nommé commandant supérieur de la Haute Hongrie, il y institua une commission militaire permanente, composée de treize individus, tribunal de sang qui siégeait à Épéries, et qui répandit bientôt la terreur dans tout le pays. Carafa fit traîner devant lui toutes les personnes soupçonnées d'entretenir des intelligences avec Tœkœli ; et après leur avoir arraché par la torture des aveux compromettants, il les faisait pendre ou bien mutiler. En même temps il extorquait des sommes énormes à ceux qu'il n'avait pu trouver coupables. La diète de Hongrie de 1687 mit un terme à ses méfaits. Il perdit son commandement : mais l'empereur lui accorda comme dédommagement l'ordre de la Toison d'Or, et il lui confia ensuite diverses missions importantes, entre autres celle de prendre possession de la Transylvanie, qui échut alors à l'Autriche. Plus tard il combattit les Français sous les ordres du duc Charles de Lorraine, et mourut le 9 mars 1693, dans son hôtel à Vienne. Fézik, dans son *Theatrum Eperjesiense* ou *Laniena Eperjesiensis*, dont le manuscrit existe encore, a tracé un tableau complet des atrocités de tous genres qu'il commit à Épéries.

CARAFA DE COLOBRANO (MICHEL-HENRI-FRANÇOIS-ALOYS-VINCENT-PAUL), né à Naples, le 28 novembre 1785, a commencé l'étude de la musique au couvent de Monte-Oliveto, à l'âge de huit ans. Son premier maître fut un musicien de Mantoue, Fazzi, organiste de beaucoup de talent. Un élève de Fenaroli, Francesco Ruggi, lui enseigna l'harmonie et l'accompagnement. Carafa passa plus tard sous la direction de Fenaroli lui-même. Enfin, il reçut des leçons de Cherubini pour le contre-point et la fugue pendant un séjour qu'il fit à Paris. Il avait écrit, dans sa jeunesse, un opéra pour un théâtre de société, ayant pour titre *il Fantasma*; il avait composé en 1802 il *Natale di Giove, Achille e Deidamia*, cantates qui annonçaient du talent; et pourtant ces premiers succès ne l'engagèrent point à se lancer dans la carrière musicale. Il choisit celle des armes, et cultiva la musique en amateur. Officier dans un régiment de hussards de la garde du roi de Naples, Joachim Murat, il fut ensuite nommé écuyer de ce prince dans l'expédition contre la Sicile, et chevalier de l'ordre des Deux-Siciles. En 1812 il remplit auprès du roi Joachim les fonctions d'officier d'ordonnance dans la campagne de Russie, et mérita la croix de la Légion d'Honneur.

Ce ne fut qu'en 1814 que Carafa songea à tirer parti de son talent : il fit représenter son premier opéra, *il Vascello l'Occidente e il Sogno del Fondo*. Cet ouvrage, qui obtint un grand succès, fut suivi de *La Gelosia corretta*, en 1815; de *Gabriele di Vergi*, en 1816; d'*Ifigenia in Tauride*, en 1817; d'*Adele di Lusignano*, dans la même année; de *Berenice in Siria*, et de *Elisabetta in Derbishyre*, en 1818. Dans le carnaval de 1819 Carafa écrivit à Venise *Il Sacrifizio d'Epito*, et l'année suivante il fit représenter à Milan *I Due Figaro*. En 1821 on joua à Paris, au théâtre Feydeau, sa *Jeanne d'Arc*, qui le plaça d'une manière très-avantageuse parmi les compositeurs français. Après la mise en scène de cet opéra, Carafa se rendit à Rome pour écrire *La Capricciosa e il Soldato*, qui réussit complètement. Il y composa aussi la musique du *Solitaire* pour le théâtre Feydeau, et celle de *Tamerlano*, qu'il destinait au théâtre *San-Carlo* de Naples, mais que des circonstances particulières arrêtèrent et n'ont point représenté.

Après le succès du *Solitaire*, que l'on joua au mois d'août 1822, il retourna à Rome pour y composer *Eufemio di Messina*, qui produisit beaucoup d'effet; il donna ensuite à Vienne, dans l'été de 1823, *Abufar*, son meilleur ouvrage. Revenu à Paris, il y fit jouer la même année *Le Valet de Chambre*; en 1824, *L'Auberge supposée*; en 1825, *La Belle au bois dormant*, à l'Académie Royale de musique. Carafa a travaillé encore pour les théâtres d'Italie : *Il Sonnambulo* a paru à Milan en 1824, et *Il Paria* à Venise en 1826. *Masaniello*, son meilleur opéra français, réussit à Feydeau en 1827; il donna *Le Nozze di Lammermoor*, ouvrage très-remarquable, au Théâtre-Italien de Paris, ensuite *La Violette*, *Le Livre de l'Ermite*, à l'Opéra-Comique, où l'on a joué de lui, en 1833, *La Prison d'Édimbourg* et *Une Journée de la Fronde*. A l'ouverture de l'Opéra national, en 1847, sous la direction de M. Adam, il donna aussi quelques airs au prologue intitulé *Les Premiers Pas, ou les Deux Génies*.

Membre de l'Académie des Beaux-Arts, où il a succédé à Lesueur, en 1837, Carafa semble avoir renoncé à ses excursions en Italie; il habite Paris, où le retiennent sans doute ses devoirs de professeur au Conservatoire de Musique et de directeur du Gymnase musical militaire. Son style est celui de l'école italienne contemporaine; l'opinion le range parmi les imitateurs de Rossini : il n'a pourtant adopté de ce maître que les formes qui pouvaient convenir à ses propres idées.

CASTIL-BLAZE.

CARAÏBES. Ainsi s'appelaient les habitants aborigènes des *îles Caraïbes* ou petites Antilles, qui, expulsés par des guerres intestines de l'Amérique du Nord et des contrées voisines de la Floride, vinrent s'établir dans ces îles, ainsi que dans la Guyane et autres pays de l'Amérique du Sud. Les Caraïbes ont la peau olivâtre; et, pour se protéger contre la morsure des insectes, ils se peignaient le corps avec du roucou. Ils sont braves, et vivent encore sans aucune organisation politique, mais en fort petit nombre, à l'île Saint-Vincent, à la Dominique et dans quelques autres îles. Les Caraïbes noirs, qu'on trouve à Saint-Vincent au nombre d'environ 1000 familles, proviennent du mélange d'esclaves nègres avec des femmes Caraïbes.

La *mer des Caraïbes* baigne au nord et à l'est les Antilles et au sud la partie du continent américain où l'on rencontre le golfe de Vénézuela.

CARAÏTES. C'est le nom d'une secte juive, qui ne croit pas aux traditions rabbiniques, qui rejette le Talmud et ne reconnaît pour divins que les livres canoniques de l'Ancien Testament. Elle s'est conservée jusqu'à nos jours dans plusieurs contrées de l'Orient, notamment en Palestine, en Syrie, en Égypte, en Afrique, à Constantinople, de même qu'en Pologne et dans la Russie méridionale, jouissant dans tous ces pays de plus de liberté que les autres juifs. Pendant longtemps le Kaire fut le siége de leur chef ou *nasi* (prince), appelé plus tard *chocam*, et qui disait descendre en ligne directe de David.

Les opinions des savants ne sont pas d'accord sur l'origine de cette secte, ni sur l'étymologie du mot *caraïte*. En hébreu *kara* signifie *lire*, et ce mot est aussi employé par les rabbins comme substantif dans le sens de *texte de l'Écriture*; on croit donc communément que *karaï* ou *caraïte* signifie *textuaire* ou *partisan du texte*, opposé au *traditionnaire* ou *rabbanite* (voyez RABBINISME). C'est en ce sens que les caraïtes, par un hébraïsme très-usité, sont appelés aussi *Benêmikra* ou *Baalé-Mikra* (fils ou maîtres *de l'Écriture*). Mais aucun des noms que l'on donne à cette secte ne se trouve ni dans le Nouveau Testament ni dans le Talmud. A la vérité, il y est question d'une secte qui rejetait la tradition, celle des sadducéens. Mais ceux-ci reniaient beaucoup de doctrines admises par les caraïtes, ainsi que l'existence des anges, l'immortalité de l'âme et la résurrection des morts. Aussi les caraïtes repoussent-ils avec horreur le reproche de saducéisme qui leur a été fait par plusieurs rabbins.

Les rabbins modernes ne font remonter l'origine du *caraïsme* qu'au huitième siècle de l'ère chrétienne. Selon eux, Anan-Ben-David, célèbre rabbin de cette époque, ne put parvenir à la dignité de *resch-gueloutha* (chef de la captivité); on lui préféra son frère cadet, dont les mérites, sous tous les rapports, étaient bien inférieurs aux siens. Outré de cet affront, Anan rassembla les débris des *sadducéens*, se mit à leur tête, et fonda avec eux la secte des *caraïtes*. Mais ceux-ci ne veulent point reconnaître Anan comme le premier fondateur de la secte; ils prétendent qu'il n'en fut que le restaurateur, et qu'il embrassa leur cause pour les protéger contre les violences des rabbinites. Dans cette variété de récits sur la naissance du caraïsme, l'historien est réduit à des combinaisons et à des conjectures. Il est très-probable que dès le commencement du règne des Abbassides beaucoup de juifs éclairés, jouissant d'une haute faveur à la cour des khalifes, auront profité de leur position avantageuse pour se soustraire à l'autorité du *resch-gueloutha*, dont les usurpations devinrent de jour en jour plus insupportables. Ils auront peu à peu secoué le joug des lois traditionnaires, en ne conservant d'autres traditions que celles qui n'étaient pas en opposition directe avec la raison et l'Écriture Sainte. A la même époque les *sadducéens*, probablement persécutés par les musulmans comme par les juifs et les chrétiens, disparaissent entièrement. Ne pouvant plus se maintenir nulle part, ils se seront confondus avec ceux d'entre les juifs qui formaient l'opposition contre la hiérarchie rabbanite. Ce parti devait bientôt avoir assez de force pour braver les foudres d'anathème du *resch-gueloutha*, et pour se constituer comme une secte particulière sous le nom de *karaïm* ou *caraïtes*; et lorsque le savant docteur Anan se vit repoussé par les rabbins, il trouva dans les nouveaux sectaires un parti tout prêt à satisfaire son amour-propre et à le prendre pour chef. Les caraïtes devaient se montrer d'autant plus empressés à se mettre sous la protection d'Anan, que celui-ci jouissait d'une faveur toute particulière auprès du khalife Abou-Djafar-Al-Mansour, comme nous le dit l'historien arabe Makrizi.

Anan, tout en se déclarant contre le rabbinisme, devait pourtant reconnaître que la tradition, en rendant le texte de l'Écriture plus flexible, offrait quelquefois au judaïsme les moyens de se perfectionner et de se conformer à l'esprit du siècle, tandis qu'en suivant strictement la lettre de l'Écriture on devait rester stationnaire. Mais comment fixer les limites de la tradition? comment et sur quelle autorité adopter tel dogme et rejeter tel autre, lorsque ni l'un ni l'autre ne se trouvent clairement indiqués dans le texte? Sous ce rapport les *textuaires* juifs tombèrent dans le même inconvénient que les *protestants*. Au lieu d'avoir de véritables *symboles*, on ne pouvait prendre pour règle de conduite que les opinions individuelles de tel ou tel réformateur. Si les caraïtes avaient été plus nombreux, ils n'auraient pu manquer, comme les protestants, de se diviser bientôt en une infinité de sectes. Ce qui est sûr, c'est que tous les caraïtes n'adoptèrent pas d'abord les principes d'Anan; car les historiens arabes font deux sectes différentes des *caraïtes* proprement dits, et des *ananites*.

Quoi qu'il en soit, les doctrines d'Anan prévalurent parmi les caraïtes; son fils Saül le suivit dans la dignité de *nasi* (prince). La Terre Sainte devint le centre du caraïsme; ses docteurs résumèrent leur profession de foi en dix articles :

I. Le monde est créé.

II. Le créateur lui-même n'est pas créé.

III. Il n'a pas de forme et il est unique sous tous les rapports.

IV. Il a député Moïse.

V. Il a envoyé par Moïse sa loi parfaite.

VI. Le vrai croyant doit connaître le texte de l'Écriture et son sens.

VII. Dieu a inspiré les autres prophètes.

VIII. Dieu ressuscitera les morts au jour du jugement.

IX. Dieu récompensera chacun selon ses œuvres.

X. Dieu n'a pas rejeté les exilés; il les corrige seulement, et ils doivent chaque jour attendre le saint par le Messie, fils de David.

Ces articles de foi sont au fond les mêmes que ceux des rabbanites, avec la seule différence que ceux-ci croient à la révélation d'une double loi, l'une *écrite* et l'autre *orale*, tandis que les caraïtes soutiennent que la tradition elle-même, pour être obligatoire, doit découler du texte de l'Écriture. Les auteurs caraïtes répètent souvent qu'ils ne rejettent pas toutes les traditions; et comment le pourraient-ils, puisque quelques-uns de leurs principaux articles de foi n'ont presque aucun fondement dans le texte écrit? Ils se font même un devoir de l'étude du Talmud : « Les traditionnaires, disent-ils, n'ont pas là de quoi se glorifier, car la plupart de leurs paroles dérivent de nos pères communs. » On peut dire que de notre temps les principes du caraïsme se sont très-rapidement propagés parmi les juifs. Beaucoup de rabbins modernes, en participant aux progrès de la civilisation européenne, ont même devancé les caraïtes. Si, malgré cela, ils veulent conserver le nom de *rabbanites*, c'est que de l'aveu même des disciples d'Anan, la tradition renferme d'excellentes doctrines, et qu'ils croient pouvoir se servir de l'autorité même de cette tradition pour introduire dans le culte juif les réformes que le temps a rendues nécessaires.

S. MUNK.

CARAMAN (Famille de). La famille *Riquet de Caraman*, que les généalogistes rattachent à l'ancienne maison de Riquetti de Mirabeau, eut pour premier auteur connu Pierre-Paul de Riquet, né à Beziers, en 1604, mort à Toulouse en 1681, après avoir conçu et exécuté le canal de Languedoc. Il y consacra toute sa fortune, s'élevant à plus de trois millions , et laissa en mourant deux millions de dettes. Mais quelques années après les capitaux absorbés par cette entreprise rapportèrent à ses héritiers des revenus considérables. Le roi lui avait accordé en 1666 des lettres de noblesse et avait érigé en fief noble le canal et toutes ses dépendances. Les grandes richesses de la famille Riquet assurèrent à ses rejetons une brillante carrière et de belles alliances.

Pierre-Paul de RIQUET, comte DE CARAMAN, lieutenant-colonel des gardes françaises et lieutenant général des armées du roi, fils puîné du fondateur du canal, fut obligé par ses infirmités de quitter le service en 1710, après s'être distingué dans les guerres de la succession d'Espagne. Il avait acheté du marquis d'Escoubleau de Sourdis le comté de Caraman, ancienne baronnie féodale du Toulousain. Il mourut sans postérité en 1730, et ses biens passèrent aux enfants de son frère aîné.

Victor-Maurice DE RIQUET, comte DE CARAMAN, petit-neveu du précédent, né en 1727, se distingua tellement sur le champ de bataille de Fontenoy, qu'il fut promu du grade de capitaine à celui de colonel. Il épousa à Lunéville, en présence du roi de Pologne, la princesse Marie-Anne de Chimay, et fit avec éclat toute la guerre de sept ans. Il était lieutenant général et commandant en Provence, lorsque les premiers troubles de la révolution se manifestèrent. Sa fermeté et son ascendant rétablirent le bon ordre; mais il fut contraint d'émigrer quelque temps après, et perdit ainsi son immense fortune. Il rentra en France en 1803, et mourut quatre ans après, supportant avec résignation les revers qui l'avaient frappé. Il laissa huit enfants, trois fils et cinq filles. Un de ses fils, marié à Mlle Cabarrus, femme Tallien, est devenu prince de Chimay, du chef de sa mère.

Louis-Charles-Victor DE RIQUET, marquis, puis duc DE CARAMAN, né en 1762, fils aîné du précédent, remplit pendant l'émigration diverses missions importantes pour le roi et les princes français, en Allemagne et en Russie. A la première restauration , il fut nommé ambassadeur près la cour de Berlin, poste qu'il quitta deux ans plus tard pour celui de Vienne. Il fut créé pair de France en 1815, et duc à brevet en 1828, lorsqu'il cessa ses fonctions diplomatiques. Il crut devoir se rallier au gouvernement de Louis-Philippe, siégea dans le procès des ministres, mais refusa d'accepter aucune place active. Il accompagna, malgré son grand âge, le maréchal Clausel dans la malheureuse expédition de Constantine, s'occupa d'entreprises industrielles, et mourut à Paris en 1839. Il avait vu périr sous ses yeux en Afrique son fils,

le marquis *Victor* DE CARAMAN, ancien officier prussien et hollandais, ancien aide de camp de Caulaincourt, ancien officier d'ordonnance de l'empereur, ancien colonel d'artillerie dans la garde royale.

Maurice DE RIQUET, comte DE CARAMAN, frère puîné du duc, émigra en 1791, rentra en France en 1800, devint président du Corps législatif et général de brigade sous l'Empire, siégea à la chambre des députés sous la Restauration et mourut en 1837.

Le duc de Caraman actuel, marié à une demoiselle de Crillon, s'est surtout occupé de littérature. Il a publié : *De la philosophie au dix-huitième siècle et de son caractère actuel*; — *Histoire des révolutions de la philosophie en France pendant le moyen âge*; — *Études critiques de Philosophie, de Science et d'Histoire*.

CARAMANIE. Voyez KARAMANIE.

CARAMBOLIER, genre de la décandrie pentagynie, voisin de la famille des térébinthacées, qui comprend deux arbres de moyenne grandeur, originaires des Indes orientales, auxquels les botanistes ont donné le nom d'*averrhoa*, en l'honneur du célèbre médecin arabe Averrhoès.

L'*averrhoa carambola*, ou *pommier de Goa*, a quatre ou cinq mètres de hauteur , et produit un fruit jaunâtre, rayé, divisé en quatre parties et de la grosseur d'un œuf de poule, dont les cellules contiennent des semences tendres, d'un goût légèrement acide et agréable. On les ordonne contre la dyssenterie et les fièvres bilieuses, et l'on en prépare aussi un sirop rafraîchissant. L'écorce de cet arbre, pilée avec le riz et le bois de sandal, s'emploie en cataplasmes comme émollient et adoucissant, et ses fleurs se mangent en salade. L'*averrhoa bilimbi*, des mêmes contrées, donne des fruits trop acides pour pouvoir être mangés seuls ; mais ils servent fort bien d'assaisonnement, et on les mange comme les câpres ou les olives, confits au sucre, au vinaigre ou simplement au sel. On en fait aussi un sirop employé avec succès dans les maladies inflammatoires.

CARAMEL. On donne ce nom au sucre que l'on fait cuire jusqu'à ce qu'il ait acquis une certaine consistance et pris une couleur jaune brun. Pour faire du caramel, on met du sucre blanc en poudre ou même de la cassonade blanche dans un vase de terre ou de cuivre non étamé, puis on fait chauffer à sec sur un feu vif, en remuant le sucre pour que toutes ses parties en soient atteintes. Lorsqu'il a pris une belle couleur brune, sans tirer sur le noir, on retire le vase du feu, et l'on verse sur le sucre une quantité d'eau suffisante pour délayer le caramel, qu'on peut ensuite conserver dans un ustensile de verre bien fermé. Le caramel bien fait a une saveur sucrée très-prononcée, et elle n'est plus la même que celle du sucre pur. Le caramel s'allie très-bien à toutes les sauces brunes, à tous les roux; il augmente leur sapidité. En caramélisant le bouillon, on lui donne un goût plus agréable et une propriété tonique.

CARAMUROS, sobriquet donné il y a quelques années, au Brésil, aux hommes appartenant à l'opinion monarchique. On les avait précédemment appelés *Carcondos*, les bossus, les contrefaits. Quant au nom de *Caramuros*, il vient évidemment de celui de *Caramuru*, en indien *homme qui lance la foudre*, donné par les indigènes du Brésil au Galicien ou Portugais Diégo Alvarès, qui, naufragé sur les côtes au commencement du seizième siècle, et resté seul de tous ceux qui montaient le même vaisseau, frappa de terreur les Tupinambas par les décharges successives de son mousquet, civilisa jusqu'à un certain point ces peuplades sauvages, amena une fille de leurs plus jolies filles, qu'il épousa à Paris, après son baptême dans cette capitale, Henri II de Valois étant son parrain, Catherine de Médicis sa marraine, et s'en revint avec sa femme dans la province de Bahia, qu'ils gouvernèrent glorieusement. De cette chronique, en partie vraie, en partie fausse, le père José de Santa-Ritta Durão , religieux brésilien, de l'ordre des ermites de Saint-

Augustin, a tiré en 1781 le sujet de son poëme épique le *Caramuru*, qui a été traduit en français par E.G. de Monglave.

Mais quel rapport y a-t-il entre l'opinion monarchique, tort inoffensive, du Brésil et le *Caramuru*, qui lance la foudre? Aucun. Impossible d'y voir rien de plus qu'une épigramme.

CARA-MUSTAPHA. *Voyez* KARA-MOUSTAPHA.

CARAPACE. C'est une sorte de voûte plus ou moins solide qui protège une portion plus ou moins considérable de l'organisme. On l'observe dans les tortues et dans les crustacés. Dans ces animaux, la carapace est tantôt le résultat des modifications de formes et de connexions des pièces solides du squelette qui forment le thorax et l'abdomen; c'est alors une sorte de crâne ou de *boîte thoracique et abdominale*, renfermant et protégeant non-seulement tous les viscères circulatoires, respiratoires, digestifs et génito-urinaires, mais encore, dans certaines espèces, le cou, la tête, les membres et la queue, ramenés sous cette voûte protectrice. Cette sorte de carapace est celle des tortues. Tantôt cette voûte est formée par la peau solidifiée qui, dans le plus grand nombre de crustacés, recouvre les organes de la tête et du thorax; on lui a aussi donné le nom de *carapace*, mais plus fréquemment on l'appelle *têt* ou *bouclier cephalo-thoracique*. Ces derniers animaux se dépouillent chaque année de leur carapace ou bouclier, ainsi que de toutes les pièces solides qui recouvrent leur corps, et ils sont alors mous et flexibles. Ils sont obligés de se retirer dans les creux des rochers jusqu'à ce que toute leur peau soit de nouveau solidifiée. Mais il n'en est point ainsi de la carapace des tortues, qui, étant osseuse, ne se sépare jamais des autres parties vivantes de l'organisme. Il y a encore cette différence entre la carapace des crustacés et celle des tortues, que dans les premiers cette partie est séparée du sternum par un intervalle dans lequel pénètre l'eau aérée pour la respiration branchiale, et que dans les seconds elle est continue et solidement articulée avec le sternum, très-élargi, qui prend le nom de *plastron*. C'est évidemment à tort qu'on a donné le nom de *bouclier supérieur* à la voûte ou carapace, et celui de *bouclier inférieur* au plastron dans les chéloniens.

Il convient de réserver le nom de *bouclier* ou de *cuirasse* aux pièces solides du derme, qui forment à la surface du corps de l'animal une sorte d'armure défensive comme dans le tatou, par exemple.

Les pièces osseuses qui concourent à former la carapace d'une tortue sont très-nombreuses; on comprend dans leur énumération les huit vertèbres du dos, celles du sacrum, les huit côtes et un grand nombre de pièces osseuses véritables analogues aux cartilages des côtes de l'homme et des mammifères. En outre de toutes ces pièces osseuses, identiques ou analogues à celles du thorax et du sacrum des autres vertébrés, il faut remarquer une rangée de plaques osseuses le long de la partie moyenne du dos, dont nous avons le premier donné la signification en anatomie philosophique. Ces pièces représentent dans leur ensemble la voûte fibreuse ou celluleuse qui dans les mammifères, les oiseaux et les autres reptiles, s'étend de l'angle des côtes au sommet des apophyses épineuses des vertèbres.

Pour que toutes les pièces solides que nous venons d'énumérer, et qui sont plus ou moins flexibles et mobiles dans les autres animaux vertébrés, puissent être converties dans les tortues en une sorte de coffre ou boîte solide ou carapace, il est survenu un très-grand nombre de modifications très-remarquables, dont nous n'indiquerons que les principales:
1° les vertèbres n'ont que de facettes articulaires, ni d'apophyses transverses et épineuses; 2° les côtes, très-élargies, sont jointes entre elles par de véritables sutures, et immobiles sur la colonne vertébrale autant que sur le sternum ou plastron; 3° les pièces analogues des cartilages costaux sont unies entre elles par sutures; elles forment un rebord osseux général, qui représente une sorte de limbe à trois faces: une supérieure, qui appartient à la carapace; une inférieure, qui se joint latéralement au sternum à l'aide d'une espèce de ligament très-coriace, et une interne creusée d'une rainure dans laquelle sont reçues les extrémités des côtes. Il faut aussi remarquer en outre de ce rebord osseux de la carapace, caractéristique du squelette des chéloniens, trois autres pièces: l'une médiane antérieure, hexagonale, convexe en dessus, concave en dessous, garnie d'une épine pour des insertions musculaires; les deux autres postérieures, également médianes, et formant ensemble une plaque hexagonale. Ces deux plaques complètent en avant et en arrière la série longitudinale des pièces osseuses médio-dorsales, et sont en connexion avec les pièces osseuses du rebord osseux de la carapace. En raison de cette immobilité de toutes les pièces qui la constituent, toutes les puissances musculaires qu'on observe dans le dos et le thorax des autres vertébrés étaient inutiles: elles manquent entièrement. La peau recouvre immédiatement tous les os de la carapace, et le derme leur sert de périoste. Ce qui contribue encore à caractériser cette partie si remarquable du squelette des tortues, c'est que les deux ceintures qui sont les racines des membres, c'est-à-dire l'épaule et la hanche, sans être beaucoup déviées de leur situation et connexions normales dans tous les autres vertébrés, se trouvent renfermées dans la cavité de la carapace, ce qui a fait dire que sous ce rapport les tortues pouvaient être considérées comme des animaux *retournés*.

La carapace présente des différences qui servent à distinguer les genres de chéloniens: elle est très-bombée dans les tortues de terre, peu convexe et aplatie dans les tortues d'eau douce et de mer, plus aplatie encore et hérissée d'éminences pyramidales dans la matamata, ou tortue à gueule, incomplète et molle aux bords dans les tortues molles ou trionyx. A l'égard des dimensions de la carapace, par rapport aux autres parties du corps, ce sont les tortues à boîte dont lesquelles cette partie est la plus grande relativement; c'est la tortue à gueule dont la carapace est la plus petite par rapport aux membres et à la tête; les autres sont intermédiaires sous ce point de vue entre ces deux genres. La solidité des pièces offre aussi des différences qui ont été déjà signalées par Schweiger. Dans les tortues molles ou trionyx, les pièces osseuses sont les moins étendues, et remplacées par des parties fibreuses; elles le sont davantage dans les tortues de mer, dans les chélides, les tortues d'eau douce; enfin la carapace est entièrement osseuse dans les tortues de terre. Ces divers degrés de solidité croissante s'observent aussi pendant les phases du développement des pièces de la carapace chez ces dernières, en procédant de l'état embryonnaire à l'âge adulte et à la vieillesse, époque à laquelle on voit les sutures disparaître dans cette partie comme dans le crâne des mammifères et des oiseaux. La peau de la carapace est tantôt molle (trionyx), tantôt coriace ou de consistance de cuir (le luth), tantôt enfin recouverte d'écailles.

Certaines peuplades des rivages de la mer Rouge construisaient des nacelles qui couvraient leur demeure avec la carapace de la tortue franche (*chelonia midas*), qui a quelquefois de 2^m à 2^m,30 de longueur: on s'en sert dans les colonies comme de baignoires pour les enfants. La carapace des chéloniens offre, en raison de ses divers degrés de convexité et de solidité plus ou moins dure, une résistance variable aux efforts extérieurs. Celles qui sont très-dures et très-convexes supportent des poids très-considérables sans se rompre, et ne se fracturent que très-difficilement. En raison de cette convexité de la carapace, le plastron du mâle offre une concavité qui s'y adapte en partie. Mais cette forme bombée et plus ou moins convexe de la carapace, si favorable à la protection de l'animal contre l'action des agents mécaniques, n'est pas pour lui sans inconvénient: lorsque, par accident, il tombe sur le dos, il ne peut plus se retourner. Aussi les marins ou les habitants des îles qui font la chasse aux tortues de mer lorsqu'elles viennent pondre leurs œufs, courent dessus, et se hâtent de les renverser sur le dos, certains qu'elles ne peuvent se relever; ils viennent les ramasser après.

La tortue appelée le *luth* (*chelonia lyra*) a été ainsi nommée parce qu'on a prétendu que ce fut une carapace de cette espèce, desséchée par hasard sur le rivage, à laquelle restaient attachés quelques filaments tendineux tendus comme des cordes, qui donna la première idée de la lyre. Cette origine a été regardée comme probable dans l'étude des médailles et des sculptures antiques, où cet instrument est représenté dans toute sa simplicité primitive : aussi la tortue-luth est-elle consacrée à Mercure, l'inventeur de la lyre.
L. LAURENT.

CARAQUE. *Voyez* CACAO.

CARASCOSA (MICHELE, baron), général, dont le nom revient souvent dans l'histoire moderne du royaume de Naples, naquit en Sicile, et ne dut son élévation qu'à lui-même. Lorsque Ferdinand se réfugia en Sicile à l'approche de l'armée française, il se rattacha au parti républicain, qui, après la défaite du général Mack, en 1799, proclama à Naples la république dite *Parthenopéenne*. Les royalistes, commandés par le cardinal Ruffo, ayant à peu de temps de la réussi à reprendre la capitale, Carascosa échappa à la proscription presque générale qui frappa les fonctionnaires et les partisans du gouvernement révolutionnaire. Lorsqu'en 1806 les Français entrèrent de nouveau à Naples, Carascosa fut nommé chef de bataillon au 1er régiment d'infanterie de ligne institué par Joseph Bonaparte, avec lequel il se distingua en Espagne. A son retour à Naples, Joachim Murat l'éleva au grade de colonel; en 1814 il était à la tête d'une division qui combattit dans les rangs autrichiens contre les Français; en 1815 il commandait contre les premiers une division de l'armée napolitaine, et signa avec d'autres généraux napolitains la convention militaire de Casalanza, en vertu de laquelle l'armée napolitaine mit bas les armes. Lorsqu'en 1820 une insurrection vint à éclater dans une partie de l'armée napolitaine, il commandait, comme ministre de la guerre, l'autre partie de l'armée destinée à étouffer la révolte, et marcha à sa tête jusqu'aux frontières de la *Terra di Lavoro*. Mais, ayant trop tardé à attaquer l'ennemi, l'esprit d'insurrection gagna aussi ses troupes; et plus tard il embrassa lui-même le parti de la révolution. Lors de l'invasion de l'armée autrichienne, Carascosa obtint un commandement important, et fut chargé de couvrir la route de Terracine à Naples ; mais il se laissa entourer par les Autrichiens, qui s'étaient avancés au delà de Sulmona, et son armée se dispersa. Frappé de proscription, comme l'un des principaux fauteurs de la révolution, il parvint à s'embarquer pour Barcelone, et fut condamné à mort par contumace. Plus tard il se réfugia en Angleterre, où il se battit en duel avec son ancien compagnon d'armes, le général Pepe. Ses *Mémoires historiques, politiques et militaires sur la révolution du royaume de Naples en 1820* (Londres, 1823), ne sont pas sans valeur historique.

CARASI-OGLI. Vers 1327 plusieurs souverainetés turques s'élevèrent sur les débris du trône d'Iconium et sur ceux de l'empire Grec. Parmi ces dynasties figurait celle des Carasi-Ogli, qui s'emparèrent de la Troade, de la Mysie et d'une partie de la Phrygie. Leur pouvoir fut détruit par Amurath Ier, fils et successeur d'Orkhan, sultan des Turks ottomans, qui soumit plusieurs autres princes turks de l'Asie Mineure.

CARA-SOU. *Voyez* KARA-SOU.

CARAT. On lit dans les *Amusements philotogiques* que ce mot vient de *kouara*, qui est le nom arabe du caroubier, dont les siliques ou fèves, nommées *karat* dès les premiers âges du monde, ont servi, dit-on, de poids dans le commerce de l'or, parce qu'elles ne varient point ou presque point lorsqu'elles sont sèches. Du pays de l'or, en Afrique, le karat passa dans l'Inde, où il servit à peser les pierres précieuses, et principalement les diamants. Chaque carat pèse quatre grains. On donne aussi, dans le commerce, le nom de *carat* à de petits diamants dont le poids ne dépasse pas un carat.

Avant que l'évaluation du titre des métaux précieux fût soumise aux règles du calcul décimal, on regardait un lingot d'or comme divisé en vingt-quatre parties égales, auxquelles on donnait le nom de *carats*. Suivant qu'il y avait dans le lingot 18, 20, 22 parties d'or pur, on disait qu'il était à 18, 20, 22 carats; le titre 18 carats, par exemple, répondait au titre que nous désignons actuellement par 750 millièmes.

On a transporté aussi le mot *carat* dans le langage figuré ; mais il ne s'emploie guère que dans cette phrase devenue pour ainsi dire proverbiale : c'est un *sot à vingt-quatre carats*, pour dire c'est un homme qui est parvenu au plus haut point de la sottise.

CARAUSIUS (MARCUS-AURELIUS-VALERIUS), naquit de parents obscurs chez les Ménapiens, peuple de la Gaule belgique, dans la partie septentrionale du Brabant, entre l'Escaut et la Meuse. Il se distingua par plusieurs actions d'éclat dans la guerre que Maximien-Hercule eut à soutenir contre les Germains et contre les paysans gaulois révoltés, qu'on appelait Bagaudes. Comme il avait passé sa jeunesse dans la marine, l'empereur le chargea d'équiper à Boulogne une flotte pour délivrer les côtes de l'Océan des pirates qui les infestaient, et pour protéger celles de la Belgique et de l'Aquitaine contre les Saxons et les Francs qui menaçaient ces pays. Mais l'intégrité du nouveau commandant de la flotte ne répondit pas à ses talents. Lorsque les pirates de la Germanie sortaient de leurs ports, il favorisait leur passage, tandis qu'il avait soin d'intercepter leur retour, dans la vue de s'approprier une partie considérable des dépouilles qu'ils avaient enlevées. Les richesses que Carausius amassa par ce moyen parurent avec raison la preuve de son crime. Déjà Maximien avait ordonné sa mort. Le rusé Ménapien prévit l'orage; il se déroba à la sévérité de son maître. Les officiers de la flotte, séduits par ses libéralités, lui étaient entièrement dévoués. S'étant assuré des barbares, il partit de *Gesoriacum* (Boulogne-sur-mer), pour se rendre en Bretagne, gagna la légion et les auxiliaires qui défendaient l'île, et, prenant audacieusement avec la pourpre impériale le titre d'Auguste, défia la justice et les armes de son souverain.

Pendant sept ans la Bretagne fut entre les mains de Carausius, et pendant sept ans la fortune favorisa une rébellion soutenue par le courage et par l'habileté. Il défendit la frontière de ses domaines contre les Calédoniens du Nord, attira du continent un grand nombre d'excellents artistes, rechercha l'amitié des Francs, enrôla leurs jeunes gens les plus braves dans ses troupes de terre et de mer, leur enseigna l'art militaire et la navigation. Il conserva toutefois Gesoriacum et son territoire. Ses flottes couvraient le détroit, commandaient les bouches du Rhin et de la Seine, ravageaient les côtes de l'Océan, et répandaient la terreur de son nom au delà des colonnes d'Hercule. Sous son administration la Bretagne devint réellement une puissance maritime.

En s'emparant de la flotte de Gesoriacum, Carausius avait enlevé à l'empereur les moyens de le poursuivre et de le venger. Lorsque après un temps considérable et des travaux immenses on mit en mer une nouvelle flotte, les troupes impériales, peu habituées à cet élément, furent bientôt défaites par les matelots expérimentés de l'usurpateur. Cet effort inutile amena un traité de paix. Dioclétien et son collègue, qui redoutaient l'esprit entreprenant de Carausius, lui cédèrent la souveraineté de la Bretagne, et admirent, quoique avec répugnance, un sujet rebelle aux honneurs de la pourpre. Mais cet accord forcé dura peu, les hostilités recommencèrent; et tandis que Maximien assu-

rait par sa présence les frontières du Rhin, Constance prit la conduite de la guerre de Bretagne. Sa première entreprise fut le siége de Gesoriacum. Un môle d'une prodigieuse grandeur, construit à l'entrée du port, ôta bientôt à la ville tout espoir de secours. Elle se rendit après une résistance opiniâtre, et la plupart des vaisseaux de Carausius tombèrent entre les mains des assiégeants (l'an 292). Constance se disposa ensuite à la conquête de la Bretagne. Pendant les trois années qui furent employées à la construction d'une flotte, il s'assura des côtes de la Gaule, envahit le pays des Francs, et priva l'usurpateur de l'assistance de ces puissants alliés. Les préparatifs n'étaient pas encore terminés, lorsque Constance apprit la mort du tyran (294). Les sujets de Carausius avaient imité sa trahison : il était tombé sous les coups d'Allectus, son premier ministre, qui hérita de sa puissance. Mais l'assassin n'avait pas assez de talents pour exercer l'autorité souveraine ni pour la défendre. En 296 Constance reprit la Bretagne, après la défaite d'Allectus, qui fut tué dans ce combat.
Aug. Savagner.

CARAVAGE (Polidoro Caldara, dit *Le*), parce qu'il naquit vers 1495, à Caravaggio, dans le Milanais. Il vint jeune à Rome, servit d'abord, comme manœuvre, les maçons employés aux travaux du Vatican, où l'on exécutait à ce moment d'immenses embellissements, sous la direction de Raphael, et ressentit le plus vif désir de devenir peintre, en voyant travailler Jean d'Udine et les autres maîtres occupés aux loges du Vatican. Il ne tarda pas à faire preuve des plus remarquables dispositions pour la peinture, et Raphael le confia à son élève Mathurino, de Florence, pour qu'il l'aidât de ses conseils. On dit qu'il le seconda dans l'exécution de petites figures en grisaille, qu'on voit dans les loges du Vatican. Après la mort de Raphael, Polidoro et Mathurino travaillèrent de concert à orner les façades d'un grand nombre de palais de Rome de grisailles du même genre, et qui offraient de la ressemblance avec les antiques reliefs romains. Mais il ne s'est conservé qu'un bien petit nombre de ces travaux; on ne les connaît plus guère que par les gravures qui en avaient été faites.

La prise de Rome en 1527, puis la peste, dont Mathurino mourut victime, firent cesser ces travaux collectifs. Polidoro se retira à Naples, plus tard à Misène, et exécuta dans l'une et l'autre de ces villes de nombreux tableaux d'autel. Le musée de Naples en contient une riche collection. Dans ces ouvrages, qui lui appartiennent bien en propre, Polidoro s'éloigne d'une manière remarquable du caractère particulier de l'école flamande. On y voit une tendance à se rapprocher de la simplicité et du naturel, qui jusqu'à un certain point rappelle l'école romaine. Aussi dans ces derniers temps en est-on venu à attribuer à Mathurino le principal mérite des travaux tout classiques exécutés en commun à Rome par les deux artistes, tandis qu'auparavant Polidoro en avait seul la gloire.

Polidoro mourut en 1543, assassiné par son domestique, qui voulait le voler.

CARAVAGE (Michel-Ange Amerighi ou Morigi, dit *Le*), peintre célèbre, ainsi surnommé parce qu'il était, comme le précédent, né à Caravaggio (en 1569). Comme Caldara, Amerighi commença aussi d'abord par être aide-maçon; mais il ne tarda pas à trouver l'occasion d'obéir au penchant qui l'entraînait vers la peinture. Après s'être formé à Milan, puis à Venise, par l'étude des grands maîtres de l'école vénitienne, il se rendit à Rome, où il combattit tout aussitôt cette direction conventionnelle et superficiellement idéale de la peinture qui dominait dans la seconde moitié du seizième siècle, et que Giuseppe Cesari avait surtout contribué à mettre à la mode. On peut dire que ses toiles reflètent en quelque sorte l'état des esprits à cette époque. C'est dans la nature basse et commune qu'il choisit ses sujets; mais il sait admirablement les animer par la force de son coloris et le prestige d'une habile distribution de la lumière.

A cet égard on peut dire qu'il a fait école; car sa manière fut ensuite pendant longtemps imitée par les peintres italiens. Quand les sujets de ses tableaux répondent à la manière qu'il s'était faite, il atteint la perfection ; mais aussi son faire est la même alors qu'il s'avise de traiter des sujets plus élevés. Sa vie répondit d'ailleurs complètement à la nature toute particulière de son talent. Une accusation de meurtre le contraignit à s'enfuir de Rome; et la violence de son caractère lui attira des discussions et des duels partout où il résida ensuite. Enfin, à bout d'aventures et de traverses, il arriva à Malte, où le grand maître Alef de Vignacourt, dont notre musée possède le portrait de la main du Caravage, récompensa les travaux de peinture que celui-ci exécuta pour l'ordre en l'armant chevalier. Mais il ne sut pas plus se tenir là qu'ailleurs. En 1609 il retournait à Rome, lorsqu'il fut attaqué par surprise dans les environs de Porto-Ercole, où il mourut des suites des blessures qu'il reçut dans ce guet-apens.

Outre le portrait que nous venons de citer, on trouve au musée du Louvre trois tableaux du Caravage : *La Mort de la Vierge ; La Diseuse de bonne aventure ; Un Concert*.

CARAVANE, association plus ou moins nombreuse que forment des marchands, des voyageurs, des pèlerins, pour traverser, en courant moins de dangers, avec ou sans escorte, les déserts de l'Asie et de l'Afrique. On a prétendu jadis que ce mot dérivait de *Cairovan* ou *Kairowan*, ville bâtie par les premiers conquérants musulmans en Afrique; mais, s'il faut en croire Langlès, il viendrait plutôt du persan *kearbân* ou *keravân*, formé des mots *ker* ou *kear*, travail et de *revân*, allant, ambulant. Dans le nord de la Perse, dans l'Inde et dans quelques autres contrées de l'Orient, on donne aux caravanes le nom de *kafilah*. Cette manière de voyager et de commercer remonte jusqu'au temps des patriarches : Abraham et Loth marchaient en caravanes ; Jacob conduisait celles de son oncle Laban ; c'est à une caravane de marchands arabes que J o s e p h fut vendu par ses frères. M a h o m e t, avant d'être prophète et législateur, conduisait d'Arabie en Syrie les caravanes de ses oncles et celles de la veuve Kadidjah, qu'il épousa dans la suite. Les fonctions de conducteur de caravane n'ont rien que d'honorable en Orient : en Europe, on les regarderait comme des rouliers. Ils portent le titre de *tchehar-wa-dar* (propriétaire ou guide de quadrupèdes). Ils ont à leurs ordres des valets qui chargent et déchargent les bêtes, et les mènent boire et paître. Les caravanes à petites journées, ou sous troupes qui marchent par étapes; les journées de chameaux sont d'une trentaine de kilomètres au plus, en raison de la difficulté des chemins et de la distance des lieux de station, placés dans les villes ou villages, et dans le voisinage des rivières ou des puits creusés dans les déserts; les journées de chevaux sont un peu plus fortes. Les caravanes vont à pied ou à cheval ; les chameaux et les mulets portent les marchandises : ils sont aussi la monture habituelle des femmes, qu'on y renferme dans des *hewdedj* (sorte de cages en osier), afin de les dérober aux regards des hommes.

Le départ d'une caravane est annoncé par le bruit des sonnettes suspendues au cou des bêtes, afin d'empêcher qu'elles ne s'écartent pendant la route. C'est pour le même motif que les animaux sont attachés à la file par la queue. Quand tout est prêt, que les chameaux et les mulets sont chargés, le conducteur donne le signal de la marche à ceux qui sont en tête, et tout le monde se met successivement en route; chaque jour, dès l'aurore, on reprend le même ordre que la veille. Dans les grandes chaleurs, les caravanes se reposent le jour et ne marchent que la nuit, éclairées de distance en distance par des hommes qui portent des falots. Quand la kafilah est en route, elle se tient serrée le plus près possible. En arrivant à la station où l'on campe, chacun dépose ses ballots dans les lieux indiqués par le conducteur; on en forme une demi-lune, au centre de laquelle on place les lits et les provisions, et l'on tend à l'entour, à la distance de 3 mètres à 3,25 environ, une corde de crin, qui empêche la confusion des effets; on attache à cette corde les bêtes de somme en face des marchandises qu'elles doivent porter le matin, et on établit des gardiens pour la sûreté des unes et des autres. Moyennant le prix d'un chameau ou d'un mulet, que l'on paye au conducteur, il s'engage à nourrir l'animal pendant tout le voyage. Il part des caravanes de la Russie pour la Chine, la Grande-Boukharie et l'Afghanistan; de Constantinople, de Smyrne, d'Alep, du Caire, pour Bassora et pour diverses villes de la Perse. Il en part aussi de la Perse pour l'Inde, le Thibet et les pays soumis aux Tatars et aux Ouzbeks, ainsi que de Maroc et des anciens États Barbaresques pour l'Égypte et l'intérieur de l'Afrique. Un échange continuel de caravanes se fait entre ces différentes contrées; mais la plus célèbre est la caravane sacrée des pèlerins musulmans qui se rendent chaque année à la Mecque.

On appelle aussi *caravane* et *kafilah* des réunions de navires marchands qui voyagent de conserve, de Smyrne, et d'Alexandrie, pour se défendre réciproquement; et on a également donné ce nom au cabotage que les navires français de la Méditerranée faisaient jadis, aux dépens des Turks et des Barbaresques, dans les mers du Levant, et qui était une source de richesses pour notre commerce et notre marine. Les premières campagnes sur mer que les jeunes chevaliers de Malte étaient obligés de faire au nombre de quatre, contre les Musulmans, afin de parvenir aux commanderies et aux dignités de l'ordre, étaient appelées *caravanes*, parce qu'elles avaient souvent pour but d'entraver la caravane maritime que rendait d'Alexandrie à Constantinople: *Aller en caravane*, c'était alors croiser contre les Turcs.

Caravane se dit encore de toutes sortes de voyages, mais plus particulièrement des courses de vagabonds et d'expéditions de brigands. On dit d'un voleur novice : *il en est à sa première caravane*. Par une conséquence toute naturelle, on a admis ce mot dans un sens figuré, qui a quelque analogie avec le précédent : un jeune homme se livre-t-il à ses passions, débute-t-il dans la carrière des plaisirs et de la galanterie, on dit qu'*il commence ses caravanes*. Une femme a-t-elle eu plusieurs intrigues amoureuses, *elle a fait ses caravanes*.

On appelle *caravaniers* les conducteurs des bêtes de somme dans les caravanes, et les navires marseillais qui font le commerce du Levant.   H. AUDIFFRET.

CARAVAN-SÉRAIL ou **KÉARBAN-SERAI** (c'est-à-dire palais des caravanes). C'est le nom qu'on a justement donné aux hôtelleries dans les pays orientaux. Ces édifices en effet ne ressemblent en rien aux bâtiments mesquins que nous appelons *auberges* ou *hôtels* : fondés et dotés généralement par des princes et des personnages riches et puissants, ils portent le cachet de la grandeur et de la magnificence. Ce sont de vastes halles où descendent les caravanes, avec tout leur attirail, les voyageurs et les marchands, avec leurs effets. Ils sont ordinairement construits en pierre de taille et quelquefois en marbre, voûtés à une ou deux nefs, et à arcades bien cintrées. Tout autour règne un banquette de deux ou trois pieds de haut, sur laquelle chacun étend son tapis pour dormir. On n'y trouve pas d'autre mobilier, ni rien de ce qui sert aux besoins de la vie, si ce n'est une fontaine ou un réservoir d'eau vive pour les ablutions. En revanche, on n'y a rien oublié de ce qui intéresse la sûreté des effets et des marchandises dans la caravane, qui y sont en entrepôt et comme à la foire. Deux gardiens y veillent jour et nuit contre les incendies et les voleurs, et pour préserver ces édifices de ce double danger qu'ils ne sont éclairés que par la voûte, au moyen de petites lucarnes. Il y a aussi des caravan-sérails bâtis en forme de cloîtres, ayant quatre galeries voûtées, dont le centre commun est une cour qui contient les écuries. Le plus beau de tous les caravan-sérails était celui de Kachan en Perse. Il y en a aussi, mais en petit nombre, qui ne sont que des espèces de granges.

Les courriers, les employés et les envoyés du gouvernement descendent dans les caravan-sérails; mais les grands officiers civils et militaires et les gens riches se logent, dans les villes, chez les fonctionnaires publics et dans des maisons particulières, ou campent en rase campagne. Les caravan-sérails les plus commodes sont ceux de l'Indoustan supérieur. On y trouve de petits appartements disposés à l'entour d'une cour close, sur laquelle ils ont leur principale ouverture. On y a un lit, des ustensiles de ménage; on peut y être servi à part et y avoir sa cuisine. La plupart des caravan-sérails de l'Inde, situés sur les grandes routes, ont été fondés par des personnes charitables, ou aux dépens du trésor public. Le dernier empereur moghol, Châh-Alem, en avait fait construire plusieurs depuis le Bengale jusqu'à Lahore. On voit encore les restes du magnifique caravan-sérail que le prince Schoudjah fit bâtir à Radj-Mahl, lorsqu'il était gouverneur du Bengale. La garde et le service de ces maisons sont confiés à des pauvres, qui pour une légère rétribution se chargent de procurer un lit aux voyageurs. On trouve aussi dans l'Indoustan des *tchoultrys* indous, construits et dotés par la libéralité des princes ou des particuliers. Un brahmine attaché à ces établissements est chargé de les administrer et de procurer des secours aux indigents, qui y trouvent une natte pour se coucher et des réservoirs d'eau dans le voisinage. Ces édifices publics ont beaucoup de rapport avec les caravan-sérails. Il faut distinguer les caravan-sérails des *khans*.   H. AUDIFFRET.

CARAVELLE. On donne ce nom à différentes espèces de navires. En Portugal on l'emploie pour désigner des bâtiments plats de derrière et jaugeant de cent à cent cinquante tonneaux; en France on le donne à des barques de dix à quinze tonneaux servant à la pêche du hareng ; en Turquie on appelle ainsi des vaisseaux de guerre de haut bord.

CARBON (en latin *Carbo*), nom d'une famille romaine qui a produit plusieurs personnages célèbres. *Caius Papirius* CARBO, tribun du peuple du temps de Tiberius Gracchus, fut soupçonné d'avoir eu part à l'assassinat de Scipion Émilien, mais il ne tarda pas à se rapprocher du parti aristocratique. Consul aussitôt après la mort de Caïus Gracchus, dont il avait été l'ami et le collègue, il défendit publiquement Opimius, qui avait pris les armes contre le tribun et provoqué sa mort. Accusé du crime de péculat par L. Crassus, il se donna la mort pour se soustraire à une condamnation inévitable. Au dire de Cicéron, Caïus Carbon n'avait pas une élocution brillante, mais elle était pleine de grâce et de finesse.

Arvina CARBO, sénateur, perdit la vie dans le massacre qui fut ordonné à la suite du préteur Brutus Damasippus, par ordre de Marius le fils.

Cnéius Papirius CARBO, fils de Caïus, se montra l'un des plus chauds partisans de Marius. Collègue de Cinna au consulat, il persécuta outrance les partisans de Sylla. Quand la guerre fut portée en Italie, il se fit battre par Pompée, et se laissa débaucher ses troupes par Sylla; aussi disait-il : « J'ai à combattre un renard et un lion, mais le renard est plus dangereux. » Vaincu encore une fois par Métellus, Carbon perdit l'espoir de sauver l'Italie quoiqu'il eût encore trente mille hommes, des forces considérables sous divers généraux et la nation des Samnites qui tenait pour lui. Il se réfugia en Afrique, puis dans l'île de Cossura, où il fut arrêté par ordre de Pompée, qui le fit mettre à mort, l'an 82 avant J.-C.. On envoya sa tête à Sylla.

CARBONARI. Cette société, politique et secrète, dont l'origine date de l'époque de la dissolution des nouvelles républiques italiennes, s'était d'abord formée sur le plan des *philadelphes*. Elle se proposait le même but, et avait à peu près adopté le même mode d'initiation. Elle était pour le midi de l'Europe ce que le *Tugendbund* était pour la

Nord. Les carbonari furent peu nombreux tant que dura l'Empire. L'opinion les confondait avec les francs-maçons, et cette erreur les sauva. Si le véritable but de leur association, essentiellement politique, eût été soupçonné, nul doute qu'ils n'eussent pu échapper au sort des philadelphes. Le nom qu'ils avaient adopté ne pouvait les compromettre; c'était celui d'une association maçonnique fort répandue en France et spécialement en Franche-Comté. Comme dans cette association, ils avaient emprunté leur terminologie à la profession des *charbonniers* (en italien *carbonari*).

Le carbonarisme italien, bien qu'il fasse remonter son origine au roi de France François Ier, à la santé duquel il affecte de boire dans ses fêtes, n'a acquis une importance historique et surtout politique que depuis 1818. Cependant il existait antérieurement : en 1814 la petite ville de Lanciano, dans l'Abruzze citérieure, comptait seule 1,200 carbonari armés. Certains auteurs pensent que c'était une branche des Vaudois, rejetant la tradition pour s'en tenir au texte de l'Évangile. D'après Botta, au contraire, les républicains du royaume de Naples, sous le règne de Murat, animés d'une haine égale contre les Français et contre Ferdinand, se seraient réfugiés dans les défilés des Abruzzes, et, s'unissant par une alliance secrète, auraient pris le nom de *carbonari*. Leur chef était un certain Campo-Bianco, homme courageux et éloquent. Ferdinand et Caroline se seraient servis d'eux contre les Français, et les auraient désavoués après en avoir tiré d'utiles services. C'était le prince Moliterni, républicain ardent, qui leur avait été envoyé. Ils furent protégés, suivant les uns, par la reine Caroline, selon d'autres, par le Génois Maghella, ministre de la marine sous la république ligurienne et, plus tard, directeur de la régie des tabacs. La société s'accrut et se développa sous les auspices de cet homme puissant. On attribue à ses relations avec eux l'envoi de Maghella, après la chute de Murat, dans une forteresse de Hongrie, puis son incarcération d'un an à Fénestrelles par ordre du roi de Sardaigne.

En 1819 le carbonarisme italien prit un grand développement par ses affiliations avec les patriotes de France. Cet accroissement éveilla les soupçons du gouvernement de la Restauration. Un fait extraordinaire, et qui eut un grand retentissement à cette époque, étonna la police française, mais sans l'alarmer. Le carbonaro Guerini fut poursuivi criminellement par les autorités de la Corse pour tentative d'homicide. On apprit qu'il n'avait fait qu'exécuter un jugement de l'*alta vendita*, en frappant un Corse carbonaro, accusé d'avoir révélé le secret de l'association. Informé de ce fait par les magistrats de la Corse, le ministère avait arrêté le cours des poursuites. « Une enquête et des mesures trop sévères décèleraient, écrivait-il, une crainte que de pareilles sociétés ne peuvent inspirer sous une forme de gouvernement où les droits du peuple sont reconnus et assurés. » Le ministère dissimulait sa véritable pensée : la charbonnerie française était alors l'objet de ses opiniâtres investigations; mais il craignait sans doute que des poursuites exécutées avec trop d'éclat en Corse ne fussent un avis aux nombreuses *ventes* de la capitale et des départements de se tenir plus que jamais sur leurs gardes. Les instructions rigoureuses, les jugements sévères exercés contre les associations du *Lion dormant*, de *l'Épingle noire*, les condamnations capitales prononcées contre les patriotes de 1816, démentaient la sécurité qu'affectait le gouvernement. Il ne pouvait ignorer que l'association de la charbonnerie plus nombreuse, plus redoutable que celles qu'il avait poursuivies avec un implacable acharnement. Les insurrections napolitaine et piémontaise avaient signalé au delà des Alpes l'influence des carbonari; on se rappelle quels en furent les résultats. La leçon ne fut point perdue pour les carbonari de France, et ils résolurent de mieux combiner leurs moyens de résistance. Le berceau de leur nouvelle organisation fut, dit-on, un café borgne de la rue Copeau, et ses parrains, à ce qu'ils ont prétendu plus tard, MM. Buchez et Flotard. Le premier, fort peu belliqueux, comme on l'a vu depuis, avait reçu cependant l'étrange mission d'exercer ses frères au maniement des armes dans sa chambre rue Vieille-du-Temple. L'œuvre cependant comptait à sa tête des hommes plus sérieux : c'étaient Voyer-d'Argenson, Lafayette, Lafitte, Manuel, Dupont (de l'Eure), Buonarotti, de Schonen, Mérilhou, Barthe, Teste (le frère de l'ex-ministre de Louis-Philippe), Rouen, Boinvilliers, Arnold Scheffer, Bazard, etc.

Affiliée aux associations italiennes, la charbonnerie française en avait adopté les statuts et les règlements, qu'elle tenait d'un des siens récemment arrivé de Naples. Son nom était un symbole. Dans son langage, *purger la forêt des loups* signifiait délivrer la patrie des étrangers et des despotes. Le charbon était un autre symbole : il purifie l'air; on allume le feu autour des habitations pour éloigner les bêtes féroces. De là le cri de ralliement : *Vengeance au mouton opprimé par le loup!* Le lieu d'assemblée s'appelait *hutte* (*baracca*); la contrée environnante, *forêt*; l'intérieur de la réunion, *vente* (*vendita*), tous termes empruntés au commerce de charbon. Un groupe de *huttes* formait une république. Le carbonarisme français se divisait en cercles ou ventes de quatre classes : *ventes particulières, ventes centrales, hautes ventes, vente suprême*. On n'était admis dans les ventes particulières, composées chacune de vingt associés, dits *bons cousins*, que sur la présentation et la garantie d'un nombre déterminé d'initiés, qui répondaient sur *l'honneur* des bons sentiments du candidat, dont l'admission pouvait être rejetée ou ajournée. Dans le cas d'admission, le récipiendaire était soumis à des épreuves plus ou moins sévères. Chaque vente particulière était composée de vingt membres, dont un président, un secrétaire, *un député*. Dès qu'une de ces ventes était au complet, chacun de ses membres pouvait en organiser une nouvelle. Les députés de vingt ventes particulières formaient une vente centrale, qui avait aussi un député, qui seul communiquait avec la haute vente. Celle-ci avait aussi son délégué près la vente suprême. Les membres de ces différentes classes restaient donc étrangers les uns aux autres; un simple carbonaro ne connaissait que ceux de la vente particulière dont il était membre; un député que ses dix-neufs collègues de la vente centrale à laquelle il appartenait. Le lien qui rattachait ces diverses ventes était facile à rompre, et l'ensemble de l'association générale échappait ainsi aisément aux investigations de la police.

Les statuts prescrivaient des peines contre l'indiscrétion, même involontaire, et la mort contre la trahison. « Tout carbonaro, porte l'article 55, doit garder le secret de l'existence de la charbonnerie, de ses signes, de son règlement, de son but, envers les païens. Le parjure (art. 60), toutes les fois qu'il aura pour but de révéler le secret de la charbonnerie, sera puni de mort. » Le serment imposé aux récipiendaires contenait l'engagement formel de ne pas chercher à connaître les membres des autres ventes. Le coupable était jugé par un tribunal composé de carbonari, et l'un d'eux était chargé de l'exécution de la sentence. Aucune communication n'était écrite : les instructions, les ordres, se transmettaient verbalement par des délégués spéciaux de la vente suprême. Il fallait à ceux-ci un signe de reconnaissance, et ce signe consistait en une moitié de carte bizarrement coupée, s'adaptant à l'autre moitié envoyée par la vente suprême aux chefs des hautes ventes ou des ventes centrales auprès desquelles le délégué spécial devait remplir sa mission. Les carbonari avaient leurs mots d'ordre, de passe, et leurs signes. Les mots *speranza, fede, carità*, avaient chacun une acception spéciale et *sacrée*. Les carbonari prenaient l'engagement d'obéir sans examen aux ordres intimés par la vente suprême, et de dévouer leur fortune et leur vie même à la cause de la liberté et de la patrie. Ils devaient être prêts à soutenir, à défendre les principes de l'association. L'article 58 dispose : « Pour être prêt à résister à l'oppression, à secourir ses *bons cousins*, tout carbonaro doit être pourvu, par ses soins et à ses frais, d'un fusil de munition avec sa baïonnette, et de 25 cartouches à balles de calibre. Il est tenu de s'instruire dans le maniement de cette arme et dans tous les mouvements que suppose une réunion d'hommes ainsi armés. »

Comme les loges maçonniques, chaque vente particulière avait un nom spécial. Celles de Paris se comptaient par centaines, et le nombre des carbonari de la capitale s'élevait à plus de 20,000. On citait entre autres, *la Washington, la Victorieuse, la Bélisaire, la Sincère, la Réussite, les Amis de la vérité, la Westermann*, etc., etc. Chaque récipiendaire payait lors de son admission cinq francs, et la cotisation mensuelle était d'un franc. La caisse de l'association recevait en outre des souscriptions volontaires. La vente suprême imposait quelquefois des cotisations extraordinaires ; elle avait le droit exclusif de convoquer et de suspendre les autres ventes. Les progrès de cette propagande furent si rapides, que trente-cinq préfets dénoncèrent en même temps l'établissement de plusieurs ventes particulières et centrales dans leurs départements. Les troubles de juin, la conspiration du 19 août 1820, furent attribués à la charbonnerie française. On a prétendu que ceux qui furent condamnés dans cette dernière affaire avaient reçu des secours en argent pendant le cours de leur détention. Ce procès et celui de 1822, les condamnations sévères prononcées contre les accusés, ne découragèrent pas leurs bons cousins, et la charbonnerie devint une véritable et imposante puissance. Un *congrès national*, dont les membres représentaient les départements de la France continua de s'assembler à Paris, et parvint à se soustraire aux investigations de toutes les polices. Les mouvements insurrectionnels qui éclatèrent en 1819, 1820, 1821 et 1822 furent également attribués aux carbonari. On a prétendu qu'une correspondance très-active s'établit, aux mêmes époques, entre les carbonari de France et ceux d'Espagne. La principale réunion de ceux-ci était à la Fontaine d'Or de Madrid. Il est du moins certain que les cinq cents patriotes français qui en 1822 se réunirent sur les bords de la Bidassoa sous le nom de *bataillon sacré* étaient presque tous carbonari.

Les vœux et les efforts de cette association si nombreuse et si puissante tendaient évidemment au renversement du gouvernement imposé à la France par l'étranger en 1814. Dans un procès fameux, l'avocat général Marchangy dénonça en 1822 un manifeste affiché à Pau, et qui résumait tout le système des carbonari. Il était ainsi conçu : « *Devise des Français*, Constitution nationale acceptée par le peuple français; *Honneur et patrie!* Une constitution nationale est un contrat entre le peuple et le chef de l'état; elle doit être consentie par les deux parties qu'elle oblige, non octroyée par l'une d'elles. De ce principe de la souveraineté des nations découle cette conséquence que la source de tous les pouvoirs de l'organisation sociale émane du peuple, qui les distribue en différentes branches dans la constitution soumise à son acceptation; car sans cette acceptation il n'y aurait pas de constitution, mais bien usurpation sur la souveraineté du peuple. Ainsi donc pour le redire, la devise des Français est : *Constitution nationale acceptée par le peuple*, ou *Honneur et patrie!* Vive la nation française ! ! ! » Les éléments dont se composait le carbonarisme français n'appartenaient pas aux mêmes doctrines politiques. Les militaires, brutalement expulsés des rangs par la Restauration, voulaient Napoléon II, mais leur une constitution basée sur le principe de la souveraineté nationale et toutes ses conséquences, telles qu'elles avaient été formulées dans la déclaration des droits proclamée par la chambre des représentants de 1815. Les autres, et c'était le plus grand nombre, se prononçaient pour le régime républicain. La tentative malheureuse du général Berton ne fut que le prélude des autres insurrections qui éclatèrent ensuite. Celle qu'on a appelée *conspiration de Béfort*, plus largement combinée, n'échoua que par une de ces fatalités que la prudence humaine ne peut ni prévoir ni éviter. Le carbonarisme, toujours poursuivi et toujours dévoué, toujours constant dans ses espérances et dans ses efforts, existe, assure-t-on, encore aujourd'hui, quoiqu'il ait compté de nombreux transfuges et qu'il n'ait jamais atteint complétement son but. Il occupera une grande place dans l'histoire contemporaine. Et cependant notre opinion sera constamment la même : Rendez aux peuples toutes leurs libertés, et vous n'aurez à craindre ni le carbonarisme ni aucune autre société secrète quelconque.

DUFEY (de l'Yonne).

CARBONATE, nom générique des sels neutres résultant de la combinaison de l'acide carbonique avec les bases salifiables. Tous les carbonates jouissent d'une propriété caractéristique qui offre un moyen très-commode de les reconnaître : traités par un acide, ils se décomposent tous avec effervescence, en dégageant leur acide carbonique, à la place duquel se substitue l'acide employé. Les sulfites et les hyposulfites font aussi effervescence avec les acides; mais c'est alors du gaz sulfureux qui se dégage, et il est facile de le reconnaître à son odeur.

Quelques chimistes ont mal à propos donné la qualification de *bi-carbonates* aux sels neutres de ce genre, et ils ont appelé *carbonates* des sels dans lesquels les propriétés des bases continuent à se manifester encore d'une manière plus ou moins sensible. Ce point de vue ne semble pas juste ; ces derniers sels ne sont que les *sous-carbonates*, et les bases saturées d'acide carbonique constituent des *carbonates neutres*. On ne voit pas la nécessité d'introduire la qualification de *bi-carbonates* pour les désigner. Quoi qu'il en soit, nous ne connaissons dans la nature que bien peu de carbonates neutres, tandis que les sous-carbonates y sont nombreux et très-abondants. Les minéralogistes, qui considèrent l'ordre des carbonates comme l'un des plus naturels des classifications modernes, le partagent, d'après les systèmes cristallins de ses espèces, en trois tribus : la tribu des *carbonates rhomboédriques*, celle des *carbonates rhombiques*, et celle des *carbonates klinorhombiques*; dans la première se rangent le calcaire, la dolomie, la giobertite, la sidérose, etc. Dans la seconde, il faut citer l'arragonite, la witérite (carbonate de baryte), la strontianite (carbonate de strontiane), la céruse. Enfin la tribu des carbonates klinorhombiques se compose de la baryto-calcite (carbonate de baryte et de chaux), le natron, l'urao (sesqui-carbonate de soude), la gay-lussite (carbonate de soude et de chaux hydratée), l'azurite ou bleu de cuivre, et la malachite. Nous ne parlerons pas des espèces encore trop peu connues dont on forme une quatrième tribu, à la suite des précédentes, sous le nom de *délomorphes* (de à privatif, δηλος, apparent, et μορφή, forme).

La *sous-carbonate d'ammoniaque* est un produit constant de la décomposition de toute matière animale soumise à l'action d'une température assez élevée pour opérer ce qu'on appelle la distillation. La putréfaction des matières animales donne aussi naissance à du sous-carbonate d'ammoniaque, mais en moindre quantité. Dans un cas comme dans l'autre, le sous-carbonate est souillé. Pour l'obtenir à l'état concret et blanc, il faut le soumettre à une purification. Nous ne pouvons décrire tous ces procédés. Qu'il nous suffise de dire qu'on préfère se procurer abondamment et d'une manière plus facile le sous-carbonate d'ammoniaque, en soumettant à la distillation un mélange presque à parties égales du muriate d'ammoniaque purifié et de craie (sous-carbonate de chaux) lavée et bien sèche. Le sous-carbonate d'ammoniaque passe à la distillation : il reste dans la cornue du muriate de chaux. Cette opération exige une haute température et doit être entourée de beaucoup de précautions. Le sous-carbonate d'ammoniaque, fort usité en médecine, surtout dans les temps anciens, a été appelé *alcali volatil concret*, par opposition à l'ammoniaque caustique, qui portait le nom d'*alcali volatil fluor*. Ce que l'on connaît encore dans le commerce sous le nom de *sel volatil d'Angleterre* n'est autre chose que du sous-carbonate d'ammoniaque obtenu d'abord par sublimation et soumis ensuite, avec les précautions convenables, à la cristallisation par refroidissement. Aucune substance n'est plus propre que le sous-carbonate d'ammoniaque à développer, à exalter les odeurs : voilà pourquoi on l'allie au musc et on en a fait tant d'usage dans la fabrication du tabac à priser. Il est précieux aussi pour faire disparaître les taches d'acide sur les étoffes; pour cet objet il vaut beaucoup mieux que les alcalis plus énergiques, qui ordinairement, par leur action propre, substituent une nouvelle tache à celle d'acide qu'ils ont détruite.

Le *sous-carbonate de chaux* est dans la nature le géant de cette classe de sels. A lui seul il constitue une grande partie de la charpente du globe ; tantôt il nous apparaît sous forme pulvérulente, avec une consistance mollasse, plus ou moins souillé par d'autres matières ; tantôt il nous offre tous les caractères désirables de pureté, d'homogénéité, de solidité, un tissu fin, serré, nuancé des couleurs les plus aimables, les plus variées, susceptible du plus éclatant poli ; et toutes les sortes intermédiaires se rencontrent entre ces extrêmes. On voit que nous avons voulu parler ici des farines fossiles, des craies, des marnes, des pierres à bâtir, des marbres si variés. Le sous-carbonate de chaux a la propriété de se dissoudre dans l'acide carbonique en excès : il résulte de ceci que partout où il y a simultanément présence de pierre calcaire et formation d'acide carbonique, il doit se dissoudre d'abord du sous-carbonate de chaux ; mais comme l'acide de la dissolution ne tient que très-faiblement au sel dissous, et qu'il est susceptible de s'en dégager par l'élévation de la température, ou peut-être même par d'autres causes jusque ici peu appréciées, il en résulte qu'assez fréquemment il doit se déposer des masses calcaires qui d'abord étaient en dissolution dans les eaux. Ces dépôts, qui ont lieu ordinairement dans des cavernes, dans des anfractuosités de rochers, etc., sont connus sous le nom de *stalagmites* lorsqu'ils sont formés de masses peu considérables composées de lames stratifiées et presque parallèles ou ondoyantes ; ils sont souvent de couleurs variées. Les *stalactites* se forment par l'eau qui transsude au travers des masses calcaires, et vient s'égoutter dans les grandes cavités. A mesure que les gouttes tombent, elles abandonnent le carbonate de chaux qu'elles contenaient, et forment les cylindroïdes qu'on voit suspendus aux voûtes des cavernes. On a mis à profit cette propriété incrustante de certaines sources pour imiter des pétrifications ou mouler des bas-reliefs ; il suffit en effet de plonger les objets dans l'eau et de les y laisser plus ou moins de temps, suivant l'épaisseur qu'on veut donner à l'incrustation.

Le *sous-carbonate de magnésie* est à peine connu dans la nature, et n'a jamais été trouvé qu'à l'état de grande impureté : tel celui de Piémont et d'Irlande. Pour l'emploi assez considérable que la médecine fait de ce sel, il a donc fallu recourir à une formation artificielle, et jusque ici les Anglais sont les seuls qui aient complètement réussi dans cette fabrication. Le sulfate de magnésie, soumis à la décomposition double par le sous-carbonate de soude ou de potasse, est l'ingrédient nécessaire de la fabrication du sous-carbonate de magnésie.

Le *sous-carbonate de cuivre* existe dans la nature sous deux aspects différents. Dans certaines circonstances, on le trouve en masses d'un vert chatoyant magnifique, formées de zones concentriques irrégulières : à cet état, il prend le nom de *malachite*, et les joailliers en font un assez grand emploi. Mais le plus souvent ce sel est privé de dureté, cristallisé en prismes, d'une teinte uniforme très-riche : c'est le bleu de montagne. Jusque ici on n'a pu assigner aucune cause plausible de cette différence de couleur et de texture. A Chessy, près Lyon, on trouve de très-beau carbonate bleu, et les mines de Sibérie fournissent la plus belle malachite. On forme aussi artificiellement du sous-carbonate de cuivre, qui est employé dans plusieurs arts. Pour cela, on a ordinairement recours au sulfate de cuivre du commerce, qu'on soumet à la double décomposition par un sous-carbonate alcalin.   Pelouze père.

Les carbonates de soude, d'ammoniaque, de chaux, de magnésie, de fer et de plomb, entrent dans diverses préparations pharmaceutiques; celui de potasse forme la base de la potion anti-émétique de Rivière.

CARBONE. On connaît ce corps simple dans son état de plus grande pureté et d'agrégation extrême sous le nom de *diamant*. Il jouit alors, au plus haut degré, du lustre, de la transparence et du pouvoir de réfraction de la lumière. Il est à l'état de cristallisation et assez généralement incolore. La pesanteur spécifique du diamant est d'environ 3,5. Il est complètement insoluble dans l'eau; à vases clos il n'est susceptible ni d'être fondu ni volatilisé par le plus grand degré de chaleur qu'il ait jusque ici été possible de produire. Il est très-mauvais conducteur de l'électricité. Aucun agent chimique n'a d'action sur le diamant, excepté l'oxygène à de très-hautes températures. Lorsqu'il reste exposé dans le gaz oxygène à l'action des rayons solaires concentrés à l'aide d'une très-puissante lentille, il s'ignifie, et à la fin il est consumé, après que sa surface a noirci sensiblement. Le résultat de cette combustion est de l'acide carbonique, absolument égal en volume à celui du gaz oxygène absorbé.

Le carbone se combine avec le fer et forme de l'acier. C'est un des constituants de presque toutes les substances animales et végétales, et quand ces substances sont exposées à une température plus ou moins élevée, dans des vaisseaux clos, elles laissent constamment un résidu carbonneux.

La plombagine ou *graphite* et le charbon fort *incombustible* (anthracite) ne sont aussi que du carbone dans un état de moindre agrégation, et un peu impur. Dans la première de ces substances, le carbone est combiné avec environ 0,04 de fer; dans la seconde, il l'est avec une petite quantité de matière terreuse. La propriété la plus remarquable que l'on connaisse à ces substances est le très-haut degré de température nécessaire pour leur combustion.

Le *charbon de bois* ordinaire est le carbone plus ou moins impur et sous une autre forme. On l'obtient à l'état de masses solides, de couleur noire, et d'une pesanteur qui est ordinairement de plus du double de celle de l'eau distillée. Le carbone n'a ni odeur ni saveur. Le charbon de bois est friable, et jamais il ne présente que quelques rudiments de cristallisation ; il attire promptement l'humidité atmosphérique, de manière à augmenter très-rapidement de 12 à 14 pour 100 de son poids. Quand il est sec, il jouit aussi de la propriété d'absorber tous les gaz dans lesquels on le place, quelquefois en proportion très-considérable. Le charbon absorbe fortement la lumière, est réfractaire à la chaleur, très-mauvais conducteur du calorique, excepté le cas où il aurait été préalablement exposé à une chaleur extrême ; mais au contraire du diamant ou carbone pur, il est très-bon conducteur de l'électricité. Il est totalement insoluble dans l'eau ; à la chaleur rouge, il brûle rapidement dans le gaz oxygène. Le charbon brûle aussi dans l'air atmosphérique, mais moins vivement. Cette combustion dans l'air est susceptible de donner naissance à deux produits différents, selon les circonstances dont elle sera accompagnée. Si la quantité de carbone est plus que suffisante à la formation de l'acide carbonique, et que la température soit très-élevée, il y aura production de gaz oxyde de carbone.

CARBONE — CARCAISE

Celui-ci ne contient que la moitié de son volume d'oxygène, tandis que l'acide carbonique en tient un volume égal au sien. L'*oxyde de carbone*, gazeux comme l'acide carbonique, est incolore, inodore, insipide, sans action sur la teinture de tournesol, impropre à la combustion et à la respiration. C'est ce gaz qui produit la flamme bleue qu'on remarque souvent pendant la combustion du bois ou du charbon dans nos cheminées. L'oxygène forme avec le charbon un troisième composé remarquable, l'acide o x a l i q u e.

Le carbone se combine encore avec d'autres corps simples (*voyez* CARBURES), avec le chlore (*voyez* CHLORURES), avec le soufre (*voyez* SULFURES), avec l'hydrogène. Uni à l'azote, il forme le cyanogène et d'autres composés qui jouent un rôle important dans la chimie organique. PELOUZE père.

CARBONIEN (Édit.). On donnait ce nom à un édit porté à Rome sous le consulat de Cneius Papirius Carbo, et que plus tard les empereurs reproduisirent. Voici quelle était sa teneur : Si l'on disputait à un impubère et la qualité de fils et celle d'héritier, la question d'hérédité devait être jugée sur-le-champ, et la question d'état devait être renvoyée après la puberté de l'individu que l'on attaquait.

A. SAVAGNER.

CARBONIQUE (Acide). Formé d'un atome de carbone sur deux d'oxygène, cet acide se présente sous l'apparence d'un gaz parfaitement incolore, d'une saveur et d'une odeur très-légèrement piquantes, d'une densité de 1,52. Un corps en combustion plongé dans le gaz acide carbonique s'y éteint rapidement ; un animal cesse d'y vivre au bout de quelques instants. Le froid, quelque intense qu'il soit, ne change pas l'état aériforme de l'acide carbonique, mais une pression de 36 atmosphères suffit pour le liquéfier à la température ordinaire. Enfin cet acide se solidifie à environ 100° au-dessous de la glace fondante : il ressemble alors à des flocons de neige, se maintient à l'air libre pendant assez longtemps sans qu'il soit besoin d'exercer sur lui aucune compression. Cet énorme refroidissement se produit lorsqu'on fait passer subitement l'acide carbonique liquéfié de l'état liquide à l'état gazeux. L'acide carbonique liquide, pour passer à l'état de gaz, absorbe de la chaleur ; et il prend cette chaleur à la portion restante d'acide liquide, qui en la perdant passe à l'état solide.

L'eau absorbe le gaz acide carbonique en quantité d'autant plus grande, que la température est plus basse et la pression plus forte. A la température et à la pression ordinaires elle en dissout à peu près son volume. La nature présente, dans un assez grand nombre de localités, de l'eau plus ou moins chargée d'acide carbonique. Les eaux minérales gazeuses, telles que l'eau de S e l t z, doivent presque entièrement à la présence de l'acide carbonique les propriétés qui les font si souvent employer. L'acide carbonique ne communique à l'eau aucune couleur, et lui donne une saveur aigrelette et piquante très-agréable.

On reconnaît facilement le gaz acide carbonique à la propriété qu'il possède de former dans l'eau de chaux un précipité blanc insoluble dans l'eau pure, soluble avec effervescence dans les acides (*voyez* CARBONATE).

L'acide carbonique est un des corps les plus répandus dans la nature ; il n'est pour ainsi dire pas d'eau qui n'en renferme une petite quantité en dissolution. Combiné à la chaux, il constitue le carbonate de chaux, dont les variétés sont si nombreuses et les masses quelquefois si considérables. Il est également uni dans la nature avec une foule d'autres oxydes. Plus pesant que l'air atmosphérique, il occupe toujours les lieux bas, tels que les fonds des puits, des grottes, comme celle dite du *Chien* dans le royaume de Naples ; il se développe au-dessus des cuves en fermentation, dans les fours à chaux, etc. C'est un des produits de la respiration des animaux. Enfin l'air atmosphérique en renferme constamment une petite proportion, qu'on peut évaluer aux 4 millièmes de son volume.

Cet acide carbonique répandu dans l'atmosphère joue un rôle extrêmement important dans les phénomènes de la végétation. C'est dans l'air que les plantes puisent la presque totalité du carbone qu'elles renferment.

On prépare l'acide carbonique soit en calcinant le carbonate de chaux, soit en décomposant les carbonates naturels par l'acide sulfurique ou par l'acide hydrochlorique.

Le gaz acide carbonique est le premier des gaz que l'on ait appris à distinguer de l'air. Bergman, qui fit cette découverte, lui donna le nom d'*acide aérien*. Avant l'introduction de la nouvelle nomenclature, on l'avait aussi désigné sous les noms d'*air fixe*, d'*air méphitique* à cause de son action sur l'économie, et enfin sous celui d'*acide crayeux* comme entrant dans la composition de la craie. Mais ce n'est qu'en 1776 que L a v o i s i e r donna les premières notions exactes sur la nature et la composition de ce gaz.

CARBONISATION. Toutes les substances du règne organique, qu'elles soient extraites des végétaux ou produites par des animaux, renferment une grande quantité de carbone et des proportions plus ou moins considérables d'hydrogène, d'oxygène, ou de l'un de ces corps et souvent d'azote. Quand on soumet à la distillation celles qui ne sont pas volatiles, elles laissent pour résidu dans les vases fermés qui les contenaient une portion seulement de leur carbone, parce que par l'action de la chaleur il se forme entre les différents principes qui les constituent diverses combinaisons qui entraînent une plus ou moins grande proportion de ce corps. On ne peut donc obtenir que la portion qui n'est pas susceptible de donner naissance à des composés volatils ; c'est celle que l'on cherche à conserver dans la carbonisation (*voyez* CHARBON).

Cette opération a été étendue à la houille et à la tourbe. On extrait ainsi de ces matières les produits volatils qu'elles contiennent, et qu'on utilise dans les arts. Le résidu obtenu acquiert en même temps l'avantage d'offrir un combustible presque entièrement dénué d'odeur, et par conséquent propre à être employé dans les usages domestiques (*voyez* COKE).

Les mines de houille, d'anthracite et autres corps où le carbone prédomine, sont regardées avec raison par les géologues comme les résultats d'une carbonisation naturelle qui a dû s'effectuer dans le sein de la terre à une époque plus ou moins reculée.

CARBURES. On nomme ainsi les combinaisons binaires dont le c a r b o n e est l'un des éléments. Cependant il faut apporter à cette définition une certaine restriction, car comme on a soin, dans la nomenclature des composés binaires, d'énoncer toujours en premier lieu le nom du corps qui joue le rôle électro-négatif, on ne doit pas dire, pour indiquer une combinaison de carbone et de soufre, par exemple, *carbure de soufre*, mais bien *sulfure de carbone*.

Parmi les carbures, les plus remarquables sont ceux d'hydrogène, et le carbure de fer, connu sous le nom de *graphite*.

CARCAISE, CARQUAISE ou CARQUÈSE, four à recuire le v e r r e pour lui conserver l'élasticité et une certaine solidité. C'est principalement dans la fabrication des g l a c e s coulées que cette opération est en usage. Dans ce cas, la carquaise offre un long four en voûte de tombeau. La sole de ce four, rigoureusement établie de niveau et légèrement recouverte de sable fin, est à hauteur de la table sur laquelle on coule les glaces. Avant l'opération de la coulée, la carquaise a été chauffée au rouge obscur ou cerise. On approche la table de coulage de l'ouverture, et aussitôt que chaque glace a acquis, par le refroidissement, un certain degré de solidité, elle est rapidement et vivement repoussée, lancée sur le sol de la carquaise. A l'aide d'instruments appropriés, on range les glaces dans la carquaise de manière à pouvoir y introduire, les unes à la suite et à côté des autres, toutes les glaces d'une même coulée. Ensuite, on ferme la bouche de la carquaise, on interrompt le feu, et les glaces y restent renfermées jusqu'à complet refroidissement. Ordinairement, chaque carcaise reçoit deux glaces du plus grand volume, ou quatre ou six moyennes, ou huit petites. On peut aussi y introduire, dans la même coulée, des glaces de dimensions différentes.

PELOUZE père.

CARCAN. On appelait ainsi sous l'ancienne législation criminelle un cercle de fer avec lequel les coupables convaincus d'avoir commis certains crimes étaient attachés par le cou à un poteau, de la main de l'exécuteur des hautes œuvres. On donne aussi le nom de *carcan* à la peine elle-même. C'était une peine tout à la fois afflictive et infamante, car elle était dans l'origine toujours accompagnée de la fustigation, et on l'appliquait spécialement aux crimes regardés comme honteux, par exemple la banqueroute, le faux, la bigamie, l'escroquerie, les friponneries au jeu, les vols de fruits dans les champs. On punissait aussi par le carcan le colportage des livres défendus et les insultes faites aux maîtres par leurs domestiques.

Le carcan était le signe matériel de la haute justice; tout seigneur haut justicier avait dans ses domaines un carcan attaché à un poteau, qui faisait connaître à tous ses prérogatives. Le supplice du carcan paraît au reste fort ancien ; il était connu des Romains sous le nom de *collare ferreum* et de *collistrigium*. Sur la poitrine et sur le dos du condamné étaient fixés deux écriteaux mentionnant, en gros caractères, son nom et son crime, pour qu'il restât en butte à la risée publique pendant toute la durée de l'exposition. Les Espagnols ont une belle et énergique expression pour caractériser cette peine du carcan ; ils disent : *poner à la verguença*, exposer à la honte.

Le Code pénal de 1810 rangeait le carcan au nombre des peines infamantes, à la prononçait dans plusieurs cas d'une manière distincte et isolée. La loi du 28 avril 1832, abrogeant ces dispositions, abolit la peine du carcan; mais elle laissa subsister l'**exposition publique**, comme conséquence de certaines peines afflictives et infamantes.

CARCASSE (de *caro*, chair, et *capsa*, caisse, suivant Roquefort; de *caro* et *cassus*, vide, suivant d'autres; ou de *arca*, en préposant un *c*, d'après Ménage). Ce nom, qui dans le langage vulgaire sert à désigner le squelette d'un animal vertébré dépouillé de ses chairs, s'applique aussi à ce qui reste d'un corps lorsqu'on en a retiré les membres (cuisses, bras ou ailes). C'est ainsi qu'on dit *carcasse de perdrix*, *de poularde*, etc. On dit aussi familièrement et par mépris d'une personne extrêmement maigre : *c'est une carcasse*, *une vieille carcasse*. Ce nom signifie encore une machine de guerre qu'on remplit de grenade et de bouts de canons de mousquets, chargés de grenaille de fer. En termes de marine, il désigne à la fois un bâtiment sans bordage, les débris d'un navire jeté sur la côte, et une espèce de cartouche pour le mortier. En termes de pêche, c'est une grande corbeille couverte où l'on met les grands poissons. Enfin la charpente en fil de fer garni d'un cordonnet dont les marchandes de modes se servent pour monter les coiffures porte également le nom de *carcasse*.

L. LAURENT.

CARCASSEZ, partie du Languedoc, entre la chaîne Cévenno-Pyrénéenne, à l'ouest, et les diocèses de Narbonne, de Béziers et d'Agde à l'est, comprise aujourd'hui dans le département de l'Aude. Carcassonne en était le chef-lieu.

CARCASSONNE, ville de France, chef-lieu du département de l'Aude, à 620 kilomètres sud de Paris, sur l'Aude et sur un petit embranchement du canal du Languedoc, avec une population de 18,537 habitants, siège d'un évêché suffragant de l'archevêché de Toulouse, et dont le diocèse comprend le département de l'Aude. Cette ville possède des tribunaux de première instance et de commerce, une chambre de commerce, un collège, une école normale primaire départementale, un séminaire théologique et une bibliothèque publique riche d'environ vingt mille volumes. Carcassonne est le chef-lieu de la 14e légion de gendarmerie, et le siège de la 3e subdivision de la 11e division militaire et du 25e arrondissement forestier.

L'Aude divise Carcassonne en deux parties, qui communiquent par un pont de pierre. La ville haute ou *cité*, misérable, mal bâtie, et presque déserte, est entourée de murailles, dont une partie est l'œuvre des Visigoths. La ville basse, au contraire, est formée de rues larges et bien percées, animées par le mouvement de son beau port sur le canal. Carcassonne renferme plusieurs monuments remarquables. Son vieux château, qui paraît avoir été construit pendant le sixième siècle, est un vaste bâtiment carré, couronné de créneaux, flanqué de quatre fortes tourelles rondes et entouré de fossés larges et profonds du côté de la cité ; l'autre côté, celui de la nouvelle ville, est suffisamment défendu par les escarpements. La cathédrale gothique de Sainte-Nazaire possède de beaux vitraux et le tombeau de Simon de Montfort. Citons encore l'hôtel de la préfecture, avec un jardin magnifique, de belles casernes et plusieurs autres édifices. Au milieu des allées plantées sur le bord du canal, qui forment une belle promenade, s'élève une colonne en l'honneur de Riquet. Aux environs de Carcassonne on admire le pont, aqueduc sur le Fresquel, et sur les bords de cette rivière un arc de triomphe élevé à Numérien. Non loin de là se trouve l'ancienne manufacture royale de drap.

Dès le douzième siècle Carcassonne était renommée pour sa fabrication de draps, dont une grande partie s'expédie pour le Levant. On y fabrique aussi des cuirs de laine et autres lainages; on y trouve des filatures, des moulins à foulon, des teintureries, des tanneries et des minoteries, quatre typographies. Cette ville est l'entrepôt d'un commerce assez considérable en eaux-de-vie, grains, vins et fruits.

Carcassonne doit son origine aux premiers peuples qui s'établirent sur le fleuve *Atax* (Aude). De là le nom d'*Atacius*, que leur donne Eusèbe, et celui d'*Atax*, attribué par saint Jérôme à la ville dont ils furent les fondateurs. Cette ville devint bientôt une place importante ; les Volces Tectosages en firent leur principal boulevard et l'entrepôt de leurs armes et machines de guerre. Alors elle échangea son nom d'*Atax*, contre celui de *Carcaso*, qui en celtique, signifie *Carquois* ou *bouclier*. Pendant la conquête des Gaules Carcassonne subjuguée fournit son contingent d'auxiliaires aux Romains, qui les firent servir contre les Vascons. Tour à tour dévastée par les Vandales et par les Goths d'Ataulphe, prise et reprise par les Romains et par les Visigoths, elle resta pourtant à ces derniers, qui la fortifièrent. Après la bataille de Vouillé, et la prise de Toulouse par Clovis, les Visigoths se réfugièrent à Carcassonne. Le roi franc fut bientôt sous ses murs; mais une diversion puissante opérée par un général de Théodoric, roi des Ostrogoths, le força de lever le siège. La mort de saint Hermengilde, fils du roi Liuva, martyr de la foi catholique et victime du fanatisme arien de son père, fournit à Gontran, roi de Bourgogne, dont il avait épousé la sœur, un prétexte pour entrer en Septimanie; son général Terenticole parut en 585 devant Carcassonne, qui lui ouvrit ses portes; mais traitée en ville conquise, elle se souleva contre ses oppresseurs, et les chassa. Terenticole revint quatre ans après pour la réduire; mais au lieu de prendre la place, il fut tué lui-même sur les glacis et son armée taillée en pièces. Gontran chargea Boson de venger la mort de son favori; 60,000 hommes vinrent assiéger Carcassonne, qui fut prise et obligée de prêter serment de vassalage. Mais une armée visigothe ayant remporté une victoire complète sur les bords de l'Aude, la ville recouvra sa nationalité jusqu'en 719, époque où les Sarrasins s'en emparèrent, la perdirent, s'en rendirent maîtres de nouveau, et enfin la gardèrent jusqu'en 759, année dans laquelle Pepin les refoula vers les Pyrénées, et les obligea à abandonner successivement toute la Narbonnaise.

Lorsque Charlemagne fractionna son vaste empire pour donner à chacun de ses leudes une portion de territoire en apanage viager, il investit Dellon du comté de Carcassonne. Un siècle plus tard, un descendant de Dellon, Arnaud, se rendit indépendant du bon vouloir impérial, et constitua la souche des comtes héréditaires de Carcassonne. En 1070 les héritiers mâles venant à manquer dans cette maison, Raymond Bérenger, comte de Barcelone, acquit par cession ou par achat le *Carcassès* et le *Rasès*, dont il investit son fils Raymond Bérenger II, Tête-d'Étoupes. Celui-ci mourut peu de temps après, assassiné par son frère, et ne laissant qu'un fils en bas âge. Sa minorité donna lieu à des troubles sans fin dans la Catalogne et le Carcassès. Bernard-Aton, vicomte de Béziers, mit à profit les événements, et, par la diplomatie plus que par la force, il se fit ouvrir les portes de Carcassonne. Cependant le fils de Tête-d'Étoupes s'était fait homme; il arma ses Catalans, et s'avança dans la Septimanie pour conquérir son héritage; mais les prélats intervinrent, et le comte de Barcelone consentit à inféoder à l'usurpateur le Carcassès en qualité de vicomté et sous la suzeraineté de sa maison. C'est là l'origine de la domination des Trincavel sur Carcassonne, domination brillante, mais destinée à s'éteindre un siècle après dans les guerres des Albigeois. Durant cette triste période, Carcassonne eut sa part du martyre général. En 1209 les cent mille croisés de Simon de Montfort l'investirent et en formèrent le siége. Après plusieurs assauts demeurés inutiles, le siége dégénéra en blocus. Ne pouvant triompher par la force ouverte, le légat du pape, qui commandait la croisade, eut recours à la ruse. Sous prétexte de traiter de la paix, le vicomte Raymond-Roger fut attiré au camp des assiégeants et chargé de fers. En même temps un assaut général était donné à la ville, qui, privée de son chef, désespéra de la fortune. Les habitants se sauvèrent pendant la nuit par un souterrain qui donnait dans la plaine de Narbonne. Quand les croisés pénétrèrent dans la place, ils la trouvèrent déserte. Roger fut enfermé dans une tour de son château, où il mourut bientôt d'une dyssenterie, disent quelques historiens, ou du poison, suivant l'opinion du plus grand nombre. Avec lui finit le règne des Trincavel.

Le lendemain de la conquête les croisés tinrent conseil pour savoir si l'on brûlerait la ville ou si on la conserverait pour servir de boulevard à la croisade. Ce dernier avis prévalut. Simon de Montfort prit le titre de comte de Carcassonne, qu'il conserva jusqu'à sa mort, et dont son fils hérita et jouit jusqu'en 1223, époque où les conquérants furent chassés par Raymond VII, comte de Toulouse. Ne pouvant se maintenir dans le Languedoc, Amaury de Montfort fit cession du Carcassès au roi de France. Une armée de Louis VIII eut bientôt contraint Raymond-Trincavel II à reprendre le chemin de l'exil. Retiré auprès du roi d'Aragon, il fit plusieurs tentatives inutiles pour reconquérir son héritage, et finit par transiger avec le roi de France. Mort vers 1263, il laissa deux fils, dont l'un se croisa en 1269. On ne trouve plus dans la suite aucune trace des descendants de Trincavel.

Devenue partie intégrante du domaine royal, Carcassonne se révolta en 1262 contre l'autorité souveraine; mais elle fut sévèrement châtiée. Les principaux habitants furent forcés de sortir de la ville. On leur accorda cependant peu de temps après la permission de bâtir des maisons à quelque distance du pont; ce fut l'origine de la ville basse, qu'on leur permit de fortifier en 1347, pendant la guerre contre les Anglais. Le prince Noir s'en empara en 1355, et y mit le feu; mais tous les efforts échouèrent contre la ville haute.

Pendant les guerres de religion du seizième siècle, Carcassonne embrassa d'abord le parti de la Ligue, qu'elle abandonna bientôt après. Le parlement de Toulouse, qui avait été cassé, y fut établi en 1589. Deux ans plus tard, les ligueurs s'en rendirent maîtres; et ce ne fut qu'en 1596 que l'autorité de Henri IV y fut reconnue. Cette ville était avant la révolution le siége d'un présidial, d'une sénéchaussée de robe courte et d'une maréchaussée. Elle dépendait du parlement et de la généralité de Toulouse, et de l'intendance du Languedoc.

CARCÈRES. C'étaient chez les anciens des espèces de loges ou de remises, qui servaient à renfermer les chars, les chevaux et les bêtes féroces destinés au cirque. Ils étaient sur le côté du cirque où il n'y avait pas de siéges pour les spectateurs. L'édifice qui contenait les carcères était de forme circulaire et avait du côté de l'*area* une position tellement oblique que le centre du cercle était placé dans le milieu du côté droit de l'*area*. Deux tours terminaient cet édifice, et leurs parties supérieures étaient occupées par les musiciens, qui faisaient de la musique pendant les jeux. Les parties inférieures contenaient les machines qui servaient à ouvrir les grilles des carcères. L'apparence de fortifications que ces tours donnaient aux carcères les fit aussi appeler quelquefois *oppidum*. Le cirque de Caracalla avait douze carcères, et c'était au milieu d'eux que l'entrée du cirque avait été pratiquée. Chaque carcère était voûté et assez spacieux pour qu'un quadrige pût y être placé commodément. Du nombre de ces carcères résulta la nécessité de leur donner une forme oblique afin de mettre tous les chars en état de pouvoir entrer en même temps dans la véritable carrière, ce qui n'aurait pas été possible si la ligne des carcères avait été dans une direction droite, car dans ce cas les chars des carcères du côté gauche du cirque auraient été plus éloignés de la véritable carrière que les autres. Les cirques plus petits que celui de Caracalla ne pouvaient avoir douze carcères, car on n'aurait pu y donner l'étendue nécessaire pour y loger un quadrige. Le mur de séparation entre chaque carcère était orné d'Hermès du côté de l'*area*. Chaque carcère portait son numéro, pour indiquer aux concurrents la place qui leur était échue par le sort. Les carcères étaient ouverts du côté de l'*area* du cirque et du côté extérieur; par celui-ci, les chars entraient dans les carcères, que l'on fermait des deux côtés au moyen d'une grille de bois.

On trouve dans les monuments inédits de Guattani, dans la mosaïque d'*Italica*, publiée par M. de Laborde, et dans la mosaïque de Lyon, par M. Artaud, la véritable figure des carcères. CHAMPOLLION-FIGEAC.

CARCINOME. *Voyez* CANCER (*Pathologie*).

CARDA. *Voyez* CARNA.

CARDAMINE, genre de la famille des crucifères et de la tétradynamie siliqueuse, dont les feuilles sont tantôt simples, tantôt ternées et tantôt ailées, et qui comprend soixante-quinze espèces, répandues dans toutes les contrées de la terre, mais principalement dans le nord de l'ancien continent.

La *cardamine des prés* (*cardamine pratensis*), autrement nommée *cresson élégant*, est une plante commune des prairies humides et ombragées, qui passe pour antiscorbutique, mais qui l'est à un moindre degré que le *cochléaria* et le cresson de fontaine. Sa hauteur est de trente centimètres; sa tige est verticale, feuillée et surmontée de fleurs purpurines assez grandes, disposées en corymbe, portées par un long pédoncule. Les moutons et les chèvres sont assez friands de ses jeunes pousses, mais les vaches n'y touchent que rarement.

CARDAMOME, mot fait de κάρδαμον, nom que les Grecs donnaient au cresson aléncis. Cette plante, qui appartient au genre *amome*, et qui porte aussi le nom d'*amome de Madagascar*, croît naturellement sur la côte du Malabar et à Java. Dans l'état de culture elle ne fleurit pas avant l'âge de quatre ans. Elle s'élève jusqu'à quatre mètres. Sa racine est oblongue, articulée, torse, de couleur blanclâtre, poussant des fibres nombreuses; ses tiges, qui partent de la racine, sont des chaumes simples comme les roseaux; elles sont arrondies, lisses, et de la grosseur du pouce; ses feuilles sont alternes et engaînantes, d'environ 1^m, 30 de long, larges, vertes, et striées de veines parallèles; elles ont une odeur et une saveur fortes, un peu âcre et aromatique; la nervure moyenne de la feuille, sur la surface supérieure, est d'un vert pâle; sur la face inférieure, la couleur verte en est beaucoup plus foncée. Ses fleurs naissent en grappes, qui partent de la racine et rampent sur le sol; elles sont munies de longues folioles, qui simulent des capsules; le calice est monophylle, inférieur, petit et divisé en trois parties obtuses en leur bord; la corolle, monopétale, tubulaire, est à quatre divisions; les trois segments extérieurs sont longs, étroits et de couleur paille sèche, et le segment du centre est grand, large, concave et irrégulièrement ovale; le filament est large, légèrement canaliculé; il soutient une grande anthère double, émarginée et sans crête, offrant une fissure profonde entre ses lobes pour recevoir le style, qui est grêle, avec un stigmate infundibuliforme, cilié; la capsule est triloculaire.

Le fruit mûr est récolté en novembre, et les capsules, que l'on fait sécher sur un feu lent et doux, changent, en séchant, du vert à la couleur paille blanchâtre; leur écorce s'amincit beaucoup, et le calice, permanent, ainsi que le pétiole, se détachent par le frottement entre les doigts. Ces fruits, qui ont une odeur aromatique agréable et une saveur chaude et épicée, portent aussi le nom de *cardamomes*. Les Indiens s'en servent pour assaisonner leurs aliments. On les employait autrefois dans un grand nombre de préparations pharmaceutiques; elles sont maintenant assez négligées. Le commerce en distingue plusieurs variétés, sous les noms de *cardamome rond* ou *en grappe*, *petit cardamome*, *moyen cardamome* et *grand cardamome*; mais elles ne diffèrent pas beaucoup entre elles quant à leurs propriétés.

PELOUZE père.

CARDAN (Jérôme), célèbre mathématicien, médecin, naturaliste et philosophe, né le 24 septembre 1501, à Pavie, appartenait à l'une des familles les plus considérées de Milan, où son père, *Facius* CARDANUS, exerçait la profession de jurisconsulte, et n'était pas moins en renom pour sa sévère loyauté que par son savoir, même en mathématiques et en médecine. Élevé avec le plus grand soin dans la maison paternelle, Jérôme Cardan, quand il eut achevé ses études, alla les compléter en 1521 à Pavie, et en 1524 à Padoue, où il fut reçu docteur en médecine, et vécut ensuite, alors que Pavie était en proie à la peste et à la famine, pendant plusieurs années, à Saccho, petite ville voisine. En 1534 il fut nommé professeur de mathématiques à Milan, et plus tard il y enseigna et pratiqua aussi la médecine après avoir été reçu en 1539 membre du *Collegii Medici* de cette ville. Il refusa l'offre que lui fit faire le roi de Danemark d'une chaire à l'université de Copenhague, en alléguant la différence de climat et de religion, bien qu'au fond il ne pût pas passer pour un croyant très-orthodoxe, et qu'on l'accusât même d'impiété et d'athéisme. Mais en 1552 il se rendit en Écosse, sur l'invitation d'Hamilton, archevêque de Saint-Andrew, primat de ce pays et frère du régent, qui souffrait depuis longtemps d'un asthme, et avait déjà consulté inutilement les médecins les plus distingués de la France et de l'Allemagne. Cardan fut plus heureux. Dix mois après, richement récompensé, il s'en revenait par les Pays-Bas et l'Allemagne à Milan, où il séjourna jusqu'en octobre 1559. Il fut appelé alors à une chaire de médecine à Pavie, puis à Bologne, où il enseigna jusqu'en 1570. Il eut cette année-là le malheur d'être arrêté par suite d'une accusation mal fondée, et ne recouvra complètement sa liberté qu'en 1571. Il se rendit alors à Rome, où il obtint une pension du Pape, et où il mourut, le 2 septembre 1576, d'inanition volontaire, à ce que prétendirent quelques-uns, parce qu'ayant prédit lui-même l'année où il devait cesser d'exister, il voulut ainsi justifier sa prédiction. Ce qu'il y a de certain, c'est qu'adonné à l'astrologie, il tira souvent son horoscope et ceux d'autres personnes, notamment du roi d'Angleterre Édouard IV. Quand ses prédictions ne se réalisaient point, il en accusait bien plus son ignorance que la vanité de cet art chimérique. Malgré la grande réputation qu'il s'était acquise comme médecin, il vécut la plupart du temps dans un état voisin de la misère, et y fut surtout conduit par ses excès.

Cardan a consigné ses idées sur la physique et la métaphysique dans les deux ouvrages qui ont pour titres : *De Subtilitate* (en 21 livres, 1550) et *De Rerum Varietate* (en 17 livres, 1557), et où il a accumulé des assertions incohérentes, le plus souvent paradoxales et contradictoires, ne pouvant se rattacher à aucun système. Ses travaux dans le domaine des sciences médicales ont plus d'importance; il y fait preuve de beaucoup plus d'originalité, encore bien que les connaissances anatomiques lui manquassent. En l'entendant dire qu'il ne se produit un grand médecin que tous les mille ans, et qu'il est lui-même le septième qui ait paru depuis la création du monde, on a tout de suite une idée de la confiance excessive qu'il avait dans son savoir médical, de ses prétentions sans bornes et de son immense vanité. Son mérite comme mathématicien fut plus solide. Il fit notamment faire des progrès à l'algèbre, science dans laquelle son souvenir s'est perpétué grâce à la méthode générale qu'il indiqua pour la résolution des équations du troisième degré, et qu'on continue à appeler *règle* ou *formule de Cardan*, quoiqu'il soit à peu près démontré qu'elle fut imaginée par Tartaglia, et non par Cardan. Il paraît que Cardan avait appris que Tartaglia avait trouvé le moyen de résoudre ces équations, obtint de lui la communication de son secret en 1539, par ruse et en prenant l'engagement solennel de ne le jamais divulguer. Mais il publia cette méthode publique dès 1545, dans son ouvrage intitulé : *Ars Magna, sive de regulis algebraicis*, et prétendit ensuite, quand Tartaglia se plaignit de cet abus de confiance, que ce savant ne lui avait communiqué qu'une formule imaginée d'ailleurs par un tiers (*Scipio Ferreo*), mais que c'était bien lui qui en avait trouvé la démonstration. Personne d'ailleurs ne conteste à Cardan la découverte de quelques cas nouveaux, qui ne paraissaient pas compris dans la règle de Tartaglia, et entre autres celui qui porte le nom de *cas irréductible*. Il est aussi le premier qui ait aperçu la multiplicité des valeurs de l'inconnue dans les équations et leur distinction en *positives* et *négatives*, quoiqu'il ait pourtant pas reconnu l'usage de ces dernières, qu'il était réservé à Viète d'interpréter. En revanche, il échoua complètement dans sa tentative d'appliquer la géométrie à la physique.

Cardan a tracé lui-même un tableau de ses mœurs et de son caractère dans celui de ses ouvrages qui est intitulé : *De Vita propria*, etc. Il y fait preuve de beaucoup de franchise, et avoue toutes ses faiblesses, sa passion pour le jeu et les femmes; mais en même temps il y exalte son désintéressement et la fermeté de son caractère. Ses nombreux écrits ont été réunis et publiés par Spon (10 vol., Lyon, 1663); toutefois, il manque à cette édition sa *Microscopia* 800 *faciei humanæ ciconibus complexa* (Paris, 1658). Cardan éprouva de vifs chagrins dans le cercle intérieur de sa famille. Son fils aîné, *Joseph-Baptiste* CARDAN, également médecin, eut la tête tranchée, en 1560, à l'âge de vingt-six ans, à Pavie, pour tentative d'empoisonnement commise sur sa femme, coupable d'infidélité.

CARDE (du latin *carduus*, chardon). La laine, le coton, etc., sont composés de fils, qui, frisant naturellement, s'accrochent réciproquement; il est donc indispensable de les démêler pour en faire des fils tordus, ce à quoi on parvint très-probablement d'abord au moyen de peignes grossiers; plus tard, ces peignes furent formés de plusieurs rangs de pointes, fixées sur une planche. Enfin, à ces pointes, on substitua de petites dents de fil de fer enfilées dans des trous percés dans une pièce de cuir, laquelle est attachée sur une petite planche avec des clous. Donnez un manche à cet assemblage, et vous aurez la *carde* dans toute sa simplicité.

Pour dresser, jusqu'à un certain point, les fils de matières laineuses, on fait usage de deux cardes, dont une est tenue fixe, soit sur le genou avec la main, soit sur un banc : on passe l'autre dessus en tirant à soi. C'est de cette manière qu'on cardait depuis un temps immémorial, quand furent inventées les cardes cylindriques. Le principe de ces machines est fort simple : représentez-vous deux rouleaux recouverts de bandes de cuir, hérissées de petites dents de fil de fer, tournant en sens contraire, l'un doucement, l'autre plus vite. Si l'on garnit le cylindre qui tourne lentement de laine, de coton, les dents de l'autre cylindre enlèveront ces matières en tout ou en partie, et donneront à leurs fils à peu près la même direction. Les cardeurs de matelas font quelquefois usage de ces cardes cylindriques, mais dans les manufactures on emploie des machines à carder beaucoup plus parfaites et plus compliquées. Servies par des enfants, elles font l'ouvrage de vingt hommes avec la plus grande perfection; des chutes d'eau, des machines à feu, etc., en font marcher plusieurs systèmes à la fois (*voyez* FILATURE).

CARDÈRE, genre de la famille des dipsacées et de la tétrandrie monogynie, auquel appartient l'espèce dite *chardon à foulon* ou *chardon à carder*.

CARDEUR. Encore un métier où la machine s'est substituée à l'homme. Sauf dans quelques petites localités, où on soumet encore la laine et le coton à l'action des cardes à main, les ouvriers cardeurs n'ont guère plus aujourd'hui d'autre travail que le cardage des matelas, qui même se fait souvent au moyen d'une machine que son peu de volume permet de transporter facilement. Les machines à carder offrent l'avantage de soustraire les ouvriers qu'elles remplacent à l'action de la poussière qu'ils étaient obligés d'avaler pendant la durée de l'opération, et qui avait pour résultat plus ou moins éloigné de déterminer chez eux une toux chronique, qui se transformait bientôt en asthme.

Le métier de cardeur est très-ancien. La communauté de ces ouvriers, abolie en 1789, avait eu ses statuts successivement confirmés par Louis XI (24 juin 1467) et par Louis XIV (septembre 1688). Nul, d'après ces statuts, ne pouvait être reçu maître cardeur à Paris sans avoir fait trois années d'apprentissage et servi les maîtres en qualité de compagnon trois autres années. Trois maîtres jurés étaient à la tête de la communauté pour veiller à la conservation des privilèges, maintenir les statuts et réformer les abus. Il était permis aux cardeurs de faire teindre ou de teindre eux-mêmes dans leurs maisons toutes sortes de laines en noir ; mais il leur était défendu, par arrêt du conseil du 10 août 1700, d'arracher ou couper aucun poil de lièvre, même d'en avoir des peaux chez eux, parce que ce droit était réservé aux chapeliers. Il était permis aussi aux cardeurs de faire et monter les cardes dont ils avaient besoin pour l'exercice de leur métier; mais ils ne firent que très-rarement usage de cette faculté. Ils préféraient laisser aux *cardiers* la confection de ces outils.

CARDI (LUDOVICO). *Voyez* CIGOLI.

CARDIA. Ce mot, fait ou plutôt francisé du grec καρδία, sert à désigner en anatomie l'orifice supérieur de l'estomac, c'est-à-dire l'ouverture par laquelle cet organe communique avec l'œsophage ou canal qui transmet les aliments venant de la bouche. Le cardia livre donc passage aux substances alimentaires qui ont été avalées. Cet orifice de l'estomac n'offre rien de remarquable, sinon que l'épithélium ou épiderme de la muqueuse de l'œsophage y cesse tout à coup, et qu'il n'offre point un rétrécissement ni une disposition valvulaire, comme l'orifice inférieur de l'estomac ou *pylore*.

CARDIACÉES, famille de mollusques de l'ordre des conchifères dimyaires, que la plupart des conchyliologistes rejettent aujourd'hui. Elle comprenait les genres *bucarde*, *isocarde*, *cardite*, *cypricarde*, et *hyalette*, et avait été établie par Lamarck, qui l'avait placée entre les conques et les aracées.

CARDIALGIE (de καρδία, orifice supérieur de l'estomac, et ἄλγος, douleur). On a donné le nom de *cardiaca passio* ou de *cardialgie* à une affection douloureuse de l'estomac, dont le caractère est névralgique. Cette maladie, qu'il convient d'appeler *gastralgie*, parce qu'elle a son siége dans l'estomac, et non point spécialement à son orifice supérieur ou *cardia*, est plutôt incommode que dangereuse.

CARDIAQUE (*Anatomie*), de καρδία, cœur. Toutes les parties qui entrent dans la composition du cœur peuvent être spécifiées par l'adjectif *cardiaque*. On peut comprendre dans leur énumération : 1° le tissu cellulaire, plus ou moins graisseux, la membrane interne qui forme les valvules, les couches de fibres musculaires, les tendons, les zones tendineuses, les fibro-cartilages, les cartilages ou os, et l'enveloppe fibro-séreuse ou *péricarde*; 2° les nerfs et les vaisseaux qui vivifient cet organe, savoir les *artères cardiaques*, qui portent le sang rouge ou nutritif; les *veines* et les *vaisseaux lymphatiques cardiaques*, qui ramènent, les premières vers le cœur, les seconds vers leurs ganglions, le sang qui a servi à la nutrition du cœur ; les *nerfs cardiaques*, au nombre de trois à droite et de deux à gauche, distingués en supérieur, moyen et inférieur, qui, nés des ganglions cervicaux du nerf grand sympathique, se dirigent vers la partie postérieure de l'aorte, et aboutissent au *ganglion cardiaque* ou au *plexus* du même nom, qui le remplace et qui se subdivise en filets antérieurs, postérieurs et inférieurs, lesquels accompagnent les vaisseaux sanguins et se distribuent aux fibres du cœur, pour y distribuer l'agent de la force nerveuse, promoteur de leur contraction.

On a aussi donné le nom de *curdiaques* aux vaisseaux et aux nerfs qui entourent l'orifice supérieur de l'estomac, si improprement nommé *cardia*; et cet orifice a été appelé lui-même *ouverture cardiaque*; on pourrait d'ailleurs dénommer ainsi toutes les ouvertures de communication des cavités du cœur entre elles.

CARDIAQUE (*Botanique*), nom vulgaire du *leonurus cardiaca*. Le genre *leonurus*, ainsi nommé de λέων, lion, et οὐρά, queue (par allusion à la prétendue ressemblance de ses fleurs en pelotons avec la houppe qui termine la queue du lion), et vulgairement appelé *agripaume*, appartient à la famille des labiées. Le *leonurus cardiaca* en est presque la seule espèce qui soit répandue en Europe, où elle croît le long des haies, dans les décombres et les lieux incultes des contrées tempérées et septentrionales. Elle est d'une odeur désagréable ; sa tige est glabre, rameuse, haute au plus d'un mètre. Ses feuilles sont pétiolées, d'un vert foncé en dessous ; les inférieures grandes, presque palmées ; les supérieures divisées en trois lobes principaux, aigus, incisés et dentés. Les fleurs sont petites, purpurines ou blanchâtres, disposées en verticilles axillaires. Le calice est à cinq dents, la corolle à peine plus longue que le calice, l'ovaire surmonté d'une touffe de poils blanchâtres. Cette plante fleurit en été; elle était autrefois employée contre les palpitations du cœur, d'où l'indique son nom de *cardiaque*. Elle est encore regardée comme tonique et vermifuge.

CARDIATITE. On a appelé *cardiatite* l'inflammation du *cardia* ou orifice cardiaque de l'estomac, pour la différencier d'avec la *cardite* ou inflammation du cœur.

CARDIER. C'est celui qui fabrique les *cardes*. Cette fabrication consiste dans deux opérations principales : la confection des dents en fil de fer et la préparation des bandes de cuir criblées de trous. Ces deux opérations se font à l'aide de machines.

30.

CARDIFF, ou CÆRDIFF, et encore CÆRDID, ville du comté de Glamorgan, au sud du pays de Galles, est située sur la rive orientale de la Tave, qui se jette à peu de distance de là dans la Severn, et qu'on y traverse sur un beau pont à cinq arches. Au nombre de ses édifices publics on distingue surtout l'église Saint-Jean, qui est ornée de belles tours. Les habitants, dont le nombre n'était en 1801 que de 1870 et dépasse aujourd'hui 12,000, se livrent surtout au commerce. Le canal du Glamorganshire et une voie ferrée mettent cette ville en communication avec les gigantesques hauts fourneaux de *Merthyr Tydvil*. Le marquis de Bute y a en outre construit à ses propres frais, de 1834 à 1839, un canal conduisant au port de Pennarth, situé beaucoup plus bas. Son point de départ est à une élévation de 170 mètres, et son parcours est partagé en 36 écluses. Il aboutit à un bassin pouvant contenir 200 bâtiments. Ce beau travail a coûté au marquis de Bute 400,000 liv. sterling. (10,000,000 fr.). Les exportations annuelles de Cardiff, en fer et en houille, sont très-considérables, et se composent de 125,000 tonnes pour le premier de ces produits, et de 250,000 tonnes pour le second.

CARDIGAN, comté situé dans la partie méridionale de la principauté de Galles, limité à l'ouest par la mer d'Irlande, dont les eaux se confondent avec celles d'un golfe portant aussi le nom de Cardigan, au sud par les comtés de Pembroke et de Caermarthen, à l'est par ceux de Brecknock et de Radnor, au nord par ceux de Montgomery et de Merioneth. A l'exception du Tivy ou Teify, qui coule à son extrémité sud, il n'est arrosé que par des cours d'eau insignifiants, qui forment les belles vallées de Tivy, de Rheidiol et d'Ystwith. A l'est, il offre de nombreuses élévations couvertes de forêts, parmi lesquelles on cite le *Plinlimmon*, haut de 951 mètres au-dessus du niveau de la mer, et le *Tregaron-Down*, haut de 558 mètres; tous deux recélant des mines d'argent, de cuivre et de plomb. A l'ouest, son sol est plat et favorable à la culture du blé, tandis qu'il s'y refuse à l'est; mais les habitants savent s'en dédommager par l'éducation du bétail, qu'ils pratiquent sur une large échelle. Le climat est âpre, mais salubre. On évalue la superficie de ce comté à 44 myriamètres carrés, et sa population à plus de 65,000 âmes. Il a pour chef-lieu *Cardigan*, ville bâtie sur la rive septentrionale du Tivy, non loin de son embouchure, et à laquelle on arrive par un pont de sept arches. On y trouve une église dont la construction remonte à une haute antiquité; une grande école nationale, ouverte en 1848; un château célèbre dans l'histoire du pays de Galles, construit en 1160 par Robert de Clare, mais dont il ne reste plus aujourd'hui que deux tours rondes avec un port petit, mais sûr, qui ne possède pas moins de 300 navires. Les 4000 habitants environ que compte Cardigan font un commerce de cabotage assez actif, se livrent avec succès à la pêche, surtout à celle du saumon. Leurs exportations consistent en blés, avoines, beurre et surtout en ardoises, pour qu'elles soient inférieures en qualité à celles du nord du pays de Galles. La famille Brudenell prend de cette ville le titre de *comtes de Cardigan*.

CARDINAL (de *cardinalis*, principal). Ce nom servait dans l'origine à désigner les titulaires des paroisses de Rome, et même des autres églises; il ne signifiait que *principal prêtre* ou *curé*. Les papes, comme les autres évêques, n'avaient alors d'autre conseil que le clergé de leur résidence, ce clergé, comme celui des autres diocèses, étant en possession d'élire son évêque. Les *cardinaux-prêtres*, curés de paroisses, les *cardinaux-diacres*, desservants des hospices ou diaconies, concouraient tous à l'élection du souverain pontife. Les élus n'étaient pas toujours du nombre des électeurs. Ce ne fut qu'en 769, sous Étienne IV, qu'il fut décidé, dans un concile de Rome, que le pape serait toujours choisi parmi les cardinaux. Cette décision et l'importance des attributions réservées aux cardinaux firent bientôt de ce titre une dignité particulière. On en revêtit les évêques des diocèses les plus rapprochés. De là un troisième ordre, celui des *cardinaux-évêques*. Les évêques étrangers, les archevêques même, s'honorèrent de porter le nom de *cardinal-prêtre* de l'Église romaine. Guillaume de Champagne, archevêque de Reims, reçut un des premiers ce titre de Clément III, vers la fin du douzième siècle. Alors le collège des cardinaux ne représenta plus le clergé de Rome, mais les électeurs du souverain pontife, ses conseillers, et ses successeurs. Alors aussi les cardinaux prirent rang immédiatement après le pape, avant les archevêques et les évêques. Le chapeau rouge sous Innocent IV, au concile de Lyon, l'habit de pourpre sous Paul II, le titre d'Éminence sous Urbain VIII, devinrent successivement les insignes et les prérogatives du cardinalat.

Le sacré collège se compose ordinairement de soixante-dix cardinaux, dont six évêques, cinquante prêtres et quatorze diacres. Dans le treizième et le quatorzième siècle ce collège contenait un grand nombre de prélats français; mais la crainte de voir une seconde fois transférer le saint-siège hors de Rome fit restreindre le nombre des cardinaux étrangers; et depuis longtemps on ne compte plus que quatre ou cinq cardinaux de France.

Le pape crée et proclame les cardinaux en présence du sacré collège; quelques-uns, qu'il ne fait que désigner, sont réservés *in petto* jusqu'à leur nomination. Ceux qui sont à Rome reçoivent des mains du pape le chapeau avec le titre d'une des églises auxquelles était autrefois attachée la dignité de cardinal. Le pape leur ferme et leur ouvre la bouche dans le consistoire, pour leur rappeler qu'avant de faire ses conseillers, il doit compter sur leur prudence et sur leur discrétion. Ceux qui sont absents n'ont que la barette, qui leur est portée par un ablégat, jusqu'à ce qu'ils aillent recevoir à Rome leur chapeau et leur titre.

L'abbé C. **BANDEVILLE**.

CARDINAL, boisson. *Voyez* BISHOP.

CARDINAL (PIERRE), né au Puy en Velai, d'une famille de haut parage, et mort presque centenaire, vers la fin du treizième siècle, est un des troubadours dont les compositions méritent une étude particulière de quiconque veut se former une idée exacte des mœurs, des opinions, des préjugés du moyen âge. C'est le Juvénal de la poésie romane : sa critique amère et violente, exagérée plutôt qu'injuste, poursuivit sans relâche toutes les classes de la société, dénonçant tour à tour et hautement, dans ses nombreuses *sirventes* ou satires, les torts et les injustices des princes, les exactions et la cupidité de la noblesse, les désordres de la bourgeoisie, les excès et le fanatisme des moines et des prêtres. Sans cesse et partout le vice allume sa colère, et inspire à sa verve âpre et fougueuse des censures souvent éloquentes, et une hardiesse d'autant plus courageuse que l'inquisition, récemment établie à Toulouse, pouvait à chaque instant lui demander compte de ses attaques contre le clergé, surtout dans un temps où l'Église, remuant tout au nom du ciel, faisait à son gré de la religion l'instrument d'une politique audacieuse ou d'une vengeance arbitraire. La franchise rude et emportée de Pierre Cardinal n'épargna aucun abus, ne fit grâce à aucune faute, et durant plus d'un demi-siècle, ses sirventes furent un cri continuel d'indignation contre tous les vices et tous les excès. Si son zèle l'emporte jusqu'à l'exagération, ses critiques sont généralement exemptes de personnalités. Il faut toutefois en excepter quelques acteurs du drame sanglant joué dans le Languedoc par les fureurs du fanatisme, et dont le massacre des Albigeois et la ruine des comtes de Toulouse furent le déplorable dénoûment.

Telle fut d'ailleurs la puissance du talent de ce poète et de l'austérité de ses mœurs, qu'elle sut le rendre respectable au vice même. Loin d'avoir jamais été en butte à aucune persécution, on le voit honorablement reçu dans toutes les cours et les châteaux, où il se rendait tour à tour avec son jongleur, qui chantait ses sirventes, recueillant partout l'estime des rois et des hauts seigneurs, parmi lesquels le biographe de sa vie cite particulièrement le roi d'Aragon, Jacques 1ᵉʳ.

Nous avons peu de détails sur la vie de Pierre Cardinal; c'est donc dans ses propres compositions, documents beaucoup plus certains que les biographies manuscrites des troubadours, qu'il faut chercher à connaître le caractère, les sentiments et les actions de ce poëte. PELLISSIER.

CARDINALES (Vertus). « La *prudence*, la *justice*, la *force*, la *tempérance*, dit l'abbé Bergier, sont nommées par les théologiens *vertus cardinales* ou *principales*, parce que les philosophes moralistes ont rapporté à ces quatre chefs tous les actes de *vertu*, et qu'elles sont comme les gonds ou pivots, *cardines*, sur lesquels roule toute la morale ». La doctrine des vertus cardinales, quoique le nom soit assez moderne, remonte jusqu'à Socrate, qui recommandait à ses disciples quatre vertus : la piété, la modération, le courage et la justice. Aux deux premières Platon substitua la prudence et la tempérance. Les Stoïciens, tout en admettant la doctrine de Platon, la développèrent, mais sans lui donner rien de scientifique.

CARDINALISTES. *Voyez* BAUSSET.

CARDINAUX (Points). On appelle ainsi, en géographie aussi bien qu'en astronomie, quatre points fixes, aussi invariables que la nature, et qui sont comme les *gonds* (*cardines*) sur lesquels tourne la porte qui ouvre l'entrée de l'édifice. La connaissance de ces points est de la plus haute antiquité : elle a dû naturellement précéder toute découverte dans l'astronomie. En effet, le premier spectacle qui a dû frapper les yeux de ces bergers chaldéens par qui la science des Laplace a reçu la naissance, c'est l'étonnante merveille de l'astre dont la marche régulière mesure les nuits et les jours. Longtemps même avant d'avoir observé avec quelle exactitude il ramenait les saisons dans un ordre fixe, ces agrestes contemplateurs de la nature n'ont-ils pas dû reconnaître un phénomène plus facile à saisir, parce qu'il ne fallait pas une longue suite d'observations, et qu'il venait chaque jour avertir les sens? Parcourant la campagne avec l'aurore, à la suite des troupeaux, la première de leurs remarques, car elle était la plus simple, fut que ce globe radieux paraissait tous les matins du même côté où il s'était montré la veille; or, sa constance à s'y rallumer devait leur faire penser qu'il y reparaîtrait encore le lendemain, pour terminer sans cesse à l'opposite sa carrière accoutumée.

Ces deux premiers points observés ont pu servir dès lors à désigner les situations relatives. Une contrée gisait-elle du côté où l'astre du matin ouvrait sa course radieuse, elle fut indiquée par cette périphrase : *le pays qui voit naître le soleil,*

...... Quæ nascentem videt ora
Solem...... (HORACE.)

Si la région était vers ces lieux où il éteignait son flambeau, ce fut *la terre que le soleil échauffe à son coucher*,

Occiduo quæ littora sole tepescunt. (OVIDE.)

Le *levant* et le *couchant* sont déjà connus : deux autres indicateurs ne tardent pas à l'être. En effet, les yeux, qui suivent avec admiration les pas mesurés du colosse lumineux, ont remarqué bientôt qu'il ne manque jamais à répondre vers le milieu du jour à un point également éloigné de son lever et de son coucher. Ce fut là midi, *medius dies*, ou plutôt, en brisant le premier mot et remplaçant le *d* par une lettre plus euphonique, le *meridies* ; et les rivages subjacents furent dits,

Ad medium conversa diem......,

situés sous la partie du ciel où est la moitié du jour.

Alors, jalouse de compléter ce premier élément d'une science au berceau, la nuit vint ajouter ses instructions à celles du jour, et révéla à des regards attentifs sept étoiles qui, sans jamais descendre sous l'horizon, tournaient autour d'un point céleste directement opposé au point que le soleil visitait à midi. L'imagination, les réunissant par des lignes qui se coupent à angles droits, et dont l'une se prolonge en guise de timon, vit dans ce carré une figure quelque peu ressemblante à celle d'un tombereau, et la constellation fut nommée le chariot des sept étoiles (*septemtriones*), ou le *septentrion*.

Mais l'orient et l'occident, tels qu'on vient d'en observer les phénomènes, en prenant l'astronomie au principe, sont des lignes plutôt que des points : le septentrion même est une partie de la voûte céleste, qui pivote autour d'un point, que nous appellerons *nord*, quand nous l'aurons déterminé. Donc, il n'y a pas encore là cette précision rigoureuse qui n'appartient qu'à la science. Cependant les siècles coulent et les remarques des générations s'accumulent. Il est enfin reconnu que le soleil ne se lève pas toujours au même point de l'horizon oriental; qu'il reparaît pendant six mois à des points de plus en plus voisins du septentrion; qu'alors il reste huit jours stationnaire; c'est le *solstice* : les termes du lever et du coucher sont *l'orient* et *l'occident* d'été; le cercle qu'il décrit sous la voûte des cieux est appelé le cercle *du retour* ou le *tropique*, parce que l'astre des saisons recommence, après avoir tracé dans sa révolution diurne, à revenir vers le midi, se levant tous les jours à des points qui s'en rapprochent de plus en plus, durant l'espace de six autres mois. Là il semble faire une nouvelle station; il est au *solstice d'hiver* ; il en décrit le *tropique*, et revient visiter l'hémisphère boréal, après qu'il a marqué par son lever et son coucher *l'orient* et *l'occident d'hiver*. Mais, dans cette révolution de l'année, le soleil, annonçant le printemps et l'automne, a passé deux fois sur l'équateur; deux fois il a donné à la sphère oblique le jour égal à la nuit : le point où s'est levé ces jours-là et celui où il s'est couché sont *l'orient* et *l'occident vrais*, ou justement ceux des points cardinaux marqués sur le globe par une commune intersection de l'équateur et de l'horizon, c'est-à-dire *l'est* et *l'ouest*. Les deux points où l'horizon coupe le méridien marquent le *nord* et le *sud*.

Tels sont les points appelés *cardinaux*, dont l'observation antédiluvienne a précédé tous les temps connus, et que l'Égypte semble avoir eu la pensée d'immortaliser en orientant l'édifice gigantesque de ses pyramides avec une telle précision que chacun des quatre angles répondit à chacun des points *cardinaux* ou *fondamentaux* : car ils sont la base de vingt-huit autres, que la nécessité d'une indication moins large obtint, après que la science agrandie eût partagé en trente-deux sections les arcs des premiers en l'intervalle qui les sépare. *Voyez* ROSE DES VENTS.

Hippolyte FAUCHE.

CARDITE (*Pathologie*), de καρδία, cœur. C'est une inflammation ou phlegmasie du cœur. Cette maladie, dont l'existence n'est point déterminable pendant la vie à l'aide de signes diagnostiques, ne peut avoir des caractères anatomiques : 1° les changements survenus dans la couleur et la consistance des fibres charnues du cœur; 2° du pus interposé entre ces fibres charnues ou quelquefois réuni en petit foyer; 3° des ulcérations, qui ont lieu plutôt à sa surface interne qu'à l'externe. Mais ces phénomènes ne peuvent être connus qu'après la mort. Les auteurs ont confondu la cardite avec l'inflammation de l'enveloppe du cœur ou *péricardite*.

CARDITE (*Malacologie*). Bruguière a établi sous ce nom un genre de mollusques de la famille des cardiacées, dont on connaît aujourd'hui une cinquantaine d'espèces, la plupart fossiles. Ces coquilles marines, dont quelques-unes s'attachent par un byssus aux corps sous-marins, offrent pour caractères génériques : Animal suborbiculaire ou transverse, épais, ayant le manteau ouvert dans toute sa longueur ; anus séparé par une bride transverse postérieure ; point de siphons véritables ; pied petit, lancéolé ; ouverture buccale garnie de trois ou quatre paires de tentacules ; coquille suborbiculaire ou transverse, équivalve, non bâillante, le plus souvent garnie de côtes ou de stries rayonnant du sommet à la base ; deux dents cardinales ; la postérieure toujours oblique sous le corselet, l'extérieure quelquefois oblique comme la première, quelquefois droite, quelquefois avortée.

CARDON. Cette plante bisannuelle, qui, comme l'artichaut, appartient au genre *cynara*, de la famille des composées, est originaire de Barbarie. On en cultive quatre sortes : la première, le *cardon d'Espagne*, étant la plus proche de l'état de nature, est par conséquent peu riche en matière alimentaire et bien moins recherchée aujourd'hui qu'elle ne l'était autrefois, c'est-à-dire avant que, transportée dans les terres fécondes et mieux cultivées de la France (en Touraine surtout), elle eût produit le *cardon de Tours*, qui est plus volumineux dans toutes ses parties et par conséquent plus abondant en matière nutritive. Ce dernier, par une conséquence nécessaire d'une culture perfectionnée, produit deux sous-variétés remarquables, qui sont, l'une, le *cardon plein*, qui possède toutes les qualités du cardon de Tours, et a en outre l'avantage d'être sans épines. L'autre variété obtenue depuis est le *cardon à côtes rouges*, également sans épines.

Les cardons se multiplient par graines, qu'on sème en mars et avril, sous cloche, et qu'on plante plus tard dans la terre la plus substantielle du jardin ; on en sème encore, et c'est la méthode la plus usitée, en pleine terre, en mai et juin, qu'on plante peu de temps après. En semant sur couche, on mange des cardons au commencement de l'été, en semant en pleine terre on les mange en automne et en hiver. On les plante ordinairement à un mètre de distance ; Duhamel conseille de les planter à 1ᵐ, 60 dans la meilleure terre, parce qu'alors ils deviennent très-gros. Le cardon, végétant avec force, abandonné à lui-même, donnerait des feuilles dont la côte ou nervure moyenne (partie qu'on mange) aurait une couleur verte, une consistance dure, et une saveur acerbe, effets nécessaires de l'action de la lumière sur cette plante ; il faut donc, lorsque le cardon a acquis sa force, en rassembler et lier les feuilles avec des liens de paille, butter les pieds et jeter de l'eau de temps en temps au centre des feuilles liées, pour les faire devenir tendres. Privées ainsi de la lumière, les feuilles les plus intérieures blanchissent en trois semaines et sont bonnes à manger. Cette opération se fait sur le carré, de temps à autre, et dans le cour de l'été et de l'automne, pour avoir successivement ce légume. Quand les froids approchent, on couvre les cardons ainsi liés avec de la grande paille, ou on les arrache pour les conserver à la cave, le pied enterré dans le sable.

Le cardon est un des légumes les plus nourrissants et les plus alimentaires ; c'est un des mets les plus agréables lorsqu'il est bien préparé. On se sert des fleurs de cardon pour coaguler le lait.

C. TOLLARD aîné.

CARÉBARIE (du terme médical κάρη, tête et βάρος, poids). C'est la douleur gravative de tête, citée par Hippocrate et Galien, d'où vient évidemment notre vieux mot *charivari*. En effet, la *carébarie*, accompagnée du *tintouin d'oreille*, résulte soit d'un grand *tintamare*, soit de l'exposition à un soleil ardent, soit de l'ivresse ou de tout ce qui peut accumuler le sang au cerveau ; de là l'expression populaire, *attraper un coup de soleil*. Les ivrognes chancelant s'est dit de la tête, comme les hommes qui s'endorment la tête nue au soleil.

Les bruits discordants et prolongés causent sur l'oreille le même effet que l'éclat de la lumière sur l'œil ; ils persistent longtemps après la cessation de la cause ; de là résulte ce *tintouin* qui fatigue l'organe comme l'éblouissement. De même que Pourceaugnac se croit encore poursuivi par des femmes et des lavements, l'homme *charivarisé* entend toujours dans sa *carébarie* ou sa *tête fendue*, le tapage des cloches, des instruments culinaires ou de fer. C'est pourquoi des étymologistes avaient imaginé le terme *chalibarium* (de *chalybs*, fer) pour prétendue origine du mot *charivari*, ou quelques autres étymologies encore moins vraisemblables.

Mais la *carébarie* est une vraie affection cérébrale, d'ordinaire momentanée, qui peut être produite par l'ennui, la contrariété, comme la migraine (*hémicranie*), chez les femmes surtout. Le moindre bruit l'augmente d'une manière insupportable. L'amour-propre froissé par des propos blessants est aussi une sorte de *charivari* intellectuel pour les esprits les plus susceptibles d'irritation. Il est des animaux qui s'excitent jusqu'à la fureur par des cris et des hurlements : tels sont les chiens qu'on anime à s'entrebattre. Les sons du cor, les tambours, les trompettes, les canons, exaltent, à la guerre, la furie belliqueuse des hommes et des chevaux, en produisant une sorte de vertige et cette tumultueuse *carébarie* qui transporte les courages hors du sens ordinaire en leur déguisant les périls.

J.-J. VIREY.

CARÉLIE. Voyez KARÉLIE.

CARÊME. On a écrit jadis *quaresme*, puis *caresme*, qui se rapprochait davantage de l'étymologie, *quadragesima*, quarante. Ce mot est très-ancien, puisqu'on le trouve dans les actes du concile de Nicée, τεσσαρακόστη, ou quarantaine. On appelle ainsi le jeûne annuel en usage dans l'Église catholique, lequel commence le mercredi des cendres et finit à Pâques, hors dans l'Église de Milan, où il ne part que du dimanche de la quadragésime, et chez les Grecs, qui, le commençant la même jour, s'abstiennent de viande le lundi d'après la quinquagésime jusqu'au dimanche suivant, sans jeûner toutefois, mais en observant un carême plus rigoureux puisqu'ils se privent non-seulement de laitage et d'œufs, mais encore de poisson et d'huile. Néanmoins, en commençant plus tôt, ils ne jeûnent pas au delà de quarante jours, puisqu'ils ne jeûnent pas les samedis.

Les docteurs de l'Église ne sont point d'accord sur l'époque où le carême fut institué. La plupart en attribuent l'établissement aux apôtres. Les protestants lui accordent une origine moins ancienne et moins respectable : ils l'attribuent à la dévotion, plus vive qu'éclairée, de quelques fidèles, qui les premiers s'imposèrent cette abstinence de quarante jours en imitation du jeûne de Jésus-Christ dans le désert. Il est facile, au reste, de faire concorder, à cet égard, les pratiques actuelles des diverses églises, et il y a maintenant très-peu de divergence entre elles. Il est moins aisé de fixer l'époque précise d'où part cette uniformité : les écrivains ecclésiastiques des premiers siècles ne s'accordent pas sur la durée du jeûne. Il est assez vraisemblable que cette durée ne dépassait pas trente-six jours aux quatrième et cinquième siècles et même plus tard, en en retranchant les dimanches. La difficulté devient plus grande quand il s'agit de découvrir les fondateurs du carême ; et les écrivains ecclésiastiques sont ici fort peu d'accord. Un des principaux griefs des Églises orientales contre l'Église romaine est son peu de sévérité dans l'observation des pratiques quadragésimales. Il n'est rien de plus commun dans les écrits des Grecs, des Maronites, des Arméniens que les plaintes les plus amères contre les Latins ne pratiquant pas une abstinence de viande assez rigoureuse, usant de poisson, d'œufs, d'huile, de laitage, de vin. Peu s'en faut qu'ils ne leur refusent le titre de chrétien. Ils trouvent qu'on s'est trop éloigné de la piété des premiers fidèles, qui ne faisaient qu'un seul repas après le coucher du soleil. Mais l'Église s'est de puis montrée moins exigeante. La privation d'aliments pendant vingt-quatre heures eût été insupportable pour des hommes assujettis à un travail pénible.

Ces jeûnes annuels sont, du reste, communs à presque toutes les religions, et l'époque en est à peu près la même. Cette prescription religieuse pourrait être considérée au fond comme une nécessité hygiénique. Quelques ordres religieux se sont imposé un jeûne perpétuel, qui ne consiste d'ailleurs que dans l'abstinence de viandes ; mais les poissons les plus succulents, les fruits les plus délicieux, qui chargeaient leur table, étaient plus qu'une compensation. Il fallait et il faut encore aux fidèles catholiques une permission du chef du diocèse pour manger des œufs et du beurre en carême. C'est chaque année l'occasion d'un mandement spécial ; mais l'autorisation épiscopale excepte la dernière semaine.

Les anciens moines latins observaient trois carêmes de quarante jours chacun : le premier avant Pâques, le second avant la Saint-Jean-Baptiste, le troisième avant Noël. Les Grecs en avaient quatre : 1° des apôtres ; 2° de l'Assomption ; 3° de Noël ; 4° de Pâques ; chaque carême n'était que de sept jours. Les jacobites, les chaldéens, les nestoriens, en ajoutaient un cinquième, qu'ils appelaient *de la pénitence de Ninive* ; les maronites un sixième, en l'honneur de *l'exaltation de la croix*.

Les Gaulois, puis les Francs, dès qu'ils furent convertis à la religion chrétienne, observèrent les prescriptions du carême avec une grande ferveur, et principalement celle qui ordonnait l'abstinence d'aliments gras pendant sa durée. Il est vrai que pour la faire respecter l'autorité royale vint souvent en aide au pouvoir ecclésiastique. En 789 Charlemagne déclare, par un capitulaire, *punissable de mort* quiconque enfreindra cette loi sans motif légitime. Ce capitulaire impérial n'existait depuis plusieurs siècles que *pour mémoire* dans l'immense collection de nos anciennes lois, lorsqu'il fut confirmé au seizième siècle sous le règne de Henri IV, qui avait si longtemps combattu à la tête des protestants pour la liberté de conscience. On lit dans *L'Étoile*, sous la date du 7 février 1593 : « Le mardi 7, jour de quaresme-prenant, y eut force mascarades et folies par la ville, comme de coustume ; on disoit que le roy s'y trouveroit. Le duc de Guise et Victry coururent les rues avec dix mille insolences. Ce jour feurent publiées à Paris les deffences de manger chair en quaresme sans dispenses, sous peine de punition corporelle, *et aux bouchers d'en vendre ni estaler sur peine de la vie.* »

Des donations de harengs frais, faites en 1213 par Thibault, comte de Blois, et en 1260, par Louis IX, à des maladreries et des léproseries, ainsi qu'un état des dépenses de l'Hôtel-Dieu de Paris pour l'année 1660, prouvent que jusqu'à cette dernière époque on soumettait les malades eux-mêmes aux prescriptions du carême. Les troupes étaient également tenues de s'y conformer. Pendant les guerres de la Ligue les catholiques les observèrent avec une grande sévérité, pour se distinguer des huguenots, qui affectaient de les violer. Lors du siége d'Orléans en 1563, M. de Cipière, qui fut quelques jours à la tête de l'armée, demanda au cardinal de Ferrare, légat du pape en France, la permission pour ses soldats de manger de la viande pendant le carême. Le légat fit des difficultés, parla d'accorder l'usage du lait, du beurre, du fromage, de tout hors la viande. Cependant il finit par céder, Cipière lui ayant démontré que si l'on n'accordait pas la permission aux soldats, ils la prendraient.

En 1549, Henri II autorisa les bouchers à vendre de la viande en carême aux personnes pourvues d'un certificat de médecin. Charles IX défendit d'en vendre même aux huguenots ; plus tard, se relâchant de cette sévérité, il en attribua exclusivement la vente aux Hôtels-Dieu pour les malades. Mais le parlement y mit une entrave : il exigea non-seulement que l'acheteur apportât une attestation du médecin, mais que le boucher prît encore le nom et l'adresse du malade. Plus tard il fallut, en outre, un certificat du curé. Aussi les Parisiens désireux de faire pendant le carême un repas en gras se rendaient-ils à Charenton, où il y avait un temple protestant et où l'on trouvait de la viande. Toutefois le lieutenant de police y mit ordre en 1659, en défendant les dîners à Charenton. Quant aux délinquants de Paris, ils étaient en 1775 punis par la confiscation de leur repas au profit des hôpitaux. Jusqu'à la révolution de 1789 ils avaient coutume de faire rôtir des harengs sur le pas de leur porte, pour déguiser à l'odorat de la police les viandes qui cuisaient en fraude à l'intérieur.

À l'époque du carême de 1746 la police fit une descente chez la marquise de Beauffremont, et saisit dans la cuisine de la noble dame 15 quartiers d'agneaux, 69 pièces de volailles mortes, 22 pigeons, 3 lapereaux, 4 perdrix, 2 faisans, quatre têtes d'agneaux et 2 pièces de lard. Cette saisie n'avait point pour cause une infraction au mandement de l'archevêque de Paris sur l'observation du carême, mais une violation du privilége exclusif qu'avait alors l'Hôtel-Dieu de *débiter* de la viande pendant le carême.

Du reste à cette époque, où la noblesse se croyait d'une espèce supérieure à toutes les autres, de francs gentils-hommes, de nobles châtelaines pensaient encore satisfaire aux prescriptions du carême, en faisant *jeûner leurs gens*. Toutes nos révolutions, en proclamant la liberté des cultes, ont laissé les citoyens, sans distinction, maîtres de faire en tout temps usage des aliments que leur état de santé leur rend nécessaires ou que d'autres raisons leur font préférer.

Les prélats accordent bien encore, au commencement du carême, la permission de manger du beurre et des œufs ; mais la permission, comme celle que le cardinal de Ferrare octroyait si gracieusement aux soldats de M. de Cipière, n'a plus pour but que d'essayer de prévenir une infraction dont beaucoup de personnes se font peu de scrupule et qui donne la mesure de l'importance qu'on attache maintenant chez nous aux prohibitions disciplinaires de l'Église.

On donne encore le nom de *carême* à l'ensemble des sermons prononcés dans une église par un prédicateur pendant un carême. On possède des *Carêmes* de plusieurs prédicateurs célèbres. Tout le monde a lu *le Petit Carême* de Massillon.

Arriver comme mars en Carême se dit de ce qui ne manque jamais d'arriver à une époque fixe, le mois de mars tombant toujours en carême. *Arriver comme marée en carême*, c'est seulement arriver à propos, la marée étant toujours la bien-venue en ce temps de pénitence. *Une face de carême* est un visage blême ; et un *amoureux de carême*, un galant timide. *Carême-prenant* se disait naguère familièrement des trois jours gras qui précèdent le mercredi des cendres, et plus particulièrement du mardi gras lui-même. Par extension, on appelait ainsi des gens masqués et déguisés, courant les rues pendant les jours gras, et même des personnes vêtues, dans le cours de l'année, d'une manière extravagante qui les faisait ressembler à des masques. Le peuple de cette époque disait proverbialement : *Il faut faire carême-prenant avec sa femme et Pâques avec son curé.*

CARÊME (MARIE-ANTOINE), dont le nom bizarre peut un homme de bouche, est cependant devenu historique dans la théorie et la pratique de cet art, grâce au talent de celui qui le portait, vint au monde à Paris, le 8 juin 1784, dans un chantier de la rue du Bac, où travaillait son père. Celui-ci, chargé de quinze enfants, et ne sachant où trouver de quoi les nourrir, emmena, un soir, Marie-Antoine dîner à la barrière, et puis, le plantant sur le pavé de la grande capitale, il lui dit : « Va, petit ! Va bien ! Dans le monde il y a de bons métiers. Laisse-nous languir ! La misère est notre lot ; nous devons y mourir. Ce temps est celui des belles fortunes ; il suffit d'avoir de l'esprit pour en faire une, et tu n'en manques pas. Va, petit ! Ce soir, ou demain, quelque bonne maison s'ouvrira peut-être pour toi. Va avec ce que le bon Dieu t'a donné ! » Et l'excellent homme y ajouta sa bénédiction.

À partir de ce soir-là Marie-Antoine ne revit ni son père ni sa mère, qui moururent jeunes, ni ses frères et sœurs, qui se dispersèrent dans le monde. La nuit était venue. L'enfant alla frapper à l'officine d'un gargotier, dont on regrette que l'histoire n'ait pas conservé le nom. Celui-ci le recueillit, et le lendemain *le petit Carême* était à son service. A seize ans il quittait ce cabaret borgne, premier échelon de sa renommée, pour travailler, en qualité d'aide, chez un restaurateur en pied. Ses progrès y furent rapides; l'adolescent annonçait déjà ce qu'il serait un jour : il avait découvert sa vocation. Bientôt il est admis chez un pâtissier en renom de la rue Vivienne, feu Bailly, qui excellait dans les tourtes à la crème et fournissait la maison du prince de Talleyrand.

« A dix-sept ans, dit Marie-Antoine, j'étais *premier tourtier* chez M. Bailly. Ce bon maître s'intéressait à moi; il me facilitait des sorties pour aller dessiner au cabinet des estampes; il me confia la direction de plusieurs pièces montées, destinées à la table du premier consul. J'employais au service de M. Bailly mes dessins, mes nuits; et ses bontés payaient largement mes peines. Chez lui je me fis inventeur. Alors florissait dans la pâtisserie l'illustre Avice. Son œuvre m'enthousiasma, la connaissance de ses procédés me donna du cœur; je fis tout pour le suivre sans l'imiter, et, devenu capable d'exécuter toutes les parties de l'état, je confectionnai seul des *extraordinaires* uniques. Mais pour en arriver-là, jeunes gens, que de nuits passées sans sommeil! Je ne pouvais m'occuper de mes dessins et de mes calculs qu'après neuf ou dix heures, et je travaillais les trois quarts de la nuit...

« Les larmes aux yeux, je quittai le bon M. Bailly; j'entrai chez le successeur de M. Gendron; je lui fis mes conditions; j'obtins que lorsque je serais appelé pour un *extra*, j'aurais le loisir de me faire remplacer. Quelques mois après, je sortais des grandes maisons pâtissières pour suivre mes seuls grands dîners : c'était bien assez. Je m'élevais de plus en plus, et je gagnais beaucoup d'argent. Les envieux me jalousaient, pauvre enfant du travail, et depuis je me suis vu en butte aux attaques de ces petits pâtissiers, qui auront fort à faire pour arriver où je suis! »

Cependant, aux prodigalités sans goût du Directoire avaient succédé le luxe délicat et l'exquise sensualité de l'Empire. La table du prince de Talleyrand, servie, dit Carême, *avec sagesse et grandeur*, donnait l'exemple et ramenait les gens comme il faut aux bons principes. Chez cette altesse, qui savait apprécier le génie d'un artiste, notre héros connut, entre autres célébrités de l'époque, le cuisinier de l'empereur, Laguipière, qui mourut dans la retraite de Moscou, n'ayant pu supporter la transition de ses fourneaux aux glaces de la Russie. Sous ce maître éminent, Carême apprit à improviser. Lasnes le perfectionna dans la *belle partie du froid*, Richaud frères dans celle des *sauces*, le bon et habile Robert dans la tenue des dépenses et de la comptabilité.

Mais la pratique ne lui suffisait plus ; il lui fallait approfondir la théorie, copier encore des dessins, lire, analyser des livres de science, suivre des cours analogues à sa profession. Il écrivit, en véritable bénédictin, une *Histoire de la Table Romaine*, qu'il illustra de son crayon, mais qui malheureusement n'est pas venue jusqu'à nous. Tout ce que nous en savons, c'est qu'à part l'ordonnance des festins, il y déclarait la cuisine de ce peuple *foncièrement mauvaise et atrocement lourde*. Il s'en consolait en révolutionnant de fond en comble la pâtisserie française et en rajeunissant les vieux moules à force d'étudier Tertio, Palladio, Vignole, etc.

« Je contemplais, dit-il, de derrière mes fourneaux les cuisines de l'Inde, de la Chine, de l'Égypte, de la Grèce, de la Turquie, de l'Italie, de l'Allemagne, de la Suisse ; je sentais crouler sous mes coups l'ignoble fabrication de la routine..... » Et en effet Carême avait grandi avec l'Empire.

Qu'on juge de sa douleur en le voyant tomber! Il fallut l'enlever par *réquisition* pour le contraindre à exécuter dans la plaine des Vertus le gigantesque banquet royal de 1814. L'année suivante, il était appelé à Brighton, comme chef de cuisine du prince régent d'Angleterre, près de qui il resta deux ans. Chaque matin il rédigeait le menu sous les yeux de son altesse, gourmand blasé, auquel il faisait souvent un cours de gastronomie hygiénique de plus d'une heure. Ennuyé du *vilain ciel gris* d'Outre-Manche, il revint à Paris ; mais le prince régent, devenu roi de la Grande-Bretagne, le rappela en 1821. Plus tard il remerciait Lady Morgan, qui lui avait consacré un chapitre dans un de ses immortels ouvrages : « Vous dites, s'écriait-il, que le talent du cuisinier devrait être encouragé par des couronnes, comme celui des Sontag et des Taglioni. Merci, madame, au nom de tous les talents de la cuisine française! »

Carême quitta encore une fois sa patrie : il alla à Saint-Pétersbourg remplir les fonctions vacantes de l'un des chefs de cuisine de l'empereur Alexandre, puis à Vienne exécuter quelques grands dîners de l'empereur d'Autriche. Attaché à l'ambassadeur d'Angleterre, lord Stewart, il le suivit à Londres, d'où il reprit le chemin de Paris *pour écrire et publier*. Les congrès, qui se multipliaient, l'arrachèrent à ses paisibles occupations : Carême était l'homme indispensable de ces réunions politiques. Il figura tour à tour à ceux d'Aix-la-Chapelle, de Vérone, de Laybach, où l'empereur de Russie lui fit remettre une bague en diamants. Ensuite il s'engagea au service du prince de Wurtemberg, de la princesse Bagration, de M. de Rothschild. Il travailla cinq ans dans la maison du célèbre banquier, rendez-vous de toutes les notabilités européennes : « On ne sait plus vivre que là, a-t-il écrit, et Mme la baronne de Rothschild mérite d'être comptée parmi les femmes qui ont le plus aimer la richesse, à cause du luxe délicat de sa table. »

Les grands travaux abrègent l'existence : « le charbon nous tue, mais qu'importe? Moins d'années et plus de gloire! » Ainsi s'exprimait cet homme de génie, dernier dépositaire du feu sacré qui dévora Vatel et inspira Brillat-Savarin. Il ne devait pas accomplir sa cinquantième année. Sa dernière maladie fut longue et douloureuse. Jusqu'au moment fatal il causait avec ses amis, dictait à sa fille, donnait des conseils à ses élèves. Il laissa une veuve et cette fille unique, en expirant le 12 janvier 1833, et dans son désintéressement ne leur légua pour toute fortune que ses ouvrages : *Le Pâtissier Royal, ancien et moderne*, suivi d'une revue critique des grands bals de 1810 et 1811 (2 vol. in-8°, avec planches) ; *le Pâtissier Pittoresque* (avec 125 planches) ; *Le Maître-d'Hôtel Français, parallèle de la cuisine ancienne et moderne ; traité des Menus à servir à Paris, à Saint-Pétersbourg, à Londres, à Vienne* (2 vol. in-8°) ; *Le cuisinier Parisien* (1 vol. in-8°) ; *L'Art de la Cuisine Française au dix-neuvième siècle* (3 vol. in-8°) ; *Projets d'Architecture pour les embellissements de Paris et de Saint-Pétersbourg* (2 vol. in-f°, avec pl.). Sur la fin de sa vie il fit insérer dans la *Revue de Paris* un article curieux sur la manière dont l'empereur se nourrissait à Sainte-Hélène. Nous y apprenons qu'un cuisinier courageux s'était dévoué pour adoucir les souffrances du grand homme dans son exil ; il se nommait Chandelier. Carême lui paye son tribut d'admiration. Quant à lui, quoique gourmand, il mangeait peu : « Je n'ai jamais risqué ma santé, disait-il, et j'ai fortifié celle de mes contemporains. Ma tâche a été belle; j'ai renforcé la vie des vieilles sociétés toujours un peu grêle; j'en appelle au témoignage de mes savants amis les docteurs Broussais, Roques, Gaubert. » Avec eux Carême traitait des questions de médecine et de phrénologie. Ces réunions avaient pour secrétaire notre collaborateur Frédéric Fayot, qui s'est fait l'éditeur des œuvres du grand homme de bouche, dont il avait déjà raconté la vie et analysé les travaux dans *le Livre des Cent-et-Un*.

CARENCE (Procès-verbal de). Ainsi que le mot l'indique (*carere*, manquer), le procès-verbal de carence a pour objet de constater l'absence d'effets mobiliers, lors d'un inventaire ou d'une saisie. Les procès-verbaux de carence faits pour l'exécution des jugements et des actes parés sont dressés exclusivement par les huissiers ; les autres par les notaires, et quelquefois par les juges de paix.

Le procès-verbal de carence par lequel l'huissier constate qu'il n'existe point d'effets mobiliers à saisir dans le lieu où il instrumente est précédé et accompagné des formalités requises pour les procès-verbaux de saisie-exécution. Il doit d'ailleurs contenir les conditions communes à tous les exploits. Lorsque la saisie ne frappe que sur des objets d'une valeur insignifiante ou insuffisante pour couvrir les frais, il est d'usage de convertir le procès-verbal en carence par un motif d'économie. Ce procès-verbal a pour effets d'empêcher la péremption des jugements rendus par défaut et de rendre non recevable l'opposition au jugement par défaut, s'il a été dressé en présence du débiteur, ou de sa femme, à laquelle copie en a été laissée, encore bien qu'il s'agisse d'un jugement emportant contrainte par corps. Il produit le même effet lorsqu'il a été dressé hors la présence du débiteur, s'il lui a été notifié à personne ou à domicile.

Le procès-verbal de carence est nécessaire dans un autre cas : celui où le créancier est forcé de discuter la solvabilité du débiteur principal avant d'agir contre la caution. Il serait également nécessaire dans le cas prévu par l'article 2206 du Code civil pour constater l'insuffisance du mobilier du mineur ou de l'interdit, avant de mettre en vente leurs immeubles.

Quant aux procès-verbaux de carence auxquels les ouvertures de succession peuvent donner lieu, leur confection appartient aux juges de paix, qui n'y a eu apposition de scellés, pour ne pas augmenter les frais, aux notaires dans le cas contraire.

CARÈNE (*Marine*). Ce mot est dérivé du latin *carina*, dont l'origine, selon Isidore, serait *quasi currina* ou *curina* (de *currere*, courir), parce que c'est la partie principale du navire à l'aide de laquelle il divise le fluide en courant dans et sur l'eau. Vossius et Roquefort pensent que le radical carène serait καρῆναι, καρεῖν, qui signifient l'un et l'autre couper, séparer. Quoi qu'il en soit, ce mot a une double acception. Il s'entend d'abord de la périphérie extérieure des fonds d'un navire, c'est-à-dire du contour de toutes ses parties que l'eau couvre, quand, sous le poids de sa charge, il a pris son assiette ordinaire. Un bâtiment reçoit de la forme de sa carène ses bonnes ou mauvaises qualités à la mer ; sa marche surtout dépend de la courbure des lignes qu'à divers degrés de calaison le niveau de l'eau trace au contour de sa carène. Cette partie submergée, qu'on s'applique à rendre propre à diviser le fluide, n'a pu trouver de meilleur modèle que le ventre des poissons, et les navires dont la carène se rapproche le plus de cette forme, sont les plus rapides. Mais une grande légèreté de marche n'est pas la seule qualité essentielle d'une carène ; la stabilité du bâtiment et les mouvements doux de sa masse en sont les conséquences également importantes, et celles-ci ne s'obtiennent que par des formes souvent contraires à celles qu'exige une marche rapide. Il y a donc dans la forme d'une carène un milieu à trouver qui réponde à toutes les conditions d'un parfait navire.

La seconde acception du mot *carène* est l'opération qui a pour objet les réparations à faire au-dessous du bâtiment, opération qui s'exécute d'abord en plaçant hors de l'eau la partie submergée du navire, soit en le mettant à sec dans un bassin, soit par le secours de l'abattage ; on dit d'un bâtiment qui subit cette opération, qu'il est *en carène*; et selon qu'il la reçoit entière, ou en partie, qu'il subit une *carène complète*, ou une *demi-carène*. L'action de faire une carène donne le verbe *caréner*. Caréner un navire, c'est le radouber, lui donner le suif, mettre en bon état la partie du bordage comprise entre la quille et la ligne de flottaison. Le *carénage*, c'est le lieu choisi pour la découpe d'un rivage, ou dans le bassin d'un port, à l'abri du vent et de la mer, et que d'autres avantages de localité rendent favorable à la réparation des bâtiments. C'est encore l'action de procéder à la carène d'un navire, c'est-à-dire aux travaux qui ont pour but de réparer ses parties submergées.   Jules Lecomte.

CARÈNE (*Histoire naturelle*). Certains végétaux offrent, soit dans leurs feuilles, soit dans la fleur, etc., une arête produite par la réunion de côtés affectant des directions diverses, qu'on a comparée à une carène de navire. Une feuille est dite *carénée* lorsque, étant canaliculée, elle offre en dessous une saillie longitudinale. L'*hemerocallis vulva*, le salsifis, la *stelleria holosteum*, ont des feuilles carénées. Deux espèces végétales ont tiré leur caractéristique de l'existence d'une carène : l'une est le *lysianthus carinatus*, dont le calice est caréné, l'autre est le *pelargonium carinatum*, dont les stipules sont pourvus d'une carène. Les spathelles du *dactylis glomerata*, les bractées du *gomphrena globosa*, les valves de la silicule de l'*isatis tinctoria* ou pastel tinctorial, sont carénées. Decandolle a donné le nom de *côte carinale*, c'est-à-dire en forme de carène, à la nervure principale des sépales du calice adhérent à l'ovaire des ombellifères. Les botanistes ont appelé aussi *carène* la pièce principale de la corolle des fleurs papilionacées résulte de la soudure des deux pétales inférieurs, qui sont ordinairement rapprochés l'un contre l'autre et disposés de manière à ressembler à la quille d'un vaisseau. Plusieurs parties des plantes (feuilles, stipules, bractées, spathelles, valves, nervures, pétales) offrent donc la forme d'une carène, et cette partie présente des modifications qu'on indique par les épithètes suivantes : carène aiguë, obtuse, ciliée.

En anatomie animale la *carène* a quelquefois été considérée comme synonyme de bréchet. C'est ainsi que Merrem désigne les oiseaux en général, ou seulement tous ceux qui ont le sternum garni d'un bréchet, sous le nom de *carinati* ou animaux vertébrés carénés. Mais nous avons déjà eu occasion d'indiquer que certains mammifères (taupes, chauves-souris) offrent aussi un bréchet ou *carène dorsale*.   L. Laurent.

CARENTAN. Voyez Manche (Département de la).

CARESSE (du mot latin *carus*). On entend par *caresse* l'expression la plus douce, la plus touchante des sentiments affectueux que renferme la nature humaine ; aussi est-ce dans le cœur d'une mère qu'il faut en chercher la source la plus abondante comme la plus délicieuse. Les enfants n'exigent pas que des soins physiques ; plus tard ils auront des devoirs à remplir, c'est-à-dire qu'ils seront tenus un jour de s'occuper du bonheur d'autrui. Eh bien ! c'est par des caresses ingénieusement prodiguées que les mères le façonnent à cette noble destinée. Cette éducation du cœur, qui ne s'efface jamais, est un service social qu'à chaque minute rendent les femmes de tous les rangs, et elles y mettent cette grâce ravissante qui découle de la perfection même de leur nature. Il faut encore ajouter à l'éloge des femmes qu'elles ont entre elles une surabondance de caresses qui pénètre jusque dans le son de leur voix, et qui donne à leur amitié quelque chose de poétique et de charmant. Il est vrai que d'une femme à une autre l'amitié manque quelquefois de durée et de solidité ; mais nous en sommes presque toujours cause, et nous en plaignons pas. Depuis soixante-quatre années de révolution, les hommes en France ont été forcés de dépenser tant de vigueur, qu'ils en ont contracté de rudes manières ; ils repoussent et effrayent, même en parlant : les rapports de la société en ont perdu tout leur charme. Les jeunes gens, pour se donner de bonne heure l'air d'*hommes faits*, ont encore renchéri sur cet excès, et ils tombent presque dans la grossièreté. Avant la révolution de

1789, les hommes que l'on appelait de bonne compagnie étaient auprès des femmes respectueux et caressants : mélange qui caractérisait le bon ton. On est bien forcé de convenir que sous ce vernis séduisant se cachaient souvent la ruse et la perfidie ; mais on jouissait des agréments des personnes sans croire à leur sincérité. Sommes-nous plus vrais aujourd'hui? Je ne le crois pas ; seulement nous sommes moins aimables.

Du mot *caresse* sont dérivés les mots *caressant* et *caresser*. Le premier indique une qualité qui naît avec nous et qui ne nous abandonne jamais. Il n'est permis qu'à bien peu d'hommes d'être placés assez haut pour rendre de ces grands services qui améliorent une existence entière ; on attend beaucoup moins des autres, on se contente d'en être accueilli avec politesse ou bienveillance. Nous reçoivent-ils avec des marques *caressantes*, on les aime déjà ; il semble qu'ils aient rendu un hommage involontaire à notre mérite. Le caractère caressant, l'humeur caressante, sont en réalité de précieux dons, qui tournent au profit de celui qui les possède, et qui en définitive l'engagent fort peu. L'expérience a prouvé qu'il n'y avait guère à compter sur les hommes toujours *caressants* ; ils attachent, mais ne s'attachent pas. Le plaisir qu'ils causent tient à une sorte d'heureux privilège de tempérament : leur cœur et leur raison sont souvent en dehors de ce qu'ils promettent.

Les caractères les plus froids, les plus réfléchis, ne se commandent pas toujours à eux-mêmes ; ils succombent à un genre de faiblesse à part ; s'ils ne se montrent pas toujours caressants à l'égard des autres, en retour ils se *caressent* beaucoup eux-mêmes. Moins ils font explosion au dehors, plus ils se replient sur leur cœur. Comme ils ne sentent pas aussi souvent que d'autres, ils sentent plus vivement ; il ne leur faut qu'une seule passion, ils en vivent, ils en meurent. À part ces profondes affections, nous *caressons* tous quelque illusion dans la vie ordinaire ; les plus sages même ont leurs chimères, dont ils ne peuvent se détacher.
SAINT-PROSPER.

CARET, grande espèce de tortue, dont la carapace est cordiforme, convexe et couverte de treize plaques ou écailles épaisses de 6 à 20 millimètres, demi-transparentes, lisses et imbriquées. Leur bord postérieur est tranchant ; la première dorsale est plus large et est presque carrée ; les trois suivantes sont hexagones, et la dernière est pentagone. Des huit latérales, celles des extrémités sont également quadrangulaires, et les intermédiaires sont pentagones. Les vingt-quatre marginales varient en largeur, et se rapprochent aussi plus ou moins d'un parallélogramme. La couleur de toutes ces écailles est noire, avec des taches irrégulières et transparentes, d'un jaune doré, et jaspées de rouge et de blanc, ou d'un brun noir de diverses nuances. Le plastron de cette tortue est composé de douze plaques très-larges, imbriquées, blanchâtres et coriaces. Il est arrondi, un peu saillant en devant et obtus en arrière.

On donne aussi le nom de *caret* à une partie de la dépouille de cet animal, la carapace que nous venons de décrire. Le commerce distingue quatre sortes d'écailles de caret : la première, et la plus estimée, est celle des pêches des mers de la Chine, et principalement des côtes de Manille ; la seconde vient des Seychelles ; la troisième, dite d'Égypte, est expédiée de Bombay par la voie d'Alexandrie : elle est en feuilles généralement plus petites, plus minces, plus terreuses et souvent sujette à se dédoubler ; la quatrième vient d'Amérique, et est en grandes feuilles, d'une couleur plus rougeâtre au fond que les précédentes, et à grandes jaspures.
PELOUZE père.

CARET (Fil de). *Voyez* CARRET.

CAREW (JOHN), remarquable sculpteur anglais contemporain. Il commença par travailler sous la direction de Richard Westmacott et à son profit ; et il en fut ainsi jusqu'en 1823, époque où le comte Egremont le détermina à travailler exclusivement pour lui. Depuis lors il vécut constamment avec son généreux Mécène, homme du caractère le plus aimable et passionné pour les arts, d'abord à Londres jusqu'en 1831, ensuite à Brighton jusqu'en 1835, et jusqu'en 1837 à Petworth, terre du comte, qui y mourut, à peu près vers cette époque. John Carew eut alors avec les héritiers du comte un procès, qui ne lui fit pas précisément paraître sous le jour le plus favorable, et dont le résultat fut le rejet complet de ses conclusions par le tribunal. Son premier travail de quelque importance fut une *Aréthuse au chien*, en marbre. Il exécuta ensuite pour la salle de Westminster le monument de l'acteur Kean, représenté dans le rôle d'Hamlet considérant le crâne d'Yorik. À l'exposition de 1845, on a eu de lui un *Chasseur au faucon*, morceau très-remarquable. Parmi ses bas-reliefs, on distingue ceux du *Samaritain charitable*, et ceux qu'il fut chargé d'exécuter pour le monument de Nelson. On estime aussi beaucoup ses bustes. Quelques-unes de ses principales œuvres se trouvent esquissées dans les *Illustrations of Modern Sculpture* (Londres, 1834 et années suivantes).

CAREY (WILLIAM), missionnaire anglais, à qui l'on est redevable de documents extrêmement précieux pour l'étude et la connaissance des langues de l'Inde, naquit en 1761, dans le Northamptonshire, et commença par apprendre le métier de cordonnier ; mais plus tard il put faire des études, et devint ministre d'une communauté d'anabaptistes. La lecture de divers récits de missions excita en lui une si vive ardeur de se consacrer à cette noble vocation qu'il partit pour l'Inde, où il ne tarda pas à faire preuve d'un remarquable talent pour les langues. En conséquence la Société biblique de Serampore le chargea de diriger et surveiller la traduction et l'impression de la Bible dans les divers dialectes indiens. Toutefois, il faut dire que le désir de faire vite et beaucoup a singulièrement nui à ces traductions, qui ont été l'objet d'une foule de critiques.

Carey commença, en société avec un autre missionnaire appelé Marshman, la traduction et la publication de l'épopée sanscrite *Râmâyana* (3 vol., in-4°, Serampore, 1806-10) ; mais cet ouvrage n'a point été terminé. Il composa en outre plusieurs grammaires ; par exemple, une grammaire de la langue sanscrite (Serampore, 1805). Tous ces essais, fort incomplets sans doute, ne laissent pourtant pas que d'avoir une certaine valeur. C'est lui aussi qui dirigea l'impression du *Dictionnaire de la Langue Thibétaine*, composé par le missionnaire allemand Schræder (Serampore, 1826, in-4°). Il mourut du choléra, en 1834, à Calcutta, où il était professeur de sanscrit.

Son fils, *Félix* CAREY, est le premier Européen qui ait exposé scientifiquement les principes de la langue des Birmans (*Grammar of the Birman Language*; Serampore, 1814).

CARGAISON, terme de marine, qui s'applique aux marchandises dont un bâtiment de commerce est chargé ; les vaisseaux de l'État n'ont point de cargaison, à l'exception des flûtes, gabares, corvettes de charge, que le gouvernement emploie à porter d'un port à l'autre, et quelquefois jusqu'en haute mer, des objets d'armement, des vivres, des mâtures, etc., pour les besoins des ports de guerre, des arsenaux. Mais en général le mot de *cargaison*, qui entraîne l'idée de commerce et de possession des marchandises par le propriétaire même du navire, doit être distingué de celui de *chargement* ; on l'entend des marchandises d'un vaisseau chargé à fret. Il faut distinguer aussi du mot *charge*, qui se dit de tout le poids d'un bâtiment indistinctement.

CARGUE, terme de marine ; mot générique employé pour désigner toute espèce de cordage destiné à replier, à retrousser l'un ou l'autre des voiles contre leurs vergues, action que l'on exprime par le verbe *carguer*. Les *cargues-points*, ou *tailles-points*, sont amarrées aux points ou aux angles d'en bas de la voile ; les *cargues-fonds*, ou *tailles de fond*, sont amarrées au milieu du bas de la voile; les *cargues-boulines*, ou *contre-fanons*, sont amarrées au milieu des côtés de la voile pour la retrousser ou la *carguer* par les côtés. Les *cargues d'artimon* se divisent en *cargues du vent* et *cargues dessous le vent*: les unes sont du côté d'où vient le vent, les autres du côté opposé. Les *cargues à vue* sont une petite manœuvre passée dans une poulie sous la grande hune, qui sert à la relever lorsqu'on veut voir par-dessous. Les *fausses-cargues* sont des manœuvres destinées à relever tout le milieu des basses voiles entre les *cargues-points*.

Il n'est pas toujours facile de *carguer* une voile quand il survente; il y a des circonstances où, s'il fallait le faire vent arrière, on ne pourrait l'empêcher de voler en morceaux, parce que les *cargues-fonds* casseraient plutôt que d'étouffer le vent. Toutes les fois qu'on ne peut diminuer l'incidence du vent sur une voile, soit en venant au vent, soit en brassant au vent, le succès dépend de la bonté des *cargues* et de l'effort qu'on peut y appliquer.

CARHAIX, petite ville de l'ancienne Bretagne, aujourd'hui chef-lieu de canton du Finistère, à 49 kilomètres nord-est de Quimper, sur une montagne d'un accès difficile, près de la rive gauche de l'Hières, avec une population de 2,200 âmes, des tanneries, des papeteries, un grand commerce de toiles, de draperies, et des foires importantes. C'est une des plus anciennes villes de l'Armorique. On la nommait *Vorganium* du temps des Romains, et elle était située chez les *Osismii*. Les Normands, unis aux Danois, la ruinèrent en 878. Richard II, roi d'Angleterre, fut défait sous ses murs en 1197 par les barons de la Bretagne. Prise et reprise plusieurs fois par les Français et les Anglais, elle tomba en 1363 au pouvoir de Du Guesclin après six semaines d'une héroïque résistance. Puis les Ligueurs et les Huguenots se la disputèrent pendant longues années. Elle est la patrie de LaTour-d'Auvergne, *le premier grenadier de France*, et l'on y voit sa statue.

CARIATIDES. Voyez CARYATIDES.

CARIBERT, CHARIBERT ou **CHEREBERT**, l'aîné des fils du roi franc Clotaire Ier, eut en partage, à la mort de son père, l'an 561 de l'ère chrétienne, des provinces dont Paris fut le chef-lieu. La division de la monarchie franque entre les fils de Clotaire ne fut pas plus régulière que celle qui avait eu lieu entre les fils de Clovis. Aussi ne peut-on déterminer d'une manière positive la part du territoire et de la domination accordée à chacun de ces princes. Caribert (dont le véritable nom est *Haribert*, qui dans l'idiome des Francs signifiait *brillant dans l'armée*) régna aussi sur l'Aquitaine. On dit qu'il aima les lettres et la paix, observa la justice avec assez de soin, maintint ses landes dans le respect, et eut quelque crédit auprès des rois étrangers. Quelques historiens font remonter à son règne l'origine de la puissance des maires du palais. Caribert se livra sans réserve à des habitudes molles et voluptueuses, dont les mérovingiens ne donnèrent que trop l'exemple : son palais présentait l'aspect d'un harem. Il répudia sa femme Ingoberge pour épouser la fille d'un ouvrier en laine, nommée Méroflède, à laquelle il donna bientôt une rivale dans la personne de Teutéchille, née d'un simple pâtre. Sans s'arrêter à ce double choix, il contracta une nouvelle union avec la sœur de Méroflède, quoiqu'elle fût religieuse, motif qui appela sur la tête des deux époux l'excommunication de saint Germain, évêque de Paris. Caribert Ier mourut en 567, après un règne de sept ans. Comme il ne laissait que des filles, son royaume fut partagé entre ses frères.

CARIBERT II, frère de Dagobert Ier, fut aussi roi d'Aquitaine. A sa mort, arrivée en 631, au château de Blaye, Dagobert fit aussitôt saisir son trésor et égorger le fils, nommé *Chilpéric*, qu'il laissait en bas âge. On a prétendu que Caribert II avait laissé encore deux autres fils, nommés *Boggis* et *Bertrand*, qu'il avait eus de Gisèle, fille d'Amand, duc des Gascons; que ceux-ci, protégés par leur aïeul maternel, échappèrent aux embûches de leur oncle, et recouvrèrent plus tard l'héritage de leur père. Telle fut, dit-on, l'origine du duché d'Aquitaine. La généalogie de ces ducs est fondée sur une charte de Charles le Chauve, de l'an 845; mais peut-être dès cette époque faut-il se défier de la vanité des grands seigneurs, qui cherchaient à se donner une origine royale. Les noms de Boggis et de Bertrand ne semblent point appartenir à la race mérovingienne, et il n'avait encore été donné de duché en apanage à aucun fils de roi.

Auguste SAVAGNER.

CARICATURE, fait du mot italien *caricare*, qui veut dire *charger, faire la charge*. La *caricature* est la charge de la *peinture*. Tel visage est ressemblant et plaît aux regards : le peintre qui l'a fait, par un trait de plus ou de moins, va rendre ce visage ridicule tout en le faisant aussi ressemblant. Dans tous les arts, il y a deux arts, l'art qui embellit et l'art qui dénature, l'art simple et l'art grotesque, la poésie et la parodie, la peinture et la charge, de même que dans l'*Iliade* Thersite est à côté d'Achille. Il est donc bien convenu que toute chose dans ce monde a sa caricature. Par exemple, que de belles églises qui ne sont que la caricature de l'église de Saint-Pierre à Rome! que de grands généraux qui n'ont été que la caricature de l'empereur Napoléon! que d'illustres comédiens qui sont la caricature de Talma! Il n'y a pas de grand écrivain, de grand orateur, pas de grand poète, qui n'aient leurs caricatures. Qui oserait dire le nombre de caricatures engendrées par M. de Lamartine et M. de Châteaubriand?

Toute exagération en mal ou en laid, toute imitation maladroite ou mutile, tout travestissement de grandes choses, qui ainsi travesties deviennent des choses misérables, voilà la *charge*! Les enfants y sont fort enclins. Qu'un bossu ou un boiteux passe devant une troupe d'enfants, aussitôt voilà nos espiègles qui se voûtent ou qui boitent. Qu'ils entendent parler un bègue, ils bégayent; race malicieuse *et sans pitié*, comme dit La Fontaine. Plusieurs animaux sont aussi fort habiles à faire des charges. Le singe, qui n'est lui-même qu'une caricature de l'espèce humaine, est fertile en charges excellentes. Il contrefait à merveille la joie et la douleur par mille poses grotesques. Et certes on comprend facilement qu'il est un homme qui ne rirait pas aux éclats s'il voyait sa figure quand il est en train de pleurer? Vous voyez donc que la charge est vieille comme le monde, et que ce serait perdre son temps que de s'amuser à en chercher l'origine, comme cela se fait dans tous les dictionnaires passés, présents et à venir.

Quant à ce que nous appelons la *caricature*, cette malice dessinée, cette méchanceté coloriée, qui nous fait si souvent rire aux dépens de notre prochain, il est évident que la caricature proprement dite a pris naissance en Italie. Les grands peintres italiens, si pleins de malice et de génie, rivaux de gloire, appartenant à diverses écoles, se servaient naturellement contre leurs ennemis des armes que le ciel leur avait données. De là une infinité de *charges* et de caricatures contre les personnes et les choses. La *caricature* a cela de bon, que c'est une satire que tout le monde peut lire, même les plus ignorants; cela se lit d'un coup d'œil, et vite, et bien; cela se comprend, cela se devine; cela est vite fait, cela se touche, cela fait rire aux éclats toute une ville; on ne met pas de nom au bas de cette esquisse; on n'explique rien; on la jette, et personne au sortir d'une porte la prend en main. Voilà l'origine de la caricature; elle fut d'abord faite par de grands peintres, qui en firent par hasard dans un moment de méchanceté et de colère; puis, par une extension permise, la *caricature* devint une arme comme une autre. Il y eut des gens d'esprit, plus habiles satiriques que peintres habiles, qui s'emparèrent de cette espèce de liberté de la presse pour attaquer les puissants et les forts.

Pendant très-longtemps la caricature a été la seule liberté de la presse en Europe. Elle s'attaquait de préférence aux tout-puissants qui ne pouvaient l'atteindre ; elle les chargeait de toutes sortes d'opprobres et de mépris. Les plus excellents génies s'en sont servis avec succès. Regardez plutôt les plus belles éditions de Rabelais, ornées de si plaisantes et si admirables caricatures. Les plus grands génies en ont eu peur ; témoin le cardinal de Richelieu, cet homme tout rouge, qui tremblait devant une caricature ou un vers satirique. La caricature a été non-seulement une arme employée par les faibles contre les forts, une arme de guerre civile, mais encore une arme de guerre politique. Les royaumes ont fait des caricatures contre les royaumes, les rois en ont fait contre les rois. La Hollande en a fabriqué d'excellentes contre Louis XIV, qui devait être bien étonné de se voir tourné en ridicule, lui, le grand roi ! Quel temps a été plus fécond en caricatures ? On ne sait. Probablement les temps où il était le moins permis de parler et de se plaindre. Les moines, les grands seigneurs, les rois et les princes, les généraux et les belles personnes, tels sont les martyrs de la caricature. Sous ce rapport la caricature et la satire se ressemblent beaucoup. Toutefois, on peut dire que l'une rit et fait rire, pendant que l'autre frappe et déchire. L'une voue davantage au ridicule, l'autre à la haine ; l'une se venge, et peu lui importe comment ; l'autre n'a le droit que de punir, elle ne doit atteindre que le coupable. Innocents ou coupables, amis ou ennemis, qu'importe à la caricature ? Elle va çà et là par sauts et par bonds, elle frappe à droite, elle frappe à gauche, elle mord, elle égratigne, elle est cruelle, elle est venimeuse, mais, après tout, c'est une si bonne fille, qu'on ne peut guère se fâcher contre elle. Elle use de son droit en riant de tout et de toutes choses, et puis, comme elle n'est dangereuse qu'à condition qu'elle aura beaucoup de sel et beaucoup d'esprit, et qu'elle sera très-claire et très-intelligible pour tous, il faut en conclure que c'est un genre qu'on ne peut trop encourager, quand bien même on devrait en être la victime plus tard. C'est donc une méchanceté et une panique par trop grandes de vouloir proscrire ces malicieuses esquisses de la vie humaine dans ce que la vie humaine a de risible. Autant vaudrait dire aux peintres : Ne faites pas de portraits, que de leur dire : Ne faites pas de caricatures !

Connaissez-vous en effet bien des portraits sérieux qui ne soient pas quelque peu caricatures par quelque côté ? Entrez au Salon de peinture ; regardez bien tous ces bourgeois qui étaient leurs croix d'Honneur, ces femmes qui montrent leurs mérinos rouges et leurs robes de velours noir, ces messieurs en uniforme de hussard, ces messieurs en habits de garde national, ces portraits de rois et de princes dans toutes sortes d'attitudes ! ne sont-ce pas là de véritables caricatures, aussi loin de la vérité que de la vraisemblance ? D'où je conclus encore que la caricature est partout, qu'elle est souvent involontaire comme un cri de l'âme, qu'elle est immortelle, qu'elle est inattaquable, qu'elle échappe à tous les murmures, à toutes les clameurs, à tous les supplices, à tous les procès. La caricature, ce n'est pas comme la liberté de la presse : il faut l'expliquer, la commenter, la développer, l'annoter, la torturer ; plus elle est claire et mieux faite, et plus elle est inaccessible, la caricature politique surtout.

Les Anglais, qui ont tant de lois de répression pour tous les délits, n'en ont point pour celui-là. La caricature anglaise est libre de toute liberté : elle peut tout oser, elle peut tout dire, elle peut tout attaquer, le roi le premier. Les caricatures qu'on fait en Angleterre contre le roi sont à peine croyables. Pourvu qu'il y ait une image au-dessous des paroles imprimées, on peut fort bien dire au roi qu'il est un voleur, qu'il est un assassin. Et quoi encore ? Lors du fameux procès de Caroline de Brunswick, on fit paraître des caricatures dont le souvenir durera aussi longtemps que les fameuses caricatures contre l'abbé Dubois. Pendant les guerres de la France contre l'Angleterre sous Bonaparte, l'Angleterre était inondée de caricatures contre nous, et que nous leur avons bien rendues, Dieu merci !

après l'invasion de 1814. On en voit encore bon nombre collées depuis un temps immémorial à la porte des vitriers. Mais ce genre de caricatures, peintes en rouge et en bleu, façonnées grossièrement et dessinées sans goût et sans grâce, ne mérite guère qu'on en parle ici, si ce n'est pour mémoire. Despréaux l'a dit :

Il faut, même en chansons, du bon sens et de l'art.

Ce qui devait arriver est arrivé. La caricature, faite d'abord par de grands peintres, tombée ensuite entre les mains des satiriques qui ne savaient pas dessiner, a fini par devenir le domaine de quelques hommes d'esprit qui sont en même temps de grands dessinateurs. En Angleterre on a cité longtemps, entre autres célèbres faiseurs, un nommé Cruikshank. C'était celui-là qui faisait une guerre acharnée à la *fashion* anglaise ! c'était celui-là qui battait rudement le dandysme ! Lord Byron en faisait grand cas. Il était impossible d'avoir plus d'esprit et de verve inépuisable dans un petit espace que l'anglais Cruikshank, à moins cependant de chercher en France, car à l'heure qu'il est la France abonde en caricaturistes. Plusieurs jeunes gens qui auraient pu faire de grands artistes se sont adonnés exclusivement à la caricature, à peu près comme ces jeunes écrivains de journaux qui auraient pu laisser de beaux livres après eux, et qui ne font que des journaux. Ainsi, en France, après la révolution de Juillet surtout, nous eûmes un excellent journal intitulé *La Caricature*, lequel journal restera comme le plus curieux monument de l'esprit de notre siècle. Toute la malice qui est entassée dans ses feuilles est à peine croyable. C'est une verve, c'est une indignation, c'est une colère, c'est une plaisanterie, c'est une flagellation, c'est une moquerie incroyables ; c'est, en un mot, tout ce que peut être une histoire au jour le jour de nos hommes d'état et de nos grands événements, considérés sous leur côté comique. Or, quelle est l'époque qui n'a pas son côté comique ? Quel est le grand homme qui ne ferait pas rire, considéré sous son aspect plaisant ? N'a-t-on pas découvert les mémoires de Tallemant des Réaux, dans lesquels le dix-septième siècle, appelé *le grand siècle*, est couvert de ridicules et d'immondices, à commencer par Henri IV ?

Pour en revenir à ce journal *La caricature*, c'est à ce journal qu'est arrivée cette admirable discussion judiciaire à propos de la *poire politique*. L'accusé, pour sa défense, vint au tribunal apportant sur un papier plusieurs têtes dessinées d'après la tête du roi Louis-Philippe, et chaque tête allait par degrés ressemblant de plus en plus à une poire de bon-chrétien. C'était là un plaidoyer qui parlait aux yeux. Les juges ne surent qu'en dire ; le dessinateur fut acquitté, et il y eut arrêt en forme, par lequel il était reconnu que la tête de Louis-Philippe ressemblait à une poire. Depuis, S. M. fut toujours représentée sous cette forme, qui devint populaire, et que longtemps on trouva dessinée sur tous les murs de la France, de la Russie, de l'Angleterre, du Nouveau-Monde. Innocente plaisanterie, au moyen de laquelle *La Caricature* et son frère et successeur *Le Charivari* ont exécuté de vrais tableaux, non-seulement remplis de malice, mais encore dessinés d'une manière qui ferait honneur aux plus grands maîtres. Il est impossible, en effet, de rien voir de plus admirable, de plus vif, de plus vrai, de plus animé, de plus vivant que ces excellentes scènes de comédie, où tous nos hommes d'état apparaissent dans leurs attributs divers, avec les mouvements et les figures qui leur sont propres. Si donc l'Angleterre s'enorgueillit du nom de Cruikshank, nous avons nous autres vingt noms à mettre au-dessus du nom de Cruikshank.

Voilà à peu près tout ce que nous savons de la caricature. C'est une de ces choses qu'on ne définit pas, dont on ne fait par l'histoire, dont l'histoire et la définition sont toutes faites au coin de chaque rue, en petit et en grand.

— Jules JANIN.

La caricature s'est étendue avec les progrès de la lithographie et de la gravure sur bois. Elle est devenue l'accessoire et souvent la partie principale d'une infinité de recueils. Le *journal pour rire* est un Journal de caricatures fondé par l'éternel caricaturiste Philippon. L'*Illustration* a aussi donné quelque fois de bonnes charges. La France peut encore citer parmi ses *caricaturistes* Cham, Bertall, Daumier. Traviez, Gavarni, Dantan, Grandville et Charlet ont fait autrefois de délicieuses caricatures ou plutôt d'élégantes bambochades.

La caricature est fille de la satire. Le satirique est toujours plutôt un Ostade ou un Teniers qu'un Balthasar Tenner. La comédie et la satire ne peuvent guère se passer de la caricature. La bouffonnerie, le burlesque reposent essentiellement sur l'usage de la caricature; Caliban, Falstaff lui-même dans Shakspeare, Don Quichotte dans Cervantès, Tartaglia dans Gozzi, le *buffo* de l'*Opéra-Buffa*, les différents masques de la comédie populaire italienne, sont autant de caricatures. Il en est de même fréquemment sur la scène allemande, et l'auteur n'y a que trop souvent occasion d'outrer encore par le costume, le geste et le dialogue des caractères qui déjà ne sont autre chose que des caricatures.

Dans les arts du dessin, la limite qui sépare la caricature de l'informe et du laid n'est pas moins facile à dépasser; il serait même plus difficile de ne la pas franchir. Cependant on ne saurait d'autant moins l'en proscrire que les beaux-arts, en définitive, ne procèdent guère autrement que la satire. Les anciens l'appliquaient déjà sur leurs masques, comme on peut le voir sur plusieurs peintures d'Herculanum. Chez les Italiens Léonard de Vinci et Annibal Carrache y brillèrent autrefois d'autant plus qu'ils excellaient à y joindre le sentiment du beau et de l'idéalité qui les caractérisait. Chez les Français, le premier qui se distingua dans ce genre fut Callot, et chez les Anglais, Hogarth. Habitués à une satire politique empreinte d'une grande liberté et doués d'un grand fonds d'*humour*, les Anglais se sont surtout adonnés à la caricature politique. Malheureusement le sentiment de la grâce et du beau ne s'associe pas toujours à cette *humour*. Gilray et Bunbury brillent surtout en ce genre. On a même été jusqu'à décerner à ce dernier le surnom de *nouvel Hogarth*, parce qu'il emploie son heureux talent à des bois moraux. Quant à Gilray, dont les caricatures ont été admirablement commentées par Pyne, à ce qu'on suppose, et ont paru, en 1824, à Londres, avec des notices biographiques et des explications historiques et politiques, on peut dire qu'à l'époque des guerres entre la France et l'Angleterre, son esprit si incisif, si original, en avait fait une véritable puissance. Tout le monde connaît l'illustre *Punch*. Les deux artistes qui de nos jours brillent le plus en Angleterre comme caricaturistes sont Cruikshank et l'anonyme désigné par les simples lettres H. B. On peut considérer les caricatures comme essentiellement nationales parmi les Anglais, et même comme constituant une espèce de journalisme politique en images. C'est ainsi que Wright a pu faire une *Histoire d'Angleterre sous les princes de la maison de Hanovre* (Londres, 1848) d'après les caricatures publiées sous le règne des trois Georges.

Ce n'est que tout récemment, et seulement depuis les événements de mars 1848, que les Allemands ont fait preuve de goût et de dispositions pour la caricature. Jusque alors on ne pourrait guère citer que les quelques caricatures faites contre Napoléon par Schadow, ou bien celles du suisse Distels et quelques autres encore. La liberté qui depuis une dizaine d'années existe en Prusse à l'égard de la caricature a certes donné lieu à bon nombre de caricatures politiques; mais on s'aperçoit bien vite que le crayon y manie un élément encore étranger à la nation. Elles étaient trop étudiées, trop compliquées, ne pouvaient dès lors être comprises du peuple, et ne satisfaisaient pas davantage dans la forme l'homme de goût, parce souvent elles étaient dépourvues d'esprit. Mais le *Piepmeier*, d'Adolphe Schrœdter, publié en 1849, peut, en revanche, passer pour un chef-d'œuvre du genre; et depuis de nombreux émules s'efforcent de marcher sur ses traces.

CARIE, province de l'Asie Mineure, dont elle formait l'extrémité sud-ouest, qui comprenait de délicieuses vallées et de magnifiques chaînes de montagnes, qu'arrosaient le Calbys, le Mæandre et le Glaiccos, était bornée à l'est par le mont Taurus, qui la séparait de la Pisidie et de la Lycie, au sud et à l'ouest par la Méditerranée et la mer Égée, au nord par la Lydie et la Phrygie. Là où la mer l'entourait, elle formait de nombreux promontoires, dont le plus septentrional était celui de Mycalé.

Dans les temps les plus reculés la Carie était divisée entre différents princes ou rois, dont le plus puissant était celui qui régnait à Halicarnasse. Plus tard elle fit partie avec la Lydie de l'empire des Perses, et les princes indigènes conservèrent alors leur autorité, sous la dénomination de satrapes. L'un d'eux, Lygdamis, fut le père d'Artémise Ire, l'une des femmes les plus célèbres de l'antiquité, et qui lui succéda sur le trône d'Halicarnasse, qu'occupa aussi plus tard Mausole, frère et époux d'Artémise II, et que la fastueuse douleur de celle-ci a immortalisé. Alexandre le Grand fit passer la Carie sous les lois de la Macédoine. Plus tard elle reconnut successivement la souveraineté des rois de Syrie, des Romains, des empereurs grecs, des Arabes et des Turks Seldjoukides. Les Othomans en firent la conquête en 1336; elle obéissait alors à un chef turk appelé Aïdin, d'où le nom d'*Aïdin Ilé* (pays d'Aïdin), sous lequel les géographes turks la désignent.

Les Cariens, qui avaient la même origine que les Léligiens, avaient à l'époque qui suivit immédiatement les temps homériques la plus mauvaise réputation comme soldats et comme esclaves. Aussi leur nom servait-il aux Grecs et aux Romains d'expression proverbiale pour désigner des hommes lâches et perfides.

CARIE (*Pathologie*). La maladie que l'on désigne sous ce nom est encore peu connue, quoiqu'il se présente des occasions assez fréquentes de l'observer. Elle attaque le système osseux. On pourrait en quelque sorte la définir l'*ulcération de los*, car elle est à ces organes ce que sont les ulcères aux parties molles. On ne doit pas toutefois confondre avec la carie quelques affections particulières aux os, telle que la nécrose, par exemple. Les os se composent, comme on sait, de deux parties : le *phosphate calcaire* et la *gélatine*. La mort de l'os ou la nécrose aura lieu quand la substance gélatineuse, quelles qu'en soient d'ailleurs les causes, n'étant plus alimentée par les artères nourricières, arrivera à cet état qu'on peut appeler la mort. Quant à la carie, on l'observera dans le cas où l'ulcération de la gélatine aura lieu. Les maladies des os se remarquent au tissu spongieux des os plutôt qu'à leur tissu compacte, parce que la gélatine abonde davantage dans le premier, et probablement aussi, il faut le dire, parce qu'il est plus vasculaire, et que les propriétés de la vie y sont plus prononcées.

La carie est toujours précédée d'inflammation locale, et accompagnée de suppuration. Elle peut être produite par l'action violente des corps extérieurs, un choc, une contusion, une pression prolongée, etc.; mais bien plus souvent elle doit sa naissance à des causes internes, telles que le virus vénérien, le vice scrofuleux, le scorbut. On ne doit donc pas s'étonner de rencontrer cette maladie dans toutes les parties du squelette humain. Cependant il est des os qui, comme les os courts de la main ou du pied, le corps des vertèbres, les extrémités articulaires des os longs, sont plus susceptibles d'en être atteints. La carie est encore une des plus puissantes causes de destruction des dents.

Les moyens généraux employés pour guérir cette maladie redoutable sont les cataplasmes, les bains locaux d'eau de guimauve et de têtes de pavot, les topiques irritants, les exutoires de toute espèce, capables de produire une irritation dérivative, enfin les bains sulfureux et savonneux, dont on a obtenu des résultats excellents, comme l'indiquent les observations faites à l'hôpital Saint-Louis ; mais ces moyens, et quelques autres encore plus énergiques, tels que le fer rouge, par exemple, deviennent parfois insuffisants. Dans ce cas, il faut avoir recours à l'amputation, en retranchant l'os carié, quand toutefois sa nature permet de le faire. L'amputation est alors la dernière ressource du malade : elle fait disparaître le foyer d'une suppuration abondante et d'une irritation continuelle, qui le conduisaient à une perte certaine.

CARIE (*Botanique*). Cette maladie des solides vivants, qui a son siége chez l'homme et chez les animaux dans les os, et particulièrement dans les os spongieux, existe chez les végétaux dans le corps ligneux ; on l'observe aux troncs des arbres, surtout dans ceux à fruits et dans les autres parties végétales moins ligneuses que le bois, telles que l'écorce, et surtout les semences du froment.

Les inconvénients de la carie dans les arbres sont peu saillants ; mais elle exerce des ravages affreux sur le blé. La carie a pour causes toutes les circonstances qui, diminuant l'énergie vitale, affaiblissent ainsi la constitution des plantes et produisent un ramollissement des parties ligneuses ; elle peut être produite aussi par le contact d'une partie cariée avec une partie saine, et dans le blé par la présence de certaines plantes parasites, vivant sur l'épi, notamment la *reticularia segetum*, qui est un très-petit champignon. On conçoit que la carie une fois établie dans l'épi puisse y fixer les semences de ces végétaux, et que ces semences se développent et germent sur la carie même, comme cela se voit chez l'homme et les animaux dans certains ulcères, où il se développe des vers et diverses espèces de champignons ; mais on ne comprend pas que la réticulaire soit la cause première de cette maladie, qui nous paraît devoir être au contraire attribuée à la faiblesse de la constitution de la plante même qui produit le blé. Ce fait est d'accord au reste avec une loi commune à tous les corps vivants, loi qui repose sur le principe certain que dès que ces corps sont malades ou affaiblis, ils deviennent la proie d'autres corps vivants, ou bien la proie des corps atmosphériques.

L'orme et les autres arbres de toutes espèces, les arbres fruitiers et autres arbres de toutes espèces attaqués de la carie, soit par des influences fâcheuses de l'air, soit par suite de solutions de continuité, totales ou partielles, mal faites ou faites en temps inopportun. On remédie à cette maladie en faisant l'amputation de la partie malade, jusques et y compris le commencement de la partie voisine encore saine ; on abrite la plaie du contact de l'air, et on procure une nourriture abondante au végétal amputé, jusqu'à l'époque de la cicatrisation parfaite de la plaie. Lorsque la carie se déclare dans les racines, il faut couper aussi les parties cariées jusqu'au vif.

La *carie des blés*, appelée aussi *bosse*, *bousse*, *chambucle*, *noir* et *pourriture des blés*, se reconnaît, dit Dutour, à la couleur blanche des feuilles, au moment où celles-ci sortent du fourreau, et aux points blancs dont les balles de l'épi sont tachées ; le grain alors acquiert un volume plus considérable que dans l'état naturel. Sa couleur est d'un gris sale, tirant un peu sur le brun ; l'enveloppe est mince et le germe est détruit : on ne trouve à la place d'une pulpe blanche et farineuse qu'une poussière noire, légère, fine, grasse au toucher, exhalant une odeur fétide de poisson pourri, inflammable, insoluble dans l'eau, privée enfin de toute organisation.

Quelque faiblement entaché de carie que soit le blé pour semences, il produit au moins un quart d'épis malades, et diminue dans le commerce et dans l'emploi la valeur du blé que produisent les épis voisins, quoique non cariés,

parce que la poussière de carie, quand on bat ce blé, s'attache aux grains non cariés, les salit, et leur donne dans cet état le nom de *blé moucheté*. La poussière de la carie incommode les batteurs, provoque la toux, fatigue les yeux. Les blés mouchetés graissent les meules et les bluteaux, et la farine qui en provient fait un pain qui a une teinte légèrement obscure, et qui est âcre et contraire à la santé. Les meules qui ont moulu le blé moucheté gâtent les moutures suivantes du blé le plus sain. Si on emploie le blé moucheté pour la semence, la carie se transmet à la plante qui en naît ; la paille des épis de froment carié répugne aux bestiaux, et le blé que contiennent ces épis est lui-même carié. On ne peut parer à cet inconvénient que par le **chaulage** du blé après l'avoir lavé à l'eau, et, chose épouvantable, la paille des froments cariés, les criblures du blé moucheté, l'eau qui a servi au lavage et à la préparation du blé moucheté destiné, faute d'autres, aux semailles, toutes ces matières jetées sur le fumier conservent le principe de la carie dans ce fumier même, qui, répandu sur les terres semées en blé, communique à ce dernier la carie, à moins que ce fumier n'ait été, après une longue fermentation, réduit à l'état de terreau : je dis après la fermentation, car le terreau, qui n'est que le produit lent et tranquille du temps, conserve toujours des principes de carie.

On prévient les effets de la carie par le lavage à l'eau, suivi du chaulage, quand le blé est moucheté, c'est-à-dire entaché de carie ; quand le blé est sain, on ne le lave pas ; cependant il est toujours prudent de le chauler avec un lait de chaux, composé de deux kilogrammes de chaux éteinte dans dix kilogrammes d'eau pour un hectolitre de blé. Mais si on est réduit à semer du blé moucheté, il faut que son chaulage soit précédé par un lavage soigneusement fait de ce grain, mis dans des paniers, et baigné dans l'eau courante.

On a eu la pensée anciennement d'employer des préparations métalliques de cuivre et d'arsenic contre la carie du blé : une ordonnance de 1786 défendit l'emploi de ces substances, qui sont des poisons, et qu'il est, par ce motif, dangereux de mettre aux mains des cultivateurs. Cette loi étant tombée en oubli, on a fait dans ces derniers temps de nouveaux essais de ces matières, et surtout du sulfate de cuivre, sur le blé, mais les résultats n'ont pas été en général en leur faveur ; et cependant il convient à des hommes habiles et exercés en chimie de reprendre ces expériences, qui sont appelées, selon de grandes probabilités, à jeter de vives clartés sur l'opération très-importante du chaulage. Il peut être utile aussi de faire des essais de l'application de l'eau créosotée à la carie du blé, car il est vraisemblable que la **créosote** peut modérer les ravages de cette maladie dans le froment, comme elle le fait dans l'homme, au rapport du docteur Miquel.

On a répété jusqu'à satiété dans les auteurs que l'origine de la carie du blé est inconnue ; nous avons vu cependant que cette maladie provient d'une désorganisation des parties où elle existe ; qu'elle est un foyer de désorganisation du grain, et nous avons observé que les froments du Nord sont plus sujets à la carie que ceux du Midi. Or, on sait que les froments du Midi sont plus robustes dans leur chaume, plus fortement constitués dans leurs grains, et ceux-ci plus riches en gluten que les blés du Nord. Il est donc probable que la carie se développera d'autant moins dans le blé qu'il sera cultivé dans des terres chaudes, saines et substantielles.

C. TOLLARD aîné.

CARIGNAN ou **CARIGNANO**, au moyen âge *Carnianum* et aussi *Carganum*, jolie ville située sur la rive gauche du Pô, au milieu de fertiles campagnes, dans la province de Turin (royaume de Sardaigne) : Sa population, forte de 8,000 âmes, s'occupe surtout de l'industrie séricole et de ce qui s'y rattache, et fabrique aussi des confitures justement renommées. Le seul édifice digne d'être vu qu'elle renferme est son église paroissiale, construite en 1766, sur les plans d'Alfieri. Après la mort du prince Ludovico d'Acaja (1418), Carignano échut à la maison des princes de Savoie, qui vers le milieu du seizième siècle entourèrent la ville de murailles, de fossés et de bastions. Après la guerre de la régence en Piémont, vers le milieu du dix-septième siècle, le duc Charles-Emmanuel Ier confondit le nom de la ville de Carignano avec celui de la maison de Savoie, en donnant à son fils puiné, le prince Tommaso, le titre de prince de *Carignan*, en même temps que cette ville comme apanage. Ce prince Tommaso-Carignano est la souche de la maison de Savoie-Carignan aujourd'hui régnante, de même que d'une autre branche portant le même titre, et qui depuis vingt ans environ réside à Turin. Comme beaucoup d'autres membres de la maison de Savoie, le roi Charles-Albert porta aussi le titre de prince de Carignan.

CARILLON. Il est difficile de dire précisément d'où vient ce mot. L'idée des carillons fut donnée indubitablement par les sonneries des églises, dont les cloches, toujours d'inégale grandeur, font entendre nécessairement des tons différents. Un carillon se compose d'une suite de cloches ou de timbres disposés ordinairement sur une même ligne. Chacun de ces timbres étant frappé donne le ton d'une des notes de la gamme; de sorte qu'il faut autant de fois huit timbres qu'on veut avoir d'octaves. Pour jouer du carillon, s'il est permis de parler ainsi, on tient un petit maillet dans chaque main, et l'on frappe les sonnettes ou les timbres disposés devant soi, suivant l'air qu'on se propose de faire résonner. Si le carillon se compose de grosses cloches, alors on fait usage des pieds et des mains, soit pour incliner des bascules, soit pour tirer des cordons, etc.

Depuis fort longtemps on a exécuté dans diverses contrées de l'Europe, vers le nord surtout, des carillons qui résonnent au moyen d'un cylindre hérissé de chevilles disposées de manière qu'en appuyant sur les manches de marteaux, un air se trouve joué quand le cylindre a fait un tour sur lui-même. Tout porte à croire que ce mécanisme a donné naissance aux cylindres des serinettes et des orgues portatives, dont le notage est très-ingénieux et très-savant. Le notage d'un cylindre à carillon est au contraire fort simple; toutes les chevilles sont égales entre elles, et la manière de les placer n'est pas difficile à concevoir.

Autrefois on adaptait des carillons mécaniques aux grandes horloges, et ils faisaient entendre un air aux heures, demi-heures, etc. Telle était la fameuse horloge de la Samaritaine, que l'on vit sur le Pont-Neuf jusqu'au commencement de ce siècle. Mais cette coutume a disparu, et on ne rencontre plus guère d'horloge accompagnée de carillon. On trouve beaucoup de carillons dans les provinces du Nord; celui de Dunkerque a joui d'une grande célébrité. Paris possède encore un carillon au chevet de Saint-Eustache, il ne se fait entendre qu'aux jours de grande solennité religieuse, et joue un certain nombre d'airs.

Pour accorder un carillon, on lime les bords des timbres, ou bien on fait agir le tour. Si ce sont de grosses cloches, on fait usage d'une machine armée d'un tranchant qui opère dans l'intérieur de la cloche; on fait agir cette machine à force de bras. Il est inutile de dire qu'en diminuant l'épaisseur d'un timbre on augmente la gravité des sons qu'il rend.

Aujourd'hui les carillons sont complètement en désuétude; ces instruments, bien inférieurs à l'ancien clavecin, en ont tous les défauts. Il nous serait facile d'indiquer les moyens de les perfectionner; mais comme ce seraient encore de mauvais instruments, rangeons-les dans la catégorie des cornemuses, des musettes et autres instruments qui charment les montagnards et les peuples du Nord.

Le *carillon de Dunkerque* est un air très-vif et très-gai qu'on dansait il y a quelque vingt ans avec la boulangère, et dont on accompagnait quelques mesures en frappant des pieds et des mains. TEYSSÈDRE.

CARILLON (*Botanique*), nom vulgaire d'une plante du genre *campanule*. Le carillon (*campanula medium*, Linné) l'emporte sur toutes ses congénères, par ses grandes et grosses fleurs, d'un beau bleu, quelquefois blanchâtres, agréablement suspendues à des pédoncules axillaires, ce qui lui a valu son nom. Sa tige est rude; ses feuilles sessiles, ovales, lancéolées, un peu velues. Elle croît dans les bois, aux lieux arides, particulièrement en Provence. Aucune espèce parmi les campanules ne produit un plus bel effet dans nos parterres.

CARILLON NATIONAL, nom d'une des chansons populaires composées à l'époque de la révolution de 1789, et qui partagea longtemps avec *la Marseillaise*, *la Carmagnole* et *le Chant du Départ* la faveur des masses et des armées. Elle commençait ainsi :

Ah ! ça ira, ça ira ;
Les aristocrates, à la lanterne.
Ah ! ça ira, ça ira ;
Les aristocrates, on les pendra.
La liberté triomphera ;
Malgré les tyrans tout réussira.
Ah ! ça ira, etc.

Une circonstance bizarre, c'est que ces terribles paroles furent adaptées, pendant les travaux du Champ-de-Mars pour la fédération de 1790, à un air favori de la malheureuse Marie-Antoinette. Ce terrible refrain accompagna pendant quatre années bien des victimes à l'échafaud. La réaction thermidorienne, en donnant naissance au *Réveil du Peuple*, porta le premier coup à la popularité du *Carillon National*. Mais l'un et l'autre furent proscrits lorsque Bonaparte, devenu consul, répudia tous les souvenirs de la Terreur.

CARINACÉES (de *carina*, carène). Cette famille de l'ordre des coquilles univalves, ayant pour type le genre *carinaire*, a été ainsi dénommée par Blainville, quoique toutes les espèces qui la composent ne soient point pourvues de carène.

CARINAIRE, genre de mollusques de l'ordre des nucléobranches et de la famille des firolides, auxquels Rang assigne les caractères suivants : Animal gélatineux, transparent, à manteau épais et toujours couvert d'aspérités, terminé en pointe en arrière et arrondi en avant à la base de la trompe; celle-ci verticale, terminée par la bouche, qui est triangulaire, et contient un appareil propre à la mastication, composé de trois lames garnies chacune de rangées de crochets; deux tentacules coniques, allongés et recourbés en avant, portant les yeux à leur base en dehors et sur de petits tubercules arrondis; une ou plusieurs nageoires; le nucléus placé dans une cavité du côté dorsal, sous le bord antérieur de la nageoire ventrale, et protégé par une coquille extrêmement mince, fragile et transparente, enroulée obliquement sur la droite, à spire très-petite et uniquement au sommet, à ouverture très-grande et oblongue, divisée en deux parties presque égales par une carène longitudinale; orifices anal et génital sur un tubercule au côté droit.

Ces mollusques sont de jolis animaux, ornés des plus vives couleurs, transparents comme du cristal, qu'on ne rencontre à la surface de la mer que dans les temps calmes. Ils tirent leur nom de *carène*. Ainsi la *carinaire vitrée*, cette coquille si rare, dont il n'existe que trois ou quatre individus connus en Europe, offre une carène simple et dentée. Celle qu'on voit dans les galeries du Muséum d'Histoire Naturelle de Paris est remarquable par son poli et ses magnifiques reflets opalins. Ces coquilles sont estimées à 3,000 fr. La carène n'existe point, il est vrai, dans la *carinaire fragile*; mais elle est comme double dans la *carinaire de Lamarck*.

L. LAURENT.

CARINTHIE, en allemand *Kærnten*, duché qui fait partie de la monarchie autrichienne, et dont on évalue la superficie à 103 myriamètres carrés, avec une population de plus de 300,000 âmes. Il est traversé par les Alpes noriques et carniques, renferme un grand nombre de mines, abonde en gibier de toutes espèces, et est aussi fertile que bien cultivé.

A l'époque des Carlovingiens la Carinthie avait ses margraves particuliers, qui en l'an 926 obtinrent le titre de ducs. La famille ducale étant venue à s'éteindre en 1269, le duché de Carinthie passa sous l'autorité des rois de Bohême, à qui il fut arraché de nouveau; et en 1286 il devint la propriété des comtes du Tyrol. La race de ces derniers s'étant éteinte en 1335, leur héritage échut à la maison d'Autriche. Depuis lors elle fut divisée en haute et basse Carinthie; et il continua d'en être ainsi jusqu'en 1815, époque où elle fut réunie, comme cercles de *Klagenfurt* (basse Carinthie) et de *Villach* (haute Carinthie), au gouvernement de Laybach, du royaume d'Illyrie.

Le christianisme avait pénétré en Carinthie dès le septième siècle; et bien qu'il y ait eu depuis dans cette province un grand nombre d'adhérents au luthéranisme, la religion catholique est aujourd'hui encore la seule qu'on y professe.

CARINUS (Marcus-Aurelius), fils aîné de Carus, empereur romain, reçut de son père, avec le gouvernement de l'Italie, de l'Illyrie, de l'Afrique et de l'Occident, le titre de César et la qualité d'Auguste. Il partit avec Numérien, son frère, pour aller faire la guerre aux Perses, et fut chargé de défendre les Gaules contre les barbares. Carinus était un prince corrompu, paresseux et cruel. Il éloigna des emplois les hommes vertueux pour y placer les compagnons de ses débauches, fit mourir le préfet du prétoire pour lui substituer un scélérat sorti de la lie du peuple, épousa jusqu'à neuf femmes, et les répudia successivement, quoique plusieurs fussent enceintes; enfin il remplit son palais d'histrions et de courtisanes. Libre de toute entrave à la mort de son père, il s'abandonna avec plus de fureur à ses excès. Il ne manqua pas cependant de courage pour défendre l'empire, et défit près de Vérone Julien II, qui avait pris la pourpre en Pannonie. Il marcha ensuite contre Dioclétien, qui avait été proclamé empereur après la mort de Numérien, et fut, à la suite de plusieurs victoires, assassiné, en 284, par un tribun du peuple dont il avait enlevé la femme. A son retour des Gaules, il avait fait célébrer des jeux romains avec une magnificence inouïe. Quant au reste des détails dans Calpurnius et dans Vopiscus. Si les historiens l'ont décrié, il n'a pas manqué de poètes pour chanter ses louanges. Numérien et Calpurnius, entre autres, ont mis dans leurs églogues ce despote au rang des dieux.

CARION (*Curio, jus cariatoris*), droit qu'on percevait en nature sur la dîme pour le salaire de celui qui la recueillait dans les champs et la charroyait dans les greniers du décimateur.

CARIOPSE, genre de fruit sec, indéhiscent, monosperme, à péricarpe mince, se confondant avec les téguments de la graine, dont on ne peut le distinguer à l'époque de la maturité. Tels sont les fruits des graminées.

CARISSIMI (Jean-Jacques), musicien célèbre, naquit à Venise, vers 1582. On ignore le nom du maître qui dirigea ses premières études; il est probable qu'il n'eut guère qu'à lui seul le talent qu'il acquit dans la composition : le génie bien plus que la science brille dans ses ouvrages. Son mérite reconnu et l'éclat de son nom le firent appeler, en 1649, à la direction de la chapelle pontificale et du collège allemand de Rome. C'est à ce maître que l'on doit l'introduction des accompagnements d'orchestre dans la musique d'église, que l'orgue seul avait le privilége de soutenir; il perfectionna le récitatif, inventé depuis peu par Peri et Monteverde; il donna à la partie de basse une marche plus régulière, et lui imprima un certain rhythme; enfin on peut le regarder comme l'un des premiers auteurs qui aient composé des cantates, et fait substituer ce petit drame au madrigal

simple. Son chant est gracieux pour le temps où il écrivait; on y remarque surtout une expression vraie et spirituelle, soutenue par une harmonie qui sans être aussi savante que celle des maîtres de l'école romaine est cependant très-pure.

Le *Jugement de Salomon* est la meilleure cantate de Carissimi; ses motets sont fort estimés; on cite particulièrement celui qui commence par ces mots : *Turbabuntur impii*. Galuppi l'affectionnait beaucoup. Son style était doux et coulant, sans être pour cela moins noble et moins élégant. Siguorelli dit que quand on louait la facilité de son style, il répondait : « Ah! qu'il est difficile de parvenir à cette facilité! »
Castil-Blaze.

CARISTIES (en latin *caristia*, fait du grec χάρις, grâce, union, paix). On appelait de ce nom chez les Romains une fête de famille, qui se célébrait au mois de février, en l'honneur de la déesse de la Concorde. On n'y admettait point d'étrangers; on n'y invitait que des parents, des alliés, afin de consolider, de resserrer ou de renouer, dans l'effusion d'un repas, des liens que la négligence, l'absence ou des intérêts opposés auraient pu relâcher. Ovide fait mention de cette fête dans ses *Fastes*.

CARISTOS, ville et petit port de Grèce, chef-lieu du diocèse de ce nom, siége d'un métropolitain grec, est situé dans l'île d'Eubée, à son extrémité sud-est, sur le golfe du même nom. Ravain delle Carcere, de Vérone, ayant reçu la haute seigneurie de l'île, la divisa en baronnies. Les descendants de sa famille continuèrent à posséder la baronnie de Caristos pendant tout le treizième et le quatorzième siècle, et firent bâtir au-dessus de la montagne rocheuse qui domine cette ville une forteresse imposante, dont on voit encore les ruines.
Buchon.

CARITENA, ville de Grèce dans la Morée, au milieu des monts de l'Arcadie, chef-lieu du dème de son nom, dans le diocèse de Gortys, à 22 kilomètres ouest de Tripolitza, sur la rive droite de l'Alphée, près de l'emplacement de l'ancienne Gortys. Caritena, la *Mésarée* des chroniqueurs grecs, fut donnée comme haute baronnie, avec 22 fiefs de cavalerie, à Hugues de Bruyères, originaire de Champagne. Hugues épousa une fille de son seigneur lige, Geoffroi Ier de Ville-Hardouin, prince d'Achaïe, et en eut un fils, devenu célèbre par sa bravoure chevaleresque, Geoffroi de Bruyères, seigneur de Caritena, qui épousa une fille de Guy de la Roche, seigneur d'Athènes. Lorsque Guillaume de Ville-Hardouin succéda à son père, Geoffroi II, dans la principauté d'Achaïe, le seigneur d'Athènes, les trois seigneurs d'Eubée et le marquis de Bodonitza, refusèrent de lui rendre hommage, et Geoffroi de Bruyères prit part à cette révolte. Les feudataires alliés furent battus dans les défilés de Mégare. Guillaume confisqua les terres de son neveu, Geoffroi de Bruyères, pour le punir de sa rébellion; mais il se décida à les lui rendre, à cause de sa bravoure. Toutefois, cette baronnie devint une seigneurie donnée au lieu d'une seigneurie conquise, et ne put passer qu'aux héritiers directs de Geoffroi, et non à ses collatéraux. Aussi, après sa mort sans postérité, un parent de son nom, arrivé de Champagne pour revendiquer cette succession, fut-il débouté de ses droits. Par son adresse et sa bravoure, il obtint cependant quelques fiefs personnels en Morée, et s'y fixa; mais Caritena resta dévolue à la cour du prince. Cette seigneurie fut donnée, en 1304, par la princesse Isabelle de Ville-Hardouin à sa seconde fille, Marguerite, qu'elle avait eue d'un troisième mariage avec Philippe de Savoie. Les Grecs en 1320 s'emparèrent de Caritena par surprise.

La forteresse bâtie par Hugues de Bruyères domine la ville actuelle, toute la vallée de l'Alphée et les défilés des montagnes de Gortys. Kolocotroni s'y était établi pendant la guerre de l'indépendance, et du haut de ses tours il bravait Ibrahim-Pacha. En faisant des réparations dans l'intérieur de ce château, on y a découvert quelques tombeaux des anciens seigneurs français, et dans ces tombeaux des cottes de mailles, des casques et des cuirasses. On voit encore dans la ville une petite église de style français, contemporaine de la citadelle.   BUCHON.

CARLÉN (Émilie Schmidt, Mme), Suédoise, qui s'est fait un nom dans le Nord par ses nombreux romans, est née à Stockholm, en 1810. Quoique de bonne heure elle eût annoncé des dispositions pour la poésie, ce ne fut qu'après son mariage avec le musicien Flygare qu'elle livra au public quelques compositions littéraires. Après une première union assez peu heureuse, elle se remaria, en 1841, avec G. Carlén, né en 1811, fonctionnaire public à Stockholm, qui s'est également fait connaître comme poète par la publication de ses *Stycken på Vers* (Stockholm, 1838) et par ses *Romanser ur Svenska Folklifvet* (1846).

Quoique, par suite de ses devoirs domestiques, Émilie Carlén ne puisse consacrer que peu de temps à ses travaux littéraires, elle n'a pas cessé de donner des preuves d'une remarquable fertilité littéraire. Si la qualité ne répond pas toujours dans ses ouvrages à la quantité, on ne peut cependant se refuser à lui assigner un rang distingué parmi les écrivains de notre époque qui ont cultivé le genre du roman, à cause du remarquable talent qu'elle possède de combiner ses plans, du tact infini avec lequel elle sait mettre en saillie ce qu'il y a d'important dans les rapports ordinaires de la vie, et de son habileté à dessiner des caractères, bien que ses portraits manquent le plus souvent de profondeur psychologique. Ce qui la distingue surtout des autres romanciers suédois, c'est qu'elle choisit le plus généralement ses sujets dans les basses classes de la société, dans la vie du petit bourgeois, du prolétaire, du paysan. Aussi ses descriptions, pleines de vérité, rappellent-elles quelquefois la manière d'Eugène Sue, et cessent-elles d'appartenir au domaine de la poésie véritable. Elle débuta dans la carrière littéraire par la nouvelle intitulée *Waldemar Klein* (1838), qu'elle fit suivre sans interruption de romans *Representanten* (1839); *Gustaf Lindorm* (3 vol., 1839); *Professoren och hans Skyddslingar* (2 vol., 1840); *Fosterbræderna* (3 vol., 1840); *Kirko-Invigningen i Hammarby* (3 vol., 1840); *Skutsgossen* (2 vol., 1841); *Rosen på Tisteløan* (2 vol., 1842); *Kamrer Lanmann* (2 vol., 1842); *Fideikommisset* (4 vol., 1844); *Pål Værning* (2 vol., 1844); *Vindskuporna* (1845) *Bruden på Omberg* (2 vol., 1845); *Enslingen på Johannis-Skæret* (3 vol., 1846); *Ett År* (2 vol., 1846); *En Natt vid Bullar-Sjøen*, (3 vol., 1847); *Jungfrutornet* (2 vol., 1848); *En nyhfull Quinna* (2 vol., 1849); *Romanhettinnen* (1849); *Familier i Dalen* (1850); *Et Rykte* (1850); *Formyndaren* (2 vol., 1851). La plupart de ces romans ont été traduits en allemand et compris dans des bibliothèques de romans étrangers publiées par nos voisins d'outre Rhin.

CARLETON (William), l'un des peintres de mœurs les plus populaires de l'Irlande, est né en 1798 à Prillisk, dans le comté de Tyrone. Fils d'un paysan, il eut à lutter dans sa jeunesse contre toutes les souffrances et toutes les misères qui sont le sort du peuple irlandais. Après avoir reçu dans une école primaire les notions les plus indispensables, il fut recueilli à l'âge de dix-sept ans par un prêtre de ses parents qui avait ouvert à Glasslough une espèce de pension de jeunes gens, où il resta deux années. Un pèlerinage à Lough-Dery, à ce qu'on appelle le *Purgatoire de saint Patrick*, excita son imagination, et le porta à s'essayer pour la première fois dans la littérature. Obéissant à un vague sentiment d'ambition, il résolut de se rendre à Dublin, où il arriva avec quelques shillings seulement dans sa poche. C'est sous ces tristes auspices qu'il commença sa carrière littéraire. Ses *Traits and Stories of the Irish Peasantry* (2 vol., Dublin, 1830), par la nouveauté du sujet, par la fraîcheur du style, obtinrent les applaudissements de la critique et du public. Une suite à ces récits, qui parut en 1832, ne fut pas moins bien accueillie. Dans son roman intitulé *Fardorougha the miser* (Dublin, 1839), l'humour dégénère trop souvent en extravagance; mais le caractère de l'avare est vigoureusement dessiné. Plus tard Carleton publia une collection de Nouvelles (3 vol., Dublin, 1841), généralement dans le genre pathétique, mais au nombre desquelles se trouve une esquisse gaie et plaisante intitulée: *The Misfortunes of Barney Branagon*, dont le succès fut immense. Le roman *Valentine Macclutchy* (3 vol., 1845) a un but à moitié politique et à moitié religieux, destiné qu'il était à seconder la cause du rappel de l'union et à défendre le clergé catholique contre les accusations dont il est l'objet de la part du clergé anglican. *Rody the Rover* (1848), the *Black Prophet, a tale of Irish famine* (1847), et *Tithe Proctor* (1849), qui se succédèrent rapidement, doivent aussi être considérés plutôt comme des œuvres de parti, où on ne saurait cependant méconnaître le brillant talent de l'auteur. Carleton est le véritable historien du peuple irlandais. Né et élevé dans une chaumière de paysan, doué à un degré éminent de cette vivacité de sentiments et d'impressions qui distingue les vrais Irlandais, passionné pour tous les jeux et les divertissements de ses compatriotes, il sympathise profondément avec le peuple, et sait représenter avec une admirable vérité ses douleurs et ses joies.

CARLI (Giovanni-Rinaldo, comte), nommé quelquefois aussi, d'après sa femme, *Carli-Rubi*, né en 1720, à Capo-d'Istria, d'une famille noble et ancienne, débuta de bonne heure comme écrivain, et étudia ensuite plus particulièrement à l'université de Padoue la géométrie et les langues anciennes. Devenu célèbre par ses discussions littéraires avec Fontanini et Muratori, le sénat de Venise le nomma, en 1744, professeur d'astronomie et de navigation. C'est à Venise qu'éclata entre lui et l'abbé Tartarotti une ridicule dispute sur un sujet plus ridicule encore. Tartarotti, tout en niant l'existence des sorciers, prétendait qu'avec l'aide du démon on peut pratiquer des enchantements. Carli se donna la peine de contredire cette absurdité, ce qui lui valut de la part de Tartarotti une bonne accusation d'hérésie, et la discussion continua jusqu'à ce que Maffei, par la publication de son écrit : *la Magia annihilata*, réduisit les défenseurs du diable au silence.

Les soins réclamés par l'administration de son immense fortune forcèrent plus tard Carli à résigner ses fonctions de professeur et de retourner en Istrie. Plus tard, l'empereur le nomma président du conseil supérieur du commerce et du conseil des études à Milan, et dans ces fonctions Carli rendit de grands services à l'État. Il fut ensuite nommé conseiller d'État et enfin président du conseil des finances à Milan. Il mourut dans cette ville, le 22 février 1795. Parmi ses nombreux ouvrages, nous citerons ses essais : *Delle Monete e dell' Istituzione delle Zecche d'Italia*, etc. (Milan, 1750-1760); *Della Antichità Italiche* (5 vol., Milan, 1788-1791). Il publia à Milan, de 1784 à 1794, une édition complète de ses œuvres (15 volumes), dans laquelle ne se trouvent pourtant pas ses *Lettres Américaines*, publiées pour réfuter les *Recherches philosophiques* de l'Anglais Paw.

CARLIN, petite monnaie d'argent du royaume de Naples et de Sicile, qu'il faut attribuer sans doute à Charles d'Anjou, frère de saint Louis. Encore en usage, cette pièce vaut 42 centimes. Il y a aussi des pièces de 2 et de 6 carlins ; le ducat est de 10 carlins, et la piastre de 12.

CARLIN, espèce de chien qui était fort commune il y a quarante ans, et qui est devenue très-rare aujourd'hui. L'étymologie du nom de ce chien deviendrait difficile à trouver, dit Charles Nodier dans son *Examen critique des Dictionnaires*, si on ne la fixait maintenant. Il a été appelé ainsi par allusion au masque d'arlequin, dont la face noire et plate semble avoir été le modèle; et on se souvient que le rôle d'arlequin appartenait, lors de son apparition, au fameux Carlin Bertinazzi.

Le carlin est extrêmement petit; son nez est encore plus court que celui du boule-dogue, dont il semble être la miniature. Sa queue est souvent plus tortillée en spirale. C'est un animal fort peu intelligent, étourdi, très-lascif, sans utilité.

CARLIN (Carlo-Antonio Bertinazzi, *dit*), arlequin célèbre du dix-huitième siècle, naquit à Turin, en 1713, d'un officier des troupes du roi de Sardaigne. Il suivit d'abord la carrière de son père, mais, celui-ci étant mort sans lui rien laisser, il fut obligé pour vivre de donner des leçons de danse et d'escrime. Cependant, la principale, la plus agréable occupation du jeune professeur était de jouer la comédie avec ses élèves. Ses succès dans cet art lui inspirèrent l'idée de se faire de cet amusement un état plus conforme à ses goûts. L'arlequin du théâtre de Bologne, poursuivi par ses créanciers, avait laissé son directeur dans l'embarras. Bertinazzi le remplaça à l'improviste, sans que le public, abusé par le masque et le jeu du débutant, pût se douter de la substitution. Ce n'est qu'à la quatrième représentation que le secret fut divulgué.

Les succès non interrompus du nouvel arlequin sur les théâtres de plusieurs grandes villes d'Italie le firent appeler, en 1741, à Paris pour remplir cet emploi à la Comédie Italienne, et y remplacer Thomassin, acteur chéri du public, qui venait de mourir. Malgré le danger de la comparaison provoquée par de récents souvenirs, et celui d'aborder une langue nouvelle (la comédie dite *italienne* représentant des pièces françaises), *Carlin* (ce fut le nom qu'il adopta alors) obtint dès ses premiers débuts tous les suffrages, et son succès ne tarda pas à devenir de la vogue. Il captiva l'inconstance de la faveur publique pendant une carrière dramatique de plus d'un demi-siècle.

Acteur à la mode et acteur de la nature, Carlin mérita cette longue faveur par la vérité de sa pantomime, la gaieté de ses *lazzis*, la fécondité de ses improvisations. Quoiqu'on l'applaudît avec justice dans la comédie écrite, c'était surtout dans les canevas sur lesquels il brodait son dialogue, qu'il se montrait supérieur. Les spectateurs actuels, qui volent si souvent des acteurs hésiter, se troubler, s'ils ont à adresser au public quelques mots en dehors de leur rôle, pourront-ils dignement apprécier le talent d'un homme qui, dans *les Vingt-Six Infortunes d'Arlequin*, par exemple, improvisait pendant cinq actes, sans éprouver un moment d'embarras, sans cesser d'exciter le rire ou du moins l'attention?

Carlin passait généralement de son temps pour le plus parfait des arlequins; peut-être aussi ceux qui portaient ce jugement n'avaient-ils pu le comparer ni avec Thomassin ni avec Dominique, les seuls rivaux qui méritassent de lui être opposés. Un fait digne de remarque, c'est que ces trois acteurs, célèbres dans un genre bas-comique, trivial, quelquefois même graveleux et cynique, ne se sont pas moins distingués par leurs vertus domestiques et leurs qualités sociales. Lorsque après le renvoi des comédiens ultramontains, en 1780, le Théâtre-Italien se borna à représenter des pièces à ariettes, telle était l'estime des Parisiens pour la personne et les talents de Carlin, qu'il fut seul conservé, et qu'il ne cessa pas d'être applaudi jusqu'à sa mort, arrivée en 1783.

Presque septuagénaire, Carlin conservait encore la plus grande partie de ses avantages, et dans ses dernières années il jouait avec toute la gentillesse, toute la vivacité du jeune âge les Arlequins de Florian. Lui-même avait donné au théâtre, en 1763, une pièce en cinq actes: *Les Nouvelles Métamorphoses d'Arlequin*, où l'on trouva de l'imagination et du comique. Il se distinguait par un degré d'instruction supérieur à celui de la plupart des acteurs de son époque. La *Correspondance de Carlin avec Ganganelli*, fruit d'une prétendue liaison de jeunesse entre ces deux illustres enfants de l'Italie, qui obtint tant de succès dans les dernières années de la Restauration, n'est que le roman d'un écrivain ingénieux, Henri de Latouche. Jamais l'Arlequin n'eut aucun rapport avec le pontife.

CARLISLE, antique et riche cité, chef-lieu du comté de Cumberland (Angleterre), située non loin des confluents de l'Eden, du Petrel et du Caldew, près du golfe de Solway, est le siège d'un évêché. On y arrive, par le premier de ces cours d'eau, sur un pont de dix arches, et on y voit un château dans lequel Marie Stuart, lorsqu'elle s'enfuit d'Écosse en 1568, resta détenue pendant quelque temps, une citadelle et une belle cathédrale construite à l'origine dans le style gothique, mais qui a perdu ce caractère par suite des augmentations qu'on y a successivement faites. Sa population, forte de trente-six mille huit cents habitants, est remarquablement industrieuse, et se livre surtout à la fabrication des toiles, des étoffes de coton et des mousselines. Elle fait aussi un commerce fort actif, que favorise beaucoup un canal par lequel la ville communique avec le port et avec le golfe de Solway.

Aux environs on trouve de nombreuses traces d'antiquités romaines, car il y avait là aux temps où la Bretagne obéissait aux Romains une colonie militaire, appelée *Luguvallum*, à peu de distance du rempart des Pictes. Dévastée successivement par les Danois et les Normands, elle fut rebâtie par le roi Guillaume II. Carlisle eut aussi beaucoup à souffrir des guerres entre l'Écosse et l'Angleterre. En 1645 elle fut prise d'assaut par le général Leslie. En 1745 elle tomba au pouvoir du prétendant Charles-Édouard; mais elle fut bientôt après reprise par le duc de Cumberland, qui fit condamner à mort et exécuter un certain nombre de ses habitants reconnus coupables d'attachement à la dynastie proscrite. Les anciennes fortifications ont été en partie transformées en promenades.

On voit non loin de Carlisle un antique monument druidique, dont la conservation est parfaite, et que l'on appelle dans le pays *la grande Meg et ses filles*.

CARLISLE (Georges Howard, comte de), issu d'une branche de la maison ducale de Norfolk, qui reçut le titre de comte vers le milieu du dix-septième siècle, était fils de *Frédérick*, comte de Carlisle, homme à qui son goût pour les arts mérita de bonne heure une grande réputation, et que lord Byron, quoique son proche parent, attaqua avec la plus injuste amertume dans sa fameuse satire littéraire: *English Bards and Scotch Reviewers*; qui fut vice-roi d'Irlande de 1780 à 1782, et qui mourut en 1825. Né le 17 septembre 1773, Georges Carlisle, destiné de bonne heure par son père à la politique, fut élevé à Eton et à Oxford, et débuta dans la carrière par les fonctions d'attaché à la mission dont lord Malmesbury fut chargé sur le continent pendant les années 1795 et 1796. A son retour en Angleterre, il entra au parlement, se consacra tout entier à la politique, et fut chargé, sous le règne de Napoléon, d'une mission secrète près de la cour de Berlin. Lorsqu'en 1827 son ami Canning forma un nouveau cabinet, il l'y fit entrer, et lui confia les fonctions de lord chancelier, qu'il conserva jusqu'en 1828. Dans sa vie politique il se distingua constamment par sa probité, son patriotisme et la pureté de ses principes. Le mauvais état de sa santé l'avait forcé, dans les dernières années de sa vie, à renoncer complétement aux affaires publiques. Il mourut le 7 décembre 1848.

CARLISLE (Georges-William-Frédéric, comte de), fils aîné du précédent et héritier de son titre, né le 18 avril 1802, connu d'abord jusqu'à la mort de son grand-père sous le nom d'*Howard*, puis devenu ensuite lord *Morpeth*, se consacra aux affaires publiques, et fut pendant quelque temps attaché à l'ambassade de Pétersbourg. Nommé membre de la chambre des communes pour le comté d'York, il remplit sous le ministère Melbourne jusqu'en 1841 les fonctions de secrétaire d'État pour l'Irlande, et s'y fit fort aimer. Quand, en 1846, les Whigs arrivèrent de nouveau aux affaires, il fut nommé haut-commissaire des forêts, et succéda, en 1850, à lord Campbell comme chancelier du duché de Lancastre.

Le comte Carlisle s'est également fait un nom comme ami et protecteur éclairé des sciences et des lettres. Dans sa jeunesse il s'est maintes fois essayé comme poëte; et les lectures publiques qu'il a faites sur Pope, en 1850, à l'Institut mécanique de Leeds, prouvent que la poésie n'a pas cessé d'être son plus agréable délassement. En 1852 il a fait précéder d'une remarquable préface une édition du roman abolitionniste *Uncle Tom's Cabin*, de l'Américaine Beecher Stowe. C'est sans contredit l'un des hommes d'État les plus instruits de l'Angleterre, et chacun rend hommage à ce qu'il y a d'aimable dans son caractère privé. Son château d'Howard, dans le comté d'York, où, en août 1850, il eut l'honneur de recevoir la reine Victoria et le prince Albert son époux, contient une remarquable collection de tableaux anciens et modernes, et surtout d'ouvrages d'artistes anglais, à l'égard desquels sa famille a toujours fait preuve de la protection la plus généreuse.

CARLISTES, nom que l'on a donné, en France, après la révolution de Juillet, aux partisans de la légitimité, jusqu'à la mort de Charles X, et en Espagne, aux partisans de don Carlos de Bourbon.

CARLOMAN. On rencontre plusieurs personnages de ce nom dans notre histoire.

Le premier était fils de Charles Martel et frère de Pepin le Bref. A la mort de son père, arrivée en 741, Carloman eut en partage l'Austrasie; il y joignit la Souabe et la Thuringe, qu'il gouverna en souverain, mais sans prendre le titre de roi. Son premier acte fut de s'associer à Pepin pour dépouiller Griffon, leur frère consanguin, à qui Charles Martel avait laissé quelques principautés. Il repoussa également, de concert avec lui, une invasion d'Odilon, duc de Bavière. Plusieurs victoires remportées sur Théodoric, duc des Saxons, et Théodebald, duc des Allemands, illustrèrent Carloman, et semblaient annoncer un règne glorieux, quand tout à coup il abdiqua pour embrasser la vie religieuse. La mort d'une épouse chérie contribua, dit-on, puissamment à cette détermination. C'était d'ailleurs l'esprit du temps, car à la même époque un roi des Lombards et plusieurs monarques anglo-saxons quittèrent aussi le trône pour la retraite. Après avoir confié la tutelle de son fils Drogon et de ses autres enfants à Pepin, ainsi que l'administration de ses États, Carloman se rendit à Rome, où il reçut des mains du pape Zacharie la tonsure et l'habit monacal. Il se retira d'abord dans une abbaye qu'il avait fondée sur le mont Soracte; mais, troublé dans sa solitude par les fréquentes visites des seigneurs francs, il alla se réfugier dans le célèbre monastère du mont Cassin. Simple moine, il partageait les travaux de ses frères et jusqu'aux plus humbles fonctions domestiques, puisqu'il fut chargé, dit un chroniqueur contemporain, de la garde des oies du couvent. Il arriva même un jour qu'une oie fut prise par un loup, qui, touché ou contraint par les prières du saint, lui rapporta son butin.

Cependant l'exarchat de Ravenne venait d'être enlevé à l'empire d'Orient par les Lombards, qui prétendaient même joindre Rome à leurs riches possessions. Le souverain pontife Étienne II s'était rendu en France auprès de Pepin, pour solliciter son appui. De son côté Astolf, roi de Lombardie par les soins d'Optat, abbé de mont Cassin, mit dans ses intérêts Carloman, qui avait toujours conservé des relations suivies avec son frère, et qui défendit vivement sa cause à l'assemblée de Quercy-sur-Oise, en présence de Pepin et des grands rassemblés pour prononcer entre l'évêque de Rome et son puissant compétiteur. Le pape témoigna son mécontentement à Carloman, en le transférant même en Dauphiné, où il mourut peu de temps après, en 754. Quant à ses enfants, Pepin, qui jusque alors les avait élevés pour le trône, les en priva à son profit. Rasés et renfermés dans des cloîtres, l'histoire se tait sur leur destinée, qui s'acheva obscurément, ou peut-être fut tranchée par un crime.

CARLOMAN, fils de Pepin, lui succéda en 768, conjointement avec son frère Charles, appelé depuis Charlemagne. Il eut pour lui l'Austrasie, la France germanique et les provinces les plus rapprochées du Rhône. La mésintelligence ne tarda pas à se mettre entre les deux princes à l'occasion de la révolte de l'Aquitaine. Charlemagne avait compté sur l'appui de son frère pour le combattre; mais celui-ci rappela ses troupes au début de la campagne, et le laissa soutenir seul le poids de la guerre. Quelque temps après, Carloman mourut, en 771, à peine âgé de vingt ans, au château de Samoncy, près de Laon. Aussitôt Charlemagne s'empara de son héritage, au préjudice des fils qu'il laissait. Ceux-ci se réfugièrent avec Gerberge, leur mère, d'abord en Bavière, puis auprès de Didier, roi des Lombards. Charlemagne ayant porté la guerre en Italie en 774, ils furent pris à Vérone, et remis au vainqueur. Conduits en France, ils périrent dans l'oubli.

CARLOMAN, second fils de Louis le Bègue, monta sur le trône en 879, et régna conjointement avec son frère Louis III. A la mort de celui-ci, en 882, il resta seul roi, et périt deux ans après, à la chasse, par la maladresse d'un de ses officiers.

CARLOMAN, fils de Louis le Germanique, partagea les États de son père avec ses frères Louis le Saxon, roi de Germanie, et Charles III le Gros. La Bavière fut son lot. Il y joignit la Pannonie, la Carinthie et les royaumes des Slaves, des Bohèmes et des Moraves. Un moment roi d'Italie, il essaya vainement de se faire nommer empereur par le pape Jean VIII, qui ne lui donna que des promesses toujours éludées. Il mourut en 880, ne laissant qu'un bâtard, Arnoul, qui fut empereur. SAINT-PROSPER jeune.

CARLOS (Don), infant de Navarre, prince de Viane, naquit en 1420, de Jean Ier d'Aragon et de la reine Blanche de Navarre, de laquelle il était héritier; mais à la mort de cette princesse Jean s'empara du trône de Navarre, au préjudice de don Carlos. Celui-ci, victime de l'ambition de son père et des persécutions de sa belle-mère, la reine Jeanne, qui voulait placer la couronne sur la tête de l'infant don Ferdinand, son fils, prit les armes, excité par le roi de Castille, et se rendit maître de la Navarre, dont il fut proclamé roi. Une guerre sanglante s'ensuivit entre le père et le fils. Le fils, vaincu à Aïbar, fut enfermé au château de Tafalla, d'où il ne sortit qu'après avoir promis de ne prendre le titre de roi de Navarre qu'à la mort de son père. Mais ses partisans rallumèrent la guerre civile. Poursuivi par son implacable marâtre, déshérité par son père, vaincu de nouveau, don Carlos se réfugie en France, et de là à Naples, auprès de son oncle Alphonse le Magnanime, roi d'Aragon. Malgré un traité d'amnistie, Jean Ier, poussé par la reine, feint de craindre pour sa couronne et fait arrêter son fils à Fraga, après l'avoir attiré par d'artificieuses promesses. Des commissaires sont nommés pour juger le prince. A cette nouvelle tout le pays se révolte; les Catalans, les Aragonais, les Valenciens courent aussi aux armes. La reine, craignant d'être mise en pièces par le peuple, va tirer don Carlos de sa prison de Mirella, et le remet aux Catalans, qui le portent en triomphe à Barcelone. Le roi est forcé de le reconnaître par serment pour son héritier et de consentir à son mariage avec l'infante Isabelle de Castille, que la reine destinait à son fils; mais la marâtre prévint cette union par un crime: don Carlos mourut empoisonné, en 1461, à quarante-un ans. Les Catalans reprirent les armes pour venger sa mort, et en accusèrent publiquement la reine.

Ce prince s'était fait chérir par son courage, sa douceur, son goût pour les lettres. On lui doit une élégante traduction en langue castillane de la *Morale* d'Aristote, qu'il dédia à son oncle Alphonse le Magnanime, et une *Chronique* inédite *des Rois de Navarre*, conservée dans les archives de Pampelune.

31.

CARLOS (Don), infant d'Espagne, fils de Philippe II et de Marie de Portugal, naquit à Valladolid, le 3 juillet 1545. Sa mère mourut quatre jours après l'avoir mis au monde. Ce prince était d'une constitution débile, et avait une jambe plus courte que l'autre. L'extrême indulgence avec laquelle il fut élevé par Jeanne, sœur du roi, ne fit qu'accroître son opiniâtreté naturelle. En 1560 Philippe le fit reconnaître pour héritier de sa couronne par les états assemblés à Tolède, et l'envoya en 1562 à l'université d'Alcala de Hénarès, dans l'espérance que l'étude des sciences dompterait l'âpreté de son caractère. A la suite d'un accident il fut pris d'une fièvre chaude, qui ne laissa bientôt plus aucun espoir à ses médecins. Le roi, effrayé, accourut en toute hâte auprès de son fils; on se rappela que le prince avait une vénération toute particulière pour saint Didacius, qui à cette époque n'était pas encore canonisé; et Philippe ordonna d'apporter processionnellement le corps du saint auprès de son fils moribond. On l'étendit sur le lit du malade, dont on recouvrit le visage brûlant avec le froid linceul qui l'enveloppait. Le prince s'endormit; à son réveil, la fièvre était considérablement diminuée; il demanda à manger, et guérit. Tout le monde crut au miracle, et Philippe sollicita vivement en cour de Rome la canonisation de Didacius.

Les historiens contemporains ne sont guère d'accord dans le portrait qu'ils tracent de don Carlos. Selon les uns, ce prince joignait à l'amour de la gloire un grand courage, une noble fierté et un impérieux désir de dominer. Selon les autres, il aimait tout ce qui était extraordinaire ou imprévu; le moindre contre-temps, la plus légère résistance, le mettaient en fureur; mais on parvenait aisément à l'apaiser avec un peu de souplesse et en lui témoignant de la déférence. On le représente aussi comme ayant sympathisé avec les révoltés des Pays-Bas, et comme un ennemi déclaré de l'inquisition; on va même jusqu'à supposer qu'il avait vu avec plaisir la grande révolution religieuse opérée dans une partie de l'Europe par Luther, et que devenu roi il en eût facilité et même appelé la propagation en Espagne. Cependant il n'avait ni assez de connaissances, ni assez de principes, ni même assez d'intelligence pour être capable de concevoir des idées libérales; tout était chez lui l'effet d'une impulsion passionnée, que la résistance pouvait pousser jusqu'à la fureur. Llorente, qui en écrivant son ouvrage sur l'Inquisition puisait à des sources sûres, a rétabli les faits au sujet du caractère de ce prince. Selon lui, don Carlos était violent, brutal, ignorant et mal élevé. On a prétendu qu'au congrès de Câteau-Cambrésis, en 1559, il fut un moment question du mariage de ce prince avec Élisabeth, fille de Henri II, mais que Philippe, veuf alors de Marie d'Angleterre, s'offrit à la place de son fils. Don Carlos aimait, a-t-on dit, Élisabeth, et ne pardonna jamais à son père de la lui avoir enlevée. Llorente prouve qu'il n'a jamais été amoureux d'Élisabeth, et qu'aucun commerce criminel n'a existé entre lui et la reine, demeurée pure : c'est donc là tout simplement une fiction, qui, en fournissant à plusieurs poètes le prétexte de magnifiques développements, a beaucoup contribué à égarer l'opinion au sujet du véritable motif de la catastrophe qui termina les jours de ce prince.

En 1563, Philippe, qui n'avait d'autre héritier direct que don Carlos, reconnaissant l'inutilité de ses efforts pour modifier le caractère de son fils, et le jugeant incapable de régner, fit venir ses neveux Rodolphe et Ernest d'Autriche, pour leur assurer à sa mort la réversibilité de ses États. Don Carlos, qui vivait toujours en mésintelligence avec son père, résolut en 1565 de quitter l'Espagne. Il allait partir, lorsqu'il en fut détourné par Ruy-Gomez de Silva, confident de Philippe, et dont il avait néanmoins fait son intime. Quand l'insurrection des Pays-Bas vint à éclater en 1567, don Carlos écrivit à plusieurs grands du royaume qu'il avait l'intention de se rendre en Allemagne. Il s'en ouvrit à son oncle don Juan d'Autriche, qui l'en détourna, et alla lui-même rapporter à Philippe ce que l'infant lui avait confié. A tous ces griefs réels ou supposés, il faut ajouter que don Carlos avait souvent manifesté avec emportement le désir de prendre une part active au maniement des affaires; mais Philippe, jaloux à l'excès de son pouvoir, ne lui avait témoigné que de la froideur et de la réserve, tandis qu'il accordait sa confiance entière au duc d'Albe, à Ruy-Gomez de Silva, à don Juan d'Autriche et à Spinola. Don Carlos conçut dès lors une haine profonde pour ces différents personnages. Il fut surtout indigné que le duc d'Albe obtint le gouvernement de la Flandre, qu'il avait demandé pour lui-même.

La veille de Noël de l'année 1567, il confessa à un prêtre qu'il avait pris la résolution d'assassiner un homme, et le prieur du couvent d'Atocha lui arracha des aveux qui firent supposer qu'il avait conçu le projet d'attenter à la vie de son père. La confession de don Carlos fut révélée au roi; et, l'infant ayant alors réellement essayé d'attenter à la vie de don Juan d'Autriche, Philippe II le fit arrêter, dans la nuit du 18 janvier 1568, et placer tous ses papiers sous les scellés. On le confia à la garde du duc de Faria et de six gentilshommes qui eurent ordre d'exercer sur lui la plus sévère surveillance. Le conseil d'État, présidé par le cardinal Spinosa, grand inquisiteur et président du conseil de Castille, fut chargé de prononcer sur le sort du prince, contre lequel on instruisit une procédure régulière. Le pape et tous les princes auxquels le roi avait écrit pour leur notifier cet événement, notamment l'empereur Maximilien II, frère du roi d'Espagne, intercédèrent inutilement en faveur de don Carlos auprès de Philippe II, qui le 2 mars suivant signa l'ordre formel de son incarcération, et en confia l'exécution à Ruy-Gomez de Silva, prince d'Éboli. On raconte que les gardiens du prince le revêtirent d'habits de deuil, firent enlever les tapisseries, les meubles de son appartement, et jusqu'au lit qui s'y trouvait, laissant seulement un matelas. Don Carlos, au comble du désespoir, ayant fait allumer un grand feu pour se garantir du froid piquant qui régnait alors, s'y précipita tout à coup, et ce ne fut qu'avec beaucoup de peine qu'on parvint à le retirer des flammes. Il essaya de se donner la mort par la faim, la soif, puis par l'usage immodéré de la nourriture et de la boisson; enfin il avala un diamant pour s'étrangler. Il est donc possible que dans une telle situation l'infant ait été atteint d'une fièvre maligne, dont on se garda bien de combattre les progrès.

Cependant, don Diego Bribiesca de Mugnatonès, membre du conseil de Castille, instruisait le procès. En juillet, les témoins entendus, et après examen des papiers enlevés au prince, Mugnatonès rédigea un rapport portant en substance que don Carlos, ayant résolu un parricide et tenté de s'emparer du gouvernement de la Flandre au moyen de la guerre civile, devait être considéré comme convaincu du crime de haute trahison; toutefois, qu'il fallait le laisser juger entièrement du souverain de ne pas faire juger l'infant d'après les lois générales du royaume. Sur le vu de ce rapport, Philippe déclara que sa conscience de roi ne lui permettait pas de faire une exception aux lois en faveur d'un prince que ses déportements et ses vices avaient rendu tout à fait indigne de la couronne. Il ajouta qu'il croyait au reste que l'état de la santé de son fils ne laissait aucun espoir de conserver ses jours, qu'il était bon de ne plus s'inquiéter de lui, mais au contraire qu'il fallait le laisser manger et boire autant qu'il voudrait, ce qui amènerait infailliblement sa mort. Les actes connus de la procédure ne révèlent d'ailleurs rien qui justifie cette décision que Llorente prête à Philippe. Il n'y eut pas de jugement écrit ou signé, et le secrétaire des protocoles, Pedro del Hoyo, remarque seulement dans une note : « Que l'instruction du procès était déjà fort avancée lorsque le prince vint à mourir de maladie, ce qui prévint tout jugement de la part du tribunal saisi de l'affaire. »

Don Carlos succomba le 24 juillet 1568, après s'être confessé, après avoir demandé pardon à son père et avoir reçu sa bénédiction, et fut enterré à Madrid, dans le couvent des Dominicains d'El-Réal. En 1592 Philippe II ordonna de déposer aux archives de Simancas tous les actes de la procédure instruite contre son fils.

Par les détails qu'on vient de lire, et en raison de ce qu'ils présentent d'obscur et de contradictoire, on est autorisé à conclure que la mort de don Carlos restera vraisemblablement toujours un mystère et une énigme historiques. Il n'est rien moins que prouvé que la sentence capitale rendue contre lui par le conseil d'État de Philippe II ait reçu son exécution, ainsi que le racontent quelques historiens, au moyen d'une soupe empoisonnée servie au malheureux prince. Ceux qui prétendent qu'il fut saigné aux quatre membres dans un bain, ou étranglé, ne citent non plus aucune preuve à l'appui de leur assertion.

CARLOS DE BOURBON (Don Maria-Isidor), né le 29 mars 1788, fils cadet du roi Charles IV et frère de Ferdinand VII, reçut à la cour dissolue de son père une éducation aussi bonne qu'on pouvait l'espérer dans des circonstances semblables. En 1808, à la suite des événements de Bayonne, il dut, ainsi que son frère, dont il partagea la captivité à Valençay jusqu'en 1814, renoncer à la succession au trône. Ferdinand VII, rétabli dans la plénitude de ses droits héréditaires, ayant épousé en secondes noces la fille du roi de Portugal Jean VI, don Carlos se maria en 1816 avec la sœur de cette princesse, Maria-Francisca d'Assise, née en 1800, et dont il a eu trois enfants, *don Carlos*, né en 1818, *don Juan-Carlos*, né en 1822, et *don Fernando*, né en 1824.

Le second mariage de Ferdinand VII étant demeuré stérile comme le premier, la succession au trône parut dès lors assurée, dans un avenir plus ou moins éloigné, à don Carlos et à sa descendance; le frère du monarque devint naturellement le chef d'un parti désireux de capter sa bienveillance. On vit aussitôt les prêtres et les jésuites commencer à prendre une influence de plus en plus grande sur l'esprit de ce prince, qui peu à peu devint l'espoir de la faction qui ne rêvait que le rétablissement de la religion dans son antique splendeur, et du pouvoir royal dans son absolutisme le plus pur; résultat sur lequel on n'osait compter avec un roi d'un caractère aussi faible et aussi inconstant que Ferdinand VII. Après le rétablissement de la constitution des cortès, en 1820, don Carlos fut en quelque sorte l'âme de toutes les intrigues et de toutes les conspirations tramées pour arriver à une révolution nouvelle; et ce rôle devint plus évident encore depuis que les ministres Zea Bermudez et d'Ofalia, grâce à l'intervention du cabinet français eurent réussi en 1823 à détourner Ferdinand de plusieurs mesures extrêmes que des moines fanatiques et des conseillers réactionnaires et vindicatifs le poussaient incessamment à prendre. Les uns et les autres se groupèrent alors autour de don Carlos avec plus d'empressement et d'affectation que jamais, alors surtout qu'un troisième mariage de son frère, resté stérile, fit perdre l'espoir que le roi eût jamais d'héritiers directs de sa couronne. Des mouvements, des révoltes même, eurent ouvertement lieu à diverses reprises en faveur de l'infant don Carlos; mais le gouvernement réussit toujours à les comprimer. La troisième femme de Ferdinand VII étant morte en 1829 sans lui avoir donné d'enfants, les adversaires de don Carlos et de sa faction décidèrent le roi à convoler en quatrièmes noces avec Marie-Christine, sœur cadette de doña *Carlotta*, épouse de l'infant don François de Paule, et à abolir la loi salique en vertu d'une pragmatique publiée le 29 mars 1830, pour le cas où il ne laisserait qu'une descendance féminine.

L'infante Isabelle, aujourd'hui reine d'Espagne, naquit le 10 octobre 1830, et dès lors don Carlos perdit tout espoir d'hériter de la couronne. En septembre 1832 son parti réussit, à la vérité, à arracher de Ferdinand VII moribond l'annulation de la pragmatique sanction et le rétablissement de la loi salique; mais le roi ne fut pas plus tôt revenu momentanément à la santé, qu'il déclara que sa religion avait été surprise, et qu'il rétablit en vigueur la pragmatique sanction de 1830; révolution de palais qui ne fit que rendre encore plus mauvaise la position de don Carlos. Les intrigues de ses partisans n'en continuèrent cependant pas moins avec une telle activité qu'en 1833 Ferdinand VII, poussé à bout, dut non-seulement exiler don Carlos, mais encore le prince aujourd'hui femme de don Carlos, mais encore ce prince lui-même, ainsi que l'infant don Sébastien; et don Carlos s'étant refusé à envoyer, du lieu de son exil, sa prestation de serment de fidélité et d'hommage à la princesse des Asturies, reçut ordre de quitter la péninsule et de se retirer dans les États du pape.

Don Carlos déclara alors officiellement à son frère Ferdinand VII que, convaincu de la légitimité de ses droits à la couronne d'Espagne, il ne pouvait point en reconnaître à d'autres; et il n'était pas encore parti pour l'Italie, lorsque le roi mourut le 29 septembre 1833. Quelques jours après, sa veuve, la reine-régente, faisait encore une fois ordonner à l'infant de se rendre au lieu de son nouvel exil. Mais don Carlos se considéra aussitôt comme le souverain légitime de l'Espagne, et fut reconnu en cette qualité non-seulement par son parti, auquel on donna dès lors la dénomination de parti *carliste*, mais encore par dom Miguel, qui dominait encore en Portugal; de sorte que la reine-régente se vit forcée de le déclarer rebelle par un décret portant la date du 16 octobre. Le traité de la *quadruple alliance*, conclu entre l'Espagne, le Portugal, l'Angleterre et la France, eut pour objet d'expulser du territoire portugais non-seulement don Carlos, mais encore dom Miguel; expulsion qui se trouva consommée avant même que les ratifications de ce traité eussent été échangées. Don Carlos s'embarqua le 1er juin 1834 pour l'Angleterre, où il repoussa opiniâtrement toutes les propositions que lui fit faire la reine-régente, à l'effet d'accepter une pension annuelle. Dès le premier juillet suivant, le prétendant, s'échappant secrètement d'Angleterre, traversa la France dans toute sa longueur, à l'aide d'un déguisement, séjournant même pendant quelque temps, à la barbe de la police de M. Thiers, alors ministre de l'intérieur, à Paris, à Bordeaux et à Bayonne, il franchit, dès le 10 du même mois, la frontière d'Espagne, où la guerre sévissait déjà dans les provinces du nord, et où elle continua avec des chances diverses jusqu'en 1839, époque à laquelle don Carlos fut enfin contraint de chercher un refuge sur le sol français (*voyez* Espagne). Le gouvernement de Louis-Philippe lui assigna alors pour résidence la ville de Bourges, où il resta longtemps détenu par suite de son refus opiniâtre de renoncer à ce qu'il appelait ses droits.

Dès 1834 un décret, rendu à l'unanimité par la chambre des *procères* et par celle des députés, avait exclu à jamais du trône, et banni du sol espagnol, don Carlos et sa descendance; décret que les cortès constituantes de 1836 confirmèrent également à l'unanimité.

La première femme de don Carlos étant venue à mourir en 1834, ce prince épousa en secondes noces, le 2 février 1838 à Salzbourg par procuration, et en personne à Aspeitia le 20 octobre de la même année, l'infante Marie-Thérèse de Bourbon et de Bragance, princesse de Beira, veuve de l'infant Pierre d'Espagne et mère de l'infant don Sébastien.

En 1844 il abdiqua en faveur de son fils aîné, le prince des Asturies. Ce dernier, désigné aujourd'hui sous le nom de don Carlos (*Louis-Marie-Ferdinand de Bourbon*), né en 1818, habite l'Angleterre sous le nom de *comte de Montemolin*. Son père a pris le titre de *comte de Molina*. Après cette abdication, publiée avec toutes les formes en usage pour la royauté, de nouveaux mouvements carlistes éclatèrent sur divers points de l'Espagne, notamment en Catalogne, et se sont succédé avec des chances diverses jusqu'à dans ces derniers temps. Une tentative faite au mois d'avril 1840 par le comte de Montemolin pour traverser la France incognito et se jeter en Espagne échoua; et le nouveau prétendant, après être resté détenu du 5 au 10 avril dans la forteresse de Perpignan, revint à Londres le 15 du même mois.

Don Carlos, le père, qui avait vainement essayé de s'enfuir de Bourges, obtint en 1847 l'autorisation de quitter la France. Depuis lors il vit retiré en Autriche.

CARLOSTAD. *Voyez* KARLSTADT.

CARLOTTA DE BOURBON (Doña Luisa), infante d'Espagne, fille de François-1er, roi des Deux-Siciles, et de Marie-Isabelle d'Espagne, née le 24 octobre 1804, épousa l'infant d'Espagne *don Francisco de Paula*, le 12 juin 1819.

L'infante n'avait pas encore atteint sa quinzième année, quand elle arriva en Espagne, à la veille d'événements qui devaient mettre ses qualités et ses défauts en évidence. Belle alors, ardente, impérieuse, elle devait dominer de toute la vigueur de son caractère son époux, dont la faiblesse et la nullité sont aujourd'hui proverbiales. Bonne, dit-on, dans l'intérieur de sa famille, elle rachetait un caractère violent par quelque sensibilité et par une grande générosité; mais ses dehors dédaigneux et sa morgue altière lui aliénèrent toutes les sympathies populaires, et elle gâta par cet orgueil indomptable la position que les événements lui préparaient admirablement. Trop jeune encore à l'époque de la révolution de 1820 pour y jouer un rôle, elle ne laissa pas de tout faire pour donner à son mari un vernis de libéralisme formant un frappant contraste avec le sombre fanatisme de don Carlos, de même qu'avec la conspiration permanente de Ferdinand contre la constitution de 1812, qu'il venait de jurer. Un fils lui étant né le 13 mai 1822, l'infante doña Carlotta voulut qu'il portât le titre de *duc de Cadix*, contrairement à l'étiquette de la cour de Madrid, où jamais les princes n'ont eu d'autre titre que celui d'infant, sauf l'héritier présomptif de la couronne, qui reçoit en naissant celui de *prince des Asturies*. Inaugurer cette innovation par le choix de la ville de Cadix, berceau de la constitution de 1812, et foyer de la révolution de 1820, parut alors de la part de la princesse un fait très-significatif. L'opinion publique y vit une adhésion tacite aux institutions libérales; et cette innovation fut très-certainement inspirée par le désir de faire de la popularité. L'année suivante elle eut encore un fils, auquel elle fit donner le titre de *duc de Séville*.

Pendant les premières années de la seconde période du règne de Ferdinand VII, rendu à l'exercice du pouvoir absolu, le rôle de l'infante fut complètement passif. Il n'en fut pas de même à la mort de la reine Amélie de Saxe, troisième femme de Ferdinand. Ce prince épousa alors en *quatrièmes* noces une princesse de Naples, *Marie-Christine*, sœur puînée de doña Carlotta, qui ne vit pas sans en ressentir une secrète jalousie l'élévation de sa sœur cadette au trône, et qui ne supporta jamais qu'impatiemment l'infériorité dans laquelle elle se trouva placée dès lors vis-à-vis de Marie-Christine, quoiqu'elle lui fût si supérieure en volonté et en énergie. La promulgation de la pragmatique-sanction de Charles IV, par laquelle l'*auto accordado* de Philippe V sur la loi de succession se trouvait annulé, devait introduire dans la famille royale des germes de profonde dissension. En mettant à néant le changement arbitraire introduit par Philippe V dans l'ordre de succession, Ferdinand VII portait un coup funeste au parti apostolique, ayant pour chef l'infant don Carlos, qui se trouvait exclu dans le cas où la nouvelle reine viendrait à avoir des filles. L'infante doña Carlotta, qui vit là des chances d'avenir pour sa propre famille, embrassa avec ardeur la cause de la pragmatique sanction. Les faits ne tardèrent pas à justifier ses prévisions; Marie-Christine mit deux filles au monde.

Cependant Ferdinand VII, dont la santé épuisée offrait peu de chances de longue vie, résistait mollement aux obsessions des prêtres qui l'entouraient et lui faisaient entrevoir les peines de l'enfer en expiation de l'acte qui excluait don Carlos de la succession au trône. Il fut revenu vingt fois pour une sur l'affaire de la pragmatique sanction, si l'infante n'avait point été là pour soutenir le moral de ce prince, aussi lâche que superstitieux, dont Marie-Christine partageait d'ailleurs les irrésolutions. Dans un des courts intervalles où la santé de Ferdinand VII sembla mieux raffermie, l'infante crut pouvoir s'absenter d'un palais où tant d'intrigues étaient en jeu, et se rendit imprudemment en Andalousie; mais la maladie du roi fit tout à coup des progrès alarmants, et le parti apostolique, dont Calomarde, premier ministre de Ferdinand, était devenu l'agent le plus dévoué, songea à en profiter pour arracher au monarque la révocation de la pragmatique sanction. La scène se passait au château de la Granja. Les représentants de l'Autriche, de la Sardaigne, de la Prusse et de Naples étaient entrés dans le complot. L'ambassadeur de Naples, le baron Antonini, chargé comme ministre de famille d'agir sur l'esprit de Marie-Christine, obtint d'elle, à force d'obsessions, qu'elle donnât son consentement à la révocation. Ce résultat une fois obtenu, les prêtres qui entouraient le royal moribond s'étudièrent à remplir son premier résolution de mettre par la peinture des peines de l'enfer, puis ils lui annoncèrent que la reine avait donné son adhésion à l'acte de révocation préparé par Calomarde. Ferdinand, cédant à l'exemple de sa femme et surtout à la peur des châtiments éternels, finit par consentir, lui aussi, à la révocation. Déjà l'acte authentique venait d'être revêtu de sa signature, quand l'infante doña Carlotta, accourue en toute hâte du fond de l'Andalousie, arriva à la Granja. La première personne qu'elle rencontra en entrant au palais fut Calomarde. Aussitôt, vigoureusement appliqué d'une main toute virile sur la joue du ministre, indiqua de la part de l'infante la ferme résolution de mettre à néant tout ce qui venait d'être fait. Elle aborde sa sœur, lui reproche amèrement sa faiblesse ainsi que l'abandon qu'elle vient de faire des intérêts de ses propres enfants, et l'arrache à sa coupable torpeur en l'appelant *Regina di teatro*. Puis, sans perdre de temps, elle fait prendre les mesures pour que le décret de révocation ne soit pas publié. En effet, quand il fut présenté au conseil de Castille, le doyen Puig refusa de l'entériner. Le coup était paré.

Ferdinand VII étant revenu d'un long évanouissement dont il avait été frappé après avoir apposé d'une main défaillante sa signature à l'acte de révocation que lui présentait le comte d'Alcudia, l'infante doña Carlotta releva le courage de Marie-Christine et du roi, puis décida Ferdinand à chasser Calomarde et à appeler à la tête du ministère M. Zéa, alors ambassadeur à Londres.

Après un pareil service, il semble que doña Carlotta dût être toute-puissante sur l'esprit de Marie-Christine. Il n'en fut pourtant pas ainsi. L'infante avait l'ambition de marier ses deux fils aux deux filles de sa sœur. Mais, soit que Marie-Christine eût dès cette époque d'autres vues, soit instinct d'ingratitude, soit encore qu'elle craignît que le caractère dominateur de sa sœur aînée ne réussît bientôt, grâce à cette double alliance, à s'emparer de l'esprit de ses filles, et, par suite, de la direction des affaires de l'État, elle se fit une étude constante, dès que Ferdinand eut fermé les yeux, de tenir l'infante à l'écart, et de s'éloigner chaque jour davantage de celle à qui elle devait tout. Doña Carlotta n'était pas femme à supporter avec résignation une pareille ingratitude. Justement blessée, elle s'en expliqua durement. Il y eut des scènes violentes entre les deux sœurs; et bientôt l'infante dut songer à quitter le palais, car ces deux femmes ne pouvaient plus désormais habiter sous le même toit. Elle demanda à se retirer dans telle ville d'Espagne qu'on lui indi-

CARLOTTA DE BOURBON

quérait, et l'autorisation lui en ayant été refusée, elle se décida à sortir du royaume et à passer à l'étranger.

Au mois d'avril 1838 l'infante et sa famille vinrent s'établir à Paris, et ce fut un embarras de plus pour la cour des Tuileries. Nièce de la reine des Français, on était bien forcé de l'accueillir au château; mais, d'un autre côté, on ne se souciait pas de blesser Marie-Christine par une réception trop amicale. On s'en tint par conséquent au *juste milieu* d'un accueil froid et cérémonieux. Mais l'embarras devint extrême quand les événements de 1840 eurent obligé Marie-Christine à se démettre de la régence à Valence, et à se réfugier en France, car elle arrivait le cœur plus que jamais ulcéré contre sa sœur. On attribue ce redoublement de haine à ce que pendant les jours qui s'écoulèrent entre la révolution dont Madrid fut le théâtre le 1ᵉʳ septembre 1840, et la renonciation de la régente, il avait paru une brochure où toute la vie intérieure de Marie-Christine était mise au grand jour. Les détails si précis qu'on y lisait sur ses premiers rapports avec Muñoz portaient tellement le cachet de la vérité, qu'il fut tout aussitôt hors de doute qu'ils avaient dû être donnés par la seule personne qui, témoin oculaire de toute la vie privée de Marie-Christine, pût si bien la connaître. Marie-Christine n'hésita pas à attribuer ces compromettantes révélations à une perfidie de l'infante doña Carlotta. Aussi le ministre de l'intérieur, Caballo, s'étant rendu auprès d'elle pour lui parler de cette brochure : « Vous n'avez pas besoin de tant vous creuser la cervelle pour trouver l'auteur de cette publication, lui dit la reine, je vous le nommerai moi-même : c'est ma sœur. »

On comprend que Marie-Christine devait éprouver une vive répugnance à rencontrer la sœur qui avait poussé l'esprit de vengeance jusqu'à divulguer ses plus secrètes faiblesses. Cependant *le château* parvint à opérer une espèce de réconciliation entre les deux princesses, et sourirent la haine dans l'âme et le sourire sur les lèvres.

Dès que Marie-Christine eut renoncé à la régence, doña Carlotta, poursuivant toujours son idée fixe du mariage de son fils aîné avec la jeune reine, il réclamer pour son mari la tutelle de ses nièces. Mais les prétentions de ce prince furent repoussées par les tribunaux saisis de la question. Quand celle de la régence fut portée devant les cortès, personne ne songea à l'infant. Nouvelle déception de l'altière Carlotta; mais l'espoir d'exercer de l'influence sur l'esprit du régent lui fit une nécessité de dissimuler son dépit, et, oublieuse de toute dignité dans cette circonstance, elle obligea même son débonnaire mari à féliciter le général Espartero sur le choix que les cortès venaient de faire de lui pour la régence du royaume.

La mauvaise gestion de la fortune considérable des infants leur rendait le séjour de Paris trop dispendieux; du moins ce fut le prétexte mis en avant pour colorer leur départ. Mais il est très-probable que cette résolution leur fut à peu près imposée. Marie-Christine, aussi choyée aux Tuileries que sa sœur y était mal vue, obtint qu'on l'engagerait à s'éloigner. Après avoir annoncé que les infants allaient prendre les bains de mer à Dieppe, les infants quittèrent Paris au printemps de 1841, et vinrent s'établir au château de Margaux appartenant à Aguado. Pendant ce temps l'infante doña Carlotta faisait auprès du régent Espartero des démarches pour rentrer en Espagne; et, en dépit des répugnances personnelles du régent, qui redoutait avec raison l'esprit d'intrigue de cette princesse, elles finirent par être couronnées de succès.

Ce que le régent avait redouté arriva. A peine doña Carlotta fut-elle à Madrid, que des intrigues furent nouées pour circonvenir la jeune reine et lui inspirer le désir d'épouser son cousin. Il fallut renvoyer des employés du palais, des précepteurs, qui étaient entrés dans les vues de l'infante. Indépendamment de ces moyens d'action occultes, l'infante demanda que son fils fût nommé officier dans le régiment de hussards qui tenait garnison à Madrid, et qui escortait la reine dans ses promenades, espérant que ce rapprochement des jeunes cousins servirait ses projets. Le but de cette demande était trop évident pour qu'il ne fût pas deviné. On nomma bien le duc de Cadix officier au régiment de hussards, mais en même temps on envoya ce régiment tenir garnison à Ocana. Fatigué de ces intrigues, dont on retrouvait la trace à chaque pas, le gouvernement donna l'ordre aux infants de quitter Madrid. Ils résistèrent tant qu'ils purent, et, cédant enfin, se rendirent à Saragosse. C'est à cette époque que se forma la coalition parlementaire qui plus tard dégénéra en insurrection militaire et renversa le régent. L'infante, entrevoyant dans la coalition un moyen de saisir une influence qui lui échappait toujours, se jeta tête baissée dans cette conspiration. Espérant bien réussir à faire de son débonnaire mari un drapeau autour duquel se rallieraient les partis, elle se mit à l'œuvre pour le faire nommer député par la province de Saragosse, le titre de député dont son mari serait revêtu devant forcément lui rouvrir les portes de Madrid. A force d'intrigues, l'infant fut nommé député de l'Aragon. Ce premier triomphe de l'infante fut suivi de sa pleine adhésion aux projets de la coalition. L'infant vota toujours avec l'opposition; mais si sa femme avait voulu le rendre populaire, il ne fut que ridicule. Quand le moment de l'insurrection contre le régent fut venu, l'infante, qui espérait toujours qu'une nouvelle révolution amènerait quelques chances de succès en sa faveur, prodigua l'or pour aider au succès de l'insurrection; on accepta son or, mais le résultat de la lutte fut encore pour elle une nouvelle déception. Aucun parti ne lui tint compte de ses sacrifices, tous la délaissèrent. Les choses en arrivèrent au point que la séance royale du 10 octobre 1843 ayant été suivie d'une collation offerte à la reine, les infants présents à la séance n'y furent pas invités; irritée de cet affront, l'infante quitta brusquement le palais du sénat, et dut rejoindre sa voiture par une pluie battante.

Abreuvée de dégoûts, doña Carlotta se retira à l'Escurial. Une vie si agitée, tant de déceptions éprouvées coup sur coup, durent altérer la santé de cette princesse; son orgueil sans cesse blessé, ses projets successivement déjoués par tous les partis, le peu de gré que l'on savait à l'opposition de sa rupture avec sa sœur, furent autant de causes de profonde douleur pour cette âme passionnée; et la rentrée de Marie-Christine en Espagne dut surtout la blesser au cœur, car elle savait par expérience qu'il y a des offenses que dans sa famille on ne pardonne jamais.

Quoi qu'il en ait pu être des tortures morales de cette princesse et des causes de sa maladie, diversement interprétée par le vulgaire, qui voit presque toujours quelque chose d'extraordinaire dans le trépas des puissants de ce monde, il est certain que la mort de doña Carlotta impressionna vivement les esprits à Madrid, où l'on apprit presque en même temps et sa maladie et son décès. Il paraît que l'affection à laquelle elle succomba fut une petite-vérole volante rentrée. L'infante mourut le 29 janvier 1844, laissant huit enfants, dont trois princes et cinq princesses.

Doña Carlotta est un frappant exemple de cette vérité, que les meilleures qualités (car on lui en accordait d'excellentes) sont effacées par les défauts du caractère et par une mauvaise éducation. Dans les événements qui se sont accomplis en Espagne depuis 1819, époque du mariage de l'infante, elle aurait pu jouer un rôle d'une grande importance, si, moins dominée par un orgueil insensé, elle eût su joindre à l'ardeur de ses pensées quelque aménité de caractère. Rapprochée du trône par l'exclusion de don Carlos, elle eût pu devenir le centre d'une résistance régulière et utile contre les projets réactionnaires de la reine Marie-Christine; mais son esprit turbulent, inquiet, ne savait pas attendre. Elle voulait toujours devancer les événements par d'ignobles intrigues, pour ne rien devoir à la coopération des hommes politiques. A force de vouloir dominer exclusivement, elle créa autour d'elle un isolement complet, et le parti libéral, qui certainement lui a eu de grandes obligations, ne voyant dans ces services que le calcul d'une ambition personnelle en dehors des principes de liberté et des intérêts du pays, la repoussa toujours comme chef d'une opposition légale; la nullité complète de l'infant don Francisco, son peu de dignité, faisaient retomber sur doña Carlotta la responsabilité de ses fautes. En un mot, l'infante ne sut jamais comprendre l'avantage qu'ont au milieu des révolutions qui ébranlent les monarchies les branches cadettes, autour desquelles viennent infailliblement se grouper les illusions que donne l'espoir d'un meilleur avenir; espoir auquel elles peuvent donner ca pâture l'engagement solennel de faire désormais des institutions *une verité*, sauf à s'arranger de manière à ce que le lendemain cet engagement ne soit plus qu'un mensonge. MARLIANI.

On sait que le *duc de Cadix*, l'infant François d'Assise Marie-Ferdinand, fils aîné de doña Carlotta, a épousé, deux ans après la mort de sa mère, le 19 octobre 1846, la reine d'Espagne Marie-Isabelle II, et porte aujourd'hui les titres honorifiques de roi et de *majesté*. Il est en outre capitaine général des armées. Quant à son frère puîné, le *duc de Séville*, la fameuse intrigue diplomatique connue dans l'histoire du règne de Louis-Philippe sous le nom d'*affaire des mariages espagnols*, eut pour but et pour résultat de lui enlever, avec la main de la seconde fille de Marie-Christine, la fortune immense de cette princesse, qui a épousé le duc de Montpensier, le plus jeune des fils de Louis-Philippe. L'infant s'en est consolé en faisant un mariage d'inclination. Il a épousé à Rome, en 1847, la fille d'un simple gentil-homme espagnol; et pour ce fait un décret royal, rendu le 13 mai 1848, l'a destitué des honneurs et distinctions attachés au titre d'Infant d'Espagne, ainsi que des grades, emplois, etc., qui avaient pu lui être accordés.

CARLOVICZ, ville ou commune militaire de Slavonie, dans le cercle de Peterwardein, sur la rive droite du Danube, avec 5,000 habitants, est célèbre par les vins excellents que produisent les vignobles voisins. Le rouge, notamment, est l'un des meilleurs et des plus capiteux qu'on récolte en Hongrie. Il s'en expédie de fortes quantités à l'étranger. Le *Wermouth de Carlovicz* est également en grande réputation et envoyé au loin. Comme siége d'un archevêque grec non uni, Carlovicz, à l'époque des troubles révolutionnaires de 1848 et 1849, fut un des foyers de l'insurrection serbe contre la Hongrie. Il en résulta que cette ville fut alors à diverses reprises l'objet et le théâtre de luttes acharnées entre les Serbes et les Magyares, et ensuite entre les Hongrois et les Autrichiens.

Cette ville est célèbre aussi dans l'histoire par le *traité de paix de Carlovics*, qui y fut conclu pour vingt-cinq ans, le 26 janvier 1699, entre l'Autriche, la Russie, la Pologne et la république de Venise coalisées, d'une part, et la Porte de l'autre. Cette paix valut à l'Autriche autant d'agrandissements de territoire que les Turcs en avaient pu acquérir en deux cents ans. Elle conserva la Transylvanie et le pays de Baczka situé entre le Theiss et le Danube, tandis que la Porte resta en possession de Temesvar. Venise conserva la Morée jusqu'à l'Isthme. Grâce à l'intervention des puissances maritimes, la Pologne obtint la Podolie et la restitution de tout ce qu'elle avait possédé en Ukraine avant Mahomet IV; toutefois elle dut céder à la Porte quelques places dans la Moldavie. La Russie, qui d'abord ne consentit qu'à un armistice de deux ans, porté plus tard à trente ans, conserva le territoire d'Azow. Mais ce que cette paix eut surtout d'important pour l'Autriche, c'est qu'elle lui rendit la liberté de ses mouvements au moment où la guerre de la succession d'Espagne menaçait d'éclater.

CARLOVINGIENS, nom par lequel on désigne ordinairement les descendants de Pepin le Bref et de Charlemagne, et qu'on écrirait mieux *Karolings*. Cette famille donna à la France la seconde dynastie de ses rois, laquelle régna de 752 à 987, à l'Italie des rois, et à l'Allemagne des empereurs.

On connaît la tendance de nos historiens du quinzième au dix-huitième siècle à faire absolument descendre les unes des autres, même de mâle en mâle, les différentes dynasties qui ont régné sur la France, et à donner aux dernières dynasties une origine plus ancienne encore et plus illustre que la première. Au milieu de tous les systèmes éclos dans le cerveau des érudits, on ne voit qu'une chose qui soit certaine, c'est qu'au delà de saint *Arnoul*, on ne sait rien des auteurs de la race dite *carlovingienne*. Ce saint Arnoul était un homme riche et puissant, auquel Clotaire II confia son fils Dagobert Ier, ainsi qu'à Pepin de Landen dit *le Vieux*, en le faisant roi d'Austrasie. Arnoul, ou Arnoulf, était né, dit-on, d'un père aquitain et d'une mère suève. Cet Aquitain, nommé Ansbert, aurait appartenu à la famille de Ferreoli d'Auvergne, et aurait été gendre de Clotaire Ier. Cette généalogie semble avoir été fabriquée pour rattacher les carlovingiens d'un côté à la dynastie mérovingienne, de l'autre à la maison la plus illustre de la Gaule romaine. Quoi qu'il en soit, on croirait aisément, d'après les fréquents mariages des familles austrasiennes et aquitaines, que les carlovingiens ont pu en effet sortir d'un mélange de ces races. Arnoul, qui avait été marié avant d'être évêque de Metz, avait eu deux fils, *Anségise* et *Clodulfe*.

Clodulfe, évêque de Metz, canonisé comme son père, eut pour fils Martin, maire d'Austrasie, assassiné par Ebroïn. Anségise épousa Begga, fille de Pepin de Landen, et eut *Pepin d'Héristal*, maire de Neustrie, d'Austrasie et de Bourgogne.

Pepin d'Héristal eut de Plectrude, sa femme, deux fils, *Drogon* et *Grimoald*, et de sa concubine Alpaïde : *Charles Martel* et ce *Childebrand*, prince inconnu, dont il a plu au sieur de Sainte-Garde, aumônier du roi, de faire le héros d'un poëme épique (publié en 1666), et à quelques généalogistes de faire la tige des capétiens.

Drogon eut deux fils, *Hugues* et *Arnoul*, qui ne jouèrent aucun rôle dans l'histoire. Grimoald n'eut qu'un fils, *Théodoald*, un instant maire d'Austrasie et dépouillé par Charles Martel.

Charles Martel laissa trois héritiers de deux lits différents, *Carloman*, *Pepin* et *Griffon*.

Griffon, dépouillé par ses frères, mourut sans enfants. Carloman, roi d'Austrasie, se retira volontairement dans un cloître, et ses enfants furent exclus du trône. Pepin le Bref, roi de Neustrie et de toute la France en 752, eut deux fils, *Carloman* et *Charlemagne*.

Carloman mourut bientôt, laissant des enfants qui ne lui succédèrent pas. Charlemagne, seul maître de la domination franque, eut différents fils, parmi lesquels nous ne mentionnerons ici que *Pepin* et *Louis*.

Pepin, roi d'Italie, eut pour successeur son fils *Bernard*, que son oncle Louis fit périr dans les supplices. Le fils de Bernard, nommé *Pepin*, fut la tige des comtes de Vermandois.

Louis Ier le Débonnaire, empereur, eut quatre fils : *Lothaire* Ier, *Pepin*, *Louis le Germanique*, *Charles le Chauve* et une fille, *Gisèle*.

1° Lothaire Ier, son fils aîné, d'abord roi d'Italie, puis empereur, eut trois fils : Louis II, Lothaire II et Charles. Louis II le Jeune, roi d'Italie et empereur, n'eut qu'une fille, Hirmengarde, qui épousa Boson, roi de Bourgogne cisjurane, et fut mère de Louis l'Aveugle. Lothaire II, roi de Lorraine, n'eut également qu'une fille, qui épousa Thibaut, comte d'Arles, et fut mère d'Hugues, roi d'Italie, Quant à Charles, leur plus jeune frère, il n'eut pas d'enfants.

2° **Pepin I**er, roi d'Aquitaine, second fils de Louis le Débonnaire, eut pour successeur son fils, **Pepin II**, qui mourut sans postérité.

3° **Louis le Germanique**, troisième fils de Louis le Débonnaire, roi de Bavière et de Germanie, laissa trois fils : Carloman, Louis le Saxon et Charles le Gros. **Carloman**, roi de Bavière, eut un fils naturel, **Arnoul**, qui fut empereur et père de **Zwentibold**, roi de Lorraine, et de **Louis IV l'Enfant**, dernier empereur carlovingien. **Louis le Saxon** et **Charles le Gros** n'eurent pas de postérité.

4° **Charles le Chauve**, roi de France et empereur, eut une fille, Judith, qui épousa **Baudouin I**er comte de Flandre, et un fils, **Louis le Bègue**, qui lui succéda sur le trône de France, et dont la descendance continua de l'occuper jusqu'à **Louis V le Fainéant**, que Hugues Capet fit déposer, en 987. Ce dernier roi carlovingien avait un frère, Arnoul, archevêque de Reims, qui mourut en 1029, et un oncle, Charles, qui reçut le fief d'**Othon le Grand** le duché de la basse Lorraine; mais le fils qu'il laissa mourut sans postérité.

5° **Gisèle**, fille de Louis le Débonnaire, épousa le comte Eberhard, et fut mère de Bérenger I*er*, roi d'Italie.

Par suite de la décadence des **Mérovingiens** et de l'élévation des maires du palais d'Austrasie, la monarchie des Francs s'en allait en lambeaux ; chaque grand propriétaire aspirait à l'indépendance ; la partie de l'Allemagne qui avait été conquise se divisait en six ou sept principautés, dont les chefs voulaient former autant de royaumes indépendants, et, d'un autre côté, les provinces méridionales de la Gaule, où les Francs n'avaient jamais fait que des expéditions militaires, sans s'établir sur le sol, tendaient de plus en plus à s'affranchir du joug de ces barbares du nord, si antipathiques à leurs habitants, à moitié romains. Il était réservé aux carlovingiens d'arrêter pour quelque temps ce démembrement inévitable.

Cette famille, la première d'Austrasie par ses immenses possessions territoriales, ses vaillants guerriers et les habiles politiques qu'elle produisit, se rattachait en outre à l'Église, au pouvoir spirituel, qui allait bientôt devenir si puissant. Plusieurs de ses membres en effet furent archevêques, évêques, abbés, moines ; quelques-uns furent canonisés : entre autres, Pepin de Landen, sa femme Itta et sa fille Gertrude. La race royale issue de Mérovée s'était au contraire trop bien souvenue que le clerc, malgré ses services, était de la race des vaincus. Un roi chevelu ne voyait dans la tonsure ecclésiastique qu'une honteuse dégradation. On conçoit sans peine qu'une maison aussi sainte que celle des carlovingiens devait avoir l'appui du clergé ; il ne lui manqua pas.

Pepin d'Héristal réunit le crédit et les immenses domaines de ses aïeux Arnoul et Pepin de Landen. Ses descendants, possesseurs en quelque sorte héréditaires de la dignité de *maires du palais*, soutenus par une grande faveur populaire, étaient de fait souverains en Austrasie. En Neustrie, l'ambition des maires du palais était la même ; mais l'aristocratie y était moins serrée et moins belliqueuse. La lutte ne tarda pas à s'engager entre ces deux rivalités de famille à famille, de peuple à peuple ; elle fut sanglante.

L'Austrasie, représentée par la famille de Pepin, l'emporta, et cette victoire des Francs orientaux sur les Francs occidentaux put dès lors être considérée comme le coup de grâce pour la race de Mérovée. En effet Charles Martel se fit le centre de l'influence militaire ; il consolida tellement son autorité, que son fils Pepin le Bref put reléguer sans crainte dans un couvent le dernier rejeton vrai ou supposé de la race mérovingienne, et se faire reconnaître et consacrer roi des Francs. Cette révolution ne fut point la conséquence d'intrigues de palais ni un simple changement de dynastie. Ce fut le triomphe des Austrasiens, qui avaient mieux conservé les mœurs nationales, sur les Neustriens, adoucis en contact de la civilisation gallo-romaine : en un mot on doit considérer l'avénement des carlovingiens comme une nouvelle conquête des Gaules par les tribus germaniques.

A la différence des capétiens, personne encore n'a sérieusement attribué un système politique aux carlovingiens ; au contraire, on leur a reproché de s'être éloignés du système et des errements de Charlemagne, sans penser que les idées de celui-ci paraissent lui avoir été entièrement personnelles, qu'elles étaient comme un phénomène ou une anomalie dans son siècle, et que lui-même, dans ses derniers temps, semblait reconnaître en gémissant qu'après lui elles ne pourraient longtemps prévaloir en ce qu'elles avaient de grand et de noble. Ni les peuples ni les princes n'étaient à sa hauteur. De sa pensée, on ne devait garder que les formes et ce qu'elles pouvaient avoir de mesquin et de rétréci. Ces formes mêmes ne devaient rester qu'en Germanie et en Italie. Le fond devait périr partout.

Ce que l'on ne peut méconnaître, c'est que l'idée dominante de la famille dite *carlovingienne*, dès le moment où elle paraît sur la scène historique, est celle d'une intime union avec le clergé. Elle s'attache à lui, se rend maîtresse des principaux postes ecclésiastiques, en y plaçant, autant qu'elle le peut, des hommes sortis de son sein ; elle soutient les papes contre les Lombards, fait la guerre aux Aquitains, qui pillent et dépouillent les églises ; fonde réellement le pouvoir temporel des successeurs de saint Pierre ; enfin, elle dompte et convertit les Saxons, encore païens, et en Espagne combat les musulmans. Aussi le pape n'est-il pas ingrat ; il sanctionne par ses bénédictions et ses vœux les conquêtes de cette maison puissante ; il lui donne tout son appui, lui imprime un caractère en quelque sorte sacré, et ressuscite pour elle la grande ombre de l'empire d'Occident.

Mais cette condescendance pour l'Église, qui servait si bien la politique de Pepin le Bref et de son fils Charles, parce qu'ils avaient du génie, de la vigueur, et ne faisaient pas au fond bon marché de leur indépendance, devait précisément être la principale cause de la perte de leurs descendants, princes faibles, sans talents supérieurs, à l'exception de Louis le Débonnaire, doués de peu de bonne volonté ; princes usés plus vite encore que ne l'avaient été les mérovingiens. Le clergé, depuis 814 devenu chaque jour plus fort, devient chaque jour plus exigeant ; chaque jour aussi on lui fait de nouvelles concessions.

« Charlemagne, dit M. Guizot, avait tenté de se faire le souverain d'un grand empire : l'état du pays se refusait à cette entreprise, et nul de ses successeurs ne fut capable d'y songer. Sous leur règne, le gouvernement et le peuple allèrent se démembrant, se dissolvant de plus en plus. Bientôt il n'y eut plus ni roi ni nation. Chaque propriétaire libre et fort se fit souverain dans ses domaines ; chaque comte, chaque marquis, chaque duc, dans le district où il avait représenté le souverain...; tout devint local... Quand cette grande fermentation des diverses conditions sociales et des divers pouvoirs qui couvraient la France se fut accomplie, la **féodalité** fut établie. »

En même temps les *Normands* multiplient leurs invasions, et l'empire, après plusieurs partages, finit par s'écrouler en 888 ; de ses débris se forment une multitude de royaumes, dont la plupart subsistent encore de nos jours. Le pouvoir de cette famille est détruit depuis longtemps, jusqu'à la fin du dixième siècle la famille elle-même s'éteint, ou ne laisse plus que des rejetons assez obscurs, dont la descendance est suspecte et violemment contestée.

En résumé, dévotion étroite et mal entendue, ambition que ne soutient pas le génie, esprit haineux contre ceux de leur race, faiblesse inexcusable et incapacité entière à tenir le sceptre et à se servir convenablement du pouvoir, voilà les traits réels qui nous font connaître les indignes descendants de Charles le Grand. Aug. SAVAGNER.

CARLOW, en langue erse *Catherlough*, comté d'Irlande, situé dans la province de Leinster, borné à l'est et au sud-est par les comtés de Wicklow et de Wexford, au sud-ouest et à l'ouest par le comté de Kilkenny, au nord par le *Queen's county* et le comté de Kildare, d'une superficie d'environ 16 myriamètres carrés. Le climat en est bon et le sol merveilleusement propre à l'agriculture. Ce n'est qu'au sud-est que s'élèvent les montagnes de Blackrsalt, qui forment la limite du comté vers celui de Wexford. Indépendamment d'un grand nombre de petites rivières et de ruisseaux, le comté de Carlow est arrosé par le Barrow et la Slaney. La population, forte de 88,000 âmes, s'occupe surtout d'agriculture et d'élève de bétail.

La ville de *Carlow*, son chef-lieu, située à son extrémité septentrionale, dans une belle contrée, avec 10,000 habitants, est bâtie sur le Barrow; position qui contribue beaucoup à l'importance de son commerce. Les houilles descendent ce fleuve depuis Kilkenny jusqu'à Carlow. L'exportation consiste surtout en cotonnades. Cette ville est le siége d'un évêque catholique. On y trouve un séminaire, une vieille abbaye, une antique église et un château qui tombe en ruines.

CARLOWITZ (ALBERT DE), homme d'État allemand, dont le nom se trouve mêlé à l'histoire des événements politiques dont son pays fut le théâtre à la suite de la révolution de février 1848, est né le 1er avril 1802, à Freiberg en Saxe, et entra dans la carrière administrative en 1826. Il en parcourut rapidement les divers échelons, puis abandonna en 1832 le service du roi de Saxe pour passer à celui du duc de Saxe-Gotha. L'année suivante il fut nommé député à la première diète constitutionnelle convoquée en Saxe, et y fit partie de la fraction aristocratique. En 1834 il rentra au service du roi de Saxe. En 1845 il fut appelé à faire partie de la première chambre, dont le roi le nomma président en 1846; et dans l'automne de la même année ce prince lui confia le portefeuille de la justice, vacant par suite de la démission donnée par M. de Kœnneritz à l'occasion d'un vote émis par les chambres sur la convenance d'introduire le régime de la publicité et de la discussion orale en matière judiciaire. Après la clôture de la diète extraordinaire de 1847, dans laquelle il prit rarement la parole, il se livra à l'étude approfondie d'un système de procédure ayant pour base la publicité des débats, et rédigea sur cette matière un projet de loi qu'il soumit à l'examen préalable d'une commission spéciale. Les événements de mars 1848 empêchèrent qu'il y fût donné suite. A ce moment il donna sa démission en même temps que tous ses collègues, et se retira complétement pendant quelque temps de l'arène politique. Persuadé que la régénération de l'Allemagne ne pouvait plus venir que de la Prusse, il résolut de renoncer désormais à tous rapports avec la Saxe; et en conséquence il alla s'établir au mois d'août dans une terre qu'il possède en Prusse. Cependant en 1849 la ville de Dresde le choisit pour député à la diète convoquée sur les bases de la nouvelle loi électorale. Quoique ses principes, strictement constitutionnels, ne lui permissent pas de se rattacher dans cette assemblée à la gauche, il ne se sentait pas non plus disposé à soutenir le gouvernement, attendu que celui-ci s'était détaché du traité du 26 mai 1849, qui suivant lui pouvait seul préserver l'Allemagne d'un bouleversement complet. La diète ayant repoussé son avis, à la suite d'une discussion des plus vives, et le gouvernement ayant refusé de se prononcer sur cette question, M. de Carlowitz donna sa démission. Mais, contre toute attente, il fut alors chargé, conjointement avec M. de Radowitz, de représenter le gouvernement prussien dans le conseil d'administration de l'union prussienne, lequel lui délégua les pouvoirs de commissaire des gouvernements alliés à la diète d'Erfurt. Quand M. de Carlowitz commença à douter que l'intention sincère de la Prusse fût de reconstituer l'Allemagne suivant le programme annoncé, cette position lui devint intolérable, et dès que la diète fut close il se retira dans la vie privée.

CARLSBAD, ville du cercle d'Ellbogen, dans le royaume de Bohême, avec une population de 3,000 âmes et des eaux thermales à bon droit célèbres, à 118 kilomètres de Prague et à 444 de Vienne, au fond d'une vallée étroite et profonde, pittoresquement entremêlée de bois et de rochers de granit, au pied et sur le penchant desquels la ville est bâtie, sur les bords de la Tépla, qui la traverse dans sa longueur. On y arrive du côté de Prague, par une magnifique chaussée, qui descend en serpentant du haut des collines jusqu'au seuil de la porte de ce sanctuaire d'Hygie. Toutes les maisons de la ville sont à louer pendant la saison des eaux, les propriétaires n'en habitant que le rez-de-chaussée. Elles diffèrent beaucoup par leur grandeur, mais la propreté règne dans toutes; celles du *Marché* et du *Wiese* sont les plus recherchées. Les loyers varient beaucoup, suivant la saison et le choix de la rue. La saison des eaux dure depuis le 1er mai jusqu'à la fin de septembre; l'intervalle entre la mi-juin et la mi-août est l'époque la plus coûteuse et la plus bruyante. Chaque année le nombre des baigneurs s'accroît, et il dépasse aujourd'hui 5000. Les auberges et les restaurateurs abondent; on y est servi à la carte ou à prix fixe. Les jeux de hasard sont sévèrement prohibés à Carlsbad; mais on y trouve un théâtre, des bals, des concerts, des sérénades, des voitures, des chevaux de selle, des ânes bâtés, des livres, des pianos à louer et un salon de lecture pour les gazettes nationales et étrangères. Les magasins sont bien fournis, surtout en ouvrages d'acier, en objets de coutellerie et en armes à feu; on y vend les plus beaux verres de Bohême.

Carlsbad a, comme tous les lieux anciens et célèbres, sa fable et son histoire. La première fait remonter la découverte de ses eaux chaudes à un chien de chasse qui, en poursuivant vivement un cerf, tomba du haut de la colline, qu'on nomme encore *le Saut du Cerf* (*Hirschensprung*), dans une source chaude, se brûla, et hurla tellement que les chasseurs accoururent, et l'en tirèrent. Témoin du fait, l'empereur Charles IV examina avec une vive curiosité ce phénomène de la nature, et les médecins lui conseillèrent de se baigner dans ces eaux pour leur demander la guérison d'un mal qu'il avait à la cuisse; ce bain lui ayant été salutaire, il ordonna aux paysans des villages voisins de venir s'établir près de la source et d'y bâtir une ville, qui depuis a porté son nom, *Carlsbad* (Bain de Charles). Cette tradition ne repose sur aucun document; la vérité historique est que Charles IV se baigna dans ces eaux en 1347, un an après la bataille de Crécy, où il avait reçu deux blessures, en combattant sous Philippe VI, roi de France, contre Édouard III, roi d'Angleterre, à côté de son intrépide père, Jean l'Aveugle, qui y périt. Mais Carlsbad, que les habitants nommaient auparavant *Warmbab* (bain chaud), fut connue sans doute de tout temps des populations voisines de ces thermes. Charles IV, en lui donnant son nom et en y bâtissant un château, dont il ne reste plus aucun vestige aujourd'hui, fit acquérir à cette ville la réputation immense qu'elle possède. Ce ne fut cependant qu'en 1370 que ce monarque accorda à la ville les privilèges que confirmèrent Marie-Thérèse en 1747, et Joseph II en 1780. Ayant eu à souffrir de plusieurs incendies, de nombreuses inondations et des ravages des guerres, Carlsbad est très-pauvre en anciens documents historiques. En 1554 les habitants adhérèrent à la doctrine de Luther; mais ils y renoncèrent en 1627.

Les eaux de Carlsbad ne jaillissent pas d'un seul point ni d'une seule fontaine : chacune à son nom, son local et sa température, qui varie de 40 à 60° R. Ce sont le *Sprudel*, la source d'*Hygie*, le *Mühlbrunn*, le *Bernardsbrunn*, le *Neubrunn*, le *Theresienbrunn*, le *Schlossbrunn* et le *Spitalbrunn*. Cette dernière source est à l'usage des pauvres étrangers, de toute nation et de toute religion, qu'on admet dans l'hôpital Saint-Bernard. Le Neubrunn a 50° R. ; c'est, à tous égards, le juste milieu. Quoique le public médical et non médical attaché au Sprudel, cette magnifique source jaillissante, une suprématie d'antiquité, de célébrité, d'énergie d'efficacité et de haute température, elle ne diffère en rien des autres sources par ses parties constituantes et la proportion de ces parties. La première bonne analyse en fut faite en 1770, par le docteur David Becher, de Carlsbad. L'analyse faite par Klaproth en 1789 confirma celle de Becher, et Berzélius en 1822 y trouva non-seulement ce qu'y avaient découvert ses deux prédécesseurs, mais plusieurs autres parties constituantes. Le résultat sommaire des recherches analytiques de l'illustre Suédois fut : dans 1,000 parties du poids de l'eau du *Sprudel*, du *Mühlbrunn*, du *Neubrunn* et du *Theresienbrunn* :

Sulfate de soude	2,58713
Carbonate de soude	1,26237
Hydrochlorate de soude	1,03352
Carbonate de chaux	0,30800
Fluate de chaux	0,00096
Carbonate de strontiane	0,00022
Carbonate de magnésie	0,17834
S.-phosphate d'alumine	0,00032
Carbonate de fer	0,00082
Carbonate de manganèse	0,00084
Silice	0,07315

On boit en général les eaux de six à huit heures du matin, et quelquefois deux ou trois gobelets le soir. Un gobelet contient de 150 à 180 grammes de liquide. La capacité de boire varie infiniment suivant les malades : huit à dix gobelets sont une dose moyenne ; mais on rencontre parfois des individus qui en prennent un nombre prodigieux, et même jusqu'à quarante et cinquante par jour.

Les environs des fontaines sont fort élégants. Les nouveaux embellissements du *Theresienbrunn* sont charmants : un excellent orchestre, digne de la Bohême, y délecte les buveurs mélomanes, ainsi qu'au *Sprudel*.

D'innombrables savants ont tenté d'expliquer la thermalité de ces eaux, mais le célèbre Berzélius « en croit l'explication d'autant plus difficile que, ne pouvant pénétrer jusqu'au foyer qui leur donne la chaleur, on ne saura jamais précisément le procédé qu'emploie la nature pour la produire, ni comment elle imprègne cette eau de substances dont les montagnes de Carlsbad, autant qu'on peut en juger par les recherches déjà faites, ne contiennent pas une quantité suffisante pour expliquer l'énorme quantité de sulfate et de carbonate de soude qui sort de ces sources dans le courant d'une seule année ». Il pense « que la chaleur et la nature des substances qui minéralisent cette eau sont si étroitement liées entre elles que l'explication de la cause de cette chaleur ne peut se séparer de la connaissance du lieu dont elles proviennent ».

Depuis un siècle on recueille le *sel de Carlsbad* (sulfate de soude) par un procédé fort simple d'évaporation, c'est-à-dire dans des chaudières pleines d'eau minérale, placées dans cette eau même comme au bain-marie. On l'ajoute souvent à l'eau qu'on boit lorsqu'elle n'agit pas assez, et les malades, en quittant Carlsbad, s'en procurent pour en prendre pendant la route en cas de constipation. L'eau elle-même n'est pas transportable : enfermée dans un vase quelconque, elle y forme un sédiment, se couvre d'une pellicule, et y contracte une odeur et un goût désagréables, qu'elle n'a pas à la source. Cependant on a trouvé moyen dans ces dernières années d'expédier l'eau du *Schlossbrunn*.

Ce ne fut qu'en 1521, que Wenzel-Bayer ou Payer, d'Ellbogen, le plus ancien auteur qui ait écrit sur ces thermes, en conseilla l'usage interne. Maintenant on boit les eaux, on s'y baigne, et on y a fondé depuis 1827 un utile établissement de bains et de douches de vapeur. Outre quelques maisons bourgeoises et l'hôpital, où l'on peut se baigner, Carlsbad possède deux établissements publics destinés à cet usage, au *Mühlbrunn* et au *Sprudel* ; plus, les bains de vapeur alimentés par la *Source d'Hygie*, et qui furent organisés par l'auteur de cet article.

« Carlsbad, dit Hufeland, est une preuve frappante que le mérite réel résiste à toutes les vicissitudes des temps, des modes et des systèmes. Peu agréable au goût, différente de ces eaux gazeuses dont le piquant ranime momentanément le buveur, promettant peu à l'analyse, purgative, dénuée de tout ce qui flatte les sens, n'offrant dans sa composition que des parties insignifiantes en apparence, plus contraires que favorables aux idées médicales du jour (1815), l'eau de Carlsbad, fade et alcaline, n'en a pas moins invariablement conservé sa haute renommée, par la simple raison qu'elle *guérit* des maux rebelles à tout autre moyen curatif. »

La soude en est cependant l'ingrédient prédominant, et c'est à cet alkali, allié à plusieurs acides, qu'on doit attribuer les principaux effets de ces eaux, quelque rôle auxiliaire qu'y jouent les autres parties constituantes, dont certaines d'entre elles ne s'y trouvent qu'en très-petite quantité. La soude par elle-même agit énergiquement sur l'économie animale ; elle exerce une funeste influence sur le système artériel, dispose aux hémorrhagies, au scorbut, et dérange la digestion. L'eau de Carlsbad au contraire ranime et vivifie, excite l'appétit, favorise la digestion, et, jointe à un régime convenable, ramène le bien-être. Cette différence dans les effets de la soude pure et ceux que produit cette eau n'est due qu'à ses combinaisons avec des parties plus subtiles, telles que l'oxyde de fer, le gaz acide carbonique et les nouveaux ingrédients découverts par Berzélius (sans parler de ceux qu'on y découvrira peut-être encore), et surtout à cette température plus ou moins haute, qui, en volatilisant toutes ces parties, si merveilleusement unies et combinées, les fait arriver par les ramifications les plus ténues aux dernières extrémités de l'organisme, leur donne cette propriété ranimante et leur enlève le pouvoir d'affaiblir. On a vérifié que le sel de Carlsbad se retrouve jusque dans l'urine de ceux qui en boivent les eaux. Ces eaux agissent en général d'une manière excitante sur l'estomac, le canal intestinal, les reins, le foie et les viscères du bas-ventre, dont elles augmentent les sécrétions et excrétions, surtout celles des intestins, jusqu'à effet purgatif. Elles excitent particulièrement les vaisseaux sanguins, causent souvent de l'orgasme, des palpitations, et portent le sang à la tête ; elles augmentent indirectement l'activité du système lymphatique, et ce n'est qu'après avoir produit leurs effets excitants, sécrétoires et excrétoires, qu'elles agissent comme toniques, et par conséquent d'une manière différente de celles des eaux ferrugineuses et gazeuses, dont l'action est plus directe. La purgation n'est pas indispensable à la cure, et quelque désirable qu'elle soit en général, on voit souvent les plus heureuses crises opérées par l'abondance des urines ou de la transpiration, et fréquemment par la réunion de ces divers effets. Dans tous les cas, il faut empêcher que le malade soit constipé, ce qu'on obtient ordinairement par l'addition de quelques drachmes de sel de Carlsbad dans un ou deux gobelets de ses eaux, ou par des lavements d'eau minérale attiédie. Ces diverses manières d'agir ont de tout temps déterminé et réglé l'usage des eaux de Carlsbad, et les ont mises au premier rang parmi les remèdes communément nommés désobstruants et altérants, dans les innombrables maux provenant de stagnation, d'obstruction des vaisseaux ou des organes qui en sont si abondamment pourvus, et d'où résulte une variété d'affections du bas-ventre, faiblesses d'estomac, aigreurs, gonflements, éructations, constipations, qui, compliquées avec les dérangements du système nerveux, forment toutes ces obstructions du foie, de la rate, du mésentère, de l'épiploon, ces concrétions biliaires, la jaunisse et ses nuances, l'hypochondrie et ses visions, les hémorrhoïdes fluentes et sèches, les maux de tête, les vertiges, diverses affections arthritiques, herpétiques, scrofuleuses et urinaires.

Ces eaux ne s'accordent jamais avec un état inflammatoire quelconque, ni avec des symptômes d'orgasme, de congestion ou de vertige. Si ces états existent, il faut, à l'arrivée du malade, travailler à les faire disparaître avant de commencer la cure, et s'ils surviennent pendant sa durée, il faut interrompre l'usage des eaux ou en modérer la quantité. Elles sont manifestement nuisibles dans la phthisie pulmonaire et ses divers degrés, dans les affections syphilitiques, et elles accélèrent souvent la désorganisation des viscères squirrheux trop avancés. Elles occasionnent souvent une légère enflure des pieds, principalement chez les femmes; mais ce symptôme disparaît en général quand les sécrétions augmentent et surtout en quittant Carlsbad. Elles font beaucoup plus de mal que de bien dans l'hydropisie provenant d'un endurcissement déjà ancien ou dégénéré de quelque organe du bas-ventre; mais leur effet diurétique peut être quelquefois utile dans certaines hydropisies où les viscères abdominaux ne sont pas encore compromis. Dans les affections chlorotiques et dans l'aménorrhée, ce n'est pas tant sur la petite quantité d'oxyde de fer que contiennent ces eaux qu'on peut baser l'espoir d'un bon effet que sur leur qualité désobstruante, et sur leur propriété manifeste d'accélérer la circulation et de vivifier le teint. Il en est de même des flueurs blanches, dans le traitement desquelles il faut toujours distinguer celles qui proviennent d'engorgement des organes du bas-ventre et de la matrice, de celles qui sont causées par une simple débilité : les premières seules sont du ressort de Carlsbad. Il n'est pas inutile de dire qu'elles accélèrent beaucoup la croissance et la fin funeste des anévrismes; mais il est faux qu'elles disjoignent les os réunis par un ancien calus. Leur effet sur l'expulsion des calculs biliaires est quelquefois prodigieux, et j'en ai déjà vu deux fois de couleur bleu de ciel parmi une infinité d'autres de couleur ordinaire. Cet effet est marquant dans la gravelle. Les maux arthritiques, si fréquents et si cruels, y trouvent le remède le plus efficace, ainsi que les tremblements de tout le corps ou de quelques membres, causés par l'usage des préparations de mercure.

On se tromperait fort si l'on croyait des facultés différentes aux diverses sources de Carlsbad ; mais on ne peut nier certaines individualités qui font reconnaître certaine attraction ou certaine répulsion entre tel individu et telle source, et c'est employer un langage très-fautif que de parler de *sources fortes* et de *sources faibles*, tandis qu'on ne doit parler que de sources *plus ou moins chaudes*. Leur quantité de gaz acide carbonique est toujours en raison inverse de leur chaleur : les plus chaudes en contiennent le moins, les moins chaudes le plus. Elles n'attaquent pas l'émail des dents, mais elles agacent et irritent celles dont le nerf est à découvert et sensible. Ces eaux exigent un régime que le médecin doit en général régler d'après l'individualité du malade : le travail de l'esprit est nuisible. Il faut en suspendre l'usage pendant la grossesse et la menstruation; toutefois on peut le permettre quand celle-ci est insuffisante.

Le nombre des ouvrages qui ont traité de Carlsbad est immense : parmi ceux qui datent de ce siècle on lira avec intérêt Hufeland, en 1815 ; Kreysig, de Dresde, en 1825 ; Ryba, en 1828, et, s'il m'est permis d'indiquer mes propres écrits, celui qui a pour titre : *Carlsbad , ses eaux minérales et ses nouveaux bains à vapeur*, 1829, et mon *Almanach de Carlsbad*. Pour la chimie de Carlsbad, on peut consulter Berzelius; pour ses conferves thermales, C.-A. Agardh, de Lund en Suède, en 1827 ; pour sa Flore, Antoine Ortemann; pour sa minéralogie et sa géologie, l'illustre Gœthe, en 1807, et de Hoff, en 1825 et 1826. Les poëtes qui ont chanté Carlsbad sont innombrables : les plus célèbres sont Bohuslas de Lobkowitz, mort en 1510 ; Tralles, en 1756, et de nos jours Neudek, Théodore Kœrner, Swobode, Marsano, Kannegiesser, A. Dumas et Léon Lafont. Les rochers de la vallée de Carlsbad sont tapissés de poésies, bonnes et mauvaises, sur les vertus de ses Thermes. Ch^{er} J. DE CARRO (de Prague).

CARLSBAD (Résolutions de). On connaît sous ce nom, dans l'histoire contemporaine, les mesures arrêtées au congrès des souverains allemands, membres de la Sainte-Alliance, tenu en 1819 à Carlsbad. Ces mesures avaient pour but de combattre les tendances révolutionnaires qui commençaient dès lors à se manifester dans diverses parties de l'Allemagne. Elles portent la date du 20 septembre, et tous les princes de la Confédération germanique s'engagèrent à les exécuter. Elles soumettaient l'enseignement des universités au contrôle sévère de chaque gouvernement, chargé de veiller à ce que les professeurs n'abusassent pas de leur influence sur leurs élèves pour répandre parmi eux de dangereuses doctrines, et à ce qu'aucune société secrète ne fût établie entre les étudiants. Elles astreignaient pendant cinq ans à la censure préalable les journaux et écrits périodiques, de même que les ouvrages de moins de vingt feuilles d'impression, chargeaient les différents gouvernements de tenir rigoureusement la main à ce qu'aucun délit d'outrage et d'offense à l'égard des puissances étrangères ne fût commis dans leurs États respectifs par la voie de la presse, et les en rendaient responsables. La diète germanique était en outre autorisée à faire saisir et supprimer d'office tout écrit qui lui paraîtrait de nature à compromettre le maintien de la paix publique en Allemagne. Cependant, elle n'avait en aucun cas le droit de poursuivre les auteurs mêmes de ces écrits. Enfin les résolutions de Carlsbad instituaient une commission centrale d'enquête, composée de représentants de l'Autriche, de la Prusse, de la Bavière, du Hanovre, de Bade, de Hesse-Darmstadt et de Nassau, à l'effet de rechercher et de poursuivre tous les individus affiliés à des sociétés secrètes ou révolutionnaires dirigées contre le maintien de l'ordre de choses existant et contre la paix publique en Allemagne. L'acte officiel se terminait par la critique de cette tendance de quelques esprits à s'occuper de théories aussi vides que dangereuses, de l'influence fâcheuse exercée par des écrivains désireux de flatter à tout prix les passions populaires, de la manie qui portait certains hommes à vouloir à toute force imposer à leur patrie les lois des autres peuples, etc.

Ces résolutions furent confirmées dans des conférences ministérielles tenues à Vienne en 1819 et en 1834. Mais ce n'est qu'en 1844 que tous les actes et documents relatifs aux conférences tenues en 1819 à Carlsbad furent rendus publics.

CARLSCRONE (*Karlskrona*), ville très-forte du Læn (cercle du même nom) en Suède, à 48 myriamètres S.-O. de Stockholm, sur les bords du Sund, et un bon port, station d'une partie de la flotte suédoise, avec tous les grands établissements qu'exige la marine militaire, compte une population de plus de 13,000 habitants, et est en outre le centre d'un commerce assez important, notamment en fer, cuivre et potasse. Les docks méritent surtout l'attention des curieux. Elle tire son nom, qui signifie *couronne de Charles*, du roi Charles XI, son fondateur. En 1790 un incendie la réduisit presque complétement en cendres.

CARLSRUHE, capitale du grand-duché de Bade, dans une belle plaine, à 15 kilomètres du Rhin, dans le cercle du Rhin central, au voisinage de la forêt de Hart, fut fondée en 1715, et compte 23,000 habitants. A cette époque, le margrave Charles-Guillaume de Baden-Durlach ayant fait construire en cet endroit un rendez-vous de chasse, plusieurs familles vinrent s'établir aux environs du nouveau château ; le nombre s'en accrut successivement, surtout depuis que le margrave eut choisi ce château pour sa résidence habituelle, par suite de l'opiniâtreté avec laquelle les bourgeois de Durlach, pour conserver leurs différents priviléges, s'opposèrent aux constructions que ce prince voulait entreprendre dans leur ville à l'effet de l'embellir et de l'agrandir. Le margrave avait fait percer autour de son nouveau château trente-deux allées répondant à ses trente-deux fenêtres. Neuf de ces allées, situées au nord de la ville, se couvrirent alors de constructions, de telle sorte que, se prolongeant régulièrement dans leurs directions respectives à une distance égale du château, elles donnent à la ville l'apparence d'un éventail, tandis que leurs premières maisons, toutes d'égale hauteur et ornées d'arcades, font face au château, autour duquel elles se développent en cercle. La grande rue (*Haupt* ou *Langenstrasse*), qui jadis formait la limite de la ville, traverse ces diverses rues et les met en communication les unes avec les autres. Aujourd'hui ces neuf rues septentrionales se trouvent prolongées au sud et coupées à angle droit par d'autres rues courant parallèlement à la grande rue.

Carlsruhe se distingue par la régularité de son plan et par l'uniformité de ses maisons, qui toutes doivent être construites d'après un modèle uniforme; par ses rues larges, bien éclairées et garnies de trottoirs dallés, ainsi que par ses belles portes, parmi lesquelles on remarque surtout celle qu'on appelle *Ettingerthor*, véritable modèle d'architecture de bon goût. Les plus remarquables des cinq places sont celle du Château, ornée d'une quadruple rangée d'arbres, et la nouvelle place du Marché (*Markt-Platz*), bordée de hautes maisons neuves. Le château du grand-duc, bâti dans l'ancien style français, se compose d'un principal corps de bâtiment et de deux ailes, à peu de distance desquelles sont situées, d'un côté l'orangerie et les serres, de l'autre les écuries. La nouvelle église évangélique, dont la construction remonte à l'année 1807, est un monument de style romain. La nouvelle église catholique reçoit le jour d'en haut, et est surmontée d'une coupole de 33 mètres d'élévation sur autant de largeur. L'entrée principale en est décorée d'un portique formé par huit colonnes d'ordre ionique. On doit ensuite citer parmi les édifices les plus remarquables de la ville le palais de la margrave douairière Amélie, de la reine Frédérique de Suède et du margrave de Bade; le théâtre de la cour, qui peut contenir deux mille spectateurs, et le grandiose embarcadère du chemin de fer. En fait de collections scientifiques et artistiques, il faut mentionner la bibliothèque de la cour, qui compte 80,000 volumes et est riche en manuscrits, le cabinet grand-ducal d'antiquités et de médailles, le cabinet de physique, le cabinet d'histoire naturelle et le cabinet des estampes. Le jardin botanique est remarquable par la diversité de ses collections.

Carlsruhe est le centre d'un commerce d'expédition fort actif; elle possède différentes fabriques et usines, entre autres un atelier pour la construction des machines à vapeur, d'excellents établissements d'instruction publique, un lycée, une école polytechnique et une école normale, une école de dessin, de peinture et de gravure, une école de chirurgie et une école vétérinaire.

Toutes les routes aboutissent à Carlsruhe sont garnies d'arbres. La plus belle de toutes est celle qui conduit à Durlach, et qui se prolonge en ligne droite sur une étendue de plus d'un myriamètre.

CARLSTADT. *Voyez* KARLSTADT.

CARLYLE (THOMAS), aujourd'hui l'un des écrivains les plus remarquables de l'Angleterre, est né en 1795, dans le comté de Dumfries, en Écosse. Son père, riche *yeoman*, passait pour l'oracle de l'endroit, et mistriss Carlyle était regardée comme digne de son mari. Les fermiers propriétaires envoyèrent au collége leur fils Thomas, qui étudia tour à tour avec succès et ferveur les mathématiques, la jurisprudence, les langues anciennes, l'allemand et les philosophies de Hegel et de Schelling. Épris du mysticisme et de la métaphysique de l'Allemagne, et ne voyant autour de lui, dans le monde pratique et la société active de l'Angleterre, rien qui fût d'accord avec ses tendances et avec ses goûts, il tomba dans une profonde mélancolie, qui ne lui permit pas d'espérer alors l'avenir et la gloire littéraire pour lesquels il était né. La traduction publiée par lui de quelques romans et nouvelles germaniques eut cependant du succès, et releva son courage. En 1825 il fit paraître une *Vie de Schiller*, la traduction fidèle de *l'Apprentissage de Wilhelm Meister*, et en 1827 *German romances* (4 vol., Édimbourg).

On commença à le distinguer lorsque la *Revue d'Édimbourg* ouvrit ses pages à deux de ses articles sur Jean-Paul Richter et sur Novalis. L'auteur, ennuyé sans doute de rester si longtemps dans les limbes littéraires, avait pris, en désespoir de cause, le parti d'écrire à l'allemande, sans se gêner, avec des mots longs d'une toise et une fécondité inouïe de mots composés. C'était une langue bizarre, produit de la fusion de l'anglais moderne et de l'allemand, qui, dérivant de la même source primitive, unissent sans trop de peine et avec un effet souvent pittoresque les formes de leurs syntaxes respectives et de leurs vocables distincts composés. L'innovation fut remarquée, critiquée, puis enfin pardonnée à Carlyle, qui dans un sujet tout allemand pouvait soutenir qu'il avait droit de l'être un peu trop. Un article intitulé les *Signes caractéristiques du temps*, inséré dans la *Revue d'Édimbourg*, révéla chez lui des qualités plus rares, la profondeur, la sagacité, la justesse, et cet instinct du mouvement général de l'humanité, qui est sublime quand il s'élève jusqu'à la prophétie. Ici les singularités de diction étaient encore plus marquées que dans les écrits précédents du même auteur; on s'y heurtait sans cesse contre des mots absurdes; dans le genre de *faim* et *soifocratie*, mots qui ne produisent pas en anglais un effet beaucoup meilleur que dans notre langue. Cependant le public, étonné, peut-être attiré par le ridicule extérieur et le baroque nouveauté d'un style qui ne lui en rappelait aucun autre, se rapprochait de Carlyle. Le *Magasin de Fraser* l'accepta alors pour rédacteur, et lui donna ses coudées franches. Le *Fraser* est un recueil *tory*, auquel coopèrent des gens de beaucoup d'esprit, et qui ne redoute ni la hardiesse ni l'originalité, dans leur excès même. Carlyle profita de l'occasion, et écrivit pour le *Fraser* un petit volume intitulé *Sartor resartus*, facétie rabelaisienne et mystique, étincelante de talent et d'idées, mais dont l'obscurité burlesque dérouta beaucoup le lecteur. A ce *Sartor resartus* succéda un autre essai, intitulé le *Procès du Collier*, roman philosophique, auquel la fameuse aventure du collier servait de prétexte, et qui avait pour but le développement des causes immédiates de la révolution française. C'était divisé en chapitres, tous très-brillants, quelques-uns grotesques, et qui eurent un extrême succès.

Sans doute ce succès engagea Carlyle à écrire, du même style, son *Histoire de la Révolution Française*, qui a été accueillie avec la même faveur. Il a paru dans ces derniers temps en Europe peu d'ouvrages aussi dignes d'attention; il en est peu qui distinguent autant de qualités répulsives à la fois et sympathiques. Si votre coup d'œil s'arrête aux surfaces, et que les singularités extérieures vous repoussent, ne lisez pas cet étrange livre. Une forme mystique et obscure choisie par Carlyle vous fatiguerait bientôt, et vous vous plaindriez de tant de voiles, qui ne sont pas même transparents. Si la pureté de la diction vous charme, si vous êtes habitué au style anglo-français d'Addison, à la phrase brève, incisive et toute britannique de Bacon, à la période énergique et robuste de Southey, Carlyle vous déplaira. Vous ne saurez que faire de ces mots composites, que la phraséologie anglaise a toujours repoussés, de ces incises perpétuelles, qui jettent à travers sa pensée-mère une forêt de broussailles parasites. Si vous êtes historien du fait, ou de ce qui vous vous complaisez surtout à l'étude pratique des événements et des choses, vous le mépriserez encore; car les faits sont mal racontés par lui, tantôt grossis quant à leur importance, tantôt accumulés ou brouillés diversement, toujours privés de cet ordre lumineux qui est l'âme de l'histoire. Mais si vous êtes philosophe, c'est-à-dire observateur sincère de l'humanité, vous relirez plus d'une fois son ouvrage. Il vous charmera spécialement si vous osez vous élever au-dessus des partis et des préjugés quotidiens. Ce n'est ni un livre bien écrit, ni une histoire exacte de la révolution française. Ce n'est pas une dissertation éloquente, encore moins une transformation des événements et des hommes en narration romanesque, c'est une étude philosophique, mêlée d'ironie et de drame, rien de plus. Elle ne se concentre pas dans le cercle de la révolution française; elle s'attache au cours entier de la civilisation européenne, dont ce mouvement terrible est une des cataractes les plus imposantes. En l'écrivant, l'auteur s'est beaucoup plus occupé de la pensée que du mot; il a médité son œuvre plus qu'il ne l'a élaborée. Il a presque toujours bien vu, il a souvent mal dit; son récit a toute la chaleur d'un spectacle présent et actuel. La théorie de Carlyle, encore obscure et ambiguë, ne se révèle pas à ses yeux d'une manière certaine, puissante et systématique. Il ne sait pas tout ce qu'il veut, il ne comprend pas tout ce qu'il sait, il ne discerne pas tout ce qu'il voit, il est sur le trépied de la pythonisse. De là s'exhalent des vapeurs qui sont les pensées de Carlyle. Il y a des formes mystiques dans le nuage, des lueurs éclatantes au sein de cette brume, et des points de vue lointains, qui déchirent le voile flottant de ses méditations. Les uns dédaigneront les vagues épaisses et tumultueuses qui dérobent au regard la moitié des tableaux de l'avenir; les autres se prosterneront avec une admiration profonde devant des clartés incomplètes. Essayons de dire ici ce qui manque au philosophe Carlyle et ce qui fait sa grandeur : c'est l'un des plus mauvais écrivains et l'un des plus puissants penseurs de l'époque.

Par une série de causes inconnues, Carlyle s'est trouvé en quelque sorte profondément isolé de l'Angleterre. Il n'a rien sacrifié à aucun parti. Il a été l'homme de sa pensée et l'expression de son caractère. Après dix années de demi-obscurité, la Grande-Bretagne a reconnu en lui un génie. En France son adoption eût éprouvé plus de difficultés encore : nous sommes fort disposés à nier la puissance d'une idée toutes les fois qu'elle n'est pas incorporée à une masse d'hommes qui la prend pour son étendard. Carlyle, répugnant à cette servitude disciplinaire des groupes hostiles, s'est placé au-dessus de tous les partis; si bien qu'on le croirait homme de tous les partis. Quand les acteurs de son drame sont puérils et les personnages mesquins, il compare en riant leur petitesse aux énormes dimensions de la catastrophe, et c'est alors qu'il lui arrive d'être fréquemment burlesque. Son style n'est pas du bon style historique assurément.

L'enchevêtrement de la diction, l'excès du néologisme, l'audace bizarre des mots inventés, rendent sa manière d'écrire encore plus grotesque. Mais il est impossible d'assigner mieux et plus nettement à chaque personnage sa place pittoresque dans l'histoire. Carlyle, saisissant avec une dextérité infinie le caractère de tout homme historique, jouant avec lui comme le tigre ou le chat se jouent avec un animal d'ordre et d'espèce inférieurs, l'analysant sans pitié, le retournant à droite et à gauche, le traitant cependant avec une bonne indulgence, qui est mêlée de mépris, de pénétration et de charité, passe en revue ainsi tout ce qui a brillé obscurément ou miraculeusement dans la révolution française. Ce procédé d'impartialité point railleuse, point dénigrante, point laudative, prenant l'homme pour ce qu'il est, ne le croyant jamais sublime complètement, ou complètement haïssable, ne voyant jamais en lui une chose d'une seule pièce, prouve une extrême sagacité : c'est le procédé de Tacite, Labruyère, Shakspeare et Saint-Simon. Chez Carlyle, le sourire et la pitié, mêlés d'un parti pris philosophique, rendent cette disposition plus saillante. On retrouve en lui l'observation de Shakspeare, moins calme, plus métaphysique, malheureusement mêlée de quelque affectation, mais singulièrement puissante.

Nous lui reprocherons encore les ambages de sa pensée, les digressions interminables dans lesquelles il se perd, le lointain et obscur labyrinthe d'investigations historiques dans lequel il se plonge à propos de la plus simple question. Ainsi, le *Chartisme* (1839), cette révélation moderne des souffrances que l'industrie impose aux classes ouvrières,

conduit Carlyle jusqu'au berceau de la race saxonne, et de là jusqu'aux langes du genre humain ; s'il pouvait remonter un peu plus haut, il ne s'en ferait pas faute. C'est, après tout, un curieux phénomène que ce mélange accompli dans l'intelligence de Carlyle : l'observation positive et la pratique anglaise s'alliant à l'érudition mystique de l'Allemagne moderne. Si cet homme remarquable voulait épurer, condenser et affermir son système et ses observations, il pourrait donner à l'Angleterre ce qu'elle n'a pas produit depuis longtemps, un bon livre philosophique. Seul en effet de tous les hommes politiques de son pays il paraît comprendre la fusion de l'Europe, l'époque souffrante et palingénésique où nous vivons, sa transformation par les angoisses, son renouvellement par la douleur, et l'épreuve de feu et de larmes que traversent les sociétés humaines aspirant à se reconstruire quand les temps sont accomplis. Philarète CHASLES.

Les ouvrages de Thomas Carlyle qui ont pour titres : *On Hero Worship* (*la Religion des Héros*, 1841), et *The Past and the Present* (*le Passé et le Présent*, 1844), trahissent chez cet écrivain une nouvelle tendance, qui plus tard a pris toutes les allures du fanatisme, et qui a pour but de mettre l'individualisme complétement au-dessus de l'humanité en général. Ces idées l'ont conduit en dernier lieu au culte formel du passé, parce que suivant lui l'état de la société à cette époque permettait à l'individualité de recevoir une empreinte plus énergique que de nos jours. Cette manière de voir se trouve poussée à l'extrême dans ses *Latter day Pamphlets*, 1850. On peut regarder ces brochures comme la plus spirituelle apologie du système rétrograde en politique et la critique la plus acerbe de l'esprit de progrès particulier à notre époque, qu'on ait publiées en Europe dans ces dernières années. Il est même de toute exactitude de dire que la théorie du *césarisme* développée et préconisée récemment par certains écrivains français a pour point de départ les idées émises par Carlyle.

De tous les ouvrages de cet auteur celui qui a le plus de valeur historique est intitulé : *Letters and Speeches of Oliver Cromwell* (2 vol., 1845); il l'a fait suivre, en 1846, d'un supplément. Si le commentaire de l'éditeur brille plus par la sagacité et l'éloquence que par l'impartialité, il faut lui savoir gré d'avoir tenté avec succès la réhabilitation d'une des plus grandes figures de l'histoire d'Angleterre. Mais, comme il est arrivé à plusieurs autres productions importantes, cette production de Carlyle a obtenu bien moins de succès en Angleterre qu'à l'étranger. En 1850 il se mit sur les rangs pour la place de recteur de l'université d'Aberdeen ; mais sa candidature échoua contre celle d'un rival complétement inconnu, le shériff Gordon.

Le dernier livre qu'ait publié Carlyle est intitulé : *Life of John Sterling* (Londres, 1851). C'est la biographie de l'ami de ses jeunes années.

CARMAGNOLA ou CARMAGNOLE, ville du Piémont, à 25 kilomètres de Turin, près de la rive droite du Pó, avec 3,500 âmes de population. Cette ville fait un commerce important en soies, chanvre, toiles, grains et bestiaux. C'était autrefois une place forte. Elle fut prise en 1691 par Catinat, et en 1796 par l'armée aux ordres de Bonaparte.

CARMAGNOLA, général vénitien, dont le véritable nom était *Francesco* BUSSONE. Il était fils d'un paysan de Carmagnola, commune du comte de Saluces, et dans sa jeunesse il gardait les troupeaux. Il s'engagea ensuite comme soldat, et se distingua tellement par son courage et son sang-froid, que son avancement fut rapide, et qu'il fut promu au grade de général sous le duc Philippe Visconti de Milan. Ce prince lui donna d'abord toute sa confiance, et lui fit même épouser une de ses parentes. Mais les hommes de son entourage ne virent pas sans une profonde jalousie la fortune faite par ce parvenu; ils s'attachèrent donc à le calomnier dans l'esprit du duc, et Carmagnola, tombé en disgrâce, se vit contraint d'abandonner le Milanais. Il alla alors séjourner pendant quelque temps aux lieux de sa naissance; mais Foscari, doge de Venise, ne tarda pas à le décider à accepter le commandement en chef de l'armée vénitienne. Carmagnola fut heureux dans sa campagne contre le duc de Milan; et en 1426 il le contraignit à abandonner à la république de Venise l'importante place de Brescia et son territoire. Il eut moins de succès dans les deux guerres qu'il fut ensuite chargé de faire au duc de Milan, en 1427 et en 1431, à tel point qu'il encourut même le soupçon de trahison. Ce motif le détermina en 1432 à revenir à Venise, où, en lui appliquant la question, on lui arracha des aveux par suite desquels on le décapita le 5 mai, comme coupable de haute trahison. Ses infortunes ont souvent été prises pour sujet par des auteurs dramatiques, entre autres par Manzoni dans sa tragédie intitulée : *Il Conte di Carmagnola* (Milan, 1820).

CARMAGNOLE, nom d'un chant révolutionnaire, plus inconvenant que grivois, qui commençait par ces mots :

Madam' *Veto* avait promis,

et dont chaque couplet se terminait par ce refrain :

Dansons la Carmagnole,
Vive le son
Du canon!

Mais aucun étymologiste n'a pu nous apprendre si la chanson et la danse sont originaires de Carmagnola et en ont pris le nom; si l'air de la Carmagnole n'a pas été composé par quelque musicien de cette ville; si la chanson n'a pas pris le nom de son auteur, etc. Quoi qu'il en soit, la *Carmagnole*, dirigée contre Marie-Antoinette, date de 1792. Elle rivalisa longtemps avec l'air de *Ça ira*, qu'on nommait aussi *Le Carillon national*. Ces deux chansons, jouées par les musiques militaires, comme des redoublés, et par les orchestres des spectacles pendant les entr'actes, à la suite de l'*Hymne des Marseillais* et du *Chant du Départ*, se maintinrent en faveur jusqu'au 18 brumaire 1799, sauf l'intervalle réactionnaire où l'on chanta *le Réveil du Peuple*, entre le 9 thermidor 1794 et le 13 vendémiaire 1795. Bonaparte, qui en Italie et en Égypte avait conduit les Français à la victoire avec les airs de *Ça ira*, de la *Carmagnole* et de *la Marseillaise*, répudia cette musique révolutionnaire lorsqu'il fut consul. *Le Chant du Départ*, moins démagogique, moins incendiaire, quoique républicain, continua d'être chanté jusqu'à la fin du consulat. Si l'auteur de *la Carmagnole* n'était pas mort, ou n'eût pas gardé l'anonyme, il aurait peut-être partagé la bonne fortune de l'auteur de *la Marseillaise*, Rouget de l'Isle, que la royauté de 1830 dota d'une pension.

Quant au costume appelé *Carmagnole*, il nous est plus facile d'en faire connaître l'origine : il consistait en un gilet-veste, un large pantalon garni en cuir, un bonnet de police ou un bonnet rouge; on avait, avec cela, le col de la chemise ouvert ou à peine caché par un mouchoir rouge, noué négligemment sur la poitrine, et les cheveux flottant sur les épaules. Comme c'était le vêtement ordinaire des ouvriers qui chantaient ou dansaient la Carmagnole, on donna au costume le nom de la chanson; et parce que les gens du grand monde et de la classe aisée n'avaient pas encore remplacé la culotte courte par le pantalon large, ils appelèrent *sans-culottes* les hommes qui étaient vêtus en carmagnole et qui chantaient la Carmagnole. À cette occasion plusieurs députés de la Convention, plusieurs membres des clubs des Jacobins et des Cordeliers, crurent se faire honneur et se populariser en adoptant le costume de la Carmagnole ou des sans-culottes, qui devint plus rare après la Terreur, mais qui ne disparut entièrement qu'au 18 brumaire.

H. AUDIFFRET.

CARMARTHEN. *Voyez* CAERMARTHEN.

CARMATHES. C'est le nom arabe d'une troupe d'hérétiques musulmans, qui, dans le moyen âge, causèrent à l'islamisme d'aussi grands maux qu'en ont fait de nos jours les Wahabis. Le fondateur de cette secte, *Al-Faradj* ou *Kersah*, fils d'Othman, fut appelé *Carmath* (dérivé, par altération, de *carminat*, qui a les yeux rouges) soit à cause de sa difformité, soit en raison du village où il était né dans les environs de Koufah, ville fameuse de l'Irak, sur les frontières de l'Arabie. Cet imposteur commença par prêcher sa doctrine à ses compatriotes et aux Bedouins ; il faisait jurer ses sectateurs sur un livre qu'il disait tenir du ciel, et en tête duquel on lisait qu'il était le Messie, c'est-à-dire tout à la fois Jésus et le Verbe, et le *Mahdy* (le directeur attendu par les musulmans chyites), et Mohammed, fils d'Hanifah (l'un des imams de la race d'Ali), et l'ange Gabriel, et Jean fils de Zacharie, et le Saint-Esprit, et le chameau et le cheval, dont il avait pris le corps en qualité de Messie. Les grossières invraisemblances de tout ce fatras mystique auraient dessillé les yeux d'une nation plus éclairée. Elles servirent à mieux tromper ces hommes ignorants. Il leur persuada qu'il était prophète, comme l'avaient été Adam, Noé, Jésus, Mahomet et Mohammed, fils d'Hanifah; il leur prescrivit cinquante prières par jour au lieu de cinq, en se tournant vers Jérusalem, et la solennité du lundi au lieu du vendredi, mélange de christianisme et de mahométisme.

La secte des carmathes détruisait tous les préceptes du Coran par des interprétations allégoriques : pour eux, la prière n'était que le symbole de l'obéissance à leur chef, auquel ils donnaient le titre de *massoum* (protégé de Dieu) et la qualité d'imam ou pontife. Le jeûne était l'emblème du silence et du secret sur leurs dogmes à des étrangers, et la défense de la fornication signifiait la fidélité envers leur imam. La dîme pour les pauvres, ils la remplaçaient par le cinquième, qui lui était réservé; ils buvaient et mangeaient sans scrupule tout ce qui était prohibé par le Coran, et se dispensaient des ablutions qu'il prescrit. Ils croyaient que les hommes avaient les anges pour amis, pour guides, pour gardiens, et que les démons étaient leurs ennemis déclarés, sans cesse occupés à leur nuire.

Cette secte, qui se propageait secrètement depuis le commencement du neuvième siècle, éclata l'an 278 de l'hégire (891 de J.-C.), sous le khalifat de Motamed, et commença d'exciter les troubles. En 898, Abou-Saïd-Al-Djannabi, chef des carmathes, se rendit maître de plusieurs places de la province de Bahr-Aïn, s'avança jusqu'à El-Katif, et menaça Bassora, que le khalife fit entourer d'une muraille. L'an 900 ce général prisonnier, et le mit en liberté, après lui avoir fait promettre d'engager ce prince à ne plus faire la guerre à un peuple endurci à la fatigue, qui ne ferait aucun quartier à ses troupes. En 901 Abou-Saïd s'empara de Hadjar par famine, en fit passer tous les habitants au fil de l'épée, et l'abandonna après avoir partagé le butin entre les troupes. Maître de Hadjar et d'Al-Ahsa, il s'empara en 906 de Sanaâ, capitale de l'Yémen, et se forma un grand État dans l'Arabie. Il mourut assassiné dans un bain en 913. Abou-Taher-Soliman, son fils, quoique à peine âgé de dix-huit ans, sut inspirer la plus grande confiance à ses sectateurs, en leur persuadant que Dieu lui révélait les choses les plus cachées. Il en compta parmi toutes les classes d'habitants et dans toutes les provinces de l'empire. À la tête de plus de 100,000 hommes, il prit Bassora d'assaut en 923, massacra un grand nombre d'habitants, et l'abandonna après l'avoir pillée et saccagée pendant dix-sept jours. L'année suivante, il surprit la caravane sacrée, qui revenait de la Mecque, et la pilla. En 931, après avoir ravagé le territoire de la Mecque, il prit de vive force cette ville sainte, y massacra près de 30,000 habitants, combla de cadavres le puits Zemzem, souilla la Kaaba, où il en enterra trois mille, et en enleva la fameuse pierre noire, antique objet de la vénération des musulmans. Après cet attentat, jusque alors inouï, il alla avec une poignée d'hommes insulter le khalife jusqu'aux portes de Bagdad. Ce ne fut qu'en 939 qu'Abou-Taher, moyennant 25,000 dinars qu'il reçut du khalife, permit le pèlerinage de la Mecque, interrompu depuis huit ans. Ce prince mourut en 943, et la puissance des carmathes, qu'il avait portée au plus haut période, commença d'aller en décadence. Devenus moins actifs et moins guerriers, en 950, sous le khalifat de Mothy, ils rapportèrent de Koufah à la Mecque la pierre noire, qu'ils avaient enlevée vingt ans auparavant, en déclarant qu'ils l'avaient prise par un ordre exprès du ciel, et qu'ils la rendaient d'après un ordre semblable. Les dévots musulmans publièrent qu'il avait fallu à ces impies quarante chameaux vigoureux pour emporter cette relique, et qu'un seul chameau maigre avait suffi pour la rapporter.

Depuis cette époque, l'histoire des carmathes offre plus de lacunes et moins d'intérêt. L'anarchie acheva de les affaiblir. En 985 ils prirent et pillèrent Koufah; mais le prince bowaïde Samsam-Eddaulah, souverain de Bagdad au nom du khalife, envoya contre ces rebelles une armée, qui en tua un grand nombre, et dispersa le reste. Chassés depuis une quarantaine d'années de leurs possessions en Arabie, par les Baridiens, et n'ayant pu former que des établissements précaires dans la Syrie et dans l'Irak, les carmathes se dissipèrent et cessèrent de faire parler d'eux. Leur hérésie se fondit et se modifia dans quelqu'une des nombreuses sectes qui divisent la religion mahométane, puis a reparu dans celle des Wahabis.   H. AUDIFFRET.

CARMEL (Mont), cap situé en Palestine, sur la côte méridionale de la baie de Ptolémaïs (Saint-Jean-d'Acre). Il se compose de plusieurs plateaux fertiles, bien boisés et contenant un grand nombre de grottes et d'étroites vallées, avec une circonférence de près de 8 myriamètres, et, à l'embouchure du Kishou, se termine en une plaine agréable. On voit encore sur ses hauteurs des ruines d'églises et de couvents, qui datent du temps du royaume chrétien de Jérusalem, ainsi qu'une grotte qui, selon la tradition, fut habitée par le prophète Élie. Dès le quatrième siècle des anachorètes chrétiens choisissaient le mont Carmel pour y mener la vie cénobitique; cependant ce ne fut que vers l'an 1156 que des pèlerins, sous la conduite de Berthold de Calabre, y établirent une confrérie d'ermites, berceau de l'ordre des Carmes. Le couvent qu'ils avaient fondé sur le mont Carmel fut détruit à diverses reprises, et en dernier lieu en 1798 par les Français, lors de leur expédition en Égypte. Il n'a été rétabli depuis que grâce aux infatigables et philanthropiques efforts du frère Jean-Baptiste, qui, à l'effet de recueillir les dons pieux des fidèles pour sa réédification, parcourait tour à tour depuis 1825 les trois parties du monde. En 1844 le nombre toujours croissant des pèlerins et des voyageurs nécessitant l'agrandissement des bâtiments existants, frère Jean-Baptiste eut encore le courageux dévouement de repartir pour aller recueillir les aumônes des âmes pieuses dans les contrées de l'Europe qu'à sa première tournée il n'avait pu visiter.

CARMÉLITES. Voyez CARMES.

CARMENTA ou **CARMENTIS**, déesse des Romains qui prédisait l'avenir, ainsi que l'indique son nom, dérivé du mot *carmen* (poëme, prophétie). Elle avait un temple au pied du mont Capitolin et des autels à la porte Carmentale. Les femmes seules étaient admises à célébrer sa fête, qu'on appelait Carmentales (*carmentalia*). On l'invoquait alors sous les noms de *Postvorta* et d'*Antevorta*, qui vraisemblablement se rapportaient à son don de prophétie. On la regardait comme proche parente de Faune, parce que ce Dieu était, disait-on, originaire d'Arcadie, et on faisait d'elle la mère d'Évandre l'Arcadien. Quoiqu'on prétendît à cause de cela que son culte était originaire d'Arcadie, il est certain que c'est là une divinité d'origine complètement italique, et dont tous les attributs offrent une frappante analogie avec ceux des *Camenæ*. Ovide nous a transmis des prédictions qu'elle avait prononcées touchant la gloire future de Rome. Plutarque dit que la mère d'Évandre se nommait *Thémis* ou *Nicostrate*. On lui donna le nom de *Carmenta* parce que quand elle présidait l'avenir, elle paraissait hors d'elle-même et avoir perdu la raison (*carere*, manquer, et *mens*, raison); c'est de là, ajoute-t-il, qu'on appela *Carmenta* les compositions poétiques qui exigent de l'enthousiasme.

CARMENTALES, fêtes établies à Rome en l'honneur de *Carmenta*. Des auteurs ont pensé que cette déesse était la Lune, et que cette fête avait rapport au renouvellement de l'année; d'autres disent qu'elle fut établie en mémoire d'une réconciliation des dames romaines avec leurs maris, réconciliation qui fut suivie d'une grande fécondité, attribuée à Carmenta. Cette fête durait du 11 au 15 janvier. Il était défendu pendant les cérémonies carmentales de toucher du cuir ou quelque animal mort naturellement.   DELBARE.

CARMES, CARMÉLITES, ordre religieux qui prit naissance sur le mont Carmel, d'où il tire son nom. Cette montagne fut jadis le séjour de ceux que l'Écriture appelle *les enfants des prophètes* : ils y vivaient dans la solitude, sous la direction d'Élie et de son successeur Élisée. Pour se donner une origine antique, les carmes ont prétendu que cette espèce de communauté subsista jusqu'à la venue du Messie, et que les solitaires qui la composaient, après avoir embrassé le christianisme, continuèrent le genre de vie qu'ils menaient auparavant. Il suivrait de là qu'Élie serait le fondateur des carmes, et que cet ordre serait le plus ancien de tous, puisqu'il remonterait à près de 900 ans avant J.-C. Mais Papebroeck, continuateur de Bollandus, soutient, avec plus de raison, que depuis la captivité de Babylone jusqu'au onzième siècle il n'y eut point d'ermites sur le mont Carmel.

Ce fut vers le temps de la première croisade que des pèlerins qui étaient venus visiter la terre sainte se retirèrent dans les grottes qui sont autour du Carmel, pour y embrasser la vie érémitique. Vers l'an 1105, un nommé Bertold commença à les réunir en communauté, sans que pour cela ils abandonnassent leurs cellules. On ne voit point à quelle époque les femmes furent admises dans l'ordre. En 1209, à la prière de l'abbé Brocart, le B. Albert, patriarche latin de Jérusalem, donna à ces ermites une règle sévère, qui prescrivait un silence presque absolu, une clôture entière, des jeûnes longs et rigoureux, des prières continuelles, etc. Cette règle, approuvée par le pape Honorius III, fut confirmée par Grégoire IX et par Innocent IV.

L'ordre fleurit longtemps aux lieux où il avait vu naître; mais les vexations des Sarrasins, qui avaient repris la Palestine, obligèrent les religieux de se réfugier en Europe, où déjà ils comptaient quelques maisons. Du petit nombre de ceux qui demeurèrent sur le Carmel, plusieurs vinrent en France à la suite de saint Louis, et s'établirent à Paris, d'où l'ordre s'étendit dans le reste du royaume.

L'excessive sévérité de la règle donnée par Albert ne put tenir contre le relâchement qui commençait alors à se glisser dans la plupart des ordres religieux : les abus se multiplièrent chez les carmes, non moins qu'ailleurs, et pour en prévenir de nouveaux, le pape Eugène IV fut obligé, en 1431, d'approuver les nombreux adoucissements que le temps avait apportés à la règle.

Cent trente ans après, sainte Thérèse entreprit de ramener l'ordre à l'austérité primitive. Malgré les obstacles sans nombre qu'elle eut à surmonter, elle parvint, en 1562, à fonder une maison de filles, où elle établit la réforme qu'elle méditait. Bientôt, par les soins du P. Jean de la Croix, quelques religieux se soumirent à la nouvelle règle; et vingt ans après, à la mort de la réformatrice, son institut comptait trente monastères. Le nom de *carmes déchaussés*, qu'adoptèrent les disciples de sainte Thérèse, les distingua des *carmes mitigés*, qui n'avaient pas embrassé la réforme. Le nouvel ordre se partagea en deux grands corps, subdivisés en plusieurs provinces : le premier, qui conserva toute l'austérité de la réforme, demeura en Espagne; le second, un peu moins sévère, se répandit en France, en Italie, en Allemagne, en Pologne et jusque dans la Perse.

Pour se rapprocher de la vie érémitique des religieux du Carmel, chaque province des carmes déchaussés eut une espèce de solitude ou de désert, avec quelques cellules séparées dans lesquelles chacun des religieux dut s'enfermer tour à tour pendant un an, pour y vaquer uniquement à la prière et se livrer à toutes sortes d'austérités. Un des plus célèbres ermitages était celui que Louis XIV avait fait bâtir près de Louviers.

L'ordre des carmes fut supprimé en France, avec les autres, en 1790. Sous la Restauration, quelques anciennes carmélites se sont réunies dans certaines villes, et ont établi des maisons, où elles s'occupent de l'éducation des jeunes personnes.

L'abbé C. BANDEVILLE.

Les carmes et carmélites comptaient encore dans le monde au dix-huitième siècle 7,000 couvents, avec 180,000 religieux et religieuses, divisés en 38 provinces. Les carmes proprement dits avaient à Paris un couvent à la place Maubert; il a été depuis converti en marché. Le couvent des Billettes devint la propriété des carmes réformés en 1631; les *carmes déchaussés* avaient une maison religieuse dans la rue de Vaugirard. Ils possédaient le secret de deux compositions dont ils faisaient un commerce lucratif, le *blanc des carmes*, qui donnait aux murs le brillant d'un marbre poli, et *l'eau de mélisse*, dite *des carmes*, dont toute petite-maîtresse voulait avoir un flacon. Ce couvent, supprimé en 1790, servit plus tard de lieu de détention. Grand nombre de prêtres y trouvèrent la mort lors du massacre des prisons, aux journées des 2 et 3 septembre 1792. Des carmélites en reprirent possession en 1808, sous la direction de Mme de Soiscourt; elles ont dans ces derniers temps cédé une partie de leur local à des dominicains. L'église de l'ancien monastère est ouverte aux fidèles du quartier.

L'ordre des carmélites fut introduit en France en 1452. Il y en avait aussi de *déchaussées*. Le premier couvent de leur ordre à Paris fut fondé par la princesse d'Orléans de Longueville, rue d'Enfer, sur l'emplacement de l'ancien monastère de Notre-Dame des Champs. C'est dans ce couvent que se retira Mlle de La Vallière. La célèbre duchesse de Berry, fille du régent, y fit aussi de fréquentes retraites. Il fut supprimé en 1790, et les bâtiments furent démolis. Sur leurs débris quelques anciennes carmélites se sont réunies depuis 1815. Il y a eu deux autres couvents de cet ordre, rue Saint-Jacques et rue Chapon.

CARMIN, substance précieuse pour la peinture, et fort employée dans la préparation du rouge de fard, le pastillage des confiseurs, et surtout la coloration des fleurs artificielles. Les liquoristes en font aussi un grand usage. Sa base essentielle est la carmine, que Pelletier et Caventou sont parvenus à extraire de la cochenille. Ces deux chimistes ont émis l'opinion que le carmin n'offre masquée et à l'état de combinaison triple avec une substance animale azotée qui existait avec elle dans la cochenille, et avec une portion de l'acide qui dans le procédé de fabrication du carmin est employé en quantité plus ou moins grande.

Quoiqu'il semble bien facile de fabriquer le carmin quand on a à sa disposition de belle cochenille bien conservée, on trouve d'énormes différences dans les qualités, le ton de couleur et l'éclat des différents carmins que nous offre le commerce. Il ne paraît même pas que le développement des théories ni l'isolement de la carmine aient eu une influence fort heureuse pour la perfection du carmin. Bien longtemps avant les beaux travaux d'analyse chimique faits à ce sujet, il existait à Paris une fabrication de carmin fin, dirigée par un sieur Langlois, dont aucun des nombreux imitateurs n'a surpassé le bonheur sous le rapport de l'excellence de la fabrication, si même son carmin a été égalé. Une dame Cénette d'Amsterdam a aussi été pendant bien longtemps en possession de fournir Paris d'un carmin admirable pour la vivacité du ton, le velouté de la nuance et l'inaltérabilité de cette précieuse couleur. Un sieur Alyon les avait suivis de près dans la carrière du perfectionnement. Si nous examinons d'ailleurs attentivement les procédés mis en usage par ces anciens fabricants, si nous les comparons avec les procédés modernes, et qui dans le fait ne semblent pas susceptibles de modifications essentielles, nous sommes étonné, et nous ne savons à quoi attribuer l'infériorité relative de la plupart des carmins du commerce actuel. Le carmin il y a soixante ans se vendait énormément cher; aujourd'hui, que le prix en est considérablement diminué, on peut supposer que la plupart des fabricants y introduisent de la laque carminée, tirée de la garance, ingrédient à vil prix. Quoi qu'il en soit, voici les recettes du carmin de Langlois, Alyon et madame Cénette.

Carmin de Langlois. On fait bouillir dans une grande chaudière de cuivre quatre seaux d'eau de rivière; on retire un kilogramme d'eau chaude, que l'on passe à travers un tamis fin dans une terrine, sur cinq œufs battus avec leurs coquilles, ce qui forme une émulsion que l'on conserve à part. On verse dans la chaudière une lessive filtrée, de quarante grammes de soude d'Alicante, dissoute dans deux kilogrammes d'eau bouillante; on y ajoute en même temps 875 grammes de cochenille mestèque, moulue grossièrement. On remue constamment avec un pinceau à manche, et l'on fait bouillir pendant une demi-heure; on enlève la bassine du feu, et l'on y ajoute 60 grammes d'alun de Rome pulvérisé; on agite une seule fois avec le pinceau, et on laisse reposer dix à douze minutes; on remarque alors que la couleur violette a passé au rouge intense, nuance écarlate : c'est ce qu'on appelle *faire revenir le carmin*. On décante le liquide dans une chaudière, on ajoute l'émulsion passée au tamis, et l'on donne encore un bouillon. Alors on verse le carmin sur une toile fine, tendue sur un carrelet. Le liquide rouge qui passe, et qu'on reçoit dans un vase de bois blanc, peut être utilisé à la préparation des laques. Le dépôt formé sur la toile est desséché à l'ombre. On le réduit ensuite en poudre, on le tamise, et on le conserve à l'abri de l'humidité dans des boîtes en fer-blanc.

Carmin de madame Cénette. On fait bouillir dans une chaudière six seaux d'eau de rivière; au moment où cette eau commence à bouillir, on y ajoute un kilogramme de cochenille mestèque, réduite en poudre très-fine. Après deux heures d'ébullition, on y met 90 grammes de nitre pur, et un moment après 125 grammes de sel d'oseille. Après avoir fait bouillir encore dix minutes, on ôte la chaudière de dessus le feu, et on laisse reposer le tout pendant quatre heures. On enlève l'eau de dessus le carmin à l'aide d'un siphon, et cette eau se met par égales portions dans plusieurs terrines vernissées. Ces terrines sont abandonnées pendant trois semaines dans un lieu frais. Il ne tarde pas à s'y former une moisissure pelliculaire. Il faut enlever cette moisissure à l'aide d'une baleine garnie d'une petite éponge très-fine. On fait écouler l'eau par un siphon, qui peut sans inconvénient être plongé jusqu'au fond des terrines, où le carmin reste attaché et adhère fortement. On dessèche ce carmin à l'ombre. Il est superbe.

Procédé d'Alyon. On fait bouillir dans une bassine de cuivre deux seaux et demi d'eau de rivière; on y verse, par petites parties, 500 grammes de cochenille moulue, et on remue avec un pinceau. Après une heure de nouvelle ébullition, on ajoute une légère lessive alcaline, préparée dans la proportion de vingt grammes de soude et un litre d'eau. On laisse encore bouillir une demi-heure, puis on ôte la bassine de dessus le feu. On y répand à ce moment 23 grammes de bel alun, on remue et on laisse reposer une demi-heure. On décante ensuite la liqueur, qui est d'un bel écarlate, dans une autre bassine. On ajoute à cette liqueur deux blancs d'œuf qu'on a préalablement battus dans 250 grammes d'eau pure. On remue de nouveau fortement et longtemps au pinceau, puis on remet la bassine sur le feu, et l'on pousse jusqu'au gros bouillon : le blanc d'œuf se coagule et se précipite avec la substance colorante qui doit former le carmin. On retire la chaudière de dessus le feu, et on laisse déposer pendant une demi-heure, pour que le carmin se précipite entièrement ; la liqueur claire qui surnage est décantée. Le dépôt carminé est placé pour égoutter sur une toile fine. Il faut se servir d'une spatule en argent pour l'enlever de dessus la toile, crainte d'altération de la nuance par l'emploi de métaux oxydables. On le fait sécher sur des assiettes, en le garantissant de la poussière. Par le procédé d'Alyon, on assure qu'un kilogramme de belle cochenille produit 30 grammes de carmin.

Nous trouvons dans les livres beaucoup de procédés de fabrication du carmin, qui ne sont, en apparence du moins, que des variantes sans importance de ces trois procédés. Il faut cependant remarquer que l'on a cru pouvoir ajouter beaucoup à la vivacité du carmin par l'addition dans la décoction de la cochenille, soit de la poudre de chouan ou d'autour, soit d'un peu de rocou ; mais il est peu probable que ces additions puissent être avantageuses.

Il faut distinguer un autre procédé, qui nous semble devoir être efficace. Il consiste dans l'emploi du sel d'étain, bien connu dans la teinture en écarlate pour rehausser singulièrement la nuance donnée par la cochenille. On assure d'ailleurs que les Chinois, chez qui l'on trouve de fort beau carmin, emploient le muriate d'étain.

Le *carmin chinois* se prépare ainsi : On fait bouillir dans un seau d'eau de rivière 625 grammes de cochenille en poudre très-fine, et on y ajoute trois grammes de bel alun. Après sept ou huit minutes d'ébullition, on ôte la bassine de dessus le feu, et l'on fait passer la liqueur dans un autre vase à l'aide d'un siphon. Cette liqueur étant totalement refroidie, on y verse goutte à goutte de la dissolution de sel d'étain ; on fait réchauffer : le carmin se précipite. Après la formation complète du dépôt, on décante l'eau claire, et on sèche le carmin lentement à l'ombre dans des vases de porcelaine.

On voit que dans tous ces procédés, moins celui de madame Cénette, où l'alun est remplacé par le quadri-oxalate de potasse (sel d'oseille), il doit se former dans la liqueur alcaline qui tient en dissolution la cochenille une laque carminée plus ou moins riche, selon la proportion d'alun employée. On a quelquefois, dans cette fabrication, substitué au blanc d'œuf la belle colle de poisson. Je ne sais si on n'en est bien trouvé. Remarquons que généralement il faut se servir de l'eau la plus pure, afin d'éviter les dépôts terreux. A défaut d'eau distillée ou d'eau de pluie, on peut cependant employer celle de rivière bien filtrée. Le beau carmin doit être d'un rouge pourpre si vif qu'on dit qu'il *brûle l'œil*.
          Pelouze père.

CARMINATIFS (de *carminare*, nettoyer), médicaments simples ou composés, auxquels on attribue la propriété d'expulser les gaz qui se développent dans le canal digestif. Ils sont pris ordinairement parmi les substances aromatiques, telles que le thé, la lavande, l'anis, etc. ; ou les amers, comme la camomille romaine. Les spiritueux, pris à petites doses, méritent aussi le nom de *carminatifs*, et aident en outre à la digestion en donnant du ton à l'estomac ; mais l'abus de ce dernier moyen peut devenir très-nuisible et faire naître une inflammation de l'estomac et dans le bas-ventre.

CARMINE, produit immédiat du règne organique, et qui se trouve en plus grande abondance principalement dans la **cochenille**. L'isolement de cette intéressante substance est une des conquêtes de la chimie moderne. La découverte en est due à Pelletier et Caventou, et remonte à 1818. La carmine peut être considérée comme la matière colorante pure de la cochenille. C'est la base précieuse du *carmin*. Celui-ci est toujours d'autant plus vif à l'œil qu'il contient plus de carmine. Pour isoler la carmine pure ou presque pure, on fait d'abord macérer la cochenille dans l'éther. Cette macération préalable semble indispensable pour enlever à la cochenille une espèce de substance sébacée, qu'elle contient toujours en plus ou moins grande quantité et qui enveloppe la carmine. Ensuite on prend la cochenille ainsi dégraissée pour la traiter à plusieurs reprises par l'alcool bouillant. A chaque traitement par l'alcool, on obtient par le refroidissement complet un dépôt de matière grenue, d'une couleur rouge intense. Si au lieu d'opérer par voie d'ébullition et de refroidissement subit, on procède par évaporation lente, le dépôt n'est pas grenu, il affecte des formes cristallines assez bien prononcées. Mais la carmine, même dans cet état, est encore bien loin d'être pure : il s'agit de la débarrasser des dernières portions de substance grasse qui la souillent. On y parvient en répétant sur elle le traitement par l'alcool à 40°. A la dissolution qui en résulte il faut ajouter partie égale d'éther. D'abord la liqueur se trouble, puis elle finit par s'éclaircir. Un repos de quelques jours, dans un lieu un peu frais, permet un nouveau dépôt de carmine, sinon absolument pure, du moins dégagée de la majeure partie de la substance sébacée : les parois du vase se sont tapissées d'une incrustation d'un rouge magnifique. Cette incrustation offre les propriétés suivantes : sa couleur est le pourpre éclatant, avec un aspect cristallin. Dans cet état, approchant de celui de pureté, la carmine reste parfaitement inaltérable à l'air, et à la température ordinaire ; mais l'action de la chaleur la décompose facilement et complètement. Elle contient, suivant Pelletier, 40,33 de carbone, 6,66 d'hydrogène, 40,45 d'oxygène et 3,56 d'azote.

La carmine est très-soluble dans l'eau, et la dissolution aqueuse ne produit plus de cristaux, ni par refroidissement brusque, ni par évaporation lente. L'alcool bouillant la redissout, mais l'éther n'a pas d'action sur elle, phénomène très-singulier.
          Pelouze père.

CARMONTELLE, né à Paris, le 25 août 1717, y mourut, à l'âge de quatre-vingt neuf ans, le 26 décembre 1806. D'abord lecteur du duc d'Orléans, il fut ensuite ordonnateur des fêtes que donnait ce prince. Il doit sa place dans la littérature à ses *Proverbes dramatiques*, petites pièces dont l'action se rapportait à quelque maxime populaire, dont elles démontraient la justesse. Sa facilité était aussi étonnante que sa fécondité ; une matinée lui suffisait pour la composition d'une pièce de théâtre en un ou même en deux actes. Quoique son dialogue soit en général fort commun, ses petites comédies forment un assez joli répertoire pour les théâtres de société. Quelques-uns de nos auteurs comiques y ont puisé à pleines mains avec plus ou moins de bonheur (ajoutons : et de pudeur), et nos théâtres publics ont vu comme neuves leurs productions, qui n'étaient rien moins que cela. Carmontelle excellait surtout dans les pièces de circonstance, qu'il avait le talent d'adapter au nom et au caractère des personnes qui devaient y jouer un rôle.

Après la grande crise de la révolution française, lorsque chacun, lassé du drame de la rue, ne demandait qu'à s'étourdir sur un passé qu'il avait hâte de répudier, une passion, que l'on pourrait qualifier de *fureur dramatique*, vint s'emparer à Paris de toutes les classes. Chaque quartier, chaque rue eut son théâtre de société. Cette *fureur* dramatique contribua, plus que leur mérite, à donner une espèce de vogue aux *Proverbes* de Carmontelle, faciles à monter et à jouer. Saisissant assez heureusement les travers et les tics de tous les genres de société, rendant avec fidélité les conversations fastidieuses des salons et les rabâchages des bourgeois, il fut goûté et applaudi. Ce n'est que cependant que ses petites comédies, en quelque sorte improvisées, offrent de grands développements dramatiques : on n'y doit point chercher d'intrigue, de nœud, ni de dénouement proprement dits, on y trouve peu ou point de combinaisons, mais un style naturel, un coin de la société qui se dévoile, une aventure de salon, de boudoir ou de boutique, à laquelle on assiste, dont on ne perd aucun incident, et dont chaque caractère parle et agit comme on entend parler, comme on voit agir dans le monde.

Carmontelle n'avait jamais rien composé pour les théâtres du Vaudeville et de Louvois, et cependant il avait ses entrées d'auteur à ces deux théâtres ; mais une circonstance de sa vie vraiment remarquable, et qui semble même incroyable, c'est qu'il trouva un jour à emprunter au Mont-de-Piété une somme dont il avait besoin, sans donner d'autre nantissement que quelques-uns de ses manuscrits. On assure qu'indépendamment des ouvrages qu'il a fait imprimer, il a laissé de quoi composer plus de cent volumes.

Au talent d'écrire il joignait celui de peindre ; on lui doit les portraits de presque tous les hommes célèbres du dix-huitième siècle. Ceux, entre autres, que l'on voit en tête des Correspondances de Grimm et de madame du Deffant ont été gravés d'après lui. Une de ses occupations favorites consistait à faire des *transparents* sur du papier très-fin : appliqués sur un carreau de croisée, et se déroulant peu à peu, ces *transparents* offraient aux spectateurs une série de scènes plus ou moins amusantes, mais toujours morales. Quelques-uns d'entre eux avaient jusqu'à 53 m. 50 de longueur, et le plus grand plaisir de Carmontelle était de mettre ses *proverbes en transparents* et ses *transparents en proverbes*. Voici la liste de ses ouvrages : *Proverbes Dramatiques*, 6 vol. in-8°, 1768. Les tomes 7 et 8 de ces *Proverbes* et les *Nouveaux Proverbes Dramatiques*, publiés après sa mort, forment 4 vol. in-12. Ses *Proverbes* sont au nombre de 82 ; *Théâtre du prince Clenerzow, traduit en français par le baron de Blening* (1771, 2 vol. in-8°) ; *Théâtre de Campagne* (1775, 4 vol. in-8°) ; *le duc d'Arnay, le Triomphe de l'Amour sur les mœurs de ce siècle*, et *les Femmes*, trois romans ; *Conversation des Gens du Monde dans tous les temps de l'année*, ouvrage inachevé, qui devait former quatre volumes ; enfin *l'Abbé de Plâtre*, comédie en un acte et en prose, jouée avec succès sur le Théâtre-Italien (1779), la seule pièce qu'il ait risquée sur un théâtre public. Il avait, dit-on, composé de plus un *Traité de Perspective*, qui n'a pas été imprimé. C. LEYNADIER.

CARNA, déesse de Rome, femme de Janus, dont la fête se célébrait au mois de juin, le premier jour de l'ancienne année romaine : aussi disait-on qu'elle ouvrait et fermait l'année. On la nommait aussi *Carda*, parce qu'elle présidait aux gonds et aux portes. Sa fête était marquée par des cérémonies pour la conservation des enfants, qu'on recommandait à la déesse. On frappait trois fois les portes des maisons avec des branches d'arbousier, puis on plaçait des caractères sur le seuil. Le père de famille purifiait avec de l'eau les environs de sa demeure, et immolait en l'honneur des enfants une truie de deux ans. On plaçait sur une fenêtre une branche d'aubépine, arbuste consacré à Janus. Les parents et les amis se régalaient de lard et d'une bouillie de fèves et de farine de froment, aliments qui, selon Macrobe, donnent de la vigueur, en mémoire de ce que Carna avait fait pour la conservation d'un enfant, et pour rappeler l'ancienne manière de se nourrir avant que le luxe eût imaginé des mets plus délicats. Cet usage avait fait nommer *calendes fabaires* celles du mois de juin, et *fabaruques* les jeux du Cirque qui suivaient la fête. Macrobe ajoute que toutes les parties nobles du corps humain étaient sous la protection de Carna ; il rappelle que le premier Brutus lui éleva un temple et l'honora par des sacrifices sur le pont Cælius, en reconnaissance de ce qu'elle lui avait donné, avec la force de feindre, celle de cacher au fond de son cœur, sous l'apparence extérieure d'un idiotisme habilement simulé, le projet qu'il méditait et qu'il exécuta si heureusement, de chasser les rois de sa patrie. TH. DELBARE.

CARNAC, village du département du Morbihan, à 25 kilomètres de Lorient et à 4 kilomètres du fort Penthièvre, sur une hauteur près de la côte, avec 3,437 habitants. On y voit un des monuments druidiques les plus curieux qui existent en France. C'est à Carnac que débarquèrent, le 27 juin 1795, les émigrés commandés par le comte de Puisaye (*voyez* QUIBERON).

CARNAGE, action de massacrer, de mettre en pièces ou à mort un grand nombre d'hommes ou d'animaux vivants. Ce mot, qui se dit principalement des hommes, s'entend d'une multitude de gens tués soit dans un combat, soit dans un grand tumulte. Voltaire nous peint

Les soldats de Sylla de carnage altérés ;

Racine nous montre

Un poignard à la main, l'implacable Athalie
Au carnage animant les barbares soldats ;

J.-B. Rousseau nous présente, dans les fastes des conquérants,

Des murs que la flamme ravage
Des vainqueurs fumants de carnage.

Le philosophe se demande quelle rage peut pousser l'homme à se faire ainsi un jeu de la vie de ses semblables, et quel plaisir il peut éprouver au milieu de ces scènes de désolation. Les animaux carnassiers, on l'a toujours remarqué, ne se détruisent pas entre eux, *les loups ne se mangent pas* ; on a même pensé que l'instinct qui les pousse à dévorer d'autres animaux ne tient qu'au besoin de vivre ; que l'animal, en un mot, ne détruit pas pour le plaisir de détruire, qu'il ne tue que lorsqu'il a faim. Malheureusement, vous aurez beau assurer la nourriture du tigre, il ne s'en jettera pas moins sur vous à la première occasion. On est donc bien forcé de reconnaître que l'animal carnassier remplit une loi de la nature, en détruisant d'autres animaux. L'homme accomplirait-il donc aussi quelque mission providentielle, lorsque, chef ou soldat, cannibale féroce et stupide ou tyran raffiné, sauvage fataliste ou inquisiteur chrétien, il s'abandonne à cette soif de carnage qui le fait tremper ses mains dans le sang de ses semblables ?

CARNAL, CARNALAGE. Certaines coutumes désignent par ce nom le droit que s'attribuait le seigneur de tuer et de s'approprier les animaux trouvés en dommage dans ses terres. D'autres coutumes appelaient ainsi la redevance due au seigneur pour les bœufs, vaches, agneaux, brebis, etc., qu'on tuait, gardait ou vendait dans l'étendue de sa seigneurie. Ce droit a été formellement aboli par la loi du 20 avril 1791.

CARNARVON. Voyez CAERNARVON.

CARNASSIÈRE, espèce de petit sac où l'on met le gibier qu'on a tué à la chasse. Telle est la définition, très-peu exacte, que donne le *Dictionnaire de l'Académie* de ce réseau portatif quadrangulaire, consacré, il n'y a pas de doute, à contenir *du gibier*, mais non pas toujours *du gibier qu'on a tué à la chasse*. De temps immémorial en effet les villes, grandes et petites, de France et d'autres États, abondent en pacifiques promeneurs, qui, s'armant d'un fusil, d'une carnassière, d'une poire à poudre et d'un sac à balles, vont arpenter les marais, les champs, les bois, les prés, les vignes, les coteaux voisins, les plaines, les vallées, en faisant résonner les échos de leurs carreaux foudroyants, qui font à peine peur aux moineaux, et rentrent par une autre porte de la ville, la gibecière pleine de glorieuses dépouilles opimes, achetées à prix d'argent à quelque braconnier du voisinage. Les chasseurs de cet ordre sont ordinairement ou fonctionnaires publics, ou banquiers, ou rentiers, ou propriétaires ; on s'incline respectueusement devant eux quand ils passent, on salue leur entrée triomphale, on les félicite de leur chasse. Qu'en coûte-t-il ? Et puis le chas-

32.

seur distribue quelquefois les produits de sa chasse à ses amis; il invite à venir en manger avec lui. Et là on boit volontiers à son adresse... future.

CARNASSIERS. On applique ce mot, dans le langage ordinaire, à tous les animaux qui se nourrissent de chair; mais les zoologistes l'emploient dans un sens spécial pour désigner un ordre d'animaux mammifères, rigoureusement caractérisés par la présence de certains organes, et qui généralement se nourrissent d'autres animaux, mais dont un grand nombre toutefois sont en même temps herbivores ou frugivores, et dont même quelques-uns ont un régime purement végétal. Cuvier comprend dans cet ordre tous les mammifères onguiculés, c'est-à-dire dont les pieds sont armés d'ongles distincts et plus ou moins aigus, et qui possèdent les trois sortes de dents, *incisives*, *canines* et *molaires*, mais qui, d'une part, n'ont pas de pouce opposable à leurs pieds de devant, ce qui les distingue de l'homme et des quadrumanes, et d'autre part, engendrent leurs petits tout formés, et non à l'état de fœtus, ce qui les distingue des marsupiaux. Leur régime est d'autant plus exclusivement animal que leurs molaires sont plus tranchantes; ceux qui les ont en tout ou en partie tuberculeuses prennent aussi plus ou moins de substances végétales, et ceux qui les ont hérissées de pointes coniques se nourrissent principalement d'insectes. L'articulation de leur mâchoire inférieure, dirigée en travers et serrée comme un gond, ne lui permet aucun mouvement horizontal : elle ne peut que se fermer et s'ouvrir; et dans ce double mouvement les arcades dentaires s'éloignent se rencontrent comme les branches de nos ciseaux, de sorte que le jeu de ces parties est éminemment propre à diviser convenablement la matière alimentaire.

Le cerveau des carnassiers, plus développé que celui des herbivores, l'est déjà bien moins que celui des quadrumanes. Leur crâne est rétréci, et leurs arcades zygomatiques sont écartées et relevées, pour donner plus de volume et plus de force aux muscles qui meuvent la mâchoire. Le sens qui domine chez eux est celui de l'odorat, et cela devait être, puisque c'est lui qui les dirige principalement dans la recherche de leur proie. Leurs organes du mouvement joignent la souplesse à la force : ils courent, ils sautent, ils bondissent, ils grimpent avec facilité, ils gardent leur équilibre dans les endroits escarpés, et marchent facilement sur les surfaces étroites. Leurs dents et souvent leurs ongles sont des armes terribles, plutôt offensives que défensives, qui n'ont ni cornes ni défenses, armes inutiles pour eux, qui ne sont jamais attaqués. Leurs intestins sont moins volumineux que ceux des herbivores, à cause de la nature substantielle de leurs aliments, et pour éviter la putréfaction que la chair éprouverait en séjournant trop longtemps dans un canal prolongé. Du reste, leur forme et les détails de leur organisation varient beaucoup, et entraînent des variétés analogues dans leurs habitudes, au point qu'il est impossible de ranger leurs genres sur une même ligne, et que l'on est obligé d'en former plusieurs familles, qui se lient diversement entre elles par des rapports multipliés. Ces familles, au nombre de trois d'après Cuvier, sont celles des **chéiroptères**, des **insectivores** et des **carnivores**.

DÉMAZIL.

Latreille avait aussi donné le nom de *carnassiers* à une famille de coléoptères pentamères qui vivent de matières animales, qu'il partageait en deux sections sous la dénomination de *terrestres* et d'*aquatiques*. Dans la méthode de Dejean, les carnassiers, dont le nom a disparu, se divisent en deux familles, savoir : les carabiques, qui se composent des trois carnassiers terrestres de Latreille, et les hydrocanthares, qui comprennent les aquatiques.

CARNATION se dit de la couleur des chairs et de leur représentation par la peinture. C'est donc, dans un tableau, la couleur des parties du corps humain qui sont peintes à nu. L'imitation de cette couleur naturelle est la partie la plus importante du coloris. La carnation variant avec le climat, l'âge, le sexe, la passion qui anime l'individu, elle doit être l'objet d'études sérieuses de la part du peintre, car c'est par elle qu'il donne en quelque sorte une âme aux personnages qu'il jette sur sa toile. C'est dans la carnation que réside l'une des plus grandes difficultés de la peinture. Mais c'est d'elle aussi que cet art tire une sorte d'avantage sur la sculpture. « La couleur seule exprime la vie, a dit Sulzer dans sa *Théorie des Beaux-Arts*; elle en indique les divers âges et les différents degrés de force; elle marque par conséquent une partie du caractère personnel. Le sculpteur ne peut jamais exprimer l'âme tout entière... »

Rien n'est plus suave, plus vrai que les carnations du Titien : ses chairs de femmes sont d'une finesse de ton et de touche désespérante; on croit voir circuler le sang sous une peau dont les pores sont parfaitement rendus par le travail délicieux du pinceau. Les carnations de Rubens sont remplies d'éclat. Celles de Van-Dyck ont plus de vérité, et sous ce rapport les portraits de ce dernier maître le placent au premier rang.

En termes de blason, le mot *carnation* indique également la couleur de chair. Mais, comme dans les acceptions précédentes, il ne s'emploie que pour les parties du corps humain. Quand il s'agit d'animaux, on dit qu'ils sont de *couleur naturelle*, de même que les arbres, plantes, fruits, etc., lorsqu'ils paraissent tels que la nature les produit.

CARNAVAL. *Adieu la chair!* Le carême arrive, le temps de la pénitence est proche, réjouissez-vous quand il en est temps encore. Mangez, buvez, soyez fous aujourd'hui; demain vous entrerez dans l'abstinence et dans le jeûne. *Adieu la chair!* Mais le carnaval remonte bien plus haut que le christianisme; chaque peuple de l'antiquité a eu ses temps de licence à heure fixe. A Rome on avait les Saturnales, ce temps d'une fugitive égalité, qui rendait l'esclave égal au maître : l'esclave prenait les habits du maître, il prenait sa place à table, il commandait, il était obéi : pouvoir d'un jour qui lui faisait paraître l'esclavage plus dur le jour suivant. Chez les modernes on peut regarder le carnaval comme une précaution du législateur, qui en relâchant quelque peu l'ordre habituel de chaque jour savait bien qu'il rendrait par cela même la loi plus aimable et d'une exécution plus facile.

C'est surtout dans les pays du Nord que le carnaval est une institution utile. Quand l'hiver est venu, quand le froid se fait sentir, quand la neige couvre la terre de son manteau sans tache, quand toute la nature est triste et morte, attendant que le printemps la réveille et lui rende son sourire et ses fleurs, alors les hommes sont saisis, malgré eux, par la tristesse de l'hiver. La vie est suspendue, la joie est engourdie par le froid; les tendres sentiments, l'espérance aux pieds légers, le franc rire, la vie heureuse, tout s'arrête; tout cela même serait perdu si la coutume des peuples et la tolérance des lois religieuses et humaines ne venaient au secours de la pauvre humanité, engourdie par l'hiver. Plus l'hiver est rude, plus le carnaval est un besoin. L'entendez-vous, le joyeux carnaval, qui arrive au bruit des grelots, au son du tambourin, chancelant sous l'ivresse, couronné de fleurs, court-vêtu, masqué, hardi, licencieux, osant tout, libertin charmant? Voilà le roi, voilà le mentor, voilà le censeur, voilà le dieu de l'hiver! A présent, la flamme du foyer pétille plus joyeuse et plus brillante, le bouchon du vin de Champagne s'échappe et saute dans l'air avec un bruit harmonieux, les fourneaux des cuisines s'allument, la broche tourne, la table se dresse; jeunes gens, vieillards, enfants, les femmes elles-mêmes et les plus belles, applaudissent aux apprêts du festin; le carnaval est le printemps de l'hiver; c'est le bon génie des frimas; c'est lui qui tue le lièvre dans la campagne, qui engraisse le chapon de la

CARNAVAL

Bresse, qui découvre la truffe parfumée du Périgord, qui distille la fève de Moka, qui prépare le thé, si cher aux Anglais; c'est lui qui gaspille tant de robes de gaze, tant de frais rubans, tant de velours et tant de soie. Il aime la table, il aime la chanson joyeuse, il aime les concerts, il aime l'opéra; mais ce qu'il aime surtout, c'est le *bal*, le bal éblouissant. Voyez! toute la salle est resplendissante; le plafond éclate de mille feux; l'orchestre, tout jeune et tout neuf, se prépare et s'excite. Voyez-vous dans ce bal la belle et folâtre jeunesse! Et non-seulement les belles robes s'agitent, non-seulement les riches écharpes flottent, non-seulement l'éclat des diamants se mêle à l'éclat des fleurs, non-seulement la danse pousse tous les corps et toutes les âmes, mais encore, pour plus de liberté et d'abandon, les visages se couvrent d'un carton menteur. Il faut un masque à chaque visage, afin que sous le masque chacun ait le droit de tout dire, afin que sous le masque chacun ait le droit de tout entendre sans rougir. Ainsi le veut le roi de la fête, le carnaval.

L'origine des *bals masqués* remonte très-haut dans notre histoire. D'abord, les grands seigneurs se déguisaient entre eux; ils étaient, eux seuls, les héros et les acteurs de leurs fêtes; ce ne fut guère que sous le régent que la cour, à la faveur du masque, se mêla à la bourgeoisie. Les bals de l'Opéra servirent merveilleusement à cette étrange fusion. Dans les bals de l'Opéra, la cour et la ville, Paris et Versailles, mêlés, confondus, pêle-mêle, se livraient, dans toute la joie de leur cœur, à tous les plaisirs de l'incognito. Cela paraissait piquant au bourgeois d'aller de pair avec le grand seigneur; cela paraissait tout nouveau au grand seigneur de se faire tutoyer par le bourgeois. De son côté, le régent donnait des bals masqués au Palais-Royal, auxquels arrivait le tiers état. C'est dans un de ces bals que l'abbé Dubois déguisa si bien son noble maître à coups de pied : imprudent! on reconnut le régent tout de suite; on l'eût reconnu plus difficilement si, tout au rebours, il eût été entouré de respects. La ville et la cour se livrèrent ainsi, tant qu'elles purent, à cette fusion, qui fut bientôt de la confusion. De bals masqués en bals masqués, il arriva un jour que la bourgeoisie prit si bien l'habitude de tutoyer la noblesse, qu'elle finit par la tutoyer à visage découvert. Le stratagème de l'abbé Dubois parut si ingénieux, que de l'abbé Dubois il passa au peuple, qui se mit à déguiser ses maîtres à la façon de l'abbé. En un mot, ce qui avait été dans l'origine un simple bal masqué finit par devenir une révolution. Mais ceci n'entre pas dans notre sujet.

Ce qui rentrerait dans notre sujet, ce serait de faire l'histoire de tous les *carnavaux* ou *carnavals* de ce monde, histoire chronologique, systématique, histoire complète, obéissant ainsi à une folle manie de nos jours, par laquelle on veut donner autant d'importance à l'histoire des chats, par exemple, qu'à l'histoire des Arabes, à l'histoire de Notre-Dame de Paris, qu'à l'histoire de Paris même. Nous n'entendons pas ainsi notre tâche. A toutes choses le ton qui leur convient, aux choses futiles le futile, aux sérieuses le sérieux. Vous saurez donc, en peu de mots, que le carnaval est le même partout; partout il se compose des mêmes folies, des mêmes déguisements; gros propos, gais propos, paroles grivoises; paillasses, arlequins, gilles, caricatures, que sais-je? Il y a une malheureuse ville qui s'appelle Venise, qui, après s'être fait un renom par les armes, a fini, de chute en chute, par se faire un nom immortel grâce à son carnaval. Autrefois on venait de toutes les parties de l'Europe au *carnaval de Venise*. C'était une joie, une licence, un jeu effréné, une prostitution sans fin, et sans cesse des duels à l'épée, des courtisanes de toutes les classes et de toutes les couleurs, un déguisement universel. La ville en ce temps-là n'avait pas d'autre commerce que de vendre des pommades, des essences et des dentelles. Les plus nobles héritiers des vieux doges de la sérénissime république n'avaient pas d'autre charge plus honorifique que celle de banquier de pharaon; c'était un misérable spectacle, celui de toute une ville qui a entrepris en grand la prostitution, la débauche et le jeu : heureusement pour elle, Bonaparte l'arracha à ces hontes et grossiers excès en la donnant à l'Autriche; aujourd'hui on ne danse pas plus à Venise que partout ailleurs.

Il y a aussi, parmi les mardis-gras célèbres dans l'Europe, un très-célèbre mardi-gras, celui de Rome. Il paraît qu'en ce jour-là, à un signal donné, toute la ville est en rumeur; on se rue, on se précipite. Chacun porte à la main une petite bougie allumée. Alors, dans toute cette immense ville, et parmi cette immense quantité de petites bougies, c'est à chaque bougie qui est éteinte, de grands éclats de rire s'élèvent dans les airs. Ce jeu-là dure tout le jour; tout le jour on se livre à mille clameurs diverses; mille voix confuses s'élèvent dans les airs. Enfin, le mercredi des cendres arrive, montrant sa face blême et son regard repentant. Tout à coup toutes les petites bougies s'éteignent, tous les masques tombent; on se précipite dans les églises, et ces fronts naguère si joyeux sont tout couverts de la cendre prophétique, image de notre rapide passage ici-bas. *O homme! souviens-toi que tu es poussière et que tu retourneras en poussière.* A ces paroles, le carnaval s'enfuit, le c a r ê m e s'empare de la sainte ville, et cela pour quarante jours de jeûne et de mortification.

Le mardi-gras de Paris, qui peut, aussi bien que tout autre, tenir sa place parmi les mardis-gras célèbres, se termine d'une façon moins édifiante. Quand toute la ville s'est bien promenée pendant trois jours, quand tout Paris, depuis le riche dandy, qui mange la fortune de son père, jusqu'à l'ouvrier, qui a mis son dernier drap de lit au mont-de-piété, s'est bien livré à toutes les joies qui sont à sa portée, celui-ci en voiture, celui-là à pied; celui-ci avec du vin de Champagne, celui-là avec du vin de la taverne; celui-ci fatigué d'avoir galopé avec des duchesses, celui-là éreinté pour avoir sauté à la Courtille; les uns et les autres, par un accord unanime, se rendent à cette même Courtille, la nuit même du mardi-gras. Les uns y vont passer la nuit à danser et à boire, les autres y viennent le matin pour jouir de l'ivresse du peuple. Figurez-vous tout un peuple ivre-mort, en habits déchirés, moitié couvert de haillons, moitié couvert d'habits de fête; il a avec lui sa femme et ses filles, et son vieux père, et son chien, et toute la maison, car il faut que la joie soit complète. Cette nuit-là, le peuple a bu sa dernière goutte de vin, il a mangé son dernier morceau de pain; il est sûr, en rentrant chez lui, de ne plus retrouver ni un lit pour se coucher ni un habit pour se couvrir, ni un morceau de bois pour se réchauffer : il a tout vendu, il a tout mis en gage. Que voulez-vous? le mardi-gras était là, il fallait le fêter. Mais qu'importe? le mardi-gras a été fêté. A présent qu'il est parti, à présent qu'il est retombé dans cette nuit profonde où retombent les jours, les mois, les années, les siècles, le peuple rentre à sa triste maison, c'est ce qu'on appelle à Paris *la descente de la Courtille*. C'est une cohue immense, c'est une mêlée immense, c'est un bruit immense, c'est une ivresse immense. Les beaux jeunes gens de la ville et les belles petites-maîtresses, encore toutes pâles et tout en désordre du festin et du bal de la nuit, accourent et se rangent sur le chemin pour voir tout le peuple descendre. La descente de la Courtille dure quelquefois une demi-journée. Ceux qui passent insultent ceux qui regardent passer, les uns et les autres se disent mille injures. Hélas! faut-il dire que dans leurs injures, dans leurs reproches, dans leurs dédains, les uns et les autres ont raison?

Détournons nos regards de ces hideux tableaux! Après avoir représenté le carnaval dans ce qu'il avait d'élégant, ne fallait-il pas le représenter dans ce qu'il a de repoussant?

Cette joie, qui saisit toute l'Europe à certains jours comme une épidémie, n'est-elle pas une chose étrange? Peut-on trop s'étonner de voir les villes entrer dans les festins et dans les danses à heure fixe, et s'arrêter à heure fixe? N'est-ce pas là un des plus curieux résultats de ce qu'on appelle la civilisation ?

Jules Janin.

CARNAVALET (Hôtel). Cet hôtel est situé à Paris, rue Culture-Sainte-Catherine, n° 23.

Jacques des Ligneris, seigneur de Crosnes, président au parlement de Paris, ayant acquis en 1544 un assez vaste emplacement au lieu dit la *culture de Sainte-Catherine*, qui appartenait aux religieux du Val des Écoliers, y fit construire une riche habitation, sur les dessins de Pierre Lescot, par l'architecte Jean Bullant. C'est au ciseau du célèbre Jean Goujon que l'on doit les gracieuses sculptures de la porte d'entrée, et les figures colossales des quatre saisons, pleines de relief et de vigueur, qui ornent les trumeaux de face du premier étage. L'hôtel ne demeura pas trente ans dans la famille des Ligneris ; il fut acquis en 1572 par Françoise de la Baume, veuve du sire *de Kernevenoy*, qu'on appelait par corruption *Carnavalet*. Dès ce moment et pour toujours il prit le nom *d'hôtel de Carnavalet*. A la fin du seizième siècle, l'architecte Androuet du Cerceau fit exécuter, sur les simples croquis, non encore arrêtés, qu'avait laissés Jean Goujon plusieurs autres sculptures, entre autres la Force, la Vigilance et les quatre Éléments, dans lesquels il est facile de retrouver la pensée du maître malgré une exécution froide et mal assurée. Devenu vers 1670 la propriété d'un magistrat nommé d'Aguarry, l'hôtel Carnavalet fut terminé par François Mansard, qui se conforma, pour la construction de l'aile droite, au style adopté par Bullant. Il manquait nécessairement quatre figures aux trumeaux de l'aile nouvellement construite; on eut le mauvais goût de les remplir par quatre déesses, Vénus, Diane, Hébé et Junon, sans caractère et sans dessin. On plaça en outre sur la façade en avant une Minerve appuyée sur son égide, et de l'autre côté en arrière, une Flore tenant des couronnes, deux statues qui manquent de perspective et de grandeur. Le relief placé dans un cadre en pierre à l'angle de la rue Neuve-Sainte-Catherine, ne vaut guère mieux. A l'intérieur l'ornement proprement dit fut au contraire bien exécuté, riche et de fort bon goût; les portes et les fenêtres sont encadrées de guirlandes légères; des astragales de l'aile nouvelle du meilleur style, et remarquablement conservées, règnent autour des plafonds ; partout des boiseries purement profilées, dans lesquelles s'encadraient des peintures de fantaisie, dont quelques-unes subsistent encore.

Telle est l'habitation qui fit tant d'envie à Marie de Rabutin Chantal, marquise de Sévigné: Avant de loger dans cet hôtel elle avait changé dix fois, comme l'attestent ses lettres, et aucun n'avait pu lui plaire. Elle avait habité toutes les rues du Marais ; ici c'était le salon , là le jardin, plus loin le voisinage qui ne convenait pas. Ce qu'elle rêvait, c'était un hôtel de belle apparence, assez vieux pour être noble, assez moderne pour être élégant, assez grand pour que toute sa famille y tînt à l'aise, assez circonscrit pour que son éclat de maison n'y paraît pas trop mesquin, assez animé pour que la cour de Louis XIV pût y entrer dans ses carrosses et s'y mouvoir avec fracas, assez paisible pour que dans un sanctuaire intime, debout sur le jardin, la maîtresse se recueillît et laissât tomber de sa plume les lettres les plus élégantes et les plus spirituelles qui soient au monde. Ce rêve, l'hôtel Carnavalet le réalisa. Aussi que de mouvement, quand elle fut sûre de ce bonheur, que de soucis, que de craintes, que d'espérance pour l'avoir, dès qu'elle le connut! Que de joie, que de bonheur quand elle put de le posséder! et par dessus tout, quelle constance à le garder, pour une belle dame jusque là si changeante, si capricieuse à contenter ! Elle y demeura vingt ans; elle l'avait encore quand elle mourut !

Ce fut en octobre 1677 que Mme de Sévigné prit possession de *cette Carnavalette* tant désirée ; la compagnie qu'elle y reçut était vraiment du choix le plus exquis. « Cette réunion brillante, a dit M. Loève-Veimars, se retrouve dans ma pensée avec son coloris et son éclat. Je revois cette antique société tout entière sur laquelle se sont modelées toutes les cours et toutes les sociétés de l'Europe. Il me semble entendre dans la chambre voisine les causeries spirituelles, libres et folles de Mme de Coulanges, de Mme de Saint-Aignan, le bégayement de la duchesse de Ludre, la parole grave et fine du duc de La Rochefoucauld. Les battants s'ouvrent : c'est le cardinal de Retz, le grand coadjuteur, bras dessus bras dessous avec le chancelier Seguier, avec *Pierrot*, comme on le nomme en ce lieu de bonne humeur : le parlement et l'Église n'ont plus rien à faire sous cette royauté absolue, que se promener et deviser ensemble. Qui vient en pâmant de rire à travers l'anti-chambre pleine de laquais? C'est le marquis de Pomenars, qui n'a plus que deux petits procès, l'un pour un rapt, l'autre pour fausse monnaie. Hier il soupa et coucha chez le juge qui l'avait condamné la veille comme empoisonneur. Aujourd'hui il vient chercher le baron de Sévigné pour passer la nuit chez les comédiennes; il est doré, brodé, parfumé, couvert de dentelles et de rubans ; demain il se confessera à Bourdaloue, ôtera sa perruque blonde et se couvrira de cendres. Quel bruit dans la cour! quel mouvement! Que de flambeaux ! Que de carrosses ! Place à monsieur le Prince! Place à monsieur de Turenne! Place surtout à son éminence monsieur de Marseille ! car on l'a surnommé *la grêle*: il est brutal, et il se fâche. Le bon Corbinelli reçoit tout le monde dès la porte, et Mme de Sévigné sur son sopha avec sa cour, entourée de Brancas, de Latrousse, de Thianges, brillante, parée, le sein découvert et garni d'une longue guirlande de fleurs, comme l'a peinte Petitot, prodigue ses grâces et son esprit, et recueille toutes les histoires, toutes les nouvelles du jour pour les mander à sa fille. Il me semble entendre une de ces conversations dont l'esprit a disparu avec les dernières années du siècle de Louis XIV ; je crois m'initier aux secrets de cette pensée noble et grave, entremêlée de licence et de trivialité, de ces égards familiers, de ces personnalités innocentes, de cette ignorance gracieuse, que l'usage du monde et la connaissance des hommes rendaient presque semblable à du savoir; toutes choses que Mme de Sévigné a emportées dans la tombe, mais dont il nous reste un fidèle et gracieux écho, ses lettres, et diversement jugées, sujet de tant d'éloges et de blâme, recueil unique et immortel. »

La splendeur de l'hôtel Carnavalet finit avec Mme de Sévigné ; tout l'or d'un fermier général, Brunet de Rancy, qui l'acheta trois ans après, ne put lui rendre son éclat. Après la révolution française, l'hôtel Carnavalet reçut pendant quelques années les bureaux de la Direction de la Librairie. Napoléon y établit plus tard l'école des Ponts et Chaussées, qui fut remplacée en 1829 par une des principales institutions du collège Charlemagne. L'ancienne demeure de Mme de Sévigné a été classée par l'autorité parmi les monuments historiques de la France, à la charge par le propriétaire actuel, M. Verdot, de ne rien changer à l'architecture. C'est à une intéressante notice historique sur l'hôtel Carnavalet publiée par cet honorable membre de l'université que nous avons emprunté les détails qui précèdent.

CARNÉ (Louis de). Le comte de Carné-Marcein est né à Quimper, en 1804, d'une des familles les plus connues dans l'histoire de la province, depuis Olivier de Carné, le compagnon d'armes de Pierre de Dreux, duc de Bretagne, à la croisade de 1248, jusqu'au sire de Carné-Rosampoul, qui fut maréchal de la ligue en Bretagne. M. Louis de Carné, entré au ministère des affaires étrangères en 1825, fut successivement attaché et secrétaire d'ambassade en diverses résidences. Marié en 1831, il quitta la carrière diplomatique, fut nommé membre du conseil général du Finistère en 1833 et député en 1839. Il a publié plusieurs ouvrages, entre autres, 1° *Les Intérêts nouveaux en Europe*; 2° *le Gouvernement représentatif en France et en Angleterre*; 3° un grand nombre d'articles dans la *Revue des Deux-Mondes*, le *Journal des Débats* et *L'Univers religieux*. Le *Dictionnaire de la Conversation* aussi lui est redevable de bon nombre de pages. A la chambre des députés, M. de Carné se fit remarquer par ses vues sur la politique étrangère, notamment dans la question d'Orient, qu'il posa nettement lorsque fut discutée l'augmentation de nos forces navales, et depuis, dans les diverses occasions fournies par l'adresse ou des lois spéciales. M. de Carné a enrichi nos débats parlementaires de plusieurs bons rapports, notamment sur notre proposition relative à l'administration des hospices. La liberté d'enseignement, au point de vue catholique, le préoccupa beaucoup aussi; il fit en 1843 une proposition dont le but était d'affranchir du certificat d'études les aspirants au baccalauréat. Cette proposition fut étouffée dans les bureaux. La mesure a été prise en 1851. Dans la session suivante, M. de Carné souleva fréquemment des questions de haute politique; et à l'ouverture de celle de 1845 la question de cabinet fut posée sur son amendement, qui blâmait la conduite du ministère dans les affaires extérieures, et qui fut rejeté quoique soutenu par toutes les oppositions.

P. DE GOLBÉRY.

Ce qu'il y eut de plus curieux à propos de cet amendement, c'est que M. Drouyn de l'Huys, renvoyé du ministère des affaires étrangères par M. Guizot pour l'avoir voté, se vit remplacer, quelque temps après, au commencement de 1847, sous le même ministre, par le même M. de Carné. Que s'était-il donc passé? M. de Carné s'était-il rapproché du ministère, ou le ministère s'était-il rapproché de M. de Carné? L'opposition jeta les hauts cris : c'était un beau thème; mais la révolution de février devait faire revenir chaque chose à sa place : M. de Carné à la *Revue des Deux-Mondes*, M. Drouyn de l'Huys au ministère des affaires étrangères.

CARNÉADE, célèbre philosophe grec, naquit vers l'an 218 avant J.-C., à Cyrène. Il fonda la troisième Académie, léger palliatif à la seconde, dont le chef, Arcésilas, professait une doctrine qui n'était qu'une exagération monstrueuse de celle de Socrate, chef de la première Académie. La doctrine du maître de Platon était que « l'homme ne sait rien ». La première école était dogmatique en quelques points, la seconde était sceptique sans restriction, la troisième dubitative; le « *que sais-je?* » avant naïf de notre Montaigne, était le fonds d'où elle tirait toute sa dialectique pour battre en ruines les stoïciens. Arcésilas niait qu'il existât aucune vérité; Carnéade admettait des vraisemblances. L'un doutait même s'il doutait; l'autre acceptait sa pensée, ou opinion : concession qui sapait quelque peu son système dans sa base. Ainsi qu'Arcésilas, Carnéade tenait pour l'*acatalepsie absolue*, ou l'*incompréhensibilité*, impuissance de connaître, qui venait, disait-il, de la nature des choses et de la nature de nos facultés, mais plus encore de la nature de nos facultés que de celle des choses; de sorte que si l'un des deux mettait en avant cette proposition : « Il n'y a rien de certain », il avouait d'avance que sa proposition était incertaine, incompréhensible. Dans son livre *De l'Orateur*, Cicéron disait pourtant de ce sophiste « qu'il n'avait jamais soutenu d'opinion qu'il n'eût établie, ni combattu d'opinion qu'il n'eût détruite ».

C'était contre la philosophie du Portique, dont Zénon et Chrysippe étaient les colonnes, que ce philosophe armait sa puissante dialectique : quand il devait disputer contre leur doctrine, il allait jusqu'à prendre une dose d'ellébore pour se fortifier le cerveau. A ce fortifiant, à ces apprêts, pareils à ceux d'un athlète qui se prépare au combat, ajoutez une éloquence tour à tour insinuante et destructive, qui, selon l'expression de Bayle, fondait tout devant elle comme de la cire, et vous aurez une idée de la terreur que Carnéade jetait au milieu de ses adversaires. Antipater, alors le chef du Portique, n'osait remuer les lèvres devant lui; il se contentait de se défendre de loin, avec quelques faibles écrits. C'était de ses antagonistes mêmes que ce sophiste tirait toutes ses forces; il lui fallait leur contact, comme celui de la terre à Antée. Il avouait que sans Chrysippe il n'y eût point eu de Carnéade. Dans son traité *Des Lois*, Cicéron dit, en parlant de la nouvelle Académie : « Quant à elle, j'implore son silence, je n'ai garde de la provoquer; je désire plutôt l'apaiser. » Il eût traité avec moins de ménagement les Parques et les Euménides; aussi Bayle s'écrie-t-il : « C'était donc un ange exterminateur que ce Carnéade ! » La terreur que sa présence inspira à Caton le censeur ne fut pas moindre. Cet académicien, député d'Athènes devant le sénat de Rome, avec Critolaüs le péripatéticien et Diogène le stoïcien, pour traiter d'une affaire, qu'il gagna, voulut donner aux pères conscrits un échantillon de l'éloquence grecque. A un jour donné, il plaida pour la justice, et le lendemain contre la justice. Caton le Censeur, présent à cette double harangue, trembla pour les lois et la vertu : « Donnons-lui réponse au plus tôt, s'écria-t-il, et renvoyons-le chez lui. » Malgré tout, il n'était pas peut-être impossible que la philosophie de Carnéade bien entendue menât au souverain bien. Cicéron, après avoir remarqué que ce philosophe bornait la félicité à la jouissance du bien naturel, ajoute « que si l'on unissait la vertu à cette félicité, on comblerait la mesure du souverain bien. » Comme Socrate, Carnéade combattit victorieusement le polythéisme, mais de front, mais publiquement. Il refusait de croire aux oracles, à ceux de Delphes même; il niait la fatalité, accordait à l'homme le libre arbitre, indépendance morale, le plus beau don que le Créateur ait pu faire à la créature.

Carnéade aimait la vie; il répétait souvent : « La nature qui a rassemblé dissipera. » Cela voulait dire qu'il faut laisser faire à la nécessité et au temps, et attendre la mort sans se la donner par orgueil ou dégoût de la vie, ainsi qu'Aristote, Empédocle et cet Antipater qui prit du poison, et qu'il raillait si bien par cette plaisanterie : « Comment, Antipater s'est empoisonné ! s'écriait-il; apportez-moi donc aussi..... Quoi? lui demanda-t-on. — Du vin doux. » — Mélissa, servante et maîtresse de Carnéade, ayant été surprise par ce chef de l'Académie avec Mentor, son disciple, il ne put prendre cette fois pour vraisemblance ce qu'il voyait trop bien; il renvoya Mentor de son école. Celui-ci devint dès lors son plus terrible antagoniste, opposant subtilités à subtilités, réfutant l'*acatalepsie*, l'*incompréhensibilité*, dogme dont, au surplus, il devait avoir guéri son maître.

Il paraît que Carnéade n'écrivit rien. Quand Cicéron émet des doctrines de ce philosophe, ce sont les écrits de Clitomachus, son disciple, qu'il cite. Clitomachus fut à Carnéade ce que Platon fut à Socrate, ce que les apôtres furent à Jésus-Christ : les maîtres semaient la parole, les disciples la recueillaient. Plutarque assure qu'il n'a rien composé; d'autres disent que seulement il courut de lettres de lui adressées à Ariarathes, roi de Cappadoce. Il poussait à l'excès la passion pour l'étude; ses méditations étaient si profondes, que sa servante l'avertissait, au soir, qu'il était à jeun, ou bien le faisait manger elle-même comme un enfant. Les uns ont donné à Carnéade quatre-vingt-cinq ans d'existence, d'autres quatre-vingt-dix ans. On fixe sa mort à la quatrième année de la 162e olympiade. DENNE-BARON.

CARNÉES, fêtes en l'honneur d'Apollon *Carneus*, célébrées à Lacédémone et chez tous les peuples doriens. Elles commençaient le 7 du mois de *carnius*, qui répondait au *métagitnion* des Athéniens (août), et duraient neuf jours. C'était une imitation de la vie militaire : il y avait neuf tentes dans chacune desquelles neuf hommes de trois différentes tribus vivaient pendant neuf jours sous les lois d'un héraut public, qui réglait les cérémonies. Ces fêtes, dont Larcher fixe l'origine au retour des Héraclides, l'an 1190 avant J.-C., avaient quelque rapport avec celle des Tabernacles chez les Juifs. Très-simples dans l'origine, elles finirent par devenir splendides ; on y établit des jeux et des concours de musique. Terpandre fut le premier qui y remporta le prix. Timothée y vit briser par les éphores les cordes qu'il avait ajoutées à sa lyre. Les prêtres chargés de présider aux cérémonies et d'offrir des sacrifices de taureaux se nommaient *agètes*, et les Carnées reçurent aussi le nom d'*Agétories*. Il avait en outre cinq ministres nommés *carnéates* ; mais Hésychius pense qu'on donnait ce nom aux enfants qui naissaient pendant la célébration de ces fêtes. Les Spartiates avaient tant de respect pour les Carnées, qu'ils ne voulurent partir en corps pour les Thermopyles qu'après les avoir célébrées. Le pressant danger de la Grèce ne put les engager à envoyer que quelques soldats, sous les ordres de Léonidas. Les colonies fondées par les Lacédémoniens conservèrent ce respect pour les Carnées. A Cyrène, qui, selon Eusèbe, fut gouvernée pendant plusieurs années par des prêtres d'Apollon-Carneus, on les célébrait avec magnificence : le feu perpétuel y brûlait sur l'autel du dieu ; des chœurs de jeunes gens des deux sexes chantaient au son des instruments l'hymne sacré de ce Dieu ; de toutes parts retentissaient les mots *Io, io Pœan*. Cette acclamation rappelait la victoire et les bienfaits du fils de Jupiter, le plus puissant des dieux après lui. Th. DELBARE.

CARNET, mot fait du latin *quaternio* (par quatre), et qui signifie proprement une feuille de papier ployée en quatre, est le nom par lequel les commerçants, les négociants, les banquiers et les agents de change, désignent un petit livre de compte que chacun d'eux porte sur soi, et dans lequel il recueille des notes. Le *carnet d'échéances* dans les maisons de commerce est un registre sur lequel on inscrit à leur échéance les effets à payer d'une part, les effets à recevoir de l'autre. Le carnet des marchands forains, des commis voyageurs, est un livret portatif destiné à inscrire leurs opérations, ainsi que leur recette et leur dépense journalières.

CARNEUS, l'un des surnoms d'Apollon sous lequel il était plus particulièrement adoré à Sparte et dans les colonies lacédémoniennes. Son culte y remontait à une très-haute antiquité. On donne diverses étymologies de ce surnom : Les uns le dérivent d'un devin appelé *Carnus*, qui aurait été tué par l'Héraclide Hippotes ; et en châtiment de ce meurtre Apollon aurait affligé de la peste pendant leur invasion du Péloponèse ; fléau dont ils ne seraient parvenus à se débarrasser que par l'institution d'un culte spécial. Suivant d'autres, il proviendrait du nom grec du cornouiller (κρανεία). A leur compte, les Grecs, pour construire leur fameux cheval de bois, auraient coupé sur le mont Ida, dans une partie consacrée à Apollon, des arbres de cette espèce, et ils n'auraient pu ensuite apaiser la juste colère du dieu que par l'institution d'une cérémonie expiatoire. *Voyez* CARNÉES.

CARNICER (Don RAMON), célèbre compositeur espagnol, né en 1789, à Tarrega (Catalogne), étudia la musique, d'abord à la Seu d'Urgel, puis, à partir de 1806, à Barcelone, sous la direction de Francisco Queralt, maître de chapelle de la cathédrale de cette ville, et de Carlos Bagner. En 1808 il alla s'établir aux îles Baléares, et ne revint dans la Péninsule qu'en 1814. En 1816, chargé par le directeur du théâtre de Barcelone d'aller recruter une troupe pour la saison suivante d'opéra, il fut, à son retour, nommé second, puis, en 1818, premier chef d'orchestre de l'Opéra de Barcelone. *Adela de Lusignan*, le premier opéra de sa composition qu'il ait fait représenter, fut suivi d'*Elena y Constantino*, de *Don Juan Tenorio*, d'*Elena y Malvina*, d'*El Colon* et d'*El Fufemio de Messina*, qui obtinrent, le premier surtout, un succès universel. En 1828 Carnicer fut appelé à Madrid, pour y prendre la direction de l'orchestre du Théâtre royal, fonctions qu'il occupe encore aujourd'hui. Indépendamment de ces importants ouvrages, dans lesquels il se rattache toujours à la grande école des maîtres italiens, il a composé une foule de mélodies et de nouveaux chants nationaux, devenus bientôt populaires ; et quoique chargé de la direction de l'opéra italien, il s'est constamment efforcé de créer un opéra national en Espagne.

CARNIFICATION (de *caro, carnis*, chair, et *fieri*, devenir ; formation de la chair ou transformation en chair). En pathologie, on désigne sous ce nom la transformation en une substance molle et rouge comme la chair, qu'on observe soit dans les parties dures, soit dans le parenchyme spongieux du poumon. La prétendue carnification des tissus fibreux, fibro-cartilagineux et osseux, qui sont les plus denses et les plus durs chez les animaux vertébrés, n'est point une transformation en une véritable substance charnue identique à celle des muscles. C'est un vrai ramollissement de ces tissus, qui dans l'état morbide se transforment en tissu cellulaire infiltré dans les interstices de fluides qui s'y concrètent. Il en est à peu près de même à l'égard du poumon, dont le tissu spongieux ne subit point la transformation en tissu cellulaire, mais se trouve disposé à se laisser envahir pendant les maladies de cet organe par les fluides, qui d'abord ne font que l'engorger (engorgement des poumons), et qui dans un degré plus avancé de ces maladies s'épaississent, se coagulent et produisent ce qu'on a encore nommé la *carnification* (transformation en chair) ou l'*hépatisation* (transformation en tissu hépatique ou du foie) du poumon. Il n'y a point ici encore changement du tissu des poumons en chair musculaire, ni en parenchyme du foie ; il y a eu dans l'organe pulmonaire, naturellement mou et perméable à l'air, une condensation par coagulation des fluides accumulés, telle qu'il est devenu imperméable aux gaz, et qu'il va au fond de l'eau au lieu de surnager comme auparavant. Les pathologistes savent très-bien distinguer cette condensation ou engorgement dense du poumon, d'avec l'espèce d'endurcissement de ce viscère, qui résulte de sa compression par un épanchement séreux ou purulent à l'intérieur de la plèvre. Dans ce dernier cas cet organe, réduit à un très-petit volume, non crépitant, semblable à celui du fœtus, non gorgé de sang, reprend ses dimensions naturelles lorsqu'on pousse de l'air avec force par les bronches.
L. LAURENT.

CARNIOLE, duché qui fait partie de l'empire d'Autriche, dont la superficie est de 180 myriamètres carrés environ et la population de près de 460,000 âmes. Il est aujourd'hui divisé en trois cercles, à savoir ceux de Laybach (*Haute-Carniole*), de Neustædt (*Basse-Carniole*) et d'Adelsberg (*Carniole centrale*) , et forme avec le duché de Carinthie le gouvernement de Laybach, dépendant du royaume d'Illyrie.

La Carniole fut de bonne heure envahie et peuplée par les Slaves ; dès le dixième siècle elle forma une marche particulière, que les ducs d'Autriche et de Carinthie se partagèrent ensuite, et au douzième elle fut érigée en duché, qui à l'extinction de la famille des comtes du Tyrol, en 1335, passa aux comtes de Goritz (*Gœrtz*), puis à l'Autriche, quand à son tour cette dernière maison s'éteignit en 1364 dans sa descendance mâle. Aux termes de la paix conclue à Vienne en 1809, la Carniole avait été cédée à Napoléon, qui l'avait comprise dans le gouvernement des Provinces Illyriennes ; les événements de 1813 la replacèrent sous la domination autrichienne. Le nom allemand de ce duché est *Krain* : corruption évidente de son ancien nom *Carnia*, dérivé de celui des *Carni*, tribu scythe, qui furent ses premiers habitants. Cette contrée est hérissée de montagnes, les unes cultivées, les autres couvertes de forêts, quelques-unes nues et stériles, d'autres enfin couvertes de neiges éternelles

Les vallées sont très-fertiles. Ce pays a des mines de fer, de plomb et de cuivre; mais il est réduit à tirer le sel des magasins de l'État. Les habitants diffèrent beaucoup entre eux sous le rapport des mœurs, des habitudes et même du langage, et parlent soit le slavon, soit le vénède et l'allemand.

CARNIVORES (de *carnis*, chair, et *vorare*, dévorer). Ce mot, qu'on applique dans le langage ordinaire aux animaux qui se nourrissent de proie et la dévorent en la déchirant avec leurs dents, sert dans le langage précis des naturalistes à désigner une famille particulière d'animaux mammifères, faisant partie de l'ordre des carnassiers, et comprenant les plus redoutables de cet ordre, parce qu'en eux l'appétit sanguinaire se joint à une force énorme. Leur système dentaire, en rapport, comme toujours, avec les besoins de leur organisation, les distingue nettement des autres familles du même ordre, et suffit pour indiquer leur manière de vivre. Ils ont toujours quatre grosses et longues canines écartées, entre lesquelles sont six incisives à chaque mâchoire, dont la seconde des inférieures a sa racine un peu plus rentrée que les autres. Leurs molaires sont ou entièrement tranchantes, ou mêlées seulement de parties à tubercules mousses, et non hérissées de pointes coniques, comme dans les insectivores. Ils se nourrissent d'autant plus exclusivement de chair que leurs dents sont plus complétement tranchantes, et l'on peut presque calculer la proportion de leur régime d'après l'étendue de la surface tuberculeuse de leurs dents comparée à la partie tranchante. Ainsi, les ours, qui peuvent entièrement se nourrir de végétaux, ont presque toutes leurs dents tuberculeuses. Les molaires antérieures sont toujours les plus tranchantes. Ensuite vient une molaire, plus grosse que les autres, qui a d'ordinaire un talon tuberculeux plus ou moins large, et derrière elle on trouve une ou deux petites dents entièrement plates: c'est avec ces petites dents du fond de la bouche que les chiens mâchent l'herbe qu'ils avalent quelquefois. La grosse molaire d'en haut et celle qui lui correspond en bas sont les *carnassières*, les antérieures pointues, les *fausses molaires*, et les postérieures mousses, les *tuberculeuses*. Les genres qui ont moins de fausses molaires, et dont les mâchoires se trouvent par là même plus courtes, sont ceux qui ont le plus de force pour mordre. Le genre *chat* est le plus favorablement organisé de tous sous ce rapport.

La famille des carnivores se divise, d'après les différences prononcées d'organisation, que présentent les genres assez nombreux qu'elle comprend, en trois tribus naturelles, savoir: les *plantigrades*, les *digitigrades* et les *amphibies*. DÉMÉZIL.

CARNOSITÉ, vulgairement excroissance de chair: on nomme ainsi en pathologie des végétations fongueuses ou celluleuses, analogues à celles qui s'élèvent quelquefois à la surface des plaies et des ulcères. Avant que les progrès de l'anatomie pathologique des voies urinaires eussent permis de reconnaître l'épaississement et le rétrécissement d'un ou plusieurs points du canal de l'urètre comme l'une des causes les plus fréquentes des rétentions d'urine, on supposait que des carnosités se formaient à la surface de petits ulcères qu'on croyait exister dans tous les cas d'inflammation aiguë ou chronique de ce canal accompagnée d'écoulement. Les carnosités développées à la surface de la peau, des membranes muqueuses, des plaies et des ulcères chez les personnes affectées de syphilis, ont été dites *carnosités vénériennes*. Toutes ces prétendues carnosités ne sont que des végétations du tissu cellulaire. L. LAURENT.

CARNOT (LAZARE-NICOLAS-MARGUERITE), naquit le 13 mai 1753, à Nolay (Côte-d'Or). Son père, homme d'un mérite supérieur, ayant dix-huit enfants et une modeste fortune, se chargea seul des soins de leur première éducation. Au sortir de cette maison, celui de ses fils qui devait acquérir un si grande célébrité, entra au collége d'Autun, et ensuite au séminaire de cette ville, où il manifesta un penchant si décidé pour l'étude des sciences abstraites et l'état militaire, que son père crut devoir l'envoyer dans une des écoles spéciales de Paris établies pour l'instruction des jeunes gens destinés aux services du génie, de l'artillerie et de la marine. L'étude des mathématiques et de la théologie partagèrent tout le temps de son noviciat militaire, ce qui ne l'empêcha pas d'être admis à l'école du génie après un brillant examen. Adonné particulièrement à l'art des fortifications pendant deux années de travaux, comme officier à l'École de Metz, il cultiva en outre, sous le célèbre Monge, la physique, la chimie et les hautes mathématiques. Bientôt il fut envoyé à Calais, comme à une seconde école pratique, pour y suivre les travaux militaires hydrauliques de cette place importante. Ces fonctions spéciales, loin de le détourner de ses études favorites, lui fournirent l'occasion d'en faire d'heureuses applications. De très-bonne heure il donna des preuves d'une indépendance d'esprit qui le portait à secouer le joug de la routine et à marcher sans crainte dans la route du perfectionnement. C'est ainsi qu'au grand scandale de ses chefs, qui auraient regardé comme un sacrilège qu'on osât examiner ou modifier une idée de Vauban, Carnot reconnut que dans la théorie de ce grand homme le système de l'attaque des places fortes est devenu tellement supérieur à celui de la défense, qu'à moins de circonstances extraordinaires, on peut calculer d'avance le jour et l'heure de la chute inévitable du plus formidable boulevard d'un pays. Carnot pensait avec raison que la défense doit et peut aisément acquérir une prépondérance aussi grande, et peut-être plus grande encore que celle qu'elle avait avant les découvertes de Vauban. L'*Éloge de Vauban*, couronné par l'académie de Dijon, commença la réputation de Carnot, et lui attira les plus honorables suffrages, notamment ceux de Buffon et du prince Henri de Prusse. Carnot avait eu pour concurrent Maret, devenu depuis ministre plénipotentiaire, ministre secrétaire d'État, et admis à la confiance intime de Napoléon. Le prince Henri, qui se trouvait alors en France, fit directement à l'auteur les offres les plus séduisantes pour l'engager à prendre du service dans les armées du grand Frédéric, et n'obtint qu'un refus dicté par l'amour de la patrie.

Appliqué tout entier à l'étude des sciences abstraites, Carnot n'avait pas eu le temps de se former un système politique; mais il applaudit aux travaux de l'Assemblée constituante; et nommé député à la Législative, il se montra déterminé à soutenir la constitution. Il voyait bien que le roi, dominé par ses courtisans, était impuissant pour cette œuvre, et que l'Assemblée, paralysée par le pouvoir exécutif, se trouvait dans la position la plus difficile pour remplir la mission qu'elle tenait du peuple; néanmoins il ne désespérait pas de conserver le nouvel ordre de choses. Cependant un orage se formait à l'horizon : les dangers étaient imminents; mais, quoi qu'il pût arriver, Carnot se serait toujours trouvé déplacé dans une insurrection; aussi ne le vit-on figurer ni au 10 août ni dans aucun mouvement populaire. La pensée de renverser un gouvernement établi eût effrayé sa sagesse et même son audace : tenter tous les moyens de le garder avant d'en essayer un nouveau était la maxime fondamentale de sa politique. Elle devint la règle de sa conduite à l'Assemblée législative, où il avait été envoyé en 1791 par le département du Pas-de-Calais. Dans cette assemblée, Carnot eut l'occasion de faire connaître ses talents militaires et de révéler en lui l'homme qui était appelé à rendre de grands services à son pays. S'il n'eût fallu pour sauver le roi que lui donner avec courage de sages conseils, Carnot se serait empressé de les offrir; mais rien ne pouvait éclairer ce malheureux prince, frappé d'aveuglement et incapable d'avoir une volonté forte. Le 10 août survint; Carnot fut nommé l'un des commissaires de l'Assemblée pour se rendre au château; le feu des Suisses, qui tiraient des fenêtres de l'hôtel de Brienne, força la députation de revenir sur ses pas. Dans le tumulte, il se trouva séparé de ses collègues, et faillit être massacré. Après la déchéance du roi, il fit partie de la commission des douze membres de l'Assemblée chargés de lui présenter l'ensemble des mesures nécessitées par la gravité des circonstances. Envoyé à l'armée du Rhin, il trouva les esprits dans les plus heureuses dispositions : l'armée tout entière prêta avec enthousiasme entre ses mains le serment de fidélité et d'obéissance aux décrets de l'Assemblée.

Carnot ne voulut jamais être membre du club des Jacobins, malgré les vives instances qu'on lui fit pour l'affilier à cette société célèbre. Cet éloignement tenait à l'indépendance de son caractère, à une certaine circonspection politique et à des préventions qu'il n'a jamais abjurées. Il ne sentait pas l'immense besoin que la chose publique avait de ce levier populaire. Après l'Assemblée législative, il aurait désiré rentrer dans la retraite; mais sa nomination à la Convention par le Pas-de-Calais le rengagea plus avant que jamais dans la carrière périlleuse de la politique. Envoyé en mission dans les Pyrénées, il réorganisa l'armée, qu'il avait trouvée dans l'état le plus déplorable, et prépara, avec ses deux collègues, par d'habiles mesures, cette suite de victoires qui nous mirent à même de dicter la loi au gouvernement espagnol. On sait que dans le procès de Louis XVI il se prononça pour la mort de ce prince. « Jamais, dit-il en prononçant son vote, jamais devoir ne coûta tant à mon cœur. » Il est remarquable que le vote de Carnot n'empêcha pas plus tard le roi de Prusse de lui témoigner les plus grands égards, après l'arrêt d'exil prononcé par les Bourbons contre le membre du Comité de salut public et le ministre de Napoléon pendant les Cent-Jours.

L'aile gauche de l'armée du Nord, appuyée à Dunkerque, dut la prise de Furnes et ses brillants succès au courage et aux savantes mesures de Carnot, qui préparèrent la bataille d'Hondschoote, où le duc d'York faillit être fait prisonnier avec toute son armée, le 14 avril 1793. A peine de retour d'une mission à l'armée commandée par Dumouriez, qui venait de trahir son pays, il fut nommé membre du Comité de salut public. Sa première pensée fut de proposer d'attaquer les 60,000 Autrichiens qui, sous les ordres du prince de Cobourg, formaient le blocus de la place et du camp retranché de Maubeuge. Notre position était des plus critiques ; la place renfermait 20,000 hommes, qui, séparés de l'armée active, la réduisaient à 35,000 combattants : une victoire conduisait l'ennemi à Paris. Jamais la révolution ne s'était trouvée dans une position plus critique ; mais alors l'audace croissait avec les dangers. Le gouvernement prit le parti extrême de risquer une bataille décisive pour délivrer Maubeuge et sa garnison. On sait quelle part Carnot eut au succès de l'affaire de Watignies, qui sauva la frontière du Nord, et rassura la capitale, profondément alarmée. A la bataille d'Hondschoote commença cette campagne de dix-sept mois, pendant laquelle nos soldats ne quittèrent pas un moment les armes, campagne héroïque à laquelle aucune autre, ni ancienne, ni moderne, ne peut être comparée.

La plus juste reconnaissance lui attribue une part immense dans les triomphes inouïs de nos armées. Effectivement il sembla éprouver une métamorphose extraordinaire dans le Comité de salut public. Son caractère y prit une énergie de résolution qu'il n'avait jamais eue au même degré ; sa volonté devint une puissance, parce qu'elle était une force ; ses ordres avaient le double caractère de la prévoyance et du génie. Chaque jour vit se dérouler le vaste plan d'opérations qu'il avait conçu et coordonné dans sa tête : on peut dire que Carnot était l'âme de nos quatorze armées. Mais si les autres membres du comité, si ceux qui occupaient la tribune et entretenaient l'enthousiasme de la France, si la Convention, qui commandait la victoire au nom du peuple, n'eussent prêté leur force et leur appui au directeur de cette grande guerre, tout le génie militaire de Carnot n'aurait pu suffire au salut de la république ; c'est la tribune surtout qui a produit tant de triomphes : on a trop oublié cette vérité, qui n'ôte rien à la gloire de Carnot. On doit dire encore, sans craindre de la diminuer, que les représentants du peuple aux armées exercèrent souvent la plus haute et la plus salutaire influence, en suppléant par leur courage, par leur résolution, par leur inébranlable fermeté, à ce qui manquait aux ordres venus de Paris. Carnot avait souvent avec ses collègues des disputes sur le choix des généraux. Uniquement préoccupé de la considération du talent, il avait trop d'indulgence sur les autres conditions exigées par les circonstances dans ceux qui étaient chargés de conduire nos soldats. Quoique sincèrement républicain, il avait toujours à se reprocher une espèce de prédilection pour des hommes qui excitaient les justes suspicions des amis de la liberté. Sous ce rapport ses collègues avaient raison contre lui; mais son obstination ne leur céda jamais. Il fut constamment injuste envers Jourdan, et aveuglé sur Moreau, sur Pichegru et sur d'autres généraux incertains ou suspects.

La victoire resta sous nos étendards tant que Carnot fut chargé de la direction de la guerre; cependant la vérité ordonne de dire que la chute du grand Comité de salut public, conséquence de la journée du 9 thermidor, porta un coup irréparable à la puissance qui nous avait donné l'ascendant sur l'Europe. La source des victoires était en quelque sorte épuisée, et la nation elle-même, ne sentant plus cette haute et forte impulsion que le comité imprimait, sans le secours de la Convention, à toutes les parties d'un si vaste ensemble, perdit de son énergie et surtout de sa confiance. Et comment en eût-il été autrement, lorsqu'elle vit envoyer à l'échafaud, mettre en accusation et mutiler par la déportation les membres du gouvernement qui avait sauvé la république? Dans le procès qui leur fut intenté, Carnot montra la plus généreuse audace, en venant s'associer à la destinée de ses collègues, attaqués par une espèce de fou sans talent, appelé Lecointre, de Versailles. Mais sa défense par les signatures données à tous les arrêtés du comité fut faible et sans dignité. Il fallait dire hautement ce qui était : « Oui, j'ai cru toutes les mesures du comité nécessaires à la grande cause, et j'y ai donné mon adhésion du fond de ma conscience. Le pays a été sauvé des plus grands périls qu'ait jamais courus une république ; voilà ma justification. » D'ailleurs, sans avoir jamais été portés à la cruauté, et penchant, au contraire, vers les mesures plus douces, Carnot, Prieur de la Côte-d'Or et Lindet apportèrent dans le comité la sévérité des choses que demandaient les circonstances. La situation des choses avait rendu cette disposition commune à toute la France. Beaucoup d'hommes qui depuis ont tant exalté le système de clémence et protesté de leur humanité étaient alors intraitables et terribles, surtout quand cette disposition était accompagnée de la faiblesse du caractère.

Appelé au Directoire exécutif par les suffrages de la Convention, Carnot eut encore la direction des affaires militaires, et certes on ne peut nier qu'elles aient été encore conduites avec habileté. Ce fut Barras qui donna Bonaparte à la république ; mais Carnot avait deviné le génie de ce grand capitaine, qui de son côté avait conçu la plus haute estime pour l'ancien membre du Comité de salut public. On lit dans les *Mémoires sur Carnot* que la paix conclue avec l'Autriche devint un sujet de dissentiment entre lui et ses collègues, qui voulaient absolument la continuation de la guerre. On peut croire à la vérité de cette assertion ; mais, malgré toutes ses récriminations contre les collègues qui le proscrivirent, Carnot ne put pas répondre aux reproches des amis sincères de la liberté, qui l'accusaient d'une singulière déviation de principes. Effrayé par les excès de la liberté de la presse, par les tentatives des hommes ardents et téméraires, tels que Babœuf, qui prétendaient renverser le Directoire, Carnot s'était laissé entraîner à un système de réaction extrêmement dangereux; il allait jusqu'à destituer ses meilleurs amis, sous prétexte de leur exagération, et quoiqu'il n'eût à craindre d'eux aucune participation à un complot contre le gouvernement. Les patriotes le crurent un moment perdu pour la cause, et les royalistes fondèrent sur lui les plus grandes espérances. Les hommes de ce parti se trompaient; mais lui-même tomba dans un aveuglement tel à leur égard qu'à la veille du jour où leur complot devait éclater, ses yeux n'étaient pas encore dessillés. Cet aveuglement venait d'une double disposition également fâcheuse : il craignait les révolutionnaires, et ne craignait pas les royalistes. Cette erreur durait encore même alors que leur vaste conspiration s'étendait sur toutes les parties de la France. Si les royalistes eussent possédé l'audace révolutionnaire au même degré que l'habileté à ourdir des trames et à préparer une contre-révolution, on ne sait pas quels dangers ils auraient fait courir à la république. Le génie, le caractère et l'aptitude immense de Napoléon au gouvernement des hommes ne furent pas de trop pour empêcher le triomphe des ennemis de la révolution ; sans lui, elle était perdue malgré les victoires d'Alcmaer et de Zurich.

Au reste, le Directoire eut tort de renverser Carnot par une proscription qui devait nécessairement ébranler l'autorité en paraissant la fortifier. A son tour, Carnot, emporté par ses ressentiments, commit une grande injustice en attaquant avec violence le plus honnête et le meilleur des hommes, ce Réveillère-Lépaux, si pur dans la vie privée, si intègre dans l'administration, si sincèrement attaché aux libertés publiques. La réponse de Carnot au rapport du député Bailleul sur le 18 fructidor était marquée au coin de la passion et presque de la violence; mais elle respirait aussi le plus tendre attachement au pays natal. Le Directoire était tombé ; Bonaparte, élevé au consulat, après avoir nommé Carnot inspecteur général aux revues, lui confia le ministère de la guerre. Carnot se montra digne du choix du grand capitaine, et concourut aux brillants résultats des campagnes d'Italie et du Rhin. On assure que la direction politique du chef de l'État porta Carnot à se retirer du ministère malgré les pressantes instances verbales et écrites des consuls. Les plus nombreuses occupations n'empêchaient pas Carnot de cultiver les sciences et d'honorer encore son nom par deux ouvrages, l'un sur la *Géométrie de Position*, l'autre sur la *Corrélation des Figures de Géométrie*.

Appelé au tribunat par le sénat conservateur en 1802, Carnot fit éclater de nouveau le courage et l'énergie dont il avait donné tant de preuves; il vota contre l'empire en motivant son opposition par les plus hautes et les plus sages considérations. Il ajoutait à la fin de sa protestation : « Du moment qu'un nouvel ordre de choses sera établi, qu'il aura reçu l'assentiment de la masse des citoyens, je serai le premier à y conformer toutes mes actions, et à donner à l'autorité toutes les marques de déférence que commandera la hiérarchie constitutionnelle. » Au sortir du tribunat, Carnot se livra tout entier à l'éducation de ses enfants et à l'étude des sciences. L'Institut, qui l'avait rappelé dans son sein après le 18 brumaire, lui dut la publication de deux savants ouvrages, qui ajoutèrent à la gloire de la compagnie. Cependant l'empereur, au milieu de ses triomphes, à Vienne, se rappelle les immenses services de Carnot, et, par un décret du 23 août 1809, il lui accorde une pension de 10,000 francs, comme ancien ministre de la guerre. Jamais acte de justice n'arriva plus à propos : le membre du Comité de salut public, l'ancien ministre de la guerre, avait poussé le désintéressement jusqu'à se trouver réduit à un faible patrimoine, qu'il avait conservé avec beaucoup de peine. C'est vers ce temps que, sur les instances de l'empereur, il acheva de publier, en moins de quatre mois, le fameux *Traité de la Défense des Places Fortes*, devenu classique en Europe. Non loin de là, il eut avec l'empereur un entretien qui se termina par ces mots remarquables de Napoléon : « Adieu, Monsieur Carnot, tout ce que vous voudrez, quand vous voudrez, et comme vous voudrez. » Carnot ne demanda rien. Mais on sait comment, au temps des revers de l'empire, il courut offrir ses services à Napoléon; on sait son héroïque défense d'Anvers et sa généreuse réponse au général prussien Bulow. Bernadotte essaya aussi vainement de le séduire. Toute sa conduite dans cette circonstance est un modèle de fermeté, de constance et de sagesse. Le général anglais Graham lui-même ne put s'empêcher de témoigner à Carnot la plus haute estime. Les habitants de la ville, pleins de reconnaissance, prirent une délibération publique pour remercier leur défenseur, mais rien de plus touchant que les remerciments des deux faubourgs qu'il avait sauvés par sa prudence.

Le ministère de Carnot pendant les Cent-Jours fut un acte de dévouement à la patrie. L'imminence seule du danger fut la cause qui le détermina à reparaître sur la scène. Il craignait par dessus tout la honte et les malheurs d'une seconde invasion : il voulut en préserver son pays. Il donna vainement des conseils de liberté à Napoléon, et ne craignit jamais de lui dire la vérité; seulement, il eut, par ménagement pour une grande renommée aux prises avec un grand péril, la pudeur de mettre de la réserve dans ses paroles. A cette époque, et surtout pendant la courte durée du gouvernement provisoire, on a pu reprocher à Carnot d'avoir été la dupe de Fouché, mais Napoléon lui-même le laissa faire, malgré la connaissance de ses intrigues avec Louis XVIII et les étrangers. C'est Carnot seul qui détermina l'empereur à s'embarquer pour l'Amérique; mais celui-ci mit tant de lenteur dans son voyage que lorsqu'il arriva à Rochefort, le port se trouva bloqué. Au moment de la capitulation de Paris, Carnot eut encore l'occasion de rendre d'éminents services à la patrie, et de sauver du moins l'honneur français, que des lâches voulaient compromettre.

De tous les ministres de Napoléon, Carnot seul se trouva sur la liste du 24 juillet. Le vertueux exilé quitta la France avec douleur, mais sans faiblesse. En Pologne, en Russie, on lui fit les offres les plus brillantes : fidèle au serment de ne jamais servir que son pays, il se contenta de recevoir des marques de l'estime générale qui lui furent données par les citoyens et les soldats, par les généraux et par les princes. L'empereur de Russie, le grand-duc Constantin, le roi de Prusse, ne cessèrent de lui témoigner une estime particulière, noble compensation de l'ostracisme prononcé contre un grand citoyen par un roi qui oubliait ses serments. Carnot mourut à Magdebourg, le 2 août 1824, avec la fermeté d'un sage, universellement aimé de tous ceux avec lesquels il avait eu des relations, estimé de tous les gens de guerre, admiré de l'Europe, et regretté de la France. Il a laissé un nom qui se lie à une grande époque de notre histoire nationale. Carnot n'était au premier rang, ni comme général, ni comme chef d'un gouvernement, mais il occupe une place éminente immédiatement après les hommes supérieurs qui décident de sort des empires.   P.-F. Tissot, de l'Académie française.

CARNOT (Lazare-Hippolyte), fils du précédent, ministre de l'instruction publique en 1848, sous le gouvernement provisoire, né le 6 avril 1801, à Saint-Omer, partagea l'exil dont son père fut frappé en raison de l'appui énergique qu'il avait prêté à Napoléon dans les Cent-Jours, et habita Magdebourg avec lui jusqu'à sa mort. Ce long séjour en Prusse lui fournit l'occasion de se familiariser avec la langue et la littérature d'Outre-Rhin. De retour en France, il étudia le droit, et se fit recevoir avocat, sans avoir d'ailleurs jamais eu l'intention d'exercer cette profession, qui aujourd'hui est pour l'homme de loisirs ce qu'était autrefois une *savonnette à vilain*. En effet, l'honorable aisance que lui avait léguée son père l'exonérait de la grande loi du travail, et lui permettait de se livrer à ses fantaisies artistiques ou littéraires, voire même au *dolce far niente* du vrai philosophe, sans avoir à se préoccuper des besoins matériels de la vie. La politique lui sembla le moyen le plus convenable pour concilier à la fois ses goûts particuliers et ce qu'il croyait devoir à la mémoire de son père. Il y aurait lieu toutefois de s'étonner de l'obscurité profonde dans laquelle M. Hippolyte Carnot resta jusqu'à son entrée à la chambre des députés en 1839, quoiqu'il portât l'un des noms sortis les plus purs de notre grande révolution, et qui lui assurait les plus vives sympathies dans le parti hostile au gouvernement des Bourbons, si on ne savait qu'il fallait ou beaucoup d'audace, ou quelque talent joint à beaucoup d'ambition, pour n'y pas être confondu dans la foule. Les complaisantes réclames que, par égard pour la mémoire de l'intrépide défenseur d'Anvers, quelques journaux amis voulurent bien accorder à une traduction des *Griechenlieder* (chants des Grecs) de Muller, qu'il fit paraître en 1826, furent impuissantes à appeler sur lui l'attention publique. Le savoir-faire et l'appui d'une *camaraderie* organisée sur les bases les plus larges n'y réussirent pas davantage.

M. Hippolyte Carnot, qui avait bien vite compris la puissance de l'association en matière d'assurances sur la gloire et la réputation, s'était affilié à une coterie reconnaissant pour chefs de file MM. Bazard et Enfantin, composée d'hommes décidés à ne pas reculer même devant le scandale pour occuper d'eux la déesse aux cent bouches, et ayant pour organe *le Producteur*. Ce recueil mensuel, qui plus tard, après une assez longue interruption toutefois, échangea ce titre contre celui de *l'Organisateur*, était destiné à vulgariser les idées encore bien vagues de l'école de Saint-Simon sur les questions économiques; mais il ne fournit sous l'un et l'autre de ces titres qu'une fort courte carrière. M. H. Carnot fut admis à l'honneur de prendre part à sa rédaction.

L'Organisateur mourut dès 1828, après n'avoir publié que sept ou huit numéros, dans lesquels les hommes qui suivent et étudient le mouvement des idées avaient déjà pu voir poindre la prétention de présenter les doctrines de Saint-Simon comme un nouveau système politique et religieux destiné à remplacer quelque jour les formes de gouvernement et de culte ayant désormais fait leur temps ici-bas. La révolution de 1830, qui fut encore plus la défaite du parti clérical que celle du parti monarchique, parut à MM. Bazard, Enfantin et consorts une admirable occasion pour reprendre leur œuvre interrompue et triompher du découragement que l'insuccès avait inspiré au plus grand nombre de leurs fidèles. Ils se déterminèrent même alors à acheter *le Globe*, journal doctrinaire déserté par ses rédacteurs, que le gouvernement issu des barricades venait d'appeler en masse à la curée des places et des honneurs.

M. Hippolyte Carnot contribua à l'œuvre commune et de sa bourse et de sa plume. Il fallut que le *Père suprême*, M. Enfantin, finît par se poser en pape du Saint-Simonisme, et que le sacré collège, présidé par le *cardinal* Michel Chevalier, proclamât la réhabilitation de la chair et l'émancipation de la femme, pour qu'il s'aperçût enfin de la profonde immoralité de cette prétendue école philosophique. A ce moment il se crut pourtant encore prédestiné à la faire rentrer dans ses voies primitives. Ralliant autour de lui quelques schismatiques, il résolut d'élever autel contre autel, et acheta le fonds d'abonnés de la *Revue Encyclopédique*, recueil interrompu depuis plusieurs années, dont il fit la tribune des dissidents. Celui-ci mourut une seconde fois et définitivement entre ses mains, malgré l'appui que lui prêtait à son œuvre M. Jean Reynaud, homme de valeur et d'intelligence, qui passe pour avoir été sa nymphe Égérie dans toutes les occasions où il lui fallait payer de sa personne, notamment à l'époque de son ministère, et à qui dès lors reviendrait en bonne justice distributive la responsabilité de ses actes.

Et cependant, en dépit de tant d'efforts, la conspiration du silence persistait à tenir son individualité sous le boisseau. En vain, il s'était flatté de concilier les principes républicains avec les dogmes ou saint-simonisme, qui sont pourtant ceux de l'absolutisme pur; en vain il s'était rallié des premiers à l'opposition anti-dynastique qui avait bien vite surgi contre les institutions bâclées en 1830 et contre le monarque élu par les deux cent vingt et un. Son nom n'en continuait pas moins à être complétement inconnu des masses. C'est que cette opposition extra-légale avait à sa tête des hommes autrement énergiques que lui et mettant au service de leurs passions une audace, un besoin de lutter et de vaincre qui distançaient de mille lieues son dogmatisme froid et méticuleux. Pour percer, il lui fallut recommencer un beau jour toute sa carrière, désavouer l'œuvre saint-simonienne, restée en assez mauvaise odeur auprès de la bourgeoisie, suivre la filière ordinaire des notabilités de clocher, faire de l'agitation électorale, provoquer des réunions, assister à des comités et surtout présider des banquets. Son rôle politique ne date donc à bien dire que de l'année 1839, époque où, en sa qualité de président du comité électoral de la Seine, il réussit à faire décréter par les meneurs l'adoption sa candidature aux élections générales provoquées par la coalition. Nommé alors, par les électeurs du privilége, député de la Seine, il alla s'asseoir à l'extrême gauche, mais n'y fit preuve d'aucune espèce de talent oratoire. Toutefois, les feuilles de l'opposition lui tinrent compte de ses excellentes intentions, faute de mieux, et réussirent même, à force de fanfares patriotiques, à faire de son nom un drapeau, qu'elles plantèrent sur la crête de l'extrême-gauche, et autour duquel vinrent se grouper, tant dans le parlement qu'au dehors, les ennemis les plus décidés de l'établissement de Juillet. Passé de la sorte à l'état de notabilité incontestée, admis à enrichir de sa prose les pages de la *Revue indépendante* fondée par George Sand et M. Pierre Leroux, en concurrence à la *Revue des Deux Mondes*, placée sous le patronage de M. Guizot, M. Hippolyte Carnot vit les électeurs de la Seine, dociles aux recommandations de la presse, lui renouveler leur mandat à deux reprises successives, en 1842 et 1846. En 1847 il publia une brochure, *les Radicaux et la Charte*, dans laquelle il proclamait sans détour ses aspirations républicaines, espèce de manifeste qui précéda la fameuse campagne des banquets, entreprise dans l'intérêt de la réforme électorale, et qui aboutit à la révolution de Février. Le lendemain de ce coup de main, M. H. Carnot fut appelé par les hommes du gouvernement provisoire à prendre la direction du portefeuille de l'instruction publique. Dans ce poste M. Carnot, on doit le reconnaître, montra plus de modération que les autres ministres ses collègues dans leurs départements respectifs. L'opinion lui reprocha toutefois à bon droit ses circulaires aux instituteurs primaires, œuvre de son secrétaire général, M. Jean Reynaud, et plus encore les déplorables choix qu'il fit pour combler les vides opérés alors de gré ou de force dans cette partie si importante de notre système d'instruction publique. L'instituteur primaire, suivant le nouveau ministre, était l'homme chargé avant tout d'inoculer aux populations agricoles les principes du vrai républicanisme. La rapidité des événements ne lui permit pas de réaliser tout ce qu'il aurait voulu pouvoir faire dans cette intention; et à la suite des événements de juin il se voyait contraint de donner sa démission. Le fait qu'il venait de jouer associait inséparablement son nom à celui des hommes en qui se personnifiait désormais le parti démocratique et socialiste. Élu, par le suffrage universel, membre de l'Assemblée constituante en 1848 pour le département de la Seine, son nom sortit encore une fois de l'urne électorale en 1850, à l'occasion d'élections partielles, bien qu'aux élections générales de 1849, sous la législative, il eût échoué, comme tant d'autres républicains de la veille conduits par les républicains du lendemain. M. Carnot prit alors place dans les rangs de la Montagne, où il continua d'ailleurs à garder le silence prudent dont il semble s'être fait une règle dans tout le cours de sa carrière parlementaire. Le coup d'État du 2 décembre 1849 l'a rendu aux douceurs de la vie privée. En vain les électeurs du sixième arrondissement essayèrent de l'en tirer en le choisissant pour leur député au corps législatif. De même que le général Cavaignac, M. Carnot s'est refusé alors à prêter le serment exigé des législateurs, et a décliné ainsi l'honneur insigne qu'on persistait à vouloir lui conférer malgré lui. Il occupe en ce moment, dit-on, ses loisirs à écrire l'*Histoire du Saint-Simonisme*. Pour que ce livre ne fût pas une apologie, il faudrait qu'il apportât dans cette œuvre une abnégation qu'on ne peut guère espérer au milieu d'une époque où le moi joue un si grand rôle. On avait déjà de lui, dans la même direction d'idées, une *Exposition de la Doctrine Saint-Simonienne* (Paris, 1830). En 1837 il a publié les *Mémoires de Grégoire*; et en 1842 il a fait paraître, en collaboration avec le statuaire David, les *Mémoires de Bertrand Barrère*. Enfin on nous promet de lui au premier jour la publication des *Mémoires* de son illustre père, et on doit regretter qu'il n'ait pas commencé par là; s'il n'y change rien, il sera curieux d'apprendre quels furent les motifs qui dans les *Cent-Jours* déterminèrent Carnot non-seulement à prêter son concours loyal à Napoléon, mais encore à accepter de lui le titre de *comte de l'Empire*, partie de l'héritage paternel que son fils a cru devoir répudier.

CARNOT (Joseph-François-Clément), dit *de la Côte-d'Or*, frère aîné du général, né le 22 mai 1752, à Nolai, mort en 1835, conseiller à la cour de cassation, dont il était membre depuis 1801, après avoir longtemps rempli les fonctions de président du tribunal criminel de Dijon, a laissé la réputation d'un jurisconsulte distingué. Son ouvrage intitulé : *de l'Instruction criminelle considérée dans ses rapports généraux et particuliers avec les lois nouvelles et la jurisprudence de la Cour de Cassation* (3 vol. in-4°; Paris, 1812-1817), l'a fait ranger parmi nos meilleurs criminalistes. En 1814 et en 1815 il avait fait preuve d'une grande souplesse d'opinions politiques, et avait ainsi réussi à conserver son siège à la cour suprême. En 1824 il fit paraître un *Commentaire sur le Code pénal* (2 vol. in-4°), qu'on peut considérer comme le complément du grand ouvrage sur l'instruction criminelle dont nous avons rapporté le titre plus haut.

CARNUS, devin. *Voyez* Carnéus.

CARO (Annibale), l'un des plus célèbres écrivains italiens du seizième siècle, et dont les œuvres sont regardées comme des modèles classiques, né à Citta-Nova, dans la marche d'Ancône, fut d'abord précepteur des enfants de Lodovico Gaddi, riche Florentin, devint ensuite secrétaire de son frère Giovanni, qui l'emmena avec lui à Rome, où, par sa protection, il lui fut obtenir de riches bénéfices. Il se consacra dès lors complètement à l'étude, fonda dans cette capitale du monde chrétien, et de concert avec les frères Molza, l'*Accademia della Virtù*, puis remplit pendant quelques mois les fonctions de secrétaire auprès de l'évêque Guidiccioni de Fossombrone, quand celui-ci fut envoyé en Romagne comme président. A la mort de Gaddi, arrivée en 1543, Annibale Caro entra au service de Pietro Lodovico Farnèse, que son père, le pape Paul III, éleva au rang de duc de Parme et de Plaisance en 1545. La protection de cette famille permit à Caro de satisfaire son goût pour l'archéologie. Il réunit une collection considérable d'antiques et de médailles. La langue toscane fut l'objet de ses études les plus sérieuses, et la réputation de son style pur et élégant, tant en vers qu'en prose, se répandit bientôt par toute l'Italie. Il entra en relations et en commerce de lettres avec les artistes les plus célèbres de son époque, les secondant dans le choix des sujets qu'ils se proposaient de traiter. Le duc lui confia plusieurs missions auprès de l'empereur Charles-Quint. Cependant Annibale Caro songeait à quitter le service d'un prince dont les caprices et les vices lui étaient devenus insupportables, lorsque Farnèse fut assassiné à Plaisance. Lui-même courut alors quelques dangers; mais il se réfugia à Parme, où il fut accueilli avec bienveillance par le nouveau duc Ottavio Farnèse. Les deux cardinaux Ranucio et Alessandro, frères d'Ottavio, le choisirent successivement pour secrétaire, poste qu'il remplit auprès du dernier depuis 1548 jusqu'à sa mort, arrivée en 1566.

Les œuvres d'Annibale Caro ne furent imprimées qu'après son décès, par exemple sa célèbre *Traduction de l'Énéide* (Venise, 1581; Paris, 1760), sa *Traduction de Longus et de la Rhétorique d'Aristote*, ses *Rime* (Venise, 1569), tous ouvrages qui se distinguent par une rare élégance; ses *Lettere familiari* (2 vol.; Venise, 1572), et les *Lettere inedite di amiltari* (2 vol.; Venise, 1572), se rapporte à une discussion qu'il eut au sujet d'un de ses poèmes avec Castelvetro, qui l'avait blâmé.

CAROLATH-BEUTHEN (Maison de). Le nom de cette famille princière, dont les possessions sont situées en Silésie, et qui au quinzième siècle habitait la Lusace, était primitivement *Schœnaich*. Fabien de Schœnaich se distingua au service de l'empereur Charles-Quint et de l'électeur Maurice de Saxe, non moins comme homme d'État que comme capitaine, et fut créé par l'empereur Ferdinand Ier baron du Saint-Empire.

Son petit-neveu Georges de Schœnaich reçut à titre de fief la seigneurie de Carolath et de Beuthen, constituée, en 1610, en majorat. A la mort de Georges, ce majorat passa à son neveu *Jean*, qui s'en vit dépouiller à la suite des troubles de la Bohême. En 1650 le frère de celui-ci, *Sébastien*, en obtint la restitution, grâce à l'intervention de l'électeur de Brandebourg. Quand Frédéric le Grand se fut emparé de la Silésie, il le éleva, en 1741, le comte *Jean-Charles de Schœnaich* à la dignité de prince de Carolath-Beuthen. *Jean-Charles*, son fils, obtint ensuite que la dignité de prince devînt héréditaire dans sa maison.

Le prince actuel de Carolath-Beuthen, *Henri*, grand-veneur du roi de Prusse, né en 1783, succéda en 1817 à son père. Comme il n'a que deux fils, son majorat, qui lui est toujours étroitement attaché, passera à son neveu le prince *Louis* de Schœnaich-Carolath, né en 1811, et fils aîné de son frère, mort en 1820.

La principauté de Carolath-Beuthen est située dans le cercle de Freistadt, arrondissement de Liegnitz, province de Silésie, et comprend une superficie d'environ 4 1/2 myriamètres carrés, avec une population de 11,500 âmes, répartie entre la petite ville de Beuthen, chef-lieu de la principauté, un gros bourg, siège d'un marché, et 21 villages, au nombre desquels se trouve Carolath, où s'élève le château de Carolath, résidence ordinaire de cette famille.

CAROLINE (Amélie-Élisabeth), épouse de Georges IV, roi de la Grande-Bretagne et de Hanovre, fille du duc Charles-Guillaume-Ferdinand de Brunswick, blessé mortellement à la bataille d'Auerstœdt, et de la princesse Augusta, sœur de Georges III d'Angleterre, naquit le 17 mai 1768. Après avoir passé dans la maison paternelle une triste jeunesse, elle épousa, en 1795, à l'âge de vingt-sept ans, le prince de Galles, alors héritier présomptif de la couronne d'Angleterre. Ce mariage, qui ne pouvait point être heureux. Sans doute dès l'année qui le suivit la princesse accoucha d'une fille, qui fut cette princesse Charlotte qui fut la première femme du prince Léopold de Saxe-Cobourg, aujourd'hui roi des Belges, et qui mourut le 7 novembre 1816; mais à peine la princesse fut-elle relevée de ses couches, que son époux se sépara d'elle avec éclat. Le scandale officiel de cette répudiation, consommée dès lors irrévocablement, ne fut rien en comparaison du système odieux employé par le prince de Galles et son entourage immédiat à l'effet de deshonorer publiquement la femme à laquelle on avait lié sa destinée. Éloignée de la cour, où elle ne comptait peut-être pas d'ennemi plus acharné que la reine sa belle-mère, la princesse de Galles vécut dès lors à Blackheath, dans une maison de campagne dont elle fit le centre d'une société choisie, composée d'hommes et de femmes partageant ses goûts pour les arts et la littérature. Complétement indépendante dans ses actions, isolée au milieu de ce vaste tourbillon qu'on appelle le monde, poursuivie jusque dans cette philosophique retraite par les injures et les calomnies de son mari, il est à la rigueur possible qu'elle ait cherché des consolations à ses chagrins et une compensation à son veuvage anticipé dans quelque liaison où le cœur aura parlé plus haut que le devoir et les convenances, liaison que ne sera pas toujours restée enveloppée de cet impénétrable mystère que lui commandaient la plus vulgaire prudence, son titre de mère de l'héritière-présomptive de la couronne, son rang et surtout la haine acharnée de son mari. Ce prince se vengeait sur sa malheureuse femme des justes témoignages de mépris et d'aversion dont il était lui-même l'objet de la part des masses populaires, alors que contre ses injures, ses diffamations et ses odieuses intrigues la princesse de Galles n'avait pas de plus énergique, de plus passionné défenseur que le peuple, toujours disposé à donner son sang en témoignage de la vertu immaculée et sans reproche d'une princesse qu'il eût moins aimée s'il n'avait pas tant haï le prince dont elle portait le nom. Quoi qu'il en ait pu être, vers l'année 1808 le système de calomnies mis en jeu pour deshonorer la princesse de Galles arriva à prendre de tels développements, que le gouvernement crut devoir soumettre la conduite privée de Caroline à une commission d'enquête présidée par lord Grenville. On jugera du scandale et de sa gravité quand on saura que les intimes et les affidés du prince de Galles allaient partout répétant que la princesse venait de donner le jour à un enfant du sexe masculin, fruit de ses relations adultérines soit avec un capitaine Manby, soit avec sir Sidney-Smith, soit avec bien d'autres encore; et ces bruits injurieux n'avaient pas de plus complaisant écho que la cour de la reine.

La commission, après avoir entendu une foule de témoins et avoir procédé à l'examen minutieux des faits allégués et incriminés, exonéra Caroline de l'accusation de grossesse et d'accouchement clandestins, tout en admettant que la conduite de la princesse n'avait pas été exempte de légèretés et d'inconséquences, qui avaient provoqué des soupçons d'ailleurs sans fondement.

Georges III, qui n'avait jamais partagé l'antipathie haineuse de sa femme et de son fils aîné pour sa bru, qui l'avait, au contraire, en maintes circonstances protégée contre ses ennemis, consacra ce verdict d'absolution prononcé par la commission d'enquête, en rendant une visite officielle et de gala à la princesse de Galles ; démarche qu'imitèrent à leur tour la plupart des princes et princesses, ses beaux-frères et belles-sœurs. Ces démonstrations sympathiques et significatives répondaient trop bien au désirs de l'opinion publique, de plus en plus irritée contre l'héritier du trône, pour ne pas combler de joie la populace de Londres, qui accueillait toujours de ses plus chaleureux applaudissements la princesse de Galles quand elle venait à paraître en public, tandis qu'elle n'avait jamais en pareil cas pour son époux que des huées et des sifflets.

En 1813 de nouvelles contestations s'élevèrent publiquement entre les deux époux, à propos de difficultés faites par le prince de Galles à sa femme, qui réclamait la permission de voir plus souvent sa fille, l'unique fruit de cette union si malheureuse, et qu'on élevait loin de sa mère. L'année suivante la princesse, lasse probablement de lutter davantage, demanda et obtint la permission de se retirer à Brunswick. De là elle entreprit de grands voyages en Allemagne, en Italie, en Grèce, en Syrie et dans les différentes îles de l'Archipel ; fastueuses tournées, où elle se faisait suivre de tout le luxe et de tout le comfort qui l'eût entourée en Angleterre, et s'en rapportant aveuglément pour tous les détails de ces aventureuses et trop poétiques pérégrinations à un italien du nom de Bergami, entré d'abord à son service en qualité de simple courrier, et élevé successivement par elle aux fonctions de majordome, puis de chambellan. La faveur subite de ce singulier personnage et son élévation si rapide semblèrent au prince de Galles, toujours très-exactement renseigné sur ce qui se passait dans la petite cour de sa femme, et devenu maintenant prince régent d'Angleterre, une circonstance propre à prouver l'accusation d'adultère qu'il avait déjà publiquement élevée contre la princesse, dix ans auparavant. Dès lors un vaste et habile système d'espionnage fut organisé par lui à grands frais autour de Caroline, dont tous les actes, toutes les paroles, furent soigneusement notés et consignés dans des rapports destinés à fournir au prince régent les éléments nécessaires à la constatation de son propre deshonneur.

La scandaleuse enquête de 1808 eût dû assurément déterminer la princesse à apporter désormais plus de prudence et de circonspection dans sa conduite privée. Or, il faudrait une foi bien robuste pour admettre que Caroline, quoiqu'elle fût alors tout près de la cinquantaine, n'oublia pas les distances qui devaient la séparer de Bergami ; et il semble avéré que cette fois tout au moins le cœur parla chez elle plus haut que le sentiment du devoir et des convenances. On ne saurait nier cependant que la haine assez ardente pour ne reculer devant un pareil procès intenté à la face de l'Europe était bien de force à recourir aux plus odieuses machinations à l'effet d'incriminer en apparence des faits sans aucune importance en eux-mêmes.

A son retour en Italie, Caroline alla habiter l'une des plus délicieuses villas du lac de Côme, où elle ne crut pas devoir s'entourer de plus de mystère que par le passé. La mort de Georges III ayant appelé son époux au trône en 1820, on songea d'abord à négocier avec elle ; et on lui fit proposer de renoncer à son titre de reine et de s'engager à ne pas revenir en Angleterre, moyennant une pension de 50,000 livres sterl. Mais Caroline repoussa ces ouvertures, en annonçant hautement, au contraire, son intention bien arrêtée de se rendre à Londres à l'effet d'y réclamer le titre et les honneurs qui lui étaient dûs en sa qualité de légitime épouse de Georges IV. Le 6 juin effectivement elle fit une véritable rentrée triomphale dans la capitale de l'Angleterre, où elle fut saluée des plus vives acclamations par la grande masse des habitants ; car une impopularité extrême continuait à être le lot du prince de Galles, devenu Georges IV. Or, soutenir la reine contre ses accusateurs n'était pas seulement le rôle tout naturellement tracé à l'opposition ; les basses manœuvres employées par les agents du mari à l'effet de lui procurer la preuve des faits qui devaient servir de base à une accusation d'adultère et à un procès de divorce révoltaient en outre la conscience publique. Chez le grand nombre, tout nier de parti pris, affirmer que la reine était aussi pure et innocente que l'enfant qui vient de naître, c'était protester devant tant de scandale et comme une manière d'en faire justice. Fidèle instrument des rancunes de Georges IV, le ministère n'hésita pas à intenter à la reine un procès solennel devant la chambre des lords. Les faits cités à l'appui de l'accusation d'adultère sont d'une nature telle qu'ils ne pourraient pas sans inconvénient être rapportés dans un livre du genre du nôtre; à cet égard nous devons renvoyer les curieux aux recueils de causes célèbres.

La reine confia le soin de sa défense à l'illustre Brougham, qui se surpassa lui-même dans cette cause si difficile.

Il déploya en effet un merveilleux talent de discussion dans les *contre-interrogatoires*, que la loi anglaise autorise à faire subir aux témoins à charge. A chaque instant il réussissait à les mettre en contradiction soit avec eux-mêmes, soit avec les dépositions déjà recueillies, les pressant de questions insidieuses auxquelles la plupart ne pouvaient répondre sans détruire ou atténuer l'effet produit par leur propre témoignage. A chaque instant ils trébuchaient dans les pièges que leur tendait l'avocat, se troublaient, hésitaient ; et le système si péniblement échafaudé qui servait de base à l'accusation s'en allait ainsi de pièces et de morceaux. L'un de ces espions italiens dont le témoignage était le plus aggravant, le plus positif, qui affirmait avoir vu, ce qui s'appelle vu de ses propres yeux, quand il eut à soutenir le contre-interrogatoire de Brougham, comprenant instinctivement que toutes les questions qu'on lui adresserait, si indifférentes qu'elles fussent, avaient pour but d'infirmer son témoignage, crut habile d'y faire constamment la même réponse : *non mi ricordo*. On ne peut se faire une idée de l'immense hilarité que provoqua dans le public cette phrase que Brougham se donna le malin plaisir de faire répéter cent fois de suite au malheureux dans le crâne duquel l'organe de la mémoire occupait décidément une place si restreinte.

En dépit de l'habileté de son avocat et de l'appui que lui prêta au dehors l'opinion publique, que ce scandaleux procès passionna au plus haut degré, la reine ne put convaincre ses juges de son innocence. Une majorité de 123 voix contre 95 accueillit dans la chambre haute la troisième et dernière lecture de la proposition de déclaration de culpabilité. Il ne restait plus dès lors qu'à voter le bill de condamnation, quand, contre toute attente, on vit les ministres de la couronne en proposer eux-mêmes l'ajournement à six mois ; formule qui dans les usages parlementaires équivalait au rejet ou au retrait d'un projet de bill en discussion. C'était demander la mise au néant de toute la procédure.

Dès lors le gouvernement de Georges IV cessa de contester à Caroline de Brunswick son titre de reine de la Grande-Bretagne et d'Irlande. *Brandenburghouse* lui fut assigné pour résidence, avec une dotation conforme à son rang. Il semblait que son royal époux avait enfin pris son parti au sujet de ses *désagréments* conjugaux ; cependant une occasion s'étant encore présentée de faire un nouvel affront public à sa femme, il ne la manqua pas. Au mois de juillet 1821 eut lieu le couronnement de ce prince. La reine Caroline demanda à être couronnée, suivant l'usage, en même temps que lui ; mais, comme elle devait bien s'y attendre, cette prétention fut formellement repoussée par une décision du conseil privé. Elle se contenta alors d'une place pour assister à la cérémonie du couronnement, et on la lui refusa également. Apportant dans cette lutte de mauvais goût une opiniâtreté que justifiaient jusqu'à un certain point les encouragements de l'opposition, et surtout ceux de l'opinion, elle se présenta, le jour même de la cérémonie au seuil de l'église de Westminster, où elle avait lieu, convaincue qu'on n'oserait pas lui en interdire l'entrée. Elle dut cependant en subir l'humiliation ; et on attribua alors à la profonde irritation provoquée en elle par cet affront public la maladie inflammatoire dont à quelque temps de là elle ressentit les premières atteintes à une représentation du théâtre de *Drury-Lane* à laquelle elle assistait, et qui l'enleva quelques jours après, le 7 août 1825. Cette mort ne laissa pas que de donner lieu dans le vulgaire aux plus sinistres rumeurs ; ceux qui veulent y voir un crime devraient réfléchir que si la politique a pu quelquefois faire commettre de telles actions, elle a su toujours et des perpétrants choisir le moment favorable, et surtout quelque endroit lointain et isolé, pour qu'elles demeurassent à jamais enveloppées dans une mystérieuse obscurité. Evidemment, si Caroline de Brunswick avait dû mourir du poison, c'est dans ses aventureuses pérégrinations en Orient que l'*accident* fût arrivé. Suivant ses dernières volontés, les restes mortels de cette princesse furent déposés dans la sépulture de ses ancêtres, à Brunswick.

CAROLINE (Ferdinande-Louise), princesse des Deux-Siciles, aujourd'hui comtesse de Lucchesi-Pali. *Voyez* Berry (Duchesse de).

CAROLINE (Loi). C'est le nom que, par abréviation des mots *constitutio criminalis carolina*, l'on donne habituellement au célèbre code criminel publié par l'empereur Charles-Quint en 1532. Ce qui détermina ce prince à légiférer sur cette matière, ce fut l'effroyable confusion, l'arbitraire, la cruauté, qui régnaient dans les tribunaux de l'Allemagne, où toute instance criminelle commençait et finissait par la question, appliquée sous les plus futiles prétextes, et où trop souvent même on envoyait des innocents au supplice sans procédure préalable d'aucune espèce. Dès le quinzième siècle on avait compris la nécessité de mettre un terme à ces horreurs ; mais la difficulté était d'amener les différents États à adopter de communes mesures de répression. Un homme de mérite, qui s'occupait de science sans être pour cela précisément un savant, le baron Jean de Schwarzenberg, fut celui qui contribua le plus à cette si utile réforme. Administrateur de l'évêché de Bamberg, il en rédigea et publia le code criminel de 1507, que les margraves de Brandebourg et de Franconie adoptèrent en 1520 pour loi de leurs États respectifs. Il provoqua l'ordonnance criminelle générale de l'Empire (*Reichscriminalordnung*) adoptée en 1532 par la diète de Ratisbonne ; œuvre de codification qui pour l'époque où elle parut peut être considérée comme un chef-d'œuvre, et dont l'influence fut des plus bienfaisantes. Quoique divers souverains allemands, entre autres les électeurs de Saxe, de Brandebourg et Palatin, protestassent contre la publication de cette ordonnance, afin de maintenir contre la puissance législative de l'empereur et de la diète leur droit particulier de légiférer, elle n'en fut pas moins reconnue presque partout comme ayant force de loi.

De nos jours, des lois pénales encore plus humaines et une procédure criminelle plus douce et moins coûteuse ont remplacé dans la plupart des États de la Confédération Germanique l'ancienne *loi Caroline*, dont la dernière édition imprimée est celle qui parut à Iéna en 1835.

CAROLINE, contrée de la partie orientale des États-Unis de l'Amérique du Nord, découverte en 1512 par les Espagnols que commandait Ponce de Léon, et qui en prirent possession comme d'une dépendance de la Floride. Le nom de *Caroline* ne lui fut donné que plus tard et par le Français Jean-François Ribault, que le roi Charles IX avait envoyé y fonder une colonie. Il l'appela ainsi en l'honneur de son souverain. Mais dès l'an 1565 les colons français en furent expulsés par les Espagnols ; et différents essais de colonisation tentés plus tard par les Anglais ne furent guère plus heureux. Ce ne fut que lorsque le roi Charles II d'Angleterre eut octroyé, en 1660, à huit de ses sujets, et à titre de fief relevant du château de Greenwich, tout le territoire s'étendant entre le 31ᵉ et le 36ᵉ degré de latitude septentrionale, leur donnant en outre pleins pouvoirs pour y fonder une colonie s'administrant elle-même, que l'établissement commença à prendre de l'importance. Les colons de la Caroline chargèrent le célèbre philosophe Locke de leur rédiger une constitution ; tâche ardue, devant laquelle recula plus d'une fois l'auteur de *l'Essai sur l'Entendement humain*. Malheureusement la constitution fruit de ses veilles et de ses méditations se trouva dans la pratique tellement inapplicable, qu'il fallut dès 1703 y renoncer, et donner à la colonie un nouveau pacte social explicatif des devoirs et des droits des colons. Plus tard le gouvernement anglais jugea à propos de revenir sur la concession de ce fief, qui fut transformé en colonie royale. En 1720 on la divisa en *Caroline du Nord* et en *Caroline du Sud*; et depuis le divorce effectué entre les colonies anglaises de l'Amérique du Nord et la mère-patrie, ces deux provinces se sont rattachées à l'Union américaine, dans laquelle elles forment deux États indépendants.

CAROLINE DU NORD, l'un des États composant l'Union américaine, borné au nord, à l'ouest et au sud par les États de Virginie, de Tenessée et de la Caroline du Sud, et à l'est par l'océan Atlantique, occupe une superficie de 2,063 myriamètres carrés. A l'ouest, sur les frontières du Tenessée, où il est traversé par les Montagnes Bleues (*voyez* APALACHES), le sol en est montagneux; mais à l'est, c'est-à-dire dans sa plus grande partie, il est uni, et devient tout à fait plat près des côtes, où l'on trouve beaucoup de marais et de steppes sablonneuses et pas un seul bon port. Dans les montagnes le climat en est sain et tempéré, très-chaud dans les plaines, où règne presque la température des tropiques, et malsain dans les parties basses et marécageuses. Voilà pourquoi le coton et le riz forment avec les différentes espèces de céréales de l'Europe, avec le maïs et le tabac, les principaux articles d'exportation de cette contrée, généralement fertile, mais où l'agriculture s'exerce en grand dans des plantations cultivées par des nègres. L'élève du bétail, l'exploitation des forêts et des mines y sont aussi la source de bénéfices considérables. En fait de richesses minérales, c'est le fer, mais surtout l'or qu'on exploite. On obtient ce dernier produit tant par le travail des mines que par le lavage des terres.

La population dépasse un million d'habitants, dont les deux tiers sont esclaves, noirs et mulâtres; le reste est d'origine anglaise, sauf quelques éléments germaniques. La constitution de cet État est celle des autres États de l'Union. Le pouvoir exécutif est aux mains d'un gouverneur élu tous les deux ans, assisté d'un conseil de sept membres. Le pouvoir législatif est exercé par une assemblée. Là où les esclaves forment la grande majorité de la population, l'instruction publique est l'objet de fort peu de sollicitude. Outre divers lycées appelés *académies*, on y trouve un séminaire théologique de l'Église anglicane et une espèce d'université, le *North-Carolina Institut*, situé à Chapel-Hill. Le chef-lieu de cet État est Raleigh sur la Reuse, avec 6,000 habitants. Elle est le siége des autorités supérieures et du gouverneur. Les seuls ports un peu sûrs sont *Wilmington*, avec 3,000 habitants, et *Beaufort*, avec le même chiffre de population. Ce sont deux centres commerciaux assez importants, de même que la ville de *Neubern*, bâtie au confluent de la Trent et de la Reuse, et où on compte 6,000 habitants.

CAROLINE DU SUD, l'un des États composant l'Union américaine du Nord, situé entre la Caroline du Nord et la Géorgie, compte une population de 595,000 habitants, dont environ 327,000 esclaves, répartie sur une superficie de 1416 myriamètres carrés. Vers la côte, c'est un pays tout à fait plat; au centre, il est sablonneux, et il s'élève sensiblement à l'ouest; mais au total il est bien arrosé. Les habitants exploitent des manufactures, et exportent les produits de leur fabrication. A la tête du pouvoir exécutif est placé un gouverneur, dont les fonctions durent deux ans, terme à l'expiration duquel on procède à de nouvelles élections. La puissance législative appartient à l'assemblée générale, composée du sénat et de la chambre des députés; et la milice compte dans ses rangs 40,000 hommes, dont une compagnie de volontaires indiens La Caroline du Sud envoie neuf représentants au congrès national. Sa capitale est *Columbia*, sa ville la plus peuplée est Charleston.

CAROLINE-MARIE, épouse de Ferdinand 1er roi des Deux-Siciles, fille de l'empereur François 1er et de l'impératrice Marie-Thérèse, naquit le 13 août 1752. Aussi attrayante que spirituelle, mais manquant de fermeté de caractère, elle se maria le 12 août 1768. Aux termes de son contrat de mariage, la jeune reine devait siéger au conseil d'État immédiatement après la naissance d'un héritier mâle du trône; mais, impatiente de se mêler du gouvernement, elle réussit en 1777, avant même que la condition du contrat fût accomplie, à faire congédier le vieux ministre Tannucci, qui possédait la confiance du roi et le dévouement des Napolitains, afin d'exercer, sous Sambuca, qu'elle lui fit donner pour successeur, une plus grande influence sur la marche des affaires et sur l'esprit de son mari. Sambuca ayant donné sa démission en 1784, elle le fit remplacer par Acton, Irlandais sans mérite, la préférence qu'il accordait aux étrangers dans la collation des emplois publics et dans la distribution des faveurs royales, ne tardèrent pas à lui attirer la haine de toutes les classes de la société. Il fit alors poursuivre, comme partisans du jacobinisme français, tous ceux qui osèrent résister à son despotisme, résultat de la confiance illimitée que la reine accordait à son amant. Mais les arrestations, les bannissements et les supplices à l'aide desquels Acton se flattait d'étouffer l'esprit d'opposition dans la nation napolitaine, ne fit que l'enflammer davantage.

Le mécontentement devenait si général et si menaçant, que, pour éviter une explosion populaire, qui pouvait avoir lieu à chaque instant, le pouvoir se décida à sacrifier aux exigences de l'opinion Vanini, président de la junte de sûreté. A quelque temps de là, en 1798, le roi, complétement dominé par la reine et espérant donner ainsi le change au mécontentement public, se décida à déclarer de nouveau la guerre à la république française, avec laquelle il venait tout récemment de conclure la paix. Mais la défaite essuyée par Mack eut pour résultat d'amener bientôt après l'armée française sous les murs de Naples, et de contraindre la famille royale à demander asile à la flotte britannique.

Une insurrection habilement fomentée en Calabre contre la domination française et le parti républicain par le cardinal Ruffo, rouvrit dès 1799 les portes de Naples au roi Ferdinand 1er. Mais la reine Caroline-Marie n'y revint qu'accompagnée de la trop fameuse lady Hamilton, de cette prostituée dont Nelson n'avait pas rougi de faire sa maîtresse, et qui, à la honte de ce gouvernement de muets et d'eunuques protégés par le bourreau, exerça alors sur la marche des affaires une influence encore plus funeste que n'avait pu l'être celle d'Acton et de Vanini.

La capitulation aux termes de laquelle le roi avait pu rentrer dans sa capitale fut indignement violée; et on institua une junte d'État chargée, sous la présidence de l'odieux Speziale, de rechercher activement et de punir sévèrement tous les fauteurs, partisans et employés du gouvernement intérimaire. La réaction la plus impitoyable fut alors menée alors la terreur et les supplices dans toutes les parties du royaume, et la victoire de Marengo, par ses immenses et glorieuses conséquences, put seule mettre un terme à ce régime de sang et de boue. Le gouvernement de Caroline-Marie fut alors condamné à laisser momentanément le bourreau chômer de besogne. Mais en 1805, ayant été assez imprudent pour se jeter tête baissée dans la nouvelle coalition contre la France, une armée française envahit le royaume de Naples, et contraignit encore une fois la reine et son débonnaire époux à fuir en Sicile. Napoléon disposa du trône resté vacant en faveur de son frère Joseph, qui, appelé plus tard à remplacer en Espagne l'autre branche, non moins caduque et épuisée, de la maison de Bourbon, dut le céder à son beau-frère Murat. Dès lors tous les efforts de la dynastie détrônée et réfugiée à Palerme tendirent à amener une contre-révolution à Naples, à l'instar de celle qu'elle avait réussi à y provoquer en 1799. Vers 1809, Caroline-Marie, estimant que la coalition n'apportait pas assez d'empressement d'activité à opérer la conquête des États de son royal époux sur la terre ferme, se brouilla complétement avec son représentant à Palerme, lord Bentinck, général en chef des forces britanniques cantonnées en Sicile, qui d'ailleurs s'était toujours efforcé de mettre obstacle à son influence sur les affaires. En 1811 la promulgation d'une constitution libérale accordée aux Siciliens sous la médiation de l'Angleterre, acheva de porter au comble l'irritation et le dépit de la reine, qui, de guerre lasse, finit par abandonner la partie et planter là son benoît époux pour s'en revenir à Vienne en passant par Constantinople. Elle mourut le 8 septembre 1814, à Schœnbrunn, sans avoir vu le rétablissement de sa famille sur le trône de Naples.

CAROLINE-MATHILDE, née le 22 juillet 1751, fille du prince de Galles Frédéric-Louis, épousa, en 1766, le roi de Danemark Chrétien VII, et donna le jour, le 28 janvier 1768, à un prince, qui fut le roi Frédéric VI. La discorde régnait à la cour de Danemark, et la nouvelle reine se vit détestée à la fois par la grand'mère de son époux, la reine *Sophie-Madeleine*, veuve de Chrétien VI, et par la reine-douairière, *Julianne-Marie*, née princesse de Mecklenbourg et veuve du père de Chrétien VII, le roi Frédéric V, qui l'avait épousée en secondes noces, après la mort de sa première femme, fille de Georges II d'Angleterre. L'éloignement que témoignait pour elle Sophie-Madeleine était une froideur ordinaire, qui provient souvent de l'inégalité de l'âge, du caractère et de l'humeur, et qui par cela même n'était pas fort dangereuse. Mais la haine ouvertement déclarée de Julianne-Marie, belle-mère de son mari, était autrement à craindre pour Caroline-Mathilde. La veuve de Frédéric V est en effet généralement accusée d'avoir toujours nourri l'espoir de voir ses propres enfants arriver un jour au trône, au lieu de la descendance du fils issu du premier lit de son mari, et, dans ce but, d'avoir ourdi les trames les plus noires à l'effet de favoriser et même de provoquer chez l'héritier présomptif de la couronne des débordements, à la suite desquels il y avait, en raison de la débilité de sa constitution, de grandes probabilités pour qu'il succombât prématurément. L'événement toutefois n'avait pas réalisé cet épouvantable calcul, et Chrétien VII, en montant sur le trône, ne tarda pas à obtenir l'amour de ses peuples. Un fastueux voyage qu'il fit dans les principales contrées de l'Europe lui permit même d'y acquérir un certain renom de popularité, grâce aux éloges que, par esprit d'opposition, la coterie philosophique se complut à donner aux moindres actes, aux moindres discours d'un prince dont elle voulut un instant faire le modèle des rois. C'est à son retour que Chrétien VII épousa Caroline-Mathilde. Julianne-Marie ne dissimula point combien le choix fait de cette princesse par le roi l'avait offensée; elle l'avait en effet combattu de toute son influence, mue probablement en cela par des motifs secrets, qui se rattachaient plus ou moins directement à l'objet unique de son ambition : la substitution de sa lignée à celle de la princesse qui l'avait précédée dans la couche de Frédéric V.

La jeune reine parut à Copenhague parée de tous les charmes de la jeunesse et de la beauté; affable et gracieuse avec tout le monde, elle se fit adorer du peuple, et se consola pendant quelque temps de l'inimitié des deux reines douairières par l'affection de son époux, par l'admiration dont elle était l'objet à la cour, et surtout par les plaisirs de tous genres dont cette cour était le centre.

Mais, cédant à l'emportement de ses passions, soigneusement attisées par de vils courtisans hostiles à sa marâtre, Chrétien VII ne tarda point à s'abandonner de nouveau aux plus déplorables excès et à délaisser sa jeune épouse pour d'ignobles maîtresses. Blessée de cette conduite de son mari, la jeune reine en vint à lui témoigner autant d'indifférence qu'il lui montrait peu d'égards; elle s'aigrit de plus en plus contre les deux reines douairières, et se montra défiante envers les courtisans. En raison de la vivacité naturelle de son caractère, elle ne cacha pas ses sentiments. Le roi en fit à peine la remarque; mais sa belle-mère y trouva un motif de plus pour haïr la jeune reine. Vers le même temps, S t r u e n s é e s'éleva rapidement dans la confiance du monarque, ce favori ayant toujours témoigné à Caroline-Mathilde le plus profond respect, l'aversion qu'il lui avait d'abord inspirée s'affaiblit peu à peu; et la reine finit par ne pas cacher le plaisir qu'elle trouvait dans sa société. En 1770 Struensée inocula la petite vérole au prince royal, que le roi et la reine soignèrent seuls. Caroline-Mathilde résolut alors de confier à Struensée l'éducation de son fils. Il fut nommé conseiller de conférence et lecteur du roi. La reine Caroline-Mathilde voyait en lui l'homme le plus à portée de la défendre contre l'inimitié patente des deux reines douairières, et contre les machinations des nombreux partisans qu'elles comptaient dans les classes privilégiées; et Struensée se montra reconnaissant de la confiance qu'elle lui témoignait en ne négligeant rien pour opérer la plus complète réconciliation entre les deux époux. Bientôt donc Caroline-Mathilde reprit sur l'esprit du roi tout le crédit qu'elle avait eu naguère, et que lui avaient fait perdre les intrigues de Julianne-Marie.

La vie de plaisirs et d'excès qu'avait menée Chrétien VII avait eu pour résultat non d'altérer sa santé, mais d'affaiblir visiblement son intelligence; et ce prince, encore dans toute la force de l'âge, se trouvait déjà réduit à un état d'énervement mental qui lui ôtait toute volonté et le rendait l'esclave de son entourage immédiat. La jeune reine et Struensée, le tout-puissant favori de Chrétien VII, eurent grand soin alors d'éloigner de lui toute société qu'ils n'eussent pas choisie eux-mêmes. B r a n d t reçut la mission d'inventer tout ce qui pouvait amuser le jeune roi et de lui faire passer son temps dans les plaisirs, pendant que son ministre portait seul le poids des affaires et gouvernait en réalité sous son nom.

Une conspiration de palais, ourdie sous les auspices de Julianne-Marie, mit fin à cet état de choses. Le 17 janvier 1772 les conjurés réussirent à se saisir de la personne de la jeune reine, ainsi que de Struensée, de Brandt et de tous ceux qui passaient pour être de leurs amis ou de leurs créatures. Caroline-Mathilde, sa fille *Louise-Auguste* (alors âgée de quelques mois seulement, et mariée plus tard au duc de Schleswig - Holstein - Sonderburg - A u g u s t e n b u r g), une dame d'honneur et la nourrice de la princesse, furent transférées à la forteresse de Kronenburg; Struensée et Brandt furent chargés de chaînes. Interrogés par une commission *ad hoc*, et déclarés coupables de haute trahison, ils furent condamnés à mort et exécutés. Sans l'intervention de l'ambassadeur anglais, le chevalier Keith, la reine elle-même eut sans doute passé en jugement; car le plan de Julianne-Marie était de la faire déclarer coupable d'adultère commis avec Struensée. Mais on recula au dernier moment devant un tel scandale, et la commission chargée de la procédure dont Struensée et Brandt étaient l'objet se borna à prononcer la séparation de corps entre le roi et la reine.

Tombé dans un état voisin de l'imbécillité, et qui ne tarda point à dégénérer en folie manifeste, Chrétien VII laissa les conjurés lui donner un autre entourage, et ne manifesta ni regrets ni douleur d'être privé de la société de la reine sa femme et de celle de Struensée son favori.

La sentence rendue contre Caroline-Mathilde la condamnait à finir ses jours à Aalborg, en Jutland; mais sur les instances de Georges III, son frère, il lui fut permis de quitter le Danemark. Elle se retira alors à C e l l e, en Hanovre, où elle ne tarda point à succomber à une fièvre provoquée par les souffrances morales et les cruelles épreuves qu'elle venait d'endurer. Caroline-Mathilde avait à peine vingt-quatre ans quand elle mourut au château de Celle, le 10 mai 1775. La lettre d'adieu suprême qu'elle écrivit à son frère, le roi d'Angleterre, est extrêmement remarquable. On la trouvera *in extenso* dans les mémoires de Falkenskjold (Paris, 1826). Au moment de mourir, Caroline-Mathilde y proteste une dernière fois et de la manière la plus solennelle de son innocence.

Les plans ambitieux de Julianne-Marie furent déjoués par B e r n s t o r f, mais surtout par l'apathie et la complète incapacité de son fils le prince Frédéric. Elle ne renonça pourtant que fort tard à le voir monter sur le trône; et aujourd'hui encore on explique la mort successive de tous les enfants mâles issus de Frédéric VI, fils de Chrétien VII, par des crimes de palais commis à l'instigation de cette royale mégère. Quoi qu'il en ait pu être, c'est le représentant de sa lignée qui occupe aujourd'hui le trône de Danemark sous le nom de Frédéric VII; et la haine pour la branche directement issue de Chrétien VII, demeurée dans cet état de tradition de famille, peut jusqu'à un certain point donner la clé des événements qui se sont accomplis récemment en Danemark.

CAROLINES (Archipel des). Dans l'acception la plus large, on désigne ainsi l'ensemble formé par plus de quarante groupes différents composés chacun d'un certain nombre de petites îles, et remplissant au sud des Iles Marianes la partie du grand Océan comprise entre le 5° et le 11° de latitude septentrionale, et les 148°-173° de longitude orientale. La première île de ces divers groupes, découverte en 1686 par Francesco-Lazeano, reçut de lui, en l'honneur du roi d'Angleterre Charles II, le nom de *Caroline*, qui plus tard servit à désigner le groupe entier dont elle fait partie, que l'on applique aujourd'hui à tout l'Archipel, et sous lequel quelques géographes modernes veulent même comprendre l'archipel de Marshall.

Les îles Pelew forment le groupe situé le plus au sud-ouest de cet archipel. Les Carolines proprement dites, et dont le nombre n'est pas moindre de cinq cents, s'y rattachent immédiatement. La très-grande majorité de ces îles sont d'ailleurs basses et plates; et il n'y en a qu'un fort petit nombre où l'on rencontre des montagnes; encore le plateau le plus haut ne s'élève-t-il pas à plus de mille mètres au-dessus du niveau de la mer. Des bancs de sable et de rochers et de fréquents ouragans rendent ces parages très-dangereux, et des vents rafraîchissants y tempèrent l'extrême chaleur du climat. On ne trouve des rivières que dans quelques-unes des plus grandes îles. Une végétation aussi vigoureuse que diverse les couvre toutes des plus riches produits. Des fougères, qui atteignent les proportions ordinaires des arbres, y forment souvent d'épaisses forêts. Indépendamment des cocotiers et des palmiers, les arbres à pain, les figuiers, les bananiers et les pandanus y forment les groupes les plus ravissants, enrichis d'aroïdées et traversés par des plantes grimpantes. Les barringtonias aux fleurs si éclatantes, les calophyllées aux feuilles magnifiques, et les sonneratias complètent la diversité du tableau. Les bêtes féroces et les amphibies dangereux y manquent complétement. Le vampire est indigène; le chat, le bœuf, le mouton, le porc et le chien y ont été introduits. On y trouve une grande quantité de gallinacées et de pigeons; et la richesse de ces parages en poissons et en coquillages dépasse toute croyance.

Les habitants de l'archipel des Carolines appartiennent tous à la race malaise-polynésienne. On les dépeint comme vigoureusement constitués, de couleur brune foncée à l'est, et de teinte cuivrée au nord, d'un caractère bon et tranquille, et on vante leur adresse et leur courage comme navigateurs. Ils excellent à fabriquer une foule d'ustensiles divers en bambous, en cocos et en écaille. Ils obéissent à un certain nombre de chefs, dont quelques-uns commandent comme rois à plusieurs îles à la fois; et de temps à autre les chefs inférieurs se réunissent en plein air pour délibérer.

Les îles principales, avec leurs groupes respectifs, sont, de l'ouest à l'est : *Yap*, île élevée, qu'on pourrait plutôt considérer, avec *Oulouty* et les îles groupées autour d'elle dans la direction du nord-est au sud-ouest, comme formant la continuation de la chaîne des Pelew; ensuite, *Roug* ou *Hogolen*, *Mac-Askill*, *Duperrey*, *Murilen*, *Namolouk*, *Nougouar*, *Namanointo*, *Sotoane*, *Semavine*, puis les hautes îles *Puinipet* avec un pic atteignant 1000 mètres d'élévation et *Oualan* avec un pic de 620 mètres. La plus grande partie de cet archipel n'a été découverte que dans ce siècle.

[J'ai visité les Carolines, j'ai vécu avec ce peuple enfant, qui n'a pour armes de guerre que des bâtons, pour défense que la prière, pour refuge que l'Océan, dont il brave le courroux sur ses pros-volants, aussi rapides que l'albatros, surnommé l'oiseau des tempêtes.

Aux Carolines, quand l'homme a été bon, c'est-à-dire quand il n'a point volé de fer, quand il n'a point battu sa femme, il est changé après sa mort en nuage, et il vient de temps à autre visiter le pays qu'il a habité, pour répandre sur lui ses colères ou ses rosées, selon que ses fils se montrent justes ou cruels. Quand l'homme est méchant, il est changé après sa mort en requin, qu'ils appellent *tibourion* : or, le requin est toujours en guerre avec les autres poissons; la guerre est donc chez eux la punition du méchant.

Si j'avais plus d'espace je vous dirais les mœurs angéliques de ces peuplades que la civilisation gangrènera bientôt, et dont les rois sont choisis parmi ceux qui manœuvrent le mieux un pros-volant, ou grimpent le plus vite sur un cocotier. Un de leurs rois (*tamor*) me sauva la vie à Rotta, en se jetant à la mer par une nuit tempétueuse et en venant m'arracher aux brisants sur lesquels la lame déferlait avec une épouvantable fureur. Je vous conterais aussi leurs repas, si simples, leurs danses des *bâtons*, si joyeuses, leur façon de naviguer, si téméraires; je vous présenterais leurs *tamors*, si coquettement tatoués, que vous les croiriez à vingt pas vêtus d'une robe de dentelle.

Je vous présenterais mes bons insulaires refusant, même en temps de disette, de manger du corbeau, sous prétexte que cet oiseau se nourrit de chair humaine; je vous apprendrais que tout leur commerce consiste en nacre, en coquillages, en corail et en fruits, qu'ils donnent en échange de fer (*lou lou*), de couteaux (*nihi*), de haches (*vaho*) et de clous (*lic*). Il est hors d'exemple que dans leurs rapports avec les Européens ceux-ci aient jamais eu à se repentir de la loyauté des échanges.

Au reste, ce qui doit le plus surprendre les navigateurs, c'est de trouver les Carolines si pacifiques, si généreuses, si hospitalières au milieu d'archipels dont presque tous les habitants sont anthropophages. Mouillez à Satloual, à Poulou-Sanc, à Bonne-Bay, mais ne jetez point l'ancre devant les Salomon ou les Fitgi, à moins que vous ne soyez protégés par vos fusils et vos caronades. On y boit le sang dans le crâne des ennemis vaincus! Aux Carolines, au contraire, si votre navire se brise sur les roches sous-marines qui les ceinturent, l'équipage trouvera des nageurs infatigables pour sauver les naufragés, des cabanes pour les abriter, des fruits délicieux pour les nourrir, des femmes généreuses pour leur faire oublier leur patrie absente. Mais si la nostalgie vous gagne, si vous ne voulez plus ni de l'ombre des cocotiers, ni des bananes onctueuses, ni des patates succulentes, ni des sans-nous aigrelettes, chics aux Carolines que vous pleurez votre pays, et bientôt un *tamor*, lançant sa pirogue sur les flots, vous prendra à son bord, et se guidant sur les courants et sur l'étoile polaire, qu'ils appellent là-bas *Ouéléhouis*, il vous conduira aux Mariannes, dans la rade foraine de Guham, où vous trouverez un navire qui vous conduira bientôt à Manille, colonie espagnole, pays civilisé, d'où vous ferez voile vers l'Europe. Son voyage accompli, le *tamor* vous dira un adieu amical, et il ira rejoindre sa femme et ses enfants, qui l'attendent avec des vœux et des prières sur la plage de galets roulés.

O mes chers Carolins! qu'un rayon de jour arrive à ma prunelle éteinte, et j'irai encore une fois me promener parmi vous sous les larges parasols du bananier aux fruits savoureux, et m'étendre sur vos pagnes aussi moelleuses que nos soies et nos velours.
                                     Jacques Arago.]

CAROLINS (Livres). L'ouvrage théologique connu sous ce nom fut composé par ordre de Charlemagne, à

CAROLINS — CARON

l'effet de combattre, comme contraires à l'usage et à l'opinion de l'Église d'Occident, les décisions du second concile de Nicée, assemblé en l'an 787 par l'impératrice Irène, lesquelles rétablissaient le culte des images, naguère aboli dans l'empire par les souverains iconoclastes. Le pape Adrien, qui avait été représenté à ce concile par ses légats, approuva ses actes, qu'il s'empressa de porter à la connaissance de Charlemagne. Ce prince, loin d'y applaudir, chargea quelques évêques de ses États de composer ce livre, où l'on trouve souvent des traces des préventions qui existaient dans l'Occident contre l'Église grecque, et qui d'ailleurs n'est pas exempt d'erreurs. L'auteur, quel qu'il soit, montre peu d'érudition ecclésiastique, quand il avoue ne connaître ni la personne ni les écrits de saint Grégoire de Nysse. Au reste, l'erreur principale de Charlemagne et de ses évêques sur la doctrine de ce concile venait de l'impéritie du traducteur de ses actes. On y avait lu avec autant de surprise que de scandale cette formule : « Je reçois et j'honore les images, et je leurs rends la même adoration qu'à la Trinité, » tandis que l'original grec portait : « Je reçois et j'honore les images, mais je n'adore que la Trinité, » ce qui était conforme à la doctrine que l'Église avait professée dans tous les temps.

CAROLUS, nom d'une ancienne monnaie d'or d'Angleterre, valant en son temps treize livres quinze sous de France, et d'une ancienne monnaie de billon de France, de la valeur de dix deniers, appelées ainsi toutes deux, comme le *carolin*, du nom de Charles (*Carolus* ou *Karolus*) que portaient les rois qui les firent frapper les premiers. Celle de France parut sous Charles VIII; mais elle n'eut cours que sous son règne, et elle se convertit ensuite en monnaie de compte. On rapporte que Henri III, refusant de donner bataille au duc Charles de Mayenne, pendant la ligue, dit qu'il ne fallait pas hasarder un double Henri (il avait alors avec lui le roi de Navarre, depuis Henri IV) contre un *Carolus*. Depuis, ce mot s'est dit dans la même acception et par mépris des hommes et des choses auxquels on ne reconnaissait aucune valeur : Cet homme ne vaut pas un *carolus*; je ne donnerais pas un *carolus* de ce que vous m'offrez là.

CARON ou **CHARON,** un des dieux infernaux. Hésiode, dans sa *Théogonie,* le dit fils de l'Érèbe et de la Nuit. Quoique dieu, Caron était soumis à Pluton, qu'il servait en qualité de nocher. Son office consistait à passer les ombres des morts sur une frêle barque nommée σκαφος chez les Grecs, et *cymba* chez les Latins. Pour mieux flotter sur ces eaux bourbeuses, elle était formée de planches de liège; sa teinte était bleuâtre, ses voiles couleur de fer. Son unique batelier, Caron, la faisait naviguer incessamment à travers le Styx, le marais *horrible*, l'Achéron, le fleuve *sans joie*, le Cocyte, le fleuve *des larmes*, et le Phlégéton, le fleuve *de feu*, quadruple barrière du Tartare. « Malgré son grand âge, dit Lucien, il la gouvernait avec deux rames. » Parfois c'était à l'aide d'un seul aviron ou même d'une perche, comme on le voit sur un tombeau étrusque. Quoique, de même que les Furies, il ne fût armé ni de fouet ni de couleuvres, son aspect n'était pas moins terrible. Vieillard éternellement vert, dont l'enfance et la jeunesse avaient été inconnues, son âge était fixe à jamais; l'inflexibilité et l'avarice siégeaient, dans les plis de son front sévère.

Selon le plus ou le moins de force des aboiements de Cerbère, Caron recevait dans sa barque ou repoussait à coups d'aviron l'ombre du mort descendue au bord du marais infernal. Dans ce dernier cas, ou si son corps n'avait pas reçu la sépulture, ou si l'on n'avait pas sur la terre placé dans sa bouche la pièce de monnaie pour droit de passage exigé par Caron, elle errait cent années autour des roseaux du Styx, soupirant après la rive opposée. Ce droit de péage fut d'abord d'une obole, puis de deux, mais jamais moins; de trois oboles pour les rois, seulement à Athènes, et dans la suite d'une pièce d'or et même trois. Aristophane, dans sa comédie des *Grenouilles*, fixe ce droit à deux oboles; Properce, beaucoup plus tard, à une; selon Diodore de Sicile, il n'était que d'une chez les Égyptiens. Les habitants d'Hermione, ville de l'Argolide, étaient dispensés de payer ce tribut, parce que dans ses environs était le chemin le plus court pour arriver aux enfers. Ceux d'Égialée en étaient aussi exempts, et ils devaient cette faveur à Cérès, qui, cherchant par toute la terre le ravisseur de sa fille, apprit d'eux qu'elle avait pour gendre le plus puissant des dieux après Jupiter. Un bas-relief représente le vieux Caron passant les ombres dans sa barque. Il est vêtu d'une tunique courte, coiffé du *pileus*, ou bonnet de marin. Quelquefois Caron était pris pour le Mercure infernal.

Le seul éclat de l'or adoucissait la rigueur du nocher stygien; il fallait que ceux qui descendaient vivants dans l'empire de Pluton, lui présentassent un rameau d'or pour sauf-conduit. Énée, ayant reçu Hercule dans sa barque sans que le héros se fût muni de la branche magique, fut relégué par le roi des enfers au plus profond du Tartare, où il resta un an plongé dans les ténèbres. Aussi la sibylle eut-elle soin de mettre à la main d'Énée un des plus brillants rameaux de son arbre sacré. Tant de privilèges ne satisfaisaient point cependant encore l'exigeant vieillard; il lui fallait quelquefois une attestation écrite en faveur du mort; le modèle nous en est resté dans celle-ci : *Moi, Sextus Anicius, pontife, atteste que ce citoyen a toujours vécu honnêtement. Que ses mânes jouissent d'un repos sans fin!* L'attestation était enfermée dans la tombe du défunt. Cette coutume s'est perpétuée chez les Moscovites, avec cette différence, que la lettre de créance est adressée au bienheureux saint Nicolas.

Le nom de Caron, à qui quelquefois les Latins donnaient celui d'*Orcus*, a beaucoup exercé les étymologistes. Qui croirait que quelques-uns l'ont fait venir du mot grec *khairéin*, se réjouir? Serait-ce par antiphrase, ainsi qu'on appelait les Furies Euménides, *les bienveillantes?* Les hommes, avec ces noms flatteurs, tâchaient, s'il était possible, d'adoucir ces divinités implacables. D'autres dérivent le nom du vieux nocher de *kárōn*, terme hébreu qui signifie *colère*; ce droit dont il est toujours animé. Servius, avec quelque raison, prétend que c'est une corruption de *kronos* (le temps) : et en effet la vieillesse active de Caron lui donne de la ressemblance avec ce dernier. Mais c'est peu : comme dans la langue hébraïque *kar* signifie aussi *chef*, des étymologistes prétendent que Caron n'est autre que Moïse, le chef choisi de Dieu, qui fit passer aux Israélites la mer d'Édom ou mer Rouge, rapprochement très-spécieux, puisque dans le Deutéronome le nom de cette mer, qu'il appelle *extremum mare*, est *akeron*. Bien mieux, l'Arabe Murtadi, dans son *Égypte*, et Mahomet, dans le Kôran, confondent *Coré* avec Caron; ils en font tous deux un cousin germain de Moïse. Dans l'ancien idiome égyptien, *kharon* enfin se traduisait par *passeur*; les Hellènes auraient-ils donc emprunté aux Égyptiens ce dieu infernal? Auraient-ils créé leur passage aux enfers sur l'habitude qu'avaient les habitants de ce pays de faire transporter, moyennant une obole, leurs cadavres au delà du lac Mœris? (*Voyez* JUGEMENT DES MORTS.)

Le mélange des traditions grecques et égyptiennes a laissé jusqu'à présent chez les Arabes l'idée que ce fameux labyrinthe, dont il existe encore des ruines, et qu'ils nomment *Quellay Charon* (l'édifice de Caron), est l'ouvrage d'un prêtre de Vulcain, ou d'un roi de ce nom, ou d'un simple *batelier* (kharon dans la vieille langue égyptienne), qui exigea un péage pour le transport des cadavres aux plaines de Memphis. Cet immense et inextricable monument aurait été bâti avec les sommes produites par cet impôt inévitable.

Charonitæ fut le nom que le peuple romain donna par

dérision aux nouveaux sénateurs créés et substitués aux anciens par la fraude de Calpurnie, sur les tablettes de César assassiné, comme si elles se fussent altérées dans les eaux du Styx. *Charonites* était aussi le surnom des esclaves qui avaient obtenu la liberté par le testament de leurs maîtres; car c'était ordinairement un pied dans la barque infernale que ces derniers traçaient ces sortes d'obligations.
DENNE-BARON.

CARON (PIERRE-SIMÉON). Ce nom, bien connu des bibliophiles, fut celui d'un pauvre diable qui naquit dans la misère, vécut dans la pauvreté, s'éleva à force d'activité, d'intelligence et de *protections*, au rang de figurant des plus subalternes sur l'un des plus infimes théâtres de Paris, et, plutôt que d'expirer de faim et de froid sur quelques brins de paille, aima mieux se briser le crâne en se précipitant du haut d'un grenier dont il n'avait jamais payé le loyer. Ceci se passait en 1806. Admirateur fanatique des vieux monuments de la gaieté de nos ancêtres, Caron avait employé tout ce qu'il avait péniblement gagné, tout ce dont il avait pu se priver, tout ce qu'il était parvenu à emprunter, à donner des réimpressions de quelques-uns de ces livres de *haulte gresse*, si chers aux disciples du joyeux Rabelais. Il comprit que le mérite de la rareté est le plus grand de ceux auxquels puissent prétendre de pareilles productions: il se borna à faire imprimer à cinquante-cinq exemplaires les écrits dont il fit choix. C'était déjà trop. Il ne rentra pas dans ses frais. Les principaux ouvrages qui composent la collection de Caron sont : *Recueil de plusieurs farces* (Paris, 1612); *Sottie jouée à Naples en 1523* ; *le Jeu du Prince des Sots*, joué aux halles de Paris, le mardi gras de l'an 1511; le *Mystère du Chevalier qui donna sa femme au diable*. Il a encore remis en lumière les *Nouvelles* de Jérôme Morlino, recueil écrit en latin, publié à Naples en 1520, avec double privilège du pape et de l'empereur, et supprimé bientôt après, à cause du scandale causé par la licence effrontée de ce conteur, qui oubliait trop que, même dans la langue de Martial et de Catulle, il est des tirades qu'on ne saurait se permettre sans inconvénient. Lors de sa fin tragique, Caron laissa inachevés deux autres opuscules : les *Chansons folastres des Comédiens*, et une version française des malins et spirituels *Noëls bourguignons* de La Monnoye.

Ne se bornant pas au rôle d'éditeur, il avait mis sous presse deux ou trois écrits sortis de sa plume. Bien qu'ils soient fort courts, on aurait le droit de dire qu'ils sont beaucoup trop longs. Le titre de ces opuscules en donnera une idée assez juste : *Norac-oniana, contenant les douze mouchoirs, ou le portefeuille du cabinet, ou tout ce que vous voudrez, par qui bon vous semblera; Le Plat du carnaval, ou les beignets appretés par Guillaume Bonnepate, à Bonne-Huile, chez Feu-Clair, rue de la Poële, l'an dix-huit cent cent d'œufs; Chute de la Médecine et de la Chirurgie*, traduit du chinois par le bonze Luc-Telab, à *Emeluogna*, l'an 00000. Il serait fort difficile de transcrire deux lignes de ces diverses productions, remplies de coq-à-l'âne, d'ordures et de grossièretés. On peut, du moins, avouer la lecture de la *Lettre de Carabi de Cappadoce à son camarade Carabo de Palestine*, adressée à Cassel, imprimée à Capoue. Le sel de cette facétie consiste dans la répétition de la sylabe *ca* jusqu'à l'entier épuisement du dictionnaire. On sera s'il peut : c'est du luxe en pareil genre d'écrits. Donnons une idée de cette déplorable *nuga difficilis* : « Cher camarade à trente-six carats, je t'écris sans calembours et sans calembredaines, soit que tu fasse tes caravanes en carême ou que tu coures la Calabre en cabriolet, en carriole, par le carabas, en calèche ou dans ton carrosse. » Ajoutons que Caron était poëte : le malheureux savait assez de latin pour faire des vers où se trouvait le sans-gêne, et non l'esprit, des épigrammes de Martial. Quant à son talent comme versificateur

français, les deux lignes qui terminent le prospectus de sa collection en donneront une idée :

Voudrais-je vous tromper ? Impossible ; et pourquoi ?
En travaillant pour vous, je travaille pour moi.

Tel qu'il est, le recueil bien complet des réimpressions et des écrits de Caron est une rareté extrêmement prisée des amateurs de livres singuliers. Fort peu de bibliothèques le possèdent, et il faut le payer cher, lorsqu'à longs intervalles, il vient à passer dans le commerce. Au mois de mai 1844 il a été adjugé au prix de 200 francs, à la vente des livres de Ch. Nodier.
G. BRUNET.

CARON (AUGUSTIN-JOSEPH), n'avait que seize ans lorsqu'il entra comme soldat dans la carrière militaire en 1789. De l'infanterie, où il servit d'abord, il passa en 1791 dans le 4e de dragons, fit toutes les campagnes de la Révolution et de l'Empire, et parvint au grade de lieutenant-colonel. Parmi ses plus beaux faits d'armes, on cite son affaire de 1814 à Bar-sur-Ornain, où, à la tête de 276 cavaliers, il prit 200 chevaux et fit mettre bas les armes à 2,000 hommes. Ainsi lancé dans la route de l'avancement, on peut penser combien il dut voir avec chagrin la chute de l'Empire et avec joie le retour de l'île d'Elbe. Suspect au gouvernement de la seconde restauration, réduit à une mince demi-solde, en butte, dans sa retraite d'Alsace, aux tracasseries de la police, il s'en vengea en conspirant sérieusement. L'un des premiers à entrer dans les ventes du carbonarisme, il se trouva impliqué dans le complot d'août 1820, jugé l'année suivante par la chambre des pairs. Défendu par M. Barthe, il fut acquitté.

Une nouvelle conspiration ayant été découverte à Béfort, en janvier 1822, et quelques chefs présumés du complot ayant été arrêtés, il forma le projet hardi de les délivrer, et s'en ouvrit à Delzaive, sergent-major en garnison à Neuf-Brisach, qui le mit en rapport avec trois autres sous-officiers. Leurs conciliabules avaient lieu tour à tour à Neuf-Brisach, à Colmar, et dans les bois. Un ancien militaire, Roger, maître d'équitation à Colmar, était de moitié avec Caron dans l'entreprise, quoiqu'il n'assistât pas aux conférences. Mais les quatre sous-officiers Delzaive, Thiers, Magnien et Gérard avaient été autorisés par leurs chefs à acquiescer à toutes les ouvertures qui leur seraient faites et à ne rien négliger pour amener un flagrant délit. Le 26 juin Caron commença à avoir quelques soupçons sur la loyauté de ses affidés en apprenant que la prison de Colmar venait d'être murée. Il fallut les plus énergiques protestations de Thiers pour endormir sa défiance et l'empêcher de rompre tout à fait. Il manquait d'argent; il voulait attendre l'arrivée d'un avocat qui devait lui en apporter. Thiers lui répondit qu'ils avaient, Gérard et lui, quelques économies qu'ils mettraient très-volontiers à sa disposition. On devine aisément d'où provenaient ces économies.

Caron enfin se décida, et il fut convenu que le lendemain, 2 juillet, les sous-officiers lui amèneraient deux escadrons du 6e de chasseurs, à la tête desquels il opérerait le mouvement projeté. En effet, le 2, à cinq heures et demie du matin, ces deux escadrons sortirent précipitamment, en petit uniforme, l'un de Colmar, sous le commandement de Thiers, l'autre de Brisach, sous celui de Gérard ; des officiers, déguisés en simples chasseurs, étaient dans les rangs. Les soldats, en montant à cheval, avaient été prévenus qu'ils allaient agir pour le roi, et que jusqu'à nouvel ordre ils devaient exécuter tout ce que leur commanderaient leurs sous-officiers. La consigne fut suivie à la lettre. Magnien avait apporté à Caron un uniforme, qu'il revêtit à l'approche du premier escadron ; le sous-officier emporta en échange les habits bourgeois de sa crédule victime, qu'il alla porter au préfet. Caron prit le commandement de l'escadron au nom de l'empereur Napoléon II, et opéra sa jonction avec l'autre escadron parti de Neuf-Brisach, sous les ordres de

Roger. Les populations ne bougeaient pas. Arrivé devant Ensisheim, Caron, voyant que ses soldats s'obstinaient à ne pas vouloir y entrer, fit prendre à travers champs pour tourner la ville à gauche. Alors ses soupçons se réveillèrent ; il en fit part à Roger. L'argent n'arrivant point, il voulait se mettre en bourgeois au premier village et l'aller chercher lui-même.

Peu d'heures après, on était à Battenheim ; le maire est sommé de faire les billets de logement. Tandis qu'on les prépare, un chasseur se précipite sur Caron. On l'arrête, on lui arrache sabre, épaulettes, décoration ; on le garrotte, on le fouille. Roger subit le même sort, et les officiers reprennent le commandement des deux escadrons. Les deux victimes sont jetées sur une charrette, reconduites à Colmar et enfermées dans la prison de la ville. Il est évident pour tout le monde que si elles eussent été jugées par un tribunal ordinaire, leur crédulité n'eût point passé pour un attentat, et qu'un acquittement éclatant eût protesté contre les récompenses accordées aux délateurs. Aussi une décision ministérielle, soutenue par un arrêt de la cour de cassation, enleva-t-elle les accusés à la juridiction ordinaire, qui persistait à les retenir. On exhuma une vieille loi de l'an v. En vain Caron et Roger déclinèrent-ils la compétence du conseil de guerre : un nouvel arrêt du 22 août confirma le premier. Les débats durèrent cinq jours ; les sous-officiers, devenus officiers, furent les seuls témoins à charge, et le tribunal se prononça unanimement pour la mort. Le conseil de révision ne réforma point l'arrêt.

Caron était à table lorsque le rapporteur vint lui lire son arrêt ; après l'avoir entendu, il continua son repas. Résigné à la mort, il n'eut qu'une pensée, embrasser sa femme et son fils avant une éternelle séparation. Cette dernière consolation lui fut refusée. Il lui fut seulement permis d'écrire la lettre suivante : « C'est aujourd'hui, ma bien aimée, que ton ami te quitte pour ne plus te revoir que dans l'éternité. Que cette séparation est cruelle pour mon cœur ! Aie bien soin de mon pauvre Alfred ! Ménage-toi pour lui, ne t'abandonne pas au désespoir : il a encore besoin de tes tendres soins. Pour moi, ce soir je ne pourrai plus lui être d'aucune utilité. J'emporte avec moi au tombeau tes deux derniers billets ; ils seront sur mon cœur. Adieu, ma chère amie ; je t'embrasse de tout mon âme, ainsi que mon très malheureux Alfred. CARON. »

Dans un second billet, modèle également de calme et de fermeté, il remercie son défenseur et lui recommande sa femme et son fils. Ces deux billets écrits, il ôte l'esporte qui l'attend, monte dans une voiture de louage, en descend, sans le secours de personne, sur la place de Finckmatt, mesure la distance nécessaire à l'exécution, et s'adressant à l'officier-rapporteur, qui se dispose à lire le jugement : « C'est inutile, lui dit-il : je le connais. » Il refuse de se laisser bander les yeux et de se mettre à genoux, et debout, d'une voix ferme, commande le roulement et le feu. Il tombe, criblé de balles, à deux heures de l'après-midi, le 1er octobre 1822.

Depuis trois jours Caron avait cessé d'exister, et l'on débattait encore sa vie et sa mort devant les tribunaux. Dans l'intervalle des deux jugements militaires, Me Isambert l'avait invité à se pourvoir en cassation. Son pourvoi fut retenu dans les bureaux du ministre de la justice Peyronnet ; et lorsque l'avocat se préparait à plaider, le 4 octobre, sur ce pourvoi tardivement arrivé, on savait en haut lieu que depuis trois jours le jugement du conseil de guerre avait reçu son exécution. Le lendemain la cour déclarait qu'il n'y avait lieu à statuer, le pourvoi n'ayant pas été dénoncé en temps utile. Pour mettre l'épouse de la victime dans l'impuissance absolue de faire aucune démarche en sa faveur, elle avait été elle-même frappée d'un mandat d'arrêt. Après la mort de son mari, la chambre des mises en accusation, par un arrêt de non-lieu, lui rendit la liberté.

Roger, déclaré coupable par quatre voix sur sept, allait être renvoyé absous, quand il fut ressaisi par le procureur du roi de Colmar comme prévenu de complot et d'attentat contre le gouvernement, distrait de ses juges naturels pour cause de suspicion légitime, et renvoyé devant la cour de Metz, qui, moins indulgente que le conseil de guerre, prononça la peine de mort contre lui. Cet arrêt fut commué en vingt ans de *travaux forcés*; mais quelque temps après il recouvra sa liberté.

Kœchlin, alors député du Haut-Rhin, ayant publié une relation circonstanciée des événements de Colmar, suivie d'une pétition aux chambres signée par cent trente-deux citoyens notables du département, cet ouvrage, qui dévoilait des faits couverts par le huis-clos du conseil de guerre, donna lieu à des poursuites contre l'auteur, l'imprimeur, et même les journalistes qui en avaient rendu compte. Kœchlin subit six mois de prison et paya trois mille francs d'amende. L'imprimeur Heitz perdit son brevet.

CARON (CHARLES), colonel d'infanterie, avait été aide de camp du maréchal Ney. L'insurrection de Béfort et de Colmar avait eu du retentissement à Toulon et à Marseille. Compromis dans le procès de Vallée, il échappa à toutes les investigations de la police, et franchit les Pyrénées, résolu de se réunir aux insurgés d'Espagne. Il avait trouvé à Saint-Sébastien le colonel Fabvier et d'autres officiers français. Caron organisa le *bataillon sacré*, et se présenta hardiment de l'autre côté de la Bidassoa, à la tête de 150 braves, l'arme au bras et le drapeau tricolore déployé, au moment où l'armée française se préparait à entrer en Espagne. Foudroyés bientôt par la mousqueterie et l'artillerie de l'avant-garde du duc d'Angoulême, presque tous furent blessés, et se replièrent sur Saint-Sébastien. Les chefs de l'armée constitutionnelle d'Espagne proposèrent à Caron et à ses compagnons d'armes de les incorporer dans des régiments espagnols. Ils refusèrent. Une rivalité fatale divisa Caron et Fabvier. Le bataillon sacré fut dissous. Ceux qui suivirent Caron se retirèrent avec lui à Lisbonne, et passèrent de là en Angleterre. Caron, frappé de plusieurs condamnations à mort par contumace, ne rentra en France qu'après la révolution de Juillet. Il reprit alors son rang dans l'armée active, fut admis en 1836 à faire valoir ses droits à la retraite, et mourut dans le midi de la France, en 1840.

CARONADE ou CARRONADE, bouche à feu, à tir direct, que la marine anglaise adopta en 1779. Elle en fit usage en 1782, dans la guerre d'Amérique ; elle s'en est servie fréquemment depuis la guerre de la Révolution ; nous avons emprunté des Anglais ce genre d'armes. La caronade est une pièce de canon courte, inventée à Carron, en Écosse, en 1774 ; elle tire son nom d'une fonderie fameuse située près du Stirling, à peu de distance de Glasgow. C'est une arme simple, légère, sans bourrelet, sans moulures, sans ornements, qui tient le milieu entre le canon et le mortier, emploie peu de poudre ; elle porte jusqu'à quarante-huit livres de balles et même jusqu'à soixante-huit. Plus ordinairement elle n'est que de trente-six. Elle lance des mobiles creux ou pleins, quelquefois des obus de huit pouces, ou bien des cartouches à balles. Ses boulets n'ont que peu de vent et n'atteignent le but qu'après une trajectoire lente ; aussi, quand ils sont dirigés contre des bordages, au lieu de les transpercer, ils les tourmentent, les déchirent par de longs éclats ; et il en résulte un dommage plus difficile à réparer. Le désavantage des caronades est d'embarrasser la manœuvre, à cause de leur grand recul, occasionné par leur peu de longueur ; mais cette arme est un moyen de destruction simplifié, ingénieux, économique. Dans la guerre d'Espagne, l'armée anglaise fit usage de caronades au siège de Saint-Sébastien, en juillet 1813. Les galiotes à bombes que le gouvernement français arma en 1829 portaient une batterie de caronades.

Gal BARDIN.

CARONCULE (*caroncula*, diminutif de *caro*, chair), petite portion de chair. Quoique impropre, à cause de sa signification étymologique, ce nom est usité en anatomie animale et végétale. On appelle *caroncule lacrymale* une petite éminence rougeâtre, située dans le grand angle de l'œil, qui est formée par la réunion de plusieurs follicules qui sécrètent la chassie. On voit sur cet organe quelques poils très déliés dont l'accroissement anormal donne lieu à une inflammation. Les *caroncules myrtiformes* sont des tubercules de forme très-variable, regardés comme des débris de la membrane hymen, et situés à l'orifice du canal qui transmet au dehors le produit de la conception. Les *caroncules papillaires*, petites éminences coniques des reins, versent l'urine dans les calices. La *caroncule urétrale* est une petite saillie médiane inférieure située à l'origine de l'urètre, appelée *verumontanum*.

En zoologie, on donne le nom de *caroncule* à une excroissance charnue, molle, dénuée de plumes, d'un tissu plus ou moins érectile, qui se voit au front, au vertex, à la nuque, au cou, aux sourcils, à la gorge, au menton, aux angles de la bouche, à la base du bec, etc., chez les oiseaux : aussi plusieurs espèces ont tiré leur caractéristique de l'existence de cette caroncule. Une famille entière de la tribu des sylvains anisodactyles a été appelée *caronculés* par Vieillot, parce que tous les oiseaux qui la composent ont la tête ou la mandibule inférieure garnie de *caroncules*.

En botanique, le renflement qu'on observe à la surface de certaines graines au-dessus du hile est aussi appelé *caroncule* (exemple : haricot). M. Mirbela donné l'épithète de *caronculaire* à l'arille formé d'un ou plusieurs caroncules (exemple : *polygala vulgaris*). L. LAURENT.

CAROTIDE (de χάρος, assoupissement). Les anciens donnèrent ce nom à deux des artères principales de la tête, parce qu'ils pensaient que l'assoupissement, qu'ils appelaient *carus*, y avait son siège. Elles sont situées de chaque côté du cou, du larynx, et de la trachée-artère ; elles n'ont pas des deux côtés la même origine : celle du côté droit naît d'un tronc artériel appelé *brachio-céphalique* ; l'autre, du côté gauche, provient de la convexité de la crosse de l'aorte. Ces deux artères, arrivées au niveau de l'os hyoïde, se bifurquent pour donner naissance aux artères carotides *externe* et *interne*.

L'*artère carotide externe* a été ainsi appelée parce qu'elle ne se distribue qu'à l'extérieur de la tête par les branches *thyroïdienne, faciale, linguale, occipitale, auriculaire, temporale, maxillaire, interne*, etc., qui portent le sang au larynx, à l'épiglotte, aux amygdales, à la trompe d'Eustache, aux muscles de la langue, de la face, au pavillon de l'oreille, aux dents, au pharynx et aux fosses nasales. L'*artère carotide interne* a reçu cette dénomination parce que sa distribution, plus profonde, se fait à toutes les parties contenues dans la cavité orbitaire et aux deux tiers antérieurs du cerveau, au moyen des branches dites *artère ophthalmique, artères cérébrales*, etc.

Quand on saigne l'artère temporale, on incise une des branches de l'artère carotide externe. Les battements que l'on sent quelquefois aux tempes sont dus aux pulsations de l'artère temporale. Dans les maux de tête très-intenses, on sent quelquefois des fusées monter d'une manière pulsative dans le cerveau : cela tient à l'accélération de la circulation dans l'artère carotide interne. L'apoplexie foudroyante est quelquefois déterminée par la rupture de plusieurs ramifications de cette artère, d'où résulte épanchement sanguin dans le crâne, compression du cerveau et la mort. On peut sentir les battements des artères carotides primitives en plaçant les doigts sur les côtés du cou.

CAROTIQUE (Sommeil). *Voyez* CARUS.

CAROTTE. Cette plante, qui fait partie de la famille des ombellifères, est bisannuelle, et croit spontanément dans tous les sols en France ; on la trouve dans les terres incultes, les terres cultivées, les prairies et les bois, où elle porte le nom de *carotte sauvage* (*daucus carota sylvestris*) ; on la reconnaît à sa tige velue et rameuse, s'élevant à un mètre à peu près, à ses feuilles découpées, à ses fleurs blanches ou rouges, à sa racine ayant une tendance fusiforme, blanche, quelquefois rougeâtre, et à ses semences très-aromatiques.

Les *carottes cultivées* sortent toutes de la carotte sauvage ; et comme celle-ci a été la plus ordinairement la racine blanche, il paraît évident que la première carotte cultivée par nos pères a été la carotte blanche ; et en effet les carottes de cette couleur sont encore de nos jours les plus abondantes dans les jardins et dans les champs de la France où la carotte est un objet de grande culture, tels que ceux de l'Artois et de la Picardie, qui produisent peut-être les meilleures carottes du monde.

Les carottes cultivées sont : la *carotte blanche hâtive*, très-tendre, petite, de couleur entièrement blanche, longue, sucrée ; la *carotte blanche de Breteuil*, connue encore sous les noms de *carotte d'Achicourt*, grosse, longue, très-sucrée, se conservant facilement ; la *carotte blanche de Belgique à collet vert*, faisant saillie hors de terre de toute la longueur de son collet, à la manière de la betterave champêtre, très-grosse, longue, d'une constitution forte, la moins difficile sur le choix de la terre, et néanmoins l'une des plus productives, en même temps qu'elle est la plus sucrée et par conséquent la plus alimentaire de toutes ; la *carotte rouge courte hâtive*, petite, courte et tronquée, très-tendre, fort recherchée pour les potages dits *potages à la julienne*, qu'elle colore, et auxquels elle donne, non pas plus de qualité, mais plus de coup d'œil ; la *carotte rouge demi-longue*, sous variété de la précédente, qui n'en diffère que par un peu plus de grosseur et de longueur dans la racine ; la *carotte rouge grosse* ou *carotte ordinaire*, nommée encore *carotte de Hollande*, très-grosse, fusiforme, fortement colorée en rouge, très-productive, d'une saveur prononcée, qui la rend spécialement propre aux préparations culinaires, qu'elle colore et qu'elle aromatise ; la *carotte violette*, grosse, longue, ayant de la tendance à s'allonger, très-sucrée dans ses variétés à chair jaune et à chair blanche, ordinairement moins sucrée et même quelquefois âcre dans ses variétés à chair pourpre, noirâtre et panachée en dedans ou en dehors ; la *carotte jaune courte hâtive*, petite, courte, presque turbinée, très-sucrée, moins cependant que la petite carotte blanche, mais plus sucrée que la petite carotte rouge hâtive et que la carotte rouge demi-longue ; la *grosse carotte jaune*, dite *carotte de Flandre*, très-volumineuse, sucrée, tendre, l'une des plus estimées.

Les petites espèces ou carottes hâtives se sèment en février sur couche pour en jouir dès le premier printemps, ou bien à l'exposition du midi en pleine terre auprès d'un mur ou dans tout autre lieu abrité naturellement, ou qu'on puisse protéger par des paillassons. Ces carottes sont fort employées, parce qu'ayant peu de saveur elles plaisent davantage ; il est même des personnes qui ne sèment que des espèces en toutes saisons, parce que ces petites carottes viennent en peu de temps et sont toujours tendres ; les grosses espèces se sèment depuis février jusqu'en mai, pour en jouir en été et en automne, et pour faire les provisions d'hiver. Celles-ci ne sauraient être trop grandes, si on considère l'accélération de la circulation decette racine et son incalculable consommation pour la nourriture des hommes, et en réfléchissant d'ailleurs que celles qui n'auraient pu être consommées peuvent être données aux animaux de toutes espèces, qui en sont avides, et que ses racines nourrissent parfaitement. Ce bienfait a été remarqué depuis longtemps en Espagne et en Angleterre, où la racine de carotte entre pour beaucoup dans la nourriture des chevaux, des bœufs, des moutons, du porc et de la volaille.

En France, depuis la fin du siècle dernier, la carotte, considérée comme fourrage, a fixé d'une manière toute particulière l'attention des propriétaires et des cultivateurs qui en sèment des superficies souvent très-étendues, pour en nourrir les animaux, surtout pendant l'hiver. On emploie à cet usage les plus grosses espèces de carottes, qui sont : la *grosse carotte rouge de Hollande*, qui prospère dans tous les sols, pourvu qu'ils soient profonds; la *grosse carotte jaune de Flandre*, qui exige une terre douce, profonde, substantielle, cultivée et amendée de longue main, cette variété étant un peu délicate, mais très-productive et de première qualité; la *grosse carotte blanche de Belgique à collet vert*, dont la moitié supérieure se nourrit aux dépens de l'humidité atmosphérique et des émanations de la terre, tandis que l'autre moitié descend verticalement en terre, qu'elle épuise nécessairement beaucoup moins que ne feraient les deux espèces précédentes, dont la totalité de la racine vit aux dépens de la terre. Il est d'observation que la carotte blanche de Belgique est douée d'une très-forte constitution et d'une grande rusticité, qui la rendent propre aux cultures champêtres. On emploie cinq à six kilogrammes de graines de carotte par hectare.

C'est toujours une mauvaise opération que le repiquage des carottes dans les places où quelques circonstances auraient empêché le semis de réussir, ou bien dans les circonstances assez fréquentes où des animaux auraient dévoré les jeunes carottes après leur naissance. Lorsque, soit par un froid subitement survenu, une insolation ou une sécheresse très-forte, la carotte n'a pu naître ou est morte après être née, il faut semer de nouveau, sauf à n'avoir que de petites carottes, qui de reste produiront à peu près autant de nourriture aux animaux, en semant dru, que de grosses carottes; et même, si la saison est avancée, on pourra employer les variétés hâtives, en employant une fois plus de graines que des grosses espèces.

Non-seulement la carotte sert d'aliment à l'homme et de nourriture aux animaux, mais elle est réputée avec raison propre à entretenir l'homme et les animaux en bonne santé, circonstance qui devait la faire entrer dans la nourriture habituelle de l'homme et des animaux. Il est, quant à ces derniers surtout, d'expérience que ceux auxquels on en donne sont toujours en état de santé parfaite. Cette plante est tout à la fois une nourriture saine et un aliment médicamenteux ; on obtient de l'eau-de-vie de la carotte dans une proportion telle qu'elle peut être cultivée avec profit pour ce seul objet; on en fait des confitures estimées; ses semences entrent dans la composition de plusieurs liqueurs de table et notamment dans celles qui sont connues sous les noms de *ratafia des sept graines* et de *vespétro*, liqueurs chéries l'une et l'autre de nos pères. C. TOLLARD aîné.

CAROTTO (GIAN-FRANCESCO), né à Vérone, vers 1470, l'un de ces maîtres qui illustrèrent au commencement du seizième siècle l'âge d'or de l'art italien. Il se forma à l'école d'André Mantegna, et ses premiers travaux rappellent encore quelque chose de la sévérité particulière à son maître. Plus tard les œuvres de Léonard de Vinci et aussi les compositions de Raphaël exercèrent sur le développement de son talent la plus heureuse influence, et contribuèrent à le rendre plus original et plus indépendant. Ce qui le distingue éminemment, c'est une grande pureté et une rare élévation de sentiment. Il y a de la noblesse dans le dessin de ses formes, qu'anime un coloris chaud et tendre. On trouve de ses toiles dans les églises de Vérone; il y en a surtout de remarquablement belles dans celle de Santa-Euphemia ; mais hors de cette ville elles sont d'une extrême rareté. Carotto mourut en 1546.

CAROUBIER, arbre de la famille des légumineuses, tribu des cæsalpiniées. Cet arbre, de deuxième grandeur, est très-commun dans le Levant, en Égypte, en Espagne, dans le royaume de Naples et dans le midi de la France. Ses fleurs, colorées, n'ont rien de remarquable, et le caroubier lui-même est une arbre mal fait dans l'état de nature; mais transporté dans nos serres, où on le tient en pot ou en caisse, réduit par la serpe du jardinier à une petite dimension, il fait un effet très-agréable par la beauté de ses feuilles ailées, sans impaires, composées de quatre ou six folioles lisses, fermes et ovales, et même par ses fleurs, rouges et purpurines, en grappes nombreuses, qui sortent des parties nues des branches et des rameaux de cet arbre, et qui naissent alors en plus grand nombre.

On multiplie le caroubier par marcottes, et plus facilement par la semaison sur couche de ses graines, qui germent très-facilement. Sous des climats plus chauds que le nôtre, où, libre de toutes entraves et de toutes incommodités atmosphériques, il peut accomplir sans efforts tous les temps de son existence, le caroubier acquiert une grande importance, car son fruit, nommé *caroube* ou *carouge*, et qui est une grande gousse longue de quinze à vingt-cinq centimètres sur trois de large, aplatie, divisée intérieurement en plusieurs loges par des cloisons transversales, contenant chacune une semence dure, luisante, de la grosseur d'un petit haricot, enveloppée de toutes parts d'une pulpe abondante, succulente, alimentaire et sucrée, sert de base, au moyen de cette pulpe, d'une saveur mielleuse et d'une consistance sirupeuse, à plusieurs compositions alimentaires, et particulièrement à préparer, mêlé au raisin sec, des sorbets dont les musulmans font une grande consommation. Sur les côtes françaises de la Méditerranée, en Espagne, en Italie, en Grèce, dans l'île de Crète, les caroubes entrent pour une part souvent forte dans l'alimentation des hommes, qui mangent sa pulpe encore molle ou ramollie par l'immersion dans l'eau ; les chevaux dans ces contrées mangent le fruit tout entier; il leur tient lieu d'avoine, et cette ressource alimentaire est d'autant plus appréciée que le caroubier croît naturellement dans les plus mauvaises terres. On tire encore de la pulpe des caroubes une eau-de-vie d'assez bon goût, mais qui a l'inconvénient de conserver l'odeur du fruit. Les propriétés médicinales de ce fruit sont à peu près celles de la casse, mais il est moins laxatif.

Le bois du caroubier, connu aussi dans les arts sous le nom de *carouge*, est d'une grande dureté, et sert à faire de belle menuiserie. C. TOLLARD aîné.

CAROUBIER DE LA GUYANE, synonyme de courbaril.

CAROUGE, nom commun au fruit et au bois du caroubier.

Un genre d'oiseaux de la famille des cassiques de Cuvier et de celle des tisserands de Vieillot, porte aussi le nom de *carouge*. Ces oiseaux ne se rencontrent qu'en Amérique.

CAROVÉ (FRÉDÉRIC-GUILLAUME), philosophe allemand contemporain, est né en 1789 à Coblentz, étudia le droit à Trèves, y fut reçu avocat, puis nommé conseiller-auditeur à la cour d'appel, et enfin employé dans l'administration des octrois de la navigation rhénane. Sa place ayant été supprimée en 1816, il alla continuer ses études à Heidelberg, et s'y fit recevoir docteur en philosophie. En 1819 il fut admis au nombre des professeurs particuliers de l'université de Breslau; mais dès l'année suivante il revint à Heidelberg, et à partir de 1822 se fixa à Francfort-sur-Mein. En 1848 il fut appelé à faire partie du parlement allemand provisoire, qui se réunit au chef-lieu de l'ancienne confédération germanique. L'année suivante il vint assister à Paris aux séances du *congrès de la paix*, où il fut élu vice-président pour l'Allemagne.

De ses nombreux écrits, les plus importants sont ceux dans lesquels il combat les tendances rétrogrades du catholicisme romain ; nous citerons entre autres celui qui a pour titre : *Sur l'Église, qui seule opère notre salut* (2 vol., Francfort, 1826); son livre sur *Les dernières affaires du catholicisme romain en Allemagne* (Leipzig, 1832) ; et son *Essai sur le Célibat imposé au clergé catholique romain* (Francfort, 1832). On trouve d'excellentes choses dans les différents ouvrages qu'il a composés à propos de divers livres philosophiques ou religieux publiés en France ; par exemple, dans son livre intitulé : *La Religion et la Philosophie en France* (Gerttingue, 1827) ; dans son *Essai sur le Saint-Simonisme et la nouvelle philosophie française* (Leipzig, 1831) ; dans *le Messianisme, les Nouveaux Templiers*, etc. (Leipzig, 1834) ; enfin dans son *Appréciation du livre des Pèlerins*, de Mickiewitz, des *Paroles d'un Croyant*, de l'abbé de Lamennais, etc. (Zurich, 1835).

CARPACCIO (Vittore), l'un des plus remarquables peintres de l'ancienne école vénitienne, né à Venise ou à Capo d'Istria, florissait dans les dernières années du quinzième siècle et au commencement du seizième. C'est lui que quelques auteurs désignent sous les noms de *Scarpaccia* ou *Scarpazza*. Rival des Bellini, et suivant en général la même direction que ces artistes, il se distinguait d'eux cependant par les qualités qui lui étaient propres et qui avaient un grand prix. Il était doué d'une riche imagination et d'une remarquable force d'intuition ; aussi tous ses sujets sont-ils traités avec une ampleur toute particulière. Ceux qui lui réussissaient surtout, c'étaient les événements dramatiques de l'Histoire-Sainte, et il excellait à les reproduire dans toute leur naïveté, au moyen d'épisodes nombreux et variés, parvenant toujours à toucher le spectateur par la noble douceur du sentiment et l'harmonie de l'exposition. Il a peint de la sorte, dans une série de toiles riches en figures, diverses histoires saintes ; par exemple, l'histoire de sainte Ursule, en huit tableaux, qui décoraient autrefois la chapelle de cette sainte à Venise, et qui se trouvent aujourd'hui à l'académie de la même ville ; et encore l'histoire de saint Étienne, en cinq tableaux, maintenant dispersés, et dont fait partie la *Prédication de saint Étienne à Jérusalem*, que possède notre musée du Louvre. Les quatre autres sont dans les collections de Milan et de Berlin.

CARPATHES. *Voyez* KARPATHES.

CARPE (*Anatomie*). Ce mot, dérivé de καρπός, poignet, désigne la partie des membres antérieurs des vertébrés comprise entre l'avant-bras et la main. Chez l'homme, l'endroit de flexion de la main sur l'avant-bras correspond justement au contact ou à l'articulation du carpe avec les os de l'avant-bras (*radius* et *cubitus*). Ces os, par leur disposition, offrent une surface concave vers la paume de la main, surface dans laquelle glissent les tendons fléchisseurs des doigts, et une autre surface dirigée du côté du dos de la main, en rapport avec les tendons extenseurs. Le carpe est composé de huit os articulés ensemble et disposés sur deux rangées. Les anatomistes les ont ainsi désignés : 1° pour la première rangée, en procédant du bord externe, le *scaphoïde*, le *semi-lunaire*, le *pyramidal* et le *pisiforme* ; 2° pour la seconde rangée, le *trapèze*, le *trapézoïde*, le *grand os* et *l'os crochu* ; noms qui leur ont été donnés, avec plus ou moins de raison, par rapport à leur configuration. Il est inutile de dire que les os de la première rangée s'articulent avec l'avant-bras pour former réellement l'articulation de la main avec l'avant-bras, et que ceux de la seconde rangée s'articulent avec une autre partie de la main appelée *métacarpe*. Les os du carpe sont peu développés, surtout chez les femmes et les personnes qui ne se livrent à aucun travail manuel. Ces petits os sont cubiques, s'articulent les uns avec les autres. De ces nombreuses articulations résultent pour la main cette mobilité et cette souplesse si utiles pour le toucher aussi parfait que possible. En multipliant les os de la main, la nature a multiplié les points de contact de la paume de la main pour rendre le tact plus exquis. Si la main eût été dépourvue de ces petits os mobiles les uns sur les autres, il n'aurait pu s'accommoder à la configuration des surfaces planes, elle aurait été privée de cette sensation si exquise que produit le toucher, le contact parfait de la paume de la main sur une surface parfaitement arrondie et douée de moelleux contours.

On a encore donné le nom de *carpe* au quatrième article de la pince des crustacés, et à la partie du bord externe de l'aile des hyménoptères, offrant une expansion cornée, parce que, suivant Jurine, elle est située à la terminaison des pièces regardées par lui comme des analogues des os de l'avant-bras des animaux vertébrés.

CARPE (*Ichthyologie*), en latin *cyprinus carpio*, espèce de poisson du genre *cyprin*, et de l'ordre des malacoptérygiens abdominaux, qui présente pour l'homme des avantages économiques tels qu'il y a peu de poissons peuvent lui être comparés sous ce rapport. La carpe est propre aux eaux douces des parties méridionales et tempérées de l'Europe, d'où elle a été portée ensuite dans les régions septentrionales. Pierre Marschal la porta en Angleterre, en 1514 ; Pierre Oxe, en 1560 dans le Danemark ; quelques années après, on l'a aussi introduite en Hollande et en Suède. La carpe est peut-être de tous les poissons celui qui est le moins délicat, qui se prête le plus facilement à tous les changements de situation, et en même temps celui dont la multiplication est la plus rapide et la croissance la plus accélérée, toutes qualités qui l'ont pour ainsi dire rendue domestique, et l'ont fait préférer à d'autres espèces dont la chair est plus délicate.

C'est dans les eaux tranquilles ou qui coulent lentement que les carpes se plaisent le plus ; leur nourriture se fonde sur des larves d'insectes, des vers, de petits coquillages, le frai de poisson et les jeunes pousses de plantes. S'il faut en croire Bloch, les feuilles et les graines de naïades sont les aliments qu'elles préfèrent ; selon lui, elles grossissent très-vite et engraissent davantage dans les eaux où il y en a beaucoup. Elles mangent avec une telle gloutonnerie que souvent elles en périssent ; c'est pourquoi les personnes qui en élèvent doivent leur ménager la nourriture. Les objets qu'il convient de leur donner sont les restes de la table, les eaux sales de la cuisine, les épluchures de salade, surtout celles de laitue, l'orge cuite, les fruits pourris, etc. Les carpes, lorsqu'elles trouvent une eau et une nourriture convenables, parviennent à une grosseur remarquable : en France il n'est rare d'en voir de six ou huit kilogrammes, mais il paraît que c'est en Allemagne que se pêchent les plus monstrueuses. On en cite une, servie sur la table du prince de Conti, qui avait plus d'1^m,30 de longueur et 22^k, 50 de poids. Bloch parle d'une autre, pêchée à Bischofshausen, près de Francfort-sur-l'Oder, qui était large d'une aune de Prusse et longue de deux et demie ; elle pesait 35 kilogrammes. De telles carpes devaient être très-vieilles, mais on ne saurait fixer leur âge ; cependant on peut dire avec assurance que ce poisson vit longtemps. On a vu en Lusace des carpes qui avaient deux cents ans ; à Fontainebleau et à Chantilly, on en montre qu'on dit avoir plus d'un siècle ; leur taille est remarquable, mais n'approche pas de celles dont nous parlions tout à l'heure ; on peut en accuser l'étroitesse des bassins où elles sont retenues et le peu de nourriture qu'elles y trouvent. Dans le jardin de Charlottembourg, château de plaisance du roi de Prusse, il y avait dans un réservoir plusieurs centaines de carpes très-vieilles ; elles étaient apprivoisées, et lorsqu'elles apercevaient le gardien, elles venaient au bord pour recevoir leur nourriture. On parle aussi de carpes qui arrivaient au bruit d'une clochette.

Ces poissons sont en état de reproduire dès la troisième année ; plus ils avancent en âge, plus est grand le nombre de leurs œufs. Une femelle de 733 grammes a fourni à Petit 342,144 œufs ; une de 489 grammes seulement en a donné 237,000 à Bloch ; le même observateur en a compté jusqu'à 621,000 dans une autre, qui pesait 4^k, 405. Le nombre de ces œufs, comme on voit, est prodigieux, mais il s'en faut de beaucoup que tous deviennent des carpes. Une très-grande partie du frai devient la proie des autres poissons, et bien d'autres circonstances s'opposent à son développement. Les *carpeaux* ou jeunes carpes sont exposés à de nombreux dangers ; aussi bien peu arrivent-ils à l'âge adulte. Toutefois, dans les étangs où il n'y a que des carpes, et où une surveillance active les garantit de leurs ennemis, elles se propagent rapidement et sont bientôt en tel nombre qu'elles circulent avec difficulté et n'ont plus assez de nourriture; heureusement il est facile de remédier à cet inconvénient; il suffit d'y introduire quelques brochets, les truites ou des perches, et l'on voit sensiblement diminuer le nombre des jeunes.

La chair des carpes est un aliment facile à digérer, et qui convient à tous les tempéraments; cependant on la défend aux convalescents et aux goutteux; on croit que chez ceux-ci elle accélère les accès. Cette chair est d'autant plus molle que l'animal a vécu dans une eau plus tranquille. A Paris on estime particulièrement les carpes de la Seine, du Rhin et celles de l'étang de Camières, près Boulogne-sur-Mer. Celles des étangs de la Bresse, du Forez, de la Sologne, etc., y arrivent en grande quantité par la Loire et la Seine. Les œufs se préparent comme le caviar, et se conservent de même pendant plus d'une année. En Angleterre on a imaginé de châtrer les carpes pour les rendre plus agréables et plus grosses!

La reine des carpes ou *cyprin spéculaire* est une espèce qui diffère de la précédente, parce qu'elle a deux ou trois rangées de larges écailles de chaque côté, et le reste du corps nu. On l'a aussi appelée *carpe à miroir, à cuir*, etc.

P. GERVAIS,
Professeur à la Faculté des Sciences de Montpellier.

CARPEAU, CARPILLON, jeune carpe. *Carpeau* est aussi le nom d'une variété de la carpe vulgaire, dont la chair est plus estimée, et qu'on trouve dans le Rhône et la Saône. On nomme encore *carpeau* ou *carpion* une espèce du genre *saumon*.

CARPE DE TERRE, nom vulgaire que l'on donne quelquefois au pangolin.

CARPÉE, espèce de pantomime ancienne, qui s'exécutait avec des armes, et que les Athéniens et les Magnésiens, peuple de la Thessalie, avaient coutume de danser. Un des figurants mettait bas les armes, semblait labourer et semer, regardait souvent derrière lui, comme un homme qui éprouve de l'inquiétude. Un second imitait l'action d'un voleur qui approche. Le premier reprenait aussitôt ses armes, et un combat se livrait entre eux autour de la charrue et des bœufs, en cadence et au son de la flûte. Si le voleur remportait la victoire, il liait le laboureur et emmenait les bœufs; mais souvent le laboureur était victorieux. On dit que cette danse armée fut instituée pour accoutumer les paysans à se défendre contre les incursions des brigands.

CARPELLES. On nomme ainsi des pièces ou pistils partiels, dont l'ensemble constitue le *pistil* proprement dit. Ces pièces sont quelquefois libres entre elles, mais le plus souvent intimement soudées, à cause de leur position centrale, en sorte que le pistil total semble être un organe unique. Chaque carpelle se compose de trois parties, l'*ovaire*, le *stigmate* et le *style*.

CARPENTARIA ou **CARPENTARIE,** nom de la partie orientale de la côte septentrionale de la Nouvelle-Hollande, ainsi que du golfe qu'elle y forme. Nous avons dit à l'article AUSTRALIE (t. II, p. 246), que ce nom lui fut donné en l'honneur de O. Carpenter, gouverneur général des Indes hollandaises. L'arc que décrivent ces côtes, et dont l'extrémité orientale se prolonge encore davantage vers le nord, où elle est séparée de la Nouvelle-Guinée par le détroit de Torrès, a un développement total d'environ 309 myriamètres. A l'est du golfe les terres sont sablonneuses et plates, et à l'ouest élevées et escarpées. L'intérieur n'en est encore que très-peu connu. La végétation y est très-pauvre et bornée aux espèces de plantes propres à toute cette côte du Nord. Les rares habitants qu'on y rencontre appartiennent à la race des Papous, sont placés à un degré de l'échelle de la civilisation encore plus bas que celui qu'occupent ces peuples, et diffèrent du reste des populations australiennes par leur langue.

Le golfe de *Carpentaria*, compris entre le 10° 40′ et le 17° 30′ de latitude méridionale, et le 153° et le 159° de longitude orientale, est de tout le continent australien celui qui a la plus vaste étendue et pénètre le plus avant dans les terres. Il a en longueur, du nord au sud, 105 myriamètres, et 75 à son embouchure, entre le cap York et le cap Wilberforce. Les îles les plus importantes que l'on y rencontre sont le groupe formé par les îles *Wellesley*, sir *Édouard Pellew*, *Groote* ou île *Busching*, et le groupe des îles *Melville*, où les Anglais ont fondé une colonie en 1825. Depuis le premier quart du dix-septième siècle les Hollandais avaient visité ces côtes à diverses reprises, mais ils avaient toujours tenu leurs découvertes secrètes. Cook, en 1770, fut le premier navigateur qui se livra à une investigation complète et détaillée du détroit de Torrès, du golfe de Carpentaria et du pays qui l'environne. Après lui, en 1802, Flinders fit le tour du golfe entier et en releva les côtes.

CARPENTE, chariot ordinairement à deux roues, rarement à quatre, traîné par des mules et employé à divers usages chez les anciens Romains. Il portait ordinairement les matrones ou dames romaines de distinction, et du temps des empereurs servait aussi aux impératrices. Un roi Gaulois, nommé *Rituitus*, combattait sur une carpente d'argent. Fait prisonnier par les Romains, il fut, dit-on, mené en triomphe sur ce chariot. Les vestales, selon Florus l'historien, avaient aussi le droit de se servir de la carpente.

CARPENTRAS, ville de France, chef-lieu d'arrondissement dans le département de Vaucluse, autrefois capitale du Comtat Venaissin, à 20 kilomètres d'Avignon, sur l'Auzon, au pied du Mont-Ventoux, avec une population de 9,887 habitants, dont environ 2,000 israélites. Siége de la cour d'assises du département, cette ville possède un tribunal de première instance, un lycée, une bibliothèque publique, riche de 22,000 volumes et de 2,000 manuscrits, qui fut fondée par Peiresc et léguée à la ville par l'évêque Inguimbert. On y trouve en outre une belle collection d'estampes, plusieurs bons tableaux, de riches médailles et quelques antiquités.

Carpentras est entourée de belles murailles, flanquées de tours et percées de quatre portes. Les rues sont étroites et mal tracées, mais la plupart des maisons sont bien bâties. Les faubourgs sont agréables, et offrent de belles constructions. En dehors des murs règne une large esplanade plantée d'arbres, qui forme de charmantes promenades, d'où l'on jouit de plusieurs vues délicieuses. On y remarque la cathédrale, édifice gothique, avec un clocher dont la construction remonte à Charlemagne; le palais de justice, qui occupe les bâtiments de l'ancien palais épiscopal, et dont l'une des cours renferme, jadis ensevelis dans une cuisine et aujourd'hui isolés, les restes très-incomplets d'un arc de triomphe romain, où l'on distingue des sculptures représentant des trophées d'armes et des figures d'esclaves. Ce monument était composé de deux piles décorées de colonnes engagées, et d'une seule arcade, qui est ruinée un peu au-dessus de l'imposte. On peut juger, d'après l'exécution des sculptures et des ornements, qu'il appartient à la décadence de l'art romain, quoique Ménard pense qu'il a été élevé en l'honneur de Septime-Sévère. Nous citerons encore l'hôtel-Dieu, construit en 1750, où se trouve le mausolée en marbre blanc d'Inguimbert; la salle de spectacle, les halles, les prisons neuves. Les fontaines de Carpentras sont alimentées par les eaux de plusieurs sources qu'un bel aqueduc de quarante-six arches, construit par Clément V, conduit en ville. Aux trois dernières arcades est accolé un pont qui traverse l'Auzon.

L'industrie est active à Carpentras; elle possède des fabriques de savon, d'acide nitrique, d'esprit de vitriol et de chapeaux de feutre commun; des distilleries d'eau-de-vie et d'esprit-de-vin, des teintureries, des moulins à garance, des tanneries, des filatures de coton et de soie. Il s'y fait un grand commerce de produits du pays, tels que huile d'olive, amandes, safran, cire, miel, truffes, graines de trèfle et de luzerne.

L'origine de cette ville est incertaine, mais doit remonter à une haute antiquité. L'opinion la plus probable en fait la capitale des *Memini*, dans la Gaule Narbonnaise, sous le nom de *Carpentoracte*. César y fonda une colonie, et les Romains l'embellirent de plusieurs édifices; mais les Goths, les Vandales, les Lombards et les Sarrasins la saccagèrent tour à tour. En 1313 le pape Clément V fixa à Carpentras la résidence du saint-siége. Cet honneur coûta cher à la ville : pendant le conclave qui suivit la mort de ce souverain pontife, le peuple, fatigué d'attendre l'élection que les intrigues des cardinaux italiens faisaient traîner en longueur, mit le feu au bâtiment; et l'incendie consuma une partie de la cité. Toutefois, elle ne tarda pas à sortir de ses ruines, et cinquante ans plus tard Innocent VI la fit entourer de murs. En 1562 Carpentras fut assiégée inutilement par le baron des Adrets.

Administrée depuis le douzième siècle par trois consuls élus par les habitants, cette ville était la résidence du recteur ou président qui gouvernait le Comtat au nom du pape. Le légat d'Avignon n'avait aucune autorité sur lui. La justice était rendue par un juge de première instance, qu'on appelait juge majeur et ordinaire, par un juge des premières appellations du Comtat-Venaissin, et par la chambre apostolique de la province, qui connaissait de toutes les causes fiscales et concernant le patrimoine de saint Pierre.

La rivalité de Carpentras et d'Avignon influa beaucoup sur le parti que la première embrassa en 1789 ; elle se montra alors pleine de dévouement pour les intérêts du saint-siége. Cette division fut la principale cause de la guerre civile qui éclata, en 1791, entre ces deux villes. Carpentras fut réunie à la France la même année.

CARPHOLOGIE (de καρφός, fétu, brin de paille, et de λέγω, je ramasse). Ce mot sert à désigner un symptôme très-grave, d'un très-mauvais présage, qui précède la mort dans un très-grand nombre de maladies. Suivant Galien, les malades atteints de carphologie croient voir des corpuscules qui voltigent autour d'eux. Naequart croit que la cause de cette erreur dans la vision est due parfois à l'engorgement des vaisseaux sanguins de la choroïde et de la rétine, et d'autres fois à ce que la cornée, moins distendue, moins transparente, se couvre de mucosités concrétées. Ce médecin a admis deux sortes de carphologie, l'une se manifestant chez les malades dont les yeux sont remarquables par leur éclat brillant, leur injection et leur saillie ; l'autre coexistant avec l'affaissement du globe de l'œil, l'opacité de la cornée et le trouble de ses humeurs. La première, reconnaissant pour causes, suivant Hippocrate, les inflammations du poumon, la plurénésie et les douleurs de tête, n'est pas essentiellement mortelle. Mais la seconde, qui peut exister à l'issue funeste de toutes les maladies, est toujours le signe qui annonce une mort très-prochaine.

D'après ces notions, les mouvements musculaires qui constituent la carphologie peuvent être considérés comme le triomphe et la dernière lutte des muscles fléchisseurs sur les extenseurs du membre thoracique chez l'homme.

On a aussi appelé *carphologie* les mouvements automatiques des doigts, qui tantôt roulent ou palpent de diverses manières les draps ou les couvertures du lit, qui tantôt cherchent continuellement à arracher le duvet des draps et des couvertures. Cette dernière variété de mouvements carphologiques a été désignée par quelques auteurs sous la dénomination de *crocidisme* (de κροκιδίζω, j'ôte le duvet).

Aug. SAVAGNER.

CARPI, petite ville du duché de Modène, sur un canal de la Secchia, jadis capitale de la principauté du même nom, qui du quatorzième au seizième siècle resta entre les mains de la famille Pico. Le château, les murailles et les fossés de Carpi portent encore les traces de visibles fortifications. La population de cette ville, forte de 6,000 âmes, s'occupe surtout de sériculture et de fabrication d'étoffes de soie.

Un village du même nom, dans le pays de Vérone, sur les bords de l'Adige, est célèbre par la victoire que les Autrichiens aux ordres du prince Eugène y remportèrent, en 1706, sur les Français.

CARPI (Hugo da), peintre et graveur sur bois, qui florissait entre les années 1518 et 1532, est compté au nombre des élèves de Raphaël, mais brilla cependant bien moins comme peintre que comme graveur sur bois, art dans lequel il porta à une perfection rare le procédé de représenter des sujets au moyen d'un nombre certain de planches, et avec diverses nuances d'ombre désignées par les Italiens sous le nom de *chiaroscuro*, clair obscur (*voyez* CAMAÏEU). On a même été jusqu'à vouloir lui attribuer l'honneur de l'invention de ce procédé; mais il appartient évidemment aux Allemands, qui peuvent montrer une foule d'ouvrages d'une date beaucoup plus ancienne, où il est déjà employé. Dans ses gravures sur bois, Carpi est aussi remarquable par la correction et le fini du dessin que par les heureux effets de lumière.

CARPILLON, CARPION. *Voyez* CARPEAU.
CARPIN (Jean du Plan de). *Voyez* PLAN-CARPIN.
CARPOCRAS, CARPOCRATIENS. L'hérésiarque Carpocras était né à Alexandrie, et vivait du temps de Néron. Il soutenait que Jésus-Christ était fils de Joseph et de Marie, qu'il était né comme les autres hommes, et qu'il ne s'était distingué d'eux que par sa vertu. Il disait que le monde avait été créé par les anges, et que pour arriver à Dieu, qui est au-dessus d'eux, il fallait avoir accompli toutes les œuvres du monde. Quant à l'homme qui n'aurait pas rempli ces conditions, son âme, après sa mort, devait passer d'un corps dans un autre corps, ensuite dans un troisième jusqu'à ce qu'il eût achevé sa tâche. Ainsi, le plus sûr était de s'acquitter promptement de cette dette en accomplissant sous l'enveloppe de son premier corps toutes les œuvres de la chair. Carpocras avait pour maxime que nulle action n'est mauvaise en elle-même; que l'opinion seule des hommes établit entre les actions quelque différence. Partant de là, il n'y avait point pour lui d'abominations auxquelles il ne se livrât sans réserve, ainsi que ses disciples. Ceux-ci faisaient souvent leurs prières tout nus; les femmes étaient communes entre eux. Pour n'avoir pas un trop grand nombre d'enfants, ils les faisaient avorter. Ils se marquaient en bas de l'oreille avec un fer chaud ou avec un rasoir, et se donnaient le nom de *gnostiques*.

Leur secte causa bien des maux aux chrétiens, les païens supposant à ceux-ci les mêmes principes qu'aux carpocratiens. Carpocras laissa un fils nommé Épiphane, qui se distingua par son éloquence et fut l'héritier de ses erreurs.

CARPOPHORE (de καρπός, fruit, et φέρω, je porte). *Voyez* GYNOPHORE.

CARQUAISE ou CARQUÈSE. *Voyez* CARCAISE.
CARQUOIS, instrument destiné à porter les flèches, et dont les sauvages se servent encore. Sur les monuments, le carquois ou la pharètre est donné à Hercule, à Apollon, à Diane, à l'Amour, à Callisto, à Orion, à Hippolyte, à Actéon, aux Amazones, aux rois et aux guerriers persans et parthes ; il y en a de différentes formes : tantôt il est plat, et laisse voir l'extrémité empennée des flèches ; tantôt il est rond et operculé, c'est-à-dire fermé par un couvercle. Ces divers carquois étaient connus sous les noms de *pharetra*, *oistodokè* et *oistothèkè*. Le couvercle du carquois servait à défendre les traits de la pluie et de la poussière. Les Grecs le nommaient *pôma*, mot qui désignait aussi le couvercle d'un vase ou d'un tonneau; on rend en latin ce mot par *operculum*. Le carquois était peint, sculpté, ciselé ou brodé selon la matière dont il était fait. Il y en avait de métal, de bois léger et de cuir. Il se portait ordinairement suspendu

par une courroie, derrière l'épaule gauche, ou bien on le fixait à la ceinture par un baudrier. Il y avait sans doute un art pour l'attacher avec plus de grâce. Dans une cornaline représentant Diane Lochia, cette déesse porte le carquois, non pas derrière l'épaule gauche, mais devant l'épaule droite. Cette position, plus rare, n'est cependant pas sans exemple : un Apollon sur pâte, venant du cabinet de Sainte-Geneviève, et actuellement dans le cabinet des antiques de la Bibliothèque Impériale, a le carquois ainsi placé, mais sur l'épaule gauche. A.-L. MILLIN, de l'Institut.

CARRA (JEAN-LOUIS), né en 1743, à Pont-de-Vesles (Saône-et-Loire), député de ce département à l'Assemblée législative et à la Convention. Sa vie aventureuse, avant que la révolution l'eût jeté dans la carrière politique, offre dans ses détails tous les incidents du roman le plus compliqué. Le goût des voyages fut sa passion dominante en quittant les bancs du collége. Sa famille, quoique peu fortunée, n'avait rien négligé pour son éducation. L'est de l'Europe fut le but de ses principales excursions. Il devint secrétaire d'un hospodar de Moldavie, qui fut décapité par ordre de la Sublime-Porte. On serait tenté de croire qu'il portait malheur à ses patrons, car à son retour en France il exerça le même emploi auprès du cardinal de Rohan, qui dans le procès du collier n'échappa qu'à une peine infamante qu'à la majorité de trois voix. Resté sans emploi, Carra vivait retiré dans son pays. Il pressentit les conséquences de la convocation des états généraux, et fut l'un des plus actifs, des plus ardents partisans de la révolution de 1789. Il n'avait d'ailleurs pas attendu ce grand événement pour manifester ses convictions politiques. Dès l'année 1773 il avait fait paraître à Londres un ouvrage contre la royauté. C'est sous l'influence des mêmes convictions qu'il publia son journal révolutionnaire les *Annales patriotiques*. Il y dénonçait tous les hommes du pouvoir qu'il croyait hostiles à la révolution. Ses incessantes accusations contre Bertrand de Molleville et Montmorin l'exposèrent aux poursuites du juge de paix Larivierre. Le temps justifia ses prévisions : il est certain que ces deux ministres dirigeaient le gouvernement occulte que Carra signalait sous le nom de *comité autrichien*. Bertrand de Molleville en a depuis publié l'histoire. Carra remit à l'Assemblée législative une tabatière d'or dont le roi de Prusse lui avait fait présent en échange de la dédicace d'un de ses ouvrages. Il demanda que cet or, *qu'il méprisait*, servît à combattre *le tyran*, qui déjà menaçait la France d'une invasion, et qui avait réuni ses troupes à la *légion des émigrés*. Il termina sa harangue déclamatoire en déchirant la signature de Frédéric-Guillaume, apposée au bas de la lettre d'envoi du royal cadeau. N'eût-il pas mieux fait de s'abstenir, quelques années auparavant, de l'*avilissante* démarche qui le lui avait fait obtenir ?

Envoyé en mission à Châlons-sur-Marne, il informa la Convention de la retraite des Prussiens, qu'il avait *prédite*. Il fut à son retour nommé secrétaire. Il proposa d'accorder des secours à tous les peuples qui voudraient s'affranchir. Dans le procès de Louis XVI il vota *la mort sans appel et sans sursis*. Jusque alors il avait voté avec les montagnards, qu'il quitta ensuite pour se rallier aux girondins. Ses relations avec le ministre Roland peuvent n'avoir pas été étrangères à ce changement. Il lui devait la conservation de sa place à la Bibliothèque Nationale, dont il partageait l'administration avec Chamfort. On a prétendu qu'il travaillait en secret pour faire porter le duc d'York au trône de France. Rappelé de sa mission à Blois par le Comité de salut public, il fut compris dans l'accusation portée contre les quarante six représentants. Traduit au tribunal révolutionnaire et condamné à mort, le 30 octobre 1793, il subit son arrêt le lendemain.

Mme Roland a tracé de lui ce portrait dans ses *Mémoires* : « Carra, dit-elle, devenu député, m'a paru un fort bon homme à très-mauvaise tête : on n'est pas plus enthousiaste de révolution, de république et de liberté, mais on ne juge pas plus mal des hommes et des choses. Tout entier à son imagination, calculant d'après elle plutôt que sur les faits, arrangeant dans sa tête les intérêts des puissances comme il convenait à nos succès, voyant tout en couleur de rose, il rêvait le bonheur de son pays et l'affranchissement de l'Europe entière avec une complaisance inexprimable. On ne peut pas se dissimuler qu'il n'ait beaucoup contribué à nos mouvements politiques et aux soulèvements qui eurent pour objet de renverser la tyrannie. Ses *Annales* réussissaient merveilleusement dans le peuple par un certain ton prophétique, toujours imposant pour le vulgaire. » On l'avait entendu à la tribune des Jacobins déclarer la guerre à l'empereur d'Allemagne. Il ne demandait, pour révolutionner ses vastes États, que cinquante mille hommes, douze presses, des imprimeurs et du papier. Le célèbre abbé *Trente mille hommes* n'en exigeait pas tant pour en finir à jamais avec la perfide Albion.

Carra, outre son journal et ses pamphlets politiques, a publié des *Mémoires sur la Bastille*, le *Système de la Raison humaine*, l'*Histoire de la Moldavie et de la Valachie*, les *Nouveaux Principes de Physique*, une *Histoire de l'ancienne Grèce et de ses colonies*. DUFEY (de l'Yonne).

CARRACHE, en italien CARACCI, célèbre famille de peintres italiens, qui contribua beaucoup, vers la fin du seizième siècle, à la réforme de l'art en Italie. Ces artistes opposèrent d'énergiques études à la manière superficielle qui dominait alors généralement, et réussirent en peu d'années à la faire complètement abandonner. Les Carrache ne suivirent exclusivement aucun maitre ; ils cherchèrent plutôt à réunir les avantages des maitres anciens et ceux des modernes, en s'attachant à imiter des uns et des autres ce qui leur semblait constituer leurs plus éminentes qualités. Ils firent donc, à bien dire, de l'éclectisme en peinture, et peuvent dès lors être considérés à bon droit comme les créateurs de la méthode d'enseignement qui domine aujourd'hui dans les différentes écoles. Ils ramenèrent la composition à une plus grande simplicité, pratiquèrent une sévère correction de dessin, et s'attachèrent surtout à bien disposer leurs sujets ; aussi serait-on souvent porté de croire que l'action a été adaptée dans leurs toiles aux différents groupes qu'ils y ont placés. Toutefois, il en résulte quelque chose d'étudié et de contraint, quelque chose qui rappelle trop le modèle académique ; de sorte qu'en dépit de ce qu'il y a de consciencieux dans leurs travaux, on ne saurait complètement absoudre ces artistes du reproche de se montrer un peu trop sobres de sentiment. Ce n'est que là où ils suivent naïvement le modèle de la nature qu'ils ont réussi à produire des effets durables.

Ludovico CARACCI, fils d'un boucher, né à Bologne, le 21 avril 1555, ne fit d'abord que des progrès très-lents dans son art, parce qu'il était trop minutieux et voulait se rendre compte de chaque coup de pinceau. Aussi, son premier maître, Prospero Fontana, prenant la lenteur de Ludovico pour un défaut d'intelligence, l'engagea à renoncer à la peinture, et plus tard Le Tintoret lui donna le même conseil. Cependant le jeune artiste ne se découragea pas ; il se rendit à Florence, où il étudia sous André del Sarto, et prit des leçons de Passignano. Mais voyant que c'étaient Le Corrége et ses élèves que les peintres Florentins imitaient alors le plus, il se décida à se rendre à Parme. A son retour à Bologne, il ne tarda pas à s'apercevoir qu'avec ses idées, qui répondaient peu à celles de l'époque, il ne ferait guère fortune ; il chercha donc à leur recruter des partisans et des adhérents dans la jeunesse, et se coalisa à cet effet avec deux de ses cousins, Agostino et Annibale Caracci, qui s'étaient comme lui voués à la peinture. En 1580 il les envoya à Parme et à Venise ; puis, à leur retour à Bologne, il travailla en société avec eux et d'après les mêmes principes.

Cependant il se forma d'abord contre eux une cabale si

puissante, qu'un instant ils furent sur le point de renoncer à leur projet. Mais Annibale, le plus déterminé des trois, insista pour qu'on tînt bon, et proposa de n'opposer que force bons ouvrages au torrent d'humiliations dont on les abreuvait. Ludovico reprit alors courage, fonda l'*Accademia degli Incamminati* (*d'incamminare*, mettre sur la voie), et lui donna pour premier principe la nécessité de joindre l'observation de la nature à l'imitation des meilleurs maîtres. Nos artistes confédérés enseignaient le côté pratique de l'art d'après de bons modèles en plâtre et des gravures, en dessinant et en peignant exactement d'après le nu; et le côté théorique, au moyen de leçons de perspective, d'anatomie, etc. Ils dirigeaient leurs élèves avec une sollicitude toute paternelle : aussi leur atelier devint-il de plus en plus fréquenté, et bientôt les autres qui existaient à Bologne se fermèrent successivement faute de public. Les plus beaux ouvrages de Ludovico Caracci sont à Bologne, notamment dans le musée, par exemple sa *Madonne entourée d'anges*, avec *saint François et saint Jérôme à ses côtés*. On voit aussi de lui au couvent de Saint-Michel-ès-Bois des *scènes de l'histoire de saint Benoît et de sainte Cécile*. A l'exception de *l'Apparition de la Vierge et de l'Enfant Jésus à saint Hyacinthe*, notre musée du Louvre n'a de lui que quelques toiles de petite dimension : *l'Annonciation, la Nativité de Jésus-Christ, la Vierge et l'Enfant Jésus*, et *Jésus mort sur les genoux de la Vierge*. C'est de Ludovico que date cette prédilection pour l'expression de la douleur qui plus tard provoqua dans l'école de Bologne l'exécution de tant d'*Ecce Homo* et de *Mater dolorosa*. Son dernier ouvrage est une *Annonciation de Marie*, de grandeur colossale, dans la cathédrale de Bologne. Le découragement que lui causa le peu de bonheur avec lequel il avait exécuté ce grand travail, hâta sa mort, arrivée le 13 décembre 1619. Ludovico a aussi gravé sur cuivre.

Agostino Caracci, son cousin, né le 16 août 1557, à Bologne, était destiné à la profession de bijoutier lorsque Ludovico le détermina à embrasser la peinture; et en peu de temps il devint l'un de ses meilleurs élèves. Il s'occupa aussi beaucoup de gravure, art auquel il s'adonna toujours de plus en plus par égard et condescendance pour son frère Annibale, à qui le succès universel de la magnifique toile d'Agostino représentant *la Communion de saint Jérôme*, inspirait des sentiments de jalousie, qui plus lors, afin de se délivrer de son rival, ne cessa de lui conseiller d'abandonner la peinture pour se vouer à la gravure. Plus tard il accompagna Annibale à Rome, et l'aida dans ses travaux de la galerie Farnèse. Mais par la suite, la jalousie de plus en plus grande de son frère le détermina à se rendre à la cour du duc de Parme, où il ne peignit d'ailleurs que fort peu de tableaux, et où même il ne tarda pas à succomber, le 22 mars 1602, et suivant d'autres en 1605, aux chagrins que lui suscitèrent la haine et la jalousie des autres artistes, au moment où il se disposait à aller s'établir à Gênes. Agostino était un homme instruit. C'est lui qui était chargé de l'enseignement théorique à l'académie. Il faisait aussi des vers, et nous a conservé dans un sonnet les préceptes éclectiques de l'école; comme graveur, il occupe une place importante dans l'histoire de son art en Italie. Dessinateur habile, il lui arrivait souvent de corriger les fautes de dessin de ses originaux. Il exécutait ses hachures avec une grande régularité, et s'efforçait généralement avec bonheur d'améliorer la partie technique de l'art. Dans le nombre immense de ses gravures, qui presque toutes jouissent d'une grande réputation, il s'en trouve quelques-unes d'obscènes, qui sont devenues assez rares.

Annibale Caracci, frère du précédent, né à Bologne, le 3 novembre 1560, travaillait du métier de son père, qui était tailleur, quand son cousin Ludovico Caracci, offrit de lui apprendre le dessin; et il fit bientôt sous sa direction des progrès si rapides qu'on conçut de son talent à venir les plus flatteuses espérances. Il commença par faire d'excellentes copies du Titien, du Corrége et de Paul Véronèse, peignit d'abord comme eux de petits tableaux, et n'entreprit que plus tard de grands ouvrages. Il se fit connaître par son tableau de *Saint Roch distribuant des aumônes*, lequel est actuellement dans la galerie de Dresde. Son *Génie de la Gloire*, que possède la même galerie, n'est pas moins célèbre. Peu de temps après il fut appelé à Rome, par le cardinal Farnèse. Sans abandonner complètement le style du Corrége, il s'efforça, dans les peintures de la galerie Farnèse, d'unir l'élégance de l'antique à la grâce de Raphaël. Cette œuvre immense donne une juste idée du mérite d'Annibale Caracci comme peintre. Sur le plafond voûté et dans les deux grands cintres de la galerie, il a représenté le *Triomphe de Bacchus avec Ariane*, l'*Histoire de Galathée*, *Céphale et l'Aurore*, *Junon avec la ceinture de Vénus*, *Diane et Endymion*, *Hercule auprès de Iole*, *Vénus et Anchise*; et dans les intervalles se trouvent en outre une foule de petits tableaux, dont les sujets sont pareillement empruntés à la mythologie. Les intrigues de l'Espagnol Juan de Castro furent cause qu'Annibale Caracci ne reçut pour ce travail, qui lui avait pris sept ans de sa vie, qu'une misérable somme de 500 écus d'or. Accablé de chagrin de se voir traité avec tant d'ingratitude, il résolut de ne plus toucher désormais un pinceau de sa vie, et mourut à Rome, le 16 juillet 1609. Sa dépouille mortelle fut déposée au Panthéon, à côté de celle de Raphaël, ainsi qu'il en avait témoigné le désir.

Notre musée du Louvre possède vingt-six toiles d'Annibale Caracci : cependant quelques-unes ont été attribuées à Viola, au Dominiquin, à L'Albane, à Agostino Caracci, etc. Parmi celles sur lesquelles ne s'élève aucun doute, on remarque le *Sacrifice d'Abraham*, *la Naissance de la Vierge*, *l'Apparition de la Vierge à saint Luc et à sainte Catherine*, *le Christ mort sur les genoux de la Vierge*, *la Résurrection de Jésus-Christ*, etc.

Antonio Caracci, fils naturel d'Agostino, né à Venise, en 1583, élève d'Annibale, ne peint quelques toiles remarquables, entre autres deux tableaux à l'huile dans l'église de San-Bartolommeo dell' Isola, et un *Déluge*, que possède le musée du Louvre!, et dont on voit au musée de Berlin une copie attribuée au Dominiquin. Sa mort précoce, arrivée en 1618, fut la suite de sa vie déréglée.

Francesco Caracci, dit le *Franceschino*, né en 1595, fils d'*Antonio* Caracci, autre frère d'*Annibale* et d'*Agostino*, était déjà un remarquable dessinateur quand il mourut, en 1622, des suites des excès de tout genre auxquels il se livrait.

Notons en terminant que les principaux maîtres de l'école Italienne au dix-septième siècle, Le Dominiquin, Le Guide, L'Albane, etc., sortirent de l'école des Caracci.

CARRANZA (Barthélemy de), né en 1503, à Miranda, dans la Navarre, embrassa de bonne heure la carrière ecclésiastique, et se fit, comme professeur de théologie, une telle réputation de science, qu'on accourait de toutes parts à Valladolid assister à ses leçons. En 1546 Charles-Quint l'envoya siéger au concile de Trente, et plus tard le chargea d'accompagner en Angleterre son fils Philippe II, qui allait y épouser Marie, fille de Henri VIII et de Catherine d'Aragon, sa première femme. Il y devint le confesseur de la reine, et déploya, pour assurer le rétablissement du catholicisme, un zèle qui se confondait parfois avec le plus odieux fanatisme. L'abdication de Charles-Quint ayant rappelé Philippe II en Espagne, Carranza l'y suivit, et reçut du nouveau roi l'archevêché de Tolède. Ainsi parvenu au faîte des honneurs ecclésiastiques, Carranza ne tarda pas à voir commencer pour lui une interminable série de persécutions. Un catéchisme publié par ses ordres fut dénoncé à l'Inquisition par l'évêque de Lérida, comme entaché d'hérésie, et ce livre, condamné par le saint-office, n'en fut pas moins approuvé par le concile de Trente.

Charles-Quint mourant ayant fait appeler auprès de lui l'archevêque de Tolède, le bruit ne tarda pas à se répandre que, par suite des entretiens qu'il avait eus alors avec le prélat, l'empereur était mort en professant des doctrines religieuses contraires à la pureté de la foi. C'en fut assez pour qu'on jetât Carranza dans les cachots de l'inquisition et pour qu'on lui intentât un procès. Le pape Pie V ayant évoqué l'affaire, l'archevêque de Tolède fut conduit à Rome, et resta dix ans détenu au château Saint-Ange. A l'expiration de cette longue captivité, il fut déchargé de toutes les accusations d'hérésie élevées contre lui. Toutefois, pour donner un semblant de satisfaction à l'inquisition, la cour de Rome exigea de lui l'abjuration de diverses propositions qui ne se trouvaient dans aucun de ses livres, et que peut-être il n'avait jamais songé à soutenir. Carranza mourut dix-sept jours après la publication de cette sentence.

CARRARE (en italien *Carrara*). Ce mot, qui signifie *carrière*, est le nom d'une petite ville d'Italie de 8,000 habitants, située vers le milieu à peu près de la longueur de la Péninsule, dans le duché de Massa-Carrara, qui depuis 1829 appartient au duché de Modène, au fond d'une vallée profondément encaissée, célèbre par la production des marbres statuaires les plus estimés par l'art moderne. L'idée de *carrière* emporte en France l'image d'une profondeur souterraine, privée d'air et de lumière : ici les dispositions sont complétement opposées. Gravissez une des plus hautes cimes de l'Apennin, élevez-vous jusqu'à distinguer le double littoral de l'Adriatique et de la Méditerranée, apercevez d'un côté l'île de la Gorgone, de l'autre la *Capraia*; et quand au-dessus de votre tête dominera encore un pic de montagne, ce sera la carrière, ce sera le bloc d'où sont sortis les œuvres de la grande sculpture. Michel-Ange, venu dans ces lieux pour choisir les matériaux du monument de Jules II, voulait tailler sur place un de ces mamelons pour en ériger un phare utile aux voyageurs des deux mers. On évalue l'exportation annuelle des marbres de Carrare à environ cent mille quintaux représentant une valeur de 7 à 800,000 fr. Les blocs sont conduits à Lavenza, petit port, d'où on les expédie. Le marbre de Carrara, pour être blanc et pur, n'a pas besoin d'être poli. Les fragments ont déjà ces qualités, épars qu'ils sont sur le revers de la côte appelée *Monte-Sacro* et arrosée par des eaux limpides des torrents qu'entretiennent les nuages. Le marbre statuaire de la plus belle qualité se tire de six carrières différentes, presque toutes situées près du village de Torano, et ensuite des *Cave de Polvacio*.

Carrare a une école gratuite de sculpture, fondée par Napoléon, et dont le premier directeur fut le Florentin Bartolini; les élèves sont nombreux, et parmi les enfants de ce siècle qui font le plus d'honneur à la patrie du marbre et au mérite de ses enseignements, nous pouvons citer P. Tenerani de Rome, l'un des plus célèbres sculpteurs de notre époque, et Bosio, qui étaient nés tous deux à Carrare, de même que Pietro Tacca, sculpteur non moins distingué du siècle dernier. H. DE LATOUCHE.

Dans ces derniers temps, les carrières de marbre de Carrare ont trouvé une redoutable concurrence dans celles qui ont été découvertes sur le territoire toscan, dans le *Monte Altissimo*, voisin de la petite ville de Serazezza.

CARRÉ (*Mathématiques*), en latin *quadratus*; on écrivait autrefois *quarré*. C'est un quadrilatère régulier, c'est-à-dire une figure plane formée de quatre côtés égaux et ayant ses quatre angles droits; d'où il résulte que pour construire un carré il suffit de connaître son côté. Cette figure est d'une grande importance en géométrie, car on est convenu de prendre pour unité de surface le carré ayant pour côté l'unité de longueur : par exemple, le mètre étant l'unité linéaire, on prend le mètre carré (carré ayant un mètre de côté) pour unité de surface. C'est sur cette convention qu'est basée notre manière d'évaluer l'aire du rectangle (figure que l'on appelle à tort *carré long*), et par suite celle du triangle et de toutes les autres figures polygonales. Or, le carré n'étant autre chose qu'un rectangle dont la base est égale à la hauteur, pour connaître le nombre d'unités de surface qui le représentent, il faut multiplier par lui-même le nombre d'unités linéaires que renferme son côté : ainsi, un carré de 7 mètres de côté aura pour surface 7×7 ou 49 mètres carrés; ce dont il est facile de s'assurer par la plus simple de toutes les constructions.

Par analogie, un nombre étant multiplié par lui-même, le produit obtenu est dit la *seconde puissance* ou le *carré* du nombre donné : par exemple, 49 est le carré de 7, ce que l'on écrit de cette manière $49 = 7^2$ (*voyez* EXPOSANT). Réciproquement, le nombre qui multiplié par lui-même reproduit un nombre donné en est la *racine carrée* : 7 est la racine carrée de 49, ce que l'on exprime ainsi $7 = \sqrt{49}$ (*voyez* RADICAL). Pour *élever un nombre au carré*, il suffit d'une simple multiplication. Mais pour *extraire la racine carrée d'un nombre* on emploie une opération spéciale, dont nous allons exposer la marche et la théorie.

Le nombre 10 ayant pour carré 100, tout nombre plus petit que 100 a pour racine carrée un nombre d'un seul chiffre. Les nombres 1, 2, 3, 4, 5, 6, 7, 8, 9, ont pour carrés respectifs : 1, 4, 9, 16, 25, 36, 49, 64, 81.

On voit par ce tableau que la racine de 64, par exemple, est 8. Si l'on cherchait la racine d'un nombre plus petit que 100, qui ne fasse pas partie de ce tableau, on trouve toujours deux nombres consécutifs entre lesquels cette racine est renfermée; ainsi, 40 étant compris entre 36 et 49, sa racine est plus grande que 6 et plus petite que 7. On démontre que quand la racine d'un nombre entier n'est pas entière, elle est incommensurable; mais, nous verrons tout à l'heure qu'on peut l'obtenir avec une approximation quelconque. Remarquons en passant qu'un carré ne peut jamais être terminé par l'un des chiffres 2, 3, 7, 8.

Soit à extraire la racine carrée d'un nombre plus grand que 100 et ayant au plus quatre chiffres. Cette racine est évidemment plus grande que 10, et, par suite, composée de dizaines et d'unités. On voit facilement que le carré d'un tel nombre se compose du carré de ses dizaines, plus le double du produit des dizaines par les unités, plus le carré des unités. De ces trois parties, la première (le carré des dizaines de la racine) ne peut se trouver que dans les centaines du nombre donné. Supposons, pour fixer les idées, que ce nombre soit 6,241; on cherchera dans les 62 centaines le carré des dizaines; ce nombre de centaines étant compris entre le carré de 7 et le carré de 8, il en résulte que la racine cherchée est comprise entre 7 dizaines et 8 dizaines, ou bien que le chiffre de ces dizaines est 7. Si du nombre 6,241, je retranche 4,900, carré des dizaines de la racine, le reste 1,341 ne contient plus que les deux dernières parties du carré; la première de ces deux parties (le double produit des dizaines par les unités) ne peut se trouver que dans les 134 dizaines de ce reste. Le double des dizaines de la racine étant 14, pour déterminer les unités, je divise 134 par 14, et le quotient 9 doit être le chiffre des unités ou un chiffre trop grand. Pour le vérifier, je l'écris à la suite des 14 dizaines, ce qui donne 149, et, multipliant par ce même chiffre 9 (ce qui revient à multiplier 14 dizaines plus 9 par 9), le résultat est le double produit des dizaines par les unités plus le carré des unités. Ici ce résultat est justement 1,341, ce qui indique que 6,241 est le carré exact de 79. L'opération se dispose ainsi :

```
6 2 4 1 | 79
1 3 4 1 | 149 × 9 = 1341
0 0 0
```

En étendant le raisonnement qui précède à un nombre quelconque, composé de plus de quatre chiffres, on est conduit à opérer d'après la règle suivante : Pour extraire la racine carrée d'un nombre donné, 12,730,624 par exemple, on le partage en tranches de deux chiffres en allant de droite à gauche, la dernière tranche à gauche pouvant n'avoir qu'un chiffre.

```
1 2.7 3,0 6.2 4 | 3568
    3 7.3       | 66 × 6 = 396   65 × 5 = 325
    4 8 0.6     | 706 × 6 = 4236
    5 7 0 2.4   | 7128 × 8 = 57024
              0 |
```

Le premier chiffre 3 de la racine s'obtient immédiatement, parce qu'il est la racine du plus grand carré 9 contenu dans la première tranche à gauche 12. On retranche 9 de 12, et à côté du reste 3 on abaisse 73, première tranche à droite de 12. Séparant le chiffre 3, on divise 37 par 6, double de la partie connue de la racine; le quotient 6 indique le second chiffre de la racine ou un chiffre trop fort. Pour l'essayer, on le place à droite du 6 obtenu en doublant le premier chiffre de la racine; on a ainsi 66, que l'on multiplie par le chiffre à essayer 6; le produit 396 ne pouvant se retrancher du reste 373, on essaye, au lieu de 6, le chiffre 5; 325 pouvant se retrancher, on écrit 5 à la racine, dont il est le second chiffre. On abaisse la tranche 06 à côté du reste 48; on divise 480 par 70, double de 35, et ainsi de suite.

Le carré d'une fraction n'étant autre chose que le résultat de la multiplication de cette fraction par elle-même, on l'obtient en élevant au carré le numérateur et le dénominateur de la fraction : Ainsi $(\frac{3}{5})^2 = \frac{3^2}{5^2} = \frac{9}{25}$. Par conséquent, on aura la racine carrée d'une fraction en extrayant les racines de ses deux termes : ainsi $\sqrt{\frac{9}{25}} = \frac{\sqrt{9}}{\sqrt{25}} = \frac{3}{5}$. Cette dernière opération n'offre pas de difficulté dans l'exemple qui précède, parce que les deux termes de la fraction donnée sont des carrés parfaits. Si le dénominateur seul est un carré parfait, comme dans $\frac{3}{25}$ par exemple, la racine de la fraction ne peut être exprimée exactement : elle est représentée par $\frac{\sqrt{3}}{5}$, et, par suite, comprise entre $\frac{2}{5}$ et $\frac{3}{5}$, c'est-à-dire qu'on connaît sa valeur *à moins d'un cinquième près*. Si le dénominateur n'est pas un carré parfait, on multiplie les deux termes de la fraction par ce dénominateur, de sorte qu'on a une nouvelle fraction égale à la première, mais dont le dénominateur est un carré parfait. Exemple : $\sqrt{\frac{10}{23}} = \sqrt{\frac{10 \times 23}{23^2}} = \frac{\sqrt{230}}{23}$. La racine de 230 étant comprise entre 15 et 16, la racine de $\frac{10}{23}$ est comprise entre $\frac{15}{23}$ et $\frac{16}{23}$.

La considération précédente étant généralisée, elle permet de trouver pour les racines des nombres entiers ou fractionnaires qui ne sont pas des carrés parfaits, des valeurs aussi approchées que l'on veut. Si l'on demande, par exemple, la racine de 107 à moins de $\frac{1}{5}$ près, on remarque que $\sqrt{107} = \sqrt{\frac{107 \times 5^2}{5^2}} = \frac{\sqrt{107 \times 25}}{5} = \frac{\sqrt{2675}}{5}$. Il suffit donc de calculer la racine de 2675 à moins d'une unité près. On trouve ainsi que $\sqrt{107}$ est comprise entre $\frac{51}{5}$ et $\frac{52}{5}$ ou entre $10 \frac{1}{5}$ et $10 \frac{2}{5}$. De même si l'on veut extraire la racine carrée d'un nombre à moins de $\frac{1}{10}$, $\frac{1}{100}$, etc., il faut multiplier le nombre proposé par 100, 10,000, etc., c'est-à-dire ajouter à sa droite autant de fois deux zéros que l'on veut avoir de décimales à la racine.

En supposant que nous employons les notations algébriques, nous trouvons par une simple multiplication :
$$(a+b)^2 = a^2 + 2ab + b^2,$$
formule qui exprime que le carré de la somme de deux quantités est égal au carré de la première plus le double produit de la première par la seconde plus le carré de la seconde.

En supposant que a représente les dizaines et b les unités d'un nombre, cette formule donne la proposition sur laquelle nous avons basé la théorie de l'extraction de la racine carrée.

Parmi les nombreuses conséquences qu'on peut tirer de cette formule, nous remarquerons seulement celle-ci : a et $a+1$ désignant deux nombres entiers consécutifs, on a :
$$(a+1)^2 - a^2 = a^2 + 2a + 1 - a^2 = 2a + 1,$$
ce qui montre d'abord que lorsqu'on extrait la racine carrée d'un nombre, le reste ne peut jamais être plus grand que le double de la racine obtenue. En second lieu cette même formule montre, en y faisant successivement $a = 0, 1, 2, 3$, etc., que, si l'on écrit la suite naturelle des carrés
$$0, 1, 4, 9, 16, 25, 36,\ldots$$
et que l'on prenne la différence entre chacun d'eux et le précédent, on aura les nombres
$$1, 3, 5, 7, 9, 11,\ldots$$
qui forment la suite des nombres impairs : proposition qui trouve son application dans les lois de la chute des corps. On peut l'exprimer encore en disant que le carré de tout nombre entier n est égal à la somme des n premiers nombres impairs.

E. MERLIEUX.

CARRÉ (*Art militaire*), carré d'infanterie, ou colonne contre la cavalerie, ou *corps carré*, ou *bataillon carré*, ou *hérisson*, évolutions composées, dont on se sert comme manœuvre de retraite. L'infanterie a recours à cet ordre quand elle est privée d'appuis, quand elle est réduite à terminer défensivement et sur place, à coups de baïonnette une action commencée à coups de feu. Le carré est une formation en bataille à quatre aspects ou à quatre fronts ; il a pour objet de résister sur tous les points à des charges de cavalerie ; il motive la réduction de l'espace entre les serre-files et le dernier rang. Il n'y a pas longtemps que ce mot *carré* est usité sous une forme absolue et d'une manière isolée ; on l'associait toujours au mot bataillon, avant que le bataillon fût devenu un petit corps, et l'on disait indifféremment, *bataillon carré*, *bataillon à centre vide* ou *colonne* ; pour signifier : armée carrée, brigade carrée ou *régiment carré*. Quand le bataillon n'a plus été qu'une des parties constitutives d'un régiment, on a employé improprement, et surtout depuis l'ordonnance du 6 mai 1755, comme synonyme de *carré*, le mot *colonne de retraite*. Notre langue militaire a ensuite adopté l'expression non moins vague de *dispositions contre la cavalerie* ; enfin l'expédition d'Égypte a consacré l'emploi du mot *carré*.

Si l'on recherche quel usage l'antiquité a pu faire des carrés, on n'obtiendra que des notions bien vagues : Xénophon parle de carrés égyptiens de cent hommes en tous sens. Le père Amiot nous apprend que 1,122 ans avant l'ère chrétienne l'armée des Chinois savait se ranger en plusieurs carrés qui se flanquaient réciproquement. La langue grecque appelait *plinthe* ou *brique* un carré ; on en a fait le mot *plósion*. Élien préfère le *coin* ou *l'embolon* au carré ; mais ce mot, en ce cas, donne l'idée, non pas d'un ordre à aspects opposés ou à rangs adossés, mais d'une simple forme quadrangulaire à un seul aspect. Végèce parle du *quadratum agmen*, que des auteurs modernes supposent un carré ; mais le sens que Végèce attache à ce mot est mal éclairci. Maizeroy cite le *carré* comme pratiqué dans la retraite de Xénophon, dans les marches d'Agésilas, d'Alexandre, de César, de Sylla. Mais ce genre de carré, usité en quelques circonstances extraordinaires, n'était autre que des colonnes de retraite ou des encadrements de bagages. Depuis la création de la *cohorte militaire* jusqu'au moyen âge, le *carré* ou *quadratum agmen* des légions est fréquemment mentionné par les historiens ; il avait peut-être quelque analogie avec un ordre habituel, avec une formation fondamentale. Le colonel Carrion incline vers ce sentiment. Les auteurs du dix-huitième siècle comprennent le carré au nombre de leurs bataillons géométriques ; ils lui donnaient une forme équilatérale à angles émoussés, et plaçaient à ces angles, ou plutôt à ces pans, l'artillerie de l'infanterie. L'ordonnance du 1er janvier 1766 commence à prescrire le carré, tel à peu près qu'il a été le plus généralement exécuté depuis. Le règlement du 1er juin 1776 donne à cette manœuvre un développement mieux entendu ; il l'emploie comme évolution de ligne, imitant les six rangs du carré prussien. L'ordonnance d'exercice du 20 mai 1788 rédigée par le conseil de la guerre, et reproduite dans l'ordonnance de 1791, suit les mêmes errements et achève d'améliorer les principes prussiens. Ces principes étaient cependant en 1788 loin encore de la perfection, ainsi que le prouvent Mauvillon et Mirabeau, puisque la tactique prussienne ne formait en général le carré qu'en pliant une ligne d'un ou de deux bataillons, comme on plierait en carré une corde dont on approcherait bout à bout les extrémités. Ce principe avait pour objet de n'intervertir nulle part l'ordre naturel numérique des pelotons ; mais c'était une attention puérile occasionnant une perte de temps considérable : en effet, il s'agit dans la formation des carrés, non de conserver cette hiérarchie numérique, mais d'unir la simplicité de l'exécution à la rapidité de la transformation, et de tirer le parti le plus utile de tous les hommes de rang qu'on a sous la main. Il s'agit surtout d'approprier la manœuvre du carré aux ordres parallèle, perpendiculaire, oblique, échelonné ; d'appliquer l'emploi du carré, ou plutôt des carrés, aux pays de plaines découvertes, et de garnir le terrain de redoutes vivantes, flanquées, inabordables, en état de braver un ennemi qui, riche en cavalerie, ne serait pas supérieur en artillerie : telle est, en 1813, l'image de la bataille de Lutzen.

La tactique française et la guerre de 1792 ont résolu le problème des carrés modernes. Ce genre de combat contre la cavalerie s'est simplifié ; et l'on en peut formuler comme il suit le système : former d'une troupe d'infanterie de dimension moyenne une colonne demi-ouverte ou à quart de distance pour les carrés à trois ou à six rangs ; en renverser la queue, en tourner la face en dehors des flancs, en faisant mouvoir d'une manière divergente et par deux conversions emboîtaillantes, chaque demi-subdivision de la colonne ; prendre par là une forme équilatérale ou la forme d'un parallélogramme ; rétablir avec la même promptitude la forme primitive de la colonne, et parvenir, au moyen de renversements et de conversions, à mouvoir cette citadelle ambulante, vers l'aspect du front, ou de la queue, ou des flancs. Un système de marche de carré a été essayé, mais n'a pas pris racine dans notre tactique ; autrefois on le mobilisait au moyen de signaux de tambours. Ainsi, la batterie aux champs, exécutée en avant d'un des quatre fronts, indiquait qu'il fallait prendre cet aspect, et marcher de ce côté. Un roulement au centre du carré transformait de nouveau en colonne le carré, et servait comme de commandement pour exécuter des conversions inverses de celles qui avaient produit le carré. Ce moyen de faire manœuvrer le carré au son de la caisse était excellent. Frédéric II, dans les grandes manœuvres de Potsdam, formait souvent de la réunion de deux ou quatre bataillons sur trois rangs des *carrés vides équilatéraux* ; dans les marches de ligne en retraite, il se servait de ces carrés comme d'un moyen de défense centrale : il les encadrait dans une enceinte défensive formée des compagnies de ses bataillons de grenadiers, la manœuvre de retraite se continuant en échiquier, tandis que le carré tenait ferme. Ainsi le carré prussien était quelquefois à trois rangs, quelquefois à six rangs ; mais ce n'était pas un ordre général de ligne, ni un moyen de résistance opiniâtre sur place, comme il l'est devenu depuis. A Waterloo les carrés anglais n'étaient qu'à deux rangs. Les carrés sont ordinairement à aspects anticentriques ou faisant face en dehors ; cependant on en forme aussi à aspects centriques ou dont les files regardent en dedans ; ainsi, une troupe se plie quelquefois en carré face en dedans, soit pour écouter l'ordre, soit pour être témoin d'une cérémonie de réception, de la dégradation d'un condamné, etc.

Plusieurs auteurs modernes ont proposé quelques modifications au système des carrés ; M. le général Pelet surtout s'en est occupé. Un document de 1828, intitulé *Supplément au règlement de 1791*, prescrivait les carrés par bataillon, les carrés obliques, etc. Il donnait une dénomination à chaque face de carré ; la première était celle que formait le front avant qu'on ne rompît ; la troisième, celle qui était à l'opposé ; la seconde, celle à droite du front, etc. Ce document imposait, sans qu'on en sente trop la nécessité, un commandant à chaque face. L'ordonnance du 4 mars 1831 a donné force de loi aux dispositions du document de 1828 ; elle a appelé *division*, mot assez mal trouvé, ce qu'elle aurait dû nommer *face* et distingué numériquement ces faces, comme en 1828. Elle fait exécuter le carré sur trois rangs par un, deux ou trois bataillons au plus ; elle abolit le carré sur six rangs, que prescrivait le règlement du 1er août 1791 ; elle institue un ordre en carré échelonné à soixante pas de distance ; elle tient en réserve dans l'intérieur du carré une ou deux divisions de bataillons, ce qui y occasionne un encombrement plus nuisible que cette réserve n'eût pu être profitable pour boucher les trouées ; elle subordonne enfin à un chef de bataillon chacun des côtés longs du carré. Le plus ancien commande la face de droite. Un bataillon formé en carré est mis en marche par le commandement : *Formez la colonne* ; il redevient ainsi *colonne par division à demi-distance* ; mais la quatrième division a ses serre-files devant elle. Le carré se forme ordinairement par transformation d'une colonne par division, mais dans un cas pressant une colonne par peloton se carre également. L'usage s'opposait à ce que la garde du drapeau fit feu ; l'ordonnance du 4 mars 1831 revient sur cette disposition.
Gal BARDIN.

CARRÉ (GUILLAUME-LOUIS-JULIEN), jurisconsulte, naquit à Rennes, le 21 octobre 1777. Après avoir combattu sous le drapeau national, il étudia les lois, et c'est aux lois sur la procédure qu'il s'attacha de préférence ; il les enseigna d'abord dans des leçons particulières, en même temps que la profession d'avocat qu'il exerçait avec succès lui fournissait une occasion naturelle d'appliquer les théories qu'il avait démontrées. Personne ne sut mieux que lui allier les études sédentaires du théoricien avec l'activité nécessaire au barreau. Indépendamment des causes civiles dans lesquelles les clients étaient jaloux de l'avoir pour défenseur, il était chargé de presque toutes les causes criminelles importantes, soit devant les tribunaux ordinaires, soit devant les conseils de guerre. En l'an XI il fut nommé membre du comité consultatif des hospices, et en l'an XII du comité de jurisprudence charitable. Lorsque l'école de Rennes fut réorganisée sous la direction de Lanjuinais, Carré fut appelé à la chaire de procédure ; il devint le collègue et l'ami du savant Toullier, qui déjà professait dans la même faculté le cours de droit civil. Tous ceux qui ont suivi les cours de Carré conservent de précieux souvenirs de ces leçons où le savoir s'alliait à une extrême bienveillance. Dans sa chaire, il aimait à se voir entouré de ses élèves, qu'il appelait ses enfants, et ceux-ci, par réciprocité, l'avaient surnommé le *bon père Carré*. Il semble, dans de telles conditions, que Carré aurait dû vivre heureux : il n'en fut pas cependant ainsi. A la mort de son père, qui ne lui avait laissé que des dettes, il contracta, pour conserver intacts un nom et une mémoire qui lui étaient chers, des engagements considérables, comptant pour son travail pour les remplir ; mais son travail ne répondit qu'en partie à ses espérances, et jusqu'à sa mort il vécut malheureux. En 1830 il crut un moment que les dignités de la magistrature viendraient lui assurer au moins pour la fin de ses jours une position honorable et fixe ; les vœux unanimes de la Bretagne l'appelaient à la première présidence de la cour de Rennes ou à la cour de cassation. Cette dernière place lui fut promise, mais le pouvoir ne tint pas ses promesses. Carré s'en revint à

Rennes le cœur navré; la déloyauté des hommes l'accabla; il sentit défaillir son courage, et ne put résister à la douleur amère qu'il éprouva. Il mourut le 14 mars 1832.

Parlons maintenant de ses travaux. Son premier ouvrage fut une *Introduction à l'Étude du Droit*. En 1808 il publia un *Code sur la Voirie*; en 1811 il édita son *Analyse de la Procédure civile*, qu'il fit suivre, en 1818, de ses *Questions sur la Procédure*. Quelque temps après il mit au jour un *Code administratif et judiciaire des Paroisses ou Gouvernement des Paroisses*, matière difficile et peu connue, qu'il sut assujettir à une méthode qui a fait de ce livre un ouvrage classique. En 1821 les deux ouvrages sur la Procédure étant épuisés, il les refondit pour en former un traité complet, qu'il intitula : *Lois de la Procédure Civile*, et qui fait autorité dans la science et dans les tribunaux ; six ans après, une seconde édition parut, en 3 vol. in-4°, et au moment de sa mort il faisait imprimer un quatrième volume. En 1825, c'est-à-dire dans l'intervalle de ses deux éditions des *Lois de la Procédure*, il avait publié un ouvrage à propos duquel M. Dupin lui écrivit : *Exegisti monumentum*. Nous voulons parler des *Lois d'Organisation et de Compétence*, matière aussi vaste et difficile qu'intéressante. En 1829 il publia un nouvel ouvrage, auquel il songeait depuis longtemps, sous le titre de *Droit Civil Français dans ses rapports avec la juridiction des juges de paix*, matière encyclopédique, dans laquelle il sut rester élémentaire sans cesser d'être doctrinal, savant sans perdre de vue l'utilité pratique. L'imagination a peine à comprendre qu'un homme ait accompli de pareils travaux et ait pu les mettre à fin, au milieu des occupations si remplies du professorat et du barreau; encore n'avons-nous point parlé des articles importants qu'il fournit à l'*Encyclopédie Moderne*. Les travaux de Carré resteront toujours comme un monument de conscience, de savoir et de talent. Les plus grands suffrages, les plus imposantes autorités de la science, les ont appréciés : que dire de plus, quand on saura que Toullier, le Pothier moderne, avait désigné Carré comme le continuateur de son immortel ouvrage sur le droit civil. Carré, déjà l'ami du célèbre jurisconsulte, se trouvait heureux d'être associé à ses travaux; il travaillait avec ardeur à cette œuvre, et allait en faire paraître les premiers volumes, quand la mort vint l'arrêter.

E. DE CHABROL.

CARREAU. On désigne par ce mot, dans les arts, plusieurs objets de forme carrée, et qui servent à des usages fort différents. On a même souvent conservé le nom de carreaux à des objets qui, quoiqu'ils aient perdu leur figure primitive, pouvaient en prendre une plus ou moins éloignée du carré, mais toujours régulière. Ce mot, dans son acception la plus ordinaire, est employé pour désigner des pavés plats en marbre, en pierre ou en terre cuite, dont on fait usage pour couvrir l'aire (plancher) des appartements, des vestibules ou des églises. Lorsque l'on emploie des carreaux de couleurs variées, l'usage est de laisser la forme carrée au pavé de marbre de couleur, et ordinairement noir, qui remplit les intervalles que laissent les carreaux octogones en pierre blanche. Les carreaux en terre cuite sont ceux dont on fait le plus grand usage ; ceux de forme carrée ne servent maintenant que pour carreler l'âtre des cheminées, les cuisines, les offices ou autres salles basses. Les carreaux hexagones sont employés pour carreler ordinairement les chambres. On en fait de deux dimensions : ceux de petit moule étaient autrefois beaucoup plus en usage, ils ont 0^m,108 de diamètre ; 80 couvrent une superficie d'un mètre carré. Maintenant on se sert beaucoup plus du carreau de grand moule, qui a 0^m,162 de diamètre ; 40 suffisent pour couvrir un mètre carré.

Cette espèce de carreau se fait avec un mélange de terre glaise et de sable. Pour que ces carreaux soient de bonne qualité, il faut que la terre subisse différentes préparations pendant une année avant d'être employée. Il est nécessaire que pendant ce temps elle soit bien battue, corroyée, et exposée à la gelée. La terre ainsi préparée et humectée d'une manière convenable est mise en moule ; les carreaux sont ensuite portés sous des hangars, où ils restent longtemps, pour y sécher à l'ombre. Il est nécessaire que leur dessiccation soit parfaite avant de les livrer à la cuisson ; car s'ils contenaient de l'humidité, ils se fendraient ou deviendraient gauches. Les carreaux sont ensuite placés dans un four à claire-voie, où l'on entretient pendant dix jours un petit feu que l'on nomme *fumage*; au bout de ce temps on fait un feu de réverbère, qui dure cinq jours; puis on le laisse éteindre ; mais ce n'est qu'au bout de huit jours que les carreaux sont assez refroidis pour pouvoir les retirer du four et les livrer au commerce. La bonté du carreau dépend entièrement de sa fabrication : si l'on y met trop de précipitation, et si surtout, pour ménager le combustible, on n'amène pas sa cuisson à un assez haut degré, il s'use facilement et se réduit en poussière par le frottement des pieds.

On fait aussi des carreaux en faïence vernie ; ils sont toujours de forme carrée, quelquefois on y trace des rosaces ou d'autres dessins en couleur ; on s'en sert pour couvrir les fourneaux, les parois des salles de bains et les côtés intérieurs d'une cheminée : ceux que l'on emploie dans ce dernier cas doivent être entièrement blancs, parce qu'alors ils réfléchissent beaucoup plus de chaleur.

Les *carreaux de vitre* sont des pièces de verre placées dans les châssis d'une fenêtre. Ils sont ordinairement rectangulaires ; cependant quelquefois pour des portes on en fait en losange ; anciennement dans les églises on leur donnait souvent la forme hexagone ou triangulaire, suivant que l'exigeait le dessin général du vitrail.

On donne aussi le nom de *carreau* à un coussin destiné à être placé sous les pieds. C'était autrefois un privilège que s'arrogeaient les dames d'un haut rang, de faire porter par leur valet un carreau de velours, sur lequel elles se mettaient à genoux à l'église.

On a dit autrefois, en terme de jardinage, *carreau* pour *carré* : ainsi, un carreau de tulipes, un carreau de légumes ; de là l'expression : vendre sur *le carreau de la halle*.

Carreau, en termes de serrurerie, est le nom de très-grosses limes dont la taille est rude et se trouve également sur les quatre pans d'un fort barreau d'acier. Elles servent à dégrossir les ouvrages en fer au sortir de la forge.

Le mot *carreau* sert encore à désigner un gros fer à repasser dont les tailleurs font usage pour aplatir les coutures des habits. On donnait aussi autrefois le même nom au fer à repasser des blanchisseuses, malgré la différence de sa forme.

En termes de menuiserie, *carreau* est le nom que l'on donne à un ais carré ou à une planchette, qui dans les parquets remplit les intervalles entre les traverses.

Carreau est enfin le nom de l'une des couleurs dans les cartes à jouer; elle est figurée par de petits carrés rouges placés en losange sur la carte.

DUCUESNE aîné.

CARREAU (*Pathologie*), sorte d'opilation qui presse l'estomac, la poitrine, et rend le ventre tendu et dur comme un *carreau*, comparaison fort peu exacte d'ailleurs. Cette maladie, qu'on a encore appelée *chartre*, *phthisie* ou *consomption des enfants*, se manifeste ordinairement à l'époque du sevrage, quelquefois peu après la naissance, rarement après la septième année. Le défaut de lait maternel, surtout au commencement de l'allaitement, l'évacuation incomplète du méconium, l'abus du lait, de la panade, la consistance trop grande du lait, l'usage prématuré de la bouillie et des aliments solides, des maillots et des corps, ont été considérés comme autant de causes qui prédisposent les enfants à cette maladie. Parmi celles qui en déterminent l'invasion, on a rangé non-seulement toutes celles qui, agissant continuellement sur tout l'organisme, tendent à troubler directement les fonctions nutritives, mais encore l'influence de la répercussion des maladies cutanées du premier âge (croûte laiteuse, suintement d'oreilles, teigne, petite vérole, rougeole, scarlatine, etc.). Les influences plus ou moins permanentes qui jettent le trouble dans les fonctions nutritives sont : un air habituellement humide, le séjour dans des lieux bas et obscurs ou marécageux, dans les habitations mal exposées ou dans des quartiers resserrés des grandes villes, l'entassement d'un très-grand nombre d'enfants indigents dans les établissements de charité, les aliments de mauvaise qualité ou trop substantiels, trop abondants, surtout l'abus des farineux, l'usage du pain mal cuit, mal fermenté, des fruits verts ou à demi mûrs, du laitage, des gâteaux non levés, du vin nouveau, des liqueurs spiritueuses aigres et des eaux de neige, de glace ou de celles qui traversent des sols gypseux; enfin l'absence des soins de propreté, et le défaut de vigilance des mères ou des nourrices.

Dès que l'enfant paraît perdre sa vivacité ordinaire, qu'on le voit devenir pâle, triste et languissant, que les digestions se dérangent, lorsque l'appétit diminue, si le ventre murmure, devient bouffi, tendu, surtout le soir, si l'urine est blanchâtre et les déjections liquides, c'est alors la première période ou celle d'invasion de la maladie; il faut s'empresser de recourir aux conseils, à la vigilance des hommes de l'art, et observer scrupuleusement toutes les règles hygiéniques qu'ils associent au traitement. L. LAURENT.

CARREAU (*Zoologie*), genre de mollusques établi par Denis de Montfort; et que l'on désigne aujourd'hui sous le nom de *pyrule*. Carreau est encore le nom vulgaire de l'hirondelle de rivage et de quelques espèces du genre carpe. Les pêcheurs le donnent aussi aux gros brochets.

CARREAU (*Art militaire*), flèche de 1^m,60 à 2^m, de long, et qui n'était employée qu'avec l'arbalète, surtout avec celle de grande dimension, dite *arbalète de passe*, *ribaudequin*, ou plus anciennement *espringale*, dont on ne faisait usage que dans les siéges. Son nom, d'après Barbazan et Roquefort, dérive du bas latin *carellus*, *quadrellus*, dont les Italiens ont fait *quadrella*, *quadrello*, indiquant la forme du fer dont l'extrémité de ce trait était armée, forme, non pas carrée, comme on l'a dit, mais pyramidale, à base carrée. Court de Gébelin est d'un avis différent; il tire *carreau* ou *garrot* et tous leurs synonymes, du latin *verutum*, javelot. L'Encyclopédie le fait venir du gaulois *garra*, qui aurait produit les anciens termes latins, le mot français *garot*, en latin barbare *garottus*.

Il y a eu des dards à main, en forme de *carreaux*; mais ici le mot est pris comme une arme de déclic et comme un gros trait de grande arbalète, de catapulte et de bombarde; cependant Du Cange dit que l'infanterie française tirait quelquefois des carreaux avec l'arc. Il y avait aussi des carreaux à fer barbelé. La verge ou hampe du carreau était ordinairement empennée d'airain, au lieu d'avoir des ailes de plume, comme les flèches. L'ordonnance de 1285 voulait que les sergents d'armes eussent le carquois garni de carreaux. Fauchet fait mention de carreaux d'acier tirés avec les arquebuses à rouet. Rigord parle de carreaux empennés, soit qu'il y en eût qui ne le fussent pas, soit pour les distinguer de ceux qui étaient garnis d'airain au lieu de plumes, soit parce que le mot *quadrellus* signifiait peut-être fer de flèche, et que *quadrellus pennatus* signifiait la totalité du fer et de la hampe.

Pierre Borel donne un sens fort différent au mot *carreau* : suivant lui, on appelait *quarreaux* des pierres que lançaient les mangonneaux; il n'en était porté qu'une seule sur chaque char, à raison de la pesanteur de ce genre de projectile. Gal BARDIN.

On peut supposer que les carreaux de notre jeu de cartes ont pris leur nom du fer de ces longues flèches dont ils rappellent imparfaitement la forme. Ce qui est plus certain, c'est qu'on a fait dériver de là le nom de *carreaux* appliqué aux traits de la foudre dans Rabelais, Marot, La Fontaine et ses contemporains.

CARREAU ÉLECTRIQUE, ou CARREAU FULMINANT. C'est un carreau de verre enduit des deux côtés d'une couche métallique et pouvant servir aux expériences que l'on fait avec la bouteille de Leyde.

CARRÉ DE L'HYPOTÉNUSE. *Voyez* HYPOTÉNUSE.

CARRÉ D'INFANTERIE. *Voyez* CARRÉ (*Art militaire*).

CARRÉE (Racine). *Voyez* RACINE et CARRÉ (*Mathématiques*).

CARREFOUR. « C'est proprement, dit Nicot, un endroit ès villes ou villages où quatre rues se rapportent et font teste ou quarré l'une à l'autre. Ce mot vient de *quarré* et *fourc*, ou bien de *quatre* et *fourc*, ce qui se rapporte plus à l'essence de la chose, estant proprement appelé *quarre four* l'endroit et place où *quatre fourcs* sont teste à teste; et pource que telles places et endroits sont pour la plupart en quarré, on prononce *quarrefour* pour *quatre fourcs*. » Et le même auteur explique ainsi le mot *fourc* : « C'est toute chose qui fait un angle aigu : ainsi dit-on le *fourc* d'un arbre, des doigts, d'un chemin, des rues, d'où vient ce mot *quarre fourc*, par composition de *quarré* et *fourc*. De ce mot dérivez *fourches* et semblables. »

Dans une traduction française de Polydore Virgile, imprimée en 1521, on lit : « Mais les Athéniens ne sont encore assemblés en leurs villes, les jeunes enfants, comme témoigne Varro, à l'entour des villages, bourgs et *carrefourcs*, chantoient dictz et solemnisoient les festes par aucuns gestes, parquoy la comédie commença à pulluler et à venir en sa fleur. » On trouve encore dans le roman de Lancelot du Lac : *Illec dessus a ung* QUARRE FOURC *de sept voyes*; et nous voyons dans un dictionnaire latin-français manuscrit du treizième siècle le mot latin *theatrum* expliqué par *carrefourc*. Outre l'origine de ce mot, qui se trouve éclaircie par cet exemple, c'est une preuve nouvelle de l'usage déjà connu dans lequel furent longtemps en France les baladins, acteurs ambulants, et pèlerins joueurs de mystères, de s'établir sur les places et *carrefours*, d'y élever leur tréteau, et d'y offrir au peuple, qu'ils appelaient à son de trompe, leurs représentations mystiques. C'est aussi dans les *carrefours* que les crieurs publics avaient soin de se rendre pour annoncer les nouvelles ordonnances qu'ils étaient chargés de faire connaître aux habitants. Certains carrefours de Paris ont servi pendant longtemps de lieux de supplice. LE ROUX DE LINCY.

CARREL (ARMAND), fut l'un de ces hommes qui n'ont point d'ancêtres et qui ne laissent point de postérité. Leur nom s'élève, brille et s'éteint avec eux, pareil à ces météores qui dans la nuit illuminent l'horizon, et puis qui s'effacent. Soldat de l'armée, sans qu'il reste de lui une victoire; soldat de la presse, sans qu'il reste de lui un ouvrage. Cependant, il a été plus célèbre que des généraux et que des écrivains. Il a combattu vaillamment de la plume et de l'épée. Mais son étoile a pâli au moment où elle semblait le guider vers des destinées plus fixes et plus heureuses. Sa renommée n'a été que circonstancielle. Encore quelques années, encore quelques flots de ce grand courant du temps qui nous emporte tous, et Carrel ne restera plus que dans les feuillets déchirés de nos révolutions orageuses; il ne vivra plus que dans la mémoire de ses amis, mémoire tendre et fidèle, qui ne l'oubliera jamais (1), car ce fut un noble cœur, un chevaleresque caractère, un admirable écrivain,

(1) On lit pourtant dans les *Mémoires d'outre-tombe* de Chateaubriand (tome XI, pages 390 et 391) :

« Carrel, que se souvient de vous? Les médiocres et les poltrons, que votre mort a délivrés de votre supériorité et de leur frayeur, et moi, qui n'étais pas de vos doctrines. Qui pense à vous ? Qui se souvient de vous? Je vous félicite d'avoir d'un seul pas achevé un voyage dont le trajet prolongé devient si dégoûtant et si désert, d'avoir rapproché le terme de votre marche à la portée d'un pistolet, distance qui vous a paru trop grande encore et que vous avez réduite en courant à la longueur d'une épée.

« J'envie ceux qui sont partis avant moi : comme les soldats de

Carrel naquit à Rouen, le 8 mai 1800, d'une famille commerçante. Son père était légitimiste. Une irrésistible vocation le poussait vers la carrière militaire. Admis à l'école de Saint-Cyr, bon élève, mais libéral, il s'attira, par la hardiesse de ses théories, l'animadversion de ses chefs. Le commandant de l'école lui ayant dit un jour qu'avec des opinions comme les siennes, il ferait mieux de tenir l'aune dans la boutique de son père : « Mon général, lui répondit Carrel, si jamais je reprends l'aune, ce ne sera pas pour mesurer de la toile. » Passionné pour la littérature, il s'enflammait au récit des grandes guerres de la révolution, et le nom héroïque des Kléber, des Marceau et des Hoche, venait à chaque moment se placer sur ses lèvres. Il rêvait de gloire et encore plus de liberté. Sous-lieutenant au 29° régiment de Saint-Cyr, en garnison à Neuf-Brisach, il prit part à la conjuration de Colmar, qui échoua misérablement ; mais, par fortune, il ne fut ni découvert ni inquiété. Peu de temps après, le général Milan fut obligé de lever le siège et de se retirer devant nos soldats avec ses troupes battues et en déroute, Carrel courut les plus grands dangers ; il faillit y périr, ayant, malgré les instances pressantes de ses amis, refusé de quitter la cocarde tricolore. Réduit presque aux dernières extrémités de vivre, sans solde d'ailleurs et sans argent, il supporta sa mauvaise fortune avec un calme insouciant ; il dévorait la lecture de nos classiques, et comme Paul-Louis Courrier, il tenait l'épée d'une main, et de l'autre Virgile. Son caractère se trahissait par des mots et des actions énergiques. Le colonel italien de sa légion, ayant vu ses troupes se débander, courut sur elles en criant : « Français, vous fuyez ! — Vous en avez menti », lui riposta Carrel : les Français ne fuient pas ! » Et Carrel s'étant mis en défense contre le colonel, qui marchait sur lui le sabre levé, celui-ci lui serra la main, et devint son ami. Peu après, frappé d'un coup mortel : « Je vous recommande, dit-il en mourant, ce brave et noble jeune homme. »

Battu à Lers, après des fatigues inouïes et une lutte sanglante et désespérée, la légion étrangère capitula, et Carrel, ainsi que tous les officiers français, ayant été compris dans la capitulation, se trouva le prisonnier du baron de Damas, qui lui permit, dans la capitulation, dans ses ter-

César à Brindes, du haut des rochers du rivage je jette ma vue sur la haute mer, et je regarde vers l'Épire si je ne vois point revenir les vaisseaux qui ont passé les premières légions pour m'enlever à mon tour.

« Après avoir relu ceci en 1839, j'ajouterai qu'ayant visité en 1837 la sépulture de M. Carrel, je la vis fort négligée, mais je vis une croix de bois noir qu'avait plantée auprès de la mort sa sœur Nathalie. Je payai à Vaudran, le fossoyeur, dix-huit francs qui restaient dus pour les treillages ; je lui recommandai d'avoir soin de la fosse, d'y semer du gazon et d'y entretenir des fleurs. À chaque changement de saison je me rends à Saint-Mandé pour m'acquitter de ma redevance et m'assurer que mes intentions ont été fidèlement remplies (*). »

(*) *Reçu du fossoyeur*. J'ai reçu de M. de Chateaubriand la somme de dix-huit francs qui restait due pour le treillage qui entoure la tombe de M. Carrel.
Saint-Mandé, ce 21 juin 1838. Pour acquit, VAUDRAN.

Reçu de M. de Chateaubriand vingt francs pour l'entretien du tombeau de M. Carrel à Saint-Mandé.
Paris, ce 28 septembre 1839. Pour acquit, VAUDRAN.
(*Note du Rédacteur en chef*.)

mes et dans son post-scriptum, couvrait les officiers français comme les autres. Cependant ils furent traduits devant un conseil de guerre et jetés en prison. Le conseil s'était déclaré incompétent, sur le motif que les prisonniers n'étaient plus militaires français au moment de leur capture. La cour de cassation annula ce jugement. Carrel prévit que sa condamnation à mort allait s'ensuivre, et par l'un de ces mouvements de générosité qui lui étaient naturels : « Je voudrais mourir pour eux, dit-il en montrant ses coaccusés à leurs défenseurs. » Maltraité dans sa prison, il faisait partout éclater son beau caractère. « Je ne plains que mes camarades. Moi, je sais me plier à tout. » Ces longues heures d'emprisonnement ne furent pas perdues pour Carrel, qui lisait, écrivait, méditait et amassait des trésors d'étude et de littérature. — Carrel fut renvoyé devant le conseil de guerre de Toulouse. Défendu par le célèbre Romiguières, il fut acquitté, aux applaudissements de tout l'auditoire et des militaires eux-mêmes, que son langage franc et intrépide avait profondément émus. Plus tard, et lorsque l'un des officiers royalistes qui avaient assisté à la capitulation de Lers, et s'étaient intéressés en faveur des Français, fut, à son tour, et en 1833, victime d'une autre réaction politique, en sous inverse, Carrel, appelé comme témoin, prononça de ces mots généreux qui enlèvent un acquittement et qui font battre les nobles cœurs. L'officier vendéen lui dut la vie.

Carrel, brisé dans sa carrière militaire, voulut étudier le droit. Mais cet homme, dont le mérite littéraire fut si original et si grand, n'était pas bachelier ès lettres ! Il fallut y renoncer. La carrière commerciale ne lui fut pas ouverte, et d'ailleurs ne lui convenait pas. Un historien distingué le prit pour secrétaire. Ce fut à cette époque que commencèrent ses travaux politiques. Il écrivit pour la collection Lecointe le *Résumé de l'Histoire d'Écosse* et le *Résumé de l'Histoire de la Grèce moderne*. Il rédigeait des articles dans la *Revue Américaine*, *Le Constitutionnel*, *Le Globe*, la *Revue Française*, *Le Producteur*. Il publia son *Histoire de la Contre-Révolution en Angleterre*. Ce fut Carrel, qui, impatient de la mollesse des autres journaux, et pressé du besoin d'attaquer, eut l'idée de fonder *Le National*, conjointement avec MM. Thiers et Mignet. Chacun d'eux devait avoir pendant un an la direction suprême du journal. M. Thiers, l'aîné des trois fondateurs, prit et conduisit avec éclat les rênes du *National* jusqu'à la révolution de 1830. Lorsqu'elle éclata, Carrel s'éleva le premier de tous, et protesta contre les ordonnances de Juillet. « La France, disait-il dans sa fameuse protestation, puisera dans le sentiment de son devoir le courage nécessaire pour persévérer dans la défense de son droit. »

Les trois fondateurs du *National* furent bientôt emportés par des fortunes diverses. MM. Thiers et Mignet passèrent dans le nouveau gouvernement. Carrel, envoyé en mission dans l'Ouest, fut, à son retour, nommé préfet du Cantal ; on lui proposa aussi de l'avancement militaire. Il refusa les deux propositions. Il reprit, comme rédacteur en chef, la direction du *National*, et le conduisit comme l'organe le plus vigilant, le plus ferme, le plus éclatant de la démocratie. Les théories de Carrel étaient toutes radicales. Selon lui, le suprême magistrat devait être électif et responsable, la seconde chambre élective, la liberté de la presse inviolable. Selon lui, les réformes politiques sont le seul moyen logique, régulier, sûr et légitime, de décider les améliorations sociales. Plein d'ardeur militaire, il voulait briser le frein des traités de 1815 et agrandir le cercle de la France, dans lequel elle étouffait. Armand Carrel respire l'esprit guerrier. Son caractère énergique se révélait à chaque ligne de sa polémique, à chaque action de sa vie. Lorsqu'il engagea avec C. Périer sa lutte ardente contre l'arrestation préventive des journalistes, il termina ainsi : « Tout écrivain pénétré de sa dignité de citoyen opposera la loi à l'illégalité et la force à la force : c'est un devoir, advienne que pourra ! »

Le ministère recula devant un seul homme; mais cet homme était Carrel. Tout le monde se rappelle le mouvement oratoire si spontané, si admirable, d'Armand Carrel lorsqu'il défendit son ami Rouen devant la chambre des pairs. Ayant nommé le maréchal Ney, il ajouta : « A ce nom je m'arrête, par respect pour une glorieuse et lamentable mémoire; je n'ai pas mission de dire s'il était plus facile de légaliser la sentence de mort que la révision d'une procédure inique : les faits ont prononcé. Aujourd'hui le juge a plus besoin de réhabilitation que la victime. » Le président se lève, et interrompt le hardi défenseur. Mais Carrel, avec un geste et un accent inexprimables : « Si parmi les membres qui ont voté la mort du maréchal Ney, et qui siégent dans cette enceinte, il en est un qui se trouve blessé de mes paroles, qu'il fasse une proposition contre moi, qu'il me dénonce à cette barre, j'y comparaîtrai : je serai fier d'être le premier homme de la génération de 1830 qui viendra protester ici au nom de la France indignée contre cet abominable assassinat. » Électrisé par ce coup d'éloquence et enlevé pour ainsi dire de son banc, le général Excelmans s'écrie : « Je partage l'opinion du défenseur; oui, la condamnation du maréchal Ney fut un assassinat juridique ; je le dis, moi ! »
Qui eût dit que Carrel, si plein de vie, si riche de talents, de force et de jeunesse, eût été si tôt ravi aux espérances de la patrie? Il tomba frappé d'une balle dans une misérable rencontre (1836), pour une querelle qui n'était pas la sienne. On ne peut vraiment après de tels exemples s'empêcher de déplorer la funeste manie, le sot et détestable préjugé qui tranche de si belles existences. Qui connaît aujourd'hui, qui s'enquiert pour quel vain et futile motif s'engagea cette lamentable lutte? N'eût-il pas mieux valu cent fois qu'il perdît la vie glorieusement sur un champ de bataille? Un cimetière de village reçut ses restes, et une statue en bronze, due au célèbre ciseau de David, honore désormais la mémoire de cet héroïque et infortuné jeune homme, car il n'avait que trente-six ans. Une foule immense assista à ses obsèques. On voyait marcher derrière le char funèbre deux vénérables et illustres vieillards : Châteaubriand et Béranger, qui furent ses amis, et qui pleuraient. Qui n'eût pleuré, en effet, un homme si généreux et si regrettable, si glorieux de son passé et si plein d'avenir? Si plein d'avenir comme homme d'État, car il allait être nommé député, et quelle place ne lui eût pas faite sur les bancs de la chambre l'irrésistible ascendant de son caractère, dont tous ceux qui le connurent et l'entourèrent ne pouvaient se défendre, et cette éloquence pittoresque, originale, passionnée, qui était celle des mouvements et non des mots, des spontanéités de l'âme et non des préparations de l'étude? Si plein d'avenir aussi comme écrivain, car il allait écrire l'*Histoire de Napoléon*, telle qu'elle doit être écrite, avec ce style simple, mâle, ferme, coloré, sans trop d'éclat, hardi mais avec retenue, plein de sens et de grandeur, digne, en un mot, de la vie et des actions du héros.
Si Carrel, dégagé des soucis du journalisme, de cette vie ardente de la polémique qui vous porte inopinément sur la brèche, à toute heure de la nuit et du jour, sans qu'on ait le temps de se reconnaître et de choisir des armes bien trempées, se fût retiré dans une solitude studieuse, on ne peut dire jusqu'à quel point de perfection son talent d'écrivain serait parvenu. Sa manière était si large, si naturelle, si ferme, si abondamment lumineuse! Il n'a pas sans doute écrit de gros volumes, et son talent n'a poussé que des fleurs. Mais quel était déjà leur coloris! quel était leur parfum! Sa *Notice* qui sert de préface aux pamphlets de Paul-Louis Courrier est un petit chef-d'œuvre d'analyse littéraire, d'élévation et d'un bon sens exquis. Carrel avait un goût parfait ; on le sent en lisant cette préface, où le génie original et parfumé de l'antiquité de Paul-Louis est apprécié avec tant de grâce, de finesse et de sûreté. C'étaient cependant deux esprits bien différents que ces deux esprits-là : l'un, qui portait jusqu'à la superstition le culte de la Grèce; l'autre,

qui se précipitait dans les abstractions et les théories novatrices de la politique : l'un, qui n'osait pas s'expliquer à lui-même son opinion, et qui n'aurait pu dire, combattu qu'il était par les habitudes de sa jeunesse, s'il avait réellement d'autre opinion que la haine de la noblesse émigrée et de l'insolent étranger ; l'autre qui allait de pied ferme et de déduction en déduction jusqu'aux dernières limites de la démocratie : l'un, qui calculait les rapports secrets d'une phrase, avec une autre phrase, qui raturait la dissonance d'un mot, qui aiguisait finement une épigramme, qui méditait sur la portée d'une antithèse; l'autre, qui s'abandonnait avec impétuosité à sa verve, qui se laissait entraîner à la dérive de sa dictée, et qui en poursuivant le cours de ses inspirations ne cherchait pas si l'expression signifierait exactement l'idée, mais qui la trouvait précisément parce qu'il ne la cherchait pas. Peut-être est-ce parce que l'esprit entreprenant et primesautier de Carrel procédait par d'autres moyens et arrivait à d'autres effets que l'esprit timide et correctif de Courrier, qu'il y eut dans Carrel tant d'admiration pour la manière attique et travaillée, pour le faire de l'illustre pamphlétaire. Nous aimons les contrastes, et nous sommes surtout frappés dans les autres des qualités que nous n'avons pas, que nous envions parce qu'elles nous manquent et qu'elles nous font sentir l'indigence de notre esprit, toujours borné par quelque endroit. Cette belle préface d'Armand Carrel est peut-être la page où son talent littéraire est sorti empreint avec plus de force et d'éclat. Elle a beaucoup contribué à faire connaître, à faire aimer Paul-Louis à populariser ses écrits, qui étaient plus goûtés des littérateurs que du vulgaire.

Son écrit de 1834, sur *Les Hommes de la Révolution*, porte un caractère plus sévère. Il y joint à une grande hardiesse de principes une prudence consommée dans l'appréciation des hommes et des choses de cette époque; il ne s'y livre pas à un enthousiasme emporté, et l'on sent que le politique domine en lui le socialiste. Chevaleresque dans ses manières, ses habitudes et ses goûts, Armand Carrel n'aimait guère les théories égalitaires du communisme. Il était d'une autre école et d'un autre temps.

Presque au moment où Benjamin Constant quittait la vie, Armand Carrel ramassait sa plume de publiciste, et il entrait dans la lice avec éclat. Plus heureux que son devancier, il arrivait sur un terrain déblayé de l'attirail des fictions constitutionnelles. Mais il fallait se frayer un chemin à travers ces décombres, de peur qu'on ne les relevât, et il n'y avait pas de temps à perdre. Armand Carrel aborda de nouvelles thèses politiques sans hésitation, avec une vivacité toute militaire, et il les poussa devant lui l'épée à la main. Armand Carrel, comme tous les hommes de son tempérament, était inégal dans son humeur et dans sa polémique. Souvent, lorsque son foie se chargeait de bile, il se laissait décourager jusqu'à l'abattement; puis, lorsque ses yeux s'animaient et que l'indignation faisait bouillonner le sang dans ses veines, il devenait impétueux jusqu'à l'exaltation. Armand Carrel avait une vaste mémoire, un goût pur et délicat, un savoir profond, une élocution simple et mâle. D'ordinaire son style coulait avec une abondance limpide et colorée, comme s'il eût réfléchi les feux du soleil. Quelquefois il se resserrait, il s'armait d'aiguillons, il se bandait, et son sarcasme partait avec l'explosion de la foudre, qui brise et qui tue. Il ne tournait pas autour d'une question, il le prenait nettement, et il disait à ses adversaires : voilà le point d'attaque, allons, commençons ! De même qu'à l'ardeur des troupes, à la science des manœuvres, à la façon dont la tranchée est ouverte, les assiégés reconnaissent bien vite si c'est le général ou ses lieutenants, de même il était facile de voir si c'était Armand Carrel qui dans son journal ouvrait lui-même le feu de la polémique, c'étaient des tours inattendus, des expressions originales et créées, une certaine virilité de langage, un style fier et brave, qui semblait sonner du clairon et monter à l'assaut.

34.

Carrel dictait plutôt qu'il n'écrivait. La tribune, c'est la parole à la voix; le journal, c'est la parole à la plume. L'orateur et le journaliste ont besoin d'avoir auprès d'eux un sténographe. La seule différence qu'il y a entre l'orateur et le journaliste, c'est que l'orateur parle la veille et le journaliste le lendemain, l'un au public qui l'écoute, l'autre au public qui le lit. Le public de l'audition et le public de la lecture sont également passionnés. Ils veulent tous deux également qu'on se mette à leur unisson. Or, de même que l'orateur qui improvise avec chaleur fait toujours plus d'effet sur son auditoire que l'orateur qui lit froidement un discours préparé, de même le journaliste qui dicte avec animation fait plus d'effet sur ses lecteurs que le journaliste qui lime ses phrases avec la plume. Cette espèce de dictée militaire allait au caractère vif et bouillant de Carrel. Sa pensée jaillissait avec plus de force de cette sorte d'improvisation, et pour être moins cadencés, ses tours de phrases n'en étaient que plus inattendus et plus heureux. Il ne faisait pas attention à la lame de son épée, à son brillant, à son poli. Ardent, passionné, l'œil au but, il poussait son ennemi dans les flancs, sans lui faire trêve, sans lui donner un seul instant de relâche, et jusqu'à ce qu'il l'eût renversé sur l'arène et tenu pour mort. Mais lorsque la postérité, qui arrive si vite de nos jours, lit à froid cette polémique, dont elle ne comprend plus le sens, dont elle ne ressent plus la passion, dont le but lui échappe, et dont l'effet a cessé, elle ne la considère plus que comme une œuvre ordinaire d'histoire, de littérature, de style, et elle lui demande avec trop de sévérité peut-être des qualités de précision, d'élégance, de méthode, qu'elle n'a pas et qu'elle ne pouvait pas avoir. Car si elle les avait eues, elle n'aurait pas eu non plus ces mouvements emportés et saisissants qui faisaient son empire; elle n'aurait pas eu ces éclairs si vifs qu'elle a jetés sur les affaires du temps. L'écrivain de cabinet brille moins, mais il vit plus. L'orateur de tribune, le journaliste, le comédien, brillent plus, mais ils vivent moins. C'est justice.

Armand Carrel avait admirablement compris que tous les problèmes du gouvernement représentatif resteraient en suspens, et que la révolution de Juillet n'avait rien terminé, parce qu'elle n'avait rien résolu; que l'antagonisme organisé des pouvoirs et des conditions ne constituait ni un état social ni un état politique raisonnable et durable; que c'était encore à recommencer entre l'aristocratie et la démocratie, jusqu'à ce que l'une ou l'autre fût décidément vaincue; que si les générations actuelles étaient assez molles et assez serviles pour se laisser opprimer, les générations suivantes n'imiteraient pas la lâcheté de leurs pères, et que tout homme de talent et de cœur, dût-il rester seul, n'est le maître de ses actions ni de sa pensée, dont il doit compte à la patrie. Armand Carrel aimait la liberté avec réflexion, et la gloire avec enthousiasme. C'était un homme intrépide, équitable, désintéressé, chevaleresque; prompt par le cœur, grand seigneur par les manières; la haute raison d'un homme d'État, avec la témérité d'un sous-lieutenant; je ne sais quel entrain de victorieux et quelle irradiation expansive; chatouilleux sur le point d'honneur, prompt à se venger, et oublieux des injures. Armand Carrel paraissait né pour le commandement. Il gouvernait les impatiences de son parti, il disciplinait ses fougues, et, par la supériorité de son caractère et son esprit, il exerçait sur tous ses amis une dictature d'autant plus incontestée qu'elle était de leur part plus volontaire. Quel grand orateur la tribune a perdu là! orateur si peu ressemblant à aucun autre, qui eût trouvé dans la généreuse pureté de ses principes et dans la chaleur de son âme les plus belles inspirations, et qui eût désespéré ses adversaires par la soudaine véhémence de ses apostrophes. La presse périodique a été dans les mains d'Armand Carrel une véritable puissance. Il fut l'homme le plus remarquable et le plus complet de la révolution de Juillet. Personne auparavant ne lui avait été semblable, et personne ne l'a remplacé.

TIMON.

CARRELAGE, CARRELEUR. Ces termes, dérivés du mot *carreau*, s'appliquent à l'opération qui consiste à poser les carreaux de terre cuite et à celui qui en fait son état. *Carreler*, c'est donc poser les carreaux qui doivent former le pavé d'une chambre ou d'une partie quelconque d'un bâtiment. A Paris, on pose presque tous les carreaux au plâtre, excepté au rez-de-chaussée et dans les lieux humides, où l'on est quelquefois obligé de les poser au mortier. Les *carreleurs* ont la mauvaise habitude de mêler une moitié de poussière avec leur plâtre, sous prétexte que le plâtre pur fait renfler le carrelage dans le milieu. Presque partout ailleurs on pose les carreaux à bain de mortier, ce qui est infiniment préférable.

On n'entend pas seulement par le mot *carrelage* l'art de carreler, on appelle aussi de ce nom tout ouvrage fait de carreaux de terre cuite, de pierre ou de marbre. La perfection d'un carrelage est d'être bien dressé, bien uni et de niveau, d'avoir des joints fins et sans *balèvre*, c'est-à-dire sans aspérités saillantes sur leurs bords. Comme les carreaux en terre cuite ne sont jamais bien droits et dégauchis, parce qu'ils sont plus ou moins tourmentés par l'action du feu, on a coutume de passer le carrelage au grès après qu'il est fini, surtout lorsqu'on veut le mettre en couleur, ainsi qu'il est d'usage à Paris.

CARRELET (*Technologie*). Ce nom s'applique à plusieurs instruments d'arts et métiers. On appelle ainsi, par exemple, une aiguille droite, longue de cinq à huit centimètres et forte en proportion, dont se servent les selliers, les bourreliers, les cordonniers, les emballeurs, etc., et que l'on a même employée aussi autrefois dans plusieurs opérations chirurgicales. En termes de pharmacie, c'est un châssis de bois quadrangulaire, sur lequel on fixe un linge qui sert à passer diverses préparations pharmaceutiques. Les chapeliers désignent à leur tour sous ce nom une espèce de petite carde sans manche, dont les pointes sont de fil de fer très-fin, et avec laquelle ils donnent la façon qu'ils appellent *tirer le chapeau à poil*. Enfin, on a donné le nom de *carrelet* à une sorte de filet carré de deux mètres de côté environ, et qui sert à pêcher le poisson. C'était aussi autrefois le nom d'une étoffe de laine d'assez médiocre qualité.

CARRELET (*Ichthyologie*), nom vulgaire de la *plie franche*, poisson de mer de l'ordre des malacoptérygiens et de la famille des pleuronectes. Le carrelet est très-répandu dans nos marchés, où on le connaît aussi sous le nom de *barbue*. Ce poisson est fort plat, taillé en losange comme le turbot, blanc d'un côté et grisâtre de l'autre, avec de petites taches rouges. Sa chair est tendre, mais beaucoup moins délicate que celle du turbot ou de la sole.

CARRÉ MAGIQUE. On appelle ainsi une certaine disposition des termes d'une progression arithmétique arrangés de façon à former un carré et à donner le même nombre pour somme des termes de chaque ligne horizontale, de chaque ligne verticale et de chaque ligne diagonale. Tel est celui-ci :

$$\begin{array}{ccc} 4 & 9 & 2 \\ 3 & 5 & 7 \\ 8 & 1 & 6 \end{array}$$

Où nous trouvons $4+9+2=15$; $3+5+7=15$; $8+1+6=15$; $4+3+8=15$; $9+5+1=15$; $2+7+6=15$; $4+5+6=15$; $8+5+2=15$.

Manuel Moschopule, arithméticien grec, du quatorzième siècle, fut conduit le premier, par l'usage des progressions, à la découverte de ces carrés, qu'il appela *magique*, à cause de leur singulière propriété; il chercha et parvint à trouver une règle générale pour les former. Corneille Agrippa fait mention de ces carrés à propos des talismans (*voyez* ARITHMOMANCIE); Bachet de Meziriac étudia la construction des carrés magiques, et découvrit une méthode pour former ceux dont la racine est impaire. Frénicle, Poignard, Lahire, Ozanam perfectionnèrent encore cette théorie, plus curieuse qu'utile.

CARRER (Luigi), l'un des meilleurs poètes modernes de l'Italie, né à Venise, en 1801, passa les premières années de sa vie sur les rives de la Piave, dont les beautés naturelles exercèrent la plus heureuse influence sur son précoce talent poétique. Ses premières poésies (*Clotaldo*, etc.) appartiennent au genre romantique. Il se livra à une étude approfondie des œuvres de Schiller, et s'efforça de l'imiter. Nommé, en 1830, professeur de Philosophie à Padoue, il publia dans cette ville, sous le titre de *Poesie* (Padoue, 1832; 8ᵉ édition, 1845) la collection de ses sonnets, odes et ballades. De 1833 à 1842 il rédigea à Venise le journal littéraire *Il Gondoliere*, et le conseil municipal de cette ville le nomma en même temps professeur à l'École des Arts et Métiers et directeur du Musée. En 1837 il fit paraître *Prose e poesie* (4 vol., Venise); il donna ensuite les *Apologhi* (Venise, 1841). De tous ses ouvrages celui qui a eu le plus de lecteurs est *L'Anello di Sette Gemme* (*La Bague aux Sept Diamants*; Venise, 1838), où il décrit poétiquement l'histoire et les mœurs de la cité des lagunes. Ses contemporains ont maintes fois reproché à Luigi Carrer de ne pas avoir, à l'exemple de Mamiani, d'Azeglio, etc., consacré son talent poétique à exciter parmi les Italiens les sentiments de nationalité et de liberté. Les écrits en prose de cet auteur ont généralement pour sujet des questions de morale, de philosophie ou d'esthétique. La poésie lyrique, où il fait preuve de beaucoup de délicatesse et de profondeur de sentiments, est le genre dans lequel il a le mieux réussi. Il lui arrive rarement de faire preuve d'une grande puissance d'imagination, et l'invention chez lui est généralement assez faible. En revanche, il pousse aux dernières limites de la perfection ce qui regarde la forme, de même que la pureté du style. Luigi Carrer a en outre bien mérité des lettres par ses recueils intitulés : *Il Novelliste contemporaneo Italiano e Straniero* (Padoue, 1836-1838); *Dizionario di Conversazione e della Letteratura* (Venise, 1837 et suiv.); de même que par la publication de quelques ouvrages de l'ancienne littérature italienne, par exemple : *Poesie edite ed inedite di Ugo Foscolo* (Venise, 1840); les *Rime de Pétrarque avec commentaire* (2 vol., Padoue, 1826 et 1837); *Lirici Italiani del Secolo XVI* (Venise, 1836); *L'Orlando innamorato* de Bojardo (2 vol., Venise, 1842); *Lettere scelte* du Cardinal Bembo (Venise, 1845); les *Satire* de Michel-Ange Buonarotti (1845), etc. On a aussi de lui un *Saggio sulla Vita e sulle Opere di C. Goldoni* (3 vol., Venise, 1824), qui est fort estimé. Luigi Carrer est mort le 23 décembre 1850, après avoir souffert pendant plusieurs années de la maladie qui devait le conduire au tombeau.

CARRET. C'est ainsi que s'appelle dans l'art de la corderie le gros fil qui sert pour les torons dans le commettage des câbles et autres cordages.

CARRETTO (François-Xavier, marquis del), ancien ministre de la police à Naples, qui en cette qualité a acquis dans l'histoire du royaume des Deux-Siciles la plus déplorable célébrité. D'une origine obscure, il choisit la profession des armes, et par son zèle et son exactitude il ne tarda pas à arriver aux grades supérieurs. Quoique *carbonaro*, il ne joua pas un rôle bien saillant dans la révolution de 1820, de peur de compromettre son avenir; et quelques années plus tard le roi François 1ᵉʳ le nomma inspecteur général de la gendarmerie. C'est dans l'exercice de ces nouvelles fonctions qu'à son nom commença de se rattacher une notoriété qui bientôt trouva de l'écho dans le reste de l'Europe. Voici dans quelles circonstances. En 1828 une insurrection éclata dans le Cilento (province de Salerne). Les insurgés réclamaient l'octroi de la charte française. Carretto, revêtu de pouvoirs illimités et suivi d'un corps de six mille hommes, étouffa ce mouvement sans presque éprouver de résistance; ce qui ne l'empêcha pas de faire bombarder et réduire en cendres la petite ville de Bosco, qui avait été le foyer de l'insurrection; puis, au milieu de ses ruines fumantes, il fit élever un gibet, auquel il fit pendre vingt personnes, dont un vieillard de quatre-vingts ans. Cette sévérité draconienne, si elle lui valut à un haut degré la haine populaire, en revanche le consolida dans les bonnes grâces de la cour.

A l'accession de Ferdinand II au trône, ce prince confia (1831) à Carretto le département de la police. Le nouveau ministre eut en peu de temps donné à cette branche du service une excellente organisation; mais il ne s'en tint pas là. En s'efforçant de flatter les faiblesses du roi et d'accroître sa défiance naturelle, il parvint à exercer une influence telle, que son ministère absorba peu à peu tous les autres. La gendarmerie, rétablie et commandée par Carretto, devint toute-puissante, et ne laissa plus que peu de chose à faire aux tribunaux ordinaires. Un système d'espionnage, organisé sur la plus large échelle, sema la défiance dans toutes les classes de la société, et jusque dans l'intérieur même des familles. La corruption profonde des agents subalternes de la police de Carretto avait encore des suites plus déplorables. L'or était souvent le seul moyen d'échapper à leurs vexations. Le roi aimait tout aussi peu Carretto que ses autres ministres; mais il avait confiance en un homme qui lui permettrait de se passer de l'appui de l'étranger, tandis que les autres gouvernements italiens étaient souvent réduits à l'implorer.

En dépit d'une rivalité occulte existant entre eux, Carretto savait rester, tout au moins extérieurement, en excellents termes avec le tout-puissant jésuite confesseur de son maître, monsignor Cocle. Dans la répression des troubles qui se renouvelaient constamment, tantôt sur un point, tantôt sur un autre, il procédait toujours avec sa sévérité habituelle; et les commissions spéciales instituées pour juger les coupables n'étaient que des dociles instruments de ses volontés. En 1837 le choléra ayant encore provoqué des insurrections dans quelques localités de la Sicile où le peuple accusait le gouvernement d'avoir à dessein introduit le fléau du continent, Carretto y fut de nouveau envoyé avec le caractère et les pouvoirs d'*alter ego* du monarque: Quoiqu'à son arrivée le gouvernement provisoire de Catane fût déjà tombé à la suite d'une réaction spontanément opérée par les citoyens, et quoique les principaux fauteurs du mouvement eussent pris la fuite, Carretto ne fit pas moins encore condamner à mort et exécuter plus de cent personnes. Mais ce qui acheva de le déshonorer, c'est que par simple ordonnance de police, et sans le concours des tribunaux, il rétablit à l'égard des accusés la peine de la bastonnade et de la question, depuis longtemps abolies l'une et l'autre. Pour se bien faire venir du confesseur du roi, il abandonna au très-révérend père la direction des prisons, qui se trouvaient dans le plus horrible état. Ennemi juré du ministre de la justice Parisio, Carretto fit imprimer contre lui, sous le voile de l'anonyme, une brochure remplie des plus odieuses accusations. Elle parut à Livourne en 1836, sous le titre de *Sedici Anni* (seize ans), et projeta une effrayante clarté sur le système d'administration alors en vigueur dans le royaume.

Quand, avec l'avénement de Pie IX au trône pontifical, en 1846, commença la période de la réforme italienne, Carretto se montra d'abord l'adversaire le plus décidé des idées nouvelles. Mais vers la fin de 1847, après la révolution de Calabre, il chercha à se réconcilier avec les libéraux, accusant hautement ses collègues et le roi lui-même d'être cause de tout point encore entré dans la voie des réformes. D'un autre côté, il repoussa obstinément le conseil qui lui fut alors donné de plusieurs côtés de donner sa démission. Le succès de la révolution de Palerme et les démonstrations populaires du 27 janvier 1848 ayant forcé le roi à fléchir, les ennemis de Carretto insistèrent auprès du monarque pour qu'il renvoyât avant tout son odieux ministre; et dans la nuit même du 27 au 28 Carretto fut arrêté, sur l'ordre de Ferdinand II, par le général Filangieri, conduit, sans désemparer, à bord d'un vapeur et exilé en France. A Livourne on refusa à ce bâtiment le charbon qui lui était nécessaire pour continuer sa route. A Gênes on ne permit point à Carretto de débarquer; et ce ne fut pas sans courir des dangers personnels qu'il put enfin atteindre Marseille. Depuis cette époque Caretto a disparu de la scène politique, encore bien que la contre-révolution qui s'est opérée à Naples lui ait permis de revenir vivre dans cette capitale.

CARREY (HARRY). *Voyez* GOD SAVE THE KING.

CARRICAL. *Voyez* KARIKAL.

CARRICKFERGUS, ville du comté d'Armagh, sur la baie du même nom, jadis la cité maritime la plus considérable du nord de l'Irlande, mais dont la prospérité toujours croissante de Belfast a singulièrement diminué l'importance, compte une population de neuf à dix mille âmes.

CARRIER, ouvrier employé à l'exploitation des carrières. Cette profession présente avec celle de mineur une certaine analogie. Cependant le carrier a bien plus rarement à craindre les inondations et les exhalaisons méphitiques. Mais il est exposé à respirer une atmosphère pulvérulente, source d'affections de poitrine souvent graves, surtout dans les carrières d'où l'on extrait le grès et la pierre à plâtre. En outre, la privation de la lumière détermine la pâleur chez la plupart des ouvriers carriers qui travaillent dans les carrières *en galeries*. On remarque aussi que l'isolement dans lequel vivent ces hommes développe chez eux des sentiments misanthropiques, auxquels peuvent ajouter le défaut d'éducation et l'intempérance qui leur est familière.

CARRIER (JEAN-BAPTISTE). Les grandes crises sociales appelées révolutions ont un double caractère : elles transforment plus ou moins les nations auprès qu'elles se sont accomplies; elles transforment plus ou moins les hommes dans le moment même où elles s'accomplissent. Si le premier résultat de cette action inévitable est toujours bon et salutaire, il n'en est pas de même du second; si les nations sortent toujours rajeunies et purifiées de l'épreuve, il n'en est pas de même des hommes. Il ne faut pas l'oublier, tel individu qui dans la crise révolutionnaire, ébloui, saisi, exalté, s'est fait une effroyable renommée, aurait vieilli obscur, et serait mort inconnu dans un temps ordinaire. Peut-être même quelques réelles et douces vertus se seraient-elles rattachées à un nom qui ne parle que des forfaits; et par cette réflexion nous ne prétendons pas absoudre des individus, nous ne voulons que les expliquer, nous ne voulons que défendre en général la cause de l'humanité compromise par quelques exceptions monstrueuses. De ce nombre est Carrier, dont nous nous résignons à raconter ici la déplorable histoire.

Né en 1756, dans la Haute-Auvergne, à Yolal, village voisin d'Aurillac, il exerçait dans cette ville l'état de procureur, lorsque les suffrages populaires l'appelèrent à la Convention. Qu'on se représente l'époque, et qu'on se demande s'il n'y avait pas dans cette élévation rapide de quoi frapper de vertige un esprit même assez vigoureux. Avoir postulé la veille auprès d'un tribunal inférieur, et le lendemain siéger dans un conseil suprême, faire des lois, juger un monarque, l'envoyer à l'échafaud, quel changement! quel contraste! quel rêve! La raison de Carrier n'y résista pas, et dès ce moment il n'agit plus qu'en vertu d'une illusion fatale, dont malheureusement lui seul ne fut pas atteint. Une fois la destruction, le salut admise parmi les moyens de régénération et de salut public, un système complet s'éleva sur cette base, et les fauteurs de ce système auraient cru trahir la patrie en reculant devant quelqu'une de ses conséquences. Le tribunal révolutionnaire s'organisa (10 mars 1793). Carrier contribua puissamment à son érec-

tion; quelques jours après il demanda un des premiers l'arrestation du duc d'Orléans (6 avril). Quand vinrent les journées du 31 mai, du 2 juin, où succomba l'héroïque *Gironde*, Carrier se signala sur les bancs de la *Montagne*. Chargé d'une première mission dans les départements, il avait montré une certaine modération; aucune plainte ne s'était élevée contre lui, mais son esprit s'était exalté au milieu de la fermentation terrible qui régnait dans Paris; les dangers immenses de la patrie lui avaient inspiré, à la fin, de profondes alarmes et une haine violente contre ses ennemis.

Telles étaient les dispositions de Carrier lorsque, après avoir été envoyé en Normandie pour combattre le fédéralisme, il se rendit à Nantes. Il y arriva le 8 octobre 1793, avec mission d'étouffer la guerre civile, alors dans toute sa fureur. Les succès des Vendéens avaient répandu l'effroi et provoqué des mesures d'une rigueur excessive. Déjà plusieurs représentants, plusieurs généraux, se livrant à de cruelles représailles, provoquées par les barbaries des chefs royalistes, avaient donné l'exemple en livrant aux flammes des villages entiers, en passant leurs habitants au fil de l'épée. Les instructions de Carrier portaient qu'il eût à marcher dans cette voie avec un surcroît d'énergie et d'ardeur, à employer les moyens de vengeance les plus rapides, en un mot à agir comme un de ces fléaux lancés par le ciel en sa colère. Il ne se montra que trop fidèle à ce mandat de carnage et de sang. Tout ce qu'il y avait à Nantes d'hommes féroces s'empressèrent de se ranger sous ses ordres, et de lui communiquer leurs terribles inspirations : il s'établit entre le chef et les satellites une effrayante émulation, un odieux concert de vengeance. Les prisons regorgeaient de captifs, dont la défaite des Vendéens à Savenai accrut encore le nombre. Les simulacres de procédure occasionnaient d'inutiles délais, l'office des juges n'était que préliminaire insignifiant à celui des bourreaux. Il s'agissait d'expédier toutes ces victimes en masse. Carrier proposa d'exécuter sans jugements : on combattit son projet, il finit par l'emporter : « Nous ferons, disait-il dans une exaltation qui suppose un véritable délire, nous ferons un cimetière de la France plutôt que de ne pas la régénérer comme nous l'entendons. »

Aussitôt commencèrent les mémorables solennités, les fêtes funèbres, dans lesquelles se signala l'imagination du proconsul de la Loire. Quatre-vingt-quatorze prêtres inaugurèrent le fameux bateau à soupape (15 nov.) : on les y avait embarqués sous prétexte de les transporter ailleurs, et la nuit on les submergea, grâce à la machine perfide. Bientôt les *noyades* se multiplièrent : Carrier les appelait en plaisantant *baignades* ou *déportations verticales*. Dans son rapport à la Convention, il feignait d'attribuer à un naufrage heureux et imprévu le trépas des malheureux prêtres, et il ajoutait avec une infernale ironie : « Quel torrent révolutionnaire que cette *Loire*! » La tourbe de ces agents avait choisi le titre de *compagnie Marat* : entre eux, Fouquet et Lamberti se distinguèrent par leurs cruautés et par leur zèle. Carrier leur confia la surintendance de l'*Entrepôt*, vaste bazar d'hommes, de femmes, d'enfants réservés au supplice. Chaque soir on venait prendre au hasard une certaine quantité de victimes, et on les précipitait dans le fleuve. Plus d'une fois on attacha ensemble un jeune homme et une jeune fille : c'était ce qu'on nommait un *mariage républicain*. Le sabre et la baïonnette repoussaient les infortunés qui cherchaient à gagner le bord. La Loire ne roulait dans ses flots corrompus que des cadavres.

Serait-il vrai que Carrier se livra à des festins et à des débauches sur les mêmes bateaux qui servaient aux exterminations nocturnes? Serait-il vrai que, pour enseigner, disait-on, l'austérité des mœurs républicaines, un jour il donna l'ordre de saisir et de noyer une centaine de filles publiques? On porte à 15,000 le nombre des personnes qui périrent soit à l'Entrepôt, de faim, de froid, de misère, soit

CARRIER — CARRIÈRE

dans les eaux de la Loire. On nous pardonnera d'abréger un récit où tout se ressemble, où les détails s'accumulent, où les circonstances se succèdent sans exciter même cette espèce de curiosité instinctive que soutient la nouveauté. En indiquant le principe de folie furieuse dont Carrier subit l'influence dès le début de sa mission, nous croyons avoir rempli la plus grande part de notre tâche. Enfin, le moment arriva où Robespierre sentit le besoin d'enrayer le char dont les roues avaient broyé tant d'hommes et tant de choses : ce moment devait marquer le rappel de Carrier et la censure de sa conduite. Fouquet et Lamberti tombèrent en holocauste aux justes ressentiments de la population nantaise. Carrier n'en revint pas moins, avec une entière assurance, siéger à la Convention, et continua d'y parler comme il avait agi.

Le 9 thermidor frappa Robespierre et menaça Carrier ; la voix publique demandait sa tête : le procès des quatre-vingt-quatorze Nantais envoyés par lui à Paris l'année précédente hâta l'expiation qu'il ne pouvait plus fuir. La Convention hésita longtemps, malgré l'énormité des charges ; car on n'avait aucune pièce de conviction. Enfin, le secrétaire du comité de sûreté générale, envoyé à Nantes, en rapporta deux ordres signés de Carrier, et tendant à faire guillotiner sans jugement cinquante à soixante victimes ; et la Convention décréta l'accusation. La défense de Carrier fut simple : « Pourquoi blâmer aujourd'hui, dit-il, ce que vos décrets ont ordonné? La Convention veut-elle donc se condamner elle-même? Je vous le prédis, vous serez tous enveloppés dans une proscription inévitable. Si l'on veut me punir, *tout est coupable ici, jusqu'à la sonnette du président.* » Carrier n'avait pas tort, et alléguait pour sa défense tout ce qu'il pouvait alléguer, eu égard à ses accusateurs et à ses juges. L'instruction du procès dura deux mois : Carrier marcha au supplice le 16 décembre 1794 avec plus de fermeté que sa contenance dans les débats ne semblait en promettre, et ne cessa de répéter qu'il était innocent. En effet, il pouvait se dire : le tribunal l'avait condamné pour avoir ordonné des exécutions arbitraires au profit de la contre-révolution. Évidemment ce motif n'était qu'une imposture forcée, qu'un ménagement nécessaire des juges envers eux-mêmes, qu'un moyen subtil de se dérober à la sentence qu'ils étaient réduits à prononcer.

Carrier avait une taille haute, mais un peu courbée ; sa chevelure noire et grasse couvrait sa tête ; son œil était petit et hagard, son teint verdâtre, son geste brusque et sa voix rauque. Suivant le mot d'un homme d'esprit, son histoire semble appartenir aux *Mille et une nuits du crime.*

TISSOT, de l'Académie Française.

CARRIÈRE. Les carrières sont des excavations pratiquées dans la terre pour en extraire différentes espèces de pierres propres aux constructions et à divers objets d'art. Suivant qu'il s'agit de l'extraction du marbre, de l'ardoise, du plâtre, du sable, de la terre glaise, etc., on donne à ces excavations les noms de *marbrière, ardoisière, plâtrière, sablière, glaisière*, etc. Le nom de *carrière* est particulièrement réservé à l'exploitation de la pierre à bâtir, ou calcaire.

Le mode d'exploitation des carrières varie suivant la disposition qu'affectent les substances à exploiter. Si elles sont à peu de distance de la surface du sol ou en masses isolées, on pratique des carrières *à ciel ouvert.* Si, au contraire, elles sont disposées par couches ou par bancs, à une profondeur telle que les frais de découverte dussent augmenter considérablement la main-d'œuvre, on ouvre des carrières souterraines, c'est-à-dire *en galeries.* Cette dernière méthode offre plusieurs espèces de dangers, qui font qu'on n'en permet que difficilement l'emploi aux environs des grandes villes. C'est surtout dans ces carrières souterraines que la surveillance des ingénieurs doit sévèrement tenir la main à l'exécution des règlements d'administration publique qui ont disposé des précautions à prendre dans ces sortes d'exploitations. Les principales de ces précautions sont l'établissement d'étais solides et de piliers d'une dimension suffisante. Si le nombre des piliers n'est pas assez considérable pour soutenir les voûtes des cavités, qui sont très-grandes comparativement à celles des mines, au bout de quelques années et par l'influence de l'infiltration des eaux pluviales, des parties de ce toit forment des cônes que les carriers appellent *cloches*, et qui finissent par tomber dans l'intérieur de la carrière ; en même temps on voit à la surface de la terre des enfoncements en forme d'entonnoir, correspondant à ces cloches, et nommés *fontis.* On ne peut pas ici, comme dans les mines, remplacer par d'autres matériaux l'espace compris entre les piliers ; car ces matériaux seraient aussi chers que ceux enlevés. Les *piliers de masse* sont pris dans l'épaisseur même de la carrière ; les *piliers à bras* sont construits avec des pierres superposées sans être liées par aucun mortier ; cependant on les rend plus solides les uns et les autres en les revêtissant de maçonnerie.

Il est rare que la carrière soit plus élevée que le sol d'un chemin et contiguë à la voie publique ; mais lorsque cet avantage se présente, les galeries à pratiquer se trouvent au niveau du terrain environnant, ce qui rend l'extraction très-facile. Cependant le plus souvent on est forcé de creuser un puits qui traverse le banc de la carrière, et l'exploitation s'en fait en enlevant les pierres qu'on détache jusqu'au haut du sol. On se sert pour cette manœuvre d'un cabestan ou treuil, nommé dans ce cas *roue de carrière.* L'ouverture du puits doit avoir une largeur suffisante pour l'extraction des blocs et des dalles, selon la nature de la couche pierreuse. Les parois du puits sont revêtues en pierres, et de forts madriers s'opposent à l'éboulement des terres.

Le carrier se sert, pour déliter et travailler les pierres, de plusieurs outils, la plupart de ces coins de diverses grosseurs, une *barre* ou levier en fer, une *tarière*, et des marteaux nommés *mail, mailloche, pic.* Dans les carrières à ciel ouvert, on forme des escarpements considérables que l'on attaque par des ouvrages en escalier, en descendant ; on enfonce des coins de bois ou de fer, et on détache ainsi de grandes portions de pierre que l'on a préalablement circonscrites par de profonds sillons. C'est ainsi qu'on exploite les carrières de Saillancourt près de Meulan, et d'autres de granit, de porphyre, de marbre, de lave, de pierre calcaire, etc. Quand la pierre est disposée par couches ou *assises* distinctes, on mine par-dessous la couche, en enlevant les terres qui la supportent et les séparent ; puis on ôte les étais qui les soutenaient pendant l'opération, et ces bancs se brisent en masses que l'on n'a plus qu'à enlever ; c'est ainsi qu'on agit pour la plupart des carrières calcaires des environs de Paris. Enfin, quand on exploite du calcaire grossier et même du grès à pavé, il arrive souvent que l'on pratique dans l'une ou l'autre pierre un trou avec une tarière ; puis on l'emplit de poudre, et en y mettant le feu la mine produit le résultat désiré. Quant à la pierre meulière, lorsqu'on l'exploite pour en faire des meules d'un seul morceau, on trace, dans le bloc d'où l'on veut tirer la meule un cercle, puis de distance en distance on y fait un trou, dans lequel on enfonce un coin en bois très-sec ; après quoi on verse de l'eau dans ce trou, et le coin se gonflant par l'effet de l'eau, opère la rupture de la pierre suivant la circonférence tracée.

On a attribué plusieurs étymologies au mot *carrière* ; celle qui le fait venir du latin *quadraria* ou *quadrataria* convient parfaitement à ce mot dans l'acception que l'on vient d'en donner, c'est-à-dire considéré comme désignation d'un lieu d'où l'on extrait la pierre. Mais s'il s'agit d'un espace donné (libre ou entouré de barrières), à parcourir, il semble plus rationnel alors de dériver le mot *carrière* du latin *carrus*, char. On sait, en effet, que dans les anciens cirques on appelait de ce nom le chemin que devaient faire les chars qu'on faisait courir à toute bride jusqu'aux bornes du stade pour remporter le prix. Aujourd'hui même, en termes de manége, c'est l'étendue de terrain où l'on peut faire courir un cheval sans qu'il perde haleine. Dans ce sens, *donner carrière* à un cheval c'est le laisser libre de courir, c'est lui lâcher la bride. De là sont venues encore les expressions *entrer dans la carrière*, *fournir sa carrière*, *broncher dans la carrière*, *fermer la carrière*, qui sont bientôt passées du sens propre dans le sens figuré; puis on s'est servi de ce mot pour désigner le cours et le mouvement des astres : la *carrière du soleil*, *de la lune*, *des étoiles*, etc.; l'espace dans lequel la vie est renfermée : la *carrière de l'homme*, ou celui que l'esprit et l'intelligence peuvent embrasser. Il s'est dit ainsi figurément de la profession qu'on exerce, des études auxquelles on se livre, des entreprises où l'on s'engage : la *carrière des sciences*, *des lettres*, *des arts*, *du barreau*, *du commerce*, *de l'industrie*, *des armes*, *des honneurs*, *de l'ambition*, *de la gloire*, *de la vertu*, *du vice*; *la carrière administrative*, etc. C'est dans ce sens que Boileau a dit dans son *Art Poétique* :

O vous donc qui, brûlant d'une ardeur périlleuse,
Courez du bel esprit la *carrière* épineuse,
N'allez pas sur des vers sans fruit vous consumer,
Et prendre pour génie un amour de rimer.

Sous Denys le Tyran, les carrières de Syracuse servaient de prison (*voyez* LATOMIES). De là l'expression proverbiale : *qu'on me reconduise aux carrières!* que beaucoup emploient sans en soupçonner l'origine, pour dire : Je suis prêt à recommencer ce qui m'a valu un traitement injuste.

CARRIÈRES SOUS PARIS. *Voyez* CATACOMBES.

CARRO (JEAN DE), l'un des hommes qui ont le plus contribué à populariser la vaccine, est né le 8 août 1770, à Genève, d'une ancienne famille épiscopale. Il fit, à partir de 1790, ses études médicales à Edimbourg, où il fut reçu docteur en 1793, et se rendit en 1794 à Vienne, où il acquit bientôt une grande réputation comme praticien dans les cercles élevés, et notamment dans la société diplomatique de cette capitale. Les progrès ou les découvertes faites dans l'art de guérir trouvèrent toujours en lui un zélé propagateur. C'est ainsi que Jenner n'eut pas plutôt démontré en Écosse par d'irrécusables expériences que la vaccine était un bienfaisant préservatif contre la petite-vérole, que J. de Carro s'empressa de se procurer du vaccin, et en fit lui-même le premier essai sur ses propres fils. L'épreuve ayant été suivie du résultat annoncé, de Carro consacra dès lors une grande partie de son activité à propager ce précieux préservatif contre un des plus dangereux fléaux de l'humanité; et il fut puissamment secondé dans ses efforts par le gouvernement autrichien, qui fit recommander officiellement à toutes les autorités constituées de la monarchie son ouvrage intitulé : *Observations et expériences sur l'inoculation de la vaccine* (Vienne, 1801). Son *Histoire de la Vaccination en Turquie*, *en Grèce et aux Indes orientales* (Vienne, 1803), renferme de précieux documents sur l'introduction de la vaccine dans ces diverses contrées. Vers 1825, M. J. de Carro se fixa à Carlsbad : c'est sur sa proposition qu'on y a créé et organisé tout ce qui se rapporte aux fumigations sulfureuses de l'invention de M. Galès et de D'Arcet, moyen thérapeutique qu'il avait déjà signalé la puissance dans ses *Observations sur les fumigations sulfureuses* (Vienne, 1807). Parmi les autres ouvrages qu'on a de lui, il faut encore citer : *Carlsbad*, *ses eaux minérales et ses nouveaux bains à vapeur* (Carlsbad, 1827); livre qu'il a ensuite traduit lui-même en anglais (1842); son édition polyglotte de l'Ode de Bohuslaus-Hassenstein de Lobkowitz en l'honneur des sources d'eau minérale de Carlsbad (Prague, 1829).

Tous les ans, depuis qu'il s'est fixé dans cette ville, le docteur J. de Carro publie l'*Almanach de Carlsbad*, où il consigne les observations thérapeutiques que lui fournit la clientèle spéciale qui a recours à ses lumières. Le *Dictionnaire de la Conversation et de la Lecture* est redevable à la collaboration de M. de Carro de l'article CARLSBAD.

CARROBALISTE, baliste moyenne ou scorpion dont parle Végèce. C'était une arme névrobalistique qui était portée sur un train à quatre roues que tiraient deux bêtes de trait : ces animaux étaient garantis par un caparaçon de mailles.
Gal BARDIN.

CARROCCIO, ou **CARROUZE**, char sacré et porte-étendard des armées chrétiennes au moyen âge. C'était un immense chariot à quatre roues recouvertes de fer, au milieu duquel s'élevait quelquefois une tour, plus communément un grand mât surmonté d'une croix et d'un étendard. Vers le milieu était placé un Christ de grandeur naturelle; au pied s'appuyait un autel sur lequel un prêtre célébrait les saints mystères. La plate-forme du *carroccio* présentait assez d'étendue pour que cinquante personnes pussent y trouver place, entre autres dix à douze chevaliers, qui en avaient la garde, et pareil nombre de trompettes, qui faisaient retentir l'air de fanfares pendant la marche ou la bataille. Cette vaste machine, couverte d'étoffes précieuses, était tirée par des bœufs richement caparaçonnés. Une voile, placée vers la partie supérieure du mât, concourait à alléger le fardeau et à accélérer la marche, lorsque le vent était favorable.

On attribue l'invention de ce char de ralliement aux peuples de la Lombardie. Elle a dû précéder les querelles sanglantes des guelfes et des gibelins, puisque dès le commencement du douzième siècle il était déjà en usage en France et en Angleterre. Dans une bataille que les Anglais gagnèrent en 1138, sur David, roi d'Écosse, ils avaient au centre de leur armée un *carroccio* portant un mat de navire, au bout duquel flottaient trois bannières d'église autour d'un crucifix d'argent. Cette journée mémorable dans les fastes britanniques est désignée sous le nom de *bataille de l'étendard*. C'est aussi le nom de *standard* que Gautier Vinisauf et l'Arabe Boha-Eddin, témoins oculaires, donnent à ce char de guerre en usage parmi les croisés. Chaque peuple avait fait de ce char sacré une sorte de *palladium*, en y plaçant ce qu'il avait de plus cher, le symbole de sa croyance et le signe de sa nationalité. Mais les avantages qu'il présentait comme point central de défense étaient loin de compenser les inconvénients qui résultaient de la lenteur de sa marche lors de l'attaque et de la poursuite de l'ennemi en retraite. Aussi cette invention ne paraît-elle pas avoir duré plus de deux siècles. Un dernier exemple qu'on cite du *carroccio* est celui que les croisés élevèrent au siège de Damiette, en 1219.
LAINÉ.

CARRON, bourg d'Écosse, situé sur la rivière du même nom, dans le comté de Stirling, est célèbre depuis l'année 1760 par la vaste fonderie de fer qu'y établirent les frères *Carron*, et qui occupe constamment plus de deux mille ouvriers. On y fabrique des pièces de gros calibre, des boulets, des bombes, des barres de fer, des ponts en fer, etc. C'est de cette usine que sont sorties les premières *caronades*.

A l'époque de la domination romaine la rivière Carron formait la ligne de démarcation entre l'empire et les Calédoniens indépendants. Son cours décrivait une ligne parallèle à la muraille d'Antonin. Aussi la contrée voisine fut-elle, dès l'époque la plus reculée, le théâtre de luttes sanglantes. C'est ainsi que dans les premières années du cinquième siècle il s'y livra une sanglante bataille entre les Romains et l'armée des Pictes et des Scots confédérés, qui franchirent la Muir. A un quart de lieue du Carron, et à peu de distance de la ville de Falkirk, on trouve le champ de bataille où, en 1298, William Wallace fut défait par les Romains, et où périt son ami le brave John Graham, souche des ducs de Montrose, d'où lui est demeuré le nom de *Graham's Muir*.

CARROSSE, voiture à quatre roues, fermée et suspendue. Ce mot est dérivé du latin *carrum* et *carrus*, char. C'est donc du *char* héroïque et triomphal que viennent également l'aristocratique *carrosse*, la roturière *carriole*, l'utile *chariot* et l'humble *charrette*. Les carrosses sont originaires d'Italie : ils étaient connus des dames romaines, qui en avaient de suspendus, de couverts et de découverts. On les appelait *rheda*, et le conducteur *rhedarius*. En italien *carroccio* signifia char sacré, porte-étendard des armées chrétiennes au moyen âge, et plus tard grand char servant au chef de l'État et à sa suite dans les solennités. Le premier carrosse à coffre suspendu fut celui d'Isabeau de Bavière, lorsqu'en 1405 elle fit son entrée solennelle à Paris. Dans ces véhicules on entrait par des escaliers pratiqués en dedans ou bien par derrière. Jusque alors les femmes et même les reines se faisaient porter en litière, quand elles ne montaient pas à cheval comme les hommes, ou en croupe avec eux. Sous François Ier on ne comptait à Paris que trois carrosses, celui de la reine, celui de Diane de Poitiers et celui du maréchal de Bois-Dauphin. Ce maréchal était d'une telle corpulence, qu'il ne pouvait ni monter à cheval ni marcher. On conçoit qu'il applaudit fort à l'invention, et qu'il fut un des premiers à en propager l'usage. En 1640, Christophe de Thou, premier président du parlement de Paris, et père du célèbre historien, fut atteint de douleurs de goutte si violentes, qu'il se fit construire un carrosse. Ce fut le premier particulier qui se permit un tel luxe ; mais sa femme, qui se portait bien, continua de se promener à cheval, en croupe derrière un varlet. En 1586 les seigneurs et les dames de la cour de Henri III venaient encore au Louvre à cheval ; et les hommes se présentaient dans les réunions ou dans les dîners en bottes et en éperons. Pendant assez longtemps Henri IV n'eut qu'un seul carrosse pour lui et pour sa femme ; et un jour qu'elle s'en servait, il ne put aller voir à l'Arsenal son ami Sully, qui avait pris médecine. Le duc d'Épernon fut le premier qui, en 1607, entra en carrosse dans la cour du Louvre, honneur qui plus tard fut accordé à Sully, à cause de sa mauvaise santé. Au reste, ces carrosses, qu'on appelait rien moins qu'élégants *coches* (du latin *concha*, coquille), n'étaient rien moins qu'élégants et commodes. A peine comparables aux plus mesquines messageries, ils n'avaient, au lieu de glaces, que des rideaux, et pour portières que des tabliers en cuir, que l'on abaissait pour y entrer. Il régnait à l'intérieur une obscurité complète quand le mauvais temps obligeait à les fermer. Tel était sans doute le carrosse dans lequel Henri IV fut assassiné. Un simple rideau ne pouvait opposer qu'un faible obstacle au bras régicide de Ravaillac.

Sous le règne de Louis XIII, le maréchal de Bassompierre fut le premier qui se fit construire un petit carrosse avec des glaces. Mais l'usage n'en devint pas commun, et sous Louis XIV, en 1658, on ne comptait encore dans Paris que trois cent vingt carrosses. Les seigneurs de la cour qui n'étaient ni infirmes ni malades continuaient à faire leurs visites à cheval. Si, comme toutes les inventions, les carrosses ont eu leur enfance, ils s'améliorèrent en se multipliant : témoin ce passage de la comédie du *Joueur*, représentée en 1696, où Regnard fait dire à Hector :

Ne serai-je jamais laquais d'un sous-fermier ?
. . . .
Je deviendrais un jour aussi gras que mon maître.
J'aurais un bon *carrosse* à ressorts bien liants ;
De ma rotondité j'emplirais le dedans.

Le mot *carrosse* est devenu suranné ; on dit cependant encore d'un homme qui a de la fortune : *il roule carrosse*. Avant 1789 on disait aussi qu'une personne avait eu *l'honneur de monter dans les carrosses du roi*, honneur réservé alors aux personnes présentées à la cour : aujourd'hui on dit plutôt les *voitures de la cour*.

La répugnance des musulmans pour les carrosses a été longtemps invincible. Lorsque l'ambassadeur persan Méhemet-Riza-Beig vint en France, en 1715, il voulait faire son entrée dans Paris à cheval le jour fixé pour l'audience que lui donna Louis XIV ; il fallut presque employer la violence pour le faire monter dans un carrosse du roi, avec un maréchal de France et l'introducteur des ambassadeurs, *sa religion lui défendant*, disait-il, *de s'enfermer dans une boîte et surtout avec des chrétiens*. Un autre ambassadeur de Perse, Mirza-Aboul-Hazan, qu'on a vu à Paris sous la Restauration, témoigna, dans sa première ambassade à Londres, en 1809, la même aversion pour les carrosses : il disait *que son entrée ressemblerait plutôt à l'arrivée d'un ballot de marchandises qu'à la réception d'un ambassadeur*.

Le mot *carrosse* étant passé de mode, ne s'emploie guère qu'en signe de mépris. Bien plus, si l'on s'en rapporte aux comparaisons que l'on en fait dans le langage populaire, il semble que le *cheval de carrosse* est aussi dégradé que la voiture qu'il traînait.

CARROSSIER. Quoique les carrosses aient disparu de France, le mot *carrossier*, qui avait été créé pour ceux qui les construisaient, est resté dans la langue et désigne les fabricants de voitures spécialement destinées au transport des personnes, et surtout de celles dites *bourgeoises*.

Bon nombre de professions industrielles ne peuvent être exercées avec succès que par le concours de plusieurs ouvriers en genres différents. De ce nombre est l'état de carrossier, auquel on joint quelquefois celui de sellier. Qui ne sait plus pour confectionner un carrosse proprement dit il faut que le charron façonne le timon, les jantes des roues et autres pièces en bois. Un serrurier en *voitures* forge et trempe les ressorts destinés à supporter la caisse, dont un menuisier a fait la carcasse ; un sellier la couvre de peaux, du moins en partie ; des peintres la vernissent et la décorent d'armoiries ; d'autres ouvriers y appliquent certains ornements en or ou en argent ; le tapissier garnit l'intérieur de coussins ; le fondeur, le tourneur prennent part aussi à la confection du véhicule.

Avant l'abolition des corporations, les carrossiers étaient constitués sous le nom de *selliers-lormiers-carrossiers*. Leur communauté était placée sous l'invocation de saint Benoît, et leurs statuts étaient les mêmes que ceux des éperonniers, dont ils ne s'étaient séparés qu'au milieu du dix-septième siècle.

CARROUSEL, espèce de jeu militaire que l'on confond quelquefois à tort avec les *tournois*. Il y a cependant entre eux cette différence que dans les tournois la lutte pouvait devenir sanglante, tandis que dans les carrousels elle ne le devenait jamais. S'il faut en croire les étymologistes, *carrousel* appartiendrait à la même famille que *course* et *carrosse*, et dériverait comme eux de *carrus* ou *currus*, char ; d'où il résulte nécessairement que les courses en chariot doivent être l'élément principal de tout carrousel, conséquent avec son origine. Tertullien, qui, dans son livre *Des Spectacles*, attribue positivement l'invention du cirque à Circé, suppose que cette fille du Soleil eut la première pensée d'établir des courses de char en l'honneur de son père. De là Moreri conclut qu'on aurait fait le mot carrousel des mots latins *currus Solis*, char du Soleil, *carro del Sole*, ce qui ne laisse pas que de porter une rude atteinte aux partisans exclusifs des traditions indo-caucasiques. On ne saurait s'arrêter davantage à l'opinion de quelques auteurs, qui font remonter ces jeux aux Grecs et aux Romains et désignent sous ce nom les fêtes du cirque et jusqu'aux processions catholiques du moyen-âge. C'est sous le règne de François Ier qu'on voit pour la première fois poindre le carrousel proprement dit, non pas encore chez nous, mais en Italie. C'est aussi de là que vient sérieusement l'étymologie du nom, qui paraît dérivé aussi de *carroselo* ou *carrozze* (d'où carrosse), désignant les chars en usage dans ces solennités. En France ce n'est que sous les Bourbons qu'il apparait. Jusque là nos ancêtres eurent à soutenir une longue suite de guerres acharnées qui leur laissaient à peine le temps d'un tournoi entre deux batailles : un carrousel eût demandé trop d'apprêts ; et la noblesse, épuisée d'argent encore plus que de sang, « *préférait*, dit un auteur, *les jeux de valeur à ceux de pompe et d'invention.* »

Ainsi, les Italiens, premiers inventeurs de l'opéra, avaient introduit l'usage des comparses, des symphonies, des madrigaux ; on leur emprunta ces poétiques intermèdes, de même que la course de lance, *à la quintane*, dans laquelle un chevalier de bois peint, monté sur un pivot, devait être frappé soit au front, soit au cœur. Si le cavalier assaillant l'attaquait en une autre place, la figure mobile tournait rapidement et venait asséner sur le dos du maladroit un coup de plat de sabre ou de sac de terre. Puis vinrent les courses des têtes, qui consistaient à fendre d'un coup de hache, à abattre d'un coup de pistolet ou à enlever à la pointe de l'épée des têtes de bois placées, soit à terre, soit sur des poteaux. Les Espagnols avaient retenu des Arabes *le jet du dard (juego de las cañas)* ; ils le transmirent à nos provinces voisines des Pyrénées ; et quand le roi Charles VI alla visiter le comte de Foix, ce seigneur lui donna le plaisir de voir lancer le javelot par sa meilleure noblesse, dont c'était le jeu favori. Le combat à la lance et à l'épée formait, avec la course de bague, le fond commun sur lequel on brocha ces nouveaux divertissements. Le premier de ces exercices, reste dangereux de ces vigoureux tournois où les chevaliers de la féodalité se donnaient de si bons et grands coups, était demeuré le plaisir favori de nos noblesses du nord et du centre de la France. On sait comment la mort malheureuse de Henri II, blessé d'un éclat de lance par le comte de Montgommery, fit abandonner le combat à cette arme ; mais celui de l'épée continua d'être en faveur, et nos pères firent longtemps leurs délices de ce jeu, où les cavaliers, bardés de toutes pièces, s'approchant par trois voltes, se déchargeaient à chaque fois des coups de leur épée sur le casque.

Les carrousels français étalèrent bientôt un luxe inouï. Après qu'une symphonie guerrière avait préludé, et que le signal des mestres ou maréchaux de camp avait fait ouvrir la barrière, les *quadrilles* entraient en lice, vêtues de costumes significatifs, avec leurs bannières à la couleur de leurs dames et leurs chevaux brillamment empanachés et tressés de nonpareille à la crinière. Toutes se croisaient selon un ordre convenu, faisaient le tour de la carrière, lentement, au pas, l'arme haute, avant de se réunir au centre ; c'est cette promenade qui s'appelait *la comparse*. Ensuite, les *tenants* venaient se placer au centre, assistés de leurs *parrains* et de leurs *pages* portant des boucliers de parade ; derrière, à peu de distance, les *estafiers* menaient les chevaux de main et se tenaient prêts à ramasser les éclats de lance. Bientôt des *hérauts* publiaient les défis de *cartels*, d'autres les réponses des *assaillants*, et alors les quadrilles commençaient de jouter. Durant ce temps les fanfares guerrières se mêlaient au cliquetis des armes ; puis des machines inattendues, représentant des chars roulants, des animaux fantastiques, des statues mobiles, arrivaient toutes chargées d'emblèmes, et donnaient quelque trêve aux combattants ; puis c'étaient des scènes, des *récits*, des chansons que les chefs faisaient dire, soit en l'honneur de leurs dames, soit au sujet de la fête pour laquelle le carrousel avait lieu. Après les divers jeux de lances, de têtes, de bague et de dards, toutes les quadrilles se confondaient au hasard et parcouraient le cirque comme en désordre, s'attaquant où se suivant à leur gré, faisant manœuvrer leurs chevaux sans jamais gêner les entourants, et cela se nommait *faire la foule (fur la folla)* ; la fête se terminait par un feu d'artifice.

Un mot sur les *quadrilles*. C'était une sorte d'escadron (de l'italien *squadriglia, squadra*), composé de chevaliers, de pages, d'estafiers, de tambours, de timbaliers. Le nombre des quadrilles n'était pas arbitraire dans la composition des carrousels : l'usage en admettait quatre au moins, et douze au plus. Ces bandes se distinguaient par le costume, et par une couleur uniforme. En France, l'usage des quadrilles ne commença que sous Henri IV. Elles se montrèrent pour la première fois en 1605, dans l'hôtel de Bourbon, à Paris, et pour la seconde fois au Louvre, en 1606, l'année des derniers états généraux convoqués par l'ancienne monarchie jusques à ceux de 89. C'était aussi le temps de la Renaissance, où l'étude des lettres grecques et latines venait de remettre l'Olympe en faveur. Aussi les allégories mythologiques devinrent-elles la folie des carrousels : on ne vit plus aux joûtes que naïades, faunes, orphées et mercures. On remonta même plus haut encore : l'allégorie s'en prit aux sources mêmes du panthéisme, et ce furent les quatre *Éléments*, qui sortirent au galop de l'hôtel de Bourbon. L'*Eau* parut la première avec M. Le Grand pour capitaine. Ses douze pages vêtus d'étoffes argentées ouvraient la marche, tenant en main des flambeaux, et après eux venait une machine représentant une fontaine. Les héros du liquide manœuvrèrent quelque temps leurs chevaux en présence des spectateurs, puis ils allèrent se placer à l'un des coins de la cour pour laisser entrer le *Feu*. Une partie du Feu s'épargna les ondulations de la comparse. Ses deux pages, habillés d'écarlate, et ses quatre forgerons se posèrent tout de suite au centre de la cour, et frappèrent sur une enclume, dont ils firent jaillir des fusées, tandis que des salamandres et autres animaux ignicoles, suivis d'un dieu Vulcain, entouré de pages costumés en Parthes, allaient se ranger vis-à-vis de l'Eau. Dans cette quadrille, commandée par M. de Rohan, habits, lances, écus, tout reluisait d'écarlate. Après elle, la quadrille de l'Air s'avança. M. de Sommerives allait en tête. Vingt-quatre pages composaient sa bande, à la suite de laquelle venait Junon, déesse de l'air, tirée sur un char magnifique accompagné d'une multitude d'oiseaux. Enfin, la *Terre* se montra représentée par des Maures. A la suite des trompettes et des pages, marchaient deux éléphants chargés de belles tours remplies de joueurs d'instruments, qui donnaient une grande symphonie. Le duc de Nevers conduisait cette quadrille. Ces entrées solennelles durèrent un assez long temps, après lequel la joûte s'engagea ; alors les douze cavaliers de l'Eau et de la Terre combattirent un à un. Ceux du Feu et de l'Air en firent autant, et quand ils eurent rompu lances, coutelas, boucliers et dards, ils reprirent chacun un flambeau, et rentrèrent à l'hôtel de Bourbon.

Les grandes fêtes mythologiques de Louis XIV sont trop connues, et chacun en a lu de trop pompeuses descriptions dans Molière pour que nous en donnions aucun détail. Il nous suffira de dire qu'au premier de ces carrousels, donné en l'honneur de Mlle de La Vallière, et dont les devises avaient été composées par Benserade, Louis XIV fut le chef de la quadrille des Romains ; Monsieur, son frère unique, de celle des Persans ; M. le Prince, de celle des Turcs ; M. le Duc, de celle des Moscovites, et M. de Guise, de celle des Maures. L'emplacement où la dernière de ces fêtes eut lieu, en face du château des Tuileries, a retenu le nom de *place du Carrousel*. Cette espèce de divertissement s'est renouvelée à des époques modernes ; il y eut un très-beau carrousel à Berlin, en 1750, où se distingua le prince Henri, frère du grand Frédéric. La dernière cour qui ait fait représenter un carrousel réellement digne de ce nom est celle de Russie : il eut lieu dans l'été de 1811, à Moscou, sous les auspices de la comtesse Orlof, et réunit toutes les conditions de grandeur et de magnificence des anciens carrousels. En 1828 l'école de cavalerie de Saumur donna une fête de ce genre à la duchesse de Berry. En 1843 elle en offrit une plus brillante encore au duc de Nemours ; et, plus près de nous, une qui les surpassa toutes, à l'empereur actuel, Louis-Napoléon, qui lui-même avait, durant son exil, figuré de sa personne, avec infiniment de grâce, à une joûte de la noblesse anglaise à Eglington. Mais qu'est-ce que ces fêtes en comparaison des carrousels de nos pères? Le faste et la gloire de ces cérémonies se sont éteints avec la vieille noblesse; non que la cour, la nouvelle noblesse et la bourgeoisie n'en aient conservé quelque chose; mais, au lieu de mener des pages richement vêtus, des chevaux écumants, des machines toutes brillantes au sein d'une vaste carrière, maintenant on se range deux à deux, à huis clos, avec des femmes parées, parfumées, et souvent non moins énigmatiques que les allégories de nos ancêtres; au signal d'un ménétrier, *mestre de camp*, on commence de s'exalter sur ses jambes, on joûte du coude, *on fait la foule*; et voilà tout ce qui nous reste de l'antique renommée des quadrilles.

CARROURE. *Voyez* CARROCCIO.

CARRUCCI (JACOPO). *Voyez* PONTORMO.

CARRUQUE. C'était une espèce de chariot, chez les anciens Romains, à l'usage des gens de qualité et même des autres classes du peuple. Les premiers l'ornaient d'argent; il était à quatre roues, et tiré ordinairement par des mules ou mulets. Les carruques communes étaient garnies de cuivre ou d'ivoire. L'empereur Alexandre Sévère ne permit les *carruques* argentées qu'aux sénateurs; mais l'empereur Aurélien rendit cette permission générale; et on en vit de très-hautes, dans lesquelles on se faisait promener en habits riches et somptueux.

CARSTENS (ASMUS-JACOB), l'un des plus remarquables peintres des temps modernes, né en 1754, à Saint-Jürgen, près de Schleswig, était fils d'un meunier, et fut élevé avec le plus grand soin par sa mère, femme excellente et d'une instruction de beaucoup supérieure à sa condition. De bonne heure il témoigna de rares dispositions pour le dessin et la peinture; et les tableaux de Jurian Oven, l'un des plus grands élèves de Rembrandt, qui ornent la cathédrale de Schleswig, et dont il put faire une étude toute particulière, lui inspirèrent le désir de marcher sur ses traces. A la mort de sa mère, son tuteur, trouvant déraisonnable la passion qu'il lui annonçait pour les arts, le plaça en apprentissage dans une maison de commerce. Mais Carstens ne tarda pas à la déserter, et se rendit à Copenhague à l'effet de se perfectionner dans son art, cherchant provisoirement dans la peinture du portrait, genre dans lequel il ne tarda pas à acquérir une remarquable habileté, les moyens de suffire aux besoins matériels de l'existence. L'étude de l'antique, qu'il put faire dans les musées de cette capitale, le ravit d'admiration, et lui inspira le goût de la peinture historique. La première grande toile qu'il exécuta avait pour sujet *la mort d'Eschyle*. Il y avait sept années déjà qu'il habitait Copenhague lorsqu'il partit en 1783 pour son tour d'Italie. Après avoir fait quelque séjour à Milan et à Mantoue, le manque de ressources et l'ignorance de la langue italienne le forcèrent à s'en retourner en Allemagne. En passant par Zurich, il s'y lia d'amitié avec Gessner et Lavater; puis il se rendit à Lubeck, où il passa encore près de cinq années, subsistant en faisant des portraits. Le poête Overbeck appela sur lui l'attention d'un riche amateur, qui lui fournit les moyens d'aller s'établir à Berlin. Il y vécut presque inconnu jusqu'au moment où un grand tableau de sa composition, *La Chute des Anges*, contenant plus de deux cents figures, lui valut la place de professeur à l'académie des beaux-arts. Il ne fut qu'en 1792 qu'il lui fut enfin donné d'exécuter, avec une pension de 450 thalers, ce voyage de Rome qui avait été constamment l'objet de sa plus vive ambition; et dans la capitale du monde chrétien il se livra à l'étude de Michel-Ange et surtout de Raphael, étude qu'il faisait consister bien moins dans la copie servile des œuvres de ces grands maîtres de l'art que dans leur attentive contemplation. Le premier tableau qu'il exécuta à Rome fut *La Visite des Argonautes au centaure Chiron*, toile aussi remarquable par la pureté du style que par la beauté des formes et l'heureuse distribution de la lumière. Les sujets des nombreux travaux qu'il exécuta postérieurement furent pour la plupart empruntés aux poètes de l'antiquité classique. Apollonius de Rhodes, Pindare et Orphée lui fournirent le sujet d'une suite de vingt-quatre dessins qui ont été gravés sur cuivre après sa mort par Koch, et publiés à Rome, en 1799 sous le titre de : *Les Argonautes*. Ossian, Le Dante et Shakspear lui inspirèrent également quelques compositions. Son dernier ouvrage fut un *Œdipe* d'après Sophocle. Il laissa inachevée une autre grande composition : *L'Age d'Or*.

Carstens, dont la santé avait toujours été très-chancelante, mourut, à Rome, le 26 mai 1798, et sa dépouille mortelle fut déposée près de la pyramide de Cestius. On peut dire de lui qu'il fut un des artistes qui en se rattachant au style classique, que personne ne développa avec plus de pureté, réagirent le plus heureusement et le plus puissamment contre l'art dégénéré du siècle. Il suivit la direction tracée par les glorieux ouvrages de l'école française, l'école de David et de ses élèves. Il a une pureté de sentiment, une élévation de style, une noblesse de formes qui le placent à côté des grands maîtres. On a dit qu'il manquait d'études complètes, achevées; il suffit cependant de jeter les yeux sur la collection de ses cartons, qui se trouve à Weimar, et que W. Muller a reproduits par la gravure avec un texte explicatif par Schuchardt, pour se convaincre combien ce reproche est peu fondé. Si son nom n'a pas obtenu cette réputation européenne qui paraît la seule sanction du talent, et à laquelle il avait tant de droits, c'est qu'il mourut précisément au moment où venait de se terminer son éducation artistique, commencée un peu tard. Les travaux de cet artiste consistent pour la plupart en dessins à l'aquarelle et en peintures à fresque, genre dans lequel il eût pu atteindre le dernier degré de la perfection. Il ne s'exerça en effet que rarement à la peinture à l'huile, qui semblait peu convenir à la direction particulière de son talent.

CARTACÉ (en latin *chartaceus* et *chartacius*, fait de *charta*, papier, c'est-à-dire qui concerne le papier). Ce nom, emprunté par les sciences naturelles au langage usuel, sert à spécifier tantôt un corps organisé qui croît sur le papier humide (*sporotrichum chartarium*), tantôt un animal rayonné, qui est étalé en feuilles minces (*eschara chartaria*), tantôt enfin les parties des végétaux que l'on a cru devoir comparer, à cause de leur sécheresse, de leur flexibilité et de leur ténacité, au parchemin ou à une carte; c'est ainsi qu'on a dit : péricarpe cartacé (*anagallis arvensis*), noyau et tegmen cartacés (*areca Fanfel, pyrus communis*).

L. LAURENT.

CARTAGENA. *Voyez* CARTHAGÈNE.

CARTE (*Géographie, Navigation, Topographie*), représentation plane d'une partie plus ou moins étendue de la surface du globe terrestre. L'astronomie emploie aussi des représentations analogues des objets que nous offre la voûte céleste. Il est évident, par la définition même, que les tracés de cette sorte ne peuvent conserver exactement les rapports entre les dimensions, ni par conséquent la forme, et qu'il ne faut pas y chercher la similitude géométrique; mais on est parvenu à sauver les détails aux dépens de l'ensemble; on arrive à des procédés très-différents à ce résultat, dont l'énoncé cause d'abord quelque étonnement, que la juxtaposition d'éléments semblables, dont l'ordre n'est pas interverti, produit des *tous* qui ne se ressemblent point. C'est à la théorie du calcul différentiel qu'il faut demander l'explication de ce paradoxe. Chaque *élément* de la surface sphérique, quel que soit son périmètre, peut être représenté rigoureusement sur la carte par une figure semblable, et si on prend sur la même surface une étendue dont la courbure ne soit que d'un petit nombre de degrés, comme celle de la France, par exemple, la somme des altérations de forme et de dimension ne sera pas discernable, et l'on pourra faire usage, avec confiance, de l'échelle de la carte pour mesurer la distance des lieux qui y sont placés.

La plus ancienne méthode de construction des cartes géographiques est attribuée à Ptolémée. Elle a cette propriété, très-remarquable, que tout cercle tracé sur la sphère est représenté sur la carte par un autre cercle qui, dans certain cas, peut devenir infini. On y suppose que chaque point du globe terrestre est vu à travers un grand cercle de la sphère par un spectateur dont l'œil serait placé au pôle de ce grand cercle, c'est-à-dire à l'extrémité du rayon qui lui est perpendiculaire : ainsi, la représentation est une *perspective* de l'hémisphère, placé au delà de ce grand cercle qui sert de *tableau*, ou d'une partie quelconque des terres et des mers comprises dans cet hémisphère. Le mot de *perspective* a causé dans ce cas une de ces méprises dont l'incorrection du langage est trop souvent responsable : les géomètres ont désigné par ce mot la projection d'une figure sur un plan, au moyen de lignes concourantes en un seul point, comme les rayons de lumière qui apportent à l'œil l'image des objets; mais l'expression ne doit pas être prise à la lettre, non plus que beaucoup d'autres locutions métaphoriques, dont le véritable sens est souvent oublié ou méconnu. Qu'on ne voie donc dans le tracé de Ptolémée rien autre chose qu'un dessin, fait pour l'intelligence plus que pour les yeux, et dont le géographe se sert de la même manière que l'architecte fait usage de ses plans, profils, etc.

En effet, l'inventeur de cette méthode avait principalement pour but de trouver un moyen simple de rapporter sur les cartes les longitudes et les latitudes des lieux, et par conséquent d'y tracer les méridiens et les parallèles : or, par sa *projection*, il suffit d'avoir trois points de chacun de ces cercles pour qu'on puisse les tracer en entier, et ces trois points sont déterminés par un procédé très-expéditif, car 1° les divisions du grand cercle qui sert de tableau donnent deux points de chaque parallèle; 2° tous les méridiens passant par les deux pôles, la représentation de ces deux points est commune à tous ces grands cercles. Enfin, si on fait passer par l'œil de ces deux pôles un plan qui coupe la sphère suivant un grand cercle, qui sur la carte sera représenté par une ligne droite, on y tracera les divisions projetées, et l'on aura le troisième point de chaque parallèle. Un plan perpendiculaire à celui-ci, et passant aussi par le point de vue, aura précisément les mêmes divisions projetées sur une droite perpendiculaire à la première, et ce sont autant de points pour les méridiens. Cette méthode de Ptolémée est très-commode pour la construction des mappemondes, où l'on représente les deux hémisphères, en plaçant alternativement le point de vue aux deux extrémités d'un même diamètre. Si le globe est partagé suivant l'équateur, en hémisphère boréal et austral, le point de vue est au pôle sud ou nord, et les méridiens sont autant de lignes droites, tandis que les parallèles sont des cercles entiers; si le partage est fait suivant le premier méridien, le point de vue est à l'équateur, à l'ouest pour l'hémisphère oriental, et à l'est pour l'occidental : les méridiens et les parallèles y varient depuis la ligne droite jusqu'au demi-cercle.

On construit aussi, par le même procédé, les cartes d'une partie du monde, et même celles des États d'une étendue considérable, comme la Russie, les États-Unis, l'empire du Brésil, etc.; mais pour une portion de zone terrestre comprise entre deux parallèles peu distants, on a recours à une autre méthode, qui procure aussi d'assez grands avantages, soit pour le tracé de la carte, soit pour l'usage qu'on en fait. Dans celle-ci, ce n'est pas sur un plan que l'on projette les lignes et les points de la surface sphérique à représenter, mais sur la surface d'un cône passant par les deux parallèles extrêmes, et les lignes projetantes sont dirigées au centre de la sphère : cette opération étant censée faite, on *développe* la surface conique, suivant l'expression des géomètres,

c'est-à-dire qu'on l'étend sur un plan, et c'est ainsi qu'on obtient une figure plane où tous les parallèles sont des cercles concentriques, et tous les méridiens des lignes droites, dirigées à ce même centre, qui est le sommet du cône développé. Quant à la précision des mesures que l'on peut y prendre, elle est d'autant plus grande que les deux parallèles extrêmes se rapprochent davantage; dans les cartes de France, d'Espagne, etc., construites selon cette méthode, la somme des erreurs que l'on pourrait commettre sur la mesure la plus longue prise sur l'échelle ne serait tout au plus que d'un deux-centième. Les deux parallèles par lesquels on fait passer la surface conique de projection ne changent point de dimension dans le développement ; les intermédiaires sont un peu raccourcis, et les méridiens le sont aussi dans le même rapport que ces parallèles intermédiaires. Lorsqu'on trace la division de l'échelle, on retranche de chaque longueur la valeur moyenne de l'erreur commise dans la carte, et on se rapproche ainsi de l'exactitude, autant que les divers usages des cartes peuvent le demander. Cette méthode de construction des cartes convient surtout aux hautes latitudes, comme celles de la Scandinavie et de la Russie; pour les régions voisines de l'équateur, le cône de projection pourrait être d'une longueur incommode, mais pour celles qui s'étendent des deux côtés de la ligne, comme certains États de l'Amérique du Sud, le cône de projection est transformé en cylindre, et la construction de la carte est encore simplifiée, car les parallèles et les méridiens y sont représentés par des lignes droites.

Mais ces cartes, quoique très-appropriées aux besoins de la géographie, ne conviennent pas aux marins sans instruction, comme il y en a beaucoup chez tous les peuples navigateurs : on ne pourrait y tracer la route du navire que par des procédés assortis à la forme et à la position des méridiens, et il faudrait un calcul ou des opérations graphiques pour y déterminer la direction du sillage. Afin de leur épargner tout ce travail, on leur fait des cartes où les méridiens sont des lignes droites parallèles, et les cercles de longitude d'autres lignes droites perpendiculaires aux méridiens, comme ces cercles le sont sur la sphère. Mais par cette construction, l'espace triangulaire compris entre l'équateur et deux méridiens est transformé en rectangle, déformation qui obligerait encore à recourir au calcul, ou pour déduire les mesures effectives de celles qu'on aurait prises sur la carte, ou pour y transporter celles que l'on aurait prises sur les lieux. On a fait tous ces calculs, et ils sont appliqués immédiatement aux cartes, en sorte que les navigateurs peuvent y tracer leur route sans avoir à faire aucune réduction. Comme les cercles de longitude décroissent de l'équateur au pôle, quoique la carte leur assigne une longueur constante, on est dans la nécessité de faire subir aux latitudes une altération équivalente, afin de conserver le rapport entre ces deux mesures qui fixent la position des lieux ; ainsi, chaque partie du méridien, considérée comme une ligne droite infiniment petite est agrandie dans le rapport du *rayon au cosinus de la latitude*, et la longueur d'un arc de ce cercle est la somme de tous ses accroissements élémentaires : on voit que la construction des cartes *réduites* ou *par latitudes croissantes* emprunte les méthodes du calcul intégral.

Les *cartes topographiques* ne représentent que des espaces qui sur la surface de la sphère n'ont point de courbure appréciable, et qu'il est permis de regarder comme plans. Le terrain n'est pas seul relief doit être représenté sur cette projection par des linéaments dont l'effet soit pittoresque, et qui indiquent avec exactitude la direction et le plus ou moins de raideur des pentes, en sorte que l'on puisse en déduire une mesure approximative des hauteurs; il faut donc que ces linéaments soient assujettis à la figure du terrain, et déterminés soit par des observations géométriques faites sur les lieux, soit par des opérations et des mesures qui donnent à la fois la projection des points observés et leur élévation au-dessus d'un plan horizontal de position connue et fixe. Si on est pressé, et si la carte n'est destinée que pour des opérations dont le simple coup d'œil est juge, comme celles de la guerre, après avoir esquissé le terrain par la projection des traits principaux, tels que les ruisseaux et rivières, le fond des vallées et le sommet des côteaux et autres élévations, les chemins, villages, maisons, etc., on trace les *lignes de pentes*, dont le contour est facilement reconnu par l'observateur un peu exercé; on multiplie ces lignes ou *hachures*, et on les trace avec plus de force à mesure que les pentes sont plus roides, et dans le cas opposé on les laisse plus rares et tracées plus légèrement. Mais si on a besoin d'indications plus précises, si la carte doit fournir les données de calculs de déblai et de remblai, il faut recourir à des nivellements. On trace alors sur le terrain des lignes ou *sections* horizontales, à des distances égales et connues, l'une au-dessus de l'autre, et on projette leur contour sur la carte. On fait ainsi un *figuré* qui est à la fois pittoresque et rigoureux, où l'ingénieur trouve toutes les mesures dont il a besoin. L'une et l'autre manière de *figurer* le terrain sur les cartes topographiques sont d'origine française.

Les cartes astronomiques sont construites suivant les mêmes méthodes que celles de la géographie, mais l'écliptique et ses pôles y remplacent l'équateur et les pôles terrestres : tous les autres changements dérivent de celui-là.

FERRY.

Lorsqu'une carte géographique offre les deux hémisphères terrestres projetés côte à côte sur le plan d'un des grands cercles du globe, elle reçoit le nom de *mappemonde*. Une carte est dite *générale* ou *particulière*, suivant qu'elle représente une grande étendue de pays, ou qu'elle est bornée à une contrée spéciale; elle devient *chorographique* quand elle offre le détail d'un canton, et *topographique* lorsque tous les accidents du terrain y sont figurés. On la nomme *hydrographique* ou *marine* lorsqu'elle donne exclusivement les rivages des terres, avec les sondes, récifs, bancs, hauts et bas-fonds, et autres circonstances nautiques. On appelle *orographique* la carte spécialement destinée à représenter l'enchaînement et la disposition des reliefs montagneux; *physique*, celle qui donne dans leur ensemble les caractères extérieurs du sol; *géologique*, celle qui fait connaître la nature des terrains; *minéralogique*, celle qui s'attache plus particulièrement à indiquer le gisement des espèces minérales; il y en a de *botaniques* ou *phytographiques*, et de *zoologiques*, figurant la distribution des végétaux et des animaux à la surface de la terre; il y en a d'*historiques*, où des signes conventionnels rappellent les dates et faits mémorables relatifs à chaque lieu; il y en a enfin de *routières*, de *politiques*, de *militaires*, d'*administratives*, etc., suivant l'objet principal que l'auteur a en vue.

Avant d'arriver au degré de perfection auquel elles sont parvenues, les différentes espèces de cartes dont nous venons de parler ont eu à subir de nombreuses modifications. Les Grecs et les Romains avaient deux sortes de cartes : les unes propres à donner une idée de la forme, de l'étendue et de la situation relative des diverses contrées de la terre; les autres indiquant seulement les embranchements des routes, les distances des lieux, leur nature et leur importance. Ces dernières espèces de cartes étaient nommées *itineraria picta*, itinéraires peints, par opposition aux itinéraires écrits, *itineraria annotata*. Du grand nombre de cartes que les géographes anciens avaient dressées il ne nous en reste qu'une dans chaque genre, celle de Ptolémée et celle dite *de Peutinger*; et nous n'avons-nous pas ces deux monuments précieux tels qu'ils sont sortis de la main de leur auteur, les cartes de Ptolémée n'étant autre chose que des cartes construites par Mercator d'après l'ouvrage de Ptolémée.

La géographie, comme toutes les sciences, fut plongée dans l'oubli par l'invasion des barbares, jusqu'à ce que les Arabes vinssent la tirer du néant : vers le milieu du douzième siècle, Édrisi, un de leurs plus savants géographes, construisit pour Roger, roi de Sicile, un globe terrestre en argent du poids de 800 marcs, et il composa pour l'expliquer un ouvrage géographique dont nous avons des manuscrits accompagnés de cartes, dessinées probablement d'après le globe d'Édrisi. Aucun des peuples d'Europe n'était alors aussi instruit et aussi éclairé que les Arabes; mais les voyages du Vénitien Marco-Polo, de Rubruquis, de Plan-Carpin, en faisant connaître le Cathay, la Chine, la Tartarie, le nord et le centre de l'Asie, ouvrirent un vaste champ à la géographie. Les cartes furent perfectionnées et la géographie orientale se trouva mêlée à celle des peuples anciens et modernes d'Occident. Parmi les monuments géographiques de cette époque, il faut citer la carte gravée dans le *Recueil des Historiens* de Bongars, la carte manuscrite collée sur bois de la Bibliothèque de Paris, le planisphère d'Andréa Bianco, surtout celui de Fra-Mauro dans la Bibliothèque Saint-Marc de Venise, et enfin le globe de Martin Behaim.

Bientôt la prospérité commerciale de Venise, de Gênes, de Florence, de Pise, donna un grand élan à la navigation. On construisit des cartes nautiques où les côtes étaient dessinées avec une grande précision. Les progrès de l'astronomie, l'invention de la boussole, la découverte du Nouveau Monde, vinrent donner à ce genre de cartes une grande perfection, ainsi que le démontrent la grande carte de Ribero, dressée en 1529 pour l'usage de l'empereur Charles-Quint, et de grands travaux hydrographiques qu'il serait trop long de rappeler.

En 1570 parut *le Theatrum Orbis Terrarum*, recueil de cartes de toutes les terres connues du globe. Pour publier cet important ouvrage, qui excita une admiration universelle, Ortelius avait réuni toutes les cartes que l'on avait gravées jusqu'à lui; il s'était entouré de tous les documents manuscrits ; ayant lu tout ce qui avait été écrit sur la géographie, il avait soigneusement séparé les notions modernes d'avec celles des anciens. Ortelius et Mercator affranchirent la science géographique du joug de Ptolémée. Plus tard les Sanson contribuèrent à populariser la science en France ; mais les Blaeuw en Hollande, et les Homann en Allemagne, réussirent encore mieux à atteindre ce but, par des cartes dessinées avec plus d'exactitude et gravées avec plus de netteté.

Cependant les cartes étaient encore criblées d'erreurs, que signalèrent Riccioli dans ses savantes *Discussions*, Vendelin dans ses *Tables*, Cassini par le *Planisphère nouveau* qu'il essaya de tracer sur le pavé de l'Observatoire de Paris. Guillaume de l'Isle fit pour Ortelius et Mercator ce que ceux-ci avaient fait pour Ptolémée, et d'Anville acheva ce vaste travail.

Les grandes découvertes de Cook, les savants travaux de Rennell sur l'Inde, semblèrent, quelques années après la mort de d'Anville, donner à l'Angleterre le sceptre de la géographie. Du moins, il faut l'avouer, la carte de l'Indoustan de Rennell, son *Atlas du Bengale*, la grande mappemonde d'Arrowsmith, etc., sont des travaux bien supérieurs à ceux des Robert de Vaugondy, des Buache, des Jaillot, des Mentelle. Mais si la France semblait décliner sous le rapport des cartes de géographie générale, elle passait le premier rang pour la géographie particulière et topographique, et depuis elle l'a conservé. Il suffit de rappeler la carte de la France, connue sous le nom de *Carte de Cassini*, et qui fut publiée sous la direction de l'Académie des Sciences, de 1744 à 1787; elle forme 183 feuilles établies sur une échelle d'une ligne pour 100 toises. Une nouvelle carte dressée par le corps d'état-major et gravée au Dépôt de la guerre, est en voie d'exécution; elle doit être composée de 259 feuilles du plus grand format, et elle ne laisse rien à désirer. On peut citer comme un chef-d'œuvre la *Carte des Chasses*, c'est-à-dire des environs de Versailles; elle a été terminée en 1807, et forme 14 feuilles, sur une échelle de 2 lignes pour 100 toises. La *Carte de la Guienne*, exécutée par Belleymo, jouit d'une juste estime; malheureusement elle n'a pas été achevée; 37 feuilles seulement sur 54 ont vu le jour.

Quelques cartes méritent encore une mention spéciale. Les *Cartes des Pays-Bas* par Ferrari et celles d'Espagne par Lopez sont des travaux vieillis, mais encore importants. L'*Atlas des royaumes de Naples et de Sicile*, par Rizzi Zannoni, la *Carte du théâtre de la guerre en Italie*, par Bacler d'Albe, n'ont pas été entièrement remplacées par la *Corografia dell' Italia*, publication considérable qui forme une centaine de livraisons. La *Carte topographique de la Grande-Bretagne*, dressée par les ingénieurs militaires sous la direction du lieutenant-colonel Mudge, est un des plus beaux ouvrages qu'on connaisse en ce genre. L'Allemagne offre une foule de travaux de cette espèce. On consultera avec intérêt les notes qu'a publiées M. Jomard sur les progrès de la remarquable collection géographique formée à la Bibliothèque impériale. Les catalogues de quelques collections particulières de cartes ont été livrés à l'impression; celui du prince Alexandre Labanoff (Paris, 1823) mérite d'être signalé; mais une bibliographie raisonnée et générale de ce qui existe en ce genre jusqu'à l'époque actuelle est encore un des grands *desiderata* de la science. Ce qui concerne les représentations géographiques jusqu'au seizième siècle a été traité avec beaucoup de savoir et de zèle dans l'important ouvrage de M. de Santarem : *Essai sur l'Histoire de la Cosmographie et de la Cartographie pendant le moyen âge* (Paris, 1849, 2 vol. in-8°).

En terminant ce rapide exposé, nous ne pouvons nous dispenser de citer la belle *carte géologique de France*, par MM. Élie de Beaumont et Dufrénoy, ainsi que la carte non moins remarquable que M. de la Bèche a récemment consacrée à retracer la structure intime du sol de l'Angleterre.

CARTE BLANCHE, plein pouvoir donné à quelqu'un pour l'autoriser à faire tout ce qui lui plaira et particulièrement au général d'une armée agissant ou à un généralissime. Louis XI est, suivant Commines, le premier de nos princes qui ait restreint ou annulé ce droit. Jusque là il avait été implicite; on regardait comme naturel qu'un connétable, un chef d'armée, n'attendit pas, pour recevoir ou pour donner bataille, la permission de la cour. Depuis ce règne nos rois ont quelquefois donné *carte blanche*; car en bien des cas la faculté de ne prendre conseil que des circonstances ne pouvait être refusée aux généraux : il en fut surtout ainsi tant que l'art militaire ne fit aucun progrès. Mais depuis que Gustave-Adolphe, Turenne, Montecuculli, eurent plié cet art aux règles du calcul, Louvois se persuada qu'en tout temps, en toutes circonstances, il pourrait de son cabinet commander les armées, comme l'avait quelquefois essayé le cardinal de Richelieu. Louis XIV ne pouvait que goûter un système au moyen duquel il espérait devenir l'âme et le flambeau de ses armées. Plus d'une fois Turenne et Condé cédèrent, heureusement pour la France, n'agir qu'à leur tête. Feuquières se plaint de ce que, au contraire, Villeroy, Boufflers, d'Humières, en s'assoupissant à une pratique courtisane, ne faisaient que fort mal les affaires du royaume.

Vouloir être général du fond d'un bureau était bien une pensée à la Louis XI, à la Louvois, à la Louis XIV ! elle ne pouvait être suggérée que par l'orgueil et le despotisme. Cette obéissance passive qu'on exigeait des généraux pouvait être sans inconvénients tant qu'il ne s'agissait que d'ordonner des dragonnades, de bombarder Luxembourg, de s'emparer de Casal, d'incendier le Palatinat, de parader dans des camps de plaisance; mais quand il fallut en Flandre faire tête au duc de Lorraine, à l'électeur de Brandebourg, aux Hollandais et aux Espagnols; quand les opérations, enfin, devinrent délicates et épineuses, la servilité et l'incapacité des courtisans transformés en généraux préparèrent la perte des places, amenèrent des affronts sanglants, et obscurcirent la gloire de nos armes. Ce fut pis encore sous Louis XV : il ne donna pas carte blanche à ses généraux, mais à ses maîtresses ; on ne livrait combat pendant la guerre de 1756 qu'avec leur permission ; elles décidaient du mal à faire à l'ennemi, comme Mme de Maintenon avait décidé du mal à faire à des Français au temps des guerres de religion. L'influence des femmes de cour, et plus d'une fois même celle des femmes de généraux, ont été de tout temps d'un grand préjudice à la chose militaire.

Bonaparte général s'est illustré en prenant *carte blanche*. Devenu empereur, il ne pouvait ni ne voulait donner entièrement carte blanche à ses généraux : sa sûreté l'exigeait, mais l'honneur des armes en souffrait sur les points où le souverain n'était pas. Il serait curieux d'examiner si sa chute n'a pas uniquement tenu au droit de carte blanche qu'un de ses généraux s'est donné.

Gal Bardin.

CARTEL (du latin *chartella*, diminutif de *charta*, carte), lettre ou billet de défi par lequel on provoque quelqu'un à un combat singulier. L'usage des cartels n'a jamais été plus fréquent qu'au moyen âge et dans les temps de chevalerie, où ils jouaient un rôle important dans les *tournois*; mais il remonte plus haut que cette époque, car il était fort commun chez les Grecs et chez les Romains, et l'on en voit plusieurs exemples dans Homère, et dans d'autres poëtes grecs et latins. Plutarque rapporte qu'Antoine, succombant sous le poids de l'infortune, envoya une provocation à Auguste, qui lui fit répondre qu'il avait plus d'un moyen de mourir sans celui-là. De la chevalerie, l'emploi des défis et des cartels n'était la plupart du temps qu'un appel au courage, à l'adresse et à la vaillance individuelle, à une lutte courtoise enfin, qui devait s'effectuer publiquement en champ clos, en présence de ses pairs et de la dame de ses pensées, cet usage a passé dans les mœurs générales de la nation, où il sert à provoquer la réparation d'une injure personnelle, et à vider un différend par le sort des armes, transportant ainsi à la force le droit de la justice et de la raison (*voyez* Duel).

Le mot *cartel*, pris dans un sens plus favorable, s'entend encore d'une espèce d'accord ou de convention qui se fait entre États pour l'échange des prisonniers, alors que les hostilités n'ont pas encore cessé. C'est, en marine, le bâtiment portant des prisonniers qui doivent être échangés.

C'était autrefois le nom d'une ancienne mesure de grains usitée à Rocroy, Mezières et en quelques autres lieux de France; c'est encore le nom du corps ou de la boîte d'une pendule appendue à un mur. *Cartel d'armoiries* est synonyme d'*écu* dans le blason, et *cartel* synonyme de *cartouche* en archéologie.

CARTELLIER (Pierre), statuaire, naquit à Paris, le 2 décembre 1757; entré de bonne heure dans l'atelier de Charles Bridan, il s'y distingua bientôt par une grande aptitude pour son art et un travail soutenu. Il demeura néanmoins assez longtemps obscur et oublié; mais *La Guerre* et *La Vigilance*, figures en pierre de la façade du Luxembourg, lui ayant été demandées, il ne tarda pas à devenir un des sculpteurs les plus occupés. Successivement on lui confia les statues d'*Aristide* pour le Palais du Sénat (1804); *Vergniaud*; *La Gloire distribuant des couronnes*, bas-relief pour la colonnade du Louvre; *La Capitulation d'Ulm*, pour l'arc de triomphe du Carrousel (exposé en 1808). En même temps arrivaient les commandes particulières : Joséphine lui demanda une statue de *La Pudeur* pour la Malmaison, un buste de Napoléon, etc. Cet artiste, à qui il faut reconnaître un certain mérite d'invention, beaucoup de soin, peu de style dans l'exécution, fit encore beaucoup d'autres ouvrages, parmi lesquels on distingue : *Les Filles de Sparte dansant autour de la statue de Diane* (bas-relief), *L. Bonaparte*, les généraux *Walhubert* (à Avranches), *Pichegru*, une *Minerve*. Il est encore l'auteur du *Louis XV* en bronze (de Reims); du *Louis XIV*, (bas-relief en pierre) des Invalides, d'une *Joséphine* (à Ruel). Il était occupé à travailler au *Mausolée du duc de Berry* et à une statue équestre de Louis XV, lorsque survint la révolution de 1830. Le cheval destiné à Louis XV a servi pour la statue équestre de Louis XIV, de M. Petitot, qui orne la cour du palais de Versailles. Cartellier, mort le 12 juin 1831, chevalier de la Légion d'Honneur et de l'ordre de Saint-Michel, était membre de l'Académie des Beaux-Arts depuis 1810; il avait été nommé professeur à l'École des Beaux-Arts en 1815. De son atelier sont sortis des élèves qui occupent aujourd'hui des places éminentes dans l'art : Cartellier partage avec Chaudet l'honneur d'être l'un des chefs de notre école moderne de sculpture.

CARTERET (Ile). Cette île de l'Australie, située dans l'archipel de Salomon, par 158° 28' de longitude orientale et par 8° 50' de latitude méridionale, fut découverte en 1767, par Philippe Carteret, navigateur anglais, qui fit partie de l'expédition commandée par le capitaine Wallis, dont le but était de découvrir de nouvelles terres dans l'hémisphère austral. Ce voyage de découvertes dura quatre ans, et fut exécuté pendant les années 1766, 1767, 1768 et 1769. On ignore les circonstances de la vie de Philippe Carteret et même l'époque de sa mort; car les biographies anglaises n'ont pas jusqu'à ce jour daigné lui consacrer une notice. — Il y a aussi aux États-Unis, dans la Caroline du Nord, un comté de ce nom. Son chef-lieu est la petite ville de *Beaufort*, et on évalue sa population totale à 8,000 âmes.

CARTES (Tireurs de). *Voyez* CARTOMANCIE.
CARTES (Tours de). *Voyez* TOURS D'ADRESSE.
CARTES A JOUER (Fabrication des). La fabrication des cartes donne lieu à des opérations tellement multipliées, que l'on sera étonné de les voir vendre à des prix si modérés. Les cartes, si minces en apparence, sont cependant composées de trois feuilles de papier et même de quatre dans les cartes de qualités supérieures. Ces papiers sont de trois natures différentes ayant chacune un nom particulier : le *papier au pot*, sur lequel on imprime les figures et les points; le *cartier*, qui forme le dos de la carte; le *trace* ou *main-brune*, que l'on place entre les deux autres, et dont la pâte est grise afin d'empêcher la transparence. Les cartes sont plus solides et plus sonnantes lorsqu'elles sont fabriquées avec deux feuilles de *main-brune* mince que lorsqu'on n'y emploie qu'une seule feuille de *main-brune forte*.

Après la fabrication de ces diverses sortes de papiers, qui exigent toutes des pâtes de première qualité, on procède à la confection des cartes par diverses opérations, qui se font comme pour le *carton de collage*. Ce sont d'abord le *mélage*, le *collage*, le *pressage*, l'*étendage* et le *séchage*.

Il reste alors à compléter les cartons, et pour cela il faut ajouter aux étresses une feuille de papier au pot, sur lequel sont imprimées les *têtes*, c'est-à-dire les figures. Il est nécessaire de faire connaître que les contours sont seuls imprimés d'avance en noir; les parties vides seront ensuite remplies en couleur, ainsi que les points, au moyen de patrons. Il est facile de comprendre que l'impression des traits propres à guider l'opération des enlumineurs viendrait mal à cette opération : il faut donc imprimer sur le papier avant de le coller. Mais il peut, sans inconvénient, recevoir les enluminures après qu'il aura été collé.

Les planches ou moules qui servent à l'impression des traits des figures sont gravés en relief sur bois ou sur cuivre. Les noms des figures y sont aussi en relief; le valet de trèfle porte l'enseigne du cartier et son adresse. L'encre ou plutôt la couleur noire avec laquelle on imprime les traits des figures n'est pas l'encre grasse des imprimeurs en caractères. Elle est composée avec du noir de fumée et de la colle dont on se sert pour les cartons; on laisse *digérer* quelque temps ce mélange en y ajoutant du fiel de bœuf; plus cette encre est ancienne, meilleure elle est : on la garde quelquefois trois ou quatre années. Pour *mouler*, c'est-à-dire pour imprimer, l'ouvrier assujettit le moule sur quatre pieds qui entrent dans la table sur laquelle on moule; les deux pieds qui sont du côté de l'ouvrier sont plus hauts que les deux autres. Ayant devant lui un pot plein de noir, il y prend avec un pinceau de quoi garnir la surface d'une pierre, puis il passe une brosse sur cette pierre pour qu'elle se charge également de la couleur noire, et la passe aussitôt sur le moule; ensuite il pose adroitement sur ce moule une feuille de papier au pot, puis avec un *frotton* il passe plusieurs fois sur le papier, il le fait adhérer exactement à toutes les parties en relief du moule; par cette manœuvre, tous les traits se trouvent imprimés. Le frotton, qui remplit ici la fonction de la presse d'imprimerie, est une espèce de balle composée de plusieurs lisières ou d'un tissu de crin roulé de manière que la face que l'on applique sur le papier en soit plate et unie, tandis que le haut, par où l'ouvrier la saisit, a la forme d'un sphéroïde allongé. On humecte de temps en temps le frotton avec un peu d'huile, pour qu'il n'adhère pas à la feuille de papier et qu'il ne la déchire pas; il faut aussi éviter soigneusement d'employer dans le moulage une colle trop chargée de noir, ou d'en mettre sur le moule une couche trop épaisse, car alors l'impression pourrait contre-marquer quand on met les cartons sous la presse lorsqu'on a collé en ouvrage, ce que les ouvriers appellent *baiser*; enfin le noir trop épais serait également sujet à s'étendre sous la lisse.

Le papier au pot ayant reçu l'impression des traits des figures, il doit entrer dans la composition des cartons et les compléter par le second collage. Il faut donc commencer un nouveau mélage à peu près semblable au premier, mais dont les combinaisons diffèrent suivant que l'on doit faire des cartes de trois ou de quatre feuilles. Après ce second mélage, *on colle en ouvrage* ainsi qu'on avait collé *en feuilles*, puis on presse, on pique, on épingle, on étend de la même manière que dans la première opération.

Les opérations diverses que nécessite l'enluminage des cartes ne sont pas moins compliquées que celles que nous venons de décrire, car il s'opère avec cinq couleurs en détrempe et rendues consistantes par l'emploi de la gomme ou de la colle. Elles s'appliquent sur les dessins à l'aide de *patrons* que le cartier découpe en nombre égal à celui des couleurs à placer. C'est avec des emporte-pièces qu'il fait les cœurs, les carreaux, les trèfles et les piques. L'enluminage achevé, le *chauffeur* et le *savonneur* s'emparent des cartes. Le premier chauffe les cartons un à un, et lorsqu'ils sont secs, il les porte au second, qui, avec le *frottoir* ou le *savonnoir*, passé sur une brique de savon à sec, frotte d'abord les figures, et ensuite plus fortement le côté blanc ou le *dos* des cartes. C'est cette opération qui leur donne la faculté de couler facilement les unes sur les autres. Après cela, on redresse les cartons au moyen de la presse et on les soumet au jeu des ciseaux, qui les divisent en cartes proprement dites, en leur donnant les dimensions connues. Pour cela on commence par rogner les bords des cartons; on découpe ensuite ceux-ci en rubans dits *copeaux*, qui sont juste de la largeur des cartes et en contiennent six dans leur longueur, puis ces rubans sont découpées en cartes séparées. Le coupeur est guidé dans ses opérations d'abord par des traits imprimés qui déterminent les limites de la séparation, puis par des guides parallèles aux ciseaux qui en sont convenablement éloignés, et contre lesquels il appuie la tranche des feuilles de carton à découper. Mais à cette action manuelle plusieurs fabriques ont déjà substitué des procédés mécaniques. Nous ne citerons que la machine de M. Dickinson, qui se compose de cisailles circulaires assujetties à deux axes parallèles et mises en mouvement par l'intermédiaire d'une courroie sans fin qui passe sur la gorge d'une poulie fixée à l'une des extrémités d'un arbre coudé servant de moteur. Les cartes étant découpées par l'un quelconque de ces moyens, il ne reste plus dès lors qu'à les *assortir*, les *trier*, les *jeter*, les *recouler* et les *assembler*. Les deux premières opérations s'expliquent d'elles-mêmes. Les *jeter*, c'est mettre de côté les cartes défectueuses; les *recouler*, c'est les examiner au jour pour découvrir toutes les imperfections qui se peuvent trouver à leur surface, imperfections qu'on enlève avec un couteau pointu; enfin, les *assembler*, c'est les mettre et les envelopper par *jeux*, puis par *sixaines*.

Les *jeux entiers* sont composés de cinquante-deux cartes; ils comprennent : quatre rois, quatre dames, quatre valets, quatre dix, quatre neuf, quatre huit, quatre sept, quatre six, quatre cinq, quatre quatre, quatre trois, quatre deux, quatre as. Les *jeux d'hombre* sont composés de quarante cartes, les mêmes que celles des jeux entiers, excepté les dix, les neuf et les huit des quatre couleurs. Les *jeux de piquet* sont de trente-deux cartes; ils comprennent : les as, les rois, les dames, les valets, les dix, les neuf, les huit et les sept, c'est-à-dire huit cartes de chaque couleur. Le *jeu de tri* est de trente-quatre cartes; il manque tout le carreau, à l'exception du roi; ensuite le dix, le neuf et le huit des autres couleurs, et, enfin, le six de cœur. Le *jeu de brelan* a vingt-huit cartes; il manque tous les points, depuis le sept jusqu'au deux, en tout vingt-quatre cartes de quatre couleurs. Le *reversis* est composé de quarante-huit cartes; il ne manque que les dix. Les *jeux de comète* étaient composés de deux paquets, contenant chacun quarante-huit cartes; le paquet des noires renfermait les cartes trèfle et pique doubles. A la place d'un des neuf de trèfle il y avait une comète rouge; il y manquait, outre cela, les quatre as; de même, le paquet des rouges contenait les cœurs et carreaux doubles; à la place d'un des neuf de carreau, était une comète noire; les quatre as y étaient aussi supprimés.

DUCHESNE aîné.

Les cartes ont donné lieu à un grand nombre de dispositions légales tant sous le rapport fiscal que sous celui de leur emploi. Divers décrets, lois et ordonnances déterminent le timbre à apposer, la forme des bandes et enveloppes à mettre sur chaque jeu. De plus, c'est l'administration qui fournit le papier dont elles sont faites, et sur lequel sont gravées en encre pâle et au trait les figures qu'elles doivent offrir aux yeux. Nul ne peut fabriquer ou débiter des cartes sans une permission de l'autorité. L'introduction et l'usage des cartes fabriquées à l'étranger sont prohibés.

CARTES A JOUER (Origine des). C'est une question d'archéologie fort difficile à résoudre, et déjà traitée avec profondeur par les savants, malgré la frivolité du sujet. M. Peignot, le dernier qui se soit occupé des cartes à jouer, s'est borné à recueillir l'analyse des opinions diverses du père Menestrier, du père Daniel, de l'abbé Bullet, du baron de Heineken, de l'abbé Bertinelli, de l'abbé Rive, et Court de Gébelin, de Breitkopf, de Jansen, de Ottley et de Singer : M. Peignot est resté neutre au milieu de ces débats contradictoires, qu'il fallait juger les pièces à la main.

L'abbé Legendre a répété, d'après le *Traité de la Police* de Lamare, qui cite le conteur Polydore Virgile comme une autorité, que les Lydiens inventèrent les cartes pendant une extrême disette, que ce jeu leur fit presque oublier. Il est possible que les Lydiens aient connu un jeu qui se jouait avec des tableaux figurés (*tabulæ sigillatæ*), à l'instar du *jeu de l'oie* des Athéniens, mais à coup sûr ce n'étaient pas les cartes du jeu de piquet. Cependant les cartes vinrent de l'Orient vers les échecs; cette origine semble incontestable, sans adopter toutefois les idées de Court de Gébelin, qui fait honneur de l'invention des cartes aux Égyptiens, et qui les explique à la manière des hiéroglyphes : il existe entre les cartes et les échecs certains rapports qu'on ne saurait attribuer au hasard. On a même des raisons de croire que primitivement les cartes offraient une représentation exacte des échecs, pour laisser quelque chose à décider au sort; et pour mieux égaliser les chances, les *fous*, les *chevaliers* et les *tours* ou *rocs* se retrouvaient sans doute dans les premières cartes dont un jeu n'était qu'un jeu d'échecs double; peut-être le jouait-on à quatre, chaque adversaire ayant sa couleur, et, pour ainsi dire, son armée à faire manœuvrer.

Ces analogies des cartes avec les échecs sont presque prouvées par l'inspection des vieux *tarots* du quinzième siècle, dans lesquels il y a le *fou* et la *tour*, dite *maison de Dieu*. Quant au sens allégorique, il est à peu près identique dans les deux jeux, qui sont une image de la guerre : il y a encore dans les tarots une carte qui devait, par son apparition, produire le résultat de l'*échec et mat* : c'est la Mort, montée sur le cheval pâle de l'*Apocalypse*. Originairement les cartes n'étaient pas plus nombreuses que les pièces de l'échiquier, divisées en deux bandes, l'une rouge et l'autre noire; une augmentation de cartes exigea bientôt de nouvelles combinaisons, et les deux jeux ne furent plus soumis à des règles analogues : les Arabes, ces grands joueurs d'échecs, donnèrent-ils cette autre forme à leur jeu favori?

Quoi qu'il en soit, les cartes étaient en usage bien avant l'année 1392, à laquelle on a prétendu fixer leur invention. Le synode de Worchester, en 1240, défend aux clercs les jeux déshonnêtes, et entre autres celui du roi et de la reine (*ne sustineant ludos fieri de rege et regina*). Un manuscrit italien de 1299 parle des cartes appelées *naibi*; les statuts monastiques de 1337 proscrivent les cartes sous le nom de *paginæ*; enfin, un édit du roi de Castille, à la date de 1387, le met au nombre des jeux prohibés. Un ouvrage en langue française, postérieur à 1392, ne laisse pas de doute sur l'existence des cartes. On lit dans le roman de *Renard le Contrefait*, composé par un anonyme en 1328 :

> Si comme fols et folles, sont
> Qui, pour gaigner, au bordel vont,
> Jouent au dés, aux *cartes*, aux tables,
> Qui à Dieu ne sont délectables...

Ce passage indique en quels lieux se tenaient les tripots, et en quelles mains étaient déjà tombé le *jeu du roi et de la reine*. Quant à la chronique du *Petit-Jehan de Saintré*, où l'on remarque cette phrase : *Vous qui estes noiseux et joueux de cartes et des dés*, cette chronique, dont le héros est page à la cour de Charles V en 1367, ne doit pas être invoquée en témoignage, puisque l'auteur, Antoine de la Salle, vivait au plus tôt sous Charles VII.

On a longuement et vainement disserté pour savoir si les cartes étaient françaises, allemandes, espagnoles ou italiennes : il me paraît toujours certain qu'elles ne sont pas françaises, du moins les cartes de *tarot*. Un vieux livre, *Le Jeu d'Or*, imprimé à Augsbourg en 1472, assure, dit-on, qu'elles prirent naissance en Allemagne, vers 1300; l'abbé Rive veut que ce soit en Espagne, par l'imaginative de Nicolao Pépin, en 1330; l'abbé de Longuerue, au contraire, veut que ce soit en Italie, d'une époque antérieure.

Toujours est-il que les couleurs des cartes diffèrent dans ces pays : nous avons *pique*, *trèfle*, *carreau* et *cœur*; les Espagnols ont *épée*, *bâton*, *denier* et *coupe*; les Allemands, *vert*, *gland*, *grelot* et *rouge*; mais ces couleurs doivent être contemporaines du jeu de piquet, qui fut trouvé sous Charles VII, en même temps que les cartes avec lesquelles on le joue encore aujourd'hui. Jusque là les tarots seuls étaient connus dans toute l'Europe : ces tarots, qui ne furent jamais reçus en France, malgré la faveur marquée de plusieurs grands personnages du dix-septième siècle, ont perdu leur bizarre physionomie en gardant leur nom; Breitkopf est allé les chercher en Sibérie, où les paysans jouent le *trappola* avec des cartes semblables à celles dites de Charles VI : en effet, les dix-sept cartes que l'on conserve au Cabinet des estampes de Paris, et qu'on attribue à l'*ima*-

CARTES A JOUER

ger du roi Gringonneur, faisaient partie d'un jeu qui était certainement une imitation de la célèbre *danse macabre*, cette allégorie si philosophique de la vie humaine, que le moyen âge avait tant multipliée à l'aide de tous les arts. Ces cartes, peintes et dorées, représentent le *pape*, l'*empereur*, l'*ermite*, le *fou*, le *pendu*, l'*écuyer*, le *triomphateur*, les *amoureux*, la *lune* et les *astrologues*, le *soleil* et la *Parque*, la *justice*, la *fortune*, la *tempérance*, la *force*, puis la *mort*, puis le *jugement* des âmes, puis la *maison de Dieu*! N'est-ce pas cette danse des morts qui met en branle les vivants de toute condition, et qui dirige cette ronde immense où sont emportés les grands et les petits, les heureux et les malheureux? Le nom de *tarots* dérive de la province lombarde, *Taro*, où ce jeu fut d'abord inventé, à moins qu'on ne préfère le tirer d'une allusion à la *tare* que la mort fait éprouver au monde (φθορά, corruption), ou bien de la fabrication même de ces cartes, enluminées sur un fond d'or piqué à compartiments (τερειν, trouer).

On a cru qu'il s'agissait de ce jeu de cartes dans un compte de Charles Poupart, argentier du roi pour l'année 1392 : « A Jacquemin Gringonneur, peintre, pour trois jeux de cartes à or et à diverses couleurs, de plusieurs devises, pour porter devers ledit seigneur (Charles VI), pour son esbattement, LVI sols parisis. » Mais les costumes me paraissent plus analogues aux modes du temps de Charles VII qu'à celles de la cour d'Isabeau de Bavière, qui avait donné le *bennin* ou bonnet à cœur en coiffure aux dames.

C'est au règne de Charles VII qu'il faut donc rapporter l'invention des cartes françaises, et du jeu de piquet, imité peut-être du jeu allemand le lansquenet. Les cartes cessèrent alors d'être une redite joyeuse de cette danse macabre, qui revenait sans cesse attrister les regards, et jeter une pensée de deuil parmi tous les plaisirs, cette danse burlesque et terrible, dessinée sur les marges des missels, ciselée sur les manches des poignards, peinte dans les églises, dans les palais, dans les cimetières, rimée chez les poètes et mise en musique par les ménétriers. Toutefois, la Mort ne disparut pas entièrement du jeu de cartes, qui redevint ce qu'il était d'abord, le jeu de la guerre. Charles VI, par une ordonnance de 1391, avait prohibé, sous peine de dix sous d'amende, tous les jeux qui empêchaient ses sujets de se livrer à l'exercice des armes pour la défense du royaume : *Tabularum, paleti, quillarum, boularum, billarumque ludos et his similes quibus subditi nostri ad usum armorum pro defensione nostri regni nullatenus exercentur vel habilantur.* Ce fut pour éluder cette ordonnance que quelqu'un, le brave Lahire, ou plutôt un servant d'armes, qui s'est personnifié dans l'image du valet de trèfle sans se nommer, réforma ce jeu des tarots de manière à le mettre au rang des exercices militaires : le *trèfle* figurant la garde d'une épée, le *carreau* le fer carré d'une grosse flèche, le *pique* la lance d'une lance gaie, signifiaient l'argent pour d'arbalète, étaient les armes et les compagnies armées; les *as*, nom d'une monnaie ancienne, signifiaient l'argent pour la paye des troupes; les quatre rois représentèrent les quatre grandes monarchies, juive, grecque, romaine et française, car Charles VII, comme successeur de Charlemagne, pouvait prétendre à l'empire d'Occident; *David, Alexandre* et *César* portaient aussi le manteau d'hermine et le sceptre fleurdelisé; les quatre dames remplaçaient les quatre *vertus* des tarots, *Judith* au lieu de *la Force*, *Pallas* au lieu de la *Justice*, *Rachel* au lieu de *la Fortune*, et *Argine* au lieu de la *Tempérance* : cette *Argine*, anagramme de *regina*, doit être Marie d'Anjou, femme de Charles VII, recommandable par sa piété et sa douceur; les quatre valets, ou *varlets*, représentaient la noblesse de France, depuis son époque héroïque jusqu'à la chevalerie : *Hector de Troie*, père de ce fabuleux *Francus*, qui passait pour le premier roi franc; *Ogier* le Danois, l'un des pairs de Charlemagne; *Lahire*, le plus brave capitaine de Charles VII, et le valet

de trèfle, qui s'est mis en si vaillante compagnie en sa qualité d'inventeur ou de réformateur du jeu de cartes. Je ne nommerai pourtant point ce gentilhomme Nicolao Pépin, en dépit de l'étymologie de *naipes*, forgée par l'abbé Rive.

Il y a lieu de croire que ce jeu tout français fut d'abord imité par les Allemands, qui se l'approprièrent avec de légères modifications : les noms des figures furent supprimées, et les quatre valets ne paraissant pas suffisants, on en ajouta quatre autres, soit comme chevaliers, soit comme pages; on remplaça le *carreau* par le *lapin*, le *cœur* par le *perroquet* ou *papegeai*, le *pique* par l'*œillet* : le *trèfle* seul ne subit aucune métamorphose. Ces cartes étaient rondes et gravées au burin. Plus tard, en Allemagne, on imposa aux cartes un nouveau changement, en y introduisant le *grelot* et le *gland* ou *vert* : le *gland* exprimait l'agriculture, le *grelot* la folie, le *cœur* l'amour, et le *trèfle* la science : ces cartes-là étaient plus larges que longues et ornées de sujets relatifs à chacune des quatre divisions; elles eurent cours à la fin du quinzième siècle et au commencement du seizième.

La gravure en taille de bois n'ayant été découverte qu'en 1423, les cartes auparavant étaient enluminées de même que les manuscrits et coûtaient fort cher, puisqu'en 1430 Visconti, duc de Milan, paya 1,500 pièces d'or à un peintre français pour un seul jeu; mais aussitôt que la gravure permit de reproduire à l'infini une empreinte grossière, qui créa l'imprimerie à quelques années de là, les graveurs d'Allemagne répandirent dans toute l'Europe leurs jeux de cartes, qui devinrent populaires en tombant à bas prix. La ville d'Ulm faisait un tel commerce de cartes qu'on les envoyait par ballots en Italie et en Sicile pour les échanger contre des épices et des marchandises. Le peintre en cartes s'appelait *Briefmahler*. Il est constant que le lansquenet est né en Allemagne, ainsi que le piquet en France.

Le caractère espagnol, toujours fidèle aux distinctions de rang et d'état, se fit sentir dans la substitution des *copas, espadas, dineros* et *bastos*, aux quatre couleurs du jeu de cartes français, dans lequel on n'avait fait entrer que des armes : les *calices, copas*, des ecclésiastiques ; les épées, *espadas*, des nobles; les deniers, *dineros*, des marchands ; et les bâtons, *bastos*, des cultivateurs, marquèrent les quatre états du peuple en Espagne. On a voulu mal à propos interpréter de la même manière les couleurs de nos cartes, en supposant que le *cœur* représente le clergé, qui siége au *chœur*, le *pique* la noblesse, qui commande les armées, le *carreau* la bourgeoisie, à cause du pavé des villes, et le *trèfle* les habitants des campagnes.

En dépit des ordonnances civiles et cléricales qui ont fréquemment renouvelé la prohibition des cartes à jouer, ce jeu, varié par d'innombrables combinaisons, s'est toujours maintenu à la tête des jeux avec les échecs et les dames. Le *lansquenet*, le *piquet*, la *triomphe*, la *prime*, le *flux*, le *trente et un*, la *comdemnade*, le *mariage*, et une foule d'autres eurent successivement la vogue dans les tavernes et dans les cours les plus élégantes. Louis XII jouait au *flux* dans son camp à la vue des soldats, dit Hubert Thomas, en la vie de Frédéric II; Pantagruel, dit Rabelais, trouva les matelots, à Bordeaux, qui jouaient à la *luette* sur la grève.

Enfin, les cartes elles-mêmes semblèrent participer à la métempsycose des êtres, tant les rois, les reines et les valets qui président à ce jeu furent soumis à des transformations de noms et de costumes dans notre France, si capricieuse : le règne de Charles IX amena des *valets de chasse, de noblesse, de cour* et *de pied* pour accompagner *Auguste, Constantin, Salomon* et *Clovis, Clotilde, Elisabeth, Penthésilée* et *Didon* ; le règne de Louis XIV, qui imposait aux cartes cette devise : *J'aime l'amour et la cour, vive la reine! vive le roi!* ne se contenta pas de ces illustrations royales, et choisit de préférence *César, Ninus,*

Alexandre et *Cyrus major*, *Pompeia*, *Sémiramis*, *Roxane* et *Hélène*, *Roger*, *Renaud* et *Rolland* ; quant au valet de trèfle, il n'avait pas d'autre nom que celui du cartier. On écrirait tout un livre sur les révolutions des cartes jusqu'à celles de la *république française*, *une et indivisible*, où les quatre dames furent supplantées par quatre *vertus* républicaines, les quatre valets chassés par quatre réquisitionnaires *républicains*, et les quatre rois détrônés par quatre *philosophes* : *Voltaire*, *Rousseau*, *La Fontaine* et *Molière*. Après la révolution de février on fit des *cartes françaises* ; aujourd'hui on fait des *cartes impériales* : Napoléon est le roi de cœur, Joséphine la dame de cœur, le maréchal Ney le valet de cœur, etc. Nos révolutions seraient-elles donc écrites dans des jeux de cartes?

Paul Lacroix (le bibliophile Jacob).

CARTES BISEAUTÉES. *Voyez* Biseautées (Cartes).
CARTES FULMINANTES. *Voyez* Pois fulminants.
CARTES GÉOGRAPHIQUES, HYDROGRAPHIQUES, ASTRONOMIQUES, etc. *Voyez* Carte.
CARTÉSIANISME, CARTÉSIEN. On a donné le nom de ces mots au système philosophique de Descartes ; le second aux partisans de cette doctrine.

CARTHAGE, nommée, en phénicien, suivant Solin, *Carthada* ou *Kartha-Hadath*, en grec Καρχηδών, en latin *Carthago*, corruptions de *Karthhadascha* ou *Karthhadatha*, fondée primitivement par des Phéniciens ; la ville neuve fut détruite par les Romains, puis rebâtie par ceux-ci, et enfin détruite sans retour par les Arabes.

Carthage phénicienne.

Les fables qui se rattachent à l'histoire de Carthage sont moins multipliées que celles dont Tite-Live, Denys d'Halicarnasse et tant d'autres écrivains menteurs ont environné le berceau de Rome. Cependant, pour un peuple vaincu, Carthage n'a pas laissé de trouver des conteurs inventifs. Eusèbe et Procope font remonter sa fondation à l'an 1259 avant J.-C. Selon eux, des Cananéens mis en fuite par Josué, vers l'an 1500, auraient fondé Utique, à quelque distance du lieu où fut Carthage. Procope et Suidas rapportent, en outre, qu'on avait trouvé un monument composé de deux colonnes de pierre blanche, avec cette inscription en langue phénicienne : *Nous sommes des Cananéens chassés de leur patrie par le brigand Josué, fils de Navé*. Suivant les mêmes auteurs, ces Phéniciens ou Cananéens, fondateurs d'Utique, bâtirent Carthage deux cent soixante et un ans après, l'an 1259 avant J.-C. ; et c'est vers cette époque qu'un ancien historien, Nonnus, raconte, dans ses *Dionysiaques*, que le Phénicien Cadmus, avec sa femme Harmonie, fonda Carthage, qui fut d'abord appelée *Cadmeia*. Un autre historien, Philistus de Syracuse, avance une autre fable, recueillie et rapportée par Procope et Eusèbe. Selon eux, l'an 1231, Sor et Charchédon, tous deux Tyriens, agrandirent la nouvelle Utique, qui n'était pas encore bien considérable ; mais la philologie seule a fait justice de cette assertion. *Sor* est l'ancien nom cananéen de la ville de Tyr, que les Turcs lui ont rendu.

Environ quatre siècles après, l'an 852 avant l'ère vulgaire, se place la fable de Didon, transportant de Tyr une nouvelle colonie à Carthage. On ne connaît pas même au juste le nom de cette prétendue fondatrice ; les deux qu'on lui attribue, *Élissa* et *Dido*, ne sont que des mots phéniciens défigurés, qui signifient *cette femme fugitive*. Toutefois, il résulte évidemment de cette tradition que des troubles politiques, qui s'élevèrent à Tyr, occasionnèrent l'émigration d'un parti mécontent, qui se dirigea vers le nord de l'Afrique, exploita déjà par d'autres villes phéniciennes, et obtint des indigènes, moyennant un tribut annuel, la permission d'y bâtir une ville, qui fut Carthage. Didon, à qui les naturels du pays n'avaient voulu céder qu'un espace de la grandeur d'un cuir de bœuf, fit couper ce cuir en courroies fort minces, dont elle entoura une vaste étendue de terrain : fable absurde, dont nous trouvons dans la philologie l'origine et la réfutation. *Bosra*, la citadelle, bâtie par cette reine, était appelée par les Grecs *Byrsa*, mot qui dans leur langue signifie un *cuir*; et l'on a forgé sur cette équivoque un conte que l'on copie sans contrôle dans toutes ces histoires mises entre les mains de la jeunesse. Le sublime anachronisme de trois siècles que s'est permis Virgile en mettant son Énée en rapport avec Didon, n'a pas étonné la crédulité de Newton, qui l'a admis dans sa chronologie. Quoi qu'il en soit, Carthage, selon la remarque de Heeren, a eu le triste destin de ne jeter un grand éclat qu'au moment de sa ruine, et de voir le soin de sa gloire abandonné à des historiens étrangers.

Hérodote et Thucydide, les seuls qui aient connu sa période florissante au temps de l'empire des Perses, ne présentent que quelques documents jetés comme au hasard sur les Carthaginois. Justin est l'unique à qui nous devions un aperçu suivi des premiers temps de Carthage ; mais rien de moins satisfaisant que ses récits secs et incomplets ; ou est à chaque pas arrêté par des invraisemblances. Heeren établit que toutes les données de cet historien, ou plutôt de Trogue-Pompée, dont Justin n'a été que l'abréviateur, sont tirées de Théopompe et de Timée. Nous n'avons donc sur les premiers temps de Carthage que ce qu'ont pu fournir par occasion des étrangers, indifférents comme Hérodote, ou ennemis comme les auteurs syracusains compilés par Diodore. Lors de la destruction de cette ville, on y trouva des livres qui contenaient ses annales ; mais les Romains, peu curieux d'origines étrangères, abandonnèrent ces histoires au roi des Numides, Massinissa. Par succession, ces livres parvinrent à Hiempsal II, qui régna sur la Numidie après Jugurtha. Cinquante-huit ans après, Salluste, gouverneur d'Afrique, se fit expliquer ces livres, et en tira quelques documents précieux pour la description de l'Afrique par précède sa *Guerre de Numidie*. Malheureusement, en arrivant à Carthage, il aime mieux n'en pas parler que d'en dire trop peu : *Silere melius puto quàm parum dicere*. C'est donc des historiens, scoliastes ou compilateurs, tels que Justin, Servius, Suidas, qu'il faut renvoyer les lecteurs, qui y trouveront des fables soigneusement compilées par Rollin et les modernes. Toutefois, nous n'en sommes pas réduits à ne rien savoir du tout sur la première période de l'histoire de Carthage, depuis sa fondation jusqu'aux guerres avec Syracuse (avant J.-C. 880-480), ce qui donne juste un espace de quatre siècles.

Cette ville était construite dans l'intérieur d'un vaste golfe, formé par les caps Bon à l'est, et Zibib à l'ouest, (le golfe actuel de Tunis). Du fond s'avançait une presqu'île d'environ soixante kilomètres de circonférence, liée au continent sur un isthme, large d'environ quatre kilomètres. C'est sur cette presqu'île qu'était bâtie Carthage, entre Utique et Tunis, qu'on apercevait toutes deux du haut de ses murailles, l'une à douze kilomètres, l'autre à huit à peine. Une langue de terre très-étroite, et qui entrait à l'ouest dans la mer en formant une espèce de lac, avait facilité la construction d'un double port. Le grand port, ou port intérieur, appelé *Cothon*, offrait un abri sûr à 220 vaisseaux de guerre ; le petit port, ou port extérieur, était destiné aux navires de commerce. Du côté exposé aux flots un simple mur défendait l'accès du port, tandis que sur la langue de terre on avait élevé la citadelle de Byrsa, et qu'un triple mur d'environ vingt-six mètres de haut et de dix de large le défendait contre toute attaque. Le quartier de *Megara* occupait le reste de la langue de terre. C'était, selon Appien et Polybe, une espèce de faubourg renfermant de nombreux jardins. La situation de la ville, si favorable à la navigation, la garantissait contre les invasions de l'étranger ; et d'heureuses circonstances l'élevèrent promptement au-dessus de toutes les autres colonies phéniciennes en Afrique.

Carthage suivit une politique toute contraire à celle de Rome. La ville de Mars naissante ne vécut, ne grandit que par la guerre, par l'oppression et l'anéantissement des cités voisines : condition nécessaire d'une population sans richesses acquises, sans territoire et sans industrie. Riche, dès sa fondation, en capitaux, en traditions commerciales et industrielles, importés de la métropole, Carthage avait quelque chose à perdre ; aussi ne fit-elle pas de cet héroïsme aventureux par lequel furent signalés les premiers pas des brigands ramassés autour du mont Albain. Cherchant à vivre en bonne intelligence avec les tribus indigènes dont ils étaient entourés, les colons tyriens ne se présentèrent pas en conquérants : ils achetèrent le sol de leur ville et de sa banlieue par un tribut foncier annuel. Justin prétend même qu'ils y restèrent soumis jusqu'au temps de Darius, fils d'Hystaspes ; ce qui est fort douteux ; car dès que, sans paraître y prétendre, ils eurent insensiblement obtenu par la force des choses la prépondérance sur Utique et sur les anciennes colonies phéniciennes de l'Afrique, on les vit chercher à subjuguer par les armes les naturels du pays, et à les maintenir sous le joug en fondant des colonies sur leur territoire. Les colonies romaines étaient principalement militaires : les colonies intérieures de Carthage étaient des comptoirs commerciaux, et surtout de grands établissements de culture rurale, ayant pour but d'accoutumer les Libyens à des demeures fixes, et de les former à l'agriculture. Le tribut auquel les soumit Carthage consistait principalement en blé. Grâce à cette politique, soutenue au besoin par l'emploi des armes, les habitants de ce territoire fertile, qui s'étendait jusqu'au lac Triton, devinrent entièrement sujets de Carthage : on les nomma *Liby-Phænices*. Les autres tribus libyennes, placées à l'est et à l'ouest de la ville, et restées fidèles à la vie nomade, finirent par devenir en partie ses tributaires ; mais ces peuples étaient pour elle des appuis peu sûrs, et elle n'y pouvait pas trop compter au jour du péril.

Parmi ces tribus nomades campées à l'est de Carthage, il faut citer les *Lotophages* et les *Nasamones*, qui habitaient tout le territoire compris entre les deux golfes appelés la *Grande* et la *Petite Syrte*. Ce vaste territoire ne fit partie du domaine de Carthage qu'à la suite de guerres longues et acharnées avec la colonie grecque de Cyrène. De ce côté, les deux républiques étaient limitrophes : il devenait indispensable de bien fixer la frontière commune. Les Carthaginois obtinrent enfin un traité favorable, par lequel la possession de tout le pays placé entre les Syrtes leur fut assuré. Ici l'on trouve la tradition héroïque des frères *Philènes*, qui achetèrent aux dépens de leur vie l'entière possession pour leur patrie du territoire contesté. Salluste et Valère-Maxime rapportent cette anecdote, dont le fond doit être vrai. Tous les écrivains sont d'accord sur le lieu où furent élevées les bornes de pierre appelées les *Autels des Philènes*, tout près de *Turris Euprantus*, la dernière ville du territoire de Carthage de ce côté, sur la rive orientale de la Grande-Syrte, d'où l'on faisait, au dire de Strabon, un commerce considérable de contrebande avec Cyrène. A l'occident, les limites territoriales de Carthage sont plus difficiles à fixer. A environ deux cent quatre-vingt kilomètres à l'ouest du cap Bon, nous trouvons *Hippo Regius*, résidence des rois numides, et qui ne fut jamais à Carthage. La frontière carthaginoise devait nécessairement se trouver à quelques kilomètres en deçà, c'est-à-dire sous le méridien du 6ᵉ degré de longitude est. D'après ces données, le territoire de la république commençait, à l'ouest, au fleuve Tyscha, suivait le littoral vers l'est jusqu'au cap Bon, puis descendait en ligne droite du cap Bon jusqu'à l'extrémité occidentale du lac Triton, et embrassait un espace d'environ trois cents kilomètres. Sa largeur était presque partout de deux cent quarante.

Telle était la contenance de la république de Carthage proprement dite, que plus tard les Romains appelèrent *Afrique*

par excellence. On nommait la partie septentrionale *Zeugitane*, dénomination dont l'origine est incertaine. Outre Carthage, ce district comprenait, dans sa partie littorale, *Hippone-Zaryte*, *Utique*, *Tunis*, *Clypea* ou *Aspis*. La partie méridionale portait le nom de *Byzacène*, qu'elle tenait des Byzantes, tribu indigène. Le rivage était également bordé d'une chaîne de villes florissantes, parmi lesquelles on citait *Adrumète*, la *Petite-Leptis*, *Tysdrus*, *Tacapé*. Dans la Byzacène était comprise l'*Emporia*, ainsi nommée pour son extrême fertilité et la situation avantageuse de ses ports : elle s'étendait autour du lac Triton et de la Petite-Syrte. Dans l'intérieur des terres, il ne faut pas oublier, entre autres colonies agricoles carthaginoises, tant pour la Zeugitane que pour la Byzacène, *Vacca*, *Bulla*, *Sica*, *Tucca*, *Zama*, *Sufutela*, *Capsa*, etc. Outre ces provinces fertiles et cultivées, Carthage, depuis l'heureuse terminaison de ses démêlés avec Cyrène, possédait encore la *région des Syrtes*, ou le rivage entre les deux Syrtes, depuis *Tacapé*, dernière ville de l'*Emporia*, jusqu'au monument des *Philènes*. Cette vaste région, de plus de sept cents kilomètres, fut toujours habitée par des nomades tributaires, que Carthage employait à un très-actif commerce de caravane dans l'intérieur de l'Afrique. La *Grande-Leptis*, colonie de Sidon, qui, selon Salluste, dut son origine à des dissensions civiles, et *Œa*, sont les seules villes considérables fondées dans ces contrées.

D'après cet aperçu, on voit que Carthage ne forma jamais ce que les modernes appellent une puissance continentale compacte : les Carthaginois ne pouvaient regarder comme sujets que les Libyens devenus agriculteurs ; les anciennes colonies phéniciennes établies le long de la côte demeurèrent seulement ses confédérées, et concouraient toujours avec elle aux mêmes entreprises guerrières et commerciales. Si du côté de l'est les Carthaginois n'allèrent jamais au delà des *autels des Philènes*, ils fondèrent des villes, des ports et des forts le long de la côte occidentale jusqu'au détroit de Gadès. Ces divers établissements, colonies purement maritimes, ne paraissent pas avoir éprouvé d'opposition de la part des tribus nomades habitant ces contrées. Il est vrai aussi que les Carthaginois, qui mirent toujours dans leurs conquêtes cet esprit de calcul qui remplace la modération, ne prétendirent jamais s'arroger la souveraineté sur l'intérieur de la Numidie et de la Mauritanie. « Depuis les places et places carthaginois », depuis les Hespérides (la Grande Syrte) jusqu'aux colonies d'Hercule, appartiennent toutes aux Carthaginois », est-il dit dans le *Périple de Scylax*. Malheureusement les noms des villes qui s'y trouvent sont la plupart si défigurés qu'on a peine à en retrouver la place. D'après les corrections de Vossius, elles s'appellent : *Kollops*, *Pithécuse*, *Tipasa*, *Jol*, *Chalka*, *Siga*, *Mes*, *Akris*. D'un autre côté, la partie occidentale de la Méditerranée, couverte d'îles, telles que la Corse, la Sardaigne, la Sicile, Malte, les Liparienues, les Baléares, fut pour les Carthaginois une carrière d'acquisitions d'autant plus avantageuses qu'elles étaient rarement achetées par du sang national. Carthage, ainsi que toutes les républiques commerçantes, ménageait sa population nationale comme le plus précieux de ses capitaux, et ne regardait la solde des barbares, sujets ou auxiliaires, que comme une mise de fonds toujours assez payée par la victoire. Cette période de conquêtes s'ouvre dans la dernière moitié du sixième siècle avant notre ère.

Après Didon, et le conte lamentable de sa mort, l'histoire des Carthaginois offre une lacune de plus de trois siècles ; elle ne reprend qu'au moment où l'empire des Perses s'étend en Asie, sous Cyrus et sous Cambyse. A cette époque se rattache d'abord le traité avantageux fait entre Carthage et Cyrène. Bientôt les Carthaginois, par des intérêts de commerce et d'ambition, s'unissent aux Étrusques ; et dans les parages de la Corse trente de leurs vaisseaux, combinés avec un égal nombre de navires toscans, attaquent les Pho-

35.

céens, qui, fuyant la domination de Cyrus, avaient quitté leur ville (*Phocée* d'Éolie) pour aller fonder en Corse une colonie nommée *Alalia*. Dans cette action, la *première* bataille navale dont parle l'histoire, les Grecs, suivant l'expression d'Hérodote, remportèrent une victoire *cadméenne*, c'est-à-dire funeste au vainqueur. Sur soixante vaisseaux qu'ils avaient, comme leurs ennemis, quarante furent coulés bas; les vingt autres, fort maltraités, leur servirent pour aller à Alalia chercher leurs femmes et leurs enfants. De là ils voguèrent vers Rhegium, à la pointe méridionale de l'Italie. L'abandon de leur établissement d'Alalia ne paraît pas avoir profité à Carthage. En effet, quatre-vingts ans plus tard, vers l'an 450, la Corse était encore soumise aux Étrusques, et ce n'est que vers le temps de la première guerre punique, qu'on voit cette île, ou plutôt quelques stations sur ces côtes, faire partie du domaine de Carthage.

Justin, dans sa narration, qui laisse toujours à désirer, rapporte que Malens ou Malchus, le premier que l'histoire signale comme ayant occupé à Carthage la dignité de *suffète* ou *roi*, après avoir conquis presque toute la Sicile, voulut transférer la guerre en Sardaigne, et fut complétement battu. Les Carthaginois, qui dans leurs défaites ne voyaient que de l'argent placé sans profit sur des têtes mercenaires, furent toujours implacables pour leurs généraux malheureux. Un capitaine qui se laissait battre n'était pour eux qu'un agent qui avait mal géré : on le cassait aux gages, lorsqu'on ne le livrait pas au bourreau. Le sénat se contenta de bannir à perpétuité Malchus et son armée. A ce décret, il répond en assiégeant Carthage. Maître de la ville par l'épée il secontente de faire mourir dix sénateurs qui ont voté son bannissement (an 530 avant J. C.), puis il rend la paix et les lois à sa patrie. Plus tard, il veut rétablir le pouvoir arbitraire, et périt au milieu d'une sédition. Magon le Grand lui succède. C'est la tige de cette famille héroïque et presque toujours heureuse, qui de 550 à 308 avant J. C. donne à Carthage dix ou onze chefs qui, perfectionnant sa civilisation, augmentent sa puissance et sa gloire, sans jamais menacer sa liberté. Ce fut Magon qui le premier, au rapport de Justin, introduisit la discipline et la tactique militaires parmi les Carthaginois. De son vivant, Cambyse voulut entreprendre la conquête de Carthage; mais, pleins d'affection pour leurs frères d'Afrique, les Phéniciens, qui possédaient presque seuls la marine du vaste empire des Perses, refusèrent de lui fournir leurs vaisseaux, et il se vit forcé de renoncer à sa tentative.

A cette époque la Sardaigne était au nombre des provinces de Carthage. Pour ce peuple, dont l'existence dépendait du maintien de sa domination sur la Méditerranée occidentale, cette île était d'une grande importance, par sa position géographique, sa fertilité agricole et par ses mines, aujourd'hui épuisées, d'or, d'argent et de pierres précieuses. On trouve dans Aristote, *De Mirabilibus*, un passage où il est dit que les Carthaginois avaient détruit en Sardaigne tous les arbres fruitiers, et défendu à ses habitants, sous peine de mort, de se livrer à l'agriculture, tradition difficile à concilier avec l'importance agricole que les Carthaginois attachaient à la Sardaigne. Dans son premier traité de commerce avec Rome, conclu l'an 509 avant J. C., la première année de la république romaine, traité dont la date est certaine et dont les clauses nous ont été conservées textuellement par Polybe, Carthage stipule pour la Sardaigne dans les mêmes termes que pour la Libye. Les plus grands avantages y sont assurés à Carthage au détriment des Romains et des villes et colonies de leur dépendance. Défense aux Romains de naviguer au delà du cap Bon. Si la tempête les y jette, ils sont tenus de remettre à la voile au bout de cinq jours, sans pouvoir acheter que ce qui est nécessaire aux besoins du vaisseau et aux sacrifices. Aux Carthaginois permis d'occuper les villes du Latium non soumises à Rome, pourvu qu'ils les lui rendent intactes. En Libye, en Sardaigne, défense aux Romains de trafiquer autrement que sous la surveillance d'un officier public : au contraire, les marchands romains qui viendront à Carthage jouiront des mêmes droits que les Carthaginois. Sous le rapport commercial, Carthage s'attribuait ainsi le monopole du commerce étranger; sous le rapport politique, on voit qu'elle avait déjà un pied en Italie, alors même qu'elle avait à peine jeté les premières bases de sa domination en Sicile.

L'ordre chronologique nous a conduit à la fin de la première période des destinées de la Carthage punique. Dans cet intervalle, cette puissance édifie sa constitution politique en même temps qu'elle s'avance aussi loin qu'elle la fera jamais dans la voie des établissements coloniaux et des découvertes maritimes, tant au nord de l'Europe que vers le midi de l'Afrique. A cette période appartiennent, sans qu'on puisse donner des dates précises, la plupart de ses colonisations sur la côte occidentale d'Espagne, dans les îles Baléares, à Malte, à Goze, dans l'île Cercina, en Sicile, etc. Mais la jalousie des Marseillais lui ferma toujours les ports de la Gaule et même de la Ligurie. L'attention de Rome se bornait à empêcher Carthage de coloniser dans le Latium. A cette époque se rattache le Périple d'Hannon, qui, embarqué sur une flotte de soixante vaisseaux par l'ordre du sénat de Carthage, répand trente mille colons Liby-Phéniciens des deux sexes dans une chaîne de villes qu'il fonde sur la côte occidentale d'Afrique, le long de l'Atlantique, depuis les colonnes d'Hercule jusqu'à Cerné. Narrateur véridique et sans ostentation de ce qu'il a exécuté, Hannon, dont le Périple nous est parvenu traduit en grec, dit que l'île de Cerné, que l'on place près du golfe de Santa-Cruz, est aussi éloignée des colonnes d'Hercule que les colonnes d'Hercule le sont de Carthage. Cette assertion indique qu'Hannon borna ses établissements au 25° degré de latitude nord, selon Montesquieu; au 30° ou 31°, selon Heeren. De Cerné, Hannon entreprend une autre navigation, dont l'objet est de faire des découvertes plus avant vers le midi. Après vingt-six jours de navigation, il se voit obligé de retourner faute de vivres. Adoptant les évaluations du major Rennel, qui fixe la journée à soixante-dix kilomètres, Heeren n'hésite pas à penser que c'est aux côtes de la Sénégambie qu'a dû s'arrêter le navigateur carthaginois, et que ce voyage aura ouvert à ses concitoyens une route régulière jusqu'à la Côte d'Or.

Un passage très-curieux d'Hérodote prouve que de son temps ces hardis négociants faisaient avec des nations sauvages le commerce de l'or, et à cet égard il entre dans des détails qui ne peuvent s'appliquer qu'aux pays aurifères qu'arrose le Niger. Au surplus, les six établissements fondés par Hannon, des colonnes d'Hercule à Cerné, n'existaient plus au moment de la première guerre punique. Pline nous parle d'une autre entreprise, contemporaine de celle d'Hannon, qui fut conçue à Carthage dans le même but, à la destination des côtes occidentales de l'Europe. C'est celle du général Imilcon, que l'on croit frère d'Hannon. Il avait fait de son voyage une relation qui ne nous est point parvenue, mais dont le poète géographe Festus Avienus a tiré parti dans son ouvrage intitulé *Ora maritima*. Envoyé pour fonder des comptoirs aux îles *Cassitérides*, qui ne peuvent être que les îles Sorlingues ou Silley, au sud-ouest de l'Angleterre, Imilcon, après avoir franchi les colonnes d'Hercule, visita sur la côte d'Espagne les stations et colonies carthaginoises qui étaient autant de comptoirs pour le commerce d'argent, de minium et d'étain. Il longea tout le littoral de la Gaule, traversa la Manche, et arriva à sa destination. Peut-être cingla-t-il vers l'*île Sainte* (l'*Hibernie*). Ce voyage dura quatre mois. Dès ce moment les vaisseaux de Carthage embrassèrent tout le commerce du monde occidental; ils poussèrent jusqu'à la mer Baltique pour recueillir l'ambre sur ses rivages. On attribue même aux Carthaginois la fondation de Culm dans la Prusse polonaise.

CARTHAGE

Qu'ils aient eu des établissements dans les îles Canaries et à Madère, cela paraît incontestable. On a été jusqu'à prétendre qu'ils connurent l'Amérique, et Muller ne paraît pas éloigné d'admettre cette hypothèse.

Pour la seconde période de l'histoire de Carthage, outre Justin, nous possédons Diodore de Sicile, qui a emprunté les faits qu'il met en œuvre à deux écrivains, Éphore et Timée, dont les ouvrages sont perdus. On peut aussi consulter avec fruit Thucydide, Aristote, qui, dans un chapitre malheureusement trop concis, a esquissé la constitution de Carthage, et les Vies et les Morales de Plutarque, ainsi que Polybe, et Cicéron (*Du Gouvernement*). Pendant les deux siècles que comprend cette période (de 480 à 262), la possession entière de la Sicile donna lieu à une lutte acharnée entre les Grecs et les Carthaginois. De temps immémorial les navigateurs phéniciens répandus autour de cette île s'étaient emparés des promontoires et des îlots adjacents, pour commercer avec les Sicules, qui habitaient l'intérieur de cette fertile contrée. Les Carthaginois n'avaient pas négligé les avantages que leur offrait la proximité de la Sicile. Sans y fonder de nouvelles colonies, ils occupèrent des stations et établissements qu'avaient formés les Phéniciens. Mais bientôt, un siècle après la fondation de Carthage, quand ils virent aborder en Sicile une foule de colonies grecques, ils abandonnèrent la plupart de leurs possessions, et se bornèrent à occuper les villes de Motyum, Solois et Panorme, dans le voisinage des Élymes (Troyens d'origine), qui habitaient Éryx et Égeste. Ils se liaient, dit Thucydide, sur l'alliance de ces derniers, et sur ce qu'un trajet fort court sépare en cet endroit la Sicile de la côte d'Afrique. Dans cette position réciproque, une haine nationale divisait les Grecs et les Carthaginois. Ceux-ci entrèrent même dans l'alliance de Darius, fils d'Hystaspes, contre les Grecs. D'un autre côté, au milieu des dissensions des villes grecques, quelques-unes réclamaient le secours de Carthage.

Tel est le double intérêt qui complique la part indirecte que les Carthaginois prirent à la seconde guerre médique, en attaquant Gélon, tyran de Syracuse, au moment où Xerxès envahissait la Grèce. Ils agissaient à la fois et comme alliés du grand roi, et comme auxiliaires de Térille, le tyran d'Himère, qui avait été chassé par Théron. Le même jour où, dans un combat naval contre les Athéniens et leurs alliés, les Asiatiques essuyèrent une défaite complète à Salamine, les Carthaginois furent taillés en pièces en Sicile avec Amilcar, fils d'Hannon, leur roi. Hérodote fait monter leur armée à 300,000 hommes, composés de Phéniciens, de Libyens, de Ligyens, d'Hélisyces, de Sardoniens et de Cyrniens. Ce nombre semble prouver que les Carthaginois songeaient sérieusement à subjuguer la Sicile. Cette victoire paraîtrait invraisemblable, si Diodore de Sicile et Polyen ne nous en faisaient connaître les circonstances. Amilcar fut trompé par un stratagème de Gélon : une dépêche par laquelle les Sélinuntins annonçaient à Amilcar qu'ils allaient arriver avec leur cavalerie mit le Syracusain à même d'introduire sa propre cavalerie dans le camp des Carthaginois, où elle fut reçue sans défiance. Elle arriva justement à l'heure où Amilcar offrait un sacrifice aux divinités sanguinaires de Carthage. Au moment où ce chef, entouré de ses soldats recueillis et désarmés, immolait un jeune enfant noble au génie affreux de la superstition, il fut lui-même frappé d'un poignard. Aussitôt les vaisseaux carthaginois furent livrés aux flammes, tandis que Gélon arrivait avec le gros de ses troupes. La surprise et la mort de leur chef n'empêchèrent pas les Carthaginois d'opposer la plus vigoureuse résistance, la journée fut meurtrière : plus de 150,000 hommes périrent dans le combat ou dans la fuite ; les autres s'emparèrent d'une éminence, où le manque de vivres et d'eau les força de se rendre. Dès lors, toute l'Afrique sembla être captive en Sicile. Gélon distribua les prisonniers dans les différentes villes siciliennes, proportionnellement au contingent qu'elles avaient fourni. Le plus grand nombre échut en partage à Syracuse et à Agrigente, qui les employèrent à embellir et à agrandir leurs capitales, dont les monuments magnifiques furent ainsi l'ouvrage des Carthaginois. Plutarque a prétendu qu'après cette victoire Gélon n'imposa d'autre condition aux Carthaginois que de ne plus immoler à l'avenir des enfants à Saturne. Mais Diodore, qui rapporte le traité, ne parle point de cette clause, et dit, au contraire, que Gélon exigea 2,000 talents pour les frais de la guerre. Il est malheureusement trop certain que les Carthaginois ne renoncèrent jamais à cette barbare superstition, qui se perpétua même dans la Carthage romaine.

Pendant soixante-dix ans les Carthaginois s'abstinrent de toute tentative contre la Sicile, et ils eurent assez de peine à se maintenir dans leurs possessions à l'occident de cette île. On conjecture que durant cet intervalle la querelle entre Cyrène et Carthage se termina par le traité de délimitation dont il a été déjà fait mention. Ce fut l'an 410 que les Carthaginois furent encore une fois appelés à s'immiscer dans les affaires de la Sicile, par les Ségestains, en guerre avec les habitants de Sélinunte. Sous la conduite d'Annibal, fils de Giscon, une flotte carthaginoise transporta en Sicile une armée de 100,000 hommes, Africains, Ibériens, Italiens. Le projet de ce général était de conquérir successivement les villes d'une importance secondaire, avant de mettre le siège devant Syracuse, dont la prise aurait complété l'occupation de toute l'île. Himère, Géla, Sélinunte (en 409), Agrigente, tombèrent successivement au pouvoir d'Annibal. Dans Himère il sacrifia en un seul jour 3,000 hommes aux mânes d'Amilcar, son aïeul. Les habitants de Géla et de Sélinunte reconnurent plus que par l'aveugle licence des Italiens, la cruauté calme des Espagnols et la fougue sanguinaire des Africains purent inventer de plus atroce. Mais, de toutes ces villes, Agrigente subit le sort le plus déplorable : les Carthaginois en massacrèrent les habitants, et en livrèrent aux flammes et à la sape les magnifiques monuments. La rapidité des progrès de l'ennemi excite à Syracuse de nouveaux troubles, dont un chef habile, Denys Ier, se prévalut pour s'élever à la tyrannie (404).

Nous ne retracerons point les détails des quatre guerres que Carthage fit à ce despote pendant une période de trente-six ans. Dans la première, Denys, vaincu devant Géla et forcé à la paix autant par les armes d'Annibal que par les révoltes des Syracusains, cède à Carthage, outre le territoire qu'elle possédait, Géla et Camarine. Cinq ans après, nouvelle lutte entre Imilcon, successeur d'Annibal, et Denys. Le Syracusain, vainqueur, semble à la veille d'expulser les Carthaginois de l'île ; mais une double défaite sur terre et sur mer lui fait perdre toutes ses conquêtes, et il se voit assiégé par Imilcon dans Syracuse. La peste et une sortie faite à propos le débarrassent de l'armée ennemie (396). Les Carthaginois perdent 150,000 hommes, mais sans continuer la guerre avec moins d'acharnement. La paix ne se fit qu'en 392, et par le traité les Carthaginois abandonnèrent seulement à Denys Tauromentum et le territoire. La troisième guerre éclate en 383, et cette fois encore Denys est l'agresseur. Une bataille livrée près de Cabala coûte la vie à 10,000 soldats de Carthage. Magon, leur roi, est tué ; mais il trouve un vengeur dans Magon II, son fils, qui remporte la même année, sur Denys une victoire décisive. Le vaincu achète la paix moyennant mille talents et la cession de tout le pays au delà du petit fleuve Halicus, sur la côte méridionale de l'île. Depuis cette époque cette rivière marqua la délimitation des possessions réciproques des Grecs et des Carthaginois. Tout ce qui était à l'occident de l'Halicus, c'est-à-dire à peu près les tiers de la Sicile, reconnaissait la souveraineté de Carthage. Quinze ans après (468), nouvelle agression du tyran Denys. Il prend d'abord Sélinunte, Entelle, Éryx ; mais il échoue devant les murs de Lilybée, tandis que sa flotte est battue dans le port. Après cette alternative de succès et de revers, on fait la paix. Denys meurt la même année, sans avoir pu expulser les Carthaginois de la Sicile. A la faveur des démêlés qui éclatèrent entre Denys le jeune, son fils, et le sage Dion, les Carthaginois prirent parti pour ce dernier (358); mais les succès de Dion ne furent pas de longue durée, et ne procurèrent pas à Carthage les avantages qu'elle s'en promettait. Bientôt un héros venu de Corinthe, la mère-patrie des Syracusains, Timoléon, chasse pour jamais Denys le jeune, arrête les conquêtes des Carthaginois, les force de lever le siége de Syracuse (342), leur tue 10,000 hommes, et leur fait 15,000 prisonniers sur les bords de la Crémise : exploit, presque incroyable, puisque dans cette journée avec 6,000 hommes il en vainquit 70,000 (340).

L'année suivante, les Carthaginois, ligués avec deux tyrans, Mamercus et Icétas, débarquent en Sicile avec soixante-dix vaisseaux et quelques auxiliaires grecs (déjà ils en avaient employé à la défense de Motyum, l'an 397, sous Denys l'ancien). Cette fois encore ils sont vaincus près de Catane, et demandent la paix, qui est conclue à des conditions favorables à la liberté de toutes les villes grecques de la Sicile. La lutte recommence avec un nouvel acharnement entre les Grecs de la Sicile et Carthage, sous Agathocle, tyran de Syracuse. Battu par les Carthaginois et assiégé par eux dans Syracuse, il laisse le commandement de cette capitale à ses lieutenants, et transporte le théâtre de la guerre en Afrique. Après quelques brillants faits d'armes et l'entrée même de ses ennemis, après avoir vu le général carthaginois Amilcar vaincu et mis à mort par les Syracusains, Agathocle, menacé par la révolte d'Agrigente et de quelques autres villes de Sicile, battu à son tour en Afrique par les Carthaginois, abandonne lâchement son armée, et conclut un traité avantageux pour Carthage (311-307). Après lui, les Carthaginois, profitant de l'anarchie qui règne en Sicile, y font de rapides progrès (289-277). Syracuse menacée appelle à son aide Pyrrhus, roi d'Épire, qui guerroyait en Italie contre les Romains. Pyrrhus remporte d'abord les plus grands avantages; mais sa conduite lui fait perdre la confiance et l'affection des Siciliens : il est obligé de quitter la Sicile, laissant le champ libre aux Carthaginois, qui recouvrent facilement leurs conquêtes (276). Ils deviennent, en outre, les alliés d'Hiéron II, nouveau tyran de Syracuse (263). La guerre avec Pyrrhus, dont l'ambition occasionna un troisième traité d'alliance entre Rome et Carthage, avait encore servi à augmenter la prépondérance des Carthaginois en Sicile; et vraisemblablement ils auraient retiré le fruit de leur longue persévérance à atteindre ce but, si cette prépondérance même n'avait fait naître entre eux et les Romains les hostilités qui éclatèrent quatre années plus tard (264), et donnèrent lieu à la première guerre punique.

Durant cette seconde période, Carthage fit encore avec Rome deux traités d'alliance et de commerce. Dans le premier, conclu l'an 348 avant J.-C., et qui nous a été conservé par Polybe, les Carthaginois stipulent à la fois pour eux et pour les habitants d'Utique et leurs alliés. Au commencement de la guerre du Samnium, ils envoient une ambassade aux Romains et une couronne d'or pour les féliciter de leurs succès. Enfin, l'an 276, Carthage renouvelle, pour la troisième et dernière fois, avec Rome, ses anciens traités. Elle conservait toujours des relations avec sa métropole. Pendant le siége de Tyr par Alexandre, des théores ou députés carthaginois étaient dans cette ville pour rendre hommage à Hercule, et acquitter le tribut annuel que Tyr était, paraît-il, son origine, dans l'habitude de payer à ce dieu. Il paraît certain toutefois qu'elle ne secourut point sa mère-patrie contre le conquérant macédonien; on en ignore les raisons. Après le désastre de Tyr, les Carthaginois, redoutant la concurrence de la ville d'Alexandrie, que le macédonien venait de fonder en Égypte, profitèrent de l'occasion que leur offrit son excursion vers le temple de Jupiter Ammon pour envoyer auprès de lui un espion adroit et intelligent, nommé Amilcar Rhodinus. Cet homme se dit exilé de sa patrie, et gagna, par le moyen de Parménion, la confiance d'Alexandre, tout en entretenant une correspondance secrète avec le gouvernement de Carthage. Il joua ce rôle dangereux jusqu'à la mort d'Alexandre, et de retour à Carthage y périt du dernier supplice. Peut-être trahissait-il à la fois tous ceux qui le salariaient, et son supplice ne fut-il qu'un juste châtiment. On voit dans Arrien que les Carthaginois avaient aussi auprès de Darius un envoyé nommé Héraclide, qui tomba au pouvoir d'Alexandre, et qui fut mis en liberté; ce qui semble prouver que, malgré son acharnement contre Tyr, ce prince ne fut jamais ennemi des Carthaginois.

Constitution de Carthage.

Nous possédons sur cette matière un monument précieux, c'est un chapitre entier de la *Politique d'Aristote*. Malheureusement il ne s'arrête point aux détails; et les travaux de ses savants commentateurs ont jusque ici plutôt caractérisé cette constitution qu'expliqué les rouages dont elle se composait. Après lui, nous avons Polybe, qui a vu Carthage dans sa décadence; enfin Diodore, Appien et Justin.

Il n'est pas permis de douter de la profonde sagesse du gouvernement de Carthage; car depuis sa fondation jusqu'au temps d'Aristote aucun tyran n'avait opprimé la liberté de cette république, aucune sédition n'avait troublé sa tranquillité. Il est à croire que sa constitution, malgré l'opinion de l'historien anglais John Gillies, fut moins l'ouvrage de Didon que celle du temps et des circonstances. Tous les auteurs s'accordent à donner à cet État lors de son origine une forme monarchique, qui se changea depuis, sans qu'on sache comment, en gouvernement mixte, c'est-à-dire à la fois monarchique, aristocratique et démocratique; mais l'élément aristocratique y domina longtemps.

Les premiers magistrats s'appelaient *sophetim*, ce qui en hébreu signifie *juges*, et peut se traduire en grec par le mot βασιλεῖς. Les *suffètes*, ou rois, étaient au nombre de deux; ils furent d'abord à vie, mais il est certain que plus tard ils devinrent annuels. On les choisissait, dit Aristote, selon leurs. biens, leur crédit et leur popularité, afin qu'ils eussent le loisir et l'influence nécessaires pour se consacrer entièrement à l'administration. « En général, dit Muller, les Carthaginois estimaient au-dessus de tout la fortune et les moyens qui y conduisent; ils avaient les vertus et les vices inséparables de l'amour des richesses. » Ils s'éleva parmi eux une aristocratie dont le pouvoir reposait sur des bases d'autant plus larges et plus solides qu'elle n'était pas la même chose qu'une noblesse : c'était un corps fondé sur l'habileté qui donne les richesses, et sur les vertus économiques qui les conservent, il se recrutait incessamment de notabilités citoyennes, enfin, comme dit Heeren, ce n'était pas tant une noblesse héréditaire qu'un certain nombre d'*optimates*. Parfois aussi une seule famille jouissant d'un tel crédit que le suffrage public rendait pour ainsi dire héréditaires dans son sein les premières magistratures de l'état. Témoin la famille Magon, qui se perpétua au pouvoir pendant deux siècles; témoin encore la famille Barcine, qui joura un si grand rôle pendant la période des guerres puniques. A la tête de cette aristocratie était un sénat permanent, comme celui de Sparte et de Rome; mais on ne sait quelle était son organisation intérieure. Heeren veut qu'il ait été très-nombreux et divisé en assemblée ou conseil, *sunklétos*, et en comité privé, *gerusia*. L'assemblée du conseil devait être composée d'un plus grand nombre de membres; le comité privé était l'élite, la tête du sénat. Heeren veut encore que ce soit la même chose que les cen-

CARTHAGE

tumvirs, ce terrible tribunal qui jugeait les suffètes, les généraux et tous les autres magistrats ; qui entretenait des surveillants auprès d'eux ; qui avait même une sorte de censure sur les mœurs ; qui exerçait en un mot une inquisition d'État comme le conseil des dix à Venise, et finit par absorber toute la puissance publique. D'autres savants, ne voyant qu'une même chose dans la *gérusia* et le *sunklètos*, font un corps distinct du conseil des cent, et ils ont pour eux le texte d'Aristote. Mais quelle que fût son organisation, le pouvoir des cent, créé dans la deuxième moitié du cinquième siècle avant J.-C., remplit bien sa destination dans la période que nous venons de parcourir ; il préserva l'État de tout bouleversement. Deux tentatives pour troubler la tranquillité publique furent déjouées par lui : la première fut pour auteur Hannon, qui voulait détruire le sénat. Bomilcar fut à la tête de la seconde ; il crut pouvoir profiter des revers de sa patrie, en butte à la peste et aux armes triomphantes d'Agathocle (l'an 305), pour parvenir à la tyrannie. Il entra dans Carthage à la tête de cinq cents citoyens et de mille mercenaires, et se fit proclamer roi sur les cadavres sanglants d'une foule de citoyens. Mais bientôt les jeunes gens se rallient, Bomilcar et ses adhérents sont accablés, et l'ambitieux expie sur la croix, comme Hannon, sa criminelle entreprise.

Quelle était l'administration intérieure de Carthage et des provinces ? Des pentarchies (commissions de cinq membres) se partageaient les diverses attributions, et les administraient à peu près comme faisaient les diverses comités de notre Convention nationale. Il est à présumer que si les *quinquévirs* n'appartenaient pas au sénat, le *quinquévirat* était la voie ordinaire pour y entrer. Aristote dit que les pentarchies réunies nommaient les membres des *cent*. Quant à l'administration des provinces, elle était confiée à un gouverneur, et non à une commission. comme l'a prétendu, dans son Commentaire sur Aristote, le savant Kluge, qui a été solidement réfuté par Heeren. D'après toutes ces données, on voit que les attributions du sénat de Carthage étaient les mêmes que celles du sénat romain ; les rois y faisaient le même office que les consuls à Rome : ils présentaient les rapports. Le sénat recevait les ambassadeurs étrangers, décidait de la paix et de la guerre, faisait les traités, avait la surveillance des revenus de l'État, celle de la ville, etc., en un mot délibérait sur toutes les affaires publiques. Voici quelle était la part du peuple : pour la paix et pour la guerre, la ratification allait à l'assemblée du peuple ; et quand pour les autres affaires il y avait dissentiment entre le sénat et les suffètes, la décision appartenait de droit au peuple : disposition tutélaire pour l'aristocratie, tant qu'elle fut sage et unie entre elle, funeste pour elle dès qu'elle se divisa, comme au temps des guerres puniques. Le peuple prenait aussi part à l'élection des rois et des autres magistrats ; mais les anciens ne nous apprennent rien de plus sur les attributions des assemblées populaires, et rien du tout sur leur forme et leur tenue. Les rois n'exerçaient pas de droit de pouvoir militaire ; il fallait pour commander l'armée qu'ils fussent, en outre, spécialement nommés généraux : trait caractéristique, en ce qu'il montre chez les Carthaginois la séparation du pouvoir civil et du pouvoir militaire. Le plus souvent, outre les rois, on nommait des généraux, qui l'expédition terminée déposaient cette dignité.

Les rois et les généraux avaient ordinairement auprès d'eux une commission tirée du sénat, qui balançait leur autorité ; d'autres fois leur pouvoir militaire fut illimité. Ainsi que les suffètes, ils exerçaient à l'armée l'office de souverains pontifes et sacrificateurs. Tite-Live nous dit que les Carthaginois mirent Annibal à la tête de l'État avec le titre de *préteur*, après la seconde guerre punique. Les auteurs romains parlent aussi de *questeurs* institués à Carthage pour la direction des finances ; mais il faut toujours se défier de la tendance des écrivains latins à *romaniser* dans leurs livres les institutions des nations étrangères. Le pouvoir judiciaire à Carthage était entre les mains de magistrats spéciaux. Aristote nous parle d'un tribunal des *cent-quatre*, que l'on a souvent confondu, à tort sans doute, avec le corps politique des *cent*. Les *cent-quatre* formaient vraisemblablement le tribunal suprême pour la juridiction de toutes les affaires civiles et criminelles. Il n'y avait pas à Carthage, comme dans Athènes et dans Rome, de tribunal du peuple. Aristote, comparant la constitution de Carthage à celle de Sparte, dit que les deux républiques avaient leurs festins publics. Un trait de ressemblance incontestable que Carthage eut avec Rome, Athènes et Sparte, c'est qu'une seule ville, la métropole, présidait à toute l'administration de la république africaine ; mais cette centralisation respectait-elle dans les colonies et villes sujettes le droit municipal ? C'est ce que pourrait faire présumer le texte du second traité entre les deux républiques, où Carthage stipule nommément *pour Utique et ses alliés*. Aristote termine son chapitre sur la constitution de Carthage en émettant la crainte que l'élément populaire ne finit par prédominer et par détruire un gouvernement si sagement pondéré. Le philosophe de Stagyre fut prophète ; car dans le siècle qui s'écoula depuis sa mort jusqu'à Annibal le peuple de Carthage devint plus puissant que le sénat ; à Rome, au contraire, surtout pendant la lutte punique, le sénat était plus puissant que le peuple. C'est surtout à cette différence qu'un auteur non moins judicieux qu'Aristote, Polybe, qui vit à sa décadence cette Carthage que celui-là avait vue dans sa grandeur, attribue le triste résultat de ses guerres contre Rome.

Les Carthaginois ne durent pas moins leurs immenses richesses à l'agriculture qu'au commerce : Polybe nous apprend que s'ils tiraient leurs revenus publics des provinces, c'était à leurs terres qu'ils demandaient leurs revenus particuliers. Lors des invasions d'Agathocle et de Régulus, les yeux des Romains furent frappés de la riche végétation et de l'agriculture perfectionnée des campagnes carthaginoises. Les impôts des villes en argent, exigés avec rigueur et souvent haussés sans mesure, les tributs que payaient les populations nomades en grains et autres denrées, les droits de douane, l'exploitation des mines de la Sardaigne et surtout de l'Espagne, enfin le produit des prises maritimes, telles étaient les colonies et villes sujettes sur lesquelles reposaient les finances de cette république. Quel pouvoir les administrait ? Selon Heeren, c'était un des pentarchies, présidée par un magistrat qui répondait à ce qu'on appelait un *questeur* à Rome. On a quelques chiffres des revenus de Carthage : par exemple, la Petite-Leptis donnait à la métropole un talent par jour ; les mines de la Bétique rapportaient aussi par jour 20,000 drachmes. Dans la dernière période de la république, les douanes paraissent avoir été la source la plus importante des revenus publics, alors que Carthage venait de perdre et ses îles et l'Espagne.

L'administration ne devait pas être dispendieuse, puisque, comme à Rome, les fonctions publiques n'étaient pas rétribuées ; c'était souvent une raison pour que les gouverneurs de provinces fussent plus avides. Mais ce qui consommait les ressources du trésor, c'était l'entretien des flottes et la solde des armées, presque entièrement composées de mercenaires. Sans doute le génie commercial des Carthaginois et des Phéniciens n'a été surpassé par aucun peuple ancien, mais l'histoire des guerres puniques nous montre que leur construction navale et leur manœuvre maritime n'avaient rien de tellement parfait que leurs ennemis ne pussent promptement les égaler. Les armées mercenaires de Carthage, autre base de sa puissance, étaient aussi exigeantes que peu fidèles. « Les Carthaginois n'étaient rien moins que guerriers de leur personne, dit M. Michelet, quoiqu'ils aient constamment spéculé sur la guerre. S'y alliant en petit nombre, protégés par de riches armures, pour surveiller leurs soldats de louage, et s'assurer qu'ils gagnaient leur argent... Carthage savait, à une drachme près, à combien revenait la vie d'un homme de telle nation. Un Grec valait plus qu'un Campanien, celui-ci plus qu'un Gaulois ou un Espagnol. » Toutefois, aux Grecs, qui avaient trop d'esprit, et ne se laissaient pas conduire aisément, Carthage préférait les barbares. Elle n'avait garde de faire servir près de leur patrie les troupes qu'elle avait à son service; on les dépaysait avec soin. Les différents corps d'une même armée étaient isolés entre eux par des différences de langue et de religion. Leur subsistance dépendait de la flotte. On sait comment une fois l'on se débarrassa d'un corps de mercenaires : on le laissa périr de faim, sur un îlot stérile.

Nous avons déjà parlé du commerce maritime de Carthage. Pour approfondir cette matière il faut étudier les documents épars que les anciens depuis Hérodote nous ont laissés sur le commerce par caravanes que faisaient les Carthaginois avec les tribus de l'Afrique intérieure. Nous possédons un discours sur les richesses, attribué à Eschine, disciple de Socrate, dans lequel il est question d'une valeur représentative dont les négociants de Carthage faisaient usage dans les transactions commerciales, et qui paraît autre que la monnaie ordinaire.

Les trois guerres puniques (de 264 à 156 avant J.-C.).

La *première* dura vingt-trois ans, de 264 à 241. La possession de la Sicile en fut le motif; les premiers résultats en furent tout en faveur des Romains, par le parti que prit le roi de Syracuse, Hiéron II, de devenir leur allié, et par la rapidité avec laquelle, soutenus par les indigènes, ils se rendirent maîtres de soixante-treize villes de la domination carthaginoise, entre autres d'Agrigente. Mais Rome sent la nécessité d'avoir une marine de guerre. Deux grandes victoires navales signalent ses débuts : celle de Duillius, dont l'effet moral est immense, et celle de Regulus à Ecnome, qui ouvre l'Afrique aux Romains (an 257). La malheureuse issue de cette expédition pour ces derniers rétablit l'équilibre, et ramène la guerre en Sicile. Malgré la brillante journée de Panorme (252), l'avantage ne semble pas devoir demeurer aux Romains. Pendant les six dernières années de cette lutte, un grand homme, Amilcar Barca, sait, par l'audace raisonnée de ses manœuvres stratégiques, arrêter les progrès de l'ennemi. Avec un tel général à la tête de ses légions, la fière et belliqueuse Rome eût poussé jusqu'au bout ses avantages; mais les marchands de Carthage, découragés par la défaite peu décisive des îles Egates, s'imaginèrent que la cessation de leur commerce leur nuisait plus que n'eût pu leur rapporter une guerre heureuse, et, sans être vaincu, Amilcar dut signer la paix, qui en enlevant la Sicile à Carthage lui ravissait le pays regardé comme son boulevard.

Le premier châtiment de Carthage après cette paix honteuse fut le retour de ses mercenaires. Elle leur refusait les récompenses promises par Amilcar; ils en appelèrent à leur épée; alors commença une guerre qui dura pendant 240 jusqu'à 237, guerre horrible, guerre inexpiable, marquée par vingt batailles meurtrières, et où l'on tuait plus encore après le combat. Dans ce péril de la patrie, Amilcar eut besoin de tout son génie pour la sauver; mais le résultat le plus funeste de cette lutte fut la désunion qui éclata entre Amilcar et Hannon le Grand, chef du parti sénatorial. Amilcar fut contraint, par l'hostilité d'un sénat imprévoyant, de chercher un appui dans le parti populaire. Le sauveur de l'État se fit démagogue, et peu s'en fallut qu'il ne fût poussé à devenir le Marius de Carthage. La révolte des mercenaires avait fait perdre aux Carthaginois la Sardaigne, et les Romains s'emparèrent contre la foi des traités. Amilcar songea à donner à sa patrie l'Espagne en compensation de cette île et de la Sicile. De l'intérieur de l'Afrique, où il guerroyait, il passe dans la Péninsule à l'insu de Carthage. Il se perdait si le succès ne l'eût justifié. Dès ce moment la conquête de l'Espagne devint le projet héréditaire de la famille Barcine et la base de sa grandeur. Cependant Rome achevait de dompter toute la Gaule cisalpine et la Ligurie, et son influence par Marseille et Sagonte s'étendait jusque sur le Rhône et l'Èbre. Il n'est pas douteux qu'Amilcar vit dans l'occupation de l'Espagne un moyen de marcher contre Rome par un nouveau circuit, et de renouveler avec succès la lutte contre elle. Grâce à l'or qu'il tirait des mines de la Bétique, et qu'il envoyait à Carthage, il se fit dans le sénat une majorité dévouée. Il ne vécut pas assez longtemps pour voir ses derniers projets s'accomplir; mais sa mort, arrivée l'an 228, n'en suspendit pas l'exécution. Asdrubal, son gendre, chef du parti populaire, qui lui succéda, étendit jusqu'à l'Èbre la domination carthaginoise, et fonda sur le rivage oriental de la Péninsule, en face de l'Afrique, Carthagène, qu'il destinait à devenir la rivale de Carthage. Il y déploya un faste royal, et sut s'affranchir de toute dépendance de la métropole. Il mourut assassiné (an 221), et la faction Barcine réussit à lui donner pour successeur Annibal, âgé de vingt et un ans. A cet adolescent était destinée la gloire de réaliser contre Rome les plans d'Amilcar, son père.

La ruine de Sagonte par Annibal donne lieu à la *seconde* guerre punique, qui dure dix-sept ans, de l'an 219 à l'an 202. Le théâtre en est d'abord simultanément en Italie, en Espagne et en Sicile : en Afrique sera le dénoûment. Les héros de part et d'autre s'y distinguent par famille : trois Scipion, le père, l'oncle et le fils; Annibal et ses frères, Asdrubal et Magon, Asdrubal surtout, dont le mérite militaire n'a pas été assez apprécié. Le passage des Alpes, le Tésin, la Trébie, le lac Trasimène, la plaine de Cannes, l'admirable défense du Brutium, que de titres de gloire pour Annibal ! Rome dut faire la paix. Annibal lui-même en jugeait ainsi, et ce second traité fit perdre à Carthage toutes ses possessions hors de l'Afrique, aussi bien que cinq cents vaisseaux, qui, livrés aux Romains, furent brûlés sur-le-champ. Les Carthaginois firent ce sacrifice sans sourciller; mais quand il fallut payer le tribut, les sénateurs pleurèrent sur leur argent. Annibal répondit à leurs larmes par un éclat de rire qui dénotait tout son mépris pour ce sénat de marchands. Rentré à Carthage, il fut mis à la tête de la république comme magistrat suprême, et tenta de réformer la constitution en abaissant l'oligarchie des juges administrateurs des finances, qui exerçaient en cette double qualité l'autorité la plus oppressive. Il faut bien remarquer ce trait : le *cumul* des fonctions existait à Carthage du temps d'Aristote, qui signale cet abus comme le chancre rongeur de l'État. Annibal rendit annuelles les fonctions à vie des *cent*, porta dans les finances une sévérité impitoyable, fit rendre gorge aux concussionnaires, et apprit au peuple, étonné, que, sans nouvel impôt, il était en état d'acquitter ce qu'on devait aux Romains. Il ouvrit à sa patrie de nouvelles sources de richesses, et employa le loisir de ses troupes à planter sur la plage nue de l'Afrique ces oliviers dont il avait apprécié l'utilité en Italie. Ainsi Carthage réparait promptement ses pertes sous la bienfaisante dictature d'Annibal, qui destinait sa patrie à devenir le centre d'une ligue universelle du monde oriental contre Rome. Malgré la réussite de sa première attaque contre une oligarchie qui n'était plus à la hauteur des intérêts nouveaux de Carthage, ce grand homme ne tarda pas à éprouver que les factions aristocratiques se détruisent mais passent comme des armées. Le parti renversé, ce parti depuis quarante ans ennemi de la famille Barcine, vendu aux Romains, et leur révéla les plans d'Annibal. Une ambassade romaine, envoyée sous un autre prétexte, arrivait à demander qu'on leur livrât Annibal. Il parvint, par une fuite secrète (l'an 195), à se sauver auprès d'Antiochus le Grand, roi de Syrie, qu'il excita à faire la guerre contre Rome, sans pouvoir décider Carthage à y prendre part.

Par le traité qui termina la seconde guerre punique, Rome avait établi aux portes de Carthage un voisin, un surveillant bien redoutable; c'était le Numide Masin'ssa, qui pen-

CARTHAGE

dant un demi-siècle (de 202 à 152), ne cessa d'avoir avec cette république des contestations, à la faveur desquelles il leur enleva la province d'Emporie l'an 193, une autre province l'an 182, enfin celle de Tysca avec cinquante villes l'an 174. Une dernière querelle s'éleva l'an 152 : trois partis divisaient alors Carthage, le parti numide, le parti romain et le parti national ou samnite. Le parti numide eut le dessous, et quarante sénateurs vendus à Masinissa furent bannis de Carthage. Après d'insidieuses négociations, il s'arme en faveur de ses partisans, et la victoire d'Oroscope, dans laquelle 50,000 Numides combattirent contre 50,000 nationaux, alliés ou mercenaires de Carthage, signale glorieusement la quatre-vingt-dixième année de ce prince (152). Utique saisit cette occasion pour faire défection. Les Romains la reçoivent dans leur alliance; et le sénat de Rome, entraîné par la politique farouche de Caton, hâte l'exécution des projets que depuis la paix de 202 elle nourrissait contre Carthage.

La *troisième* guerre punique commence l'an 150, après que les consuls de Rome eurent frauduleusement désarmé les Carthaginois. Cependant ils résistèrent pendant trois ans avec le courage du désespoir, et ce fut seulement en l'an 146 que fut prise et détruite la patrie des Magon, des Barca, des Annibal; mais elle ne succomba point sans honneur. Carthage, à son premier comme à son dernier jour, peut citer avec orgueil ses femmes. Après Didon, sa fondatrice, elle avait eu la fille d'Asdrubal Giscon, l'épouse de Masinissa, Sophonisbe, qui reçut de ce servile allié des Romains, comme *présent de noces*, et but avec joie le poison, pour ne pas devenir leur prisonnière. Enfin, tandis qu'au jour suprême de Carthage le dernier chef des Carthaginois, Asdrubal (septième du nom), se jetait aux pieds du vainqueur, son épouse se précipitait dans les flammes avec ses enfants, plutôt que d'avoir part à la honteuse clémence implorée par cet indigne général. A la vue de cette catastrophe, qu'il aurait voulu prévenir, à la vue de l'embrasement de Carthage, dont ses soldats hâtaient les progrès pour obéir aux ordres formels du sénat, Scipion le jeune ne put s'empêcher de verser une larme, non sur Carthage, mais sur Rome, et de répéter ce vers d'Homère :

Et Troie aussi verra sa fatale journée.

La flamme ravagea pendant dix-sept jours cette ville immense; et les demeures de 700,000 individus ne furent plus qu'un amas de noirs débris. On a présumé que les Carthaginois eux-mêmes mirent le feu à leurs habitations pour empêcher que leur cité ne fût abaissée au rang de ville municipale.

La Carthage punique avait subsisté 732 ans. Utique, qui depuis la première guerre punique avait toujours montré des sentiments de rivalité contre Carthage, hérita jusqu'à un certain point de son importance commerciale en Afrique.

Carthage romaine.

Malgré les imprécations prononcées par Scipion, au nom du sénat et du peuple romain, contre ceux qui habiteraient la place où avait été Carthage, moins de quinze ans après sa destruction (132), le tribun du peuple C. Gracchus y conduisit une colonie de six mille hommes, et, sans s'assujettir aux anciennes limites, il traça l'emplacement d'une ville qui devait se nommer *Junonia*. Les colons romains se montrèrent d'abord plus occupés de tirer profit du riche territoire de Carthage que d'en relever les édifices; aussi quarante-trois ans plus tard (89), Marius proscrit put venir chercher au milieu des débris de Carthage un asile que ses ennemis lui déniaient. La colonie de Carthage fut la première colonie romaine envoyée hors de l'Italie. Elle prit un tel accroissement, que dès l'an 81 elle était déjà une des villes considérables de la république. Jules César, après avoir vaincu à Thapsus les partisans de Pompée, laissa à Carthage une nouvelle colonie de trois mille hommes, auxquels se joignirent une foule d'habitants des villes voisines (45). Sous les empereurs Carthage ne tarda pas à acquérir une grande importance; elle avait recouvré son commerce, et son territoire était devenu le premier grenier de l'Italie, car déjà l'agriculture et la population de la Sicile tombaient en décadence. Enfin Carthage passa bientôt pour la seconde ville de l'Occident. Elle était la capitale, la Rome de l'*Afrique*, une des provinces qu'Auguste laissa sous l'administration du sénat. Plus tard elle fut comprise dans le département du préfet du prétoire de l'Italie, et gouvernée par un proconsul. Dans le quatrième siècle après J.-C. elle devint le chef-lieu du diocèse d'Afrique, qui contenait les six provinces d'*Afrique*, de *Byzacium*, de *Numidie*, de la *Mauritanie Sitifensis*, de la *Mauritanie Césarienne*, de *Tripolis*. Il y avait à Carthage un commandant militaire sous le titre de comte d'Afrique. Elle possédait un *gynæceum*, c'est-à-dire une manufacture impériale d'étoffes précieuses, administrée par un *procurator*. Ses édifices se faisaient admirer par leur magnificence et leur régularité. Le port était aussi vaste que sûr. On y voyait des écoles et des gymnases, où les arts libéraux, la grammaire, la rhétorique et la philosophie étaient publiquement enseignés en langue grecque et latine. De son école latine sortirent Apulée, Arnobe, Tertullien, saint Cyprien, saint Augustin, etc. Dès le second siècle de notre ère elle avait joué un grand rôle dans la nouvelle société chrétienne : elle avait eu ses martyrs et ses illustres évêques; puis, comme la vivacité d'esprit, la pénétration qui distinguaient les lettrés carthaginois dégénéraient souvent en subtilités, elle ne manqua pas d'hérésiarques. C'est dans Carthage que Tertullien écrivit ses belles apologies de la religion nouvelle.

Du troisième au sixième siècle de notre ère on compte près de quarante conciles tenus à Carthage. C'est contre l'évêque de Carthage Cecilianus que s'éleva le schisme de Donat, évêque des Cases-Noires, qui, sans porter atteinte à la foi de Nicée, ne voulait pas reconnaître ce prélat. Bientôt toute l'Afrique fut partagée en deux obédiences. Les donatistes, condamnés par le concile d'Arles, en 314, persistèrent malgré les rigueurs de Constantin. Le schisme durait depuis un siècle, lorsque, l'an 411, eut lieu, sous la direction de saint Augustin, la fameuse *conférence de Carthage*, qui condamna de nouveau les donatistes, déjà frappés par les décisions de plus de vingt conciles tenus dans cette cité. L'autorité d'Honorius vint au secours de la conférence de Carthage, mais sans faire cesser le mal; et les donatistes persécutés reçurent, quelques années après, comme des libérateurs les Vandales, qui, l'an 429, débarquèrent en Afrique pour y fonder un royaume. Mais avant cette révolution Carthage avait été le théâtre de bien des événements politiques.

L'an 237 l'Afrique, révoltée contre la tyrannie de l'empereur Maximin, proclama empereur le vieux Gordien, proconsul d'Afrique, et son fils Gordien II. Celui-ci fut vaincu et tué devant Carthage; le père, qui était dans la ville, s'étrangla de désespoir; mais son petit-fils, Gordien III, n'en fut pas moins reconnu empereur. Vingt-huit ans après, lorsque, sous Gallien, s'élevèrent tant d'usurpateurs sous la dénomination inexacte des *trente tyrans*, Carthage eut aussi son empereur, le tribun légionnaire Cornelius Celsus, qui fut tué, et dont le corps fut dévoré par les chiens (265). Sous le règne de Dioclétien, qui embellit Carthage de magnifiques monuments, l'Afrique, sans cesse attaquée par les tribus maures et troublée par des révoltes, occupa plus d'une fois les armes de Maximien-Hercule, son collègue en Occident. L'an 308 Alexandre, vice-préfet du prétoire, se fait empereur dans Carthage. Il règne trois ans; les troupes de l'usurpateur Maxime, fils de Maximien, le renversent, entrent dans cette ville, et la détruisent presque entièrement. L'influence protectrice de Constantin la relève, et elle redevient plus que jamais florissante. Sous Valentinien 1er, Firmus, prince d'extraction maure, se fait proclamer roi en Afrique; il est châtié par le comte Théodose, père de l'empereur de ce nom, à la suite d'une lutte qui rappelle les efforts de Metellus contre Jugurtha (373). Bientôt éclate la révolte de Gildon, frère de Firmus; pendant douze ans (de 382 à 394), il domine à Carthage en despote cruel et voluptueux, et brave impunément l'autorité des empereurs Gratien et Théodose. Il est enfin accablé par son frère Macezel, qui était demeuré fidèle à Honorius, fils de Théodose, et son successeur en Occident. Treize ans plus tard (l'an 409) Héraclius, comte d'Afrique, défend Carthage contre les troupes envoyées par Attale, fantôme d'empereur, qu'Alaric, maître de Rome, oppose un instant au lâche Honorius, renfermé dans Ravenne. La fidélité d'Héraclius, en causant la disette à Rome, que nourrissaient les moissons de Carthage, fait tomber Attale sous le poids du mépris et des mécontentements qui s'élèvent contre lui de toutes parts.

Arrive enfin la conquête de l'Afrique par Genseric, sous Valentinien III, fils d'Honorius. Il lui fallut plus de dix ans pour l'achever; et Carthage ne tomba sous ses coups qu'après bien des tentatives inutiles, l'an 439; encore fut-ce par surprise. Toute l'Afrique romaine subit le joug du Vandale. Créateur d'une marine puissante, il fait revivre, par la conquête des îles de la Méditerranée, le vieil et glorieux empire de la Carthage punique. Plus heureux qu'Annibal, il peut, l'an 455, entrer dans le Tibre à la tête d'une flotte carthaginoise, prendre et piller Rome à loisir pendant quinze jours, et transporter à Carthage les dépouilles du Capitole, avec soixante mille captifs, qui sont consolés, secourus par le saint évêque Deogratias, digne successeur des Cyprien et des Aurèle. Le triomphe des Vandales en Afrique fut celui de l'arianisme. Les orthodoxes se virent cruellement persécutés; les donatistes et les *circumcellions*, secte née du schisme de Donat, curent alors leur revanche. Il est juste de dire que Genseric réprima avec sévérité les dérèglements de ce peuple corrompu : son administration dans Carthage fut dure, mais régulière. Sous ses successeurs les Vandales d'Afrique prirent tous les vices du peuple conquis, en perdant leur courage et leur vigueur germanique. Bélisaire, général de l'empereur d'Orient Justinien Ier, n'eut besoin que d'une seule campagne pour enlever Carthage à l'Afrique à Gélimer, dernier prince du sang de Genseric (534). La domination des Vandales à Carthage avait duré cent cinq ans.

Carthage, redevenue romaine et métropole de l'exarchat d'Afrique, recommença à être troublée par des querelles religieuses interminables. L'an 610 l'Afrique avait pour exarque le vieil Héraclius, lorsque tout l'empire se révolta contre l'usurpateur Phocas. La flotte de Carthage amena à Constantinople le jeune Héraclius, qui fut proclamé empereur. Dans ses dernières années ce prince vit naître la puissance menaçante des sectateurs de Mahomet. Malgré les efforts du patrice Jean, général de l'empereur Léonce, Carthage passa pour jamais sous le joug des Sarrasins (698). Hassan, qui fit cette importante conquête pour le khalife Abdelmalek, détruisit de fond en comble cette cité réservée à tant de désastres. Pour la seconde fois, sa population fut dispersée. Elle avait duré 830 ans, depuis la colonie de C. Gracchus.

Après cela, faut-il s'arrêter à l'histoire des débris de Carthage? Sur ses décombres fut construite une forteresse entourée de quelques habitations; et cette place de guerre ne fut point sans importance militaire sous les dynasties arabes qui commandèrent successivement l'Afrique septentrionale. Carthage n'avait pas même encore perdu toute son importance religieuse. Au onzième siècle elle fut érigée par le pape Léon IX en archevêché, métropole des quatre évêchés qui existaient encore en Afrique (1053). Au temps des croisades, nous voyons, en 1270, saint Louis s'emparer du château et des habitacles de Carthage, et mourir à la vue de ces débris, qui rappelaient tant de grandeurs déchues. Depuis, aucun souvenir historique ne se rattache à ces ruines : on a peine même à découvrir, près de Tunis, où fut Carthage. La mer, la terre, les rivières, toutes les parties environnantes sont presque aussi changées que le peuvent être les travaux des hommes. On ne distingue plus aujourd'hui l'isthme sur lequel était bâtie la ville; le havre est une plaine desséchée, et çà et là s'élèvent des bouquets de bois peuplés d'animaux féroces.

Charles Du Rozoir.

Langue, littérature, religion.

La vie intellectuelle du peuple carthaginois nous est beaucoup moins connue que sa vie politique. Livré presque exclusivement au commerce et à la guerre, il était probablement peu favorisé des Muses. Comme Tyr, la mère-patrie, Carthage a disparu sans laisser à la postérité aucun monument d'art ou de littérature. Les anciens citent à peine deux ou trois auteurs carthaginois; Columelle parle des écrits de Magon sur l'agriculture, et Salluste, des livres puniques attribués à Hiempsal, roi de Numidie. On peut ajouter le Périple de Hannon, qui était suspendu dans le temple de Saturne, à Carthage. C'était, on l'a vu, la relation d'une expédition maritime faite par ordre du sénat sur la côte occidentale de l'Afrique, et qui, selon l'avis d'Isaac Vossius, remonte à plus de 500 ans avant J.-C. Pline mentionne des bibliothèques qui auraient existé à Carthage : le dédain que les Grecs et les Romains montraient pour tout ce qu'ils appelaient *barbare* n'a pas permis qu'il nous en restât le moindre débris. Pour nous faire une idée de la langue qu'on parlait à Carthage, il ne nous reste d'autre ressource que quelques inscriptions peu déchiffrables et un certain nombre de mots ou de noms propres cités par les auteurs anciens, et dont l'orthographe est ordinairement défigurée. Les fragments puniques, si souvent cités, que nous trouvons dans le *Pœnulus* de Plaute, offriraient un spécimen assez considérable du carthaginois, si on pouvait les déchiffrer avec certitude. Mais si l'on réfléchit que l'alphabet romain était peu propre à la transcription exacte de mots puniques, que Plaute lui-même peut avoir écrit bien des fautes, et que ces fautes devaient être considérablement augmentées par les copistes, on concevra facilement que nous devons renoncer entièrement aujourd'hui à nous faire une idée de la langue carthaginoise. L'explication que Bochart a essayée de ce passage est arbitraire, torturée et souvent absurde; nous aimons mieux avouer notre ignorance sur les termes puniques de Plaute que de gratifier les Carthaginois du mauvais hébreu de leur savant interprète. Les essais de Bellermann, orientaliste allemand, sont un peu plus heureux; mais lui aussi s'écarte trop de la traduction latine de Plaute, qui, mieux que tout autre, devait connaître la valeur des paroles qu'il mettait dans la bouche de ses personnages. Quoi qu'il en soit, le petit nombre de mots que l'on a pu déchiffrer avec certitude, tant dans le fameux passage du poète romain, que dans les noms propres et les inscriptions, suffisent pour nous convaincre que la langue des Carthaginois, comme celle des Phéniciens, avait le plus intime rapport avec l'hébreu, et que les mots qui dans les deux langues s'écrivent par les mêmes consonnes, différent souvent dans la prononciation. Ainsi, par exemple, *suffes*, gén. *suffetis*, est le mot hébreu *schofet* (juge); les mots du *Pœnulus* (v. 1, 9) : *hili gubylim lasibti thym* (in hisce habitare regionibus) se prononceraient en hébreu : *élléh gueboultim laschébeth schám*. Les mots puniques qu'on n'a pu déchiffrer jusqu'à présent appartiennent probablement à la langue libyenne, qui se mêlait peu à ceux là celle des colons phéniciens.

La religion des Carthaginois devait pour le fond être la même que celle de la métropole (*voyez* Phénicie). Cependant il était impossible que cette croyance de Tyr et de Sidon n'eût pas, comme langue, subi quelques modifications sur le sol d'Afrique, et il est probable qu'on adorait à Carthage

CARTHAGE — CARTHAGÈNE

quelques divinités locales de la Libye inconnues dans la Phénicie. Dans le passage de Plaute et dans les noms propres nous retrouvons quelques-uns des principaux noms de divinités phéniciennes. Les dieux s'appellent *alonim*, les déesses *alonuth*; en hébreu le mot *elyon* (très-haut) est une épithète de Dieu, et au pluriel on dit pour le masculin *elyonim*, et pour le féminin *elyonoth*. Chez les Phéniciens, le mot *elioun* avait le même sens, comme nous l'apprenons d'un passage de Philon de Byblos, cité par Eusèbe. Le nom de *Baal*, dieu national des Phéniciens, se retrouve dans beaucoup de noms carthaginois, tels que *Annibal*, *Asdrubal*, *Adherbal*. Dans la comédie de Plaute, comme chez les Phéniciens, il est aussi appelé *Baal-Samin* (maître du ciel), en hébreu *Baal-schâmaim*. Outre les divinités phéniciennes et libyennes, on introduisit, plus tard, à Carthage quelques divinités helléniques, notamment *Demeter* (Cérès) et *Perséphond* (Proserpine), empruntées à ses voisins, les Siciliens, et dont les statues, suivant Silius Italicus, furent placées dans le temple de Didon, ou Elissa, à laquelle les Carthaginois rendaient un culte divin. Cette introduction de divinités grecques, due à la peur (car elle se fit à l'époque de la guerre fatale que les Carthaginois eurent à soutenir contre Denys Ier), fut une véritable anomalie dans la religion de Carthage, dont le caractère triste et cruel contrastait avec le culte riant des Hellènes.

Le culte inhumain de *Moloch*, qui désolait la Phénicie et la Syrie, prédomina toujours à Carthage. A différentes époques, des étrangers essayèrent de le faire abolir : on cite, entre autres, Darius Hystaspes, roi de Perse, et Gélon de Syracuse. Mais tous ces efforts philanthropiques se brisèrent contre le fanatisme des Carthaginois, et Quinte-Curce nous dit que cette barbarie dura jusqu'à la chute de Carthage. Moloch ne se contentait pas du sang des boucs et des taureaux; les mères devaient de temps en temps lui sacrifier leurs nourrissons, sans verser une larme, sans pousser un soupir. Les Carthaginois, dit Diodore de Sicile, battus par Agathoclès, attribuèrent cette calamité à la colère des dieux, qu'ils croyaient avoir offensés en négligeant quelques cérémonies de leur culte. Ils y voyaient surtout la vengeance de Saturne (Moloch), car, au lieu de lui sacrifier les enfants les plus nobles, on en avait, depuis quelque temps, acheté à des étrangers pour les substituer dans les sacrifices. Voyant l'ennemi devant leurs murs, les Carthaginois, pour apaiser le dieu, lui sacrifièrent deux cents garçons choisis dans les familles les plus distinguées. Outre cela, trois cents hommes, coupables d'avoir substitué des enfants étrangers, se vouèrent à la mort. La statue de Saturne, continue Diodore, était d'airain; ses bras ouverts descendaient jusqu'au sol, et les enfants qu'on y plaçait, tombaient dans une fournaise ardente. Une pareille religion devait exercer la plus funeste influence sur le caractère général d'une nation, dévouée avec acharnement au sanguinaire Moloch et à l'impudique Astarté, et se faisant gloire de rester étrangère aux arts libéraux, aux lettres, aux sciences, et de ne connaître d'autre industrie que le commerce. Aussi la *punica fides* (voyez PUNIQUE [Foi]), était-elle généralement passée en proverbe.
S. MUNK.

CARTHAGÈNE (*Cartagena*), ville fort ancienne d'Espagne, entourée de fortifications, bâtie sur la côte orientale de la province de Murcie, avec un port qui est l'un des trois grands ports militaires de l'Espagne, et l'un des meilleurs de toute la Méditerranée, protégé qu'il est contre tous les vents par des montagnes escarpées et par la petite île d'Escombrera. Siége d'évêché, cette ville compte une population d'environ 38,000 habitants, dont la fabrication des toiles à voile, le tissage de la soie et du chanvre et la mégisserie constituent avec la pêche les principales industries. On y fait aussi beaucoup d'affaires dans tous les genres d'approvisionnements de la marine. On trouve à Carthagène de beaux chantiers de construction, un arsenal maritime et beaucoup d'autres établissements relatifs à la marine.

Cette ville fut fondée l'an 228 avant J.-C., par Asdrubal, général carthaginois, qui lui donna le nom de *Carthago nova*; dans l'*Itinéraire d'Antonin*, elle est appelée *Carthago Spartaria*, du nom d'une espèce de jonc, *sparta*, qui croissait aux environs; et c'est encore aujourd'hui de cette partie de l'Espagne que l'on tire le jonc nommé *sparte*, qui dans la localité même donne lieu à une fabrication aussi active que multiple. Moins de vingt ans après sa fondation, l'an 210 avant J.-C., lors de la seconde guerre punique, elle tomba au pouvoir de Scipion l'Africain. Détruite à peu près complétement par les Sarrasins, elle ne se releva guère qu'au seizième siècle, sous le règne de Philippe II. A la fin de ce siècle, elle était même deux fois plus considérable et plus peuplée qu'aujourd'hui, et sa décadence a toujours été depuis cette époque en augmentant. Il existait autrefois dans son voisinage des mines d'argent si riches que leur produit suffit pour payer tous les frais de l'expédition d'Annibal en Italie.

CARTHAGÈNE, *Cartagena de las Indias*, ou encore *la Nueva*, ville de l'Amérique méridionale, située à 10° 24' de latitude nord et par 80° 10' de longitude ouest, chef-lieu du département de la Magdalena, dans la république de la Nouvelle-Grenade (Amérique du sud), en même temps du *partido de Cartagena*, comprenant une superficie de 640 myriamètres carrés, avec une population de 100,000 âmes. Elle est construite à l'embouchure du bras occidental du fleuve de la Magdalena dans la mer des Caraïbes, sur une étroite langue de terre, extrêmement fortifiée, communique du côté de la terre par un château fort bâti sur une hauteur. Un pont de bois met Carthagène en communication avec son faubourg *Xirimani*, qui ne le lui cède guère sous le rapport de l'étendue, et qui est habité surtout par des Indiens.

Cette ville est le siége d'un évêché. Elle possède une belle cathédrale, diverses autres églises, sept couvents, une université, une école de marine, et un port excellent, regardé comme le meilleur de toute la côte septentrionale de l'Amérique du sud. Il est formé par les deux îles *Tierra-Bomba* et *Barce*. On y entre par trois passes : la *Boca-Grande*, que les Espagnols bouchèrent en 1741; la *Boca-Chica*, située plus au sud, que protégent deux châteaux, la seule par laquelle puissent passer les vaisseaux d'un fort tonnage; et l'*Estero de Pasacabellos*, qui ne peut servir qu'à de petits bâtiments. Les habitants, dont on évalue le nombre à 25,000, dont la dixième partie seulement, dit-on, sont blancs, font un important commerce de perles, d'émeraudes, de quinquina, et autres produits du pays. Mais il est bien tombé dans ces dernières années, depuis qu'on a ouvert à la navigation le port de *Savanilla*, situé à environ 15 myriamètres de Cartagena, à 12 myriamètres au-dessous de Santa-Marta, à l'embouchure du bras principal du fleuve de la Magdalena. Aujourd'hui les importations faites à Carthagène se bornent presque à ce qui est nécessaire à la consommation de ses habitants et de ceux du voisinage, et il s'en répand très-peu de chose dans l'intérieur du pays. L'exemption complète de toute espèce de droits assurée jusqu'en 1552 aux navires de toutes les nations, comme compensation aux souffrances et aux pertes dont le siége de 1842 fut la cause pour cette ville, a été impuissante à y empêcher la décadence du commerce. Ajoutons encore que le climat de Carthagène est malsain, et que l'eau y est mauvaise. La fièvre jaune y sévit souvent de la manière la plus cruelle; aussi la partie aisée de la population est-elle obligée pendant les mois d'été d'aller s'établir dans les localités voisines, dont le sol est plus élevé, notamment à *Turbaco*, village indien éloigné de 6 myriamètres, à *Soledad*, à *El Carmen*, l'endroit le plus salubre de tout le département, et à *Tolu*, renommé pour son baume.

Carthagène fut fondée par les Espagnols, sous la conduite

de Pedro de Heredia, vers le milieu du seizième siècle ; mais elle souffrit beaucoup, à l'origine, des déprédations des pirates qui s'y établirent. Aussi Francis Drake dut-il la prendre d'assaut en 1588, et il la réduisit en cendres. En 1697 les Français s'en emparèrent, et, ne pouvant s'y maintenir, ils en firent sauter les fortifications. En 1741 la ville soutint avec courage un siège contre les Anglais. En 1815 elle se déclara indépendante; mais l'année suivante, à la suite d'un siège opiniâtre, elle retomba au pouvoir des Espagnols, qui ne s'y maintinrent d'ailleurs que fort peu de temps. Elle eut beaucoup à souffrir des suites de la lutte engagée contre la métropole, et tout autant de celles des discordes civiles qui l'accompagnèrent. En 1833, pour obtenir réparation d'une insulte faite dans une émeute à M. Adolphe Barrot, consul de France dans cette ville, le gouvernement français dut envoyer quelques bâtiments de guerre faire une démonstration contre Carthagène.

CARTHALINIE. *Voyez* CAUCASE.

CARTHAME ou **SAFRAN BATARD**. On appelle ainsi la fleur du *carthamus tinctorius* de Linné, appartenant à la famille des synanthérées. C'est une plante annuelle, indigène de l'Égypte. Dans l'Inde et dans plusieurs pays d'Europe on la cultive pour la teinture. Sa tige est droite, ferme, lisse, blanchâtre, haute de 0^m,65 à 1 mètre; vers le sommet elle se divise en nombreux rameaux garnis de feuilles simples, entières, ovales, pointues et bordées de dents épineuses et rares. Chaque rameau porte une fleur terminale assez grosse, à fleurons tous hermaphrodites, découpés en cinq segments colorés d'un magnifique rouge safrané. Les graines, appelées *graines de perroquet*, sont violemment purgatives pour l'homme et nutritives pour les perroquets : elles ne sont plus, comme autrefois, employées pour la médecine.

Pour récolter le carthame, il ne faut pas tarder longtemps après l'épanouissement des fleurons, qui perdent bientôt de leur éclat. Ces fleurons doivent être exposés à l'ombre pour sécher à l'abri de l'humidité tout comme de l'action décolorante du soleil.

Le carthame contient deux matières colorantes, de nature totalement différente, l'une d'un jaune rougeâtre, qu'on doit rejeter, car elle ne produit que des nuances ternes; l'autre, qui est du plus beau rouge, sert pour toutes les nuances, depuis le rose le plus tendre jusqu'au rouge cerise. C'est par la macération préalable dans l'eau froide qu'on extrait la première couleur et qu'on s'en débarrasse, tandis que la deuxième couleur, de nature résineuse, résiste à cette macération. Lorsque le carthame ne colore plus sensiblement l'eau froide, on cesse le lavage, et l'on soumet la matière à une seconde macération, dans une très-légère solution de sous-carbonate de soude. Le bain se colore promptement en jaune rougeâtre foncé; on filtre, et on peut alors y plonger les tissus qu'on veut teindre; puis on sature l'alcali par un acide végétal. On préfère pour cela l'emploi du jus de citron, et mieux encore de l'acide citrique pur et cristallisé, qui avive mieux la couleur qu'aucun autre.

La dissolution alcaline de la couleur résineuse du carthame étant précipitée par l'acide citrique sur de la craie de Briançon (talc) finement porphyrisée, produit le beau *rouge végétal* dont les dames font un si grand usage comme fard de toilette. D'abord, le fard desséché affecte la couleur changeante des mouches cantharides, mais le rose se développe aussitôt qu'on le mouille. C'est ce phénomène qui a donné naissance à cette pompeuse annonce des parfumeurs, qui ont offert leur marchandise sous le nom de *rouge vert d'Athènes*.
PELOUZE père.

CARTIER, celui qui fait, qui vend des cartes à jouer. C'est aussi le nom d'un papier destiné à couvrir ces cartes par derrière.

CARTIER (JACQUES), navigateur français, naquit à Saint-Malo, vers 1500. Avec la protection du grand-amiral Chabot, il obtint en 1534 de François Ier deux navires pour continuer les recherches que Sébastien Cabot, au nom de l'Angleterre, et Jean Verazzano, au nom de la France, avaient faites sur les côtes de l'Amérique du Nord dans le but de trouver un passage vers le Japon. Cartier reconnut le premier que l'île de Terre-Neuve est séparée du continent; il découvrit en outre le groupe des îles de la Madeleine, et parcourut la côte occidentale du golfe Saint-Laurent. A son retour, le récit de ses découvertes engagea le roi à fonder un établissement sur cette partie du nouveau continent. Dans son second voyage (1535), Cartier compléta la découverte du fleuve et du golfe Saint-Laurent, pénétra jusqu'à l'endroit où fut bâti plus tard Montréal. Son équipage eut beaucoup à souffrir du scorbut, maladie alors peu connue des Européens; mais ils s'en guérirent avec l'écorce et les feuilles d'un arbre que leur indiqua un des chefs du pays. Cartier prit possession de toutes ces terres au nom de François Ier, et donna ainsi à la France le Canada. Malgré l'importance de cette acquisition, le Canada fut négligé, parce qu'à cette époque une contrée qui ne produisait ni or ni argent était comptée pour rien. En 1540 Cartier fit un troisième voyage, qui n'eut que peu de résultat, par suite de la négligence du vice-roi du Canada, François de La Roque, seigneur de Roberval. Cartier revint en France en 1542; on ignore l'époque de sa mort. On publia une relation de ses voyages sous ce titre : *Brief récit de la navigation faite ès isles de la Canada et autres* (1545) ; on trouve aussi une carte spéciale pour ses voyages dans *Le Pilote de Terre-Neuve*, publié par le Dépôt des cartes et plans de la marine. On peut encore consulter pour les deux premiers voyages l'*Histoire de la Nouvelle-France*, par Marc Lescarbot (Paris, 1612), et le précis de son troisième voyage dans la collection d'Hakluyt.
A. FEILLET.

CARTILAGE (*cartilago* des Latins), partie du corps des animaux plus dure que la chair et moins dure que l'os. Isidore définit les cartilages des os mous et sans moelle qui forment les extrémités des côtes, la cloison des narines et le pavillon de l'oreille, ou soit encore les tégumens de quelques parties des os qui sont mis en mouvement. Les cartilages sont les uns *temporaires*, les autres *permanents*. Les premiers étant destinés à devenir des os passent par divers degrés de condensation, et persistent plus ou moins longtemps à l'état cartilagineux. On les a appelés *cartilages d'ossification*, ou *cartilages épiphysaires*. On les observe aux extrémités des os longs, dans une portion de l'épaisseur des os courts et à la circonférence de certains os larges (omoplate, os de la hanche) ; ce n'est qu'à l'âge de dix-huit à vingt ans que ces cartilages sont complètement ossifiés chez l'homme. Les seconds, c'est-à-dire les cartilages permanents ne le sont pas tous d'une manière absolue; car plusieurs finissent par devenir osseux dans un âge avancé. On les distingue en *cartilages articulaires*, ou *d'incrustation*, et en *cartilages qui font l'office de pièces osseuses*. Les premiers revêtent les surfaces des jointures, comme une croûte plus ou moins épaisse. On les subdivise en *cartilages diarthrodiaux*, ou des articulations mobiles, et en *cartilages synarthrodiaux*, ou des articulations immobiles. Ceux-ci sont adhérents au périoste et aux deux os, qu'ils réunissent, tandis que ceux-là ne sont continus à l'un des os que par une de leurs faces, et ont une surface libre et recouverte par une membrane synoviale qui en favorise le glissement sur la surface en contact avec elle.

Les cartilages et les subcartilages, qui, considérés sous le rapport de leurs fonctions, sont des os au premier ou au deuxième degré de solidité, peuvent exister dans tous les appareils de l'organisme animal, et y revêtir toutes les formes pour remplir les divers usages auxquels ils sont destinés. Chez l'homme, les cartilages des côtes, ceux du larynx, de la trachée-artère, des bronches, ceux du pavillon de l'oreille et de la trompe d'Eustache et le cartilage de la cloison du nez appartiennent à ce groupe d'*organes cartilagineux squelettaires* ou *charpentaires* qu'on peut dénommer ainsi avec fondement, parce qu'ils forment la charpente ou le squelette de l'organe ou de l'appareil dans la composition duquel ils entrent; mais ce qu'on observe chez l'homme est rendu encore plus évident dans certains poissons dont le squelette est pendant toute la vie composé de cartilages qui ne s'ossifient jamais, dont quelques-uns même semblent devenir moins denses et moins durs à une certaine époque de l'année, ce qui rend ces poissons (lamproie) beaucoup plus agréables à manger dans cette saison.

Il convient de faire remarquer ici que dans le jeune âge les cartilages temporaires ou é p i p h y s e s sont aussi revêtus à l'extérieur d'un *périchondre*, qui devient p é r i o s t e lorsqu'ils sont devenus osseux, et que leur substance est continue à celle des cartilages articulaires diarthrodiaux ou synarthrodiaux, qui persistent toute la vie dans cet état.

Envisagés sous le point de vue physiologique, les cartilages concourent à une foule de fonctions spéciales, auxquelles ils participent, comme agents mécaniques : ici ils servent à réunir les os (cartilages inter-osseux ou synarthrodiaux); là ils se prêtent aux mouvements les plus étendus ou les plus bornés des articulations mobiles (cartilages diarthrodiaux). Dans un grand nombre d'organes ils forment des enveloppes protectrices des parties les plus sensibles (cartilages palpébraux ou des paupières, sclérotique cartilagineuse, protégeant la rétine, et la choroïde de l'œil de certains poissons); ils sont disposés en cerceaux, dont l'assemblage forme un canal ramifié comme un arbre (cartilage de la trachée et des bronches). Dans certains animaux (poissons chondroptérygiens) ils s'élèvent au rang d'appareil squelettaire ou squelette : ce sont alors des pièces formant des chambres, des étuis diversiformes, des leviers, des instruments de pêche, etc., etc., que des muscles agitent en divers sens. Enfin, dans l'appareil de la phonation, d'où partent, chez les animaux qui ont un l a r y n x plus ou moins perfectionné, le cri, la voix de chant, le son et le timbre de cette voix et de celle de la parole, les cartilages de cet instrument vocal agissent à la fois comme pièces mobiles, boîte et levier, et comme corps vibratiles influant par leur substance sur la nature du son ou timbre de la voix.

L. LAURENT.

CARTOGRAPHIE, recueil de cartes géographiques; art de tracer ces cartes.

CARTOMANCIE ou **CHARTOMANCIE** (du grec χάρτης, feuille de papier, μαντεία, divination), proprement l'art de tirer les cartes, de prédire l'avenir par les cartes, d'où le nom de *cartomancien*, traduit vulgairement par celui de *tireur de cartes*. Cet art, qui, comme tous ceux qui se rattachent au même but, a eu ses beaux jours, surtout au temps de Mlle L e N o r m a n d et de quelques-unes de ses élèves, qui fascinaient les belles dames et même les dignitaires de l'empire, ne rencontre guère plus de dupes et de victimes que chez de pauvres fous et dans les bas-fonds de la société; il ne se soutient même que grâce à l'adresse du très petit nombre de ses adeptes. Un esprit faible en effet peut seul avoir recours à de pareilles pratiques, et son infériorité morale le met nécessairement à la merci de celui qu'il vient consulter. Il suffit alors à ce dernier de savoir tirer parti de ses avantages et de sa position, d'interroger adroitement la personne qu'il tient pour ainsi dire sous le charme, de l'amener à dévoiler ses goûts, son caractère, ses penchants, ses désirs et ses projets; puis de baser sur cette connaissance des oracles, dont la vérification est bien plutôt du ressort de la prévision humaine et d'un sage appréciation morale des faits que subordonnée au hasard.

CARTON (*Technologie*). Le carton peut être généralement considéré dans un premier mode de fabrication comme un papier de forte épaisseur, et dans la fabrication par une autre méthode comme une agrégation de plusieurs feuilles collées les unes sur les autres. Le produit de la première s'appelle *carton de pâte*, parce qu'il est composé d'une pâte de chiffons triturés, reçue sur une forme semblable à celle qui est en usage pour la feuille de papier, même la plus mince. Par la seconde méthode (celle de la superposition et du collage des feuilles de papier pour en former un carton) on obtient le *carton de collage*. Ce dernier est en général plus solide et plus uni, mais la main-d'œuvre en augmente le prix. Ces deux espèces de cartons sont susceptibles d'une grande variation dans la valeur, selon qu'on y aura employé des matières plus ou moins fines. On en connaît encore une troisième, qui est le produit des cartons dits *de pâte*, ordinairement très-grossiers, que l'on recouvre sur les deux faces d'une feuille de papier fort et propre à recevoir le lissage. Ceci constitue un *carton mixte*.

Les matières qui entrent dans la fabrication du carton de pâte sont ordinairement des rebuts de papeteries, ou, si l'on veut obtenir des cartons très-résistants, des pâtes effilochées en grosse filasse bise ou étoupes de lin et de chanvre. On fait aussi des cartons de pâte mélangée de laine ou de déchet et d'étoupes. On y a même employé des déchets et des rognures de cuir, ainsi que le produit de l'écharnage des peaux dans les tanneries et corroieries. On obtient ainsi un carton fort résistant, qui a reçu le nom de *carton-cuir*, et qui convient surtout pour être pressé dans des moules, à la suite d'un collage approprié, pour en faire des ornements de sculpture. Nous ne dirons rien davantage du carton de pâte, parce que le procédé de la feuille de ce carton rentre absolument dans la description du travail de la feuille de papier.

Quant aux cartons dits *de collage*, principalement employés dans la fabrication des cartes à jouer et des ouvrages de cartonnage, le procédé est plus long qu'il n'est difficile. On se sert ordinairement de papiers différents; les feuilles pour l'intérieur ou *ventre* sont ce que les fabricants appellent *main-brune*, et les couvertures des faces sont un papier blanc, papier pot, ou autre qualité, suivant la beauté qu'on désire dans le carton.

La première opération consiste à faire le *mélage* du papier, c'est-à-dire à disposer les feuilles en tas de manière qu'en les prenant l'une après l'autre elles se trouvent disposées de telle sorte que les feuilles qui doivent former la division de chaque carton ne soient point collées ensemble, et qu'on puisse les séparer avec facilité. L'ouvrier, placé devant une table, arrange devant lui les six piles ou un plus grand nombre (selon l'épaisseur à donner au carton), dans l'ordre où elles doivent se trouver dans la feuille de celui-ci. Supposons qu'il veuille y faire entrer six feuilles de papier, quatre feuilles de main-brune et deux feuilles de papier pot, pour finir la feuille de carton d'une seule opération, ce qui n'est pas constamment le cas : il place une feuille de papier pot unie en avant des piles (cette planche doit avoir une plus grande dimension que celle des feuilles de papier); il pose ensuite sur cette planche une feuille de papier pot, quatre feuilles de main-brune, puis deux feuilles de papier pot, ensuite quatre feuilles de papier main-brune, deux feuilles de papier pot, et ainsi de suite, jusqu'à ce qu'il ait employé les six tas; pour finir ainsi qu'il a commencé, sur les quatre dernières feuilles de main-brune qu'il a placées il ne met qu'une feuille de papier pot.

Le *mélange* est alors terminé; il a pour but d'offrir au colleur, dans les tas de papier qu'il doit employer, chaque espèce précisément à la place qu'elle doit occuper dans la feuille de carton. Le colleur place le tas général à sa gauche, et il met à sa droite le pot à la colle et la brosse pour étendre celle-ci. Il met devant lui une planche de chêne bien unie, semblable à celle qui est sous le tas, et étend dessus une mauvaise feuille de papier, après avoir légèrement humecté la planche. Sur cette maculature il étend la première feuille du tas, il passe de la colle avec la brosse;

sur celle-ci une feuille de main-brune, qu'il colle de même, puis une seconde, puis une troisième, puis la quatrième, en collant chaque fois, puis enfin la feuille de papier pot qui se découvre la première, enfin une autre feuille de papier pot, sans la coller sur la précédente. On sent qu'en procédant toujours régulièrement ainsi, chaque feuille de carton doit se trouver isolée de la suivante par absence de collage.

Vient ensuite l'opération du *pressage*. Lorsque les cartons ont tous été collés feuille à feuille, on couvre le tas avec une feuille de maculature et l'on recouvre le tout d'une planche de chêne de même dimension que celle sur laquelle le tas repose, puis on porte le tas sous une presse puissante, mais qu'on ne fait agir que légèrement d'abord et par degrés, afin de ne pas exprimer trop de colle des cartons avant que celle-ci ait commencé à prendre. On serre de plus en plus fort, de quart d'heure en quart d'heure, jusqu'à refus de la presse. Pendant ce temps, on encolle un second tas, et l'on ne dépresse le premier que quand celui-ci est achevé et prêt à mettre en presse. On *torche* les tas aussitôt qu'ils sont sortis de la presse, c'est-à-dire qu'on enlève avec un pinceau fort doux trempé dans de l'eau froide les bavures de colle que la pression a fait sortir d'entre les feuilles de papier. Les feuilles de carton séparées les unes des autres par cette eau froide se nomment *étresses*. Avec un poinçon court, on perce à la fois plusieurs étresses, à environ un travers de doigt du bord. Au fur et à mesure qu'on pique les étresses, on en enlève trois ou quatre à la fois, et l'on substitue au poinçon un crochet en S de fil de laiton. C'est par ce moyen qu'on peut suspendre les étresses aux cordes tendues dans le séchoir. On a soin qu'elles ne se touchent pas, afin de ne pas gêner la circulation de l'air entre elles. Les cartons, en séchant, se crispent toujours plus ou moins, et d'autant plus que l'atmosphère est plus sèche et plus chaude. Pour faire en grande partie disparaître cet inconvénient, on les remet sous presse.

Si le carton doit être lissé, on opère sur les feuilles comme nous l'avons indiqué pour celles qui sont destinées à la fabrication des cartes à jouer.

PELOUZE père.

CARTON (*Beaux-Arts*). Ce terme reçoit en peinture une acception bien différente de celle qu'il a dans les arts industriels, bien qu'à la vérité elle puisse venir de ce que les peintres ont quelquefois employé du carton pour certains travaux préparatoires, dans la disposition des fresques, et aussi de ce que souvent avant de peindre leurs grandes compositions à l'huile et sur toile, ils en faisaient sur papier, en italien *carta*, des dessins de la même dimension. Or la plupart des termes de peinture nous venant de l'Italie, nous avons donné le nom de *cartons* aux grands dessins faits par les peintres pour servir de modèles à leurs grands tableaux.

La nécessité de faire des cartons vient surtout de l'impossibilité de dessiner les fresques sur place, l'enduit de chaux et de sable sur lequel on peint étant encore frais lorsque l'on travaille. Le peintre est alors obligé de dessiner ses figures sur un carton mince, qu'il découpe ensuite. Cette grande découpure appliquée sur le mur, il en trace le contour avec une pointe, en suivant exactement le bord du carton : le trait légèrement enfoncé dans l'enduit devient le guide du peintre, qui dans cette opération est obligé de travailler avec une grande prestesse, afin de ne pas laisser sécher l'enduit sans qu'il soit empreint de couleurs.

Quelquefois, au lieu de dessiner leurs figures sur carton et de les découper, les peintres ont piqué le contour de chacune d'elles, l'appliquant ensuite sur le mur, et, frappant légèrement sur le papier piqué un petit sac de mousseline rempli de charbon pilé, ils ont *poncé* leur dessin et ont en ainsi le trait de leur composition tracé sur le mur; mais le premier moyen semble préférable, parce que la trace que l'on forme en suivant le contour du carton découpé ne peut ni s'altérer ni disparaître, comme les points formés par la poussière du charbon. C'est cependant de *poncifs* que Raphaël se servait; on a vu même au musée de Paris le carton dont ce peintre s'est servi pour sa fameuse fresque de l'*École d'Athènes*, peinte dans l'une des chambres du Vatican.

D'autres pièces auxquelles on donne aussi le nom de *cartons* sont des dessins faits pour servir de modèles à des ouvriers en mosaïque, et plus souvent encore pour ceux en tapisserie. Quelquefois dans ce cas ce ne sont que des copies calquées avec soin et coloriées comme les originaux, que l'on veut ménager et surtout ne pas couper par morceaux, ainsi que cela était autrefois l'habitude, afin de causer moins d'embarras à l'ouvrier, qui alors prenait chacun des morceaux à mesure qu'il avançait dans son travail, au lieu d'avoir, comme on le fait maintenant, le tableau lui-même roulé en entier, haut et bas, derrière la lisse de la tapisserie.

De célèbres cartons de cette nature sont ceux que l'on voit en Angleterre dans le palais d'Hampton-Court. Ils sont au nombre de sept, et représentent différents sujets tirés des *Actes des Apôtres*. Ces cartons sont de la main même de Raphaël; ils ont été gravés. On croit avec raison que Raphaël avait fait ainsi douze cartons, qui furent envoyés en Flandre, où se fabriquaient alors les plus belles tapisseries; on a pu les voir en effet, soit au Vatican, où elles sont déployées chaque année, à la Fête-Dieu, soit à Paris, où une suite de ces tapisseries fut apportée de Bruxelles en 1796. Exposées alors au salon, on peut maintenant les retrouver à la manufacture des Gobelins. Cinq des cartons de cette suite sont aujourd'hui disséminés ou en partie détruits ; mais sept sont passés en Angleterre, et ont appartenu à Charles Ier. Ce prince les avait acquis coupés en morceaux, et ils étaient enfermés dans un coffre. A la mort de cet infortuné monarque, Cromwell donna l'ordre d'en faire l'acquisition. Plus tard, le roi Guillaume et la reine Marie firent rejoindre ces morceaux, qui furent placés sur toile, restaurés et encadrés. Le roi fit même construire à Hampton-Court une galerie exprès pour les y exposer, et ils y sont encore placés, un à chaque bout, un au-dessus de la cheminée, et deux autres de chaque côté. Richardson parle aussi d'un carton de la *Transfiguration* de Raphaël, qu'il avait vu au Vatican, dans une des chambres où le pape donnait audience; il cite un autre carton de la grande *Sainte Famille* faite par ce peintre pour François Ier, et qui se trouvait il y a cent ans dans la collection de Montague. On retrouve aussi dans quelques cabinets des cartons où l'on voit des têtes ou des portions de figures qui sans doute sont des fragments de grands cartons coupés, comme nous l'avons dit, et dont les parties les moins intéressantes n'ont pas été conservées. Il existait dans l'ancienne galerie du Palais-Royal cinq grands cartons de Jules Romain représentant diverses scènes des amours des dieux. Il est à croire qu'ils avaient été aussi envoyés en Flandre pour servir de modèles à des tapisseries, ainsi que les quatre cartons du même peintre qui pendant longtemps ont décoré une des faces de la galerie d'Apollon. Ces derniers représentent différents sujets d'histoire militaire, et faisaient partie d'une suite de douze tapisseries exécutées à Bruxelles. Ils n'ont jamais été gravés.

Nous citerons encore d'autres cartons, également renommés : ce sont ceux de Michel-Ange et de Léonard de Vinci. Ce dernier n'est qu'un groupe de quatre cavaliers se disputant une enseigne ; il fait partie d'une grande composition dans laquelle était représentée la défaite de Piccinini : il a été gravé par Gérard Edelinck ; l'autre, si connu sous le nom de *carton de Pise*, est détruit depuis longtemps, mais Vasari en avait fait faire une copie à l'huile, que l'on voit en Angleterre dans la collection de Th. G. Coke. Ce n'est aussi qu'un fragment d'une grande composition qui devait décorer l'une des faces de la grande salle du palais ducal de Florence, et dans laquelle le peintre avait représenté les Florentins se baignant dans l'Arno, et se retirant précipitamment à l'apparition des soldats pisans. Il a été gravé par Schiavonetti. DUCHESNE aîné.

En architecture on nomme *carton* la planchette, souvent garnie d'une plaque de tôle découpée, dont on se sert pour profiler la moulure d'une corniche ou d'un entablement.

CARTON. En termes d'imprimerie, de librairie, de brochure et de reliure, on appelle ainsi des feuillets détachés d'une feuille entière, que l'on a substitués à des parties fautives, ou que l'auteur n'a pas voulu conserver. Les fautes des compositeurs, quoique trop communes de nos jours, ont fait faire cependant moins de cartons dans les écrits modernes que la susceptibilité des pouvoirs et de la censure, et bien moins surtout que la divergence des opinions et la versatilité des écrivains. Sous l'Empire, des écrivains ont préféré ne pas continuer leurs livres que d'imprimer les cartons exigés par la c e n s u r e ; mais sous le régime de la liberté on a vu encore des cartons célèbres, soit que l'auteur ait voulu corriger quelques erreurs relevées par la critique, soit que des remontrances amies lui aient fait voir le danger de la publication de certaines pièces.

CARTONNAGE, CARTONNIER. Le *cartonnier* est à la fois le fabricant de *cartons* et le fabricant de cartonnage. Le *cartonnage* est l'art d'employer le carton à divers petits ouvrages, d'en faire de petits meubles d'utilité ou de pur agrément, qui prennent aussi souvent le nom de *cartons*. Cet art, déjà ancien, est resté longtemps dans l'enfance ; mais depuis quelques années il a fait en France et en Angleterre de grands progrès. Une foule d'objets sont aujourd'hui livrés à l'acheteur dans d'élégants *cartons*. La bonbonnerie se vend en général dans de jolis cartonnages. Les chapeaux, les manchons, les robes, les fourrures se servent dans des cartons, comme les actes des notaires, les notes de l'homme de lettres, les marchandises du mercier, etc. Pour faire ces petites boîtes, le cartonnier emploie du carton, qu'il taille à l'aide de l'équerre, de la règle et du compas, avec une sorte de tranchet, de ciseaux ou de cisailles, en cherchant à éviter de trop grands déchets, puis il ajuste les différentes pièces, les maintient au moyen de coutures ou de collages, ensuite les recouvre de feuilles de papiers de couleur ou imprimés plus ou moins élégants. Quelques cartons sont gauffrés, ou ornés de lithographies enluminées et même d'aquarelles, ou bien d'étoffes, de fleurs, etc. Il y en a de ronds, de longs, de carrés, d'ovales. D'autres affectent des formes de lyre, de coquille, etc. Tantôt le couvercle tient à la boîte, tantôt il en est séparé. Les coins sont souvent maintenus avec de parchemin, de la toile ou du papier. La colle forte et la colle de pâte sont employées dans le cartonnage ; la première, moins propre, tient davantage.

CARTON-PIERRE. C'est un mélange, dans différentes proportions, suivant le degré de consistance et de dureté qu'on veut obtenir, de pâte de papier, de terre bolaire, de craie, d'huile de lin et de colle forte de bonne qualité. L'usage le plus étendu qu'on en fait jusqu'à présent en France, c'est d'en mouler des ornements de sculpture et d'architecture. Parmi les productions de cette industrie nouvelle, on peut citer la décoration de l'Opéra, celles du Théâtre-Français, de l'Odéon, des théâtres de Lille, Strasbourg, Compiègne et Bruxelles ; certaines sculptures de Notre-Dame de Lorette et de la Chambre des Députés, exécutés par Romagnesi, etc. On trouve aussi dans nos magasins de très-beaux ouvrages, tels que candélabres, boîtes de pendules et autres ornements en carton-pierre.

Cette substance est presque complètement imperméable et incombustible. Aussi fut-elle d'abord fabriquée en Suède sous le nom d'*ardoise artificielle*, pour servir à couvrir les bâtiments. Pour obtenir ces ardoises on emploie les matières que nous avons indiquées comme base du carton-pierre. La terre bolaire et la craie, après avoir été pilées séparément dans un mortier, sont passées au tamis de soie. La colle est dissoute dans l'eau à la manière ordinaire. La pâte de papier est celle que l'on connaît sous le nom de papier commun ; il est avantageux de la former de rognures de livres et de débris de papiers blancs, que l'on fait bouillir pendant vingt-quatre heures ; on les presse ensuite pour extraire l'eau. L'huile de lin est employée crue. On mêle dans un mortier la masse de papier, la terre bolaire, la craie et la colle dissoute ; on bat fortememnt le tout, après quoi l'on verse dessus l'huile de lin, en quantité suffisante pour que la pâte soit maniable. Les feuillets que l'on fait avec cette composition se forment dans un moule de bois composé d'une planche à rebords ; on étend au fond de cette cavité une feuille de papier, on la remplit de matière, on étend une autre feuille de papier dessus et l'on presse le tout avec une autre planche ; cela fait, on renverse le moule, et l'on extrait le feuillet, que l'on place pour qu'il sèche sur une table saupoudrée de sable fin. Ces cartons ne se fendent point, mais ils se tourmentent, et leur surface est souvent raboteuse, défauts que l'on fait disparaître en les passant au laminoir ; enfin, on soumet pendant quelque temps ces feuillets, après les avoir enduits d'huile de lin bouillie, à l'action d'une presse.

L'expérience a démontré que ces cartons-pierres, ou ardoises artificielles, peuvent rester quatre mois et plus dans l'eau sans éprouver ni décomposition ni augmentation de poids. Un feu violent les noircit et les durcit, mais ne les détruit pas : l'expérience en a été faite à Carlscrone et à Berlin. Ces ardoises se fixent par grandes feuilles avec des clous de cuivre, et l'on remplit les joints avec du ciment fait d'huile de lin siccative, de blanc de céruse et de craie combinés, de façon que le mélange soit presque à l'état de fluidité. On donne la dernière perfection à cette toiture, en passant une couche de couleur à l'huile.

CARTOUCHE (*Art militaire*). La cartouche est, généralement parlant, la charge de toute arme à feu ; mais cette acception a été restreinte depuis longtemps à la charge du fusil, du mousquet ou du pistolet quand elle est enfermée dans un petit rouleau de papier ou de parchemin. La charge des grosses bouches à feu s'appelle plutôt *gargousse*.

Pour la confection des cartouches les ouvriers artificiers se servent, dans les arsenaux, de cylindres ou mandrins de bois dur et sec, qui ont $0^m,19$ de long sur $0^m,013$ de diamètre. Ces cylindres sont exactement tournés et arrondis par l'un des bouts ; l'autre extrémité du cylindre est creusée assez pour loger la balle jusqu'au tiers de celle-ci. Pour découper le papier de la cartouche sans perte, ce qui est important dans une confection si étendue, on plie d'abord la feuille ouverte en trois dans sa largeur, et puis chacun de ses tiers en deux, et on découpe, mais diagonalement, en commençant à $0^m,059$ de l'angle supérieur à gauche, et finissant à la même distance au-dessus de l'angle inférieur à droite. De cette coupe il résulte douze pièces égales pour le même nombre de cartouches, et elles auront $0^m,144$ de hauteur, sur $0^m,117$ de largeur à un bout, $0^m,059$ à l'autre. L'une de ces pièces ayant été étendue sur une table, on l'enroule sur le mandrin, dont le bout creux a reçu une balle. On commence du côté qui fait angle droit sur la base, en observant de laisser passer environ 0, 015 par-delà la balle, et ce dépassement doit être plus tard replié sur elle. Alors, relevant le mandrin ainsi enveloppé de la pièce de papier, on replie le papier qui couvre la balle, et on l'arrondit dans un trou pratiqué à cet effet dans la table. Après quoi on retire la mandrin, et le moule à cartouche est livré à un autre artificier chargé de le remplir de poudre mesurée dans un petit cône creux de fer-blanc, qui doit en contenir le quatre-vingtième partie d'un kilogramme. L'ouvrier plie ensuite le papier qui dépasse la poudre, le plus près possible de celle-ci.

Il s'agit maintenant de vérifier si les cartouches ont toutes la même longueur et la même grosseur. On y procède en les faisant passer par une section de canon du calibre de l'arme à laquelle les cartouches sont destinées. Les cartouches vérifiées se mettent en paquets de quinze, dans lesquels le côté de la balle est alternativement placé à l'un des bouts et à l'autre.   PELOUZE père.

Cartouche se dit encore chez les artificiers de toutes sortes de boîtes dans lesquelles on renferme des matières inflammables pour en déterminer et en varier les effets. Dans ce sens il est masculin. Il redevenait féminin autrefois lorsque, par analogie aux cartouches de fusil, de mousquet, de pistolet, il se disait du congé absolu ou limité délivré à un militaire par un écrit scellé du sceau du régiment. La *cartouche jaune* était celle dont on chargeait forcément le soldat dégradé ou renvoyé d'un corps comme indigne de servir dans ses rangs.

CARTOUCHE (*Beaux-Arts*). Ce mot vient de l'italien *cartoccio*, rouleau, et en effet c'était sur des rouleaux ou des banderoles, plus ou moins développées, que lors de la renaissance les peintres plaçaient les inscriptions jugées nécessaires pour l'intelligence de leurs compositions. Les enroulements plus ou moins bizarres de ces banderoles offrant peu d'agréments, on imagina bientôt de les remplacer par d'autres ornements, qui, variés à l'infini, et sans avoir aucune régularité dans leur forme, laissaient toujours au centre une place plus ou moins grande pour écrire une sentence ou placer une inscription.

Si les peintres d'histoire cessèrent d'employer les cartouches, on continua à en faire usage dans la peinture des décorations arabesques. Les voûtes en offrent de nombreux exemples, mais l'emploi le plus fréquent a été pour les cartes de géographie, dans lesquelles on s'en servait pour placer le titre et la dédicace ou l'avertissement que l'auteur jugeait convenable à son ouvrage, ou bien les armoiries de la ville ou du pays qu'il représentait. Souvent même le dessinateur semblait vouloir se conformer à l'origine du mot, et son cartouche était réellement une carte en papier déroulée, et sur laquelle il traçait son écriture. D'autres fois aussi, des ornements plus ou moins bizarres vinrent former l'encadrement du cartouche, soit avec une fastidieuse symétrie, soit avec un dévergondage de formes aussi ridicules qu'irrégulières. Quelquefois encore des artistes mettaient beaucoup de goût dans l'agencement des figures allégoriques dont ils formaient l'encadrement de leur cartouche.

La sculpture aussi a fait usage de cartouches. On les a placés dans les monuments d'architecture, à la clef des arcades, au-dessus des portes des hôtels, quelquefois sur des murs un peu trop nus, pour donner des entre-colonnements, et on y sculptait des inscriptions, des devises ou des armoiries.   DENNE-BARON.

CARTOUCHE (*Archéologie*). On remarque dans les inscriptions hiéroglyphiques des groupes de figures enfermés dans de petits encadrements composés de deux lignes verticales ou horizontales, arrondis par le haut et par le bas, et posés sur une base rectangulaire. On a donné à cet encadrement le nom de *cartouche* ou de *cartel*. On peut le considérer comme une imitation du plat du scarabée figuré de plein relief en toutes sortes de matières solides, de dimensions diverses, et posé sur une plinthe elliptique, dont le dessous est ordinairement occupé par une inscription. Le cartouche a une expression grammaticale qui lui est propre: il est le signe déterminatif des noms des souverains qui composèrent les nombreuses dynasties égyptiennes, divines et humaines. On trouve en effet enfermés dans des cartouches : 1° les noms propres des divinités ou dynasties qui furent considérées comme ayant gouverné l'Égypte et le monde terrestre à l'origine des choses ; 2° les noms propres et les prénoms royaux des rois et des reines qui régnèrent en Égypte, soit nationaux, soit étrangers (Éthiopiens, Persans, Grecs et Romains). Les cartouches contenant des noms de rois et de reines ajoutent un intérêt du premier ordre à toute inscription égyptienne où il s'en trouve. Il y a en effet dans chacun d'eux une donnée historique certaine, le nom d'un souverain étant à lui seul une véritable date ; souvent l'année même de son règne suit ou précède le cartouche : on détermine donc par ces divers éléments la date même du monument où ils sont tracés, ou celle des faits que l'inscription rapporte. La figure seule du cartouche vide est un signe de l'écriture égyptienne ; il représente dans tous les textes l'idée du mot *nom*. Dans l'écriture hiératique, cette figure est abrégée par la forme de nos deux parenthèses suivies de deux traits perpendiculaires qui la complètent. L'usage du cartouche, avec les diverses acceptions qui viennent d'être indiquées, se retrouve dans les textes égyptiens de toutes les époques ; il ne cessa en Égypte qu'avec l'emploi des écritures nationales.

Le plus ordinairement les cartouches sont accouplés, étant placés l'un à côté de l'autre ou horizontalement, ou l'un au-dessous de l'autre verticalement, et séparés par un petit nombre de signes. Ceci s'explique par l'usage, constamment suivi en Égypte, d'attribuer à chaque souverain deux noms, dont un rappelait celui de la famille dont il était issu (il était de fait son *nom propre*), et dont l'autre, conséquence légale de son avènement au trône, était son *prénom royal* ou dynastique, celui sous lequel il était inscrit dans les annales publiques, et que consacrait l'autorité des cérémonies religieuses. C'était une idée religieuse qui dominait d'ordinaire dans le prénom royal ; le prince y était assimilé au dieu soleil : *Soleil bienfaisant* ou *gracieux*, *Soleil gardien de la vérité*, etc. Ce cartouche prénom, composé de signes purement idéographiques, est caractérisé 1° par la figure de *l'abeille*, qui se voit toujours dans le groupe de signes précédant immédiatement ce cartouche ; 2° par le signe du soleil, le premier des signes qu'on voit inscrits dans ce cartouche prénom. Dans le cartouche *nom propre* les signes inscrits en tout ou en partie sont *phonétiques* ; un groupe, formé de la figure d'une oie, surmontée du disque du soleil, le précède ; ce groupe signifie *le fils du Soleil*, autre qualification royale, et l'intérieur du cartouche donne le nom propre du roi, tel qu'il le reçut en montant sur le trône. On s'attacha à diversifier les *prénoms royaux* de manière à prévenir toute confusion de noms, de personnes et de temps ; le même nom propre, au contraire, fut commun à plusieurs rois. Il y eut des Ramsès, des Aménophis. Leurs cartouches *noms propres* ont entre eux des ressemblances sensibles dans la forme et l'arrangement des signes qui les expriment ; mais leurs cartouches *prénoms* diffèrent essentiellement, et ne peuvent être pris l'un pour l'autre. Une telle distinction ne doit point surprendre : l'Égypte fut dans tous les temps très-attentive à l'ordre et à la conservation de ses annales. On ne compte pas moins de 48 cartouches sur le fût de l'obélisque de Luxor qui s'élève sur la place de la Concorde à Paris.   CHAMPOLLION-FIGEAC.

CARTOUCHE (LOUIS-DOMINIQUE), dit BOURGUIGNON, né à Paris, en 1693, dans le quartier nommé *la Courtille*, exécuté en place de Grève le 28 novembre 1721, a vu son nom, devenu populaire, servir à caractériser tout voleur adroit et audacieux. Biographies, comédies, mélodrames, poëmes, ont été consacrés à Cartouche, et la renommée de ce héros de la Courtille ne périra pas plus que celle de maint conquérant. L'histoire de sa vie et celle de ses amours sont un des livres les plus populaires qui existent. Il y en a eu des milliers d'éditions depuis un siècle. Plus que la roue de la Grève, ce livre a rendu sa mémoire impérissable, et nous ne connaissons pas même le nom de son Plutarque ! Chose assez étrange, le peuple prononce sans horreur le nom de ce brigand ; car bien qu'il ait commis autant et plus de meurtres et se soit montré aussi féroce qu'aucun larron de son espèce, à sa mémoire se sont attachées nous ne savons plus quelles traditions de générosité, de galanterie et d'amabilité *avec les dames*, qui semblent le rendre intéressant au milieu de ses *malheurs*.

Louis-Dominique Cartouche avait vu le jour près du comptoir d'un marchand de vin : c'était presque de la noblesse à la Courtille. Si, comme son bonhomme de père, il eût voulu passer sa vie à freleter pacifiquement la boisson de la pratique, il eût sans doute fait une petite fortune, et se fût, avec l'âge, élevé à la dignité de cabaretier retiré avec pignon sur rue et une place dans l'œuvre de la paroisse. Mais Cartouche, *né pour être homme*, se faire débitant de chopines et de litres! à d'autres! De plus hautes destinées l'attendaient. L'auteur de ses jours, qui voulait à toute force en faire au moins un procureur, lui fit commencer ses études au collége Louis-le-Grand, à une époque où Voltaire y faisait les siennes. Ainsi voilà Cartouche disciple des jésuites aussi bien que le plus brillant élève du P. Porée. Tandis que le jeune Arouet accaparait par son esprit les premières places de la classe, Cartouche, assis aux derniers bancs, exploitait les poches de ses camarades. Un vol plus audacieux que les autres, et qui lui réussit mal, le força de quitter le collége. Après avoir végété quelques mois chez son père, il vola le bonhomme, qui résolut de le faire enfermer à Saint-Lazare; mais Cartouche prévint cette catastrophe par une prompte fuite. Volé d'abord par des Bohémiens, il devint leur élève, profita de leurs leçons que de celles du collége, et fut bientôt en état d'en remontrer à ses maîtres. Tour à tour filou, escroc dans les tripots, mouchard, enfin pourvoyeur des sergents qui racolaient, il tomba à son tour dans le piége, et fut enrôlé par surprise. Il fit contre fortune bon cœur, gagna la confiance de ses officiers, se distingua dans la première campagne, et il avait déjà obtenu de l'avancement, lorsque la paix le força de demander son congé.

De retour à Paris, il rallia autour de lui nombre de soldats et de bas-officiers que la paix laissait, comme lui, sans occupation et sans pain, devint leur chef, et avec eux *travailla* nuit et jour sur le pavé de Paris. L'étonnante dextérité de sa main et de son esprit, un sang-froid imperturbable, un courage à toute épreuve, lui donnèrent bientôt un ascendant invincible sur tous ses subordonnés. Indépendamment de complices, comme lui sans autre état que leur industrie, il eut bientôt des affiliés dans le corps des exempts, dans les gardes françaises, dans les bas-officiers de la robe, dans la valetaille de la bourgeoisie et de la cour, et même dans la noblesse; ses intelligences s'étendaient dans toutes les provinces. Il fit des règlements pour organiser sa troupe, lia ses complices par les serments les plus forts, et se réserva un pouvoir despotique sur tous les membres de l'association, avec le droit de vie et de mort. Ayant appris que l'un d'eux, soldat aux gardes françaises, avait eu la pensée de le trahir, il assembla sa troupe dans une plaine au milieu de la nuit, fit approcher celui qu'il soupçonnait, et, après lui avoir adressé du ton d'un juge sévère quelques mots de reproche, il le fit égorger sur-le-champ à ses yeux. C'était avec calme et sans colère qu'il commettait le meurtre. Cet extérieur de sérénité donnait à son abord une séduction dont il profitait pour faire des dupes.

Il était petit, mais robuste et d'une figure agréable. Bravant la police, il se montrait seul dans tous les endroits publics, fréquentait les spectacles et même les réunions d'honnêtes gens; car il avait toutes les habitudes d'un honnête homme, comme on disait alors. Quelquefois il se vit accosté par un ou deux exempts; mais la puissance de son regard et d'arguments irrésistibles qu'il avait toujours sur lui, *deux excellents pistolets de poche*, forçaient les hommes de la sûreté publique à se retirer en le saluant avec une sorte de respect. L'exempt Huron et le sergent Pépin, qui furent moins prudents, périrent de sa main. Lorsque ses adversaires étaient en force, il soutenait avec eux des combats à outrance, dont il sortait toujours vainqueur, grâce à sa valeur et à son adresse à manier les armes. Le nombre et l'importance des vols qui se commettaient chaque jour dans Paris et la sinistre rumeur de plusieurs meurtres engagèrent le parlement et le ministre de la guerre Leblanc à joindre leurs efforts à ceux de la police pour prendre Cartouche. On était en 1720. Il devint alors le sujet de toutes les conversations : au spectacle, au café, dans les compagnies, on ne s'abordait pas sans se demander avec empressement : « Que savez-vous de nouveau sur Cartouche? Cartouche est-il arrêté? » Après avoir pris l'avis de son conseil, il s'éloigna de Paris. Toutes les maréchaussées avaient son signalement; cependant il put se rendre à Orléans et de là en Bourgogne, sans aucune rencontre fâcheuse. A Bar-sur-Seine, il s'introduisit, sous le nom de *Charles* BOURGUIGNON, dans une famille honnête et riche, comme le fils unique d'une bonne vieille, qui, croyant le reconnaître, lui prodigua toute sa tendresse. S'il eût été sage, ou plutôt si sa nature ne l'eût pas poussé invinciblement vers la vie de périls et d'aventures, Cartouche eût pu ainsi vivre et mourir bien et dûment personnifié sous le nom d'un bon bourgeois de province; mais au faux point d'honneur venant se joindre à la vivacité impérieuse de ses passions, il revint à Paris, se fit ses associés le compte de leur administration dans le *département* qu'avait eu chacun d'eux, puis approuva, récompensa ou punit ceux qu'il jugea l'avoir mérité. Ces actes d'une puissance souveraine, exercée sans contradiction, lui faisaient dire de lui-même « qu'il était un véritable roi ; qu'il avait des maîtresses, des flatteurs, des richesses et des sujets. »

Pour que rien ne manquât à la similitude, il eut aussi des traîtres qui le vendirent. Dénoncé par l'un de ses plus intimes confidents, Duchâtelet, gentilhomme poitevin et soldat aux gardes, il fut pris au lit dans un cabaret de la Courtille nommé *Le Pistolet*, le 6 octobre 1721. Conduit d'abord dans le cachot à trappe du grand Châtelet, il fit pour s'évader une tentative inutile, on le transféra à la Conciergerie, où l'on prit pour le garder des précautions extraordinaires. Son procès, évoqué par le parlement (ce qui donna lieu à une sérieuse contestation avec la chambre criminelle de la ville), fut instruit par la chambre de la Tournelle. Dans sa prison, devant ses juges, il montra un sang-froid, un calme, une gaieté imperturbables. Des personnages et des dames de la première distinction, entre autres la maréchale de Boufflers, eurent la curiosité de le visiter. Le comédien Le Grand, auteur de la comédie de *Cartouche, ou les Voleurs*, vint aussi le voir, et crut devoir partager avec lui les émoluments de sa pièce; car il lui donna 100 écus. Cette pièce, en trois actes, et qui fut jouée sur le Théâtre-Français, le lundi 20 octobre 1721, ne fut pas la seule dont ce fameux brigand ait alors été le héros. La même jour les comédiens italiens donnèrent *Arlequin Cartouche*, canevas en cinq actes, par Riccoboni père. Cette comédie sans nœud, et n'était qu'une suite de tours de filous, de scènes décousues, avait pour dénoûment la prise du voleur. Elle avait été improvisée, afin de gagner de vitesse le Théâtre-Français. Quant à la pièce de Le Grand, qui se montre également par la prise de Cartouche, elle offre une intrigue assez amusante, et une foule d'à-propos qui contribuèrent à sa vogue. Quelques plaisanteries sur les exempts prouvent que ces messieurs n'étaient pas invulnérables, et qu'on pouvait leur jeter impunément leurs vérités à la face. Cette comédie n'eut que treize représentations; l'autorité la fit défendre, non pas sur les plaintes des exempts, mais, qui le croirait? sur celles de Cartouche, qui ne voulait point qu'on fît rire à ses dépens la France entière. Le jour de la première représentation le spectacle devait commencer par *Ésope à la Cour*, charmante comédie de Boursault : le parterre ne voulut pas l'entendre jusqu'au bout, tant il était impatient de voir *Cartouche!*

Les complices de Cartouche avaient été arrêtés par douxaines. Tous furent confrontés avec lui; il ne les reconnut pas, et ceux-ci en firent autant. Il se donna d'abord pour Charles Bourguignon, dont il avait joué le personnage à Bar-sur-Seine; puis pour un certain Jean Petit. Reconnu par sa propre mère et par son frère cadet, qui affirmèrent son identité, il fut inébranlable, et dans les tourments de la question il n'avoua ni son nom, ni ses crimes, ni ses complices. En vertu d'une sentence du parlement, du 26 novembre 1721, il fut conduit le surlendemain en place de Grève pour être rompu vif; il espérait que ses compagnons feraient un mouvement pour le délivrer, comme il en avait leur parole; mais, ne voyant que des bourreaux et des gardes, il se fit conduire à l'hôtel de ville, avoua tout, et révéla le nom de ses innombrables complices. Parmi eux étaient nombre de dames et de gentils-hommes connus. Il désigna, en outre, quarante personnes de la suite de mademoiselle Louise-Élisabeth, une des filles du régent, qui allait en Espagne épouser le prince des Asturies. Après ces révélations, Cartouche accepta les consolations de la religion, que jusque alors il avait refusées, et subit son supplice avec courage. Il avait sans doute dans le cœur ce mot si profondément philosophique d'un de ses pareils, qui voyant pâlir un de ses complices devant l'échafaud s'écria : *Malheureux, ne sais-tu pas que nous sommes sujets à une maladie de plus que les autres hommes?* Il y eut concours pour aller voir son cadavre chez le valet du bourreau, qui le vendit ensuite aux chirurgiens de Saint-Côme. Peintres, chansonniers, graveurs, exploitèrent à l'envi le nom de Cartouche. Grandval, père d'un acteur célèbre du Théâtre-Français, a publié un poëme en douze chants intitulé *Cartouche, ou le Vice puni* (1725, in-8°). C'est un centon fort gai : l'auteur a pris quantité de vers dans les pièces de théâtre et poëmes les plus connus, depuis *Le Lutrin* jusqu'à *La Henriade*, depuis *Le Cid* jusqu'à *Andromaque*. Ce petit poëme est suivi d'un dictionnaire *argot-français* et *français-argot*, qui renferme, avec leur explication, les termes dont se servaient Cartouche et ses compagnons. L'édition de 1736, recherchée des amateurs, est ornée de dix-sept gravures dessinées avec esprit par Bonnart. Charles Du Rozoir.

CARTULAIRE. On appelle ainsi les registres dans lesquels sont inscrites les chartes concernant un pays, une église, une communauté ou même une seule personne. Ce furent les moines qui les premiers recueillirent dans des registres les titres de leur monastère; à leur exemple, les évêques et les chapitres commencèrent au onzième siècle à transcrire les titres de leurs églises. Puis ils furent imités par les rois, les ducs, les comtes, les seigneurs et les communes. Les plus anciens cartulaires remontent au dixième siècle suivant Mabillon, qui fait honneur au moine Folcuin du premier dont on ait connaissance. Mais celui-là et d'autres qui lui sont antérieurs sont plutôt des chroniques que des recueils de chartes.

Suivant les bénédictins, on doit distinguer au moins trois sortes de cartulaires; les premiers, qui sont les plus précieux, se composent de titres originaux eux-mêmes; les seconds, de copies authentiques; les troisièmes, d'actes qui n'ont pas été rédigées ou vérifiées par des officiers publics. Les cartulaires contiennent presque toujours des documents importants, tels que chartes de priviléges, d'affranchissement, de communes, de statuts municipaux, des actes de donation, d'amortissement, des jugements, des compromis, des sentences arbitrales, des hommages ou reconnaissances de fiefs, des manumissions de serfs, etc. Ils donnent d'abondants renseignements sur les mœurs et les idées des siècles passés, et pour les histoires locales ils sont indispensables. La Bibliothèque Impériale de Paris possède un grand nombre de cartulaires. On en a publié quelques-uns, soit en entier, soit par extrait.

Autrefois on appelait également *cartulaires* les registres des notaires et des échevins. Ces recueils sont moins précieux que ceux dont nous venons de parler; cependant on y a encore parfois recours pour vider les contestations au sujet des droits d'usage sur les eaux et forêts. En outre, ils font connaître la valeur progressive des terres, le prix des denrées et les variations des monnaies.

CARTWRIGHT (Edmond), célèbre mécanicien anglais, naquit en 1743, à Marnham, dans le comté de Nottingham. Destiné dans le principe à l'état ecclésiastique, il fit ses études à Oxford, et à partir de 1762 publia diverses œuvres poétiques qui lui valurent alors une réputation littéraire, notamment sa ballade d'*Armyne and Elvira*; mais les perfectionnements qu'il apporta plus tard au système des machines ont rendu son nom bien autrement célèbre. En 1786 il exposa une machine à tisser d'une admirable et ingénieuse simplicité, qui lui mérita le prix proposé par le gouvernement; mais il perdit les avantages qu'il devait retirer du brevet qu'il avait pris, par suite de l'incendie qui consuma la manufacture dans laquelle elle devait être mise en activité. La machine à carder la laine, qu'il inventa en 1790, procura aux fabricants anglais un bénéfice annuel de près de deux millions de livres sterling. Edmond Cartwright, mort en 1824, s'occupa aussi beaucoup de la traction des voitures et des navires au moyen de la vapeur.

CARTWRIGHT (John), frère aîné du précédent, né en 1740, et dont le nom est demeuré célèbre dans les fastes du radicalisme anglais, entra de bonne heure dans la marine, et fit avec distinction les guerres contre la France. Cependant il renonça au service dès l'année 1770 pour se livrer à la politique. Il composa alors successivement un grand nombre de brochures consacrées à l'appréciation des questions du moment : l'une de ces brochures, dont le titre était *American Independence, the glory and interest of Great-Britain*, fit surtout sensation. En 1780 il fonda la Société pour l'éducation constitutionnelle du peuple; à partir de cette époque il fit chaque été un voyage dans une partie ou une autre de l'Angleterre, à l'effet d'y propager ses principes. Quand éclata la révolution française, il développa avec plus d'énergie que jamais ses idées radicales, et par suite se vit enlever une place, fort gratuite, de major, qu'il remplissait dans la milice de son comté. La réforme parlementaire fut le constant objet de ses efforts, et dans des lettres qu'il publia sur la traite des nègres, il insista le premier pour qu'elle fût assimilée à la piraterie. En 1810 il vint se fixer à Londres, et y continua son apostolat politique. En 1821, déclaré coupable de conspiration pour avoir assisté à Birmingham à une réunion populaire tenue à la suite de l'émeute de Manchester, il ne fut condamné qu'à une amende, et mourut le 13 septembre 1824. Ses ouvrages politiques respirent un sincère amour de la liberté, et, quoique mal écrits, ne manquent ni d'énergie ni de solidité. On peut consulter à son sujet un livre publié par sa nièce, sous le titre de : *The Life and Correspondence of Cartwright* (2 vol., Londres, 1826).

CARUBA DI GIUDEA, cosse de Judée. On appelle ainsi certaines galles produites sur les feuilles du pistachier-térébinthe par la piqûre d'un cynips. Ces galles étant très-balsamiques, on en a conseillé récemment l'emploi aux asthmatiques en guise de tabac à fumer. On les recommande également pour confectionner une teinture spécifique contre les douleurs des dents creuses, les écorchures aux bouts des seins, etc. Cueillies avant leur complet développement, ces galles servent pour la teinture de la soie, ce qui en fait en Orient la matière d'un commerce étendu.

CARUS, mot latin dérivé du grec κάρος, et qui signifie sommeil morbide, profond, sans fièvre, avec affaiblissement considérable ou perte du sentiment et du mouvement volontaire, mais avec liberté de respirer et un pouls plein et fort. Les malades plongés dans le *carus* ou *sommeil carotique* tiennent les yeux fermés; il faut les piquer, les pincer fortement, leur brûler ou cautériser la peau, leur faire des scarifications pour leur faire exécuter quelques mouvements et proférer quelques plaintes. Lorsqu'on leur parle à haute voix, qu'on les remue et qu'on les tourmente, ils ouvrent quelquefois les yeux, sans voir, sans entendre ; ils ne répondent point aux questions qu'on leur fait, retirent les membres, et retombent aussitôt dans le même état. Le carus s'observe dans l'apoplexie ; il ne faut pas le confondre avec le *coma*, symptôme des fièvres malignes et ataxiques. Le carus est lui-même un symptôme très-grave lorsque le pouls est dur et la respiration stertoreuse.

L. LAURENT.

CARUS (MARCUS-AURELIUS) naquit en Illyrie, d'un père africain et d'une mère noble romaine. Quoique soldat, son éducation avait été très-cultivée ; quoique sénateur, il se trouvait revêtu de la première dignité de l'armée, car il était préfet du prétoire. Après la mort de Probus (282) il fut proclamé empereur par les légions. Malgré la justice sévère qu'il exerça contre les assassins du prince auquel il succédait, il fut soupçonné d'avoir trempé dans le crime. Il avait environ soixante ans lorsqu'il prit la pourpre, et ses deux fils Carinus et Numérien étaient déjà parvenus à l'âge d'homme. Il leur conféra aussitôt le titre de Césars. Cependant les barbares, croyant l'occasion favorable, avaient recommencé leurs incursions. Les Sarmates se préparaient à envahir la Thrace et l'Italie. Il marcha à leur rencontre. Il en tua seize mille et fit vingt mille prisonniers. Après cette victoire mémorable, Carus voulut mettre à exécution la campagne que Probus avait projetée contre les Perses. Il se mit en marche au cœur de l'hiver, et traversa rapidement la Thrace et l'Asie Mineure. A son approche, le roi Varanes ou Bahram essaya de l'arrêter par des négociations ; ses ambassadeurs, introduits dans le camp romain, le parcoururent en tous sens sans reconnaître l'empereur, sous le grossier manteau d'un soldat, faisant un frugal repas avec un morceau de lard rance et quelques vieux pois. Dans la conférence qu'ils eurent ensuite avec lui, Carus, ôtant le bonnet qui cachait sa tête chauve, leur jura que si leur maître ne faisait pas sa soumission, il laisserait encore moins d'arbres sur le sol de la Perse que les ans n'avaient laissé de cheveux sur son crâne. Quoiqu'il y eût peut-être de l'affectation dans cette scène, elle peut nous donner une idée des mœurs de Carus et de la simplicité sévère qu'avaient déjà ramenée dans les camps les belliqueux successeurs de Gallien.

Les menaces de Carus ne furent pas sans effet. Il ravageea la Mésopotamie, mit en fuite ce qui s'opposait à son passage, se rendit maître de Séleucie et de Ctésiphon, et porta ses armes victorieuses au-delà du Tigre. Rome et l'Orient reçurent avec transport la nouvelle d'un si grand succès. Déjà l'adulation et la confiance présomptueuse annonçaient la chute de la Perse, la conquête de l'Arabie et la tranquillité de l'empire, à jamais délivré des incursions du peuple scythe, quand on apprit tout d'un coup la mort de l'empereur. Suivant les uns, il avait succombé à la maladie ; suivant d'autres, il avait été foudroyé dans sa tente. C'était à la fin de l'an 283.

Auguste SAVAGNER.

CARUS (FRÉDÉRIC-AUGUSTE), théologien et philosophe, dont les travaux n'ont guère été appréciés que dans sa patrie, naquit à Bautzen, en 1770. En 1795 il fut appelé à une place de prédicateur à Leipzig, et en 1805 à une chaire de philosophie dans la même ville. Il mourut en 1807, au moment où ses travaux semblaient lui assurer une place distinguée parmi les philosophes de l'Allemagne. D'abord disciple de Kant, il s'en sépara peu à peu, et dans les sujets qu'il affectionna le plus, la psychologie et l'histoire de la philosophie, on le vit aspirer à cette originalité qui n'appartient qu'aux esprits profonds. Sa *Psychologie des Hébreux*, sujet alors entièrement neuf, lui a surtout mérité l'estime de ses contemporains. Ses autres ouvrages sont des *Éléments de Psychologie*, 2 vol. ; une *Histoire de la Psychologie* ; des *Idées sur l'Histoire de la Philosophie* ; des *Idées sur l'Histoire de l'Humanité*. Tous ces ouvrages n'ont été publiés qu'après sa mort. De son vivant, il n'avait fait paraître que quelques mémoires, quelques articles, dont les plus estimés, *Anaxoras de Clazomène et son époque*, *Hermotinus de Clazomène*, se trouvent dans le *Magasin de Fällerborn*. D'ailleurs les Allemands, si habitués à l'ampleur de la phrase et communément indulgents pour les auteurs qui manquent de concision, reconnaissent eux-mêmes que parfois Carus abuse de leur indulgence, et que sa prolixité le rend obscur.

Albert MATTER.

CARVAJAL (TOMAS-JOSÉ-GONZALEZ), célèbre à bon droit parmi les hommes d'État et les écrivains de l'Espagne moderne, naquit le 21 décembre 1753, à Séville. Après avoir fait ses études à l'université de sa ville natale et y avoir obtenu le grade de docteur en droit, il se rendit en 1785 à Madrid, à l'effet d'y solliciter un emploi dans l'Amérique espagnole. Mais ses relations qu'il noua avec diverses sociétés savantes de cette capitale l'y fixèrent, et après s'être fait avantageusement connaître dans les cercles élevés par quelques remarquables essais littéraires ou d'économie politique, il obtint en 1790 une place dans le secrétariat des finances pour les Indes, puis fut nommé *official* dans la même administration pour l'Espagne. En 1795 on le choisit pour intendant des nouvelles colonies fondées tant dans la Sierra Morena que dans l'Andalousie ; et dans l'exercice de ces fonctions il sut se concilier à un haut degré la confiance et l'amitié de ses administrés. Toutefois, le climat de Carolina ne convenant point à Carvajal, il obtint son rappel, et se retira en 1807 à Séville, jusqu'à ce qu'on eût pu trouver une autre place à lui offrir. A peu de temps de là, en 1808, éclata sur tous les points de la péninsule un soulèvement national contre l'usurpation de Napoléon, et Carvajal fut du nombre de ceux qui refusèrent de pactiser avec l'étranger. Il s'enfuit à Séville, au péril de ses jours, entra en 1809 dans les rangs de l'armée nationale en qualité d'intendant. Il fut d'abord attaché à l'armée de Majorque, en 1810 à celle de Valence, et en 1811 à l'armée combinée des quatre royaumes d'Andalousie. Le zèle et l'activité dont il fit preuve le firent nommer en 1812 président de la junte des finances , et l'année suivante secrétaire d'État au ministère des finances.

Au milieu de toutes ses préoccupations politiques et nationales il avait conservé un tel amour pour les sciences, qu'il sollicita comme une véritable faveur d'être déchargé de ses hautes fonctions pour être nommé directeur des études de San-Isidro. Mais il ne devait pas conserver longtemps cette position, car il ne tarda point à être en butte à la haine du parti de la restauration. C'est ainsi qu'il perdit sa place et qu'il fut en outre arrêté, parce qu'on lui fit un crime d'avoir créé une chaire de droit constitutionnel dans l'école placée sous sa direction. En 1815 il fut même interné à Séville. Carvajal y vécut tout entier à l'étude jusqu'à ce que la révolution de 1820 l'eut appelé à reprendre à Madrid ses anciennes fonctions de directeur des études à San-Isidro. La même année, il fut nommé membre de la junte de Censure, et en 1821 conseiller d'État. La contre-révolution opérée en 1823 le contraignit de nouveau à s'éloigner de Madrid, et ce ne fut qu'en 1827 qu'il obtint l'autorisation d'y revenir. En 1829 on le chargea de la rédaction de règlements relatifs à l'administration militaire. En 1833 il fut nommé membre du conseil supérieur de la guerre, et en 1834 du conseil des Espagnes et des Indes, division de la guerre, enfin bientôt après chef du royaume. Mais il mourut le 9 novembre 1834.

Comme écrivain Carvajal ne s'est pas seulement fait un nom par ses ouvrages relatifs à l'administration militaire, mais surtout par ses traductions en vers des livres poétiques de la Bible. Il avait déjà atteint l'âge de cinquante-quatre ans (1807), lorsqu'il entreprit ce grand travail, et dans ce but il ne recula pas devant l'étude de la langue hébraïque. Il la poursuivit courageusement au milieu du tumulte des

/rmes, jusque dans les camps; et c'est en marche qu'il traduisit ainsi de mémoire plusieurs livres des psaumes. Les Espagnols regardent cette traduction comme l'un de leurs chefs-d'œuvre en ce genre.

Carvajal s'essaya aussi comme poète original, prenant surtout pour modèle le tendre Luis de Léon. On a de lui : *Los Salmos* (5 vol., Valence, 1819; souvent réimprimés depuis); *Los Libros poeticos de la Santa Biblia* (6 vol., Valence, 1827); et *Opusculos ineditos en prosa y verso* (13 vol., Madrid, 1847).

CARVALHO (José da Silva), ancien ministre portugais et l'un des plus zélés défenseurs de la charte de dom Pedro, naquit le 19 décembre 1782, dans la province de Beira. En 1800 il alla étudier le droit à Coïmbre, où ses principes libéraux lui valurent les persécutions de la police et de l'inquisition; et ce ne fut qu'en 1810, au moment où Masséna menaçait Lisbonne, qu'il obtint une place de juge de première instance. Son rôle politique ne commença qu'en 1814, époque où il fut nommé *juiz dos orphaos* (juge chargé de veiller sur les orphelins), ainsi que rapporteur au conseil de guerre de la province. Le désir ardent de tirer son pays de la situation misérable où il se trouvait le décida, vers la fin de 1817, à entrer dans une conspiration qui aboutit en août 1820 à la révolution d'Oporto. Il fut nommé membre de la régence provisoire proclamée le 24 août, et plus tard les cortès constituantes réunies en 1821 l'appelèrent à faire partie de la régence instituée en attendant l'arrivée du roi Jean VI. La même année, ce prince le prit pour ministre de la justice. Il exerça ces fonctions jusqu'à la contre-révolution de 1823. Le triomphe du parti absolutiste le força de passer alors en Angleterre, où il employa tous ses moments à l'étude de la politique et de l'administration. A la mort de dom Jean VI, et quand dom Pedro eut octroyé sa charte, il revint en Portugal, où cependant aucune fonction publique ne lui fut offerte.

L'usurpation de dom Miguel le contraignit à se réfugier encore une fois en Angleterre, où, avec d'autres émigrés, il déploya une grande activité pour faire réussir l'expédition entreprise par dom Pedro. Il fut désigné pour faire partie du conseil de régence institué par ce prince pour gouverner pendant la minorité de sa fille, et ce fut surtout à ses efforts que l'empereur dut la réussite du premier emprunt conclu à Londres avec la maison Ardoin et compagnie; emprunt sans lequel l'expédition projetée n'eût pu jamais avoir lieu. Carvalho accompagna l'ex-empereur aux îles Açores; et peu après le débarquement de l'armée expéditionnaire en Portugal, il fut nommé directeur de l'administration civile près l'armée, et président du tribunal de la justice et de la guerre. Au mois de décembre 1832, il accepta le portefeuille des finances au milieu des circonstances les plus critiques, contribua à organiser la décisive expédition des Algarves, et donna à dom Pedro l'heureux conseil de confier au capitaine Napier le commandement de la flotte d'expédition. Lorsque enfin Lisbonne ouvrit ses portes aux partisans de dom Pedro, Carvalho, nommé conseiller d'État et président du tribunal suprême de justice, resta en outre chargé du ministère des finances, et y rendit de tels services, qu'une intrigue l'en ayant momentanément éloigné vers la fin de 1835, on dut encore une fois, au bout de quelques mois, lui confier ce département. La révolution opérée le 10 septembre 1836, en faveur de la constitution de 1820 et contre la charte de dom Pedro, lui fit perdre son portefeuille, et il renonça en même temps à toutes les autres fonctions publiques dont il était revêtu. Partisan zélé de la charte, il prit part au malheureux essai de contre-révolution du 4 novembre 1836, et dut aller de nouveau demander asile à l'Angleterre, où il resta jusqu'à ce qu'une amnistie accordée par la reine lui eut permis de revenir dans sa patrie. Mais la haine de ses ennemis réussit alors à le rendre tellement impopulaire parmi la garde nationale et dans la population de Lisbonne, que lors de l'émeute du 14 juin 1838 il fut assailli par une grêle de pierres, aux cris de *mora Carvalho!* Les changements survenus en Portugal en 1842, à la suite de la révolte d'Oporto, lui firent rendre une place dans le conseil d'État. Il est mort le 3 février 1845.

Parmi les hommes politiques du Portugal qui portent le même nom, nous mentionnerons dom Antonio d'Acevedo Mello e Carvalho, qui, à la suite de la révolution de 1847, a été pendant quelque temps ministre de la justice; *Jodo* de Carvalho, frère de l'homme d'État dont nous avons parlé en premier lieu, qui en 1835 fut créé comte en récompense de ses services, et l'année suivante ambassadeur du Portugal près le saint-siége.

CARVI. Cette plante de la famille des ombellifères, connue aussi sous le nom de *cumin des prés*, a joui anciennement d'une grande réputation. Elle en a encore de nos jours, moins à la vérité, parce que l'huile volatile qu'on retirait exclusivement de ses semences a été découverte dans beaucoup d'autres plantes, ce qui a diminué l'importance de celle-ci. Ce sera néanmoins toujours une plante très-recommandable, à cause des propriétés énergiques de ses semences, qui fournissent en plus grande abondance qu'aucune autre l'ancienne et célèbre *essence de carvi*, huile dont on se sert pour parfumer le cosmétique dit *huile de Vénus*.

Le carvi est une plante bisannuelle, dont les feuilles sont finement découpées et les fleurs disposées en ombelles blanches; ses semences, planes d'un côté, convexes de l'autre et marquées de cinq nervures, ont l'odeur du fenouil et la saveur de l'anis; elles sont stimulantes, et on les emploie comme vermifuges et carminatives; elles entrent dans la composition de plusieurs liqueurs médicamenteuses et de table, et notamment dans celle du célèbre *ratafia des sept graines* et du *vespetro*. Le carvi croit naturellement dans le midi de la France et même aux environs de Paris. Dans les contrées septentrionales on mêle ses semences à la pâte du pain et à celle du fromage. On mange aussi les racines, les feuilles et les jeunes pousses.   C. Tollard aîné.

CARY (Henri-François), littérateur anglais, mort au mois de septembre 1844. A l'âge de quinze ans il se fit connaître par une ode sur les malheurs de la Pologne, où brillait un talent remarquable. Entré à l'université d'Oxford, il s'adonna avec ardeur à l'étude des langues modernes de l'Europe, et en 1805 il mit au jour une traduction en vers blancs de *l'Enfer* du Dante. En 1814 il fit paraître sa version de *La Divine Comédie* entière; mais, quelque fût le mérite de ce grand travail, le public y fit d'abord peu d'attention. Quelques années plus tard, Coleridge ayant eu occasion d'en faire ressortir la supériorité, la traduction de Cary reprit faveur, et elle obtint le rang distingué auquel elle avait droit. Exacte et vigoureuse, elle reproduit, autant que peut le faire semblable contre-épreuve, les mâles et profondes beautés du barde de Florence; les notes qui l'accompagnent attestent une connaissance approfondie de l'histoire et de la littérature italienne au moyen âge. Continuant son rôle de traducteur, Cary fit avec bonheur passer en anglais les *Oiseaux* d'Aristophane et les *Odes* de Pindare. On fait un cas particulier de ses *Vies des Poètes Anglais*, écrites pour faire suite à celles du docteur Johnson, et de ses *Vies des anciens Poètes Français*, insérées, sans nom d'auteur, dans une de ces *revues* si multipliées de l'autre côté de la Manche (le *London Magazine*). En 1826 il fut nommé aide-bibliothécaire au Musée Britannique, place dont il se démit au bout de six mois. Reprenant ses travaux littéraires, il donna des éditions fort soignées des œuvres poétiques de Pope, de Cowper, de Milton, de Thompson, de Young, et fit paraître, pour la quatrième fois, son *Dante*, en y joignant de nouvelles notes. Il atteignit le terme de ses jours dans sa soixante-cinquième année, et fut enseveli dans l'abbaye de Westminster, dans le coin réservé aux poètes.

                          G. Brunet.

CARYATIDE et **CARYES**, fête et danse. La fête était célébrée à Carya, en Laconie, en l'honneur de Diane. Carya était consacrée à cette déesse, ainsi qu'aux nymphes Diane y avait une statue en plein air. Des chœurs de jeunes filles formaient une danse inventée, selon Lucien, par Castor et Pollux. Cette danse prit aussi son nom de *Caryes*, du lieu où elle était en usage. Aristomène, général des Messéniens, enleva un jour, dit Pausanias, les Caryatides pendant qu'elles célébraient leur fête et se livraient au plaisir de cette danse. Mais il les protégea contre l'insolence de ses soldats, et les renvoya ensuite à leurs parents. Il est vrai qu'il se fit payer de fortes rançons. La caryatide était sans doute une des danses favorites et des plus agréables des Lacédémoniens, car Lucien, en la citant, dit qu'ils ne faisaient rien sans invoquer les Muses. Th. DELBARE.

CARYATIDES, figures de femmes vêtues d'une longue tunique, que l'on place en guise de colonnes pour supporter un entablement. Vitruve prétend que l'origine des caryatides vient de ce que les Grecs s'étant rendus maîtres de Carya dans le Péloponnèse, après avoir tué les habitants mâles, emmenèrent les femmes, et les firent servir à leur triomphe : pour perpétuer ce souvenir, un architecte imagina de remplacer les colonnes d'un édifice par des figures de femmes vêtues à la manière des prisonnières de Carya. Cette opinion est tellement accréditée en Espagne, que les caryatides y sont simplement nommées *colonnes de Carya*. Lessing ne veut pas adopter cette origine, mais il en indique une autre, qui ne semble pas offrir plus de probabilité.

Les caryatides ont habituellement les bras coupés, et quelquefois le bas de la figure est en gaîne; cependant d'autres fois un de leurs bras est élevé au-dessus de leur tête comme pour supporter le fardeau de la contruction où elles sont placées, tandis que. de l'autre elles tiennent quelque attribut. On voyait autrefois une caryatide de cette nature à l'ancienne église des Bons-Hommes de Chaillot. La figure semblait supporter d'une main le chapiteau d'une colonne dont elle soutenait le fût devant elle, comme si elle cherchait à la mettre en place. L'usage des caryatides n'est pas très-fréquent, cependant on en voit quatre employées dans le haut du pavillon de l'horloge au Louvre : elles sont l'ouvrage du sculpteur Sarrasin. Quatre autres caryatides beaucoup plus belles sont sculptées par Jean Goujon, et qui soutiennent la tribune de la grande salle du rez-de-chaussée, au pied de l'escalier d'Henri II.

Le principal exemple que les anciens nous aient laissé de l'emploi des caryatides est celui de la Pandrosion d'Athènes, petit édifice près du temple d'Érechthée. Une de ces caryatides fait à présent partie de la collection d'Elgin.

DUCHESNE aîné.

CARYBDÉES, genre d'animaux zoophytes de l'ordre des médusaires, section des méduses stomies, c'est-à-dire sans tentacules proprement dits, ni pédoncules, ni bras, dont le corps hémisphérique, subconique, est garni de lobes foliacés subtentaculaires, creusé en dessous par une grande excavation stomacale à ouverture aussi grande qu'elle. Ce genre renferme deux espèces, savoir : la *carybdée périphylle* et la *carybdée marsupiale*. L. LAURENT.

CARYOPHYLLÉES, nom d'une famille de plantes dicotylédones polypétales hypogynes, herbacées, à tiges cylindriques, noueuses et articulées, à feuilles entières, opposées et formant un cône à leur base. Leurs fleurs offrent un calice tantôt monosépale, tubuleux et simplement denté à son sommet, tantôt polysépale, et le plus souvent à cinq folioles. La corolle est de cinq pétales à longs onglets et à limbe ordinairement étalé; les étamines sont communément au nombre de dix, dont cinq sont unies aux pétales, et les cinq autres libres et alternes avec eux. L'ovaire est également libre, à une ou plusieurs loges surmontées de un à cinq styles ou stigmates filiformes; le fruit est une capsule à une ou plusieurs loges polyspermes, s'ouvrant au sommet ; les graines sont attachées à un placenta central. Les principaux genres de cette famille sont, 1° parmi les plantes d'ornement, les diverses espèces d'*œillets* (en latin *caryophyllus*, dont elle a emprunté son nom), les *lychnis* et la *coquelourde* des jardins; 2° parmi les plantes médicinales, la *saponaire*; 3° parmi les plantes communes de nos champs, la *morgeline* ou le *mouron blanc* et la *nielle* des prés.

CAS (*Grammaire*). Ce mot vient du latin *casus*, chute, parce que dans la formation des *cas*, le nom, par ses changements brusques et successifs, semble offrir l'image de chutes successives. On sait que dans le nom le *radical* seul représente l'être désigné par le nom : la *terminaison* prend diverses formes pour exprimer le *genre* et le *nombre* dans toutes les langues, et pour indiquer de plus, dans quelques-unes d'entre elles, des rapports de temps, de lieu, d'action, de possession, de privation, de mouvement, etc. Lorsque dans une langue la terminaison traduit ces rapports nombreux, les grammairiens lui donnent la dénomination toute particulière de *cas*.

Cette définition nous conduit à reconnaître que la langue française n'a pas de *cas*, puisque la terminaison de ses noms exprime simplement le genre et le nombre : *lion*, *lionne*, *cheval*, *chevaux*. La langue latine, au contraire, par ses seules terminaisons mobiles et variées, exprime le *genre*, le *nombre* et une foule de rapports d'une délicatesse extrême, que nous ne pouvons exprimer que par une syntaxe rigoureuse et une multitude de prépositions. En français, *Dieu aime le peuple*, *le peuple aime Dieu*, sont deux formules indispensables pour l'expression de ces deux pensées différentes : la seule place des mots indique si c'est *Dieu* ou *le peuple* qui fait ou qui reçoit l'action d'aimer. En latin au contraire, *Deus amat populum*, *Deum amat populus*, traduction littérale des deux phrases françaises ci-dessus, nous donnent une construction de mots identique; mais la terminaison a changé avec la pensée : *us* est le signe de l'être qui aime, *um* le signe de l'être qui est aimé. Qu'importe, après cela, l'ordre des mots? La pensée repose sur la terminaison, et non sur la position des termes : on peut donc les transposer à volonté sans altérer le sens de la phrase. Cette puissance de l'inversion, qui n'a souvent que le goût et l'harmonie pour guides, est le caractère distinctif des langues soumises à la variabilité fréquente de la terminaison.

La langue latine a six *cas* : le *nominatif* représente l'être qui fait l'action : *Deus amat populum* (Dieu aime le peuple); l'*accusatif* représente l'être qui la reçoit : *Deum amat populus* (le peuple aime Dieu); le *vocatif*, presque toujours semblable au nominatif, représente l'être que l'on invoque, que l'on interroge, ou auquel on commande : *ô popule! ô Deus!* (ô peuple! ô Dieu!); le *génitif*, le *datif* et l'*ablatif* ont des fonctions si multipliées qu'il serait difficile de les résumer en une seule expression : et même si l'on dit que le premier de ces trois cas est le signe de la *possession*, de la *génération*, etc., que le second exprime l'*attribution*, le *profit*, etc., et que le troisième représente la *privation*, le *repos*, la *manière*, etc., on est obligé d'ajouter avec Priscien; « Tous ces cas expriment encore une multitude d'autres rapports : leurs noms viennent de leur emploi le plus connu et le plus fréquent. »

Pour tout ce qui regarde la nature, l'origine, l'influence, la formation, la généalogie des cas, nous renvoyons le lecteur doué d'une patience éprouvée aux travaux des Priscien, des Dumarsais, des Lemarre. Il y trouvera des discussions obscures et par conséquent très-savantes, sur le cas *direct*, *oblique*, *générateur*, *général*, *formel*, *éventuel*, *sur-adjiciel*, *actif*, *passif*, *terminatif*, *déterminatif*, *interjectif*, *complémentaire*, *absolu*, *opposé*, *combiné*, etc., etc.

Le *pronom*, qui tient la place du nom, l'adjectif, qui

l'accompagne, et l'article, qui le précède, ont des cas seulement dans quelques langues. L'ensemble des *cas* du singulier et du pluriel forme une *déclinaison*.

Jetons maintenant un regard sur les langues qui se partagent l'empire du monde. En Europe, le latin nous est connu. Le grec a cinq cas : l'ablatif y est remplacé par le génitif ou le datif. Le polonais, le russe, le bohémien, le hongrois, le suédois, le danois, le lapon, le finnois, le lithuanien et toutes les langues que les savants appellent indo-germaniques et scytico-sarmatiques ont en général adopté la déclinaison. L'allemand a six cas : l'anglais n'a conservé que le génitif, qu'il rejette très-souvent. L'ancien frank avait cinq cas et cinq déclinaisons. La langue romane n'avait que le nominatif et l'accusatif, dont on retrouve encore des traces dans les pronoms français. Le basque (*escuara*) a les déclinaisons et les cas les plus nombreux de toutes les langues. Le français, l'italien, le portugais, l'espagnol, qui forment, suivant M. Raynouard, le système de l'Europe latine, ont abandonné les déclinaisons de la langue mère. En Asie, le *sanskrit* et le mongol ont des déclinaisons nombreuses. L'arménien a dix cas. L'ancien arabe a trois cas, suivant Volney, et l'arabe moderne n'a pas de déclinaisons, ainsi que l'hébreu, le syrien, le phénicien, le thibétain, le chinois, le birman, le siamois, etc. Les langues de l'Afrique ne sont guère connues. On sait cependant que le copte ou ancien égyptien n'a pas de cas. En Amérique, des philologues assurent que le groënlandais, l'esquimau et tous les peuples polaires ont des déclinaisons, mais les Natchez n'en ont pas. Le huron est remarquable en ce qu'il conjugue les noms au lieu de les décliner ; il a cinq conjugaisons. L'algonquin est une langue mère, qui a une grammaire très-complète. Il passe, dit Chateaubriand, pour la langue classique du désert.

De ce coup d'œil rapide sur les langues, on doit conclure que les cas ne sont point dans la langue un levier indispensable, puisque plusieurs peuples s'en sont toujours passés, et que d'autres y ont renoncé après s'en être servis. C'est un bien beau problème à résoudre pour le grammairien philosophe que cette disparition des cas, qui annonce une rénovation totale dans le système d'économie d'une langue. Mais c'est dans les révolutions des peuples, c'est dans le mélange des races qu'il faut aller chercher l'origine de ces faits si remarquables. Le peuple et sa langue naissent le même jour et meurent ensemble, comme un seul être respirant le même air, vivant de la même vie.

Édouard BRACONNIER.

CAS (*Jurisprudence*). Dans la langue du droit, ce mot se joint à des adjectifs qui en déterminent l'acception. Les *cas fortuits* sont les événements résultant d'une force majeure et dus au hasard seul ; tels que par exemple les débordements, les naufrages, les incendies, le feu du ciel, etc. Les *cas rédhibitoires* sont les vices rédhibitoires résultant des défauts cachés d'une chose vendue, par lesquels elle est rendue impropre à l'usage qu'on voulait en faire, ou qui diminuent tellement cet usage que l'acheteur ne l'aurait pas acquise ou n'en aurait donné qu'un moindre prix s'il les avait connus. Les *cas urgents* ou *cas provisoires* sont les affaires qui requièrent célérité, à cause du préjudice qu'une décision tardive pourrait occasionner. Les cas d'urgence sont d'une haute importance en droit administratif et politique.

On connaissait encore avant la révolution : les *cas privilégiés* ou *réservés*, c'est-à-dire ceux qui, enlevant les ecclésiastiques à leur juridiction ordinaire, les rendaient justiciables des juges royaux. Le procès devait être instruit conjointement par le juge d'église et le juge royal ; les *cas étaient prévôtaux* ou *présidiaux* suivant la qualité de la personne ou la nature du crime. Étaient prévôtaux par la nature du crime ceux qui, exigeant une punition prompte, n'avaient point la faveur de l'appel ; par la qualité de la personne, les crimes commis par les vagabonds, les repris de justice et les gens de guerre ; enfin les *cas royaux*, affaires tant civiles que criminelles qui devaient être portées devant les juridictions royales. Pour que l'homicide fût cas royal, il fallait le concours de trois choses : qu'il eût été commis dans une assemblée de quatre ou cinq, que cette assemblée se fût réunie avec une intention mauvaise, et qu'il y eût eu port d'armes. Les cas royaux avaient été particulièrement établis dans le but d'enlever aux seigneurs haut justiciers une grande partie de leur action.

L'Église donne le nom de *cas réservés* aux péchés dont on ne peut être absous que par le pape, ou par l'évêque, ou par les prêtres qui ont reçu d'eux un pouvoir spécial.

CAS (En), locution elliptique qui supplée ordinairement une phrase entière, comme *en cas que cela soit nécessaire, en cas de besoin*. On l'emploie encore lorsqu'on veut parler des suites d'un fait, d'un événement douteux ou possible : *en cas de guerre, en cas de famine. En tout cas* signifie quoi qu'il arrive. L'usage très-fréquent de cette locution l'a fait adopter comme substantif pour exprimer une précaution, une mesure prise d'avance à l'effet d'obvier aux exigences, aux inconvénients ou aux embarras d'un fait prévu ou possible, qui peut survenir à l'improviste. On dit alors de cette précaution, de cette mesure préalable, c'est un *en-cas*. C'est, dit-on, dans le style et dans les usages de cour qu'il faut chercher la première signification et l'origine de cette expression. Sous le grand roi *l'en-cas* désignait spécialement le poulet rôti qu'on tenait toujours prêt à être servi en cas que sa majesté eût faim ; c'était *l'en-cas du roi*. Cette expression a été bientôt appliquée au carrosse de suite, que l'on traînait à vide immédiatement après le carrosse du roi, pour servir en cas de besoin, s'il survenait quelque accident, cette seconde voiture était un *en-cas*. De là l'expression s'est également appliquée à tout ce qui a pu être considéré, soit comme un préparatif fait par simple prévision, soit comme un pis-aller pouvant servir au besoin pour tirer d'un moment d'embarras. C'est ainsi qu'on a pu dire de l'un de nos premiers dignitaires, qui, se prêtant complaisamment à toutes les combinaisons ministérielles, a consenti à être trois ou quatre fois ministre dans l'espace de quelques mois, que c'était un *en-cas*.

CASA (GIOVANNI DELLA), l'un des meilleurs prosateurs italiens, descendait d'une noble et ancienne famille, et naquit le 28 juin 1503, à Mugello près de Florence. Il étudia à Bologne, à Padoue et à Rome, et entra comme clerc au service du cardinal Alexandre Farnèse, qui, en 1534, ceignit la tiare sous le nom de Paul III. La protection de ce souverain pontife lui valut en 1541 sa nomination aux fonctions de commissaire apostolique à Florence, en 1544 à l'archevêché de Bénévent, et la même année à la nunciature de Venise. Dans cet emploi il fit preuve d'une rare habileté diplomatique, et déploya maintes fois une grande puissance oratoire. Lorsque Jules III monta sur le trône pontifical, Della Casa fut rappelé de Venise, et vécut dans la retraite à Trévise. Paul IV, successeur de Jules III, le nomma secrétaire d'État ; mais il fut déçu dans son espoir d'être promu cardinal, par suite des instances trop vives faites auprès du pape par la France, à l'effet de lui faire obtenir cette dignité. Il mourut à Rome, le 14 novembre 1556.

Sa prose, pure, élégante et facile, le fait regarder comme l'un des premiers écrivains de l'Italie. L'ouvrage qui a le plus popularisé son nom est intitulé : *Il Galateo, ovvero de' costumi*, espèce de traité de civilité, dont une nouvelle édition a été publiée en 1825, à Milan, par Tommaseo. La meilleure et la plus complète édition des œuvres de Della Casa est celle qui a été publiée à Venise (3 vol. in-4°, 1752).

CASAL, en italien CASALE, ancien marquisat, appartenant autrefois aux marquis de Montferrat, devenu plus tard une province de la principauté de Piémont dans le royaume de Sardaigne, et formant aujourd'hui un arrondissement de la division sarde d'Alexandrie. C'est une contrée d'une grande fertilité, située sur la rive droite du Pô, où la culture des grains, de la vigne et de la soie, ainsi que l'élève du bétail réussissent à souhait.

Son chef-lieu, *Casal*, ville aussi célèbre qu'importante comme résidence des marquis de Montferrat, bâtie dans une riche plaine, au pied d'une chaîne de collines, est le siége d'un évêché, d'un tribunal, de préfecture, et compte une population de 22,000 habitants pour lesquels l'industrie séricole est une précieuse ressource. Cette ville possède un bon théâtre, des églises en partie richement ornées, et plusieurs couvents, entre autres celui des Franciscains, qui contient les tombeaux des membres de la famille de Montferrat. Les anciennes fortifications, dont il existe quelques débris, furent construites au quinzième siècle; et en 1590 le comte Vincent de Montferrat fit bâtir la citadelle, qui se trouve encore en assez bon état de conservation. Casal fut assiégé à diverses reprises par les Espagnols dans le courant du dix-septième siècle, et ils s'en rendirent les maîtres en 1652. Mais cette place retomba dès la même année au pouvoir de la Savoie, qui en 1681 la vendit à la France. Les alliés s'en étant emparés en 1695, et l'ayant alors démantelée, Louis XIV la fit fortifier de nouveau; mais en 1706 il la céda au duc de Savoie. Dans la guerre de la succession d'Autriche, Casal joua encore un rôle fort important. Ses fortifications se relèvent aujourd'hui de leurs ruines.

CASAN. *Voyez* KAZAN.

CASANOVA DE SEINGALT (JEAN-JACQUES). Longtemps avant la publication des mémoires de ce célèbre aventurier, le prince de Ligne nous l'avait fait connaître en parlant avantageusement de lui en divers endroits de ses écrits. « Casanova, dit-il dans son Mémoire sur le comte de Bonneval, était un homme de beaucoup d'esprit et d'une érudition profonde, connu par son fameux duel avec Branicki, grand général de Pologne, sa fuite des Plombs de Venise et quantité d'ouvrages et d'aventures : homme célèbre par son esprit, gai, prompt et subtil, l'érudition la plus profonde et l'amitié de tous ceux qui le connaissent. » C'est encore le prince de Ligne qui nous apprend que Casanova écrivit lui-même ses mémoires dans un âge avancé, à Dux, en Bohême, chez le comte de Walstein.

Nous passerons rapidement sur l'enfance de Casanova. Elle n'a aucune des grâces de l'enfance; rien de la naïveté ni de la fraîcheur des premières années, toujours si fraîches et si naïves. A huit ans l'enfant est homme, et l'homme est Italien. Qu'il vous suffise de savoir qu'il naquit à Venise, en 1725, de Cajétan Casanova, qui se faisait descendre de la famille aragonaise de Palafox, et de Zanetta Faruzi, qui descendait en ligne directe d'un cordonnier de la république vénitienne. Ses premiers souvenirs se réduisaient à une impression de sorcellerie et à un morceau de cristal à facettes qu'il avait dérobé à son père : c'est là toute la poésie qui se joue autour de son berceau. Son père meurt, et le jour où Jacques atteint sa neuvième année il entre en pension à Padoue. Pauvre Jacques! le voilà chez une vieille Esclavonne, espèce de monstre hideux et sale, moins ave esclave que ses lits et sa cuisine. Dégoûté bientôt du régime qu'elle lui faisait subir, l'enfant écrivit à sa famille, qui le tira de cette galère et le plaça chez l'abbé Gozzi. Chez l'abbé Gozzi, il est choyé, lavé, caressé et peigné par la sœur de l'abbé, jeune fille nommée Bettine, jolie, amoureuse et gaie : ce furent là ses premières amours. A la suite d'une méchante affaire entre les shires et les étudiants de Padoue, Jacques quitta la ville, et l'abbé, et Bettine, pour aller se faire conférer les quatre ordres mineurs à Venise. A Venise, il s'attacha presque aussitôt au seigneur Malpieri, vieillard spirituel, gourmand et goguenard, égoïste comme tous les vieillards, assez jeune d'esprit pour se mêler aux rires et aux folies de la jeunesse, assez profond pour prévoir l'avenir, assez vieux pour ne pas le craindre. Abbé pimpant et coquet, l'élégance de son costume, la grâce de sa désinvolture et la hardiesse de ses manières firent bientôt de Casanova l'abbé le plus en vogue à Venise : rien ne manquait à sa gloire, pas même celle de l'apôtre. Malpieri l'ayant choisi pour l'orateur du Saint-Sacrement, à la seconde fête de Noël, son succès fut complet, et les sequins et les billets doux tombèrent à l'envi dans la bourse où l'usage était de déposer l'offrande au prédicateur.

Cette partie des mémoires de Casanova retrace avec bonheur la société vénitienne de cette époque, société effrénée, ardente aux plaisirs qu'elle sentait lui échapper, et pressée de jouir de ses dernières joies. Aujourd'hui un sermon, demain chez une courtisane, l'abbé nous entretient tour à tour de ses triomphes de sacristie et de ses succès de boudoir. C'est Malpieri lui-même qui, après avoir ouvert au jeune homme la chaire de l'église, l'introduira plus tard dans le salon de la *Coravamarchi*. C'était une courtisane célèbre, que ses amis nommaient plus ordinairement *Juliette*. On ne m'en voudra pas, j'espère, si je ne parle pas ici de tous les amours de Casanova : ces amours se ressemblent tous. Rarement voluptueuse, presque toujours obscène, la passion s'y montre sans voiles, et trouverait difficilement l'imagination du lecteur complaisante et docile. Que dirai-je, par exemple, de ses amours avec Nanette et Marton, amours où la fougue des sens étouffe sans ménagements toutes les délicatesses du cœur? Je voudrais bien parler de Lucie, jeune fille dont l'apparition poétique rafraîchit et repose, comme l'oasis dans le désert; mais cet amour est trop chaste et trop pur pour que notre héros y fasse une halte bien longue. Il respecta Lucie, et s'accusa plus tard de l'avoir respectée.

Malpieri, qui s'était retiré des affaires publiques, n'avait malheureusement pas traité les amours comme les affaires : je dis *malheureusement*, et pour lui et pour Casanova. Le vieux sénateur aimait une jeune fille nommée Thérèse Imer; Thérèse Imer aimait Casanova; Casanova aimait toutes les femmes. Malpieri surprend un jour les deux amants qui le trompaient. A son aspect, Jacques s'esquive, laissant Thérèse, ses gants et son chapeau, que le vieillard lui renvoie aussitôt, moins Thérèse, il est vrai, mais de plus son congé et quelques coups de canne qu'il lui fit administrer plus tard. Du palais de son premier protecteur, Casanova passa dans le salon de la *Tintoretta*, une courtisane *qui aimait la poésie*; du salon de la *Tintoretta* au séminaire *Saint-Cyprien*; du séminaire au fort *Saint-André*. Au milieu du cynisme de ses souvenirs de prison, se trouve une touchante histoire, celle d'une famille noble, dont l'élégance de sa vie extérieure cache la pauvreté la plus affreuse.

Pendant que Casanova semblait délaisser son avenir, sa mère s'en occupait avec sollicitude. Mme Casanova était actrice; dans une ville d'Italie, dont elle exploitait le théâtre par état et l'église par goût, elle gagna la protection d'un abbé, qui, devenu évêque du saint-siége apostolique, voulut bien transmettre cette protection à son fils. Voilà Casanova qui dit adieu au fort Saint-André, à Venise, à Nanette, à Marton, à Angèle, à Thérèse, à Lucie, à bien d'autres. Le voilà qui part à la recherche de son évêque. Il a dix sequins : à Chiozza, il joue, et les perd chez un apothicaire où se réunissaient les gens de lettres de la presqu'île. Il part le lendemain, sans argent, sans habits, sans projets, triste, souffrant et membre de l'Académie de Chiozza : tout l'accable à la fois; c'est un moine de Saint-François qui le sauve. Le père Stefano le nourrit et l'héberge jusqu'à la route. Casanova donne au moine des coups de bâton, et entre seul à Rome par la porte du Peuple. Pas un mot sur Rome; son évêque est à Naples : il quitte Rome, comme vous quitteriez un méchant bourg du Berri ou de la Marche, et le 6 septembre il arrive à Naples; pas un mot sur Naples. Son évêque est à *Morterano*; il part pour *Morterano*. Sur la route, à Portici, j'imagine, il extorque deux mille onces d'or à un Grec, en échange d'un secret qui n'est un secret pour personne. Se voyant libre, riche et sûr de paraître devant l'évêque d'une manière convenable, il poursuit gaiement son voyage, glorieux du succès de son expédient, qui ne lui laisse aucun remords : *car la conduite adroite d'esprit qu'il avait eue pour vendre son secret ne pouvait être réprouvée que par une morale insociable qui n'a pas lieu dans le commerce habituel de la vie.* L'un des principes de Casanova est que *tromper un sot est un exploit digne d'un homme d'esprit.*

Il traverse la Calabre, côtoie la mer Ausonienne, et arrive enfin à Morterano. Il trouve Bernard de Bernardis, son évêque, assis à une pauvre table, pauvrement vêtu, pauvrement logé, pauvrement nourri. Bernard de Bernardis embrasse Casanova, lui parle *sentiment et misère*, et lui fait manger des légumes à l'huile ; son huile était détestable, ses matelas (il n'en avait que deux) maigres et durs, les femmes de son diocèse laides et sales, les hommes stupides et grossiers : ce voyant, Casanova s'agenouilla devant son évêque, lui demanda sa bénédiction et son congé, et partit le lendemain avec des lettres de recommandation pour Naples. A Naples la fortune lui sourit ; on le fête, on le caresse. Il part pour Rome, passablement fourni d'espèces, monté en bijoux, et lesté d'une lettre de recommandation pour le cardinal Acquaviva. Il se fait présenter au cardinal, et le lendemain il est logé et nourri au palais de son éminence, avec soixante ducats d'appointements par mois.

Ce fut sous les auspices de cet homme que Casanova fit les premiers pas vers le pouvoir et la fortune.

Suivons-le dans un café de la *strada Condotta* : il entend un jeune abbé qui conte à haute voix un fait qui attaquait directement la justice du saint-père. Un autre, auquel on demandait pourquoi il avait quitté le service du cardinal de B....., répond que c'était parce que l'éminence prétendait n'être pas obligée de lui payer à part certains services. Celui-ci lit un sonnet incendiaire contre le gouvernement. Un autre lit une satire dans laquelle il déchire l'honneur d'une famille. Un troisième propose à l'abbé *Gama* de venir passer l'après-dîner à la *villa Medici*, ajoutant qu'il s'y trouverait avec deux petites Romaines qui se contentaient du *quartino*. Au milieu de tout cela, entre un abbé d'une figure attrayante. A la vue de ses hanches, Casanova le prend pour une fille déguisée. L'impudent, le regardant fixement, lui dit que s'il voulait, il lui prouverait qu'il avait tort ou raison. C'était *Beppino della Mumana*, premier *soprano* de la chapelle Sixtine. Protégé du cardinal Acquaviva, amant heureux de la belle Lucrèce, poëte bel esprit aux pieds de la belle marquise Gabrielli, remarqué par Benoît XIV, Casanova se jette follement dans une sotte aventure, et voit crouler le brillant édifice de son bonheur et de ses espérances : il protège les amours de la fille de son maître de français avec un Italien, prête la main à son enlèvement, et la marquise, blessée dans son amour de femme, moins encore que dans son amour-propre de marquise, exige du cardinal l'expulsion de son secrétaire indigne. Casanova se désespère ; son éminence le console, et lui promet des lettres de recommandation pour quelque lieu de l'Europe qu'il choisisse. « Où voulez-vous aller, lui demande-t-il avec bonté ? — A Constantinople, répond Casanova. — Je vous remercie de ne m'avoir pas nommé Ispahan ; car vous m'auriez embarrassé, » ajoute le cardinal en souriant. Le surlendemain, il lui donne un passeport pour Venise et une lettre cachetée, adressée au pacha de Caramanie.

Sautons à pieds joints sur son voyage à Ancône, glis-sons sans y toucher sur ses amours avec Cécile, Marine et Bellina ; laissez-moi vous sauver de la fatigue de cette longue route et vous transporter de Rome à Venise par un coup de baguette. A Venise, notre abbé se fait soldat ; il entre au service de la république vénitienne en qualité d'enseigne, dans le régiment Bala, qui était à Corfou, et obtient du sénat la faveur d'accompagner à Constantinople le chevalier Vernier, qui s'y rendait en qualité de *bailo* ; c'était le titre que prenait l'ambassadeur de Venise à la Porte. Le lendemain de son arrivée à Constantinople, Casanova se fit conduire chez Achmet, pacha de Caramanie, nom que portait le comte de Bonneval depuis qu'il avait pris le turban. Le séjour de Casanova à Constantinople fut très-gai : il dansa la *fortana* vénitienne avec les odalisques d'Ismaïl, fuma du *gingé* avec Jousouff-Ali, contempla les esclaves du premier au bain, disouta avec le second sur l'essence de Dieu et sur la philosophie de Platon. Jousouff lui proposa sa fille Zelmi pour épouse ; la femme de Jousouff s'offrit à lui pour maîtresse ; la veille de son départ, tous ces Turcs fondirent en larmes, et il partit chargé de leurs riches présents, étoffes de Damas, glacées en or et en argent, boucles, portefeuilles, café Moka, tabac *gingé* et canne à pipe en bois de jasmin, couverte de filigrane d'or.

Allons avec lui à Corfou : il joue et gagne ; il aime, il est aimé, heureux au jeu et en amour ! Mais ce bonheur fut rapide ; bientôt la fortune cessa de lui sourire, l'ascendant qu'il avait sur Mme F... diminua insensiblement et presque à son insu : cette grande et belle dame devint à son égard d'une indifférence complète, indifférence qu'expliquent assez d'ailleurs certaine aventure nocturne qu'avait eue Casanova avec une misérable courtisane nommée Melulla et les tristes résultats qui l'avaient suivie. Riche et bien portant, chacun le fêtait, notre héros ; pauvre, maigre et défait, tous l'abandonnent, et il part pour Venise criblé de dettes et sans argent. A Venise, il donne sa démission ; elle est acceptée, et il reçoit cent sequins. Il joue les cent sequins, les perd ; alors, de joueur de profession qu'il était, il se fait joueur de violon, gagnant un écu par jour à l'orchestre du théâtre de Saint-Samuel. Si vous l'aimez assez pour le plaindre, réjouissez-vous avec lui : il va au cabaret et s'enivre, passe la nuit dans les mauvais lieux ou dans les différents quartiers de la ville, inventant et exécutant, avec ses compagnons de débauches, les impertinences les plus révoltantes ; il démarre les gondoles des particuliers, réveille d'honnêtes sages-femmes en les priant de courir chez telle ou telle dame qui n'est pas enceinte, envoie des médecins chez tel grand seigneur qui se porte à merveille, et le viatique à des maris qui dorment tranquilles à côté de leurs femmes. Voilà Casanova dans son élément : aussi voyez avec quelle sublime résignation il accepte cette crapuleuse misère ! « Il est vrai que mon emploi n'était pas brillant, nous dit-il, mais je m'en moquais ; et, traitant de préjugé tous les sentiments qui s'élevaient en moi contre moi-même, je finis bientôt par partager les habitudes de mes vils camarades. » Ils étaient sept et quelquefois huit ; car, *comme il avait beaucoup d'amitié pour son frère François, il l'admettait, de temps en temps, à ses orgies nocturnes.*

Une nuit, c'était durant le carnaval de 1745, ils rôdaient, tous les huit, sous le masque. Las de marcher, ils entrèrent au magasin de vin de *la paroisse de la Croix*, pour y boire. Trois hommes s'y entretenaient paisiblement avec une jeune et jolie femme, *tout en vidant une bouteille.* Mes huit drôles se débarrassent adroitement de ces trois honnêtes bourgeois et vont boire au Rialto avec la femme, qui pleure et les suit. « Où est mon mari ? — Soyez tranquille, vous le verrez demain matin. » Cette nuit-là, elle en trouva huit au lieu d'un. Il y eut une plainte portée au conseil des Dix. La femme ne se plaignait que de la grande peur qu'elle avait eue pour son mari, mais nullement des huit masques, qui, portait la plainte, *n'avaient commis aucune action désagréable à la femme.* Cette affaire pouvait envoyer Casanova ramer sur les galères de la république; mais un patricien faisait partie de sa bande, et l'affaire fut étouffée. Vers la mi-avril de 1746, Casanova sortait après minuit d'une noce où il était allé en sa qualité de ménétrier. En descendant l'escalier, il aperçoit un sénateur qui allait monter dans sa gondole, et qui laissa tomber de sa poche une lettre. Casanova la ramasse et la lui remet; le sénateur, reconnaissant, prie le jeune homme de monter dans sa gondole, voulant absolument le conduire à son logis. Le jeune homme était à peine assis à côté du vieillard que celui-ci est frappé d'un coup d'apoplexie. Casanova vole chercher un chirurgien, qui saigne le sénateur et le sauve. Ce sénateur était M.␣Bragadio, qui se prend d'amitié pour Casanova, l'initie à ses affaires les plus intimes, l'adopte pour son fils, et lui fait une pension presque royale.

Redevenu riche, pensez-vous que Casanova se tienne prudemment dans cette haute position? Croyez-vous qu'instruit par une rude expérience, il va confier enfin aux soins de la sagesse cette fortune qu'il tient du hasard? Il la confie au même dieu, le seul dieu qui préside à sa vie, le seul qu'il adore, soit que ce dieu l'élève ou l'abaisse. A peine établi chez M. de Bragadio, l'ennui le prend à la gorge; il quitte Venise, se fait magicien à Césène, devient amoureux à Bologne, escroc je ne sais où, et bigot à Milan. Mais tout ceci nous intéresse fort peu: suivons notre héros en France, entrons avec lui dans la France de Louis XV. Ce n'est plus son histoire qu'il nous conte, ce sont les mœurs du dix-huitième siècle; c'est la France de Mme de Pompadour qu'il nous peint. Casanova resta deux ans au milieu de ce monde élégant et facile; il appelle Paris *la ville par excellence*; il ne la quitta qu'avec regret, et la certitude d'un prompt retour put seule adoucir l'amertume de son départ: *il avait acquis quelque expérience, se sentait supérieur à tous ses égaux, et connaissait les lois de l'honneur et de la politesse.* Il quitta la France pour l'Autriche; mais il n'y fit qu'un séjour de quelques semaines. « Tout à Vienne était beau, nous dit-il; il y avait beaucoup d'argent et beaucoup de luxe; mais la bigoterie de l'impératrice y rendait les plaisirs de Cythère extrêmement difficiles, surtout pour les étrangers. » Vous pensez bien que Casanova ne pouvait mener à Vienne qu'une vie fort triste et fort désœuvrée; aussi quitta-t-il bientôt la capitale de l'Autriche pour retourner dans sa belle patrie.

Vous conterai-je ses nouvelles amours à Venise? ses amours avec Thérèse Imer, cette jeune et belle enfant qui lui avait valu de la part de Malpieri des coups de canne et son congé? ses amours avec C. C..., ardente et jeune Vénitienne, qu'il voulut épouser, comme tant d'autres qu'il n'épousa jamais? ses amours à la Zuecca, ses amours au couvent, ses amours au *casino*, ses amours partout? Que vous apprendrais-je que vous ne sachiez déjà? Servante ou marquise, Laure ou Jeanneton, bonnets ronds ou chapeaux à plumes, c'est toujours la même drame, la même épopée; toujours les mêmes incidents, les mêmes péripéties, le même dénouement, qui n'est jamais qu'un chant de victoire. En vérité, don Juan n'est plus qu'un enfant depuis que nous avons fait connaissance avec cet infatigable Vénitien. Pourtant n'allez pas croire, à ce nom de don Juan, que notre héros, à l'exemple du héros de Mozart, soit réduit en système la séduction et l'inconstance. A Dieu ne plaise! Casanova est le plus moral des séducteurs, comme le plus honnête des fripons. Il n'est pas une de ses escroqueries qui ne soit d'une naïveté édifiante, pas un de ses amours qui ne soit réel et bien senti, pas une des femmes qui l'ont passionnément aimé (et toutes l'ont aimé de passion), qui n'en ait été payée d'un amour peut-être ardent encore.

Il est une heure dans le jour où le voyageur fatigué se repose sur le bord du chemin, et mesure du regard et de la pensée la route qu'il a faite et celle qu'il lui reste à faire. Le poëte l'a dit, nous avons tous une heure pareille dans notre existence; c'est celle où notre âme fait une halte entre l'avenir et le passé, et où notre conscience nous demande compte du temps que nous avons vécu. Cette heure n'a jamais sonné pour Casanova; sans autre but que le plaisir, il ouvre ses voiles à tous les vents, et va où le flot le pousse. Pour lui le passé est comme s'il n'avait jamais été, l'avenir comme s'il ne devait jamais être: il vit dans le présent. Sa vie est un zig-zag perpétuel. Nous arrivons enfin à une période de quinze mois qui apparaît dans cette vie comme une tour grave et sévère. Casanova n'est pour vous jusque ici qu'un aventurier de haut et de bas étage, un héros de mauvais lieu, rien de plus, quelque chose de moins peut-être; suivez-le donc sous les Plombs de Venise, c'est là qu'il est homme, et quel homme! quelle énergie dans la souffrance! quelle confiance invincible en sa force! quelle brûlante aspiration vers la liberté! quelle persévérance de lutte et de courage! Ici, Casanova, je vous aime et je vous admire! Ce n'est pas le martyr chrétien qui tend la main, prie et se résigne; ce n'est pas Sylvio Pellico, que la religion relève et console; c'est l'homme énergique et fort, qui n'a foi en Dieu ni aux hommes, mais qui a foi en lui, et c'est beau. Sylvio se sanctifie par la douleur, Casanova s'exalte; Sylvio en appelle à Dieu seul, et traîne douze années dans les prisons de Milan et de Venise; Casanova n'en appelle qu'à son courage, et se sauve. Toute cette partie de ses mémoires est admirablement belle; la pensée s'y montre forte, et le style grand comme l'homme. C'est que sous les Plombs Casanova est grand et fort, en effet.

Arrêté, au nom du conseil des Dix, au milieu de ses joies et de ses amours, il passe le pont des Soupirs, ce pont qu'on passait sans retour. On l'arrache aux voluptés de son *casino* pour le jeter sous les Plombs embrasés. Mais à la porte de cette fournaise brûlante il ne laisse point l'espérance; tout le délaisse, mais il ne se délaisse pas lui-même. Bientôt, sous ses mains, que la fièvre brûle et calcine, un fer grossier s'aplatit et s'aiguise; sous ce fer le plancher s'use et cède; après dix mois de misères et de douleurs, le plancher s'ouvre enfin! Un jour encore, vienne la nuit, et Casanova est libre, la liberté est sous ses pieds! Cette nuit ne vint pas: le matin du jour même qui devait être le dernier de sa captivité, Casanova fut transféré dans une prison nouvelle. Mais son courage n'en fut point abattu, et le ciel aide qui s'aide. Il recommença son œuvre, et cinq mois après il courait en droite ligne vers Paris.

Casanova avait été précédé à Paris par le bruit de sa fuite: lorsqu'il arriva, il n'était question que de son évasion merveilleuse. Chacun voulait l'entendre raconter par Casanova lui-même; la curiosité était insatiable, et l'illustre échappé des Plombs était accueilli dans les salons avec son histoire, comme quinze années auparavant Molière avec son *Tartufe*. Casanova ne se laissa point endormir par le succès, et chercha dans le tourbillon des affaires une importance plus réelle et plus productive. Vous le verrez à la fois politique adroit, financier habile, amoureux robuste, magicien impudent, faire marcher de front les affaires du roi et les siennes, passer du cabinet de M. de Choiseul dans le lit d'une comtesse ou d'une servante d'auberge, séduire en Hollande une jeune fille par je ne sais quelle science cabalistique dont il ne croit pas lui-même, exploiter à Paris la crédulité d'une dame d'Urfé, et parcourir en quelques mois toute la série des immoralités. Casanova nous apprend qu'il a présidé à l'établissement de la loterie en France, et que nous lui devons cette institution déshonnête; en vérité, cela nous surprend médiocrement. Il eût inventé les dés et les cartes, si les dés et les cartes n'avaient existé déjà. Quoi qu'il en soit, vous le verrez puiser des monceaux d'or dans ce gouffre récemment ouvert à la cupidité, et s'enrichir des nombreux sacrifices incessamment offerts sur ce nouvel autel qu'il venait d'élever au hasard. Aussi, quelle pluie de ducats et de sequins il sème sur sa route! Le merveilleux récit de ses prodigalités n'est pas moins humiliant pour la magnificence d'un roi que celui de ses amours pour la constitution d'un Hercule.

Je m'arrête, peu jaloux de connaître les dernières destinées de Casanova, et ne cherchant pas même à les prévoir. Je ne sais rien de moins intéressant que cette série d'événements sans liaison et sans suite. Si l'on en excepte les Plombs de Venise, il n'est pas une page de cette longue histoire qui nous excite à lire la page qui suit ou qui précède, pas un instant où l'intérêt du drame vous oblige impérieusement de poursuivre, pas une heure où vous ne puissiez fermer le livre, sans plus vous soucier de Casanova que d'un étranger qu'en passant vous salueriez sur votre route. Ses malheurs ne vous touchent pas plus que sa fortune; et sa fortune, comme ses amours, nous trouve parfois incrédules. Homme étrange, qui se fit valoir partout, et partout ne valut rien, qui ne sut établir nulle part des relations solides et durables, et nous reste enfin comme une expression maladroite et sans élégance du dix-huitième siècle, qu'il semble résumer. D'abord sceptique comme Diderot, moins le génie et la probité; libertin comme Crébillon fils, moins l'esprit et la grâce; sceptique fripon et libertin obscène : tel est Casanova, qui *vécut en philosophe et mourut en chrétien*. Vous savez que dans sa vie il n'y eut de chrétien que sa mort. — Jules SANDEAU.

Casanova, véritable Gil-Blas du dix-huitième siècle, promena encore en Angleterre, en Prusse, en Pologne, en Russie et en Espagne son humeur inconstante et son avidité de plaisirs. Son manuscrit s'arrête au récit de son dernier séjour à Paris, au moment où, déjà vieux, il sent le besoin de se reposer enfin dans une tranquille et douce solitude d'une vie tour à tour si agitée et si brillante, mais dont le déclin n'est pas pour lui sans amertume; car la jeunesse n'est plus là avec ses riantes illusions pour lui faire oublier la misère. Il mourut en 1803, à Dûx.

On a de lui les ouvrages suivants : *Confutazione della Storia del Governo Veneto di Amelot de la Houssaie* (Amsterdam, 1769) : ce livre le réconcilia avec le gouvernement vénitien; *Istoria delle Turbulenze della Polonia alla morte di Elisabeth Petrowna, fino alla pace fra la Russia e la Porta Ottomana* (Gratz, 1774, 3 vol.); *Dell' Iliade di Omero, tradotta in ottave rime* (Venise, 1778, 4 vol. in-4°); *Histoire de ma Fuite des prisons de la république de Venise qu'on appelle les Plombs* (Prague, 1788); *Solution du problème déliaque démontrée* (Dresde, 1790); *Corollaire à la duplication de l'Hexaèdre, donné à Dûx en Bohême* (Dresde, 1790); *Icosamdron*, roman philosophique (5 v. publiés à Prague, de 1788 à 1800). Ses mémoires, rédigés en français, et publiés à Leipzig, de 1826 à 1832, en douze volumes in-8°, ont été réimprimées à Paris en 1834 et années suivantes.

CASANOVA (FRANÇOIS), frère cadet du précédent, célèbre peintre de batailles et de paysages, né à Londres, en 1727, et suivant d'autres en 1732, vint de bonne heure à Florence, où il se destina à la peinture, et apprit les premiers éléments de cet art. A l'âge de vingt-cinq ans il se rendit à Paris, où il reçut d'excellents conseils du grand dessinateur Parrocel. Il s'y appliqua particulièrement à l'étude du coloris et à celle des effets de lumière, l'une des grandes difficultés de la peinture. Il exécuta un grand nombre de tableaux pour le prince de Condé; puis, l'âpre critique de Diderot l'ayant déterminé à quitter la France, il alla se fixer à Dresde, où il se consacra complétement à la peinture de batailles. Une grande toile de ce genre, exécutée avec autant de chaleur que de hardiesse, contenant de grandes masses habilement disposées et témoignant d'une connaissance approfondie des effets de lumière, lui valut une place à l'académie de Dresde et une foule de commandes. Plus tard, il vint s'établir à Vienne, où il fut chargé par l'impératrice Catherine II de peindre ses victoires sur les Turcs. Cet artiste mourut en 1805, à Briel, près Vienne.

Son frère aîné, *Jean-Baptiste* CASANOVA, né à Venise, en 1722, et suivant d'autres à Londres en 1730, mourut le 10 décembre 1798, à Dresde. Comme professeur et comme directeur de l'académie des Beaux-Arts de cette capitale, il forma un grand nombre d'élèves remarquables. Les excellentes *Dissertations sur les Anciens Monuments de l'Art* (Leipzig, 1771) qu'il publia, et qu'il écrivit d'abord en italien, ont conservé aujourd'hui même toute la valeur qu'elles avaient il y a près d'un siècle.

CASANOVA (ARRIGHI DI). *Voyez* ARRIGHI.

CASAQUE. La *casaque d'armes*, ou *robe longue*, comme s'exprime l'édit de Blois rendu en 1576, est une pièce d'habillement qui s'est d'abord appelée *casaquin* ou *caraquin*, termes dont Furetière prétend retrouver l'étymologie dans le nom de *Caracalla*. C'était une rouplle, un manteau à manches, qui succéda aux hoquetons, comme ceux-ci avaient succédé aux cottes d'armes. On préféra, comme vêtement plus léger et plus commode, la casaque; elle n'était pas sans ressemblance avec le costume de nos bedeaux. Celles que portaient les hérauts d'armes étaient décorées des armoiries du souverain; celles des lances fournies portaient la devise du chef de lance. Les casaques étaient ouvertes par devant, à bras prolongés et à manches longues et fermées; elles se mettaient, suivant les différentes époques, par-dessus l'armure, le justaucorps ou la soubreveste. Il y en avait sur lesquelles était appliquée, comme distinction nationale, une croix de couleur tranchante. Ainsi, au temps de François Ier, les Bourguignons impériaux avaient sur leur casaque la croix rouge de Saint-André.

Montgommery nous apprend que la casaque des gens d'armes français s'appelait *robe d'armes*, et était plus grande et d'autre forme que l'habillement analogue des chevau-légers et des mousquetaires à cheval : les unes et les autres servaient à garantir l'armure des injures du temps; on les portait agrafées au collet. S'il faisait beau, on les rejetait en arrière, comme les pelisses de nos hussards. La casaque des militaires de cour était ornée de fleurs de lis; celle des compagnies d'ordonnance était à la livrée des capitaines, ou plutôt à la livrée de l'enseigne, ce qui lui valut le nom de *casaque d'ordonnance* : ainsi, elle peut être regardée comme ayant été le premier habit d'uniforme, et comme ayant occasionné la synonymie des mots *uniforme* et *ordonnance*. Cependant la casaque contribua faiblement à l'introduction de quelques règles de tenue et à quelque uniformité dans nos troupes, ou si elle y influa, ce fut pendant peu de temps. Cette uniformité fut négligée depuis Louis XI, et l'on voit François Ier rendre, le 12 février 1533, une ordonnance qui, dans des vues d'économie, prescrit aux archers à cheval d'avoir au moins une manche de leur casaque à la livrée du capitaine. Monluc témoigne l'étonnement qu'il éprouva de voir les protestants de Montauban en casaques blanches.

Les casaques disparaissent, en grande partie, vers le règne de Henri II ou de Henri III, époque où l'on fait revivre l'usage de l'écharpe et où on la substitue, comme distinction, aux livrées de la casaque abolie. Cependant Guignard parle encore de casaques des gardes à cheval des gouverneurs. Les gendarmes de la milice espagnole que commandait le duc d'Albe portaient, dit Brantôme, des casaques *belles et riches*. Les régiments de Gustave-Adolphe en avaient d'une couleur uniforme; celles d'un de ces corps lui avaient valu le nom de *régiment jaune*. Les troupes brandebourgeoises portèrent bien plus tard la casaque, puisque le mot *brandebourg* (qui signifiait *casaque*, ou marque distinctive de casaque) est resté dans notre langue et s'y est francisé dans ce dernier sens. L'ordonnance du 25 avril 1767 appelait encore casaques les habits des trompettes et des timbaliers. Si quelques auteurs prennent depuis l'abolition de l'armure l'un pour l'autre les mots casaque et justaucorps, il en faut conclure que justaucorps était une casaque peu ample et à ceinture. Gal BARDIN.

Ce mot *casaque* et le vêtement qu'il désigne n'appartiennent pas seulement à l'art militaire ; c'était un manteau, à longues manches, qui se mettait par-dessus l'habit, surtout pour monter à cheval. Plus tard, ce mot est devenu l'appellation spéciale d'un surtout de campagne, grossièrement fait et d'une étoffe commune. Puis il a donné naissance au *casaquin*, espèce de robe-de-chambre courte et à manches, qui est devenu le vêtement ordinaire des femmes du peuple et des femmes de la campagne. De là la locution proverbiale *donner sur le casaquin* à quelqu'un, pour dire le battre.

Quant à l'expression *tourner casaque*, signifiant changer de parti, on a prétendu qu'elle venait de l'usage où était le soldat qui voulait passer à l'ennemi, de retourner sa *casaque*, pour ne pas être reconnu et inquiété dans sa désertion. Mais ne dit-on pas aussi *tourner casaque à l'ennemi*, dans le sens de fuir, de lâcher pied, et n'est-ce pas plutôt ici une figure employée pour dire *tourner le dos* ?

CASAQUIN. *Voyez* CASAQUE.

CASAS (LAS). *Voyez* LAS CASAS.

CASATI (GABRIO, comte), l'un des hommes les plus remarquables qui aient figuré dans l'insurrection lombarde de 1848, issu d'une ancienne famille noble de la Lombardie, est né le 2 août 1798, à Milan, et fit ses études à Pavie, où en 1821 il obtint le titre de docteur en droit et en mathématiques. Il ne prit aucune part à l'agitation révolutionnaire dont le nord de l'Italie fut le théâtre en 1821 ; mais plus tard il s'efforça de favoriser la fuite de quelques-uns de ses compatriotes frappés de condamnation. En 1824 il se rendit à Vienne à l'effet d'obtenir une commutation de peine en faveur de son beau-frère, le comte Verese, gonfalonnier de Milan, qui avait été condamné à mort. Quoique pendant les années qui suivirent il vécut dans la retraite et complétement livré à l'étude, il n'en acquit pas moins le renom d'un patriote distingué. Sur la proposition du conseil municipal de Milan, il fut, en 1837, nommé *podesta* (maire) de cette ville ; fonctions importantes, qu'il conserva, en vertu de trois élections successives, jusqu'au moment où éclata la révolution ; les seules qui eussent un caractère essentiellement national, et dont il s'acquitta à la complète satisfaction de ses concitoyens. A diverses reprises il adressa au gouvernement des mémoires et des représentations sur la nécessité d'opérer des réformes dans l'administration ; et en 1844 il fit le voyage de Vienne à l'effet de servir plus efficacement les intérêts de son pays. Sa popularité s'accrut encore lorsque, en 1846, à la mort de l'archevêque de Milan, un Allemand appelé *Gaysruck*, il obtint du gouvernement autrichien qu'on lui donnât pour successeur le prélat Romilli. A cette occasion, le comte Casati tira de l'oubli la mémoire de Galdino, qui fut jadis l'âme de la ligue lombarde ; et la population glorifia avec enthousiasme le nom de patriote des anciens jours.

Les solennités en l'honneur de Romilli et de Galdino s'étaient passées dans le plus grand ordre, quand, le 8 septembre 1847, la garnison engagea sans provocation, contre la population désarmée, une sanglante collision. Ces scènes déplorables furent de sa part l'objet d'une protestation qu'il adressa à Vienne, en réclamant du gouvernement l'éloignement de fonctionnaires supérieurs devenus odieux à la population. Il fit des démarches analogues auprès du comte de Fiquelmont, qui avait été envoyé à Milan avec mission de comprimer le mouvement national qui se prononçait de plus en plus en Lombardie. A l'occasion des massacres que la soldatesque autrichienne et les agents de la police commirent le 2 et le 3 janvier 1848 au soir dans les rues de Milan, le comte Casati s'exposa personnellement aux plus grands dangers pour empêcher ces furieux de continuer à massacrer sans ordres les citoyens. Le jour suivant il se rendit avec l'assesseur municipal Belgiojoso, le comte Fiquelmont et le gouverneur Spaur auprès de Radetzky, pour le supplier de faire cesser un tel état de choses.

Quand au mois de mars 1848, après la révolution de février de Paris et les événements de Vienne, l'orage éclata sérieusement aussi à Milan et dans le reste de la Lombardie, le comte Casati, augurant mal du résultat définitif de la lutte engagée, exhorta les populations à demeurer calmes ; mais son influence était désormais impuissante sur cette ville en proie à la plus vive irritation. Dans la matinée du 18 mars, en suspendant l'exécution des ordres du vice-gouverneur O'Donnell, il réussit encore à empêcher la force armée de se ruer sur les citoyens. A la tête de la municipalité et suivi d'une foule innombrable, il se rendit au palais du gouvernement, où il obtint d'O'Donnell la suppression du corps de police et la création d'une garde nationale. Mais à son retour de cette visite, la lutte était déjà engagée entre la force armée et le peuple ; elle dura cinq jours, et se termina par la retraite des troupes. Au milieu même de ce conflit, le 20 mars, Casati fut appelé à faire partie du gouvernement provisoire, qu'on composa des conseillers municipaux et de quelques hommes nouveaux qui leur furent adjoints. Confiant dans l'étoile de Charles-Albert, et espérant la réunion de la Lombardie avec le Piémont, le comte Casati se maintint dans ce poste difficile malgré l'opposition des républicains. Appelé à Turin le 11 juin pour affaires financières, il reçut du roi la mission de former avec le général Collegno un nouveau ministère dont il fit partie jusqu'à la bataille de Custozza (25 juillet).

Après la soumission de Milan et de la Lombardie par les Autrichiens (6 août), il invita ses collègues de l'ex-gouvernement provisoire à se constituer à Turin en *consulta* lombarde, ainsi que l'avait décidé la loi dite *de fusion* ; cette consulta l'élut pour son président. Au mois de mai 1849, après la perte de la bataille de Novare, il renonça à toute activité officielle. Il vit depuis lors dans une profonde retraite. Le parti ultra-radical attribue à son défaut d'énergie et à son aveugle confiance dans le roi Charles-Albert la fatale issue du soulèvement de la Lombardie.

CASAUBA. *Voyez* CASBAH.

CASAUBON (ISAAC DE), naquit le 18 février 1559, à Genève, où sa famille, originaire du Dauphiné, s'était réfugiée après avoir embrassé la réforme. Dès l'âge de neuf ans il parlait latin avec correction et facilité. Isaac Casaubon fut un des plus remarquables esprits de son temps ; il brilla surtout de l'éclat propre à ce siècle, où toutes les facultés se portaient vers l'érudition. A cette époque, qui suivit la renaissance des lettres, l'esprit d'imitation envahit tout ; et les monuments de l'antiquité grecque et latine, offrant un type subit de perfection aux esprits, qui déjà revenaient d'eux-mêmes au sentiment du beau, devinrent les objets constants de la contemplation et des efforts de la pensée. Tout effort de l'intelligence devenait de l'érudition. Les idiomes étaient encore informes, les velléités de conceptions se seraient senties honteuses de se produire à côté des chefs-d'œuvre éprouvés de la Grèce et de Rome : on fit de la philologie.

Casaubon épousa à Genève la fille du célèbre Henri Étienne, qui lui-même avait corrigé et imprimé presque tous les grands auteurs anciens. « C'était une femme fort instruite, et qui aima toujours passionnément, dit M. de Sacy, sans préjudice du grec. » Notre savant professa cette langue et les belles-lettres à Montpellier, de là à Paris, où l'appela Henri IV. Il quitta cette dernière chaire pour occuper les fonctions de bibliothécaire du prince ; et après sa mort Casaubon suivit en Angleterre le chevalier Wotton, ambassadeur extraordinaire de Jacques Ier. Il se fixa dans cette contrée, y mourut, le premier juillet 1614, et fut enterré à Westminster.

M. de Sacy appelle Casaubon l'honnête homme par excellence. « Aussi, dit-il, fut-il persécuté par tout le monde. Les protestants (il était de leur communion) le traitaient d'apostat. Casaubon était trop instruit pour partager tous leurs préjugés, trop doux pour applaudir à leurs fureurs. Les catholiques, et à leur tête Henri IV, trop facile peut-être en matière de conversion, s'étonnaient et s'irritaient de ne pouvoir pas achever celle de Casaubon, qui leur paraissait déjà à moitié faite. On essaya, pour faire opérer la grâce, de la grande ressource, celle des pamphlets; l'inceste et le parricide y étalent les plus douces des accusations adressées au plus timoré des hommes. Le pauvre Casaubon se réfugia en Angleterre. »

Il s'était exercé, comme traducteur et comme critique, sur plusieurs auteurs grecs et latins, sur Diogène de Laerte, sur les *Stratagèmes* de Polyen, sur Aristote, Théophraste, Polybe, Strabon, Théocrite, Athénée, etc. Ses investigations se portèrent sur presque tous les grands ouvrages anciens; et son merveilleux instinct du génie de la langue et du génie particulier de chaque écrivain, ses immenses lectures, qui l'avaient familiarisé avec les fautes et les transformations habituelles aux copistes, et surtout un don naturel, véritable intuition du critique, concoururent à en faire l'un des hommes les plus doctes, les plus judicieux, les plus féconds dont on puisse honorer l'érudition depuis la renaissance. Casaubon a composé aussi quelques écrits théologiques, espèce de tribut payé à la réforme et à l'esprit du temps, mais où il ne mettait pas la sève de ses facultés, et qui n'obtinrent jamais la célébrité de ses travaux philologiques.

Il laissa un fils, *Marie* CASAUBON, né à Genève, le 14 août 1599, et mort le 14 juillet 1671, qui suivit son père en Angleterre. Il se consacra aussi à l'érudition classique avec succès, mais beaucoup plus à la théologie.   François Gail.

CASBAH ou CASAUBA, nom que l'on donne dans les villes barbaresques à certaines forteresses, renfermant ordinairement la demeure et le trésor du chef du pays. La casbah d'Alger est le château situé au sommet du rocher que forme la ville, dont elle est la citadelle. Sa fondation ne remonte guère sans doute à plus d'un siècle, puisque Laugier, dans son *Histoire d'Alger*, n'en fait aucune mention parmi les forts qu'il cite. Ce château fut affecté à receler les trésors accumulés par les deys d'Alger. Le dernier, Hussein-Pacha, redouté par le sort tragique qui avait terminé les jours de la plupart de ses prédécesseurs, abandonna le palais où ils avaient résidé, et se constitua prisonnier volontaire dans la Casbah. On en fit une forteresse hérissée de canons, dont il ne permettait l'approche même à la milice turque qu'avec les plus grandes précautions. A l'abri de toute surprise dans cette citadelle, en raison de sa situation avantageuse, il y était gardé par une troupe dévouée, dont il avait seul les moyens de payer la fidélité. Il n'en sortit qu'une seule fois pendant un règne de douze ans (dans l'année 1821). Il voulut se promener dans la basse ville pour inspecter les fortifications qui avaient été construites sur le bord de la mer, depuis le bombardement de 1816. Mais les soldats turcs, avides de révolutions, et surtout des profits que leur procuraient les fréquentes mutations de dey, résolurent d'assassiner celui dont l'extrême prudence les frustrait des avantages qui les attendaient de la modicité de leur solde. Informé à temps du complot, Hussein se hâta de rentrer dans sa prison, et n'en sortit que le 4 juillet 1830, pour aller habiter jusqu'à son départ la maison où il demeurait avant de monter sur le trône. La Casbah fut occupée le lendemain par les Français, qui venaient de conquérir Alger, et le général Bourmont y fut visité par l'ex-dey. Les clefs des portes qui renfermaient les trésors furent remises par le khasnadar ou ministre des finances à une commission, qui en fit l'inventaire et y mit les scellés. Mais, soit que l'évaluation de ces trésors ait été fort exagérée, soit qu'il y ait eu, comme on l'a dit, de grandes dilapidations, il n'en est arrivé en France qu'environ 15 millions, et les coupables sont restés ignorés ou plutôt impunis.   H. Audiffret.

CASCADE, chute d'eau naturelle ou artificielle.

Les *cascades naturelles* sont des masses d'eau plus ou moins considérables, provenant soit d'étangs, soit de sources, soit de torrents, soit de fleuves ou rivières, qui se précipitent d'un lieu élevé : suivant la masse d'eau qui se précipite et la hauteur de la chute, elles prennent les noms de *cataractes*, *chutes* ou *sauts*. Les principales sont : la *cascade de Gavarnie* (Pyrénées), d'une hauteur de 411 mètres; la *cascade de Fugloe*, dans l'île de ce nom, en Norwège (325 mètres); la *chute de Staubach*, dans les Alpes helvétiques (292 mètres); la *cascade de Neomelsaskas* (*saut du lièvre* ou *chute de Lulea*), dans la Laponie suédoise (195 mètres); la *chute du Serio*, dans le bassin du Pô (162 mètres); la *cascade de la Tosa*, dans le mont Gries (130 mètres); la *cascade de Grey-Mairs-Tail*, en Écosse (114 mètres); la *cascade de Pisse-Vache*, dans les Alpes helvétiques (97 mètres); la *cascade de la Marmora*, dans les États Romains (88 mètres); la *cascade de Killin* (*Fall of Acharn*), en Écosse (76 mètres); la *cascade de Reichenbach*, dans les Alpes helvétiques (65 mètres); la *chute de la Cettina*, en Dalmatie (40 mètres) ; la *cascade du Tendon*, dans les Vosges (39 mètres); la *cascade de l'Ardèche* (32 mètres); la *cascade du pont du Diable*, ou *chute de la Reuss*, dans le mont Saint-Gothard (32 mètres) ; la *chute du Rhin* ou *Laufen*, en Suisse (28 mètres); la *grande cascade du mont Dore* (19 mètres) ; la *cascade de Tivoli*, dans les États Romains (16 mètres); etc.

Les *cascades artificielles*, quels que soient l'origine et le volume de leurs eaux, sont des constructions de l'art, dont l'architecte a tellement disposé, combiné l'ensemble et les détails qu'il en résulte pour les yeux un véritable spectacle formé de toutes les sortes de jeux variés que l'art hydraulique peut faire prendre aux eaux. Telles sont celles que l'on remarque à Frascati et dans d'autres villes d'Italie, et la grande cascade du parc de Saint-Cloud, près de Paris. L'art consiste, dans la construction de ces cascades, à savoir combiner tous les moyens hydrauliques pour y augmenter le volume apparent des eaux, pour en varier les effets, en multiplier les ressources par des contrastes heureux ou par de doubles emplois, soit en éparpillant, soit en divisant adroitement des masses d'eau qui sans cet artifice n'auraient presque point de valeur.

Les artificiers appellent aussi *cascades de feu* des gerbes d'artifice dont le jeu imite celui des cascades.

CASCARILLE. On nomme ainsi l'écorce du *croton cascarilla*. Cette écorce est importée principalement d'Eleuthéria, l'une des îles Bahama. Elle arrive en caisses et en ballots, et consiste en morceaux d'environ vingt centimètres de long, qui ont à peine trois millimètres d'épaisseur, et sont roulés et couverts d'un épiderme mince et blanchâtre. La cascarille a une odeur épicée agréable et une saveur amère, aromatique et chaude. La couleur des morceaux à l'intérieur est le cannelle lavé de rouge, et leur cassure est courte et serrée, d'un brun rougeâtre sombre, ou même pourpré. Elle est très-inflammable, et on la distingue facilement de toute autre espèce d'écorce à l'odeur suave et vive qu'elle émet en brûlant et qui a du rapport avec le musc, mais qui est bien plus agréable. Ses principes actifs sont en partie extraits par l'alcool et par l'eau, mais plus complètement par l'éther. La cascarille est fort employée en pharmacie et surtout dans la parfumerie. Plusieurs fumeurs en mêlent à leur tabac, et c'est la base constante de ces clous fumants qu'on brûle pour embaumer les appartements.

Pelouze père.

CAS DE CONSCIENCE, question de morale relative aux devoirs de l'homme et du chrétien, qui consiste à savoir si telle action est permise ou défendue, ou à quoi peut être obligé un homme dans une circonstance donnée. « C'est aux théologiens *casuistes*, dit l'abbé Bergier, qu'appartient cette décision ; c'est à eux d'en juger selon les lumières de la raison, les lois de la société, les canons de l'Église et les maximes de l'Évangile, quatre grandes autorités qui ne peuvent jamais être en contradiction. »

CASÉINE, produit organique qui constitue la partie essentielle des fromages. Il est blanchâtre, très-léger, gras au toucher, spongieux, inodore et insipide. On l'obtient sous forme de flocons agglomérés par l'ébullition du lait écrémé. Sur 100 parties de caséine de lait de vache soumises à l'analyse, M. Dumas a trouvé : carbone, 53,50 ; hydrogène, 7,05 ; azote, 15,77 ; oxygène, 23,68.

On trouve aussi de la caséine au sang, et on l'obtient en traitant un caillot par de l'alcool faible et bouillant, qui la dissout et la laisse déposer par le refroidissement.

Par opposition à la *caséine animale*, on nomme *caséine végétale* ou *légumine* un produit sans doute identique, que l'on retire de certaines céréales ; ainsi on l'obtient du froment en traitant aussi son gluten par l'alcool bouillant. Les fruits des légumineuses surtout en renferment une notable quantité. Si on broie dans un mortier des haricots, des lentilles ou des pois, ramollis dans l'eau, la bouillie qui résulte de cette opération étant jetée sur un tamis fin, les cosses y sont retenues, tandis que l'amidon et la caséine passent à travers. Par le repos, l'amidon se dépose et la caséine reste en dissolution. Cette dissolution d'un blanc jaunâtre s'acidifie à l'air, et se coagule comme du lait écrémé.

CASEMATE ou **CAZEMATE**. Ce mot est dérivé de l'espagnol *casemata*, qui veut dire *maison cachée*. On a supposé qu'il pouvait même signifier *édifice d'où l'on tue*, en employant le mot *mata*, du verbe espagnol *matar*, tuer. Ce qui peut fortifier cette opinion, c'est qu'on a d'abord nommé *casemate* ce qu'on a ensuite appelé *contre-mine de forteresse*. L'*Encyclopédie* emploie absolument *casemate* pour exprimer une triple plate-forme garnie de pièces de canon ; mais il y a une distinction à établir, si on ne la considère que comme *casemate à feu* ou comme *casemate d'habitation*.

Les *casemates à feu*, qui passent pour avoir été inventées par San-Micheli, suivant les uns, par Speckle, suivant les autres, paraissent avoir succédé aux barbacanes des anciennes forteresses ; elles formaient un échelonnement de plates-formes, à épaulement, à parapet en ligne droite ou courbe, à embrasure, à ciel ouvert, et placées derrière l'oreillon, dans un renfoncement pratiqué entre les bastions et la courtine ; les plates-formes des étages inférieurs s'appelaient *places basses* ou *flancs bas*. Ces étages contenaient des canons qui battaient de leurs feux le fossé et la face du bastion correspondant ; on les tirait à cartouches sur les assaillants, s'ils tentaient le passage du fossé. La fortification avait surtout recours à ce genre d'ouvrage s'il s'agissait de défendre des fossés inondés. Il faut, suivant les usages modernes, comprendre le mot *casemate à feu* ou *feu casematé*, comme signifiant : renfermant des pièces cachées et à ciel fermé, et contenant des batteries de bouches à feu réservées pour les dernières extrémités. Vauban adapta, en 1684, des casemates à la construction de Landau. Les auteurs qui ont traité de ce genre de défense ne regardent, presque tous, le mot *casemate* que comme synonyme de *casemate à feu*, et non de *caserne*, comme il en a aussi le sens ; ce dernier terme, devenu le principal, a presque fait oublier l'autre. On a tenté de nombreux essais dont l'objet était de garantir les casemates voûtées des inconvénients produits par la fumée du canon, qui, en s'y refoulant et en s'engorgeant dans les voûtes, y devient insupportable aux artilleurs. Ainsi on a garni de volets ou de sabords les embrasures, afin de les pouvoir fermer, sitôt le coup tiré ; ainsi on a pratiqué des cheminées des courants d'air, des baies, à l'opposite du parapet.

Les *casemates d'habitation* sont des casemates voûtées, qui répondent à certaines lignes fortifiées des anciens, et aux *chambres voûtées* des châteaux du moyen âge. Elles sont à l'épreuve de la bombe ; les officiers du génie les distribuent en cénacles pratiqués dans les pans des bastions d'une forteresse, de manière à n'en pas affaiblir la solidité, et à servir de chambres de caserne à la garnison, en cas de Bombardement ; on y ménage des fours dont les cheminées sont disposées de manière à n'être d'aucune incommodité pour la place ; on y perce des embrasures dans les flancs des bastions ou dans les oreillons ; on y place des pièces qui, en cas d'assaut livré au corps de la place, tirent à mitraille.

Gal Bardin.

CASERNE. On appelle de ce nom les bâtiments dans lesquels les militaires sont logés, lorsque ces bâtiments appartiennent à l'État et ne servent que de logement. Nous ne pensons pas qu'il soit nécessaire de s'appliquer à démontrer que la méthode de loger les troupes dans des casernes est la meilleure qu'on puisse suivre. Ce n'est qu'en les tenant réunies, et pour ainsi dire sous la main des chefs, qu'il est possible de veiller exactement au maintien de l'ordre et de la discipline. Nous ne pouvons pas douter que dès le moment où il a existé des troupes régulières permanentes, il y a eu des casernes : les mêmes motifs d'ordre et de discipline qui en rendent l'usage nécessaire ont toujours existé.

Chez les Grecs, quoique zélés tacticiens, les armées ne se formaient que de levées faites un peu avant la guerre. Il est donc probable qu'il n'y avait pas parmi eux de casernes pour les troupes combattants. S'il en existait, ce ne pouvait être que pour les troupes chargées de la police intérieure des villes. Si nous possédions une description des villes d'Athènes, de Lacédémone, de Thèbes, comme nous en avons une de Rome antique, il est certain que nous y verrions, dans l'énumération des bâtiments publics, des *phyvérions*, ou stations de garde municipale. Les forts avancés, tels que Philé, Decelia, etc., garnisonnés, en tout temps, par les troupes soldées des Athéniens, avaient certainement des casernes. Lorsque Philippe de Macédoine, père d'Alexandre le Grand, eut institué la phalange macédonienne et en eut fait un corps permanent, il en peut assurer que ce fut logé, en temps de paix, dans des casernes. Mais aucun monument historique n'en fait mention, d'où il résulte que nous ignorons quelle a pu en être l'architecture.

Aucun des écrivains romains dont les ouvrages nous ont été conservés ne fait également mention de casernes. On ne saurait cependant douter que les Romains en aient fait usage. Près de la *villa Adriani*, non loin de Tivoli, à Civita-Castellana et dans quelques autres lieux de l'Italie, on voit des ruines qui ont appartenu à des casernes, et dont quelques-unes sont assez bien conservées pour qu'on puisse en reconnaître la construction. Elles avaient un seul étage au-dessus du rez-de-chaussée ; et il régnait sur tout le pourtour de cet étage une galerie extérieure sur laquelle ouvraient les portes des chambres occupées par les soldats, de manière que, sortant de ses chambres, la troupe se trouvait en bataille sur la galerie, toute disposée à faire usage de ses armes de jet. Depuis César les légions restèrent toujours sur pied, et occupèrent des garnisons permanentes, d'où elles ne sortaient que pour faire la guerre, et où elles rentraient à la paix. Ces stations ou garnisons portaient dans les provinces le nom de camps (*castra*). Mais on ne saurait admettre que les soldats y fussent sous la tente, comme dans les camps passagers. Les vétérans y restaient, ainsi qu'on le voit par les réclamations des troupes de Pannonie soulevées contre Tibère. Les soldats y avaient leurs femmes et leurs familles. C'étaient donc des forteresses, dans la construction intérieure et extérieure desquelles on avait conservé les formes prescrites par la castramétation. C'étaient de grandes casernes divisées en plusieurs corps de bâtiments. Quelques-uns de ces camps sont devenus en effet des villes assez importantes, comme Arnheim (*Castra Herculis*), Coblentz (*Confluentes*), Mayence (*Moguntiacum*), Strasbourg (*Argentoratum*), et sur le Danube, Ratisbonne (*Regina castra*) et Vienne (*Vindobona*). A Rome, le fameux camp des troupes prétoriennes était une forteresse du même genre, entourée même de murs, au lieu d'un rempart de terre. Outre le camp des prétoriens, la description de la ville de Rome, recueillie par Panvinio, en mentionne onze autres dans les divers monuments historiques qui nous restent; ce sont: *Castra peregrina, Misenatium II, Tabelliorum, Lecticariorum, Victimariorum, Salgamariorum, Salicariorum, Equitum singulorum, Gyptiana* et *Vetera*, tous en dehors de l'ancienne enceinte et sans doute construits de même que le camp prétorien.

Sous la république, lorsque les Romains, ayant étendu leurs conquêtes, furent obligés de laisser des troupes pour contenir les peuples les plus indociles, ils les établirent dans des camps permanents, ou casernes, de la même espèce que ceux que Drusus fit bâtir le long du Rhin. Mais même pendant le temps où ils conservèrent l'usage de licencier leurs légions à la fin de chaque guerre, il y eut des troupes permanentes, qui durent être casernées. La ville de Rome ne resta jamais sans troupes pour la défendre et y maintenir le bon ordre. Les anciens monuments font mention de deux espèces de troupes qui ont toujours existé, ainsi qu'il est facile de s'en convaincre par la nature de leurs services ; 1° les cohortes urbaines, chargées de la garde et de la défense des portes et des remparts : elles étaient ordinairement au nombre de six; mais dans quelques occasions urgentes, comme dans la seconde guerre punique, elles s'élevèrent jusqu'à vingt, c'est-à-dire à deux légions; elles restèrent à ce nombre sous les empereurs, et furent divisées en deux classes : les *cohortes urbanæ*, au nombre de six, pour la garde intérieure, et les *excubitoriæ*, au nombre de quatorze, pour la garde extérieure ; 2° les cohortes qu'on pourrait appeler de garde municipale (*cohortes vigilum*), qui étaient également au nombre de six, et qui servaient à la police intérieure. Les unes et les autres devaient casernement être réparties dans des quartiers ou casernes, vers les remparts pour les premières, et dans la ville pour les autres. La description de Rome que nous avons citée fait mention, en général, des camps des six cohortes urbaines et des quatorze *excubitoriæ* ou de garde extérieure, et indique leurs quartiers (*stationes*). Elle mentionne aussi les cohortes de police (*cohortes vigilum*) dans sept régions de Rome, savoir : les deuxième, cinquième, sixième, septième, huitième, douzième et quatorzième.

Quoiqu'il y ait eu des quartiers de troupes avant Vauban, ce savant ingénieur est le premier qui ait assujetti leur construction à des règles d'architecture uniforme. Dans les forteresses, il plaçait près des remparts et le long des courtines; ce qui est en effet le meilleur emplacement qu'on puisse leur donner. Mais les casernes à la Vauban ne peuvent plus aujourd'hui remplir leur objet, qui était de contenir un nombre exact de bataillons ou d'escadrons. L'organisation des troupes n'est plus la même ; elle a changé dix fois depuis, et changera probablement encore. On croirait, à voir ces fréquents changements, que la science de la guerre a changé elle-même plusieurs fois de principes et de moyens d'exécution; car il est incontestable que l'organisation intérieure de l'armée doit être en relation directe avec les règles de la guerre, puisque c'est cette organisation qui est destinée à préparer les éléments d'action que la stratégie emploie, et qui sont tenus de correspondre à ses principes de mouvement. Mais il n'en est rien. L'organisation des armées n'a jamais eu pour guides que le caprice des ministres. Il serait cependant temps que cette organisation, établie sur les véritables principes de la science de la guerre, fût fixée par une loi immuable, et mise ainsi à l'abri de la versatilité et des caprices des faiseurs de projets.

Alors on pourrait assujettir les règles du casernement à des principes fixes, bâtir des casernes uniformes, et les voir constamment remplir leur objet; au lieu que dans l'état actuel on est presque toujours obligé de morceler les troupes, de couper les bataillons, parce que les casernes existantes sont trop grandes ou trop petites pour contenir exactement un bataillon ou un régiment. En attendant qu'il en soit ainsi, si jamais nous pouvons y arriver, nous nous contenterons d'exposer les principes généraux qui doivent diriger le casernement des troupes.

D'abord il faudrait que les officiers de tous grades fussent toujours logés avec les troupes auxquelles ils appartiennent, et dans le même corps de caserne. Non-seulement cette disposition est nécessaire pour le maintien de la meilleure discipline, parce qu'elle rend la surveillance des chefs plus facile et plus efficace, mais elle est surtout avantageuse dans les villes non fortifiées et exposées à une invasion imprévue, parce qu'elle évite les surprises totales, ou en modifie au moins les effets. Il est arrivé un jour à l'auteur du présent article de surprendre un régiment et de l'enlever en entier, quoiqu'il n'eût pas de forces supérieures, mais parce que les officiers étaient séparés des soldats. Les premiers étaient dans une petite ville, logés chez l'habitant, et les autres étaient enfermés dans un grand bâtiment situé à l'extrémité de la ville, et qui en était presque séparé. L'auteur arriva au point du jour sur les communications de la ville au bâtiment servant de caserne; quelques patrouilles saisirent les officiers, au sortir de leurs logements, et les soldats, privés de chefs, capitulèrent sans résistance. On n'alléguera sans doute pas, contre la mesure générale que nous proposons, que l'aisance et les commodités des officiers justifient l'habitude de leur permettre de se loger dispersés dans les villes. Ces égards ne peuvent entrer en ligne de compte dans la discipline. L'homme qui veut, même en temps de paix, jouir de toutes ses aises, ne doit pas se livrer à la vie militaire, moins encore comme officier dans un régiment. Quoique les casernes actuelles soient la plupart privées de pavillons, il serait possible d'y en ajouter dans bien des endroits. Il serait nécessaire que chaque bâtiment détaché ou corps de caserne contînt, au moins, un bataillon pour l'infanterie et deux escadrons pour la cavalerie. Ce corps des moindres fractions à la tête desquelles soit placé un officier supérieur, qui, comme de raison, devrait loger, ainsi que les officiers des compagnies, dans le même corps de caserne. Une des dispositions les plus avantageuses pour les casernes est celle qui les distribuerait par régiment, chaque petit corps de caserne, correspondant à un bataillon ou à deux escadrons, placé sur un des côtés d'un carré, dont les deux côtés qui resteraient vides pourraient être fermés par des grilles. L'intérieur de ces grandes cours serait fort utile pour l'exercice des recrues, et même dans l'infanterie pour l'école de bataillon. Dans les casernes de cavalerie, le manège pourrait être placé sur un des côtés vides. Les casernes disposées de cette manière réuniraient de grands avantages : il serait plus facile d'y contenir les soldats et de les empêcher de sortir; en fermant les portes des grilles qui uniraient les corps de caserne de chaque régiment, on en ferait une espèce de forteresse à l'abri d'une surprise, dans les villes ouvertes et voisines des frontières. Un des inconvénients qui se font le plus sentir dans les casernes existantes aujourd'hui est le manque d'un local couvert pour exercer les recrues pendant la mauvaise saison ; il serait facile d'y remédier en disposant pour cet usage en portiques ouverts la moitié du rez-de-chaussée qui regarde la façade de chaque corps de caserne.

Gal G. DE VAUDONCOURT.

CASERTE, en italien CASERTA-NUOVA, ainsi appelée du vieux château *casa erta* (la maison escarpée) chef-lieu de la province de *Terra di Lavoro* (royaume de Naples), dans une situation admirable, et surtout célèbre par son château royal, l'un des plus grands et des plus beaux qui existent en Europe. Cet édifice, qui forme un immense parallélogramme d'environ 250 mètres de long sur 192 de large, et d'une élévation d'à peu près 37 mètres, est surmonté d'une gracieuse coupole flanquée de pavillons. Les marbres les plus précieux ont été employés avec une incroyable profusion à son ornementation. Un magnifique portique, soutenu par 98 colonnes de marbre, traverse, sur une longueur de 169 mètres, le palais entier, dont on admire surtout l'escalier d'honneur, la chapelle et le théâtre. Un magnifique parc, dessiné à l'anglaise, et orné de cascades et de jets d'eau, entoure la royale demeure; et un aqueduc y amène de six myriamètres de loin l'eau nécessaire pour en alimenter les diverses pièces d'eau. Cet aqueduc traverse la vallée de Maladoni, sur un pont hardiment jeté entre les deux hauteurs qui la forment; son prolongement est de 309 mètres, son élévation de 66 mètres, et il se compose de trois rangs d'arches superposées. Le rang supérieur en compte quarante-trois. Un tunnel, pratiqué dans les flancs du Garzano sur une étendue de mille mètres, lui ouvre passage à travers cette montagne. Cette splendide résidence fut construite en 1752, sous le règne de Charles III.

Caserte, en y comprenant Caserta-Vecchia, située à peu de distance sur une élévation, compte environ 18,000 habitants. Elle est le siége d'un évêché, et était jadis le chef-lieu d'une principauté. Il faut encore citer parmi les établissements qui se trouvent dans son voisinage et qui méritent d'être vus la colonie de San-Leuccio, où se trouve une grande fabrique royale de soierie.

CASES (Las). *Voyez* LAS CASES.

CASÉUM. Les étymologistes ne sont pas d'accord sur l'origine de ce mot, qui signifiait *fromage* chez les Romains, et que les chimistes ont adopté en lui donnant une acception presque identique. Selon Isidore, *caseus* est dérivé de *quasi careum*, de *carere*, manquer, parce que, dit-il, le fromage manque de sérum; Varron suppose que son radical pourrait être *coaxeus*, mot contracté de *a coacto lacte*, parce que le fromage est fait de lait coagulé. Quoi qu'il en soit, ce qu'on nomme en langage vulgaire *caillebotte* (masse de lait caillé) ou *caillé* est appelé en chimie et en médecine *caséum* ou *matière caséeuse*. Jusqu'ici les chimistes, considérant le caséum comme l'un des principes médiats des corps organisés, c'est-à-dire qui ne peuvent concourir à la formation des sels, et qui ne sont ni graisse, ni acides, ni bases, dans la section ou famille des principes azotés, non cristallisables, remarquables par leur mollesse et leur prompte altérabilité. D'après l'analyse faite par MM. Gay-Lussac et Thenard, le caséum serait composé de : carbone, 59,78; oxygène, 11,41; hydrogène, 7,43; azote 21,38.

Mêlée à la chaux, la matière caséeuse humide se réduit en une pâte dont la propriété adhésive est si grande et si peu attaquable qu'on s'en sert pour coller les fragments de porcelaine. L'ammoniaque liquide dissout promptement le caséum, surtout lorsqu'il est frais et encore humide. Il est encore soluble, à l'aide de chaleur, dans les acides concentrés, et insoluble dans les acides affaiblis. Les sels retardent la fermentation putride du caséum. L'hydrochlorate de soude ou sel marin, qui favorise la fermentation acide de cette substance, est employé dans la fabrication des fromages, qui lorsqu'ils sont récents sont presque entièrement constitués par le caséum : ce serait encore la matière caséeuse qui, d'après M. de Lens, formerait seule la pellicule qu'on observe à la surface du lait qu'on chauffe, et qui entre dans la composition de la frangipane. Il paraîtrait, d'après les observations microscopiques faites par M. Raspail sur le lait, que la matière caséeuse pure, qu'il dit être un mélange assez compliqué, serait formée principalement par les globules albumineux du lait, qui, en raison de leur pesanteur spécifique, tendent à se précipiter lentement au fond du vase, tandis que les globules oléagineux se portent à la surface. Les observations de ce savant confirmeraient donc les prévisions de Scheele et de Fourcroy, qui regardaient le caséum comme identique avec l'albumine, ou blanc d'œuf. Dans un grand nombre de recherches comparatives sur six espèces de lait, Deyeux et Parmentier ont établi que le caséum est plus abondant dans les laits : 1° de la chèvre ; 2° de la brebis; et 3° de la vache, et qu'il l'était moins dans ceux: 1° de l'ânesse; 2° de la femme; et 3° de la jument.

L. LAURENT.

CASIMIR (*Technologie*), étoffe croisée et légère qui ne se devrait fabriquer qu'avec les laines les plus fines et les plus moelleuses, mais dans la composition de laquelle on introduit trop souvent du coton. Sedan avait autrefois en quelque sorte le monopole de la fabrication du casimir; mais aujourd'hui Louviers et Elbeuf rivalisent avantageusement avec cette ville. Les casimirs d'Aix-la-Chapelle, généralement moins larges, mais plus beaux en matière que ceux de Sedan, l'emportent sur ceux-ci pour le bas prix. Enfin les casimirs anglais sont réputés les plus parfaits, sous le rapport de la finesse de la filature et de la régularité du tissu.

Cet article est très-recherché par la consommation, particulièrement en noir uni pour pantalon. Ce qui lui donne la préférence sur le drap, c'est qu'il est plus léger et infiniment plus solide, plus élastique; ce qui résulte de la croisure de son tissu.

Le casimir se prête à mille combinaisons diverses qui se reproduisent périodiquement en suivant les phases de la mode : il est donc tantôt jaspé, rayé, à côtes, mélangé, cannelé, etc. On obtient ces divers résultats par de légères modifications dans les métiers.

CASIMIR, en polonais *Kasimierz*, nom qui a été porté par plusieurs princes et rois de Pologne.

CASIMIR Ier, dit *le Pacifique*, était fils de Mietchislaf II. Sa mère Rixa, fille du comte palatin du Rhin, ayant été forcée par la noblesse à renoncer à la régence, qu'elle exerçait au nom du son fils mineur, et à s'enfuir en Allemagne, Casimir abandonna aussi son royaume, où, désormais sans souverain, se trouva en proie à la plus effrayante anarchie, et que les Bohêmes, commandés par Brétislaf, ravagèrent jusqu'à Ginsen, d'où ils enlevèrent le corps de saint Adalbert. En l'an 1040, grâce aux secours que lui fournit l'empereur, Casimir Ier réussit à rétablir son autorité en Pologne et à y consolider l'autorité royale ainsi que la religion chrétienne. Il épousa Dobrognewa, sœur du puissant grand-prince Iaroslaf de Kief, soumit la Masovie à ses lois, et se fit restituer, en 1054, par les Bohêmes, Breslau et d'autres villes. Il mourut en 1058. Le récit qu'on trouve dans quelques chroniques, et suivant lequel Casimir Ier serait mort moine de l'abbaye de Cluny, est un conte inventé à plaisir et dont la critique historique a démontré la fausseté.

CASIMIR II, dit *le Juste*, né en 1138, était fils de Boleslas III. Il dut livrer à l'empereur comme otage son frère Boleslas IV, vaincu en 1157 dans une guerre par Ladislas II, expulsé Frédéric Barberousse, qui prit parti pour Ladislas II, expulsé par Boleslas; il lui fit subir neuf années de captivité. En 1177, Mietchislaf III ayant été expulsé, Casimir fut élu lui-même grand-prince de Pologne à sa place. Il s'efforça de protéger le peuple contre l'oppression de la noblesse, remporta des victoires en Volhynie et en Lithuanie contre les Iadzwinges, et mourut en 1094.

[CASIMIR III, surnommé *le Grand*, roi de Pologne, succéda en 1333, à l'âge de vingt-trois ans, à Wladislas Loketek, son père. Il trouva le royaume épuisé par les invasions des Tatars, les discordes des princes, les guerres des voisins, notamment celles de l'ordre Teutonique; et son gouvernement habile répara, autant qu'on pouvait l'espérer de la barbarie du pays et de celle du temps, les maux de la Pologne. Spirituel et instruit doux par caractère, et quelquefois emporté par passion ou même cruel par politique, capable dans la guerre, plus capable dans la paix, amoureux des sciences et des lettres, plus amoureux des plaisirs, tel était ce prince, qui arrivé jeune au trône, avec une réputation de galanterie que des aventures funestes avaient propagée dans toute l'Europe, sut promptement se rendre respectable aux factions et à l'étranger. Des victoires signalèrent ses commencements, et il ne triompha que pour pacifier. Il traita avec l'ordre Teutonique, au prix de la Poméranie. De la sorte, les Polonais, qui s'étaient déjà repliés des bords de l'Elbe et de la Sprée, perdaient encore la ligne de l'Oder; et un grand royaume, voisin formidable, devait un jour s'élever sur ces débris. Mais on ne vit pas ces résultats, et d'autres frappèrent tous les regards. La Cujavie reconquise sur les chevaliers Teutons, le Brandebourg et la Bohême contraints de poser les armes, les Lithuaniens réprimés, la Wolhynie reprise sur les Tatars, ces farouches dominateurs rejetés derrière le Borysthène, qu'ils ne franchirent plus, c'étaient là des biens immenses; Casimir les assurait à la Pologne. Elle respira.

En même temps l'heureux Casimir remporta des victoires plus nouvelles et plus grandes. Il sut forcer la noblesse, épuisée par les invasions et les revers, à l'obéissance. Les lois du trône régnèrent. Leur niveau courba ces têtes indociles. D'un autre côté, la justice, sans cesser d'être mêlée à l'administration et au commandement militaire, dépouilla quelques-unes de ses formes barbares. On vit à la fois de sages règlements introduits dans l'État, des places fortes construites, des monuments élevés, une université fondée dans les murs de Cracovie. L'université nouvelle reçut et conserva le nom de Sorbonne, en mémoire de ce que des docteurs de la Sorbonne de France étaient venus enrichir de cette institution la capitale que le Franc Samon avait bâtie.

Tels sont les caractères remarquables du règne de Casimir. Un autre fut son application à créer une bourgeoisie au sein de la Pologne. Soit humanité, soit plus vraisemblablement politique, il prit en pitié la servitude des classes inférieures, et nuls efforts ne coûtèrent ni à sa sagesse ni à son courage pour les relever de leur misère. Le siècle de défaites et de désolations qui venait de s'écouler avait commencé, par ses calamités mêmes, l'établissement d'une classe moyenne. Sous le poids de désastres sans cesse renaissants, comment ne pas enrégimenter les serfs pour avoir quelques forces à opposer au Tatar? Le métier des armes, les faveurs des rois, créèrent parmi eux quelques existences favorisées. La lente introduction des arts de l'Europe était parvenue à doter quelques cités d'une population libre, plus éclairée que l'ordre équestre, enrichie par le travail, empressée à recueillir la dépouille des nobles que ruinait la guerre, et initiée par l'étude des lois à une foule de connaissances que dédaignait la noblesse, mais qu'appréciaient les rois.

Le quatorzième siècle est une des grandes époques de l'histoire, par ce travail universel de la société européenne, jusque dans les profondeurs de contrées encore barbares, pour former une classe moyenne. Déjà Lezko-le-Noir, l'un des prédécesseurs de Casimir et son oncle, avait introduit en Pologne ces libertés municipales, sous le nom de *droit de Magdebourg*, faisaient une révolution profonde en Allemagne. Casimir osa tenter plus. Il consacra pour les paysans le droit de devenir soldats; il décréta la peine d'une amende de plusieurs écus contre les nobles qui tueraient injustement un serf. Il accorda aux habitants des cités une juridiction particulière, leur fraya l'accès du sacerdoce, et alla jusqu'à permettre l'entrée des Étals aux représentants de quelques-unes des villes les plus considérables du royaume.

Son projet était d'élever les communes au rang d'un ordre dans l'État. Inquiet de leur faiblesse, il prit au dehors une bourgeoisie toute faite, pour la transplanter dans les déserts de la Pologne. Des ouvriers, des négociants, des professeurs, des jurisconsultes, accourrurent en foule du sein de l'Allemagne, dans ses cités agrandies. La Pologne brilla de lueurs inusitées. Cracovie posséda dans ses murs au même moment les rois de Danemark, de Chypre, de Hongrie, l'empereur Charles IV, nombre de princes qui venaient assister au mariage d'une nièce de Casimir, et telle était la condition où les classes industrieuses s'étaient élevées à l'ombre de la protection royale, qu'un bourgeois opulent reçut un jour à sa table toutes ces têtes couronnées. C'était le temps des triomphes de la liberté helvétique, des tentatives de Wat-Tyler, de la domination de Rienzi, des querelles des *Phalsburgers* et de la rapide fortune d'Étienne Marcel, le temps enfin de la publication de la bulle d'or et des débuts de Charles le Sage. L'ébranlement semblait universel.

Cette révolution attaquait la vieille constitution sociale de la nation polonaise dans toute la puissance de ses maximes et de ses préjugés : elle devait finir par s'y briser, pour le malheur éternel de la Pologne. Cette révolution essayée valut à Casimir des résistances et des difficultés sans nombre. Là le clergé et la noblesse faisaient cause commune, parce que le premier de ces ordres ne se recrutait que dans le second. L'évêque de Cracovie était de règne en règne le chef de toutes les oppositions et de toutes les résistances de la noblesse. Le sceptre s'était plusieurs fois brisé au bâton pastoral. Casimir fut plus heureux. Il rencontra cette lutte sur sa route, et la soutint avec bonheur, quoique ses désordres multipliés ne donnassent que trop de prise aux censures du redoutable prélat. Contraint plus d'une fois de plier, il ne faiblit pas. Il sut conserver tous ses droits au titre de *roi des paysans*, que la vengeance de la noblesse lui avait infligé, et à la place duquel la postérité a mis le surnom de *Grand*.

Il faut dire que les historiens ont reproché à Casimir d'avoir introduit les juifs dans la Pologne, où ils se sont propagés comme une lèpre dévorante. On n'a pas manqué de l'accuser d'avoir cédé en cela à l'empire d'une fille de ces nomades du monde policé, alors usuriers partout, parce qu'ils étaient partout proscrits. Le vieil annaliste Cromer a même raconté qu'il avait laissé deux de ses enfants grandir dans la religion de leur mère. Nul chrétien au monde ne l'eût osé alors, et ce sage monarque moins qu'un autre. La vérité est sûrement qu'il ouvrit son royaume aux Israélites, comme il l'eût ouvert à l'industrie, au commerce, à la finance même. Mais il advint une chose singulière : c'est que de toutes les tentatives de Casimir pour donner une classe moyenne à la Pologne, la seule qui lui survécut fut l'établissement qu'il avait donné aux juifs, et c'est cet établissement qui a fait échouer tout le reste. En s'emparant de toutes les affaires des familles aisées, de toutes les relations pécuniaires avec les puissances voisines, de toutes les transactions des diverses classes entre elles, les juifs ont empêché le développement d'une véritable bourgeoisie, rendu l'ordre équestre plus étranger que jamais aux habitudes de la vie civile, marqué du préjugé de leur nom et de leur race le négoce et l'industrie, maintenu enfin l'état primitif, l'état sauvage en pleine civilisation, chez ce malheureux et vaillant peuple, qui a contribué beaucoup à sa ruine. Les actes de Casimir devaient tourner tous contre ses desseins et contre son pays!

En effet, la vie de ce grand prince eut un terme. Après s'être occupé cinquante ans de donner à la nation polonaise ce dont elle a manqué toujours et ce dont l'absence a fait sa perte, un corps de peuple et des institutions stables, il mourut en 1370. Mais il y a un esprit de corps qui ne meurt pas, qui renaît et se fortifie par les défaites, qui résiste à toutes les expériences et à toutes les secousses. L'ordre équestre ne le détruisit avec opiniâtreté les créations du grand roi. Le principe barbare reprit sa domination chez les fils des Slaves. Toutes les institutions civilisatrices furent abolies. On alla jusqu'à interdire aux bourgeois le droit de posséder des terres. D'un règne magnifique, presque le seul où il y eût gloire au dehors et paix au dedans, parce qu'une autorité puissante veilla sur la patrie, il ne resta que ce fléau d'une population étrangère appelée pour hâter les progrès de la civilisation avec ceux de la richesse publique, et qui ne fit que les corrompre et les étouffer. Les juifs, fournissant à la noblesse toutes les ressources d'une société plus avancée, sans prétendre à une existence politique, sans éveiller chez elle la crainte d'une concurrence importune, conservèrent en Pologne tous leurs priviléges, tandis que la bourgeoisie polonaise perdit ses droits. De la sorte, ce qui, dans la pensée de Casimir, devait propager les arts utiles, les perdit sans retour. Les nobles eurent plus que jamais horreur et mépris pour les professions libérales. Ces professions suffirent pour ravir au sang sa vertu. La richesse fruit du travail déshérita les familles nobles elles-mêmes des prérogatives qu'elle aurait dû conférer.

Dieu permit que cet esprit funeste se perpétuât par une autre fatalité : c'est qu'avec Casimir III s'éteignit, après cinq cents ans de durée, la maison de Piast. Ce monarque ne laissa point d'héritiers directs. Quoique des princes du vieux sang royal fussent loin de manquer à la Pologne, puisqu'ils la désolèrent pendant deux cents ans de leurs prétentions armées, les diètes appelèrent au trône le roi de Hongrie, Louis, de la maison de France, neveu de Casimir par les femmes. Après ce prince, sa fille, la célèbre Hedwidge appela par son mariage, la race des Jagellons, qui apporta en dot la Lithuanie, mais dont le long règne fut le triomphe de tous les principes barbares sur la civilisation naissante et combattue de la Pologne. On ne pourrait dire si par là l'union des deux peuples ne fut pas plus pernicieuse qu'utile à cette belle et noble nation. Elle a péri par tant de causes qu'on éprouve quelque embarras à rechercher laquelle a le plus fait pour sa ruine, dans la longue instabilité de ses lois et de ses frontières, dans la croissante faiblesse de son gouvernement, dans la perpétuelle exigence de sa folle liberté, dans son oubli constant des deux principes qui font la force des États : la fixité du pouvoir et le bien-être des peuples.

N.-A. DE SALVANDY, de l'Académie Française.]

CASIMIR IV, second fils de Jagellon, né en 1427, prit les rênes du gouvernement dans le duché de Lithuanie du vivant même de son frère Ladislas III. Au grand mécontentement des Polonais, il conserva toujours, même après son avénement au trône de Pologne en 1447, une grande prédilection pour son pays natal, et s'efforça d'empêcher qu'on ne l'incorporât complétement à la Pologne. Depuis lors les villes de Prusse se soulevèrent contre l'ordre Teutonique et se soumirent à l'autorité de Casimir, qui entreprit contre cet ordre redoutable une lutte qui dura près de vingt ans; et en 1466 les chevaliers de l'ordre Teutonique furent contraints de lui abandonner, aux termes du traité de paix de Thorn, toute la Prusse occidentale.

En 1468, Casimir IV convoqua à Piorkrowo la première diète des nobles à l'effet de délibérer sur les revenus publics. C'est de la réunion de cette date, à proprement parler, le développement successif des usages et des institutions qu'on avait coutume de désigner sous le nom de constitution de la Pologne. Casimir IV mourut en 1492, à Grodno.

CASIMIR V, deuxième fils de Sigismond III, est plus connu sous le nom de Jean-Casimir.

CASINO, mot italien qui désigne à la fois et le lieu où se rassemble une société particulière pour se livrer au plaisir de la conversation et du jeu, et cette société même.

C'est bien à tort que quelques personnes veulent faire dériver ce terme de la montagne que nous appelons Mont-Cassin, dénomination dérivée de l'italien Monte Casino. Sans doute l'abbaye célèbre qui s'éleva en ce lieu était un séjour délicieux pour ceux qui apprécient le calme d'une philosophique retraite dans une contrée pittoresque, au milieu des trésors de l'intelligence et de l'érudition. Mais pourquoi son nom, qui ne rappelle que des idées sévères aurait-il été donné à des réunions essentiellement mondaines? Nous estimons qu'il est bien plutôt le diminutif de Casa, maison, et qu'il veut dire tout simplement petite maison. Aujourd'hui encore les nobles d'Italie ont l'habitude de désigner sous le nom de Casino les petites maisons dont ils sont propriétaires, indépendamment de leurs palais, généralement situés au centre des villes, et qui servent plus particulièrement à leurs plaisirs. Vraisemblablement il sera arrivé avec le temps que plusieurs familles moins riches se soient réunies pour louer en commun une maison de ce genre; et on doit croire que telle fut l'origine des sociétés particulières si nombreuses aujourd'hui, non pas seulement en Italie, mais encore en Allemagne, et auxquelles on applique la dénomination de Casino.

CASIRI (MICHAEL), savant orientaliste et prêtre syro-maronite, né en 1710, à Tripoli de Syrie, fut élevé à Rome, où il reçut l'ordre de la prêtrise en 1734. L'année suivante, il accompagna en Syrie le savant Assémani, que le pape y envoyait assister au synode des Maronites; et de retour à Rome en 1738, il rendit un compte exact des dogmes religieux des maronites. Il enseigna ensuite dans son couvent les langues arabe, syriaque et chaldéenne jusqu'à l'année 1748, époque où il alla s'établir à Madrid. L'année d'après il fut nommé l'un des bibliothécaires de l'Escurial; et plus tard il devint le conservateur en chef de la riche bibliothèque de cette résidence royale. Il mourut à Madrid, le 12 mars 1791.

Sa Bibliotheca Arabico-Hispana (2 vol. in-fol.; Madrid 1760-1770), qui comprend en 1851 articles l'indication des différents manuscrits arabes que possède la bibliothèque de l'Escurial, bien qu'elle ne soit exempte ni de lacunes ni d'erreurs, n'en a pas moins une valeur toute particulière, à cause des extraits des historiens arabes qu'elle contient.

CASOAR. Le casoar approche de l'autruche pour la taille, et est encore moins volatile qu'elle, s'il est possible, puisque ses ailes n'ont pas même de plumes; cependant il en diffère assez à d'autres égards pour faire un genre particulier. Son bec est aplati par les côtés, et un peu arqué : la substance en est fort dure; la pointe de chaque mandibule est échancrée latéralement. Une proéminence osseuse, recouverte d'une corne mince, forme sur sa tête une espèce de casque comprimé par les côtés et coupé en demi-ovale. Sa tête et le haut de son cou sont absolument dénués de poils et de plumes; la peau en est teinte d'un bleu céleste très-vif et d'une belle couleur de feu. Le bleu occupe le haut, et le rouge le bas, dont la surface est inégale et présente des espèces de verrues et des tubercules arrondis. Devant le cou pend de chaque côté une longue caroncule mince, dont la partie inférieure grossit un peu. Tout le corps est recouvert de plumes noires uniformes, qui de loin ressemblent à du crin, parce que les tiges en sont garnies de barbes courtes, roides, écartées, et qui ne portent point elles-mêmes de barbes plus petites. Celles du bas du dos et du croupion s'allongent et masquent entièrement la queue. L'aile est de moitié plus courte que dans l'autruche; ses pennes, au nombre de cinq, sont grosses et roides, et n'ont point de barbes du tout, de façon qu'elles représentent cinq piquants, et qu'elles servent en effet à l'animal d'armes offensives. Les pieds du casoar sont plus gros et plus courts à proportion que ceux de l'autruche. Ils sont terminés par trois doigts, dirigés tous les trois en avant. L'ongle du doigt interne est du double plus long que les autres.

Le squelette du casoar a beaucoup de rapport avec celui de l'autruche. Il a cependant des caractères particuliers, dont le principal consiste en ce que les os du pubis et ischion ne sont point soudés ensemble par derrière. Ses parties molles présentent aussi quelques dispositions curieuses; entre autres celle que ses intestins sont extrêmement courts à proportion de sa taille, et que ses cæcums sont fort petits, si on les compare à ceux de l'autruche. Il n'a pas comme celle-ci un estomac intermédiaire entre le jabot et le gésier; son cloaque n'est pas plus grand que dans les autres oiseaux; mais les muscles pulmonaires sont comme dans l'autruche.

Le casoar ne parait pas surpasser l'autruche en délicatesse de goût et d'odorat : il avale, comme elle, tout ce qui se présente. Plusieurs auteurs, et Harvey lui-même, vont jusqu'à assurer qu'il avale quelquefois des charbons ardents. Mais il rend ce qu'il a pris beaucoup plus promptement que l'autruche, et surtout lorsqu'il est poursuivi. Il mange de tout : il aime beaucoup les pommes ; mais il est aussi très-friand d'œufs de poule, et il les avale et les rend quelquefois sans les briser. Il ne peut pas manger de grain, parce que sa langue n'est pas disposée de manière à ce qu'il puisse l'avaler. Ceux qu'on élève aux Indes préfèrent le pain de sagou à toute autre nourriture; mais ils mangent du riz cuit et du pisang. Les sauvages vivent de fruits tombés des arbres. Dans les basses-cours les petits poulets et les canards ne sont pas toujours en sûreté devant le casoar.

Le casoar court presque aussi vite que l'autruche, lorsqu'il est poursuivi. Selon Clusius, il rejette à chaque pas ses pieds en arrière, comme s'il ruait. En captivité il marche posément dans sa loge, en écartant les jambes et en se tenant très-droit. De temps en temps il court en faisant des bonds, mais lourdement et avec beaucoup de bruit. Valentyn dit que lorsqu'il court très-vite, il a l'air en partie de danser et en partie de voler. Il est très-vigoureux. Son bec étant plus fort que celui de l'autruche, il s'en sert avec avantage pour se défendre, pour arracher et pour briser différents corps. Il frappe dangereusement de son pied, tant en avant qu'en arrière. Les Indiens regardent le casoar comme très-stupide; ils ont remarqué surtout qu'il a très-peu de mémoire : qu'il oublie même les coups et les autres mauvais traitements, et qu'il ne témoigne aucun ressentiment contre ceux qui l'ont battu. Il s'apprivoise très-vite, lorsqu'on le prend jeune; mais ceux qui sont devenus plus grands que la cigogne ne se laissent pas prendre aisément. Du reste, sa chair est noire, dure et peu succulente.

Les œufs du casoar sont verdâtres ou grisâtres, agréablement tachetés de vert d'herbe; le fond en est aussi marqué de blanc. Il y en a d'unis, et d'autres dont toutes les teintes sont pâles. Ils sont plus petits et d'une forme plus allongée que ceux de l'autruche. Dans l'état sauvage il n'en couve que trois ou quatre, qu'il place dans le sable ou qu'il couvre de différentes choses, et qu'il abandonne à la chaleur naturelle du climat. Le jeune casoar diffère assez de l'adulte. Sa tête est entièrement recouverte de cette peau nue et bicolore; la proéminence revêtue de corne ne lui vient que petit à petit. Tant qu'il a moins d'un mètre de haut, son plumage est d'un roux clair, mêlé de gris.

Le casoar ne se trouve que dans la partie la plus orientale de l'Asie méridionale, c'est-à-dire dans la presqu'île de l'Inde au delà du Gange, et dans les îles de l'Archipel Indien. Il n'est nulle part bien nombreux. Ce sont surtout les profondes forêts de l'île de Céram, le long de ses côtes méridionales, depuis Élipapoeth jusqu'à Kélémori, qui recèlent beaucoup de ces oiseaux. On en trouve aussi à Bouton et dans les îles d'Aroé; mais ils y diffèrent un peu des autres, surtout par leurs œufs, qui sont moins beaux, et dont les taches sont plus longues et plus brouillées. Quoique cet oiseau soit domestique à Amboine, il n'en est pas plus naturel; on l'y a porté, selon Labillardière, des îles situées à l'est.

Le nom de *casoar* est une contraction de celui de *cassuvaris*, que cet oiseau porte en malais. Celui d'*émeu* ou d'*éma* lui avait été donné par les Portugais.

G. CUVIER, de l'Académie des Sciences.

Ce casoar est souvent désigné sous le nom de *casoar à casque*, afin de le distinguer du *casoar de la Nouvelle-Hollande*, qui forme le genre *émou*.

CASPIENNE (Mer). On désigne sous ce nom le profond abaissement du sol qui existe aux confins de l'Europe et de l'Asie, où de nos jours il n'existe plus guère qu'un espace de 3,300 myriamètres carrés recouverts d'eau, tandis que, suivant toute apparence, il fut une époque où la plus grande partie des steppes qui l'entourent étaient également couvertes d'eau. Cette mer intérieure de l'Asie a 122 myriamètres de longueur, dans la direction du nord au sud, et de 18 à 44 myriamètres de largeur; et les nouvelles opérations géométriques dont elle a été l'objet en 1837 ne lui donnent que 29 mètres d'élévation au-dessus du niveau de la mer Noire. Le Volga, l'Oural, le Kouma, le Terek et le Kour sont au nombre des fleuves importants qui viennent y décharger leurs eaux. C'est aux énormes masses d'eau douce qu'ils y déversent incessamment qu'il faut attribuer la minime quantité de sel que contiennent les eaux de cette mer en comparaison de celles des autres mers ; telle est aussi la cause qui s'oppose au desséchement complet de ce vaste bassin, encore bien que la diminution successive de son volume d'eau soit parfaitement reconnaissable.

Les Russes, les Persans et les Turcomans se partagent la domination de la mer Caspienne, dont la pêche ne laisse pas que d'être d'un produit assez important, à cause de l'immense quantité d'esturgeons, de saumons, etc., qu'elle contient. Les Russes possèdent sur le littoral de cette mer les villes de *Gourjeff*, *Astrakhan*, *Derbent*, et *Bakou*, si célèbre par ses sources de naphte, ainsi que les forts *Leuhordn* et *Nicolaja*, dont la construction est toute récente. Sur le littoral persan on rencontre *Balfrousch*, *Rascht* et *Astrabad*. Quant aux Turcomans, ils n'ont sur tout le vaste littoral qui leur appartient que quelques villages et quelques amas de huttes de pêcheurs. Certaines portions de la mer Caspienne ont reçu des dénominations particulières. C'est ainsi qu'au nord-est on rencontre le *golfe de Mertwoï* ou la *Baie-Morte*, la *baie de Karabogasi* avec le lac de *Kouli-Daria*, où, au dire des Turcomans, se trouve un remous dans le quel s'engouffre et disparait l'eau de cette mer. Indépendamment des nombreux ouvrages de Klaproth, Mouravieff, Meyendorf et Eversmann, on consultera avec fruit Eschwald, *Voyage dans la mer Caspienne et au Caucase dans les années* 1825 *et* 1826 (Stuttgart, 1835 et 1836), et Gœbel : *Voyage dans les Steppes de la Russie méridionale* (Dorpat, 1838).

Séparée du Pont-Euxin ou mer Noire par la chaîne du Caucase, la mer Caspienne a reçu ce nom des Caspiens, ancien petit peuple de la Médie, qui habitait au sud-ouest de cette mer. Les anciens l'ont appelée aussi *mer Hyrcanienne*, des Hyrcaniens, qui habitaient au sud et à l'est de cet immense lac. Les anciens géographes, manquant de notions sur ces contrées reculées, pensaient et affirmaient que les eaux de l'Océan extérieur se jetaient dans la mer Caspienne comme dans un golfe. Hérodote dit pourtant bien positivement que cette mer n'a pas d'issue, que sa longueur est de quinze journées de navigation, sa largeur de huit. Chose surprenante, l'erreur et l'ignorance prévalurent encore après Hérodote; et l'on voit Strabon, Pomponius Méla, Pline, Denys le Périégète, géographes classiques, affirmer encore que la mer Caspienne communique avec l'océan Septentrional.

Les contrées qui avoisinent cette mer furent toujours tellement en dehors du mouvement du commerce et de la civilisation, les peuples qui la bordent furent tellement ignorants et ignorés, que c'est uniquement à une carte de la mer Caspienne dressée par l'ordre du czar Pierre 1er que l'on doit la connaissance positive de sa forme et de sa dimension. L'étendue de cette mer a dû varier. Plusieurs savants, entre autres le major Rennell, pensent que le lac d'Aral, situé à quelque distance vers l'orient, communiquait avec elle. Le célèbre voyageur Pallas a conjecturé que les steppes qui séparent la mer d'Azof de la mer Caspienne ont été autrefois couvertes d'eau et ne formaient qu'un vaste océan. La mer Caspienne est appelée aujourd'hui par les Turcs *Cozgoun Denghizi*, mer des Corbeaux ou Cormorans, à cause du grand nombre de ces oiseaux qu'on rencontre sur ses rives.

François GAIL.

CASQUE, arme défensive qui protège la tête; son invention remonte à une haute antiquité. Le casque fut indistinctement de cuir, de feutre, de bois, d'airain, de fer, d'argent et quelquefois d'or pur pour les chefs. Les Grecs l'appelaient κράνος, κόρυς, περικεφαλάια, de la tête qu'il couvrait, et κυνῆ, de la peau de chien dont parfois il était recouvert. Les Latins le nommèrent *galea*, puis *cassis*, dont les Français ont formé *casque*. Quelques étymologistes veulent que *galea* chez les Romains ait été pris du mot grec γαλῆ, belette, parce qu'ils auraient recouvert leur casque de la peau de cet animal; *cassis* serait le casque de métal. Mais ces deux mots ont la même acception chez les auteurs latins. Les Hébreux n'avaient qu'un nom pour désigner cette arme, celui de *kabdh*. Sa forme chez ce peuple devait participer de celle qui était en usage chez ses voisins : tantôt c'était la forme phénicienne, que depuis imitèrent les Grecs, tantôt la forme égyptienne : alors il était fendu par le milieu, et ressemblait au pic double d'un monticule. Les casques de Goliath et de Saül, dit l'Écriture, étaient d'airain. Quelques nations de la Grèce, les Béotiens particulièrement, durent prendre pour modèle le casque phénicien, celui de Cadmus, qui bâtit Thèbes, leur capitale; aussi ces peuples étaient-ils renommés pour la fabrication de cette arme, qu'ils perfectionnèrent et embellirent.

Le casque troyen avait la forme du bonnet phrygien, dont le sommet en pointe est un peu recourbé par devant : tel était le casque des Amazones. Les premiers casques chez les Grecs furent d'une grande simplicité, témoin le casque d'Amphion, représenté sur un bas-relief de la villa Borghèse. Les Cariens, dit Hérodote, ont été les terminateurs des aigrettes. On voit dans l'*Iliade* que du temps d'Homère cette arme défensive était déjà très-ornée : elle relevait la noble figure d'Achille, de Patrocle, et les grâces du jeune Nirée; cependant les plumes des oiseaux ne la surmontaient point encore, une seule crinière de cheval flottait derrière. Les peuples de la Colchide portaient des casques de bois ; les Lusitaniens, selon Strabon, avaient des casques tissus de nerfs d'animaux, et ceux des Éthiopiens étaient des peaux de cheval, avec les oreilles et la crinière, en sorte que la crinière servait d'aigrette, et que les oreilles étaient toutes dressées. En des temps beaucoup moins anciens, le plus ordinairement les casques des barbares avaient encore des cornes. Plutarque dit que celui de Pyrrhus, roi d'Épire, était surmonté de deux cornes de bélier. Le roi Lysimaque en portait un semblable. Quelques casques avaient d'ailleurs il s'appelait du seul nom de *galea*. En effet, Properce donne à Lucumon l'épithète de *galerus* (de *galerus*, bonnet de peau) ; il paraît que depuis, quand le casque fut métal et empanaché de plumes, le nom de *cassis* lui fut donné. Longtemps après, Polybe parle des casques comme si généralement ils eussent été de cuivre. Selon Végèce, au quatrième siècle, le casque des centurions romains différait de celui des soldats par la couleur et la position de l'aigrette, qui était de fer argenté et placé parallèlement à la face, afin qu'ils fussent reconnus de loin dans la mêlée. Le plus souvent le casque latin pour les chefs était surmonté d'une aigrette de plumes rouges et blanches ou d'une crinière de cheval; ils étaient, en outre, enrichis d'or et d'argent et de sujets et figures gravées. Les cochers du cirque portaient des casques à ailerons, symbole de la légèreté. Il paraît par les pierres gravées de Florence que chez les Grecs et les Romains il y avait des casques garnis de joues, mais dépourvus de visière mobile, et des casques garnis de joues avec la visière mobile, tel était celui d'Ajax. La visière mobile figurait ordinairement une face humaine, aux yeux percés ; on l'abaissait sur le visage à volonté. Les trompettes (*lituï*) portaient sur leur casque une peau de lion avec sa crinière. Sur le monument sépulcral d'un légionnaire est sculpté un casque fermé, tel qu'était celui de nos chevaliers dans les tournois. Bien plus, sur un bas-relief antique est un casque grec remarquable par une sorte de visière mobile placée au-dessus de l'immobile. Les Latins fabriquaient cette arme défensive avec beaucoup d'art. Il existe au cabinet des antiques un casque de soldat romain, qui, bien que sa largeur soit de vingt-cinq centimètres, diamètre qui comprenait la garniture intérieure, fut fondu avec tant de délicatesse, qu'il n'a guère plus de deux millimètres d'épaisseur, et ne pèse guère plus d'un kilogramme.

Vers les temps de nos premiers rois, l'usage des casques était presque tombé en désuétude ; les longs et épais cheveux des Francs leur en tenaient lieu. Il commença quelque peu à reparaître vers les premières années du septième siècle ; car un sceau de Dagobert représente ce roi portant une couronne fermée en forme de casque. Au neuvième siècle, Lothaire, dans un manuscrit dont il fit présent au monastère de Saint-Martin près de Metz, est représenté assis et deux écuyers debout avant sur la tête un casque bizarre, semblable à un chapeau à deux cornes. La figure de Charles le Chauve, qui est à la tête d'un manuscrit précieux, écrit avant l'an 869, tient dans sa main un casque en forme de calotte profonde, marqué d'une croix sur le devant. Au onzième siècle, sur une vieille et longue bande de tapisserie qu'on exposait dans la cathédrale de Bayeux, Guillaume le Conquérant est représenté mettant sur la tête d'Harold, son compétiteur, qu'il arme de pied en cap, un casque de fer se terminant en haut presqu'en cône; il laisse le visage tout à découvert, il a seulement une avance qu'on appelle *nasal*. Ce ne fut que sur la fin du douzième siècle, sous Philippe-Auguste, que le casque à visière devint d'un usage général : il accompagnait l'armure de fer, qui rendait le soldat invulnérable. Les accessoires en devinrent si variés, que nous n'indiquerons ici que les principales formes de cette arme, les plus belles et les plus bizarres, sous les règnes suivants. Au milieu du treizième siècle, le casque couvrait le front jusqu'aux sourcils, et le gorgerin s'étendait jusqu'au dessus de la bouche, couvrant quelquefois l'extrémité du nez, où un espace était ménagé pour la respiration. Le casque de saint Louis, peint sur les vitres de Notre-Dame de Chartres, a une forme étrange ; il est tout plat par le haut, et est à visière fermée. Il y avait aussi des casques de fantaisie adoptés par un roi, un suzerain, un chevalier. Dans une joute qui eut lieu à l'entrée dans Paris de la reine Isabeau de Bavière, les huit champions avaient des casques surmontés de différentes figures d'animaux : c'est ainsi qu'ils sont peints dans une miniature du manuscrit de Froissart : ce tournoi eut lieu vers 1385. Tous ces casques étaient de fantaisie : tel était celui de Lahire, accompagné d'ailerons rabattus, et celui de Jean de Bourgogne, représenté sur son tombeau, à ses pieds, orné de cornes d'un lion entre les cornes. Parmi ces casques, il y en avait dont les plumes étaient au nombre de six : celles du casque de Louis XII, qu'une miniature d'un manuscrit de ce temps, sont blanches, et rangées sur le devant comme celles de la coiffure des Incas. Quelquefois les plumes étaient droites au ciel, comme celles du casque de Henri II; quelquefois une seule était tombante, et touchait à la housse du cheval, comme celle du casque de Pierre de Rohan. Une estampe du temps de Henri IV offre pêle-mêle, dans une procession de la Ligue, des capucins, des cordeliers, des augustins, le casque sans visière en tête.

Le nom de ces différentes coiffures étaient *heaume*, armet, *salade*, *bourguignotte*, *morion*, *pot-en-tête*. On appelait *heaume* particulièrement le casque des tournois : il était muni d'une visière à petites grilles ; elle était mobile, s'abaissait et se relevait à volonté ; il était de plus accompagné d'un collet de fer qui descendait jusqu'au défaut des épaules ; ce casque était également un casque de bataille. L'*armet* était un casque de fer sans visière ni gorgerin. Une *salade* était une espèce de casque léger, sculpté, assez semblable au *pot-en-tête*, la coiffure du fameux chevalier de la Manche ; on lui donnait aussi le nom de *bourguignotte*. Dans l'infanterie la *salade* était appelée *morion*. Les commentaires de Montluc appellent également *salades* les cavaliers qui la portaient. DENNE-BARON.

Les différents peuples de l'Europe avaient en général, avant nos guerres de la Révolution, abandonné l'usage du casque. En France, une seule espèce de troupes (les dragons) l'avait conservé. Toutes les autres étaient coiffées du ridicule chapeau. C'était des motifs plausibles que cet usage avait prévalu, surtout pour les troupes à cheval, qui, combattant le plus ordinairement avec le sabre, ont besoin d'une armure qui garantisse la tête de l'effet de ces sortes d'armes. Aussi l'expérience de la guerre a-t-elle fait rétablir le casque comme coiffure de la grosse cavalerie, et le même motif devrait le faire rétablir pour toutes les autres troupes à cheval, auxquelles il ne serait pas moins utile qu'à la grosse cavalerie et aux dragons. Plusieurs peuples de l'Europe ont aussi réadopté le casque pour coiffure de leur infanterie, et en cela la raison militaire est pour eux. C'est le cuir bouilli que l'on emploie ordinairement dans leur confection ; il serait meilleur d'y employer le fer ou le cuivre. La coiffure de l'infanterie de l'Europe la plus usuelle aujourd'hui est le schako. Il supplée en partie au casque par les soins pris pour sa fabrication ; mais il ne peut préserver, comme le ferait le casque, la tête du soldat des coups de sabre, auxquels elle est souvent exposée. La coiffure du soldat doit remplir le double objet de préserver sa tête des intempéries de l'atmosphère et de l'effet des armes de main. Elle doit être simple dans sa forme, d'un usage commode, à l'épreuve des coups de sabre, sans ornements inutiles, enfin toute militaire et à peu près telle que la porte le bataillon des sapeurs-pompiers de Paris. Le casque de ce corps me paraît être tout ce qui existe de plus parfait dans ce genre. Gal ALLIX.

CASQUE (*Blason*). Le casque, considéré seulement comme ornement d'armoiries, est placé sans ordre et sans distinction dans les plus anciens sceaux des rois, des princes, des grands et de la noblesse. Les classifications suivantes sont une invention moderne, qui ne remonte pas au delà du quinzième siècle. On convint alors que le casque des empereurs et des rois devait être *taré* (c'est-à-dire posé) de front, entièrement ouvert et sans grilles, pour marque du pouvoir absolu. Celui des princes et celui des ducs, également d'or, était aussi taré de front et sans grilles, la visière presque ouverte. Les marquis eurent un casque d'argent taré de front, à onze grilles d'or, les bords et les dispures de même. Celui des comtes et des vicomtes fut d'argent, taré au tiers , à neuf grilles d'or, les bords de même. Les barons le portaient d'argent, taré à demi-profil, à sept grilles d'or et les bords de même. Les gentilshommes non titrés portaient le casque d'acier poli, taré de profil, à cinq grilles ou à trois, selon leur plus ou moins d'ancienneté. Les anoblis auraient dû porter le casque d'acier poli, taré de profil et sans grille, la visière presque baissée, et les bâtards le même casque retourné à sénestre, la visière entièrement baissée ; mais on pense bien qu'ils n'ont eu garde de se soumettre à cette grave jurisprudence du blason : il n'y a peut-être pas eu un seul gentillâtre en sabots qui n'ait timbré son écu du casque de prince. LAINÉ.

CASQUE (*Histoire naturelle*). Sous ce nom on désigne, en histoire naturelle, des corps organisés, tantôt des espèces, tantôt des parties qui ressemblent, d'une manière plus ou moins éloignée, à cette arme défensive de la tête de l'homme. Les parties de l'organisme végétal ou animal qu'on a regardées comme des casques n'en remplissant pas toujours les usages ; elles n'ont ainsi été dénommées qu'à cause de leur forme ou de leur apparence. Leur composition varie beaucoup. C'est tantôt un tubercule calleux recouvert d'une substance cornée qui occupe le sommet de la tête de certains oiseaux, tels que le calao et le casoar ; tantôt il suffit que les plumes de la tête soient d'une autre couleur que celles du corps pour qu'on regarde les espèces comme *casquées* : c'est ainsi que le merle à tête noire du cap de Bonne-Espérance a été appelé par Buffon *casque noir*.

Les reptiles sauriens renferment aussi des espèces pourvues d'une éminence céphalique ou cervicale qui a servi à les caractériser : tels sont le lophyre à casque fourchu, dont la crête dorsale, très-haute sur la nuque, est formée de plusieurs rangs d'écailles verticales, et le basilic à capuchon. Les ichthyologistes donnent quelquefois le nom de *casque* rude et âpre à des pièces solides qui recouvrent le crâne de certains poissons (les shals, les doras, Cuv.). Quelquefois aussi la forme de la tête dont le crâne offre une crête qui rend le front tranchant a fait créer un nom caractéristique d'un genre : tels sont les poissons dits *coryphènes* (du grec κόρυς, casque).

D'après Lionnet, le casque, en entomologie, est l'ensemble des parties solides qui composent l'enveloppe extérieure de la tête des insectes. Enfin, Réaumur a aussi appelé *casque* l'espèce de masque convexe et arrondi que portent sur le front les larves des libellules, et qui forme la partie antérieure et supérieure de leur tête.

En botanique, l'éperon des fleurs, lorsqu'il est large, la lèvre supérieure des corolles, soit personnées, soit labiées, lorsqu'elle est concave et voûtée, et la division supérieure et redressée du périgone des orchidées, ont reçu le nom de *casque*. Une espèce d'orchis a été nommée *casque militaire*, à cause de la disposition de quelques parties de sa fleur, qui en présentent la forme, et pour la même raison l'aconit napel est vulgairement appelé *casque de Jupiter*.

L. LAURENT.

CASQUE (*Malacologie*). Bruguière a créé sous ce nom un genre de mollusques, qu'il a formé avec l'une des sections des buccins de Linné. Ce genre a pour caractères : Animal semblable à celui de la pourpre ; coquille bombée ; ouverture longitudinale, étroite, terminée en avant par un canal court, brusquement redressé vers le dos de la coquille ; columelle plissée ou ridée irrégulièrement ; bord droit épais, en bourrelet, presque toujours denté en dedans ; bord gauche développé en une large callosité. Plusieurs espèces très-grandes sont recherchées dans le commerce pour la fabrication de camées ; presque toutes sont ornées de brillantes couleurs. Le genre *casque* comprend plus de trente espèces vivantes et une vingtaine de fossiles ; ces dernières se rencontrent toutes dans les terrains tertiaires ; les autres proviennent, pour le plus grand nombre, des mers intertropicales.

CASS (*Louis*), ancien représentant de l'Union américaine près le gouvernement français, issu d'une honorable famille du New-Hampshire , est né à Exeter, ville de cet État ; mais sa famille ne tarda pas à la quitter pour aller se fixer dans l'Ohio. Il y étudia le droit, et fut admis pour la première fois en 1802 à plaider à la barre. Nommé membre de la législature de l'État d'Ohio en 1806, il rendit à l'Union les services les plus signalés, comme membre du comité chargé d'élaborer et de proposer la mesure législative en vertu de laquelle on dut procéder à l'arrestation du fameux Aaron Burr et de sa bande, qui ne se proposaient pas moins que la dissolution de l'Union et la séparation de ses provinces du nord et du sud, pour former désormais des États complétement distincts.

Quand éclata la guerre de 1812 contre l'Angleterre, Louis Cass fit partie, en qualité de colonel du troisième régiment des volontaires de l'Ohio, de l'expédition du général Hull, qui eut une si malheureuse issue pour les armes américaines. Aussitôt qu'on arriva à Détroit, Cass insista pour qu'on transportât immédiatement dans le Canada le théâtre des opérations militaires; mais le général Hull hésita pendant quelques jours, et donna ainsi aux autorités anglaises le temps de réunir des moyens de défense. Quand enfin on se décida à prendre l'offensive, Louis Cass fut le premier qui entra sur le territoire anglais les armes à la main. Il chassa les Anglais du poste qu'ils avaient établi au pont des Canards, et adressa de là aux habitants de la province une proclamation dans laquelle il les excitait à s'affranchir du joug de l'Angleterre et à se ranger sous les drapeaux de l'Union américaine. Mais le gros de l'armée libératrice, au lieu de suivre Cass, se replia sur Malden par ordre du général Hull, homme d'une complète incapacité, puis abandonna honteusement, par suite d'une capitulation, cette importante place d'armes aux Anglais. Louis Cass ne prit point part à cette capitulation; mais, compris dans ses termes, compromis d'ailleurs de tous les côtés et hors d'état d'effectuer sa retraite, il dut mettre bas les armes avec la poignée d'hommes placés sous ses ordres. Au premier échange de prisonniers qui eut lieu après cette affaire, Cass revint aux États-Unis, et peu de temps après il fut promu au grade de général de brigade. Chargé en cette qualité de protéger les frontières de l'Union, il établit son quartier général à Détroit. A la bataille de la Thèmse, dans laquelle le général anglais Proctor fut complétement mis en déroute, Louis Cass remplissait les fonctions d'aide de camp auprès du général Harrisson.

Au rétablissement de la paix, il fut nommé gouverneur de ce qu'on appelait alors le *Territoire de Michigan*, province qu'il avait défendue bravement et avec succès contre l'ennemi, et qu'en 1814 il organisa avec une grande habileté sur des bases entièrement nouvelles. En sa qualité de gouverneur de Michigan, il fut souvent chargé par le gouvernement central de conclure des traités avec les Indiens. Dans ces diverses négociations, il fit constamment preuve de courage, de résolution et de tact, et accrut le territoire de l'Union de plus de trois millions d'acres. Pendant tout le temps qu'il administra ce territoire, M. Cass sut s'abstenir de toute mesure politique qu'on pût imputer à l'esprit de parti; ses divers arrêtés n'en indiquent pas moins une tendance démocratique bien prononcée. En 1831 le général Jackson le nomma ministre de la guerre, poste qu'il conserva jusqu'à la solution des difficultés élevées par la France au sujet d'une indemnité de 25 millions de francs, promise aux États-Unis.

Quand la chambre des députés de France eut voté cette somme, M. Cass fut accrédité à Paris en qualité d'envoyé extraordinaire et de ministre plénipotentiaire des États-Unis. Diverses circonstances se réunirent pour donner à cette mission une grande importance, et pour ajouter encore à la popularité de M. Cass parmi ses concitoyens, en raison des occasions qu'elle lui fournit de faire acte de fermeté. Ses articles du *Galignani's Messenger* en réponse aux assertions de la presse anglaise au sujet de la partie de territoire située sur les frontières septentrionales des États-Unis et demeurée en litige entre l'Angleterre et l'Union; son écrit publié en 1840 sur le quadruple traité relatif au droit de visite; enfin sa protestation publique contre la conduite de M. Guizot, furent autant d'actes que l'opinion publique approuva hautement dans son pays. Plus tard, le traité conclu entre l'Angleterre et l'Union américaine par l'intermédiaire de lord Ashburton et de Daniel Webster ayant paru à M. Cass en contradiction avec les principes qu'il avait émis, il en résulta entre lui et le ministre des affaires étrangères de l'Union une correspondance à la suite de laquelle il donna sa démission des fonctions de ministre plénipotentiaire à Paris, et s'en revint en Amérique en 1843. A son arrivée à Boston, il fut reçu par les chefs de tous les partis de la manière la plus honorable.

Le parti démocratique voulait dès lors le présenter comme candidat à la présidence, mais plus tard il se décida en faveur de Polk, parce que M. Cass n'était pas généralement bien vu dans les États du Sud. En revanche l'État de Michigan l'envoya siéger au sénat, où il défendit l'administration du président Polk contre les attaques des whigs, notamment pendant la durée de la guerre contre le Mexique. Adopté définitivement comme candidat par les démocrates aux élections suivantes pour la présidence, il se démit de son siége au sénat, et parcourut différents États de l'Union dans les intérêts de sa candidature. Mais ce fut bien moins la gloire militaire, encore toute fraîche, de Taylor que la scission produite dans les rangs des démocrates par Van Buren qui fut cause de sa défaite. Il reprit son siège dans le sénat des congrès suivant, et y combattit de la manière la plus déclarée les mesures de conciliation de Henry Clay. La loi relative à l'extradition des esclaves fugitifs, proposée dans la session suivante du congrès, obtint aussi son vote approbatif, quoique précédemment il eût toujours professé et défendu sur cette question l'opinion des États du Nord. Si M. Cass songeait encore sérieusement à reproduire sa candidature pour la présidence prochaine, on peut dire que la politique qu'il a adoptée dans ces dernières années à l'égard des États du Sud a été une faute immense. Il s'est aliéné par là le Nord sans éveiller de vives sympathies au Sud. Il dut s'en convaincre en 1852, lorsqu'il se vit préférer tout à coup pour la présidence M. Pierce, qui vient d'être élu par son propre parti à une immense majorité. Louis Cass est un homme d'État doué plutôt de beaucoup d'énergie et d'activité que de grands talents; comme homme privé, il jouit d'ailleurs d'une réputation sans tache.

CASSAGNE ou **CASSAIGNE** (JACQUES), poëte et écrivain médiocre, que la satire seule a sauvé de l'oubli. Né à Nîmes en 1636, il vint fort jeune à Paris, où il obtint le bonnet de docteur en théologie, et s'attacha à Hardouin de Péréfixe, archevêque de Paris, qui le chargea de composer un sermonnaire pour son diocèse, c'est-à-dire un recueil de sermons à l'usage des églises qui manqueraient de prédicateurs habiles. Désireux d'arriver à la renommée, Cassagne se mit à composer des odes, des stances et des poésies légères, qui le firent remarquer à cette époque, où un sonnet et une épigramme étaient un événement tenant en émoi la cour et la ville. Une ode à la louange de l'Académie plut tellement à la docte assemblée qu'elle admit Cassagne dans ses rangs à l'âge de vingt-sept ans : il y remplaça Saint-Amand. Colbert lui donna bientôt après la place de garde de la Bibliothèque du roi. Ce ministre, qui se piquait d'honorer les lettres, avait été charmé de son poème d'*Henri IV*, qui n'est qu'un long discours du grand Bourbon à Louis XIV, semé de bons conseils et de force louanges. On y rencontre ces deux vers :

Lorsque après cent combats je possédai la France,
Et par droit de conquête et par droit de naissance.

Voltaire en enchâssa le second de ces vers dans sa *Henriade*, ce qui fait grand honneur à Cassagne, sans rien ôter à celui de Voltaire, ignorant sans doute à qui il reprenait son bien. Devenu académicien, Cassagne voulut se signaler comme prédicateur; mais cette ambition fut l'écueil de sa fortune. Boileau, dont les décisions étaient des oracles, s'avisa de déclarer dans sa troisième satire :

Qu'il ne compte pour rien de le vin ni la chère,
Si l'on n'est plus à l'aise, assis en un festin,
Qu'aux sermons de Cassagne ou de l'abbé Cotin.

Cassagne, désigné pour prêcher au Louvre, n'osa aborder la chaire, et se condamna désormais au silence, pour ne plus s'occuper que de vers et de prose. Ami de Chapelain, il obtint par ses soins une pension de 1,500 liv., et put se dire un des mieux rentés des beaux esprits du temps. Ses ouvrages, où il chantait la naissance du dauphin et les conquêtes du roi, en vers froids et souvent ridicules, étaient d'ailleurs bien reçus et bien payés de Colbert, s'ils étaient dédaignés du public. Non content de le gratifier d'une place et d'une pension, le ministre le nomma l'un des quatre premiers membres de la petite académie qui reçut ensuite le nom d'Académie des Inscriptions et des Belles-Lettres. Toutefois, Cassagne pouvait justifier ce choix; car il possédait une érudition solide et variée. Mais toutes ces faveurs de la fortune ne purent le sauver des nouveaux traits de Boileau, qui, de concert avec Racine, rima la parodie du *Cid*, où Chapelain, décoiffé par La Serre, dit à son fidèle Cassagne:

Cassagne, as-tu du cœur?

Cette plaisanterie acheva d'accabler le pauvre abbé, dont la raison finit par s'altérer peu de temps après. Ses parents, accourus à Paris du fond de leur province, se décidèrent à le placer à Saint-Lazare, où il se lia avec un ministre disgracié, Brienne, qui s'était retiré dans cette maison. Ce dernier s'était fait janséniste, seule opposition qui fût alors possible. Il confia à Cassagne la révision d'une histoire secrète du jansénisme, sortie de sa plume. Cassagne passa à Saint-Lazare les dernières années de sa vie. Il y mourut en 1679, à l'âge de quarante-trois ans. Brienne assure cependant qu'il ne s'était jamais aperçu du dérangement de son cerveau. Quoi qu'il en soit, et malgré sa courte carrière, Cassagne a composé un assez grand nombre d'ouvrages. Outre ses poésies, répandues dans les recueils de l'époque, on a de lui une Préface estimée, mise en tête des œuvres de Balzac, édition de 1665; un traité de morale sur la *valeur*; une traduction des dialogues de *L'Orateur* de Cicéron, et une autre de Salluste, sous le titre d'*Histoire de la Guerre des Romains*. Il a fait aussi l'oraison funèbre d'Hardouin de Péréfixe, et n'est pas resté trop au-dessous de son sujet. Sa prose, pour le temps où il écrivait, est assez remarquable; quant à ses poésies, en général sans force et sans couleur, on y rencontre quelques traits bien frappés. Cassagne ne mérita donc point complètement le vernis de ridicule qui est resté attaché à son nom.   SAINT-PROSPER jeune.

CASSANA (GIOVANNI-FRANCESCO), peintre italien, né à Gênes, en 1611, mort en 1691, eut pour maître Bernardo Strozzi, surnommé *il Capucino*, et se fixa à Venise, où il se perfectionna et où il acquit un faire large et facile, un coloris moelleux et délicat, et une grande précision de dessin. Vers la fin de sa vie, il se rendit à l'invitation du duc Alexandre II de la Mirandole, et s'établit dans cette ville, où il peignit un grand nombre de toiles pour le palais ducal ainsi que pour diverses églises. Il laissa trois fils et une fille, qui furent, eux aussi, des artistes distingués. L'aîné, *Nicolo*, dit le *Nicoletto*, né à Venise, en 1659, mort en 1714, à Londres, où il avait été appelé par la reine, fut un bon peintre d'histoire et de portraits. Le second, *Giovanni Agostino*, appelé quelquefois l'*abbé Cassana*, parce qu'étant entré dans les ordres il portait effectivement le petit collet, né à Venise, en 1658, mort à Gênes, en 1720, fut un remarquable peintre d'animaux, de fleurs et de fruits. Les toiles qu'on a de lui en ce genre sont d'un fini qui rappelle celui des peintres flamands. Il peignit aussi quelques portraits. Le plus jeune, né à La Mirandole, vers 1663, mort en 1705, ne peignait que des tableaux de fleurs et de fruits, mais seconda son frère Agostino dans la composition de bon nombre de ses toiles. Leur sœur à tous trois, *Maria-Vittoria*, morte à Gênes, en 1711, fut une digne élève de son frère Agostino. Enlevée à l'art par une mort prématurée, elle n'a laissé qu'un petit nombre de toiles, qui font pressentir à quelle hauteur son talent eût pu s'élever si le temps ne lui avait pas manqué.

CASSANDRE, appelée aussi *Alexandra*, était fille de Priam, roi de Troie, et d'Hécube. Elle eut le don de prédire l'avenir. On a raconté diversement l'origine de ce don céleste. Quelques-uns prétendent qu'elle le reçut de son frère Esaque, prophète lui-même; d'autres, qu'ayant été portée, encore enfant, ainsi qu'Hélénus, son frère jumeau, dans un temple d'Apollon, elle y fut abandonnée avec lui une nuit entière, et que le lendemain, quand on s'approcha d'eux, ils étaient enlacés de serpents qui leur léchaient les oreilles, signe manifeste de la faveur du dieu, qui leur inspirait ainsi la science de l'avenir. Suivant la tradition la plus accréditée, Cassandre, étant prêtresse d'Apollon, lui inspira un violent amour, si bien que le dieu s'humanisa pour elle, selon les coutumes de l'Olympe, et la supplia de fixer un prix à ses faveurs, jurant sur le Styx de le lui accorder, si grand qu'il fût. Elle demanda le don de prophétie, et le dieu lui dévoila les secrets les plus impénétrables du destin; mais à peine la prêtresse eut-elle ce don précieux qu'elle refusa de tenir sa promesse, et devint aussi rebelle que jadis la triste Daphné. Alors l'amour fit place à la fureur. Ne pouvant, par une bizarre impuissance, ravir à Cassandre la science qu'il lui avait révélée, Apollon frappa ses paroles de stérilité, et nul depuis lors n'y ajouta foi.

En vain Cassandre prédit à sa famille et à tout le peuple ce que leur réservait la colère des dieux : on l'enferma dans une tour écartée, où elle ne cessait de chanter douloureusement les désastres de son pays et ses propres malheurs. Ses cris et ses larmes redoublèrent lorsqu'elle apprit que Pâris partait pour la Grèce; plus tard elle ne put davantage empêcher qu'on ouvrît les portes de la ville au cheval de bois. Le dieu avait livré ses chants et ses larmes à la risée du peuple : on ne l'écouta point. La nuit de la prise de Troie l'impie Ajax, fils d'Oïlée, lui fit violence dans le temple de Minerve, où elle s'était réfugiée, aux pieds même de la statue de la déesse. Elle échut ensuite en partage à Agamemnon.

Deux villes, Amyclée et Mycène, prétendaient posséder son tombeau; Leuctres et Thalames lui élevèrent des autels; Eschyle, dans sa tragédie d'*Agamemnon* et Euripide, dans celles des *Troyennes*, avaient donné à Cassandre un rôle touchant. Ses prédictions ont inspiré à Lycophron un poème qui n'est pas moins obscur qu'elle.

CASSANDRE, roi de Macédoine, né vers l'an 354, mort vers l'an 296 avant J.-C., était le fils d'Antipater, l'un des lieutenants d'Alexandre. Mécontent de son lot dans le partage des provinces qui après la mort du héros macédonien eut lieu entre ses différents généraux et leurs créatures, il s'allia à Ptolémée Lagus et Antigone, pour combattre Polysperchon, à qui était échu le gouvernement de la Macédoine. Vainqueur à Mégalopolis (an 318 av. J.-C.), il se trouva le maître de la plus grande partie du midi de la Grèce, et notamment d'Athènes, dont il modifia profondément la constitution en même temps qu'il y établit pour magistrat suprême Démétrius de Phalères. Il était occupé au siège de Tégée, lorsqu'il apprit qu'Olympias, fidèle à la haine qu'elle avait vouée à sa famille, venait de faire périr son frère Nicanor, qui était resté en Macédoine, ainsi que les partisans qu'il y comptait. Décidé à tirer vengeance de tant de sang versé sous prétexte de punir dans ses proches la mort d'Alexandre, qu'on l'accusait d'avoir empoisonné, il marcha droit sur la Macédoine; et Olympias, que Polysperchon ne put secourir à temps, fut obligée de se réfugier dans les murs de Pydna. Mais Cassandre vint bientôt l'y assiéger. Après un siège qui dura près d'un an, la ville fut obligée de se rendre, et Olympias fut mise à mort par ordre d'un vainqueur qu'elle avait trop cruellement offensé pour en espérer grâce. Roxane, la veuve d'Alexandre, et son fils Alexandre Agus, étant tombés en son pouvoir, il défendit de les traiter en personnes royales, en même temps que pour préparer les voies à son usurpation il entrait dans la famille du vainqueur de Darius, en épousant Thessalonica, sa sœur. Ce mariage fut célébré par la fondation d'une ville nommée *Thessalonique*, en l'honneur de la princesse, et qui subsiste encore de nos jours. Battu à Mégalopolis, Polysperschon n'en avait pas moins conservé encore assez de ressources pour en appeler de nouveau au sort des armes : la lutte entre lui et Cassandre recommença donc dès que celui-ci fut revenu dans le Péloponnèse. Mais par un brusque revirement tous deux se réunirent pour combattre Antigone, naguère l'allié de Cassandre, et qui réussit à soustraire la plus grande partie de la Grèce à son autorité, en y faisant appel aux souvenirs démocratiques. Une paix incertaine, conclue en l'an 311, mit momentanément un terme à ces sanglants conflits. Il fut convenu que Cassandre conserverait le pouvoir suprême en Macédoine et en Grèce jusqu'à la majorité d'Alexandre Agus; mais comme il se débarassa de ce prince et de Roxane, sa mère, en les faisant périr, la lutte recommença entre lui et Polysperchon, qui opposa alors à Cassandre Hercule, autre fils d'Alexandre le Grand, qui l'avait eu de Barsine. La situation de Cassandre devint assez critique; il se vit réduit à la possession des seules places d'Athènes, de Corinthe et de Sicyone; ce qui ne l'empêcha point, lorsque Lysimaque, Ptolémée et Antigone eurent pris le titre de roi (307), d'en faire autant de son côté; et c'est de la sorte qu'il succéda à Alexandre sur le trône de Macédoine. Il s'y maintint en se liguant avec Ptolémée Séleucus et Lysimaque, contre Antigone et Démétrius. La bataille d'Ipsus (an 301) eut pour résultat l'anéantissement de l'empire d'Antigone et en même temps de confirmer à Cassandre la possession de la Macédoine et de la Grèce. La mort le surprit au moment où il se mêlait à de nouvelles intrigues, ayant pour but de compléter l'asservissement de la Grèce, où survivait toujours l'esprit démocratique, en dépit de l'oppression anarchique à laquelle elle était en proie.

CASSANDRE, personnage de l'ancienne comédie italienne, d'une origine beaucoup plus récente qu'Arlequin. *Pantalon* et le *Docteur* eurent d'abord sur cette scène le monopole des pères, des tuteurs, des vieux amoureux ridicules et dupés. Cassandre n'y figura que plus tard, comme personnage secondaire, et ce n'est que dans les derniers temps de l'existence de ce théâtre qu'il y devint à son tour le type des vieillards imbéciles et bafoués, de ce que l'on a nommé, en langage vulgaire, *pères dindons*. C'est tantôt un marchand, de mœurs simples et antiques; tantôt un vieillard, grondeur, bourru, avare; tantôt un bourgeois, à la façon de ceux de Molière, se piquant de sagesse et de prudence, sermonant, moralisant sans cesse, et très-partisan des mariages de raison. Il est rare qu'il n'ait pas un ami aussi vieux, aussi ridé, aussi moraliste que lui, souvent plus riche, auquel il a promis sa fille, sans songer à ses quinze ans, à sa soubrette, au seigneur Lélio et à Arlequin. Il est plus rare encore que le seigneur Lélio, aidé d'Arlequin, de la soubrette, et surtout de la jolie fille, ne parvienne point à supplanter le vieux prétendant. S'il en était autrement, la comédie tournerait au drame. Souvent encore Cassandre, autre *Bartholo*, possède une nièce ou une pupille qu'il cache à tous les yeux sous triple serrure. C'est un trésor qu'il conserve pour ses vieux jours : il n'est aucun moyen qu'il ne mette en œuvre pour arriver à son cœur : attentions, soins, prévenances, coquetterie, cadeaux, pourvu toutefois qu'il en coûte peu d'argent; car il n'est pas prodigue, et l'héritage de sa captive lui sourit autant que ses beaux yeux. Mais, hélas ! si bien gardée que soit une pupille, n'y a-t-il pas toujours quelque sérénade sous la fenêtre, quelque promenade du soir sur le balcon? et la rue n'est-elle pas de temps immémorial toujours pleine de Lindors et de Figaros? Aussi toutes les précautions du bonhomme sont-elles vaines, il se prend à ses propres pièges : s'il est avare, on le vole; s'il est amoureux, on lui enlève l'objet de son amour; s'il a promis la main de sa fille, on le force à violer sa parole; enfin, après avoir été joué, berné, dupé, depuis un acte jusqu'à cinq, par son valet, son rival, sa fille, sa servante, il se console dans le couplet final, et se dévoue le lendemain avec un zèle infatigable à la même série de tribulations.

Tel était l'emploi obscur et modeste que de temps immémorial Cassandre remplissait dans les pièces du théâtre de la foire et dans les parades du boulevard, lorsque tout à coup, en 1780, commença à Paris la vogue de ce personnage. Le chevalier de Piis travaillait alors, en société avec Barré, pour le Théâtre-Italien. Ces deux auteurs y donnèrent successivement *Cassandre oculiste* (1780), *Cassandre mécanicien* (1783), *Cassandre astrologue* (1784), *Cassandre le pleureur* (1785), etc., etc., et toutes leurs pièces, moitié comédies, moitié opéras, obtinrent longtemps un assez grand succès, grâce en partie à la musique de Champein. Puis la foule des imitateurs survint; Cassandre redescendit sur des scènes inférieures; et depuis le Vaudeville jusqu'aux théâtres des marionnettes, on ne put faire un pas sans rencontrer l'infortuné vieillard, véritable Agamemnon de la parade, qui dura moins sans doute que le roi des rois, mais se multiplia davantage. Dans les pièces de Piis et Barré, l'intrigue ne peut se nouer ni se dénouer sans lui. Dans les parades des boulevards, les personnages presque indispensables de toute arlequinade sont, indépendamment de *Cassandre*, Colombine, Gilles et Arlequin. C'était déjà la décadence de Cassandre. Arlequin et Gilles, ses valets stupides ou intrigants, étaient devenus ses rivaux ou les amants de sa fille. Bientôt ce fut pis encore : on oublia entièrement Cassandre. Il agonisait dans quelque coin de foire entre Polichinelle et le commissaire, quand un homme de talent souffla sur son squelette et le ranima : il reparut aux Funambules pour servir aux plaisirs de Pierrot, que De bureau ressuscitait. C'était bien toujours Cassandre décrépit, Cassandre avare, Cassandre amoureux, Cassandre berné par Arlequin, dupé par Colombine, volé par *Pierrot*. Mais, hélas ! Cassandre n'était plus l'idole du peuple, l'idole des poètes, l'idole des artistes, Cassandre n'avait gagné pour tant de biens perdus que les coups de pied du *grand comédien* et les coups de batte d'Arlequin. Autrefois, il n'était que dupe, c'était un jouet dont on riait : maintenant il est battu. Pauvre, pauvre Cassandre !...

CASSANO, ville de la Calabre citérieure (royaume de Naples), siège d'un évêché, compte 6,000 habitants, parmi lesquels se trouvent beaucoup de Grecs et d'Arnautes. Leur industrie principale consiste dans la culture de l'olivier.

Il existe encore une autre ville du même nom dans la *Terra di Barri* (royaume de Naples), avec 3,000 habitants et d'importantes mines de cuivre.

CASSANO DI ADDA, bourg situé sur l'Adda, dans la délégation de Milan, royaume Lombardo-Vénitien, est célèbre pour avoir été le théâtre de deux batailles importantes. La première fut livrée le 16 août 1705, entre les Autrichiens, commandées par le prince Eugène, et les Français, commandés par Vendôme. La seconde eut lieu le 27 avril 1799, entre les Autrichiens et les Russes, ayant à leur tête Souwarof, et les Français, que commandait Moreau. A la suite de cette affaire, ces derniers furent obligés d'évacuer la Lombardie, et Souwarof entra vainqueur à Milan.

CASSARD (JACQUES), né à Nantes, en 1672, se signala comme corsaire dans les guerres contre les Anglais, Louis XIV voulut le voir, le complimenta, lui donna une gratification de deux mille livres, et le nomma lieutenant de frégate, puis capitaine de vaisseau, après de nouvelles et brillantes actions sur l'Océan et sur la Méditerranée. La paix d'Utrecht l'ayant rendu au repos, Cassard ne put se faire payer les sommes considérables que lui devait le commerce de Marseille; rebuté dans ses justes demandes, il osa se plaindre trop haut du cardinal de Fleury, et fut enfermé au fort de Ham, où il mourut en 1740, après y avoir langui une vingtaine d'années.

CASSAS (Louis-François), peintre de paysages et architecte, né le 3 juin 1756, à Azay-le-Ferron, département de l'Indre, élève de Lagrenée le jeune et de Leprince, passa sa jeunesse en Italie, où il dessina une foule de vues de Sicile, d'Istrie et de Dalmatie. En 1772, il accompagna le comte de Choiseul-Gouffier dans son voyage en Asie Mineure, en Palestine, en Syrie et dans une partie de l'Égypte, dont il compara la topographie avec les récits des anciens, prenant partout la mesure des plus belles ruines, et dessinant avec autant de goût que d'exactitude les lieux les plus importants. Il parcourut encore de nouveau l'Asie Mineure avec le savant Lechevallier, dessinant et mesurant cette fois les monuments de Baalbek et de Palmyre. En 1816 il fut nommé inspecteur et professeur à la manufacture des Gobelins, et mourut à Versailles, le 1er novembre 1837. Sa collection de modèles en liége des plus beaux édifices existant chez les différents peuples, achetée par ordre de Napoléon moyennant une pension annuelle, fut placée à l'école des Beaux-Arts de Paris. Les matériaux qu'il avait réunis dans ses divers voyages ont servi à la publication des ouvrages à planches dont les titres suivent : *Voyage pittoresque de la Syrie, de la Phénicie, de la Palestine et de la Basse-Égypte* (30 livr., Paris, 1799, in-fol.); *Voyage pittoresque de l'Istrie et de la Dalmatie* (Paris, 1802, in-fol.), et *Vues pittoresques des principaux sites et monuments de la Grèce, de la Sicile et des sept collines de Rome* (Paris, in-fol.). Les dessins originaux du premier de ces ouvrages se trouvent à la Bibliothèque Impériale.

CASSATION. En jurisprudence, ce mot signifie l'annulation prononcée par l'autorité supérieure d'un arrêt ou d'un jugement rendu en dernier ressort.

Dans les temps anciens on ne connaissait pas d'autres moyens, outre la requête civile, d'attaquer les décisions rendues en dernier ressort, que d'obtenir du roi la permission de proposer les erreurs qu'on reprochait à ces décisions. Dès l'année 1331 Philippe de Valois ordonna que l'on ne pourrait à l'avenir se pourvoir contre les arrêts du parlement autrement qu'en impétrant du roi des lettres pour pouvoir proposer des erreurs contre ces arrêts. Il voulut que celui qui demanderait ces lettres indiquât par écrit les erreurs dont il croyait pouvoir se plaindre aux maîtres des requêtes de l'hôtel ou aux autres officiers du roi qui avaient coutume d'expédier de pareilles lettres, et ces officiers devaient juger sur la simple vue s'il y avait ou s'il n'y avait pas lieu à les accorder. Si ces lettres étaient octroyées, les propositions d'erreur, signées du plaignant et contresignées du scel royal, devaient être envoyées avec les lettres mêmes aux gens du parlement, qui en présence des parties étaient tenus de corriger leur arrêt, supposé qu'il y eût lieu de l'amender. Le roi décida en même temps que les propositions d'erreur ne suspendraient pas l'exécution des arrêts; que cependant, s'il y avait apparence qu'après la correction de l'arrêt la partie en faveur de laquelle il avait été rendu ne fût pas en état de restituer ce dont elle jouissait en conséquence, le parlement pourrait y aviser. Ceux à qui le roi permettrait de se pourvoir par propositions d'erreur contre un arrêt du parlement devaient, avant d'être admis à proposer l'erreur, donner caution de payer les dépens, les dommages-intérêts et une double amende, dans le cas où ils viendraient à succomber.

L'ordonnance de 1539, ajoutant à ces dispositions, décida que les propositions d'erreur ne seraient reçues qu'après que les maîtres des requêtes auraient vu les faits et les inventaires des parties. Elle voulut de plus que pour les propositions d'erreur on fût tenu de consigner 240 livres parisis. Cela s'est ainsi pratiqué, sauf quelques modifications, jusqu'à la promulgation de l'ordonnance de 1667, qui, par l'article 42 du titre 45, a abrogé les propositions d'erreur, et depuis lors le conseil des parties ou grand conseil put seul casser les arrêts des cours souveraines.

Aujourd'hui ce droit est délégué à une autorité distincte du conseil d'État. Cette autorité, créée par la loi du 1er décembre 1790, est l'institution qui porte aujourd'hui le nom de *cour de cassation* (*voyez* l'article suivant), autorité qui, par la science profonde, les talents et l'intégrité des magistrats qu'elle a toujours renfermés dans son sein, s'est acquis une si juste célébrité.

Dans quels cas y a-t-il lieu au recours en cassation? C'est ce qu'il n'est pas facile d'énoncer dans une courte dissertation, mais du moins nous pouvons dire avec les auteurs du *Répertoire de Jurisprudence :* « Comme la ressource de la cassation est un remède extrême, qui ne peut avoir pour objet que le maintien de l'autorité législative et des ordonnances, on ne peut pas en faire usage sous le simple prétexte qu'une affaire a été mal jugée au fond : la raison en est que si un tel prétexte pouvait suffire, les requêtes en cassation deviendraient aussi communes que les appellations des sentences des premiers juges, ce qui entraînerait beaucoup d'inconvénients. » Deux degrés de juridiction ont été établis par la loi, et lorsque le second degré a été épuisé, on doit faire l'application de cet ancien adage : *Res judicata pro veritate habetur.* Mais les actes des tribunaux n'ont le caractère de vérité qu'autant qu'ils sont revêtus de toutes les formalités requises pour constituer un jugement. Si donc les formes ont été violées, il n'y a pas de véritable jugement, et il faut bien alors que la cour de cassation puisse détruire un acte irrégulier. D'un autre côté, la règle établie n'est qu'une présomption et non pas une certitude ; or, il est naturel que la présomption disparaisse devant la vérité, quand celle-ci peut se montrer dans tout son jour. Si donc un arrêt a adopté une disposition formellement contraire au texte de la loi, il n'est plus possible de le regarder comme l'expression de la vérité, et dans ce cas la cour de cassation est encore en droit de l'annuler. Mais c'est à ces deux cas que doivent se borner ses attributions. Au delà de cette limite, on tomberait dans l'arbitraire, et les procès seraient sans fin.

Du reste, le recours en cassation, si sagement accordé aux plaideurs qui peuvent avoir été victimes d'une erreur judiciaire, est-il ouvert à toutes les parties? Sur ce point nous sommes forcé d'entrer dans quelques distinctions. Ou il s'agit d'une matière civile, ou il est question d'un procès criminel. Si c'est une affaire civile, la voie de la cassation ne peut être tentée que par les personnes qui y ont intérêt et qui ont été *parties* dans les jugements. Ainsi, le ministère public ne peut se pourvoir en cassation que dans les affaires où il agit comme *partie* pour l'ordre public. Il ne peut par conséquent employer cette voie sur le seul fondement que les jugements sont contraires à la loi. Et cependant, dans *l'intérêt de la loi,* c'est-à-dire pour la conservation des principes, le procureur général de la cour de cassation peut requérir l'annulation des jugements en dernier ressort contre lesquels les parties n'ont point formé de pourvoi. Si ces jugements ont fait une fausse application des règles, ils sont alors cassés *dans l'intérêt de la loi, pour l'exemple,* mais ils conservent tout leur effet entre les parties intéressées. Mais s'il s'agit d'un arrêt criminel, correctionnel ou de police, le recours appartient tant au condamné qu'au ministère public, sauf les restrictions apportées à ce droit par le Code d'Instruction criminelle, en ce qui concerne la partie publique. Et quant à la partie *civile* ou *plaignante,* elle peut se pourvoir en cassation dans les matières correctionnelles et de police; mais cette ressource ne peut régulièrement lui être concédée en matière criminelle, sauf le cas où elle aurait elle-même été condamnée à des réparations supérieures aux demandes de la partie acquittée ou absoute. L'annulation de l'arrêt doit alors être prononcée dans l'intérêt de la partie civile; car l'*ultra petita* devient en cette matière une ouverture suffisante de cassation. Du reste, il est presque superflu de dire qu'en matière civile, comme en matière correctionnelle ou de police, le recours en cassation est fermé à toute partie qui a acquiescé au jugement sujet à ce recours.

Mais quelles sont les formalités que l'on doit observer dans l'exercice du recours en cassation, et dans quel délai doit-il être présenté? Il faut encore distinguer. En matière criminelle, correctionnelle ou de police, le pourvoi se forme par une simple déclaration au greffe du tribunal qui a rendu le jugement contre lequel ce pourvoi est dirigé. Cette déclaration peut être faite par la partie condamnée, par son avoué ou par son fondé de pouvoirs. Quoa'il s'agit d'un accusé renvoyé devant la cour d'assises, le président, à la suite de l'interrogatoire qu'il lui fait subir après son arrivée dans la maison de justice, doit l'avertir qu'il n'a qu'un délai de *cinq jours* pour se pourvoir contre l'arrêt de mise en accusation. Que si c'est un arrêt émané de la cour d'assises ou un jugement rendu par les tribunaux correctionnels ou de police, le condamné a trois jours francs, à dater de la prononciation de cet arrêt ou de ce jugement, pour déclarer au greffe qu'il se pourvoit en cassation. Le procureur général peut, dans le même délai, user de cette faculté. Pareil droit est accordé à la partie civile, toutefois avec cette restriction que son pourvoi ne peut avoir pour objet que les dispositions de l'arrêt relatives à ses intérêts civils. Autres restrictions : si le procureur général veut se pourvoir *dans l'intérêt de la loi*, ou si la partie civile entend se plaindre d'un excès de condamnation prononcée contre elle, dans l'un et l'autre cas le délai du pourvoi est réduit à vingt-quatre heures. Quant aux matières civiles, qui de leur nature et en général exigent un examen plus approfondi, on conçoit la nécessité d'agrandir le délai, et d'accorder aux parties condamnées les mêmes avantages que lorsqu'il s'agit d'un appel; aussi la loi leur donne-t-elle trois mois, à compter du jour de la signification du jugement, pour se pourvoir en expédition. Du reste, ce délai court sans distinction contre les mineurs, les communes et le domaine de l'État; mais il ne peut être opposé à celui qui s'est trouvé dans l'impossibilité d'agir, tant qu'a duré cette impossibilité. Ce principe trouve son application à l'égard des personnes absentes de France pour un service public et de celles qui demeurent hors du territoire continental.

En matière criminelle ou correctionnelle, il suffit pour la validité du pourvoi, ainsi que nous l'avons dit tout à l'heure, que la déclaration de recours soit faite au greffe de la cour ou du tribunal qui a rendu l'arrêt ou le jugement attaqué; il n'est pas nécessaire qu'elle énonce aucun moyen. Mais il n'en est pas de même en matière civile. Bien que le pourvoi ne soit assujetti à aucune forme particulière, et qu'il suffise de présenter une requête signée d'un avocat en la cour de cassation, et contenant la demande et les moyens sur lesquels elle est fondée, il faut que le demandeur joigne à cette requête : 1° la copie qui lui a été signifiée ou l'expédition en forme de l'arrêt ou du jugement en dernier ressort dont il demande la cassation; 2° la quittance de consignation d'amende. Outre la requête dont il vient d'être fait mention, le demandeur en cassation peut dans la suite fournir un mémoire ampliatif, et y proposer de nouveaux moyens. Au surplus, la consignation d'amende n'est pas requise en matière criminelle. En matière correctionnelle, elle l'est néanmoins, et dans ce cas le montant en est fixé à 150 fr. s'il s'agit d'un arrêt ou jugement contradictoire, et à 75 fr. lorsqu'il s'agit d'un jugement ou d'un arrêt par défaut ou par forclusion. Du reste, la consignation d'amende, qui est une sorte de peine infligée au plaideur téméraire, et qui a lieu non-seulement en cassation, mais en cause d'appel, n'est pas toujours rigoureusement exigée, et la loi a permis plusieurs exceptions : ainsi, sont dispensés de la consignation les agents de l'État, lorsqu'ils se pourvoient pour les affaires confiées à leurs soins, et les indigents, à l'aide de certaines justifications; mais cette dispense ne s'étend qu'à la *consignation;* car si les personnes dispensées succombent dans leur *pourvoi*, elles doivent être condamnées an *payement*. Observons d'ailleurs que dans les cas où il y a lieu à consignation, l'obligation en est tellement rigoureuse, que le défaut d'exécution entraîne la déchéance du pourvoi. Il est superflu d'ajouter que lorsque la cassation est prononcée, la cour doit ordonner la restitution de l'amende consignée.

En matière civile, la demande en cassation ne suspend pas l'exécution. Ce principe est fondé sur deux raisons : d'abord il existe en faveur de la partie qui a obtenu gain de cause une présomption légale de son bon droit; ensuite il ne fallait pas laisser au plaideur opiniâtre ou de mauvaise foi le moyen de retarder par un pourvoi l'effet d'une condamnation justement encourue. Mais dans les matières criminelles et correctionnelles, où l'exécution pourrait être un mal irréparable, le pourvoi est suspensif. Toutefois, il est naturel que pour réclamer les bienfaits de la justice, on doive lui prouver confiance et soumission. C'est pourquoi les condamnés, même en matière correctionnelle ou de police, à une peine emportant privation de la liberté, ne sont pas admis à se pourvoir en cassation, lorsqu'ils ne se sont pas constitués prisonniers, ou lorsqu'ils n'ont pas obtenu leur liberté sous caution.

Maintenant, quelle est la manière de procéder en cassation ? Toutes les affaires sont enregistrées au greffe par ordre de dates, et distribuées aux différentes sections à mesure qu'elles sont en état. Elles sont portées sur deux rôles de distribution, et numérotées suivant l'ordre des dates de la mise en état. L'un de ces rôles comprend les affaires urgentes; savoir : les réquisitions du procureur général ou des avocats généraux; les affaires criminelles où il s'agit de condamnation à la peine de mort; celles, tant au civil qu'au criminel, où l'État est intéressé, et généralement toutes celles pour lesquelles la préférence d'expédition est établie par la loi. Le second rôle comprend, dans le même ordre, toutes les autres affaires. En même temps le président indique le conseiller qui devra faire le rapport de chacune de ces affaires. Le rapporteur fait d'abord un extrait du procès, et le dépose au greffe avec les pièces. Le tout est communiqué au ministère public, puis rétabli entre les mains du rapporteur. Au jour indiqué, celui-ci fait son rapport, après quoi l'on entend les parties ainsi que le ministère public, et l'arrêt est rendu à la majorité des suffrages.

En matière civile, deux degrés d'examen : la section des requêtes d'abord, et puis la section civile. Le défendeur à la cassation n'est point partie devant la section des requêtes; il ne peut signifier aucun mémoire, aucun écrit, pour combattre les moyens du demandeur, qui d'ailleurs ne lui sont pas communiqués. S'il paraît évident que la demande est mal fondée ou non recevable, elle est rejetée par un arrêt motivé, et alors tout est terminé; il n'est pas possible de reproduire cette demande sous aucun motif ou sous aucun prétexte, et le demandeur est condamné à l'amende. Si, au contraire, la demande *paraît* recevable ou fondée, l'affaire est portée devant la *chambre civile;* mais avant de la soumettre à la décision de cette chambre le demandeur est obligé de signifier à son adversaire la requête qu'il a présentée, ainsi que l'arrêt qui l'a admise, et de l'assigner, sous peine de déchéance, dans les délais établis par le règlement de la cour pour défendre devant la chambre civile. Après quoi, le défendeur signifie ses moyens, et les dépose au greffe. Le demandeur peut répondre et le défendeur répliquer. C'est en cela que consiste ordinairement toute la procédure. Quand les délais sont expirés, le président de la section civile nomme le rapporteur, et l'on suit la marche accoutumée. Si devant la chambre civile la demande est rejetée, le demandeur est condamné à 300 fr. d'amende envers l'État, à 150 fr. de dommages-intérêts envers la partie, et à la moitié seulement de ces sommes si le jugement attaqué avait été rendu par défaut. Si, au contraire, la cassation est prononcée, l'arrêt ordonne en même temps la restitution de la consignation, ainsi que des condamnations payées en exécution du jugement annulé, et les parties sont remises absolument dans le même état où elles étaient avant le jugement annulé. Il suit de là qu'il y a lieu de retourner devant d'autres juges, et la cour de cassation indique le nouveau tribunal qui doit connaître de la contestation. Le choix se porte naturellement sur un des tribunaux qui sont le plus rapprochés du ressort dans lequel a été rendue la décision annulée, afin que les nouveaux frais qui doivent avoir lieu soient moins considérables. Toutefois, il est des cas où la cour de cassation ne prononce pas de renvoi. Par exemple, lorsque l'arrêt ou le jugement cassé avait mal à propos reçu l'appel d'un jugement en dernier ressort, ou bien lorsque la cassation est prononcée pour contrariété d'arrêts ou de jugements en dernier ressort. Dans ce cas, la cour ordonne que, sans s'arrêter ni avoir égard au deuxième arrêt ou jugement, le premier sera exécuté suivant sa forme et teneur.

En matière criminelle, correctionnelle ou de police, les demandes en cassation ne sont pas soumises à la chambre des requêtes. Dès que les pièces sont parvenues au greffe de la cour, elles sont distribuées au rapporteur, membre de la section criminelle, qui est tenu de faire son rapport assez promptement pour que la cour puisse statuer dans le mois, à compter de l'envoi qui lui a été fait des pièces. Puis, et après avoir entendu le ministère public, la cour rejette le pourvoi ou annule l'arrêt ou le jugement attaqué, sans qu'il soit besoin d'un arrêt préalable d'admission.

Après une première cassation le tribunal ou la cour impériale à qui l'affaire est renvoyée n'est pas lié par la décision de la cour de cassation. Ce tribunal ou cette cour peut donc interpréter la loi comme les premiers juges. Alors sur le nouveau pourvoi la cour de cassation prononce toutes chambres réunies, et l'interprétation qu'elle donne de la loi est obligatoire pour les juges qui auront à prononcer en fin de cause. Tel est le dernier état de la législation, fort inconstante en cette matière. Un premier système, établi par la loi du 16 septembre 1807, laissait à la cour de cassation le choix de demander l'interprétation de la loi, laquelle résultait d'une décision du conseil d'État approuvée par le chef de l'État, ou bien de rendre un second arrêt en sections réunies sous la présidence du ministre de la justice. Cette loi fit place à celle du 30 juillet 1828 par laquelle, après deux cassations, le jugement de l'affaire était renvoyé devant une cour royale, qui prononçait toutes chambres assemblées, et l'arrêt ne pouvait plus être attaqué que par la voie du recours en cassation; toutefois, il en était référé au roi, afin qu'une loi interprétative fût proposée à la prochaine session législative. Cette loi a été également abrogée par celle du 1er avril 1837, actuellement en vigueur.

Nous ne terminerons pas cet article sans faire remarquer la différence quel'on doit établir entre les décisions qui *cassent* les jugements ou arrêts, et celles qui *rejettent* les pourvois en cassation. « Les arrêts qui annulent, dit Favard de L'Anglade, fixent seuls la jurisprudence, attendu que la cassation n'est prononcée que parce que la contravention à la loi est *expresse*, ou parce que les formes ont été *violées*. » Il ne peut donc rester de doute sur un point aussi clairement jugé. » Il n'en est pas de même des arrêts de *rejet*; car ils reposent sur ce que la loi n'a pas été expressément violée ou contrariée; et cela ne veut pas dire qu'elle ait été appliquée suivant son véritable sens. La cour rejette dans trois cas : lorsque les principes de l'arrêt ou du jugement attaqué sont bien ceux de la loi; lorsque la loi est tellement incomplète et ambiguë qu'elle autorise également les deux interprétations contraires; enfin, lorsque l'arrêt dénoncé ne pèche que par une observation trop sévère de la loi. Il peut dès lors arriver que la cour rejette des pourvois formés contre des arrêts ou jugements qui ont jugé la même question en sens différents, parce que, déléguée pour réprimer les violations de la loi, elle ne peut pas casser lorsque la loi n'a pas été violée, ou lorsqu'elle ne prohibe pas nécessairement l'interprétation admise par l'arrêt ou le jugement dénoncé.

CASSATION (Cour de). Dubard, ancien procureur général. Le tribunal de cassation, établi auprès du corps législatif, par la loi du 1er décembre 1790, après la suppression des parlements et du conseil des parties ; confirmé dans ses principales attributions par les constitutions de 1791, de l'an 3, de l'an 8 ; maintenu par les chartes de 1814 et de 1830, ainsi que par les constitutions postérieures, est resté debout, comme un monument judiciaire, au milieu de nos subversions politiques. Installé au Palais, dans les emplacements à l'usage du ci-devant parlement, par deux commissaires de l'assemblée nationale, le 20 avril 1791, il dut céder son siége au *tribunal révolutionnaire*, décrété le 10 mars 1793, et fut transféré temporairement aux *Écoles de Droit*, digne asile de la justice exilée de son temple.

Les juges du tribunal de cassation ont d'abord été nommés par les assemblées électorales, des départements, et pris postérieurement dans la liste nationale et élus par le sénat, avant d'être à la nomination du chef du gouvernement. D'après la loi de leur institution, ils n'étaient élus que pour quatre ans, et pouvaient être réélus indéfiniment. Ils avaient chacun un *suppléant*, lequel remplaçait le titulaire, nommé par le même département que lui, lorsque la place venait à vaquer. Par la constitution de septembre 1791, l'exercice des fonctions judiciaires était incompatible avec celles de législateur pendant toute la durée de la législature, et par la loi du 8 avril précédent l'assemblée nationale avait décrété, comme article constitutionnel, qu'aucun membre du tribunal de cassation ne pourrait être promu au ministère, ni recevoir aucune place, don, pension, traitement, ou commission du pouvoir exécutif et de ses agents, pendant la durée de ses fonctions et pendant quatre ans après en avoir cessé l'exercice.

La cour de cassation, comme tribunal supérieur de l'empire, a droit de censure et de discipline sur les cours impériales. Elle peut, pour causes graves, suspendre les juges de leurs fonctions ou les mander à sa barre, pour y rendre compte de leur conduite, et le procureur général près cette cour surveille les procureurs généraux des cours impériales. La cour de cassation ne connaît pas du fond des affaires, mais elle annule les jugements qui contiennent quelque contravention à la loi, et dans certains cas seulement, ceux rendus sur des procédures dans lesquelles les formes ont été violées (*voyez* l'article précédent).

La cour de cassation est composée d'un premier président, de trois présidents, de quarante-cinq conseillers, et elle se divise en trois chambres, formées chacune de quinze conseillers. Il y a près la cour un procureur général, six avocats généraux, un greffier en chef et soixante avocats, qui, conformément à l'ordonnance royale du 10 septembre 1817, sont en même temps avocats au conseil d'État. Les défenseurs près le tribunal et la cour de cassation ont été appelés successivement, selon les phases révolutionnaires, *avoués*, *hommes de loi*, *avoués* et *avocats*. La dénomination de *cour* a été donnée au tribunal de cassation, par le sénatus-consulte du 28 floréal an xii, le même que celui où le premier consul a pris le titre d'*empereur*. Ses jugements ont été dès lors intitulés *arrêts*, et un décret du 19 mars 1810 a fait prendre aux membres de la cour le titre de *conseillers*.

D'après la loi de son institution, le tribunal de cassation était tenu d'envoyer chaque année à la barre du corps législatif une députation de huit de ses membres, pour lui présenter l'état des jugements rendus, avec la notice en marge et le texte de la loi qui avait déterminé le jugement. Ce compte-rendu de ses jugements, contraire à l'indépendance de la justice, fut ensuite remplacé par l'envoi chaque année au gouvernement, d'une députation de la cour, pour indiquer les points sur lesquels l'expérience lui a fait reconnaître les vices ou l'insuffisance de la législation. Cet usage est tombé en désuétude.

Plusieurs membres de l'assemblée constituante devinrent juges au tribunal de cassation, et Thouret, qui avait pris une grande part à l'organisation judiciaire et à l'institution du tribunal suprême, en fut l'un des premiers présidents. Tronchet, Muraire, Vieillart de Maleville, Barris, Desèze, Henrion de Pansey ont aussi donné à cette présidence un grand relief et reçu d'elle beaucoup d'illustration. Le ministère public fut dès l'origine exercé avec une grande distinction au tribunal de cassation par Bayard, Abrial, Hérault de Séchelles, orateur brillant, qui, par respect pour les susceptibilités anti-féodales, avait abandonné alors la seconde moitié de son nom. Cet ordre supérieur de talents a été continué au parquet par Bigot de Préameneu, Merlin, Mourre et M. Dupin aîné. Cynéas avait dit du sénat romain qu'il lui avait paru une assemblée de rois, la cour de cassation, dans ses audiences solennelles des chambres réunies, représente un congrès de grands juges administrant la justice. Le barreau de cette cour s'est toujours montré digne de ses magistrats.

Chaque affaire est rapportée devant la cour par l'un des conseillers. Elle est soumise ensuite aux plaidoiries des avocats et aux conclusions du ministère public; de sorte qu'après cette triple épreuve, il est presque impossible que l'erreur se glisse dans les arrêts. Ce ne sont point d'ailleurs les éclairs ni les foudres de l'éloquence dont il faut y animer les débats; mais il est nécessaire de les soutenir des moyens du droit et des forces de la dialectique. A l'époque où Merlin déponsait son érudition au parquet de la cour, Chabroud était le prince de son barreau. Le procureur général et l'avocat établissaient des théories contradictoires avec une habileté qui eût pu faire dire, comme autrefois à Henri IV, que les deux plaideurs avaient raison. Ces controverses, également doctes ou spécieuses, tenaient souvent l'opinion des magistrats en suspens, et rendaient leurs décisions plus difficiles, mais aussi elles étaient comme les oracles mêmes de la justice.

Il y eut un temps où les barreaux de la cour de cassation et de la cour royale purent plaider auprès de ces cours respectives; mais cette faculté réciproque fut peu exercée par les avocats de cassation, et il fut remarqué que les plus grands avocats de la cour royale gagnaient peu de causes en cassation, par cela qu'ils connaissaient mal le système de plaidoirie devant cette cour, qui doit consister en une démonstration inexpugnable des moyens de cassation. Et par la même raison les consultations, quoique savantes et bien raisonnées, qui ne réduisent pas la procédure et le jugement à une contravention expresse ressortant du jugement même ou de l'arrêt que l'on attaque, n'y réussissent point.

Les jugements du tribunal de cassation ont été d'abord sommairement énoncés par des notices publiées dans les *états* annuels présentés au corps législatif, et depuis un *bulletin* officiel, institué par le Directoire exécutif, les recueille en entier. Les jugements de cette cour furent longtemps *motivés* avec une franchise parfaite; mais il faut en donner l'avertissement, une sorte de subtilité s'y est plus tard quelquefois introduite.

La cour de cassation s'est ressentie, elle aussi, des vicissitudes politiques. Lors de l'établissement du gouvernement impérial, M. Riolz (de l'Aveyron) se démit volontairement. La cour adhéra en ces termes à l'acte du sénat qui avait rappelé les Bourbons : « Les membres de la cour de cassation adhèrent aux grandes mesures de salut public que le sénat a décrétées dans ses séances mémorables du 1er et du 2 avril. Elles ont exprimé le vœu des Français. » Les membres du collége des avocats à la cour, en adhérant aussi aux actes du sénat, appelèrent de tous leurs vœux la *charte constitutionnelle* qui devait rendre à la France les descendants d'Henri IV. Au 20 mars 1814 le premier président de la cour, Desèze, s'était soustrait par la fuite à la proscription qu'il eût pu craindre de la part de l'empereur Napoléon revenant de l'île d'Elbe. Les autres membres de la cour, à la presque unanimité, restèrent à leur poste. A la seconde restauration, Muraire, qui avait repris durant les Cent-Jours les fonctions de premier président, les remit à M. Desèze. Par l'effet de la loi du 12 janvier 1816, plusieurs conseillers et plusieurs membres du parquet furent exclus de la cour.

Cependant, la cour de cassation, toujours si impartiale, si juste dans les causes privées, a su en général se préserver aussi de l'influence des gouvernements dans les contestations qui touchent à leurs intérêts ou à leurs passions politiques. Un des plus mémorables exemples de son indépendance et de la noble résistance est celui qu'elle donna en 1832. Honneur à cette grande cour, qui ressaisit alors d'une main forte les balances que l'arbitraire avait arrachées violemment à la justice ! PARENT-RÉAL.

Outre les attributions déjà énoncées, la cour de cassation prononce sur les demandes en renvoi d'une cour impériale ou d'un tribunal à un autre, pour cause de sûreté publique; sur les demandes en renvoi d'un tribunal à un autre pour cause de suspicion légitime, savoir : en matière criminelle et correctionnelle, dans tous les cas; et en matière civile, lorsqu'il s'agit de renvoyer d'une cour impériale à une autre; sur les prises à partie contre les membres individuels des cours impériales, et contre les tribunaux de première instance; sur les règlements de juges, quand le conflit s'élève entre plusieurs cours impériales, ou entre plusieurs tribunaux de première instance non ressortissant à la même cour impériale. La cour de cassation connaît encore des demandes en révision.

Les trois chambres de la cour de cassation portent le titre de *chambre des requêtes; chambre de cassation civile* et *chambre de cassation criminelle*. La première statue sur l'admission ou le rejet des requêtes en cassation ou en prise à partie, et définitivement sur les demandes, soit en règlement de juges, soit en renvoi d'un tribunal à un autre pour cause de suspicion légitime, soit en annulation des actes par lesquels les cours et tribunaux ont excédé leurs pouvoirs. La chambre de cassation civile prononce définitivement sur les demandes en cassation en prise à partie, lorsque les requêtes ont été admises, et sans admission préalable sur les matières d'expropriation pour cause d'utilité publique. La chambre de cassation criminelle prononce sur les demandes en cassation en matière criminelle, correctionnelle, de police et de gardes nationales. La chambre criminelle ne prend pas de vacances, et juge comme chambre des vacations civiles les affaires urgentes; elle prononce d'abord alors sur l'urgence. Chaque chambre ne peut juger qu'au nombre de onze membres au moins, et tous les arrêts sont rendus à la majorité absolue des suffrages. En cas de partage d'avis, on appelle cinq conseillers pour les vider; les cinq conseillers sont pris d'abord parmi ceux de la chambre qui n'ont pas assisté à la discussion de l'affaire, et subsidiairement parmi les membres des autres chambres, selon l'ordre de l'ancienneté.

Les présidents et membres de la cour de cassation sont nommés et institués à vie par l'empereur; ils peuvent être mis à la retraite à un certain âge. Les membres du parquet sont nommés et révocables par l'empereur, qui nomme également le greffier en chef.

Le droit disciplinaire de la cour de cassation a été encore étendu en 1852 par le décret présidentiel. L'exercice le plus mémorable qui ait été fait par la cour de cassation de son pouvoir censorial fut, sous la Restauration, envers M. Madier de Montjau, alors conseiller à la cour royale de Nîmes.

CASSATION — CASSE

C'est parmi les membres de la cour de cassation que le chef de l'État désigne les juges des deux chambres de la haute cour de justice. Sous la constitution de 1848 les membres de la haute cour étaient choisis par leurs collègues de la cour de cassation. Cette constitution avait en outre créé un tribunal des conflits, qui était composé pour moitié de membres de la cour de cassation. Après la révolution de Février, la cour de cassation, comme tous les autres corps constitués, s'empressa de faire acte d'adhésion à la nouvelle forme du gouvernement; et sur la réquisition du procureur général, M. Dupin, elle rendit la justice *au nom du peuple français*. Bientôt il fut décidé que ses membres, à l'exception du procureur général, ne pourraient pas faire partie de l'Assemblée nationale. La cour, revenant sur son ancienne jurisprudence, admit la compétence des tribunaux militaires à l'égard des citoyens non militaires. L'inamovibilité, détruite par le gouvernement provisoire, fut postérieurement rendue à la magistrature. M. Portalis, premier président de la cour de cassation depuis 1829, ayant atteint en 1852 la limite d'âge, a été nommé président *honoraire* et remplacé par M. Troplong. Nous ne saurions énumérer ici toutes les illustrations que cette cour a eues dans son sein. Chaque année, à la rentrée des vacances, le procureur général fait une mercuriale et prononce l'éloge des membres que la cour a perdus.

Les membres de la cour de cassation siègent en robe rouge et portent une toque de velours violet. Les présidents et le procureur général ont le revers de la robe doublé d'une fourrure blanche et une épitoge pareille.

CASSAVE. C'est une préparation de la racine du manioc (*jatropha manihot*). Jusqu'à la cuisson exclusivement, c'est la même préparation que l'on fait subir à cette racine pour en former la farine de manioc, connue en Europe sous le nom de *tapioca* (*cipipa* à la Guyane). On lave les racines de manioc, et on les dépouille quelquefois de l'enveloppe corticale qui les recouvre (cette dernière opération a lieu quand on veut obtenir de la cassave ou de la farine de manioc de premier choix). Ces racines sont réduites en pulpe grossière à l'aide de râpes en cuivre, appelées *grages* dans nos colonies d'Amérique. Cette pulpe, enfermée dans des sacs de toile, ou mieux dans des cabas de joncs ou de feuilles de cocotier ou de chou palmiste, est soumise à l'action d'une forte presse, qui en extrait le suc odorant et vénéneux de la racine, lequel entraîne avec lui une grande quantité de fécule fine et lourde, cristalline, qu'on recueille sous le nom de *moussache*, pour servir à l'empois et à la confection de bouillies, de crèmes et de pâtisseries délicieuses. La pulpe, autant purgée que possible du suc délétère, est soumise à la cuisson sur une plaque métallique, appelée *platine* dans les colonies. L'action de la chaleur fait évaporer le reste du suc vénéneux et volatil dont la pulpe était encore imprégnée. Si pendant la cuisson, qui est très-prompte, on a soin de diviser la matière à l'aide d'un instrument appelé *rabot*, on obtient la *farine de manioc*; si, au contraire, on la tasse après l'avoir étendue le plus uniformément possible sur la platine pour en former une sorte de galette de mince épaisseur, c'est ce qu'on appelle la *cassave*. L'un et l'autre pain sont composés presque entièrement de fécule et d'une petite quantité de parenchyme fibreux et presque ligneux. Chacun connaît les usages du tapioca, qui fait la majeure partie de l'aliment des nègres et des créoles de toutes couleurs dans nos îles d'Amérique. Le pain de cassave sert aux mêmes usages. C'est un aliment sain et de facile digestion, mais moins nourrissant que le pain de froment.   Pelouze père.

CASSE (*Botanique, Pharmacie*). On désigne sous ce nom le fruit du *cassia fistula*, vulgairement *canéficier*, qui est employé en médecine comme un excellent purgatif doux ou minoratif. Mais sous ce nom on récolte le fruit de plusieurs espèces de *cassia*, que l'on met dans le commerce de la droguerie, et que nous indiquerons plus loin.

Le *cassia fistula* de Linné, ou *cathartocarpus fistula* de Persoon, est un grand arbre, qui a de la ressemblance avec le noyer, et qui appartient aux végétaux exogènes ou dicotylédones, à la famille des légumineuses et à la décandrie monogynie. Le tronc a une écorce cendrée et unie, un bois dur, jaune, un peu brun ou presque noir dans le centre des vieux individus ; les feuilles sont pétiolées, pinnées et composées de cinq ou six paires de folioles opposées, ovales et aiguës ; les fleurs, jaunes, grandes et disposées en grappes, longues, axillaires et pendantes, offrent des caractères remarquables, une sorte de régularité, et cependant le type d'une fleur papilionacée ; le calice est à cinq sépales, un peu inégaux et un peu soudés à leur base ; la corolle, à cinq pétales, en offre un plus grand et placé supérieurement, qui représente l'étendard, deux plus petits et placés latéralement, qui représentent les ailes ; les deux autres, rapprochés inférieurement, ne diffèrent de la carène que par leur forme et leur direction. Les étamines, au nombre de dix, libres et inégales, se trouvent singulièrement placées : trois plus longues et arquées sont inférieures ; quatre droites et réunies par paires sont placées devant les pétales latéraux ; enfin, les trois autres, insérées devant le pétale supérieur, sont stériles. Les anthères s'ouvrent au sommet pour laisser sortir la poussière fécondante. L'ovaire, un peu arqué et porté sur un court podocarpe, devient une gousse cylindrique, de consistance ligneuse, longue de trente centimètres à un mètre, brune foncée à sa surface, à sutures prononcées et non déhiscentes, divisée à son intérieur par des cloisons transversales en grand nombre de loges monospermes, dont les graines rougeâtres, arrondies, déprimées, lisses et très-unies, sont entourées d'une pulpe mollasse, brune, douce et sucrée, qui a été décrite comme un organe particulier par le savant Gærtner ; et c'est la présence de cette pulpe dans les loges qui a servi à Persoon pour établir le genre *cathartocarpus* (de καθαρτής, purgatif, et καρπός, fruit).

Le *cassia fistula* ou canéficier croît dans toutes les régions équatoriales, en Asie, en Afrique, en Amérique, dans les Antilles, dans l'Archipel Indien, etc., etc. Mais la casse qui est envoyée en Europe actuellement vient presque toute de l'Inde. La pulpe qui entoure les graines est la seule partie du canéficier employée en médecine. Pour l'obtenir, on frappe sur les sutures du fruit jusqu'à ce que les valves se séparent ; alors on détache avec une spatule tout ce qui est contenu dans le péricarpe (graines, pulpe et cloisons), que l'on met sur un tamis, et avec un pulpoir on fait passer la pulpe au travers du tissu de crin, tandis que les graines et les cloisons restent : c'est la *pulpe de casse des pharmacies*, ou *casse mondée*, ou *casse sans noyau*, que l'on prescrit à la dose de 30 à 90 grammes pour un adulte, seule ou associée avec la manne, le tamarin ou les pruneaux. On prescrit encore la casse à l'état d'extrait, de casse cuite et de marmelade.

La pulpe de casse s'altère promptement et ne doit être préparée qu'au moment même d'en faire usage. La *casse en bâtons* (c'est ainsi qu'on nomme dans les pharmacies les gousses en têtes du *cassia fistula*) doit être conservée au frais, dans un endroit ni trop sec ni trop humide ; car dans le premier cas la pulpe se sèche, s'altère, les graines deviennent mobiles, et quand on agite les gousses, elles font entendre un bruit que l'on indique par le mot de *casse sonnante* : elle doit être rejetée ; dans le second cas, la pulpe moisit, il se forme des acides végétaux : elle doit être pareillement rejetée. Ainsi, on doit employer les fruits du canéficier récents, bien conservés, ne faisant point entendre de bruit quand on les agite, et n'ayant pas non plus l'odeur de moisi.

On trouve dans le commerce de la droguerie plusieurs espèces de casses : 1° une à fruits courts, pointus aux deux extrémités, et offrant des étranglements de distance en distance : elle est fournie par le *cassia melanocarpa*, qui croît dans les Antilles, à la Jamaïque, etc. ; 2° une autre espèce à fruits très-longs, courbés en faux, comprimés et réticulés transversalement, avec un large sillon sur la suture supérieure, dont la pulpe a une saveur amère, est fournie par le *cassia grandis* (Lin.) ou *cassia brasiliana* (Lam.), qui croît aux Antilles et au Brésil : il est probable que la pulpe de cette espèce serait utile dans quelques maladies, à cause de son amertume même, lorsque l'on craint l'affaiblissement du tube intestinal après l'usage des purgatifs, etc.; 3° une troisième espèce, à fruits très-longs, cylindriques et pointus, qui croît à Surinam et dans différents endroits de l'Amérique, est le *cassia baccillaris* (Lin. fils), dont les bâtons, agités par le vent, se heurtent et produisent du bruit, que le mot *baccillus* indique; 4° le *cassia javanica* (Lin.), qui croît à Java, aux Moluques, etc., dont les fruits sont très-longs, cylindriques, un peu toruleux transversalement, est usité dans les Indes orientales, quoique la pulpe en soit un peu amère; 5° enfin, le *cassia fistuloides* (Coll.), qui croît dans les endroits chauds du Mexique, dont les fruits, cylindriques et obtus, sont mis dans le commerce de la droguerie comme les fruits du *cassia fistula*.

La casse du commerce donne près du quart de pulpe du poids total des gousses employées. Vauquelin, qui a analysé la pulpe de casse, a trouvé, sur 100 parties : eau, 47,32 ; parenchyme, 4,38; gluten, 1,74 ; gélatine, 5,96 ; gomme, 3,45 ; extractif, 0,65 ; sucre, 32,64. CLARION.

CASSE (*Imprimerie*), grande caisse en bois à compartiments d'une faible profondeur et dans laquelle sont distribués les caractères destinés à la composition. La casse est placée devant le compositeur sous une inclinaison assez grande. Elle repose sur un léger bâtis à quatre pieds, dont les deux antérieurs sont beaucoup plus courts que les deux du fond. Elle est divisée en deux parties distinctes, divisées chacune en un certain nombre de *cassetins*. La partie supérieure, qui porte le nom de *haut de casse*, reçoit une traverse plus forte sur la ligne médiane perpendiculaire au plan d'appui sur la partie inférieure. A gauche de cette traverse, il y a sept rangées de sept cassetins, ensemble quarante-neuf. Ces mêmes nombres et cette distribution se répètent à droite de la cloison ; en sorte que le haut de casse, dans son ensemble, offre quatre-vingt-dix-huit compartiments ou cassetins. Dans ces cassetins supérieurs du côté de gauche, on met, selon l'ordre alphabétique, les grandes capitales ; et de l'autre côté, sur la droite, on met, dans le même ordre, les petites capitales. Au-dessous des unes et des autres, on met les lettres liées, comme Æ, Œ, etc., plusieurs autres moins courantes, et quelques signes particuliers, comme parenthèses, paragraphes, etc. La deuxième moitié inférieure de la casse, appelée *bas de casse*, est composée de cinquante-quatre cassetins de différentes grandeurs; on y met les lettres minuscules pour le discours ordinaire; elles n'y sont point rangées dans l'ordre alphabétique comme le sont les capitales, grandes et petites, dans le haut de casse ; et le plus ou moins de grandeur de ces cassetins est calculé d'après l'emploi plus fréquent que l'on aura à faire dans la *composition* d'une lettre de l'alphabet plutôt que des autres. Quant à la situation respective des cassetins entre eux, on a tâché de mettre plus immédiatement sous la main du compositeur la lettre dont il fait un plus fréquent usage : c'est ainsi qu'on rapproche de lui et qu'on donne plus d'étendue aux cassetins qui reçoivent les lettres voyelles : par exemple, le cassetin de la lettre *a* est immédiatement sous la main droite à côté des *espaces ordinaires*; au dessus de ce dernier cassetin est celui aux *i*, puis au-dessus le cassetin aux *e*, qui est le plus spacieux ; l'*o*, l'*u*, l'*r*, le *c*, le *d*, l'*m*, l'*n*, l'*s*, le *t*, ont des cassetins de la même grandeur que celui de la lettre *a* ; les lettres , *b*, *f*, *g*, *h*, *l*, *p*, *q*, *v*, *x*, sont dans des cassetins de moitié moins grands ; les lettres *k*, *y*, *z*, *w*, sont dans des cassetins encore plus petits. On met aussi dans le bas de casse les chiffres, les signes de ponctuation, les *cadrats*, *cadratins* et *demi-cadratins*,

petits morceaux de plomb plus bas que les types. Telle est la *casse française*. Celles des autres langues ne sont pas toutes les mêmes dans leur disposition et dans la distribution des cassetins. Quant à ce qu'on appelle en France la *casse italique*, la disposition et la distribution sont les mêmes ; les caractères seuls diffèrent. Malgré cette confusion apparente, on est bientôt convaincu que l'arrangement des lettres du bas de casse est le résultat d'une combinaison ingénieuse : en effet les lettres qui se combinent le plus souvent ensemble sont le plus près les unes des autres, et le compositeur évite ainsi une grande perte de temps. Les imprimeurs appellent *casseaux* des casses plus profondes et ordinairement divisées en cassetins égaux, dans lesquelles on met les lettres de deux points, ou qui servent de réserve aux *sortes* abondantes d'un caractère.

Les rubaniers appellent aussi *casse* une sorte de peigne en corne, dont ils se servent pour les forts ouvrages, où ils ne pourraient pas employer des dents de canne ou de roseau, qui ne résisteraient pas.

CASSE-BOUTEILLE. En physique on appelle ainsi un récipient de cristal ouvert, auquel on adapte une bouteille clissée que le poids de l'air casse lorsqu'on fait le vide sous le récipient.

CASSE-COU, espèce d'échelle double, qui n'a qu'une queue pour la soutenir, au lieu d'une seconde échelle jointe à la première par un boulon. On donne aussi ce nom : 1° à un endroit mauvais pour la marche et où l'on risque de tomber et de se rompre le cou si l'on n'y prend garde ; 2° aux jeunes chevaux, ou aux chevaux vicieux, qu'il est dangereux de monter, et tout à la fois aux gens que l'on emploie dans les manéges à les dresser.

Au jeu de colin-maillard, *casse-cou* est le cri par lequel on avertit celui qui a les yeux bandés de ne pas approcher d'un endroit où il pourrait se heurter et se blesser ; enfin, par analogie, on a transporté cette expression dans le sens figuré : on entend fréquemment, par exemple, parler aujourd'hui de *casse-cou politiques*, qui sont, dit-on, plus difficiles à éviter que ceux du colin-maillard, soit aveuglement de la part de ceux qui s'y trouvent exposés, soit qu'au lieu de les avertir, ceux qui jouent avec eux les y poussent par malice ou par trahison.

CASSEL, capitale de la Hesse-Électorale, dans la province de la Basse-Hesse, bâtie sur la Fulde, compte, avec ses faubourgs, et y compris les colonies de Philippinenhof et de Momerode, une population de 31,000 habitants, dont 500 juifs. Elle se compose de la vieille ville et du faubourg de Francfort sur la rive gauche de la rivière et de la ville neuve inférieure située avec le faubourg de Leipzig sur la rive droite de la Fulde. Sa situation et le caractère général de son architecture en ont fait une des plus belles cités de l'Allemagne. On y distingue surtout la ville neuve supérieure, construite pour des réfugiés français à la suite de la révocation de l'édit de Nantes, et remarquable par la régularité de ses rues, toutes tirées au cordeau, par ses grandes et larges places, et par l'élégance de ses constructions. La rue Royale (*Kœnigstrasse*), qui a 1300 mètres de long, est une des plus belles rues qu'on puisse citer ; et de la *Bellevuestrasse* on jouit d'un des plus beaux points de vue du monde.

La vallée dans laquelle est bâtie Cassel est dominée au nord par les contre-forts de *Reinhardswald*, à l'ouest par l'*Habichtswald* et au midi par le *Sarewald*. A l'est s'étend, au delà du village de Bettenhausen, une vaste plaine, encadrée dans de petites collines, au-dessus desquelles le Meissner élève sa tête au fond de l'horizon bleuâtre. La Fulde, devenue déjà navigable, décrit cette vallée les plus capricieuses sinuosités, dans la direction du sud au nord.

On compte à Cassel dix-neuf places publiques, sept églises réformées, une église protestante et une église catholique.

Les plus remarquables parmi ses places, sont : 1° la *Place de Frédéric*, ornée de la statue colossale en marbre du landgrave Frédéric II : elle a 310 mètres de longueur sur 140 de largeur; 2° la *Place du Roi*, circulaire, d'un diamètre de 141 mètres : quand on se place au centre, on y a un écho qui répète sept fois les sons qu'on lui confie; 3° la *Place du Château* ou *Place de la Parade*; elle a 295 mètres de long sur 109 de large; 4° la *Place de Charles*, décorée d'une statue en marbre du landgrave Charles; 5° l'*hexagone de la Porte de Wilhemshahe*; 6° la *Place des Casernes*; et 7° enfin, la *Place des Gardes-du-Corps*. Sur la *Place du Roi*, dite *Place Napoléon* au temps du royaume de Westphalie, on voyait alors une statue en marbre de Napoléon et un jet d'eau. Le premier soin du gouvernement légitime, lors de son rétablissement à la fin de 1813, fut de combler ce bassin et de briser cette statue. Sur la *Place de la Parade* s'élevait autrefois la résidence des électeurs, qu'un incendie des plus violents détruisit en grande partie en 1811, et qu'on acheva de démolir en 1817. Sur ses ruines on commença à peu de temps de là à jeter les fondements d'un nouveau château dit *Kattenburg*; mais le plan grandiose qu'on avait adopté pour cet édifice fut cause, en raison des dépenses immenses qu'en eût exigé la réalisation, qu'on renonça complétement plus tard à l'idée de le continuer.

Les plus beaux édifices publics de Cassel sont : Le *Museum Friedericianum*, où se trouvent une bibliothèque riche de 100,000 volumes et contenant de précieux manuscrits, un cabinet d'antiques, un cabinet de beaux-arts, un cabinet d'histoire naturelle et une collection de modèles en liège ; la galerie de tableaux, qui contient une collection de 1400 tableaux des premiers maîtres, et y fut rapportée de Paris en 1815 ; le château de Bellevue, habité autrefois par le roi Jérôme ; le palais du prince électoral ; l'Arsenal ; les écuries, les casernes, surtout celles qui furent construites, à l'époque du royaume de Westphalie, en dehors de la ville, et qui servent aujourd'hui de dépôt de mendicité ; la maison des Princes ; l'observatoire ; la salle d'Opéra ; le château-fort, prison d'État ; l'École d'artillerie, bâtie pendant la domination westphalienne, où se trouve aujourd'hui une école de cadets, et la *Charité*, en avant de la porte de Leipzig. En fait d'églises, les plus remarquables sont la grande église Saint-Martin, où l'on voit les tombeaux des électeurs, et la belle chapelle catholique neuve. Tout près de la ville, et communiquant avec les bâtiments de l'Orangerie, lieu souvent de bals masqués et de grandes fêtes, à l'époque du royaume de Westphalie, on trouve la belle promenade appelée *Auegarten* avec les Bains de marbre construits par le landgrave Guillaume, mort en 1730.

Cassel, siége de toutes les administrations supérieures de la Hesse-Electorale, a une académie de peinture, de sculpture et d'architecture, une société d'archéologie et d'économie agricole, un séminaire pédagogique, un lycée, une société musicale sous la direction de Spohr, une école militaire et une école polytechnique, une école spéciale pour les juifs. On y trouve aussi d'importantes manufactures; mais le commerce, bien qu'il s'y tienne annuellement deux foires et un marché au laines, y est assez insignifiant.

De 1807 à 1814 Cassel fut, aux termes de la paix de Tilsitt, le chef-lieu de ce royaume éphémère de Westphalie improvisé par Napoléon aux dépens du Hanovre, du Brunswick et de la Hesse, au profit de son frère bien aimé Jérôme. Dans les derniers jours de septembre 1813, le général russe Tchernichef se rendit maître de Cassel après une légère canonnade, à la suite de laquelle la cour de Westphalie dut quitter ce château de Meudon près Paris. De la domination du roi Jérôme à Cassel il ne reste plus guère aujourd'hui, à part le magnifique mobilier dont il avait orné chacune de ses demeures royales, et dont la dynastie légitime, lors de la restauration, fit sans scrupule son profit, il ne reste plus guère, disons-nous, que le souvenir des inutiles efforts tentés par une administration composée presque exclusivement de Français pour dénationaliser des populations qui se refusèrent toujours à comprendre les inappréciables bienfaits de la conscription et des droits réunis (*voyez* WESTPHALIE [royaume de]).

En 1850 une agitation légale contraignit l'électeur à quitter sa capitale ; mais bientôt les baïonnettes fédérales vinrent le rétablir dans ses droits absolus.

A une lieue de Cassel on trouve le beau château de plaisance *Wilhelmshahe*; et à deux lieues, dans une charmante vallée, *Wilhelmsthal*, autre château de plaisance appartenant au landgrave.

CASSEL Cette ville de France, peuplée de 4,500 âmes, appartenait autrefois à la vieille Flandre, et fait aujourd'hui partie du département du Nord, dont elle domine l'extrême frontière entre Hazebrouck et Bergues, sur la ligne qui depuis des siècles sert de champ de bataille aux Français et à leurs ennemis. Nos princes s'y sont rencontrés trois fois avec de fortes armées (*voyez* l'article suivant). On y fabrique de la dentelle, des bas de fil et de laine, des savons, de l'huile, des poteries, et on y fait le commerce des bestiaux ; c'est le *Castellum Morinorum* de l'Itinéraire d'Antonin ; elle est située sur une montagne, d'où vient que les historiens lui donnent souvent le nom de *Mont-Cassel*.

CASSEL (Batailles de). En 1071, Philippe Ier combattit sous les murs de Cassel Robert le Frison, qui repoussa les Français jusqu'à Saint - Omer. C'étaient les premières armes de ce roi, qui avait à peine dix-neuf ans, et qui sortait de la tutelle de Baudouin de Flandre.

Philippe de Valois y fut plus heureux, le 24 août 1328, en soutenant Louis de Crécy et de Nevers contre les Flamands, qui avaient pris parti pour ses oncles ; le peuple avait même porté la main sur le jeune seigneur, et l'avait mis en prison. Philippe de Valois, son suzerain, évoqua l'affaire à sa cour, et le parlement de Paris adjugea le comté de Flandre au neveu. Louis parut comme vassal et pair de France au sacre de Philippe ; il y arriva escorté de quatre-vingt-six seigneurs, porta l'épée royale dans la cérémonie, et fut armé chevalier par le nouveau roi de France. Ce faste n'ayant pas su lui redoubler les impôts, le peuple flamand saisit ce prétexte pour recommencer la guerre civile. Louis, chassé de nouveau, en appela à son suzerain, qui, au sortir des fêtes du sacre, résolut d'aller étouffer une rébellion qui pouvait devenir contagieuse. Ses barons n'étaient point de cet avis. Ce ramas de pêcheurs, de marchands, d'artisans et de paysans, leur faisait honte à combattre. L'épée d'un chevalier allait se souiller en frappant sur ces vilains. Mais le roi tint bon, et pour que personne ne restât en arrière, il alla prendre l'oriflamme sur le corps de saint Louis, dont on avait apporté la châsse sur l'autel de Saint-Denys, à côté de celle du martyr. Elle fut remise aux mains de Miles-Desnoyers, qui prit le commandement des cinq bannières dont se composait la garde royale ; et comme on murmurait aux oreilles du roi que la saison était déjà trop avancée, il se tourna vers le vieux Gaucher de Châtillon, son connétable, en lui demandant s'il croyait qu'il fallût attendre un temps plus favorable pour entreprendre cette guerre. « Qui a bon cœur a toujours temps à propos, répondit Châtillon. Eh bien ! s'écria Philippe de Valois, qui m'aime me suive ! » Et il se mit en marche avec sa garde et vingt-cinq mille hommes de pied, que lui amenèrent les communes de Picardie, de Normandie et de Champagne ; les vassaux de la couronne y joignirent leurs contingents ; dix-sept mille hommes d'armes appuyèrent ces gros bataillons, et vers le milieu d'août cette armée vint camper dans un vallon, en face du mont où est située la ville de Cassel.

Ce grand armement n'avait point effrayé les communes de Flandre ; il avait, au contraire, redoublé leur enthousiasme ; et le marchand de poissons qu'elles avaient accepté pour général avait vu grossir à chaque instant ses bandes populaires. Ce chef improvisé, nommé Zonnekins ou Zennequin, joignait une grande audace à un remarquable esprit de ruse et d'intrigue. S'il eût été fils de bonne maison, les historiens en auraient fait un grand politique; il insultait même à Philippe de Valois, en le nommant *le roi trouvé*; et quand le roi parut à la vue de Cassel, il trouva tout ce peuple de Flandre groupé en amphithéâtre sur les hauteurs de cette ville, au sommet de laquelle flottait un large étendard, où, au-dessus de la figure d'un coq, se lisaient en grosses lettres ces deux vers :

> Quand ce coq chanté aura
> Le roi Cassel conquerra.

Un grand contraste se faisait remarquer entre les deux armées. Du côté des Français, étincelaient des armures d'acier, d'argent et d'or; du côté des Flamands, ce n'étaient que haillons et glaives noirs; mais sous ces haillons battaient des cœurs enflammés du sentiment de la liberté : ce sentiment mène assez souvent à la témérité et à l'imprudence, surtout chez un peuple en fermentation, où la voix des sages n'est pas toujours écoutée. Ici l'imprudence partit de la tête la plus élevée. Zonnekins méprisa les avantages d'une position qui, dans ce temps, pouvait être inexpugnable, et, quoique inférieur en nombre et entièrement privé de cavalerie, il voulut surprendre les Français dans la plaine, en usant d'un stratagème que lui offraient les usages militaires de ce temps. Le 23 août il fit dénoncer la bataille pour le 25 ; et cette formalité suffisait alors pour établir une trêve pendant laquelle les deux partis communiquaient librement entre eux. Zonnekins prend ses habits de marchand de poisson, et descend dans le camp des Français, offrant sa denrée aux chevaliers et aux soldats, dont il excite la confiance par ses bouffonneries; mais pendant ce temps il observe les habitudes de ses ennemis : il les voit s'abandonner en toute assurance aux plaisirs de la table, s'enivrer et négliger toute espèce de surveillance et de précaution : il remonte vers les siens, jette ses habits, reprend ses armes, et annonce aux Flamands qu'il veut et peut enlever le roi de France et sa brillante cour. On l'écoute, on le suit en silence; il divise son armée en trois corps : l'un marche droit au quartier du roi de Bohême, qui commandait l'avant-garde française; l'autre se dirige sur celui du comte de Hainaut et du corps de bataille; le troisième, conduit par Zonnekins lui-même, tombe sur le camp à deux heures après midi, et s'avance paisiblement vers le quartier du roi. Les avant-postes français, voyant passer cette masse, la prennent pour des alliés qui arrivent; mais en approchant du quartier du roi leur allure devient plus précipitée et plus bruyante. Un chevalier nommé Renaud de Lord les aborde, et les reprend de troubler ainsi le repos de la sieste de leurs camarades : un javelot le renverse mort, et le massacre des tentes commence.

Le cri *aux armes!* retentit dans tout le camp; mais ce cri, poussé par des soldats qui s'échappent et fuient des tentes surprises, jette la terreur parmi les autres. Le chapelain de Philippe se hâte de le réveiller. Le roi ne veut pas croire à cette attaque, il plaisante le moine qui trouble son sommeil; mais le bruit augmente, se rapproche; les gémissements, les cris de mort se font entendre; la troupe de Zonnekins paraît elle-même. Philippe demande ses armes ; il n'a pas un varlet, un écuyer pour l'en revêtir ; les clercs de la chapelle l'arment comme ils peuvent; il est à cheval, et va s'élancer, l'épée au poing, au milieu des Flamands. Miles-Desnoyers, qui le voit sans escorte, sans troupe, l'arrête, lui montre le péril où il va se jeter, le force à reculer, agite l'oriflamme en signe de détresse, pour montrer où est le roi, si quelque bataillon ou quelques hommes d'armes sont à portée de le secourir. Ses cris et son étendard rallient un certain nombre de fuyards ; ce noyau grossit à chaque minute; les soldats, les chevaliers se serrent autour de leur souverain, et il peut alors s'élancer à leur tête au milieu des ennemis ; il les presse, les cerne, les enveloppe. Les lances des chevaliers pénètrent dans cette masse confuse; les Flamands sont renversés, taillés, massacrés, foulés aux pieds des chevaux. Treize ou quatorze mille restent morts dans le camp français; le reste cherche son salut dans la fuite, mais la retraite leur est coupée de toutes parts; le carnage se prolonge sur les hauteurs de Cassel, dure jusqu'au coucher du soleil, et une lettre de Philippe de Valois à l'abbé de Saint-Denys élève la perte des Flamands à dix-huit mille huit cents. Le roi de Bohême, le dauphin Guignes, les ducs de Bourgogne et de Bretagne, et Bouchard de Montmorency, se distinguèrent dans cette mêlée. Les trois derniers y furent blessés. Mais aucun ne put combattre en capitaine; chacun payait de sa personne en chevalier, en soldat, tuant devant lui et poursuivant qui fuyait, sans s'inquiéter du reste. Cassel fut pris, démantelé et livré aux flammes. Les villes de Bruges, d'Ypres, de Poperingue ouvrirent leurs portes au vainqueur. Les principaux chefs de l'insurrection furent mis à mort; les communes furent désarmées, dépouillées de leurs priviléges, et livrèrent des otages pour garant de leur soumission. « Beau cousin, dit le roi de France au comte de Flandre, vous m'avez prié de venir, je suis venu. Peut-être avez-vous causé cette rébellion en négligeant de rendre la justice à vos peuples ; c'est ce que je ne veux point examiner. Vous m'avez causé bien des dépenses, je vous tiens quitte de tout, je vous rends vos États pacifiés; mais ne me faites pas revenir, car ce serait moins pour vos intérêts que pour les miens. » Louis de Crécy ne trouva rien de mieux pour écarter ce malheur que de faire pendre dix mille mutins qui avaient survécu à la bataille. Mais tout l'honneur de la victoire rejaillit sur Philippe de Valois, qui fit hommage à Notre-Dame de Paris de son cheval et de ses armes, et dont l'autorité royale s'en accrut à tel point que, suivant Froissart, aucun roi de France n'avait jusque là tenu un état pareil au sien. Le bon Froissart oubliait Charlemagne, Philippe-Auguste, saint Louis; mais le règne de Jean prouva bientôt que cet état n'était pas solide.

La *troisième* bataille de Cassel fut livrée par Philippe d'Orléans, frère de Louis XIV, à Guillaume, prince d'Orange; c'était en 1677. Louis XIV venait de prendre Valenciennes, et pendant qu'il investissait Cambrai il avait donné à son frère l'ordre d'aller assiéger Saint-Omer avec un fort détachement de son armée. Le prince d'Orange, n'étant point arrivé à temps pour secourir Valenciennes, voulut profiter de la séparation des deux corps, et choisit le plus faible pour prendre une revanche éclatante. Il marcha donc sur l'armée du duc d'Orléans, à la tête de trente-cinq mille alliés, et prit position autour de Cassel. Mais le roi de France avait été informé de ce mouvement; et le duc de Luxembourg était parti à la hâte des environs de Cambrai avec les mousquetaires, les grenadiers à cheval et huit bataillons pour renforcer l'armée du prince. Celui-ci ne voulut point attendre l'ennemi; il quitta brusquement ses lignes, et se présenta le 11 avril devant Cassel. Guillaume ignorait sans doute l'arrivée du duc de Luxembourg; il s'était cru assez fort pour envoyer sur sa droite un corps de troupes destiné à ravitailler Saint-Omer, et pour masquer ce mouvement il avait jeté une partie de sa première ligne en tirailleurs sur un ruisseau qui séparait les deux armées. Luxembourg, qui vit cette faute, se porta vivement sur ces petits groupes, les poussa les uns sur les autres, et les refoula jusqu'au pied de la montagne. Le maréchal d'Humières attaquait en même temps la gauche du prince d'Orange, et le duc d'Orléans perçait son centre à la tête des gendarmes écossais. Le désordre causé par la brusque attaque de Luxembourg fut accru par la marche presque simultanée de Monsieur et de son lieutenant. La seconde ligne des Espagnols et des Hollandais fut entraînée par la déroute de la première. Aucun corps du prince d'Orange ne put tenir contre l'impétuosité des Français. Trois ou quatre mille alliés furent tués dans cette bataille de deux heures; trois mille autres furent pris avec treize canons, deux mortiers, et tout le convoi qui devait ravitailler Saint-Omer. Cette ville capitula le 20 avril, neuf jours après la bataille et trois jours après la reddition de la citadelle de Cambrai. On assure, et tous les historiens le redisent, que Louis XIV fut jaloux du courage et de la présence d'esprit que son frère avait montrés dans cette journée, et que cette jalousie le porta à ne plus lui donner de commandement. VIENNET, de l'Académie Française.

CASSE-LUNETTES. *Voyez* BLUET.

CASSE-MOTTE, massue de bois dur et cerclée de fer, dont on se sert dans les terres fortes pour diviser les mottes.

C'est aussi le nom vulgaire du traquet motteux.

CASSE-NOISETTE, petit instrument avec lequel on casse les noisettes. Il y en a de différentes espèces : les uns, en fer, sont formés de deux branches unies par une charnière et agissent à la manière d'une pince; les autres, en bois, sont formés d'une pièce creuse au fond de laquelle vient presser une vis : on les orne en ce cas des figures les plus grotesques.

C'est aussi le surnom de deux oiseaux; le manakin et la sittelle torchepot.

CASSE-NOIX, genre d'oiseaux de l'ordre des passereaux, de la division des conirostres et de la famille des corbeaux, ayant pour caractères : Bec fort, allongé, droit, à pointe un peu déprimée et légèrement obtuse, à mandibule supérieure dépassant l'inférieure à narines basales, petites, arrondies, recouvertes par les plumes frontales, sétacées et dirigées en avant comme chez les corbeaux; tarses médiocres, scutellés; doigts latéraux à peu près égaux, l'externe soudé au médian à sa base, l'interne totalement séparé; ongles peu arqués, mais très-allongés, surtout le postérieur et le médian, comprimés et très-acérés; ailes construites sur le type obtus, la quatrième et cinquième rémiges les plus longues, la première courte et arrondie; queue moyenne, arrondie, à douze rectrices.

Les casse-noix se nourrissent de larves et des amandes contenues dans les cônes des arbres résineux. Ils habitent principalement les forêts montagneuses, couvertes de sapins : aussi les trouve-t-on le plus communément en France, dans l'Auvergne et la Lorraine, sur les Alpes, en Suisse et en Savoie; ils se retrouvent aussi, selon Vieillot, en Sibérie et au Kamschatka. Ils nichent dans les trous naturels des arbres creux, où la femelle pond cinq ou six œufs, d'un gris fauve avec quelques taches d'un gris brun.

CASSE-NOLLE, nom vulgaire de la noix de galle, que lui donnent les teinturiers en France.

CASSE-NOYAUX, nom vulgaire du gros bec commun.

CASSE-PIERRE, nom vulgaire de la pariétaire et de la saxifrage, dont la vertu diurétique est propre, sinon à dissoudre, du moins à prévenir la pierre et les calculs de la vessie.

CASSEROLE, ustensile de cuisine, qui est l'arme favorite, le talisman, la bonne fortune d'un habile cuisinier. Que serait l'art culinaire sans la casserole? Ce qu'il était au temps des patriarches et dans les siècles qu'on nomme héroïques, où la marmite, la broche et tout au plus le gril, jouaient le principal, ou pour mieux dire l'unique rôle. Comme Ésaü, nous nous régalerions encore de lentilles bouillies; nous mangerions l'agneau pascal comme Moïse; ou, à l'exemple d'Achille et de Patrocle, nous ferions rôtir un veau ou un mouton. La poêle à frire est venue ensuite; mais ses œuvres, ses divers produits, quoique fort estimables sans doute, sont fort loin de pouvoir rivaliser avec ceux de la casserole, pour la délicatesse et la variété. C'est de l'invention et de l'usage de la casserole que date l'aurore de la civilisation. La casserole était connue, au plus tard, dans le sixième siècle avant l'ère chrétienne; car il n'est pas probable qu'on eût tant vanté les festins des rois Balthazar et Assuérus, à Babylone et à Suse, si l'on n'y eût servi que des viandes rôties et grillées et des légumes bouillis. Les Athéniens en faisaient usage du temps de Périclès et d'Alcibiade; l'art culinaire avait déjà fait chez eux de grands progrès, puisqu'à cette époque Archestrate composa un poëme de la gastronomie. Les Lacédémoniens, pour faire leur détestable brouet noir, n'avaient sans doute pas besoin de casserole. Les Romains pouvaient s'en passer, lorsqu'au premier siècle de la république leurs consuls faisaient cuire des pois et des raves dans des pots de terre. Mais les splendides repas des Verrès, des Lucullus, des Néron, des Vitellius, des Domitien, des Apicius, certes, on ne les faisait pas sans casseroles. En France, la casserole est plus en honneur, plus en vogue qu'en aucun pays de l'Europe; car on sait que les Espagnols vivent de chocolat, de garbanços et de lard rance, les Italiens de macaroni, les Anglais de poudding et de roast-beef, les Hollandais de viande cuite au four, de pommes de terre et de fromage, les Allemands de choucroute et de bœuf fumé. La casserole, chez nous, a fait la réputation de ceux qui l'ont mise en œuvre, les Mignot, les Robert, les Méot, les Beauvilliers, les Véry, les Carême, etc., et de ceux qui l'ont célébrée, les Grimod-la-Reynière, les Berchoux, les Brillat-Savarin, etc. Elle a multiplié les jouissances des plus illustres gastronomes, Suffren, Louis XVIII, Cambacérès, Gastaldy, Camerani, Audin-Rouvière, etc.; et elle fait encore le bonheur d'une foule de gourmands plus obscurs.

Mais la casserole, comme tous les ouvrages sortis de la main de Dieu ou des hommes, comme tout ce qu'on voit dans le monde, a ses inconvénients et ses avantages : sans parler des indigestions qu'elle cause à ceux qui en abusent, on connaît les graves accidents qui résultent des casseroles de cuivre mal étamées, et même de celles où l'on a laissé imprudemment séjourner des restes de ragoûts jusqu'au lendemain. Les casseroles de terre, plus communément appelées poêlons, sont nuisibles aussi, dit-on, en raison de leur vernis, dans lequel il entre de la mine de plomb. Les inconvénients de la casserole en terre sont de conserver trop longtemps l'action du feu, par conséquent de consommer trop vite les sauces, de brûler trop facilement les viandes, de communiquer aux mets un goût de graillon, et de déjouer ainsi la prévoyance et les talents du meilleur cuisinier. Aussi est-elle proscrite de toutes les cuisines du grand monde. Les casseroles de fer battu ou de fonte étamée donnent à ce qu'on y fait cuire un goût de fer assez désagréable; celles de fer blanc bouillent très-promptement; mais elles perdent aussi très-vite leur chaleur, et comme elles sont très-minces, elles ne peuvent servir que pour les liquides. Les casseroles d'argent suppléeraient à tout, si leur prix trop élevé ne s'opposait à ce qu'elles deviennent d'un usage universel. Heureusement pour nos neveux la terre n'aurait pas plus d'or dans son sein que nos pères n'en savaient retirer d'airain, et le temps n'est peut-être pas loin où l'on ne se servira plus que d'ustensiles de ce métal inspirateur! Au reste, quelle que soit la fortune d'un particulier et d'un gouvernement, il lui est impossible de posséder une assez grande quantité de casseroles pour les occasions solennelles. Mercier nous apprend que dans le compte des frais qu'occasionnèrent à la ville de Paris les fêtes pour la naissance du premier dauphin, fils de Louis XVI, en 1781, le loyer seul des casseroles figurait pour 18,000 fr. H. AUDIFFRET.

CASSE-TÊTE, espèce de massue, ou d'instrument de guerre, fait de quelque pierre dure ou de quelque bois noueux, dont certaines tribus sauvages se servent avec beaucoup d'adresse dans leurs combats, et qui est parfois orné de plumes de diverses couleurs ou de cheveux d'ennemis vaincus. On remarque des casse-tête très-variés dans presque tous les musées de curiosités américaines. Il y en a à Paris au musée d'artillerie. Ces armes ont, comme on voit, une certaine analogie avec les masses ou marteaux d'armes. — Le nom de casse-tête a été donné, par analogie, chez les peuples civilisés, mais non moins barbares, à des cannes prohibées, surmontées d'une pomme en plomb plus ou moins habilement dissimulée. — C'est, en termes de marine, un grand filet tendu en nappe entre les bas-haubans, au-dessus du gaillard d'arrière, pour garantir les hommes du choc des poulies ou des cordages qui pourraient tomber des mâts.

Figurément et familièrement il se dit : 1° d'un vin gros et fumeux qui porte à la tête et qui la rend pesante : les gros vins d'Orléans surtout sont de vrais casse-tête ; 2° d'un bruit continu et fatigant ; 3° d'un travail difficile et assidu, qui exige une grande contention d'esprit, une forte application ; 4° d'un calcul long et embrouillé ; 5° d'un jeu dans lequel il entre beaucoup de combinaisons, comme les échecs.

Il existe même deux jeux qui portent ce nom ; l'un, le *casse-tête* proprement dit, consiste à rapprocher dans leur ordre véritable, et en les emboîtant exactement les unes dans les autres, les parties d'une tablette de bois que l'on a découpée bizarrement après y avoir collé un dessin ou une carte de géographie, et dont les morceaux sont présentés aux joueurs, détachés et pêle-mêle ; c'est, en un mot, ce qu'on nomme autrement un *jeu de patience*; l'autre, le *casse-tête chinois*, consiste à construire avec un certain nombre de morceaux de bois ou de carton, de formes régulières, des figures compliquées, mais symétriques, dont le dessin est indiqué dans un livret.

CASSETTE, *capsa* en grec et en latin, coffre, petite caisse. Que de choses peut contenir une *cassette*! N'est-ce pas en effet le meuble le plus utile, le plus commode, le plus portatif? Quels sont les mortels assez malheureux pour ne pas posséder dans le monde au moins une cassette? Et combien en est-il qui, délogeant ou voyageant avec leur cassette sous le bras, peuvent dire comme Bias : *Omnia mecum porto* (je porte toute ma fortune avec moi)? Il y a des cassettes de toutes les grandeurs, de toutes les formes, de toutes sortes de matières. Il y en a pour tous les âges, pour tous les sexes, pour tous les états, pour tous les rangs. Qu'elle soit en acajou, en ébène, en bois des îles, en laque de Chine, en marqueterie, incrustée d'acier, d'ivoire, de nacre, d'argent ou de vermeil, selon le goût, le caprice ou la fortune de son possesseur, on la voit receler des joujoux d'enfants, des nécessaires pour le travail ou la toilette, des boîtes à thé ou à café, des flacons d'essences et de liqueurs fines. La jeune femme y serre ses écrins, ses diamants, ses bijoux. Il y a des cassettes pour la ville, pour la campagne et pour le voyage. Doublée de fer et soigneusement fermée, la cassette est destinée à contenir de l'argenterie, des papiers de famille, des titres de propriété, de l'argent et surtout de l'or. C'est pour les *beaux yeux* d'une semblable cassette que soupire plus d'un Harpagon. Mais hélas ! elle recèle aussi parfois de dangereux présents, de perfides souvenirs. Époux jaloux, gardez-vous d'y porter les mains : un portrait charmant, des lettres brûlantes s'y cachent parfois, et si vous les trouvez, adieu le bonheur ! Héritiers soupirants, craignez aussi qu'un domestique infidèle n'en retire des papiers précieux, des titres utiles, un testament.

Il n'est pas jusqu'aux souverains qui n'aient leur *cassette particulière*, qu'ils remplissent sans peine par les sueurs du peuple et avec une partie des revenus de l'État. La seule différence qu'il y ait entre cette cassette et le trésor public, c'est que les souverains, n'étant tenus de rendre aucun compte du fonds que contient la première, en disposent à leur gré. Dieu sait quel noble et digne usage ils en font le plus souvent ! C'est à la médiocrité, à l'intrigue, au vice, à la bassesse, et presque toujours à l'ingratitude que sont prodiguées la plupart des *pensions sur la cassette*. Alexandre le Grand eut aussi sa cassette, coffre d'un prix inestimable, trouvé à la journée d'Arbelles parmi les dépouilles de Darius. Il la conservait soigneusement au chevet de son lit, et se gardait bien d'en faire part à ses courtisans et à ses favoris. « Il est juste, disait-il, que la cassette la plus précieuse du monde renferme le plus bel ouvrage de l'esprit humain » : il y avait serré un exemplaire des poëmes d'Homère, que Callisthène, Aristote et Anaxarque avaient collationné et corrigé d'après ses ordres, et qu'en raison de cela, on a nommé *édition de la cassette*. Une telle pension léguée à la postérité par le héros macédonien sur sa cassette ne lui fait-elle pas plus d'honneur que tant de pensions accordées de nos jours pour prix de services honteux ou de fades et plats compliments?

H. AUDIFFRET.

CASSIDES, insectes coléoptères, vulgairement nommés *tortues*, *scarabées-tortues*. Ils sont plats en dessus et convexes en dessous. Le corselet et les élytres, débordant de toutes parts, forment à ces animaux une espèce de bouclier sous lequel leur corps se trouve protégé ; c'est à cause de cette particularité qu'on leur a donné le nom de *cassides* (de *cassis*, casque, armure).

Les antennes des cassides sont presque filiformes ; la condition tétramère de leurs tarses suffit pour les distinguer des boucliers et des coccinelles ou bêtes à Dieu, qui les ont trimères, c'est-à-dire à trois articles.

Ces insectes vivent sur les plantes, dont ils font leur nourriture ; rarement on les voit courir, et plus rarement encore faire usage de leurs ailes ; ils composent un genre tout à fait digne d'attirer l'attention des amateurs. La plupart des espèces sont enrichies de belles couleurs dorées ou argentées, disparaissant, il est vrai, lorsque l'insecte est mort et placé dans la collection, mais qu'il est facile de faire reparaître en plongeant pendant quelques minutes l'animal dans l'eau chaude.

Les larves des cassides, dont on trouve souvent une espèce sur le chardon, présentent des habitudes très-singulières. Leur ventre est terminé par une espèce de fourche, sur laquelle elles accumulent leurs excréments. Tant qu'elles sont tranquilles et occupées à paître, elles les portent après elles ainsi placés ; mais au moindre danger elles relèvent la fourche, appliquent sur leur dos les ordures qu'elle supportait, et s'en forment une espèce d'abri qui les met en sûreté contre leurs nombreux ennemis. La nymphe des cassides s'accroche et reste immobile sur les tiges des végétaux qui ont servi à son développement ; elle ressemble alors à une graine épineuse, que les oiseaux doivent craindre d'avaler. Après quinze jours, l'insecte parfait en sort par une rupture faite à la partie antérieure de la peau de dessus. Il dépose ses œufs sur les feuilles, et les range par larges plaques, souvent recouvertes d'excréments.

Ce genre renferme un grand nombre d'espèces : le comte Dejean, dans le catalogue de sa collection, en mentionne plus de cent, pour la plupart étrangères à l'Europe. Parmi celles que l'on rencontre le plus souvent en France et aux environs de Paris, nous citerons la *casside équestre*, qui se tient sur la menthe dans les lieux aquatiques ; la *casside verte*, assez semblable à la précédente, mais plus petite ; on la trouve sur les artichauts et les chardons.

P. GERVAIS, prof. à la Fac. des Sciences de Montpellier.

CASSIDITES. *Voyez* CASSIDULES.

CASSIDULES (diminutif de *cassis*, casque), genre d'animaux échinodermes, de l'ordre des pédicellés, établi par Lamarck dans sa section des échinides, et adopté par Cuvier. Ces animaux avaient d'abord été confondus avec les oursins, dont ils se distinguent par leur corps irrégulier, elliptique, ovale ou sub-cordiforme, et garni de petites épines. On ne connaît qu'un très-petit nombre de cassidules. Nous citerons la *cassidule de Richard*, qui a été longtemps la seule connue. La célèbre botaniste Richard, dont elle porte le nom, l'observa dans l'océan des Antilles; Péron et Lesueur, naturalistes de l'expédition aux Terres Australes, l'ont depuis rapportée de la baie des Chiens-Marins à la Nouvelle-Hollande; sa longueur dépasse rarement trois centimètres. La *cassidule scutelle* est longue de neuf centimètres et large de huit : on la trouve dans le Véronais.

Les cassidules existent aussi à l'état fossile, et portent alors quelquefois le nom de *cassidites*; l'espèce la plus commune a été trouvée à Grignon, au-dessous du banc des cérites; elle n'a que dix millimètres de longueur.

P. GERVAIS, prof. à la Fac. des Sciences de Montpellier.

CASSIEN (JEAN), né vers 350, est célèbre comme fondateur de la fameuse abbaye de Saint-Victor à Marseille, et comme adversaire de saint Augustin dans la grande querelle de *la grâce et du libre arbitre*. On ne s'accorde point sur le lieu de sa naissance. Les uns le font naître en *Scythie*, c'est-à-dire dans quelque ville grecque de la mer Noire; les autres, sur la foi d'un passage de ses écrits, où il parle de son beau pays, soupçonnent qu'il était de Marseille. En tous cas, cette ancienne rivale d'Athènes fut son pays d'adoption; c'est là qu'il acquit la connaissance des lettres antiques, et cette pure latinité qu'on admire dans ses ouvrages; et c'est là qu'il publia ses livres. Cassien passa d'abord une bonne partie de sa jeunesse à visiter les solitudes de l'Orient. Il vit les solitaires de Bethléem, et vécut sept ans parmi les moines et les ermites de la Thébaïde. Après ce long séjour dans le désert de Siété, et cette pieuse étude du cénobitisme chrétien dans sa première patrie, on voit Cassien, au commencement du cinquième siècle, prendre une part plus active aux affaires de l'Église. Ordonné diacre par saint Jean Chrysostôme, devenu membre du clergé de Constantinople, il vient porter ses plaintes au pape contre les Ariens. Arrivé à Marseille pour n'en plus sortir, il recueille et consigne ses souvenirs dans deux ouvrages; l'un, intitulé : *Institutions monastiques*, contient la législation, et l'autre, *les Conférences*, ou *Dialogues*, renferme la morale de la vie cénobitique. Dans le premier, qui servit de guide aux fondateurs des ordres monastiques de l'Occident, on trouve les règles des monastères d'Orient adaptées aux pratiques du cénobitisme gaulois; dans le second, Cassien raconte les miracles d'abstinence et de contemplation qu'il a vus en Égypte. Admirateur enthousiaste de la vie contemplative, son éloquence et sa réputation attirèrent jusqu'à cinq mille moines dans son abbaye de Saint-Victor.

C'est dans la treizième de ses conférences qu'il expose et développe son opinion sur la question de la grâce et du libre arbitre, alors agitée entre Pélage et saint Augustin. Cassien s'effraye de la hardiesse de Pélage, le stoïcien du christianisme, qui prétend que l'homme peut se sauver par son libre arbitre et ses bonnes œuvres : le moine breton lui paraît mettre en question le mérite même de Jésus-Christ et la nécessité de la rédemption. D'autre part, Cassien n'est pas moins effrayé de l'exagération mystique de saint Augustin, qui soutient que la grâce divine règle toutes les actions de l'homme, et prédestine arbitrairement les uns au salut, les autres à l'enfer : l'évêque d'Hippone lui paraît détruire en même temps la liberté morale de l'homme et la justice divine. Cassien entreprend de concilier ces deux opinions extrêmes. Sans nier le péché originel et la corruption native de l'homme, comme Pélage, ou la liberté de l'homme, comme saint Augustin, il affirme que l'homme est capable de connaître le bien, en suivant qu'il a besoin de la grâce pour l'accomplir. Dans le système des semi-pélagiens, auquel Cassien et ses partisans (saint Vincent de Lérins, saint Eucher, Faustus, évêque de Riez,) la grâce divine, au lieu d'être gratuite, est attribuée aux mérites de l'homme.

Cette hérésie si noble et si sensée eut pour principal théâtre la Gaule méridionale, et divisa le clergé gaulois jusqu'au concile d'Arles, en 529, qui condamna les semi-pélagiens, mais sans admettre toutes les opinions de leurs adversaires. Le dernier et le mieux écrit des ouvrages de Cassien est le traité *de l'Incarnation*, qu'il composa contre les nestoriens, hérésie plus particulière à l'Église d'Orient. L'année de la mort de Cassien est incertaine et controversée, comme le lieu de sa naissance. Dom Rivet la fait mourir en 436 ou 435.

T. TOUSSENEL.

CASSIN (Abbaye du mont). *Casinum* était une ville fort ancienne, située sur la route de Rome à Capoue, entre Capoue et l'Arpinum de Cicéron, et qui, comme beaucoup d'autres grandes villes d'Italie, fut saccagée pendant les incursions des peuples barbares. Une jolie rivière arrose cette vallée, dans laquelle on montre l'emplacement de la maison de Varron. Au-dessus de la ville et de la vallée s'élève graduellement un beau monticule, au bas duquel se voient encore les belles ruines de l'amphithéâtre antique bâti par Umidia, et un peu plus loin un tombeau romain, presque vis-à-vis de l'emplacement où était situé, mais de l'autre côté du fleuve, la maison de Varron, possédée ensuite par Marc-Antoine. Tout le penchant du monticule était ombragé par un bois consacré à Vénus, et au sommet s'élevait un temple d'Apollon. Le paganisme était encore, malgré les décrets impériaux, la religion populaire de cette partie de l'Italie, lorsqu'au commencement du sixième siècle, saint Benoît vint y prêcher le christianisme, anima les nouveaux convertis de sa propre ferveur, fit brûler le bosquet de Vénus, renverser le temple d'Apollon, et sur ses ruines bâtir une petite chapelle consacrée à saint Jean-Baptiste, sur l'emplacement où depuis fut élevée la basilique actuelle.

Saint Benoît mourut en 544, au mont Cassin, et son corps fut déposé près de celui de sainte Scholastique, sa sœur, morte une année auparavant, à l'endroit où il est encore précieusement conservé aujourd'hui, dans l'église de l'abbaye qui a remplacé la chapelle de Saint-Jean-Baptiste. Quarante-cinq ans après la mort de saint Benoît, en l'an 580, Zoton, chef lombard, assaillit le mont Cassin pendant la nuit, s'en empara, et mit tout à feu et à sang. La plupart des moines qui purent échapper se réfugièrent à Rome, où le pape Pélage leur permit de bâtir un monastère près de Saint-Jean de Latran. Quelques moines restèrent sans doute, après l'excursion de Zoton, près des ruines de leur abbaye et du tombeau de leur fondateur, mais la tête et le corps de l'ordre se fixèrent à Rome pendant cent trente ans.

Ce ne fut qu'en 718, sous le pape Grégoire II, que les moines de Saint-Benoît reprirent possession du mont Cassin, et firent rebâtir le monastère et l'église, qui fut consacrée en 748 par le pape Zacharie. Saint Sturmius, qui avait jeté en 744 les fondements de la célèbre abbaye de Fulde, vint alors résider pendant quelque temps au mont Cassin, pour mieux y étudier la règle, et l'introduire à Fulde. Carloman, fils de Charles-Martel et frère de Pepin, s'y retira aussi en 748, aussi bien que Ratchis, roi des Lombards, qui, en 749, fatigué du tumulte des guerres, vint y embrasser la vie monastique, et y cultiva de ses mains un petit champ situé sur le penchant occidental de la montagne, champ qui porte depuis, en souvenir du roi lombard, le nom de Vigne de saint Ratchis. A la mort d'Astolphe, Ratchis quitta un instant le monastère pour disputer la couronne à Didier; mais il y rentra peu après, et y mourut. Carloman ne resta pas non plus toujours au mont Cassin; il alla terminer ses jours, en 798, dans un monastère de Vienne, en Dauphiné, et ses os furent ensuite envoyés par Pepin, son frère, au mont Cassin, où ils reposent aujourd'hui. En même temps qu'eux se trouvait au mont Cassin un moine qui s'est acquis une grande célébrité littéraire, Paul Warnefriede, dit *Paul Diacre*, né dans le Frioul, de nation lombarde, auteur de l'intéressante *Histoire des Lombards*, et l'un de ceux qui ont le plus contribué à la propagation des lettres en France. Charlemagne, qui avait sans doute eu l'occasion de l'apprécier pendant sa visite au mont Cassin, en 777, l'avait appelé auprès de lui pour enseigner le grec et la grammaire, à la même époque où il distribuait d'autres moines de Saint-Benoît en Allemagne et en France pour y propager leurs écoles. Louis le Débonnaire visita aussi deux fois le mont Cassin avec sa femme Engelberge, et envoya de là des colonies de moines dans ses États. Deux autres hommes, dont les noms ne sont pas parvenus jusqu'à nous, illustrèrent leur abbaye dans le neuvième siècle; ce sont : le moine anonyme du mont Cassin, auteur de l'*Histoire des Lombards* de l'Italie celtibérienne, de l'an 840 à l'an 875, et l'auteur, aussi anonyme, d'une petite chronique du mont Cassin et d'une petite chronologie de ses abbés et des ducs de Bénévent.

En 804, les moines furent de nouveau pillés, dispersés ou égorgés. Les Sarrasins, appelés d'Afrique en Sicile en 827 par Euphémius de Messine, et ensuite de Sicile sur le continent napolitain par Radagaise en 842, avaient été successivement invités à intervenir dans toutes les querelles des petits chefs entre eux et dans les querelles intérieures des communes. Des discussions avec l'abbé éclatèrent, et le 12 septembre 834, les Sarrasins, pénétrant pendant la nuit dans le monastère, l'incendièrent, le pillèrent, et égorgèrent tous les moines qu'ils purent trouver; ceux qui échappèrent se réfugièrent à Teano et à Capoue; ils ne retournèrent au mont Cassin qu'en 949. Des querelles d'ambition au sujet de l'élection de leur abbé décidèrent quelques moines à quitter tout à fait le monastère, et ceux d'entre eux qui s'étaient réfugiés dans la principauté de Salerne y fondèrent, de concert avec saint Alphonserius, le monastère de la *Cava*. La dignité d'abbé du mont Cassin conférait alors une véritable seigneurie laïque, tant était grande l'étendue de ses domaines, tant les abbés comptaient sur leurs bonnes forteresses : aussi vécurent-ils parfois en grands seigneurs terriens, ayant leur cour, leurs chevaliers, leurs damoiseaux et leurs ménestrels La corruption du chef engendra celle des moines. L'ambition de cette haute puissance agit sur d'autres, qui leur offrirent le partage de tant de trésors, s'ils se débarrassaient de leur abbé et disposaient de la dignité abbatiale. Ce marché fut accepté, et Masone, l'abbé puissant, tomba dans un guet-apens, où les moines lui arrachèrent les yeux, et élurent, à sa place, en 996, le rival prodigue de promesses.

L'abbaye du mont Cassin, placée dans une forte position, sur une route militaire, était devenue, par les faveurs successives des papes, des souverains et des seigneurs voisins, une puissante seigneurie, dont le secours ou l'inimitié pouvait être d'un grand poids dans les querelles de l'Église avec les Normands d'abord, puis avec la maison de Souabe. Chacun des deux rivaux chercha donc tour à tour à s'en assurer l'appui, et tour à tour, suivant leurs succès, les papes lui imposèrent un abbé qui fût dans l'intérêt romain, et les souverains de Naples un abbé qui fût dans l'intérêt laïque. L'abbé fut donc presque toujours un homme politique, et l'abbaye une puissance séculière. Quelques moines s'y livraient cependant de temps à autre à l'étude des lettres, et l'on possède quelques chroniques latines et françaises écrites par eux. Telle est l'intéressante série, commencée d'abord par un épitome d'Anastase le Bibliothécaire, l'ancien moine, en 754, et par le récit de Paul Diacre, mort en 799, continuée par Erchempert jusqu'en 880, puis par Jean de Capoue, abbé de 918 à 934, et refondue par Léon Marsicano, cardinal d'Ostie, mort en 1115. Telle est aussi la Chronique des Normands d'Amat, moine vers 1080, dont le manuscrit s'était conservé dans la bibliothèque Saint-Salvatore de Bologne, et qui a été publié par la Société de l'Histoire de France. Saint Thomas-d'Aquin, dans sa jeunesse, avait été élevé au mont Cassin.

Cette part active prise par les moines aux affaires politiques décida Frédéric, dans sa querelle avec Hildebrand, à s'emparer complétement de l'abbaye et à les en expulser. Pendant vingt-six ans, l'abbaye devint un camp; mais la puissance papale parvint enfin à reprendre le dessus. Charles d'Anjou fut appelé pour succéder à Mainfroi, et le chemin lui fut préparé par la nomination du provençal Bernard d'Aygler, abbé de Lérins, à la dignité d'abbé du mont Cassin. Les registres de l'abbaye pendant l'administration de Bernard d'Aygler prouvent qu'il eut fortement à lutter dans l'intérieur même de son abbaye pour maintenir une adhésion fidèle au roi Charles, car beaucoup de moines avaient conservé des liaisons avec le parti souabe, et lorsque Conradin se présenta en armes, ils ourdirent une conspiration pour lui livrer l'abbaye. Bernard d'Aygler, actif, intelligent et ferme, tint bon pour son compatriote le roi Charles, et les moines récalcitrants furent chassés de l'abbaye. La translation du siège pontifical de Rome à Avignon amena une ère de révolution dans l'administration de l'abbaye. Une bulle de Jean XXII, en 1321, ordonna que désormais l'abbaye serait considérée comme cathédrale, les moines comme chanoines, l'abbé comme évêque avec juridiction, et un évêque fut nommé par le pape pour diriger l'abbaye. Cet ordre de choses dura jusqu'en 1366, où Urbain V ravit aux moines l'élection de leur abbé. Aussi longtemps que se maintint la maison d'Anjou sur le trône de Naples, l'abbaye, qui n'avait pas à se prononcer entre le pape et le souverain, puisque leur union était fondée sur un intérêt réciproque, se maintint paisible et prospère; mais avec la lutte entre le roi René d'Anjou et le roi Alphonse d'Aragon recommencèrent de nouveaux dangers. L'abbaye avait pris parti pour René; après le triomphe d'Alphonse, elle en fut punie. Alphonse, voulant récompenser le patriarche d'Aquilée, qui lui avait prêté 80,000 ducats dans sa guerre contre René, et ne pouvant les lui rendre, obtint du pape Eugène, au moment de leur réconciliation, que l'abbaye du mont Cassin lui serait donnée en commanderie, ce qui eut lieu en 1454, et cette spoliation des revenus de l'abbaye en faveur d'un homme de cour se continua jusqu'en 1504. Pierre de Médicis, abbé commendataire du mont Cassin, s'était montré fortement attaché au parti de Louis XII et des Français. Après leur retraite, Pierre de Médicis s'étant noyé en fuyant vers Gaëte, Gonzalve de Cordoue obtint que les Médicis renonceraient, moyennant une indemnité, à toute prétention à cette commanderie, et l'abbaye reçut une nouvelle forme d'administration.

Les monastères bénédictins de Sainte-Justine de Padoue, de Saint-Paul de Rome, et autres monastères lombards, venaient d'adopter une sorte de fédération préparée par le Vénitien Barbo, abbé de Sainte-Justine. Chaque couvent avait un abbé, élu seulement pour trois ans mais les affaires communes étaient traitées dans les comices généraux, qui se réunissaient tous les trois ans et réglaient les finances, la discipline et l'instruction, nommaient des employés et rendaient des jugements. Le monastère du mont Cassin fut annexé à cette fédération, et il fut ordonné par le pape que les premiers comices se tiendraient en janvier 1505, à San-Germano, fief du mont Cassin, et dans le palais abbatial. L'abbaye du mont Cassin était comme la tête et le cœur de l'ordre en Italie. La monarchie modérée des abbés, fondée par saint Benoît, fut ainsi transformée en une sorte de république aristocratique modelée par le Vénitien Barbo sur les formes vénitiennes. Depuis cette époque jusqu'à la fin du dix-huitième siècle les moines du mont Cassin, se trouvant moins mêlés à la puissance et à l'agitation séculières, menèrent une vie de calme et d'étude, et contribuèrent pour leur bonne part aux grandes œuvres des Muratori, des Mabillon et autres travaux importants d'érudition entrepris alors dans toute l'Europe, et surtout en France, par les bénédictins. Mais à la fin du dix-huitième siècle ils furent entraînés par le choc puissant de la révolution française dans la ruine de toutes les antiques institutions et de toutes les anciennes seigneuries. La république parthénopéenne,

38.

en 1799, avait supprimé leurs fiefs; Joseph Napoléon, devenu roi de Naples, ferma les couvents, supprima les abbayes, et réunit leurs biens au domaine de la couronne, pour être vendus au profit des créanciers de l'État. Les maisons d'habitation et leurs dépendances, et une maison de campagne par chaque abbaye, ainsi que les meubles y existant pour l'usage de ceux qui y demeuraient, étaient exceptés de la mesure. La garde des archives, des manuscrits et des bibliothèques était conférée à un certain nombre de religieux. Plusieurs des moines rentrèrent alors dans la vie séculière; mais quelques autres, habitués à cette studieuse solitude des monastères bénédictins, restèrent, quoique avec l'habit séculier, dans leur antique cloître, l'abbaye du mont Cassin, et y furent respectés par Joseph Napoléon et par Joachim Murat.

Au retour des Bourbons, en 1815, le pape Pie VII obtint du roi Ferdinand la restauration des trois monastères du mont Cassin, de la Cava et de Monte-Vergine; mais on ne put leur rendre ni leurs droits féodaux, qui avaient été supprimés, ni leurs biens, qui avaient été vendus ou réunis à la couronne. Une rente de 10,000 ducats leur fut assignée. Aujourd'hui le beau monastère du mont Cassin est habité par une vingtaine de moines, qui dirigent un collége de quinze jeunes novices, et un séminaire diocésain composé d'une soixantaine de jeunes élèves. Les antiques archives et la bibliothèque offrent aux hommes d'étude un grand nombre de documents précieux, et un inventaire fort bien fait facilite les recherches. On y trouve un grand nombre de lettres de Montfaucon et de Mabillon, adressées aux moines du mont Cassin; un beau manuscrit de *La Divine Comédie* du Dante, qui remonte au mois d'août 1343; d'anciens exemplaires des lois lombardes; une curieuse collection d'ancienne musique, et une grande quantité de diplômes, indispensables à l'histoire des dynasties lombards, normands, souabes et angevins. Pendant que quelques-uns des moines se consacrent à l'exercice obligé du chœur, d'autres sont chargés des archives et de la bibliothèque, et les esprits les plus actifs se consacrent au professorat. Parmi les dernières publications de cette savante compagnie, il faut citer des *Sermons inédits* de saint Augustin, retrouvés dans les archives, et édités par l'abbé Fraja, archiviste du mont Cassin; une traduction italienne, du quatorzième siècle, des *Femmes Illustres* de Boccace, par Donat de Casentino, publiées d'après un manuscrit de la bibliothèque, et une histoire de l'abbaye du mont Cassin en trois volumes, par l'abbé Louis Tosti.

BUCHON.

CASSINE, de l'italien *cascina*, dérivé du latin *casa*, nom donné dans quelques provinces à une petite maison de plaisance hors la ville, et par suite, populairement, à une maison de triste apparence. C'est aussi, en botanique, le nom d'un genre de la famille des aquifoliacées, formé par Linné, et renfermant environ une douzaine d'espèces, indigènes de l'Afrique australe et du Népaul; une seule appartient à l'Amérique, et a été découverte à Saint-Domingue. Ce sont des arbrisseaux à rameaux tétragones, à feuilles opposées, coriaces et luisantes, à fleurs petites, hermaphrodites ou polygames, blanchâtres, disposées en cymes multiflores.

CASSINI, famille originaire d'Italie, et qui pendant deux siècles s'est fait remarquer en France par l'étude des sciences astronomiques.

CASSINI (JEAN-DOMINIQUE), célèbre astronome, naquit le 8 juin 1625, à Périnaldo, dans le comté de Nice, de parents nobles. Il ébaucha ses premières études sous un précepteur particulier, et alla les achever à Gênes chez les jésuites. Son unique goût alors était la poésie latine, dans laquelle il se distingua par plusieurs compositions imprimées avec celles de ses maîtres, dans un recueil in-fol., en 1646. Un livre d'astrologie judiciaire lui tomba dans les mains; aussitôt fut éveillée en lui une passion qui depuis ne le quitta plus, celle de la contemplation des astres. Véritable Chaldéen, il commença par être astrologue; il fit des prédictions, qui se vérifièrent; mais bientôt sa raison, déjà droite et forte, lui montra la vanité de cette science toute chimérique: il s'appliqua sans relâche aux sciences préliminaires nécessaires à l'étude de l'astronomie, dans laquelle il fit des progrès si rapides qu'à vingt-cinq ans, en 1650, il fut désigné par le sénat de Bologne pour remplacer à la première chaire d'astronomie vacante depuis longtemps par la mort du père Cavalieri, ce célèbre géomètre, auteur de la méthode des *indivisibles*. Deux ans après, à la fin de 1652, le hasard fit qu'une comète passa au zénith de Bologne, comme pour éprouver la science du nouveau professeur, dont les observations furent consignées dans un traité qu'il publia en 1653: il y prenait les comètes pour des générations fortuites, pour d'immenses flocons d'exhalaisons fournies par la terre et les astres. Il abandonna aussitôt un système si peu probable, et pensa avec raison que les comètes étaient, malgré leurs irrégularités apparentes, soumises à des lois comme les autres astres, et, loin d'être des créations nouvelles, pouvaient être aussi vieilles que l'univers.

Depuis longtemps le calendrier Julien était tombé dans un tel désordre, qu'il ne marquait plus qu'à dix jours près les équinoxes et les solstices. Afin de parer à cet inconvénient et de fixer les fêtes chrétiennes, le père Ignazio Dante, astronome, avait, en 1578, tracé, comme une espèce de méridienne, dans l'église de Saint-Pétrone. Lorsqu'en 1653 on répara cette église en augmentant ses dépendances, le jeune Cassini proposa à la fabrique de Saint-Pétrone d'y tracer une nouvelle méridienne plus étendue, plus exacte, et où les incertitudes des réfractions astronomiques et les éléments de la théorie du soleil seraient résolus. Les frais de cette entreprise, la disposition des lieux, qui semblait la contrarier (car il fallait nécessairement que la ligne méridienne passât droit entre deux colonnes), n'engageaient pas les magistrats à favoriser sa demande, qu'il finit cependant par obtenir. Au bout de la deuxième année la méridienne fut achevée, et le solstice d'hiver de 1655 y vint, devant une foule de savants et de curieux, éclairer son succès et son triomphe. Des tables du soleil plus sûres, une mesure presque exacte de la parallaxe de cet astre, qu'il éloigna ainsi dix fois plus que n'avait fait Kepler, et une excellente table de réfractions, furent le précieux résultat de cette construction.

Sur ces entrefaites, des différends étant survenus entre Bologne et Ferrare au sujet du Pô, dont les bras nombreux lui méritèrent avec raison chez les poëtes latins le surnom de *Corniger*, le sénat de Bologne confia ses intérêts relatifs à la navigation de ce fleuve à Cassini, et l'envoya à Rome pour les discuter, négociation qu'il acheva avec succès, après s'être appuyé d'un mémoire spécial qu'il composa sur l'histoire antique et moderne de ce fleuve célèbre. Cet ouvrage lui valut la surintendance des fortifications du fort Urbin, et des eaux du Pô. Le pape eut tant de confiance dans les connaissances hydrostatiques de l'astronome qu'il lui mit entre les mains ses intérêts dans une contestation qu'il eut avec le grand-duc de Toscane, par rapport aux eaux de la Chiana. Déjà astronome et ingénieur, Cassini fût peut-être devenu cardinal s'il n'eût refusé une dignité ecclésiastique qu'Alexandre VII, qui voulait se l'attacher, lui offrit, état pour lequel il ne se sentait nulle vocation, malgré sa piété naturelle.

On eût vraiment dit que le ciel se plaisait à servir la gloire de son astronomie; car les comètes s'y succédaient à cette époque comme par enchantement: à la fin de 1664 il en parut une seconde, puis une autre au mois d'avril 1665, puis une encore au mois de décembre 1680. Cassini observa la première à Rome, en présence de la reine Christine de Suède et de concert avec elle, car cette princesse était tellement passionnée pour l'astronomie, qu'elle restait des nuits entières à chercher une parallaxe aux étoiles. D'après ces observations réitérées, Cassini avait remarqué que la plupart des comètes, soit de celles qu'il avait vues, soit de celles qui l'avaient été par d'autres astronomes, avaient dans le ciel leur chemin, dans une zone particulière qu'il appela par cette raison le *zodiaque des comètes*, et comme celle de 1680 se trouva dans ce zodiaque ainsi que celle de 1577, il crut qu'elle le suivrait, et elle le suivit ; il assura aussi que cette espèce d'astre était susceptible de retour, ce qui fut plusieurs fois vérifié par la réapparition de la comète périodique de 1456 en 1531, 1607, 1682, 1759.

Ce fut durant le démêlé pour les eaux de la Chiana, en 1665, à Città-della-Pieve, dans la Toscane, que Cassini, observant J u p i t e r, distingua les taches de cet astre d'avec les ombres que les satellites jettent sur son disque quand ils passent entre cette planète et le soleil : alors pour la première fois on sut indubitablement, au moyen d'une tache fixe bien avérée, reconnue par cet astronome sur cette planète, qu'elle tourne sur son axe en 9 heures 56 minutes seulement, quoiqu'elle surpasse 1,000 fois notre globe en grosseur. De ce moment le beau système de C o p e r n i c parut comme à découvert : il fut incontestable ; ajoutez à cela qu'à l'aide de semblables taches cet astronome découvrit que la rotation de M a r s est de 24 heures 40 minutes, et celle de V é n u s de 23 heures 21 minutes. Tant de travaux ne l'empêchaient pas de donner beaucoup de temps à la forteresse de Pérugia et au port Félix, menacé d'être abandonné par les eaux du Tibre, de l'inspection desquelles il fut chargé. Bien plus, ses regards, s'abaissant des espaces célestes jusque dans les mousses et dans la poussière, il en étudiait les habitants ; ses observations entomologiques sont imprimées dans les œuvres d'Aldrovande. La physiologie même éveilla sa noble curiosité. La transfusion du sang, dont l'idée d'ailleurs n'était pas neuve, puisque ce fut par transfusion que Médée rajeunit le vieil Éson, son beau-père, faisait alors grand bruit en Angleterre et en France. Cassini fit à ce sujet des expériences à Bologne. En 1668 il parvint publia ses éphémérides des astres de Médicis (ainsi en Italie s'appelaient alors les satellites de Jupiter). Ces tables merveilleuses, où il entra vingt-cinq éléments, touchaient d'assez près à la perfection qu'il était réservé à notre célèbre D e l a m b r e de leur donner depuis.

Colbert, si soigneux de la gloire de la France, lorsque Louis XIV l'agrandissait par de sanglantes conquêtes, la glorifiait à jamais par des conquêtes plus paisibles et plus durables, par les hommes de génie qu'il enlevait à l'étranger : Cassini fut du nombre. Ce ministre, qui, par les ordres du roi, venait de former en 1666 l'Académie des Sciences, résolut d'en augmenter l'éclat par une célébrité de plus ; il demanda à l'Italie Cassini, qui fut l'objet d'une négociation auprès de Clément IX, alors pontife. On le céda à la France, mais pour un temps limité. Au commencement de 1669, il arriva à Paris, où l'Académie lui fut aussitôt ouverte. Le délai expiré, il se préparait à retourner dans sa patrie, dont il était pensionné, ainsi que du roi de France ; mais Colbert fit tant et si bien qu'il le retint, et lui fit accepter des lettres de naturalisation ; aussitôt après, en 1673, il se maria avec la fille d'un lieutenant général. Ce fut alors que le roi lui dit : « Monsieur de Cassini, je suis bien aise de vous voir devenu Français pour toujours. » Disons ici en passant que cet accueil que le roi et son ministre faisaient aux étrangers était une passion qui était satisfaite qu'aux dépens des nationaux : n'est-ce point là une mère détournant son sein de lèvres de son propre enfant pour le donner au fils de l'inconnu ? Cassini fut amplement pensionné, et La Hire et P i c a r d, astronomes français, étaient à peine rétribués. Par suite de cette manie, l'admirable colonnade de Claude P e r r a u l t faillit être rejetée : on allait livrer le L o u v r e à l'impuissance du cavalier Bernin.

Toutefois, Cassini sentit l'importance de soutenir sa réputation dans sa nouvelle patrie. En 1672, le voyage astronomique à Cayenne fut entrepris sous ses auspices ; il contribua à faire connaître la figure de la t e r r e, sa pesanteur relative des pôles à l'équateur. Cassini débrouilla l'inextricable calendrier indien. En 1683, il chercha les causes de la lumière z o d i a c a l e, déjà vue, mais non expliquée ; il jugea qu'elle pouvait être renvoyée à nos yeux par une matière que le soleil pousserait hors de lui beaucoup au delà de l'orbite de Vénus, et dont il serait enveloppé. Il découvrit encore que l'axe de rotation de la lune n'était pas perpendiculaire à l'écliptique, comme on l'avait cru jusqu'alors, et que ses positions successives dans l'espace n'étaient point parallèles entre elles, phénomène jusque alors unique dans le système du monde. Enfin, en 1684, il se trouva avoir découvert quatre satellites à la planète de S a t u r n e, ce qui fit cinq avec celui qu'il avait déjà aperçu en 1655 le célèbre H u y g e n s. Une médaille fut frappée à la gloire de l'astronome avec cette légende : *Saturni satellites primum cogniti* (les satellites de Saturne connus pour la première fois). En 1693 Cassini donna de nouvelles tables des satellites de Jupiter, plus exactes que celles de 1668. En 1695 il fit un voyage en Italie, alla visiter sa chère méridienne de Saint-Pétrone, qu'il répara, puis revint en France, et en 1700 prolongea jusqu'à l'extrémité du Roussillon la méridienne de Paris, commencée par La Hire et Picard. Ses ouvrages imprimés sont très-nombreux. Cassini mourut ou plutôt s'éteignit le 14 septembre 1712, à l'âge de quatre-vingt-sept ans et demi, sans infirmités, sans maladie, mais toute la ferveur de ses sentiments religieux et dans la persuasion qu'il allait assister pour l'éternité et de plus près au beau spectacle des cieux, dont il était privé alors ; car, ainsi que Galilée, quelque temps avant sa mort, il était devenu aveugle. Dans sa statue, qui est à l'Observatoire, le marbre a heureusement reproduit le calme et la paix habituels de son âme, que la cécité même n'altéra point un moment.

CASSINI (Jacques), fils du précédent, naquit à Paris, en 1677. Membre de l'Académie des Sciences, il fut bientôt de la Société royale de Londres. Dans ses voyages, il s'était lié d'amitié avec Newton, Halley et Flamsteed. En 1717 il présenta à l'Académie un travail très-étendu sur l'inclinaison de l'orbite des satellites et de l'a n n e a u d e S a t u r n e. Chargé des expériences relatives à la détermination de la figure de la terre, leur résultat ne fut pas favorable au système nouveau de l'attraction et à l'évidence de la rotation du globe sur son axe. Les newtoniens réclamèrent ; il fut conclu que, vu l'imperfection des instruments astronomiques, on ne pouvait répondre d'une erreur d'une demi-minute, sur le moment précis de l'émersion du satellite de Jupiter, ce qui ferait en longitude une erreur de 7'30' ou plus de cinq mille toises sur l'arc du parallèle ; ce qui excède la différence que donnerait l'hypothèse de la terre sphérique ; et cependant Cassini avait trouvé d'abord le degré de longitude plus court qu'il ne serait dans cette même hypothèse. Cet astronome, qui montra autant de zèle pour la science que son père avait montré de génie, mourut près d'atteindre sa soixante-dix-neuvième année. Entre autres ouvrages on a de lui des *Éléments d'Astronomie* et des *Tables Astronomiques du soleil, de la lune, des planètes, des étoiles et des satellites* ; on les estima longtemps comme les plus exactes.

CASSINI DE THURY (César-François), petit-fils du grand Cassini, naquit le 17 juin 1714. Il fut en même temps maître des requêtes, directeur de l'Observatoire et académicien. Tout jeune, il conçut le projet de lever le plan topographique de la France entière. Cette entreprise exigeait des fonds considérables ; Louis XV, assez versé dans la géographie, la protégea, et le gouvernement l'aida de son argent ; mais, l'ayant bientôt abandonnée à elle-même, elle devint en l'an 1756 la propriété d'une compagnie. Ce superbe atlas de France, fruit d'un immense travail, était tout près d'être achevé, quand Cassini mourut de la petite vérole, le 4 septembre 1784. Il fut terminé par Jacques-Dominique Cassini.

Tout dans cet atlas, composé de cent quatre-vingt-une grandes feuilles, est rapporté à la méridienne et à la perpendiculaire de l'Observatoire : cette magnifique pièce topographique est exécutée sur une échelle d'une ligne pour cent toises.

Cassini de Thury a composé nombre d'ouvrages et de mémoires, parmi lesquels sa *Description géométrique de la France* est un des plus utiles. DENNE-BARON.

CASSINI (JACQUES-DOMINIQUE, comte DE), fils du précédent, naquit à Paris, le 30 juin 1747. Comme directeur de l'Observatoire et membre de l'Académie des Sciences, il prit une part importante au travail de la délimitation exacte des divers départements; mais son principal titre à la reconnaissance publique est d'avoir achevé la grande carte de France, commencée par son père. En 1789 il présenta à l'Assemblée nationale la *Carte topographique de France* en 180 feuilles (à l'échelle de 1/86400), qui fut terminée en 1793, et couvre en tout une superficie de forme rectangulaire de 11 mètres de hauteur sur 11^m,33 de largeur. Une des premières feuilles, qui parut en 1750, contient les environs de Paris, et fut multipliée à un nombre infini d'exemplaires : aussi les bonnes épreuves en sont-elles aujourd'hui d'une rareté infinie. L'*Atlas National*, publié à partir de 1791, par Dumez et autres ingénieurs (83 feuilles, dont chacune contient un département), n'en est que la réduction au tiers de l'échelle. Il en existe encore une autre réduction au quart de l'échelle, par Capitaine (84 feuilles).

Partisan déclaré de la monarchie, le comte de Cassini fut arrêté en 1793 et traduit devant le tribunal révolutionnaire. Il fut assez heureux pour sauver sa vie; mais il perdit ses cuivres de la Carte de France, qui n'avaient pas coûté moins d'un demi-million. En 1816 il fut nommé membre du conseil général de l'Oise; et malgré son âge avancé ne montra pas moins d'activité pour remplir ses devoirs de citoyen que pour cultiver les sciences. En 1843, retiré loin du monde, dans son château de Thury, il publia encore un petit volume de poésies. Enfin il mourut dans cette retraite, le 18 octobre 1845, âgé de plus de quatre-vingt-dix-huit ans Membre de l'ancienne Académie des Sciences, il avait fait partie de l'Institut dès la formation de ce corps. On a de lui plusieurs ouvrages estimés, entre autres : *Voyage fait par ordre du roi en 1768 et 1769 pour éprouver les montres marines inventées par M. Leroy*, *Voyage en Californie par M. Chappe d'Auteroche*; *De l'Influence de l'équinoxe du printemps et du solstice d'été sur les déclinaisons et les variations de l'aiguille aimantée*; *Exposé des opérations faites en France en 1787 pour la jonction des observations de Paris et de Greenwich*.

CASSINI (ALEXANDRE-HENRI-GABRIEL, vicomte de), fils du précédent, né à Paris, le 9 mai 1781, étudia d'abord l'astronomie, sans cependant s'être senti une grande disposition pour cette science, qu'on pourrait considérer comme le patrimoine de la famille. Aussi y renonça-t-il bientôt pour embrasser l'étude du droit et entrer dans la carrière de la magistrature. En 1811 il fut nommé juge au tribunal de première instance de la Seine, et devint successivement vice-président de ce tribunal, conseiller et président à la cour royale de Paris; consacrant les moments qu'il pouvait dérober à ses fonctions à des travaux sur la botanique, science qui lui doit plusieurs précieuses découvertes. En 1826 il publia ses *Opuscules phytologiques* (Paris, 2 vol. in-8°), ouvrage remarquable, qui le fit élire membre de l'Académie des Sciences en 1827. En 1829 il fut créé conseiller à la cour de cassation, et en 1831 nommé membre de la chambre des pairs. Le 16 avril 1832, il succomba à une attaque de choléra.

CASSINIE. Ce genre de plantes de la famille des composées, établi en l'honneur du botaniste Cassini, a pour caractères : Calice à folioles imbriquées, pauciflore; anthères munies au-dessous de petites soies; graines à aigrettes. On en connaît une dizaine d'espèces, qui croissent dans la Nouvelle-Hollande et la Nouvelle-Zélande.

CASSINOÏDE. Cette courbe est ainsi nommée parce qu'elle fut proposée par Jean-Dominique Cassini comme représentant l'orbite des planètes plus exactement que l'ellipse. Elle diffère de cette section conique, en ce que dans l'ellipse la somme des rayons vecteurs est constante, tandis que dans la cassinoïde c'est le produit de ces rayons qui ne varie pas. La cassinoïde, quoique étant une courbe du quatrième degré, a beaucoup de ressemblance avec l'ellipse; mais les observations astronomiques n'ont pas permis d'adopter l'hypothèse de Cassini.

CASSIODORE. MAGNUS-AURELIUS CASSIODORUS, auquel quelques auteurs donnent aussi le nom de *Senator*, né à Squillace, dans le Brutium, vers 470, paraît avoir vécu près de cent ans; car il est certain qu'il vivait en 562. Après avoir été successivement ministre d'Odoacre, de Théodoric et d'Amalasonthe, il se retira en 440, à l'âge de soixante-dix ans, dans sa patrie, où il fonda le monastère de Viva rese (*Vivarium*), placé sous la règle de saint Benoît.

Historien, philosophe, théologien, rhéteur, publiciste, tels sont encore les titres de Cassiodore à l'estime de la postérité. A l'exemple de Cicéron, il pratiqua les affaires comme si elles eussent absorbé toutes les puissances de son esprit, et il cultiva les lettres comme si leurs doux loisirs eussent été l'unique souci de sa longue carrière. Ses œuvres, qui forment deux volumes in-fol., ont été imprimées dès l'an 1488; l'édition la plus estimée est celle que dom Garet a publiée à Rouen en 1679. Les *Lettres* de Cassiodore en douze livres sont la partie la plus importante de ses œuvres : trésor unique pour l'histoire de ce temps-là, c'est le recueil des actes et publications officielles du gouvernement italo-gothique, pour lequel Cassiodore tint la plume pendant tant d'années. Les deux derniers livres appartiennent plus spécialement à celui-ci, en ce qu'ils contiennent ses ordonnances comme préfet du prétoire. L'auteur s'y montre à la fois homme d'État et moraliste; mais le style décèle un goût détestable, tout en offrant d'heureuses réminiscences de la belle antiquité. Il avait composé une *Histoire des Goths*, en douze livres, qui ne nous est parvenue que par l'extrait qu'en a fait Jornandès. Il nous reste une *Chronique* de Cassiodore, qui va depuis le déluge jusqu'à l'an 519 après J.-C. : on y trouve, vers la fin, des indications qu'on chercherait vainement ailleurs. Comme grammairien, on a de lui trois ouvrages dont nous ne citerons que le *Traité de l'Orthographe*, qu'il fit à l'âge de quatre-vingt-treize ans, pour guider les moines du couvent qu'il avait fondé dans la transcription des manuscrits.

Cicéron, au plus fort de sa lutte avec Antoine, avait écrit plusieurs de ses admirables livres de morale : c'est au milieu du tourbillon des affaires que, dans son Traité de l'Ame (*Liber de Anima*), Cassiodore aborda, en philosophe qu'en théologien, des questions qui semblaient demander le calme et le recueillement le plus profond. Son *Commentaire des Psaumes*, son *Introduction à la Lectura des saintes Écritures*, ses *Explications* (*Complexiones*) *des Épîtres des Apôtres, de leurs Actes et de l'Apocalypse*, lui ont mérité un rang distingué parmi les écrivains ecclésiastiques. Les *Complexiones* n'ont été découvertes que dans le dix-huitième siècle, à Vérone, par le marquis de Maffei, qui les a publiées en 1721 : nous n'avons donc pas d'édition complète de Cassiodore. Il est un dernier ouvrage imprimé dans ses œuvres, et qui n'est pas de lui, c'est l'*Histoire tripartite*, extraite, d'après ses conseils, par Epiphane le scolastique, des histoires ecclésiastiques de Socrate, de Sozomène et de Théodoret, de manière à éviter les redites. D. de Sainte-Marthe a écrit la vie de Cassiodore, en 1691. M. Naudet, dans son *Mémoire sur le Gouvernement de Théodoric* (couronné par l'Académie des Inscriptions), a très-bien apprécié les actions et les écrits de ce personnage à l'âme aussi belle que l'esprit. Boëce ! Cassiodore ! l'éclat si pur de ces deux gloires contemporaines fut, en ce siècle de décadence et de barbarie, comme un reflet de l'antique vertu et de la civilisation romaine. Ch. Du Rozoir.

CASSIOPÉE, constellation boréale, dont les noms vulgaires sont le *trône*, la *chaise*. Outre ces appellations, les Latins lui donnaient encore celle du *siliquastrum* (arbre de Judée), à cause d'une palme que les poëtes et les peintres mettent dans la main de l'épouse de Céphée, image parmi eux de cet astérisme. L'antiquité lui donna aussi le nom de *biche*. Cette constellation, composée de cinquante-quatre étoiles principales, d'après le catalogue de Flamsteed, est située, par rapport à la Grande-Ourse, de l'autre côté de l'étoile polaire, en ligne directe; de sorte qu'en supposant un grand cercle qui irait du milieu de la Grande-Ourse par l'étoile Polaire, il traverserait Cassiopée de l'autre côté du même pôle. Elle est du nombre des constellations qui ne se couchent jamais pour nous. Cassiopée est facile à distinguer dans le firmament, à l'aide d'un groupe de ses cinq étoiles tertiaires qui l'y dessine en formant un Y, dont la queue est brisée, et qui, à raison de la rotation diurne de la terre, qui pivote sur ce point, prend différents aspects au-dessus de nos têtes, situés que nous sommes sous les climats septentrionaux. Selon les circonstances, elle prend quelquefois à nos yeux la figure d'une chaise renversée. Elle se distingue encore par ses trois étoiles, dont une secondaire, qui font un triangle équilatéral : c'est la tête de l'Y.

En 1572 une étoile nouvelle apparut dans cet astérisme; elle s'accrut jusqu'à surpasser d'abord Jupiter par sa grandeur et son éclat; puis, sa lumière s'affaiblissant et diminuant insensiblement, elle finit par disparaître tout à fait au bout de dix-huit mois. Tycho-Brahe et Kepler prétendirent que c'était une comète. Quelques astronomes assurèrent que c'était l'étoile qui guida les Mages à Bethléem, qui s'était remontrée, et qu'elle était le signe du second avénement de Jésus-Christ : Tycho-Brahe les réfuta.

Cette biche que figure aussi cette constellation boréale est la biche rapide et aux cornes d'or qu'Hercule fatigua à la course et prit au bord des eaux où elle reposait. Selon Dupuis, Hercule était le soleil entré dans le scorpion, alors l'équinoxe d'automne, à l'époque où cette constellation se plongeait le matin dans les flots, ainsi qu'une biche altérée, et dont les cornes, d'un métal brillant, représentaient l'éclat des étoiles.

Le *sanglier d'Érymanthe* était encore un des noms de cet astérisme. Celui de *Cassiopée* date des siècles héroïques. Cette reine, femme de Céphée, roi d'Éthiopie, célèbre par sa beauté, défia les Néréides d'effacer ses charmes; Neptune, irrité, suscita du fond des flots un monstre cruel qui désola tout le pays. Céphée, chez qui la voix de la patrie criait plus haut que son propre sang, pour apaiser les barbares déesses, dévoua au monstre sa fille Andromède : attachée sur un roc, elle fut délivrée par Persée, dont elle devint la conquête. Ce héros, dans la suite, pria Jupiter de placer toute cette famille dans le ciel, ce que fit le maître des dieux. En effet, Cassiopée, Céphée, Andromède et Persée lui-même sont au nombre des constellations. Cassiopée, en mémoire de son orgueil, est représentée assise sur un trône, tenant à la main une palme, symbole de la contrée où elle régna. Ce qu'il y a de plus historique dans ce fait un peu fabuleux, c'est que le centaure Chiron, 1350 ans avant J.-C., lorsqu'il forma les constellations, leur donna les noms des héros ses contemporains, et que Cassiopée, une des héroïnes de son siècle, fut du nombre. Denne-Baron.

CASSIQUE. Voyez Cacique.

CASSITÉRIDES (Iles). Par la position que les anciens leur donnaient, par la quantité d'étain que les Phéniciens, les Carthaginois et ensuite les Romains en tiraient, on peut assurer que ce sont les Sorlingues. C'est un groupe de rochers, au nombre de cent quarante-cinq, semés en rond entre la France, l'Irlande et l'Angleterre, à laquelle elles appartiennent, à environ quarante kilomètres à l'ouest du cap de Lands-End, province du comté de Cornwall, dont elles font partie. Leur situation entre la Manche et le canal de Saint-Georges les rend très-dangereuses, aussi ne sont-elles pas moins célèbres par la multitude de vaisseaux qu'elles ont vus périr, que par leurs mines d'étain. Les Anglais les appellent *Silly*, de *Sillinæ*, ancien nom qu'elles partageaient sans doute avec celui de *Kaz-i-ter-i*, mots bretons ou celtes qui signifient : *elles sont presque séparées*, périphrase qui convenait à leur isolement de la terre de Cornwall et à leur disposition. Leurs mines d'étain, inépuisables, étaient une source immense de richesses pour les Phéniciens. Ils étaient si jaloux de ce commerce, que lorsque leurs pilotes se croyaient suivis et observés en mer par quelques navires étrangers, ils s'échouaient sur la côte voisine, afin de cacher à jamais le secret de leur route. Cette seule nation avait chez tous les autres peuples alors connus le monopole de ce métal si utile. On doit donc fortement présumer que les marchands cananéens donnèrent à ce métal le nom de *kaziteri*, des îles dont ils le tiraient, et que les Grecs l'hellénisèrent par κασσιτερος, sans même se douter de l'existence de ces îles. Donc les Cassitérides n'auraient point emprunté leur dénomination à la langue grecque; c'est, au contraire, la langue celtique qui aurait enrichi l'idiome des Hellènes d'un mot nouveau. L'empire romain disséminait ses criminels sur ces rochers pour y travailler aux mines. Le costume des anciens habitants de ces cent quarante-cinq roches était sinistre comme elles; ils portaient de longs habits noirs qui traînaient à terre, semblant ainsi porter le deuil des naufragés que les flots poussaient à travers tant de courants. Leur vie était errante; ils allaient de récif en récif, d'île en île; la pêche, le lait, la laine de leurs troupeaux, fournissaient à tous leurs besoins; ils dédaignaient l'or et l'argent, et se contentaient d'échanger leur plomb, leur étain et des peaux contre de la vaisselle de terre, du sel et de petits ustensiles de bronze. Strabon place ces îles au Nord de l'Espagne. Pline en considère l'existence comme très-problématique, si ce n'est entièrement fabuleuse.

Denne-Baron.

CASSITÉRIDES (de κασσιτερος, étain). Ampère donne ce nom à un genre de corps simples dont l'étain est le type.

CASSITÉRITE (de κασσιτερος, étain). M. d'Omalius d'Halloy nomme ainsi un minéral connu sous les dénominations scientifiques ou vulgaires d'*oxyde d'étain*, d'*étain oxydé*, de *pierre d'étain* ou *mine d'étain*. La cassitérite a été rangée par MM. Beudant et d'Omalius d'Halloy dans le genre des stannides oxydés, famille des stannides. Les caractères de ce minéral sont : Pesanteur spécifique, 6, 7; composition *en volume* : 4 atomes d'oxygène et 1 atome d'étain, ou *en poids* : oxygène 21, étain 70; le tout plus ou moins mélangé et coloré par des oxydes de fer et de manganèse, quelquefois d'oxyde de tantale, d'arsenic, etc. La cassitérite raye le verre; elle est rayée par la topaze. Sa couleur est ordinairement brune, quelquefois jaunâtre ou blanchâtre. Elle est aussi quelquefois rubanée, ce qui donne l'idée de morceaux de bois. On la trouve dans des filons qui traversent les terrains granitiques, porphyriques et talqueux, et dans des dépôts de transport, dont on n'a point encore bien déterminé la position géognostique. On exploite la *cassitérite* ou *mine d'étain* dans le comté de Cornouailles; à Zinnwald, à Geyer, à Schlackenwald en Bohême; à Actenberg en Saxe, aux Indes, au Mexique. On en trouve aussi à Fahlun en Suède, à Saint-Léonard en Limousin, à Piriac en Bretagne. Tout l'étain employé dans les arts est retiré de la cassitérite. L. Laurent.

CASSIUS, nom d'une illustre famille romaine : elle se divisait en deux branches, dont l'une portait le surnom de *Viscellinus* et l'autre celui de *Longinus*.

Parmi les personnages qui portèrent le nom de Cassius, voici les plus célèbres :

Spurius Cassius Viscellinus, trois fois consul (ans 252, 261 et 268 de Rome), fut en divers combats vainqueur des Samnites, et reçut deux fois les honneurs du triomphe. L'an 268 de Rome, 486 ans avant J.-C., Spurius Cassius, quoique patricien, proposa pour la première fois une loi agraire. Le sénat l'accusa d'aspirer à la tyrannie, et il fut précipité de la roche Tarpéienne, l'an 485 avant J.-C.

Quintus Cassius, tribun des soldats en l'an de Rome 502 (an 262 av. J.-C.), nous offre un curieux exemple de la sévérité avec laquelle les généraux romains savaient au besoin appliquer les lois de la discipline, sans avoir égard au grade des prévenus. Cassius, chargé de bloquer Lipari en Sicile, occupée par les Carthaginois, avait ordre d'éviter toute affaire en force lui serait d'engager tout son monde. Soit désir de se distinguer par une action d'éclat, soit nécessité, le tribun se laissa entraîner à livrer une bataille rangée et la perdit. Or, non-seulement le consul le dépouilla de son commandement, mais il l'enrôla comme simple soldat dans une de ses légions, après l'avoir fait battre de verges.

Lucius Longinus Cassius Ravilla, étant tribun du peuple, l'an de Rome 617, fit rendre une loi pour que les suffrages dans les jugements fussent donnés par écrit, et non plus à haute voix. Cette loi fut adoptée, malgré la vive opposition que lui fit le consul Æmilius Lepidus. Cassius avait acquis une telle réputation d'équité, qu'il fut nommé préteur extraordinaire pour instruire à nouveau l'affaire de plusieurs vestales accusées d'inceste. Une seule avait précédemment été condamnée; et des prodiges effrayants n'avaient pas cessé de troubler les esprits. Deux autres durent également payer leur crime de leur vie; les présages sinistres s'arrêtèrent alors, et le peuple romain en sut gré à Cassius. C'est lui qui est l'auteur de la fameuse maxime *cui bono?* dont le sens est qu'on ne commet jamais un crime sans avoir quelque profit en vue. Il était tellement inflexible, qu'on appelait son tribunal *l'écueil des accusés*; Cicéron nous apprend qu'on surnommait cassiani les juges sévères.

Quintus Cassius Longinus, d'abord préteur de Pompée en Espagne, où il se fit détester pour son administration, embrassa ensuite le parti de César. Tribun du peuple avec Antoine, il s'opposa de concert avec lui à l'exécution du décret du sénat qui ordonnait à César de licencier ses troupes. Tous deux s'enfuirent alors de Rome, et gagnèrent, sous des habits d'esclaves, le camp de César. L'armée du vainqueur des Gaules fut indignée en voyant l'aspect misérable des tribuns, dont on avait osé violer le caractère, et n'hésita plus à commencer la guerre civile. Quand César fut le maître, il nomma Quintus Cassius propréteur de l'Espagne, malgré les fâcheux souvenirs qu'il y avait laissés. La fausse nouvelle de sa mort, qui se répandit au moment où il se préparait à marcher contre Juba, roi de Mauritanie, souleva l'Espagne, qui le haïssait, et qui était toujours au fond attachée au parti de Pompée. Quintus Cassius se trouva bientôt dans la situation la plus critique, et il ne dut son salut qu'à l'élection d'un nouveau propréteur, Caïus Trebonius. Cassius, ayant ramassé les trésors qu'il devait à son inique administration, s'embarqua au milieu de l'hiver; mais il ne devait pas jouir du fruit de ses rapines, car une tempête qui vint l'assaillir à l'embouchure de l'Èbre, l'ensevelit avec ses richesses au milieu des flots.

Caïus Cassius Longinus fut l'un des meurtriers de César; Brutus l'appelait *le dernier des Romains*. Dans sa plus grande jeunesse, il donna un soufflet à son camarade d'école Faustus, fils de Sylla, qui s'enorgueillissait devant lui de la puissance de son père, et le menaça de le frapper encore s'il le recommençait. Il suivit Crassus dans son expédition contre les Parthes, en qualité de questeur, sut échapper aux dangers qui accablèrent Crassus, et parvint ensuite à chasser de la Syrie l'ennemi, qui avait envahi cette province. Lorsqu'une fatale ambition eut mis aux prises César et Pompée, Cassius, en prenant le parti de ce dernier, crut sincèrement combattre pour la vieille liberté romaine. Après la bataille de Pharsale, il fut épargné par César; puis il épousa la sœur de Brutus. Il fut même en faveur auprès du dictateur; mais Brutus lui ayant été préféré pour la préture, il en eut un ressentiment qui le porta à conspirer. C'est Cassius qui raffermit la résolution, peut-être ébranlée, de Brutus; c'est lui qui, pour ranimer cette âme énergique, écrivit ces mots au pied de la statue de Junius Brutus, le fondateur de la république : Que ne vis-tu encore! (*Utinam viveres!*); c'est lui qui traça ce billet que son beau-frère trouva un matin sur son tribunal : *Tu dors, Brutus!* Après la mort de César, il voulait qu'Antoine subit le même sort, comme étant, après lui, l'ennemi le plus dangereux de la liberté. Passé en Syrie, il battit Dolabella, lieutenant de César, et, après avoir pris Rhodes et Sardes, opéra sa jonction avec Brutus. Tous deux se rendirent alors en Macédoine, où le sort de la république fut décidé dans les champs de Philippes. Cassius, avec l'aile qu'il commandait, fut vaincu et contraint à se retirer. Pensant qu'il en était de même de Brutus, et n'espérant pas réparer cet échec, il se fit tuer par un de ses affranchis, l'an 42 av. J.-C. Aux talents militaires il joignait des connaissances littéraires et philosophiques; il appartenait à la secte épicurienne.

Lucius Cassius Longinus, neveu du précédent, partisan de Pompée et plus tard l'un des meurtriers de César, se fit tuer aux côtés de Brutus à la bataille de Philippes.

Titus Cassius Longinus, poëte latin du siècle d'Auguste, surnommé *Parmensis*, parce qu'il était de Parme ou de ses environs, fut aussi l'un des assassins de César. Après la défaite de Philippes, il s'attacha d'abord au jeune Pompée, ensuite à Marc-Antoine qu'il seconda parfaitement en qualité de lieutenant. Quand la bataille d'Actium eut terminé la guerre civile, notre poëte républicain choisit Athènes pour sa retraite; et peut-être y eut-il échappé au ressentiment du vainqueur, s'il n'avait pas eu l'imprudence d'écrire encore contre le maître du monde. Auguste le condamna à mourir, et Quintilius Varus fut chargé d'exécuter cet arrêt. Les écrits de Cassius Severus étaient si nombreux qu'ils composèrent seuls, dit-on, son bûcher.

Un autre *Titus* Cassius Severus fut un orateur célèbre par son éloquence, et surtout par son esprit satirique. Auguste l'exila dans l'île de Sériphe, où il mourut de misère, 33 ans après J.-C.

Caïus Cassius Longinus, consul sous Tibère, l'an 29 de J.-C., s'est rendu célèbre par son ouvrage *de Jure civili*, en dix livres.

Avidius Cassius Pudens, fils, suivant les uns d'Avidius Severus, militaire distingué sous Marc-Aurèle, et suivant d'autres d'Héliodorus, rhéteur, Syrien de nation, parvint au commandement des armées, et fut un des principaux instruments des succès de Marc-Aurèle en Orient. Dans la quinzième année du règne de ce prince, il voulut profiter de l'ascendant que lui avaient acquis sur ses troupes son caractère et les talents pour se faire nommer empereur. Tout l'Orient le reconnut. Marc-Aurèle interrompit le cours de ses victoires en Germanie pour marcher contre lui; mais Avidius périt dans une révolte de ses propres soldats. On porta sa tête à Marc-Aurèle, qui lui fit rendre les honneurs funèbres et témoigna le regret de n'avoir pu sauver la vie à un ingrat qu'il ne pouvait s'empêcher d'estimer. Cassius avait régné trois mois et quelques jours.

Cassius Chæreas, tribun d'une cohorte prétorienne, est connu comme meurtrier de Caligula.

Pour Cassius Dion, historien grec, voyez Dion.

CASSIUS (André), médecin et chimiste, né à Schleswig, vers 1645, exerça son art à Hambourg. On lui doit la découverte du précipité d'or qui porte le nom de *pourpre* de *Cassius*, et qui fournit une belle couleur pourpre aux peintres sur émaux et sur porcelaine. Ce précipité est un oxyde d'or peu oxygéné, que l'on obtient en décomposant la dissolution de ce métal par l'étain ou par le muriate d'étain peu oxygéné. On attribue encore à Cassius l'invention de l'essence du **bézoard**, dont on a vanté pendant quelque temps les vertus contre la peste.

CASSOLETTE (de *capsa*, boîte). Ce mot reçoit, selon son emploi, plusieurs acceptions, dont la plus usitée s'applique tout à la fois à une composition odoriférante et à un réchaud sur lequel on la fait brûler pour parfumer les appartements, ou à une petite boîte d'or ou d'argent portative dans laquelle on la renferme.

En architecture, on donne aussi ce nom à une espèce de vase isolé, peu élevé, mi-partie composé de membres d'architecture et de sculpture, du sommet ou des côtés duquel s'exhalent des figures de flammes ou de parfums. Ces vases servent ordinairement d'amortissement à l'extrémité supérieure d'une maison de plaisance, ou bien ils couronnent les retables des autels; enfin on les emploie dans la décoration des catafalques, des arcs de triomphe, des feux d'artifice, etc.

CASSONADE. *Voyez* SUCRE.

CASSOUBES (*Kaschuben* ou *Kaszeben*). C'est la dénomination particulière sous laquelle on désigne les Wendes fixés dans la partie nord-ouest de la Poméranie. Leur langue est un dialecte polonais, qui se distingue de la langue écrite par la prononciation plus large de quelques voyelles, par exemple *e* au lieu d'*u* et d'*y*, par quelques mots particuliers, au nombre desquels il s'en trouve d'allemands, et aussi par des tours de phrase propres. Leur nombre ne dépasse pas aujourd'hui 100,000 têtes, et les efforts combinés de la religion et de l'instruction publique ne pourront que le diminuer toujours davantage. Ils ont de commun avec les Wendes une stature vigoureuse, ramassée, et aussi le costume; mais ils leur sont fort inférieurs en ce qui est de l'amour de l'ordre et des habitudes d'hospitalité et de propreté. Bien qu'il n'y ait jamais eu de duché de Cassoubie, le roi de Prusse prend aujourd'hui, entre autres titres, celui de *duc des Cassoubes.*

CASSOVIE, ou plutôt KOSSOVA (Bataille de). Les détails de cette bataille, célèbre par la destruction de l'empire de Servie et la mort du sultan Mourad-Gazi-Khan ou A m u r a t h I er, sont diversement rapportés par les chroniques grecques, et surtout par celles de Cantémir, de Ducas, d'Orbinus de Raguse et de Chalcondyle. Le récit que nous suivrons est tiré de la chronique du Montenegro, écrite vers 1740, par l'évêque Petrovicz, métropolitain. Il ne faudra donc pas s'étonner si notre narration s'écarte en plusieurs points de ce que nos savants collaborateurs ont dit aux articles BAJAZET, AMURATH, etc.

Après la mort d'Étienne VI, huitième empereur de Servie, qui eut lieu vers l'an 1345, son fils Moïsre, enfant en bas âge, resta sous la tutelle de Volkar Mernasicz, ministre et favori de son père, que ce dernier avait nommé régent de l'empire. Mernasicz, ayant bientôt fait mourir le jeune Moïsre, s'empara de l'empire. Dans la lutte qui ne tarda pas à éclater entre l'empereur grec, Jean Paléologue, et son collègue, Jean C a n t a c u z è n e, Mernasicz marcha au secours de Paléologue, tandis que Cantacuzène avait appelé Orkan, sultan des Turcs, résidant encore en Asie. Les armées se rencontrèrent, en 1355, près de Demotika, sur l'Èbre ou Maritza, et dans la bataille qui eut lieu les Serviens furent complétement battus : Mernasicz périt avec ses principaux officiers et presque toute sa famille. Comme il ne laissait point d'héritiers directs, les chefs serviens réunis élurent pour leur empereur ou hospodar un comte Lazare, étranger à la famille des souverains précédents. Les Turcs, sous leur sultan Mourad-Gazi-Khan, s'étant établis, peu d'années après, à Andrinople, s'appliquèrent bientôt à agrandir leur domination en Europe. De 1366 à 1378, Mourad fit la conquête de la Boulgarie; de 1382 à 1386, il soumit la Macédoine, et se disposant ensuite à faire la conquête de la Servie, il réunit ses forces d'Asie et d'Europe, et vint, en 1389, camper sur les frontières de cet empire, à Kossova, ville située entre les sources de la Toplicza et de l'Ibar, entre Pristina et Jeni-Bazar. Lazare, dont l'empire était déjà affaibli par la perte de la Boulgarie, qu'avaient conquise les Turcs, et par celle de la Dalmatie et de la Croatie, qu'avaient envahies les Hongrois, fit d'abord demander la paix au sultan Mourad. N'ayant pu l'obtenir, il assemble tout ce qu'il put réunir des forces de son empire, et, se mettant à leur tête, vint camper à l'ouest de la plaine de Kossova, en présence des Turcs.

Lazare avait partagé le commandement de ses troupes entre deux de ses principaux généraux, Milosz Obilevicz, son gendre, qu'il fit général en chef, et Volcar Brancovicz, à qui il confia le commandement de la cavalerie. Ce dernier, mécontent de se voir sous les ordres d'Obilevicz, ne tarda pas à former le projet de se venger par la trahison, et entra en correspondance avec le sultan des Turcs, à qui il offrit de livrer Lazare, à condition d'être reconnu empereur à sa place. En même temps, Brancovicz cherchait par toutes les calomnies imaginables à perdre Obilevicz dans l'esprit de son souverain. Enfin, dans un repas où l'empereur avait réuni les principaux chefs de son armée, Brancovicz accusa publiquement Obilevicz et deux généraux, Jean Kassanovezicz et Milosz Topliacimir, de tramer la mort de leur souverain. Obilevicz répondit sur-le-champ, et rejetant le reproche de trahison sur son ennemi : « Quant à moi, dit-il, ma justification ne consistera pas dans des paroles, mais dans des faits. » Et, déposant son commandement, il jura de prouver son innocence en tuant le sultan Mourad au milieu de son armée. Il quitta aussitôt la table avec ses deux amis, et tous trois se rendirent au camp des Turcs, en s'annonçant comme déserteurs. Obilevicz fut introduit dans la tente de Mourad, qui n'avait près de lui que son visir et son secrétaire. Profitant de cette circonstance, il les poignarda tous trois. Mais, en cherchant à sortir, le sabre à la main, du camp des Turcs, il se trouva accablé par le nombre des assaillants, et fut pris vivant, après avoir vu ses deux amis tués à ses côtés. Aussitôt Bajazet ou Bayézid-Jildevim, fils et successeur de Mourad, réunit son armée, et la conduisit à l'attaque du camp des Serviens. Ceux-ci, prenant les armes en toute hâte, se mirent en défense avec la plus grande valeur. Mais, surpris à l'improviste et privés de cavalerie par la désertion de Brancovicz, qui les abandonnait à la tête de 12,000 chevaux, ils furent complétement battus après six heures d'un combat sanglant. L'empereur Lazare fut pris avec ses principaux officiers, et conduit à Bajazet, qui leur fit couper la tête à tous, ainsi qu'à Obilevicz. A l'issue de cette bataille, il renonça à la conquête de la Servie, dont l'empire était au reste dissous, et se rabattit sur la Macédoine et la Thessalie.

En 1448, il y eut une seconde bataille dans ces mêmes plaines de Kossova. Jean Huniades, qui était venu, avec une armée hongroise, au secours de Georges, despote de la Servie, réduite alors à la province qui conserve ce nom, y fut battu par le sultan Mourad ou Amurath II.

Gal G. DE VAUDONCOURT.

CASTAGNETTES, instrument de percussion composé de deux petites pièces de bois dur ou d'ivoire, concaves, faites en forme de noix. On fait résonner les castagnettes en appliquant vivement ces concavités l'une contre l'autre. On tient une castagnette en deux pièces de chaque main, en passant un doigt dans les cordons qui les réunissent. Cet instrument est fort en usage chez les Espagnols, qui s'en servent, en dansant, pour marquer les temps de la mesure, les figures du rhythme, exécuter des roulements dont l'effet musical est fort agréable dans le fandango, le bolero, et toutes les danses de cette espèce. C'est aux castagnettes que l'on doit le parfait ensemble, l'unité de cadence que l'on remarque dans les fandangos, les boléros exécutés par les danseurs espagnols. CASTIL-BLAZE.

Presque tous les enfants, amoureux du bruit, et surtout les gamins de Paris, cultivent les castagnettes ; mais ceux-ci fabriquent leur instrument d'une manière bien économique : deux morceaux d'ardoise, d'os, ou de bois font l'affaire, et, à leur défaut, des restes d'assiettes cassées suffisent encore.

On trouve ce mot écrit dans de vieux auteurs *cascagnettes* ; mais il n'y a point de doute que c'était par corruption, et qu'il ne faille dire et écrire *castagnettes*, du latin *castanea*, châtaigne, dont la forme de cet instrument imite les deux valves creuses. Les anciens en connaissaient aussi l'usage, comme le témoignent Diodore de Sicile, Pausanias, Martial et Juvénal, qui mentionnent particulièrement la *crotala*, la *crupezia* et les *crumata*. La crotale était une espèce de castagnettes faites d'un roseau, coupé en deux par sa longueur et approprié de manière qu'en frappant ces deux pièces l'une contre l'autre, avec divers mouvements de doigts, il en résultait un son pareil à celui que fait une cigogne avec son bec, ce qui avait fait donner à cet oiseau par les anciens l'épithète de *crotalistria* (joueuse de crotales). Le poète Aristophane désignait aussi un grand parleur par le nom de *crotale*. Cet instrument, du reste, remonte à une très-haute antiquité, puisqu'il se mêlait aux cymbales dans les *Priapées*, comme le témoignent ces vers latins :

> Cymbala cum *crotalis* pruriertiaque arma *Priapo*
> Ponit et adducit tympana pulsa manu.

La *crupezia* se frappait avec le pied ; c'était une espèce de sandale, faite de deux semelles, entre lesquelles était attachée une castagnette. Quant aux *crumata*, c'étaient de simples coquilles, fort en usage chez les Espagnols, et principalement chez ceux qui habitaient la Bétique, aux environs de Gadès, comme le témoignent ces vers de Martial :

> Nec de *Gadibus* improbis puellae
> Vibrabunt sine fine prurientes
> Lascivos docili tremore lumbos.

On voit que l'usage voulait chez ces peuples que les castagnettes et la danse qu'elles devaient régler fussent accompagnées de mouvements et de postures qui répugneraient à nos mœurs, mais pour lesquelles les nations du midi ne témoignent aucun éloignement. Martial revient sur cette idée dans une autre épigramme, où il parle d'une femme habile à jouer des *crumata* :

> Edere lascivos ad baetica *crumata* gestus
> Et gaditanis ludere docta modis.

C'est donc évidemment des *crumata* que procèdent les castagnettes des Espagnols modernes. Edme HÉREAU.

CASTAGNOS. *Voyez* CASTAÑOS.

CASTAING (EDME-SAMUEL), né à Alençon, en 1796, subit à Paris, au mois de décembre 1823, la peine capitale, comme convaincu d'un double empoisonnement sur les deux frères Ballet, dont il était le notaire. La société d'alors fut épouvantée par les révélations qui sortirent de cette cause fameuse ; on apprit qu'une substance, à peine connue à cette époque, pouvait donner la mort sans laisser de traces certaines d'empoisonnement, tandis que les vestiges de l'arsenic, employé jusqu'alors par les empoisonneurs vulgaires, sont presque toujours faciles à découvrir. M. Ballet, notaire, rue de Sèvres, carrefour de la Croix-Rouge, avait eu deux fils d'un premier mariage, et avait épousé en secondes noces une veuve, dont la fille a été mariée depuis à un négociant recommandable. Les deux frères, Auguste et Hippolyte, étaient intimement liés avec un jeune médecin du voisinage, compagnon de toutes leurs parties de plaisir. Tout à coup, selon l'énergique expression de l'acte d'accusation dressé par le procureur général Bellart, *la mort se mit dans cette famille* : M. Ballet et sa femme moururent, en peu de temps, d'une phthisie laryngée ; Hippolyte, atteint d'une maladie des poumons, succomba, et Auguste se trouva seul en possession de toute la fortune paternelle, d'une valeur de plus de 800,000 francs. Leur jeune sœur n'eut à recueillir que les droits de sa mère ; elle avait pu compter sur l'héritage d'Hippolyte ; mais le testament que celui-ci déclarait avoir fait en sa faveur ne se retrouva point.

Auguste Ballet, presque millionnaire, se livra avec fureur à sa passion pour la dépense. Il donnait des festins splendides. Il quitta Mlle Percillié, qui jouait les grands rôles tragiques à l'Odéon, pour Mlle Fleuriet, séduisante comédienne du Gymnase. Castaing était l'un des convives d'un banquet donné par Auguste Ballet, dans la fameuse auberge du Cheval-Blanc, de Montmorency, à sa nouvelle conquête. Vers la fin du repas, Mlle Fleuriet se trouva gravement indisposée. Castaing lui prodigua les soins de son art, et la ramena chez elle ; mais quelques heures après Mlle Fleuriet expira au milieu de spasmes violents. Personne alors n'osa penser que cette mort ne fût pas naturelle ; il n'y a même eu depuis aucun indice du contraire ; mais on a rapproché cet événement du dépit que Castaing montrait, en toute circonstance, de voir Auguste Ballet dissiper follement ses richesses et mener un train de vie qui ne pouvait avoir une longue durée. Un jour qu'Auguste Ballet présidait à une fête somptueuse dont il était l'amphitryon, il trouva sous sa serviette un petit billet anonyme, où on lui disait qu'il ne convenait guère à un fils d'un petit notaire de se donner des airs de prince. On soupçonnait généralement, et Mlle Percillié avait contribué à accréditer ce bruit, justifié par l'événement, que Ballet aîné était parvenu, par les soins officieux de Castaing, à supprimer le testament de son frère Hippolyte. Les dispositions de cet acte étaient connues de plusieurs personnes. Hippolyte donnait tous ses biens à sa sœur utérine, et ne léguait à son frère consanguin qu'une rente viagère de *mille francs*, comme dernière ressource lorsqu'il aurait été ruiné. Auguste Ballet avait payé 100,000 francs à Castaing ce criminel service, et l'on expliquait ainsi l'attachement de ces amis, qui ne se quittaient plus. Castaing négligeait son état ; il n'avait point de clients, et ne se livrait plus qu'à une seule étude, celle des poisons végétaux ; il avait eu des entretiens sur ce sujet avec M. Chevalier, célèbre chimiste, et faisait sur des animaux des expériences avec l'acétate de morphine. Il en avait acheté plusieurs fois en 1822, et s'en était procuré dix grains dix-sept jours seulement avant la mort d'Hippolyte, le 18 septembre.

Le 1er décembre 1822, Auguste Ballet avait fait un testament par lequel il instituait Castaing son légataire universel ; mais six mois après il semblait déplorer la fatalité qui l'attachait à ce jeune médecin, et avait annoncé à plusieurs personnes l'intention de rompre. Cependant le 29 mai 1823 ils firent ensemble une promenade à Saint-Germain. Au lieu de revenir à Paris, ils allèrent le soir à Saint-Cloud, et prirent une chambre à deux lits dans l'auberge de la Tête-Noire. Au lieu de souper, ils demandèrent du vin chaud, dans lequel ils mirent du sucre qu'ils avaient apporté, et des citrons achetés par Castaing lui-même. Auguste avait trouvé le vin très-mauvais, et si amer qu'il n'en avait pu boire qu'une ou deux cuillerées. Il fut agité toute la nuit, et le lendemain matin, il se trouva sérieusement malade. Castaing lui fit donner du lait froid, et bientôt après Ballet éprouva des vomissements et d'autres symptômes semblables à ceux du *choléra morbus*. M. Pigacho, médecin de Saint-Cloud, à qui Castaing communiqua cette idée, ne la repoussa point ; il demanda qu'on fît venir deux médecins de Paris, et Jean, domestique nègre de Ballet, partit avec le cabriolet de son maître, pour porter les lettres et aller chercher ceux à qui elles étaient adressées. Cependant l'état du malade empirait au point que le curé de Saint-Cloud fut appelé pour lui donner l'extrême-onction. On a remarqué que Destrues, Trumeau et d'autres empoisonneurs moins fameux, affectaient de grands dehors de piété; Castaing resta à genoux pendant toute la cérémonie, et le vénérable ecclésiastique fut édifié de sa ferveur. Le docteur Pierre Pelletan, arrivé de Paris, trouva le malade expirant. Auguste rendit le dernier soupir entre les bras de Castaing, qui paraissait pénétré de douleur. Bien qu'il ne s'élevât dans la pensée des médecins aucun soupçon d'empoisonnement, ils jugèrent aussitôt qu'une mort si subite, si étrange, méritait d'être l'objet des investigations de la justice.

On avait remarqué, le second jour, une longue absence de Castaing; il prétendait qu'ayant eu besoin de prendre l'air, il avait fait un tour dans le bois de Boulogne; mais c'était un mensonge, et cette fausse déclaration devint contre lui l'indice le plus redoutable. En effet, Castaing avait pris une petite voiture pour se rendre à Paris, et avait loué un cabriolet à l'heure pour en revenir. Pendant ce voyage, il avait acheté chez un pharmacien, près de la place des Victoires, douze grains d'émétique, et chez M. Chevallier, place du Pont-Saint-Michel, un demi-gros d'acétate de morphine. Castaing avoua le voyage dans les prisons de Versailles à un soi-disant chevalier de Saint-Louis, qu'on lui avait donné pour compagnon, et dont la mission était sans doute d'obtenir de lui des indiscrétions. Il prétendit ensuite qu'il n'avait fait aucun usage de l'acétate de morphine et de l'émétique achetés par lui à Paris, qu'il en avait fait le mélange dans une fiole, et qu'il avait jeté cette fiole dans les latrines, après la mort d'Auguste. Les perquisitions les plus minutieuses ne purent procurer la découverte de la fiole. Auguste était assez calme lorsque Castaing revint près de lui; Castaing lui fit prendre quelques gouttes d'une potion calmante, et à l'instant même les symptômes redoublèrent. Le nègre Jean exprima à l'audience, par une pantomime expressive, les convulsions de la physionomie de son maître lorsqu'il eut pris la dose fatale.

Le procès de Castaing attira une foule immense; on ne pouvait y entrer que par billets, et il se fit de ces cartes d'admission un trafic scandaleux. Le président fut un jour fort surpris de voir quelques-unes des plus charmantes actrices de nos théâtres, et entre autres Jenny-Vertpré, assises sur les premiers bancs, que l'on avait cru réserver à des dames de haut parage. Un quart d'heure avant la première audience, Castaing se trouva mal; mais cette indisposition fut passagère. Les traits des individus accusés des plus grands crimes contrastent presque toujours avec l'énormité des charges qui s'élèvent contre eux, et dérangent tous les calculs de la physiognomanie. Castaing avait la chevelure blonde, l'air doux et réservé; à Saint-Cloud les servantes de la Tête-Noire l'avaient pris pour un jeune séminariste, et elles avaient exprimé sur le séjour des deux amis dans l'auberge d'étranges conjectures par des plaisanteries qui ont été rapportées aux débats. On chercherait en vain dans celui de nos journaux qui a rendu le compte le plus étendu, le plus fidèle de cette cause, des détails sur les effets de l'empoisonnement par l'acétate de morphine : docile aux recommandations faites à l'audience même par M. Hardoin, qui présida ces assises avec tant de distinction, la presse s'abstint alors de toute révélation dangereuse. Le docteur Chaussier, professeur de la Faculté, qui fut appelé comme expert, se présenta avec la robe, la toque et la chausse, et combattit avec chaleur l'opinion de ses confrères. « Vous ne pouvez, disait-il, me montrer aucune trace de morphine ni de tout autre poison végétal ou minéral. Pour que la justice reconnaisse un délit, il faut constater le *corpus delicti* : c'est l'alphabet de la science médico-légale. On me demande si un homme, après avoir pris de l'acétate de morphine, pourrait éprouver les mêmes symptômes : oui, sans doute, cela est possible; mais *de possibili ad factum non valet consequentia.* » Pressé par un argument du docteur Laënnec, en forme de syllogisme, le docteur Chaussier répliqua : « *Nego majorem*; mais lorsque je vous accorderais la majeure, et même la mineure par-dessus le marché, je nierais encore la conséquence : un homme déjà empoisonné peut tomber et se casser la jambe; mais ce n'est pas le poison qui est la cause immédiate de la fracture. » Tout le débat avec Chaussier était de cette force : les experts éprouvaient un grand embarras; ils avaient analysé les restes d'une potion prise, sur ordonnance, chez un pharmacien de Boulogne, et qui aurait dû contenir deux grains d'acétate de morphine; mais ils ne purent en découvrir un seul atome. La conclusion était que la morphine s'évaporait par l'analyse. Cependant l'apothicaire donna aux débats le mot de l'énigme : « On n'a point trouvé de morphine, a-t-il dit, par une raison toute simple : n'en ayant point à ma disposition, je l'ai remplacée par une dose correspondante d'opium. »

Les amateurs d'éloquence judiciaire ont conservé la mémoire du réquisitoire de M. de Broé, enlevé peu de temps après à la magistrature *non assise*, par une maladie organique du cœur, qui ne lui permettait plus la plaidoirie, et ensuite à la cour de cassation, par une mort prématurée. M. de Broé avait de dignes adversaires, M. Roussel et M. Berryer fils. M. Roussel, qui est aussi mort très-jeune, avait fait une plaidoirie pleine de force et de logique; mais l'avocat général paraissait en avoir détruit l'effet par une réplique chaleureuse. M. Berryer ne consentit à plaider qu'à la condition qu'il lui serait permis de passer presque sous condamnation sur l'un des trois chefs d'accusation. Si l'on pouvait obtenir du jury une réponse négative sur les deux empoisonnements, il était difficile de justifier Castaing sur les faits relatifs à la soustraction du testament d'Hippolyte, et au payement de 100,000 francs qui en avait été le honteux salaire. Il y a plus, la condamnation de Castaing sur ce simple délit rassurait la conscience des jurés : il suffisait de cette collusion entre l'aîné des frères Ballet et Castaing pour faire annuler le testament d'Auguste. Ainsi Castaing, fût-il réellement l'auteur de la mort des deux frères, il n'en aurait retiré aucun profit. Cet habile calcul n'obtint point de succès. Castaing ne fut déclaré coupable par le jury qu'à la majorité de sept contre cinq; mais la cour, se réunissant à la majorité des jurés, le condamna à la peine capitale. Il était minuit lorsque l'arrêt fut prononcé; la cour était remplie de femmes élégantes formant amphithéâtre comme dans une salle de bal ou de concert. Elles savourèrent jusqu'au dernier moment toutes les phases de ce drame; leur émotion fut au comble lorsque Castaing, montrant pour la première fois de l'énergie, s'écria : « Auguste, Hippolyte, ô mes amis, du séjour céleste une voix m'a balbitez, vous êtes témoins du sort funeste auquel me condamnent les plus injustes préventions, les plus fausses apparences; j'irai bientôt vous rejoindre; vous me recevrez dans votre sein, et vous me trouverez toujours digne de vous. »

Rentré en prison, Castaing fut atterré lorsqu'on lui prescrivit de changer ses vêtements contre le costume des condamnés et la camisole de force. Il avait porté à sa chemise pendant toute la durée des débats une épingle montée d'un gros diamant solitaire, présent qu'il avait reçu de son ami Auguste. On lui ôtait ce bijou toutes les fois qu'il sortait de l'audience, de peur qu'il ne se servit de la pointe du métal pour commettre un suicide. En attendant que la cour de cassation eût prononcé sur son pourvoi, Castaing avait été enfermé dans un cabanon de Bicêtre. Lorsqu'on l'éveilla une nuit pour le transférer à Paris, il n'eut pas de peine à deviner qu'il touchait à ses derniers moments. Il disait en route à l'huissier chargé du pénible devoir de l'accompagner : « Le peuple a soif de mon supplice; il demande ma tête; on ne pouvait lui refuser cette satisfaction. » Arrivé à la Conciergerie, il accepta avec empressement les secours de l'aumônier, l'abbé Montès. « Je me suis déjà confessé à Bicêtre, disait-il aux personnes qui l'entouraient ; je vais me présenter encore au tribunal de la pénitence ; je pourrais me confesser à haute voix, car je mourrai en protestant de mon innocence. » Les affreux préparatifs de la toilette ébranlèrent sa résolution ; il versa des larmes en voyant tomber les dernières boucles de sa chevelure blonde, dont il avait déjà coupé une partie pour l'envoyer à une personne chérie. Ses sanglots redoublèrent lorsqu'on lui lia les mains derrière le dos ; il recueillit ce qui lui restait de courage pour monter sur la fatale charrette. Chemin faisant il promenait ses regards sur les flots de la multitude qui inondait le Pont-au-Change et le quai de la Grève. Agenouillé au pied de l'échafaud, il baisa le crucifix, et mourut chrétiennement. Après cette satisfaction donnée à la justice criminelle, il y en avait une autre à donner à la justice civile. La sœur des frères Ballet n'avait pu obtenir devant la cour d'assises l'annulation du testament ; cette nullité, qui ne pouvait être contestée, fut prononcée par le tribunal de première instance, contradictoirement avec le curateur nommé à la succession vacante.

La famille Castaing avait demandé à changer de nom. La publication légale de cette requête fut faite dans *Le Moniteur*, un mois après l'exécution de l'arrêt, mais elle n'eut pas de suite. On parvint à faire comprendre à ces personnes honorables que dans cette circonstance surtout elles devaient s'appliquer la maxime hautement proclamée en 1790, que les fautes sont personnelles. — M. Castaing père, ancien membre du Conseil des Cinq-Cents, ancien inspecteur général des forêts et chevalier de la Légion d'Honneur, est mort le 17 janvier 1845, à Mamers (Sarthe), où il vivait dans une profonde solitude depuis 1824. Il était âgé de soixante-dix-huit ans.
BRETON.

CASTALIDES, un des surnoms des Muses, tiré de la fontaine Castalie, qui leur était consacrée.

CASTALIE, célèbre fontaine de Grèce dans la Phocide. Sa source est enfoncée dans une profonde embrasure de rochers qui lient ensemble les deux croupes, non moins célèbres, du mont Parnasse. S'échappant par plusieurs bouches que la nature a percées dans le roc vif, elle descend par nappes et cascades de roche en roche le long de la pente de ce mont, sur une ligne d'environ cent pieds. Ses eaux sont claires comme le cristal et agréables à boire, ainsi qu'au temps de Pausanias, qui en vante la douceur ; elles entretiennent aux alentours, par leur humidité, un gazon toujours fleuri et de riants ombrages. A trente pas au-dessous de sa source est un bassin carré, dans lequel on descend par quatre marches taillées dans le roc ; il était sans doute autrefois destiné à recevoir les ondes de cette fontaine, qui par sa fraîcheur devait y former un bain délicieux ; car adossé à un roc escarpé elle se trouvait abritée des feux du jour, d'un côté par la croupe Hyampée et de l'autre par la croupe Tithorée, dont la plus haute, presque inaccessible, s'appelle aujourd'hui Hélicocoro, Contrée du Soleil. Le réservoir de cette source est dans l'antre des nymphes coryciennes : c'est une ouverture à dix mètres au-dessus du sol, le long des parois de laquelle s'étendent plusieurs grottes à belles voûtes, d'où filtrent continuellement des eaux, qui se perdent sur le sol rocailleux un petit lac. Les nuées et les neiges qui en tout temps couvrent les cimes du Parnasse alimentent cette fontaine. Nous abandonnons à l'ignorance des premiers peuples la croyance dans laquelle étaient les Phocidiens que le Céphissus, dont le niveau est bas par rapport à Castalie, suspendue, comme une urne, au flanc d'un rocher, était l'origine de cette source, parce que tous les ans lorsqu'ils jetaient des gâteaux sacrés dans le fleuve, ils étaient persuadés qu'ils reparaissaient sur les ondes castaliennes. Hérodote raconte que près de la fontaine il y avait un petit temple, consacré à Autonoüs, héros delphien, qui sous une forme gigantesque apparut aux Perses, qui ravageaient la Phocide, et en fit un horrible carnage, aidé d'un autre héros, du nom de Phylacus. Non loin de *Castri*, l'ancienne Delphes, un couvent grec a remplacé le temple.

Voilà pour cette fontaine célèbre tout ce qui tient à l'histoire ; voici ce qu'en dit la mythologie : les unes prétendent que Castalie, nommée aussi *Thya*, fut fille de Castalius, roi des environs du Parnasse. Apollon, éperdument épris de ses charmes, finit par la changer en fontaine, en la gratifiant du don d'enthousiasme : ceux qui buvaient de ses eaux devenaient soudainement poètes ; la Pythie elle-même ne montait sur le trépied qu'après y avoir bu à longs traits. D'autres veulent que Castalie ait été fille d'Achéloüs, s'appuyant sur Pausanias, qui lui-même s'appuie sur un certain versificateur nommé Panyassis. Mais il est bien plus facile de rapporter le nom de cette fontaine au mot *kastal* (murmure), dans la langue primitive des Béotiens, Phéniciens d'origine par Cadmus. La nymphe Castalie était d'ailleurs subordonnée aux Muses, auxquelles sa source était consacrée.

La description que nous venons de faire de cette fontaine n'a rien d'imaginaire ; nous en avons emprunté les détails à Hérodote, Pausanias, Spon, Malte-Brun, et à des voyageurs dignes de foi. L'école moderne invoque peu cette naïade, qu'elle affecte de méconnaître. Byron seul, dans *Childe-Harold*, ne put se défendre de la saluer de quelques beaux vers.

Il y avait aussi en Asie, non loin d'Antioche, dans un faubourg de Daphné, une source appelée *Castalie* : on voit par ces deux noms hellénisés que les barbares avaient imité les Grecs de la Phocide. Cette fontaine possédait, comme celle de Delphes, une vertu prophétique. Suidas dit que dans ses environs il y avait un bois sacré et un temple, où Apollon rendait des oracles. Il ajoute qu'il sortait de ces ondes une vapeur enivrante, qui faisait que ceux qui demeuraient auprès devenaient inspirés et furieux comme des pythies. Sans doute cette prétendue frénésie n'était que l'effet d'un gaz volatil commun à bien des sources. Adrien, n'étant encore que simple citoyen, jeta dans cette fontaine une feuille de laurier, l'en retira, et y lut écrit son avénement à l'empire. On attribue à ce prince, devenu César, une action indigne de sa sagesse accoutumée : il aurait, dit-on, fait boucher avec de gros quartiers de roche cette source, afin qu'à l'avenir le caprice fatidique de ses eaux ne comblât aucun autre d'une aussi insigne faveur. Ces deux faits ne sont peut-être que des fables. César Gallus fit bâtir une église près de cette fontaine. Partout dans la Grèce et dans l'Asie des églises, des monastères, des chapelles, des oratoires, sont élevés sur les ruines des temples du polythéisme : les voluptueux autels de Vénus sont ceux de la Panagia, *de la Vierge sainte*, et le tombeau profane d'Adonis est celui du Christ.
DENNE-BARON.

CASTAÑOS (Don FRANCISCO-XAVIER DE), duc DE BAYLEN, général espagnol, au nom duquel se rattache le souvenir de la désastreuse capitulation de Baylen, naquit en 1753, d'une famille distinguée de la Biscaye, et s'initia aux règles de l'art de la guerre sous la direction du célèbre général comte O'Reilly, qu'il accompagna en Allemagne, pour aller étudier la tactique à l'école de Frédéric le Grand. En 1794 il servit avec distinction avec le grade de colonel dans l'armée de Navarre aux ordres du général Caro, et fut nommé lieutenant général en 1798 ; mais à quelque temps de là il se vit bannir de Madrid, avec quelques autres officiers, qui comme lui n'avaient pas craint de désapprouver hautement le système de paix à tout prix suivi alors par le gouvernement espagnol. Lors de l'invasion de l'Espagne par les Français, en 1808, il fut investi du commandement supérieur d'un corps d'armée réuni sur les frontières de l'Andalousie, où le général Dupont se disposait à pénétrer. A la tête d'une division composée seulement de 9,000 hommes et de

3,000 volontaires, il attaqua le corps d'armée français, qui à la suite de plusieurs affaires, extrêmement chaudes, fut contraint de mettre bas les armes, le 23 juillet 1808, aux environs de Baylen. Castaños fut récompensé plus tard par le titre de *duc de Baylen* de ce beau fait d'armes, dont la gloire revenait pourtant pour la meilleure partie au Suisse Théodore Reding, placé sous ses ordres; et au mois de novembre de la même année il se laissait complètement mettre en déroute à Tudela.

En 1811 la régence le nomma au commandement en chef du 4e corps, et gouverneur de plusieurs provinces. La bataille de Vittoria, dont le gain fut en partie dû à sa bravoure et à celle de ses troupes, lui fournit l'occasion de donner une preuve nouvelle de ses talents militaires. La régence ayant commis l'injustice de lui enlever plus tard son commandement, il écrivit au ministre de la guerre : « J'ai la satisfaction de remettre entre les mains du général Freyre en vue des frontières de France le commandement que je pris en 1811 sous les murs de Lisbonne. »

Après la restauration de Ferdinand VII il fut nommé capitaine général de la Catalogne, et en 1815 appelé au commandement en chef de l'armée destinée à envahir le sol français, fonctions qui cessèrent en 1816. Après le renversement de la constitution, en 1823, ayant réussi à se justifier aux yeux de Ferdinand VII de tout soupçon de libéralisme, Castaños fut de nouveau nommé capitaine général, et en 1825 on l'appela à faire partie du conseil d'État, où il se montra constamment partisan d'un système de modération quelque peu partial à l'égard des carlistes. Plus tard il devint président du conseil de Castille, et se mit en opposition, en 1833, avec le ministre Zea-Bermudez relativement aux modifications à apporter au droit de succession à la couronne. Depuis cette époque jusqu'en 1843 il vécut constamment éloigné de la cour; mais à la chute d'Espartero on vit se vieillard incapable de se jeter de nouveau dans la vie publique et même remplacer Arguelles comme tuteur de la jeune reine, alors mineure. Si, en 1814, Louis XVIII avait commis l'impardonnable faute de prendre pour ministre de la guerre Dupont, ce général flétri par la capitulation de Baylen, Louis-Philippe, en 1844, se montra bien oublieux des exigences du sentiment national en décorant du grand cordon de la Légion d'Honneur le général ennemi qui dans ce honteux désastre avait fait passer une armée française sous d'autres Fourches Caudines.

Castaños est mort à Madrid, le 24 septembre 1852.

CASTEL, mot fait du latin *castellum*, diminutif de *castrum*, camp, et qui signifie proprement un lieu fortifié, un château, un fort, une citadelle. Il a donné naissance au titre de Castellan en Pologne, et nos vieux auteurs l'employaient souvent pour *château*.

Les anciens avaient donné le nom de *Castellum* à un grand nombre de villes; et cette appellation se retrouve encore dans les mots *Kessel*, *Cassel*, etc. Quant à la dénomination de *castel*, elle entre elle-même sous cette forme, ou encore sous celle de *castello*, dans la composition d'une foule de noms de lieux, situés en Allemagne, en Italie, en Dalmatie, en France, en Espagne, en Portugal, etc. Nous citerons, en Allemagne :

CASTEL, faubourg de Mayence, situé sur la rive droite du Rhin, est uni à cette ville par un pont de bateaux, long de 550 mètres et appuyé sur 49 pontons. Non moins bien fortifié que Mayence, les hauteurs en sont défendues des deux côtés par trois lignes d'ouvrages extérieurs, ainsi qu'au nord par le fort Montebello, qui est situé tout près du Rhin, et au sud par le fort Mars. La population de ce faubourg s'élève à 3,000 âmes. Au temps des Romains il y avait là déjà des ouvrages de défense, et il en existe encore aujourd'hui de nombreux vestiges.

CASTEL, bourg de la Basse-Franconie, siége d'une famille de comtes du même nom.

CASTEL, bourg du cercle bavarois du haut Palatinat, sur la Lauter, à 2 myriamètres au sud-ouest d'Amberg, à l'origine ancienne abbaye de bénédictins, transformée plus tard en collége de jésuites.

Parmi les nombreuses localités de ce nom existant dans les pays où la langue italienne est la langue dominante, nous citerons :

CASTEL-BUONO, petite ville de Sicile, dont la population, forte de 7,500 âmes, fait un commerce important de manne. On y trouve aussi des sources d'eaux minérales.

CASTEL-DELFINO ou CHATEAU-DAUPHIN, bourg du Piémont, sur le versant méridional du *Monte Viso*, au confluent du Pô et de la Brenta, dans un défilé des Alpes maritimes, tire son nom d'un château fort que la paix d'Utrecht adjugea à la Sardaigne, et dont l'armée franco espagnole s'empara de nouveau en 1744.

CASTEL-DELLA-PIETRA, bourg du Tyrol, non loin de Roveredo, à la gauche de l'Adige, au-dessous de Calliano, est célèbre par la victoire que les Tyroliens et l'archiduc Sigismond y remportèrent sur les Vénitiens en 1487.

CASTEL-FRANCO, ville de 4,000 habitants, dans la province de Venise, à 3 myriamètres à l'ouest de Trévise, sur le Musone, fut construit en 1479 comme château fort contre les Padouans. Les Français s'en emparèrent le 12 janvier 1801. Le 23 novembre 1805 ils y battirent un corps autrichien de 7,000 hommes, commandé par le prince de Rohan, qui accourait au secours de Venise assiégée par le général Saint-Cyr.

CASTEL-GANDOLFO, petite ville située sur les bords escarpés du romantique lac Albano, non loin de Rome, avec un beau château de plaisance qui offre la vue la plus ravissante sur la Méditerranée, le Tibre, la *campagne* et la ville de Rome même, et où le pape vient d'habitude résider l'été. Le pape Urbain VIII construisit ce château sous la direction de Carlo Moderno, et le destina à lui servir de résidence d'été. Alexandre VII l'agrandit. Clément XIII le restaura, et lui fit donner ses dispositions actuelles. Dans le voisinage se trouve la villa Barberini, dans les jardins de laquelle on voit les ruines d'une villa de Domitien.

CASTEL-GUELFO, bourg et château du duché de Parme, sur le Taro, dans une fertile contrée. L'archiduchesse Marie-Louise fit construire, à peu de distance sur le Taro, un pont qui n'a pas moins de vingt-deux arches immenses, quoiqu'en été cette rivière soit presque toujours à sec. Ce grand travail avait pour but d'assurer la régularité des communications avec Plaisance, généralement interrompues pendant la mauvaise saison par les débordements de ce ruisseau. Le 13 avril 1814 le roi de Naples Murat y battit l'armée française aux ordres du général Maucune.

CASTELLO, bourg du Tyrol, situé à 5 myriamètres à l'est de Trente, sur le Grigno. Est en possession de fournir au reste de l'Italie, à l'Allemagne, à la France et à d'autres pays les modestes industriels qui parcourent incessamment leurs villes et leurs campagnes en vendant toutes sortes de figures en plâtre.

CASTELLO, bourg de Toscane, à 2 kilomètres de Florence, célèbre par son excellent vin muscat blanc et par le *villa Ambrogiana*, château de plaisance appartenant au grand-duc.

CASTEL-SAN-GIOVANNI, bourg du duché de Parme, à 3 myriamètres à l'ouest de Plaisance, où les Français et les Polonais aux ordres de Macdonald, de Victor et de Dombrowski, battirent, le 17 juin 1799, les Autrichiens et les Russes, commandés par Mélas et Souvaroff.

CASTEL-SARDO, ville et port de mer de la côte septentrionale de l'île de Sardaigne, à laquelle sa situation sur un rocher presque à pic donne les avantages d'une place-forte. Bâtie dans une contrée riche en vignes et en céréales, cette ville est le siége d'un évêché, et possède une belle cathédrale. La pêche du corail constitue la principale industrie de ses 2,000 habitants. Cette ville fut fondée vers l'an 1200, par les Doria de Gênes, et porta successivement les noms de *Castel Genovese* et de *Castel-Aragonese*, jusqu'à ce que le roi Emmanuel III lui eut donné son nom actuel.

CASTEL-VETRANO, ville de Sicile, à environ 6 myriamètres au sud-est de Trapani et à 15 kilomètres de la mer, bâtie sur une hauteur, dans une contrée où l'on cultive surtout l'amandier, la vigne et le riz, et à laquelle ses habitants donnent le nom de *Ville des Palmiers*. Les rues sont larges, mais non pavées; on y remarque quelques vastes édifices, mais tombant à moitié en ruines. Sa population est d'environ 14,000 âmes; et la pêche du corail forme avec la fabrication d'une foule d'objets en albâtre la principale industrie des habitants. Les voyageurs vont visiter les ruines de Selinus, situées seulement à 15 kilomètres de là.

Dans la Péninsule pyrénéenne, les localités de ce nom les plus importantes à citer sont:

CASTELLO-BRANCO, ville fortifiée et protégée par une excellente citadelle, dans la province de Beira supérieure (Portugal), est le siège d'un évêché, d'une école de rhétorique et de philosophie et compte 6,000 habitants.

CASTELLO DE VIDE, ville de la province de l'Alentejo, arrondissement de Portalègre, défendue par un château fort renfermant un arsenal. La fabrication des draps constitue l'industrie principale de sa population, forte de 6,000 âmes.

CASTELLON DE LA PLANA, ville maritime et chef-lieu de la province du même nom, faite avec la partie nord du royaume de Valence (Espagne), est bien bâtie, entourée de tours et de fossés, et abondamment pourvue d'eau par un aqueduc. On y compte 16,000 habitants, qui se livrent surtout à la fabrication des toiles à voiles et autres, et font aussi un commerce de chanvre fort important. En face se trouvent situées les îles Colombret, habitées d'être admis dans la Société royale de Londres; *Optique des Couleurs* (Paris, 1740). Il travailla en outre au *Mercure* et au *Journal de Trévoux* pendant trente ans. On trouve dans le 11° volume d'avril 1757 une notice sur les dissertations qu'il y a admises. Les écrits du P. Castel sont remplis de pensées quelquefois profondes, plus souvent bizarres. Son style se ressent des écarts de son imagination. Montesquieu, qui l'estimait d'ailleurs et l'honorait de son amitié, l'appelait *l'arlequin de la philosophie*. L'abbé de La Porte a publié, en 1763, *L'esprit, les saillies et singularités du P. Castel* (1 vol. in-12). C'est un extrait de ses divers ouvrages.

F. DANJOU.

CASTEL (RENÉ-RICHARD-LOUIS), poëte et botaniste, né à Vire, en 1758, avait pour père un brave officier supérieur. A douze ans le jeune Castel fut envoyé à Paris, au collége Louis-le-Grand, où il fit de solides et brillantes études. Il les avait à peine terminées, qu'il composa un poëme sur les fleurs, dont plus tard, lorsqu'il eut trouvé le sujet de son poëme des *Plantes*, il ne voulut rien conserver, de peur d'être tenté de faire entrer dans ce dernier ouvrage des vers qui n'y seraient pas amenés assez naturellement. La révolution vint le surprendre au milieu de ces douces occupations, qu'il interrompit pour répondre à la confiance de ses concitoyens, qui l'élurent procureur-syndic du district de Vire. Membre de l'Assemblée législative, il fit partie de cette minorité courageuse qui sut braver la proscription pour ne point se rendre complice des violences qui marquèrent les derniers moments de sa session. Nommé maire de Vire dans des temps difficiles, il sut préserver cette ville de la famine.

De 1792 à 1797 il s'occupa de son poëme *les Plantes*, commencé dans les temps les plus orageux de la Révolution. Cette œuvre appartient au genre descriptif. On sait quelle défaveur s'attache à ce genre, dont on a tant abusé. Castel mérite une place à part, à la suite de Delille, parmi ceux qui y ont excellé. Sans doute on désirerait quelquefois dans cette œuvre plus de fermeté, de vigueur et de précision de style; mais on y rencontre une foule de détails charmants, et fréquemment des vers dignes d'être proposés pour modèles. Les notes qui l'accompagnent sont pleines de recherches curieuses et savantes sur une des plus importantes parties de la botanique. Lorsque ce poëme parut à Paris, en 1797, il obtint un beau succès et les honneurs du prix décennal. Plus tard Castel publia sa *Forêt de Fontainebleau*, autre poëme de peu d'étendue, où il y a d'assez beaux passages, mais peu d'intérêt; un *Voyage de Paris à Crévi en Chablais*, et une *Cantate sur Omphale*. Il produisait peu, et travaillait beaucoup ses vers.

Son premier ouvrage avait paru à une époque où l'on cherchait à relever l'ordre public sur les ruines de la société. On lui offrit un poste élevé dans l'administration; il préféra sa studieuse retraite; et ce ne fut pas sans peine qu'on lui fit accepter une chaire de Rhétorique dans le collége témoin de ses premiers succès et qu'on appelait alors le *lycée impérial*. Il occupa avec distinction cette chaire pendant dix ans, et la quitta, non sans regret, pour remplir les fonctions d'inspecteur général de l'université, où il élevèrent ses services et l'amitié du grand maître Fontanes. Comme professeur de rhétorique, il prononça, à une distribution de prix du concours général, un discours sur la gloire littéraire, où il fit entendre en un langage plein d'une noble indépendance. Plus tard Castel fut chargé de l'inspection supérieure des écoles militaires. Il conserva peu de temps cette place, qu'il exerça gratuitement. Ses dernières années s'écoulèrent dans une douce solitude, au sein des lettres et de l'amitié. Il mourut à Reims, enlevé par le choléra, en 1832.

CASTELBAJAC (Famille de). Elle est originaire de la province du Bigorre, où elle tenait un rang distingué dès le douzième siècle. Bernard DE CASTELBAJAC, étant à la croisade de Philippe-Auguste, emprunta 40 marcs d'argent à un marchand de Pise, et lui engagea sa bannière en garantie. Son nom et ses armes figurent dans la galerie des croisades du musée de Versailles.

Marie-Barthélemy, vicomte DE CASTELBAJAC, né en 1776, fit les campagnes de l'armée des princes, et ne rentra en France qu'en 1814. Élu député l'année suivante, il débuta à la chambre par demander la peine de mort contre ceux qui arboreraient le drapeau tricolore, vota pour les exceptions de la loi d'amnistie, et réclama violemment en faveur du clergé, qu'on ne pouvait, dit-il, trop enrichir. Pendant toutes les législatures jusqu'à la chambre septennale inclusivement, le noble vicomte ne s'écarta pas un instant de ses vieux principes, qui lui avaient valu en 1815 une ovation à Auch, les honneurs d'un arc de triomphe et les félicitations de la *Quotidienne*. M. de Villèle le fit élever à la pairie par l'ordonnance de promotion des soixante-seize. Son dévouement à la monarchie *légitime* avait d'ailleurs reçu déjà des récompenses, sinon plus flatteuses, du moins plus solides. C'est ainsi qu'il avait été nommé d'abord directeur général des haras et manufactures, et que plus tard il avait été appelé à la direction générale des douanes. La révolution de Juillet, en l'arrachant à la chambre héréditaire comme pair de Charles X, le fit rentrer dans la vie privée.

Barthélemy-Dominique-Jacques-Armand, marquis DE CASTELBAJAC, ministre plénipotentiaire en Russie, est né à Ricaud (Hautes-Pyrénées), le 12 juin 1787. Entré à l'école militaire en 1806, il passa l'année suivante dans un régiment de cavalerie, et fit les dernières campagnes de l'empire. Louis XVIII le nomma lieutenant-colonel en 1815, puis colonel à son second retour. M. de Castelbajac fit la campagne d'Espagne à la tête des dragons de la garde royale, puis en 1826 il quitta ce régiment pour exercer les fonctions de maréchal de camp, dont il avait le rang depuis 1821. La Révolution de juillet le trouva en disponibilité. Il passa d'abord dans la réserve; mais le gouvernement de Louis-Philippe ne tarda pas à lui confier un commandement et des inspections, et le nomma lieutenant général en 1840. A la révolution de Février il commandait la onzième division militaire, dont le quartier général était à Bordeaux. Le gouvernement provisoire le mit à la retraite ainsi que plusieurs autres officiers généraux; mais lorsque l'assemblée législative eut annulé ce décret, le général de Castelbajac ne demanda pas sa réintégration dans les cadres actifs. Cependant le 9 décembre 1849 Louis-Napoléon le choisit pour représenter la France en Russie, poste qu'il occupe encore.

CASTELCICALA (Don FABRICIO RUFFO, prince DE), issu d'une famille napolitaine honorable, débuta par être avocat. S'apercevant qu'il lui serait difficile de faire fortune dans cette carrière, il s'attacha corps et âme au ministre Acton, qui lui confia une mission secrète en Angleterre. A son retour à Naples, en 1793, Acton jeta les yeux sur lui pour le remplacer comme président de la *junte d'Etat*, infâme tribunal d'inquisition politique, qu'il présida jusqu'en 1798, époque à laquelle il accompagna la cour de Naples à Palerme. Quand Acton résigna le ministère, ce fut Ruffo qu'on jugea, entre tous, digne de lui succéder. Après la bataille d'Aboukir, ses instances décidèrent son maître, le roi de Naples, à déclarer la guerre à la France. Au rétablissement de la paix, Ruffo fut nommé ambassadeur de Naples à Londres; et quand la dynastie des Bourbons fut rétablie sur le trône de France, il passa avec le même titre à Paris. C'est en cette qualité, et par suite d'une négociation extraordinaire dont il avait été chargé, qu'en 1816 il signa avec la Grande-Bretagne un traité de commerce et de navigation qui abolissait ceux de Madrid de 1667 et de 1715, et celui d'Utrecht de 1713; traité d'une haute importance alors pour l'Angleterre, car il réduisait à un simple droit de 10 p. 0/0 les divers droits perçus jusqu'à ce moment sur les marchandises anglaises à leur entrée dans le royaume de Naples. Après la révolution de 1820, le roi Ferdinand le nomma ambassadeur à Madrid; mais Ruffo n'accepta point ce poste, et, rappelé à Naples par suite de ce refus, il persista à rester à Paris et à continuer ses fonctions, soutenant que, dans les circonstances où l'avait placé l'insurrection, le roi son maître n'avait pas pu agir librement; et quand le mouvement révolutionnaire de Naples eut été comprimé, il fut en effet de nouveau confirmé dans son poste d'ambassadeur près du cabinet des Tuileries.

En 1829, l'Italien Galotti ayant été expulsé de France à sa demande, quelques journaux parvinrent à découvrir et s'empressèrent de révéler au public que le prince de Castelcicala n'était autre que le fameux Fabricio Ruffo, président de la junte de terreur de 1795 à 1798. L'ambassadeur les attaqua en calomnie, mais perdit honteusement son procès. Il mourut à Paris, du choléra, le 13 avril 1832.

CASTELLAMARE, jolie petite ville du royaume de Naples, bâtie sur les ruines de l'antique Stabiæ, et dont le véritable nom est *Castello a mare Stabia*. Située d'une façon ravissante sur la côte sud-est du golfe de Naples, elle est le siège d'un évêché, et compte environ 15,000 habitants, dont l'industrie consiste principalement dans la fabrication du macaroni, la pêche et le cabotage. Elle est défendue par deux fortins, et a un bon port fermé, avec un môle fortifié, des chantiers de construction et un arsenal, où se trouve un bagno pour les forçats. Cette ville est fréquemment visitée par les riches habitants de Naples, soit à cause de l'air pur qu'on y respire et de la magnifique vue dont on y jouit, soit à cause des eaux minérales et des sources sulfureuses situées dans ses environs. Aussi un chemin de fer, dont la construction est toute récente, la met-il en communication constante avec la capitale, dont elle n'est éloignée que de 2 ¹/₂ myriamètres. Derrière Castellamare s'élève le Monte-Auro, hauteur couverte de vignes, de châtaigniers et de villas, où se trouve le château de plaisance de Quisisana, appartenant au roi de Naples, et d'où l'on découvre une vue de toute beauté : à ses pieds le magnifiques golfe de Naples, à gauche la côte depuis Sorrento jusqu'au promontoire de Campanella, à droite le Vésuve et les ruines de Pompéi. En 1648 Richelieu battit la flotte espagnole en face de Castellamare; et en 1799 le général Macdonald battit aux environs de cette ville les troupes anglaises et napolitaines combinées.

Une autre *Castellamare*, ville et port de la côte septentrionale de la Sicile, entre Palerme et Trapani, avec une population de 6,000 habitants, qui se livrent avec avantage à la pêche du thon et au commerce des grains, des vins, des huiles et surtout des anchois, est l'*Emporium Egestæ* des anciens, ou le port de l'ancienne ville de Segeste, dont on voit encore aujourd'hui les ruines dans l'intérieur des terres, vers Alcamo.

CASTELLAN. C'était au moyen âge une dignité dont le point de départ était le commandement d'un château fort, et qui prit des formes diverses suivant les différents pays où elle s'établit. En Flandre et en France, il existait certaines portions du sol à la possession desquelles était attaché le titre de *castellan* ou *châtelain*. En Allemagne, les castellans étaient des employés princiers (*ministeriales*), et ils remplissaient les fonctions analogues à celles des burgraves. Plus tard, alors que déjà de nombreux burgraviats avaient fini par devenir héréditaires, on nomma *castellan* le commandant d'un château dont ne dépendait point une vaste possession territoriale. Cette dignité cessa d'être une fonction publique quand la chevalerie tomba en décadence. Ce ne fut qu'en Pologne qu'elle continua à se maintenir longtemps, mais sous une autre forme. Ces dignitaires y avaient également à l'origine, notamment en Lithuanie, la surveillance des châteaux (*castella grody*), tant sous le rapport militaire que sous le rapport judiciaire ; mais par la suite ils ne conservèrent que leurs fonctions judiciaires; puis, quand ils les eurent perdues également, il leur resta pour mission principale l'obligation de se mettre à la tête du contingent de leur district, lors des levées en masse. A partir du seizième siècle les castellans formèrent, avec les voïvodes et les évêques, le sénat, c'est-à-dire la haute chambre législative. On les divisait en *castellans supérieurs* et *inférieurs*, les premiers au nombre de trente-trois, et les seconds au nombre de quarante-neuf ; distinction supprimée en 1775. Généralement parlant ils prenaient rang après les voïvodes, qu'on les voit aussi représenter quelquefois. Toutefois le castellan de Cracovie était le premier des sénateurs temporels, et avait la prééminence sur tous les voïvodes. Lors de l'établissement du duché de Varsovie, le nouveau sénat polonais fut composé de neuf castellans et d'autant de voïvodes et d'évêques. La constitution de 1815 décida que le sénat du royaume se composerait indépendamment des voïvodes et des évêques, de castellans en nombre illimité.

CASTELLANE (Famille de). Elle est issue de ces anciens barons féodaux de Provence qui, après avoir expulsé les Sarrasins, profitèrent de la faiblesse des rois d'Arles pour s'affranchir de leur joug, mais qui retombèrent ensuite sous la domination des comtes de Provence. Elle a toujours tenu le premier rang parmi la noblesse du pays, et ses goûts et ses prodigalités ont justifié la popularité du vieil adage du roi René : *Dissolution des Castellane*. Cette famille a formé un grand nombre de branches, entre autres, celles des marquis d'Entrecasteaux, des comtes d'Adhémar et des comtes de Grignan.

Boniface III, baron DE CASTELLANE, sommé de reconnaître la suzeraineté d'Alfonse, roi d'Aragon et comte de Provence, lutta pendant plusieurs années pour maintenir son indépendance. Mais en 1189, après une campagne malheureuse, il fut obligé de rendre hommage à son adversaire. *Boniface IV*, son arrière-petit-fils, s'acquit une grande célébrité par ses poésies, qu'il dédia à Charles d'Anjou. Il accompagna ce prince à la conquête du royaume de Naples.

Boniface-Louis-André, comte DE CASTELLANE, né en 1758, était colonel de cavalerie, lorsqu'il fut nommé député de la noblesse aux états généraux. La modération de ses principes le fit incarcérer pendant la terreur. Il parvint à s'évader, et sortit de France, où il rentra après le 9 thermidor. Préfet des Basses-Pyrénées et maître des requêtes sous l'Empire, il donna en 1814 son adhésion aux actes du sénat qui rappelaient les Bourbons. Louis XVIII l'éleva à la pairie le 17 août 1815. Il mourut en 1837.

Esprit-Victor-Élisabeth-Boniface, comte DE CASTELLANE, fils du précédent, né le 21 mars 1788, s'engagea à l'âge de seize ans en qualité de soldat au 5e régiment d'infanterie, et s'éleva rapidement au grade de chef de bataillon. Sa brillante conduite pendant la campagne de Russie le fit nommer par l'empereur colonel-major du 1er régiment des gardes d'honneur. Créé maréchal de camp en 1822, lieutenant général après le siége d'Anvers en 1833, et pair de France le 3 août 1837, il commandait à Rouen lors de la révolution de Février. Compris dans le décret du gouvernement provisoire qui mettait plusieurs officiers généraux à la retraite, il réclama auprès de l'assemblée législative, et bientôt de cette assemblée lui permit de rentrer en activité. Aussitôt le président de la république lui confia le commandement général des divisions du midi, et par la rigoureuse application des lois de l'état de siége le comte de Castellane put rétablir l'ordre et la sécurité dans ces contrées où le socialisme répandait la terreur. Nommé sénateur le 6 janvier 1852, il a été créé maréchal de France lors de l'inauguration de l'empire.

Son fils *Henri*, marquis de CASTELLANE, avait été élu député en 1845, avant d'avoir atteint l'âge légal, ce qui fit annuler plusieurs fois son élection ; enfin, toujours réélu par le collège de Murat, il atteignait sa trentième année, et se plaça à la chambre dans une position intermédiaire entre le pouvoir et l'opposition. Une mort prématurée l'enleva à sa famille, le 15 octobre 1847. Il avait épousé la petite nièce du prince de Talleyrand, dont il eut deux enfants.

Jules, comte DE CASTELLANE, issu d'une autre branche, s'est fait connaître de nos jours par la protection plus bienveillante qu'éclairée qu'il s'efforce d'accorder aux arts et aux lettres (*voyez* l'article suivant). Il eut un jour le courage de prendre le titre de *président de l'Athénée royal de Paris*.

CASTELLANE (Hôtel de). C'est la copie de l'hôtel de Rambouillet; mais elle est demeurée si loin de son modèle qu'elle a toujours été à un peu du goût, comme le ridicule qui se tient à un pas du sublime. Lorsque M. Jourdain, le *Bourgeois gentil-homme*, se prit à aimer les lettres, la musique et la philosophie, il ne se comporta pas autrement que ne l'a fait le propriétaire de l'hôtel de Castellane, quand il se proclama le protecteur de l'art dramatique, auquel il ouvrit son logis. Cependant celui-ci est gentil-homme de race, il porte le nom et le titre de comte *Jules* DE CASTELLANE, qu'il a reçu de ses aïeux. Ce que s'est proposé le fondateur du théâtre de société de l'hôtel de Castellane est un problème que la société parisienne n'a pas encore résolu. Est-ce une lacune qu'il a voulu combler, pour remplir les vides de la scène? est-ce une école qu'il a fondée, afin de propager ou d'amender l'enseignement dramatique? On a avancé que l'hôtel de Castellane avait eu la prétention de résumer et de surpasser toutes les traditions du théâtre de société en France; la tâche était difficile : ces annales sont élégantes, polies et riches de beaux et spirituels souvenirs. Quelques-uns affirmèrent que l'hôtel de Castellane aspirait à faire revivre l'hôtel d'Uzès; d'autres assurèrent qu'il s'efforçait de faire concurrence à l'Abbaye-aux-Bois (*voyez* RÉCAMIER [Mme]). Les conjectures et les hypothèses se pressèrent en foule; les plus indulgents virent dans ces réunions le désir d'offrir à la société parisienne une distraction ingénieuse, et qui par sa nature devait apporter quelque variété dans les plaisirs du monde. Le mot de cette énigme, mi-partie bel esprit, mi-partie roman-comique, n'est pas encore trouvé. C'est en pénétrant sans indiscrétion dans les mœurs, les habitudes, les faits, les gestes de cette demeure, que nous jetterons peut-être quelque lumière sur ces mystères qui ont tant occupé la curiosité des oisifs.

Dans le faubourg Saint-Honoré, au delà de la place Beauvau, il est un édifice dont toute l'apparence extérieure affecte l'aspect d'une villa italienne. C'est dans les rues de Paris un des plus grotesques contre-sens que l'on puisse imaginer. On y voit des nymphes, des grâces, des bacchantes et Apollon, des chœurs de danse, des thyrses, des vases, des pampres et des amphores. Les figures mythologiques grelottent et soufflent dans leurs doigts, mouillées, gelées et transies, sous un ciel humide, brumeux et glacé; elles regrettent l'azur de la Grèce, le beau ciel de l'Italie, et maudissent cette atmosphère froide et grise qui les enveloppe. L'hôtel, dans ses autres arrangements, est d'une coquetterie florentine : sur ses murailles on voit des plaques de marbres précieux, l'ordre architectonique de sa construction est chargé d'ornements prétentieux et tourmentés; le style ne manque pas de faste, mais il n'a ni élégance ni délicatesse. S'il est vrai que l'on puisse juger les gens d'après les traits du visage, ne peut-on pas trouver aux édifices des signes lavatériens? A l'aspect de l'hôtel de Castellane, dont nous venons de tracer la physionomie linéaire, certes il ne viendra à la pensée de personne que le goût ait jamais habité cette demeure. Quelques duègnes littéraires ont fondé le théâtre de société de l'hôtel de Castellane ; né sous les inspirations des vanités vieillies, il n'a jamais pu se débarrasser entièrement de ce péché originel ; et les efforts de bienveillante hospitalité n'ont pu effacer nous ne savons quelle imperfection primitive qui gâte tout, comme une inévitable et funeste influence.

On est convié aux matinées et aux soirées de l'hôtel de Castellane par des lettres d'invitation, qui dans leur forme se rapprochent du billet de spectacle; les représentations ont lieu le matin, dans le jour, le soir, à toute heure; il semble que le saison y soit en permanence. Il n'existe pour la société qui s'y réunit aucun lien commun entre les personnes; ce n'est pas un théâtre, mais ce n'est pas non plus un salon : c'est une espèce de région mixte, métisse, neutre ou mitoyenne qu'il serait fort difficile de définir. Le maître de la maison ne connaît pas tous ceux qu'il reçoit; plusieurs spectateurs n'ont jamais vu M. le comte Jules de Castellane; de telle sorte qu'il y a dans les relations mutuelles une indifférence quelquefois poussée trop loin, surtout par le public qu'amènent des billets répondant à ceux qu'au théâtre sérieux on appelle *billets de service*. Lorsqu'on a franchi la première enceinte du péristyle et de l'antichambre, on se trouve dans un salon vaste et monumental, coupé par deux colonnes qui lui donnent assez bien l'air d'un foyer. C'est dans ce salon qu'est né *le théâtre de l'hôtel de Castellane*; la scène s'y établit d'abord dans un espace dont les colonnes marquaient les limites. Partout le théâtre de société a commencé par la comédie de paravent. Plus tard, au delà d'une galerie qui aboutit au salon, fut construite la salle de spectacle. Cette galerie, qui en forme comme le corridor, est un musée, dans lequel on remarque des sarcophages égyptiens, singulière décoration pour conduire à un lieu de plaisance. La salle de spectacle est de petite dimension, mais nous lui rendrons cette justice qu'elle est fort habilement distribuée : c'est une bonbonnière commode et bien parée. On estime qu'elle peut contenir deux à trois cents spectateurs. Un amphithéâtre, dont la pente s'élève doucement, et qui reçoit des banquettes ou des fauteuils, est l'enceinte principale, celle où les femmes prennent place; la partie la plus rapprochée du théâtre porte le nom d'*orchestre*; les musiciens ont une entrée réservée, et sont placés comme ailleurs. Au-dessus s'élève une galerie circulaire, qui semble être plus particulièrement destinée aux cavaliers. Aux issues, la jeune *fashion*, qu'on retrouve aussi aux abords du théâtre, se tient debout, et parle tout haut. Il y a un lustre qui descend du plafond, une rampe et des lumières d'applique; la salle est très-confortablement éclairée. La scène est dans des proportions conformes au reste de la salle : elle est suffisante; les accès en sont faciles, et on la dit bien *machinée* pour la manœuvre des décorations. Il est un éloge que nous devons donner, sans réserve, au théâtre de l'hôtel de Castellane : tous les accessoires de la scène, décors, costumes, armes et mobiliers, y ont une exactitude et un bien-être qu'on ne trouve dans aucun autre théâtre de société. L'aspect de la salle et de la scène est très-complètement celui d'un grand théâtre en miniature. Dans la salle on rencontre un public naturellement disposé à l'indulgence; d'ailleurs, les parents et les amis des acteurs sont en majorité : aussi applaudit-on à outrance et à tout moment. On y joue tous les genres, depuis le vaudeville jusqu'à la tragédie. Est-il nécessaire de dire que les signes de désapprobation se cachent sous le voile de quelques rires étouffés et d'une causerie à voix basse?Il y aurait plus que de l'impolitesse à agir autrement : personne n'a acheté à la porte le droit de témoigner son mécontentement.

Avant de porter notre exploration dans les petits appartements de la comédie, de l'autre côté du rideau, nous jetterons un dernier coup d'œil sur la manière dont le noble seigneur fait les honneurs de sa maison; c'est pour l'observation des mœurs un point capital. Généralement, à l'hôtel de Castellane, les représentations du soir sont plus aristocratiques et plus brillantes que celles du matin et de la journée; mais les matinées ont un avantage qui leur est propre : elles sont plus *artistes*; et les franchises de leurs allures s'éloignent plus des rigidités de l'étiquette; la société y est aussi plus mêlée : on n'y voit point de toilettes; la mise est celle d'un élégant négligé. M. de Castellane est partout, et veille à tout avec un empressement et une sollicitude que l'on ne saurait assez louer; il place lui-même les femmes; il s'occupe de tout le monde, des personnages les plus considérables comme des plus humbles; il distribue lui-même les programmes; de la scène à la salle, il excite l'activité et le zèle, pour épargner à son public un moment d'impatience et d'ennui. Toutes ces occupations de détail sont traitées par lui fort sérieusement; il parle peu, et rit plus rarement encore. Les moments où le soin que M. de Castellane prend de ses hôtes éclate avec le plus de splendeur sont ceux où l'on sert les rafraîchissements. Ce service est à la fois libéral, friand et tout à fait ingénieux : sur les plateaux que portent les gens à la livrée de la maison, est servi un déjeuner qui offre successivement tous ses mets : le café, le consommé, le chocolat, la côtelette, le petit pâté et tout le menu d'un repas léger et d'une chère délicate défilent alternativement et parcourent toutes les parties de la salle. M. de Castellane va lui-même au-devant de tous les désirs, et son attention est infatigable; il ne néglige rien pour servir ses convives et pour leur rendre facile l'accès de ces délices qu'il a préparées; il n'est rien de plus charmant que cette aimable assiduité et cette hospitalité vigilante. Nous dirons même que souvent ce dévouement est poussé jusqu'à l'excès. Un nouveau-venu peut difficilement reconnaître le maître du logis dans cet homme dont les empressements sont si prompts et si continuels, qui est avec tout le monde aux petits soins, et dont la mise simple et sans décoration ne trahit point le modeste *incognito*. Il est même arrivé, on l'a raconté du moins, qu'on s'est adressé à lui-même pour lui demander à voir M. de Castellane.

Le petit théâtre a eu un poëte, un instituteur et une surintendante. Mennechet était le poëte; Michelot, l'ancien acteur de la comédie française, l'instituteur; Mme Sophie Gay, la surintendante, dont les conseils faisaient loi. A la tête de la troupe, figure, en guise de régisseur, une façon de maître Jacques, *factotum* dont les talents de société varient à l'infini : il joue tous les genres, chante et danse selon la circonstance. Il ne quittait jadis le théâtre de l'hôtel Castellane que pour aller chez M. Guillaume se mêler aux divertissements du ballet de salon. Où va-t-il maintenant que le grand chorégraphe amateur n'est plus, et que le sort jaloux lui a ravi le tiers de lui-même? Au reste, notre régisseur lui-même était il y a quelques années bien connu dans le monde parisien, comme un des types les plus amusants de ces comédiens de la ville qui transportent dans le monde les mœurs du théâtre. On a beaucoup parlé de l'aristocratie de la troupe de l'hôtel Castellane; il y a eu de l'exagération dans tout ce qu'on en a dit; la troupe est presque tout entière roturière à merci. Le jeu des acteurs se distingue surtout par les grâces décentes; la chaleur et la sensibilité font trop souvent défaut : il est juste d'imputer l'absence de ces deux qualités à une timidité inséparable d'essais. Ce fut à l'hôtel de Castellane qu'on projeta et arrangea cette fameuse soirée donnée à la salle Ventadour, dans laquelle tous les chanteurs, choristes et personnages, appartenaient à la musique d'amateurs. Le public s'imagina bonnement qu'il avait devant lui une troupe de gentils-hommes, ducs, marquis et comtes, et pour *prima donna* la fleur de la noblesse féminine. Nous ne dirons pas la composition bourgeoise de cette troupe; mais ce fut une étrange et solennelle mystification. Nous citerons un trait de cette soirée : ordinairement c'est la salle qui lorgne le théâtre; cette fois ce fut le théâtre qui lorgna la salle; sur la scène, tout le monde, les *gardes* eux-mêmes, portaient le lorgnon.

Au théâtre de l'hôtel de Castellane, dont nous avons discrètement soulevé un instant le rideau, florissent les mesquines rivalités, la lutte des amours-propres, la petite guerre des coulisses, la querelle des rôles, les perfidies, les noirceurs et tous les ridicules du théâtre de société. On a dit que la salle Chantereine était le Conservatoire des grisettes; le théâtre Castellane est la salle Chantereine du monde. Le mariage de M. le comte de Castellane ferma un instant le théâtre de son hôtel; ce fut à l'Athénée, dont il avait accepté la présidence, que se réfugia ce gentil-homme : malheureusement il y continua son théâtre. Il mourait d'envie de le rouvrir. Ses souvenirs scéniques l'étouffaient; il n'y tint plus, et la lune du miel était à peine écoulée, qu'il s'enfuyait de la rue Valois pour revenir au faubourg Saint-Honoré et faire retentir plus que jamais la sonnette sur ses planches trop longtemps désertes. La société parisienne durant cette

courte fermeture n'a pas eu seulement le loisir de comprendre comment un aussi galant homme, un aussi excellent seigneur que M. le comte Jules de Castellane peut trouver quelque mérite à ressusciter, le pauvre Doyen, de risible mémoire. C'est qu'hélas l'habitude est une seconde nature, et qu'on a beau chasser le naturel, il revient au galop.
Eugène BRIFFAULT.

CASTELLI (IGNACE-FRÉDÉRIC), poëte et écrivain dramatique, célèbre par le grand nombre de ses productions théâtrales, dans lesquelles brille une inépuisable verve de gaieté et de fantaisie, naquit le 6 mars 1781, à Vienne. Son père, employé à la comptabilité du collège des jésuites, ayant été mis de bonne heure à la retraite, fut hors d'état d'assurer une jeunesse heureuse à son fils, qui commença par étudier le droit. Passionné dès cette époque pour le théâtre, il apprit à jouer du violon, rien que pour avoir ses entrées au théâtre, en y venant jouer à la place de son maître. Ses études une fois terminées, il parvint, après beaucoup de peine, à se faire admettre au nombre des employés aux vivres. Il consacra ses loisirs à des travaux poétiques et littéraires, s'occupant surtout d'arranger pour la scène allemande les pièces du répertoire moderne du Théâtre-Français qui obtenaient le plus de succès. Ses *Chants patriotiques pour l'armée autrichienne*, que le gouvernement autrichien répandit par milliers d'exemplaires parmi les soldats de son armée, lui donnèrent alors une certaine importance politique aux yeux des chefs de l'armée française. L'immense succès qu'obtint en 1811 sa *Famille Suisse* lui fit obtenir du prince de Lobkowicz le titre de poëte du théâtre de la cour au théâtre de la Porte de Carinthie.

En 1815 il accompagna en qualité de secrétaire le comte Cavriani, chargé du commandement d'un corps autrichien cantonné dans une partie de la France, et il revint occuper des fonctions analogues auprès du baron Munch de Bellinghausen dans la haute Italie. A partir de ce moment on le vit déployer toujours plus d'activité pour faire marcher de front ses travaux littéraires avec les devoirs de ses fonctions officielles, qui, jointes à de nombreux voyages d'agrément, lui fournirent l'occasion d'acquérir une connaissance toute particulière des mœurs et des habitudes populaires. En 1840, après quarante ans de service, il obtint sa mise à la retraite, en conservant le maximum de ses appointements et les fonctions de bibliothécaire des états de la province. Depuis lors il passe sa vie dans la charmante habitation qu'il possède à Lilienfeld, dans une des plus ravissantes vallées qu'on puisse voir, et qu'il a décorée avec la fantaisie qui le caractérise; s'adonnant, en bon Autrichien, aux solides jouissances d'Épicure, tout en s'occupant en même temps d'accroître son riche cabinet d'objets relatifs à l'art dramatique, et surtout ses fameuses collections. C'est ainsi qu'il possède, dit-on, plus de 12,000 pièces de théâtre formant 3,000 volumes, plus de 1,000 portraits et autographes d'acteurs et de poëtes dramatiques, la suite complète de toutes les affiches du théâtre de Vienne depuis l'an 1600, enfin une collection de 300 tabatières.

Castelli appartient incontestablement aux poëtes les plus féconds de l'Allemagne et surtout de l'Autriche. Il a composé, arrangé ou traduit plus de cent pièces de théâtre. Il y a dans ses poésies et ses ouvrages dramatiques un grand fonds de bonhomie et de gaîté; aussi pendant longtemps passa-t-il pour le représentant le plus parfait de la bonne et franche jovialité viennoise.

En fait d'œuvres destinées à la scène, on doit surtout citer de lui *L'Orpheline et le Meurtrier*, drame. Ses poëmes en dialecte bas autrichien le placent le premier après Selzhammer parmi les poëtes populaires. Il a aussi publié une *Collection d'Anecdotes viennoises*; des *Poëmes* (6 vol.; Berlin, 1835); des *Bagatelles poétiques* (5 vol.); des *Tableaux de la vie de Vienne* (2 vol.); une pièce à tiroir, *Schicksalsstrumpf* (Leipzig, 1818); enfin, des *Contes de toutes les couleurs* (6 volumes, Vienne, 1840).

Les événements de 1848 l'amenèrent à se jeter dans la politique. Quelques-unes des brochures qu'il publia à cette époque, par exemple : *Ce qui vient de se passer à Vienne*; *Bon homme paysan s'en revenant de la diète*, se vendirent à plus de 100,000 exemplaires.

Il a réuni dans une édition de luxe (15 vol., Vienne, 1844; 2e édition, 1848) tout ce qui dans son bagage littéraire lui paraissait devoir trouver grâce devant la postérité. On y rencontre un lexique du dialecte en usage dans les provinces de l'Autriche situées au-dessus de l'Ens.

CASTELNAU (MICHEL DE), naquit en 1520, au château de La Mauvissière, près de Tours, et manifesta dès l'enfance des dispositions très-heureuses. Parvenu à l'âge adulte, il voyagea dans quelques contrées de l'Europe, et y étudia les mœurs et le gouvernement; puis, rentré en France, il prit du service dans la marine, si l'on peut donner ce nom à des flottilles de commerce, par aventure armées pour le compte du roi, en quoi consistait alors tout notre état maritime; mais bientôt le crédit du cardinal de Lorraine, à qui il avait eu à plaire, le fit appeler à la cour, et peu après il fut chargé de diverses négociations dont il s'acquitta avec succès. Ce fut Castelnau qui accompagna en Écosse Marie-Stuart, un moment reine de France, et dont la sagesse ne put empêcher les fautes et les malheurs sur ce nouveau trône où sa naissance la faisait monter. Cependant des troubles religieux éclatèrent en France, et Castelnau, qui y avait été rappelé, se prononça sans hésiter pour le parti catholique. Il était porté à suivre cette bannière par sa foi, que n'avaient point ébranlée les doctrines des novateurs, non moins que par son attachement à la royauté, qui l'avait également arborée. Une fois engagé, Castelnau ne varia pas; car il était de ces esprits fermes et modérés qui, sans participer aux excès de la cause qu'ils ont embrassée, lui restent pourtant toujours attachés, et il a flétri ces hommes, nombreux dans les troubles civils de toutes les époques, *qui n'ont ordinairement le cœur de se déclarer fidèles pour un party ny pour un autre*. Il servit donc constamment les Valois, tantôt comme homme de guerre, tantôt comme négociateur, et représenta pendant dix ans Henri III, en qualité d'ambassadeur, auprès d'Élisabeth, sur laquelle il eut assez d'influence pour différer longtemps le supplice de son infortunée rivale. Toujours dévoué à la couronne, Castelnau se prononça contre la ligue, et devint à la mort d'Henri III un des serviteurs dévoués d'Henri IV, qui l'employa comme son prédécesseur. Il mourut en 1592, âgé de soixante-douze ans, dans son château de Joncourt, en Gâtinais. Ce fut pendant son ambassade en Angleterre qu'il écrivit, pour l'instruction de son fils, ses *Mémoires*, qui comprennent l'histoire de son temps, de 1559 à 1570. Ils furent publiés pour la première fois en 1621, in-4°, et le savant Le Laboureur en a fait plus tard une nouvelle édition, qui, grâce à l'adjonction de nombreux documents, forme deux volumes in folio. Quant à l'ouvrage de Castelnau, il est à bon droit rangé parmi les documents politiques les plus intéressants de cette époque; l'auteur s'y montre à la fois juge impartial et narrateur habile. Quelques écrivains ont comparé Castelnau à Comines, et c'est assez pour caractériser le mérite de l'écrit qui signale son nom à l'estime de la postérité.
P.-A. DUFAU.

CASTELNAU (JACQUES DE), petit-fils du précédent, né en 1620, entra au service, à l'âge de seize ans, et se fit une telle réputation de bravoure, qu'il fut créé maréchal de bataille en 1644. Blessé à plusieurs reprises, il fut nommé lieutenant général, et servit avec éclat sous les maréchaux La Meilleraie, Duplessis et sous Turenne. En 1855 il obtint le commandement général du Hainaut, et remporta plusieurs avantages sur les Espagnols. Placé à l'aile gauche de l'armée à la bataille des Dunes, il rompit la cavalerie des ennemis, retourna au camp devant Dunkerque, et enleva le fort Léon, réputé imprenable; mais il y reçut un coup de mousquet dans le flanc. Le roi, informé de la gravité de sa blessure, lui envoya le bâton de maréchal : Castelnau n'en jouit pas longtemps : il expira le 15 juillet 1658.

CASTELNAU (Henriette-Julie de), comtesse de Murat, dernier rejeton de l'illustre famille des Castelnau, et connue par quelques publications, naquit à Brest, en 1670, et se fit un nom par ses désordres avant de s'en faire un par ses ouvrages; ce qui ne l'empêcha pas de se marier au comte Nicolas de Murat, d'une ancienne famille d'Auvergne, brigadier des armées du roi. Exilée à Loche pour avoir coopéré à la rédaction d'un libelle où toute la cour de Louis XIV était insultée, elle employa les loisirs de sa retraite à composer des romans, des contes de fées, des chansons et autres poésies fugitives. On regarde comme son meilleur ouvrage *Les Lutins du château de Kernosy*, roman ingénieux et plein de grâce. En général les écrits de Julie de Castelnau se font remarquer par la pureté du goût, la sagesse des idées et l'honnêteté des tableaux. Ses *Mémoires*, pour servir de réponse à ceux de Saint-Évremond, ne sont eux-mêmes qu'un roman. Ses vers, en petit nombre, se distinguent par une agréable facilité. C'était elle qui dictait les lettres énergiques de Mme de Parabère au duc d'Orléans le roué. Celui-ci fit cesser son exil en 1715; mais elle ne jouit pas longtemps de cette faveur, et mourut à Paris, le 24 septembre 1716.

CASTELNAUDARY, ville de France, chef-lieu d'arrondissement, dans le département de l'Aude, à 30 kilomètres ouest de Carcassonne, avec une population de 9,635 habitants. Cette ville possède un tribunal de commerce, un collége et une bourse; elle est bâtie en amphithéâtre, sur une petite éminence; le canal du midi, qui la traverse, y forme un beau bassin appelé le réservoir Saint-Ferréol, qui sert de port, et dont l'enceinte, garnie de quais ombragés par des arbres, est sa plus belle promenade. Les principaux monuments, après l'hôtel de ville, sont l'église de Saint-Michel et l'hôpital général, fondé il y a quatre cents ans, et doté, en 1774, de 500,000 francs par M. de Langle, évêque de Saint-Papoul. Castelnaudary ne manque pas d'une certaine activité industrielle; elle possède quelques manufactures de soieries, de lainages et de grosses draperies, des filatures de coton, des imprimeries sur toile, des tanneries, des fours et moulins à plâtre et deux typographies : l'un des marchés les plus importants du midi pour les grains et les farines, on y trouve de beaux chantiers pour la construction des bateaux.

Castelnaudary portait dans le principe le nom de *Sostomagus*, et fut ruinée lors de l'invasion des Goths. Plus tard ils la rebâtirent; et comme ils étaient ariens, elle s'appela *Castrum Novum Arianorum*, d'où lui est venu son nom moderne. Elle joua un grand rôle dans la guerre des Albigeois, et ses environs furent, en 1211, le théâtre de la défaite des comtes de Toulouse et de Foix par Simon de Montfort. En 1229 le comte de Toulouse fut obligé de démolir ses fortifications en faisant la paix avec saint Louis. En 1355, le prince Noir s'en empara, et la brûla. Jean, comte d'Armagnac, la rebâtit, et la fortifia l'année suivante. Ce fut sous ses murs que le maréchal de Schomberg, à la tête des troupes de Louis XIII, défit, en 1632, celles de Gaston d'Orléans, commandées par le duc de Montmorency, qui y fut blessé et fait prisonnier, puis conduit à Toulouse, où il fut décapité, le 30 octobre 1632, par ordre du roi, malgré les instantes supplications de sa famille.

CASTELNAUT (Henri Nompar de Caumont, marquis de), second fils de Jacques Nompar de Caumont, maréchal, duc de La Force, naquit en 1582; Henri de Navarre, qui se trouvait alors son père, le porta lui-même au temple, et le tint sur les fonts de baptême; en 1601 le maréchal de Biron, son oncle, l'emmena en Suisse, où il allait comme ambassadeur du roi; il l'avait encore auprès de lui à Fontainebleau lorsqu'il fut arrêté, le 14 juin 1607.

Henri IV prit soin de son filleul, et le confia au comte de Saint-Paul, cousin germain de M. de La Force. Marie de Médicis, régente, donna au marquis de Castelnaut le gouvernement de Bergerac, place de sûreté des protestants. En 1613 il présida l'assemblée de Sainte-Foi, et en 1621 l'assemblée générale de La Rochelle. Cette même année la guerre de religion s'étant allumée en France, il y joua un rôle important : à la défense de Montauban, il était chargé du quartier le plus faible et le plus vivement attaqué, car de ce côté Louis XIII dirigeait en personne, avec le connétable de Luynes, les efforts des assiégants. Castelnaut repoussa les assaillants avec tant de vigueur, et sut si bien se mettre à couvert par les travaux, qu'il exécuta sous le feu même de leurs batteries, qu'il parvint à se maintenir jusqu'à la fin dans une position que l'on considérait comme impossible à défendre. En 1622 il se jetta dans Montflanquin, prend Clairac, défait un corps de royaux près de l'abbaye de Granges, et se signale au secours de Tonneins, en tuant le sieur de Miremont, fils de Castelnau de Chalosse, auquel il fait avaler son épée jusqu'à la garde. Rentré en grâce auprès du roi, Castelnaut suivit presque toujours son père à l'armée. Maréchal de camp en 1638, il fit ouvrir la tranchée devant Renty, couvrit le siége de Saint-Omer, et contribua à la victoire de Zouafsque, remportée sur Colloredo, Picolomini et le comte Jean de Nassau, par le maréchal de La Force. Dans les guerres de la Fronde, le marquis de Castelnaut leva des troupes en Guyenne, et suivit le parti de Condé; mais après la soumission de Bordeaux il traita avec la cour par l'intermédiaire du duc de Vendôme.

Le marquis de Castelnaut a laissé sur la guerre des protestants en 1621 et 1622 des mémoires qui ont été publiés en 1843 avec ceux du maréchal de La Force. La relation du siége de Montauban y occupe une grande place, et elle est d'autant plus curieuse qu'ayant été écrite de l'intérieur de la ville, et du point de vue des assiégés, on peut la comparer à celle que Bassompierre a faite du dehors et du point de vue des assiégants. Castelnaut y raconte comment il lui arriva de tuer d'un coup d'arquebuse le duc de Mayenne, qui s'exposait inconsidérément à la tranchée. Indépendamment des mémoires que nous venons de citer, le marquis de Castelnaut a encore travaillé à ceux du maréchal de La Force : on doit à sa collaboration le récit de l'arrestation du maréchal de Biron et les *Mémoires du marquis de Montpouillan*.

Marquis de La Grange, sénateur, de l'Institut.

CASTES. Ce mot, d'étymologie inconnue, nous est venu d'Asie, par les Portugais; il spécifie des rangs sociaux distincts par la qualité et la naissance, ou par le sang et la différence des races dans une nation. Ainsi, parmi les Européens, la noblesse de race, comme celle des Francs, conquérants des Gaules, s'alliant toujours entre eux, formait une véritable caste, fière de la pureté de son sang et même de la conservation des caractères originels qui les distinguaient. Mais l'armée, le clergé, la magistrature, se recrutant dans toutes les classes de la société, ou ne transmettant point à leurs successeurs les mêmes rangs par hérédité, ne constituent point dans notre état social, des castes véritables, comme elles en forment chez plusieurs peuples d'Asie. De plus, la diversité des races et les distinctions qu'elles obtiennent les unes par rapport aux autres, établissent pareillement des castes naturelles, c'est-à-dire séparées par leur organisme même. Tels sont, dans les colonies européennes, les noirs, les hommes de couleur et les blancs. Parmi plusieurs peuplades barbares des îles des mers du Sud ou de l'Océanie, on remarque également deux castes, dont la moins noire est toujours celle qui domine, comme chez toutes les autres nations divisées en castes. Jamais on n'a vu, si ce n'est récemment à Haïti, la race blanche former une caste inférieure chez les peuples de couleur plus ou moins foncée.

Quoique, sur toute la terre, les hommes ne soient point au même niveau les uns des autres dans l'état de société; quoi-

39.

que l'organisation même d'une nation exige qu'elle élève des chefs, que les uns commandent et que les autres exécutent des ordres, cependant chacun pourrait rester égal en droits devant la loi, et devenir capable de tous les emplois, suivant ses aptitudes et ses moyens. Les peuples nouveaux, les États républicains, comme les despotiques, les institutions constitutionnelles, offrent des exemples de ce genre, soit en Europe, soit en Amérique, soit même en Chine. Mais d'autres nations anciennes ou asservies par la conquête ont subi le joug de la division en castes. Ainsi, partout les conquérants se sont naturellement attribué le droit d'obtenir seuls le pouvoir, le gouvernement et les hauts emplois dans les armées, le clergé, la magistrature : telle fut l'ancienne noblesse autrefois en France et en d'autres contrées de l'Europe. La valeur et la supériorité d'esprit semblaient être l'apanage de cette élévation de la fortune et du rang. Ainsi, les roturiers, les vilains (*villani*), les esclaves, les gens de main-morte, formaient la classe la plus nombreuse, mais réduite, faute d'instruction et de propriétés territoriales, comme les *moujiks* russes, les serfs de Pologne et de Hongrie, etc., à un triste état d'ignorance, de superstition et de misère; cette caste, si profondément humiliée, se soumet aux magnats, aux boyards, aux nobles, pasteurs de ces troupeaux humains, les dénombrant par têtes, les vendant, les partageant entre eux, les parquant dans leurs domaines pour en tirer une redevance annuelle, et leur commandant les corvées ou la prestation de tous les services corporels dus à tout seigneur et maître.

La plus ancienne division de peuple en castes différentes est celle des Hindous, au Malabar et dans toute la partie en deçà du Gange. Selon les lois de Menou, leur législateur, Brahma inventa leurs lois et leurs usages; son fils Crishna, la Divinité elle-même, distingua le peuple en quatre castes principales : les *brahmes*, vrais enfants de Brahma; les *chatrias*, négociants, artisans, soldats, etc.; les *sudras*, laboureurs, hommes de peine, etc.; les *parias*, la plus misérable, toute caste exceptée, réprouvée et impure. D'après ces lois, aucun individu né dans l'une de ces castes ne peut en sortir, soit pour s'élever, soit même pour descendre, bien qu'il y ait des nuances en chacune d'elles. Les privilèges sont inhérents à chacune, soit pour les vêtements, la nourriture, les préséances ou autres droits et prérogatives; de telle sorte qu'on ne peut la transgresser sans crime. Ainsi la langue sanscrite et sacrée est réservée aux brahmes. Les seuls parias osent se permettre l'usage de la viande. Les brahmes ne vêtiraient pas de soie, attendu que c'est une matière animale comme la laine; il leur faut des tissus tout végétaux, considérés seuls comme purs, etc.

L'Égypte antique eut pareillement son peuple partagé en castes : celle des prêtres ou *choens*, celle des guerriers, celle des artisans et celle des cultivateurs. On se ménageait par ce moyen des états tout faits de père en fils, car il n'était pas loisible à chacun de choisir un métier, un art, selon ses goûts; l'enfant d'un agriculteur succédait à son père, devait remplir les mêmes fonctions; l'artiste ne devait faire ni plus mal ni même mieux ses travaux; il y avait des patrons tout taillés pour fabriquer les statues, les hiéroglyphes, sur un modèle inaltérable; tout perfectionnement était défendu comme un crime, et aujourd'hui encore, dans la Chine, la grande raison pour ne rien innover est que les ancêtres (dont l'autorité et la sagesse sont incontestables) n'ont rien fait de mieux.

La division d'un peuple en castes immuables est donc un obstacle à tout perfectionnement, à tout progrès dans la civilisation, les arts ou l'industrie. Il n'est pas étonnant que la Chine et l'Inde soient à jamais stationnaires : ce seul fait prouve l'inutilité et le désavantage de la division d'un peuple en castes. D'ailleurs, sous les gouvernements despotiques, rapaces, violateurs de tout droit civil, un ouvrier qui se recommanderait par un mérite éminent dans son travail, loin d'en tirer une récompense, se verrait enlevé par l'ordre du prince ou d'un chef, et forcé de travailler pour lui sans être rétribué de ses peines, tant il y a d'arbitraire dans ces pays! Aussi sous ce régime, qui comprime tout, les arts et l'industrie languissent-ils; personne n'étant intéressé, comme on l'est parmi nous, à s'élever au-dessus de ses compatriotes, il y a stagnation complète ou plutôt retour vers la barbarie. La séparation en castes a donc cet immense défaut d'arrêter l'essor de toute civilisation, de perpétuer les mauvaises méthodes, les imperfections, les erreurs ou les abus, par la seule considération qu'ils sont anciens et à ce seul titre respectables. On devrait croire, au contraire, qu'un art transmis dans des familles d'une génération à d'autres, pendant cette longue suite de siècles, acquerrait un haut degré de perfectionnement, qu'il serait une espèce de monopole favorable pour enrichir ceux qui l'exercent; mais c'est plutôt le moyen d'écarter toute concurrence, et par là tout désir de l'étendre et de le développer. Ainsi est favorisée l'indolence, l'apathique insouciance des peuples des climats chauds, déjà trop enclins au repos; ce ne sont plus que des machines réduites à rouler dans la même ornière d'actions automatiques à la manière des brutes, renfermées entre les limites de leurs instincts. Tels ont été les anciens Égyptiens, tels sont encore aujourd'hui les Hindous. Bien que les Chinois ne soient point ainsi divisés en castes, ils n'en restent pas moins concentrés dans leurs habitudes de respect servile pour l'antiquité.

Néanmoins, on a dit, en faveur de cette division en castes, que chacune d'elles, astreinte à une certaine série de devoirs, même imparfaits, établit un moyen d'ordre et de travail ; car il faut bien de nécessité que le laboureur, l'artisan, le soldat, le prêtre, remplissent leurs fonctions, puisqu'ils ne seraient suppléés par personne autre. Les emplois et les professions se rendent indispensables, car si la société ne s'avance pas, elle ne peut ni décliner ni tomber dans la dissolution. Aussi ces nations stationnaires sont-elles permanentes dans leur carrière : on a vingt fois conquis l'Inde, la Chine, l'Égypte; leurs maîtres ont changé, les dynasties se sont remplacées, mais l'état social ainsi constitué persiste sans altération ni rétrogradation sensible. Les formes, les habitudes, les procédés des arts et des sciences se transmettent comme un héritage, sans s'amoindrir ni s'accroître; les révolutions, les conquêtes, ne sont que des orages passagers, qui ne remuent point le fond d'une nation. Le bouleversement ne naîtrait que de cette destruction des barrières sociales, ou de ce mélange monstrueux des rangs, de cette confusion de tous les ordres hiérarchiques, dans laquelle chacun d'eux verrait comme l'envahissement de ses privilèges : *miscens ima summis*. Le puissant serait déchu, sans que l'inférieur fût véritablement rehaussé, comme on a dit que la fange soulevée du fond des eaux ne sert qu'à les salir.

Un autre ordre de castes résulte de la différence essentielle des races humaines et de leurs mélanges, comme du blanc et du nègre, d'où résultent les *mulâtres* et divers *hommes dits de couleur* ou *petits blancs*. Ce sont en effet des castes séparées par des degrés distincts de droits civils ou politiques. Le nègre, même libre, ne paraît point l'égal du blanc, soit qu'une éducation suffisante lui manque, soit qu'il possède une moindre capacité d'intelligence, soit qu'il reste naturellement indolent, imprévoyant et plus disposé à suivre ses affections, ses plaisirs, que ses devoirs. S'il est certain qu'en Afrique les Maures et les autres peuples de race différente de la noire sont supérieurs en capacité, en intelligence aux nègres, si même, dans les îles des sauvages de l'Océanie, les nègres papous qui s'y trouvent demeurent asservis, si un petit nombre de blancs suffit pour dominer beaucoup de noirs, et si ceux-ci reconnaissent plus d'esprit aux blancs, la différence naturelle des castes est fondée. C'est ce que nous devrons examiner ailleurs.

On appelle enfin, dans les Indes orientales, *castes* certains restes de nations, tels que les *Guèbres* ou *Parsis*, les anciens Perses, adorateurs du feu et des astres, échappés aux conquêtes des Musulmans ; tels sont aussi les *banians* et *gentous*, sectes idolâtres de l'Inde, comme on peut dire que les *Bohémiens* (*Zingari*) forment une caste errante en quelques régions de l'Europe. Il semble que le terme de *caste* se prenne surtout en mauvaise part, ou désigne un ordre de personnes mues par l'intérêt particulier de leur corporation. Celui-ci ne manque presque jamais à toute société particulière qui se trouve séparée de la grande, surtout si elle vit aux dépens de cette dernière.

J.-J. VIREY.

CASTI (GIAMBATTISTA), poëte italien, né en 1721, à Prato, près de Florence, fit ses études au séminaire de Montefiascone, où il devint plus tard professeur et obtint une prébende. Sur l'invitation du prince de Rosenberg, qu'il avait connu à Florence, il fit plus tard le voyage de Vienne, où il fut présenté à Joseph II. Sa vanité le porta à saisir toutes les occasions possibles de se faire voir dans des cours ; aussi sollicita-t-il la faveur d'être attaché, même sans fonctions ni titre, à diverses ambassades. Il visita Saint-Pétersbourg, où Catherine II l'accueillit de la manière la plus bienveillante, puis Berlin et quelques autres capitales de l'Allemagne. A son retour à Vienne, le prince de Rosenberg, qui était directeur du théâtre de la cour, le nomma *poeta cesareo* (poète de la cour), après la mort de Métastase. Mais lorsque Joseph II vint à mourir, Casti donna sa démission, et se retira à Florence, où il continua de séjourner jusqu'en 1783, époque où il vint à Paris. Malgré son âge déjà avancé, il avait encore toute la force et l'activité premières de son esprit. Il mourut le 6 février 1803.

Il est redevable de la durable réputation qui est restée attachée à son nom, à ses *Novelle galanti* (Paris, 1793, nouvelle édition, 3 volumes), d'une morale relâchée pour la plupart, mais attrayantes par la vivacité et l'originalité d'esprit dont il y fait preuve, ainsi que par l'élégance du style ; mais surtout à son grand poëme didactique et satirique *Gli Animali parlanti* (Milan, 1802, 5 volumes ; traduit en français par Pagnel ; Liège, 1818), qu'il écrivit à l'âge de soixante-dix ans, de 1792 à 1799. Ce n'est toutefois que dans ces derniers temps qu'il a vivement excité l'attention publique, peut-être bien parce qu'avant lui personne n'avait osé dire ouvertement les vérités amères contenues dans cet ouvrage. Ses *Rime anacreontiche* sont fort agréables, et ses opéras comiques *La Grotta di Trofonio*, *Il re Teodoro in Venezia*, tous deux mis en musique par Paisiello, et le premier aussi par Salieri, sont pleins de gaieté et d'originalité. Ses *Li Giulj Tre* sont deux cents sonnets plaisants sur un créancier importun, qui ne cessait de lui réclamer trois giulj (environ 75 centimes). A l'égard du soin et de la pureté de la versification, on peut dire que c'est le meilleur ouvrage de Casti.

CASTIGLIONE DELLE STIVIERE, petite ville de la délégation de Mantoue, dans le royaume lombardo-vénitien, avec un château et 4,500 habitants, était autrefois la résidence d'un prince souverain. C'est sous les murs de cette ville que, le 5 août 1796, Bonaparte remporta une victoire complète sur Wurmser, lequel, avec ses Autrichiens, avait tenté de lui faire lever le siège de Mantoue. En récompense de sa conduite dans cette journée, Augereau reçut, lors de l'établissement de l'empire, le titre de *duc de Castiglione*.

Il y a encore plusieurs autres lieux du nom de Castiglione dans le royaume de Naples, en Sicile et en Toscane.

Le 12 octobre 1835, un affreux tremblement de terre détruisit de fond en comble la petite ville de Castiglione en Calabre, laquelle, sur une population totale de 1,000 habitants, en perdit environ 100 dans cette catastrophe.

CASTIGLIONE (BALDASARE, comte DE), l'un des plus charmants écrivains qu'ait eus l'Italie au seizième siècle, né en 1478, à Casatico, dans le Mantouan, fit ses études à Milan, et entra ensuite au service du duc Lodovico Sforza ; puis, quand son protecteur eut été fait prisonnier par les Français, le marquis de Gonzague le recueillit à Mantoue. Quelques années plus tard il passa au service du duc d'Urbino, Guidobaldo della Rovera, qui le nomma commandant d'une compagnie de cinquante hommes d'armes. Castiglione ne tarda pas à être l'ornement de cette cour élégante et polie. Ses brillantes qualités, son savoir, ses talents et ses mœurs aimables engagèrent le duc d'Urbino à l'envoyer, en 1505, comme ambassadeur, auprès de Henri VIII, roi d'Angleterre, et à lui confier en 1507 une mission semblable auprès de Louis XII, qui se trouvait alors à Milan. Francesco Maria, successeur de Guidobaldo, l'éleva à la dignité de comte, et lui donna à titre de fief le château de Ruvillara, près Pesaro. Quand, en 1513, Léon X fut élu pape, Castiglione vint représenter son maître à la cour de ce souverain pontife, et il s'y lia avec les artistes et les gens de lettres les plus célèbres de l'époque. Il revint encore à Rome, en 1523, en la même qualité, à l'occasion de l'exaltation de Clément VII. Chargé de négocier la paix entre Charles-Quint et le saint-siège, il échoua dans ses efforts, et ne put jamais se consoler du sac de Rome, arrivé en 1527, tant cet événement avait profondément contristé son âme. L'empereur, redoublant pour lui de prévenances et d'attentions, le naturalisa espagnol, en lui accordant le riche évêché d'Avila ; mais Castiglione refusa de l'accepter, tant que Charles-Quint ne se serait pas complètement réconcilié avec le souverain pontife. Il mourut le 8 février 1529, à Tolède.

Celui de ses ouvrages qui est demeuré le plus célèbre, à cause de la perfection de style dont il y a fait preuve, a pour titre : *Il Libro del Cortegiano* (Venise, 1528) ; c'est une espèce de manuel à l'usage de la jeunesse des cours. Ses poésies italiennes et latines, fort peu nombreuses d'ailleurs, sont aussi des modèles d'élégance. Ses *Lettere* (2 vol. in-12, Padoue, 1769-1771), ne sont pas moins importantes pour l'histoire de la politique que pour celle de la littérature. Le Tasse célébra la mort de Castiglione dans un sonnet, et Jules Romain lui éleva un monument à Mantoue.

CASTIGLIONE (CARLO-OTTAVIO, comte DE), l'un des plus célèbres linguistes de l'Italie moderne, né vers 1795, à Milan, d'une riche et ancienne famille de cette ville, s'appliqua de bonne heure à un genre d'études qui jusque alors avait été bien négligé dans son pays. La description qu'il publia des monnaies cufiques existant dans le cabinet de la Brera, à Milan, *Monete Cufiche dell' I. R. Museo di Milano*, prouve de sa part une connaissance approfondie des langues et de l'histoire de l'Orient. Schiepati, dans sa *Descrizione di alcune Monete Cufiche del Museo di Stephano Mainocci* (Milan, 1820), l'ayant rendu coupable de plagiat à l'égard de Castiglione, celui-ci en fit justice dans ses *Osservasioni* sur cet ouvrage (Milan, 1831). Le principal ouvrage de Castiglione dans le domaine de la littérature orientale est son *Mémoire géographique et numismatique sur la partie orientale de la Berberie, appelée Afrikiah par les Arabes, suivi de recherches sur les Berbères atlantiques* (Milan, 1826), où il recherche avec la plus scrupuleuse exactitude l'origine et l'histoire des villes de la Berberie, dont on trouve les noms inscrits sur des monnaies arabes.

Le travail qui a le plus contribué à populariser son nom chez nos voisins d'outre-Rhin est la publication qu'il a faite de fragments de la traduction de la Bible en la langue des Goths par Ulfilas, découverte en 1817 par Maï dans les palimpsestes de la Bibliothèque ambrosienne. Il publia d'abord, en collaboration avec Maï, des fragments de l'Ancien Testament (Esdras et Néhémie) sous le titre de : *Ulphilæ Partium ineditarum in Ambrosianis palimpsestis reportarum Editio* (Milan, 1819), et de quelques épîtres de saint

Paul, de même que des fragments d'un calendrier goth et d'une homélie. Castiglione fit ensuite paraître tout seul : *Ulphila gothica versio Epistolæ Pauli ad Corinthios secundæ* (Milan, 1819); *Gothicæ versionis Epistolarum divi Pauli ad Romanos, ad Corinthios primæ, ad Ephesios quæ supersunt* (Milan, 1834); *Gothicæ versionis Epistolæ Pauli ad Galatas, ad Philippenses, ad Colossenses, ad Thessalonicenses primæ quæ supersunt* (Milan, 1835); *Gothicæ versionis Epistolarum Pauli ad Thessalonicenses secundæ, ad Timotheum, ad Titum, ad Philemonem quæ supersunt* (Milan, 1839). Les commentaires, annotations et glossaires ajoutés à ces différents ouvrages ont un prix tout particulier.

CASTIGLIONE (Giovanni-Benedetto), appelé en Italie *Il Grechetto* et en France *Le Bénédette*, naquit à Gênes, en 1616. Le goût qu'il annonçait pour le dessin en crayonnant sur ses livres toutes sortes de figures d'arbres et d'animaux décida son père à le faire étudier sous la direction de G-B. Paggi, chez qui le jeune Bénédette demeura jusqu'à la mort de cet artiste, époque à laquelle il entra dans l'atelier de A. Ferrari. Il ne demeura que peu de temps chez ce dernier, qu'il abandonna pour Van Dyck, qui visitait alors l'Italie. Bénédette reçut des leçons de ce grand artiste, et en profita si bien qu'on lui demanda deux tableaux pour la galerie Pitti : *Circé entourée d'animaux* et un *Paysage accompagné de brebis et d'agneaux*. Dès ce moment la réputation du peintre fut faite, et ses voyages à Rome, à Naples, à Bologne, à Venise, ne servirent qu'à la confirmer. Bénédette peignit le portrait avec goût, et grava à l'eau forte dans la manière de Rembrandt; mais les sujets qu'il affectionna, et dans lesquels il réussit le mieux, sont les *Campagnes remplies d'ouvriers*, *Les Vendanges*, *Les Bergers et leurs troupeaux*, *Noé dans l'Arche*, etc. Notre Louvre possède huit tableaux de ce maître, dont les principaux sont : *Melchisédech, roi de Salem, offrant du pain et du vin à Abraham*; *L'Adoration des Bergers*; *Les Vendeurs chassés du Temple*; etc. Ils se distinguent, comme toutes ses productions, par une admirable vivacité de couleur, une grâce et un naturel rares. Castiglione mourut à Mantoue, en 1670.

B. DE CORCY.

CASTIGLIONE (Duc DE). *Voyez* AUGEREAU.

CASTILHO (Antonio-Feliciano), l'un des poètes portugais modernes les plus remarquables, naquit à Lisbonne, le 26 novembre 1800, et eut le malheur, à l'âge de six ans, de perdre un œil des suites de la rougeole, tandis que l'autre restait tellement affaibli qu'on fut bien des années sans oser lui faire apprendre à lire et à écrire. Obéissant au vœu de son père, qui était professeur de médecine à l'université de Coimbre, il étudia le droit et se fit recevoir avocat. Mais, au lieu d'exercer son état, il préféra passer une existence toute champêtre et toute poétique auprès de son frère *Augusto Federigo*. Il s'essaya, d'ailleurs, de bonne heure au métier de poète, et il n'était encore qu'étudiant lorsqu'il publia ses premiers essais de poésie bucolique : *Cartas de Echo e Narciso* (nouvelle édition, Paris, 1836), et *A Primavera*, (Lisbonne, 1822; deuxième édition, 1837). La première de ces productions lui valut l'amour passionné d'une jeune fille, aussi belle que spirituelle, mais qu'il ne connut personnellement qu'en 1834; et lorsqu'il passa outre à l'avoir épousée, il eut la douleur de se la voir enlever par une mort prématurée. Indépendamment d'une traduction en vers des cinq premiers livres des *Métamorphoses* d'Ovide (Lisbonne, 1841), et des *Amours* du même poète, il a donné encore, entre autres productions, *Amor e Melancolia, o A Novissima Heloisa* (Coïmbre, 1828), et *A Noite do Castello e os Ciumos do Bardo* (Lisbonne, 1836). Un emploi dans l'administration, que lui avait accordé Jean VI, fut plus tard supprimé; et sous dom Miguel il fut obligé de se réfugier à l'étranger.

CASTILHO (Augusto-Federigo), deuxième frère du précé-dent, était curé de campagne dans le diocèse d'Aveiro. Il dut, sous dom Miguel, chercher également un refuge à l'étranger; il est mort en 1841. On a de lui une traduction de *La Pharsale* de Lucain, et il a publié, en collaboration avec son frère Antonio-Feliciano, les *Quadros Historicos de Portugal* (8 livraisons, Lisbonne, 1831-41).

CASTILLE, province qui, sous le rapport physique comme au point de vue politique, constitue le centre de la péninsule hespérique, car c'est la contrée qui porte empreinte, de la manière la plus caractéristique, la plus continue, la configuration propre aux plateaux, et qu'on peut considérer comme formant le noyau de la monarchie espagnole. Au point de vue physique et politique, il est nécessaire de la diviser en *Vieille Castille* ou *Castille Septentrionale* et en *Nouvelle Castille* ou *Castille Méridionale*.

La VIEILLE-CASTILLE, qui a tout le caractère des steppes les plus élevées, forme un plateau de 800 à 1,000 mètres au-dessus du niveau de la mer, séparé des Asturies et du pays Basque, au nord, par les hautes masses des monts Cantabriques et de la Nouvelle-Castille; au sud, par les soulèvements les plus prononcés de toute la chaîne de la Castille, lesquels séparent à l'est les Sierras d'Oca, d'Urbion et de Moncaya de la vallée de l'Èbre, ainsi que de la Navarre et de l'Aragon; tandis qu'à l'ouest les limites de la Galice et du Portugal se trouvent sur les hauteurs du plateau boisé de Léon et des Paramos de Tras-os-Montes. Dans l'espèce d'enceinte murée que dessinent ces montagnes, la surface plane et uniforme est rarement interrompue, de loin en loin, par quelques légers exhaussements du sol; et le Duero, avec ses affluents, n'y forme qu'un système d'irrigation très-insuffisant. En été les rivières manquent d'eau. Dans la partie supérieure de leur cours, elles ont très-peu de largeur et de profondeur; mais quand vient l'hiver, elles débordent facilement pour former de vastes flaques marécageuses et inabordables. Il en résulte que la navigation n'y a qu'une importance très-minime, et l'achèvement du Canal de Castille, qui doit mettre la Pisuerga en communication avec le port de Santander, se fera sans doute encore longtemps attendre, sans qu'on puisse espérer qu'il remédie sensiblement à l'état de choses actuel. Rien de triste comme les conditions physiques dans lesquelles cette plaine se trouve placée. Le sol en est sec et aride, sans forêts, dépourvu presque d'arbres. On n'y trouve ni pâturages ni sources vivifiantes. Il est tantôt couvert, avec la plus fatigante uniformité, d'un gazon à tige extrêmement courte ou bien de broussailles acquérant le développement d'arbustes, tantôt complètement nu et dépourvu de toute espèce de végétation. La culture y est misérable, et on parcourt souvent plusieurs kilomètres sans rencontrer un seul hameau, voire même une seule maison. Les contre-forts des montagnes qui en forment la limite sont abruptes, sauvages, couverts de broussailles, où domine le chêne toujours vert. Cependant là où l'habitant a su faire preuve d'industrie, on voit prospérer le pois chiche, la vigne, le froment et même l'olivier, quand on a eu le soin de l'abriter contre les vents froids, qui dès le mois d'octobre soufflent dans cette contrée dénudée, de même que contre la neige et la glace, qui en hiver couvre le sol. La Sierra de Castille fait face au versant méridional du plateau de la Nouvelle-Castille. Elle se développe dans le bassin de l'Henarès et du Xalon en se détachant des hauts plateaux du sud de l'Aragon, atteignant son point maximum d'élévation sur une base très-rétrécie, au nord de Madrid, avec des versants abruptes au nord et doucement inclinés au sud, dans quelques parties des Altos da Varaona, de Somo-Sierra, et de la Sierra de Guadarama, dont les crêtes s'élèvent de 1,500 à 2,000 mètres au-dessus du niveau de la mer, avec des pics de 2,500 à 2,800 mètres. A l'ouest la Sierra de Castille s'étend sur une base plus large, en formant une suite de terrasses, comme celles de Gredos, de Francia et de Gata, pour aller aboutir aux côtes de l'Atlantique, là où se trouve l'embouchure du Tage.

La NOUVELLE-CASTILLE est, à bien dire, la vraie contrée centrale de toute l'Hespérie, et ses plateaux, comme ceux de la Vieille-Castille, sont entourés de tous côtés, en guise de murailles, par une épaisse ceinture de montagnes. A l'est la Sierra d'Albaracin et le plateau de Cuença la séparent des terrasses et des huertas de Valence; au sud la Sierra de l'Andalousie la sépare des hautes terrasses de Murcie et de la vallée de l'Andalousie; et à son extrémité ouest les Sierras de Tolède, etc., forment le point de transition avec le sol montagneux de l'Estramadure. Occupant une superficie moindre que la Vieille-Castille, avec une plus grande profondeur, en raison des 600 mètres d'élévation de plus qu'ont ses montagnes, elle n'en présente pas moins au total les mêmes conditions physiques. Le sol en est tout aussi pauvre, et le Tage supérieur, avec le Henarès, le Xamara, le Manzanarès et l'Alberche, de même que la Guadania avec le Giguela et le Jabalar, n'y forment également qu'un insuffisant système d'irrigation. Mais ces cours d'eau ont des lits plus profonds, dont les couches argileuses des plateaux favorisent l'alimentation, et forment souvent d'étroites vallées entre des plateaux unis, en forme de tables, où la guerre de guérillas se fait avec avantage dans les pays ouverts. Le ciel, presque constamment sans nuages, ne dégage que des rosées nocturnes insuffisantes pour protéger la végétation souffreteuse contre les rayons incandescents du soleil et pour enlever à la contrée l'apparence d'une steppe poussiéreuse, qu'animent seulement, de loin en loin, la blême verdure de quelques petites plantations d'oliviers, et des champs de blés, de fèves et de safran, aux approches de villages misérables, dont les maisons sont construites en torchis. En raison de la parcimonie avec laquelle la nature a traité cette contrée, et aussi de l'état complètement négligé où y est restée la culture d'un sol capable pourtant de récompenser quelquefois les peines du cultivateur, on ne voit errer dans ces vastes steppes et dans ces plaines immenses que d'innombrables troupeaux, seule richesse agricole qu'on y connaisse. Le commerce y rappelle encore le temps où il ne se faisait qu'au moyen de caravanes; et les longues files de mulets chargés qu'on y rencontre en ont toute l'apparence. L'industrie y est à peu près bornée à la production de grossières étoffes de laine. Mais l'exploitation des mines de sel situées au sud de la Nouvelle-Castille, celle des mines de mercure d'Almaden, dans la Manche, et celle des mines de fer pour la fabrique d'armes de Tolède, y donnent d'importants produits. La situation de ce pays est en général des plus misérables, ce qui n'empêche point l'orgueilleux Castillan d'être le véritable représentant de la nationalité hispanique. Sa langue est devenue la langue écrite du peuple espagnol, celle des classes éclairées et polies, et ce sont ses souverains qui ont fait toute l'histoire de la péninsule.

Aujourd'hui que l'Espagne est administrativement divisée en 49 provinces, et, sous le rapport militaire, en 12 capitaineries générales, subdivisées en intendances, la division de cette contrée en Vieille et en Nouvelle-Castille ne peut plus avoir qu'un intérêt historique, quoique l'usage s'en doive vraisemblablement conserver longtemps encore dans le peuple.

La Vieille-Castille, qui fait partie de la capitainerie générale de Vieille-Castille et Léon, et forme sept intendances, *Burgos*, *Soria*, *Ségovie*, *Avila*, *Logroño*, *Palencia*, *Santander*, touche à l'Océan par cette dernière contrée, et compte une population d'à peine un million d'habitants sur une superficie de 460 myriamètres carrés.

La Nouvelle-Castille, qui forme une capitainerie générale et se subdivise en cinq intendances, *Madrid*, *Tolède*, *Guadalaxara*, *Cuenca*, et *Ciudad-Real*, ou la *Manche*, compte 1,374,000 habitants, répartis sur 797 myriamètres carrés.

La Castille avait jadis pour habitants les *Arevaci*, les *Carpetani*, une partie des *Oretani* et des *Celtiberi*. La célèbre Numance était dans la Vieille-Castille. Ce nom de Castille ne date que des premières invasions arabes; il prit naissance au neuvième siècle, lorsque cette contrée était hérissée de châteaux-forts (*castillos*), construits par les seigneurs chrétiens pour se défendre contre les armes des infidèles. Au commencement du onzième siècle, Sanche le Grand, roi de Navarre, profitant des dissensions qui s'étaient élevées entre les seigneurs de ces châteaux, soumit tout le nord de la contrée, et l'érigea en royaume sous le nom de Castille, en faveur de son fils Ferdinand Ier (1034). Une guerre heureuse (1037) contre Bermude III, roi de Léon, des Asturies et de la Galice, joignit ce nouveau royaume à la Vieille-Castille. En 1085 toute la Nouvelle-Castille était soumise.

Le trône de Castille avait été occupé par la maison de Navarre pendant près d'un siècle, lorsque le mariage d'Urraque avec Raymond de Bourgogne donna naissance, en 1126, à une nouvelle dynastie. Après plusieurs partages temporaires, qui retardèrent l'accroissement de la puissance castillane, les couronnes de Castille et de Léon se trouvèrent de nouveau réunies, en 1230, sur la tête de Ferdinand III. Les brillantes conquêtes de ce prince et de ses successeurs acquirent à la Castille, de 1250 à 1300, l'Estramadure et l'Andalousie, et resserrèrent les Maures dans le royaume de Grenade; mais les dissensions qui s'élevèrent en 1312 entre les grands vassaux, sous le règne d'Alphonse XI, et la tyrannie de Pierre le Cruel, en 1350, plongèrent le royaume dans une funeste anarchie, dont il ne sortit qu'en 1369, à l'avénement de Henri II de Transtamare, chef de la troisième dynastie des rois de Castille. Les règnes de Jean Ier, Henri III, Jean IV, furent orageux. Enfin Henri IV se vit déposer par ses vassaux turbulents, qui mirent à sa place, en 1465, Isabelle, sa sœur et son héritière. Le mariage de cette princesse avec Ferdinand, roi d'Aragon, en 1469, et la conquête du royaume de Grenade, qui acheva d'expulser les Maures de la péninsule, la soumirent tout entière au même sceptre. Ici finit l'histoire particulière de la Castille, qui depuis se confond avec celle du royaume d'Espagne, après une succession de vingt-trois souverains, appartenant à trois maisons : 1° celle de *Navarre*, comprenant : Ferdinand Ier, fils de Sanche le Grand, roi de Navarre, 1034-1065; Sanche II, 1072; Alphonse VI, de Léon, 1109; Urraque et Alphonse VII, d'Aragon, 1126; 2° la *maison de Bourgogne*, comprenant : Alphonse VIII, fils d'Urraque, et de Raymond de Bourgogne, 1126-1157; Sanche III et Ferdinand II, 1158; Alphonse IX, 1214; Henri Ier, 1217; Ferdinand III, 1252; Alphonse X, 1284; Sanche IV, 1295; Ferdinand IV, 1312; Alphonse XI, 1350; et Pierre le Cruel, 1369; 3° enfin la *maison de Transtamare*, comprenant : Henri II, 1369-1379; Jean Ier, 1390; Henri III, 1406; Jean II, 1453; Henri IV, 1465; Isabelle Ire, 1504; Jeanne la Folle, 1506; et Ferdinand V, 1516.

CASTILLEJO (CRISTOVAL), le représentant de l'ancienne poésie espagnole de cour, naquit, vers 1494, à Ciudad-Rodrigo. A peine âgé de quinze ans, il entra, en qualité de page, au service de l'infant don Fernando, qui devint plus tard empereur romain sous le nom de Ferdinand Ier. Castillejo suivit le grand-père de ce prince, le roi Ferdinand le Catholique, dans les voyages qu'il fit à Cordone en 1508, et en Estramadure en 1510. Il devint ensuite secrétaire de l'infant, poste qu'il conserva pendant plus de trente ans. En 1531 il accompagna son prince en Allemagne. Quoiqu'il se fût constamment acquitté de ces fonctions de secrétaire, alors fort importantes, à la satisfaction de son maître (puisque nous voyons qu'en 1527 celui-ci s'était entremis avec de pressantes instances auprès de son frère, l'empereur Charles V, à l'effet de lui faire accorder le revenu d'une prébende située en Espagne), il paraît que Castillejo ne survint cependant jamais à être au-dessus du besoin. C'est, du moins, ce qu'autorisent à penser les fréquentes plaintes qu'on rencontre dans ses poèmes, lesquels se distinguent par une vivacité de franchise qui surprend de la part d'un homme vivant à la cour. Il mourut le 12 juin 1556, à Vienne, où l'on a récemment retrouvé son tombeau, dans l'église de Neukloster.

Castillejo occupe dans l'histoire de la poésie espagnole une place importante, car il florissait juste au moment où s'effectuait la transition du vieux style national au style classique italien, que Boscan et Garcilaso avaient commencé à imiter. Mais Castillejo, toujours Castillan envers et contre tous, combattit de toutes ses forces cette innovation, comme anti-nationale, comme parfaitement inutile, et, suivant lui, comme corruptrice du goût et de la langue; la repoussant non-seulement par sa persistance à observer les antiques formes nationales, mais l'attaquant encore avec les armes de l'esprit et de la plaisanterie.

Rien qu'à ce point de vue les poésies de Castillejo auraient déjà de l'importance, quand bien même elles ne mériteraient pas l'attention des hommes de goût comme produits d'un esprit vraiment poétique. Elles ne témoignent pas seulement d'une grande habileté à manier la langue, d'une adresse rare à vaincre les difficultés de la versification; mais par la facilité de la conception, par le naturel et la vivacité de l'expression, voire par une certaine prolixité dégénérant parfois en bavardage, elles annoncent, en outre, un véritable talent poétique, encore bien qu'elles ne consistent, pour la plupart, qu'en vers écrits sur le ton de la cour et de la conversation. L'élément comique et satirique paraît avoir été celui qui convenait le mieux aux tendances poétiques de Castillejo; il le manie en effet avec cette ironie fine et de bon goût qui est particulière au génie espagnol. Ses poésies ne furent recueillies qu'après sa mort et, même, dit-on, l'Inquisition apporta d'abord quelques obstacles à leur publication. Elles finirent, cependant, par être imprimées à Madrid, en 1573. La dernière édition est celle qui se trouve dans la collection de R. Fernandez (Madrid, 1792). La bibliothèque impériale de Vienne possède un manuscrit de Castillejo, qui a pour titre : *Dialogue de l'auteur avec sa plume*, dont le texte diffère complétement de ce qu'on a jusqu'à ce jour publié sous le même titre, et, enfin, des traductions des traités de Cicéron : *De Amicitia* et *De Senectute*.

CASTILLO (Diego-Enriquez de), chapelain et chroniqueur du roi Henri IV de Castille, naquit à Ségovie, et fut employé par ce prince, auquel il témoigna une fidélité à toute épreuve, dans un grand nombre d'importantes négociations; de sorte qu'il fut le plus souvent témoin oculaire et même acteur dans les faits dont il nous présente le récit. Après la bataille d'Olmedo, il fut fait prisonnier à Ségovie par les partisans de l'infant Alphonse; mais son costume ecclésiastique le protégea contre tout acte de violence. On ne lui enleva pas le manuscrit de sa chronique, où, tout naturellement, on parti se trouvait représenté comme hostile et rebelle au souverain légitime; de sorte qu'il fut obligé de composer de nouveau plus tard. Cette chronique raconte les événements de tout le règne de Henri IV (1454-1474) d'un style simple et un peu sec, mais orné souvent de réflexions morales largement développées. Il prend ouvertement le parti du roi, mais ne laisse pas, pourtant, que de beaucoup trop ménager ses ennemis. Cet ouvrage a été publié par Miguel de Flores dans la collection de chroniques espagnoles faite par ordre de l'Académie royale d'histoire (Madrid, 1787). On a aussi de Castillo un poëme allégorique, dont le sujet est une vision relative à la mort du roi d'Aragon Alphonse V. Ochoa l'a publié, avec les poëmes du marquis de Santillana (Paris, 1844).

CASTILLO (Alonzo Salorzano de), écrivain espagnol de mérite, qui florissait entre les années 1626 et 1649, est auteur d'une foule de nouvelles et de comédies. Ses romans de mœurs, *El bachiller Trapaza* et la *Garduña de Sevilla*, obtinrent un succès tel, que tout récemment encore on a publié de ces éditions illustrées à Madrid (1846-1848), et qu'ils ont été traduits dans diverses langues étrangères. Parmi ses nouvelles proprement dites, les plus célèbres sont celles qui ont paru sous le titre de *Quinta de Laura* (1625) et de *Alivios de Casandra* (1640). Dans ce dernier recueil on trouve aussi quelques comédies, entre autres, *El Mayorazgo*, qui obtint un assez beau succès. Il ne faut pas le confondre avec *André del Castillo*, autre romancier, qui fut presque son contemporain, et qui fit paraître six nouvelles sous ce titre : *la Mogiganga del Gusto* (Saragosse, 1641; Madrid, 1734).

CASTILLON ou **CASTELHON** (Jean), né à Toulouse, en 1718, mort dans la même ville, en 1800, fut de 1779 à 1793 l'un des rédacteurs du *Journal encyclopédique*, et de 1774 à 1778 l'un de ceux du *Journal de Trévoux*. On a de lui un grand nombre d'ouvrages publiés sous le voile de l'anonyme, entre autres : *Amusements philosophiques et littéraires de deux amis* (2 vol.; Paris, 1756); *Bibliothèque bleue* (4 vol., 1770); *Anecdotes chinoises, japonaises, siamoises* (1774); etc.

CASTINELLI (Jean), né à Pise en 1788, mort en 1826, habita la France avec ses parents à partir de l'année 1799, époque où les troubles politiques auxquels étaient en proie l'Italie la forcèrent d'aller chercher un asile au delà des monts. Il ne revint dans sa patrie qu'en 1806, après avoir fait de bonnes études au collége de Sorèze. On a de lui divers articles insérés dans l'*Anthologie*, un *Essai sur les lois des Romains relatives au commerce*, et un *Éloge du général Spanochi*, qui prouvent qu'il y avait en lui l'étoffe d'un littérateur distingué et d'un jurisconsulte de mérite. On doit dès lors regretter d'autant plus vivement qu'une mort prématurée l'ait empêché de terminer un grand ouvrage qu'il avait entrepris sur les origines et le développement du droit commercial et maritime, matière qui avait été de sa part l'objet de laborieuses investigations.

CASTLEREAGH (Henry-Robert Stewart, marquis de Londonderry, vicomte), homme d'État anglais, fameux par l'acharnement tout particulier et tout personnel qu'il apporta dans la lutte engagée par l'Angleterre contre les principes de la révolution française, appartenait à une famille distinguée d'Écosse qui était allée s'établir en Irlande au temps du roi Jacques Ier, et était né le 18 juin 1769, à Mount-Stewart, domaine héréditaire de sa famille, situé dans le comté de Down en Irlande. Après avoir terminé ses études à Cambridge, et avoir fait quelques voyages sur le continent, il obtint enfin de son père, à l'âge de vingt-quatre ans, qu'il consentit à le laisser obéir au penchant irrésistible qui l'entraînait vers la politique. Grâce à l'influence de sa famille, il fut élu membre du parlement irlandais pour le comté de Down. Castlereagh avait dû promettre à ses commettants d'agir dans l'intérêt du peuple; mais il ne tarda pas à déserter les rangs de l'opposition, pour consacrer désormais à la défense de la politique de Pitt et des intérêts de la cour son talent oratoire et la capacité pour les affaires qui s'était rapidement développée en lui. Son parent, lord Cambden, ayant été nommé vice-roi d'Irlande, Castlereagh fut appelé en 1797 aux fonctions de premier secrétaire de l'administration irlandaise; et dès lors un vaste champ d'activité s'ouvrit pour son zèle, son ambition et ses principes anti-démocratiques. A ce moment l'Irlande était déchirée par d'effroyables luttes de partis. Les catholiques et les démocrates avaient fondé contre les actes de violence des orangistes une association secrète; et au mois d'août 1797 le général français Humbert ayant opéré un débarquement sur les côtes d'Irlande, on en vint bientôt des deux côtés à commettre les actes du plus sauvage fanatisme politique. Pour comprimer l'insurrection, Castlereagh ne se contenta pas d'employer les moyens que la loi mettait à sa disposition, il exerça de sanglantes vengeances sur ses malheureux concitoyens, s'empara des chefs de la conspiration en leur promettant une amnistie, puis leur arracha, par l'emploi de la torture, l'aveu de leur culpabilité; excès déplorables, qui en 1817 donnaient encore lieu à une accusation formelle portée contre lui en plein parlement, et soutenue par Brougham, Bennet et Francis Burdett.

Il ne tarda pas à être nommé membre du conseil privé et président du *board of control* (ministère des affaires de l'Inde); et en cette qualité il défendit, en 1800, de toute la puissance de son talent oratoire la mesure législative qui prononça la réunion de l'Irlande à l'Angleterre. Une fois ce grand acte accompli, il entra dans le parlement uni de la Grande-Bretagne, et chercha à se rendre indispensable à son maître et protecteur Pitt, en faisant preuve d'une activité extraordinaire dans les affaires. Quand Pitt céda le ministère à Sidmouth, Castlereagh conserva ses emplois; puis, quand le premier revint au timon des affaires, en 1805, il fut nommé ministre de la guerre et des colonies. A la mort de Pitt, en 1806, il refusa de s'associer à l'administration qui se constitua alors sous les auspices de Fox et Grenville, entra au contraire dans les rangs de l'opposition, et attaqua avec un acharnement tout particulier les actes administratifs de Windham, ministre de la guerre. De nouvelles élections eurent lieu, et Castlereagh ayant échoué alors devant les électeurs du comté de Down, aurait dû renoncer à revenir au parlement, s'il ne s'était pas ménagé la ressource d'y rentrer par la porte d'un bourg pourri appelé *Broughbridge*. Six mois plus tard la mort de Fox amenait la constitution d'un nouveau cabinet (1807) sous la présidence de Perceval, et dans lequel Castlereagh prit le portefeuille de la guerre. Ce fut lui qui organisa, entre autres, en 1809, la malheureuse expédition de l'île de Walcheren. Canning, alors ministre des affaires étrangères, attaqua à ce propos son collègue si vivement et d'une façon si personnelle, que le 21 septembre 1809 une rencontre au pistolet eut lieu entre eux; et à la suite de ce duel tous deux donnèrent leur démission. Mais dès la même année Castlereagh reprenait dans le cabinet le portefeuille que Canning avait tenu naguère; et quand Perceval eut été assassiné en 1812, il eut sinon le titre, du moins l'influence et les attributions d'un premier ministre, chargé qu'il fut dès lors de complétement diriger la politique de son pays dans tous ses détails. La direction générale de cette politique lui fut en réalité tracée et prescrite par les circonstances; le grand mérite de Castlereagh fut de la poursuivre avec la constance et l'opiniâtreté particulières au caractère britannique. Soit ouvertement soit en secret, partout, en Espagne, en Italie, en Allemagne, en Suède et en Russie, il poussa les gouvernements et les peuples à briser le joug de la domination française et à renverser la puissance de Napoléon; et pour atteindre ce double but, son ardeur et son zèle furent sans limites. Après la bataille de Leipzig, il se rendit sur le continent, fournit aux coalisés les moyens de continuer la guerre, en leur assurant les subsides de l'Angleterre, fut l'inspirateur du traité de Chaumont en date du 1er mars 1814, assista au congrès de Châtillon, et fit des difficultés pour signer la première paix de Paris, parce que Napoléon y était reconnu comme empereur et comme souverain de l'île d'Elbe.

Comme Castlereagh avait été, à proprement parler, l'âme de la coalition, une fois que l'ennemi commun eut été abattu, il se vit accablé par les souverains et par leur ministres de démonstrations honorifiques de tous genres. Enivré et charmé par les marques de distinction qu'on lui prodiguait à l'envi, il alla assister au congrès de Vienne, où il joua plutôt le rôle de complaisant que celui qui convenait à la situation politique de l'Angleterre et à l'intérêt des peuples. Sans doute il s'efforça d'élargir autant que possible le champ ouvert aux spéculations commerciales de son pays; mais, sauf cette question spéciale, il se montra complétement le diplomate de l'aristocratie et des cours. C'est ainsi qu'il sacrifia la Pologne, la Saxe, la Belgique et jusqu'à Gênes, malgré un traité formel signé par William Bentinck au nom de l'Angleterre. Quand force lui fut de revenir à Londres pour assister aux débats du parlement, sa conduite au congrès de Vienne fut dans la chambre des communes l'objet des attaques les plus vives, auxquelles le brusque retour de Napoléon de l'île d'Elbe put seul mettre un terme. Castlereagh, à ce moment, ne recula encore une fois devant aucun sacrifice pour pouvoir amener la chute de l'éternel ennemi de l'Angleterre. Après la seconde paix de Paris, dont il fut le principal négociateur, sa politique étroite et égoïste, hostile au système constitutionnel et à la liberté des peuples, apparut dans tout son jour; aussi les services qu'il avait pu rendre en contribuant à la délivrance de l'Europe furent-ils dès lors singulièrement dépréciés. Le projet qu'il avait conçu de faire accéder l'Angleterre à la Sainte-Alliance échoua contre la ferme volonté de ses collègues et du prince régent. Plus tard il assista au congrès d'Aix-la-Chapelle. Quoique, aux congrès de Troppau et de Laybach, il eût été obligé de déclarer que l'Angleterre ne pouvait point approuver le droit d'intervention dans les affaires intérieures du royaume de Naples que s'arrogeaient les souverains membres de la Sainte-Alliance, il ne songea à apporter aucune entrave à l'intervention armée, d'abord à Naples, puis en Piémont. Ce qui acheva de le perdre dans l'esprit du peuple anglais, ce fut sa conduite à l'occasion du procès intenté par le roi Georges IV à sa femme, Caroline de Brunswick, et surtout les mesures impitoyables auxquelles il ne craignit pas d'avoir recours à l'effet de comprimer le mécontentement des basses classes du peuple, en proie à la plus poignante misère. La responsabilité du sang qui fut répandu à Manchester lui revint en grande partie, et il ne tarda pas à en porter la peine. Ayant la conscience de la haine ardente que lui portaient ses concitoyens, ne pouvant pas se dissimuler que dans la direction des affaires de son pays il avait servi bien moins les vrais intérêts de l'Angleterre que ceux des autres puissances, il fut pris d'une humeur sombre et soucieuse. Depuis quelque temps déjà il ne voyait autour de lui que des ennemis et des conjurés; et à la veille de partir pour se rendre au congrès de Vérone, à l'effet d'y acquiescer aux mesures ayant pour but l'asservissement de l'Espagne et de la Grèce, il fut frappé d'aliénation mentale. En dépit de la surveillance dont il était l'objet, il profita d'un moment où il se trouva seul, le 22 août 1822, pour s'ouvrir adroitement la jugulaire à l'aide d'un canif, et un instant après il tombait mort dans les bras du médecin accouru à son secours.

Dans les dernières années de sa vie, Castlereagh recevait du trésor public 40,000 liv. sterl (1 million de francs) de traitements divers. On le dépeint comme ayant apporté dans la vie privée le caractère le plus aimable, avec toute l'élégante urbanité d'un homme de cour accompli. Le défaut de ses discours, c'était la trop grande abondance de mots et une obscure prolixité.

Sa mort ne fut pas plus tôt connue, qu'il s'éleva un immense cri de joie dans le peuple. On alla, dans une paroisse de Londres, jusqu'à mettre les cloches en branle; et quand les auteurs de ce désordre furent traduits en justice, le jury rendit à leur égard un verdict de non culpabilité. Son frère, Ch. W. Vane, marquis de Londonderry, a publié ses *Correspondence, despatches and other papers* (Londres, t. 1 à 4, 1847; 2e série, t. 5 à 8, 1851).

[Cet homme, qui rendit à son pays d'importants services, ne fut payé que par de sanglants outrages, mériterait plus qu'on ne pense de fixer les regards de la postérité. C'était quand nous le connûmes à Spa (séjour alors de tout ce que l'Europe renfermait de plus brillant), c'était un jeune homme plein de feu: ce que sa tenue tout anglaise voilait à peine. La noblesse de ses traits, l'élégance de sa tournure, ses manières simples mais pourtant distinguées, prêtaient des charmes à l'esprit le plus cultivé, quoique dénué d'apparentes prétentions, et à un caractère qui sans s'abaisser semblait dénoter une véritable bonhomie. Ce bel Anglais, volcan couvert de glace, plus poli que la plupart de ses compatriotes, acquérait facilement la bienveillance des femmes âgées et l'adoration des jeunes. Celles-ci s'exaltaient au récit fait par son ami intime Holfort, le compagnon de ses études et de ses voyages qui en furent le complément, des romanesques détails relatifs à l'adolescence de son ami, comme par exemple de sa vie solitaire et contemplative dans les sites les plus pittoresques de l'Irlande, de son naufrage dans l'île de Man, de son duel à la manière des anciens Calédoniens, sur un rocher situé au milieu du lac de Coyne. Entouré d'hommages que son jeune âge rendait encore plus flatteurs, Robert Stewart visait néanmoins à des succès tout autres que ceux qu'on peut recueillir dans une société enchanteresse, mais frivole. Il entrait alors dans la vie politique, où il se fit quelques partisans et beaucoup d'ennemis; malheur dont ne purent le dédommager les nombreux amis qu'il dut à ses qualités privées.

Sa première tendance, comme celle de tous les esprits hauts et fiers, eût été vers un rôle d'opposition. Mais bientôt il en vint à penser que l'opposition véritablement courageuse est celle qu'on fait aux idées de désordre dont les fauteurs peuvent toujours compter sur la plus retentissante popularité. Le pouvoir royal lui parut avoir besoin d'appui à un moment où le principe même de la royauté se trouvait fortement compromis, et il s'y voua comme Burke s'y était rallié. En s'unissant à Pitt, en défendant et en poursuivant son système même après la mort de cet homme d'État célèbre, il eut la gloire d'assurer à son pays l'empire des mers et une inattaquable supériorité commerciale.

Dans sa carrière ministérielle, il vit mieux et plus loin que son rival Canning; bien mieux aussi que cet orateur élégant et prétentieux, il savait répondre aux plus embarrassantes questions de ses adversaires avec justesse, précision, lucidité et profondeur, quoique avec moins de pompe. En 1813 et 1814, il fut, à bien dire, l'âme de la coalition; comme il avait la clef du trésor anglais, il n'y avait point de sacrifices qu'il ne pût obtenir des cabinets ligués contre Napoléon. Plus tard sa conduite politique, au moment où la fortune couronna les efforts de la coalition, devint l'objet des attaques les plus contradictoires; lui qui n'avait pu empêcher les souverains coalisés de placer Napoléon aux portes de la France, il fut taxé de l'avoir volontairement laissé s'échapper de l'île d'Elbe. On lui reprocha aussi de l'autre côté de la Manche de n'avoir pas fait élever le taux des indemnités territoriales de l'Angleterre au niveau de celles qui furent accordées aux trois autres grandes puissances. Quoique la Grande-Bretagne eût acquis toutes les stations maritimes qu'il avait jugées utiles à sa prépondérance navale, on lui reprocha la cession faite au roi de Sardaigne de cette ville de Gênes qui s'était rendue à une flotte anglaise, sous promesse de recouvrer son antique indépendance; on lui reprocha surtout l'évacuation et l'abandon de Parga au farouche Pacha de Janina. On ne voulut pas voir que ces deux actes furent le fait du congrès de Vienne, le second surtout, qui avait pour but de satisfaire les Turcs menacés par la situation de Parga. L'Angleterre, qui eût voulu conserver ce poste important, le retint jusqu'en 1818, conformément à la foi promise. Si elle avait persisté à le garder, on n'aurait pas moins blâmé son envahissante ambition qu'on accusa son inhumanité quand elle se décida à l'évacuer.

Charles STEWART, frère puîné de Castlereagh et héritier de son titre, a publié l'histoire très-impartiale des premières années des guerres de la péninsule, où il servit avec honneur, et des campagnes des alliés en 1813 et 1814, époque où il fut employé en qualité d'agent politique auprès des souverains. Ce dernier ouvrage est d'autant plus précieux que l'auteur y laisse percer quelques traits de la diplomatie secrète de ce temps, dont l'histoire est encore si peu connue.

Cte Armand D'ALLONVILLE.]

CASTOR, genre de mammifères de la famille des rongeurs, renferment une seule espèce, le *castor du Canada* (*castor fiber*, Linné). Ce quadrupède amphibie ressemble par les parties antérieures de son corps aux animaux terrestres, et par les parties postérieures aux animaux aquatiques. Sa tête offre à peu près la figure de celle d'un rat; il a le museau un peu alongé, les yeux petits, les oreilles courtes, rondes et velues en dehors. Deux dents incisives et huit molaires garnissent chacune de ses mâchoires : les incisives supérieures ont près de sept centimètres de long, et les inférieures plus de huit; elles sont si dures et si tranchantes que les sauvages les emploient en guise de couteaux pour travailler le bois. Les pieds de devant de l'animal sont des espèces de mains dont il se sert avec une dextérité qui ne le cède en rien à celle de l'écureuil; les doigts en sont bien séparés; ceux des pieds de derrière, au contraire, semblables à des pattes d'oie, sont réunis entre eux par de fortes membranes, et font office de nageoires; les jambes de devant étant beaucoup plus courtes que celles de derrière, le castor marche toujours la tête baissée et le dos arqué comme une souris; il nage bien mieux qu'il ne court, et en cela il est puissamment aidé par sa queue qui lui sert de gouvernail. Cette queue est la partie la plus bizarre de sa conformation : à la forme elliptique, à la peau écailleuse qui la recouvre, on dirait une carpe (moins la tête, la queue et les nageoires) attachée au derrière de l'animal; elle est épaisse de trois centimètres, sa longueur va jusqu'à vingt-cinq centimètres et sa largeur à huit ou dix; elle tient lieu, dit-on, de truelle au castor pour ses ouvrages de maçonnerie. On porte le poids total de l'animal à vingt-cinq ou trente kilogrammes, sa hauteur à trente centimètres et sa longueur du bout du museau à l'origine de la queue, à soixante-cinq centimètres. Sa couleur varie suivant le climat qu'il habite : généralement noire dans les parties du nord les plus reculées, elle s'éclaircit et se mêle à mesure qu'on avance vers le sud, passant successivement par les teintes brun-marron, fauve et jaune ou couleur paille; on rencontre aussi quelquefois parmi les castors noirs des castors tout à fait blancs, ou blancs tachés de gris et de roux. Deux sortes de poils composent la fourrure du castor; l'un, de 40 à 45 millimètres, ferme, lustré, mais rare; l'autre, de 27 millimètres au plus, fort épais, délié comme le duvet et impénétrable à l'eau : c'est celui qu'on emploie à la fabrication des chapeaux de première qualité, et qu'on nommait autrefois en Europe *laine de Moscovie*.

Si des caractères physiques du castor nous passons à ses qualités morales, nous trouvons un animal doux, paisible, incapable de nuire à aucun être vivant, sans passions violentes, sans ruse, et ne sachant mordre que lorsque sa défense personnelle l'y contraint. Jaloux de son indépendance, il ne veut point servir; mais il ne prétend pas non plus commander. C'est sans doute à cette heureuse disposition qu'il doit l'esprit sociable qui le distingue par-dessus tous les autres animaux. On le voit toujours, en effet, chercher à vivre en commun avec ses semblables dans les contrées solitaires où il se sent à l'abri des atteintes de l'homme et où il peut sans aucun trouble se livrer à ses ingénieux travaux. C'est au commencement de l'été que les castors se rassemblent pour fonder leurs petites républiques. Dès le mois de juin ou de juillet ils arrivent de différents côtés, et se réunissent au nombre de deux ou trois cent. « Le lieu du rendez-vous, dit Buffon, est ordinairement le lieu de l'établissement, et c'est toujours au bord des eaux. Si ce sont des eaux plates, et qui se soutiennent à la même hauteur, comme dans un lac, ils se dispensent d'y construire une digue; mais dans les eaux courantes et qui sont sujettes à hausser ou à baisser, comme sur les ruisseaux, les rivières, ils établissent une chaussée, et par cette retenue ils forment une espèce d'étang ou de pièce d'eau, qui se soutient toujours à la même hauteur : la chaussée traverse la rivière comme une écluse et va d'un bord à l'autre; elle a souvent quatre-vingts ou cent pieds de longueur, sur dix ou douze pieds d'épaisseur à sa base. Cette construction paraît énorme pour des animaux de cette taille, et suppose en effet un travail immense ; mais la solidité avec laquelle l'ouvrage est construit étonne encore plus que sa grandeur. L'endroit de la rivière où ils établissent cette digue est ordinairement peu profond ; s'il se trouve sur le bord un gros arbre qui puisse tomber dans l'eau, ils commencent par l'abattre pour en faire la pièce principale de leur construction. Cet arbre est souvent plus gros que le corps d'un homme ; ils le scient, ils le rongent au pied, et, sans autre instrument que leurs quatre dents incisives, ils le coupent en assez peu de temps et le font tomber du côté qu'il leur plaît, c'est-à-dire en travers sur la rivière ; ensuite, ils coupent les branches de la cime de cet arbre tombé pour le mettre de niveau et le faire porter partout également. Ces opérations se font en commun : plusieurs castors rongent ensemble le pied de l'arbre pour l'abattre, plusieurs aussi vont ensemble pour en couper les branches lorsqu'il est abattu ; d'autres parcourent en même temps les bords de la rivière et coupent de moindres arbres, les uns gros comme la jambe, les autres comme la cuisse ; ils les dépècent et les scient à une certaine hauteur pour en faire des pieux ; ils amènent ces pièces de bois, d'abord par terre jusqu'au bord de la rivière, et ensuite par eau jusqu'au lieu de leur construction ; ils en font une espèce de pilotis serré, qu'ils renforcent encore en entrelaçant des branches entre les pieux. Cette opération suppose bien des difficultés vaincues ; car pour dresser ces pieux et les mettre dans une situation à peu près perpendiculaire, il faut qu'avec les dents ils élèvent le gros bout contre le bord de la rivière ou contre l'arbre qui la traverse, que d'autres plongent en même temps jusqu'au fond de l'eau pour y creuser, avec les pieds de devant, un trou dans lequel ils font entrer la pointe du pieu afin qu'il puisse se tenir debout. A mesure que les uns plantent ainsi leurs pieux, les autres vont chercher de la terre qu'ils gâchent avec leurs pieds et battent avec leur queue ; ils la portent dans leur gueule et avec les pieds de devant, et ils en transportent une si grande quantité qu'ils en remplissent tous les intervalles de leur pilotis. Ce pilotis est composé de plusieurs rangs de pieux, tous égaux en hauteur et tous plantés les uns contre les autres ; il s'étend d'un bord à l'autre de la rivière, il est rempli et maçonné partout ; les pieux sont plantés verticalement du côté de la chute de l'eau ; tout l'ouvrage est au contraire en talus du côté qui en soutient la charge, en sorte que la chaussée, qui a dix ou douze pieds de largeur à la base, se réduit à deux ou trois pieds d'épaisseur au sommet ; elle a donc non-seulement toute l'étendue, toute la solidité nécessaire, mais encore la forme la plus convenable pour retenir l'eau, l'empêcher de passer, en soutenir le poids, et en rompre les efforts. Au haut de la chaussée, c'est-à-dire dans la partie où elle a le moins d'épaisseur, ils pratiquent deux ou trois ouvertures en pente qui sont autant de décharges de superficie qu'ils élargissent ou rétrécissent selon que la rivière vient à hausser ou baisser. »

Ce grand ouvrage d'utilité commune achevé, les castors songent à la construction de leurs habitations particulières, espèces de cabanes ou de huttes, à un, deux, ou trois étages, presque toujours ovales ou rondes, qu'ils bâtissent dans l'eau sur pilotis plein, au bord de leur lac, et dans lesquelles sont pratiquées deux issues opposées, l'une pour aller à terre, l'autre du côté de l'eau. Ces petits édifices, dont la voûte s'arrondit en forme de coupole, sont maçonnées proprement avec du sable, de la terre glaise et des pierres, et enduits en dedans et en dehors d'une sorte de stuc qui les rend impénétrables à la pluie. Leur hauteur atteint près d'un mètre ; leur diamètre varie depuis 1^m,30 jusqu'à 2^m,25, et l'épaisseur de leurs murs, qui est souvent de 0^m,65, les met en état de résister au choc des vents les plus impétueux. A voir la régularité, la solidité et la perfection de ces travaux, on serait tenté de les attribuer à la main de l'homme.

Une bourgade de castors se compose de dix à douze cabanes, quelquefois de vingt à vingt-cinq. Chaque cabane est habitée par une famille ou tribu différente ; les plus petites renferment deux, quatre, ou six castors ; les plus grandes dix-huit et même trente, et presque toujours autant de mâles que de femelles. Près des habitations est établi, sous l'eau, un magasin où sont déposés les vivres recueillis en septembre pour la provision d'hiver : ce sont des écorces fraîches, des racines aquatiques, des branches tendres, mets dont le castor est très-friand. Chaque famille a son magasin particulier, proportionné au nombre de ses membres, et où tous puisent en commun sans jamais toucher à celui de leurs voisins. « Quelque nombreuse que soit cette société, dit encore notre grand naturaliste, la paix s'y maintient sans altération ; le travail commun a resserré leur union. Des appétits modérés, des goûts simples, de l'aversion pour la chair et le sang, leur ôtent jusqu'à l'idée de rapine et de guerre ; ils jouissent de tous les biens que l'homme ne sait que désirer. Amis entre eux, s'ils ont quelques ennemis au dehors, ils savent les éviter ; ils s'avertissent en frappant avec leur queue sur l'eau un coup qui retentit au loin dans toutes les voûtes des habitations. Chacun prend son parti, ou de plonger dans le lac ou de se recéler dans leurs murs, qui ne craignent que le feu du ciel ou le fer de l'homme, et qu'aucun animal n'ose entreprendre d'ouvrir ou de renverser. Ces asiles sont non-seulement très-sûrs, mais encore très-propres et très-commodes : le plancher est jonché de verdure ; des rameaux de buis et de sapin leur servent de tapis sur lequel ils ne font ni ne souffrent jamais aucune ordure ; la fenêtre qui regarde sur l'eau leur sert de balcon pour se tenir au frais et prendre le bain pendant la plus grande partie du jour ; ils s'y tiennent debout, la tête et les parties antérieures du corps élevées, et toutes les parties postérieures plongées dans l'eau. »

L'automne et l'hiver sont pour les castors la saison de l'amour ; libres alors de tous soins, ils savourent à longs traits toutes ses jouissances. « Deux êtres assortis et réunis par un goût, par un choix réciproques, dit Raynal, après s'être éprouvés dans une association à des travaux publics, pendant les beaux jours de l'été, consentent à passer ensemble la rude saison des hivers. Ils s'y préparent par les approvisionnements qu'ils font en septembre. Les deux époux se retirent dans leur cabane dès l'automne, et ne se quittent plus. Aucun travail, aucun plaisir ne fait diversion, ne dérobe du temps à l'amour. Les mères conçoivent et portent les doux gages de cette passion universelle de la nature. Si quelque beau soleil vient égayer la triste saison, le couple heureux sort de sa cabane, va se promener sur le bord de l'étang ou de la rivière, y manger de l'écorce fraîche, y respirer les salutaires exhalaisons de la terre. Cependant la mère met au jour vers la fin de l'hiver les fruits de l'hymen conçus en automne ; et tandis que le père, attiré dans les bois par les douceurs du printemps, laisse à ses petits la place qu'il occupait dans sa cabane étroite, elle les allaite, les soigne, les élève au nombre de deux ou trois. Ensuite elle les mène dans ses promenades, où le besoin de se refaire et de les nourrir lui fait chercher des écrevisses, du poisson, de l'écorce nouvelle, jusqu'à la saison du travail. »

L'homme, cet ennemi implacable de tous les êtres dont la destruction peut tourner au profit de sa cupidité, l'homme vient souvent troubler d'une manière bien cruelle l'innocence de ce bonheur domestique. La fourrure des castors étant beaucoup plus fournie en hiver qu'en été, c'est principalement dans cette saison qu'il leur déclare la guerre. Les chasseurs les attaquent de cent façons, tantôt isolément, tantôt en masse. Veulent-ils s'emparer d'une peuplade entière, ils font une ouverture à la digue, mettent l'étang à sec, et prennent sans difficulté les malheureux castors hors d'état de se cacher, de s'échapper ou de se défendre. Bien souvent les sauvages américains ont détruit leurs établissements, et ces animaux ont eu la constance de les rééditier plusieurs étés de suite; mais lorsqu'un grand carnage a accompagné la ruine de la bourgade, la société trop réduite ne se rétablit plus; les castors échappés au massacre se dispersent, s'enfouissent isolément dans un terrier, et perdent leurs qualités sociales.

On appelle *castors neufs* les peaux des castors tués à la chasse pendant l'hiver et avant la mue; *castors secs* ou *castors maigres* celles qui proviennent de la seconde chasse d'été, et *castors gras* celles que les sauvages de l'Amérique septentrionale ont portées plusieurs mois sur le corps, et qui sont imbibées de leur sueur, ce qui les rend, dit-on, plus précieuses pour les chapeliers. Indépendamment de sa fourrure, le castor fournit une matière dont la médecine faisait jadis grand usage dans le traitement des affections nerveuses : c'est le *castoréum*, liqueur onctueuse, d'un jaune pâle et d'une odeur fétide, contenue dans deux poches ou grosses vésicules placées près de l'anus, et dont l'animal se sert, à ce qu'il paraît, pour se lustrer le poil. Élien et d'autres naturalistes anciens après lui ont répété, sur la manière dont on se procurait le castoreum, un conte absurde, qui s'est accrédité parmi les modernes, et dont chacun de nous a pu voir le sujet représenté dans maintes gravures ornant le texte de quelques vieux livres de voyages. Ils prétendaient que pour sauver sa vie le castor, par une castration volontaire, livrait au chasseur la liqueur précieuse que celui-ci rechercherait si avidement, et qu'on supposait alors se trouver dans les poches différentes de celles dont nous avons parlé plus haut. C'est même, dit-on, ce conte qui est l'origine du nom de *castor*; car autrefois l'animal était connu en France sous celui de *bièvre*, qui est aussi celui par lequel on le désigne encore généralement dans la plupart des langues de l'Europe, sauf de légères altérations, résultant de la différence des idiomes.

Dans les cantons où sont établies des peuplades de castors civilisés, on trouve aussi des castors sauvages et solitaires, qui vivent sous terre, sans maison ni magasin, dans une longue galerie qu'ils creusent ordinairement au bord des eaux, et qu'ils ont soin de tailler en plan incliné pour éviter les inondations. On les appelle *castors terriers*; leur robe est sale et leur poil rongé sur le dos par son frottement contre la voûte du terrier. Il y a encore des castors qui s'établissent dans l'intérieur des terres, loin de l'élément cher à leur espèce; leur dépouille est à beaucoup près aussi belle que celle des castors vivant en société.

Dans les temps anciens, le castor était commun à l'embouchure du Danube et sur les rives du Pont-Euxin : c'est de là que lui vient vraisemblablement le nom de *canis ponticus*, que lui donnent quelquefois les naturalistes latins. Aujourd'hui il abonde particulièrement dans les solitudes de l'Amérique septentrionale, depuis le trentième jusqu'au soixantième degré de latitude nord. Il paraît que dans le Nouveau-Monde, comme dans l'ancien, à mesure qu'on s'avance vers le sud, l'espèce des castors devient de moins en moins nombreuse, et qu'on n'en rencontre même plus aucun au delà des limites de l'hémisphère boréal. Il existait encore aux siècles derniers des castors cabanés en Norwége et dans les autres contrées les plus septentrionales de l'Europe; on en trouvait aussi à l'état d'isolement en Espagne, en Italie, en Grèce, en Égypte, en Pologne, en Allemagne, sur les rives de l'Elbe et du Danube, et en France, dans le Languedoc, sur les bords de l'Isère, du Rhône et de l'Oise; il est même probable que la petite rivière de Bièvre, qui se jette dans la Seine au-dessus de Paris, doit ce nom à l'établissement de castors sur ses rives dans les temps où la Gaule, sauvage et inhabitée, était couverte d'épaisses forêts. On ne rencontre plus guère aujourd'hui de castors en France, et il y a lieu de croire qu'ils ont également disparu de toutes les autres parties de l'Europe où l'homme a porté ses pas.

En examinant les travaux du castor, on y remarque un système d'idées que l'on est tenté au premier abord d'attribuer à un être doué de réflexion et de raisonnement; mais en y regardant de plus près, on reconnaît bien au contraire que ses travaux sont commandés par les nécessités de son organisation physique, que dans tous les temps comme dans tous les lieux ils s'exécutent d'une manière uniforme, que leur perfection n'augmente ni ne diminue, malgré la marche de années, que pour y arriver le castor n'a besoin ni d'enseignement ni d'expérience, et alors on a peine à voir dans l'intelligence de l'animal autre chose que cet instinct (beaucoup plus développé, il est vrai) que la nature a départi à toutes les brutes, et dont elles suivent aveuglément les inspirations sans jamais étendre sa portée primitive. Frédéric Cuvier a fait, sur deux castors envoyés assez jeunes à Paris pour n'avoir pu conserver la mémoire des leçons de leurs parents, des observations qui viennent à l'appui de cette opinion. Ces deux jeunes animaux, malgré leur réclusion, cherchaient sans cesse à exercer leur génie pour l'architecture, ou à se livrer aux habitudes particulières à leur race. Des matériaux de construction leur furent donnés, et ils les employèrent à des travaux qui pour être imparfaits n'en décelaient pas moins leur penchant natif. Mainte et mainte fois, on les vit s'efforcer d'enfoncer en terre par des coups redoublés un bâton placé en travers de leur gueule; leur jetait-on des branches de saule, ils commençaient par en manger l'écorce, puis, réduisant en fragments menus ce qu'ils ne pouvaient consommer, ils en formaient un petit magasin derrière la grille de leur cage. Se croyaient-ils menacés de quelque danger, ils faisaient entendre un bruit sourd et frappaient de leur queue avec force. Leur propreté était d'ailleurs extrême, et ils mangeaient toujours assis dans l'eau.

Paul Tiby.

CASTOR et POLLUX. La fable est remplie des métamorphoses de ses dieux, qui pour se délasser des ennuis de la grandeur suprême, et oublier la monotonie de l'Olympe, venaient chercher des aventures sur la terre. Presque tous les héros ou demi-dieux de la Grèce devaient leur naissance aux rapports clandestins des dieux avec des beautés mortelles. Jupiter, que la naïve *Iliade* nous représente fréquemment en querelle avec une épouse altière, difficile et jalouse, était souvent tenté d'échapper aux tourments de son ménage céleste. Amoureux de Léda, fille de Thestius et femme de Tyndare, il la surprit un jour sur les bords de l'Eurotas, et recourut pour triompher d'elle à une double métamorphose; par son ordre, la trop complaisante Vénus se changea en aigle, tandis que prenant lui-même la forme d'un cygne poursuivi par cet aigle, il courut se jeter entre les bras de Léda. La princesse, trompée par le dieu, devint mère, et accoucha de deux œufs : l'un, de son mari Tyndare, produisit Castor et Clytemnestre, tous deux mortels; l'autre, de Jupiter, produisit Hélène et Pollux, tous deux marqués du sceau de l'immortalité.

À peine les deux frères jumeaux eurent-ils vu le jour que Mercure les transporta dans les murs de Pallène, pour y être nourris avec soin, et formés par une noble et brillante éducation. Également adroits à manier la lance et le javelot, savants dans l'art de dompter les coursiers, athlètes presque toujours victorieux, expérimentés dans la guerre, habiles à toucher de la lyre, chantres mélodieux, unis par la plus tendre amitié, ces deux frères réunissaient toutes les qualités et toutes les vertus des temps héroïques. Leur premier exploit fut de purger l'archipel grec des pirates qui l'infestaient. C'est sans doute à cause de ce service que la reconnaissance publique les fit mettre au rang des dieux marins qu'il fallait invoquer dans les tempêtes. Ils suivirent Jason dans la Colchide, et prirent une grande part à la conquête de la *toison d'or* (*Voyez* ARGONAUTES). Dans la route, l'un d'eux, Pollux, eut à soutenir un combat terrible contre Amycus, tyran des Bébryces, et fléau de tous les étrangers qui avaient le malheur de toucher ses États.

De retour dans leur patrie, Castor et Pollux reprirent leur sœur Hélène, que Thésée avait enlevée du temple de Diane, où elle dansait dans un chœur sacré; mais pour rendre la liberté à cette princesse il leur fallut prendre la ville d'Aphidna, dont leur humanité épargna les habitants, à l'exception d'Œthra, mère du coupable, qu'ils emmenèrent captive. Jusque là tout est digne d'éloge et de respect dans les deux *Tyndarides*; mais bientôt, imitant la faute qu'ils avaient voulu punir dans Thésée, ils enlevèrent les filles de Leucippe, Phœbé et Hilaïra, fiancées à Lyncée et à son frère Idas. Les amants poursuivirent les ravisseurs, et les atteignirent près du mont Taygète. Une querelle, trop légitime de la part des deux époux, s'éleva, et donna lieu à un combat acharné. Les ravisseurs, après avoir résisté aux plus justes remontrances, aux plus touchantes prières, tuent les malheureux fils d'Apharée. Jupiter lui-même se rend complice du crime en foudroyant le courageux Idas, qui, armé d'une colonne saisie sur le tombeau de son père, accourait pour venger Lyncée, immolé sous ses yeux. Une autre tradition fait succomber Castor sous les coups de Lyncée, qui périt, à son tour, de la main de Pollux, blessé lui-même par Idas. Désespéré de la perte de Castor, Pollux supplie le maître des dieux de lui donner la mort, ou d'accorder à son frère le privilége de l'immortalité. Jupiter, suivant Pindare, lui répond : « Tu es mon fils, celui-ci n'est que le sang d'un époux mortel uni avec ta mère; mais écoute le choix que je te laisse! Exempté de la vieillesse et de la mort, veux-tu l'Olympe auprès de Minerve et de Mars? Leur destinée est la tienne. Mais si, t'obstinant à favoriser ton frère, tu veux tout partager avec lui, il te faudra passer la moitié de ta vie sur la terre, et l'autre moitié dans le ciel. » A ces paroles de Jupiter, la volonté de Pollux n'eut pas un moment d'incertitude; soudain il rouvrit les paupières, et dénoua la langue de Castor.

Cette fiction de la mort alternative de Castor et Pollux est fondée sur ce que les deux princes ayant formé dans le ciel, après leur mort, le signe des Gémeaux, l'une des deux étoiles qui la composent se cache sous l'horizon lorsque l'autre paraît. Les Romains renouvelaient tous les ans le souvenir de cette fiction; ils envoyaient au temple des Gémeaux un homme qui portait, comme eux, un bonnet en forme de demi-coque, et montait, suivant leur coutume, un cheval blanc, tandis qu'il en conduisait un autre à la main. C'était une image de la destinée des deux frères condamnés à ne jamais se montrer ensemble ni dans les enfers ni dans l'Olympe.

Homère dit que Castor et Pollux avaient été ensevelis à Lacédémone; ensuite ils les fait revivre et mourir chaque jour pour habiter alternativement le Ténare ou le ciel. Quoi qu'il en soit, leur apothéose suivit de près leur mort. Comptés au nombre des grands dieux de la Grèce, on leur éleva un temple à Sparte, qui les avait vus naître, et dans Athènes, qu'ils avaient préservée des horreurs du pillage. On los regardait comme des divinités favorables à la navigation. Les Romains avaient, eux aussi, en grande vénération les deux frères d'Hélène, auxquels leur superstitieuse reconnaissance croyait avoir d'immenses obligations. Les Dioscures furent admis dans un temple magnifique, et l'on célébrait tous les ans une fête guerrière en leur honneur (*voyez* DIOSCURIES). Ceux qui disputaient le prix de la course choisissaient pour patron Castor, parce qu'il excellait , de son temps, à dompter les coursiers et à diriger un char; les lutteurs honoraient Pollux, le modèle des athlètes, le vainqueur aux jeux olympiques. Les monuments antiques, et notamment les médailles consulaires, offrent de fréquentes représentations de ces héros, qui sont ordinairement ensemble, comme si une tradition respectée avait défendu aux artistes de séparer ce que la nature, l'amitié, la vertu, la vie, la mort et l'estime des siècles avaient réuni par des nœuds indissolubles. Deux statues colossales de marbre blanc, représentant les Dioscures coiffés d'un bonnet en forme de demi-coque, qui rappelle la fable de leur naissance, se voient à Rome, au haut du grand escalier de la cour du Capitole, qu'elles décorent d'une manière admirable. Ces statues n'ont pour vêtement que la chlamyde ou manteau militaire; elles tiennent leurs chevaux par la bride.

P.-F. TISSOT, de l'Académie Française.

CASTOR ET POLLUX (*Astronomie*). *Voyez* GÉMEAUX.

CASTORÉUM, substance recueillie dans les follicules bursales du castor. Dans les individus de cette espèce, de l'un et l'autre sexe, entre l'anus et le pudendum, se trouvent quatre follicules de forme oblongue, rétrécies vers le haut et plus larges par le bas, formées par une membrane coriace ressemblant presque à du cuir. Les deux plus grandes, qui sont inférieures, réunies et situées parallèlement l'une à l'autre, et très-rapprochées, contiennent une sécrétion huileuse fluide, qui est la substance connue sous le nom de *castoréum*. On le recueille en enlevant les sacs entiers, et on les fait sécher à la fumée.

Le meilleur castoréum nous vient de Russie, de Prusse et de Pologne. Ces espèces de poches doivent être sèches, gibbeuses, arrondies, pesantes, solides, et remplies d'une substance solide qui a durci en vieillissant; elle est contenue dans des enveloppes membraneuses, un peu coriaces, mais fragiles, d'une couleur brune foncée et d'une odeur particulière, désagréable, narcotique, d'une saveur amère, âcre et nauséabonde. Le castoréum du Canada est d'une qualité inférieure; les poches de celui-ci sont plus minces, plus petites, oblongues, et très-rugueuses; le castoréum lui-même a beaucoup moins de saveur et d'odeur. Celui qui est très-vieux, entièrement noir, et presque totalement privé d'odeur et de saveur, ne peut servir, pas plus que le castoréum contrefait, qui n'est que le mélange de diverses gommes résines, de terre, de sang et autres substances, avec un peu de vrai castoréum adroitement distribué parmi des fragments de membranes, et renfermé dans le scrotum d'un bouc. Cette fraude se découvre facilement, parce que la saveur et l'odeur de cette drogue sont plus faibles, par l'analyse chimique, et même par un simple examen de l'apparence extérieure; car les véritables sacs de castoréum les deux petites follicules supérieures, remplies d'une matière graisseuse, restent toujours attachées entre elles.

Le castoréum est un excellent antispasmodique, qui a beaucoup d'analogie avec la civette et le musc; il est très-peu échauffant, et agit particulièrement sur le système utérin. On l'administre avec avantage dans les fièvres typhoïdes, dans les affections spasmodiques, spécialement dans l'hystérie et l'épilepsie, dans les cas d'accouchements difficiles, qui ont pour cause la contraction spasmodique de l'orifice de l'utérus après la rupture des membranes, et enfin dans l'aménorrhée. On le fait prendre convenablement réduit en poudre, à la dose de un demi-gramme à un gramme, et en clystères, à la dose de quatre grammes. L'alcool faible le dissolvant parfaitement, on peut aussi le donner sous forme de teinture.

Quoi qu'il en soit, son action est souvent insuffisante, comme celle de tous les médicaments que l'on oppose aux affections nerveuses; quelquefois même elle augmente l'intensité des symptômes. Pour diminuer sa propriété stimulante, on l'associe quelquefois à l'opium.

PELOUZE père.

D'après Brandes, le castoréum contient, pour 1000 parties : Huile volatile pesantide, 10; substance grasse particulière (*castorine*), 7; castorine avec carbonate et urate de chaux, 13,5; matière résinoïde, 120; matière résinoïde avec des traces de benzoate et d'urate de chaux, 16; matière résinoïde extraite par l'éther, 1; albumine avec des traces de phosphate de chaux, 1,5; matière analogue à l'osmazome, avec des traces de lactate de soude, de chlorures de sodium et de potassium, de phosphate et de sulfate de chaux, 2; matière résinoïde, retirée de l'extrait aqueux, 1,5; phosphate de chaux et matière organique, 14; carbonate de chaux, 336; carbonate de magnésie, 4; sulfate de potasse, sulfate et phosphate de chaux, 2; mucus animal, analogue à l'albumine, et de consistance cornée ou cartilagineuse, 18; même substance à l'etat de solution, 5; substance animale, se transformant par l'action de la lessive de potasse bouillante en un mucilage albumineux, 23; carbonate d'ammoniaque, 8; substance membraneuse avec différents sels, 192; humidité et porte, 226,5.

CASTORINE (*Chimie*). Brandes a désigné sous ce nom une graisse cristalline déjà entrevue par Fourcroy, qui existe dans le castoréum, d'où on l'obtient par l'action de l'alcool bouillant. La castorine est blanche, et fond dans l'eau bouillante. Peu soluble dans l'alcool à froid, elle se dissout très-bien dans l'éther.

CASTORINE (*Technologie*), étoffe légère et moelleuse, fabriquée originairement avec du poil de castor. Mais ce nom a fini par devenir commun à des imitations faites avec des laines plus ou moins fines, et analogues au poil de castor. Sedan est le centre de cette fabrication.

CASTORIQUE (*Acide*). Brandes a ainsi nommé l'acide qui résulte de l'action de l'acide nitrique sur la castorine.

CASTOYEMENT. Ce mot, qui n'est plus en usage aujourd'hui, et qui sans doute avait été formé du latin *castigare*, châtier, signifiait dans notre vieille langue française *remontrance, instruction, précepte, avis, conseil, enseignement*. Il était particulièrement usité dans cette dernière acception, comme nous le prouve un livre écrit en latin, au douzième siècle, par un juif converti, nommé *Pierre-Alphonse*, et imité en vers français au quatorzième siècle, sous le titre de *Castoyement d'un Père à son Fils*, puis enfin traduit en prose sous le titre de *Discipline de Clergie*, au siècle suivant. Ce livre est un recueil de sages préceptes, toujours appuyés d'un exemple pris dans l'histoire ou la fable, et accommodés aux mœurs, aux idées du moyen âge. Les proverbes, les contes, la morale, si simple et si belle, de l'Orient y dominent, et dits en ce naïf langage, ils ont un charme de plus. Après cette formule, qui revient à chaque conte : *Li pére chastoya ainsi le fils, il maistre chastoya ainsi le clerc*, on lit plusieurs préceptes suivis d'un conte, et d'un apologue qui vient à l'appui. Le *chastoyement* en vers fut imprimé dans le cours du dernier siècle, par les soins de Barbazan. Les bibliophiles français qui l'ont réimprimé en 1824 ont suivi une meilleure leçon; ils ont en outre ajouté le texte original de Pierre-Alphonse, en regard duquel ils ont placé la traduction en prose française du quinzième siècle. LEROUX DE LINCY.

CASTRAMÉTATION (des mots latins *castra*, camp, et *metiri*, mesurer). C'est, ainsi que l'indique le mot, la manière de tracer les camps militaires selon les règles de campement adoptées par chaque nation. Ces règles ont suivi en général la marche progressive de la science de la guerre. Dans l'enfance des nations, lorsque chacune des peuplades dont la réunion composait une armée, combattait par groupes séparés, elle campait de même, les soldats plaçant leurs tentes circulairement autour de leur chef supérieur. Cette manière de camper est encore à peu près celle des Turcs, des Arabes et des autres peuples orientaux. Les Grecs et les Romains sont les premiers peuples qui aient établi de la régularité dans leur manière de camper, comme ils sont les premiers qui aient organisé leurs armées suivant une manière uniforme et de la tactique. La castramétation ne saurait être en effet qu'une application des règles générales de la tactique. Une armée doit être constamment préparée à repousser une attaque, même imprévue, de l'ennemi. Il en résulte qu'elle doit pouvoir passer promptement et avec facilité d'une disposition quelconque où elle se trouve, à la disposition de combat. Tout ordre de campement qui ne satisferait pas à cette condition indispensable, serait vicieux. Cette considération, qu'aucun tacticien éclairé n'a perdue de vue jusque ici, sert à expliquer la différence qui existe entre l'ordre de campement des anciens et celui des modernes.

Nous n'avons aucun détail sur la distribution des camps chez les Grecs, mais nous ne pouvons douter que ces peuples n'aient adopté la forme carrée ou parallélogrammatique à une assez grande profondeur. C'était la disposition qui convenait le mieux à l'ordre profond dans lequel ils combattaient. Une armée de 16,000 hommes d'infanterie de ligne, 8,000 d'infanterie légère et 4,000 chevaux n'occupait en bataille qu'un front d'environ 1462 mètres. Le front du camp ne pouvait donc pas être plus étendu, par la raison que dans ce cas chaque section de troupe devant d'abord se réunir sur le front de son camp, elles se seraient trouvées séparées par des intervalles trop grands, par où l'ennemi aurait pu s'introduire. Or, ce qui pouvait arriver de pis à une phalange grecque était l'introduction de l'ennemi dans l'intervalle des sections, parce que l'ordonnance de la phalange ne permettait pas les combats de flanc par des *à-droite* ou des *à-gauche* individuels. Il y a, au contraire, lieu de croire que chez les Grecs, comme chez les Romains, le front du camp d'une troupe était moins étendu que son front de bataille. Les camps des Grecs étaient retranchés comme ceux des Romains : plus d'un exemple le prouve.

Il est certain que dans les premiers temps de la république, et même sous la monarchie, les Romains campaient d'une manière régulière, et que leurs camps étaient entourés de retranchements. L'histoire rapporte que Pyrrhus, formé à l'école de Philippe et d'Alexandre, voyant pour la première fois un camp romain, s'écria que ce n'était point un camp de barbares. Cependant les Romains, après la bataille de Taurasium, ayant pris le camp de Pyrrhus, perfectionnèrent encore leur castramétation, en adoptant quelques-unes des dispositions qu'ils y remarquèrent. La description que nous a laissée Polybe du tracé et de la distribution d'un camp romain de son temps suffit pour nous en donner une idée claire et nous faire admirer l'ordre et la régularité qui y régnaient. Pour des armées qui combattaient en ordre profond, on ne saurait rien concevoir de plus avantageux et en même temps de plus simple. C'était un carré de 508 ^{m} 47 de côté, qui renfermait l'espace occupé par les tentes des différentes armes. Ce carré était coupé en deux parties égales par une rue perpendiculaire, qui s'appelait la *voie prétorienne*. Il était coupé horizontalement par deux rues, la *voie principale* et la *voie quintane*, ainsi nommée de ce qu'elle passait en dessous de la cinquième manipule de chaque ordre. En dehors du carré, à 65 mètres de chaque côté, étaient tracés les retranchements du camp, ayant à chaque angle un taillant en forme de tour. Il n'y avait que quatre portes : la *Prétorienne* et la *Décumane* aux deux extrémités de la voie prétorienne, la *principale gauche* et la *principale droite* aux extrémités de la voie principale. Chacune était couverte par un retranchement en arc de cercle. Dans l'intérieur du camp, le *prétoire*, c'est-à-dire le quartier du général et de son état-major, était sur l'alignement de la voie principale, à 32 ^{m} 50 de la voie principale. Les légions romaines occupaient le centre du camp; les légions alliées étaient en dehors, vers le retranchement. L'infanterie et la cavalerie extraordinaires, fournies par les alliés, occupaient les derrières. L'infanterie et la cavalerie d'élite ou volontaire, espèce de garde prétorienne, était aux deux côtés du prétoire. Les troupes légères, ou vélites, campaient le long des retranchements, en dedans.

Le camp dont nous avons indiqué le tracé était celui d'une armée consulaire ordinaire, de deux légions romaines et deux des alliés. Tous les autres étaient tracés dans les mêmes principes, mais leur figure n'était plus le carré. Le camp d'une armée prétorienne de deux légions, dont une romaine, était un parallélogramme, dont le front n'avait que la moitié de la profondeur. Celui de trois légions romaines (et trois alliées) avait de front une fois et demie la profondeur. Au-dessus du nombre de six légions, dont trois romaines, lorsque l'armée n'occupait qu'un seul camp, ou elle allongeait son front, en conservant la profondeur normale, ou le camp était à double front. Le camp avait alors deux voies principales, et par conséquent six portes. La partie occupée par les légions les plus proches du front de l'ennemi s'appelait *prætenture*; la partie opposée *rétenture*, et le centre *prétoire*. Le camp, tel que nous l'avons décrit d'après Polybe, pouvait également servir dans l'ordre de bataille par cohortes. Car les manipules de chaque espèce d'infanterie (princes, hastaires et triaires) étant rangés selon leur ordre numérique, parallèlement à la voie prétorienne, ou perpendiculairement au front, il en résultait que dans chaque tranche transversale on trouvait un manipule de hastaires, un de princes et un de triaires, c'est-à-dire une cohorte. Rien n'indique en effet que la castramétation des Romains ait changé pendant toute la durée de la république.

Sous les empereurs, les provinces ayant acquis le droit de cité, il n'y avait plus de légions alliées ni de cohortes extraordinaires, mais il y eut des cohortes prétoriennes, des troupes étrangères et irrégulières en grand nombre. Les empereurs, avec leur cortége obligé de valets et de courtisans, eurent besoin d'un prétoire plus grand. Ce fut l'époque de la création d'un nouveau système de castramétation, que Hygius, *gromateur* (c'est-à-dire ingénieur chargé du tracé des camps) sous l'empereur Adrien, nous a transmis. Le détail du tracé de ces camps, où l'on trouvait plusieurs espèces de troupes inconnues sous la république, des vexillaires, des explorateurs, des cohortes prétoriennes, des gardes-du-corps, etc., est trop compliqué pour trouver place ici. Nous nous contenterons de dire qu'ils affectaient la forme d'un parallélogramme, dont la profondeur avait une fois et demie le front. Ils étaient divisés en trois parties, dont la moins profonde, au milieu de la hauteur, s'appelait le *prétoire*, celle du front la *prætenture*, et l'opposée la *rétenture*. Le grand nombre de troupes étrangères et irrégulières qui se trouvaient dans les armées avait obligée changer l'emplacement des légions romaines. Au lieu de camper au centre, comme du temps de la république, elles occupaient les côtés extérieurs du camp bordant les retranchements, afin de surveiller et de garder, pour ainsi dire, les autres troupes, dans lesquelles on avait moins de confiance. Depuis ce temps jusqu'à la chute de l'empire romain la castramétation suivit sans doute la décadence de la tactique. Les armées ne furent presque plus composées que de troupes mercenaires. Les demi-sauvages qui alternativement servaient et déchiraient l'empire romain étaient organisés et campaient selon leurs habitudes. Quelques empereurs essayèrent, comme Léon le Philosophe et Constantin Porphyrogénète, de faire revivre les anciennes institutions; mais leurs efforts furent inutiles.

Après la destruction de l'empire d'Occident, l'art de la guerre en Europe retomba dans le néant. Les guerres en grand n'étaient plus que la lutte entre deux peuples sauvages; celles de détail, que des chocs entre de brigands subalternes: les unes et les autres n'avaient pour objet et pour résultat que la dévastation et le pillage. La castramétation ne put renaître que du moment où l'on vit de nouveau des armées permanentes composées de troupes régulières. Notre objet n'étant pas d'écrire un ouvrage didactique militaire, nous ne nous occuperons pas de rechercher ce que fut la castramétation dans les premiers temps de la renaissance de l'art militaire; nous nous contenterons d'indiquer ce qu'elle est en ce moment, ou plutôt ce qu'elle est devenue depuis les derniers changements qu'a subis l'art de la guerre.

L'ordre mince ayant succédé à l'ordre profond, par une conséquence naturelle de l'emploi des armes à feu, la forme actuelle des camps ne peut plus être la même que celle adoptée par les Romains. Les troupes, étant rangées en bataille sur un grand front, ne peuvent plus camper entassées dans une disposition qui correspondrait à l'ordre en colonne. Attaquées avec vigueur et promptitude, elles ne pourraient pas facilement se déployer dans leur ordre de bataille, ni même se débrouiller assez vite des embarras de tentes et de bagages au milieu desquels elles se trouveraient. Si l'ennemi parvenait à s'approcher, comme il arrivait souvent dans les guerres de l'antiquité, du front de bandière du camp, l'effet du canon serait décisif sur des masses entassées et dans le désordre d'un mouvement. Il faut donc que le front du camp soit à peu près égal à celui que les troupes occupent en bataille, afin qu'elles puissent passer rapidement, comme nous l'avons dit, de l'ordre de repos à l'ordre de combat. Là où l'armée doit, dans ce dernier ordre, être sur plusieurs lignes, il faut que le campement soit sur le même nombre de lignes. Un camp doit représenter exactement la disposition de l'armée pour combattre dans la position où elle se trouve. Les armées sont aujourd'hui partagées par divisions et brigades; mais leur élément de formation pour l'infanterie est le bataillon, pour la cavalerie l'escadron, et pour l'artillerie la batterie. Ces éléments de formation sont aussi les éléments primitifs de la castramétation. Ainsi, de quelque nombre de bataillons ou d'escadrons que soit composé un régiment d'infanterie ou de cavalerie, les règles générales de la castramétation sont les mêmes. Le principe général sur lequel elles sont établies est celui de la formation en colonne à droite, par compagnie et par demi-escadron. Ce n'est qu'ainsi qu'on peut parvenir à donner au front du camp d'un bataillon ou d'un escadron une étendue égale à celle que la troupe occupe en bataille. Car il est évident que si les tentes de chaque compagnie s'étendaient parallèlement au front, l'espace qu'elles occuperaient deviendrait au moins le double de ce qu'il doit être, et qu'en prenant les armes, chacune se trouverait séparée de sa voisine. Le front de bataille est en même temps celui du campement d'un bataillon de huit compagnies, ou d'un régiment de quatre escadrons. Deux rangées de tentes sont affectées à chaque compagnie ou à chaque division d'un escadron. Dans l'infanterie, les espaces qui séparent les tentes d'une demi-compagnie sont des rues de huit à dix mètres. Dans la cavalerie, entre ces rues et ces tentes est l'emplacement des chevaux rangés parallèlement aux tentes et y faisant face. Les cuisines sont sur une ligne en arrière du camp, puis sur plusieurs lignes successives les tentes du petit état-major, des sous-lieutenants, des lieutenants et capitaines, des officiers supérieurs et d'état-major. Les faisceaux d'armes d'infanterie sont sur la ligne de front des tentes de la troupe. Cette ligne dans la cavalerie est celle des piquets.

Les règles de la castramétation commencent et finissent ici. Les bataillons d'un régiment, les régiments d'une brigade, les brigades d'une division, campent dans l'ordre indiqué sur l'emplacement qui leur est assigné dans la disposition générale. Excepté dans les campements de parade, il n'y a point d'emplacement fixé que la cavalerie, l'infanterie, l'artillerie, occupent dans leurs armées. L'armée étant placée dans l'ordre où elle doit combattre, chaque corps de troupe, quelle que soit celle des trois armes à laquelle il appartient, campe derrière le front où il était déployé. Il est aisé de voir par ce que nous venons de dire, que la fixation du campement d'une armée, c'est-à-dire la détermination de l'emplacement qu'elle doit occuper et de la répartition des troupes sur cet emplacement, ne peut appartenir qu'au général en chef. Et lorsqu'on dit que les officiers d'état-major sont chargés du tracé du camp, on entend simplement par là qu'ils ont la surveillance des détails d'exécution, des dispositions arrêtées par le général.

Les troupes peuvent être établies dans les camps de trois manières différentes : elles y sont *sous des tentes, dans des baraques*, ou *sur la terre nue*, ce qu'on appelle *au bivouac*. Jusqu'aux guerres de la révolution on ne faisait guère usage des camps de baraques et des bivouacs ; les troupes campaient sous des tentes lorsqu'elles n'étaient pas dans des cantonnements. Cette méthode pouvait être convenable à la manière dont on faisait alors la guerre : les mouvements des armées étaient lents et compassés ; elles passaient un temps assez long dans le même camp, et ne faisaient presque pas de marches forcées. La manière actuelle de faire la guerre ne comporte plus une organisation qui tient encore un peu à l'enfance de l'art. La science de la guerre, ramenée à ses véritables principes, veut que le général, débarrassé de toute entrave inutile, puisse se livrer sans obstacle aux inspirations de son génie. La rapidité des mouvements est le plus puissant auxiliaire de ses combinaisons et presque toujours le seul gage de leur réussite. L'embarras des tentes et de leur transport, en grossissant les bagages, encore trop nombreux, des armées, était un obstacle presque invincible à la rapidité de leurs mouvements. Il était impossible de dérober à l'ennemi la connaissance assez exacte de la force des troupes établies sur chaque point et les marches ou les détachements qu'on avait intérêt de lui cacher. Un des moyens dont on peut se servir aujourd'hui pour tromper l'ennemi dans les calculs qu'il voudrait baser sur l'inspection d'un camp, et qui est le plus facile, celui d'augmenter le nombre des feux de bivouac ou des baraques en diminuant le nombre d'hommes auxquels chacun doit servir, est impraticable avec des tentes ; on ne peut pas davantage songer à laisser un camp tout dressé, après le départ des troupes qui y étaient, en le couvrant par des postes avancés. Il faudrait pour cela avoir au moins un double approvisionnement de tentes, lorsque le nombre nécessaire est déjà un trop grand embarras, et dans le second cas il faudrait en faire le sacrifice. Mais, dira-t-on, Turenne, Condé, Luxembourg, Montecuculi, le prince Eugène, etc., ont fait la guerre avec des armées munies de tentes, et ils ont exécuté des marches hardies et savantes. Que prouvent ces exemples, sinon que les armées feraient mieux avec des armées dégagées de cet embarras ? C'est ce qu'on a vu dans les guerres de la révolution, sous des généraux que nous pouvons leur comparer.

Au reste, le bivouac n'est point l'habitude des camps permanents, ni même de ceux où l'armée passe plusieurs jours. Dans ces deux cas, si l'armée doit rester toute réunie et en ordre de bataille, sous le baraque, et si elle peut étendre son front sans inconvénient, si elle se trouve dans un pays peuplé, elle est cantonnée en cantonnements serrés. La division actuelle des armées en un nombre de corps qui peuvent agir isolément se prête avantageusement à cette mesure. Les cantonnements au milieu des opérations d'une campagne n'étant destinés qu'à mettre le soldat à couvert des intempéries de l'air, les maisons et surtout les granges servent alors de baraques ; on les remplit du nombre d'hommes que leur capacité peut contenir, en les plaçant l'un à côté de l'autre. Il n'est pas de maison qui ne puisse en recevoir cinquante, et les fermes contiennent un bataillon et même plus. Chaque division occupe alors un espace assez resserré pour qu'elle puisse se réunir promptement et facilement, et prendre sa place de bataille. Dans les camps de baraques comme dans les bivouacs, le mode d'établissement des troupes est le même : chaque compagnie et chaque escadron se placent perpendiculairement en arrière de leur front.

On a beaucoup déclamé, et même en style romantique, contre ce que les uns appellent l'usage et les autres l'invention des bivouacs, au lieu de campement sous la tente. On en a accusé la révolution française tout entière, les proconsuls homicides, un empereur arbitricux ou anthropophage, selon le caprice de chacun des écrivains ou de la couleur politique du parti qu'il voulait accuser. Il est bon de remarquer que les Aristarques qui se sont le plus violemment élevés contre les bivouacs, ou ont bivouaqué très-peu et s'en sont dispensés dès qu'ils ont pu, ou n'ont pas bivouaqué du tout. Il est sans doute très-philanthropique de s'intéresser au sort du soldat, auquel on ne pense déjà que trop peu, et de souhaiter qu'il soit exempt des fatigues ou des incommodités qu'on craint pour soi-même ; mais il faut avant tout raisonner, et examiner si le remède qu'on propose atteint réellement son but. L'auteur, ayant toujours bivouaqué dans tous les grades qu'il a occupés, et pendant vingt ans de guerre, sans en excepter celle de Russie, croit pouvoir prendre la défense des bivouacs, sans qu'on l'accuse de faire du rigorisme aux dépens des autres. On peint d'une manière fort pathétique le malheureux soldat, après avoir fait une marche pénible dans la boue, par un temps de pluie, arrivant souvent au milieu de la nuit sur un terrain détrempé d'eau qui ne lui offre aucun abri. C'est effectivement la situation où nous nous sommes trouvés souvent, surtout dans la belle campagne d'Austerlitz. Il est certain qu'alors le soldat est obligé de passer la nuit sous un ciel froid et pluvieux, et que ceux qui ne peuvent dormir que dans un bon lit ne sauraient fermer l'œil ; mais il ne faut pas oublier que le soldat y allume de bons feux, autour desquels il sèche ses vêtements, et qui sèchent eux-mêmes le terrain à quelques pieds alentour, pour peu qu'il ne soit pas trop douillet, pour se mettre dans un fossé. Le soldat fatigué s'étend les pieds au feu et s'endort paisiblement, pour peu qu'il ne soit pas trop douillet. Quelle serait sur un terrain et dans une nuit pareils la position du soldat sous la tente ? Je suppose que les critiques voudront bien convenir qu'on n'aura pas pu faire sécher par miracle le terrain où il doit camper ; il sera donc étendu sur la terre mouillée, dans une tente froide, puisqu'on n'y peut point faire de feu, absorbant par tous les pores l'humidité de ses habits trempés, et respirant dans un air étroit et fermé l'air corrompu par toutes les exhalaisons que la fermentation y produit. Nous ne pensons pas que ceux qui se trouvent plus sainement et plus commodément placés dans cette situation aient jamais étudié l'hygiène. Il y a de l'irréflexion au moins à avancer que les maladies qui moissonnent tant de militaires doivent leur naissance à l'habitude de bivouaquer. Dans une saison humide et dans un climat malsain, le séjour sous la tente dans les camps est une des causes qui y contribuent le plus. Il n'est aucun médecin qui ignore que dans ces cas le mouvement et surtout le changement de saison est un des remèdes les plus efficaces. Il résulte de ce que nous venons de dire que plus les guerres seront courtes, moins les pertes causées par les maladies accidentelles seront fortes. Le système de guerre suivi de nos jours produit ce résultat. Depuis la suppression des tentes les mouvements des armées sont devenus plus prompts et plus faciles. Les armées sont plus manœuvrières en grand, et ont atteint bien plus vite le résultat des combinaisons d'une campagne.

Gal G. DE VAUDONCOURT.

CASTRAT. *Voyez* CASTRATION *et* SOPRANO.

CASTRATION, accident, mutilation, ou opération régulière, qui consistent dans l'ablation de l'une ou des deux glandes séminales chez l'homme ou des ovaires chez la femme. Organes essentiels de la propagation de l'espèce, les glandes séminales et les ovaires impriment leur cachet spécial à l'un et à l'autre sexe : *Propter uterum mulier est id quod est*, a dit Hippocrate ; peut-être serait-il plus exact de substituer *propter ovarum*. Paraphrasant cet aphorisme du père de la médecine, on pourrait dire avec non moins de vérité : *Propter testem vir est id quod est*. En effet, comme cela s'observe chez les animaux, les individus des deux sexes privés de ces organes avant l'âge de maturité ne revêtent qu'incomplétement la physionomie qui leur est propre, et deviennent des êtres hybrides, dont l'aspect blesse à la fois les yeux et l'imagination : tandis que l'homme perd les formes saillantes, vigoureuses, qui le caractérisent, et se rapproche de la femme par la rondeur, la mollesse des tissus, l'absence de barbe, le timbre aigu de la voix et le défaut d'énergie morale (*voyez* SOPRANO), la femme subit des métamorphoses inverses; ses contours arrondis et moelleux avortent, pour ainsi dire; le menton et les lèvres se couvrent de poils, la voix perd la douceur de son timbre, et le moral lui-même acquiert cette rudesse qui complète l'ensemble de la *virago*.

Personne n'ignore que de temps immémorial la jalousie des Orientaux, conséquence naturelle de la polygamie, a consacré l'usage barbare de la castration, dans le but de se procurer de fidèles gardiens de la beauté; mais ici la mutilation est complète et la totalité des organes génitaux est sacrifiée (*voyez* EUNUQUE), sans quoi la sécurité ne serait pas absolue, comme le font entendre le satirique Juvénal et le cynique Brantôme à l'égard de quelques grandes dames romaines et françaises, *quas eunuchi imbelles ac mollia semper oscula delectant*. La vengeance a pu dicter également d'affreuses représailles, dont l'histoire du tendre et malheureux Abélard et les fastes des tribunaux fournissent des exemples. Paul Zacchias, Boerhaave, de Graaf, rapportent que des femmes ont été violemment privées des ovaires dans le but de tarir la source des désirs. Le fanatisme a quelquefois porté les hommes à se dégrader eux-mêmes, témoin les prêtres de Cybèle, Origène et les valériens, hérétiques qui par excès de piété infligeaient le même supplice aux individus qu'ils rencontraient. La législation des Égyptiens, au rapport de Diodore de Sicile, avait érigé en pénalité cette mutilation appliquée aux crimes de lèse-pudeur; des voyageurs assurent que le même usage existe en Perse, et que les lois de l'Indostan condamnent la femme adultère à perdre les ovaires avant de subir le dernier supplice, de même que l'on coupait le poignet au parricide avant de lui trancher la tête, afin que le coupable fût puni par où il avait péché.

La passion qui pousse au crime, la religion et la loi qui le commandent, sont des mobiles qui sous certains rapports comportent une excuse; mais la cupidité qui spécule sur de semblables barbaries est l'opprobre de l'humanité. C'est ainsi qu'en Italie des parents dénaturés mutilaient ou faisaient mutiler leurs enfants, dans le but de tirer profit de leurs dispositions pour la musique. Un pape de vertueuse mémoire, Clément XIV, fulmina contre cet abus odieux, qui persista néanmoins jusqu'à une époque assez voisine de nous, au point que dans certains lieux des affiches indiquaient la demeure de ces infâmes exécuteurs. À la cupidité s'unissait l'ignorance chez ces prétendus chirurgiens herniaires, qui parcouraient jadis les villes et les campagnes, *taillant du boyau*, c'est-à-dire extirpant les organes de la virilité, dans le but de prévenir ou de guérir les *efforts* ou *descentes*. On rapporte qu'un de ces charlatans avait mutilé plus de deux cents individus dans la seule ville de Breslau. Ce ne fut qu'en 1776 que le gouvernement français consulta la Société royale de Médecine sur la valeur de ce moyen barbare, que Vicq-d'Azir et Andry stigmatisèrent comme absurde et criminel, dans leur rapport, publié en 1779 parmi les Mémoires de la Société. Quoi qu'il en soit, il n'y a pas un demi-siècle que de pareils délits ont été juridiquement constatés dans quelques départements de la France.

La castration accidentelle peut être le résultat de l'arrachement, de l'ablation par un projectile de guerre, etc.; dans ces cas, la blessure n'est pas immédiatement fort dangereuse, en raison du froissement des vaisseaux, qui s'oppose à l'hémorragie. La mutilation volontaire ou par guet-apens est ordinairement opérée au moyen d'un instrument tranchant, et peut alors entraîner la mort par hémorragie, si le blessé n'est promptement secouru. La castration comme opération réglée n'est justifiée que par la nécessité d'enlever un organe dont la conservation expose le malade à la mort; tel est le sarcocèle, dont le diagnostic est souvent fort difficile et entraîne de fâcheuses erreurs. Cette opération se pratique de plusieurs manières : on peut enlever à la fois la glande et ses enveloppes, que l'on divise à plein tranchant; on peut attaquer ces enveloppes par leur face postérieure, mais le plus souvent on les divise en avant, depuis l'aine jusqu'à leur base, pour en extraire la glande, dont on termine la séparation en coupant le cordon suspenseur. Ce dernier temps de l'opération est le plus délicat : les uns veulent qu'on lie le cordon avant de le couper; d'autres, et c'est le plus grand nombre, pour prévenir sa rentrée dans l'abdomen, font saisir le cordon par un aide, qui s'oppose à sa rétraction, tandis que l'opérateur le divise en liant successivement les vaisseaux; on termine en rapprochant les bords de la plaie.

L'art vétérinaire possède une opération régulière pour la castration des femelles de certains animaux, mais chez la femme l'ablation des ovaires frappés de lésion organique incurable entraîne de grands dangers, eu égard à la nécessité d'ouvrir l'abdomen. L'extirpation d'une glande séminale ou d'un ovaire n'abolit pas la fonction génératrice, l'organe qui reste suppléant l'autre; d'où il résulte que les effets de la castration, tels que nous les avons exposés, ne dérivent que de la privation simultanée des deux organes.

D' FORGET.

Dans le Bas-Empire la castration était l'objet d'un trafic ouvertement pratiqué; les mesures les plus rigoureuses furent prises pour le réprimer; celui qui se rendait coupable de cette mutilation était puni de mort. Quoique cet usage ait aujourd'hui disparu du monde chrétien, le Code Pénal a fait néanmoins de la castration l'objet d'une disposition spéciale. La peine prononcée est celle des travaux forcés à perpétuité. La mort de la victime arrivée avant l'expiration de quarante jours est une cause d'aggravation de la peine ; le coupable subit alors la peine de mort. La loi n'admet qu'un seul cas d'excuses, celui où le crime a été immédiatement provoqué par un outrage violent à la pudeur : dans ce cas il est considéré comme meurtre ou blessure excusables.

La castration des animaux a été pratiquée dès la plus haute antiquité. Son but est de dompter les mâles, généralement plus indociles que les femelles, de favoriser l'engraissement et le développement des toisons, enfin de limiter la reproduction des espèces domestiques. On châtre les chevaux, les ânes, les taureaux, les béliers, les verrats, les coqs, et assez fréquemment les chats. Parmi les femelles, on ne soumet guère à la castration que celles du mouton et du porc, la poule et quelques autres volatiles. Quelquefois encore, mais beaucoup plus rarement, on fait subir cette opération à certains poissons de nos viviers, tels que les carpes, pour leur faire acquérir plus de volume et rendre leur chair plus délicate. Dans tous les cas, la castration doit être pratiquée dans le jeune âge, où elle présente plus de chances de succès. Du reste, on ne la fait jamais complète. La plupart du temps, on se borne à l'ablation des glandes séminales, et quelquefois même seulement à la torsion du cordon testiculaire, qui ne fait qu'atrophier l'organe et atténuer, sans l'anéantir, la faculté génératrice : c'est cette dernière manière d'opérer qui porte spécialement le nom de *bistournage*. Chez les femelles on extirpe les ovaires et quelquefois même l'utérus. Pour les grands animaux, les procédés opératoires sont assez différents de ceux qu'on emploie chez l'homme ; ce sont : la ligature, l'excision, la cautérisation, la torsion et l'écrasement; mais chez les chats, les lapins, les volatiles, on se borne à un arrachement, dont les suites ne sont nullement dangereuses. Cependant ces divers modes d'opérer pourraient entraîner une hémorragie, de l'inflammation, la gangrène ou le tétanos, si l'on ne prenait la précaution de soumettre préalablement les animaux à un régime convenable.

Nous avons déjà vu à l'article Bois (T. III, p. 365) que la castration exerce une influence directe sur la présence ou l'absence de cet ornement de la tête des cerfs, des daims, etc. La suppression des organes de la génération agit d'une manière analogue sur les bêtes à cornes, où ces appendices cessent de se développer. On peut faire la même observation relativement à la crête des gallinacés. En général, la castration agit sur tout l'organisme : la vigueur diminue, et les instincts se modifient. C'est ainsi que les chapons soignent les jeunes poulets tout aussi bien que leur mère. Il semble que l'art crée ainsi dans des espèces qui en sont dépourvues ce troisième sexe des neutres, dont la nature donne elle-même quelques exemples. Aussi le langage est-il logique lorsqu'il donne à l'animal châtré un nom nouveau : le cheval coupé devient *hongre*, le baudet *âne*, le taureau *bœuf*, le bélier *mouton*, le verrat *cochon*, le coq *chapon*, etc.

CASTRÉN (MATTHIAS-ALEXANDER), philologue célèbre par l'étude approfondie qu'il a faite de la langue et des races finnoises, né en 1813, non loin des frontières de la Laponie et de la Finlande, au nord de Tornéo, fut élevé dans cette ville, et alla ensuite étudier à Helsingfors, à une époque où le caractère national finnois commençait à se réveiller, en donnant des manifestations de vitalité d'une étonnante énergie. Obéissant à ces tendances patriotiques, il résolut dès lors de se livrer à la recherche des monuments du génie national finnois épars parmi des tribus que des circonstances extérieures ont éloignées les unes des autres, de les recueillir et de les réunir en corps. Pour se préparer à ses futures investigations il entreprit dès l'année 1838 un voyage à pied dans la Laponie finnoise, et un autre en 1840 dans la Karélie, à l'effet de s'y familiariser davantage avec l'idiôme karélien, dans lequel est célébrée la *Kalevala*, et de pouvoir traduire en suédois cette épopée populaire. Aidé par l'administration finnoise, il continua de 1841 à 1844 ses recherches dans les Laponies finnoise, norvégienne et russe, ainsi que chez les Samoyèdes d'Europe et de Sibérie.

Nommé linguiste et ethnographe de l'Académie de Saint-Pétersbourg, Castrén entreprit ensuite, avec l'appui de l'université d'Helsingfors, pendant les années 1845-1849, son voyage à travers les différents gouvernements de la Sibérie, depuis les frontières de la Chine jusqu'aux côtes de l'océan Arctique; expédition marquée par autant de privations et de souffrances en tous genres, qu'elle fut riche en résultats scientifiques. Quoique d'une faible constitution et d'une santé chancelante, et manquant souvent des objets les plus indispensables, Alexandre Castrén envoya de là dans son pays non-seulement une foule de travaux ethnographiques et philologiques, mais encore une masse de rapports et de lettres, qui prouvent la lucidité de ses aperçus en même temps qu'ils témoignent de sa part d'un remarquable esprit d'observation. Il en a été publié un grand nombre dans des feuilles périodiques, telles que le journal finnois *Suomi* et les *Bulletins* de l'Académie de Saint-Pétersbourg.

A son retour dans sa patrie, Castrén fut placé à l'université d'Helsingfors en qualité de premier professeur de la langue et de la littérature finnoises. Depuis lors il s'occupe de mettre en ordre l'immense quantité de matériaux recueillis par lui sur les peuples et les langues qu'il désigne sous la dénomination générique d'*altaïques*, et d'en préparer la publication. C'est ainsi qu'il a déjà fait paraître un *Essai de Grammaire Ostiaque*, avec un Dictionnaire abrégé, comme première partie de ses *Voyages et Recherches dans le Nord* (Saint-Pétersbourg, 1849). Nous mentionnerons encore de lui : *Elementa Grammaticæ Syrjenæ* (Helsingfors, 1844); *Elementa Grammaticæ Tscheremissæ* (Kuopio, 1845); *De l'Influence de l'Accent dans la Langue Laponne* (Saint-Pétersbourg, 1845); *De Affixis personalibus Linguarum Altaïcarum* (Helsingfors, 1850).

CASTRENSE (en latin *castrensis*, qui a rapport au camp, *castrum*), terme d'archéologie, qui ne s'emploie guère qu'en parlant de la *couronne castrense* (*corona castrensis*); c'était celle que les anciens Romains décernaient au soldat qui avait le premier pénétré dans le camp ennemi. Dans l'origine elle était composée d'un simple rameau d'arbre, ordinairement de chêne; plus tard on la fit en or, et pour la distinguer des autres couronnes, telles que la couronne murale ou la couronne obsidionale, on y figurait des pieux et des palissades, qui l'entouraient comme autant de rayons.

CASTRES, ville de France, chef-lieu d'arrondissement dans le département du Tarn, à 35 kilomètres sud d'Albi, sur l'Agout, dans un bassin agréable et fertile, avec une population de 18,990 habitants, dont à peu près un millier sont protestants. Elle possède une église consistoriale calviniste, un tribunal de première instance et un tribunal de commerce, une chambre consultative des arts et manufactures, une bourse, un collége communal, un séminaire diocésain, une bibliothèque publique, riche d'environ 7,000 volumes, et un dépôt de remonte. La ville est en général assez bien bâtie, et on y remarque quelques constructions : comme l'hôtel de ville, jadis palais épiscopal, bâti par Mansard; les églises Saint-Benoît et Notre-Dame, les deux hospices, la salle de spectacle, les casernes. La partie sud-est, nommée l'*Illegoudon*, communique avec Castres proprement dit par deux beaux ponts de pierre. Castres est entourée de superbes promenades, qu'on nomme *Lices*. Villegoudon a aussi ses promenades, qui consistent en une vaste esplanade formée de cinq belles allées. L'industrie y est d'une activité remarquable; il s'y fait une fabrication importante et renommée de draps fins et communs, casimirs, cuirs-de-laine, castorines, lainages, cotons, soieries et filoselles, des forges, des fonderies de cuivre, des papeteries, des tanneries, des teintureries et trois typographies.

Selon quelques auteurs Castres doit son origine à un camp romain; selon d'autres à un monastère de bénédictins établi, dit-on, par Charlemagne. Pendant la guerre des Albigeois, les habitants se donnèrent volontairement à Simon de Montfort. La fille de celui-ci, Éléonore, apporta en dot à Jean, comte de Vendôme, la seigneurie de Castres, qui passa ensuite à Jean, comte de la Marche, cadet de Bourbon, époux de Catherine de Vendôme. Plus tard, une autre Éléonore, en épousant Bernard, comte de Pardiac, la fit passer dans la maison d'Armagnac. Après la mort du duc de Nemours, Louis XI donna le comté de Castres à son lieutenant général en Roussillon, le Napolitain Bofillo del Giudice; mais cette donation souleva de nombreuses réclamations, auxquelles François Ier mit fin en réunissant en 1519 ce comté à la couronne. Dès le commencement des guerres de religion, les habitants embrassèrent la réforme, se fortifièrent, et érigèrent leur ville en une espèce de république. Mais après les revers des protestants, ils furent forcés de se soumettre et de démolir leurs fortifications. C'est à Castres que fut établie la *chambre de l'édit*, à laquelle devaient être portées les affaires des protestants établis dans le ressort du parlement de Toulouse, tribunal que l'on transféra en 1679 à Castelnaudary, et qui fut enfin supprimé en 1685. Castres était autrefois siége d'un évêché.

CASTRIES (Famille de). La maison de La Croix de Castries (dont le nom se prononce comme s'il s'écrivait *Castres*) eut pour premier auteur *Guillaume* DE LA CROIX, conseiller du roi, trésorier de l'extraordinaire des guerres, qui fut en grand crédit auprès des rois Louis XI, Charles VIII et Louis XII. Il avait acheté en 1495 l'ancienne baronnie de Castries, située dans le diocèse de Montpellier, et donnant entrée aux états de Languedoc : cette terre fut érigée en marquisat par lettres patentes de 1645.

Charles-Eugène-Gabriel DE LA CROIX, marquis DE CASTRIES, maréchal de France, chevalier des ordres du roi, et ancien ministre de la marine, mourut en 1801, après avoir servi avec gloire pendant soixante ans, et s'être distingué par son dévouement aux Bourbons et à la monarchie, autant que par ses nombreux exploits et par ses victoires.

Armand-Nicolas-Augustin de LA CROIX, duc DE CASTRIES, fils du précédent, né en 1756, fut d'abord connu sous le nom de *comte de Charlus*. Il embrassa de bonne heure la carrière des armes, et alla en Amérique combattre pour l'indépendance des États-Unis. Sa conduite politique prouva ultérieurement qu'il avait su se garantir du contact des principes première origine de cette guerre. A son retour en France, il reçut le brevet de *duc de Castries*, et devint maréchal de camp en 1788. Député de la noblesse de la vicomté de Paris aux états généraux, il y soutint avec ardeur les prérogatives de la royauté, qu'il alla défendre ensuite à la tête d'un corps de l'armée des princes. A la Restauration, il fut créé pair de France et appelé au gouvernement de la quinzième division militaire (Rouen), qu'il s'efforça de maintenir dans l'obéissance au roi pendant les Cent-Jours. En 1822 Louis XVIII le nomma gouverneur de Meudon, poste devenu vacant par suite de la mort du marquis de Champcenetz ; et, Charles X, à l'époque du sacre, lui donna le collier de ses ordres. En 1830 le duc de Castries, acceptant les faits accomplis, prêta serment à la nouvelle dynastie, et continua de siéger à la chambre des pairs. Il mourut en 1842.

CASTRIOTA. *Voyez* SKANDERBEG.

CASTRO (INÈS DE). *Voyez* INÈS DE CASTRO.

CASTRO Y BELVIS (GUILHEN DE). Entre 1610 et 1620 vivait à Valence un capitaine de cavaliers garde-côtes de ce nom, homme inconstant, aventureux et farouche, de famille noble, pauvre et fier, Valencien de race et de naissance, c'est-à-dire d'une école véhémente, ennemie de la spirituelle école des poëtes castillans contemporains. Le duc d'Olivarès et le duc d'Ossuna, à Madrid le roi lui-même, à Naples le comte de Benavente, l'avaient tour à tour aimé, protégé, pensionné et abandonné : ce qui prouve une humeur peu servile. Réduit à la détresse et marié, il se mit à composer des pièces de théâtre pour vivre. Comme son contemporain le Mexicain Alarcon, à qui Corneille doit *Le Menteur*, il traita le théâtre à sa mode, et non selon celle du temps ; il préféra les sujets héroïques et accidentés : *Le Cid Campeador*, que personne n'avait traité, dut lui plaire. Il écrivit donc, d'après les vieilles chansons nationales, qui charmaient ses souvenirs de gentil-homme *hidalgo*, *Las Mocedades del Cid Campeador* (les jeunesses de l'excellent Cid). Ce fut là sa meilleure pièce, et l'on n'en parla guère en Espagne, où les *estrellas* et *lunas*, *mariposas* et *jasmines* étaient nécessaires à toute poésie qui prétendait se faire admirer.

Il avait écrit non un chef-d'œuvre, mais une sauvage, puissante, spirituelle esquisse. Le style du capitaine garde-côtes se distingue par cette âpreté énergique et vive qui commençait à déplaire en Espagne. Guilhen, poëte provincial, fidèle au passé, venait trop tard, vingt années après Don Quichotte, et je suis persuadé que le choix de ses sujets féodaux et l'ardente simplicité de sa manière l'ont desservi auprès de ses contemporains énervés. Guilhen, étant devenu très-malheureux, mourut à l'hôpital. Les autres poëtes le ménagèrent par charité.

L'œuvre de cet esprit altier, arriéré, inconnu, parvint au jeune poëte rouennais Pierre Corneille, qui recevait de Madrid toutes les *comedias nuevas*, en *pliegos in-quarto*, sur mauvais papier d'épicier, *dos maravedis cada pliego*. Le nom de l'auteur obscur n'était pas inscrit sur le titre. Délaissant, cependant, pour lui les gloires à la mode, ce fut lui précisément que Corneille adopta, préféra, étudia, et même qu'il daigna traduire ; il était plus d'accord avec la sévère Pierre Corneille qu'avec l'Espagne de Philippe IV. Il se retrouva lui-même dans ses fiers accents, et lut d'abord,

entre 1634 et 1636, sans doute avec grand plaisir, la chronique dramatique du Cid par Guilhen, qui ne le satisfit pas complétement, car il eut hâte de se procurer les ballades originales sur ce héros de la chevalerie ; ce fut d'elles qu'il usa pour en faire son œuvre propre, au lieu d'imiter Guilhen, quoi que l'on en ait dit.

En effet, remaniant les ballades et s'écartant de l'œuvre du Valencien, il transporta tout l'intérêt dans l'amour, et se donna pour problème de l'honneur étouffant ou domptant la plus vive passion dans deux jeunes âmes. C'était renverser le sujet de Guilhen, où l'on voit, au contraire, l'éclair de l'amour traverser un moment le ciel de la jeunesse, et disparaître étouffé par le sentiment de l'honneur. Corneille a pris le contre-pied de Guilhen de Castro ; il a forcé la chronique espagnole de reculer jusqu'à la tragédie grecque et de se concentrer dans la passion ; Guilhen d'une ballade passionnée avait fait le rapide épisode d'une chronique chevaleresque.

Ce que l'on n'a pas dit, c'est qu'à l'exception de l'amour des jeunes gens, antérieur au duel, il n'y a aucune analogie essentielle entre la chronique double et dialoguée que Guilhen a vigoureusement esquissée et le drame de Corneille. Chez Guilhen l'amour tient la moindre place ; chez Corneille il lutte contre le devoir, et de cette étreinte naissent les larmes, les cris et le chef-d'œuvre. Chez Guilhen doña Ximena est peu de chose, chez Corneille elle est tout. Guilhen n'a qu'un héros : l'honneur chevaleresque et chrétien, qui règne à travers son œuvre, et que l'on ne perd jamais de vue, soit quand le Cid sacrifie sa maîtresse à son devoir, soit quand il se bat seul contre les vassaux du comte, qui le poursuivent l'épée à la main, soit quand il prend et serre un misérable lépreux entre ses bras pour sauver un chrétien et braver la contagion en priant Dieu ; enfin, lorsque, dans les trois dernières journées du drame, devenu l'arbitre de la vaillance et de l'honneur pour toute l'Espagne, il récompense ou flétrit par la seule autorité de sa parole, terrifie les coupables, s'élève plus haut que les rois, et refuse devant la cour entière de prêter serment à un monarque accusé de meurtre, jusqu'à ce que le monarque ait juré sur la croix qu'il est pur de sang humain.

Tel est *le Cid* de Guilhen, qui a sa grandeur. Ce n'est pas celle de Corneille. Guilhen n'a pas fait de drame d'amour ; il a écrit une longue chronique féodale, en six journées et en deux parties. Ce soldat de fortune en poésie, qui n'était pas un artiste habile, mais un grand cœur, a voulu exalter le vieil héroïsme guerrier, et je crois qu'il aurait été désolé de sacrifier son lépreux et sa belle scène du serment à toutes les Chimènes du monde. L'*honneur*, voilà l'unité de sa pièce, qui se développe à la manière des romans dialogués de Shakspeare ; Chimène et le vieux comte disparaissent dès les premières scènes, et leur aventure n'est qu'un prologue.

Où donc Corneille a-t-il pris sa pièce, ses magnifiques dialogues et ses situations ? Dans son génie d'abord, qui lui montrait les routes de l'art ; ensuite, dans les vieilles chansons, où Guilhen a aussi puisé quelques scènes. Il plonge, pour ainsi dire, au cœur du génie castillan, qui commençait à s'abandonner lui-même : il devint pour un tel choix plus espagnol que l'Espagne.

Nous venons d'exposer le premier plagiat de Corneille et pour ainsi dire, la Genèse du *Cid*, à cette réhabilitation si hardie de la poésie primitive, antérieure à Herder. Il y a un prodige de bon sens, c'est-à-dire de génie à venir, vers le milieu du dix-septième siècle, après les plaisanteries de Rabelais et de Cervantes, à choisir le Cid comme représentant de l'honneur chrétien, et à préférer les vieilles ballades, dont on ne faisait aucun cas, à Guilhen de Castro, et Guilhen de Castro à Calderon.

Ce nouveau *Cid*, expression de tout un monde héroïque et passionné, fut représenté on sait avec quel succès. Chimène, à laquelle on n'avait fait aucune attention chez Guil-

40.

hen, devint l'idole de l'Europe; l'Espagne elle-même en retentit. La chronique dramatique du Valencien avait eu si peu de popularité et Corneille en avait tant, que, plusieurs années après, un nommé Diamante s'avisa de traduire en vers espagnols de huit pieds le chef-d'œuvre de notre scène. Il mit les cinq actes de Corneille en trois journées, y intercala l'inévitable bouffon, qui amuse de ses calembourgs le roi, le Cid et Chimène, et fit de son modèle une pièce détestable. Imprimée en 1660, sous ce titre : *El Honrador de su Padre* (le fils qui honore son père), elle ne dut un moment de crédit qu'au souvenir de Corneille. Il y avait trente-cinq ans que *Le Cid* jouissait de sa gloire; et, le croirait-on? des critiques assez ignorants ou assez déloyaux se trouvèrent pour attribuer à Diamante la vraie paternité du *Cid*. Voltaire se donna un mal infini pour établir que Corneille était un plagiaire; récemment don Ochoa a réimprimé l'œuvre de Diamante, comme originale, dans son répertoire espagnol, et il a eu soin d'omettre la vaste et franche ébauche de Guilhen; enfin l'on retrouve cette erreur grossière dans l'ouvrage de Simonde de Sismondi sur les littératures méridionales, ouvrage rempli de semblables erreurs. Ici, comme ailleurs, le savant genevois suivait Voltaire les yeux fermés.
Philarète Chasles.

Lope de Véga, contemporain de Guilhen de Castro, en a fait l'éloge dans son *Laurier d'Apollon*. Nicolas Antonio déclare que Guilhen n'est inférieur à aucun auteur dramatique de sa nation, excepté Lope de Véga. Il avait composé une autre tragédie, intitulée *Didon y Eneas*; et Velasquez regrette qu'elle n'ait pas été publiée. Elle ne figure point dans le recueil de ses pièces imprimé en 1621, à Valence, sous le titre de *Las Comedias de don Guilhen de Castro* (2 vol. in-4°). Il y a une ancienne édition du *Cid* français où les vers de Guilhen imités par Corneille sont cités au bas des pages. Notre grand tragique avoue qu'il doit une partie des beautés de sa pièce à Guilhen. Il reconnaît, dans son *Examen du Cid*, qu'il n'a fait que *paraphraser de l'espagnol* une des plus belles scènes de son œuvre (la 4° du III° acte). Une imitation libre du *Cid* de Guilhen par M. Hipp. Lucas a été représentée dans ces dernières années au théâtre de l'Odéon.

CASTROCARO, bourg de Toscane, célèbre par ses eaux minérales, est situé par delà l'Apennin, sur la rive gauche du Montone, dans une contrée aussi saine qu'agréable, sur la route de Florence à Forli, et à environ trois myriamètres de cette dernière ville. Il est généralement bien bâti, et sa population fixe s'élève à 1,200 âmes. A environ deux kilomètres de là, dans une petite vallée latérale appelée *Valle delle rupe de' Cozzi*, sourdent de nombreuses sources d'eau saline, où Terzioni Tozzetti signala pour la première fois, en 1813, la présence d'une assez grande quantité d'iode. Depuis lors on a fait diverses dispositions de pouvoir employer cette eau pour bains et pour l'expédier au loin. L'eau minérale de Castrocaro, qui se prend tantôt intérieurement, tantôt extérieurement sous forme de bains, est efficace contre la sustentation affaiblie et irrégulière de l'enfance et aussi des femmes.

CASTRUCCIO-CASTRACANI, issu d'une famille noble de Lucques, s'exila de sa patrie à l'âge de dix-neuf ans, en 1300, avec son père, gibelin décidé, lorsque les *noirs*, ou guelfes exagérés, se furent emparés de l'autorité. Il se fit soldat d'aventure, et combattit successivement en France et en Angleterre, mais surtout en Lombardie. Rentré dans sa patrie, il y fut le chef du parti gibelin. Le seigneur de Pise Uguccione de la Faggiuola, qu'il avait appelé contre les guelfes, asservit sa patrie, et livra même Lucques au pillage. Cependant telle était alors la puissance de l'esprit de parti que Castruccio se rangea sous les ordres du seigneur de Pise, le premier capitaine des gibelins. Il eut la plus grande part à une victoire remportée sur les Florentins près de Montecatini. Le crédit dont il jouissait dans son parti inspira de la jalousie à Neri, fils d'Uguccione, qui commandait à Lucques pour son père. Il le fit arrêter en 1316, et voulut même le faire conduire au supplice. Mais Lucques et Pise se soulevèrent; Castruccio fut mis en liberté, et les fers qu'on lui ôta des pieds et des mains servirent d'étendard aux insurgés.

Les Lucquois chassèrent Neri, et nommèrent Castruccio capitaine annuel de leurs soldats; trois années de suite il fut revêtu de ce titre. En 1320 il chassa de Lucques les restes du parti guelfe, et se fit attribuer par le sénat un pouvoir absolu, que le peuple confirma à la presque unanimité. Dès lors il voulut soumettre à sa direction tous les gibelins de la Toscane, et les faire agir de concert avec ceux de la Lombardie. Pendant un règne de quinze ans il ne cessa de combattre, soumettant tour à tour Florence, Pistoia, etc. En 1327 l'empereur Louis de Bavière érigea en duché les États qu'il gouvernait, et lui fournit l'occasion de soumettre aussi la république de Pise. Il assista au couronnement de l'empereur, et fut créé par lui chevalier et comte du palais, puis sénateur de Rome. Il mourut en 1328, après avoir repris Pistoia, malgré les efforts des Florentins. La principauté fondée par lui fut détruite, et Florence s'accrut de ses ruines. L'histoire de Castruccio a été défigurée surtout par Machiavel, qui en a fait un véritable roman.

CASUALITÉ (du latin *casus*, hasard). On appelle ainsi, en philosophie, l'intervention du hasard dans la série des événements, et *casualisme* la doctrine suivant laquelle les événements et leur succession ne sont que l'effet d'un pur hasard. Les *casualistes* sont ceux qui admettent l'exactitude de cette doctrine.

CASUEL. On entend proprement par ce mot ce qui arrive accidentellement, par cas fortuit, ce qui n'est soumis à aucune règle de temps ou de volonté. On appelait néanmoins autrefois *parties casuelles* les droits qui revenaient au roi pour les charges de judicature ou de finance, quand elles changeaient de titulaire, nom que l'on avait transporté aussi au bureau établi pour le recouvrement de ces sortes de droits : ainsi, l'on disait *qu'une charge vaquait aux parties casuelles*, pour dire qu'elle vaquait au profit du roi. Ce mot est plus ordinairement employé aujourd'hui dans la forme substantive : on dit *le casuel d'une charge* ou *d'un emploi*; mais il sert plus particulièrement à désigner les honoraires ou rétributions non réglées et fortuites accordées aux curés, vicaires ou desservants des paroisses, pour les soins ou les fonctions de leur ministère, tels que baptêmes, mariages, sépultures, etc.

Lorsque le clergé devint propriétaire, par l'institution des *bénéfices ecclésiastiques*, et que la dîme eut été établie, on n'abolit point le casuel, parce que l'on ne crut pas devoir mettre de bornes à la générosité des fidèles; mais on s'efforça de contenir le plus possible l'avidité des prêtres. Un grand nombre de canons ont en vue des abus auxquels donnait lieu la permission laissée aux ecclésiastiques de recevoir les oblations volontaires dans l'administration des sacrements. Quelques réformateurs ont essayé de supprimer le casuel; généralement on s'est borné à exiger des évêques qu'ils fissent un tarif de ce qu'il était permis aux prêtres de recevoir pour les baptêmes, les mariages et les sépultures, et qu'ils le soumissent à l'approbation de l'autorité civile ou judiciaire.

[« Le prêtre doit vivre de l'autel, » c'est une maxime universellement reconnue; mais il faut que son application soit restreinte dans de justes limites : le casuel, supplément nécessaire au modique traitement des desservants de nos campagnes, n'est point une charge onéreuse pour le cultivateur. Là le ministre de l'Évangile connaît intimement ses paroissiens, il a des rapports journaliers avec eux, il sait quels sont ceux qui peuvent acquitter sans aucune gêne les modestes rétributions allouées aux divers actes à la fois civils et religieux; il sait aussi pour quelles familles, assez en peine de fournir à leurs propres besoins, il doit diminuer le tribut fixé par l'usage, ou même s'en départir entièrement; parfois le bon curé fait mieux encore, et en de pareilles circonstances sa main s'ouvre, non pour recevoir, mais pour donner.

Le curé d'une grande ville ou d'une paroisse de la capitale, dans laquelle une paroisse est aussi une cité populeuse, ne se trouve point dans une position semblable. Il n'a guère de relations directes qu'avec quelques riches ou nobles familles. Ce n'est point lui, d'ailleurs, qui perçoit le casuel attribué à ses fonctions et à celles de son clergé nombreux; c'est une *fabrique*, véritable bureau de recette, dont les impassibles employés ne connaissent que le règlement et les diverses taxations. Or, c'est surtout à Paris que tout ce qui compose ce casuel a été porté à des prix exagérés, et qui contrastent singulièrement avec le désintéressement que la religion exige de ses ministres. Aussi chacun sait que dans telle paroisse opulente de la capitale le curé ne touche pas pour cette partie de ses revenus moins de 30,000 fr. par an, et que dans la moins riche cette somme s'élève encore à près de 12,000 fr.

Il y aurait sans doute moins à se récrier sur l'énormité de ce tribut s'il n'était levé que sur la fortune et la vanité. Si la première vous permet, si la seconde vous conseille, ou de faire résonner l'orgue et briller les ornements chamarrés d'or sous les voûtes sacrées pour célébrer le mariage de votre fille, ou de faire draper l'église en noir et tinter une sonnerie lugubre pour apprendre aux passants qu'un personnage de votre famille est décédé, il est assez juste que ces priviléges de la richesse, ces exigences de l'orgueil soient un peu chèrement payés. Mais c'est avec les ressources de la classe la moins riche que l'impôt du casuel n'est point en proportion dans cette ville, où tant d'autres pèsent sur elle : on s'appuie, il est vrai, sur un décret impérial du 18 août 1811 pour percevoir ces droits; mais Napoléon, accoutumé à tailler en grand et pour s'attacher un clergé qui ne lui avait pas épargné les preuves de son zèle, avait approuvé sans difficulté le tarif du budget ecclésiastique.

Nous avons vu des hommes profondément religieux s'élever avec force contre un article de ce tarif, par lequel est taxé, suivant la matière plus ou moins précieuse, l'emblème de la rédemption venant présider à un hymen ou se placer près d'un cercueil. Ainsi, il y a un prix (sauf la croix de bois, accordée à l'indigence) pour la croix de cuivre que demandera une famille peu aisée, pour la croix d'argent que choisira celle qui jouit de quelque fortune, pour celle de vermeil enfin, réservée à l'opulence. Certes le Sauveur du monde, en portant sa croix, n'avait pas l'intention qu'elle devint ainsi un objet de spéculation.

Du reste, les abus dont nous n'avons pu qu'indiquer ici, et que tout ami véritable de la religion doit souhaiter de voir disparaître, ont éveillé l'attention et la sollicitude des chefs ecclésiastiques. M. Affre, archevêque de Paris, fit viser et modérer les divers articles du casuel des prêtres de son diocèse. Ce fut pour ce prélat une œuvre tout à la fois de justice sociale et de charité évangélique. M. Affre s'occupa surtout d'une meilleure distribution du casuel entre les divers membres du clergé de chaque église; mais le prélat dut revenir sur son ordonnance, et pour ménager tous les intérêts, il décida que la mesure ne serait appliquée qu'à la mort de chaque titulaire. Après sa mort l'ordonnance fut retirée.   OURRY.

CASUISTE, docteur en théologie chargé de décider les cas de conscience, comme le mot l'indique. C'est surtout parmi les disciples de Loyola que se sont formés les casuistes les plus subtils, les plus obligeants et les plus accommodants, et aussi, selon les circonstances, les plus rigoureux, « conservant de la sorte, dit Pascal, tous leurs amis et se défendant contre tous leurs ennemis ». A la fois juris-consulte et juge, le casuiste rassure ou effraye, absout ou condamne, et Dieu, dit-il, est l'exécuteur de ses arrêts. Il n'est point seulement juge dans Israel, il est juge au ciel, aux enfers, au purgatoire, et jusque dans les limbes, où il n'y a que de petits enfants; les lois divines et humaines sont de son ressort : il étend sa juridiction du passé au présent et jusque dans l'avenir : Dieu et les hommes auraient remis dans ses mains les balances de leur justice; la vérité l'illuminerait seul de ses plus purs rayons, et lui aussi, au jour de la résurrection, assis avec Jésus-Christ à la droite de Dieu, il jugerait les vivants et les morts, si toutefois, responsable des fautes que son intérêt ou sa molle complaisance auraient pu faire commettre, il n'était en la place du pécheur effacé du livre de vie. Que le seul aspect d'un tel homme devrait être redoutable ici bas, si véritablement il y en eut jamais un seul investi d'une telle puissance! Mais Blaise Pascal, d'ailleurs de si bonne volonté sur tant d'autres points, n'ajoutait aucune foi à celui-ci. Il porta dans ses *Provinciales* un coup terrible à ces faux docteurs.

A propos de la publicité donnée aux principes des casuistes, on a dit que « on ne s'aperçut pas sans doute que, recueillis en un corps et exposés en langue vulgaire, ils ne manqueraient pas d'enhardir les passions, toujours disposées à s'appuyer de l'autorité la plus frêle ». Suivant nous, cette remarque manque de justesse; car les maximes de ces faux docteurs sont la plupart du temps si absurdes ou si révoltantes, qu'elles nous mettent au contraire en garde contre les ruses de ces renards, forcés ainsi de paraître au grand jour. Non, nous ne croyons pas que la publicité donnée à de telles maximes ait occasionné un grand scandale dans l'Église. L'Église, nous entendons ici l'épouse de Jésus-Christ, sera toujours une, indivisible, et chaste de pareilles infamies et prostitutions : les vrais prêtres devant le Seigneur, armés seulement de leur simplicité, sous le bouclier de la foi, combattent d'ailleurs victorieusement tous les jours ces nouveaux pharisiens, et sauvent de leurs profanations les tables de Sinaï, où Dieu a gravé son code, les saintes lois de la nature. D'ailleurs, comme dit encore Pascal, « Dieu conduit l'Église dans la détermination des points de la foi par l'assistance de son Esprit, qui ne peut errer. »

Parmi les traits plaisants que ce moraliste, dans son style sarcastique, lance sur les enfants de Loyola, il cite ce *cas de conscience* résolu à l'article *jeûne* par le R. P. Filitius, l'un des vingt-quatre jésuites que ces bons pères disaient représenter les vingt-quatre vieillards de l'Apocalypse : « Celui qui s'est fatigué à quelque chose, comme à poursuivre une jeune fille (*ad insequendam amicam*), est-il obligé de jeûner? — Nullement. — Mais s'il s'est fatigué exprès, pour être par là dispensé du jeûne, y sera-t-il tenu? — Encore qu'il ait eu ce dessein formé, il n'y sera point obligé. » Le même Filitius résout encore ainsi cet autre cas : « Un prêtre qui a reçu de l'argent pour dire une messe peut-il recevoir de nouvel argent sur la même messe? — Oui, en appliquant la partie du sacrifice qui lui appartient, comme prêtre, à celui qui le paye de nouveau, pourvu qu'il ne reçoive pas autant que pour une messe entière, mais seulement pour une partie, comme pour un tiers de messe. » D'ailleurs, selon le père Cellot, la pluralité des messes apporte tant de gloire à Dieu et tant d'utilité aux âmes qu'il ne peut s'empêcher de s'écrier, dans sa *Hiérarchie*, « qu'il n'y aurait pas trop de prêtres quand non-seulement tous les hommes et les femmes, si cela se pouvait, mais quand les corps insensibles et les bêtes brutes elles-mêmes (*brutæ animantes*), seraient changés en prêtres pour célébrer la messe ».

Il est dit dans l'Évangile : *Donnez de votre superflu*. Savez-vous comment le casuiste Vasquez, dans son article *de l'aumône*, trouve moyen d'en décharger les personnes les plus riches : « Ce que les gens du monde, dit-il, gardent pour relever leur condition et celle de leurs parents n'est pas appelé *superflu*. Et c'est pourquoi à peine trouve-t-on qu'il y ait jamais de *superflu* dans les personnes du monde, et non pas même dans les rois. »

Ce même R. P. Cellot rapporte naïvement, comme un triomphe de sa doctrine, cette anecdote : « Nous savons que quelqu'un qui portait une grosse somme d'argent, pour la restituer par ordre de son confesseur, s'étant arrêté en chemin chez un libraire, et lui ayant demandé s'il n'y avait rien de nouveau, celui-ci lui montra un nouveau livre de théologie *morale*, et que le feuilletant avec négligence et sans penser à rien, il tomba sur son *cas*, et apprit qu'il n'était pas obligé à restituer : de sorte que s'étant déchargé du fardeau de son scrupule, et demeurant toujours chargé du poids de son argent, il s'en retourna bien plus *léger* en sa maison. »

Au quatrième siècle, saint Ambroise disait aux femmes : « La beauté ou la grâce naturelle n'est pas un crime, et une femme n'est pas responsable devant Dieu des péchés où tombe un homme dont le cœur est corrompu, pourvu qu'elle n'y donne aucune occasion, volontairement ou par sa faute, et qu'elle ne fasse rien pour s'attirer l'amour déréglé de ceux qui la voient. »

Au treizième siècle, saint Thomas, oubliant ce que saint Paul avait dit de ces cercles d'or, de ces perles placées entre toutes les boucles de la chevelure des femmes, de leurs robes d'étoffes précieuses, répondait aux dames de son temps, dont la parure était excessive, quand elles l'interrogeaient sur ce *cas* : « Si ce n'est que par légèreté et par quelque vaine complaisance de vous-mêmes que vous vous parez avec cet excès, il n'y a pas là de péché mortel, mais quelquefois seulement un péché véniel. » Le même saint Thomas, dans un autre cas, rassura encore des femmes pleines de trouble et d'effroi d'avoir lu dans le sévère saint Clément d'Alexandrie que « de même que lorsqu'on voit un emplâtre sur le visage d'une personne, ou quelque collyre sur les yeux, on juge aussitôt qu'il y a quelque mal, ainsi le fard et les couleurs étrangères qu'on voit sur le visage d'une femme marquent la maladie de son âme. » Saint Thomas leur disait : « Il n'est pas défendu à une femme de cacher les défauts de son visage. »

Le *Dictionnaire des Cas de Conscience*, à la section *Mariage*, donne d'un cas particulier une solution qui servira à se former une idée de la jurisprudence des casuistes. « Bénigne, seigneur d'une grande paroisse, voulant tromper Élisabeth, fille d'un paysan de ses vassaux, l'épouse selon les formes prescrites par l'Église, sans avoir consenti *intérieurement* au mariage ; et après avoir vécu quelques jours avec elle comme mari, il a déclaré au curé qu'il n'avait eu *aucune intention* de la prendre pour femme, et lui en a prouvé par une déclaration qu'il avait faite et signée de sa main la veille de la célébration du mariage, et qu'il avait déposée entre les mains du curé même après l'avoir cachetée. En conséquence de quoi il refuse maintenant de la retenir pour femme, en renouvelant son consentement, et soutient qu'il n'y est point obligé à cause de la grande disproportion qu'il y a entre sa qualité et celle de cette fille. Que doit faire le curé en ce cas, si Bénigne se présente à lui au tribunal de la pénitence ? — *Réponse*. Quoique Bénigne soit très-criminel devant Dieu pour avoir trompé Élisabeth et avoir commis un *sacrilège*, néanmoins les *théologiens* conviennent que dans un semblable cas on ne doit pas obliger absolument un homme d'une qualité si disproportionnée et d'une naissance si élevée au-dessus de celle de la fille, à réparer l'injure qu'il lui a faite en *feignant* de l'épouser, par le *renouvellement* de son consentement. Car, selon saint Thomas, il n'y est obligé que quand l'un et l'autre sont d'une condition égale, ou lorsque la fille est d'une qualité plus élevée. La raison qu'on en peut donner est qu'on ne peut pas dire qu'il y ait eu en ce cas une fraude véritable et suffisante, mais qu'*au contraire on doit présumer avec raison que la fille qui connaissait la qualité de cet homme a bien voulu se tromper elle-même*. On peut ajouter à cela que si l'on obligeait absolument cet homme à retenir une telle fille pour sa femme, il ne continuât de vivre avec elle dans le même esprit qu'il a eu en *feignant* de l'épouser, ou qu'après avoir renouvelé son consentement, *un mariage si inégal* n'eût de très-mauvaises suites, ainsi que l'a dit le pape Lucius III. Tout ce que le curé de Bénigne peut donc exiger de lui dans l'espèce proposée est : 1° qu'il fasse une sévère pénitence de sa *fraude*, de l'abus qu'il a fait du *sacrement* et de la *simplicité* d'Élisabeth, et des péchés qu'il a commis avec elle sous le prétexte du mariage ; 2° qu'il fasse déclarer par le juge d'église la *nullité* de son mariage ; 3° qu'il fasse en sorte que cette fille soit aussi avantageusement mariée, par une somme d'argent qu'il lui donnera, qu'elle l'eût été auparavant.

Quoique l'on voie avec peine dans cette décision, chef-d'œuvre d'iniquité, l'autorité d'un grand saint servir à excuser et justifier tous les déportements auxquels on peut se livrer la féodalité là où elle est toute-puissante, il faut reconnaître que ce fut au seizième siècle seulement que les casuistes entreprirent de changer les bases de la morale. Jusque alors on peut dire que l'Église avait encore toujours été celle de Jésus-Christ, vrais l'Église sur laquelle, il est vrai, avait passé la corruption de treize siècles.

Plus tard, avec la ressource des équivoques et surtout des restrictions mentales, des casuistes, non moins subtils que corrompus, ne se contentèrent pas de justifier tous les vices, toutes les crimes, mais servirent en outre les papes contre les rois, armant les sujets contre les princes, et, dans leurs décisions sacrilèges, ouvrant le paradis à quiconque tuerait un roi tyran ou hérétique.

Autant cette espèce de casuistes est à mépriser, autant sont utiles et consolants en cette vie, si douloureuse et si pleine de mystères, ces vertueux prélats, ces simples prêtres, ces pauvres ermites même, casuistes de bonne foi, auxquels des âmes faibles, craintives, ignorantes, ou que l'ivresse de leur piété rend incertaines dans leur marche, viennent demander quelque peu de lumière sur la route de leur salut. Qu'il était édifiant de voir dans les beaux livres de l'Église naissante les princes, le peuple, les femmes, les filles, et jusqu'aux enfants, se pressant autour des Origène, des saint Augustin, des saint Jérôme, leur demander ce qu'ils savaient du ciel !

DENNE-BARON.

CASUISTIQUE, partie de l'ancienne théologie et de la morale appliquée relative aux principes suivant lesquels doivent être décidés certains cas de conscience difficiles, où il y a collision entre les devoirs. Le moraliste qui s'occupait de la solution s'appelait *casuiste*.

Les premières traces de *casuistique* se trouvent chez les stoïciens ; mais la haute et saine raison des anciens l'empêcha de prendre les mêmes développements que dans les théologies judaïque et chrétienne. Par contre, si le talmud des Juifs contient une énorme accumulation de questions casuistiques, la morale chrétienne du moyen âge devint trop souvent le champ clos de discussions casuistiques dont les sujets s'accrurent en nombre presque indéfini, parce qu'on érigea en cas de conscience des questions controversées de droit canonique ou des questions relatives à la morale obligatoire des devoirs ecclésiastiques extérieurs, par exemple dans la *Summa Raymundiana* de Raymundus de Pennaforti, dans la *Summa Astesana* du franciscain Astesanus, et dans la *Summa Bartholina* du dominicain Bartholomœus de Santa Concordia à Pise. Plus tard on vit les casuistes Escobar, Sanchez, Busembaum, etc., briller chez les jésuites autant par la subtilité d'esprit dont ils firent preuve en imaginant des cas de cette nature, que par l'ambiguïté, la bizarrerie, et souvent aussi par l'immoralité flagrante de leurs décisions. Aussi bien la casuistique fut-elle inventée surtout dans l'intérêt du clergé, à qui elle fournissait les moyens de dominer les consciences.

CATABAPTISTES (mot fait du grec κατά, contre, et βαπτισμός, baptême), terme d'histoire ecclésiastique dont on s'est servi pour désigner, en général, tous les hérétiques niant la nécessité du baptême, surtout pour les enfants. Ceux qui ont soutenu cette erreur, dit l'abbé Bergier, sont tous partis à peu près du même principe : ils ne croyaient pas au péché originel, et ils n'attribuaient au baptême aucune autre vertu que d'exciter la foi. Selon eux, sans la foi actuelle du baptisé, le sacrement ne peut produire aucun effet ; les enfants, qui sont incapables de croire, le reçoivent très-inutilement. C'est là l'opinion des *sociniens*. D'autres ont posé pour maxime générale que la grâce ne peut pas être produite dans une âme par un signe extérieur qui n'affecte que le corps, et que Dieu n'a pu faire dépendre le salut d'un pareil moyen. Cette doctrine, qui attaque l'efficacité de tous les sacrements, est une conséquence naturelle de la précédente.

CATACAUSTIQUE, nom donné, en optique, à la caustique par réflexion.

CATACHRÈSE (du grec κατάχρησις, abus). C'est une de ces figures de rhétorique comprises sous la dénomination générale de *tropes* ; on l'a définie un abus de termes par nécessité, une espèce de métaphore où deux mots semblent disparates, mais qui sont les seuls avec lesquels on puisse se faire entendre clairement dans un idiome quelconque. Ainsi, nous disons : aller à *cheval* sur un *âne*, sur un *bâton* ; une jument *ferrée d'argent*, une *feuille de papier*, une *feuille d'or*, une *feuille d'étain*. La raison repousse cette alliance de mots, mais la nécessité la réclame. L'emploi de la catachrèse résulte naturellement de l'effort que fait l'imagination pour traduire, par une nouvelle application donnée à un terme, une idée indéfinissable sans le secours de cette figure. Cette figure est indispensable dans le discours : elle supplée à une foule de termes qui nous manquent ; mais son usage n'a pour règle que le goût, et il est facile d'en abuser. On ne peut que blâmer par exemple les *ténèbres visibles* de l'*Enfer* de Milton, le *lit effronté* de Boileau, le *bruit du silence* d'un auteur plus moderne. Un des écrivains les plus célèbres du temps actuel doit en grande partie à la catachrèse le prestige d'un style imagé et toujours saisissant (*voyez* LAMARTINE).

CATACLYSME. D'après son étymologie grecque, ce mot (dérivé du verbe κατακλύζω, inonder) signifie *déluge, inondation* ; mais les géologues en ont étendu le sens, et l'appliquent aux divers bouleversements que la couche supérieure de la terre a éprouvés depuis sa consolidation. En effet, les commotions violentes dont cette couche manifeste presque partout les résultats incontestables furent certainement accompagnées d'un déplacement de la masse des eaux : lorsque des montagnes s'élevaient ou s'écroulaient, les fleuves et les mers ne pouvaient rester en repos. Ces événements ont été si souvent reproduits, qu'il devait en rester quelques traditions, sinon dans les annales historiques, au moins dans les récits fabuleux et les croyances altérées. Mais nous devons réserver le mot DÉLUGE tout ce qui est relatif aux effets de l'irruption des eaux sur la terre : bornons-nous donc aux recherches sur les causes de ces grands phénomènes, et voyons jusqu'à quel point il est possible de pousser avec succès ces sortes d'investigations, trop souvent arrêtées par d'épaisses ténèbres ou mal dirigées par des lueurs insuffisantes pour faire discerner assez nettement les objets que l'on examine.

La seule hypothèse à laquelle on puisse consacrer le temps d'une étude sérieuse est celle de Laplace sur l'origine des planètes et de leurs satellites. Les vues du grand géomètre ont acquis un plus haut degré de probabilité depuis que Herschel, dirigeant son télescope sur quelques nébuleuses, a pour ainsi dire assisté à la formation d'une planète nouvelle éclairée par un autre soleil que le nôtre, et vu s'accomplir sous ses yeux ce que Laplace n'avait pu que soupçonner. Admettons donc, non comme un fait constaté, mais comme une supposition conforme à l'ensemble des observations, que les planètes qui composent notre système ont été formées aux dépens de l'atmosphère solaire condensée successivement, et perdant une partie de son calorique à mesure que la condensation faisait des progrès : nous concevrons ainsi comment les matières les plus denses ont dû se réunir au centre de chaque planète, et comment les stratifications, procédant avec ordre et lenteur, ont pris une forme régulière lorsqu'on la considère dans son ensemble, quoique les détails puissent offrir de grandes irrégularités. Plusieurs fois de suite, des espaces plus ou moins étendus, consolidés à la surface de la planète encore liquide en grande partie, ont fini par disparaître sous les flots pour aller se réunir au noyau dont la solidité et la forme sont immuables, et chacune de ces disparitions fut un *cataclysme*. Nous ignorons à quelle période de ces transformations notre globe est arrivé, et selon toute apparence nous ne le saurons jamais ; mais à mesure que nous acquérons plus de connaissances sur ce qu'il fut et ce qu'il est, nous sommes tentés de plus en plus de l'assimiler aux corps vivants, et de prédire qu'il *mourra*, parce qu'il est *né*, et pour une planète la mort est une consolidation complète et terminée.

Notre terre approche peut-être de la vieillesse, mais cependant elle n'a pas encore contracté une telle rigidité que de nouveaux cataclysmes soient impossibles ; vers le milieu du siècle passé, un tremblement de terre se fit sentir simultanément à Lisbonne et à Lima, menaçant des plus grands désastres les îles comprises dans la vaste étendue qu'il ébranlait, et au commencement de ce siècle on a vu la mer se retirer sur plusieurs centaines de lieues des côtes occidentales de l'Amérique, et revenir ensuite avec une épouvantable rapidité. S'il faut s'en rapporter à des témoins oculaires, les terres aussi furent soulevées sur la même étendue, et retombèrent ensuite en manifestant en plusieurs lieux la puissance des agents capables d'imprimer un tel mouvement à des masses aussi prodigieuses ; mais pour bien observer au milieu de ces convulsions de la nature, il faut tout le sang-froid de Pline le naturaliste, contemplant les progrès de l'éruption du Vésuve qui ensevelit Herculanum. Au Chili et au Pérou les mouvements de la terre et de la mer ne purent être soumis à aucune mesure, en sorte que les spectateurs étonnés les ont peut-être exagérés. Mais ce témoignage récent de la force d'expansion que recèle encore l'intérieur de notre globe n'étant pas nécessaire pour nous rassurer sur la durée de sa *vie*. FERRY.

CATACOIS (*Marine*). *Voyez* CACATOÈS.

CATACOMBES, cavités souterraines employées à la sépulture des morts, et que les anciens appelaient *hypogæa, crypta, cimætería*. L'étymologie de ce mot paraît dérivée des mots grecs κατά, autour, auprès, et κύμβος, caveau, cavité, ou τύμβος, tombeau. La plupart des catacombes paraissent ne devoir leur origine qu'aux travaux des carrières près des grandes villes et aux fouilles de terre et de sable propres à la construction ; d'autres, et ce sont les plus anciennes, doivent à des grottes ou cavernes naturelles que l'on consacra plus tard à l'inhumation des morts. Les Égyptiens, les Hébreux, les Perses, les Grecs, les Indiens, les Scythes, les Romains, etc., ont tous suivi et conservé pendant un grand nombre de siècles cette antique coutume. On trouve dans la *Bible* une mention fréquente des grottes qui servaient à l'inhumation des Israélites ; les grandes cavernes naturelles que présentaient les montagnes de Canaan, de la Syrie, de l'Arménie, étaient, avant l'arrivée d'Abraham, déjà consacrées à la sépulture des habitants de ces contrées. En Égypte, l'usage des catacombes ou hypogées remonte à une antiquité dont la trace se perd dans la nuit des siècles. Quelques-unes de ces cavernes étaient des excavations naturelles ; mais la plupart, celles du moins dans lesquelles on ensevelissait les momies, ont été creusées exprès.

La Paphlagonie et la Cappadoce, la Crimée, la Perse et l'Inde, fournissent de nombreux exemples de chambres ou cavernes sépulcrales; on en trouve également dans l'Anatolie, la Caramanie, la Scythie, la Tatarie, dans l'intérieur de l'Afrique et en Amérique. Les Guanches, anciens habitants des îles Canaries, faisaient usage, comme les Égyptiens, de cavernes dans lesquelles ils déposaient les cadavres, après leur avoir fait subir une préparation dessicative. Leurs catacombes situées au pied du pic de Ténériffe, dans les montagnes volcaniques, remontent à des époques fort reculées.

Plusieurs villes de Sicile, telles que Catane, Palerme, Agrigente, offrent des excavations semblables; mais les plus remarquables de cette île sont celles de Syracuse, situées près de la fameuse Oreille de Denys et des Latomies. « Elles sont, dit Denon, les plus belles, les plus grandes, les mieux conservées, et peut-être les plus propres à donner une idée juste de ces lieux. » Elles forment comme une ville souterraine, avec ses grandes et ses petites rues, ses carrefours et ses places, taillées dans le rocher à plusieurs étages, et creusées, selon toute apparence, pour servir aux sépultures; elles diffèrent en cela des autres excavations de la même ville, qui ne furent bien évidemment que des carrières. Ces catacombes, dites de Saint-Jean, n'ont pu que difficilement se prêter à l'extraction des pierres, leurs issues n'étant ni larges ni faciles. Dans les premiers temps de l'église, on a élevé à l'entrée de ces souterrains une chapelle sous le vocable de Saint-Marcian, et qui y conduit par une voûte d'où l'on découvre le cintre de la porte antique des catacombes. Quelques ornements qu'on rencontre en divers endroits ont été ajoutés postérieurement, et se réduisent à quelques mauvaises peintures grecques des derniers temps de l'empire, faites sur un enduit, des lettres grecques et latines, ou des symboles de martyrs peints dans l'intérieur des tombeaux. Les catacombes de Syracuse n'ont point en général l'aspect lugubre de celles de Naples, Rome et Paris, dont nous allons parler : il y règne une tranquillité mystérieuse qui annonce le sanctuaire du repos.

Les catacombes de Rome étaient dans le principe des carrières ouvertes dans des bancs de la grande masse de tuf volcanique et de pouzzolane dont on se servait pour la construction; elles descendent à quatre-vingts pieds de profondeur, et s'étendent au loin dans la campagne de Rome. C'est un vaste labyrinthe de galeries étroites et peu élevées et de rues souterraines, qui se croisent et se mêlent entre elles au point qu'on ne pourrait s'y reconnaître pour peu qu'on osât s'y aventurer sans un guide expérimenté. L'époque de l'exploitation de ces anciennes carrières est ignorée : on voit seulement qu'elles étaient en activité du temps de Cicéron, qui en parle dans son plaidoyer pour Cluentius. Après l'abandon de leur exploitation, ces carrières, dites Arenariæ, furent consacrées à différentes familles qui les achetaient pour s'y faire construire des tombeaux particuliers. Les deux côtés des galeries de ces catacombes servaient à recevoir les sarcophages placés dans des niches et fermés par des briques épaisses ou des dalles de marbre; ces niches sont à trois ou quatre ensemble, rangées les unes au-dessus des autres; le nom du mort se trouve quelquefois sur l'urne ou le sarcophage, ou bien sur les dalles qui en ferment l'ouverture. Quelquefois aussi l'on y voit une branche de palmier ou le monogramme du Christ; mais les marques du paganisme s'y trouvent fréquemment aussi, ce qui prouve que ces sépultures étaient indistinctement consacrées au peuple et aux citoyens de tous les cultes. Les plus remarquables de ces différents souterrains sont d'abord ceux du Vatican, où l'on trouve une grande quantité de sarcophages en marbre de Paros; ensuite, les catacombes de la villa Pamphili, de Saint-Sébastien, et celles des voies Portuensis, Appia, Prænestina, Labicana et Salaria, dans lesquelles on trouve différentes chambres ornées de sarcophages de marbre et de porphyre, des urnes de diverses formes, des diptyques, des inscriptions grecques et latines en noir, en rouge et en lettres d'or, enfin des peintures d'époques plus récentes (1).

Dans les premiers siècles du christianisme, le mot catacombes emportait l'idée religieuse de tombeaux des martyrs, et on est allé jusqu'à dire qu'elles avaient été creusées par les chrétiens dans les temps de persécution; mais on n'y doit voir que des refuges naturels, que le respect des Romains pour les tombeaux devait rendre inviolables, et des asiles sûrs, que les proscrits se seraient choisis momentanément. A l'abri des persécutions des empereurs dans ces lieux étroits et sombres, ils y pratiquaient leur culte, tenaient leurs assemblées, et y venaient secrètement ensevelir ceux de leurs frères que la martyre avait atteints. La religion et la crédulité transformèrent ces souterrains en lieux de dévotion, et la plupart des reliques (vraies ou fausses) répandues dans le monde chrétien sont sorties de ce vaste dépôt. Il est probable que les autels et les chapelles qu'on y voit n'ont été pratiqués que dans les temps où la religion chrétienne, devenue publique et autorisée par les empereurs, permettait aux fidèles que la dévotion y rassemblait de célébrer les mystères sur les tombeaux des martyrs et des saints.

Les catacombes de Naples, surtout celles de Saint-Janvier, dont l'entrée est dans l'église de ce nom, sont plus belles et plus grandes que celles de Rome : elles présentent trois étages de galeries les unes au-dessus des autres; mais les tremblements de terre ont détruit et renversé les étages inférieurs; on y a trouvé, comme à Rome, un grand nombre de monuments en marbre et d'inscriptions grecques et latines.

Les catacombes de Malte sont très-petites, mais bien conservées; elles paraissent avoir été creusées à la fois pour enterrer les morts, pour servir de refuge et pour y célébrer les mystères du christianisme.

La Gaule possédait de nombreuses catacombes, cryptes et cavernes sépulcrales, et divers départements de la France en offrent encore les vestiges; mais les plus importantes sont celles de Paris.

Ces dernières doivent leur origine aux carrières qui servirent à la construction du vieux Paris; ces carrières ont une étendue considérable. Tous les coteaux depuis les hauteurs de Châtillon et de Gentilly sont excavés, et elles s'avançaient sous Montrouge, Vaugirard et Paris, à l'est et à l'ouest, presque jusqu'aux bords de la Seine. Les premières carrières furent exploitées à ciel ouvert, et c'est ainsi qu'a été formée l'excavation qui porte le nom de Fosse aux Lions près de la barrière Saint-Jacques. Du moment que ce travail devint trop pénible par l'épaisseur croissante de la couche supérieure, les travaux furent continués à l'aide de carrières souterraines conduisant à de grandes excavations soutenues par des piliers réservés dans la masse; ils se poursuivirent ainsi pendant plusieurs siècles, sans surveillance, sans méthode, au gré du caprice des carriers. Souvent même ceux-ci, dans leur insouciance, creusèrent au-dessous des premières excavations, formant ainsi plusieurs étages de carrières suspendues les unes au-dessous des autres. Le danger devenait d'autant plus grand que ces carrières étant successivement abandonnées, la mémoire s'en perdait; les galeries s'obstruaient; et le sol ainsi miné de toutes parts se couvrait de lourdes constructions. Cependant l'état des car-

(1) Dans ces derniers temps, M. Perret, peintre et architecte français, a consacré cinq années à explorer cette cité souterraine, qui s'étend sous la ville antique. Il s'est attaché à reproduire avec une fidélité scrupuleuse toutes ces œuvres naïves des premiers temps de l'art chrétien. Les peintures ont été calquées, les monuments mesurés, et les inscriptions prises en fac-simile. Ces richesses recueillies avec tant de patience, qui permettent de rattacher l'art antique à l'art moderne et qui éclaircissent même certains points de l'histoire du christianisme, doivent être livrées à la publicité dans un ouvrage intitulé Rome Souterraine, imprimé aux frais de l'État.

rières, oubliées depuis des siècles, s'aggravaient de jour en jour; la faiblesse des piliers établis provisoirement pour la sûreté des ouvriers pendant la durée des exploitations, leur écrasement, l'affaissement du ciel des carrières dans beaucoup d'endroits et, plus que cela encore, l'enlacement funeste des galeries chevauchant les unes sur les autres, de sorte que les piliers des étages supérieurs portaient souvent à faux dans les vides des étages inférieurs : tout devait amener de grandes et inévitables catastrophes. Les nombreux accidents qui se succédaient à des intervalles de plus en plus rapprochés n'éveillèrent toutefois l'attention de l'autorité que vers la fin de l'année 1776. Alors on ordonna la visite générale et la levée des plans de toutes les carrières. On reconnut enfin toute l'étendue du péril; et aussitôt que ce travail fut terminé (1777), on créa une compagnie d'ingénieurs spécialement chargés de la consolidation des voûtes. Ces mesures étaient devenues tellement urgentes, que le jour même de l'installation du premier inspecteur général, une maison de la rue d'Enfer fut engloutie à vingt-huit mètres au-dessous du sol.

On entreprit alors des travaux de soutènement propres à éviter de nouvelles catastrophes, et l'on y procéda avec d'autant plus d'habileté que le danger était plus impérieux. Héricart de Thury fut chargé de la direction de ces travaux. Les galeries qui avaient des constructions à soutenir furent étayées par des massifs de maçonnerie consolidés, et on ne laissa vides que celles qui correspondaient à l'espace de terrain occupé par les rues, formant ainsi dans ces profondeurs une représentation déserte et silencieuse de la ville peuplée et bruyante qui s'élève au-dessus. Rien ne manque à cette contre-épreuve, pas même les murs d'enceinte et le service de l'octroi, car de hardis fraudeurs s'étaient fait dans les carrières des passages à couvert de l'inquisition municipale; il a fallu y remédier, et une ligne de murs, baptisés *murs de la fraude*, sépare les carrières de Paris de celles de la banlieue.

En 1780, le lieutenant général de police Lenoir suggéra l'idée de transporter dans ces souterrains les ossements qui encombraient les cimetières de Paris, et en particulier celui de l'église des Innocents, qui avait reçu depuis près de sept cents ans les morts de toutes les paroisses environnantes : l'infection produite par l'amoncellement de tant de cadavres menaçait depuis longtemps la salubrité de la capitale, et rendait cette mesure urgente. Un arrêt du conseil d'État, en date du 9 mars 1785, en ordonna la suppression. L'archevêque de Paris n'y donna son consentement que l'année suivante, par mandement qui permit le transport des ossements dans les carrières de Mont-Rouge. Ces travaux furent terminés en janvier 1788. L'administration, encouragée par ce premier succès, résolut de poursuivre son œuvre en supprimant successivement tous les cimetières et charniers qui infectaient Paris. Ainsi les ossements du cimetière Saint-Eustache et ceux de Saint-Étienne des Grés furent transportés dans les carrières en mai 1789; ceux de Saint-Landry et de Saint-Julien en juin 1792; ceux de Sainte-Croix de la Bretonnerie et des Bernardins en 1793; ceux de Saint-André des Arcs en 1794; de Saint-Jean en Grève, des Capucins Saint-Honoré, des Blancs-Manteaux, du petit Saint-Antoine, de Saint-Nicolas des champs, du Saint-Esprit en Grève et de Saint-Laurent, en 1804; de l'île Saint-Louis en 1811, de Saint-Benoît en 1813, etc.

C'est à ces transports successifs que l'ossuaire des catacombes a dû sa formation. Les ossements y furent d'abord jetés en tas et pêle-mêle; ce fut sous l'empire qu'eurent lieu les dispositions et l'arrangement définitifs. Les personnes munies de billets pouvaient autrefois visiter ces cavernes sépulcrales, qui étaient devenues l'objet d'une curiosité très-vive et en quelque sorte le but d'une promenade à la mode. Aujourd'hui l'accès en est tout à fait interdit au public.

On descend dans les catacombes par trois grands escaliers, dont le principal est situé sur le boulevard extérieur, au lieu dit la *Fosse-aux-Lions*, parce qu'on y avait autrefois établi des loges de jeux et des combats de bêtes féroces. Le deuxième est près et au-dessous des moulins du Montsouris, au lieu dit *la Tombe Isoire* ou *d'Isoard*, du nom d'un brigand fameux, qui y avait établi son repaire; mais le plus fréquenté se trouve dans un des pavillons de la barrière d'Enfer. Après s'être pourvu de guides et de flambeaux, on s'enfonce à une profondeur de soixante-dix pieds au-dessous du sol, et l'on pénètre dans une galerie conduisant à un vestibule de forme octogone, où se trouve une porte peinte en noir, placée entre deux colonnes d'ordre toscan. Des inscriptions latines et françaises se trouvent çà et là pour rappeler aux visiteurs que c'est dans le domaine des morts qu'ils vont pénétrer. Dans tous les passages de ce vaste dépôt les ossements humains s'élèvent du sol aux voûtes, maçonnés avec du plâtre, et disposés de toutes sortes de manières, en pyramides, en obéliques, en colonnes, désignés par des noms particuliers, tels que le *Sarcophage du Lacrymatoire*, le *Tombeau de Gilbert*, le *pilier du memento*, l'*autel des obélisques*, la *lampe sépulcrale*; mais le défaut de hauteur de la voûte devait nécessairement en réduire les proportions à une échelle insignifiante. Nous citerons encore la fontaine de la *Samaritaine*, espèce de puits alimenté par une source souterraine, et l'escalier de communication entre les basses et les hautes catacombes. Une place distincte a été assignée dans les Catacombes aux restes des victimes de la fureur révolutionnaire à la fin du dernier siècle; des inscriptions les accompagnent, et expliquent quelques-uns des événements au milieu desquels la mort est venue les frapper. Les victimes des massacres des 2 et 3 septembre 1792 ont un emplacement particulier.

Il existe dans les Catacombes une collection des variétés minéralogiques que le terrain fournit; de plus des coquilles fossiles, des bois, des végétaux transformés, et dans une autre collection pathologique des ossements difformes ou singuliers trouvés dans l'exhumation des cimetières : on y voit des tibias géants de trois pieds de haut, des mains colossales, des os déviés, contournés, criblés de toutes les façons, des fractures, des ankyloses, des exostoses, etc., ainsi que des crânes humains que leurs dimensions, leurs formes ou d'autres circonstances rendent un objet de curiosité et d'étude. Le renouvellement de l'air s'opère dans les Catacombes par un système de ventilation ingénieux, agissant partout et selon les besoins du lieu. A cet effet, on a pratiqué des ouvertures dans l'enveloppe de maçonnerie des puits qui traversent les Catacombes pour chercher plus bas les sources qui les alimentent; ces ouvertures sont fermées au moyen de bouchons, qu'on enlève dès que le besoin d'air se fait sentir quelque part. Une des préposés aux Catacombes, en se réglant sur la hauteur du soleil, la direction et la force du vent, savent choisir et déterminer avec une précision admirable l'instant le plus opportun pour introduire à la fois dans les Catacombes la plus grande quantité d'air possible. Telles sont les Catacombes de Paris, chose nécessaire dans une ville aussi populeuse, où, quelque vastes que soient les cimetières, les sépultures sont sujettes à être rouvertes après quelques années, et bien avant que les ossements soient consumés.
Nestor L'HÔTE.

CATACOUSTIQUE (de κατά, contre, et ἀκούω, j'entends), branche de l'acoustique, qui a pour objet les sons réfléchis et des propriétés des échos. On la nomme aussi *cataphonique* (de κατά, contre, et φωνή, voix), par allusion au phénomène qui se passe dans l'écho. Les lois de la catacoustique ont beaucoup d'analogie avec celles de la catoptrique, et elles reposent sur cette propriété que l'on retrouve si souvent en physique, à savoir que l'angle de réflexion est égal à l'angle d'incidence.

CATADIOPTRIQUE, partie de l'optique qui se compose de la catoptrique et de la dioptrique. Le mot *catadioptrique* s'emploie surtout adjectivement, pour qualifier ce qui appartient à la fois à ces deux branches de la science, c'est-à-dire à la théorie de la lumière réfléchie et à celle de la lumière réfractée. C'est ainsi que l'on nomme *télescope catadioptrique* une lunette qui réfléchit et réfracte en même temps les rayons lumineux.

CATAFALQUE (de l'italien *catafalco*, échafaud). C'est un échafaud ou une élévation en charpente dressée dans un monument, dans une église, et appliqué spécialement à la décoration générale des chapelles ou églises sépulcrales temporaires, disposées pour les grandes cérémonies funèbres, où l'architecture, la sculpture et la peinture peuvent être appelées à rivaliser. L'histoire des arts a conservé le souvenir de celui qui fut fait à Florence pour les obsèques du célèbre Michel-Ange.

De tous les ouvrages, dit Quatremère de Quincy, que l'architecte peut inventer ou diriger, il en est peu qui présentent à son génie une carrière plus étendue ; il en est peu aussi qui se prêtent mieux aux caprices du goût, car on ne saurait y exiger la sévérité ordinaire des règles. Le moyen d'assigner un caractère convenable à ces décorations ajoute-t-il, c'est de composer leur ordonnance de manière qu'elle fasse éprouver au spectateur cette tristesse de l'âme qui puisse lui retracer l'image de la destruction et du néant des choses humaines, en lui rappelant aussi la perte faite dans la personne à la mémoire de laquelle ces sortes de monuments sont élevés. Pour y parvenir, il faut que la décoration soit à la fois grande et peu chargée de détails ; on doit en exclure tout ornement frivole, n'y faire entrer ni or ni azur, à l'exception peut-être des blasons. Ce n'est point de l'éclat, ce n'est point du faste qu'il faut ici : ils vont mal aux regrets et à la douleur, et offriraient un contre-sens qu'a n'a pas toujours été évité dans nos pompes et cérémonies funèbres modernes.

CATAIRE ou **CHATAIRE**, genre de plantes ayant pour type la *chataire commune* (*nepeta cataria*, Linné), qui, comme la **germandrée** maritime, porte vulgairement le nom d'*herbe aux chats* ; ces deux plantes sont en effet recherchées avec avidité par les chats, qui semblent éprouver un grand plaisir à se rouler sur les touffes de l'une ou l'autre de ces labiées. Cependant, excepté les moutons, tous les bestiaux rebutent la chataire commune qu'ils rencontrent sur le bord des chemins dans les régions tempérées de l'Europe ; sa saveur est âcre et amère, et c'est même son odeur désagréable qui la fait exclure des jardins, où, sans cela, sa tige pubescente, haute de 0m,60, ses feuilles d'un blanc verdâtre et ses longs épis de fleurs blanches ou purpurines, produiraient un assez bel effet. A quoi donc attribuer la prédilection marquée des chats pour cette plante ? On n'a pu jusque-ici expliquer ce fait, qu'il faut se borner à rapporter, en rappelant les observations analogues auxquelles donne lieu la racine de **valériane** officinale

Le genre *chataire* est caractérisé par un calice cylindrique à cinq dents ; la lèvre supérieure de la corolle est échancrée et l'inférieure à trois lobes, dont les deux latéraux sont très-petits et réfléchis en dehors, tandis que celui du milieu est arrondi, concave et crénelé. Parmi les trentaine d'espèces que renferme ce genre, les plus remarquables, après celle que nous venons de décrire, sont : la *chataire réticulée*, dont les tiges droites, hautes de un à deux mètres, rougeâtres et légèrement arrondies, se terminent pendant tout l'été par de longs épis de fleurs d'un violet pâle ou d'un violet purpurin foncé ; la *chataire nue*, qui doit son nom à la petitesse de ses feuilles florales et de ses bractées, à sa corolle glabre et à ses longs épis, qui paraissent presque nus ; la *chataire violette*, qui croît en Espagne et dans les Pyrénées-Orientales, et dont les fleurs glabres, blanchâtres d'un bleu violet, sont disposées en petits corymbes opposés, pédicellés, qui forment des épis interrompus ; la *chataire tubéreuse*, qu'on trouve en Espagne, en Portugal et dans les environs de Tunis, dont les beaux épis cylindriques et terminaux sont colorés en violet par un grand nombre de bractées ; etc. E. Merlieux.

CATALANE (Grande Compagnie). Lorsque dans l'année 1282, à la suite des Vêpres-Siciliennes, le roi Pierre d'Aragon se décida à aller en Sicile défendre contre Charles d'Anjou les droits de sa femme Constance, fille du roi Mainfroi, il amena avec lui de nombreuses bandes de ces hommes braves, mais indisciplinés, qui sous le nom d'Almogavares l'avaient aidé déjà dans ses guerres, mais qui inquiétaient fort la Catalogne et l'Aragon depuis la paix. C'étaient, suivant Ramon Muntaner, qui en a commandé une connétable, et suivant Bernard d'Esclot, qui les a vus à l'œuvre, un ramas de Catalans, d'Aragonais et de Sarrasins, échappés à la gêne où à la sévérité des lois, et vivant, dans les bois et les montagnes, de leurs guerres avec les Sarrasins et de leur pillage des chrétiens. Dans cette vie de violence, ils avaient souvent de grandes souffrances à endurer, car, ne restant jamais dans les villes ni dans les bourgs, mais uniquement au sein des plus âpres montagnes, ils n'avaient parfois pour vivre que l'herbe des champs ; mais aussi, quand se présentait une bonne occasion, quand la guerre se rallumait entre les chrétiens et les Sarrasins, ou même entre les princes chrétiens eux-mêmes, les Almogavares retrouvaient leurs beaux jours ; car chacune des parties en lutte cherchait à les enrôler sous son drapeau. Vêtus, pendant l'hiver comme pendant l'été, d'une blouse grossière attachée par une ceinture, et qui leur servait de chemise comme de manteau, les jambes couvertes de hautes guêtres de cuir, les pieds chaussés d'espartilles de cuir, avec une besace de cuir sur eux deux pour porter leurs provisions, forts et légers dans l'attaque comme dans la fuite, ils ne s'embarrassaient d'aucune arme défensive, et avaient pour toute arme offensive un long couteau, un poignard bien trempé, une lance et deux épieux ferrés. Leurs chefs étaient presque tous gens d'assez haut parage, qui après avoir dissipé leurs biens dans les débauches ou par le jeu, ou après avoir commis quelque grand méfait qui les obligeait à fuir la société régulière, venaient se jeter au milieu d'eux avec leurs armes et avec toutes les ressources que leur donnait la connaissance préliminaire des lieux, des choses et des hommes.

Ces bandes, amenées par Pierre d'Aragon en Sicile, furent utiles pendant sa lutte avec Charles d'Anjou, et s'y maintinrent ensuite, malgré les Siciliens eux-mêmes, pendant la guerre qu'eurent à soutenir successivement ses trois fils, Alphonse, Jacques, et Frédéric. La paix de Castro-Novo, en 1302, vint enfin terminer les différends entre les rois angevins de Naples et les rois aragonais de Sicile, et des mariages de famille rapprochèrent les deux souverains. Une longue paix convenait peu à ces bandes irrégulières, qui ne vivaient que de guerre. A cette époque, elles avaient pour capitaine un ex-templier, fils d'un ancien fauconnier de l'empereur Frédéric, qui avait alors italianisé son nom de Richard Blum en celui de Richard de Flor, et était mort à Tagliacozzo, près du roi Conradin. Les biens de Richard de Flor ayant été confisqués par Charles d'Anjou, Roger de Flor, son fils, fixé près de sa mère à Brindes, où se faisaient alors de grands passages de pèlerins se rendant au saint-sépulcre, se fit matelot, puis corsaire, puis templier ; puis, ayant été accusé d'avoir volé la caisse du Temple, il alla prudemment chercher sa vie ailleurs, et devint amiral du roi Frédéric de Sicile. Voyant Frédéric se réconcilier avec le pape, il pensa que, malgré ses services, Frédéric pourrait bien l'abandonner à ceux qui lui demanderaient compte du passé. Il n'y avait plus rien à faire d'ailleurs pour ses corsaires et pour les Almogavares dans un pays pacifié. Il résolut de tourner ses vues ailleurs. A cette époque, aux Turcomans seljoukides, arrivés de Perse, qui avaient conquis une grande partie des provinces de l'em-

CATALANE

pire grec dans l'Asie Mineure, avaient succédé les Turcs, amenés par Ertoghzul. En peu d'années ces derniers s'étaient rendus si redoutables aux empereurs grecs, qu'ils allaient parfois jusqu'à enlever des promeneurs inoffensifs, et surtout de belles promeneuses, dans les jardins de Constantinople. L'empereur Andronic avait de l'argent pour armer des soldats, mais toutes ses troupes étaient découragées et abattues. Roger de Flor offrit à Andronic lui et les siens, et le roi Frédéric, pour se débarrasser d'auxiliaires si gênants, fut charmé de les assister dans cette négociation.

Roger de Flor obtint pour lui la dignité de grand-duc, qui était la quatrième de l'empire, et ensuite celle de césar, qui était la seconde, avec la main de Marie Assan, fille du roi des Bulgares, Jean Assan, et nièce de l'empereur, par Irène, sœur d'Andronic, mère de Marie. Ses amis les plus intimes obtinrent les plus hautes dignités après la sienne; et les quinze cents Catalans à cheval ainsi que les cinq mille Almogavares à pied qu'il amena avec lui, sans y comprendre les matelots de sa flotte, composée de trente-six bâtiments, et qui formèrent ce qu'on a appelé la *grande compagnie catalane*, furent traités de la manière la plus généreuse. Ils arrivèrent à Constantinople au mois de septembre 1303. Ils étaient à peine débarqués, que des conflits sanglants s'engagèrent entre eux et les Génois, et se continuèrent journellement. L'empereur se hâta de terminer le mariage de Roger de Flor avec sa nièce, et dès la fin d'octobre ils furent expédiés en Asie, pour la presqu'île de Cyzique, à la rencontre des Turcs. Ils n'avaient peu de chemin à faire pour les rencontrer, et la grande compagnie les trouva face à face à deux lieues du point de débarquement. Les Turcs n'étaient pas habitués à lutter avec d'aussi rudes et d'aussi ardents adversaires : ils furent complétement battus, et la rigueur de l'hiver les protégea seule contre une poursuite persévérante dans l'intérieur du pays; mais dès le mois de mars 1304 Roger de Flor rouvrit la campagne, et reconquit à l'empereur presque tout le beau pays des Sept-Églises, dans les environs de Smyrne.

Après tant de succès, Roger revint jouir de sa gloire et de sa nouvelle dignité de César à Constantinople, et au milieu des siens, dans la ville de Gallipoli, qui leur avait été donnée comme garnison. Il s'apprêtait à faire une nouvelle campagne, plus effective encore, en Asie, lorsque, le 28 mars 1305, pendant une visite de congé qu'il fit à Andrinople, à Michel, fils d'Andronic, il fut assassiné dans le palais même de Michel, que tourmentaient de si rapides triomphes, dont le contraste rendait plus amères ses propres défaites. Les hommes qui accompagnaient Roger furent surpris sans défense et mis à mort, et la fureur des partisans de Michel augmentant par ce premier succès, ils tuèrent çà et là tous les Catalans et Almogavares qu'ils purent rencontrer, au nombre de plus de mille hommes. Ils marchèrent même sur Gallipoli, pour y surprendre ce qui restait de la grande compagnie catalane, réduite à environ quatre mille hommes.

Au lieu de se laisser épouvanter par les dangers dont ils étaient entourés, les hommes de la grande compagnie catalane prirent la résolution audacieuse de déclarer la guerre à tout l'empire; mais ils voulurent que la chose fût faite selon toutes les règles de la chevalerie. Ils avaient donné leur foi à l'empereur, et ils lui envoyèrent une ambassade solennelle, au nom de toute la compagnie, pour lui déclarer à lui-même, assis sur son trône, en présence de toute sa cour et des grands de l'empire convoqués par eux, qu'ayant menti à sa foi en faisant assassiner leur chef et en les attaquant sans défi préalable, ils lui retiraient la foi qu'ils lui avaient donnée, et qu'ils étaient prêts à prouver, dix contre dix, cent contre cent, l'accusation de foi mentie qu'ils lui lançaient; enfin, qu'à dater de ce jour, ils cessaient de se regarder comme ses amis, et se conduiraient comme ses ennemis. Cela fait, ils quittèrent l'audience impériale avec la plus parfaite confiance. L'étonnement seul avait retenu les bras des affidés de l'empereur dans le premier instant, et on leur avait même octroyé l'escorte d'honneur et le sauf-conduit qu'ils demandaient; mais en arrivant à Rodosto, eux et vingt-sept des leurs qui les accompagnaient furent entourés dans les rues par des troupes apostées, poussés dans une boucherie, coupés par morceaux, et leurs membres dispersés dans l'empire, comme un trophée, donnèrent partout le signal de la guerre.

Retranchés dans la forteresse de Gallipoli, les Catalans portèrent le pillage et la mort dans tous les pays environnants. Afin de donner un nouvel aliment à leur courage, en se privant de tout espoir de retour dans leur pays, ils défoncèrent eux-mêmes presqu'île tous leurs navires, se contentant de garder quatre galères et vingt-quatre longues barques armées pour les approvisionnements. Michel, fils d'Andronic, réunit contre eux toutes ses forces; mais il fut battu et blessé à Apros, et n'échappa qu'à grand'peine, et dans le plus grand désordre, entraînant à sa suite tous les gens des campagnes, qui accoururent, pleins d'épouvante, à Constantinople, apportant sur des chariots les meubles les plus nécessaires, et laissant après eux les grains prêts à être moissonnés et les provisions déjà serrées dans les granges. Ces approvisionnements étaient fort nécessaires aux Catalans, qui, dit Ramon Muntaner, ne semaient, ni ne labouraient, ni ne cultivaient la vigne, ni ne la taillaient, et cependant récoltaient chaque année autant de vin qu'ils en pouvaient consommer, autant de froment, autant d'avoine, et vivaient splendidement à bouche que veux-tu. Ils étaient fort aidés dans cet exercice de leur autorité absolue par quelques milliers de Turcs, qui trouvaient autant sous cette existence militante et abondante aux dépens des Grecs.

Comme le nom de Franc était à lui seul une arme dans ce pays où s'était fait redouter les Français de Morée, et qu'il fallait un nom commun à ces bandes diverses, ils se donnèrent à eux-mêmes le nom de *Francs*, se créèrent des étendards, des officiers, un chancelier et un trésorier, qui était Ramon Muntaner, à la plume duquel nous devons le piquant récit de ces expéditions; ils eurent même un sceau, sur lequel était écrit : *Sceau de l'armée des Francs qui règne sur le royaume de Macédoine*.

Quand tout le pays autour de Gallipoli et à dix journées à la ronde fut si bien dévasté qu'on ne trouvait plus rien à y piller, il fallut songer à se pourvoir ailleurs, et on résolut de traverser la Macédoine et la Thessalie, pour aller se joindre aux Français établis dans la principauté de Morée, qui s'étendait jusqu'aux frontières méridionales de la Thessalie. Quelques-uns d'entre eux avaient été bien accueillis par le jeune et chevaleresque Guy II de La Roche, duc d'Athènes; ils pensèrent qu'ils pourraient s'enrôler utilement à sa solde. Ils députèrent en même temps au roi de Sicile, dont ils avaient toujours porté la bannière, et le prièrent de leur donner un chef, attendu que l'anarchie s'était glissée parmi eux, et qu'ils avaient assassiné deux ou trois des chefs établis par eux-mêmes. Frédéric leur envoya, en effet, son parent Fernand de Majorque, qui les rejoignit en Macédoine; mais il ne put faire reconnaître son autorité, et crut plus prudent de les abandonner à eux-mêmes. Les Catalans, après avoir démantelé et brûlé Gallipoli, s'avancèrent vers Christopolis et la presqu'île de Cassandria, où ils passèrent l'hiver. Là ils eurent, à ce qu'il paraît, de grandes luttes à soutenir contre un capitaine grec, nommé Chandrinos, qui voulait leur interdire le séjour en Thessalie. Il fut enfin convenu que les Catalans seraient fournis de vivres et d'argent, que des guides leur seraient donnés, et que libre passage leur serait accordé. Au printemps, ils se virent harcelés par les ducs français d'Athènes. Ils arrivèrent, en effet, près de l'antique Orchomène de Mynias, sur les bords du lac Copaïs aux millions de grenouilles, vers la fin de l'année 1309.

Là, ils espéraient être enfin parvenus dans une terre amie, et obtenir hospitalité et bonne solde du duc d'Athènes. Mais Guy II de La Roche était mort sans enfants, en 1308, et le duché d'Athènes était échu à Gautier de Brienne. Celui-ci, qui avait été élevé à la cour des rois angevins de Naples, et dont le père, Hugues de Brienne, avait succombé dans la bataille des huit comtes contre les troupes catalanes du roi Frédéric de Sicile, n'était nullement disposé à se montrer aussi favorable à la grande compagnie catalane que l'eût fait son prédécesseur. Dès son arrivée de Naples, il avait appris la marche des Catalans vers son duché, et il s'était hâté de lever des troupes pour s'opposer à leur passage. Ainsi serrés entre Chandrinos d'une part, qui leur interdisait le retour en Thessalie, et Gautier de Brienne, qui voulait les empêcher de passer en Béotie, les Catalans, réunis aux Turcs qui les avaient accompagnés, se préparèrent de leur côté à se défendre sur le terrain où ils étaient venus camper. Les terres marécageuses qui entourent cette partie du lac Copaïs formaient pour eux une sorte de défense naturelle contre les chevaliers pesamment armés du duc Gautier de Brienne. Ils augmentèrent encore les difficultés du terrain par des saignées dissimulées qui le rendaient tout à fait impraticable à la cavalerie.

Un écrivain grec, Nicéphore Grégoras, et le Catalan Ramon Muntaner ont décrit avec détails cette bataille, qui décida du duché français d'Athènes. Gautier de Brienne arriva au milieu du printemps de 1310, avec une armée composée de huit mille hommes d'infanterie et de six mille quatre cents hommes de cavalerie. Au lieu de s'emparer du passage de la montagne, et de cerner les Catalans dans le lieu où ils étaient, de manière à les tenir assiégés et sans ressources dans le lieu marécageux, il voulut en finir à l'instant même, et avec l'impétuosité habituelle à nos chevaliers, il précipita ses chevaliers sur cette plaine qui lui semblait couverte d'un si beau vêtement de verdure. Mais avant d'être parvenus jusqu'aux Catalans, qui les attendaient sans porter leurs traits derrière leurs humides retranchements, ils se virent arrêtés dans leur élan. Leurs pesants chevaux, n'osant porter le pied avec assurance sur ce terrain marécageux, tantôt glissaient et roulaient dans la boue avec leurs cavaliers, et, se débarrassant d'eux, s'emportaient dans la plaine, où ils venaient porter le désordre; tantôt sentant leurs pieds s'enfoncer, ils restaient immobiles à la même place sous leurs maîtres, comme s'ils eussent été retenus par de lourdes entraves ou comme si c'eût été des chevaux de marbre, portant des cavaliers inanimés comme eux. Livrés ainsi sans défense aux arbalètes des Catalans, aux arcs des Turcs et aux épieux des Almogavares, ils furent en bonne partie égorgés. Le duc d'Athènes, le brave et impétueux Gautier, y périt lui-même, et ses deux villes de Thèbes et d'Athènes, n'ayant pas eu le temps de se mettre en défense, furent enlevées par surprise par la grande compagnie catalane.

Jeanne de Châtillon, veuve de Gautier de Brienne, se réfugia à Naples et ensuite en France, avec son fils et sa fille. Lorsque ce fils, nommé Gautier comme son père, fut parvenu à l'âge d'homme, il chercha à reprendre sur la grande compagnie catalane son duché héréditaire d'Athènes, mais il échoua aussi par son impatience, que lui avait fait son oncle paternel et son tuteur, Gautier de Châtillon, dans une expédition entreprise déjà pour lui en Grèce, quatre ans après la mort de son père, en 1314. Désappointé de ce côté, Gautier de Brienne chercha à s'indemniser en usurpant la seigneurie de Florence; mais il en fut chassé en 1343, et retourna en France, où il obtint la dignité de grand-connétable, et termina glorieusement ses jours à la bataille de Poitiers, en 1356.

Pendant ce temps, la grande compagnie catalane avait cherché à prendre pied dans le duché d'Athènes. Sentant le besoin d'un chef qui les contînt et les guidât, ils s'adressèrent de nouveau au roi Frédéric de Sicile, qui en 1312 leur envoya d'abord un de ses chevaliers et ensuite un de ses fils naturels, pour les gouverner au nom de son second fils, Mainfroi, âgé alors de dix ans, auquel il conféra le titre de duc d'Athènes. A la mort de Mainfroi, son frère Guillaume reçut le titre de duc d'Athènes, et à la mort de Guillaume, Jean, leur quatrième frère, reçut le même titre de duc d'Athènes, auquel il ajouta celui de duc de Neopatras, car à cette époque la grande compagnie catalane avait étendu ses conquêtes sur la Thessalie, et s'était emparée de la ville de Neopatras. Jean mourut en 1368, sans avoir, plus que ses deux frères, visité le duché dont il portait le titre, et il le laissa à son fils Frédéric, à la mort duquel ce titre rentra dans le protocole royal des rois d'Aragon-Sicile, et prit place ensuite dans le protocole des rois d'Espagne, qui ont continué jusque dans ces derniers temps à s'appeler ducs d'Athènes et de Neopatras. Quant aux aventuriers composant la grande compagnie catalane, ne pouvant se grossir par de nouvelles recrues, et se livrant à tous les désordres qui abrègent la vie de l'homme, ils ne purent transmettre une longue domination à leurs descendants énervés et diminués, et finirent par disparaître, sur la fin du quatorzième siècle.

Le récit de l'expédition des Catalans a fait la gloire de l'historien Moncada, dont le petit volume a pris place au rang des meilleures productions de la langue espagnole; mais tout ce que son récit a de vif, de chaud, de vrai, est puisé dans la chronique catalane de Ramon Muntaner.

BOUCHON.

CATALANI (ANGÉLIQUE), cantatrice célèbre, née à Sinigaglia, en 1784, était entrée dans un couvent de cette ville, où on l'avait admise, à cause de sa belle voix. Elle chantait aux offices, et le monastère se chargeait de son entretien et des soins de son éducation. Elle avait quinze ans lorsque Caros, directeur du théâtre de *La Fenice* à Venise, se trouva dans un cruel embarras; il venait d'ouvrir son spectacle pour le carnaval avec beaucoup de succès quand sa *prima donna* mourut. Comme il était impossible de la remplacer à l'instant, Caros se voyait forcé de fermer le théâtre. Zamboni, copiste de *La Fenice*, lui dit qu'il connaissait une jeune personne qui donnait les plus grandes espérances, et dont la voix le sauverait de la position si l'on parvenait à la faire passer du couvent sur la scène. Caros et son compagnon Zamboni partirent pour Sinigaglia, entendirent la virtuose à l'église, et revinrent enchantés de leur découverte. On fit de belles propositions à Catalani, son père, ouvrier orfèvre, qui jouait du cor au théâtre, et la jeune musicienne quitta le couvent. Marchesi, qui chantait alors à Venise et restait dans l'inaction faute de *prima donna*, s'empressa d'endoctriner un peu la débutante, lui apprit deux rôles et parut avec elle dans la *Lodoïska* de Mayer. La beauté de l'organe de la nouvelle venue, la hardiesse de son intonation, firent excuser son inexpérience dans l'art du chant; elle réussit complètement. Mlle Catalani fut engagée à Venise pour l'année d'après, et partit ensuite pour Lisbonne, où les mêmes succès l'attendaient. Sa réputation s'était répandue en Europe quand, venue à Paris en 1806, elle chanta dans deux concerts à Saint-Cloud, le 4 et le 11 mai. Elle fut largement rémunérée : 5,000 fr. comptant, une pension de 1,200 fr. et la salle de l'Opéra prêtée, tous frais payés, pour deux concerts, dont la recette s'éleva à 49,000 fr., tel est le prix que l'empereur offrit à cette virtuose pour avoir chanté deux fois à la cour de Saint-Cloud.

Mlle Catalani avait épousé M. Valabrègue, sans quitter son nom de famille, qu'elle avait illustré, et qu'elle garda toujours. En 1815 elle obtint le privilège de l'Opéra-Italien de Paris, et dirigea assez longtemps cette entreprise pour la ruiner et s'enrichir aux dépens des artistes. Elle s'entourait d'acteurs sans talents, de virtuoses à bon marché, croyant que son mérite seul devait satisfaire le public. Elle réduisit à la plus simple expression les appointements des symphonistes; la directrice chantante profitait de ces diminutions dont tout le monde était indigné. Elle quitta Paris, où son talent avait perdu presque tout son pouvoir et son crédit, et se rendit en Angleterre, où elle trouva des admirateurs passionnés. Le public parisien était fatigué des airs de bravoure écrits pour madame Catalani par des compositeurs obscurs qu'elle tenait à sa solde. Ce genre, le seul qui convint à la *prima donna*, réussit complétement chez les Anglais, tout aussi barbares qu'ils le sont à présent en musique, et c'est chez eux que la cantatrice fit une grande fortune, que des voyages en Russie, en Prusse, en Suède, augmentèrent encore. Elle se fit entendre de nouveau en 1825 dans la salle Cléry, et n'eut aucun succès : le prestige s'était évanoui. On admira encore sa belle voix; mais ses tours de force, que l'on avait tant applaudis vingt ans auparavant, semblèrent de mauvais goût et d'une exécution imparfaite. On avait entendu depuis Mmes Mainvielle-Fodor et Pasta : le public était devenu connaisseur.

La voix de Mme Catalani était un soprano d'une étendue immense, possédant le *la* au grave et s'élevant au *mi*, au *fa* sur-aigu, voix forte, brillante, vibrante, d'une grande agilité, exécutant des difficultés surprenantes avec un *brio* qui agissait vivement sur le public. Comme elle avait paru sur la scène avant de connaître l'art du chant, sa voix n'était point posée et ne réussissait point dans les morceaux lents et soutenus. C'est Mme Catalani qui mit à la mode les *variations*; elle chanta celles que Rode avait écrites pour le violon; elle en composa sur l'air de Paisiello, *Nel cor più non mi sento*, et sur le petit chœur de *La Flûte enchantée*: *O dolce concento*. Tel était son répertoire, qu'elle chantait sans cesse, en y ajoutant des airs de ténor et même des airs de basse, tels que *Non più andrai*, des *Nozze di Figaro*, qu'elle variait de la manière la plus burlesque. La voix de Mme Catalani était un prodige, et lui fit un nom; son talent, bien que médiocre, fit sa fortune, dont elle alla jouir paisiblement à Florence, puis à Sinigaglia, où elle mourut, le 11 décembre 1849. Son mari était mort en 1843. Elle laissait trois enfants et un héritage évalué à 1,500,000 écus romains (environ 8 millions de francs). CASTIL-BLAZE.

CATALAUNIQUES (Champs), *Campi Catalaunici*. On appelle ainsi la vaste plaine au milieu de laquelle s'élève, en Champagne, la ville de Châlons-sur-Marne, et qui est restée célèbre dans l'histoire par la victoire décisive que les Visigoths, commandés par Aétius, y remportèrent sur Attila, en l'an 451.

Aétius, chef de l'armée romaine, avait réussi à décider Théodoric Ier, roi des Visigoths, à s'unir à lui pour combattre l'ennemi commun. D'autres peuples, d'origine celtique ou germaine, et habitant les Gaules, comme les Bourguignons, les Saxons (venus de Normandie), une partie des Francs, et les Alains, accoururent grossir les rangs de son armée. Attila leva brusquement le siège d'Orléans, et se retira en Champagne, pays bien plus avantageux pour sa cavalerie, à cause des vastes plaines qu'on y rencontre. Aétius et Théodoric l'y suivirent, et une bataille devint inévitable. Attila, placé au centre de son armée, commandait les Huns en personne, les Ostrogoths, dirigés par deux frères de la race royale des Amales, formaient sa gauche ; les Gépides, ayant à leur tête Ardarich, formaient la partie la plus forte de sa droite, où se trouvaient d'ailleurs, ainsi qu'à l'aile gauche, encore d'autres peuplades sarmates ou germaines, soumises à la domination d'Attila, telles que les Rugiens, les Hérules, les Thuringiens, et aussi des Francs et des Bourguignons. Dans l'autre armée, Aétius commandait la gauche et Théodoric la droite; Sangipan, roi des Alains, dont on croyait devoir se méfier, avait été placé au centre. Ce fut précisément sur le point que se porta toute la force de l'ennemi. Les Huns se ruèrent à l'enfoncer, et se jetèrent sur les Visigoths, qui eurent alors à lutter à la fois contre eux et contre les Ostrogoths. Théodoric ayant été tué, son armée démoralisée, commençait à lâcher pied, lorsque son fils Thorismond, accourant du haut d'une colline, rétablit l'ordre parmi les siens, et parvint à repousser l'ennemi, après une lutte terrible, à laquelle la nuit seule put mettre un terme. De son côté, Aétius, à l'aile gauche, avait également réussi à mettre en complète déroute les forces qui lui étaient opposées. La mêlée avait été des plus sanglantes. Jornandès n'évalue pas à moins de 162,000 le nombre de ceux qui y perdirent la vie; d'autres versions, exagérées sans doute, portent ce chiffre à 300,000. Attila, après sa défaite, s'était réfugié dans son retranchement, formé au moyen de tous les chariots de son armée. La première pensée des vainqueurs fut de l'y attaquer ; mais on dit qu'Aétius, ayant réfléchi à la supériorité que la destruction totale des Huns ne manquerait pas de donner aux Visigoths, se garda bien de persévérer dans ce projet, et conseilla au contraire au jeune Thorismond de se hâter de regagner son royaume, à l'effet de s'assurer la possession du trône laissé vacant par son père. Jornandès, après quelques jours de repos, se retira lentement sur les bords du Rhin, puis en Germanie, d'où, l'année suivante, il fondit encore une fois sur l'Italie.

Pendant longtemps la tradition locale raconta que les esprits des guerriers tués dans la bataille dont les Champs Catalauniques avaient été le théâtre, s'étaient encore battus trois jours durant après cette terrible mêlée. C'est cette légende qui a fourni au peintre Kaulbach le sujet de son beau tableau *la Bataille des Huns*.

CATALECTE, CATALECTIQUE, mots faits de la préposition grecque κατά, et du verbe λήγω, je finis. Les anciens appelaient vers *catalectes* ou *catalectiques* ceux auxquels il ne manquait qu'une syllabe, par opposition à ceux auxquels il manquait un pied tout entier, et qu'on nommait *brachicatalectes* ou *brachicatalectiques*, et aux vers *acatalectiques*, qui étaient les vers parfaits, c'est-à-dire ceux auxquels il ne manque rien.

De là on est parti pour donner le nom de *catalectes* à certains ouvrages d'auteurs anciens qui ne nous sont parvenus que par fragments, ou à de petites pièces qui leur ont été attribuées dans des temps postérieurs à ceux où ils vivaient. C'est ainsi, par exemple, que quatorze petites pièces ont été mises sous le nom de Virgile, et traduites avec ce titre par l'abbé de Marolles, qui plus tard a joint à cette traduction celles de toutes les petites pièces des anciens auteurs que Scaliger avait rassemblées sous le même nom.

CATALEPSIE (de κατάληψις, dérivé de καταλαμβάνω, arrêter, suspendre, retenir), maladie nerveuse, intermittente, dont les accès, revenant à des intervalles très-irréguliers, peuvent durer depuis quelques minutes jusqu'à plusieurs heures, et même au delà d'une journée. Dans quelque position qu'il se trouve, le sujet attaqué de catalepsie conserve son attitude, mais il a perdu l'usage de ses mouvements et de sa sensibilité. S'il examinait quelque objet, son regard comme son corps est resté fixe et immobile. En un mot, on le dirait pétrifié, transformé en une statue de cire. Seulement, malgré cette immobilité absolue des cataleptiques, leurs membres restent doués d'une telle flexibilité qu'ils prennent et conservent avec une grande facilité toutes les positions dans lesquelles on les place. En même temps se manifestent, s'ils n'ont précédé, les symptômes d'une congestion cérébrale : ordinairement le teint s'anime, les artères des tempes et du cou battent avec force, la respiration et la circulation sont irrégulières, mais presque toujours conservées; les muscles abdominaux et quelquefois la mâchoire inférieure sont dans un état convulsif; les yeux sont presque toujours ouverts, mais la pupille est immobile et ne se contracte point sous l'influence de la lumière. Cependant Pisson et Van-Swieten ont vu des cataleptiques qui avaient les yeux fermés, et dont les paupières retombaient d'elles-mêmes lorsqu'on les relevait. Dans tous les cas, les yeux sont fixes, immobiles et privés de la faculté de voir. Le sens de l'ouïe semble également anéanti ; les cris dans les oreilles et les plus grands bruits n'impressionnent en rien les cataleptiques. Quant au toucher, les malades sont ordinairement insensibles. Et, chose singulière, chez eux l'odorat est quelquefois non-seulement conservé, mais exquis.

Peu à peu l'accès se dissipe, et il ne reste de ce singulier état spasmodique et comateux qu'un malaise plus ou moins pénible, sans souvenir de ce qui vient de se passer. L'intelligence redevient libre en même temps que le corps, et le sujet reprend précisément au point où il l'avait laissée l'opération intellectuelle que l'attaque est venue interrompre. Ainsi, on a vu des cataleptiques achever, après une attaque, la phrase qu'ils avaient commencée au moment même où ils avaient perdu connaissance. Si l'on en croit Frank, on aurait même observé que lorsqu'ils se sont arrêtés au milieu d'un mot, leur première parole après l'accès est la terminaison de ce mot.

La catalepsie se rencontre plus fréquemment chez les femmes et les enfants que chez les hommes et les vieillards. Des chagrins excessifs, des douleurs vives et longtemps prolongées, l'abus des liqueurs fermentées, la présence de vers intestinaux, des irrégularités dans la menstruation, l'aménorrhée, l'onanisme, quelquefois des lésions externes de la tête, sont autant de causes qui peuvent occasionner cette maladie. Une excitation habituelle du cerveau, des contentions d'esprit peu variées mais constantes, exclusives, telles que le mysticisme les comporte, une méditation, une contemplation longtemps prolongée, ont été également notées comme propres à en favoriser le développement.

Quoiqu'on puisse facilement constater que la catalepsie résulte d'un trouble de la vitalité du cerveau, on ignore encore complétement la nature de cette altération du système cérébro-spinal. Les malades succombant rarement à cette maladie, on a eu peu d'occasions de se livrer à des autopsies, et dans les cas où on a pu ouvrir des cadavres on n'a trouvé aucune lésion qui se rattachât évidemment aux symptômes de la maladie.

Le diagnostic de la catalepsie est généralement facile, du moins sous le rapport des signes qui en font reconnaître l'existence. Cette maladie se distingue de l'épilepsie et de l'hystérie par plusieurs signes, et notamment par l'absence de convulsions ; de la syncope, par la persévérance de la circulation ; de l'apoplexie, avec laquelle on ne pourrait dans tous les cas la confondre qu'une première fois, par la faculté qu'a le corps de conserver l'attitude qu'il avait avant l'attaque et les membres la situation dans laquelle on les place ; de l'asphyxie, par les antécédents et ces derniers symptômes. L'extase est peut-être l'état qui ressemble le plus à la catalepsie, à cause de l'expression fixe du visage, de l'immobilité du corps, et de la suspension momentanée des sens externes ; mais les circonstances qui ont précédé, les transports, l'enthousiasme, le ravissement des facultés sensitives et mentales, qui absorbent le sujet extatique, n'ont rien de commun avec la catalepsie, dans laquelle l'existence morale est suspendue. Le somnambulisme offre aussi quelques analogies qui pourraient tromper au premier abord, mais il y a des mouvements et souvent même des paroles, et les membres ne conservent nullement la position qu'on leur donne. Ajoutons que des accès de catalepsie prolongés peuvent faire croire à la mort de malheureux que l'on risquerait d'enterrer vivants. En l'absence de la circulation, de la respiration et de la chaleur normale, il faudrait considérer très-attentivement l'aspect des yeux et de la physionomie, s'assurer si les membres ne conservent pas des positions insolites. Dans tous les cas la prudence commande de différer l'inhumation des sujets qui paraissent avoir succombé à une attaque de catalepsie.

La catalepsie se termine quelquefois par une hémorragie nasale, par l'éruption des règles, etc. Quelquefois aussi elle dure toute la vie. Elle peut être suivie de manie, de mélancolie et d'épilepsie. Le traitement de la catalepsie consiste dans cette série de moyens qu'on a coutume d'employer pour combattre les maladies nerveuses. Le principal d'entre eux, c'est l'exercice varié sous toutes les formes : la maladie étant essentiellement nerveuse, les mouvements ont pour effet de faire une sorte de diversion à l'excitation cérébrale, une révulsion qui se porte sur le système musculaire. On emploie encore, suivant les circonstances, les sangsues, les bains froids, les émétiques, l'opium, la valériane, le musc, le sulfate de cuivre et d'ammoniaque, l'électricité, le magnétisme, la musique, etc.

CATALOGNE, en espagnol *Cataluña*, par corruption du mot latin *Gothalonia*, nom que les Romains lui avaient donné, à cause d'une colonie de Goths qui était venue s'y établir. C'était autrefois une grande principauté, relevant de la couronne d'Aragon. Aujourd'hui encore elle comprend une superficie de 565 myriamètres carrés, constitue l'extrémité nord-est du royaume d'Espagne, et forme les quatre provinces de *Girone*, *Barcelone*, *Tarragone* et *Lérida*. Que si, au point de vue administratif, son antique dénomination n'a maintenant plus de sens, elle n'en conserve pas moins toute son importance primitive au point de vue historique et physique. Cette contrée est située entre la Méditerranée et l'Aragon, entre la France et le royaume de Valence. Elle est arrosée par l'Èbre, dont l'embouchure est aujourd'hui ensablée, et qui a pour affluents la Sègre avec la Noguera Pallasera et la Rivagorzano, par le Llobrégat et le Ter. Les caps Cruz et San-Sabastian y forment de vives arêtes dans la mer, qui en échancre profondément le littoral aux environs de Rosas et de Tarragone. Ce littoral, qui occupe un développement de 41 myriamètres de prolongement, est tantôt sablonneux, tantôt montagneux. Sur l'un des points de la côte les ports sont ensablés, et sur l'autre très-profonds, mais sans abri contre le vent. De tout temps, cependant, ce littoral a offert d'importantes et florissantes places de commerce.

A l'exception d'un petit nombre de vallées profondes, le sol de la Catalogne, hérissé de montagnes, offre l'aspect le plus tourmenté, et se rattache, en formant une suite de hautes terrasses, aux plateaux, couverts de neige, des Pyrénées orientales. La chaîne richement boisée du Mont de Cadis, qui accompagne la rive gauche de la Sègre supérieure, peut en être considérée comme l'un des contre-forts méridionaux ; et avec le plateau le plus haut de la Maladetta, où le Pic d'Anethou atteint une élévation de 3,593 mètres, cette partie des Pyrénées se dresse au nord-ouest comme une gigantesque muraille de clôture, tandis que vers le nord elle vient se plonger abruptement dans la mer à Rosas. Les montagnes en terrasses qui surgissent abruptement des plaines de la côte ou de leurs crêtes immédiates sont divisées par le Llobrégat en hautes et basses montagnes de la Catalogne. Les premières se terminent à la montagne de Montserrat, haute de 1,000 mètres ; les secondes ont un point central presque aussi élevé au Monsein, près d'Hostalrich. Les petites plaines de la Catalogne sont, sur la côte, l'Ampourdan, la plaine de Barcelone et le *Campo de Tarragona*, et, à l'intérieur, la *Vegeria* (viguerie) *de Vigue*, la *Vegeria de Mauresa*, la *Llañada de Urgel*, la *Fontanal* de la Sègre inférieure et les *Huertas* de Tortose sur les bords de l'Èbre inférieur.

Ces plaines elles-mêmes sont entrecoupées de ravins, de taillis, de jardins, de plantations d'oliviers et d'arbres fruitiers en guise de haies, de quelques terrains entrecoupés, s'harmonisent avec les profondes vallées rocheuses, au fond desquelles serpentent des eaux torrentielles descendant des montagnes, se frayant souvent un passage en brisant devant elles les rochers à pic ou bien les contournant dans les sinuosités les plus tourmentées, pour faire de la Catalogne le pays le plus propre à la guerre de partisans et à la défense opiniâtre et désespérée de l'indépendance nationale. L'histoire en fournit de mémorables exemples depuis les temps les plus reculés jusqu'à nos jours. De là l'esprit d'énergique nationalité des populations, de là toutes ces hauteurs immanquablement garnies de châteaux forts, de là ces villes toujours entourées de tours et de murailles d'une solidité à toute épreuve. En dépit de brumes et de pluies fréquentes, de brusques changements dans la température, qui arrive souvent à être d'une chaleur étouffante dans la journée, le climat est, au total, sain et éminemment favorable à la végétation. Le palmier nain demeure fidèle à la côte. Près de Barcelone l'oranger croît et mûrit en pleine terre, et jusqu'à Mataro les champs sont clos de haies d'aloès. On trouve encore des oliviers sur le Montserrat; le chêne à liège est l'essence dominante des épaisses forêts qui couvrent les flancs des montagnes. Là où elles cessent, elles sont remplacées par d'épais buissons de stramonium, de lauriers, de myrtes, de grenadiers, de buis, de romarins, d'*espartos* et d'*ericas*.

La haute Catalogne du nord est à la vérité d'une nature plus sauvage; cependant, on y voit partout les flancs des montagnes couverts de vignes et d'oliviers de la plus luxuriante végétation, et les vallées de champs de blé ou de maïs, et de rizières. Les prairies et les pâturages s'y rencontrent plus rarement; aussi l'élève du bétail n'y a-t-il qu'une minime importance et se trouve-t-il à peu près relégué dans le voisinage immédiat des Pyrénées. On y produit peu de chevaux et d'ânes, mais, en revanche, force moutons, chèvres et porcs. La culture du ver à soie y est assez négligée, de même que celle des abeilles. La pêche est extrêmement productive, surtout au voisinage des côtes. L'exploitation des mines y est très-négligée, quoiqu'on y trouve du fer, du sel gemme, du soufre, différentes espèces de marbres et plusieurs pierres précieuses.

La population de la Catalogne dépasse aujourd'hui un million d'âmes. Les Catalans sont actifs et entreprenants; ils se livrent à l'agriculture, au commerce et à l'industrie, et leur province est la seule de l'Espagne qui puisse s'enorgueillir d'une certaine aisance. Les ports les plus importants ouverts au commerce sont *Rosas*, *Mataro*, *Barcelone*, *Taragone* et *Tortose*. Cette province d'ailleurs hérissée de forteresses, circonstance qui témoigne de son importance militaire : ce sont *Figueras*, *Campredon*, *Gironc*, *Hostalrich*, *Urgel*, etc., etc.

La Catalogne fut une des premières conquêtes des Romains et une des dernières qu'ils abandonnèrent. Comme province romaine, elle portait le nom de *Hispania Tarraconensis*. César avait fait de Taragone le centre de ses opérations militaires en Espagne; tous les généraux qui lui succédèrent firent aussi de cette ville leur principale résidence. On aperçoit encore aux environs de Taragone les ruines d'un ancien monument sépulcral, où la tradition veut qu'aient été enterrés deux Scipions. Les Carthaginois avaient fondé dans ces parages des colonies avant les Romains. Quand les Sarrasins eurent conquis l'Espagne, ils réunirent de nombreuses armées en Catalogne, dans l'intention de porter leurs armes en France; mais bientôt les succès de Charles Martel appelèrent à la révolte les Catalans, qui en expulsèrent leurs maîtres. Les femmes de la Catalogne prirent une grande part à cette révolte, et ce fut pour les récompenser de leurs actions d'éclat dans cette circonstance qu'on institua l'*ordre de la Hache*, en mémoire de l'arme dont elles s'étaient servies pour affranchir leur pays de l'esclavage des Maures.

La Catalogne ne fut point toujours sous la domination des rois d'Espagne ou d'Aragon : dans l'année 1640 elle s'était donnée volontairement à la France; mais par un traité de l'année 1652 elle retourna au roi d'Espagne, et depuis lors elle n'a pas cessé d'être une possession espagnole. Le Roussillon a fait partie autrefois de cette province, à laquelle il avait été réuni par voie d'héritage; mais, en 1481, Louis XI reprit possession de tout ce comté, et reporta les frontières du royaume aux Pyrénées, ces limites naturelles de la France et de l'Espagne.

La Catalogne a été aussi le théâtre de nos dernières guerres contre les Espagnols. On se rappelle avec quelle bravoure notre armée, en 1808, s'empara en moins de quinze jours de quatre-vingts redoutes qui hérissaient les Pyrénées et nous fermaient les passages de cette province.

Les mœurs des Catalans sont en général affables et régulières, quoiqu'ils aient dans le caractère beaucoup de vivacité, d'âpreté, de rudesse, d'indépendance et de fierté. L'amour de la liberté se manifeste chez eux avec énergie, et en fait avec les Basques les meilleurs soldats de l'Espagne. Quant à leur idiome, il ressemble à toutes les langues romanes du midi de la France. C'est la population la plus éclairée de la péninsule, et l'on ne saurait trop louer le respect qu'elle conserve pour les anciens monuments romains dont le pays est encore couvert.

CATALOGUE, mot dérivé du grec καταλογος, recensement, et ensuite registre, du verbe καταλέγω, choisir, décompter, enregistrer. Un catalogue est un livre dans lequel des objets de même nature sont enregistrés sous une série de numéros, qui servent à les faire retrouver. Les anciens avaient des catalogues de vaisseaux, des catalogues pour le service militaire, etc.; les Grecs disaient qu'un homme avait dépassé le *catalogue* pour indiquer qu'il était exempté par son âge du service, et ils faisaient encore usage de mot dans un sens politique et dans l'administration. Chez les modernes, le mot catalogue s'applique plutôt aux choses et s'entend d'une liste d'objets de même nature, tels que livres, tableaux, estampes, médailles, plantes, coquilles, minéraux, etc., rangés et classés suivant différents systèmes, dans lesquels on peut établir deux grandes divisions, *alphabétique* et *méthodique*. L'emploi le plus général et le plus ancien des catalogues est pour les **bibliothèques**, qui dès qu'elles sont un peu nombreuses cesseraient de pouvoir être utiles si on n'avait pas un moyen facile pour y trouver ce dont on a besoin. Nous ne croyons devoir entrer ici dans aucun détail sur la formation de catalogues de livres, cela dépend de la *Bibliographie*. Nous dirons seulement que pour l'arrangement des livres on peut recourir à diverses méthodes. La plus généralement suivie est celle de Gabriel Martin, améliorée par Guil. de Bure, et perfectionnée par Brunet.

Parmi les catalogues *alphabétiques*, on doit remarquer celui de la bibliothèque de Bodley, qui vint enrichir l'université d'Oxford : il a été rédigé par Thomas Hyde, en 1738, 2 vol. in-fol.; celui de la bibliothèque léguée, en 1700, par le cardinal Casanate, aux Dominicains de la Minerve, à Rome : la moitié seulement en a été publiée en 4 vol. in-fol.; celui du *British Museum*, publié en 1788, 2 vol. in-fol., et depuis en 12 vol. in-8°; celui qu'a fait paraître Brunet, sous le titre de *Manuel du Libraire et de l'Amateur*, 4 vol. in-8°, avec un supplément en 2 vol. in-8° : l'un des volumes de cet excellent ouvrage offre le catalogue *méthodique* d'un choix de 17,000 articles; enfin celui qu'on doit à M. Quérard, sous le titre de *La France Littéraire*, en 10 volumes.

Plusieurs catalogues *méthodiques* de bibliothèques publiques ont été imprimés à diverses époques. Les plus remarquables sont ceux de la bibliothèque impériale de Vienne, 1665, 8 vol. in-fol.; de la Bibliothèque de Leyde, 1716, in-fol.; d'Utrecht, 1718, in-fol.; de Delft, 1721, in-fol.; de la Bibliothèque Royale de France, 1739, 10 vol. in-fol.; de la bibliothèque de l'Académie Thérésienne à Vienne, 1802, 13 vol. in-4°; du Conseil d'État à Paris, par Barbier, 1803, in-fol.; de la ville de Lyon, par Delandine, 1815, 2 vol. in-8°.

Nous devons mentionner aussi d'une manière toute particulière, le savant catalogue publié par Van Praet, sous le titre de *Livres imprimés sur vélin*, de la Bibliothèque royale, Paris, 1816, 5 vol. in-8°.

Les catalogues de bibliothèques particulières sont si nombreux qu'il serait impossible d'en donner une liste complète; mais nous croyons devoir citer ceux qui sont les plus recherchés comme offrant beaucoup d'intérêt dans diverses parties, en les classant par pays et dans l'ordre de leur publication. Parmi ces catalogues, on remarque plus particulièrement, en France, ceux des bibliothèques du cardinal Dubois, 4 vol.; de Mme de Pompadour; du comte d'Hoym, Paris, 1738; du maréchal d'Estrées, par Guérin, 1740, 2 vol.; de l'abbé de Rothelin, par Martin, 1746; de Falconnet, par Barrois, 1763, 2 vol.; de Gaignat, par de Bure, 1769, 2 vol.; du président de Lamoignon, par Delatour, 1770, in-folio, tiré à 15 exemplaires seulement; de Courtanvaux, par Nyon, 1783; du duc de la Vallière, par de Bure et Van Praët, 1783, 4 vol.; du comte d'Artois, par Didot l'aîné, 1783, in-8°; de Soubise, par Le Clerc, 1788; d'Holbach, par de Bure, 1789; de Mirabeau, par Rosat, 1791; de Lamoignon, par Mérigot, 1791, 2 vol.; de Loménie, 1791, 2 vol.; d'Anisson du Perron, par de Bure, 1795; de Malesherbes, par Nyon, 1797; de Mérart de Saint-Just, 1798; de Bozerian, Paris, Didot, 1798; de Mercier de Saint-Léger, par de Bure, 1799; de l'abbé Barthélemy, par Bernard, 1800; de Mérigot, par de Bure, 1800; de L'Héritier, par de Bure, 1802; de Méon, par Bleuet, 1803; de Cotte, par de Bure, 1804; d'Anquetil-Duperron, par Tillard, 1805; du comte de Boutourlin, par Pougens et Barbier, 1805; de Caillard, archiviste des affaires étrangères, par de Bure, 1805-1808, 2 vol. in-8°; de Firmin Didot, par de Bure, 1808 et 1811; de Lamy, par Renouard, 1808; de Ventenat, par Tillard, 1808; de Sainte-Croix, par de Bure, 1809; de Caillard, par de Bure, 1810; de Chénier, par Bleuet, 1811; de Molini, par Brunet, 1813; de Larcher, par de Bure, 1814; de Mac'Carthy, par de Bure, 1815, 2 vol.; de la Porte du Theil, par de Bure, 1816; de Courtois, par Merlin, 1817; de Clavier, par de Bure, 1818; de la Bibliothèque d'un amateur (Renouard), 1819, 4 vol.; de Visconti, par Sylvestre, 1819; de Millin, par de Bure, 1819; de Paignon-Dijonval et Morel du Vindé, par le même, 1822, in-8°; de Langlès, par Merlin, 1825; de Châteaugiron, par Merlin, 1827, etc., etc.

En Angleterre : les catalogues des bibliothèques du marquis de Blandfort (le duc de Malborough), Londres, 1811; de Roxburgh, par Nicoll, Londres, 1813; de Stanley, Londres, 1813; de Towneley, Londres, 1814; de Lord Spencer, par Dibdin, 1814 à 1822, 8 vol.; d'Edwards, Londres, 1815, etc., etc. En Hollande et en Allemagne : les catalogues des bibliothèques de Fabricius, Wolfenbutel, 1717, 6 vol. in-4°; du comte de Buneau, par Franck, Leipzig, 1750, 7 vol. in-4°; de Crevenna, Amsterdam, 1776, 6 vol.; de Moris, par Ermens, Bruxelles, 1778, 2 vol.; de Rewiczki, Berlin, 1784; de Lestevenon, par de Tune, La Haye, 1798; de Santander, Bruxelles, 1803, 5 vol.; de Panzer, Nuremberg, 1806, 3 vol. in-4°; de Roveri, Leyde, 1806, 2 vol., etc., etc. En Russie : les catalogues des bibliothèques de Golovkin, Pétersbourg, 1798, in-4°; du comte de Galitzin, Moscou, 1816; de Vlassof, Moscou, 1819, etc., etc. En Italie : les catalogues des bibliothèques de Pinelli, par Morellio, Venise, 1787, 6 vol.; et de Firmin, Milan, 1783, 10 vol. in-4°, etc., etc. Enfin, en Hongrie, le catalogue de celle du comte de Zecheny, Pesth, 9 vol.

Quoique divers princes aient formé des collections de tableaux depuis plus de quatre siècles, on n'en connaît pas de catalogue imprimé anciennement. S'il en existe de manuscrits, ce ne sont que de simples inventaires, fort peu instructifs. Les artistes chargés du soin de ces collections étaient trop peu lettrés pour faire eux-mêmes un bon catalogue, et les littérateurs avaient alors trop peu le goût des arts pour s'occuper d'un travail de cette nature. Le besoin d'un catalogue ne s'est fait sentir que lorsque l'on a voulu mettre en vente publique de nombreuses collections de tableaux, ou bien lorsque, le goût des arts étant devenu plus général, les curieux se sont présentés en grand nombre pour visiter les galeries et les musées. Le plus ancien catalogue que l'on connaisse est celui de Charles Ier, roi d'Angleterre : il est d'une rareté extrême. Lépicier fit imprimer, en 1752, le catalogue des tableaux du roi : il n'a paru que deux volumes. Depuis 1793 on a publié plusieurs éditions de la notice du Musée. On trouve également maintenant les catalogues de la galerie impériale à Vienne, de celles des princes de Lichtenstein et Esterhazy, de celles de Dresde, Munich, Potzdam et Berlin, Amsterdam, La Haye et Londres, Florence, Milan, Bologne et Madrid.

Michel de Marolles ayant voulu vendre sa nombreuse collection d'estampes, en fit imprimer le catalogue en 1666. Quoiqu'on le recherche comme un objet de curiosité, il est assez fastidieux à parcourir, et on peut s'étonner d'y voir une si grande quantité de noms tellement estropiés que quelques-uns sont méconnaissables. Florent Le Comte, dans son *Cabinet des Singularités*, publié en 1701, donna les catalogues de plusieurs peintres et graveurs, auxquels on a recours encore avec quelque intérêt. Depuis lors on a publié un grand nombre de catalogues de vente. Les mieux rédigés ont été faits par Mariette, Gersaint, Helle, Glomy, Basan, Regnault Delalande, Le Brun, Paillet et Dalaroche.

Quelque soin que l'on ait pris pour faire des *catalogues de vente*, ils n'approchent pas de ceux que l'on désigne sous le nom de *Catalogues raisonnés* : ces derniers ne contiennent souvent que l'œuvre d'un seul maître, mais l'auteur a soin d'y réunir tout ce qu'il peut connaître des productions du peintre ou du graveur dont il décrit les ouvrages, quoiqu'ils se trouvent disséminés dans diverses collections. Heinecken et de Murr ont fait plusieurs catalogues de cette nature, et les ont publiés dans les *Nachrichten von Künstlern*, etc., Leipzig, 1768. Depuis eux, Bartich en a donné un très-grand nombre dans son ouvrage intitulé *Le Peintre Graveur*, Vienne, 1802 à 1813, 21 vol. in-8°. D'autres catalogues raisonnés, publiés séparément, sont ceux de La Belle, graveur, par Jombert, 1772; de Berghem, peintre, par de Winter, Amsterdam, 1767; de Chodowiecki, dessinateur et graveur, par Jacobi; de Le Clerc, graveur, par Jombert, 1770; de Cochin, dessinateur, par Jombert, Paris, 1770; d'Albert Durer, peintre et graveur; d'Hogarth, peintre et graveur; de Hollar, dessinateur et graveur, par Vertu; de Lucas de Leyde, peintre et graveur, par Bartsch, Vienne, 1798; de Morghen, graveur, par Palmerini, Florence, 1810; de Piranési, architecte et graveur; de Poilly et Wouwermans, par Hecquet, Paris, 1752; de Raphael, par Tauriscus Euboeus; de Rembrandt, Bol, Lievens et Vliet, par Bartsch, Vienne, 1797, 2 vol.; de Guido Reni, Cantarini, Sirani et Loli, par Bartsch, Vienne, 1795; de Rubens, Jordaens et Vischer, par Hecquet, 1751; de Rubens, par Basan, Paris, 1767; de Schmidt (Georges-Frédéric), Londres, 1789; de Titien, par Hume, Londres, 1829; d'Horace Vernet, par Bruzart, Paris, 1826. On peut encore trouver des catalogues presque complets de plusieurs maîtres importants, publiés dans différents catalogues de vente, tels que : Callot, dans le cabinet Lorangère, par Gersaint; Van Dyck et Rubens, Claude Gelée, dit Claude Lorrain, dans le cabinet Rigal, par Regnault Delalande; Nanteuil, dans le cabinet du comte d'Ursel, par Bénard père. Je terminerai cet article en citant le catalogue des portraits français, publié par de Foutette, dans le cinquième volume de la Bibliothèque de France, in-folio; celui des portraits anglais, par Bromlay, in-4°, et celui de Granger et Noble, en 7 vol. in-8°, Londres, 1801; puis enfin, le catalogue descriptif de 400 nielles, à la suite de l'ouvrage que j'ai publié sous le titre de *Essais sur les Nielles, gravures*

CATALOGUE — CATALOGUE D'ÉTOILES

des orfèvres florentins du quinzième siècle, Paris, 1824.
DUCHESNE aîné.

Il n'y a pas de vente importante de livres, de tableaux, d'estampes ou d'objets de curiosité qui ne soit accompagnée d'un catalogue. Trop souvent la rédaction de ces catalogues est confiée à d'ignorants experts. Quelques-uns sont dus à de savants bibliographes. On y joint ordinairement une vie de l'auteur de la collection cataloguée. On a vu de ces catalogues garder une valeur intrinsèque, et se vendre eux-mêmes comme des livres importants. Nous ajouterons seulement aux catalogues de livres cités plus haut ceux des bibliothèques de Deschiens, de Klaproth, de Soleines, de Villenave, de Monteil, de Bazin, d'Éloi Johanneau, du roi Louis-Philippe, etc. Aux catalogues d'objets d'art indiqués ci-dessus, il faut aussi joindre ceux de la galerie Aguado et de la galerie Soult.

Mais de tous les catalogues de livres qui méritent le plus de fixer l'attention du monde savant, c'est sans contredit celui de la Bibliothèque Impériale de Paris, le plus riche des établissements de ce genre. C'est en 1838 que fut conçue la pensée de faire dresser ce catalogue. On se mit à l'œuvre; on copia des titres, on fit, refit, défit des cartes, sans que le travail avançât d'un pas. Chaque année les chambres votaient un crédit extraordinaire, sans que le ministre pût dire où l'on en était. On changeait à chaque instant de plan et de système. On revenait sur ce qui avait été fait, on demandait des augmentations de crédit, et le catalogue ne paraissait toujours pas. Un crédit de 1,264,000 fr. fut alloué pour cet objet par la loi de finances de 1839. En 1850 une commission fut nommée par l'assemblée nationale pour vérifier l'état des travaux et examiner combien de temps et combien d'argent devait exiger encore l'entier achèvement du catalogue. Le chef du bureau du catalogue des imprimés répondit à la commission que le total des cartes faites était de 171,190; qu'il réclamait dix ans encore; que l'on comptait avoir fini *l'histoire de France* avant un an; mais qu'il ne serait possible de mettre sous presse qu'au commencement de 1852. Enfin, avec une augmentation peu sensible au début, mais graduelle, de la dépense qui avait été en moyenne de 17,000 fr. par an, de 1839 à 1850, et de 20, 21 et 23,000 dans les trois dernières années, il promettait 140,000 cartes par an. La commission crut se mettre à l'abri de nouveaux mécomptes en demandant au pouvoir comme temps douze années, comme dépense annuelle 48,000 fr. et comme garantie la création d'un emploi de directeur du catalogue des imprimés. M. Taschereau fut nommé à cet emploi, avec le titre d'administrateur adjoint, le 24 janvier 1852. Il reconnut aussitôt que le travail était bien moins avancé qu'on ne l'avait dit. Il demanda qu'on ne cataloguât plus que des articles d'une certaine importance, et le chef du bureau du catalogue dut donner sa démission. Ce bureau fut alors réorganisé sous la direction de l'administrateur. On catalogue d'abord maintenant tout ce qui entre chaque année dans la Bibliothèque, puis le temps qui reste est consacré à cataloguer les livres des anciens fonds. M. Taschereau pense que ce grand et unique travail pourra ainsi être terminé en douze ans.

La commission de 1850 estimait de 65 à 72 le nombre des volumes in-4° qu'exigerait l'impression du catalogue des imprimés, et à 450,000 fr. l'ensemble du coût de cette impression à 500 exemplaires. Elle demandait pour cela un crédit annuel de 24,000 fr. pendant dix-huit ans. M. Taschereau espère pouvoir apporter de très-grandes améliorations dans ces calculs de temps et de dépense, et promet de livrer sous peu de mois aux imprimeurs les catalogues de la *médecine*, de *l'histoire d'Angleterre* et de *l'histoire de France*. Il propose au ministre de commencer par cette dernière partie, qui formera une *Bibliothèque historique de la France* quatre fois plus ample, quant aux imprimés, que celle du Père Lelong, et dont le débit certain

DICT. DE LA CONVERS. — T. IV.

allégera, s'il ne le couvre pas en entier, le sacrifice de l'État. Ainsi soit-il !

CATALOGUE D'ÉTOILES, liste des étoiles fixes, disposées dans leurs diverses constellations, avec l'indication des latitudes et des longitudes de chacune d'entre elles; ou bien où leur position est indiquée par ascensions droites et par déclinaisons, pour une certaine époque. Un bon catalogue d'étoiles est la base de l'astronomie sidérale, et ce n'est qu'avec des travaux de ce genre, étendus et précis, qu'il est possible de déterminer les mouvements propres des étoiles et celui de notre système solaire, de constater l'apparition et la disparition de certaines étoiles, de découvrir des planètes encore inconnues, etc.

Les auteurs les plus célèbres à qui l'on est redevable de la rédaction de semblables catalogues sont : Ptolémée, qui probablement ajouta dans son catalogue ses propres observations à celles d'Hipparque (ces dernières se rapportaient à l'année 130 avant J.-C.), en retranchant 2′ 40″ de toutes les longitudes, vers l'an 80 de J.-C; son catalogue comprend 1,022 étoiles, dont les positions sont à peu près quées pour l'année 63 de l'ère chrétienne, quoiqu'il les ait appliquées pour l'année 167; Ouloug-Beg, qui rédigea en 1437 un catalogue des étoiles fixes; Tycho-Brahé, qui détermina la position de 777 étoiles pour l'année 1600; Guillaume, landgrave de Hesse, qui, aidé de ses mathématiciens, détermina la position de 400 étoiles fixes; Halley, qui en 1667 observa à l'île de Sainte-Hélène 350 étoiles non visibles dans notre horizon; J. Hevelius, qui, ajoutant ses propres observations à celles des anciens et à celles de Halley, publia un catalogue pour l'année 1688. Le plus considérable de tous est le catalogue britannique, rédigé d'après les observations de Flamsteed, qui consacra un grand nombre d'années à ce travail. Il contient 2,934 étoiles. En 1782 Bode, membre de l'Académie des Sciences de Berlin, publia un catalogue très-étendu des étoiles fixes, d'après les observations de Flamsteed, Bradley, Hevelius, Tobias Meyer, La Caille, Messier, La Monnaie, d'Arquier et autres savants astronomes. La position de 5,058 étoiles fixes y était indiquée pour l'année 1780. Ce catalogue, ouvrage d'une grande valeur, bien qu'il y ait lieu de craindre que la même étoile n'y figure plus d'une fois, est accompagné d'un atlas céleste d'une exécution admirable comme gravure.

Dans les catalogues dont nous venons de faire mention les étoiles sont classées par constellations; dans les suivants elles se succèdent selon l'ordre dans lequel elles franchissent le méridien, sans acception de la constellation à laquelle elles appartiennent, et dont le nom est simplement indiqué ainsi que la position qu'elle y occupe. Le premier catalogue d'étoiles imprimé d'après cette forme est celui de La Caille, placé à la fin des *éphémérides* pour les dix années de 1755 à 1765, et qui parut en 1755. Il contient les ascensions droites et les déclinaisons de 307 étoiles fixes, pour le commencement de l'année 1750. En 1767 parurent ses *Astronomia elementa*, où se trouve un catalogue des ascensions droites et des déclinaisons de 398 étoiles, calculées également pour l'année 1750. En 1763, c'est-à-dire un an après sa mort, on publia son *Cœlum australe stelliferum*, qui contient le catalogue de la position de 1,942 étoiles, toutes situées au sud du tropique du capricorne, et observées par cet infatigable astronome lors de son séjour au cap de Bonne-Espérance en 1751 et 1752. Les positions de ces étoiles sont indiquées pour 1750. Les éphémérides pour les dix années de 1765 à 1775 furent aussi publiées en 1763. Dans l'introduction qui se trouve en tête de cet ouvrage, il indique les positions de 515 étoiles zodiacales, toutes d'après ses propres observations. Le premier almanach nautique (*Nautical Almanach*), pour l'année 1773, contient un catalogue de 380 étoiles en ascension, déclinaison, longitude et latitude, d'après les observations de Bradley, et calculé pour

41

le commencement de l'année 1760. Ce travail a été depuis republié avec des corrections, par Hornsby, dans le premier volume de Bradley. A la fin du premier volume des *Observations astronomiques faites à l'Observatoire de Greenwich*, publié en 1776, Maskeline a donné le catalogue de 34 étoiles en ascension droite et distance du pôle nord pour le commencement de l'année 1770. On a tout lieu de croire que ce travail, fruit d'observations répétées avec un soin extrême pendant plusieurs années, est de la plus grande exactitude.

En 1776 parut à Berlin un ouvrage intitulé *Recueil de tables astronomiques*, contenant un très-nombreux catalogue d'étoiles d'après les observations d'Hevelius, Flamsteed, La Caille et Bradley, avec l'indication de leurs latitudes et de leurs longitudes pour le commencement de l'année 1800, ainsi qu'un catalogue des étoiles australes de La Caille, des étoiles doubles, des étoiles changeantes et des étoiles nébuleuses. Ce livre est évidemment le travail d'un astronome très-exercé. Aux ouvrages que nous venons d'indiquer on peut encore ajouter le catalogue des étoiles doubles de W. Herschel, imprimé dans les *Transactions Philosophiques* pour 1782 et 1783; les nébuleuses et les groupes d'étoiles de Messier, publiés dans la *Connaissance des Temps* de 1784; et le catalogue du même genre de Herschel, publié dans les *Transactions philosophiques* de 1786.

En 1789 Francis Wollaston publia in-fol. le spécimen d'un catalogue astronomique général arrangé en zones comptées à partir du pôle nord, et calculé pour le 1er janvier 1792. Pour la rédaction de ce catalogue, Wollaston ne s'était servi, à l'exception de celui de Hevelius, et encore fort peu, d'aucun des catalogues qui ont précédé celui de Flamsteed. On y trouve toutes les étoiles indiquées dans le catalogue britannique de 1725, ainsi que celles qu'indiquent les trois catalogues postérieurs de La Caille, celles que Bradley a consignées dans l'almanach nautique de 1773, celles de Meyer, de Maskelyne, les doubles étoiles de Herschel, les nébuleuses de Messier, et toutes celles de Herschel, à l'exception de celles de la seconde et de la troisième classe. Piazzi rédigea un catalogue en 1800 un catalogue de 6,748 étoiles (1803); plus tard, en 1814, il porta le nombre des étoiles de ce catalogue à 7,046. Bode, dont nous avons déjà cité le catalogue de 1782, en donna un plus complet que tous les autres (Berlin, 1801), puisqu'il contient 17,240 étoiles, nébuleuses et astérismes. En même temps, l'académie de Berlin, invitant tous les astronomes à la seconder dans sa tâche, entreprenait le dénombrement de toutes les étoiles comprises dans la région zodiacale du ciel, à 15° de part et d'autre de l'écliptique. Depuis 1843, Rumker, à Hambourg, publie d'après ses observations personnelles un catalogue sous le titre de *Lieux moyens de 12,000 étoiles fixes pour le commencement de l'année 1836*, dont la première partie avait seule encore paru en 1847. La Société Astronomique de Londres a bien mérité de la science en donnant un catalogue plus complet.

CATALPA, arbre de la famille des bignoniacées, que Linné avait réuni au genre *bignone*, d'où les botanistes l'ont retiré pour en former un genre nouveau. Originaire de l'Amérique septentrionale, le catalpa est un des arbres exotiques les plus remarquables sous le rapport de la beauté de leurs fleurs : les siennes sont nombreuses, grandes, d'un blanc pur, parsemées de pourpre et d'or, et disposées en larges girandoles; ses feuilles sont en forme de cœur. Le catalpa est réellement magnifique quand il est en fleur, et sa beauté est d'autant plus remarquable qu'il est rare qu'il ne se dispose pas de lui-même en forme de pommier, ce qui produit une sphère immense de fleurs d'un blanc pourpre et or au sommet d'un arbre très-rameux, et qui peut s'élever jusqu'à plus de dix mètres.

Le catalpa se multiplie autrefois par boutures et par ses rejetons, mais actuellement qu'il est devenu plus commun, et qu'il produit des semences, on sème ces semences sur couche au printemps ou bien en pleine terre quand la terre échauffée par la saison plus avancée fait office de couche. Le bois de cet arbre est d'un gris blanchâtre et fort léger, circonstance qui le fait rechercher en Amérique pour la confection des meubles. En France, Héricart de Thury a eu la curiosité d'en faire faire des sabots, qui se sont trouvés très-légers ; mais jusque ici on n'a vu en Europe dans cet arbre qu'un objet d'agrément. Il convient surtout à l'ornementation des grands jardins paysagers. On peut en voir, le long de la pépinière du jardin du Luxembourg à Paris une très-belle avenue.
O. TOLLARD aîné.

CATALYTIQUES (Phénomènes), de κατα, auprès, et λυω, je dissous. Berzélius nomme ainsi une série de phénomènes qu'aucune loi de la chimie n'a encore pu expliquer. On sait, par exemple, que l'oxygène et l'hydrogène mis en présence, même dans les proportions nécessaires pour former de l'eau, ne se combineront pas tant qu'on n'aura pas fait agir sur eux, soit la chaleur, soit l'électricité. Cependant, si l'on plonge dans un tel mélange une petite quantité de platine en éponge, la combinaison des deux gaz s'effectue en donnant lieu à une certaine élévation de température, et sans que le platine employé subisse la moindre modification. Il faut donc reconnaître au platine, dans cette circonstance, une action particulière inconnue, que Gay-Lussac a nommé *action de présence*. On observe des faits analogues dans la décomposition de l'ammoniaque *en présence* de certains métaux, dans la décomposition du bioxyde d'hydrogène au contact de l'argent, etc. Dans ces phénomènes dont la cause est encore inconnue, mais qui semblent indiquer une loi générale, Berzélius voyait les effets d'une *force catalytique* qu'il reste à étudier.
E. MERLIEUX.

CATAMARAN ou **CATIMARON**, espèce de radeau léger, formé de troncs de cocotiers, au nombre de cinq à sept, de différentes longueurs, placés à côté les uns des autres et attachés de manière à former un triangle à chaque extrémité, dont les Indiens des côtes de Malabar et de Coromandel, et en général tous les naturels des grandes Indes, se servent pour aller à la pêche et naviguer à peu de distance du rivage; les plus grands ont 6m50 de longueur, sur 2m à 2m30 de largeur, et sont montés par deux ou trois hommes qui le font voguer avec des *pagayes* (espèce de rames à manche court et à pelle fort large). On en a vu quelquefois se hasarder à plusieurs kilomètres en mer sur cette frêle embarcation, lorsqu'il passe quelque navire en vue de terre, pour aller offrir aux passagers les produits de leur chasse ou de leur récolte.

CATAMARCA, celui des quatorze États de la fédération argentine qui en forme l'extrémité nord-ouest, borné à l'est par le Tucuman, au sud et au sud-ouest par la Rioja, à l'ouest par le Chili et au nord par la Bolivie, compte une population de 105,000 âmes, répartie sur une superficie de 1,500 myriamètres carrés. Son territoire est traversé, sur beaucoup de points, par les contreforts orientaux des Andes, parmi lesquels une chaîne située à l'extrémité occidentale de Catamarca contient, dit-on, du mineral d'or. Catamarca abonde en vallées de toute beauté, qui, favorisées par le plus magnifique climat, présentent les plus riches pâturages et une luxuriante végétation. Parmi les cours d'eau qui l'arrosent, le *Catamarca*, ou *Rio del Valle*, dont la source est située dans les *pampas* du Tucuman et va se perdre dans un lac, mérite une mention toute particulière. Le coton et le poivre y réussissent admirablement; aussi sont-ils, comme les blés, un objet d'exportation.

Le chef-lieu de ce pays est *San-Fernando do Catamarca*, ou, par abréviation, *Catamarca*, dans la fertile vallée du même nom, avec 4,500 habitants et un fort pour les protéger contre les Indiens. Il avait été, à bien dire, établi en 1558 dans la *Valle de Conando*; puis, après avoir subi diverses transformations de nom, il fut définitivement transféré dans l'endroit qu'il occupe aujourd'hui.

CATANE (*Catania* ou *Catanea*), jolie ville de Sicile, régulièrement et élégamment construite, la troisième de l'île en ce qui est de l'importance et de la population, et en même temps chef-lieu de la province (*Intendanza*) du même nom, est située à l'embouchure du Giaretta, dans la mer Ionienne, dans une contrée fertile et admirablement cultivée, qu'on appelle *grenier de la Sicile*, et qui a valu à la ville de Catane le surnom de *la Bella*, au sud-est et au pied de l'Etna. Elle fut presque entièrement détruite à diverses reprises, notamment dans les années 1160, 1180, 1669 et 1693 par les éruptions de ce volcan, par les torrents de lave qui s'en échappèrent et par des tremblements de terre; mais chaque fois ses habitants la reconstruisirent d'après un plan plus beau et plus régulier.

Son port, jadis excellent, a fini par se trouver encombré par la lave, et le môle a été détruit en partie; aussi Catane ne possède-t-elle plus aujourd'hui qu'une rade ouverte, protégée par un fort, et servant de lieu de débarquement. La vaste place de l'Éléphant, ainsi appelée d'un éléphant en lave sculpté qui la décore, est une des plus belles places qu'on puisse voir. En fait d'édifices dignes d'être visités, on peut citer le couvent des Bénédictins de San-Nicolo avec un grand escalier en marbre, une chapelle où se trouvent un orgue magnifique et de bons tableaux, une bibliothèque et un musée de morceaux de lave; la cathédrale, d'une blancheur éblouissante, l'hôtel de ville et le palais Biscari avec ses riches collections. On y compte en outre un grand nombre d'églises et de couvents. Elle est le siège d'un archevêché, d'un tribunal d'appel et d'un tribunal de commerce, ainsi que d'un grand prieuré de l'ordre de Malte. On y trouve une université et une académie des beaux-arts, un collége noble, et plusieurs institutions scientifiques ou de bienfaisance.

Sa population, réduite de nos jours à 65,000 âmes, se fait remarquer par son industrieuse activité. On y fabrique des étoffes en fil et en soie, des objets en ambre, en lave, en marbre, et en bois, des cires blanchies, de l'huile d'olive, du sirop de réglisse; et elle est le centre d'un commerce des plus actifs en grains, fruits du sud, vins, huiles, savons, bois, soude et produits de l'industrie locale. Quelques monuments épargnés par les tremblements de terre des siècles passés, un amphithéâtre, un temple de Cérès, des Thermes, un aqueduc et une naumachie y rappellent encore aujourd'hui l'époque de la domination romaine. C'est aux généreux sacrifices du prince Biscari, qui consacra une grande partie de son immense fortune à ce noble but, que Catane est redevable de la résurrection de ces divers monuments restés pendant de longs siècles enfouis sous une épaisse couche de lave et de cendres. Il faut encore mentionner comme dignes d'être vues les collections d'histoire naturelle de l'*Academia Giojena*, ainsi appelée de son fondateur M. Gioeni.

Catane fut fondée vers l'an 728 avant notre ère, par des Grecs de Chalcédoine, et suivant d'autres, de Naxos. Dès les premières années du cinquième siècle avant J.-C., elle était l'une des plus florissantes cités de toute l'île. Elle prit parti pour Syracuse dans la guerre contre les Athéniens. Alcibiade y vint, et sut s'emparer de la ville par ruse. Plus tard, une trahison remit Catane aux troupes de Denys le tyran, qui la livra à tous les excès du pillage, et fit vendre les Cataneens à Syracuse. Sous Auguste elle devint colonie romaine, et parvint à une grande prospérité. Au moyen âge elle déchut singulièrement, en partie à la suite des invasions réitérées d'abord des Goths, ensuite des Vandales, et enfin des Sarrasins, qui la possédèrent pendant longtemps, mais bien plus encore à cause des horribles dévastations qu'y exerça en l'année 1160 le plus redoutable et le plus constant de ses ennemis, le mont Etna. Mais la beauté de sa situation, ses environs ravissants et l'extrême fertilité de son territoire la firent constamment relever de ses ruines.

Il est exact de dire que cette ville a été complétement rebâtie à quatre reprises différentes au moins. Ainsi s'explique l'apparence toute moderne de Catane, en dépit de sa haute antiquité. La *campagna* de Catane n'est pas seulement la plus riche, mais aussi la plus peuplée de toute la Sicile.

CATANEO ou **CATANNO** (DANESE), sculpteur distingué de Carrare, élève de Sansovino. Il existe des ouvrages de lui à Padoue, à Venise, et à Vérone. Parmi ses plus remarquables productions on cite le monument du doge Loredano, qui se trouve dans la *capella maggiore* de l'église Saint-Jean et Saint-Paul à Venise. On voit de lui à Vérone, dans l'église de Santa-Anastasia, un autel remarquablement sculpté et le mausolée de Giano Fregoso. Il a aussi laissé un nom comme architecte. Enfin, il s'est montré poète dans un ouvrage à part publié sous le titre de *L'Amor di Marfisa*. Il mourut à Padoue en 1537.

CATANZARO, chef-lieu de la province du royaume de Naples qu'on désigne sous le nom de *Calabre ultérieure II*. Cette ville est située sur une hauteur, d'où on jouit de la plus belle vue qu'on puisse imaginer, sur le golfe de Squillace et la mer Ionienne. Elle est le siège d'un évêché, d'une cour d'appel et de tribunaux provinciaux. On y trouve un château fort, dix églises, un lycée, un collége noble et 12,000 habitants, qui possèdent d'importantes filatures de soie et font un grand commerce en produits du sol. Les femmes de Catanzaro jouissent dans toute la Calabre d'une grande réputation de beauté.

CATAPAN, président, gouverneur d'une province ou d'une ville, titre donné principalement par les empereurs grecs du Bas-Empire à l'officier qu'ils chargeaient d'administrer et de défendre leurs possessions dans l'Italie méridionale. Ducange a inséré dans son Glossaire la liste de ces *catapans*, commençant au règne de Basile le Macédonien et finissant à l'an 1071, vers le temps où les Grecs furent chassés par les Normands de la Pouille et de la Calabre. On appelait encore à Naples *catapan* un officier public préposé aux vivres, aux poids et aux mesures.

CATAPHONIQUE. *Voyez* CATACOUSTIQUE.

CATAPHRACTE ou **CATAPHRACTAIRE**, du grec καταφρακτος, signifiant couvert de toutes parts, ou de la tête aux pieds. C'étaient des soldats des milices grecques et asiatiques portant l'armure nommée *cataphracta*. Ce mot dans quelques auteurs signifie *cuirasse*. Justin, parlant des Parthes, dit que leurs cuirasses ou cataphractes étaient disposées à la manière des plumes des oiseaux; mais en général on entend par cataphracte, ainsi que par cuirasse. Des commentateurs y ont vu l'ensemble du cavalier et du cheval couverts de fer; c'est en prenant le mot dans ce sens qu'Ammien et Salluste le mentionnent, et que le poëte Claudien en fait une description détaillée et pittoresque. En ne l'envisageant que comme applicable aux cavaliers, on a dit que les chars à faux étaient guidés par des cataphractes. Les Latins ont nommé *cataphractarius* ou *clibanarius* (mot également dérivé du grec) tout homme de la milice romaine qui y servait comme cataphracte, et ils appelaient chevaux cataphractes, *equi cataphracti*, les chevaux bardés. On voit figurer des cataphractes et régner l'usage de ce mot depuis Lucullus jusqu'à Ammien-Marcellin. Tacite nomme *crupellaires* les cataphractes gaulois, et Lydius, s'écartant de l'opinion commune, regarde comme cataphractes les férentaires. Nos anciens chevaliers, nos gens d'armes cachés sous une armure complète, ou, comme on disait, *fervestis*, étaient une imitation des cataphractes; mais les cataphractes de l'antiquité étaient bien imparfaitement armés, si on les compare aux chevaliers du moyen âge, parce qu'alors en Europe l'art de l'armurier, ou, comme on disait, le *heaumier*, était la seule industrie, la seule profession encouragée, florissante, habituellement exercée. Paul Jove est un des derniers auteurs qui se soient servis de l'expression de *cataphracte*.

Gal BARDIN.

41.

Les Grecs et les Romains avaient donné aussi le nom de *cataphractes* à des vaisseaux de guerre, du nombre de ceux qu'on appelait alors vaisseaux longs, et qui avaient des ponts; les vaisseaux sans pont étaient nommés *aphractes*.

C'était encore le nom d'un bandage dont parle Galien, et qui se composait d'une bande longue de quatre aunes, roulée à un ou deux chefs, avec laquelle on faisait des croisés sur le sternum, derrière le dos, sur les épaules, et ensuite des doloires autour de la poitrine, en finissant par des circulaires.

Aujourd'hui on donne ce nom, en ichthyologie, à un genre de poissons de la famille des *oplophores*, dont les espèces viennent des rivières de l'Inde et de l'Amérique, et dont le corps est couvert de lames larges, dures, et la chair assez estimée.

CATAPHRYGIENS. C'étaient des hérétiques phrygiens, qui avaient adopté, au deuxième siècle, l'hérésie de Montanus et des prétendues prophétesses Priscille et Maximille. Ils pensaient, en outre, que le Saint-Esprit avait abandonné l'Église.

CATAPLASME. On appelle ainsi une composition pharmaceutique préparée sous la forme d'une pâte peu consistante, et qu'on applique sur diverses parties du corps: ce mot tiré du grec (de la préposition κατα, dessus, et du verbe πλασσω, enduire), indique en général une application extérieure. On compose les cataplasmes en délayant des farines ou des poudres végétales avec différents liquides. Ces topiques forment une sorte de bain local, qu'on peut modifier très-diversement, comme les bains généraux, sous les rapports de la température et de la composition; aussi en fait-on un usage fréquent dans la pratique de la chirurgie; et depuis que les progrès en France de l'art de guérir ont fait réfléchir sur les inconvénients de l'emploi des drogues pharmaceutiques à l'intérieur, les cataplasmes sont autant usités par les médecins que par les chirurgiens.

Le cataplasme le plus simple et le plus usité est celui composé de mie de pain ou de farine de graine de lin, qu'on détrempe dans de l'eau commune avec l'intermédiaire du feu; on étend la bouillie épaisse qu'on obtient ainsi sur un linge dont on relève les bords pour former un encadrement, et on l'applique immédiatement sur la partie malade, ou bien on enferme le cataplasme entre deux linges. On peut employer, au lieu de mie de pain ou de graine de lin en poudre, les diverses farines des plantes céréales et légumineuses, ainsi que des feuilles de mauve, de guimauve, pulvérisées: on en forme une pâte à l'aide de différents liquides, le lait, le bouillon de veau, les décoctions de graine de lin, de racines de guimauve, etc.

Toutes ces substances concourent à former des topiques émollients qui sont la ressource banale contre plusieurs affections extérieures; cette application chaude et humide sur un des points de la surface du corps dans l'état de santé atténue la contractilité et la sensibilité de la partie; aussi elle procure du soulagement dans les maladies inflammatoires, et suffit quelquefois pour les éteindre; le topique en ce cas agit comme résolutif, et fait obtenir la terminaison la plus désirable de l'inflammation. Le cataplasme chaud fait souvent gonfler la partie malade, favorise et hâte la suppuration, qui est aussi une issue favorable de l'inflammation, comparativement à d'autres, et c'est un moyen puissant pour la provoquer; mais il est des cas où il est nécessaire de prévenir autant que possible la formation du pus au lieu de l'exciter; tels sont, par exemple, les engorgements scrofuleux et certaines tuméfactions des articulations: cette distinction relativement à l'opportunité des cataplasmes est de la plus grande importance; et on voit trop souvent ces tumeurs s'abcéder à la suite d'applications irrationnelles de cataplasmes. Il est donc prudent de ne les employer que pour les affections légères, qu'on voit survenir en peu de jours, telles que les clous ou furoncles, le tournioi mal d'aventure, des inflammations causées par l'introduction de corps étrangers dans les chairs.

Ces topiques, quoique composés de substances non irritantes, déterminent par la chaleur et l'humidité qu'ils entretiennent un afflux de fluides lymphatiques, et produisent en définitive une avulsion très-profitable dans les inflammations intérieures, mais qui à l'extérieur favorise la suppuration, comme nous l'avons fait remarquer. Faute d'indications précises sur ce sujet dans l'état actuel de l'art, on attise ainsi quelquefois, sur la foi de nos prédécesseurs, une inflammation qu'on aurait pu éteindre par des applications réfrigérantes ou des sangsues, ou par la compression. Cette action révulsive des cataplasmes fait qu'on peut les employer au lieu de pédiluves; à cet effet, on entoure les pieds et même les jambes avec des cataplasmes qu'on recouvre avec du taffetas gommé, et qu'on assujettit avec des bandes; ce moyen fatigue moins que le bain de pieds ordinaire, et il a une action d'une durée plus longue; il nous a été souvent fort utile dans le cours de maladies graves; il nous a même suffi quelquefois pour dissiper de légères incommodités ou pour procurer du sommeil pendant la nuit à ceux qui en étaient privés. C'est une épreuve qu'on peut tenter sans danger. Les cataplasmes appliqués chaque soir avec assiduité sur les cors des pieds ont quelquefois suffi pour guérir radicalement ces indurations, ou du moins pour les ramollir et en faciliter l'excision. Les cataplasmes émollients et chauds sont très-utiles dans les inflammations de la poitrine et du ventre. En les appliquant sur la partie supérieure de la poitrine, on procure souvent du repos durant la nuit aux personnes affectées d'un rhume qui cause une toux harassante; et en ce cas, il faut les maintenir par un bandage solide, afin qu'ils ne se détachent pas de la peau et ne se refroidissent point; ils sont également utiles dans les affections de la gorge. Appliqués sur le ventre, ils amendent aussi les inflammations de l'estomac, des intestins et des autres organes contenus dans cette cavité. Dans tous ces cas, l'emploi des cataplasmes émollients ne peut entraîner d'accidents redoutables, comme sur certaines tumeurs.

Ces mêmes cataplasmes appliqués froids sont plus convenables que les chauds pour favoriser la résolution des inflammations extérieures; mais c'est alors comme réfrigérants qu'ils agissent, et ils cessent d'avoir la même propriété si on ne les renouvelle pas souvent, afin qu'ils ne contractent pas la température du corps. On forme aussi facilement un cataplasme avec de l'amidon, qui est l'empois ordinaire; il a l'avantage d'être plus léger que tout autre. Les carottes, les pommes de terre râpées, fournissent aussi des topiques de cette espèce, ainsi que les pulpes de différents fruits. L'addition de diverses substances pharmaceutiques communique aux cataplasmes des propriétés très-variées, celles d'être narcotiques, toniques, irritants, etc.

D' CHARBONNIER.

CATAPULTE (de κατα, sur, contre, et παλλω, je lance). Cette machine de guerre tenait lieu aux anciens de ce que nous appelons *mortiers* et *grosses pièces de siège* (*voyez* ARTILLERIE); tous les auteurs qui en ont parlé et tracé des figures, sans en excepter le père Daniel (*Milices des Français*), n'en ont donné que des idées fausses et imparfaites. Nous devons au chevalier Folard (*Commentaires sur Polybe*) une composition de cette machine, qui peut-être n'est pas en tout conforme à celles dont on faisait usage, mais qui du moins ne contrarie en rien les textes antiques. On prétend qu'il l'a prise pour la baliste; si c'est une erreur, elle est de peu d'importance.

Pour nous faire entendre, nous supposerons que le lecteur a sous les yeux une scie ordinaire, instrument fort commun; la scie se compose de deux montants et d'une traverse appelée *sommier*; la lame est tendue par un écheveau de ficelle, que l'on tord avec un petit levier; la torsion des cordes imprime à ce levier une tendance de ressort qui le

CATAPULTE — CATARACTE

fait presser sur le sommier avec une certaine force. Les fameuses catapultes étaient construites sur le même principe ; un énorme écheveau de cordes de boyau d'un mètre et plus de diamètre sur quatre à cinq de long était tendu dans un cadre formé de grosses pièces de charpente ; les bouts de cet écheveau étaient fixés dans deux plateaux de métal, que Vitruve appelle *capitella*. Leur forme ressemblait à celle d'un chapeau rond à forme basse et sans fond ; l'intérieur de l'ouverture du chapiteau était divisé par un diamètre de fer sur lequel était passé l'écheveau. En faisant tourner les chapiteaux dans leurs ouvertures, il était facile de donner à l'écheveau le degré de torsion désiré. Les bords des chapiteaux étaient taillés en dents contre lesquelles butait un cliquet. Par le milieu de l'écheveau passait le bras ou *style* de la catapulte, comme le petit levier qui sert à bander la scie passe par le milieu de la corde. L'extrémité libre du style était façonnée en cuillère, ou bien elle portait une sorte de fourche dans laquelle on plaçait les projectiles. Pour abaisser le bras de la machine, on employait, suivant la force de torsion de l'écheveau, des leviers, des cabestans, à l'aide desquels on roulait sur un cylindre une corde qui le saisissait tout près de la cuillère ; arrivé au plus bas de sa course, le bras était saisi par un mécanisme qui l'empêchait de se relever ; on chargeait, puis un coup donné sur une sorte de cheville faisait partir le coup.

La force de ces machines dépendait évidemment des proportions de leurs pièces. On lit dans Plutarque et Polybe que les catapultes d'Archimède au siége de Syracuse lançaient des quartiers de pierre du poids de 300 kilogrammes. Le chevalier Folard avait fait faire une petite catapulte de 27 centimètres de large sur 35 de long, qui, bandée à 36 tours d'écheveau, lançait une balle de plomb d'un demi-kilogramme à 454 mètres. Froissart rapporte qu'au siége de Thyn-l'Évêque par le duc de Normandie, les pierres lancées par les machines des assiégeants enfonçaient les toits et les planchers des maisons, tellement que les assiégés s'étaient réfugiés dans les caves. Pour les exaspérer tout à fait, leurs adversaires lancèrent dans la ville des chevaux morts et autres charognes, qui la remplirent d'exhalaisons insupportables.

La même machine servait aussi à lancer des traits, comme grosses flèches, javelots. Pour cela, on disposait sur la pièce contre laquelle le style allait frapper en se débandant, un canal horizontal dans lequel on plaçait le trait ; le bout du style était composé de manière qu'il donnait un coup sec sur le bout du trait, et suivant son axe. Des traits lancés ainsi perçaient les armes et l'homme qui en était revêtu d'outre en outre. La cuillère de la catapulte pouvait lancer des boulets rouges ou encore des paniers remplis de pierres, ce qui produisait une sorte de mitraille.

La catapulte s'appelait aussi *onagre* (*onager*), parce que, dit-on, l'âne sauvage qui porte ce nom lance des pierres avec ses pieds de derrière. Suivant Végèce, l'onagre servait spécialement à lancer des pierres : *Onager autem dirigit lapides*. TEYSSÈDRE.

CATARACTE (de καταράκτης, fait de κατά, en bas, ῥάσσω, jeter, briser, renverser avec force), véritable onomatopée, qui peint le bruit et l'impétuosité de certaines chutes d'eau ou grandes cascades, occasionnées par une pente très-brusque du sol, qui les fait se briser avec fracas de roc en roc, en interrompant le cours des fleuves, en rend la navigation ou impossible ou du moins très-périlleuse. Le Rhin, par exemple, a deux cataractes, et le Zaïre, fleuve du Congo, commence par une forte cataracte qui tombe du haut d'une montagne ; mais la plus fameuse chute d'eau est celle de la rivière de Niagara (appelée *saut du Niagara*), dans le Canada, entre les lacs Érié et Ontario. Elle tombe cependant de moins haut que les *cataractes de Sarpen* et *de Vœring* en Norvège, cette dernière n'a pas moins de 280 mètres. Quant aux célèbres *cataractes du Nil*, dont on s'était formé généralement une idée si gigantesque et si fausse, sur le récit de quelques voyageurs peu consciencieux, (entre autres de Paul Lucas, qui de retour de son premier voyage au Levant, en 1704, racontait qu'à plusieurs lieues de Syène le bruit s'en faisait déjà entendre), on sait aujourd'hui que ce sont de simples rapides, tels qu'on en voit dans beaucoup de rivières. Dans la partie supérieure du Sénégal, à une centaine de kilomètres de Bakel (poste français), se trouve la *cataracte du félou*, où le Sénégal se précipite d'une hauteur de 15 à 20 mètres.

Le mot *cataracte* est employé plus d'une fois dans l'Écriture. On lit, entre autres, dans la Genèse (VII, 11 et 12) que l'année 600 de la vie de Noé, le 17e jour du second mois, toutes les sources du grand abîme des eaux furent rompues, que les *cataractes* du ciel furent ouvertes, et que la pluie tomba sur la terre pendant quarante jours et quarante nuits ; et dans le chapitre suivant (VIII, 2), que les sources de l'abîme et les *cataractes* du ciel furent fermées, et que les pluies qui tombaient du ciel furent arrêtées. Le psalmiste,* pour marquer les malheurs dont il a été accablé, dit qu'un abîme appelle un autre abîme, au bruit des *cataractes* du Seigneur (*Abyssus abyssum invocat in voce cataractarum tuarum*).

Appien nomme *cataracte* (*cataracta*) une espèce de pont que l'on jetait dans un combat naval contre le vaisseau ennemi dans le temps que l'action s'engageait, afin d'en faciliter l'abordage. Les anciens donnaient aussi ce nom à une espèce de herse, de défense ou de treillage, tels qu'on en voyait autrefois aux villes de guerre et aux portes des prisons, d'où avait été fait celui de *cataractaires* (*cataractarii*), qui était synonyme de *geôlier*.

CATARACTE (*Pathologie*), du grec καταράσσω, je confonds, je trouble. En se rappelant la construction de l'œil, il est facile de se faire une idée de cette maladie, qui consiste dans l'opacité partielle ou totale du cristallin ou de sa membrane. Les enfants l'apportent quelquefois en venant au monde. On lui donne alors le nom de *cataracte congéniale* ; on prétend même qu'elle peut être héréditaire. M. Jules Cloquet cite l'exemple de deux jeunes frères nés d'un père aveugle, et affectés tous deux de cataracte congéniale. Quant aux causes de la cataracte, elles ne sont qu'imparfaitement connues. L'action prolongée d'une lumière trop vive est une des causes qui produisent à la longue l'obscurcissement du cristallin ; aussi la cataracte se voit-elle fréquemment chez les individus exposés à l'influence journalière d'une lumière trop éclatante, ou d'un feu ardent, comme les horlogers, les joailliers, les forgerons, les verriers, les cuisiniers, etc. D'autres fois la maladie est la suite de plaies, ou même de contusions du globe de l'œil.

La cataracte reçoit différents noms suivant le siége de l'opacité qui la constitue. Ce siége peut avoir lieu dans le cristallin, dans la capsule de ce corps ou dans l'humeur dite *de Morgagni*, qui se trouve placée entre ces deux parties. Dans le premier cas la maladie porte le nom de *cataracte cristalline*, dans le second celui de *cataracte capsulaire* ou *membraneuse*, et dans le troisième celui de *cataracte mixte*, ou *purulente*. On a aussi admis pour le cristallin isolément les dénominations de *cataractes caséeuse, pierreuse, plâtreuse*, suivant qu'il se présente avec plus ou moins de consistance.

On pensait il y a peu de temps encore qu'à mesure que la cataracte se formait, le cristallin devenait de plus en plus dur ; c'est une erreur que l'expérience a signalée. On voit des cataractes fort anciennes être très-molles, et d'autres formées depuis peu de temps avoir une dureté considérable. En général la petitesse du cristallin cataracté est en raison directe de sa dureté. La couleur du cristallin cataracté présente aussi beaucoup de variétés ; le plus ordinairement il est d'une couleur d'ambre jaune foncé, avec une teinte grisâtre ou laiteuse vers le centre ; d'autres fois il est verdâtre, ou d'un beau blanc perlé, chatoyant, et jette des reflets métalliques. Quelquefois, mais rarement, le cristallin prend une teinte brune, plus ou moins foncée; dans ce cas la maladie reçoit le nom de *cataracte noire*. Enfin, on observe dans quelques circonstances, mais bien plus rarement encore, que le cristallin présente des lignes radiées, ayant une apparence arborisée, semblable à celle des pierres qu'on nomme *dendrites*.

Lorsque la cataracte commence à se développer, le malade éprouve un affaiblissement remarquable dans la vue, surtout quand l'opacité du cristallin est uniforme. Bientôt il croit voir voltiger dans l'air des flocons de neige, des toiles d'araignée, qui l'empêchent de saisir d'une manière distincte les contours des objets extérieurs. Il se plaint que ces objets sont entourés d'un brouillard épais, qui ne lui laisse apercevoir la lumière (celle d'une bougie, par exemple) que comme si elle passait à travers une glace dépolie. Lorsque la cataracte commence, les malades voient mieux le soir et le matin, et quand les objets qu'ils regardent sont peu éclairés; ils ont un commencement de *nyctalopie*. Plus tard, au contraire, ils deviennent *héméralopes*, et ne distinguent que les objets frappés par une vive lumière. Cette particularité remarquable dépend, comme l'indique M. Jules Cloquet, de ce que, dans le plus grand nombre des cas, l'obscurcissement commence par le centre du cristallin avant de s'étendre à la circonférence. En effet, lorsque le malade, au début de son affection, regarde des objets fort éclairés, sa pupille se rétrécit, les rayons lumineux tombent seulement sur la partie opaque du cristallin, qui les retient, et la vue est confuse, ou même tout à fait abolie; mais à une lumière plus douce la pupille se dilate au delà de la tache centrale du cristallin; les rayons lumineux peuvent alors passer obliquement à travers la partie non cataractée de la circonférence, et les corps extérieurs sont aperçus plus distinctement.

Il est très-facile de reconnaître la cataracte par le changement de couleur de la pupille; il n'est pas possible d'ailleurs de confondre cette affection avec les diverses espèces de taies qui ont leur siège sur la cornée transparente. Il peut arriver cependant que le cristallin soit parfaitement noir, et dans ce cas on a besoin de toute son attention pour ne pas confondre cette cataracte noire avec la paralysie de la rétine. Lorsqu'une fois la cataracte est bien reconnue, on procède par les moyens de la guérir. Souvent on a essayé de le faire à l'aide des moyens généraux et des applications topiques : ainsi, on a employé les préparations mercurielles, la ciguë, les pilules fondantes, les sudorifiques; on a eu recours aux saignées, aux sétons, aux cautères, aux vésicatoires, à l'électricité; mais aucun de ces moyens ne paraît authentiquement avoir produit de guérison réelle. Une opération chirurgicale peut seule obtenir ce résultat, en levant l'obstacle qui s'oppose à l'introduction des rayons lumineux dans l'œil.

Les anciens avaient des idées fort peu précises sur les moyens de débarrasser les malades de l'affection qui nous occupe en ce moment. Ils supposaient que la cataracte était le résultat d'une membrane contre nature qui naissait devant le cristallin, et qu'une aiguille pouvait abaisser comme un voile. Ce ne fut que dans le cours du dix-septième siècle que Rolinck, Borelli, etc., démontrèrent la fausseté de cette opinion. Il paraît, d'après ce que nous apprend Gassendi, qu'un chirurgien de Paris, nommé Remi Lasnier, démontra le premier que la cataracte provient de l'opacité du cristallin. Mariette, au contraire, fait honneur de cette découverte à un autre chirurgien, nommé François Quarré. Cependant Galien rapporte que Rome et Alexandrie comptaient des hommes qui se livraient exclusivement à l'opération de la cataracte. Une tradition fort ancienne attribuait aux chèvres la connaissance de l'opération de la cataracte, parce que, disait-on, ces animaux se piquent l'œil avec un jonc épineux quand ils sont affectés d'opacité du cristallin, et recouvrent ainsi la faculté de voir. Quoi qu'il en soit, on voit que cette opération était connue depuis fort longtemps déjà, lorsqu'en 1745 Daviel la renouvela et l'adopta pour ainsi dire d'une manière exclusive.

Cette opération consiste à extraire de l'œil le cristallin devenu opaque, c'est la méthode par *extraction*; ou bien à déplacer simplement le cristallin, à l'enfoncer derrière la pupille, dans la partie inférieure du corps vitré, endroit où il ne peut plus nuire à la vision, car il se décompose rapidement, se mêle en partie à l'humeur dans laquelle il plonge, et est en partie absorbé par les vaisseaux lymphatiques; cette seconde manière constitue l'opération de la cataracte par *abaissement* ou *dépression*. Mais nous ne détaillerons pas ici *ex professo* la théorie opératoire de la cataracte; il nous suffira de dire qu'après l'opération de la cataracte, soit accidentelle, soit congéniale, il survient des changements remarquables dans les milieux réfringents de l'œil : le cristallin qui était destiné à opérer la réfraction des rayons lumineux ne fournissant plus ses services à l'œil, il en résulte ordinairement pour ce dernier une grande faiblesse, qui oblige beaucoup de personnes opérées de la cataracte de se servir de lunettes à verres fortement convexes.

CATARRHE (de κατά, en bas, et ρέω, couler). Le principal symptôme des maladies catarrhales est en effet un écoulement, un flux, ce qui les a fait encore désigner par quelques auteurs sous le nom de *profluvia*. Les anciens, dont les doctrines *humorales* furent toujours les doctrines de prédilection, croyaient que tout catarrhe suppurait une production, une sécrétion excessive de *pituite*, laquelle s'augmentait dans le sang et allait se déposer par voie de dépuration sur tel ou tel organe. Persuadés au contraire que tout vient des *solides*, les modernes ne veulent voir dans les catarrhes qu'une maladie des membranes muqueuses, et cette maladie n'est autre chose, selon eux, qu'une irritation commune, c'est-à-dire analogue à toutes les autres. Au fond, il importe assez peu de savoir ce qu'il y a de primitivement irrité dans un catarrhe, des solides ou des liquides. Il n'en est pas de même de la nature du catarrhe, c'est-à-dire de la modification qui se passe dans un organe affecté de catarrhe. Ceux qui font consister cette modification dans une simple irritation conviennent par cela même que toute cause susceptible d'exciter, de stimuler les membranes muqueuses, peut produire un catarrhe : la conséquence est forcée. Et cependant faites respirer à une personne des vapeurs de vinaigre ou de chlore; placez-la dans une atmosphère chargée de poussière, vous pourrez la faire tousser, mais vous ne lui donnerez pas un catarrhe; et en effet, à peine aura-t-elle changé d'air que la toux cessera. De même, touchez le fond de la gorge avec un acide, un caustique ou tout autre corps étranger, il y viendra une inflammation, mais il n'y viendra pas un catarrhe.

Les catarrhes ont reçu différentes dénominations suivant la place qu'ils prennent : ont-ils leur siège au nez, c'est un *coryza*, à la gorge c'est une *angine*, à l'oreille c'est une *otite*, à l'œil c'est une *ophthalmie*, à la vessie c'est une *cystite*, etc. Quand on dit simplement *catarrhe*, sans ajouter l'épithète qui désigne le lieu particulièrement affecté, on entend parler du *catarrhe pulmonaire*. C'est donc le seul dont nous devions nous occuper dans cet article.

Le *catarrhe pulmonaire* ou *bronchite*, que nous avons appelé *fausse péripneumonie*, *pneumonie catarrhale*, et dont le siège est la membrane muqueuse qui revêt les ramifications bronchiques, se développe au milieu de circonstances qu'il n'est pas au pouvoir de l'homme de faire naître. Le cours ordinaire des saisons le ramène deux fois par an, à l'approche du printemps et à la fin de l'automne; preuve assez évidente que la cause principale en est essentiellement dans les variations de l'atmosphère, c'est-à-dire dans le passage du froid au chaud, tout autant peut-être que dans le passage du chaud au froid. Les artisans qui travaillent en plein air, souvent pieds et bras nus, ne s'enrhument pas plus, ou même s'enrhument moins que les gens du monde, malgré toutes les précautions dont ceux-ci s'entourent. Outre les qualités sensibles de l'air, on peut croire qu'il en est d'autres, qui contribuent à produire le catarrhe pulmonaire. Il est certain au moins qu'on s'enrhume dans sa chambre et même au coin du feu; d'un autre côté, on voit des épidémies catarrhales, qui, parties d'un point, marchent et font le tour du monde. Les causes les plus actives du catarrhe pulmonaire ne rencontrent pas la même disposition dans tous les tempéraments; il en est qui se laissent atteindre avec la plus grande facilité, il en est d'autres qui résistent opiniâtrement. Entre ces deux extrêmes les degrés sont infinis. Les enfants et les vieillards y sont le plus sujets; mais aucun âge n'en est exempt. Semblable en cela à beaucoup d'autres maladies, le catarrhe dispose au catarrhe; cela signifie que quand on en a été pris une fois, on y est plus disposé qu'auparavant, et cette tendance est proportionnée au nombre des récidives, jusqu'à ce qu'enfin il devienne habituel, comme on le voit chez beaucoup de vieillards.

Le catarrhe pulmonaire est *aigu* ou *chronique*.

Le *catarrhe pulmonaire aigu* débute presque toujours par le catarrhe du nez, dont le principal symptôme est l'enchifrènement. Du nez il descend dans la gorge, la trachée, les bronches, en vertu de cette loi de l'inflammation, connue par les Italiens sous le nom de *diffusion* de la phlogose. Arrivé là, le malade ressent, sinon une douleur, du moins une sensation d'âpreté et de sécheresse derrière le sternum. Assez ordinairement alors, il éprouve d'autres douleurs aiguës dans tel ou tel point de la poitrine, ce qui pourrait faire croire à un point de côté, si elles étaient plus circonscrites et ne changeaient souvent de place. La toux revient par quintes, principalement la nuit, et plus particulièrement encore le matin au réveil et après les repas.

Le premier effet physiologique du catarrhe pulmonaire est de sécher les membranes muqueuses des voies aériennes, naturellement humides, comme toutes les autres; mais cet état ne dure pas. Bientôt au contraire chaque quinte amène dans la bouche une mucosité claire, transparente, glaireuse, plus ou moins visqueuse. Le degré de cette viscosité indique assez bien le degré de l'irritation. Tant que la sécrétion pulmonaire est dans cet état, la toux est *sèche*; elle devient *grasse* dès que la matière de l'expectoration commence à s'épaissir et sort facilement sous forme de petites masses opaques, jaunes ou vertes. Ce changement dans la consistance de l'expectoration et dans la qualité de la toux est essentiel à noter : il indique qu'il se fait là un travail essentiel, une élaboration importante, espèce de digestion, qui marque le passage de la *crudité* à la *coction*, comme disaient les anciens; et en effet, dès lors les symptômes d'irritation se calment, les tissus se détendent et la maladie marche vers la guérison. A ces signes la médecine moderne en ajoute quelques autres, qu'elle regarde comme plus fidèles et plus sûrs. Ils se déduisent des bruits que rend la percussion de la poitrine, et surtout de ceux que l'air fait entendre en pénétrant dans les poumons.

Jusqu'ici nous n'avons guère parlé que des symptômes locaux du catarrhe pulmonaire; mais en raison de cette harmonie qui lie toutes les pièces de notre machine, il est bien difficile qu'un organe aussi essentiel que le poumon souffre sérieusement sans faire partager sa souffrance aux autres organes. La fièvre est donc continue, avec de petits redoublements à l'entrée de la nuit et des sueurs sur le matin; l'urine, rouge, est peu abondante; la tête est embarrassée, le sommeil inquiet et interrompu, la langue blanche, l'appétit nul, et à tout cela se joint une inquiétude, un malaise indéfinissables. Il y a souvent un bon et un mauvais jour. L'oppression, dont nous n'avons pas encore parlé, est généralement peu considérable; quelquefois au contraire elle est portée si loin que le malade semble près de suffoquer, ce qui a fait admettre une variété sous le nom de *catarrhe suffocant*.

Généralement assez inégale, la marche du catarrhe présente deux périodes bien distinctes : l'une est la période d'irritation ou de *crudité*, l'autre est la période de détente ou de *coction*. Ni l'une ni l'autre ne peuvent se mesurer par le nombre de jours; la première subsiste tant que les crachats sont clairs, écumeux, filants; la seconde commence dès que ces mêmes crachats viennent à s'épaissir et se colorent, soit en jaune, soit en vert. Cette distinction, que l'on doit aux Grecs, est de la plus haute importance pour le traitement.

A l'apparition des premiers symptômes du catarrhe pulmonaire, dans cet état pour ainsi dire intermédiaire entre la santé et la maladie, il est une méthode hardie par laquelle on déjoue en quelque sorte le plan de la nature et l'on fait avorter le travail qu'elle préparait. Cette méthode, la médecine la tient du peuple. Persuadé que le catarrhe pulmonaire dépend d'un refroidissement, le peuple a pensé que ce qu'il y avait de mieux à faire était de rappeler la transpiration supprimée. Sa recette consiste à faire coucher le malade dans un lit bien chaud et à lui faire prendre du vin chaud animé avec un peu d'eau-de-vie ou de cannelle. Si la peau s'échauffe, si la sueur coule un peu abondamment, la guérison ne se fait pas attendre. Mais il sera toujours plus prudent et plus sûr d'adopter un régime adoucissant et de laisser marcher la maladie, d'autant qu'elle est rarement dangereuse. Une température douce et bien égale, repos, diète, infusion de fleurs de mauve et de guimauve, pâtes pectorales : tels sont à peu près tous les moyens dont se compose le traitement du catarrhe pulmonaire dans sa plus grande simplicité.

Mais il ne suffit pas de guérir une maladie, il faut s'attacher à la prévenir, réflexion d'autant plus importante que le catarrhe pulmonaire est fort sujet à récidiver. On conseille dans cette vue l'usage du lait d'ânesse, un exercice modéré tous les jours et en plein air, et par-dessus tout de la flanelle sur la peau. Ce tissu étant mauvais conducteur du calorique, son principal avantage est d'isoler le corps qu'il entoure et de lui composer en quelque sorte une atmosphère particulière au milieu de l'atmosphère commune.

Le *catarrhe pulmonaire chronique* se rencontre surtout chez les vieillards. Cette maladie, qui succède le plus ordinairement à la précédente, est caractérisée par une toux fréquente et grasse, par une expectoration abondante, surtout le matin, de crachats incolores ou transparents, ou opaques et de couleur blanche ou verdâtre : expectoration souvent laborieuse. Ces symptômes sont accompagnés, chez quelques sujets, par un état fébrile avec amaigrissement progressif. Presque toujours subordonné aux variations atmosphériques, ce catarrhe diminue ou disparaît même pendant l'été pour recommencer avec plus ou moins de force au retour de la mauvaise saison; on le voit quelquefois céder d'une manière définitive sous l'influence d'une autre maladie; du reste, il n'offre guère de gravité que dans le cas où il détermine du dépérissement. Son traitement consiste dans l'éloignement de toutes les causes qui peuvent augmenter les accidents, puis dans l'usage de boissons légèrement amères et aromatiques, comme les infusions de véronique, de sauge, d'hysope, de lierre terrestre, de quinquina, de lichen d'Islande, etc. On joint à ces moyens les eaux minérales sulfureuses, l'inspiration de vapeurs stimulantes, les frictions sèches, l'usage de vêtements de laine, les révulsifs sur la peau et sur les organes de la digestion. Parfois il est indispensable de faire changer le malade de climat.

CATASTASE (en grec κατάστασις, qui veut dire proprement *constitution*). C'était la troisième partie du poëme dramatique chez les anciens, dans laquelle les intrigues nouées dans l'épitase se soutiennent, continuent, augmentent, jusqu'à ce qu'elles se trouvent préparées pour le dénoûment, qui doit arriver dans la catastrophe ou à la fin de la pièce. Quelques auteurs confondent la catastase avec l'épitase, ou du moins ne les distinguent qu'en ce que l'une est le commencement et l'autre la suite du nœud ou de l'intrigue.

CATASTROPHE (du grec καταστροφή, fait de la préposition κατά et du verbe στρέφω, tourner, finir), signifie proprement révolution, renversement, changement heureux, ou funeste et défavorable à celui qui l'éprouve; mais ce mot, dans le plus grand nombre de cas, est pris plutôt en mauvaise part. Il y a des catastrophes dans la vie des individus comme dans celle des peuples et des États; les plus heureux sans doute des uns et des autres seraient ceux qui pourraient se soustraire à ces grandes commotions et vivre d'une vie tranquille et régulière; heureux encore, dans leurs tribulations, ceux qui retirent quelque fruit et quelque expérience pour l'avenir des leçons de la fortune ou du hasard !

En matière de poétique, on donne le nom de *catastrophe* au changement ou à la révolution qui se fait dans une action dramatique et qui la termine. La *catastrophe* était la quatrième et la dernière partie des tragédies anciennes, où elle succédait à la *catastase*, la troisième et dernière pour les auteurs qui n'admettent point celle-ci au nombre des parties constituantes d'une pièce, et qui ne reconnaissent que la *protase*, l'*épitase* et la *catastrophe*, termes auxquels correspondent imparfaitement nos expressions françaises d'*exposition*, *nœud* et *dénoûment*. Au lieu de discuter ici les distinctions un peu subtiles et un peu vagues que tous les dictionnaires de synonymes établissent entre les mots *catastrophe* et *dénoûment*, disons seulement que ce dernier nous parait propre à exprimer simplement la fin, le terme d'une action épique ou dramatique, la partie, en un mot, où l'intrigue se démêle, et que la *catastrophe* est le dernier événement de cette action, celui qui influe sur son issue favorable ou défavorable, celui qui détermine enfin le *dénoûment* d'une manière toujours plus ou moins inattendue, quoique cependant nécessaire et sortant du sujet même.
Edme Héreau.

CATEAU-CAMBRÉSIS, ville de France, chef-lieu de canton dans le département du Nord, sur la rive droite de la Selle, avec un collége et 6,880 habitants. L'industrie y est très-active; on y trouve des filatures de laine et de coton, et il s'y fait une fabrication importante de mérinos et de châles, de savon noir et de poterie; il y a des raffineries de sel, des tanneries, de nombreuses brasseries, des distilleries de genièvre.

Le Câteau est nommé chez les chroniqueurs tantôt *Castrum* et *Castellum Novum*, tantôt *Castellum S. Mariæ*, plus souvent *Castellum* ou *Castrum in Camerausio*. Deux villages, *Perrone* et *Vendelpies*, existaient sur l'emplacement qu'il occupe aujourd'hui. Vendelgies, déjà désigné dans un diplôme de Charles le Simple, du mois de décembre 911, a laissé pendant longtemps son nom à l'un des faubourgs du Câteau. Quant à Perrone, ce village occupait le terrain baigné par la Selle. Ce fut pour repousser les incursions continuelles auxquelles le pays était exposé de la part des bandits armés de la Thiérache et de la forêt d'Arrouaise, qu'au onzième siècle, l'évêque de Cambrai Erluin éleva en ce lieu une forteresse. L'empereur Othon III autorisa cette fondation, et accorda divers priviléges à la ville nouvelle, tels que droit de marché, tonlieu, hôtel de monnaies, justice, etc. En 1020 fut fondée l'abbaye de Saint-André, qui contribua beaucoup à augmenter l'importance et le lustre de cette petite cité, cédée au comte de Flandre en 1108, rendue dix ans plus tard à l'évêque de Cambrai, fut pillée et brûlée en 1133 par Gérard de Saint-Aubert et reconstruite et agrandie vers 1250.

Dès le treizième siècle les évêques de Cambrai avaient au Câteau une résidence ou un palais, qui fut restauré et agrandi par Nicolas de Fontaines, mort en 1272. On en voit encore aujourd'hui quelques restes. Le célèbre cardinal Pierre d'Ailly affectionnait beaucoup le séjour du Câteau. Il se trouvait dans cette résidence lorsqu'il répondit par une lettre pleine de dignité aux menaces de Philippe le Hardi, duc de Bourgogne, qui lui avait fait défense d'accepter l'évêché de Cambrai. Ce fut là encore qu'il se réfugia lorsqu'il sut que dans Cambrai même on avait ourdi une conspiration pour le mettre à mort.

Assiégée et prise en 1449 par les comtes de Dunois, de Clermont et de Nevers, incendiée presque totalement en 1472, elle fut encore prise par les garnisons de Guines et de Saint-Quentin en 1484. François Ier, durant les guerres avec Charles-Quint, vint deux fois s'établir au Câteau, en 1521 et 1543. Le 2 avril 1555 la ville fut brûlée, pillée et démolie par les Français, qui la punirent ainsi de l'accueil favorable qu'elle avait fait à Charles-Quint. Le 10 avril 1557, après un congrès qui dura trois mois, la paix fut conclue au Câteau, entre le roi de France Henri II et Philippe II, roi d'Espagne (*voyez* l'article suivant).

En 1635, et durant les années suivantes, le Câteau eut de nouveau beaucoup à souffrir par suite de la guerre que la France déclara à l'Espagne. Au mois d'octobre 1642, Louis XII fit abattre les remparts du Câteau et démolir tous les édifices, tant publics que particuliers. La ville, ainsi rasée, demeura déserte jusqu'en 1644, époque où l'on permit enfin aux anciens habitants de venir, moyennant contribution, s$\frac{5}{7}$ fixer au milieu des ruines. Après la levée du siège de Cambrai, en juillet 1649, l'armée française séjourna pendant un mois au Câteau, qui reçut alors la visite du cardinal Mazarin. Quand les armes de Louis XIV eurent, en 1677, réuni Cambrai à la France, le Câteau eut la même destinée, quoiqu'il prétendit toujours ne reconnaître d'autre souverain immédiat que l'archevêque. Fénelon montra une bienveillance particulière pour les habitants du Câteau. Ce fut grâce au respect qu'inspirait ce prélat illustre que le pays fut épargné par les armées alliées. Le Câteau fut pris par les Autrichiens au mois d'octobre 1793, et l'empereur François II y tint son quartier général jusqu'en mai 1794. Le roi Louis XVIII y passa deux jours lorsqu'il rentra en France, le 24 juin 1815. Sa première proclamation, contre-signée par le duc de Feltre, est datée du Câteau. En 1838 le Câteau Cambrésis éleva une statue au maréchal Mortier, qui y était né.
Edward Leclay.

CATEAU-CAMBRÉSIS (Traités du). Après la bataille de Gravelines, le duc de Guise dut se replier sur les frontières de Picardie pour défendre les frontières du royaume. Philippe II et Henri II se mirent en personne à la tête de leurs armées, et l'on s'attendait à une bataille décisive, lorsque des négociations s'ouvrirent, qui, après six mois de pourparlers, aboutirent à deux traités signés le 2 et le 3 avril 1559 au Câteau-Cambrésis. Le premier, entre la France et l'Angleterre, portait que Calais serait rendu aux Anglais au bout de huit années; sinon le roi de France s'engageait à payer cinq cent mille écus. Ce singulier compromis n'avait d'autre but que d'apaiser le mécontentement que la perte de Calais avait excité en Angleterre. Le second, entre la France et l'Espagne, stipulait que les deux rois se rendraient réciproquement toutes les places qu'ils avaient conquises l'un sur l'autre. Henri devait en outre restituer toutes les places qu'il occupait en Toscane; il rendait le Montferrat au duc de Mantoue, et au duc de Savoie tous ses États, excepté Turin, Quiers, Pignerol, Chivas et Villa-Nova, qui devaient rester entre les mains du roi jusqu'à ce qu'on eût réglé définitivement ses droits à la succession de son aïeule, Louise de Savoie. « Il semble, dit Sismondi, que les négociateurs français ne sentirent pas immédiatement toute l'étendue des concessions qu'ils avaient faites. Ils rendaient quatre places du Luxembourg au roi d'Espagne; ils en recevaient en retour dans la Picardie.

Ils conservaient les conquêtes importantes des trois évêchés et de Calais, et ils renonçaient à l'Italie, qu'on avait souvent nommée le tombeau des Français. Ce fut seulement lorsqu'on vit revenir les garnisons du Piémont et de la Toscane qu'on fit le compte effrayant de cent quatre-vingt-neuf villes fortifiées que la France s'était obligée de rendre par cette paix, et qu'un déchaînement universel contre les négociateurs, contre Montmorency et Saint-André en particulier, qui tous deux prisonniers avaient fait payer plus cher leur rançon à la France que celle de François Ier, fit taire l'expression de la joie que la paix devait inspirer après une guerre si longue et si calamiteuse. »

CATÉCHÈSE, mot formé du grec κατήχησις, qui signifie instruction, et qui se prend, en général, pour toute sorte d'instruction élémentaire, religieuse ou profane. Dans les premiers siècles de l'Église on appelait plus spécialement *catéchèse* les instructions que l'on donnait de vive voix à ceux qui voulaient embrasser le christianisme. Dans les temps modernes, où l'on s'est particulièrement occupé de la manière d'instruire la jeunesse, non-seulement dans la religion, mais encore dans d'autres parties des connaissances humaines, on en a fait une science spéciale, appelée *catéchétique*, qui a eu beaucoup de succès en Allemagne, et dont l'objet est d'enseigner l'art d'instruire par demandes et par réponses. On nomme *catéchète* celui qui le possède et qui est chargé de le pratiquer. C'est dans le sens général d'instruire que le mot κατηχεῖν se trouve chez Plutarque et dans d'autres écrivains grecs de son temps. Les auteurs du Nouveau Testament et quelques Pères de l'Église s'en servent de même, en le réservant toutefois de préférence pour l'enseignement des vérités religieuses ou pour le récit d'événements qui se rapportent à la religion.

CATÉCHISME (du grec κατήχησις, enseignement, instruction). C'est l'instruction que l'on donne aux enfants pour les initier aux préceptes de la religion chrétienne et les préparer à la première communion. On appelle aussi *catéchisme* le livre qui contient la doctrine qu'on leur enseigne, et qui renferme des leçons élémentaires sur la foi et sur la morale chrétienne. On donne le nom de *catéchiste* à celui qui est chargé de faire ces instructions. Quelque simples et communes que nous paraissent aujourd'hui les fonctions de catéchiste, l'histoire nous apprend que le grand Origène ne les dédaigna point, et qu'il accepta religieusement cette mission, qui lui fut confiée par Démétrius, évêque d'Alexandrie. Il n'est encore aucun pasteur dans l'Église catholique qui ne soit attentif à l'instruction des enfants, pour les disposer au sacrement de la pénitence et de l'eucharistie. C'est même une des principales obligations de leur ministère, imposée par le précepte de Jésus-Christ, qui leur ordonne de conduire les enfants jusqu'à lui. Il y a aussi la congrégation des frères et des sœurs des *écoles chrétiennes* qui se destinent, par état, à l'instruction gratuite des enfants des pauvres, et qui se proposent principalement de leur enseigner le catéchisme, en même temps qu'ils leur donnent les principes de la lecture, de l'écriture et du calcul. Au reste, l'usage des *catéchèses* ou *catéchismes* a toujours été pratiqué dans le christianisme par les évêques, par les prêtres ou par les chrétiens fervents et instruits, que les évêques ou les prêtres chargeaient de ce soin.

Quant aux livres élémentaires qui renferment sa doctrine, et qu'on appelle *catéchismes*, il n'appartient qu'aux évêques, qui sont les pères et les docteurs de la foi, de les proposer et de les approuver dans leurs diocèses. Chaque diocèse a le sien, et, malgré la diversité de rédaction et de forme, il y a un accord parfait de doctrine dans tous ceux de l'Église catholique, unité que l'on ne trouve point dans les catéchismes protestants, parce que leurs diverses sectes ne se sont jamais accordées. C'est le catéchisme du concile de Trente, confirmé par Pie V, qui a servi de type à tous ceux que les évêques catholiques ont adoptés; et parmi les meilleurs que nous ayons, il faut compter celui de Bossuet, avec lequel on avait fait le catéchisme général de l'empire. Aujourd'hui chaque diocèse est revenu à son ancien usage. On a cité comme une des meilleures rédactions en ce genre le catéchisme du diocèse de Rodez, publié par les ordres du savant M. de Saléon. M. Affre avait refait le catéchisme de Paris; mais comme on le trouvait trop savant, son successeur en a fait faire un nouveau.   Négrier.

Lors de la réforme protestante au seizième siècle, les nombreuses et puissantes sectes qui se formèrent après de vives et sanglantes luttes sentirent le besoin d'arborer nettement leur bannière et d'opposer à l'ancien dogmatisme de l'Église de Rome un nouveau dogmatisme non moins absolu. Les sectes luthériennes, calvinistes, sociniennes et anglicanes, présentèrent donc leur symbole en forme de *confession de foi*, qui fut toujours suivie d'un *catéchisme*, ou instruction concise et claire, destinée à la jeunesse. Les luthériens rédigèrent les *catéchismes de Heidelberg*, distingués en *minor* et *major*. Ce dernier renferme une exposition plus complète et plus savante de la foi luthérienne, tandis que le catéchisme *mineur*, disposé par demandes et réponses, devait servir de guide à l'instruction du père de famille, comme le dit Martin Luther, *Quomodo pater familias ea suæ familiæ simplicissimè tradere debeat*. L'Église anglicane promulgua ses articles, accompagnés d'un catéchisme, sous le roi Édouard VI. Calvin, chef de la réforme française, helvétique et hollandaise, composa, à l'exemple de Luther, le catéchisme de sa doctrine ou *le formulaire d'instruire les enfants en la chrétienté, faict en manière de dialogue, où le ministre interrogue, et l'enfant respond*. C'est ce catéchisme de Calvin que l'on trouve imprimé à la suite du livre des *Psaumes*, dans les plus anciennes éditions qui parurent en France après le premier édit de tolérance, avec lettres de privilège de Charles IX, données à Saint-Germain-en-Laye, le 19 octobre 1561. Enfin les Églises sociniennes, persécutées dans toute l'Europe, et par Rome et par toutes les sectes réformées, s'étant retirées en Pologne, publièrent le *catéchisme de Racovie*, dont la première ébauche, due à Fauste Socin, de Sienne, remonte à l'an 1574; mais le grand catéchisme racovien, offrant un symbole complet de la foi des Églises sociniennes polonaises (Stauropolis [Amsterdam], 1609), est un ouvrage d'érudition et de haute critique, quoiqu'on ait retenu la forme d'interrogation.

On voit donc qu'en général chaque secte protestante eut son catéchisme. L'Église réformée de France, calviniste d'affection, d'origine et de discipline, enseigna pendant très-longtemps le catéchisme de Calvin, qui pour le fond renferme une exposition fort concise et fort logique de la foi orthodoxe de Nicée, des dogmes augustiniens sur la grâce et la prédestination, et des points divers qui entraînèrent la séparation d'avec l'Église de Rome. On voit les synodes veiller sur les principes de ce catéchisme, sinon sur son texte, avec un soin scrupuleux. Cependant, dès l'année 1583 le synode national de Vitré laissait entrevoir que ce catéchisme était trop rigide. D'un autre côté, le calvinisme rigide et sombre qui y est exposé ne tarda pas à soulever les esprits. On en trouvera un exemple curieux dans le passage où Calvin, exagérant au delà de toutes les bornes raisonnables le dogme orthodoxe de *la satisfaction expiatoire* que Jésus-Christ a faite pour les péchés du monde, va jusqu'à dire que le Sauveur a souffert *la damnation* pour nous. Le synode de La Rochelle de 1607 jugea très-sainement en décidant que ce mot serait modifié et expliqué. Le catéchisme à l'usage des protestants français a suivi fidèlement les progrès des lumières critiques et théologiques. Dans le cours du dix-huitième siècle, une foule de monuments de ces temps de persécution démontrent qu'on se servait alors généralement du catéchisme de Jean-Frédéric Osterwald, pasteur à

Neufchâtel, qui mourut en 1747. Ce livre est clair et concis, et on y remarque déjà un adoucissement considérable des formes scolastiques de Calvin. Plus tard, les pasteurs de Genève publièrent divers catéchismes, où le côté rationnel et moral de la doctrine domine évidemment le côté orthodoxe dogmatique. Les luthériens français ont considérablement modifié les formulaires de Heidelberg. M. Boissard, l'un des pasteurs de la confession d'Augsbourg à Paris, a donné un travail catéchétique lumineux et très-estimé; et M. Athanase Coquerel, pasteur de l'Église réformée de Paris, a fait paraître un *catéchisme*, résumé de ses instructions pastorales, où l'on chercherait en vain les mots, inconnus à l'Évangile, de *trinité* et de *péché originel*, et qui nous paraît le livre le plus évangélique et le plus philosophique à la fois que l'Église réformée de France possède sur cette importante et difficile matière. Charles COQUEREL.

CATÉCHUMÈNE (en grec κατηχούμενος). C'est le nom par lequel on désignait dans la primitive Église celui que l'on instruisait dans la religion chrétienne pour le disposer à recevoir le baptême. Le *catéchuménat* était le temps pendant lequel on l'instruisait et l'éprouvait, car on ne se bornait pas à l'instruire, mais de plus on observait ses progrès dans la pratique des vertus chrétiennes, et on ne lui conférait le sacrement du baptême qu'après lui avoir reconnu des mœurs pures et une instruction forte et solide. La durée de cette épreuve était ordinairement de deux ans, mais on la rendait plus ou moins longue suivant le degré d'instruction et le progrès du catéchumène, quelquefois aussi suivant la discussion et les circonstances, car en danger de mort on baptisait toujours le catéchumène qui avait le vrai désir de devenir parfait chrétien. Les catéchumènes avaient un lieu séparé dans l'église. Ils n'assistaient pas à la célébration des saints mystères : on ne les admettait qu'à cette partie de la messe qui consiste principalement dans la lecture des saints Évangiles, l'homélie, le prône qui la suivait, et la récitation du symbole de la foi, après laquelle le diacre les renvoyait par ces mots : *Ite, missa est.* On distinguait des catéchumènes de plusieurs degrés, à mesure qu'ils étaient plus ou moins avancés dans la connaissance de la doctrine et dans la pratique des vertus. Les uns n'étaient qu'*auditeurs*, commençants, ou moins parfaits (ἀτελέστεροι) : c'était le premier degré ; les autres étaient appelés *aspirants* ou *élus*, plus avancés, plus parfaits (τελειώτεροι); c'étaient ceux qui étaient en état de recevoir le baptême et que l'on destinait à le recevoir prochainement. Il est digne de remarque que l'on ne recevait les catéchumènes dans les catéchèses qu'avec un certain cérémonial. Ainsi, d'abord, on leur imposait les mains et l'on faisait sur eux des signes de croix; on les exorcisait, on leur soufflait au visage, on leur appliquait de la salive au nez et aux oreilles, on leur mettait du sel dans la bouche, et on leur faisait des onctions sur la poitrine et sur les épaules. Ces cérémonies se pratiquent encore sur l'enfant dans l'administration du baptême. NÉGRIER.

Le mot *catéchumène*, terme de discipline religieuse indiquant l'état des personnes qui reçoivent l'instruction préparatoire à la communion évangélique, était employé dans le grec hellénique dans le sens d'un commencement d'initiation aux mystères. On trouve dans Porphyre le terme κατήχησις pour science élémentaire, et dans Denis l'Aréopagite celui de κατήχητοι pour initiés aux éléments des choses saintes. En ces derniers sens ce mot était inconnu aux écrivains apostoliques, et il est probable que ces idées de divers degrés d'initiation à la doctrine évangélique, qui n'eut jamais de rits secrets, naquirent au sein de la philosophie alexandrinique, qui plus d'une fois imposa ses formes et même ses subtilités au dogme chrétien. De là cette distinction, qu'on trouve jusque dans les écrits d'Origène, entre l'état des catéchumènes non baptisés et celui des chrétiens admis dans l'église ; de là la *missa catechumenorum*. Ces degrés divers d'initiation à la croyance, modelés sur les philosophies ésotériques de l'antiquité, n'avaient été établis ni par le Christ ni par ses apôtres. Cependant on en trouve encore quelques traces dans plusieurs sectes protestantes méthodistes et baptistes, qui distinguent leurs fidèles en *candidats*, *catéchumènes*, et *membres*. En général, dans les Églises protestantes, tout jeune homme ou toute jeune personne de l'âge adulte, recevant l'instruction pastorale nécessaire pour communier avec fruit et discernement, s'appelle *un ou une catéchumène*. La *réception des catéchumènes*, qui se fait publiquement dans l'église, le dimanche qui précède la communion, est une solennité où le pasteur, avant de se séparer des jeunes gens qu'il a instruits, leur retrace une dernière fois leurs devoirs, comme hommes et comme citoyens : c'est une des cérémonies les plus simples et les plus touchantes de l'Église réformée de France. Ch. COQUEREL.

CATÉGORIE (du grec κατηγορία, fait du verbe κατηγορεῖν, montrer, déclarer, manifester, dont la racine est ἀγορά, qui signifie barreau, marché, multitude). Ce terme de logique, qui a joué un grand rôle dans la philosophie des anciens, signifie proprement *ordre*, *rang*, *classe*, et sert à réunir les objets de même nature. On aurait pu diviser toutes les opérations de l'esprit en trois *catégories*, car on peut distinguer toutes nos idées en idées de substance, de mode et de relation. Mais Aristote, sacrifiant peut-être sa propre conviction à l'envie de rendre sa doctrine agréable à ses compatriotes, en offrant plus de prise et d'étendue à l'étude, jugea à propos d'en former dix classes, dont la première exprime la *substance* et les neuf autres les *accidents*; ces neuf autres sont : la *quantité*, la *qualité*, la *relation*, *l'action*, la *passion*, le *temps*, le *lieu*, la *situation* et l'*habitude* ou la *disposition*. Ces *dix catégories d'Aristote*, au jugement des grammairiens de Port-Royal, sont une chose très-peu utile et absolument arbitraire. Elles n'ont d'autre fondement, disent-ils, que l'imagination d'un homme qui n'avait point le droit d'imposer aux autres une règle de classement pour les objets de leur pensée. Plus tard, on a vu Descartes avancer, à son tour, qu'on peut réduire raison de toute la nature en y considérant sept choses : l'*esprit*, la *matière*, la *quantité*, la *situation*, la *figure*, le *mouvement* et le *repos*.

Plusieurs objections ont été faites, d'ailleurs, contre les catégories d'Aristote. On a prétendu d'abord qu'elles n'étaient pas à leur place dans *la Logique*, puisqu'il y est question des relations des êtres universels, qui sont du ressort de l'*Ontologie*. On a dit ensuite que les distinctions exprimées dans les catégories étaient frivoles, en ce qu'on y discernait la *différence* du *propre*, tandis qu'on omettait la distinction entre l'*essence* et l'*accident*. Enfin, on a voulu démontrer qu'elles ne nous apprennent rien, ou qu'elles nous font connaître seulement quelles étaient les classes d'idées dans la tête d'Aristote, et non ce qu'elles sont réellement dans la nature des choses. On en a conclu que ce n'était pas la peine de donner tant de temps à leur étude. Depuis la chute de la scolastique, la question des catégories était restée complètement négligée, lorsque Kant s'avisa de la traiter de nouveau, et d'une façon tout à fait originale. Il considéra d'abord les catégories, non pas comme des points de vue sous lesquels l'observation nous présente elle-même les objets, mais comme des formes primitives et nécessaires de l'entendement, par lesquelles passent les objets quand la pensée s'y applique. Remarquant ensuite que penser et juger sont des fonctions analogues de l'entendement, il lui reconnut autant de catégories que de formes logiques. Or, comme nous ne pouvons, suivant Kant, juger d'une chose que sous les rapports de la *quantité*, de la *qualité*, de la *relation* et de la *modalité*, il établit les tables de douze catégories ou subdivisions affectées, trois par trois, à chacune de ces quatre divisions primitives, subdivisions qu'il nomme *Unité*, *Pluralité*, *Totalité*, — *Réalité*, *Né-*

gation, *Limitation*, — *Substantialité, Causalité, Communauté*, — *Possibilité, Existence, Nécessité*. — Cette table, trop systématique pour être vraie, et excluant, sans raison, les catégories du temps et de l'espace, du bien et du beau, a subi en Allemagne de nombreuses modifications. Cent fois on a changé le nombre, l'ordre ou les noms des catégories dont elle se compose. En France et en Angleterre les philosophes s'occupent peu des catégories d'Aristote; mais avec le philosophe allemand ils ont recherché si parmi les idées que nous nous formons des choses, il en est que l'observation ne donne pas, et que nous concevons en vertu de nécessités naturelles de notre intelligence. Du reste, ils n'ont pas eu la prétention d'arrêter définitivement la liste de ces catégories, convaincus que cette liste, toujours quelque peu arbitraire, n'aurait pas, au fond, grande importance.

Ceux qui veulent avoir des notions plus étendues sur les propres catégories d'Aristote doivent consulter les écrits de Porphyre, de Diogène Laerce, de Gassendi et du P. Rapin, ainsi que la *Logique* et la *Rhétorique* d'Aristote lui-même. Nous ferons remarquer toutefois qu'il n'est pas vrai de dire que l'arrangement des idées soit une chose purement arbitraire : on doit les ranger dans un ordre naturel, et l'ordre le plus naturel est celui qui est à la fois le plus conforme à la nature des choses et le plus propre à nous en faire acquérir aisément une connaissance claire et certaine. Il est aussi nécessaire de ranger nos idées que les propositions d'un traité de géométrie, ou les familles, les genres et les espèces en histoire naturelle; et puisque la connaissance des sciences et des arts n'est autre chose qu'un amas de propositions sur un certain sujet, il est visible qu'on les apprend bien mieux quand les idées sont rangées dans un certain ordre que lorsqu'elles se présentent confusément à l'esprit.

Après les *catégories d'idées et de choses*, nous devons parler des *catégories humaines*. Il est bien prouvé, par exemple, que les hommes, qui sont tous de même nature aux yeux de Dieu, et que dans la croyance catholique il divisera seulement, au jour du jugement dernier, en deux catégories, les *bons* et les *méchants*, doivent être répartis en une infinité d'autres, d'après leurs mœurs, notre amour du privilége et les idées, plus ou moins étroites, plus ou moins injustes et arbitraires de nos législateurs.

Nous avons eu aussi sous la Restauration des *catégories militaires et politiques*, réglées par l'ordonnance du 25 juillet 1815, qui instituait des conseils de guerre pour ceux qui avaient aidé l'empereur à reprendre le pouvoir dans les *Cent Jours*, et conservées par la loi du 12 janvier 1816, qui accordait, *sauf les exceptions y contenues*, une amnistie pleine et entière à tous ceux qui, directement ou indirectement, avaient pris part à la *rébellion* et à l'*usurpation* de Napoléon Bonaparte. Or deux classes un *catégories* de personnes étaient exceptées de l'amnistie, ou, ce qui revenait au même, devaient subir l'exil. La première de ces *catégories* comprenait les personnages marquants qui avaient facilité le débarquement de l'empereur et son retour à Paris. Dans la deuxième la chambre des députés rangeait les membres de la Convention nationale qui ayant voté la mort de Louis XVI avaient signé en 1815 l'acte additionnel aux constitutions de l'empire et prêté serment à Napoléon après sa réinstallation sur le trône. Ces deux catégories furent proposées avec beaucoup d'ardeur et adoptées promptement par les deux chambres. Dans la suite, plusieurs proscrits obtinrent leur radiation de cette double liste; mais la plupart demeurèrent en exil, et plusieurs hommes célèbres ne revirent plus leur patrie. Ce ne fut qu'à la révolution de 1830 que les effets des *catégories* de la loi d'amnistie furent entièrement détruits quant aux proscrits existant encore.

A l'intérieur, du reste, aux *catégories militaires et politiques* étaient venues s'adjoindre depuis longtemps, renouvelées des mauvais jours de la Terreur, les *catégories de suspects*, dans lesquelles étaient compris tous ceux qui avaient servi l'empire avec plus ou moins de zèle et de dévouement, tous ceux qui ne se montraient pas disposés à répudier sans pudeur leurs sentiments et leurs convictions, pour en épouser de diamétralement opposés, et que l'on proposait par conséquent d'éloigner de toute charge, de tout emploi public; l'auteur de cette proposition, M. de Labourdonnaye, en garda le nom de l'*homme aux catégories*.

L'exemple de la chambre *introuvable* fut malheureusement imité par quelques souverains absolus. On connaît la loi par laquelle le roi d'Espagne, Ferdinand VII, exceptait du bénéfice de son amnistie tant de catégories de personnes, que cette amnistie ne signifiait plus rien. En général, les catégories d'exception aux lois d'amnistie sont une mauvaise mesure politique. Ce sont principalement les hommes distingués du parti vaincu que le vainqueur doit gracier s'il veut que sa clémence paraisse sincère et soit un acheminement à une réconciliation générale.

Du mot catégorie ont été faits l'adjectif ou le qualificatif *catégorique* et l'adverbe *catégoriquement*. En logique, un *terme catégorique* est celui qui signifie seul et sans adjoint, c'est-à-dire qui a un sens par lui-même, comme *homme*, *pierre*, *cheval*, etc. Kant appelle *forme catégorique* celle d'un raisonnement composé de jugements dans lesquels l'attribut est considéré comme résidant dans le sujet, et *impératif catégorique*, le motif désintéressé de nos actions, lequel est fourni à la raison pratique par la raison pure. Par une application de la logique aux choses du langage, qu'elle doit toujours régler, le mot *catégorique* est considéré généralement comme synonyme de *précis*, *clair*, *sans équivoque* : une *réponse catégorique* est donc une réponse claire, pertinente et précise, faite à une demande ou à une objection. On appelait aussi jadis, en terme de palais, une *audition catégorique* une question claire, précise et directe. Le défendeur devait répondre *catégoriquement*, par oui ou par non, sur les faits qui lui étaient notifiés. Edme HÉREAU.

CATEL, CATEUX. Dans les coutumes d'Artois et de Flandre on appelait ainsi les choses qui, bien qu'immeubles de leur nature, étaient réputées meubles par leur destination. L'héritier des meubles était seul appelé à recueillir les *cateux*; toutefois l'héritier du fonds avait le droit de les conserver en en payant la valeur intrinsèque. Il existait également un *droit de meilleur catel*, appartenant aux seigneurs, qui consistait à prélever sur la succession des vassaux le meuble le plus précieux, tel que le cheval, le lit, la vaisselle d'argent. On prétend même qu'à une époque très-éloignée, si le serf mourait sans laisser de meubles, on lui coupait la main droite, qu'on offrait au seigneur; mais ce sont là de ces traditions dont il faut savoir se défier.

CATEL (CHARLES-SIMON), musicien français, né à L'Aigle, au mois de juin 1773, vint fort jeune à Paris, et se livra de très-bonne heure à son goût passionné pour la musique. Recommandé à Sacchini, ce maître le fit entrer à l'École royale de Chant et de Déclamation, fondée en 1784, par M. de la Ferté, intendant des Menus Plaisirs. Il y étudia le piano sous la direction de Gobert; et Gossec, qui le prit en affection, lui donna des leçons d'harmonie et de composition. Il devint habile en peu de temps, et dès 1787 on lui donna les emplois d'accompagnateur et de professeur adjoint à la même école. En 1790 l'administration de l'Opéra le nomma accompagnateur de ce théâtre, place qu'il conserva jusqu'en 1802. Ce fut en 1790 que le Conservatoire de Musique, formé par les soins de M. Sarrette, admit Catel comme professeur adjoint de son maître Gossec. Catel écrivit alors un grand nombre de morceaux de musique militaire, qui furent adoptés par tous les régiments pendant les guerres de la révolution. Un *De profundis* à grand orchestre signalé, en 1792, le talent de Catel. Il compose ensuite des hymnes et des symphonies pour les fêtes publiques : les instruments à vent figuraient seuls dans ces ouvrages. Lorsque le Conservatoire fut organisé d'une manière régulière et définitive, Catel y professa l'harmonie, et rédigea un traité spécial de cette science. Ce traité d'harmonie a été le seul guide des professeurs pendant vingt ans; le Conservatoire l'adopta pour l'enseignement des élèves. En 1810 il devint inspecteur du Conservatoire conjointement avec Méhul, Cherubini, Gossec. Il prit sa retraite en 1814. En 1815 il fut nommé membre de l'Institut, et reçut la croix de la Légion d'Honneur en 1824.

Catel occupe une place honorable parmi les compositeurs dramatiques de notre nation : son style est d'une grande clarté et d'une pureté remarquable; mais la mélodie y brille trop rarement, et cette stérilité porte l'auteur à répéter ses phrases plus qu'il ne le faudrait. Le finale de *L'Auberge de Bagnères*, l'ouverture de *Sémiramis*, le pas africain du même opéra, sont de belles compositions sous tous les rapports. Catel a fait représenter à l'Opéra *Sémiramis*, *Zirphile et Fleur de Myrte*, *Alexandre chez Apelles*, ballet; et sur le théâtre de l'Opéra-Comique, *L'Auberge de Bagnères*, *Les Aubergistes de qualité*, *Les Artistes par occasion*, où l'on remarque un beau trio, *Wallace*, son meilleur opéra, dont le mérite n'a point été apprécié, et deux autres opéras en un acte, *Le Premier en date*, *L'Officier enlevé*.

A son talent de musicien Catel joignait un esprit juste et plein de finesse, une probité sévère et toutes les qualités de l'âme la plus pure. Une maladie inflammatoire vint l'enlever à ses nombreux amis, le 29 novembre 1830, à l'âge de cinquante-huit ans.

CASTIL-BLAZE.

CATHARES. C'est le nom sous lequel on a successivement désigné depuis le onzième siècle différentes sectes gnostiques et hostiles à l'Église, qui surgirent d'abord en Lombardie, puis en France et dans l'ouest de l'Allemagne. On les nommait tantôt *boulgares*, peut-être parce que sur quelques points leurs doctrines étaient celles des pauliciens boulgares, tantôt *patarins* ou *patarèniens*, tantôt *publicains* ou *popelitains*, et dans les Pays-Bas *piphles*. Mais la dénomination la plus généralement employée était celle de *cathares* (du grec καθαρός;), c'est-à-dire *purs*; épithète qu'ils prenaient eux-mêmes, en opposition à l'Église dominante. C'est de ce mot, traduit en idiome lombard par celui de *garzari*, que les allemands ont fait leur mot *ketzer*, hérétique. D'ailleurs cette secte, qui se subdivisa en de nombreux rameaux, ne différait pas absolument sur tous les points des doctrines enseignées par l'Église. Beaucoup de cathares partageaient les opinions des manichéens; d'autres s'en tenaient à celles des anciens gnostiques, quelques-uns même tout juxtaposant à celles des monistanistes. Théoriquement tous s'accordaient à insister sur la nécessité de spiritualiser les dogmes de l'histoire évangélique, et en ce qui touche le côté pratique, à rejeter tout rite extérieur, la discipline et le mariage. Leur organisation sociale était en partie calquée sur celle du catholicisme, du moins il est fait mention d'un certain nombre de papes cathares. A cette secte appartinrent Pierre de Bruys, Henri, Eudes, Tanchelm et Arnauld de Brescia au douzième siècle, d'où les surnoms de *pétrobrusiens*, *henriciens* et *arnoldistes*, mais surtout les Albigeois, auxquels le clergé fit au treizième siècle une guerre d'extermination.

CATHARTE, genre d'oiseaux de l'ordre des rapaces, famille des vautours, ayant pour caractères : Bec grêle, droit jusqu'au delà du milieu et à l'extrémité, courbé seulement vers la pointe; narines ovales et longitudinales, percées de part en part; tête et une partie du cou seulement dénuées de plumes; tarses nus, faibles et réticulés ; ongles courts, obtus; troisième rémige la plus longue, douze rectrices. On n'en connaît que deux espèces bien constatées, l'*urubu* et l'*aura*.

L'*urubu* (*vultur jota*, Ch. Bon., *vultur atratus*, Wil.) est de la taille d'un petit dindon. Son plumage est d'un noir brillant, et toutes les parties nues de la tête et du cou sont couvertes d'un duvet court et noir, et sillonnées de rides profondes. Les urubus sont très-communs dans toutes les contrées chaudes et tempérées de l'Amérique, mais surtout dans le Pérou ; ils vivent en troupes dans les villes, où ils rendent de véritables services en mangeant les débris putréfiés : c'est de là que leur vient leur nom (de καθαρτής, qui purifie). Aussi leur chair coriace et filandreuse répand-elle une odeur de charogne que rien ne peut faire disparaître. Les mœurs des urubus sont celles des vautours. Ils nichent sur les grands arbres, car ils quittent ordinairement les villes vers la chute du jour. Leurs œufs sont d'un beau roux. Les petits, nourris par les parents jusqu'à ce qu'ils puissent voler, sont blancs dans leur jeunesse, bruns la première année, et ne deviennent noirs qu'avec l'âge.

L'*aura* (*vultur aura*, Vieil.) est à peu près de la taille du précédent, quelquefois plus petit. Il en diffère par la peau de son cou, qui est d'une couleur de chair très-vive; son plumage est noir-roux; ses tarses sont orangés; la queue est inégale et plus courte que les ailes. Les auras ont les mêmes mœurs que les urubus; mais ils sont moins communs près des lieux habités, et, quoique vivant presque exclusivement de chair morte, ils tuent quelquefois des agneaux, attaquent les serpents, et joignent à leur nourriture des mollusques terrestres et des insectes. Les auras se rencontrent le plus habituellement au Brésil, au Paraguay, aux Malouines, à la Guyane et jusqu'aux États-Unis, où ils ne passent pas la Pensylvanie.

CATHARTIQUE, nom générique que l'on donne quelquefois aux purgatifs; souvent aussi on désigne sous le nom de *cathartiques* des purgatifs plus actifs que les laxatifs et que les minoratifs, mais cependant moins forts que les drastiques.

CATHCART (WILLIAM SHAW, comte DE), né le 17 septembre 1755, l'un des hommes dont le nom se trouve le plus fatalement mêlé à l'épopée napoléonienne, était fils d'un pair d'Écosse, qui en 1768 remplit à Saint-Pétersbourg les fonctions d'ambassadeur d'Angleterre. Il étudia d'abord le droit ; mais bientôt, renonçant à parcourir la carrière de la magistrature, il alla faire la guerre d'Amérique, et, de simple cornette devint successivement lieutenant, capitaine, lieutenant-colonel des gardes, colonel du 29ᵉ régiment, enfin brigadier général. C'est avec ce grade qu'il servit sous les ordres de lord Moira, dans le corps qui accourut au secours du duc d'York, lors de la retraite précipitée de ce prince devant notre armée. Dans cette campagne, dont le résultat définitif fut si défavorable aux Anglais, Cathcart trouva cependant occasion de faire preuve de valeur, de zèle et de dévouement. Après avoir, le 8 janvier 1795, livré aux Français la sanglante affaire de Buren, il demeura, après la retraite du principal corps d'armée sous les ordres du duc d'York, jusqu'au mois de décembre dans le nord de l'Allemagne, et s'embarqua ensuite avec la cavalerie à Cuxhaven pour l'Angleterre. Georges III, qui l'avait pris en estime toute particulière, le nomma en 1797 chef du second régiment des gardes, en 1801 lieutenant général et en 1803 commandant supérieur en Irlande. En 1805 il fut chargé d'une mission diplomatique auprès de l'empereur Alexandre, et devait aller prendre le commandement d'une division de troupes anglo-hanovriennes à la tête de laquelle il serait venu rejoindre le corps russe commandé par Tolstoy qui devait opérer sur l'Elbe. Mais la bataille d'Austerlitz déjoua toutes ces combinaisons, et Cathcart dut s'en revenir en Angleterre.

En 1807 il fut appelé à représenter la pairie écossaise dans la chambre des lords, et on le créa en même temps lord-lieutenant du comté de Clackmannan, vice-amiral d'Écosse, et membre du conseil privé. Est-il besoin d'ajouter, en citant l'énumération de ces grâces nombreuses, que lord Cathcart les avait méritées aux yeux de son gouvernement par son adhésion complète et zélée à un système de politique dont la haine du nom français était la base? On ne s'étonnera donc pas d'apprendre que ce fut sur Cathcart que le cabinet de Saint-James jeta les yeux pour diriger l'odieux guet-apens qu'il avait résolu contre le Danemark, soupçonné de tendances françaises dans sa politique, et que l'infâme attentat dont, au mois d'août 1807, la ville de Copenhague devint la victime, fut consommé en chef. Cet acte barbare, devant la perpétration duquel eussent reculé des flibustiers et des pirates, valut de nouveaux honneurs à lord Cathcart, qui, au retour de cette odieuse expédition, fut créé vicomte, et peu après ambassadeur en Russie.

Cathcart prit dès lors une part importante à toutes les intrigues ourdies sur le continent par le cabinet britannique contre la France, et devint l'un des agents les plus actifs de la coalition. En 1813 il suivit constamment le quartier général de l'empereur Alexandre, et assista à l'entrevue que ce monarque eut à Prague avec l'empereur d'Autriche et le roi de Prusse. Il assista également à la bataille de Dresde, et se trouvait à côté de Moreau quand un boulet français vint providentiellement frapper ce soldat de la république, et faire justice du vainqueur de Hohenlinden, coupable d'avoir, oublieux de sa gloire et de ses devoirs envers la patrie, passé à l'ennemi. Pendant la campagne, Cathcart, qui ne quitta pas un instant le quartier général russe, joua un grand rôle dans les négociations diplomatiques qui se menèrent alors de front avec les opérations militaires. L'un des signataires du traité de Paris, il alla représenter l'Angleterre au congrès de Vienne, et en cette qualité apposa encore son nom au bas du traité de la seconde coalition, qui nous valut le deuxième retour de la maison de Bourbon. Il était naturel qu'après avoir rempli un rôle si important dans cette émeute obstinée des rois et des oligarques européens contre la France et Napoléon, Cathcart reçût de son gouvernement les plus hautes distinctions comme récompense de son zèle et de son dévouement. Aussi fut-il nommé pair d'Angleterre, avec le titre de comte, et chargé pendant longtemps des fonctions d'ambassadeur à Saint-Pétersbourg, poste qu'il conserva tant que la lente réaction de l'opinion publique en Angleterre n'eut pas enfin arraché le pouvoir aux hommes de 1809 et de 1815. Rentré alors dans l'obscurité, ce digne agent de Pitt passa les dix dernières années de sa vie dans son domaine de Cartfide, près de Glasgow, où il mourut, le 17 juin 1843.

Son fils aîné, *Charles Murray*, lord CATHCART, connu précédemment sous le nom de *lord Greenock*, né le 21 décembre 1783, servit en Espagne et à Waterloo sous Wellington, et obtint plus tard le poste de commandant du château d'Édimbourg. Promu en 1830 au grade de général-major, il remplit en 1851, au Canada, les fonctions de gouverneur et de lieutenant général. Au retour de cette mission il fut nommé commandant du district militaire occidental de l'Angleterre. — *Georges*, son frère cadet, né en 1794, lieutenant général, accompagna en 1812 son père en Russie, et assista à ses côtés aux campagnes qui suivirent, jusqu'à la capitulation de Paris. Il a consigné les observations personnelles qu'il lui fut donné de faire alors dans un ouvrage d'un haut intérêt intitulé : *Commentaries on the war in Russia and Germany in 1812 and 1813* (Londres, 1850). Il a été appelé en 1852 à remplacer sir Harry Smith dans le commandement de la colonie du cap de Bonne-Espérance, où il a été assez heureux dans ses efforts pour comprimer l'insurrection des Cafres.

CATHÉDRALE (du latin *cathedra*, chaire ; église cathédrale, église où est la chaire de l'évêque). Église cathédrale est synonyme d'église épiscopale. Primitivement, dans l'assemblée des prêtres, ou *presbyterium*, qui se tenait avec solennité sous la présidence de l'évêque, chacun avait sa chaire ou son siège, et la chaire de l'évêque dominait les autres. De là l'usage de désigner la dignité de l'évêque par le nom de chaire ou de siège. Plus tard, on a étendu la signification du mot *cathédrale*. C'était d'abord le lieu de l'assemblée presbytérienne présidée par l'évêque, puis, lorsque les chrétiens eurent des temples publics sous le nom d'églises, l'église principale, qui fut celle où l'évêque célébrait, reçut le nom d'*église cathédrale*, parce que là encore les prêtres avaient un lieu d'enceinte avec des sièges, et le siège de l'évêque y était distinct de tous les autres ; ainsi l'étymologie est toujours la même.

La cathédrale est plus qu'une église, c'est un symbole. La cathédrale représente tout le système chrétien, avec sa grande hiérarchie ; aussi ne soyons pas étonnés que là se soient concentrés tous les efforts du génie et de la piété. La construction des cathédrales appelait toutes les puissances de l'homme. Prêtres et peuples, seigneurs et vassaux, rois et sujets, se sont unis pour faire de ces monuments quelque chose qui répondît à la grandeur des pensées qui s'y rattachent. Les cathédrales ont été des constructions prodigieuses, et en dehors de toutes les proportions connues de l'architecture ; on eût dit un vaste effort pour en faire une communication de la pensée humaine avec la pensée divine, un marche-pied vers le ciel. Et d'abord, remarquons une différence de la cathédrale, vrai type du temple chrétien, avec les temples grecs : ici le peuple ne pénétrait pas, il se tenait aux abords, sous le péristyle, ou en des enceintes accessoires, tandis que le prêtre enveloppait de mystère ses cérémonies ou ses sacrifices ; dans l'église chrétienne tout se découvre, le peuple entre à flots ; le voilà qui se répand par de larges portiques sous des voûtes immenses, il presse le sanctuaire, il se mêle aux solennités, il prend part aux actes mystérieux du prêtre, il prie avec lui ; c'est le caractère intime, mystique, profond, du culte chrétien : chacun y participe, et c'est ce qui le fait grand, surnaturel, divin. Il s'ensuit que le temple a son caractère propre, un caractère de majesté inconnu à tous les cultes de la terre. Et ce caractère, ce n'est pas l'art vulgaire de l'architecture qui l'a créé : vous le voyez pas se former graduellement par des imitations ; c'est l'instinct, à défaut de génie, qui le révèle. Il se produit comme d'un jet, et la civilisation savante s'étonne de le voir brusquement développé en des temps qu'elle s'obstine à regarder comme barbares. La cathédrale est proprement du moyen âge. C'est de là, c'est de ces siècles tout incultes que s'élèvent et jaillissent ces superbes monuments, ces travaux inspirés, ces œuvres d'architecture dont le modèle n'était nulle part, vastes créations auxquelles les peuples entiers participaient, comme pour attester qu'elles devaient leur naissance non point à l'inspiration d'un homme, mais à celle de tous les hommes ; non point à un génie particulier, mais à la foi universelle.

L'étude des cathédrales est pittoresque et poétique ; elle nous remet en présence du monde de l'ancienne croyance, contraste fécond avec le monde du matérialisme moderne. Les temps présents seraient bien capables, je n'en doute pas, de produire une cathédrale, mais quelle cathédrale ! Vous verriez un savant académique comparer les ordres d'architecture, étudier les formes grecques, fouiller les ruines pour y découvrir quelque originalité peu connue, faire de la nouveauté avec des antiquités oubliées, et puis de ces rapprochements ingénieux, de ces recherches profondes, faire sortir un temple moitié grec, moitié chrétien, sans inspiration propre, un temple immense sans grandiose, un temple qui ne dit rien à l'âme, rien aux yeux, rien à la foi, rien à la piété ; un temple qui serait tout aussi bien un cirque, ou un théâtre ; un temple aux belles dimensions toutefois, avec de riches colonnades et des voûtes hardies, mais un temple mort, gisant à terre comme ferait un temple antique oublié par le temps, sans rapport avec les pensées des âges nouveaux. Il en est apparemment de l'architecture comme de tous les arts créateurs : elle vit d'inspiration et de génie. C'est le christianisme qui l'a faite. Lorsque le christianisme s'est affaibli, l'architecture n'a plus été originale. Elle a été copiste, d'abord copiste maladroite, et ensuite copiste élégante et raffinée, suivant le progrès des études. Mais l'inspiration l'avait délaissée; le vrai génie avait disparu. Il ne restait que la perfection de l'imitation : c'est le génie des âges qui dégénèrent.

Il faut remarquer qu'en même temps que le christianisme créait ou inspirait son architecture, il en multipliait à la fois les chefs-d'œuvre, par la pensée commune qu'il jetait dans l'esprit des peuples et qui les faisait participer avec l'intelligence et l'activité de la foi à ces immenses conceptions. Il paraît qu'il n'y a guère eu de cathédrales bâties avant le dixième siècle, bien que des auteurs espagnols fassent remonter l'antiquité de quelques-unes de leurs églises jusqu'au temps des apôtres. Cependant quelques grands temples existaient déjà. L'empereur Constantin avait, à grands frais, élevé dans Rome la basilique de Saint-Pierre, et pour la première fois, dit-on, la forme de la croix servit de type à l'architecture chrétienne; l'empereur avait ainsi voulu consacrer le souvenir de l'apparition merveilleuse qui fut le signal de sa victoire contre Maxence. Lorsqu'il transporta l'empire à Constantinople, il éleva de même dans sa nouvelle capitale un superbe temple sous l'invocation de Sainte-Sophie. Mais cette église éprouva diverses vicissitudes : Arcadius et Théodose le jeune la relevèrent tour à tour de ses ruines, et Justinien la développa enfin sur un plan tout nouveau. Dans cette église parut pour la première fois l'élégante découverte de cette voûte circulaire jetée au-dessus du plan carré formé par la croix, qui depuis a donné lieu à ces vastes dômes chrétiens lancés vers les nues.

Cependant, le génie de l'architecture se développait dans l'occident de l'Europe. C'est des couvents qu'il prit son essor. Les moines étaient leurs propres architectes. Les rois, occupés à la guerre, laissaient aller le mouvement de sciences et d'arts vers les ordres religieux. On vit des évêques présider aux constructions d'églises. Grégoire de Tours qualifie du nom d'architecte un de ses prédécesseurs nommé Lion. Saint Germain, évêque de Paris, traça les dessins de l'église que Childebert fit élever en l'honneur de saint Vincent, et qui plus tard porta son nom. Le même évêque alla bâtir à Angers une église sous l'invocation de saint Germain d'Auxerre. Saint Avite de Clermont bâtit en Auvergne plusieurs églises. Ferréol, évêque de Limoges, saint Dalmasius, évêque de Rhodès, saint Agricole, évêque de Châlons-sur-Saône, présidèrent à des constructions semblables. C'était le christianisme qui était toute l'inspiration de la science architecturale, et c'est ce qui donna à ces créations un type inconnu. Puis les rois venaient avec la puissance de leurs richesses seconder cet élan de création. On les voit à la tête de toutes les entreprises. Dagobert, dans le septième siècle, présidait la construction de l'église de Saint-Denis, et y jetait une magnificence dont les arts anciens n'avaient pas vu d'exemple. Plus tard s'achevait sous ses auspices la première tour de Strasbourg, monument prodigieux de génie, qui fut pour le génie d'un âge plus rapproché un objet fécond et inspirateur de rivalité. Charlemagne vint, et couvrit l'empire d'Occident d'églises pleines de majesté et de richesse. Aix-la-Chapelle prit son nom du ce mot même de chapelle appliqué à une merveilleuse église où le grand homme avait uni à toutes les inventions du génie grec toutes les puissances du génie chrétien. L'Italie fut ornée de travaux semblables. Louis le Débonnaire imita ce goût de constructions pieuses. Ainsi l'architecture se développa par le concours des moines et des rois jusqu'au règne de Philippe-Auguste.

Du milieu de ces vastes travaux la cathédrale proprement dite avait pris naissance. La première qui apparaisse avec grand éclat dans l'histoire est celle de Saint-Marc de Venise. Elle avait d'abord été construite en 829. Vers la fin du siècle suivant, elle fut brûlée au milieu de la sédition où périt le doge Candanio. Urseolo Ier la rétablit sur le modèle de Sainte-Sophie. Il confia ce travail à l'architecte Buschetto da Dalichio, qui donna à l'imitation de l'église de Sainte-Sophie un air de liberté originale, en jetant au-dessus de ses voûtes cinq coupoles avec de doubles calottes, qui au-dedans produisent un effet d'élancement très-pittoresque, et au dehors couronnent l'édifice de dômes élégants et pleins de grâce. En France, la cathédrale de Reims se bâtissait vers le même temps. Louis le Débonnaire avait permis à l'évêque Ébon de se servir des matériaux des anciennes murailles de la ville. Hincmar termina cet édifice, qu'il orna avec magnificence. On sait tous les souvenirs qui se rattachent à cette église royale. Elle semblait destinée aux pompes les plus imposantes de la nation. Son portique est célèbre. Son architecture pyramidale est d'un effet merveilleux, et il ne se conçoit pas aujourd'hui que ces âges reculés aient jeté dans la construction des temples cette poésie idéale, et qu'ils aient trouvé des moyens d'exécution pour réaliser des plans si gigantesques. Mais, d'autre part, la barbarie faisait ses ravages; les Normands danois dévastèrent les pays qu'ils avaient inondés. Ils démolirent l'église de Saint-Ouen à Rouen, et brûlèrent la cathédrale de Chartres. Peu après, ils détruisirent l'église de Sainte-Geneviève à Paris, mirent le feu à celle de Saint-Germain, ruinèrent celle de Saint-Martin de Tours, et, pour aider à la destruction, les Sarrasins parurent. L'architecture eut besoin d'efforts nouveaux pour réparer toutes ces ruines. Et en effet elle redoubla d'activité et de génie.

Le dixième, le onzième, le douzième et treizième siècle produisirent les plus belles cathédrales de la France. Le roi Robert, dit le Pieux, donna le signal de ce renouvellement de l'art chrétien. La nouvelle cathédrale de Chartres ayant été encore consumée par le feu du ciel, l'évêque Fulbert entreprit de la rétablir, et invoqua les secours de Robert. L'exemple du roi de France donna de l'émulation à d'autres princes. Canut, roi de Danemark et d'Angleterre, Guillaume, duc d'Aquitaine, Richard, duc de Normandie, Eudes, comte de Chartres, rivalisèrent d'efforts et de zèle. Le travail fut poussé avec une rapidité incroyable. En peu d'années on vit s'élever le nouvel édifice, un des plus beaux monuments du moyen âge. Il a dans l'œuvre plus de 136 mètres de longueur sur 35 de hauteur. La nef, large de 16 mètres, est accompagnée d'une aile simple de chaque côté. Mais autour du chœur les ailes sont doubles, et ornées de sept chapelles élégantes et merveilleusement disposées. La tradition locale raconte que les grottes souterraines qui suivent le mouvement de l'église ont servi aux sacrifices des druides. Elle ajoute qu'elles leur avaient été dédiées à la Vierge qui devait enfanter. Ce ne serait qu'une trace de plus de la vaste tradition du genre humain. Le clocher de la cathédrale est célèbre par sa flèche élancée vers le ciel. Ces sortes de travaux révèlent, ce me semble, une pensée morale très-profonde. On dirait un besoin infini d'aller toucher les nues et de monter jusqu'à Dieu. Telle est l'architecture du moyen âge; elle fait effort pour se détacher de la terre. Il y a là une noble inspiration de poésie, quand il n'y aurait pas une sublime inspiration de foi.

Ce fut encore le roi Robert qui construisit la cathédrale de Senlis, ainsi que d'autres églises remarquables, l'église collégiale d'Étampes, Saint-Hilaire, Notre-Dame et Saint-Aignan à Orléans, l'église de Vitry, Saint-Cassien à Autun, Saint-Léger dans la forêt d'Iveline, Notre-Dame de Poissy, et Saint-Nicolas-des-Champs, près de son palais, hors de l'enceinte de Paris. En même temps, on rebâtissait l'église de Sainte-Geneviève, plusieurs fois détruite et toujours relevée par la foi des peuples. Léon IX, qui vint tenir à Reims un concile, encouragea ce zèle de construction. La cathédrale de Séez avait été incendiée dans une singulière bataille soutenue contre des voleurs qui s'y étaient renfermés. Le pape engagea l'évêque Ives, qui était à la fois comte d'Alençon, à la reconstruire. Il y a dans ces souvenirs un singulier mélange de foi et de barbarie. Ils expliquent tout le génie du moyen âge. L'architecture fut souvent une expiation. Cependant il est juste de remarquer dans ces monuments du moyen âge autre chose que la pensée chrétienne qui en est d'abord tout le génie. La plupart des cathédrales ont été construites par des architectes dont les noms sont restés inconnus. On dirait que la gloire n'était pour rien dans ces chefs-d'œuvre, et, d'autre part, certains ouvriers, moins remplis de cette inspiration religieuse, ne dédaignaient pas la renommée; mais, chose bizarre, ils la poursuivaient par des travaux capricieux, qu'ils plaquaient au hasard sur ces graves et austères monuments. Il y a peu de vieilles cathédrales sur lesquelles vous ne trouviez des sculptures grotesques, et disparates avec la sainte unité de l'œuvre. Ainsi l'art chrétien concevait admirablement le monument dans son ensemble, mais la perfection des détails lui échappait. Le génie était présent; la science n'était pas venue. C'est tout le contraire dans la civilisation. Ce défaut est commun à toutes les cathédrales bâties à cette époque, en France, en Allemagne et en Angleterre. Peut-être aussi s'explique-t-il par un effort que tentait déjà la sculpture pour s'égaler au génie de l'architecture, si soudainement développé. L'architecture, c'est l'épopée, la sculpture, c'est la poésie de détail : l'une se produit d'un seul jet, l'autre arrive par degrés. Homère commence, Ovide finit. Et encore l'architecture grandiose a bien aussi ses détails admirables de perfection, ses ogives jetées l'une sur l'autre, ses colonnes effilées, ses dentelures élégantes, ses ouvertures découpées, ses plans variés, ses flèches légères; mais cela est d'un jet, et tient à la création première. L'art ne l'a pas cherché après coup, il l'a conçu comme un ensemble de travail. C'est l'inspiration même de l'œuvre

Cette ardeur de construction s'anima sous saint Louis. On ne saurait dire tous les monuments qui appartiennent à ce règne : la Sainte-Chapelle en est peut-être le plus élégant et le plus pur; l'art moderne n'a rien créé de plus parfait. Les Normands, d'abord destructeurs, une fois établis, étaient devenus ardents à édifier. Le génie chrétien les avait domptés. La Normandie se couvrit de cathédrales superbes; celle de Rouen est remarquable de beauté et de grandiose. Le même goût descendit dans la Basse-Normandie, et gagna la Bretagne. Cependant, au milieu de ces travaux presque improvisés, s'avançait lentement et gravement l'immense édifice de Notre-Dame de Paris, la cathédrale la plus remplie de souvenirs, et que nous allons trouver tout à l'heure achevée. Les religieux de Citeaux secondèrent ce mouvement d'architecture. La Flandre doit quelques églises au génie de leurs abbés. On rapporte surtout, comme une particularité curieuse et remarquable, que l'église et le monastère des Dunes furent construits par les hommes du couvent, à l'exclusion de tous ouvriers étrangers. Les religieux, tant profès, convers, que frères lais et serviteurs, au nombre de plus de quatre cents, s'appliquaient les uns au dessin, les autres à la peinture, ceux-ci à la coupe des pierres, ceux-là à la sculpture; il y en avait pour la menuiserie et la charpenterie, il y en avait pour la serrurerie, il y en avait pour tous les travaux dépendant de l'architecture.

Du reste, il ne faut point s'étonner de cet exemple particulier de zèle architectural. Le temps des croisades, qui fut un temps de mouvement extraordinaire dans toutes les idées, produisit je ne sais quel besoin d'expiations publiques, qu'on crut satisfaire par des constructions religieuses. Il se forma des compagnies de maçons, qui faisaient vœu de bâtir des églises, espèce de pèlerins qui couraient le monde la truelle à la main.

C'est à eux sans doute qu'il faut remonter pour expliquer ce nombre prodigieux de cathédrales magnifiques qui appartiennent au moyen âge, et qui couvrent toutes les provinces de France. Philippe-Auguste seconda ce progrès. Ce fut lui qui commença de bâtir la cathédrale d'Amiens, sous l'épiscopat d'Évrard. Cette église fut commencée en 1220; Robert de Luzarches, un des grands architectes de ce grand siècle, en dressa le plan. Peu après, l'évêque et l'architecte moururent, mais leur zèle survécut. En soixante ans la cathédrale fut terminée. C'est une œuvre rare de perfection et d'ensemble, qui suppose des études savantes. La façade se développe sur 50 mètres, et se couronne de deux tours inégales. Trois portiques élégants saisissent la vue, et supportent l'une sur l'autre deux galeries à jour, à arcades-ogives, soutenues sur des colonnes groupées et simples. La galerie supérieure présente vingt-deux statues de rois de France, bienfaiteurs de l'église, et au-dessus de ces têtes royales vous voyez la grande rose de la nef, magnifique travail, gracieuse composition, qui déjà vous montre le goût des arts poussé à un point extrême de délicatesse. Vous pénétrez dans l'église par sept portes, et vous voyez les lignes architecturales se développer librement sur une longueur de 140 mètres, avec les artifices de perspective qui multiplient les lointains, et vous mettent comme en présence de l'infini. En cela le système des ogives était merveilleux; il prolonge les distances et les fait perdre graduellement dans l'immensité. Il en est de même du système de colonnades légères, rondes et simples, qui partent de la terre comme des flèches et montent au ciel, laissant courir entre elles la lumière, et agrandissant l'espace, en même temps qu'elles étonnent l'imagination par la ténuité de leurs formes. Tous ces effets sont admirables à Amiens.

Le même siècle vit commencer un autre monument très-remarquable, la cathédrale d'Orléans, sous le nom de Sainte-Croix. La première pierre fut posée par l'évêque Gilles de Pathay, le 11 septembre 1287. Déjà l'art gothique allait prendre un caractère de régularité savante, qui ne s'était pas vu dans les premières constructions. Ce fut une perfection sans doute, mais qui bientôt fit place à un caractère nouveau de recherche, où l'inspiration ne fut plus aussi libre, aussi spontanée. La cathédrale d'Orléans touche à cette limite délicate où la science succède au génie. A l'étudier avec soin, on croit voir je ne sais quelle application minutieuse à copier un modèle de grandiose, qui est ailleurs que dans la pensée de l'architecte. Cette perfection dans les détails, cette régularité dans les formes, ce soin, cette exactitude, cette harmonie compassée, ont je ne sais quoi de pénible et de froid, qui ôte l'idée d'une inspiration originale : on aime mieux le *laisser-aller* du moyen âge, même avec le placage de quelques défauts sur des chefs-d'œuvre soudainement créés. L'art n'est d'abord que du génie; à Orléans il semble que le génie est déjà devenu un art. Du reste, j'ajoute que cet art est sublime, car Sainte-Croix est un monument admirable de hardiesse, de grandeur, d'élégance même, si ce n'est qu'on dirait que la science moderne a réalisé, avec sa merveilleuse puissance d'imitation, l'étude originale de quelques vieux moines du douzième siècle.

On ne finirait pas de mentionner toutes les cathédrales qui tiennent au moyen âge. Celle de Strasbourg date des premières années du quatorzième siècle; mais l'ordre gothique reste entier. L'architecte, Ervin de Steinbach, y travailla vingt-huit ans de suite. Il ne fit guère que reproduire le style des cathédrales de Reims et de Paris. Néanmoins un génie original éclate à la construction de la façade et de la tour qui la couronne. L'élévation de cette tour, refaite sur les ruines de celle que nous avons déjà mentionnée, est de 156 mètres, élévation prodigieuse, si on songe surtout à la délicatesse de sa construction : elle est carrée à sa base jusqu'à la hauteur de l'église, et percée à jour sur les trois côtés. A partir de cette hauteur, elle devient octogone et ouverte sur toutes ses faces; elle est accompagnée de quatre escaliers soutenus à la base sur la plate-forme, et percés à jour jusqu'à l'endroit où les huit côtés s'arrêtent pour laisser partir une figure conique ou pyramidale, par un brusque changement de style, où l'architecte semble avoir voulu se jouer de tous les périls. « On ne saurait bien connaître la beauté de cet ouvrage, dit Félibien, sans en voir au moins le dessin. Ce ne sont de toutes parts que colonnes, que figures et autres semblables ornements, dont il y a aussi une quantité extraordinaire dans tout le reste de la face de l'église, où sont, entre autres, trois statues équestres représentant Clovis et Dagobert, rois de France, et l'évêque Verner d'Habsbourg. » L'architecte s'est représenté dans l'église même, près d'un des gros piliers de la croisée; il est appuyé sur la balustrade d'en haut et regarde le pilier opposé. C'est une pensée d'immortalité qu'on conçoit très-bien en ce génie créateur.

Un art admirable suivit le génie de l'architecture dans la construction des cathédrales, et on dirait encore un art inspiré par le génie chrétien; c'est la peinture sur verre ou dans le verre. Les cathédrales du douzième et du treizième siècle ont reçu cet art un caractère intérieur qui ressemble à une magie céleste. La lumière qui traverse les vitraux peints jette dans le temple de merveilleux reflets, et dans cette obscurité lumineuse la prière est plus calme, le recueillement est plus profond, Dieu est plus présent. Ce sont là de merveilleuses manières d'entendre l'art. Les figures peut-être ne sont pas pures, les sujets ne sont pas heureux, les lois du dessin ne sont pas suivies. Qu'importe? l'effet est miraculeux. L'art n'est jamais plus sublime que lorsqu'il se met en harmonie avec les émotions de l'âme. On cite parmi les cathédrales riches en vitraux celle de Bourges et celle d'Auch, celle-ci surtout remarquable encore à d'autres titres.

Sans pénétrer en Angleterre, ou en Espagne, ou en Allemagne, pour étudier en détail leurs cathédrales, n'ayant, à bien dire, qu'à parler du caractère général de cette sorte de temple, et le trouvant assez bien marqué dans les monuments de notre pays, revenons à la cathédrale de Paris, où nous voyons presque l'histoire entière de la France. L'évêque Maurice de Sully en jeta les fondements en 1163. La vieille église répondait mal aux destinées déjà promises à la grande cité. L'évêque, un homme arrivé de lui-même aux grandeurs, se fit l'architecte de la cathédrale nouvelle. Il y travailla vingt-neuf ans; mais après sa mort les travaux se ralentirent. Il fallut près de deux siècles pour achever cet édifice. L'histoire de cette construction vous fait passer par des temps très-variés. Il semble que dès lors l'intérêt et l'activité des travaux soient moindres dans une population distraite par des soins de négoce ou de guerre civile. Et aussi Notre-Dame manque d'unité : il y a du tâtonnement dans son intérieur; il y a des inégalités. Le jet gothique n'y est pas libre et fécond. L'inspiration est cherchée; elle ne semble spontanée que dans sa vue extérieure. Mais ici le génie paraît. La façade est imposante; elle le serait plus encore si le temps ou la main de l'homme n'avait aplani le terrain. On montait primitivement à Notre-Dame par treize marches, qui lui donnaient un élancement qu'elle n'a plus. Si l'architecture moderne comprenait l'art, elle rendrait aux œuvres antiques leur caractère propre; elle les badigeonne ou elle les enterre : elle pourrait tout aussi bien les démolir. Notre-Dame a 127 mètres de long ; sa largeur à la croisée est de 47 mètres, et sa hauteur de 34. La façade a 39 mètres de développement ; ses portiques sont riches de sculptures, mais avec un mélange de sujets religieux et grotesques, qui tiennent à des superstitions que l'artiste a prises pour de la poésie, plus heureux peut-être, et du moins plus vrai que les poëtes de nos jours, qui à défaut de superstitions réelles en imaginent de chimériques, comme pour justifier les âges qu'on appelle barbares de leurs sublimes créations. Les deux portes de côté sont couvertes d'ornements en fer, tellement roulés, entortillés, pressés l'un sur l'autre, que l'imagination en est tout étonnée, et que Biscornet y a vu le travail du diable, ne pouvant autrement en exprimer la difficulté. Mais c'est l'ensemble de cette façade grandiose qu'il faut voir : la galerie de vingt-sept niches contenait jadis les statues de vingt-sept rois, qu'on a rétablies tant bien que mal, depuis Childebert jusqu'à Philippe-Auguste. C'est la même idée qu'à Amiens. Et au-dessus de cette galerie se développe l'immense rose de la nef, pour laisser ensuite s'établir et régner, tout le long de la façade, un vaste péristyle, soutenu par trente-quatre colonnes très-minces, chacune d'une seule pièce. De là partent deux tours à une hauteur de 66 mètres.

La cathédrale de Paris est le grand témoin de notre histoire depuis six cents ans. Elle a vu nos révolutions, nos désordres, notre anarchie, nos ruines, nos pertes, nos fléaux de toutes sortes : témoin vénérable, qu'il faut aller consulter pour bien connaître le caractère des siècles passés. Tous les temps ont leurs folies, mais les folies anciennes eurent pour singulier caractère de céder à la pensée religieuse et chrétienne qui dominait dans la société. Au temps de Charles V et de Charles VI, les séditieux, les meurtriers, les bandits qui souillaient la ville, couraient à Notre-Dame au premier signe de l'évêque, tantôt pour désarmer le ciel au milieu d'une peste, tantôt pour demander grâce à la nouvelle d'un miracle ou d'une apparition mystérieuse. La cathédrale vit souvent les fureurs s'apaiser par la prière : une procession faisait tomber les armes des mains des sicaires. Les factions s'en allaient s'agenouiller ensemble sous la voûte de ce grand temple, où le Dieu de la patrie semblait présent. Et à la vérité, on y chanta des triomphes pour toutes les causes. Mais c'était beaucoup que la pensée du ciel fût puissante encore sur les peuples, divisés par les passions. Ainsi s'humanisait la barbarie. Puis, en des temps meilleurs, les véritables victoires de la patrie allaient se célébrer dans cette enceinte. Il serait beau de suivre les progrès de la civilisation par la simple histoire de Notre-Dame, non point avec des pensées rêveuses, mais avec des faits précis et des documents réels, grande et sublime poésie, qui vaut mieux que la poésie des chimères.

Mais en voici une autre plus belle encore ! Il y a dans le monde une cathédrale placée au-dessus de toutes les autres, la cathédrale d'où part la voix du premier évêque du catholicisme. Là est la chaire par excellence, celle qui domine toutes les chaires de prêtres et d'évêques : cette chaire, cette cathédrale, c'est l'église de Saint-Pierre de Rome. Nous l'avons vue naître au temps de Constantin. Depuis cette époque, le monde entier, le monde moral, et quelquefois le monde politique, tourne autour de ce grand pivot. L'histoire de Saint-Pierre pourrait donc être l'histoire de l'humanité depuis quinze siècles. Nul sujet plus riche et plus fécond ne saurait être offert au génie des lettres ou de la poésie. Laissons, en finissant cet article, tomber un dernier et rapide coup d'œil sur ce monument grandiose de l'art chrétien.

De grandes révolutions avaient passé sur Rome depuis Constantin ; la barbarie y avait, à plusieurs reprises, jeté ses dévastations ; ses temples anciens et modernes étaient devenus des ruines, et cependant la religion chrétienne se tenait debout sur tous ces débris. Après chaque ravage, l'art s'efforçait de renouveler les monuments. L'église de Saint-Pierre fut surtout un objet de soins et de culte. Mais l'architecture s'était modifiée. Le type du moyen âge semblait s'être épuisé, et il commençait à faire place à un goût nouveau. L'église de Saint-Marc de Venise avait même depuis longtemps donné l'idée d'une forme distincte de la forme gothique, et le génie s'était mis à la poursuite d'une perfection inconnue. L'essai en avait été fait à Florence dans l'église de Notre-Dame-des-Fleurs, et à Rome dans l'église des Augustins, l'une et l'autre terminées par des coupoles, dont le modèle venait de l'église antique de Sainte-Sophie de Constantinople. Ce fut sur ces images incomplètes que l'art, agrandi par les études, et toutefois resté poétique, grâce aux inspirations chrétiennes de l'Italie, rêva ou conçut un plan monumental tel que l'œil humain n'en avait à aucune époque aperçu de semblable. On a dit que ce fut la prise de Constantinople par les barbares, en 1453, qui, ayant chassé les savants et les artistes de cette terre de génie, jeta en Italie le goût des grands travaux. C'est une explication sans justesse. Le génie était en Europe depuis quatre siècles. Il lui manqua quelquefois des études et des recherches, mais sa propre inspiration lui avait longtemps suffi, et il n'eut besoin d'aucun secours grec pour couvrir le sol de l'Occident de monuments qui surpassent en nombre et en richesse tout ce que l'antiquité a laissé de ruines dans tout l'Orient. Dès l'an 1407 le Florentin Brunelleschi dévoilait à l'Italie le secret des trésors enfouis dans ses entrailles, et l'appelait à l'étude de l'art antique. Vitruve commença aussi dès lors à être étudié. Un grand travail se faisait dans l'esprit des hommes; et comme l'originalité gothique semblait arrêtée, l'art courait de lui-même à la recherche d'un type nouveau. Ainsi se féconda lentement le génie créateur du seizième siècle. Tout le quinzième fut employé à cette préparation étudiée, à cette inspiration progressive. Ce fut la différence profonde de l'art gothique et de l'art moderne, l'un soudain, l'autre médité; l'un naturel et libre, l'autre savant et perfectionné.

Ce fut au début du seizième siècle que se réalisa ce long travail de l'art par un enfantement miraculeux. Le pape Jules II se proposait de rebâtir l'église de Saint-Pierre; l'émulation des architectes s'excita par l'appareil de magnificence que le pape mettait dans les apprêts de son entreprise. Des plans à l'infini furent offerts. Le dessin de Bramante fut choisi. Puis vint Michel-Ange, comme si deux génies n'eussent pas été de trop pour accomplir cette immense création. Nous n'avons point à faire la description de ce monument; c'est un temple qui va de la terre au ciel : on le dirait jeté dans les nues, et retenu dans l'espace par une puissance mystérieuse. Ainsi on était arrivé au dernier effet de cette nouveauté, d'abord essayée timidement dans l'église de Florence. Ce n'était plus un dôme timidement élancé sur les quatre piliers de la croix, c'était une coupole immense, appuyée sur des pendentifs qui disparaissent à la vue, et semblent laisser en l'air un second temple, ajouté à celui que porte la terre. Par delà cet effort de génie il n'y a plus rien. L'art produit quelques imitations, mais l'architecture ne fait plus un pas.

Il est remarquable que l'art gothique fut plein de fécondité, sans doute parce qu'il fut libre et soudain; l'art moderne, au contraire, s'arrêta à quelques créations, sans doute parce qu'il est savant et complet. L'église de Saint-Paul de Londres, en 1675, et l'église des Invalides de Paris, vers la même époque, ont reproduit l'idée grandiose de Saint-Pierre, avec quelques raffinements de détails et quelques majestueux effets de perspective. Mais l'architecture chrétienne semble épuisée. Le type de la cathédrale, antique ou moderne, a surtout disparu. La maçonnerie en est réduite à imiter les formes grecques, à tout hasard; elle fait des églises sans inspiration religieuse. Les moines du moyen âge avaient la pensée chrétienne, et pour cela même étaient sublimes dans leurs conceptions de temples. Les savants d'aujourd'hui sont trop philosophes pour être inspirés : ils ne feront point une cathédrale; ils ne feront point un dôme chrétien, point une tour à la flèche aiguë, point un portail, point un péristyle, point une nef, point une chapelle. Ils feront tout autre chose que ce qui convient à l'église : ils seront élégants ou ils seront sévères; ils seront grecs ou ils seront modernes; ils seront classiques, ils seront purs, ils seront tout, excepté poètes, excepté grands hommes, excepté chrétiens. LAURENTIE.

CATHELINEAU (JACQUES), habitait le village du Pin-en-Mauge (Maine-et-Loire), où il était né, et où il exerçait à la fois les métiers de tisserand, de marchand de laine et de voiturier, lorsque la révolte des Vendéens éclata, à propos du tirage au sort des conscrits, à Saint-Florent, le 10 mars 1793 (*voyez* VENDÉE). Cathelineau était alors âgé de trente-quatre ans, et respecté de tous dans le pays pour sa piété et son courage. Marié, la loi du recrutement ne l'atteignait point personnellement. Quand le bruit de ce qui s'était passé à Saint-Florent se répandit dans le hameau, il était dans sa maison, tranquillement occupé à pétrir son pain. Il réfléchit aux conséquences redoutables de cette échauffourée, et pour y échapper, il crut, en quelque sorte, prudent d'oser plus. Prenant sur l'heure son parti, en dépit de sa ménagère, qui le suppliait de ne pas se mêler d'affaires publiques, il court chez ses voisins, les rassemble sur la place de l'église, et là, usant de tout son ascendant, il leur parle avec force du châtiment terrible qui menace tout leur canton, si cette mutinerie fortuite et locale n'engendre pas rapidement une insurrection ouverte, organisée et générale de la province. Les vieillards l'approuvent; vingt jeunes gens courent aux armes; tous jurent de mourir plutôt que de servir la république, et Jacques, enhardi par le succès, prêche déjà l'insurrection de village en village, et au loin, sur son passage, de toutes parts sonne le tocsin. Bientôt, à la tête d'une centaine d'hommes résolus, la plupart vêtus de peaux de chèvres, armés de bâtons, de fourches et de quelques fusils de chasse, il ose attaquer à Jallais un poste républicain; il l'emporte, et sa bande, possédant alors une pièce de six, s'accroît rapidement.

Ce manant avait reçu de la nature la première qualité d'un homme de guerre, celle, vainqueur ou vaincu, de ne jamais se reposer. Le même jour (14 mars), il se présente devant la petite ville de Chemillé, défendue par deux cents hommes de garnison et trois couleuvrines, et s'en empare. Dès le lendemain, joint à Chemillé par un garde-chasse, Stofflet, et par un nommé Forêt, ancien domestique d'un émigré, lesquels avaient aussi réuni un millier de rebelles des cantons voisins, il osa concevoir le dessein d'attaquer Cholet, chef-lieu du district, gardé par 600 républicains. Profitant des chemins de traverse, à lui connus, des haies et des moindres inégalités de terrain, il eut l'art d'envelopper le bataillon qui venait en ligne à sa rencontre. Embusqués par les broussailles, les siens se mirent à tirailler à couvert et presque toujours à coup sûr. Quand ils virent les républicains, presque tous gardes nationaux de nouvelle levée, ébranlés par ce feu terrible, ils fondirent sur eux, comme font les sauvages, en poussant de grands cris, les rompirent, et, les ayant désarmés, les assommèrent avec leurs gourdins et la crosse de leurs fusils.

Ainsi victorieux, et dès le 15, maître de Cholet, de quelque artillerie, de 600 fusils et de nombreuses gargousses, dont il fit faire des cartouches, Cathelineau vit avant le soir sa bande devenir une armée. Mais le principal trophée de sa victoire fut une superbe pièce de canon que le roi Louis XIII avait donnée au cardinal de Richelieu. Ces pauvres paysans, touchés, à l'aspect de ce bronze, d'une émotion indéfinissable, pleuraient et poussaient des cris de joie; ils l'appelèrent *Marie-Jeanne*, et, la couronnant de rubans et de fleurs, la promenèrent en triomphe. Le 16 mars ils occupèrent la petite ville de Vihiers, évacuée par les républicains. Cependant la fête de Pâques approchait, et, pour mieux s'acquitter de leurs devoirs religieux, la plupart de ces rudes compagnons, se donnant rendez-vous pour le lundi de la *Quasimodo*, regagnèrent chacun son hameau. Sans mot motif, ils rentraient volontiers dans leurs fermes, surtout le dimanche, la guerre comme une espèce de chasse, et n'emportant guère avec leur fusil qu'une paire de souliers et un morceau de pain nécessaire pour chaque expédition partielle. Ces étranges soldats se dispersèrent donc, et leur général, quelle que fût son ardeur, dut se résigner à attendre leur retour pour agir. Les républicains, profitant de cette bonne fortune imprévue, purent traverser tout le pays insurgé, et arrivèrent à Angers, où ils proclamèrent que tout était terminé. Cette erreur devait leur coûter cher. Le 9 avril la petite armée d'Anjou était de nouveau réunie sous Cathelineau.

Cependant la Vendée inférieure était de plus en plus en feu ; mais là les royalistes, loin de songer à s'unir à Cathelineau, tournaient tous leurs vœux du côté de l'Angleterre et des princes. Réduit à ses seules forces, Cathelineau dirigea de nouveau ses bandes vers Cholet. Sur sa route, bon gré mal gré, il dut recruta tumultueusement, dans leurs châteaux, quelques gentils-hommes, entre autres des officiers qui avaient fait la guerre, d'Elbée, Bonchamp, Lescure, qui ne s'en rangèrent pas moins, avec leurs paysans, sous les ordres du hardi voiturier. Alors, à la tête d'environ 6,000 hommes, maître Jacques écrasa derechef, à Chemillé, une colonne républicaine de bourgeois. Là le défaut de munitions l'arrêtant encore, il dut se replier d'abord sur Beaupréau, à quatre lieues au nord de Cholet, et là sur Tiffauges, petite ville du Poitou. Réduit, à regret, à un système de défensive peu d'accord avec son humeur, il ne se dissimulait pas que l'inaction dissoudrait bientôt son armée, quand il apprit à Montrevault qu'une nouvelle bande, celle du jeune Larochejaquelein, vainqueur, aux Aubiers, du général républicain Quétineau, manœuvrait pour se réunir à lui.

Alors commencèrent les grands succès de l'armée vendéenne, et alors aussi les gentils-hommes ne se firent plus tant prier. Néanmoins, et malgré l'arrivée de tant de nobles recrues, Cathelineau conserva presque toute son autorité, et son influence dans les conseils resta prépondérante. Les paysans lui portaient une vénération extraordinaire : ils l'appelaient le *Saint de l'Anjou*. Le 19 avril toutes ces bandes, se sentant de plus en plus soutenues par Larochejaquelein, partirent de Montrevault pour aller livrer bataille à l'armée républicaine qui s'avançait dans le cœur de la Vendée, et qui, battue en plusieurs rencontres, notamment à l'affaire décisive de Beaupréau, leur abandonna beaucoup d'armes et de munitions. Le 26, par le conseil de Cathelineau, une revue générale eut lieu à Cholet ; il s'y trouva 23,000 hommes, dont 13,000 armés de fusils de munition et environ 1,200 cavaliers. L'artillerie se composait de six pièces attelées. Le lendemain, Larochejaquelein fit sa jonction, et de nouveaux avantages furent rapidement obtenus à Argenton-le-Château, qu'on enleva (1er mai) ; à Thouars, qu'on prit d'assaut (5 mai), et où il ne fut exercée aucune vengeance. L'enthousiasme des paysans était alors sans égal ; les républicains, débordés, pris entre deux feux et en pleine déroute, durent passer la Loire. Toujours victorieux, Cathelineau entra dans Parthenay le 10 mai, et le 13 à la Châtaigneraie, après un combat assez chaud. Battus en plaine devant Fontenay, les siens se rallièrent, et pour reprendre *Marie-Jeanne* ils firent des miracles, culbutant les bataillons républicains, et s'emparèrent de 42 pièces de canon sur le champ de bataille. Mais alors, impatients de reprendre leurs travaux des champs, ils se séparèrent, se donnant un rendez-vous pour les premiers jours de juin.

Cependant un gouvernement contre-révolutionnaire s'organisait à Châtillon. L'évêque d'Agra, se disant vicaire apostolique, les vicaires généraux de Luçon et d'Angers, composèrent, avec Cathelineau et les autres chefs des premières levées, le conseil suprême, dont le but hautement avoué était le rétablissement de l'autel et du trône. Mais la Convention, qui avait alors aux prises avec toute l'Europe, avait enfin ouvert les yeux sur la nature et le danger de cette plaie de l'Ouest : 40,000 patriotes arrivaient à marches forcées, avec 80 pièces de canon, et, pour remplacer Berruyer battu, le général Biron accourait de l'armée d'Italie. On vit alors l'armée royale aux mains d'un paysan, et le descendant des Biron à la tête de l'armée républicaine. Dès les premiers jours de juin, l'armée de Cathelineau, réunie à Vihiers, un moment pris par les *bleus*, mais repris par les *blancs*, se trouvant forte de plus de 40,000 hommes et de 24 pièces de canon, prit le nom de *grande armée royale et catholique*, et résolut d'occuper la ligne de la Loire. Le 7 une division républicaine, forcée dans Doué, fut poursuivie jusqu'à Saumur, dont les Vendéens entreprirent le siège, qui fut poussé hardiment. Grâce à Cathelineau, les redoutes ayant été enlevées dès le 8, Larochejaquelein put s'emparer de la place. Alors l'insurrection prit soudain un tel degré de puissance que les gentils-hommes eux-mêmes sentirent qu'il fallait, pour frapper un grand coup, concentrer l'autorité militaire dans les mains d'un seul et, entre tant de généraux, nommer un généralissime. Entre eux, ils étaient tous jaloux les uns des autres, et d'ailleurs ils ne pouvaient se dissimuler que l'insurrection était partout moins sûre d'elle-même et moins impétueuse à leur suite que sous ses premiers chefs plébéiens et à la voix de ses prêtres. D'après le conseil de Lescure, réunis à Saumur, ils choisirent donc d'une commune voix (12 juin), pour commander les armées réunies de l'Anjou et du Bocage, le *Saint de l'Anjou*, Cathelineau, qu'ils ne craignaient point, et dont l'élévation flatta les paysans et exalta encore leur enthousiasme. Notre tisserand, confus de tant d'honneur, dut se rendre au vœu général, et ayant accepté la rude tâche, il voulut s'en montrer digne. Il envoya des officiers à Charette, alors victorieux à Machecoul, pour l'engager à combiner ses opérations avec les siennes. Puis il marcha sur Nantes.

Après avoir enlevé Chinon, Cathelineau se dirigea sur Angers, et, quoique affaibli par la désertion régulière et périodique des siens, il s'en rendit maître. De là il se porta sur Nantes, où Charette avait déjà pris position avec une armée que l'espoir de la victoire et du butin avait bientôt doublée. L'attaque générale fut fixée par les deux chefs, à dessein, ce trait est caractéristique, au 29, c'est-à-dire au jour de la Saint-Pierre, patron de la ville. La terreur était dans Nantes, et peut-être les royalistes s'en seraient-ils emparés en un coup de main, s'ils n'avaient pas eu la vanité de faire sommer cette grande ville, par deux prisonniers et au nom de Louis XVII, de se rendre à eux. Ils perdirent ainsi trois jours pendant lesquels le général Canclaux, qui commandait dans Nantes, fit venir de Rennes les munitions dont il manquait, et alors, prête à une vigoureuse résistance, la ville répondit fièrement que la *nation ne traitait pas avec des rebelles*. Au jour marqué, l'attaque commença avec vigueur dès deux heures du matin ; un des faubourgs fut pris et repris à la baïonnette ; le fougueux Cathelineau, toujours à la tête de ceux de Saint-Florent et de Jallais, ses premiers compagnons, s'empara au pas de course de la batterie de la porte de Vannes, et, chassant devant lui le 109e, qui la défendait, repoussant de rue en rue, jusque sur la place d'armes, tout ce qui résistait, allait emporter la place, quand il tomba grièvement blessé au bras d'un coup de feu. A cette vue, ses soldats, qui l'avaient cru invulnérable, poussèrent des cris de désespoir, et, l'emportant sur leurs épaules, se retirèrent en désordre. Vainement les autres chefs leur donnèrent l'exemple de la plus grande témérité en s'élançant au milieu des rangs ennemis, rien ne put arrêter leur fuite. La blessure du *Saint de l'Anjou* sauva Nantes ; il mourut douze jours après à Saint-Florent, où il s'était fait transporter.

Jean Aicard.

CATHÉRÈSE (de καθαιρέω, ôter, enlever, détruire), c'est-à-dire soustraction, diminution. Ce mot exprime en effet en médecine l'exténuation ou l'épuisement qui provient d'un exercice forcé, et qui est indépendant de toute évacuation artificielle, comme la saignée, les purgatifs, etc.

De là a été fait l'adjectif *cathérétique*, qui est la qualification donnée à des substances (ou caustiques très-doux) employées extérieurement, en matière chirurgicale, pour ronger ou consumer les végétations charnues qui s'élèvent à la surface des plaies ou des ulcères.

CATHERINE, nom commun à plusieurs saintes qu'honore l'Église catholique et romaine. Nous citerons les plus célèbres.

CATHERINE (Sainte), issue de race royale, l'une des vierges les plus belles et les plus instruites d'Alexandrie, subit le martyre en l'an 327 pour avoir publiquement annoncé l'Évangile à l'occasion d'une fête accompagnée de sacrifices qui avait été ordonnée par l'empereur Maxence. Dans le cachot où elle resta détenue jusqu'au moment de marcher au supplice, elle convertit non-seulement cinquante des philosophes chargés par Maxence de la réfuter, mais encore Faustine, épouse de l'empereur, le tribun militaire Porphyrius, et en outre deux cents prétoriens. Les coups de fouet que Maxence lui fit administrer sur la poitrine pour la déterminer à revenir au culte des idoles ne produisant aucun effet, le tyran ordonna de la rouler autour d'une roue garnie de pointes de fer; mais l'instrument de torture se brisa au moment où elle en approchait. Enfin on la décapita; mais la légende raconte que sa tête fut alors transportée au mont Sinaï par des anges. Sainte Catherine était jadis la patrone de la faculté de philosophie de l'université de Paris, et l'Église catholique célèbre sa fête le 25 novembre.

CATHERINE (Sainte) *de Sienne*, l'une des saintes le plus en renom dans toute l'Italie, née à Sienne, en 1347, était fille d'un teinturier, et fit vœu de chasteté dès sa plus tendre enfance. A partir de l'âge de vingt ans, elle ne vécut plus que de pain et d'herbes, plus tard même rien que de la communion, et elle entra ensuite dans l'ordre de Saint-Dominique. Elle s'imposait les plus rudes mortifications, était d'une inépuisable bienfaisance envers les pauvres, soignait les malades attaqués des maladies les plus repoussantes, et se vantait d'être en commerce direct avec J.-C., qui, disait-on, avait fait échange de cœur avec elle et avait imprimé sur son corps les saints stygmates de ses propres blessures. Elle donna des conseils à plusieurs papes, et fut appelée, en 1378, par Urbain VI à Rome, où elle mourut, en 1380. Pie II, son compatriote, la canonisa, en 1460. Les dominicains et les habitants de Sienne l'honorent comme leur patrone; et dans la querelle qui s'éleva au sujet de l'immaculée conception de la Vierge Marie entre les dominicains et les franciscains, les premiers invoquaient les visions à l'appui de leurs opinions. L'Église catholique célèbre sa fête le 30 avril.

CATHERINE (Sainte), *de Bologne*, religieuse de l'ordre de Sainte-Claire, morte le 9 mars 1463, et célèbre par les *Revelationes Catharinæ Bononiensi factæ*, fut, en raison de la piété de toute sa vie, mise au rang des saints, en 1712, par Clément IX.

CATHERINE, *de Suède*, fille de sainte Brigitte, morte à Waldstena en Suède, le 22 mars 1381, fut canonisée vers 1474, à cause des miracles accomplis par elle tant de son vivant qu'après sa mort.

CATHERINE (Ordre de SAINTE-). Cet ordre fut fondé en 1714, par Pierre le Grand, en l'honneur de sa femme, Catherine Ire Alexiewna, et pour perpétuer le souvenir du dévouement dont elle avait fait preuve à son égard lors du désastre qu'il éprouva sur les bords du Pruth, dans sa guerre contre les Turcs. Cet ordre, spécialement affecté aux femmes, est composé de deux classes. On en porte les insignes suspendus à un ruban ponceau liséré d'argent, de l'épaule droite au côté gauche. Le seul homme, dit-on, qui en ait été décoré fut Menzikoff.

CATHERINE. Deux impératrices de Russie ont porté ce nom.

CATHERINE Ire, femme de Pierre le Grand, et impératrice de Russie, partit de la condition la plus humble pour s'élever au rang suprême. Son premier nom était *Marthe* Rabe. Elle naquit en 1682, à Germunared, en Suède, de Jean Rabe, quartier-maître du régiment suédois d'Afsborg, qui mourut en 1684. Ramenée en Livonie par sa mère, qu'elle perdit aussi l'année suivante, Marthe se trouva orpheline dès l'âge de trois ans : elle fut recueillie d'abord par un sacristain, puis par Ernest Gluck, pasteur à Marienbourg, qui la fit élever avec ses enfants.

Elle épousa, à dix-neuf ans, un dragon de la garnison de Marienbourg; mais il y avait à peine un an qu'elle était mariée, lorsque la prise de cette ville par les Russes, le 23 août 1702, la sépara pour toujours de son mari. Le pasteur Gluck se rendit avec sa famille et une troupe de femmes au camp du général russe Chérémétief, qui les retint prisonniers. Catherine était du nombre, et elle échut au général Bauer, dont elle fut, dit-on, quelque temps la maîtresse. De là elle passa comme servante dans la maison de la princesse Menzikoff, où le czar Pierre la vit pour la première fois. Sa jeunesse et sa beauté firent une vive impression sur l'empereur, qui s'attacha à elle, et en eut d'abord plusieurs enfants naturels, savoir : en 1706, une fille appelée *Catherine*; en 1708, *Anne*, qui fut depuis duchesse de Holstein-Gottorp, et en 1709, *Élisabeth*, qui devint plus tard impératrice de Russie. Marthe Rabe avait dans cet intervalle embrassé la religion grecque; c'est alors qu'elle reçut le nom de *Catherine*.

Les années ne firent que consolider l'attachement de l'empereur pour elle, et le 29 mai 1711 il l'épousa secrètement. Sur ces entrefaites, Catherine suivit le czar dans sa campagne contre les Turcs; mais bientôt, sur les bords du Pruth, l'armée russe se vit cernée par une armée turque quatre fois plus forte (juillet 1711) : dans cette situation désespérée, le czar ne voyait pas de milieu entre la mort ou une humiliante captivité. C'est alors que Catherine, d'accord avec le vice-chancelier et quelques généraux, envoya un plénipotentiaire au camp du grand vizir, en accompagnant ses propositions du riche présent de ses pierreries et de ses fourrures. La négociation s'engagea, et l'armée russe finit par obtenir des conditions auxquelles l'imminence du péril n'avait pas d'abord permis de prétendre. En reconnaissance de cet important service, Pierre rendit public son mariage avec Catherine le 19 février 1712. Plus tard, en 1724, un an avant sa mort, il la fit couronner avec un appareil et une pompe qui surpassaient tout ce que l'on disait du couronnement des anciens grands-ducs. Un manifeste où les services rendus par Catherine étaient rappelés, et notamment sa belle conduite dans l'affaire du Pruth, fut publié et répandu pour faire connaître les droits qu'elle avait à s'asseoir sur le trône à côté du souverain : dès lors on ne douta plus qu'elle n'y restât après sa mort.

Cependant on prétend que cette même année Pierre surprit sa femme en adultère avec un gentil-homme de sa chambre, appelé Moens. Ce qu'il y a de certain, c'est que ce Moens fut décapité vers la fin de 1724, pour cause de malversation. On ajoute que Pierre fit passer Catherine en voiture découverte devant le gibet où étaient exposés les restes du coupable. Le czar mourut peu de temps après (8 février 1725). On alla jusqu'à dire que Catherine et Menzikoff ne furent pas étrangers à sa mort. Mais rien ne prouve cette allégation : seulement on tint l'événement secret pendant quelques heures, afin de prendre les mesures nécessaires pour assurer le trône à Catherine, qui fut proclamée par les régiments des gardes, par le sénat et le saint synode. Menzikoff régna sous son nom. Le règne, qui dura un peu plus de deux ans, ne fit que continuer celui de Pierre Ier.

Catherine mourut dans sa quarante-cinquième année, le 17 mai 1727. Sa vie fut abrégée, dit-on, par des excès. On a dit qu'elle ne savait ni lire ni écrire. Voici le portrait qu'en a tracé le général Gordon, qui avait longtemps servi sous Pierre le Grand : « C'était une fort jolie femme et de bonne mine, qui avait du bon sens, mais point du tout cet esprit sublime et cette vivacité d'imagination que quelques per-

sonnes lui attribuaient. La grande raison qui la fit si fort aimer du czar, c'était son extrême bonne humeur. On ne lui a jamais vu de moment de chagrin ni de caprice. Obligeante et polie avec tout le monde, elle n'oubliait point sa première condition. »
ARTAUD.

CATHERINE II (SOPHIE-AUGUSTE), fille du prince Christian-Auguste d'Anhalt-Zerbst, naquit à Stettin, le 25 avril 1729. Son père était gouverneur de cette ville. Élevée au milieu des hommages obscurs d'une garnison, à peine remarquée à Berlin quand elle y accompagnait sa mère, rien ne lui annonçait qu'un jour elle serait la souveraine absolue d'un des plus puissants empires du monde. Mais les difficultés qu'éprouvait l'impératrice Élisabeth à contracter une alliance avec les cours de l'Europe, effrayées des dernières révolutions de la Russie, et les sentiments d'affection qu'elle avait jadis conçus pour le prince de Holstein-Eutin, oncle de Sophie-Auguste, firent appeler celle-ci à Saint-Pétersbourg pour devenir l'épouse du grand-duc, héritier de l'empire. Élisabeth, avait en effet appelé à lui succéder le fils d'Anne Petrowna, duchesse de Holstein, fille, comme elle, du czar Pierre Ier. Le jeune duc de Holstein, en devenant grand-duc, embrassa la religion grecque, et en 1745 il épousa la princesse d'Anhalt-Zerbst, qui prit, en changeant de religion, le nom de *Catherine*, depuis devenu si fameux.

Dans une cour corrompue, la grande-duchesse devait contracter cette facilité de mœurs dont Élisabeth donnait, au reste, l'exemple. Le grand-duc, sans agrément dans l'esprit et sans force de caractère, ne pouvait fixer une jeune femme ardente aux plaisirs. Les mémoires secrets du temps assurent même que les médecins, sans lui refuser toute sensibilité, doutaient qu'il pût donner un héritier à l'empire. Néanmoins Paul naquit après plusieurs années de mariage : il est vrai que des doutes se sont élevés sur la légitimité de sa naissance. Quand il vint au monde, sa mère avait pour amant le jeune Soltikof, qu'on éloigna d'elle en lui donnant une ambassade. Il fut remplacé par Poniatowski, qui dut au trône à cette intrigue. Stanislas Poniatowski, fils d'un gentilhomme lithuanien, de petite noblesse, qui avait épousé une Czartoriska, était par sa mère membre de la haute aristocratie polonaise. Pour flatter la passion de la grande-duchesse, le comte de Bruhl, qui gouvernait Auguste III, roi de Pologne, décora le jeune Polonais du titre d'ambassadeur près la cour de Russie ; mais cette liaison devint tellement publique, que Poniatowski dut retourner dans sa patrie, et pendant les dernières années de la vie d'Élisabeth, haïe de son mari et de l'impératrice, fut sans cesse en danger d'être répudiée. Cependant Élisabeth, au plus tard, réconcilia les deux époux.

Pierre III se fit proclamer par les troupes, et commença avec assez d'éclat un règne qui ne devait pas durer une année. Frédéric II, que l'avénement au trône du nouvel empereur sauvait d'une perte presque certaine, lui fit passer en vain de sages avis ; il ne les suivit pas. Il ne cachait plus sa haine pour sa femme ; il annonçait hautement l'intention de la répudier, de désavouer son fils, et de donner pour son successeur ce malheureux Ivan, qui, depuis qu'Élisabeth l'avait renversé du trône, languissait dans une forteresse. Pendant ce temps, Catherine conspirait ; elle s'était assurée des grands par le comte Panin, gouverneur du grand-duc, qui croyait servir le fils en recrutant des partisans pour la mère. Elle avait employé aussi utilement la princesse Dachkof, jeune femme vive, imprudente, amoureuse d'intrigues et de liberté. Mais ce fut surtout au sein de l'armée que la trame s'ourdit plus fortement. Grégoire Orlof, capitaine et trésorier de l'artillerie, avait été quelque temps l'amant de Catherine, sans la connaître : instruit du rang de sa maîtresse, il fit tout pour lui sauver la vie et lui assurer le trône. Il souleva les soldats, et fut le véritable auteur de la révolution. Elle éclata le 9 juillet 1762; l'impératrice fut proclamée à Saint-Pétersbourg. Si l'empereur avait écouté les conseils énergiques du maréchal de Munnich, qui se trouvait alors avec lui, le mouvement aurait été réprimé ; mais sa faiblesse le livra à ses ennemis : il fut emprisonné et étranglé peu de jours après la révolution. Frédéric II prétendait que Catherine n'avait pas trempé dans cet assassinat ; rien ne prouve en effet qu'elle y ait participé, mais elle savait que la conspiration devait finir ainsi. Cette révolution eut de l'éclat ; elle était faite par une jeune souveraine persécutée, menacée dans sa vie, et qui semblait défendre les droits de son fils. La beauté même de Catherine avait été pour elle un moyen de conspirer. « Quand cette femme charmante, dit plus tard Potemkin, paraissait la nuit dans un appartement, elle l'éclairait. » Ce charme dut agir puissamment : et en effet cette conspiration de jeunes femmes réussit par de jeunes officiers ; mais la révolution fut consolidée par un génie ferme et viril.

Catherine se rendit à Moscou, où elle fut accueillie froidement. A son retour à Saint-Pétersbourg, elle fut menacée par ceux-là mêmes qui avaient contribué à son élévation. Mais elle affecta beaucoup de clémence : elle honora la famille de son mari ; elle reçut Munnich avec grâce, et vit parfaitement qu'on ne demandait qu'à être pardonné. Le comte Panin pensait à limiter le pouvoir absolu de l'impératrice, et il lui conseilla d'instituer politiquement le sénat. Ce conseil avait été donné par Catherine elle-même à Pierre III, qui l'avait rejeté ; elle fit un pareil refus, mais elle conserva son crédit à Panin. Grégoire Orlof voulut qu'un mariage public les unît ; elle résista à son amant. Cette double victoire sur ses propres passions et sur le parti aristocratique lui assura le trône. Orlof n'eut que des honneurs et de l'influence. Catherine II gouverna seule. Elle ne changea aucune des alliances de Pierre III. Le roi de Prusse la flatta. Elle était depuis longtemps du parti anglais : un ambassadeur d'Angleterre avait offert Poniatowski à sa faveur ; elle continua d'être l'amie de la puissance de l'Angleterre. En Autriche régnait la scrupuleuse Marie-Thérèse, qui, en parlant d'elle disait toujours avec mépris : « Cette femme!...... » Elle s'éloigna de l'Autriche. Non-seulement ce système d'alliances caressait son orgueil, mais il reposait sur une politique élevée. Elle comprit que pour que l'étrangère se maintînt à l'empire, il fallait qu'elle portât sur le trône une pensée nationale. Or la guerre contre les Turcs a toujours été pour les Russes une guerre de religion. Une entreprise contre l'empire Ottoman est un moyen sûr pour un prince de se populariser en Russie. La France et l'Autriche devaient évidemment contrarier sur ce point ses desseins.

L'année 1764 fut marquée par deux événements importants : Catherine II donna le trône de Pologne à Poniatowski, et força son élection. Elle fut aidée par une partie de l'aristocratie polonaise, qui voulait réformer la constitution avec l'appui des Russes; mais elle sut déjouer les projets de ceux qui cherchaient à faire tourner cet événement honteux au profit de la Pologne. Ce don d'une couronne par une femme à son ancien amant plut à quelques esprits romanesques, mais il indigna les amis de la liberté des peuples, qui voyaient la violation la plus scandaleuse des droits d'une grande nation. Cette même année Ivan périt dans la forteresse de Schlusselbourg, où il était renfermé. C'était le seul prétendant au trône. Quelques soldats se présentèrent pour le délivrer ; ses gardes se hâtèrent de lui ôter la vie. Sa mort reçut une grande publicité. L'Europe s'obstina à voir là une comédie sanglante. Ce fut à peu près à cette époque que l'impératrice commença à courtiser Voltaire et les encyclopédistes. Une alliance avec cette puissance nouvelle satisfaisait sa vanité. On connaît sa correspondance avec Voltaire, avec D'Alembert. Elle proposa à ce dernier de venir élever le grand-duc ; il eut la sagesse de refuser. Diderot visita

Saint-Pétersbourg, elle souffrit avec grâce les familiarités de sa belle conversation et de son geste, mais elle railla ses opinions politiques. Cependant elle se servait fort habilement d'un prétexte de tolérance pour entretenir l'anarchie en Pologne, en soutenant les dissidents. Elle réunit aussi des états pour s'occuper de la rédaction d'un code. Mais on ne pouvait s'entendre, et cela à la lettre : il n'y avait pas de langue commune dont pussent se servir tous les députés. Ceux des Samoïèdes se plaignirent des vexations des gouverneurs qu'on leur envoyait; ils pensaient avec raison que des garanties sociales étaient préférables à des institutions civiles ou criminelles. Cette singulière chambre des communes fut dissoute; mais Catherine II, qui, comme tous les esprits supérieurs, savait apprendre, comprit qu'il lui fallait connaître cet empire auquel elle voulait donner des lois : de là de grands voyages entrepris par elle-même; de là cette mission qu'elle donna à des savants d'explorer ses vastes dominations.

Pendant que le parti philosophique embrassait en France la cause de Catherine II, et voulait lui rallier l'opinion, le duc de Choiseul faisait une vigoureuse guerre à sa politique. Il éclairait la Porte-Othomane; il lui montrait son ennemi naturel s'établissant en Pologne, y violant tous les traités. Grâce à son habile influence, la guerre commença en 1768, entre les Turcs et les Russes, qui n'y étaient pas préparés. Cette guerre fut suivie par Catherine avec constance et avec génie. Elle envoya une flotte dans les mers de la Grèce, et révolutionna ce malheureux pays, sur lequel elle laissa ensuite retomber le joug. La présence de navires russes dans la Méditerranée frappa les imaginations; la flotte turque fut détruite dans le golfe de Tchesmé, grâce à l'impéritie de ses chefs et à la hardiesse de quelques Anglais, qui commandaient sur la flotte russe. L'amiral Alexis Orlof, frère du favori, se fit remarquer par son incapacité et son peu de courage : il s'évanouit au milieu d'un combat; mais sur terre le général Romanzof s'acquit une véritable gloire, qui rejaillit sur sa souveraine. Ce fut dans les premières années de cette guerre que le prince Henri de Prusse proposa à Catherine le premier partage de la Pologne, qui s'accomplit en 1772. Choiseul n'était plus au ministère. Il est douteux que ce grand attentat ait été utile à la Russie et à l'Autriche : elles ont accru leurs dominations, mais elles se sont trouvées face à face, et se sont privées d'une puissance intermédiaire qui facilitait singulièrement la bonne harmonie entre elles en les empêchant de se heurter. Quant à la Prusse, la condition de son existence est de s'agrandir. Les partages successifs de la Pologne furent blâmés même par des hommes d'État russes. Potemkin était d'avis qu'il ne fallait pas démembrer la Pologne, mais la garder sous l'influence russe. Cette vue était pleine de justesse et de profondeur. La paix de 1774, intervenue entre Catherine II et la Porte-Othomane, en assurant l'indépendance de la Crimée, prépara l'asservissement de cette province par la Russie; et si Catherine II n'obtint pas par cette paix d'avantages immédiats, la guerre avait augmenté le prestige de son nom et affaibli l'empire des Turcs. Elle fut peu après menacée par un mouvement violent, qui se manifesta aux confins de son empire. Un Cosaque du Don, nommé Pougatchef, prétendit être Pierre III, échappé à ses assassins, et parvint à réunir une armée. Partout il portait le fer et la flamme; partout il soulevait les esclaves des nobles, traités plus durement en Russie que ceux de la couronne; et comme son entreprise répondait à un besoin social d'amélioration, elle fut très-dangereuse. Mais la noblesse, sentant que ses droits étaient attaqués, prit vivement le parti de l'impératrice, et l'armée, composée d'esclaves, qui dès qu'ils sont enrôlés comme soldats deviennent esclaves de la couronne, lui resta fidèle. Pougatchef dut succomber.

Ce fut à cette époque que se manifesta l'influence de Potemkin. Sa faveur commença lorsque, jeune officier, il offrit la dragonne de son épée à Catherine II, qui, proclamée impératrice par les gardes, voulut revêtir leur uniforme. Son cheval, habitué à escadronner, s'obstinait à rester près de celui de sa souveraine, qui sourit, et remarqua la beauté mâle de Potemkin. Il lui fallut un long temps néanmoins pour remplacer Orlof. Mais quand il fut arrivé à cette place si désirée, il mit beaucoup d'habileté à la perdre. Il chercha à se faire disgracier comme amant, pour devenir l'ami et le ministre de sa maîtresse. Il accomplit ce projet avec une rare adresse; il donna des favoris à sa souveraine, et gouverna avec elle. Potemkin, avec son imagination orientale, son caractère corrompu, ses idées en désordre, mais élevées, fut le représentant du génie russe dans ce pays; mais elle se résigna à ne pas l'agiter par de nouveaux troubles, et Gustave III étant venu la visiter à Saint-Pétersbourg, une amitié apparente s'établit entre eux. L'action politique de Catherine II sur le reste de l'Europe fut pleine de grandeur et de sagesse. L'Autriche méditait d'agrandir ses possessions en Allemagne, et s'emparant de la Bavière après la mort de Maximilien-Joseph, électeur de Bavière. Frédéric II s'y opposa, et commença la guerre pour forcer l'Autriche à abandonner des prétentions qui devaient détruire l'équilibre de l'Allemagne. Il fut appuyé par la politique de Catherine II. Un traité se conclut à Teschen (le 23 mai 1779), et l'Autriche n'obtint qu'une assez faible augmentation de territoire (quelques bailliages en-deçà de l'Ens).

Dès l'année précédente une guerre maritime s'était engagée entre l'Angleterre, la France et l'Espagne. L'émancipation des colonies anglaises de l'Amérique du Nord en était cause. Les guerres maritimes que se livrent la France et l'Angleterre sont très-favorables au commerce du Nord, d'où se tirent des bois et des approvisionnements nécessaires aux puissances belligérantes. Mais l'ambition des Anglais ne respectait pas les droits des neutres; alors, grâce aux efforts du comte de Vergennes, de Catherine II et du comte de Bernstorf, qui gouvernait le Danemark avec gloire, fut établie la neutralité armée, qui reposait sur les principes du droit public, et qui donna à la ligue du Nord une grandeur qui rejaillit surtout sur la Russie.

L'impératrice et Potemkin nourrissaient toujours la pensée de recommencer la guerre avec les Turcs. Catherine se rapprocha de Joseph II, auquel elle offrait le partage des dépouilles de l'empire Othoman. Elle eut à Mohilof une entrevue avec ce prince; et il vint ensuite visiter la Russie, pénétré qu'il était du désir de voir tout par lui-même. Après la première guerre contre les Turcs, Catherine avait exigé l'indépendance de la Crimée; elle sut depuis ce temps entretenir de continuelles intrigues dans ce pays; elle y maintint des troupes sous divers prétextes, et enfin en 1787 elle déclara la Crimée réunie à son empire. La Porte-Othomane se contenta de quelques manifestations diplomatiques, et n'osa prendre les armes.

En 1785 M. de Ségur alla comme ambassadeur de France à Saint-Pétersbourg. Jusqu'à lui les ambassadeurs de cette puissance n'avaient exercé aucune influence en Russie, et avaient toujours excité la défiance du cabinet de Saint-Pétersbourg. Il sut plaire à Catherine, au favori Potemkin, et il parvint à conclure un traité de commerce entre la France et la Russie.

En 1787 Catherine II voulut visiter ses nouvelles possessions, et elle parcourut la Crimée dans la compagnie de Joseph II. On sait par quels singuliers artifices Potemkin sut persuader à sa souveraine qu'il avait introduit la civilisation et l'aisance là où régnaient encore la barbarie et la misère. On faisait voyager pendant la nuit des populations qui suivaient l'impératrice, étonnée de voir ces nouvelles provinces si peuplées. Par d'habiles changements de décorations, on déroulait devant elle une suite de villages qui n'existaient pas, et des façades de maisons habilement peintes dissimulaient la solitude de ces provinces. A Kerson on trouva inscrit sur une porte : *Route de Byzance*. Potemkin, à l'aide de ces grandeurs réelles et factices, augmenta encore l'ambition de l'impératrice et sa confiance dans les forces de son empire. Il préparait ainsi cette guerre contre les Turcs qu'il avait toujours souhaitée.

La politique de Catherine s'était éloignée de celle de Frédéric II, qui désapprouvait ses projets d'agrandissement; elle pensa même à le détruire le bien qu'avait fait à l'Allemagne la paix de Teschen. Elle approuva le projet, conçu par Joseph II, d'échanger la Bavière contre les Pays-Bas autrichiens, Namur et Luxembourg exceptés; mais le vieux Frédéric veillait : il fit échouer ce dessein, et créa l'union germanique.

La guerre contre les Turcs commença en 1788. Toutes les armées de l'empire se portèrent vers le théâtre de la guerre, et la capitale était dégarnie de troupes, lorsque tout à coup Gustave III commença la guerre dans le Nord. Il était irrité des intrigues que la Russie entretenait à sa cour, et de l'accueil que Catherine II faisait aux mécontents suédois. Catherine II se trouva dans le plus grand danger; mais elle manifesta tant de confiance qu'elle en inspira à la faible armée qu'elle avait réunie; et cette guerre si dangereuse expira dans le Nord, grâce aux efforts de la diplomatie, sans que les desseins de Catherine II fussent entravés. Pitt, d'accord avec le cabinet prussien, ne vit pas cependant sans crainte l'empire turc ainsi attaqué, et il proposa d'armer les flottes anglaises : cette mesure, alors très-impopulaire en Angleterre, fut combattue par l'opposition britannique. Catherine II fit venir à Saint-Pétersbourg le buste de Fox, et remercia Shéridan, alliance non moins singulière que celle que jadis elle avait contractée avec les philosophes. La première campagne coûta les Turcs le célèbre par le siège d'Oczakof, qui fut pris d'assaut. Pendant les campagnes de 1789 et 1790, les succès des Russes ne se ralentirent pas; ils firent la conquête de la Bessarabie et de la Moldavie. Ismail fut pris. Le prince Repnin ouvrit la campagne de 1791 par une victoire, mais, bientôt après, il signa les préliminaires de la paix à Jassy. Pendant cette guerre, Potemkin manifesta de grands talents militaires, et Souvarof en commença sa réputation, Souvarof, qui dictait ses bulletins en mauvais vers, ou se chauffant au bivouac de ses soldats, et que ses mœurs, sa valeur et sa férocité ont rendu le plus populaire des généraux russes.

Voilà encore la Russie arrêtée dans son projet de conquérir Byzance; mais Catherine II avait tourné ses regards vers la France. La révolution qui venait d'y éclater l'indignait : « C'est, disait-elle, mon métier d'être aristocrate. » Elle encouragea Gustave III à prendre les armes contre la France; elle approuva le traité de commerce qu'avait fait contracter M. de Ségur; elle exigea que les Français établis en Russie jurassent obéissance à l'ancien ordre de choses ou retournassent en France. Elle encouragea la coalition; mais la Prusse et l'Autriche exigèrent d'elle qu'elle cessât la guerre de Turquie, pour qu'il pussent s'occuper de la France. La cour de Prusse, pour créer des embarras à la Russie, avait protégé les vues de nouvelle organisation politique conçues par la diète polonaise. La constitution de 1791 était, pour ainsi dire, née sous sa protection. Mais la crainte que les principes français accueillis en Pologne ne prissent à dos les puissances belligérantes fit abandonner la Pologne par la Prusse. Le dernier partage s'accomplit; Stanislas Poniatowski alla mourir à Saint-Pétersbourg (sous Paul Ier), et Kozciusko dut s'écrier en tombant à Maciejovice : *finis Poloniæ !*

Catherine II aurait pu être à cette époque l'arbitre entre l'Europe et la révolution française. Au lieu de cela, elle accueillit l'émigration, dont, au reste, elle sentit bientôt l'impuissance, et, se tenant hors de l'Europe, car elle ne fit que prêter quelques vaisseaux aux Anglais, elle voulut faire son profit de ce grand mouvement en volant quelques provinces. C'était un point de vue étroit, qui couronna mal sa politique. Au commencement de son règne, pour essayer de l'opinion publique, et faire sentir sa puissance en Pologne, elle avait envoyé régner en Courlande ce Biren, ancien amant de l'impératrice Anne, qu'on avait vu domestique dans ce même duché. Elle préludait par-là à l'élévation de Poniatowski. A la fin de son règne, par un caprice impérial, elle enleva la Courlande au fils de Biren, et la réunit à son empire. Enfin elle commençait une guerre en Perse, et renouvelait ses projets contre Constantinople, lorsqu'elle mourut, d'une attaque d'apoplexie, le 9 nov. 1796.

Si l'on considère le rôle que Catherine II joua en Europe, les guerres qu'elle soutint, et la fermeté de son administration, son nom paraît entouré d'éclat; il en est autrement lorsqu'on jette les yeux sur sa cour, abandonnée, sans retenue, aux plaisirs sensuels; d'indignes favoris coûtèrent des sommes énormes à la Russie. On pourrait comparer Catherine à Louis XIV : tous deux épuisèrent leur empire par des guerres glorieuses; tous deux affichèrent leurs faiblesses et les parèrent de l'éclat des fêtes. Catherine II eut dans Orlof sa Mme de Montespan, et dans Potemkin sa Mme de Maintenon; car, si l'on en croit les mémoires du temps, elle lui donna secrètement sa main. Lorsque Catherine II voyagea en Crimée avec Joseph II, le favori Momonof était toujours dans la voiture, où l'on admettait seulement l'un après l'autre l'ambassadeur de France et celui d'Angleterre. Des intrigues ténébreuses agitèrent cette cour : Alexis Orlof alla enlever en Italie la jeune Tarrakanof, issue du mariage secret qu'avait contracté l'impératrice Elisabeth avec le grand-veneur Razoumovski. On sait qu'il feignit de vouloir sa main, et qu'il l'entraîna sur un de ses vaisseaux, sans que depuis on ait su ce qu'elle était devenue. Cette cour, si éclatante par ses fêtes, avait aussi ses douleurs : Panin périt du chagrin que lui causait l'élévation de Potemkin; Grégoire Orlof mourut fou; Alexis Orlof, complice de son frère, lorsque Paul fit exhumer Pierre III, dut, comme le plus ancien des lieutenants généraux, passer une nuit auprès de son corps. Catherine II administra habilement à l'intérieur; elle fit accomplir graduellement des améliorations; elle avait cette décision dans le caractère qui fait qu'on vous respecte. Elle conserva à la Russie le rang que le czar Pierre lui avait donné en Europe; mais elle ne fit rien de plus.

Ernest Desclozeaux.

CATHERINE (Canal de), l'une des voies de communication par eau les plus importantes de la Russie. Au moyen de la Dwina, de la Wytschegda et du Keltma septentrional; au moyen aussi du Dschouritsch, du Keltma méridional, du Kama et du Volga, ce canal relie la mer Glaciale du nord et la mer Blanche à la mer Caspienne. Il se développe le long des limites des gouvernements de Wologda et de Perm. Commencé du vivant de Catherine Ire, il resta longtemps interrompu, et ne fut achevé qu'en 1820.

CATHERINE DE MÉDICIS, reine et régente de France, fille de Laurent de Médicis, duc d'Urbin, et de Madeleine de la Tour d'Auvergne, comtesse de Boulogne, naquit à Florence, le 15 avril 1519. Son enfance fut environnée de dangers : les efforts tentés par son père pour rétablir la souveraineté de sa famille à Florence amenèrent des troubles, à la suite desquels cette ville se trouva au pouvoir des partisans du gouvernement républicain; et il fut question un instant, dans le conseil des insurgés, de l'exposer sur les remparts de la place au canon des assiégeants ou de la livrer à la brutalité des soldats : elle avait alors neuf ans. Héritière de la principauté de Florence et du duché d'Urbin, elle fut promise par son oncle Clément VII au jeune prince d'Orange, Philibert de Châlons, en récompense du dévouement de ce prince à la maison de Médicis. Philibert redoubla d'efforts pour chasser les insurgés de leurs dernières positions, et mourut en combattant. Jean Stuart, duc d'Albanie, oncle maternel de la princesse, qui jouissait d'une grande faveur auprès du roi François 1er, lui offrit alors la main de sa nièce, âgée de quatorze ans, pour le duc d'Orléans, son second fils, qui n'avait que quelques mois de plus. Le pape Clément VII s'engageait, par reconnaissance, à seconder le roi de France dans la conquête du Milanais. Mais ce qui décida surtout François 1er à consentir à cette union, ce fut la certitude où il croyait être que son second fils n'avait aucune chance de parvenir au trône et le besoin qu'il éprouvait d'une somme considérable que lui prêta Laurent de Médicis. Charles-Quint fut instruit de cette clause secrète, et mit en jeu toutes ses intrigues pour empêcher l'alliance convenue.

On triompha heureusement de ces obstacles, et le duc d'Albanie partit de Florence avec Catherine : une brillante escadrille les attendait dans la rade de Porto-Venere. L'escadrille entra dans le port de Marseille le 11 octobre 1533 ; François 1er arriva le lendemain, environné d'un cortège dont la magnificence faisait pâlir celle de la cour du pape. La reine Éléonore et son pompeux entourage suivaient le roi à un jour de marche. Le mariage fut célébré le 28 octobre. Les époux étaient si jeunes, qu'il avait été décidé par le monarque qu'ils habiteraient des appartements séparés, mais le pape s'y opposa, et le même lit nuptial les reçut. La dot de Catherine, composée des comtés d'Auvergne et de Lauraguais, de cent mille ducats d'or et d'un trousseau d'égale valeur, parut un peu mesquine aux commissaires de François 1er, chargés de le recevoir. Philippe Strozzi, oncle de la fiancée, leur fit observer que, par acte solennel, sa sainteté s'était engagée à y ajouter trois perles d'une valeur inestimable : *Gênes, Milan* et *Naples.*

« Catherine, dit Varillas, avait la taille admirable ; la majesté de son visage n'en diminuait pas la douceur ; elle surpassait les autres dames de la cour par la blancheur de son teint, par la vivacité de ses yeux ; toutes sortes de parures (et elle en changeait souvent) lui seyaient si bien, qu'on ne pouvait décider celle qui lui était la plus avantageuse. Le beau tour de ses jambes lui faisait prendre plaisir à porter des bas bien tirés, et ce fut pour les montrer qu'elle inventa la mode de monter nu-jambes sur le pommeau de la selle, au lieu d'aller à la planchette, à large étrier. Elle inventa aussi plusieurs modes galantes pour elle et les belles dames de sa suite. Elle avait l'attachement de Côme le vieux, son ancêtre, pour l'argent ; mais elle ne le ménageait pas plus que Pierre 1er, son trisaïeul. Magnifique comme Laurent son bisaïeul, et non moins raffinée déjà en politique, elle n'annonçait ni la droiture de ses sentiments ni sa libéralité pour les beaux esprits. Son ambition ne le cédait point à celle de Pierre II, son aïeul, et pour régner elle n'eût pas mis plus de différence entre les moyens légitimes et ceux qui ne l'étaient pas. Les divertissements avaient des charmes pour elle ; mais elle ne les aimait, comme Laurent son père, qu'à proportion des sommes qu'ils coûtaient. »

Catherine avait compris tout d'abord combien il lui importait de plaire à son beau-père : François 1er aimait à se voir entouré des plus jolies femmes de la cour ; il avait formé sa *petite bande* de dames gentilles pour s'en aller courir le cerf. Catherine, qui n'y était pas d'abord admise, demanda au roi cette faveur. Il lui en sut bon gré, la lui accorda *de bon cœur* et *l'en aima davantage*. Dès ce moment elle fut de toutes les parties; on la voyait toujours au milieu des chasseurs à la mort du cerf. Elle jouait au mail; elle aimait fort à tirer de *l'arbalète à rouet*. François 1er avait la prétention d'être un grand homme d'État, nul roi pourtant ne fit et ne laissa faire plus de fautes en politique; mais il aimait beaucoup à deviser d'affaires, et Catherine ne lui parlait que de choses sérieuses.

La cour était partagée entre la duchesse d'Étampes, maîtresse du roi, et Diane de Poitiers, maîtresse de l'époux de Catherine. Diane eût pu être la mère de la fille des Médicis. La passion de Henri pour cette beauté sur le déclin était un de ces outrages que les femmes ne pardonnent pas. Catherine pourtant, loin d'éclater en reproches, redoubla de prévenances et de caresses, et le duc d'Orléans finit par avouer que nulle part il ne se trouvait si bien que dans le lit de sa femme. Quant à l'Italienne, elle eut le courage de s'imposer une imperturbable neutralité entre les deux favorites ; elle ne tournait ses regards que du côté du trône de France, et réfléchissait à la seule existence d'homme qui en séparait son époux. Après trois années de dissimulation et d'intrigues, l'obstacle fut brisé, et le dauphin mourut, empoisonné, en 1536. Alle avait eu soin d'amener à sa suite des Florentins capables de tout pour lui être agréables, et elle pouvait d'autant plus compter sur leur dévouement, qu'elle avait pour le payer ses libéralités personnelles et les premières charges de l'État. Deux hommes ont eu sur elle une grande influence, Gondo-Gondi, qu'elle fit maréchal sous le titre de Retz, et le cardinal de Lorraine, chef de la maison de Guise. C'était au milieu des fêtes, des carrousels, des bals, lorsqu'elle semblait se livrer tout entière au plaisir, qu'elle s'occupait le plus sérieusement de ses projets d'ambition : « Elle prenoit, dit Brantôme, grand goût aux *pantalons*, et y étoit son saoul; car elle étoit volontiers et de son naturel étoit joviale, aimant à dire le mot. Ses après-dîners étoient consacrés à besogner des ouvrages de soie, où elle étoit tant parfaite qu'il étoit possible. »

Cependant le titre de reine et le trône allaient lui échapper. Dix ans s'étaient écoulés depuis son mariage, et elle n'avait point d'enfants. François 1er était mort depuis trois ans; Henri II régnait; toute la cour était aux pieds de Diane; Catherine n'avait que le nom de reine, et l'avenir, qu'elle avait rêvé si brillant, se désenchantait à ses yeux. On parlait déjà hautement de répudiation. De graves historiens, Sainte-Marthe, Naudé et Bayle attribuent la tardive fécondité de Catherine aux conseils de Fernel, qui lui fit prendre les eaux de Bourbon Lanci. La naissance du dauphin fut un grand événement pour l'Italienne; elle crut avoir dès lors acquis le droit de s'immiscer dans les affaires du gouvernement, et pour y réussir s'efforça de mettre dans ses intérêts Diane de Poitiers et le connétable de Montmorency. Le succès couronna cette double tentative. Le vieux courtisan vantant un jour la haute capacité de la reine et sa rare discrétion : « Mon compère, lui répondit Henri, obsédé, vous ne connaissez pas ma femme : c'est la plus grande brouillonne du monde; elle gâterait tout. » Montmorency ne se rebuta point, et un mois après le roi, malgré sa passion pour Diane, passait deux heures chaque jour en conférence avec Catherine. Il la chargea même de la régence lorsqu'il partit pour la Lorraine, en 1552; mais Catherine voulait une autorité sans partage, et Henri lui avait adjoint un conseil, dont l'amiral Annebaut devait être le chef. La reine ne lui laissa qu'une vaine ombre de pouvoir. Les princes s'étaient ligués contre elle : elle les divisa; elle donna au duc de Montpensier une partie du riche domaine de la maison de Bourbon, et s'assura du dévouement ou du moins de la neutralité du prince de La Roche-sur-Yon en lui faisant épouser sa première dame d'honneur. Catherine, enfin, gagna les uns par des grâces, effraya les autres par des menaces. Ainsi elle promit au roi de Navarre de forcer Philippe II à lui restituer ses États au delà des Pyrénées, et implora la protection du même Philippe pour elle et ses enfants. Catholique dévouée avec les Guises, elle se montra pleine de bienveillance pour la religion réformée avec Antoine de Bourbon, les frères Châtillon, Odet, Coligny, d'Andelot, caressant enfin et trompant tour à tour tous les partis. Quant à ses enfants, on la vit chercher à corrompre à plaisir leur cœur, leur offrir des spectacles capables de les rendre cruels et leur donner des fêtes voluptueuses pour les énerver par la débauche. Elle avait toujours à sa suite un essaim de beautés dont le principal rôle était de séduire ceux qu'elle voulait attirer dans son parti; et ce fut au milieu des intrigues galantes, des plaisirs et du luxe, que furent décidés plus tard des massacres dont le souvenir fait frémir la postérité.

L'expédition de Lorraine fut heureuse : le duc de Guise eut tous les honneurs de la campagne; mais la régente pouvait s'attribuer une bonne part de ce succès : elle avait eu soin de pourvoir à la solde et à l'approvisionnement de l'armée. La victoire avait popularisé le nom de Guise. Le cardinal de Lorraine et son frère comprirent tous les avantages de leur position : Henri II n'était plus roi que de nom.

Cependant Catherine cherchait à se fortifier par des alliances. Sa fille, la princesse Élisabeth, épousa le roi d'Espagne Philippe II. Les fêtes nuptiales furent magnifiques. Henri II voulut à cette occasion clore la dernière joûte en rompant en l'honneur des dames une lance avec Montgommery, qui s'excusa vainement. Le monarque lui ordonna d'obéir. A la première rencontre, la lance du comte se brisa, et un tronçon atteignit Henri à l'œil ; le roi mourut peu de jours après. Catherine parut inconsolable; elle se confina dans ses appartements, qu'elle avait fait tendre de noir et décorer d'une allégorie représentant une montagne de chaux vive, sur laquelle tombait une pluie abondante, avec cette devise, entourée d'éventails brisés et de flèches rompues : *ardorem extincta testatur vivere flamma* (son ardeur survit à sa flamme).

Rien toutefois n'était moins sincère que ces fastueux regrets. Plus occupée des intérêts de son fils que de la mort de son époux, Catherine n'avait pas attendu qu'il eût cessé de vivre pour envoyer demander à Diane les diamants de la couronne, dont son royal amant aimait à couvrir sa blanche chevelure, lui faisant notifier en même temps l'ordre d'avoir à quitter la cour. Du reste, Catherine lui laissa tous les biens qu'elle tenait du roi, et Diane, à son tour, fit présent à la reine de sa belle seigneurie de Chenonceaux, dont elle était redevable, non pas au prince défunt, mais au fils du trésorier de France. Ce domaine était à la convenance de Catherine, dans le douaire de laquelle il se trouvait enclavé. Mais la reine, d'un côté, ne voulait pas se montrer moins libérale, et offrit en échange sa seigneurie de Chamont-sur-Loire à la maîtresse de son mari, qu'elle rappela même de l'exil qu'elle lui avait imposé. Cette générosité n'était pas d'ailleurs complétement désintéressée : Catherine avait besoin du connétable, et elle connaissait l'ascendant de Diane sur son esprit.

Les huguenots avaient pressé Antoine de Bourbon d'accourir à Paris prendre la tutelle de François II; mais la reine mère et les Guises multiplièrent si bien les obstacles sur sa route, qu'il arriva trop tard. Catherine fut déclarée régente. Placée entre les Guises, le roi de Navarre et son frère le prince de Condé, elle ne vit d'autre moyen de soustraire son fils à l'influence des Guises et de s'assurer le pouvoir, que de l'emmener à Saint-Germain. En même temps elle chargeait deux de ses plus séduisantes filles d'honneur, Mlles de Limeuil et de Renet, de retenir par leurs charmes le roi de Navarre et son frère à Paris. Mais comment se débarrasser des Guises, maîtres de la France, disposant de ses armées, de ses places fortes, de ses trésors? François ayant épousé leur nièce, depuis si malheureusement célèbre sous le nom de Marie-Stuart, était en réalité à leur merci.

En le faisant disparaître ils s'assuraient le pouvoir : un valet qui avait été à leur service se chargea de ce soin, et le prince mourut empoisonné. Son successeur, Charles IX, avait à peine dix ans.

Cependant les états généraux étaient convoqués à Orléans : à eux seuls appartenait le droit de conférer la régence. La majorité inclinait pour le roi de Navarre ; elle craignait, dans ces circonstances difficiles, de confier le gouvernement de la France à une étrangère; le roi de Navarre n'avait qu'à vouloir, et il devenait régent. Mais Catherine lui offrit la lieutenance générale du royaume, et le faible Antoine de Bourbon se désista de son droit en sa faveur.

Le pouvoir des Guises avait singulièrement grandi depuis la conjuration d'Amboise : ils n'ignoraient pas qu'elle n'avait eu d'autre but que de se défaire d'eux et de ramener à Paris la reine mère et son fils, mais ils persuadèrent à Catherine que les conjurés lui destinaient le même sort, et que toute sa famille devait périr avec eux. L'Italienne le crut ou feignit de le croire : au fond elle redoutait également les Guises et les chefs du parti huguenot. Ceux-ci ne demandaient pourtant qu'à professer leur culte sous la dynastie régnante, tandis que ceux-là, ambitionnant le rôle de Pepin, aspiraient à monter sur le trône en passant sur le cadavre du dernier des Valois. La mort prématurée de François II ne laissait aucun doute sur leurs desseins. Catherine sentait que le pouvoir lui échappait; or, avant tout, elle voulait régner et régner en souveraine absolue.

Elle savait qu'il y allait desa vie : elle avait entendu de la bouche même du chef de la maison de Guise et de celle du maréchal de Saint-André que sa mort était résolue; mais elle espérait parvenir à se défaire à la fois des Guises et des princes, et suivait pendant le cours de sa seconde régence le plan qu'elle avait adopté de la première.

Trop faible pour lutter avec succès contre ces deux partis puissants, elle avait eu recours à la protection de Philippe II, son gendre; mais l'Espagnol avait mis à son intervention des conditions humiliantes : il était déjà d'accord avec les Guises, dont il ne paraissait, au reste, seconder les desseins que pour se rendre maître lui-même de la France. Et cependant les hommes de dévouement ne manquaient pas à notre malheureux pays. Jean de Montluc, évêque de Valence, et Michel L'Hospital montraient à l'imprudente et ambitieuse Catherine l'abîme ouvert sous ses pas; leurs conseils étaient reçus avec l'expression de la reconnaissance, et bientôt oubliés. La reine mère eût fait bon marché de ses croyances religieuses; la puissance était son seul culte : elle se déclarait catholique romaine pour marcher avec les Guises; elle aurait embrassé la réforme pour les anéantir : ses vœux étaient pour le parti qui la maintiendrait au pouvoir.

Un événement qui décida de son sort et du protestantisme révèle tout le secret de sa politique : nous voulons parler de la double bataille de Dreux. Les chefs des deux factions étaient en présence : d'un côté, les triumvirs Montmorency, Saint-André et Guise; de l'autre, Condé, Coligny et d'Andelot, son frère. Les triumvirs avaient l'avantage du nombre; pourtant, les protestants triomphèrent, et le connétable fut fait prisonnier. Un courrier ayant apporté à la cour conster née la nouvelle de cette défaite, Catherine seule parut calme et résignée : « Eh bien! dit-elle, nous entendrons la messe en français. » Les cris de victoire retentissaient encore dans les rangs des huguenots, lorsque Guise, qui avait vu le connétable et le maréchal compromis sans aller à leur secours, s'avança à la tête de quatre pièces d'artillerie. Il fit avec sa cavalerie quatre charges sur l'infanterie de Condé, déjà ébranlée par la mitraille, et, malgré la résistance de Coligny, il resta maître du champ de bataille. Le secrétaire d'État Robertel écrivit au duc de Nevers : « Nous avions perdu la bataille pendant vingt-quatre heures; nous l'avons regagnée ensuite. Depuis cent ans on n'a vu si furieux, si opiniâtre combat. On nous a pris le connétable; tout a été rompu, en déroute, notre artillerie enlevée; mais M. de Guise a chargé, il a battu un corps de mille à douze cents reitres, il a tué plus de dix mille hommes. M. de Saint-André est mort; M. d'Aumale a l'épaule dénouée. M. de Guise baillera son lit à M. de Condé, son prisonnier, et ils coucheront ensemble. » A cette nouvelle, Catherine change de langage, témoigne la joie la plus vive de ce succès inespéré, et se prend de la plus belle admiration pour les Guises.

Méprisée de tous les partis, mais s'en consolant pourvu qu'elle les trompât, prenant les armes pour négocier et ne négociant jamais sans préparer une nouvelle guerre civile, Catherine mit Charles IX, devenu roi majeur, dans la cruelle alternative de reconnaître un parti plus puissant que l'autorité royale, ou de recourir à la ressource de faire massacrer une partie de ses sujets dans l'espoir incertain de s'élever au-dessus des factions. La Saint-Barthélemy fut ordonnée par le conseil de cette même reine qui avait encouragé les révoltes des huguenots, et pour comprendre la part qu'elle y prit, il suffit de remarquer qu'elle sut inspirer en cette occasion au jeune roi une dissimulation qui n'était nullement dans son caractère.

Sa seconde régence avait commencé à la minorité de Charles IX; la reine mère s'y effaça tout entière devant la toute puissance des princes Lorrains. La troisième fut plus courte; commencée à la mort de Charles IX, elle finit au retour de Henri III, alors roi de Pologne. On reconnaît encore l'influence des Guises dans ce conflit d'intrigues plaçant ce prince sur un trône étranger, et gratifiant le duc d'Alençon du grand-duché de Brabant. Une double alliance unissait déjà la famille de Catherine à celle de ces ambitieux insatiables : la princesse Claude avait épousé le duc Charles de Lorraine, et Henri III Louise de Lorraine, fille du comte de Vaudemont. On a prêté à la reine mère le dessein de faire passer la couronne de France sur la tête d'un Guise au préjudice de ses fils : cette imputation est dénuée de fondement. Le duc d'Anjou, depuis Henri III, était de tous ses enfants celui qu'elle affectionnait le plus; elle n'avait confié qu'à lui et au chancelier Birague le secret de la Saint-Barthélemy, que les princes lorrains exploitèrent à leur profit. Catherine persistait à vouloir se défaire des Montmorency par les Guises et des Guises par les Montmorency.

Le nom de cette reine se rattache à tous les événements politiques et religieux de son temps, depuis son arrivée en France, en 1533, jusqu'à sa mort, survenue à Blois, en 1589. Son influence fut nulle sous Henri III, gouverné par ses mignons. L'assassinat du duc de Guise la frappa de terreur : elle se fit conduire chez le cardinal de Bourbon, à qui l'on avait déjà donné des gardes. Ce prince, épouvanté, se mit à fondre en larmes, la croyant complice de son fils : « Ah, madame! murmura-t-il, ce sont de vos tours; vous nous ferez tous mourir. » Elle essaya vainement de combattre la prévention du vieux prince de l'Église, et se retira désespérée; une fièvre violente la saisit, et le 5 janvier elle n'était plus.

Catherine méprisait assez la vie pour l'exposer au profit de son amour-propre, et elle aimait à montrer aux soldats qu'elle ne redoutait pas les hasards de la guerre. N'estimant la bravoure que dans ceux qui étaient attachés à sa personne, elle mettait autant d'art à les bien faire vivre ensemble qu'à brouiller et perdre ceux qui ne lui étaient pas dévoués. Prodigue jusqu'à la folie, elle répondait à ceux qui lui parlaient de l'épuisement du trésor : *Il faut vivre*. Sa conduite eut une grande influence sur les mœurs de son temps, et l'on sait qu'elles furent scandaleuses. On ne peut louer en elle que l'élégance des manières, un amour éclairé pour les sciences et les arts. Elle fit venir des manuscrits précieux de Grèce et d'Italie, et enrichit la Bibliothèque Royale de la moitié des livres que son bisaïeul Laurent de Médicis avait achetés aux Turcs après la prise de Constantinople. Elle fit bâtir les Tuileries, l'hôtel de Soissons et plusieurs châteaux dans nos provinces.

Jamais Catherine n'avait rien fait sans consulter les astrologues. Elle s'occupait beaucoup elle-même de sciences occultes ; et la colonne qu'elle avait fait élever à l'hôtel de Soissons, pour y étudier les astres, existe encore adossée au bâtiment de la Halle au blé. Un astrologue à qui elle avait demandé où elle mourrait lui avait répondu : *Saint-Germain*. Elle avait évité depuis de séjourner dans les lieux de ce nom ; mais le hasard confirma la prédiction : elle mourut dans les bras d'un prédicateur du roi appelé *Saint-Germain*. Elle institua par son testament la princesse Marguerite son unique héritière. Henri reçut la nouvelle de sa mort avec indifférence : il ne prit aucun souci de ses funérailles. Catherine, veuve d'un roi de France, trois fois régente et mère de trois rois, Catherine qui avait occupé pendant près d'un demi-siècle le premier trône de l'Europe, fut jetée, dit un historien de l'époque, comme une *charogne* dans un bateau et inhumée dans un coin obscur. Ce ne fut qu'en 1609 que son cadavre fut placé dans le magnifique tombeau qu'elle avait fait élever à Saint-Denis pour elle, le roi son époux et les princes ses enfants.   DUFEY (de l'Yonne).

CATHERINENBOURG. *Voyez* IÉKATERINBURG.

CATHÈTE (de κάθετος, le fil à plomb d'un maçon). Ce mot était autrefois synonyme de *perpendiculaire*. Aujourd'hui on ne l'emploie plus qu'en architecture dans le sens d'*axe*. On appelle aussi *cathète* la ligne perpendiculaire qui passe par l'œil de la volute du chapiteau ionique, et qui sert de point fixe pour tracer cette volute.

CATHÉTER (de καθίημι, introduire), nom que les chirurgiens donnent à la sonde dont on se sert, soit pour pratiquer l'opération de la taille chez l'homme, soit pour constater l'existence d'une pierre dans la vessie. Cet instrument d'acier, d'une longueur excédant d'environ cinq centimètres celle du canal de l'urètre, dans lequel on doit l'introduire ; sa grosseur varie suivant les cas. Une moitié de sa longueur est droite, l'autre est recourbée et présente sur la convexité une cannelure terminée par un cul-de-sac; l'extrémité opposée offre une plaque dont les faces regardent la courbure de l'instrument.

CATHÉTÉRISME, opération par laquelle on introduit dans la vessie à travers le canal de l'urètre un cathéter, une algalie, une bougie, etc. Le cathétérisme s'applique en outre à d'autres manœuvres opératoires : c'est ainsi que l'on pratique le cathétérisme des voies lacrymales, quand on introduit dans les points et les conduits lacrymaux un stylet; il en est de même pour le cathétérisme de la trompe d'Eustache, employé avec succès par M. Itard dans le cas de surdité.

Le cathétérisme des voies urinaires de la femme est une opération simple et toujours très-facile : on est souvent obligé d'y recourir à la suite d'accouchements laborieux chez les femmes primipares, chez lesquelles la tête de l'enfant, étant restée longtemps au passage, a comprimé le canal de l'urètre, qui, enflammé et rétréci, ne permet plus à l'urine de se porter à l'extérieur. Si cette opération est facile à exécuter chez la femme, il en est bien autrement chez l'homme. Bien que chez celui-ci le canal soit libre, l'introduction d'une sonde dans la vessie demande une dextérité parfaite et une connaissance approfondie des parties, surtout lorsque le canal offre quelques rétrécissements susceptibles de dévier l'extrémité de la sonde, cas dans lesquels le chirurgien peu habile est sujet à faire des *fausses routes*.

Il existe deux espèces de cathétérismes, le *curviligne* et le *rectiligne*.

Le *cathétérisme curviligne* consiste dans l'introduction d'un cathéter courbe dans la vessie, en passant par le canal de l'urètre. M. Roux différencie le cathétérisme suivant le résultat que l'on se propose d'en obtenir : c'est ainsi que cet habile opérateur appelle *cathétérisme explorateur* celui auquel on a recours pour constater l'existence d'un calcul dans la vessie. Il le nomme *conducteur* quand on s'en sert pour diriger d'autres instruments dans l'intérieur de cet organe. Il sera *évacuatif* quand par son moyen on cherchera à donner issue à l'urine; *dilatant* ou *désobstruant*, toutes les fois qu'on l'emploiera pour faire disparaître un rétrécissement du canal de l'urètre; et enfin *dérivatif*, quand par son usage on cherchera à s'opposer au passage de l'urine dans des fistules urinaires.

Toutes les fois que chez l'homme on introduit une sonde droite, on pratique le *cathétérisme rectiligne*, dû à M. Amussat, cathétérisme sans lequel on aurait éprouvé des difficultés bien grandes pour pouvoir faire arriver dans la vessie des instruments capables, en roulant sur leur axe, de perforer les calculs, mécanisme sur lequel furent basés les premiers instruments destinés au broiement de la pierre ou lithotritie.

CATHOLICISME. Il s'est opéré depuis quelques années un grand changement dans l'état des discussions religieuses. Elles remontent aujourd'hui, à certains égards, les degrés par lesquels la science était descendue des hauteurs de la foi. La décadence religieuse avait commencé par une insurrection contre la hiérarchie catholique et l'autorité de la tradition. Puis on avait versé le ridicule et la haine sur les croyances chrétiennes. Enfin l'aversion pour toute doctrine spiritualiste était devenue le caractère dominant de la philosophie, au déclin du dix-huitième siècle. Tels ont été les trois pas que les esprits dégoûtés de la foi ont faits dans leur fuite loin du christianisme. Trois mouvements contraires, quoique inégalement avancés, se manifestent surtout dans la sphère où vivent les intelligences élevées. Les sciences, même physiques, tendent à redevenir spiritualistes. Les sciences spiritualistes sont déjà plus ou moins chrétiennes, et ce christianisme, encore incomplet, de la science cherche la profonde et large base du catholicisme. Tant que la science se renferma dans l'enceinte du *matérialisme*, il n'y avait pour elle aucune issue vers la religion. La réaction religieuse devait donc nécessairement commencer par un retour au *spiritualisme*, et ce mouvement est aussi plus avancé que les deux autres. Sauf quelques exceptions, où est aujourd'hui le matérialisme hautain et dogmatique? où se cache-t-il? A voir la tendance de certains systèmes, on pourrait croire qu'il y a déjà de bonnes raisons peut-être pour prendre des sûretés contre les illuminations d'un spiritualisme excessif. Il y a plus : la science, en général, brisée, morcelée par l'analyse, aspire, pour atteindre l'unité de cette poussière, et à reconstruire son unité. En proclamant la nécessité de la synthèse, elle nomme Dieu. Avant d'être religieuse dans toutes ses conceptions, elle l'est déjà par un besoin de sa méthode. La philosophie, qui ne voit pas encore l'élément divin du christianisme, voit en lui le point culminant de tous les faits humains. A ce degré, on est bien près d'y voir quelque chose de plus, s'il est vrai que l'humanité touche à Dieu. Le dix-huitième siècle avait dit que le christianisme s'oppose aux progrès intellectuels du genre humain ; il est reconnu aujourd'hui qu'il est le principe de la supériorité des peuples européens, ces géants modernes de la race humaine. Le dix-huitième siècle avait dit que la morale chrétienne est anti-sociale ; la plupart des écoles philosophiques s'accordent à penser que les développements futurs de la société ne pourront être qu'une application de plus en plus étendue de la morale chrétienne. L'incrédule le plus chrétien du dix-huitième siècle n'avait pas craint d'affirmer que le christianisme fait des esclaves : quel athée du dix-neuvième siècle oserait dire que la liberté politique moderne, sœur de la justice, n'est pas fille de l'Évangile ?

Le catholicisme surtout, comme principe conservateur du christianisme, a déjà eu sa part de justice dans cette réhabilitation scientifique des croyances. Le rationalisme des trois derniers siècles poussait à ne reconnaître qu'un seul mode de l'intelligence humaine, la conception ou la science, produit du raisonnement individuel. Le mode de foi, ou la croyance appuyée sur un grand enseignement traditionnel, apparaissait comme une maladie de la raison. Mais déjà, en dehors du catholicisme, on commence à concevoir que ces deux modes correspondent à deux besoins intimes de l'intelligence, l'un au besoin d'unité et de fixité, l'autre au besoin d'activité et de développement. Ces pensées sont flottantes dans la nouvelle philosophie européenne sous des formes plus ou moins déterminées. Le plus illustre représentant de l'Allemagne protestante et philosophique, Schelling les a résumées et appliquées au christianisme sous une forme singulière, remarquable par la conclusion à laquelle elle doit aboutir. Le christianisme contient, suivant lui, trois principes. Le *principe de foi, de tradition, d'autorité*, est le fond d'où tout est sorti : il a constitué le catholicisme. Cet élément a été représenté par saint Pierre. Des abus amassés par le temps ont provoqué l'action d'un autre principe, le *principe de protestation*, figuré originairement par saint Paul, qui résiste à saint Pierre. Ce principe en se développant a été un dissolvant actif des croyances chrétiennes. Reste un troisième élément, le *principe d'amour* : saint Jean en a été le type. Mais quelle peut être la fonction de l'amour, du principe d'union et de vie, sinon de rétablir l'alliance de la science et de la foi? Pour rentrer par cette voie dans le catholicisme, il faut sans doute arriver à une conception plus exacte des rapports qui doivent lier ces deux éléments fondamentaux de l'intelligence ; il faut arriver à reconnaître que l'élément de science ne doit se développer qu'en harmonie avec la tradition générale, et non en rompant avec elle ; qu'il ne peut être qu'un principe d'explication, et non un principe de protestation contre la base traditionnelle. Toutefois, ces conceptions, telles qu'elles existent déjà en dehors de la philosophie catholique, sont l'indice d'un grand pas fait, le pronostic d'un pas plus grand encore. Tous les philosophes qui, en Allemagne, en France, en Angleterre, entrevoient d'un coup d'œil plus ou moins net la nécessité d'une base de tradition et de foi, sont sortis de l'ornière tracée jusque ici par le rationalisme : l'avenir leur montrera jusqu'où ce premier pas conduit.

La science est aussi entrée dans une voie nouvelle par la manière dont elle a considéré l'influence sociale du catholicisme. Elle a renversé une épaisse barrière de préjugés étroits et haineux que le dix-huitième siècle avait plantés comme des bornes inébranlables de la philosophie historique. Supposez un homme de cette époque reparaissant de nos jours avec les idées d'alors sur l'Église, la papauté, le moyen âge, et venant écouter aux portes du dix-neuvième siècle : lorsqu'il entendrait proclamer que les papes de cette époque, dont les ombres se groupent autour de la grande figure de Grégoire VII, ont été les libéraux de leur temps, les défenseurs de l'intelligence et de la justice contre la force brute; que leurs actes, regardés si longtemps comme de monstrueuses usurpations, avaient eu l'immense résultat moral d'apprendre aux peuples et aux rois que le pouvoir est une fonction et non un patrimoine ; que le catholicisme avait élevé, même dans le moyen âge, la société humaine bien au-dessus des sociétés antiques, en organisant dans ses bases l'association universelle ; que toutes les idées de liberté, d'égalité, de pouvoir par voie d'élection, de dévouement au bien-être des masses, d'émancipation des classes pauvres, d'association pacifique, avaient été réalisées, au degré où elles pouvaient l'être alors, dans la constitution même de l'Église : lorsqu'il ouïrait de telles choses, il se croirait transporté dans un concile de moines, et pourtant il ne serait pas même entré dans une école de philosophie catholique.

La philosophie non catholique s'est divisée en deux camps : dans l'un, on soutient que l'esprit critique, ou l'esprit humain à l'état d'examen individuel, est un état anormal ; on présente dans l'autre l'individualisme philosophique comme l'état supérieur de la raison. Les uns out admis que l'institution catholique, abstraction faite des dogmes chrétiens, contient, dans les lois fondamentales de son organisation, le type de la société humaine, et le secret de tout lien religieux parmi les hommes. Ils veulent faire entrer dans cette organisation d'autres éléments que les idées chrétiennes, ils proclament la mort du christianisme; mais la forme catholique adaptée à d'autres dogmes leur paraît de sa nature indestructible dans l'humanité. Les autres croient qu'après le christianisme il n'y a de possible que la philosophie, mais une religion, non. Le christianisme est à leurs yeux la plus parfaite et par conséquent la dernière des religions. De longs siècles et de vastes espaces l'attendent et l'appellent, et loin de voir son tombeau à l'extrémité du dix-neuvième siècle, cette école le salue comme le berceau futur de tous les peuples que sa lumière n'a pas encore éclairés, et qui viendront successivement accomplir sous ses lois l'éducation de l'intelligence, et préparer ainsi l'inauguration universelle de la raison humaine. Ces courants opposés, qui emportent les esprits s'agitant hors du sein de la foi, constituent un état nouveau. Convergeant vers un même terme en tant qu'ils se rapprochent du christianisme catholique, contraires l'un à l'autre en tant qu'ils s'en éloignent, leur résultat immédiat est sans doute de faciliter à plusieurs égards la route qui y conduit. Toutefois, il faut prendre garde de s'exagérer la portée actuelle de ce résultat.

Deux causes principales retiennent encore loin du catholicisme un grand nombre d'esprits. La première est la répugnance que leur inspirent les intrigues politiques qui parfois ont été couvertes, dans des intérêts de parti, du manteau vénérable de la religion. Mais le catholicisme a des racines trop profondes dans l'humanité, il tient par des liens trop intimes à ce qu'il y a de plus vivace dans notre nature pour qu'on puisse s'arrêter longtemps à juger du fond de la religion d'après des phases locales et passagères. La seconde cause qui éloigne les esprits du catholicisme est plus radicale que la première; c'est la répugnance à admettre ce qu'on a désigné sous le nom d'*ordre surnaturel*, répugnance produite particulièrement par les théories qui ont eu cours sur l'origine de la raison, et par la séparation systématiquement établie entre les diverses sciences, dont l'union constitue la science vivante, la science de Dieu, de l'univers et de l'humanité. L'existence d'un ordre surnaturel n'est pas la question catholique proprement dite, c'est la question chrétienne en général. Nous supposerons dans cet article le supernaturalisme qui fait le fond de la religion chrétienne, mais nous n'avons point pour but de l'établir.

Notre objet n'est point de prouver ici le catholicisme, mais seulement d'exposer ce qu'il est. Tant d'hommes aujourd'hui s'en font encore une idée si étrange, qu'une exposition de la doctrine catholique est le préliminaire indispensable de toute discussion.

Posons d'abord quelques principes. L'activité libre de l'homme a un but unique, le but même de la création, qui est le développement perpétuel de l'univers par une participation toujours croissante à l'être de Dieu. Mais cette activité s'exerce sous deux modes divers, correspondant aux deux éléments essentiels de toute créature. Dès que l'on écarte le panthéisme proprement dit, qui rend illusoire l'idée même de la création et de l'univers, on ne peut concevoir les êtres créés ou finis que comme subsistant par la combinaison intime de deux éléments, l'un commun, l'autre individuel, c'est-à-dire comme parties du tout, et comme ayant chacun sa vie propre, individuelle, incommunicable. Sous le premier rapport, ils sont unis entre eux et avec le premier de tous les êtres, qui est Dieu. Sous le second, ils sont distincts les uns des autres, et finiraient par se séparer si l'individualisme prédominait. L'activité des êtres intelligents, et de l'homme en particulier, a donc simultanément pour objet, d'une part, la connaissance et l'observation des lois qui rattachent les êtres à leur centre commun et éternel, et, d'autre part, l'expansion de la vie individuelle par laquelle chacun d'eux tend à effectuer, en quelque sorte, son évolution propre. De là résultent deux modes divers d'activité. Car il est clair que l'acte par lequel l'homme s'ordonne par rapport au centre commun, diffère essentiellement de l'acte par lequel il se constitue lui-même centre particulier. L'un est un acte de sacrifice et d'obéissance, l'autre un acte de jouissance et de liberté. La religion doit nécessairement reposer sur la distinction de ces deux ordres fondamentaux, de ces deux éléments de notre nature. Si elle ne reconnaissait pas le premier, elle ne serait pas religion; si elle méconnaissait le second, elle ne serait pas la religion de l'homme, dont elle aurait brisé l'individualité. Elle doit donc les consacrer tels qu'ils sont, c'est-à-dire comme essentiellement distincts; autrement elle ne serait au nom de Dieu qu'une grande et absolue négation de l'être humain. En second lieu, elle ne soutient pas avec l'un de ces éléments les mêmes rapports qu'avec l'autre. Elle est par elle-même la manifestation, l'expression propre de l'ordre qui unit radicalement les hommes à Dieu et entre eux ; mais, par cette raison même, elle n'est pas l'expression de l'autre ordre, de celui qui correspond spécialement à la vie individuelle. Elle doit le sanctionner, elle doit en reconnaître la nécessité, la légitimité, mais elle ne le constitue pas. Car, s'il tombait sous la notion de loi moralement obligatoire, sous la notion d'obéissance, il serait absorbé dans le premier; les deux éléments de la nature humaine se confondraient en un seul. La religion est l'élément divin, infini, mais avec lui existe et se combine l'élément humain ou fini, qui a sa forme, sa vie, sa fonction propre. Enfin, bien que ces deux ordres soient distincts, la religion ou l'élément infini doit renfermer dans son sein les principes d'où dépend l'harmonie, libre accord de l'élément humain avec elle, l'accord de la vie individuelle avec les lois du tout. Cela posé, voyons l'idée fondamentale du catholicisme.

Catholique signifie, comme on sait, *universel*, et cela est vraiment et proprement catholique qui a été reçu partout et toujours. Cet ancien et célèbre mot de Vincent de Lérins, répété de siècle en siècle, est la formule sous laquelle le catholicisme s'est constamment distingué des divers systèmes d'individualisme. Elle suppose évidemment que la vérité, au degré où il est nécessaire aux hommes de la connaître, est commune et permanente, et que ce sont là les caractères d'après lesquels on la discerne avec certitude. Les opinions particulières, opposées aux croyances générales, sont les hérésies. Cette formule du catholicisme n'est que la traduction dans la langue religieuse d'une loi générale de l'esprit humain. Celui-ci, pris dans son ensemble, présente deux classes de faits correspondantes aux deux éléments fondamentaux de notre nature, dont il vient d'être question. Les croyances générales sont perpétuellement combinées avec des opinions individuelles, variables et réciproquement contradictoires. Chaque opinion individuelle n'est admissible qu'au degré où elle paraît se démontrer en établissant sa liaison avec quelque chose d'antérieur à elle. Mais les croyances générales, permanentes, contemporaines de l'humanité, se prouvent par elles-mêmes. Comme on ne pourrait supposer la possibilité de l'erreur dans l'élément fixe et commun de l'esprit humain, sans envelopper, à plus forte raison, dans le même doute la vérité des pensées individuelles, qui forment l'élément variable, le premier est nécessairement lié avec la vérité, si la vérité existe pour l'homme, et il est dès lors la base et la règle du second, qui doit se développer sans doute, mais en harmonie avec lui.

Toutefois, il est clair, d'un autre côté, que réduire l'homme à ce simple état de croyance, ce serait lui ordonner d'abdiquer sa nature. En recevant la vérité par la foi, l'intelligence est passive, et son activité, qui est un de ses attributs essentiels, ne peut s'exercer que par les efforts qu'elle fait pour posséder la vérité sous un autre mode, sous le mode de conception et de science. La science est ce qui correspond dans l'esprit humain à l'élément individuel de notre être, comme la foi est ce qui correspond à l'élément commun. Le catholicisme dès lors, à moins que de mutiler la nature humaine, doit reconnaître aussi la nécessité, la légitimité de l'ordre de science, qui forme la moitié de l'esprit humain. Dès l'origine il l'a proclamée, et l'antique manifeste du catholicisme, que nous avons cité plus haut au sujet de la base de la foi, le résumé officiel de Vincent de Lérins, condamnait déjà, comme un attentat contre Dieu et l'humanité, la pensée de ceux qui auraient pu supposer que l'esprit humain ne doit pas se développer dans un ordre de science naturellement progressif. « Que, grâce à vos lumières, la postérité se félicite de concevoir ce que l'antiquité croyait avec respect, sans en avoir encore l'intelligence. Cependant, perpétuez les enseignements de la tradition. N'inventez pas des dogmes nouveaux, mais présentez-les sous un nouveau jour. Qu'on ne dise pas : Est-ce que dans l'Église du Christ il n'y aura aucun progrès de la religion ? Il y en aura, et un très-grand. Qui pourrait être assez ennemi des hommes, assez maudit de Dieu pour essayer de l'arrêter ? Mais il faut qu'il soit en réalité un développement et non un renversement de la foi. Que chaque homme donc, en croissant en âge, que tous les hommes et toute l'Église, en parcourant les degrés des siècles, croissent et s'avancent dans la science, l'intelligence, la sagesse : ce progrès est nécessaire, mais il ne peut avoir lieu qu'autant qu'on ne brise pas la perpétuelle unité de la foi. »

La distinction de la foi, qui s'attache à la perpétuité, à l'universalité des croyances, et de la science, qui cherche à saisir la vérité, non dans ses caractères extérieurs, mais en elle-même, autant que les limites de l'esprit humain le comportent, la distinction, dis-je, de ces deux modes nécessaires de la pensée, ainsi que leur union harmonique, c'est-à-dire l'accord de la raison individuelle, qui explique, avec l'autorité de la raison générale, qui maintient et perpétue, voilà le principe logique du catholicisme. Mais ce principe, dans lequel se résume la notion de l'esprit humain, et qui sous ce rapport s'applique à tous les genres de connaissances, se présente avec un caractère spécial, lorsqu'on l'applique à la religion. S'il n'existait dans l'esprit humain qu'un ordre de faits, que des faits de raison, toutes les croyances générales ne pourraient être considérées que comme de grands phénomènes intellectuels, qui seraient seulement la manifestation la plus éclatante et des tendances naturelles de l'intelligence. Mais si, outre les faits de raison, il existe un autre ordre de faits qui n'ont pas été originairement le produit de l'activité intellectuelle, et que pour cela on désigne sous le nom de révélation, les croyances générales, qui perpétuent ces faits de révélation, prennent dès lors de toute nécessité le caractère de tradition. Or, comme l'a très-bien remarqué Schelling, « en général, la première origine de la religion, ainsi que de toute culture intellectuelle, ne peut être conçue que comme dérivant de l'enseignement d'êtres supérieurs. La religion dès le premier instant de son existence était donc déjà tradition. » La tradition est dès lors, dans toute la durée de l'humanité, le moyen conservateur de la révélation, c'est-à-dire de tout enseignement indépendant, dans son origine, des pures forces de la raison. D'où il résulte que, l'idée de révélation une fois admise, il n'existe pas seulement dans l'esprit humain une raison générale, une conscience générale, il existe en outre une mémoire générale, qui subsiste par la liaison des générations successives, comme la mémoire subsiste dans l'individu par la liaison des sensations et de ses idées, et les traditions universelles ne sont que cette mémoire immanente de l'humanité.

Nous n'avons pas à traiter ici la grande question de la révélation. Nous devons faire remarquer seulement, pour nous renfermer dans le plan de cet article, que le christianisme reposant sur l'idée de révélation, le catholicisme est rigoureusement conséquent en présentant la tradition comme la voie nécessaire pour arriver à la vraie foi. Et comme le christianisme renferme deux époques principales, celle de la révélation primitive et celle de la révélation évangélique, qui en a été le développement, la foi catholique, pour être comprise dans son ensemble, doit être considérée dans ces deux états. S'il y a eu une révélation primitive, promulgant les vérités nécessaires à l'homme, et si la tradition est le moyen conservateur de la révélation, il a dû exister un catholicisme primitif, et la tradition générale a dû perpétuer les dogmes révélés originairement. La conformité du symbole antique et universel avec ce qui forme la base du christianisme pleinement développé a été prouvée historiquement, d'après les monuments de tous les peuples, par une masse de témoignages, dont les ennemis mêmes du christianisme n'ont pas contesté la force. Toutefois, plusieurs causes d'erreur ont concouru et peuvent concourir encore à obscurcir aux yeux d'un certain nombre d'esprits cette identité radicale des traditions religieuses de l'humanité. La science a été emportée simultanément à cet égard par deux mouvements contraires. Les premiers savants chrétiens qui aient exploré les doctrines de l'Orient, considérant ces doctrines comme une dérivation des traditions conservatrices de la révélation primitive, ont été conduits, soit par l'admiration qu'excitait en eux l'apparition de ce nouveau monde intellectuel, soit par leur zèle même pour le christianisme, à mêler à des résultats incontestables, que la science postérieure a vérifiés, des assertions d'un autre genre, à exagérer les rapports de conformité qu'ils découvraient entre ces croyances antiques et les dogmes chrétiens. Des philosophes adversaires du christianisme ont été entraînés dans la même direction par un motif contraire. Ils désiraient trouver dans de semblables rapprochements une preuve que le christianisme n'avait été qu'un rajeunissement et comme une végétation nouvelle de la philosophie orientale.

D'un autre côté, d'autres adversaires du christianisme, qui appartiennent à une époque antérieure aux progrès qu'a faits dans ces derniers temps la connaissance positive de l'antiquité, ont soutenu que tout ce qu'on disait de ces analogies était une pure chimère. Leur but était de présenter le christianisme comme quelque chose d'isolé de toutes les pensées humaines, de faire, pour ainsi dire, un vide immense autour de lui, afin qu'il n'apparût que comme une pensée solitaire, qui ne se liait en rien avec tout ce qui avait constitué la raison humaine. On a vu aussi des apologistes de la religion abonder en ce sens, dans le but de distinguer le christianisme, ou la religion révélée, de ces doctrines qu'ils considéraient comme une simple production de la raison abandonnée à elle-même. Mais, par les progrès mêmes de la science, les exagérations ont disparu graduellement, et les points réels de conformité sont devenus de plus en plus manifestes. Pour s'en former une idée nette, il y a une distinction importante à faire entre les résultats des travaux auxquels se livrent tant de savants. Chacun d'eux cherche d'ordinaire, comme cela est naturel, à suivre les croyances des peuples dans leur ensemble, à les suivre dans leurs développements, sous cette multitude de mythes et de symboles, qui sont comme le vêtement mystérieux de la science antique. De la deux parties dans leurs travaux : l'une comprend les hypothèses adoptées par chacun d'eux, pour expliquer soit les divers mythes, soit les altérations diverses qu'ont subies les doctrines fondamentales en se combinant successivement avec d'autres ordres d'idées. Cette partie hypothétique, ainsi que les dissensions scientifiques qu'elle présente, porte sur les nuances, les formes locales et variables que les dogmes communs ont reçues chez les différents peuples, ainsi que sur la nature des systèmes philosophiques qui s'y sont joints, soit pour les modifier, soit pour les expliquer. L'autre partie se compose de résultats positifs, auxquels aboutissent plus ou moins directement les recherches de presque tous ceux qui s'occupent de l'histoire des croyances humaines, quels que soient, d'ailleurs, leurs systèmes particuliers. Les points sur lesquels tous ces travaux se rencontrent et s'accordent sont ce qu'il y a de fondamental et d'universel dans les croyances religieuses des peuples anciens, ce qui forme, à proprement parler, la tradition du genre humain.

Lorsque l'on a prouvé que les traditions générales de l'antiquité renfermaient la croyance à Dieu, à des êtres intermédiaires entre Dieu et l'homme, à une révélation de la loi divine, à un état futur de bonheur, de purification et de châtiment, à une dégradation originaire de la nature humaine, à la grâce, à la prière et au sacrifice, alors le christianisme, promulgué par l'Évangile, apparaît comme étroitement lié à la religion primitive, dont il est le développement. Ici se trouve le lien logique qui unit le christianisme complet au christianisme primitif. Cette tradition générale ne renfermait-elle pas l'attente d'un moyen divin de salut, destiné à relever l'humanité déchue originairement, l'espérance d'un libérateur, qui réunirait Dieu et l'homme? Ce Sauveur, que le monde a cessé d'attendre, n'a-t-il pas dû se manifester? Quels sont les signes auxquels il s'est fait reconnaître comme étant celui qui avait été promis? Cette question, qui est celle de la révélation chrétienne, échappe, comme la question de la révélation primitive, au plan de cet article. Ici encore nous devons seulement faire remarquer que, la révélation chrétienne admise, le moyen de discerner d'une manière certaine ce que le Sauveur a enseigné et prescrit est la tradition générale de la société chrétienne. Pourquoi? pour la même raison que le moyen général de discerner les enseignements de la révélation primitive est la tradition du genre humain; pourquoi? parce qu'en dernière analyse, le moyen de discerner avec certitude la vérité, est la foi permanente et commune. A quelque degré des croyances religieuses que l'on essaie de se renfermer dans la voie d'individualisme, en repoussant la tradition, on brise la loi de la raison même, et, depuis le dogme de l'existence de Dieu jusqu'à la dernière vérité du symbole, le catholicisme se présente comme reposant sur une grande base d'autorité, qui est au fond, comme nous l'avons vu, la base même de l'esprit humain.

Dans ce plan logique du catholicisme, la tradition de l'Église chrétienne se présente sous un tout autre aspect que celui sous lequel les protestants sont accoutumés à la considérer. La tradition est l'écho de cette parole originaire, vibrant perpétuellement dans l'espace et le temps. Les décisions de l'église ne sont que la notification officielle de la tradition, sa réduction à une forme précise, comme l'exprime si bien le mot de définition. L'église, en promulguant les points de foi, ne procède pas par voie de raisonnement, comme si s'agissait pour elle de créer des dogmes nouveaux; elle procède par voie de témoignage, elle en appelle à la tradition, elle la constate, parce que la révélation, n'étant pas le produit du raisonnement de l'homme, se transmet par voie de témoignage, et non par voie de raisonnement.

D'après ce qui vient d'être dit, on peut concevoir comment s'unissent et s'enchaînent les diverses parties de ce qui forme, suivant le catholicisme, l'ordre de foi. A côté de cet ordre se développe celui de science, qui a pour but de joindre à la certitude de la foi l'explication, la vue de la vérité, ou de reproduire, sous le mode de conception, ce qui se présente d'abord à l'esprit humain sous le mode de croyance. De la distinction de la foi et de la science dérive, relativement aux sentiments, aux affections de l'homme, l'ordre de charité et l'ordre de jouissance. La charité unit les cœurs entre eux et à Dieu, comme la foi unit les intelligences. La jouissance a pour but la satisfaction de l'individualité aimante, comme la science a pour but la satisfaction de l'individualité intelligente; mais, par cela même que la jouissance est en soi directement relative à l'individualité, et qu'elle dépend, dès lors, des goûts personnels, elle ne saurait tomber sous la notion de loi religieuse; seulement la religion contient, dans la loi de charité, la règle de la jouissance, comme elle contient, dans la foi, la règle de la science. Enfin la distinction de la foi et de la science engendre, par rapport à l'activité extérieure de l'homme, deux ordres correspondants, l'ordre spirituel et l'ordre temporel : le premier, expression de la loi divine, règle des actions humaines, repose sur l'obéissance; le second, dépendant des opinions et des conventions humaines, repose sur l'exercice de la liberté : l'un a pour terme le juste et le saint, l'autre l'utile. En résumé, foi, charité, ordre spirituel ou d'obéissance; science, jouissance, ordre temporel ou de liberté, tels sont les divers éléments que la doctrine catholique distingue dans l'humanité. Les premiers ne sont que diverses faces d'un élément unique, l'élément divin et immuable, dans ses rapports avec l'intelligence, l'amour, les actions; les seconds ne sont aussi que des faces diverses, sous ce triple rapport, de l'élément humain ou individuel, lequel, variable de sa nature, est essentiellement, perfectible par les efforts de l'homme, sous la seule condition de conserver, sans altération, l'élément divin, principe d'unité.

On dira peut-être que nous présentons comme le caractère propre du catholicisme ce qui lui est commun avec presque toutes les doctrines. Sans doute, les mots, les idées de foi et de science, de charité et de jouissance, d'obéissance et de liberté, se retrouvent dans la plupart des doctrines religieuses, parce qu'elles sont l'éternel aliment de l'humanité, mais elles ne forment un ensemble que l'esprit conçoive que l'on part de la base catholique. On ne saurait comprendre la distinction radicale de l'obéissance et de la liberté, de la charité et de la jouissance; on ne saurait arriver à concevoir les relations réciproques s'il n'existait pas primitivement, par rapport à la raison, deux ordres fondamentaux correspondants, qui sont la racine de tous les autres. Les affections, ainsi que les actions extérieures de l'homme, suivent les conditions de sa raison : ni les unes ni les autres ne subsisteraient sous deux modes, l'un social, l'autre individuel, si ces deux modes n'étaient pas essentiels à son intelligence même. Tout sort donc originairement de la distinction de la foi et de la science, et cette distinction, supposant elle-même que la science est le développement d'un ordre antérieur à elle, dès lors, l'idée génératrice du catholicisme. Nous devions d'abord exposer cette idée, avant de parcourir les diverses parties du catholicisme, dont la notion se réfléchit, dans un grand nombre d'esprits, sous des traits si altérés, et parfois si bizarres.

Les trois derniers siècles présentent une série de négations partielles et successives, qui comprend toutes les hérésies substituées au symbole catholique. Mais ces négations partielles sont des transformations d'hérésies primordiales, qu'il importe d'abord de caractériser. Si haut que l'on remonte dans l'histoire de la philosophie, on retrouve l'esprit humain prodigieusement préoccupé de la question de la création, qui renferme, dans une sorte d'état d'enveloppement, toutes les questions philosophiques La philosophie antique, en tant qu'elle se sépara plus ou moins des croyances traditionnelles, flotta entre deux solutions opposées. Ces solutions revêtirent originairement des formes poétiques, soit à raison du caractère primitif de l'esprit humain, soit pour être mises, à quelques égards, en contact avec l'intelligence des masses. Mais sous ces formes il est aisé de découvrir un travail très-subtil et très-hardi de la raison. Les uns, partant de ce principe que l'infini comprend tout, en conclurent que Dieu est le seul être réel; l'univers tout entier n'était qu'un vaste système d'apparence, un rêve éternel de Dieu, et les êtres finis, s'ils avaient, sous un certain rapport, quelque réalité, n'étaient que de simples modifications de l'être infini. Les autres, ne pouvant concevoir, d'une part, que le fini résidât en Dieu et, d'autre part, que Dieu eût pu le produire s'il ne l'eût contenu antérieurement, admirent, en conséquence, que tout ce qui est variable, local, contingent, divisible, fini en un mot, a, hors de Dieu, un principe éternel comme lui, qu'ils désignèrent sous le vague nom de matière. Ces deux conceptions opposées se combinèrent, en outre, avec la question de l'origine du mal. C'était toujours une face de la question de l'origine du fini, considéré, non plus simplement comme une pure privation d'être, mais particulièrement comme le principe de ce qu'on désigne sous le nom d'infirmités ou de souffrances, d'erreurs et de crimes. Les dualistes, en plaçant la source du mal dans un principe éternellement séparé de Dieu, prétendaient sauver, sous ce rapport, la notion de la puissance, de l'intelligence et de la bonté divine, qui leur paraissaient altérées par le panthéisme. Ils détruisaient l'unité de la substance primitive pour maintenir pure de toute altération les propriétés fondamentales qui la caractérisent. Les panthéistes, de leur côté, pour maintenir l'unité de cette substance, sacrifiaient, à certains égards, ces propriétés, en se représentant les infirmités, les souffrances, les erreurs et les crimes des créatures comme des phénomènes qui se déroulaient dans le sein de Dieu même.

On peut juger par-là que ces deux systèmes, originairement du moins, n'eurent point directement pour but d'attaquer ou de pervertir la croyance en Dieu. Ils détruisaient, en effet, par leurs conséquences nécessaires, la pure notion de la Divinité; mais leurs partisans niaient ces conséquences, et n'admettaient le principe d'où elles sortaient que pour échapper à d'autres conséquences non moins destructives de la foi en Dieu. Leur esprit, fléchissant sous le poids de l'infini, semblait subordonner à soutenir, pour ainsi parler, une moitié de cette grande idée, sans laisser succomber l'autre moitié; et c'est là le sens profond de ce mot d'un ancien philosophe chrétien : « Les uns et les autres eurent une certaine crainte de Dieu, mais cette crainte n'était pas selon la science de la vérité. » De là sort comme une voix pleine d'avertissements pour ceux qui se jettent si hardiment dans la destruction des croyances catholiques, parce que cette destruction leur semble conduire à des dogmes plus purs. Les panthéistes et les dualistes se tranquillisaient aussi sur ce fondement, alors qu'après avoir porté jusque dans le sein de Dieu la destruction, ils offraient au genre humain le cadavre du dogme suprême.

Lors de la promulgation de l'Évangile, ces deux systèmes, qui se partageaient l'empire de la philosophie constituèrent fondamentalement la lutte intellectuelle que le catholicisme eut à soutenir. Le dogme catholique de la création maintient que tous les êtres ont leur racine en Dieu, sans être des modifications de Dieu. Ce dogme n'est ni l'absorption panthéiste de l'univers dans la substance infinie, ni ce déchirement du dualisme qui arrache à la puissance créatrice une moitié de son œuvre. Tandis que la philosophie incroyante se retranchait dans l'un ou l'autre de ces systèmes, ils furent introduits dans le sein de la religion chrétienne par le gnosticisme, cet énorme polype des hérésies primitives. Les hérésies anti-trinitaires d'Arius, de Macédonius et d'une foule d'autres sectaires, lesquelles tendaient généralement à substituer à la notion de la trinité chrétienne le système d'émanation, étaient d'origine panthéiste. Telle fut aussi l'origine des doctrines des docètes, qui n'attribuaient à l'humanité dans le Christ qu'une existence phénoménale; de la doctrine d'Eutychès, qui absorbait la nature humaine du Christ dans sa nature divine, et de la doctrine monothélite, qui, par la confusion des deux volontés, conduisait à la confusion des natures. La question de l'origine du mal donna naissance à la seconde branche principale des hérésies. Les idées dualistes, sous des formes plus ou moins développées, réagirent contre les divers articles du symbole de l'orthodoxie chrétienne. Le manichéisme établit le dualisme dans la création. Le nestorianisme appliqua à l'incarnation les procédés de l'argumentation dualiste, comme Eutychès appliqua au même dogme la logique du panthéisme. Mais, à mesure que les deux grands systèmes d'erreurs reculaient devant la foi chrétienne, les hérésies se renfermèrent dans un cercle graduellement plus étroit, et finirent par se concentrer dans des questions partielles, qu'elles traitaient sans profondeur et sans étendue. Dans la période moderne, on retrouve la même série de négations, mais elles ont suivi une marche inverse. Des hauteurs du panthéisme, les hérésies anciennes étaient, à la fin, tombées dans de mesquines disputes sur les images. Les hérésies modernes ont débuté par des attaques contre les indulgences, et finissent par des attaques contre la création. L'ancienne hétérodoxie peut être comparée à un immense lac, dont les eaux, devenues d'abord des fleuves, puis divisées en faibles ruisseaux, vont se perdre dans un sable aride. L'hétérodoxie des trois derniers siècles se renferma, à sa source, dans un lit étroit : le rationalisme en fit un fleuve impétueux et large, et ce fleuve se jette dans la mer du panthéisme, où ses rives disparaissent. Nous suivrons, dans l'exposition des dogmes catholiques, un ordre qui correspond à la filiation des hérésies modernes.

On apprécie aujourd'hui beaucoup mieux qu'on ne pouvait le faire à l'origine du protestantisme la tendance commune des négations qu'il opposait à la foi de l'Église. Les idées de plusieurs des premiers réformateurs sur le mal, le libre arbitre, la concupiscence, dont le jansénisme présenta la formule, contenaient un élément du dualisme. L'homme, soumis à deux forces opposées, aux impulsions spirituelles et célestes, et aux impulsions terrestres et matérielles, toutes deux nécessitantes, est, en petit, ce que l'univers est en grand dans les conceptions manichéennes, et cette notion de l'homme, approfondie comme elle l'a été plus tard, conduit à attribuer à deux principes différents l'origine de l'esprit et de la matière. Sous un autre côté, les premiers articles du symbole négatif de la réforme se résolvaient, quoique d'une manière alors inaperçue, dans un ordre d'idées différent. La discussion s'établit d'abord sur l'efficacité de la prière pour les morts, et le protestantisme présentait cette croyance comme injurieuse à la médiation du Sauveur, médiation toute puissante et infinie, qui n'avait pas besoin de trouver, en quelque sorte, un supplément dans les prières des hommes. Ce principe, une fois posé, devait conduire nécessairement à repousser aussi l'invocation des saints; le protestantisme arriva promptement à cette conséquence. On devait en conclure aussi l'inutilité du sacrifice de la messe, qui est, suivant la doctrine catholique, la reproduction, perpétuellement efficace, du grand sacrifice accompli par le Rédempteur. Comme cette reproduction s'opère extérieurement par le ministère d'un homme, elle fut considérée par les protestants comme impliquant trop peu de foi à l'immense vertu de l'immolation consommée une fois sur le Golgotha. La même raison fut appliquée au sacrement de pénitence, dans lequel le prêtre prononce l'absolution. Mais dès qu'on était entré dans cette voie, il fallait aller encore plus loin; il fallait proclamer enfin que toute utilité attribuée aux actes de l'homme dans l'œuvre du salut renferme le sacrilège supposition de l'insuffisance de l'action divine. C'est ainsi que le protestantisme naissant arriva à soutenir l'inutilité des œuvres, et à placer dans la foi seule, considérée comme un pur don de Dieu, l'unique condition de la justification de l'homme. Ces négations diverses du symbole catholique se résumaient fondamentalement dans une seule négation, dans une espèce de panthéisme chrétien, qui tendait à exclure l'intervention de l'homme, pour maintenir l'efficacité infinie de la grâce ou de la volonté divine, de même que les panthéistes nient les existences finies, pour maintenir la notion de l'infini, qui comprend tout.

Nous ne résumerons pas ici les travaux des écrivains catholiques qui ont eu pour but spécial d'établir que ces dogmes contestés par les protestants remontent traditionnellement jusqu'au berceau du christianisme. La science historique a fait faire à ces discussions de bien autres progrès. Elle a prouvé que, si l'on excepte les mystères, qui sont comme le prolongement direct de l'incarnation du Verbe, ces dogmes remontent au berceau du monde. On sait aujourd'hui que la croyance à un état passager d'expiation, désigné dans le langage catholique sous le nom de purgatoire, a été la foi du genre humain. C'est là un des résultats les plus incontestables de l'étude comparée des annales religieuses de tous les peuples. Les anciens docteurs protestants, qui soutenaient qu'il avait été étranger à la foi chrétienne des premiers siècles, auraient pu être désabusés par une simple observation. Si le christianisme se fût séparé, en ce point, des croyances que le paganisme gréco-romain avait conservées, les anciens Pères de l'Église eussent attaqué cette croyance, ainsi que les pratiques religieuses qui en étaient l'expression, comme ils se sont élevés contre tout ce qui constituait, à proprement parler, le paganisme. Il en est de même des autres dogmes niés par les protestants. Y a-t-il aujourd'hui un seul homme, quelle que soit sa croyance en fait de religion, qui ait étudié les monuments de la tradition chrétienne avec cette impartialité que procure, du moins, l'indifférence dogmatique, et qui soit persuadée que ce qu'il y a de fondamental dans le sacrement catholique de la pénitence ne doit pas être reporté historiquement jusqu'au premier âge du christianisme? Lorsque, de l'usage de la confession en grand, de la confession publique, établi dans les premiers siècles, on a voulu conclure de la confession secrète, la confession en petit, ne se rattache pas radicalement à la foi primitive de l'Église chrétienne, on a fait un raisonnement bizarre. Autant vaudrait soutenir que la conversation ne saurait exister chez un peuple où il y a une tribune aux harangues. L'utilité morale de la confession a été, du reste, consacrée par la liturgie de tous les peuples. Le culte des anges et des saints a été également la purification d'une croyance universelle, qui avait été presque partout souillée, dans le monde ancien, par des superstitions oublieuses de Dieu, et par d'immorales pratiques.

Sous le point de vue philosophique, la prière pour les morts, l'invocation des saints, sont une dépendance d'un dogme sublime, l'union des volontés finies, s'entre-aidant, par l'efficacité de la volonté infinie, pour concourir au but final de la création. Ces croyances sont l'expression humaine de la société universelle des intelligences; elles transportent dans le plan général du Créateur cette loi d'association par laquelle tout bien, tout progrès s'opère dans les limites de notre carrière terrestre. Les flots du temps, les abîmes de l'espace, la pierre du sépulcre, les portes de l'empyrée, ne peut rompre les liens de cette sympathie commune, qui unit les âmes aux âmes, les mondes aux mondes. L'univers ne subsiste que par la communication, le don que chaque être fait aux autres êtres de ce qu'il possède et de ce qu'il est. Telle est la loi, même physique, de la création. Dès que les bases chrétiennes sont supposées, la prière, les mérites, le sacrifice, sont admis, cette loi se reproduit nécessairement, dans le cercle des idées religieuses, sous la forme que le symbole catholique a consacrée. Elle se lie, d'ailleurs, aux instincts spirituels de l'homme. Lord Byron disait sur son lit de mort que la foi au purgatoire a une force consolatrice. Les vœux adressés aux intelligences intermédiaires entre Dieu et l'homme sont l'élan naturel de tout cœur qui croit à la prière. Nous sommes portés à nous recommander ici-bas aux prières de ceux qui nous paraissent être justes et saints, nous invoquons leur assistance, bien qu'ils soient encore; comme nous, sur la terre de l'épreuve; où nulle vertu n'est pure et n'est à l'abri des chutes. Pourquoi ne ferions-nous pas monter cette invocation plus haut, vers ces natures meilleures, plus voisines de Dieu? Pourquoi n'implorerions-nous pas le secours de nos frères affranchis et transfigurés?

Nous n'entrerons pas ici dans de longs détails sur ce qui appartient essentiellement à la doctrine catholique, soit relativement au précepte de recevoir le baptême et au sort des enfants qui en sont privés, soit relativement aux peines du péché dans le monde futur, doctrine bien différente de l'idée que s'en forment ceux qui ne la connaissent que par les objections de quelques incrédules, ou par les opinions particulières de plusieurs théologiens, enclins à outrer toutes choses. Sur le premier point, nous renverrons nos lecteurs à saint Thomas, Gerson et Liguorio, et, sur le second, à une dissertation publiée par M. Émery, supérieur général de Saint-Sulpice. Cet homme respectable, dont nul catholique n'a suspecté l'orthodoxie, a pris soin d'écarter des opinions qui ne font point partie du dogme; et les principes qu'il pose, les points de vue qu'il ouvre, conduisent à concevoir ce qu'il y a de plus terrible et de plus mystérieux dans la justice divine sous un aspect que le faible regard de notre intelligence supporte avec moins d'effort. Cette face de la vérité, ainsi qu'il le remarque avec regret, est trop souvent voilée par les amplifications de certains prédicateurs, dont il blâme avec beaucoup de raison cette exagération rigoriste, ainsi que leur manie de vouloir épuiser tous les secrets de Dieu, qui ne nous a dit que ce qu'il était utile que nous sussions ici-bas. Dans l'économie de la révélation, Dieu a mis, en quelque sorte, en pratique le mot de saint Paul, *sapere ad sobrietatem*. Il a été sobre dans la dispensation de ses lumières, parce que l'humanité ne pourrait pas encore supporter, dans l'enveloppe de la vie présente, toutes celles qui lui seront communiquées lorsqu'elle en sera dégagée. Certaines vérités, clairement manifestées à l'homme charnel, tueraient peut-être sa vertu, comme les jouissances du ciel, si tout à coup elles faisaient explosion dans son cœur, briseraient son frêle organisme.

L'homme terrestre, comme tout être qui est encore dans l'état d'éducation, a plus besoin de la sanctification de la volonté que de l'illumination de l'intelligence. La vraie religion a, pour objet direct sur la terre de purifier le cœur de l'homme, et de le préparer ainsi aux lumières supérieures qu'il recevra dans la vie future. Les moyens purificateurs qu'emploie le catholicisme et leur racine commune ou leur complément dans le sacrement de pénitence, étroitement lié lui-même au dogme fondamental du christianisme, la corruption de la nature humaine. C'est dans ce dogme que se trouve le point radical de la séparation du christianisme et du rationalisme, relativement à la manière de concevoir le régime moral de l'humanité. Aux yeux du christianisme, elle est dans un état de maladie; le rationalisme la considère comme étant dans l'état de santé. Sans approfondir ici ce sujet, on peut affirmer que le mot de maladie formule bien plus exactement que l'expression opposée, la désharmonie qui existe entre les tendances intimes de l'humanité. Dans l'être vivant, pris généralement, l'état de pleine santé suppose que les fonctions organiques s'accomplissent avec une facilité proportionnelle à leur importance respective. Les fonctions de l'être intelligent et libre sont les actes, produit de son intelligence et de sa liberté. Mais, comme il existe deux éléments dans notre nature, l'un commun, l'autre individuel, il existe aussi, comme nous avons vu, deux ordres d'actions, dont l'un a pour but la satisfaction de l'individualité, et dont l'autre ordonne l'individu par rapport au tout. Si l'homme jouissait réellement de la santé, les lois de la vie individuelle ne tendraient pas à prévaloir en lui sur les lois intellectuelles et morales qui l'unissent aux autres êtres intelligents et à Dieu. Il accomplirait les actes qui ont le bien universel ou le juste pour terme, avec autant de facilité que ceux qu'il produit sous la seule influence de l'amour individuel; et, comme les premiers sont en eux-mêmes plus importants, il les accomplirait avec une facilité, une inclination plus grande. Dès que l'on applique à l'homme, en tant qu'être moral, les notions que le mot de santé représente toutes les fois qu'on en fait l'application à un être vivant quelconque, on est nécessairement conduit à concevoir de cette manière l'état de l'humanité. Or il se trouve que l'observation la plus constante de la nature humaine conduit à une formule absolument inverse. Le penchant instinctif qui incline l'homme à se conformer aux lois d'où dépend l'ordre universel est beaucoup plus faible que l'entraînement qui le pousse à sa satisfaction propre, d'où résulte la nécessité d'une lutte, souvent douloureuse, pour faire prédominer en lui le juste et le saint. Ce déchirement intérieur, qui va quelquefois jusqu'à ensanglanter le fond même de notre nature, est attesté, dans tous les siècles, par le cri universel de la race humaine. Il y a, en un mot, dans la constitution de l'homme, prépondérance instinctive des penchants égoïstes, et cette prépondérance vicieuse est considérée par la philosophie chrétienne comme la suite et la manifestation permanente de cette perturbation primitive qui a reçu dans la langue catholique le nom de péché originel, et dont le souvenir se retrouve dans les traditions de tous les peuples.

Cet état de maladie supposé, il est clair que le traitement moral de l'humanité doit être, à plusieurs égards, fort différent de celui que l'on imaginerait pour des êtres jouissant de l'intégrité de leur nature. Nous trouvons, dans l'ordre physique, une image de cette loi, ou plutôt une loi qui lui correspond, et qui est au fond la même. Non-seulement l'homme malade s'abstient des aliments destinés, dans l'état de santé, à l'entretien de la vie, mais encore on fait entrer dans les remèdes qu'on lui administre, des substances délétères, des poisons. Le traitement moral de l'humanité malade doit donc comprendre à la fois, un régime d'abstinence, et les pratiques douloureuses et pénitentiaires : la mortification, pour parler le langage chrétien, est le poison qui devient remède. Toutes les pratiques de mortification que le catholicisme déduit du dogme fondamental du christianisme, sont renfermées en germe dans le sacrement de pénitence. Si l'on veut se former une idée exacte de cette institution, on doit observer, d'abord, que tout péché, c'est-à-dire tout acte d'égoïsme, renferme une double tendance désordonnée, l'orgueil et la volupté. L'homme tout à la fois veut s'élever au-dessus de ce qu'il est, et tombe au-dessous, sous le joug des lois de l'animal. Les désordres des sens triomphant un orgueil qui cherche dans l'organisme le bien infini; et l'orgueil en apparence le plus spiritualisé, n'étant que la plus grande exaltation de l'individualité, succombe par-là même aux penchants de l'organisme et de la chair, qui est la forme propre de la vie individuelle. Ainsi, non-seulement ces tendances désordonnées sont les deux branches de la corruption humaine, mais encore elles existent simultanément au fond de tout crime, bien que l'une s'y présente avec des caractères plus saillants que l'autre, selon l'objet direct de chaque désordre particulier.

Le sacrement de pénitence a lui-même deux branches correspondantes à ces deux désordres radicaux. La confession attaque l'égoïsme sous la forme de l'orgueil, les œuvres satisfactoires l'attaquent sous la forme de la volupté. Une philosophie superficielle a vu dans les abstinences prescrites par le catholicisme un reste de l'esprit judaïque, comme si ces abstinences reposaient sur la distinction de mets purs et impurs. C'est cette philosophie elle-même qui est judaïque, parce qu'elle s'arrête à l'écorce des choses. Rien de ce qui entre dans la bouche ne souille le cœur, rien n'est pur que ce qui purifie, mais la modération des sens est l'affranchissement de l'âme. L'homme est un ange blessé par l'intempérance des convoitises charnelles ; l'abstinence est le vulnéraire moral que la céleste main de la foi applique sur sa blessure. Il en est de même de la confession. Séparée du repentir, elle ne serait qu'une formalité vaine et trompeuse, une sacrilège parodie de la purification du cœur. Mais unie à lui, elle est le remède le plus puissant contre cet orgueil vivace, tortueux, insaisissable, qui se cache au fond des ténèbres de l'âme et au delà.

L'institution catholique a son type parfait dans le Christ accomplissant sur la croix la satisfaction universelle, après avoir fait à son père la confession universelle sur la montagne des Oliviers. Mais, dès l'origine du genre humain, le type primitif apparaît. La Genèse nous représente le Seigneur exigeant d'Adam et d'Ève l'aveu de leur faute, et leur imposant la longue pénitence de l'humanité, le travail, la douleur, et, au bout de cela, la poussière de la mort ; puis, étendant sur eux sa main paternelle, et leur montrant, dans un avenir déjà présent, la victime éternelle, il prononce sur eux, et sur leur race la suprême absolution. L'univers, où tout ce qui est divin est enveloppé de symboles matériels, est une grande et immense eucharistie. Placez au sein de l'univers, ainsi conçu, le mystère du Verbe fait chair pour se communiquer à l'homme, le dogme de l'eucharistie se présente, dès lors, comme le complément permanent de l'incarnation. Les objections que les argumentateurs protestants opposaient à cette croyance tenaient à des systèmes métaphysiques sur l'essence de la matière, dont aucun n'est resté debout. Nulle difficulté prise dans un ordre d'idées où l'on cherche à se former des notions positives de cette essence, n'est aujourd'hui philosophique, parce que la tendance générale de la philosophie conduit à admettre que la matière ne peut être conçue que comme principe privatif, qu'elle n'est compréhensible que comme ténébreuse pour la pensée. Il n'est pas une seule de ces objections que l'on ne puisse tourner avec une égale force contre l'incarnation, contre l'union du corps et de l'âme, contre la co-existence du fini et de l'infini.

Les bases chrétiennes supposées, l'eucharistie doit être considérée dans ses analogies intimes, dans sa liaison nécessaire avec le plan général du christianisme. La présence perpétuelle de Dieu à l'homme par le moyen de la grâce, voilà le fond du christianisme ou de la religion révélée dans tous les temps. Avant l'incarnation, Dieu n'était présent que par sa grâce, le moyen par lequel l'homme correspondait à cette présence, était la prière, que l'offrande réalisait extérieurement, et l'expiation, qui avait son symbole dans les sacrifices sanglants, figure du sacrifice rédempteur. Le Christ, Dieu-homme, s'étant constitué l'intercesseur et le purificateur suprême, Dieu n'est plus seulement présent à l'homme par la grâce, il est personnellement uni à l'humanité, et les rits eucharistiques sont la forme extérieure de la présence permanente du Verbe fait chair. L'eucharistie est à l'incarnation ce que la présence de Dieu par la grâce était à la simple volonté divine de relever l'homme tombé. Elle est la prolongation, la réalisation perpétuelle de cette présence plus intime, s'individualisant par la communion dans chaque chrétien, comme la volonté de sauver les hommes s'individualisait dans chaque homme par la grâce, qui n'était que la présence efficace de cette volonté. Otez la grâce, vous ne concevez plus la religion primitive ; ôtez l'eucharistie, vous ne concevez plus le christianisme qui l'a développée. Son mystère fondamental est l'union la plus haute de la nature divine et de la nature humaine, et toutes les analogies chrétiennes seraient brisées si la présence personnelle de la Divinité au milieu des hommes n'était pas devenue le fondement d'un ordre de communications plus parfaites de l'homme avec Dieu.

CATHOLICISME

Partie intégrante de la religion chrétienne, sous le point de vue dogmatique, la foi eucharistique n'est pas moins étroitement liée à l'essence du christianisme sous le point de vue moral. Tous les sentiments de bienveillance, de charité, de dévouement réciproque, qui ont fait la vie de l'humanité, ont toujours été proportionnés au sentiment que les hommes ont eu de la bonté divine à leur égard. Ce sentiment et les notions d'où il dérive ont été le type, la mesure de la bonté humaine. La bonté n'est que l'amour se communiquant au dehors, et, comme l'amour divin s'est communiqué à des degrés divers, le sentiment de cet amour a reçu des développements correspondants. Dans la religion primitive, les hommes connaissaient la bonté divine, qui se manifeste dans la création. La création est l'aumône de l'être infini : il a produit les êtres en leur donnant quelque chose de lui. Conformément à ce type, la bienveillance de l'homme envers l'homme eut pour forme et pour mesure générale l'a u m ô n e. Mais, par la r é d e m p t i o n, Dieu s'est donné tout entier à l'homme : ce mystère exprime, non la simple bonté, mais le dévouement, le sacrifice infini. Le sentiment d'amour de l'homme pour l'homme s'est élevé dans la même proportion. De là cet esprit de sacrifice qui se manifeste dans le christianisme sous tant de formes admirables, ces prodiges de charité dont la bienveillance antique n'avait pas même l'idée. L'eucharistie étant l'incarnation et la rédemption rendues perpétuellement présentes, le sentiment chrétien de la charité est entretenu, excité, développé par elle à un degré supérieur que le cœur humain ne saurait atteindre, partout où cette foi manque. La communion à la victime céleste de l'amour est le principe générateur d'une communion plus parfaite entre les hommes.

Ce serait ici le lieu de parler du mystère sur lequel le christianisme repose, la r é d e m p t i o n et l'i n c a r n a t i o n, qui implique l'union de l'infini et du fini dans la personnalité du V e r b e. Ce mystère est le centre de tout cet ordre surnaturel permanent, qui est le fond du christianisme, et qui lie le surnaturel de la création et des origines au surnaturel de la vie future et de la transfiguration de l'humanité. Le dogme de la rédemption suppose, à son tour, la chute originelle de l'homme. En remontant la chaîne des croyances catholiques, nous arrivons maintenant à ses premiers anneaux : nous rencontrons la question primordiale de la création. Des hommes, d'ailleurs instruits, mais imbus de préjugés anti-chrétiens, se font, à cet égard, de singulières idées de la croyance catholique. Ils supposent que, suivant la doctrine de l'Église, la création, renfermée dans les limites étroites, a commencé il y a environ six mille ans, et finira avec ce que la Bible appelle la consommation des temps. Mais déjà dans les premiers siècles du christianisme, saint Augustin, entre autres, avait remarqué que la chronologie de Moïse ne date que de la création de l'homme, et que rien n'empêche de prendre les jours de la Genèse pour des époques indéterminées. Ce que l'on appelle vulgairement la fin du monde n'est point l'anéantissement de l'univers, mais la fin du monde humain sous sa forme actuelle. L'orthodoxie catholique n'oblige à rien admettre de plus, et la philosophie géologique, qui reconnaît, au moins, un grand cataclysme terrestre dans les époques antérieures, n'a rien à objecter contre la possibilité du retour d'un événement analogue dans les époques futures. Le symbole du catholicisme laisse donc aux conceptions philosophiques de la création une grande latitude. Pascal avait dit que la réalité des choses est un cercle infini dont le centre est partout et la circonférence nulle part. Cette pensée de Pascal sur la création dans ses rapports avec l'espace, saint Thomas l'avait déjà appliquée à la création dans ses rapports avec le temps : il avait soutenu la possibilité d'une création s'effectuant de toute éternité.

L'orthodoxie catholique maintient, contre les panthéistes, que les êtres dont se compose l'univers ne sont pas de simples modifications de la substance divine; elle maintient contre les dualistes que Dieu n'a pas fait l'univers avec une matière préexistante et éternelle : telle est, dans les plus anciens écrivains catholiques, le sens précis de cette formule : Dieu a fait toutes choses de rien. Elle reçut particulièrement, à l'époque des discussions soulevées par l'arianisme, un sens plus compréhensif, c'est-à-dire qu'au lieu de l'opposer seulement à l'erreur des dualistes, on s'en servit également pour exclure certains systèmes panthéistes, qui supposaient que Dieu avait produit les êtres en brisant, en morcelant sa propre essence. Également éloignée de ces deux excès, la philosophie qui a pour base la foi catholique, tout en proclamant que tous les êtres, même la matière, sont contenus éminemment en Dieu, et ont en lui la racine de leur existence, reconnaît qu'ils sont essentiellement distincts de lui, de toute la distance qui sépare nécessairement le fini de l'infini. La création présente ainsi deux faces, et la philosophie catholique a présenté, en conséquence, deux mouvements qui leur correspondent, selon que l'on s'est attaché à considérer particulièrement le côté par où l'univers est séparé de Dieu, et le côté par où il tient à lui. Sous ce dernier rapport, les explications philosophiques, compatibles avec l'orthodoxie la plus rigoureuse, vont beaucoup plus loin que ne le pensent les adversaires philosophes du christianisme. On peut s'en convaincre en parcourant l'ordre d'idées que contient cet ancien monument de métaphysique chrétienne publié sous le nom de saint Denis l'Aréopagite. Je n'examine pas en ce moment sa valeur philosophique, je ne le considère que dans ses rapports avec l'orthodoxie. Reposant, en dernière analyse, sur ce principe que l'infini se communique sans se diviser, le livre des *Noms divins*, plus encore que celui de la *Céleste hiérarchie*, développe ce fond de vérité dont le panthéisme abuse, et qui forme ce que M. de Maistre a nommé le panthéisme chrétien. De même que le culte catholique des saints et des anges fut la purification d'une croyance universelle, corrompue par le paganisme, et de même la philosophie dont nous parlons, qui est comme le centre d'un grand nombre de conceptions éparses dans l'ancienne philosophie chrétienne, présente l'orientalisme purifié, sauvé de la corruption panthéiste, et ramené dans les limites de l'orthodoxie. Car il est hors de doute qu'on ne saurait catholiquement accuser ces écrits de n'être pas en harmonie avec la foi, puisque l'Église les appelle des *Livres presque célestes* (Légende de saint Denis, dans le Bréviaire romain).

A toutes les époques il s'est rencontré des philosophes catholiques qui ne se sont pas bornés à insister uniquement sur les caractères incommunicables de l'être divin, à marquer les différences qui séparent essentiellement Dieu de l'univers. Ils se sont avancés plus loin dans les mystérieux abîmes de l'être, ils ont répandu des idées plus ou moins lumineuses sur un mystère ultérieur, sur l'union radicale des êtres avec Dieu, dernier terme que la pensée humaine puisse atteindre. Ce fond d'idées s'est reproduit constamment, et les éclairs que le génie de Fénelon laissait échapper en face de Spinosa suffiraient pour faire voir qu'une grande vérité, dont le panthéisme s'empare pour la corrompre et la prostituer, réside, magnifique et pure, dans le sanctuaire de la métaphysique chrétienne.

Enfin, au sommet du symbole catholique brille, dans les profondeurs de l'essence divine, le dogme de la T r i n i t é. C'est ce dogme en particulier que la philosophie incrédule avait considéré comme un hors d'œuvre dans la raison humaine, comme un non sens absolu, une absurdité suprême. Qu'est-il arrivé? on sait maintenant, par l'étude de la philosophie antique, que ses conceptions les plus hautes gravitaient vers le dogme chrétien, et nous voyons aujourd'hui que les efforts qui se font dans les directions diverses pour constituer l'unité de la science par une philosophie synthétique finissent, presque tous par rattacher cette philosophie à une conception trinaire de la Divinité. Il n'y a pas lieu de s'en étonner, lorsque l'on approfondit la notion de Dieu telle qu'elle s'est réfléchie constamment dans l'intelligence humaine. L'esprit humain a toujours reconnu en Dieu quelque chose de radical qui, ne présentant à l'esprit aucune idée déterminée, n'est conçu que comme le support de toutes les propriétés distinctes par lesquelles l'idée de Dieu se manifeste à la raison de l'homme. Ce quelque chose de primitif, incompréhensible en soi, a été nommé dans toutes les langues : c'est *la nuit lumineuse* des Védas, le *dieu sans nom* des Égyptiens, lequel devait être adoré en silence, le *temps sans bornes* du Zend-Avesta, le *Butos*, l'*abîme*, dont parlent les anciennes doctrines religieuses de l'Orient, l'*aoriste éternel*. C'est ce que nous désignons sous le nom propre d'infini. Mais, en même temps qu'il déclarait Dieu innommable, l'esprit humain empruntait, soit à la langue des figures, soit à celle des abstractions, tous les noms, et même ceux qui semblent renfermer des idées opposées, pour les appliquer à Dieu, pour en composer son nom, à la fois un et multiple. Cette profusion de noms, d'images, de symboles, semble plutôt obscurcir qu'éclairer la notion de Dieu, lorsqu'on ne cherche pas à découvrir les rapports nécessaires des idées qu'ils représentent. Mais lorsqu'on a découvert ces rapports, cette grande notion se développe avec une sublime clarté.

On voit d'abord que tous ces noms, toutes ces idées, se divisent en deux classes : les uns expriment les caractères incommunicables de l'être divin, ce qui appartient à Dieu seul, ce à quoi les créatures ne peuvent participer; les autres, au contraire, expriment ce qui est participé de fait par les créatures, ce qui, en ce sens, est commun à Dieu et à elles. L'unité absolue, l'infinité, l'éternité, l'immensité, l'immutabilité, tous ces noms désignent ce qui distingue Dieu des créatures. La puissance, l'intelligence, la sagesse, l'amour, la bonté, la justice, la miséricorde, la providence, tous ces noms désignent quelque chose à quoi participent les créatures, dans un degré fini; et c'est aussi de l'homme qu'il est puissant, sage, bon, etc. Si nous reprenons la première classe des noms divins, nous verrons que les idées qu'ils expriment, viennent se résoudre et se confondre dans une idée radicale. Elles ne sont, pour ainsi dire, que les faces diverses, relatives à notre faible intelligence, de l'idée de l'infini, ou l'unité absolue : l'immensité, c'est l'infini dans ses rapports avec l'espace; l'éternité, l'infini dans ses rapports avec le temps; l'immutabilité, l'infini comme exclusif de toute variation. Considérons maintenant la seconde classe des noms de Dieu pour y découvrir également quelles sont les idées primitives et irréductibles dont ces noms présentent les différentes faces relatives à notre manière de concevoir ; ces notions se réduisent elles-mêmes à trois : celles de puissance, d'intelligence et d'amour. Ainsi, d'une part, tout ce qui exprime les caractères incommunicables de Dieu se résout dans l'idée pure et simple de l'infini ; tout ce qui exprime ce qui est participable par les créatures se résout dans trois notions primordiales et irréductibles. L'unité infinie sous ces trois notions, voilà l'idée de Dieu ; et voilà aussi pourquoi Dieu est, en même temps, souverainement incompréhensible et souverainement intelligible. Il est souverainement incompréhensible, parce que, les caractères propres de son être étant incommunicables, il est, sous ce rapport, en dehors de toutes les intelligences créées, et celles-ci, par cela même qu'elles existent comme créatures, par cela même qu'elles sont des existences bornées, ne sauraient comprendre complétement ce qui constitue l'infini. Pour qu'il y eût équation entre leur entendement et son objet infini, il faudrait que, perdant leur caractère propre, elles fussent transformées en Dieu. Mais, en même temps, il est souverainement intelligible pour elles, parce qu'elles trouvent en elles-mêmes, sous la condition du fini, les trois attributs fondamentaux de l'essence divine.

Les idées dont nous venons de tracer les linéaments ne forment pas assurément la notion complète du dogme catholique de la Trinité, puisque ce dogme implique, non pas seulement de simples propriétés, mais l'existence personnelle. Toutefois elles peuvent servir à faire comprendre pourquoi les conceptions philosophiques de Dieu gravitent plus ou moins directement vers la croyance catholique. Elles font apercevoir, au moins, qu'il y a, au fond de cette croyance, une grande base philosophique, qu'une incrédulité frivole et dédaigneuse n'avait pas même entrevue.

Nous venons de parcourir les principaux dogmes du catholicisme. Passons à la morale.

La morale chrétienne, telle que le catholicisme la conserve invariablement, porte sur deux bases. La première est l'amour fraternel de tous les hommes, dérivant de l'amour filial de chaque homme envers Dieu. Cette base se combine, dans la morale catholique, avec un autre principe, le principe du sacrifice. En ce qui concerne la première, on convient aujourd'hui presque universellement que tous les progrès moraux du genre humain ne peuvent être que le développement de cette sublime synthèse de la moralité humaine. Les siècles peuvent en multiplier, en étendre les applications, mais on ne saurait aller au delà du principe. Les relations sociales les plus parfaites ne peuvent pas plus sortir de la sphère dont il est centre, qu'un corps ne peut sortir du temps et de l'espace. Mais on ne comprend pas aussi bien le principe chrétien du sacrifice. L'amour emporte, en général, le don de soi ou de quelque chose de soi. Voilà son caractère universel, absolu. Dans Dieu, dans les êtres qui ont atteint déjà la vie bienheureuse, image de la vie divine, ce don de soi n'est pas accompagné de souffrance; la charité et la jouissance y sont dans une harmonie pure et intime. Il n'en est pas de même de l'homme qui travaille encore sous le soleil. La vie terrestre subit d'autres conditions. Le dévouement entraîne avec lui, à divers égards, une restriction de l'instinct qui aspire à la jouissance. Pour l'homme de la terre, le don de soi est, à proprement parler, le sacrifice. L'exaltation illimitée du principe de jouissance ne produirait pas le don de soi aux autres, mais un immense effort pour subordonner et assimiler les autres à soi; elle ne produirait pas l'union par la charité, elle tendrait à produire l'absorption dans l'égoïsme. Dès qu'on écarte la loi de sacrifice, on est forcé d'y substituer pour base de la morale la loi de l'extension des jouissances, la loi dont l'égoïsme le plus développé serait le plus parfait accomplissement. Et comme il est contradictoire de chercher dans le pur instinct d'égoïsme qui divise le principe qui unit, on y joint un autre élément, un élément d'intelligence; on veut faire jaillir l'amour universel du sein de l'égoïsme éclairé, de l'égoïsme comprenant qu'il doit chercher les moyens et la garantie de sa satisfaction propre dans un ordre de choses qui garantirait la satisfaction de tous les égoïsmes. Mais ce n'est pas là, certes, un principe nouveau, substitué à l'ancien principe chrétien : c'est rentrer dans le vieux, et très-vieux système de l'intérêt bien entendu : cinquante philosophies ont déjà passé par là.

Le système de l'intérêt bien entendu, donné pour base à la morale, renferme, de quelque manière qu'il soit modifié, une contradiction radicale. Ses partisans raisonnent sur chaque individu comme s'il subsistait aussi longtemps que le genre humain, et sur le genre humain comme s'il ne se composait pas d'individualités passagères, qui perpétuellement se remplacent et se renouvellent. Le respect des intérêts d'autrui, s'il prédominait inviolablement, produirait la plus grande somme de jouissances dans la vie totale du genre humain : nul doute à cet égard; mais, dans le court espace de la vie, un individu peut acquérir la plus grande somme relative de jouissances, tout en violant les droits d'autrui, sans que, pour cela, il ressente, dans la même proportion, par les injustices des autres, la réaction de sa propre conduite. On sait bien que l'assassinat généralisé tuerait l'assassin, que le vol généralisé appauvrirait le voleur, et quiconque sacrifie les autres à soi suit un principe qui, s'il était appliqué universellement, produirait le malheur universel ; mais l'application universelle de ce principe ne résulte pas, en fait, de l'application particulière qu'un individu se permet. Avant que la misère générale, y compris la sienne, puisse sortir de ce principe, il aura lui-même passé avec ses jouissances : le reste est l'affaire de ceux qui viendront après lui. Voilà tout ce qu'il peut voir, tout ce dont il peut tenir compte au point de vue de l'égoïsme. Lui recommander l'adoption de telle ou telle règle de conduite, parce qu'elle se résout dans un principe qui eût pu seul assurer le bonheur des générations qui ne sont plus, et garantir le bonheur de tous ses contemporains et des générations futures, c'est chercher hors du cercle de ses jouissances le principe régulateur de sa vie. L'égoïsme ne connaît ni le passé ni l'avenir de l'humanité, il ne connaît que le présent de l'individu. C'est la charité seule qui peut rendre présents au cœur de chaque homme ce passé et cet avenir, et s'il subordonne à l'immortel intérêt de l'unité humaine les passagères jouissances de sa propre individualité, affranchi de la fausse loi de l'extension des jouissances, il s'élève jusqu'à la loi du sacrifice.

La morale chrétienne, avec toutes les conséquences que le catholicisme en a tirées, repose sur cette base, et ses divers préceptes ne sont que l'irradiation du dogme du sacrifice suprême, accompli par l'amour infini. Proclamant la loi qui unit, le catholicisme ne détruit ni l'individu, ni par conséquent la tendance à la jouissance. L'homme est dans un état de chute et de maladie. L'organisme, la chair, telle qu'elle existe dans l'homme actuel, est le principe des convoitises égoïstes : il faut dompter ce principe. De là, dans les idées catholiques, la nécessité du régime restrictif, que le christianisme a nommé la pénitence. Mais ce n'est là qu'une partie du dogme chrétien ; il est légitime, il est nécessaire que le genre humain déchu s'efforce de se rapprocher, autant que le comporte la vie présente, de son état primitif, où la charité et la jouissance se combinent harmoniquement. A cette seconde partie du dogme se rattache le mouvement progressif de chaque individu, de chaque peuple, du genre humain entier dans l'ordre de jouissance. Que si l'on demande pourquoi le catholicisme se borne à régler cet ordre et n'entreprend pas directement de l'organiser, la réponse est bien simple ; c'est que le catholicisme se renferme dans l'objet propre de la religion, c'est que tout système, nous le répétons, qui transformerait en loi religieuse la jouissance directement relative à l'individualité, et, dès lors, nécessairement libre au même degré que l'individualité même, attaquerait celle-ci dans sa racine, et serait au fond un panthéisme moral destructif de la nature humaine, comme le panthéisme en général est la destruction de l'univers, qui par lui se transforme en illusion.

La morale et le dogme ont leur expression dans le culte, forme sensible de la vérité qui éclaire, et de l'amour qui vivifie. Dans le monde antique, le symbolisme était presque tout le culte. La parole n'y remplissait que des fonctions secondaires, lorsqu'elle n'en était pas absente. Sous l'empire du spiritualisme, le mahométisme et le protestantisme ont repoussé plus ou moins complètement les magnificences du symbolisme. Il y a eu tendance manifeste à réduire le culte à la parole seule. L'union intime de la parole et du symbolisme doit se retrouver dans le culte chrétien complet. Quel est le fond du christianisme ? c'est le Verbe, la parole éternellement vivante, revêtue d'un corps. Si la religion du Verbe fait chair ne s'exprimait que par la parole pure, simple, nue, sans s'incarner dans les symboles matériels, il y aurait défaut radical entre le dogme et le culte, entre l'esprit et le corps de la religion. Le culte catholique a sa racine et son type dans l'idée profonde que renferme la doctrine des sacrements. Dans tout sacrement il y a la matière et la forme, le signe symbolique et la parole. En ce qu'il a d'extérieur, toutes les branches du culte catholique s'unissent pour constituer, en prenant ce mot dans un sens large, comme un grand sacrement, où la parole, qui s'adresse à l'intelligence, informe et anime le symbolisme, qui est la parole des sens.

Quelque riche et varié que soit ce symbolisme, il a son unité intime dans l'idée de sacrifice. Cette idée se retrouve, sans doute, dans la liturgie de tous les peuples. Mais, hors du culte chrétien, elle apparaît bien plus sous les emblèmes de la terreur que sous ceux de l'amour. D'ailleurs, chacun des cultes nationaux de l'antiquité avait son idée prédominante, qu'il mettait particulièrement en relief. Le culte des Parses symbolisait surtout la lutte de deux principes, dans le monde et dans l'humanité, comme celui de l'Inde représentait l'unité, d'où tout sort et où tout rentre. Par là même aussi, il exprimait l'annihilation de l'homme, dont le culte grec offrait l'apothéose. En Égypte dominait le symbolisme de la mort. Tout ce qu'il y a de vrai, de pur et de saint dans ces idées particulières a son expression dans le culte catholique, mais il les unit, les harmonise dans la représentation du grand acte d'immolation et d'amour. Le sacrifice est son symbole prédominant, suprême, absolu. Tous les autres reçoivent sa forme, se nuancent de ses couleurs, s'inspirent de son idée. Le catholicisme n'a pas eu à redouter, en appelant à lui tous les arts, en les convoquant au pied de l'autel, l'inconvénient d'abaisser l'esprit vers les sens, de pousser à une sorte de matérialisme religieux : il sait qu'il y a, dans cette omni-présente idée du sacrifice, une force infinie de spiritualisme. L'architecture crée dans le temple la figure de l'univers, mais ce n'est pas une figure panthéiste, elle repose sur la base mystique de la croix. Sans égaler la statue, que la peinture et la sculpture font jaillir du pavé et des murs du temple, adorent l'image du Sauveur mourant, lui renvoient les hommages qu'ils reçoivent, et la musique ne répand les parfums de l'harmonie que pour les faire monter, comme un encens idéal, vers l'hostie sainte. La messe, centre de toutes les cérémonies sacrées, outre le sacrifice éternel qu'elle reproduit sous des symboles terrestres, est une représentation sublime du mouvement ascendant de l'humanité dans le sein du Christ. Humiliée d'abord et repentante, comme le prêtre courbé au bas des marches de l'autel, elle monte par degrés, elle se fortifie et se ranime en se nourrissant de la parole de vérité, elle se prépare par l'oblation du pain et du vin, symboles de la vie organique, à la transubstantiation de l'égoïsme en charité, et, lorsque cette immolation est accomplie, elle arrive bientôt à la communion éternelle ; après quoi, l'on n'entend plus, dans le temple comme dans le ciel, que des chants de paix et d'actions de grâces.

Son magnifique symbolisme a permis à la religion catholique de faire ce que n'a fait, ce que ne pouvait faire aucun autre culte. Elle n'a pas été obligée de fractionner la langue de la prière commune en autant d'idiomes que le catholicisme embrasse de peuples dans son sein, de la subordonner à toutes les révolutions du langage. Un culte pauvre en symbolisme, qui n'adopterait pas, dans chaque pays, la langue nationale, serait la mutisme de la religion. Le protestantisme l'a compris, et il a agi en conséquence. Mais il n'en est pas moins vrai que, s'il existait, par son essence, une société religieuse universelle, il aurait d'autres pensées, plus vastes et plus hautes que ses vulgaires adages sur les langues vulgaires. Deux excès sont à éviter, parce que deux besoins sont à satisfaire. L'élément d'unité, d'immutabilité, d'universalité, doit retrouver quelque chose qui lui corresponde dans la langue qui est l'expression des croyances. Le catholicisme a senti profondément cette vérité, parce que cet élément supérieur est sa nature même. Il parle le permanent, parce qu'il pense l'immuable. Mais, d'un autre côté, en entro-

43.

mêlant à la langue de l'église des cantiques et des prières en langue nationale, il répond aux besoins individuels, satisfaits, d'ailleurs, par les traductions qui sont entre les mains de tous les fidèles. Il y joint une autre traduction plus vive. Le symbolisme ne parle ni latin, ni français, ni patois, il parle l'idiome humain. Le peuple, qui ne comprend pas le latin, comprend plus que cela, il entend par les yeux la plus sublime des langues.

Du culte passons à la hiérarchie.

Dans la religion primitive, le père de chaque famille était le prêtre. Il était chargé d'enseigner à ses enfants les vérités de la foi, de veiller à l'observation de la loi morale et de présider aux cérémonies du culte. Dans la religion primitive développée, ou le christianisme, les prêtres sont aussi les pères; mais à la paternité charnelle a été substituée la paternité spirituelle. Ainsi, par la constitution de la hiérarchie catholique : 1° le pouvoir, fondé sur la transmission de la vie organique, a été subordonné, dans l'ordre religieux, à un pouvoir fondé sur les lois relatives à la partie spirituelle de l'homme; 2° la vocation libre, l'élection, la nomination, déterminée par les mérites, a remplacé le principe physique de la naissance, indépendant de la liberté humaine; 3° la famille religieuse n'est plus la simple société domestique, mais la grande famille humaine, dirigée dans les voies du salut par un corps de pasteurs sous un seul chef, et constituée par cette paternité suprême dans l'unité.

L'établissement de la hiérarchie catholique est donc la prédominance de l'esprit sur le corps, du principe intelligent et libre sur les lois fatales, de l'unité sur la division. Elle est le développement du principe sur lequel la religion repose. Si l'individualisme religieux n'est pas l'état naturel et normal, s'il existe dans la tradition commune une règle de foi, il y a, par cela même, société religieuse. Dans cette société, il y a des choses à régir : il faut employer divers moyens pour préserver le dépôt de la foi et le propager; il faut pourvoir à l'accomplissement régulier des rites sacrés; il faut que le culte commun soit bien ordonné. Tout cela suppose un gouvernement religieux, une hiérarchie; mais une hiérarchie domestique et multiple ne correspond point parfaitement au caractère même de la règle de foi, qui est la tradition commune. Elle ne saurait être l'état définitif; elle a pu convenir à l'enfance de la société religieuse. Une seule hiérarchie, universelle comme la règle de foi, est une nécessité de la société religieuse pleinement développée, et cette hiérarchie, prise aussi dans son développement complet, demande un centre d'unité. Sous le point de vue philosophique, voilà la raison de la constitution du catholicisme. La question n'est pas entre la forme catholique et telle autre forme; elle est, au fond, entre l'individualisme religieux et la société religieuse, dont la notion ne se réalise parfaitement que dans la forme sociale, dont le Christ, suivant la foi catholique, a posé lui-même l'indestructible base.

Le dernier grand effort qui ait été fait pour sortir de l'institution catholique a été cette œuvre informe qui s'est produite sous le nom de constitution civile du clergé. Il n'est pas rare de rencontrer encore aujourd'hui des hommes qui associent au souvenir de cette œuvre des idées de liberté religieuse. Que fut-elle pourtant? la substitution d'une hiérarchie nationale à la hiérarchie universelle. Mais une hiérarchie nationale, tombe nécessairement, par ce seul fait, sous la dépendance du gouvernement quel qu'il soit, ou du moins, qui doit être l'expression de l'individualité nationale. Elle implique dès lors, sous une forme ou sous une autre, la théocratie civile ou bien la servitude religieuse, servitude imposée à tous par un seul dans le système monarchique, imposée à la minorité par la majorité dans le système démocratique.

Les réactions qui ont eu lieu à diverses époques contre le pouvoir spirituel se sont toujours appuyées sur les abus qui en ont accompagné l'exercice. S'il est une institution divine originalement, c'est, sans doute, celle de la paternité; dans tous les temps, dans tous les lieux, d'innombrables abus ont souillé les pages de son histoire; prouvent-ils cependant quelque chose contre son institution divine?

La doctrine catholique sur l'origine et la nature de la société politique a été l'objet de déclamations quelquefois furieuses, qui n'ont pourtant d'autre fondement que l'ignorance de cette doctrine même. Que n'a-t-on pas dit contre le droit divin? et ceux qui croient y trouver de terribles objections contre le catholicisme, savent-ils ce que signifie ce mot dans le langage de la théologie? il signifie tout simplement que le pouvoir, comme moyen d'ordre, étant nécessaire à l'existence de la société, est, des lors, voulu de Dieu, ou d'institution divine, de la même manière que la société elle-même. Le droit divin, nous le savons, signifie autre chose dans le langage des partis : ils ont cherché dans les textes de la Bible qui enseignent l'origine divine du pouvoir, une sacrilège sanction du despotisme. Mais les théologiens organes de l'orthodoxie catholique ont constamment interprété ces textes sacrés dans le sens qui vient d'être indiqué; tout homme qui n'est pas athée ne peut repousser leur doctrine.

On a dit que la théologie catholique excluait la nécessité du consentement national pour l'institution des gouvernements : cela est faux. La société politique est l'état naturel, providentiel, l'état nécessaire du genre humain ; voilà ce que les théologiens ont dit être indépendant des volontés humaines, La nature des choses n'est pas un pacte; mais le choix de telle ou telle forme de gouvernement, la délégation du pouvoir, les conditions mises à son exercice, voilà la matière du pacte social. Les théologiens catholiques, qui ont enseigné unanimement que le pouvoir vient de Dieu, ont soutenu également que Dieu le transmet immédiatement à la communauté, qui le délègue aux individus, qu'elle en constitue dépositaires. L'élément divin et l'élément humain, le principe d'unité et le principe de liberté, la nécessité des choses et le consentement des personnes ne se concilient que dans cette doctrine.

On a dit encore que la soumission servile au pouvoir est un dogme catholique, tandis que toute l'école a professé, avec saint Thomas, les maximes les plus généreuses sur les droits des peuples.

Les réflexions que nous avons faites successivement sur les dogmes, la morale, le culte, la constitution du catholicisme et sa doctrine par rapport à la société temporelle, peuvent dissiper ou affaiblir, nous l'espérons du moins, plusieurs des préjugés qui s'interposent encore entre lui et ceux qui l'attaquent sans le connaître. Il nous reste à répondre à deux objections, qui ont pour but de le mettre en contradiction, soit avec cette foi au progrès de l'humanité, cette noble foi qui se réveille de toutes parts, soit avec ce besoin d'amour, de sympathie, de tolérance, qui est lui-même une partie de ce progrès.

Le catholicisme admet des dogmes immuables; la loi de progrès, dit-on, implique de perpétuels changements. Oui, le catholicisme admet des dogmes immuables, mais cela même est la condition de toute religion révélée, de toute religion quelconque, de toute foi à la vérité. C'est la condition de toute religion révélée, car la révélation implique un élément supérieur à l'homme, un élément qui n'est pas le produit de l'activité de sa raison ; il serait contradictoire que l'activité de sa raison pût le modifier ou lui en substituer un autre. C'est la condition de toute religion quelconque. La notion de Dieu au moins, quelques développements qu'elle puisse recevoir dans les conceptions humaines, renferme un élément immuable, ou l'athéisme serait la vérité. C'est la condition de toute foi à la vérité, en tant qu'accessible à l'intelligence de l'homme. Si toutes les notions doivent subir, avec le temps, des révolutions dont la série est illimitée, il n'existe évidemment pour chaque époque que des vérités relatives. Le scepticisme ne dit pas, au fond, autre chose. On ne sort du scepticisme que par la foi à quelque chose d'immuable dans l'esprit humain. Repousser le catholicisme parce qu'il pose cette base, c'est lui reprocher de ne pas prendre pour fondement des croyances religieuses un doute sans bornes, un désespoir irrémédiable de l'intelligence. La loi de progrès implique donc la fixité, l'invariabilité de certains éléments, loin d'impliquer la mutabilité universelle, et cette loi est logiquement concevable, dès que l'on admet, avec le catholicisme, qu'en partant de ces éléments invariables, la science peut se développer perpétuellement et la société avec elle. La formule la plus complète du scepticisme est celle-ci : « Tout peut changer dans l'esprit humain. » A l'autre extrémité du monde des intelligences se trouve un autre système qui, de la nécessité de certains éléments fixes, conclut que l'immobilité est une loi de l'esprit humain. Le mot attribué à Omar formule très-exactement, quoique sous une couleur particulière, ce second système : « Si la doctrine contenue dans ces livres est contraire au Coran, ils doivent être brûlés comme dangereux ; si elle y est conforme, ils doivent être brûlés comme inutiles. » En reconnaissant, à la fois, le besoin de fixité et le besoin de progrès, la formule catholique, prise dans sa généralité, satisfait radicalement aux conditions de l'intelligence.

Quelques mots suffiront aussi pour répondre à la seconde objection. La maxime *hors de l'église point de salut* respire, dit-on, un esprit d'intolérance qui n'est pas en harmonie avec l'esprit d'amour. Mais cette maxime a un sens très-différent de celui qu'elle présente lorsqu'on l'interprète d'une manière judaïque. Il suffit de l'expliquer. Le catholicisme admet simultanément que l'homme, par cela même qu'il est capable de connaître la vérité, ne peut se sauver que dans elle et par elle, et qu'il ne peut être exclu du salut que par un crime. De ces principes sortent les conséquences suivantes : 1° Avant la révélation évangélique, la généralité des hommes était tenue de croire les vérités révélées primitivement au degré où la tradition, partout répandue, la leur faisait connaître. Elles constituaient le christianisme primitif ; le professer c'était appartenir à l'église. 2° Depuis la révélation évangélique, les peuples qui ne l'ont pas encore connue sont dans l'état où se trouvait le genre humain avant Jésus-Christ. 3° Dans les diverses communions chrétiennes qui ont altéré la tradition catholique et se sont séparées par-là du christianisme complet, tout individu qui désire sincèrement connaître la vérité, et qui croit ce qu'atteste la tradition générale des chrétiens au degré où il peut la connaître, appartient à l'église. En un mot, tout homme qui ne connaît pas dans toute son étendue la vérité révélée, et qui conforme sa foi à ce qu'il en connaît, se trouve, à cet égard, à la position de l'enfant à qui l'on n'a encore enseigné qu'une partie du symbole : il se sauve par la vérité, il appartient à l'église, qui est la société conservatrice de la vérité. La maxime *hors de l'église point de salut* repose donc, en dernière analyse, sur ce principe, qu'il existe des devoirs pour la raison, ou, en d'autres termes, qu'il y a des vérités-lois, des vérités auxquelles l'homme doit adhérer. Pour nier ce principe, il faudrait soutenir, ou que la vérité, en religion, est inaccessible à l'homme, supposition qui impliquerait la destruction de la religion même, ou que l'homme n'est pas tenu d'adhérer à la vérité au degré où elle peut être connue de lui, ce qui serait toujours nier l'existence de la loi divine. Dès que la base de révélation et de tradition est admise, l'obligation générale d'adhérer à la vérité engendre évidemment toutes les conséquences que le catholicisme en déduit.

Ph. GERBET, évêque de Perpignan.

CATHOLICITÉ. On entend par ce mot, fait du grec καθολικὸς, universel (de κατὰ, par, et ὅλος, tout), la véritable église, l'église catholique, ainsi que les pays, l'assemblée des fidèles catholiques ; c'est enfin l'universalité de l'église appliquée à tous les temps, à tous les lieux et à toutes sortes de personnes. La catholicité de l'église se tire, selon les théologiens, de quatre chefs principaux : 1° de l'universalité des lieux dans lesquels l'église est répandue ; 2° de l'universalité des temps dans lesquels elle a subsisté, et de ceux où elle subsistera ; 3° de l'universalité de la doctrine qu'elle a enseignée sans mélange et sans altération ; 4° enfin, de l'universalité des personnes de tout sexe, de tout âge, de toute condition, qui sont entrées dans son sein. On a prouvé contre les protestants que l'église romaine avait toujours eu ces quatre marques. Cependant, lorsqu'on parle de sa catholicité ou de son universalité en tous lieux et à toutes sortes de personnes, on convient que ce terme ne doit point s'entendre d'une universalité physique et absolue, mais d'une universalité morale et relative, en sorte que la société des catholiques romains a toujours contenu et contient encore infiniment plus de personnes, et s'étend en beaucoup plus de lieux qu'aucune des sectes qui se sont séparées d'elle.

Au propre, le mot *catholicité* est la qualité de ce qui est *catholique*. On fait quelquefois l'application de ces deux mots aux choses même étrangères au culte et à la foi, en les prenant comme synonymes de *vrai* ; mais c'est là un de ces abus de la métaphore qui tendent à dénaturer et à affaiblir une langue. Le premier s'emploie quelquefois aussi, au moins sans inconvenance, mais peut-être sans nécessité, dans le sens de *catholicisme*. C'est ainsi que dans sa *Vie de Louis XIII*, le père d'Orléans dit que ce prince rétablit la *catholicité* dans le Béarn. Edme HÉREAU.

CATHOLICON. On nommait ainsi autrefois un électuaire purgatif, aussi appelé, suivant Caseneuve, parce qu'il est bon pour toutes sortes de maladies, ou, en d'autres termes, parce qu'il était destiné à purger toutes les humeurs. Le *catholicon double* se composait principalement de casse, de tamarin, de rhubarbe et de séné.

Par comparaison, on a appliqué ce nom à la première partie de la *Satire Ménippée*, publiée en 1593, sous le voile d'un pseudonyme, par l'abbé Leroy, chanoine de Rouen et ancien aumônier du cardinal de Bourbon, avec ce titre : *Vertu du catholicon d'Espagne*, allusion à Philippe II, principal moteur de la ligue. Dans ce pamphlet, dont l'historien de Thou fait le plus grand éloge, un charlatan espagnol distribue et prône sur les places de Paris sa drogue, qu'il décore du nom de *higuera d'inferno* ou *catholicon composé*. On a aussi appelé *catholicon d'Espagne* une estampe de l'époque, représentant l'armée de la ligue, composée de soldats, bourgeois, prêtres, moines, gens d'église de toute espèce, la cuirasse sur le dos, le casque en tête, avec le froc, et bizarrement armés de toutes sortes d'armes.

CATHOLICOS. C'est le titre que prennent les patriarches d'Orient et celui des nestoriens. Il y a aussi un *catholicos* dans les provinces russes du Caucase.

CATHOLIQUE, proprement *universel*, *général*, qualification donnée au chrétien qui reconnaît le pape pour chef spirituel, et à toutes les choses qui dépendent de la *catholicité*, tels que *l'église catholique*, la *foi catholique*, les *pays catholiques*, les *croyances catholiques*, etc.

On attribue à l'église le nom de *catholique* (*ecclesia catholica*) pour marquer non-seulement qu'elle est répandue par toute la terre et chez toutes les nations, mais pour exprimer qu'elle fait profession de croire et d'enseigner partout la même doctrine, de prendre pour règle de sa foi *l'universalité* de croyance qui est suivie dans toutes les sociétés particulières dont elle est composée (voyez CATHOLICISME). Quelques auteurs ont prétendu que Théodose le Grand avait le premier introduit ce terme dans l'église, ordonnant, par un édit qu'on attribuât, par prééminence, le titre de *catholiques* aux églises qui adhéreraient au concile de Nicée. Vossius pense que ce mot n'a été ajouté au symbole que dans le troisième siècle ; mais l'une et l'autre prétention est insoutenable : car, dans la lettre des fidèles de Smyrne rapportée par Eusèbe, il est fait mention de l'église catholique et des prières que fit saint Polycarpe pour toute l'église catholique ; et Valois, dans ses notes sur l'*Histoire ecclésiastique* d'Eusèbe, remarque que le nom de catholique a été donné à l'église dès les temps les plus voisins des apôtres, pour la distinguer des sociétés hérétiques qui s'étaient séparées d'elle. Avant même saint Polycarpe, saint Ignace avait dit dans son épître à ceux de Smyrne : *Ubi fuerit Jesus-Christus, ibi est ecclesia catholica*. Théodose a pu désigner avec raison les églises attachées à la foi de Nicée par le nom de *catholiques*, sans avoir été l'inventeur de ce titre, déjà usité près de deux cents ans avant lui. Saint Cyrille et saint Augustin observent que les hérétiques et les schismatiques même donnaient ce nom à la véritable église, et que les autres, c'est-à-dire les orthodoxes ne la distinguaient que par le nom de catholique tout seul, *catholica*.

Anciennement, si l'on en croit Eusèbe, Théodoret et l'histoire byzantine, on a donné, en Grèce et à Rome, le nom de *catholiques* à des magistrats ou officiers chargés de lever les tributs dans les provinces. On les appelait en Afrique *catholici fisci procuratori* et leurs subordonnés se nommaient *catholiciens* (*catholiciani*). Les patriarches ou primats d'Orient ont encore pris le titre de *catholiques* (*voyez* CATHOLICOS), titre qui revenait à celui d'*œcuménique*, qu'avaient pris les patriarches de Constantinople.

Il y a eu autrefois en France, sous les noms de *nouveaux catholiques* et *nouvelles catholiques*, des maisons ou communautés destinées à recevoir, instruire et convertir les hérétiques de l'un et de l'autre sexe, que l'on appelait dès lors *nouveaux convertis*. Quelques-unes de ces communautés furent connues aussi sous le nom de *Propagation de la foi*. Un ordre religieux, formé d'hérétiques vaudois ainsi convertis, qui avait pris, en 1207, celui de *pauvres catholiques*, se réunit, en 1256, à l'ordre des ermites de Saint-Augustin.

Enfin, le mot *catholique*, détourné de son acception la plus générale et ramené à son étymologie, a été appliqué dans les sciences comme synonyme d'*universel* : c'est ainsi qu'on a appelé autrefois *remèdes catholiques* ceux que l'on croyait convenir à toutes les maladies (*voyez* CATHOLICON); *humeurs catholiques*, les fluides répandus dans tout le corps; *fourneau catholique*, un fourneau qui servait à faire toutes les opérations usitées en chimie, etc., etc.

Edme HÉREAU.

CATHOLIQUE (Majesté), titre que prennent les souverains d'Espagne. Un auteur prétend que Recarède, après avoir détruit l'arianisme dans son royaume, reçut ce titre, qui se trouve mentionné dans les actes du concile de Tolède tenu en 589. Vascé en fixe l'origine à Alphonse, en 738 ; et les bollandistes prétendent qu'Alexandre VI, en le donnant à Ferdinand et à Isabelle, ne fit que renouveler une prérogative acquise aux anciens rois visigoths d'Espagne. Toutefois l'opinion commune est que les souverains de ce pays n'ont commencé à le porter que sur la fin du quinzième siècle, après l'entière expulsion des Maures par Ferdinand et Isabelle.

Froissart rapporte que des ecclésiastiques donnèrent le même titre à Philippe de Valois, parce qu'il s'était adjugé les droits de l'Église.

CATHOLIQUE (Association), en Irlande. *Voyez* ASSOCIATION CATHOLIQUE.

CATHOLIQUE FRANÇAISE (Église). *Voyez* CHATEL (L'abbé).

CATHOLIQUES (Épîtres). On donne ce nom, sur l'origine et la signification duquel les opinions varient extrêmement, aux épîtres contenues dans le Nouveau Testament, et dont saint Jacques, saint Pierre, saint Jude et saint Jean passent pour être les auteurs. Suivant les uns, *ca-tholiques* serait ici synonyme de *authentiques* ou généralement reconnues comme contenant la véritable doctrine du Christ et des apôtres; c'est pourquoi, pour les distinguer de celles de saint Paul, on les aurait reçues dans le canon. De là le nom de *canoniques*, que leur donnent aussi les Latins et plusieurs Grecs.

Suivant d'autres, le nom de *catholiques* aurait été donné à ces épîtres parce qu'elles étaient adressées comme lettres circulaires, non à un individu ou à une seule communauté, mais à tous les fidèles, et surtout aux Juifs convertis, qui vivaient dans la dispersion. On voit, au reste, que, dans les premiers siècles de l'Église, on ne comprit jamais sous ce terme que des épîtres circulaires, tandis que, à partir du commencement du quatrième siècle, il servit à désigner les épîtres dont on pouvait donner lecture en pleine église, et, depuis la fin de ce même siècle, seulement les épîtres des apôtres, à l'exception de celles de saint Paul.

Dans la primitive Église, il n'y avait qu'un très-petit nombre de ces épîtres qui fussent considérées comme canoniques, et aujourd'hui l'authenticité de plusieurs d'entre elles est révoquée en doute.

CATI, CATISSAGE. *Catir* une étoffe, c'est lui donner un dernier apprêt qui contribue à son lustre, la rend plus ferme, lui donne un œil plus doux et plus égal. Les étoffes de laine, les draps, sont principalement susceptibles de cet apprêt, qui d'ailleurs n'ajoute rien à leurs qualités essentielles, et qu'on est même obligé de leur faire perdre avant l'emploi, pour éviter les taches qu'occasionnent les gouttes d'eau sur une étoffe ainsi apprêtée.

Le *cati* se donne soit à chaud, soit à froid. Pour le cati à chaud, on plie exactement le drap sur sa longueur ; ensuite on double ce pli en zig-zag, observant d'éviter les faux plis. On place entre chaque pli une feuille de carton mince, bien lissé. Il importe beaucoup, pour le succès de l'opération, que tous les plis du drap soient parfaitement égaux, et que la pièce entière affecte la forme d'un parallélipipède, plus ou moins aplati. Pour y parvenir, on se sert d'un instrument formé d'une planche solide plus large que le drap, et plus longue que ne sera la pièce pliée. Quatre montants en bois, fixés à distance convenable, déterminent la mesure du parallélipipède. Deux ouvriers, placés en face l'un de l'autre, posent des baguettes de fer sur le drap à l'endroit des plis ; ils tendent le plus qu'ils peuvent chaque pli, et mettent un carton entre deux. Après cette préparation, on pose sur la table d'une forte presse une plaque en fonte, épaisse d'environ un centimètre, et un peu plus grande que la pièce de drap pliée, qui se place sur la plaque ; puis une autre pièce de drap, puis une nouvelle plaque de fonte, et ainsi de suite, jusqu'à ce que tout le champ, ou chapelle de la presse, soit rempli. Les plaques de fonte ont été préalablement chauffées à 50 degrés environ. Le tout étant ainsi arrangé, on commence par presser légèrement, et on augmente successivement la pression jusqu'à un très-haut degré. Les pièces de drap doivent rester ainsi engagées entre les plateaux de la presse au moins pendant vingt-quatre heures, et de demi-heure en demi-heure on augmente la pression. Anciennement, on ajoutait à l'effet du catissage par une très-légère dissolution de gomme arabique, dont on imprégnait le drap ; mais depuis qu'on a eu à sa disposition l'énorme pression qu'il est facile d'obtenir avec les presses hydrauliques à la Brahma, et qui suffit pour donner un beau lustre aux draps sans le secours de la gomme, on a renoncé avec raison à l'emploi de cet ingrédient, qui ne rendait les étoffes que plus susceptibles d'être tachées par les gouttes d'eau.

Le cati à froid exige les mêmes procédés, moins l'emploi des plaques de fonte chauffées. Il est en usage pour l'apprêt des étoffes teintes en couleurs tendres, et principalement quand il y entre de la cochenille, qui est sujette à virer au cramoisi par l'effet de la chaleur.

Le drap noir ne souffre pas le catissage, qui lui donne un aspect grisâtre.
PELOUZE père.

CATILINA (LUCIUS SERGIUS). On fait remonter la noblesse de sa race jusqu'à Sergestus, compagnon d'Énée, et l'un des Sergius fut au nombre des sénateurs de Romulus. Quant à Catilina, on ne voit pas d'où lui vient ce surnom, sur la signification duquel les savants ont beaucoup disserté. Son père, Q. Sergius, était sénateur. Cicéron, qui le cite dans son discours pour Cluentius, nous dit qu'il fut condamné comme sicaire, sans nous donner à cet égard d'autres détails. A en juger par l'époque où Catilina se présenta comme candidat aux magistratures, il devait être né vers l'an de Rome 646. Il fut questeur de Sylla dans les guerres civiles, et le seconda dans ses proscriptions. Il ne se contentait pas d'ordonner les supplices, il trempait volontiers ses propres mains dans le sang. Ainsi, on le vit tuer Q. Cæcilius, le mari de sa sœur, qui cependant n'appartenait à aucun parti, mais qui gênait Catilina dans ses amours incestueuses. Il traîna Marius Gratidianus vers la sépulture des Lutatius, et comme pour venger la mémoire de Catulus, qui avait péri dans un combat contre le grand Marius, Catilina commença par lui crever les yeux, puis il lui fit couper la langue, les mains, les jambes; enfin, voyant qu'il vivait encore, il le saisit par les cheveux, lui trancha la tête, et, de ses mains inondées de sang, il le porta aux yeux du peuple depuis le Janicule jusqu'au temple d'Apollon, à la porte Carmentale, où était Sylla. On cite de Catilina beaucoup d'autres actes de cruauté et de dépravation.

Après avoir fait une campagne en qualité de lieutenant de Curion dans la Macédoine, il fut préteur en 686, puis il alla gouverner ou plutôt piller l'Afrique. A son retour, il fut accusé de concussion par Clodius, mais le produit de ses rapines servit à corrompre ses juges, et Lucius vint accuser à son tour son accusateur d'avoir été l'un des sicaires de Sylla. C'est alors qu'il médita la ruine de sa patrie avec Autronius et Pison, il demanda le consulat pour 688; mais Cicéron le confondit par un discours très-véhément, et il se désista. Catilina voulait faire périr les nouveaux consuls L. Manlius Torquatus et L. Aurelius Cotta. Il projetait la mort de beaucoup de sénateurs, mais ce premier complot fut déjoué. Il se représenta au consulat pour 691. Il réunit chez lui tous les hommes qu'il avait gagnés à sa cause : c'étaient les plus obérés et les plus audacieux, il leur promit l'abolition des dettes, la proscription des riches, les magistratures, le sacerdoce, le pillage.

Les circonstances étaient favorables : Pompée était absent, Crassus comptait sur Catilina et le favorisait; en Espagne Pison, en Mauritanie Settius, prenaient part à ses projets. Mais dans la réunion se trouvait Q. Curius, que les censeurs avaient classé du sénat pour ses infamies. Il entretenait depuis longtemps un commerce avec Fulvie, femme d'une naissance distinguée. Il laissa échapper quelques paroles indiscrètes qu'elle révéla. Cicéron seul pouvait sauver l'État : on lui confia le consulat. La candidature de Catilina échoua encore une fois. Vainement il tendit des embûches à Cicéron : celui-ci fut averti par Fulvie qu'on le devait assassiner. Cependant, les anciens soldats de Sylla étaient presque tous dévoués à Catilina. Il dépêcha vers ces troupes un certain Mallius et quelques autres agents, réunit de nouveau ses conjurés, et convint avec eux qu'il se rendrait à l'armée aussitôt qu'on aurait concerté ce qui devait se faire à Rome. Mallius avait ameuté la populace en Étrurie, et grossi ses troupes de quelques brigands. Il fit une prise d'armes à la fin d'octobre; alors le sénat chargea les consuls de *veiller au salut de la ~~république~~.* Le 8 novembre, Cicéron prononça sa première *Catilinaire*. Le rebelle, confondu, les yeux baissés, commença par supplier les sénateurs de ne pas croire à ces imputations, il osa déverser l'injure sur Cicéron, mais les cris d'ennemi public et de parricide furent la seule réponse qu'il obtint : « Puisqu'on me pousse vers l'abîme, s'écria-t-il, j'éteindrai sous les ruines l'incendie qu'on me prépare. » Il quitta aussitôt la ville pour se rendre au camp de Mallius.

Le lendemain, après que Cicéron eut harangué le peuple, le sénat le déclara ennemi public. Mais tout n'était pas terminé. Les envoyés des Allobroges furent entraînés dans la conspiration. Il y eut une assemblée chez Sempronia, femme d'une audace virile, qui, sous le vernis des plus brillantes qualités, cachait une âme profondément perverse. Ces députés furent un instant ébranlés, mais la fortune de la république l'emporta : ils confièrent tout à Fabius Sanga, le principal patron de leur pays, qui le révéla à Cicéron. Le Allobroges, par les instructions du consul, feignirent de conspirer, et l'on apprit tout par leur moyen. Dans un dernier conciliabule, on se distribua les rôles chez Lentulus. On devait mettre le feu à douze endroits de Rome, et dans le tumulte Cicéron serait poignardé ; enfin, on avertit Catilina qu'il était temps d'agir. Cicéron, informé de tout, fit arrêter les Allobroges sur le pont Milvius, et avec eux quelques conjurés, au moment même où les uns et les autres sortaient de Rome pour aller mettre le complot à exécution.

Ce coup d'État eut lieu le 3 décembre. Il fut suivi de l'arrestation de Lentulus, Cethégus, Statilius, Gabinius et Ceparius. Le surlendemain, le sénat délibéra dans le temple de la Concorde sur les peines à infliger aux conjurés. César implora l'observation des formes : il se déclara pour le parti le plus doux. Cicéron lui répondit par la quatrième *Catilinaire*, et César faillit être tué en sortant du sénat, tant les chevaliers romains avaient conçu de haine contre lui, à cause de sa conduite. Les conjurés furent exécutés le jour même de leur condamnation. Cependant Catilina était sous les armes; il attendait avec deux légions le résultat de la conspiration, évitant jusque-là le combat. Quand il connut l'arrestation de ses complices, il conduisit ses forces à travers des montagnes sur le territoire de Pistoie, dans l'intention de gagner la Gaule cisalpine; mais Metellus Celer vint l'attendre au pied des montagnes, et l'armée d'Antoine le poursuivait d'un autre côté ; ce fut contre celle-ci qu'il combattit en désespéré : il succomba et avec lui, l'armée conjurée rompit les rangs ennemis; toute son armée périt avec lui, et chaque soldat couvrait de son cadavre la place où il avait combattu vivant. Cette mémorable bataille est du 5 janvier 692.

Voici le portrait que Salluste fait de Catilina : « Il était d'une constitution à supporter la faim, les veilles, le froid, au delà de ce qu'on pourrait croire; esprit audacieux, rusé, fécond en ressources, capable de tout feindre et de tout dissimuler, convoiteur du bien d'autrui, prodigue du sien, fougueux dans ses passions; il avait assez d'éloquence, de jugement fort peu : son esprit exalté méditait incessamment des projets démesurés, chimériques, impossibles. »
P. DE GOLBÉRY.

CATILINAIRES. C'est le nom par lequel on désigne les quatre discours que Cicéron, alors consul, prononça contre Catilina, accusé de conspirer contre la république.

Celui-ci avait résolu, en effet, d'égorger ceux des sénateurs qu'il regardait comme ses ennemis, d'incendier la ville et de la livrer au pillage. Cicéron, dont la vigilance avait découvert le complot, convoqua le sénat au Capitole, dans le temple de Jupiter, où cette assemblée ne se tenait que dans les temps d'alarme. Le consul allait commencer son rapport sur la conspiration, lorsque Catilina se présente et va s'asseoir sur le banc des sénateurs consulaires. Cicéron, outré de cette audace, interpelle directement le coupable par cette célèbre apostrophe : *Quousque tandem, Catilina, abutere patientia nostra?* Ce discours où éclate la généreuse indignation d'un magistrat animé contre le crime par l'amour de la patrie, fut ensuite rédigé par Cicéron, selon le témoignage de Salluste, et tout porte à croire que nous l'avons aujourd'hui à peu près tel qu'il a été prononcé.

Catilina était sorti du sénat en proférant de terribles menaces. Cicéron convoqua le peuple dans le Forum, pour l'informer de ce qui s'était passé la veille dans le sénat et lui apprendre le départ de Catilina ; tel est le sujet de la seconde *Catilinaire*, prononcée le 9 novembre de l'an de Rome 691. Dans ce discours, l'orateur revient sur quelques-unes des idées qu'il avait développées la veille au sénat. On y remarque surtout la peinture des fauteurs que Catilina avait dans Rome. Ce morceau est très-intéressant pour la connaissance des mœurs et de l'état de la société à cette époque.

La troisième *Catilinaire* fut prononcée par Cicéron devant le peuple, le 3 décembre, vingt-quatre jours après la seconde *Catilinaire*. Le consul y rend compte au peuple des événements qui s'étaient passés dans cet intervalle. Elle contient un récit animé des manœuvres employées par les principaux conjurés, tels que Lentulus, Cethegus, etc., qui étaient restés à Rome pour faire réussir le projet de Catilina, alors refugié au camp du rebelle Mallius : l'orateur fait connaître les précautions qu'il avait prises pour faire avorter le projet.

Il restait à décider du sort des conjurés arrêtés par Cicéron. Le lendemain, 4 décembre, le sénat s'assemble dans le temple de la Concorde pour délibérer. Cependant, la constitution ne donnait pas au sénat le pouvoir judiciaire : les lois Porcia et Sempronia défendaient qu'aucun citoyen fût condamné à mort ou même à l'exil, si ce n'est par le peuple assemblé en centuries. Le jugement que le sénat se disposait à rendre était donc un véritable coup d'État, un acte arbitraire, une usurpation. Cicéron n'ignorait pas quelle grave responsabilité allait peser sur lui en provoquant une résolution si extrême ; mais il n'hésita pas à sacrifier sa sûreté personnelle au salut de la patrie. Silanus, consul désigné, qui opina le premier, conclut à la mort des quatre conjurés qui étaient arrêtés. Murena, son collègue, Catulus et les principaux sénateurs adoptèrent cet avis. C'est alors que César, grand pontife et préteur désigné, prononça cette fameuse harangue dans laquelle il fit si habilement valoir les usages et les lois de la république pour sauver les coupables qui tramaient sa ruine. Il proposait la prison perpétuelle et la confiscation des biens. Cicéron prit la parole à son tour, et dans cette quatrième *Catilinaire* il s'attacha à prouver que la mort des conjurés était indispensable. Son discours produisit une impression profonde. Caton, alors tribun, parla dans le même sens, et acheva d'entraîner les suffrages. La sentence de mort fut prononcée d'une voix presque unanime et exécutée sur-le-champ. Et lorsque Cicéron, au sortir du sénat, trouva les amis des conjurés attroupés sur la place publique, il n'eut que ce mot à leur dire pour les dissiper : « *Ils ont vécu !* » ARTAUD.

CATIN, fille ou femme de mauvaises mœurs. C'est par erreur ou confusion de mots qu'on a voulu rattacher cette étymologie au nom de *sainte Catherine*, la vierge fiancée de Jésus-Christ, ainsi que ceux de *cathau* et *cathos*, quelque communs qu'ils fussent jadis. *Catin* s'est écrit autrefois *cattin*, comme dérivé de *catus*, *catta*, chatte, *catula*, petite chatte ; et de tout temps on a connu le proverbe *amoureuse comme une chatte*. Personne n'ignore que dans ce genre d'animaux ce sont les femelles qui provoquent les mâles, que les chats, en tapinois, et *délicat*, *délicatesse*, venant de *catus*. On sait combien ces sortes d'animaux domestiques manifestent de volupté aux caresses (les lionnes mêmes y sont sensibles). La nature ayant rendu douloureux les approches des sexes parmi ces espèces (le genre *felis*), il fallait que la femelle fût la plus ardente. De là naturellement on a dû comparer ces femmes hardies à cette race luxurieuse allant au-devant d'un autre sexe.

CATIN (*Métallurgie*), espèce de bassin placé au pied du fourneau où l'on fond les mines. Il y a le *grand* et le *petit catin*. Le grand, ou peu plus élevé que le petit, sert à recevoir d'abord la mine fondue qui coule du fourneau, et le petit, qui communique avec le grand par une rigole, reçoit le métal fondu qui coule de celui-ci, dans lequel tombent les scories. Ces *catins* sont garnis en dedans d'une sorte de mortier composé de terre à four et le charbon en poudre qu'on a délayés ensemble avec de l'eau.

CATINAT DE LA FAUCONNERIE (NICOLAS DE), maréchal de France, né à Paris, en 1637, était fils d'un président au parlement de Paris, et le onzième de seize enfants. Destiné d'abord au barreau, il fit ses études juridiques avec succès, et tout jeune encore fut reçu avocat. Mais il prit le culte de Thémis en dégoût, une fois qu'il eut perdu sa première cause. Il ne s'en était chargé que parce que le bon droit lui avait paru être du côté de son client ; il comprit tout ce qu'il y avait d'aléatoire dans les meilleurs procès, et que trop souvent les juges se laissent influencer par les plus viles intrigues. Il renonça donc à une carrière déjà toute faite, et, à l'exemple de ses deux frères aînés, il embrassa la profession des armes. D'abord cornette dans un régiment de cavalerie, il eut avec l'un de ses chefs des désagréments, à propos de menus détails de service, et fut cassé. Rétabli bientôt dans son grade par le crédit de son père, il le perdit de nouveau à la suite d'une réforme administrative. Il ne rentra dans l'armée qu'à l'âge de vingt-sept ans, et fut nommé alors aide de camp du roi. Un an plus tard, il obtint une lieutenance de chevau-légers. En 1667 il se distingua au siège de Lille, et depuis lors ce fut par autant d'actions d'éclat qu'il obtint chacun des grades par lesquels il passa pour être enfin compris dans une promotion de lieutenants généraux, en 1689. C'est à partir de ce moment que, chargé de commandements importants, on put pleinement apprécier sa capacité militaire, son habileté à deviner les projets de l'ennemi et à lui cacher les siens. Le Piémont et l'Italie furent le théâtre où il put déployer ses talents. Le duc de Savoie s'étant ligué avec l'empereur et avec l'Espagne contre la France, Louis XIV confia à Catinat le commandement de l'armée destinée à agir contre ce prince. La bataille de Staffarde (1690), où il avait en face le célèbre prince Eugène, ouvrit d'une manière brillante la campagne. L'ennemi perdit onze pièces de canon, une grande partie de ses munitions et de ses équipages, et laissa quatre mille des siens sur le carreau. L'affaire fut d'ailleurs vivement disputée, et, comme toujours, Catinat y paya noblement de sa personne. Cette victoire, si brillante qu'elle fût, ne décida rien. Louvois, habitué à faire mourir les armées du fond de son cabinet, aurait voulu que Catinat en profitât pour marcher sur Turin et l'enlever. Catinat, plus à même d'apprécier les difficultés d'une telle entreprise, parvint à faire entendre raison au tout-puissant bureau et en dédommagement de la capitale du Piémont qu'il ne pouvait songer à attaquer avec le peu de forces effectives dont il disposait, il se jeta sur le comté de Nice, dont il se rendit maître en quelques jours, dès le début de la campagne de 1691. Trois mois après, la Savoie était tout entière au pouvoir de son armée. La victoire de Marsaille, remportée en 1693, par dix-huit mille Français contre trente mille confédérés, et où l'ennemi perdit 10,000 hommes tués ou blessés, 34 pièces de canon et 106 drapeaux ou étendards, valut à Catinat le bâton de maréchal, et termina la guerre ; car dès lors le duc de Savoie ouvrit avec la cour de Versailles des négociations secrètes, qui se poursuivirent pendant les deux campagnes suivantes. Elles expliquent l'inaction apparente de Catinat en 1694 et 1695, où il se borna pour ainsi dire à une guerre d'observation et à contenir le duc de Savoie dans son propre pays. En 1696 Louis XIV nomma Catinat l'un de ses plénipotentiaires pour la négociation officielle de la paix, qui fut enfin conclue le 29 août de cette même année.

Le maréchal fut alors envoyé en Flandre ; et malgré les efforts du prince d'Orange et de l'électeur de Bavière pour secourir la ville d'Ath, il s'en empara au bout de treize jours de tranchée (5 juin 1697). La paix de Ryswick vint momentanément rendre le repos à l'Europe. Quatre ans à peine s'écoulèrent, et la mort du roi d'Espagne raviva toutes les haines dont le grand roi était l'objet de la part de l'étranger. Louis XIV eut alors à se défendre tout à la fois dans les Pays-Bas, sur les bords du Rhin, en Italie et sur les Pyrénées. Le commandement de l'armée d'Italie fut confié à Catinat et à Vaudemont. Cette fois le duc de Savoie avait pris parti pour la France dans cette lutte gigantesque; mais, comme toujours, ce prince trahissait en secret la cause qu'il avait l'air de servir. Le duc de Savoie était le généralissime de l'armée d'Italie; Catinat et Vaudemont n'étaient en quelque sorte que ses lieutenants. Son mauvais vouloir évident amena entre lui et les généraux français de fréquentes collisions, qui ne purent que nuire à la cause commune, et dont Eugène sut habilement tirer parti. On avait envahi le Milanais, mais on manquait de vivres et d'argent. A Carpi le sort des armes fut défavorable à Catinat, qui dut abandonner la ligne de l'Adige et de l'Adda. Malheureux encore une fois à Chiari, il ne trouva personne à Versailles pour le défendre contre les récriminations de Vaudemont; et Louis XIV, cédant aux obsessions de Mme de Maintenon, qui soupçonnait véhémentement le maréchal de jansénisme, se décida à enlever à Catinat son commandement pour le confier au présomptueux Villeroy. On sait que celui-ci se laissa battre coup sur coup par Eugène, trop heureux d'avoir affaire à pareille nullité.

Catinat, disgracié, prit dignement sa retraite, et vécut dès lors dans sa terre de Saint-Gratien près Paris. C'est là qu'il mourut, le 22 février 1712. Il n'avait jamais été marié. Peu de généraux ont laissé des regrets aussi unanimes dans l'armée. Les soldats l'adoraient; ils l'avaient surnommé *le père la Pensée*, et Catinat méritait bien l'affection dont il était l'objet, car jamais général ne se montra plus avare du sang de ses troupes et ne fit preuve d'une si ardente sollicitude pour tout ce qui concernait leur bien-être. Au-tant que dans Catinat l'homme ne fut pas moins honorable que le militaire. Il était doué d'une probité et d'une simplicité antiques, ne se montrait que le plus rarement possible à Versailles, où il représentait en quelque sorte le tiers état arrivé aux honneurs par la seule force de ses mérites et de ses services, mais jalousé par une noblesse qui, malgré les ordres du maître, ne se pouvait faire à l'idée de voir le bâton de maréchal aux mains d'un simple officier de fortune. Catinat ne peut sans doute être mis sur la même ligne que Condé et Turenne, que Luxembourg ou Vendôme; mais il y a encore loin de sa gloire pour qu'on mette qu'on inscrit immédiatement après ceux-là.

CATINAT, sobriquet sous lequel était connu l'un des chefs des Camisards, dont le nom véritable était *Abdias Maurel*, et qui lui fut donné parce qu'il avait servi autrefois sous les ordres du maréchal Catinat. C'est en grande partie à lui que les insurgés furent redevables de l'organisation de leur cavalerie. Cependant, malgré ses services, un acte d'indiscipline qu'il commit le fit traduire devant un conseil de guerre, sous l'accusation d'avoir incendié des églises sans motifs. Il est probable que si on l'acquitta, ce fut en considération du passé; mais pour obtenir son pardon, il lui fallut s'avouer coupable. *Catinat* passa alors en Suisse; puis bientôt il se laissa séduire par les agents de l'Angleterre, rentra secrètement en France et prit part à la conspiration dont l'objet était de tuer l'intendant Bavilla, si justement odieux aux populations protestantes du Midi, et d'enlever le maréchal de Berwick, dont la personne eût servi de gage aux conjurés pour obtenir du grand roi qu'il ne s'obstinât point, sous prétexte qu'il avait mis à néant l'édit de Nantes, à les convertir au catholicisme avec des dragons transformés en missionnaires. L'entreprise ayant échoué, Catinat, d'abord caché à Nîmes, finit par être arrêté. Son procès fut bientôt fait. On le brûla vif, le 21 mai 1705.

CATIVOLQUÉ, chef ou roi d'une moitié du pays des Éburons, peuple de la Gaule Belgique, se laissa entraîner par Ambiorix, chef de l'autre moitié de ce pays, à une révolte contre César. Les malheurs qui furent pour le peuple des Éburons la suite de cette funeste rébellion forcèrent Cativolque, trop âgé pour supporter les fatigues de la guerre, à s'empoisonner. Il mourut, dit César dans ses *Commentaires*, en maudissant Ambiorix de l'avoir entraîné malgré lui dans une guerre devenue si fatale à son pays.

CATODON (de κάτος, cétacé, et ὀδούς, dent), nom sous lequel Linné désigna d'abord le genre de cétacés qui a pour type le cachalot.

CATOGAN ou **CADOGAN**, mot qui n'a pas un siècle d'existence, il exprime la réunion de la partie postérieure d'une chevelure longue se retroussant en faisceau : tel était l'accommodage des cheveux de l'infanterie dans l'autre siècle; c'était une imitation des modes prussiennes. Le catogan a succédé à la cadenette, chignon ou pelote de cheveux se roulant sur eux-mêmes, noués par le milieu et pendants à une hauteur prescrite. Quelques-uns des hommes de troupe a d'abord été renfermé dans un *crapaud*; ensuite on l'a recouvert d'une *chevrette*. Les règlements des 21 février 1779 et 1er juillet 1788 maintenaient cet accommodage, auquel la queue succéda en 1792. Mais à des époques plus modernes le catogan était encore en usage dans les corps de hussards.
Gal BARDIN.

CATON (en latin *Cato*), surnom d'une branche de la famille *Porcia*.

CATON (Marcus Porcius), surnommé *le Censeur* ou *l'ancien*, naquit l'an 232 avant J.-C., à Tusculum. Son père, qu'il perdit jeune, était plébéien, et ne lui laissa pour héritage qu'une petite terre dans le pays des Sabins, qu'il cultivait de ses propres mains. Marcus Porcius s'était montré si avisé dès son enfance qu'on l'avait appelé *Cato*, du mot *Catus*, qui dans la langue des Sabins désignait un homme prudent et sagace. C'était, nous apprend Plutarque, un homme roux, aux yeux bleus, d'un aspect sévère et d'un regard qui défiait ami et ennemi. Il avait compris de bonne heure que la force du corps et de l'intelligence est le meilleur levier de l'ambition; il se levait matin, allait régulièrement consulter et plaider dans les bourgs voisins de Tusculum, revenait à la maison, se mettait nu comme ses esclaves, labourait, sualt, mangeait avec eux, buvait comme eux de l'eau et du vinaigre ou de la piquette. Il était de même à la guerre : sur le champ de bataille, il tenait l'épée aussi ferme qu'il avait tenu la charrue sur le sillon. A dix-sept ans il avait fait ses premières armes contre Annibal, au siège de Capoue, sous Q. Fabius Maximus. Cinq ans après il combattit, sous le même général, au siège de Tarente. Puis il se livra à l'étude de la philosophie, sous le pythagoricien Néarque. C'est alors que le patricien Valerius Flaccus, qui habitait une terre située près du petit domaine de Caton, eut occasion de le voir et de le comprendre. Il le détermina à venir à Rome, et l'aida de tout son crédit à se produire.

C'était le temps où la civilisation grecque s'infiltrait dans les mœurs de la république et dissolvait le génie romain. Non-seulement les descendants des farouches Quirites avaient répudié l'antique religion et les dieux du Latium pour les dieux, plus brillants, des Hellènes et leur culte, aux formes pleines d'attraits, glorification perpétuelle de toutes les passions et de toutes les faiblesses de l'homme; mais encore ils n'avaient pas su se préserver des licencieux excès de cette religion matérialiste; et les Bacchanales étaient venues porter dans Rome le trouble et le scandale. A une telle époque, un homme qui se montrait doué d'une éloquence qu'on osa depuis comparer à celle de Démosthène, d'une austérité de mœurs et d'une énergie de caractère qui n'ont jamais été surpassées, ne devait pas tarder à se faire remarquer, quoiqu'il fût un *homme nouveau* et sans fortune. Dans les tribunaux comme dans les assemblées du peuple, il réalisait la belle définition qu'à lui-même donnée de l'orateur et que Quintilien nous a conservée : *Vir bonus, dicendi peritus*.

A trente ans il fut nommé tribun militaire, et envoyé en Sicile (l'an 202 avant J.-C.); l'année suivante, devenu questeur du premier Scipion l'Africain, il voulut user des droits de sa charge pour contrôler les dépenses du général ; mais celui-ci n'entendait rendre compte aux Romains que des victoires qu'il aurait remportées et non de l'argent qu'il aurait dépensé. Aussitôt Caton revint à Rome, et, de concert avec le vieux Fabius Maximus, porta contre les prodigalités du consul une accusation qui fut éloquemment réfutée par le spectacle des préparatifs de la glorieuse expédition d'Afrique. Caton n'en obtint pas moins auprès du peuple cette influence qu'obtient toujours celui qui, dans une république, se montre soigneux d'économiser les revenus de l'État. Tel fut entre ces deux hommes illustres le commencement d'une rivalité haineuse qui ne devait s'éteindre qu'avec leur vie.

Cinq ans après être arrivé à l'édilité, Caton fut nommé préteur et obtint par le sort le gouvernement de la Sardaigne, qu'il acheva de soumettre aux Romains. Ce fut dans cette île qu'il fit connaissance du poëte Ennius; il le ramena avec lui à Rome. Il parvint au consulat l'an 193 avant J.-C. Toujours ennemi du luxe et de la dépense, il défendit la loi Oppia; loi de circonstance qui avait été portée pendant la deuxième guerre punique pour empêcher les dames romaines d'employer plus d'une demi-once d'or à leur usage et de porter des habits de diverses couleurs. Les séductions et les prières des femmes prévalurent sur la rigide opiniâtreté de Caton, et l'éloquence du tribun Valérius fit révoquer la loi. Aussitôt Caton partit pour l'Espagne citérieure, qui avait secoué le joug. Son premier soin fut de renvoyer les fournisseurs des vivres, en déclarant que la guerre devait nourrir la guerre. En trois cents jours, il prit quatre cents villes ou villages, qu'il fit démanteler à la même heure, et dont il ne manqua pas de jeter les dépouilles dans le trésor public, où il fit également entrer le prix de son cheval de bataille, pour éviter les frais de son transport. Il ne garda rien pour lui du butin, mais il n'oublia pas non plus de vanter lui-même hautement son intégrité. A son retour, il obtint les honneurs du triomphe. Presque aussitôt il quitte la toge consulaire, revêt la cuirasse de lieutenant, et accompagne Sempronius en Thrace. Il se met ensuite sous les ordres du consul Manius Acilius pour aller combattre Antiochus et porter la guerre dans la Thessalie. Une marche hardie qu'il exécute décide le succès de la journée. Le consul, enthousiasmé, l'embrasse devant toute l'armée, et le choisit pour aller à Rome annoncer cette victoire, remportée l'an 189 avant J.-C.

Rendu aux douceurs du foyer domestique, Caton continua de vivre comme auparavant, s'occupant des affaires du barreau avec le même zèle et avec le même désir de succès qu'à l'entrée de sa carrière, luttant contre les désordres qui, de toutes parts, avaient envahi la république, et faisant condamner L. Scipion comme concussionnaire. L'an 182 avant J.-C., il se mit dans les rangs pour la plus honorable et la plus redoutée de toutes les magistratures, la censure, et il l'obtint. Cette censure fut remarquable par son extrême sévérité; Caton sut en effet chasser du sénat ce Lucius Flaminius qui tuait un Gaulois pour donner à son favori le plaisir de voir mourir un homme; il sut condamner les dilapidations de Scipion l'Asiatique, en lui ôtant son cheval; réprimer les prodigalités particulières, et rappeler à l'ancienne simplicité romaine, en imposant les meubles de luxe; il poussa même la rigueur jusqu'à dégrader un sénateur pour avoir donné un baiser à sa femme en présence de sa fille. Au sortir de cette magistrature, on lui éleva une statue dans le temple de la Santé, avec cette inscription :
A Caton, qui a corrigé les mœurs.

Caton, nous l'avons déjà dit, n'était rien moins que modeste; il rappelait avec complaisance que le sénat remettait à un autre jour les affaires importantes quand il n'était pas présent. S'il voulait excuser quelqu'un qui avait manqué à son devoir, il se contentait de dire : « Est-ce donc un Caton? » La postérité a du reste rendu le même témoignage à sa vertu et s'exprime encore de la même manière. Sa vie politique fut un long combat. Il accusait sans cesse et avec acharnement; il fut accusé de même et jusqu'à quarante quatre fois; mais il fut toujours renvoyé absous. Il avait quatre-vingts ans quand il dut se justifier pour la dernière fois; on cite le début du plaidoyer qu'il prononça en cette occasion : « Romains, dit-il, il est bien difficile de rendre compte de sa conduite devant les hommes d'un autre siècle que celui dans lequel on a vécu. » Son dernier acte politique fut une ambassade en Afrique, où on l'envoya juger un différend survenu entre Carthage et Massinissa. Il fut tellement frappé de la manière dont la rivale de Rome avait réparé ses pertes, que, depuis cette époque, il ne prononça plus un seul discours au sénat, sur quelque sujet que ce fût, sans le terminer par ces mots : « *Hoc censeo, et Carthaginem esse delendam.* » Cependant le vieux Romain, au langage rude, bref et sentencieux, ne sut pas se préserver de la contagion des idées nouvelles; à près de quatre-vingts ans, il sacrifia aux Grâces en se mettant à apprendre le grec; mais il resta toujours l'ennemi rigoureux de la corruption, et, s'il n'eût dépendu de lui, sa patrie eût repoussé les dangereux présents d'une civilisation qui touchait déjà à la décadence : ce qui arriva à Carnéade en fait foi.

L'homme qui se montra si économe des revenus publics ne méprisait pourtant pas les richesses et n'était même pas très-scrupuleux sur les moyens de les acquérir. Dur et impitoyable pour ses esclaves, il leur vendait presque la liberté de cohabiter avec leurs femmes; il prêtait de l'argent à gros intérêts, et dans les derniers temps de sa vie il sacrifiait volontiers au dieu du vin; c'est Horace qui le dit :

Narratur et prisci Catonis
Sæpe mero caluisse virtus.

Il entretint commerce avec une esclave sous les yeux de son fils et de sa belle-fille, et finit par épouser à quatre-vingts ans la fille d'un de ses clients, Solonius, dont il eut un fils nommé Caton le Solonien, qui fut l'aïeul de Caton d'Utique. Marcus Porcius Caton mourut l'an 147 avant J.-C., un an après son retour d'Afrique, cinq ans avant la destruction de Carthage, à l'âge de quatre-vingt-cinq ans (et non pas de quatre-vingt-dix, comme Plutarque et Tite Live l'ont dit par erreur). Il écrivit un grand nombre d'ouvrages dont un seul est parvenu jusqu'à nous; c'est un traité d'Agriculture (*De re rustica*) ; le commencement et la fin manquent; l'ordre des matières semble même avoir été interverti. Il y recommande de vendre les esclaves qui sont devenus incapables de servir, ce que le bon Plutarque ne lui pardonna point; il décrit les instruments aratoires, et traite de la culture des champs, de celle de la vigne, de l'olivier, des arbres fruitiers; il parle des différentes espèces de greffes et de marcottes. On voit qu'il avait des notions assez justes sur les assolements et les prairies artificielles. Philippe Beroaldo, Ausone de Popina, Meursius, Gessner et Schneider, en ont donné des éditions. Les *Origines*, en 7 livres, étaient l'histoire du peuple romain. Son Traité de l'éloquence, probablement le plus ancien de ce genre qui ait été composé en latin, commençait par ces mots : *Rem tene, verba sequentur,* qu'Horace a paraphrasés :

Verbaque provisam rem non invita sequentur.

Tous les fragments des ouvrages de Caton ont été recueillis et publiés par M. Léon (Gœttingue, 1826), sous le titre de *Catoniana*.

W.-A. DUCKETT.

CATON (MARCUS), fils du précédent, avait été instruit par son père dans les lettres, les lois et les exercices du corps. Dans une bataille contre Persée, roi de Macédoine il perdit son épée. Inconsolable de cet accident, il s'élança au plus fort de la mêlée, et la retrouva sous un monceau de cadavres. Il épousa Tertia, fille de Paul-Émile et sœur du second Scipion l'Africain, et mourut étant préteur, l'an 152 avant J.-C. Le vieux Caton ne fit faire que de modiques funérailles à ce fils, qu'il chérissait tendrement. Marcus Caton avait écrit un commentaire sur le droit civil, dont Meursius a publié des fragments.

CATON (Caius Poncius), fils du précédent, étant consul l'an de Rome 638, fut battu par les Scordisques, et, à son retour à Rome, condamné pour cause de concussion. Il se retira à Tarragone en Espagne.

CATON (Marcus Poncius), frère du précédent, consul l'an de Rome 636, mourut la même année. Il eut un fils du même nom, qui mourut dans les Gaules.

CATON (Marcus Poncius), surnommé *Salonius* du nom de son aïeul paternel, était fils de Caton le Censeur, qui l'avait eu de sa seconde femme. Il mourut préteur, laissant deux fils : l'un du même nom que lui, et l'autre qui suit.

CATON (Lucius Poncius), consul l'an de Rome 663 avec Cn. Pompeius Strabon pendant la guerre sociale. L'année précédente il avait vaincu les Toscans révoltés; mais, comme il attaquait leur camp auprès du lac Fucin, il fut tué, et la victoire resta aux ennemis. L'historien Orose accuse le jeune Marius de l'avoir assassiné dans la mêlée.

CATON (Marcus Poncius) dit *le Jeune*, pour le distinguer de son arrière-grand-père, Caton le Censeur, ou encore, du lieu de sa mort, *Caton d'Utique*, naquit l'an 95 avant J.-C., et, ayant eu le malheur de perdre son père et sa mère dans la plus tendre enfance, fut recueilli et élevé dans la maison de son oncle. Déjà tout enfant il se faisait remarquer par un caractère grave et persévérant, par une profonde sagacité d'esprit et par un inébranlable courage. Il servit d'abord, l'an 72, contre Spartacus, avec beaucoup de distinction, mais pourtant sans prendre goût au métier de la guerre. De Macédoine, où il fut envoyé en qualité de tribun en l'année 67, il se rendit à Pergame, et ramena de là avec lui à Rome, Athénodore célèbre professeur de la philosophie stoïcienne, à laquelle Caton, tout jeune encore, s'était fait initier, et qu'il cultiva avec enthousiasme pendant tout le reste de sa vie. En l'an 65, appelé à la questure, il fit preuve dans l'exercice de ces fonctions de connaissances toutes spéciales et d'une consciencieuse probité, devenue chose si rare à Rome.

A quelque temps de là, l'antagonisme de plus en plus manifeste de Pompée et de César et leurs luttes ouvertes pour se saisir du pouvoir suprême lui fournirent de nombreuses occasions de témoigner de son zèle pour le maintien de la république, des lois et du droit. La fermeté de son caractère, le renom de sa vertu sans tache, et une éloquence qui brillait moins par la grâce que par l'énergie et la haute raison, le servirent admirablement; mais, comme il était presque le seul qui défendît la république avec des sentiments purs et désintéressés, et comme dans ces temps de désordre l'inflexible roideur de son esprit le rendait impropre à être chef de parti, surtout contre un adversaire d'un génie politique bien autrement supérieur, tel qu'était César, il demeura impuissant à sauver la république dans l'état de décomposition où elle était déjà tombée. La première tentative qu'il fit pour combattre Pompée fut, à la vérité, couronnée de succès; et quand, après la conspiration de Catilina, dans la répression de laquelle Caton avait d'ailleurs développé la plus grande énergie, le tribun Quintus Métellus Nepos voulut profiter (an 62 avant J.-C.) de la terreur dont les esprits étaient encore remplis pour rappeler Pompée et ses légions, le charger de rétablir le bon ordre et l'investir du pouvoir suprême, cette tentative échoua contre l'opposition de Caton. En revanche, il fut inutilement qu'il combattit la candidature de César au consulat pour l'année 59; son opposition n'eut même d'autre résultat que de décider ses adversaires à tomber bien vite d'accord entre eux et avec le riche Crassus. L'essai qu'il tenta, d'accord avec le collègue même de César, Marcus Calpurnius Bibulus, pour s'opposer à l'adoption de la loi agraire proposée par celui-ci à l'effet de partager les terres dépendant du domaine public, fut rendu inutile par la violence. Ayant alors voulu s'éloigner de Rome, il lui fallut, quoi qu'il en eût, se rendre dans l'île de Chypre pour la réduire à l'état de province romaine après avoir préalablement déposé le roi Ptolémée.

A son retour à Rome, en l'an 56, il fut blessé dans les comices pour avoir essayé de combattre l'élection de Pompée et de Crassus. La violence repoussa sa candidature aux fonctions de préteur; et elle annula également son opposition et celle de Favonius à la loi de Trebonius, qui avait pour but de déférer aux consuls le commandement des provinces et des armées pour cinq ans. En 54 il fut élu préteur, et déjoua alors le plan conçu par Pompée pour devenir dictateur l'année suivante; mais en l'an 52 les troubles auxquels était en proie la ville, et que favorisait Pompée, menaçant de tout détruire dans la lutte acharnée des partisans de Clodius et de Milon, Caton lui-même se vit forcé avec le sénat de supplier Pompée de sauver la république, et il proposa de le nommer consul unique. Ainsi entraîné par la force des circonstances dans le parti de Pompée, qui maintenant était réconcilié avec les *optimates*, il agit d'accord avec lui contre César. Quand la guerre éclata en l'an 49, ce fut avec une profonde tristesse qu'il accompagna les consuls en Campanie, parce qu'il espérait toujours triompher de César par le seul emploi de la légalité. Il passa ensuite avec deux légions en Sicile; mais il quitta cette île lorsque Caius Curion, partisan de César, y débarqua, puis se rendit auprès de Pompée, au parti duquel l'inflexible probité de Caton l'avait d'ailleurs rendu fort incommode.

A la nouvelle de la bataille de Pharsale, il voulut rejoindre bien vite Pompée; mais en route ayant appris sa mort, il gagna la province d'Afrique, où les partisans de Pompée se réunirent en 47. Élu général en chef, il résigna ses fonctions en faveur de Métellus Scipion, personnage consulaire, et ne se réserva que le commandement supérieur de la ville d'Utique. A la nouvelle de la victoire remportée par César à Thapse, reconnaissant l'impossibilité de tenir plus longtemps place faute de soldats et aussi en raison des mauvaises dispositions de la population, il prit toutes les dispositions propres à assurer la retraite des sénateurs et des chevaliers romains, leur recommanda de ne jamais demander grâce pour lui à César; et, plutôt que de survivre à la chute de la république, il préféra se donner volontairement la mort, après avoir toutefois chargé un parent de César de s'employer auprès de lui en faveur de son fils Marcus et de ses amis. Une statue désigna plus tard sur le bord de la mer l'endroit où il fut enterré. Les enfants de Caton partagèrent son enthousiasme républicain; sa fille Porcia, qui avait épousé Marcus Brutus, se tua elle-même, et son fils Marcus périt à la bataille de Philippes.

CATON ou CATO (Valerius), grammairien romain du siècle qui précéda notre ère, était gaulois de naissance, et perdit sa propriété à la suite d'un partage de terres opéré par Sylla en l'an 81 avant J.-C. Il est, dit-on, l'auteur d'un poëme intitulé *Diræ*, qu'on attribuait autrefois à Virgile. On y trouve des imprécations et des plaintes amères au sujet de la perte d'un patrimoine, et c'est en même temps à celles qu'on en ont données Erchstædt (Iéna, 1826) et Putsche (Iéna, 1828), sont fort incorrectes.

CATON ou CATO (Dionysius), poëte romain, qui vraisemblablement vécut au troisième siècle de notre ère, est, suivant quelques-uns, l'auteur des *Disticha de Moribus*, ou *Disticha moralia*, en quatre livres. Ils se distinguent par une latinité assez pure, mais surtout par leur contenu instructif. Aussi en est-on venu à présumer qu'ils sont d'une date de beaucoup postérieure, et que c'est uniquement en raison des sujets qui y sont traités qu'on les a attribués à un Caton, par allusion à Marcius Porcius Caton le Censeur, le sévère moraliste. Au moyen âge, c'était un manuel de morale à l'usage de la jeunesse. On a souvent traduits et commentés sous le titre de *Meister Cato's Rath* (*Les Conseils de maître Caton*); ils ont été également traduits dans diverses autres langues. La meilleure édition du texte est celle qu'en a donnée Arnstzen (Amsterdam, 1754).

CATONIENNE (Règle). On appelle ainsi une fiction du droit romain d'après laquelle, pour juger de la validité d'une disposition testamentaire, on supposait que le testateur décédait immédiatement après la confection du testament. Tout legs nul dans l'hypothèse de cette mort immédiate ne pouvait être validé par la survie du disposant. On ignore si c'est à Caton l'Ancien ou à son fils qu'est due cette règle. Peut-être même existait-elle avant eux.

CATOPTRIQUE (de κάτοπτρον, miroir). C'est la partie de l'optique qui traite de la réflexion de la lumière.

CATOPTROMANCIE (du grec κάτοπτρον, miroir, et μαντεία, divination), divination dans laquelle on se servait d'un miroir pour y lire les événements à venir. On a dit aussi *cristallomancie*. Il paraît que cet art s'exerçait chez les anciens par divers procédés. Voici celui dont parle Pausanias : « Il y avait, dit-il, à Patras, en Achaïe, devant le temple de Cérès, une fontaine qui en était séparée par une muraille, et où se rendaient des oracles, non point sur tous les événements de la vie, mais seulement pour la guérison des maladies. Ceux qui les consultaient, faisaient descendre dans la fontaine un miroir suspendu à un fil, en sorte qu'il ne touchât que par sa base à la surface de l'eau. Après avoir offert des parfums et des prières à la déesse, ils se regardaient dans le miroir, et, selon qu'ils se trouvaient le visage hâve et défiguré, ou vif et sain, ils en concluaient que la maladie était mortelle, ou qu'ils en réchapperaient. »

CATROU (François), né à Paris, le 8 décembre 1659, de Mathurin Catrou, conseiller secrétaire du roi, entra chez les jésuites en 1677. Il se fit connaître au collège de Rouen par des compositions pleines de grâce, prêcha sept ans avec grand succès, prononça des panégyriques, et fonda en 1701, avec trois de ses confrères, *le Journal de Trévoux*, qu'il soutint douze ans environ, et où il se fit la réputation d'un bon critique. Ce travail périodique ne l'empêcha pas de se livrer à la composition de plusieurs ouvrages, tels qu'une *Histoire générale du Mogol*, rédigée sur des mémoires portugais manuscrits (5 vol., 1705); une *Histoire du Fanatisme dans la religion protestante* (3 vol., 1735); une traduction de Virgile (1729) et, enfin, une *Histoire Romaine*, en 21 vol., 1725-37, la plus étendue que nous ayons, et dans laquelle Rollin a puisé à pleines mains. Il ne mérite pas l'oubli dans lequel elle est tombée. Le père Catrou mourut le 18 octobre 1737.

CATS (Jacob), homme d'État, poëte et jurisconsulte hollandais, naquit en 1577 à Brouwershaven, dans l'île de Zélande, étudia le droit à Leyde, et se rendit ensuite à Orléans, où il se fit recevoir docteur, puis à Paris, d'où il retourna dans sa patrie. Après avoir pendant quelque temps exercé comme jurisconsulte à la Haye, il alla s'établir à Brouwershaven, séjour qu'il abandonna plus tard pour celui de Middelbourg. C'est dans un domaine rural qui lui appartenait aux environs de cette ville, qu'il composa ses *Zinnebeelden*, *Hauwelyk*, *Galatea* et encore d'autres poëmes qui obtinrent le plus grand succès. L'expiration de l'armistice de douze années conclu à Anvers en 1609 mit un terme à la calme et au bonheur domestique dans lequel il vivait. Toute la contrée où était situé son domaine fut inondée et en outre ravagée par l'ennemi, et force lui fut de prendre les armes comme tout le monde. Il refusa plus tard une chaire que lui fit offrir l'université de Leyde, mais il accepta des fonctions municipales, d'abord à Middelbourg, et ensuite à Dordrecht.

Chargé en 1627 d'une mission diplomatique en Angleterre, il fut nommé en 1636 conseiller-pensionnaire de Hollande, et, après la conclusion du traité de Westphalie, grand-garde des sceaux. N'aspirant qu'au repos, il offrit sa démission, qui fut acceptée. Mais de nouvelles mésintelligences s'étant élevées sous Cromwell entre la Hollande et l'Angleterre, il dut encore une fois se rendre en Angleterre comme négociateur. Au retour de cette ambassade, il se retira à *Zorgvliet*, charmant domaine situé près de la Haye. Celles de ses compositions poétiques qui datent de cette période témoignent d'une fraîcheur de sentiment bien rare chez un homme d'un âge si avancé. Il mourut en 1660, et fut enterré dans l'église du Cloître à la Haye. Un monument, œuvre du sculpteur Parmentier, a été élevé à sa mémoire, en 1829, à Gand.

Les principales qualités qu'on remarque dans les poésies de Jacob Cats, telles que *Hauwelyk*, *Trouringh*, cycle romantique de nouvelles ayant pour sujets des mariages extraordinaires, et *Spiegel van den Ouden en Nieuwen Tyt*, sont la naïveté, une aimable simplicité, une riche imagination, une profonde connaissance du cœur humain, une grande pureté de style, une rare clarté d'expression, et une morale qui va droit au cœur et à l'esprit.

CATTARO, petite ville de Dalmatie, chef-lieu d'un cercle formant l'extrémité méridionale de la monarchie autrichienne, entourée de fortes murailles et protégée en outre par deux forts détachés, le château de *San-Giovanni* et celui de *Trinita*, bâtie au fond d'une espèce d'entonnoir formé par une enceinte de rochers dénudés et escarpés, l'extrémité d'un golfe, l'un des plus sûrs de l'Adriatique, et qui reçoit de cette ville le nom de *Bouche de Cattaro*, *Bocca di Cattaro*. Cette ville est le siège d'un évêché. On y trouve une école du degré supérieur et de 2 à 3,000 habitants, qui vivent du produit de la pêche et de quelque commerce avec les Monténégrins.

Cattaro n'a point par elle-même de rade proprement dite, et elle ne tire que faiblement parti de son excellent port. Les armateurs les plus riches résident à *Dobrota*, bourg situé sur le golfe. La forteresse de *Castel-Nuovo*, construite à l'entrée du golfe, à environ 2 myriamètres à l'ouest de Cattaro, protège le port et surveille le commerce et la politique du territoire libre des Monténégrins, lesquels ont étendu leurs limites jusqu'à la mer de Scutari et jusqu'aux communes de Zenta.

Cattaro était autrefois une république dont la domination comprenait toute le golfe avec le territoire qui l'environne. La terreur que le Turc inspirait à ses habitants les détermina à se soumettre volontairement en 1420 à la république de Venise, qui, en 1797, dut céder cette ville et son territoire aux Autrichiens, aux termes du traité de Campo-Formio. La paix de Presbourg (1805) adjugea Cattaro au royaume d'Italie; mais avant que les Français en eussent pu prendre possession, les Russes, trompant le général autrichien de Prady, s'en emparèrent; et ils ne la rendirent aux Français qu'en 1807. En 1810, à la paix de Vienne, elle fut réunie aux provinces Illyriennes, et fit dès lors partie du territoire Français jusqu'en 1814, époque où elle retomba au pouvoir des Autrichiens.

Au rétablissement de la paix générale, le commerce de Cattaro, loin de prendre des développements, ne fit que perdre de plus en plus de son importance, de même que l'appauvrissement de la ville alla toujours croissant. En 1849, à l'excitation de Venise, Cattaro secoua le joug de l'Autriche, et constitua un gouvernement indépendant. Mais dès le mois de janvier 1850, un corps autrichien commandé par le colonel Mamula le faisait rentrer sous l'autorité de l'empereur d'Autriche.

CATTÉGAT, le *sinus Codanus* des anciens, nom qui sert à désigner le golfe qui s'étend au nord de l'archipel danois, entre la côte orientale du Jutland et la côte occidentale de la Suède. Au sud, il communique avec la Baltique par trois détroits : le grand et le petit Belt et le Sund. A l'ouest et au sud, ses côtes sont plates ; à l'est, du côté de la Suède, hérissées de rochers escarpés. La navigation en est partout dangereuse, d'où le proverbe plat allemand : *Dat Kattegat makt den Schippa den Halls nat* (le Cattégat tord le cou aux navires). Les différentes îles qui se trouvent dans cette mer sont pourvues de phares destinés à guider les navigateurs.

CATTERMOLE (George), l'un des peintres anglais les plus remarquables de notre époque. Il débuta par des aquarelles, exécutées à la manière de Rembrandt et ayant pour sujets des intérieurs, des scènes militaires, etc. Ses productions témoignent d'une imagination extrêmement fertile. Elles sont ingénieusement exécutées, et annoncent des études sévères et approfondies. Cet artiste a exécuté une série de dessins pour les romans de Walter Scott, qui ont été gravés par C. Heath. Il a aussi *illustré* les *Historical Annuals* d'une foule de dessins spirituels. Son plus important ouvrage est une grande toile représentant *Luther à la diète de Spire* (29 avril 1529). Ce tableau célèbre nous fait assister à la protestation des États réformés en présence de l'Empereur. La composition n'en est ni sans grandiose ni sans chaleur ; et une circonstance qui ajoute un intérêt tout particulier à ce tableau, c'est qu'on y trouve réunis les portraits de 33 personnages historiques de ce temps là, tous reproduits d'après les toiles authentiques des anciens maîtres les plus célèbres. En 1845 Walker l'a gravé sur cuivre.

CATTES et mieux **CHATTES**, peuplade germaine que César comprend sous le nom de Suèves. Leur territoire confinait : au sud, près du Taunus et du Mein, aux champs décumatiques ; à l'ouest, dans la direction du Rhin qu'il touchait en contournant le Mont Taunus, aux Sicambres et aux Ubiens, remplacés plus tard par les Marses, les Teuctères et les Ussipètes ; au nord, à la Diemel, aux Chemaves et aux Chérusques ; et à l'est, aux Hermundures et à la Werra, dans le voisinage de laquelle il faut, suivant toute apparence, chercher les sources salines pour la propriété desquelles ils soutinrent en l'an 59 une lutte sanglante avec les Hermundures. On voit qu'ils habitaient la partie de la Germanie qui de nos jours forme en grande partie le pays de Hesse, sans qu'on trouve d'ailleurs aucun rapport étymologique entre eux et ce nom dont il est pour la première fois fait mention vers le huitième siècle seulement.

L'extrémité sud-ouest de ce territoire fut conquise par les Romains que commandait Drusus ; et les Matiaques-Cattes (*Mattiacum*, aujourd'hui Wiesbaden), qui l'habitaient, furent pendant longtemps sujets romains.

Les Cattes, eux aussi, s'associèrent au soulèvement général des populations germaines sous Hermann ; et, quand après la mort de ce chef, la puissance des Chérusques diminua, ce furent les Cattes qui les remplacèrent comme force et comme influence. Tacite, notamment, parle avec éloge de leur excellente infanterie. Sous le règne de Marc-Aurèle, ils envahirent la Germanie et la Rhétie romaines. Au commencement du troisième siècle, ils furent, de même que les *Alemani*, l'objet d'une inutile expédition entreprise par Caracalla. Vers le milieu de ce même siècle leur nom disparaît tout à coup de l'histoire, où il est désormais remplacé par celui des Francs, confédération dans la formation de laquelle ils eurent une grande part ; et Claudien est le dernier écrivain qui, au commencement du quatrième siècle, fasse mention d'eux. Le nom de *Chattuariens* était, suivant toute apparence, une appellation commune aux *Caninefats* et aux *Bataves*, fixés à l'embouchure du Rhin, et descendant les uns et les autres des Cattes.

CATULLE (Caius ou Quintus Valerius), poëte érotique latin, dont la célébrité, au-dessous de celle d'Ovide, est égale à celle de Tibulle et de Properce, naquit à Vérone, l'an de Rome 667, d'après la chronique de saint Jérôme, et selon d'autres à Sirmium, aujourd'hui Sirmione, dans une péninsule du lac Bénac (lac de Garda). Ce passage du poëte : « Salut, charmante Sirmium, réjouis-toi du retour de ton maître! » semblerait confirmer cette dernière opinion. La naissance et la fortune avaient placé son père assez haut pour qu'il s'établit entre sa famille et César une si grande familiarité que cet empereur venait loger chez elle lorsque ses conquêtes l'appelaient dans la Gaule cisalpine. Ce fut sous le patronage de Manlius (quelques-uns écrivent Mallius) que le jeune Catulle vint à Rome, où son talent pour les vers et les grâces de son esprit ne tardèrent pas à le faire remarquer. L'arme de l'épigramme n'était pas moins redoutable sous sa plume que l'épée dans la main de César. Mais César ne se servait de son épée que contre ses ennemis, tandis que Catulle perçait de ses traits satiriques ses amis les plus intimes, et jusqu'à César même, contre lequel il lança deux épigrammes. Dans l'une, il ose le nommer un *Romulus prostitué*, d'après une chanson romaine chantée par le peuple et les soldats, qui disait : « César a conquis les Gaules et Nicomède César, » et c'est le moins inoffensif des outrages que contient cette épigramme. Le jour même qu'il connut ces odieux écrits, César invita à souper le poëte, qui accepta : c'est ainsi que le maître du monde s'exerçait au pardon des injures.

Catulle comptait d'illustres amitiés, celle de Cinna, de Cicéron, de Plancus, de Cornelius Nepos, auquel il dédia ses poésies. Bayle veut que ce poëte ait vécu pauvre ; il s'appuie d'une épigramme où Catulle se plaint de son voyage en Bithynie à la suite du préteur Memmius, gouverneur de cette province ; mais il semble plutôt murmurer ici contre l'avarice et l'ingratitude du préteur que contre la fortune, puisque Manlius, dont il eut occasion de composer l'épithalame, épris du charme de ses vers, avait largement réparé les brèches faites à son patrimoine par son amour insatiable du luxe, sa soif des plaisirs et sa passion pour les femmes. Achille-Stace et Crinitus, se fondant sur une simple exclamation du poëte dans une de ses épigrammes, ont cru à tort que Cicéron avait plaidé pour lui ; et c'est ce qui a fait dire à Balzac que « Catulle dut à Cicéron la conservation de sa fortune et à Scaliger celle de sa gloire ». En effet, ce célèbre critique corrigea avec une grande pénétration et une érudition rare le texte de Catulle, dont le manuscrit ne fut retrouvé qu'à la fin du quinzième siècle, dans le plus déplorable état. Bayle s'était sans doute laissé aller à cette opinion que Catulle vécut pauvre, à cause de l'intimité qui existait entre ce poëte et deux personnages nommés Furius et Aurélius ; il va même jusqu'à dire que « c'était là un trio bien crotté, car ils mouraient de faim ». La vérité est que Catulle possédait dans la presqu'île de Sirmium une maison, dont, assure-t-on, les ruines attestent encore l'antique magnificence digne d'un palais, et qu'aux confins de Sabine et de Tibur il avait une maison de campagne, à laquelle il adresse en ses vers des remerciements pour l'avoir guéri par sa salubrité d'une toux incommode, fruit de ses débauches. On est fondé à croire que ce poëte vécut toujours dans une espèce d'opulence, puisque nulle part il ne se plaint de la pauvreté ; d'ailleurs, la générosité naturelle à César, et tant d'hommes riches et illustres qu'il comptait parmi ses amis, ne l'auraient point laissé dans le dénûment.

A l'exemple des poëtes érotiques de son temps, Catulle donna un surnom à sa maîtresse en titre. Sapho de Lesbos, dont il traduisit l'ode célèbre, lui donna l'idée d'appeler Lesbie la plus aimée et la plus éhontée de ses maîtresses, car cette Lesbie n'était autre qu'une Clodia, sœur, à ce que l'on prétend, de l'infâme Clodius, l'ennemi mortel de Cicéron. Cette femme, qui versa un torrent de larmes sur la mort d'un oiseau, avait un mari qu'elle livrait à la risée et aux épigrammes de son amant, qui ne la traitait parfois guère mieux elle-même, car il la qualifie de courtisane de ruelles et de carrefours.

Nourri dans les lettres grecques, il fit passer le premier dans la langue latine les tournures et l'élégance de l'idiome de Sapho, d'Anacréon et de Callimaque, dont il traduisit le poëme de *la Chevelure de Bérénice*. De là sans doute vient l'épithète de docte, que lui ont prodiguée Ovide, Tibulle et Martial. Son *Chant nuptial*, *Atys et Cybèle*, *les Noces de Thétis et de Pélée*, et même la *Veillée de Vénus*, qu'on lui conteste, sont des compositions qui le mettent au rang des grands poëtes latins. Il s'empara de la lyre romaine avant Horace. Les quatre odes de lui que les siècles ont épargnées font vivement sentir la perte de celles qu'ils nous ont enlevées. On ne peut se dissimuler cette perte, car Nonius et Servius citent de lui des vers que l'on ne trouve point dans le recueil de ses œuvres, et Terentianus Maurus parle d'un poëme *ithyphallique*, ou concernant l'impure divinité de Lampsaque, qui serait de cet auteur, et Pline lui attribue un poëme sur *les Enchantements et les Philtres*.

On peut dire de Catulle qu'il est poëte sous toutes les faces. Ses épigrammes, quoi qu'on en ait dit Laharpe, ne manquent pas toujours de trait; seulement, ainsi que ses satires, elles bravent toute décence. Ses madrigaux sont des modèles de tendresse quand ils n'outragent point la pudeur. Ses poésies érotiques sont suaves et fraîches comme le printemps, qu'il a chanté; ses vers héroïques sont dignes de l'épopée. Son magnifique épisode d'*Ariadne* a inspiré le génie de Virgile : il fit éclore sa *Didon* et toutes les amantes abandonnées des autres poëmes épiques. Les vers sur la mort du moineau de Lesbie sont peu de chose quant au fond, mais ils sont des plus remarquables par l'élégance de leur latinité; *le Chant séculaire à Diane* n'était qu'un préparatif à cette fête célèbre : on le voit par l'absence du chœur obligé des jeunes hommes et des jeunes filles.

Quant aux mœurs de Catulle, les Romains s'en inquiétaient fort peu : une ville où il y avait pour César même des *vomitorium*, des *lupanar* et des *Bathylle*, passait là-dessus. Outre Lesbie, Catulle avait pour maîtresse une certaine Ipsithilla, et pour jeunes amis l'aimable enfant Juventius, le bel Alphenus, le gracieux Licinius, son compagnon de table. Ce poëte, à la cour de Henri III, eût dignement célébré les amours de ce prince. Toutefois, la débauche avait laissé à l'âme de Catulle toute sa sensibilité. Il déplora amèrement en vers élégiaques son frère mort sur la rive troyenne, où il vint aussitôt de Rome verser des larmes sur sa tombe; il pleura encore dans les vers les plus touchants la fin prématurée de cette Junie, l'épouse de son bienfaiteur, dont il avait chanté le riant hyménée. Enfin, Catulle fut le poëte des contrastes, aussi bien par les mœurs que par le style Nous trouverions surtout des exemples du style le plus cynique et le plus ordurier dans une épître ou plutôt dans une satire virulente dirigée contre son ancien ami Furius, avec lequel il s'était brouillé.

Selon saint Jérôme, Catulle serait mort dans la dernière année de la 180e olympiade, c'est-à-dire en l'an de Rome 696. A ce compte, il n'aurait vécu que trente ans. De son côté, J. Scaliger lui donne plus de soixante-onze ans de vie, ce qu'il a voulu prouver par plusieurs raisons, que Bayle a réfutées avec bonheur. De sages critiques, entre autres Ginguené, prenant un juste milieu, accordent à ce poëte quarante ans d'existence. Nous devons à Noël une élégante traduction en prose de cet auteur. M. Héguin de Guerle en a donné une nouvelle traduction en prose dans la *Bibliothèque latine-française* de Panckoucke. DENNE-BARON.

CATULUS. *Voyez* LUTATIUS.

CAUCA, l'une des neuf provinces dont se compose la république de la Nouvelle-Grenade, dans l'Amérique du sud. Elle est bornée à l'ouest par le Grand Océan, au nord par l'isthme et le golfe de Darien, à l'est par les provinces de Magdalena et de Cundinamarca, et comprend par conséquent l'extrémité occidentale de la Nouvelle-Grenade, le littoral de l'océan Pacifique, les vallées du Rio Cauca, celles du Rio Atrato, et enfin la région montagneuse de Los Pastos. On en évalue la superficie à 2,827 myriamètres carrés et sa population à 280,000 âmes. La partie orientale de cette province est complétement couverte par l'embranchement septentrional des Andes de l'Amérique du sud. Elle est arrosée par le *Cauca*, qui, après un cours d'une extrême rapidité, se réunit, beaucoup plus bas, avec le Magdalena et a donné son nom à toute la province; et par le Patia, l'Atrato et le San Juan; ces deux derniers sont réunis par le remarquable canal de la Raspadura, navigable pendant quelques mois de l'année pour des bâtiments d'un faible tonnage, d'où résulte une communication par eau entre l'océan Pacifique et le golfe du Mexique.

Les principaux produits de cette province consistent en or et en platine, qu'on recueille dans les vallées du Cauca, dans celles de l'Atrato et sur le littoral de la mer; en cacao, qui réussit admirablement sur la côte, et dans le produit de l'élève du bétail, que favorisent les riches pâturages de la vallée du Cauca. C'est dans cette vallée qu'habite aussi la plus grande partie de la population blanche du pays.

Cette province est divisée en quatre *partidos* : Popayan, Pasto, Buenaventura et Choco. C'est dans le premier que se trouve situé *Popayan*, chef-lieu de toute la province. Les autres localités les plus importantes sont : *Pasto*, bâti au pied d'un volcan, à 2,859 mètres au-dessus du niveau de l'Océan, dans une contrée où abondent les forêts et les marais; *Buenaventura*, bon port sur le Grand-Océan, avec 2,100 habitants, où l'on transporte à dos de mulets et à travers les Andes les produits de l'intérieur; *Quibdo* ou *Citara*, sur les bords de l'Atrato, qui peut porter des navires de 100 à 120 tonneaux et permet à la population de faire quelque commerce avec Carthagène; *Cali*, ville commerçante de la vallée de Cauca, avec une population de 4,000 âmes. Il faut, en outre, citer les localités suivantes situées dans les pas des Andes : *Almaguer*, dans le district montagneux de *Los Pastos*, à 2,497 mètres d'élévation; *Novita*, non loin des sources du San Juan; et *Carthago*, dans la vallée de Cauca, à l'extrémité occidentale du long défilé de Quindiu, par 700 mètres d'élévation.

CAUCASE, chaîne de montagnes qui s'étend obliquement entre la mer Noire et la mer Caspienne, depuis 44° jusqu'à 41° 30' de latitude, et depuis 30° 30' jusqu'à 45° de longitude orientale. Quelques géographes ont fixé au sommet de cette chaîne les limites de l'Europe, et leur système s'accorde très-bien avec l'état politique des contrées caucasiennes, depuis que l'empire de Russie a franchi ces montagnes et soustrait à la domination turque presque tous les pays compris entre les deux mers.

Aucune partie de la terre de même étendue que le Caucase ne mérite peut-être une attention aussi sérieuse, et ne procurerait autant d'instruction que l'étude de ces montagnes de leur population, des causes physiques et morales qui, depuis tant de siècles, exercent dans ces lieux une influence qui ne s'est point manifestée dans les autres régions montagneuses. Les naturalistes auront promptement achevé leurs investigations dans cette contrée; la statistique ne tardera pas non plus à terminer son travail sur le même pays, et les géographes ne manqueront pas d'en faire la description et l'objet de cartes détaillées. Munis de toutes ces connaissances, les philosophes seront-ils en état de répandre quelques lumières sur les phénomènes moraux propres au Caucase, et qui le caractériseraient à toutes les époques dont l'histoire nous a transmis le souvenir ? Leur tâche est beaucoup plus difficile que celle des observateurs : cependant, le temps presse, car les mœurs et les peuples qu'il s'agirait d'étudier subiront infailliblement, et bientôt, une révolution décisive; le Caucase deviendra méconnaissable et devra perdre son ancienne renommée : la civilisation européenne l'aura conquis. Le temps viendra où le voyageur sera plus en sûreté dans ces montagnes qu'on ne l'est aujourd'hui sur quelques routes de l'Italie méridionale. Tout semble disposé pour qu'une Suisse nouvelle, non moins digne d'être visitée que l'antique Helvétie, s'élève entre l'Europe et l'Asie, offrant à ces deux parties du monde l'intéressant spectacle d'une population heureuse par les bienfaits d'une culture intellectuelle dirigée avec sagesse, livrée à l'exploitation d'un sol fertile, exerçant des arts perfectionnés, source d'aisance et de sociabilité; et cette population conservera les belles formes, les avantages physiques que la nature lui a prodigués. Les villages ne seront plus, comme aujourd'hui, des amas de cabanes, refuge de la misère ou repaire du brigandage; des habitations commodes et de bon goût orneront le paysage, et seront en harmonie avec la beauté des sites. Cette perspective est sans doute encore très-éloignée, mais on se plaît à la rapprocher, et l'imagination la pare de tout ce qui peut la rendre plus attrayante. Toutefois, avant de nous occuper de ce que ce pays peut devenir, voyons ce qu'il est actuellement, et par quelle série d'événements ses destinées futures ont été préparées.

La situation du Caucase, entre deux mers, peut être comparée à celle des Pyrénées, entre l'Océan et la Méditerranée. Les directions de ces deux chaînes sont à peu près parallèles; l'une et l'autre se rapprochent plus de la mer vers l'est qu'à son extrémité occidentale. La chaîne caucasienne, comme beaucoup plus étendue que l'autre, est aussi la plus large et la plus élevée; elle n'a pas moins de 700 kilomètres de longueur sur une largeur qui varie depuis 115 jusqu'à 355 kilomètres. Sa pente, très-abrupte du côté de la mer Caspienne, ne laisse sur la côte qu'un passage étroit que les anciens désignaient par le nom de *Portes Albaniennes* ou *Caspiennes*, et qu'une muraille prolongée jusqu'aux montagnes fermait autrefois. On croit dans le pays que cette barrière opposée aux invasions des peuples du Nord fut continuée jusqu'au Pont-Euxin, et ferma l'isthme dans toute sa longueur; mais aucun vestige reconnaissable n'accrédite cette tradition : à la distance d'environ deux lieues de Derbent, dont l'enceinte moderne est très-rapprochée de l'ancienne muraille, on n'en trouve plus aucune trace. Un autre passage ouvert au milieu de la chaîne reçut le nom de *Portes Caucasiennes*. Il peut être défendu facilement sur plusieurs points de sa longueur; en sorte qu'il est peu vraisemblable que des armées d'invasion se soient jamais engagées dans des gorges aussi resserrées, où le péril les eût enveloppées de toutes parts. Les Russes y ont construit la route de Tiflis à Mozdok, et le fort de Dariel, dans la vallée du Terek, près du lieu où ce fleuve sort de la région montagneuse pour couler dans la vaste plaine qui s'étend entre les deux mers sur un espace de plus de cent lieues vers le nord, depuis le pied du Caucase jusqu'au Don et au Volga.

Arrêtons-nous un moment pour observer cette particularité de la chaîne de montagnes qui nous occupe. Le versant du nord aboutit à une *steppe* très-légèrement ondulée, partagée en deux parties à peu près égales, dont l'une est le bassin de deux fleuves (le Terek et le Kouma), et l'autre celui du Kouban, qui porte ses eaux à la mer Noire et à la mer d'Azof, tandis que les deux autres vont à la mer Caspienne. Ces deux courants diffèrent peu l'un de l'autre quant à leur étendue et à la vitesse de leurs eaux, et semblent déposer contre la *dépression* de la mer Caspienne, dont le niveau serait, d'après les opérations faites avec soin, à près de 150 mètres au-dessous de la surface de la mer Noire. Les résultats du nivellement n'ont-ils pas été altérés par des causes que les opérateurs n'ont pu connaître ni même soupçonner? Quoi qu'il en soit, l'abaissement des eaux de la mer Caspienne, s'il est réel, n'est pas une *dépression* : ce mot ne peut être appliqué convenablement qu'à la partie solide du globe terrestre; or, on sait que le fond de l'Océan, de la Méditerranée et même de la Baltique est bien plus déprimé que celui de la mer Caspienne, dont la profondeur n'excède point 150 mètres. Si les bassins de toutes les mers étaient à sec, on verrait sortir de l'Océan des chaînes de montagnes d'une hauteur prodigieuse, séparées par des abîmes dont le fond serait à plusieurs lieues au-dessous de la surface actuelle des eaux, au lieu que la place occupée par la mer Caspienne ne serait que le prolongement des steppes adjacentes. Mais l'ensemble des observations géologiques faites dans ces contrées prouve incontestablement que cette mer couvrit autrefois, vers le nord, une grande étendue de plaines dont le séjour sous les eaux est attesté par les débris de corps marins que l'on y trouve, par des lacs salés, des masses de sel gemme, etc. Quelle que soit la cause de la retraite des eaux, il est certain qu'on peut tracer aujourd'hui même les limites de l'espace qu'elles occupèrent, et qu'au temps de cette vaste submersion la mer Noire et la Caspienne n'étaient pas séparées. Il faut donc admettre que ces deux mers se sont abaissées en même temps, ou que l'isthme interposé entre elles a été soulevé par intumescence, porté au-dessus des eaux par l'action des feux souterrains. A quelque hypothèse que l'on ait recours pour rendre compte de l'état actuel de ces contrées, rien ne conduit à l'idée d'une *dépression*, dans quelque sens que l'on veuille que ce mot soit entendu.

Le versant méridional du Caucase est d'un tout autre aspect que celui du nord : plus de steppes ni de grandes plaines; des ramifications d'une hauteur médiocre vont se terminer aux montagnes de l'Arménie. Au lieu de la nudité des steppes, du nord, on voit partout une végétation vigoureuse, de belles forêts; des eaux salubres entretiennent la fécondité du sol; l'oranger, l'olivier et le cotonnier y répondent aux soins des cultivateurs. Deux fleuves célèbres dans l'antiquité, le *Cyrus* et le *Phase* (le Kour et le Rion des modernes), recueillent les eaux de ce versant et les portent, l'un à la mer Caspienne, l'autre à la mer Noire.

Les plus hautes sommités du Caucase sont au milieu de la chaîne, sur un espace d'environ 133 kilomètres de longueur.

L'*Elbrouz* élève sa cime glacée jusqu'à 5,442 mètres au-dessus du niveau de l'Océan, et surpasse de plus de 600 mètres le Mont-Blanc et le Mont-Rose, points culminants des Alpes. Les sources du Kour sont dans cette montagne. Le *Muquinvari*, autre pic entouré de glaciers, atteint la hauteur de 4,710 mètres, et le *Schat-Tag*, où sont les sources du Kouban, était considéré comme la plus haute montagne de toute la chaîne, quoiqu'il ne s'élève réellement qu'à 4,519 mètres. La limite des glaces permanentes est plus élevée sur le Caucase que sur les Alpes et sur les Pyrénées, et même plus que la latitude ne semble le comporter; elle ne s'abaisse point au-dessous de 2,300 mètres, et dans quelques vallées, elle est au-dessus de 3,000 mètres. La minéralogie de ces montagnes diffère peu, quant aux roches, de celle des Alpes et des autres chaînes granitiques; mais il paraît que les filons métalliques y sont plus abondants, et surtout ceux de fer et de plomb : ces richesses sont encore peu exploitées. Des sources minérales très-renommées, et fréquentées dans la saison par un grand nombre de malades, coulent sur les deux versants et dans l'intérieur de la chaîne, jusqu'au voisinage des glaciers. Les Russes font chaque année quelques additions aux établissements thermaux de Constantinogorsk, l'une des forteresses de la ligne du Caucase; mais ceux de Tiflis, quoique plus éloignés, obtiendront sans doute la préférence, parce qu'ils offrent aux baigneurs plus de commodités et une sécurité que l'on ne peut assurer à Constantinogorsk que par la vigilance d'une garnison nombreuse, toujours prête à repousser les attaques des montagnards.

La seule différence essentielle qu'il y ait entre la minéralogie du Caucase et celle des Alpes consiste en ce que la chaîne asiatique a éprouvé l'action de feux souterrains dont on ne trouve point de vestiges dans la chaîne européenne. Cependant, on ne voit dans le Caucase ni cratères, ni laves; il paraît que ces régions ne furent jamais bouleversées par les volcans. Les seules modifications imprimées à la couche superficielle par les feux souterrains se manifestent par des rochers trachytiques et des basaltes. Ce n'est probablement pas à ces feux que l'on doit attribuer l'abondance des eaux chaudes dont les sources sont très-multipliées dans ces montagnes; il y a tout lieu de croire que ces eaux sont échauffées, comme celles des Pyrénées, par la décomposition des sulfures de fer dont les roches schisteuses et calcaires du Caucase contiennent des amas assez considérables pour entretenir durant un nombre illimité de siècles la haute température des lieux où ils se décomposent.

La faune de ces montagnes commence à prendre une physionomie asiatique; en sorte que par rapport à la zoologie, elles devaient faire partie des limites de l'Europe. Le chacal est répandu principalement sur le versant méridional, mais on le trouve dans toute la chaîne, jusqu'aux steppes du nord, où il n'entre point. Il est beaucoup moins redoutable dans le Caucase qu'en Égypte, sans doute parce qu'il peut y subsister aux dépens des animaux sauvages, et que la faim ne le contraint à attaquer ni l'homme ni les troupeaux. Le caracal, animal du genre *felis* de Linné, est aussi un habitant du Caucase. On sait que la même contrée a fait présent au luxe européen de l'*oiseau du Phase*, ornement des parcs, des basses-cours et des tables somptueuses. Ce n'est pourtant pas sur les rives du Phase ni dans l'ancienne Colchique que ce bel oiseau paraît avoir fixé son séjour de prédilection; on le rencontre en bien plus grand nombre sur les bords de la mer Caspienne. Quant aux bêtes à laine, on ne remarque aujourd'hui dans ces contrées rien qui rappelle l'expédition des Argonautes et puisse expliquer la fable de la toison d'or. Les autres animaux domestiques n'y offrent non plus rien qui les distingue des races européennes.

La flore caucasienne n'a rien fourni à celle de l'Europe, et ne semble pas être en état de lui faire aucun présent. Elle eût pu nous envoyer l'abricotier si l'Arménie ne l'avait pas devancée. À l'avenir, ce sera l'Europe qui fera part au Caucase des richesses végétales qu'elle va recueillir dans toutes les parties du monde. Mais le service le plus important que l'on puisse rendre aux cultivateurs dans ces montagnes, c'est d'y introduire les bonnes méthodes de culture et les instruments qu'elles emploient. L'art n'y a presque rien amélioré; si la nature avait été moins libérale envers ce pays, la population serait peut-être devenue plus industrieuse, un travail plus long et mieux dirigé aurait hâté la civilisation, en faisant sentir le besoin d'ordre, et contracter l'habitude d'une vie régulière : certains peuples, comme certains individus, ne s'améliorent que sous le joug de la nécessité.

La mauvaise réputation des peuples du Caucase remonte à la plus haute antiquité. De temps en temps, il offrit un asile à une généreuse indépendance, mais plus souvent encore il protégea le crime et le brigandage. Quoique les Grecs fussent d'origine caucasienne, ils ne manifestèrent jamais aucune affection pour le berceau de leur race, ni pour les peuples qui n'en étaient pas sortis. Il faut convenir que ces peuples furent, de tous temps, fort incommodes à leurs voisins, divisés entre eux, ennemis de la paix; les guerres extérieures ou intestines y furent en permanence, et dégénérèrent en brigandage habituel. Ce fait suffirait seul pour prouver que la population caucasienne n'est pas parlée, comme on l'avait affirmé sans preuve, et dépose en faveur de l'opinion des savants philologues qui ont reconnu dans les divers idiomes des peuplades de ces montagnes, non-seulement des mots, mais des locutions propres aux langues de plusieurs nations actuellement détruites. Cette opinion est encore appuyée par les observations des voyageurs, qui ont cru reconnaître dans quelques-unes de ces peuplades les traits caractéristiques de la Géorgie, ceux de quelques races tatares, etc. D'ailleurs, la diversité des idiomes est un autre indice d'origines distinctes; on ne comprend pas comment la langue d'une seule nation aurait éprouvé des altérations aussi profondes, et se serait divisée en plus de trente langages différents, non-seulement par le vocabulaire, mais par la grammaire, les inversions, les images le plus fréquemment reproduites, les expressions proverbiales. Il est donc au moins très-vraisemblable que le Caucase fut peuplé par des réfugiés de plusieurs nations, tant de l'Europe que de l'Asie. Ainsi, on aurait admis mal à propos une *race caucasienne* dans la nomenclature des subdivisions de l'espèce humaine.

Aux yeux des Romains, qui nommaient *barbares* tous les peuples qui n'étaient pas leurs sujets ou qui refusaient de le devenir, le Caucase fut l'une des forteresses de la barbarie. Ils firent à ce pays et à ses habitants de plus graves reproches : la terre, disaient-ils, y est fertile en poisons, et l'hospitalité n'y est pas connue. Horace nous a transmis ces deux opinions :

> Sive per syrtes iter æstuosas,
> Sive facturus per inhospitalem
> Caucasum..........,

et dans l'ode contre Canidie :

> Herbasque quas Iolcos atque Iberia
> Mittit venenorum ferax.

On sait que l'*Ibérie* dont parle le poëte est l'Imirétie, province de la Géorgie, dans le Caucase. Cependant l'instruction pénétra dans cette contrée, qui semblait la repousser. Au commencement du quatrième siècle, le christianisme y fut introduit et propagé rapidement. Au cinquième siècle, presque tous les pays compris entre les deux mers eurent le bonheur d'être soumis à un seul gouvernement; des règnes longs et paisibles amenèrent d'importantes améliorations; les lumières se répandirent, les écoles furent multipliées, mais Gengiskan fit disparaître cette prospérité. Ce fut en ravageant le Caucase que ce fameux conquérant commença la série de victoires qui le rendit maître de la Chine. Lorsque le torrent dévastateur fut écoulé, les peuples qu'il avait ruinés ne songèrent point à se réunir pour réparer leurs pertes, les guerres intestines recommencèrent, les écoles furent désertées, les livres disparurent. Des hordes tatares établies dans les montagnes convertirent le brigandage en profession; le Caucase devint plus barbare qu'il n'avait été, et véritablement *inhospitalier*. C'est dans cet état que les Russes l'ont trouvé, lorsque leurs frontières, reculées d'abord jusqu'aux limites des steppes, furent exposées aux incursions des montagnards, auxquels ils opposèrent une suite de forts assez rapprochés, qui forment la *ligne du Caucase*. Ces montagnards, dont le caractère était réputé indomptable, ne sont, au contraire, que trop disposés à changer suivant les circonstances; mais les modifications qu'ils ont éprouvées se sont combinées avec les précédentes, et les traces du passé ont toujours été reconnaissables. Leurs mœurs se sont formées *de toutes pièces*, comme leur langage; et leur religion même est un bizarre mélange de christianisme et de mahométisme. Forcés, à différentes époques, de recourir à des protecteurs ou de se soumettre à des maîtres pour résister à des voisins qui les opprimaient, ils ont contracté quelques-unes des habitudes des peuples avec lesquels ils se sont mis en contact, et les ont conservées. Sous la domination de la Russie, ils deviendront passablement russes; mais très-longtemps encore, peut-être durant plusieurs siècles, la physionomie morale du Persan, du Troukmène, de l'Abasse, du Swane, du Kiste, etc., etc., ne sera pas entièrement effacée.

Aucune contrée ne contient, sur un espace égal, un aussi

grand nombre de peuplades, de langages, de mœurs, de costumes très-différents, quoique tous les habitants du Caucase se ressemblent plus ou moins par de mauvaises qualités. L'élévation du sol au-dessus du niveau de la mer est, en quelque sorte, la mesure de leurs dispositions au pillage. Immédiatement au-dessous des glaciers de l'Elbrouz commence une guerre de tous contre tous ; un peu plus bas, les mœurs sont moins féroces, mais l'étranger n'y est pas encore en sûreté, et des familles sont fréquemment en état d'hostilité les unes contre les autres. Malheureusement, la féodalité et l'esclavage sont des fléaux dont tout le pays éprouve les funestes effets. L'homme y est une marchandise, un objet d'échange, et dans le Caucase, comme en Afrique, des incursions hostiles n'ont souvent d'autre but que de faire des prisonniers pour les vendre. Les provinces soumises aux Turcs payaient une partie de leurs contributions en esclaves, jeunes filles et jeunes garçons. Ces tributs étaient quelquefois accompagnés d'exactions si révoltantes que dans une province de Circassie les percepteurs furent massacrés, et la Russie profita de ces motifs très-légitimes de mécontentement pour étendre sa domination. Le voisinage des Turcs entretient encore aujourd'hui le commerce d'esclaves, et par conséquent les moyens de s'en procurer : lorsque les Russes auront achevé de conquérir tout le pays, cet ulcère honteux sera guéri en apparence ; mais la cause qui l'avait produit et entretenu ne disparaîtra qu'avec l'esclavage, et le gouvernement russe n'est peut-être pas encore en état d'entreprendre cette grande tâche, même dans les pays que la victoire ajoute à cet immense empire. Les bords de la mer Caspienne furent moins exposés que ceux de la mer Noire à ces variations politiques, et les habitants n'y perdirent point leur caractère originel, leurs mœurs primitives : les voyageurs y reçurent dans tous les temps une bienveillante hospitalité. On raconte encore aujourd'hui dans le Daghestan l'accueil qui fut fait à Tamerlan, nommé Témur-Axak par les Daghestaniens. Il était entré à main armée dans ce pays et s'était fait battre : pour réparer cet échec, il voulut reconnaître le pays, et il y entra seul et déguisé. A la fin d'une journée fatigante, il fut reçu dans la cabane d'une femme âgée, qui se mit sur-le-champ à préparer le souper de son hôte, et le servit encore bouillant. Tamerlan était affamé ; il se mit à manger, et se brûla. « Tu es aussi imprudent que Témur-Axak, lui dit son hôtesse : il est venu au milieu du Daghestan, et il s'est brûlé, comme tu viens de le faire, parce que tu n'as pas pris ta bouillie sur le bord du plat. Que ne se tenait-il au bord : il se serait rassasié, et nous aussi. » Le héros se découvrit, fut conduit aux chefs du pays, fit alliance avec eux, reçut dans son armée des troupes daghestaniennes, qui lui rendirent les plus grands services, et contribuèrent plus que le reste de l'armée tatare à faire monter leur général sur le trône du Mogol.

Les hordes pillardes sont actuellement confinées dans les montagnes, où elles vivent en troupes peu nombreuses, et déplacent assez fréquemment leurs petits villages. Elles ne sont pas tout à fait sans industrie ; et elles font un peu de commerce. Comme leurs déprédations deviennent de jour en jour moins profitables pour eux, leurs seigneurs, qui ne veulent rien perdre, font peser sur leurs serfs un joug plus accablant. Quelques-uns de ces infortunés se sont réfugiés au delà de la ligne des Russes, où ils cultivent des terres que le gouvernement russe leur a concédées. Leur exemple et leurs succès multiplieront certainement les désertions, si les seigneurs persistent dans leurs exactions.

Les principales divisions des contrées caucasiennes sont la Géorgie au sud, le Daghestan à l'est et la Circassie au nord. Les autres portent le nom des peuplades qui les habitent, et comme elles n'ont jamais été soumises à un gouvernement régulier, il est difficile de fixer avec quelque précision leurs limites respectives. — La Géorgie, que les Russes nomment Grouzia et les Persans Gourgistan, est la plus grande des trois divisions principales. Elle comprend toutes les provinces qui envoient au harem de Constantinople et à plusieurs autres de l'Asie et de l'Afrique les beautés qui en font l'ornement. L'industrie et l'agriculture ont fait quelques progrès dans la Géorgie proprement dite, subdivisée par les Russes en Cakhétie à l'est, sur la rivière J'Alazane, et en Carthalinie, sur le Kour. Les autres provinces sont la Mingrélie au nord, le Gouriel au sud et l'Imérétie entre les deux. Tous ces pays réunis composaient un royaume qui eut son temps de prospérité, depuis le cinquième siècle jusqu'au treizième, mais qui ne put résister aux attaques de ses formidables voisins, les Persans et les Turcs. Le dernier roi, sentant que ses États ne pouvaient éviter de tomber au pouvoir de l'une de ces puissances mahométanes, aima mieux les abandonner à un prince chrétien assez fort pour les protéger efficacement ; il les mit sous la domination des tzars de Russie. Quelques années auparavant, les Persans avaient pénétré jusqu'à Tiflis, ravagé et presque détruit cette capitale.

La Mingrélie, que ses habitants nomment Odisguia, comprend la plus grande partie de l'ancienne Colchide. Les arts y sont moins avancés que dans la Géorgie proprement dite, et le sol y est moins fertile. La région basse y est malsaine, et celle des montagnes offre peu de ressources à l'agriculture. On y fait quelque commerce à Anargia, port sur la mer Noire, et à Isgaour (l'ancienne Dioscurias), dans l'intérieur du pays ; la chasse y procure des pelleteries ; on y fabrique des feutres et quelques tissus, mais le principal commerce est celui des esclaves, que les Turcs viennent y chercher. Le gouvernement russe n'est pas encore parvenu à faire cesser cette traite exercée par des étrangers dans ses nouveaux États.

Les seigneurs mingréliens sont grands chasseurs, et méprisent les occupations sédentaires. Dans leur opinion, l'homme atteint le comble du bonheur lorsqu'il peut avoir un bon chien, un bon cheval et un bon faucon. Les femmes de ce pays sont toujours voilées, et se coiffent de manière à ne laisser voir qu'un œil. Point de villes ni même de bourgs considérables, mais des ruines, les débris d'une splendeur éclipsée. De vastes forêts ont remplacé les anciennes cultures ; toutes ces pertes peuvent être réparées sous un gouvernement ferme et une administration judicieuse.

L'Imérétie est beaucoup moins étendue que la Mingrélie ; mais la nature l'a mieux traitée. La culture y est plus facile et moins dédaignée ; l'industrie a suivi les progrès de l'agriculture ; ce petit pays est à peu près aussi avancé que la Géorgie. Le Gouriel, province encore moins étendue que l'Imérétie, est aussi dans un état de prospérité croissante, quoique les Turcs y exercent encore une funeste influence, comme en Mingrélie.

La Circassie (Tcherkassie des Russes) est divisée, comme la Géorgie, en provinces qui ne furent jamais ni aussi florissantes ni aussi ravagées que celles dont on vient de parler. Les Abazes occupent la partie occidentale, et les Cabardiens celle du nord. Ceux-ci reçoivent de fréquentes visites des baigneurs réunis aux eaux de Constantinogorsk. Il n'ont pas encore abandonné la religion de Mahomet, et cependant le tzar de Russie n'a pas de sujets plus fidèles ; des ruines d'églises attestent que leur pays fut autrefois peuplé de chrétiens ; mais ces anciens habitants furent, dit-on, des Abazes, des Comans, des Ongres, des Sarmates, des Slaves, qui sortirent des Cabardies pour se répandre en Europe. Les habitants actuels sont la postérité d'une horde de montagnards qui préféra le charmant pays à l'âpreté de ses montagnes. En effet, les voyageurs sont tous d'accord pour vanter les beaux paysages de la grande et de la petite Cabardie, les bosquets fleuris des bords du Terek et du Couma, et de leurs affluents. Mais ces loyaux Cabardiens ont de fâcheux voisins dans les montagnes : ce sont les Kistes ou

Kistets, qui dans leurs excursions de brigandage osent franchir quelquefois la ligne du Caucase.

L'idiome cabardien passe pour être d'une rudesse extrême, on sorte qu'un étranger ne parvient que très-rarement à le prononcer. On fait à la langue basque un reproche d'une autre sorte, mais aussi grave; il serait impossible de l'apprendre si la réputation qu'on lui a faite était méritée. Au reste, le Cabardien, dont le parler déplaît si fort aux oreilles accoutumées à l'euphonie des langues civilisées, est, dit-on, le plus brave, le meilleur soldat que puisse fournir la population du Caucase. Cette bonne qualité a certainement le droit de faire excuser un défaut de peu d'importance.

Le Daghestan est encore gouverné par son khan; ce pays n'a pas subi le joug de la Russie. Il sait aussi repousser les agressions de ses turbulents voisins; mais il ne fait point de progrès, ni dans les arts, ni dans les lettres. Satisfait de son état présent, il ne songe nullement à l'avenir, et se laissera devancer par les moins habiles, s'il persiste dans sa dangereuse sécurité. Cependant il y a tout lieu de présumer que la Russie voudra le joindre à ses autres conquêtes dans le Caucase, et le fera sortir ainsi de l'apathie dans laquelle il semble se complaire.

Entre les trois grandes divisions dont on vient de parler, il reste un espace où se trouvent les plus hautes montagnes. Il est occupé par une multitude de peuplades parmi lesquelles les *Lesghiens* sont les plus nombreux et les moins adonnés au brigandage; les *Swanes* et surtout les *Schapsaks*, réfugiés dans les plus hautes régions, sont aussi les plus grands voleurs. Les *Ossètes*, dont le pays est traversé par la route de Mozdok à Tiflis, sont contenus par les troupes chargées de veiller à la sûreté des communications entre ces deux capitales. Les *Bastans*, placés entre la Circassie et le pays des Swanes, commencent à se rapprocher de la civilisation des Tcherkesses, au lieu d'imiter leurs voisins de la région supérieure. Les *Coumiks*, autres voisins des Tcherkesses, mais à l'orient, n'ont pas encore changé de religion ni de conduite, quoique soumis depuis longtemps à la Russie; ils sont mahométans et voleurs. Les *Chaitaks* et les *Karachaitaks* (chaitaks noirs) donnent à leurs *Usmeys* (chefs) une marque d'attachement que la politique européenne ne désavouerait pas : dès que l'épouse d'un usmey est accouchée d'un garçon, les femmes du pays s'en emparent et le nourrissent à tour de rôle; il devient ainsi l'enfant de la nation. Chacune de ces peuplades est divisée en tribus qui prennent ordinairement le nom de leur chef; en sorte que les noms qu'elles portèrent autrefois sont changés maintenant, et ceux d'aujourd'hui seront tôt ou tard remplacés par d'autres.

Cet article deviendrait beaucoup trop long si on voulait le rendre complet; mais il suffit pour faire voir que la population caucasienne peut être amenée au degré de civilisation où l'Europe est arrivée, et qu'elle n'est pas indigne des soins que son éducation exigera.

FERRY.

On évalue aujourd'hui à environ 4,000,000 d'âmes la population des diverses contrées caucasiennes. Le gouvernement des nombreuses tribus dont se compose cette population est très-varié : ici règnent les excès de la démocratie, là ceux du despotisme. Les traditions anciennes et le Koran leur tiennent lieu de lois. Dans les tribus dont l'organisation est républicaine, ce sont les prêtres ou *moullas*, qui rendent la justice; tandis que dans les tribus gouvernées despotiquement il n'y a d'autre juge que le chef lui-même de la tribu. La principale ressource de ces peuplades consiste dans leurs nombreux troupeaux de brebis et de chèvres; quelques-unes s'occupent sérieusement d'agriculture, d'autres ne vivent que de brigandages; toutes reçoivent des Turcs, par la mer Noire, des secours en armes et en denrées de tout genre. Autrefois, les Persans exerçaient une grande influence sur les montagnards du Caucase; mais cette influence a été détruite par l'action sourde et incessante Turquie. Aujourd'hui, les Russes cherchent à détruire les menées de cette dernière puissance, et ils exercent une active surveillance sur toute la côte de la mer Noire; mais les difficultés géographiques des lieux, la guerre continuelle qu'ils ont à soutenir, ne leur ont encore permis d'atteindre aucun résultat.

Dès leur plus tendre enfance, les montagnards du Caucase s'exercent au métier des armes, et apprennent à faire la guerre. Ils ne sortent du berceau que pour monter à cheval. Leurs premiers jouets sont les sabres et les fusils de leurs pères, ou des mannequins représentant des soldats russes, contre lesquels ils s'amusent à exercer leurs bras. Dès qu'ils peuvent marcher, ils apprennent à gravir des rochers escarpés, à traverser à la nage les fleuves et les torrents. On conçoit qu'avec une pareille éducation et un profond mépris du danger, ils doivent devenir, dans une guerre de partisans, des soldats indomptables. Les seules passions qui animent ces montagnards sont la haine des Russes, qu'ils regardent comme leurs plus mortels ennemis, le ressentiment implacable des offenses reçues ou faites à leurs parents, un amour frénétique pour les *moullas* ou prêtres, qui leur prêchent la guerre contre leurs oppresseurs. Leur costume est des plus pittoresques. Il consiste en un grand bonnet persan formé de la dépouille de quelque animal sauvage, et une grande robe qu'ils relèvent pour monter à cheval ou pour combattre, et en une peau de tigre ou de léopard qui leur recouvre les épaules. Ils ont pour armes un fusil long dont l'extrémité est évasée comme celle des fusils arabes, un sabre dont la lame recourbée et incisive peut trancher un homme en deux de haut en bas du corps, un poignard et un pistolet. On a souvent trouvé sur eux d'anciens sabres ayant appartenu aux croisés, et sur lesquels des croix sont ciselées en plusieurs endroits. On fabrique dans les montagnes d'excellentes armes; indépendamment de cette fabrication, les Turcs en fournissent continuellement aux habitants.

La tactique militaire des Caucasiens est simple et complétement en rapport avec la nature du pays. Elle consiste à dresser à l'ennemi des embuscades à travers les bois, dans les ravins ou dans les défilés, à lui couper la route au moyen de barricades derrière lesquelles ils se battent en désespérés. Jamais ils n'attaquent les Russes en pleine campagne, parce qu'ils appellent toujours la nature des lieux au secours de leur courage.

Les premières relations guerrières des Russes avec les peuples de ces montagnes ne remontent qu'au temps de Pierre le Grand. Ce prince, ayant été averti que les caravanes des marchands russes qui revenaient des Indes étaient continuellement pillées par les hordes sauvages des contrées caucasiennes, conçut le projet d'établir une communication directe entre la Russie et les Indes, en reprenant l'antique route commerciale, qui passait par le fleuve Amou-Daria, l'ancien Oxus. Pour réaliser cette idée, il envoya une expédition composée d'un petit corps de troupes commandé par le prince Bekovitch-Cherkassky, à l'effet d'établir des relations régulières avec Chiva et d'étudier le cours du fleuve Amou-Daria. Cette expédition eut des suites funestes; le prince et son détachement furent presque tous massacrés à Chiva. Ce résultat ne découragea pas Pierre le Grand; il résolut seulement de poursuivre par un autre moyen le but qu'il se proposait, et d'établir la route nouvelle sur le côté occidental de la mer Caspienne. Il se mit lui-même à la tête d'une expédition militaire en 1722, et conquit en peu de temps les pays situés entre la mer Caspienne et la chaîne du Caucase. Sa domination s'étendit bientôt sur des parties plus éloignées que celles que les Russes possèdent actuellement. Mais avec Pierre le Grand disparut ce nouvel empire. Au lieu d'étendre la domination et le commerce russes dans ces contrées, les successeurs de Pierre abandonnèrent en grande partie ses conquêtes.

L'impératrice Anne, ayant conçu un autre plan, et résolu

d'établir pour le commerce avec l'extrême Orient une route par Orenbourg, jugea inutile et ruineuse la possession des provinces caucasiennes, et les céda à la Perse en 1737. Ce ne fut que cinquante ans plus tard, lors de la conquête de la Crimée, sous Catherine II, en 1783, que les Russes, pour repousser les agressions des Circassiens, recommencèrent à envoyer des troupes au Caucase. Dans les premiers moments, ils se bornèrent à repousser ces peuplades au delà du Kouban et du Terek, et à établir sur ces deux rivières une ligne défensive sous le nom de *ligne du Caucase;* mais cette modération ne fut pas de longue durée.

Le royaume de Géorgie se soumit volontairement à la domination des Russes en 1800 ; ils profitèrent de cette circonstance et de la nécessité où ils étaient de défendre leur nouvelle conquête pour envoyer successivement au Caucase des corps de troupes considérables; puis ils s'étendirent peu à peu, d'abord au préjudice des provinces tatares, qui étaient indépendantes et ne reconnaissaient que le protectorat de la Perse et de la Turquie, et ensuite au préjudice même de ces deux puissances. Alors *la ligne du Caucase* s'avança en franchissant le Kouban et le Terek, et se porta bientôt au pied des montagnes. Mais tout cela ne se passa pas sans des luttes terribles, qui durèrent jusqu'en 1813.

L'état de crise où se trouvait le Caucase se prolongea jusqu'à l'année 1818, époque à laquelle le commandement en chef des provinces caucasiennes fut dévolu au général Yermolof, qui l'occupa jusqu'en 1826. Ce général soumit les Tchetchenzs et les Akouchins, deux des plus importantes et des plus redoutables tribus des montagnes, pénétra jusque dans le cœur du pays, y construisit des forteresses importantes, et fit partout triompher les armes russes. Il se distingua en outre, sous d'autres rapports, en organisant d'une manière complète l'administration du pays. Mais il ne lui fut pas donné d'achever l'œuvre qu'il avait commencée : on le rappela, et le général Paskevitch le remplaça. Les guerres que ce dernier eut à soutenir contre la Perse et la Turquie lui firent négliger le Caucase, que sa douceur acheva de compromettre. C'est à ce moment qu'apparut un chef hardi, *Kasi-Moulla*, qui rassembla autour de lui des bandes nombreuses, et fit subir aux Russes, pendant deux années, des pertes terribles.

Le général baron Rosen succéda à Paskevitch en 1831 ; il suivit le système exterminateur d'Yermolof, fit plusieurs expéditions dans les montagnes, construisit des forteresses, établit des routes militaires, et conçut enfin le projet de couper les communications des montagnards avec la mer Noire, en établissant une ligne militaire sur les côtes de cette mer. L'exécution de ce plan attira toute les efforts des Russes ; il fut commencé dès 1837 du côté de la Géorgie par Rosen lui-même, et du côté du Caucase par le général Williaminof, élève du général Golovine, successeur immédiat de Rosen. Ce nouveau système stratégique aurait peut-être reçu son exécution entière, sans la nécessité où dès 1839 se sont trouvés les généraux russes de diriger tous leurs efforts contre un homme supérieur, le moulla Chamil, qui les tient en échec depuis des années, et ruine chaque jour leur influence. Ce chef jouissait, dès le principe, d'une grande influence au milieu de quelques tribus, et surtout parmi les Tchetchenzs; cette influence augmenta de jour en jour, et bientôt il parvint à insurger, non-seulement les montagnards, mais encore quelques provinces tatares qui avaient été fidèles jusque-là.

En ce moment, la lutte se continue contre lui sur tous les points de l'est du Caucase. Maintes fois il a éprouvé des revers, maintes fois il a failli tomber entre les mains des Russes; mais, échappant comme par miracle aux poursuites de ses ennemis, il reparaissait, le lendemain, plus fort et plus audacieux. En 1842, il surprit à l'improviste, au fond d'une forêt épaisse, le général Grabbe, qui marchait contre lui à la tête de 12,000 hommes; après avoir porté dans ses rangs le carnage et le désordre, il faillit s'emparer de toute son artillerie, qui ne fut sauvée que par le courage du colonel Traskine, qui la défendit jusqu'au dernier soupir et se fit tuer sur ses pièces. En 1843, il s'empara de trois forts situés au milieu des montagnes, après en avoir exterminé la garnison.

Ces succès répandirent dans l'armée russe un profond découragement : Chamil profita de l'abattement des troupes pour continuer son attaque; il coupa, avec des forces considérables, leurs communications, provoqua la révolte dans tous les pays situés au milieu des montagnes, menaça de toutes parts les Russes privés de secours, et les força d'évacuer l'Avarie et les autres provinces montagneuses, pour se retirer vers la côte de la mer Caspienne. Cette retraite des Russes à travers l'armée de Chamil, dans un pays semé de difficultés, fait honneur au colonel Possiet, qui les commandait. Ces événements ont marqué une nouvelle phase de la guerre et rendu immortel le nom du héros caucasien. Les campagnes de 1844, 1845 et 1846 furent marquées par d'analogues alternatives de revers et de succès pour les armes russes ; et les fréquents changements des généraux en chef qui ont eu lieu depuis n'indiquent que trop clairement qu'en dépit des pompeux bulletins qu'il fait de temps à autre enregistrer dans son journal officiel, le gouvernement russe n'est pas plus avancé en 1853, dans l'œuvre de la conquête et de la pacification du Caucase, qu'il ne l'était en 1843. On n'évalue pas à moins de 100,000 hommes l'effectif de l'armée qu'il entretient dans ces contrées depuis plus de quinze ans; et cette guerre interminable lui a déjà coûté plus de 400,000 soldats morts sous les coups de l'ennemi ou des fatigues inouïes qu'entraîne le système adopté par les généraux russes dans l'espoir d'acculer Chamil dans quelque position où toute fuite lui sera impossible.

CAUCASE (Gouvernement du), ou TRANSCAUCASIE, dans lequel on comprend aussi depuis ces dernières années, outre la Géorgie proprement dite, ce qu'on appelle la province d'Arménie et les provinces musulmanes ou territoire de la mer Caspienne, compte 1717 myriamètres carrés de superficie, avec une population d'environ deux millions d'habitants. Les Grusiens et les Arméniens en forment la grande majorité; mais on y trouve en outre bon nombre de Tatares, de Juifs et de colons étrangers, le plus généralement allemands, qui forment une côte une série de jolis villages le long des rives du Kour, non loin du chef-lieu Tiflis. L'islamisme y est le culte dominant; viennent ensuite les cultes arménien et grec. Consultez Chopin, *Tableau des Provinces Transcaucasiennes* (4 vol., Pétersbourg, 1837).

Autrefois la Géorgie ou Grusie, de même que l'Imérétie, n'étaient que des provinces russes ; mais les Russes ont récemment créé un gouvernement transcaucasien ou grusino-imérétien, ayant Tiflis pour chef-lieu, et duquel dépendent d'ailleurs toutes les contrées conquises dans ces derniers temps par les Russes et ayant fait autrefois partie, soit de la Perse, soit de la Turquie. Ces contrées sont la province d'Arménie, chef-lieu É r i v a n, et comprennent une autre ville importante, *Nachitchévân*, et les sept provinces musulmanes de Karabagh, Shirvân, Shekin, Talushin, Kouba, Bakou et Derbent, avec leurs chefs-lieux Shasha, Lenkorân Shemacha, Kouba, Bakou, Derbent, etc. La province d'Arménie contient 164,631 habitants, et les provinces musulmanes 471,000. La Grusie, considérée comme la plus importante de toutes les provinces du gouvernement du Caucase, a été récemment divisée en six cercles : Tiflis, Telaw, Gori, Jelisawetpol, Érivan et Kutaisi : mais elle renferme tant de races et tant de portions de territoire distinctes, que dans l'usage on maintient généralement l'ancienne division provinciale. C'est ce qui fait qu'aujourd'hui encore il continue à être question, administrativement parlant, du *Pachalik d'Akhalzikh* avec ses parties constitutives : la *Carthalinie*, la *Cakhétie* et la *Somkhétie*, de l'*Imérétie* ou *Mélitènie*, de la *Mingrélie* et de la *Gourie*.

44.

CAUCASE (Province du) ou CISCAUCASIE, province de l'empire russe, comprenant avec le territoire de l'armée des Kosaks-Tschornomoris une superficie de 1502 myriamètres carrés, et s'étendant depuis la mer d'Azof jusqu'à la mer Caspienne le long du versant septentrional du Caucase. Les contrées limitrophes, sont au nord, où le Manitsch et la Kouma en forment jusqu'à un certain point les limites naturelles, le territoire des Kosaks du Don et le gouvernement d'Astrakan; à l'est, la mer Caspienne; au sud, où le Kouban et le Terek marquent l'extrême frontière, le territoire des montagnards indépendants; et à l'ouest, le territoire de Kosaks-Tschornomoris et la mer d'Azof elle-même. Cette province est généralement plate ou bien présente une succession de steppes ondoleuses où un sable mêlé de coquillages, des plantes marines et de nombreux cours d'eau salée sont autant de signes irrécusables annonçant que la mer Caspienne a dû autrefois couvrir toutes ces contrées. On y trouve au sud-est la steppe de Terek; avec les villes de Kisljar, de Mozdok et d'Iekaterinogrod. Au nord s'étend la steppe de Kouman; à l'ouest la steppe de Kouban, habitée par les Tatares-Nogais, avec les villes et les forts de Saint-Nicolaï, Grigoripol, Kawkask et Stawropol, chef-lieu de toute la contrée.

La province du Caucase offre une population presque aussi compacte que celle du Caucase même, et c'est à Stawropol ou encore à Kisljar que viennent commencer leurs études philologiques ceux qui vont parcourir le Caucase avec l'intention d'y recueillir des notions d'ethnographie. On peut évaluer le nombre des habitants à près d'un million, et outre des Russes et des Kosaks on y rencontre encore des Arméniens, des Grusiens, des Nogais, des Tatares d'Astrakan, des Kalmoucks, des Turkomans ou Troukmènes, des Tcherkesses et autres montagnards, des Juifs, des Bohémiens et une grande quantité de colons allemands ou français, italiens, grecs ou appartenant à d'autres nations encore. Les religions n'y sont pas moins diverses. Indépendamment de l'Église gréco-russe, demeurée dans un état complet d'infériorité numérique, on y compte environ 640,000 mahométans, 22,000 Arméniens, 8,000 juifs, 1,500 luthériens, etc., tandis que la doctrine de Bouddha est aussi représentée par les hordes kalmouckes qui habitent les rives de la Kouma. On peut évaluer à 90,000 le nombre des individus qui professent d'autres religions que celles qui viennent d'être mentionnées ci-dessus.

Cette province est divisée aujourd'hui en quatre cercles: Stawropol, Kisljar, Mozdok et Pjatigorsk, plus le territoire des Kosaks Tschernomoris avec la ville d'Ickaterinodar; et jusqu'en 1822 elle constitua un gouvernement distinct qui prenait le nom de sa principale place forte, *Georgiewsk*, qui est restée d'ailleurs le siége du commandant supérieur du corps d'armée de la ligne du Caucase. On compte en tout, dans le pays, 22 points fortifiés formant une véritable ligne de fortifications le long des rives de la Kouma, du Kouban, et du Terek, et servant à les mettre à l'abri des incursions des montagnards. Depuis 1841 le siége épiscopal de l'éparchie du Caucase est établi à Stawropol, chef-lieu de la province, avec 7,000 habitants, pour la plupart vivant du produit de leur industrie.

CAUCASE (Steppes du). Voyez STEPPES.

CAUCASE (Montagnards du). On désigne sous ce nom les populations des pays de montagnes du Caucase, constamment en guerre contre les Russes, leurs ennemis mortels, qui jusqu'à ce jour ont échoué dans tous les efforts qu'ils ont tentés pour les soumettre, et qu'on appelle assez généralement aussi *Circassiens* (voyez CIRCASSIE). Le nombre de ces héroïques montagnards qui habitent les plateaux et les versants escarpés et sauvages du Caucase, au nord et au sud, et depuis la mer Noire jusqu'à la mer Caspienne, n'est nullement en rapport avec la puissance militaire de leurs adversaires, et n'est guère évaluée qu'à 1,450,000 âmes. Les Lesghiens, qui habitent le plateau occidental du Caucase en sont la principale tribu, forte de 530,000 têtes. Viennent ensuite: les *Tcherkesses* ou *Circassiens*, au nombre de 500,000 âmes, auxquels il faut ajouter les *Cabardiens*, répartis entre les deux Cabardies et forts de 360,000 têtes; les *Tchetchenzes*, au nombre de 198,000 têtes; les *Abadesses* au nombre de 110,000; les *Abazes*, au nombre de 45,000; les *Kalmoucks*, au nombre de 38,000; les *Ossètes*, au nombre de 30,000; enfin les tribus nogaies, fortes de 15,000 âmes. Dans son ouvrage sur l'origine de la population de ces montagnes et sur leurs langues, Klaproth établit les sept divisions suivantes: 1° race *Lesghienne*, à laquelle se rattachent les Kourèles, les Akoush, les Koubetsh, les Kasikoumucks; 2° race *Ossète*, dans l'Ironistân, descendant des anciens Alains et Mèdes; 3° race *Tatare*, habitant les versants septentrionaux du Caucase et comprenant les Nogais du Kouban, les Koumucks et les Basians; 4° race *Grusienne* ou *Géorgienne*, comprenant, outre les Grusiens déjà subjugués par les Russes, les Swânes, peuple montagnard demeuré indépendant; 5° race *Abaze*; 6° race *Misdshegi*, laquelle comprend les Kistinzes, les Thoushes, les Ingoushes, les Tchetchenzes, les Pharsmanes et les Karaboulaks; 7° enfin, la race proprement dite des Circassiens, dont l'auteur n'a pu d'ailleurs connaître qu'un rameau, celui des Cabardiens. Presque toutes ces peuplades professent l'islamisme; mais ce sont des mahométans si peu rigoureux, qu'ils se permettent l'usage du vin. On consultera avec fruit, indépendamment de l'ouvrage de Klaproth, Guldenstædt: *Voyage fait dans les années 1769 à 1775 à travers la Russie et dans les montagnes du Caucase* (publié par Pallas; 2 vol., Pétersbourg, 1787-1791); le même, *Voyage en Géorgie et en Imérétie* (publié par Klaproth, Berlin, 1815); Parrot et Engelhardt, *Voyage en Crimée et au Caucase* (Berlin, 1815); et *Voyage au mont Ararat* (Stuttgard, 1834); tous ces ouvrages sont en allemand; Lyall, *Travels in Russia, the Krinea, the Caucasus and Georgia* (Londres, 1825).

CAUCHEMAR. Cette maladie avait plusieurs noms caractéristiques chez les anciens. Les Latins l'appelaient *nocturna suppressio*, étouffement nocturne; *incubus*, du verbe latin *incumbere*, se coucher; *asthma nocturnus*, asthme nocturne; *calca* (pour *calcatio*) *mala*, oppression pénible, d'où nous avons tiré notre mot *cauchemar*. Les Grecs lui donnaient les noms suivants: πνιγμα, du verbe πνιγω, j'étouffe; επιβολη, du verbe επιβαλλω, je presse dessus, j'opprime, ou εφιαλτης, du verbe εφαλλομαι, je saute dessus, parce que ceux qui en sont atteints rêvent qu'un corps pesant est appuyé sur leur poitrine. Pline, enfin, qualifiait cette maladie de *ludibria Fauni*, illusions du dieu Faune. Ces noms portent avec eux la définition du cauchemar; voici quels sont ses caractères: il survient pendant le sommeil, et consiste en un étouffement plus ou moins considérable, accompagné d'un sentiment indéfinissable d'effroi et de malaise. L'âme perçoit vaguement la cause d'un pareil état: il semble parfois qu'on soit sous l'imminence d'un danger quelconque, avec une impossibilité complète de fuir, de faire aucune usage des muscles, ce qui ajoute encore à la terreur. Souvent aussi, dominé par une inquiétude incroyable, on voudrait réclamer des secours, mais c'est en vain que pendant le cauchemar on essaye de parler ou même de respirer. A cet état incompréhensible succède bientôt un réveil en sursaut, qui laisse parfois dans l'esprit des restes de l'agitation récente, mais du moins le système musculaire n'est plus gêné; on parle facilement, on prend plaisir à faire recouvrer des organes qui semblaient un instant avant n'être plus placés sous l'influence de la volonté. Dans d'autres cas plus rares, le cauchemar a eu pour résultat le désordre réel de certaines parties: c'est alors que le système musculaire éprouve une fatigue qui dure plus ou moins longtemps, et que le réveil est suivi de palpitations, qui cessent au bout de quelques minutes. Le cauchemar est donc un rêve, une sorte d'hallucination intellectuelle produite par une cause physique ou morale. Parmi les causes physiques, nous rangerons un état pénible de gêne et de pesanteur qui naît d'un estomac souffrant ou surchargé d'aliments, sans pouvoir d'ailleurs interrompre entièrement le sommeil. Nous signalerons également un état réel d'oppression produite par une affection du poumon ou du cœur, ou même d'un autre organe moins important. Certains auteurs, guidés par des considérations exactes d'anatomie, ont attribué le cauchemar à la pression exercée dans l'économie par quelques parties sur certaines autres. Mais, sans nous arrêter à leurs diverses explications, il nous paraît hors de doute que le phénomène qui nous occupe, excité par la plénitude de l'estomac, est dû à l'état de malaise de l'organe, à la perception incomplète de la douleur par le cerveau, qui rattache cette sensation douloureuse aux faits incohérents qui constituent le rêve. Quant aux causes morales, les voici en deux mots : surexcitation du cerveau causée par des chagrins de quelque nature qu'ils soient ou même par une joie excessive, par des travaux trop longtemps et trop vivement prolongés, et enfin par certaines affections, particulièrement celles que l'on nomme *nerveuses*.

Chez l'enfant, le cauchemar prend un autre caractère : l'enfant se réveille en jetant des cris perçants ; son air est effrayé, il refuse même de téter, tant ses organes sont encore, même après le réveil, sous l'influence de l'agitation qui signale la présence du cauchemar. De pareils résultats, qui disparaissent bientôt, sont en général peu redoutables pour l'enfant, nous en convenons, mais nous croyons cependant qu'il faut proscrire l'usage de ces contes absurdes et effrayants dont on berce l'imagination souple et impressionnable des enfants. Le moindre mal qui résulte pour eux d'une pareille coutume est le cauchemar, qu'ils éprouvent presque toujours à la suite de ces récits importants ; plus tard, ils subissent une autre conséquence plus funeste, c'est-à-dire qu'ils restent pour la vie timides, lâches et remplis de ce penchant aux petites superstitions qui rapetisse le jugement et rétrécit les idées nobles et généreuses. Cela surtout s'applique aux classes indigentes, chez lesquelles une éducation secondaire ne vient point corriger les vices de l'éducation primitive, de celle qui se donne au berceau.

Nous ne parlerons point ici des *incubes* et *succubes*, esprits imaginaires, masculins et féminins, auxquels le cauchemar a donné naissance à une époque plus crédule. Il suffira d'indiquer que ces esprits prétendus, et dont certaines gens exagéraient à dessein l'importance, firent naître beaucoup de contes ridicules : on a été jusqu'à croire que des esprits masculins ou incubes pouvaient rendre mères les femmes avec lesquelles ils avaient des rapports.

Pour éviter le cauchemar, il suffira d'éloigner les causes qui le produisent, et, suivant que cette cause sera ou physique ou morale, le traitement se trouvera indiqué dans tous les cas ; traitement bien plus immédiatement actif, on le conçoit, lorsqu'il s'attachera aux causes physiques que s'il doit s'appliquer aux impressions morales.

CAUCHER. Voyez BATTEUR D'OR.

CAUCHOIS-LEMAIRE (LOUIS-AUGUSTIN), né à Paris, en 1789, embrassa d'abord la carrière de l'enseignement ; mais il ne tarda pas à y renoncer, et ouvrit en 1814, dans le quartier latin, un cabinet de lecture particulièrement destiné à offrir aux étudiants en droit et en médecine les ressources bibliographiques nécessaires à leurs travaux.

Les événements venaient de redonner un peu de vie à la presse périodique, si longtemps muette sous le despotisme impérial ; et déjà commençait contre la restauration et ses tendances aristocratiques et rétrogrades cette guerre de plume qui devait lentement miner le pouvoir imposé à la France par les baïonnettes étrangères. Les pamphlets pleuvaient alors et faisaient bonne justice des ridicules et des lâchetés du régime nouveau.

M. Cauchois-Lemaire, dont le cabinet de lecture se trouvait naturellement un centre dans lequel affluaient des esprits ardents, des âmes généreuses, eut l'heureuse idée de fonder un recueil périodique, qu'il appela : *Journal de la littérature et des arts*, et dont il fut le principal rédacteur. Ce recueil prit quelque temps après le titre de : *Le Nain jaune*, et il n'est parmi les contemporains personne qui ne se rappelle la rude opposition qu'on y fit tout aussitôt au pouvoir nouveau. Celui-ci se vengea des attaques dont il y était l'objet en supprimant la feuille et en ruinant l'éditeur. M. Cauchois-Lemaire dut alors se réfugier à Bruxelles, où il fit paraître *Le Nain jaune réfugié*, mais où l'attendaient de nouvelles persécutions ; et ce ne fut que sous le ministère de M. Decazes qu'il obtint l'autorisation de rentrer en France. Ses antécédents, la nature de son esprit et de son talent, le conviaient à se rejeter dans les luttes du journalisme ; et bientôt on le vit prendre une part active aux travaux de la presse opposante de l'époque. Longue serait l'énumération des procès et des amendes que valut aux divers journaux et recueils périodiques qui l'admirent au nombre de leurs rédacteurs la collaboration de M. Cauchois-Lemaire, écrivain au style mordant, à l'esprit épigrammatique, frondeur, rappelant quelquefois celui de Paul-Louis Courrier, et engagé d'ailleurs dans les rangs de cette opposition extrême qui, il faut le dire, dans sa lutte contre la branche aînée de la maison de Bourbon, n'apportait pas toujours de sincérité ni de loyauté, que cette race, marquée déjà du sceau de la fatalité, n'en mettait elle-même dans l'interprétation et l'application de la Charte constitutionnelle, de la Charte qui eût pu, qui eût dû la sauver.

De tous les procès intentés par le parquet à M. Cauchois-Lemaire, le plus célèbre et le plus grave à tous égards fut celui auquel donna lieu en 1829 la publication de sa fameuse *Lettre au duc d'Orléans*, hardi pamphlet que quelques-uns regardèrent comme une indiscrétion, et dans lequel d'autres ne virent qu'un acte d'impatience fort impolitique. En effet, l'auteur y conviait, en termes assez clairs, le duc d'Orléans à jouer le rôle du prince d'Orange et à gratifier la France d'un 1688 national. L'indignation parut extrême au Palais-Royal quand partit le coup de fusil tiré à l'aventure et avant l'heure, par un tirailleur étourdi et compromettant. Le pamphlétaire y fut donc désavoué de la belle manière, et la cour royale, brochant sur le tout, vous le condamna bien vite à une énorme amende et à quelques années de prison. La révolution de 1830 seule rendit M. Cauchois-Lemaire à la liberté.

Médiocrement édifié sur le compte de la valeur des institutions nouvelles *bâclées* en sept jours et plaquées assez maladroitement sur les anciennes, M. Cauchois-Lemaire recommença contre la royauté de juillet la lutte qu'il avait soutenue contre la restauration. Mais il put alors se convaincre qu'il n'y avait rien de changé en France ; car les amendes et les mois de prison furent tout aussitôt prodigués aux gérants des diverses feuilles dans lesquelles il engagea et soutint la lutte, avec au moins autant de munificence qu'ils eussent pu l'être sous le gouvernement de la branche aînée. L'écrivain y perdit son temps. Désillusionné, il se prit, vers 1844, à désespérer d'une cause à laquelle il avait tout sacrifié, et fit part à ses amis de son inébranlable résolution de renoncer désormais, quoi qu'il arrivât, aux luttes de la politique. On apprit en même temps qu'un modeste emploi aux archives du royaume, accordé par un ancien ami politique, mettait désormais à l'abri du besoin un écrivain qui doit bien s'applaudir aujourd'hui de s'être tenu parole à lui-même et de ne pas avoir, en 1848, cédé à la tentation de rentrer dans les rangs de la presse militante.

On a de M. Cauchois-Lemaire : *Lettres sur les Cent-Jours* (1819) ; *De la Déclaration de Laybach* (1821) ;

Lettre à M. Bellart sur son réquisitoire contre la conspiration de La Rochelle et *Relation des événements qui se sont passés à Colmar* (1822); *Les Quatre Évangiles*; *Lettres à M. de Peyronnet* (1827); *Lettre à M. Thiers* (1830).

CAUCHON (Pierre), évêque de Beauvais, mort en 1443, prit une part active aux troubles qui agitèrent la France au commencement du quinzième siècle. A la mort de Charles VI, ce turbulent prélat s'était jeté dans la faction des Bourguignons et avait favorisé de son mieux l'établissement de la domination anglaise. Mais il n'avait pu réussir à étouffer les sentiments de patriotisme dans la population du diocèse où il avait charge d'âmes; et en 1429 les habitants de Beauvais le chassèrent ignominieusement de son siège. On le voit dès lors poursuivre avec acharnement les partisans de Charles VII, et pour satisfaire ses vengeances, se condamner lui-même à l'immortalité de l'infamie par l'ardeur avec laquelle il se porta l'accusateur de Jeanne d'Arc, cette héroïne qui avait porté de si rudes coups à la puissance anglaise et réveillé en France l'amour de la patrie et l'idée de nationalité momentanément assoupis. Après s'être adressé au roi d'Angleterre, au duc de Bourgogne et à l'Université de Paris, il obtint enfin l'autorisation nécessaire pour traduire la vierge de Vaucouleurs devant le parlement de Rouen, comme prévenue d'être en relation avec le démon. Il eut recours au mensonge et à la perfidie. Il supposa des aveux, falsifia les réponses faites par la prévenue, et cependant il faillit voir sa victime lui échapper. Un prêtre appelé Loiseleur fut apposté pour recevoir la confession de Jeanne, et deux hommes cachés la recueillirent par écrit. Mais cette confession ne révélait aucun des crimes imputés à Jeanne; et tout ce que les juges purent faire, ce fut de la condamner à un emprisonnement perpétuel. La populace, ameutée par les Anglais et leurs partisans, fit entendre les plus vives clameurs contre l'issue d'un procès dont on attendait mieux. Pierre Cauchon trouva alors un moyen pour le recommencer; et cette fois, grâce aux précautions prises, Jeanne d'Arc, déclarée *relapse*, excommuniée, *rejetée du sein de l'Église*, périt enfin sur un bûcher. L'évêque de Beauvais survécut douze ans à l'exécution de cet inique arrêt, et ne mourut qu'en 1443. Mais le temps de la réaction était venu, comme il arrive toujours aux époques de troubles civils et de révolutions; et Pierre Cauchon, maintenant l'objet de la haine générale, ne fut pas plus tôt descendu au tombeau, que ses restes furent déterrés par le peuple furieux et jetés à la voirie.

CAUCHY. Sous le règne de Louis-Philippe, les Cauchy formaient, non pas seulement une famille, mais une tribu, presqu'une dynastie. L'*Almanach royal* a longtemps constaté la présence de trois Cauchy près de la chambre des pairs; ils portaient le titre de *gardes des registres de la chambre*; c'étaient des tabellions politiques. L'humilité officielle de ce titre importuna les Cauchy; aussi se laissèrent-ils donner ou bien prirent-ils eux-mêmes le nom de *greffier*, ou celui de *secrétaire rédacteur*, selon la circonstance. Les Cauchy avaient encore un autre privilège; ils naissaient tous chevaliers de la Légion-d'Honneur. Cette race de rongeurs bureaucratiques s'était identifiée à la partie élevée du palais du Luxembourg; là ils avaient formé une colonie; ils s'étaient identifiés avec ce logis, de telle sorte qu'ils en faisaient eux-mêmes partie. On disait alors que, pour en extirper les Cauchy, il eût fallu démolir l'édifice. Longtemps sur cet asile des patriciens les événements accomplirent leurs révolutions sans rien déranger à la paisible possession des Cauchy. Sur les ruines du sénat-conservateur, sur celles des pairs de Cent-Jours, sur celles de la pairie de Louis XVIII et de Charles X, brisées en 1830, les Cauchy étaient restés debout et sans crainte. L'hérédité de la pairie avait succombé; mais, au-dessus d'elle, sous les combles du monument, l'hérédité des Cauchy était demeurée inébranlable. Cette succession paraissait devoir se continuer dans un avenir sans fin.

Vanitas vanitatum! Tout à coup vient à sonner l'heure fatale du 24 février 1848. La république est acclamée, et le premier coup de marteau de l'horloge met en fuite les Cauchy, qui ne voient rien de plus incroyable dans cette révolution que leur déménagement forcé du Luxembourg.

Le *chevalier* Cauchy, mort, heureusement pour lui, quelques mois avant la proclamation de la république, est la souche de tous ces Cobourg bourgeois; nous n'avons sur lui que des notions vagues et imparfaites; pour le distinguer de sa descendance, nous dirons que, nourri des traditions du sénat conservateur, M. le *chevalier* Cauchy avait tour à tour célébré, dans des odes et des dithyrambes, Napoléon, les deux rois de la branche aînée, et qu'il célébra ensuite gouvernement de Juillet. Nous l'appellerons, nous, *Cauchy le Lyrique*. Sous le sénat, la charge de rédiger le procès-verbal des séances fut une véritable sinécure. Durant les quinze années de la restauration, la rédaction des discussions de la chambre des pairs, privées de publicité, causait peu de fatigue aux secrétaires. Possesseur de ce fief sénatorial, le *chevalier* Cauchy appela d'abord auprès de lui un de ses fils, *Alexandre* Cauchy, déjà conseiller à la cour royale, qu'il associa à ses loisirs, mais auquel, comme c'était justice, il fit donner des appointements.

La publicité des séances de la chambre des pairs, inscrite dans la Charte de 1830, mit tout en désarroi au Luxembourg. C'en fut fait de l'indolence des secrétaires, de leur mollesse et des délices d'une place presque sans fonctions. Or Alexandre Cauchy, sans avoir complètement et officiellement succédé à son père *Cauchy le Lyrique*, avait hérité de ses habitudes paisibles et des douceurs de l'emploi; la redoutable publicité changeait tout à coup cette agréable condition, et la tribune des journalistes forçait le procès-verbal à être une vérité.

Les devoirs nouveaux demandaient peut-être une vigueur juvénile dont les deux Cauchy ne se sentaient pas capables; aussi bien, certains scrupules s'étaient manifestés en haut lieu sur l'incompatibilité des fonctions judiciaires dont Alexandre Cauchy était investi, avec l'emploi des garde-notes de la noble chambre. Alors il y eut dans la famille ce cri d'autrefois : *Surgat junior!* que le plus jeune se lève! Et l'on vit paraître aux séances du Luxembourg *Eugène* Cauchy, qui ne porta d'abord que le titre de *garde-adjoint*, mais qui devint bientôt titulaire. En effet, devant la nécessité du travail, les deux Cauchy, le *chevalier* et son fils Alexandre, se retirèrent, et ne conservèrent que le titre *ad honores*, avec quelques émoluments de retraite.

Eugène Cauchy, appelé tout à coup à remplacer son père et son frère, parut à la chambre des pairs avec les grâces longues et minces d'un jeune héron. N'allez pas trouver cette comparaison malséante; elle n'est que vraie. La famille des Cauchy a son type qui lui est propre; dans toute leur conformation physique, ses individus rappellent l'aspect de ces grands oiseaux qui habitent les bords des lacs : il y a en eux du palmipède. En regardant attentivement la physionomie de Cauchy *le Lyrique*, on retrouvait dans les lignes du galbe le caractère du pélican. La timidité d'Eugène Cauchy ajoutait un charme particulier à sa singulière allure : il rougissait en donnant lecture du procès-verbal. Mais ce que n'avaient pu faire pour les honneurs et l'importance de cette place secondaire les deux Cauchy ses prédécesseurs, *Eugène* Cauchy l'accomplit; il donna à cette humble charge une autorité que personne avant lui n'eût osé espérer; il comprit que le secrétaire de la noble chambre devait agir comme les secrétaires des grands seigneurs du temps passé, qui savaient si bien se substituer à ceux qui les employaient. Le jeune garde-archiviste s'aperçut tout de suite des velléités suprêmes de M. Pasquier et de son ferme désir de soumettre la Chambre à une discipline rigoureuse et presque à une obéissance passive. Il s'incarna dans le règlement et il devint pour le président un aide de camp utile et intelligent, qui tenait, sans cesse, ouverte devant lui la carte des délibérations ; il fut le bras droit de la présidence. Quand il arrivait que M. Pasquier ne pouvait pas présider la séance, M. Eugène Cauchy était la providence des vice-présidents, fort ignorants de la tenue parlementaire, inhabiles et inexpérimentés à manier le pouvoir et la sonnette. Celui d'entre les vice-présidents qui avait le plus besoin de cette assistance, c'était feu M. Séguier. Ce magistrat qui présidait si cavalièrement au palais de justice, était gauche et gêné au palais du Luxembourg : il confondait tout et jetait partout le désordre et le trouble. Il ne conduisait la discussion que d'une main faible et incertaine ; M. Eugène Cauchy le soutenait du mieux qu'il pouvait ; il le dirigeait de la voix et du geste, il lui soufflait son rôle ; il arrivait même souvent que le secrétaire, pour mieux se faire entendre, montait sur l'estrade du président, et, en quelque sorte, le menait par la main, pour franchir les pas difficiles. M. *Eugène* Cauchy, déjà si utile à M. Pasquier, fut ainsi pour les autres un objet d'indispensable nécessité ; sa fortune était désormais assurée : il continuait glorieusement l'œuvre paternelle.

Au labeur de sa besogne législative, M. le garde des archives de la chambre des pairs unissait d'autres travaux ; il était tour à tour greffier de la cour des pairs et employé de l'état-civil, lorsqu'il accompagnait M. le chancelier, officier de l'état-civil de la famille royale. C'était pour ces circonstances solennelles que les deux porte-plume s'étaient fait faire un habit brodé, aux parements et au collet, d'une soie jaune qui faisait tous les efforts pour ressembler à de l'or. Cette vanité était des plus innocentes ; seulement elle avait le double inconvénient de ne pas atteindre le costume et de friser la livrée. Dans ces circonstances, c'était sur M. *Eugène* Cauchy que M. le chancelier se reposait du soin de régler le cérémonial de la célébration. M. Pasquier, allant officier en cour pour les naissances, mariages et décès des princes et des personnes augustes, était suivi par M. *Eugène* Cauchy, qui l'assistait comme le lévite assiste le prêtre à l'autel. Ces jours-là, M. *Eugène* Cauchy portait l'épée, et sa démarche était fière, lorsque l'étiquette, dont il était le fervent observateur, ne courbait pas son échine. C'était la partie la plus brillante de sa position : aussi ne cédait-il à personne ces prérogatives, qui l'approchaient des hautes régions. D'ailleurs, il y avait un casuel de petits présents et de menues décorations, miettes qui tombaient de la table diplomatique, et qui ajoutaient quelque chose aux attraits de cette place, gloire patrimoniale de la famille Cauchy.

Il y avait aussi un autre côté de la médaille moins brillant, mais dont les profits avaient une solidité et une réalité que n'ont pas toujours les faveurs de cour. Nous voulons parler du greffe de la chambre des pairs, lorsque, judiciairement constituée, elle portait le titre de Cour des Pairs. Le garde des archives, que nous venons de voir occupé à dresser le protocole des actes de l'état-civil pour la famille royale, tenait alors le plumitif de l'audience, véritable maître Jacques, tour à tour réclamé par tous les services du logis, et chargé de ton et de manière selon les hommes et les choses. Sous la présidence de M. Pasquier, qui, dans sa verte vieillesse, se piquait d'une jeune activité, le travail du greffier, qui suivait les débats au courant de la plume, était des plus pénibles ; mais les honoraires accordés à chaque vacation étaient comme le picotin d'avoine, et soutenaient les forces du scribe. Dans l'accomplissement de ses fonctions judiciaires, le jeune greffier de la Cour des Pairs avait une tenue grave et solennelle, dont l'audience lui savait beaucoup de gré, et dont l'assistance paraissait satisfaite. Les devoirs imposés au greffier de la Cour des Pairs étaient d'ailleurs quelquefois pénibles et avaient leur face dramatique. C'est en l'absence des accusés qu'était prononcé l'arrêt des juges de la haute juridiction politique, et le greffier était commis pour faire au condamné la lecture de sa sentence. Ce fut Cauchy *le Lyrique* qui lut au maréchal Ney son arrêt de mort. Eugène BUFFAULT.

CAUCHY (AUGUSTIN-LOUIS), l'un des plus célèbres mathématiciens de notre époque et membre de l'Académie des Sciences, né à Paris en 1789, forme une honorable exception dans la famille de *budgétivores* quand même dont il vient d'être question ; car c'est un homme de convictions sincères et profondes ; et il a su sacrifier à sa conscience les avantages de tout genre que, à l'instar de ses frères et de son propre père, il eût pu tirer d'une palinodie faite à propos. M. Cauchy le savant avait à peine seize ans qu'il faisait paraître un essai sur la théorie du mouvement des vagues. En 1816, il fut nommé membre de la classe de mécanique de l'Académie des Sciences, et plus tard professeur à l'école Polytechnique. Après la révolution de Juillet, il suivit sur la terre de l'exil Charles X, et passa plusieurs années à Prague, initiant le jeune prétendant, héritier du grand nom de Bourbon, à la connaissance des sciences exactes. Il ne rentra en France qu'en 1838, lorsque l'éducation de ce jeune prince put être considérée comme complètement terminée.

M. Cauchy a accompli tant de travaux dans ces quinze dernières années, et ce sont des abstractions si ardues, tellement détachées de toute réalité, soit que l'auteur ait en vue les vibrations des ondes sonores et lumineuses ou les mouvements planétaires, que nos efforts pour les exposer n'aboutiraient qu'à arrêter court nos lecteurs et à embarrasser leur esprit, en les entretenant de formules que la grande majorité de l'Institut ne comprend qu'assez rarement.

Il est, certes, peu de mathématiciens aussi féconds que lui, et à une certaine époque, il avait tellement grossi de ses formules les comptes-rendus de l'Académie, que le trésor de l'Institut en fut affecté au point d'être obligé de réduire à l'extrême les sommes habituellement allouées pour des prix annuels. Nous pourrions remplir plusieurs pages de ce livre rien qu'avec la liste des dissertations relatives à la science objet de ses prédilections, dont il a donné lecture au docte corps qui se l'est associé. Il eût donc été l'Euler de la France, s'il eût su mûrir ses travaux ; tandis qu'il est à craindre qu'il ne laisse dans l'histoire des connaissances humaines d'autre renom que celui du plus ingénieux de nos calculateurs.

Présenté le premier, en janvier 1851, par le Collège de France pour remplacer M. Libri comme professeur de mathématiques supérieures, et le second par l'Académie des sciences, il se vit préférer son concurrent, M. Liouville.

Au mois de juin 1852, sa conscience l'ayant empêché de prêter un serment dont son collègue Arago a été dispensé, il fut considéré comme démissionnaire de la chaire d'astronomie qu'il occupait à la Faculté des Sciences de Paris.

Les plus importants de ses nombreux ouvrages sont : *Cours d'analyse* (Paris, 1821) ; *Leçons sur le calcul différentiel* (Paris, 1826) ; *Leçons sur les applications du calcul infinitésimal à la géométrie* (2 vol., Paris, 1826-1828, in-4°) ; *Exercices de mathématiques* (Paris, 1826-1829, et Prague, 1835-1836, in-4°) ; *Exercices d'analyse et de physique mathématique* (Prague, 1829, in-4°) ; et *Mémoire sur la dispersion de la lumière* (Prague, 1836, in-4°).

CAUDAL (de *cauda*, queue). Cette épithète s'emploie en zoologie pour désigner tout ce qui a rapport à la queue. Ainsi l'on appelle *vertèbres caudales*, celles de ces parties du squelette appartenant à la queue des animaux qui en sont pourvus. De même les cétacées et la plupart des poissons ont une *nageoire caudale*.

CAUDATAIRE, c'est-à-dire *porte-queue*. On appelle ainsi *l'officier* qui porte la queue du pape, des cardinaux et des prélats. L'usage de se faire porter la queue passa du haut clergé à la magistrature ; mais les présidents de siège, les chefs du parquet, faisaient porter la queue de leur robe par leur valet de chambre. Les prélats, plus fiers, n'admettaient à cet honneur que de pauvres hobereaux, des cadets de famille; et surtout ceux qui étaient décorés de la croix de Saint-Louis. Il était aussi d'usage à la cour d'avoir à sa suite un caudataire pour porter la queue du manteau. Les princes et les princesses, les rois et les reines même, chargeaient des *pages* de ce service de véritable domesticité. On connaît cette réponse d'un grand seigneur de qui l'un des plus proches parents portait la queue d'un évêque et à qui l'on reprochait ces fonctions serviles comme une honte pour lui et sa noble famille : « Nous avons eu toujours, dit-il, dans notre maison de pauvres hères, obligés pour vivre de tirer le diable par la queue. »

DUFEY (de l'Yonne).

CAUDÉ se dit en botanique des parties qui sont terminées par un filet flexible et velu en forme de queue, telles que les anthères du laurier-rose.

Latreille avait donné le nom de *caudés* à une famille de l'ordre des polypes trichostomes, comprenant ceux dont le corps est terminé en pointe ou en queue.

CAUDEBEC, ville de France, chef-lieu de canton dans le département de la Seine-Inférieure, sur la rive droite de la Seine, à l'embouchure du Caudebec avec une population de 2,564 habitants. Elle est bâtie en amphithéâtre au pied d'une montagne couverte de bois; on y remarque de beaux quais ombragés. L'église paroissiale est un édifice du quinzième siècle, que l'artiste a orné à l'extérieur de toute l'élégance et de toute la délicatesse de l'architecture gothique. L'industrie s'y borne à quelques filatures de coton, blanchisseries et tanneries; le commerce est plus actif; il consiste en grains, fruits et légumes secs. L'origine de cette ville paraît remonter au delà du neuvième siècle. Elle était autrefois très-forte et entourée de murailles flanquées de tours. Prise par Talbot, les Anglais l'évacuèrent en 1450. Elle se déclara pour les catholiques en 1562; mais elle tomba la même année au pouvoir des protestants. Assiégée en 1592 par Alexandre Farnèse, qui reçut sous ses murs la blessure dont il mourut, elle fut prise par Mayenne, qui, quelque temps après, cerné par Henri IV, fit embarquer pendant la nuit ses troupes dans le port de cette ville et sauva ainsi l'armée de la ligue. La révocation de l'Édit de Nantes ruina l'industrie de Caudebec et sa fabrication de chapeaux, qui jouissait d'une grande réputation. Avant la Révolution, cette ville était chef-lieu d'une élection avec bailliage présidial, amirauté et vicomté.

CAUDIMANES (de *cauda*, queue, et *manus*, main), nom spécial donné en zoologie à quelques animaux, tels que les sapajous, qui ont la queue prenante.

CAUDINES (Fourches). Voyez FOURCHES CAUDINES.

CAULAINCOURT (ARMAND-AUGUSTIN-LOUIS, marquis DE), duc DE VICENCE, grand écuyer de l'empereur Napoléon, était né en 1773, dans l'ancienne seigneurie de Caulaincourt (Aisne), à quelques kilomètres de Saint-Quentin. Sa famille, l'une des plus illustres de Picardie, citait avec orgueil l'un de ses membres, qui, en 1557, se jeta, avec cinquante hommes d'armes, dans Saint-Quentin, assiégé par les troupes impériales, et conserva cette place au roi. Son père, *Gabriel-Louis de* CAULAINCOURT, était parvenu au grade de lieutenant général. Notre jeune marquis entra au service dès l'âge de quinze ans, c'est-à-dire la veille de 89; et, selon l'ancien usage, il fut bientôt capitaine; mais son père, dont il était aide de camp, ayant été destitué comme noble en 1792, il dut suivre sa fortune et quitta l'armée.

L'année suivante, il se trouva compris dans la levée qu'on nomma la *première réquisition*, et qui atteignait tous les jeunes gens depuis dix-huit jusqu'à vingt-cinq ans. Il partit sans hésiter, et, cette fois, simple soldat, d'abord dans l'infanterie, puis dans la cavalerie ; toujours et partout il servit bien la république. Mais il ne crut pas devoir dissimuler sa naissance et son nom. Dénoncé et emprisonné, il fut délivré par un geôlier, qui, ayant reçu jadis un bienfait de cette famille, eut l'héroïsme de s'en souvenir. Il revola à l'armée, où,

après le 9 thermidor, le général Hoche le réintégra dans son grade de capitaine. Aide de camp du général Aubert Dubayet, il l'accompagna à Venise, puis à Constantinople, d'où il revint à Paris en l'an V, avec l'ambassadeur ottoman. Nommé alors chef d'escadron, puis, en 1799, colonel du second régiment de carabiniers, il se distingua, à la tête de ce corps, dans la campagne de 1800, sous Moreau, en Allemagne. Après le traité de Lunéville et la mort violente de l'empereur Paul, le premier consul, jaloux de conserver les bonnes relations de la république avec la Russie, dont la couronne venait de passer sur la tête du jeune Alexandre, jeta les yeux sur Caulaincourt pour cette mission délicate, et par son ordre celui-ci précéda à Saint-Pétersbourg le général Hédouville, nommé ambassadeur. A son retour de Russie, où six mois lui avaient suffi pour remplir parfaitement sa mission, parcourir une partie de l'empire et en rapporter les plus utiles informations, le premier consul, satisfait, le prit pour aide de camp, puis le nomma son grand écuyer et le créa duc de Vicence.

Napoléon ayant résolu de faire arrêter et juger le duc d'Enghien, le colonel Caulaincourt reçut ordre du ministre de la guerre le 10 mars 1804, à dix heures du soir, de partir, dans la nuit, pour Strasbourg, d'y prendre deux cents dragons et d'aller, à leur tête, à Offenbourg demander à l'électeur de Bade l'extradition du prince. En même temps, on faisait partir, sans bruit, le général Ordener pour Schlestadt, avec ordre de passer, de son côté, le Rhin à Rheynau, avec trois cents dragons, de courir à Ettenheim, et, cernant le château, d'y saisir le prince. Caulaincourt était chargé, par le ministre des affaires étrangères, Talleyrand, d'une lettre explicative pour le baron d'Edelsheim, ministre de l'électeur, mais cette lettre ne devait être remise que sur un avis ultérieur et formel. Ordener, de son côté, sans être en rien subordonné à Caulaincourt, devait d'Ettenheim se mettre en communication avec lui, l'informer à Offenbourg de l'arrestation du prince, afin que l'aide de camp du premier consul pût porter sur le champ à l'électeur la lettre de Talleyrand et des excuses franches pour une violation de territoire commandée, disait-on, par l'urgence et la nécessité du secret.

On a dit que Caulaincourt, régulièrement chargé d'une mission diplomatique, avait dû la remplir. Néanmoins, à son retour à Paris, son cœur, révolté de la mort du duc et des circonstances de l'exécution, s'indigna d'être généralement soupçonné d'avoir participé à l'arrestation du prince. Et tandis que Talleyrand, interrogé par l'un des chefs de division de son ministère, se contentait de répondre : « Eh ! bien! quoi? ce sont les affaires ! » on entendit le colonel Caulaincourt laisser éclater tout haut ses regrets : et il tombait malade de chagrin.

En continuant de remplir, au milieu des pompes de la cour impériale, ses fonctions de grand écuyer, Caulaincourt sut y apporter une mesure pleine de dignité et de goût. Zélé sans ostentation, dévoué avec intelligence, docile sans servilité, il suivit l'empereur dans toutes ses campagnes : il entra avec lui à Vienne et à Berlin ; il était avec lui à Ulm, à Austerlitz, à Iéna, à Friedland, comme à Presbourg et à Tilsitt. Nommé, en 1807, ambassadeur en Russie, il sut, dans ce poste éminent, sans cesser de servir la politique nationale et de mériter l'approbation de son souverain, se concilier l'estime et les bonnes grâces d'Alexandre, qui, d'abord charmé par la loyauté de son caractère et l'agrément de sa conversation, l'avait admis dans son intimité et l'accueillit toujours depuis, même aux plus mauvais jours, comme un ami. En 1811, le duc de Vicence entrevit tout d'abord les chances de rupture avec la Russie que recélaient le blocus continental et la guerre acharnée de Napoléon contre l'Angleterre. Effrayé pour la France des dangers de cette rupture, il demanda son rappel. Reçu aux Tuileries avec froideur, puis caressé et honoré comme si on eût voulu tantôt le séduire, tantôt le faire fléchir, il sut rester fidèle à ce qui lui semblait la politique du bon sens. Mais, l'épée de la France une fois tirée, le grand écuyer de Napoléon fit son devoir. Néanmoins, à mesure que ses prévisions se réalisaient, quand, à l'approche de notre armée, les villes se changeaient en désert, et qu'une bataille devenait plus difficile à obtenir d'un ennemi invisible que ne le fut jamais la victoire, la présence de Caulaincourt sous la tente impériale était comme un vivant reproche de la témérité qui avait fait négliger ses avis. Quelques discussions eurent lieu entre l'empereur et le duc, assez vives pour que celui-ci désirât un moment quitter l'armée pour aller commander une division en Espagne, à l'autre bout de l'Europe. Mais un mot de l'enchanteur, un malheur de l'armée, un service à rendre, rappelaient et enchaînaient le grand écuyer.

Après la désastreuse victoire de la Moskowa, où il perdit un frère tendrement chéri (*voyez* plus loin), le duc de Vicence protesta encore, en face de Moscou en cendres, contre l'illusion qu'on se faisait sur la possibilité de traiter avec de si formidables vaincus, et au risque de déplaire encore, il fut le premier à conseiller la retraite. Mais aussi, après les horreurs de cette épouvantable agonie de toute une armée, quand l'empereur, déjà trahi par tous les rois, prit soudain la résolution de revenir à Paris d'un trait, c'est Caulaincourt qu'il choisit pour compagnon de voyage, et à Smorgony il le fit monter côte à côte avec lui dans le fatal traîneau. Là, sous ce ciel menaçant, dans ce long tête-à-tête qui ne dura pas moins de quatorze jours et de quatorze nuits, Napoléon put apprécier mieux que jamais l'âme et l'intelligence de son ancien ambassadeur. Aussi, à l'ouverture de la campagne suivante, pendant l'absence momentanée du ministre des relations extérieures, c'est Caulaincourt qu'il chargea de la correspondance politique et de quelques négociations délicates. Le duc réussit à conclure l'armistice de Plesswitz; puis, envoyé comme plénipotentiaire à l'équivoque congrès de Prague, et, après Leipzig, à Francfort, il y travailla, sans découragement, à une paix désormais impossible. Nommé trop tard ministre des affaires étrangères, il se rendit au congrès de Châtillon, où, après des miracles de patience et de dévouement, il eut pourtant la douleur de succomber. Quand la fortune eut définitivement trahi l'héroïsme et le génie, après l'entrée des alliés à Paris, le duc de Vicence accourut encore de Fontainebleau pour tâcher de maintenir du moins la couronne sur la tête de Napoléon II. C'est particulièrement auprès d'Alexandre, dont l'estime et l'affection pour lui redoublèrent en cette circonstance, qu'il plaida longtemps la cause du roi de Rome avec une audace égale à celle des soldats criant seuls encore : *Vive l'Empereur !*

La restauration fit au duc de Vicence une position difficile. Alexandre voulut intercéder pour lui auprès des Bourbons; mais il dédaigna de profiter d'un si puissant patronage. Le merveilleux retour de l'île d'Elbe le combla de joie. Néanmoins le plénipotentiaire de Châtillon savait trop que la coalition n'accorderait à l'empereur ni paix ni trêve, et c'est sur le champ de bataille qu'il désirait désormais servir son pays. Toutefois c'est à lui seul que Napoléon voulut confier les relations extérieures, et Caulaincourt dut accepter cette terrible responsabilité. Après Waterloo et la seconde abdication, il avait été élu, par la chambre des représentants, membre du gouvernement provisoire; dès que Louis XVIII fut rentré à Paris, il reprit le chemin de sa retraite. Mais, vieux avant l'âge, et brisé, il se hâtait, loin des intrigues, de rassembler ses souvenirs, qu'il a consignés dans ses Mémoires. Il mourut six ans après l'empereur, le 19 février 1827, âgé à peine de cinquante-trois ans.

Napoléon s'est dit lui-même à justifier son ancien grand écuyer. On lit, en effet, dans l'*Histoire de Napoléon en 1815*, par M. Fleury de Chaboulon, à la page où il est question de l'arrestation du duc d'Enghien, ces paroles écrites au crayon de la propre main de l'empereur : « Tout cela est absurde : Caulaincourt, aide de camp de Napoléon, a obéi, et il devait obéir à l'ordre de Talleyrand, de se rendre à Bade, et de faire, au moment même qu'Ordener arrêtait le prince, la demande de l'extradition, et, de plus, des excuses pour la violation du territoire... Il n'y a pas de doute que, si Caulaincourt eût été nommé juge du duc d'Enghien, il se fût récusé; mais, chargé d'une mission diplomatique, il a dû obéir. Tout cela est si simple que c'est folie d'y trouver à redire.... »
Jean AICARD.

CAULAINCOURT (AUGUSTE-GABRIEL, comte DE), général de division, frère puîné du précédent, naquit à Caulaincourt (Aisne), le 16 septembre 1777. Il entra de bonne heure au service, franchit rapidement les premiers grades militaires, se fit remarquer à Stokach, à Ostrach, dans le Tyrol, à l'armée d'Italie et à Marengo. Nommé colonel en 1801, il passa, en qualité d'aide de camp, auprès de Louis Bonaparte, suivit ce prince en Hollande, et obtint en 1806 le brevet de général de brigade. Rentré en France en 1808, l'empereur l'employa à l'armée d'Espagne, où il fit avec une grande distinction les guerres de 1808 et 1809. Les talents militaires qu'il avait déployés le firent choisir par le maréchal Soult pour diriger le passage du Tage au pont de l'Arzobispo. Il s'acquitta de cette glorieuse mission avec autant de bravoure que d'intelligence, et reçut, pour ce brillant fait d'armes, le grade de général de division. Nommé gouverneur des pages en 1810, il se rendit à Paris, où il s'occupa de ses nouvelles fonctions jusqu'en 1812. Désigné pour faire partie de l'expédition de Russie, pendant laquelle il commanda le grand quartier général, il y donna de nombreuses preuves de valeur et de talent. Il venait de remplacer le général Montbrun, tué au commencement de la bataille de la Moskowa, lorsqu'il reçut l'ordre d'attaquer une division russe et de pénétrer dans la grande redoute. Il exécuta ce mouvement avec résolution, à la tête d'un régiment de cuirassiers, culbuta l'ennemi, s'empara de la formidable position qu'il occupait, et tomba frappé mortellement d'un boulet le 7 septembre 1812.

Le fils cadet du duc de Vicence, le marquis DE CAULAINCOURT, né en 1822, est aujourd'hui membre du corps législatif pour le département du Calvados. Il avait été nommé par ce même département à l'Assemblée législative, où il se montra plein de dévoûment envers Louis-Napoléon, qui l'appela dans la commission consultative créée le 4 décembre 1851. Son frère aîné, duc DE VICENCE, est sénateur.

CAULESCENT, CAULINAIRE (en latin *caulescens* et *caulinus*, faits de *caulis*, tige). On donne le nom de *caulescentes* aux plantes qui produisent des tiges, par opposition à celles qui en sont dépourvues, et que l'on nomme *sessiles*; et celui de *caulinaires* aux parties qui appartiennent à la tige, qui naissent directement sur la tige : la laitue et la sauge, par exemple, ont des *feuilles caulinaires*, qui sont implantées sur la tige; la cuscute et le cacaoyer des *fleurs caulinaires*; la vanille et le lierre des *racines caulinaires*; les malvacées et le figuier des *stipules caulinaires*.

CAUMONT (Famille de), l'une des plus anciennes et des plus illustres maisons du midi de la France. En l'an 1020, *Calo* DE CAUMONT donna son nom au château et à la ville de *Caumont*. Le célèbre avocat-général Jérôme Bignon disait, en 1637, en plein parlement, lors de la réception du maréchal duc de la Force comme duc et pair, qu'il existait des titres de foi et hommage rendus à nos rois depuis plus de six cents ans par les sires de Caumont pour douze ou treize villes du Périgord et de la Basse-Guienne. On voit les seigneurs de Caumont se signaler en Orient dès les premières croisades, en Guienne dans les guerres des Anglais, et dans nos discordes civiles comme chefs du parti protestant. Ils ont eu deux maréchaux de France sous les règnes de Louis XIII et de Louis XIV, des généraux commandants d'armée, des chevaliers du Saint-Esprit et de la Jarretière, un duché-pairie et des ducs à brevet; enfin, ils ont occupé les plus hautes charges de la cour et un fauteuil à l'Académie française. Alliés aux maisons souveraines de Bretagne et d'Albret, et à celle d'Orléans-Longueville, il ne leur manquait plus que de s'unir au sang royal; un Caumont fut au moment d'épouser publiquement la grande Mademoiselle, petite-fille de Henri IV et nièce de Louis XIV, lorsque, par un revirement soudain, l'orgueilleux monarque, qui avait consenti à ce mariage, précipita l'imprudent favori du faîte des grandeurs auxquelles il touchait déjà dans un des cachots de la citadelle de Pignerol (*voyez* LAUZUN).

La maison de Caumont a produit deux branches bien connues. Les *Caumont-La-Force*, protestants, et les *Caumont-Lauzun*, catholiques, s'étaient séparés, dès la fin du douzième siècle, de la souche commune; mais ils gardèrent le prénom de *Nompar*, que déjà ils portaient depuis longtemps. Le duc de Lauzun n'ayant point laissé de postérité, sa branche s'éteignit à sa mort en 1723. Celle de La Force s'est conservée jusqu'à nous; deux fois elle s'est vue menacée d'une destruction complète, et deux fois elle s'est providentiellement relevée. Et d'abord, en 1572, le jeune Caumont, échappe comme par miracle, aux poignards des assassins de la Saint-Barthélemy, qui avaient égorgé son père et son frère; couvert de leur sang et oublié dans la rue des Petits-Champs parmi leurs cadavres, il réussit à se soustraire aux embûches de ses ennemis, et laisse une nombreuse et glorieuse lignée. Environ deux siècles plus tard, le nom de Caumont semblait encore devoir périr : le duc de La Force, pair de France, septième descendant de Jacques Nompar, n'avait plus d'héritier mâle à qui il pût transmettre les titres et les grands biens de sa maison; à la vérité, la duchesse de La Force lui avait donné trois fils, mais il les avait perdus tous trois sans qu'ils eussent laissé d'enfants; l'aîné, titré duc de Caumont, qui avait épousé la fille du maréchal de Noailles, était mort en 1755; le second, marié à la fille du ministre Amelot, avait été tué devant Coni en 1744 ; le troisième mourut fort jeune et sans avoir contracté d'alliance. Le vieux duc, survivant donc à tous ses fils, déplorait la perte de tant d'espérances; il lui restait bien encore une fille mariée au comte de Béarn, mais il se désolait de voir tomber sa race en quenouille. Un jour qu'il allait faire sa cour à Versailles, c'était en 1756, un an environ après la mort de son fils aîné, le duc de La Force, traversant la salle des gardes, entend une voix qui prononçait le nom de Caumont; il s'arrête aussitôt et demande qui on appelle ainsi? On lui répond que c'est un jeune garde du corps du roi, nommé Caumont de Beauvila. Le duc de fait venir chez lui, l'interroge son pays et sur sa famille, apprend qu'il est gentilhomme et de la ville de Moutauban ; il demande à voir ses armes, et reconnaît sur son cachet les trois léopards, concession des rois d'Angleterre à la maison de Caumont. Cette parfaite similitude de nom et de blason frappe singulièrement le duc de La Force; d'abord, il s'abandonne à une folle joie; mais, maîtrisant bientôt ce premier mouvement, il ne veut pas s'en rapporter à lui-même pour la vérification des titres, à cause de la gravité des conséquences qui en peuvent résulter. Il prie donc le roi d'ordonner une enquête. Cet examen eut lieu, et il résulta des preuves faites par-devant Clerembault, généalogiste des ordres du roi, que Bertrand de Caumont de Beauvila se trouvait précisément, comme le duc de La Force lui-même, le huitième descendant mâle, en ligne directe, de Braudelis de Caumont et de Marguerite de Bretagne, et que les deux rameaux s'étaient séparés du même tronc, avec des fortunes diverses, vers le milieu du quinzième siècle.

Bertrand de Caumont de Beauvila, reconnu par le chef de sa maison avec l'autorisation du roi, et titré marquis de Caumont, épousa Mlle de Béarn, petite-fille du duc de La Force, qui lui substitua tous ses biens. Le marquis de Caumont mourut en 1772, premier gentilhomme de la chambre de Monsieur. Il est l'auteur de la seconde branche des ducs de La Force, qui descendent, par leur mère, de la première, et par leur père, de la tige commune de la maison de Caumont. La marquise de Caumont survécut longtemps à son mari; gouvernante des enfants de M. le comte d'Artois, c'est elle qui présida à la première éducation de M. le Dauphin et du duc de Berry ; elle mourut en 1825.

Mis DE LA GRANGE, Sénateur.

CAURIS, espèce de coquillage blanc et bosselé des îles Maldives, la *cypræa moneta*, ou *porcelaine cauris* des conchyliologistes, qui sert de monnaie et d'ornement dans les Indes et en Afrique. Les naturels du pays s'en font des colliers et des bracelets pour rehausser la noirceur de leur teint, comme les femmes en France mettaient autrefois des mouches pour relever leur blancheur. Ces coquilles, dont la valeur, dit Balbi, a droit à fait arbitraire, et qui remplacent le billon sur les bords du Gange, dans le haut Thibet et dans le royaume de Kaboul, sont la monnaie la plus commune dans la Nigritie centrale (Soudan et Guinée), et sur le plateau de la Sénégambie; mais elles paraissent n'avoir plus de cours dans la Nigritie méridionale, où on ne les rencontre jamais dans les transactions commerciales. Dans l'intérieur de l'Afrique, elles ont une valeur dix fois plus grande qu'au Bengale; dans cette dernière contrée, 2,400 cauris équivalent à 1 shilling ou 25 sous de France, tandis qu'à Kachenak et à Ségo il n'en faut que 250 pour représenter la même valeur. Les *cauris*, du reste, ne sont pas la seule monnaie de l'Afrique. On se sert, par exemple, en Abyssinie, de *pièces de coton* de la valeur d'un dollar, et, quand il s'agit de sommes moins considérables, on coupe ces pièces dans la proportion convenable. Les autres monnaies sont le *sel* et le *tibbar* ou poudre d'or.

CAURROY (DU). *Voyez* DU CAURROY.

CAUS (SALOMON DE), ingénieur français, né en Normandie vers la fin du seizième siècle, découvrit les propriétés de la vapeur comme force élastique, découverte dont les Anglais ont vainement tenté de faire honneur à leur compatriote le marquis de Worcester, qui a bien pu l'emprunter à Salomon de Caus. On n'a, au reste, que fort peu de détails sur l'histoire de sa vie; on ignore l'époque et les circonstances de sa mort, quoique, sur la foi d'un romancier mystificateur, plusieurs personnages, qui se sont montrés aussi ignorants qu'ils se croient sérieux, aient répété que Salomon de Caus était tourmenter Richelieu, et que le ministre cardinal, las de ses folles, l'avait fait renfermer à Bicêtre où il serait mort véritablement fou. Tout ce qu'on sait de Salomon de Caus, c'est qu'il résida d'abord quelque temps en Angleterre où il fut attaché au prince de Galles, et qu'il passa ensuite plusieurs années en Allemagne au service du prince Palatin. C'est ce long séjour de l'autre côté du Rhin qui a fait à tort supposer par quelques personnes que Salomon de Caus était Allemand. A cet égard, il a eu soin lui-même de ne point laisser prétexte à la moindre incertitude; car si, dans ses *Raisons des forces mouvantes*, ouvrage composé à Heidelberg, et publié, en 1615, à Francfort, il prend le titre d'*ingénieur et d'architecte de son altesse Palatine Electorale*, il place en tête de ce livre une dédicace au roi Louis XIII qu'il termine par la formule ordinaire de *très-humble et très fidèle sujet*, et il n'a garde non plus d'omettre le privilège du roi, qui garantit à la fois et la libre circulation de son ouvrage et la sécurité de sa propriété littéraire; document dans lequel se retrouvent encore les termes de *fidèle sujet*, employés pour désigner l'impétrant.

Dans les *Raisons des forces mouvantes*, avec *diverses machines tant utiles que plaisantes*, on trouve, dit M. Arago, entre autres choses ingénieuses, que plusieurs mécaniciens ont présentées de nos jours comme nouvelles, un théorème ainsi conçu sous le n° 5 : *L'eau montera par aide du feu plus haut que son niveau*; et voici en quels termes Caus justifie son énoncé : « Le troisième moyen de faire monter « l'eau est par l'aide du feu, dont il se peut faire diverses « machines. J'en donnerai ici la démonstration d'une : soit « une balle de cuivre, bien soudée tout à l'entour, à laquelle « il y aura un soupirail par où l'on mettra l'eau, et aussi « un tuyau, qui sera soudé en haut de la balle ; et dont le « bout inférieur approchera du fond sans y toucher ; après « faut emplir la dite balle d'eau par le soupirail, puis le « bien reboucher et la mettre sur le feu ; alors la chaleur, « donnant contre la dite balle fera monter toute l'eau par le « tuyau. » C'est là, comme on voit, la description d'une véritable machine à vapeur propre à opérer des épuisements. On ne saurait d'ailleurs prétendre que Salomon de Caus ignorait la cause de l'ascension du liquide par le tuyau, puisque, dans son théorème premier, à l'occasion d'une expérience toute semblable, il dit que « la violence de la vapeur (pro- « duite par l'action du feu) qui cause l'eau de monter, est « provenue de la dite eau, laquelle vapeur sortira puisque « l'eau sera sortie par le robinet avec grande violence. »

Par une bizarrerie singulière, un homme que la postérité regardera peut-être comme le premier inventeur de la machine à feu n'est cité dans l'histoire des mathématiques de Montucla qu'à l'occasion d'un autre de ses ouvrages, son *Traité de Perspective* ; et encore la citation n'est-elle que de cinq lignes. A peine a-t-il aussi obtenu l'aumône de quelques lignes dans les diverses biographies publiées de nos jours.

CAUSALITÉ, CAUSES, CAUSES PREMIÈRES, CAUSES FINALES. En philosophie, l'origine et la nécessité des causes de toutes choses est la plus haute, la plus capitale des questions. Y a-t-il, en effet, des *causes* de l'existence, soit de l'univers et de ses parties, soit de l'homme ? ou n'y a-t-il pour le tout qu'un enchaînement nécessaire d'effets devenant successivement causes secondaires, tertiaires, etc., à leur tour ? enfin, le grand ensemble n'est-il qu'un résultat du hasard, un acte fortuit des matériaux qui sont pondérés, établis d'après les combinaisons ou les mélanges spontanés de leurs propriétés intrinsèques, suivant les circonstances dans lesquelles ils ont pu se rencontrer sous leurs divers rapports ? Voilà ce que la philosophie se propose de décider comme le plus difficile et le premier de ses problèmes. Hume et d'autres philosophes sceptiques ont opposé divers arguments contre les relations de *causes* et d'*effets* dans la nature. Mais, quand il serait prouvé que nous ne les rapportons pas toujours bien les uns aux autres, et que ces correspondances entre eux ne sont point déterminées, il ne s'ensuit nullement qu'il n'existe pas de causalité ; tout ne saurait être un produit sans un principe producteur. Que les effets deviennent à leur tour des causes pour occasionner des effets secondaires et subséquents, personne ne le conteste ; mais que tout soit effet sans cause, c'est chose incompréhensible et inadmissible. La raison ordonne donc de remonter à une cause quelconque, parce qu'un enchaînement circulaire d'effets successivement agents et patients ne constitue qu'une série d'actes sans atteindre le principe d'activité d'où tous émanent nécessairement. L'éternité du mouvement et de la matière, ou des êtres, recule la difficulté sans la résoudre ; c'est un moyen de s'abstenir qui ne conclut rien. On comprend donc qu'il faut une origine et un principe. Quelle en est la nature ? voilà la véritable question.

L'univers et tous les êtres qu'il renferme existent-ils de toute éternité, sans avoir été produits, sans cause première et par eux seuls, ou spontanément ? Rien ne paraît moins admissible à notre raison, puisque nous voyons dans l'ordre de toutes choses des causes génératrices des effets ; rien ne peut produire que le rien : *ex nihilo nihil*. Quoique beaucoup de résultats restent pour nous impénétrables dans leurs causes, cependant l'esprit humain ne saurait reconnaître qu'il n'y en ait aucune. Nous contemplons dans la structure des animaux et des plantes, dans les combinaisons minérales, dans les mouvements des astres, des opérations tellement ordonnées avec harmonie, avec des fins si bien calculées pour atteindre certains buts, qu'il paraît impossible de les attribuer au hasard et à l'absence de toute cause. Certes le dard du scorpion a été constitué pour piquer et injecter du venin dans la plaie, comme la mamelle a été organisée pour donner du lait salutaire à un enfant. Il y a donc des causes productrices ; et il n'est pas présumable, quoique Lucrèce, d'après Épicure, le soutienne, que les dents n'ont pas été formées pour mâcher les aliments, mais que, se trouvant faites par hasard, l'animal s'en est naturellement servi.

Réduits à cette extrémité, les philosophes qui niaient la causalité ont reconnu un premier moteur dans l'univers, concession immense et souverainement ontologique. Mais ici l'on est contraint de choisir : ou ce premier moteur est matériel, et par-là même nécessité dans son action, ainsi qu'un grand ressort, comme le suppose Spinosa, ou il faut admettre une puissance autre que la matière, *mens agitans molem*, imprimant librement le mouvement aux sphères, et l'organisation, la vie, l'intelligence, à des êtres animés.

Dans la première hypothèse, ou le panthéisme, il est incompatible, comme l'ont déjà démontré Bayle et d'autres philosophes, de supposer que le monde soit Dieu, c'est-à-dire à la fois agent et patient dans le même sujet, ou que la Divinité souffre, soit mangée et meure dans les animaux, et autres absurdités semblables. De plus, s'il y avait unité de substance dans l'univers, on ne verrait s'établir aucune opposition de sentiment et de volonté entre les êtres, ce qui serait destructif de la Divinité. Ou la matière a été organisée de toute éternité par sa propre essence, comme jouissant virtuellement de la vie, et dans ce cas l'état brut, inanimé, inorganique des minéraux, serait impossible et contradictoire, ou la matière n'est pas essentiellement organisée dans son origine. L'existence des planètes, ou de la terre, sans êtres animés à la surface, se conçoit parfaitement de même que l'état de mort. On ne peut donc pas soutenir que l'organisation soit inhérente et essentielle à la matière. Nécessairement l'état inorganique précède l'état organisé. L'histoire naturelle, la géologie, comme la physique démontrent évidemment cette vérité.

Pour qu'une matière non organisée produisît la structure de l'organisation, il faudrait qu'elle donnât plus qu'elle ne possède, et se modifiât savamment d'elle seule, ou qu'elle fût en même temps libre et dépendante, agente et patiente dans la même molécule, ce qui implique contradiction, impossibilité. Il faudrait encore que les parties se dépouillassent de leurs propriétés de vie, inhérentes et essentielles, pour augmenter celles d'autres parties. Or, la preuve que la sensibilité, la pensée, la volonté, n'appartiennent pas en propre à des molécules matérielles, c'est que les particules d'un os, par exemple, quelque agrégation qu'elles puissent recevoir, n'en possèdent jamais autant que la substance nerveuse ou médullaire. Donc, ce n'est point la matière elle-même qui devient propriétaire de l'irritabilité, de la sensibilité, de la pensée, si fugitives, si variables, dans le sommeil, la fatigue, ou sous l'influence des narcotiques, etc.

Comment une matière brute et toute chimique saurait-elle, sans une cause spéciale, développer des forces vivantes opposées à ses lois physiques, en créant des êtres animés si admirablement agencés que toutes les pièces de leur construction se correspondent avec une parfaite sagesse dans le plus chétif ciron, muni de ses membres, de ses viscères, avec ses yeux, sa trompe, ses organes sexuels, son petit instinct, aussi bien que dans l'immense baleine ? Comment demander ces merveilles au hasard, à la putréfaction, s'il n'y a pas une causalité, un principe de coordination organique ? Il est incompatible avec le bon sens d'admettre que, sans organes pour penser, la matière puisse se donner l'intelligence et une structure qui lui manquaient. L'instinct natif des animaux ne précède-t-il pas le déploiement de leurs organes, comme dans le jeune taureau, frappant de la tête avant la sortie de ses cornes, le coucou chantant seul en sortant de son œuf couvé par une autre espèce d'oiseau, le canneton élevé par la poule et se jetant à l'eau, etc.? D'où surgissent, chez les animaux malades, sans médecin, chez le chien, mâchant du gramen, ces propensions spontanées d'une nature médicatrice? Tous les matérialistes, anciens et modernes, tourmentés de l'impossibilité d'attribuer ces actes de causalité aux simples forces de leurs atomes, même en leur concédant pensée, volonté, sensibilité, se sont euxmêmes réfugiés dans les chances infinies d'un hasard heureux. Mais lorsqu'on les presse en leur demandant pourquoi ce hasard heureux, cessant aujourd'hui d'accoucher de ces merveilles, s'est réduit à une succession régulière de générations et à une permanence d'imitation de formes spécifiques, pourquoi se taisent-ils? pourquoi ne peuvent-ils échapper à l'évidence des causes finales qu'en les niant? Ainsi, Spinosa, comme Épicure, est forcé de soutenir que les yeux ne sont pas destinés à la vision. Il y aurait trop de bonhomie de l'homme ou tout anatomiste et naturaliste à réfuter d'aussi pitoyables assertions. Car il faut ici terrasser les monstres qu'on nous reproduit sans cesse.

Quelque intellect diffus ou cause efficiente qu'on suppose dans les éléments les plus aptes à l'organisation, encore faut-il un pouvoir unique, central, qui préordonne tous les membres de l'homme ou de l'animal, qui détermine ses fonctions, sa durée ou ses progrès d'âge, dirige ses besoins primitifs, ses instincts innés, constitue son *moi* intérieur. Qui a pu combiner tant d'êtres si merveilleusement diversifiés, selon un plan harmonique, et unis entre eux (tel insecte à telle espèce de plante, telle créature pour telle contrée ou situation, relativement à l'air, à l'eau, à la chaleur ou au froid, etc.) par des rapports fraternels? Ils ont été jetés, non sans dessein, non sans correspondance, sur la croûte anorganique des terrains primordiaux de notre planète par cette cause générale qui se particularise dans les formes propres à chaque espèce.

Nous établissons donc qu'aucune matière, si subtile ou mobile qu'elle soit, le calorique, l'électricité, ou tout autre corps impondérable, ne puit par sa nature, ni de la vie, ni de la sensibilité, ni de la pensée, ni de la volonté, qui sont des attributs de la causalité. Le mouvement même, sans lequel aucune vie n'a lieu, ne peut être essentiel à la matière; elle n'en a point la propriété inhérente, mais seulement par communication, puisqu'elle le perd. La preuve en est que le calorique, l'électricité, principes si actifs, tendent nécessairement à s'équilibrer; ils parviennent toujours par eux seuls au repos lorsque rien d'étranger à eux ne trouble leur équilibre; l'expérience le démontre en physique. Cela suit naturellement de l'inertie naturelle à toute matière. Supposons avec Épicure chaque atome animé d'une force qui lui serait propre. Comment chacun d'eux (destitué de toute influence extérieure, puisqu'on n'admet en ce moment que de la matière dans la constitution du monde), comment serait-il entraîné à se mouvoir spontanément dans l'espace libre, plutôt d'un côté que de l'autre, plutôt en bas qu'en haut? Aussi, malgré leur énergie supposée, ces atomes doivent rester nécessairement inactifs. Également sollicités en tout sens, il n'y a nulle raison pour qu'une chose se forme de soi-même plutôt que tout autre chose : donc, il y a repos. Ni les mondes ni les animaux ne pourraient donc être constitués par la puissance spontanée de la matière, lors même que des molécules possédaient en elles autant de petites intelligences avec la volonté. En effet, l'égalité naturelle des forces entre des atomes nécessairement égaux maintiendrait entre eux cet équilibre parfait de repos éternel, dans le chaos, tant qu'aucune puissance extérieure ne leur imprimerait pas le mouvement. De plus, quand on accorderait que la matière, libre dans ses actes spontanés, ne consentirait jamais à un repos absolu, elle n'opérerait rien qu'au hasard, par l'absence de toute causalité intelligente ou d'un moteur unique, régulier, central, tel que le principe vital individuel de chaque animal. Elle détruirait en même temps qu'elle construirait dans le même être. Par conséquent, le hasard régnant dans l'univers, comme sont forcés d'en convenir les *hilozoïstes* dans leur hypothèse, la régularité, la permanence des formes organiques serait impossible.

Mais, répliquera-t-on, en refusant à la matière toute activité spontanée, comment concevoir ces attractions chimiques, ces combinaisons si surprenantes, ces infinies productions dont l'univers est le perpétuel théâtre? Un mot suffit. Cette activité lui fut sans contredit dévolue avec poids et mesure, par la première cause, pour produire tel ordre de combinaison jusqu'à certaine limite. Mais si la matière possédait spontanément la vie, elle agirait sans règle et sans terme. Qui bornerait ses propriétés, si elle seule pouvait se les attribuer? Tout pourrait donc se produire et tout marcherait nécessairement sans lois fixes. C'est ce que les **matérialistes** ont compris en faisant le hasard et la fatalité père et mère de ce monde. Il n'y a pas de monstre et de chimère qui n'en puissent naître. Il faut donc admettre une cause primordiale, laquelle ne peut pas être elle-même la machine matérielle du monde. Autrement, il faudrait que le mouvement résidât dans cette immense machine, sans avoir eu de cause de son existence, ce qui est démontré impossible : car en supposant que le mouvement soit essentiel à la matière, il y serait inabolissable, et imperdable, ce dont l'expérience nous montre la fausseté par l'inertie reconnue de la matière. Or, le mouvement n'étant ni spontané ni essentiel dans elle, il faut qu'il ait été départi par un moteur autre que cette substance, ou par une énergie qui n'est pas corps.

Prouvons de plus qu'une substance unique est inapte à se percevoir d'elle seule, parce qu'il y a identité. Les philosophes qui n'admettent rien autre chose que la matière dans l'homme et dans le monde ont reconnu combien le *phénomène du moi se percevant lui-même* était inexplicable. En effet, chaque atome de matière, quand on le supposerait organisé, vivant, sensible, comme une *monade* de Leibnitz, ce miroir de l'univers ne peut pas se mirer dans lui-même, ni réfléchir sur ses propres rayons, puisque sa nature est *une*. La raison nécessaire pour se réfléchir sur soi est qu'il faut *dualité*, un objectif et un subjectif, un agent et un patient. Nulle intuition ni réflexion n'est possible sans un appui sur un objet étranger à nous, qui fasse retourner l'impression vers son origine. Un esprit ou un corps qui resterait isolé, unique, éternellement concentré en lui seul, demeurerait vide de sensation, incapable de se juger, de se connaître; jamais son existence ne lui serait révélée; il faudrait pour cela qu'il pût se comparer à ce qui n'est pas lui. Ainsi, l'encéphale supposé uniquement composé de matière resterait hors d'état de *se percevoir percevant*, faute de pouvoir sortir hors de son essence.

Donc le phénomène du *moi* ne se pose que par son choc contre le *non-moi*. Le monde extérieur passif n'est dévoilé qu'au moyen d'un principe intérieur actif qui s'ouvre des portes par les sens. En un mot, on ne saurait être aucunement tout ensemble *soi* et *non-soi* dans le même sujet. Ce serait la plus monstrueuse incompatibilité de nature qu'il soit possible de supposer dans notre cerveau, puisque l'une de ces actions implique nécessairement négation et destruction de l'autre. C'est le même non-sens complet que si l'on disait un viscère digestif se digère lui-même en digérant ce qui n'est pas lui, ou qu'une glande sécrétoire se sécrète elle-même, etc. Eh! qui ne sent pas trop souvent en nous le combat intérieur *de la chair et de l'esprit*, des passions contre la raison? Qui peut nier que nous ne soyons capables, quelquefois du moins, de vaincre nos répugnances organiques, de résister aux tentations de nos concupiscences? Ce qui fait suicider l'homme ne peut être son organisme lui-même; il y a donc plus que des ressorts physiques en nous, puisque ce physique est sacrifié. Quel automate, si parfaitement organisé qu'il soit, peut se montrer volontaire et libre? Aucun. Par conséquent, il faut quelque agent au delà du corps : *homo duplex est*. En effet, s'il n'est que matière, il ne saurait jouir du franc arbitre : c'est un automate dépendant du ressort machinal de ses organes tout physiques. C'est donc encore ici qu'une causalité distincte est une condition indispensable de l'être moral humain.

Ainsi, marqué du sceau de la fatalité, comme Oreste ou Caïn, tout matérialiste n'admettant pour cause de nos actions que l'organisme purement corporel, est contraint de se précipiter dans l'automatisme absolu, comme on le voit par le système de Spinosa, de Hobbes, qui déclarent que l'homme n'est pas plus capable d'agir qu'une horloge. Gall s'est mal justifié du reproche d'avoir ôté l'homme tout passif dans ses actes : si ceux-ci sont nécessités, comme l'établit aussi Priestley, il n'y a pas plus de justice à punir le scélérat de ses forfaits qu'à condamner un aliéné, ou un tigre de son instinct. Rien ne peut être imputable à des individus assujettis à l'empire de l'organisme et domptés par des penchants irrésistibles. Voilà le crime innocent et la vertu sans mérite ; la moralité humaine et toute responsabilité de nos actions sont anéanties. On a consacré, de plus, le principe de la perversité originelle en soutenant que l'enfance est portée au mal et le préfère à bien faire.

Cependant une résistance morale dépose sans cesse en nous contre cette prépondérance attribuée à la matière : je veux telle chose, par cela seul que j'aime ma liberté; il me plaît de *vouloir* ce qui m'est défendu : caprice ou raison, il me convient de me maintenir indépendant, victorieux de toute contrainte. J'abhorre toute entrave, la servitude me révolte intérieurement contre les chaînes de la tyrannie. C'est pour cela que toute âme généreuse se range du parti qu'on opprime ; n'est-ce pas là l'instinct secret de tout homme? Qui que vous soyez qui combattez ce sentiment, vous faites encore preuve de liberté en vous signalant esclave volontaire.

Les partisans de la fatalité soutiennent que la volonté ne se détermine jamais que par des motifs emportant la balance : elle n'est donc pas maîtresse de se rejeter en un sens opposé ; je le nie. Qui n'a pas joui, parfois, du plaisir de dompter par la force de sa volonté un mépris ou toute autre passion violente suscitée en nous ? Quels que soient nos motifs de clémence ou de dignité morale, n'est-ce pas toujours la volonté qui, d'elle seule, du haut de son tribunal, pèse ces motifs dans son libre arbitre, et se détermine, selon son gré, souvent variable? Elle ne fait que ce qu'elle a voulu, puisqu'elle pouvait agir autrement. Elle retient ou relâche les rênes du système nerveux; elle est donc sa propre *autocratie*, dans des organes très-bornés, d'ailleurs, par leur structure déterminée : ceux-ci seuls subissent des fonctions nécessitées.

Sans une causalité, l'homme n'étant point un agent libre, ni responsable de sa moralité, nulle loi ne lui serait obligatoire, comme à la brute et à l'aliéné. Il ne pourrait être gouverné que par la verge de la terreur, ce qui est destructif de tout commerce libre, de toute société. Pour rester conséquent à son système, le matérialiste doit, avec Hobbes, se montrer l'apôtre du despotisme et agir en tyran absolu, s'il le peut. Par ses pareils, puisque, selon ce philosophe, nous naissons essentiellement vicieux, ou machines malfaisantes, et que l'égoïsme est élevé sur son trône dans le cœur de tout homme. Alors, plus de droit naturel, rien de juste ni d'injuste en soi, rien de sacré et d'inviolable, tout est loi arbitraire, pure convention des humains entre eux. D'après ces principes, tout sacrifice vertueux de l'existence devient ridicule, impossible, impraticable. Aussi,

CAUSALITÉ 701

toute la vertu à laquelle se réduit un matérialiste avare de sa vie (puisque tout réside en elle seule, selon lui) ne peut s'élever au delà de la simple bienveillance, pour recueillir de ses semblables une réciprocité de bien; marché où l'intérêt personnel calcule au juste la mesure de l'égoïsme, théorie célébrée par tous les partisans de la philosophie sensuelle, Helvétius, Cabanis, Volney, etc.

Comment concevraient-ils l'héroïsme de la vraie vertu, sacrifiant avec enthousiasme son existence pour accomplir de sublimes devoirs? Qu'une mère se précipite au sein des ondes ou dans les flammes pour leur arracher son fils, qu'un citoyen s'immole au salut de sa patrie, qu'un médecin s'élance hardiment au foyer des plus désastreuses contagions, comme le guerrier intrépide dans le feu des batailles ; que le sentiment de l'honneur, chez les âmes élevées, soit ancré plus profondément que celui de la vie, toutes les nations de la terre, le sauvage encore plus que l'homme civilisé, comprennent cet élan magnanime. Les théâtres retentissent d'applaudissements unanimes à ce spectacle... Fanatisme politique, dira-t-on, folie religieuse dans les martyrs de toute religion : *extrême excitation nerveuse de l'appareil encéphalique*. Ainsi, l'on éteint toute ardeur généreuse du moral. Cependant, ce qui fait tuer l'organisme peut-il être l'organisme? où gît le mobile, le ressort sublime qui soumet ainsi le corps aux supplices, pour ce qu'il croit la *vérité*, fût-ce pour les plus absurdes chimères de Mohammed ou de Sommona-Codom? Il y a donc là confiance ou une capacité d'une vérité, d'une justice éternelle dans les âmes humaines! Que nous parle-t-on ensuite de folie et de tant de sortes d'idiots, de maniaques furieux, délirants, imbéciles, etc., en ramassant dans la lie de l'espèce et dans les misères des hôpitaux tous les désordres d'une organisation difforme, pour obscurcir ces nobles sentiments, ces inspirations de justice, de vertu, et toute la dignité de l'intelligence? Mais, de cela même qu'un instrument est détraqué ou désaccordé, est-on fondé à nier l'existence ou les lois immuables de l'harmonie dans la nature des choses?

L'histoire montre clairement combien le bon goût a dégénéré dans tous les siècles littéraires de la Grèce, de Rome et de la France, à mesure qu'une philosophie sensuelle éteignait cette inspiration sacrée, virginale, ou l'*esthétique*, le génie créateur du beau dans tous les arts. En effet, le sentiment du sublime émane, comme l'héroïsme et la vertu, de cette causalité, de ces forces intérieures de notre âme, tandis que le matérialisme, qui en arrache jusqu'à l'existence, et que la sensualité, née de ses doctrines sensitives, dépouillent la nature de son harmonie, de ses grâces enchanteresses, pour ne voir désormais que les combinaisons fantasques d'un hasard aveugle, ou des chances nécessairement stupides de la matière. Aussi, le matérialisme tire ses principaux arguments des monstruosités, des maladies, des vices de l'organisation : ces exceptions, ces difformités elles-mêmes, devenues ses preuves et ses règles, ne produiront jamais que des œuvres estropiées.

Je ne sais s'il n'y a pas une haute présomption, après les efforts infructueux de tant de Prométhées téméraires, à prétendre qu'on puisse animer l'homme sans emprunter *le feu du ciel*. Et pour conclure, l'épicuréisme matérialiste ne devint-il pas l'une des sources empoisonnées qui ravit les libertés de la Grèce et de Rome, le poison destructeur des anciennes sociétés, par la dissolution des mœurs qu'il engendre nécessairement, comme l'a démontré Montesquieu? Jamais il ne forma de législateurs, mais plutôt ces caractères voluptueux ou serviles, plongeant leur vie dans les délices et rampant sous tous les régimes tyranniques. Au contraire, le stoïcisme, éminemment causaliste, fut toujours fécond en grands hommes, en ennemis redoutables de tous les despotismes. L'histoire a prononcé entre ces deux sectes rivales. Chacune a porté ses fruits, en influant même sur la santé, la longévité des individus, comme des nations chez lesquelles elles ont fleuri. C'est donc manifestement un triste symptôme de désorganisation, de dégradation intellectuelle et morale, ou d'avilissement des caractères, que présente le mépris de tout principe de causalité, puisqu'on ne reconnaît ni la Divinité, ni l'âme humaine. Alors le corps étant tout, l'essentiel consiste à se procurer toutes les jouissances physiques, même *per fas et nefas*, principalement si l'on est riche et puissant. Il est facile d'y voir le prélude inévitable de tous les genres de despotisme, de bassesse, et comme le ferment de putréfaction des sociétés politiques.

Les philosophes anciens et modernes qui s'adonnèrent à la contemplation de cet univers, furent tous obligés de remonter à quelque cause première et productrice des effets que nous admirons. Les poètes chantèrent ces merveilles cosmogoniques, et les ministres des autels en voilèrent les plus hautes vérités sous des allégories aux yeux des peuples ignorants, incapables de s'élever à ces pensées sur la nature des choses. Il suffira ici de tracer un aperçu très-succinct des opinions philosophiques, anciennes et modernes, sur les *causes premières*.

Ainsi, indépendamment de la cosmogonie de Moïse, qui reconnaît un seul Dieu, créateur de tous les êtres, les antiques mages de l'Orient et de la Chaldée posèrent deux principes de toutes choses : la lumière et les ténèbres ; c'est la première idée du système du dualisme, tel que celui des anciens Perses, ou d'*Oromaze*, le dieu du bien, et d'*Ahrimane*, la source du mal, le Satan des modernes. Ce système était également admis par les Égyptiens, puisque leur Typhon était le génie malfaisant, et Isis et Osiris des divinités salutaires. Ce combat des puissances naturelles, ou cet antagonisme, s'est retrouvé dans les systèmes qui ont établi pour causes primitives l'*amour*, débrouillant le chaos, et la *haine*, qui détruit : telle fut la théologie de Linus et d'Orphée. Ainsi *Jupiter* et les *Titans* de la théogonie d'Hésiode représentent pareillement cette lutte éternelle, dont les manichéens consacrèrent le dogme en égalant le démon à la Divinité, pour expliquer la persistance du mal et du bien, qui se contrebalancent dans le monde. Plusieurs philosophes reconnurent aussi des forces opposées, avant que les modernes eussent établi les lois de l'attraction et de la répulsion, celles de la concentration et de l'expansion universelle, celles de génération et de corruption, ou la vie et la mort, etc.

D'autres philosophes ne reconnurent qu'une cause première, unique : les uns, comme Thalès, établirent que l'eau était la source originelle de toutes choses ; les animaux, les plantes, prenant naissance à l'état liquide, ou par la présence de ce principe. Cependant Anaximène rapporta à l'air ou à des éléments gazeux la cause de tous les êtres. Anaximandre admet cette cause première l'*infini* ou des principes indéterminés. Anaxagoras supposa des particules similaires, dites *homœoméries*, qui, se trouvant en toutes substances, se combinaient différemment pour produire les différents êtres, avec l'intervention de la Divinité. Empédocle admit quatre éléments constitutifs de toutes choses : cette doctrine subsista très-longtemps. Héraclite et Zénon le Stoïcien attribuèrent au feu visible ou caché toutes les opérations de cet univers et la cause de la vie ; enfin, Démocrite, Leucippe, Épicure, rapportèrent à des atomes ou petites particules indivisibles tous les corps dont le monde est formé. Ceux-ci ne donnaient à ces atomes aucune propriété ni qualité spéciale, tandis qu'Anaxagore leur attribuait des propriétés spécifiques. Tels furent les principes de la plupart des anciens philosophes, construisant le monde avec des éléments matériels.

D'autres sectes plus métaphysiques reconnurent des principes abstraits : telle fut l'École d'Élée, qui comprit l'unité de l'être : Parménide, Zénon d'Élée, Xénophane, furent les principaux chefs de cette école. On peut admettre parmi les métaphysiciens Pythagore, reconnaissant l'harmonie et les nombres comme causes premières de l'ordre dans l'univers ; car le système de Timée de Locres, qui établit une âme du monde distribuée dans toutes les parties, selon les lois de l'harmonie, est un système analogue, puisqu'il concilie Dieu et la matière d'après des proportions de quantité numérique selon certains degrés harmoniques. Toute la métaphysique de Platon, exposant les rapports entre le corps et l'âme, entre le monde et son auteur, le gouvernant par des idées archétypes, est une modification du système qui reconnaît également deux principes, l'esprit et la matière, mais agissant séparément l'un sur l'autre et souvent antagonistes.

Une secte différente réunit plus étroitement ces deux principales causes : ainsi, Héraclite et Zénon de Citium ou le Stoïcien, soutinrent l'existence d'une âme universelle, qui, comme un feu secret, animait toute la nature, mais par des lois éternelles, immuables, constituant le destin, la fatalité inexorable. Aristote, au contraire, avait admis plusieurs natures actives, espèces d'âmes distinctes, ou *entéléchies*, constituant les formes des animaux, des plantes, etc. Straton de Lampsaque poussa plus loin ces principes, et soutint que la matière même était animée, et qu'il n'y avait qu'un principe : telle fut la secte des *hilozoïstes*, qui, se combinant avec celle d'Épicure, devint l'origine de tous les matérialistes ou des athées anciens. Cette opinion a été rétablie dans les temps modernes par Spinosa et d'autres philosophes, qui ne reconnaissent qu'une substance unique dans la nature.

Descartes, tout en ressuscitant la philosophie corpusculaire, n'avait pas confondu le principe intelligent ; il l'avait même nettement distingué par sa fameuse définition, *je pense, donc je suis*. Malebranche avait même poussé ce principe intellectuel jusqu'à négliger le principe matériel ; et les idéalistes purs, tels que Berkeley, évêque de Cloyne, ont porté cette philosophie jusqu'à n'admettre que l'esprit pur. Les *monades* de Leibnitz, et son *harmonie préétablie*, tout en reconnaissant deux causes premières, les ont placées au même niveau. Cudworth, modifiant l'opinion d'Aristote, établit le système des *natures plastiques* pour expliquer la persistance des formes des créatures organisées. Enfin, Newton formula le système de la gravitation universelle et de tous les effets qui en dérivent par un enchaînement naturel. Depuis ce temps, les expériences de la physique et de la chimie semblent ressusciter l'hypothèse des atomes, mais combinée avec les lois de l'attraction et celles des proportions harmoniques définies. L'unité de composition organique et l'émanation de tous les êtres d'une tige originelle, tirant leur vie du sein des eaux, semblent nous rapprocher des divers systèmes de Thalès, outre ceux de Démocrite et de Parménide, etc. Ainsi ressuscitent les idées philosophiques, à mesure que les observations de la nature nous dévoilent les *causes premières*, on les rayons de la suprême intelligence qui préside à l'existence, à l'ordre, au développement des êtres de ce vaste univers.

Les philosophes qui, comme les anciens stratoniciens, les hilozoïstes ou matérialistes, rejettent l'intervention d'un esprit intelligent dans la formation des animaux, sont contraints d'admettre que leur structure organique, si compliquée, si savante, émane des molécules de la matière, d'abord brute et non organisée. Si cette matière possédait essentiellement en elle les ressorts et les principes de l'organisation, il s'ensuivrait que *tout devrait se produire en tout lieu*, sauf à périr si les circonstances ne sont point favorables à son existence : or, cette production universelle *nécessaire* (d'après l'énergie supposée à toute matière) n'a pas lieu, puisqu'au contraire des milliers d'espèces sont éteintes, et toutes celles capables de vivre en chaque climat n'y naissent point d'elles seules ; il faut les y transporter. Les germes de toutes choses ne se créent donc point par génération spontanée; la matière ne vit donc nullement d'elle-même. En effet, comment, dans un assemblage de matériaux, d'abord sans ordre, sans organes, se construiraient ponctuellement, suivant un plan admirablement concerté, toutes ces parties qui jouent avec une incompréhensible harmonie, soit dans l'homme, soit dans le plus chétif scarabée? Des molécules matérielles qui n'ont point d'idées collectives avant leur agrégation, qui manquent encore d'organes, peuvent-elles inventer et découvrir toutes ces merveilles inconcevables de combinaison pour la structure d'un cerveau pensant, ou seulement l'aile d'un papillon? Il y a de l'imbécilité, dit Aristote, à débiter que le hasard, dont les chances fortuites ne peuvent rien offrir de constant, devienne la cause de cette conformation permanente des membres des animaux. P. Bayle, dans sa *Réfutation du spinosisme*, remarque que rien n'est plus embarrassant pour les athées que de se trouver réduits, dans la formation des animaux, à une cause qui n'ait point l'idée de ce qu'elle fait et qui exécute régulièrement un plan sans savoir les lois qu'elle exécute. Démocrite, qui a fourni à Épicure le système des atomes, établit une chaîne sans fin de causes et d'effets, en disant que les hommes et les animaux ont existé ainsi de tout temps; poussé à bout, il ajoute que *le monde est un œuf pondu par la nuit;* mais, ajoute Aristote, cela n'explique rien du tout et est indigne d'un philosophe. Aussi, Galien réfute avec une logique invincible les épicuriens, qui, niant toute cause finale, soutenaient que l'œil n'est pas fait pour voir, etc.

De tous les systèmes sur l'origine des êtres, selon l'hypothèse toute physique des organiciens, le plus logique, le plus fortement conçu, est celui du savant Lamarck, professeur au Muséum d'histoire naturelle, dans sa *Philosophie zoologique*. Il y expose les progrès successifs de l'élaboration du mouvement vital dans des éléments d'abord très-simples, et le développement des organes, ainsi que celui d'un appareil nerveux excitateur pour faire éclore les instincts et les facultés intellectuelles. Il part des animalcules infusoires pour s'élever jusqu'aux organisations les plus compliquées, avec un talent d'induction très-remarquable; c'est l'auteur le plus ingénieux en ce genre d'explications. Eh bien! quand il s'agit de rendre raison des membres nécessaires à l'existence des animaux, à ces *causes finales*, conditions de la vie des espèces, d'après leurs structures et leurs prévisions, il n'y a rien de plus grotesquement ridicule et de plus complétement absurde que cette hypothèse, à tel point que personne n'a été tenté de la défendre. Nous l'avions d'abord accablée par l'exemple seul de l'organisation des végétaux, dans laquelle on ne peut supposer aucune volonté individuelle d'action pour déployer la structure de chaque espèce. L'habile auteur lui-même, qui traitait simultanément avec nous de ces questions dans le *Nouveau Dictionnaire d'Histoire Naturelle*, n'a point essayé d'en relever les ruines. En effet, comment une plante aurait-elle inventé des moyens protecteurs pour défendre sa graine sous l'enveloppe épineuse et coriace du marron, a découvert des procédés pour la disséminer, comme par l'élasticité des capsules de la balsamine, ou garantir ses organes reproducteurs contre l'humidité ou l'ardeur desséchante du soleil, dans la disposition des pétales des papilionacées et de tant d'autres fleurs? N'est-ce pas folie d'affirmer que la lente torpille, à force d'être agacée, irritée par ses ennemis, imagina un appareil électrique foudroyant, composé de tubes remplis de mucosité et frottant leurs membranes les unes contre les autres, avec le concours de certains nerfs, pour produire une détonation qui la paralyse non moins que la décharge d'une bouteille de Leyde dans un cabinet de physique? Que chaque animal par la nécessité de sa situation, par la longue influence des habitudes, ait créé sa structure, l'autruche ses fortes pattes, aux dépens de ses ailes, l'oiseau-frégate ses vastes ailes aux dépens de ses pieds, le kanguroo sa poche inguinale pour y déposer sa progéniture, etc., etc., enfin que l'aile, la nageoire, la carapace, la coque, le test, le dard, les griffes, les cornes, tous les attributs en armes, en instruments d'attaque ou de fuite, que les organes mêmes des sens aient été le produit de la volonté de l'animal, le développement de son génie, par la suite des siècles, une telle assertion n'a pu paraître qu'une mauvaise plaisanterie dans l'histoire naturelle, tant il faut se précipiter dans l'absurde quand on veut se passer d'une cause agente et intelligente dans l'univers!

On verra combien est insuffisante et gratuite l'hypothèse de l'*incitabilité* et de l'*excitabilité* de la fibre comme cause première de la vie, selon plusieurs physiologistes modernes. En effet, quelle peut être cette incitabilité dans un liquide, tel que l'est l'élément primordial de tout être organisé? Et lors même qu'on supposerait cette incitabilité initiale dans l'œuf à l'état fluide, cela pourrait-il constituer la moindre formation régulière des organes, la moindre disposition harmonique de leurs tissus divers, l'arrangement des appareils des sens, et des différentes fonctions, et jusqu'au jeu merveilleux des instincts innés des animaux? L'incitabilité, présentée comme une propriété générale des matériaux organisables, dès l'état primitif de fluidité, est donc impuissante à rendre raison des actes de l'organisme, et n'explique absolument aucune des fonctions établies pour un but dans l'économie.

Tout être organisé ne présente à son état primordial qu'un atome animé, fluide, expansible par la continuité d'une force opératrice intelligente, prédisposant les matériaux de l'œuf, suivant des formes tracées d'avance, savamment, pour toutes les fonctions de l'existence. Aussi nulle matière brute ne saurait organiser, *sans esprit*, les causes finales; les productions spontanées, s'il en existe, ne développeraient point, jusque chez les insectes (supposés nés de la putréfaction), des organes sexuels et une génération régulière, constante; parce que le hasard ne produit pas plus un ordre affermi que la folie ne peut former la raison. Et le fait d'une intelligence prédisposée ou des causes finales est mis hors de doute par les expériences suivantes les plus vulgaires. Qu'on prenne des œufs de plusieurs espèces, de l'aigle, du canard, d'un serpent, etc., dans lesquels on ne trouve qu'une glaire albumineuse, le *vitellus*, avec un germe fécondé; qu'ils soient soumis à l'incubation; les petits à peine éclos, l'un manifeste déjà, avec son bec crochu et ses serres acérées, l'instinct sanguinaire de l'oiseau de proie; le canard, avec ses pieds palmés, va se jeter dans la mare d'eau; le jeune serpent rampe sous les herbes. On a rapporté d'Afrique en France des œufs de bengalis et de veuves, jolis oiseaux chanteurs. Ces œufs couvés par d'autres espèces ont donné de petits qui chantaient d'eux-mêmes les airs sauvages de leur pays, comme si ces chansons naturelles avaient été renfermées dans ces œufs ainsi que le sont les airs de ces petites tabatières à orgues qu'on apporte de Suisse. Toutefois, ne peut-on pas dire que ces chants résultent du jeu seul de l'organisme, puisque Daines-Barrington et d'autres observateurs ont constaté que les mêmes espèces de rossignols, de fauvettes, etc., chantent différemment en diverses contrées. Voilà donc de petits instincts, des organes prédéterminés dans leurs fonctions, recélés dans un œuf, et qui se déploient d'eux-mêmes sous des circonstances favorables, avec un peu de glaire et de jaune d'œuf. Est-ce un mouvement fortuit de ces matières toutes seules? Qui ne reconnaît là-dedans l'existence primitive, irréfutable, d'un principe intelligent, d'une âme préordonnée, avant même que l'organisme soit développé?

Aussi, les plus savants observateurs, dès le siècle d'Hippocrate, ont reconnu qu'il y avait dans l'homme et les animaux (disons même les plantes à beaucoup d'égards) une nature savante par elle seule (ἀπαίδευτος καὶ αὐτοδίδακτος), qui découvre sans maître tout ce qui lui convient ; c'est par sa seule habileté, c'est même sans y penser, qu'elle invente ses propres voies ; car tout ce qu'on remarque des prodiges de l'instinct des brutes, dans leurs maladies surtout, lorsqu'elles savent trouver leurs remèdes, prouve bien qu'il existe des forces médicatrices, suscitant d'heureux efforts contre les sources du mal, par une incompréhensible cause finale. Et ses impulsions ne dépendent même ni de la volonté ni de l'intelligence de l'homme et des animaux, car ceux de ces derniers qui possèdent le moins de cerveau, les espèces acéphales même, ont des actes d'industrie ; ceux-ci sont surprenants jusque chez les plus vils et chétifs insectes. Ces résultats admirables ne peuvent pas s'attribuer à un élément nerveux particulier chez les plantes ; l'agent vital s'y crée des instruments appropriés à un dessein, et y excite jusqu'à des mouvements spontanés aux étamines de certaines fleurs dans l'acte de la fécondation.

Les détracteurs des causes finales expliquent, par exemple, la cause des désirs amoureux uniquement par l'influence des organes sexuels, par la liqueur spermatique qui les titille à l'aide de ses propriétés excitatrices, réaction qui retentit ensuite sympathiquement sur tout l'appareil nerveux, soit encéphalique, soit viscéral. De là, l'économie se précipite avec fureur dans les voluptés ; ils ne veulent voir dans cette sorte d'automatisme aucune raison finale. D'après cette théorie, il en résulterait nécessairement qu'une soustraction complète, au moyen de la castration, des organes élaborateurs du sperme enlèverait complètement aussi tout penchant amoureux : or, cela n'est pas ; car, bien que les castrats (hommes ou animaux) soient refroidis à cet égard par le défaut de sécrétion du sperme ou par l'absence des organes générateurs, personne n'ignore que ces eunuques, ces animaux châtrés, conservent encore une propension naturelle, instinctive, indestructible, et pour ainsi dire, *inarrachable*, à la propagation, comme à la conservation de l'espèce. C'est au point qu'on voit des bœufs essayer de couvrir des génisses, comme des chapons qui tentent de cocher les poules, etc. Qui ne connaît dans l'Orient ce dépit furieux des eunuques : *Sicut spado complectens mulierem et fremens et suspirans*, dit la Bible ? De là cette haine concentrée contre le sexe, dans les sérails qu'ils gardent ; résultat des dédains qu'ils essuient : ce qui n'empêche pas plusieurs d'entre eux de se marier quand ils en ont la liberté. De plus, la cause finale se révèle encore dans les soins que prennent les animaux castrats d'élever une nouvelle famille. Quoique dépourvus de parties sexuelles, il persiste en eux un instinct violent de paternité : ainsi, les chapons couvent comme les poules ; les abeilles neutres ou *mulets* veillent avec un zèle infatigable à la conservation et à la nutrition du jeune couvain des reines, etc. Toutes ces causes finales, parfaitement assorties à l'instinct de reproduction, n'en sont que la dépendance. On en remarque des exemples jusque parmi les races à sang froid, les crocodiles, les tortues, les lézards, les poissons, et même chez des insectes, tels que les fourmis, les termites, espèces sociales, les forficules, plusieurs punaises rustiques, etc., qui vivent isolés, et après leurs organes génitaux sont flétris. Ces inspirations, en quelque sorte morales, naissent d'une impulsion intime.

Les organiciens, accoutumés à tout évaluer au prix d'un intérêt matérialiste, attribuent l'amour des mères pour leurs petits au besoin qu'elles ressentent de se débarrasser du lait qui engorge leurs mamelles. C'est ainsi qu'ils aiment à s'abuser par des explications toutes mécaniques et mensongères. Mais, indépendamment des exemples précédemment cités, que devient cette prétendue cause chez les oiseaux, dont les femelles, et quelques mâles, dans plusieurs espèces s'attachent sur leurs œufs jusqu'à s'exténuer de faim, et soignent leur jeune couvée, même aux dépens de leur propre vie sans qu'aucun organe spécial, aucun besoin physique vienne rendre raison de ces généreux sacrifices ?

Nous voyons donc, malgré l'absence des parties de la génération, ou de toute autre, se manifester les penchants de cet instinct et de ses suites ; ce qui prouve que la nature a déposé dans tous les êtres de véritables propensions pour une fin, pour un but bien déterminés. Montrons que cette cause finale active opère dès avant le déploiement des organes dont elle se sert, et qu'elle n'en est pas un résultat machinal. Les faits sont ici connus que des poètes les ont chantés :

Scilit enim vim quisque suam, qua possit abuti ;
Cornua nata prius vitulo quam frontibus exstent,

a dit Lucrèce ; et Martial également :

Illis iratus petit, atque infensus inurget,
Vitulusque inani fronte prurit ad pugnam.

Nous voyons tous les animaux, disent Galien et Porphyre, employer des organes destinés à leur défense, avant même leur formation. C'est ainsi que le poulain, ayant à peine un sabot de corne tendre, frappe déjà du pied, et que le petit chien sans dents s'essaie à mordre. Mille faits presque miraculeux dans les instincts des insectes, au sortir de l'œuf ou de l'état de chrysalide, sans aucune instruction préalable de leurs parents, morts ou absents, en fournissent d'éclatants exemples. D'où vient cela ? dit Horace : c'est comme le génie, il jaillit du fond des âmes.

Il y a plus, cette même cause finale pousse au dehors les organes qui doivent exécuter ses actes. Elle favorise leur exsertion ; en sorte que les armes défensives et offensives des brutes, comme leurs autres parties, existent, non pas seulement en germe, mais primitivement en essence invisible dans chaque embryon, avant d'être produites et réalisées au grand jour. De même, l'arbre contient, préordonnés dans sa sève vivante, les futurs bourgeons, les fleurs et les fruits qui doivent en éclore, déjà appropriés au climat, à la saison, etc.

.......Spiritus intus alit, infusaque per artus,
Mens agitat molem............

Et c'est par cette force que beaucoup d'espèces d'animaux mutilés obtiennent le pouvoir de réparer leurs membres amputés, surtout chez les races dont l'organisation est la plus simple, telles que les zoophytes, les vers, qui reproduisent jusqu'à une nouvelle tête, les mollusques et même les poissons pour leurs nageoires, les salamandres pour leurs pattes et leur queue.

Véritablement, personne ne pourra conférer aux fluides inorganisés d'un œuf non fécondé, ou d'une graine imparfaite, à ces matières encore brutes par elles-mêmes, l'invention d'organes éventuellement indispensables, sans une prévision toute miraculeuse, si l'on peut le dire, ou sans ces causes finales si étonnantes, que Cuvier considérait avec tant de raison comme les vraies conditions de l'existence des êtres. Indépendamment des parties nécessaires immédiatement aux fonctions de l'animal naissant, il faudrait que la matière possédât le don de la prescience des *futurs contingents* ; il faut, en un mot, une sagesse présente et comme une active émanation de la Divinité infuse dans les animaux, même sans que leur connaissance ou leur volonté y concourent.

Parmi les milliers de faits observés dans la structure anatomique de tous les êtres, on n'éprouve que l'embarras du choix. Chacun sait, par exemple, que les crustacés, écrevisses, crabes, etc., perdent assez souvent, par quelque effort, leurs pinces, qui se cassent à l'articulation ; mais à cette pince cassée il en succède une autre, qui se trouvait là prédisposée en germe, même à plusieurs reprises, ainsi qu'on l'a expérimenté. Ces remplacements sont bien connus aussi pour d'autres parties des animaux : telles sont les dents de remplacement, les cornes caduques, etc., ou même chez les végétaux, les feuilles, les organes de reproduction. Oserait-on attribuer à des substances brutes la prévision préordonnée de pareils accidents et de tels secours?

Nous avons montré, dans l'article Athéisme (Tome II, p. 165), qu'il serait impossible surtout d'attribuer à un mécanisme d'attraction moléculaire, à un jeu d'affinités chimiques, l'organisation des yeux avec un cristallin et des humeurs en relation parfaite avec la lumière, ou des parties sexuelles si exactement appropriées à chaque espèce d'animaux (il en est de même dans les graines et les pollens des plantes), qu'elles excluent les mélanges des races éloignées. Mécanisme inconnu dans son essence, répondent les matérialistes, qui se gardent bien d'avouer aucune cause finale et prévoyante. Mais voici d'autres faits d'observation qui les forceront à s'expliquer mieux. Montrez-nous, savants philosophes, comment votre mécanisme si expert, inscrit soit dans l'encéphale, soit dans les nerfs viscéraux d'un animal, ces dispositions instinctives, originelles, inapprises et toujours constantes pour chaque espèce? Cependant une âme ou nature infuse a tracé d'avance dans le petit appareil nerveux du fourmilion ou de la guêpe cartonnière, nés orphelins après la mort de tous leurs semblables, la série des déterminations futures, parfaitement coordonnées, des instincts qu'ils déploieront successivement d'eux seuls, sans être encore instruits par des sens inexercés, dès l'état de larves, et dans les langes de leur enfance. Inventeurs des forces mécaniques de la matière, cette tâche vous appartient. On pourrait donc considérer toute l'histoire naturelle comme une théologie vivante, tant elle manifeste de faits semblables d'intelligence, puisque tous nous reportent nécessairement à l'idée d'une suprême sagesse. Ne devenait-il pas indispensable qu'un moteur intelligent coordonnât d'avance, avec un génie incomparable, ces infinies marionnettes qui jouent sur le théâtre de notre planète, sans qu'elles connussent elles-mêmes les ressorts de leur existence, ni le but final de leur être? Ne sommes-nous pas des *ouvrages* pénétrés par cette énergie qui nous entraîne à naître, engendrer et mourir; d'où l'on a dit avec vérité : in Deo vivimus, movemur et sumus. Elle est donc évidemment déléguée et préexistante à la formation des embryons, cette force d'intelligence organisatrice. Loin d'être un résultat de la structure, elle en devient le mobile premier et nécessaire; elle n'est donc pas une même chose avec le corps : l'effet ne précède jamais la cause.

Tout réside dans l'organisation, disait Cabanis. Mais quand, scrutant cette proposition, nous demandons d'où émane originairement cette coordination si savante, si prévoyante de toutes les parties, conspirant vers un but final, dans chacun des êtres animés, les matérialistes et organiciens confèrent à la matière brute ou minérale, la pensée, et prévision, et science profonde, entassant, avec une monstrueuse absurdité, toutes les vertus, toutes les qualités de la plus incompréhensible intelligence dans une fange putrescible, dans les masses les plus insensibles et les plus inertes. Tant ils redoutent l'aveu de la préexistence de cette productrice des causes finales, émanée du premier moteur de la nature, organisatrice de tant de créatures douées de formes spécifiques et de déterminations particulières, selon les attributions qui leur ont été départies dans la grande république du monde!
J.-J. VIREY.

CAUSE (*Philosophie*). Voyez CAUSALITÉ.

CAUSE (*Droit*). C'est le motif d'une action, le *pourquoi* on agit. Une obligation, un contrat ne sont valables qu'autant qu'ils ont une cause et que cette *cause* est *licite*. La cause est *illicite* quand elle est prohibée par la loi, quand elle est contraire aux mœurs ou à l'ordre public. Ce mot se prend aussi comme synonyme d'*affaire contentieuse*. En termes de pratique, *cause* se dit des procès qui sont plaidés à l'audience. On dit *cause principale*, *cause incidente*, *cause d'appel*. On distingue les causes en *sommaires* ou *ordinaires* suivant la nature ou l'importance de la contestation. Les causes ordinaires sont les demandes formées avec titres, lorsqu'elles n'excèdent pas quinze cents francs, et dans lesquelles on doit observer les formes et les délais de la procédure. On emploie l'expression de *cause en état* pour indiquer une affaire dont le payement ne peut être différé ni par une intervention, ni par la mort ou autres événements survenus aux parties et à leurs avoués. La cause est en état, quand la plaidoirie est commencée (*voyez* REPRISE D'INSTANCE, INTERVENTION).

Le mot *cause* se prend aussi, dans le langage du barreau, comme synonyme de droits et d'action dans l'expression *ayant cause* qui désigne celui qui succède à un autre dans certains droits ou certaines actions, soit à titre universel, soit à titre particulier : ainsi l'héritier, relativement à la succession, et le légataire, relativement aux legs, sont les ayant cause du défunt, comme l'acquéreur est l'ayant cause du vendeur, et le cessionnaire l'ayant cause du cédant.

CAUSE GRASSE. On appelait autrefois ainsi une cause, presque toujours supposée, que l'on avait l'habitude de plaider et de juger avec pompe en plein parlement l'un des jours gras; chacun des avocats venait expliquer à la barre les griefs de sa partie avec toute la liberté et toute la licence qu'autorisait le carnaval ; le ministère public développait ses conclusions et la cour rendait arrêt. Le président Lamoignon fit rendre arrêt le 18 février 1617, déclarant qu'il ne serait plus plaidé de cause grasse. Toutefois, cet arrêt resta d'abord sans exécution, tant l'usage était invétéré au palais; mais après quelques années, cette coutume se perdit entièrement.

CAUSERIE, CAUSEUR. La causerie est l'intimité de la *conversation*, c'est un *laisser-aller* du cœur et de l'esprit. Avant la révolution de 1789, on se réunissait en cercle, c'est-à-dire qu'on se trouvait en présence de femmes et d'hommes choisis; on s'énonçait donc avec grâce, noblesse et facilité; en moins de quelques heures, on touchait aux questions les plus futiles comme les plus graves : c'était un auditoire plein de finesse, de goût, de mobilité, qu'il fallait captiver ; alors ne régnait que la causerie. Maintenant qu'on entasse en masse les premiers venus dans un salon, nul ne s'empare plus de la parole : si, par bonheur, on s'aperçoit un vieil ami, on se cherche à sa rencontre, et l'on s'engage dans une causerie à voix basse, qui se prolonge si l'on peut se retirer dans une embrasure de croisée. Cette différence dans les usages explique pourquoi la première *Constituante* a compté de si grands talents, et pourquoi, depuis quarante ans bientôt, nous n'avons eu dans toutes nos assemblées délibérantes que de si tristes *parleurs*. La causerie, en laissant beaucoup trop de place à un naturel vulgaire, exclut ce choix d'expressions, ce tact des convenances, cette heureuse hardiesse que la tribune exige. D'un autre côté, quand tous les rangs se seraient confondus dans un salon, une certaine crainte ferait hésiter à prendre la parole. Nous ne vivons qu'en proie à des émotions politiques ; or, la conversation reproduisant l'existence de tous les jours, chaque mot enfanterait un orage : aussi on s'isole même dans la foule pour ne pas se disputer.

Les femmes, qui sentent si tôt et si juste, réussissent d'instinct dans la causerie, où, idées et sentiments, tout leur échappe ; elles ne triomphent jamais aussi bien que lorsqu'elles s'épanchent. Dans ce genre, il faut aux hommes de l'âge et de l'expérience. Les vieillards, qui ont été beaucoup mêlés au monde, ont une causerie qui attache et instruit : ils enseignent ce que les livres ne peuvent révéler, c'est-à-dire une multitude de traditions qui constituent le *savoir-vivre*. Les hommes de génie, confinés dans la solitude, se montrent gênés au milieu d'un cercle ; mais, en retour, la présence de quelques amis les anime et les enflamme ; certaines de leurs causeries entraînent encore plus que leurs ouvrages médités : c'est le premier jet de l'inspiration.

Il faut se garder de confondre le *causeur*, soit avec le *bavard*, soit même avec le *babillard*. Comme ce dernier, il ne fatigue pas, parce qu'il s'arrête à certaines limites. Ce qui le caractérise, c'est un besoin de se mettre en rapport avec ceux qu'il aime, et dont il est aimé. Il y a, dans ce genre de communication, un charme toujours nouveau. On évite le *bavard*, on se moque du *babillard*, mais on se plaît avec le *causeur*, et on lui passe ses redites, parce qu'elles partent du cœur. Dans une famille bien unie, on attend la dernière heure du soir avec impatience : on *cause* alors entre soi, on récapitule ce que l'on a éprouvé dans le jour, on partage en commun tout ce que l'on a recueilli de bien et de mal, on jouit mieux de l'un, on souffre moins de l'autre. Les *politiques*, qui sont chargés de grands intérêts, ont besoin d'une espèce de causeur en titre; ce n'est pas un courtisan, ils s'en défieraient : c'est un homme qui leur est attaché, et qui, sans y prendre garde, se dévoile à eux tout entier. Ce contraste les ravit, et le plaisir qu'ils en ressentent est tel, que de leur premier mouvement ils accordent à la naïveté subalterne ce qu'ils refusent à l'intrigue la plus habile. Les caractères taciturnes ont quelques occasions où ils deviennent causeurs à l'excès; c'est lorsqu'un grand bonheur leur arrive à l'improviste : ils cèdent alors au besoin d'en parler, et sans cesse et à tous.

SAINT-PROSPER.

CAUSES CÉLÈBRES. On a souvent compilé sous ce titre le récit de diverses affaires criminelles qui, par le scandale des détails, l'énormité du forfait, la haute position des inculpés ou toute autre circonstance, sont demeurées fameuses dans la mémoire des hommes. Les causes célèbres les plus connues sont le procès contre l'ordre des Templiers, le duel judiciaire d'Aubry de Montdidier et du chien de Montargis; les procès de Jean Châtel et de Ravaillac, du faux Martin Guerre, d'Urbain Grandier, de la maréchale d'Ancre, de la marquise de Brinvilliers, de la Voisin, des Calas, de Cartouche, de Mandrin, du chevalier de Labarre, de Lally-Tollendal, l'affaire du Collier, les procès de l'épicier Desrues, de Lesurques, du prétendu comte de Saint-Hélène, de Fualdès, de Fonk, de Castaing, de La Roncière, de Lacenaire, de madame Lafarge, du duc de Praslin, du frère Léotade, et celui du comte et de la comtesse de Bocarmé.

CAUSSIDIÈRE (Marc), préfet de police à Paris depuis le 24 février 1848 jusqu'au 15 mai suivant, et ancien représentant du département de la Seine à l'Assemblée Nationale, est né à Lyon, vers 1809, dans une famille d'honnêtes artisans. Jusqu'en 1834 il appartint alternativement à la fabrique de sa ville natale et à celle de Saint-Étienne, où il s'occupait surtout de courtage, et pour faire de lui un homme politique il ne fallut pas moins que la sanglante collision qui éclata au mois d'avril 1834 dans la seconde ville de France, à la suite des troubles que le parti républicain y provoqua en même temps que sur divers autres points du territoire; troubles dans lesquels, grâce à une stature colossale, qui le désignait tout naturellement pour chef un jour d'émeute, il avait été donné à Marc Caussidière de jouer un certain rôle. Traduit alors devant la cour des pairs pour y répondre de la part qu'il avait prise à l'insurrection de Saint-Étienne, sœur de celle de Lyon, il figura dans le fameux *procès-monstre*, et n'y déploya ni plus ni moins d'énergie que ses 164 coaccusés.

Le pouvoir, on se le rappelle, avait commis l'immense, l'irréparable faute, de distraire de leurs juges naturels les individus compromis dans cette émeute, et de profiter de l'évidente connexité des faits pour traduire devant un tribunal exceptionnel les hommes accusés d'avoir été les meneurs des différents mouvements insurrectionnels dont Lyon, Saint-Étienne, Grenoble, Besançon, Marseille, Paris, Lunéville et Épinal avaient été simultanément le théâtre. Redoutant l'effet et la puissance des influences locales sur la décision souveraine que le jury serait appelé à rendre si la justice suivait son cours ordinaire, et surtout le scandale que devraient produire des verdicts négatifs de culpabilité prononcés en présence d'actes patents et hautement avoués par leurs auteurs, il crut devoir constituer la chambre des pairs en cour de justice, sans s'apercevoir qu'il ne faisait par là que grandir à leurs propres yeux et aussi à ceux de la France des aventuriers, pour la plupart sans la moindre importance et d'une complète médiocrité d'esprit, à qui il fournissait ainsi une admirable occasion pour se poser dramatiquement en face du pays comme autant de martyrs de la liberté et d'incarnations du sentiment national.

L'amnistie générale accordée par le ministère Molé rendit la liberté et lui rouvrit les portes de la France à tous ces hommes, victimes de leur orgueil bien plus encore que de nos dissensions civiles; et le très-grand nombre d'entre eux retomba tout aussitôt dans son obscurité première. Marc Caussidière, et le rôle qu'il avait pu jouer dans le procès-monstre, étaient donc complètement oubliés depuis dix ans, lorsque le lendemain de la révolution de février 1848, la France apprit que le gouvernement provisoire avait appelé les *citoyens* Caussidière et Sobrier à partager la direction de la préfecture de police. Quelques jours plus tard, Marc Caussidière restait seul investi de ces importantes fonctions, dans l'exercice desquelles l'opinion lui sut gré d'ailleurs d'apporter bien plus de prudence et surtout de modération qu'on n'était en droit d'en attendre d'un homme poussé au pouvoir par des antécédents si éminemment révolutionnaires. Il était naturel qu'on s'enquît avec curiosité des titres qui avaient pu valoir au nouveau préfet de police cette marque de haute confiance de la part des hommes alors à la tête des affaires; et on apprit que depuis plusieurs années le nouveau préfet était attaché à *la Réforme* en qualité de courtier chargé de recruter à ce journal, non pas seulement des abonnés, mais surtout des actionnaires, mission à laquelle le rendait particulièrement propre le genre d'industrie qu'il avait embrassé depuis l'amnistie, à savoir : le courtage des vins et des eaux-de-vie. Depuis bientôt six ans Marc Caussidière courait les cafés, les cabarets et les *débits de consolation* de Paris, de sa banlieue et des départements en offrant d'une main son véritable *cognac* et de l'autre un abonnement de trois mois à la *Réforme*; feuille d'un civisme autrement chaud que celui du *National*, d'ailleurs aussi platement écrite que vulgairement pensée, et qui, malgré tout le bon vouloir de ses rédacteurs, ne put jamais obtenir du pouvoir les honneurs du moindre procès. Le prix de l'abonnement était de douze francs seulement pour trois mois; tandis que les aristocrates, les talons rouges du *National*, pour le même laps de temps, en exigeaient quinze. L'abonné se montrait-il sensible au bénéfice et clair, l'industrie de Marc Caussidière consistait à le fasciner de plus en plus en soulevant à ses yeux un coin du rideau qui cachait encore l'avenir à tous les yeux, et à l'éblouir possible en lui faisant entrevoir la carrière de gloire et d'honneurs qui lui serait infailliblement ouverte au très-prochain jour de la proclamation de la république, pour peu qu'il eût hâté cet événement en se rendant acquéreur, moyennant la bagatelle de *cent francs*, d'un coupon d'action de *la Réforme*. Marc Caussidière, disait-on, avait recruté de la sorte près de deux mille abonnés ou actionnaires au journal du citoyen Flocon. Pour arriver à un tel résultat, l'habile commis-voyageur avait dû boire chaque jour sur le comptoir avec la pratique plus de *canons...* qu'il n'en fut pris dans toute la campagne d'Austerlitz; tâche vraiment herculéenne, mais dont on s'explique qu'il ait pu venir à bout quand on réfléchit que la nature lui a départi les proportions athlétiques du fils de Jupiter et d'Alcmène.

On ne peut disconvenir toutefois que sous l'écorce rude et grossière du nouveau préfet de police se cachait une finesse d'esprit et une netteté de vues qu'on trouve rarement réunies à un si haut degré chez le même individu. Il y a justice aussi à reconnaître que, bien différent de la plupart de ceux que le flot de Février porta au pouvoir, Marc Caussidière, dans cette position si nouvelle pour lui, et où on lui eut presque pardonné d'être frappé de vertige, ne se montra pas inférieur aux fonctions que le hasard lui avait dévolues. Il essaya de *faire de l'ordre avec du désordre*, comme il le dit plus tard lui-même si pittoresquement; il s'efforça de rassurer la population parisienne et de favoriser partout la reprise du travail. Dans le personnel de l'administration à la tête de laquelle il avait été placé, il ne fit presque pas de mutations et on n'a à lui reprocher aucun acte de brutale réaction ou de népotisme. Il ne faut donc pas être surpris qu'un certain vernis de popularité se soit momentanément attaché à son nom. Par contre, il perdit alors dans l'estime de ses anciens amis et complices tout ce qu'il gagnait dans l'esprit de la grande majorité de la population; l'énergie et la franchise avec lesquelles il tenta de réprimer la fameuse démonstration anarchiste du 17 mars organisée par Blanqui jeune et par quelques autres coryphées du communisme, achevèrent de faire décidément ranger parmi les *réactionnaires* de ce temps-là. L'appui qu'il prêta encore à l'ordre dans la journée du 16 avril le démonétisa complètement parmi les *frères et amis*; aussi, lors des élections du département de la Seine pour l'Assemblée constituante qui devait se réunir le 4 mai suivant, son nom, devenu par un étrange revirement d'idées symbole d'ordre et d'autorité, sortit-il de l'urne à une immense majorité.

Le rôle joué par Marc Caussidière dans la journée du 15 mai fut des plus équivoques. Voici ce qui explique l'attitude nouvelle subitement prise par le préfet de police. Il avait trop de sagacité pour n'avoir pas tout de suite apprécié la majorité de l'Assemblée et ses tendances, et pour n'avoir pas vu que la France répugnait à la forme de gouvernement dont lui et ses amis avaient voulu la doter malgré elle. Son parti avait été bientôt pris, et il avait alors passé avec armes et bagages, ou, pour mieux dire, il était rentré dans le camp des républicains *quand même*, de ces fanatiques qui prétendaient faire déclarer solennellement par l'Assemblée constituante que la *République*, gouvernement d'institution divine, *est au-dessus du droit des majorités*. Seulement, il avait voulu voir ce qu'il adviendrait d'un conflit que tout annonçait devoir être prochain, et, avant de prendre à l'égard de la majorité l'initiative des hostilités, il n'avait pas été fâché de savoir au juste en faveur de quel parti s'était prononcée la victoire.

L'Assemblée nationale ne s'y trompa point et lui demanda compte de son inaction au milieu de la crise redoutable qui avait failli lui enlever la souveraine puissance. Marc Caussidière se défendit à la tribune. Son discours, entremêlé de bons et francs jurons qui firent beaucoup rire l'assistance, ne manqua ni de finesse ni d'adresse, mais ne convainquit personne. Ce fut tout aussi inutilement qu'il chargea *un vieil ami de dix ans*, M. Lingay, de lui rédiger un mémoire justificatif, qui fut distribué aux législateurs. Le préfet de police comprit alors qu'il ne lui restait d'autre parti que de donner sa démission sans attendre qu'on la lui donnât, et d'en appeler aux électeurs de qui il tenait son mandat législatif. Le département de la Seine le lui renouvela encore à une très-grande majorité, et il alla s'asseoir cette fois triomphalement à la crête de la Montagne, où on put le voir pendant quelque temps manœuvrer et paraître sous la direction de Louis Blanc. Non moins compromis que lui dans les affaires de *juin*, il fut décrété d'accusation par l'Assemblée en même temps que Louis Blanc et Albert, et passa avec eux en Angleterre, d'où il fit paraître dans le cours de cette même année 1848 une nouvelle apologie de sa conduite politique sous le titre de *Mémoires de Caussidière* (2 vol., Paris, 1848).

L'exil, toujours si pénible pour des cœurs embrasés comme le sien de l'amour sacré de la patrie, n'a pas laissé que d'offrir à Marc Caussidière de très-acceptables compensations pour l'irréparable naufrage de ses grandeurs politiques. En effet, sur la terre étrangère, l'ex-préfet de police de 1848 a eu le bon esprit de ne pas croire qu'il dérogerait en reprenant sa profession de courtier en vins et eaux-de-vie; et il a fait une véritable fortune dans cette partie. Moitié curiosité, moitié sympathie pour le côté honorable du rôle qu'elle lui avait vu jouer en politique depuis février 1848, l'aristocratie britannique accueillit avec empressement les offres de service du proscrit Français, qui est aujourd'hui en possession de la plus brillante et de la plus lucrative clientèle des trois royaumes.

Ce qui n'a pas peu contribué à grandir démesurément Marc Caussidière dans l'opinion de la population parisienne, ç'a été d'ailleurs, il faut bien le reconnaître, la déplorable nullité des différents successeurs que la coterie du *National*, toute puissante jusqu'au 10 décembre, lui donna à la préfecture de police. Il était difficile que, en le comparant au citoyen *Ducoux*, au citoyen *Trouvé-Chauvel* ou au citoyen *Gervais* (*de Caen*), on ne finît pas par le prendre pour un aigle.

La lecture des Mémoires de Marc Caussidière apprendra fort peu de chose aux hommes qui ont suivi les événements accomplis depuis un quart de siècle. Il faut bien se garder d'ailleurs de prendre pour paroles d'évangile tout ce que l'auteur y avance; il cède évidemment trop souvent, peut-être sans le savoir lui-même, à la tentation de grossir hors de toute proportion l'importance de son rôle personnel et de celui de ses amis dans l'histoire contemporaine. Aussi bien, il ne dit pas tout ce qu'il veut dire et ne dit pas tout ce qu'il sait. Vainement on y chercherait, par exemple, un mot d'explication au sujet de l'origine mystérieuse et énigmatique de ses relations avec M. Lingay, cet ami *de dix ans* qui lui prêta le secours de sa plume en mai 1848 pour la rédaction de son mémoire justificatif; relations restées pendant ce long laps de temps complètement ignorées du reste de ses amis. Tous ceux qui se sont occupés de politique dans ces trente-cinq dernières années, savent que ce M. Lingay, homme d'une grande habileté et d'une finesse consommée, était entré en 1817 au ministère de la police générale sous l'administration de M. Decazes; et qu'il fut pendant les dix-huit ans de règne de Louis-Philippe, le *souffleur*, le secrétaire-rédacteur de la Présidence du conseil, chargé à ce titre, avec des appointements égaux, supérieurs même, à ceux d'un directeur général, de la rédaction des *rapports au roi*, des notes à insérer au *Moniteur*, etc. Or, on se demande comment une liaison intime a pu subsister ainsi, *incognito* et pendant dix années, entre un républicain pur sang, un conspirateur émérite et endurci, tel que Marc Caussidière, et l'homme qu'on avait plaisamment surnommé le *tombeau des secrets de la grande politique*. Les deux amis ne parlaient-ils donc jamais que de la pluie ou du beau temps, ou encore d'art et de littérature? Cela est bien difficile à admettre. Évidemment les questions et les faits du jour ont dû souvent servir de topiques à ces épanchements intimes de deux *amis*, assez fins pour se comprendre parfaitement à demi-mot. Écrire est chose si compromettante en temps de révolution : voyez plutôt ce qui en est advenu au fameux Lucien Delahodde! Causer, au contraire, n'engage à rien et ne laisse de traces que dans la mémoire de l'interlocuteur. Allons, décidément je m'y perds; et tant que Marc Caussidière ne m'aura pas débrouillé cet imbroglio dans une seconde édition de ses fameux Mémoires, tant qu'il ne m'aura pas complètement édifié sur ses dix années de relations intimes avec feu Lingay, je persisterai à m'écrier : Vertu politique, tu n'es qu'un mot!

45.

CAUSTICITÉ, dénomination défavorable d'une des facultés de l'esprit, qui, après avoir démêlé les défauts et les travers des gens, les remarque d'une manière toujours désagréable pour ceux qu'elle signale. Il faut être spirituel, instruit, de bonne compagnie, pour avoir de la causticité : autrement on n'est que méchant et grossier. Les inflexions de la voix, l'expression du visage, aident beaucoup à la causticité de l'esprit. Tel mot serait passé inaperçu dit par un homme, qui, prononcé par un autre, est remarqué, devient piquant et blesse. Une tendance habituelle à la causticité est incompatible avec la bonté, l'indulgence et la politesse; elle éloigne des liaisons intimes et de l'amitié. On craint toujours pour soi la causticité, quoique parfois elle amuse, exercée aux dépens d'autrui. On voit assez souvent dans le monde des gens fort benins y prétendre par une vanité mal entendue, qui ne les rend point haïssables, mais ridicules. Beaucoup d'écrivains cherchent à réussir par ce moyen, quoique la nature ne leur ait point départi ce qu'il faut de finesse et d'originalité pour constituer la causticité. On trouve des exemples admirables de ce genre d'esprit dans les écrits de Pascal, de Bussy-Rabutin, de Beaumarchais, du duc de Lévis et de Paul-Louis Courier.
Ctesse DE BRADI.

CAUSTIQUE (*Optique*). Lorsque des rayons de lumière issus d'un même point tombent sur une ligne ou une surface courbe quelconque, ils sont réfléchis suivant des droites dont les intersections forment une autre ligne ou une autre surface courbe, qui, considérée, par rapport à la première, prend le nom de *caustique par réflexion*. En remplaçant dans cet énoncé les rayons réfléchis par les rayons réfractés, la courbe ou la surface obtenue est une *caustique par réfraction*. Le nom des *caustiques* (fait de καίω, je brûle), vient de ce que, chacun des points qui les constituent résultant de l'intersection de deux rayons lumineux, la chaleur qui accompagne la lumière s'y trouve accumulée. Les caustiques par réflexion sont encore nommées *catacaustiques* (de κατά, contre, et καίω), pour les distinguer des caustiques par réfraction ou *diacaustiques* (de διά, à travers, et καίω). Comme on peut faire occuper au point lumineux une infinité de positions différentes, chaque courbe a une infinité de caustiques, de l'une et de l'autre sorte. La construction de ces courbes n'est qu'un problème de géométrie. Si on l'effectue dans certains cas particuliers, on trouve que la catacaustique d'un miroir parabolique se réduit à un point unique, le foyer du miroir, lorsque les rayons lumineux sont parallèles à son axe; la catacaustique d'un miroir sphérique se réduit également à un point, lorsque les rayons lumineux, partant tous du centre, reviennent s'y réunir, en vertu de la loi fondamentale de la réflexion, etc.

Au moyen d'un appareil des plus simples, il est facile de se rendre évidents les déplacements, les transformations des caustiques par réflexion. Qu'on prenne un demi-cylindre de fer-blanc d'un diamètre quelconque, bien poli en dedans; qu'on le place verticalement sur une table couverte d'une feuille de papier; mettant ensuite une petite bougie vis-à-vis, on verra se former une caustique lumineuse par réflexion; à mesure qu'on approchera la bougie de la surface réfléchissante, on verra la caustique se porter de plus en plus en avant; si l'on place la bougie sur l'axe du demi-cylindre, on ne verra plus aucune courbe lumineuse; mais si on la rapproche encore, la caustique reparaîtra dans une position inverse, et, quand on placera la bougie au milieu du rayon du demi-cylindre, on verra les branches de la courbe caustique se séparer; si on rapproche la bougie davantage, les branches de la caustique se porteront sur les côtés de la surface cylindrique. Bientôt on apercevra un point lumineux dans le miroir lui-même : ce sera un signe que les caustiques se forment au delà de la surface réfléchissante.

Il est tout aussi facile d'examiner la marche des caustiques par réfraction, en recevant sur un papier les courbes lumineuses produites par la lumière d'une bougie traversant une carafe d'eau.

Les caustiques furent étudiées pour la première fois en 1682 par Tschirnhausen. Depuis elles ont été l'objet de nombreuses recherches, et les géomètres leur ont reconnu un grand nombre de propriétés remarquables.

CAUSTIQUE (*Thérapeutique*), de καίω, je brûle. On donne le nom de *caustique* à toute substance susceptible de détruire chroniquement le tissu vivant avec lequel elle est mise en contact. Les caustiques forment ainsi une classe particulière de poisons (*voyez* EMPOISONNEMENT). Nous ne les considérerons ici que comme agents chirurgicaux.

En cette qualité ils ont reçu le nom de *caustiques* ou *cautères potentiels*, pour les distinguer des *cautères actuels*, qui agissent par l'intermédiaire du calorique. Parmi ces caustiques, les uns ont une action légère et ne produisent qu'une escarre superficielle; on les appelle *cathérétiques*, et l'on désigne sous le nom d'*escarotiques* ceux qui désorganisent profondément les tissus. Ces divers caustiques peuvent être employés, 1° à l'état de *poudre*, tels sont l'*alun calciné*, la *poudre de sabine*, le *sulfate de cuivre*, etc. : le mode d'application est alors des plus simples, il consiste à saupoudrer la surface que l'on veut cautériser; 2° à l'état *mou* : dans cette catégorie se trouvent la *pâte de Rousselot*, composée de sulfure de mercure, d'arsénic et de sang-dragon, dont on applique une couche légère sur l'ulcère dont on veut détruire la superficie, et la *pommade ammoniacale*, qu'on étend sur un linge pour ensuite l'appliquer sur la peau et l'y laisser pendant le temps nécessaire pour obtenir l'effet désiré; 3° à l'état *liquide* se trouvent les *acides minéraux*, le *deuto-chlorure d'antimoine* et le *nitrate acide de mercure*, que l'on applique ordinairement au moyen d'un pinceau de charpie avec les précautions nécessaires pour que le caustique n'étende pas son action au delà des bornes voulues; 4° c'est à l'état *solide* qu'on emploie le plus communément les caustiques, et les plus usités sont le *nitrate d'argent fondu* et la *potasse caustique*.

Le nitrate d'argent fondu ou *pierre infernale* est de tous les caustiques incomparablement le plus répandu : il fait partie obligée de la trousse à pansement, où il se trouve contenu dans un porte-crayon, lequel est lui-même renfermé dans un étui à vis, qui a reçu le nom de *porte-pierre*. On s'en sert pour raviver les plaies indolentes, réprimer les chairs boursouflées, toucher les ulcérations de mauvaise nature, ce qu'on fait en promenant plus ou moins légèrement le crayon de nitrate d'argent, diversement taillé, sur la surface ulcérée, en ayant soin de ménager les bords de la cicatrice. Ce caustique précieux peut être porté sur tous les points accessibles et les plus délicats, même à la surface de la cornée oculaire. A l'aide d'instruments particuliers, on le fait pénétrer dans la profondeur de certains canaux, tels que ceux des larmes et de l'urètre. Quant à la potasse caustique, nous verrons à l'article CAUTÈRE quels en sont les usages et le mode d'application les plus ordinaires.

L'épaisseur de l'escarre produite par les caustiques varie naturellement, suivant la quantité et la force corrosive plus ou moins prononcée de la substance employée; mais en général les caustiques solides sont ceux dont l'action est la plus énergique : telle est la potasse caustique dont on se sert pour établir les fonticules. Les caustiques liquides, les acides, le beurre d'antimoine, servent à neutraliser les principes vénéneux introduits dans les plaies ou à modifier la superficie des ulcères; enfin, les pâtes corrosives servent à détruire sans trop de douleur les tissus dont l'ablation est nécessaire.

Le premier effet de l'application d'un caustique est une excitation vive, accompagnée de chaleur et de douleur proportionnées à la nature du caustique et à la sensibilité du tissu ; et lorsque l'action chimique est épuisée, il reste une escarre, dont les proportions et l'aspect varient également suivant la quantité et la nature de l'agent destructeur : ainsi, l'acide sulfurique produit une escarre noirâtre, l'acide nitrique colore les tissus en jaune, l'acide hydrochlorique les blanchit, la potasse et la soude donnent des escarres grisâtres, etc. En même temps que l'escarre s'est formée, les surfaces environnantes sont devenues le siège d'une fluxion inflammatoire, qui se dissipe assez promptement, mais à laquelle succède bientôt une nouvelle inflammation qui constitue le travail éliminateur par lequel l'escarre, devenue corps étranger, doit être détachée des tissus vivants. Ce phénomène varie également suivant l'espèce de caustique : les uns provoquent une suppuration abondante, et les autres laissent à nu des surfaces presque sèches et cicatrisées : telle est la pâte de Rousselot. L'escarre une fois tombée, l'action appréciable du caustique est terminée et la plaie rentre dans la catégorie des plaies et des ulcères.   D' FORGET.

CAUT et **CAUTÈLE**, anciens mots français, faits tous deux du latin *cautus* (fin, prudent , avisé, circonspect), dérivé lui-même du verbe *cavere*, prendre garde, se tenir sur ses gardes, prendre ses précautions. Le premier, qui a disparu tout à fait de la langue pour faire place à son équivalent *cauteleux*, se lit dans *la Satire Ménippée*, appliqué au roi d'Espagne Philippe II. Marot a dit aussi, en parlant du partage de la terre, qu'elle

Fut divisée en bornes et parties
Par mesureurs fins, *cauts* et déceptifs.

Cautèle, qui était pris dans l'acception de ruse, finesse, précaution, prévoyance, était usité en droit, surtout en droit canonique, en parlant des *absolutions à cautèle*, qu'on prenait à *cautèle*, pour se mettre en sûreté de conscience. Ainsi, quand un prêtre était excommunié ou seulement interdit par une sentence, s'il voulait en appeler pour rentrer dans l'exercice de son ministère , il était obligé d'obtenir des *lettres d'absolution à cautèle*. Plus tard, on réduisit l'effet de *l'absolution à cautèle* au droit d'ester en jugement et de poursuivre en justice, sans lui attribuer la force de suspendre l'interdiction ; en sorte qu'un prêtre qui avait été absous *ad cautelam* n'avait pas recouvré par ce seul fait le droit de dire la messe.

Au palais, l'expression de *cautèle* est encore usitée dans le sens de *précaution*. On dit qu'un acte a des *cautèles* lorsqu'on y a prévu les difficultés auxquelles pouvaient donner lieu les conventions des parties contractantes.
Edme HÉREAU.

CAUTELEUX, celui dont on n'a jamais, en réalité, la parole , qui se prépare toujours une échappatoire, et qui , sans se dédire positivement, parvient à se dégager de toute espèce d'engagement. On réussit avec beaucoup de pénétration à déjouer le diplomate le plus habile ; on échoue en affaires avec un simple paysan qui ne sera que *cauteleux*. On ne sait sous quelle forme le saisir ; il s'efface, se replie, et, pour une difficulté sur laquelle il cède, il en tient mille en réserve. On n'arrive jamais à une transaction définitive ; c'est tout au plus une trêve ménagée qu'on signe avec le *cauteleux* ; on ne s'en méfie pas parce qu'il rampe et se glisse : c'est sa manière d'arriver infailliblement au but. Le Gascon, audacieux et adroit, éprouve plus de mécomptes que le Normand, timide et *cauteleux*. En résumé, c'est un caractère qui ne se compose que de ruses et de précautions, et qui excelle à conserver pour toujours ce qu'il aura subtilement détourné une fois. C'est dans la défensive qu'il développe le mieux toutes ses ressources. Maintenant voici son mauvais côté : il inspire une répulsion universelle, on évite donc tout rapport avec un homme bien connu pour être *cauteleux* ; on ne croit plus à sa bonne foi, même quand elle lui est indispensable. C'est un ostracisme qui est lancé contre lui par l'opinion publique. Enfin, un mépris ineffaçable s'attache à ce genre de caractère et le ravale au-dessous du crime ; car il est des circonstances où celui-ci étonne par son éclat, sa grandeur et sa sincérité. SAINT-PROSPER.

CAUTÈRE (de καίω, je brûle). Ce mot a trois significations bien distinctes : il sert à désigner, 1° certaines substances qui ont la propriété de détruire les tissus en se combinant chimiquement avec eux, substances que l'on appelle plus particulièrement *caustiques* ; 2° des instruments métalliques qui, servant de véhicule au calorique, ont aussi pour effet de détruire les tissus en les brûlant : ce sont les *cautères* proprement dits ; 3° l'on entend également par le mot *cautère* une petite plaie, une sorte d'ulcère artificiel ou *fonticule*, qu'on entretient au moyen d'un corps étranger qui l'empêche de se cicatriser. Les *caustiques* ayant un article spécial, il ne nous reste plus qu'à envisager le mot cautère sous les deux dernières acceptions.

Le *cautère* instrument se compose d'une tige métallique, de forme et de dimensions variables, et d'un manche destiné à tenir l'instrument sans se brûler. Tantôt ce manche est fixe ; d'autres fois il s'adapte à la tige au moyen d'une vis de pression. Les anciens, les Arabes surtout, avaient singulièrement multiplié la forme des cautères. Scultet, dans son *Armamentarium* , en a figuré quarante-cinq espèces. A l'époque où l'on attribuait des vertus occultes aux métaux précieux, on employait ceux-ci pour la confection des cautères, mais aujourd'hui l'on préfère le fer ou l'acier comme les meilleurs conducteurs du calorique. Sous le rapport de la forme, on emploie des cautères en *roseau* , *conique*, *cultellaire*, *nummulaire*, *octogone*, *olivaire*, etc. Pour s'en servir, on les fait chauffer dans un réchaud à charbon jusqu'au rouge brun, rouge cerise ou à blanc. Cette dernière couleur indique le plus haut degré de chaleur, et l'observation a démontré que son application est moins douloureuse que celle des degrés inférieurs. Le mode d'application varie suivant qu'on se borne à les approcher des surfaces qu'on veut aviver (cautérisation *objective*), ou qu'on pratique des raies de feu (cautérisation *transcurrente*), ou qu'enfin on veut désorganiser profondément (cautérisation *inhérente*). On fait le plus souvent usage des cautères pour arrêter une hémorrhagie quand la ligature et les autres moyens sont inapplicables, pour détruire le principe vénéneux des blessures particulières, telles qu'elles résultent de la morsure d'une vipère ou d'un chien enragé ; pour exciter certaines parties affectées de lésions chroniques, telles que les tumeurs blanches ; pour changer le mode de vitalité de certaines tumeurs, telles que le charbon, la pustule maligne ; pour modifier ou détruire certains tissus ulcérés ou végétants, ulcères rongeants, carcinomateux, etc.

Le cautère *fonticule* est, avons-nous dit, un petit ulcère artificiel qu'on peut établir de plusieurs manières, soit en faisant à la peau une incision de quelques millimètres, dans laquelle on place d'abord une petite boulette de charpie, puis une ou plusieurs boules d'iris ; soit en détruisant au moyen d'un caustique, et le plus souvent de la *pierre à cautère* (potasse caustique), un point circonscrit de la peau, d'où résulte une perte de substance, un vide dans lequel on place également un corps étranger. On peut encore établir un cautère en plaçant à la surface de la peau, dénudée au moyen d'un *vésicatoire*, un pois sur lequel on exerce une compression permanente telle qu'il se creuse une cavité dans l'épaisseur des téguments. On établit et on entretient aussi un cautère au moyen de l'écorce de garou ou saint-bois.

On peut appliquer les cautères sur tous les points de la surface du corps, mais on choisit en général les parties où le tissu cellulaire offre une certaine épaisseur, dont les téguments sont peu mobiles, par exemple la partie supérieure externe du bras, la partie inférieure et interne de la cuisse, la nuque, les parois de la poitrine. Le choix du corps étranger n'est pas indifférent, les pois ordinaires sont faciles à se procurer, mais ils se gonflent et occasionnent de la douleur ; les petites oranges exercent parfois trop d'irritation ; les boules d'iris sont préférables.

On modère et l'on active les cautères avec des topiques adoucissants, cérat, cataplasmes, ou des onguents irritants, tels que l'onguent de la mère, la pommade de garou, la pommade épispastique. On réprime les végétations au moyen de l'alun calciné, de la pierre infernale. L'entretien d'un cautère nécessite certaines précautions relatives à l'odeur qu'il répand, et qu'on prévient au moyen de pansements faits avec soin et suffisamment renouvelés. La plupart des personnes assujetties à la nécessité de porter un cautère au bras apprennent à se panser elles-mêmes, et, pour plus de facilité, font usage d'une sorte de bracelet muni de lacets en patte d'oie ; c'est en partie pour cela qu'il convient d'établir le fonticule au bras gauche, qui est aussi celui qui exerce le moins de mouvements. Il est prudent de placer par-dessus l'appareil de pansement une plaque de carton ou de métal, qui préserve des violences que le cautère pourrait éprouver de la part des agents extérieurs.   Dr FORGET.

Les médecins considèrent en général les cautères *fonticules* comme de puissants révulsifs, c'est-à-dire, comme excitant une irritation locale qui fait disparaître et absorbe l'inflammation principale. Cette manière d'agir leur est commune avec les vésicatoires ; mais il est probable qu'ils ont, en outre, une action particulière : on peut les regarder comme de nouveaux organes sécréteurs, qui agissent aussi par l'évacuation purulente qu'ils entretiennent ; les diverses sécrétions sont en effet solidaires et se lient les unes aux autres.

« On a beaucoup abusé des cautères, dit le docteur Beaude, en s'en servant indistinctement dans toutes les affections chroniques ; ils sont plus nuisibles qu'utiles dans les maladies nerveuses, et leur action est tout à fait nulle pour guérir les maladies organiques, les hydropisies, les tumeurs enkistées, etc. Les cas où ils peuvent être de quelque utilité sont : la phthisie commençante, surtout lorsqu'elle coïncide avec la suppression d'une fistule, ou plus d'un écoulement habituel ; certains vieux catarrhes du poumon et de la vessie ; des ophthalmies chroniques et rebelles, liées à un vice dartreux ou scrofuleux ; quelques maladies de la peau, de l'utérus, etc. Comme alors les cautères doivent être entretenus longtemps, on les place, en général, dans un des lieux d'élection. Les médecins les emploient encore avantageusement dans le traitement de plusieurs maladies chroniques des os et du périoste ; tels sont les tumeurs blanches, le mal vertébral de Pott. Ils les placent alors tout près du siége du mal et les suppriment après la guérison de la maladie. Ceux qu'on a placés dans les lieux d'élection sont souvent constamment conservés et servent alors de remède prophylactique ou palliatif de la maladie qui a déterminé leur application. Mais nous devons nous élever ici contre les craintes superstitieuses de quelques personnes qui ont voué une sorte de culte à leur cautère et ne croiraient pouvoir s'en séparer, sans être menacées d'une foule de maladies : cette idée, reste des anciennes théories humorales qui ont régné en médecine, doit être rejetée. »

CAUTERETS (Eaux de). Dans le département des Hautes-Pyrénées, à quelques kilomètres de Saint-Sauveur et de Barèges, qui sont au couchant, et des Eaux-Bonnes, qui sont au levant, on trouve le bourg de Cauterets, si célèbre pour ses eaux thermales et sulfureuses. Ces eaux ont même odeur, même saveur et même composition que les autres sources sulfureuses des Pyrénées. Cauterets lui-même est un des plus jolis bourgs de France : ses quatre-vingts à cent maisons sont de petits palais, où l'ardoise abrite le marbre ; d'élégants balcons règnent à l'entour.

Les sources de Cauterets sont au nombre de dix. Tout près du bourg sont les *bains Bruzaud*, dont l'établissement est magnifique. A l'orient et à la distance de quinze à seize cents pas, déjà assez haut dans la montagne, se trouvent les trois sources de *Pause*, des *Espagnols* et de *César*. C'est à la source de César qu'on puise presque toute l'eau qu'on exporte de Cauterets pour divers pays. Il est probable qu'on ne l'a choisie pour cet usage qu'en raison de ce que ses eaux, précisément parce que la température en est élevée, contiennent fort peu d'air, et sont en cela moins sujettes à se décomposer. Cette remarque, au reste, souffre peu d'exceptions : les eaux naturellement très-chaudes sont celles qui se transportent et se conservent le mieux.

La source des *Espagnols* ou de *la Reine* (bain du milieu) est aussi très-chaude, et voilà pourquoi les malades de l'Espagne lui donnent souvent la préférence. La source de *Pause* est la plus fréquentée des trois. Il est vraisemblable qu'elle doit son nom à la fatigue qu'on éprouve quand on parvient à pied jusqu'à elle. Mais la source la plus célèbre de Cauterets, la plus douce, la plus onctueuse, la plus homogène, comme aussi la plus efficace, est celle de *la Raillère*, située près du Gave, à deux kilomètres du bourg, vers le sud. Là se trouve un beau monument qu'avait commencé, dit-on, le maréchal de Richelieu, sans doute par reconnaissance pour les bienfaits de ces eaux, et comme en expiation de ses vices brillants, qui émerveillèrent le dix-huitième siècle, mais dont le nôtre se scandalise naïvement. Il existe à la Raillère un cabinet de douches, des buvettes, de beaux salons, et vingt-trois cabinets de bains où la plupart des baigneurs sont en marbre, à la romaine.

A peu de distance de la Raillère, on trouve la source du *Pré*, celle du petit *Saint-Sauveur* ou de *Plaa*, où se rendent les personnes nerveuses; celle des *Œufs* (parce que telle en est la température que des œufs y durcissent); enfin le *Maou-Hourat* (mauvais trou), petit filet d'eau qui jaillit dans la montagne par une crevasse de rocher. Un peu plus bas qu'au midi, est la *source du Bois*, dont l'établissement récent et les piscines sont destinés principalement aux paysans rhumatisants ou malades du Bigorre et du Béarn.

La température des eaux de Cauterets varie de l'une à l'autre source depuis 26 jusqu'à 40 et quelques degrés Réaumur. Elles sont plus faibles et plus douces que celles de Barèges, mais plus fortes, plus chargées de principes que celles de Bonnes et de Saint-Sauveur. Toutefois, comme les sources sont nombreuses à Cauterets, et que, parmi elles, les unes sont plus fortes, les autres plus faibles, il en résulte qu'on peut y trouver l'équivalent des principales eaux des Pyrénées : l'eau des bains *Bruzaud*, par exemple, est un peu plus chaude que celle de la *grande douche* à Barèges ; mais elle contient beaucoup moins de sulfure de sodium que le *bain de l'Entrée* de ce dernier lieu. Quant à *la Raillère*, elle est plus légère et plus douce, moins sulfureuse et moins chaude que les *bains de Saint-Sauveur*, près de Luz, et presque aussi souveraine que la *buvette* de Bonnes. L'eau du *Maou-Hourat* est presque aussi chaude, mais beaucoup moins employée que l'eau de l'*Esquirette* et de l'*Arressecq* des Eaux-Chaudes. Néanmoins elle a paru efficace dans certaines affections chroniques de l'estomac, principalement dans les vomissements nerveux, et passe pour digestive.

Les eaux de Cauterets sont efficaces dans les maladies scrofuleuses, contre les pâles couleurs, contre les gastrites chroniques, et, par-dessus tout, contre les rhumes anciens, les catarrhes négligés : elles ont fréquemment redonné la voix à des malades amaigris et essoufflés qui l'avaient perdue. Un phthisique peut espérer d'y guérir, s'il n'a ni fièvre lente, ni irritation d'entrailles, ni douleurs réitérées au côté, ni pléthore prononcée, ni maigreur extrême, ni sueurs nocturnes, ni cette expectoration opaque annonçant une phthisie déjà avancée. Il est essentiel aussi qu'il n'ait jamais craché de sang, indice presque certain des tubercules, car les tubercules sont indestructibles. Ces eaux sont vraiment merveilleuses dans les vieux catarrhes qui menacent de consomption et de phthisie : presque toujours elles les guérissent, et la preuve qu'elles ont des propriétés réelles, des vertus indépendantes de l'effet moral qui peut résulter d'un voyage lointain et des distractions du monde, c'est que les animaux eux-mêmes ont souvent trouvé leur guérison aux sources dont nous parlons. Chaque année, dans la plus belle saison, vers le mois de juillet, on voit arriver du haras de Tarbes 10 à 12 chevaux attaqués d'un commencement de *pousse*, qui est la phthisie de l'espèce. Matin et soir, pendant 20 à 30 jours, on fait boire les animaux malades à la source de *la Raillère*; on les soigne, on les promène, et, au bout de ce temps, on les emmène à peu près guéris. Ces cures incontestées se réalisent tous les ans sous les yeux des baigneurs de Cauterets.

L'effet manifeste des eaux sulfureuses, en particulier de celles de Cauterets, est de donner plus de fermeté aux chairs et plus de coloration aux surfaces du corps. Il n'est pas douteux qu'elles facilitent l'expectoration et provoquent les sueurs; elles suscitent dans la plupart des fonctions de la vie une sorte de réaction qui devient souvent salutaire, et qui l'est d'autant plus sûrement qu'elle apparaît d'une manière plus lente, plus insensible. Si elles guérissent fréquemment des inflammations chroniques qui jusqu'alors ont résisté à d'autres remèdes, c'est principalement parce qu'elles les avivent, en même temps qu'elles régularisent le cours des humeurs, auxquelles elles ouvrent des issues plus nombreuses et plus faciles, outre que des bains chauds pris régulièrement durant vingt à trente jours entretiennent vers la surface du corps, sur toute la peau, une irritation révulsive qui, bien que légère, est cependant fort propice. Mais il est des conjonctures où les eaux sulfureuses, loin d'être secourables, deviendraient promptement funestes. Je rangerai dans cette catégorie de prohibition les phthisies avancées, les anévrismes du cœur et de l'aorte, les vives oppressions de poitrine, les hémorrhagies un peu actives, tout état de pléthore, toute disposition marquée aux coups de sang et à l'apoplexie, ainsi que les cas de fièvres, d'inflammation flagrante ou d'extrême maigreur.

Il y a des circonstances où l'usage des eaux est nuisible : celles des Espagnols, de César et du Maou-Hourat, prises sans prudence, ont quelquefois déterminé une gastrite, l'inflammation des reins, une hémorrhagie cérébrale, une péritonite, etc.

C'est presque toujours par les eaux de *la Raillère* que le traitement commence : elles sont les plus légères, les plus faciles à digérer. On passe ordinairement, au bout de quelques jours, à l'usage des eaux de *Pause*. On peut boire cinq à six verres de l'eau de la Raillère dans la matinée, ayant soin toutefois de mettre un quart d'heure d'intervalle entre chaque verre. Quelques personnes en prennent jusqu'à douze verres, douze verres en tout, avant, pendant et après le bain, sans en être incommodées. Si cette eau pèse sur l'estomac, si elle passe difficilement, on prend par-dessus un verre ou deux de l'eau de Maou-Hourat, qui, plus vive, plus chaude et plus facile à digérer, sert à faire couler la première.

Pour aller à Pause, à la Raillère et aux autres établissements éloignés du bourg, comme aussi pour la promenade, la plupart des malades se servent de chaises à porteurs. Ces chaises à bras sont régulièrement rangées sur la place de Cauterets, comme le sont les fiacres dans les rues de Paris. J'ai vu des véhicules semblables aux eaux célèbres de Bath.

L'eau de Cauterets qu'on boit sur place ne coûte rien; mais chaque bouteille cachetée, prise à la source de César ou ailleurs, se paie 25 centimes, et il s'en exporte annuellement de 4 à 6,000 bouteilles. Quant aux bains, qu'il ne faut prendre qu'avec prudence et en commençant par les mitiger ou même par n'y plonger que la partie basse du corps, le prix en est de 1 fr., ou de 60 cent., selon qu'on les prend dans des baignoires de marbre ou dans des baignoires en bois. C'est dans l'établissement Bruzaud que sont pour ainsi dire cantonnés les plaisirs, les réunions, les bals, les concerts, et tous ces amusements distingués qui font de Cauterets l'agréable rendez-vous des établissements thermaux environnants.

Le bourg occupe le joli vallon triangulaire de Saint-Savin. Cauterets est d'environ 330^m moins élevé que Baréges; aussi la température y est-elle plus douce et, par conséquent, plus convenable aux poitrinaires. Par la même raison, la végétation de Cauterets est plus riche, les sites plus beaux, plus variés. La température de Cauterets, terme moyen, est de 16 à 18 degrés Réaumur, durant la saison des eaux. Vers le milieu du dix-huitième siècle, suivant Bordeu, on ne voyait encore que des cabanes à Cauterets, quoique la réputation du lieu fût déjà grande; mais, depuis lors, tout a bien changé : ce hameau est devenu une charmante bourgade, et les cabanes de montagnards se sont métamorphosées en habitations élégantes. La centaine de maisons de ce joli bourg peut aisément recevoir à la fois au delà d'un millier d'étrangers. Le pays est d'un accès assez facile, grâce aux belles routes qu'y fit tracer, dès l'ancien régime, l'intendant d'Estigny. Les baigneurs les plus alertes vont au lac de Gaube, au pont d'Espagne et au mont de Vignemale, dont des neiges éternelles couvrent la triple cime; d'autres visitent Luz et Saint-Sauveur; d'autres vont déjeuner en Espagne, puis reviennent souper à Cauterets, en passant par le *port* de Gavarnie.

La vie de Cauterets est agréable et peu dispendieuse. De quatre à six heures du soir, il est curieux de voir circuler dans les rues de Cauterets toutes ces jeunes filles basanées portant sur la tête, dans de vastes corbeilles, la pitance quotidienne de chaque famille. On a soin d'y faire entrer la truite du pays, le coq de bruyère, quelques palombes, embrochées à la douzaine, la délicate volaille de Tarbes, quelque bon morceau d'izard sauté dans sa glace, des olives marinées, des cardons tendres, les fraises et framboises des Pyrénées, les prunes d'Argelès, et la petite pâtisserie de Carême.

La durée du traitement est de trente à cinquante jours; cela dépend de la gravité des maladies et de la sensibilité des malades : mais, après cinquante jours, il n'y a plus rien à attendre de l'usage des eaux, si ce n'est des accidents.

Dr Isidore BOURDON.

CAUTÉRISATION. On appelle ainsi l'emploi chirurgical du feu (*voyez* CAUTÈRE) ou de substances caustiques, pour modifier et désorganiser plus ou moins profondément des tissus vivants de l'économie.

CAUTION, CAUTIONNEMENT. En général on appelle *caution* ou *fidéjusseur* la *personne* qui s'oblige pour une autre, et qui répond en son nom de l'exécution d'un engagement. Le *cautionnement* ou la *fidéjussion* est l'*acte* par lequel la caution se soumet à l'obligation, c'est-à-dire s'engage à l'accomplir dans le cas où l'obligé principal manquerait à sa promesse. Plusieurs cautions pour une même dette se nomment *cofidéjusseurs*.

La caution peut être *conventionnelle*, *légale* ou *judiciaire*. Elle est conventionnelle, lorsqu'elle ne résulte que de la volonté des parties contractantes; *légale*, lorsqu'elle est ordonnée par la loi : l'article 601 du code Napoléon en donne un exemple, en assujettissant l'usufruitier à donner caution de jouir en bon père de famille, s'il n'en est dispensé par l'acte constitutif de l'usufruit; enfin la caution est *judiciaire*, lorsqu'elle est ordonnée par un jugement.

Le *cautionnement* diffère des obligations en général, en ce qu'il ne se présume pas; il doit être exprès et restreint dans les limites où il est consenti. Toutes les obligations ne peuvent pas être cautionnées; ainsi on ne peut répondre d'une dette de jeu, ou d'un fait illicite, car la justice refuse toute action à cet égard; or le cautionnement étant l'accessoire d'une obligation, il en résulte qu'elle participe à tous les caractères de cette obligation ; ainsi la première condition de la validité d'un cautionnement, c'est que l'obligation principale soit valable. Néanmoins on peut se rendre responsable d'un engagement, quoiqu'il pût être annulé par une exception personnelle, par exemple dans le cas de m i n o r i t é ; le mineur peut opposer son incapacité pour faire déclarer nulle l'obligation qu'il a contractée ; mais la caution ne peut s'en prévaloir et n'en reste pas moins engagée à payer la dette. Celui qui aurait cautionné une f e m m e mariée, laquelle ne peut s'engager sans l'autorisation de son mari, se trouverait dans le même cas ; la raison en est facile à concevoir : c'est parce que la caution se met alors à la place de la personne incapable, et qu'elle prend pour ainsi dire la dette pour son propre compte. Il suit encore du même principe que le cautionnement ne peut excéder ce qui est dû par le débiteur, ni être contracté sous des conditions plus onéreuses. La caution aura de même délai, les mêmes facilités pour le paiement que le débiteur : si ce dernier est affranchi par la nature de la dette de la contrainte par corps, elle n'y sera pas non plus soumise. Le cautionnement peut être contracté pour une partie seulement de la dette, si le créancier s'en contente ; mais s'il arrivait que le cautionnement excédât la dette ou qu'il fût contracté sous des conditions plus onéreuses, il ne serait point nul pour cela ; il serait seulement réductible et proportionné à la mesure de l'obligation principale.

Comme c'est dans l'intérêt particulier du créancier que le cautionnement a lieu, à son insu et sans son ordre on peut se rendre caution non-seulement du débiteur principal, mais de celui qui l'a cautionné. Celui qui contracte cet engagement est désigné sous le nom de *certificateur de caution*. Et remarquons dès à présent la différence qui existe entre le *fidéjusseur* ou la *caution* et le *certificateur* : le premier répond directement de la dette, tandis que l'autre, n'étant point caution lui-même, ne fait que certifier la solvabilité du *répondant*, au moyen de quoi il ne peut être recherché qu'autant que le défaut de cette solvabilité est suffisamment établi.

Certaines conditions sont exigées pour le cautionnement : le débiteur obligé à fournir caution doit en présenter une qui ait la capacité de contracter et puisse offrir un bien suffisant pour répondre de l'obligation ; il importe également que son domicile soit dans le ressort de la cour impériale où il doit être donnée ; il est, par ce moyen, plus facile de s'assurer de la valeur réelle des ressources qu'elle présente. La solvabilité d'une caution ne dépend pas de sa fortune présumée, ou de sa position sociale, quelque avantageuse qu'elle paraisse ; elle ne s'estime qu'en raison de ses propriétés ; excepté cependant en matière de commerce, ou lorsque la dette est mobilière. On conçoit, en effet, que dans le commerce, on n'exige pas que la solvabilité de la caution soit déterminée par des propriétés ; c'est sur le crédit du négociant que se mesure sa solvabilité. Quand le cautionnement repose sur des propriétés, on ne peut admettre, pour le former, les immeubles litigieux, c'est-à-dire qui sont l'objet d'une contestation judiciaire, ou dont la vérification et la discussion deviendraient trop difficiles en raison de leur éloignement. Par suite de ce principe, un usufruit ne peut servir à un cautionnement, parce qu'on ne peut en déterminer l'étendue d'une manière précise, à raison de l'incertitude de sa durée.

Lorsqu'il s'agit d'un cautionnement judiciaire, par exemple lorsqu'un tribunal ordonne qu'un individu touchera provisoirement une somme d'argent en litige, mais à la charge de donner caution, la personne qui servira de caution sera susceptible de la contrainte par corps, parce qu'il faut des liens plus forts pour assurer l'exécution des obligations qui se contractent par l'organe de la justice ; cependant, dans ce cas même, la contrainte par corps n'est pas de droit : il faut que la caution s'y soumette.

La caution peut devenir elle-même insolvable ; et dans le cas où la caution a été reçue volontairement par le créancier ou par la justice, il doit en être donné une autre ; mais si la caution n'a été fournie qu'en vertu d'une convention par laquelle le créancier a exigé une telle personne pour caution, il ne doit s'en prendre qu'à lui-même.

Pour les formalités du cautionnement, il n'en exige aucune ; il peut même être donné dans une lettre. Quant à la durée du cautionnement, il subsiste tant que la dette subsiste, et les engagements des cautions passent à leurs héritiers, à l'exception de la contrainte par corps, quand bien même elles s'y seraient obligées.

Les effets du cautionnement entre le créancier et la caution sont réglés d'après le caractère particulier de ce contrat ; car la caution n'étant tenue d'acquitter la dette que dans le cas où le débiteur n'y satisfait pas : le créancier ne peut agir contre elle qu'après avoir poursuivi le débiteur, et s'être convaincu de son insolvabilité ; à moins que la caution n'ait renoncé au b é n é f i c e d e d i s c u s s i o n ou qu'elle ne soit obligée solidairement avec le débiteur ; car cette circonstance fait disparaître la garantie subsidiaire, qui est remplacée par une obligation principale. Cependant si la caution se laissait poursuivre pour le paiement de la dette, sans demander que le débiteur fût préalablement poursuivi, rien ne pourrait arrêter le créancier dans son action. La caution judiciaire n'a pas le même privilége que la caution conventionnelle ; elle n'a pas le droit de demander que le débiteur principal soit d'abord poursuivi. Si plusieurs personnes se sont rendues cautions du même débiteur, pour une même dette, elles sont obligées au paiement de la dette entière. Mais néanmoins elles conservent le droit d'exiger que le créancier leur puisse réclamer de chacune d'elles que la portion pour laquelle elles se trouvent réellement engagées en proportion de leur nombre. C'est le bénéfice de division ; mais il en est rarement fait usage, car le créancier exige presque toujours la renonciation à ce droit.

Les effets du cautionnement entre la caution et le débiteur sont réglés de la manière suivante : la caution qui a payé a son recours contre le débiteur, soit que le cautionnement ait été fourni au su ou à l'insu de ce dernier ; ce recours a lieu tant pour le principal que pour les intérêts et les frais ; néanmoins la caution n'a de recours que pour les frais par elle faits depuis qu'elle a dénoncé les poursuites dirigées contre elle. La caution peut aussi exercer son recours contre le débiteur pour les dommages-intérêts qu'elle a soufferts. Il y a lieu à des dommages-intérêts si elle a été saisie dans ses meubles ou si elle a subi un emprisonnement. La caution qui a payé la dette est subrogée à tous les droits du créancier ; mais après avoir payé une première fois, elle reste sans recours contre le débiteur principal qui a payé une seconde fois, si elle ne l'a pas averti du paiement qu'elle a fait, sauf l'action qu'elle conserve contre le créancier. Il y a plusieurs cas où la caution peut agir contre le débiteur même avant d'avoir payé pour lui ; c'est 1° lorsqu'elle est poursuivie en justice pour le paiement de la dette ; 2° lorsque le débiteur est en état de faillite ou de déconfiture ; 3° lorsque le débiteur s'est obligé de lui rapporter sa décharge dans un certain temps ; 4° lorsque la dette est devenue exigible par l'échéance du terme pour lequel elle avait été contractée ; 5° au bout de dix ans, lorsque l'obligation principale n'a point de terme fixe d'échéance, à moins que celle-ci ne soit de nature à pouvoir être éteinte avant un temps déterminé : comme un tutelle, par exemple.

Le cautionnement peut avoir plus ou moins d'extension, suivant quelques circonstances qu'il importe de signaler : celui qui dans un concordat se rend caution du failli n'est censé garantir que les créances vérifiées et affirmées ; son engagement ne peut avoir plus d'étendue, à moins d'une stipulation expresse. Si le créancier a accepté un meuble où

CAUTION

un effet quelconque en payement de la dette, la caution se trouverait ainsi déchargée, même dans le cas où le créancier serait troublé dans la possession de ce qu'il aurait reçu.

La caution *judicatum solvi* a pour but de garantir le paiement des frais auxquels celui qui forme une demande judiciaire peut être condamné ; elle a surtout été introduite contre les étrangers, qui pourraient, en quittant la France, rendre illusoires les condamnations prononcées contre eux. Tout étranger qui forme une demande principale ou qui intervient dans une instance comme demandeur est tenu, si le défendeur l'exige, avant toute exception, de fournir caution de payer les frais et dommages intérêts auxquels il pourrait être condamné. Le jugement qui ordonne la caution fixe la somme jusqu'à concurrence de laquelle elle doit être fournie. Si le demandeur consigne cette somme ou s'il justifie que ses immeubles situés en France sont suffisants pour en répondre, il est dispensé de fournir caution. En matière de commerce, l'étranger n'est pas soumis à la caution *judicatum solvi*. De plus, cette caution judiciaire est exigée dans certains cas des regnicoles eux-mêmes, lorsque, par exemple il pourrait résulter des inconvénients de l'exécution provisoire d'un jugement susceptible d'appel.

Cela nous conduit naturellement à parler de la caution qui, en matière criminelle, doit être exigée d'un *prévenu* qui demande sa mise en liberté provisoire. Cet élargissement peut être ordonné quand l'intérêt de la vindicte publique ne peut pas en souffrir ; mais l'accusé doit fournir une caution suffisante jusqu'à la concurrence déterminée par les lois.

La *caution juratoire* est le serment fait en justice d'exécuter la loi ou un jugement ; le Code Napoléon en donne un exemple dans l'art. 603.

Le *cautionnement* des officiers publics et employés du gouvernement est le dépôt d'une certaine somme dont le propriétaire se dessaisit, et dont il ne peut plus disposer qu'après s'être mis à l'abri de tout recours à raison des actes que ce cautionnement est destiné à garantir. Quand l'autorité confère certaines fonctions, il est juste qu'elle cherche à s'assurer par tous les moyens possibles que ces fonctions seront exercées dans l'intérêt général. Ces garanties, elle a dû d'abord les chercher dans la capacité et la moralité des fonctionnaires ; mais comme elles pouvaient être insuffisantes, elle s'est vue dans la nécessité d'exiger une assurance pécuniaire. C'est ainsi que tous les officiers publics et employés du gouvernement dans les mains desquels doivent être remis ou des sommes ou des titres, ont été assujettis à verser une certaine somme d'argent pour répondre de leur gestion : tels sont les notaires, les avoués, les greffiers des tribunaux, les huissiers, les commissaires-priseurs, les gardes du commerce, les agents de change et courtiers, les secrétaires des écoles de droit, les receveurs généraux, les payeurs du trésor, les receveurs particuliers, les percepteurs, les receveurs communaux, les préposés à l'enregistrement, les conservateurs des hypothèques, les administrateurs des douanes et des postes, les préposés aux contributions indirectes, aux octrois et aux tabacs, les gardes magasins du campement et de l'habillement de l'administration de la guerre, les agents de la direction et les entreposeurs des poudres et des salpêtres, les préposés de l'administration des monnaies. Les cautionnements fournis par les agents de change, avoués, greffiers, huissiers et commissaires-priseurs sont affectés d'abord à la garantie des malversations que ces personnes pourraient commettre dans l'exercice de leurs fonctions, ensuite au remboursement des fonds prêtés pour tout ou partie des cautionnement ; enfin, subsidiairement, au payement, dans l'ordre ordinaire, de tout autre créancier. Ce n'est pas seulement l'intérêt, mais le capital des cautionnements qui est affecté au paiement des amendes encourues par les officiers ministériels, ainsi que des frais.

Le *cautionnement des journaux* est la garantie de la répression qu'ils sont à même d'encourir ; c'est l'assurance du paiement des amendes, des frais et des domages-intérêts auxquels ils peuvent être condamnés. Les gouvernements qui, tout en redoutant l'influence de la presse n'osaient pas l'assujettir à *l'autorisation préalable*, avaient cru trouver dans l'élévation du cautionnement les moyens de la contenir dans certaines limites. Aussi peut-on dire que la fixation plus ou moins élevée du cautionnement a été, sous l'empire des deux chartes de 1814 et de 1830, le véritable thermomètre de l'ascendant que la presse a exercé sur les masses et même sur les pouvoirs qui gouvernaient alors ; il a varié suivant les progrès de l'opposition parlementaire : on le voit s'abaisser à mesure que des principes de la liberté de discussion réagissent sur les esprits.

Ainsi, à dater de l'ordonnance du 5 septembre 1816, qui prononça la dissolution de la chambre *introuvable*, la presse ne cessa de faire entendre ses réclamations pour obtenir la réduction du cautionnement imposé aux écrits périodiques. Ces réclamations étaient reproduites à la tribune avec tant de persévérance et d'énergie qu'enfin la presse obtint, le 9 juin 1819, une loi qui fixa le chiffre des cautionnements à 10,000 fr. de rente au maximum. Ce premier succès en amena un autre : un peu plus tard le chiffre de 10,000 fr. fut successivement réduit à 6,000 fr., puis à 2,400 fr. par les lois du 18 juillet 1828, 14 décembre 1830 et 8 avril 1831.

Cependant, après l'attentat de Fieschi, le gouvernement voulut aggraver la pénalité contre la presse, et par les lois du 9 septembre 1835 le cautionnement fut élevé au maximum de 100,000 fr. Après la révolution de février 1848, ces lois furent abolies. Mais une fois cette première satisfaction donnée à la presse, on sentit le besoin et la nécessité de mettre un frein à ses écarts : un décret du 9 août 1848 fixa le cautionnement à 24,000 fr. pour les départements de la Seine, de Seine-et-Oise et Seine-et-Marne ; et à 18,000 fr. pour le plus grand nombre des journaux de département ; il descendit, enfin de 12,000 à 6,000 fr. en raison de la périodicité plus ou moins fréquente et du siège de publication plus ou moins rapproché de la capitale, et du chiffre de la population.

En juillet 1850, le pouvoir demanda à l'Assemblée législative des mesures encore plus sévères contre la presse ; et la commission nommée par l'assemblée ne répondit pas au vœu du gouvernement, et le projet de loi amendé par elle maintint le chiffre du cautionnement fixé par la loi du 9 août 1848 ; mais on ajouta l'obligation de consigner d'avance une partie de l'amende à laquelle les journaux pouvaient être condamnés. Tel fut l'objet de la loi du 16 juillet 1850 relativement au cautionnement des écrits périodiques.

Après le coup d'État du 2 décembre, le pouvoir a sans hésitation tranché les difficultés qui avaient embarrassé dans leur marche les gouvernements précédents ; il a rendu, le 23 février 1852, sur la presse un décret organique, qui, outre l'autorisation préalable, détermine de la manière suivante le cautionnement à déposer : pour les départements de la Seine, de Seine-et-Oise et du Rhône, le cautionnement est fixé à 50,000 fr., si le journal ou écrit périodique paraît plus de trois fois par semaine, soit à jour fixe, soit par livraisons irrégulières ; et à 30,000 fr., si la publication n'a lieu que trois fois par semaine ou à des intervalles plus éloignés. Le même décret abaisse le cautionnement jusqu'à 7,500 fr., pour les villes de départements.

J. DE LASSIME, avocat à la cour impér. de Paris.

L'État, en exigeant d'un grand nombre de fonctionnaires publics des cautionnements en garantie de leur gestion, ainsi que des divers officiers ministériels, tels que : avocats à la cour de cassation et au conseil d'État, avoués, commissaires-priseurs, huissiers, notaires, etc., puis des agents de change et des courtiers de commerce, et enfin des journaux, s'est constitué le débiteur de sommes immenses, qui ne s'élèvent pas à moins de 241 millions de francs, déposés par 55,846 individus auxquels il en paye l'intérêt à 3 pour 100.

Tous les ministères, à l'exception de celui des affaires étrangères, exigent de certains agents des cautionnements; mais parmi eux celui des finances et celui de la justice absorbent la presque totalité du chiffre que nous avons indiqué plus haut, soit 226 millions. Les offices ministériels ressortissent du ministère de la justice, et contribuent pour une large part au chiffre total des cautionnements. Les avocats au conseil d'État et à la cour de cassation sont, seuls de leur profession, soumis à l'obligation du cautionnement. Ils sont au nombre de soixante et un, et fournissent 427,000 fr. Les avoués, au nombre de 3,438, sont créanciers pour 10,500,000 fr.; 9,319 huissiers ont des cautionnements qui s'élèvent ensemble à près de 8 millions; les 10,916 notaires de France, à 35 millions de francs. Les cautionnements de 443 commissaires-priseurs s'élèvent à 4,500,000 fr., somme égale à celle qu'ont versée 3,025 greffiers de justice de paix. Les greffiers de cours impériales et de tribunaux de commerce créent une autre catégorie et forment une compagnie de 642 personnes, dont les cautionnements s'élèvent à 2,749,000 fr. Il n'est pas jusqu'aux dix gardes de commerce qui n'aient versé 60,000 fr. Bref, les offices ministériels sont créanciers du trésor pour plus de 65 millions de francs.

Les agents de change et les courtiers de commerce dans les départements, ainsi que les courtiers de Paris, sont au nombre de 942, et ont versé 7 millions. Mais les agents de change de Paris ne sont pas compris dans ce chiffre. On compte 61 charges d'agents de change près la Bourse de Paris, dont les cautionnements s'élèvent à 7,625,000 fr. Les receveurs généraux des finances et les 328 receveurs particuliers fournissent ensemble plus de 45 millions de francs. Les percepteurs et les receveurs communaux, au nombre de près de 11,000, ont 55,500,000 fr., de cautionnements.

Les agents comptables du ministère de l'instruction publique, du ministère de la guerre et de celui de la marine, versent aussi des cautionnements dont le chiffre varie suivant l'importance de leurs fonctions et l'étendue de leur responsabilité. Le caissier et le payeur central du trésor ont chacun un cautionnement de 200,000 fr.; 4,873 employés des contributions indirectes et des tabacs ont 20 millions de cautionnements; 3,987 préposés de l'enregistrement en ont pour 18 millions 500,000 fr. Les douanes, les octrois, les postes représentent ensemble 8 à 9 millions.

Enfin au 1er janvier 1852 les cautionnements des écrits et des feuilles périodiques s'élevaient à 2,500,000 fr.

CAUVIN (Jehan). *Voyez* Calvin.

CAUX (Pays de). Cette belle et riche partie de l'ancienne Normandie, comprise aujourd'hui dans le département de la Seine-Inférieure, où elle forme à peu près les trois arrondissements du Havre, de Dieppe et d'Yvetot, confine à la mer vers le nord et le nord-ouest, est bornée au sud par la Seine, et vers l'est a pour limites l'ancien comté d'Eu et le pays de Brai. Il fut jadis habité par un peuple que César appelle les Calètes. Son territoire, qui formait un *pagus* romain, dont les dénominations latines ont éprouvé dans le moyen âge diverses altérations, a lui-même subi de grands changements dans son étendue, qui s'est rétrécie, et dans ses limites, qui ont été déplacées à l'orient et à l'occident. Ce pays a même changé de capitale: la *Juliobona* d'Auguste (Lillebonne) céda plus tard cet honneur à Caudebec. C'est un beau pays, fertile et bien cultivé. Cette opulente contrée a conservé quelques traces d'antiquités gauloises, et surtout des débris romains, dont le plus remarquable est l'ancienne *Juliobona*, où l'on voit les ruines d'un théâtre romain, et où l'on a découvert une belle statue de bronze doré, des médailles, des fragments de poteries antiques et des marbres qui annoncent l'importance de cette antique capitale d'un *pagus* considérable. La coiffure des femmes du pays de Caux est aussi pittoresque que riche et élégante.

Louis du Bois.

CAUX (Vicomte de). *Voyez* Decaux.

CAVA (Monastère de la). A neuf kilomètres avant d'arriver de Naples à Salerne, dans le renfoncement d'une vallée digne de la Suisse par la fraîcheur de ses ombrages et l'aspect pittoresque de ses rochers, au bord du torrent le Selano et à mi-côte du mont Fenestra, du haut duquel l'œil plane avec délice sur le golfe de Salerne et d'Amalfi, a été découpée dans le roc la grotte d'un anachorète, autour de laquelle s'est élevée d'abord une petite chapelle, puis le grand et beau monastère bénédictin de la Cava. Cet anachorète, issu de famille illustre lombarde, depuis béatifié sous le nom de saint Alpherius, s'était retiré dans cette solitude au onzième siècle, et y avait fait bâtir une petite chapelle. Un de ses neveux, du nom de Pierre, qui, dans le monastère du mont Cassin, avait eu pour disciple un Français devenu plus tard le pape Urbain II, suivit l'exemple de son oncle et lui succéda dans sa retraite. Urbain II, ayant été obligé, pour échapper à l'empereur Henri III, de se réfugier près du Normand Roger, duc de Pouille et de Calabre, voulut profiter de son séjour à Salerne pour aller visiter l'ermite Pierre, qui commençait déjà à transformer son ermitage en un petit monastère. Il y alla, en effet, en compagnie de Roger, et celui-ci fit de grandes largesses à l'abbaye.

Depuis cette époque, le monastère de la Cava a toujours continué à prospérer, et, grâce à la difficulté des chemins et à son isolement au milieu des montagnes, il a échappé à tous les envahisseurs et s'est conservé intact. Les bâtiments actuels sont assez récents. Cependant, tandis que l'abbé Pierre profitait des largesses de Roger pour le présent, il avait soin d'en conserver le témoignage authentique pour l'avenir, en réunissant l'acte légal de ces donations à ceux de toutes les donations particulières et de tous les achats précédents. C'est ainsi qu'il jetait la base des précieuses archives de la Cava. On y retrouve des actes qui remontent jusqu'à 779, parce qu'ils se rapportent à des constatations de propriétés antérieures à la fondation du couvent. Pour toute l'histoire des princes lombards de Salerne, de l'an 840 à l'an 1077, où le normand Robert Guiscard détrôna son beau-frère, le lombard Gisulphe, et pour toute l'histoire des princes normands, c'est une mine inépuisable. On y trouve aussi une centaine de chartes grecques de Calabre, provenant du monastère de la Paluda. Les catalogues et inventaires de ces diverses chartes sont fort soigneusement et fort exactement faits. La bibliothèque renferme quelques manuscrits fort intéressants. Une notice assez exacte en a été publiée en 1822, en français et en italien, par l'abbé de Rozan, dans une lettre adressée au bibliothécaire du roi à Naples. Le plus curieux de tous ces manuscrits est un exemplaire des lois lombardes, écrit en l'an 1004, et précédé d'une miniature des plus curieuses de la même époque; c'est la reproduction par la peinture du récit de Paul-Diacre sur l'origine des Lombards.

Le monastère de la Cava rentra, comme celui du mont Cassin, en 1505, dans la grande fédération des monastères bénédictins d'Italie, et la forme de république élective aristocratique y succéda à la forme de monarchie tempérée, créée par saint Benoît. Depuis ce temps, les abbés, revêtus de la dignité épiscopale, ont continué à être réélus pour trois années seulement, et toutes les affaires s'y règlent en conseil et par les comices triennaux. Ce monastère fut supprimé, comme tous les autres, lors de l'occupation française; ses biens furent confisqués au profit du fisc et vendus, sauf la maison d'habitation, ses dépendances, et une habitation des champs. Quant aux archives, elles furent soigneusement conservées dans le même local, ainsi que la bibliothèque, et confiées à la garde de trois bénédictins, désignés parmi les vingt-cinq maintenus par le décret, mais sans vœux. En

1815 le roi Ferdinand réintégra les moines dans leur couvent, en leur fixant un léger revenu. Leurs archives et leur bibliothèque sont une ressource précieuse pour l'homme d'étude. Elles ont fourni la matière d'un bon livre sur les princes lombards à l'archiviste dom Blasio, dont les travaux sur les chartes du monastère fourniront à leur tour d'utiles renseignements à quiconque voudra compléter un jour le glossaire latin de Du Cange. BUCHON.

CAVA ou **CABA**, nom vulgaire, donné à la prétendue fille du comte Julien, que l'on suppose avoir été séduite par le dernier roi des Goths d'Espagne, Roderich ou Rodrigue; séduction qui fut, au dire des chroniqueurs, la véritable cause de l'appel des Arabes dans la Péninsule. La Cava, dit-on, avait été laissée à la cour du roi Roderich, à Tolède, par son père, gouverneur de Ceuta, qu'on appelle invariablement le comte Julien, comme s'il fallait attacher à ce titre son acception nobiliaire moderne. Julien était comte, c'est-à-dire gouverneur de Ceuta. Le vrai nom de la Cava, d'après le *Romancero*, était Florinda, nom assez peu gothique. Sa beauté, toujours d'après les mêmes autorités, éblouit la cour. Le roi la vit et conçut pour elle une violente passion; il trouva de la résistance, et n'hésita pas à arracher par la force ce qu'il ne pouvait obtenir autrement. La jeune fille instruisit son père de cette indignité par une lettre écrite en secret, qu'on peut voir, tout au long, dans Mariana. Elle est écrite en excellent espagnol, et le bon jésuite y a mis toute sa rhétorique. Julien, furieux, s'écria : « Par Jésus! j'anéantirai son pouvoir et je le saperai jusque « dans sa base. » Et incontinent il alla redemander la Cava à Tolède, sous couleur de la ramener à sa mère mourante à Ceuta, et l'y ayant en effet ramenée, il noua avec Moussa-ben-Nosséir, gouverneur du Maghreb pour le khalife de Damas, des relations qui eurent pour résultat l'invasion et la conquête de la Péninsule par les Arabes. On montrait encore, il y a quelques années, à Malaga, une porte par où la tradition voulait qu'eût passé la jeune fille partant pour l'Afrique, et qu'on appelait la porte de la Cava.

Ce conte ne trouve plus grâce aux yeux des historiens, quoique, depuis un temps immémorial, il soit passé à l'état de croyance populaire en Espagne, où il a été célébré dans un nombre infini de *Romances*. Ce doit être là une invention assez moderne des Arabes. Un de leurs historiens du dix-septième siècle, Ahmed-el-Mokri, raconte cette anecdote dans tous ses détails, sans indiquer la source où il les puise. El-Rasi fait de même, n abrégeant un peu le récit. Ebn-Kauthir y ajoute plusieurs circonstances romanesques. Le moine de Silos, qui vivait quatre cents ans après la conquête de l'Espagne, est le premier qui parle de cet événement comme cause de la haine de Julien contre Roderich. Un autre écrivain postérieur, l'archevêque Roderich de Tolède, paraît avoir consulté le même auteur arabe qu'Ahmed.

Le nom de *Cava*, que les romances espagnoles prêtent à la fille de Julien, signifie *prostituée*, et lui a été probablement donné par les ennemis de son père. Un auteur du treizième siècle, Lucas de Tuy, dit négligemment : *Cava, quam pro concubina utebatur*. Il serait difficile d'énumérer les romans, affublés du titre de chroniques, dont le roi don Roderich a fait les frais. Le plus célèbre est intitulé : *la Verdadera Historia del rey don Rodrigo por Abulcacim Tarif aben Tarique, traduzida del arabe, por Miguel de Luna*. Le lauréat anglais Robert Southey a publié un poëme intitulé : *Roderic, ou le dernier des Goths*, où il est beaucoup parlé de la Cava. Adoptant la fable populaire d'après laquelle Roderich n'aurait pas été tué dans la bataille du Guadalété, qui livra l'Espagne aux Arabes, et serait parvenu à se sauver en Galice, où il aurait mené une vie pénitente, Southey le métamorphose en moine, et lui fait recevoir la confession de la Cava, qui lui raconte, avec des détails choisis, tous les degrés de sa passion jusqu'à son dernier terme. Ce que c'est que l'imagination des poëtes!

CAVAGNOLE, nom d'un jeu apporté de Gênes en France vers le milieu du dix-huitième siècle, et que les Génois appellent *cavajola*, mot qui, dans leur langue, signifie *nappe* ou *serviette*. Ce jeu, qui est une espèce de loto, composé de petits tableaux à cinq cases contenant des figures et des numéros, était en usage du temps de Voltaire, qui en parle dans l'une de ses épîtres :

On croirait que le jeu console
Mais l'ennui vient, à pas comptés,
A la table d'un *cavagnole*
S'asseoir entre deux majestés.

CAVAIGNAC (JEAN-BAPTISTE), membre de la Convention et du conseil des Cinq-cents, né en 1762 à Gourdon (Lot), mort à Bruxelles en 1829, était avocat au parlement de Toulouse lorsqu'éclata la révolution, dont il embrassa les principes avec une exaltation qui lui valut successivement sa nomination à des fonctions municipales et départementales, et enfin, en 1792, à celles de représentant de son département à la Convention nationale. Lors du procès de Louis XVI, il vota la mort sans sursis. Chargé quelque temps après de faire un rapport à l'assemblée sur la capitulation de Verdun, il appela toute la sévérité des lois sur des femmes et des jeunes filles de cette ville coupables d'avoir été à un bal où assistait le roi de Prusse, et d'avoir offert des dragées à ce prince. A quelques jours de là, le tribunal révolutionnaire envoyé à la guillotine toutes ces jeunes femmes. On sait par cœur les vers touchants que Delille a consacrés à la mémoire des victimes de cette hécatombe de vierges. Après ces gages donnés au régime de la terreur, le conventionnel ne tarda pas à être chargé d'une mission près de l'armée des côtes de l'Ouest, et, plus tard, avec l'infâme Dartigoyte, Monestier et Pinet, d'une autre mission près de l'armée des Pyrénées occidentales. L'inflexible histoire a gardé le souvenir de faits à jamais déplorables qui se rattachent à cette mission. C'est ainsi qu'en 1793, à Bayonne, deux basques appelés Dagorret et Saubat-Assombery, arrêtés par ordre des représentants du peuple, puis détenus au secret pendant cinquante jours sans avoir subi d'interrogatoire, et à l'égard desquels le tribunal avait fini par rendre un jugement ordonnant *leur mise en liberté immédiate*, furent guillotinés dans la nuit même qui suivit cette décision de la justice ordinaire, et cela, sur un simple ordre signé *Monestier, Pinet et Cavaignac*.

La conduite de notre conventionnel en Espagne, à Saint-Sébastien surtout, marquée au coin de l'exaltation républicaine la plus outrée, lui mérita de non moins justes reproches, et fut, dans le temps, attribuée à un sentiment bien peu digne, au désir de ne point rester, en fait de démonstrations patriotiques et de dévoûment au nouvel ordre de choses créé par la révolution, en arrière du collègue que la convention lui avait adjoint, le furieux Pinet : c'est là, il faut l'avouer, un genre d'émulation dont on n'a malheureusement que trop d'exemples à citer dans l'histoire des discordes civiles qui agitent un pays, mais que l'opinion finit tôt ou tard par justement flétrir.

Les pouvoirs proconsulaires confiés à Cavaignac expirèrent au mois de septembre 1794, et il revint alors exercer son mandat législatif à la Convention, où bientôt on le vit se ranger à l'opinion modérée, qui prévalait dans cette assemblée depuis la chute de Robespierre. Ce fut peut-être ce habile revirement politique qui le sauva, et qui engagea les membres influents de la réaction thermidorienne à regarder comme non avenues les plaintes et les dénonciations formelles dont il fut l'objet dans le sein de la Convention de la part d'un de ses collègues et de quelques habitants de Bayonne. Boissy-d'Anglas lui-même le défendit, et fit amnistier un passé que l'entraînement du moment pouvait, sinon justifier, du moins jusqu'à un certain point faire excuser.

A quelque temps de là, une troisième mission lui fut confiée par la Convention près de l'armée de Rhin-et-Moselle.

Il était de retour à Paris lorsqu'éclata le mouvement insurrectionnel du 1ᵉʳ prairial. Investi, dans cette circonstance critique, du commandement supérieur de la force armée dont disposait la Convention, il ne put réussir à empêcher l'envahissement du local des séances de l'assemblée par les sections révoltées; et, sans le dévoûment d'un généreux citoyen à qui la Convention vota un sabre d'honneur, il eût même péri assassiné, comme son malheureux collègue Féraud.

Au 13 vendémiaire an IV, il contribua au triomphe de la Convention sur les sections insurgées, et, peu de temps après, fut nommé membre du conseil des Cinq-Cents. Mais le sort l'élimina de cette assemblée lorsqu'il fallut, aux termes de la constitution nouvelle, procéder au renouvellement des deux tiers de ses membres. Cavaignac accepta alors un modeste emploi aux barrières de Paris. Plus tard, on le nomma l'un des administrateurs de la loterie; et, après la paix d'Amiens, il fut envoyé, en qualité de commissaire-général des relations extérieures, à Maskate (Arabie), dont le souverain réclamait depuis longtemps la présence d'un agent français. L'influence anglaise, toujours croissante dans ces contrées, et la rupture de la paix d'Amiens, qui transforma en hostilités franchement déclarées la jalousie britannique, firent échouer cette mission, qui eût pu avoir d'heureux résultats pour le commerce français. Parti pour se rendre à son poste par l'Ile-de-France et Pondichéry, Cavaignac était de retour en Europe vers la fin de 1805. L'année suivante il accompagna son frère (*voyez* l'article ci-après) à Naples, et fut chargé par Joseph Bonaparte d'organiser et de diriger, dans le royaume érigé en sa faveur par Napoléon, l'administration des domaines et de l'enregistrement. Murat non-seulement le maintint dans ces fonctions lucratives, où en peu d'années il lui fut donné d'acquérir une belle indépendance, mais le nomma conseiller d'État, commandeur de l'ordre des Deux-Siciles, et institua en outre en sa faveur un majorat avec titre de *comte*. Le farouche proconsul de 1793 se laissa faire, et, en témoignage de sa conversion sincère et complète au principe monarchique, sollicita l'insigne honneur de faire admettre ses deux fils, *Godefroy* et *Eugène* (*voyez* ci-après leurs articles), au nombre des pages du fils de l'aubergiste de La Bastide près Cahors: requête à laquelle, on le pense bien, il fut fait droit de la manière la plus gracieuse.

Lorsqu'à la suite des événements de 1813, un décret impérial enjoignit à tous les Français au service de princes étrangers de l'abandonner sous peine d'être dénationalisés, Cavaignac se démit de ses emplois, et rentra en France. Pendant les Cent-Jours, l'empereur le nomma préfet de la Somme; mais, à la seconde restauration, la loi du 16 janvier 1816, dite *loi d'amnistie*, dont les dispositions l'atteignaient en raison du vote qu'il avait émis dans le procès de Louis XVI, le força de se retirer à Bruxelles. Il ne devait plus revoir la terre natale.

Les dernières années de sa vie furent attristées par la nécessité d'avoir à repousser une odieuse imputation reproduite avec une persistance acharnée dans diverses biographies écrites au point de vue de la réaction politique et religieuse favorisée par le gouvernement d'alors. On y prétendait qu'au temps où il était investi de fonctions et de pouvoirs proconsulaires, il avait envoyé à l'échafaud un homme à qui pourtant il avait promis la vie sauve s'il consentait à abandonner sa malheureuse fille à sa lubricité; pacte infâme, qui n'aurait été d'ailleurs qu'une lâche déception préméditée par le misérable qui l'avait proposé. On voit qu'il s'agit de la fameuse affaire de Mlle de Labarrère. Or il est avéré aujourd'hui que les écrivains qui rappelaient ainsi l'un des plus douloureux épisodes des scènes de la Terreur dans le midi, faisaient sciemment confusion entre les proconsuls et attribuaient à Cavaignac une infamie dont Dartigoytte son exécrable collègue se rendit seul coupable.

CAVAIGNAC (JACQUES-MARIE, vicomte DE), baron *de Baragne*, lieutenant général, grand'-croix de la Légion-d'Honneur, ex-pair de France, frère du précédent, est né en 1773 à Gourdon, et embrassa de bonne heure la carrière militaire. Il était sous-lieutenant au régiment de Navarre quand éclata la révolution. Après avoir servi avec distinction dans les armées de la république et de l'empire, et s'être signalé surtout au passage du Tagliamento pendant la retraite de l'armée d'Italie, sous les ordres de Moreau, au passage du Splugen et du Garigliano, et avoir été nommé à Austerlitz, par Napoléon, commandant de la Légion-d'Honneur, il passa, en 1806, avec son frère, au service du roi de Naples, Joseph Bonaparte. Mais plus tard il revint prendre sa place dans les rangs de la grande armée, avec le grade de général de brigade. Lors de la guerre de Russie, chargé du commandement de la cavalerie du onzième corps, il protégea la retraite de Moscou, et finit par se jeter dans Dantzig avec les 1,800 hommes qui lui restaient, et qui concoururent, ainsi que les autres troupes dont disposait Rapp, à soutenir le mémorable siège de cette ville. En violation de la capitulation, le général Cavaignac fut envoyé à Kief comme prisonnier de guerre. La restauration seule le rendit à la liberté, et lui permit de revoir la France.

Le nouveau gouvernement récompensa les services qu'il avait rendus au pays sur les champs de bataille, en le créant successivement commandeur de l'ordre de Saint-Louis, lieutenant-général, baron, puis vicomte, et enfin inspecteur général de la cavalerie.

Le pouvoir né de la révolution de Juillet appela le général Cavaignac à siéger à la chambre des pairs. La révolution de Février lui enleva son manteau d'hermine et le mit à la retraite. Le vicomte ne tint pourtant pas tellement rancune à la république, que, lors de la candidature de son neveu à la présidence, il ne se soit entremis avec beaucoup de zèle auprès des meneurs du parti orléaniste pour la faire réussir.

CAVAIGNAC (ÉLÉONORE-LOUIS-GODEFROY), fils et neveu des précédents; ancien président de la fameuse *Société des Droits de l'Homme*, né à Paris en 1801, se crut, comme tant d'autres, prédestiné à éclipser au barreau les Hortensius et les Cicérons contemporains, prit en conséquence quelques inscriptions à l'École de droit, puis se rebuta bientôt devant la nécessité d'un travail sérieux et continu, qu'il estimait indigne d'une intelligence d'élite comme la sienne, et demanda à la politique et à ses passions des dédommagements pour ses illusions sitôt perdues. La fortune de son père lui permettait de mener la vie d'un homme de loisirs; il voulut l'ennoblir par l'exercice ostensible d'une profession libérale, et en conséquence se fit *homme de lettres*. Nous n'apprendrons rien à personne en ajoutant que c'est là de nos jours une des qualifications les plus élastiques qu'on puisse prendre.

Ce ne fut d'ailleurs qu'en 1831, et par la bien tardive publication d'une espèce de proverbe intitulé *Le cardinal Dubois, ou tout chemin mène à Rome*, et de scènes historiques ayant pour titre *Une tuerie de Cosaques*, *scènes d'invasion*, qu'il essaya de justifier de son droit à prendre ce titre. Ces deux bluettes historiques appartiennent au genre éminemment faux et bâtard dans lequel le succès étourdissant et si peu mérité des *Barricades* de M. Vitet et d'autres essais analogues tentés pour dramatiser l'histoire avaient mis un instant à la mode dans la littérature vers 1826. Disons tout de suite, pour n'y plus revenir, qu'elles obtinrent un succès encore bien plus de sympathie que d'estime.

Fils de régicide, d'un homme à qui une certaine presse reprochait de temps à autre assez durement son passé révolutionnaire, Godefroy Cavaignac avait compris que revendiquer pour lui-même la responsabilité de ce passé était un moyen assuré de mettre à bon compte sa personnalité en relief. En conséquence, il prit part à la lutte aussi longue que patiente et acharnée du parti libéral contre le gouvernement de la branche aînée, figura ensuite dans les journées de juillet 1830 parmi les combattants, et après l'élévation du duc d'Orléans au trône, fut encore un des premiers à se déclarer contre le nouvel ordre de choses. Sa demeure devint bientôt le rendez-vous des républicains les plus ardents, et différentes associations démocratiques qui surgirent à la suite de la révolution obéirent bientôt à l'impulsion donnée de ce centre commun d'action. La garde nationale n'eut pas plutôt été réorganisée, que Godefroy Cavaignac brigua et obtint les suffrages de ses amis pour le grade de capitaine dans l'artillerie, corps spécial, où vinrent se grouper plus particulièrement les partisans exaltés du gouvernement républicain. Aussi, quand éclatèrent les troubles d'octobre et de décembre 1830, le gouvernement conçut-il les craintes les plus vives de voir cette partie de la milice citoyenne faire cause commune avec le peuple soulevé; heureusement l'attitude gardée au milieu de cette crise par Lafayette et par la grande majorité de la garde nationale trompa les espérances du parti hostile à l'établissement de Juillet. Des mandats d'arrestation furent bien lancés alors contre Godefroy Cavaignac et un grand nombre de ses amis politiques; mais le jury devant lequel ils comparurent rendit à leur égard un verdict d'acquittement.

Ce procès posa désormais Godefroy Cavaignac en notabilité incontestée du parti; ce qui ne l'empêcha pas de tenir grandement à honneur de se faire affilier à la *Société des Amis du Peuple*, où déjà le docteur Trélat trônait avec MM. Achille Roche, Léon Pillet et Flocon.

Le pouvoir, alors aux mains des doctrinaires et de quelques centaines de cuistres de collége qui s'étaient glissés aux affaires à leur suite, s'amusait pendant ce temps à faire niaisement de la légalité avec des gens qui avouaient tout haut que leur but était de révolutionner le pays et de changer la forme de son gouvernement, afin d'avoir, eux aussi, à leur tour, l'honneur de diriger ses affaires en même temps que le profit des grandes et lucratives positions. Alarmé des discours incendiaires prononcés à l'envi par les chefs de tous ces clubs, il lança alors à diverses reprises des mandats d'arrestation contre Godefroy Cavaignac et quelques-uns de ses amis, entre autres MM. Guinard et Raspail; mais ce ne fut qu'en février 1832 qu'il se décida à faire fermer le local dans lequel se réunissait la fameuse *Société des Amis du Peuple*. Elle en fut quitte pour louer un autre local, et continua à se réunir presque aussi librement qu'auparavant.

Après les sanglants événements de juin 1832, Godefroy Cavaignac et quelques autres membres de la Société des Amis du peuple furent de nouveau traduits en justice, mais le jury les acquitta encore une fois, déclarant par son verdict que la Charte de 1830 n'apportait aucune limite à la liberté d'association. Le club ne se résigna à se dissoudre que lorsqu'on s'aperçut que la police était parvenue à y faire affilier un très-grand nombre de ses agents. Les meneurs lui substituèrent alors la *Société des Droits de l'Homme*, formée avec plus de précautions relativement au choix de ses membres, et dans l'organisation de laquelle Godefroy Cavaignac apporta une grande activité. Les troubles d'avril 1834 firent voir le nombre et l'étendue des ramifications que cette société était parvenue à établir en France. A ce moment de crise, le gouvernement se décida à faire mettre en état d'arrestation préventive Godefroy Cavaignac et la plupart des autres meneurs de la Société des Droits de l'homme.

Dans le procès auquel les faits se rattachant à l'insurrection d'Avril donnèrent lieu devant la cour des pairs, Godefroy Cavaignac porta à diverses reprises la parole au nom de ses co-accusés; et ce fut lui surtout qui, par la hardiesse de ses paroles, provoqua les violences qui interrompirent alors le cours de la justice. Le 13 juillet 1835, lui et quelques-uns de ses co-détenus reussirent à s'évader de la prison de Sainte-Pélagie et se dérobèrent à l'emprisonnement plus ou moins long auquel venait de les condamner l'arrêt de la cour des pairs. La plupart trouvèrent un asile en Angleterre, et durent y rester jusqu'à ce que l'amnistie leur rouvrit les portes de la France. Godefroy Cavaignac ne fut admis qu'un des derniers à en recueillir le bénéfice.

Il ne revint à Paris qu'en 1841; mais, oublieux des devoirs et de la réserve que lui imposait désormais sa position d'amnistié, il se remit tout aussitôt à conspirer contre l'établissement de juillet. C'est aussi dans l'espoir de parvenir à le détruire plus tôt, qu'il prit une part des plus actives, non pas seulement comme actionnaire, mais encore comme rédacteur, à la création de *la Réforme*, sans pourtant que sa prose emphatique fût plus puissante que ses écus à faire réussir le journal de M. Flocon. La mort vint le frapper le 5 mai 1845, et aussitôt le parti de décider à peu près à l'unanimité que la France venait de perdre un de ses plus grands citoyens. Le mot d'ordre une fois donné, la presse, fidèle à la consigne, retentit d'un bout de la ligne à l'autre de sanglots et de regrets patriotiques; mais vingt-quatre heures après, Godefroy Cavaignac était aussi complétement oublié de ses amis qu'en son temps Armand Carrel avait pu l'être des siens. Seulement, comme il n'avait jamais eu l'honneur de mériter et d'obtenir les sympathies de Châteaubriand, celui-ci ne se chargea pas d'entretenir le gazon et les fleurs de sa tombe. Sa mère, née *Julie de Corancey*, qui était loin de partager ses idées politiques, accepta ce pieux devoir et s'en acquitta avec une résignation toute chrétienne, venant souvent pleurer et prier sur ce tombeau, tout près de celui où sa fille, jeune personne accomplie enlevée à l'âge de vingt-deux ans à ses affections, avait été déposée peu de temps auparavant.

CAVAIGNAC (Louis-Eugène), frère du précédent, général de division, commandeur de l'ordre de la Légion d'honneur, ancien chef du pouvoir exécutif, du 28 juin au 20 décembre 1848, est né à Paris le 15 octobre 1802. Reçu élève de l'école Polytechnique en 1820, il passa deux ans à l'école d'application d'artillerie de Metz avant d'entrer dans un régiment du génie, où il fut bientôt nommé capitaine. Après avoir fait les campagnes de Morée, en 1828 et 1829, il se trouvait en garnison à Arras quand on y reçut la nouvelle de la révolution de juillet 1830, et fut alors le premier parmi les officiers de son régiment qui se prononça en faveur du mouvement. A quelque temps de là, ce régiment fut envoyé à Metz, où il n'hésita pas à signer une protestation publiée par quelques habitants contre le système de paix à tout prix professé par le nouveau gouvernement, manifestant d'ailleurs hautement en toute occasion ses vives sympathies pour le parti républicain, qui commençait dès lors sa guerre d'émeutes et d'insurrections contre la dynastie. En 1832 le général commandant la division, voulant savoir au juste à quoi s'en tenir sur les rapports qui lui arrivaient journellement au sujet du mauvais esprit dont était animé le capitaine Cavaignac, le manda auprès de lui, et lui demanda si, un jour d'émeute, il ferait son devoir dans le cas où il aurait des républicains à combattre. Le capitaine, avec une franchise qui l'honore sans doute, mais qui prouve quelles étranges idées il avait alors au sujet des devoirs d'un homme qui a l'honneur de porter des épaulettes, lui répondit nettement *non*.

Après une telle déclaration, on ne doit pas être surpris que le gouvernement ait jugé à propos d'envoyer à l'armée d'Afrique un officier qui, à lui du moins, ne devait pas être trouvé exposé à donner à ses soldats l'exemple de l'insubordination. En Afrique la réputation de républicain exalté du capitaine Cavaignac et l'esprit d'indépendance qu'il affichait imprudemment vis-à-vis de ses supérieurs, soulevèrent d'abord contre lui de légitimes répugnances. Cependant le courage dont il ne tarda pas à faire preuve en maintes rencontres, et les services signalés qu'il sut rendre à l'armée dans sa position obscure et modeste, ne tardèrent pas à appeler sur lui l'attention et l'estime de ses chefs; aussi bien, son exaltation républicaine se calma à la longue et les dispositions défavorables avec lesquelles on avait accueilli le jeune capitaine finirent par s'effacer. Les brillantes expéditions de Médéah, de Bouffarik et de Cherchell; les combats du plateau d'*Ouara*, du Col de *Mouzaïa*, de l'Affroun, etc., révélèrent en lui le futur général. Mais ce fut surtout l'expédition de Tlemcen qui lui fournit l'occasion de faire apprécier son habileté et sa patiente valeur. Après la prise de cette ville, le maréchal Clauzel organisa un bataillon de volontaires destiné à former la garnison du *méchouar* (citadelle). Les officiers et sous-officiers qui y entrèrent occupèrent les emplois du grade supérieur au leur, et le maréchal s'engagea à demander pour eux les grades de ces mêmes emplois. Le commandement de ce bataillon fut donné à M. Cavaignac, qui s'enferma avec les *Coulouglis* dans le méchouar, abondamment approvisionné et mis en bon état de défense. Le capitaine Cavaignac sut inspirer à son armée une parfaite confiance; les soins qu'il prodiguait, tant aux Coulouglis, qui, par leur dévouement à notre cause, avaient encouru la terrible colère d'Abd-el-Kader, qu'aux Français relégués ainsi au milieu d'un pays ennemi, empêchèrent le découragement et la faiblesse de se glisser dans le cœur des soldats.

En dépit de ses bons services, ce bataillon ne reçut pourtant aucune récompense du ministre, les propositions d'avancement, de décoration ou de gratification faites en sa faveur par le maréchal Clauzel n'ayant pas été accueillies. Le général Bugeaud, quand il fut appelé au commandement du corps de l'armée d'Afrique chargé de ravitailler Tlemcen, apporta le plus noble empressement à réparer cet injuste oubli; il annonça au capitaine Cavaignac qu'il demanderait pour lui le grade de chef de bataillon, mais cet officier lui répondit qu'il n'accepterait rien s'il était le seul qui dût être récompensé. Au général Bugeaud succéda le général de l'Étang, qui ne demeura dans la place que ce qu'il fallait de temps pour la ravitailler.

Ceci se passait pendant la première expédition sur Constantine. Plus tard Abd-el-Kader, par suite de conventions arrêtées entre le général de Brossard et Ben-Durand, son intermédiaire habituel, fournit aux défenseurs du méchouar le blé, l'orge et le bétail dont ils avaient besoin.

Ce fut peu de temps après la prise de Constantine, que le capitaine Cavaignac passa chef de bataillon dans les zouaves, puis dans le 2ᵉ bataillon d'infanterie légère d'Afrique, dit des *zéphyrs*. Quoique d'une complexion délicate et d'une santé chancelante, il supporta toujours avec une résignation admirable les fatigues de la vie des camps, et fut un exemple stimulant pour le soldat, qui le voyait sans cesse le premier au feu et le dernier sous la tente. Il prouva aussi à Médéah autant qu'à Tlemcen que le soin si important des détails d'organisation, d'administration et de défense n'était point incompatible avec l'ardeur généreuse dont il avait déjà donné tant de preuves. Rentré au corps des zouaves avec le grade de lieutenant-colonel, il commandait ce régiment depuis 1841, lorsque, peu avant la bataille d'Isly, il passa au 32ᵉ de ligne.

Le colonel Cavaignac commandait notre avant-garde dans cette brillante affaire, où il seconda heureusement les efforts du général Bugeaud contre l'armée marocaine; et le grade de maréchal de camp ne tarda pas à être la récompense de la belle conduite qu'il y avait tenue.

Il venait d'être appelé à remplacer le général Lamoricière dans le commandement supérieur de la province d'Oran, lorsqu'en mars 1848 il reçut la nouvelle de la révolution de Février, en même temps que celle de sa promotion au grade de général de division et de sa nomination par le gouvernement provisoire aux fonctions de gouverneur général de l'Algérie. A peu de temps de là, il était appelé aussi à prendre le portefeuille de la guerre; mais il le refusa. Élu membre de l'Assemblée constituante par le département de la Seine et par celui du Lot, il opta pour ce dernier, et obtint l'autorisation de quitter son poste pour venir remplir ses devoirs législatifs à Paris, où il n'arriva que le surlendemain de l'attentat du 15 mai; et alors, sur les instances réitérées de la commission exécutive, il se décida à accepter le ministère de la guerre. La tâche qu'il assumait entraînait une responsabilité autrement grave que celle que lui avait imposée le commandement supérieur de l'Algérie. La guerre civile était à nos portes, et effectivement elle éclata terrible et gigantesque le 23 juin. Résolue à braver l'insurrection, l'Assemblée nationale se déclara en permanence, mit Paris en état de siége et confia à l'unanimité la dictature militaire au général Cavaignac.

La conduite du général dans ces circonstances si critiques a donné lieu contre lui aux plus graves accusations. On a prétendu, par exemple, qu'il eût calcul de sa part à ne pas, dès le premier jour de l'insurrection, tenter pour la réprimer un effort vigoureux qui aurait eu, tout au moins, le résultat de l'empêcher de s'étendre, tandis que sa fatale inaction ce jour-là ne fit qu'exalter les insurgés, accroître démesurément leur nombre et les rendre maîtres d'un grand tiers de la ville. On a surtout cruellement reproché au général Cavaignac d'avoir succombé à la fatigue ce soir-là et d'avoir dormi dans la nuit du 23 au 24 pendant sept ou huit heures. A ce moment, dit-on, les heures étaient des siècles, et le général ne laissait ainsi le péril s'aggraver que pour forcer l'Assemblée nationale à lui remettre la dictature. Il n'avait donc agi que dans l'intérêt égoïste de son ambition; et, abandonné ainsi à lui-même, l'incendie avait eu le temps de prendre des proportions de plus en plus formidables.

Les amis du général répondent qu'il agit sagement en employant toute cette première journée en préparatifs de défense et d'attaque proportionnés à l'immensité du péril, et que, si, par suite de fausses combinaisons, de mouvements mal coordonnés, ou encore même de son insuffisance numérique sur un point donné, la force armée, engagée imprudemment contre les insurgés, avait été obligée de se replier, c'en eût été fait de l'Assemblée nationale et de la république modérée qu'elle voulait établir en France.

On ne saurait d'ailleurs disconvenir que les préparatifs du général une fois terminés, il n'ait déployé une énergie et une vigueur admirables dans la répression de l'insurrection. Pendant les soixante-douze heures mortelles que dura cette horrible bataille, il se montra complètement à la hauteur de ses devoirs, et ceux là seuls qui le virent de près au milieu de cette effroyable crise à laquelle l'histoire des temps anciens et modernes n'offre rien de comparable, peuvent apprécier tout le sang-froid, toute la présence d'esprit, tout le courage, toute la fermeté d'âme, toute la promptitude de coup d'œil et toute la décision dont il fit preuve. Son plan d'attaque, resté assez longtemps un mystère impénétrable pour ceux-là même qui étaient chargés de concourir à son exécution, tenu dès lors par beaucoup à un moment pour une trahison manifeste, consistait à grouper les forces dont disposait l'Assemblée nationale en trois masses bien compactes, destinées à converger toutes sur un même point à la fois, avec ordre de ne se laisser arrêter dans leur marche par aucun obstacle, de les emporter tous successivement coûte que coûte et de toujours aller de la sorte en avant. Il fallait du temps pour que les troupes pussent prendre les positions qui leur étaient respectivement assignées sur divers points de la capitale; et ces délais inévitables expliquent comment des quartiers entiers restèrent momentanément abandonnés par la troupe de ligne. L'armée se montra une fois de plus digne d'elle-même; elle fut patiente, résignée, dévouée autant qu'elle avait jamais pu l'être; mais on frémit en songeant à ce qui eût pu arriver s'il s'était alors rencontré dans ses rangs quelques officiers partageant sur la surbordination militaire les idées que le capitaine Cavaignac se faisait gloire de professer en 1832, et prétendant, comme lui, avoir le droit d'établir des distinctions en matière d'obéissance passive, ce premier devoir du soldat sous les armes. Une victoire complète, mais hélas! horriblement sanglante (*voyez* JUIN 1848 [Affaires de]) couronna les patriotiques efforts de l'armée unie avec la garde nationale. Le 28, la circulation était libre sur tous les points de Paris, et le général venait noblement remettre à l'assemblée les pouvoirs discrétionnaires qu'elle lui avait confiés. Des applaudissements unanimes éclatèrent à la vue d'un devoir si dignement rempli, et l'Assemblée reconnaissante nomma alors le général Cavaignac chef responsable du pouvoir exécutif jusqu'au moment où serait mise en vigueur la constitution nouvelle qu'elle était en train de faire pour la France.

Reconnaissons le hautement: Cavaignac, dans ces épouvantables journées de Juin 1848, a eu l'impérissable gloire de sauver son pays, et jamais tout ce qui porte un cœur vraiment français ne pourra l'oublier.

En voyant l'isolement et l'obscurité qui sont aujourd'hui le lot du sauveur de la France, il semble qu'on serait en droit de croire qu'elle ne le paya que de la plus noire ingratitude. Mais en cela on se tromperait étrangement.

Le malheur du général Cavaignac, c'est d'avoir été avant tout au pouvoir suprême l'incarnation d'une bruyante et impuissante coterie que pendant dix-huit ans la France avait vue revendiquer exclusivement l'honneur de représenter l'idée de progrès et de liberté en ce qui touchait ses affaires intérieures et le sentiment de la dignité nationale à l'égard de l'étranger; qui cependant n'eut pas plutôt été rendue arbitre des destinées du pays par la révolution de Février, qu'elle renia tout son passé, donna le plus complet démenti aux belles théories qu'elle avait professées dans les rangs de l'opposition, et, dans ses rapports avec les puissances, se montra plus humble et plus obséquieuse que ne l'avait jamais été le gouvernement qu'elle avait réussi à renverser.

La France soupirait ardemment après le rétablissement du principe tutélaire d'ordre et d'autorité. Elle avait le plus impérieux besoin de tranquillité et de sécurité; et aucun des nombreux concurrents qui sollicitaient du suffrage universel la présidence de la République, par la voûte donnée par les législateurs de 1848 à leur constitution, ne lui offrait sous ce rapport de suffisantes garanties. Peut-être à ce moment, si M. le comte de Chambord n'avait pas cru que sa grandeur et sa dignité lui commandaient d'attendre outre Rhin que la France s'en vînt le supplier de la sauver de l'anarchie, de nombreuses sympathies eussent-elles accueilli ses offres de services. Le représentant du grand nom de Bourbon garda le silence, et il n'y eut plus dès lors qu'une seule candidature possible, celle d'un homme en butte jusqu'au dernier moment aux mépris, aux insultes et aux calomnies systématiques de ceux qui gouvernaient alors. Louis-Napoléon fut élu président par six millions de voix. La veille encore inconnu du plus grand nombre, il n'avait eu pour agir sur les masses que l'impérissable prestige resté attaché au plus glorieux nom des temps modernes. Cette formidable majorité, ralliée ainsi tout à coup malgré les intrigues des partis, était une protestation manifeste contre les principes que quelques centaines d'ambitieux essayaient de faire prévaloir depuis huit mois et qui avaient eu pour résultat de suspendre le travail national, d'anéantir tout commerce, toute industrie, et de faire mettre audacieusement en question jusqu'au droit sacré de la propriété, jusqu'à l'existence de la famille comme base de la société.

Le général Cavaignac eut alors le tort irréparable de se tenir pour solidaire de la défaite personnelle essuyée dans sa candidature par ses anciens amis politiques, et de la répugnance profonde qu'ils inspiraient à l'opinion. Un sentiment d'irritation qu'il était bien difficile de ne pas attribuer au désappointement, peu digne de lui par conséquent, le poussa à se ranger ouvertement parmi les adversaires du Président de la République, parmi ceux qui mettaient tout en œuvre pour rendre impossible l'accomplissement des devoirs que lui imposait la constitution. Certes, ce fut une étrange contradiction que de voir le vainqueur de la terrible insurrection de juin, celui qui avait envoyé sans jugement préalable sur les pontons plusieurs milliers d'individus accusés d'y avoir pris part, le général qui, investi de la toute-puissance, avait eu la sagesse d'éviter de jeter la France dans les hasards d'une guerre générale, parler, agir et voter maintenant avec ceux qu'il avait vaincus et si sévèrement châtiés, et se faire à la tribune l'écho de leurs colères et de leurs menaces. Cette faute ne détruit pas sans doute les immenses obligations que la France a au général Cavaignac; mais elle explique son indifférence actuelle pour l'homme qui, il y a quatre ans à peine, la sauvait des effroyables déchirements que lui préparait le communisme.

A la suite du coup d'État du 2 décembre 1851, le général Cavaignac, arrêté pendant quelques jours par mesure de précaution, a cru devoir rentrer dans la vie privée. Dès ce même mois de décembre, il épousait une des plus riches héritières de France, la fille de M. Odier, ancien pair de France sous Louis-Philippe.

On a du général Cavaignac un mémoire intitulé : *De la Régence d'Alger; note sur l'occupation* (Paris, 1839). Cet écrit, sagement pensé, contient des vues utiles et des aperçus éminemment pratiques.

CAVALCADE. Ce mot, dont l'acception s'est étendue à toute marche pompeuse de gens à cheval et même d'équipages, comme on en voit à Newmarket et à Longchamps, ne s'appliquait autrefois qu'au cortège des papes, soit lors de leur intronisation, soit dans les grandes solennités de l'église. On peut voir dans Aimon, *Tableau de la cour de Rome*, le détail curieux du cérémonial de ces cavalcades.

CAVALCADOUR (Écuyer). Ce mot, emprunté à l'espagnol *cavalgador*, indiquant autrefois un écuyer qui enseignait à monter à cheval. On l'employa plus tard à la cour des rois de France, pour désigner celui qui avait la surveillance des écuries du prince. Dans les derniers temps, l'écuyer-cavalcadour prenait rang après l'écuyer-commandant et les deux écuyers ordinaires. Les almanachs de la cour peu antérieurs à 1789 n'en mentionnent plus dans la maison du roi, mais bien dans celles de la reine et des princesses ses belles-sœurs. Sous Napoléon 1er, l'impératrice et les princesses en avaient également. A la Restauration, leur nombre s'accrut; et sous Charles X on en comptait douze, faisant leur service par quartier comme les anciens écuyers ordinaires. Ces fonctions cessèrent à l'avènement de Louis-Philippe.

CAVALCANTI (GUIDO), philosophe et poète italien du treizième siècle, naquit à Florence, et fut l'ami de Dante. Ses poésies, qui brillent surtout par la noblesse du style, se rattachent pour la plupart à la première période de sa vie, et sont, à ce qu'il paraît, adressées à Mandetta, jeune fille de Toulouse dont il s'était éprise à son retour de san Iago en Galice, où il était allé en pèlerinage. A Florence, il épousa en 1266 une fille de Farinata Degli Uberti, chef du parti gibelin. A la mort de celui-ci, il le remplaça et ne tarda pas à voir de sanglants démêlés avec Corso Donati, chef des Guelfes. La tranquillité de la ville en ayant été troublée, la bourgeoisie bannit les meneurs des deux factions. Les gibelins, notamment, furent exilés à Sarzana. L'air malsain qu'on y respire lui en un motif pour les rappeler peu de temps après. Mais la santé de Guido Cavalcanti avait déjà tellement souffert, qu'il mourut en 1300. Sa canzone, *Donna mi prega*, etc., qui a été commentée par le cardinal Egidio Colonna (Sienne, 1602), est de toutes ses œuvres celle qui a le plus contribué à sa réputation. Cicciaporri a donné une édition de ses *Rime edite ed inedite* (Florence, 1813).

CAVALCANTI (Giovanni), autre Florentin qui a laissé un nom comme historien, est auteur d'une *Istorie fiorentine* comprenant l'intervalle de 1420 à 1452, avec force louanges à l'adresse de Côme de Médicis, et qui a été d'un secours fréquent à Machiavel comme source. La meilleure édition est celle qu'en a donnée Polidori (2 vol., Florence, 1838). On a aussi de Giovanni Cavalcanti une dissertation sur l'exil et le retour de Côme (*Della Carcere*, etc.) qui a été publiée par Moreni (Florence, 1820).

CAVALCANTI (Bartolommeo), né en 1503 d'une noble famille de Florence, combattit tout jeune encore pour la défense de la liberté de sa patrie contre les Médicis, et se distingua non moins par sa bravoure que par son talent oratoire. Après le meurtre d'Alexandre et l'élection de Côme de Médicis, il se condamna volontairement à l'exil, séjourna pendant quelque temps à Ferrare, comme doit le faire présumer son étroite amitié avec Ricci et Pigna, de cette ville, et entra ensuite en France au service du cardinal Hippolyte d'Este. En dernier lieu il se rendit à Rome où Paul III l'employa dans d'importantes affaires. Il passa les dernières années de sa vie à Padoue, où il mourut en 1562. Sa *Rettorica* (Venise, 1559) traite de la rhétorique tout à fait au point de vue des principes d'Aristote. On estime aussi les *Trattati sopra gli ottimi reggimenti delle reppublica antiche e moderne* (Venise, 1574 ; réimprimé aussi dans les *Classici italiani* [Milan, 1805]).

CAVALE, jument, femelle du cheval.

CAVALERIE, réunion d'hommes servant à cheval et combattant, soit isolément, comme les *flanqueurs* et les *éclaireurs*, soit en troupes appelées *sections*, *pelotons*, *escadrons* ou *régiments*. La nature et la qualité des chevaux, leur équipement et la manière dont sont armés les cavaliers, ont établi, de tout temps, des différences sensibles dans l'emploi des troupes à cheval. Chez les nations sans discipline et sans lumières, la cavalerie est la première des armes ; chez celles où la discipline et les lumières ont fait des progrès, elle n'est que la seconde, mais la seconde regardée comme nécessaire, comme importante, souvent même comme *décisive* : par conséquent, elle doit être portée à la plus grande perfection possible. La raison qui place la cavalerie en seconde ligne dans tous nos États de l'Europe, c'est qu'une carrière bien plus vaste y est ouverte aux opérations de l'infanterie. Cette dernière, en effet, propre aux sièges, aux combats, à toutes les natures de pays, demeure toujours la base principale de toutes les opérations militaires ; elle pourrait au besoin se suffire à elle-même, tandis que la cavalerie, qui n'est, pour ainsi dire, propre qu'à une seule action, la *charge*, et à un seul terrain, ne peut dans le plus grand nombre de cas se passer de la protection de l'infanterie.

Tout en ne considérant la cavalerie que comme la *seconde arme*, elle n'en doit pas moins entrer nécessairement dans la composition d'une armée bien ordonnée, et sa juste proportion, déterminée par la nature du pays où l'on porte la guerre et celle des armées que l'on a à combattre, peut et doit beaucoup influer sur le résultat de la guerre. C'est la cavalerie qui décide souvent les batailles, soit en tournant les ailes de l'ennemi, soit en enfonçant une partie de la ligne; c'est elle qui complète les succès en suivant l'ennemi avec vivacité, en attaquant, en séparant ses colonnes ébranlées, en lui enlevant, enfin, son artillerie, ses parcs, ses bagages, en lui faisant des prisonniers. C'est elle encore qui protége l'infanterie dispersée et battue, et qui couvre les retraites. C'est elle qui compose les avant-gardes, qui fait les courses, qui éclaire la direction et les flancs des colonnes de l'armée en marche. C'est elle enfin qui assure les communications, protége l'arrivée des convois et garantit le repos et la tranquillité de l'armée. A la bataille de Marengo, cinq ou six cents hommes de grosse cavalerie, conduits par Kellermann, firent mettre bas les armes à la réserve des grenadiers autrichiens, et la bataille fut décidée. Si Napoléon avait eu à Lutzen et à Bautzen une cavalerie suffisante, l'Europe eût été probablement contrainte à demander la paix.

L'histoire du cheval et celle de l'équitation se lient intimement à celle de la cavalerie. D'après la *Genèse*, dès le temps de Jacob, l'usage du cheval était connu dans la Palestine. Au siècle de Job, il était habituel chez les Arabes. Isaïe dit que les Égyptiens passaient pour les meilleurs hommes de cheval de l'univers. Osymandias, si l'on croit Diodore de Sicile, mena contre les révoltés de la Bactriane vingt mille cavaliers. Or cet historien compte vingt-cinq générations entre Osymandias et Sésostris, qui vivait longtemps avant le siége de Troie. C'est à Sésostris que la plupart des historiens, sacrés et profanes, rapportent l'emploi dans les armées d'une cavalerie régulière, indépendante des chariots de guerre ; ce que l'Écriture distingue clairement par ces mots : *Hi in curribus et hi in equis*. Le premier endroit où Moïse ait parlé avec détail de la cavalerie des Égyptiens, c'est dans le chapitre de l'*Exode* où il rend compte du passage de la mer Rouge (2513 avant J.-C., ou seulement 1491, selon Bossuet). Pharaon, qui les poursuivait, fut englouti, dit-il, par les eaux avec ses chariots de guerre et ses cavaliers : *Currus ejus et equites per medium maris*, etc. L'historien Josèphe prétend que cette armée était composée de 200,000 fantassins, de 50,000 cavaliers et de 600 chars. Dans les livres hébreux il est souvent question de l'importance de la cavalerie : ils employent, en en parlant, l'expression si pittoresque, et si vraie de *procella equitum* (tempête de chevaux). Samuel, voulant faire renoncer les Juifs au désir d'avoir un roi, leur dit : « Vous voulez un roi ; eh bien ! il vous enlèvera vos enfants pour en faire des soldats ou des conducteurs de chariots de guerre, ou des cavaliers. »

Xénophon rapporte qu'il y avait de la cavalerie chez les Grecs dès avant la première guerre de Messénie, 743 ans avant J.-C., et dit positivement que Lycurgue distribua l'infanterie pesamment armée en six parties, ainsi que la cavalerie. Suivant Plutarque, Philostéphane attribue à Lycurgue l'organisation de la cavalerie par compagnies appelées *oulames*, dont chacune était de cinquante hommes, qui se rangeaient en carré. L'institution de Lycurgue remonte donc à l'an 884 avant l'ère chrétienne. Du temps de Xénophon, la cavalerie grecque était sur un très-bon pied ; mais Plutarque dit qu'elle ne s'y maintint pas. Philopœmen, trouva cette arme dans le plus grand désordre ; heureusement il sut la relever. Il rendit ses cavaliers si robustes, si adroits, si légers, si prompts, que toutes les évolutions, tous les mouvements à droite, à gauche, ou du la tête à la queue, soit de tous les escadrons ensemble, soit de chaque cavalier seul, se faisaient avec tant de promptitude et d'aisance qu'on eût dit que toute cette cavalerie n'était qu'un seul et même corps qui se remuait d'un mouvement libre et volontaire. La *cavalerie achéenne* passa toujours depuis pour une des meilleures de la Grèce. Cependant avant les batailles de Leuctres et de Mantinée, les Grecs, en général, qui avaient déjà fait de grands progrès dans l'art militaire, ignoraient encore les avantages immenses qu'offre l'emploi d'une cavalerie instruite et nombreuse dans les cours d'une campagne. Il était réservé à Epaminondas de doter sa patrie de cette nouvelle force. Il parvint à recruter et à instruire un corps de cinq mille cavaliers réguliers. C'est là, à proprement parler, la première masse imposante de cavalerie dont les historiens dignes de foi fassent mention. A partir de cette époque, on vit la cavalerie faire des progrès notables dans toute la Grèce. Celle des *Thessaliens*, habitant un pays de plaines, se distingua des autres ; Philippe et son fils Alexandre lui durent une grande partie de leurs succès. La *cavalerie persanne* était également très-nombreuse ; mais on fut à même de juger par les guerres d'Alexandre ce que l'ordre et la discipline donnent de supériorité sur le nombre.

Les premiers Romains, pauvres et ayant peu de chevaux, furent nécessairement de très-mauvais cavaliers; ils ignoraient même l'utilité et le véritable emploi de la cavalerie, car ils entravaient son action en la mêlant à l'infanterie. Cette méthode leur réussit cependant tant qu'ils n'eurent à combattre que les peuples d'Italie, dont la cavalerie n'était ni meilleure ni plus nombreuse; mais les Gaulois et Pyrrhus ayant attaqué Rome avec des armées bien pourvues de cavalerie, les Romains apprirent à leurs dépens de quel secours peut être cette arme pour le gain des batailles. Ils progressèrent peu cependant dans cette nouvelle voie, et Rome avait déjà un ordre de chevaliers qu'elle ne possédait pas encore de cavalerie. Ce fut dans sa longue lutte avec Carthage qu'elle commença à en sentir le besoin; et, en effet, les deux nations eurent alternativement l'avantage des armes, selon que les cavaliers gauloise, espagnole ou numide combattirent pour l'une ou pour l'autre. Dans la première guerre punique, Régulus, qui avait obtenu des succès tant qu'il n'avait eu à combattre que l'infanterie carthaginoise, fut vaincu, avec la moitié de son armée détruite et l'autre prisonnière, le jour où la cavalerie ennemie put le joindre sur un terrain découvert. Lors de la seconde guerre punique, Annibal dut presque tous ses succès à la cavalerie de son armée. Les deux manœuvres qu'il ne cessa d'exécuter contre les Romains se réduisaient, l'une à employer la supériorité de sa cavalerie pour tourner leurs ailes et les attaquer de revers, l'autre à embusquer un corps de troupes qui se jetait sur les derrières de l'ennemi. Telle fut sa stratégie au Tésin et à la Trebbia. Ce fut ainsi qu'il se maintint pendant treize ans; mais la chance tourna aussitôt que les cavaliers gaulois, espagnols et numides, qui avaient si longtemps servi sous ses bannières, séduits et achetés par les Romains, l'abandonnèrent pour passer sous les aigles de ces derniers. Scipion put alors porter la guerre en Afrique.

Polybe, qui conseille de se pourvoir d'une bonne cavalerie, ne dit rien de la tactique qu'elle doit suivre. Même silence des anciens historiens militaires. Arrien seul conseille une manœuvre pour prendre l'ennemi en flanc et arrêter ses attaques : « Les Scythes, dit-il, seront obligés de prêter le flanc en tournant leurs ailes. Il faut que, dans ce moment, notre cavalerie tombe brusquement sur eux en les chargeant avec le sabre, et les joigne sans s'amuser à tirer de l'arc ou à lancer des javelines. »

Rome, après les guerres puniques, eut deux espèces de cavalerie : l'une, entièrement composée de citoyens, resta attachée aux légions et fut toujours médiocre; l'autre, formée par les contingents que fournissaient les peuples alliés ou vaincus, constitua des corps séparés, connus sous la dénomination d'*ailes*. Les cavaliers grecque et romaine étaient de deux espèces, la pesante et la légère. Dans aucun des livres qui traitent de leur tactique, on ne trouve l'idée si fausse de nos temps modernes d'une *cavalerie mixte*. La cavalerie pesante fut, selon les diverses époques, garantie par des cuirasses complètes, qui couvraient le corps de l'homme, tandis que des bandes de cuir, recouvertes de fer, garantissaient le cheval. Ces cavaliers s'appelaient *cataphractes* ou *oplites*. La cavalerie légère n'avait que le casque et la petite cuirasse de cuir et de métal. Ces deux espèces de cavalerie entrèrent encore le bouclier comme arme défensive; sa pesanteur et sa forme variaient suivant les troupes qui s'en servaient. Les armes offensives de la cavalerie pesante étaient la lance, la pique, la hache et l'épée, plus ou moins longue, le javelot et la masse d'armes, dont la tête de fer était hérissée de pointes; plus tard, on y ajouta le poignard. Il est utile de remarquer que, dans la cavalerie pesante, où qui se battait en ligne, il n'y avait une partie qui se servait constamment de lances, et une autre qui avait une espèce de javelines, dont les assaillants pouvaient se défaire en les lançant, pour employer ensuite le sabre dans la mêlée. La cavalerie légère se servait des mêmes armes, mais moins pesantes, et, en outre, de l'arc et de la fronde. Les lanciers s'approchaient de l'ennemi avec leurs lances et se jetaient sur lui avec impétuosité, comme les Alains et les Sarmates. Les *acrobalistes* ou les gens de traits ne faisaient que darder, comme les Arméniens et les Parthes. N'ayant pas de lances ni d'autres armes que l'épée, ils se tenaient à la distance du trait. Dans l'ordre des lanciers, on distinguait les cavaliers qui portaient la rondache, et, dans celui des acrobalistes, les Tarentins, qui étaient armés de javelots, et les archers à cheval. Les vrais Tarentins faisaient leurs attaques en voltigeant autour de l'ennemi, qu'ils visaient de loin; d'autres, après avoir lancé leurs traits, le chargeaient avec le sabre ou bien avec le javelot qu'ils avaient en réserve.

La cavalerie gauloise était une des meilleures de celles qu'employa Annibal. Ce grand capitaine la dressa avec beaucoup de soin, pour la faire combattre en ligne avec la cavalerie espagnole, que son père, son oncle et lui-même avaient formée sur les principes et le modèle de celle des Grecs. Bientôt les Gaulois acquirent tant d'habileté dans cette arme, qu'ils effacèrent même les Grecs, et du temps d'Arrien tous les termes de manége étaient gaulois. Par son contact avec la cavalerie romaine, ils eurent bientôt des cataphractes ou hommes armés de lourdes cuirasses. Il est vraisemblable que ces hommes de fer furent la première origine des chevaliers du moyen âge, car les Francs, lors de leur invasion dans les Gaules, n'avaient que fort peu de cavalerie. Ils prirent donc probablement les habitudes des vaincus, avec lesquels ils ne firent bientôt qu'une seule et même nation. Les Grecs et les Romains ne connaissaient pas la selle, qui ne fut inventée que sous Constantin. Ils ne connaissaient pas davantage les étriers, que les Francs mirent les premiers en usage. Jusque-là, les cavaliers, à poil ou placés sur une légère couverte de peau ou d'étoffe, avaient les pieds pendants, ce qui donnait lieu à de nombreuses hernies, à des maux de jambes, devenus beaucoup plus rares depuis l'usage général des selles et des étriers.

Chez les Grecs, on appelait *tagma* une troupe de cavaliers d'environ 400 chevaux; cinq tagmes réunies formaient un *dronge* ou 2,000 chevaux, et trois dronges le *turme*. La dernière des subdivisions était l'*île* ou escadron, de 64 cavaliers. On partageait rarement la cavalerie en plus petites fractions. La formation de l'*escadron* était de seize cavaliers de front sur quatre de profondeur; mais on se rangeait aussi sur huit de profondeur en tout sens. La cavalerie se formait encore en losange : on réunissait deux îles quand on voulait prendre cette disposition; et, comme on ne pouvait faire entrer que 121 cavaliers dans l'ordonnance, il est probable que les sept qui restaient, servaient de gardes ou d'escorte à l'*ilarque*, ou bien étaient employés comme éclaireurs ou remplaçants. Les intervalles entre les escadrons devaient être de la moitié de leur front. L'action de la cavalerie grecque ne pouvait être d'un grand effet contre une ordonnance aussi formidable que la phalange, et il est probable que, tant que celle-ci n'était point entamée, le rôle de la première se bornait à combattre la cavalerie opposée et les hommes armés à la légère.

Chez les Romains, la cavalerie était subdivisée en *turmes* ou compagnies de 32 cavaliers réunis sous un même étendard, et commandés par un décurion. La formation de la légion, son ordre de bataille habituel, et la place de réserve qu'occupait la cavalerie derrière l'infanterie, les amenèrent à préférer le *turme* de 32 à l'*île* de 64; et, en effet, ces petits escadrons à huit de front pouvaient facilement passer à travers les intervalles des manipules laissaient entre eux. Si l'ennemi était ébranlé, si l'on devait le poursuivre, ces petits escadrons faisaient, sans difficulté, ce passage de ligne en avant, comme ils le faisaient en arrière, sans encombre, si leur attaque avait échoué, ou si la cavalerie les repoussait. Quand la légion n'avait pas d'intervalles entre ces manipules, *confertis cohortibus*, comme dit César, alors la cavalerie se plaçait sur les ailes. Les Grecs donnaient à leur cavalerie de ligne une très-grande profondeur de rangs. Philippe, qu'on regarde comme l'inventeur de cet ordre, adopta le triangle, dont il dirigeait la pointe vers la ligne ennemie pour l'enfoncer, disait-on, plus aisément. L'escadron grec se trouvait ainsi compacte dans tous les sens, ce qui était évidemment contraire à l'utile emploi de la cavalerie qui consiste dans la promptitude et la rapidité, et la réduisait, en quelque sorte, à une défensive tout à fait opposée à sa nature. D'ailleurs, cette masse solide offrait des buts entassés et certains aux traits, aux javelots et aux pierres des cavaleries ennemies, dont les escadrons grecs, immobiles ou marchant lentement, ne pouvaient trop éloigner les effets. Jusqu'au règne d'Alexandre, les Grecs maintinrent exclusivement l'ordre profond dans toutes leurs troupes; l'organisation de la *phalange* servit de base à toutes leurs formations. Alexandre s'écarta de cette méthode, et comprit que *l'ordre étendu*, ou la ligne, était le plus convenable à la cavalerie, celui qui permettait de couvrir plus de terrain, et de manœuvrer avec plus de célérité. Ce fut donc dans l'ordre mince ou étendu qu'il combattit et vainquit la cavalerie de Darius, formée en ordre profond. Plus tard, la cavalerie de tous les peuples de la Grèce adopta l'ordre étendu; mais elle ne fut jamais placée que sur une hauteur d'au moins quatre hommes et non au-dessus de huit. Les escadrons d'Annibal, forts de soixante-quatre cavaliers, étaient sur quatre rangs formant seize files. Les turmes des Romains avaient, suivant Végèce, huit files sur quatre rangs. Dix turmes formaient une légion; les turmes avaient entre eux des intervalles égaux à leur front. A la bataille de Pharsale, Pompée réunit quatre turmes, afin d'avoir une masse de cavalerie plus forte et plus nombreuse; mais il se laissa prévenir dans l'attaque, et sa cavalerie, supérieure à celle de César, ne lui fut d'aucun secours. C'est donc probablement à Pompée que l'on doit la première idée de réunir une troupe de cavalerie sans intervalles, méthode que nous retrouvons encore dans la tactique de la cavalerie de quelques peuples dans les temps modernes, quatre ou cinq escadrons, suivant la force des régiments, étant toujours réunis, et formant une muraille, d'où est venue l'expression de *charger en muraille*. C'est à cette forte organisation de la cavalerie romaine qu'il faut attribuer en grande partie les succès étonnants et constants qui firent, pendant tant de siècles, la gloire du peuple roi.

Jusqu'à la translation du siége de l'empire à Constantinople, l'armée romaine fut la première du monde. Mais de cette époque date la décadence de l'art militaire chez ce peuple. Les dix siècles qui remplissent la période qui sépare le cinquième du quinzième siècle, ne sont qu'une longue nuit de profondes ténèbres sillonnées par les étincelles jaillissant des rudes coups d'épée des chevaliers. L'art militaire n'était rien, ou n'était que de peu d'importance, dans ces temps où la valeur individuelle et la force corporelle étaient tout, et où les actions de guerre, les batailles, n'étaient que des combats singuliers, des duels exécutés avec plus ou moins de désordre. Les Francs ayant conquis les Gaules avec leur redoutable infanterie, car alors ils n'avaient presque point de cavalerie, cette dernière arme obtint peu de faveur dans l'enfance de leur monarchie. Cependant, à la bataille de Tolbiac, Clovis combattit à la tête de la cavalerie. Thierry et son frère Clotaire avaient de la cavalerie dans la bataille qu'ils gagnèrent contre le roi de Thuringe, ainsi que Théodebert dans son expédition d'Italie, et Frédégonde à la bataille de Soissons contre Chilpéric. A la bataille de Tours, l'armée française comptait douze mille cavaliers. Mais les Gaulois se crurent les égaux du vainqueur du moment que les Francs admirent dans leurs armées la cavalerie gauloise, et sentirent la nécessité de réunir à leurs phalanges cette arme, qui avait toujours eu de la réputation dans la Gaule. Alors cette cavalerie n'avait ni bottes ni armes défensives, et les seules armes offensives dont elle faisait usage étaient le javelot, la lance, la francisque ou hache à deux tranchants. Les cuirasses et l'armure complète ne servaient encore qu'aux chefs, aux princes, aux ducs et à un petit nombre d'autres guerriers. Sous Pepin, la cavalerie fut augmentée; sous Charlemagne, elle égalait presque l'infanterie. A cette époque, les cavaliers étaient armés de l'épée et d'une cotte de mailles faite de petits anneaux de fer entrelacés. Vers la fin de la seconde race et le commencement de la troisième, la cavalerie devint la base presque exclusive des armées françaises, non par suite de calculs militaires ou de combinaisons de tactique, mais par une conséquence nécessaire de la constitution de l'État. On ne voulait pas en confier la défense ou faire concourir à sa défense des gens du peuple, qui, étant tous serfs et esclaves, étaient censés n'avoir point d'esprit national. La noblesse devait donc seule y veiller, comme en étant exclusivement intéressée pour la conservation de ses biens et de ses honneurs; et la noblesse ne voulait combattre qu'à cheval. De là le nom de *chevaliers* ou *gens d'armes*.

Ces chevaliers se rangeaient en bataille, en haie, sur une seule ligne, et ils combattaient corps à corps, homme contre homme. Cet usage se soutint presque jusqu'au seizième siècle, car c'est à peine si, du temps de Montluc et de La noue, on commença à se battre en escadron ou, comme l'on disait alors, en *host*. Outre leurs écuyers et pages, les chevaliers menaient encore à leur suite quelques vassaux choisis, montés sur des chevaux, mais point armés de toutes pièces. Ces cavaliers, qui combattaient séparément les troupes de même nature, étaient armés de haches, de masses d'armes, et couverts quelquefois d'un corselet de cuir ou de fer. La lenteur des marches des chevaliers, le temps dont ils avaient besoin pour se débrouiller, firent bientôt sentir la nécessité d'avoir des éclaireurs pour être avertis à l'avance de l'approche de l'ennemi. Ces hommes à cheval constituèrent donc la première *cavalerie légère*, et furent employés à battre l'estrade en avant de l'armée, à harceler l'ennemi et à le poursuivre dans la déroute lorsqu'il était vaincu. En 1188, Louis le Gros, ayant institué les communes, tira de cette milice une cavalerie légère, indépendante, et qui avait ses chefs et son ordre de bataille particuliers. Mais jusqu'à Charles le Téméraire, qui fit en 1473 un règlement militaire, on ne connaissait aucune évolution. Les marches des armées étaient des mouvements processionnels : on marchait comme on voulait, comme on pouvait. Les colonnes d'armées ressemblaient à de grands troupeaux confondus. Quand on rencontrait l'ennemi, on perdait un temps considérable à former son ordre de bataille, à se débrouiller; le premier en rang devait être le victorieux, surtout avec une tactique qui consistait à pousser droit devant soi. Tel est le tableau de la cavalerie au moyen âge.

L'institution d'une *armée permanente* par Charles VII eut sur la cavalerie une influence telle qu'il en résulta une véritable révolution dans la tactique de cette arme. Le séjour des troupes dans les garnisons et les quartiers permit de les astreindre à un exercice régulier et constant, et leur donner une instruction préliminaire, de les initier à l'art des évolutions. Toutefois, la manière de combattre de la cavalerie sur un rang ne fut pas encore changée; les écuyers, les pages, les varlets, restèrent en seconde ligne avec les archers, quand ceux-ci n'étaient pas employés comme troupe légère, soit pour éclairer la marche de l'ennemi, tomber sur ses derrières ou le poursuivre dans sa défaite. Les hommes armés qui accompagnaient le *chevalier*, et plus tard *l'homme d'armes* s'appelaient *servientes, servants* ou *satellites*. Cette inhé-

CAVALERIE

rence à sa personne, ou cette espèce de domesticité, amena plus tard, pour le *chevalier* ou *homme d'armes*, le nom de *maître*, qui se conserva pendant longtemps. Sous Louis XIII, et même sous Louis XIV, on disait un détachement de tant de *maîtres*, pour dire un détachement de tant de *cavaliers*.

La cavalerie fut partagée alors en quinze compagnies de cent hommes. Pour faire ce qu'on appela depuis une *lance fournie*, l'homme d'armes devait avoir cinq archers et un *coutilier*, écuyer ainsi appelé d'une espèce de couteau qu'il portait au côté, et enfin un page ou varlet. De cette manière, chaque compagnie présentait un effectif de 600 hommes, tous à cheval, et les 15 compagnies formaient un corps de 9,000 chevaux, sans y comprendre un nombre de volontaires, qui regardaient comme une faveur d'être attachés à cette nouvelle gendarmerie, et d'y servir, à leurs dépens, dans l'espérance d'obtenir, avec le temps, une place de gendarme soldé. Le nombre des volontaires qui s'attachaient ainsi aux capitaines et autres officiers s'accrut quelquefois, à tel point qu'une compagnie de 100 hommes d'armes compta souvent jusqu'à 1,200 chevaux. Les compagnies avaient pour officier un capitaine, un lieutenant, un enseigne et un guidon, pris dans le corps de la noblesse, ou que leurs services avaient appelés à ce commandement; elles avaient, en outre, un maréchal des logis.

Toutes les troupes d'infanterie étaient alors armées de piques, de hallebardes, de pertuisanes et d'épées à deux mains. Elles se formaient d'ordinaire en gros bataillons pleins, carrés ou longs. Les 4, 6 ou 8 premiers rangs de ces masses d'hommes armés de leurs longues piques, moitié horizontales, moitié inclinées, offraient l'aspect d'une redoute fraisée. Si les *gens d'armes* enfonçaient les premiers rangs, les hallebardiers, qui formaient les rangs suivants, essayaient de prolonger la résistance en pointant ou bachant l'ennemi, et les épées à deux mains servaient alors, soit à couper les jarrets des chevaux, soit à égorger les cavaliers démontés, et que la lourdeur de leurs armes empêchait de pouvoir se relever. Cet usage des armures pesantes était poussé à un tel point qu'un historien contemporain (Comines) rapporte qu'à Fournoue, les valets, voyant plusieurs gens d'armes italiens démontés, se servirent de haches à couper du bois pour briser la visière de leurs armets : « car bien mal aisez estoient à tuer (dit-il), tant estoient fort armés, et ne vis tuer nul où il n'y eust trois ou quatre hommes à l'environ. »

Louis XI fixa la *lance fournie* à 6 hommes, Louis XII à 7, enfin François Ier à 8. Les *archers*, changeant d'armes et de nom, prirent la lance, l'épée au côté, et s'appelèrent désormais *chevau-légers*. Mais ce qui rend cette époque remarquable dans l'histoire de la cavalerie, c'est l'apparition des *troupes légères* en corps séparés et l'emploi constant qu'on en fait; c'est enfin la formation des *arquebusiers à cheval*, des *carabins* ou *carabiniers* et des *dragons*, qui n'étaient tous, plus ou moins, que de *l'infanterie à cheval*. Ces prétendus cavaliers légers, que Montluc appelle quelquefois *salades* et Walhausen *cuirasses*, avaient un long pistolet en place de lance, et se formaient en lourds escadrons, qui ne chargeaient qu'au trot. Ils ressemblaient beaucoup plus à nos *cuirassiers* modernes qu'à nos *chasseurs* et à nos *hussards*. Ils n'avaient reçu le nom de *cavalerie légère* que par opposition à la *gendarmerie*, qui était armée de pied en cap : leur légèreté n'était donc que relative. Quant à la *véritable cavalerie légère*, elle parut, dès son origine, sous diverses formes et sous différents noms, tels qu'*archers*, *chevau-légers*, *arquebusiers à cheval*, *argoulets*, *carabins*, *estradiots*, *stradiots*, enfin *cavalerie albanaise*. On semblait s'être entendu dans toute l'Europe pour prescrire les feux à la cavalerie : toutes ces troupes étaient organisées bien plus pour faire le coup de feu que pour charger. Ce furent les Vénitiens qui levèrent les premiers de

la *cavalerie légère albanaise*, montée sur des chevaux turcs, habillée à la turque et se servant fort adroitement d'une lance de 3^m,60. Les *stradiots* firent beaucoup de mal aux Français. Louis XII en prit 2,000 à son service, lorsqu'il marcha contre les Génois; et cette cavalerie étrangère se conserva depuis dans les armées françaises jusqu'au règne d'Henri III : la dernière fois qu'il en est fait mention, c'est à la bataille de Coutras, où le duc de Joyeuse en avait encore un escadron. En Hongrie parurent, vers le milieu du seizième siècle, les *hussards*, qui se rendirent bientôt si redoutables, et qui reçurent leur nom du mot hongrois *husz*, qui signifie *vingt*, parce qu'une ordonnance de cette époque décida qu'*un homme sur vingt* devait entrer en campagne.

Jusqu'au règne de Louis XI, les archers et les arbalétriers, nommés *créquiniers*, firent le service de la cavalerie légère. Mais l'intervention sur une plus grande échelle des armes à feu fit renoncer à ces troupes trop mal armées, qui furent, dès lors, réformées et incorporées dans les *chevau-légers* et les *argoulets*. Cette nouvelle cavalerie se multiplia progressivement jusqu'au règne de Henri IV. La cavalerie légère des Espagnols était dans une proportion beaucoup plus forte que leur gendarmerie; elle combattait bravement, mais à la manière des Maures. Charles-Quint, le premier, sépara les archers des hommes d'armes, et cette méthode fut bientôt adoptée par les autres nations. Henri II avait trois mille cavaliers légers dans son armée lorsqu'il marcha contre l'Allemagne. Leur premier noyau se forma des *archers* de l'ancienne *gendarmerie*, qui, cessant d'être armés d'arcs et de flèches, entrèrent dans cette arme sous le nom de *chevau-légers*. Il y avait encore trois espèces de cavalerie légère, les *arquebusiers à cheval*, les *argoulets* et les *carabins*, qui avaient beaucoup d'analogie avec les *dragons*. Les *argoulets*, dont il est fait mention pour la première fois dans les Commentaires de Montluc, ne combattaient ordinairement qu'à la débandade, et furent toujours regardés comme l'espèce de cavalerie légère la moins utile. Cette milice paraît avoir existé jusqu'à la transformation des *régiments* sous Louis XIII, où elle fut incorporée. Ces armes étaient l'épée, la masse à l'arçon gauche, avec une arquebuse longue de quatre-vingt centimètres placée à gauche dans un fourreau ou botte de cuir bouilli.

L'augmentation des armes à feu dans les armées, leur usage plus habituel et leur emploi étendu jusqu'à la cavalerie même, durent nécessairement soumettre son ordre de bataille à de nouvelles dispositions. A l'avénement de François Ier, la *gendarmerie* française passait pour la meilleure cavalerie de l'Europe; elle se formait encore, suivant l'usage, en *haie* ou sur un seul rang. La cavalerie allemande fut la première à abandonner cet ordre pour se masser. Mais Charles-Quint, voulant remédier à un inconvénient, tomba dans un excès contraire en faisant un règlement d'après lequel les cavaleries allemande et espagnole durent se former sur huit ou dix rangs. Pour l'attaque, on disposait ces masses de manière à ce qu'elles eussent autant de profondeur que de front; les *lanciers* étaient aux premiers rangs et sur les côtés des masses, les *archers* et *arquebusiers* se plaçaient derrière. Lorsque l'on voulait engager le combat ou reconnaître l'ennemi, on envoyait en avant des *coureurs*, et, à cet effet, on prenait le dixième homme des arquebusiers. L'infanterie avait également ses coureurs, qui, réunis à ceux de la cavalerie, formaient sur le devant de l'armée un rideau, à l'abri duquel les masses se formaient et se préparaient au combat, auquel les arquebusiers préludaient par le feu le plus vif pour éclaircir les rangs ennemis et les livrer plus ou moins ébranlés à l'action de la gendarmerie. Aussitôt que le combat était sérieusement engagé, ces coureurs ou *enfants perdus* se jetaient sur les flancs pour les couvrir, et démasquaient avec célérité le front de la troupe qui se préparait au choc. La cavalerie, à cette époque, n'était point encore formée en *régiments*; elle n'était divisée qu'en *cornettes, compagnies* et *escadrons*. Cette disposition des masses, infiniment vicieuse, serait devenue impraticable si l'artillerie eût été alors aussi bonne, aussi nombreuse, aussi mobile que de nos jours. Néanmoins, ces masses de cavalerie ayant puissamment contribué au gain des batailles de Pavie et de Saint-Quentin, où elles repoussèrent la gendarmerie française venant à elles sur un rang, il s'opéra un grand changement dans l'organisation de la cavalerie de tous les États; les Français eux-mêmes adoptèrent la formation de Charles-Quint, et mirent sur huit rangs leurs escadrons, dont les intervalles furent entremêlés de pelotons d'infanterie. Dès lors, la cavalerie, incapable de se mouvoir avec vitesse, ne manœuvra plus qu'au pas et au petit trot.

La guerre des Pays-Bas amena dans la tactique de la cavalerie une révolution importante, provoquée, du reste, en grande partie, par une cause étrangère à l'arme, l'accident qui termina la vie de Henri II. Avec l'abolition complète des tournois qui suivit cette mort, la lance devait achever de perdre toute faveur dans les armées. On cessa de s'y exercer : bientôt l'infanterie ne fut plus composée que de quelques rangs de *piquiers*, doublés ou entremêlés d'arquebusiers. Dès lors, on crut que le seul moyen de rétablir l'équilibre en faveur de la cavalerie était de l'armer également d'armes à feu. Déjà, dans les commencements du règne de Henri II, on avait vu pour la première fois des *dragons*, que l'on pouvait porter plus rapidement sur tel ou tel point, dans ces temps où l'on n'avait point d'idée de l'*infanterie légère*. Ce fut aussi sous le même règne que la cavalerie se réunit en escadron ou *host*; mais cette manière de se former alors n'offrait rien de bien fixe : c'était une ordonnance éventuelle, dont la profondeur ne se réglait souvent qu'au moment de la charge. La véritable origine de l'*escadron*, considéré comme *unité de force*, ne remonte pas plus haut que Louis XIII.

Il semble que l'abandon de la lance par l'infanterie eût été une raison de plus pour conserver cette arme aux cavaliers. Dans tous les cas, ils auraient dû la reprendre le jour où l'infanterie adopta l'usage de la baïonnette. Plus de vivacité dans l'impulsion, une arme plus longue et atteignant de loin le fantassin réduit à son fusil, qui, avec la baïonnette, n'offre que 1^m, 65 de longueur, et la cavalerie rétablissait l'équilibre de force que la multiplicité, la régularité et la vivacité des feux de l'infanterie semblaient lui avoir fait perdre. Malgré ces réflexions si simples et si vraies, la cavalerie fut déshéritée de la lance, qui devait être son arme constitutive, et cette faute, en influant d'une manière fâcheuse sur sa force et la supériorité qu'elle avait toujours eue, a laissé des traces dont on s'est encore ressenti dans les temps modernes.

Le prince de Nassau était trop grand capitaine pour ne pas renoncer avec regret à l'usage de la *gendarmerie*, mais il s'y vit forcé par la nature du terrain sur lequel il soutenait la guerre contre les Espagnols; terrain fourré, inégal, marécageux, coupé de digues, de canaux, de rivières. Il soutint que cette arme serait là inutile, superflue, incommode même, au lieu qu'elle y trouverait de puissants auxiliaires dans les cuirassiers, armés de grands pistolets. Lorsque les gendarmes et lanciers espagnols chargeaient ces cavaliers allemands, ceux-ci les recevaient en faisant feu; puis, s'ouvrant rapidement, tombaient le sabre à la main sur les deux flancs de l'ennemi. Cette cavalerie reçut le nom de *cuirassiers*, de l'usage de la cuirasse, qu'elle portait pour arme défensive. On adjoignait à chacun de ces escadrons 50 *chevau-légers*, qui prirent le nom de *carabins* ou *carabiniers*, de la carabine de 1^m, 20 dont ils étaient armés. On les exerçait à charger leur arme au galop, à viser et à atteindre le but de dessus leurs chevaux; ils ne se servaient du pistolet que dans les cas d'urgence, et du sabre que dans la mêlée. Cette cavalerie du prince d'Orange servit bientôt de modèle à toutes les cavaleries de l'Europe. Quant aux reîtres dont il est parlé tant de fois dans les mémoires du seizième siècle, et qui avaient paru en France pour la première fois en 1562, ils se formaient en gros escadrons de vingt à trente rangs. Ils s'approchaient ainsi de l'ennemi, puis chaque rang, devenu successivement le premier, faisait sa décharge et venait ensuite recharger ses armes à la queue de l'escadron. C'est de là probablement qu'est venue dans la cavalerie moderne la manœuvre appelée *feu de chaussée*. Souvent aussi ils chargeaient en masse l'épée à la main et rien ne leur résistait, dit Lanoue. Ils achevèrent de ruiner dans nos armées l'emploi de la lance qu'on appelait *la reine des armes*, mais dont on ne se servait plus.

La renaissance des lettres ayant éveillé dans tous les esprits un engouement subit pour les anciens, on se laissa soudainement influencer par leurs institutions militaires, et l'*ordre profond* devint dans toutes les armes l'*ordre dogmatique*. Ce ne fut pas, du reste, la faute de Lanoue, de Montgomery et de Walhausen, si l'on ne s'écarta pas pour la cavalerie de tous les inconvénients inhérents à l'*ordre profond*, que l'on pourrait appeler plutôt l'*ordre massif*. En adoptant l'opinion de ces hommes éclairés, on eût conservé la lance et formé la cavalerie en escadrons de 48 à 64 hommes, combattant sur deux rangs. L'usage de ces petits escadrons adopté dès le seizième siècle eût conduit cent cinquante ans plus tôt aux perfectionnements qui ne s'opérèrent que sous Frédéric II. Si Henri IV, après son avénement au trône, eût eu le temps de rassembler ses troupes dans des camps et d'y coordonner ses principes et son expérience, il est à croire qu'il eût donné son nom à cette période, et que Nassau, comme le dit Walhausen, son élève, n'aurait acquis que le titre de *restaurateur de l'exercice*. Henri IV fut le premier qui réduisit de huit rangs à six la formation de la cavalerie en bataille, Maurice et les Allemands continuèrent à la former sur huit ou dix rangs. Les guerres de religion en France avaient déjà offert quelques principes de perfectionnement dans la tactique. Le maréchal de Saint-André fit, avec sa cavalerie, fort inférieure en nombre, une retraite en *échiquier* devant celle du duc de Savoie.

Nous touchons à la guerre de trente ans. Gustave-Adolphe, avant son débarquement en Allemagne, avait, lui aussi, cédé à l'influence de son siècle, à la manie de l'ordre antique. Mais, ayant à combattre des armées nombreuses, il chercha bientôt dans la diminution de la profondeur de ses escadrons le moyen d'étendre son front, afin de rendre moins facile à l'ennemi la possibilité de déborder ses flancs et de le cerner, premier acheminement à l'*ordre mince* ou *déployé*. Cette nécessité l'amena également à ne pas tenir ses troupes dans une ligne contiguë, et à espacer ses corps. De là les *intervalles*. Rangeant son armée sur deux lignes, il comprit facilement qu'il devait placer les troupes de la seconde derrière les intervalles de la première, soit pour s'y emboîter, soit pour contenir les succès de l'ennemi, s'il y poursuivait les débris de cette première ligne renversée. Ces troupes battues s'écoulaient facilement par les intervalles de la seconde, sans courir le risque de la renverser comme si elle eût été rangée troupes derrière troupes : voilà l'*échiquier*. Enfin, il tint des corps de troupes derrière chaque ligne pour se porter sur les points qu'il serait reconnu nécessaire de renforcer, soit pour l'offensive, soit pour la défensive : voilà les *réserves*.

Malgré ces progrès de l'art militaire, progrès immenses pour le temps, Gustave-Adolphe ne fut pas plus novateur que Maurice de Nassau. « Dans les ordres de bataille, dit le général Lamarque, sa cavalerie continua à occuper les ailes, et l'infanterie le centre, sur plus ou moins de profondeur. On s'abordait sur toute la ligne, et la victoire fut toujours décidée par le courage des soldats, que son exemple enflammait. » Il avait été de règle jusque-là de placer la cavalerie sur quatre, six, et même huit rangs. Gustave-Adolphe ne disposa plus la sienne que sur trois. Dans les batailles, la cavalerie suédoise se formait en échiquier par corps de trois ou quatre escadrons de 64 hommes chacun, appelés *régiments*. Dans les intervalles, on mettait des pelotons d'arquebusiers et même des pièces légères. Lorsque l'assaillant éprouvait des pertes et du désordre par le feu des mousquetaires et de l'artillerie, la cavalerie se portait sur lui le sabre à la main, et le renversait ordinairement. Cette disposition était bien calculée par rapport à la lenteur et à la pesanteur de la cavalerie autrichienne. Le roi, voyant cette cavalerie mieux montée, ordonna à la sienne de se précipiter sur elle le sabre à la main. Il aperçut bientôt que plus une ligne de cavalerie se porte promptement sur l'ennemi, moins elle a à redouter de son feu, et le feu était toujours alors la première action de la cavalerie attaquant. Rarement la cavalerie impériale, malgré sa profondeur, put résister au choc des Suédois, et, en effet, dans la cavalerie, où la nature du cheval ne permet pas la cohérence comme dans l'infanterie, le premier rang ébranlé culbute les autres.

Toutes les cavaleries de l'Europe adoptèrent la formation suédoise, les unes plus tôt, les autres plus tard. La cavalerie française fut la première à se l'approprier; et sous Louis XIII les trois rangs étaient devenus sa formation constitutive. De plus, l'invention française des batteries pour armes à feu, en ayant rendu l'usage plus sûr et plus facile, leur nombre s'accrut dans nos troupes à cheval. En 1635 la cavalerie française se forma en *régiments* à l'instar de celle des Allemands. Les *compagnies* ou *cornettes* qui représentaient encore de nom l'ancienne gendarmerie, et les compagnies de cavalerie de ligne en furent les noyaux. On vit apparaître jusqu'à des régiments de *mousquetaires à cheval* et de *fusiliers à cheval*; on plaça même dans les régiments de cavalerie, qui n'étaient armés que de l'épée, du pistolet et du mousqueton, des compagnies de mousquetaires. Cette cavalerie faisait usage de son feu en allant à la charge, qu'elle ne fournissait ni avec ordre ni avec impétuosité; ses mouvements étaient lents et lourds.

Mais bientôt la tactique se développe et grandit; la guerre devient un art, auquel Turenne, Montecuculli, Condé, Luxembourg et Créqui assignent des règles par les exemples qu'ils donnent. Les mouvements des armées devenant plus rapides et plus multipliés, la cavalerie voit agrandir son cercle d'action; l'infanterie ayant perfectionné ses feux et étendu son front aux dépens de son ancienne profondeur, la formation, l'armement et les évolutions de la cavalerie en durent éprouver de grandes modifications. Au quinzième siècle, cette arme avait, pour ainsi dire, forcé l'infanterie à se tenir en masse; maintenant celle-ci reprend une influence en sens inverse, et force, à son tour, la cavalerie à augmenter son front pour agir avec plus de rapidité. Le règne de Louis XIV doit être considéré, par rapport à la cavalerie, sous deux points de vue principaux, celui des changements apportés dans sa formation, son organisation et ses évolutions, puis celui de son emploi dans les opérations de la guerre. C'est celui de la paix des Pyrénées en 1659 que date la plus grande partie des changements intérieurs de la cavalerie; jusqu'à cette époque, elle était restée à peu de chose près sur le pied où l'avait laissée Louis XIII. L'année 1660 vit la supression de toutes les compagnies de gendarmes et de chevau-légers qu'avaient encore conservées jusque-là les princes, les maréchaux et quelques gentils-hommes, et la création du corps connu sous le nom de *gendarmerie*, que l'on arma seulement d'un pistolet et d'un sabre ou épée, qui se portait avec un baudrier. Ce corps, qui se distingua dans toutes les occasions, subsista plus d'un siècle, et ne fut supprimé qu'en 1788. La cuirasse simple avait également cessé d'être en usage, excepté pour les généraux, les princes et autres chefs; un seul régiment de cavalerie, appelé *cuirassiers du roi*, l'avait conservée. Il a été le noyau de nos cuirassiers actuels.

Jadis on n'avait songé qu'aux armures les plus pesantes et les plus fortes: sous Louis XIV on tomba dans l'extrême contraire: on ne voulut que des régiments de cavalerie légère. On en compta bientôt près de 60, armés, comme la grosse cavalerie, du sabre ou de l'épée, d'une paire de pistolets et d'un mousqueton. Chaque régiment avait, en outre, une compagnie de mousquetaires ou carabiniers, armés de fusils. Cette cavalerie légère n'était, à proprement parler, que des régiments de chevau-légers ou de cavalerie de ligne moins pesante. Il n'y avait encore que deux régiments de *dragons*, mais, Lauzun ayant été nommé colonel général de cette arme en 1668, sa faveur passagère servit à les multiplier dans l'unique but de donner plus d'importance à la charge de son chef; en 1690, Louis XIV avait 43 régiments de dragons; à sa mort, il en subsistait encore 30, composés de 12 compagnies chacun. La cavalerie, du reste, était partagée en régiments de force inégale: il y en avait de 12, de 6, et même d'un moindre nombre de compagnies; l'effectif de ces dernières, qui d'abord était de 50 à 60 hommes, fut bientôt réduit à 30 et à 25, afin de donner la faculté, par ce morcellement, de créer un plus grand nombre de places d'officiers. L'effectif des escadrons variait suivant le nombre des compagnies, ordinairement de 3 ou 4; sous Turenne, il était de 150 hommes. Feuquières, qui, dans ses écrits, s'élève, ainsi que Puységur, contre la multiplicité des dragons, fait remarquer aussi combien la faiblesse des régiments, composés de 2 à 3 escadrons, était contraire à leur utile emploi, et combien cette superfétation d'officiers était nuisible aux intérêts de l'armée; mais ici, comme partout, comme toujours, la mode, le favoritisme et surtout l'intérêt particulier, l'emportaient sur les meilleures raisons et sur l'intérêt général.

A cette époque, la formation constitutive de la cavalerie était sur trois rangs, mais, la perte des hommes et des chevaux affaiblissant les escadrons déjà trop peu nombreux, il arrivait souvent qu'elle était obligée de se former sur deux rangs seulement. Et cependant, tel est l'empire de l'habitude et de la routine qu'on fut longtemps à s'apercevoir de l'avantage de cette formation et que ce ne fut qu'en 1757 (en Prusse) et en 1766 (en France) qu'on adopta définitivement ce nouvel ordre de bataille, qui est resté l'ordre constitutif moderne. Les évolutions de la cavalerie étaient toujours lentes; on s'abordait pendant plus souvent qu'autrefois; mais le choc, quoique plus enlevé, était encore bien loin de l'impulsion actuelle. On ouvrait toujours la charge par le feu; mais, après la décharge d'un ou de deux pistolets, on s'attaquait le sabre à la main. A l'issue de la paix de Nimègue (1678), l'*armement* et l'*équipement* de la cavalerie éprouvèrent plusieurs modifications successives. On substitua à l'ancien mousqueton, qui était, tout au plus, de la dimension de ces longs pistolets d'arçon en usage au seizième siècle, un nouveau mousqueton de 1ᵐ, 30 qui, ne pouvant plus rester suspendu à la bandoulière, obligea de recourir à un étui ou botte de cuir attaché à la selle, dans lequel on plaçait le canon, et dont la crosse était fixée par une courroie pour l'empêcher de trop vaciller. Toutes les troupes de ces temps-là portaient des baudriers; on y substitua le ceinturon. Les bottes molles furent données aux dragons seulement, mais le reste de la cavalerie conserva les bottes fortes, et ce ne fut que longtemps après qu'elles eurent été abolies dans les autres armées de l'Europe, que la France en répudia l'usage. On conçoit cependant leur désavantage et la grande supériorité des premières, tant pour monter que pour descendre de cheval, et surtout pour pouvoir se relever du champ de bataille quand on avait eu son cheval tué sous soi; mais ici encore l'intérêt personnel des capitaines, tous propriétaires alors des compagnies, s'opposait à une amélioration qui diminuait leurs profits.

L'augmentation des feux de l'infanterie motiva le plus grand changement que la cavalerie ait éprouvé alors dans son équipement, c'est-à-dire la reprise de la cuirasse ou du plastron à l'épreuve du fusil, « attendu, dit un écrivain de ce temps, qu'aujourd'hui c'est l'arme qui tue la cavalerie. » Mais, tandis que Louis XIV et les autres princes en guerre avec lui introduisaient ce changement dans la constitution de leurs armées, Charles XII, ce roi soldat, rejetait toute espèce d'armes défensives, et, portant sa cavalerie en avant, sans autre défense que sa confiance dans sa propre force, il la faisait charger sans feux, en pleine carrière, non-seulement contre la cavalerie ennemie, mais il la lançait encore contre l'infanterie, les batteries et les retranchements. C'est au génie de Charles XII et de Gustave-Adolphe que la cavalerie actuelle doit sa perfection, car, en étudiant leurs principes, Seydlitz fonda en Prusse cette école de cavalerie dont, à quelques modifications près, les principes servent encore de base à l'instruction de celle de toutes les puissances de l'Europe.

Sous Louis XIV, la place de la cavalerie était invariablement sur les ailes de l'infanterie. On n'avait pas encore songé à organiser le service de cette arme de manière à ce qu'il fût à la fois offensif et défensif, offensif pour le moment du combat, défensif ou protecteur pour couvrir les marches, les campements, les manœuvres. Cette position de la cavalerie sur les ailes fut la cause de la perte de plusieurs batailles, par le temps précieux souvent nécessaire pour l'aller chercher loin du lieu où l'on en avait besoin.

La cavalerie, qui se composait en 1698 de 119 régiments, dont 1 de carabiniers, 1 de cuirassiers, 72 dits de *cavalerie* (c'est-à-dire de grosse cavalerie), 2 de hussards et 43 de dragons, fut réduite à l'avènement de Louis XV (1715) à 72, dont 1 de carabiniers, 1 de cuirassiers, 54 de cavalerie, 2 de hussards et 14 de dragons. De ce moment jusqu'à la fin de la guerre de sept ans, cette arme éprouva peu de changements dans son ordre de bataille. Des évolutions étaient mieux combinées, sans doute; mais leur exécution était toujours rendue lourde et pesante par le maintien de la formation sur trois rangs. Quant à son équipement, il souffrit quelques modifications plus ou moins importantes, telles que la substitution du gilet de buffle à la cuirasse et l'adoption du chapeau avec une calotte ou croix de fer. Plus tard, les dragons prirent le casque à la place de leurs anciens bonnets. En 1730, le cadre de la cavalerie fut entièrement augmenté et porté à 74 régiments, ou à 201 escadrons, donnant en tout 33,944 hommes, officiers compris; mais, dix ans plus tard, lors de la guerre de 1740, le maréchal de Saxe ayant pris le commandement de l'armée de Flandre, elle reçut une nouvelle augmentation de plusieurs régiments de cavalerie, de hussards et de corps francs. De ce moment, une nouvelle lumière jaillit du sein des ténèbres. Ces compagnies franches, ainsi que les régiments de cavalerie légère, acquièrent une tout autre importance et une nouvelle activité, et devinrent véritablement *la longue vue du général en chef*. Jusqu'à la paix d'Aix-la-Chapelle en 1748, la cavalerie, en général, continua de se distinguer, mais ce fut plutôt par son courage que par sa tactique. A la bataille de Fontenoy, en 1745, la cavalerie, ayant été lancée avec une impulsion jusque alors inconnue contre la formidable colonne du duc de Cumberland, vit toutes ses attaques repoussées, malgré des chocs nombreux et bien exécutés, lorsqu'on s'avisa de faire avancer les seules quatre pièces de canon que l'on eût en réserve, et de les employer à battre en brèche cette colonne, qui dut céder, dès lors, à une nouvelle attaque de notre cavalerie. Il semble que, dès ce moment, on dut sentir la nécessité de créer l'artillerie à cheval; cependant cet auxiliaire puissant de la cavalerie ne parut pour la première fois que près de vingt ans plus tard, en 1762, au combat de Reichenbach.

Ici commence véritablement l'ère de la cavalerie. Brisant les entraves où elle avait été retenue jusque là, elle prend enfin l'essor, et, réglée par des hommes habiles, employée par un homme de génie (Frédéric II), elle s'élève jusqu'au rôle sublime et si rarement compris qui lui appartient dans les opérations de la guerre. La cavalerie prussienne sert, à peu près, de type à toutes celles des peuples et des temps modernes. En succédant à son père, Frédéric trouva une superbe armée et une cavalerie composée de 60 escadrons de grosse cavalerie, 45 escadrons de cavalerie légère, 6 de hussards. Cependant elle était loin d'égaler la perfection de l'infanterie. Pesante, sans ensemble, montant mal à cheval, n'ayant pas de confiance en elle-même, elle était composée de très-grands hommes portés par d'énormes chevaux, ce qui a fait dire à Frédéric dans ses mémoires, que c'étaient *des colosses sur des éléphants*. Ils ne savaient ni manœuvrer, ni conduire leurs chevaux; mais ils excellaient à vernir leur bride, leur selle, leurs bottes, et à tresser les crins de leurs montures avec des rubans. La conduite de cette cavalerie à la bataille de Molwitz, qui eût été perdue pour la Prusse sans la bonne tenue de l'infanterie, n'était pas propre à ramener Frédéric de ses préventions. Quelque temps après, cette arme lava, en partie, son affront à la bataille de Czarlau (17 mai 1742), en culbutant la gauche de l'armée autrichienne, action qui prépara la victoire. Deux ans après (le 13 août 1744), s'ouvrit la seconde guerre de Silésie, campagne assez malheureuse par ses résultats pour les desseins de Frédéric, mais qui ne fut pas entièrement perdue, du moins, pour sa cavalerie. Ce grand homme, qui savait mettre à profit jusqu'à ses revers, apprit à ses hussards, dans les fréquentes escarmouches qu'il eut à soutenir, à ne point imiter les Hongrois en combattant à la débandade ou isolément, mais à se former et à se tenir toujours ensemble, soit pour opérer l'attaque, soit pour la repousser; et c'est à cette méthode que les hussards prussiens durent longtemps leurs succès et leur ascendant sur la cavalerie légère autrichienne. Mais c'est la bataille de Hohenfriedberg (4 juin 1745) qui peut être considérée comme l'époque à partir de laquelle la cavalerie prussienne acquit une supériorité incontestable d'impulsion, à laquelle elle joignit bientôt celle de la science et de la rapidité des manœuvres. Dans cette bataille, le régiment de dragons d'Anspach-Bayreuth (devenu dragons de la reine en 1806) culbuta 21 bataillons autrichiens, fit 4,000 prisonniers, et s'empara de 66 drapeaux et de 5 pièces de canon. Trois mois plus tard (30 septembre), à la bataille de Sohy, la cavalerie sauva l'armée prussienne, surprise dans son camp, par la rapidité avec laquelle elle se porta sur l'aile gauche autrichienne pour donner le temps à Frédéric d'achever son changement de front à droite et d'aller se placer parallèlement à l'ennemi, qui menaçait son flanc droit. Enfin, le 15 décembre suivant, elle profita d'un faux mouvement de l'infanterie saxonne pour déterminer le succès de la bataille de Kesselsdorf, la dernière de la guerre de Silésie.

L'œuvre de la réforme avait été commencée par l'expérience et la confiance en elle-même que la cavalerie prussienne avait acquises dans cette guerre; mais Frédéric sentait qu'elle ne pouvait s'achever que par le concours d'une bonne instruction de détail. C'est ce dont il s'empressa de s'occuper aussitôt après la conclusion de la paix. L'équitation avait été négligée. Seydlitz s'en occupa. Il y eut des écuyers dans les régiments et des manèges dans les garnisons. On apprit aux troupes à rompre et à se former avec la plus grande célérité, sans nuire à l'ensemble. On exerça les cavaliers sur tous les terrains. Les régiments furent divisés en *escadrons* et en *pelotons*, et ceux-ci en *sections* par 4 et par 2. La force de l'escadron fut de 172 hommes, y compris la réserve; les régiments furent formés à 5 escadrons, ceux des troupes légères et des dragons (ces derniers au nombre de 2) furent portés à 10 escadrons, partagés en 2 portions de 5 escadrons chacune, appelés *bataillons*, et ces bataillons, furent rangés *en muraille*, avec un intervalle plus ou moins grand entre eux. Les Français avaient *lors deux manières de charger, *en muraille* et *au trot*, ou bien *en fourrageurs* et *au galop*. La cavalerie prussienne conserva ces deux manières, avec cette différence toutefois qu'elle exécuta toujours la première en pleine carrière, les allures s'augmentant progressivement à mesure que l'on approchait de l'ennemi. La charge en fourrageurs par ligne ou portion de ligne, espèce de *désordre coordonné ou régulier*, fut exclusivement réservée pour poursuivre l'ennemi battu et pour l'empêcher de se rallier. L'habitude du feu en chargeant fut abolie; celui des pistolets resta aux *flanqueurs* et aux *éclaireurs*, ainsi qu'aux troupes chargeant en fourrageurs. Le mousqueton et la carabine furent réservés pour les cas de surprise de la cavalerie dans ses cantonnements, ou pour quelques occurrences fort rares où la cavalerie, abandonnée à elle-même, peut avoir besoin d'un simulacre de feu d'infanterie pour passer ou repasser un pont ou un défilé. Cet exemple entraîna plus tard tous les peuples de l'Europe. En terrain uni, les intervalles entre les escadrons furent proscrits; chaque régiment était pour lui en muraille, il n'y avait d'intervalle qu'entre les régiments, et le développement de la position à garder en déterminait l'ouverture.

C'est dans cette vue que les lignes de cavalerie furent irrévocablement fixées en *échiquier*. On s'appliqua, en outre, à former des appuis ou flancs artificiels à toute cavalerie s'avançant hors de la ligne ou y restant sans appuis naturels. Pour cet effet, on plaça derrière chaque aile de cavalerie 5 ou 10 escadrons de hussards ou de dragons en colonne par pelotons, ceux de l'aile droite ayant la gauche en tête, ceux de la gauche rompus sur la droite, afin de pouvoir, si l'ennemi voulait tourner une de ces ailes, s'y former en crochet dans l'ordre naturel par de simples conversions, ou bien être en mesure de prolonger l'aile à laquelle ces escadrons sont attachés, en se déployant en dehors de la tête de leurs colonnes respectives.

L'attaque et la retraite *en échelon* devinrent normales comme moyen de suppléer au défaut accidentel d'une réserve, remplacée alors par les régiments ou escadrons refusés et non engagés. L'alignement des cavaliers qui jusque-là avait été sur le centre, fut fixé pour toujours à droite, à moins d'un commandement contraire. L'alignement sur le centre, par la double pression des deux ailes de la troupe sur ce point d'alignement, pouvait souvent la faire crever, au lieu que sur la droite ou la gauche il n'y a qu'une pression dont le guide, avec quelque habitude, peut éviter les inconvénients. On sent bien que cet ensemble d'évolutions et leur bonne exécution ne furent pas obtenus en quelques instants, mais telle était l'instruction de la cavalerie prussienne en 1756, au commencement de la guerre de sept ans. Cette cavalerie était armée d'un sabre, d'un paire de pistolets et d'un mousqueton. La grosse cavalerie avait conservé le plastron, qui finit bientôt par disparaître quand on eut senti que la célérité du choc et l'impulsion était la meilleure arme défensive de la cavalerie, et qu'on eut remarqué, en outre, que les dragons qui n'avaient point de plastron, n'éprouvaient cependant pas plus de pertes que les autres.

A la mort de Seydlitz arrivée en 1774, la cavalerie prussienne était parvenue à son apogée; on accourait de toutes les parties de l'Europe pour assister à ses manœuvres, mais ces pèlerinages militaires ne tournaient pas toujours au profit des visiteurs. Bien plus, Seydlitz, sur ses vieux jours, s'était laissé aller à la petite vanité de séduire ses hôtes, et avait tourné tout à fait à l'*impossible*. Aussi ce qui frappait le plus ces pèlerins militaires et ce qu'ils s'empressaient de rapporter dans leur pays, n'était-il guère capable d'enlever à la cavalerie prussienne le secret de sa force. Les généraux qui succédèrent à Seydlitz, et qui ne furent guère que sa petite monnaie, se jetèrent sérieusement et de propos délibéré dans cette route fatale; ils ne firent que singer et copier servilement les fautes du grand homme. Il en résulta qu'au commencement de la guerre de 1806 la cavalerie prussienne était trop instruite dans les détails difficiles et pas assez dans le service de campagne. Aussi, après la paix de Tilsitt, le cabinet de Berlin ordonna-t-il la rédaction d'un nouveau règlement, dont le roi fixa lui-même les éléments. Ce règlement très-simple permit bientôt à la Prusse de réparer ses pertes dans les campagnes de 1813, 1814, et 1815.

Les cavaleries autrichienne, allemande et même anglaise se sont toutes rapprochées, à de légères modifications près, des principes de la cavalerie de Frédéric. La cavalerie française fit toujours école à part. Dans ce pays, si ardent à inventer, si lent à utiliser les inventions des autres, le mouvement d'amélioration fut moins prompt que partout ailleurs; les principes de Seydlitz, sanctionnés par la victoire, étaient déjà plus ou moins répandus, toutes les armées de l'Europe en essayaient, avec plus ou moins de succès, l'application, que la cavalerie française s'isolait encore de l'impulsion générale. On discutait ailleurs sur ce qui était le plus militairement utile; en France on cherchait ce qui était le plus avantageux à l'ambition des favoris. Point de base fixe, point d'organisation stable, des changements à perte de vue, des régiments à 4, à 3, à 2 escadrons, des escadrons à 4, à 3, à 2, à une compagnie, de petits régiments, de minimes compagnies; beaucoup d'officiers, beaucoup de grades, et en résultat très-peu de cavaliers, et impossibilité de former de bons officiers. Les nombreux ministres de la guerre qui se succédèrent depuis la paix de 1762 jusqu'en 1792, quelque bonnes que fussent leurs idées, leurs intentions, durent constamment céder soit aux prétentions des privilégiés, soit aux exigences économiques d'un trésor toujours obéré. M. de Choiseul, à la paix, réforma plusieurs régiments de cavalerie et en incorpora 27; leur nombre se trouva ainsi réduit à 35, dont les régiments de hussards prirent les derniers numéros. Tous les régiments furent portés à 4 escadrons de deux compagnies, les compagnies composées de 51 hommes, sous-officiers compris, commandées par 3 officiers. L'organisation des dragons, au nombre de 17 régiments, resta la même : seulement la force des compagnies n'était pas que de 46 hommes, dont 30 montés. Les régiments de hussards furent réduits à 8 compagnies de 25 hommes chacune, dont 10 hommes montés. M. de Monteynard, qui succéda à M. de Choiseul, changea l'organisation de son prédécesseur, et réduisit les régiments de cavalerie à 3 escadrons, composés chacun de 4 compagnies de 36 hommes. Les hussards restèrent divisés en 8 compagnies ou 4 escadrons. Les dragons furent également réduits à 3 escadrons, chacun de 4 compagnies de 32 hommes.

En 1776, M. de Saint-Germain voulut établir en France l'ordre qui régnait dans les armées étrangères; il conçut le dessein de former de gros régiments composés de nombreuses compagnies, et de n'y maintenir que le nombre d'officiers indispensable; mais sa bonne volonté ne lui attira que des persécutions et de l'ingratitude. Il garda 24 régiments de cavalerie, en en retranchant les hussards; les autres furent incorporés dans les dragons, qui furent également portés à 24 régiments. Les régiments de toutes armes reçurent la même organisation, 5 escadrons de 158 hommes, tout compris, commandés par 6 officiers, et un escadron auxiliaire ou de dépôt ayant le même nombre d'officiers, mais ne devant servir qu'en temps de guerre comme cadre, pour y verser les recrues nécessaires au régiment, et dont le gouvernement, selon les circonstances, déterminerait le nombre. En 1779, M. de Montbarrey apporta de nouveaux changements dans la cavalerie. L'escadron auxiliaire fut supprimé. Les régiments de cavalerie furent réduits à 4 escadrons. Les 24 escadrons en sus furent formés en 6 régiments de chevau-légers. Les 24 escadrons retirés aux dragons formèrent les six premiers régiments de chasseurs, qui prirent rang dans l'armée française. Les hussards conservèrent leur organisation à 5 escadrons. Sous M. de Ségur, une ordonnance du 25 juillet 1784 apporta également des modifications à l'organisation de son prédécesseur. Tous les régiments restèrent bien composés du même nombre d'escadrons, mais ceux-ci reçurent un nouvel effectif : en temps de paix, il était de 104 hommes, sous-officiers compris, commandés par 6 officiers ; mais en temps de guerre, l'escadron ou compagnie devait être augmentée de 64 hommes, dont 12 à pied et un trompette, ce qui portait l'escadron sur pied de guerre à l'effectif de 169 hommes. Sous M. de Brienne, une ordonnance du 17 mars 1788 opéra un nouveau remaniement de la cavalerie. On supprima les régiments de chevau-légers, qu'on incorpora dans les hussards et dans les chasseurs. Les régiments, qui avaient été jusqu'alors de 4 escadrons, furent réduits à 3, chacun de deux compagnies, sous le commandement d'un chef d'escadron. Le pied de paix de la compagnie, commandée par 3 officiers, fut fixé à 76 cavaliers, y compris les sous-officiers ; mais elle avait, en outre, 2 cavaliers, 1 trompette, le maréchal-ferrant et 1 enfant de troupe à pied ; son effectif en temps de guerre devait être augmenté de 13 cavaliers montés, pour former un dépôt. Les régiments de dragons, qui étaient au nombre de 24, furent réduits à 18, les autres passèrent dans les chasseurs. Par ordonnance du 1er avril 1791, la compagnie des régiments de troupes à cheval fut portée à 85 hommes, au moyen de quoi la force d'un régiment de 3 escadrons fut de 547 hommes, au lieu de 438, et celle d'un régiment de 4 escadrons, de 724, au lieu de 580. A cette époque, les régiments de cavalerie et de dragons furent fixés à 3 escadrons et ceux de chasseurs et de hussards à 4. En 1791, 3 nouveaux régiments de cavalerie furent successivement créés et en portèrent le nombre total à 26. Au commencement de la guerre de 1792, la cavalerie française se composait de 2 régiments de carabiniers à 4 escadrons, 26 de grosse cavalerie à 3, 18 de dragons à 3, 12 de chasseurs à 4, 6 de hussards à 4 : total 74 régiments, 212 escadrons, 24,068 cavaliers et dragons, et 13,032 chasseurs et hussards, total 37,100 sabres.

L'ordonnance de 1766 avait déjà de grands avantages sur celle de 1755. L'exemple de la Prusse n'avait pas été perdu. En 1776, M. de Saint-Germain en fit rédiger une nouvelle remplie d'erreurs. Celle qui parut le 20 mai 1788, contient beaucoup d'améliorations véritables. On y apprend aux troupes à se servir de leurs armes ; on y introduit de fréquents exercices à la cible, à pied et à cheval. En 1789, on apporta encore quelques changements à l'ordonnance de 1788. Le plus important fut la substitution définitive des mouvements par quatre et par deux à ceux par trois et par files. M. du Portail, en 1791, fit revoir l'instruction des troupes à cheval, et cette nouvelle ordonnance devait être publiée en 1792. Les planches qui accompagnaient l'ouvrage étaient du marquis d'Autichamp. Il émigra et les troubles de 1791 et 1792 empêchèrent la rédaction de l'ordonnance. La cavalerie française continua à suivre les instructions de 1788 et 1789. Guidée par elles, elle partagea la gloire immortelle de nos armées, de 1792 à 1805. Malgré la défectuosité des ordonnances que nous venons d'énumérer, l'intelligence des Français y suppléa d'une telle manière que la cavalerie française exécutait les manœuvres les plus difficiles avec beaucoup d'aplomb, ce qu'elle devait à la perfection de son instruction individuelle. Dans son voyage de France, en 1784, le prince Henri de Prusse, frère de Frédéric II, ayant vu manœuvrer la gendarmerie, ne put s'empêcher de dire : C'est trop.

Au commencement de la guerre de 1792, nous avons vu la cavalerie française offrir à peine un effectif de 37,100 sabres, avec lequel, réparti même entre plusieurs armées, il lui fallait descendre dans la lice pour lutter contre des puissances dont la cavalerie lui était infiniment supérieure. Ainsi la prussienne comptait 238 escadrons, l'autrichienne 224, l'anglaise 80, l'espagnole 72, les wurtembergeoise, bavaroise, saxonne, napolitaine, des cercles etc. 200 : total 819, qui, à raison de 120 hommes, l'un portant l'autre, donnait un effectif de 98,280 sabres, disproportion effrayante. Et tandis que l'Europe entière pouvait concourir à la remonte de cette cavalerie et satisfaire à tous ses besoins, la France, dans ces premières années, abandonnée à ses seules ressources, devait bientôt finir par ne pouvoir plus suffire à l'entretien même de son faible effectif, si la victoire ne se chargeait bientôt d'y contribuer abondamment. Et, en effet, les convois, les parcs, l'artillerie, devaient absorber d'autant plus facilement les ressources chevalines de la France que le mode de réquisition qui les enlevait aux propriétaires, s'emparait de l'avenir en même temps que du présent, n'épargnant ni le sexe ni l'âge, et jalonnait inutilement de cadavres de chevaux les routes qui conduisaient à l'armée. Ajoutons, en outre, que la Vendée et les départements adjacents se refusaient encore à concourir à ces efforts du gouvernement.

De 1791 à 1793, de nombreux corps de troupes légères furent créés en France ; mais on s'aperçut bientôt que l'on ne suppléa pas par le nombre à l'instruction de détail et d'ensemble, et l'on se hâta d'incorporer ces corps de nouvelles levées dans les régiments où il restait encore une tradition d'instruction. Au commencement de l'an II (octobre 1793), la cavalerie française se composait de 2 régiments de carabiniers, de 27 de grosse cavalerie, 20 régiments de dragons, 23 de chasseurs, 11 de hussards, en tout 83. Un décret du 10 janvier 1794 donna une nouvelle organisation à la cavalerie, et, portant l'effectif de la grosse cavalerie à 4 escadrons de 2 compagnies formées de 86 hommes, donna aux régiments de cavalerie légère 6 escadrons à deux compagnies de 116 hommes ; de sorte que la force totale de la cavalerie devait se composer de 24,416 hommes de grosse cavalerie, 76,140 de cavalerie légère : total, 100,556 chevaux. Je dis *devait*, car cette force n'a jamais réellement existé, et ne pouvait, en effet, jamais exister, les levées en tout genre étant insuffisantes à remplir ce vaste cadre. Aussi aurait-on grand tort d'évaluer, après cette nouvelle organisation, la force totale de notre cavalerie à plus de 70,000 hommes. Vers la fin de 1795, on fit bien quelques changements dans cette arme, mais ce fut simplement dans l'uniforme des dragons et des hussards. Un arrêté du Directoire, en date du 8 janvier 1796, réduisit à 51 régiments toute la cavalerie française ; mais, le 17 du même mois, cet arrêté fut modifié : on réduisit à 3 escadrons les régiments de la grosse cavalerie et à 4 ceux de la cavalerie légère. Au moyen de différents changements ou créations qui eurent lieu de 1797 à 1799, l'état des régiments de cavalerie au 1er janvier 1799 était composé de 2 régiments de carabiniers, 25 régiments de cavalerie, 20 régiments de dragons, 25 de chasseurs et 13 de hussards : total, 85. Au commencement de 1800, l'organisation de la cavalerie française fut encore changée, et tous les régiments de cette arme furent portés à 5 escadrons chacun, de 2 compagnies ; ils furent ensuite réduits à 3 escadrons. A la fin de 1804, les 12 premiers régiments de cavalerie formèrent autant de régiments de cuirassiers, qui restèrent seuls grosse cavalerie, et la force totale de la cavalerie française fut alors de 2 régiments de carabiniers, 12 de cuirassiers, 30 de dragons, 24 de chasseurs et 10 de hussards : total 78. En 1805, le nombre des régiments de cavalerie était de 78, et en 1806 de 79. En 1807, on créa un 13e régiment de cuirassiers. La composition de 1808 et de 1809 fut de 81 régiments ; celle de 1810 de 84, celle de 1811 de 88, celle de 1812 de 89, et celle de 1813 de 94, y compris les 4 régiments de gardes d'honneur. Un décret du 25 novembre 1811 prescrivit d'attacher un régiment de chevau-légers-lanciers à chaque division de cuirassiers. Ils furent formés d'autres régiments qui changèrent d'arme, et le nombre des régiments n'éprouva pas de variation. Le décret du 10 mars 1807 établissait la force des régiments à 43 officiers et 1,000 hommes; en 1810, cet effectif fut de nouveau changé. En 1805, l'empereur Napoléon avait fait aussi rédiger pour la cavalerie une nouvelle ordonnance qui ne contenait que quelques légères modifications à l'ancienne.

Jusqu'à la chute de l'empire, toutes les cavaleries étrangères, excepté la cavalerie prussienne, n'éprouvèrent que fort peu de changements; mais cette dernière, par suite des malheurs de la guerre de 1807, subit, ainsi que toute l'armée, un changement total d'organisation. Le nombre de troupes permis à la Prusse étant fixé, l'armée fut partagée en 7 divisions, y compris la garde, et à chaque division furent attachés 2 régiments de cavalerie légère et un de grosse cavalerie de 4 escadrons. Le roi chercha et trouva dans ce cadre restreint un moyen de former le plus de cavaliers et de soldats instruits qu'il lui fut possible, dans le dessein de s'affranchir un jour d'un joug que réprouvait fortement l'opinion nationale. Il fit rédiger en même temps un bon règlement pour sa cavalerie. Lorsque la guerre de 1813 éclata, l'élan de la nation permit d'attacher à chaque régiment de cavalerie un escadron de volontaires sous la dénomination de *chasseurs à cheval*, et un grand nombre de soldats libérés ou de soldats annuellement instruits formèrent ces nombreux bataillons ou escadrons de *Landwehr* qui rivalisèrent bientôt de bravoure et de patriotisme avec les régiments de l'armée. Depuis cette époque, les cavaleries étrangères n'ont éprouvé que des modifications insignifiantes.

Il n'en a pas été de même de la cavalerie française, qui a vu s'opérer de nombreux changements dans son organisation et dans son instruction. A l'époque du 12 mai 1814, elle fut composée de 2 régiments de carabiniers, 12 de cuirassiers, 15 de dragons, 6 de lanciers, 15 de chasseurs, 6 de hussards; total 56 régiments; chaque régiment était de 4 escadrons, formés de deux compagnies, et la force de toute la cavalerie comportait l'effectif de 3,248 chevaux d'officiers et 26,264 chevaux de troupes. Beaucoup de régiments reçurent le nom du roi et de la famille royale, les autres gardèrent simplement leurs numéros. Le débarquement de Napoléon ayant amené le départ de Louis XVIII, l'armée fut entièrement réorganisée par l'empereur sur l'ancien pied, et les régiments de cavalerie reprirent les numéros qu'ils avaient quittés lors de l'organisation de 1814. Cependant Louis XVIII, qui, par une ordonnance du 23 mars 1815, avait déjà licencié l'armée, par celle du 16 juillet de la même année, en reconstitua une nouvelle : la cavalerie dut être composée alors d'un régiment de carabiniers, 6 régiments de cuirassiers, 10 régiments de dragons, 24 régiments de chasseurs et 6 régiments de hussards. Chaque régiment fut composé de 4 escadrons, chaque escadron ne formant plus qu'une seule compagnie, d'après le système souvent proposé, et qui jusqu'alors avait éprouvé de nombreuses contradictions. Le 30 août 1815, la cavalerie fut décidément organisée dans le but d'obtenir un effectif de 2,846 chevaux d'officiers et 22,842 chevaux de troupes; mais pendant longtemps les régiments de la cavalerie ne furent que sur le papier. Le se donnait autant de peine en France pour détruire une belle armée qu'ailleurs on s'en serait donné pour l'organiser. Le dernier escadron de chaque régiment de chasseurs fut armé de lances et devint une nouvelle espèce de compagnie d'élite, seulement elle était passée de la droite à la gauche. Le complet des régiments de cavalerie ne tarda pas à être changé par ordonnance du 9 octobre 1819. Les régiments de grosse cavalerie furent constitués à 300 hommes et ceux de chasseurs et hussards à 480; effectif complet : 20,300 chevaux. Le 26 février, la cavalerie fut augmentée de 60 escadrons; les dragons et les chasseurs furent portés de 4 escadrons à 6. Enfin l'ordonnance du 27 février 1825 porta le nombre des régiments de cavalerie à 56, y compris les 8 régiments de la garde; et chaque régiment de ligne dut être porté à 6 escadrons de l'effectif suivant : sur le pied de paix, la grosse cavalerie devait avoir 78 chevaux par escadron, et 124 en temps de guerre, et la cavalerie légère le même effectif; ce qui portait les 48 régiments de cavalerie de ligne à 34,944 chevaux, officiers compris, en temps de paix, et 47,616 en temps de guerre.

Sous le règne de Louis-Philippe, la cavalerie française, sans compter les trois régiments de chasseurs d'Afrique, fut composée de 2 régiments de carabiniers, 10 de cuirassiers, 12 de dragons, 6 de lanciers, 14 de chasseurs et 6 de hussards, en tout 50 régiments; ils étaient tous de 6 escadrons; en 1834, les économies du budget forcèrent de les réduire à 5. Pendant la Restauration on finit par considérer les dragons comme cavalerie légère, et on les arma comme celle-ci de mousquetons courts. Le maréchal Soult leur rendit le fusil.

Pendant la Restauration, on chercha les moyens de perfectionner l'instruction, l'armement et l'équipement de la cavalerie; des comités, réunis annuellement, s'occupèrent de menus détails : on ôta le pistolet droit à toute la cavalerie; on le remplaça d'abord par une hache, puis par une sacoche. Les pantalons et schabraques garance furent substitués aux anciens qui étaient bleu ou vert. On essaya plusieurs modèles de selles à la Montilger, à la d'Houdetot, à la Rochefort, et l'on en revint au point de départ, à la selle de l'artillerie. En 1821, parut un petit règlement pour la cavalerie légère, qui eut du succès, qui fut suivi avec exactitude et qu'on changea ensuite pour le plaisir de changer. On fit pendant plusieurs années, pour essayer tous ces changements, un camp de cavalerie à Lunéville. Mais, au lieu de simplifier, on compliqua; au lieu d'accélérer les mouvements, on les ralentit; on fit beaucoup d'évolutions et peu de manœuvres. En 1829, parut une nouvelle ordonnance, chèrement et longuement élaborée. On y trouvait des règles pour l'escrime à cheval, même rien pour l'usage du pistolet à cheval. L'école de Saumur, notre Vatican militaire, dont l'infaillibilité ne saurait être contestée, avait rédigé les principaux articles de détail.

Ce serait peut-être ici le lieu de parler des grands généraux de cavalerie qui ont illustré les armées françaises. Mais ne trouvera-t-on pas ce qui les concerne aux articles spéciaux qui leur seront consacrés dans ce dictionnaire? Je ne saurais toutefois laisser échapper cette occasion de nommer au moins le duc de Valmy, considéré à juste titre comme le premier officier de cavalerie de l'Europe : sa charge aux environs de Provins et celle de Waterloo suffiraient à elles seules pour l'immortaliser.

Nous résumerons en peu de mots les préceptes de tactique épars dans ce tableau rapide et abrégé de la cavalerie, dans lequel toutefois nous ne croyons avoir omis rien d'important. Il ne faut pas se méprendre sur la nature des troupes à cheval : elles ne sont propres, et elles ne doivent être employées, autant que possible, qu'à l'action, et à l'action du moment. C'est à l'inspiration qu'il appartient de savoir décider ce moment et de le mettre à profit. Aussi ne craignons-nous point de faire une comparaison trop ambitieuse, en disant que la cavalerie est à l'infanterie ce que la poésie est à la prose.

G^{al} Cte DE LA ROCHE-AYMON, ancien pair de France.

En 1840, la France augmentant l'effectif de son armée accrut le nombre de ses régiments de cavalerie. Après la révolution de Février, on rétablit le corps des guides. En ce moment (1853), la cavalerie française se compose de 12 régiments de cavalerie de réserve (2 de carabiniers et 10 de cuirassiers); de 20 de cavalerie de ligne (12 de dragons et 8 de lanciers); de 20 de cavalerie légère (13 de chasseurs, 9 de hussards et 4 de chasseurs d'Afrique); de 2 escadrons de guides d'état-major, de 3 régiments de spahis à 6 escadrons, de 4 compagnies de cavaliers vétérans, sans compter les 26 légions de gendarmerie pour le service des départements et de l'Algérie et des 2 escadrons de cavalerie de la garde de Paris.

CAVALERIE

La cavalerie russe se divise en cavalerie régulière et cavalerie irrégulière. Suivant l'*Almanach de Gotha*, la première se compose de corps attachées à l'infanterie (32 régiments formant 268 escadrons ; de 3 corps de cavalerie de réserve (28 régiments ou 202 escadrons) ; de 52 escadrons de réserve ; de 73 escadrons colonisés ; de 7 escadrons modèles d'instruction ; d'un régiment de gendarmerie, fort de 13 escadrons. La secondee compose de 126 régiments de cosaques, formant 765 escadrons ; de 13 districts de Baskirs ; de 4 seconds districts de Meschtckeriades ; de 5 régiments de Tonguses et Bouriates, formant 29 escadrons ; de 2 régiments, soit 9 escadrons, de cosaques de ligne, musulmans, montagnards, etc., total général : 1,568 escadrons.

La l'russe compte 38 régiments de cavalerie dans son armée active ; savoir : 1 régiment de gardes du corps, 5 de la garde, dont 2 de landwehr ; 8 de cuirassiers, 4 de dragons, 12 de hussards, 8 de uhlans, plus 104 escadrons de cavalerie de landwehr du 1er ban.

L'Autriche, outre la garde, a 8 régiments de cuirassiers, à 48 escadrons ; 7 de dragons, 44 escadrons ; 12 de hussards, 96 escadrons ; 11 de uhlans, 88 escadrons ; plus 1 escadron de dragons d'état-major.

La Grande-Bretagne : 2 régiments de gardes du corps (*Life-Guards*) et 1 de gardes à cheval dits *les bleus*, ensemble 1,308 hommes ; 7 de dragons de la garde, 2,833 ; 3 de dragons et 4 de dragons légers, ensemble 3519 ; 5 de hussards, 2,743 ; 4 de lanciers, 1952 ; 1 de chasseurs à cheval du Cap ; total 12,355 hommes.

CAVALERIE (École de). La fondation des premières écoles de cavalerie appartient au duc de Choiseul. Cet habile ministre avait compris de bonne heure la nécessité de pourvoir par de bons établissements à l'instruction des troupes à cheval, trop longtemps négligée en France. Il fit donc signer au roi, le 21 août 1764, une ordonnance portant création de quatre *écoles d'équitation*, placées sous la direction d'un officier général, et établies à Metz, Douai, Besançon et Angers. Une école centrale devait recevoir à Paris, après un temps déterminé d'instruction, les meilleurs élèves des quatre établissements secondaires. Ce premier essai ne fut pas heureux : dès l'année 1767, ces écoles avaient presque cessé d'exister ; mais elles avaient eu, au moins, l'avantage de fixer l'attention des officiers de cavalerie, et elles amenèrent, plus tard, les améliorations qui se font remarquer dans l'instruction des corps. En 1771, on revint à ce système d'instruction, et l'on créa l'école de Saumur sur celles qui avaient été établies sept ans auparavant. Chaque colonel de cavalerie fut autorisé à envoyer 4 officiers, et 4 sous-officiers, pris parmi ceux dont les dispositions paraissaient devoir seconder les vues du gouvernement. Les fonds mis à la disposition du ministre de la guerre pour l'entretien de l'école ayant été supprimés en 1790, il fallut abandonner encore une fois cet utile projet. Mais le zèle de ses partisans ne s'attiédit pas. une nouvelle école fut créée à Versailles, le 2 septembre 1796, sous le titre d'*école nationale d'instruction des troupes à cheval*, et un arrêté du 9 septembre 1799 en établit, sous la même dénomination deux autres à Lunéville et à Angers. On affecta à l'entretien du personnel de ces trois établissements un fonds annuel de 148,537 francs.

La seule école de Versailles subsistait encore en 1809, lorsqu'un décret impérial du 8 mars vint la supprimer, et créer sur ses débris l'école spéciale de cavalerie de Saint-Germain. Toutefois on n'admit dans cette dernière que des élèves sortant de l'École militaire, et l'on en exclut les officiers et les sous-officiers des corps. L'école de Saint-Germain se maintint jusqu'à la restauration : supprimée à son tour par ordonnance du 30 juillet 1814, le gouvernement royal, pour la remplacer, créa à Saumur une nouvelle école d'instruction des troupes à cheval, destinée, comme la première, à recevoir des officiers et des sous-officiers de différents corps de cavalerie. Elle était placée dans le beau bâtiment servant autrefois de caserne aux carabiniers. Mise sous la direction d'un officier général d'un mérite reconnu, elle obtenait déjà de brillants succès, lorsque les événements politiques dont Saumur fut le théâtre en 1822 en fit opérer la dissolution. Rétablie de nouveau à Versailles, le 5 novembre 1823, dans le bâtiment appelé les *écuries d'Artois*, elle ne fut plus destinée, comme celle de Saint-Germain, qu'à recevoir les élèves de l'École militaire qui se destinaient au service des troupes à cheval. Il fallait, pour y être admis, avoir passé deux ans à l'école de Saint-Cyr, et avoir été nommé sous-lieutenant de cavalerie. L'instruction de ce nouvel établissement embrassait la connaissance théorique et pratique des exercices et des manœuvres des troupes à cheval, un cours élémentaire d'hippiatrique, des principes d'équitation, la théorie du commandement, le soin et la conduite des chevaux, l'escrime à pied et à cheval, le tir des armes à feu, la natation. Les professeurs de l'école de Saint-Cyr y continuaient des cours d'administration, d'art et d'histoire militaires, d'allemand et de dessin.

Cette nouvelle organisation de l'école de cavalerie n'était pas encore en harmonie avec les besoins du service. L'expérience avait démontré l'impérieuse nécessité de former de bons sous-officiers, de rendre l'instruction uniforme, et d'assurer un avenir à la cavalerie. Ces considérations déterminèrent le gouvernement à donner plus d'extension à cet établissement et à l'asseoir sur des bases beaucoup plus larges. Transféré de Versailles à Saumur, par ordonnance du 11 novembre 1824, cette école reçut, le 10 mars de l'année suivante, une nouvelle organisation.

D'après l'ordonnance constitutive du 7 novembre 1845, elle est instituée pour perfectionner les officiers des corps de troupes à cheval, dans toutes les connaissances nécessaires à l'officier de cavalerie, et spécialement dans les principes de l'équitation ; pour donner aux sous-lieutenants de cavalerie, sortant de l'école spéciale militaire de Saint-Cyr, l'instruction particulière au service de l'arme ; pour former des instructeurs, appelés à reporter dans les régiments un mode d'instruction uniforme et pour créer, dans le même but, une pépinière de sous-officiers instructeurs. Elle est également destinée à former des maréchaux-ferrants pour les corps de troupes à cheval.

Sont admissibles à l'école de cavalerie : 1° un lieutenant ou sous-lieutenant par régiment de cavalerie, d'artillerie, ou escadron du train des parcs et des équipages militaires : ces officiers, désignés pour recevoir cette destination à l'époque des inspections générales, sont tenus de suivre pendant deux ans les cours de l'école, et y prennent, durant leur séjour, la dénomination d'*officiers d'instruction* ; 2° les élèves sortant de l'école spéciale militaire et destinés au service de la cavalerie, ainsi que les lieutenants et sous-lieutenants d'infanterie passés par permutation dans la cavalerie et qui n'auraient pas déjà servi deux ans dans cette dernière arme : ils prennent la dénomination d'*officiers élèves de cavalerie*, pendant les deux ans qu'ils passent à l'école ; 3° deux sous-officiers par régiment d'artillerie et un par escadron du train des parcs, en qualité de *sous-officiers d'instruction* : l'envoi de ces sous-officiers à l'école n'a lieu que tous les deux ans ; 4° des brigadiers ou cavaliers détachés des régiments de cavalerie et du corps du train des équipages militaires, désignés à l'inspection générale de chaque année comme les plus susceptibles de suivre avec fruit les cours de l'école et de devenir, par la suite, de bons sous-officiers instructeurs ; 5° comme *élèves-maréchaux-ferrants*, des enrôlés volontaires, des appelés ou des militaires tirés des corps de troupes à cheval et ayant exercé la maréchalerie avant leur incorporation.

Le personnel de l'école se compose actuellement d'un général de brigade commandant supérieur, d'un colonel commandant en second, d'un lieutenant-colonel, de douze chefs d'escadron instructeurs, d'un major, de 8 capitaines instructeurs, de 3 capitaines écuyers, d'un capitaine trésorier, d'un capitaine d'habillement, d'un lieutenant et d'un sous-lieutenant sous-écuyers, d'un sous-lieutenant porte-étendard, d'un lieutenant directeur des ateliers, d'un chirurgien-major, d'un chirurgien aide-major, de deux chirurgiens sous-aides, d'un pharmacien aide-major, d'un adjudant d'administration faisant fonction de comptable, de deux vétérinaires, dont un professeur de maréchalerie, et de trois écuyers civils.

CAVALETTO. Nom d'un instrument de torture dernièrement encore en usage à Rome, et qui servait de sanction à maint jugement de police correctionnelle en matière de délits et de contraventions. Un mois de prison et vingt-cinq coups de bâton appliqués *coràm populo*, telle était la formule ordinaire par laquelle la police terminait ses ordonnances et menaçait de sa vengeance ceux qui contrevenaient à ses prescriptions. « *I contraventori saranno irremissibilmente soggetti a subire un mese di carcere, o venticinque colpi di bastone al cavaletto nella publica strada.* » Comme son nom l'indique déjà suffisamment, le *cavaletto* était une espèce de cheval de bois, ayant les pieds de devant plus courts que ceux de derrière. Quand le coupable avait été forcé par les gendarmes d'enfourcher cette monture, on l'y couchait de façon que la tête occupât la partie la plus basse du *cavaletto*. Alors l'exécuteur, après avoir fait le signe de la croix, administrait au patient le nombre exact de coups de bâton ou de nerf de bœuf qu'indiquait la sentence, et avait soin que la répartition en eut lieu aussi également que possible sur toute la longueur du dos mis à nu.

CAVALIER. Ce mot vient du latin *caballus*, employé pour désigner un cheval de peu de prix, d'où l'on a fait dans la basse latinité *caballarius*, puis *cavallarius*. Au treizième siècle, les Grecs se servaient du mot καβαλλαριος pour désigner non-seulement un homme de cheval, mais un officier ou chef (*eques*), qui avait sous lui d'autres cavaliers à sa solde et à ses ordres. Quant au mot *cavalier*, il signifie proprement tout homme qui est à cheval, qu'il soit armé ou non; mais, comme, dans l'origine, ceux qui composaient l'arme de la *cavalerie* étaient d'extraction noble, il devint bientôt synonyme de *chevalier*, et se conserva longtemps dans cette acception. On est encore dans l'usage de dire le *cavalier* Bernin, pour le chevalier Bernin et le chevalier Marin.

Plus tard, ce mot a passé du langage militaire dans les habitudes du manége dans la vie ordinaire, où il a été employé pour désigner simplement un individu du sexe masculin : ainsi l'on dit d'une dame qu'elle a son *cavalier*, qu'elle est accompagnée d'un *cavalier*, mais, dans ce sens même, le mot *cavalier* retient quelque chose de son ancienne signification, et il s'y rattache quelques idées de galanterie ou du moins de dévouement et de protection.

N'oublions pas de dire que *cavalier* est aussi le nom d'une des pièces du jeu des échecs.

Du mot *cavalier*, on a fait l'adverbe *cavalièrement*, c'est-à-dire d'une manière cavalière, leste, aisée, sans gêne, et plus souvent inconvenante, bien que ce mot ait d'abord été pris en bonne part.
Edme Héreau.

CAVALIER (*Fortification*), sorte d'ouvrages dominants, dont l'usage était connu des anciens. C'étaient des terrasses dont ils se servaient dans les siéges offensifs, et qu'ils construisaient de charpente et d'autres matériaux. Ils les élevaient le plus près possible du rempart, pour jeter de là des traits et des pierres dans la place. Les Latins les appelaient *agger, aggeres*, mot qui signifiait monceau, montagne. Les cavaliers modernes sont quelquefois destinés à s'opposer à des commandements de revers ou à d'autres commandements dominants, ou bien à servir d'enveloppe à des batteries foudroyantes, ou à des contre-batteries, etc.
Gal Bardin.

CAVALIER (Jean), fils d'un paysan des Cévennes, naquit en 1679, au village de Ribaute, près d'Anduse. Enlevé fort jeune à la culture et envoyé à Genève, il y exerça d'abord la profession de boulanger; puis, entraîné par son zèle religieux, peut-être aussi par un secret instinct qui lui révélait de plus hautes destinées, il revint parmi ses compatriotes, qu'avait soulevés le zèle intolérant de Louis XIV. Cavalier ne tarda pas à se distinguer parmi ceux dont l'*esprit* inspirait le langage et les actes. L'ardeur de sa parole et l'intrépidité de son courage le signalèrent aux prédicants exaltés qui dirigeaient l'insurrection, et bientôt il devint le héros de ces *camisards* dont les succès excitèrent pendant un temps les inquiétudes de la cour. Tous les efforts du maréchal de Montrevel ayant été impuissants, le maréchal de Villars fut appelé, en 1704, à remplacer ce général ignorant et fanatique. Cavalier, à la suite de conférences qu'il eut avec lui, accepta un brevet de colonel. Il fut présenté à Louis XIV; le fier monarque daigna à peine jeter un regard sur celui qui avait humilié ses armes, et lui tourna le dos. Blessé de cet accueil, Cavalier se réfugia en Suisse; puis en Savoie, où il prit du service; enfin, en Angleterre, où il fit partie de l'armée destinée à soutenir les efforts du prétendant contre Philippe V. Il se distingua dans diverses occasions, et parvint au grade de général major. Il mourut en 1740 à Jersey, dont il était gouverneur. C'était un homme de mœurs douces, bien qu'il eût commandé de cruelles exécutions dans la guerre des Cévennes; et Voltaire, qui avait eu occasion de le connaître pendant son séjour en Angleterre, rend témoignage à l'urbanité du langage et aux manières distinguées de cet artisan devenu général.
P.-A. Dufau.

CAVALIERE (Emilio del), compositeur italien du seizième siècle, né à Rome, fut à partir de l'an 1570 maître de chapelle à Florence, fonctions dans l'exercice desquelles il composa et fit représenter vers 1590 les pastorales *il Satiro* et *la Disperazione*. Ce sont ces deux ouvrages, appartenant aux plus anciens opéras connus, qui l'ont fait désigner, mais à tort, comme l'inventeur du genre opéra. Cavaliere mourut au commencement du dix-septième siècle.

CAVALIERI ou **CAVALLERI** (Bonaventure), naquit à Milan, en 1598. A l'âge de quinze ans, il entra dans l'ordre des hiéronymites et fit dans ses études des progrès si rapides et si brillants que ses supérieurs jugèrent à propos de l'envoyer à Pise, dont l'université était alors très-florissante. C'est dans cette ville qu'il se lia avec Castelli, disciple et ami de Galilée. Jusqu'à cette époque, il s'était adonné exclusivement à l'étude de la théologie. Son nouvel ami lui conseilla d'y joindre celle de la géométrie, pour se distraire de ses ennuis et des tourments d'une goutte qui allait toujours en empirant. Cavalieri fit de tels progrès dans cette science qu'en peu de temps il eut épuisé tout ce que les anciens géomètres avaient écrit sur cette matière. Galilée et Castelli lui prédirent dès lors la haute célébrité qu'il devait atteindre : il ne tarda pas à justifier les prévisions de ses deux illustres amis. A l'âge de 31 ans (1629), il découvrit sa méthode des *indivisibles*, dont le principe philosophique repose sur la génération indéfinie de l'étendue. Dans le calcul des indivisibles, les lignes se composent d'une infinité de points, les surfaces d'une infinité de lignes tirées les unes à côté des autres; les solides ou volumes sont le résultat d'une infinité de surfaces superposées. Si Cavalieri n'eût pas borné cette méthode à des démonstrations géométriques, s'il eût fait un pas de plus, il devançait Newton dans la création du calcul différentiel. Dès que la géométrie des indivisibles fut connue, elle fut très-cultivée; Roberval prétendit l'avoir inventée, quoique son ouvrage n'ait paru que deux ans après celui de Cavalieri; Pascal s'en servit aussi. Mais l'emploi de cette méthode demande certaines précautions dont l'oubli fit mettre en doute les principes posés par Cavalieri, et malgré son utilité incontestable et sa fécondité prodigieuse,

elle fut complétement abandonnée dès le siècle dernier. Les recommandations de Galilée et la belle découverte de Cavalieri valurent à ce dernier la chaire d'astronomie de l'université de Bologne, et, après avoir souffert pendant douze ans des attaques de goutte si violentes qu'il en avait presque perdu l'usage de ses doigts, l'illustre mathématicien mourut dans cette ville le 3 décembre 1647. Outre le *Traité des Indivisibles*, Cavalieri a écrit sur les sections coniques, la trigonométrie et même sur l'astrologie judiciaire, ouvrage qu'il composa, dit-on, malgré lui, à la sollicitation de ses élèves, et qu'il publia sous le nom supposé de *Philomata* (amateur de la divination).
TEYSSÈDRE.

CAVALIERS. Voyez TÊTES-RONDES.

CAVALLINI (PIETRO), peintre romain qui a une grande importance dans la première période de développement de l'art du moyen âge en Italie, vivait dans la première moitié du quatorzième siècle. Il passe pour avoir été l'élève du Giotto et exécuta, d'après les dessins de ce maître, la grande mosaïque de l'ancienne église Saint-Pierre à Rome représentant l'église chrétienne sous la forme d'un navire, qu'on voit aujourd'hui sous le portique de la nouvelle église Saint-Pierre, et qui a été l'objet de maintes restaurations. On peut aussi citer comme ouvrages sortis de sa main, et qui se sont conservés jusqu'à nos jours, les figures en mosaïque ornant la niche de l'autel de l'église Santa-Maria en Trastevere, à Rome, et d'autres sur la façade de l'ancienne église Saint-Paul du même endroit.

CAVAN, l'un des neuf comtés dont se compose la province d'Ulster en Irlande, formant l'extrémité méridionale de l'île, est bornée au sud par les comtés de Longford, Westmeath et Meath, à l'ouest par ceux de Longford et de Leitrim, au nord par ceux de Monaghan et de Fermanagh, enfin à l'est par ceux de Louth et de Monaghan. Sa superficie est de 473,749 acres carrés, et sa population d'environ 231,000 habitants. Ce n'est que dans sa partie nord-ouest, où s'élèvent les hauteurs de Ballynageeragh, que cette contrée devient montagneuse; partout ailleurs c'est un pays plat, dont le sol assez pauvre est de temps à autre entrecoupé de collines. La neuvième partie en est couverte de pierres, marécageuse ou occupée par les eaux. On trouve dans ce comté plusieurs grands lacs dont les plus remarquables sont ceux de Lough-Erne, de Gawnagh, d'Oughter, de Ramor et de Sheelan ou Shillin. Le sol donne divers produits minéraux, de bon charbon de terre, un peu de plomb et de minerai de fer. On trouve en outre des sources d'eaux minérales à Carrickmone, à Derrylyster, à Derrindaff. La principale ressource des habitants est la culture de l'avoine, des pommes de terre, du chanvre et d'un peu de froment : mais la mauvaise qualité du sol empêche qu'il ne rapporte jamais des produits importants. Des toiles fabriquées sur les lieux mêmes constituent le principal article de commerce avec un peu de beurre qu'on confectionne dans les hautes terres, où l'éducation du bétail se fait aussi sur une assez vaste échelle. Il y a déjà bien longtemps que la malheureuse situation générale de l'Irlande réagit sur le développement du bien-être dans ce comté, qui envoie au parlement deux députés, et d'après lequel la famille Lambart prend le titre de *comte de Cavan*.

Son chef-lieu, *Cavan*, sur la rivière du même nom, affluent de l'Erne, est situé à peu près au centre du comté. L'incendie qui le détruisit presque complétement en 1790 n'a pas eu pour résultat de le faire reconstruire avec plus de goût qu'autrefois; et on y compte 4,200 habitants s'occupant d'agriculture et d'élève de bétail, et faisant aussi quelque commerce en avoines, beurres et laines tissées. En avant de la ville on trouve une promenade publique extrêmement fréquentée, et qui n'est autre que le beau jardin de lord Farnham, zélé catholique. La ville la plus importante du comté après celle-là est *Belturbet*, avec 4,000 habitants et quelques importantes brasseries.

CAVANILLES (ANTONIO-JOSÉ), né le 16 janvier 1745 à Valence, où il fit ses études au collége des jésuites et à l'université, était professeur de philosophie à Murcie, quand en 1777 le duc de l'Infantado, ambassadeur d'Espagne à Paris, le prit pour précepteur de ses enfants. A Paris, où il séjourna pendant dix ans, Cavanilles se livra avec une ardeur peu commune à l'étude de la botanique, et le premier ouvrage qu'il publia sur cette science, *Monadelphiæ classis dissertationes decem* (2 vol. Paris, 1785), attira immédiatement sur lui l'attention. A son retour en Espagne, il entreprit le bel ouvrage intitulé : *Icones et descriptiones plantarum, quæ aut sponte in Hispania crescunt aut in hortis hospitantur* (6 vol. Madrid, 1791-1799, avec 601 planches). Ce travail n'était point encore achevé, lorsque le gouvernement espagnol le chargea de faire en Espagne un voyage au point de vue botanique. Il commença par la province de Valence, et consigna ses observations dans un ouvrage intitulé : *Observaciones sobre la historia natural, geografica, agricultura del reyno de Valencia* (2 vol. avec planches; Madrid 1795-97). En 1801 il fut nommé directeur du jardin botanique de Madrid, et il s'occupait de la publication de son *Hortus regius Madridensis*, quand il mourut au mois de mai 1804.

CAVARIN. César l'avait fait roi des Sénones (le pays de Sens). Son frère, Moritasgus, et ses ancêtres y avaient eu la souveraine puissance. Les Sénones, mécontents du choix de César, voulurent tuer Cavarin dans une assemblée. Celui-ci connut leur dessein, et prit la fuite. Ils le poursuivirent jusqu'aux frontières, et lui ôtèrent son trône et sa maison. César envoya des députés leur demander satisfaction, et donna ordre à tout leur sénat de venir auprès de lui. Sur leur refus, il partit à grandes journées pour les réduire par la force. L'auteur de la révolte des Sénonais, Acco, apprenant l'arrivée de César, ordonna aux habitants de se retirer dans les villes fortifiées. Mais à peine ce mouvement était-il commencé que les Romains entrèrent sur le territoire sénon. Le projet de se défendre fut dès lors abandonné, et les Sénons envoyèrent faire des excuses à César, qui leur pardonna en faveur et par l'entremise des Eduens (ceux du pays d'Autun), depuis longtemps leurs alliés. Cavarin fut rétabli; mais, pour éviter que le ressentiment qu'il avait dû éprouver et la haine qu'il avait pu exciter ne suscitassent quelque trouble, César se fit suivre par lui dans l'expédition qu'il se préparait à faire contre Ambiorix. On reconnaît là l'habileté de César. Il maintenait le roi de son choix, mais il l'éloignait sagement du pays auquel la politique l'avait imposé, afin de donner aux ressentiments réciproques le temps de se refroidir. Il n'est fait d'ailleurs aucune autre mention de ce Cavarin. Désiré NISARD, de l'Académie Française.

CAVATINE, sorte d'air, pour l'ordinaire assez court, qui n'a ni reprise ni seconde partie, et qui se trouve souvent dans les récitatifs obligés. Ce changement subit du récitatif au chant mesuré, et le retour du chant mesuré au récitatif, produisent un effet admirable dans les scènes fortement dramatiques. On trouvera sans doute que cette définition ne convient nullement à ce qu'on appelle aujourd'hui une *cavatine*; je parle de l'ancienne cavatine telle que Piccini, Sacchini, Gluck, l'avaient traitée dans leurs opéras. Cavatine, *cavata*, viennent du verbe *cavare*, tirer, petit fragment tiré d'un grand ouvrage. Maintenant ce mot a changé de signification; l'usage a voulu qu'on l'appliquât à l'*aria*, au grand air, ce qui change tout à fait sa signification. N'avons-nous pas remarqué la même absurdité de langage dans la conversation de nos vieux amateurs et dans les articles que Geoffroy et ses dignes rivaux en bêtise musicale écrivaient sur les compositions des maîtres de leurs temps? Ils nous parlaient sans cesse de la *grande ariette* de *Zémire et Azor*, de *La belle Arsène*, des *Prétendus*. Une ariette est un très-petit air; l'ariette, composée seulement d'une phrase, était la *cavatina* française. Le mot *ariette* est un diminutif : *grande* ariette est aussi ridicule que si l'on disait un *vieux* lapereau, un nain *gigantesque*.

Dans le langage ordinaire, on entend maintenant par *cavatine* un morceau de chant complet, exécuté par un seul virtuose. Le récitatif instrumenté, le *cantabile*, la cabalette, coupée par des chœurs, l'*allegro*, l'*agitato*, enfin tout le luxe d'ornements et d'orchestre, la variété de sentiments et de coloris que l'on réservait pour l'air de bravoure, appartiennent à la cavatine, autrefois si modeste dans son allure. Le genre n'a point changé, c'est seulement une substitution de mots. Plusieurs morceaux de chant qui pendant quarante ans ont porté le nom d'*airs* sont maintenant appelés *cavatines* : témoin *Il mio tesoro in tanto*. Rossini a produit une infinité de belles cavatines, telles que *Di piacer mi balza il cor*, *Di tanti palpiti*, dans *Tancredi* ; *Largo al Fattotum della città*, cavatine vive et d'un seul mouvement, que la basse chantante dit dans *Il Barbiere di Siviglia* ; *Ecco ridente il cielo*, du même opéra, écrite pour la voix de ténor.

Les acteurs italiens qui tiennent les premiers rôles veulent absolument faire leur entrée sur la scène par une cavatine complète ; les poëtes et les musiciens sont forcés de subir cette loi, dont les exigences ne s'accordent pas toujours avec l'action dramatique, et la frappent quelquefois de langueur, mais le virtuose veut être l'unique objet de l'attention du public et recueillir tous ses applaudissements. Marchesi se montrait plus ambitieux encore : il fallait qu'il chantât au moins un air dans un char, un autre dans une prison avec les fers aux mains, *cavatina con catene*. CASTIL-BLAZE.

CAVE, lieu souterrain, ordinairement voûté, destiné le plus souvent à recevoir et à conserver différentes substances, les vins principalement, dans un milieu de température assez basse et presque constamment égale ; on y place les huiles, les légumes, etc., et généralement tout ce qui craint la gelée ou une trop grande chaleur. Plus une cave est profonde, moins il y a d'inégalité dans sa température.

On pratique assez généralement les caves sous les bâtiments d'habitation, qu'elles contribuent à assainir, en éloignant l'humidité. L'expérience a prouvé qu'à environ quatre mètres de profondeur, dans nos climats tempérés, les caves conservent la même température dans toutes les saisons. On préfère les berceaux de cave voûtés en plein cintre à ceux qui sont surbaissés, à cause d'une plus grande solidité, et parce que, d'ailleurs, la construction en est moins coûteuse. Mais on ne reste pas toujours maître de cette disposition ; le reste du système de la construction s'y oppose souvent.

Il faut éviter autant que possible les communications des caves avec l'air extérieur par des soupiraux, si l'on veut y conserver une température constante. PELOUZE père.

Les auteurs du *Dictionnaire pratique d'agriculture* regardent néanmoins comme une circonstance avantageuse pour la bonne conservation des vins que l'air pénètre dans la cave par deux soupiraux opposés, de manière à y former un courant. Cette disposition, disent-ils, est bonne, en ce qu'elle sèche l'humidité ; mais elle favorise en même temps l'évaporation du vin, qui dépense alors beaucoup plus : inconvénient qui résulte aussi de la simple introduction de la lumière, et dont on n'évitera en ne donnant aux ouvertures qu'une grandeur raisonnable et une grande inclinaison. Ils ajoutent à ce précepte une autre observation qu'il nous paraît également utile de consigner ici : ils assurent (et l'expérience journalière peut d'ailleurs le démontrer) que l'habitude de conserver des légumes verts dans les caves naturellement humides est mal entendue, en ce qu'elle ajoute encore à cette humidité par l'évaporation de l'eau qu'ils contiennent, et fait pourrir les tonneaux et les bouchons des bouteilles. Il vaudrait mieux, disent-ils, avoir des celliers destinés à cet usage et à la conservation des autres provisions qui demandent de la fraicheur.

Quatremère de Quincy recommande d'exposer les caves au nord, autant que possible, et de donner à leur voûte une hauteur de 3 mètres à 3 m, 25 au plus. Il faut avoir soin aussi de les éloigner des fosses d'aisance, dont les exhalaisons sont susceptibles de gâter les vins. Quand une cave, disent les auteurs que nous avons cités précédemment, a contracté une mauvaise odeur, elle la perd difficilement : en pareil cas, on peut essayer d'y allumer un feu clair, que l'on entretiendra pendant quelque temps. Les murs et les voûtes des caves doivent être construits en moellons, maçonnés en mortier de chaux et de sable, et non en plâtre, que l'humidité décompose facilement. Afin d'entretenir la sécheresse qu'elles exigent, on doit former leur sol avec une aire de recoupes, provenant de pierre tendre et bien battue, ou bien le recouvrir d'une couche de sable d'une certaine épaisseur.

La meilleure cave, dit à son tour l'abbé Rozier, est celle où le thermomètre se maintient toujours à 10 degrés de chaleur, terme que les physiciens ont appelé *tempéré* : telles sont les caves de l'Observatoire de Paris ; tels sont tous les souterrains, où les variations du chaud et du froid sont insensibles. On ne saurait prendre trop de soin de sa cave puisque, suivant un vieux proverbe, *c'est la cave qui fait le vin*.

Le mot *cave* se prend encore dans plusieurs autres acceptions ; il se dit : 1° d'une espèce de caisse ou de coffre dans lequel sont renfermés plusieurs flacons de liqueurs diverses, avec des petits verres, et que l'on met ordinairement sur la table après le dessert, et comme accompagnement obligé du café ; 2° d'un meuble de toilette, ou coffret, qui renferme des essences et des cosmétiques, à l'usage des dames plus particulièrement ; 3° de la somme d'argent qu'un joueur a devant soi, à la bouillotte, au brelan, etc., et qu'il expose aux chances du jeu ; d'où ont été faits les mots de *première cave, seconde cave, se caver, être décavé*, pour première mise, seconde mise, mettre au jeu, perdre son enjeu ; *caver au plus fort*, c'est tenir le jeu de la personne qui a fait la plus forte mise.

Considéré comme adjectif, *cave* est opposé, en chronologie, au mot *plein*, et il s'applique aux mois ou aux années qui ont moins de jours que les mois ou les années ordinaires : le mois lunaire synodique est alternativement de 29 jours ou *cave*, et de 30 jours ou *plein* ; l'année lunaire commune est quelquefois de 353 jours ou *cave*, et plus ordinairement de 354 jours ou *pleine*.

En anatomie, le mot *cave* se prend dans l'acception de *creux*. Outre les deux veines qui ont reçu cette qualification, on trouve encore les expressions de *joues caves*, d'*yeux caves*, qui attestent les résultats et les ravages de la maladie, du chagrin ou du temps.

Le verbe *caver*, dont nous avons déjà vu plus haut une acception, se prend généralement aussi avec l'acception de *creuser petit à petit*. C'est dans ce sens que Malherbe a dit :

Il a mis le pied dans la fosse
Que lui *cavaient* les destins.

C'est dans le même sens que l'on dit que l'eau d'une gouttière *cave* les fondements ou les fondations d'un édifice ; que la petite vérole *cave* et marque le visage. Edme HÉREAU.

CAVE (Rat de). En langage populaire, on a donné le nom de *rats de cave* aux inspecteurs ou commis qui sont chargés de marquer le vin dans les caves des cabaretiers et autres débitants.

C'est aussi celui d'une espèce de bougie filée et roulée sur elle-même, dont on se sert pour s'éclairer quand on descend à la cave.

CAVE (Veine). Deux veines portent ce nom. La *veine cave supérieure* ou *descendante* est le tronc commun de toutes les veines de la moitié supérieure du corps ; formée par les deux troncs *brachio-céphaliques*, son calibre est au moins égal à celui de l'*aorte* ; elle s'étend de la première côte droite à l'oreillette droite et reçoit dans son trajet la veine *azigos*, à laquelle aboutissent plusieurs des veines du rachis, et qui établit une communication entre les deux veines caves. La *veine cave inférieure* ou *ascendante*, dont le diamètre est plus considérable que celui de la veine cave supérieure, ramène à l'oreillette droite du cœur le sang de toutes les parties situées au-dessous du diaphragme; dans son trajet abdominal, elle reçoit les veines *rénales* et une partie de celles des parois et des organes de l'abdomen; les veines qui ne s'y rendent pas directement se réunissent pour former la *veine porte*, tronc principal d'un système à part, mais qui se rattache à celui de la veine cave.

CAVÉ (N...), né à Caen vers 1795, chef de la division des Beaux-Arts et des Théâtres au ministère de l'Intérieur durant les dix-huit années du règne de Louis-Philippe et l'une des *âmes damnées* de ce gouvernement corrupteur et corrompu, ne fut pendant bien longtemps désigné dans les journaux que par cette périphrase reproduite à tous propos avec une fatigante complaisance dans leurs colonnes : *l'un des spirituels auteurs des Soirées de Neuilly*.

Ces *Soirées* étaient d'assez jolis proverbes politico-dramatiques, composés par Cavé vers 1827, en collaboration avec M. Dittmer, officier aux cuirassiers de la garde royale, et publiés sous le pseudonyme de *M. de Fongeray*.

L'*incognito* était à cette époque une condition de succès pour les productions littéraires; seulement les habiles s'y prenaient de façon qu'en réalité cet *incognito* fût le secret de la comédie, et que chacun connût le pseudonyme plus ou moins prétentieux sous lequel ils abritaient leur vanité.

Ajoutez à cette participation aux fameuses Soirées de Neuilly la paternité entière et complète d'un mauvais vaudeville intitulé : *Vivent la joie et les pommes de terre !* joué cinq ou six fois devant les banquettes aux Variétés, et vous aurez inventorié tout le bagage littéraire de l'homme qui fut appelé, aussitôt après la révolution de 1830, à la direction supérieure des arts et des lettres en France. On cessera d'être surpris d'une telle fortune, quand on saura que l'heureux parvenu rédigeait depuis trois ou quatre ans le compte-rendu des petits théâtres dans *le Globe*, journal du parti doctrinaire, que cette révolution venait de porter tout entier au pouvoir. Cavé, lui aussi, eut sa part de la curée. Certes, à l'occasion du répertoire habituel des Variétés, du Vaudeville ou de l'Ambigu, il avait accumulé pendant ces quatres années assez de lieux communs et de déclamations sur l'art et sur la liberté qui lui est indispensable, pour mériter une telle récompense. Il fallait voir, par exemple, dans quels termes d'indignation et de mépris notre critique avait habitude de parler des pièces de circonstance représentées sur ces diverses scènes à l'occasion de la Saint-Charles ou de tel autre anniversaire monarchique, et des croix d'honneur avec lesquelles le pouvoir payait quelquefois des couplets de facture en l'honneur du roi Charles X et des princes ou princesses de sa famille, ou bien encore le zèle méticuleux avec lequel les censeurs faisaient dans des œuvres dramatiques de la force de *Vivent la joie et les pommes de terre !* la chasse aux idées libérales et aux mots dans lesquels le parterre intelligent eût pu voir des allusions aux petites et aux grandes intrigues du jour. C'est ainsi qu'il écrivait dans *le Globe* du 8 novembre 1827 : « Que dire de ces huit ou dix ou-
« vrages que la Saint-Charles a vus naître et mourir? Je n'ai
« pas le courage d'en tracer l'analyse, *ce serait trop de*
« *dégoût*. Ils ne sont pas plus mauvais que ceux des autres
« années; mais *ils sont plus méprisables*, en raison de la
« gravité des circonstances. Au reste, les sifflets ont retenti
« depuis l'Odéon jusqu'au Cirque, et depuis le Cirque jus-
« qu'au Vaudeville : justice est faite. Oublions-les; taisons
« même le nom des auteurs, pour ne pas perdre dans l'o-
« pinion trois ou quatre hommes de talent qui figurent au
« milieu d'eux : ils ne seraient pourtant les moins sages à
« faire... Que voulaient-ils donc? des *décorations*? Préten-
« draient-ils à des *gratifications*? Je ne puis le croire. L'an

« dernier, *le Globe* réveilla la pudeur des vaudevillistes, et
« aucuns retirèrent déjà leur main tendue au salaire. Ces
« mêmes gens qui *nous* mutilaient hier (les censeurs drama-
« tiques) avec si une stupide insolence, sont ceux qui tien-
« nent les cordons de la bourse, dignes distributeurs de pa-
« reilles graces. Personne n'ira demander sa part; il n'au-
« ront pas la joie de se dire : Nous ne sommes pas seuls en
« France, *voici des compagnons d'infamie !* »

Une fois que Cavé se trouva aux lieu et place de ces mêmes gens qui le mutilaient hier, et qu'il perçut leurs appointements, il estima que tout était pour le mieux dans le meilleur des mondes, et soutint le pouvoir issu de la révolution de Juillet avec tout autant de zèle et par l'emploi des mêmes moyens que *ces gens là* avaient pu défendre le gouvernement légitime ; et, en 1834, sous le ministère de M. Thiers, l'hyper-critique du *Globe* fut le bras dont la *Pensée du règne*, comme on disait alors pour désigner la volonté personnelle de Louis-Philippe, se servit pour rétablir la censure dramatique.

Assurément nous ne sommes point de ceux qui confondent la liberté des théâtres avec la liberté de la presse; et nous reconnaissons que, dans une société régulièrement organisée, le pouvoir peut et doit même exercer dans l'intérêt de la morale publique une surveillance préventive sur les pièces destinées à la scène, comme aussi sur la mimique des acteurs pendant le cours des représentations. Nous ne blâmerons donc point le gouvernement de Juillet d'être en cela revenu aux erremens de ceux qui l'avaient précédé, et d'avoir revendiqué l'exercice d'un droit qui a été conféré au pouvoir dans l'intérêt de tous. Mais nous avouons qu'il était à ce moment au moins bizarre de retrouver précisément dans l'agent chargé de cette revendication des hommes qui, peu d'années auparavant, élevaient les plus violentes clameurs dans la presse pour faire reconnaître et proclamer le principe contraire, c'est-à-dire celui de la liberté absolue des théâtres.

Ce qui contribua incontestablement le plus à la déconsidération du pouvoir issu des barricades, ce furent les impudents démentis que ses divers agents vinrent ainsi, publiquement et à l'envi, donner aux principes que la veille encore ils s'efforçaient de faire prévaloir.

Ajoutons, d'ailleurs, que jamais notre théâtre n'offrit une tendance plus immorale et plus corruptrice que sous l'administration de Cavé, et que s'il montra de l'indulgence pour une foule de turpitudes bien propres à flétrir l'esprit et le cœur des spectateurs, en revanche il déploya toujours le zèle le plus monarchique pour poursuivre à outrance toutes les pensées généreuses qui, dans un moment donné, pouvaient électriser un auditoire et lui rappeler que les hommes n'ont pas seulement des devoirs à remplir, mais aussi des droits à exercer. À cet égard, c'est justice que de reconnaître qu'il s'acquitta à la satisfaction de ses patrons de la tâche policière qui lui était confiée.

Sous le gouvernement précédent, les fonctions dont était investi Cavé au ministère de l'intérieur rentraient dans les attributions spéciales de la direction générale des Beaux-Arts créée par Charles X en faveur du vicomte Sosthènes de la Rochefoucauld. Avec la brusquerie habituelle de ses manières, avec son ton rogue et cassant, Cavé n'était guère propre à faire oublier aux artistes les relations toujours si pleines de politesse et d'aménité qu'ils avaient pu avoir avec ce gentilhomme aux manières si élégantes, si affables, dont on a bien pu vivement critiquer et même justement ridiculiser les actes, mais dont jamais on n'accusa les intentions, et qui est demeuré pur de tout soupçon de malversation ou de complicité dans les scandaleux tripotages auxquels donne si souvent lieu la répartition entre les destinataires des sommes considérables affectées chaque année par la munificence nationale à l'encouragement des Beaux-Arts.

Les scandales de ce genre qui signalèrent à diverses reprises l'administration de Cavé, firent maintes fois penser que les ministres sur qui en retombait la responsabilité se décideraient à le frapper de destitution; mais toujours une toute-puissante et invisible influence le maintint en fonctions. Il se considérait lui-même comme tellement indispensable, que le lendemain de la révolution de Février, il se présenta au ministère de l'intérieur pour y faire son service comme à l'ordinaire. Mais sa place était trop bien rétribuée pour ne pas exciter la convoitise de l'un des vainqueurs : elle fut donnée à M. Garraud, qui la céda bientôt à M. Charles Blanc.

Après le coup d'État du 2 décembre 1851, Cavé s'empressa d'offrir son concours et son dévouement au pouvoir nouveau que cette journée venait de constituer en France. Celui-ci lui sut gré de ces avances, et s'empressa de récompenser ce *rallié* par un emploi à la secrétairerie d'État, analogue à celui qu'il avait occupé au ministère de l'intérieur sous le gouvernement de Juillet. Une attaque d'apoplexie foudroyante mit fin, dans les premiers jours de mai 1852, à la nouvelle carrière d'honneurs qui s'ouvrait devant Cavé. Il n'a pas laissé d'enfants; et l'emploi créé alors en sa faveur a été postérieurement supprimé comme *inutile*.

CAVÉ (François), constructeur de machines à Paris, est né, le 12 septembre 1794, dans un petit village de Picardie. Sa vie si laborieuse, si honorable, si bien remplie, la longue et pénible lutte qu'il lui a fallu soutenir pour vaincre les obstacles de tout genre qui entourent le travailleur pauvre et obscur, et arriver à la position élevée qu'il occupe aujourd'hui dans cette partie si importante de notre industrie nationale dont le but est la fabrication des machines, l'outillage en grand des usines, sont une preuve nouvelle de ce que peut la force de volonté, quand elle est unie à l'amour du travail, à l'intelligence, à l'ordre et à la probité. Fils d'artisan, il apprit dans son village l'état de menuisier; et, son apprentissage une fois terminé, il obtint de ses parents qu'ils l'envoyassent se perfectionner dans la grand'ville. Le maitre chez qui on l'avait placé étant né dans son village, cette circonstance avait paru aux parents du jeune Cavé une garantie certaine que leur fils serait traité par lui paternellement. Mais l'avarice excessive de cet homme réservait l'existence la plus rude, les privations les plus pénibles, à l'enfant de seize ans. En échange de tout son temps, en payement d'un travail forcé auquel ni dimanches ni fêtes n'apportaient jamais la moindre interruption, il lui donnait par jour trois quarts de kilogramme d'un pain grossier, et tous les trois mois une paire de souliers d'occasion, acheté au Temple !

On finit par apprendre au village l'excès de misère auquel était réduit le pauvre François, et aussitôt la tendresse paternelle, alarmée, de le convier à venir reprendre sa place au foyer et à la table domestiques; mais l'enfant refusa obstinément de quitter son maitre, dans l'unique espoir de pouvoir, au prix de tant de souffrances et de privations, continuer à se perfectionner dans l'écriture, le calcul et le dessin, aux rares heures qu'il réussissait à dérober à son avare patron.

Son séjour dans l'atelier de son premier maitre dura dix-huit mois, puis ce patron impitoyable mourut tout à coup, et voilà le pauvre François obligé de chercher ailleurs du pain et de l'ouvrage. Enfin arriva le moment de satisfaire à la loi de la conscription; et François dut aller rejoindre un régiment avec, lequel il fit la campagne de 1813 et celle de 1814, apportant au service ce dévouement patient et zélé qui fait les bons soldats. Nos malheurs publics de 1815 le ramenèrent aux lieux qui l'avaient vu naître. Après avoir retrempé son cœur aux douces et saintes émotions de la famille, il partit encore une fois pour Paris, peut-être un peu contre le gré de son honnête homme de père, qui aurait souhaité pour son fils la vie tranquille et humble du village, tandis que lui il ne rêvait qu'au bonheur et à la gloire de parvenir à exécuter tout seul un de ces escaliers en spirale pour la confection desquels le charpentier et le menuisier unissent d'ordinaire leurs talents.

Les hommes de cette trempe ont bientôt trouvé l'emploi de ce besoin d'activité qui les tourmente. A peine arrivé à Paris, il obtint de l'ouvrage dans les ateliers d'un entrepreneur appelé Collier, où l'on construisait des machines, et la vue de tous ces mécanismes ingénieux, à l'aide desquels l'homme réussit à décupler, à centupler ses forces, eut bientôt éveillé et développé chez François Cavé ce génie de la mécanique auquel il devait être redevable plus tard de la position aussi honorable que brillante dont il jouit aujourd'hui dans les rangs de la haute industrie française. Cependant il n'était point encore au bout des longues épreuves qu'il avait à subir. Une crise commerciale amena la fermeture des ateliers de son patron; mais il fut assez heureux pour entrer à quelque temps de là comme menuisier-mécanicien dans la filature de M. Hindenlang, l'un de nos manufacturiers qui ont le plus contribué à porter presqu'à la perfection la fabrication des tissus-cachemire, et à rendre les pays étrangers tributaires de cette belle industrie toute française. A cette époque, M. Hindenlang commençait ses essais ; sa première fabrique est encore presque nouvelle mécanicien lui proposa de construire, pour ce genre spécial de fabrication, des machines nouvelles en remplacement des anciennes, dont il avait tout aussitôt aperçu les divers inconvénients. M. Cavé renouvela tout l'outillage de M. Hindenlang, contribuant ainsi à assurer la supériorité de ses produits, et en même temps à faire sa fortune. Toutefois, comme en industrie on ne peut demeurer stationnaire, et que c'est surtout là que tout change, que tout marche incessamment vers le progrès, M. Hindenlang, en 1823, comprit qu'il n'avait point encore assez fait en perfectionnant ses procédés de fabrication, et que désormais, pour lutter avantageusement contre la concurrence des étrangers, il devait se servir des moteurs à la fois les plus puissants et les plus économiques. En conséquence, il annonça un jour sa détermination d'employer désormais la vapeur comme force motrice. Cette déclaration inattendue provoqua aussitôt, de la part de M. Cavé, l'offre de construire la machine dont son patron allait avoir besoin. Celui-ci hésita un instant ; il lui semblait impossible qu'un mécanicien, jusque alors étranger à ce genre de construction, réussit dans un premier essai. La tentative réussit pourtant admirablement ; et la machine de M. Hindenlang, construite dans ses ateliers mêmes, avec un outillage évidemment insuffisant, put soutenir avantageusement la comparaison avec les meilleures machines de ce genre fabriquées en Angleterre et importées chez nous à grands frais. Enhardi par ce succès si décisif, M. Cavé prit alors la résolution de louer des ateliers et d'y fonder un établissement de construction de machines. Toutes les ressources dont il pouvait alors disposer se composaient d'un capital de 5,000 francs, fruit de ses économies et de son travail. Les frais bruts de la première machine dont la construction lui fut confiée s'élevèrent à plus de 2,000 francs.... qu'il perdit complétement dans la banqueroute de l'industriel qui avait eu recours à lui. Les trois autres mille francs qu'il possédait avaient été absorbés par les premières dépenses d'outillage. Tout autre que M. Cavé eût été ébranlé dans sa résolution par un désastre si complet, si irréparable. Il ne perdit cependant pas courage; et, puisant dans la nécessité même une nouvelle énergie, il se mit à travailler avec plus d'ardeur que jamais, servi d'ailleurs par des circonstances plus heureuses et par les ressources que lui fournirent diverses machines nouvelles de son invention, entre autres les *machines à percer*, *à double levier*, si utiles et si profitables dans la chaudronnerie.

Le rapide essor que prit bientôt dans nos diverses usines l'emploi de la vapeur comme force motrice favorisa la noble persévérance de M. Cavé. Depuis près de vingt années, plus de cinq cents ouvriers sont constamment occupés dans ses ateliers à construire de nouvelles machines à vapeur (car les demandes de la consommation seront longtemps encore supérieures aux ressources de la production), ainsi que des moulins, des laminoirs des mouvements de filature, etc., en un mot, tout ce qui constitue l'outillage en grand des diverses usines qu'occupe notre industrie. Les récompenses n'ont pas manqué à M. Cavé, et la décoration de la Légion d'Honneur lui a été décernée en 1840 à la suite d'une exposition des produits de notre industrie, où chacun avait pu admirer les belles machines et les ingénieux appareils construits dans ses ateliers et sur ses dessins.

CAVEAU. Ce mot, qui est un diminutif de *cave* et qui signifie proprement une *petite cave*, s'applique plus spécialement aux lieux souterrains d'une église, qu'un usage fort ancien et autrefois général avait consacrés à la sépulture des morts. C'est ainsi qu'on trouve exprimée dans un très-grand nombre d'ouvrages la sépulture particulière d'une famille sous une chapelle d'église; et c'est dans les lieux pareils, disposés, non plus dans les églises, mais dans les cimetières communs établis hors des villes, que les personnes riches ou puissantes marquent d'avance la place où leurs dépouilles mortelles doivent venir reposer à côté de celles de leurs parents ou de leurs proches.

CAVEAU, nom de plusieurs sociétés littéraires. Le dix-huitième siècle fut en France l'âge d'or de la chanson. Il ne manqua rien à ses triomphes, pas même une académie, et ce fut chez un traiteur fameux de l'époque qu'elle s'établit. Piron, Collé, Crébillon fils et Gallet en furent les fondateurs. Les trois premiers dînaient souvent chez Gallet, leur ami, épicier, homme d'esprit et chansonnier. Les bons mots, les bons couplets, égayaient ces repas; Crébillon fils lui-même y tenait bien sa place, car l'auteur de *Tanzaï* et du *Sopha* n'était pas seulement un peintre de boudoir, il excellait aussi dans la chanson grivoise. Un jour, ces trois auteurs voulurent, à leur tour, être les amphitryons de Gallet. Le dîner eut lieu chez Landelle, dont l'établissement, situé au carrefour Bussy, était connu sous le nom du *Caveau*. Pour mieux fêter leur ami, et augmenter les plaisirs de cette réunion, Piron invita Fuzelier, l'un de ses associés en fabrication de vaudevilles ; Collé amena Saurin, qui préludait par des couplets à ses tragédies ; et Crébillon fils, Sallé, son collaborateur dans l'ingénieux *Voyage de Paris à Saint-Cloud*. Une invitation fut, en outre, adressée, au nom de tous, à Crébillon père, alors brouillé avec son fils, afin d'opérer une réconciliation à table. Ce rapprochement ne fut pas le seul résultat du banquet. Entre deux bouteilles de Champagne, un des convives, dans une inspiration bachique, proposa de renouveler chaque mois cette petite fête gastronomique. Son vœu fut unanimement accueilli ; et pour compléter la société, les membres présents s'adjoignirent : Duclos, le lyrique Labruère, Gentil Bernard, Moncrif, l'historiographe des chats; Helvétius, plus homme de lettres alors que philosophe, le peintre Boucher et Rameau, qui trouva là des partisans de sa musique, combattue encore comme *innovatrice*, et des chansonniers pour populariser ses airs de danse, en y adaptant des vers pleins de sel. Favart en fit partie plus tard. On ne sait trop pourquoi la gaieté si franche de Vadé n'y obtint point une place. Tous les membres titulaires de la société, presque toujours il se trouvait à ces dîners des invités choisis parmi les notabilités du temps : ainsi le savant Fréret vint plus d'une fois y chercher des distractions à ses travaux ; on y vit même un jour le ministre Maurepas, dont l'esprit railleur et piquant eût pu lui mériter un siége de convive résident.

Ce qui fit pendant longtemps le charme du *Caveau*, non moins que les chansons et les causeries spirituelles de ses membres, ce fut cette amitié sincère, cette confraternité littéraire qui les unissait. On vit alors un phénomène qui ne se renouvellera pas de nos jours, une société de gens de lettres se donnant entre eux sur leurs ouvrages des conseils utiles, francs et désintéressés. Bernard refit presque en entier, d'après leurs avis, son opéra de *Castor et Pollux*, Labruère son *Dardanus*, Lanoue le cinquième acte de son *Mahomet second*; Piron, enfin, y recueillit plusieurs des meilleurs traits de la *Métromanie*. Toutefois, ces habitudes amicales n'empêchaient pas les convives de se lancer de temps en temps de spirituelles épigrammes. La société était juge des coups. Si le trait avait son approbation, le patient devait boire rasade à la santé du censeur ; si, au contraire, il paraissait mal dirigé ou passant les bornes, ce dernier était condamné à boire un verre d'eau, tandis que tous les autres sablaient, en l'honneur de l'auteur vengé, le nectar bourguignon. Crébillon fils était un des principaux tenants de ces joûtes littéraires : naturellement caustique, il lui fallait toujours une victime ; et Favart repoussa un jour ses attaques avec une maligne bonhomie, qui mit les rieurs de son côté. Dans un autre dîner, une discussion de ce genre s'éleva entre les deux Crébillon, et devint bientôt beaucoup trop vive. La société pensa que les torts étaient réciproques, et ordonna pour tous deux le verre d'eau correctionnel. Le fils se soumit à cet arrêt, mais le père se retira en se refusant à l'exécution, et ne revint plus au Caveau. Du reste, cette joyeuse réunion savait, dans l'occasion, punir plus sérieusement des torts plus graves : Gallet, quoiqu'un de ses fondateurs, fit l'épreuve de cette sévérité. L'esprit épicurien s'alliait chez lui à l'esprit commercial. Tout en recevant chez lui autrefois comme confrères en Momus, Collé et Piron, il y trouvait en même temps son profit, parce que les commerçants qu'il avait soin d'inviter avec eux, charmés de leurs saillies, devenaient beaucoup plus coulants en affaires avec le maître de la maison. Aussi le malin Piron, qui s'était aperçu de ce manége, dit-il un jour à l'oreille de Collé : « Je crois vraiment qu'il nous *prête sur gages*. » Dès ce temps, en effet, l'épicier-chansonnier exerçait en secret cette fructueuse industrie. Plus tard, quelques éclats scandaleux n'ayant plus permis d'incertitude à cet égard, la société prononça son exclusion, et Crébillon fils se chargea de la lui notifier par le petit billet suivant : « M. Gallet est prié de dîner les dimanches partout ailleurs qu'au *Caveau*. »

C'était effectivement le premier dimanche de chaque mois que la réunion avait lieu dans l'origine. Il y en eut ensuite deux, fixées au premier et au seize, mais seulement pendant l'automne et l'hiver. Ces séances gastronomico-littéraires, commencées en 1729, eurent leurs cours pendant dix années. Diverses causes, vers la fin de 1739, contribuèrent à leur cessation. D'abord, des seigneurs de la cour, ayant demandé à être introduits durant un des dîners, refusèrent, par une ridicule hauteur, les siéges qu'on leur offrait, craignant, sans doute, d'être confondus avec des *auteurs*, quand ils ne venaient qu'assister à une sorte de spectacle. Leur dédain fut puni par un silence général ; mais cette aventure désagréable éloigna des réunions divers membres de la société. Plusieurs autres, tels que Labruère, secrétaire d'ambassade à Rome, Bernard, nommé secrétaire général des dragons, furent appelés par leurs fonctions hors de la capitale. Les membres du *Caveau* se trouvèrent donc en partie dispersés, et tous cessèrent de se réunir. Collé n'en continua pas moins à faire des chansons, et Piron des épigrammes.

Vingt ans après, en 1759, se forma un *second Caveau*, où l'on vit reparaître plusieurs de ceux qui avaient illustré le premier. Son origine fut un dîner que le fermier général Pelletier donnait le mercredi de chaque semaine à quatre auteurs de ce temps, Marmontel, Boissy, Suard et Lanoue. Bientôt, sur leur demande, l'amphitryon invita également Crébillon fils, Helvétius, Bernard, Collé et Laujon. Ils formèrent une société, moins féconde en chansons, où la gaieté toutefois présidait comme dans la précédente, mais

CAVEAU

où l'épigramme était moins vive, car ici les gens de lettres n'étaient pas tout à fait chez eux, quoique Pelletier fît de son mieux pour les mettre à leur aise. Ce nouveau Caveau reçut aussi parfois la visite d'hommes distingués. Sterne, Garrick et Wilkes y furent présentés par Crébillon fils lors de leur voyage en France. Marmontel, qui a consigné ces détails dans ses *Mémoires*, y raconte aussi l'aventure qui mit fin à ces réunions. Le fermier général ne se borna pas à s'éprendre d'une aventurière, qui lui persuada qu'elle était fille de Louis XV ; il fit la sottise de l'épouser, ce qui éloigna de sa maison les auteurs qui la fréquentaient et tous les gens honnêtes. Pelletier, au surplus, paya cher cette folie : par suite des chagrins que lui donna cet hymen ridicule, il devint tout à fait fou, et mourut à Charenton.

Les chants avaient donc cessé pour la seconde fois dans le cours du dix-huitième siècle, ou du moins les chansonniers avaient cessé de se réunir, lorsqu'à la fin de 1796, les auteurs du vaudeville renouvelèrent ce joyeux usage. C'était, en quelque sorte, un corollaire de l'établissement de leur théâtre, et un supplément à leurs pièces. Le moment d'ailleurs était favorable pour inspirer des couplets. La Terreur avait disparu, le calme renaissait à l'intérieur, et la victoire continuait de couronner nos armes. Les fondateurs de ces *dîners* dits *du Vaudeville*, furent Barré, Radet, Desfontaines, Piis, Deschamps, Després, les deux Ségur, Bourgueil, Prévôt d'Iray, Demautort, Despréaux, Chéron, Léger, Rosière, ancien acteur de la comédie italienne, et deux administrateurs du Vaudeville, Monnier et Chambon, membres de la société chantante seulement *ad honores*. Depuis, y furent successivement admis Philippon de la Madeleine, Emmanuel Dupaty, Chazet, Goulard, Dieu-la-Foy, Laujon, Armand Gouffé, Maurice Séguier et Philippe de Ségur. Le dîner, fixé au 2 de chaque mois (républicain) et à *deux heures et demie*, fut des gens de bon appétit soupaient encore alors, eut lieu d'abord à frais communs, mais bientôt la vente du recueil lyrique de la société pourvut amplement à ces frais. En effet, à chaque dîner, tous les convives devaient payer leur tribut par une chanson sur un mot tiré au sort dans le banquet précédent. Plus tard, on sentit l'inconvénient de renfermer une muse fantasque dans un cercle si étroit, et les genres seulement que l'on devait traiter, furent déterminés par le sort. Le règlement en couplets, imposé à la société dans sa première séance, portait que ces chansons ne devaient s'occuper

..... jamais de politique,
Jamais de religion,
Ni de *mirliton*, etc.

Cette dernière condition ne fut pas, comme on le pense bien, la plus rigoureusement remplie.

Les *Dîners du Vaudeville* donnèrent naissance à plusieurs de nos jolies chansons modernes, parmi lesquelles on peut citer *le Corbillard*, d'Armand Gouffé, *la Chaumière*, de Ségur aîné, et *le Voyage de l'Amour et du Temps*, par son frère. C'est pour ces dîners que Piis composa sa *grande ronde à boire*, d'une si bizarre originalité. La société chanta aussi en commun plusieurs des grands événements de cette époque, et Bonaparte y trouva des Tyrtées pour célébrer ses premières victoires. Cependant, attendu que si « tout finit par des chansons », les chansons aussi finissent dans ce pays d'inconstance, après cinq années de ces séances chantantes, la ferveur se relâcha, et les *dîners* finirent faute de dîneurs satisfaisant à la première obligation imposée par la charte en couplets. La clôture de ces repas eut lieu le 2 nivôse an X. La collection des *Dîners du Vaudeville* forme neuf petits volumes, devenus assez rares. Il en a été publié un *Choix* en 2 vol. in-18.

Peu d'années après, en 1806, se forma la société gastronomique et lyrique, qui devait donner au nom du *Caveau* une nouvelle illustration. Armand Gouffé et le libraire Ca-

pelle, qui cultivait en amateur la littérature légère, en furent les fondateurs. Ses premiers membres furent les chansonniers Antignac, Brazier, Chazet, Désaugiers, Moreau, Francis, Philippon de la Madeleine, Piis, Ségur aîné, Demautort, Despréaux, Dupaty, Ducray-Duménil et Cadet-Gassicourt, qui, sous le nom de Charles Sartrouville, se délassait de ses travaux scientifiques par d'agréables couplets et des facéties spirituelles. Deux hommes de lettres, seulement prosateurs, en firent aussi partie : c'était l'auteur fameux de *l'Almanach des Gourmands*, Grimod de la Reynière, membre tout à fait spécial d'une pareille société, et le docteur Marie de Saint-Ursin, qui faisait moins de cures que d'articles de médecine galante et littéraire. Tous deux furent les principaux rédacteurs de la publication mensuelle que fit, pendant plusieurs années la société, sous le titre de *Journal des Gourmands et des Belles*, et qui contenait le procès-verbal de ses dîners et de ses travaux.

Ces dîners, qui avaient lieu le 20 de chaque mois, firent la réputation et la fortune du *Rocher de Cancale*, établissement tenu par le restaurateur Balaine, dans la rue Montorgueil. Les convives choisirent pour leur président le chansonnier émérite Laujon, et cette distinction flatteuse, en le rappelant à la génération présente, contribua peut-être à lui faire obtenir plus tard la faveur de *passer par l'académie*, suivant l'heureuse expression de Delille, avant de terminer sa longue carrière. Les chansons apportées à chaque dîner formaient au bout de l'année un volume qui se vendait à un très-grand nombre d'exemplaires, car on chantait encore en France à cette époque. Nos départements avaient même alors beaucoup de sociétés épicuriennes affiliées à celle du *Caveau moderne*, et jamais, d'après le principe du cardinal Mazarin, les impôts ne durent être plus facilement perçus. Lorsque Laujon, âgé de quatre-vingt-cinq ans, alla retrouver les Piron et les Collé, ses anciens confrères, ses nouveaux collègues composèrent et firent représenter un fort joli acte à son honneur au théâtre du Vaudeville. Jamais *De profundis* ne fut plus gai, ni oraison funèbre moins ennuyeuse. Ils élurent ensuite à leur présidence le joyeux Désaugiers. Ajoutons que ce fut pour les dîners du Caveau qu'il laissa tomber de sa plume ses meilleures chansons, *la Vestale, M. et Mme Denis*, les divers *Cadet Buteux, la Treille de sincérité*, etc., etc.

Le Caveau fut encore plus utile aux intérêts littéraires de notre chansonnier-poète de Béranger. On peut dire que son admission dans cette société, en 1813, fut le premier échelon de sa renommée. Quelques gens de lettres, quelques amateurs, seulement connaissaient alors ses jolis couplets d'opposition anti-impériale, *Le Roi d'Ivetot* ; on remarqua bientôt ses chansons dans le recueil du *Caveau*, où commença leur popularité. Pendant les douze années de sa durée, les autres auteurs et chansonniers qui vinrent successivement prendre place aux dîners du Rocher de Cancale furent Jouy, Lonchamps, Rougemont, Eusèbe Salverte, Gentil, Révelière, Théaulon, Ourry, Tournay, Coupart et Jacquelin. Les chansons des femmes et des poëtes avait aussi ses représentants dans cette assemblée : Frédéric Duvernoy, Mozin, Doche, Alexandre Piccini, et, plus tard, Lafont et Romagnési, firent partie du Caveau comme musiciens. Baptiste et Chenard y firent plus d'une fois entendre les airs composés par les premiers pour quelques-unes des productions de la société. Parfois aussi, les hommes célèbres à divers titres furent invités à ses banquets, où l'on vit s'asseoir tour à tour Delille, Mercier, Regnaud de Saint-Jean-d'Angély, Boufflers, le gastronome d'Aigrefeuille et le docteur Gall.

Depuis près de douze années, les auteurs du *Caveau moderne* dînaient et chantaient en paix. Ce ne fut pas *une poule qui survint*, les convives l'auraient gaiement partagée, mais bien la politique, sœur de la discorde et ennemie née des chansons. Elle amena des discussions, des divisions fâcheuses parmi des hommes de lettres dont l'amour-propre même n'avait pu troubler l'union. Dîners et couplets cessèrent en 1817. Le recueil du *Caveau moderne*, qui se termine à cette année, forme onze volumes in-18.

Une succursale du temple consacré aux chants et à la gaîté s'établit, en 1813, sous le titre *Soupers de Momus*, chez le restaurateur Beauvilliers. Plusieurs membres du *Caveau*, dont la verve et l'appétit leur permettaient de cumuler, s'inscrivirent au nombre des convives de cette seconde société; elle en acquit d'autres encore lorsque la première se sépara. Parmi les chansonniers qui y furent admis pendant ses quinze ans d'existence, nous citerons, Frédéric de Courcy, Justin Gensoul, Martainville, Jouslin de la Salle, Armand Dartois, Carmouche, Jacinthe Leclerc et Félix. Son président fut Dusaulchoy, homme de lettres, qui avait eu des succès dans la carrière du journalisme. La société des *Soupers de Momus* résista plus long temps que son aînée aux divers dissolvants qui devaient amener la dispersion de ces réunions épicuriennes : elle finit par y céder en 1828. Le recueil de ses chansons forme quinze volumes in-18.

Un mot, en finissant, sur une foule d'autres sociétés du même genre. La plus ancienne était celle des *Bergers de Syracuse*, qui, moins pastorale que son titre ne l'annonçait, tenait ses séances à l'*Île d'Amour*, guinguette fameuse de Belleville. Paris a possédé aussi, sans qu'un grand nombre de ses habitants s'en soient douté, les sociétés des *Soirées de Momus*, des *Sans-Soucis*, des *Joyeux*, des *Lapins du Nord* et des *Lapins du Midi*, du *Gigot*, des *Francs Gaillards*, des *Amis de l'Entonnoir*, des *Vrais Français*, des *Enfants de la Gloire*, de la *Lice Chansonnière*, etc., etc., Le Béranger de ces réunions était Émile Debraux, l'auteur des chansons populaires *la Colonne*, *Fanfan la Tulipe* et de plusieurs autres non moins connues. Quelques-unes de ces réunions ont existé jusque dans ces derniers temps parmi les artisans et les ouvriers. Il ne paraît guère probable qu'il s'en forme de nouvelles dans la classe moyenne et celle des gens de lettres : outre la division des opinions, plusieurs autres causes, et particulièrement les progrès du *dilettantisme*, s'opposeraient à leur prospérité. La romance sentimentale, les nocturnes vaporeux, ont remplacé la joyeuse et franche chanson de nos pères ; Collé et Piron ne seraient pas moins *perruques* aujourd'hui que Corneille et Racine.

OURRY.

En dépit de cette prédiction, un *dernier Caveau* a essayé de se lever tout récemment sur l'horizon parisien, sous la présidence de M. Albert Montémont, flanqué de quelques autres célébrités contemporaines *ejusdem farinæ*. La nouvelle société chantante, à supposer qu'elle existe encore, est une honnête fille qui vit à l'écart et fait peu parler d'elle.

CAVEÇON ou **CAVESSON**, espèce de bride, qui se compose d'une bande de fer tournée en arc, ayant un anneau au milieu, montée de têtière et de sous-gorge, que l'on attache à la bouche du cheval lorsqu'on veut le dresser. M. Baucher blâme cette pratique, d'où résulte, dit-il, une foule d'inconvénients, par les efforts violents qu'elle provoque chez l'animal; selon lui, le caveçon ne devrait être employé qu'à modérer l'action d'un cheval trop fougueux ; encore ne faudrait-il, dans ce cas, y avoir recours qu'après avoir épuisé tous les autres modes de répression. On a dit autrefois *cabeçon*.

CAVEDONE (GIACOMO), peintre italien, né en 1577 à Sassuolo, fut élève de son père, Pellegrino, et plus tard des Carrache, dont il réussit à imiter le style, surtout celui de Ludovico, de manière à s'y méprendre. Il ne fut pas moins heureux dans ses efforts pour lutter avec les coloristes vénitiens, ainsi qu'on peut le voir dans quelques-uns de ses tableaux à San-Paolo de Bologne. Son *Saint Étienne*, dans l'une des églises d'Imola, jouit d'une réputation toute particulière. Ses toiles moindres, dites *morceaux de cabinet*, par leur douceur et leur perfection méritent aussi les plus grands éloges. La mort de son fils, qui marchait sur ses traces, et une chute qu'il lui arriva de faire du haut d'un échafaudage, affaiblirent tellement sa vigueur créatrice, qu'il finit par être réduit à mendier. Malgré une conduite irréprochable, il mourut, en 1660, dans la plus affreuse misère. Plusieurs de ses ouvrages ont été gravés par J.-M. Mételli, S. Sacchiati, etc. Le Louvre ne possède de lui qu'une *Sainte Cécile*.

CAVELIER (JULES) est, parmi les jeunes sculpteurs de notre époque, celui dont l'art contemporain paraît devoir le plus attendre. Né à Paris, le 30 août 1814, et formé à l'école de David (d'Angers), dont il fut l'un des plus brillants élèves, il débuta au Salon de 1838 par un buste, une statuette, et le modèle en plâtre d'une figure importante, le *Jeune Grec remportant le prix de la course*, qui, deux ans après, reçut les honneurs du bronze. Cavelier fut bientôt en mesure de concourir avec succès à l'école des beaux-arts, et, en 1842, il obtint le grand prix de sculpture. La même année, il avait exposé au Louvre une *Femme grecque endormie*, statue de plâtre qui a gardé une place honorable dans le souvenir des amateurs. Pendant son séjour à Rome, Cavelier, absorbé par de sérieuses études, se tint éloigné des expositions annuelles. Mais, en 1849, à la suite d'une longue contemplation des chefs-d'œuvre des maîtres, il envoya de *Pénélope*, figure remarquable par la grâce de l'attitude, la vérité du sentiment et la rare élégance des formes. La *Pénélope*, achetée par M. le duc de Luynes, valut au jeune artiste la médaille d'honneur que le gouvernement venait d'instituer, et la pension annuelle de 4,000 francs qui y était attachée. Aucune œuvre supérieure ne s'étant produite au salon suivant, ce prix d'honneur lui fut conservé jusqu'en 1852, époque à laquelle il fut accordé, comme une récompense posthume, à la *Sapho* de Pradier. On doit en outre à Cavelier la figure allégorique du nouveau fronton latéral de la galerie d'Apollon, au Louvre, du côté du Jardin de l'Infante, et divers autres travaux. Cavelier a encore peu produit; mais dans tout ce qui est jusqu'à présent sorti de son ciseau, on doit louer une grande pureté d'exécution, une pratique savante, une sobriété pleine de goût. Artiste consciencieux et patient, il comprend les austères beautés de l'art antique, sans méconnaître la puissance du sentiment moderne.

P. MANTZ.

CAVENDISH, branche de la famille des Gernons, jadis puissante dans le Norfolk et l'Essex, dont l'ancêtre arriva en Angleterre avec Guillaume le Conquérant. Roger, cadet de la maison de Gernon, devint par mariage, sous le règne d'Édouard II, propriétaire, dans le comté de Suffolk, de la terre de Cavendish, dont toute sa descendance garda le nom. Sir *John* CAVENDISH, grand juge du *King's bench*, périt dans l'insurrection de Wat-Tyler en 1381. Ce rebelle, qui, suivant une tradition généralement acceptée, fut tué par le lord-maire de Londres, sir William Walworth, tomba, d'après une autre version, frappé de la main même de son propre fils, *John* CAVENDISH. C'est de lui que descendait sir *William* CAVENDISH (né en 1505, mort en 1557), maître des cérémonies du cardinal Wolsey, au sujet duquel il écrivit son ouvrage intitulé : *Life and death of cardinal Wolsey*, qui parut imprimé à Londres en 1607, mais qui avait déjà beaucoup circulé comme manuscrit, et auquel Shakspeare semble avoir emprunté une partie des matériaux qui lui servirent à composer son *Henri VIII*. Suivant Hunter cette biographie serait l'œuvre de Georges Cavendish, frère de William; mais cette assertion est contestée.

L'épouse de sir William fut la célèbre *Élisabeth* CAVENDISH, née Hardwick, qui fut la source des richesses et des grandeurs de cette maison, attendu qu'elle apporta aux enfants qu'elle eut de lui la fortune de son premier et de son second mari, Robert Barley et sir William Saint-Loe, et qu'elle ne convola en quatrièmes noces avec Georges Talbot, comte de Schrewsbury qu'à la condition qu'il consentirait au mariage de deux enfants issus de son premier lit avec deux des siens. Le double mariage de Gilbert Talbot avec Mary Cavendish et de lady Grace Talbot avec Henry Cavendish fut célébré le 9 février 1568 ; et peu de temps après avait lieu le mariage de leurs parents mêmes. Élisabeth, qui construisit le château de Chatsworth, aujourd'hui résidence des ducs de Devonshire, mourut en 1607. Henry, le fils aîné qu'elle avait eu de sir William, mourut en 1616, sans laisser de postérité. *William*, son second fils, comte de Devonshire, est la souche de la famille ducale de ce nom.

Son troisième fils, *Charles Cavendish*, fut le père de *William Cavendish*, marquis, puis duc *de New-Castle* (mort en 1676), général des troupes de Charles 1er, et célèbre comme ayant été le mari de l'excentrique *Marguerite*, duchesse de New-Castle. Celle-ci était fille de sir Charles-Lucas et dame d'honneur de la reine Henriette-Marie, qu'elle accompagna en France, où, en 1645, elle épousa celui qui devint plus tard marquis de New-Castle. Les deux époux, jusqu'à la restauration de Charles II, séjournèrent à Anvers, où, en 1653, Marguerite fit paraître un recueil de poèmes. Son époux l'aidait dans ses travaux littéraires ; et tous deux les continuèrent avec tant d'ardeur qu'ils finirent par enfanter successivement douze volumes in-folio, tout remplis de comédies, de poèmes, de dissertations philosophiques, etc. Les productions poétiques de la duchesse de New-Castle pèchent quelquefois contre le bon goût, mais témoignent d'une vive imagination et d'une grande puissance d'invention. Aujourd'hui même les amateurs de la littérature anglaise les lisent avec plaisir. Elle mourut en 1673, et la branche cadette de la maison de Cavendish s'éteignit en son fils *Henry*, second duc de New-Castle, qui prit part à la révolution de 1688 et mourut en 1691.

CAVENDISH (Henry), l'un des chimistes modernes qui ont fait faire le plus de progrès à la science, né le 10 octobre 1731, à Nice, était fils de lord *Charles Cavendish*, frère du duc de Devonshire, et ne posséda dans les premières années de sa vie qu'une fortune très-médiocre. Au lieu de se consacrer à la carrière des fonctions publiques ou de briguer quelque sinécure, suivant l'usage de la noblesse anglaise actuelle, il se livra tout entier à l'étude et à la culture des sciences. Le premier il analysa les caractères particuliers de l'hydrogène, et signala les propriétés qui distinguent ce gaz de l'air atmosphérique. On lui doit aussi l'importante découverte (1781) de la composition de l'eau, regardée jusque alors comme un corps élémentaire. Déjà Scheele avait remarqué que, lorsqu'on mélange de l'oxygène avec de l'hydrogène en quantité double, ce mélange produisait une combustion accompagnée de détonation qui paraissait ne laisser après elle aucun résidu appréciable. Cavendish répéta les expériences de Scheele avec la sévère exactitude qui le caractérisait. Il renferma les deux gaz dans un récipient de terre parfaitement sec, pour que le résidu de leur combustion ne pût point échapper, et reconnut que ce résidu n'était autre que l'eau, dont le poids répondait entièrement au poids des deux gaz combinés. Lavoisier le prouva depuis irréfragablement. Le même esprit d'exactitude dans les recherches conduisit Cavendish à faire une découverte qui avait échappé à Priestley. Celui-ci avait remarqué qu'une masse d'air atmosphérique renfermée dans un tube par lequel on fait passer une suite d'étincelles électriques, perd de son volume, et qu'en y mettant un acide qui rougit la teinture de tournesol qu'on introduit dans ce tube : mais il ne poussa pas l'expérience plus loin. Cavendish ; qui la répéta, renferma dans le tube une dissolution de potasse caustique, qui absorba l'acide et montra que c'était de l'acide nitreux ou acide hypoazotique (*voyez* Azote). L'analyse de l'air resté dans le tube lui fit voir qu'il avait perdu de l'oxygène et de l'azote une quantité égale au poids d'acide qui s'était formé ; il en détermina aisément la proportion, qui se trouva de deux volumes d'azote contre quatre d'oxigène. En effet, en composant exprès un mélange de ces deux gaz bien purs dans cette proportion, et en tirant au travers une suite d'étincelles électriques, il trouva que le mélange disparaissait entièrement, ce qui acheva de confirmer sa découverte.

Cavendish ne s'est pas moins distingué en physique par la précision de ses expériences. L'appareil qui porte son nom lui a servi à compléter la belle découverte de Newton, en constatant l'existence universelle de l'attraction (*voyez* Balance de torsion). Ayant attaché aux deux extrémités d'une tige très-légère deux petites masses égales, et ayant suspendu ce levier par son milieu à l'aide d'un fil très-fin, il vit que si on l'écartait de sa direction naturelle de manière à tordre le fil, ce levier se livrait à des oscillations isochrones que l'on pouvait compter avec beaucoup d'exactitude. Plaçant ensuite vis-à-vis l'une des extrémités du levier un corps d'une masse assez considérable, il reconnut que le nombre des oscillations augmentait, et il put constater que l'accélération produite variait avec les masses et avec leurs distances suivant les lois établies par Newton.

Cavendish était aussi très-versé dans la haute géométrie, et fit une heureuse application des connaissances profondes qu'il avait dans cette science à la détermination de la densité moyenne de notre globe. Il la trouva de cinq fois et un tiers aussi grande que celle de l'eau, résultat qui diffère fort peu de celui que Maskelyne avait déduit d'une autre expérience. La Société royale de Londres l'avait reçu au nombre de ses membres ; l'Institut de France le nomma en 1803 l'un de ses huit associés étrangers. A cette époque, Cavendish était probablement le plus riche des savants et en même temps le plus savant des riches. En 1773, un oncle lui avait légué une fortune immense ; mais cet événement ne changea jamais rien ni à son caractère ni à ses habitudes. Simple et régulier dans sa vie intérieure, il était d'une générosité vraiment exquise dès qu'il s'agissait de science ou de faire du bien en secret. Il avait mis sa riche bibliothèque à la disposition des savants. Il mourut à Londres, le 24 février 1810, laissant à ceux de ses parents que la fortune avait le moins favorisés une somme de près de trente millions de francs. Les écrits de Cavendish, consistant pour la plupart en dissertations qui ont paru dans les *Transactions Philosophiques* (de 1766 à 1792), se distinguent par la sagacité et l'exactitude d'observation dont il y fait preuve.

CAVENTOU (Jean-Baptiste), né à Saint-Omer, vers 1795, est aujourd'hui professeur de toxicologie à l'école supérieure de pharmacie de Paris, et membre de l'Académie de Médecine. Studieux élève de Thénard, il devint promptement un des meilleurs pharmaciens de la capitale, en même temps que chimiste fort distingué ; mais la fortune lui a souri non moins que la chimie : l'officine qui porte son nom, et qu'il a longtemps dirigée personnellement, est une des plus célèbres de Paris. Associé à Pelletier, son confrère et son ami, dans des recherches sur les alcalis végétaux, il eut une part légitime dans la mémorable découverte de la quinine et de la cinchonine (1820), produits efficaces autant que célèbres qui ont amené une sorte de révolution dans la thérapeutique, et dont l'Institut, en 1827, récompensa les auteurs par un grand prix Montyon de 10,000 fr. Ajoutons qu'au lieu de garder pour eux-mêmes le secret de cette découverte, ils eurent hâte de la publier sans restriction. Toutefois leur expérience et leur habileté leur réserva le privilége de préparer le nouveau produit avec une économie et un degré de perfection qui fit prospérer leurs affaires, quoi que fût alors la rivalité.

M. Caventou est auteur de plusieurs travaux : d'abord d'une nomenclature chimique dont l'utilité fut incontestable à l'époque déjà éloignée de sa publication ; ensuite d'un traité de pharmacie, de nombreuses analyses, de plusieurs rap-

ports attentivement rédigés, entre autres d'un rapport sur *les taches arsénicales* et sur *l'arsenic normal*, travail où sa circonspection fut mise aux prises avec sa sincérité. Nous devons dire en son honneur que ce fut la sincérité qui prévalut.
D' Isidore BOURDON.

CAVERNES. On donne ce nom à des vides qui se trouvent dans le sein de la terre. Les cavernes sont en général formées de plusieurs salles irrégulières communiquant entre elles par d'étroits couloirs. Elles ont toutes sortes de directions, tantôt plongeant verticalement comme des puits, tantôt courant parallèlement à la surface du sol. Quelquefois leurs nombreuses galeries se croisent et se mêlent de manière à former des labyrinthes dans lesquels on ne s'engage pas sans danger. Quelquefois leurs salles, inégalement étagées les unes au-dessus des autres, ne sont accessibles qu'à l'aide de longues échelles. Elles ont ordinairement une ou plusieurs entrées, mais il arrive aussi qu'elles sont sans communication aucune avec l'atmosphère, et ne sont révélées que par les travaux d'exploitation des mines ou des carrières. Il en est qu'on a parcourues l'espace de plusieurs lieues sans atteindre leur extrémité. Dans celles-ci, de vastes réservoirs d'eau, des lacs souterrains, arrêtent les pas du voyageur; dans celles-là, des fleuves viennent s'engouffrer pour reparaître plus loin, phénomène assez commun en Grèce, où ces cavités portent le nom de *katavothra*. Ailleurs, des rivières jaillissent toutes formées d'une caverne, telle entre autres la Sorgue, dont la source a souvent été célébrée sous le nom de *Fontaine de Vaucluse*.

Les parois des cavernes sont ordinairement inégales, raboteuses, percées d'excavations plus ou moins profondes, plus ou moins tortueuses. Cette irrégularité de formes, cette aspérité de parois, distinguent les cavités naturelles des excavations faites de main d'homme. On ne voit pas toujours à nu la roche dans laquelle les cavernes ont été formées; car elles sont souvent plus ou moins remplies de deux sortes de matières. Dans les cavités qui ne sont pas très-élevées au-dessus du niveau des mers, la partie inférieure, le plancher, est presque toujours recouverte d'un dépôt terreux, entièrement meuble, mêlé de débris de roches et d'ossements. De plus, lorsque la roche est calcaire, et c'est le cas le plus fréquent, les parois sont ordinairement tapissées d'une croûte cristalline, produite par des eaux chargées de matière calcaire qui, glissant sur la surface de la roche, lui ont abandonné les particules solides qu'elles tenaient en suspension. Ces dépôts, qu'on nomme suivant leur position *stalactites* ou *stalagmites*, séculairement amoncelés, ont quelquefois recouvert complètement le dépôt meuble à ossements, et donné naissance soit à des pyramides suspendues par leur base à la voûte ou assises sur le plancher, soit à des colonnes grossières (*voyez* GROTTE). Les cavernes ne se trouvent pas également dans toutes les espèces de roches qui constituent la pellicule solide sur laquelle nous vivons. Il en existe, mais en petit nombre, dans les roches cristallisées, dans les grès, dans les gypses; elles sont propres surtout aux roches calcaires de la période improprement appelée *secondaire*, et particulièrement aux dolomies. C'est qu'aussi ces calcaires et ces dolomies sont les plus cassantes, les plus fendillées de toutes les roches. Il y a également des cavités dans les matières volcaniques, et il s'en forme encore tous les jours. Mais, produites, soit par la résistance d'un roc autour et au-dessus duquel s'amoncellent les laves, soit par le développement des gaz dans l'intérieur de la matière liquide, elles diffèrent essentiellement, et par l'aspect et par l'origine, des cavernes des terrains de sédiment.

Pendant longtemps, les cavernes ont été des lieux d'asile ou de sépulture. Les premiers hommes ont dû en faire leur habitation. En France, dans les guerres de religion ou de fanatisme, depuis celles du druidisme, sous l'empereur Claude, jusqu'à celles du calvinisme au seizième et au dix-septième siècles, les cavernes ont reçu les populations poursuivies. Celles dont l'entrée était facile à cacher sous une large pierre ou derrière des broussailles ont parfois servi de repaire à des bandes de voleurs. Il ne faut pas ajouter foi aux descriptions romanesques dont les cavernes ont été souvent le sujet.

Les difficultés que présentent l'abord et le parcours de la plupart de ces cavités, l'aspect monumental des nombreuses stalactites suspendues aux voûtes, le vif éclat dont brillent ces dépôts cristallins à la lueur des flambeaux, ont frappé l'imagination des voyageurs. Aux temps où la magie était en honneur, on en fit le théâtre des enchantements. La gracieuse mythologie du moyen âge y voyait des palais de cristal élevés par le caprice des ondins. Les anciennes chansons des peuples du nord, entre autres les *Niebelungen*, y placent de grands trésors sous la garde de pygmées et de nains. Quelquefois c'étaient des lieux terribles, séjour d'êtres malfaisants, et l'on conçoit, en effet, que l'obscurité menaçante de ces souterrains, la fraîcheur humide de l'air, le sourd murmure des eaux qui jaillissent ou qui s'engouffrent, le bruissement des vents qui circulent avec effort par d'étroits passages, ont pu inspirer l'effroi, et faire regarder par les anciens quelques cavernes comme les portes de l'enfer.

Assigner la cause qui a produit ces vides dans des roches généralement massives est un problème des plus difficiles. Ce phénomène n'est pas de ceux qui, se continuant avec plus ou moins d'intensité dans la période actuelle, peuvent être soumis à des observations suivies. Dans la nature inorganique, bien des causes ont cessé d'agir, dont les effets restent pour nous à peu près inexplicables. Cependant, la patience du génie humain a déjà donné tant de démentis à de semblables impossibilités qu'on ne se décourage point à chercher l'interprétation de ces antiques hiéroglyphes. Ceux qui veulent faire de l'action mécanique des eaux l'agent général des phénomènes géologiques attribuent à des éruptions torrentielles les trouées faites à l'écorce minérale du globe, mais cette hypothèse est inconciliable avec l'existence des étranglements. Il est évident que des eaux s'élançant avec impétuosité, comme cela est réellement arrivé dans quelques cavernes, auraient poli, raboté en quelque sorte nos parois, comme elles le font dans les gorges des montagnes; elles se seraient fait une voie à peu près régulière dans ces masses homogènes, et nous voyons, au contraire, des salles d'une grande élévation correspondant entre elles par des galeries étroites; nous voyons parfois ces salles placées à divers étages. Les géologues de l'expédition scientifique en Morée ont constaté que des eaux, s'accumulant parfois dans des entonnoirs au sein de roches calcaires très-fendillées, finissaient par crever ces parois peu solides, et formaient des cavernes de déblaiement. Mais cette notion précieuse sur les procédés de la nature ne peut être appliquée à toutes les cavités. On a cru lever toutes les difficultés en attribuant aux eaux une action chimique, soit comme ayant pu dissoudre des amas de sel marin intercalés dans le sol, soit comme chargées d'acide carbonique, ce qui les aurait rendues capables de dissoudre le calcaire. Mais, d'une part, aucun indice physique ou géologique ne donne le droit de supposer dans le sol la présence de matières plus solubles que le calcaire, et, d'une autre, on ne comprend pas comment des eaux capables de dissoudre également toute la matière calcaire auraient laissé subsister des étranglements, et ne se seraient ouvert le plus souvent qu'une étroite issue. Ces objections s'appliquent à plus forte raison aux cavernes sans issue que révèlent parfois les travaux des mines.

On a supposé aussi que les cavernes ont été produites par le passage de gaz à travers la matière encore molle, et cette conjecture s'accorderait assez bien avec l'état physique des cavernes, et avec les phénomènes généraux qui paraissent avoir présidé à la formation du globe. Mais elle n'est pas plus complètement satisfaisante que les autres, car on se demande comment des gaz assez puissants pour former de pareilles ampoules n'ont pas détruit l'horizontalité des couches qui enserrent la cavité; comment ils ont pu exercer leur force expansive sur une grande étendue horizontale, par exemple dans les cavernes de la Franconie et de la Carniole, quand le plafond de la caverne n'est souvent séparé de l'atmosphère que par une couche peu épaisse et facile par conséquent à briser? Cette hypothèse des gaz a subi la même transformation que celle des eaux ; de mécanique, elle est devenue chimique. On a pensé récemment que des gaz acides, tels que les acides fluorique, muriatique, sulfurique et carbonique, avaient creusé ces cavités. Les gaz, s'échappant par les fissures du sol, auraient rongé les roches jusqu'à ce qu'ils aient trouvé une issue. On s'est appuyé sur ce que, dans les lieux où les phénomènes ignés de l'intérieur de la terre se trouvent en communication avec l'atmosphère, les roches sont fortement attaquées par des vapeurs acides. Mais cette action est bien lente, et n'a rien produit depuis les temps historiques qui ressemblât à une caverne. Cependant, peut-être pourrait-on se servir de l'action des gaz, surtout du gaz acide carbonique, combinée avec celle des eaux, pour rendre raison d'un grand nombre de dégradations à la surface de la terre.

Avant de terminer, nous ferons une observation à l'usage des chercheurs de théories : c'est que toutes les théories précédentes reposent implicitement sur cette condition, que la formation des cavernes est de beaucoup postérieure au dépôt et à la consolidation des roches qui les contiennent, et pourtant cette condition n'est rien moins que prouvée. Peut-être la formation de ces cavités a-t-elle été plus d'une fois contemporaine de celle de leur enveloppe solide, peut-être..... Mais je m'arrête, car je me dois faire ici que de l'histoire, et je commençais un roman.

CAVERNES A OSSEMENTS. Le dépôt meuble introduit dans les cavernes est généralement composé d'argile et de sable, quelquefois séparés, plus souvent unis en un limon rougeâtre. Dans ce limon sont ordinairement empâtés des ossements d'animaux et des débris de roches, soit anguleux, soit arrondis. Ces ossements ne sont presque jamais réunis en un squelette entier ; leur dispersion prouve qu'ils ont été remués par des causes postérieures à la mort des animaux auxquels ils appartenaient. Cependant, ils sont rarement usés par le frottement, et leur fraîcheur est telle parfois qu'on les dirait ensevelis de la veille, si leur état de fossilisation, c'est-à-dire la perte de la matière animale qu'ils ont dû renfermer, ne témoignait de leur long séjour au sein du limon. Ce qu'il y a de singulièrement remarquable, c'est que la plupart de ces débris sont ceux d'espèces animales complètement perdues, soit pour la création entière, soit pour notre Europe. Si des hommes ont été, comme quelques-uns le pensent, contemporains de ces animaux, un tel voisinage devait être pour eux un sujet continuel de danger et d'effroi. C'étaient en effet des pachydermes gigantesques, des éléphants, des rhinocéros, des hippopotames ; c'étaient de nombreux carnassiers de toute taille, des ours et des lions, des tigres et des panthères, des hyènes, des loups, des renards, des chats, des belettes, des putois et des martes. Ces bêtes féroces faisaient la guerre à une nombreuse et paisible population de pachydermes, de ruminants et de rongeurs, chevaux, bœufs et aurochs, cerfs aux bois élevés, daims de haute taille, lièvres et lapins, rats d'eau et souris. Une partie de ces animaux trouvés dans les cavernes de l'Europe habitent aujourd'hui la zone torride, et tout nous porte à croire qu'un climat plus chaud que notre climat actuel régnait alors dans l'Europe moyenne. Cependant, on a trouvé dans une caverne de France un squelette de rhinocéros étendu à côté de celui d'un renne. Or, la première de ces espèces appartient aux régions équatoriales, et la seconde est confinée dans les climats les plus glacés du nord. On a également rencontré dans les brèches osseuses de Corse et de Sardaigne une espèce de lagomys, petit animal de la classe des rongeurs, assez semblable au lagomys des hautes montagnes de la Sibérie ; enfin le glouton, dont les débris gisent dans les cavernes jurassiques de la Franconie, n'a plus maintenant d'autre patrie que la froide Laponie. Mais peut-être le parcage actuel de quelques espèces d'animaux dans des climats peu habités est-il le résultat de la multiplication de l'espèce humaine. La plupart des espèces fossiles des cavernes, quoique rapprochées des espèces vivantes, en diffèrent cependant par des caractères essentiels. Ainsi, l'ours des cavernes a le front plus bombé et la taille plus haute qu'aucun des ours vivants ; l'hyène est voisine de l'hyène tachetée du Cap, mais en diffère par quelques détails de ses dents et des formes de sa tête. On estime que la moitié des dépôts d'ossements observés dans les cavernes appartiennent à des ours, le tiers à des hyènes et un sixième seulement aux autres animaux. Mais il faut, pour ne pas donner une fausse idée du règne animal dont quelques débris ont été accumulés dans les cavernes, rappeler que dans les dépôts meubles des plaines on a trouvé les débris d'innombrables troupeaux de chevaux, de cerfs, de gazelles. Et en effet, à tant d'ours et d'hyènes, habitants des cavernes, il fallait bien des victimes à dévorer. Tout se tient et s'enchaîne dans la nature. Ainsi, n'existât-il pas un seul débris de la flore de cette époque, on n'en pourrait pas moins assurer qu'une riche végétation couvrait la surface du sol, puisque tant d'énormes pachydermes, puisque des armées de ruminants, trouvaient à vivre et à se perpétuer.

Il est naturel de se demander comment ces grands amas d'ossements (il en est de 80 et même de 150 mètres cubes) ont été introduits dans les cavernes. Pour les grands carnassiers, comme l'ours et l'hyène, et pour les petits rongeurs, tels que le rat, la réponse est facile. Les cavernes leur ont servi de demeure, comme le prouvent leurs excréments fossiles épars dans le sol. Ils y ont pendant des siècles laissé leur dépouille, puis des inondations sont venues, qui ont enfoui ces dépouilles sous une ou plusieurs couches de limon. Le phénomène de l'habitation et de l'enfouissement a pu se répéter plusieurs fois. Mais on a rencontré mêlés à ces ossements, quoique en petite quantité, des ossements d'animaux herbivores habitués à vivre dans les plaines, des chevaux, des bœufs, des cerfs, des antilopes. On a parfaitement constaté deux modes d'introduction pour ces débris ; soit que ces animaux fussent victimes de la férocité des carnassiers, soit que leur mort fit de leurs cadavres une pâture facile, des lambeaux de leurs corps étaient emportés par les carnassiers dans leurs repaires, où ils les dévoraient à loisir. C'est ainsi sans doute que des ossements d'oiseaux se trouvent dans les cavernes à hyènes. Et qu'on ne croie pas que c'est là une supposition purement gratuite : on reconnaît encore très-bien la trace des dents de l'ours ou de l'hyène sur les ossements des herbivores. Les plus gros de ces ossements sont seuls entiers : les plus petits ont été brisés par les carnassiers avides d'en sucer la moelle. L'autre cause du mélange dans les cavernes des ossements de carnassiers et d'herbivores, c'est le transport de ces ossements pêle-mêle par les eaux dans des crevasses ou des cheminées par lesquelles ils sont tombés sur le plancher des cavernes. Ce mode de transport et de remplissage a donné naissance à des brèches osseuses, lorsque, au lieu d'une caverne, les eaux ne rencontraient qu'une simple fente, et que des infiltrations calcaires sont venues peu à peu lier et consolider ces dépôts. Il est à remarquer que, dans les cavités ainsi remplies, il y a peu d'ossements de carnassiers, beaucoup au contraire de ruminants, et que ceux-ci ne portent pas l'empreinte des dents lanières des hyènes.

Quelques géologues, ardents soutenneurs du déluge mosaïque, ont prétendu que cette seule et vaste inondation avait transporté ces amas d'ossements si divers dans les cavernes; mais rien n'est moins philosophique que ces opinions arrêtées *a priori*, qui veulent à toute force encadrer dans une théorie, souvent peu scientifique, tous les faits qui se présentent. Il est vrai assurément que beaucoup de cavernes ont été remplies par une cause violente et générale ; mais il faut reconnaître aussi que d'autres l'ont été pendant une période de tranquillité et à plusieurs reprises; surtout il faut admettre que l'état actuel des dépôts peut différer beaucoup de ce qu'il était primitivement. Bien des causes ont pu les modifier : ainsi l'introduction dans les cavernes déjà en partie comblées d'animaux vivants qui y seront morts, ainsi le passage intermittent d'eaux courantes. C'est surtout en géologie qu'il faut rejeter les idées absolues, et user d'éclectisme.

Les plus célèbres cavernes à ossements sont celles de l'Angleterre, de la Franconie, de la Bavière, de la Hongrie, de l'est et du midi de la France. On en a également découvert dans la Nouvelle-Hollande. Elles contiennent des restes d'animaux dont les espèces sont encore vivantes dans le pays, mêlés à ceux d'espèces anciennes et inconnues, dont quelques-unes sont au moins de la taille de l'hippopotame. Le remplissage des cavernes n'a pas été assurément simultané sur toute la surface terrestre, mais partout il fait partie de la période que les géologues nomment *quaternaire*, et qui précède immédiatement les temps historiques.

J'ai isolé à dessein de l'histoire des *cavernes à ossements* un fait qui n'est certes pas le moins curieux qu'elles présentent, mais qui est un vif sujet de débats entre les géologues. Je veux parler des ossements humains trouvés, dans le limon de plusieurs cavernes et dans certaines brèches siliceuses, avec des débris de poteries, des figurines, des armes en silex, au milieu des ossements d'animaux dont il vient d'être question. Tous ces ossements sont-ils contemporains, ou bien ont-ils été introduits à des époques très-éloignées les unes des autres, puis remaniés et mêlés par quelques inondations locales ? Tel est le problème à résoudre. Les géologues du midi de la France soutiennent avec fermeté la première opinion, dont la conséquence est de faire remonter l'existence de l'homme bien au delà de la dernière révolution qui a donné au continent européen son niveau et son relief actuels. Ils se fondent sur ce que le mélange de ces ossements auroit tous les caractères d'un dépôt simultané, et sur ce qu'ils sont tous dans le même état de fossilisation. On objecterait à tort que les espèces animales de cette époque sont pour la plupart perdues ou étrangères à nos climats ; car le cerf à bois gigantesque et l'aurochs ont sans aucun doute disparu de notre sol depuis les temps historiques. Les rennes habitaient la Germanie, les lions parcouraient la Grèce. C'est la présence de l'homme qui a détruit ou chassé ces espèces et d'autres encore.

Parmi les fragments osseux des cavernes, on retrouve les restes des générations sauvages qui se sont succédé sur le sol de l'Europe avant les temps historiques. C'étaient des races caucasiques, usant de poteries mal cuites, d'armes en silex, d'épingles en os. Si l'ère historique n'a commencé que depuis deux cents ans seulement pour l'Amérique du nord, tandis qu'elle date d'au moins huit mille ans pour l'Égypte, il se peut que des tribus sauvages aient erré dans les forêts et habité les cavernes de l'Europe pendant une longue suite de siècles, sans que la civilisation ait pris naissance parmi elles, et l'on est en droit de donner à l'espèce humaine quarante mille ans d'existence. Cuvier, qui n'accordait que quatre ou cinq mille ans d'antiquité au continent européen, s'est prononcé nécessairement contre la contemporanéité de l'homme et des espèces d'animaux perdues. Beaucoup d'autres géologues ont adopté la même opinion pour divers motifs. Et d'abord, il est rare que le mélange des ossements humains et des ossements d'animaux soit complet ; les premiers sont ordinairement superposés aux seconds. Mais alors même que le mélange serait évident, il faudrait prouver que les ossements ont été apportés simultanément, et qu'il n'est pas le résultat d'un remaniement local. Si l'on consulte les premiers temps de notre histoire, on peut y retrouver les circonstances qui ont produit l'enfouissement des os humains dans les cavernes. Il n'est pas nécessaire de remonter à des siècles très-reculés pour trouver sur le sol des Gaules des peuplades sauvages. Avant la conquête romaine, les tribus de la Gaule et de la Germanie allaient demi-nues, tatouées, le corps frotté de graisse, les cheveux rassemblés en touffe sur le sommet de la tête, la main armée d'une hache en pierre, exactement comme les voyageurs nous représentent les sauvages des sources du Missouri ou de la Nouvelle-Guinée. Quand César envahit la Gaule, ne pouvant venir à bout des Aquitains, il les fit, d'après le témoignage de Florus, enfermer dans les cavernes où ils avaient l'habitude de se retirer. Voilà donc des tribus entières qui ont péri dans les cavernes, comme nous avons vu de nos jours périr les tribus arabes au milieu de la fumée des feux allumés à l'entrée des cavernes du Dahra, par l'ordre d'officiers français. Plus tard, alors que la population des Gaules fut devenue romaine, les cavernes servirent encore souvent d'asile ; et, suivant Éginhart, c'étaient des forteresses et des places d'armes pour les Vascons pendant les invasions des Francs sous la conduite de Pippin. Il serait facile de citer beaucoup d'autres faits du même genre; on sait aussi que les cavernes ont servi à certaines populations de lieux de sépulture.

De ce que ces ossements sont aujourd'hui complètement fossiles, on ne peut rien conclure ; car les caractères de la fossilisation se sont montrés sur des corps enfouis sans aucun doute depuis les temps historiques. Ainsi, le mélange seul des ossements humains avec ceux d'animaux perdus ne prouve pas leur contemporanéité. Le fait capital à établir serait de faire voir que les entrées des cavernes sont fermées, non par des débris anguleux provenant de roches voisines de la caverne, mais par des fragments roulés, venus d'une grande distance. Car si, après l'introduction des ossements, des forces d'une intensité plus grande que les forces actuellement en action dans la nature ont fermé les cavernes, on ne pourra guère douter que l'homme n'ait vécu avant les catastrophes qui ont enseveli les grands mammifères d'espèces éteintes, et par conséquent au temps où les éléphants et les rhinocéros parcouraient les forêts de l'Europe, où les ours et les hyènes habitaient ses cavernes. Ce problème, dont la solution ne peut être éloignée dans ces temps d'activité scientifique, est, comme on le voit, un de ceux qui font de la géologie l'*introduction à l'histoire de l'humanité*.

A. Des Genevez.

CAVIAR. On appelle ainsi les œufs de différents poissons, principalement de plusieurs espèces d'esturgeons et du beluga, conservés dans le sel et mis dans le commerce comme substance alimentaire. La Russie fournit presque seule tout ce que l'Europe en consomme : cependant, le mot *caviar* n'appartient pas à la langue russe, et l'aliment qu'il désigne, quoiqu'il soit à l'usage de toutes les classes d'habitants, n'est connu que sous le nom d'*ikra* (œufs). Jusque vers la fin du dix-huitième siècle, on ne connaissait le caviar qu'en Russie et en Italie, où on s'en servait comme d'un aliment maigre. Astrakhan est toujours le grand centre de fabrication de cette conserve alimentaire, qu'on prépare aussi en Perse, en Turquie et même maintenant en Allemagne. Le meilleur qui existe dans le commerce provient de Hambourg et est souvent désigné sous le nom de *caviar de Hambourg*. Il est à 50 pour 100 meilleur marché que le caviar d'Astrakhan première qualité.

Les espèces d'esturgeons dont on tire le caviar sont l'*esturgeon commun*, et celles qui sont connues sous le nom de *sterlet* et de *hausen*. Dans les trois espèces, le poids des œufs nettoyés et prêts à être salés est à peu près le cinquième de celui du poisson, et il est extrêmement rare qu'un sterlet en donne un seul kilogramme. L'époque du frai n'est pas la même pour chacune de ces espèces; la pêche se trouve donc répartie en trois saisons, ainsi que les travaux de la préparation du caviar et des autres parties des poissons. Ce ne sont pas les pêcheurs qui font les salaisons ; ils vendent le produit de leur pêche à des entrepreneurs, qui se chargent des opérations ultérieures, excepté de celle de la colle de poisson, qui revient aux pêcheurs (*voyez* ICHTHYO-COLLE).

Les œufs du béluga fournissent le caviar le moins estimé ; ceux de l'esturgeon commun et du sterlet passent pour un mets plus *délicat*, lorsqu'ils ont été soigneusement débarrassés des vaisseaux et membranes qui traversent leur masse. Du reste, on reconnaît trois sortes de caviars : 1° le *caviar grenu*, destiné à être mangé frais, et qui pour cette raison est le plus cher et le plus recherché, se prépare en nettoyant les œufs dans un crible et en les laissant séjourner une heure dans la saumure, après quoi on les fait égoutter sur un tamis; 2° le *caviar compacte* ne diffère du précédent que parce qu'on manie les œufs dans la saumure pour les amollir, et qu'on les met par demi-livre dans des sacs de toile que l'on tord fortement pour faire égoutter la saumure avant de les placer dans des barils; 3° la dernière espèce de caviar se prépare en salant les œufs tels qu'ils sortent du poisson, pour les laisser sept à huit mois dans les barils où on les a entassés, puis les saler de nouveau et les faire ensuite sécher au soleil. Ajoutons qu'on nomme *caviar rouge* celui que l'on confectionne avec des carpes et des brochets, notamment à l'usage des juifs, à qui leur religion défend de manger des poissons dépourvus d'écailles.

Le caviar, préparé et conservé avec soin, occupe une place distinguée dans la gastronomie russe, mais il est encore étranger à celle des Français. Quelques écrivains ont conseillé de faire du caviar partout où l'on pêche des esturgeons : ils sont allés plus loin, en engageant tous les peuples qui s'adonnent aux pêches en grand d'entreprendre des salaisons d'œufs de poissons, et de multiplier ainsi les espèces de caviar. FERRY.

On donnait autrefois à Rome le nom de *caviar* à une longe de cheval que l'on offrait, tous les cinq ans, pour le collège des pontifes; on ne dit point à quelle divinité ce sacrifice était destiné. Mais on le faisait tous les ans, au dieu Mars, dans le mois d'octobre; c'est pour cela que la victime se nommait *october equus*. Le rit exigeait, pour que ce sacrifice fût complet, que la queue de ce cheval fût transportée avec tant de vitesse du Champ-de-Mars, où on la coupait, jusqu'au temple du dieu, qu'il en tombât encore des gouttes de sang dans le feu préparé quand on y arrivait. Généralement on nommait *victimes caviaires* les animaux qu'on immolait et dont la queue, avec les parties voisines, était consacrée aux dieux.

CAVITAIRES. G. Cuvier désigne sous ce nom le premier ordre des vers intestinaux, qui répond aux vers nématoïdes de Rudolphi et aux entomozoaires apodes oxycéphalés de Blainville. Il leur assigne les caractères suivants : Peau plus ou moins garnie de fibres musculaires, en général striée transversalement; canal intestinal allant de la bouche à l'anus; organes sexuels distincts, flottants dans une cavité abdominale, etc. Ces caractères servent à différencier les vers cavitaires de ceux qui sont dépourvus de tube digestif à deux ouvertures, et qu'il groupe sous le nom de *vers parenchymateux*. L'ordre des cavitaires comprend seize genres, dont les principaux sont les genres *filaire, ascaride, sclérostome, linguatule, lernée, némerte, tubulaire, ophiocéphale*, etc. L. LAURENT.

CAVITÉ, endroit creux, espace vide ou supposé l'être. Je ne sais quel philosophe disait : *Il n'y a pas de vide dans la nature*, et il disait vrai. On ne fait le vide qu'en des lieux très-circonscrits, qu'artificiellement et pour un temps très-court; car tout effet dû à l'emploi de la violence ne saurait avoir une longue durée. La machine pneumatique même ne fait point exception à cette règle. Un autre philosophe, et il s'appelait Lavoisier, disait : *Il n'existe point de contact dans la nature*. Quoique apparemment opposée à la précédente, cette proposition néanmoins était vraie, à l'envisager comme Lavoisier la concevait. Or, selon cet homme célèbre, aucun corps, même la glace, n'étant complétement privé de calorique, et le calorique ayant pour effet d'augmenter le volume des corps en s'interposant entre leurs molécules, il est clair qu'il n'y a jamais de vrai *contact*, puisque le calorique s'interpose partout et sépare tout; mais il n'existe pas de *vide* non plus, puisque l'air et le calorique remplissent les espaces que laissent entre eux les atomes matériels. Cependant, si le mot *cavité* n'a pas de sens littéralement vrai, il a reçu par convention des acceptions nombreuses, surtout dans les sciences descriptives, où, pour les principes comme pour le langage, on se contente d'*à peu près*.

C'est ainsi que, dans le corps humain, l'anatomie reconnaît trois grandes cavités, les *cavités splanchniques* de Chaussier, ou *cavités à viscères* : *cavités cérébrale* ou *crânienne*, *pectorale* ou *thoracique*, et *abdominale* ou *ventrale*, tels en sont les noms que l'usage des écoles a depuis longtemps consacrés. Le crâne est la première de ces cavités : c'est là que réside la cervelle, le cerveau, le cervelet, la moelle allongée et les méninges, etc. La seconde cavité est la poitrine, que remplissent le cœur et son péricarde, les poumons et les gros vaisseaux; la plèvre lui sert de lambris. Le ventre ou l'abdomen est la plus vaste cavité splanchnique, celle qu'occupent les organes de la digestion et de la génération, etc., et que tapisse le péritoine.

Les anatomistes reconnaissent dans le corps humain un grand nombre d'autres cavités secondaires. Il y a la *cavité de l'orbite*, qui loge et abrite l'œil ; la *cavité buccale*, les *cavités nasales* ou narines, la *cavité du tympan*, où des muscles meuvent les quatre osselets de l'oreille interne, la *cavité du larynx*, celle de la *trachée-artère* et les *cavités des bronches*, lesquelles aboutissent, d'après les supputations récentes de Rochoux, à 584,950,000 cellules aériennes, qui elles-mêmes sont des cavités. Le cœur a quatre cavités : les deux oreillettes et les deux ventricules. On comprend sous le nom de *cavités digestives* l'estomac, l'œsophage, les intestins. Quant à la matrice, on pense que, dans l'état de virginité elle ne présente de cavité d'aucune espèce, tant ses parois alors s'affrontent strictement l'une à l'autre ; mais c'est une manière d'être que la conception fait cesser. Les os mêmes ont des cavités : *cavités médullaires* des os longs, sinus frontaux, sinus maxillaires, etc. Plusieurs jointures mobiles des membres portent le nom de *cavités articulaires*. Voilà pour l'anatomie de l'homme et des animaux.

Les plantes ont aussi leurs *cavités* : il n'est pas de science plus *caverneuse* que la botanique, quand on l'étudie en dehors des savants préceptes de Linné, de Jussieu, de Lamarck, de Decandolle ou de Gaudichaud. Les botanistes reconnaissent une *cavité médullaire* dans la tige, une *cavité* dans les anthères, qui renferment le pollen fécondant ; une *cavité* dans le pistil, qui transmet le pollen aux ovules; une *cavité* dans le fruit pour les graines, etc. Le mot de *cavité* est surtout applicable aux fruits à noix et à siliques, aux noyaux, etc. : les noix et noisettes, les amandes, les pistaches, le coco, les fruits du tamarin et du caféier, se rangent surtout dans ces catégories. Le ligneux des arbres se détruisant peu à peu, soit par le contact de l'eau et de l'air, par la gelée, qui s'attaque aux tronçons adhérents des branches coupées, soit par l'effet de l'âge, il en résulte que certains arbres, mais surtout le pommier et l'orme, se creusent en *cavités* quelquefois énormes, qui ont, en plus d'une rencontre, servi de cachette pour des trésors ou de refuge à des proscrits ou à des malfaiteurs. C'est dans des *cavités* plus petites que certains oiseaux font leurs nids.

On a aussi parlé, surtout dans les siècles de crédulité excessive et de superstition, de *cavités* creusées au centre de blocs pierreux et d'arbres pleins, cavités sans issues où des crapauds et autres reptiles ont, dit-on, pu vivre, loin de tout air et loin du jour, un et plusieurs siècles, on ne sait comment. Les *Mémoires des Curieux de la Nature* sont remplis de faits de ce genre, que l'incrédulité et le *positivisme* de notre âge rendent maintenant fort rares. Quant à ces grandes cavités de la terre où bouillonne la matière sulfureuse des volcans, où s'amasse en réservoirs intarissables l'eau des sources thermales, lesquelles, par chaque degré de chaleur, témoignent d'un gîte profond de trente mètres; quant à ces autres cavités qui renferment ces nappes d'eau qu'une sonde patiente et habile fait jaillir au-dessus du sol proportionnément à leur profondeur, sous le nom de *puits artésiens*, il y aurait mauvais vouloir à en nier l'existence. A plus forte raison en est-il ainsi de ces **cavernes** où l'on trouve amoncelés les ossements fossiles d'animaux maintenant perdus, de ces *grottes* où l'eau filtrante laisse concréter sous les formes les plus pittoresques de stalactites et de stalagmites les sels calcaires dont elle était saturée, de ces vastes minières où, comme dans le Harz, à Chemnitz, et dans l'île d'Elbe, se sont condensés par ordre de compacité, ou selon les progrès du refroidissement ou de la cristallisation, des filons de métaux, des masses incalculables de sel gemme, vastes ateliers où des millions d'hommes laborieux et pauvres ont usé leur vie depuis des siècles, au profit de la spéculation qui les enrôle, et de tant d'industries qui puisent là leur raison d'être et leurs outils.

La pierre ponce et autres productions volcaniques, les éponges et beaucoup d'autres polypiers, sont des exemples de corps poreux et à *cavités* souvent superficielles. Le jeu singulier de lumière qui s'effectue dans l'opale paraît dû à de petites cavités où les rayons lumineux se réfractent diversement; il n'y a pas jusqu'à l'eau glacée qui ne renferme de petites cavités; car autrement comment concevoir que ce fluide dépouillé de presque tout son calorique augmente néanmoins de volume jusqu'à rompre les vases qui le renferment?
Dr Isidore BOURDON.

CAVOIE (Louis OGER, marquis DE), d'une famille noble de Picardie, naquit en 1640. Il fut amené encore à Paris par sa mère, femme d'esprit, qui l'introduisit à la cour, le fit admettre au nombre des compagnons de jeux de Louis XIV, alors enfant. Cavoie plut au roi par sa bonne mine, et il en fut distingué. Il se lia avec Seignelay; ce fut assez pour déplaire à Louvois.

Cavoie, un des hommes de France les mieux faits et de la meilleure mine, excellait dans l'art d'assortir sa parure à ces deux qualités. Il donnait le ton aux courtisans, dictait la mode; et quiconque eût osé porter un nœud de plus ou autrement que lui, eût passé pour n'être pas habillé. Il n'en fallait pas davantage pour qu'il devînt célèbre; toutefois, une certaine chaleur de sang que, dans ce temps-là surtout, on appelait du courage, lui valut bientôt une célébrité d'un autre genre, laquelle eut d'autant plus d'éclat que la cause en était prohibée par les lois les plus sévères. Il eut des duels, et de nombreux, et qui firent du bruit, puisque la résolution qu'il y apportait et la bravoure qu'il y déployait, lui méritèrent le glorieux surnom de *brave Cavoie*; et non-seulement il put accepter ce surnom sans danger de la part de ses amis, mais il eut l'honneur d'être appelé ainsi plus d'une fois par Louis XIV lui-même. Contemporain de Lauzun, il passe pour l'avoir devancé dans la carrière des bonnes fortunes. Mais il sut s'arracher à toutes les séductions d'une pareille existence pour aller faire son apprentissage dans le métier de guerre. En 1666, il servit comme volontaire dans l'armée navale des Hollandais contre les Anglais. Le vaisseau-amiral des premiers, menacé par un brûlot parti de la flotte ennemie, allait être incendié, lorsque l'intrépide Cavoie alla couper les câbles des chaloupes qui servaient à diriger le brûlot. Cette belle action lui valut l'amitié de Turenne. Cavoie suivit ensuite Louis XIV dans toutes ses campagnes. Au passage du Rhin, il fut un des premiers qui s'élancèrent dans le fleuve, et qui furent remarqués par le roi lui-même. Et le bruit s'étant répandu qu'il était du nombre de ceux qui avaient été tués en abordant : « Ah! s'écria Louis XIV, que M. de Turenne sera flèché! » Ce fut bientôt à qui renchérirait sur le mot du roi, lorsque tout à coup on vit un cavalier se lancer dans le fleuve et arriver à la nage. C'était Cavoie que M. le prince envoyait au roi, pour lui annoncer la nouvelle du passage du fleuve par l'armée française.

Il paraît néanmoins qu'il n'obtint de sa belle conduite autre chose que des compliments; et, malgré tous ses titres à une récompense militaire, il dut à l'amour seul le bonheur de voir enfin briller les premières lueurs de sa fortune. Mlle de Coëtlogon, attachée à la reine Marie-Thérèse, s'éprit de Cavoie, et s'en éprit jusqu'à la folie. Elle était, dit Saint-Simon, laide, sage, naïve et très-bonne créature. Personne ne s'avisa de trouver son amour étrange; mais tout le monde eut pitié d'elle. En effet, Cavoie était cruel, quelquefois même brutal. Le roi et la reine le lui reprochèrent et exigèrent qu'il fût plus humain. Il lui fallut aller à l'armée, où, tout brave qu'il était, il ne passa pas les petits emplois. Voilà Mlle de Coëtlogon aux larmes, aux cris, et qui abandonne toutes parures jusqu'à la fin de la campagne, et qui ne les reprend qu'au retour de Cavoie. Vint l'hiver, où il servit de second dans un duel et fut mis à la Bastille. Autres douleurs! Chacun alla à Mlle de Coëtlogon lui porter des condoléances. Elle quitta de nouveau toute parure, et se mit le plus mal qu'elle put. Elle parla au roi pour Cavoie, et, n'en pouvant obtenir la délivrance, elle le querella jusqu'aux injures. Louis XIV riait de tout son cœur. Elle en fut si outrée, qu'elle lui présenta les ongles, auxquels le roi comprit qu'il était plus sage de ne pas s'exposer. Sa majesté dînait et soupait tous les jours avec la reine. Au dîner, la duchesse de Richelieu et les filles de la reine servaient. Tant que Cavoie fut à la Bastille, jamais Mlle de Coëtlogon ne voulut servir quoi que ce fût au roi : ou elle l'évitait, ou elle le refusait tout net, et disait qu'il ne méritait pas qu'elle le servît. La jaunisse la prit, les vapeurs, le désespoir. Enfin, le roi et la reine ordonnèrent sérieusement à la duchesse de Richelieu de mener Mlle de Coëtlogon voir Cavoie à la Bastille; et cela fut répété deux ou trois fois. Le bien-aimé sortit enfin, et Mlle de Coëtlogon, ravie, se para tout de nouveau; mais ce fut avec peine qu'elle se raccommoda avec Louis XIV.

Cependant M. de Froulay, grand maréchal des logis de la maison du roi, étant mort, Louis XIV envoya quérir Cavoie, qu'il avait déjà tâté inutilement sur son mariage avec Mlle de Coëtlogon. Il lui dit que cette fois il le voulait formellement; qu'à cette condition, il prendrait soin de sa fortune, et que, pour lui tenir lieu de dot avec une fille qui n'avait rien, il lui ferait présent de la charge de grand maréchal des logis de sa maison. Cavoie hésita d'abord, mais il céda ensuite, et vécut toujours bien avec sa femme. Il fit plus : il eut pour elle les mêmes égards que s'il l'eût épousée par amour, et non pas le couteau sur la gorge; et les caresses que cette excellente créature, toujours en adoration devant son mari, lui laissait aux yeux de tout le monde, il les endurait gravement, en homme qui accepte certains ridicules parce qu'ils n'entament pas une renommée bien assise, que ne craint plus les railleurs, parce qu'il a su de longue main se faire craindre d'eux. L'ambition tourmentait pourtant Cavoie; il se flattait d'être nommé chevalier de l'ordre. Sa liaison avec Seignelay y mit obstacle. Lassé, à la fin, il demanda au roi la permission de se défaire de sa charge de grand maréchal des logis. Mais Louis XIV ne voulut point qu'il la quittât. Cavoie, pour prendre son mal en patience, acheta une maison à Lucienne, près de Marly, et alla y savourer les délices de l'union conjugale la plus parfaite. De temps en temps, le torrent de la cour y débordait, et comme Louis XIV ne se défiait ni de Cavoie ni de ses amis, on respirait à Lucienne un certain air de liberté inconnu partout ailleurs : on y médisait des ministres, des dames, de Mme de Maintenon et du roi lui-même. Cette brillante compagnie était l'élixir de la cour, et n'y était pas admis qui voulait. On sait comment Lauzun, qui en était proscrit, s'en vengea en poussant le vieux loup de mer de Châteaurenaud, parent de Mme de Cavoie, à faire dans ce petit monde à part force visites importunes.

Cavoie eut d'illustres amitiés. Aimé et estimé de Turenne, il ne le fut pas moins du maréchal de Luxembourg, à qui il donna le conseil adroit et sage de se constituer prisonnier à la Bastille lors de l'affaire des empoisonnements. La disproportion des âges ne l'empêcha pas non plus d'être intimement lié avec le duc de Richelieu, neveu du cardinal. Les gens de lettres trouvèrent encore dans Cavoie, quelques-uns un ami, tous un protecteur; il produisit l'abbé Genest à la cour, et sa liaison avec Racine le fit soupçonner d'avoir des prétentions en littérature. Le roi, voyant Cavoie et Racine se promener souvent ensemble, dit une fois à ceux qui l'entouraient : « Cavoie croit devenir un bel esprit, et Racine se croira bientôt un fin courtisan. » Cavoie mourut en 1716, à soixante-seize ans, dans les sentiments d'une piété profonde. Cavoie sans cour, dit Saint-Simon, était un poisson sans eau ; aussi ne survécut-il au roi que d'une année. Après sa mort, sa femme se condamna à une sorte de sépulture. Elle ne quitta jamais la maison où Cavoie était mort, et porta le deuil toute sa vie. Elle se consuma ainsi en peu d'années, sans avoir faibli d'une seule ligne.

Charles NISARD.

CAVOUR (CAMILLO, comte DE), ministre dirigeant de Sardaigne, est né en 1809, à Turin, où son père, après avoir acquis une grande fortune par d'heureuses spéculations sur les grains, fut créé comte par le roi Charles Albert. Ce fut seulement en 1847, à l'époque où l'on commença à s'occuper de réformes politiques, que le comte de Cavour se fit connaître en contribuant, avec le comte Balbo et autres, à la fondation du journal constitutionnel *Il Risorgimento* et en prenant une part active à la rédaction de la partie économique de cette feuille, dans laquelle il défendit les doctrines de la liberté commerciale. Nommé député en 1849, il prit rang parmi les membres de l'opposition modérée. A la mort de M. Santa-Rosa, ministre de l'agriculture et du commerce, il fut appelé à lui succéder et chargé en outre, au commencement de 1851, du portefeuille des finances. Comme ministre du commerce, M. de Cavour rencontra souvent dans le parlement une vive opposition à ses mesures, non pas parce que les conventions commerciales stipulées par lui avec l'Angleterre, la Belgique, la France, etc., avaient pour base les principes du libre échange, mais parce qu'elles accordaient à des nations étrangères des avantages plus grands qu'aux nationaux eux-mêmes et violaient ainsi le principe de la réciprocité. Comme ministre des finances, les efforts du comte de Cavour ont eu surtout pour objet de régulariser les finances de la Sardaigne désorganisées par les suites de la guerre contre l'Autriche. En 1852, M. de Cavour s'étant rapproché de l'opposition représentée par M. Ratazzi, sans consulter son collègue M. d'Azeglio, dut donner sa démission ; mais M. d'Azeglio ne put se maintenir longtemps au pouvoir et, après un voyage à Paris, M. de Cavour devint président du conseil. C'est en cette qualité qu'il soutint devant le parlement la loi organisant le mariage civil, loi qui laissait encore une grande autorité au clergé; elle échoua pourtant au sénat à la fin de l'année, mais sans amener de scission entre les différents pouvoirs.

CAXAMARCA, l'une des provinces formant l'extrémité nord-ouest du Pérou, dans le district de Truxillo, bornée à l'est par la province de Cacapayos et le Marañon, au nord par la province de Chota, à l'ouest par la province de Lambayèque, au sud par celles de Huamachaco et Truxillo, et au sud-ouest par celle de Patas, présente une superficie de 950 myriamètres carrés. On peut évaluer sa population à environ 100,000 habitants, parmi lesquels domine la race indienne. La haute chaîne péruvienne des Andes, qui traverse cette province, exerce une notable influence sur son climat et sa température, et contribue à y produire sur les plateaux un froid piquant alors que règne dans les vallées une chaleur étouffante. La culture du sol n'y est pas moins productive que l'exploitation des mines d'or et d'argent. Le coton y réussit admirablement et est transformé, surtout à Casca, en étoffes très-recherchées par la consommation. Les villages d'Ichocan et de Jésus produisent beaucoup d'orge et du froment d'excellente qualité. Dans les vallées qu'arrosent les affluents du Marañon l'élève du mouton et l'apprêtage de la laine se font sur une large échelle.

Sur le versant oriental de la Cordillère du Pérou, à environ 17 ou 18 myriamètres du grand Océan, et à 74 de Lima, est située *Caxamarca*, chef-lieu de la province, dans une belle vallée du Marañon, sur les bords du Llaucan, à 2,968 mètres au-dessus du niveau de la mer, dans une contrée un peu sauvage, mais très-salubre. Parmi ses édifices publics on remarque surtout ses églises et ses couvents. Ses habitants, dont le chiffre s'élève aujourd'hui à 9,000, passent pour travailler l'or et l'argent avec plus d'habileté qu'on ne le fait partout ailleurs au Pérou ; ce qui ne les empêche pas de fabriquer aussi une foule d'objets en fer et en acier, des étoffes de laine, notamment des couvertures et des flanelles dont il se fait un grand commerce d'exportation à Lambayèque et dans d'autres ports de la côte. On importe en échange des marchandises d'Europe, dont on y trouve en tout temps de vastes approvisionnements, des vins, du sucre, du cacao, de l'indigo, du savon, du fer et de l'acier. Les habitants, dont beaucoup envoient leurs enfants à Lima pour être élevés dans les pensionnats de cette ville, sont assez instruits.

Tout près de la ville il existe des mines, et un peu plus loin sont situées celles de Gualgayo. A une *legua* à l'est, on trouve les sources chaudes et froides connues sous le nom de *Baños del Inca*, et qu'on utilisait déjà pour bains du temps des anciens princes indigènes. On raconte que, vaincus par les Espagnols, les Péruviens précipitèrent le trône d'or dans le cratère du volcan des flancs duquel s'échappent ces eaux chaudes ; c'est cette antique tradition qui, au commencement de ce siècle, engagea deux Espagnols à entreprendre des travaux, demeurés du reste inutiles, à l'effet de détourner le cours de ces eaux.

Caxamarca occupe une place importante dans l'histoire du Pérou. On trouve dans cette ville et ses environs de nombreux débris de monuments péruviens. Il faut surtout mentionner le palais des incas, dont une partie est aujourd'hui en ruines et l'autre utilisée comme hôpital ; on y montre encore l'endroit où Atahualpa périt dans le plus atroce supplice. Il est habité de nos jours par une famille qui prétend descendre de cet inca.

CAXTON (WILLIAM), célèbre pour avoir introduit l'art de l'imprimerie en Angleterre, était un simple marchand de Londres ; mais il avait passé la plus grande partie de sa vie dans les Pays-Bas, où, en 1464, Édouard IV l'avait employé pour la négociation d'un traité de commerce. Il se familiarisa si bien dans cette contrée avec la connaissance de la langue et de la littérature françaises, qu'il traduisit en anglais plusieurs de leurs meilleurs ouvrages ; et, pour leur assurer une circulation plus grande dans sa patrie, il apprit l'art typographique à Cologne ou plutôt à Bruges. C'est ainsi qu'à la demande de Marguerite, sœur d'Édouard IV et épouse de Charles le Téméraire, il traduisit le *Recueil des histoires de Troyes*, du chapelain Raoul Lefèvre, qu'il imprima d'abord en français, sans indication de lieu, de nom ni de date, puis en anglais, en se servant à cet effet des mêmes caractères, et avec une note indiquant qu'il a commencé la traduction et l'impression à Bruges en 1468 et qu'il les a terminées en 1471 à Cologne. Quelques auteurs pensent que la seconde de ces dates est celle qui se rapporte au travail typographique. D'autres prétendent que cet ouvrage ne fut imprimé que quelques années plus tard, et en Angleterre. Ils se fondent sur ce que les types sont identiquement pareils à ceux qui ont servi pour l'impression du Traité du jeu d'échecs de Cessoli, qu'il imprima en 1474. Un fait certain, c'est que ce sont là les deux premiers ouvrages sortis de ses presses, et que le *Recueil* est le premier livre en langue anglaise qui ait été imprimé. Il avait établi son imprimerie dans l'abbaye de Westminster même. Toutefois c'est seulement à dater de 1477 que les productions de ses presses portent l'indication de *Westmestre* comme celle du lieu d'impression.

Caxton mourut en 1491. Dans ces derniers temps ses éditions sont devenues extrêmement recherchées en Angleterre, les unes parce que ce sont les premières productions de l'art typographique dans ce pays, les autres à titre d'anciens monuments de la langue, et aussi à cause de leur contenu, la plupart ayant trait à la littérature romantique, ou bien reproduisant les œuvres de vieux écrivains nationaux, tels que Gower et Chaucer. Il en résulte que les bibliomanes les payent au poids de l'or, et se les disputent avec ardeur au feu des enchères, bien qu'elles ne brillent ni par la beauté de leurs caractères gothiques (les seuls que Caxton ait jamais employés), ni par leurs gravures sur bois. A la vente Roxburgh, en 1812, le duc de Devonshire paya 1000 livres sterling un exemplaire de l'édition anglaise du *Recueil des histoires de Troyes* mentionné plus haut. La bibliothèque Spencer possède près de cinquante ouvrages imprimés par Caxton, la plupart achetés à des prix fous. Les membres du *Roxburghclub* ont fait élever un monument à Caxton dans l'église Sainte-Marguerite de Westminster. Dans son édition revue et corrigée des *Typographical Antiquities* d'Ame (1810), Dibdin a réimprimé la vie de Caxton par Lewis (1737).

CAYENNE, chef-lieu administratif et politique de la Guyane française, est située à l'extrémité nord-ouest de l'île du même nom, à l'embouchure du Cay, fleuve large en cet endroit d'environ 10 kilomètres, et de l'Oyague, dans une contrée assez insalubre. Elle se partage en *vieille ville* et *ville neuve*. La première, la moins étendue, renferme l'hôtel du gouvernement, l'ancien collége des jésuites, et le fort Louis, château qui domine l'entrée du port, autrefois assez bien fortifié, mais aujourd'hui en très-mauvais état. La seconde se distingue par la construction, généralement meilleure, de ses maisons, et on y remarque une belle église. Une belle *place d'armes*, plantée d'orangers, sépare ces deux quartiers. La population, forte de 5,000 âmes et composée en grande partie de nègres, s'occupe surtout de commerce. Le port est à la vérité vaseux, mais c'est encore le meilleur de toute la côte, et il offre assez de profondeur pour être accessible aux bâtiments d'un médiocre tonnage; ceux de dimensions plus grandes doivent jeter l'ancre à l'embouchure de l'Oyague, et les vaisseaux de guerre devant l'île de *l'Enfant perdu*, rocher situé à 15 kilomètres de Cayenne.

Les exportations pour la France consistent en produits du pays, tels que épices, rhum, poivre, coton, laine, peaux apprêtées, etc. Les transactions en cafés ont depuis longtemps singulièrement diminué; mais, en revanche, les demandes de sucre, de bois de teinture, de cacao et de coton ont toujours été dans une progression marquée. Les exportations de France à la Guyane par Cayenne, ont pris dans ces dernières années une grande extension, notamment en ce qui est des vins, des farines, des poissons secs et du fer ouvré; mais les affaires en laine et en métaux autres que le fer y ont décru.

La ville de Cayenne doit son origine à un premier établissement tenté en l'année 1626 par des armateurs de Rouen, et que suivirent d'autres expéditions parties de la même ville en 1630 et 1633. Elle prit de notables développements à la suite des émigrations provoquées par des troubles politiques à l'île Saint-Christophe en 1639, lors de l'arrivée de Poincy, et surtout grâce au zèle actif de Poncet de Brétigny, qui, en 1643, forma à Rouen une société commerciale, se rendit à Cayenne à la tête de 400 hommes, et y construisit le fort Cépéron. Cependant les Français abandonnèrent cette colonie dès 1654, et les Anglais s'en emparèrent alors. Mais ceux-ci durent l'évacuer en 1664. Les Hollandais les y remplacèrent en 1676, puis les Français les en expulsèrent l'année suivante. Le gouvernement français fit preuve dès lors de plus de sollicitude pour cette colonie. En 1763, M. de Cholseul y envoya une grande expédition, et on y créa à cette époque un jardin botanique destiné à l'acclimatation des plantes. A la fin de la Révolution, Cayenne servit de lieu de déportation pour les hommes politiques. De 1809 à 1814 cette colonie appartint aux Portugais et aux Anglais, mais à la paix générale elle fut replacée sous l'autorité de la France. Louis-Napoléon en a fait une colonie pénitentiaire.

Dans l'usage ordinaire on comprend souvent sous la dénomination de Cayenne l'un des deux districts de la Guyane française et même la colonie tout entière.

CAYENNE (Bois de). *Voyez* Bois satiné.

CAYLA (Zoé, comtesse du), née en 1784. Cette femme, dont la vie semble se rattacher aux souvenirs des favorites fameuses et à des mœurs loin de notre époque, entra dans le monde par une action qui rappelle la piété et le dévouement de Mlles de Sombreuil et Cazotte pendant la tourmente révolutionnaire. Elle était fille de Talon, avocat du roi au Châtelet, plus tard membre de l'Assemblée nationale, émigré le 6 octobre 1792 et rentré en France en 1802. La police ayant découvert en lui un agent des princes, il fut arrêté par les ordres du duc de Rovigo, et conduit à Paris. Sa fille, désolée, y accourut. Pour sauver son père, elle oublia la faiblesse de son sexe et la timidité de son âge; elle se présenta partout avec ses larmes et avec ses prières. La suppliante était jeune et belle; brune piquante et animée, douée d'une taille irréprochable, elle avait tous les attraits qui charment et qui séduisent; l'auréole radieuse de la piété filiale ajoutait sans doute à sa beauté: elle toucha tous ceux qu'elle implorait. Deux ministres de la police, Fouché et Rovigo, elle obtint d'abord de pénétrer auprès du prisonnier, dont ces entrevues adoucissaient la captivité. Elle suivit son père de cachot en cachot, jusqu'au moment où la liberté lui fut rendue. C'était encore sous l'empire; elle consentit alors à se marier, et épousa le comte du Cayla.

Sous la Restauration, elle eut l'accès de la cour au rang de son mari, aux services et aux souffrances de son père: ce fut sa première récompense. L'expérience si rude de ses précédentes années ne fut point perdue pour la jeune femme; elle se rappela, dans la haute région où elle se trouvait alors, ce qu'elle avait dû jadis aux séductions d'une autre époque de sa vie, et elle résolut de faire tourner au profit de sa propre fortune ce qui lui avait jadis servi à consoler son père. Elle parvint jusqu'au roi, dont elle sut se concilier l'affection, en même temps qu'elle lui faisait oublier une femme, sœur d'un ministre disgracié, et qui longtemps avait joué le même rôle chez Louis XVIII. On assure qu'elle dut l'intimité de Louis XVIII à son esprit de conversation, dont on vantait les grâces et le mérite, à l'enjouement de son caractère, et surtout au tact exquis avec lequel elle observait les convenances. Par d'adroites insinuations sur les confidences précieuses qu'elle pouvait devoir aux effusions de son père, elle piqua en outre la curiosité du roi, qui finit par l'admettre dans ses entretiens particuliers, et bientôt il lui fut impossible de se passer de ces relations dont il était épris. La favorite sut tirer parti de sa position nouvelle. Elle exerça sur le vieux roi une double séduction, celle des sens, celle de l'esprit : pendant qu'elle le captivait par sa beauté, elle le retenait par un commerce attrayant. Elle semblait, par la confiance qu'elle inspirait et par la tendresse que le souverain lui portait, réunir le pouvoir de Mme Dubarry à l'autorité de Mme de Maintenon ; mais elle sut se préserver de l'étourderie de l'une et de l'austérité de l'autre. Sa faveur fit grand bruit ; la multitude et le sentiment général s'étonnèrent de ce retour vers des mœurs que l'on croyait oubliées ; la cour salua le soleil levant, et les courtisans crurent à la renaissance du règne des maîtresses. Bientôt on sut que Mme du Cayla disposait des grâces et obtenait du roi l'accomplissement de tous ses vœux ; l'idole eut ses adorateurs. La comtesse, fière de ces hommages et de la haute influence qu'elle exerçait, ne négligea rien de ce qui pouvait accroître et accréditer cette opinion sur sa puissance. La ville s'indigna contre cette situation, si contraire aux idées récentes ; la favorite fut chansonnée, bafouée et drapée par l'ironie publique ; l'épigramme, la satire et le quolibet ne lui furent point épargnés ; la chronique scandaleuse multipliait contre elle ses anecdotes et ses malicieux récits. Elle subit le sort commun à toutes les femmes qui l'avaient précédée dans ce poste dangereux.

On ne s'arrêta pas à ces attaques : les choses furent poussées jusqu'au reproche et jusqu'au blâme ; plusieurs dirent hautement que la favorite trafiquait, à beaux deniers comptant, de ce que le roi lui accordait, et qu'elle vendait tout ce qu'elle semblait donner. Un procès fameux, celui de Mme de Campestre, accusée de faits semblables et d'autres fraudes, sembla fortifier ces accusations, et contribuer à les accréditer dans l'esprit du public. Quoi qu'il en ait pu être, un fait dont les annales contemporaines ont gardé le témoignage, c'est qu'à aucune époque le trafic des grâces à la cour et dans toutes les branches du service public ne fut plus manifeste. Les dignités, les distinctions, les grades, les places, et les charges de création nouvelle, étaient publiquement vendus et achetés ; le trafic des décorations fut surtout signalé avec tant d'énergie que les tribunaux s'en émurent. Une autre source de bénéfices illicites fut celle des liquidations arriérées et des marchés nouveaux. Maîtresses de tous les abords de l'administration, la spéculation et l'intrigue savaient arriver, à prix d'argent, à des résultats inaccessibles aux possesseurs des créances, forcés de céder à bas prix les titres que l'État payait intégralement. Les marchés officiels et l'agiotage soutenu par les communications officieuses étaient pour les uns une cause d'opulence rapide qui ne laissait aux autres que la ruine et la détresse. Faut-il imputer ces actes à ceux qui entouraient le trône de plus près, et qui paraissaient garder toutes les avenues de la faveur ? Nous ne savons. Il semble en vérité qu'il y ait eu dans toutes les périodes de dissolution royale un châtiment légitime infligé à ces méfaits par la justice populaire et par la réprobation nationale. Cependant l'équité veut que nous n'omettions pas, dans cette impartiale notice, les bruits favorables qui, plus d'une fois, ont présenté la favorite comme étant l'appui du malheur et la providence de plusieurs infortunés, auxquels sa protection aurait rendu les joies du foyer, dont ils étaient éloignés.

On a beaucoup parlé des munificences royales de Louis XVIII ; on en racontait des merveilles, parmi lesquelles on citait une Bible in-folio, dont les larges et nombreuses gravures étaient recouvertes, pour être préservées de tout contact, par des billets de banque de mille francs, employés comme papier de soie. Sans admettre des faits dont rien ne garantit l'authenticité, nous ne pouvons oublier un monument d'auguste libéralité qu'a possédé Mme du Cayla. Le roi, en lui donnant la Bible dont nous venons de parler, lui aurait dit : « Chère comtesse, lisez ce livre ; si l'infortune vous frappe, vous y trouverez des consolations. » La sollicitude du royal amant pour l'avenir de Zoé ne s'était pas bornée à ce présent : il lui fit accepter le pavillon de Saint-Ouen, villa modèle de goût, de simplicité et d'élégance. Il voulut, par ce bienfait, montrer sa gratitude pour le bonheur qu'il devait, dans ses derniers jours, à des soins dont l'agréable souvenir et la pensée berçaient ses songes et ses rêveries somnolentes. Mme du Cayla, par ses grâces et par son esprit, sut adoucir jusqu'aux souffrances mêmes du vieux roi.

Mme de Jaucourt, belle-mère de la comtesse du Cayla, avait fait partie, comme dame de la reine, de la maison de la comtesse de Provence, dans l'émigration ; elle avait recommandé sa bru, en mourant, à la bienveillance de Louis XVIII. En 1819, des différends s'élevèrent entre le comte du Cayla et sa femme, qui, par suite de la perte du procès qu'elle soutint contre son mari, se vit dans la nécessité d'éloigner de Paris son fils unique, qu'elle confia à l'abbé Liautard. Bientôt elle se trouva en relation suivie avec l'abbé Latil, M. Sosthène de La Rochefoucauld, aujourd'hui duc de Doudeauville, et elle eut, à ce qu'il paraît, une grande part à l'arrivée de MM. de Villèle et de Corbière aux affaires.

Ce pas immense des jésuites avait coûté cher, dit-on, à la nouvelle favorite. Lafayette, dans ses *Mémoires*, assure que, pour prix de son influence, Mme du Cayla reçut l'ordre pressant de Louis XVIII de brûler sous ses yeux les papiers de la procédure Favras, qui lui venaient de la succession de son père, lequel avait pris une certaine part à l'instruction de cette affaire. Ce fut une grande perte pour l'histoire. On comprend que le roi n'avait plus rien à refuser à celle qui lui donnait cette marque de dévoûment.

Ce fut après la mort de Louis XVIII, perte qui lui fit éprouver une vive et sincère douleur, que Mme du Cayla traversa les phases pénibles d'un procès en séparation d'avec son mari. Devenue libre enfin par un arrêt de la cour de Rouen, qui lui laissa la disposition de ses biens, elle se retira tout à fait dans sa fraîche et jolie retraite de Saint-Ouen. Les souvenirs d'une splendeur passée, un regard sur l'ingratitude de quelques amis qui lui devaient leur élévation, ne la détournèrent pas des travaux agricoles auxquels elle demanda une douce et paisible félicité. A la cour de Charles X, Mme du Cayla conserva un crédit dont elle n'usa qu'avec modération : deux ministres ne se souvinrent pas qu'ils tenaient leur portefeuille : MM. Doudeauville, le père du duc actuel, et Peyronnet, délaissèrent leur protectrice. Celle-ci ne garda de leur conduite aucun ressentiment ; elle permit même à M. Sosthène de La Rochefoucauld de lui témoigner un dévoûment et une reconnaissance dont son père lui avait affranchi.

A Saint-Ouen avait commencé pour Mme du Cayla une ère nouvelle ; elle se fit bergère, et la brillante héroïde commencée au sein des délices d'une galanterie fastueuse s'acheva et se termina par une pastorale. Voici par quelle circonstance la belle comtesse appliqua les facultés auxquelles elle devait d'autres succès, à des découvertes scientifiques et agricoles. En 1818, elle avait reçu du pacha d'Égypte deux béliers et quelques brebis de Nubie. Les sujets de cette espèce font remarquer par la longueur et le lustre de leur toison et par une vigueur prodigieuse : ces qualités si recherchées manquent aux troupeaux de France. Mme du Cayla forma le dessein de doter de cette richesse nos manufactures, privées de ces avantages ; elle chercha à obtenir ces résultats par le croisement de la race nubienne avec des brebis mérinos ou anglaises. Ces essais réussirent, et, dans son beau parc de Saint-Ouen, l'heureuse propriétaire vit la fécondité s'établir et seconder ses vœux. Une nouvelle race de moutons français fut créée, et porte encore le nom de la femme à laquelle on la doit : elle s'appelle *du Cayla*. Ce succès de la favorite eut du retentissement à la cour ; tous les courtisans prirent la houlette et la bêche, et se firent pâtres et cultivateurs ; l'exploitation agricole devint la passion de l'opulence. Le roi crut devoir récompenser ces heureux efforts; il accorda les bâtiments de la Savonnerie, au centre même de la fabrication des étoffes rares. Le succès de ce magnifique établissement, qui a été réuni aux Gobelins en 1828, fut tout entier l'œuvre de Mme du Cayla, qui en présida le conseil d'administration.

Élève de Mme Campan, mère de deux fils et d'une fille qu'elle maria au prince de Léon, Mme du Cayla, loin de la cour, laissa à tous ceux qui l'avaient connue les regrets que cause l'absence d'un caractère aimable, d'un esprit vif et enjoué et aussi prompt dans sa conversation que dans son style. Son nom clôt la longue liste des favorites des rois de la branche aînée, depuis la première maîtresse de Henri IV jusqu'aux dernières amours de Louis XVIII. Elle survécut à la monarchie, et mourut en 1850, léguant par son testament le château de Saint-Ouen au comte de Chambord, ou, à son défaut, à la ville de Paris. La loi interdisant au comte de Chambord de posséder des immeubles en France, la ville de Paris a revendiqué la délivrance immédiate du legs qui lui avait été fait subsidiairement. D'un autre côté, les héritiers naturels ont attaqué le testament en se fondant, pour en demander l'annulation, sur ce que la testatrice avait de beaucoup excédé la quotité disponible; *et adhuc sub judice lis est.*

Eugène BRIFFAULT.

CAYLUS (Famille de). La maison *Robert de Lignerac*, titrée *duc de Caylus*, est originaire de la Marche limousine, où elle possédait depuis plusieurs siècles la terre de Lignerac, lorsque la Révolution la dépouilla de ses fiefs. Il ne faut pas confondre les ducs de Caylus avec les anciens comtes de Caylus, par corruption *Quélus*, branche cadette des Lévis, éteinte en la personne du comte de Quélus, favori de Henri III, tué en duel par Charles de Balzac, dit le *Bel-Entraguet*.

Joseph-Louis ROBERT, marquis DE LIGNERAC, DUC DE CAYLUS, né en 1764, succéda à son père dans les fonctions de grand-bailli d'épée, lieutenant général et commandant pour le roi dans la Haute-Auvergne. Il fut créé grand d'Espagne et titré duc de Caylus en 1783. Louis XVIII, à la Restauration, le nomma maréchal de camp, chevalier de Saint-Louis et pair de France, en attachant à cette dernière dignité le titre ducal qu'il tenait de la grandesse. On ne saurait expliquer la collation de tant d'honneurs que par l'esprit courtisan du duc de Caylus. Il mourut en 1823, laissant en bas âge un fils héritier de sa pairie, et qui ne devait avoir voix délibérative qu'en 1850. Il a toujours vécu dans la retraite, se livrant à de grandes exploitations agricoles.

La terre de Caylus, en Languedoc, ayant passé, par mariage, de la maison Lévis à d'autres familles, avant d'échoir aux marquis de Lignerac, a donné son nom à deux personnages importants, à qui nous consacrons des articles à part.

CAYLUS (MARTHE-MARGUERITE DE VILLETTE, marquise de), petite-fille d'Artémise d'Aubigné, tante de Mme de Maintenon, dut naître, d'après l'époque qu'elle assigne elle-même à son mariage, sur la fin de l'année 1673. Elle fut élevée à la cour de Louis XIV sous les yeux et la direction de cette sévère et noble matrone. En vraie descendante du fameux huguenot Agrippa d'Aubigné, l'ami de Henri IV, la petite marquise de Villette résista quelque peu à sa dévote parente, qui voulait d'autorité lui faire embrasser le catholicisme. « Je pleurai d'abord beaucoup, dit-elle dans ses *Souvenirs*, mais je trouvai le lendemain la messe du roi si belle que je consentis à me faire catholique, à condition que je l'entendrais tous les jours, et que l'on me garantirait du fouet. » Mme de Maintenon, elle-même, n'avait pas quatorze ans quand elle s'était laissé convertir au catholicisme.

Avoir été de la plus spirituelle et la plus galante de l'Europe, être devenue le charme et l'ornement des fêtes magnifiques de Versailles, ces féeries royales dont Molière, Quinault et Lulli faisaient les frais, ce fut assez dans la suite pour la renommée d'une femme, et Mme de Caylus devait en avoir sa part. Mais, outre les grâces et l'esprit, elle possédait encore cette ingénuité naturelle de narrer qui fait si bien ressortir la vérité dans ses causeries imprimées, et leur donne un avantage inappréciable sur toutes les richesses et les combinaisons du style des écrivains prétentieux. Elle laissa aller sa plume en même temps que sa mémoire, et ses *Souvenirs* se trouvèrent tracés; elle leur doit le plus beau côté de son nom; c'est un mélange d'anecdotes, d'agréables accessoires à l'histoire de son siècle, sur lesquels Voltaire s'est plu à semer quelques notes. L'éclat que Mme de Caylus jeta à la cour fut un éclat paisible. Dans ses *Souvenirs*, où elle se souvient si peu d'elle, sa plume si franche nous a communiqué le trait le plus important de sa vie : il a rapport à son mariage avec J.-A. de Tubières, marquis de Caylus ; laissons-la parler :

« Je me mariai en quatre-vingt-six. On fit M. de Caylus menin de Monseigneur, et comme j'étais extrêmement jeune, puisque je n'avais pas encore tout à fait treize ans, Mme de Maintenon ne voulut pas que je fusse encore établie à la cour ; je vins donc demeurer à Paris chez ma belle-mère ; mais on me donna en quatre-vingt-sept un appartement à Versailles, et Mme de Maintenon pria Mme de Montchevreuil, son amie, de veiller sur ma conduite. Je m'attachai, malgré les remontrances de Mme de Maintenon, à Mme la duchesse : elle eut beau me dire qu'il ne fallait rendre à ces gens-là que des respects et ne s'y jamais attacher ; que les fautes que Mme la duchesse ferait, retomberaient sur moi, et que les choses raisonnables qu'on pourrait voir dans sa conduite, ne seraient attribuées qu'à elle ; je ne crus pas Mme de Maintenon ; mon goût l'emporta, je me livrai tout entière à Mme la duchesse, et *je m'en trouvai mal.* »

En vérité, voilà un *je m'en trouvai mal* bien naïf et fait pour désarmer le mari le plus susceptible ; là-dessus, Voltaire dit plus naïvement encore : « Ce fut alors que sa liaison avec le duc de Villeroy éclata; mais cet amant étant un homme plein de vertus, bienfaisant, modeste, et le meilleur choix que Mme de Caylus pût faire. » Ce qui est très-flatteur pour M. le marquis de Tubières. Ajoutez à cela deux yeux charmants dont était douée Mme de Caylus, pour l'amour desquels le marquis de La Fare, dans un madrigal qu'il lui adressa, se fait dire à lui-même par Cupidon :

Je te promets un regard de Caylus,

et vous avez à peu de choses près tout l'historique de la vie de cette dame, à laquelle cependant la malignité donna encore pour amant monsieur le dauphin. On sait aussi que le roi, ne la dotant que d'une très-modique pension, lui fit cadeau d'un collier de noces en perles fines du prix de dix mille écus.

Racine, enchanté du talent avec lequel elle récitait les vers d'Esther, dont elle jouait successivement les rôles sur le théâtre de Saint-Cyr, à mesure que des actrices se trouvaient incommodées, composa exprès pour elle le prologue de cette tragédie. « Mme de Caylus, dit Voltaire, est la dernière qui ait conservé la déclamation de Racine ; elle récitait admirablement bien la première scène d'Esther. »

Mme de Caylus, devenue veuve à trente-deux ans, ne se remaria pas. Elle mourut le 15 avril 1729, à l'âge de cinquante-six ans, peu de temps après avoir abandonné ses *Souvenirs*, qui ne sont point achevés. Voltaire en fut le premier éditeur. L'Académicien Auger en a donné une nouvelle édition, avec une notice sur l'auteur. La plus belle qui en ait été faite est celle de Renouard, avec la même notice, la préface et les notes de Voltaire, et quatre portraits. *La Boucle de cheveux enlevée*, de Pope, traduction publiée sous le nom de l'abbé Desfontaines, lui est attribuée par quelques bibliographes.

DENNE-BARON.

CAYLUS (ANNE-CLAUDE-PHILIPPE DE TUBIÈRES, DE GRIMOARD, DE PESTELS, DE LÉVI, comte DE), marquis d'Esternay, baron de Bransac, conseiller d'honneur né au parlement de Toulouse, naquit à Paris le 31 octobre 1692, de *Jean-Anne*, menin du grand dauphin, et lieutenant général des armées du roi, et de Marthe-Marguerite de Villette (*voyez* l'article précédent). Il avait pour oncle *Charles-Daniel* DE LÉVI DE TUBIÈRES DE CAYLUS, disciple de Bossuet, grand-vicaire du cardinal de Noailles, nommé à l'évêché d'Auxerre vers 1705, regardé comme un des derniers saints du jansénisme, et mort en 1754, à quatre-vingt-cinq ans, laissant dix volumes de ses œuvres. Ce fut l'esprit déjà fortifié par une éducation non moins solide que brillante, que le jeune de Caylus entra au service du roi, dans la compagnie des mousquetaires. Un guidon de gendarmerie fut, en 1709, la récompense de sa première campagne. En 1711, il se distingua en Catalogne, à la tête d'un régiment de dragons, qui porta son nom.

En 1713, le siége de Fribourg ayant amené la paix de Rastadt, il résolut, maître de sa santé et d'une fortune assez considérable, de se lancer dans la carrière des lettres et de l'archéologie, que son érudition précoce et son ardeur pour les arts ouvraient toute grande devant lui. L'Italie fixa d'abord ses regards; il la visita et revint à Paris en 1715, époque de la mort de Louis XIV, où il quitta le service. Il méditait d'autres campagnes moins meurtrières, ses campagnes archéologiques. L'année d'après, il fit celle de Constantinople, à la suite d'un ambassadeur de France, explorant la Grèce, les Échelles du Levant et les côtes de l'Asie-Mineure. Arrivé à Smyrne, les ruines voisines d'Éphèse et de Colophon ne le laissaient point dormir; mais comme elles servaient de repaire à des brigands armés, il eût été dangereux pour le comte de Caylus de s'y hasarder seul. Il usa d'un expédient que l'occasion lui présenta. Enveloppé d'une grosse voile de navire, il se confia dans le simple costume à deux hommes de la bande de Caracayali, qui se trouvaient alors à Smyrne, convenant avec eux d'une certaine somme qu'ils ne toucheraient qu'au retour; ils le conduisirent, lui servant d'interprète, vers leur chef, qui lui fit l'accueil le plus gracieux, et lui prêta des chevaux arabes, qui le transportèrent au milieu des ruines de Colophon, et le lendemain sur celles d'Éphèse, puis le ramenèrent passer la nuit avec les brigands dans un fort servant de retraite à Caracayali et à sa bande. Satisfait de ses explorations, il alla à Constantinople, passa ensuite les Dardanelles, visita les plaines où fut Troie, et de là se rendit à Andrinople. De ce coin de l'Europe, les regards du comte de Caylus se tournaient sans cesse vers l'Égypte, et même vers les contrées lointaines de la Chine, qu'il brûlait d'explorer; mais les lettres pressantes de sa mère, qu'il chérissait tendrement, le rappelèrent à Paris en 1717.

Ce fut alors qu'il commença à classer les riches et nombreux matériaux d'antiquités qu'il avait recueillis. Deux voyages qu'il fit à Londres et quelques-uns dans les pays voisins se rattachent encore à son amour pour les arts. Fixé dans la capitale, maître de ses précieux loisirs et du repos que donne la fortune, il honora d'un culte particulier toutes les muses; il peignit, grava, dessina, chanta, écrivit. Farces, facéties, romans, comédies, féeries, contes orientaux, mémoires, numismatique, antiquités, tout fut de son ressort. De la même plume il traça l'*Histoire d'Hercule le Thébain*, et celle de Mlle Frétillon (Mlle Clairon). Des tableaux tirés de l'*Iliade*, de l'*Odyssée* et de l'*Énéide*, il descendit à la peinture des *Têtes roulantes*, et des *Regrets des petites rues*. Si l'on considère Caylus comme graveur, on verra qu'il a exécuté à l'eau forte, avec beaucoup d'esprit et de goût, un grand nombre de sujets, parmi lesquels on remarque une suite de deux cents pièces, d'après les plus beaux dessins du cabinet du roi, un recueil de têtes d'après Rubens et Van Dyck, une autre suite de têtes de caractères et de différentes caricatures, d'après Léonard de Vinci; de grandes estampes représentant les fêtes luper-cales, d'après Bouchardon; les sujets de la fontaine de Grenelle; une collection connue sous le nom des *Cris de Paris*; une histoire de saint Joseph, d'après Rembrandt; un grand nombre de sujets, d'après Lucas de Leyde, Albert Durer et autres grands maîtres. Enfin, son talent pour l'art de la gravure lui a mérité ce vers de Voltaire dans le *Temple du Goût* :

Chantez, Bransac! gravez, Caylus!

En 1731 il fut reçu membre honoraire à l'Académie de peinture et sculpture, et en 1742 à celle des inscriptions et belles-lettres, double hommage rendu à son recueil d'antiquités égyptiennes, étrusques, grecques, romaines et gauloises, dont tous les sujets étaient dus à son burin et le texte à son érudition. Il composa la biographie des peintres et sculpteurs les plus célèbres de cette première académie.

La simplicité de la mise et de l'ameublement de Caylus contrastait avec le luxe des grands de cette époque. A l'entrée de sa maison, il avait pour suisse une belle statue égyptienne de 1^m 80 de proportion; des médailles, des curiosités de l'Amérique et de la Chine étaient appendues le long des murs de son escalier. Ses appartements étaient à la fois un olympe, un temple, un sénat, un champ de Mars : de tous côtés on était entouré de dieux, de prêtres, de magistrats, d'orateurs, de soldats exhumés de l'Égypte, de la Grèce, de l'Étrurie, de l'Italie et de la Gaule; cercle muet et sourd, mais qui avait bien son éloquence pour le comte de Caylus et ses amis, au nombre desquels étaient le célèbre Bouchardon et le savant Mariette.

Caylus faisait le plus noble usage de sa fortune : il fonda un prix à l'Académie des beaux-arts en faveur du jeune artiste qui exprimerait avec le plus de vérité et d'énergie le caractère d'une passion indiquée, dessinée ou modelée; un autre de 500 livres, dont l'objet était d'expliquer par les auteurs et par les monuments les usages des anciens peuples. Il s'est occupé avec un grand succès de la partie du matériel des arts et de l'antiquité. Les embaumements des momies, le papyrus, ces blocs énormes de granit, transportés comme miraculeusement des carrières de la Thébaïde dans la Basse-Égypte, les moyens employés pour leur locomotion, la pierre obsidienne, matière noire, polie, et volcanique selon lui, dont ont fait les plus belles statues égyptiennes; l'immense et magnifique tombeau de Mausole dans la Carie, le théâtre tournant de Curion, l'art d'incorporer les couleurs dans le marbre, celui de tremper le cuivre, les tableaux de Polygnote, la peinture à l'encaustique, si vantée par Anacréon, furent les continuels objets de ses recherches et de ses travaux. On peut dire qu'il planta des jalons sur une route où sans lui se serait plus d'une fois égarée l'imagination ardente de Winckelmann.

Quant au style de Caylus, il est empreint de la même négligence qu'il portait dans son extérieur. Son mérite était soutenu par toutes les qualités qui honorent l'homme. Il avait un fonds inépuisable de bonté naturelle, une tendresse courageuse pour ses amis, une politesse vraie et sans apprêt, une probité intacte, une haine profonde de la flatterie. Son indifférence pour les honneurs était singulière. Il prévenait les besoins des artistes indigents par ses bienfaits; sa libéralité faisait tout son luxe. Le comte de Caylus s'occupait de faire graver les desseins des antiquités romaines existant dans le midi de la France, exécutés par Mignard, d'après l'ordre de Colbert, quand la mort le surprit, le 5 septembre 1765.   DENNE-BARON.

CAZALÈS (JEAN-ANTOINE-MARIE), naquit en 1757, à Grenade, sur la Garonne; sa première jeunesse fut inoccupée; son père, conseiller au parlement de Toulouse, ne crut pas devoir d'autre devoir à remplir envers son fils que de préparer à la sous-lieutenance, dont à quinze ans on obtenait d'emblée les insignes. C'était à cette époque chose fort rare en province qu'une éducation prolongée au delà de la quatorzième année et des premières humanités. Toute la noblesse, à l'exception de la petite portion destinée aux charges de magistrature, faisait son éducation dans le monde, et apprenait à revêtir d'un vernis brillant des habitudes oisives ou vicieuses. Ce fut dans le régiment de dragon, où il obtint bientôt une compagnie, que le jeune Cazalès fit son apprentissage de la vie politique. Des orgies de garnison, des discussions de café, des affaires de galanterie et d'honneur, préparaient aux orages de la tribune un homme qui jusqu'en 1789 ne connaissait rien au delà de ces plaisirs bruyants, qu'aurait remplacés à cinquante ans la vie casanière d'un château de Gascogne.

Il n'y a certainement dans l'histoire d'aucun peuple rien à comparer à cette subite transformation qui, des premiers jours de mai aux premiers jours de juin 1789, changea la face de la société française. Voici Cazalès, capitaine de la veille, constitué le premier défenseur de la plus vieille monarchie du monde, qui s'abîme sans secours. Cazalès fut l'homme que ce spectacle inouï frappa le plus vivement. Il tenait par toutes les puissances de son âme, par toutes les habitudes de sa vie, à la hiérarchie sociale sur laquelle on se ruait alors avec plus de passion que de prudence; et pourtant ce jeune homme, supérieur à son âge, à son éducation et à ses amis, comprenait parfaitement depuis longtemps la nécessité d'une réforme. Dans les discussions parlementaires qui suivirent l'assemblée des notables, Cazalès s'était prononcé avec une extrême énergie dans le sens des cours souveraines; il avait uni sa voix à celles qui de toutes parts réclamaient la convocation des états généraux, comme le seul moyen de rétablir l'ordre en France. Dès ce jour, un nouvel horizon s'était ouvert devant lui; il se mit sur les rangs pour représenter son ordre, et poursuivit son élection avec la même passion qu'il avait dépensée jusque-là à suivre une intrigue d'amour ou à vider une querelle. Repoussée à Toulouse et à Cahors, comme trop favorable aux idées nouvelles, sa candidature fut agréée au bailliage de Rivière-Verdun, et il y fut nommé député de la noblesse aux états généraux.

A quelque parti qu'on appartienne, on ne peut refuser son estime à cette fraction de la noblesse qui, admise aux états généraux, y venait pour consommer sans répugnance le sacrifice de ses priviléges personnels et nobiliaires, et ne mettait pour condition de ses votes que la conservation des bases essentielles de l'antique monarchie. Par son extrême facilité de parole et de conception, Cazalès devint dès l'abord le chef de cette partie de la noblesse. Il se déclara pour l'égale répartition de l'impôt, et prononça, pour déterminer l'arrêté du 23 mai, par lequel le premier ordre, non encore réuni au tiers, renonça spontanément à ses priviléges pécuniaires, un de ses discours les plus remarquables. Mais si Cazalès était libéral dans le sens de la constitution monarchique, ses convictions lui imposaient le devoir de combattre toutes les innovations qui tendaient à déplacer les bases du vieux droit public de la France.

Or, ce déplacement était le vœu formel du tiers état, qui, en refusant la délibération par ordres, déclarait implicitement se séparer de tout le passé. La bourgeoisie ne voulait rien devoir à la noblesse; elle entendait n'en rien accepter à titre de concession et d'octroi; elle était de plus disposée à se venger de longues humiliations, en abusant à son tour de la force qu'elle avait conquise. Rien de tout cela ne se trouvait sans doute dans les cahiers des bailliages; mais ces dispositions fermentaient dans le cœur de tous les députés du tiers, et quand ces députés, guidés par Mirabeau, Bailly et Sieyès, se déclarèrent assemblée constituante, ils trouvèrent force et appui dans tous les rangs de la bourgeoisie, encore qu'ils excédassent évidemment leurs pouvoirs. Cazalès protesta vivement contre la réunion des ordres, qui emportait en effet la destruction de la monarchie française, et, pour un temps plus ou moins éloigné,

la substitution du principe électif au principe héréditaire; et quoique la majorité de la noblesse, cédant successivement à l'exemple du clergé et aux conseils mêmes de Louis XVI, se fût réunie au troisième ordre, il partit et reprit le chemin de sa province.

Arrêté à Caussade, il demanda sa liberté à l'Assemblée, qui lui enjoignit de rentrer dans son sein. Dès ce jour, sa vie fut une lutte de tous les moments. Jamais sa parole, sensée, chaleureuse et facile, ne manqua à la défense d'une cause désespérée. Ne pouvant sauver la vieille monarchie, il en fit l'oraison funèbre; il s'inclinait avec respect devant ses débris, il invoquait et les gloires du passé et les terreurs d'un sombre avenir. Cazalès abordait rarement la tribune sans que des allusions aux *ordres* abolis, aux *provinces*, aux anciennes circonscriptions et aux vieux usages, à la gloire de la noblesse française, ne provoquassent dans l'assemblée des explosions de murmures, des trépignements de colère. Au milieu de ces interruptions vives et fréquentes, Cazalès savait s'échauffer sans cesser d'être maître de lui. Son éloquence, qui n'a rien d'abrupte et de superbe, comme celle de Mirabeau, rien de travaillé et de subtil, comme celle de Maury, rien d'agressif, comme celle de Barnave, est remarquable surtout par cette faculté de se posséder soi-même, qui n'excluait pas chez lui l'entraînement d'une sympathique chaleur. Ne pouvant défendre avec espoir de succès aucun des grands intérêts aristocratiques et religieux de son parti, il ne s'occupait plus guère que de sauver le pouvoir royal. C'était en rappelant aux députés leurs engagements et les vœux unanimes des bailliages qu'il luttait contre une majorité dont sa voix arrêta rarement les invasions successives.

Cazalès est de tous les orateurs de la droite à l'Assemblée constituante et depuis, celui qui a été le plus heureusement inspiré par l'esprit nobiliaire et par les affections monarchiques. Il représente son parti dans ce qu'il a d'exclusif, mais en même temps dans ce qu'il a de généreux; il le représente comme Barnave représente la bourgeoisie, alors confiante et audacieuse. Cazalès, noble et militaire, Barnave avocat et plébéien, sont les types d'existences entre lesquelles aucune transaction n'était possible. Ces deux hommes étaient presque toujours aux prises, et les traits acérés qu'ils se décochaient l'un à l'autre provoquèrent entre eux une rencontre dont l'un des témoins, M. Alexandre de Lameth, aimait à raconter les circonstances, comme un piquant souvenir de jeunesse. Les deux adversaires, avec cette politesse dont l'âcreté des luttes politiques a effacé les traditions, préludaient au combat par des traits heureux et de bon goût. « En vérité, monsieur Barnave, s'écriait Cazalès, en préparant son arme, je serais au désespoir de vous tuer, car je perdrais le plaisir de vous entendre. Quant à moi, Monsieur, répliquait Barnave, en ajustant son pistolet, je regretterais encore davantage de vous mettre sur le carreau: si vous me tuez, j'aurai au moins des successeurs à la tribune; mais si je vous tue, ce sera à mourir d'ennui lorsqu'il faudra écouter quelqu'un des vôtres. » Ces paroles étaient à peine échangées que Cazalès tomba frappé d'une balle à la tête, et Barnave se repentait déjà du mauvais service qu'il avait rendu à l'assemblée; mais la blessure était légère, et Cazalès fut promptement rétabli.

Nous ne retracerons pas dans cette courte notice la vie politique de Cazalès, mêlée à tous les travaux de l'Assemblée constituante; il faudrait rappeler les grandes discussions sur le veto, sur le droit de paix et de guerre, que l'on contestait au roi et que Mirabeau défendait avec. Cazalès; les débats sur les traitements ecclésiastiques, sur la constitution du clergé, sur les troubles de Montauban, de Nancy, de Nîmes, de Douay. Cazalès s'occupa beaucoup aussi des questions financières, qu'il exposait avec une lucidité peu commune; et on a de lui un travail sur le droit de succession, travail fort remarquable, inspiré par la loi romaine et par les idées de Montesquieu. Ces discours ont été recueillis et publiés en 1821.

Après l'évasion de Varennes et la suspension de la royauté, Cazalès vit bien qu'il n'y avait plus rien à faire à l'assemblée pour la cause à laquelle il avait dévoué sa vie. Il se retira auprès des princes, alors à Coblentz, qui lui avaient témoigné le désir de s'éclairer de ses conseils. Mais en arrivant dans cette triste cour, en se rencontrant face à face avec l'émigration, qu'il avait plusieurs fois blâmée du haut de la tribune, il comprit quel allait être son isolement au sein d'un parti dont il ne partageait pas les folles espérances, et dont il était séparé par l'élévation de sa pensée comme par l'indépendance de son caractère. Cazalès fut froidement reçu et ne fut jamais écouté; et l'émigration fit un garde-noble de celui dont elle aurait dû faire son premier ministre.

Depuis la campagne de 1792, Cazalès se décida à se fixer en Angleterre, qu'il quitta cependant bientôt après pour monter comme commissaire général royaliste à bord de l'escadre anglaise, destinée à seconder le mouvement insurrectionnel et contre-révolutionnaire de Toulon. Après cette expédition, Cazalès, las de la vie publique et toujours insensible à des intérêts personnels, refusa les lucratives fonctions que le gouvernement anglais voulut lui conférer dans les Antilles. Il n'avait plus au monde qu'une ambition, qu'une pensée : il voulait couronner sa vie par la défense de Louis XVI. Lorsqu'il ne fut plus possible d'ignorer quel sort la rage des factions réservait à l'auguste captif du Temple, Cazalès écrivit à Pétion, maire de Paris, et à la Convention nationale, deux lettres admirables de dévouement, de mesure et de convenance, pour solliciter l'autorisation de défendre la vie de celui qui avait été leur roi et qui était toujours le sien. Dans la lettre qu'il écrivit à Louis XVI pour implorer de lui cette suprême faveur, il se rend le témoignage « qu'il a défendu les droits du trône, sans que nul ait osé le soupçonner de ne pas aimer la liberté, et que dans les temps de malheur et de haine, où des serviteurs restés fidèles à la monarchie de leurs pères ont été livrés à toutes sortes d'outrages et de diffamation, il est le seul contre lequel aucune haine publique ou particulière n'ait été dirigée, et qu'à ce titre il peut peut-être défendre le roi avec quelque succès. »

L'autorisation ayant été refusée, Cazalès publia à Londres un mémoire pour Louis XVI. Bien que ce mémoire ne soit composé que sur le premier rapport de Mailhe, et qu'il soit antérieur à la découverte des papiers de l'armoire de fer, il est impossible d'établir d'une manière plus éclatante et l'iniquité de l'accusation et l'inconstitutionnalité de la procédure.

Monsieur, depuis Louis XVIII, arracha plusieurs fois Cazalès à son repos et à sa paisible vie de Londres, embellie par l'amitié d'Edmond Burke, qu'une manière de penser et de sentir si profondément sympathique à celle de Cazalès attacha bientôt à lui par les liens de la plus étroite intimité. Après le 18 fructidor, Cazalès fut chargé d'établir des rapports avec les principales victimes de cette journée, et il put se convaincre dans ses relations avec eux, et surtout avec Carnot, réfugié en Suisse, de l'impossibilité d'organiser alors en France une contre-révolution. Il rentra en France en 1803, et résista à tous les efforts que fit Napoléon pour l'attirer auprès de sa personne et le rattacher à son gouvernement. Ce refus lui fut une conséquence toute naturelle et toute simple de sa vie; et si Mme de Staël avait été moins vivement blessée du discours où Cazalès dévouait, avec trop d'amertume peut-être, M. Necker au mépris de la postérité, pour avoir déserté son poste au jour du péril, et d'un parallèle entre ce ministre et Strafford, elle se fût gardée de disputer l'honneur de ce désintéressement à la mémoire de Cazalès. Cet illustre proscrit ne dut à Napoléon que le bonheur de fouler encore la terre natale, et d'y vivre dans une condition voisine de la pauvreté. Un fils lui naquit dans sa retraite, et Burke voulut mettre sous le patronage de sa renommée l'avenir de l'enfant de son ami, en lui donnant son nom. Une maladie violente enleva Cazalès le 25 novembre 1805.

L. DE CARNÉ.

CAZALÈS (EDMOND DE), fils du précédent, né le 31 août 1804, à Grenade sur Garonne, fut juge auditeur à Provins de 1827 à 1829, puis professeur à l'université catholique de Louvain en Belgique de 1835 à 1837. En 1843 il prit les ordres, et fut alors nommé vicaire général et directeur du séminaire à Montauban. En 1848 les électeurs du département de Tarn-et-Garonne l'envoyèrent siéger à l'assemblée nationale constituante, où il se rattacha à la fraction de la rue de Poitiers; ils lui renouvelèrent encore leur mandat pour l'assemblée législative où il vota avec la droite.

L'abbé de Cazalès s'est distingué par ses efforts pour ranimer les vieilles croyances catholiques. Il a été l'un des collaborateurs actifs des *Annales de la philosophie chrétienne*, du *Correspondant*, de l'*Univers religieux*, de la *Revue européenne* et de la *Revue des Deux-Mondes*. Il a traduit de l'allemand *La Passion de Notre-Seigneur Jésus-Christ*, d'après les méditations de la sœur Anne-Catherine Emmerich, livre de piété qui a obtenu en France de nombreuses éditions.

CAZOTTE (JACQUES), naquit à Dijon en 1720. Un greffier des états de Bourgogne fut son père; les jésuites de sa ville natale furent ses précepteurs. Ses études achevées, un de ses frères, grand-vicaire de M. de Choiseul, évêque de Châlons-sur-Marne, l'appela à Paris pour y perfectionner son éducation. Cazotte entra ensuite dans l'administration de la marine; il parvint, en 1747, au grade de commissaire et partit pour la Martinique, pourvu de la charge de contrôleur des îles du Vent et d'excellentes lettres de recommandation de ses anciens maîtres pour le P. Lavalette, supérieur des missions de la colonie. La connaissance de ce jésuite devait lui coûter cher. Cazotte avait toujours eu du goût pour la poésie, et les rapports qu'il avait entretenus à Paris avec les littérateurs les plus célèbres de cette époque avaient allumé son amour pour les lettres. Il avait composé quelques fables, l'air et les paroles de quelques chansons et un livre, *Les Mille et une Fadaises*, dont il fit peu de cas dans la suite. De retour avec un congé, il se rendit à Paris, où il trouva une Dijonnaise, son amie d'enfance, Mme Poissonier, qui venait d'être choisie pour nourrice du duc de Bourgogne. Le sommeil des fils de rois n'est pas aussi facile que celui des enfants du peuple : il fallait endormir le jeune duc et l'on demandait des chansons. Le contrôleur de la Martinique composa la fameuse romance *Tout au beau milieu des Ardennes* et la chanson grivoise *Commère, il faut chauffer le lit*. Alors, ainsi qu'aujourd'hui, la censure n'avait pas ses entrées aux Tuileries, et les productions destinées aux princes échappaient sans peine à l'estampille des douaniers de la pensée.

Les couplets de Cazotte furent goûtés à la cour et à la ville. On trouva qu'ils pouvaient faire le sujet d'un poëme ou d'un roman plus étendu. L'auteur prêta l'oreille à ce conseil, et, durant sa traversée pour revenir à la Martinique, il commença *Ollivier*, qu'il acheva quelque temps après son arrivée dans la colonie. Lorsqu'en 1759 les Anglais attaquèrent le fort Saint-Pierre, Cazotte contribua puissamment par son zèle et son activité à rendre leurs efforts inutiles. Il fut l'un des sauveurs de l'île. Cependant le climat des Antilles n'était point favorable à sa santé : elle s'affaiblissait journellement. Il sollicita un nouveau congé, et débarqua en France au moment même où son frère venait de rendre le dernier soupir, en lui laissant une fortune considérable. Les honneurs avaient peu d'attraits pour Cazotte : une modeste aisance était ce qu'il avait toujours ambitionné. Ses vœux étaient plus que comblés. Il demanda sa retraite, et l'obtint avec le grade de commissaire général de marine. Avant de quitter la Martinique, il avait vendu ses plantations et ses nègres à son ami le P. Lavalette, contre des lettres de change tirées par le jésuite sur la compagnie. L'acheteur ne tarda pas à provoquer la destruction de son ordre par la plus scandaleuse banqueroute. Les traites dont Cazotte était porteur, furent protestées. Il se vit obligé d'intenter un procès à la compagnie, dont il avait été un des plus fervents disciples, et pour laquelle il conservait beaucoup d'amitié : sa confiance dans les bons pères lui coûta 50,000 fr.

Après avoir fait la triste expérience de l'attachement des jésuites, Cazotte, qui avait épousé Élisabeth Roignon, fille d'un de ses amis, juge principal de la Martinique, renonça entièrement aux affaires, et partagea son temps entre la société de Paris et le séjour d'une campagne que son frère lui avait léguée à Pierry, près d'Épernai. Sa conversation était vive et piquante, son esprit ardent, son cœur plein de loyauté et de bonhomie. Sa réputation franchit bientôt le cercle de ses amis. Ils tirèrent *Ollivier* de son portefeuille et le livrèrent au public. Le succès de cet ouvrage encouragea Cazotte et donna naissance au *Diable amoureux*, fiction originale, que l'Anglais Lewis a développée avec bonheur dans le roman du *Moine*, et an *Lord impromptu*, l'imbroglio peut-être le plus attachant qui existe. Ces productions furent lues avec avidité. Cazotte, poursuivant sa carrière, lia connaissance avec dom Chavis, moine d'Orient, à l'aide duquel il traduisit quatre volumes de contes arabes, qu'on trouve dans le recueil connu sous le titre de *Cabinet des Fées*, et qui font suite aux *Mille et une Nuits*. C'est dans l'un de ces contes que l'auteur du *Calife de Bagdad* a pris le sujet de ce charmant opéra. Dom Chavis, dans un jargon moitié français, moitié italien, expliquait à Cazotte, le plan de la nouvelle; et Cazotte, au sortir des cercles de la capitale, se mettait au travail souvent après minuit, et ne quittait ordinairement la plume qu'à quatre ou cinq heures du matin. Il avait alors soixante-dix ans.

Sa facilité était vraiment prodigieuse. Un de ses beaux-frères vantait un jour les comédies à ariettes, qui étaient alors dans leur nouveauté. « Donnez-moi donc un mot, s'écria Cazotte, et si sur ce mot je ne fais pas d'ici à demain une pièce de ce genre qui soit supportable, vos éloges seront mérités. » Un villageois entrait à l'instant avec ses sabots. « Eh bien! *sabots!* » s'écria le beau-frère. Cazotte accepte, congédie toute la société, à l'exception de Rameau, neveu du célèbre musicien, et la nuit leur suffit pour composer les paroles et la musique d'un opéra. La pièce, envoyée à Mᵐᵉ Bertin, fut jouée sur son petit théâtre. Des acteurs de la Comédie-Italienne la virent et la demandèrent à Cazotte, qui la leur accorda sans difficulté. On retoucha quelques scènes et quelques airs, et Cazotte eut ses entrées aux Italiens; mais jamais la pièce ne porta d'autre nom que ceux de Duny et de Sédaine, auteurs des corrections. On lisait dans une société des derniers chants arrivés du poëme de *La Guerre de Genève*, par Voltaire : « Vous n'avez encore que ceux-ci dit Cazotte, vous êtes bien en retard; il y en a d'autres. » Il rentre chez lui, fait un septième chant, où il saisit parfaitement le genre et le style de Voltaire, et amuse pendant plus de huit jours la cour et la ville par cette mystification. Quelque temps auparavant, il avait publié, sous le voile de l'anonyme, un conte en vers, intitulé *La Brunette anglaise*, que le public s'obstinait à attribuer à Voltaire, et que celui-ci ne désavouait pas. Les fables de Cazotte sont plus bizarres que naïves. Parmi ses nouvelles on remarque *L'honneur perdu et retrouvé*; *La patte du chat*; *Les mille et une fadaises*; *La guerre de l'Opéra*. On lui doit enfin des *Observations sur la Lettre de Rousseau au sujet de la musique française*.

Tout annonçait à ce spirituel vieillard un hiver exempt de douleurs et une mort douce et tranquille : cet espoir ne se réalisa point. Cazotte, dès le commencement de la révolution, s'était rangé parmi les ennemis les plus ardents de ses doctrines. Il s'en expliquait franchement dans ses lettres au son ami Ponteau, employé dans les bureaux de la liste civile. Cette correspondance fut saisie chez l'intendant Laporte, dans la journée du 10 août. Cazotte et sa fille Élisabeth, qui lui avait servi de secrétaire, furent arrêtés à Pierry, conduits dans la capitale et enfermés dans la prison de l'Abbaye. Un dévouement héroïque sauva l'auteur d'*Ollivier* à l'époque du massacre des prisons. Il allait être impitoyablement sacrifié comme ses compagnons d'infortune, quand Élisabeth, alors âgée de seize à dix-sept ans, se jeta à son cou, et lui faisant un bouclier de son corps : « Non, non, s'écria-t-elle, vous n'arriverez au cœur de mon père qu'après avoir percé le mien! » Les meurtriers s'arrêtent stupéfaits, le poignard s'échappe de leurs mains sanglantes, Cazotte et sa fille sont portés chez eux en triomphe. Cependant le vieillard est arrêté de nouveau, transféré à la Conciergerie et traduit devant le tribunal révolutionnaire, institué pour juger tout ce qui avait rapport *aux crimes du 10 août*. Il y subit un interrogatoire de trente-six heures, pendant lequel sa sérénité et sa présence d'esprit ne se démentirent pas un instant. Sa correspondance sert de preuves contre lui. « Pourquoi, dit l'accusateur public, faut-il que j'aie à vous trouver coupable après soixante-douze ans de vertu? Il ne suffit pas d'être bon fils, bon époux, bon père, il faut encore être bon citoyen. » Cazotte est condamné au dernier supplice. « Vieillard, dit le président d'une voix émue, envisage la mort sans crainte; songe qu'elle n'a pas le droit de t'étonner. Ce n'est pas un pareil moment qui doit effrayer un homme tel que toi. » Près de marcher à l'échafaud, Cazotte demande une plume, du papier, et écrit à sa famille : « O ma femme, mes enfants! ne me pleurez pas..., ne m'oubliez pas..., mais souvenez-vous de ne jamais offenser Dieu! » Il s'avance avec calme et résignation; sa taille est imposante, ses yeux bleus ont encore toute leur expression; ses cheveux blancs, séparés et ramenés en boucles sur ses épaules, donnent à toute sa personne un air patriarcal. Il monte l'escalier d'un pas assuré, et reçoit le coup de la mort le 25 septembre 1792. Son fils, *Jacques Scévole* CAZOTTE, est mort en juin 1853, âgé de quatre-vingt-neuf ans.

Cazotte avait plus d'enthousiasme que de prudence, et plus d'esprit que de jugement. La raison fut trop rarement le guide de sa conduite et la règle de ses opinions. Partisan des idées cabalistiques, il avait été entraîné à son insu dans cette doctrine monstrueuse, reproduite à différentes époques par des charlatans et adoptée par des dupes.

Eug. DE MONGLAVE.

CÉAN-BERMUDEZ (JUAN-AGOSTINO), archéologue espagnol distingué, naquit en 1749 à Gijon, dans les Asturies, fut l'ami intime de Jovellanos, et s'occupa de bonne heure de tout ce qui a trait aux beaux-arts ; à la connaissance desquels Raphaël Mengs l'avait initié. Il fut pendant quelque temps secrétaire du conseil des Indes à Madrid, et se retira plus tard à Séville, où il fonda une académie des beaux-arts, et se livra tout entier à l'étude de l'histoire de l'art. Les académies royales de l'histoire et des beaux-arts de Madrid l'élurent au nombre de leurs membres, et il mourut en 1829. Les ouvrages les plus remarquables qu'il ait publiés sont : *Diccionario historico de los mas illustres professores de las Bellas-Artes en España* (6 vol., Madrid, 1800) ; *Description artistica de la catedral de Sevilla* (Séville, 1804) ; *Descripcion artistica del hospital del Sangre de Sevilla* (Valence 1804) ; *Carta sobre el estilo y gusto en la pintura de la escuela Sevillana* (Cadix, 1806) ; et *Noticias de los arquitectos y arquitectura de España* (Madrid, 4 vol. in-4°, 1829). Nous devons encore faire mention des *Memorias para la vida del G. M. de Jovellanos* (Madrid, 1814), et son *Dialogo sobre el arte de la Pintura* (Séville, 1819). C'est seulement après sa mort qu'a paru son *Sumario de las antiguedades romanas que hay en España, en especial las pertenecientes a las bellas-artes*, ouvrage d'une si haute importance pour la géographie et l'archeologie de l'Espagne, et qui fut imprimé par ordre du roi (Madrid, 1832, in-fol).

CÉANOTHE, genre de plantes de la famille des rhamnacées et de la pentandrie monogynie, qui renferme des arbrisseaux d'Amérique et de la Nouvelle-Hollande, dont plusieurs espèces, cultivées dans nos serres et transportées dans nos jardins, contribuent aujourd'hui à leur ornement. Leur tige a 0^m,60 ou un mètre d'élévation ; leurs fleurs, disposées en grappes légères ou en panicules arrondis, sont blanches, jaunes, ou azurées. Ces plantes se multiplient de boutures et demandent une terre légère. On ignore d'où elles ont pris le nom de *céanothe* ; on sait seulement que Théophraste appelait ainsi (κεανοθος) une espèce de chardon.

CÉANS, vieux mot français, fait, dit-on, du latin *hic intus*, adverbe démonstratif du lieu où l'on est, où l'on se trouve. Ce mot, qui est peu usité aujourd'hui, et qui a toujours été d'ailleurs du style familier depuis qu'on l'a fait passer du barreau dans le monde, a été fréquemment employé autrefois, surtout par nos auteurs comiques, jusqu'au temps de Voltaire, qui dit quelque part :

. . . . Dès demain je prétends
Que l'ami du logis déniche de *céans*.

CEARA ou **CIARA**, l'une des dix-huit provinces du Brésil, sur la côte nord-est, bornée au nord par l'océan Atlantique, à l'ouest par la province de Piauhy, au sud par celle de Pernambuco, à l'est par celle de Rio grande del Norte, compte une population de plus de 180,000 âmes répartie sur une superficie de 1,100 myriamètres carrés. Sur la côte, ce pays paraît extrêmement plat et manquer de tout soulèvement du sol de quelque importance. Les seuls points un peu élevés qu'on y rencontre sont quelques contre-forts de la Serra do Mar et le pic de Mararanguape, qui sert à signaler aux navigateurs le port du chef-lieu. Mais quand on pénètre dans l'intérieur, on voit le sol s'élever sensiblement. Sa partie orientale est traversée par la large Serra Guamane. Au sud règne la Serra Borborema, qui s'étend jusqu'à Pernambuco; à l'ouest, dans la direction de la province de Piauhi, la Serra Ibiapaba; et à l'intérieur, la Serra do Botarite, qui se prolonge entre celles-ci et la Serra Guamane, située plus à l'est. Les côtes plates de cette province manquent de baies et de bons ancrages; les meilleurs ports sont encore ceux d'Aracaty, à l'embouchure du Jaguarybe, et celui de Sumacas, à l'embouchure du Camucim.

Le sol est en général sec et sablonneux. Il devient très-fertile au voisinage des rivières et aussi quand on pénètre davantage dans l'intérieur. La fécondité des districts de Villa-Viçosa, dans la Serra Ibiapaba, et de Villa-Nova del Rey, dans la Serra dos Cocos, embranchement de la Serra Borborema, est extrême. Le climat est très-chaud, et on y souffre souvent de grandes sécheresses (*Seccas*) et d'absences complètes de pluie, comme il arriva, par exemple, en 1825, où presque toutes les bêtes à cornes et presque toutes les bêtes de somme périrent, et où environ 30,000 individus trouvèrent la mort. Les cours d'eau, au nombre de seize, coulent tous dans la direction de la côte, et sont trop peu importants pour suffisamment arroser le sol. Le Jaguarybe est le plus remarquable de tous. En ce qui touche le règne minéral, la Ceara n'est pas aussi favorisée que d'autres provinces du Brésil. En fait de pierres précieuses, l'améthyste est celle qu'on y rencontre le plus fréquemment; pour cela, il n'y a plus que l'extraction de l'alun des mines de San-João do Principe qui offre de l'importance.

L'agriculture exploite les *Campos*, que les inondations des rivières rendent quelquefois très-fertiles. Le maïs y réussit parfaitement, de même que le riz et les fèves. La culture du coton y prend chaque jour une extension nouvelle, et l'exportation s'en fait surtout de Sumacas. La canne à sucre y est aussi cultivée par-ci par-là; il en est de même du manioc et du tabac. Les melons d'eau (*melancia*), dont il se fait une grande consommation, s'y rencontrent partout en abondance. De toutes les variétés d'arbres si nombreuses au Brésil, la province de Ceara ne possède guère que des palmiers, encore en assez petit nombre d'espèces; la plus belle et la plus utile est celle du palmier de Carnahuba, qui forme de vastes et épaisses forêts. Après l'agriculture, c'est surtout à l'élève des bêtes à cornes, des moutons et des chèvres qu'on se livre dans les *Campos*, qu'arrosent le Jaguarybe et ses affluents. Le coton forme ensuite le principal objet de commerce. La population est assez civilisée. Les tribus indiennes indigènes, auxquelles le christianisme a enlevé leur nationalité, font preuve d'une grande moralité, tandis que l'ignorance et la corruption dominent parmi le clergé, qui, par suite, n'a pu réussir à fonder des couvents dans le pays.

La province est divisée en deux *comarcas*. Le chef-lieu porte également le nom de *Ceara*; mais on lui donne aussi ceux de *Fortaleza* ou de *Villa-do-Forte* ou de *Nuestra-Senhora d'Assumpção*, et il est situé à l'embouchure du Ceara, dans une contrée pauvre et sablonneuse. On y compte 29,000 habitants. Son port, dont de fréquents brouillards rendent l'accès difficile, est protégé par une rangée d'écueils à fleur d'eau, mais va toujours s'ensablant davantage, de sorte que le principal entrepôt du commerce de la province se trouve à *Aracaty*, ville et port de mer situé plus à l'est et dont la population s'élève à 25,000 âmes. Parmi les autres localités d'une certaine importance, il faut mentionner *Ico*, au milieu d'une contrée où l'agriculture et l'élève du bétail donnent d'abondants produits. Les premiers établissements des Portugais datent ici du commencement du seizième siècle. En 1637, les Hollandais, secondés par les Indiens, surtout par les *Potiguaras*, réussirent aussi à y fonder quelques comptoirs ; mais ils négligèrent peu à peu ces possessions, qui dès lors partagèrent les destinées du Brésil.

CÉBÈS, philosophe thébain, disciple de Socrate, et dont Platon, dans le *Phédon*, fait mention comme étant de ceux qui assistèrent à la mort de l'illustre philosophe. Cébès est l'auteur de trois dialogues intitulés *Hebdomé*, *Phrynichus*, et *Pinax*, ou *le Tableau*. Ce dernier seul a survécu à la destruction, et toutefois ce n'est pas l'ouvrage d'un autre Cébès de Cyzique, ayant vécu au siècle de Marc-Aurèle, ainsi que Lucien et Athénée. Mais la question peut être fort controversée, et, parmi les arguments dont on se sert pour contester l'origine de ce dialogue, il en est de bien mauvais. On se fonde, par exemple, sur ce que, dans un passage de Suïdas, il est dit que *le Tableau* était l'exposition de ce qui se passe aux enfers, tandis que l'ouvrage que nous possédons est une image de la vie humaine; mais on ne fait pas attention que cet argument repose sur une faute de copiste, comme l'ont fait remarquer plusieurs philologues. Quoi qu'il en soit, ce *Tableau* est un excellent ouvrage allégorique et philosophique dans l'esprit de la doctrine de Socrate, qui excita un grand enthousiasme quand il revit le jour à la fin du quinzième siècle. Les éditions les plus estimées sont celles de Gronove (Amsterdam, 1689), de Heyne (Varsovie, 1770), de Schweighæuser (Strasbourg, 1806), et de Korais (Paris, 1826). Il a été imprimé souvent avec le *Manuel d'Épictète*, avec les fragments de Théognis et de Pythagore. On en a plusieurs traductions françaises; la meilleure est celle de Thurot.   P. DE GOLBÉRY.

CÉBIENS (de *cebus*, nom latin du genre *sajou*), comprennent la tribu des singes qui, dans la classification de M. Isid. Geoffroy Saint-Hilaire, renferme un nombre considérable de ces animaux. Ce sont les singes américains de Buffon, moins les ouistitis, qui s'en distinguent par le nombre de dents, et par des ongles en griffes. Les cébiens comprennent les dix genres *saïmiri*, *callitriche*, *nyctipithèque*, *sajou*, *lagotriche*, *ériode*, *atèle*, *hurleur*, *saki* et *brachyure*.

CÉBRION, genre d'insectes coléoptères pentamères, de la famille des malacodermes, tribu des cébrionites. Ces insectes sont remarquables par les différences énormes qui existent entre les deux sexes. Le mâle a des antennes très-longues, les pattes grêles, les élytres longues, amincies et recouvrant l'extrémité de l'abdomen; il est ailé. La femelle a les antennes très-courtes, les pattes renflées, les élytres courtes, écartées et laissant à découvert l'extrémité de l'abdomen, qui se termine par une longue tarière; elle est aptère.

CÉCIDOMYIE (de κηκις, galle, excroissance, et μυια, mouche), genre de diptères némocères, famille des tipulaires, tribu des gallicoles, ainsi caractérisé : Tête hémisphérique; antennes de la longueur du corps, ordinairement de vingt-quatre articles dans les mâles, de quatorze dans les femelles, les deux premiers courts et ceux qui suivent, ayant le premier article des tarses très-court et le deuxième très-long; ailes frangées, à trois nervures longitudinales. Les femelles sont munies d'un oviducte rétractile, en forme de tarière, qui leur sert à percer certaines plantes pour y déposer leurs œufs. Il se forme, à l'endroit de la blessure, une espèce de galle qui prend un grand accroissement; cette galle renferme la larve, qui y trouve à la fois l'abri et la nourriture, et qui n'en sort qu'à l'état d'insecte parfait. Les excroissances occasionnées par la piqûre des cécidomyies acquièrent quelquefois des dimensions considérables, et ont des formes très-variables. On les rencontre le plus souvent sur les pins, les genévriers, le lotier, la vesce, le genêt commun, etc. On connaît plus de vingt espèces de ce genre; presque toutes habitent l'Europe et même les environs de Paris. Il faut en excepter la *cécidomyie destructive*, qui fait beaucoup de tort aux blés de l'Amérique septentrionale. Les Américains l'appellent *mouche de Hesse*, parce qu'ils croient qu'elle leur a été importée dans la paille que les Hessois faisant partie de l'armée anglaise apportèrent avec eux lors de la guerre de l'Indépendance.

CÉCIL (William), lord BURLEIGH ou BURGHLEY, secrétaire d'État sous les règnes d'Édouard VI et de la reine Élisabeth, plus tard grand trésorier de la couronne, naquit en 1520 à Bourne, dans le comté de Lincoln, étudia le droit à Cambridge et à Londres, et suivant l'usage de besoins de cette époque acquit également une remarquable habileté dans les sciences théologiques. Ce fut là ce qui lui valut l'amitié de Henri VIII et lui ouvrit la carrière politique. Après la mort de ce monarque, lorsque le duc de Somerset, nommé *protecteur* pendant la minorité d'Édouard VI, appela les protestants à prendre part à l'administration. Cécil, à l'époque de la campagne d'Écosse, fut nommé maître des requêtes; et il s'acquitta si bien de ces fonctions qu'en 1548 le protecteur l'éleva au poste de secrétaire d'État. Lors de la chute du protecteur (15 octobre 1549), Cécil, lui aussi, fut mis à la Tour; mais, tandis que le duc de Somerset portait sa tête sur l'échafaud, il était trois mois plus tard rendu à la liberté et même réintégré dans l'exercice de sa charge, parce que le duc de Northumberland, qui s'était emparé des rênes de l'administration, comprit de quelle utilité Cécil pouvait lui être. Quand, peu de temps avant la mort du maladif monarque, le duc lui fit signer un acte en vertu duquel les deux sœurs du roi, Marie et Élisabeth, étaient écartées de la succession au trône au profit de la princesse Jeanne Grey, Cécil ne consentit à le contre-signer qu'à titre de *témoin* ; précaution qui lui sauva la liberté et la vie lors de l'avènement à la couronne de Marie. Mais en sa qualité de protestant zélé, il renonça sous ce règne à ses fonctions de ministre, et fit en toute circonstance preuve d'un grand attachement pour la princesse Élisabeth. Celle-ci ne fut pas plutôt montée sur le trône (1558), qu'elle nomma Cécil secrétaire d'État; et jusqu'à la mort de cette souveraine il conserva sa plus entière confiance.

Dans cette longue carrière ministérielle, il brilla moins par une politique ingénieuse que par son activité et sa prudence. Il consolida la nouvelle église, travailla à rendre le pouvoir absolu, et s'efforça de soumettre l'Écosse et de débarasser Élisabeth de Marie-Stuart. L'influence qu'il réussit à exercer sur les élections amena, au mois de janvier 1559, la réunion d'un parlement favorable au protestantisme, qui confirma la légitimité de la reine Élisabeth, et par une série de bills institua l'Église protestante en même temps qu'il établit des évêques indépendants du siège de Rome et ne relevant que de la couronne d'Angleterre. Comme les catholiques plaçaient maintenant tout leur espoir dans l'Écosse et la reine Marie, mariée au roi de France, François II, qu'ils considéraient comme la seule reine légitime de l'Angleterre, cette situation éveilla toute la sollicitude de Cécil. Il représenta à Élisabeth ce que pouvait avoir de dangereux pour elle-même et pour l'Angleterre la réunion sur la même tête des couronnes de France et d'Écosse. En 1560, il la détermina à traiter avec les protestants d'Écosse, et même à faire marcher une armée à leur secours. La convention d'Édimbourg, à la conclusion de laquelle Cécil contribua personnellement, donna une complète victoire à sa politique et à celle d'Élisabeth. Quand Marie revint en Écosse, il réussit par ses intrigues à faire échouer tous les plans qu'elle avait conçus pour soutenir le catholicisme, et à rendre de plus en plus tranchée la scission entre elle et les protestants. Les événements survenus en Écosse ayant contraint Marie, en 1568, à chercher un refuge en Angleterre, Cécil conseilla à Élisabeth de retenir, sous divers prétextes, sa rivale prisonnière au château de Carlisle. Cette conduite odieuse provoqua en faveur de la victime, d'abord des menées et des conspirations, puis des insurrections, dont la vigilance seule de Cécil put triompher; et Élisabeth; l'en récompensa en l'élevant à la dignité de lord et de pair du royaume. Il enlaça alors de plus en plus la malheureuse Marie dans un réseau d'espionnage et de trahisons, et profita des intrigues de ses adhérents pour l'envoyer enfin à l'échafaud.

Après le supplice de Marie-Stuart, Cécil parut avoir perdu la faveur d'Élisabeth ; mais il lui avait rendu des services trop essentiels pour que cette disgrâce pût être de longue durée. Son habileté parvint à mettre Élisabeth en mesure d'annihiler complétement le pouvoir du parlement, et de faire désormais de la suprématie en matières spirituelles l'une des prérogatives de la couronne. Quand en 1588 la guerre éclata avec l'Espagne, Cécil organisa son emprunt forcé, également réparti entre toutes les classes de citoyens, et rendit de la sorte le trésor royal indépendant des volontés de la chambre des communes. Des considérations financières le déterminèrent de même à instituer une cour suprême (*court for the correction of all abuses*) chargée, disait-on, de porter remède à tous les abus existant soit dans l'administration de la justice, soit dans les mœurs. L'un de ses derniers services qu'il rendit à son pays fut un traité avantageux d'Angleterre, qu'il conclut avec l'Espagne, et dans la négociation duquel il eut à lutter contre l'opposition du comte d'Essex.

Cécil mourut le 4 août 1598, après avoir dirigé les affaires de l'Angleterre pendant quarante années. Son caractère privé fut irréprochable. Consultez *Memoirs of the life and administration of William Cecil, lord Burghley* (3 vol. Londres, 1828-1832). Son fils, *Robert* CÉCIL, comte de Salisbury, après avoir été ambassadeur près de la cour de France, fut élevé, en 1596, par la reine Élisabeth, au poste de secrétaire d'État; et, de même que son père, il posséda la confiance de la souveraine jusqu'à sa mort. Jacques Ier, qu'il avait contribué en secret à faire arriver au trône, le créa *comte de Salisbury*, quoique ce fût la politique plutôt qu'une affection personnelle qui l'attachât à ce prince. Il mourut en 1612.

CÉCILE (Sainte), vierge et martyre, issue d'une noble famille romaine, fut élevée dans le christianisme au sein d'une famille païenne. Obligée par ses parents de s'engager dans le mariage, elle convertit Valérien, son époux, le premier jour de ses noces, sans enfreindre le vœu de virginité perpétuelle qu'elle avait fait dans sa plus tendre jeunesse : enfin, elle souffrit le martyre, à Rome, vers l'an 230, sous le préfet Almaque, pendant le règne d'Alexandre-Sévère. Fortunat, de Poitiers, le plus ancien auteur qui ait parlé de cette sainte, la fait mourir en Sicile, entre les années 176 et 180, sous les empereurs Commode et Marc-Aurèle : c'est de là que son corps aurait été transporté à Rome. Le nom de sainte Cécile se trouve dans les plus anciens martyrologes, son office dans les missels les plus anciens, et l'église l'a placée dans le canon de la messe comme vierge et martyre. Sainte Cécile cultivait la musique, et s'accompagnait des instruments en chantant les louanges du Seigneur : c'est pour ce motif que les musiciens l'ont choisie pour leur patronne. La vie de sainte Cécile a fourni le sujet de plusieurs tableaux admirables, entre autres ceux de Raphael et du Dominiquin. Santeul a composé trois belles hymnes latines pour le jour de sa fête, qui se célèbre le 22 novembre. Les hymnes de Santeul ont été souvent mises en musique et chantées, comme morceaux d'offertoire, aux messes que les musiciens exécutent avec grande pompe en l'honneur de leur patronne. L'ode à sainte Cécile est une des meilleures productions du poète anglais Dryden. CASTIL-BLAZE.

CÉCILIE (de *cæcus*, aveugle), genre de reptiles fort singuliers, ainsi nommés à cause de l'extrême petitesse de leurs yeux, qui sont à peu près cachés sous la peau. Si l'on parvient à connaître un jour que ces animaux éprouvent, comme les grenouilles et les salamandres, quelques métamorphoses, il faudra les ranger dans la classe des amphibiens. Cuvier en a formé la troisième et dernière famille des *ophidiens*, sous le nom de *serpents nus*. Leur corps, cylindrique, est dépourvu de membres, et recouvert d'une peau lisse, visqueuse comme celle des anguilles, qui présente des plis transverses sur les côtés. Les corps de leurs vertèbres ressemblent à ceux des vertèbres des poissons. Leurs côtes ne sont point assez longues pour entourer complétement le tronc. Leur tête osseuse offre en dessus la forme d'un bouclier osseux. Les dents, aiguës et recourbées, ressemblent à celles des serpents proprement dits. La bouche est peu fendue. L'anus est rond, et situé presque à l'extrémité du corps. Ce genre renferme une dizaine d'espèces, qui se trouvent, les unes dans l'Amérique méridionale (Mexique, Brésil, Guyane), d'autres dans l'Inde (Java, Malabar, Ceylan), et d'autres en Afrique (îles Seychelles et Gabon). Ces animaux restent longtemps sous la terre. On croit qu'ils mangent de l'humus, parce qu'on en a trouvé dans leur estomac. Il paraît qu'ils pondent des œufs à coque demi-membraneuse et réunis en longues chaînes.

Les anciens donnaient aussi le nom de *cécilie* à l'orvet, petit serpent que l'on appelle encore *aveugle* dans plusieurs pays de l'Europe, quoiqu'il ait de fort beaux yeux.
L. LAURENT.

CÉCILIUS STATIUS, poète comique latin, Gaulois d'origine, naquit à Milan. Il était esclave; mais il fut affranchi lorsque son talent lui eut acquis quelque réputation. Il était le contemporain et l'ami intime d'Ennius, auquel il ne survécut qu'une année. Il avait composé quarante comédies, dont il ne nous reste plus que des fragments recueillis par Henri Estienne dans ses *Fragmenta Poetarum veterum*. Horace lui accorde le mérite de la gravité; Varron celui de bien choisir le sujet de ses pièces et d'en disposer le plan avec art; à cet égard il lui donne même le pas sur Térence; Quintillien le place entre Plaute et Térence; mais Cicéron lui reproche les incorrections de son style, et Aulu-Gelle l'accuse d'avoir défiguré les sujets qu'il empruntait à Ménandre. Cécilius est surtout connu par l'accueil qu'il fit à Térence. Très-jeune et encore inconnu, l'auteur de *l'Andrienne* avait été envoyé auprès de lui par les édiles, pour que Céci-

lius prononçât sur le mérite de cette pièce. Le vieux poète était à table quand Térence entra; il lui fit donner un petit siége; mais à peine avait-il entendu lire la première scène qu'il se leva et fit asseoir son jeune émule à ses côtés; *l'Andrienne* fut bientôt représentée grâce à ses chaleureuses recommandations : rare exemple de justice et de bienveillance renouvelé depuis par Apostolo Zeno à l'égard de Métastase.

CÉCITÉ (en latin *cæcitas*). On entend par ce mot la privation de la faculté de voir. Cet état ne constitue pas une maladie, mais il est le résultat de quelque autre affection qui s'oppose à l'arrivée des rayons lumineux dans la profondeur du globe oculaire. Ainsi sont atteints de cécité ceux qui sont affectés d'ophthalmie intense, de taies, d'ulcères, de sthaphylôme de la cornée, de l'occlusion de la membrane papillaire, de cataracte, etc.

CÉCOGRAPHIE (de *cæcus*, aveugle, et γραφειν, écrire). Les aveugles, en général, compensent par la délicatesse du toucher, qu'ils possèdent au plus haut degré, l'absence du sens de la vue ; aussi sont-ils capables d'apprendre toutes sortes d'arts et de sciences. Voici en peu de mots la manière très-simple de leur montrer à écrire : dans une table de métal sont gravés en creux les divers caractères de l'alphabet; le jeune aveugle, tenant un stylet dans la main droite, suit les contours de ces caractères. Après un exercice plus ou moins long, changeant le stylet pour un crayon, il est en état de tracer toutes les lettres sur le papier; mais il a encore à surmonter plusieurs difficultés : il est incapable d'écrire les caractères sur une même ligne droite de façon qu'étant assez rapprochés, ils ne s'entre-coupent pas. On lève cet obstacle à l'aide d'un instrument fort simple : représentez-vous un gril formé de fils de métal ou de toute autre matière; ces fils sont espacés d'une quantité égale à celle qu'on se propose de donner aux lignes d'écriture. La feuille de papier étant placée immédiatement au-dessous du gril, l'aveugle-écrivain trace nécessairement ses lettres en ligne droite, et, pour que la lettre qui doit suivre celle qu'il vient de former, en soit distinctement séparée, il suit la marche du crayon avec l'index de la main gauche. Il est aisé de concevoir qu'avec de l'exercice l'aveugle peut ainsi apprendre à écrire d'une manière passable.

CÉCROPS, premier roi de l'Attique (à laquelle était jointe alors la Béotie), ou du moins le premier des chefs de cette contrée qui ait laissé des souvenirs par des institutions de famille, et qui ait commencé à la doter d'un principe de civilisation durable. Il était venu d'Egypte, et aborda, dit-on, en Attique, vers 1550 avant J.-C. Cent-quatre-vingt neuf ans avant ce chef, un prince nommé Ogygès y avait conduit une colonie de Pélasges. On attribue, peut-être avec un peu de complaisance, à Cécrops l'honneur d'avoir répandu tous les éléments de la vie sociale, l'institution du mariage, des dieux positifs et possédant un nom et des attributs, à la place des dieux vagues et incertains, la culture de la vigne, des temples ou enceintes sacrées, qui servaient aux habitants de centres de réunion. La défense de sacrifier aux dieux rien qui eût eu vie (Paus., VIII, 2) fait entrevoir les efforts de Cécrops pour abolir les sacrifices humains, en usage chez les Pélasges, surtout en Arcadie, et dont le sacrifice d'Iphigénie atteste la continuation plusieurs siècles après dans d'autres contrées de la Grèce.

Ce qu'il y a de plus clair dans tout ce que l'on dit de Cécrops; c'est que ce prince rapporta d'Egypte le personnage mythologique et le culte d'*Athêna* ou Minerve, la *Neïtha* de sa terre patrie, et celui de *Poseidon* ou Neptune, peut-être pour enseigner à ses nouveaux sujets l'importance de la navigation et sanctifier en quelque sorte sa propre arrivée par mer en Attique. Les attributs de ces deux divinités, tels qu'ils étaient alors admis, ne sont même pas bien connus, et si l'olivier croissant sous les auspices de Minerve, on ne sait si dès lors le cheval bondissait sous la protection

48.

de Neptune. Rien, en effet, n'a été plus mobile que les idées cosmogoniques, morales ou politiques attachés par les Grecs à leurs diverses divinités.

L'honneur d'avoir fondé l'aréopage, ce célèbre tribunal d'une sagesse presque divine, n'appartient pas sans conteste à Cécrops; et si cette institution dura si longtemps, ce serait peut-être une raison de croire quelle date d'une époque plus récente, du moins en ce qu'elle eut de grand, de regulier et de sage. Cécrops est donc un nom chronologique plutôt qu'un personnage authentique; nom sous lequel la tradition a bien pu successivement grouper les faits et gestes de divers personnages ayant joué un rôle plus ou moins important dans l'histoire primitive de diverses contrées de la Grèce, notamment de la Béotie. Les mythes grecs représentent Cécrops comme un être moitié homme et moitié dragon.
François GAIL.

CÉDILLE. On a défini la cédille une *petite virgule qui sert à adoucir le c*. Cependant, dit Ch. Nodier, « il n'y a aucun rapport, entre une virgule et une cédille; la cédille n'adoucit pas le c, elle le métamorphose. Il faut dire : signe qui donne au c la valeur de l's, devant l'a, l'o, l'u et leurs nasales; et convenir, s'il y a lieu, qu'il est fort ridicule d'employer ce signe pour donner à une lettre une fausse valeur, qui réside dans un des autres éléments de la langue. » Il est néanmoins difficile de souscrire à cette excommunication lancée contre la cédille, qu'on ne pourrait remplacer par la lettre *s* dans tous les mots où l'on rencontre le ç. Il est clair, par exemple, que la prononciation des mots *façade*, *façon*, *caparaçon*, etc., et de tous ceux où le ç se trouve entre deux voyelles, devrait changer avec la substitution de l'*s*, qui, d'après une règle générale, prend le son du *z* lorsqu'elle est placée au milieu d'une syllabe entre deux voyelles.

Quant à la figure de la cédille, il faut reconnaitre qu'elle s'est insensiblement éloignée de celle qui lui attribue son origine, et qu'elle a, en effet, dans nos anciens livres et imprimés, c'est-à-dire celle d'un *petit c*, en espagnol *cedilla*, d'où a été fait notre mot *cédille*. Ce qu'il y a de bizarre aujourd'hui dans cette étymologie, c'est que les Espagnols ont totalement banni depuis longtemps de la langue écrite et de l'impression le ç (*C con cedilla*), pour y substituer partout l's et le z. Nous voilà donc héritiers d'un signe répudié par ceux-là mêmes de qui nous le tenions, à moins qu'on n'en pense découvrir le type primitif dans le *sigma* des Grecs, ainsi figuré ς.

Ajoutons d'ailleurs en faveur du ç, que sa destination spéciale est d'indiquer l'étymologie de certains mots, et de leur servir de lettre *caractéristique* en transmettant du radical au dérivé, non-seulement la forme, mais encore la prononciation qui les fait reconnaître comme appartenant à la même famille. Ainsi le mot *façade*, est fait du mot face dans lequel le c est doux ; le mot *façon* vient du verbe *facere*; le mot *caparaçon* a été emprunté aux Espagnols, qui l'écrivent aujourd'hui *caparazon*, mais le prononcent avec un accent qui approche bien plutôt du ç que du z; ainsi les mots *glace*, *glacer* ont dû former les mots *glaçant* et *glaçon*; de *menace* on a dû faire *menaçant*; de *France*, *Français*; etc.
Edme HÉREAU.

CÉDO-NULLI, nom vulgaire de deux coquilles, l'une du genre *cône*, l'autre du genre *came*. Ce nom, qui signifie : *je ne le cède à nulle autre*, indique la beauté peu commune de ces coquilles.

CÉDRAT, fruit du *cédratier* (*citrus medica*, Risso), espèce du genre *citronnier*. Le cédrat se distingue par la grande épaisseur de son écorce proportionnellement au faible volume de sa portion pulpeuse, qui est fort peu succulente, moins acide et moins parfumée que celle des limons; aussi on ne fait guère usage que de cette écorce, que l'on confit au sucre : c'est ce que dans le commerce on nomme *cédrats confits*.

L'*huile essentielle de cédrat*, employée dans la parfumerie, est une huile volatile d'un arôme fort agréable, et que l'on obtient par la distillation des restes de cédrats. L'odeur de cette huile est analogue à celle des huiles de bergamote et de citron, dont elle a les propriétés.

CÈDRE. Cet arbre majestueux est célèbre dans toute l'antiquité par la beauté imposante de son port et par l'incorruptibilité attribuée à son bois. Tournefort plaça le cèdre dans son genre *mélèze*, et Linné en fit une espèce de *pin*. Mais M. Richard a proposé de le considérer comme le type d'un nouveau genre, appartenant à la famille des conifères de Jussieu, et qu'il caractérise de la manière suivante : Les fleurs sont monoïques, formant des chatons; les chatons mâles sont ovoïde-allongés; chaque fleur se compose d'une seule étamine obovoïde-allongée, marquée d'un sillon profond, et se terminant supérieurement par une lame dressée au sommet desquels ils sont solitaires; ils semblent ovoïdes, oblongs, presque cylindriques, formés d'écailles imbriquées, très-obtuses, qui offrent à leur base externe une seconde écaille beaucoup plus petite. A la partie intérieure de la face interne de chaque écaille, on trouve deux fleurs renversées, intimement confondues avec l'écaille par leur partie supérieure; leur calice forme un petit tube recourbé en dehors, proéminent et irrégulièrement denticulé à son ouverture; on observe dans son fond un ovaire tout à fait libre. Les cônes sont ovoïdes, arrondis, dressés, et terminent les jeunes ramifications de la tige; à la base de chaque écaille existent deux fruits qui se terminent supérieurement et latéralement pour une aile longue et membraneuse, qui part d'un seul côté; la graine contenue dans ces fruits a son tégument mince, recouvrant un endosperme blanc et charnu, dans lequel on trouve un embryon basique, cylindrique, offrant de neuf à douze cotylédons.

Ce genre contient trois espèces: le *cèdre du Liban*, le *cèdre de l'Atlas et le cèdre Deodara*. Le cèdre du Liban (*cedrus libani*, Barrelier), *cedrus* des Latins, κέδρος des Grecs, *arez* des Hébreux, est un des plus beaux et des plus grands arbres que l'on connaisse. Il atteint jusqu'à trente-deux mètres de hauteur, et son tronc, avec les années, huit ou dix mètres, et même plus, de circonférence. Il se divise en ramifications nombreuses, qui s'étendent horizontalement, excepté celles du centre, qui sont dressées et presque verticales. Les feuilles sont courtes, subulées, éparses sur les jeunes rameaux, solitaires et persistantes. Les cônes qui succèdent aux chatons des fleurs femelles sont ovoïdes, composés d'écailles coriaces, imbriquées, très-serrées, et il faut plus d'un an pour que les graines qu'ils renferment parviennent à leur maturité. Cet arbre, qui formait au temps de Salomon de magnifiques forêts sur les pentes du Liban, y est maintenant devenu très-rare, et Labillardière qui visita cette montagne en 1787, évalue à une centaine au plus le nombre des cèdres qui s'y trouvaient épars çà et là. Cette espèce n'est d'ailleurs pas particulière à cette contrée : elle se retrouve dans l'Asie-Mineure, sur le mont Taurus et sur le mont Aman; mais aucun voyageur moderne ne parait l'avoir observée en Crète ni en Chypre, où elle a été indiquée par les anciens. D'ailleurs, elle est aujourd'hui tout à fait naturalisée dans nos climats, et l'on voit souvent de superbes individus dans les parcs et dans les grands jardins. L'un des plus beaux, et des plus anciens que nous ayons en France est celui que l'on admire dans la partie du Jardin des Plantes de Paris connue sous le nom de *Labyrinthe*. Il fut apporté d'Angleterre, en 1734, par Bernard de Jussieu, et il forme aujourd'hui un vaste dôme de verdure. Malheureusement, sa flèche ayant été détruite par accident, il a cessé depuis lors de s'élever; mais ses branches se sont d'autant plus étendues latéralement. C'est au mois d'octobre que le cèdre fleurit dans notre climat. Son bois est léger, d'un blanc roussâtre, veiné, en un mot assez difficile à dis-

CÈDRE — CEINTURE

tinguer de celui du pin sauvage. Il est sujet à se fendre par l'effet de la dessiccation, ce qui fait qu'il tient mal les clous, comme l'avaient remarqué les anciens. Quant à l'incorruptibilité qu'ils lui attribuaient, et qui les déterminait à l'employer pour les statues des dieux, c'est une propriété que les modernes sont bien loin de lui reconnaître, et plusieurs regardent même le bois de cèdre comme inférieur en qualité à celui de sapin. Cependant, moins pesant que ce dernier, le bois de cèdre est compacte, solide, résineux, odoriférant, rougeâtre, ou d'un jaune tendre un peu fauve, veiné et moiré de rouge, parsemé de nœuds très-résineux et très-durs, qui, ainsi que ceux du sapin, semblent comme des chevilles qui auraient été implantées dans l'arbre sur pied. Il a le grain fin et reçoit un beau poli. Il est employé dans l'ébénisterie et la marqueterie, et peut servir aux grandes constructions, comme le prouve la description du temple de Salomon. Il se vend chez nous assez généralement en billes et quelquefois en planches.

Le *cèdre* de l'Atlas, *cèdre* d'Afrique ou *cèdre* argenté (*cedrus argentea*, Renou), que quelques botanistes ne regardent que comme une variété du cèdre du Liban, est au moins aussi vigoureux et aussi rustique que ce dernier, dont il diffère par l'aspect de son feuillage un peu glauque et beaucoup moins sombre que celui du cèdre d'Orient. Il forme les sept dixièmes environ du peuplement de la forêt de Mouzaïa, près de Blidah. Son bois, d'un blanc nuancé de jaune, est moins pesant encore que celui de l'espèce précédente.

Le cèdre Deodara, cèdre de l'Inde ou cèdre des monts Himalaya (cedrus Deodara, Roxburgh), à feuillage tout à fait glauque et blanchâtre, à rameaux plus flexibles et plus inclinés que ceux du cèdre du Liban, croît spontanément au nord de l'Inde, dans le Népaul et sur les montagnes indotatares, où on le trouve quelquefois vers 3,600 mètres audessus du niveau de la mer.

On a donné à tort le nom de *cèdre* à différents arbres, surtout à des cyprès et des genévriers; ainsi l'on a appelé : *cèdre blanc*, le *cupressus thuyoïdes*; *cèdre de Busaco*, le *cupressus pendula*; *cèdre d'encens* et *cèdre d'Espagne*, le *juniperus thurifera*; *cèdre de Lycie*, le *juniperus phænicea*; *cèdre des Bermudes*, le *juniperus bermudiana*; *cèdre rouge*, *cèdre de la Caroline* et *cèdre de l'Virginie*, le *juniperus virginiana* ; ce nom de *cèdre rouge* a aussi été donné à l'*irica altissima*; enfin on a appelé *cèdre acajou* et *cèdre mahogoni* le *swietenia mahogoni* (*voyez* ACAJOU) et le *cedrela odorata* (*voyez* CÉDREL).

CÉDREL, grand et bel arbre de l'Amérique méridionale, qui forme un genre dans la famille des méliacées, de la pentandrie monogynie, et que l'on nomme vulgairement *l'acajou à planches*. Le *cedrela odorata* sert à la construction des pirogues et des boiseries, et offre cette particularité, que son odeur aromatique et peut-être aussi sa saveur amère éloignent les insectes.

CÉDRÉNUS (GEORGES), compilateur sans goût et sans discernement, qui a écrit une chronique depuis le commencement du monde jusqu'à Isaac Comnène, en 1057. Ce personnage a fort embarrassé les biographes, parce qu'on a aucun détail sur sa vie. Seulement Xylander, son éditeur, a conjecturé, d'après plusieurs passages de son livre, qu'il était prêtre ou même moine. Cédrénus a copié surtout Georges Syncelle jusqu'à Dioclétien, puis Théophane et Jean Tzetzes. Ce fatras a été imprimé à Bâle en 1566 et à Paris en 1647, avec la version de Xylander, les notes de Jacques Goar et le glossaire de Charles Annibal Fabrot. Dans son *Cours d'histoire*, Daunou l'appelle *le crédule Cédrénus*. Son ouvrage fait partie de la collection des histoires byzantines; il a été imprimé souvent avec ceux de Jean Scylitzès. P. DE GOLBÉRY.

CÉDULE (du grec σχέδη, feuille de papier, de parchemin ou d'écorce d'arbre). C'est un acte qui est donné par le juge de paix dans les cas urgents, et en toutes matières de sa compétence, pour abréger le délai des assignations et permettre de citer même dans le jour et à l'heure indiqués. (Art. 6 du Code de Procédure civile). L'article 146 du Code d'Instruction criminelle contient le même principe pour les tribunaux de police. Le juge de paix délivre encore une *cédule* pour appeler les experts, en exécution du jugement qui ordonne une opération des gens de l'art (Art. 29 du Code de Procédure civile).

On appelle également de ce nom l'écrit ou le billet sous signature privée par lequel on reconnaît devoir une somme ; aussi l'article 2,274 du Code Napoléon fait-il du mot *cédule* le synonyme d'obligation.

CÉFALU, le *Kephalædis* ou *Cephalodium* des anciens, est situé à environ 6 myriamètres de Palerme, sur la côte septentrionale de la Sicile, dans le *Val di Demona* (intendance de Palerme), sur un promontoire qui s'avance fort avant dans la mer, d'où le nom grec donné à cette ville, qui est assez régulièrement bâtie et renferme environ 9,000 habitants. Cette population se livre avec beaucoup d'activité à la pêche et au commerce. Céfalu est le siège d'un évêché, et on y a tout récemment créé une école de navigation. Un château, construit sur une hauteur qui domine la ville, peut au besoin servir à la défendre. En fait d'édifices publics, on cite la cathédrale, ornée d'une belle façade.

CEINTRE (*Architecture*). *Voyez* CINTRE.

CEINTRE, CEINTRER. En marine, on nomme *ceintre* une sorte de bourrelet fait avec un vieux bout de cordage, et qui sert à être mis en ceinture tout autour de certaines embarcations qui doivent souvent accoster un quai ou le côté d'un bâtiment ; le ceintre préserve ces embarcations d'un frottement nuisible.

Ceintrer, c'est l'action de contenir, de rapprocher autant qu'on le peut avec des cordages, les côtés d'un navire quand ils menacent de s'écarter ou de se disjoindre. Cette opération n'a lieu qu'à la mer, et dans une extrémité fâcheuse; elle se fait avec de forts cordages appelés *grelins* ou des câbles, que l'on passe à plusieurs tours par-dessous le bâtiment, de manière à l'embrasser tout entier; puis, au moyen du cabestan, cette sorte de ligature est serrée le plus possible. Mais on doit aisément se représenter le piteux état d'un navire ceintré, dont le désastre augmente si le mauvais temps vient l'assaillir. Sa marche est notablement retardée par cet appareil de cordages qui fait saillie sous sa carène; ses dispositions militaires sont très-gênées par ces mêmes cordages, qui croisent sa batterie et embarrassent plusieurs embrasures.

On dit aussi d'un navire au mouillage qu'il est *ceintré par son câble*, lorsque, dans ses mouvements au-dessus de son ancre, il passe sur le câble et s'en trouve arrêté ; cette situation ne laisse pas que de le compromettre, si le vent et la marée concourent à le charger dans un sens, tandis que le câble arrêté et tendu sous la quille agit dans le sens contraire. On s'empresse, dans ce cas, à filer le câble ceintré, pour que, débarrassé, il puisse se tendre sur l'avant du navire et le retenir convenablement. Jules LECOMTE.

CEINTURE, cordon, ruban, bande ou lisière de soie, de fil, de laine, de cuir ou d'autres matières, dont on *se ceint*, dont on s'entoure les reins, et qui sert à la fois d'ornement et d'attache pour les vêtements, principalement pour ceux qui sont amples et flottants. L'usage en est très-ancien et remonte très-haut, puisque dans l'*Apocalypse* le Sauveur se montre à saint Jean avec une *ceinture d'or*. Dans le même livre, les sept anges qui sortent du temple sont vêtus de lin et portent également des ceintures d'or. Elles devaient donc être et furent, en effet, en grand honneur chez les Hébreux, qui n'en portèrent point d'abord, dit-on, dans les habitudes ordinaires de la vie, mais qui s'en revêtaient lorsqu'ils mangeaient l'agneau pascal. Dieu ordonna au grand-prêtre d'en porter une. Quoi qu'il en soit, l'utilité des ceintures pour relever et retenir le vêtement, qui constituait alors en une longue robe, ne tarda pas à en rendre l'usage plus commun. En général, on y employait une matière précieuse, mais les prophètes et ceux qui faisaient pénitence, ou qui par état affichaient le mépris des choses de ce monde, en portaient de peau ou de cuir, et dans le deuil on prenait des ceintures de corde pour marquer la douleur et l'humiliation : telle est l'origine du *cordon* ou de la *ceinture* de la plupart de nos ordres monastiques, qui consistait souvent en une simple corde. Le prophète Isaïe menace les filles de Sion, qui avaient offensé ses yeux par leurs parures, de les réduire à porter le silice et la ceinture de corde.

Au reste, l'usage des ceintures ne pouvait manquer de devenir général chez les Grecs, chez les Romains et chez tous les peuples orientaux, dont le vêtement ordinaire était une robe plus ou moins longue et large, qui, sans cette précaution, eût gêné la marche et les mouvements. Dès ce temps elle servait aux hommes. Ceux qui se disputaient la palme des jeux olympiques *se ceignaient* ; mais, vers la 34ᵉ olympiade, la ceinture leur fut interdite et ils se dépouillèrent pour courir. Les femmes mettaient une espèce de recherche et de coquetterie dans la manière dont elles disposaient la leur, ayant soin de la faire servir à fixer d'une manière gracieuse les plis de leur robe et à la relever assez du côté droit pour faire voir une jambe fine et bien tournée. La statuaire grecque nous en a laissé de nombreux modèles. C'était une marque de négligence outrée chez les hommes de n'avoir point de ceinture et de laisser traîner les bords de la tunique ; de là les expressions différentes de *discinctus* et de *alte cinctus*, dont les Latins se servaient pour distinguer un homme indolent d'un homme dispos et alerte. « Gardez-vous, disait Sylla en parlant de César, d'un homme dont la ceinture est trop lâche ! »

La ceinture, chez les Grecs et chez les Romains, portait les noms de ζώνη, ζωστήρ, *zona*, *cingulum*. Comme beaucoup d'autres parties du costume, elle affectait des dénominations différentes, selon le sexe auquel elle servait : appelée en grec ζωστήρ, quand il s'agissait d'une ceinture d'homme, elle se nommait ζώνιον, quand elle faisait partie de la toilette d'une femme. Les plus belles ceintures étaient faites en tissu maillé ou en filet. L'ouvrier qui les fabriquait, s'appelait ζωνιοπλόκος. Les jeunes filles se ceignaient habituellement la taille, même quand elles ne relevaient pas leurs tuniques, et quittaient le jour de leur mariage cette ceinture, appelée pour cette raison ζώνη παρτενική. La Flore du musée de Naples est ainsi vêtue. Il y avait chez les Celtes une ceinture qui servait de mesure publique de la taille des hommes. Comme l'État veillait à ce qu'ils fussent alertes, il punissait ceux qui ne pouvaient la porter.

Plus tard, les hommes ayant cessé de porter des vêtements longs pour adopter le justaucorps et le manteau, la ceinture fut réservée aux femmes, aux militaires, aux magistrats et aux ecclésiastiques. Chez ces derniers, la ceinture de fil ou de soie dont ils serraient leur aube autour de leurs reins était regardée comme un symbole de chasteté. Ils en avaient fait aussi la sauvegarde et le témoignage de l'honneur des femmes ; car on les vit à plusieurs époques tonner dans la chaire contre l'abandon qu'elles en faisaient, et qui, selon eux, avait pour motif de cacher les suites de coupables déportements. On sait que, par un arrêt du parlement de Paris, rendu sous Charles VI, en l'année 1420, il avait été défendu aux femmes *folles de joie* de porter la robe à collet renversé, la queue, les boutonnières et la *ceinture dorée* ; mais elles s'astreignirent pas longtemps à garder cette ligne de démarcation ; et, malgré les peines portées contre les contraventions, la ceinture dorée ne put rester le signe distinctif des femmes honnêtes, ce qui fit créer le proverbe : *Bonne renommée vaut mieux que ceinture dorée.*

On avait attaché une autre idée à la privation de la ceinture ; et, comme elle était une marque d'honneur chez les magistrats, le prince usait souvent du droit de la leur enlever pour les punir lorsqu'ils avaient prévariqué dans leurs charges. Plus tard, les banqueroutiers et autres débiteurs insolvables furent contraints aussi de la quitter, en même temps qu'ils durent prendre le *bonnet vert*. La raison de cette interdiction est tirée aussi, dit-on, de ce que, nos ancêtres attachant à leur ceinture une bourse, des clés, etc., elle était par cela même un symbole d'état et de condition, dont la privation de cette partie du vêtement indiquait qu'on était déchu. L'histoire rapporte que la veuve de Philippe Iᵉʳ, duc de Bourgogne, renonça au droit qu'elle avait à la succession de ce prince en quittant sa ceinture sur le tombeau du duc.

Au septième siècle, saint Éloi, argentier du roi Dagobert, en portait une couverte d'or et de pierreries. On y pendait généralement l'aumônière, qui contenait la menue monnaie qu'on distribuait aux mendiants. Le roi saint Louis, au rapport de Guillaume de Nangis, y tenait enfermée, dans une *boursette d'ivoire*, la chaîne de fer à cinq branches avec laquelle il se faisait fustiger par son confesseur. Quand on conférait à un gentilhomme l'ordre de la chevalerie, on lui ceignait les reins d'une ceinture blanche ; et, quand les chevaliers, quittant leur armure, revêtaient leurs habits de fête pour prendre part aux banquets qui suivaient les tournois, ils assujettissaient autour d'eux leurs robes traînantes au moyen d'une riche ceinture. Sous Louis XIV la ceinture fut remplacée par l'écharpe, qui devint une décoration attachée aux hauts grades militaires. La ceinture prit alors le nom de ceinturon, et ne servit plus qu'à porter l'épée. Pendant la révolution de 1789, les représentants du peuple, plus tard les membres du Directoire et des Conseils, et après eux, les consuls portèrent, ainsi que plusieurs fonctionnaires, la ceinture comme insigne de leur dignité. Aujourd'hui, les membres des cours et tribunaux, les officiers généraux, les préfets, sous-préfets, les commissaires de police, officiers de paix, etc., la portent dans les cérémonies publiques ou dans l'exercice de leurs fonctions. Cette ceinture n'est pas pour tous la même ; celle des magistrats consiste en un large ruban noir aux deux bouts tombants, garnis d'un effilé ; celle des fonctionnaires de l'ordre administratif est une large bande d'étoffe de soie aux couleurs nationales, etc.

Par extension, on a transporté le nom de *ceinture* à la partie même du corps que cet ornement sert à entourer.

Il a existé anciennement sous le nom de *ceinture de la reine* un droit qui se levait à Paris pour l'entretien de la maison de la reine, et qui était de trois deniers par chaque muid de vin ; il fut plus tard étendu à d'autres denrées et connu sous le nom de *taille du pain et du vin*, comme on le voit sur les registres de la chambre des comptes de l'an 1339. Il faut sans doute chercher le motif de la première appellation de cet impôt dans l'analogie qui existe entre une bourse et les premières ceintures qui en tenaient lieu. Quant à l'origine de l'impôt lui-même, il serait d'une haute antiquité, puisqu'au rapport de Vigenère, qui vivait dans le seizième siècle, il avait existé en Perse, il y a plus de deux mille ans, un tribut pareil, sous le même nom, comme le témoignent Platon dans l'*Alcibiade*, Cicéron après lui, et Athénée dans les *Deipnosophistes*.

Il a existé aussi anciennement un *ordre de la ceinture*. Les religieuses qui en faisaient partie étaient plus généralement connues sous le nom de *cordelières*.

Bien auparavant, Motavalikek, ou Molarackkel, dixième khalife de la maison des *Abassides*, ayant obligé les chrétiens et les juifs (l'an 235 de l'hégire, 856 de J.-C.) à porter une large ceinture, les chrétiens d'Asie, et principalement ceux de la Syrie et de la Mésopotamie, presque tous nestoriens ou jacobites, s'appelèrent les *chrétiens de la ceinture*.

On sait que la ceinture reparait dans les exercices de

gymnastique et que les pompiers mettent une ceinture de sauvetage.

N'oublions pas que ce mot s'emploie aussi dans une foule de locutions qui se rapportent, soit aux sciences médicales et naturelles, soit aux objets d'art et d'architecture.

On appelle ainsi, par exemple, dans cette dernière science l'orle ou l'anneau du bas comme du haut d'une colonne (celui d'en haut reçoit aussi le nom de *colarin* ou *collier*, et celui du bas s'est appelé autrefois *escape*). Dans le chapiteau ionique, l'ourlet du côté du profil ou baluster, ou le listel du parement de la volute, que Vitruve nommait *balteus* (baudrier), s'appelle aujourd'hui *ceinture* ou *écharpe*. On donne aussi le nom de *ceinture de colonne* à certains rangs de feuilles de refend en métal, posées sur un astragale en manière de couronne, qui servent autant pour séparer, sur une colonne torse, la partie cannelée d'avec celle qui est ornée, que pour cacher les joints des jets d'une colonne de bronze, comme à celles du baldaquin de Saint-Pierre de Rome, ou les tronçons d'une colonne de marbre, comme à celles du Val-de-Grâce à Paris. Enfin, on appelait autrefois *ceinture funèbre* (ou *litre*) un droit honorifique, qui consistait pour les patrons des églises à faire peindre ou tendre en dedans ou en dehors de ces monuments une bande noire, et pour les seigneurs haut justiciers à en charger le blason de leurs armes, pour propager leur mémoire.

Les boulangers et pâtissiers appellent *ceinture* de leur four le tour intérieur de sa cavité où la chapelle et l'âtre s'unissent.

Ceinture se prend encore dans le sens d'*enceinte*, une *ceinture de murailles, de haies, de fossés*. Telles sont en astronomie les bandes, cercles et zones, considérés comme les *ceintures* du ciel; et en topographie l'eau, la mer, les fleuves, les rivières et les ruisseaux, considérés comme autant de *ceintures de la terre*.   Edme HÉREAU.

Le mot *ceinture*, emprunté au langage usuel, est usité en anatomie comparée pour grouper sous une appellation commune les pièces osseuses des épaules et des hanches, qui ceignent le tronc de l'homme et d'un grand nombre d'animaux vertébrés. Les pièces solides (os, cartilages, organes fibreux et ligamenteux) qui constituent cet entourage protecteur partent de chaque côté de la colonne vertébrale, pour se rapprocher ou se réunir avec ou sans intermédiaire sur la ligne médiane ventrale ou sternale, et il en résulte deux ceintures osseuses, l'une antérieure, supérieure chez l'homme, ou scapulaire, c'est-à-dire des épaules, l'autre postérieure chez les animaux, inférieure dans le squelette humain, qui est à la fois *coxale*, parce qu'elle forme les hanches (*coxæ*) et *pelvienne*, en raison de ce qu'elle fait partie du bassin (*pelvis*). Ces ceintures ont été aussi appelées *racines des membres*, et ce sont les parties qui persistent le plus. En effet, si l'on observe tous les squelettes des animaux vertébrés pourvus de membres, depuis l'homme jusqu'aux derniers poissons, on voit disparaître d'abord le bras et l'avant-bras et la cuisse avec la jambe, ensuite les pieds; et pendant qu'à l'intérieur du squelette aucune trace des membres de derrière, on trouve encore dans les chairs les vestiges des pièces osseuses qui forment la ceinture ou racine de ce membre. Les ceintures osseuses sont disposées merveilleusement : 1° pour fournir un point d'appui centre des mouvements du principal levier (huméras et fémur) de chaque membre; 2° pour donner insertion à la fois aux muscles qui les meuvent elles-mêmes et à une partie de ceux qui portent en divers sens le bras et la cuisse, et 3° pour protéger efficacement les parties renfermées dans leur enceinte. Un fait curieux s'observe dans le squelette des grenouilles : on y voit les épaules réunies au sternum former un véritable bassin antérieur qui protège les viscères de la poitrine, et remplacer dans cette fonction les côtes, qui sont excessivement courtes.

En chirurgie, plusieurs bandages qui entourent le tronc portent le nom de *ceintures*.

En pathologie, on emploie quelquefois ce mot comme synonyme de *zona*, qui signifie une sorte d'exanthème ou inflammation de la peau, disposée circulairement autour du ventre; et on dit dans ce sens, *ceinture érysipélateuse, dartreuse*, etc.   L. LAURENT.

CEINTURE (*Histoire naturelle*). Certains poissons à queue très-grêle, dont le corps est très-allongé et aplati comme un ruban, ont été appelés *ceintures* à cause de leur forme. L'espèce la plus remarquable est la *ceinture d'argent*. En ornithologie, on entend par *ceintures*, des bandes circulaires dont la couleur tranche avec celle du plumage. On s'en est servi pour distinguer des espèces (exemples : *ceinture noire*, alouette des neiges; *ceinture de prêtre*, variété de l'alouette hausse-col).

CEINTURE DE VÉNUS. Les poètes attribuent à Vénus une espèce de ceinture que les anciens appellent *ceste*, et à laquelle ils attachent le pouvoir d'inspirer de l'amour et de charmer les cœurs; c'est une des créations de l'imagination ingénieuse des Grecs les plus délicates et les plus gracieuses. Homère a peint ce ceste mystérieux avec les couleurs les plus riches, ce qui a fait dire de lui par Boileau :

On dirait que pour plaire, instruit par la nature,
Homère ait à Vénus dérobé sa *ceinture*.

Dans le poète grec, Vénus, remettant cette ceinture à Junon, lui dit : « Recevez ce tissu et cachez-le dans votre sein; tout ce que vous pouvez désirer s'y trouve; et par un charme secret qu'on ne peut expliquer, il vous fera réussir dans toutes vos entreprises. » Voici comment Aignan paraphrase ce passage :

Cythérée, à ces mots, d'une main complaisante,
Détachant sa *ceinture*, à Junon la présente.
Dans les plis onduleux voltigent enfermés
Tous les puissants attraits, les désirs enflammés,
L'amour, ses doux refus, sa ravissante ivresse,
Et les discours pressants, vainqueurs de la sagesse.

Par imitation, M. Baour-Lormian décrit ainsi la *ceinture d'Armide* dans sa traduction de la *Jérusalem délivrée* :

Mais l'art et la nature, unissant leurs prodiges,
De sa riche *ceinture* ont tissu les prestiges :
Soumis aux lois d'Armide et servant ses projets,
Ils ont su rassembler d'invisibles objets,
Donner des traits à l'âme, un corps à la pensée.
On y voit la pudeur craintive et menacée,
D'un cœur novice encor les battements confus,
Les dépits simulés, les refus ingénus,
Les langueurs du plaisir, ses larmes, son sourire,
Le calme de l'amour et son fougueux délire.

CEINTURE DE VIRGINITÉ. Homère, dans son *Odyssée*, parle d'une ceinture virginale (παρθενιην ζωνην), dont la coutume des Grecs et des Romains voulait que les jeunes filles nubiles fussent munies, et que le mari dénouait lui-même le soir de ses noces. Ce n'est ni une fable ni une allégorie; car un écrivain du cinquième siècle, Festus, rapporte que cette ceinture était de laine de brebis. Il ajoute qu'elle était nouée d'une façon toute particulière, appelée *nœud d'Hercule*, que le mari défaisait comme un présage lui rapportant autant de rejetons qu'Hercule en avait laissé en mourant. Or, il ne s'agissait pas moins que d'une lignée ou postérité de soixante-dix enfants, nombre divin, qui a été bien surpassé depuis par de simples mortels, puisqu'on a vu certains pachas, et des chahs de Perse en compter plusieurs centaines. On sait que la ceinture de Brunehild et la manière dont elle fut dénouée dans la nuit des noces forment le sujet du grand poème des *Niebelungen*. On trouve chez différents peuples anciens et modernes des traces du même usage. Quoi qu'il en soit de cette ceinture chez les anciens, qui paraissent, du reste, ne l'avoir jamais employée qu'*avant le mariage*, usage qui a passé, dit-on, dans quelques contrès modernes de l'Asie, telles que la Circassie et la Géorgie, il n'est que trop malheureusement certain et trop fâcheux pour la gloire des hommes et pour l'honneur des femmes, que plus d'un mari jaloux s'est cru obligé d'y avoir recours *après le mariage*. On assure que cette précaution si injurieuse pour le sexe fut pratiquée pour la première fois par les Italiens; mais ceux qui ont la Voltaire savent que ce n'est pas le seul peuple qui l'ait adoptée. E. HÉREAU.

CEINTURON, espèce de ceinture faite ordinairement de peau, de cuir, de maroquin, de buffle, de soie, de fil, et qui a des barres ou pendants auxquels on peut attacher un sabre, une sabretache, une épée, un couteau de chasse, une giberne, etc. etc. Le ceinturon militaire des Hébreux leur entourait les reins, ce que témoignent ces expressions: *Gladio erat accinctus renes, accinctos balteis renes*. Il était souvent d'un grand prix et on le donnait quelquefois en récompense aux soldats qui s'étaient distingués. Les Grecs, qui en empruntèrent l'usage aux Hébreux, l'attachèrent à l'épaule et le firent pendre, d'où vint plus tard le baudrier. Le ceinturon dont parle Homère dans l'*Iliade* bordait le bas de la cuirasse, qu'il maintenait au moyen d'une boucle. C'est à cet emploi du ceinturon que Minerve devait son surnom de Ζωστηρία sous lequel elle était adorée en Béotie et chez les Locriens. La cuirasse des anciens ne descendait pas assez bas pour protéger les parties inférieures du tronc, recouvertes par une espèce de cotte qui pendait attachée à la ceinture. Pour remédier à ce défaut, on employait un ceinturon de métal, bordé de cuir et garni de laine, qu'on nommait *Mitra*.

A Rome, le ceinturon était la marque la plus honorable du service militaire. On dégradait un soldat en lui ôtant son *ceinturon*. Le maître de la cavalerie avait un ceinturon de cuir rouge, brodé à l'aiguille et assujetti au moyen d'une boucle d'or, d'un riche travail.

Au moyen âge et tant que durèrent les usages de la chevalerie, le ceinturon était également la partie la plus honorable de l'armure. Un chevalier félon faisait amende honorable la tête nue et sans ceinturon. Sous Louis XIV, où la ceinture fut remplacée par l'*écharpe*, qui devint un signe distinctif attaché aux hauts grades militaires, la ceinture, devenue ceinturon, ne servit plus qu'à soutenir l'épée. Mme de Sévigné, parlant du duc de Guiche, prétendait qu'il était *ceinturé* comme son esprit. Elle eût mieux fait de dire *ceinturonné*, pris dans le même sens qu'on dit aujourd'hui d'un homme discret outre mesure qu'il est *boutonné jusqu'au menton*.

Depuis longtemps la cavalerie française porte généralement le sabre suspendu à un ceinturon de bufleterie blanche. Jusqu'à ses dernières années l'infanterie avait son fourniment en croix. La gendarmerie, la garde de Paris et le génie l'ont presque seuls conservé ainsi. Le reste de nos troupes à pied porte aujourd'hui le ceinturon de cuir noir, auquel sont attachés la giberne, le sabre-poignard, le bidon et la baïonnette. Le ceinturon de la garde nationale est en buffle blanc.

CÉLADON. Quoique ce nom signifie en grec le *bruyant*, l'*harmonieux*, l'*amant de renommée* (de χηλαδος, le bruit), il n'a aucune célébrité dans la mythologie; Ovide est à peu près le seul qui ait ressuscité deux Céladons, l'un guerrier, tué par Persée le jour de son mariage avec Andromède, l'autre Lapithe, tué par Amycus. Mais un Céladon fameux dont la langue et l'étranger même ont enrichi leurs tropes, dont ils ont fait, depuis deux siècles, le type des beaux, des jolis-cœurs, des damerets, des damoiseaux, et particulièrement des amants bergers, c'est le héros de l'*Astrée*, roman d'Honoré d'Urfé.

Pour être un vrai *Céladon*, il faut imiter en tout point celui de l'*Astrée*; il est devenu type, comme le Phénicien *Adonis*, comme le *Narcisse* des poètes. Céladon se précipita dans les ondes du Lignon, désespéré de la prétendue froideur de sa bergère. Sauvé par trois nymphes, transporté par elles dans un château tout étincelant d'or et de pierreries, il fut insensible aux caresses de la plus belle d'entre elles, de Galathée. Il cachait les billets doux de sa maîtresse dans la doublure de son chapeau; il déposait les siens sur la gorge de sa bergère endormie. Non moins charmant sous les habits des bergères que les plus charmantes d'entre elles, une fois il se déguisa sous une jupe de gaze qui ne le couvrait que depuis la ceinture jusqu'aux genoux, au risque d'être lapidé s'il eût été reconnu; une autre fois, il se travestit en nymphe, dont la coiffure de nuit était fort simple : « C'était, dit d'Urfé, une espèce de petit bonnet blanc, garni de dentelles, et dont les deux côtés accompagnaient le visage et se joignaient sous le menton avec un ruban qui le nouait. » On voit que la coiffure des nymphes au cinquième siècle était, à peu de chose près, celle de nos grisettes d'aujourd'hui. D'ailleurs, ajoute d'Urfé, « les cheveux blonds et naturellement frisés de Céladon étaient devenus si grands depuis ses malheurs, qu'il fut aisé de le coiffer avec des rubans et des fleurs. » Ainsi que les grands seigneurs, « Céladon voyagea trois ans en Italie, amant absent, mais fidèle, non en habit de bureau (de bure), non en sabots (ainsi s'exprime d'Urfé dans sa préface), non en accoutrements mal faits comme les gens de village, mais une houlette en la main, peinte et dorée, vêtu de taffetas, avec une panetière bien troussée, et quelquefois faite de toile d'or ou d'argent. » Voilà, quant au physique et à la toilette, le *vrai Céladon* ; quant au style, jugez-en par la seconde lettre de Céladon à la bergère Astrée : « Belle Astrée, mon exil a esté vaincu de ma patience : fasse le ciel qu'il y ait aussi esté de vostre amitié : je suis party avec tant de regret, et reviens avec tant de contentement, que n'estant mort ny en allant ny en revenant, je témoigneray tousjours qu'on ne ne peut mourir de trop de plaisir ny de trop de déplaisir. Permettés-moy donc que je vous voye, afin que je puisse raconter ma fortune à celle qui est ma seule fortune. »

Ce *beau parler* est particulièrement affecté à Céladon par l'auteur : les autres héros du roman en sont moins entachés. D'Urfé fit son Céladon doucereux, comme Homère avait fait son Achille impitoyable; le héros et le berger sont demeurés des types; on dit : *c'est un Céladon*, comme on dit : *c'est un Achille*. DENNE-BARON.

CELANO, petite ville de l'Abruzze ultérieure II (royaume de Naples), sur le lac du même nom, le *lacus Fucinus* des anciens, complètement détruite en 1223 par Frédéric II, en punition de ce qu'elle avait abandonné son parti, n'a jamais pu se relever des suites de cette catastrophe. Le lac, long d'environ 22 kilomètres sur 11 à 15 de largeur, n'est pas seulement célèbre par sa richesse en poissons, mais aussi par le canal de dérivation que l'empereur Claude fit creuser de l'an 44 à l'an 54 de notre ère, parallèlement au Liris (Garigliano), pour prévenir les fréquents débordements du lac et rendre à l'agriculture de vastes étendues de terrain. Tacite décrit la fête grandiose que l'empereur donna à l'occasion de l'achèvement de cette entreprise, qui exigea 11 années et 30,000 travailleurs. Adrien rouvrit ce canal, qui s'était obstrué; mais il est probable qu'il ne tarda pas à s'ensabler de nouveau, et ce n'est qu'en 1826 que le gouvernement napolitain y fit exécuter les réparations nécessaires. Il a trois mille pas de longueur et traverse tout le Monte-Salviano, dans lequel il a fallu lui tracer une voie en taillant le roc dans le vif.

CÉLASTRE (de χηλαστρον, nom donné par Théophraste à un arbrisseau aujourd'hui indéterminé), genre type de la famille des *célastrinées*, démembrée par les botanistes modernes de celle des *rhamnées*. Le genre *célastre* se compose d'arbrisseaux d'Amérique et du cap de Bonne-Espérance. On en cultive dans nos jardins d'ornement plusieurs espèces, dont les principales sont : 1° le *célastre grimpant* (*celastrus scandens*), du Canada, nommé vulgairement *bourreau des arbres*, parce qu'il étouffe et fait périr les arbres auxquels il s'attache, arbrisseau volubile de quatre mètres de haut, dont les feuilles sont ovales, aiguës et dentées, les fleurs (mai et juin) petites et verdâtres, les fruits rouges, à trois cornes et d'un effet singulier; 2° le *célastre à feuilles de buis* (*celastrus buxifolius*), du Cap, haut de un mètre, avec des rameaux épineux et des feuilles semblables à celles du buis, mais plus grandes, et donnant tout l'été des fleurs petites, blanches et disposées en corymbes, suivies de fruits rouges et oblongs; 3° le *célastre multiflore* (*celastrus multiflorus*), du Cap, haut de deux mètres, ayant des tiges droites et épineuses, des feuilles petites, ovales et dentelées, des fleurs petites et blanches; 4° le *célastre luisant*, petit cerisier des Hottentots (*celastrus lucidus*), du Cap, à feuilles ovales, épaisses, et armées au sommet d'un aiguillon crochu, donnant, en avril et en septembre, des fleurs blanches, suivies de fruits rouges semblables à des cerises. Toutes ces espèces se multiplient de graines ou de marcottes.

CÉLÈBES, l'une des îles de la Sonde, non loin de l'Asie méridionale, à l'est de Bornéo, compte sur une superficie de 1407 myriamètres carrés une population de 3 millions d'habitants de diverses races malaises, dont les plus connues sont au sud les Boudgis et sur la côte de l'ouest les Macassars. L'île a la forme d'un arc allongé, étroit, ouvert à l'est, du milieu duquel s'étendent deux langues de terre servant à former les baies de Tomini, de Tolou et de Boni. Du nord au sud s'étend la chaîne montagneuse de *Bouthaïm*, haute de 2,666 mètres, sur les deux versants de laquelle règnent des saisons complètement opposées. L'intérieur en est encore fort peu connu. La plupart des cours d'eau viennent se déverser dans la mer; mais ils sont souvent d'une extrême rapidité; de ce nombre sont le Macassar, le Boli et le Tsinrana. L'air, toujours imprégné, dans ces parages, d'une chaleur étouffante, y est rafraîchi par des vents soufflant régulièrement du nord ou par des vents de mer. La saison des pluies dure de novembre à mars. Les orages y sont fréquents, et on y ressent de temps à autre des secousses de tremblement de terre. Le sol, notamment sur les côtes les plus basses, est très fertile; des montagnes et des vallées couvertes d'une éternelle verdure s'y succèdent alternativement.

Les principales productions de l'île sont les perles, les diamants, l'or, le cuivre, l'étain, les fruits du Sud, les cotons, les palmiers, les cocotiers, les bois d'ébène, de sandal et de sapan, les bambous, les mangles, les melons d'eau, les bananes, les noix d'arèque, le bétil, le riz, le camphre, le poivre et l'opium; viennent ensuite les animaux sauvages ou domestiques, tels que les singes, les bufles, les babiroussas, les cerfs, les chevreuils, les daims, les sangliers, les élans, les plus magnifiques perroquets, les abeilles, les nids d'oiseau comestibles, les serpents et les crocodiles. Les Boudgis musulmans, mêlés aux Macassars, habitent tout autour des côtes; c'est une race d'hommes vigoureuse, quoique assez mal conformée, mais remarquable par une physionomie pleine de vivacité, et d'origine malaise. Leur langue forme deux dialectes, celui du Macassar et celui de Boudgis, et leur écriture a beaucoup de ressemblance avec celle des Javanais. Les Boudgis font preuve de dispositions toutes particulières pour le commerce. Ils s'y livrent soit pour leur propre compte, soit comme expéditeurs-commissionnaires, ou encore comme affréteurs; et leurs relations commerciales s'étendent jusqu'à Calcutta. L'intérieur de l'île et les montagnes de la côte sont habités en outre par les Dayaks, peuplade de même origine que les Dayaks de Bornéo.

La possession de cette île est d'une grande importance pour les Hollandais, non pas seulement à cause du commerce, car la dépense qu'elle leur occasionne, notamment pour la garnison qu'ils y entretiennent, dépasse le produit qu'ils en tirent, mais surtout parce-qu'elle est la clef des Moluques,

qu'elle sert à approvisionner en grande partie de riz et autres objets de première nécessité. La résidence du gouverneur est au fort *Rotterdam*, près duquel on trouve le bourg de *Vlaarding*, grand centre commercial habité par des Hollandais, des Chinois et des Macassars, bâti sur l'emplacement même où s'élevait *Macassar*, jadis capitale de la partie sud-ouest de l'île.

CÉLÉBRANT. On donne spécialement ce titre ou cette qualification, dans l'église romaine, à l'évêque ou au prêtre qui offre le saint sacrifice de la messe, pour le distinguer du sous-diacre et des autres ministres qui l'assistent à l'autel dans l'exercice de son ministère.

CÉLÉBRITÉ (du latin *celebritas*). « Le désir d'occuper une place dans l'opinion des hommes, dit Duclos, a donné naissance à la *réputation*, à la *célébrité* et à la *renommée*, ressorts puissants de la société, qui partent du même principe, mais dont les moyens et les effets ne sont pas totalement les mêmes. L'esprit, le talent, le génie, procurent la *célébrité*; c'est le premier pas vers la *renommée*, qui ne diffèrent que par plus d'étendue; mais les avantages en sont peut-être moins réels que ceux d'une bonne *réputation*. » Le désir de la célébrité peut devenir une mauvaise passion et entraîner à des actes déplorables. Le désir de la réputation n'a pas le même écueil; il ne peut jamais dégénérer en un sentiment blâmable; car il n'a jamais qu'un seul but, l'estime publique, et pour l'obtenir, une seule voie, celle de l'honneur et de la probité. Pour les femmes, la célébrité porte souvent atteinte à la réputation. » Si l'on réduisait la célébrité à sa valeur réelle, dit encore Duclos, on lui ferait perdre bien des sectateurs. Quand le désir de la *célébrité* n'est qu'un sentiment, il peut être, suivant son objet, honnête pour celui qui l'éprouve, et utile à la société. Mais si c'est une manie, elle est bientôt injuste, artificieuse et avilissante par les manœuvres qu'elle emploie : l'orgueil fait faire autant de bassesses que l'intérêt. Voilà ce qui produit tant de *réputations* usurpées et peu solides. »

[Les synonymes *célèbre, illustre, fameux, renommé*, sont des termes relatifs à l'opinion que les hommes ont conçue de nous, sur ce qu'ils en ont entendu raconter d'extraordinaire. *Fameux* ne désigne que l'étendue de la réputation, soit que cette réputation soit fondée sur de bonnes ou de mauvaises actions, et se prend en bonne et en mauvaise part : on dit *un fameux capitaine* et *un voleur fameux*. *Illustre* marque une réputation fondée sur un mérite accompagné de dignité et d'éclat. On dit *les hommes illustres de la France*, et l'on comprend sous cette dénomination les grands capitaines, les magistrats distingués, et les auteurs qui joignent des dignités au mérite. *Célèbre* offre l'idée d'une réputation acquise par des talens réels ou supposés, et n'emporte point celle de dignité. *Renommé* serait tout à fait synonyme à *fameux*, s'il se prenait en bonne et en mauvaise part; mais il ne se prend qu'en bonne, et n'est relatif qu'à l'étendue de la réputation. Peut-être marque-t-il une réputation un peu moins étendue que *fameux*. *Fameux*, *célèbre*, *renommé*, se disent des personnes et des choses. *Illustre* ne se dit que des personnes. Erostrate et Alexandre se sont rendus *fameux*, l'un par l'incendie du temple d'Ephèse, l'autre par le ravage de l'Asie. La bataille de Cannes illustra les Carthaginois. Horace est *célèbre* chez les auteurs latins. La pourpre de Sidon était aussi *renommée* chez les anciens, que la teinture des Gobelins parmi nous. DIDEROT.]

CÉLÈRES. C'était le nom que portaient les trois cents hommes dont Romulus fit sa garde particulière, et que, selon Denys d'Halicarnasse, il prit dans les meilleures familles de Rome, en les faisant choisir par les suffrages des curies (10 par chaque curie). On a dit que ce nom leur venait de leur chef, qui rendit de grands services à Romulus, et qui fut celui qui tua Rémus, ou bien du mot latin *celer*, à cause de la promptitude avec laquelle ils exécutaient les ordres qui leur étaient confiés. Cette garde était à cheval, armée de piques; elle suivait partout Romulus, combattant près de sa personne, le couvrant de son corps, commençant et finissant toujours le combat. Plus tard, d'après Pline et Festus, ce nom fut donné à toute la cavalerie, qui l'échangea d'abord contre celui de *flexumines*, puis enfin, contre celui de *trossuli*, parce que cette arme, seule et sans le secours de l'infanterie, prit la ville de Trossulum, en Étrurie. Plutarque, dans la *Vie de Numa*, dit que la première action de ce prince pacifique fut de casser la compagnie des 300 gardes nommés *célères*, se persuadant qu'il devait répondre à la confiance de ses sujets par une confiance mutuelle, ou renoncer à la couronne, s'il se défiait d'eux. Cependant il est certain que les célères subsistèrent autant que les rois. Nous voyons dans Denys d'Halicarnasse les tribuns des célères chargés par Numa lui-même de certains sacrifices. Cet historien, d'accord avec Tite-Live, donne à Brutus le titre de tribun des célères, quand Tarquin fut chassé de Rome. C'était, selon Denys d'Halicarnasse, la plus grande dignité de l'État après celle de roi; elle donnait le droit d'assembler le peuple; et Brutus, que le tyran n'en avait revêtu que parce qu'il le croyait imbécile, s'en dépouilla pour établir des consuls. Pomponius, au Digeste, dit, en parlant des rois : *Itidem temporibus, tribunum celerum fuisse constat. Is autem erat qui equitibus praeerat, et veluti secundum locum à regibus obtinebat; quo in numero fuit Junius Brutus, qui auctor fuit regis ejiciendi.* Ce tribun des célères était donc commandant-général de la cavalerie. On fit revivre cette charge au temps de la république, sous le titre de *magister equitum*, toutes les fois qu'on créait un dictateur. Plutarque veut donc seulement dire que, Numa cessant d'avoir 300 cavaliers pour sa garde, ils ne furent plus alors distingués des autres cavaliers; et, comme c'était la plus noble partie de la cavalerie, elle donna son nom à tout le reste. Depuis les rois, il n'est plus parlé des *célères*. Brutus, selon les apparences, en abolit le nom quand il en quitta le commandement, et c'est alors qu'ils prirent celui de *flexumines*.

Edme HÉREAU

CÉLERI. On nomme ainsi l'*apium graveolens*, espèce du genre *ache*, de la famille des ombellifères. Le céleri est originaire des parties méridionales de l'Europe et de la France, de l'Italie surtout, circonstance qui l'a fait désigner par Tournefort sous le nom d'*apium dulce Italorum*. On le trouve dans les lieux humides, dont le sol est naturellement généreux, aux bords des ruisseaux, surtout de ceux dont le cours est entretenu par des eaux claires et saines. Là, cette plante surpasse la plupart des autres plantes ses voisines, par sa force et l'abondance de son feuillage, qui est d'un beau vert, ainsi que par la grosseur très-développée des nervures de ses feuilles; en cet état de nature ses racines sont fortement développées, blanches en dedans, rouge-rose et panachées en dehors.

Transporté dans le jardin potager, le céleri sauvage que nous venons de mentionner a produit, par une heureuse application du génie horticultural, de la patience et du travail, le *céleri à couper* ou *petit céleri*, lequel présente trois variétés, à savoir : le *petit céleri blond*, le *petit céleri vert*, le *petit céleri rose*, ou ayant de légères stries roses et panachées. Ces variétés se cultivent pour les salades, usage pour lequel le *petit céleri blond* est ordinairement préféré. Elles se sèment comme la petite chicorée sauvage, la petite laitue ou la pimprenelle, se coupent comme ces dernières plusieurs fois et repoussent sur un simple arrosement pour produire comme elles des salades vertes, dont il se fait une grande consommation à Paris en toutes saisons, au printemps surtout. Il faut rapporter au céleri à couper, le *céleri nain frisé*, tendre, cassant, blond, variété du petit céleri, et qui prévaudra nécessairement sur ce dernier, parce qu'il est plus tendre et plus joli en salade.

Nous avons remarqué dans le céleri sauvage une tendance marquée à croître vivement en tous sens; ainsi, si le céleri à couper, qui en est le premier perfectionnement, se trouve oublié par le couteau du jardinier, ou bien si quelques pieds ont pu vivre isolés sur les bords des planches de céleri à couper, on les voit s'élever et produire de longues feuilles dont les nervures (côtes), déjà très-fortement dessinées, sont un acheminement vers le *grand céleri à côtes creuses*, qui présente trois variétés, le *blanc*, le *rose* et le *panaché*, dont nous parlerons peu, parce qu'ils sont abandonnés depuis qu'une culture soignée dans la terre généreuse des potagers les a fait passer à l'état de céleris connus sous les noms des trois grands céleris, *plein blanc*, *plein rouge* et *plein panaché*, qui sont les espèces le plus généralement cultivées. De ces trois céleris pleins sont sortis le *céleri turc*, moins élevé qu'eux, mais dont les côtes blanches sont plus grosses, plus épaisses et plus tendres; le *céleri de Prusse*, également très-gros, extrêmement tendre et d'une blancheur parfaite; le *céleri violet de Touraine* et ses deux variétés *rose* et *panachée*, tous trois remarquables par leur délicatesse et leur grosseur, qui surpasse, dans le violet de Touraine surtout, la grosseur des autres céleris. Ces cinq sous-variétés de la plante qui nous occupe sont des conquêtes heureuses, plus ou moins récentes, du jardinage, et ne se voient encore que dans les potagers considérables; mais ils sont destinés à faire oublier à leur tour les céleris pleins ordinaires, qui ont eux-mêmes fait oublier les céleris creux.

Les *céleris à couper* se cultivent pour être employés en salade, ou bien pour en obtenir les graines qui, comme celles de la plupart des ombellifères, jouissent de propriétés stimulantes. Ces graines entrent dans le commerce de la graineterie, de la pharmacie, de la droguerie, de l'herboristerie, etc. Nous ajouterons que les distillateurs savent en tirer parti pour la faire entrer dans la composition de plusieurs liqueurs de table. Quand aux *grands céleris creux*, s'il pouvait être question de les cultiver, ce ne serait que dans la vue d'en obtenir les semences dont nous venons de parler, dont ils produiraient, à la vérité, une plus grande quantité que les petits céleris, et alors il faudrait les semer en place ces derniers, ou mieux encore les semer, comme on dit, en pépinière, et les replanter à quarante centimètres de distance, en terre normale. Les *Céleris pleins* et leurs sous-variétés seront semés, soit sur couche, soit en pleine terre, selon le pays, la saison ou la température, replantés en terre normale et chauds ensuite, en automne, l'un à côté de l'autre, dans des planches ou plates-bandes creuses, qu'on remplira de terreau sain et léger, ou de fumier court, de manière que chaque pied de céleri en soit enveloppé dans toute sa longueur, et puisse, ainsi privé d'air et de lumière, acquérir plus de tendreté, échanger sa couleur plus ou moins verte en une couleur blanche, tout en conservant dans les variétés colorées les nuances qui les caractérisent. Le céleri en cet état est tendre, cassant, reste dans le jardin jusqu'aux froides, et se met ensuite soit à la cave, soit dans des serres sombres, où la gelée ne pénètre pas. Il se mange cru et cuit sous diverses formes de mets.

Il nous reste à parler du *céleri-rave*. Les racines de cet excellent légume sont arrondies, turbinées, tendres, moelleuses, ont une pulpe d'autant moins aromatique, d'autant plus douce qu'elles sont plus grosses et plus rapprochées de la forme ronde; leur volume est celui d'un moyen navet-turnep : on sème le céleri-rave selon le climat et la saison, soit sur couche, soit en pleine terre, et dans l'un et l'autre cas on le replante en pleine terre dans le sol le plus généreux possible, à vingt centimètres de distance, et plus il produira des racines fortes : celles-ci seront rentrées en hiver et conservées comme les pommes de terre. Le céleri-rave, qui a une sous-variété veinée de rouge et une autre *à feuille frisée*, se mange comme le cardon et de diverses autres manières.

Le céleri-rave, soumis à l'analyse chimique par M. Payen, a donné, entre autres produits que nous négligerons ici, une quantité de mannite telle, que ce chimiste pense qu'il serait désormais plus économique d'extraire cette substance du céleri-rave que de la manne; et, à cette occasion, il propose la culture du céleri-rave en grand pour en obtenir la mannite, matière sucrée alimentaire, dont on connaît les propriétés béchiques et pectorales. C. TOLLARD aîné.

CÉLÉRITÉ (du latin *celeritas*). D'Alembert définissait la *célérité*, au propre : « la vitesse d'un corps en mouvement; » mais il avouait que ce mot n'avait guère d'usage qu'au figuré; et c'est dans ce sens seulement que l'a admis l'Académie dans son Dictionnaire. A s'en rapporter au *Dictionnaire de Trévoux* ce serait le P. Catrou qui l'aurait le premier employé en français dans la préface de son *Histoire romaine* publiée en 1737.

En droit, lorsqu'une cause demande célérité, on peut obtenir l'autorisation d'abréger les délais exigés par la procédure.

CÉLESTE. L'homme est né avec la certitude d'un avenir qui le récompensera de toutes les misères de la vie présente; à côté, ou, pour mieux dire, au-dessus de l'instinct social, il possède l'instinct religieux; il compare donc tout ce qui lui semble beau, pur, grand et accompli, au ciel, séjour de la Divinité. De là vient l'adjectif *céleste*. C'est le plus haut degré de louange qu'il nous soit possible d'accorder ici bas. Dire qu'une jeune fille a un air ou des traits célestes, c'est exprimer plus que la beauté ordinaire, c'est surpasser même cet idéal auquel, après les plus grands efforts, peut atteindre le génie du peintre ou du sculpteur. Dans une société comme la nôtre, où les intérêts usurpent une place si considérable, il est heureux qu'il y ait quelques âmes d'élite qui s'abandonnent tout entières à des *pensées célestes*. Cette préoccupation continuelle répand autour d'elles tant de calme et de dignité qu'elles captivent l'attention générale; et mettre ainsi en relief sous les yeux de l'homme le spectacle de la vertu, c'est lui inculquer un commencement d'amélioration. Il y a eu à toutes les époques de ces âmes d'élite; elles ont purifié la civilisation : les sciences l'ont agrandie. Le dix-neuvième siècle est en proie à deux grandes maladies; l'ambition politique et la soif des jouissances matérielles; tout y est élévation prodigieuse et chute rapide. Cette instabilité est si instructive qu'elle rapporte à des *pensées célestes*; on se prend de mépris pour des espérances qui sont si mensongères. SAINT-PROSPER.

CÉLESTIN. On connaît cinq papes et un antipape de ce nom.

CÉLESTIN Ier, que l'Église a placé au rang de ses saints, était Romain et fils de Priscus; il fut élu évêque de Rome en novembre 422, et succéda à Boniface Ier. Il occupa le saint-siége neuf ans et dix mois, et mourut en avril 432. Il eut pour successeur Sixte III. Les doctrines de Nestorius, patriarche de Constantinople, et de son antagoniste Cyrille, patriarche d'Alexandrie, divisaient alors les églises chrétiennes. Le pape Célestin favorisait ce dernier; il correspondait avec lui, et ne répondit point aux lettres de Nestorius. Il convoqua un synode au mois d'août 430. La doctrine de Nestorius y fut condamnée. Nestorius fut déposé et alla mourir misérablement dans une oasis de la Lybie. L'empereur Théodose, pour mettre fin à ce conflit, convoqua un concile général à Éphèse. Il adressa directement ses lettres aux patriarches, primats et métropolitains d'Orient, et au pape pour tous les prélats d'Occident. Cette circonstance est remarquable : elle atteste la suprématie de l'autorité temporelle des empereurs. Le pape Célestin se conforma sans nulle difficulté aux ordres de Théodose, et envoya deux légats au concile général, avec le mandat exprès de se prononcer contre la doctrine de Nestorius. Les légats n'arrivèrent à Éphèse qu'à la troisième session du concile : ils approuvèrent les décisions déjà prises. Nestorius fut condamné par le concile comme il l'avait été par le synode. Un autre fait important est prouvé par une lettre de Célestin Ier aux évêques de Vienne et de Narbonne : c'est qu'à cette époque, les prêtres de tous les grades n'étaient point distingués des autres citoyens par leur habillement. Dans cette lettre, datée de 428, il blâme les ecclésiastiques qui adoptent pour habillement le manteau et la ceinture. Il censure par la même missive les évêques de France, qui refusent la pénitence à ceux qui la demandent à l'article de la mort. Célestin honora son pontificat par sa tolérance, ainsi que par ses efforts pour maintenir la paix dans l'Église et la pureté des mœurs; il joignait l'exemple au précepte. Il introduisit l'usage de chanter les cent cinquante psaumes de David. Jusqu'alors, les offices se bornaient au saint sacrifice et à la lecture de l'Évangile et des épîtres de saint Paul. Il fit construire la belle basilique de Jules.

CÉLESTIN, antipape, élu le 20 décembre 1124, après la mort de Calixte II, n'occupa le saint-siége que vingt-quatre heures et il céda aussitôt sans contestation à Honoré ou Honorius II. D'autres auteurs l'appellent *Calixte*. Il se nommait *Thibaud* avant son élection.

CÉLESTIN II (GUY DE CASTELLO), dut son nom à ce qu'il était né à Tifferne dite *Città di Castello*. Il étudia sous le célèbre P. Abélard. Le pape Honoré II l'avait institué prêtre-cardinal du titre de Saint-Marc en 1128. Promu au souverain pontificat le 25 septembre 1143, il mourut le 8 mars 1144. Il avait levé l'interdit jeté sur la France par son prédécesseur Innocent II, à cause de l'affaire de l'archevêché de Bourges.

CÉLESTIN III (HYACINTHE BOBOCARDI), fait cardinal-diacre en 1145 par Eugène III, avait été chargé de plusieurs missions en Allemagne et en Espagne. Élu pape le 30 mars 1191, il mourut le 8 janvier 1198, âgé de quatre-vingt-deux ans. Innocent III lui succéda. Célestin obtint de l'empereur le village de Tusculum qu'il livra aux Romains. Il connaissait leur implacable haine pour les habitants de ce lieu; il eût pu et dû en prévoir les funestes effets. Les Romains brûlèrent le village, et toute la population périt. L'historien Roger de Hobeden affirme que pape Célestin, lors de la cérémonie du couronnement de l'empereur, renversa d'un coup de pied la couronne impériale, afin qu'un cardinal, après l'avoir ramassée, la donnât au roi des Romains. Ce trait, rapporté par un écrivain anglais, a été révoqué en doute. Célestin excommunia l'empereur Léopold, et mit ses États en interdit, parce qu'il avait emprisonné Richard, roi d'Angleterre, à son retour de la Palestine. Il excommunia également l'empereur Henri VI pour la même cause. Ce prince mourut peu de temps après. Le pape Célestin III défendit qu'on l'inhumât en terre sainte. Il ne révoqua cette défense qu'après que l'on eut restitué au roi Richard tout ce qu'il avait payé pour sa rançon, et, en outre, mille marcs d'argent pour le trésor papal et du Saint-Siége.

CÉLESTIN IV (GODEFROI DE CASTIGLIONE), né à Milan, fut successivement chancelier de l'église de sa ville natale, moine de l'ordre de Citeaux, cardinal et évêque de Sabine. Il fut élu pape le 22 septembre 1241 par dix cardinaux seulement, un mois après la mort de Grégoire IX. La plupart des membres du sacré collège, détenus prisonniers par Frédéric II, n'avaient pu assister au conclave. Célestin IV mourut dix-huit jours après son élection et avant d'avoir été consacré. On a accusé Romain, cardinal de Saint-Ange, évêque de Porto, qui avait été son compétiteur à la tiare, de l'avoir fait empoisonner. L'Église n'eut pas de chef visible pendant vingt et un mois, l'empereur Frédéric ayant continué à retenir les cardinaux prisonniers.

CÉLESTIN V (PIERRE DE MORON), né à Isernia dans l'Abbruze en 1215, fut élu pape en 1294 en remplacement de Nicolas IV. Le saint-siége était vacant depuis plus de deux ans. P. de Moron avait consacré sa vie à la solitude et à la pénitence, et vivait dans une tranquille obscurité au monastère de Majella qu'il avait fondé. A peine assis sur le trône pontifical, il regretta son désert, et témoigna le désir d'abdiquer. Le cardinal Cajetan, qui s'est rendu fameux sous le nom de Boniface VIII, l'entretint dans cette résolution, mais à peine eut-il été choisi pour lui succéder, qu'il le fit emprisonner dans le château de Fumona, où il mourut le 19 mai 1296. Il fut canonisé en 1313 par Clément V. Les religieux du monastère qu'il avait fondé sur le mont Majella, prirent le nom de *Célestins*, lorsque leur fondateur fut nommé pape.   Dufey (de l'Yonne).

CÉLESTINE, nom qu'on donne, en minéralogie, à un composé naturel d'acide sulfurique et de strontiane, à cause de la teinte généralement bleuâtre de ses cristaux. La Sicile fournit depuis longtemps aux collections des groupes de ces cristaux, remarquables par leur volume, leur transparence et leur netteté. Ce sont des prismes rhomboïdaux, dont la pesanteur spécifique est de quatre fois celle de l'eau. La France possède cette substance sur divers points de son territoire, notamment dans les Cévennes, où elle se présente en masses fibreuses, et dans les environs de Paris, à Montmartre et à Ménilmontant, où elle est disséminée en rognons aplatis dans une marne qui alterne par couches avec le gypse. Elle sert dans les laboratoires de chimie à préparer la strontiane et les divers composés de strontiane.
A. Des Genevez.

CÉLESTINS, communauté religieuse fondée par Pierre de Moron, depuis pape sous le nom de Célestin V, dans le quatorzième siècle. Ce premier nom lui était venu de ce qu'à peine adolescent, il s'était spontanément retiré sur la montagne de Moron dans le royaume de Naples, pour y vivre dans un isolement absolu, consacrant tous ses instants à la prière et à la pénitence la plus rigoureuse; mais un jour on abattit les arbres de sa solitude et alors il alla s'établir sur le mont Majella. D'autres solitaires s'y réunirent à lui, et en 1254 il forma une communauté qui prit successivement les noms de *Monastère de Sainte-Marie de Majella* et de *religieux de Saint-Damien*, enfin de *Célestins*, lorsque leur pieux fondateur eut été fait pape sous ce nom. Cette communauté fut confirmée au deuxième concile de Lyon en 1274. Dix ans auparavant, elle avait été incorporée à l'ordre de Saint-Benoît par le pape Urbain IV. Philippe le Bel les introduisit en France en 1300. Il avait fait venir du royaume de Naples douze célestins, qui s'établirent partie dans la forêt d'Orléans, partie dans celle de Compiègne.

En 1417, les célestins possédaient en France vingt-trois monastères; ils composaient une congrégation spéciale, appelée *Congrégation de France*. Leur monastère le plus important et le plus riche était celui de Paris, fondé par Charles V à l'entrée des cours de l'Arsenal et près du quai Morland. C'était la maison chef d'ordre des célestins de France. De nouvelles constitutions de 1462 ordonnèrent que les chapitres de *la Congrégation de France* seraient convoqués tous les trois ans dans la maison conventuelle de Paris. Le provincial y était élu à cette époque. L'église de ce monastère était une des plus remarquables de Paris par ses monuments tumulaires, par le nombre et la qualité des personnages célèbres qui y étaient inhumés. Voisine de l'hôtel Saint-Paul, alors résidence de la cour, elle avait une large part à ses libéralités. C'était un riche musée décoré des chefs-d'œuvre de toutes les célébrités artistiques de l'époque. On y remarquait le lutrin, la balustrade du sanctuaire, les figures de la Vierge et de Gabriel par Germain Pilon, placées sur le maître-autel, les tombeaux de Léon de Lusignan, roi d'Arménie, de Louis de la Trémoille, de Jeanne de Bourbon, reine de France, épouse de Charles V, de Jeanne de Bourgogne, épouse de Jean, duc de Bedfort, régent de France, et la chapelle de la famille d'Orléans, au milieu de laquelle s'élevait un grand sépulcre de marbre blanc, chef-d'œuvre de Jean Goujon, dont le pourtour était orné des statues des douze apôtres, et sur lequel étaient couchées celles du fondateur de cette chapelle, Louis d'Orléans, frère de Charles VI, de Valentine de Milan, son épouse, et de ses deux fils. Il y avait là aussi les cœurs d'Anne de Montmorency, du comte de Brissac, de Catherine de Médicis, de Henri II, de François II et de Charles IX. Le cloître des célestins était un des plus beaux de Paris; le jardin longeait les murs de l'Arsenal. La bibliothèque était riche en livres rares et précieux, dont la plus grande partie a été transférée à la bibliothèque de l'Arsenal.

Les célestins excellaient dans la gastronomie : on citait particulièrement avec éloge les *omelettes à la célestine*. Mais le désordre qui régnait chez eux était tel, que Louis XV leur ordonna, en 1768, de se réformer. D'après le refus unanime qu'ils firent dans leur chapitre de 1770, tenu à Limoy-lès-Mantes, de se soumettre à l'édit du roi, ils furent sécularisés par un bref de Clément XIV et par des brefs particuliers de Pie VI. Leurs biens furent mis en séquestre, et leurs maisons supprimées. Les vastes bâtiments de celle de Paris devaient être occupés par les cordeliers. Ils reçurent une autre destination. Une partie fut abandonnée en 1785 aux deux écoles des sourds-muets et des aveugles, qui n'y restèrent pas longtemps; une autre partie devint une caserne qu'occupe encore un détachement de *la garde de Paris*; le reste a été vendu à divers particuliers.   Dufey (de l'Yonne).

CÉLÉSYRIE (en latin *Cœlesyria*), c'est-à-dire Syrie creuse (de κοῖλος, creux). C'était la partie de la Syrie comprise entre le Liban et l'Anti-Liban à peu près au centre de toute la contrée. Elle se compose de trois vallées très-fertiles en blé, en coton, en mûriers et en oliviers; les coteaux sont recouverts de vignes et les montagnes de bois : le Léonte la traverse. Damas était sa capitale; là s'élevait aussi jadis Héliopolis ou Baalbek. Le nom de Célésyrie ne paraît pas avoir été employé avant Antiochus, roi de Syrie, qui la conquit (217 avant J.-C.) sur les Ptolémées d'Égypte. En 112 avant J.-C., la Célésyrie forma sous l'autorité d'Antiochus de Cyzique un état particulier. Les Romains étendirent cette dénomination à la partie de la Palestine située au delà du Jourdain; sous les empereurs, elle disparut devant celle de *Phénicie libanienne*. La Célésyrie fait aujourd'hui partie de l'éyalet de Cham.

CÉLÉUS, fils de Pharus et petit-fils de Cranaüs, était roi d'Éleusis. Cérès, pour lui témoigner sa reconnaissance du bon accueil qu'elle en avait reçu lorsqu'elle était à la recherche de Proserpine, voulait douer son fils Démophon du don de l'immortalité. A cet effet, elle le jeta une nuit dans le feu, pour anéantir ce qu'il y avait de périssable en lui; mais la mère de Démophon étant survenue et ayant poussé à cette vue un cri d'effroi, le malheureux enfant brûla vif. Alors Cérès se fit connaître, et doua de l'immortalité le second fils de Céléus, Triptolème. Quant à Céléus, il devint prêtre de Cérès, et ses filles furent également prêtresse de cette déesse.

CÉLIA (Loi). Dans les assemblées, les citoyens romains donnaient anciennement leur opinion de vive voix. Mais dans les derniers temps, époque de la plus grande liberté pour les suffrages, différentes lois déterminèrent que les votes seraient donnés par bulletins. Ce nouveau mode fut d'abord employé dans l'acte qui décernait les honneurs, d'après la loi Gabinia, faite l'an de Rome 614. Deux ans après, la loi Cassia le fit adopter dans tous les jugements, excepté ceux de trahison; la loi Papiria l'étendit à l'admission des lois. Enfin la loi Célia (l'an de Rome 630) l'introduisit dans les procès de trahison, cas expressément réservé par la loi Cassia. Cet acte, fait sur la proposition du tribun Cœlius, avait pour but de diminuer la puissance des patriciens.
Auguste Savagner.

CÉLIBAT, mot qui dérive du latin *cælebs*, délaissé, et du grec κοῖλος, creux, ou vide. En effet, le célibat, comme la viduité (*voyez* VEUVAGE), est un vide pour chaque sexe pris à part; il est dès lors contraire aux lois naturelles et au penchant de tous les êtres à se reproduire. Les animaux ne se vouent jamais à cet état d'abstinence des fonctions auxquelles la nature attache le plus puissant de tous les attraits. Si, dans l'espèce humaine, des personnes s'en sont fait un mérite et même un devoir, c'est par des motifs puisés dans l'ordre politique ou moral, à moins qu'une conformation vicieuse de l'organisme n'impose ce sacrifice par nécessité. Ainsi, des individus, soit privés de parties indispensables à la reproduction, soit mal constitués (comme un bassin trop étroit chez la femme), ne pourraient qu'être malheureux dans leur union avec un autre sexe, et lui faire partager son malheur : le célibat est alors avoué par toutes les lois. Mais chez les personnes dans lesquelles nul défaut organique n'est connu, le célibat, s'il n'est pas le résultat de circonstances forcées empêchant le mariage, ne peut être qu'une affaire de choix et de volonté.

L'état célibataire, consacré par le vœu de chasteté, comme dans les ordres religieux et le culte des autels, peut être considéré comme une immolation de la chair, remplie de privations et de dangers : c'est une abdication de soi-même que saint Bernard qualifie de *sacrifice humain*, non moins que la castration, et contre laquelle on vit le pape Clément III s'élever énergiquement, lorsque de vils motifs de cupidité et d'égoïsme jetaient sans vocation les cadets des grandes familles dans la carrière ecclésiastique : c'était une manière de conquérir des bénéfices et des postes éminents, mais elle exposait ses victimes à enfreindre des vœux témérairement contractés, à un âge où l'on ne mesure pas encore bien toute l'étendue et la difficulté des engagements qu'on s'impose. On ne comprend pas d'abord, dans le premier élan de ferveur religieuse de la jeunesse, avant que les aiguillons les plus poignants de la chair se soient fait sentir, tout ce qu'il faudra de résistance au démon, et tous les tourments, disons mieux, les maladies que pourra causer une abstinence absolue du mariage. Le sexe faible, dans le cloître, tombe en proie à des affections cruelles, qui souvent l'emportent prématurément au tombeau; car le célibat perpétuel paraît être bien plus contraire encore à la santé de la femme qu'à celle de l'homme. Observez ces filles chlorotiques, languoreuses, semblables à des fleurs pâles qui attendent les rayons fécondants de l'astre qui les anime : on les voit couler de tristes journées loin des feux de l'amour. L'aménorrhée et les anomalies du flux périodique, l'inertie générale de toutes leurs fonctions, les accidents innombrables de l'hystérie, le dégoût, ou d'étranges désirs, altèrent leur santé. Telles étaient les vestales chez les Romains, telles furent les vierges du Soleil dans les temples de Cusco, telles sont encore parmi nous ces saintes filles qui se consacrent dans l'ombre d'un monastère à de pieux devoirs par des vœux éternels. La religion chrétienne considère les privations imposées par la chasteté comme un état de perfection et d'empire du moral sur le physique, indispensable à tout être qui s'approche de la Divinité. L'on s'abstenait du commerce, même légitime des épouses, la veille des sacrifices, chez les Babyloniens, les Égyptiens, les Arabes, les Grecs et les Romains. Selon les Hébreux, rien n'était plus capable de faire perdre le don de prophétie que les rapports entre les sexes, lorsqu'on se vouait au sacerdoce. C'est principalement chez les célibataires que se rencontrent diverses affections de l'utérus, des squirrhes, des cancers à cette partie et au sein. Les religieuses meurent d'ordinaire en plus grand nombre vers quarante-cinq à cinquante ans qu'à tout autre âge, et leur vie est plus courte que celle des gens du monde, suivant les tables de mortalité dressées par Deparcieux et d'autres statisticiens. En général, le célibat paraît moins favorable à la longévité que le mariage, parce qu'une vieillesse pour ainsi dire abandonnée, sans enfants, sans époux, sans secours de proches, qui n'aspirent, au contraire, qu'à jouir des dépouilles d'un célibataire décrépit, loin d'entretenir la vie par des secours affectueux, ne tend qu'à en abréger le cours.

L'inutilité de l'existence semble l'abréger chez toutes les personnes qui vivent dans l'isolement; elles languissent, elles se consument, parce que rien ne les soutient et ne leur rend affection pour affection. Aussi toutes les filles âgées cherchent-elles à se rattacher à la vie par les enfants dont elles aiment à prendre soin; elles aspirent au rôle de mère. Telle est la faiblesse organique de ce sexe; il se forge ainsi des maux réels; et l'ennui de la solitude (fût-ce même avec le bien-être physique) amène un profond dégoût de la vie. Combien n'a-t-on pas vu de filles célibataires devenir folles, tantôt par des terreurs religieuses, tantôt par des vœux bizarres ou des amours fantastiques pour des êtres enfantés dans leur imagination ! tel est le vide de leur cœur : elles s'attachent à des chimères lorsque la réalité manque à leur sensibilité. A la vierge qui vieillit tristement dans le célibat, ce vide semble être plus insupportable encore qu'à l'homme ; elle est plus faible ; elle a besoin de plus de support. Son système nerveux, faute d'imprégnation, surabonde d'une vitalité qui erre sur mille choses diverses. Les organes qui n'ont pas rempli les fonctions auxquelles la nature les a destinés, restent évidemment gorgés de fluides qui, faute d'être évacués, s'épaississent, et obstruent les canaux où ils se trouvent engagés. Des explications de physiologie plus développées seraient inutiles ici pour constater les causes des maladies qui résultent d'un éternel célibat chez les personnes du sexe féminin, plus encore, nous l'avons dit, que chez les hommes, puisqu'elles sont plus astreintes à une entière abnégation de leur existence. En effet, l'homme dissipe par l'exercice ou le travail cette vigueur surabondante de son organisme ; la femme, plus sédentaire, conserve en elle des éléments superflus de douleurs et de maladies que la pudeur même cherche à se dissimuler. La seule idée en semble criminelle aux âmes pieuses, et l'on ne peut que louer et plaindre des personnes vouées au culte des plus pures vertus. Il n'en résulte pas moins que tout le système nerveux se trouve intéressé dans ses sympathies avec l'appareil reproducteur chez les vierges. On en voit des preuves manifestes dans l'épilepsie hystérique de plusieurs religieuses. La malade tombée en syncope perd le sentiment, la voix et jusqu'à la respiration. Quelques-unes sont plongées dans un délire extatique. D'autres s'imaginent être ravies au sabbat par des démons, car il n'est pas de genre d'extravagance qui ne puisse entrer dans les esprits avec cette disposition du corps. De vieilles filles hystériques sont un instrument excellent pour tout fondateur de secte; elles y portent un zèle impétueux qui ne craindrait pas de s'immoler en holocauste pour la propagation de nouvelles vérités. La mère Guyon, Mme Bourignon et tant d'autres dévotes, s'abandonnant aux œuvres pies des convulsionnaires, se sont ainsi rendues célèbres par la ferveur intrépide de leurs sentiments religieux.

Telles sont les affections spéciales des filles dans l'état absolu du célibat, ou des jeunes veuves sans enfants, ou même des femmes stériles, qui ont en vain perdu leur virginité. Il en résulte cette vérité morale, aussi bien que médicale, que l'état le plus heureux pour l'espèce humaine le plus favorable à la santé, le plus conforme à la raison, est de *suivre la nature*, sans en abuser, soit par excès, soit par défaut. Notre vie sur la terre a ses limites comme elle a ses lois : pourquoi vouloir les enfreindre ? Les desseins de son sublime auteur seraient-ils imparfaits ou blâmables, pour tenter de les contrefaire par des institutions mortelles et insensées? Mais, en réclamant les droits sacrés et souvent méconnus de la nature, nous ne prétendons point renverser les barrières de la vertu; car les vices et les excès dans les fonctions sexuelles ne sont pas moins funestes à la santé que répréhensibles en morale. Chez les hommes, le célibat et la chasteté accumulent pareillement dans l'économie une surabondance de vigueur qui tend et exalte le système nerveux, et rend la complexion plus inflammatoire. On était obligé souvent de faire saigner les moines et les religieux, non-seulement parce que le défaut d'exercice, malgré les jeûnes et les abstinences, amassait chez eux un excès du liquide sanguin, mais pour diminuer (*minuere monialem*) l'ardeur et la violence des passions qui pouvaient s'allumer par ce régime. Aussi, les remèdes rafraîchissants étaient-ils recommandés pour suppléer à ces évacuations que la nature opprimée procure dans des songes. La vie célibataire, soit dans l'enchaînement d'un vœu religieux, soit hors des cloîtres, est accompagnée d'ennui de la vie et de sentiments fréquents de désespoir ou de suicide, à certaines époques de l'âge mûr surtout. Détaché du monde, malgré les plaisirs qu'il peut y prendre, s'il jouit des splendeurs de la fortune, le célibataire est condamné par son isolement à se rejeter vers le néant. Aussi le nombre des suicides comprend toujours en majorité des individus célibataires. Je ne sais quoi d'égoïste et de dur s'attache à cette existence solitaire : car, en repoussant les liaisons intimes avec autrui, l'on en est également repoussé; dès lors on se recueille en soi-même, on vit haineux, misanthrope, et parce qu'on n'aime pas, on se croit détesté. On regarde toutes les avances comme empreintes d'une basse cupidité; on, ne peut croire au désintéressement, à la générosité et à la vertu, parce qu'on n'a d'ailleurs affaire qu'à des personnes dont on paie les services. Ainsi, libre de toute charge et de tout soin du ménage, on se trouve à la merci d'autrui; chacun le considère le célibataire qui s'isole que comme un étranger duquel on n'attend rien, et qui n'est bon qu'à plumer. Ses proches même l'aimeraient mieux mort que vivant, et n'aspirent qu'à sa succession; on ne le flatte qu'afin d'y avoir part. Quelque Mme Évrard a soin de s'emparer du *vieux garçon* ; elle s'installe en maîtresse dans son intérieur; le malheureux n'est même plus libre chez lui, et la chaîne de l'habitude appesantit son despotisme sur ses dernières années.

Les causes qui multiplient davantage le célibat dans certains pays sont principalement celles qui résultent du despotisme, ou des castes puissantes, ou d'un clergé nombreux. Parmi ces contrées, s'il n'existe presque aucune classe intermédiaire de la société, si les rangs supérieurs absorbent les richesses, le pouvoir, s'ils s'entourent d'une foule d'esclaves ou de valets en livrée, l'aristocratie condamne par le fait la populace infime et la misère où à la servitude. Lorsque cette extrême inégalité de fortunes permet à peine au pauvre de se marier ou de soutenir une famille dans les angoisses du besoin, lorsque toute la terre appartient à des seigneurs tout terriens dans un pays, le reste de la population est presque réduit à la mendicité. Le malheureux propriétaire sollicite humblement quelque place de domestique à la porte d'un château, et se croit heureux d'endosser la livrée dorée dans les villes; de là cette multitude de valets, de servantes, qui peuplent les maisons aristocratiques sous l'esclavage de la glèbe règne encore. Là le mariage n'étant accessible qu'aux classes qui peuvent vivre indépendantes, tout le reste subsiste à la volonté de ses maîtres. Il y a donc luxe et débauche à la fois. Les célibataires des deux sexes, dans leur sort précaire, se livrent à des jouissances furtives; il en résulte un grand nombre d'enfants abandonnés, beaucoup de crimes d'avortement ou d'infanticide; et les mœurs se dépravent de plus en plus. Tel est le sort de tout empire dans lequel les fortunes et le pouvoir sont trop inégalement répartis. C'est en vain que dans la plus haute prospérité de Rome, l'empereur Auguste prononçait en plein sénat des discours contre les célibataires, et leur représentait tous les inconvénients de cet état : *Nequè adeò vos solitudo vivendi capit ut absque mulie-*

ribus degatis, ac non quilibet vestrûm mensæ lectique sociam habeat, sed licentiam libidinis ac lascivas vestræ quæritis. C'est en vain qu'on fait peser sur eux des impôts spéciaux; l'histoire nous montre que les progrès de la décadence des empires sont en rapport avec la multiplication des célibataires. A mesure qu'une nation marche vers sa ruine, le nombre des mariages diminue ; la population s'affaiblit, tandis qu'elle s'accroît chez les peuples dans la vigueur de leurs institutions, et lorsque le partage, la division des grandes propriétés, permet à une multitude de petits propriétaires parcellaires de se marier, de s'établir ou de vivre avec leur famille. Voyez, pour preuve, Rome sous ses sages consuls, et Rome sous ses féroces empereurs. Voyez la Grèce au temps des Aristide, des Léonidas, et la Grèce corrompue du Bas-Empire. Les États despotiques sont couverts de monastères, de mendiants, de religieux solitaires, d'hommes retirés du monde : tous fuient une société sur laquelle pèsent la main des tyrans et le joug de l'arbitraire. Ce fut à la chute de l'empire romain que s'établirent dans l'Orient et dans l'Europe des milliers de monastères.

Dans les pays peuplés de deux races dont l'une possède tout et l'autre n'a rien, comme les colonies encombrées de nègres esclaves, la facilité des unions libres de la classe dominatrice avec la race asservie multiplie excessivement les produits métis ou mulâtres; ces hommes de couleur, la plupart sans état, sans rang assuré, vivent à égale distance des deux castes dont ils émanent. L'homme de couleur dédaigne le nègre, et il est rejeté par le blanc ; ne pouvant ou ne voulant pas s'allier avec l'un ou l'autre, il vit dans cette sorte de liberté sans droits, ou forme des unions sans mariage qui sont des foyers de libertinage et une source intarissable de bâtards. Aussi la plaie la plus funeste des colonies est-elle cette nuée d'individus célibataires, qui surpassent bientôt le nombre des colons, et aspirent à posséder, à devenir maîtres à leur tour.

Dans les pays où il y a répartition moins inégale des fortunes et des droits sociaux, les mariages deviennent plus nombreux, le célibat disparaît, les mœurs s'épurent, le nombre des enfants trouvés diminue. Le mariage protège ainsi et soutient la morale, la société et les lois. Le célibat entraîne nécessairement à sa suite la prostitution et l'adultère, dont la multiplication dissoude de plus en plus les hommes du mariage. Il serait facile de montrer combien l'union conjugale importe à la durée, à la félicité politique des sociétés humaines, et combien le célibat, au contraire, entraîne rapidement les gouvernements à leur perte. A quel. pays, à quel état peuvent appartenir des individus que rien n'attache sur la terre? Par cela même que le célibataire peut subsister indépendant, quelle sera sur lui l'autorité des lois? comment servira la patrie celui qui n'en adopte aucune? Si vivre c'est aimer, les célibataires ne vivent point, ils traînent le fardeau de leur existence hors du bonheur domestique ; ils n'ont pas de zèle pour le bien public, parce que, s'exilant de la société, renfermant leur vie en eux seuls, ils s'enveloppent dans une indifférence générale; ils sont nuls pour l'État comme ces pierres qui tombent de la voûte d'un édifice immense, et accélèrent sa ruine. De plus, le célibat, même quand il n'est pas perpétuel, a l'inconvénient grave de produire des mariages disproportionnés pour l'âge, ou d'unir trop souvent une personne jeune à un vieillard. Ces alliances mal assorties ne peuvent être heureuses ni produire des enfants robustes, dont les parents surveillent l'éducation. C'est l'intérêt ou la cupidité qui dictent ces unions; le vieillard y trouve la mort, la jeune fille s'y expose à manquer à ses devoirs ou à se soumet à des dégoûts. Généralement les pauvres sont moins disposés au célibat que les riches; ils ont plus d'enfants; leurs bras et leur travail font leur richesse. Mais l'opulent oisif, qui aspire aux jouissances et redoute les devoirs pénibles ou austères du père de famille, leur préfère les voluptés faciles et libres que le luxe lui procure. Aussi, dans les pays pauvres, n'y a-t-il presque point de célibataires, parce qu'il est avantageux d'avoir des enfants pour cultiver la terre ou exercer une industrie ; on y peut nourrir une famille dans la simplicité et la frugalité. Mais dans les cités pleines de luxe et d'oisiveté, on se marie moins, par des motifs contraires. Voyez à Paris qui peuple le plus, des riches ou des pauvres : les quartiers les plus misérables fourmillent d'enfants et de ménages ; les quartiers où règne l'opulence sont presque déserts.

Cependant, après avoir signalé tous les dangers ou les inconvénients attachés au célibat, après avoir montré qu'il ronge la santé et abrège la vie dans l'isolement, il faut énumérer aussi les avantages qu'on en peut obtenir pour certains emplois dans la société. Nul homme ne peut s'élancer tout entier à de hautes et périlleuses entreprises s'il est attaché par les liens d'une famille, d'une femme, des enfants, autant d'otages donnés à la fortune, lesquels condamnent à la conservation, à la prudence, disons plus, à la timidité, à la soumission, à la servitude. Comment un militaire montera-t-il à l'assaut s'il sent derrière lui une malheureuse famille qui a besoin de son appui ? Quel homme d'état ou de science pourra se dévouer jour et nuit à des travaux immenses pour son pays, s'il est obligé de surveiller les intérêts d'un ménage ou de procurer un avenir à sa postérité. Il faut être tout entier soi-même, et le célibataire seul le peut sans difficulté. Le prêtre a besoin de se séparer de toutes les choses de la terre pour vaquer uniquement aux objets célestes. La solitude est l'école de la grandeur d'âme comme elle peut être celle de la folie. C'était pour fortifier l'intelligence, donner de la profondeur aux pensées ou le féconder par une longue méditation, que Pythagore prescrivait plusieurs années de retraite et le célibat à ses disciples, comme dans les séminaires ; telle est plus longue a été la règle de silence, de chasteté, imposée par les fondateurs de plusieurs ordres religieux. Cette force de réflexion qui distingue le grand homme des communs génies ne peut guère s'obtenir que par l'abstinence des plaisirs de l'amour, lesquels énerveraient le cerveau, et de l'habitude de la retraite, ou du retranchement de tous les soucis de la société.

Le célibataire ainsi isolé devient uniquement soi, et acquiert un caractère original : il repousse ou il entraîne. En concentrant en lui seul toutes ses forces de vie, par la chasteté (s'il la conserve), en retranchant toute déperdition de sa sensibilité, il donne plus de fond et d'énergie à son caractère. L'homme sent alors qu'il possède en lui une supériorité de vigueur et de pensée sur le vulgaire. Ainsi le célibat, la solitude sexuelle est comme la ligne spirale qui rentre en elle-même, où comme des ressorts d'acier destinés à mouvoir les rouages des montres ; ils ont d'autant plus d'élasticité qu'ils sont plus comprimés. Ainsi le célibataire peut ramasser son âme et lui donner d'autant plus de raideur et de ressort qu'il vit plus retiré : tels ont été tous les grands législateurs, les philosophes, les poëtes illustres. Au contraire, l'homme qui relâche ou détend dans le commerce des femmes et du monde les nerfs de sa pensée et le ressort de son énergie, perd cette vigueur physique et morale. Ce résultat est surtout manifeste dans la compagnie des femmes, dont l'esprit est plus gai, plus doux, plus détendu que le nôtre : *Mollis illa educatio quam indulgentiam vocamus, nervos omnes et mentis et corporis frangit*, dit Quintilien. On peut donc affirmer que le célibat est indispensable pour les plus hauts et les plus difficiles emplois de l'administration, pour les lettres, pour les sciences, pour les armes, pour le sacerdoce. Il a des intérêts moins divergents, et moins d'attachements ou d'entourage ; mais son isolement, son défaut d'appui le rend aussi plus périssable. J.-J. VIREY.

CÉLIBAT DES PRÊTRES. La loi qui oblige les ecclésiastiques au célibat n'est point une loi divine. Saint Paul, dans la première Épître aux Corinthiens, déclare qu'il n'y a point à cet égard de précepte du Seigneur ; ce ne fut donc, dans l'origine, que l'exemple, la coutume, qui soumirent les clercs à la continence. Mais cette coutume remonte au berceau du christianisme ; car, de toute antiquité, nul ne put se marier après l'ordination ; celui même qui n'avait été ordonné qu'après le mariage, dut, non pas abandonner sa femme comme une étrangère, ni cesser d'en prendre soin, mais ne plus la regarder que comme une sœur. Il paraîtrait toutefois qu'au temps du premier concile de Nicée, la continence n'était pas rigoureuse parmi ces derniers ; car, si l'on en croit Socrate et Sozomène, les Pères du concile voulaient obliger les clercs, depuis l'évêque jusqu'au sous-diacre, à ne plus vivre avec les femmes qu'ils auraient épousées avant leur ordination ; mais, d'après l'avis du confesseur Paphnuce, la loi ne fut point établie, et la question demeura indécise. En admettant ce fait, le troisième canon de Nicée, qui défend aux ecclésiastiques d'avoir chez eux d'autres femmes que leur mère ou leur sœur, ne serait applicable qu'aux clercs non mariés. Quelques auteurs, se fondant sur le silence des écrivains du temps, révoquent en doute le récit des deux historiens. On n'y voit pourtant rien qui répugne : on pouvait bien alors ne pas porter une loi trop sévère pour quelques hommes mariés qui avaient été ordonnés dans quelques églises peu connues, et qui peut-être n'avaient consenti à leur ordination qu'à condition qu'ils ne seraient pas séparés de leurs femmes. Quoi qu'il en soit, nous voyons dans le même siècle, au rapport de saint Jérôme, l'obligation du célibat imposée à tous les clercs engagés dans les ordres majeurs ; et si, à cette époque, on trouve encore quelques exemples contraires, « c'est, dit saint Épiphane, un abus que réprouvent les canons, et que l'on doit attribuer à la lâcheté, à la négligence. Cela vient peut-être aussi de la multitude des peuples, et de l'impossibilité de trouver d'autres personnes pour exercer les fonctions du ministère. »

Le célibat fut adopté dans toute l'Église, aussi bien dans l'Orient que dans l'Occident. Ce ne fut qu'au temps du schisme, que les Grecs, alléguant les prétendus canons du synode *in Trullo*, dispensèrent de la continence les prêtres mariés avant l'ordination ; ils finirent même par ne plus ordonner de célibataires. Dans les différentes tentatives de réunion, l'Église latine ne parut pas improuver cet usage ; mais, pour elle, elle conserva toujours l'ancienne discipline avec une constante persévérance. Cette discipline, établie de temps immémorial, confirmée par la pratique perpétuelle, et par les décisions de divers conciles généraux, ne saurait ne pas être regardée comme une loi de l'Église, surtout depuis que le concile de Trente l'a déclarée telle de la manière la plus expresse.

La grandeur et la sainteté des fonctions ecclésiastiques sont les principales raisons qui ont déterminé l'Église à prescrire le célibat : ces fonctions semblent, en effet, peu compatibles avec les embarras qu'entraîne le mariage. Le prêtre, chargé de soutenir les intérêts divins, de veiller aux besoins spirituels des hommes, et de converser sans cesse avec le ciel pour y porter les vœux des peuples, doit être, en quelque sorte, un être tout spirituel, qu'aucun lien n'attache à la terre. Dévoué au service des autels, appelé à offrir chaque jour le saint des sacrifices, il doit y porter une pureté pour ainsi dire angélique. C'est l'idée qu'avaient les Juifs des fonctions sacrées ; c'est pourquoi les prêtres de l'ancienne loi devaient se séparer de leurs femmes pendant tout le temps qu'ils étaient de service dans le temple. Cette idée s'était répandue chez les païens eux-mêmes. Dépositaire de la science, le prêtre trouve dans le célibat la liberté d'esprit nécessaire pour approfondir les hautes vérités qu'il doit développer aux peuples ; son âme, dont la volupté n'a point énervé les ressorts, en devient plus capable de se livrer aux méditations les plus graves, et de s'élever parfois aux conceptions les plus sublimes. L'abolition du célibat eût privé l'Europe de plus d'un génie, de plus d'un chef-d'œuvre, de plus d'une découverte.

Cette institution, que, selon Jésus-Christ, tout le monde ne comprend pas, a rencontré bien des adversaires : Jovinien et Vigilance, au temps de saint Jérôme, Wiclef, au quatorzième siècle, déclamèrent tour à tour contre le célibat. Luther et Calvin firent plus, ils apprirent par leur exemple à le violer. Leurs disciples, feuilletant la Bible, scrutant la tradition des premiers siècles, ont entassé raisonnements sur raisonnements, pour combattre cette partie de la discipline ecclésiastique. Nous avons avoué que la loi du célibat n'est point d'institution divine, et qu'on ne trouve rien dans l'Écriture qui puisse l'établir; autrement l'église n'eût jamais toléré la coutume des Grecs. Nous avons ajouté que, dans les premiers temps, ce ne fut guère qu'une loi de coutume, mais, quelle qu'en soit la date, la loi positive n'en existe pas moins, et jusqu'à ce qu'on trouve dans l'Écriture un texte qui impose l'obligation du mariage, on n'y verra rien qui puisse empêcher l'Église de l'interdire à ses ministres.

Aux protestants a succédé l'école philosophique, qui trouve encore aujourd'hui de nombreux échos. Le mariage, disent ces réformateurs, serait pour le prêtre un nouveau moyen de donner d'utiles leçons; marié, il serait le modèle des pères de famille, il donnerait l'exemple des vertus conjugales, aussi bien que des autres vertus. Le prêtre n'a-t-il pas aussi sa famille? Son église, c'est l'épouse à laquelle il doit rapporter toute son affection; ses paroissiens, ce sont les enfants auxquels il doit prodiguer tous ses soins. Donnez-lui une autre épouse, l'affection qu'il aura pour l'une, tournera nécessairement au préjudice de l'autre ; il sera, comme dit saint Paul, partagé entre la famille de la nature et celle que lui avait donnée la religion. L'éducation de ses enfants le détournera des soins qu'il doit à son troupeau. Adieu le bon pasteur! et s'il est exact aux devoirs de son ministère, ses enfants seront négligés, adieu le modèle! Ainsi, plus il sera bon curé, moins il sera bon père de famille, et *vice versâ*. Puis, par un privilège spécial, on le préservera, sans doute, de l'infidélité possible d'une épouse, du libertinage d'enfants indociles, et de mille autres inconvénients de ménage, qui, atteignant son honneur, ne pourraient qu'affaiblir la considération dont il a besoin et paralyser son ministère. Dans un revenu à peine suffisant le prêtre sait trouver une part pour le pauvre; mais que deviendra cette part, que sera le revenu lui-même, en présence des besoins de la famille? Le bien de la religion ne sera plus le mobile des actions du prêtre; il travaillera pour assurer un sort à ses enfants, pour leur procurer un établissement convenable, c'est-à-dire pour amasser ; ses fonctions, qui emprunaient du désintéressement une partie de leur sublimité, s'aviliront devant l'intérêt qui les dirigera, et cet intérêt, la nécessité l'aura rendu légitime. Mais faut-il condamner le prêtre à la plus triste solitude? faut-il le priver des plus douces affections de la nature? Ces affections, il a pu sans doute y renoncer : c'est de lui-même qu'il en a fait le sacrifice. Avant d'entrer dans l'état qu'il a choisi, il en connaissait toutes les obligations; au moment où il s'est engagé, à vingt et un ans, ses passions, dans toute leur force, lui ont dit quels combats il aurait à soutenir : cette vue ne l'a point arrêté; aujourd'hui il ne regrette point la liberté qu'il a enchaînée; il porte son joug avec une joie que lui envient bien des époux. Il se demande à lui-même ce que c'est que cette solitude dont on parle, lorsqu'il se voit entouré de tout un peuple qui l'appelle son père, lorsqu'il est l'objet de l'affection des enfants qu'il a formés au bien, des pauvres qu'il a nourris, des malheureux dont il a séché les larmes. Mais le sacrifice du prêtre n'est-il pas au-dessus des forces humaines? ne devra-t-il pas chercher dans un libertinage secret un dédommagement à la contrainte qu'il s'impose? A cela nous répondrons qu'à moins de ravaler l'homme au niveau de la brute, esclave de ses appétits, l'impossibilité prétendue n'est que chimérique. Qu'un tel sacrifice soit impossible à ceux qui ont obéi à des inclinations contraires, à ceux pour qui des habitudes vicieuses ont fait de l'incontinence une sorte de nécessité, cela se conçoit peut-être, mais il ne le sera jamais pour des hommes qui ont été formés de bonne heure à la vertu, qui ont fui les occasions du vice, qui ont appris à modérer leurs désirs, à commander à leurs passions. Si l'on ne veut pas croire à leur vertu, si l'on n'admet point ce secours céleste qu'attend tout prêtre vertueux, on voudra bien croire, au moins, que le soin de leur réputation, la vue du mépris dont on accable les prêtres infidèles, peuvent et doivent contenir les autres dans les limites du devoir. Aujourd'hui que le clergé, surtout en France, se distingue, non moins par la sévérité de ses mœurs que par sa piété et ses lumières, quelques exemples de dépravation, plus rares qu'on ne paraît le penser, ne sauraient être imputés à tout le corps, ni altérer l'estime qui lui est due. On ne refuse point de croire à la vertu parce qu'il y a quelques criminels.

N'est-il pas juste, du moins, que le prêtre qui renonce à ses fonctions renonce aussi au célibat? Que d'autres, s'ils le veulent, abordent cette question du côté politique, il nous suffira de la considérer sous le rapport religieux. Oui, s'il ne s'agissait que de celui qui veut secouer le joug, il vaudrait mieux mille fois qu'il pût cacher ses fautes à l'ombre du mariage, qu'il pût donner un nom à des enfants qui n'oseraient jamais avouer leur père. Mais brisez les liens qui retiennent ce prêtre, à combien de scandales vous allez ouvrir la porte! quelle tentation vous allez offrir à la vertu même ! La facilité de la réparation va multiplier les désordres, et, si elle ne le fait en réalité, elle le fera, au moins, dans l'esprit de la multitude, qui ne verra dans chaque prêtre qu'un libertin présent et un apostat futur. De quelle confiance jouiront alors des pasteurs ainsi déconsidérés ? quel fruit portera un ministère que ne soutiendra plus l'estime publique? quelle mère voudra confier la conscience de sa fille à celui qui pourrait en devenir l'amant?... Reconnaissons, avec M. de Lamartine, que le prêtre doit être un homme sans affection, ou plutôt qu'il n'en doit avoir d'autre que celle qu'il a la mission de diriger par son zèle, d'instruire par ses leçons, et d'édifier par ses vertus.

L'abbé C. BANDEVILLE.

Le célibat des prêtres implique ces deux questions : *Les prêtres peuvent-ils se marier? Les prêtres peuvent-ils adopter?* La première question vient d'être traitée au point de vue de l'Église, examinons maintenant la seconde, en nous dégageant autant que possible des faits particuliers d'un procès jugé par la cour de cassation vers 1845. Notre opinion, partagée par plusieurs barreaux de France, n'a pas triomphé devant la cour de cassation ; mais elle y a été le sujet principal du débat. Ce n'est pas, au surplus, la première fois que la cour suprême, donnant en cela l'exemple de sa haute sagesse, est revenue, après une discussion plus mûre, sur une décision précipitée. En première instance et en appel, on a soutenu, que ce qui n'est pas défendu est permis ; — Que l'incapacité du prêtre adoptant ne résultait pas d'une disposition formelle de la loi ; — Qu'il n'y avait pas énonciation de la qualité de prêtre dans l'acte d'adoption ; — Qu'il s'agissait d'un prêtre éloigné depuis longtemps des fonctions du sacerdoce.

Nettoyons, en passant, ces quatre objections, qui sont tout le fond du jugement et de l'arrêt. — Je réponds au premier argument que si l'adoption doit être permise, parce qu'elle n'est pas défendue par la loi, le mariage des prêtres doit être aussi permis, parce qu'il n'est pas défendu par la loi. La conclusion de l'adoption mènerait tout droit à la conclusion du mariage. Est-ce là qu'on en veut venir? qu'on le dise. — Je réponds au second argument qui rentre dans le premier : que les articles 161, 162, 163 du Code civil n'établissent pas, par voie dirimante, l'incapacité conjugale du prêtre. D'où vient donc que les juges qui en veulent faire un père ne voudraient pas en faire un époux? La raison? — Je réponds au troisième argument, qu'il n'importe que le prêtre n'ait pas déclaré dans l'acte d'adoption qu'il fût prêtre. Est-ce que la qualité ne subsiste pas, indépendamment de l'énonciation? Un homme engagé dans les liens du mariage civil pourrait-il convoler à d'autres noces, sous prétexte qu'il n'a pas énoncé dans l'acte sa qualité d'époux? Pourrait-il, lorsqu'il est engagé dans les liens d'un mariage avec l'Église, simuler la paternité légale de l'adoption, sous prétexte qu'il n'a pas énoncé son engagement religieux? Ainsi, on deviendrait époux ou père par prétérition de qualité. C'est commode! — Je réponds au quatrième argument, qu'il se fonde uniquement sur les décisions du ministre des cultes de 1806 et de 1807, qui défendaient le mariage aux prêtres remis en communion depuis le concordat, et qui le permettaient à ceux restés en dehors. Mais cette interprétation ministérielle était contraire aux saints canons : il n'y a pas lieu ici à distinguer, à circonstancier, à équivoquer, à biaiser. On est prêtre ou on ne l'est pas : tous les concordats du monde ne font rien à l'affaire.

J'arrive aux principes de la matière. L'adoption procède du mariage. Où il y a empêchement de mariage, il y a empêchement d'adoption. Or, le mariage du prêtre catholique est-il prohibé? C'est la réponse affirmative des saints canons (1), des Pères de l'Église (2), des jurisconsultes anciens et nouveaux (3), du concordat de l'an IX (4), de la jurisprudence des cours impériales (5).

Tout se tient dans l'admirable organisation de l'Église catholique. Si la vérité de la religion est dans le dogme, sa force est dans la discipline. A un Dieu éternel, il fallait des ministres perpétuellement consacrés; l'ordre de prêtrise est donc un sacrement perpétuel; il suit le prêtre dans le crime, dans la suspense, dans les bagnes, à l'échafaud; il prête avec lui dans la tombe. Ne dites pas que vous gênez la liberté du prêtre, lorsque sa liberté a été d'être gênée; ne dites pas qu'il peut renoncer à être prêtre, lorsqu'il ne dépend pas de lui qu'il ne le soit plus; ne dites pas qu'il peut prendre femme, lorsqu'il a promis, à Dieu et devant Dieu, qu'il ne se marierait pas; ne dites pas qu'il n'est pas lié sur la terre, lorsqu'il est lié dans le ciel! L'ordre de prêtrise est un célibat. Si l'ordre est perpétuel, le célibat est perpétuel; si le célibat est perpétuel, il n'implique ni aucun cas le mariage; s'il n'implique en aucun cas le mariage, il n'implique pas les enfants par nature; s'il n'implique pas les enfants par nature, il ne les implique pas par imitation de la nature. Or, qu'est-ce que l'adoption, si ce n'est l'imitation de la nature? Qu'est ce que la fiction de la paternité adoptive, si ce n'est pas la suppléance de la paternité réelle? Qu'est-ce encore que l'adoption, si ce n'est la consolation d'un mariage sans postérité? Qu'est-ce que l'adoption, si ce n'est la procréation légale d'un héritier? Qu'est-ce que l'adoption, si ce n'est l'introduction d'un autre fils légitime parmi des enfants légitimes? Eh bien! le prêtre catholique ne peut se consoler par le mariage; le prêtre catholique ne peut procréer d'enfants fictifs ou naturels; le prêtre catholique ne peut ni perpétuer, ni accroître, ni constituer une famille. Quelle est sa femme? l'Église. Quelle est sa famille? l'humanité. Quels sont ses enfants? les pauvres. Qui les aimera, les pauvres, qui les aimera plus que son sang, plus que sa vie, plus que son âme, si ce n'est le prêtre! Si le cœur du

(1) Voy. loi 45 au Code, Nov. VI, chap. 5; Nov. XXII, chap. 42; Conciles de Latran et de Trente, de 1123, 1137, 1524; et ss. canons, passim.
(2) Voy. saint Augustin.
(3) Voy. Soefve, Févret, Domat, Pothier, Massillon, Montesquieu.
(4) Voy. art. 6 et 26.
(5) Voy. arrêts de Bordeaux du 20 juillet 1806, et cour de cassation, 21 février 1833.

DICT. DE LA CONVERS. — T. IV.

prêtre pouvait porter et contenir à la fois un fils et les pauvres, alors pourquoi lui avoir interdit le mariage? Mais la religion, par une inspiration sublime de sa charité, prend le prêtre par la main, et dit : Voici votre père, pauvres qui n'avez ni pères, ni mères, ni frères, ni sœurs, ni famille; voici votre consolateur, affligés qui êtes sans consolations; voici votre époux, Église de Dieu, votre époux qui doit vous fêter jour et nuit, enseigner vos dogmes, organiser vos pompes, et distribuer vos sacrements.

Comment veut-on faire entrer dans la maison et le cœur du prêtre, avec l'adoption d'un fils ou d'une fille, les soucis de l'ambition, l'orgueil du rang, l'amour du lucre, l'esprit d'épargne, les plaisirs et les affaires. S'il adopte, et s'il n'amasse point pour son fils, il manque à ses devoirs prévoyants de père; s'il adopte, et s'il amasse pour soi, pour son fils, pour ses petits-enfants, il manque à ses devoirs aumôniers de prêtre. Le prêtre, en un mot, sous quelque point de vue qu'on l'envisage, prêtre ancien ou prêtre nouveau, prêtre fidèle ou prêtre apostat, prêtre vertueux ou prêtre criminel, prêtre avec charge d'âmes ou sans charge d'âmes, mais prêtre toujours, prêtre imprimé sur le front par le saint toucher du pontife, et en son âme par le sceau vivant de la foi, ne peut devenir, naturellement ni adoptivement, père et chef de famille.

Nous traitons ici la question à la fois pour le prêtre et pour le juge; car si l'adoption n'est qu'un écoulement du mariage, l'empêchement canonique du mariage est une loi que, d'après son serment, le prêtre est tenu de suivre, et que, d'après le concordat, le juge est tenu d'appliquer. Il ne faut donc pas se cramponner, comme en première instance, aux circonstances extérieures et singulières d'un fait transitoire; il ne faut pas se loger étroitement dans les cases d'une distinction; il ne faut pas dire que les espèces se jugent d'après les espèces, et qu'on ne s'embarrasse pas des conséquences. Le public, lui, plus logicien que vous ne l'êtes, s'en embarrassera beaucoup; il détachera le droit du fait; il n'apercevra que l'adoption permise aux prêtres, en thèse générale, et non par circonstance, aux prêtres de toutes les dates, et non d'une seule date. Eh! pourquoi les prêtres de juin 1844 n'adopteraient-ils pas aussi bien que les prêtres de juin 1793? Que signifie cette distinction arbitraire? où est-elle écrite? qu'est-ce qui la justifie? qui oblige-t-elle? Pourquoi les prêtres n'adopteraient-ils pas non plus des enfants naturels, à l'exemple des laïques, qui ne se servent d'une si complaisante loi que pour cela! N'est-ce pas d'ailleurs une fausse adoption, une adoption imparfaite, que celle d'un célibataire? Ne transporte-t-on pas ainsi la fiction dans la fiction? Si le prêtre peut adopter un garçon, il peut adopter une fille, une fille de vingt et un ans, qui vivra sous son toit, côte à côte, sous le même toit, et presque sur ses genoux, et ce ne sera seulement qu'un peu plus scandaleux que le mariage. Le public ne verra bientôt plus dans l'adopté que le fils d'un prêtre, la fille d'un prêtre. L'adopté l'appellera mon père, l'adoptée l'appellera mon père. Le prêtre adoptant aura un fils, il aura une fille, il aura des petits-enfants. De là au mariage des prêtres combien de pas y a-t-il à faire? je le demande.

La cour de cassation, personne d'une si grande sagesse, gardienne austère et prude de la religion, de la discipline et des mœurs, ne voudra point porter atteinte aux règles sacramentelles de l'Église; elle ne permettra pas que le souffle des passions ternisse l'éclat de la chasteté catholique; elle craindra que le désordre des sens ne s'introduise dans le foyer du presbytère, sous des causes simulées d'adoption; que ces adoptions, une fois soufflertes, ne se multiplient avec le relâchement de la foi, et ne se substituent fraudulensement aux mariages prohibés; que le célibat virginal et perpétuel du prêtre, qui fait la force et le prestige du catholicisme, en assurant le secret de la confession et le service exact des autels, ne soit d'abord altéré par l'adoption, pour

49

être ensuite corrompu et dissous par le mariage; qu'il n'y ait qu'un pas de l'un à l'autre, et des indiscrétions du père aux confidences de l'époux. Elle sait que l'adoption, telle qu'elle est constituée par le Code civil, n'a eu originairement pour but que de perpétuer, dans l'aristocratie des grands et des rois, les rangs et les fortunes, et que le prêtre catholique, célibataire indélébile et perpétuel, ne peut s'employer à ces deux fins; que sa mission, en effet, n'est pas de continuer les races par la filiation naturelle ou adoptive, ni de transmettre les fortunes par la thésaurisation des capitaux, des maisons et des terres; que si ses mains, à la fin d'une carrière d'abnégation et de charité, ne se sont pas toutes vidées dans les mains des pauvres, et qu'il lui reste encore quelques parcelles d'or entre les doigts, il n'a pas besoin, pour en disposer comme il lui plaira, de violer les règles de la discipline catholique qu'il a fait vœu d'observer, puisque le Code civil lui laisse la faculté d'épuiser collatéralement, par donation ou par testament, la totalité de ses biens. Le prêtre est, dans nos sociétés catholiques, comme le roi dans les États constitutionnels, un personnage exceptionnel; tous deux vivent d'une vie consacrée, sous une législation à part. Encore faut-il dire que, si le sceau de la royauté peut s'effacer sur le front des rois, le sceau de l'ordre ne peut s'effacer sur le front du prêtre. Il y a entre eux la différence de ce qui est terrestre à ce qui est divin, de ce qui est passager à ce qui est éternel.

L'affaire en question avait été résolue en fait par la cour royale, qui tirait son motif de décider de ce que, dans l'espèce, le prêtre adoptant n'était plus depuis longtemps prêtre, et de ce que son indélébilité s'était usée, en quelque sorte, dans les frottements de la révolution, qui ont fait tant de choses. Mais la cour de cassation ne s'est point arrêtée aux circonstances particulières et accidentelles du fait; elle a voulu résoudre la question en principe. Son arrêt est motivé sur ce que les saints canons reçus en France, non plus que le Code civil, n'interdisent pas l'adoption aux prêtres; d'où la cour de cassation a induit que l'adoption leur était permise comme aux autres citoyens. On voit aisément qu'elle s'est trouvée placée sous l'influence de la guerre universitaire alors toute brûlante. Les tribunaux s'imaginent assez volontiers qu'ils sont héritiers des anciens parlements par une sorte de succession non interrompue, et qu'ils doivent faire revivre les maximes de l'antiquité. Or, l'on sait que les parlements luttaient, par esprit de corps autant que par opinion, contre le clergé. Naturellement, les tribunaux favoriseront l'universalité plutôt que le clergé; et il ne faut pas croire qu'ils soient plus exempts de préjugés et de passions que les corps administratifs et que le clergé lui-même. L'occasion était trop belle ici pour la manquer. On a cru que ce serait un bon coup à faire, que de trancher doctrinalement la question.

Mais on pourrait demander d'abord pourquoi la cour de cassation s'est appuyée sur le concordat qu'elle appelle de l'an X, quoique le concordat ne soit pas de l'an X, mais de l'an IX. C'est, il est vrai, la prétention des adversaires du clergé, de confondre le concordat du 26 messidor an IX avec la loi du 18 germinal an X, dont les articles organiques ont été rédigés pour mettre à exécution le concordat. Mais on feint toujours d'oublier que le concordat est un traité passé entre le pape et le premier consul de la république française. Ce traité n'a trait qu'à la restauration du culte catholique, aboli de fait et de droit pendant la tourmente révolutionnaire. Il contient, après avoir recommandé aux évêques réfractaires de céder; et maintenu la validité des ventes des biens du clergé, confisqués, aliénés, et passés entre les mains d'innombrables détenteurs; il stipule une indemnité de traitement convenable pour le clergé, et règle ensuite, par quelques dispositions transitoires, les points purement secondaires. Tel est le concordat de l'an IX, ni plus ni moins. Il n'y est pas dit un mot des saints canons, de la réception des bulles, des conciles provinciaux et nationaux, ni des appels comme d'abus. Tous ces points devaient nécessairement être traités et réglés entre les mêmes parties contractantes, comme dépendances du concordat. Mais on avait affaire à un homme qui n'aimait pas les lenteurs de la diplomatie, qui était pressé d'en finir, qui voulait mettre tout de suite en exercice le culte restauré, ne fût-ce que pour voir comment cela irait; et, au besoin, n'avait-il pas un grand sabre pour trancher les difficultés de toute sorte? On rattacha donc comme on put les mesures organiques au concordat; on appela le tout loi, et on présenta cet amalgame diplomatique et législatif à ce corps de muets qui recevaient, dans un respectueux silence, pour les enregistrer avec une éléphante humilité, toutes les volontés, bonnes ou mauvaises, d'un despote sabreur. Le pape eut beau protester, on se moquait bien du bonhomme! On alla toujours son train, et si bien que les trois quarts des gens s'imaginent aujourd'hui qu'il n'y a pas la moindre différence entre les lois organiques et le concordat.

Il est certain que les tribunaux et le conseil d'État, et tous les publicistes presque, n'ont jamais fait difficulté de regarder le pape et les évêques comme liés par ce concordat en deux parties. La cour de cassation a embrassé ce système sans y trop réfléchir. Elle a conclu, de ce que nul canon reçu en France n'interdisait l'adoption, que l'adoption était permise : c'est là, il faut l'avouer, une preuve négative qui est sans force, car l'adoption n'ayant jamais existé civilement en France avant le Code civil, et depuis ce code aucun canon n'ayant été reçu, il serait difficile de s'appuyer sur l'absence du canon. L'argumentation de l'arrêt est sans solidité, parce qu'il est sans fondement. Au surplus, c'est une singulière prétention, une manie de la puissance civile en France, et de tous temps, de vouloir toujours se mêler de canons, de décrétales et de conciles pour réformer, disent-ils, les empiétements de la tyrannie papale. Il est probable que nous nous occupons beaucoup plus du saint-siège que le saint-siège ne s'occupe de nous. Dans un pays comme le nôtre, où, depuis près de soixante ans, règne la séparation des pouvoirs administratif et judiciaire, il serait bon qu'on ne cherchât pas à confondre le pouvoir temporel avec le pouvoir spirituel, et qu'on laissât chacun d'eux à sa place. La cour de cassation n'est pas le protecteur et le vengeur des saints canons. Elle doit examiner les affaires civiles et les juger d'après les lois civiles, et elle n'a que faire avec Rome et avec ses canons. Une pareille prétention brouillerait tout. La Charte, en proclamant la liberté des cultes, ne voyait dans le citoyen que le citoyen. Le concordat n'est pour rien dans tout cela.

La cour de cassation n'avait qu'un seul point à vérifier, et c'est celui-ci : la loi civile interdit-elle aux prêtres ou à toute autre classe de personnes l'adoption, qui est un contrat civil? Si la loi civile n'interdit pas cet acte, il est permis. Cela est clair, et il était parfaitement inutile, comme l'a fait la cour de cassation, de s'attacher à des concordats sans application à l'espèce, et dont l'invocation était pour le moins inutile. La question si les tribunaux civils ne se préoccupent pas, nous le savons, et ne doivent pas se préoccuper de la question religieuse, ni des effets de l'adoption des prêtres. Mais cependant, d'un autre côté, ce n'est pas une raison pour que les hommes religieux ne soient pas blessés de la conséquence qui résulte de l'arrêt. En effet, on aura beau dire, le caractère du prêtre catholique est indélébile, ou il n'y a plus de prêtre catholique. On ne peut pas concevoir un prêtre adoptant, sans concevoir l'établissement d'une famille intérieure. Si l'on peut adopter un fils, on peut adopter une fille. Il faut doter sa fille, car, adoptive ou non, elle ne se mariera pas sans dot : or, pour donner une dot à sa fille, il faut amasser de l'argent, soigner ses biens, placer ses capitaux sur hypothèques. Voilà un prêtre jeté dans les embarras des affaires humaines, dans les tripotages de la bourse, dans la culture des terres ! Est-ce là l'esprit de dévouement, de désintéressement, d'abnégation, que la religion recommande à ses ministres? Le culte catholique, chargé d'œuvres, de cérémonies, de rituels, de chants, de détails infinis, de sacrements à distribuer, de pauvres à aumôner, d'infirmes et de malades à visiter et à consoler, est, en quelque sorte, condamné au célibat. N'a-t-on pas à craindre qu'un prêtre n'abuse de la confession et de l'influence qu'il a sur les mourants, pour en obtenir des legs déguisés et pour enrichir indirectement sa famille adoptive? Il est certain que vous altérez profondément le caractère du prêtre catholique, les conditions de sa discipline et l'esprit de son culte. Peut-on permettre qu'un prêtre soit père, et ne pas permettre qu'il soit mari? D'une conséquence ne va-t-on pas à l'autre? Aussi a-t-il fallu les coactions extérieures de la puissance exécutive pour empêcher les maires de passer outre au mariage des prêtres. Tôt ou tard on en viendra là, et l'arrêt de la cour de cassation y conduit tout droit. Les mauvais principes ont une force latente qui, sous l'influence de certains excitants, se développe avec furie. Le corps marche, et, comme il en a les apparences, il semble posséder toutes les conditions de la vie. Mais l'homme intérieur est miné par une plaie qui le ronge, et tout à coup il tombe, et ce n'est plus qu'un cadavre. TIMON.

CÉLICOLES (*cœlicolæ*, c'est-à-dire *adorateurs du ciel*), nom d'une secte dont l'hérésie tenait à la fois du judaïsme et du paganisme, et qui s'était propagée surtout en Afrique. Ils pervertissaient le baptême comme les *donatistes*. Honorius (408) fit ou confirma beaucoup de lois contre eux, et ils figurent dans le Code théodosien, sous le titre des Juifs. Ils appelaient leurs supérieurs *majeurs*.

CELLA, CELLARIUM, mots latins, d'où ont été formés les mots français *celle*, *cellier*, *cellule*. Le premier s'appliquait chez les Romains à différentes pièces des appartements, dont la diversité d'emploi et de destination s'exprimait par l'épithète qu'on y joignait : on appelait, par exemple, *cella caldaria*, *cella frigidaria*, la chambre chaude ou la chambre froide des thermes ou bains; *cella olearia* était le grenier ou la chambre aux grains; *cella vinaria*, le *cellier* ou la pièce où se conservaient les vins et en général les liquides. *Cella* employé sans aucune épithète s'entendait spécialement de cette partie intérieure des temples qui correspondait chez les anciens à ce que nous appelons tantôt la *nef*, tantôt le *sanctuaire*. Lorsqu'on honorait plusieurs divinités dans une même enceinte, elles avaient chacune une *cella* particulière. C'est ainsi que le temple de Jupiter capitolin avait deux nefs ou *cella*, consacrées l'une à Junon et l'autre à Minerve.

Quant au mot *cellarium*, c'était le nom générique des greniers, celliers, garde-robes, etc., dans les maisons des grands.

CELLAMARE (ANTOINE-GIUDICE, duc DE GIOVENAZZO, prince DE), grand d'Espagne, né à Naples, en 1657, fut élevé à la cour de Charles II, fit ensuite plusieurs campagnes, et accompagna, en 1702, Philippe V, petit-fils de Louis XIV, quand il alla défendre le royaume de Naples contre les Impériaux. Il signala son courage, la même année, à la bataille de Luzzara, fut fait maréchal de camp, servit en cette qualité au siége de Gaëte, en 1707, y demeura prisonnier des Impériaux, fut transféré au château de Milan, et y resta détenu jusqu'en 1712, époque de son échange. De retour en Espagne, il fut nommé ministre du cabinet, et, en 1715, ambassadeur extraordinaire à la cour de France, pendant la régence de Philippe d'Orléans.

On a donné son nom au fameux complot qu'il eût été plus exact et plus vrai d'appeler *conjuration de la duchesse du Maine* ; car le plan en avait été conçu et arrêté dans le conseil de cette princesse. Tous les éléments en avaient été combinés par elle et ses amis intimes, quand, pour en assurer le succès par l'intervention puissante du roi d'Espagne, on crut nécessaire d'en révéler le secret et le but à l'envoyé de cette couronne. Cellamare, plus homme de plaisir qu'homme d'État, n'aurait pu concevoir et moins encore diriger une conspiration aussi vaste, aussi compliquée, qui avait pour but d'enlever le régent et le jeune roi, de faire annuler par les états généraux ou le parlement de Paris l'acte de renonciation des Bourbons d'Espagne au trône de France, et de réunir cette couronne à celle d'Espagne. Ce projet ne pouvait réussir; mais la duchesse du Maine, humiliée, désespérée de l'annulation du testament de Louis XIV en faveur des princes légitimés, ne voyait l'avenir qu'à travers le prisme de la passion. La nation n'était pour rien dans ce conflit d'intérêts dynastiques. Cette conjuration, si follement conçue, fut comprimée aussitôt que découverte. On en a trop parlé pour que nous puissions nous dispenser d'en dire ici quelques mots.

La duchesse avait résolu de perdre le régent, et de rallier autour d'elle tous les ennemis de ce prince. Elle s'était liguée dans ce but d'abord avec le chef des jésuites, puis avec quelques nobles bretons, et notamment avec le jeune comte de Laval et toute l'ancienne cour. Le duc de Richelieu fut entraîné dans ce parti, mais sans y prendre une part active. On y comptait aussi les autres princes légitimés et même la duchesse d'Orléans; le comte de Toulouse seul avait gardé une prudente neutralité. Le duc du Maine devait avoir provisoirement le titre et l'autorité de lieutenant général du royaume. Des courriers avaient été expédiés au père Daubenton, confesseur du roi d'Espagne, et au cardinal Alberoni, son premier ministre. Tout réussit d'abord au gré de la duchesse. Le prince de Cellamare fut chargé par sa cour de se mettre en rapport avec elle et avec son conseil, et d'informer exactement le cabinet de Madrid de l'état des affaires. Ses entrevues devaient être couvertes du plus profond mystère, et, pour éviter la plus légère indiscrétion, l'ambassadeur, homme fort remarquable par son excessif embonpoint, se rendait chez la duchesse que la nuit dans un carrosse particulier, et le jeune comte de Laval lui servait de cocher.

Ces entrevues mystérieuses se tenaient à l'Arsenal, où la duchesse demeurait quand elle venait à Paris. Elle faisait sa résidence habituelle à Sceaux. Cette princesse avait une cour nombreuse, et tous les beaux esprits de la capitale se réunissaient chez elle; tout lui était bon pour arriver à son but, et bientôt Paris et les provinces furent inondés, chaque jour, de pamphlets violents, de satires audacieuses contre le régent. Alors parurent les fameuses *Philippiques* de Lagrange-Chancel. Le comte de Laval avait initié au complot vingt-deux colonels; il avait une imprimerie cachée dans des caves : les typographes n'en pouvaient sortir; ils y avaient été conduits les yeux bandés. C'était là que s'imprimaient tous les écrits contre le régent. Le marquis de Pompadour, attaché autrefois au grand dauphin et frondeur impitoyable de tous les actes de la régence; l'abbé Brigaud, partisan fanatique de l'ancienne administration; le chevalier Dumesnil, son ami; Malezieu, homme de lettres, chancelier de Dombes; Davisard, avocat général au parlement de Toulouse; le P. Tournemine, jésuite breton; et le cardinal de Polignac, composaient le *comité directeur*. L'abbé Brigaud remplissait les fonctions de secrétaire et d'archiviste. Leur plan était arrêté et les moyens d'exécution convenus; déjà ils comptaient de nombreux et puissants partisans dans la famille royale, le clergé, l'armée et la magistrature, avant que le conseil de régence eût connu l'existence même du complot. Cellamare, du reste, ne prenait aucun souci de cacher ses relations avec les mécontents.

Alberoni, convaincu de la nécessité de s'assurer, avant tout, de la personne du régent, avant, pour en préparer le succès, accepté les offres de service d'un colonel réfugié en Espagne, irrité contre le régent, qui lui avait refusé des pensions et de l'emploi. Alberoni se hâta de le renvoyer à Paris, avec d'autres Français retirés également en Espagne, et dont la plupart n'avaient quitté leur patrie que pour se soustraire aux poursuites de leurs créanciers ou de la justice. L'argent leur fut prodigué. Cette bande d'aventuriers passa les Pyrénées et s'abattit sans encombre sur Paris. Leur chef seul correspondait avec Alberoni. Chaque soir ils se réunissaient dans un lieu convenu, et tous attendaient l'ordre d'agir. Le chef devait se concerter avec Cellamare, recevoir ses instructions et les fonds nécessaires aux gens qu'il commandait. L'ambassadeur lui indiqua les endroits où le régent se promenait ordinairement avec sa fille, la duchesse de Berry. Une partie des aventuriers s'embusquèrent au bois de Boulogne; leur chef ignorait le nom du personnage qu'il devait enlever; on ne lui en avait donné que le signalement. Il aperçut, un jour, au bois de Boulogne, le régent, il fit à ses gens un signe du doigt; ceux-ci arrêtèrent un seigneur qui se trouvait à cinquante pas plus loin. Le chef, honteux de ce quiproquo, s'excusa; il n'avait voulu que faire une plaisanterie, il demanda au seigneur arrêté pardon de sa méprise, il avait été trompé par sa ressemblance avec un de ses amis intimes. Mais cet événement eut de l'éclat, et fixa l'attention du conseil de régence. Le chef de la bande, tremblant d'être arrêté, partit brusquement pour les Pays-Bas, après avoir congédié *sa compagnie*; mais les conjurés ne renoncèrent pas pour cela à leur projet d'enlèvement, et le régent, sans égard pour les avertissements de son conseil, continua d'aller, chaque soir, souper avec Mme de Parabère et ses roués; il revenait à Paris pendant la nuit. Il aurait infailliblement été enlevé si le cardinal de Polignac n'eût exigé des délais à l'effet de prendre de nouvelles mesures pour agir à coup sûr.

La mère du régent, mieux inspirée, après avoir inutilement tenté de retenir son fils à Paris, ajouta que puisqu'il aimait Mme de Parabère jusqu'à aller avec elle à Saint-Cloud, au risque d'être enlevé et peut-être assassiné, elle ne trouverait pas mauvais sa maîtresse vînt s'établir au Palais-Royal. Si les princes et princesses, les cardinaux de Polignac, de Rohan, de Bissy, et les autres grands seigneurs à la tête de la conjuration, n'étaient pas gens de résolution et d'action, ni capables d'un dévouement tels qu'ils exposassent leur personne pour un coup de main, ils n'en continuèrent pas moins, après l'échec de l'échauffourée du bois de Boulogne, de soudoyer diverses bandes, composées d'hommes perdus de réputation et de débauches, une, entre autres, la plus nombreuse de toutes, formée de trois cents contrebandiers.

Cependant les investigations de Dubois et du lieutenant général de police n'obtenaient aucun résultat; le cardinal, qui n'avait que des doutes, continuait à tout prix d'environner le château de la duchesse à Sceaux et son hôtel de Paris, d'une foule d'espions; d'autres princes et seigneurs étaient également observés dans toutes leurs démarches. Rien ne transpirait toutefois, lorsqu'une imprudence du prince de Cellamare amena une révélation complète et tout à fait imprévue. Cet ambassadeur avait attaché à son cabinet un employé en sous-ordre de la Bibliothèque du roi, nommé Buvat, qui savait l'espagnol; il l'avait chargé de traduire les pièces qu'il adressait à sa cour. Alberoni, qui ne partageait pas les illusions des conjurés, et qui prévoyait les obstacles que leur opposeraient l'opinion publique et les forces dont le régent pouvait disposer, avait insisté pour obtenir des renseignements positifs sur le nombre et les qualités des conspirateurs, sur leur position sociale, leur caractère et leur influence politique. Et Buvat et deux copistes avaient été employés à copier ces renseignements. Or, Buvat tenait à son modeste emploi à la Bibliothèque du Roi; c'était sa principale ressource pour vivre. Epouvanté par la lecture des pièces, il alla tout révéler à Dubois, qui lui ordonna de continuer son travail auprès de l'ambassadeur et de lui rendre compte, en outre, chaque jour, de tout ce qui viendrait à sa connaissance, des personnes qui se présenteraient à l'hôtel de l'ambassade, de l'heure et de la durée de chaque visite, et spécialement des moindres démarches de la duchesse du Maine. C'est ainsi que Dubois fut informe qu'elle se rendait souvent et pendant la nuit chez l'ambassadeur. Buvat remplit sa commission avec la plus fidèle exactitude. Le cardinal et le régent, instruits par le journal de l'employé, suivaient tous les mouvements des conjurés, et n'attendaient pour agir que des preuves positives, incontestables; ils voulaient prendre les conspirateurs sur le fait. Enfin Buvat leur fit savoir, un soir, qu'il avait copié en entier le plan de la conjuration et de nombreux mémoires qu'il avait eu la précaution d'analyser. Il ajoutait que toutes ces pièces devaient être portées à la cour d'Espagne par l'abbé Porto-Carrero, neveu du cardinal de ce nom, et un jeune gentilhomme espagnol du nom de Monte-Leone.

Dubois laissa partir sans difficulté les deux voyageurs. Mais tout avait été prévu pour les saisir en chemin. Ils furent arrêtés à Poitiers, et leurs dépêches enlevées et transmises immédiatement au cardinal. Cellamare ne tarda pas à être informé de cette double arrestation. Porto-Carrero et Monte-Leone prétendirent ignorer l'importance des dépêches dont ils étaient porteurs. Cellamare se rendit en toute hâte au ministère des affaires étrangères, et, affectant une entière sécurité, pria le ministre Le Blanc de lui remettre son dernier paquet, pour y ajouter de nouvelles notes. Mais le ministre, lui dit : « Monsieur l'ambassadeur, votre billet est déjà déchiffré, et vos dépêches saisies entre les mains de Porto-Carrero sont connues du régent et de son conseil; suivez-moi dans votre voiture; j'ai ordre de faire la visite de votre hôtel, en présence de Monseigneur le cardinal que voilà, et de divers officiers. Si vous obéissez de bonne grâce, il ne vous sera pas fait de mal; mais, si vous résistez, de plus grandes forces sont toutes prêtes pour vous soumettre à la volonté du roi. » Cellamare invoqua les privilèges, les prérogatives de sa charge, le droit des gens.... Le ministre lui répliqua qu'il ne devait pas invoquer le droit des gens, qu'il avait indignement violé; et qu'il avait perdu tout droit aux privilèges des ambassadeurs, en conspirant contre le gouvernement auprès duquel il était accrédité. Cellamare n'osa plus insister, et se rendit avec les deux ministres à l'hôtel de l'ambassade, déjà investi par un fort détachement de mousquetaires. Pendant l'exploration de ses papiers, il jouait la dignité, répétait à chaque incident de vaines et orgueilleuses protestations; mais il devint furieux lorsqu'il vit ouvrir une cassette pleine de billets-doux : « Ce ne sont plus là, dit-il aux ministres, des affaires diplomatiques... Laissez cette cassette à l'abbé Dubois! elle ne contient que des billets de filles; je la lui donne très-volontiers. » Tous les papiers trouvés dans l'hôtel furent saisis, mis en paquets, scellés du sceau du régent et de celui de Cellamare. Les deux ministres se retirèrent avec les liasses, laissant l'ambassadeur et les gens à son service sous la garde de Dulibois, gentilhomme ordinaire du roi, et d'un détachement de mousquetaires, et se hâtèrent d'aller rendre compte au régent de leur expédition.

Le lendemain, Dubois écrivit aux ambassadeurs étrangers et à tous les agents diplomatiques résidant à Paris, pour leur faire connaître les motifs de la saisie des papiers de l'ambassadeur d'Espagne, et des précautions prises par le régent et les ministres pour comprimer la conjuration. Il écrivit en même temps aux archevêques, évêques, aux présidents des cours de justice et aux gouverneurs des provinces; on ne pouvait ignorer que la conjuration avait ses ramifications dans presque toutes les parties de la France. Le régent ne se borna point à justifier sa conduite dans l'opinion des Français et des cours étrangères; il donna la plus grande publicité à deux lettres du prince de Cellamare, trouvées dans le paquet saisi sur l'abbé Porto-Carrero, toutes deux adressées au cardinal Alberoni.

On a attribué la découverte de la conjuration à d'autres

qu'à Buvat. On a prétendu qu'à l'époque où celui-ci faisait à Dubois son importante révélation, la dame Saint-Edme, veuve Baron, directrice d'un spectacle de danseuses de corde et d'une maison de prostitution où Covelles, écuyer de Cellamare, était venu souper, avait informé Dubois (qu'elle appelait *son compère*), que cet écuyer, dans un accès d'ivresse, avait dit que les affaires du royaume changeraient bientôt, et qu'il fallait s'en réjouir. Le régent avait aussi des renseignements de l'Angleterre. On l'avertissait du complot tramé contre lui. D'autres font honneur de la découverte à la Fillon, fameuse entremetteuse de l'époque; elle aurait appris toute la trame par Buvat. La version la plus vraisemblable est celle que nous avons rapportée plus haut.

Le nombre des conspirateurs s'élevait à soixante, sans y comprendre les vingt-deux colonels qui avaient pris l'engagement d'arrêter le régent et de le conduire à Tolède. Tous les coupables étaient connus. Deux compagnies de mousquetaires avaient reçu l'ordre de se tenir prêtes à monter à cheval. Leurs investigations durèrent quinze jours, et produisirent plus de deux cents arrestations. Il avait été ordonné aux gouverneurs de la Bastille et de Vincennes de préparer tous les logements disponibles. On y vit bientôt arriver le marquis et la marquise de Pompadour, les marquis de Saint-Genest, de Courcillon et de Bois d'Avis, la comtesse de Noyon, le chevalier de Gavaudan, l'abbé Le Camus, etc. L'abbé Brigaud, secrétaire et archiviste de la conjuration, croyant mieux assurer sa fuite, s'était déguisé en femme; il fut arrêté à Nemours et embastillé. Il avait, avant son départ, confié à sa servante sa cassette et ses papiers, et celle-ci, par son ordre, avait remis le tout au chevalier Dumesnil. L'abbé Brigaud, interrogé par d'Argenson et Dubois, apprit d'eux que tous ses papiers avaient été lus, et que sa servante et Dumesnil étaient arrêtés : « En ce cas, avait-il répondu, vous savez toute l'affaire; il n'y a rien de plus. » Le cardinal de Polignac, l'un des chefs les plus actifs, les plus influents de la conspiration, ne fut point emprisonné, mais exilé à son abbaye d'Anchin, sous la garde d'un gentil-homme. Mlle de Montauban, sa maîtresse, fille d'honneur de la duchesse du Maine, fut arrêtée; mais on ne découvrit chez elle que des billets doux du maréchal de Villars, et quelques notes manuscrites sur la conspiration.

Le 22 décembre 1718 on apprit à Paris que le duc de Saint-Aignan, ambassadeur de France à Madrid, y allait être arrêté par représailles. Alberoni envoya, il est vrai, à sa poursuite; mais le duc, déguisé en laquais, et son épouse, en femme de chambre, s'étaient fait remplacer dans leur voiture par deux domestiques avec lesquels ils avaient changé d'habits. Ceux-ci furent, en effet, suivis en route, mais les maîtres parvinrent sans encombre à la frontière. Le 28, le régent tint un conseil secret, composé du duc de Saint-Simon, du lieutenant général de police, et des ministres Dubois et Leblanc; et le lendemain, le duc de Béthune et Labillarderie arrêtèrent la duchesse du Maine à Paris et le duc à Sceaux. La duchesse avait eu tout le temps nécessaire pour faire disparaître les papiers qui auraient pu la compromettre. Si le duc avait suivi ses avis, il se serait éloigné, mais il croyait n'avoir rien à craindre, attendu, disait-il, que n'ayant rien écrit, on ne pourrait rien prouver contre lui, et qu'en s'enfuyant, il s'accuserait lui-même. La duchesse fut mise dans un mauvais carrosse de louage. Deux de ses femmes, Mme de Chambonas et sa confidente Melle de Launay, depuis Mme de Staal, l'accompagnèrent; ses autres filles d'honneur, deux valets de chambre, quatre valets de pied et deux frotteurs furent arrêtés. Des vingt-deux colonels compromis, un seul fut emprisonné. Le prince de Conti et d'autres conjurés s'étaient barricadés dans son hôtel, déterminés à une vigoureuse résistance. Il s'étaient approvisionnés de vivres et de femmes, et menaient une joyeuse vie en attendant les mousquetaires. Le régent et son conseil fermèrent les yeux sur les manœuvres du maréchal de Villeroi et de sa coterie, composée de tous les débris de l'ancienne cour. A la nouvelle de l'insuccès de la conspiration, Mme de Maintenon, éperdue de surprise et de douleur, alla se prosterner devant le saint-sacrement. Là, elle fut saisie d'une fièvre violente, on la porta dans son lit, et elle mourut peu de temps après.

Le duc de Richelieu, homme d'intrigue et de plaisir, ne pouvait être étranger à cette conjuration, où les femmes jouaient le principal rôle. Il s'était gravement compromis : l'amour le sauva. Prévenu à temps par les filles du régent, il sut écarter tout ce qui pouvait l'exposer; il n'échappa pas à la Bastille, mais les princesses, dont il était l'amant, vinrent l'y consoler, et réussirent enfin à lui en faire ouvrir les portes. Le duc du Maine avait été conduit par le lieutenant des gardes du corps Labillarderie au château de Dourlens, et la duchesse, par le marquis d'Ancenis, capitaine des gardes du corps, au château de Dijon. Leurs fils, les princes de Dombes et le comte d'Eu, furent exilés à Eu : ils avaient la ville pour prison. Mlle du Maine, leur fille, se retira chez la princesse de Conti. Le régent se montra très-indulgent à l'égard des principaux conjurés; il ne témoigna pas même de ressentiment contre le comte de Laval, le plus hardi, le plus actif des conspirateurs. Cellamare avait été arrêté le 9 décembre 1718 et enfermé au château de Blois. Il devait être immédiatement conduit à la frontière, mais il resta dans ce château jusqu'au 6 mars. Les menaces d'Alberoni ne se réalisèrent pas. Seulement de nombreux émissaires furent répandus dans la capitale et les provinces de France, surtout en Bretagne, pour y fomenter des troubles. Les nobles de cette province s'insurgèrent et s'opposèrent au recouvrement de l'impôt. Toutefois cette agitation dura peu. Les chefs du complot se trouvaient au pouvoir de Dubois. Leur culpabilité sautait aux yeux; mais le duc du Maine était le beau-frère du régent; la duchesse, une Bourbon-Condé; Polignac, un cardinal; Richelieu, le favori déclaré des filles du régent : ils en furent quittes pour un exil ou une détention plus ou moins prolongés. L'orage passé, le duc et la duchesse du Maine, le cardinal de Polignac, le duc de Richelieu, les autres grands seigneurs et les grandes dames reparurent à la cour. Aucune procédure ne fut instruite contre leurs complices de Paris. Le parlement garda le silence. Il en fut autrement des nobles bretons que le comte de Laval avait attirés dans la conjuration. Ils avaient été trompés indignement et ce fut cependant sur eux que s'appesantit la colère du conseil. L'impunité aux chefs, l'échafaud et l'infamie aux crédules provinciaux qu'ils avaient égarés et séduits par de fallacieuses espérances, par de mensongères considérations d'intérêt public!

Abandonné à ses propres inspirations, le régent n'eût pas hésité à accorder une amnistie générale. Il s'était montré plus qu'indulgent pour les chefs, il devait traiter de même les autres; c'est été justice. Mais le conseil et le principal ministre l'entraînèrent dans un système de terreur et de sang. Une espèce de chambre ardente, une véritable cour prévôtale fut établie à Nantes. Elle se composait de treize commissaires, présidés par le marquis de Château-Neuf et par de Castagnières, conseiller d'État. Cette commission s'entoura du plus effrayant appareil, et plusieurs bourreaux étrangers à la Bretagne l'accompagnèrent. Une armée devait protéger ses arrêts. L'assemblée des états envoya une députation au régent pour implorer sa clémence, et lui représenta, dans les termes les plus respectueux, que la province entière ne devait pas être solidaire de la faute de quelques individus. La commission ne commença pas moins ses opérations. De nombreuses arrestations avaient eu lieu dans plusieurs parties de la Bretagne, et le chiffre des accusés s'élevait à cent quarante-huit. Par arrêt du 26 mars 1720, quatre furent condamnés à mort et décapités le même jour sur la place du Bouffay. Le lendemain 27, seize autres gentils-hommes furent condamnés par contumace et exécutés en effigie.

Quelques-uns furent amnistiés depuis, et ceux qui d'abord avaient été exceptés de cette faveur obtinrent plus tard des grâces individuelles. Le 14 avril 1720, la chambre royale séant à Nantes fut transférée à l'Arsenal de Paris pour y juger d'autres accusés non amnistiés et les condamnés qui voudraient purger leur contumace. Ceux-ci devaient préalablement se constituer prisonniers au For-l'Évêque. Le 3 avril 1721, sur la demande de l'assemblée des états de Bretagne, tous les biens confisqués en exécution de l'arrêt du 26 mars 1720 furent *donnés* par le roi aux héritiers des condamnés. La commission royale termina sa session en 1724. Elle n'avait prononcé depuis sa translation à Paris que des arrêts d'acquittement.

La commission tint la Bretagne en émoi pendant près de deux ans; or, circonstance remarquable, dans les procédures instruites à Nantes et à Paris, les principaux accusés avouèrent tout. Les hommes, en général, montrèrent peu d'habileté et de courage; les femmes, au contraire, persistèrent dans un système de dénégation dont la crainte des tortures, l'adresse des commissaires interrogateurs et même toutes les ruses des ministres Dubois et d'Argenson ne purent les faire se départir.

Cette conspiration amena entre la France, l'Espagne et leurs alliés, une longue guerre, à la suite de laquelle Philippe V fut réduit à demander humblement la paix et à adhérer au traité de la quadruple alliance. Il dut renoncer en outre, de la manière la plus solennelle et la plus absolue, à toute prétention au trône de France pour lui et ses successeurs. Vainement il avait prodigué l'or pour provoquer et alimenter la guerre civile. L'apparition de sa flotte dans les parages de la Bretagne ne fut qu'une dispendieuse et inutile démonstration : nulle part la population bretonne ne répondit à ses signaux et à ses appels. Cette conjuration devait finir ainsi. Il était impossible qu'elle réussît. Les conjurés, réduits à eux-mêmes, et sans autre appui que l'intervention étrangère, reculèrent devant le moindre des obstacles qu'ils auraient dû prévoir.

Quant à Cellamare, nommé capitaine-général de la Vieille-Castille aussitôt après son retour en Espagne, il mourut à Séville, le 16 mai 1733, conservant, jusqu'à son dernier jour, la faveur de son souverain. DUFEY (de l'Yonne).

CELLARIÉS (du latin *cella*, loge). On désigne plus spécialement sous ce nom les polypiers dont les cellules sont disposées de manière à former des tiges branchues, assez semblables à des sertulaires, mais sans tube de communication dans l'axe. Parmi les cellariés on distingue les *crisies*, dont les cellules, sur deux rangs, ordinairement alternes, s'ouvrent du même côté; les *acamarchis*, disposées de même, et offrant une vésicule à chaque ouverture; les *loricules*, où chaque articulation se compose de deux cellules adossées, dont les orifices opposés s'élargissent en haut; les *eucratées*, où l'on voit à chaque articulation une seule cellule à ouverture oblique, et les *électres*, qui présentent à chaque articulation une sorte de verticille de cellules disposées en anneau. E. LE GUILLOU.

CELLARIUS (CHRISTOPHE), l'un des plus infatigables érudits du dix-septième siècle, né le 22 novembre 1638, à Smalkalde, professa à l'âge de trente ans la philosophie morale et les langues orientales à Weissenfels. En 1673 il fut nommé recteur à Weimar, en 1676 à Zeitz, en 1683 à Mersebourg, et enfin en 1693 professeur d'éloquence et d'histoire à Halle, où il mourut le 4 juin 1707.

Il a donné une longue série d'éditions d'auteurs latins, mais son ouvrage capital, celui qui, par le bonheur du cadre et du sujet, lui a valu une réputation durable, est sa *Notitia Orbis antiqui* publiée à Leipzig en 1701-1706, et après la mort de l'auteur, en 1731, enfin en 1773 avec les additions de Schwartz. C'est le premier traité général de géographie ancienne, le seul avant celui de Mannert; ce répertoire est à la fois fort utile et fort défectueux. Son défaut capital est de n'avoir pas eu égard à la partie chronologique de la géographie et de n'avoir pas établi pour les divisions politiques les distinctions d'époques, soin qui importe tant à la netteté des idées, soit pour l'écrivain, soit pour le lecteur. Sur chaque contrée Cellarius dit beaucoup, mais pas assez : son répertoire est assez riche pour qu'il ait été longtemps impossible de s'en passer, il est trop incomplet pour être autre chose qu'un point de départ quand on a besoin de notions un peu approfondies. Cependant, quoique le grand ouvrage de Mannert sur la géographie ancienne soit infiniment supérieur à celui de notre auteur, comme il est volumineux et écrit en allemand, longtemps encore on aimera à posséder dans sa bibliothèque le vieux traité de Cellarius, avec les notes de Schwartz, parce que ce répertoire est complet quant au cadre, plus portatif, fourni de passages de textes anciens, et facile à consulter. François GAU.

CELLE (en latin *cella*, *cellula*), vieux mot qui signifiait autrefois la petite maison, la chambre, le lieu de retraite d'un moine ou d'un ermite, et qui a été remplacé par celui de *cellule*. Des cent quarante *celles* qui dépendaient de l'ordre fondé par saint Étienne de Muret, et qui prit plus tard le surnom de Grandmont, Jean XXII en érigea trente-neuf en prieurés conventuels, à chacun desquels il unit quelques-unes des autres celles.

Le nom spécial de *sœurs de la celle* avait été donné à une partie des religieuses hospitalières du tiers-ordre de Saint-François, qui n'avaient point de rentes, vivaient d'aumônes, et allaient servir les malades hors de leurs monastères. D'autres religieux et religieuses avaient puisé à la même source leur nom de *cellites*. Le mot *celle* est resté encore le nom appellatif de plusieurs lieux voisins de couvents ou d'abbayes.

CELLE ou **ZELLE**, jolie ville du Hanovre, dans le *landrostei* de Lunebourg, bâtie sur l'Aller, la Fuse, et qui, y compris les faubourgs de Hehlen, Wester et Altencelle, renferme environ 11,500 habitants. L'industrie manufacturière et l'activité commerciale de cette population sont dans une voie de développement continu, favorisées qu'elles sont par l'Aller, qui commence à y devenir navigable, et par le passage du chemin de fer entre Hanovre et Harbourg. Les principaux produits dont s'occupe le commerce d'expédition sont la laine, la cire, le miel, le bois de construction, et les graines d'arbres forestiers. En fait d'usines il faut surtout citer ses fabriques de stéarine, decoating, de colle, d'écrans, d'encre d'imprimerie, de laine filée, ses blanchisseries de cire, enfin ses manufactures de tabac et de cigares. L'un des ornements de la ville est le vieux château, qui en occupe le centre et qui se trouve dans un remarquable état de conservation, de même que le beau parc qui en dépend. De l'an 1369 à l'an 1705 il fut la résidence des ducs de Celle, branche collatérale de la maison de Brunswick. C'est là que mourut en 1775 l'infortunée reine Caroline-Mathilde.

La ville de Celle est le siége de la cour d'appel suprême de tout le royaume de Hanovre, et de la société d'agriculture de la province de Lunebourg. On y trouve en outre deux bibliothèques publiques, un collége, un hospice d'orphelins, une maison de refuge et diverses autres institutions charitables. Aux environs de la ville est situé un grand pénitencier, de même qu'un haras remarquable. C'est à Celle qu'ont lieu annuellement les courses de chevaux instituées par le gouvernement pour tout le royaume de Hanovre.

CELLERIER, CELLERIÈRE (en latin *cellarius*, fait de *cella*). Le mot *cellerier* s'applique dans le Digeste à l'homme préposé à l'examen des comptes, à celui à qui les anciens commettaient le soin de leurs affaires domestiques. C'est ce que l'on appela plus tard et ce qu'on appelle encore aujourd'hui chez nous un intendant ou un économe, quoique les uns et les autres soient, à tort ou à raison, fréquemment accusés de ne faire d'*économies* que celles dont ils profitent. Les prélats et les monastères affectaient aussi ce nom à leurs procureurs et à leurs agents. Les auteurs de la vie de saint Césaire, dans le recueil des *bollandistes*, disent qu'il fut cellerier ou procureur du couvent de Luxeuil. Philippe de Savoie, malgré son illustre naissance, était cellerier de l'archevêque de Vienne en 1243. Le cellerier était alors proprement un officier chargé du soin des provisions de bouche : *Qui cellæ vinariæ et escariæ præest*. Son office était de faire recueillir les grains du seigneur et de les serrer dans les greniers; ses droits consistaient en une certaine quantité de grains prise sur ceux qui le recueillaient, pour le seigneur; de plus, en un habit avec sa fourrure. La part qu'il devait prendre sur la recette était également réglée et paraît, du reste, avoir été exorbitante, s'il est vrai, comme le constatent d'anciens titres, qu'elle était du treizième. Les celleriers ont aussi porté les noms de *mistral* et de *batle* ou *bayle*; mais ce dernier s'appliquait surtout à ceux qui avaient l'intendance du trésor des princes, et desquels dépendaient les châtelains et les autres celleriers.

Cellerière (*cellaria*) était aussi le nom d'une dignité ou d'un office semblable, exercé dans les communautés de femmes par des religieuses chargées du soin de l'administration temporelle de la maison; elles partageaient plusieurs droits et quelques seigneuries par indivis avec l'abbesse, et étaient tenues, par forme de reconnaissance et d'obligation envers le chapitre, de distribuer, à certains jours, de l'huile, du vin et d'autres provisions à toutes les chanoinesses.

CELLES (A.-G.-Fiacre, comte de Visher de), homme d'État qui a joué un rôle assez équivoque dans l'histoire récente de la Belgique, naquit à Bruxelles, en 1779, d'une famille noble du Brabant et reçut une éducation distinguée, tant à Bruxelles que dans des universités étrangères. Fils d'un des notables de sa province, il fit partie de la première députation que le Brabant envoya à Bonaparte, et, devenu le beau-frère du général Gérard, il acquit sous l'empire, grâce à cette alliance, un grand crédit à Paris. Il ne tarda donc pas à être fait membre du conseil municipal de Bruxelles, et fut nommé en 1806 auditeur au Conseil d'État, puis maître des requêtes, et enfin préfet du département de la Loire-Inférieure ; fonctions dans l'exercice desquelles il ne laissa pas que de bien mériter de la ville de Nantes ; et le titre de comte, qui lui fut accordé en 1809, fut la récompense des services qu'il rendit en cette qualité. Transféré en 1810 à la préfecture du Zuiderzée, dont le chef-lieu était Amsterdam, il s'y fit des ennemis aussi nombreux qu'acharnés par l'arbitraire et le despotisme de son administration, outrant en core à plaisir les rigueurs des instructions impériales en ce qui touchait l'exécution de la loi relative à la conscription. Aussi, lorsque la population d'Amsterdam, lasse de son despotisme et du joug français, se révolta, sa vie fut-elle un instant en danger.

Dès que les premiers détachements de l'armée russe envahirent la Hollande, le comte de Celles s'enfuit à Paris où une nouvelle carrière sembla un instant s'ouvrir à son zèle; mais la chute de Napoléon anéantit toutes ses espérances. Quelques années après la constitution du royaume des Pays-Bas, il fut nommé membre des états provinciaux du Brabant, et acquit bientôt une influence considérable sur cette assemblée. En 1821 il fut élu député à la seconde chambre des états généraux, où il vota en faveur de l'opposition, sans toutefois suivre un système politique bien arrêté. Quand la question du concordat fut mise sur le tapis, il sut en faire valoir son habileté diplomatique, que le roi Guillaume, au grand regret de toute la partie septentrionale des Pays-Bas, et malgré l'avis de ses plus fidèles conseillers, l'envoya à Rome traiter cette importante affaire avec le pape. De Celles, qui déjà, dit-on, s'était fait affilier d'une manière assez peu honorable au parti apostolique belge, conclut avec la cour de Rome le plus déplorable concordat des temps modernes, et le roi le sanctionna. A son retour, il fut accueilli avec tous les signes du plus profond mécontentement, tant par le parti libéral que par le parti ministériel; toutefois, grâce à la coalition qui se forma à peu près vers cette époque entre le parti prêtre et les libéraux, il réussit si bien à donner le change à l'opinion publique, qu'on le compta bientôt de nouveau au nombre des coryphées des patriotes belges. En 1829, il ne craignit même pas de viser avec Lehon et Brouckère à un portefeuille.

Quand éclata la révolution belge, il joua un rôle si indécis, qu'on peut le considérer comme ayant alors été le chef du parti qui voulait la réunion de la Belgique à la France. Comme membre du congrès national, où il vota pour l'exclusion du roi Guillaume et de la maison de Nassau-Orange, il fut appelé à faire partie du comité diplomatique de Bruxelles et chargé de diverses missions à Paris. Il continua de résider dans cette capitale, même quand il eut été remplacé comme ambassadeur par M. Lehon. Au commencement de 1833, il se fit naturaliser Français, fut nommé plus tard conseiller d'État, et mourut à Paris, le 3 novembre 1841, au moment où l'on annonçait sa prochaine promotion à la pairie. Il a laissé deux filles, la comtesse de L'Aigle et la comtesse Caumont-Laforce.

CELLIER, lieu destiné aux mêmes usages que la cave, mais qui en diffère en ce que celle-ci est souterraine, tandis que le cellier est situé au rez-de-chaussée. Les variations atmosphériques, dont l'action sur les vins est souvent nuisible, sont nécessairement beaucoup plus sensibles dans les celliers que dans les caves ; aussi un cellier ne doit-il être considéré que comme une cave supplémentaire ou provisoire, dans laquelle on dépose les vins pour l'usage courant du commerce ou d'une grande maison, mais rarement pour les y conserver pendant un long espace de temps. Cependant, lorsque, faute de cave, on est réduit à se contenter d'un cellier, il faut le choisir de manière à ce que le vin, les liqueurs et les fruits que l'on y dépose se conservent le mieux et le plus longtemps possible : pour cela, le cellier devra être exposé au nord et à l'abri de l'humidité et des excès de froid, de chaleur et de lumière.

CELLINI (Benvenuto), sculpteur, graveur, ciseleur et orfèvre, naquit à Florence, en 1500. Son père, pauvre musicien, lui fit d'abord étudier son art, pour lequel l'enfant annonçait à la fois des dispositions remarquables et une antipathie prononcée. Las de lutter contre la volonté paternelle, il prit enfin le parti de s'enfuir. Après avoir passé quelques années à Pise dans l'atelier d'un orfèvre, Benvenuto, devenu habile ciseleur, se rendit à Rome, où son talent et son esprit lui valurent la protection d'une grande dame, Lucrezia Chigi, qui le mit à la mode; il reçut dès lors plus de commandes qu'il n'en pouvait exécuter; et il se vit enfin au comble de ses vœux quand le pape lui eut confié la direction de sa monnaie et l'exécution de plusieurs médailles qui augmentèrent sa réputation. Cet homme étrange, amoureux passionné de l'art, avare de ses œuvres, jaloux de ceux qui les lui achetaient, ne connaissait aucun maître, ni roi, ni pape, ni dame, ni la raison, ni la faim, et ne comptait pour se venger de ses ennemis que sur sa force et son adresse. Pour cette âme implacable une offense était une plaie que le temps ne faisait qu'envenimer ; sa santé dépérissait alors ; l'amour de l'art l'abandonnait, le sommeil le fuyait ; il se peint lui-même dans une autobiographie qu'il a laissée, errant à la chute du jour, aux environs de la demeure de son ennemi ou le suivant de loin pour se repaître d'une vue qui irrite et raffermit son ressentiment ; puis, quand le jour de la vengeance arrivé, il exerçait ses sanglantes représailles sans craintes et sans remords. Il se réfugiait ensuite chez un de ses amis ou de ses protecteurs ; quelques cardinaux sollicitaient sa grâce, et, admis de nouveau auprès du pape, il n'en recevait d'autre châtiment qu'un regard sévère et ces mots : « Benvenuto, tu as fait bien de l'ouvrage en peu de temps ; or çà! puisque te voilà guéri, tâche de vivre sagement. »

Quand le connétable de Bourbon vint faire le siège de

Rome, ce fut Benvenuto, qui, s'il faut l'en croire, le tua d'un coup d'arquebuse, au milieu de son triomphe. Après la prise de la ville, il se retira dans le château Saint-Ange, où s'était jeté Clément VII; et là, devenu homme de guerre, l'artiste dirigea une défense qui se borna après tout à quelques coups de bombardes. Il prétend encore que ce fut lui qui pointa la pièce dont la décharge blessa le prince d'Orange. Après plusieurs voyages à Naples, à Florence et à Mantoue, où il rencontra son ami Jules Romain, qui le présenta au duc, il revint à Rome travailler sous les yeux de Michel-Ange. Quand Charles-Quint fit son entrée triomphale dans Rome, le saint-père lui envoya des présents magnifiques, entre autres un missel enrichi des ciselures de Benvenuto, et, suivant l'usage du temps, il fit en même temps cadeau à l'empereur de l'œuvre et de l'artiste. Mais celui-ci se lassa bientôt d'appartenir à un maître qui préférait un grand homme de guerre à un grand sculpteur, et aussitôt il partit pour la France, dans le dessein de s'offrir à François Ier. Par une circonstance fortuite il ne put joindre le roi; et, perdant patience, il s'en revint à Rome. Toujours mécontent de ses protecteurs, il lassa par ses bizarreries la patience du pape Paul III, qui le fit enfermer comme prévenu d'avoir détourné une partie des joyaux de la tiare pontificale, qu'il avait été chargé de démonter et de fondre pendant le siége de Rome. Bien qu'il se fût pleinement justifié de cette accusation, il ne sortit de prison que sur les instances de François Ier, qui l'invita à venir se fixer dans ses États. Benvenuto avait alors quarante ans. Accueilli avec distinction par le roi, qui lui assigna la tour de Nesles pour demeure, il y établit ses ateliers, et put enfin se livrer à la sculpture, unique but de ses longs travaux. Cette époque de sa vie est cependant celle où il a le moins produit. Mauvais courtisan, Benvenuto ne put se maintenir longtemps en faveur. Il offensa la duchesse d'Étampes, et la toute-puissante favorite usa de l'empire qu'elle avait sur l'esprit du roi pour perdre l'orgueilleux artiste qui n'avait pas daigné capter sa bienveillance. Il faut dire qu'elle fut activement servie dans sa vengeance par Benvenuto lui-même, qui, à n'en juger que par ses propres aveux, s'aliéna toute la cour de France.

Il était surtout vivement blessé de la faveur dont jouissaient ses compatriotes Rosso et Primatice. Ce dernier avait obtenu, par la faveur de la duchesse d'Étampes, les travaux de sculpture de la fontaine du château de Fontainebleau, que le roi avait déjà accordés à Benvenuto Cellini. L'orfévre florentin n'était pas d'humeur à supporter un tel affront. A peine a-t-il connaissance de l'injustice qu'on veut lui faire, qu'il s'en va trouver le Primatice; et, sans s'arrêter à ses courtoisies lombardes, il réclame les travaux que celui-ci veut lui enlever. Le peintre de Bologne se défend par d'assez mauvaises raisons. « Chacun cherche, dit-il, à faire ses affaires par tous les moyens possibles. D'ailleurs si le roi le veut ainsi, qu'avez-vous à dire? — J'ai à dire que si vous me volez cet ouvrage qui est à moi, je vous tuerai comme un chien. » Et il était homme à le faire! Aussi Primatice vint-il le lendemain faire ses excuses à cet incommode compagnon et quelque temps après, pour plus de sûreté, il partit chargé d'une mission artistique en Italie. Cependant la duchesse d'Étampes ne négligeait aucune occasion pour abreuver de dégoûts l'homme qu'elle avait pris en aversion. Un jour Benvenuto fit porter à Fontainebleau une statue en argent représentant Jupiter, et qu'il avait exécutée pour le roi. En la disposant dans la galerie de François Ier, il fut très-surpris d'y trouver déjà rangés les antiques rapportés d'Italie par le Primatice. Cette concurrence inattendue ébranla un instants présomption naturelle. De plus, madame d'Étampes lui joua le mauvais tour de retenir le roi jusqu'à la nuit. Mais Cellini, ne se déconcertant pas, cacha adroitement une bougie allumée au milieu de la foudre que le Jupiter portait dans sa main droite élevée au-dessus de sa tête.

Cette lumière tombant de haut faisait le meilleur effet. Quand le roi s'avança avec la cour, il admira beaucoup cette statue. « C'est la plus belle chose, dit-il, qu'on ait jamais vue; j'aime les arts et je m'y connais; je n'aurais jamais imaginé la centième partie de ce que je vois. » Courtisans aussitôt d'entonner un chœur d'éloges interrompu seulement par madame d'Étampes. « Ne voyez-vous pas, dit-elle, ces belles statues en bronze qui sont plus loin? Voilà où est le vrai mérite de l'art, et non point dans ces bagatelles modernes. Au jour cette statue paraîtra mille fois moins bien. D'ailleurs le voile, qui la couvre en partie, sert sans doute à cacher des défauts. » Cellini, irrité de ces paroles, déchira violemment et avec une intention marquée, la draperie qu'il avait ajustée. Si la statue n'y gagna pas beaucoup au point de vue de l'art, et y perdit du moins du côté de la décence. La favorite en fut pour sa confusion. Ce fut là le dernier triomphe de l'artiste sur la maîtresse du roi. Il s'était jeté dans une lutte où il devait évidemment succomber. L'argent et les commandes lui manquèrent bientôt, et il dut tristement regagner l'Italie.

Il arriva en 1545 à Florence. Le duc Côme le combla de faveurs, et lui commanda la statue en airain de Persée tenant la tête de Méduse, qui plaça le nom de Cellini parmi ceux des plus habiles sculpteurs du seizième siècle. Les détails matériels de la fonte de cette statue sont racontés par l'auteur avec tant d'enthousiasme et d'animation qu'ils offrent un vif intérêt aux lecteurs les plus étrangers à cet art. Le Persée orne toujours la place du marché de Florence. Benvenuto exécuta encore un Christ de marbre blanc, qui se trouve maintenant dans la chapelle du palais Pitti. Mais son caractère ombrageux et violent lui rendit toute la cour hostile, à Florence comme à Paris, et par son inflexible orgueil il s'aliéna la duchesse Éléonore, qui lui fit perdre les bonnes grâces du grand duc, son époux.

Il avait atteint l'âge de cinquante-huit ans lorsqu'il entreprit d'écrire l'histoire de sa vie, si riche en aventures et en événements singuliers. Ce livre, des plus intéressants et des plus originaux, fut écrit en latin. Il a acquis une célébrité européenne depuis la traduction qu'en a donnée Gœthe. C'était la dernière étincelle du génie si vaste et si varié de Cellini. A dater de ce moment sa tête se perdit. Il se fit ordonner prêtre en 1558 ; deux ans après, il jeta le froc aux orties, et se maria. Les dernières années de sa vie furent troublées par des persécutions que son grand âge autant que son rare talent rend flétrissantes pour la mémoire de ses rivaux. Il mourut presque complétement oublié, le 13 février 1571. Outre ses Mémoires, Cellini a écrit plusieurs traités et ouvrages sur les beaux-arts; son style est clair, précis et rapide ; aussi l'Académie de la Crusca le cite-t-elle souvent dans son dictionnaire comme l'un des classiques italiens. M. Léclanché a traduit les œuvres complètes de Cellini (Paris, 1847, 2 vol. in-18).

Des divers ouvrages que Cellini exécuta en France il ne nous reste aujourd'hui qu'un bas-relief en bronze, commandé par François Ier pour la porte de Fontainebleau, qui fut placé ensuite sur l'une des façades du château d'Anet et qui décore aujourd'hui le fond de la salle des Caryatides au Louvre. Il représente la nymphe de Fontainebleau, et n'est remarquable que par l'exécution des accessoires, où la statuaire rivalise de patience et d'adresse avec l'orfévrerie. On voit encore au Musée d'Artillerie une belle épée à l'espagnole et une carabine à rouet qui lui sont attribuées. Une superbe vaisselle qu'il avait destinée aux Médicis a été fondue pendant la révolution. On voit de lui au château de Windsor un magnifique bouclier, et dans la galerie impériale de Vienne une salière richement ornée.   W.-A. Duckett.

CELLITES. Voyez Lollhards.

CELLULAIRE (Emprisonnement). Voyez Pénitentiaire (Système).

CELLULAIRE (Tissu), c'est-à-dire composé de cellules. Dans la science qui a pour objet l'étude de la structure des corps organisés, végétaux et animaux, on désigne sous ce nom la partie de l'économie vivante qui est la base fondamentale et la frame générale de tous les instruments de la vie. Quoique ce nom n'excite dans l'esprit d'autre idée qu'un arrangement de fibrilles et de lamelles s'anastomosant entre elles et circonscrivant des espaces qu'on a appelés *cellules*, l'usage en a consacré la valeur, et l'on est forcé d'avouer que si cette dénomination n'est pas rigoureusement exacte, elle exprime cependant la disposition organique qui caractérise le mieux la partie de l'organisme vivant à laquelle on l'a appliquée. Quoi qu'il en soit, voici l'idée générale que nous devons donner ici de ce qu'on nomme en anatomie végétale ou animale *tissu cellulaire*. Envisagé sous le rapport de sa consistance, on l'a appelé *corps hydro-muqueux*, *corps muqueux* ou *glutineux*. Cette circonstance varie donc depuis l'état semi-fluide jusqu'à la condensation du gluten ou de la glu plus ou moins solidifiée. Considéré sous le point de vue de sa texture, on l'a caractérisé par les épithètes de *tissu lamelleux*, *lamineux*, *filamenteux*, *fibrilleux*, *membraneux*, de *corps cribleux*, *aréolaire*, *spongieux*. Sa couleur est blanchâtre; ses propriétés dynamiques sont, 1° l'hygrométricité, qui le constitue organe d'absorption et d'exhalation ; 2° l'extensibilité, en vertu de laquelle il se prête à la distension produite par les fluides, et aux mouvements des solides; 3° la rétractilité ou subélasticité, qu'on appelle quelquefois *tonicité*, propriété importante, indispensable pour réagir à la fois sur les liquides et les solides vivants.

L'illustre physiologiste Haller a le premier envisagé ce tissu sous le point de vue le plus général, en le considérant comme l'élément fondamental qui, persistant à l'état de subsolidité ou de consistance de glu, forme la gangue organique de toutes les autres parties solides, ou qui, se condensant de plus en plus, acquiert divers degrés de dureté, et devient ainsi apte à former la charpente solide de tous les corps organisés. Cependant, ces vues, quoique exactes, doivent subir quelques modifications : car dans certains cas ce sont des molécules solides, déposées soit à l'intérieur, soit en dehors d'un corps organisé, qui forment elles-mêmes, sans l'intermédiarité du tissu cellulaire, ces parties qui sont ou le support de certains animaux, ou des abris plus ou moins solides, qui ont reçu différents noms.

Dans les corps vivants les plus simples (végétaux et animaux les plus inférieurs), une trame cellulaire suffit pour constituer tout l'organisme. La porosité, la cellulosité, la subvascularité ou un système aquifère naissant, suffisent pour admettre et conserver les matériaux organisables et assimilés fournis par le monde extérieur, et pour rejeter ceux qui sont devenus superflus ou nuisibles. Chez les êtres doués d'une vie végétale ou animale un peu plus élevée, on voit s'ajouter à la trame cellulaire un nouveau tissu pour l'osciliation et la circulation des liquides. Ce sont des cellules, ou des espaces intercellulaires, qui, s'allongeant, sont devenus des vaisseaux ; c'est une *trame vasculaire* née de la disposition cellulaire. Mais dans les animaux même inférieurs on voit bientôt apparaître une trame beaucoup plus énergique, qui prend sa source dans la disposition filamenteuse du tissu cellulaire. Ce sont les premiers linéaments des filaments nerveux, qui forment la trame dite *nervulaire*, ou l'appareil nerveux naissant. Enfin, dans les animaux de plus en plus élevés, trois grands appareils, généralement répandus, tous vivifiants, chacun à sa manière, constituent un ensemble essentiellement vivificateur, qui résulte de la combinaison de ces trois grands appareils : l'un, primordial et formateur, *trame cellulaire* ; l'autre, moteur des fluides nutritifs, ou oscillateur et circulateur, *trame vasculaire* ; le troisième, innervateur et incitateur, ou *trame nervulaire*.

En outre du tissu cellulaire, qui forme la base parenchy-

mateuse de tous les organes, on distingue celui qui, plus ou moins lâche et abreuvé de sérosité, ou plus ou moins surchargé de graisse (tissu adipeux des parties molles et des parties dures), ou plus ou moins serré, sert à les unir, les envelopper et les isoler, et un tissu cellulaire encore plus condensé, qui, devenu tout à fait membraneux, exhale à sa surface des fluides propres à favoriser les grands mouvements des parties solides. C'est d'après ces caractères généraux qu'on a admis dans l'économie animale trois genres de tissu cellulaire : l'un parenchymal, l'autre intermédiaire, et le troisième succingent et constituant les poches synoviales ou séreuses. L. LAURENT.

CELLULE (en latin *cellula*), lieu fermé, monastère, retraite religieuse. Ce mot s'applique plus particulièrement à une petite chambre habitée par un religieux ou une religieuse, et faisant partie d'un couvent. Elle renferme ordinairement un lit ou un grabat, une chaise, une table, quelques images et quelques livres de piété. On donne aussi ce nom aux divisions que l'on forme par cloisons dans la salle du conclave, et qui sont occupées par les cardinaux. « Un religieux qui sait s'occuper dans sa *cellule* à prier, à lire, à méditer, à écrire, à faire quelques ouvrages manuels, est plus heureux, dit l'abbé Bergier, qu'un grand seigneur dans un vaste appartement. S'il lui arrive d'entrer dans un de ces palais qui renferment les chefs-d'œuvre des arts et des meubles précieux dont le maître ne se sert jamais, il peut dire, comme un ancien philosophe : *Combien de choses dont je n'ai pas besoin !* »

On donne encore le nom de *cellules* aux petites chambres séparées où, dans le système pénitentiaire, on enferme isolément les prisonniers.

CELLULE (*Anatomie*). On nomme en général *cellules* les petites cavités qui existent entre les lames du tissu cellulaire. C'est à tort qu'on dit *cellules bronchiques*, au lieu de *vésicules* ou *aréoles pulmonaires*. On a aussi considéré improprement comme de vraies cellules les petites cavités du canal médullaire des os longs, celles des sinus et des tissus caverneux. Dans tous les cas où les tissus qui renferment ces mailles, ces aréoles plus ou moins réticulées et caverneuses, sont fibreux ou osseux, il convient de différencier ces intervalles réticulaires et caverneux de la cellule proprement dite, dont les parois sont des lamelles très-déliées et molles ou glutineuses. D'après ces distinctions, on ne confondra point la cellulosité avec la réticularité et la caverneuse des parties fibreuses et osseuses des animaux.

Les cellules du tissu cellulaire cribleux ou spongieux des animaux servent de lieu de dépôt aux fluides séreux plus ou moins transparents. C'est dans le corps vitré de l'œil qu'elles sont le plus apparentes. D'autres cellules, dont la forme est sphéroïde ou polyédrique, se forment dans toutes les parties où la graisse se dépose et s'accumule. Lorsque les *cellules* s'agrandissent dans les parties où s'effectuent des mouvements de glissement, elles dégénèrent en petites poches, qui peuvent devenir des membranes kysteuses plus ou moins étendues.

Lorsque les fluides qui distendent les cellules ou mailles du tissu cellulaire sont absorbés, elles s'effacent ; les lamelles qui les circonscrivaient s'agglutinent, et la cellulosité disparaît pour ne plus reparaître, surtout si le tissu s'est condensé sous l'influence de l'âge. Il ne faut point croire que les cellules existent dans toutes les régions du corps où l'on trouve du tissu cribleux ou glutineux. Le moyen artificiel par lequel on produit la cellulosité là où elle n'existe pas, est l'insufflation de l'air sous la peau des animaux servis sur nos tables. Mais dans ce cas les cellules ont été produites par la distension de l'air, et le tissu glutineux, point ou très-peu cellulaire avant l'opération, se montre extrêmement boursouflé et cellulifié par cette opération mécanique.

On désigne les cellules du tissu des végétaux sous le nom d'*utricules*. L. LAURENT.

CELLULOSE, matière dont se compose la trame du tissu cellulaire végétal et du tissu ligneux. Ce nom, que lui donna M. Dumas, ne fut pas trouvé exact dans les premiers temps, parce qu'on pensait que les vaisseaux, les fibres ligneuses, n'étaient point des cellules. Aujourd'hui on ne saurait trop reconnaître la justesse de cette dénomination ; car, malgré les variations innombrables que présente la membrane végétale dans ses caractères physiques, elle est on ne peut plus simple dans sa composition chimique. Quelle que soit la disposition des cellules qui la composent, c'est constamment le même corps, avec les mêmes propriétés chimiques ; en un mot, c'est de la *cellulose*.

Pure, la cellulose est blanche, insipide, inodore, insoluble dans l'eau, dans l'alcool, dans l'éther, etc. Elle est inaltérable à l'air, lorsqu'elle est sèche ; humide, elle se décompose lentement. Elle est composée de carbone, d'oxygène et d'hydrogène, ces deux derniers corps étant dans la proportion nécessaire pour former de l'eau. Sa formule atomique est $C^{12} H^{10} O^5$, comme celle de l'amidon, qui a de nombreux points de ressemblance avec elle. Le coton, le papier blanc, etc., nous offrent la cellulose à l'état de pureté plus ou moins grande.

L'acide sulfurique concentré désorganise la cellulose, et la fait passer à l'état de matière soluble dans l'eau, et tout à fait identique à la gomme ou mieux à la dextrine. Cette conversion de la cellulose en matière gommeuse par la réaction de l'acide sulfurique est analogue à celle que cet agent fait éprouver à l'amidon. Le chlore réagit aussi avec énergie sur la cellulose, et il en est de même des chlorures alcalins dissous dans l'eau. Lorsqu'on élève une dissolution de chlorure de chaux à la température de l'ébullition et qu'on y ajoute un morceau de linge, celui-ci disparaît bientôt avec une effervescence très-vive. Dans cette circonstance, l'hydrogène de l'eau que renferme la cellulose s'unit au chlore pour former de l'acide chlorhydrique, tandis que son oxygène se combine au carbone pour donner naissance à de l'acide carbonique, qui s'échappe avec effervescence, la chaleur et l'acide chlorhydrique aidant. Pour se convaincre de ce fait, il suffit de faire l'expérience dans un petit ballon, auquel on adapte un tube recourbé aboutissant à un flacon rempli d'eau de chaux ; dès que l'effervescence se manifeste dans le ballon, l'eau de chaux se trouble par l'absorption de l'acide carbonique, qui vient former du carbonate de chaux.

« L'énergie avec laquelle agissent le chlore et les chlorures sur la cellulose, dit M. Payen doit rendre prudents les manufacturiers dans l'emploi de ces produits chimiques pour la décoloration, le papier, soumis trop longtemps à leur influence, y perd de sa force, et il arrive qu'au bout d'un certain temps il se casse et finit par tomber en poussière. Même observation à l'adresse des blanchisseuses qui emploient une trop grande quantité d'eau de javelle (chlorure de potasse). »

Il nous reste à parler de l'action de l'acide nitrique sur la cellulose et de la découverte de M. Pelouze à ce sujet. Lorsqu'on fait digérer un chiffon ou un morceau de papier dans une solution d'acide nitrique étendu, et qu'au bout de quelques instants on classe l'eau par une évaporation lente, l'acide nitrique cède son oxygène à la substance ligneuse, de manière à former de la cellulose très-oxygénée, qui prend feu comme de la poudre, lorsqu'on la met en contact avec un corps échauffé de 150 à 200° (*voyez* FULMICOTON).

CELSE AURELIUS [on peut-être AULUS] CORNELIUS CELSUS, issu d'une famille patricienne de Rome. Polygraphe distingué, on sait qu'il écrivit sur l'agriculture, sur l'art vétérinaire, sur l'art militaire, sur la rhétorique et sur la médecine. Columelle, Quintilien et Pline ont laissé des témoignages divers de cet auteur. Les temps modernes n'ont hérité que de ses livres sur la médecine et de quelques fragments peu connus sur la rhétorique, conservés par Sextus Popma. Aussi Celse est-il exclusivement revendiqué par les médecins, auxquels effectivement il est précieux, parce qu'il leur donne l'état de la médecine des Romains à son époque.

Le lieu de sa naissance n'est pas désigné par des documents suffisamment authentiques. Rhodiginus prétend qu'il reçut le jour à Vérone, ainsi que Macrobe, Vitruve et Pline ; d'autres le font naître à Rome ; toutefois, il paraît certain qu'il passa dans cette dernière capitale la plus grande partie de sa vie. On ne sait rien sur l'époque précise de sa naissance ou de sa mort, et il règne même une assez grande incertitude sur le temps où il vécut. Néanmoins, Columelle, qui vivait sous Claude, en parle comme d'un de ses contemporains. Celse lui-même, à propos d'Asclépiade, dit que Thémison, l'un de ses disciples, a récemment, et dans un âge avancé, modifié les préceptes de son maître ; or, Thémison, mourant dans un âge avancé, pouvait bien vivre encore vers la fin du règne d'Auguste, et puisque Celse écrit peu de temps après lui, on peut fixer son époque à la fin du règne d'Auguste ou au commencement de celui de Tibère. Ces deux règnes consécutifs s'étendent depuis l'année 30 avant J.-C. jusqu'à l'année 37 du premier siècle de notre ère. Quelques auteurs prétendent qu'il vécut jusque sous Caligula. D'autres le font naître sous Tibère, et mourir sous Trajan. Mais sur quel document M. Sédillot se fonde-t-il pour fixer l'époque de Celse à la fin du règne de Tibère, c'est-à-dire à l'an 36 de l'ère chrétienne? N'aurait-il pas puisé aux mêmes sources que Kurt-Sprengel, dans son *Histoire de la Médecine*? Celui-ci, sur l'autorité de Bianconi (*Lettere sopra Celso*), pense que Celse fut secrétaire intime de Tibère, et qu'il l'accompagna dans son expédition en Orient, car, dit-il, Horace prend des informations sur lui auprès de Julius Florus, et parle de ses compilations tirées de la bibliothèque du mont Palatin. Or, voici comment s'exprime Horace (liv. I, épît. 3, vers 15) :

Quid mihi Celsus agit ? monitus multumque monendus,
Privatas ut quærat opes, et tangere vitet
Scripta palatinus quæcumque recipit Apollo.

« A quoi Celse passe-t-il son temps ? Je l'ai engagé, et il doit l'être encore souvent, à se faire un fonds qui lui soit propre, et à se garder de compiler les écrits de la bibliothèque Palatine. » Je n'ai pu me procurer les lettres de Bianconi, mais j'admets difficilement qu'il ait trouvé des documents propres à contredire l'opinion des quatre anciens commentateurs de l'édition d'Alde Manuce, et celle du père Sanadon. Ils appliquent unanimement ce passage d'Horace à un poëte de cette époque, nommé *Celsus Albinovanus*. Quoi qu'il en soit de cette discussion, Celse appartient aux temps les plus florissants de la littérature romaine, et, ainsi que le fait remarquer Rhodius, l'un de ses biographes, la variété de son savoir, nous ajouterons la pureté de son style, sont incontestablement d'un siècle de bonne littérature, et Celse, comme écrivain, ne dépare pas l'époque qui produisit les Cicéron, les Salluste, les Horace, les Tibulle, les Ovide, etc. Aussi, quelques panégyristes l'ont-ils appelé le *Cicéron de la médecine* ; il est vrai que son style en pourrait faire un auteur classique. Van der Linden l'appelle *auctor latinissimus*.

Le jugement des anciens sur Celse est devenu fort incertain, par suite d'une erreur de copiste, qui nous forcerait volontiers à retomber dans le pédantisme d'une discussion d'érudition. Quintilien, selon les uns, le désigne ainsi, *C. Celsus, medicus, acri vir ingenio*, etc. (C. Celse, homme d'un esprit distingué) ; selon d'autres : *C. Celsus, mediocris vir ingenii*, etc. (C. Celse, homme d'un esprit médiocre, etc.). Telles sont les deux leçons, tout à fait opposées quant au sens, entre lesquelles se partagent les diverses éditions de Quintilien. Nous n'entreprendrons certainement pas de décider laquelle des deux doit être préférée, car nous n'avons pas sous les yeux les manuscrits qui seuls peuvent établir quel est le véritable texte. Nous nous bornerons à faire remarquer que Columelle et Pline citent Celse comme un auteur dans lequel ils ont puisé, et qui avait composé une espèce d'encyclopédie.

Depuis la renaissance, on voit cet auteur jouir d'une fortune diverse; cependant, la plupart des médecins paraissent apprécier ses écrits au plus haut prix. Fabricio d'Aquapendente, entre autres, le cite à chaque page : aussi rien d'étonnant dans le conseil qu'il donne de le feuilleter jour et nuit, puisqu'il le trouve admirable en tout point.

Celse attaque assez vivement l'école empirique qui régnait à Rome de son temps; il donne à penser qu'il fut un des médecins qui préparèrent l'école méthodique dont Thépale de Tralles, de beaucoup postérieur, peut être considéré comme le fondateur. Il profita des travaux des anciens Grecs, et en particulier de ceux d'Hippocrate ; il traduisit même quelquefois celui-ci littéralement; mais souvent on peut lui reprocher quelques infidélités dans ses traductions; d'autres fois, il le critique avec discernement, particulièrement dans ce qui a rapport à la théorie des jours critiques, qu'il a attribuée à un entêtement pythagorique. On est partagé sur la question de savoir si Celse pratiqua l'art de guérir : il me paraît hors de doute que cette question doit être résolue par l'affirmative, car non-seulement il donne de nombreuses formules de médicaments plus ou moins composés, non-seulement il prouve des connaissances anatomiques étendues pour son siècle, mais encore il fait des remarques pratiques tout à fait aphoristiques, qui ne peuvent guère être que le résultat d'observations nombreuses et attentives ; il lui a arrivé même dans quelques endroits de citer son expérience personnelle. Il a d'ailleurs laissé de sages préceptes sur l'opération de la taille, et la description d'un procédé, qui jusqu'à nos jours a été vanté et suivi par d'excellents praticiens. On remarque qu'il est le premier auteur qui fasse mention des lavements alimentaires, mais l'on s'étonne qu'il ne parle nulle part des sangsues, dont Thémison faisait usage quelque temps avant l'époque de Celse. Il a donné en outre de très-sages conseils relatifs à l'hygiène; aussi Frédéric Closius, qui en a publié le recueil sous forme de vers élégiaques, a-t-il intitulé son poème : *De la Conservation de la Santé.*

Dr BAUDRY DE BALZAC.

CELSE, philosophe épicurien du deuxième siècle de l'ère chrétienne, composa, vers l'an 140 de J.-C., contre les juifs et les chrétiens, une diatribe intitulée : *Discours véritable*, qui n'est point parvenue jusqu'à nous, et dont nous ne connaissons le contenu que par l'écrit d'Origène : *Contra Celsum*. Dans ce pamphlet, qui contenait, dit Origène, tout ce que le sophisme ingénieux a de plus séduisant, la hardiesse des assertions de plus imposant et le sel de l'ironie de plus piquant, l'Ancien et le Nouveau Testament étaient travestis, les maximes des Apôtres parodiées, les miracles des Évangélistes tournés en ridicule. C'était le premier païen qui chez les Grecs, si enclins à la raillerie, écrivit contre la religion de Jésus-Christ. Il avait composé quelques autres ouvrages contre les chrétiens, et un livre sur la magie, où il prétendait que le fils de Marie y avait eu recours pour opérer les guérisons miraculeuses rapportées dans l'Évangile.

CELSIUS, nom d'une famille suédoise dont plusieurs membres se sont fait un nom dans les sciences.

CELSIUS (MAGNUS), né en 1621, dans la province d'Helsingland, mourut en 1679, professeur d'astronomie.

CELSIUS (OLOF), fils du précédent, né en 1670, mort en 1756, professeur de théologie et prévôt capitulaire à Upsal, fonda, avec l'archevêque Benzelius et Rudbeck jeune, la société des sciences de cette ville. Son ouvrage intitulé : *Hierobotanicon* (Upsal, 1745-7), indispensable encore aujourd'hui à quiconque veut faire une étude approfondie de la Bible, témoigne de l'étendue de ses connaissances en botanique et dans les langues de l'Orient. Il fut en outre le premier qui devina le génie de Linné. Il accueillit chez lui ce jeune homme, dont il pressentait la glorieuse destinée, et l'aida de toutes manières dans ses études.

CELSIUS (ANDERS), neveu du précédent, né le 27 novembre 1701, mathématicien célèbre, fut nommé, en 1730, professeur d'astronomie à Upsal. Comme il y manquait d'observatoire, d'instruments et d'autres moyens indispensables pour se livrer à des travaux plus approfondis sur l'astronomie, il entreprit, en 1732, un voyage à l'étranger, à l'effet d'y trouver les ressources dont il était privé. Il séjourna pendant quelque temps à Nuremberg, chez Doppelmayer, et y publia ses *Observationes Luminis Borealis*, ouvrage dans lequel il contredisait l'opinion émise par Mairan, que la lumière des aurores boréales provient de la lumière zodiacale. Il visita ensuite l'Italie. A Bologne il se lia avec Cassini; à Rome il rectifia la méridienne tracée dans l'église des chartreux par Bianchini et Maraldi, et qui contenait une erreur de deux minutes. Il s'occupa en outre dans la même ville de mesurer l'intensité de la lumière, et détermina la véritable longueur du pied romain. Lorsqu'il vint à Paris, en 1734, Bouguer était sur le point de partir pour le Pérou, chargé par l'Académie des Sciences d'aller mesurer un degré dans le voisinage de l'équateur, à l'effet de déterminer la véritable figure de la terre. Cette circonstance engagea Celsius à proposer de faire près du pôle nord un travail identique, dont Maupertuis et quelques autres savants ne tardèrent pas à être chargés. A son retour d'Angleterre, Celsius alla, en compagnie d'Outhier, exécuter le même travail en Laponie, et, en récompense de la part qu'il avait prise à cette grande entreprise scientifique, Louis XV lui accorda une pension. Revenu à Upsal, il écrivit, à l'occasion du degré du méridien déterminé par lui, son ouvrage intitulé : *De Observationibus pro Figura Telluris determinanda in Gallia habitis* (Upsal, 1738.). Il détermina ensuite la hauteur du pôle d'après la méthode de Horrebow, et plus tard s'occupa surtout de la théorie des satellites de Jupiter. Ce fut grâce à ses sollicitations incessantes qu'en 1740 le gouvernement suédois se décida enfin à faire construire l'Observatoire d'Upsal et à doter cet établissement de tous les instruments nécessaires. Celsius mourut à Upsal, le 25 août 1744. Les mémoires de l'Académie des Sciences de Stockholm contiennent de lui un grand nombre de dissertations relatives à l'astronomie et à la physique. C'est lui qui proposa le premier la division centésimale de l'échelle thermométrique; aussi l'échelle du thermomètre centigrade est-elle quelquefois appelée *échelle de Celsius*, ou encore *échelle suédoise*.

CELSIUS (OLOF DE), fils du prévôt capitulaire du même nom, né en 1716, professeur d'histoire à Upsal à partir de l'année 1747, anobli en 1756, nommé évêque de Lund en 1777, et en 1786 membre de l'Académie suédoise, mort en 1794, fut un polygraphe distingué, et mérita bien de ses compatriotes par la publication de divers ouvrages relatifs à leur histoire nationale. En 1742 il fonda le premier journal littéraire qu'ait eu la Suède. Il était intitulé : *Tidningar om de Lärdas arbeten*. On a en outre de lui une *Svea-rikes kyrko-historia* (Histoire Ecclésiastique de Suède, 1 vol. in-4°, 1767); une *Histoire de Gustave Ier* (2 vol., 1746-53), et une *Histoire d'Erick XIV* (1744); ouvrages qui se distinguent par la consciencieuse exactitude des faits, par une saine critique et d'une exposition peu brillante, mais vigoureuse. A l'université, il avait composé une tragédie intitulée *Ingeborg*. Plus tard il célébra Gustave-Adolphe dans un poème héroïque. Il publia en outre un choix de psaumes, et traduisit une grande partie d'Homère et de Virgile. Ses poésies originales pèchent par l'absence d'imagination, mais ses poésies latines sont à bon droit estimées. Membre actif de la diète, il figurait au nombre des principaux soutiens du parti monarchique.

CELTES, nom d'un peuple qui était autrefois extrêmement répandu, mais qui ne subsiste plus qu'aux extrémités occidentales de l'Europe, dans la Bretagne armoricaine, dans les montagnes d'Écosse, dans le pays de Galles, dans l'île de Man, et en Irlande. C'est là que s'est conservée sa langue primitive, qui a disparu depuis une cinquantaine d'années seulement du pays de Cornouailles, tandis que dans toutes les autres parties de l'Europe où les Celtes s'étaient fixés ils ont peu à peu perdu tout caractère de nationalité par suite de leur soumission aux Romains et, plus tard, de l'invasion des peuples germains, n'apparaissant plus aujourd'hui que comme l'un des éléments fondamentaux de la fusion des races qui s'y est opérée. Peut-être les noms de *Galli* (Gaulois) et de *Galatæ* (Galates) ne sont-ils que des formes diverses du nom primitif *Celtes*, ou plutôt *Keltes*, ainsi que l'écrivaient les Grecs, et que le prononçaient les Romains eux-mêmes, chez qui le C avait la valeur du K. Les anciens se sont servis indifféremment des trois appellations *Galli, Galatæ, Celtes*, pour désigner tantôt toute la nation, tantôt les différents rameaux entre lesquels elle s'était divisée, jusqu'à ce que la dénomination de *Gaulois* prévalût exclusivement pour la population celte de la Gaule transalpine et cisalpine, et celle de *Galates* pour les envahisseurs celtes de l'Asie Mineure.

Les plus récentes investigations historiques ont à peu près démontré que les Celtes appartenaient à la famille des peuples de race et de langue indo-germanique; et l'on peut désormais maintenant leur émigration d'Asie, quoiqu'on manque de traditions positives établissant ce fait. A part de très-incertaines traces de l'existence de populations celtes au nord de la Germanie, les données les plus admissibles de l'histoire de l'antiquité indiquent la Gaule transalpine et les îles Britanniques comme les contrées originaires de cette nation. On y reconnaît quatre rameaux différents de cette nation, qui probablement se subdivisèrent eux-mêmes, plus tard, en nombreuses peuplades ; à savoir : dans la Gaule, les Celtes proprement dits ou Gaulois, et les Belges (*Belgæ*) ; et dans les îles Britanniques, les Bretons (*Britanni* ou *Britones*), sans compter quelques Belges émigrés sur leurs côtes orientales, la population de la Calédonie, et celle de l'Hibernie. Mais des émigrations parties surtout de la Gaule proprement dite avaient eu entre autres répandu le nom *Celte* fort au loin. Au temps d'Hérodote, il y avait déjà des Celtes en Espagne. Les habitants de l'Estrémadure méridionale espagnole, de même que ceux de la Galice septentrionale espagnole, désignés sous le nom de *Celtici*; et sur les plateaux des deux Castilles, du mélange des Celtes avec les Ibères, habitants aborigènes, était issue la puissante et brave nation des Celtibériens (*Celtiberi*), dont faisait partie la population de Numance.

Des tribus Celtes possédaient, au sixième et plus vraisemblablement au quatrième siècle avant J.-C., la plus grande partie de l'Italie septentrionale, d'où lui était venu le nom de Gaule cisalpine. Elles y étaient arrivées, si l'on en croit Tite-Live, sous le commandement de Bellovèse. Dans la contrée située entre les montagnes centrales de la Germanie (*forêt hercynienne*) et les Alpes s'étaient établies, en traversant le Rhin, d'autres peuplades de la même nation, qui obéissaient à Sigovèse, frère du précédent. Dès l'époque de Jules-César les Helvétiens étaient expulsés par elles de la partie sud-ouest de leurs possessions et refoulés par les Suèves germains sur les deux versants de la Forêt-Noire; les Boïens (*Boii*), eux aussi, avaient peut-être déjà, sous la même pression, dû abandonner la contrée où le nom de *Bojohemum* rappelle encore leur souvenir, et où, plus tard, Marbod fonda un royaume avec ses Marcomans.

Au sud du Danube, où habitaient aussi des Boïens, d'autres tribus celtes s'étendaient depuis le lac de Constance jusque dans la Hongrie (Pannonie) : on citait les Vindéliciens, les *Rhætiens*, les *Noriques* et les *Taurisques*. Elles restèrent soumises à la domination romaine depuis l'époque d'Auguste jusqu'à ce qu'elles disparussent confondues dans la masse des émigrants germains. Vers la fin du quatrième siècle avant J.-C., on retrouve des bandes celtes, nommées plus tard Scordisques (de la montagne *Scordus* [Schardag]), sur les rives de la Save inférieure et sur celles de la Morawa en Servie. Elles en expulsèrent les Tryballes, peuple d'origine thrace ; et c'est de leur sein que partirent de dévastatrices expéditions, notamment celles de Brennus contre Delphes, la Grèce, la Macédoine et la Thrace. Le royaume de Tylé, qu'elles fondèrent sous ce dernier pays, fut détruit par les Thraces ; mais les Romains eux-mêmes (*voyez* Dausus) eurent encore à lutter, au sud du Danube, contre les Scordisques, dont le nom est mentionné pour la dernière fois par Ptolémée comme habitant l'embouchure de la Save. Ce sont les Celtes Illyriens qui fournirent son principal contingent à la grande expédition des *Tolistoboïens*, des *Trocmes* et des *Tectosages* en Asie, vers l'an 280 ; migration qui, sous le règne d'Attale I, fut arrêtée sur les frontières du pays qu'on appela ensuite de leur nom *Galatie*, où, en dépit de l'influence de la civilisation grecque, ils n'abandonnèrent pas complétement, même sous la domination romaine, ce qui constituait plus particulièrement leur nationalité, leur langue surtout, que saint Jérôme compare encore à celles des Gaulois Tréviriens.

On voit des mercenaires celtes au service des Carthaginois et à celui des anciens rois macédoniens ou asiatiques. L'exploitation des mines et le travail des métaux étaient deux industries fort répandues parmi eux. Les épées celtes, surtout les épées noriques, étaient en grande réputation. On a trouvé dans des tombeaux celtes, tant en France qu'au sud de l'Allemagne, des armes et des ornements d'airain, notamment des bracelets, des ouvrages en verre et des pièces de monnaie. Ce qui frappait surtout les Romains dans le costume de ces peuples, c'étaient leurs chausses (*bracæ*) et leur long manteau de guerre (*sagum*). Parmi les divinités des Celtes, ils comparaient Teutatès à Mercure ; Hesus à Mars ; Taranis, comme dieu du tonnerre, à Jupiter ; Belenus au dieu du soleil, Apollon. C'est du culte celte des déesses maternelles (*deæ matres, seu matronæ*), que provient la croyance aux Fées. Des caractères d'écriture, empruntés à l'alphabet grec furent propagés par les Druides, qui possédaient d'ailleurs dans les Runes une écriture mystérieuse.

On divise la famille celte actuelle en deux branches différenciées par leurs langues. La première, connue sous le nom générique de *gadhelique*, comprend : l'Irlandais (*erse*), le gaélique qu'on parle sur les plateaux de l'Écosse, et le *manh* (langue de l'île de Man) ; la seconde, ou branche *kymre*, comprend le *welsh* (en français, le *gallois*), le *cornish* (dialecte du pays de Cornouailles), récemment éteint, et l'armoricain ou bas-breton.

Parmi les travaux sérieux dont les Celtes ont été l'objet, il faut particulièrement citer les *Vindiciæ Celticæ* de Schœpflin, la *Celtica* de Diefenbach (2 vol. Stuttgard, 1841) ; *De l'affinité des langues celtiques avec le sanscrit*, par Pictet (Paris, 1837) ; *Sur les langues celtiques au point de vue de la philologie comparée* (en allemand), par Bopp (Berlin, 1839). Consultez aussi Leo : *Die malbergische Glosse, ein Rest altceltischer Sprache and Rechtsauffassung* (Halle, 1842).

CELTES (Conrad), l'un des savants qui vers la fin du quinzième siècle déployèrent le plus d'activité pour ranimer et propager en Allemagne le bon goût et l'étude de la littérature classique, naquit en 1459, à Wipfelde près de Wurzbourg, en Franconie. Son véritable nom était Pickel, mot qui en allemand veut dire *pioche*, et qu'il latinisa, suivant l'usage du temps. Destiné d'abord à l'état de vigneron, il s'enfuit de la maison paternelle et vint étudier à Cologne. En

1484 et 1485, il se forma à Heidelberg, sous la direction de Rodolphe Agricola, à l'étude de la philologie et à la pratique de la poésie latine, devint ensuite professeur particulier dans les universités d'Erfurth, Leipzig et Rostock, et trouva dans l'emploi de ses talents les moyens nécessaires pour entreprendre un voyage en Italie, qui le mit en relation avec la plupart des hommes célèbres de son siècle. Il mourut en 1508, à Vienne, bibliothécaire et poète lauréat de l'empereur Maximilien Ier, qui cinq ans auparavant l'avait fixé dans la capitale de ses États par les offres les plus brillantes.

CELTIBÉRIENS. Dans les luttes qui, à une époque à laquelle il serait difficile d'assigner une date précise, parce qu'elle remonte à la nuit des temps, s'engagèrent entre les Celtes, habitant alors la Gaule, et les Ibères, qui occupaient l'Espagne, les seconds furent refoulés par les premiers. Ceux-ci franchirent les Pyrénées, envahirent les parties septentrionales et occidentales de l'Ibérie, puis, à la longue, finirent par se confondre avec les vaincus et par prendre la dénomination de *Celtes-Ibériens* ou *Celtibériens* (*Celtiberi*). Quelques-uns seulement, dans la Galice, gardèrent le nom de *Celtici*. Selon G. de Humboldt (*Recherches sur les Habitants de l'Espagne au moyen de la langue basque*), les Celtibériens se rapprochaient, pour le langage, des Celtes; mais ce n'étaient pas des peuples de pure souche gallique. Dans leur mélange avec les Ibères, le caractère ibérien avait prévalu. Puissants et nombreux, maîtres du cours supérieur du Douro, du Tage et de la Guadiana, qui prenaient leurs sources sur leur territoire, ils formaient la plus redoutable des confédérations de l'Espagne. Leurs principales tribus étaient les *Arévaques*; les *Bérons*, les *Pelendons*, les *Lusons*, les *Belles*, les *Tittiens* et leurs principales villes, Numance, Contrabia, Bilbilis, Segobriga, Castulo, Bigerres. Les Carthaginois soumirent les *Belles* et les *Tittiens*, les Romains subjuguèrent les quatre autres tribus; mais ce ne fut pas sans une opiniâtre résistance, et le mémorable siége de Numance en est la preuve. Lors de la première division qu'ils firent de l'Ibérie, les Romains les comprirent dans la Citérieure. Plus tard, au temps d'Auguste, ils appartinrent à la Taragonaise. Ils étaient bornés au nord par l'Èbre, au sud par les *Contestani* et les *Oretani*, à l'est par les *Edetani*, et à l'ouest par les *Carpetani*.

CÉMENTATION. Lorsqu'on renferme un corps solide dans une substance pulvérulente, au milieu de laquelle on lui fait subir l'action de la chaleur, l'opération porte le nom de *cémentation*, et la matière qui sert à produire ce résultat celui de *cément*; mais c'est plus particulièrement à la conversion du fer en acier que la première de ces deux appellations est appliquée, et la cémentation sert à préparer une très-grande partie de cette importante combinaison. La cémentation peut s'opérer au moyen de divers mélanges, et les anciens en indiquaient de très-variables pour arriver à l'acération. Maintenant encore les ouvriers font mystère de tous les mélanges qu'ils ne manquent jamais de faire pour cette opération : le charbon en poudre est toujours la base du cément, mais on y ajoute ordinairement quelque autre ingrédient, comme de la cendre, de la suie, du sel, et parmi les matières auxquelles les ouvriers attachent de l'importance, du vieux cuir brûlé et une foule de substances du même genre, qui ne donnent lieu à aucune action particulière, mais qui dans leur opinion favorisent la bonne préparation de l'acier. Pour qu'une cémentation puisse être convenablement opérée, il faut que la substance qui doit y être soumise soit enveloppée de tous côtés par le cément et qu'elle ne touche ni les vases dans lesquels on la renferme, ni d'autres portions du même corps; sans cela on serait exposé à lui voir subir quelque altération, soit en se soudant avec elle-même, soit en agissant sur les vases qui la renferment.

La cémentation du fer pour produire l'acier est la seule qui mérite de fixer notre attention : nous allons en traiter brièvement. Le fer destiné à cette opération doit être d'une très-bonne qualité, et jusque ici, malgré les efforts de l'industrie, qui a cependant fait des pas immenses dans cette carrière, aucun fer de France n'a encore pu donner un acier cémenté aussi bon que les qualités supérieures d'acier anglais; mais il n'y a rien à la qui doive froisser l'amour-propre national : ce résultat tient à une espèce particulière de fer de Suède, dont les Anglais ont le marché exclusif, et qu'ils réservent pour l'acier de première qualité. Avec cette espèce de fer j'ai obtenu de l'acier que les essais réitérés du jury de l'industrie en 1827 n'ont pu faire distinguer de celui d'Angleterre. La cémentation doit être opérée dans des vases parfaitement clos : la moindre fissure qui permettrait à l'air d'y pénétrer donnerait lieu à la combustion du charbon, et, par suite, à l'altération profonde du fer lui-même.

Quand on opère sur de petites quantités de fer, on se sert de caisses en fer que l'on garnit de terre pour éviter autant que possible leur oxydation ; mais lorsqu'on doit fabriquer de grandes quantités d'acier, les caisses sont en briques le plus réfractaires qu'il est possible, à cause de la très-haute température à l'action de laquelle elles doivent être soumises et du temps qu'exige l'opération. Pour que la température soit répartie aussi uniformément que possible, les caisses ne touchent les parois inférieure et latérales que par les points qu'exige leur solidité, et alors le combustible que l'on brûle sur la grille placée au-dessous les échauffe par toute leur surface; pour cela il faut qu'il produise une flamme longue, et, suivant les localités, c'est le bois ou la houille qu'on emploie : celle-ci est préférable, à cause de la haute température qu'elle peut procurer.

Le fer, coupé en barres d'une longueur convenable, est rangé dans les caisses sur des couches de charbon en poudre grossière légèrement tassée; on recouvre la partie supérieure d'une couche épaisse de cette substance, et par-dessus on coule une pâte de terre réfractaire qui forme un couvercle. On élève peu à peu la température, et on la maintient au degré convenable pendant un temps qui varie, mais qui n'est pas moindre de quatre-vingts heures. Le soin de l'ouvrier chargé de la conduite du fourneau doit être de régler bien uniformément la chaleur et de ne pas outre-passer le point convenable : si la température était trop peu élevée, le fer ne serait pas suffisamment ramolli et se cémenterait mal; dans le cas contraire, il pourrait éprouver une fusion qui donnerait lieu à la formation d'une espèce de fonte, qui ne pourrait servir à aucune espèce d'usage. Pour juger assez exactement du moment où la cémentation est opérée, il existe à chaque extrémité des caisses des ouvertures par lesquelles passent les bouts de quelques barres, que l'on appelle *éprouvettes*, et dont, après soixante-dix heures environ, on en retire une pour juger de la qualité de l'acier. Lorsque les éprouvettes indiquent que l'opération est arrivée à son terme, on fait tomber tout le combustible de la grille, et on laisse le fourneau se refroidir peu à peu, afin d'ouvrir les caisses pour en retirer l'acier. Si l'opération a été bien faite, les barres sont recouvertes sur toute leur surface d'ampoules plus ou moins volumineuses, qui font donner à l'acier le nom d'*acier poule*; elles indiquent par leur nombre, leur volume et leur disposition, le plus ou moins de régularité de l'acération.

Comme le fer ne se fond pas dans la cémentation, qu'il doit seulement se ramollir légèrement à la surface, le charbon qui l'enveloppe de toutes parts ne peut s'y combiner que par pénétration, et dès lors les couches extérieures doivent être plus cémentées que celles de l'intérieur : aussi, quand on casse une barre, on aperçoit facilement qu'elle offre une cémentation qui diminue en allant de la surface vers le centre, et l'on ne peut obtenir de très-bons instruments avec cette espèce d'acier qu'en le corroyant, c'est-à-dire en l'étirant en barres plus ou moins minces, que l'on coupe ensuite en morceaux, qui réunis et portés à la température nécessaire pour les souder sont alors soumis à l'action du marteau, qui les unit tous ensemble pour en former un tout assez homogène.

De ce que nous avons dit sur la manière dont la cémentation s'opère, on doit conclure que si l'on opère à la fois sur des fers de dimensions très-différentes en épaisseur, on doit obtenir de mauvais résultats, parce que les petits fers pourraient être trop cémentés, lorsque ceux qui ont un volume beaucoup plus considérable le seraient à peine. Aussi, pour opérer une bonne cémentation, ne doit-on employer que des barres de dimensions aussi semblables que possible. Il est également important de ne cémenter à la fois que des fers susceptibles de s'acièrer de la même manière : sans cela, on n'obtiendrait que de mauvais résultats. C'est toujours sur de grandes masses que l'on opère la cémentation. Dans les fours le plus habituellement employés, on opère sur deux caisses qui renferment chacune de cinq à huit mille kilogrammes de fer.

H. GAULTIER DE CLAUBRY.

CÉNACLE (en latin *cœnaculum*, fait de *cœna*, repas en commun). C'est ce que nous appelons maintenant *salle à manger*. Les anciens plaçaient leur cénacle à l'étage le plus élevé de leurs maisons. Ce mot, souvent employé dans les Bibles latines, ne signifie autre chose que l'étage le plus haut. On y lit que quand Jésus-Christ fut monté au ciel, les apôtres, de retour à Jérusalem, montèrent *in cœnaculum*, c'est-à-dire à l'étage le plus élevé de la maison, comme le plus propre à faire la prière. C'était une espèce de terrasse. Les Orientaux ont toujours terminé leurs habitations en toits plats; ils s'y retiraient pour manger, prier ou dormir. L'empereur Constantin avait fait bâtir à Rome un *cénacle* pour y nourrir les pauvres. On voit encore les restes de ce vaste et magnifique édifice.

Le *cénacle de Jérusalem* était un grand bâtiment construit à l'extrémité méridionale de la ville, et qui se composait d'une église terminée par un dôme. Cette église, suivant les traditions chrétiennes, aurait été bâtie sur l'emplacement de la maison où Jésus-Christ fit la cène avec ses disciples, où le Saint-Esprit descendit sur les apôtres le jour de la Pentecôte, où le Sauveur, enfin, leur apparut après sa résurrection. L'impératrice sainte Hélène aurait renfermé dans l'enclos de ce *cénacle* les tombeaux de David, Saül, Roboam et autres rois leurs successeurs, inhumés sur le mont Sion. Cet édifice, détruit par les infidèles en 640, aurait été restauré par les chrétiens en 1044. Godefroi Ier, roi de Jérusalem, après la conquête de la cité sainte par les croisés, avait établi dans cette église des moines de l'ordre de Saint-Augustin, remplacés en 1313 par des franciscains, grâce aux soins de Robert, roi de Naples et de Jérusalem. Quelques historiens ont décrit dans ses moindres détails le cénacle de Jérusalem.

DUFEY (de l'Yonne).

CENCI (BÉATRICE), surnommée *la belle parricide*, était fille de *Francisco* CENCI, riche et noble romain. Dans ses *Annales* (liv. X, pag. 1), Muratori rapporte que, marié en secondes noces, il faisait éprouver aux enfants issus de son premier lit les tourments les plus cruels, qu'il fit assassiner deux de ses fils par des bandits, et que, séduit par la beauté de Béatrice, la plus jeune de ses filles, il alla jusqu'à assouvir sur elle sa passion incestueuse. Béatrice non-seulement révéla son malheur à ses parents, mais encore chercha aide et protection auprès du pape. Il paraît qu'elle ne réussit pas dans ses sollicitations, et que son père ayant continué à se livrer à ses infâmes déportements, elle s'entendit avec son frère Giacomo pour faire assassiner l'indigne vieillard au milieu de son sommeil. Les coupables furent cependant arrêtés. Soumis à la torture, Giacomo avoua son crime, et fut condamné à mort; Béatrice, quoique n'ayant fait aucun aveu, subit le même arrêt.

Suivant une autre version, Béatrice et ses parents ne prirent que peu ou même point de part du tout à l'assassinat du vieux Cenci ; il y a plus, l'aveu arraché aux bandits, et qui avait compromis les membres de la famille Cenci, n'aurait été que le résultat d'une exécrable intrigue. Ce qu'il y a de certain, c'est que le 11 septembre 1599 Béatrice Cenci et sa sœur furent suppliciées par une espèce de guillotine appelée *mannaïa*; que Giacomo Cenci fut tué à coups de massue; que son plus jeune frère, Bernardo, ne fut gracié qu'en considération de son extrême jeunesse, et que toutes les richesses de la famille, parmi lesquelles se trouvait la *villa Borghèse*, devenue plus tard si célèbre par les trésors artistiques qu'on y accumula successivement, furent confisquées et données par le pape Paul V à la famille Borghèse, dont il était membre. On montre encore aux voyageurs, dans le palais Colonna à Rome, un magnifique tableau attribué à Guido Reni, et qu'on prétend être le portrait de la malheureuse Béatrice.

CENDRÉE, nom que l'on donnait autrefois à l'*écume de plomb*, c'est-à-dire à l'oxyde de plomb produit pendant la fusion de ce métal à l'air libre; c'est aussi le nom de la cendre que l'on emploie pour la formation des *coupelles*, et celui de la plus petite espèce de plomb employée pour la chasse (*voyez* PLOMB DE CHASSE).

La substance *cendrée* est la plus extérieure des deux qui composent le cerveau. Sa couleur et sa position lui ont encore fait donner les noms de *substance grise*, *substance corticale*.

CENDRES (du latin *cinis*). Toutes les substances que l'on emploie comme combustible laissent en brûlant une plus ou moins grande quantité d'un produit solide qui porte le nom de *cendres*, et qui est formé des divers sels et des matières terreuses qu'elles renfermaient. La nature des cendres varie avec les combustibles qui les fournissent : les végétaux qui croissent loin des bords de la mer renferment tous des sels de potasse, tandis que ceux qui végètent à une faible distance et même au sein de la mer contiennent des sels de soude, de sorte que chacun d'eux sert journellement à préparer la potasse et la soude, que réclament les besoins des arts. Tout le monde sait que les cendres végétales peuvent directement être employées à faire la lessive.

La nature du combustible n'influe pas moins sur la quantité des cendres que sur leur composition. Ainsi, les expériences de plusieurs observateurs, et principalement celle de l'Anglais Kirwan, semblent établir avec assez d'exactitude que 1,000 parties pondérables de bois bien sec donnent, savoir ; le saule, 28 parties de cendre; l'orme, 23,5; le chêne, 13,5; le peuplier, 12,2; le hêtre, 5,8 seulement, et le sapin, 3,4. Bien plus, la proportion de cendres est plus considérable dans l'écorce que dans le cœur du bois, dans les branches que dans le tronc, etc. Enfin 1,000 parties de charbon de bois laissent de 15 à 100 parties de cendres.

Les houilles et les tourbes fournissent des cendres où l'argile domine presque toujours; en outre elles contiennent ordinairement de l'oxyde de fer, du carbonate et du sulfate de chaux.

Toutes ces cendres constituent des moyens d'amendement et d'engrais que l'agriculture ne saurait négliger. On sait comment le sol de l'île de Madère dut sa fécondité à l'incendie des forêts dont il était couvert, et on connaît la pratique de l'écobuage. Mêlées avec les diverses espèces de fumier, les cendres augmentent le nombre des sels alcalins qui excitent la végétation, mais c'est surtout à l'amendement des prés humides que leur emploi est le plus efficace. Il paraît constant que, livrées à cette destination, elles stimulent la végétation des bonnes plantes et finissent par détruire les mauvaises herbes après un usage constant et consécutif de plusieurs années. Elles sont bien plus actives avant d'être lessivées, mais elles produisent encore des effets remarquables lorsqu'elles l'ont été.

Les cendres lessivées servent encore à la fabrication de divers instruments de chimie et des fourneaux pour l'exploitation des mines. Mêlées avec du mortier, elles le rendent moins susceptible de se fendiller.

Quant aux cendres des substances animales, elles contiennent des phosphates alcalins et terreux unis à un peu de prussiate de chaux ; le phosphate de chaux domine dans les cendres provenant de la combustion des os, et c'est de la décomposition de ce phosphate ainsi obtenu qu'on retire l'acide phosphorique et le phosphore.

On a donné le nom de *cendres volcaniques* à des matières pulvérulentes que rejettent les volcans dans certaines circonstances, et qui n'ont du reste, à ce qu'il paraît, aucun rapport avec les cendres. On a donné fort improprement ce nom, dit Bory de Saint-Vincent, à des parcelles de matières volcaniques, réduites à la plus grande ténuité, qui, la plupart du temps, s'élevant des points en éruption parmi les torrents d'épaisse fumée, retombent en pluie jusqu'à de grandes distances, quand la force qui les tenait en suspension vient à cesser. Ainsi, l'on a vu de ces prétendues cendres volcaniques vomies par l'Etna arriver jusqu'à Malte, celles du Vésuve parvenir en Grèce, celles de l'Hécla tomber en mer à près de cent lieues des côtes d'Islande, et de pareilles éjections des monts ignivomes des Canaries passer d'une île à l'autre. Ces pluies ont été souvent si considérables, qu'elles ont déposé sur le sol où elles tombaient des couches d'un pied d'épaisseur sur plusieurs lieues d'étendue. Mais ces débris cinériformes, promenés dans les airs et tombant ensuite sur la terre, ne sont pas des cendres ; les volcans n'en produisent pas plus que de véritables flammes. « Nous avons été à portée, ajoute ce savant naturaliste, de les examiner de près, et nous avons, en déterminant leur véritable nature, expliqué dans notre *Voyage dans quatre îles des mers d'Afrique* la manière dont elles se forment. Ce sont des fragments de laves diverses réduites à la consistance de gravois par le brisement ; il s'y mêle quelquefois du sable, dont l'origine est fort différente. C'est ainsi que s'explique l'existence des *pluies de cendres* dont tant d'auteurs ont parlé, et que d'autres avaient voulu révoquer en doute ; il est vrai que la matière volcanique dont il est question ici ne ressemblait en rien à la cendre. L'expression *pluie de cendres* n'en reste pas moins inexacte, à moins qu'on ne veuille parler de cendres provenant d'un feu violent, et que la force du vent pousserait loin du théâtre d'un incendie. » Quoi qu'il en soit, les cendres volcaniques, comme celles qui proviennent de la combustion, paraissent jouir d'une grande puissance fertilisante.

Le mot *cendre* employé dans le sens de poussière (*pulvis*) se trouve souvent cité dans l'Écriture : *Je ne suis que poussière et cendre*, dit Abraham au Seigneur ; Dieu menace son peuple de faire tomber de la *cendre* sur ses terres au lieu de pluie, afin de les rendre stériles, parce que la poussière est un signe de sécheresse. Thamar, après l'outrage que lui fit Amon, son frère, se couvrit la tête de *cendres*. Le roi prophète, dans sa douleur, dit, par métaphore ou hyperbole, qu'il se nourrit *de cendre au lieu de pain*, qu'il est assis sur la *cendre*, qu'il a jeté de la *cendre* sur sa tête, que sa nourriture, que son pain est gâté par cette *cendre* dont il est tout couvert. Jérémie, dans ses *Lamentations*, fait dire à Jérusalem que le Seigneur l'a nourrie de *cendre*. Job dit, après la *Genèse*, que l'homme, qui n'est que *cendre*, doit retourner en *cendre*.

Dans l'antiquité, on avait pour habitude de se couvrir la tête de cendres en signe de deuil et d'affliction : on en trouve de fréquents exemples dans la Bible. A l'origine du christianisme, lorsqu'on imposait la pénitence publique, on versait de la cendre sur la tête de ceux qui y étaient condamnés, au milieu des supplications et des gémissements des fidèles. La pénitence publique fut supprimée, mais l'Église en a conservé le souvenir dans la cérémonie du mercredi des cendres, jour que les Pères appellent *caput jejunii*, parce qu'il commence le carême. Ce n'est pas que l'Église attache quelque grâce particulière à l'imposition des cendres ; mais elle la juge propre à faire naître des pensées salutaires. En général, on prêche ce jour-là sur le néant de la vie, et cet usage a inspiré à Massillon un de ses plus beaux sermons.

On composait chez les anciens une espèce de lessive ou d'eau lustrale avec la *cendre* d'une génisse rousse, qu'on immolait au jour de l'expiation solennelle. On se servait de cette eau pour se purifier lorsqu'on avait touché un mort ou assisté à des funérailles. Les anciens connaissaient aussi un *supplice de la cendre*, particulier à la Perse, et dont elle ne se servait que pour les grands criminels. On remplissait de cendre, jusqu'à une certaine hauteur, une tour des plus élevées ; puis de la cime on jetait le criminel dans l'intérieur, la tête la première, et l'on remuait sans cesse avec une roue cette cendre autour de lui jusqu'à ce qu'elle l'étouffât.

Les *cendres humaines*, ou restes des corps brûlés, étaient recueillies chez les Grecs et les Romains dans des urnes appelées de la *cinéraires*. On rapporte dans leur pays les cendres de ceux qui mouraient au loin, et il n'était pas rare de voir enfermer les cendres de plusieurs personnes dans une même urne. Pour séparer les cendres du corps de celles du bûcher, il est probable, dit Bernard de Montfaucon, qu'on se servait d'une toile d'amiante. On en trouva une grande urne de marbre découverte à Rome, en 1702, dans une vigne, à un mille de la Porte Majeure ; cette toile était usée ici sale comme une vieille nappe de cuisine, mais plus douce à manier, et plus pliable qu'une étoffe de soie. Il y avait dans ce tissu des ossements et un crâne à demi brûlés. Dès qu'on le jeta dans le feu, il resta longtemps sans être brûlé ni endommagé.

Cet usage des anciens a fait employer figurément et poétiquement (quoiqu'on ne brûle plus les corps), le mot *cendre* pour désigner ce qui reste de nous après notre mort, et comme synonyme de *dépouilles terrestres*. L'expression métaphorique *renaître de ses cendres*, employée pour dire que l'on revit après sa mort dans la pensée des siens ou de la postérité, par ses œuvres ou par ses actions, que l'on acquiert par sa mort une renommée plus grande que celle dont on jouissait même de son vivant, est empruntée à la fable du *Phénix*.

CENDRES (Laveur de). *Voyez* CENDRES D'ORFÉVRE.

CENDRES (Mercredi des). C'est le premier jour du carême. On cherche des vieux rameaux bénits, les linges qui ne peuvent plus servir à l'autel ; on les brûle, et on en recueille la cendre avec soin. Avant la célébration des saints mystères, le prêtre, paré des ornements du deuil, debout sur les marches saintes, récite de lugubres prières, et bénit encore cette cendre déjà consacrée. Alors tous les fidèles s'approchent et se prosternent. Le célébrant, prenant des cendres avec les deux doigts, trace une croix sur le front de tous ceux qui se présentent, et à chaque fois il répète ces paroles si tristes, mais si pleines de vérité : *Memento, homo, quia pulvis es, et in pulverem reverteris* (Homme, souviens-toi que tu n'es que poussière, et que tu retourneras en poussière). C'est le texte de l'anathème qu'Adam entendit prononcer sur lui après son péché. Après avoir entendu la sentence de mort, chacun s'en retourne religieusement à sa place. Le silence, le recueillement, la tristesse peinte sur tous les visages, la sombre monotonie des paroles sacrées donnent à cette grave cérémonie une mélancolie indéfinissable. On croit qu'elle remonte jusqu'au berceau du christianisme, et qu'elle n'est qu'une continuation de cet antique usage où étaient les pénitents dans les premiers siècles de se présenter, le premier jour du carême, à la porte de l'église, vêtus de cilices et couverts de cendres. « Mais, dit Bergier, quel rapport y a-t-il entre la cendre et la pénitence ? C'est dans un monument des anciennes mœurs : se laver le corps et les habits, se parfumer la tête, était le symbole de la joie et de la prospérité ; au contraire, la marque d'une douleur profonde était de se rouler dans la poussière et d'y demeurer couché. Cela se voit encore quelquefois parmi le peuple des campagnes, qui se livre violemment aux impulsions de la nature. Un homme qui se montrait avec le corps, les cheveux et les habits couverts de poussière, annonçait par cet extérieur négligé le deuil et l'affliction. Les exemples en sont fréquents dans l'Écriture Sainte : Job, les Rois, les Prophètes, l'Évangile même en parlent. David, pour exprimer une douleur amère, dit qu'il mangeait la *cendre* comme le pain (*Ps*., CI, 10). Comme les anciens cuisaient leur pain sous la cendre, ne pas se donner la peine de secouer la *cendre* dont le pain était couvert était une marque d'affliction. »

Quoi qu'il en soit, si quelqu'un pouvait douter de l'opposition qui existe entre l'esprit du monde et l'esprit de l'Évangile, il n'aurait qu'à visiter Paris le mardi gras et le mercredi des cendres. Après avoir vu les héros du Carnaval promener dans les rues leur bruyante folie, les avoir suivis aux étourdissantes orgies du soir, et, sans interruption, avoir couru, en grande hâte, à la Courtille pour voir la *fameuse descente*, il entrerait en revenant dans une église où aurait lieu la cérémonie des cendres. Autant il aurait vu au dehors de dévergondage et de délire, de joies folles et sans réalité, autant il verrait ici de recueillement, de sagesse et de modestie. S'il pouvait ensuite pénétrer, ce jour-là même, dans l'intérieur de toutes les familles, que de contrastes frappants et instructifs ! Mais, sans sortir de l'église, il recevrait une grande leçon d'égalité. Il verrait le prêtre se prosterner sur les degrés de l'autel et recevoir le premier sur la tête la cendre prophétique, puis le peuple s'agenouiller à ses pieds et recueillir de sa bouche le lugubre avertissement qu'il a reçu lui-même, tous les fronts marqués de la même poussière, tous les orgueils humiliés, tous les rangs confondus, tous se reconnaissant pétris du même limon et devant retourner à la même poussière. Certes, il y a là un spectacle bien triste pour l'homme qui pense, et, sans être mélancolique, il est difficile de ne pas se sentir attristé. Qu'elle est effrayante de vérité pour le vieillard, cette cendre qui se colle et ne se dessine plus sur la peau terreuse et plissée ! Qu'elles sont dures les paroles du prêtre pour ceux qui s'élancent pleins d'ardeur dans les voies de la vie ! Et puis, cette triste ouverture des jours de pénitence et de deuil, cette croix tracée sur toutes les figures, oh ! voilà bien le christianisme avec ses tristesses et ses douleurs ! Loi sévère, loi impitoyable, qu'il faut pourtant reconnaître comme la véritable loi de l'humanité.   L'abbé J. BARTHÉLEMY.

CENDRES BLEUES. On donne ce nom à une couleur bleue employée en très-grande quantité pour la fabrication des papiers peints, au moyen de laquelle on a cherché à imiter la couleur naturelle de l'espèce de carbonate de cuivre connue sous le nom de *bleu de montagne*. Depuis très-longtemps les Anglais sont en possession de préparer cette couleur, ayant une composition semblable à celle de la nature ; et jusque ici on n'a pu l'obtenir en France, quoiqu'un très-grand nombre de recherches aient été faites pour y parvenir. Toutes les fois en effet que l'on précipite par une dissolution de carbonate de soude ou de potasse un sel de cuivre, on obtient un carbonate verdâtre ; le précipité que fournirait une dissolution de potasse ou de soude caustique serait bleu, mais il changerait presque immédiatement par la dessiccation, et passerait au brun. Ce ne serait d'ailleurs pas un carbonate, mais un composé d'eau et de deutoxide de cuivre, qui porte le nom d'*hydrate*.

L'impossibilité où l'on a été jusqu'à présent de produire artificiellement un carbonate de cuivre bleu a obligé à chercher un composé d'un moyen duquel on pût obtenir une couleur bleue plus ou moins analogue. Pelletier il y a déjà longtemps indiqué l'action de la chaux sur le nitrate de cuivre, mais évidemment les cendres bleues obtenues par ce procédé renferment de la chaux que ne contiennent pas les vraies cendres anglaises. Quoi qu'il en soit, voici le procédé suivi par Pelletier pour la préparation des cendres bleues : On ajoute de la chaux éteinte dans une dissolution faible de nitrate de cuivre, en agitant bien le mélange, dans lequel on laisse une petite quantité de nitrate en excès ; on laisse déposer, on décante et on lave à plusieurs reprises, puis on fait égoutter. Le précipité, d'un bleu verdâtre, est broyé avec un petit excès de chaux éteinte ; il prend peu à peu une teinte bleue qu'il conserve longtemps même après la dessiccation.

Un autre procédé a été indiqué par Payen : il consiste à décomposer une dissolution de sulfate de cuivre par une autre de chlorure de calcium ; il se produit du sulfate de chaux presque insoluble, qui se précipite, et du chlorure de cuivre, qui reste dans la dissolution. Après avoir séparé celle-ci, on y ajoute une bouillie de chaux en quantité suffisante pour qu'elle ne retienne que des traces de cuivre et ne donne qu'une légère teinte bleue par l'ammoniaque ; on lave et on ajoute à la pâte deux dissolutions, l'une de sel ammoniac, l'autre de sulfate de cuivre ; on renferme le tout dans de grandes bouteilles, et au bout de quelques jours on verse la matière dans de grands tonneaux, on la lave soigneusement et on la fait égoutter sur des filtres. La couleur en pâte offre une assez belle teinte bleue ; mais elle perd beaucoup par la dessiccation. Malgré cet inconvénient et celui de passer assez vite, les cendres bleues sont très-usitées dans la fabrication des papiers peints, à cause de la facilité avec laquelle on les emploie, soit seules, soit mêlées avec d'autres couleurs : d'ailleurs, le prix peu élevé auquel revient cette substance offre un avantage que l'on n'a pu jusque ici rencontrer dans les diverses couleurs que l'on a cherché à y substituer.   H. GAULTIER DE CLAUBRY.

CENDRES D'ORFÈVRE. On donne ce nom non-seulement aux cendres proprement dites, provenant des foyers où les ouvriers qui travaillent les métaux précieux fondent l'or et l'argent, mais encore aux débris de creusets, aux balayures d'ateliers et à tous les déchets qui renferment une quantité quelconque de ces métaux. Toutes ces substances contiennent de l'or et de l'argent dans des états de division très-différents ; les fragments un peu volumineux peuvent être retirés en lavant les cendres avec de l'eau, qui tient en suspension les substances étrangères, et laisse précipiter les grenailles ; mais les parties divisées restent en suspension, et suivent les cendres avec lesquelles elles se perdraient si elles n'étaient soumises à un autre genre de traitement : le *laveur de cendres* a donc à faire deux opérations distinctes, dont nous parlerons successivement.

Les balayures d'ateliers, qui sont retenues par des grilles en bois grossières sur les planchers, sont broyées pour séparer la plus grande partie des matières organiques qu'elles renferment, et soumises ensuite au même traitement que les cendres proprement dites. Les *cendres* étant réunies, on les lave, soit dans des sébiles à la main, soit dans des tonneaux dans lesquels on les agite avec de l'eau, que l'on abandonne ensuite au repos pour faire déposer les matières pesantes. On entraîne ainsi les sels solubles que renfermaient les cendres pour les soumettre à l'amalgamation. Cette nouvelle opération s'exécute dans des moulins en agitant les cendres avec 40 pour 100 de leur poids de mercure et la quantité d'eau convenable pour en faire une pâte ; on donne à l'appareil un mouvement de rotation que l'on continue pendant douze heures. On lave ensuite les matières pour extraire les substances étrangères ; et le mercure qui se trouve au fond renferme l'or et l'argent que contenaient les cendres ; on le dessèche et on le réunit dans une peau de chamois dans laquelle on le comprime ; le mercure en excès passe au travers de la peau, dans laquelle on trouve une masse solide d'amalgame d'or et d'argent. Quand on en a obtenu une assez grande quantité, on le place dans une cornue en fonte de fer, au col de laquelle on attache un morceau de linge qui plonge dans un vase rempli d'eau, et on chauffe la cornue jusqu'au rouge : le mercure se distille, et on obtient l'or et l'argent pour résidu.

Le mercure qui a passé à la distillation renferme encore une petite quantité d'or et d'argent; on le fait servir à de nouvelles opérations. Les cendres *tournées*, c'est-à-dire épuisées par le mercure, renferment encore une assez grande proportion d'or et d'argent pour qu'il soit profitable de les traiter. On les fond alors avec du plomb dans des fourneaux convenables : l'or et l'argent qu'elles renferment s'allient au plomb, que l'on affine ensuite par les procédés ordinaires. On pourrait aussi fondre directement les cendres non *tournées* avec des sels de soude et de la litharge, et on obtiendrait ainsi directement et en une seule opération tous les métaux précieux qu'elles renferment : ce procédé, exécuté dans des creusets, offrirait un avantage très-considérable si les vases n'étaient exposés à se briser, ce qui occasionne des pertes que sont loin de contre-balancer les autres conditions favorables de l'opération. H. Gaultier de Claubry.

CENDRES GRAVELÉES. Dans l'origine on ne connaissait que les cendres gravelées fabriquées en brûlant sur la sole de fours à réverbère la lie de vin desséchée; mais aujourd'hui la même dénomination s'étend au produit de l'incinération des marcs de raisin, des grattures de tonneaux, des vinasses desséchées, etc., où le sous-carbonate de potasse domine. Souvent les cendres gravelées du commerce sont sophistiquées, notamment avec de la brique pilée. Si l'on se bornait à prendre de la lie de vin pour la fabrication des cendres gravelées, elles seraient toujours de très-bonne qualité, parce que les matières qui avec le tartre font partie de la lie de vin se détruisent par la chaleur pour la plupart; mais il n'en est pas de même quand on ajoute à ces lies, comme cela se pratique ordinairement aujourd'hui, des rafles, des pepins, des grabeaux (fragments) de tartre. C'est bien s'éloigner du but que de fabriquer ainsi les cendres gravelées. Autrefois on en recommandait l'emploi dans la teinture, la chapellerie et dans beaucoup d'autres arts, dans l'intention de se servir de l'alcali le plus pur et le plus constant dans ses effets, tandis qu'actuellement c'est presque toujours le plus mauvais de tous; mais cependant on continue de s'en servir, parce qu'elles sont recommandées dans les anciennes recettes, et parce que la plupart des personnes qui en font usage ignorent qu'elles peuvent être remplacées avec plus d'avantage et de sûreté par de bonne potasse.

La cendre gravelée bien préparée doit être presque entièrement soluble, et ne donner, d'après Chaptal, qu'un seizième environ de résidu, composé pour les trois quarts de carbonate terreux, et d'un quart à peu près de sulfate de potasse. Essayée à l'alcalimètre de Descroizilles, elle doit donner de 70 à 75°. Lorsqu'on en sature la solution par un acide, il ne doit se former aucun précipité. Enfin, les nitrates d'argent et de baryte n'y produisent qu'un louche à peine sensible. Pour que la cendre gravelée soit propre à la plupart des usages auxquels on la destine, et surtout pour les couleurs brillantes de la teinture, il faut aussi que sa solution dans l'eau soit totalement incolore, c'est-à-dire que toute la matière combustible ait été brûlée, sans quoi l'extractif et les matières colorantes de la cendre gravelée s'ajouteraient à la couleur vraie qu'on veut obtenir et la souilleraient. Pelouze père.

CENDRIER, partie d'un fourneau située en contrebas de la grille qui reçoit le combustible, et dans laquelle tombent les cendres. La grandeur du cendrier doit dépendre de celle du fourneau, et de l'afflux d'air plus ou moins considérable qu'on veut se procurer, et par conséquent de la nature du combustible dont on fait usage. Ordinairement, pour pouvoir modérer à volonté l'entrée de l'air ambiant, on garnit l'ouverture du cendrier d'une porte en tôle, dans laquelle est pratiquée, vers le bas, une petite ouverture, qui ferme au moyen d'une plaque à coulisse, ou qu'on laisse libre, à volonté. Pelouze père.

Dans les usages domestiques, on appelle *cendrier* une petite boîte, ordinairement en tôle ou en cuivre, destinée à recevoir les cendres qui tombent d'un poêle.

CÈNE (du latin *cœna*, et du grec κοινὸς, repas en commun). On sait que les anciens ne faisaient qu'un repas, sur le soir, et que l'heure en était ordinairement marquée par le coucher du soleil. Jusque-là leurs affaires les occupaient tout entiers; seulement chacun prenait de quoi soutenir ses forces à l'heure qui pouvait le mieux lui convenir, et selon qu'il sentait le besoin s'éveiller en lui. C'était le *prandium*, le repas du matin ou du milieu du jour, tandis que pour le repas du soir toute la famille était réunie dans le *cénacle*, ou la salle des festins; les amis y étaient invités, et les hôtes y trouvaient leur place d'honneur. Voilà pourquoi il était appelé *cœna*, parce que c'était le *repas de famille*, le repas en commun. Comme il avait lieu sur la fin du jour, ce même mot *cœna* a été employé pour désigner le *souper* dans les temps plus modernes; et ce repas, dans nos campagnes, représente assez bien la *cène antique*.

Le mot *Cène* s'emploie spécialement pour désigner le repas mystérieux que Jésus-Christ fit avec ses apôtres la veille de la Passion. Le matin il avait dit à deux de ses disciples : *Allez...... et cet homme vous montrera un vaste cénacle tout préparé; c'est là que vous disposerez pour nous les préparatifs de la Pâque* (S. *Marc*, XIV.). Les disciples exécutèrent ponctuellement les ordres de leur maître, et lorsque le jour toucha à sa fin, il alla les rejoindre avec ses apôtres. Avant de suivre le Sauveur dans le drame sanglant de la passion, on aime toujours, en lisant l'Évangile, à s'arrêter à cette scène touchante où, environné de ses disciples, qu'il va bientôt quitter, il leur fait ce testament divin par lequel il se lègue lui-même. Le repas touchait à sa fin. Jésus prit du pain, le bénit, le rompit et le donna à ses apôtres en leur disant : « Prenez et mangez, ceci est mon corps, qui sera livré pour vous; faites ceci en mémoire de moi. » Et prenant le calice, il rendit grâce, et le leur présenta en disant : « Buvez-en tous, car c'est mon sang, le sang de la nouvelle et éternelle alliance, qui sera répandu pour vous. » (*S. Matth.*, XXVI; *S. Luc*, XXII.) Voilà la nouvelle Pâque, le nouvel agneau. Banquet mystérieux, scène mystique, angélique festin, dans lequel un Dieu se distribue de ses propres mains, et veut servir de nourriture à ses enfants!

Les protestants nomment *sainte cène* la communion, ou l'eucharistie. C'est une grave question entre eux et les catholiques de savoir comment doivent être entendues les paroles de la *cène* de Jésus-Christ. Ici comme ailleurs les protestants sont toujours pour la figure; ils ont tant d'amour pour les sens figurés! Ceci est mon corps, ceci est mon sang. Puisque ni par leur nature, ni par aucune convention, ni par aucun usage, le pain n'est la figure du corps, ni le vin la figure du sang, et puisque Jésus-Christ avait pris soin d'avertir ses apôtres que désormais *il ne leur parlerait plus en figures* (S. *Jean*, XVI, 25), les catholiques ont cru qu'ils ne devaient pas chercher la lumière lorsqu'ils voyaient en grand jour, et ils ont entendu ces paroles dans leur sens propre et littéral. Ils croient donc qu'après la consécration, le pain est réellement changé au corps de Jésus-Christ et le vin en son sang. « Lorsque les protestants, dit Bergier, ont nommé le mot de *cène* à la manière dont ils célèbrent l'institution de l'eucharistie, ils se sont écartés de l'ancien usage de l'Église, et ont abusé du terme par nécessité de système. Ils ont voulu donner à entendre que toute l'essence du sacrement consiste dans le repas religieux que les fidèles font en communiant; mais toute l'antiquité dépose contre eux. Dès le premier siècle de l'Église, l'usage a été de nommer *eucharistie* l'action de consacrer le pain et le vin, et d'en faire le corps et le sang du Seigneur. Aucun des anciens Pères ne s'est avisé d'appeler cette action la *cène*, ou le *souper* du Seigneur. La cène était finie lorsque Jésus-Christ consacra les deux espèces pour la donner à ses apôtres. Il est absurde de regarder l'action des apôtres, et non celle de Jésus-Christ, comme la partie essentielle et principale de la cérémonie. »

On appelle aussi *faire la cène* laver les pieds à douze pauvres, et les servir à table, pour imiter Jésus-Christ, qui avant de faire la *cène* avec ses disciples voulut leur laver les pieds et les essuyer de sa main. Cette cérémonie a lieu le jeudi saint dans l'Église latine, ainsi que chez les Grecs et les Syriens. Les empereurs de Constantinople la faisaient dans leur palais avant la célébration des saints mystères; aujourd'hui on a coutume de la faire après. Autrefois, notre vieux Louvre était témoin de cette touchante et majestueuse cérémonie. Après l'absoute, faite par un évêque, et un sermon dans lequel le prédicateur lançait de sévères paroles, le *roi*, d'une part, accompagné des princes du sang et des grands officiers de la couronne, la reine, de l'autre, suivie de sa dame d'honneur et de sa brillante cour, se rendaient, chacun de son côté, dans une salle préparée d'avance. Là ils trouvaient douze pauvres de leur sexe, qui pour présentaient leurs pieds à laver : ces pauvres étaient assis, et les deux majestés, debout, s'inclinaient et faisaient couler l'eau sur ces pieds nus qui leur étaient présentés; elles les touchaient de leurs royales mains, et, pour s'humilier encore davantage, elles les approchaient leurs lèvres et leur imprimaient un baiser! Qu'elle était belle cette royauté ainsi humiliée! qu'elle était sublime cette beauté couronnée qui s'inclinait ainsi devant le malheur! Alors s'ouvrait la salle du festin, et ceux dont les augustes mains étaient prêtées au plus humble de tous les ministères servaient encore à table ces mêmes pauvres, leurs frères, leurs égaux, leurs amis; car ils devaient les aimer, et reconnaître qu'un jour ils pourraient bien les surpasser en grandeur dans cette autre patrie où tous sont appelés à ceindre des couronnes. Ils ne les quittaient qu'après leur avoir prodigué les marques les plus touchantes d'intérêt et de bonté, et leur avoir fait à chacun une abondante aumône. Tandis que ces choses se passaient dans le palais de nos rois, le pontife romain déposait sa tiare au Vatican, se ceignait d'un linge comme le plus humble des valets, et, suivi de tout le sacré collège, lavait aussi les pieds à douze pauvres voyageurs, et le premier des cardinaux, car c'est toujours le plus grand qui doit s'humilier davantage, les essuyait respectueusement. Puis ces mêmes pauvres, assis à une table splendide, recevaient encore des mains du chef suprême de l'Église le premier plat et la première coupe. Le pontife leur parlait avec bonté, et, après les avoir bénis, il les quittait en leur donnant à chacun une médaille d'or. Et ces scènes attendrissantes qui se passaient sous les fresques enchantées du Louvre et du Vatican, se répétaient en même temps dans toute la chrétienté. L'évêque dans sa métropole, le curé dans son église, étaient aussi humiliés devant les pauvres, enfants bien aimés du père, parce qu'ils ont plus besoin d'être aimés, leur lavaient les pieds, et les servaient de leurs mains. Aujourd'hui la cérémonie *du lavement des pieds* se pratique encore à Rome et dans toutes les églises. Quant aux rois, on dit que la plupart sont devenus philosophes : les pauvres n'y gagneront rien.   L'abbé J. BARTHÉLEMY.

CÉNEROTH, ville de Judée, située dans la tribu de Nephtali, donna son nom au lac de *Céneroth* ou de *Genesareth*, appelé aussi lac de *Tibériade*.

CÉNIS (Mont), *Monte Cenisio*. Cette montagne, qui forme le nœud des Alpes Cottiennes et des Alpes Grecques, est située dans les États Sardes, sur la limite de la Savoie (province de *Maurienne*) et du Piémont (province de *Suse*). Comme tous les autres passages des Alpes, elle présente un abaissement considérable de cette chaîne. Son point culminant, *la Roche Michel*, élevé de 3,493 mètres au-dessus de la mer, et dominé par des sommets presque toujours entourés de nuages et couverts de neige, forme un plateau couvert de prairies et de pâturages, au milieu duquel on rencontre un petit lac d'une profondeur extrêmement dont les eaux, alimentées par les torrents et les infiltrations des montagnes voisines, s'écoulent par la Cenise, rivière qui sort de son bord méridional : il renferme plusieurs espèces de poissons et surtout d'excellentes truites. Abrité de tous côtés, à l'exception du sud-est, le plateau du mont Cenis jouit d'une température plus douce qu'on ne pourrait l'attendre de son élévation. Mais les plantations d'arbres qu'on y a tentées à diverses reprises n'ont jamais réussi. En revanche, les prairies et les pâturages y sont d'un bon produit, et l'on y fabrique un fromage d'une qualité particulière qui approche de celle du Roquefort. Le chamois et les marmottes sont les seuls quadrupèdes sauvages qui fréquentent ces lieux élevés. Le grand et le petit aigle, la perdrix blanche et le pinson de neige sont les oiseaux que l'on y rencontre le plus ordinairement. Le gypse et le fer dominent dans la constitution géologique du mont Cenis, qui se compose généralement de couches alternatives de schiste micacé, de pierre calcaire, de quartz, d'argiles calcinées et d'autres espèces de talc.

Auguste fit ouvrir dans le mont Cenis une route que Charlemagne élargit, et que Catinat restaura en 1691, pendant les guerres de Piémont. Les travaux ordonnés par ce général ne subsistèrent pas longtemps, et jusqu'en 1802 ce passage, extrêmement difficile, n'était praticable qu'à dos de mulet. Mais de 1802 à 1811 Napoléon fit construire à grands frais une route magnifique de six à huit mètres de large, qui conduit de Lans-le-Bourg à Suse, sur un développement de trente-cinq kilomètres. Le long de cette route, bordée d'arbres des deux côtés, vingt-cinq *refuges* ont été construits de distance en distance, surtout dans la partie la plus difficile, pour servir d'abri aux voyageurs et aux cantonniers. Sur le plateau de la montagne, près du bord oriental du lac et du village de Tavernettes, on rencontre un hospice, fondé dans le neuvième siècle par Louis le Débonnaire. En 1801 Napoléon, après l'avoir rétabli et augmenté, y plaça des religieux destinés à faire le même service que ceux du grand Saint-Bernard; depuis 1815 le roi de Sardaigne y a établi un poste militaire, et une partie du bâtiment sert aujourd'hui de caserne. Depuis l'établissement de cette belle route, le passage du mont Cenis est très-fréquenté; il y passe, année commune, 20,000 voitures et 50,000 mulets.

CENNINO CENNINI, artiste italien, sur la vie duquel on possède peu de détails, mais qui a laissé sur la peinture un traité curieux. Il le composa à l'âge de quatre-vingt-deux ans, dans une prison où il était détenu pour dettes. Écrit en 1437, cet ouvrage a été publié pour la première fois, à Rome, en 1822. Il est divisé en 173 chapitres; il jette du jour sur les procédés auxquels les peintres de l'époque avaient recours pour leurs travaux. Les conseils de Cennini sont en général dictés par la sagesse et l'expérience. Enthousiaste de son art, il met à peu près les maîtres qu'il admire sur la même ligne que les saints les plus vénérés; il annonce qu'il a composé son livre en l'honneur de la très-sainte Vierge, de saint Jean-Baptiste, de saint François, de saint Antoine de Padoue, de Giotto et de Taddeo. Dans sa naïve ferveur, il entre dans de minutieux détails sur le riche costume qu'il faut donner à la Madone; il recommande de n'épargner ni l'or ni les couleurs les plus éclatantes : « Ne t'inquiète pas, ajoute-t-il, de ce surcroît de dépenses; Notre-Dame t'enverra un acheteur qui t'en dédommagera, et, en tout cas, elle t'accordera une récompense, soit en corps, soit en âme. » Ailleurs, son respect pour les puissants du siècle se manifeste dans une recommandation étrange : « Si tu veux mouler un visage, mêle de l'eau de rose au plâtre que tu emploieras, lorsqu'il s'agira d'un pape, d'un empereur, d'un roi, d'un cardinal, ou de tout autre très-éminent personnage; mais s'il n'est question que d'un personnage de naissance obscure ou moins relevée, de l'eau ordinaire suffira. »

G. BRUNET.

CÉNOBITE (du grec κοινός, commun, et βιος, vie), religieux qui vit en communauté, et qui diffère par cela même de l'anachorète ou *moine*, qui vit retiré, *solitaire*, et de l'ermite, ou *habitant du désert*. L'abbé Piammon, parlant des anciens solitaires de la Thébaïde ou de la Haute-Égypte, en distingue de trois sortes : les *cénobites*, qui vivaient en communauté ; les *anachorètes*, qui habitaient des cellules isolées ; et les *sarabaïtes*, qui menaient une vie errante, et qui étaient regardés comme de faux moines. Il fait remonter jusqu'aux apôtres l'institution des *cénobites*, et la regarde, d'après Cassien, comme un reste ou une imitation de la vie si parfaite des premiers chrétiens. On sait qu'à Jérusalem les premiers fidèles mettaient leurs biens en commun, mangeaient ensemble et vivaient dans une grande union. C'est à leur imitation que les premiers *cénobites* se rassemblèrent pour vivre en communauté ; seulement ils renonçaient au monde et gardaient le célibat, tandis que les fidèles dont ils étaient les imitateurs restaient dans le siècle, et étaient pour la plupart engagés dans les liens du mariage. Le code Théodosien appelle les cénobites *syneditæ*, terme qui a le même sens, et qui ne veut pas dire les domestiques des religieux, comme l'ont prétendu certains glossateurs.

C'est à la fameuse cellule de Tabène (dans le diocèse de Tentyra en Égypte) qu'il faut remonter pour trouver la véritable origine de ces congrégations sans nombre qui ont rempli le monde de leurs établissements et de leurs noms. Quoi qu'en dise le P. Hélyot, on doit se ranger à l'avis de Tillemont, qui regarde saint Pacôme, le rude élève du vieux Palémon, comme le premier instituteur de la vie *cénobitique* en Orient, parce qu'il est le premier qui ait formé des communautés, et qui ait écrit une règle monastique. Avant lui il n'y avait que des anachorètes ou solitaires. Le célèbre monastère de Phaïum (Fayoum), fondé vingt ans auparavant par saint Antoine, et ceux de saint Ammon dans la partie de l'Égypte appelée Nitrée, n'étaient composés que de cellules éparses, et n'avaient rien qui ressemblât aux couvents tels que nous les connaissons. Les disciples de saint Pacôme vivaient ensemble, au nombre de 30 ou 40 dans chaque maison, et 30 ou 40 de ces maisons formaient un monastère, qui était par conséquent habité par 1200 ou 1600 cénobites. Tous les dimanches ils se réunissaient pour prier dans l'oratoire commun, et chaque année ils venaient célébrer la Pâque avec le chef suprême, qui en voyait quelquefois jusqu'à 50,000 autour de lui, tous sortis des monastères de Tabène ; car ceux de Secté, d'Oxyrinque, de Nitrée et de Maréote reconnaissaient d'autres chefs et s'assemblaient à part. Un seul homme dirigeait donc tous les monastères, mais chacun d'eux, en outre, avait un abbé qui se gouvernait, chaque maison un supérieur ou prévôt (*præpositus*), chaque centaine de moines un surveillant (*centenarius*), et chaque dizaine un doyen (*decennarius*).

Saint Hilarion, disciple de saint Antoine, établit en Palestine des monastères à peu près semblables, et bientôt il y en eut dans toute la Syrie. Ceux de l'Arménie et de la Paphlagonie reconnaissaient pour fondateur Sébaste, évêque de ces provinces. Saint Basile, qui, à l'exemple des anciens philosophes, était allé s'instruire en Égypte, plus certain d'y trouver la véritable sagesse, établit dans le Pont et la Cappadoce plusieurs couvents d'hommes et de femmes. La vie cénobitique s'étendit avec rapidité dans tout l'Orient : on la vit pénétrer en Éthiopie, dans la Perse, sur les bords du Gange, et jusqu'au fond des Indes. Dès l'an 340, saint Athanas e ayant apporté à Rome la vie de saint Antoine, qu'il venait de composer, avait exhorté les chrétiens d'Italie à embrasser ce genre de vie, et l'on vit dès lors des religieux et des vierges se rassembler en foule autour des évêques. Tandis que saint Ambroise et saint Eusèbe de Verceil faisaient bâtir des monastères dans le voisinage de leurs villes épiscopales, le grand évêque d'Hippone, saint Augustin, formait de nouveaux ascètes sur le rivage africain. Un peu plus tard, saint Benoît posait sur le mont Cassin le berceau de cet ordre immense qui devait jeter un si grand éclat. En peu de temps les petites îles des côtes d'Italie et de Dalmatie furent peuplées de saints solitaires, et la ville de Lérins, en Provence, vit s'élever dans ses murs le premier et l'un des plus beaux monastères de France. Saint Martin est cependant regardé comme le premier fondateur de la vie cénobitique dans les Gaules. Peu à près elle passa dans les îles Britanniques, et elle y était déjà établie lorsque saint Augustin y fut envoyé par le pape saint Grégoire.

Quoiqu'en Occident la discipline ait été généralement moins sévère qu'en Orient, quoique le relâchement se soit quelquefois glissé à travers les grilles et les barreaux du cloître, cependant on a toujours pu reconnaître les communautés religieuses au portrait que nous a laissé saint Athanase des monastères de la Thébaïde : « Les monastères, comme autant de temples, sont remplis de personnes dont la vie se passe à chanter des psaumes, à lire, à prier, à jeûner, à veiller, qui mettent toutes leurs espérances dans les biens à venir, sont unis par les liens d'une charité admirable, et travaillent moins pour leur propre entretien que pour celui des pauvres : c'est comme une vaste région, absolument séparée du monde, et dont les habitants n'ont d'autre soin que celui de s'exercer dans la justice et dans la piété. » Voici ce qu'à son tour, malgré ses préventions, ses erreurs et ses préjugés, pensait des monastères un des plus célèbres philosophes du dernier siècle, l'auteur de *l'Essai sur l'Histoire générale* : « On ne peut nier qu'il y ait dans les cloîtres de grandes vertus : il n'est guère encore de monastères qui ne renferment des âmes admirables, qui font honneur à la nature humaine. Trop d'écrivains se sont plu à rechercher les désordres et les vices dont furent souillés quelquefois ces asiles de la piété. Il est certain que la vie séculière a toujours été plus vicieuse, que les grands crimes n'ont pas été commis dans les monastères, mais ils ont été plus remarqués, par leur contraste avec la règle. »

Les paroles ébranlent, mais les exemples entraînent. Ce principe incontestable devient d'une vérité plus rigoureuse encore en présence d'une réunion d'hommes sages vivant assujettis aux mêmes règles et aux mêmes devoirs. L'exemple alors acquiert une puissance irrésistible. Il faudrait être bien pervers pour ne pas se sentir porté à la sagesse lorsque toutes les impressions qu'on reçoit, tout ce qu'on voit, tout ce qu'on entend, toutes les pensées, toutes les occupations de la vie y ramènent de concert. Il est facile à l'habitant du cloître d'être bon, même sans effort. La retraite, le silence, la solitude, l'éloignement de toutes les occasions, une vie laborieuse et toujours occupée, une nourriture frugale, une couche dure et froide, un sommeil court et sans insomnie, les veilles de la nuit, les jeûnes, les privations de tout genre, la méditation habituelle, les lectures pieuses, les chants sacrés, les longues prières, toutes les pratiques saintes, la ferveur des âmes ardentes, le recueillement général, la solennité imprimée à tous les actes par le nombre et l'harmonie, les vêtements de deuil, ces fronts austères, cette atmosphère pieuse, qui à mesure qu'on la respire semble calmer et enchaîner les passions, tout cela produit un entraînement auquel il est impossible de résister. Ajoutez-y les longues et dures épreuves du noviciat, lorsque l'âme est encore neuve et le cœur jeune et tendre, les confessions fréquentes, les retraites, les exhortations qui raniment sans cesse l'étincelle sacrée, l'âme toujours attentive sur elle-même, et aucun fait intérieur n'échappant à son regard ; que sais-je encore ? Vraiment un cénobite qui n'est pas un scélérat consommé ne peut pas être un méchant homme

Il doit avoir une âme de fer pour ne pas devenir vertueux, au moins par habitude.

Il faudrait écrire l'histoire de quinze siècles pour dire tous les services que les cénobites ont rendus à la société. Ce sont eux qui ont sauvé le vieux monde de la corruption et de la barbarie, et lorsqu'un monde nouveau fut trouvé par-delà les mers, ce furent eux encore qui y portèrent les premiers germes de la civilisation. On les a vus, ces hommes de prière et de travail, la cognée et la bêche à la main, s'en aller à travers les nations, défrichant les landes incultes, desséchant les marais, et, à force de sueurs, fécondant les terres les plus arides et les plus sauvages. Lorsqu'ils avaient ainsi posé leur demeure bien avant dans la solitude, loin de l'air contagieux des vices et de la corruption des cités, ils en sortaient comme d'autres Moïses, pour annoncer aux peuples les paroles de la loi. Le barbare les entendait; leur douceur et leurs vertus adoucissaient ses mœurs sauvages, et par respect pour ces hommes de Dieu, il déposait ses flèches et sa massue. Sans eux, où seraient aujourd'hui les sciences dont nous sommes si fiers? Il les ont sauvées en leur donnant un asile, et c'est de leurs cellules qu'elles sont sorties avec la plupart des arts et des inventions utiles. Libre de tous les soins de la vie, sans inquiétude sur son avenir, sans embarras, sans distraction aucune, le religieux peut se livrer aux travaux de la pensée avec bien plus de succès que l'homme du monde; et le concours de toutes les volontés, le concert de tous les efforts pour atteindre un but unique, donneront toujours aux communautés religieuses une puissance que n'auront jamais nos modernes académies. Une seule congrégation, celle des bénédictins, a produit plus de grands ouvrages que toutes nos sociétés savantes. C'est que là l'homme n'était pas réduit à sa faiblesse et à ses courtes journées, et il y avait force, parce qu'il y avait union. L'œuvre des vieux cénobites à qui la vie n'avait point suffi ne périssait point avec eux : les jeunes novices avaient recueilli leur pensée, ils s'étaient pénétrés de leur esprit; la grande œuvre marchait toujours, et après un siècle on la voyait apparaître enfin, colossale, immense et presque effrayante par sa grandeur même.

L'abbé J. BARTHÉLEMY.

CÉNOTAPHE (du grec κοινός, vide, et τάφος, tombeau) est le nom donné au tombeau vide que l'on élevait à un citoyen, mort à la guerre, sur mer, ou dans une contrée lointaine, et qui n'avait pas reçu les honneurs de la sépulture. Ce genre de monument funèbre lui était consacré avec des cérémonies réglées par les lois : ordinairement on appelait trois fois son âme pour qu'elle vînt en prendre possession. Les Romains instituèrent cet usage pour empêcher que l'ombre du corps qui n'avait pas reçu la sépulture fût exposée à errer pendant un siècle avant d'être reçue dans les Champs Élysées. Les cénotaphes portaient les mêmes ornements que les sarcophages et les tombeaux. Un cénotaphe n'était donc qu'un monument commémoratif d'un mort, élevé par sa famille, ou au nom de ses courtisans, pour honorer sa mémoire. Chez les Grecs on appelait Céramique le quartier de la ville d'Athènes où l'on faisait, aux frais du peuple, les funérailles et les oraisons funèbres de ceux qui avaient péri dans la guerre. On élevait en leur honneur des colonnes où l'on gravait leurs noms, le lieu de leur mort et leurs épitaphes. Parmi les cénotaphes antiques, les plus célèbres furent ceux de Pise. Ils ont été décrits en 1681 par le cardinal de Noris.

CHAMPOLLION-FIGEAC.

CENS. On appelait *census* chez les Romains les listes ou les tableaux de recensement que l'on dressait plus ou moins régulièrement tous les cinq ans par les soins des consuls après l'expulsion des rois et ensuite par ceux des censeurs. Un chapitre (*caput*) était ouvert à chaque père de famille, qui était tenu d'y faire inscrire tous les membres de sa famille et les biens de toute nature sur lesquels il avait le *domaine quiritaire*, sous peine de confiscation de ceux qu'il avait omis.

Ce fut Servius Tullius qui institua le cens (577 avant J.-C.). Ayant ainsi déterminé la fortune de chaque citoyen, il divisa le peuple en classes et en centuries, dans l'ordre des richesses. Cette distribution fut conçue de manière à satisfaire à ces trois nécessités sociales : le tribut, le service militaire et le vote politique; ce fut une organisation pour l'impôt, pour le combat et pour les comices. La première classe comprit les citoyens qui possédaient au moins cent mille as, la seconde ceux qui en possédaient soixante-quinze mille; la troisième ceux qui en avaient cinquante mille; la quatrième ceux qui en avaient vingt-cinq mille; la cinquième ceux qui possédaient onze mille as. Quelques historiens ont fait à tort une sixième classe des citoyens qui avaient moins de onze mille as, les *accensi*, et les *proletarii* ou les *capite censi*, qui, n'ayant rien, ne portaient sur le cens qu'un nom sans propriété. Ces classes furent diversement imposées, et les charges de l'État se trouvèrent ainsi peser sur chacun proportionnellement à ses moyens. La dernière classe, composée de gens qui n'avaient rien ou presque rien, fut dispensée de toute contribution : elle ne dut même pas aller à la guerre, car alors on ne voulait que des soldats citoyens, qui combattissent sans paye, par amour pour la cité et non par métier. Pour connaître les citoyens en état de porter les armes et former une sorte de ban et d'arrière-ban, on distinguait dans le tableau les jeunes hommes des vieillards; les jeunes gens au-dessous de dix-sept ans n'y figuraient que pour le nombre. Quant aux esclaves, ils n'y étaient indiqués que par leur quotité parmi les choses mobilières de leurs maîtres : aussi ce fut un mode d'affranchissement que de les inscrire nominativement sur le cens, qui était la constatation du droit de cité. En dehors de ces cinq classes de citoyens destinés à former l'infanterie se trouvait l'ordre des chevaliers, qui se développa dans la suite comme un ordre intermédiaire entre les patriciens et les plébéiens.

Le dénombrement du cens avait lieu au *Forum*, et non au Champ-de-Mars, où on en célébrait seulement la clôture, dans la *Villa publica*, construite à cet effet l'an 434 avant notre ère. Il était accompagné de cérémonies religieuses, de sacrifices, et spécialement de purifications, desquelles est dérivé le mot *lustre*, qui désignait l'espace de temps qui devait s'écouler d'un recensement à l'autre. Sous l'empire, le cens ne se fit plus que de loin en loin; l'avant dernier eut lieu sous Claude, le dernier sous Vespasien.

W.-A. DUCKETT.

Solon avait jadis établi chez les Athéniens un cens qui divisait les citoyens en quatre classes : la première comprenait ceux qui avaient cinq cents mines de revenu, tant en grains qu'en fruits; la deuxième, ceux qui avaient un revenu de trois cents mines et pouvaient entretenir un cheval; la troisième ceux dont le revenu était de deux cents mines; la quatrième tous ceux qui vivaient de leur travail. Cette dernière classe était exclue des fonctions publiques.

Le mot *cens* a reçu une autre signification dans le langage politique actuel, mais se rattachant toujours à la législation de Servius Tullius, de même qu'à l'idée servant de base à celle de Solon; législations qui, toutes deux, pour conférer des droits politiques avaient égard à la fortune. On dit que le droit électoral dépend d'un cens, quand pour l'exercer il est nécessaire de justifier préalablement d'une certaine fortune ou d'un certain revenu, comme en Angleterre, ou plus communément d'une certaine cote de contributions. *Voyez* CENS ÉLECTORAL ET D'ÉLIGIBILITÉ.

La dernière loi électorale de la Prusse se rapproche encore plus que toute autre des législations de l'antiquité, attendu qu'elle établit trois classes d'électeurs, et qu'elle accorde aux citoyens les plus imposés des droits égaux à ceux de la classe moyenne des contribuables et aussi des moins imposés. Cet exemple a été imité par les lois électorales nouvelles introduites depuis peu dans d'autres États de la Confédération germanique.

CENS (*Droit féodal*). Il y avait dans la société féodale deux sortes de cens : 1° le *cens personnel*, auquel furent assujettis d'abord les serfs, plus tard les colons, enfin les affranchis qui n'avaient été libérés du service qu'à charge de redevance. Ce cens personnel était aussi appelé *capitation* ou *chevage*. Quelquefois aussi le mot cens signifiait les impôts levés au nom du roi. 2° Le *cens réel*, qui comprenait la plus grande partie des redevances annuelles et périodiques, comme celles dues pour rente foncière, pour rente emphytéotique ou à longue durée. Enfin on se servait du mot *cens* pour désigner la redevance due au seigneur en vertu d'un bail appelé *acensement*. Par ce contrat le seigneur aliénait l'utilité de son domaine, mais se réservait les avantages honorifiques. Suivant Dumoulin, le cens n'était qu'une redevance fictive, indicative du domaine direct. Le *surcens* ou *arrière-cens* était une redevance due en sus du cens.

En vertu de cette présomption que les droits censuels avaient pour origine des concessions de terrain, le décret du 15 mars 1790 déclara ces droits simplement rachetables. En vertu d'une présomption toute contraire, le décret du 25 août 1792 les abolit, comme ayant été acquis par abus de la puissance féodale. Cette seconde loi admit bien la preuve contraire, mais en exigeant la représentation du titre primordial. Plus rigoureux encore, le décret du 17 juillet 1793 abolit même les redevances censuelles qui avaient été le prix de concessions de terrain originairement faites.

CENSE, CENSÉ. La *cense* était une petite ferme, ou métairie seigneuriale, que l'on donnait à ferme moyennant une redevance annuelle.

Censé se disait au propre de ce qui est soumis au cens; on l'emploie, par analogie et au figuré, dans le sens de *réputé* (estimé pour valoir, passer pour, etc.).

CENS ÉLECTORAL, CENS D'ÉLIGIBILITÉ (*Droit politique*). Lors de l'affranchissement des communes toutes les fonctions publiques devinrent électives et temporaires, sinon de fait, du moins de droit : le droit d'élection appartient à la bourgeoisie. Dès le treizième siècle le droit d'élection et d'éligibilité, comme tous les autres droits de bourgeoisie ou de cité, n'était pas déterminé par le chiffre de l'impôt, mais par la valeur de la propriété. Il résulte des procès-verbaux d'élection des députés aux états généraux, des magistrats municipaux, et des clauses des chartes de communes, que tous les citoyens portés au rôle des contributions, quel que fût le taux de celle à laquelle ils étaient taxés, exerçaient le droit électoral. Mais, sans remonter à des époques aussi éloignées, et sans entrer dans un examen approfondi de tous les actes qui confirment ce droit, je ne citerai qu'un acte récent, presque contemporain. On sait que dans les pays d'apanage les actes publics portaient *l'attache*, non du roi, mais du prince apanager. C'était une espèce de souveraineté. Ainsi Louis XV, réglant dans son conseil l'apanage de l'Anjou, concédé au comte de Provence, son petit-fils, qui depuis fut Louis XVIII, prescrit le mode d'élection des candidats aux fonctions municipales, et l'ordre dans lequel les habitants ayant droit de voter seront appelés : on devait procéder non par liste individuelle, mais par corporations. Chaque corps de métier était appelé à son ordre. Il résulte de ce document que tous les contribuables concouraient à l'élection, et que le droit était le même pour tous, quel que fût le taux de la contribution de chacun. Le cens électoral et d'éligibilité a reçu depuis de notables changements.

La *Constitution* de 1791 n'admettait aux assemblées primaires, pour le choix des magistrats municipaux et des électeurs, que les *citoyens actifs*, c'est-à-dire les Français âgés de vingt-cinq ans qui payaient une contribution directe au moins égale à la valeur de trois journées de travail; pour avoir le droit d'élire les députés, il fallait encore, dans les villes au-dessus de six mille habitants, être propriétaire ou usufruitier d'un bien évalué sur les rôles à un revenu égal à la valeur locale de deux cents journées de travail, ou être locataire d'une habitation évaluée sur les mêmes rôles à un revenu égal à la valeur de cent cinquante journées de travail; dans les villes au-dessous de six mille habitants, la constitution exigeait la propriété ou l'usufruit d'un bien évalué sur les rôles à un revenu de cent cinquante journées de travail, ou une location de cent journées; dans les communes rurales, la propriété ou l'usufruit d'un bien évalué à un revenu de cent cinquante journées de travail, ou le fermage d'un bien évalué au prix de quatre cents journées; d'ailleurs, nulle autre condition pour l'éligibilité à l'assemblée nationale que celle d'être citoyen actif. Le cens pour l'admission aux fonctions administratives et judiciaires avait été réglé par des lois spéciales.

La *Constitution de 1793* n'admettait point de cens électoral et d'éligibilité. La qualité de citoyen français et les droits attachés à ce titre n'étaient subordonnés à aucun cens de contribution. C'était, dans l'acception la plus large, le gouvernement du pays par le pays.

Dans la *Constitution de l'an III*, le cens électoral ou d'éligibilité n'était point déterminé par une quotité fixe. Le droit d'élire et d'être élu appartenait à tout Français âgé de vingt et un ans et qui payait une contribution quelconque. Les militaires qui avaient fait une ou plusieurs campagnes pour la défense de la république n'étaient pas assujettis à la condition de contribution.

Par la *Constitution du 22 frimaire an VIII* (15 décembre 1799), les citoyens ne furent plus appelés qu'à voter des listes de candidature pour toutes les fonctions publiques, depuis la moindre municipalité jusqu'au sénat conservateur. Le droit d'élection ne fut plus qu'une humiliante déception. Ce droit, qui n'en était plus un, fut réservé à un nombre déterminé des plus imposés de chaque commune, de chaque arrondissement, de chaque département. Ce système confisqua au profit du pouvoir exécutif toutes les libertés publiques, tous les droits garantis par les constitutions antérieures et même par les lois de l'ancien régime. Les sénatus-consultes organiques du 16 thermidor an x et 28 floréal an XII ne firent que confirmer cette première usurpation des droits de la nation et de chaque citoyen.

On ne peut citer que pour mémoire le cens électoral d'éligibilité formulé dans le projet de constitution proposé par le gouvernement provisoire, et adopté par le sénat conservateur le 6 avril 1814. Louis XVIII substitua à ce projet de constitution une charte constitutionnelle, qui fut promulguée le 4 juin 1814. L'article 6 fixait le cens électoral à 300 francs de contributions directes, le cens d'éligibilité à 1,000 francs.

L'empereur, étant remonté sur son trône, avait proclamé le principe de la souveraineté nationale; par une contradiction que rien ne peut justifier, il s'arrogea le pouvoir constituant, et publia sous le titre d'*acte additionnel* une nouvelle constitution qui maintenait les conditions du cens électoral et d'éligibilité, ou plutôt de candidature, telles que les avaient établies le sénatus-consulte du 16 thermidor an x.

La loi sur les élections du 5 février 1817 et celle du 29 juin 1820 ne firent que confirmer pleinement les dispositions de la charte octroyée de 1814 sur le cens exigé pour être électeur et député. Le seul changement notable introduit par la *charte* amendée de 1830 fut la réduction du cens électoral de 300 à 200 francs, et du cens d'éligibilité de 1,000 à 500 francs. La loi du 19 avril 1831 admit quelques adjonctions en faveur des licenciés en droit, des docteurs, des membres des sociétés savantes autorisées par le gouvernement. Mais ces réductions dans la quotité du cens, ces adjonctions de *capacités*, n'agrandirent que bien faiblement le cercle des citoyens admis à la jouissance des droits politiques. On sait que la résistance apportée par le gouvernement de Louis-Philippe à un large abaissement du cens électoral et à l'adjonction des *capacités* fut cause de sa chute.

Depuis la révolution de Février et l'établissement du suffrage universel, il n'a plus été question en France de cens électoral ni de cens d'éligibilité. Dufey (de l'Yonne).

CENSEUR. *Voyez* Censure.

La Banque de France a trois *censeurs*, chargés d'examiner et de contrôler les comptes de cet établissement. Ils sont nommés pour trois ans, par l'assemblée générale des actionnaires et rééligibles.

CENSEUR DES ÉTUDES. En France, les lycées ont un censeur des études. Cet administrateur, dont le titre indique les fonctions, prend rang immédiatement après le proviseur. La partie disciplinaire est sa principale attribution. C'est ce qu'on appelait *préfet* dans les anciennes écoles militaires dirigées par les bénédictins. Il est chargé de maintenir le mode d'enseignement prescrit par les lois, les ordonnances, les décisions du conseil de l'université et les règlements de police intérieure de l'établissement.]

CENSIER. Dans le droit féodal, c'était à la fois le fermier tenancier d'une *cense* ou petite métairie, le seigneur à qui le *cens* était dû, et le livre où on enregistrait les cens.

CENSITAIRE. Celui qui devait cens et rente à un seigneur de fief. — Sous le gouvernement parlementaire, on appelait *électeur censitaire* celui qui devait son droit au payement d'un cens.

CENSIVE se disait à la fois de l'étendue d'un *fief* sur lequel il était dû des *cens* (*fundus vectigalis*), de la nature ou de la qualité des héritages tenus à titre de cens, et de la redevance des *cens*.

CENSORIN (*Censorinus*), grammairien latin, vivait dans le troisième siècle, au temps des empereurs Alexandre-Sévère, Maximien et Gordien, alors que l'affluence croissante des étrangers à Rome avait depuis longtemps altéré la langue latine par un déluge de mots de tous les idiomes. L'avénement au trône d'empereurs issus, comme Alexandre-Sévère, de familles obscures et rustiques, augmenta la confusion du langage, qu'allaient bientôt porter au comble, d'une part la translation du siége de l'empire à Byzance par Constantin, d'autre part l'invasion des barbares, et aussi celle des chrétiens, même les plus éloquents, tels que Tertullien, Cyprien, Arnobe. C'est pour remédier à cette barbarie que, jusqu'à la chute de l'empire d'Occident, on récompensa par des distinctions et par la jouissance de certains priviléges le zèle de ceux qui cultivaient la grammaire. Censorin avait composé un *Traité sur les Accents*, cité par Cassiodore, mais que nous n'avons plus. Il ne reste de lui qu'un petit ouvrage curieux et fort savant, qu'il écrivit vers 238, et qui a pour titre : *De Die Natali*. Il traite de l'influence que les génies et les astres exercent sur la destinée de l'homme, ainsi que de l'histoire naturelle de l'homme, de la musique, des rites religieux, de l'astronomie, etc. Ce livre, qui a été particulièrement utile aux chronologistes pour déterminer les principales époques des événements anciens, n'est pas moins précieux pour les philologues. Le style, sans être d'une pureté classique, est loin d'avoir les défauts de la langue du temps; clair et concis, il n'offre guère de traces de mauvais goût. La première édition imprimée de cet ouvrage est de Bologne, 1497; la dernière, due à Grüber, est de Nuremberg, 1805. Censorin a été traduit par M. Maugeart, dans la Bibliothèque latine de Panckouke. Jean Aicard.

CENSURE. A Rome le dénombrement des citoyens, cette institution de Servius Tullius, fut depuis la république l'œuvre des consuls, qui rédigeaient les tables du cens, fixaient chacun dans sa classe, dans sa tribu, dans sa curie, inscrivaient au rang des chevaliers et des sénateurs. Lorsque les tribuns militaires remplacèrent les consuls par la volonté de la plèbe triomphante, les patriciens eurent l'adresse de détacher des attributions de ces nouveaux dignitaires une puissance qui ouvrait ou fermait à volonté l'entrée de l'ordre équestre et du sénat, et de se la réserver sous le nom de *censure* (au 311 de Rome, 442 avant J.-C.). Les censeurs étaient d'abord au nombre de deux; élus par les comices des centuries, ils ne pouvaient être pris que parmi les membres du sénat; le même sénateur ne pouvait occuper deux fois cette magistrature, dont la durée primitive fut de cinq ans, intervalle d'un recensement à l'autre. Mais bientôt cette durée fut réduite à un an et demi, et le restant du lustre s'écoulait sans que Rome eût de censeurs. Quand l'un de ces deux magistrats venait à mourir dans l'exercice de ses fonctions, on nommait d'abord à sa place un censeur subrogé; mais on décida par la suite que le collègue survivant serait tenu d'abdiquer. La superstition seule, et non la politique, avait inspiré cette résolution; c'était, en effet, dans le cours d'un lustre où il y avait eu subrogation de censure que Rome avait été saccagée par les Gaulois. Un plébéien, Rutilus, parvint à cette dignité, en 351; et treize ans plus tard on voulut que l'un des deux censeurs fût toujours pris dans cet ordre.

Voici quelles étaient les fonctions matérielles des censeurs ; d'abord le relevé du cens et la composition des curies, des tribus, des centuries, des classes; leurs pouvoirs sous ce rapport étaient tout arbitraires. Il paraît même qu'ils créèrent quelquefois des tribus nouvelles; ils pouvaient changer l'ordre des suffrages, en subdivisant les régions par conditions, professions et métiers; ce classement avait une grande influence sur les votes des tribus, et par conséquent sur la puissance législative. « Tiberius Gracchus, dit Cicéron, transféra les affranchis dans les tribus de la ville, non par la force de son éloquence, mais par une parole, par un geste; et s'il ne l'eût pas fait, cette république, qu'aujourd'hui nous soutenons à peine, nous ne l'aurions plus. » Ils taxaient sans autre règle que leur volonté tout ce qu'ils déclaraient objets de luxe, les parures de femmes, les chars fastueux, les esclaves superflus. Ils affermaient les revenus de la république. Après avoir fait planter une pique sur le Forum, ainsi que cela se pratiquait pour toute espèce de vente, ils adjugeaient la ferme au plus offrant. Ils publiaient en outre des espèces de cahiers de charges qu'on nommait *leges censoriæ*, comme on appelait leurs registres *tabulæ censoriæ*. La construction, les réparations et l'entretien des temples, des chemins, des ponts, aqueducs et en général de tous les édifices publics, les baux qu'il fallait passer à cet égard, étaient de leur compétence ; un grand nombre de monuments ont gardé le nom des censeurs qui les avaient fait construire : la voie Appienne, par exemple. Ils étaient en outre chargés de la garde ou de la surveillance du trésor. C'est aussi par eux que se faisait la clôture du lustre, cérémonie à la fois religieuse et nationale.

Les mœurs formaient une autre branche de leurs attributions. Comme institution politique, leur importance tenait à l'exercice d'un pouvoir sans autre sanction que l'opinion et que le patriotisme de chaque Romain. Les censeurs veillaient sur les mariages, et soumettaient les célibataires à des taxes ou à des amendes. Gardiens de la morale publique, ils pouvaient flétrir de leurs notes infamantes le plébéien, le chevalier, le consul, le peuple lui-même ; ils atteignaient le luxe du riche, les vices du libertin, la mauvaise foi du parjure, la négligence du soldat, la faiblesse du magistrat qui désespérait de la république ; ils corrigeaient, a dit Montesquieu, les abus que la loi n'avait pas prévus, ou que le magistrat ordinaire ne pouvait pas punir. Il y a de mauvais exemples qui sont pires que les crimes, et plus d'États ont péri parce qu'on a violé les mœurs que parce qu'on a violé les lois. A Rome, tout ce qui pouvait introduire des nouveautés dangereuses, changer le cœur ou l'esprit du citoyen, et en empêcher la perpétuité, les désordres domestiques ou publics, étaient réformés par les censeurs. Ils pouvaient chasser du sénat qui ils voulaient, ôter à un chevalier le cheval qui lui était entretenu par le public, mettre un citoyen dans une autre tribu, et même parmi ceux qui payaient les charges de la ville sans avoir droit à ses priviléges. » On vit des censeurs noter des tribus entières. M. Livius nota le peuple même, et de trente-cinq tribus il en mit trente quatre hors des centuries. C'était leur interdire le droit de suffrage, et cette interdiction si rigoureuse était motivée sur la conduite même de ces tribus à son égard.

« Car, disait-il, après m'avoir condamné, vous m'avez fait consul et censeur ; il faut donc que vous ayez prévariqué une fois en m'infligeant une peine, ou deux fois en me créant consul et ensuite censeur. » Quoique Denys d'Halicarnasse ait prétendu que les censeurs n'étaient point obligés de rendre compte de leur gestion, et qu'un censeur ne pouvait pas même être contrôlé par son collègue, chacun d'eux faisant sa note sans prendre l'avis de l'autre, nous voyons cependant Claudius et Gracchus subir un jugement populaire avant même que leurs fonctions fussent expirées ; et l'histoire fournit de nombreux faits qui semblent prouver qu'une radiation, un déplacement, une dégradation prononcés par un seul censeur demeurait sans effet si l'autre s'y opposait. On ne manquait pas d'ailleurs de moyens pour limiter au moins la durée des exclusions : un citoyen dégradé par deux censeurs pouvait être réhabilité par leurs successeurs ou bien par le peuple lui-même, qui le vengeait en l'honorant de ses suffrages et en lui conférant quelque magistrature.

Les censeurs n'avaient que de simples huissiers non armés et point de licteurs, et leur autorité n'atteignait d'elle-même immédiatement aucune personne et aucune chose. La note ou réprimande qu'ils infligeaient s'appelait *ignominia*, parce qu'elle ne s'appliquait qu'au nom de la personne inculpée ; mais les consuls étaient pour l'ordinaire disposés à faire exécuter leurs ordonnances. Les censeurs ne pouvaient pas davantage prendre l'initiative d'aucune délibération dans les comices : lorsqu'ils avaient projeté de faire passer une loi, ils devaient prendre l'intermédiaire d'un consul, d'un préteur ou d'un tribun.

Quand la corruption devint générale, la censure, sans être abolie en fait, cessa d'être une autorité. César et Auguste, effrayés de la rapide réduction de la population, rétablirent cette magistrature, et voulurent être censeurs. Ils remirent en vigueur les anciennes lois contre le célibat. Auguste imposa de nouvelles peines aux célibataires. César avait défendu aux femmes qui avaient moins de quarante-cinq ans, et qui n'avaient ni maris ni enfants, de se parer de pierreries et de se faire porter en litière : c'était appeler la vanité au secours de la morale publique. Mais toutes ces lois ne purent avoir qu'une courte et insignifiante durée ; elles furent même formellement révoquées. La censure put se soutenir tant qu'il y eut plus de luxe que de corruption ; mais dès que la corruption devint plus grande que le luxe, la censure s'abolit d'elle-même : elle n'eut plus qu'une existence nominale dès qu'elle devint impuissante, et cessa tout à fait sous le règne d'Auguste.   W.-A. DUCKETT.

CENSURE. Chez les modernes, ce mot est presque exclusivement appliqué à la faculté que s'arrogent les gouvernements de faire examiner les livres, les brochures, les journaux, les revues, les pièces de théâtre, les estampes et d'en empêcher ou d'en permettre ensuite la publication. Dans les gouvernements absolus, la censure est de droit positif. Dans les gouvernements constitutionnels, c'est une anomalie. Censure et arbitraire sont synonymes ; la censure est incompatible avec la liberté de la presse, essence des gouvernements constitutionnels. Avec la censure, la libre discussion des intérêts publics devient impossible ; la critique des actes du pouvoir ne se suppose même pas.

La censure des écrits en France date de la même époque que la civilisation, et suit ses progrès. Ce fut pendant plusieurs siècles une des attributions de la puissance ecclésiastique : elle l'a conservée exclusivement dans les pays où sa juridiction s'est maintenue. L'examen des doctrines a dû

nécessairement précéder leur condamnation, qu'elle fût prononcée par un concile, par les tribunaux d'inquisition ou par la juridiction ecclésiastique ordinaire. Nous ne parlerons pas de la condamnation des hérésies, elle allait au delà de la censure comme nous l'entendons ; mais l'Église se mêla souvent de condamner des opinions qui ne touchaient en rien à la théologie. C'est ainsi que la Congrégation de l'Index signale encore aux catholiques les livres qu'il est interdit de lire, et que le concile de Soissons, en 1121, condamna Abélard pour avoir dit qu'*un homme ne doit rien croire sans de bonnes raisons*. Cette proposition était pourtant tout à fait dans les limites de l'enseignement purement philosophique. La Sorbonne continua à poursuivre avec un inconcevable acharnement les livres de philosophie. La *Sagesse* de Charron fut censurée plus de vingt ans après la mort de ce philosophe. Le P. Garasse affirmait « que Charron était livré à un athéisme brutal, et acoquiné à des mélancolies truandes ; que sa tête était remplie d'écrevisses, et qu'il était plus capable de faire des roues que des livres.... » Le parlement et l'université s'attribuèrent aussi le privilége de censurer les livres et même les farces que l'on jouait sur les théâtres. Après le désastre de Pavie, il fut défendu, par arrêt du parlement, et par un décret de l'université, de faire aucune allusion dans les thèses et les farces représentées par les étudiants, aux événements politiques et à la situation pénible où se trouvait la France et son gouvernement. Un livre de la reine de Navarre, intitulé : *Miroir de l'âme pécheresse*, fut dénoncé, en 1533, à la juridiction ecclésiastique par Beda ; et il ne fallut rien moins que l'opposition prononcée de François Ier pour soustraire la princesse à une condamnation pour crime d'hérésie. Sur la demande de l'université de Paris, on remit au parlement les édits qui prescrivaient la peine de mort contre tous ceux qui possédaient des livres prohibés, et l'université dressa une liste de ces livres, qu'elle dénonça au procureur général : dans cette liste de proscription figuraient la traduction des Psaumes de Marot, les œuvres de Rabelais, l'édition des Bibles de Robert Étienne. Et François Ier, qui, le 13 janvier 1536, avait, sous peine de la hart (gibet), défendu toute impression de livres, applaudit au zèle de l'université !

On ne se borna point à provoquer des pénalités les plus rigoureuses, les plus arbitraires, contre les ouvrages imprimés en France, et contre leurs auteurs : la fameuse ordonnance de Châteaubriand prohibait l'importation des livres publiés à l'extérieur, sous peine de confiscation de corps et de biens. Aucune caisse expédiée des pays étrangers ne pouvait être ouverte qu'en présence de deux docteurs en théologie. On proscrivait toute doctrine nouvelle, même dans les sciences exactes. Des savants français et étrangers avaient découvert et signalé des erreurs dans les doctrines d'Aristote. C'était un progrès qu'il fallait encourager ; eh bien ! en 1624, le parlement de Paris proclama par arrêt l'infaillibilité des doctrines d'Aristote. Trois physiciens ne partageaient pas l'opinion du philosophe grec sur les catégories ; ils avaient soutenu leur opinion dans ses thèses. La Sorbonne et l'université crièrent au scandale, à l'hérésie ; les thèses furent censurées, condamnées, et le parlement prié de sévir contre leurs auteurs. On alla au plus loin : défense fut faite à toutes personnes, *sous peine de la vie*, de tenir ni enseigner aucunes maximes contre les anciens.

L'imprimerie avait ouvert d'immenses communications d'opinion entre les hommes de tous les pays. La censure des écrits fut considérée par les gouvernements comme une condition de leur existence et comme le plus puissant moyen d'arrêter les progrès des nouvelles doctrines. Mais le torrent brisa toutes les digues que lui opposaient les préjugés des gens de lettres ; presque tous les livres imprimés en si grand nombre dans le seizième siècle étaient relatifs au principe de la liberté de conscience, principe à la fois politique et religieux : la censure fut donc alors naturellement attribuée à la faculté de théologie; mais, dès que l'imprimerie eut propagé et étendu le cercle des connaissances humaines, le domaine de la censure s'agrandit, et des docteurs en théologie se prétendirent capables de juger des ouvrages relatifs aux sciences exactes, au droit public, à l'économie politique, aux arts industriels. Malheureusement pour eux leur incompétence et leur incapacité étaient trop évidentes : on sentit la nécessité de mettre des bornes à leurs prétentions; la raison publique avait fait trop de progrès pour ne pas appeler l'attention même des gouvernements sur une aussi choquante anomalie. Les seuls ouvrages essentiellement religieux continuèrent d'être soumis à l'examen spécial de la faculté de théologie. Chaque publication était examinée par deux docteurs, qui ne faisaient que les fonctions de rapporteurs. Elle était jugée par l'assemblée de la Faculté. Les prélats mêmes étaient assujettis à cette censure préalable. Le parlement de Paris approuva par des arrêts spéciaux les décisions de la Sorbonne. Mais bientôt les publications se multiplièrent avec une telle rapidité qu'il fut impossible à la Faculté de prononcer en assemblée générale. Les docteurs chargés de l'examen se dispensèrent de la consulter, et prononcèrent eux-mêmes sur le mérite ou les inconvenients des ouvrages qu'ils étaient chargés d'examiner. Leur approbation ou leur improbation fut définitive. Les docteurs examinateurs se décidèrent souvent par des considérations particulières, et jugèrent même sans connaissance de cause. La Faculté en assemblée générale leur enjoignit d'être plus exacts et plus circonspects, sous peine de perdre pendant six mois les privilèges attachés au doctorat, et pendant quatre ans le droit de censure des livres. Ces décrets de la Faculté de théologie signalaient l'abus, sans y remédier efficacement.

Enfin, en 1662, une question divisa tous les membres de la Faculté : il s'agissait de décider si l'autorité du pape était supérieure à celle des conciles. Les deux partis échangèrent des factums in-folio. Le docteur Duval, chef de l'un des partis, craignant de succomber sous la masse des factums de ses adversaires, sollicita et obtint, en 1664, des lettres patentes qui, à l'exclusion de tous les autres docteurs, lui conféraient, ainsi qu'à trois de ses confrères, le droit exclusif de censure, avec une pension de 2,400 liv. à partager entre eux. La Sorbonne fut en émoi; elle adressa au roi remontrances sur remontrances; elle soutenait que la censure des livres appartenait à tous ses membres, et ne pouvait être le privilège de quelques-uns. L'autorité royale transigea : il fut statué par de nouvelles lettres patentes que le nombre des censeurs resterait fixé à quatre, qui seraient choisis par l'assemblée de la maison de Sorbonne, à laquelle seraient adjoints deux docteurs de la maison de Navarre. Le docteur Duval et ses trois confrères continuèrent leurs fonctions; ils furent obligés de céder de guerre lasse, et donnèrent leur démission en 1666. La Faculté reprit ses anciennes traditions, et nomma directement les censeurs en nombre illimité. Les disputes sur la grâce amenèrent de nouvelles divisions parmi les docteurs. Chaque parti controversiste fit approuver ses factums par des docteurs de son opinion. Le chancelier Seguier enleva alors à la Faculté le droit exclusif de censure, et quatre censeurs furent nommés par lui avec une pension de 600 livres chacun.

Depuis longtemps les livres de science et d'art étaient soumis à l'examen de quelques maîtres des requêtes; mais ces censeurs laïcs n'avaient, par leur position, qu'une spécialité, l'étude des affaires contentieuses. Le chancelier fut institué chef suprême de la censure, et nomma à son gré les censeurs. Le nombre en fut toujours indéterminé. C'est au chancelier que chaque censeur rendait compte; de là cette formule qui précédait chaque approbation, et qu'on lit en tête ou à la fin de tous les livres publiés avant la révolution de 1789. L'approbation était quelquefois singulièrement motivée : on vit un docteur-censeur approuver une traduction du Coran, « parce qu'il n'y trouvait rien de contraire à la religion, à la morale et aux intérêts de l'État ». Le nombre et la partialité des censeurs s'accrurent avec les progrès des nouvelles doctrines philosophiques. Louis XIV avait ordonné à l'archevêque de Paris de faire assembler les Facultés de l'Université pour examiner le système de Descartes, et la docte assemblée n'hésita pas à condamner *les propositions* du philosophe. La Sorbonne, qui avait d'abord refusé de censurer le livre des *Méditations*, et qui en aurait même accepté la dédicace sans son respect pour Aristote, se ravisa, et ne crut pas devoir se montrer moins orthodoxe que l'Université. Elle alla même plus loin : non contente de condamner la doctrine de Descartes, elle renouvela la défense de s'écarter en rien des doctrines d'Aristote.

Les jansénistes et les molinistes s'étaient réunis pour combattre les principes développés dans l'*Esprit des Lois*; ils accusèrent Montesquieu d'athéisme, de déisme et de sédition. La Sorbonne intervint dans cet absurde conflit, et, après deux ans de laborieuses investigations, elle parvint à signaler dix-huit propositions *reprehensibles*; mais elle recula devant les conséquences de la publicité : son décret de censure resta dans ses archives. Les hauts censeurs privilégiés qui avaient condamné Charron, Descartes et Montesquieu, ne devaient pas épargner Buffon : la Sorbonne attaqua sa théorie sur la forme et l'antiquité de la terre. Buffon répondit; la Sorbonne ajourna sa décision; elle était occupée à poursuivre l'*Encyclopédie*. Elle recula toutefois devant l'examen d'un ouvrage aussi colossal, œuvre de toutes les notabilités littéraires et scientifiques de l'époque. Elle substitua les manœuvres sourdes, les cabales, à une exploration trop pénible. Vint le tour du *Bélisaire* de Marmontel. Celui-ci, bien conseillé, abandonna son *Bélisaire* au jugement de la Sorbonne, qui incrimina trente-sept propositions, dont la moins condamnable, disait-elle, était capable de renverser le trône et l'autel. Les philosophes ne répondirent qu'en publiant les passages incriminés. Ils étaient inoffensifs. La censure de la Sorbonne fit le succès du livre.

Les censeurs de la Faculté de Théologie étendaient leurs attributions jusqu'aux ouvrages qui avaient reçu la sanction des siècles. Ils incriminèrent les doctrines de Michel Lhopital, dont les cendres reposaient depuis plus de deux cents ans dans le sein de la terre qu'il avait cultivée après sa retraite du ministère. Mais déjà leur pouvoir était ébranlé. Bientôt ils cessèrent d'avoir le privilège exclusif de la censure. Des académiciens, de simples gens de lettres, des maîtres des requêtes reçurent du chancelier la censure des ouvrages étrangers à la théologie, et c'étaient les plus nombreux. L'Académie comptait parmi ses membres les principaux philosophes : elle était en progrès ; la Sorbonne restait stationnaire, et se croyait encore *aux beaux jours* du moyen âge ; mais il était urgent pour elle de faire preuve d'existence. Fidèle à ses précédents, elle censura Raynal et Mably. Voltaire même fut poursuivi par elle pour son *Mahomet*, qu'il avait dédié au pape. Quant aux évêques, ils jouissaient de ce qu'on appelait un privilège général, c'est-à-dire de la faculté, donnée une fois pour toutes, de faire imprimer leurs lettres pastorales, leurs mandements, et même des ouvrages spéciaux, sans être tenus de demander l'autorisation du chancelier, auquel cependant ils étaient obligés d'adresser leurs œuvres, quel qu'en fût l'objet.

Dès que les censeurs furent nommés par le chancelier, ils prirent le titre de *censeurs royaux*. La plupart avaient un traitement fixe, sous le titre de pension. On comptait encore à l'époque de la révolution de 1789 quatre-vingt-seize censeurs royaux. Tout prolongeaient à leur gré *leur travail*, et leur lenteur désespérait auteurs et libraires, qui, pour éviter ce grave inconvénient, faisaient souvent imprimer leurs œuvres sous la rubrique d'Avignon, de Genève, de La Haye, d'Amsterdam, de Londres, etc. L'abbé de Longuerue, moins patient et plus hardi que ses confrères, s'adressa directement au chancelier d'Aguesseau : « Monseigneur, lui dit-il, examinez mes ouvrages vous-même, et ne me renvoyez pas à vos ânes bâtés de censeurs. » Or les ouvrages du savant abbé n'avaient pour objet que des recherches historiques.

A l'exemple du gouvernement français, les princes étrangers avaient établi des censeurs. Si ceux de Munich étaient plus laborieux et plus diligents, ils n'étaient guère plus instruits. Un libraire de cette ville avait fait venir de France le plus inoffensif des livres, *La Cuisinière bourgeoise*. Le censeur allemand s'était arrêté à cet article de la table des matières : *Recette pour apprêter les carpes au gras*. Il ne douta plus que ce livre ne fût irréligieux, et *La Cuisinière bourgeoise* fut mise à l'index et confisquée.

L'état de la température, la hauteur de la rivière, les nouvelles de la cour, toujours insignifiantes et monotones, celles des cours étrangères, etc., bonnes à distraire les oisifs de café et les habitués de *l'Arbre de Cracovie*, suffirent longtemps pour remplir les minces colonnes de la *Gazette de France*, qui avait le privilège exclusif des nouvelles politiques. L'ordonnance de 1761 suppléait à la censure : « Faisons défense, y est-il dit, à toutes personnes, de quelque qualité qu'elles soient, de s'immiscer dans la composition, vente et débit d'aucunes *gazettes de France*, ni d'aucuns imprimés de relations et de nouvelles, tant ordinaires qu'extraordinaires, lettres, copies ou extraits d'icelles, et autres papiers généralement quelconques, contenant la relation des choses qui se passeront tant au dedans qu'en dehors de notre royaume, etc. » Cette ordonnance, toute dans l'intérêt de la *gazette officielle*, prouve du moins que déjà il existait d'autres feuilles périodiques, et cependant la concurrence se bornait au *Journal de Paris*. La Gazette avait été autorisée pour remplacer, dans l'intérêt du pouvoir, les *nouvelles à la main*, qui, plus d'un siècle auparavant, avaient mis en émoi tous les hommes d'État du cabinet de Versailles et des cours étrangères. Toute l'autorité des magistrats fut conférée à un homme du roi, décoré du titre de *lieutenant général de police*. L'ordonnance avait été motivée sur la nécessité de faire cesser le scandale; et pourtant on ne pouvait reprocher aux magistrats ordinaires d'avoir négligé cette partie si intéressante pour l'ordre public, car une sentence du 9 décembre 1661 nous montre Marcelin de L'Asge, *nouvelliste*, condamné pour ce fait à être *fustigé et banni pour cinq ans de la ville, prévôté et vicomté de Paris, avec défense de récidiver*; *ce à peine de la vie*. D'autres accusés du *même crime* avaient été poursuivis par les magistrats municipaux de Paris; il y avait dans le nombre un médecin, un capitaine des charrois, un clerc tonsuré et un prêtre.

Le pouvoir conféré au lieutenant général de police était une véritable dictature, qui bientôt s'étendit à toute l'administration. Mais les lettres de cachet dont il disposait, ses nombreux espions, ses incessantes investigations jusque dans l'intérieur du foyer domestique, le concours de la censure la plus sévère, la plus active, les pénalités énoncées dans l'ordonnance précitée, ne purent arrêter les distributions de *nouvelles à la main*. On sait avec quel succès la fameuse *Gazette Ecclésiastique* se distribuait dans la capitale, sous les yeux même du lieutenant général de police, et *à la barbe* de ses nombreux *douaniers*.

Cependant la lecture des feuilles périodiques était devenue un besoin presque général; le gouvernement permit de nouvelles publications, mais sous la surveillance et la responsabilité de censeurs spéciaux. L'abbé Aubert, l'Atlas de la mince gazette officielle, invoquait encore le privilège garanti à sa feuille par l'ordonnance de 1761. C'était une grande affaire; un arrêt du conseil avait, en 1776, étendu au *Journal des Savants* et à celui *de Paris* le privilège de publication jusque alors octroyé à la *Gazette* et aux *Affiches* de l'abbé Aubert, qui n'étaient qu'un supplément à la *Gazette*, mais sous la condition de *fournir* neuf exemplaires de chaque numéro à la chambre syndicale de la librairie. Les censeurs étaient spécialement chargés de signaler les contraventions aux ordonnances et aux arrêts du conseil. Nommés par le chancelier, ils n'auraient dû recevoir d'ordres que de ce chef de la magistrature, mais chaque ministre se croyait un droit de suprême juridiction sur les censeurs, et le maréchal de Ségur provoquait toute la sévérité du lieutenant général de police contre Suard, qui avait laissé insérer dans le *Journal de Paris* du 22 décembre 1786 un *article consacré* à l'éloge du comte de Guibert, gouverneur des Invalides. Le maréchal insistait « pour qu'il fût prescrit au rédacteur de ne rien imprimer dans ses feuilles concernant le militaire sans lui en avoir demandé l'approbation, et surtout de ne jamais imprimer son nom ni en bien ni en mal; que s'il contrevenait à cette défense, il prendrait les ordres du roi sur sa désobéissance. » Ministres, princes, grands seigneurs, etc., tous se permettaient de gourmander les journalistes et les censeurs, qui pour se maintenir dans leur place prenaient le parti du plus puissant, non sans s'efforcer de satisfaire à toutes les hautes susceptibilités et d'obéir à des ordres souvent contradictoires. Les bureaux du chancelier et ceux du lieutenant général de police étaient souvent en opposition sur le même objet. Tel auteur qui avait obtenu l'autorisation du censeur désigné par le chancelier était éconduit par un autre. Malheur à celui qui osait trop vivement réclamer justice ! une lettre de cachet lui imposait silence; et les censeurs eux-mêmes n'étaient pas moins exposés aux boutades ministérielles que les auteurs et les libraires.

La *censure des pièces de théâtre* eût absorbé tous les instants des bureaux des ministres, des conseils, du lieutenant général et des quatre-vingt-seize censeurs, si tous les auteurs avaient eu l'audace et la prodigieuse activité de Beaumarchais. La haute administration fut mise en émoi par *Le Mariage de Figaro* et par *Tarare*. L'auteur s'était fait dans tous les salons, dans tous les bureaux, de puissants ennemis et de puissants amis. Mais ce n'était pas par lui seul qu'à cette époque la censure dramatique se voyait assiégée de sollicitations, de plaintes et de recommandations. C'était une affaire d'État que l'examen de la moindre bluette. Qu'on juge des grandes pièces ! L'impression de *Mahomet* fut l'objet d'une correspondance très-active entre les ministres, le chef de la police et les censeurs. Voltaire se moquait d'eux, en se plaignant de cette publication, qu'il avait provoquée lui-même. Il avait écrit de Bruxelles au cardinal premier ministre pour lui demander justice contre les imprimeurs et les libraires; il s'était plaint au lieutenant général de police, qui, dupe de cette mystification, écrivit en marge de la lettre du malicieux auteur, « Ne faire réponse à Voltaire que dans huit jours. Si Mérigot ne déclare point d'où il tient le *Mahomet*, le faire mettre en prison pour huit ou dix jours. » Un censeur n'osait se permettre de signer son avis qu'après en avoir soumis ses motifs au lieutenant général de police. Ce préalable était de rigueur pour les ouvrages dramatiques. Beaumarchais affirme que, pour obtenir la permission de faire représenter son *Barbier de Séville*, il avait fait inutilement cinquante-neuf courses à l'hôtel du lieutenant général de police. Mais ne sait-on pas que l'unique juge compétent de tous les ouvrages, c'est le public; et que jamais l'avis du censeur n'a influé en rien sur le sort d'une pièce. La censure n'a pu arrêter une publication vraiment utile. Les prohibitions, les condamnations même, n'ont été pour les plus beaux ouvrages du dix-huitième siècle qu'un nouvel élément de succès.

Repoussée par l'opinion publique, qui déjà était une puissance, la censure n'était plus en 1789 qu'une vaine formalité, même avec l'appui des lettres de cachet et des prisons d'État. La suppression .en était demandée dans les cahiers des trois ordres, lors de la convocation des états généraux; et cependant la déclaration des droits, qui garantissait à chaque citoyen celui de publier librement ses opinions, était devenue loi de l'État, et la censure, qui n'était plus qu'une anomalie, n'avait pas été formellement supprimée. Les censeurs royaux, il est vrai, n'exerçaient plus leurs fonctions; mais les nouvelles feuilles les plus remarquables par leur énergie et leur indépendance ne pouvaient être envoyées dans les provinces sans l'autorisation de l'*assemblée représentante de la commune de Paris*. On appelait ainsi la réunion des électeurs, qui dès le 12 juillet s'étaient constitués en autorité municipale. On lit à la fin du 4° numéro des *Révolutions de Paris* par Prudhomme : « Le comité de police autorise les administrateurs des postes à faire passer dans les provinces, à mesure qu'ils paraîtront, les numéros des *Révolutions de Paris*, portant les noms de l'éditeur et de l'imprimeur. — Ce 8 août 1789. — Fauchet, De Mangin, Le Vacher de la Terrinière. » Cette autorisation, répétée dans les numéros suivants, ne doit point être considérée comme un acte de censure, mais comme une mesure d'ordre destinée à régulariser la circulation des journaux et à fixer la rétribution due pour le port. Bien qu'elle n'existât plus de fait, la censure fut supprimée par une loi spéciale du 14 septembre 1791. Le mot *censure* ne reparaît dans la constitution de l'an III que pour consacrer le principe que tout citoyen a le droit de censurer les actes du gouvernement. Mais le Directoire fit plus que d'exercer la censure sur les écrits, il entrava de sa propre autorité la publication des journaux qui, usant du droit de censure des actes, attaquaient, signalaient au tribunal de l'opinion ceux qui leur paraissaient contraires à la loi fondamentale.

La censure fut rétablie sous le consulat; elle fut organisée sous l'empire sur un plan plus large que sous l'ancien régime, et un nouveau ministère spécial fut créé sous le titre de direction générale de l'imprimerie et de la librairie; un censeur fut imposé à chaque journal : au *Journal de l'Empire* (les *Débats*), M. Étienne; à la *Gazette de France*, M. Tissot; au *Journal de Paris*, M. Jay, etc. Les auteurs dramatiques, furent soumis à la censure des bureaux de la direction générale ou du ministère de la police. On lit avec étonnement à la suite d'une comédie nouvelle de Colin d'Harleville, ces mots : « Vu et permis l'impression et la mise en vente, d'après la décision de S. Exc. le sénateur ministre de la police générale de l'empire, en date du 9 de ce mois, prairial an XIII. Par ordre de S. Exc., le chef de la division de *la liberté de la Presse*, P. Lagarde. »

Le manuscrit de toutes les pièces nouvelles devait être envoyé au ministre de la police avant la représentation, qui ne pouvait avoir lieu sans l'autorisation de ce ministre. Les anciens ouvrages, même les classiques, ne pouvaient être réimprimés sans approbation; et il était rare que les ciseaux de la censure respectassent les textes les plus inoffensifs.

Louis XVIII, par la déclaration de Saint-Ouen, reconnaissait le principe de la liberté de la presse au nombre des droits constitutionnels acquis à tous les Français. L'article 8 de la charte octroyée le 4 juin 1814 était déjà une modification restreinte de cette déclaration. Le mot *censure* n'y est pas écrit, mais le vague des expressions ouvre une voie à son rétablissement. « Les Français ont le droit de publier et de faire imprimer leurs opinions en se conformant aux lois qui doivent *réprimer* les abus de cette liberté. » Le gouvernement royal prétendit depuis que *réprimer* était synonyme de *prévenir*, et une loi du 21 octobre 1814 établit la censure préventive. Le censeur nommé était Michaud, de l'Académie Française. Le 24 mars 1815 Napoléon supprima la censure. Le 20 juillet une ordonnance du roi établit la liberté de la presse, les feuilles périodiques exceptées. D'autres ordonnances du 28 février, du 8 mars, du 30 décembre autorisent que les journaux ne pourront désormais paraître qu'avec l'autorisation du roi jusqu'à la fin de la session des chambres. Le 31 mars 1820 une loi suspend la libre publication des journaux et écrits périodiques, et impose la nécessité de l'autorisation aux journaux existants jusqu'à la fin de la session. Le 1er avril établissement d'une commission de censure au ministère de l'intérieur pour faire l'examen préalable de tous les journaux et écrits périodiques. Cette commission se composait de douze censeurs. Le 26 juillet 1821 une loi renouvelle celle du 31 mars de l'année précédente pour les trois premiers mois de la session. Le 16 août 1824 le ministère Villèle rétablit la censure. Abolie par Charles X, le 29 septembre de la même année, elle est rétablie le 24 juin 1827, par une ordonnance qui crée un bureau composé de dix censeurs, et un conseil de censure composé de pairs, de députés et de magistrats. Cette décision ne resta pas longtemps en vigueur; l'opinion s'était prononcée; les nouveaux censeurs, dans lesquels se trouvaient quelques hommes de lettres jouissant d'une certaine popularité, n'avaient pas été mieux accueillis que leurs obscurs devanciers. Enfin les fameuses ordonnances de juillet 1830 rendirent à la censure toute son intensité. Elle aurait été plus arbitraire que jamais, et sans aucune garantie contre l'omnipotence ministérielle. Les ordonnances et le trône disparurent sous les barricades populaires. La censure fut légalement abolie par la charte de 1830, en termes clairs et précis : *La censure ne sera jamais rétablie*. Néanmoins elle fut formellement rétablie par les lois de septembre 1835 pour la représentation des pièces de théâtre, les gravures et les médailles. Quant aux livres et aux journaux, ils ne cessèrent jamais, en tout cas, d'être soumis à la censure de leurs imprimeurs, on en vaut bien une autre. DUPÉY (de l'Yonne).

« Il y a toujours eu une censure, dit quelque part Alexandre Dumas, excepté dans les deux ou trois premiers mois qui suivent le jour où les princes montent sur le trône, et les deux ou trois mois qui suivent le jour où ils en sont chassés. Mais ces trois mois écoulés la censure, qui a fait le plongeon, reparaît sur l'eau, et trouve toujours quelque ministre, autrefois libéral, ou même républicain, pour lui tendre la perche. »

La révolution de Février rendit à la presse toute sa liberté. Ce ne devait pas être pour longtemps. La dictature du général Cavaignac supprima sans façon des journaux au nom du salut public. Bientôt une loi rétablit provisoirement le timbre, les cautionnements, et tout ce qui s'ensuit. On s'arrêta pourtant devant la censure. On devait aller bien plus loin. La censure fut d'abord rétablie pour les pièces de théâtre. D'un autre côté, le jury se montrait impitoyable; et, malgré l'aggravation de la pénalité, presque tous les procès de presse aboutissaient à une condamnation. Au 2 décembre 1851 la censure fut rétablie de fait. Toutes les imprimeries furent occupées militairement; les journaux ne purent plus paraître sans autorisation préalable, et les imprimeurs furent invités à ne rien imprimer sans l'agrément de l'autorité. Cela dura tout le temps de la crise. Bientôt la presse passa dans les attributions du ministère de la police; et si aujourd'hui les journaux et les livres ne sont pas censurés, la plume n'en est pas moins lourde à manier. Cautionnement, timbre, avertissements, suspension, suppression, lourde condamnation, pénalité effrayante, juridiction correctionnelle au lieu du jury, quel faisceau d'épées de Damoclès suspendu sur la tête de ces pauvres écrivains! Ne fallait-il pas que quelqu'un fût l'auteur de tous ses maux ? N'était-ce pas la presse qui avait amené la république? Chacun de crier *haro sur le baudet!*

Un loup quelque peu clerc prouva par sa harangue
Qu'il fallait dévouer ce maudit animal,
Ce pelé, ce galeux, d'où venait tout le mal.

Heureusement les plus braillards d'autrefois n'avaient pas été les derniers à tourner casaque. Plusieurs sont sans doute maintenant chargés de surveiller la mauvaise presse. La censure préventive existe d'ailleurs toujours pour les images, les objets d'art, les représentations théâtrales, les journaux et autres écrits imprimés à l'étranger. On ne laisserait peut-être pas paraître aujourd'hui le portrait du général Cavaignac, sauveur de la société en 1848, ni celui du général Changarnier, sauveur de la société en 1849, ni celui d'une infinité d'autres sauveurs ignorés. Et pourtant, malgré les ciseaux de la censure et les mille yeux de la police, tout circule, tout se lit; le peuple seulement paye plus cher, savoure avec plus d'avidité le fruit défendu, retient mieux, et quelques pauvres colporteurs, souvent sans opinion, véritables contrebandiers de la pensée, soldent en mois de prison la curiosité des uns, la crainte des autres.

CENSURE (*Théologie*). On donne ce nom à une peine ecclésiastique, spirituelle et *médicinale*, par laquelle un chrétien pécheur et contumax est privé, en tout ou en partie, des biens qui sont à la disposition de l'Église : « La censure, dit l'archevêque de Reims, M. Gousset, dans sa *Théologie morale*, est une peine; c'est un châtiment qui suppose nécessairement une faute. C'est une peine *ecclésiastique*; elle ne peut être portée que par ceux qui sont dépositaires de l'autorité de l'Église. C'est une peine *spirituelle*, à la différence des peines temporelles, qui sont infligées par le pouvoir civil. Elle est *médicinale*, salutaire. En punissant un de ses enfants par la censure, l'Église se propose moins de le châtier que de le corriger... Et c'est parce que la censure est une peine *médicinale* que l'on n'excommunie point ceux qu'on n'espère pas ramener à de meilleurs sentiments, à moins que l'excommunication ne soit jugée nécessaire pour prévenir le scandale ou inspirer aux fidèles une terreur salutaire. » Le pape, en vertu de sa juridiction universelle, peut porter des censures par toute la chrétienté; les évêques le peuvent seulement dans leurs diocèses respectifs. La censure appartient également aux supérieurs d'ordres religieux dans l'étendue de leur juridiction, aux chapitres des églises cathédrales pendant la vacance du siège. Le métropolitain ne peut infliger des censures contre les diocésains ses suffragants, si ce n'est en cas d'appel ou lorsqu'il visite les diocèses de sa province.

Les canonistes divisent la censure en ex communication, suspense et interdit. Les rois de France ont toujours contesté aux papes le droit d'exercer sur eux la censure. On distingue la censure *a jure* (portée par le droit canonique commun, ou par le droit particulier de chaque diocèse), de la censure *ab homine* (portée spécialement sur telle ou telle personne par un supérieur ecclésiastique). La première est seule générale et perpétuelle. On les distingue encore en *censure de sentence prononcée* (*latæ sententiæ*), s'encourant par le fait même, sans que le juge ait besoin de rendre une nouvelle sentence, et en *censure de sentence comminatoire* (*sententiæ ferendæ*), pour laquelle une nouvelle sentence est nécessaire. La première se caractérise par les mots *ipso facto*, la seconde par les mots *sub poena excommunicationis*. Avant 1789 la censure n'était admise comme valable devant les tribunaux français que prononcée par sentence, après une procédure régulière.

CENSURE (*Droit*), peine que les chambres de notaires, d'avoués, d'huissiers, et les conseils de discipline des avocats sont autorisés à prononcer contre les membres de la corporation qui manquent gravement à leurs devoirs. Cette peine est également appliquée par les tribunaux et les cours impériales aux juges et aux conseillers qui se rendent coupables de quelque faute. Enfin c'est par voie de censure que la cour de cassation procède contre les juges qui se rendent coupables de fautes graves non qualifiées délits par les lois et auxquelles elles n'ont pas appliqué de peines proprement dites. Le droit de censure sur les officiers du ministère public appartient au procureur général impérial.

La dernière Assemblée législative avait aussi introduit dans son règlement cette peine contre ses membres.

CENTARQUE. *Voyez* CENTURION et CENTENIER.

CENTAURÉE. C'est un des genres les plus nombreux de la famille des cynarocéphales, et dont nous ne citerons que les espèces les plus importantes. Le type du genre est la *grande centaurée* (*centaurea centaureum*), plante fort anciennement connue, puisque, suivant la fable, elle aurait reçu ce nom du Centaure Chiron, guéri par l'usage de cette herbe d'une blessure que lui avait faite une des flèches d'Hercule. La tige de la grande centaurée est glabre, cylindrique, haute d'un mètre; elle porte de grandes feuilles pinnatifides et des fleurs grosses, purpurines et globuleuses, à écailles calicinales glabres, ovales, obtuses, entières.

La *centaurée musquée* (*centaurea moschata*) doit son admission dans nos jardins à la beauté et à l'odeur agréable de ses fleurs. Elle est originaire du Levant.

Plusieurs centaurées sont vulgairement connues sous différents noms : tels sont la *jacée*, le *bluet*, le *barbeau de montagne*, le *chardon bénit*, le *chardon étoilé*. La jacée (*centaurea jacea*) fournit une belle couleur jaune; les troupeaux la broutent dans les pâturages. Ses fleurs sont purpurines, solitaires, terminales; elles paraissent en juin et en juillet. Ses feuilles sont lancéolées, entières, ou bordées de quelques dents ou de lanières étroites.

Le *barbeau de montagne* ou *centaurée de montagne* (*centaurea montana*) est originaire des lieux élevés de la Suisse, du Dauphiné, de l'Auvergne, etc. Sa tige est uniflore, peu élevée. Ses feuilles sont molles, lancéolées : sa fleur ressemble à celle du bluet, mais elle est plus grande.

Le *chardon bénit* ou *centaurée bénite* (*centaurea benedicta*), qui croît en Espagne, dans les contrées méridionales de la France et dans plusieurs îles de l'Archipel, se reconnaît aisément aux grandes bractées qui environnent ses fleurs. Ses feuilles sont oblongues, dentées; les inférieures sinuées, à denteures faiblement épineuses. Ses fleurs sont jaunes, avec un calice lanugineux et épineux. Cette plante doit le nom de *chardon bénit* aux propriétés qu'on lui attribuait, et qui se réduisent à une amertume très-prononcée, qui annonce qu'elle peut avoir sur l'estomac et le tube intestinal une action tonique; favorable dans certaines circonstances.

Le *chardon étoilé* ou *centaurée chausse-trape* (*centaurea calcitrapa*) doit son nom à ses épines calicinales blanches, disposées en étoile avant l'épanouissement des fleurs. Cette centaurée, ainsi que l'indique son appellation linnéenne, a été aussi comparée à une chausse-trape. Ses feuilles sont molles, pinnatifides; les fleurs sont purpurines. Cette plante, qui a eu quelque réputation comme diurétique et fébrifuge, est commune sur le bord des chemins, aux lieux stériles et pierreux des contrées tempérées de l'Europe.

Nous ne pousserons pas plus loin l'énumération des espèces de ce genre, qui n'en renferme pas moins de 240. Ajoutons seulement que la plante dite *petite centaurée* n'en fait pas partie. Linné l'avait placée parmi les gentianes; les botanistes modernes l'ont mise à part dans le genre *erythræa*. La petite centaurée (*erythræa centaurium*) croît communément dans les bois, et fleurit en juillet et août. Sa tige, haute de trente à cinquante centimètres, se divise en rameaux dichotomes, et se termine par des corymbes de fleurs roses et sessiles, que l'on emploie en infusion, et qui passent pour un excellent fébrifuge et stomachique. Les feuilles inférieures sont ovales; les supérieures, lancéolées.

CENTAURES, en grec Κένταυροι (de κεντεῖν, piquer, et ταῦρος, taureau), c'est-à-dire *tueurs de bœufs*. Il est assez probable que ce nom fut à l'origine celui d'une peuplade sauvage, errant dans les forêts et les montagnes, où elle s'occupait surtout de donner la chasse aux taureaux. Homère, qui ne mentionne leur nom que vers la fin de l'*Odyssée*, ne les dépeint pas encore sous la double forme d'homme et de cheval tout à la fois. Elle apparaît pour la première fois au siècle de Pindare. Ce poète raconte qu'Ixion eut de Néphélé, le Centaure, lequel procréa sur le mont Pélion avec les juments de Magnésie les autres centaures (*hippocentaures*). Il est surtout question dans la Fable de deux de leurs combats, l'un contre les Lapithes, à l'occasion des noces de Pirithoüs, l'autre contre Hercule chez le centaure Pholus. Les plus anciens monuments prouvent que ce fut peu à peu seulement qu'on arriva à transformer leur corps à partir de la ceinture en celui d'un cheval à quatre pieds. On y voyait en effet un centaure ayant à la vérité les pieds de derrière d'un cheval, mais ceux de devant d'un homme. Plus tard leur ressemblance avec les satyres et leur passion ardente pour le vin les firent rattacher au culte de Bacchus; toutefois ils n'y figurèrent pas comme des sauvages, mais comme des êtres domptés par la toute-puissance de Bacchus. Les monuments de l'art antique nous font voir qu'on reconnaissait des centaures mâles et femelles.

Le célèbre Buttmann a supposé, avec apparence de raison, que les Centaures étaient quelque peuple de cavaliers nomades, qui s'étaient fixés en Thessalie, où abondaient les pâturages. Les cavaliers brésiliens, si habiles à lancer le lacet et à prendre à la course des chevaux sauvages, peuvent nous donner une idée de ce que furent les Centaures. D'où étaient-ils venus en Thessalie? On n'en sait rien. Ce qu'on sait fort bien, c'est qu'ils étaient des voisins très-incommodes, une race sauvage et turbulente, dit Strabon d'après d'anciennes autorités. Pirithoüs, Thésée, Hercule, grands ennemis des brigands et du brigandage, les combattirent et les expulsèrent enfin. Quelques Centaures se réfugièrent en Arcadie, d'autres dans des gorges du mont Pélion. Les auteurs mythiques ne parlent que de leurs attentats sur la pudeur des jeunes filles. Presque tous les Lapithes ou Centaures furent attaqués, anéantis ou dispersés; Chiron cependant dut à son genre de vie plus modéré de rester en Thessalie, c'est-à-dire que ce furent les Centaures qui furent restèrent incorporés aux habitants, mais réduits à un si petit nombre que leurs exercices favoris d'équitation tombèrent en désuétude; la Grèce n'usa des chevaux que pour les atteler aux chars, jusqu'à la 33ᵉ olympiade, où les courses de chevaux furent introduites dans les jeux olympiques.

Quant au combat (ou à la guerre) des *Centaures* et des *Lapithes*, si élégamment décrit par Ovide, Diodore de Sicile nous apprend qu'il eut lieu une première fois à l'occasion de la succession d'Ixion, à laquelle Pirithoüs ne voulait point que les premiers prissent part, malgré les droits formels qu'ils y avaient; et une seconde fois aux noces d'Hippodamie ou Déidamie, fille du roi d'Argos, avec Pirithoüs, qui s'était réconcilié avec les Centaures et les avait invités à son mariage. Ces derniers, échauffés par le vin, s'y seraient conduits d'une manière peu décente, et auraient obligé les Lapithes à se charger de leur société; puis, ceux-ci, sous la conduite d'Hercule, de Pirithoüs et de Thésée, les auraient poursuivis jusque dans leur retraite et les auraient obligés de quitter le pays pour se retirer en Arcadie : récit une allégorie qui peut se traduire par l'existence d'une lutte entre deux peuples de la Grèce, les *Centaures* et les *Lapithes*, dont l'uns représentaient la *cavalerie* de nos jours et les autres l'*infanterie*, laquelle eut le dessus, peut-être parce qu'elle était plus nombreuse et qu'elle avait un plus long exercice de son arme que la première.

Quoi qu'il en soit de toutes les fables relatives à ces monstres, elles finirent par prendre le caractère de la vérité, même aux yeux d'hommes que leur science aurait dû empêcher d'y croire. Diodore de Sicile, Hygin et plusieurs autres écrivains, parlent de la naissance de ces monstres comme d'une chose toute naturelle. Plutarque, dans son *Banquet des sept sages*, rapporte qu'on avait envoyé à Périandre, roi de Corinthe, un jeune centaure qu'une jument venait de mettre au jour, ce qui surprit tellement toute la cour, que l'on crut voir dans ce fait extraordinaire une preuve de la colère des dieux, qu'il fallut, ajoute-t-il, apaiser par un sacrifice. Pline assure avoir vu un *hippocentaure* qu'on apporta d'Égypte à Rome sous l'empire de Claude, « embaumé dans du miel », à la manière de ce temps-là; et cette fable se trouve répétée et confirmée dans Phlégon de Tralles. Saint Jérôme fait aussi la description d'un *hippocentaure* que saint-Antoine rencontra dans le désert lorsqu'il allait voir saint Paul ermite; et le prophète Isaïe parle des *onocentaures*, qu'Élien regarde comme de véritables animaux. Gallien, qui vivait peu de temps après Phlégon, est le premier qui ait révoqué en doute ces histoires apocryphes, qu'il les ait reléguées au nombre des inventions de l'esprit poétique.

CENTENAIRE (du latin *centenarius*), celui ou celle qui a cent ans, qui a atteint ou passé cent ans. Il y a plus de *centenaires* dans les pays froids que dans les pays chauds. Quoique les tables de la mortalité en France de Duvillard admettent que sur 1 million d'individus qui naissent, 207 atteignent l'âge de cent ans, rien n'est moins certain souvent que l'âge de beaucoup de centenaires. La coquetterie, qui pousse tant de personnes à se rajeunir dans la première moitié de la vie, les engage dans la dernière à se donner plus d'âge. Toutes font l'envie de la mère d'un célèbre banquier, qui, dit-on, désirait vieillir. Avouer cent ans en effet, lorsqu'on est encore vert, c'est rajeunir.

CENTENIER, officier de la milice romaine, dont la qualification succéda, comme le témoigne Végèce, à celle des *centurions*, après l'abolition de la république. Léon nous montre les centeniers byzantins (*centarques*) obéissant aux comtes : tel était aussi l'usage français sous la première et sous la seconde race. Voltaire nous apprend qu'au temps de Charlemagne les centeniers (*centenarii*) commandaient les soldats qu'enrôlait un comte. Le centenier marchait avant l'*aldionnaire*, ce qui fait voir dans un capitalaire qu'il était noble (*nobilis*), mot qui alors signifiait officier. Cependant les charges de centeniers existaient en temps de paix comme en temps de guerre. Les centeniers disparaissent sous la troisième race; maison en retrouve d'une espèce différente dans les bandes des légions de François Iᵉʳ; ils y étaient à la tête des centaines, et commandaient quatre *caps* d'escouade. La dénomination actuelle de capitaine ou d'officier d'un rang analogue donne l'idée d'un centenier antique. Dumouriez témoigne dans ses mémoires qu'on a aussi donné en 1792 le nom de *centeniers* à une levée extraordinaire de soldats formés en compagnies de cent hommes. Dans les dernières guerres de l'empire les compagnies d'infirmiers étaient commandées par des *centeniers* et par des *sous-centeniers*. Gᵃˡ BARDIN.

CENTIARE, CENTIGRAMME, CENTILITRE, CENTIME, CENTIMÈTRE. *Voyez* ARE, GRAMME, LITRE, FRANC, MÈTRE et MÉTRIQUE (Système).

CENTIÈME DENIER. On désignait ainsi autrefois un impôt indirect et proportionnel qui était payé au roi à raison de toute mutation de biens immeubles et droits réels qui avait lieu par vente, échange, donation, adjudication par décret, ou par autres titres translatifs de propriété, et enfin par succession collatérale. Le montant de ce droit était de la centième partie des prix portés dans les contrats. Si la valeur de la chose à laquelle le droit était dû n'était point indiquée, il était fixé de gré à gré et contradictoirement entre les fermiers du roi et les nouveaux propriétaires. Le droit de centième denier fut établi par un édit du mois de décembre 1703 connu sous le nom spécial d'*édit des insinuations laïques*). Il a été remplacé par d'autres droits, dont nous parlerons sous les mots ENREGISTREMENT et IMPÔT.

CENTIGRADE (de *centum*, cent, et *gradus*, degré), nom donné au thermomètre divisé suivant l'échelle de Celsius.

CENTIMANES, en grec *Hecatonchires*. Ainsi s'appelaient les trois gigantesques fils d'Uranus et de Gaea, Cottus, Briarée et Égéon. Ces monstres à cinquante têtes et à cent bras inspirèrent même à leur père une telle terreur qu'il les enchaina aussitôt après leur naissance et les renferma au fond de la terre. Ils y vécurent dans la tristesse et la désolation jusqu'au moment où Jupiter, à qui un oracle avait prédit qu'il ne triompherait des Titans qu'avec le secours des Centimanes, les déterra, et leur fit enfin apercevoir la lumière du soleil. Après s'être réconfortés avec du nectar et de l'ambroisie, ils se mêlèrent à la lutte, qui durait déjà depuis dix ans. Ils combattirent armés d'immenses blocs de rochers, avec lesquels ils écrasaient à chaque coup trois cents Titans à la fois, et ceux-ci finirent par être complétement vaincus. Ils furent alors enchainés à leur tour, puis précipités au fond du Tartare, où les Centimanes furent chargés de les garder.

CENT-JOURS. C'est la dernière période du règne de Napoléon, commençant le 20 mars 1815, jour où l'empereur, revenu de l'île d'Elbe, reprit possession du trône de France, et finissant le 28 juin, jour de la seconde restauration des Bourbons. L'intervalle entre ces deux dates est exactement de cent jours. Parti le 24 février, de Porto-Ferrajo, avec 900 hommes, Napoléon, échappant à tout danger, revit la terre française le 1er mars, et débarqua au golfe Juan. Son bivouac fut établi dans une plantation d'oliviers, où il reçut un accueil empressé des habitants de la campagne. Un capitaine de la garde et quinze hommes furent détachés à Antibes. Ils entrèrent dans la ville aux cris de *vive l'empereur!* mais ils durent aussitôt déposer leurs armes. Néanmoins sur les onze heures du soir, la petite troupe, que l'empereur appelait *la députation de la garde*, se mit en route, et fit quatre-vingts kilomètres tout d'une traite, sans être inquiétée. On était le 5 à Gap. La Napoléon ne conserva auprès de lui que 10 cavaliers polonais et 40 grenadiers. Le temps passé dans cette ville fut employé à l'impression de proclamations improvisées sur mer. Ces proclamations réveillèrent en sursaut le peuple des campagnes. L'apparition de cet homme, défiant, à la tête d'un millier de soldats, la monarchie des Bourbons, produisit jusque chez ses ennemis une admiration électrique. On le trouvait lui-même sous la fatalité de cette action prodigieuse; il avait oublié son abdication, et, regardant comme non avenu tout ce qui s'était passé depuis la capitulation de Paris, il intitulait encore ses proclamations à Gap : *Napoléon, par la grâce de Dieu et les constitutions de l'empire, empereur des Français.* A Sisteron, le maire voulut s'opposer au passage de cette troupe, prétextant la crainte que ses administrés ne fussent pas payés de leurs fournitures. Cambronne lui jeta sa bourse. La ville s'en serait bien passée. Elle fournit des vivres avec prodigalité, et offrit un drapeau tricolore au bataillon de l'île d'Elbe. Cambronne formait l'avant-garde avec 40 grenadiers : il se trouva, au sortir de Sisteron, arrêté par une colonne envoyée de Grenoble. Aussitôt l'empereur s'avance. Mettant pied à terre, et découvrant sa poitrine : « S'il en est un parmi vous, dit-il aux soldats de Grenoble, qui veuille tuer son général, son empereur, il le peut; le voici ! » Les soldats répondirent tous par le cri de *vive l'empereur!* et, se pressant autour de lui, ils baisèrent ses mains, ils embrassèrent les aigles. Ce moment fut décisif. L'empereur se mit en route avec ce nouveau bataillon, qui voulut marcher le premier sur la division qui couvrait Grenoble. On s'avançait au milieu d'une immense population. Entre Vizille et Grenoble, arriva au pas de course le 7e de ligne, commandé par Labédoyère. Les deux troupes mêlèrent leurs rangs aux cris mille fois répétés de *vive l'empereur!*

Napoléon se décida à aller le soir même à Grenoble. Le général Marchand avait fait rentrer la garnison et fermer les portes. Cette garnison était silencieuse sur les remparts, tandis que la troupe assiégeante marchait l'arme renversée, avec les explosions d'une joie bruyante et l'attitude d'une confiance absolue. Les acclamations de *vive Grenoble! vive Napoléon! vive la France!* annoncèrent bientôt l'arrivée de la colonne impériale. Dès qu'ils reconnurent Napoléon, les soldats de Grenoble répondirent par le cri unanime de *vive l'empereur!* Les habitants se précipitent aux portes, les enfoncent, et, au son des fanfares, en jettent les débris aux pieds de Napoléon. Tout est décidé maintenant, dit l'empereur à ses officiers, nous allons à Paris ! »

Le lendemain, 8 mars, Napoléon fut salué empereur par toutes les autorités. « J'ai su que la France était malheureuse, dit-il alors. Je suis venu pour la délivrer du joug des Bourbons; leur trône est illégitime. Mes droits ne sont autres que les droits du peuple. Je viens les reprendre, non pour régner : le trône n'est rien pour moi; non pour me venger : je veux oublier tout ce qui a été dit, fait et écrit depuis la capitulation de Paris. J'ai trop aimé la guerre, je ne la ferai plus..... Nous devons oublier que nous avons été les maîtres du monde..... Je veux régner pour rendre notre belle France libre, heureuse, indépendante... Je veux être moins son souverain que le premier et le meilleur de ses citoyens. » Ce fut ainsi que Napoléon redevint subitement l'homme du peuple. A la revue, il redevint l'homme des soldats. Les proclamations de Gap furent imprimées de nouveau, et des courriers expédiés, disant sur leur route que l'impératrice avait ordre de revenir avec le roi de Rome, que l'Autriche était d'accord avec l'empereur, que le roi de Naples marchait avec 80,000 hommes. Non content de s'emparer ainsi de l'opinion, Napoléon saisissait le pouvoir impérial, et rendait un décret portant qu'à dater du 15 mars les actes publics seraient dressés et la justice rendue en son nom. Un autre décret, un peu plus politique, prescrivait l'organisation de la garde nationale dans les cinq départements qu'il venait de traverser.

Après la revue de la garnison, elle se mit en marche sur Lyon au nombre de 6,000 hommes. Il y avait six jours que cette merveilleuse révolution continuait son cours, lorsque le 7 mars le *Moniteur* donna avis du débarquement de Napoléon par deux ordonnances, dont l'une le mettait *hors la loi*, prescrivant, en style gothique et féodal, *de lui courir sus*, et l'autre convoquait les chambres. Le 8 le *Moniteur* publia un mensonge, dont les émissaires arrivés de Grenoble révélèrent le soir même toute la sottise. Il publia que Napoléon, poursuivi par les populations et abandonné des siens, errait dans les montagnes. Cependant, le comte d'Artois, le duc d'Orléans et le maréchal Macdonald partaient pour Lyon, où 15,000 gardes nationaux et 10,000 hommes de ligne devaient suffire, disait-on, pour arrêter Bonaparte, tandis que les généraux Marchand et Duvernet, le duc d'Angoulême et le prince d'Essling lui fermeraient la retraite. Le général Lecourbe avait ordre d'inquiéter les flancs de la troupe impériale, et le maréchal Oudinot, avec *les fidèles grenadiers royaux*, était en marche. Malheur à qui aurait été plein de confiance et d'ivresse. Louis XVIII seul était loin de partager l'assurance de son entourage. Les proclamations de Gap circulaient dans tout Paris; la police n'y pouvait rien. La conspiration militaire de Lille et de La Fère avait été arrêtée par le maréchal Mortier, qui la représentait un tiers parti, dont la devise était la charte, mais dont le but était la royauté du duc d'Orléans. Les généraux qui l'avaient formée étaient arrêtés. On n'eut pas le temps de les juger. Le 16 mars ils étaient sous l'aigle de Napoléon.

Le 10, à sept heures du soir, et presque sous les yeux du comte d'Artois, Napoléon était entré au faubourg de la Guillotière. Dans la journée le prince avait passé la revue, pour mieux s'assurer des dispositions des troupes : Crie *vive le roi!* avait-il dit à un vieux sous-officier. — Impossible, monsieur, lui avait répondu le vétéran, *je ne peux crier que vive l'empereur!* Les princes durent partir, et ne furent suivis que d'un seul garde national à cheval. Napoléon le décora. Le retour du comte d'Artois à Paris annonça l'arrivée de Napoléon à Lyon, non-seulement sans résistance, mais au milieu de l'enthousiasme des habitants. D'un autre côté, neuf décrets lancés de Lyon apprirent à la France sous quelle raison d'État allait s'installer le nouveau gouvernement impérial. Le général Bertrand refusa de les signer : « Ce n'est pas, dit-il, ce que l'empereur nous a promis. » Le duc de Bassano refusa aussi plus tard de les signer à Paris. Les séquestres, les confiscations, ne pouvaient être sanctionnés par des amis de la liberté. Mais la multitude, qui voyait la satisfaction de ses antipathies et de sa vengeance dans ces décrets, les accueillit avec le transport aveugle qui caractérise ses passions. En même temps, Carnot écrivait à Napoléon pour lui promettre l'appui des patriotes, s'il voulait donner des garanties de liberté.

Dans ses perplexités, la cour cherchait de tous côtés quelque appui : le comte d'Artois, au risque de tomber roide mort à l'aspect d'un régicide, consentit enfin à voir Fouché, chez le duc d'Havré. Bourienne était si connu par sa haine pour son bienfaiteur, qu'il avait remplacé à la police l'honnête Dandré. Mais la conversation de Fouché avait paru si étrange au comte d'Artois, que Bourienne reçut l'ordre de le faire arrêter. L'ex-ministre de la police l'avait prévu : il prit la fuite. On remplaça aussi à la guerre le maréchal Soult par le général Clarke. A la revue que le comte d'Artois passa de la garde parisienne, il demanda aux 30,000 hommes qui la composaient quels étaient ceux qui voulaient aller combattre l'ennemi? 200 hommes à peine sortirent des rangs. Quant aux volontaires royaux, qui devaient faire partie de l'armée du duc de Berry, aucun ne se présenta. Il n'est pas besoin de parler de l'armée : elle attendait l'empereur sous le drapeau blanc. Enfin le maréchal Ney fut nommé au commandement de l'armée de l'est, uniquement parce que la cour attribuait à ses menaces l'acte d'abdication de Fontainebleau. Ce fut sous l'empire de telles nécessités, que Louis XVIII ouvrit son parlement. Il y fit voir sans ostentation la majesté du malheur, de l'âge et du courage. L'attendrissement fut général quand le roi dit d'une voix ferme : « Je ne crains rien pour moi, mais je crains pour la France : pourrais-je, à soixante ans, mieux terminer ma carrière qu'en mourant pour la défense de l'État? » Et il prononça hautement le serment à la charte. Après ce serment, qui fut suivi des cris d'usage : *Mourons pour le roi! guerre à l'usurpateur!* le comte d'Artois, qui jusque là n'avait pas eu la pensée de ce serment, le prêta au nom de sa famille, et les deux frères s'embrassèrent. Cette petite scène, concertée d'avance, avait été décidée dans le conseil du 14 *pour contre-balancer l'impression fâcheuse que venait de produire la défection du maréchal Ney.*

Napoléon termina son séjour à Lyon par de nobles adieux aux habitants. Le 15 l'empereur était à Avallon. Le maréchal Ney voulait marcher sur Lyon, non pour combattre Napoléon, mais pour le suivre. La déclaration de cette armée au centre de la France était décisive pour l'empereur. Il alla au-devant d'elle à Auxerre, où le 18 il embrassa le maréchal. Ce fut là qu'il reçut la fatale nouvelle de l'invasion en Italie de son beau-frère Joachim.

Néanmoins Napoléon ordonna à l'armée de se diriger sur la capitale. Le 20, à quatre heures du matin, il arriva à Fontainebleau. A midi des courriers lui apprirent la nouvelle du départ du roi. Il se décida alors à se mettre en route pour Paris. Cette journée du 20 mars 1815 restera, par la double scène de la fuite de la famille royale et de l'entrée triomphale de l'empereur dans la capitale, un des plus grands tableaux d'histoire que nous connaissions.

Aussitôt installé aux Tuileries, l'empereur s'occupa de la composition de son ministère. Cambacérès reparut à la justice, Caulaincourt aux affaires étrangères, Decrès à la marine, Gaudin aux finances, Mollien au trésor, Fouché à la police; Davoust eut la guerre, et Carnot l'intérieur; la secrétairerie d'État revint au duc de Bassano; M. Molé passa aux ponts et chaussées; Lavalette garda la poste où il s'était replacé le matin même du départ de Louis XVIII; l'intendance des bâtiments fut acceptée par Champagny, et celle de la liste civile par Montalivet; la préfecture de police fut donnée au conseiller d'État Réal, et celle de la Seine au comte de Bondy; le conseil d'État de l'empire reprit, dans son intégrité, sa haute place dans le gouvernement. Il n'y avait donc de nouveau dans le personnel de cette organisation que le républicain Carnot, qui reçut pour la première fois le titre de comte. Enfin le bataillon sacré de l'île d'Elbe arriva. A la revue il occupa la place d'honneur. Les paroles que l'empereur adressa aux troupes ne laissèrent plus aucun doute sur ses projets. Mais les salons étaient moins bien disposés que la cour du palais ; et une admirable déclaration du conseil d'État sur la nullité de l'abdication de Fontainebleau, adressée des ministres à l'empereur, dut prouver à Napoléon la nécessité d'appuyer son gouvernement sur les garanties libérales que la nation ayait vainement demandées aux Bourbons.

Ces mémorables adresses, ainsi que celles de tous les ordres de l'État, furent apportées à l'audience solennelle du 26 mars; les réponses improvisées offriront plutôt de vagues généralités que des engagements. L'adversité n'avait, sous ce rapport, modifié en rien le caractère de l'empereur : il ne voulait être forcé à aucune concession. Cependant, dès le 24 il avait aboli l'ordonnance royale sur la censure. On resta donc, après cette audience, dans une indécision très-prononcée sur la marche politique de la haute administration ; mais on put se convaincre, par le rappel du service d'honneur de l'empereur et de l'impératrice, que rien n'était changé dans le cérémonial de cour, dont on avait espéré la suppression. Napoléon avait dit, en trouvant la table de son cabinet encombrée de livres de piété : « Le cabinet d'un roi doit être une tente, et non un oratoire. » Mais, d'un autre côté, Napoléon avait reçu, dans sa marche rapide, un grand nombre d'adresses à Louis XVIII des autorités civiles et militaires, qui lui en envoyèrent le lendemain d'aussi dévouées. Il croyait sans doute pouvoir faire aussi peu de cas des vœux des corps constitués que de leurs félicitations serviles. Habitué à ne compter que son armée, il ne comprenait la *souveraineté du peuple* qu'autant qu'il en était l'expression ; et pourtant les acclamations populaires étaient des demandes de liberté. Toutefois, des décisions réformèrent les dispositions d'une partie des décrets de Lyon relativement aux séquestres des biens anciens et nouveaux des émigrés et aux promotions de la Légion d'Honneur qui avaient eu lieu depuis la Restauration. Le travail fut rendu à la classe ouvrière ; Paris devint un vaste atelier; les travaux de la capitale, interrompus par les Bourbons, furent repris avec une prodigieuse activité, indépendamment de ceux que commandaient les besoins de la défense publique.

Cependant la famille royale avait éprouvé des vicissitudes diverses. Le roi, réfugié à Lille, où il avait donné l'ordre aux princes et à sa maison militaire de le rejoindre, avait dû renoncer au projet de s'y maintenir et d'y convoquer les chambres. Partout où il y avait une garnison, les Bourbons se trouvaient en pays ennemi, et le vieux roi était parti le 23 pour Gand, au grand déplaisir de Napoléon, qui espérait que la cour fugitive retournerait en Angleterre. Après le départ du roi, le duc d'Orléans, qui commandait Lille, remit la place au maréchal Mortier. Dans le même moment une lettre de la duchesse d'Orléans douairière fut remise à Napoléon : « Je veux, dit-il, que sa mère soit traitée avec tous les égards qu'elle mérite. » Et il ordonna qu'une indemnité du séquestre mis sur les biens de cette princesse, elle reçut un traitement annuel de 300,000 francs. La duchesse de Bourbon, sa fille, en reçut de 150,000 francs, bien que son mari fût dans la Vendée.

Il ne restait donc plus en France que le duc et la duchesse d'Angoulême. La duchesse avait essayé de conserver Bordeaux au roi. Animée d'un courage viril, elle avait fait prendre les armes à la garde nationale, harangué les soldats, levé des bataillons de volontaires royaux pour défendre la *ville fidèle*, qui l'année précédente courait au devant de Wellington et du duc d'Angoulême. Le général Clausel attendait l'issue des événements à Saint-André-de-Cubzac, avec 25 gendarmes et 150 soldats de la garnison de Blaye. Tous les efforts de la duchesse furent inutiles; comme par enchantement le drapeau tricolore flotta sur le château Trompette. Elle partit donc pour Pouillac, où elle s'embarqua, et mit à la voile pour l'Angleterre le 2 avril. « C'est le seul homme de sa famille, » dit alors Napoléon.

Pendant que la duchesse tenait Bordeaux, le duc, son mari, occupait Toulouse. Il voulait entraîner tout le midi avec une armée de 12,000 hommes de ligne, de volontaires et de gardes nationaux. Il avait même demandé des troupes aux Sardes et aux Suisses. Deux corps d'armée, l'un sous ses ordres, l'autre sous ceux du général Ernouf, allèrent occuper Valence, Sisteron et Gap; le prince se disposait à se porter sur Lyon et sur Grenoble. Mais c'était le 3 mars, et non le 3 avril qu'il eût fallu être en armes sur cette route. Aussi, bientôt après, et sur les ordres donnés par l'empereur à son départ de Lyon, le prince se vit-il, par la rapidité du mouvement des troupes impériales et la levée en masse de l'est, renfermé entre la Drôme, le Rhône, la Durance et les montagnes. Il fut donc contraint à capituler. Napoléon décida que la capitulation serait exécutée, et ordonna que le duc d'Angoulême fût conduit à Cette pour y être embarqué. Le 9 avril cet ordre reçut son exécution, et le 10 le prince mit à la voile pour l'Espagne. M. de Vitrolles fut également arrêté à Toulouse, rédigeant un *faux Moniteur*, et il ne fut pas mis en jugement, mais tenu en réserve par Fouché, pour s'en servir selon les événements. Un rapport du maréchal Masséna, daté de Toulon le 14 avril, annonça enfin l'entière pacification du midi. Le drapeau national, qui depuis le débarquement de Napoléon avait *couru de clocher en clocher* jusqu'à la capitale, terminait glorieusement sa course aux murs de Toulon et de Marseille.

Ainsi Napoléon voyait la France entière disposée à rentrer encore, au nom de la liberté et de l'indépendance nationale, dans la carrière des armes; mais pour se donner à lui tout entière elle attendait le manifeste de sa régénération politique de la même bouche qui au golfe Juan avait proclamé sa délivrance. Au lieu de ce manifeste solennel des garanties complètes dues aux besoins nouveaux, aux droits anciens, aux sacrifices actuels de la nation, Napoléon s'obstina à publier l'*Acte additionnel aux constitutions de l'empire*. Cette promulgation frappa de stupeur la capitale le 22 avril; le soulèvement de l'opinion fut mortel pour l'empereur : les amis de la liberté se retirèrent mécontents. Dès ce jour il n'eut plus à opposer à l'Europe en armes qu'une armée tout impériale et une nation toute silencieuse. Les royalistes triomphaient, et l'Ouest, débarrassé des incertitudes du duc de Bourbon, commençait ses funestes agitations. Louis XVIII avait à la vérité été accueilli avec froideur par le roi des Pays-Bas, en raison de l'intérêt que ses sujets belges conservaient à Napoléon; mais il n'en avait pas moins établi à Gand une espèce de gouvernement, un ministère, un *Moniteur*, et avant de quitter le territoire il avait, par deux proclamations, défendu aux Français le service militaire et le payement des impôts.

Le congrès de Vienne, cependant, dès qu'il avait appris les progrès de la marche triomphale de Napoléon, son arrivée à Paris, ne s'était plus trouvé sur le terrain de la déclaration du 13 mars. De son côté, Napoléon avait agi auprès des ministres d'Autriche et de Russie, qu'il avait trouvés à Paris; et bien que ces communications fussent indirectes, il n'avait pas laissé d'y attacher de véritables espérances. Il se trompait : dès le 25 mars les quatre grandes puissances se réunissaient de nouveau, non pour le rétablissement des Bourbons, mais pour la guerre contre Bonaparte, déclarant « qu'elles emploieraient toutes leurs forces pour maintenir le traité de Paris, notamment contre les plans de Napoléon, et pour agir dans le sens de la déclaration du 13 mars ». Napoléon répondit lui-même à l'Europe par une réfutation qui parut le 29 mars. Le 4 avril il écrivait aux souverains une lettre pleine de dignité tout à la fois et de modération. Elle fut mal accueillie par les coalisés.

Il ne lui restait donc plus à invoquer que le droit des armes. L'empereur avait refusé à Fouché le portefeuille des affaires étrangères pour lui rendre celui de la police, dans la crainte que ce ministre ne le trahît dans ses relations avec l'étranger. Napoléon ne songeait point que, pour un homme qui lui était si justement suspect, il y aurait bientôt confusion des deux attributions, et que la police lui donnerait tous les moyens de nouer des intrigues au dehors.

Malgré les avis qu'il avait reçus, Napoléon, à une revue générale, parcourut seul et sans escorte tous les rangs de la garde nationale, et pour cimenter l'union de la défense publique entre cette garde et l'armée, les vieux soldats donnèrent, dans le Champ de Mars, à la milice citoyenne un repas de 15,000 couverts. L'empereur s'était également empressé de rendre aux régiments les beaux surnoms d'*invincible*, de *terrible*, d'*incomparable*, d'*un contre-dix*, dont la Restauration les avait dépouillés. Aussi sept armées se formaient-elles sous les noms anciennement illustres d'armées du Nord, de la Moselle, du Rhin, du Jura, des Alpes, des Pyrénées. Une armée de réserve se réunissait, en outre, à Paris et à Laon. La garde nationale de France organisée présentait une masse de 2,250,000 hommes; et 1,500 compagnies de grenadiers et de chasseurs de cette garde, formant 180,000 hommes, étaient mises à la disposition du ministre de la guerre. Paris seul fabriqua par jour 1,500 fusils, et bientôt 3,000. Toutes les villes étaient fortifiées jusque dans le centre de la France. De 80,000 hommes le chiffre de l'armée s'était tout à coup élevé à 200,000.

La coalition s'était donné rendez-vous sur le Rhin dans les premiers jours d'avril, et le 6 de ce mois Joachim Murat lui préparait un triomphe en entrant à Florence comme conquérant : les 2 et 3 mai il essuyait une déroute complète à Tolentino et à Macerata; le 18 il revenait à Naples sans armée et sans couronne.

Une nouvelle fédération appela cependant pour le 1er juin les corps électoraux à la solennité du Champ de Mai, cérémonie à la fois politique et religieuse, où l'autel reçut le serment du trône et le trône celui du peuple et de l'armée. L'impression en fut vive, mais point unanime.

Néanmoins, le 7 à l'ouverture des deux chambres, Napoléon dit : « Je viens commencer la monarchie constitutionnelle. » Mais l'acte additionnel était là se dressant comme une barrière entre l'empereur et la France. Peu de jours après il recevait les adresses des deux chambres, et sanctionnait par ses réponses leurs principes patriotiques. Il eût mieux fait de les investir tout d'abord du soin de perfectionner la charte de Louis XVIII ou plutôt de préparer une constitution nouvelle. L'Europe était en marche contre Napoléon, avec un million d'hommes; Napoléon en marche contre l'Europe avec 400,000 Français qui avaient la patrie à défendre. Ces 400,000 hommes, placés depuis la Flandre jusqu'en Alsace, n'eussent peut-être suffi pour son salut et celui de la France s'il n'eût point été trahi, s'il eût été compris, s'il eût été obéi de ses adorateurs mêmes. Mais bientôt son armée est engloutie à Waterloo, et il ne doit pas se relever de ce désastre.

Le 21 juin Napoléon descend à l'Élysée, à quatre heures du matin, plein de l'idée qu'une dictature illimitée peut seule sauver la patrie; puis, après avoir cédé à Laon à des conseils peu dignes de lui, il a la faiblesse de vouloir que cette dictature lui soit conférée par les chambres. Mais la chambre des représentants s'était assemblée sous la présidence de Lanjuinais, et la voix que le pacificateur de Léoben avait entendue des cachots d'Olmütz fit adopter une résolution *qui déclarait la chambre en permanence, qualifiait de crime de haute trahison toute tentative pour la dissoudre, et annonçait l'intention de juger comme tel quiconque s'en rendrait coupable!* La chambre des pairs adopta cette résolution. « J'aurais dû congédier ces gens-là avant mon départ, dit Napoléon. Ils vont perdre la France. » Cependant, Lucien s'était rendu à la chambre des représentants, et, réveillant en faveur de son frère les souvenirs du 18 brumaire, il était parvenu à opérer sur les esprits une profonde conviction, quand Lafayette, soutenu de la puissante éloquence des députés Dupin et Manuel, eut de nouveau le fatal honneur de ranimer ses collègues contre Napoléon et de demander son abdication. Enfin l'empereur s'y résout, et Lucien écrit sous la dictée de son frère une déclaration au peuple français, où il dit : « Ma vie politique est terminée, et je proclame mon fils, sous le titre de Napoléon II, empereur des Français... J'invite les chambres à organiser sans délai la régence par une loi. » Les ministres apportent la déclaration de l'empereur à la chambre. Celle-ci, après en avoir entendu la lecture, arrête que son président et son bureau iront, au nom de la nation, remercier Napoléon du noble sacrifice qu'il vient de faire, et qu'une commission provisoire de gouvernement sera choisie dans les deux chambres; on met ensuite l'acceptation de l'abdication de l'empereur. « Elle est indivisible, s'écrie Labédoyère; elle est nulle si l'on ne reconnaît pas son fils. » Ce fut exclusivement dans ce sens que Napoléon répondit le jour même aux députations des deux chambres : « Je recommande mon fils à la France; j'espère qu'elle n'oubliera pas que je n'ai abdiqué que pour lui; je l'ai fait, ce grand sacrifice, pour le bien de la nation; ce n'est qu'avec ma dynastie qu'elle peut espérer d'être libre, heureuse et indépendante. » Déjà, au lieu du conseil de régence demandé par l'empereur, une commission exécutive s'emparait du pouvoir.

Cependant cette institution avait suscité dans les chambres de vifs débats. La commission exécutive se composa de Fouché, président, Caulaincourt, Carnot, Quinette et Grenier : deux ministres, Cambacérès et le duc de Bassano refusèrent de continuer leurs fonctions. Des plénipotentiaires furent envoyés aux alliés pour leur porter des paroles de paix et obtenir un armistice. Les actes furent publiés *au nom du peuple français*.

Le 18 juin la législature déclara Paris en état de siége, appelant à sa défense l'armée du Nord, la garde nationale et les fédérés. D'un autre côté, nos plénipotentiaires recevaient des alliés l'assurance la plus prononcée de *n'imposer à la France aucune forme de gouvernement*. L'armée, rapprochée de Paris, était sous les ordres du maréchal Grouchy, des généraux Drouot, Reille, Vandamme, Excelmans, etc.; Masséna commandait la garde nationale parisienne. Vitrolles, grâce à la protection de Fouché, faisait hautement les affaires de Louis XVIII; mais Napoléon était encore à Paris, tenant par sa seule présence en échec la commission de gouvernement en incertitude l'armée et la population. Toutefois il demanda, le 20 juin, deux frégates pour le transporter hors de France; et il alla attendre la réponse dans le petit château de la Malmaison, premier séjour de sa haute fortune. De cette retraite de la gloire sortirent de nobles et touchants adieux pour l'armée; mais le *Moniteur* lui-même fut sans pitié pour celui qui l'avait fait parler pendant vingt années. Fouché intercepta cette proclamation.

Pendant ce temps Blücher, voulant tout terminer par lui seul, s'était imprudemment séparé de l'armée anglaise; il annonçait à son état-major, dans ses orgies, qu'il prendrait Bonaparte et le *ferait pendre*. « Qu'on me nomme général, dit alors Napoléon au général Becker; je commanderai l'armée, j'en fais la demande; partez sur-le-champ pour Paris; dites-leur que je ne veux point du pouvoir, je veux écraser l'ennemi, le forcer de mieux traiter la France, et je poursuivrai ma route. » Becker partit à l'instant, et porta ce message au gouvernement provisoire, tant il lui semblait important de faire ce que Napoléon demandait. « Est-ce qu'il se moque de nous? » lui dit Fouché, après avoir lu la lettre de l'empereur. Carnot penchait à replacer l'empereur à la tête de l'armée; la destruction des Prussiens, isolés de leurs alliés, eût été le résultat de la proposition de Napoléon. Mais Fouché ne voulait pas qu'on eût un allié de moins avec qui négocier, et entraîna ses collègues à motiver leur refus sur les engagements pris avec les puissances. « Eh bien! partons, puisqu'il en est ainsi, dit Napoléon; » et il expédia à Paris le général Flahaut pour concerter avec la commission son départ et son embarquement. Le lendemain son arrêt est prononcé irrévocablement; il doit partir le jour même. A cinq heures du soir il a reçu les adieux de la reine Hortense. Profondément ému, troublé, bien que renfermant en lui-même la douleur qui le saisit, il s'est jeté dans une voiture, où les généraux Becker, Rovigo et Bertrand montent après lui. Au lieu de suivre rapidement sa route, comme il l'a déclaré, il veut coucher à Rambouillet, et ses courriers reparaissent encore sur la route de Paris. Il ne peut se décider à quitter sans combattre le sol de la France. Il s'offre de nouveau à guider nos armées. A Rochefort il attend encore. Enfin, le 3 juillet, Blücher dicte, dans le palais de Saint-Cloud, une convention par laquelle Paris est remis au main des alliés, et l'armée envoyée au delà de la Loire, pour y être dissoute.

A Rochefort, Napoléon n'était pas encore captif. Le 8, quand il descend à l'île d'Aix pour s'embarquer, on lui communique une dépêche datée du 6, du ministre de la marine; elle se termine ainsi : « Sous aucun motif, Napoléon ne peut débarquer sur le territoire français, sous peine, pour le commandant du bâtiment, de haute trahison! » Le 12 il apprend, par les journaux seulement, que le gouvernement royal a remplacé à Paris le gouvernement provisoire. Il n'y a plus un moment à perdre. Sur les instances du prince Joseph, qui vint courageusement lui porter les consolations d'un frère et d'un ami, l'empereur se décida à implorer l'hospitalité britannique. Le 14 le capitaine Maitland, commandant le *Bellérophon*, déclara aux parlementaires Lallemand et Las Cases *qu'il attendait à chaque instant les saufs-conduits demandés; mais que si l'empereur voulait s'embarquer pour l'Angleterre, il était autorisé à l'y conduire et à le traiter avec le respect et les égards dus au rang qu'il avait occupé.* Une telle déclaration devait décider et décida en effet Napoléon; mais c'était une trahison. Le 15 Napoléon se rendit à bord de l'*Épervier*. En mettant le pied sur le *Bellérophon*, il dit au capitaine : « Je viens à votre bord me mettre sous la protection des lois d'Angleterre. » De ce moment Napoléon était prisonnier. Le 30 juillet lord Keith se rendit à bord du *Bellérophon*, et remit à l'empereur un acte qui lui assignait Sainte-Hélène pour résidence. « C'est pis que la cage de Tamerlan, dit Napoléon; autant aurait valu signer sur-le-champ mon arrêt de mort! »

J. DE NORVINS.

FIN DU QUATRIÈME VOLUME.

www.ingramcontent.com/pod-product-compliance
Lightning Source LLC
Chambersburg PA
CBHW061730300426
44115CB00009B/1154